BECK'SCHE RECHTS-
UND WIRTSCHAFTSWÖRTERBÜCHER

MICHEL DOUCET / KLAUS E.W. FLECK

I

FRANÇAIS - ALLEMAND

FRANZÖSISCH - DEUTSCH

DICTIONNAIRE

JURIDIQUE ET ECONOMIQUE

Par

MICHEL DOUCET

Docteur en droit

5ième édition

revue et augmentée par

KLAUS E.W. FLECK

Licencié en droit

TOME I

FRANÇAIS-ALLEMAND

1997

LITEC

LIBRAIRIE DE LA COUR DE CASSATION

PARIS

WÖRTERBUCH

DER RECHTS- UND WIRTSCHAFTSSPRACHE

Begründet von
DR. MICHEL DOUCET

5., neubearbeitete und erweiterte Auflage

Fortgeführt von
KLAUS E.W. FLECK
Licencié en droit

TEIL I
FRANZÖSISCH-DEUTSCH

1997

C.H.BECK'SCHE VERLAGSBUCHHANDLUNG
MÜNCHEN

Die Deutsche Bibliothek – CIP-Einheitsaufnahme

Doucet, Michel:
Wörterbuch der Rechts- und Wirtschaftssprache / begr.
von Michel Doucet. Fortgef. von Klaus E. W. Fleck. –
München : Beck ; Paris : Litec
  (Beck'sche Rechts- und Wirtschaftswörterbücher)
Teilw. mit Parallelsacht.: Dictionnaire juridique et
économique
Bis 2. Aufl. u. d. T.: Doucet, Michel: Wörterbuch der
deutschen und französischen Rechtssprache
Teil 1. Französisch-deutsch. – 5., neubearb. und erw. Aufl.
– 1997
  ISBN 3 406 41713 2

ISBN 3 406 41713 2

© 1997 C. H. Beck'sche Verlagsbuchhandlung (Oscar Beck), München
Satz und Druck: C. H. Beck'sche Buchdruckerei, Nördlingen
Gedruckt auf säurefreiem, alterungsbeständigem Papier
(hergestellt aus chlorfrei gebleichtem Zellstoff)

Vorwort zur 5. Auflage

Zunächst einige statistische Angaben: Die vorliegende 5. Auflage des 1. Bandes umfaßt nunmehr 821 Seiten. Gegenüber der Vorauflage mit 636 Seiten stellt das einen Zuwachs von 185 Seiten, also um über 20 % dar. Der Sprachenteil – der 32seitige Abkürzungsteil wurde in den nachfolgenden Zahlen nicht berücksichtigt – umfaßt nunmehr 11 959 Absätze, d. h. Hauptstichwörter. Diese eröffnen die Mikrostruktur mit insgesamt 325 789 Wörtern bzw. 2 731 480 Zeichen. Pro Stichwort der Makrostruktur macht das im Durchschnitt 27,24 Wörter in der Mikrostruktur. Diese 27 Wörter umfassen grammatikalische kurze Erläuterungen, Fachgebietshinweise, Übersetzungsvorschläge und, nicht zu vergessen, Sublemmata, also Unterstichwörter. Im Durchschnitt kommen zu jedem Stichwort noch 2,2 Sublemmata hinzu, so daß die Gesamtzahl der französischen Suchwörter über 35 000 ausmacht. Doch Zahlen zählen nicht allein. Auf den Inhalt kommt es an.

Es dürfte bekannt sein, daß die französische Rechtssprache durch ihre besonders enge Verquickung der Allgemeinsprache mit der Fachsprache gekennzeichnet ist. Laut Gérard CORNU (Linguistique juridique, Montchrestien, Paris, 1990) umfaßt die französische juristische Fachsprache ca. 10 000 Fachwörter, von denen ganze 400 nicht zur Allgemeinsprache gehören. Von diesen 400 Vokabeln betrifft übrigens der überwiegende Teil die Gerichtssprache, die bezeichnenderweise auch eine Fülle stereotyper, also feststehender Wendungen enthält.

Infolge dieser Doppelzugehörigkeit, „double appartenance" wie CORNU sagt, muß im Rahmen der Mikrostruktur sehr genau differenziert werden, damit der nicht immer fachkundige Übersetzer die treffende Übersetzung ins Deutsche herausfiltern kann. Zur Erreichung dieses Zwecks wurde im DOUCET/FLECK von Anfang an, und in dieser Auflage im verstärktem Maße, eine doppelte Strategie verfolgt:

– Zunächst einmal wurden die Fachgebietsangaben breit aufgefächert: Vorliegendes Wörterbuch enthält nunmehr eine Auswahl von über 80 verschiedenen Fachbereichen des Rechts und der Wirtschaft. Der Hinweis auf ein oder auch mehrere Sachgebiete besagt natürlich nicht, daß das Wort nicht auch in anderen Kontexten auftaucht, gibt aber jedem Übersetzer wichtige Anhaltspunkte.
– Zweitens wurden, wenn auch zunächst recht behutsam, bei einigen besonders wichtigen Stichwörtern französische Standarddefini-

tionen, insbesondere Legaldefinitionen, hinzugefügt. In manchen Fällen wurde auf den entsprechenden Gesetzesartikel hingewiesen.

Darüber hinaus wurde durch die vermehrten Hinweise auf französische Synonyme und analoge Wörter, also Teilsynonyme, das Kontextverständnis des Übersetzers noch zusätzlich erleichtert.

Im Bereich der Makrostruktur und der Sublemmata wurden natürlich auch wichtige Neuwörter und Neubedeutungen berücksichtigt. So darf der *étranger en situation irrégulière („ESI")* nicht unerwähnt bleiben, genausowenig wie die *zone d'attente* auf den Flughäfen, dieses Reservat für illegale Einwanderer. *Immigration clandestine, mondialisation* und *globalisation* dürfen auch nicht fehlen, ebensowenig die *localisation* und *délocalisation*, die *monnaie unique* oder *monnaie électronique*. Hinzu kommen *les personnes en état de dépendance*, also die pflegebedürftigen Personen, *le droit de poursuite*, das Folgerecht der Polizei, und natürlich *la mise en cause* und die *mise en examen*, die die *inculpation* abgelöst haben. Auch von *la précarité de l'emploi* ist die Rede und von der *précarisation*. Auf die *encéphalopathie spongiforme bovine (= ESB)* wird genauso hingewiesen wie auf die *thérapie génique*. Es wäre müßig, sämtliche Neuwörter aufzuzählen, denn es wurden garantiert einige vergessen.

Viel wichtiger scheint dem Verfasser der Hinweis auf einen anderen wesentlichen Punkt. Die Germersheimer Übersetzungswissenschaftlerin und Linguistin Britta NORD bemängelt zu Recht in ihrem lesenswerten Beitrag im MDÜ (Mitteilungsblatt für Dolmetscher und Übersetzer Nr. 2/97, S. 94 ff., „Das zweisprachige Wörterbuch als Hilfsmittel bei der Übersetzung"), daß in den meisten Fachwörterbüchern die Hinweise syntaktischer Art, vor allem zur Kontextualisierung, insbesondere die Verben als eigenständige Lemmata vernachlässigt werden. Im DOUCET/FLECK findet man unter dem Verb *passer* 22, dem Verb *mettre* 27, *donner* 28 und dem Verb *faire* sogar 44 Wendungen. Das sind keine Ausnahmen, man schaue auch unter *trouver, tomber, subir, soulever* und *laisser* nach.

Darüber hinaus beginnen die Stichwörter in ihrer Mikrostruktur, nach dem allgemeinen Teil mit Fachgebietsangaben, Definitionen und Synonym-Umschreibungen, stets mit den verbalen syntaktischen Wendungen.

Der Verfasser bedankt sich bei all denjenigen, die ihm ihre kritischen Anmerkungen und Ergänzungslisten zur Verfügung gestellt haben, und hofft auf eine weitere fruchtbare Zusammenarbeit. Ohne ihre Hilfe wäre dieses Wörterbuch nicht das, was es seit nunmehr 37 Jahren ist, nämlich ein unentbehrliches Arbeitsmittel aus der Praxis und für die Praxis.

Fürstenfeldbruck, den 31. Juli 1997

Hinweise für die Benutzung

1. Für die Übersetzung der französischen halbfett gedruckten Stichwörter wurden in erster Linie die Legaldefinitionen und die Begriffsbestimmungen der wichtigsten allgemein zugänglichen Standardwerke zugrundegelegt. Die Benutzer finden am Ende dieser Einleitung (Seite XXI f.) ein Verzeichnis der für die Anfertigung dieses Wörterbuchs verwendeten Hilfsmittel.

2. Die zu einem Stichwort gehörenden Redewendungen, Adjektive, Verben, Substantive, Präpositionen usw. wurden unter diesem Stichwort im sogenannten phraseologischen Teil zusammengefaßt. Zur leichteren Auffindbarkeit wurde bei umfassenderen Stichwörtern der Artikel allerdings bei besonders wichtigen Unterstichwörtern unterbrochen. So bilden beim Stichwort *acte* z. B. *acte administratif, acte écrit, acte judiciaire* und *acte notarié* jeweils den Beginn einer Serie von Begriffen. Die Redewendungen wurden untereinander streng alphabetisch geordnet. Zunächst erscheinen die dem Stichwort vorgelagerten Wortgruppen, danach Redewendungen, in denen das Stichwort die erste Vokabel der Wortgruppe darstellt. Bei *contrat* also zunächst: *accepter un contrat, agent sous contrat, annuler le contrat* usw., und erst danach die zweite Gruppe mit *contrat d'abonnement, contrat accessoire, contrat d'achat* usw., wobei das Hauptstichwort durch eine Tilde ersetzt wird.

3. Erscheint ein längeres Stichwort mit unterschiedlichen Bedeutungen im Singular und im Plural, so wurde in einigen Fällen vor das erste Singularstichwort sowie vor das entsprechende Pluralstichwort die arabische Zahl 1. und 2. gestellt:
z. B 1. **acte** (S. 14)
   2. **actes** (S. 19)
Bei kürzeren und übersichtlichen Singular- und Pluralstichwörtern wird auf diesen verdeutlichenden Hinweis verzichtet.

4. Im Stichwortartikel selbst erscheint nach dem Stichwort in der Regel ein grammatikalischer Hinweis in stark gekürzter Form, also die Genusbezeichnung bei Substantiven, die Wortbezeichnung bei Adjektiven, Adverbien und Präpositionen. Bei Verben, die durch die dazugehörigen Substantive ergänzt werden, wurde auf einen Kennzeichnungshinweis zumeist verzichtet.

5. Bei mehrdeutigen Benennungen wurde das Stichwort in vielen Fällen mit Zusatzangaben in der Ausgangs- bzw. Zielsprache versehen. Diese Angaben sind kursiv gedruckt, stehen in Klammern und

Hinweise für die Benutzung

sind in vielen Fällen mit laufenden arabischen Zahlen versehen. Hier findet der Benutzer entweder Hinweise auf den näheren Fachbereich, in dem besagtes Wort hauptsächlich, jedoch nicht unbedingt ausschließlich verwendet wird

z. B.: **contribution** *f* (1) *(SteuerR: impôt, imposition)* Abgabe *f*, Steuer *f*, (2) *(SchuldR: part du cooblige)* Anteil *m*, (3) *(ArbR: part de l'employeur aux charges sociales)* Arbeitgeberanteil *m*, (4) *(HaushR)* Umlage(beitrag), (5) *(UrhR)* Mitwirkung, Beitrag (zu einem Sammelwerk), (6) *(pl: hôtel des finances)* Steuerverwaltung, Finanzamt *n*; ...

oder auf engere Synonyme, die den speziellen Kontext andeuten sollen,

z. B.: **déposer** (1) *(PrzR: témoigner en justice)* aussagen, (2) *(ZR: mettre en dépôt)* in Verwahrung geben, hinterlegen, deponieren, (3) *(BeamR: destituer)* seines Amtes entheben, absetzen; ...

Beide Angabearten können ebenfalls miteinander verbunden sein. Die Aufschlüsselung der in diesem semantischen Teil des Stichwortes verwendeten Abkürzungen befindet sich in einem besonderen Abkürzungsverzeichnis. Verben und Substantive sind übrigens zumeist nach demselben semantischen Modell aufgebaut.

6. Bei den Äquivalenten in der Zielsprache müssen vier Entsprechungsarten unterschieden werden. In der Regel wurde die natürliche Gleichwertigkeit angestrebt, d. h. das echte Äquivalent gesucht, also

z. B.: *contrat d'assurance* = *Versicherungsvertrag*
   empiétement = *Eingriff, Übergriff*

wobei bei mehreren Entsprechungen zwischen den einzelnen Benennungen jeweils ein Komma steht. Bei sog. „Quasisynonymen", die nur eine entferntere Verwandtschaft miteinander aufweisen oder andere Kontexte betreffen, steht zumeist ein Semikolon,

z. B.: **déterminer** *v.tr.* feststellen; festsetzen, festlegen, bestimmen; veranlassen; ausschlaggebend sein für; **se -- à** sich entschließen zu.

In anderen Fällen wurde zusätzlich auf direkte Entlehnungen oder Lehnübersetzungen zurückgegriffen,

z. B.: **objectivité** *f* Sachlichkeit *f*, Objektivität *f*; **manque d'--** unsachliche Betrachtungsweise, Parteilichkeit

In Ausnahmefällen schließlich mußte auf eine definitorische Umschreibung und/oder auf eine unvollkommene Gleichung zurückgegriffen werden,

z. B.: **tribunal d'instance** (= **TI**) frz. Kleininstanzgericht (auf Arrondissementebene); Gericht, das etwa dem Amtsgericht entspricht (mit einem Einzelrichter besetzt – bis 1958 „justice de paix"); ...

Auf diese beiden letzten Entsprechungsarten wurde jedoch nur ausnahmsweise, bei besonders wichtigen Institutionen, zurückgegriffen.

7. Sowohl in der Ausgangs- als auch in der Zielsprache wurde im Regelfall die sog. Standard- oder Hochsprache verwendet. Im Einzelfall wird jedoch auch auf familiäre Äquivalente hingewiesen, und es werden ab und zu Wortwendungen im übertragenen oder figurativen Sinn und selbst abwertende oder pejorative Benennungen angezeigt.

8. Ausgangspunkt in der Ausgangs- wie in der Zielsprache ist stets die Gegenwartssprache, wobei allerdings nicht vergessen werden darf, daß die moderne frz. Rechts- und Verwaltungssprache auf eine Rechtsverordnung Franz' I., die Ordonnance de Villers-Cotterêts, aus dem Jahre 1539 zurückgeht. Der Runderlaß des frz. Justizministers über die Modernisierung der Gerichtsterminologie vom 15. September 1977 enthält immer noch eine Liste lateinischer Redewendungen, die endlich durch französische Redewendungen abgelöst werden sollten! Es wurden deswegen viele ältere Benennungen und Bedeutungen, auch Latinismen, beibehalten, da sie in Urkunden immer noch anzutreffen sind.

9. In bezug auf die geographische Zuordnung der Benennungen gilt folgendes: Bei Abwesenheit eines besonderen Hinweises ist immer der Bezug Frankreich – Bundesrepublik Deutschland gemeint. Weichen die Inhalte der Benennungen in beiden Ländern stark voneinander ab, so steht beim deutschen Äquivalent häufig „frz." (= französische/es), um falschen Inhaltsassoziationen vorzubeugen. Besondere Benennungen der belgischen und der schweizerischen Rechtssprache sind als solche gekennzeichnet. Das gleiche gilt für luxemburgische und europäische Sprachbesonderheiten. Auch auf österreichische besondere Entsprechungen wurde hingewiesen.

Der Neubearbeiter ist sich im klaren darüber, daß es nur kontextgebundene Äquivalenzen gibt und daß jede lexikographische Bearbeitung der juristischen und wirtschaftlichen Terminologie schon aus diesem Grunde bruchstückhaft ist und Irrtümer sowie Fehldeutungen nicht ganz ausgeschlossen werden können. Zusätzliche Hinweise und Verbesserungen sind deswegen willkommen.

Aux Utilisateurs

1. La nomenclature dans la langue de départ est imprimée en caractères gras. Ce sont les définitions trouvées dans les textes légaux et les ouvrages spécialisés qui ont servi de base à la traduction des entrées. Les utilisateurs trouveront une liste des principaux ouvrages de référence consultés par l'auteur pour l'établissement de la nomenclature et la traduction des différents termes à la fin de la présente introduction (pages XXI à XXII).

2. La partie phraséologique de l'entrée regroupe les principales tournures et expressions adjectivales, verbales et substantivées, ainsi que les prépositions. Pour les articles particulièrement étendus, nous avons établi chaque fois une nouvelle entrée lorsqu'il s'agit d'une dénominations particulièrement importante et cela pour permettre une orientation plus rapide. Ainsi l'article relatif au signifiant *acte* a été subdivisé par exemple à *acte administratif, acte écrit, acte judiciaire et acte notarié*, ces termes formant chaque fois une nouvelle entrée. Les tournures et expressions sont également regroupées par ordre alphabétique. Les mots ou groupes de mots précédant le signifiant présenté à l'entrée ont été placés devant les groupes de mots ou mots suivant le signifiant en question. A l'entrée *contrat* on trouve donc d'abord *accepter un contrat, agent sous contrat, annuler un contrat*, etc. et seulement ensuite, dans un second groupe, des syntagmes comme *contrat d'abonnement, contrat accessoire, contrat d'achat* etc., l'entrée étant naturellement remplacée chaque fois par un petit trait horizontal.

3. Pour les signifiants d'un certain développement présentant des sens différents au singulier et au pluriel, nous avons parfois employé un chiffre arabe devant l'entrée en question:
   1. **acte** (p. 14)
   2. **actes** (p. 19)

Une telle indication chiffrée ne nous a pas parue nécessaire pour les entrées singulier et pluriel très rapprochées.

4. L'entrée est suivie en règle générale par une courte indication grammaticale en tête d'article; ainsi le genre a été indiqué pour les noms. Les adjectifs, adverbes et prépositions sont également caractérisés sous forme d'une abréviation. Les verbes ne comportent pas d'indication particulière, chaque fois que le contexte semblait clair.

5. Pour les signifiants polysémiques, nous avons très souvent fourni des indications supplémentaires dans la langue de départ ou d'arrivée, en vue de préciser le sens en question. Ces indications, précédées

Aux Utilisateurs

d'un chiffre arabe, sont imprimées en italique et entre parenthèses. L'utilisateur trouvera en premier lieu des indications relatives au domaine juridique ou économique plus précis dans lequel le terme est surtout – mais pas exclusivement – employé

contribution *f* (1) *(SteuerR: impôt, imposition)* Abgabe *f*, Steuer *f*, (2) *(SchuldR: part du coobligé)* Anteil *m*, (3) *(ArbR: part de l'employeur aux charges sociales)* Arbeitgeberanteil *m*, (4) *(HaushR)* Umlage(beitrag), (5) *(UrhR)* Mitwirkung, Beitrag (zu einem Sammelwerk), (6) *(pl: hôtel des finances)* Steuerverwaltung, Finanzamt *n*; . . .

ou bien un renvoi à un synonyme plus étroit, permettant de reconstituer le contexte précis

déposer (1) *(PrzR: témoigner en justice)* aussagen, (2) *(ZR: mettre en dépôt)* in Verwahrung geben, hinterlegen, deponieren, (3) *(BeamR: destituer)* seines Amtes entheben, absetzen; . . .

Ces deux sortes d'indications peuvent d'ailleurs être combinées au sein d'un même article. Pour le déchiffrage des abréviations, veuillez vous reporter à la fin du présent avant-propos. D'ailleurs, les substantifs et les verbes comportent en général le même plan d'article.

6. Il convient de distinguer quatre sortes d'équivalences dans la langue cible. En règle générale, nous nous sommes efforcés d'indiquer les équivalences sémantiques naturelles, c'est-à-dire:

contrat d'assurance = Versicherungsvertrag
empiétement = Eingriff, Übergriff

une virgule étant placées entre ces différentes équivalences. En ce qui concerne les synonymes partiels, nous employons souvent un point virgule:

déterminer *v.tr.* feststellen; festsetzen, festlegen, bestimmen; veranlassen; ausschlaggebend sein für; **se -- à** sich entschließen zu.

Dans d'autres cas, nous indiquons également les calques et les emprunts:

objectivité *f* Sachlichkeit *f*, Objektivität *f*; **manque d'--** unsachliche Betrachtungsweise, Parteilichkeit

Dans certains cas particuliers enfin, nous avons été obligés de recourir à une explication définitoire et/ou à une équivalence imparfaite.

tribunal d'instance (= TI) frz. Kleininstanzgericht (auf Arrondissementebene); Gericht, das etwa dem Amtsgericht entspricht (mit einem Einzelrichter besetzt – bis 1958 „justice de paix"); . . .

Cependant ces deux dernières formes d'équivalences ont seulement été employées en vue d'expliquer des institutions particulièrement importantes.

Aux Utilisateurs

7. Dans la langue cible comme dans la langue source, les dénominations présentées appartiennent en règle générale au vocabulaire technique courant. Dans certains cas particuliers, il est cependant fait mention d'expressions familières, d'un sens figuré ou d'une dénomination ou connotation péjorative.

8. Ce dictionnaire essaie de refléter, dans la langue source comme dans la langue cible, l'usage contemporain. Cependant, la langue juridico-administrative française moderne s'est développée d'une manière organique et lente à partir de la fameuse Ordonnance de Villers-Cotterêts, édictée par François Ier en 1539. Depuis cette époque „on modernise", comme le montre d'ailleurs fort bien la circulaire du Ministre de la justice du 15 septembre 1977 relative à la „modernisation du vocabulaire judiciaire". Et il existe toujours des expressions latines à proscrire! Nous avons donc été obligés de conserver maintes expressions historiques ou vieilles et certains latinismes, se trouvant encore dans beaucoup d'actes judiciaires et notariés.

9. Pour ce qui es des „régionalismes", nous avons adopté l'attitude suivante: Tout ce qui n'est pas muni d'une indications spéciale est en principe du français de France, mis en rapport direct avec l'allemand utilisé en République fédérale d'Allemagne. Si le contenu des signifiants, c'est-à-dire les signifiés accusent une différence notable, nous avons préféré ajouter un „frz." (= français) dans l'équivalence allemande en vue d'éviter les malentendus. Les belgicismes et helvétismes dans la langue juridique sont indiquées en tant que tels, de même, les particularités de certaines expressions luxembourgeoises et européennes. Parfois des équivalences autrichiennes ont également été mentionnées.

Nous sommes conscient du fait que les équivalences sont toujours fonction de contextes bien déterminés. Tout travail lexicographique bilingue concernant la terminologie juridique et économique comporte donc nécessairement des lacunes, et il n'est pas non plus possible, d'éliminer tout à fait les erreurs es les fausses interprétations. Nous prions donc tous ceux qui consultent ce dictionnaire, de nous faire connaître leurs suggestions et corrections éventuelles.

Klaus E. W. Fleck

Verzeichnis
der im Wörterbuch verwendeten Abkürzungen

Liste des abréviations utilisées dans ce dictionnaire

a.	auch	également
Abk.	Abkürzung	abréviation
Adj	Adjektiv	adjectif
adv	Adverb	adverbe
AllgSpr	Allgemeinsprache	langage courant
ArbR	Arbeitsrecht	droit du travail
AtomR	Atomrecht	droit de l'atome
Außh	Außenhandel	commerce extérieur
Aut	Austria	terme du droit autrichien
AWR	Außenwirtschaftsrecht	droit relatif aux échanges internationaux
B	Belgien	terme du droit belge
BankR	Bankrecht	droit bancaire
BauR	Baurecht	droit de la construction
BeamR	Beamtenrecht	statut des fonctionnaires
BörR	Börsenrecht	régime des bourses
BR	bürgerliches Recht	droit civil
BRD	Bundesrepublik Deutschland	République fédérale d'Allemagne
BW	Betriebswirtschaft	organisation des entreprises
Buchf	Buchführung	comptabilité
bzw	beziehungsweise	ou bien
Cciv	Frz. Zivilgesetzbuch	Code civil
CIM	Internationales Übereinkommen über den Eisenbahnfrachtverkehr	Convention internationale sur le transport des marchandises par chemin de fer
Ccom	Frz. Handelsgesetzbuch	Code de commerce
conj	Konjunktion	conjonction
Constitution 1958	Französische Verfassung vom 4. Oktober 1958	Constitution de la Ve République

XV

Abréviations		Abkürzungen
CP	Frz. Strafgesetzbuch von 1810	Code pénal de 1810
CPC (ancien)	Alte frz. Zivilprozeß-ordnung	Ancien Code de procédure civile *(certaines parties, en particulier le Livre V, sont toujours en vigueur)*
CPP	Frz. Strafprozeßordnung	Code de procédure pénale
DiszR	Disziplinarrecht	droit disciplinaire
(E)DV	(Elektronische) Datenverarbeitung	informatique
EG	Europäische Gemeinschaft	Communauté européene
EheR	Ehe- und Ehescheidungsrecht	droit relatif au mariage et au divorce
EnergW	Energiewirtschaft	régime économique concernant les ressources énergétiques et leur exploitation
ErbR	Erbrecht	droit relatif aux successions
EU	Europäische Union	Union Européenne
EuR	Europarecht	droit européen
f	weiblich	féminin
FamR	Familienrecht	droit familial
FG	freiwillige Gerichtsbarkeit	droit relatif à la procédure gracieuse
fig	bildlich	sens figuré
FinanzW	Finanzwirtschaft	économie financière
GB	Grundbuch	livre foncier
GemR	Gemeinderecht	droit des communes
GesR	Gesellschaftsrecht	droit des sociétés
GewR	Gewerberecht	droit des professions industrielles et commerciales
GG	Grundgesetz	Loi fondamentale allemande

Abréviations **Abkürzungen**

GRUR	Gewerblicher Rechts-schutz u. Urheberrecht	droit de la propriété industrielle
GVR	Gerichtsverfassungsrecht	droit relatif à l'organisation judiciaire
HaushR	Haushaltsrecht	droit budgétaire
hist	historisches Wort (Archaismus)	mot historique
HochschulR	Hochschulrecht	droit relatif à l'enseignement supérieur
HR	Handelsrecht	droit commercial
i. e. S.	im engeren Sinn	au sens strict du terme
IPR	Internationales Privatrecht	droit international privé
IuH	Industrie und Handel	industrie et commerce
i. w. S.	im weiteren Sinne	au sens large du terme
jn, jmd	jemand	quelqu'un
jmdm	jemandem	
jmdn	jemanden	
Kfz	Kraftfahrzeug	véhicule automobile
KirchR	Kirchenrecht	droit concernant les associations cultuelles
KonkursR	Konkurs- und Vergleichsrecht	droit des faillites
Konj	Konjunktion	conjonction
KreditW	Kreditwesen	banques et crédit
Kripo	Kriminalpolizei	police judiciaire
L	Luxemburg	terme luxembourgeois
LandwR	Landwirtschaftsrecht	droit rural
lat	lateinisch	latin
loc	Lokution, Redewendung	locution
m	männlich	masculin
MedienR	Medienrecht	droit de l'audiovisuel
MilR	Militärrecht	droit relatif à la défense nationale
MRK	Menschenrechts-konvention	convention des droits de l'homme
MuW	Markenschutz und Wettbewerb	dessins et modèles et concurrence

Abréviations		Abkürzungen
n	sächlich	neutre
NCP	Neues frz. Strafgesetzbuch vom 22. Juli 1992	Nouveau Code pénal (entré en vigueur le 1er mars 1993)
NCPC	Neue frz. Zivilprozeßordnung vom 5. Dezember 1975	Nouveau code de procédure civile
od	oder	ou
ÖfR	öffentliches Recht	droit public
PatR	Patentrecht	droit des brevets
pej	abwertend	péjoratif
pl	nur Plural	seulement au pluriel
Pol	Politik	politique
pp	Partizip Perfekt	participe passé
präp	Präposition	préposition
PrzR	Prozeßrecht	droit procédural
qqch	etwas	quelque chose
qqn	jemand	quelqu'un
RA	Rechtsanwalt	avocat
Rges	Rechtsgeschichte	histoire du droit
RömR	römisches Recht	droit romain
s	siehe	voir
S	Schweiz	terme du droit suisse
SachR	Sachenrecht	droits réels
SchuldR	Schuldrecht	obligations
SchulR	Schulrecht	droit relatif à l'enseignement
SeeHR	Seehandelsrecht	droit du commerce maritime
SozR	Sozialrecht	droit social
SozVers	Sozialversicherung	sécurité sociale
SteuerR	Steuerrecht	droit fiscal
StR	Strafrecht	droit pénal
StPR	Strafprozeßrecht	droit judiciaire pénal
StVR	Straßenverkehrsrecht	droit de la circulation routière
StVZ	Strafvollzug	régime pénitentiaire
syn	Synonym	synonyme

Abréviations		**Abkürzungen**
TVR	Tarifvertragsrecht	droit relatif aux conventions collectives
u.	und	et
umg	umgangssprachlich	familier
UmweltR	Umweltrecht	droit relatif à la protection de l'environnement
UPU	Weltpostverein	union postale universelle
UrhR	Urheberrecht	droit de la propriété littéraire et artistique
v. impers.	unpersönliches Verb	verbe impersonnel
v. intr.	intransitives Verb	verbe intransitif
v. pron.	reflexives Verb	verbe pronominal
v. t. d	direktes transitives Verb	verbe transitif direct
v. t. ind.	indirektes transitives Verb	verbe transitif indirect
VerfR	Verfassungsrecht	droit constitutionnel
VerlR	Verlagsrecht	droit relatif aux maisons d'éditions
VersR	Versicherungsrecht	droit des assurances
VR	Völkerrecht	droit international public
Vwirt	Volkswirtschaft	économie politique
VwPR	Verwaltungsprozeßrecht	droit procédural administratif
VwR	Verwaltungsrecht	droit administratif
VwVerfR	Verwaltungsverfassungsrecht	droit de l'organisation des institutions administratives
WechselR	Wechselrecht	droit cambiaire
WertpR	Wertpapierrecht	droit des valeurs mobilières
WirtR	Wirtschaftsrecht	droit des affaires
Wz	Warenzeichen	marques déposées
ZollR	Zollrecht	droit douanier
ZPR	Zivilprozeßrecht	droit procédural privé
ZR	Zivilrecht	droit civil
ZwangsVR	Zwangsvollstreckungsrecht	droit de l'exécution forcée

Liste des principaux ouvrages de référence consultés pour la révision du présent dictionnaire

(Verzeichnis der für die Anfertigung dieses Wörterbuchs verwendeten Hilfsmittel)

L'auteur du dictionnaire, professeur de terminologie juridique et économique, mais également traducteur assermenté près les tribunaux, s'est servi pour la révision du présent dictionnaire en premier lieu des textes de traduction et de lecture de sa propre pratique quotidienne. Les actes juridiques et judiciaires traduits ont été complétés par ceux trouvés dans les principaux formulaires français, en particulier les formulaires publiés par les Éditions techniques et Dalloz à Paris. Il a en particulier puisé dans le *Répertoire de procédure civile* élaboré par Louis BARBET, mais aussi dans le *Précis-Formulaire des actes notariés* de JAVON et BARBET, LITEC, Paris 15e édition, 1995. Les trois ouvrages allemands correspondants sont le *Beck'sche Formularbuch zum Bürgerlichen, Handels- und Wirtschaftsrecht*, 6e édition 1995, Le *Münchener Vertragshandbuch* en 4 volumes, également chez Beck, 4e édition 1996 et le *Beck'sche Prozeßformularbuch*, 7e édition 1995. Chacun sait en outre que les tables des matières des principales revues, comme la GAZETTE DU PALAIS, ou celles des commentaires juridiques, le PALANDT par exemple, constituent une mine inépuisable de renseignements. Il faut y ajouter les CD-ROMs de plus en plus nombreux publiés par les grandes Maisons d'édition juridiques en France et en Allemagne, mais aussi par le JOURNAL OFFICIEL à Paris. Les images numérisées des pages des *Lois et décrets* offrent un excellent matériel. L'extrait sur CD-ROM de la *Banque TERMIUM* du Bureau de traduction des Services gouvernementaux du Canada, Bureau de traduction, est également un instrument de travail très utile.

Ceux qui cherchent un premier aperçu sur le droit français pourront consulter un petit ouvrage d'initiation très bien fait: *Einführung in das französische Recht* de CONSTANTINESCO et HÜBNER, Beck, Munich, 3e édition 1994.

Les dictionnaires monolingues français utilisés en premier lieu par l'auteur du présent dictionnaire sont le PETIT ROBERT 1, Grand format, nouvelle édition 1993 et le GRAND ROBERT dans sa version électronique, datant de 1991 et qui vient d'être publié en 1997 dans une nouvelle version remaniée et complétée. Dès sa parution en

1996, l'auteur s'est également servi du Petit Robert sur CD-ROM, toujours d'une grande actualité, très convivial et facile d'accès. Le PETIT LAROUSSE et le HACHETTE sont tous les deux également disponibles sur disque électronique et permettent de compléter et de recouper utilement les renseignements fournis par le ROBERT.

Le meilleur dictionnaire juridique monolingue français et en même temps le plus complet est sans aucun doute le *Vocabulaire juridique* de Gérard CORNU publié par les Presses universitaires de France, 5e édition 1996. Ce dictionnaire de plus de 800 pages sera indispensable à tous ceux qui chercheront une définition claire et précise des principaux termes juridiques français. Les renseignements du CORNU pourront être complétés par ceux contenus dans le *Dictionnaire juridique pratique* des Éditions juridiques européennes, Paris, 1996. L'auteur a également puisé dans de nombreux lexiques spécialisés publiés par Dalloz:

– *Lexique de termes juridiques* de GUILLIEN et VINCENT, 10e édition 1995
– *Lexique de droit immobilier* d'ATIAS et BERGEL, 2e édition 1994
– *Lexique fiscal* de BARILARI et DRAPÉ, 2e édition 1992
– *Lexique de politique* de DEBBASCH et DAUDET, 6e édition 1992
– *Lexique de banque et de bourse* de SOUSI-ROUBI, 4e édition 1997
– *Lexique des sciences sociales* de GRAWITZ, 6e édition 1994.

Les traducteurs de textes à prédominance économique consulteront en outre Le *Dictionnaire commercial* de l'Académie des sciences commerciales publié par l'Entreprise Moderne d'Édition et le *Dictionnaire d'économie et de sciences sociales* publié sous la direction de C.D. ECHAUDEMAISON aux éditions Nathan ainsi que les DIXECO de l'économie et de l'entreprise publiés par Dunod. Ils se reporteront également au *Dictionnaire économique et financier* de BERNARD et COLLI, très complet et parfois un peu théorique.

Pour ceux qui voudront compléter leurs informations sur les équivalences allemandes, nous leur conseillons d'abord le *Rechtswörterbuch* de CREIFELDS, Beck, 14e édition 1997 et le *Juristisches Wörterbuch* de Gerhard KÖBLER, Vahlen, 7e édition 1995 et ensuite Vahlens *Großes Wirtschaftslexikon*, 2e édition 1992.

Cette liste des ouvrages consultés par l'auteur du présent dictionnaire est loin d'être exhaustive, mais elle permettra à tous les traducteurs hésitants ou indécis de poursuivre leurs propres recherches et de compléter leurs informations. Il va de soi que tout traducteur ayant des doutes sur un terme précis, devra impérativement consulter un dictionnaire monolingue français ou allemand pour s'assurer de la pertinence de sa traduction.

A

à *präp*: – **l'acquit** *(SchuldR)* Betrag erhalten; – **la barre** vor Gericht, in der mündlichen Verhandlung; – **bon droit** zu Recht; – **cause de mort** (Leistung) nach Todesfall; – **ce qu'il n'en ignore** ihm kund und zu wissen; – **charge d'appel** (Urteil) kann mit Berufung angefochten werden; – **charge de conserver et de rendre** mit der Verpflichtung aufzubewahren u. zurückzugeben; – **charge de soulte** unter der Voraussetzung einer Ausgleichszahlung; – **charge et à décharge** *(StPR)* mit der Verpflichtung, Be- u. Entlastungsbeweise gleichermaßen beizubringen; – **compte d'auteur** auf Kosten des Urhebers, im Privatdruck; – **compter du** vom ... an ...; – **(la) condition que** sofern, vorausgesetzt daß; – **crédit** auf Kredit; mit (einem bestimmten) Zahlungsziel; – **découvert** ohne Sicherheitsleistung; – **défaut de** in Ermangelung von; – **dire d'expert** gemäß Aussage des Sachverständigen, laut Sachverständigengutachten; – **dire vrai** tatsächlich; um der Wahrheit die Ehre zu geben; – **domicile** (Zustellung) am Wohnsitz; – **domicile élu** (Zustellung) an der vereinbarten Anschrift (Notar, Anwalt), Wahl einer Zustellungsanschrift (für gerichtliche Urkunden); – **due concurrence** (Zahlungen) in der vereinbarten Höhe; – **échoir** (später) fällig werdend; – **l'encontre de** gegen, wider; – **fonds perdu(s)** ohne Rückzahlungsverpflichtung; – **forfait** pauschal, in Bausch und Bogen; – **huis clos** *(PrzR)* unter Ausschluß der Öffentlichkeit; – **huitaine** binnen od. innerhalb einer Woche; – **l'insu de** ohne Wissen von, heimlich; – **jour fixe** zum besagten (vereinbarten) Zeitpunkt; – **juste titre** mit Fug und Recht, mit vollem Recht, zu Recht; – **juste titre et sans crue** gemäß tatsächlichem Wert u. ohne Aufschlag; – **long terme** langfristig, auf lange Sicht; – **peine de** *(StR)* unter Androhung (einer Strafe) von; – **perpétuelle demeure** endgültig; – **perpétuité** *(StR)* lebenslänglich; – **personne** *(PrzR: Zustellung)* persönlich, an den Betroffenen; – **perte** mit Verlust; – **son profit** zugunsten von; – **qui de droit** an den Befugten, an wen es angeht; – **qui il appartiendra** zur weiteren Veranlassung; – **ses risques et périls** *(SchuldR: Warensendung)* auf eigene Gefahr; – **la sauvette** *(HR: illegaler Handel)* heimlich; – **seule fin (de)** nur zu dem Zweck; – **tempérament** periodisch, monatlich, (Kauf) auf Raten; – **terme** zu einem späteren Zeitpunkt, mit einem Ziel von ...; – **terme échu** bei Fälligkeit; – **titre accessoire** zusätzlich; – **titre énonciatif** beispielsweise, im Rahmen einer unvollständigen Aufzählung; – **titre incident** *(ZPR)* im Verlauf des Verfahrens; als strittiger Nebenpunkt; – **titre limitatif** (Aufzählung) abschließend, vollständig; – **titre onéreux** *(SchuldR)* entgeltlich, gegen Zahlung von; – **titre précaire** *(ZR)* provisorisch; als Mieter; als Verwahrer; – **titre principal** *(ZPR)* in der Hauptsache; – **titre de provision** als Vorschuß; als Sicherheitsleistung; als Kaution; – **provisoire** *(ZwangsVR)* vorläufig (vollstreckbar); vollstreckbar gegen Sicherheitsleistung; – **titre provisoire** vorläufig; – **tour de rôle** turnusmäßig, in einem bestimmten Turnus (stattfindend); – **toute hau-**

teur de la procédure *(ZPR)* in jedem Stadium des Verfahrens, im Laufe des Prozesses; – **toutes fins utiles** (Mitteilung) zur Kenntnisnahme; – **vie** (1) *(ZR: en viager)* auf Lebenszeit, (2) *(StPR: à perpétuité)* lebenslänglich; – **vue** *(WertpR)* bei Sicht.

abaissable *adj.* herabsetzbar.

abaissement *m* Senkung *f*, Verringerung *f*, Abschwächung *f*, Herabsetzung; *fig* Erniedrigung *f*; – **de l'âge de la retraite** *(SozR)* Herabsetzung des Rentenalters; – **d'échelon** *(ArbR, BeamR)* Rückstufung, Einstufung in eine niedrigere Gehalts- *bzw.* Lohngruppe; – **des impôts** Steuersenkung; – **du prix** Preissenkung; – **du taux d'escompte** Diskontsatzherabsetzung.

abaisser *v.tr.d.* (1) *(baisser)* senken, verringern, abschwächen, herabsetzen, (2) *(humilier)* demütigen.

abaisser: s'– *v.pron.* (1) sich verringern, (2) sich herablassen zu.

abandon *m* (1) *(SchuldR: cession)* Abtretung *f*, Übertragung einer Forderung (auf einen Anderen), (2) *(SachR: renonciation, délaissement)* (freiwillige) Aufgabe *f* (der Ansprüche od. des Eigentums), (Rechts-)Verzicht *m*, Verzicht auf das Eigentum, Überlassung *f*, (3) *(FamR: négligence)* Vernachlässigung *f*, (4) *(SeeHR)* Abandonerklärung *f*, Abtretung des versicherten Gegenstandes; **à l'–** in einem verwahrlosten Zustand; **déclaration d'–** *(FamR)* gerichtliche Feststellung des Verlassens der Kinder (durch die Eltern) u. der Beendigung des (bisherigen) Verwandtschaftsverhältnisses.

abandon d'actif Vermögensaufgabe, Aktivaüberlassung; – **abandon d'accusation** Verzicht *m* auf die Anklage(erhebung); – **alimentaire** *(StR)* Verletzung der Unterhaltspflicht; – **de biens** Vermögensaufgabe; – **de créance** Forderungsverzicht; – **du domicile conjugal (par l'un des époux)** *(StR)* böswilliges Verlassen des Ehegatten, Verletzung der Unterhaltspflicht; – **d'enfant ou d'incapable** Kindesaussetzung *f*, Verlassen *n* einer hilflosen od. hilfebedürftigen Person; – **de famille** *(StR)* Verletzung der Unterhaltspflicht, böswilliges Verlassen der Familie (ohne Unterhaltsleistung); – **d'un fonds** (unentgeltliche) Abtretung eines Grundstücks; – **de foyer** Verlassen der gemeinsamen Wohnung; – **des hostilités** Einstellung der Kampfhandlungen; – **en mer** Aussetzung auf See; – **des lieux** Verlassen *n* der Wohnung (auf Grund einer behördlichen Anordnung); – **moral des enfants** *(StR)* sittliche Verwahrlosung der Kinder; – **pécuniaire** *(StR)* Verletzung der Unterhalts(leistungs)pflicht; – **d'opinion** (plötzliche) Meinungsänderung; – **de poste** (unbefugtes) Verlassen des Arbeitsplatzes od. der Dienststelle; – **possession** *(SachR: déguerpissement)* Aufgabe *f* des Besitzes; – **de la profession** Ausscheiden *n* aus dem Beruf; – **d'un projet** Verwerfung eines Plans od. Vorhabens; – **de propriété** Eigentumsverzicht *od.* -aufgabe; – **de soi** Selbstaufgabe *f*.

abandonnataire *m* *(SachR, HR: bénéficiaire, attributaire)* Person, der eine Sache (durch den Gläubiger) zwecks Befriedigung überlassen od. herausgegeben wird.

abandonnement *m* *(SachR: attribution)* Überlassung einer Sache zur Befriedigung des (Gesamthands-)Gläubigers; **contrat d'–** *(SachR: abandon de possession)* Besitzüberlassung *f*, Besitzübertragung *f*.

abandonner (1) *(céder un droit)* abtreten, übertragen, (2) *(renoncer à un droit)* aufgeben, preisgeben, verzichten auf, (3) *(DV)* abbrechen; – **son poste** sich von seinem (Dienst-)Posten entfernen.

abaque *m* Rechentafel *f*, Rechenblatt *n*, Multiplikationstabelle *f*; Diagramm *n* Kurvenblatt *n*.

abattage *m* (1) *(mines, carrières)* Abbau *m*, Gewinnung *f*, (2) *(arbres)*

Holzeinschlag *m*, Abholzung *f*, (3) *(animaux: mise à mort)* Schlachtung *f*; **– rituel** rituelle Schlachtung; **– d'urgence** Notschlachtung.

abattement *m* (1) *(retranchement)* Abzug *m*, Abschlag *m*, (2) *(rabais)* Ermäßigung *f*, Senkung *f*, (3) *(SteuerR)* Freibetrag *m*, (Steuer-)Abzug *m*; **taux d'–** Ermäßigungssatz *m*; **– d'âge** Altersabschlag *m*; **– à la base** (Steuer-)Freibetrag *m*, Steuerfreigrenze; **– fiscal** (= *réduction sur la matière imposable)* Steuerabzug *m*, Steuerermäßigung *f*; **– forfaitaire** pauschaler Steuerabzug.

abattoir *m (LandwR: marchés agricoles, viandes)* Schlachthof *m*.

abattre (1) (nieder-)schlagen, töten, (2) *(Tiere)* schlachten.

abdicatif *adj*: **acte –** Verzichtserklärung.

abdication *f* (1) *(ÖfR, BeamR)* Aufgabe eines öffentlichen Amtes, (König) Abdankung *f*, (2) *(renonciation pure et simple à un droit)* Rechtsverzicht *m*.

aberrant *adj* absurd, unsinnig.

aberration *f* Widersinn *m*, Unsinn *m*; **agir dans un moment d'– (ou d'égarement)** in einem Zustand der Geistesverwirrung handeln.

abhorrer *v.tr. (avoir en aversion)* verabscheuen.

abîme *m*: **course à l'–** Weg in den Abgrund od. in die Katastrophe.

abîmer *v.tr.d. (détériorer, endommager, dévaster)* beschädigen, einen Schaden zufügen od. verursachen.

ab initio *(dès le début)* von Anfang an, von Anbeginn.

ab intestat *(ErbR: appelé par la loi; succession légale à défaut de testament)* ohne Testament *n* od. letztwillige Verfügung (sterben), nach gesetzlicher Erbfolge *f*, ab intestato; **héritier –** gesetzlicher Erbe.

ab irato *– (acte inspiré par la colère ou accompli sous l'empire de la colère)* unüberlegt, im Affekt, im Zorn; **testatment –** im Zorn verfaßtes Testament.

abjuration *f* (d'une religion) *(KirchR)* Abschwörung *f* (des Glaubens), Austritt (aus einer Religionsgemeinschaft).

abjurer *v.intr. et tr.* (1) *(renier, se rétracter)* abschwören, (2) *(renoncer à)* aufgeben, verzichten (auf).

abnégation *f (désintéressement, renoncement)* Selbstlosigkeit *f*, Uneigennützigkeit, Selbstaufopferung; **faire – de qqch.** verzichten (auf).

abolir *v.tr.* (ein Gesetz) aufheben, abschaffen, außer Kraft setzen, annullieren, für ungültig erklären.

abolitif *adj* : **loi abolitive** Abschaffungsgesetz *n*.

abolition *f (suppression par une loi nouvelle d'un état de droit antérieur)* Aufhebung *f*, Abschaffung *f*, Außerkraftsetzung.

abominable *adj (révoltant, inspirant une horreur extrême)* (Verbrechen) verabscheuungswürdig.

abondance *f* (1) *(prospérité, opulence)* Fülle *f*, Überfluß *m*, (2) Häufigkeit *f*; **corne d'–** Füllhorn *n*; **société d'–** Wohlstands- od. Überflußgesellschaft.

abondement *m (ArbR)* Arbeitgeberzuschuß (für den Erwerb von Unternehmensanteilen durch die Arbeitnehmer).

abonder *v.intr.*: **– dans le sens de qqn.** jmdm. zustimmen, jmdm. beipflichten.

abonnataire *m* Lieferant *m* im Rahmen einer Vorausbestellung od. eines Sukzessivlieferungsvertrages.

abonné *m* (1) *(Zeitung)* Abonnent *m*, Bezieher *m*, (2) *(Telefon)* Fernsprechteilnehmer.

abonnement *m* (1) *(ZR)* Abonnement *n*, Vorausbestellung *f*; Vorausbezahlung *f*, (2) *(SteuerR: détermination forfaitaire de l'impôt)* Pauschalsteuererhebung*f*; **contrat d'–** Abonnementsvertrag *m*, Bezugsvertrag; **police d'–** *(VersR)* laufende Police.

abonner: s'– à im Abonnement beziehen, abonnieren, ein Abonnement abschließen.

abord *loc. adv.* (1) *(d'abord, en premier lieu, auparavant)* zunächst, zu allererst, (2) *(de prime abord, à première vue)* dem ersten Anschein nach.

abordable *adj (Preis)* (1) angemessen, vernünftig, (2) *(Person)* nicht abweisend, ansprechbar.

abordage *m* Rammen *n* od. Zusammenstoß *m* zweier Schiffe, Entern *n* (von Schiffen), Abordage *f.*

aborder *v.tr.* (1) *(accoster)* (Schiff) anlegen, anladen, (2) *(se heurter par accident)* entern, zusammenstoßen, (3) *(s'approcher de qqn.)* ansprechen, (4) *(un sujet)* (ein Problem) erörtern, zur Sprache bringen, (eine Frage) aufwerfen.

abornement *m (ZR: délimitation d'une frontière)* Feststellung *f* des Grenzverlaufs, Abmarkung; **procès verbal d'–** Grenzabmarkungsprotokoll *n.*

aborner den Grenzverlauf feststellen.

abortif *adj* abtreibend; **manœuvres –ves** Abtreibungshandlungen *fpl.*

abortifs *mpl* Abortiva, Abtreibungsmittel *npl.*

aboutir (1) *(v.tr. ind.: conduire à, mener à)* führen zu, (2) *(v. intr.: atteindre son but, avoir le résultat escompté)* Erfolg zeitigen, sein Ziel erreichen.

aboutissants *mpl: (SachR: pour une propriété, les fonds qui sont adjacents aux petits côtés, par opposition aux tenants)* Anliegergrundstücke *npl;* **les tenants et – d'une affaire** *(PrzR)* Tatbestand od. Sachverhalt (eines Rechtsstreits).

abrégé *m* Zusammenfassung *f,* Kurzfassung *f;* **en –** verkürzt, zusammengefaßt, auszugsweise.

abrégement *m (du délai imparti)* Fristverkürzung *f.*

abréger *(v.tr.: écourter, réduire)* verkürzen; abkürzen; sich kurz fassen.

abréviation *f (sigle)* Abkürzung *f;* Kurzform *f.*

abri *m* Schutzbau *m,* Bunker *m;* Unterstand *m;* **–bus** *m* überdachte Bushaltestelle; **–abri** *m* Obdachlose *m;* **se mettre à l'–** sich schützen, sich in Sicherheit bringen.

abriter (1) *(v.tr.d.)* beherbergen; schützen, (2) *(v.pron.):* **s'– derrière la loi** das Recht als Vorwand benutzen, sich hinter dem Gesetz verschanzen.

abrogatif *ou* **abrogatoire** *adj (abolitif)* aufhebend; **loi –ive** Aufhebungsgesetz.

abrogation *f (VerfR: abolition d'une loi pour l'avenir)* Aufhebung *f,* Außerkraftsetzung *f,* Derogation *f;* **– explicite** *ou* **expresse** *ou* **formelle** ausdrückliche Aufhebung; **– implicite** *ou* **tacite** stillschweigende Aufhebung.

abrogeable *adj* aufhebbar.

abroger aufheben, abschaffen.

absence (1) *(ZR: présomption de décès)* Verschollenheit *f,* (2) *(PrzR)* Abwesenheit *f,* (im Verfahren) Säumnis *f,* (3) *(ArbR)* Arbeitsversäumnis *n,* Nichterscheinen *n* zur Arbeit, Fehlzeit *f,* (4) *(défaut, manque)* Fehlen *n,* Mangel *n,* (5) *(ZPR)* Versäumnis *n,* Versäumung *f;* **autorisation d'–** Dienstbefreiung *f;* **déclaration d'–** *(ZR)* (förmliche) Verschollenheitsfeststellung; **indemnité d'–** Trennungsgeld *n;* **jour d'–** Fehltag *m,* Abwesenheitstag; **présomption d'–** Verschollenheitsvermutung *f;* **– de consentement** fehlende Annahmeerklärung *od.* Willensübereinstimmung; **– de faute** Schuldlosigkeit *f;* **– illégale** eigenmächtige Abwesenheit (vom Dienst); **– injustifiée** *ou* **irrégulière** unbefugtes Arbeitsversäumnis *n,* unentschuldigtes *od.* unberechtigtes Fernbleiben vom Arbeitsplatz; **– de motifs** *(ZPR)* fehlende Begründung; **(pour) – de preuves** *(PrzR)* aus Mangel an Beweisen; **– de provision** *(ScheckR)* mangelnde Deckung; **– du service** *(ArbR)* Dienstversäumnis *n;* **– du travail** Arbeitsversäumnis *n,* Fehlen *n.*

absent *adj* (1) *(ZR: disparu)* verschollen, (2) *(non présent)* abwesend, verreist; fern, (3) *(ZPR: défaillant)* säumig.

absent *m* (1) *(ZR: disparu)* Verschollene(r), Vermißte(r), (2) *(ZR: défaillant)* Abwesende(r) *m*; **curateur de l'–** Abwesenheitspfleger *od.* -kurator *m* (Aut).

absentéisme *m (ArbR)* (häufiges u. unentschuldigtes) Fernbleiben *n* von der Arbeit, Krankfeiern *n*.

absenter: s'– *v.pron.* sich (vom Arbeitsplatz) entfernen, dem Dienst *od.* der Arbeit fernbleiben.

absolu *adj (opposable à tous, sans restriction aucune)* unbeschränkt; ausschließlich; unumgänglich, unerläßlich, unbedingt; absolut; **confiance –e** unbedingtes Vertrauen; **pouvoir –** absolute Herrschaft.

absolution *f (StPR: exemption de la peine principale)* Freispruch *m* (des Angeklagten); Absolution *f*; Sündenvergebung *f*, Lossprechung *f*; **prononcer l'–** auf Freispruch erkennen.

absolutisme *m* Absolutismus *m*, Alleinherrschaft *f*; Machtvollkommenheit *f*.

absolutoire *adj*: **excuse –** Strafausschließungsgrund *m*; **sentence –** Freispruch *m*.

absorber (1) *(GesR)* fusionieren, verschmelzen, (2) *(Gelder)* verbrauchen.

absorption *f* Aufnahme *f*; **– d'une société** *(GesR: fusion d'entreprises)* Fusion, Verschmelzung *f* durch Aufnahme, Eingliederung, Übernahme einer Gesellschaft.

absoudre *(v.tr.d.)* freisprechen, für straflos erklären; entschuldigen.

absous, absoute *adj (bénéficiant d'une absolution)* frei- *od.* lossprechend.

s'abstenir *(v.pron.)* sich (der Stimme) enthalten, nicht wählen; **obligation de s'–** Unterlassungspflicht *f*.

abstention *f* (1) *(Pol)* Wahl-, Stimmenthaltung, (2) *(ZR, StR)* Unterlassung; Verzichtleistung *f*; **liberté d'–** *(ArbR)* negative Koalitionsfreiheit, (3) *(ZPR)* Rechtsverweigerung *f*; Prozeßverschleppung (durch Nichtentscheidung (einer spruchreifen Sache)); **– de juge** *(PrzR)* Selbstablehnung (eines Richters); **– de secours en cas de péril**, **– de porter secours** *(StR: non-assistance à personne en danger)* unterlassene Hilfeleistung, Verweigerung der Hilfeleistung *f* bei Gefahr.

abstentionnisme *m* électoral *(Pol)* Wahlmüdigkeit *od.* -verdrossenheit.

abstentionniste *m* Nichtwähler *m*.

abstraction *f* Verallgemeinerung *f*; Begriffsbildung, Abstraktion; **faire –** *(ne pas tenir compte, négliger)* absehen von, beiseite lassen.

abstrait *adj* abstrakt; rein begrifflich; nur gedacht; **engagement –** *(SchuldR)* Unabhängigkeit des Erfüllungs- vom Verpflichtungsgeschäft.

abus *m* (1) *(ÖfR)* Mißbrauch *m*, Rechtseingriff *m*, Verstoß *m*, Übergriff *m*, (2) *(ZR)* Abusus *m*, übermäßiger Gebrauch *m*; **– d'autorité** (1) *(ZR)* widerrechtliche Drohung (ausgehend vom Erziehungsberechtigten), Mißbrauch des Überordnungsverhältnisses, (2) *(ÖfR: délit commis par un fonctionnaire)* Mißbrauch der Amtsgewalt; Amtsmißbrauch; **– de biens sociaux** *(GesR, StR: usage des biens de la société contraire à son intérêt)* Veruntreuung von Gesellschaftsvermögen; **– de blanc-seing** Mißbrauch *m* der Blankovollmacht, Blankettmißbrauch *m*, unbefugte Blankettausfüllung *f*; **– de confiance** (1) *(StR)* Veruntreuung *f*, Untreue *f*, (2) *(i.w.S.)* Vertrauensmißbrauch, Vertrauensbruch *m*.

abus de (du *ou* **d'un) droit** (1) *(ZR: exercice d'un droit dans le seul dessein de nuire à autrui)* Rechtsmißbrauch *m*, unzulässige Rechtsausübung, (2) *(ArbR)* mißbräuchliche Kündigung (des Arbeitsvertrages); **– de fonction** *(StR, VwR)* Amtsanmaßung, Mißbrauch *m* von Amtsbefugnissen; **– de jouissance** (1) *(SachR)* übermäßige Fruchtziehung; überschreiten der Grenzen eines dinglichen Nutzungsrechtes, (2) mißbräuchliche Benutzung; **– de la légitime défense** Not-

5

wehrüberschreitung *f*, Notwehrexzeß *m*; **– de majorité (GesR)** Mißbrauch der Stimmenmehrheit; **– de pouvoir** *(VwR)* Mißbrauch der Amtsgewalt, Ermessensüberschreitung *od.* -mißbrauch; **– de puissance** *(WirtR)* Mißbrauch einer (wirtschaftlichen) Machtstellung; **– d'usage** *(ZR)* widerrechtliche Benutzung.

abuser (1) *(v.tr.ind.: tromper, donner le change, leurrer)* täuschen, irreführen, (2) *(v.tr.ind.: faire un usage excessif)* mißbrauchen, (3) *(v.tr.ind.: violer)* vergewaltigen, (4) *(v.pron.: faire erreur, s'illusionner)* sich irren, sich Illusionen machen.

abusif *adj* (rechts)mißbräuchlich, widerrechtlich; regelwidrig, ungerechtfertigt, unrechtmäßig, unzulässig, irreführend, falsch; übermäßig; **recours –** *(PrzR)* mißbräuchliche Einlegung eines Rechtsmittels.

abusus *m* (1) *(SachR lat. = droit de disposer d'une chose)* (unumschränktes) Verfügungsrecht *n*, Verfügungsbefugnis *f* (2) *(utilisation jusqu'à l'épuisement)* Ausnutzung *f*, Abnutzung *f*.

académie *f* (1) *(SchulR: circonscription universitaire et scolaire)* Hochschulbereich *m*, Universitäts- u. Schulbezirk, (2) *(Académie française: Institut de France)* frz. Akademie für Sprachpflege.

accablant *adj*: **preuves –es** erdrückendes Beweismaterial; **témoignage –** eine (einen Angeklagten) schwer belastende Zeugenaussage.

accabler (einen Verdächtigen) belasten, belastende Beweise vorbringen.

accalmie *f* (Krise) Beruhigung *f*, Abflauen *n*.

accaparement *m* *(WirtR: accumulation de marchandises)* Anhäufung von Waren zum Zwecke unzulässiger Preisbeeinflussung.

accaparer *(WirtR)* anhäufen, aufkaufen, hamstern; **– le pouvoir** die Macht an sich reißen.

accapareur *m* *(WirtR)* Spekulant *m*, Schieber *m*; Hamsterer *m*, Aufkäufer *m*.

accédant *m* **à la propriété** Wohnungseigentumserwerber *m* (im Rahmen des sozialen Wohnungsbaus).

accéder à (1) Zugang *m* haben zu, (2) *(contrat)* beitreten, (3) *(condition)* zustimmen, seine Zustimmung geben; **– à la propriété** *(BauR: sozialer Wohnungsbau)* Eigentum erwerben; **– à un traité** *(VR)* einem (völkerrechtlichen) Vertrag beitreten.

accélérer *v.tr.* beschleunigen.

accélération *f* Beschleunigung *f*.

accélérateur *m* *(Kfz)* Gaspedal *m*.

accent *m*: **mettre l' – sur** (nachdrücklich) hervorheben, betonen.

accentuation *f* Betonung *f* Hervorhebung *f*; Vertiefung *f*; Verschärfung *f*.

accentuer *v.pron.* hervorheben; (Krise) zunehmen, sich verschärfen.

acceptable *adj* annehmbar, akzeptabel, vernünftig, befriedigend.

acceptant *m* (1) *(ZR)* Annehmende(r), (2) *(WechselR)* Akzeptant *m*, Annehmer *m*.

acceptation *f* (1) *(ZR: consentement à une offre)* Annahme *f* des Vertragsantrags, Vertragsannahme *f*, (2) *(ZR: manifestation de volonté)* Willenserklärung *f*, Annahmeerklärung *f*, (3) *(VR: acquiescement)* Zustimmung *f*, Anerkennung *f*, (4) *(VR: approbation)* Genehmigung *f*, (5) *(WechselR)* Wechselakzept, Akzept *n*; **banque d' –** Akzept- *od.* Wechselbank; **commission d' –** Akzeptprovision *f*; **condition d' –** Annahmebedingung *f*; **crédit par –** Akzeptkredit *m*; **débiteur par –** Akzeptschuldner *m*; **déclaration d' –** Annahme– *od.* Akzepterklärung; **à défaut d' –** *ou* **faute d' –** mangels Annahme; **présentation à l' –** Vorlegung zur Annahme, Vorlage zur Annahme, Akzeptvorlage *f*; **présenter à l' –** zur Annahme vorlegen; **refus d' –** Annahme- *od.* Akzeptverweigerung; **retard dans l' –** Annahmeverzug *m*.

acceptation bancaire *ou* **de banque** Bankakzept; **– sous bénéfice d'inventaire, – bénéficiaire** Erbschaftsannahme *f* unter dem Vorbehalt der Inventarerrichtung; **– de cadeaux** Geschenkannahme *f*; **– cambiaire** Wechselakzept; **– de complaisance** Gefälligkeitsakzept; **– conditionnelle** bedingte Annahme; **– à découvert** Blankoakzept; **– de donation** Schenkungsannahme *f*; **– expresse** ausdrückliche Annahme; **– implicite** stillschweigende Annahme; **– par intervention** Ehrenannahme, Ehrenakzept; **– de la marchandise** Annahme der Ware; **– ordinaire** Vollakzept; **– partielle** Teilakzept; **– pure et simple** (1) *(ErbR)* unbedingte Erbschaftsannahme, unbedingte Erbserklärung (Aut.); (2) *(WechselR)* unbedingte Annahme; **– sans réserves** vorbehaltlose Annahme; **– d'un risque** *(VersR)* freiwillige Gefahrübernahme; **– des risques** *(SchuldR)* Risikoübernahme (durch den Verletzten); **– d'une succession** Erbschaftsannahme; **– tacite** stillschweigende Annahme; **– au transport** Annahme zur Beförderung.

accepter *v.tr.d.* (1) *(consentir à, agréer)* annehmen, akzeptieren, (2) *(permettre, supporter)* hinnehmen, (3) *(admettre, souscrire)* zugeben, billigen, (4) *(accueillir, adopter)* jemanden aufnehmen, einstellen, empfangen.

accepteur *m (WechselR)* Akzeptant *m*, Empfänger*m*, Annehmer *m* (eines auf ihn ausgestellten Wechsels).

acception *f (emploi, usage, signification d'un mot)* Bedeutung *f* (eines Wortes).

accès *m* (1) *(entrée)* Zugang *m*, Zutritt *m*, Zufahrt *f*, (2) *(DV)* Zugriff *m*; **droit d'–** *(SachR)* Zufahrtsrecht *n*; **droit d'– aux documents** *(VwR)* Einsichtsrecht; **– de colère** Wutanfall *n*; **– aux informations** *(DV)* (Daten-)Zugriff; **liberté d'–, libre – ** freier Zugang *od.* Zutritt; **libre – à la mer** *(VR)* freier Zugang zum Meer; **– au marché** *(HR)* Zugang zum Markt; **– à la profession** *(WirtR)* Zulassung zur Berufsausübung; **– auprès des tribunaux** *(PrzR)* Eröffnung *f* des Rechtsweges.

accessible *adj* (à tous) (allen) zugänglich.

accession *f* (1) *(VR: adhésion)* Beitritt *m*, Anschluß *m*, (2) *(SachR: acquisition par incorporation ou union)* (Eigentums-)Erwerb *m* kraft Zuwachs *od.* natürliche Vermischung (einer unbedeutenden Sache); **clause d'–** *(VR)* Beitrittsklausel *f*; **droit d'–** *(SachR)* Zuwachsrecht; **instrument d'–** *(VR)* Beitrittsurkunde *f*; **traité d'–** *(VR)* Beitrittsvertrag *m*; **– artificielle** *(SachR)* Vermischung durch Menschenhand (Bauten); **– immobilière** *(SachR)* Verbindung mit einem Grundstück; **– à l'indépendance** *(VR)* Erlangung der Unabhängigkeit; **– mobilière** *(SachR)* Verbindung zweier beweglicher Sachen (verschiedener Eigentümer oder durch Verarbeitung durch einen Dritten); **– naturelle** *(SachR)* Anschwemmung *f*; **– au pouvoir** *(Pol)* Machtergreifung *f*; **– à la propriété** *(SachR, SozR)* Eigentumsbildung *f* (in Arbeitnehmerhand); **– au traité** Beitritt zum (völkerrechtlichen) Vertrag.

accessions *fpl* **naturelles** *(SachR)* Anschwemmung *f*, Anlandung.

accessit *m (SchulR)* zweiter Preis, Nebenpreis; ehrenvolle Erwähnung.

accessoire *adj* (1) *(ZR, StR: annexe)* akzessorisch, (2) *(subsidiaire)* nebensächlich, untergeordnet; unwesentlich, (3) *(complémentaire)* zugehörig; **clause –** Nebenbestimmung (eines Vertrages); **droit –** akzessorisches (dingliches) Recht; **frais –s** Nebenkosten; **peine –** *(StR)* Nebenstrafe.

accessoire *m* (1) *(SachR: chose affectée au service d'une autre)* Zubehör *n*, Zubehörteil *n*, Anbauteil *n*, Bestandteil *n*, Zusatzteil *n*, (2) *(pl.: ZPR)*

Zinsen, Kosten oder andere Nebenforderungen (der eingeklagten Hauptforderung); – **de rémunération** *(ArbR)* (Lohn-)Zulage *f*; – **de solde** *(BeamR)* Besoldungszuschlag *m*.

accessoirement *adv* hinzukommend, akzessorisch, zusätzlich.

accident *m* (1) Zufall *m*, zufälliges Ereignis *n*, Vorfall *m*, Zwischenfall *m*, (2) *(VersR)* Unfall *m*, (3) *(Kfz)* Motorschaden *m*, Panne *f*, Defekt *m*; **assurance contre les –s** Unfallversicherung; **auteur d'un –** Unfallverursacher; **avis d'–** (= déclaration d'-); **cause de l' –** Unfallursache *f*; **circonstances d'un –** Unfallbegleitumstände *mpl*; **compte rendu d'–** Unfallbericht *m*, Unfallmeldung *f*; **conséquence d'un –** Unfallfolge *f*; **déclaration d'–** Unfallanzeige *f* od. Unfallmeldung *f*; **rapport d'–** ou **relation d'–** Unfallbericht *m*; **victime d'un –** Unfallopfer *n*, Verunglückter *m*.

accident d'avion Flugunfall *m*; – **de la circulation** (Straßen-)Verkehrsunfall; – **corporel** Unfall mit Personenschaden *od.* mit Körperschadenfolge; – **d'exploitation** Betriebsunfall *m*; – **individuel** Einzelunfall *m*; – **industriel** Betriebsunfall *m*, gewerblicher Unfall; – **matériel** (de la circulation) Verkehrsunfall mit Sachschaden; – **mortel** tödlicher Unfall, Unfall mit Todesfolge; – **non professionnel** nichtbetrieblicher Unfall; – **nucléaire** ou *od.* Reaktorunfall, Unfall mit radioaktiver Verseuchung; – **de service** Dienstunfall; – **de trajet** *(ArbR: assimilé à un accident de travail)* Wegeunfall *m*, Arbeitswegunfall *m*, Unfall auf dem Wege zur Arbeitsstelle; – **du travail** Arbeits- *od.* Betriebsunfall.

accidenté *adj*: **une personne –ée** eine (bei einem Unfall) verletzte Person, Unfallopfer *n*, Verunglückter *m*, Unfallverletzter *m*; – **du travail** Opfer *n* eines Arbeitsunfalls; Arbeitsinvalide *m*.

accidentel *adj (aléatoire, imprévu)* zufällig; unfallbedingt; unwesentlich; **irradiation –le** *(AtomR)* unfallbedingte Verstrahlung; **mort –le** Unfalltod *m*, Unfall *m* mit Todesfolge; **témoin –** zufälliger Zeuge.

accidenter einen Unfall erleiden.

accipiens *m (SchuldR: personne qui reçoit une somme d'argent)* Zahlungsempfänger *m*.

accise(s) *f(pl)* *(SteuerR: impôt sur la dépense frappant la consommation, les alcools)* Akzise *f*, indirekte Steuer, Zusatzabgabe *f*, Verbrauchssteuer *f*.

acclamation *f* Zuruf *m*, Beifallsruf; **vote par –** Wahl *f* durch Zuruf, durch allgemeinen Zuruf wählen.

accointances *fpl* vertraulicher Umgang (mit einer Person).

accolade *f* (1) Klammer *f*, (2) Umarmung; **donner l'–** zum Ritter (der Ehrenlegion) schlagen.

accommodant *adj* umgänglich; fügsam.

accommodation *f*, **accommodement** *m* (1) *(conciliation)* Vermittlung *f*, Beilegung *f*, gütlicher Vergleich, (2) *(arrangement)* Abkommen *n*.

accompagnateur *m* (Ehren-)Begleiter *m*.

accompagner *v.tr.d.* (= *escorter qqn.*) begleiten, jmdm. das Geleit geben.

accompli *adj* (1) *(rempli, pleinement exécuté)* erfüllt, erfolgreich abgeschlossen, (2) *(survenu, réalisé)* eingetreten; **condition –e** *(condition réalisée ou survenue)* eingetretene Bedingung; **fait –** vollendete Tatsache.

accomplir *(v.tr.d.: remplir, effectuer, exécuter)* vollziehen, leisten, erfüllen; – **un acte** *(agir, achever et observer)* handeln, beenden; eine Urkunde aufsetzen; – **une formalité** ein Formular ausfüllen, eine Förmlichkeit vollziehen; – **une mission** einen Auftrag erfüllen; – **une période (d'assurance)** (eine Versicherungszeit) zurücklegen; – **une prestation** eine Leistung erbringen; – **son service national** den

Wehrdienst leisten; – **un stage** ein Praktikum ableisten.

accomplissement *m (exécution)* Erfüllung *f*; Vollendung *f*; Durchführung *f*, Leistung *f*; – **de la condition** Eintreten der Bedingung; Erfüllung der Bedingung; – **d'un contrat** Vertragserfüllung; – **de la mission** *(VwR)* Erledigung des Dienstgeschäfts; – **d'une période d'assurance** *(VersR)* Zurücklegung *f* einer Versicherungszeit; – **du travail** Arbeitsverrichtung *od.* -ausführung *f*.

acconage *m*: **compagnie d'–** *(SeeHR)* Hafenumschlagsgesellschaft *f*, Leichterunternehmung *f*.

acconier *m (SeeHR: chargeur, déchargeur)* Leichterunternehmer *m*.

accord *m* (1) *(convention, rencontre de deux volontés)* Abmachung *f*, Abkommen *n*, Vereinbarung *n*, Übereinkommen *n*, Übereinkunft *f*, (2) *(assentiment donné à une proposition)* Einverständnis *n*, Zustimmung *f*, Einwilligung *f*, Absprache *f*, Einigung *f*, (3) *(accord amiable)* gütliche Einigung, (4) *(VR: convention internationale)* (völkerrechtlicher) Vertrag; **aboutir à un –** eine Einigung erzielen, sich einigen; **adhérer à un –** einem Abkommen beitreten; **d'un commun –** im beiderseitigen Einvernehmen, einstimmig; **donner son –** seine Zustimmung geben; **en –** im Einvernehmen mit; **être d'–** übereinstimmen, einer Meinung sein; **se mettre d'–** sich einigen; **parvenir à un –** zu einer Einigung gelangen; **tomber d'–** sich einig werden.

accord accessoire Nebenabrede *f*; – **additionnel** Zusatzvereinbarung; – **administratif** (1) *(bilatéral)* Verwaltungsabkommen, (2) *(multilatéral)* Verwaltungsübereinkommen; – **amiable** gütliche Einigung; – **d'application** Durchführungsabkommen; – **d'assistance mutuelle** Abkommen über gegenseitige Hilfeleistung; – **d'association** *(VR)* Assoziierungsabkommen; –

de base Rahmenabkommen; – **bilatéral** zweiseitiges Abkommen; – **cadre** *(ArbR)* Rahmenabkommen, Rahmentarifvereinbarung; – **de cartel** Kartellabsprache *f*; – **de change** Währungs- *od.* Devisenabkommen; – **de clearing** *(BankR)* Clearing- *od.* Verrechnungsabkommen; – **collectif d'entreprise** Haus- *od.* Firmentarifvertrag *n*; – **collectif d'établissement** Betriebsvereinbarung; – **collectif professionnel** Industrietarifabkommen; – **collectif du travail** Tarifvertrag *n*, Gesamtarbeitsvertrag; – **commercial** Handelsabkommen; – **de compensation** *(BankR)* Kompensations- *od.* Verrechnungsabkommen; – **complémentaire** Zusatzvereinbarung, Ergänzungsabkommen; – **de conciliation** Schlichtungsübereinkommen *n*, gütliche Vereinbarung; – **sur la concurrence** Wettbewerbsabsprache; – **conditionnel** bedingte Genehmigung; – **contractuel** Vertrag, vertragliche Abmachung; – **de coopération** *(VR)* Abkommen über (wirtschaftliche) Zusammenarbeit.

accord *m* **de désarmement** *(VR)* Abrüstungsabkommen; – **sur les dettes** Schuldenmoratorium; – **diplomatique** diplomatisches Abkommen; – **douanier** Zollabkommen; – **économique** Wirtschaftsabkommen; – **électoral** Wahlabsprache *f*, -bündnis *n*; – **d'entreprise**; – **d'établissement** Vereinbarung zwischen Arbeitgeber u. Arbeitnehmer (in einem Betrieb); – **d'exclusivité** Exklusivvertrag; – **d'exécution** Durchführungsvereinbarung; – **exprès** ausdrückliche Vereinbarung; – **financier** Finanzabkommen; – **fiscal** Steuerabkommen; – **en forme simplifiée** Abkommen in vereinfachter Form; – **frontalier** Grenzabkommen; – **général** Generalabkommen, Rahmenvertrag; – **général sur les tarifs douaniers et le commerce** (= GATT)

Allgemeines Zoll- und Handelsabkommen; **– gouvernemental** Regierungsvereinbarung; **– de gré à gré** freihändige Übereinkunft.

accord individuel Einzelvertrag *m*; **– d'intéressement** *(GesR)* Beteiligungsabkommen *n*, Vereinbarung über die Beteiligung der Belegschaft (am Kapital *od.* Betriebsergebnis); **– intergouvernemental** *(VR)* Regierungsabkommen; **– intérimaire** vorläufige Vereinbarung; **– international de régularisation des cours** internationales Kursstützungsabkommen; **– interprétatif** Auslegungsvereinbarung; **– interprofessionnel** *(ArbR)* allgemein verbindlicher Tarifvertrag; **– de livraison** Lieferabkommen; **– à long terme** langfristiges Abkommen; **– monétaire** Währungsvertrag, Devisenabkommen; **– monétaire européen** Europäisches Währungsabkommen; **– multilatéral** *(VR)* mehrseitiges Abkommen; **– mutuel** beiderseitiges Einverständnis *n*; **– national** Tarifvertrag (mit Geltung für ganz Frankreich); **– de neutralité** Neutralitätsabkommen; **– de normalisation** Normungsabsprache *f*.

accord de paiement Zahlungsabkommen; **– paritaire** (1) *(ArbR)* Tarifvertrag, (2) *(ZollR)* Zollabkommen; **– de partage** (1) *(ZR)* Teilungsvereinbarung, (2) *(VersR)* Schadenteilungsabkommen *n*; **– particulier** Sonderabmachung, Einzelvereinbarung; **– de pool** Poolabkommen; **– postal international** Weltpostabkommen; **– préalable** vorheriges Einverständnis *n*; vorherige Zustimmung; **– préférentiel** Präferenzabkommen; **– préliminaire** Vorvertrag; **– principal** Hauptvertrag; **– de principe** Grundsatzabkommen; **– de prix**, **– sur les prix** Preisvereinbarung, Preisabrede *f*, Preisabsprache; **– de procédure** Verfahrensabkommen; **– de prorogation** (1) *(VR)* Umschuldungsabkommen *n*, (2) Stillhalteabkommen; **– de protection des capitaux** Kapitalschutzabkommen; **– de protection des investissements** Investitionsschutzabkommen; **– provisoire de paiement** vorläufiges Zahlungsabkommen; **– de réciprocité** Gegenseitigkeitsvereinbarung; **– de règlement** Schuldentilgungsplan *m*, Moratorium *n*; **– de renonciation au recours** (1) *(PrzR)* Rechtsmittelverzicht, (2) *(VersR)* Regreßverzichtabkommen *n*; **– de reprofilage** *(BankR: moratoire, concordat)* Moratorium *n*; **– sur les salaires** *ou* **salarial** Lohntarifvertrag; **– de sécurité** Sicherheitsabkommen; **– de service** Dienstvereinbarung; **– de siège** *(VR)* Abkommen über den Sitz (einer internationalen Organisation u. damit zusammenhängenden Fragen).

accord tacite stillschweigende Vereinbarung; **– tarifaire** (Zoll-)Tarifabkommen; **– temporaire** befristete Genehmigung; **– sur le tourisme** Abkommen über den Reiseverkehr; **– sur le trafic aérien** Luftverkehrsabkommen; **– transactionnel** Vergleich *m*; **– transitoire** Überbrückungsabkommen; **– de troc** Tauschhandelsabkommen; **– de tutelle** *(VR)* Treuhandschaftsabkommen; **– type** Mustervereinbarung; **– verbal** mündliche Vereinbarung; **– de volonté** Willensübereinstimmung.

accordailles *fpl (FamR: cérémonie de lecture et de signature du contrat de mariage en présence des futurs conjoints)* feierlicher Abschluß des Ehevertrages (vor dem Notar) zur Regelung des vertraglichen Güterstandes.

accorder *(v.tr.d.)* (1) *(octroyer, allouer, admettre au bénéfice de)* gewähren, bewilligen, (2) *(concilier)* in Einklang bringen, versöhnen, (3) *(concéder)* einräumen, zugestehen, zugeben; **– une autorisation à qqn.** jmdm. eine Erlaubnis erteilen; **– les flûtes** *ou* **les violons** *fig* sich absprechen; **s'–** *(v.pron.)* dieselbe Meinung teilen *od.* haben.

accostage m (1) *(Raumfahrt)* Kopplung, Anschlußmanöver n, (2) *(Seefahrt)* Anlegen n, Anlanden n.

accotement m *(StVR)* Randstreifen; **– non stabilisé** Randstreifen nicht befahrbar.

accouchement m Entbindung f, Niederkunft f; **congé d'–** Mutterschaftsurlaub m; **frais d'–** Entbindungskosten pl; **indemnité d'–** Wochengeld n.

accoucheur m Geburtshelfer m.

accouplement m Paarung f, Begattung f, (geschlechtliche) Vereinigung f, Koitus m, Beischlaf m.

accoutumance f *(Drogen)* Gewöhnung f.

accréditation f *(VR: procédure par laquelle un État accréditant désigne une personne pour le représenter)* Akkreditierung f.

accréditer (1) *(VR)* akkreditieren, (2) *(BankR)* einen Kredit eröffnen, ein Akkreditiv stellen, (3) *(rendre plausible)* glaubhaft machen.

accréditeur m *(HR)* Bürge m, Akkreditivsteller m.

accréditif m (1) *(VR)* Beglaubigungsschreiben n, Akkreditiv n, (2) *(BankR)* Akkreditiv n, Kreditbrief m; **– documentaire** Warenakkreditiv n, Dokumentenakkreditiv; **– de voyage** Reise-Akkreditiv.

accrochage m (1) *(StVR: choc entre deux voitures)* (Auffahr-)Unfall m, (2) *(mit Polizei)* Zusammenstoß m, (3) *(MilR)* (kurzes) Feuergefecht n, Scharmützel n.

accroire: faire **– qqch. à qqn.** *(abuser de la crédulité de qqn.)* vorgaukeln, falsche Vorstellungen erwecken.

accroissement m (1) *(population)* Ansteigen n, Anwachsen n, (2) *(productivité)* Erhöhung f, Steigerung f, Vermehrung f, (3) *(SachR: accession naturelle)* Anwachsung, Zuwachs m, Erwerb m kraft Zuwachsrechts, (4) *(ErbR)* ausgeschlagener Erbschaftsanteil, der einem anderen Erben zugute kommt; **droit d'–** Zuwachsrecht, Anwachsungsrecht; **taux d'–** Zuwachsrate f; **– des besoins** Mehrbedarf m, Bedarfszunahme f; **– du chiffre d'affaires** Umsatzerhöhung f; **– de la circulation monétaire** Notenvermehrung f, Erhöhung des Geldumlaufes; **– démographique** Bevölkerungswachstum n.

accroissement du pouvoir d'achat Kaufkrafterhöhung od. -zuwachs; **– de la production** Produktionssteigerung; **– de la productivité** Produktivitätszuwachs; **– du rendement** m Leistungssteigerung; **– de valeur** Wertzuwachs od. -steigerung.

accroître v.tr. zuwachsen, anwachsen; steigern, erweitern, vergrößern; **s'–** *(v.pron.)* ansteigen, sich erhöhen.

accueil m Aufnahme f, Empfang m; **capacité d'–** Aufnahmefähigkeit f; **centre d'–** Auffanglager n; **pays d'–** Gastland n, Aufnahmeland n.

accueillir v.tr.d (1) *(faire droit à, donner gain de cause)* für Recht erkennen, stattgeben, (2) *(recevoir)* aufnehmen, empfangen; **– une demande** einem Anspruch stattgeben; einen Auftrag wohlwollend prüfen.

acculer *(v.tr.: pousser qqn. dans ses derniers retranchements)* (à) in die Enge treiben; **– qqn. à la faillite** jmdn. in den Konkurs treiben; jmdn. zu Grunde richten.

accumulation f Anhäufung f; Produktionsmittelansammlung f; **– d'échéances** Zusammentreffen n zahlreicher Fälligkeitstermine; **– des stocks** Ansammlung von Lagerbeständen, Horten von Vorräten.

accumuler anhäufen; **– des preuves** Beweise mpl (gegen einen Verdächtigen) zusammentragen.

accusable adj anklagbar, anklagend.

accusateur m *(StR: ministère public)* Ankläger m, Staatsanwalt m, Anklagebehörde f; **– cantonal** (S) kantonaler Ankläger (S).

accusation f (1) *(StPR)* Klageerhebung f, öffentliche Anklage (in erster Linie vor dem frz. Schwurgericht), (2) Beschuldigung *f*, Anschuldigung, Anklage, (3) *(ministère public)* Staatsanwalt *m*, Staatsanwaltschaft *f*, Anklagebehörde *f*; **acte d'–** Anklageschrift *f*; **chambre d'–** *(StPR)* Abteilung des frz. Berufungsgerichts zuständig für Beschwerden gegen Maßnahmen des Ermittlungsrichters (sowie bei Auslieferungen); **chef d'–** Anklagegrund *m*, Anklagesatz *m*; **état d'–** Anklagezustand *m*; **mettre en –** Anklage erheben (gegen); **mettre en état d'–** in den Anklagezustand versetzen; **motif d'–** Anklagegrund *m*.

accusatoire *adj* die Anklage betreffend, anklagsweise; **système –** Inquisitionsmaxime *f*, Untersuchungsgrundsatz *m*, der auf Antrag eines Anklägers geführte Prozeß.

accusé *m (StPR)* Angeklagte(r) im Schwurgerichtsverfahren (vor der frz. Cour d'Assises); **principal –** Hauptangeklagte(r); **– contumax** nicht erschienene(r) Angeklagte(r).

accusé *m* **de réception** (1) Empfangsbestätigung *f*, (2) *(Post)* Rückschein *m*, (3) *(Geld)* Quittung.

accuser *v.tr.d.* (1) *(StPR: déférer devant la Cour d'Assises)* gegen jmdn. Anklage erheben (vor dem frz. Schwurgericht), anklagen, (eines Verbrechens) beschuldigen, anschuldigen, (2) bezichtigen, belasten; anzeigen, aufweisen, (3) ausweisen, verzeichnen; **– réception** den Empfang (eines Schreibens) bestätigen.

achalandage *m* (1) *(HR: clientèle de passage, élément du fonds de commerce)* (Lauf-)Kundschaft *f*, Kundenkreis *m* (der an die besondere Lage des Geschäfts gebunden ist), (2) *(situation du fonds)* (günstige) Geschäftslage *f*, (3) *(ensemble des marchandises proposées)* Sortiment *n*.

achalander Kunden *mpl* werben, Kundschaft *f* anziehen; **(magasin) bien –dé** gutgehendes Geschäft (mit reichhaltigem Sortiment).

acharner: *v.pron.* s'**– sur une victime** sich über ein Opfer hermachen und nicht von ihm ablassen.

achat *m* (1) *(ZR: contrat de vente)* Kauf(vertrag) *m*, Ankauf, Einkauf *m* (2) (gekaufte) Ware *f*; **bon d'–** Bezugschein *m*; **centrale d'–, centre d'–s** Beschaffungsstelle, Einkaufszentrale *f*; **commission d'–** Einkaufsprovision *f*; **comptoir d'–** Einkaufsbüro *n*, Einkaufskontor *n*; **contrat d'–** Kaufvertrag *m*; **coopérative d'– et de vente** Bezugs- und Absatzgenossenschaft *f*, Einkaufs- und Verkaufsgenossenschaft; **cours d'–** *(BörR)* Geld(kurs); **donner un ordre d'–** einen Kaufauftrag erteilen; **groupement d'–** Käufervereinigung; Einkaufsgenossenschaft; **monopole d'–** Bezugsmonopol *n*; **pouvoir d'–** Kaufkraft *f*; **prix d'–** Kaufpreis *m*; **propension à l'–** Kaufinteresse *m*; **service –s** Einkauf(abteilung); **valeur à l'–** Anschaffungswert *m*.

achat en bloc (Kauf) in Bausch und Bogen; **– en bourse** Börsenkauf; **– en commun** Sammelbestellung; **– au comptant** Barkauf; **– au comptant compté** *(HR)* Kassakauf (Leistung Zug um Zug), Ware gegen bar; **– conditionnel** bedingter Kauf; **– à crédit** Zielkauf *m*, Kreditkauf; **– garanti** Kauf mit Garantie; **– gouvernemental** *(VwR)* Beschaffungswesen *n*; **– en gros** Großeinkauf; **– groupé** Sammelbestellung *f*; **– au mieux** Bestkauf *m*; **– d'occasion** Gelegenheitskauf *m*; **– de précaution** Hamsterkauf *m*; **– de remplacement** Deckungskauf; **– de soutien** Stützungskauf; **– spéculatif** (1) *(BörR)* Meinungskauf, (2) Hortungskauf; **– à tempérament** Ratenkauf, Abzahlungs- od. Teilzahlungskauf *m*; **– à terme** Terminkauf.

acheminement *m* Beförderung (von Waren); Weiterleitung, Zuführung *f*; **aux fins d'–** zur Weiterleitung; **– des informations** *(DV)* Datenweiterleitung *f*; **– en transit** Durchgangsbeförderung.

acheminer *v.tr.d.* auf den Weg bringen, befördern, weiterleiten.

acheter *v.tr.d.* (1) *(acquérir)* kaufen, ankaufen, einkaufen, erstehen, (2) *(soudoyer, corrompre)* bestechen; **s'– à prix d'or** *v.pron* teuer bezahlt werden.

acheteur *m* (1) *(acquéreur à titre onéreux)* Käufer *m*, Einkäufer, (2) Besteller *m*, Bezieher *m*, Abnehmer *m*; **carte d'–** Bezugsberechtigung (von einem Wirtschaftsverband ausgestellt), Einkäuferausweis *m*; **être –** als Käufer auftreten; **organisme –** Beschaffungsstelle; **trouver un –** einen Abnehmer finden; **– en gros** Großeinkäufer; **– à réméré** Käufer (dem gegenüber sich der Verkäufer ein Wiederkaufsrecht vorbehält); **– à tempérament** Abzahlungskäufer.

achèvement *m* Fertigstellung *f*; Vollendung *f*; Abschluß *m*, Ablauf *m*.

achever *v.tr.d.* (1) *(finir, terminer)* vollenden, beenden, beendigen, (2) *(donner le coup de grâce)* töten, den Gnadenstoß geben, (3) *(démoraliser, accabler)* den Rest geben, am Boden zerstören; **s'–** *(v.pron.)* ablaufen, zu Ende gehen.

achoppement: pierre d'– Stein *m* des Anstoßes.

aciérie *f* Stahlwerk *n*, Stahlhütte *f*.

aciériste *m* Stahlarbeiter *m*.

acolyte *m* *(StR, pej)* Komplize *m*, Helfershelfer *m*, Gehilfe *m*.

acompte *m* (1) *(paiement partiel imputé sur le montant de la dette)* Anzahlung *f*, Teilzahlung, Abschlagssumme *f*; Vorschuß *m*, Vorschußzahlung *f*, Vorschußleistung *f*; Rate *f*, Teilbetrag *m*; (2) *(ArbR: fraction de salaire versé en anticipation)* (Lohn-)Vorschuß *m*, Vorauszahlung, Bevorschussung *f* (Aut); **verser un –** eine Anzahlung leisten, anzahlen; einen Vorschuß gewähren; **– sur dividende** Vordividende *f*; **– sur loyer** Mietvorauszahlung; **– sur paiement définitif** Abschlagszahlung; **– provisionnel** *(SteuerR)* Einkommensteuervorauszahlung; **– sur salaire** Lohnvorschuß *m*.

a contrario *loc.adv. (lat.: par déduction du contraire)* a contrario.

acquéreur *m* *(acheteur; donataire, bénéficiaire de l'acquisition)* Erwerber *m*; **premier –** Ersterwerber; **– de bonne foi** gutgläubiger Erwerber; **– de mauvaise foi** bösgläubiger Erwerber; **– originaire** Ersterwerber; **– à pacte de rachat** *ou* **de réméré** Käufer, dem gegenüber sich der Verkäufer ein Wiederkaufsrecht vorbehält; **– primitif** Ersterwerber; **sous- –** Endverbraucher *m;* Zweiterwerber *m*; **tiers –** Dritterwerber *m*; **– ultérieur** Nacherwerber, späterer Erwerber.

acquérir *(v.tr.d.: faire l'acquisition de, acheter)* erwerben, erlangen, erstehen; **– force de chose jugée** *(PrzR)* Rechtskraft *f* erlangen, rechtskräftig werden; **– la nationalité** Staatsangehörigkeitserwerb *m*; **– par succession** durch Erbfolge erwerben, erben.

acquêt(s) *(souvent: mpl)* (1) Erworbene(s) *n*, Zugewinn *m*, (2) *(FamR)* Errungenschaft *f* (während der Ehe); **communauté légale** *ou* **régime légal de la communauté réduite aux –** *(FamR: art.1401 C.civ.)* frz. gesetzlicher Güterstand der Errungenschaftsgemeinschaft *f*; **communauté** *ou* **régime conventionnel de participation aux –** *(FamR: art.1569 C.civ.)* frz. vertraglicher Güterstand der Zugewinngemeinschaft *f*; **régime conventionnel de communauté de meubles et –** vertragliche Gütergemeinschaft (sowohl das bewegliche Vermögen wie die Grundstücke umfassend).

acquiescement *m* (1) *(asentiment, consentement, acceptation)* Zustimmung, Einwilligung *f*, Genehmigung, (2) *(ZPR: décision judiciaire)* Anerkennung(surteil); **donner son –** zustimmen; **– conditionnel** Annahme unter Vorbehalt; **– exprès** ausdrückliche Zustimmung; **– implicite** Annahme durch Verstreichenlassen der Frist (zu Widerspruch od. Rechtsmittel); **– pur et simple** vorbehaltlose Annahme od. Zustimmung.

acquiescer *(v.tr.ind.: à la demande de qqn., consentir à)* (1) seine Zustimmung geben, zustimmen, einwilligen, sich einverstanden erklären, (2) anerkennen, eine Entscheidung annehmen.

acquis *m(pl)* (1) *(ArbR: fonds de connaissances)* Berufserfahrung *f*, Wissen *n*, Praxis *f*, erworbene Kenntnisse *fpl* od. Fertigkeiten *mpl*, (2) *(SozR)* Besitzstand *m*; **droits –** wohlerworbene Rechte *npl*; **faits –** feststehende Tatsachen *mpl*; **– professionnel** Berufserfahrung; **– social** soziale Errungenschaften *fpl*.

acquisitif *adj*: **prescription –ive** *(SachR)* Ersitzung, Erwerb (des Eigentums) durch Zeitablauf.

acquisition *f* (1) *(fait d'acquérir)* (Rechts-)Erwerb *m*, Kauf *m*, An- od. Beschaffung *f*, Ein- od. Ankauf *m*, (2) *(achat, objet acquis)* erworbene Sache *f*, Errungenschaft *f*, (3) *(connaissances)* Erlangung *f*; **droit en cours d'–** Anwartschaft *f*, Aussicht *f* auf einen künftigen Rechtserwerb; **prix d'–** Anschaffungskosten; **– de bonne foi** gutgläubiger Erwerb; **– à cause de mort** Erwerb von Todes wegen; **– conditionnelle** bedingter Erwerb; **– de données** *(DV)* Datenerfassung *f*; **– du droit aux prestations** *(SozR)* Erwerb *m* des Leistungsanspruchs; **– légale** Erwerb *m* kraft Gesetzes; **– de la nationalité** Staatsangehörigkeitserwerb; **– a non domino** Erwerb vom Nichtberechtigten; **en propriété** *ou* **en jouissance** Eigentumserwerb; Nießbrauchserwerb; **– à titre gratuit** unentgeltlicher Erwerb; **– à titre onéreux** entgeltlicher Erwerb; **– à titre particulier** *(ErbR)* Erwerb einer einzelnen bestimmten Sache; **– à titre successoral** Erwerb von Todes wegen (auf Grund des Erbrechts); **– à titre universel** Erwerb des Gesamtvermögens *od.* eines Anteils am Vermögen des anderen; **– entre vifs** Erwerb unter Lebenden.

acquit *m (SchuldR: reconnaissance écrite d'un paiement, quittance, décharge)* Quittung *f*, Empfangsbestätigung *f*, Zahlungsbestätigung; **par – de conscience** der Ordnung halber; **pour –** *(SchuldR: Floskel auf Rechnungen)* Betrag (dankend) erhalten, bezahlt, saldiert; **– -à-caution** (1) *(SteuerR)* Steuerzahlungsbestätigung, (2) *(ZollR)* Zollbegleitschein *m*; **– -à-caution de transit** Versandschein; **– d'entrée** Zolleingangsschein; **– de paiement** Quittung, Zollquittung; **– de transit** Durchgangsschein *m*, Transitbescheinigung, Zollbegleitschein.

acquittement *m* (1) *(StPR: mise hors de cause)* Freispruch *m* (durch das frz. Schwurgericht), (2) *(ZR, HR: paiement)* Begleichung einer Rechnung *od*. der Schuld, Erfüllung *f*; Tilgung (der Schuld), Zahlung (des geschuldeten Betrages), Bezahlung; **jugement d'–** *(StPR)* Freispruch, freisprechendes Urteil; **– au bénéfice du doute** *(StPR)* Freispruch mangels Beweises, Freispruch in dubio pro reo; **– pour défaut de discernement** *(StPR)* Freispruch wegen mangelnder strafrechtlicher Verantwortlichkeit (als Jugendlicher), Freispruch wegen mangelnder Zurechnungsfähigkeit; **– d'une dette** *(SchuldR)* Tilgung (einer Schuld), Erfüllung (eines Vertrages); **– d'un droit** *(ÖfR)* Entrichtung einer Gebühr.

acquitter *v.tr.d.* (1) *(StPR: mettre un accusé hors de cause)* freisprechen, (2) *(SchuldR: payer une dette, honorer un engagement)* (eine Schuld) bezahlen, begleichen, (3) *(SchuldR: exécuter une obligation)* erfüllen, eine Leistung erbringen, (4) *(ÖfR)* eine Gebühr entrichten.

1. **acte** *m* (1) *(tout fait quelconque de l'homme)* Handlung *f*, Tat *f*, (2) *(ZR: fait volontaire licite)* Rechtshandlung, juristische Handlung; erlaubtes rechtswirksames Handeln

n; Tathandlung *f*; Realakt *m*, (3) *(ZR: fait volontaire illicite)* unerlaubte (vorsätzliche) Handlung, (4) *(ZR: manifestation de volonté destinée à produire des effets de droit)* Rechtsgeschäft *n*, (5) *(écrit rédigé en vue de constater un acte juridique)* Urkunde *f*, Schrift *f*, Akt *m*, Dokument *n*, (6) *(VwR)* Amtshandlung, Verwaltungshandlung; Verwaltungsakt *m*; **annuler un** – ein Rechtsgeschäft aufheben *od.* rückgängig machen; **apostiller un acte** eine Urkunde mit Anmerkungen versehen, Zusatzklauseln formulieren; **casser un** – eine Urkunde annulieren; **demander – de qqch.** (1) die Ausfertigung einer Urkunde verlangen, (2) etwas zu Protokoll nehmen lassen; **dater un** – eine Urkunde mit dem Datum versehen; **donner** – bezeugen, zu Protokoll geben, beurkunden, beglaubigen; **donner – de qqch.** die Entgegennahme einer Erklärung bestätigen, Kenntnis nehmen von ..., bestätigen; **dont** – (Schlußformel der Notare, um das Ende ihrer Urkunde zu bezeichnen) hierüber Urkunde; **dresser un** – eine Urkunde ausfertigen, ausstellen, herstellen *od.* anfertigen; **faire – de bonne volonté** seinen guten Willen zeigen; **faire – de candidature** kandidieren, sich zur Wahl stellen; **libeller un** – einen Schriftsatz formulieren; einen Vertrag schriftlich fixieren; **passage à l'**– Handlungsbeginn *m*; **passation d'un** – Geschäftsabschluß *m*; **passer un** – einen Vertrag abschließen; **passer aux –s** (ein Projekt) in die Tat umsetzen; **prendre – de ...** (1) zur Kenntnis nehmen, (2) zu Protokoll nehmen; **signer un** – eine Urkunde unterschreiben.

acte d'accession *(VR)* Beitrittsurkunde; – **d'accusation** *(StPR)* Anklageschrift (vor dem Schwurgericht); – **d'adhésion** Beitrittsakte.

acte administratif (1) *(acte réglementaire ou règlement administratif)* Verwaltungsmaßnahme *f*, Rechtsverordnung *f*, Verordnung *f*, (2) *(acte individuel ou décision particulière individuelle)* Verwaltungsakt *m* (= VA); **abroger un** – – einen VA aufheben; **annuler un** – – einen VA für nichtig erklären; **contrôler un** – – einen VA überprüfen; **force exécutoire d'un** – – Bestandskraft eines VA; **légalité d'un** – – Rechtmäßigkeit eines VA; **modifier un** – – einen VA abändern; **nullité d'un** – – Nichtigkeit eines VA; **publication d'un** – – Bekanntmachung eines VA; **rapporter un** – – einen VA rückgängig machen; **réformer un** – – einen VA abändern; **retirer un** – – einen VA zurücknehmen; – – **de concession de service public** Konzessionserteilung; – – **constitutif** rechtsgestaltender VA; – – **créateur de droits** begünstigender VA; – – **créateur d'une obligation** *ou* **limitant un droit** belastender VA; – – **déclaratoire** rechtsfeststellender VA; – – **illégal** rechtswidriger VA; – – **inexistant** Nichtakt *m*, nicht existierender VA; – – **invalide** nichtiger VA; – – **unilatéral** (einseitige) Verwaltungsmaßnahme (im Gegensatz zu den öffentlich-rechtlichen Verträgen).

acte d'administration *(ZR)* Vermögensverwaltung, Verwaltungsgeschäft (im Gegensatz zum Verfügungsgeschäft); – **d'administration judiciaire** gerichtliche Vermögensverwaltung; – **d'agression** *(VR)* Angriffshandlung; – **apparent** *(ZR)* Scheingeschäft; – **d'appel** Berufungsschrift *f*, Berufung, Appellationserklärung (S); – **d'appel incident** Berufungsanschlußschrift *f*; – **d'approbation** Genehmigungsurkunde; – **arbitraire** *(VwR)* Willkürakt; – **d'association** Vereinsgründungsvertrag; – **attributif** Rechtsgeschäft, durch das ein Recht übertragen wird; – **authentique** (formgerechte) öffentliche *od.* notarielle

15

Urkunde; – **d'autorité** *(VwR)* Regierungshandlung, Hoheitsakt *m*; – **d'avocat à avocat** Prozeßurkunde, zugestellt von Anwalt zu Anwalt.

acte de baptême Taufschein *m*; – **de belligérance** kriegerische Handlung; – **bilatéral** zweiseitiges Rechtsgeschäft; – **de bonne volonté** Ausdruck des guten Willens; – **en brevet** notarielle Urkunde, deren Urschrift den Parteien ausgehändigt wird.

acte de candidature Bewerbung *f*; – **de capitulation** *(VR)* Kapitulationsurkunde, Kapitulation; – **à cause de mort** Verfügung *f* von Todes wegen; – **de cautionnement** Bürgschaftsvertrag; – **de cession** Abtretung(svertrag); – **de citation** *(ZPR)* Ladung *f*, Ladungsschrift; – **de cœrcition** *(VwR)* Anwendung von Zwang, Einleitung von Zwangsmaßnahmen; – **collectif** *(ÖfR, ZR)* Gesamtakt.

acte de commerce Handelsgeschäft; **exercer des –s de commerce** ein Handelsgewerbe betreiben; – **de complaisance** Gefälligkeit *f*; – **de concession** *(VwR)* Konzessions- *od.* Verleihungsurkunde; – **de concurrence** Wettbewerbshandlung; – **de concurrence déloyale** Tatbestand unlauteren Wettbewerbs; – **–condition** rechtsbegründende Handlung, Rechtshandlung mit konstitutiver Wirkung; – **confirmatif,** – **confirmatoire** (1) Bestätigung *f*, nachträgliche Genehmigung (einer zunächst nichtigen Erklärung), (2) Bestätigungsschreiben *n*, Bestätigungsurkunde; – **consensuel** Konsensualvertrag, formloses *od.* formfreies Rechtsgeschäft; – **conservatoire** Maßnahme zur Wahrung von Interessen.

acte constitutif (1) *(ZR: création de droits nouveaux)* rechtsbegründender Vertrag, rechtsgestaltende Handlung, konstitutives Rechtsgeschäft, (2) *(GesR: création d'une association ou d'une société)* Gründungsvertrag *od.* -akt *m*, Gründungsurkunde *f*; – **constitutif de droit** Gestaltungsakt, rechtsbegründende Handlung; – **constitutif de gage** Pfandbestellungsurkunde; – **constitutif d'hypothèque** Hypothekenbestellungsurkunde; – **constitutionnel** Verfassung; – **contraire à l'honneur** unehrenhafte Handlung; – **conventionnel** *(ZR)* Vereinbarung *f*, Vertrag *m*; – **de convocation** (1) *(GesR)* Einberufungsschreiben *n*, (2) *(StPR)* Vorladung *f*; – **criminel** Straftat *f*; – **de cruauté** besonders grausame Tat, Grausamkeit *f*.

acte de décès Totenschein *m*, Sterbeurkunde *f*; – **déclaratif** Rechtsgeschäft mit deklaratorischer Wirkung, deklaratorisches Rechtsgeschäft *n*; – **déguisé** Scheingeschäft *n*, fiktives Rechtsgeschäft; Geheimabkommen *n*; – **délictueux** (1) *(ZR)* unerlaubte Handlung, (2) *(StR)* strafbare Handlung; – **de dénonciation** (1) *(ArbR)* Kündigungsschreiben, (2) Pfändungsanzeige; – **de dépossession** Besitzentziehung; – **de dépôt** Hinterlegungsurkunde; – **de dernière volonté** letztwillige Verfügung; Testament *n*; – **détachable** *(VwR)* abtrennbarer Verwaltungsakt; – **devant notaire** notarielle Urkunde, notarische Beurkundung; – **diplomatique** völkerrechtliches Abkommen *n*; – **discrétionnaire** *(VwR)* Ermessenshandlung; Verwaltungsakt *m*; – **de disposition** *(ZR)* Verfügung *f*, Rechtsübertragung, Verfügungsgeschäft *n*; – **dommageable** schadensersatzpflichtige Handlung, schädigendes Ereignis; – **de donation** Schenkungsurkunde *f*, Schenkung *f*.

acte écrit (1) Schriftstück *n*, Urkunde *f*, (2) *(PrzR)* Schriftsatz *m*; – **d'écrou** *(StR)* Aufnahmeverhandlung bei Einlieferung in eine Strafanstalt; – **d'envoi en possession** *(ErbR)* Besitzeinweisungsurkunde, Einantwortungsurkunde für den

Erben (Aut); – **de l'état civil** Personenstandsurkunde, standesamtliche Urkunde (insbesondere: Geburts-, Heirats- und Sterbeurkunde); **–s de l'état civil** Personenstandsverzeichnis n; – **étatique** Staatshandlung; – **d'exécution** Vollstreckungshandlung f; – **exécutoire** Vollstreckungstitel m, vollstreckbare Urkunde; – **en expédition** beglaubigte Abschrift (einer Urkunde); – **extrajudiciaire** *(ZPR)* Zustellungsurkunde (in nichtstreitigen Angelegenheiten); – **faisant grief** *(VwR)* beschwerender od. beeinträchtigender od. belastender Verwaltungsakt; – **fictif** *(ZR)* Scheingeschäft; – **final** *(VR)* Schlußakte f; – **foncier** *(ZR)* Grundbuchabschrift f; – **de fondation** Stiftungsgründungsvertrag; – **formel** *(ZR)* formgebundener Vertrag; – **de francisation** *(SeeHR)* Recht zum Führen der frz. Flagge; Flaggenzeugnis (eines französischen Schiffes), Schiffszertifikat n; – **frauduleux** betrügerische Handlung, Betrugshandlung; – **frustratoire** *(PrzR)* öffentliche, nicht erforderliche od. nichtige Urkunde (die Kosten hiefür muß die ausstellende Urkundsperson übernehmen); – **général** Generalakte; – **de génocide** Tatbestand des Völkermords, Genozid m; – **de gestion** *(VwR)* rechtsgeschäftliche Handlung (des Staates); – **de gouvernement** Regierungsakt, Regierungsmaßnahme od. -handlung, politische Entscheidung (im Gegensatz zum Verwaltungsakt); – **gracieux** *(ZPR)* richterliche Entscheidung im Rahmen der freiwilligen Gerichtsbarkeit; – **de grève** Streikhandlung f; – **de guerre** *(VR)* Kriegshandlung f; – **d'hostilité** *(VR)* feindselige Handlung; – **d'hypothèque** *(SachR)* Hypothekenbestellungsurkunde.

acte illégal rechtswidrige od. gesetzwidrige Handlung, rechtswidriges Rechtsgeschäft; – **illicite** unerlaubte Handlung, unerlaubtes od. verbotenes Geschäft; – **inimical** *(VR)* unfreundliche Handlung; – **indécent** unsittliche Handlung; – **d'indiscipline** (1) *(ArbR)* Nichtbeachtung f der Anweisungen, (2) *(MilR)* Befehlsverweigerung; – **individuel** *(VwR)* Verwaltungsakt m; – **inexistant** *(VwR)* nicht existenter Verwaltungsakt, Nichtakt; – **innomé** *(ZR)* atypischer od. gemischter Vertrag; – **d'instruction** *(StPR)* Ermittlungstätigkeit.

acte instrumentaire *(ZR)* (Beweis-) Urkunde, Schriftstück n, öffentliche oder private Urkunde zur Feststellung einer Rechtshandlung od. Tathandlung; – **introductif d'instance** *(ZPR)* Klageschrift; – **invalide** *(ZR)* ungültiges Rechtsgeschäft.

acte judiciaire Gerichtsurkunde, gerichtliche Urkunde, gerichtliches Schriftstück; – **juridictionnel** *ou* **de juridiction contentieuse** richterliche od. gerichtliche Entscheidung, Urteilsspruch; – **juridique** (1) Rechtsgeschäft, (2) (Vertrags-) Urkunde.

acte légalisé beglaubigte Unterschrift (einer Urkunde); – **législatif** Gesetzgebungsakt, Gesetz n im formellen Sinn.

acte de malversation *(StR)* Veruntreuung f; – **de mandat** (1) *(VR)* Mandatsbrief, (2) *(en B.:)* Vollmachtsurkunde; – **de mariage** Heiratsurkunde, Trauschein m; – **matériel** Realakt m; – **médical** ärztliche Leistung, medizinischer Eingriff; – **ménager** Handlung im Rahmen der Schlüsselgewalt; – **en minute** Urschrift f, öffentliche Urkunde, deren Urschrift von der Behörde od. durch den Notar verwahrt wird, (der Notar kann den Parteien nur beglaubigte Abschriften ausstellen); – **de mise en accusation** *(StPR)* Anklageschrift f; – **mixte** *(HR)* einseitiges Handelsgeschäft n.

acte de naissance Geburtsurkunde; – **de naturalisation** Einbürgerungsurkunde; – **de navigation** Schiffahrtsakte; – **de nomination** *(VwR)* Ernennungsurkunde *f*, Bestallung *f.*

acte notarié *ou* **acte passé devant notaire** *ou* **notarial** notarielle Urkunde; (durch einen Notar) beurkundetes Rechtsgeschäft; – **de notoriété** (von einem Notar *od.* Richter nach Aussage mehrerer Personen ausgestellte) Offenkundigkeitsurkunde; – **nul** nichtiges *od.* anfechtbares Rechtsgeschäft.

acte officiel öffentliche *od.* amtliche Urkunde; – **d'opposition** Einspruch(sschrift); – **d'option** Option; – **du Palais** Prozeßurkunde, Urkunde, die direkt von Anwalt zu Anwalt (über den Gerichtskanzler) zugestellt wird; – **du palais** *(PrzR)* von Anwalt zu Anwalt zugestellte Urkunde; – **paritaire** *(ArbR)* Gesamtvereinbarung *f*; – **de partage** *(ErbR)* Auseinandersetzung; – **politique** *(StR, VerfR)* nicht nachprüfbarer Verwaltungsakt (zur Abwehr von Staatsfeinden); – **de possession** Inbesitznahme; – **de poursuite** *(StPR)* Strafverfolgungsmaßnahme; – **de pourvoi** *(PrzR)* Einlegung eines Rechtsmittels; Berufung(seinlegung); – **préjudiciable** *(ZR)* schädigende Handlung; – **préparatoire** *(StR)* Vorbereitungshandlung, vorbereitende Handlung; – **de présence** persönliches Erscheinen; – **privé** Privaturkunde; – **probatoire** Beweisurkunde; – **de procédure** Verfahrenshandlung, Prozeßhandlung; – **de procuration** Vollmachtserteilung, Vollmacht; – **de propriété** Eigentumsurkunde; – **de protêt** *(WechselR)* Protest *m*; – **public** öffentliche Urkunde; – **punissable** strafbare Handlung; – **de pure faculté** *(ZR)* Duldung (auf freiwilliger Basis bestimmter Eingriffe in das Eigentumsrecht).

acte de ratification *(VR)* Ratifikationsurkunde; – **récognitif** *(ZR)* Urkunde, die ein Anerkenntnis eines schon früher verbrieften Rechts enthält; – **de reconnaissance** *(FamR)* Vaterschaftsanerkennung; – **de récusation** *(PrzR)* Antrag auf Ablehnung (einer Gerichtsperson); – **refait** Ersatzurkunde, Neuausfertigung einer Urkunde; – **réformé** berichtigte Urkunde; – **règle** Satzungsrecht; – **réglementaire** *(ÖfR)* Rechtsverordnung *f*, Erlaß *m* des Präfekten *od.* Bürgermeisters, Verwaltungsanordnung *f*; – **repréhensible** strafbare Handlung; – **de résistance** *(StR)* Widerstand *m* (gegen die Staatsgewalt); – **respectueux** *(FamR)* Antrag auf Erteilung der nach dem Gesetz erforderlichen Zustimmung der Eltern (zur Eheschließung); – **de sabotage** *(StR)* Sabotagehandlung; – **sexuel** Geschlechtsakt, Koitus *m*.

acte de signification *(ZPR)* Zustellung von Amts wegen, Zustellungsurkunde; – **simulé** Scheingeschäft, Scheinhandlung; – **de société** *(GesR)* Gesellschaftsvertrag *m*, Gründungsvertrag (einer Gesellschaft).

acte solennel formbedürftiges *od.* formgebundenes Rechtsgeschäft; – **de sommation** Mahnbescheid *m*; – **sous seing privé**, – **sous signature privée** (1) privatschriftliches Rechtsgeschäft, (2) Privaturkunde, privatschriftliches Rechtsgeschäft; – **de souveraineté** Hoheitsakt; – **de suscription** *(ErbR)* Aufschrift des versiegelten Umschlags eines mystischen Testaments; – **synallagmatique** zweiseitiges Rechtsgeschäft, zweiseitig verpflichtender Vertrag.

acte de terrorisme Terroranschlag *m*; – **thérapeutique** Heilbehandlung; – **à titre gratuit** unentgeltliche Zuwendung (unter Lebenden *od.* von Todes wegen) durch einseitige Willenserklärung *od.* Vertrag, Gefälligkeitsvertrag *m*; – **à titre onéreux** entgeltliche Zuwendung (unter Lebenden *od.* von Todes wegen), entgeltlicher Vertrag; – **de tolérance** *(ZR)* Duldung; – **transactionnel** Vergleich *m*; – **translatif** *(ZR)* Übertragung *f*; – **-type** *(VwR)* (in Form von Formularen) typisierte Rechtsgeschäfte; – **unilatéral** einseitiges Rechtsgeschäft; – **valable,** – **valide** (rechts)-gültiges Rechtsgeschäft; – **de vandalisme** *(StR)* mutwillige Zerstörung, Sachbeschädigung; – **de vente** schriftlicher Kaufvertrag, Verkaufsurkunde *f*; – **entre vifs** Verfügung unter Lebenden; – **de violence** *(StR)* Gewalttat, gewalttätige Ausschreitung.

2. **actes** *mpl* **d'état civil** (1) Personenstandsregister *n*, Personenstandsbücher *npl*, (2) Personenstandsurkunden; – **d'un congrès** Tagungsbericht *m*; – **professionnels** *(SozVers)* Heilbehandlungsmaßnahmen *fpl*, Heilbehandlung.

acter *v.intr.* beurkunden, protokollieren, schriftlich festhalten.

acteur *m* (*Pol: protagoniste*) Verantwortliche(r); Entscheidungsträger.

actif *adj* aktiv, tätig, erwerbstätig, berufstätig; dettes –ves Forderungen, Außenstände (einer Person); **population –ve salariée** Arbeitnehmer *mpl*, nichtselbständige Erwerbstätige; **service** – *(MilR)* aktiver Wehrdienst.

actif *m* (1) *(GesR)* Aktiva *pl*, Aktivbestand *m*, Vermögenswerte *mpl*, Aktivvermögen *n*, Aktiven *pl* (S); (2) *(Vwirt. pl.: les actifs)* erwerbstätige Bevölkerung, die Erwerbstätigen; **article d'–** *(GesR)* Aktivposten; **citoyen** – *(hist)* wahlberechtigter Bürger; **élément d'–** Aktivposten; **excédent d'–** Aktivaüberschuß *m*; **insuffisance d'–** Mangel an Masse, Mangel an ausreichendem Vermögen (Aut), **passer** *ou* **porter à l'–** aktivieren, auf der Aktivseite verbuchen; **valeur à l'–** Aktivwert *m*.

actif circulant *(GesR: fonds de roulement)* Umlaufvermögen; – **disponible** freie *od.* verfügbare Aktiva, Umlaufvermögen *n*; **–s engagés** gebundene Aktiva; – **immobilisé** *(GesR: immobilisations)* Anlagevermögen; – **mobilisable,** – **réalisable** verwertbare Aktiva, Liquiditätsreserven *fpl*; – **net successoral** *(ErbR)* (unter den Erben) zu verteilende Erbschaft (nach Zahlung aller Nachlaßverbindlichkeiten); – **social** Gesellschaftsvermögen *n*; – **d'une succession** Nachlaßvermögen.

action *f* (1) *(ÖfR: fait, agissement, acte)* Handlung *f*, Tat *f*, Vorgehen *n*, Maßnahme *f*, Aktion *f*, Tätigwerden *n*, Verhalten *n*, (2) *(ZPR: pouvoir légal de s'adresser à la justice)* Klage *f*, Klageart *f* (im Sinne der römischen „actio"); Klagebefugnis *f*; Gerichtsverfahren *n*, (3) *(StPR: action publique)* Anklageerhebung (vor einem Strafgericht), öffentliche Klage; (4) *(GesR: titre délivré à l'actionnaire)* Aktie *f*, (Gesellschafts-) Anteil *m*, (5) *(MilR)* Angriff, Kampfeinsatz, Aktion; **autonomie d'–** Handlungsfreiheit *f*; **avoir une** – **sur** Einfluß haben, wirken (auf); **désistement d'–** Klageverzicht, Klagerücknahme *f*; **droit d'–** Klagerecht *n*, Klagebefugnis *f*, Klageberechtigung; **émettre des –s** *(GesR)* Aktien ausgeben; **entreprendre une** – **en justice** eine Klage anstrengen, jemanden verklagen; **exercer une** – Klage erheben, klagen; **fond de l'–** Hauptsache *f*; **former une** – Klage erheben; **intenter une** – Klage erheben, klagen; **introduction de l'–** Klageerhebung; **introduire une** – Klage erheben *od.* einbringen; **liberté d'–** Handlungsfreiheit; **mettre en** – einsetzen; **mode d'–** Wirkungsort; **péremption d'–** Klageverwirkung; **programme d'–** Arbeits- *od.* Aktionsprogramm; **rejeter l'–** die Klage abweisen; **saisir le tribunal d'une** – Klage erheben, bei Gericht eine Klage anstrengen; **unité d'–** Aktionseinheit.

action alimentaire *(FamR)* Unterhaltsklage, Alimentenklage (S); – **ancienne** *(GesR)* Stammaktie; – **en annulation** *(ZPR)* Nichtigkeitsklage, Aufhebungsklage, Anfechtungsklage, Klage auf Unwirksamerklärung (Aut); − **en annulation du mariage** Eheaufhebungsklage; − **d'apport** Gründeraktie; − **aquilienne** Klage aus unerlaubter Handlung; − **associationnelle** *(PrzR)* Verbandsklage; − **attachée à la personne** nichtvermögensrechtliche Klage.

action cambiaire *(WechselR)* Wechselklage; − **de capital** Geldeinlage *f*; Aktie; − **en annulation** Anfechtungsklage; − **pour cause d'enrichissement illégitime** Bereicherungsklage, Klage aus ungerechtfertigter Bereicherung; − **en cessation de pratique** Anspruch auf Unterlassung der Benutzung; − **cessible** übertragbare Aktie; − **au civil** *(ZPR)* Klage im bürgerlichen Rechtsstreit.

action civile (1) *(StPR: action privée exercée en même temps que l'action publique pour obtenir réparation d'un préjudice)* Nebenklage (im Strafverfahren), Klage im Anschluß- *od.* Adhäsionsverfahren, (2) *(StPR: pour pallier à l'action publique défaillante)* Privatklage *f*; − **cœrcitive** Zwangsmaßnahme *f*; − **collective** *(ZPR, VwPR)* Verbandsklage; − **commune** gemeinsames Vorgehen *n*, gemeinsame Aktion; − **en concurrence déloyale** *(HR)* Klage wegen unlauteren Wettbewerbs; − **confessoire** *(SachenR)* Klage auf Feststellung des Bestehens einer Dienstbarkeit; Klage zur Ausübung eines Nießbrauchs.

action en constatation (d'un droit) Feststellungsklage; − − **de l'existence du mariage** Ehefeststellungsklage.

action en contestation d'état *(FamR)* negative Abstammungsklage *od.* Ehelichkeitsanfechtungsklage; − − − **de la légitimité** Ehelichkeitsanfechtungsklage.

action en contrefaçon (de brevet) Patentverletzungsklage; − **corporative (= − collective)** Verbandsklage.

action cotée en bourse börsengängige Aktie; − **sur les cours** Kursbeeinflussung.

action en déchéance Rechtsaberkennungsklage; − **déclaratoire** Feststellungsklage; − **en déclaration de jugement commun** Streitverkündung *f*; − **en déclaration de nullité** Nichtigkeitsklage, Klage auf Unwirksamerklärung (Aut); − **en déclaration de simulation** Klage zur Aufdeckung eines Scheingeschäftes.

action délictueuse *(StR)* strafbare Handlung; − **déposée** hinterlegte Aktie; − **en désaveu de paternité** *(FamR)* Ehelichkeitsanfechtung; − **en détaxe** Antrag auf Gebührenerstattung *od.* Gebührenermäßigung; − **différée** *(GesR)* Nachbezugsaktie; − **en diminution** *(SchuldR)* Minderungsklage.

action de in rem verso *(ZPR, SchuldR)* Klage aus ungerechtfertigter Bereicherung.

action directe (1) *(ZPR: action exercée par un créancier)* Durchgriffsklage, unmittelbare Klage des Gläubigers gegen einen Dritten (der in die Rechte und Pflichten seines Schuldners eingetreten ist), (2) *(ZR, VersR: action de la victime contre l'assureur)* Direktanspruch *m*, (3) *(VwR)* Geltendmachung *f* der Schadensersatzansprüche des Staates im Strafverfahren durch Nebenklage; − **disciplinaire** *(VwR)* Einleitung eines (förmlichen) Disziplinarverfahrens *n*; − **en disjonction** (S) Aussonderungsklage; − **à dividende prioritaire (sans droit de vote)** Vorzugsaktie (ohne Stimmrecht); − **en divorce** (Ehe-)Scheidungsklage.

action en dommages-intérêts *(ZPR)* Schadensersatzklage, Entschädigungsklage (S), Ersatzklage (S); − **entièrement libérée** volleinbezahlte Aktie, Vollaktie; − **estimatoire** *(ZPR)* Klage auf Herabsetzung des Kaufpreises, Preisminderungsklage; − **d'état** Statusklage, Klage zur Feststellung *od.*

Änderung des Personenstandes; – **en évacuation** *ou* – **en expulsion (du locataire)** Räumungsklage; – **ad exhibendum** *(ZPR)* Klage auf Vorlage einer beweiserheblichen Urkunde; – **extrapatrimoniale** *(ZPR)* Klage auf Ersatz des Nichtvermögensschadens; – **fidéjussoire** Bürgschaftsklage; – **à fin de subsides** *(FamR)* Unterhaltsklage (des nichtehelichen Kindes).

action de garantie *(GesR)* bei einer Bank hinterlegte Aktie (eines Vorstandmitgliedes); – **en garantie** *(SchuldR)* Klage auf Mängelgewährleistung, Gewährleistungsanspruch; – **gratuite** *(GesR)* Freiaktie.

action immobilière *(ZPR)* Klage aus einem Recht an einem Grundstück, Eigentumsherausgabeklage.

action incidente Zwischenfeststellungsklage, Zwischenklage, Antrag im Zwischenstreitverfahren; – **en indemnisation,** – **en indemnité** Schadensersatzklage; – **indirecte** (= – **oblique,** = – **subrogatoire)** *(ZPR)* Sicherungsklage des Gläubigers (Ausübung der dem Schuldner zustehenden Rechte durch den Gläubiger); – **industrielle** *(GesR)* Industrieaktie; – **en inscription de faux** Klage auf Feststellung der Unechtheit *od.* Verfälschung einer Urkunde; – **insurrectionelle** *(Pol)* Aufstand *m*; – **irrecevable** *(ZPR)* unzulässige Klage; – **de jouissance** *(GesR)* volleinbezahlte Aktie, Genußschein.

action judiciaire *ou* **en justice** *(ZPR: droit d'agir en justice)* actio *f*, Klagemöglichkeit *f*, Klageanspruch *m*; Klagebefugnis *f*; (gerichtliche) Klage, Gerichtsverfahren *n*.

action libérée *(GesR)* volleingezahlte Aktie; – **liée** vinkulierte *od.* gebundene Aktie.

action en mainlevée Rechtsöffnungsklage (S); – **en mainlevée de l'interdiction** Klage auf Aufhebung der Entmündigung (S); – **en mainlevée du séquestre** Klage auf Aufhebung der Zwangsverwaltung, Arrestaufhebungsklage (S); – **militaire** Angriff *m*, Kampfhandlung; – **mixte** *(ZPR)* Klage auf Anerkennung eines Sachenrechts und gleichzeitiger Durchsetzung eines Schuldrechts, verbundene dingliche und schuldrechtliche Klage; – **mobilière** *(SachenR)* Mobiliar- *od.* Fahrnisklage, Klage auf Störungsunterlassung *od.* -beseitigung; – **mutuelle** Wechselwirkung.

action négatoire *(SachenR)* negatorische Feststellungsklage, dingliche Klage, die auf die Feststellung abzielt, daß ein Grundstück nicht mit einem Nießbrauch oder einer sonstigen Dienstbarkeit belastet ist), actio negatoria, negatorische Klage.

action nominative *(GesR)* Namensaktie; – **nouvelle** Bezugsaktie, junge Aktie, neue Aktie; – **en nullité** *(ZPR)* Aufhebungs- *od.* Nichtigkeitsklage, Anfechtungsklage; – **de numéraire** Aktie auf Bareinlagen.

action oblique *(ZPR, syn.: action indirecte ou subrogatoire)* Klage, durch die der Gläubiger die Rechte seines Schuldners wahrnimmt; Sicherungsklage *f* des Gläubigers (Ausübung der dem Schuldner zustehenden Rechte durch seinen Gläubiger); – **ordinaire** *(GesR)* Stammaktie.

action en paiement *(ZPR)* Zahlungsklage; – – **d'un effet** Wechselklage; – – **de la prime** Klage auf Prämienzahlung; – – **du salaire** Klage auf Lohn- *od.* Gehaltszahlung.

action en partage Teilungsklage; – – **d'une succession** Erbauseinandersetzungsklage.

action patrimoniale vermögensrechtliche Klage.

action paulienne *(ZPR: action révocatoire)* Gläubigeranfechtung, Klage (des Gläubigers) auf Widerruf des Rechtsgeschäfts (seines Schuldners), revokatorische Klage, actio pauliana.

action pénale *(StPR)* Strafverfolgung *f*, öffentliche Klage, Anklageerhebung; **prescription de l'–** Strafverfolgungsverjährung.

action personnelle *(ZPR)* Klage aus einem Forderungsrecht, schuldrechtliche Klage, Geltendmachung eines persönlichen Forderungsrechts, actio in personam; **– en pétition d'hérédité** Erbschaftsklage, Klage auf Herausgabe der Erbschaft; **– pétitoire** *(ZPR)* petitorische Klage, Eigentumsklage, Klage zur Feststellung, zum Schutz oder zur Ausübung eines dinglichen Rechts am Grundstück; **– populaire** *(VwPR)* Popularklage; **– au porteur** Inhaberaktie.

action possessoire *(ZPR)* Besitz(schutz)klage (wegen Störung *od.* Entziehung des Besitzes), possessorische Klage, Besitzesschutzklage (S); **– de préférence** Vorzugsaktie; **– en prestation d'aliments** *(FamR)* Unterhaltsklage; **– principale** *(ZPR)* Klage; Hauptantrag im Prozeß; **– de priorité** *ou* **privilégiée** Vorzugsaktie; **– sur les prix** *(Vwirt)* (staatliche) Preisgestaltung, Preisbeeinflussung.

action publique *(StPR: action exercée par le ministère public)* öffentliche Klage, Offizialklage; Anklage(erhebung) *f*; **– de quotité** Anteilsaktie; **– en radiation** *(GB)* Löschungsklage.

action en recherche de maternité Mutterschaftsklage; **– en recherche de paternité** Abstammungsklage, Statusklage.

action en réclamation d'état *(FamR)* Klage auf Feststellung der Abstammung; **– en reconnaissance de paternité** Vaterschaftsklage.

action reconventionnelle *(ZPR)* Widerklage; **– en constatation** Feststellungswiderklage.

action en recours *ou* **récursoire** *(SchuldR)* Rückgriffsklage (des auf Mängelgewährleistung in Anspruch genommenen gegen den eigenen Gewährleistungsschuldner); **– en reddition de comptes** *(GesR)* Klage auf Rechnungslegung; **– en rédhibition,** *ou* **rédhibitoire** *(ZPR)* Wand(e)lungsklage, Klage des Käufers fehlerhafter Sachen auf deren Rücknahme und Zurückerstattung des Kaufpreises.

action en réduction *(GesR)* Minderungsklage, Klage auf Minderung; **– – du prix** Preisminderungsklage.

action réelle *(ZPR)* dingliche Klage, Realklage, Geltendmachung eines dinglichen Rechts, actio in rem; **– en réformation** Abänderungs- *od.* Aufhebungsklage.

action en réintégration *ou* **réintégrande** Klage auf Wiedereinsetzung (in den vorherigen Stand); **– en remboursement** Klage auf Rückzahlung.

action en réparation (du dommage) Schadensersatzklage, Wiedergutmachungsklage; **– – en répétition** Klage auf Rückforderung; **– en répétition de l'indû** (= **– de in rem verso**) Rückgabeklage, Klage auf Rückgewähr der nicht geschuldeten Leistung; **répressive** *(StPR)* Strafverfolgung; **– en reprise** *(ZPR)* Rückgewährsklage; **– en rescision** *(ZPR)* Anfechtungsklage, Klage auf Auflösung (eines Vertrages); **– en résiliation** Kündigungsklage; **– en résolution (du contrat)** *ou* **– résolutoire** Aufhebungsklage, Wand(e)lungsklage, Klage auf Wand(e)lung, Klage auf Auflösung eines Vertrages.

action en responsabilité (civile) *(ZPR: unerlaubte Handlung)* Schadensersatzklage, Inanspruchnahme aus einer Haftpflicht, Klage auf der Grundlage einer rechtswidrigen Schädigung; **– en restitution** *(ZPR)* Herausgabeklage, Rückerstattungsklage (S); **– en retranchement** Minderungsklage, Klage auf Herabsetzung des vereinbarten Kaufpreises; **– en revendication d'hérédité** Erbschaftsklage; **– revendicative** *(ArbR)* Gewerkschaftsaktion, Arbeitskampf *m*; **– en révocation** *ou* **révocatoire**

Anfechtungsklage; **– en révocation d'une donation** Klage auf Widerruf einer Schenkung.

action sanitaire et sociale *(SozR, VwR)* frz. Gesundheitsfürsorge(behörde); **– sans valeur nominale** *(GesR)* nennwertlose Aktie; **– de société** *(GesR: titre de l'actionnaire)* Aktie, Aktienurkunde; **– souscrite** übernommene Aktie; **– de soutien des prix** *(Vwirt)* Preisstützungsaktion *f*.

action subrogatoire *(ZPR:* = **– indirecte,** = **– oblique)* Gläubigersicherungsklage; **– subversive** *(Pol)* Störaktion; **– syndicale** *(ArbR)* Gewerkschaftstätigkeit; Arbeitskampf *m*.

action de travail *(GesR, ArbR)* Belegschaftsaktie; **– vedette** *(BörsenR)* Spitzenwert *m*; **– de vérification** Überprüfungsmaßnahme *f*; **– à vote plural** Mehrstimmrechtsaktie.

actionnaire *m* Aktionär *m*, Aktieninhaber *m od.* -besitzer *m*; **gros –** Großaktionär; **principal –** Hauptaktionär; **– majoritaire** Mehrheitsaktionär.

actionnariat *m* **des salariés** Kapitalbeteiligung der Belegschaft am Unternehmen.

actionner *v.tr. (ZPR: agir devant les tribunaux)* klagen, gerichtlich belangen, verklagen.

activité (1) Tätigkeit *f*, Aktivität *f*, Fleiß *m*, (2) *(ArbR: travail dépendant ou indépendant)* Beschäftigung *f*, Erwerbstätigkeit *f*, Beruf *m*, (3) *(WirtR: branche ou secteur d'activité)* Wirtschaftszweig *m*, Industriezweig *m*, (4) *(machines)* Betrieb *m*, (5) *(VwR)* Dienstbetrieb *m*; Dienst *m* (des Beamten) in seiner Stammverwaltung *od.* Fachrichtung; **champ** *ou* **domaine d'–** Tätigkeitsbereich *ou* Tätigkeitsgebiet *n*; **cessation d'–** *(HR)* Geschäftsaufgabe *f*; **en –** im Dienst; **rappel à l'–** *(MilR)* Wiedereinberufung, Reaktivierung; **rapport d'–** Rechenschaftsbericht *m*, Tätigkeitsbericht *m*; **solde d'–** Dienstbezüge *pl*, Aktivbezüge (Aut); **sphère d'–** Tätigkeitsbereich; **taux d'–** *(Vwirt)* Erwerbsquote *f*.

activité accessoire *ou* **annexe** *(ArbR)* Nebenbeschäftigung *f*, Nebentätigkeit *f*, Nebenerwerbstätigkeit *f*, Nebenerwerb *m*; **– agricole** landwirtschaftliche Tätigkeit; **– ambulante** Wandergewerbe; **– artisanale** handwerkliche Tätigkeit, handwerkliche Berufsausübung; **– bancaire** Bankgewerbe *n*; **– bénévole** ehrenamtliche Tätigkeit; **– boursière** Börsenhandel; **– commerciale** Geschäftstätigkeit, kaufmännische Tätigkeit, Handel(sgewerbe) *n*; **– complémentaire** (= **– accessoire**) *(ArbR)* Nebentätigkeit; **– dépendante** nichtselbständige Erwerbstätigkeit, abhängige Beschäftigung; **– économique** Geschäftstätigkeit; **– illicite** unerlaubte Tätigkeit; **– indépendante** selbständige Erwerbstätigkeit; **– industrielle** Industriegewerbe *n*; **– intellectuelle** geistige Arbeit; **– lucrative** Erwerbstätigkeit; **– manuelle** Handarbeit *f*, körperliche Tätigkeit; **– non salariée** (= **indépendante**) selbständige Erwerbstätigkeit; **– occasionnelle** Gelegenheitsarbeit, gelegentliche Tätigkeit; **– parallèle** (= **– accessoire**) Nebentätigkeit, Nebenbeschäftigung; **– permanente** Dauerbeschäftigung; **– politique** politische Betätigung; **– principale** Hauptberuf, Haupttätigkeit; **– professionnelle** Beruf *m*; Berufstätigkeit *f*; **– rémunérée** Erwerbstätigkeit; Beschäftigung gegen Entgelt; **– révolutionnaire** *ou* **subversive** *(StR)* staatsfeindliche Umtriebe, umstürzlerische Tätigkeit; **– salariée** Tätigkeit als Lohnempfänger, lohnabhängige Tätigkeit.

activité de service *(VwR)* (aktives) Dienstverhältnis; **en – –** im aktiven Dienst, diensttuend.

activité(s) syndicale(s) (1) Gewerkschaftsarbeit *f*, (2) Tätigkeit der Berufsverbände; **– tertiaire** Dienstleistungsgewerbe.

actuaire *m (FinanzW)* Versicherungs- u. Wirtschaftsmathematiker *m*, Aktuar *m*.

actualisation *f* Aktualisierung *f*, Angleichung, Anpassung an die Gegenwart.

actualiser *v.tr.d.* aktualisieren, auf den neuesten Stand bringen.

actualité *f* Tagesereignisse *npl*, jüngste Geschehnisse; Zeitnähe *f*; Aktualität *f*, gegenwärtige Wirklichkeit; Gegenwart *f*, Gegenwartsbezogenheit *f*.

actuariat *m* Beruf des Versicherungs- u. Wirtschaftsmathematikers.

actuariel *adj* versicherungsmathematisch; **évaluation –ielle du régime de pension** *(SozVers)* versicherungsmathematische Bewertung der Versorgungsansprüche; **science –ielle** Versicherungsmathematik *m*; **taux – brut** *(WertpR)* Brutto(zins)satz *m*, Rendite *f* (eines Wertpapiers).

actuel *adj* gegenwärtig, jetzig, heutig; aktuell; **dommage –** bereits eingetretener Schaden.

acuité *f* (d'un conflit) Schärfe *f*, Zuspitzung *f*.

adage *m (juridique)* Rechtssprichwort *n*; Lehrsatz *m*.

ad agendum *(lat, PrzR)* Prozeßvollmacht *f*.

adaptabilité *f* Anpassungsfähigkeit *f*.

adaptation *f* (1) *(SchuldR: réaménagement d'un accord)* Anpassung *f*, Änderung, (2) *(UrhR: œuvre littéraire)* Bearbeitung *f*, **– des prix** Preisanpassung; **– des rentes** Rentenanpassung *f*; **– au travail** Einarbeitung *f*.

adapter *v.tr.d.* anpassen, aufeinander abstimmen, angleichen.

addendum *m* (souvent pl: addenda) *(notes additionnelles)* Nachtrag *m*, Zusätze *mpl*.

additif *m* (1) *(acte additionnel, avenant)* Nachtrag, (2) *(a. Lebensmittel)* Zusatz *m*; **– du budget** Nachtragshaushalt.

addition *f* (1) Rechnung, (2) *(mention modificative)* Hinzufügung, Zusatz *m*; **certificat d'–** Zusatzpatent *n*; **– d'hérédité** Erbschaftsantritt *m*.

additionnel *adj* zusätzlich; ergänzend; nachträglich; **article –** (Gesetzes-)Ergänzung; **centimes –s** Steuerzuschlag.

additionner *v.tr.d.* addieren, zusammenzählen, hinzufügen.

adduction d'eau Wasseranschluß *m*.

adepte *m/f* Anhänger *m*; Parteigänger(in); Verfechter(in); **– d'une religion** *(KirchR: un fidèle)* Kirchenmitglied *n*, Anhänger *m* einer Religionsgemeinschaft.

adéquat *adj* angemessen, entsprechend; richtig.

adhérent *m* Mitglied *n*; **carte d'–** Mitgliedsausweis *m*.

adhérer (1) *(à un contrat)* sein Einverständnis erklären, zustimmen, (2) *(à un groupement)* Mitglied werden, eintreten, beitreten; **– aux conditions d'assurance** die Versicherungsbedingungen anerkennen, sich unterwerfen; **– à un syndicat** seinen Beitritt (zu einer Gewerkschaft) erklären, beitreten.

adhésion *f* (1) *(ZR: assentiment, agrément, approbation)* Zustimmung *f*, Einverständnis *n*, Einwilligung *f*, (2) *(VR, ArbR)* Beitritt *m*, Mitgliedschaft *f*, Eintritt *m*; **bulletin d'–** Beitrittserklärung; **condition d'–** Aufnahmebedingung; **contrat d'–** Adhäsionsvertrag; **déclaration d'–** Beitrittserklärung; **demande d'–** Aufnahme- od. Beitrittsantrag; **donner son –** seinen Beitritt erklären, beitreten; **droit d'–** Aufnahmegebühr *f*; **instrument d'–** *(VR)* Beitrittsurkunde; **– conditionnelle** bedingter Beitritt; **– à une association** Eintritt in einen Verein; **– obligatoire** *(SozVers)* Zwangsmitgliedschaft *f*, Beitrittspflicht; **– au traité** Beitritt zum (völkerrechtlichen) Vertrag.

ad hoc *loc. adj. invar.* (*= à cet effet*) (eigens) zu diesem Zweck, hierfür.

ad impossibilia nemo obligatur *lat* zu unmöglichen Dingen wird niemand verpflichtet.

adiré *adj (WertpR: titres)* verloren (gegangen); verlegt.

adirement *m (mutilation d'un écrit, destruction)* Verlust *m* (einer Urkunde), Vernichtung *od.* Beschädigung eines Schriftstücks.

adition *f* **d'hérédité** *(ErbR)* Erbschaftsannahmeerklärung *f.*

adjacent *adj* angrenzend; dazugehörig; umliegend, nebeneinander liegend.

adjoindre *v.tr.* hinzufügen; (Mitarbeiter) beiordnen.

adjoint *m* (1) Stellvertreter *m,* (2) Beigeordnete(r) *m,* Sekretär *m;* – **administratif** Verwaltungsangestellte(r) *m,* Amtsgehilfe *m;* – **au maire** stellvertretender Bürgermeister, Beigeordnete(r).

adjonction *f* Hinzufügung *f,* Zusatz *m;* Beiordnung *f;* – **de territoire** Gebietserweiterung *f.*

adjudant chef Oberfeldwebel; – **de compagnie** Kompaniefeldwebel.

adjudicataire *m* (1) *(VwR: öffentl. Aufträge)* Auftragnehmer *m,* (2) *(Versteigerung)* Meistbietender *m,* Ersteher *m,* Ersteigerer *m.*

adjudication *f* (1) *(fait d'adjuger)* Zuschlag *m,* Zuschlagserteilung *f,* (2) *(vente aux enchères)* Versteigerung *f,* (3) *(marchés publics)* Vergabe *f* im Preiswettbewerb; **contrat d'–** Verdingungsvertrag *m;* **marché par –** Vergabe im Preiswettbewerb; **mettre en –** öffentlich ausschreiben; **prix d'–** (1) Versteigerungspreis *m,* (2) Verdingungspreis; **procès–verbal d'–** (1) *(VwR)* Verdingungsverhandlung, (2) *(PrzR)* Zuschlags- *od.* Versteigerungsprotokoll *n.*

adjudication à la barre gerichtliche Versteigerung; – **en bloc** Gesamtvergabe *f;* – **avec concours** *(öf. Auftrag)* Vergabe im (funktionalen) Leistungs- *od.* Ideenwettbewerb; – **sur folle enchère** erneute Versteigerung wegen mangelnder Zahlungsfähigkeit des ersten Ersteigerers; – **forcée** Zwangsversteigerung; – **à forfait** Vergabe zu Pauschalpreisen; – **judiciaire** gerichtliche Versteigerung; – **sur licitation** öffentliche Versteigerung einer ungeteilten Sache zum Zwecke der Auseinandersetzung; – **par lots** Vergabe nach Losen; – **sur offres de prix** Vergabe, bei der der Bewerber Angebotspreise abzugeben hat; – **ouverte** offenes Verfahren bei Vergabe im Preiswettbewerb.

adjudication de travaux publics Vergabe von öffentlichen Aufträgen; – **publique (ouverte)** öffentliche Ausschreibung, Vergabe im Preiswettbewerb (nach öffentlicher Ausschreibung); – **au rabais** Vergabe (eines öffentlichen Auftrages) an den Höchstrabattgewährenden; – **(publique) restreinte** nicht offenes Verfahren bei Vergabe im Preiswettbewerb, Vergabe im Preiswettbewerb nach beschränkter Ausschreibung; – **sur surenchère** Zuschlag auf Grund eines Übergebotes nach erfolgter Versteigerung; – **volontaire** Versteigerungsauftrag.

adjuger (1) *(enchères)* zuschlagen, den Zuschlag erteilen, zusprechen, (2) *(marchés publics)* vergeben; – **les conclusions** *(PrzR)* gemäß Antrag erkennen; – **un marché** einen öffentlichen Auftrag vergeben.

adjuration *f* Beschwörung *f,* Beschwörungsformel *f;* Ablegung des Eides.

adjuvant *m (Arznei)* Zusatzstoff *m.*

adjurer *v.tr.d.* jmdn. als Zeugen anrufen, sich auf jmdn. als Zeugen berufen.

ad libitum *lat* nach Belieben.

ad litem: mandat – *(lat. PrzR)* (Prozeß-)Vollmacht *f.*

admettre *v.tr.* (1) *(agréer, autoriser)* zulassen, annehmen, aufnehmen, (2) *(permettre)* gestatten, (3) *(déclarer comme reçu)* (eine Prüfung) als bestanden erklären; – **une exception** eine Ausnahmegenehmigung erteilen; – **une faute** ein Verschulden eingestehen, zu geben; – **un pourvoi** ein Rechtsmittel für zulässig erklären; – **une réclamation** eine Beanstandung als berechtigt

adminicule

anerkennen; – **à la retraite** in den Ruhestand versetzen; **il est désormais admis que** es hat sich die Erkenntnis durchgesetzt, daß ...

adminicule *m (ZPR: commencement de preuve)* unvollständiger Urkundenbeweis (der durch Zeugen zum vollen Nachweis erhärtet werden kann).

administrateur *m* (1) *(ZR: personne chargée de gérer des biens ou un patrimoine)* (Vermögens-)Verwalter *m*, (2) *(HR, GesR)* Vorstandsmitglied *n*, (3) *(VwR)* leitender Verwaltungsbeamter (im höheren Dienst), (4) *(EuR)* Verwaltungsrat.

administrateur adjoint *(EuR)* Verwaltungsreferendar; **– de biens** Vermögensverwalter; **– civil** *(BeamR: fonction publique de l'État)* leitender Verwaltungsbeamte(r), Beamte(r) der Ministerialaufbahn; **– civil chef de bureau** frz. Ministerialrat; **– civil de 1ère classe** frz. Regierungsdirektor; **– civil de 2ème classe** frz. Oberregierungsrat; **– délégué** *(GesR)* geschäftsführender Direktor; **– gérant** *(SeeHR)* Korrespondentreeder *m*, Schiffsdisponent *m*; **– ad hoc** Pfleger *m*; **– judiciaire** Verwalter (auf Grund gerichtlicher Anordnung), gerichtlich eingesetzter Verwalter; **– légal** gesetzlicher Verwalter *od.* Vertreter, **– ordonnateur** *(HaushR)* Anweisungsbeamter (für den Vollzug des Haushaltsplans); **– provisoire** vorläufiger Pfleger; vorläufiger Vermögensvormund; **– au règlement judiciaire** *(KonkursR)* Vergleichsverwalter; **– séquestre** Person, bei der eine Geldsumme auf gerichtliche Anordnung hinterlegt wird; Zwangs- *od.* Sequesterverwalter; **– de société** *(GesR)* Vorstands- *od.* Verwaltungsratsmitglied; Geschäftsführer.

administratif *adj* verwaltungsmäßig, behördlich, Amts-, verwaltungstechnisch; **acte –** Verwaltungsmaßnahme *f*; **droit –** Verwaltungsrecht *n*; **régime –** dem Verwaltungsrecht unterliegend.

administration de l'assistance technique

administratif *m* Verwaltungskraft.

administration *f* (1) *(ÖfR: avec majuscule, synonyme de service public)* (Staats-)Verwaltung *f*, Hoheitsverwaltung, Verwaltungsbehörde *f*, Behörde, Staatsorgan *n*, (2) *(ÖfR: synonyme de puissance publique)* Staat *m*, Staatsgewalt *f*, öffentliche Gewalt, (3) *(VwR: État en tant qu'employeur)* Dienstherr *m*, Dienststelle *f*, (4) *(ZR)* Vermögensverwaltung, (5) *(HR)* Geschäftsführung *f*, Unternehmensleitung *f*, (6) *(ZPR: administration de la preuve)* Beweisführung; **acte d'–** Handlung *od.* Geschäft im Rahmen der Geschäftsführung; **acte de l'–** (s. **acte administratif**) Verwaltungsakt *m*, Verwaltungsmaßnahme *f*; **agent de l'–** Bediensteter *m*, Verwaltungsbeamter *m*, Verwaltungsangestellter *m*; **attaché d'–** frz. Regierungsrat; **conseil d'–** (1) *(ÖfR: collectivités locales)* Verwaltungsrat *m*, (2) *(GesR: organe de la société anonyme de type ancien)* Vorstand, Geschäftsführung, Generaldirektion; **frais d'–** Verwaltungskosten *pl*; **personnel d'–** Verwaltungspersonal *n*; **pouvoir d'–** Verwaltungsbefugnisse *fpl*; **règlement d'– publique** *(ÖfR)* (zustimmungsbedürftige) Rechtsverordnung.

administration de l'assistance technique Dienststelle für technische Hilfe; **– autonome** *(ÖfR)* Selbstverwaltung; **– des biens** *(ZR)* Vermögensverwaltung; **– centrale** *(ÖfR)* frz. Zentralstaatliche Dienststellen, unmittelbare Staatsverwaltung; Oberste staatliche Behörde; **– communale** Gemeindeverwaltung; **– déléguée** *(ÖfR)* Auftragsverwaltung; **– départementale** Departementverwaltung; **– des dettes** Schuldenverwaltung; **– des domaines** Domänenverwaltung; **– des eaux et forêts** Forstverwaltung; **– d'État** Führung der Staatsgeschäfte; **– expéditrice** *(UPU)* Absende- *od.* Abfertigungsverwaltung;

administration judiciaire — **admonition**

– **de la faillite** (S) Konkursverwaltung.
administration judiciaire (1) *(PrzR)* Justizverwaltung, (2) *(ZPR)* gerichtliche Verwaltung (des Vermögens); – **judiciaire de la preuve** *(ZPR)* Beweisaufnahme; – **de la justice** Rechtspflege *f;* – **légale** *(FamR)* Vermögenssorge *f;* – **du livre de la dette** Schuldbuchverwaltung; – **locale** örtliche Verwaltung; – **militaire** Militärverwaltung; – **de mission** *(ÖfR)* Daseinsvorsorge (durch die staatliche Verwaltung), – **municipale** Gemeindeverwaltung; – **pénitentiaire** Strafvollzugsbehörde; Justizvollzugsanstalt; – **des poids et mesures** Eichamt *n;* – **portuaire** Hafenverwaltung; – **postale** *ou* **des postes** Postverwaltung; – **de la preuve** *(ZPR)* Beweisantritt, Beweisführung; – **provisoire** *(ZwangsVR)* Zwangsverwaltung; – **publique** öffentliche Verwaltung; – **de la région militaire** Wehrbereichsverwaltung; – **sanitaire** Gesundheitsamt *n;* – **séquestre** Zwangsverwaltung.

administrativement *adv* verwaltungsmäßig, behördlich.

administré *m* Staatsbürger *m,* Bürger im Verhältnis zum Staat, zur Verwaltung.

administrer (1) *(gérer, diriger, mener)* verwalten, führen, leiten, lenken, (2) *(produire, fournir, apporter)* beibringen, vorlegen, anführen, (3) *(appliquer)* anwenden, geben; – **les biens** das Vermögen verwalten; – **une correction** züchtigen, körperlich bestrafen; – **un médicament** eine Arznei verabreichen; – **un mourant** die letzte Ölung (einem Sterbenden) erteilen; – **la preuve** den Beweis führen.

admissibilité *f* (1) Zulässigkeit *f,* (2) *(SchulR)* bestandene Vorprüfung; **liste d'–** Zulassungsliste *f;* – **à la fonction publique** Zugang *m* zu öffentlichen Ämtern.

admissible *adj* (1) annehmbar, vertretbar, (2) zulässig, gültig, statthaft;

– **à un examen** zur Prüfung zugelassen.

admission *f* Zulassung *f,* Aufnahme *f;* **âge d'–** à la retraite Pensionsalter *n,* Ruhestandsalter, Pensionsgrenze *f,* Renteneintrittsalter; **âge d'– au travail** Mindestalter *n* für die Arbeitsaufnahme; **bureau d'–** Aufnahmebüro *n,* Zulassungsstelle *f;* **certificat d'–** Zulassungsschein *m;* **commission d'–** Aufnahme- *od.* Zulassungsausschuß; **concours d'–** Zulassungs- *od.* Aufnahmeprüfung; **condition d'–** Aufnahmebedingung; Annahmebedingung; **demande d'–** Zulassungsantrag *m,* Aufnahme- *od.* Beitrittsantrag; **droit d'–** Aufnahme- *od.* Zulassungsgebühr, Eintrittsgeld; **examen d'–** Aufnahmeprüfung; **libre –** *(GewR)* freie Zulassung.

admission au barreau Zulassung als Anwalt, Zulassung zur Ausübung der Rechtsanwaltschaft; – **au bénéfice des prestations** *(SozR)* Gewährung von Leistungen; – **en bourse** Börsenzulassung; – **à la cote** Zulassung zur amtlichen Kursnotierung; – **des créances** *(KonkursR)* Anerkennung der Begründetheit der Konkursforderungen; – **à domicile** *(VwR)* Aufenthaltserlaubnis; – **à l'exercice d'une profession** Zulassung zur Berufsausübung; – **en franchise** zollfreie Zulassung; – **en libre pratique** *(ZollR)* Zulassung zum freien Verkehr; – **d'un membre** Aufnahme eines (neuen) Mitgliedes; – **à la preuve** Zulassung zum Beweis; – **à une profession** Berufszulassung; – **à la retraite** Versetzung in den Ruhestand.

admission temporaire *(ZollR)* vorübergehende Einfuhr; – **au transport** Zulassung zum Verkehr.

admonestation *f* *(StPR)* Verwarnung *f,* Mahnung *f,* Verweis *m;* Vorhaltung *f.*

admonester *v.tr.d.* ermahnen, warnen, verwarnen, tadeln.

admonition *f* (= **admonestation**) Verwarnung *f.*

ADN *m* (= acide désoxyribonucléique) DNA *f.*

ad nutum: révocable – (1) *(mandat)* jederzeit aufhebbar, (2) *(personne)* abberufbar ohne Einhaltung einer Kündigungsfrist.

adolescence *f* Jugend *f*, Jugendalter.

adolescent *m* Jugendlicher *m*, Heranwachsender *m*; **–e** junges Mädchen.

adoptant *m (FamR: celui qui adopte un enfant)* Annehmende(r) *m*.

adopté *m* Angenommene(r) *m*, angenommenes Kind *n*.

adopter (1) *(FamR)* an Kindes Statt annehmen, adoptieren, (2) *(ÖfR: Gesetz)* annehmen, verabschieden, beschließen über, (3) *(HR: Ware)* einführen; **– un amendement** einem Abänderungsantrag *m* stattgeben; **– le budget** den Haushalt feststellen *od.* beschließen; **– une loi** ein Gesetz verabschieden, beschließen *od.* annehmen; **– une méthode** ein Verfahren heranziehen; **– un modèle** das Modell (eines Geräts) einführen; **– à l'unanimité** einstimmig annehmen.

adoptif *adj* Wahl-; **filiation –ive** Adoptionsverhältnis.

adoption *f* (1) *(FamR)* Annahme an Kindes Statt, Adoption *f*, (2) *(ÖfR)* Wahl *f*; Billigung *f*, Annahme *f*, Bestätigung *f*; **contrat d'–** Adoptionsvertrag, Kindesannahmevertrag; **patrie d'–** Wahlheimat.

adoption d'une loi Verabschiedung eines Gesetzes; **– plénière** *(FamR)* adoptio plena, Adoption mit voller Eingliederung in die Adoptivfamilie; **– du procès-verbal** Annahme *od.* Genehmigung des Protokolls; **– simple** *(FamR)* adoptio minus plena; Adoptionsverhältnis, in dem der Adoptierte nicht die volle rechtliche Stellung eines ehelichen Kindes erlangt.

adoucir *fig* entschärfen, mildern, verbessern.

adoucissement *m* Lockerung; **– de peine** Strafmilderung *f.*

ad probationem *lat (PrzR: à fin de preuve)* zu Beweiszwecken.

adressage *m (DV)* Adressierung.

adresse *f* (1) *(suscription)* Anschrift *f*, Adresse *f*, (2) *(requête)* Eingabe *f*, Bittschrift *f*, Denkschrift *f*, (3) *(habileté)* Gewandtheit *f*, Geschicklichkeit *f*, (4) *(DV)* Speicherstelle, -zelle, Adresse; **– au besoin** (S) Notadresse *f*; **– commerciale** Geschäftsadresse; **– convenue** Deckadresse; **– postale** Postanschrift.

adresser *v.tr.* adressieren, richten; weisen, schicken; **s'– à qqn** sich wenden an.

adroit *adj* geschickt, gewandt.

adulte *m* Erwachsene(r) *m*, Volljährige(r) *m*; *adj* erwachsen.

adultération *f* (= **altération**) (Urkunden-)Fälschung *f*, Verfälschung *f.*

adultère *m* (1) *(FamR: infidélité d'un époux)* Ehebruch *m*, (2) Ehebrecher *m.*

adultère *adj* ehebrecherisch.

adultérer *(Urkunde)* verfälschen.

adultérin *adj* aus einem Ehebruch stammend; **enfant –** im Ehebruch gezeugtes Kind.

ad usum *(lat.: suivant la coutume)* nach dem Gewohnheitsrecht.

adversaire *m* (1) *(ZPR)* (Prozeß-) Gegner, gegnerische Partei im Prozeß, Gegenseite *f*, (2) Widersacher *m*, Gegenspieler.

adverse *adj* gegnerisch; widrig; **avocat –** Anwalt des Gegners, Gegenanwalt *m*; **fortune –** Mißgeschick *n*; **partie –** Gegenpartei *f* im Prozeß.

adversus *lat (PrzR: contre; adversaire au procès)* gegen.

aérien *adj*: **droit –** Luftfahrtrecht, Luftverkehrsordnung; **espace –** Luftraum *m*; **ligne –ne** Fluglinie(nverkehr); **navigation –ne** Luftfahrt; **transport –** Fluggasttransport *m*; Luftfracht *f.*

aérodrome (= **aéroport**) Flughafen *m*, Flugplatz.

aérogare *f* (1) Flughafengebäude (für die Abfertigung), (2) Zubringerdienst (in Großstädten) zum Flughafen.

aérogramme *m* Aerogramm *n*, Luftpostleichtbrief *m*.
aéronef *m* Luftfahrzeug *n*.
aéroport *m* Flughafen *m*; **– de débarquement** Bestimmungsflughafen *m*, Ausladeflughafen *m*; **– de dégagement** *ou* **– de déroutement** Ausweichflughafen; **– de destination** Bestimmungsflughafen; **– douanier** Zollflughafen *m*; **– franc** Zollfreiflughafen; **– militaire** Fliegerhorst *m*; **– de transbordement** Umladeflughafen.
aérospatial *adj* die Luft- u. Raumfahrt betreffend.
affacturage *m* (= **factoring**) Faktoringvertrag, Factoring *n*, (Sonderform der) Inkassozession.
affaiblissement *m* Schwächung, Dämpfung, Abnahme, Milderung, Verschlechterung, **– de l'État** Aushöhlung des Staates.
affaire *f* (1) *(ZPR: cause soumise au juge, différend, procès)* (bürgerlicher) Rechtsstreit *m*, Rechtssache *f*, Prozeß *m*, Fall *m*, (2) *(StPR)* Strafsache *f*, (3) *(HR: entreprise industrielle ou commerciale)* Geschäft *n*, Handel *m*, Handelsgeschäft *n*, Betrieb *m*, Unternehmung *f*, (4) *(HR: marché conclu avec qqn.)* Vertrag *m*, Handelskauf *m*, Handelsgeschäft, (5) *(VwR)* Angelegenheit *f*, Sache *f*; **conclusion d'une –** Geschäftsabschluß *m*; **étouffer une –** eine Sache totschweigen *od.* vertuschen; **juger une –** ein Urteil in einem Rechtsstreit fällen; **plaider une –** jn. vor Gericht vertreten, einen Prozeß (als Anwalt) führen; **radier une –** eine Rechtssache (aus dem Gerichtsregister) streichen, ein Verfahren absetzen; **renflouer une –** ein Geschäft sanieren; **vider une –** einen Rechtsstreit beenden.
affaire civile *ou* **– en matière civile** *(ZPR)* bürgerliche Rechtsstreitigkeit, Zivilsache; **– commerciale** Handelssache *f*, Rechtsstreit aus Handelsgeschäften; **– communicable** Rechtsstreit, über den der Staatsanwalt von Amts wegen in Kenntnis gesetzt werden muß; **– au comptant** Bar- *od.* Kassageschäft; **– conclue** abgeschlossenes Geschäft; **– connexe** *(ZPR)* Rechtsstreit mit einem inneren Zusammenhang zu einer anderen Sache; **– contentieuse** Rechtsstreit; **– déficitaire** Verlustgeschäft; **– diplomatique** diplomatische Angelegenheit; **– disciplinaire** Disziplinarsache, Dienststrafsache; **– disjointe** abgetrenntes Verfahren; **– en état** entscheidungsreife, spruchreife *od.* urteilsreife Sache; **– en instance** (bei Gericht) anhängige Sache; **– florissante** *(HR)* blühendes Geschäft; **– gracieuse** Angelegenheit der freiwilligen Gerichtsbarkeit, Außerstreitsache (Aut); **– litigieuse** *ou* **– en litige** Rechtsstreit *m*; Streitgegenstand *m*; **– pénale** Strafsache; **– pendante** rechtshängige Sache, schwebendes Verfahren; **– de peu d'importance** *(ZPR)* Bagatellsache; **– prospère** ertragreiches Geschäft; **– rentable** lohnendes Geschäft; **– sommaire** Bagatellsache; **– de vacation** *(ZRP)* Feriensache.
affaires *fpl* (1) *(ÖfR: activités d'intérêt public)* Verwaltungsobliegenheiten *fpl*, Staatsangelegenheiten *fpl*, Staatsaufgaben *fpl*, (2) *(HR: activités économiques, opérations)* Geschäftstätigkeit *f*, Geschäfte *npl*, Wirtschaftstätigkeit *f*, Wirtschaft *f*, (3) *(situation matérielle d'une personne)* Vermögenslage *f*, wirtschaftliche *od.* finanzielle Lage, (4) *(effets personnels)* Hab *n* und Gut *n*, Habe *f*, Habseligkeiten *fpl*, Besitztum *n*, Sachen *fpl*; **arrêt des –** Geschäftsstillstand *m*; **banque d'–** Investmentbank, Beteiligungsbank *f*, Effektenbank, Gründungs- und Emissionsbank; **chargé d'–** *(VR)* Geschäftsträger *m*; **chiffre d'–** *(HR, GesR: C.A.)* Umsatz *m*; **cours des –** Geschäftsverlauf *m*; **expédier les – courantes** die laufenden Angelegenheiten erledigen; **extension des –** Geschäftserweiterung *f*; **faire de mauvaises –** schlechte Geschäfte machen, sich

verspekulieren; **gérant d'–** (1) *(ZR)* Geschäftsführer *m*, (2) *(HR)* Geschäftsleiter *m*; **gestion d'–** (1) *(ZR)* Geschäftsführung ohne Auftrag, (2) *(HR)* Geschäftsführung, Geschäftsbesorgung; **homme d'–** Geschäftsmann *m*; **lettre d'–** Geschäftsbrief *m*; **marche des –** Geschäftslage *od.* -ablauf *m*; **regard sur les –** *(GesR)* Einsicht in die Geschäftsangelegenheiten, Kontrollrecht (der Gesellschafter); **secret d'–** Betriebs- *od.* Geschäftsgeheimnis; **surveillance des –** Geschäftsaufsicht *f*; **toutes – cessantes** unverzüglich, sofort; **volume des –** Geschäftsumfang *m*; **voyage d'–** Geschäftsreise *f*.

affaires communales *(VwR)* Gemeindeangelegenheiten; **– pour compte propre** *(BörR, ZivR)* Geschäfte für eigene Rechnung; **– courantes** *(StaatsR)* laufende Geschäfte *pl.*

affaires étrangères (1) auswärtige Angelegenheiten, (2) Außenministerium; **commission des – –** Ausschuß für auswärtige Angelegenheiten; **Ministère des – –** Außenministerium *n*, Auswärtiges Amt.

affaires intérieures *(ÖfR)* innere Angelegenheiten; **– jointes** *(ZPR)* verbundene Rechtssachen.

affairisme *m* Spekulationsgeschäfte; Geschäftemacherei *f*.

affairiste *m* Spekulant *m*, Geschäftemacher *m*.

affaissement *m* *(Kurse, Preise)* Dämpfung, Sinken *n*, Einbruch *m*.

affectataire *m* (1) Verfügungsberechtigte(r) *m*, (2) *(logement)* Eingewiesene(r), Nutznießer *m*; **– secondaire** Zweitbenutzer.

affectation *f* (1) *(BeamR)* Versetzung(sverfügung) *f*, Zuweisung *f* (eines Dienstpostens), (2) *(SachR)* Bestimmung des Verwendungszwecks, Widmung; Rechtslage der so verwendeten Sache; **décision d'–** (1) *(BeamR)* Versetzungsverfügung, (2) *(VwR)* Widmungsverfügung; **lieu d'–** Dienstort *m*.

affectation administrative Zweckbestimmung öffentlicher Sachen; **– budgétaire** Zweckbindung von Haushaltsmitteln; **– à un but** Zweckbestimmung; **– hypothécaire** Verwendung eines Grundstücks zur Sicherung einer Forderung; **– de logement** Einweisung in eine Wohnung; **– des mémoires** *(DV)* Speicherzuweisung; **– en nantissement** Übergabe als Sicherheit *od.* zum Pfand (Aut); **– perpétuelle** Dauerwidmung; **– aux réserves** *(GesR)* Zuführung zu den Rücklagen; **– au service de défense** Wehrdienstverpflichtung.

affecter *v.tr.* (1) *(BankR: Geldmittel)* zuteilen, zuwenden, (2) *(ZR: Vermögensgegenstände)* für einen Zweck bestimmen, widmen, (3) *(Gesundheit)* beeinträchtigen, (4) *(BeamR)* abstellen, versetzen, unterstellen; **– des crédits** Mittel zuwenden *od.* aufwenden.

affectio societatis *(HR, GesR: intention de s'associer, volonté de collaboration)* Wille *m* zur wirtschaftlichen Zusammenarbeit; gemeinsam verfolgter Zweck, gegenseitige Verpflichtung zur Förderung eines gemeinsamen Zweckes.

afférent *adj* zukommend, gebührend; betreffend; **part –e** *(ErbR)* (auf jeden Erben) entfallender Anteil.

affermage *m* (1) *(LandwR: bail à ferme)* Pacht *f*, Pachtvertrag *m*, Verpachtung *f*, (2) *(HR)* entgeltliche Überlassung (einer Sache) zu Werbezwecken.

affermer *v.tr.* pachten, verpachten.

affermir *v.tr.* festigen, stärken, untermauern.

affermissement *m* Stärkung, Festigung.

affichage *m* (amtliche) Bekanntmachung, Anschlag *m*, Plakatanschlag, Aushang *m*; **panneau d'–** Anschlagtafel, schwarzes Brett; **– des données** *(DV)* Datenanzeige; **– électoral** Anschlag von Wahlplakaten; **– des prix** Preisaushang *m*, Preisauszeichnung *od.* -bekanntgabe; – **public** öffentlicher Anschlag; – **publicitaire** Plakatwerbung *f*; – **au tribunal** Anschlag bei Gericht, Anschlag an der Gerichtstafel.

affiche *f* Plakat *n*, Anzeigeblatt *n*, Zettel *m*, Anschlag *m*, Aushang *m*, Bekanntmachung *f*, Kundmachung; – **administrative** öffentlicher Anschlag; – **électorale** Wahlplakat.

afficher *v.tr.* (öffentlich) anschlagen *od.* bekanntgeben, kundmachen, plakatieren (Aut).

affidavit *m* (1) *(HR, ZPR)* eidliche Aussage, Affidavit *n*, eidesstattliche Versicherung, beschworene Erklärung (Aut), (2) *(WertpR, SteuerR)* Steuerbefreiung; – **de banque** Bankaffidavit.

affiliation *f* (1) *(adhésion, admission)* Aufnahme *f* (als Mitglied), Beitritt *m*; (2) *(SozR: rattachement)* Mitgliedschaft *f*, Zugehörigkeit *f*, (3) *(rattachement)* Eingliederung *f*, Angliederung *f*; **certificat d'–** Mitgliedsausweis *m*; **cessation de l'–** Beendigung des Versicherungsverhältnisses; **liberté d'–** Versicherungsfreiheit *f*; Beitrittsfreiheit *f*; **plafond d'–** Versicherungspflichtgrenze *f*; – **à une caisse** Mitgliedschaft bei einer Kasse; – **obligatoire** Zwangsmitgliedschaft *f*; – **obligatoire à l'assurance** Pflichtversicherung; – **à la sécurité sociale** Mitgliedschaft in der Sozialversicherung.

affilié *m* (1) Mitglied *n*, (2) *(SozVers)* Versicherte(r) *m*.

affilié *adj* angeschlossen; – **aux assurances sociales** sozialversichert.

affilier: s'– Mitglied werden, beitreten; sich eingliedern, sich anschließen.

affinité *f* (1) *(FamR: parenté par alliance)* Schwägerschaft *f*, (2) Ähnlichkeit, Wahlverwandtschaft *f*.

affirmatif *adj*; **dans l'–ive** wenn ja; **répondre par l'–ive** mit Ja antworten; **réponse –ive** Bejahung *f*; **parler d'un ton –** in entschiedenem Tone reden.

affirmation *f* (1) *(attestation)* Bekräftigung, Beteuerung *f*, feierliche und ausdrückliche Versicherung *f*, (2) *(simple assertion)* Behauptung *f*, (nicht bewiesene) Erklärung *f*, (3) Aussage *f*; – **de compte** *(Buchf)* Versicherung über die Richtigkeit einer Rechnungslegung; – **de créance** *(KonkursR)* Anmeldung und Glaubhaftmachung einer Forderung; – **discutable** zweifelhafte Aussage; – **péremptoire** entscheidende, absolute Aussage.

affirmer *v.tr.* (1) beteuern, versichern, bejahen, (2) behaupten.

afflictif *adj* niederschlagend, kränkend; **peine –ive** (1) *(StR: peine – corporel)* Leibesstrafe, (2) *(StR, heute nur:)* Gefängnisstrafe *f*, Freiheitsentzug *m*.

affluence *f* (1) Zufluß *m*, (2) *fig* Zudrang, Andrang *m*; **heures d'–** Hauptgeschäftszeit, Stoßzeit.

afflux *m* Zulauf *m*, Zustrom *m*, Häufung *f*; – **de capitaux** Kapitalzustrom *od.* -zufluß *m*; – **de devises** Devisenzustrom.

affouage *m* Holzgerechtigkeit (in den Staats- u. Gemeindeforsten).

affranchir *v.tr.* (1) *(hist.: Sklave)* freilassen, (2) *(Post)* freimachen, frankieren, (3) *(SteuerR)* entlasten, Steuerfreiheit gewähren.

affranchissement *m* (1) Befreiung, Freilassung *f*, (2) *(Post)* Frankatur *f*; Freimachen *n*, Frankierung *f*; **dispense d'–** Portofreiheit; **tarif** *ou* **taxe d'–** Post- *od.* Beförderungsgebühr *f*; – **insuffisant** unzureichend frankierte Sendung; – **manquant** nicht freigemachte Sendung.

affrètement *m* (1) Befrachtung *f*, Verfrachtung *f*, Charterung, (2) *(SeeHR)* Charter- *od.* Seefrachtvertrag *m*, Chartepartie *f*, (3) Flugzeugchartervertrag *m*; **bourse d'–** Frachtenbörse *f*; **bureau d'–** Frachten- *od.* Verfrachtungsbüro; **conditions d'–** Be- *od.* Verfrachtungsbedingungen *f*; **contrat d'–** Fracht- *od.* Chartervertrag, Chartepartie; – **en coque nue** Schiffs-

affréter

miete; Bareboat-Charter; **– à la cueillette** Verfrachtung auf Stückgüter; **– obligatoire** Zwangsbefrachtung; **– partiel** (1) Teilcharter, (2) Stückgutfrachtvertrag; **– à temps** Zeitverfrachtung, Zeitcharter; **– total** Voll- *od.* Ganzcharter; **– au voyage** Reisecharter.

affréter *v.tr.* (1) befrachten, (2) verfrachten; **avion –té** Chartermaschine, Charterflugzeug; **– un navire** ein Schiff chartern.

affréteur *m* Charterer *m*, Befrachter *m*, Chartergesellschaft *f*.

affront *m* grobe Beleidigung, Beschimpfung, Schmach *f*.

affrontement *m* Kampf *m*, Zusammenprall *m*, Aufeinandertreffen *n* (von Truppen).

affronterie *f* frecher Betrug, Unverschämtheit.

afin de *loc. prép.*: *suivi de l'inf.* zu dem Zwecke, um zu.

afin que *loc.conj.*: *suivi du subj.* damit.

AFNOR *f* (= *Association française de normalisation*) Französisches Institut für Normung.

à forfait *loc.adj. et adv.* pauschal, in Bausch und Bogen.

a fortiori *loc.adv.* (= *à plus forte raison*) um so mehr.

âge *m* (1) Alter *n*, Lebenszeit *f*, Lebensabschnitt *m*, (2) alte Menschen, Menschen in einem bestimmten Altersstufe, (3) Zeitraum *m*, Zeitalter *n*, Epoche *f*; **abattement d'–** Altersabschlag *m*; **ancienneté d'–** Lebensalter; **classe d'–** Altersgruppe *f*; **conditions d'–** Alterserfordernis *n*; **deuxième –** Jugendalter, Mannesalter; Jugendlicher; **dispense d'–** Befreiung vom Alterserfordernis; **limite d'–** Altersgrenze *f*; **premier –** Kleinkindalter; Kleinkind; **quatrième –** *(SozVers: âge de la dépendance)* Pflegefälle *mpl*; Altersfälle über 75, vorgerücktes *od.* hohes *od.* pflegebedürftiges Alter; Personen im Alter über 75; (häufig:) bettlägrige und auf fremde Hilfe angewiesene alte Menschen; **troisième –** *(SozVers: âge de la retraite)* Senioren

Agence nationale pour l'emploi

pl; dritter Lebensabschnitt, Alter (60 bis 75); ältere, nicht mehr im Arbeitsprozeß stehende Menschen, Personen im Pensions- *od.* Rentenalter.

âge actif erwerbsfähiges Alter; **– d'admission** (au travail) Zulassungsalter, Mindestalter; **– légal** (gesetzliches) Mindestalter; **– limite** Altersgrenze; **– de la majorité** *(ZR)* Volljährigkeit *f*; **– maximum** Höchstalter, obere Altersgrenze *f*; **– mental** geistige Reife; **– minimum** Mindestalter; **– de la retraite** Pensions- *od.* Rentenalter; Ruhestand *m*; **d'– scolaire** im schulpflichtigen Alter; **– de travailler** erwerbsfähiges Alter.

agence *f* (1) *(WirtR)* Agentur *f*, Geschäftsstelle *f*, Vertretung *f*, (2) *(BankR)* Zweigstelle *f*, (3) *(Außh)* Niederlassung *f*, Filiale *f*, (4) *(ÖfR)* Dienststelle *f*, Büro *n*; **contrat d'– (HR)** Handelsvertretervertrag; **– d'achats** Einkaufsgenossenschaft; **– d'assurance** Versicherungsagentur; **– bancaire** Bankfiliale, Zweigstelle; **– de bassin** *(VwR)* Wasserwirtschaftsamt *f*; **– commerciale** Handelsagentur; **– pour le contrôle des armements** Rüstungskontrollamt *n*; **– en douane** Zollagentur; **– d'émigration** Auswanderungsbüro; **– générale** *(VersR)* Generalagentur; **– immobilière** Immobilienmakler, –händler; **– d'intérim, – de travail temporaire** Zeitarbeits- *od.* Zeitpersonalvermittlung, Leiharbeitsfirma; **– internationale de l'énergie atomique** (AIEA) Internationale Atomenergieorganisation (IAEO); **– matrimoniale** Eheanbahnungsinstitut *n*, Ehevermittlungsbüro.

Agence nationale pour l'emploi (= ANPE) frz. zentrale Arbeits(vermittlungs)behörde *f*; **– nationale pour la récupération et l'élimination des déchets** (= ANRED) frz. Zentralamt für die Müllverwertung und Müllbeseitigung.

agence de placement private(s) Arbeitsvermittlung(sbüro); **– de presse** Presseagentur *f*, Nachrichtenzentrale; **– de relations publiques** Public Relations, Öffentlichkeitsarbeits-, Kontaktpflegestelle *f*; **– de publicité** Werbeagentur *f*; **– de vente** Verkaufsagentur; **– théâtrale** Künstleragentur; **– de voyages** Reisebüro *n*.

agencement *m* Gruppierung, Zusammenstellung.

agenda *m* Terminplan *m*, Terminkalender *m*

agent *m* (1) (*abstrakt*) Ursache *f*, Anlaß *m*, Agens *n*, Mittel *n*, (2) *(ÖfR)* Beauftragter *m*, Bevollmächtigter *m*, (3) *(StR)* Straftäter, (4) *(BeamR)* Bediensteter *m*, Beamter *m*; Polizeibeamter, (5) *(HR)* (Handels-)Vertreter *m*, Agent *m*, Vertrags- od. Geschäftsvermittler *m*, (6) *(UmweltR)* Wirkstoff *m*; **outrage à –** *(StR)* Beleidigung eines Polizeibeamten; **– d'achat** *(HR)* Einkäufer (einer Firma); **– administratif** *ou* **– de l'administration** *(ÖfR)* Verwaltungsangestellter od. -beamter *m*; **– d'affaires** *(HR)* Beauftragter, Handlungsbevollmächtigter *m*; Geschäftsmann *m*; **– d'assurances** *(VersR)* Versicherungsvertreter *m* od. -agent; **– atomique** atomarer Kampfstoff; **– auxiliaire** Hilfskraft *m*; **– bancaire** Bankagent; **– biologique** biologischer Kampfstoff; **– en brevet** Patentanwalt *m*; **– cancérigène** krebserregende Substanz.

agent de change (amtlich zugelassener) Börsenmakler, (amtlicher) Kursmakler, Sensal *m* (Aut); **– civil non fonctionnaire** *(ÖfR)* Angestellter od. Arbeiter im öffentlichen Dienst.

agent commercial (mandataire) *(HR)* (selbständiger) Handelsvertreter, Handelsagent; **– à la commission** Vertreter auf Provisionsbasis; **– comptable** (1) *(HR)* Buchhalter, Rechnungsführer, (2) *(ÖfR)* rechnungsführender Beamte(r); **– consulaire** Konsularagent; **– contractuel** *ou* **– sous contrat** (1) *(ÖfR)* (Behörden-)Angestellte(r), Vertragsbedienstete(r) *m*, (2) *(VersR)* reversierter Vertreter; **– des contributions** Steuer- od. Finanzbeamter; **– sous contrôle** (Geheimdienst) Doppelagent; **– convoyeur** Begleitperson *f*.

agent diplomatique *(VR)* diplomatischer Vertreter; **– de direction** leitender Angestellte(r); **– en disponibilité** (B) Wartestandsbeamte(r); **– en douane** Zollmakler, Grenzspediteur, Zollkommissionär, Zollagent; **– des douanes** Zollbeamte(r).

agent économique *(Vwirt)* Wirtschaftssubjekt *n*; Wirtschaftseinheit *f*; **– d'encadrement** *(ArbR)* Führungskraft, leitender Angestellter; **– encaisseur** *(HR)* Inkassovertreter; **– de l'État** Staatsbeamte(r), Staatsbedienstete(r); **– exclusif** *(HR)* Alleinvertreter; **– d'exécution** (1) *(ÖfR)* Beamte(r) des einfachen Dienstes, Amtsgehilfe (2) *(ArbR)* Ausführungskraft *f*, Arbeiter *m*.

agent de fabrication *(ArbR)* (angelernter) Arbeiter; **– fiduciaire** Treuhänder *m*; **– financier** Anlageberater; **– de la force publique** Polizeibeamte(r); **– forestier** Forstbeamte(r); **– général** *(HR)* Generalagent, Generalvertreter; **– immobilier** Grundstücks- od. Immobilienmakler, Immobilien- od. Realitätenhändler *m* (Aut); **– intérimaire** *(ArbR)* Zeit(arbeits)kraft *f*; **– international** *(VR)* Bedienstete(r) einer internationalen Behörde; **– de liaison** Verbindungsmann *m*; **– local** *(HR)* Ortsvertreter *m*, Platzagent *m*; Ortskraft *f*.

agent de maîtrise (1) *(ÖfR)* Angestellte(r) in gehobener Stellung, (2) *(ArbR)* leitender Angestellter, Meister *m*, technische Aufsichtsperson; Vorarbeiter; **– maritime** *(SeeHR)* Schiffsmakler; **– multiple** *(HR)* Mehrfachagent; **– de la navigation** *(SeeHR)* Schiffsagent; **– négociateur** *(HR)* Vermittlungs-

agent de police | **agissant**

agent; – **occasionnel** *(HR)* Gelegenheitsagent.
agent de police Polizeibeamte(r), Polizist *m*, Schutzmann *m*, Wachmann (Aut); – **de la police judiciaire** *(StPR)* Hilfsbeamte(r) der Staatsanwaltschaft; – **de pollution** *(UmweltR)* Schadstoff, Verunreinigung; – **des postes** Postbeamte(r); – **principal** (1) *(HR)* Hauptagent, (2) *(ÖfR)* Beamte(r) des mittleren Dienstes; – **de probation** *(StVZ)* Bewährungshelfer *m*; – **de production** *(ArbR)* angelernter Arbeiter; – **en propriété industrielle** Patentanwalt; – **prospecteur** *(VersR)* Akquisiteur *m*; – **provocateur** *(StR)* agent provocateur, Lockspitzel *m*; Unruhestifter *m*, Hetzer *m*; – **public** Beamte(r) *od.* Angestellte(r) des öffentlichen Dienstes; – **de publicité** Werbefachmann *m*, Werbeagent.
agent qualifié *(EU)* Hauptamtsgehilfe; – **non qualifié** *(EU)* Amtsgehilfe; – **recenseur** mit der Durchführung der Volkszählung beauftragter Angestellte(r); – **régional** *(HR)* Bezirksvertreter; – **de renseignement** *ou* – **secret** Geheimagent, Spion; – **de sécurité** Sicherheitsbeauftragte(r); – **de service** Amtsgehilfe; – **souscripteur** *(VersR)* Abschluß- *od.* Versicherungsagent; – **de surveillance** Aufsichtsperson *f*.
agent technico-commercial Industriekaufmann *m*; – **technique** *(ArbR)* Fachkraft; – **temporaire** *(ArbR)* Zeit(arbeits)kraft; – **titularisé** *(ÖfR)* (in eine Planstelle eingewiesener) Beamte(r); – **de vente** *(HR)* Verkaufsagent; – **verbalisateur** *(StVR)* Polizeibeamte(r) als Aussteller einer gebührenpflichtigen Verwarnung od. eines Bußgeldbescheides.
agétac *m (ZollR: accord général sur les tarifs douaniers et le commerce)* GATT, Allgemeines Zoll- und Handelsabkommen.
agglomération *f* (geschlossene) Ortschaft; Stadt *f* mit Vororten; Ballungsraum *m*; – **parisienne** Großraum Paris.
aggravant *adj* erschwerend, straf(ver)schärfend; **circonstance –e** *(StR)* Strafschärfungsgrund.
aggravation *f* Erschwerung *f*, Verschärfung; Steigerung; Verschlimmerung; – **de peine** Erhöhung der Strafe, Straf(ver)schärfung; – **d'un impôt** Steuererhöhung; – **de peine en cas de récidive** Strafschärfung bei Rückfall; – **des risques** *(VersR)* Gefahrenerhöhung *f*, Risikoerhöhung.
aggraver *v.tr.* verschärfen, verstärken, erschweren; verschlimmern; verschlechtern.
agio *m* (1) (*BankR: commission, rémunération bancaire*) Agio *n*, Bankprovision *od.* -spesen, (2) *(BörR)* Aufgeld *n*, (3) *(WirtR, StR)* (gesetzwidrige) Börsenspekulation, Agiotage *f*; – **d'escompte** *(WechselR)* (Wechsel-) Spesen; Zinsabzug *od.* -abschlag.
agiotage *m* Agiotage *f*, Börsenspekulation.
agioter *(BörsenR)* spekulieren.
agioteur *m* Börsenspekulant *m*.
agir *v.intr.* (1) handeln, einschreiten, tätig werden, (2) *(agir contre qqn.)* (jemanden) belangen, vorgehen gegen, (3) *(agir sur qqn.)* beeinflussen, einwirken, (4) *(agir auprès de qqn)* vermitteln, sich für jemanden verwenden, (5) *(intenter une action en justice)* klagen; – **en divorce** auf Scheidung klagen; – **en exécution** auf Erfüllung klagen; die Zwangsvollstreckung betreiben; – **en justice** *(ZPR: ester en justice)* (vor Gericht) klagen, eine Klage erheben *od.* anstrengen; – **au nom de qqn.** handeln im Auftrag *od.* im Namen (von); – **d'office** von Amts wegen vorgehen; – **à ses propres frais** die Kosten (selbst) übernehmen; – **ès qualités** in seiner Eigenschaft als . . . handeln; – **à ses risques et périls** auf eigene Gefahr handeln.
agissant: **s'– de** in bezug auf, hinsichtlich.

agissements *mpl (StR: manœuvres)* Machenschaften *fpl*, Handlungen *fpl*, Umtriebe *mpl*; – **clandestins** geheime Umtriebe; – **délictueux** strafbares Verhalten; – **déloyaux** *(HR)* unlautere Wettbewerbshandlungen; – **dolosifs** *(ZR)* arglistige Täuschung, Arglist *f*; – **frauduleux** betrügerisches Verhalten; – **illicites** gesetzwidriges Verhalten, unerlaubte Handlungen; – **suspects** verdächtiges Verhalten.

agitateur *m (StR)* Rädelsführer *m*, Unruhestifter *m*, Aufwiegler *m*.

agitation *f (StR)* Volksverhetzung; Unruhestiftung.

agiter *v.tr.d. (StR)* aufwiegeln; – **une question** eine Frage erörtern *od.* durchsprechen.

agnat *m (FamR)* Blutsverwandter *m* väterlicherseits, Schwertmagen *m*.

agnation *f* Blutsverwandtschaft *f* von väterlicher Seite.

agoniser *v.tr.* in den letzten Zügen liegen, im Todeskampf sein.

agrafe *f* (Heft-)Klammer *f*.

agraire *adj:* **réforme** – Bodenreform; **droit** – Bodenrecht.

agrandissement *m* Vergrößerung, Entwicklung.

agréage *m (HR: agrément dans les ventes à livrer non conformes)* Zustimmungserklärung *f*, Genehmigung.

agréation *f* (1) *(assentiment)* Genehmigung, (2) (B) Zulassung.

agréé *m (HR)* Prozeßvertreter *m* bei den frz. Handelsgerichten; **traducteur** – (gerichtlich) zugelassener Übersetzer.

agréer *v.tr.* zulassen, genehmigen.

agrégat *m* (1) *(Vwirt)* (wirtschaftliche) Global- *od.* Gesamtgröße *f*, (2) *(HaushR: mpl)* Eckdaten *pl* des Haushaltsplans.

agrégation *f* (1) *(admission)* Zulassung *f*, Aufnahme *f*, (2) *(HochschulR: admission sur concours)* durch Auswahlwettbewerb erworbene Lehrbefähigung zur Unterrichtung an frz. Gymnasien bzw. Hochschulen; – **de droit** *(HochschulR)* frz. Habilitation (auf Grund einer Leistungsprüfung im Auswahlwettbewerb).

agrégé *m (HochschulR)* Inhaber einer Lehrbefähigung für Gymnasien u. Universitäten; – **de droit** *ou* – **des facultés de droit** Inhaber einer Lehrbefähigung für ein juristisches Lehramt (an einer Universität).

agrément *m* (1) *(ÖfR)* Erlaubnis *f*, Genehmigung *f*, Billigung *f*, (2) *(VwR)* Bewilligung, Zulassung, (3) *(BeamR)* Bestätigung (im Amt), (4) *(ZR)* (Vertrags-)Beitritt *m*; **demande d'**– *(VR)* Agrément– *od.* Genehmigungsgesuch; **donner son** – (1) seine Zustimmung geben, (2) *(VR)* das Agrément erteilen; – **commercial** Gewerbeschein.

agréments *mpl (BauR: attraits)* Annehmlichkeiten.

agrès *mpl (SeeHR: apparaux)* Takelwerk *n*, Schiffs(aus)rüstung *f*.

agresser *v.tr.d.* angreifen, überfallen.

agresseur *m* Angreifer, Aggressor.

agression (1) *(VR)* Angriff(skrieg) *m*, Aggression, Überfall *m*, (2) *(StR)* Angriff auf Leib und Leben; – **acoustique** Lärmbelästigung; – **armée** bewaffneter Angriff; – **flagrante** offenkundige Aggression.

agricole *adj* landwirtschaftlich.

agriculture *f* Landwirtschaft *f*, Ackerbau *m*.

agro-alimentaire *m* (= *agro-industrie*) Nahrungsmittelindustrie.

agronome *m:* **ingénieur** – Diplom-Landwirt.

agronomie *f* Landwirtschaftswissenschaft.

agronomique *adj:* **Institut national** – (= INA) frz. zentrales Landwirtschaftsamt.

aguichage *m (HR: Werbung)* Aufmerksamkeit (für ein einzuführendes Produkt) erwecken *od.* erregen.

aide (1) *(f : SozR assistance, secours)* Hilfe *f*, Unterstützung *f*, Beistand *m*, (2) *(f : VwR)* Beihilfe *f*, (3) *(m et f: adjoint, assistant)* Hilfskraft *f*, Gehilfe *m*, Helfer *m*, (4) *(pl: prestations pécuniaires)* finanzielle Unterstützung; **à l'**– **de** mittels.

aide d'adaptation Anpassungshilfe; – **administrative** Amtshilfe; – **en capital** Kapitalhilfe; – **aux chômeurs** Arbeitslosengeld; – **communautaire** Gemeinschaftsbeihilfe; – **compensatrice** Ausgleich *m*; – **au développement** Entwicklungshilfe; – **économique** Wirtschaftshilfe; – **à l'exportation** Ausfuhr- *od.* Exportförderung; – **extérieure** Entwicklungs- *od.* Auslandshilfe; – **familiale** Haushaltshilfe, Familienfürsorge; – **financière** Finanzhilfe, finanzielle Unterstützung; – **fiscale** Steuererleichterung; – **à fonds perdu** verlorener Zuschuß; – **gouvernementale** staatliche Beihilfe; – **immédiate** Soforthilfe; – **intérimaire** Übergangs- *od.* Überbrückungsgeld.

aide judiciaire (1) *(PrzR)* Prozeßkostenhilfe, (2) *(IPR)* Rechtshilfe; **convention d'–** – Rechtshilfeübereinkommen; **demande d'entre–** – **judiciaire** Rechtshilfeersuchen.

aide au logement *(BauR: prêts aidés)* (staatliches) Wohnungsbaudarlehen *n*; – **maternelle** Kindergärtnerin; – **médicale** Arzthelfer(in), Sprechstundenhilfe; – **médicale urgente** ärztlicher Notdienst.

aide-mémoire *m (VR: mémorandum)* Denkschrift *f*.

aide ménagère à domicile Haushaltshilfe *f*; – **mutuelle administrative** *(VwR)* Amtshilfe in Verwaltungsangelegenheiten; – **mutuelle judiciaire** *(IPR)* gegenseitige Rechtshilfe; – **aux pays en voie de développement** Entwicklungshilfe *f*; – **personnalisée au logement** *(BauR: prêts aidés)* öffentliche Förderung des Familienheimbaus und von Ausbaumaßnahmen, Aufwendungsdarlehen *od.* Zuschüsse; Wohngeld; – **aux personnes âgées** Altersfürsorge; – **aux personnes âgées à domicile** *(SozR)* häusliche Pflege und Betreuung; – **publique** (1) *(SozR)* öffentliche Fürsorge, (2) *(WirtR)* staatliche Unterstützung *od.* Beihilfe; – **à la réadaptation** *(SozR)* Rehabilitationsmaßnahmen; – **de reclassement** *(SozR)* Berufsförderung; – **à la reconversion** *(SozR)* Umschulungsbeihilfe.

aide sociale (1) *f* Sozialhilfe *f*, (2) *m/f* Sozialhelfer(in) *m/f*; – – **aux adultes** Erwachsenenfürsorge; – – **à l'enfance** Erziehungshilfe.

aide technique (1) frz. Ersatzdienst (in Entwicklungsländern), (2) technische Zusammenarbeit; – **aux travailleurs sans emploi** Arbeitslosenhilfe; – **de trésorerie** *(BankR)* Überziehungs- *od.* Kontokorrent-Kredit.

aïeux *mpl* Vorfahren *mpl*, Ahnen.

aigrefin *m* Gauner *m*, Schlaukopf *m*, Betrüger *m*.

aigu *adj* akut, zugespitzt, brennend; **crise –e** Krise auf dem Höhepunkt.

aiguilleur *m* **du ciel** Fluglotse *m*.

aîné *adj* älter, ältest; erstgeboren.

aînesse *f*: **droit d'–** *(hist)* Erstgeburtsrecht *n*.

air *m* (1) Luft *f*, (2) Ansehen *n*, Gebärde *f*, Mienenspiel *n*; **armée de l'–** Luftwaffe *f*; **Ministère de l'–** Luftfahrtministerium; **pirate de l'–** Flugzeugentführer; **transports par – Beförderung** im Luftverkehr.

aire *f* Fläche *f*, Flächeninhalt *m*; – **d'action** Tätigkeitsbereich *m*; – **d'application** Anwendungsbereich; – **de danger** Gefahrenzone *f*; – **d'embarquement** Landestelle; Verladungshafen; – **de stationnement** Parkplatz; – **de stockage** Lagerfläche.

aisance *f* Wohlstand *m*, Behaglichkeit; Leichtigkeit; **cabinet d'–(s), lieu d'–(s)** Bedürfnisanstalt *f*, WC *n*, Abtritt *m*.

aisances et dépendances *(SachR: style notarial)* Zubehör *m*; – **de voirie** *(VwR)* Anliegerrechte *pl*.

ajourné *m (MilR)* Zurückgestellte(r).

ajournement *m* (1) *(ZPR: assignation)* (gerichtliche) Ladung *f* (des Beklagten durch den Kläger), (2) *(PrzR: renvoi à une date ultérieure)*

Aussetzung des Verfahrens, Vertagung der Entscheidung (durch das Gericht), Verlegung des Verfahrens (auf einen späteren Termin), (3) *(FinanzW)* Aufschub *m*, Stundung; **délai d'–** Ladungsfrist *f*; **exploit d'–** Klagezustellung; Klageschrift; **– à l'audience** Ladung zum Termin *od.* zur Verhandlung, Ladung zur Tagsatzung (Aut); **– à comparaître** *(StPR)* Vorladung; **– d'incorporation** *(MilR)* Zurückstellung *f* vom Wehrdienst; **– de la peine** *(StR)* Strafaufschub; **– d'un procès** Vertagung eines Termins; **– du prononcé de la peine** *(StPR)* Nichtverkündung des Strafurteils; **– de la publication** *(MuW)* Aufschiebung der Veröffentlichung; **– sine die** *(lat)* Vertagung auf unbestimmte Zeit.

ajourner *v.tr.* (1) (den Beklagten) laden, (2) (die Verhandlung) vertagen, verlegen, aufschieben, (3) (die Zahlung) stunden, (4) *(MilR)* (den Wehrpflichtigen) zurückstellen, (5) *(SchulR)* nicht (zur Prüfung) zulassen.

ajout *m* (= *élément ajouté*) Hinzufügung, nachträgliche Ergänzung, Nachtrag *m*.

ajouter *v.tr.* hinzufügen, ergänzen.

ajustement *m* (1) Abstimmung, Anpassung, (2) Berichtigung, Richtigstellung; **– des cours** Kursangleichung; **– monétaire** Währungsanpassung; **– des prix** Preisangleichung; **– des salaires** Lohnanpassung; **– des tarifs** (1) *(HR)* Preiserhöhung, (2) *(ZollR)* Erhöhung *od.* Herabsetzung der Zollsätze; **– de la valeur** Wertberichtigung *f*.

ajuster (1) *(rendre conforme à la norme)* angleichen, (2) *(régler avec précision)* einstellen, regulieren, (3) *(adapter)* anpassen, aufeinander abstimmen.

alarme *f* Alarm *m*, Warnmeldung *f*; **signal d'–** Warnzeichen *n*; **voyant d'–** Warnlicht *n*.

alcoolémie *f* Blutalkohol(gehalt) *m*, Alkoholspiegel *m*; **taux légal d'–** gesetzlicher Grenzwert des Blutalkoholgehalts.

alcoolique (1) *m*: Alkoholsüchtiger; (2) *adj*: **imprégnation –** *(StVR)* Fahruntüchtigkeit infolge Alkoholgenusses; **infraction sous l'influence d'un état –** *(StR)* Alkoholdelikt *n*.

alcoolisme *m*: **lutte contre l'–** Maßnahmen gegen den Alkoholmißbrauch.

alcootest *m* *(StVR)* Blutprobe *f*, Untersuchung des Blutalkoholgehalts.

aléa *m* *(ZR: événement imprévisible)* Zufall(sereignis).

aléatoire *adj* zufällig, zufallsbedingt, vom Zufall abhängig; **contrat –** *(SchuldR)* aleatorischer Vertrag; Spiel u. Wette; Leibrente.

alerte *f* Alarm; **état d'–** Alarmbereitschaft; **procédure d'–** *(HR, KonkursR)* Verfahren zur Abwendung einer drohenden Insolvenz; **– à la bombe** Bombenalarm; **– anticipée** Frühwarnung.

alibi *m* Alibi *n*, Beweis der Abwesenheit vom Tatort.

aliénabilité *f* *(ZR)* Veräußerlichkeit, Übertragbarkeit *f* (eines Rechts).

aliénable *adj* veräußerlich, übertragbar.

aliénataire *m* Erwerber, Rechtsnachfolger.

aliénateur *m* Veräußerer *m*.

aliénation *f* (1) *(ZR: transmission du droit de propriété)* Veräußerung *f* (des Eigentums), gesetzliche *od.* rechtsgeschäftliche (Eigentums-)Übertragung *f*, Rechtsübertragung *f*, (2) *(Pol)* Entfremdung; **prix d'–** Veräußerungspreis *m*; **– de gré à gré** freihändige Veräußerung; **– entre vifs** Veräußerung unter Lebenden.

aliénation mentale Geisteskrankheit *f*, Geisteszerrüttung *f*, Wahnsinn *m*.

aliénation à titre gratuit unentgeltliche Übertragung; Erbeinsetzung; Schenkung; **– à titre onéreux** entgeltliche Übertragung; Kauf *m*; **– à titre particulier** Veräußerung einer einzelnen Sache *od.* eines einzelnen Rechts; **– à titre universel** Übertragung einer Rechts- *od.* Sachgesamtheit.

aliéné *m* **mental** Geisteskranke(r) *m*; – – **interné** in einer psychiatrischen Anstalt eingewiesene(r) *od.* untergebrachte(r) Geisteskranke(r).

aliéner *v.tr. (SachR: céder par aliénation)* veräußern, abtreten, übertragen.

aliéniste *m* Nervenarzt, Neurologe, Facharzt für Nervenkrankheiten.

alignement *m* (1) Ausrichtung *f*, Angleichung *f*, (2) *(BauR)* (Bau-)Fluchtlinie, (3) *(Pol)* Blockbildung; Gleichschaltung; **arrêté d'–** Bauleitplan, Baulinienfeststellungserlaß; **frapper d'–** zur Einhaltung der Baulinie verpflichten; **plan d'–** Fluchtlinienplan *m*; **servitude d'–** Verpflichtung zur Einhaltung der Baulinie; **– monétaire** Währungsanpassung; **– des prix** Preisangleichung; **– des salaires** Lohnanpassung.

aliment *m* Nahrungsmittel *n*, Nahrung *f*, Lebensmittel *fpl*; **fraude et falsification des –s** *(StR)* Täuschung im Lebensmittelhandel; **– indigeste** ungenießbares Nahrungsmittel.

alimentaire *adj*: **obligation –** Unterhaltspflicht; **pension –** Unterhaltsrente *f*.

alimentation *f* (1) Ernährung *f*, (2) *(Energie)* Versorgung, Zuleitung, Zufuhr *f*; **magasin d'–** Lebensmittelgeschäft *n*.

aliments *mpl (FamR: prestation ayant généralement pour objet une somme d'argent)* Unterhalt *m* (in Geld, nur ausnahmsweise in Natur); Unterhaltszahlung *f*, Alimente *pl*; **créance d'–** Unterhaltsanspruch *m*, Unterhaltsforderung; **créancier d'–** Unterhaltsberechtigte(r) *m*; **débiteur d'–** (1) *(FamR)* Unterhaltspflichtige(r) *m*, (2) *adj* unterhaltspflichtig; **dette d'–** Unterhaltsverpflichtung *od.* -pflicht; **droit à des – Unterhaltsanspruch**; **filouterie d'–** *(StR)* Zechprellerei.

alinéa *m* (1) *(subdivision des articles d'un code)* Absatz meines (Gesetzes-)Artikels, (2) Absatz, als Anfang einer neuen Zeile.

allégation *f* (1) *(PrzR)* (Prozeß-)Vorbringen *n*, Anführung *f*, Geltendmachung von rechtserheblichen Tatsachen; (2) *(i.w.S.)* Behauptung *f*.

allégeance *f*: **double –** Doppelstaatsangehörigkeit; **– politique** politische Zugehörigkeit.

allégement *m* (1) Erleichterung *f*, Entlastung *f*, Milderung *f*, (2) *(SeeHR)* Löschen *n*, Leichtern *n*; **– de dette** Umschuldung *f*; **– fiscal** Steuererleichterung *od.* -senkung.

alléger (1) *(diminuer, réduire)* erleichtern, verringern, herabsetzen, (2) *(adoucir, atténuer)* mildern, entlasten.

alléguer *v.tr.* (1) *(PrzR: invoquer pour sa défense)* vorbringen, anführen, (2) behaupten.

alliance *f* (1) *(VR)* Bündnis *n*, Allianz *f*, (2) *(FamR)* Schwägerschaft *f*; **conclure une –** ein Bündnis schließen; **traité d'–** Bündnisvertrag *m*; **– atlantique** atlantisches Verteidigungsbündnis; **– défensive** Schutzbüdnis *n*, Verteidigungspakt *m*; **– économique** Wirtschaftsabkommen *n*; **– électorale** Wahlbündnis; **– militaire** Militärbündnis.

allié *m* (1) *(VR)* Verbündete(r) *m* Bündnispartner *m*, Alliierte(r) *m*, (2) *(FamR)* angeheirateter Verwandte(r), Verschwägerte(r) *m*.

allier: s'– à sich verbünden mit.

allocataire *m (FamR: bénéficiaire d'une allocation)* Arbeitslosengeld- *od.* Beihilfeempfänger; Leistungsberechtigter.

allocation *f* (1) *(SozR: avantage accordé)* Beihilfe *f*, Zulage *f*, Zuschuß *m*, Zuwendung *f*, (2) *(attribution)* Bewilligung (einer Summe), Gewährung *f*, Unterstützung *f*; **– d'allaitement** Stillgeld *n*; **– d'ancienneté** (S) Alterszulage *f*; **– d'apprentissage** Ausbildungsbeihilfe; **– d'assistance** Unterhaltsgeld, Sozialhilfe; **– de base** Grundbetrag (des Arbeitslosengeldes); **– en capital** Kapitalabfindung *f*; **– pour charges de famille** Familienzulage *od.* -zuschuß; **– de chef de famille** Zulage für

allocation (de) décès ... **alluvions**

den Familienvorstand; – **de chômage** Arbeitslosenunterstützung *f*, Arbeitslosengeld *n*; – **de chômage partiel** Kurzarbeitergeld *n*; – **compensatoire** Ausgleichsbetrag *m*; – **complémentaire** (1) *(SozVers)* Ergänzungsleistung *f*, ergänzende Beihilfe, (2) *(VersR)* Auffüllungsbetrag *m*; – **de conversion professionnelle** Umschulungsbeihilfe *f*.

allocation (de) décès Sterbegeld; – **de déplacement** Reisekostenvergütung *f*; – **de devises** Devisenzuteilung *f*; – **pour enfant à charge** Kindergeld; – **d'études** Studien- *od*. Ausbildungsbeihilfe; – **exceptionnelle** Sonderzulage.

allocation(s) familiale(s) Kindergeld; – **aux femmes en couches** Wochenhilfe, Wochengeld; – **de fin de droits** Arbeitslosenhilfe (nach Ausschöpfung des Anspruchs auf Arbeitslosengeld); – **fixe** Fixum *n*; – **de fonctions** Stellenzulage *f*; – **de formation professionnelle** Ausbildungsbeihilfe *f*; – **de foyer** (B) Haushaltszulage; – **pour frais funéraires** Bestattungskostenbeihilfe; – **globale** *(Entwicklungshilfe)* Rahmenzusage; – **d'hébergement** Unterkunftsbeihilfe *f*; – **d'incapacité permanente** Berufsunfähigkeitsbeihilfe; – **journalière** (1) Tagegeld, (2) Krankengeld *n*.

allocation de logement Wohngeld, Mietbeihilfe; – **de maladie** Krankengeld; – **de mariage** Heiratsod. Ehestandsbeihilfe; – **de maternité** Geburtsbeihilfe *f*, Wochengeld; – **de ménage** Haushaltungszulage; – **de la mère au foyer** Hausfrauenzulage *f*; – **à la naissance** *ou* – **de naissance** Geburtsbeihilfe; – **en nature** Naturalleistung, Deputat *n*; – **d'orphelin** Waisenrente, Kindergeld.

allocation aux personnes âgées *(SozVers)* Altenhilfe *f*; – **pour personnes à charge** Zulage *f* für unterhaltsberechtigte Personen; – **prénatale** Schwangerschaftsbeihilfe; – **principale** Grundvergütung; – **provisionnelle** einstweilige *od*. vorläufige Geldleistung; – **de raccordement** Überbrückungsgeld *n*; – **de renchérissement** Teuerungszulage; – **de résidence** Ortszuschlag *m*; – **de retraite** Altersruhegeld; – **de réversion** Hinterbliebenenrente *od*. -bezüge *pl*.

allocation de salaire unique Alleinverdienerbeihilfe *f*, Hausfrauenzulage *f*; – **scolaire** Erziehungs- *od*. Ausbildungsbeihilfe; – **de séjour à l'étranger** Auslandszulage; – **de séparation** Trennungsgeld *n*; – **pour soins** Pflegezulage; – **spéciale des économiquement faibles** Sozialhilfe; – **de subsistance** Unterhaltsbeihilfe; – **supplémentaire** Zulage; – **supplémentaire du fonds national de solidarité** Hilfe zum Lebensunterhalt (für Kleinrentner, die das Existenzminimum nicht aufbringen können); – **temporaire** Überbrückungsgeld, zeitlich begrenzte Beihilfe; – **unique** einmalige Zuwendung; – **de veuf** Witwerrente; – **de veuve** *ou* **de veuvage** Witwenrente; – **viagère** Unterstützung auf Lebenszeit; – **de vie chère** Teuerungszulage *f*; – **de vieillesse** Altershilfe, Ruhegeld.

allocution *f* (kurze) öffentliche Ansprache.

allonge *f (WechselR)* Allonge *f*, Anhangzettel *m* (S).

allonger *v.tr. (Frist)* verlängern.

allotir *v.tr.* Anteile zusammenstellen (zwecks Verteilung).

allotissement *m* Anteil *m*.

allouer *v.tr.* bewilligen, gewähren, zugestehen, zuerkennen; – **une concession** eine Konzession verleihen; – **une indemnité** eine Entschädigung gewähren; – **une somme d'argent** einen Betrag zuerkennen *od*. zusprechen.

allure *f (StVR)* Geschwindigkeit.

allusion *f* Anspielung; **faire – à** anspielen auf, erwähnen.

alluvions *fpl (ZR)* Anschwemmung; **terrain d'–** *(SachR)* angeschwemmtes Land.

alors que *adv* da, während; obwohl.
alourdir *v.tr.* erschweren, belasten.
alphabétique *adj*: **par ordre** – in alphabetischer Reihenfolge.
alphabétisation *f* Alphabetisierung(skampagne).
altera pars *lat* der andere Teil, die Gegenpartei; **audiatur – –** de Gegenpartei möge gehört werden.
altérable *adj (Nahrung)* (leicht) verderblich.
altération *f* (1) *(de la vérité)* Verdrehung (der Wahrheit), Verfälschung *f*, (2) *(Nahrung)* Verderben *n*, Verderblichkeit, (3) *(StR)* Veränderung der Substanz einer Sache, zwecks Schädigung, (4) *(Gesundheit)* krankhafte Veränderung, Verschlimmerung (des Krankheitsverlaufs); **– de la concurrence** Wettbewerbsverzerrung *f*; **– d'écritures** Urkundenfälschung, (Text-)Verstümmelung; **– des facultés mentales** Geistesstörung; **– monétaire** Münzfälschung; **– de scellés** Siegelbruch *m*; **– du scrutin** Wahlbetrug *m*.
altercation *f* Streit *m*, Auseinandersetzung.
altérer *v.tr.* verfälschen, verderben, verschlechtern; beeinträchtigen.
alternance *f* Abwechslung, Wechsel, Turnus.
alternant *adj* regelmäßig wiederkehrend, abwechselnd.
alternat *m* Abwechslungsrecht, Alternat *n*.
alternatif *adj* wechselweise; **obligation –ive** Wahlschuld *f*, Alternativobligation.
alternative *f* Alternative *f*, Entweder-Oder, andere Möglichkeit, zweiter Weg.
alterner *v.tr.* wechseln, abwechseln.
altitude *f* Höhe *f*, Höhenlage *f*.
amalgame *m* Verquickung unvereinbarer Gesichtspunkte.
amalgamer *v.tr. pej* vermengen, verquicken.
amant *m* Liebhaber *m*.
amas *m* Anhäufung, Haufen *m*.
amasser sammeln, zusammentragen.

amateur *m* (1) Amateur(sportler), (2) *(HR)* potentieller Käufer, (3) (Kunst-)Liebhaber.
amateurisme *m* Amateur(sportler)status.
ambassade *f* Gesandtschaft *f*, Botschaft *f*, diplomatische Vertretung; **conseiller d'–** Botschaftsrat *m*.
ambassadeur *m* Gesandter, Botschafter *m*; Geschäftsträger; **– extraordinaire et plénipotentiaire** außerordentlicher und bevollmächtigter Botschafter; **– itinérant** Sonderbotschafter.
ambiance *f* Umweltfaktoren *mpl*, Umluft *f*, Raumluft.
ambigu *adj* unklar, mißverständlich, zweideutig.
ambiguïté *f* Zweideutigkeit, Mißverständlichkeit, Unklarheit.
ambitieux *adj*: **projet –** ehrgeiziger Plan.
ambition *f* Ehrgeiz *m*; Streben *n* nach Erfolg, Bestrebung *f*, Anspruch *m*; **–s** *fpl* **territoriales** Gebietsforderungen *fpl*.
ambitionner *v.tr.* (Posten) anstreben.
ambivalence *f* Zwiespältigkeit.
ambulance *f* Rettungswagen *m*, Krankenwagen.
ambulant *adj* wandernd, ohne festen Sitz; **commerce –** Reisegewerben; **marchand –** Hausierer.
ambulatoire *adj*: **traitement –** ambulante Behandlung.
âme *f*: **juger en son –** **et conscience** nach bestem Wissen und Gewissen entscheiden.
amélioration *f* Verbesserung *f*, Besserung, (Kurs-)Erholung, (politische) Entspannung; **fonds d'– agricole** Meliorationsfonds *m*; **travaux d'–** *(SchuldR: impenses)* Schönheitsreparaturen *fpl*; **– des conditions de travail** Verbesserung der Arbeitsbedingungen; **– des cours** Kurs(ver)besserung; **– foncière** Melioration, Bodenverbesserung; **– de l'habitat** Wohnungssanierung *f*; **– du marché de l'emploi** Besserung der Arbeitsmarktlage; **– du niveau de vie** Hebung des Lebensstandards; **–**

aménagement / **amiablement**

de salaire Lohn- od. Gehaltsaufbesserung.
aménagement m Einrichtung f, Organisation f, Anlage f; Verbesserung f, Ausbau m; Bewirtschaftung f; – **agricole et forestier** Bodenreform im Bereich Land- und Forstwirtschaft; – **des dettes** Moratorium n, Zahlungsaufschub m; – **écologique** Umweltsanierung; – **fiscal** Steuerreform; Steuerermäßigung; – **foncier** Bodenreform f; – **du paysage** Landschaftspflege; – **régional** Regionalplanung; – **du territoire** Raumordnung (für das gesamte Staatsgebiet); – **du travail** Arbeitsgestaltung; – **urbain** Städteplanung.
aménager (1) *v.tr.* ausbauen, einrichten, wirtschaftlich nutzen od. erschließen, (2) *(Forstwirtschaft)* durchforsten, ausholzen.
aménageur m Ausstatter; Raumgestalter; Unternehmensplaner.
aménagiste m Wald- u. Forstwirtschaftler.
amendable *adj* (1) verbesserungsfähig, -würdig, (2) *(StR: délinquant)* resozialisierbar.
amende f (1) *(StR: sanction pécuniaire)* Geldstrafe f, Geldbuße f, Bußgeld n, (2) *(VwR)* Ordnungsgeld n ; **infliger une –** eine Geldstrafe verhängen; **faire – honorable** sich (förmlich) entschuldigen; **frapper qqn. d'une –, prononcer une – contre qqn.** gegen jmdn. eine Geldbuße verhängen; **– administrative** Ordnungsgeld n, Geldbuße; **– d'atelier** *(ArbR)* Geldstrafe; **– civile** *(ZPR)* durch den Zivilrichter verhängte Ordnungsstrafe; **– de composition** gebührenpflichtige Verwarnung; **– contraventionnelle** *(StR)* Geldstrafe (bei Übertretung); **– conventionnelle** *(ZR)* Vertrags- m. Konventionalstrafe; **– correctionnelle** Geldstrafe (bei Vergehen); **– douanière** Geldbuße (bei Zollvergehen); **– fiscale** Geldbuße (bei Steuerstraftaten); **– de fol appel** Geldstrafe wegen leichtfertiger Einlegung einer mangelhaft begründeten Berufung; **– forfaitaire** gebührenpflichtige Verwarnung; **– pénale** Geldstrafe; **– de police** (S) Polizeibuße (S); **– de simple police** *(StR)* Geldstrafe (bei leichteren Übertretungen); **– transactionnelle** *(ZollR, SteuerR)* Buße im Unterwerfungsverfahren.
amendement m (1) Berichtigung, Änderung f, (2) *(projets de loi)* Abänderung(svorschlag); Novellierung, (3) *(Straftäter)* Besserung f, (4) *(LandwR: du sol)* Melioration f; **droit d' –** Abänderungsrecht n; **projet d'–** Abänderungsentwurf od. -vorschlag m; **proposition d'–** Abänderungsantrag m, Novellierungsvorschlag m; **– constitutionnel** ou **– à la constitution** Verfassungsänderung.
amender *v.tr.* (1) *(modifier ou compléter un texte)* abändern, ändern, novellieren, einen Zusatz machen, (2) bessern, verbessern.
amener *v.tr.* (1) *(conduire, faire venir)* vorführen, (2) *(transporter)* befördern, (3) *(susciter)* herbeiführen, provozieren, (4) *(causer)* verursachen, zur Folge haben.
amenuiser verringern, vermindern.
ameublir *v.tr.* *(FamR)* mobiliarisieren, dem gemeinschaftlichen Vermögen der Ehegatten zuschlagen.
ameublissement m *(FamR)* Mobiliarisierung; ehevertragliche Vereinbarung, wonach gegenwärtiges und zukünftiges Grundstücksvermögen gemeinsames Eigentum der Ehegatten wird.
amiable *adj* gütlich, nicht streitig, ohne Gerichtsverfahren; freundschaftlich; **à l'–** gütlich, auf gütlichem Wege; **– arrangement** m gütliches Übereinkommen; **– constat –** *(StVR)* gemeinsame Feststellung des Schadensverlaufs und des Schadens (bei leichteren Verkehrsunfällen ohne Körperschaden, durch die Betroffenen selbst); **médiateur – ** *(ArbR)* Schlichter; **– compositeur** *(ZPR)* Schiedsrichter m.
amiablement *adv* auf gütliche Weise, auf gütlichem Wege.

amiante *m*: **pollution par l'**– Asbestverseuchung.
amicale *f* Verein *m*; Vereinigung *f*.
amitié *f* Freundschaft *f*.
amnésique *adj* – *n.m./n.f.* unter Gedächtnisverlust leidend, eine Erinnerungslücke aufweisend.
amnistiable *adj* der Amnestie unterliegend.
Amnistiant *adj* amnestierend, strafaufhebend, strafbefreiend; **grâce -e** Begnadigung.
amnistie *f (StR: pardon légal)* Amnestie *f*, Begnadigung *f*, Straferlaß *m*; **loi d'**– Amnestie- *od.* Straffreiheitsgesetz *n*; – **fiscale** Steueramnestie.
amnistier amnestieren, begnadigen, Straffreiheit gewähren.
amodiataire *m* Pächter *m*.
amodiateur *m* Verpächter *m*.
amodiation *f* (1) *(LandwR)* Landpacht *f* (der Pächter schuldet einen Teil der Früchte), Halbpacht, (2) *(VwR)* Konzession.
amoindrir vermindern, verringern.
amoindrissement Verminderung, Verringerung, Abnahme.
amont: en – **(de)** *adv., prép.* vor einem bestimmten Geschehen *od.* Zeitpunkt.
amorce *f fig* Beginn *m*, Anfang *m*, erster Schritt *m*; Vorentwurf *m*.
amortir (1) *(SchuldR)* tilgen, amortisieren, (2) *(SteuerR)* abschreiben, – **une dette** eine Schuld abtragen.
amortissable *adj* (1) *(remboursable)* tilgbar, amortisierbar, ablösbar, (2) abschreibungsfähig
amortissement *m* (1) *(SchuldR)* (ratenweise) Tilgung *f* (einer Schuld), Schuldentilgung, Rückzahlung, Amortisierung, Rückfluß *m* der Investitionsbeträge, (2) *(SteuerR: dépréciation comptabilisée)* Abschreibung *f* (von Anlagewerten), (3) *(Buchf)* abgeschriebener Aktivposten; **annuité d'**– Abschreibungsquote *f*; **compte d'**– Abschreibungskonto *n*; **facilités d'**– Abschreibungserleichterungen *pl*; **fonds d'**– Tilgungsfonds *m*; **plan d'**– Tilgungsplan *m*; **période d'**– Abschreibungszeitraum *m*; **tableau d'**– Amortisationsrechnung, Tilgungsplan.
amortissement accéléré beschleunigte Abschreibung; – **anticipé** vorzeitige Rückzahlung; – **du capital** Kapitaltilgung *od.* -amortisierung; – **constant** lineare Abschreibung; – **contractuel** vertragliche Tilgung; – **d'une créance** (1) Forderungsrückzahlung, (2) *(GesR)* Forderungsabschreibung *f*; – **dégressif** degressive Abschreibung; – **de la dette** Schuldentilgung; – **d'emprunt** Anleihetilgung, Anleiheablösung; – **financier** *(HR)* Schuldentilgung durch Obligationenrückzahlung; – **industriel** *(GesR)* Abschreibung; – **linéaire** lineare Abschreibung; – **technique** kalkulatorische Abschreibung.
amovibilité *f (BeamR)* Versetzbarkeit (eines Beamten); Absetzbarkeit *f*.
amovible *adj* absetzbar; versetzbar.
ample *adj* weit, umfassend; sorgfältig, ausführlich; **jusqu'à plus** – **informé** bis zur Klärung der Angelegenheit *od.* Sachlage.
ampleur *f fig* Umfang *m*, Ausmaß *n*, Weite *f*; – **des moyens financiers** Finanzierungsdecke.
ampliatif *adj* ergänzend, erweiternd; **acte** – (beglaubigte) Zweitschrift *od.* Abschrift; **mémoire** – *(ZPR)* Ergänzung des Klageantrags.
ampliation *f* zweite Ausfertigung (einer notariellen Urkunde), Zweitschrift; (mit dem Original) gleichlautende beglaubigte Abschrift; **pour** – für die Richtigkeit der Abschrift; für gleichlautende Ausfertigung (beglaubigt).
amplitude *f* (1) Umfang, (2) *(ArbR)* tägliche Einsatzmöglichkeit, Verfügungsbereitschaft.
amputation *f* **du crédit** Kreditkürzung *f*.
amputer *v.tr. fig* kürzen.
an *m* (1) *(période datée)* (Kalender)Jahr *n*, (2) *(mesure d'âge)* Lebensjahr *n*; **l'**– 1996 im Jahr, Anno.
analogie *f (StR)* Analogie *f*, Ähnlichkeit; Übereinstimmung; **rai-**

analogique — **année**

sonnement par – Analogieschluß *m*.
analogique *adj*: **extension –** entsprechende Anwendung eines Rechtssatzes, Gesetzesanalogie; **raisonnement –** Schluß *m od*. Beweis durch Analogie.
analogue *adj* analog, entsprechend, ähnlich.
analyse *f* (1) Untersuchung, Beobachtung, Beurteilung, Analyse *f*, Auswertung, (2) Abhandlung *f*, Studie *f*; Kurzfassung; **en dernière –** schließlich u. im Endeffekt; **– chimique** (1) lebensmittelchemische Untersuchung, (2) chemische Bestimmung; **– comparative** Vergleichsanalyse; **– conjoncturelle** Konjunkturanalyse; **– coût–avantages** Nutzen-Kosten-Rechnung; **– du marché** Marktanalyse *od*. -forschung.
analyste de marché Markbeobachter *od*. -forscher *m*.
analyser (des documents) (Urkunden) auswerten, den Inhalt darlegen.
anarchie *f (Pol: absence d'autorité supérieure)* Anarchie *f*, Zustand *m* der Herrschaftslosigkeit und Gesetzlosigkeit.
anatocisme *m (SchuldR)* Kapitalisierung der (fälligen) Zinsen (einer Geldschuld), Zinseszinsen *pl*.
ancien *adj* (sehr) alt; ehemalig, vormalig; **droit –** Rechtsordnung vor der frz. Revolution; **– combattant** ehemaliger Kriegsteilnehmer; **– régime** *(hist)* absolutistische Regierungsform in Frankreich (vor 1789).
ancienneté *f* (1) *(ÖfR)* Dienstalter *n*, Dienstzeit *f*, Anzahl *f* der Dienstjahre, *(ArbR)* Dauer *f* der Betriebszugehörigkeit, Berufsjahre; **avancement à l'–** Aufstieg nach dem Dienstalter; **congé d'–** Zusatzurlaub (entsprechend dem Dienstalter); **échelon d'–** Dienstaltersstufe *f*; **indemnité d'–** Dienstalterszulage; **liste d'–** Dienstalterstabelle *f*; **majoration d'–** Dienstalterszulage; **pension d'–** Altersrente *f*, Alterspension *f*; **prime d'–** Dienstalterszulage; **rappel d'–** Anrechnung *f* von Dienstzeiten; **retraite d'–** Altersruhegeld *n*; **supplément d'–** Dienstalterszulage; **tableau d'–** Dienstalterstabelle *f*.
ancienneté d'âge Lebensalter *n* (im Gegensatz zum Dienstalter); **– d'assurance** Versicherungszeit; **– dans l'entreprise** Dauer *f* der Betriebszugehörigkeit; **– dans la profession** Dauer der Berufsausübung, Dienstjahre *npl*; **– de service** Dienstalter; **– dans le travail** Tätigkeitsdauer *f*.
anéantir *v.tr.* vernichten, zerstören.
anéantissement *m* Vernichtung *f*.
anémie *f fig* Rückgang *m*, Schwäche *f*.
angarie *f (VR: réquisition de navires étrangers)* Requisition ausländischer Schiffe (durch die Regierung).
angle *m*: **arrondir les –** abwiegeln, beschwichtigen; **sous cet –** aus dieser Sicht (betrachtet).
animal: animaux de boucherie et charcuterie Schlachttiere *npl*, Schlachtvieh *npl*.
animateur *m* Kurs- *od*. Diskussionsleiter *m*, Schulungsleiter *m*; Freizeitgestalter; *(Fernsehen)* Moderator.
animation *f fig* Leitung, Führung; Gruppendynamik; Betreuung, Organisation.
animé *adj* (a. Börse) lebhaft.
animus *lat* Wille *m*, (rechtswidrige) Absicht; **– domini** *(SachR)* Auftreten *n* als Eigentümer; **– donandi** Schenkungsabsicht; **– nocendi** Schädigungsabsicht.
annal *adj* einjährig; **possession –e** Besitz auf ein Jahr *od*. für die Dauer eines Jahres.
annales *fpl* (a. juristische) Jahrbücher *npl*.
année *f* Jahr *n*, Zeitraum *m* eines Jahres; Jahrgang *m*; **– d'activité** Berufsjahr *n*; **– d'adhésion** Beitritts- *od*. Eintrittsjahr; **– d'affiliation** Versicherungsjahr *n*; **– d'ancienneté** Dienstjahr; **– d'assurance** Versicherungsjahr; **–**

43

de bail Miet- od. Pachtjahr n; **– de brevet** Patentjahr (S); **– budgétaire** Haushaltsjahr; **– de campagne** Wirtschaftsjahr; **– civile** Kalenderjahr; **– commerciale** Geschäftsjahr; **– de comparaison** Vergleichsjahr; **– considérée** Berichtsjahr; **– en cours** laufendes Jahr; **– creuse** geburtenschwacher Jahrgang; **– d'imposition** Veranlagungsjahr n.

année du modèle *(Kfz)* Baujahr; **– de référence** Bezugsjahr n; Berichtszeitraum m; **– sabbatique** *(ArbR)* Fortbildungsjahr, Sabbatjahr; **– scolaire** Schuljahr; **– de service** Dienstjahr; **– sociale** ou **– statutaire** *(GesR)* Geschäftsjahr; **– de validité du brevet** Patentjahr.

annexe f (1) *(loi, contrat, lettre)* Anhang m, Anlage f, (2) *(dépendance)* Nebengebäude n; adj: **disposition –** Nebenabrede; **pièces –s d'un dossier** beigefügte Aktenstücke od. Urkunden; **question –** Zusatzfrage f.

annexer (1) *(Urkunden)* beifügen, (2) *(VR)* eingliedern, annektieren.

annexion f *(VR)* Angliederung, Annektierung f; **– de territoire** ou **– territoriale** Anschluß m.

annihiler zerstören; **– les efforts** die Bemühungen zunichte machen.

anniversaire m Geburtstag; Jahrestag; Jubiläum n.

annonce f Bekanntgabe f, Bekanntmachung f, Anzeige f, Ankündigung f; Mitteilung f, Erklärung f; **petites –s** Kleinanzeigen, Zeitungsinserate, Anzeigenspalte; **– judiciaire et légale** gerichtliche Bekanntmachung.

annoncer v.tr. bekanntgeben, bekanntmachen; anzeigen, mitteilen; erklären; ankündigen.

annonceur m Inserent m, Anzeigenwerber.

annonciateur adj: **signe –** erstes Anzeichen.

annotateur m Rezensent m, Kommentator (von Urteilen).

annotation f (1) Anmerkung, Erläuterung, Randbemerkung f, Kommentar m, (2) *(HR)* Notierung f, Aufstellung f.

annuaire m Jahrbuch n; Adreßbuch; **– électronique** elektronisches Telefonverzeichnis (Minitel); **– statistique** statistische Jahresübersicht f; **– suisse du registre du commerce** Schweizerisches Rationenbuch (S); **– du téléphone** Telefonbuch.

annualisation f *(ArbR)* jährliche Berechnung und Anpassung (der Arbeitszeiten).

annualité f Jährlichkeit; **– budgétaire** jährliche Verabschiedung des Haushalts.

annuel adj jährlich; **rente –le** Jahresrente.

annuellement adv jährlich.

annuité f (1) *(SchuldR)* Annuität f, Jahreszahlung f an Zinsen u. Tilgungsraten, alljährlich fällig werdende Leistung, jährliche Abschlagszahlung, Jahresrate f; (2) *(SozR)* anrechnungsfähiges Dienstjahr; **taxe d'–** *(PatentR)* Patentgebühr; **– d'amortissement** (1) *(SchuldR: emprunt)* (jährliche) Tilgungsrate, (2) *(SteuerR)* Abschreibungsquote f, Jahresabschreibungsbetrag; **– échue** fällige Jahresrate.

annulabilité f *(ZR)* Anfechtbarkeit, Annullierbarkeit, Aufhebbarkeit.

annulable adj *(ZR)* anfechtbar; annullierbar; aufhebbar.

annulatif adj *(ÖfR)* aufhebend; **arrêt –** Aufhebungsurteil n.

annulation f (1) *(SchuldR: anéantissement rétroactif)* Ungültigerklärung f, Nichtig(keits)erklärung; Aufhebung f, Rückgängigmachung f, (2) *(Buchf)* Streichung f, Storno n, Berichtigung eines Buchhaltungsfehlers; **action en –** *(ZPR)* Anfechtungsklage; Nichtigkeitsklage f; Aufhebungsklage; **jugement d'–** Aufhebungsurteil n; **– des dettes** Schuldenerlaß m; **– d'élection** Ungültigkeitserklärung der Wahl; **– des frais** Kostenniederschlagung f; **– du mariage** Aufhebung od. Nichtigerklärung der Ehe.

annuler *v.tr.* für nichtig *od.* für ungültig erklären, aufheben, rückgängig machen, annulieren; – **une commande** einen Auftrag stornieren, eine Bestellung annulieren; – **une élection** eine Wahl für ungültig erklären.

anoblissement *m* Erhebung in den Adelsstand.

anodin *adj* ungefährlich; unbedeutend.

anomalie *f* Gesetz- *od.* Regelwidrigkeit, Abweichung von der Regel, Unregelmäßigkeit.

anomie *f* (*Pol*) gesetzesloser Zustand.

a non domino *(lat. ZR)* (Erwerb) vom Nichteigentümer.

anonymat *m* Anonymität *f*; **garder l'–** die Anonymität wahren, sich nicht zu erkennen geben.

anonyme *adj* anonym, ohne Angabe des Absenders *od.* Verfassers; **société –** Aktiengesellschaft.

ano(r)mal *adj* regelwidrig, rechtswidrig; atypisch.

antagonisme *m* Gegensatz *m*, Widerstreit *m*; Gegnerschaft *f*; Rivalität *f*.

antagoniste *m/f* Widersacher *m*, Gegner *m*, Feind *m*.

antécédent *adj* vorhergehend, früher; *m* (*PrzR*) Präzedenzfall *m*.

antécédents *mpl* Vorleben *n*, Vorgeschichte *f*; Krankengeschichte *f*, Anamnese *f*; **avoir de bons –** einen guten Leumund haben; **mauvais –** schlechter Ruf *od.* Lebenswandel; – **judiciaires** Vorstrafen *fpl*.

antérieur *adj* vorhergehend, vorherig; **rétablissement de l'état –** (*SchuldR*) Naturalherstellung.

antériorité *f* (1) (*antérieur dans le temps*) Vorherigkeit *f*, zeitliches Vorhergehen, (2) (*HR, PatR: priorité*) Priorität *f*, Vorrang *m*, Vorrecht *n*; **cession d'–** Vorrangseinräumung *f*, **droit d'–** Vorrangsrecht, Vorbenutzungsrecht; **exception d'–** Einrede der Vorbenutzung; – **d'utilisation** Vorbenutzung *f*.

anthropologie criminelle *ou* **judiciaire** *(StPR)* Kriminalanthropologie *od.* -somatologie *f*.

anthropométrie *f* Anthropometrie *f*, Körpermaßbestimmung.

anthropométrique *adj*: **fiche** *ou* **signalement –** Steckbrief *m*.

anti-casseurs: Loi – – frz. Demonstrationsstrafgesetz.

antichrèse *f* (*SachR: nantissement d'un immeuble, art.2072–85 CCiv*) Antichrese *f*, (Immobiliar-)Nutzungspfandrecht; – **mobilière** Nutzungspfandrecht an einer beweglichen Sache.

antichrésiste *m* Nutzungspfandgläubiger; *adj* antichretisch.

anticipation *f* (1) (*Vwirt*) Prognose *f*, Voraussicht *f*, Vorwegnahme *f*, (2) (*SchuldR*) Voraus(be)zahlung; **payer par –** eine Zahlung vor Fälligkeit leisten.

anticipé *adj* voreilig, verfrüht; vorweggenommen, vorzeitig; **retraite –ée** (*SozR*) Vorruhestandsregelung, vorgezogenes Altersruhegeld *n*; **remboursement –** vorzeitige Rückzahlung; **versement –** Vorauszahlung.

anticiper *v.tr.* (1) vorwegnehmen, voraussehen, (2) vorauszahlen; – **sur les faits** den Ereignissen vorgreifen; – **sur ses revenues** seine Einkünfte im Vorgriff verausgaben.

anticonstitutionnalité *f* Verstoß gegen die Verfassung, Verfassungswidrigkeit *f*.

anticonstitutionnel *adj* verfassungswidrig; **mesure –le** verfassungswidrige Maßnahme.

anticonstitutionnellement *adv* verfassungswidrig.

anticyclique *adj* (*Vwirt*) rezessionsbekämpfend, antizyklisch.

antidate *f* (1) (*inscription d'une date antérieure*) Rückdatierung *f* (eines Rechtsgeschäfts), (2) Vordatierung.

antidater rückdatieren; vordatieren.

antidémocratique *adj* antidemokratisch, undemokratisch.

antidote *m a.fig.* Gegengift *n*.

antidumping *adj* (*Außh*) gegen Dumping gerichtet, Antidumping.

anti-étatique *adj* staatsfeindlich.
anti-économique *adj* gegen die wirtschaftliche Venunft verstoßend.
antifasciste *m* Antifaschist *m*.
antigang *adj*: **brigade** – Abteilung der Pariser Krimanalpolizei zur Bekämpfung krimineller Vereinigungen.
antigouvernemental *adj* regierungsfeindlich.
antihausse *adj*: **plan** – Preisdämpfungsmaßnahmen.
anti-inflationniste *adj* inflationsdämpfend, antiinflationistisch.
antinomie *f* Widerspruch zweier Gesetze; Gesetzeswiderspruch *m* (in sich), Antinomie *f*, Unvereinbarkeit.
antinomique *adj* unvereinbar, widersprüchlich.
antinucléaire *adj*: **manifestation** – Atom- *od.* Kernkraftgegner-Demonstration.
antiparlementaire *adj* antiparlamentarisch.
antipollution *adj* umweltschonend; **mesures** – Maßnahmen *fpl* zur Bekämpfung der Umweltverschmutzung.
antiréglementaire *adj* verordnungs- *od.* satzungswidrig.
antisémitisme *m* Antisemitismus *m*, Judenfeindlichkeit *f*.
antisocial *adj* arbeitnehmerfeindlich, einen Sozialabbau darstellend.
antivol *m (Kfz: dispositif-)* Diebstahlsicherung *f*; Lenkradschloß *n*.
apaisement *m* Beruhigung; Besänftigung, Beschwichtigung.
apatride *m* Staatenlose(r) *m*, Heimatlose(r) *m*.
apatride *adj* staatenlos, heimatlos.
apatridie *f* Staatenlosigkeit *f*, Heimatlosigkeit *f*.
aperçu *m* Übersicht *f*; Inhaltsangabe; Umriß *m*; Überschlag *m* der Kosten, Schätzung *f*.
apériteur *m* führender Versicherer *m*, geschäftsführende (Versicherungs-) Gesellschaft *f*.
aplanir *v.tr.* ebnen; *fig.* beseitigen, wegräumen.

apocryphe *adj* verborgen; untergeschoben, unecht; unglaubwürdig, verdächtig; **document** – Urkunde mit unsicherer Autorschaft.
apogée *m* Höhepunkt *m*, Gipfel *m*.
apolitique *adj* unpolitisch; **syndicat** – überparteilicher Gewerkschaftsbund.
apologie *f* Verteidigungsrede *od.* -schrift *f*, Rechtfertigung; – **du crime** *(StR)* Verherrlichung der Gewalt.
apostasie *f (KirchR: abjuration, renonciation)* Kirchenaustritt *m*, Abfall *m* vom Glauben.
apostille *f* (1) Änderung *f od.* Zusatz *m* (am Rande einer Urkunde), (2) Verweiszeichen *n* (für einen Zusatz am Rande).
apostiller *v.tr.* mit einem Randvermerk versehen.
apostolique *adj* den Heiligen Stuhl betreffend; **nonce** – Nuntius *m*.
apostropher *v.tr.* (direkt) anreden; hart anfahren.
apparaître *v.intr.* erscheinen, sichtbar werden; **il apparaît que** daraus ergibt sich, daß.
appareil *m* (1) Gerät *n*, Instrument *n*, (2) *a.fig* Apparat *m*; – **administratif** Verwaltungsapparat *m*, Behördenaufbau; – **étatique** Staatsapparat; – **judiciaire** Justizapparat; Gerichtsaufbau; – **de production** Produktionsapparat; – **à sous** Spielautomat *m*, einarmiger Bandit; – **de surveillance** *(DV)* Monitor *m*; – **téléphonique** Fernsprecher *m*.
appareillage *m* (1) Apparatur *f*, (2) Auslaufen eines Schiffes.
apparence *f* (trügerischer) Anschein *m*; Erscheinungsbild *n*; – **du droit** Rechtsschein *m*.
apparenté *m* (1) entfernter Verwandte(r); Nahestehende(r) *m*, (2) *(à un groupe parlementaire)* Hospitant *m*.
apparentement *m* (Pol) Wahlbündnis *n*; – **de listes** Listenverbindung *f*.
appariteur *m* (1) Gerichtsdiener *m*, (2) *(Hochschule)* Pedell *m*.

apparoir *v.intr. (être évident, manifeste)* deutlich, offenbar *od.* handgreiflich sein; **faire – son bon droit** sein Recht erweisen *od.* dartun; **il appert** es liegt auf der Hand, es ist offenbar.

appartement *m* Wohnung; **– à louer** Wohnung zu vermieten; **– témoin** Musterwohnung.

appartenance *f* Zugehörigkeit *f*, Mitgliedschaft *f*; **– à l'entreprise** Betriebszugehörigkeit *f*; **– linguistique** Sprachzugehörigkeit; **– à la masse** *(KonkursR: bis 1985)* Zugehörigkeit zur Konkursgläubigerversammlung; **– au parti** Parteizugehörigkeit; **– syndicale** Gewerkschaftsmitgliedschaft.

appartenir zu- *od.* angehören; zukommen, gebühren; **il vous appartient de** es obliegt Ihnen; **ainsi qu'il appartiendra** nach Erfordernis; **à tous ceux qu'il appartiendra** alle, die es angeht; **s'–** sein eigener Herr sein.

appauvrissement *m* Verknappung *f*, Verarmung *f*.

appel *m* (1) *(PrzR: voie de recours ordinaire)* Berufung (an das Gericht 2. Instanz), Appellation *f* (S), (2) *(PrzR: appel des causes)* Aufruf *m* der Sache, (3) *(i.w.S.)* Appell *m*, Aufforderung *f*, Anruf *m*, (4) *(PrzR: appel en cause)* Streitverkündung, (4) (Telefon-)Anruf; **acte d'–** Berufungsschrift *f*, Appellationserklärung (S); **commission d'–** Berufungsausschuß *m*; **conditions d'ouverture de l'–** Voraussetzungen für die Berufungseinlegung; **cour d'–** frz. Berufungsgericht *n*; **défendeur en –** Berufungsbeklagte(r) *od.* -gegner *m*; **délai d'–** Berufungsfrist *f*, Rechtsmittelfrist; **demandeur en –** Berufungskläger *m*, Berufungswerber *m* (Aut); **désistement d'–** Zurücknahme der Berufung; **devancement d'–** *(MilR)* freiwillige Verpflichtung; **devancer l'–** sich vor Einberufung freiwillig melden; **faire –** Berufung einlegen, appellieren (S); **fol –** leichtfertige Einlegung einer mangelhaft begründeten Berufung, trölerische Appellation (S); **instance d'–** Berufungsverfahren *n*; Berufungsinstanz *f*; **interjeter –** Berufung einlegen; **juge d'–** Berufungsrichter *m*; **juridiction d'–** Berufungsgericht *n*; **moyen d'–** Berufungsgrund *m*; **pourvoi en –** Berufung(seinlegung); **se pourvoir en –, recourir en –** Berufung einlegen; **rejeter l'– comme non fondé** die Berufung als unbegründet zurückweisen; **rejeter l'– comme non recevable** die Berufung als unzulässig verwerfen; **sans –** (1) in letzter Instanz, (2) unwiderruflich, endgültig; **statuer en –** als Rechtsmittelinstanz entscheiden.

appel abusif *(ZPR)* ungerechtfertigte Berufung; **– comme d'abus** *(VwR)* Beschwerde wegen Mißbrauchs der Amtsgewalt; **– à la barre** Anschlußberufung (noch während der Gerichtsverhandlung); **– de candidatures** *(VwR)* Stellenausschreibung; **– de la cause** *(PrzR)* Aufruf der Sache; **– en cause** Streitverkündung; **– à la concurrence** Aufforderung zur Angebotsabgabe, öffentliche Ausschreibung; **– du contingent** *(MilR)* Einberufung des Jahrgangs; **– correctionnel** Berufung im Strafverfahren; **– de cotisations** Aufforderung zur Beitragsleistung; **– des créanciers** *(KonkursR)* Gläubigeraufgebot *od.* -aufruf *m*; **– criminel** Berufung im Strafverfahren; **– dilatoire** ungerechtfertigte Berufung; **– sous les drapeaux** Einberufung (zum Wehrdienst); **aux électeurs** Wahlaufruf.

appel à l'épargne *(BankR)* Zeichnungsaufforderung; **faire publiquement – –** zur Zeichnung von Wertpapieren auffordern.

appel de fonds Anforderung eines Finanzierungsbeitrages; **– en garantie** *(ZPR)* Streitverkündung *f* (des auf Mängelgewährleistung in Anspruch Genommenen gegen-

appel incident

über seinem eigenen Gewährleistungsschuldner); – **à la grève** Streikaufruf *m*.

appel incident *ou* – **joint** *(ZPR)* Anschlußberufung; Anschlußappellation (S); – **de marge** *(VersR)* Aufforderung zur Erhöhung der geleisteten Sicherheit.

appel a maxima *(StPR)* Berufung des Staatsanwalts, um die Herabsetzung der Strafe zu erreichen; – **a minima** *(StPR)* Berufungsantrag der Staatsanwaltschaft zwecks Strafschärfung; – **national longue distance** Ferngespräch *n* (im Inland).

appel nominal *ou* **nominatif** Namensaufruf *m*; **scrutin** *ou* **vote par** – – namentliche Abstimmung, Abstimmung mit Namensaufruf.

appel d'offres (1) *(VwR)* Vergabe *f* im Leistungswettbewerb (nach öffentlicher *od.* beschränkter Ausschreibung), (2) *(HR)* Ausschreibung *f*; **lancer un** – – eine Ausschreibung veranstalten; **marché sur** – – Vergabe nach Ausschreibung; – – **international** (öffentliches) internationales Ausschreibungsverfahren; – – **ouvert avec concours** Vergabe im Leistungswettbewerb nach öffentlicher Ausschreibung; – **d'offres sans concours** Vergabe im Leistungswettbewerb nach beschränkter Ausschreibung.

appel partiel *(ZPR)* Teilberufung; – **principal** Hauptberufung, Berufungseinlegung durch den in erster Instanz unterlegenen Kläger.

appel public à l'épargne *(GesR, BankR)* Bezugsangebot *n*, Zeichnungsaufforderung *od.* -einladung, Angebot zur Zeichnung von Wertpapieren.

appel à la reprise du travail *(ArbR)* Aufruf zur Beendigung eines Streiks; – **suspensif** *(PrzR)* Berufung mit aufschiebender Wirkung; – **tardif** verspätete Einlegung der Berufung; – **des témoins** Zeugenaufruf *m*; – **de versement** *(BankR)* Aufforderung zur Einzahlung.

48

application

appelant *m* Berufungskläger *m*, Berufungswerber *m* (Aut), Appellant *m* (S); *adj*: **partie** –**e** Berufungskläger.

appelé *m* (1) *(ErbR)* Nacherbe *m*, (2) *(MilR)* Einberufene(r) *m*.

appeler *v.tr.* (1) (an-, auf-)rufen, (2) *(PrzR: convoquer en justice)* vor Gericht laden; **en** – **à qqn.** sich wenden an; – **la cause** die Parteien aufrufen; – **en la cause** (einen Dritten) in einen Rechtsstreit einbeziehen; – **d'un jugement** Berufung einlegen (gegen ein Urteil), Berufung erheben *od.* einbringen.

appellation *f* Benennung *f*, Marke *f*; – **contrôlée** Qualitätswein *m* mit Prädikat; – **d'origine** Herkunftsbezeichnung.

appendice *m* Anhang *m*, Zusatz *m*.

appert: il – es liegt auf der Hand, es ist offenbar; daraus ergibt sich.

applaudir à qqch. (voll u. ganz) zustimmen, lobend anerkennen, Beifall zollen.

applicabilité *f* Anwendbarkeit *f*.

applicable *adj* anwendbar, gültig; **fonds** –**s à une dépense** anrechenbare Aufwendungen; **loi** – **aux étrangers** (auch) für Ausländer geltendes Gesetz.

application *f* (1) Anwendung *f*, Durchführung *f*, (2) *(fig)* Fleiß *m*, (3) *(BörR)* Selbstkontrahieren *n*, Insichgeschäft *n*; **brevet d'**– Anwendungspatent *n*, Verwendungspatent; **champ d'**– Geltungs- *od.* Anwendungsbereich; **convention d'**– Durchführungsabkommen; **décret d'**– Durchführungsverordnung *f*; **domaine d'**– Geltungs- *od.* Anwendungsbereich, Anwendungsgebiet; **durée d'**– Geltungsdauer *f*; **mettre en** – in Kraft setzen, zur Anwendung bringen; **modalité d'**– Anwendungsmodalitäten *pl*, Durchführungsbestimmungen; **ordonnance** *ou* **règlement d'**– Durchführungsverordnung *f*; **remise en** – Wiederinkraftsetzung; **sphère d'**– Geltungsgebiet, Geltungs- *od.* Anwendungsbereich; **texte d'**– Durchführungsbestimmungen *pl od.* -verordnung.

application par analogie sinngemäße Anwendung; – **du droit** Rechtsanwendung; – **de la peine** *(StR)* Strafzumessung, Festsetzung der (angemessenen) Strafe; – **rétroactive** rückwirkende Geltung; – **territoriale** räumliche *od.* territoriale Anwendung; – **par voie d'analogie** analoge *od.* entsprechende Anwendung.

appliquer *v.tr.* (1) *(Siegel)* aufdrücken, (2) *(Gesetz)* anwenden, zur Anwendung bringen.

appoint *m* (1) Zusatz *m*, Ergänzung *f*, (2) *(Buchf)* (Jahres-)Ausgleichsbetrag *m*; Zuschuß *m*, (3) Wechselgeld *n*, Kleingeld; Scheidemünze *f*; **emploi d'–** Nebenbeschäftigung, Nebentätigkeit; **métier d'–** Nebenberuf *m*; **salaire d'–** Nebeneinkommen *n*, zusätzliches Arbeitseinkommen *n*.

appointements *mpl (ArbR: rémunération régulière)* Gehalt *n*, Lohn *m*, Arbeitsentgelt *n*, Vergütung; **donner des –** entlohnen.

appointer *v.tr.* (Lohn) zahlen.

apport *n* (1) *(GesR)* Einlage, eingebrachtes Gut; (2) Beitrag *m*, Beitragsleistung, (3) *(EheR)* eingebrachtes Vermögen; **action d'–** Gründeraktie *f*; **mise en commun des –s** Vergemeinschaftung der Beiträge; – **en argent** Bareinlage; – **de capitaux** (1) Kapitaleinlage, (2) Kapitalbeschaffung; – **énergétique** Energiezufuhr; – **en espèces** Bareinlage; – **financier** finanzielle Einlage, Geldeinlage; – **en industrie** Gesellschafterbeitrag in Form von Diensten, Wissen und Können; vermögenswerter Beitrag in Form von technischen Kenntnissen, Einbringen von Fachkenntnissen in die Gesellschaft (durch den Gesellschafter); – **initial** Stammeinlage; – **migratoire** Zuwanderung; – **en nature** Sacheinlage, Einlage in Sachwerten, Apport *m*, Illation *f*; – **en numéraire** Bareinlage, Geldeinlage, Beitrag in Geld; – **occulte** stille Einlage; – **personnel** Eigenkapital; – **social, – en société** Gesellschaftereinlage.

apporter *v.tr.* einbringen, einlegen, beitragen; mitbringen; – **la preuve** den Beweis erbringen.

apporteur *m* (1) *(GesR)* Einleger, Beitragsleistende(r); Kapitalgeber *m*, (2) *(VersR)* Abschlußagent *m*, Akquisiteur *m*; – **en nature** Person, die Sacheinlagen einbringt.

apposer *v.tr.* (1) *(une affiche)* anschlagen, ankleben; (2) *(sa signature)* unterschreiben; – **une clause** (à un acte) vermerken, eintragen; – **le scellé** *ou* – **les scellés** versiegeln, ein Siegel anbringen; – **sa signature** unterzeichnen, unterschreiben.

apposition *f* Beifügung, Zusatz; – **des scellés** Versiegelung *f* (durch eine Amtsperson), Siegelung; – **du visa** Erteilung des Sichtvermerks.

appréciable *adj* (1) erheblich, nennenswert, beachtlich, (2) (ab)schätzbar.

appréciatif *adj* schätzungsweise, wertmäßig; **état –** (Kosten-)Veranschlagung.

appréciation *f* (1) *(estimation, évaluation)* Einschätzung *f*, Bewertung *f*, (2) *(opinion, jugement)* Beurteilung, Würdigung *f*, (3) *(appréciation de l'opportunité)* Ermessen *n*, (4) *(Vwirt: monnaie)* Kursgewinn, Kaufkraftgewinn (der Währung); **liberté d'–** Ermessensspielraum; **libre –** freies Ermessen; **marge d'–** Ermessensspielraum; – **du bilan** *(GesR, SteuerR)* Bilanzbewertung; – **des emplois** *(VwR)* Dienstpostenbewertung; – **de l'expert** Sachverständigenbegutachtung u. Schätzung; – **juridique** rechtliche Würdigung; – **des preuves** Beweiswürdigung; – **du risque** Risikobeurteilung, Einschätzung der Gefahr; – **de la situation** Lagebeurteilung; – **souveraine** freies Ermessen.

apprécier *v.tr.* (1) *(estimer, évaluer)* schätzen, abschätzen, bewerten, (2) *(juger)* (wohlwollend) beurteilen,

appréhender / **approuver**

begutachten, würdigen; **s'–** *v.pron.* (Währung) an Wert gewinnen; **– les conséquences d'un fait** die Tragweite absehen.

appréhender *v.tr. (StPR)* verhaften, ergreifen, (2) befürchten.

appréhension *f* (1) *(StPR: d'un individu)* Verhaftung *f*, Ergreifung, (2) *(inquiétude)* Besorgnis, Befürchtung, Beunruhigung.

apprendre *v.tr.* (1) *(acquérir la connaissance)* lernen, erfahren, hören, (2) *(faire connaître)* mitteilen, bekanntmachen, wissen lassen, melden; **on apprend** es wird gemeldet, es verlautet, wir erfahren.

apprenti *m* Auszubildende(r) *m*, Lehrling *m*.

apprentissage *m* (1) Lehre *f*, Lehrverhältnis *n*, Berufsausbildungsverhältnis *n*, (2) Berufsausbildung, Lehrzeit *f*, (3) Berufsausbildungswesen *f*; **allocation d'–** Ausbildungsbeihilfe; **année d'–** Ausbildungsjahr; **certificat d'–** Ausbildungsabschlußzeugnis; **centre d'–** Ausbildungsstätte *f*; **contrat d'–** Berufsausbildungsvertrag *m*, Lehrvertrag *m*; **durée de l'–** Ausbildungszeit(raum); **indemnité d'–** Ausbildungsvergütung *f*; **loi sur l'–** Berufsbildungsgesetz *n*; **maître d'–** Ausbilder, Ausbildungsbetrieb *m*; **taxe d'–** Ausbildungsabgabe; **salaire d'–** Vergütung (während der Ausbildung).

apprentissage accéléré Kurzausbildung, Anlernung; **– en alternance** Ausbildung im Betrieb und in einer Schule (abwechselnd); **– artisanal** Handwerkslehre; **– commercial** kaufmännische Lehre; **– au sein de l'entreprise** *ou* **sur le tas** betriebliche Lehre *od.* Ausbildung.

apprêt *m* Vorbereitung.

approbatif *adj* billigend, gutheißend; **mention –ive** zustimmende Bemerkung.

approbation *f* (1) *(consentement d'une autorité supérieure)* Genehmigung *f*, Bestätigung *f*, Zustimmung *f*, Billigung *f*, Anerkenntnis *n*, (2) *(jugement favorable)* Beifall *m*, Anerkennung *f*; **acte d'–** Genehmigungsurkunde *f*; **décision d'–** Genehmigungsbeschluß *od.* -bescheid *m*; **loi d'–** Zustimmungsgesetz *n*; **à soumettre à –** genehmigungspflichtig.

approbation du bilan Genehmigung der Bilanz; **– du budget** Haushaltsbewilligung; **– des comptes** *(GesR)* Entlastung; Feststellung des Jahresabschlusses; **– gouvernementale** staatliche Genehmigung; **– implicite** stillschweigende Zustimmung; **– législative** Zustimmung des Gesetzgebers; **– parlementaire** Zustimmung des Parlaments; **– d'un plan** Planfeststellung; **– préalable** vorherige Zustimmung, Einwilligung; **– du signataire** durch den Unterzeichneten genehmigt; **– tacite** stillschweigende Zustimmung.

approche *f* (erste) Annäherung.

approcher *v.tr.dir.et ind.* näher bringen *od.* stellen; *fig* ähnlich sein, gleichen, nahe kommen.

approfondir *v.tr.* vertiefen, ergründen, untersuchen, gründlich erforschen.

approfondissement *m* Vertiefung, Erweiterung.

appropriation *f* Zueignung *f*, Aneignung *f*; **droit d'–** Aneignungsrecht *n*; **– des moyens (au but poursuivi)** *(VwR)* Verhältnismäßigkeit *f*; **– d'objet trouvé** Fundunterschlagung; **– par occupation** *(SachR)* willkürliche Besitzergreifung; **– par violence** *ou* **par ruse** gewaltsame *od.* heimtückische Besitzergreifung.

approprié *adj* geeignet, treffend, zutreffend; angemessen; verhältnismäßig.

approprier: s'– *v.pron.* sich aneignen, sich zueignen; **s'– sans titre** *(SachR)* sich anmaßen, sich rechtswidrig zueignen.

approuver *v.tr.* (1) *(donner son agrément)* genehmigen, bestätigen, zustimmen, billigen, sein Einverständnis geben, (2) *(juger bon)* gutheißen, befürworten; **lu et approuvé** gelesen u. genehmigt.

approvisionnement *m* (1) *(ravitaillement)* Beschaffung, Versorgung, Bevorratung, (2) *(navires)* Verproviantierung *f*, (3) *(provision)* Vorrat *m*, Warenlager *n*; **crédit d'–** Bevorratungskredit *m*; **monopole d'–** Versorgungsmonopol *n*; **service des –s** Einkaufsabteilung, Beschaffungszentrale; **source d'–** Einkaufsquelle *f*; **–s critiques** Engpaß *m*; Mangelgüter; **– énergétique** Energieversorgung; **– insuffisant** Unterversorgung.

approvisionner (1) beschaffen, versorgen (mit), beliefern, (2) *(navires)* verproviantieren; **– un compte** ein Konto auffüllen.

approximatif *adj* annähernd, ungefähr; **calcul –** Überschlag.

approximation *f* Grobschätzung, annähernde Schätzung, Annäherung.

approximativement *adj* ungefähr, ca. (circa), etwa.

appui *m* Hilfe *f*, Unterstützung *f*; **à l'– de** zur Bekräftigung von; **– financier** finanzielle Unterstützung *od*. Beihilfe; **à l'– de ses dires** zur Begründung seiner Darlegung *od*. Aussage; **avec preuves à l'–** mit (schriftlichen) Beweisstücken.

appuyer *fig* unterstützen, befürworten.

après *adv* et *präp* nachher, danach, nach; **– correction des variations saisonnières** saisonbereinigt; **– impôt** nach Steuerabzug.

après-vente *adj*: **service –** Kundendienst *m*.

a priori *loc.adv*. von vornherein, grundsätzlich.

apte *adj* (1) *(ZR)* handlungsfähig, rechts- *od*. geschäftsfähig, (2) *(ArbR)* (arbeits-)fähig, geeignet, tauglich; **– à exercer toutes les activités** voll verwendungsfähig; **– à fonctionner** einsatzbereit; **– à prendre la mer** seeklar; **– à reprendre le travail** wieder arbeitsfähig (sein).

aptitude *f* (1) *(ZR)* Handlungsfähigkeit, (Rechts- *od*. Geschäfts-) Fähigkeit *f*, (2) *(ArbR)* Befähigung *f*, Eignung *f*, Tauglichkeit *f*; **brevet** *ou* **certificat d'–** Befähigungsnachweis *m*, Eignungszeugnis; **certificat d'– professionnelle** (=CAP) Berufsschulabschlußzeugnis *n*; **examen d'–** Eignungsprüfung *f*; **– à la concurrence** Wettbewerbsfähigkeit; **– au mariage** Ehefähigkeit; **– opérationnelle** Einsatzfähigkeit; **– professionnelle** berufliche Eignung; **– au travail** Arbeitsfähigkeit *od*. -eignung.

apurement *m* (1) *(Buchf)* Bereinigung *f*; Prüfung der Buchführung u. Entlastung des Buch- *od*. Rechnungsprüfers, (2) *(SchuldR, KonkursR)* Begleichung einer Schuld *od*. der gesamten Passiva.

apurer *v.tr.* (1) *(Buchf)* bereinigen; für nichtig erkennen (nach Überprüfung), (2) *(GesR: reconnaître quitte)* den Vorstand (nach Überprüfung der Rechnungslegung entlasten); **comptes** *mpl* **–rés** überprüfte u. für richtig befundene Rechnungslegung.

arbitrable *adj* schiedsgerichtlich beilegbar.

arbitrage *m* (1) *(sentence arbitrale)* Schiedsspruch *m*, (2) Schiedsgerichtsbarkeit *f*, Schiedsgerichtswesen *n*, (3) *(procédure de règlement d'un litige)* Schiedsverfahren *n*, Beilegung eines Streitfalls durch einen Schiedsrichter, (4) *(BörR)* Arbitrage-Geschäft *n*; **clause d'–** Schiedsgerichtsklausel *od*. -vereinbarung, Arbitrageklausel; **comité** *ou* **commission d'–** Schiedsausschuß *m*; **compromis** *ou* **convention d'–** Schiedsabrede *od*. -vereinbarung, Schiedsvertrag; **cour d'–** Schiedsgerichtshof *m*; **décision d'–** Schiedsspruch *m*; **faire de l'–** *(BörR)* arbitrieren; **office d'–** Schiedsstelle *f*; **procédure d'–** Schiedsverfahren, schiedsgerichtliches Verfahren; **sentence d'–** Schiedsspruch *m*; **tribunal d'–** Schiedsgericht *n*; **par voie d'–** im Wege eines Schiedsverfahrens.

arbitrage administratif Verwaltungsschiedsverfahren; **– conventionnel** *(ArbR)* tarifvertraglich vereinbartes Schiedsverfahren; **– sur devises** *(BankR)* Valuten- *od.* Devisenarbitrage; **– facultatif** freiwilliges Schiedsverfahren; **– international** (1) internationales Schiedsurteil, (2) internationale Schiedsgerichtsbarkeit; **– obligatoire** obligatorisches Schiedsverfahren, Zwangsschlichtung.

arbitraire *m* (1) *(ÖfR)* Willkür *f*, Eigenmacht *f*; (2) *(ZR)* willkürliche Ausübung eines Rechtes.

arbitraire *adj* willkürlich, eigenmächtig, unumschränkt.

arbitrairement *adv* willkürlich, eigenmächtig.

arbitral *adj* schiedsgerichtlich, schiedsrichterlich; **sentence –e** Schiedsspruch; **litige –** Schiedssache; **tribunal –** Schiedsgericht.

arbitre *m* Schiedsrichter *m*; **libre –** Entscheidungsfreiheit, freier Wille; **– assesseur** Beisitzer im Schiedsgericht; **– unique** Einzelschiedsrichter.

arbitrer *v.tr.* (1) als Schiedsrichter entscheiden, (2) arbitrieren.

arborer *(SeeHR)* (die Flagge) hissen.

arbre généalogique Stammbaum *m*.

archevêché *m* Erzbistum *n*, erzbischöfliches Ordinariat.

architecte *m* Architekt *m*.

architecture *f* Architektur *f*, Bauwesen und Baukunst.

archiver archivieren, ins Archiv aufnehmen; ablegen; ordnen.

archives *fpl* (1) *(collection de documents et de dossiers)* Dokumenten- *od.* Urkundensammlung *f*, (2) *(lieu de conservation)* Archiv *n*, Aufbewahrungsort *m*; Registratur *f*; Ablage *f*.

archiviste-paléographe *m* frz. (Diplom-)Archivar, Absolvent der Pariser École nationale des Chartes.

ardu *adj*: **entreprise –e** schwieriges Unterfangen.

argent *m* (1) Geld *n*, Zahlungsmittel *npl*, (2) Silber *n*; **changer de l'–** Geld wechseln; **créance en –** Geldforderung; **dette en –** Geldschuld *f*; **envoi d'–** Geldsendung *f*; **payer en – comptant** bar bezahlen; **placement d'–** Geldanlage *f*; **placer de l'–** Geld anlegen; **prestation en –** Geldleistung *f*; **prêter de l'–** ein Darlehen gewähren; **raréfaction de l'–** Geldverknappung *f*; **rentrée d'–** Geldeingang *m*; **salaire en –** Geld- *od.* Barlohn; **somme d'–** Geldbetrag.

argent en barres Barrensilber; **– chaud** Spekulationsgelder *npl*; **– comptant** Bargeld; **– disponible** verfügbare Mittel; **– frais** verfügbare (neu aufgenommene) Mittel, neues Geld; **– immobilisé** fest angelegtes Geld; **– au jour le jour** tägliches Geld, Geld mit täglicher Kündigung; **– liquide** flüssige Mittel *npl*; **– à un mois** Monatsgeld; **– monnayé** Kurantsilber; **– mort** totes Kapital; **– placé** angelegtes Kapital; **– de poche** Taschengeld; **– à terme** Termineinlage *f*.

arguer (1) *(v. t. ind.)* schließen, folgern aus, (2) *(v. intr.)* vorbringen, anführen; **– une pièce de faux** die Echtheit einer Urkunde (vor Gericht) bestreiten.

argument *m* (1) Beweisgrund *m*, Beweismittel *n*, Beweisführung, (2) Darlegung, Inhaltsangabe, (3) Schlußfolgerung, Schluß; **tirer – de** als Beweis betrachten; **– de droit** rechtliche Schlußfolgerung; **– de fait** auf Tatsachen gestützter Beweis; **– juridique** rechtliches Argument

argumentation *f* Beweisführung *f*, Darlegung der Argumente, Schlußfolgerung.

argumenter *v.intr.* schließen, folgern, Gründe anführen, seine Beweise darlegen; argumentieren; behaupten.

argus *m* Fachblatt *n*, Fachzeitschrift; **– de l'automobile** Gebrauchtwagenanzeiger mit Preisliste (zur Ermittlung des Tageswertes).

argutie *f* Ausflucht *f*, Ausrede *f*; Spitzfindigkeit.

aristocratie *f* Adel *m*, Aristrokratie *f*; Adelsherrschaft *f*.

armateur *m* *(SeeHR)* Reeder *m*, Schiffsausrüster *m*; − **affréteur** Reeder und Verfrachter.

arme *f* (1) Waffe *f*, (2) *(MilR)* Waffen- *od.* Truppengattung; **autorisation de port d'−** Waffenschein; **commerce des −s** Waffenhandel; **détention d'une −** Waffenbesitz; **marchand** *ou* **négociant d'−s** Waffenhändler; **port irrégulier −s** unbefugtes Waffenführen; **trafiquant d'−s** Waffenschieber; **usage abusif d'une −** rechtswidriger *od.* unbefugter Waffengebrauch.

arme blanche Hieb- u. Stichwaffe; − **de chasse** Jagdwaffe; − **à feu** Schußwaffe; − **à feu portative** Handfeuerwaffe; − **de guerre** Kriegswaffe *f*; − **de pression** bissiger Hund (der Einschüchterung dienend); − **prohibée** verbotene Waffe.

armée *f* Armee *f*, Streitkraft *f*, Heer *n*; − **de l'air** Luftwaffe; − **de circonscription** Wehrpflichtarmee; − **de métier** *ou* − **professionnelle** Berufsheer *n*, Freiwilligen-Streitkraft; − **de terre** (Land-)Heer.

armement *m* (1) Waffenwesen *n*; Bewaffnung *f*, Aufrüstung *f*, Rüstung *f*, (2) *(SeeHR)* Schiffsausrüstung; **industrie d'−** Rüstungsindustrie *f*; **société d'−** *(SeeHR)* Reedereigesellschaft *f*; − **collectif** Partenreederei.

armer *v.tr.* (1) bewaffnen, (2) *(Waffe)* entsichern, (3) *(Schiff)* ausrüsten.

armistice *m* Waffenstillstand *m*.

armoiries *fpl* Wappen *n*; − **de l'État** Staatswappen *pl*.

arpentage *m* Vermessung *f*, Feldmessen *n*.

arpenter vermessen, ausmessen.

arpenteur *m* (Land-)Vermesser *m*, Feldmesser *m*.

arraisonnement *m* (1) *(SeeHR, ZollR)* Schiffskontrolle, (2) Aufbringen eines Schiffes.

arraisonner (1) ein Schiff zum Stoppen auffordern, (2) *(ZollR)* (die Ladung eines Schiffes) überprüfen.

arrangeable *adj*: **le différend n'est pas −** die Streitigkeit kann nicht gütlich beigelegt werden.

arrangement *m* (1) *(disposition, rangement)* Anordnung *f*, Einrichtung *f*, Aufstellung *f*, (2) *(VR: accord, règlement)* Vereinbarung *f*, Übereinkommen *n*, Übereinkunft *f*, Abkommen *n*, Abmachung *f*, (3) *(ZR: accommodement, compromis)* Vergleich *m*, Regelung *f* (zur Güte); − **additionnel** Zusatzvereinbarung *f*; − **administratif** Verwaltungsvereinbarung; − **à l'amiable** gütliche Ausgleich, gütliche Regelung, Schlichtung *f*, − **de clearing** Clearing- *od.* Verrechnungsabkommen; − **commercial** Handelsabkommen; − **complémentaire** Zusatzabkommen; − **de gré à gré** *(ZR)* Vereinbarung zwischen zwei gleichberechtigten Partnern (im Gegensatz zu den Verträgen mit vorformulierten Vertragsbedingungen, die eine Partei der anderen einseitig auferlegt); − **monétaire** Währungsabkommen; − **particulier** Sondervereinbarung; **successoral** Erbschaftsvergleich; − **tarifaire** Tarifvereinbarung.

arranger *v.tr.* ordnen, in Ordnung bringen; anordnen, einrichten; vereinbaren, vermitteln; abschließen, festsetzen.

arrenter *v.tr.* (1) *(ZR)* (ver)pachten, (2) *(SozR)* verrenten.

arrérager *v.intr. et v.pron.* im Rückstand sein; **les termes s'arréragent** die Außenstände häufen sich.

arrérages *mpl* (1) *(somme d'argent versée périodiquement)* periodisch fällige Zahlung, jeweils fällige Rate (bei wiederkehrenden Leistungen), (2) *(arriéré)* überfällige Schuld, Rückstände *fpl*; rückständige Zinsen, (3) *(SozVers)* fälliger Rentenbetrag *m*.

arrestation *f* (1) *(StR)* Verhaftung *f* (eines Tatverdächtigen), Festnahme *f*, Inhaftierung, (2) Haft *f*; **procéder à une −** jn. verhaften, eine Festnahme vornehmen; − **administrative** *(AuslR)* Verhaftung durch die Verwaltungsbehörde (ohne Zuziehung der Gerichte); – **arbitraire** willkürliche Verhaftung; – **sur le fait** Ergreifung *od.* Festnahme auf frischer Tat; – **illégale** gesetzwidrige Festnahme; **–s en masse** Massenverhaftung; – **préventive** Verhaftung wegen Fluchtverdachts, vorsorgliche Verhaftung (S); – **provisoire** vorläufige Festnahme.

arrêt *m* (1) Unterbrechung *f*, Stillegung *f*, Stillstand *m*, Anhalten *n*, Stopp *m*, Sperre *f*, (2) *(PrzR)* Urteil *od.* gerichtliche Entscheidung (der Berufungs- *od.* Revisionsinstanz), (3) *(pl MilR)* (Stuben-)Arrest *m*; **maison d'–** Justizvollzugsanstalt; **mandat d'–** Haftbefehl *m*, Verhaftungsbefehl (S); **saisie- –** Pfändung in dritter Hand, Pfändung beim Drittschuldner; **saisie- – du salaire** *ou* **sur le salaire** Lohn- *ou* Gehaltspfändung; – **d'admission** *(PrzR)* Vorentscheidung über die Zulassung des Rechtsmittels (durch den Kassationshof); – **des affaires** *(GesR)* Geschäftsstillstand *m*; – **d'annulation** (1) Aufhebungsurteil *n*, (2) *(VwPR)* Aufhebung eines Verwaltungsaktes *od.* einer Rechtsverordnung durch den frz. Staatsrat; – **de cassation** aufhebende Entscheidung (des Kassationshofes), kassatorische Entscheidung, Kassation und Verweisung an ein anderes *od.* an dasselbe Gericht; – **confirmatif** Zurückweisung der Berufung; – **contradictoire** streitiger Entscheid; – **de cour d'assises** *(StPR)* Schwurgerichtsurteil; – **de débet** Kontenbereinigung (durch den frz. Rechnungshof).

arrêt de l'entreprise *ou* **de l'exploitation** *(GesR, KonkursR)* Betriebsstillegung; **–s de forteresse** Festungshaft; – **infirmatif** aufhebendes Urteil (das Berufungsgericht fällt eine neue Entscheidung in der Sache selbst); abänderndes Berufungsurteil; – **de mort** Todesurteil; – **de non-lieu** *(StPR: chambre des mises en accusation)* Einstellungsbeschluß; – **de plus ample informé** *(StPR)* Beschluß der Anklagekammer, durch den die Sache zur erneuten Voruntersuchung zurückverwiesen wird; – **des poursuites individuelles** *(KonkursR)* Einstellung aller Einzelzwangsvollstreckungsmaßnahmen; – **de prince** *(VR: mesure de police étatique en cas de guerre)* Festhalten aller Handelsschiffe in den eigenen Hoheitsgewässern; – **de principe** Grundsatzentscheidung (des Kassationshofes *od.* des Conseil d'État), Urteil von grundsätzlicher Bedeutung; – **de la production** Produktionsstillstand *od.* -einstellung; – **de quitus** Entlastung (durch den frz. Rechnungshof); – **du recrutement** *(ArbR)* Einstellungsstopp *od.* -sperre; – **de règlement** *(PrzR, hist)* Grundsatzurteil, das für alle künftigen Entscheidungen bindend ist; – **de rejet** Verwerfung eines Rechtsmittels (durch den Kassationshof); zurückweisende Entscheidung; – **de renvoi** (1) *(PrzR)* Verweisungsbeschluß *m* (eines Rechtsstreits), (2) *(StPR)* Beschluß der Anklagekammer, durch welchen eine Sache an ein bestimmtes Gericht zur Verhandlung und Entscheidung überwiesen wird; – **du travail** Arbeitsniederlegung, Ausstand *m*.

arrêté *m* (1) *(ÖfR: acte général ou individuel des autorités administratives)* Verordnung *f*, Erlaß *m*, Verfügung *f*, Verwaltungsanordnung *f*, (2) *(Buchf)* (Konto-, Rechnungs-)Abschluß *m*, – **d'agrément** *(VwR)* Zulassungsbescheid *m*; – **d'alignement** *(BauR)* Anordnung zur Bestimmung der Baulinie; – **d'application** Durchführungsverordnung; – **de caisse** *(Buchf)* Kassenabschluß *m*; – **de cessibilité** *(VwR)* Enteignungsantrag (des Regierungsvertreters); – **de compte** Rechnungsabschluß *m*, Buch- *od.* Kontoabschluß; – **de**

arrêté d'éxécution

conflit *(PrzR)* Erlaß eines Präfekten, durch den in einem Einzelfall ein Zivilgericht zugunsten eines Verwaltungsgerichtes für unzuständig erklärt wird; – **conjoint** gemeinsamer Erlaß; – **du conseil fédéral** (S) Bundesratsbeschluß (S); – **de débet** Erstattungsbeschluß, Defektenbeschluß; – **de dissolution** Auflösungsbeschluß.

arrêté d'éxécution Durchführungsverordnung; – **d'expropriation** *(VwR)* Enteignungsbeschluß; Ausführungsanordnung; – **d'expulsion** *(AuslR)* Ausweisungsbefehl, Ausweisungsverfügung; – **d'extension (d'une convention collective)** *(ArbR)* Allgemeinverbindlicherklärung *f* (eines Tarifvertrages).

arrêté général Allgemeinverfügung, Rechtsverordnung; – **grand-ducal** (L) großherzoglicher Beschluß (L); – **individuel** Einzelverfügung *f*, Verwaltungsakt *m*; – **interministériel** interministerieller Erlaß; gesetzesvertretende Verordnung; – **ministériel** Ministerialerlaß; – **de mise en demeure** amtliche Aufforderung zur Beseitigung eines rechtswidrigen Zustandes; – **de mobilisation** (S) Mobilmachungsbeschluß; – **municipal** (Bürgermeister)Verordnung; – **de nomination** (1) Ernennung(sbescheid), Bestellungsdekret (Aut), (2) Ernennungsurkunde, Bestallungsurkunde; – **particulier** Einzelverfügung; – **de péril** Räumungsbefehl wegen Einsturzgefahr; – **périodique** Saldofeststellung, Kontoabschluß *m*; – **de police** Polizeiverfügung; – **préfectoral** Erlaß des Präfekten; **arrêté de reconduite à la frontière** *(AuslR)* Abschiebung *f*; – **de réquisition** Beschlagnahmeverfügung.

arrêter (1) *(immobiliser, retenir)* anhalten, aufhalten, (2) *(entraver, interrompre)* beenden, einstellen, unterbrechen, stillegen, sperren, (3) *(appréhender, retenir prisonnier)* verhaften, festnehmen, (4) *(déterminer, fixer, régler)* festlegen, bestimmen,

arrivage

verordnen, anordnen; **saisir** – beschlagnahmen, einziehen; – **son choix (sur)** eine Wahl treffen; – **un compte** eine Rechnung *od.* ein Konto abschließen; – **le jour d'un rendez-vous** einen Termin festlegen *od.* festsetzen; – **un marché** einen Vertrag abschließen; – **le travail** in den Ausstand treten.

arrêtiste *m* Rezensent *m*, Kommentator von Gerichtsurteilen.

arrhes *fpl* (1) (ZR art.1590 C civ; HR: dédit) Reugeld *n*, Draufgabe *f*, Handgeld *n*, Haftgeld (S), (2) *(fälschlich manchmal auch für: acompte)* Anzahlung *f*.

arriération *f* **mentale** *(StR, VwR: débilité)* Geistesschwäche *f*.

arrière *adv*: **être en – pour ses paiements** mit seinen Zahlungen im Rückstand sein.

arriéré *m (Buchf)* ausstehende Zahlung, Rückstände *pl*, Außenstände *mpl*; – **de cotisation** rückständiger (Mitglieds-)Beitrag; – **d'impôt** Steuerrückstände *pl*; – **d'intérêts** rückständige Zinsen; – **de livraison** Lieferrückstand *m*; – **de pension** Rentennachzahlung *f*.

arriéré *adj* (1) *(Zahlung)* im Rückstand, noch ausstehend, (2) rückständig, (geistig) zurückgeblieben; **paiement** – überfällige Zahlung; **pays** – unterentwickeltes Land.

arrière-caution Rückbürgschaft *f*, Rückbürge *m*; – **-grand-père** Urgroßvater *m*; – **-neveu** Großneffe *m*; – **-pays** Hinterland *m*; – **-pensée** Hintergedanke *m*; – **-petit-fils** Urenkel *m*; – **-plan** Hintergrund *m*, – **-saison** Nachsaison.

arriérer aufschieben; – **un paiement** eine Zahlung auf einen späteren Zeitpunkt verschieben.

arrimage *m (SeeHR)* (Ver-)Stauen, Unterbringung der Ladung (im Schiffsraum); Stauerlohn *m*.

arrimeur *m* Stauer *m*, Docker *m*.

arrivage *m (HR)* Wareneingang *m*, eingehende Ware; Materialanlieferung.

arrivée f (1) Ankunft f, Eintreffen n, (2) Zufuhr f; Zuführung f; – **du courrier** Posteingang; – **au pouvoir** (1) *(légalement)* Regierungsantritt m, Machtübernahme, (2) *(par la force)* Machtergreifung f; – **réservée** *(SeeHR)* behaltene Ankunft; – **du terme** (1) Eintritt des Fälligkeitstermins, (2) Zeitablauf m; **à l'– du terme** bei Fälligkeit.

arriver v.intr. ankommen, eintreffen; sich ereignen; – **à échéance** fällig werden; – **à expiration** *(ZR: Frist)* ablaufen.

arroger: s'– un droit sich ein Recht anmaßen.

arrondir v.tr.d. (1) *(nach oben)* aufrunden, (2) *(nach unten)* abrunden.

arrondissement m (1) *(VwR: circonscription administrative)* frz. Verwaltungsbezirk (Unterteilung des Département), (2) *(in Paris, Marseille u. Lyon:)* Stadtbezirk m, Arrondissement m, (3) *(Buchf)* Abrundung f, Erweiterung f; – **administratif** (B) Verwaltungsbezirk; – **d'assises fédérales** (S) eidgenössischer Assisenbezirk; – **d'état-civil** (S) Zivilstandskreis (S); – **fiscal** (S) Veranlagungskreis (S); – **judiciaire** Gerichtsbezirk, Gerichtssprengel m; – **municipal** Stadtbezirk.

art m (1) *(discipline)* Kunst f, Wissenschaft f, Technik f, (2) *(moyen habile)* Kunstfertigkeit, Können n; Kunstgriff m; **les beaux –s** die schönen Künste; Kunstakademie f; **commerce d'–** Kunsthandel m; **homme de l'–** Fachmann, Sachverständiger, (insbesondere:) Arzt; **œuvres d'–** Werke der bildenden Künste; **les règles de l'–** fachgemäßes Vorgehen, Fachwissen n; **–s industriels** Kunstgewerbe n; **–s ménagers** Hauswirtschaft(slehre).

artère f *(StVR)* Verkehrsader f, Hauptverkehrsstraße.

article f (1) *(division élémentaire d'un texte légal, d'un contrat etc.)* Artikel m, Unterteilung frz. Gesetze anstelle von: Paragraph m (in Deutschland), (2) *(chapitre, matière, sujet)* Kapitel n, Hauptteil m; Punkt m; Posten m, (3) *(article de presse)* Zeitungsartikel m, Veröffentlichung; (4) *(HR: marchandise)* Handelsware, Artikel m, Produkt, Warenposten, Wirtschaftsgut; (5) *(HR, Buchf)* (Rechnungs-)Posten m, (6) *(ZPR)* (einzelner) Punkt m eines Beweisbeschlusses; – **additionnel** Zusatzartikel m; – **de compte** Rechnungsposten m, Buchungsposten; – **de contrebande** Schmuggelware f; – **de crédit** Einnahmeposten; – **critique** *(HR)* Engpaßartikel; – **de dépense** Ausgabeposten od. -titel; – **d'exportation** Ausfuhr- od. Exportartikel; – **final** Schlußartikel; – **de foi** Glaubensartikel (im Glaubensbekenntnis); – **de luxe** Luxusartikel; – **manufacturé** bearbeitete Ware; – **de marque** Markenartikel; **à l'– de la mort** im Angesicht des Todes; – **de recette** Einnahmeposten; – **sous contrat** Vertragsware.

articulation f *(ZPR)* (schriftliche) Aufzählung der Anträge mitsamt Begründung; die einzelnen Punkte der Begründung des Schriftsatzes (des Anwalts).

articuler des faits die einzelnen Tatbestandsvoraussetzungen (der Anspruchsgrundlage) aufzählen; – **les moyens** die Anspruchsgründe u. Beweismittel (einzeln) aufzählen.

artifice m Kunstgriff m, List f, Kniff m; – **de procédure** prozeßtechnisch geschicktes Vorgehen.

artisan m Handwerker m; **chambre des –s** Handwerkskammer f, Innung f; **coopérative d'–s** Handwerksgenossenschaft f; **maître –** Handwerksmeister m.

artisanal adj handwerklich; **exploitation –e** Handwerksbetrieb m.

artisanat m Handwerkerschaft f; **chambre de l'–** Handwerkskammer f; **registre de l'–** Handwerksrolle; – **d'art** Kunsthandwerk, Kunstgewerbe.

artiste m (1) *(UrhR)* Künstler; Musiker; Maler; Bildhauer, (2) Interpret; Darsteller, Schauspieler.

artistique adj: œuvre – Kunstwerk n.

ascendance f Verwandschaft f in aufsteigender Linie, Vorfahren pl.

ascendant m (1) (AuslR) Verwandte(r) in aufsteigender Linie, Aszendent m, (2) Einfluß m, Autoriät f, Ausstrahlungskraft f; **partage d'–** Aufteilung des Nachlasses, Nachlaßteilung.

ascension f (1) Aufstieg m, (2) Christi Himmelfahrt.

asile m (1) (AuslR) Asyl n, Asylrecht, (2) (SozR) Altersheim n; **demande d'–** Asylantrag; **demandeur d'–** Asylbewerber; **donner –** Asyl gewähren; **droit d'–** Asylrecht n; **droit d'– diplomatique** (VR) diplomatischer Schutz vor Verfolgung; **droit d'– politique** Schutz als politisch Verfolgter; **internement dans un –** Unterbringung in einer Heil- und Pflegeanstalt; **procédure de demande d'–** Asylverfahren, Anerkennungsverfahren, Asylangelegenheit.

asile d'aliénés psychiatrisches Krankenhaus; **– de nuit** Obdachlosenheim, Nachtasyl; **– territorial** (AuslR) Verweigerung der Auslieferung; **– de vieillards** Altersheim.

asocial adj sozialwidrig, asozial, ohne Gemeinsinn; **caractère – du licenciement** sozial ungerechtfertigte Kündigung.

aspect m Gesichtspunkt m, Blickwinkel m, Ansicht f; **sous cet –** unter diesem Gesichtspunkt, in dieser Hinsicht.

aspirant m Bewerber (um ein Amt), Anwärter.

aspiration f Bestrebung f, Streben n.

aspirer v.tr.ind. (à qqch) streben (nach), trachten.

assaillant m Angreifer.

assaillir v.tr.d. angreifen, überfallen.

assainir v.tr.ind. sanieren, (wirtschaftlich) gesunden, sich normalisieren; **– la situation** die Lage bereinigen.

assainissement m Sanierung f, Gesundung f, Normalisierung f; **plan d'–** Sanierungsplan m; **– financier** finanzielle Sanierung; **– du marché** Gesundung des Marktes; **– de la monnaie** Währungsstabilisierung.

assassin m (StR) Mörder m.

assassinat m (StR: meurtre aggravé, art.221-3 NCP) Mord m, Tötung f eines Menschen mit Vorbedacht od. aus dem Hinterhalt; **– judiciaire** Justizmord.

assassiner (StR) ermorden.

assemblage m Zusammensetzung, –fügung; Vereinigung.

assemblée f Versammlung f, **convocation d'une –** Einberufung einer Versammlung; **décision** ou **délibération d'une –** (1) Beschluß (einer Versammlung), (2) Beratung, Beschlußfassung.

assemblée annuelle Jahresversammlung; **– d'associés** (GesR) Gesellschafterversammlung; **– constituante** verfassungsgebende Versammlung; **– constitutive** (GesR) Gründungsversammlung, konstituierende Versammlung; **– consultative** beratende Versammlung; **– des créanciers** (KonkursR) Massegläubigerversammlung; **– -débat** öffentliche Diskussion f; **– délibérante** beschließende Versammlung; **– électorale** Wahlversammlung; **– extraordinaire** außerordentliche Versammlung; **– de la fondation** Stiftungsversammlung.

assemblée générale (1) (Pol) General-, Voll- od. Plenarversammlung, (2) (Verein) Mitgliederversammlung f, (3) (GesR) Hauptversammlung (einer Aktiengesellschaft), (4) (GVR) Vertretung einer Richterschaft; **– générale extraordinaire** (GesR) außerordentliche Hauptversammlung; **– générale des Nations-Unies** Generalversammlung der Vereinten Nationen; **– générale ordinaire** (GesR) ordentliche Hauptversammlung; **– juridictionnelle** (GVR) Spruchkammer (eines Gerichts); **– législative** gesetzgebende Versammlung; **– nationale** frz. Nationalversammlung, erste Kammer des frz.

Parlaments; – **ordinaire** ordentliche Versammlung; – **parlementaire européenne** Europäisches Parlament; – **du personnel** (1) *(BeamR)* Personalversammlung *f*, (2) *(ArbR)* Betriebsversammlung *f*, Belegschaftsversammlung *f*; – **du peuple** *(VerfR)* Volksversammlung.

assemblée plénière Vollversammlung, Plenum *n*; **décision prise en – –** Plenarbeschluß *m*, Plenarentscheidung *f*; **délibération en – –** Plenarberatung; **jugement rendu en – –** *(PrzR)* Plenarentscheidung des frz. Kassationshofes *od.* des Conseil d'État.

assemblée populaire Volksversammlung; **– secondaire** Wahlmännerversammlung; **– de la société des nations** *(VR, hist)* Völkerbundversammlung; **– territoriale** Gebietsparlament.

assembler (1) *(Personen)* versammeln, zusammenbringen, (2) *(Sachen)* zusammenfügen, vereinigen, ordnen.

assener un coup einen Schlag versetzen.

assentiment *m* Einverständnis *n*, Zustimmung *f*, Einwilligung *f*; **donner son –** zustimmen, sein Einverständnis geben.

asseoir *v.tr.d.* (1) *(VerfR)* festigen, verankern, (2) *(SteuerR)* veranlagen, festsetzen; – **son opinion sur des preuves** seine Meinung auf Beweise stützen.

assermentation *f* Be- *od.* Vereidigung *f*.

assermenté *adj* be- *od.* vereidigt; **témoin –** vereidigter Zeuge.

assermenter vereidigen, beeidigen, in Eid und Pflicht nehmen (S).

assertion *f* Behauptung (im Prozeß).

asservir unterdrücken, versklaven; **– la presse** die Presse knebeln.

asservissement *m* Unterjochung, Unterdrückung, Versklavung.

assesseur *m* (1) *(PrzR)* beisitzender Richter, Beisitzer *m*, (2) *(StPR)* Geschworene(r), (3) *(HochschulR)* Prodekan *m*; **être –** beisitzen; **juge –** beisitzender Richter.

assidu *adj* fleißig, emsig, eifrig; pünktlich, beharrlich; dienstbeflissen; ununterbrochen tätig.

assiduité *f* Fleiß *m*; Pünktlichkeit *f*; Regelmäßigkeit; regelmäßige Teilnahme *od.* Anwesenheit *f*; **certificat d' –** Teilnahmebescheinigung *f*; **prime d' –** Anwesenheitsprämie.

assiette *f* (1) *(SteuerR: montant de la matière imposable)* (Steuer-)Bemessungsgrundlage *f*, zu versteuerndes Einkommen; Veranlagung, Besteuerung, Berechnung der Steuer, (2) *(SozR: valeur de référence)* Berechnungs- *od.* Bemessungsgrundlage; **rectification d' –** Berichtigungsveranlagung; **réévaluation de l' –** Fortschreibungsveranlagung; **services d' –** *(SteuerR)* Finanzamt *n*; **– de l'hypothèque** Vermögensteile, welche für die Hypothek haften; **– d'imposition** *ou* **– de l'impôt** Steuerbemessungsgrundlage *f*, Steuerveranlagung; **– de la pension** Rentenbemessungsgrundlage.

assignable *adj* bestimmbar; anweisbar; verklagbar.

assignant *m* Anweisend(r) *m*.

assignataire *m* Empfänger der Anweisung, Anweisungsempfänger.

assignation *f* (1) *(ZPR: acte d'huissier)* Ladung *f* des Beklagten (mit gleichzeitiger Zustellung der Klageschrift), Ladungs- u. Klageschrift *f*; Streitverkündung *f*, (2) *(ZR: partage)* Zuweisung *f* (von Anteilen), (3) *(SozR)* Zuteilung *f*, Zuweisung; **– à bref délai** kurzfristige Ladung; **– à comparaître** Ladung mit Aufforderung zum persönlichen Erscheinen; **– en déclaration de faillite** Antrag auf Konkurseröffnung; **– comme défendeur** *(ZPR)* Ladung des Beklagten u. Zustellung der Klageschrift; **– à toutes fins** Ladung im Zivilverfahren (vor dem frz. Kleininstanzgericht); **– en justice** Ladung (zum Termin) u. Zustellung der Klageschrift; **– à résidence** *(StR: injonction)* Polizeiaufsicht mit Anweisung eines Aufenthaltsortes; –

en validité *(ZwangsVR)* Antrag auf Erlaß eines Pfändungs- und Überweisungsbeschlusses.
assigné *m (ZPR)* geladene Partei.
assigner (1) *(ZPR)* (den Beklagten) zu einem Termin laden, die Klageschrift (durch den huissier) zustellen lassen, (2) *(ZR) (einen Anteil) zuweisen*, *(3) (SozR)* zuteilen; **– en justice** gegen jemanden Klage erheben, jemanden vor Gericht laden; **– une tâche à qqn.** jmdm. eine Aufgabe übertragen.
assimilation *f* (1) Gleichstellung, Gleichbehandlung, (2) Anpassung, Angleichung; **capacité d'–** Aufnahmefähigkeit; **période d'–** *(SozVers)* Ersatzzeit *f.*
assimilé *m (SozR)* Gleichgestellte(r) *m*, gleichgestellte Person.
assimiler *v.tr.d.* (1) gleichstellen, gleichsetzen, (2) anpassen.
assis *adj:* **magistrature –e** Richterschaft.
assises *fpl* (1) *(StPR)* Sitzung *f* des frz. Schwurgerichts, Hauptverhandlung vor dem frz. Schwurgericht, (2) *(StPR)* Schwurgericht *n*, (3) *(Pol, ArbR: réunion d'un parti, d'un syndicat)* Parteitag *m*; Gewerkschaftskongreß *m*, (3) *(séance, session)* Tagung *f*, Versammlung *f*; **cour d'–** frz. Schwurgericht; **– fédérales** (S) Bundesassisen (S); **– du parti** Parteitag *m.*
assistance *f* (1) *(personnes réunies)* Zuhörerschaft *f*, Publikum *n*, Versammlungsteilnehmer *mpl*, (2) *(fait de venir en aide)* Hilfe *f*, Beistand *m*, Unterstützung *f*, Fürsorge *f*, Hilfeleistung, (3) *(FamR)* Anwesenheit eines Vormundes (zum Abschluß eines Rechtsgeschäfts); **accorder – ** Unterstützung gewähren; **allocation d'–** Beihilfe, Fürsorgeunterstützung; **centre d'–** Fürsorgestelle *f*; **contrat d'–** Hilfeleistungsvertrag *m*; **devoir d'–** (1) *(EheR)* Pflicht zur ehelichen Lebensgemeinschaft, Verpflichtung zum Lebensunterhalt beizutragen, (2) *(ArbR)* Fürsorgepflicht *f*; **fonds d'–** Unterstützungsfonds *m*; **loi d'–** Versorgungsgesetz *n*; **obligation d'–** Beistandsverpflichtung *f*, Unterstützungspflicht *f*; **prestation d'–** (1) Hilfeleistung, (2) Fürsorgeleistung, Versorgung *f* (3) *(StR)* Beihilfe *f*, Vorschubleistung *f*, **régime d'–** Wohlfahrtssystem *n.*
assistance administrative Amtshilfe; **– chômage** *ou* **aux chômeurs** Arbeitslosenfürsorge *od.* -unterstützung, Arbeitslosenhilfe; **– aux détenus** Gefangenenfürsorge; **– économique** Wirtschaftshilfe; **– éducative** *(StR)* Erziehungsmaßregeln; **– à l'enfance** *(ancienne dénomination de l'aide sociale à l'enfance)* öffentliche Jugendhilfe *od.* -wohlfahrt; **– familiale** Familienunterstützung; **– financière** finanzielle Hilfe; **– aux indigents** Sozialhilfe; **– à la jeunesse** Jugendfürsorge *f.*
assistance judiciaire *(ancienne dénomination de l'aide judiciaire)* Prozeßkostenhilfe *f*; **partie admise à l'–** Prozeßkostenhilfeempfänger.
assistance juridique Rechtsbetreuung *f*, Rechtshilfe *f*; **– en justice** *(PrzR)* Rechtsbeistandschaft *f*, Rechtsberatung (durch den Anwalt); **– médicale** ärztliche Betreuung, Krankenhilfe *f*, Krankenfürsorge.
assistance mutuelle *(VR)* gegenseitige Hilfe *od.* Unterstützung; **pacte d'– –** gegenseitiger Beistandspakt.
assistance post-pénale *(StPR)* Betreuung *f* der aus der Haftanstalt entlassenen Personen; **– publique** (1) *(ancienne dénomination de l'aide sociale)* öffentliches Fürsorgewesen *n*; Wohlfahrtsamt *n*, (2) *(VwR)* Krankenhausverwaltung; **– sociale** Sozialfürsorge, Fürsorgewesen *n*; **– technique** (1) *(Entwicklungshilfe)* technische Zusammenarbeit, (2) fachliche Beratung u. Unterstützung.
assistant *adj* (1) anwesend, (2) helfend, Hilfs-.
assistant *m*, (1) Gehilfe *m*, Assistent *m*, Mitarbeiter *m*, (2) *(EU)* Verwaltungshauptinspektor; **médecin**

– Assistenzarzt; – **(de service) social** Sozialhelfer *m*, Sozialarbeiter *m*.

assistante *f* Assistentin *f*, Gehilfin *f*; – **maternelle** Kinderpflegerin; – **médicale** med.-techn. Assistentin; – **sociale** Sozialarbeiterin.

assisté *m* (1) Unterstützungsempfänger *m*, (2) *(assisté de)* bei Anwesenheit des . . .; – **social** Sozialhilfeempfänger *m*.

assister *v.tr.* (1) *(conseiller et plaider)* beraten, vor Gericht jmdn. vertreten; helfen, unterstützen, beistehen, (2) *(surveiller et autoriser)* überwachen, (bei Rechtsgeschäften) seine Zustimmung geben, (3) *(assister à)* zugegen sein.

association *f* (1) *(ZR: groupement de personnes de droit privé)* Verein *m*, Idealverein *m*, nichtwirtschaftlicher Verein, (2) *(i.w.S.)* Personenvereinigung *f*, Verband *m*, körperschaftlicher Zusammenschluß *m*, (3) *(participation, collaboration)* Assoziation, Assoziierung, Partnerschaft *f*, (4) *(action de réunir)* Verbindung, Verknüpfung; **accord d'–** *(VR)* Assoziierungsabkommen *n*; **acte d'–** *(ZR)* Vereinsgründung; **contrat d'–** *(ZR)* Vereinsgründungsvertrag *m*; **convention d'–** *(VR)* Assoziierungsabkommen; **droit d'–** (1) *(ZR)* Vereinigungsrecht, (2) *(ArbR)* Koalitionsfreiheit; **droit des –s** *(ZR)* Vereinsrecht *n*; **liberté d'–** *(VerfR)* Vereinigungsfreiheit; **registre des –s** Vereinsregister *n*.

association d'avocats Anwaltssozietät *f*, Gemeinschaftspraxis *f*; – **de bienfaisance** Wohltätigkeitsverein; – **à but idéal** (S) ideeller Verein (S); – **sans but lucratif** Idealverein; – **de cautionnement** *(HR)* Bürgschaftsgenossenschaft; – **centrale** Spitzenverband *m*; – **de communes** *(VwR)* Gemeinde(zweck)verband *m*; – **contestataire** *(Pol: comité de citoyens)* Bürgerinitiative *f*; – **de consommateurs** Verbrauchervereinigung *od.* -zentrale; – **cultuelle** frz. Kirchengemeinde (als privatrechtlicher Verein), Kultusgemeinde *f*; **déclarée** *(ZR)* frz. (bei der Präfektur) angemeldeter Verein (mit beschränkter Rechtsfähigkeit); – **diocésaine** *(KirchR)* Diözese, frz. Bistum; – **économique** Wirtschaftsgemeinschaft; – **d'entreprises** *(EuR)* Unternehmensvereinigung; – **d'épargne** Sparverein; – **européenne de libre-échange** (= AELE) Europäische Freihandelszone; – **de fait** faktischer *od.* nichtrechtsfähiger Verein; – **de fonctionnaires** Beamtenvereinigung; – **garante** haftender *od.* bürgender Verband; – **générale** Gesamtverband *m*.

association illégale *ou* **illicite** *(StR)* Bande *f*, verbotene Vereinigung; – **industrielle** Industrieverband *m*; – **internationale de développement** (= AID) Internationale Entwicklungsorganisation; – **judiciaire (assumée par les avocats)** Rechtsberatung (durch einen Anwalt) in einem Gerichtsverfahren; – **libre-échangiste** Freihandelsverein; – **de malfaiteurs** *(StR)* kriminelle Vereinigung; *od.* Bande; – **momentanée** *(GesR)* Gelegenheitsgesellschaft *f*; – **non déclarée** *(ZR)* frz. nicht rechtsfähiger und nicht angemeldeter Verein; – **d'ouvriers** *ou* **ouvrière** Arbeitnehmerverband; – **en participation** (1) *(HR)* Gelegenheitsgesellschaft *f*, Konsortium *n*, Partnerschaft, (2) *(ZR)* stille Gesellschaft; – **patronale** Arbeitgeberverband; – **de personnes** Personenvereinigung; – **politique** politische Vereinigung; – **professionnelle** Berufsverband; – **reconnue d'utilité publique** *(ZR)* frz. als gemeinnützig anerkannter Verein, angemeldeter Verein mit voller Rechtsfähigkeit; – **secrète** Geheimbund *m*; – **syndicale** (1) *(VwR)* öffentlich-rechtliche Vereinigung, (2) *(ArbR)* Berufsvereinigung; Gewerkschaft; – **du transport aérien internatio-**

nal Weltluftverkehrsverband; **– de travailleurs** Arbeitnehmervereinigung.

associé *m* (1) *(ZR)* Vereinsmitglied *n*; Mitglied einer Vereinigung, (2) *(GesR)* Gesellschafter *m*; Teilhaber *m*, (3) Genossenschafter *m*; **entrée d'un –** Eintritt eines Gesellschafters; **retrait d'un –** Austritt eines Gesellschafters; **– commanditaire, – en commandite** Kommanditist *m*; **– -gérant** geschäftsführender Gesellschafter; **– -gérant de la société à responsabilité limitée** (S) Geschäftsführer einer GmbH; **– majoritaire** Mehrheitsgesellschafter; **– en nom collectif** Gesellschafter einer OHG.

associer vereinigen, verbinden; als Teilhaber annehmen; **s'–** eine Gesellschaft gründen; **s'– à** sich beteiligen an; **s'– avec qn.** sich mit jm. verbinden.

assommer *(StR: tuer à l'aide d'un coup violent sur la tête)* erschlagen.

assorti *adj:* **magasin bien –** Geschäft mit reichhaltiger Auswahl.

assortiment *m*, Auswahl *f*, Zusammenstellung *f*, Sortiment *n*; **– de marchandises** Warenlager *n*, Auswahl *f*.

assortir *v.tr./v.pron.* (passend) zusammenstellen, auswählen; mit Waren ausstatten *od.* versehen.

assouplir *v.tr.d.* lockern, mildern, abschwächen, elastischer gestalten; **– un régime légal** eine gesetzliche Regelung den (neuen) Gegebenheiten anpassen.

assouplissement *m*, Lockerung, geschmeidige(re) Haltung, Milderung, Abschwächung, Anpassung; **– du crédit** Kreditverbilligung.

assujetti *m (SteuerR)* Steuerpflichtige(r).

assujetti *adj* (einer Pflicht) unterworfen; **– aux assurances sociales** sozialversichert, pflichtversichert; sozialversicherungspflichtig; **– à une convention collective** *(ArbR)* tarifvertragsgebunden *od.* -unterworfen; **– à l'impôt** steuerpflichtig.

assujettir *v.tr.d.* unterwerfen, bezwingen; binden, verpflichten.

assujettissement *m* Unterwerfung; Gebundenheit; **– aux assurances sociales** Versicherungspflicht *f*, Beitragspflicht *f*; **– à une convention collective** Tarifvertragsgebundenheit; **– à l'impôt** Steuerpflicht *f*, Heranziehung zur Steuer.

assumer *v.tr.d.* annehmen, gelten lassen; **– une charge** ein Amt innehaben; **– les charges** die Kosten tragen; **– une faute** sich schuldig bekennen; **– la responsabilité, – les risques** haften, die Verantwortung tragen.

assurable *adj* versicherungsfähig, versicherbar.

assurance *f* (1) *(VersR)* Versicherung *f*; Versicherungswesen *n*, Versicherungswirtschaft *f*, (2) *(sécurité, confiance)* Sicherheit, Gewißheit, Vertrauen, (3) *(i.w.S.)* Versorgung, Geld; **agent d'–** Versicherungsagent *m*; **année d'–** Versicherungsjahr; **annulation de l'–** Aufhebung der Versicherung; **bénéficiaire de l'– chômage** Empfänger *m* der Arbeitslosenunterstützung; **branche d'–** Versicherungsbranche *f*, **caisse d'–** (genossenschaftliche) Versicherungsanstalt; **carrière d'–** Gesamtversicherungszeit *f*; **certificat d'–** Versicherungsbestätigung *f*; **clauses d'–** Versicherungsbedingungen *fpl*; **compagnie d'–s** (privater) Versicherer *m*, Versicherungsgesellschaft *f*; **continuation de l'–** Weiterversicherung; **contracter une –** eine Versicherung abschließen; **contrat d'–** Versicherungsvertrag *od.* -verhältnis *n*; **cotisation d'–** Versicherungsbeitrag *m*; **courtier d'–s** Versicherungsmakler *m*; **coût de l'–** Versicherungsprämie *f*, **couverture de l'–** Deckung(szusage), Versicherungs(ab)deckung; **cumul d'–** Doppel- *od.* Mehrfachversicherung; **droit d'–** Versicherungsgebühr *f*; **droit d'– dérivé** aus dem Versicherungsverhältnis eines Dritten abgeleiteter Anspruch; **durée d'–** Versicherungszeit *od.* -dauer *f.*

assurance : escroquerie à l'– Versicherungsbetrug *m*; **expert des –s** Versicherungssachverständiger *od.* -gutachter *m*; **frais d'–** Versicherungskosten; **franchise d'–** Selbstbehalt, Selbstbeteiligung; **indemnité d'–** Versicherungsentschädigung; **institution d'–** Versicherungsträger *m*, Versicherungsanstalt *f*; **insuffisance d'–** Unterversicherung; **mutuelle d'–s** Versicherungsverein auf Gegenseitigkeit; **objet de l'–** Versicherungsgegenstand *m*; **obligation d'–** Versicherungspflicht *f*; **organisme d'–** *(SozVers)* Versicherungsträger *m*; **période d'–** Versicherungszeit (raum) *od.* -periode; **plafond de l'–** Versicherungspflichtgrenze *f*, Höchstgrenze; **police d'–** Versicherungsschein *od.* -police; **preneur d'–** Versicherungsnehmer *m*; **prestations d'–** Versicherungsleistung; **prime d'–** Versicherungsprämie *f*; **proposition d'–** Versicherungsantrag *m*.

assurance : régime d'– Versicherungssystem *od.* -art; **régime libre d'–** freiwillige Versicherung; **régime obligatoire d'–** Pflichtversicherung; **régime volontaire d'–** freiwillige Versicherung; **société d'–** Versicherungsgesellschaft *od.* -anstalt; **souscripteur d'–** Versicherungsnehmer; **souscrire une –** eine Versicherung abschließen *od.* eingehen; **surprime d'–** Zusatzprämie *f*, Zuschlagsprämie, Prämienzulage; **totalisation des périodes d'–** Zusammenrechnung der Versicherungszeiten; **valeur d'–** Versicherungswert *m*.

assurance par abonnement laufende Versicherung, **–accidents, – contre les accidents** Unfallversicherung; **– sur les accidents du travail** Arbeitsunfallversicherung; **– additionnelle** Nachversicherung; **– adverse** gegnerische Versicherung; **– allocation quotidienne d'hospitalisation** Krankenhaustagegeldversicherung; **– d'annuités** Zeitrentenversicherung; **– antérieure** Vorversicherung; **– contre les arrêts d'exploitation** Betriebsunterbrechungsversicherung; **– automobile(s)** Kfz-Versicherung; **– automobile tous risques** Kraftfahrzeugvollversicherung, (Voll-)Kaskoversicherung; **– autre que la vie** Nichtlebensversicherung; **– –aval** Kautionsversicherung.

assurance des bagages (Reise-)Gepäckversicherung; **– du bétail** Tierversicherung; **– des biens** Sachversicherung; **– sur bonne arrivée** Versicherung auf behaltene Ankunft *od.* gegen Totalverlust; **– bris de glaces** Glas(schaden)versicherung.

assurance-capital Kapitalversicherung; **– capital-décès** Sterbegeldversicherung; **– de capital différé** Versicherung auf den Erlebensfall; **– en cas de décès** Todesfall- *od.* Ablebensversicherung; **– en cas de vie** Versicherung auf den Erlebensfall; **– –caution** *ou* **de cautionnement** Bürgschafts- *od.* Kautionsversicherung; **– chef d'entreprise** Betriebshaftpflichtvers.; **– chef de famille** Familienhaftpflichtvers.; **– –chômage** Arbeitslosenversicherung; **– chômage immobilier** Mietausfallversicherung; **– de choses** Sach- *od.* Güterversicherung; **– collective** Gruppen- *od.* Kollektivversicherung; **– combinée** kombinierte *od.* gebündelte *od.* gemischte Versicherung; **– par commissionnaire** Versicherung für Rechnung eines Dritten.

assurance complémentaire Höher- *od.* Zusatz- *od.* Nachversicherung; **– pour compte** *(d'autrui)* Versicherung für fremde Rechnung; **– pour compte de qui il appartiendra** Fremdversicherung, Versicherung für Rechnung „wen es angeht"; **– pour compte propre** Versicherung für eigene Rechnung; **– conditionnelle** bedingte

Versicherung; – **construction** Bauversicherung; – **du contenant** Immobilienversicherung; – **du contenu** Inhalts- od. Mobiliarversicherung; – **contentieux** Rechtsschutzvers.; – **continuée** Weiterversicherung; – **contre le bris** Bruchschadenvers.; – **contre le cambriolage** Diebstahlvers.; – **contre les dégâts des eaux** Wasserschadensvers.; – **corps maritimes** Seekaskoversicherung; – **en cours** zur Zeit gültige Versicherung; – **-crédit** (1) Kredit- od. Teilzahlungskreditvers., Warenkreditvers., (2) *(Außh)* Ausfuhrgarantie od. -bürgschaft; – **cumulative** Doppel- od. Mehrfachversicherung.

assurance-décès Ablebensversicherung, Versicherung auf den Todesfall; – **défense et recours** (Verkehrs-)Rechtsschutzvers.; – **des deux roues** Moped- *bzw* Motorradvers.; – **directe** Erst- od. Direktversicherung; – **(de) dommages** Schadensversicherung, Sachversicherung; – **dotale** Aussteuervers.; – **contre les escroqueries** Versicherung gegen Betrug und Untreue; – **échue** abgelaufene Versicherung; – **pour éventualités** Vorsorgevers.; – **expirée** abgelaufene Versicherung; – **exposition** Ausstellungsversicherung.

assurance facultative freiwillige Versicherung; – **facultative continuée** freiwillige Weiterversicherung; – **sur facultés** Gütervers.; – **sur facultés maritimes** Seewarenvers.; – **„FAP"** Versicherungsklausel „frei von Haverei außer ..."; – **flottante** laufende Versicherung; – **à forfait** *ou* forfaitaire Global- od. Pauschalvers.; – **des frais d'études** Ausbildungsvers.; – **frais funéraires** Sterbegeldversicherung; – **des frais médicaux** Heilkostenvers.; – **du fret** Frachtversicherung; – **globale** Global- od. Pauschalversicherung; – **globale voyages** kombinierte Reiseversicherung; – **(contre la) grêle** Hagelvers.; – **de groupe** Gruppenvers.; – **contre la guerre maritime** Seekriegsvers.

assurance immédiate Gegenwartsvers.; – **immobilière** Gebäude- od. Immobilienvers.; – **-incendie** *ou* contre l'incendie Feuer- od. Brandvers.; – **individuelle** Einzelvers.; – **individuelle collective** Gruppenunfallvers.; – **individuelle simple** Einzelunfallvers.; – **d'insolvabilité** Versicherung gegen Zahlungsunfähigkeit; – **insuffisante** Untervers.; – **-invalidité** Invaliditäts- od. Invalidenvers.; – **libre** freiwillige Vers.

assurance-maladie Krankenversicherung; – **maladie-invalidité** Kranken- u. Invalidenversicherung; – **maladies professionelles** Versicherung gegen Berufskrankheiten; – **du manque à gagner** Gewinnausfallvers.; – **marchandises** Waren(transport)versicherung; – **maritime sur facultés** Seetransportvers.; – **-maternité** Mutterschaftsversicherung; – **-mauvais temps** Reisewetter- od. Schlechtwettervers.; – **mobilière** Mobiliarversicherung; – **mortalité du bétail** Versicherung von lebendem Inventar, Viehvers.; – **multiple** Doppel- od. Mehrfachvers.; – **multirisque** gebündelte od. kombinierte Versicherung; – **multirisques limitée** Teilkaskovers.; – **mutuelle** Versicherung auf Gegenseitigkeit.

assurance obligatoire Pflichtversicherung; Versicherungszwang *m*; – **omnium** (B) Vollkasko- od. Kraftfahrzeugvollvers.; – **particulière** Einzelversicherung; – **partielle** Teilwertvers.; – **patrimoniale** Vermögensvers.; – **-pension** Renten- od. Pensions- od. Alters(ruhegeld)vers.; – **périmée** abgelaufene Versicherung; – **personnelle** freiwillige (Weiter-)Versicherung; – **de personnes** Personenversicherung; – **des personnes transportées** Insassenversicherung; – **sur les pertes de change** Kurs-

assurance des récoltes

verlustvers.; – **contre perte totale** Versicherung gegen Totalschaden; – **populaire** Kleinlebensvers.; – **du premier risque** Erstrisikovers., Vers. auf erste Gefahr; – **à prime globale** summarische Versicherung; – **à primes périodiques** Versicherung mit laufenden Prämien; – **à primes temporaires** abgekürzte Versicherung; – **principale** Hauptversicherung; – **privée** Privat- od. Individual- od. Vertragsversicherung; – **produits livrés** Produkthaftpflichtvers.; – **prospection** Ausfuhrkreditvers.

assurance des récoltes Ernteversicherung; – **du recours des voisins** Haftpflichtversicherung gegen Ansprüche von Nachbarn; – **-rente** (gesetzliche) Rentenversicherung; – **responsabilité civile** (= R. C.) Haftpflichtversicherung; – **R. C. automobile** Kraftfahrzeug-Haftpflichtvers.; – **R. C. exploitation** allg. Betriebshaftpflichtvers.; – **-retraite** Renten- od. Pensionsvers.; – **rétroactive** Versicherung mit Rückwirkung; – **risque simple** Haftpflicht und Teilkaskovers.; – **de risques associés** Risikovers.; – **du risque locatif** Haftpflichtversicherung des Mieters gegen Ansprüche des Eigentümers; – **contre les risques de change** Valutavers.; – **des risques de construction** Baurisikoversicherung.

assurance scolaire obligatoire Pflichtversicherung der Schulkinder; – **simple** Einzelvers.; – **sinistres** Schadensvers.; **–s sociales** Sozialvers.; frz. System der sozialen Sicherheit; – **des stocks** Lagervers.; – **subséquente** Nachvers.; – **subsidiaire** hilfsweise Leistungspflicht des Versicherers; – **de survie** Versicherung auf den Erlebensfall, Überlebensvers.; – **des survivants** Hinterbliebenenvers.

assurance temporaire ou **à court terme** kurzfristige Versicherung; – **sur deux** ou **plusieurs têtes** Versicherung auf verbundene Leben; – **tierce** Fahrzeugvers.; – **tierce complète** Vollkaskovers.; – **tierce partielle** Teilkaskovers.; – **tous risques** Gesamtvers.; – **-transport** Transportvers.; – **des travailleurs des mines** Knappschaftsvers.

assurance universelle Einheitsvers.; – **valeur à neuf** Neuwertversicherung; – **valeur partielle** Teilwertvers.; – **des véhicules automobiles** (= AVAM) Kraftfahrzeugvers.; – **vie** Lebensvers.; – **vie entière** Todesfallvers.; – **vie grande branche** Großlebensvers.; – **vie temporaire** abgekürzte Lebensvers., kurzfristige Todesfallvers.; – **sur la vie d'autrui** Versicherung auf fremdes Leben; – **veuvage** *(SozVers)* Hinterbliebenenversorgung, Witwen- od. Witwergeld; – **-vieillesse** *(SozVers)* Altersvorsorge, Altersversorgung, Rentenvers.; – **(contre le) vol** Diebstahlsvers.; – **volontaire** freiwillige (Weiter-) Vers.; – **au voyage** Reisevers.

assurantiel *adj (SozVers)* die Sozialversicherung betreffend.

assuré *adj* versichert; **risque –** versicherte Gefahr, versichertes Risiko; Versicherungsgegenstand *m*.

assuré *m* Versicherer(r) *m*, Versicherungsnehmer; **tiers –** Begünstigte(r) *m* (aus einem Versicherungsvertrag) – **facultatif** freiwillig Versicherte(r); – **obligatoire** Pflichtversicherte(r) – **social** Sozialversicherte(r); – **subséquent** Nachversicherter; – **volontaire** freiwillig Versicherte(r).

assurer *v.tr.d.* (1) zu-, versichern, (2) *(Schaden)* abdecken, decken, (3) sicherstellen, gewährleisten, einen Versicherungsvertrag abschließen; **s'– de qch** sich vergewissern; **– une prestation** eine (Sach- od. Dienst-)Leistung erbringen.

assureur *m* (1) Versicherer *m*, Versicherungsgesellschaft *f*, (2) *(SozVers)* Versicherungsträger *m*; **être son propre –** in sich versichern; – **antérieur** Vorversicherer; – **-conseil** Versicherungsberater *m*; –

dommages Sachversicherer; **- direct** Erstversicherer; **- expert** Versicherungssachverständiger; **- maritime** Seeversicherer; **- de la responsabilité civile** Haftpflichtversicherer.

astreindre *v.tr. (contraindre, obliger qqn. à qqch.)* jmd. zwingen (etwas zu tun), anhalten, verpflichten.

astreinte *f (ZPR, ZwangsVR: procédé de contrainte)* Zwangsgeld *n*, Ordnungsgeld (zugunsten des Gläubigers); Zwangsmittel *n*; Erzwingungsstrafe *f*; Beugestrafe (Aut), Vollstreckungsstrafe (S); **imposer** *ou* **infliger une -** ein Zwangsgeld auferlegen; **prononcer une -** (durch Gerichtsurteil) auf Zahlung eines Zwangsgeldes erkennen; **sous - comminatoire** unter Androhung eines Zwangsgeldes; **- administrative** Zwangsmaßnahme *od.* -mittel (einer Behörde); **- définitive** durch Endurteil festgesetztes Zwangsgeld; **- provisoire** im Verfahren der Einstweiligen Verfügung verhängtes Zwangsgeld.

astronautique *f* Raumfahrt *f*.

astucieux *adj*: **criminalité -ieuse** Wirtschaftskriminalität.

atelier *m* Werkstatt *f*, Betrieb *m*, Arbeitsstätte *f*; **amende d'-** Betriebsbuße *f*; **chef d'-** Betriebsleiter; **prime d'-** Leistungszulage *od.* -prämie; **règlement d'-** Betriebsordnung; **- d'apprentissage** Lehrwerkstatt *f*; **- de fabrication** Werkstätte; **- de réparations** Reparaturwerkstätte *f*.

atermoiement *m* (1) *(HR: délai accordé à un débiteur)* Fristverlängerung, (2) *(PrzR: faux-fuyant, tergiversation)* Vorwand *m*, Ausrede *f*, Ausflüchte *fpl.*; (3) *(WirtR: concordat de règlement des dettes)* Moratorium *n*, vertraglicher Zahlungsaufschub *m*, Gewährung einer zusätzlichen Zahlungsfrist.

atermoyer *v.intr.* (die Zahlungsfrist) verlängern, (Zahlungs-)Aufschub gewähren.

atmosphérique *adj*: **pollution -** Luftverschmutzung *od.* -verseuchung *f*.

atomicité *m (VWirt)* atomistische Konkurrenz.

atomique *adj*: **bombe -** Atombombe *f*; **énergie -** Atomenergie *f*.

atomiser *fig* zersplittern.

atroce *adj* schrecklich, abscheulich, entsetzlich; **crime -** verabscheuungswürdiges Verbrechen.

atrocité *f (StR)* Grausamkeit *f*, Greueltat *f*.

attache *f* (1) Band *n*, Bindung, (2) *(pl.: rapports affectifs)* familiäre *od.* freundschaftliche Beziehungen, (3) *(VwR)* Zustimmung, Erlaubnis *f*; **port d'-** Heimathafen *m*.

attaché *m* Attaché *m*, Beigeordnete(r) *m*; **- d'administration centrale** *(BeamR)* frz. Oberregierungsrat; **- d'ambassade** Botschaftsattaché *m*; **- commercial** *(HR)* kaufmännische(r) Angestellte(r); **- culturel** *(VR)* Kulturattaché; **- militaire** Militärattaché; **- de presse** Presseattaché; **- temporaire d'enseignement et de recherche** (= **ATER**) frz. akademischer Rat auf Zeit, wissenschaftlicher Mitarbeiter.

attachement *m* (1) *(BauR, VwR)* Baukostenaufstellung *f* (zwecks Abrechnung mit dem Bauherrn), (2) *(i.w.S.)* Anhänglichkeit *f*, Zuneigung *f*; **- à l'entreprise** *(ArbR)* Betriebsverbundenheit *f*.

attacher befestigen; *fig* verbinden, verknüpfen; **s'- à qqch** sich um etwas bemühen.

attaquable *adj* anfechtbar, aufhebbar, auflösbar.

attaque *f* (1) *(StR)* Angriff *m*, Überfall *m*, (2) heftige Kritik, (3) *(Medizin)* Anfall; **- à main armée** *(StR)* bewaffneter Überfall, (schwerer) Raub; **- nocturne** nächtlicher Überfall.

attaquer (1) *(une personne)* angreifen, überfallen, (2) *(une décision de justice, une élection)* anfechten; **- qqn en justice** jmdn. gerichtlich belangen.

attardé *adj* rückständig.

atteindre *v.tr.* treffen, (ein Ziel) erreichen; **– à qch** zu etwas gelangen.

atteinte *f* (1) *(ZR: dommage matériel ou moral)* Beeinträchtigung *f*, Schmälerung *f*, Verletzung *f*, Gefährdung *f*, Schaden *m*, Nachteil *m*, (2) *(StR: attaque, attentat)* Angriff *m*, Stoß *m*, Schlag *m*; **hors d'–** unerreichbar, außer Reichweite *od.* Gefahr; **porter – à** beeinträchtigen, Schaden zufügen; **– aux bonnes mœurs** *(ZR)* Verstoß gegen die guten Sitten; **– au crédit** *(WirtR)* Kreditgefährdung, Kreditverleumdung, Kreditschädigung; **– au crédit de l'Etat** *ou* **au crédit de la nation** *(StR)* Verunglimpfung von Staatsorganen; **– au droit d'auteur** Urheberrechtsverletzung.

atteinte aux droits *(ÖfR, ZR)* Rechtsverletzung *od.* -beeinträchtigung; **porter – –** Rechte beeinträchtigen *od.* verletzen.

atteinte à l'environnement Umweltschädigung *od.* -beeinträchtigung; **– à l'honneur** Ehrverletzung, Ehrenbeleidigung; **– à l'intégrité corporelle** *ou* **physique** Beeinträchtigung der körperlichen Unversehrtheit, Körperverletzung; **– à la liberté** Freiheitsbeschränkung, Freiheitseinschränkung; **– à la liberté et à l'honneur sexuels** *(S)* Angriff auf die geschlechtliche Ehre und Freiheit *(S)*; **– à la liberté syndicale** Verletzung der Koalitionsfreiheit; **– à la liberté du travail** *(StR)* rechtswidriger Streik; **– au lien conjugal** *(S)* Zerrüttung des ehelichen Verhältnisses *(S)*; **– aux mœurs** *(StR)* Sexualstraftat *f*; **– au moral de l'armée** Wehrkraftzersetzung; **– à la propriété privée** Eingriff in das Privateigentum, Eigentumsverletzung; **– à la santé** Gesundheitsschädigung; **– à la sécurité** Sicherheitsgefährdung; **– à la sûreté de l'État** *(StR)* Staatsgefährdung; **– à la vie privée** Verletzung der Intimsphäre.

attenant *adj* (Grundstücke) angrenzend, anstoßend, neben.

attendre (1) *(qqn.)* jmdn. erwarten, auf jmdn. warten, (2) *(qqch.)* auf etwas warten; **s' – à qqch** rechnen mit, etwas mit Sicherheit erwarten.

attendu que ... *präp.* *(PrzR)* (Einleitungsformel für die Entscheidungsgründe *od.* die Urteilsbegründung:) in Anbetracht dessen, daß ...; weil; da; in Erwägung, daß ...

attendus *mpl* (1) *(PrzR: motifs d'une décision de justice)* Begründung (einer gerichtlichen Entscheidung), Entscheidungsgründe *pl*, Urteilsgründe, Urteilsbegründung, (en S:) Motive *pl*, (2) *(ZPR: motif répétitif de la demande en justice)* einzelne Punkte der Begründung eines Antrags, Begründung *f* des Klageschriftsatzes.

attentat *m* (1) *(ZR)* Angriff *m* (auf ein Rechtsgut), (2) *(StR: agression contre les personnes)* Anschlag *m*, Attentat *n*; **– à la liberté** *(StR)* Freiheitsberaubung *f*; **– aux mœurs** *(StR: acte d'immoralité)* Sittlichkeitsdelikt *od.* -verbrechen *n*; **– à la pudeur** *(StR: acte physique)* Unzucht *f*, sexuelle Handlungen; **– à la pudeur des enfants** sexueller Mißbrauch von Kindern *od.* Minderjähriger *od.* von Schutzbefohlenen; **– à la pudeur avec violence** sexuelle Nötigung.

attentatoire *adj* beeinträchtigend; **mesure – à la liberté** (1) *(StR)* unrechtmäßige Freiheitsbeeinträchtigung, (2) *(ÖfR)* Eingriff in die Grundrechte.

attente *f* (1) Erwartung *f*; Warten *n*, (2) *(Flugreise: Stand-by)* Flug *m* ohne feste Platzbuchung; **allocation d'–** Wartegeld *n*; **délai d'–** Wartezeit *f*, Wartefrist *f*; **indemnité d'–** Überbrückungsbeihilfe *f*.

attenter *v.tr.ind.* einen Anschlag verüben; **– aux mœurs** sich unsittlich verhalten; **– à la pudeur** sexuelle Handlungen vornehmen; **– à la vie de qqn.** jdm. nach dem Leben trachten.

attention *f* Aufmerksamkeit *f*, Rücksicht *f*, Sorgfalt *f*; **attirer l'–**

sur aufmerksam machen auf; **défaut** ou **faute d'**– Unaufmerksamkeit; **faire – à qqch.** auf etwas achten; **faire – que** beachten, daß; **relâcher son –** sich ablenken lassen.

attentisme *m (Pol)* Verzögerungstaktik *f.*

atténuant *adj* mildernd; **circonstances –es** *(StR)* (straf-)mildernde Umstände.

atténuation *f* Milderung *f,* Verminderung; **– de (la) peine** *(StR)* Strafmilderung; **– de responsabilité** *(ZR)* Haftungseinschränkung.

atterrissage *m* Landung *f;* **État d'–** Landestaat *m;* **– forcé** Notlandung.

atterrissement *m (ZR)* Anschwemmung, Anspülung.

attestation *f* (schriftliche) Bescheinigung, Bestätigung, Attest *n;* **accorder** ou **délivrer une –** eine Bescheinigung ausstellen; **en foi de quoi, j'ai signé la présente –** zu Urkund dessen, wurde die gegenwärtige Bescheinigung von uns *od.* mir unterzeichnet.

attestation d'assurance Versicherungsbestätigung: **– authentique** öffentliche Beurkundung; **– de bonne vie et mœurs** polizeiliches Führungszeugnis; **– douanière** zollamtliche Bescheinigung; **– de chômage** Arbeitslosigkeitsbescheinigung; **– de complaisance** Gefälligkeitsattest; **– de domicile** Anmeldebestätigung; **– d'emploi** Arbeitsnachweis *m;* **– d'exonération** Freistellungsbescheinigung; **– en justice** *(ZPR: témoignage)* schriftlich fixierte Zeugenaussage (zwecks Vorlage vor Gericht); **– notariée** notarielle Beglaubigung; **– de paiement** Zahlungsbestätigung; **– de la qualité d'héritier** Erbschein **– de résidence** Aufenthaltsbescheinigung; **– de salaire** Lohnnachweis *m,* Gehaltsbescheinigung; **– solennelle** Handgelübde *n;* **– de travail** Arbeitszeugnis; **– de versement** Einzahlungsbestätigung.

attestatoire: serment – *(ZPR)* eidesstattliche Versicherung.

attesté *adj* sicher, gewiß, unbestreitbar; **un fait –** eine bewiesene Tatsache.

attester *v.tr.d.* bestätigen, bescheinigen, bezeugen, attestieren.

attiser *v.tr.d.* schüren, anstacheln.

attitré *adj* ständig, amtlich; **fournisseur –** ständiger Lieferant.

attitrer *(BeamR)* in ein Amt berufen; **– un ambassadeur** zum Botschafter ernennen.

attitude *f* Verhalten *n,* Verhaltensweise *f,* Haltung *f,* Einstellung; **– évasive** ausweichendes Verhalten; **– malveillante** böswilliges *od.* übelwollendes Verhalten; **– politique** politische Einstellung *od.* Gesinnung.

attraire *v.tr.* *(PrzR)* Klage erheben.

attrapes *fpl:* **farces et –** Scherzartikel.

attribuable *adj:* **cet accident ne lui est pas –** er hat diesen Unfall nicht verschuldet *od.* verursacht.

attribuer *v.tr.d.* zuteilen, zuerkennen; zuschreiben.

attribut *m* Merkmal *n,* Kennzeichen *n,* wesentliche Eigenschaft; Zuständigkeit.

attributaire *m (SozVers)* Leistungsempfänger *m;* **– de contingent** Kontingentträger *m.*

attribution *f* (1) Zuteilung, Übertragung, Zuerkennung, Zuweisung, (2) *(meist pl: fonctions, compétences)* Aufgaben *fpl,* Aufgabenbereich *m,* Zuständigkeit *f,* Befugnisse *fpl,* Obliegenheiten *fpl;* Tätigkeit *f;* Geschäfts- *od.* Zuständigkeitsbereich *m;* **changement des –s** Dienstpostenwechsel *m;* **conditions d'–** Anspruchsvoraussetzungen *fpl;* **conférer des –s** Befugnisse erteilen; **conflit d'–s** (1) Kompetenzkonflikt zwischen Zivilgerichten und Verwaltung, (2) Zuständigkeitsstreit zwischen Verwaltungsbehörden; **décision d'–** Zuteilungsverfügung; **droit d'–** Zuteilungsrecht *n;* **pour –** zuständigkeitshalber.

attribution de compétence *(ÖfR)* Kompetenzzuweisung; – **du congé** Urlaubsgenehmigung; – **déléguée** *(VwR)* Auftragsangelegenheit *f*; – **de devises** Devisenbewilligung *od.* -zuteilung, Devisenkontingent *n*; – **de dommages-intérêts** Zuerkennung von Schadenersatz; – **de juridiction** Gerichtsstandsvereinbarung; – **d'un logement** Wohnungszuteilung; – **d'un marché** Erteilung des Zuschlags, Vergabe eines Auftrags; – **préférentielle** *(ZR: Gesamthandseigentum)* bevorzugte Zuteilung; – **d'une rente** Rentenbewilligung, Zuerkennung einer Rente.

attroupement *m* versammelte Menschenmenge, Zusammenrottung, Haufen *m*; – **sur la voie publique** *(StR)* öffentliche Zusammenrottung (einer Menschenmenge).

atypique *adj*: **acte** – atypisches Rechtsgeschäft.

aubaine *f* (1) *(ZR)* Heimfall *m*, (2) *fig* unverhoffter Vorteil; **droit d'**– Heimfallsrecht.

auberge *f* Wirtshaus *n*, Herberge *f*.

aubergiste *m* Gastwirt *m*.

audible *adj* vernehmlich, hörbar.

audience *f* (1) *(PrzR: séance d'une juridiction)* (mündliche) Verhandlung *f*, Sitzung *f*, Gerichtssitzung, Termin *m*, Tagsatzung *f* (Aut), Streitverhandlung (Aut), (2) *(réception)* Empfang *m*, Audienz *f*, (3) *(auditoire)* Zuhörerschaft *f*; **ajournement à l'**– Ladung zum Termin; **délit d'**– (1) Verstoß gegen die Ruhe und Ordnung (in einer Sitzung), Ungebühr *f* (bei einer gerichtlichen Verhandlung), (2) Straftat in der Sitzung; **jour d'**– Sitzungstag *m*; **police de l'**– Sitzungspolizei *f*; **réquisition d'**– *(ZPR: placet)* Antrag *m* auf Eröffnung eines Gerichtsverfahrens; **rôle d'**– Terminliste; **salle d'**– Sitzungssaal *m*; **suspension d'**– Verhandlungspause.

audience d'arbitrage *ou* **arbitrale** Schiedsgerichtssitzung; – **civile** Ziviltermin, Zivilverhandlung; – **commerciale** Sitzung der Kammer für Handelssachen; – **de conciliation** *(ZPR)* Güteverhandlung, Gütetermin *m*, Sühneverhandlung (im Ehescheidungsverfahren); – **correctionnelle** *(StPR)* Termin in Strafsachen vor dem frz. Großinstanzgericht; – **des criées** *(ZwangsVR)* Versteigerungstermin; – **foraine** *(ZPR)* Termin in Marktsachen; – **à huis clos** nichtöffentliche Gerichtsverhandlung.

audience de jugement (Urteils-) Verkündungstermin; – **de liaison de l'instance** Termin, der zur Begründung der Rechtshängigkeit dient; – **particulière** Privataudienz; – **pénale** Verhandlung in Strafsachen, Strafverhandlung; – **de (simple) police** *(StPR)* Termin in Strafsachen vor dem frz. Kleininstanzgericht; – **préliminaire** Vortermin; – **de procédure** Verhandlungstermin vor dem Entscheidungsvorbereitungsrichter; – **du procès** Gerichts- *od.* Prozeßtermin *m*; – **publique** öffentliche Verhandlung *od.* Sitzung.

audience de référé (1) *(ZPR)* Termin im Verfahren zum Erlaß einer einstweiligen Verfügung, Tagsatzung im Provisorialverfahren (Aut), (2) *(StPR)* Termin im beschleunigten Verfahren; – **de rentrée** erste feierliche Sitzung zu Beginn des Jahres; – **solennelle** feierliche Sitzung (höherer Gerichte); – **du tribunal** Verhandlung vor dem erkennenden Gericht, Gerichtssitzung *od.* -verhandlung; – **de vacation** Termin in Feriensachen.

audiencer einen Termin zur mündlichen Verhandlung festsetzen.

audiencier *adj*: **huissier** – Gerichtsdiener *m*.

audioconférence *f* Telekonferenz *f*.

audiométrie *f* *(MedienR)* Messung *f* der Einschaltquote.

audiovisuel *m* *(MedienR)* audiovisuelle Massenmedien, Fernsehen *n*; **paysage** – **français (= PAF)**

audit

(Aufbau der) Massenmedien in Frankreich.

audit *m* (1) *(GesR: mission d'investigation au sein de l'entreprise)* Firmenüberprüfung *f*, Controlling *n*, betriebswirtschaftliche Analyse; Wirtschaftlichkeitsberechnung *f*; Buchprüfung; Unternehmensberatung, (2) *(GesR: professionnel qui pratique l'audit)* Firmenprüfer, Controller *m*; Revisor *m*; Betriebsinspektor *m*; Wirtschafts- od. Buchprüfer; – **externe** durch die Hauptversammlung bestellter (externer) Controller *m*, Firmen- bzw. Buchprüfer; – **interne** (Firmen-)Controlling *n*; durch den Vorstand bestellter (interner) Controller od. Firmenprüfer.

auditeur *m* (1) *(VwPR: Conseil d'État, Cour des comptes)* Auditor *m* (unterster Grad der Richterschaft im frz. Staatsrat und Rechnungshof); Beisitzer *m*, (2) *(AllgSpr)* Zuhörer *m*, (3) *(GesR: professionnel chargé de l'audit)* Controller *m*, Firmenprüfer *m*, Firmenberater *m*; – **au Conseil d'État** Auditor *m*, (Eingangsamtsbezeichnung für Richter beim frz. Staatsrat); – **général** (L) oberster Untersuchungsrichter; – **de justice** angehender frz. Richter im Vorbereitungsdienst (insbesondere während der Ausbildung in der École nationale de la magistrature in Bordeaux); – **libre** *(HochschulR)* Gasthörer *m*; – **du nonce** päpstlicher Gesandtschaftssekretär.

audition (1) *(PrzR)* Vernehmung, Einvernahme, Anhörung *f* (durch den Richter), (2) *(MedienR)* Hören *n*, (Radio-)Empfang *m*; **procéder à l'–- des témoins** die Zeugen vernehmen; **procès-verbal d'–-** Protokoll der Zeugenaussage, Vernehmungsniederschrift *f*; – **sous la foi du serment** eidliche Vernehmung; – **contradictoire** Kreuzverhör *n*; – **par juge commis** *ou* **par juge requis** kommissarische Zeugenvernehmung (durch den ersuchten Richter); – **des parties** An-

augmenter

hörung der Parteien, Parteivernehmung; – **publique** *(ÖfR, UmweltR)* öffentliche Anhörung der Betroffenen; – **séparée** *(StPR)* Einzelvernehmung; – **des témoins** Zeugenvernehmung; – **de tiers** Anhörung Dritter.

auditoire *m* (1) *(PrzR: local des tribunaux)* Gerichts- od. Sitzungssaal *m*, (2) Zuhörerschaft *f* (im Gerichtssaal).

auditorat *m* *(GVR)* Eingangsstufe des Richterdienstes (beim frz. Staatsrat od. Rechnungshof); – **militaire** (B-L) Anklagevertretung bei einem Militärgericht.

augment *m* *(SachR)* Zuwachs *m*.

augmentation *f* Vermehrung *f*, Steigerung *f*, Erhöhung *f*; Ansteigen *n*, Anwachsen *n*; – **de capital** Kapitalerhöhung od. -aufstockung; – **de capital par incorporation de réserves** Kapitalerhöhung durch Einbeziehung der Rücklagen; – **du chiffre d'affaires** Umsatzsteigerung; – **des coûts** Kostensteigerung; – **du chômage** Anstieg *m* der Arbeitslosigkeit; – **de la demande** Zunahme od. Erhöhung der Nachfrage; – **des impôts** Steuererhöhung; – **du loyer** Mieterhöhung, Mietzinserhöhung; – **du niveau de vie** Hebung des Lebensstandards; – **de la population** Bevölkerungswachstum *n*; – **du pouvoir d'achat** Kaufkraftsteigerung; – **des prix** Preiserhöhung, Preissteigerung *f*, Preisanstieg *m*; – **de la production** Produktionssteigerung; – **de la productivité** Produktivitätsanstieg *m*; – **du rendement** Leistungssteigerung; – **de salaire** Lohnerhöhung; – **des tarifs** Beitragserhöhung; – **de trafic** Verkehrszunahme; – **de traitement** Gehaltserhöhung od. -aufbesserung; – **de valeur** Wertzuwachs od. -steigerung, -erhöhung.

augmenter *v.tr.d./v.intr.* (1) *(Produktion)* steigern, vermehren, (2) *(Preise, Steuern)* erhöhen, heraufsetzen, (3) vergrößern, anwachsen, ansteigen, zunehmen.

aujourd'hui adv heute, am heutigen Tage; jetzt, heutzutage; **dès –** ab sofort.
aumône f Almosen n, milde Gabe; Spende f.
aumônier m Militär- od. Anstaltsgeistlicher.
auparavant adv zuvor, vorher.
auprès de adv bei.
auriculaire adj: **témoin –** Ohrenzeuge m.
auspices mpl Schutz m; Schirmherrschaft f; **sous les – de** unter der Schirmherrschaft von, mit Unterstützung von.
aussi adv auch, ebenfalls; überdies.
aussitôt adv sogleich, gleich, sofort, alsbald.
austérité f Strenge f, Härte f; **politique d'–** Sparprogramm n.
autant adv (eben)soviel; ebensosehr; **d'– que** zumal; **d'– plus que** um so mehr als.
autarcie f (1) *(VR)* Selbstherrschaft f, politische Unabhängigkeit, Autarkie f, (2) *(VWirt)* wirtschaftliche Unabhängigkeit, Selbstversorgung.
autarcique adj autark; **politique –** eigenständige Politik.
auteur m (1) *(FamR)* Erzeuger m; Vater; Mutter; (2) *(ZR: celui dont on tient un droit)* (Rechts-)Vorgänger m, (3) *(UrhR: créateur d'une œuvre)* Verfasser m, Urheber m, Autor m, Schriftsteller m, (4) *(Schaden)* Verursacher m, Schädiger, (5) *(StR)* Täter m, Straftäter; **droits d'–** Urheberrechte pl; **– d'un accident** Unfallverursacher, Urheber eines Unfalls; **– du délit** Straftäter; **– du dommage** Schädiger m, Schadensstifter m, Schadensverursacher m; **– de l'offre** Anbieter m; **– principal** *(d'un crime)* Haupttäter; **– de la résiliation d'un contrat** Vertragspartner, von dem die Kündigung ausgeht.
authenticité f Echtheit f, Wahrheit f, Glaubwürdigkeit f; **contester l'–, nier l'– d'un acte** die Echtheit einer Urkunde bestreiten.
authentification f Beurkundung f, öffentliche Beglaubigung f; **pouvoir d'–** Beurkundungsbefugnis f; **– judiciaire** gerichtliche Beurkundung od. Beglaubigung f; **– notariée** notarielle Beurkundung od. Beglaubigung; **– officielle** öffentliche Beurkundung, Beglaubigung.
authentifier v.tr.d. beurkunden, beglaubigen.
authentique adj echt, authentisch, verbürgt, wahr; **acte –** öffentliche Urkunde.
auto-accusation f Selbstanklage f, Selbstkritik od. -bezichtigung.
autocensure f (freiwillige) Selbstkontrolle f.
autochtone adj einheimisch; mpl einheimische Bevölkerung.
autocollant m Aufkleber m.
autoconsommation f Eigenverbrauch m.
autocratie f Autokratie f, unumschränkte Herrschaft f.
autocritique f Selbstbezichtigung f, Selbstkritik f.
autodéfense f Selbstverteidigung, Selbsthilfe, Selbstschutz; **groupe d'–** Selbstschutzverband m.
autodestruction f Selbstzerstörung f.
autodétermination f Selbstbestimmung f.
auto-école f Fahrschule f.
autofinancement m Selbstfinanzierung f.
autofinancer selbst finanzieren, aus eigenen Mitteln bestreiten.
autogérer *(Betrieb)* in Eigenverantwortung leiten, od. verwalten.
autogestion f Selbstverwaltung f, Leitung f (eines Betriebes) durch die Belegschaft selbst.
autographe adj eigenhändig geschrieben, in der Urschrift; **manuscrit –** eigenhändig geschriebenes Manuskript.
autographe m Autogramm n, Unterschrift f, Autograph n.
autoinstruction f Selbstunterricht f.
automation f Automatisierung f, vollautomatische Fabrikation.
automobile adj: **véhicule** ou **voiture –** Kraftfahrzeug n.
automobiliste m Kraftfahrer, Fahrzeugführer m.

autonome *adj* autonom, unabhängig, sich selbst verwaltend; **gestion** – Leitung *od.* Geschäftsführung in eigener Verantwortung.

autonomie *f* (1) *(VR, VerfR)* Autonomie *f,* Selbständigkeit, (2) *(VwR)* Selbstverwaltung, (3) *(ZR)* Vertragsfreiheit *f,* Eigenständigkeit, Willensfreiheit; – **d'action** Handlungs- *od.* Aktionsfreiheit; – **administrative** Selbstverwaltung; – **communale** Gemeindeautonomie *f,* Selbstverwaltungs(recht) der Gemeinden; – **budgétaire** Finanzhoheit; – **collective** *(ArbR)* Verbandsautonomie, Eigenständigkeit der Berufsverbände; – **du contrat** *(ZR)* Vertragsautonomie; – **du droit** Selbstgesetzgebung; – **économique** *(Wirt)* wirtschaftliche Eigenständigkeit; – **financière** *(VwR)* Finanzhoheit; finanzielle Selbständigkeit; – **municipale** *(ÖfR)* Selbstverwaltungsrecht der Gemeinden; – **des partenaires sociaux** *(ArbR)* Tarifautonomie *f;* – **des particuliers** *(ZR)* Privatautonomie *f;* – **de la volonté** *(ZR)* Willens- *od.* Vertragsfreiheit.

autonomisme *m (Pol)* Autonomiebestrebungen, Partikularismus.

autonomiste *m (Pol)* Anhänger *m* der regionalen Selbstverwaltung.

autoprotection *f (VR)* Selbstschutzmaßnahme *f.*

autopsie *f* Obduktion *f,* Leichenöffnung *od.* -schau.

autopsier *v.tr.d.* obduzieren, eine Obduktion vornehmen.

autorisation *f* (1) *(VwR)* Erlaubnis *f,* Bewilligung; Konzession, Verleihung, (2) *(ZR)* Zustimmung, *(vorher:)* Einwilligung, *(nachträglich:)* Genehmigung, (3) *(HR, ZR)* Ermächtigung, Bevollmächtigung, Übertragung von Befugnissen; **accorder** *ou* **délivrer une** – eine Erlaubnis erteilen; **demande d'–, demande en** – Erlaubnis, Bewilligungsgesuch *n;* **demandeur en** – Antragsteller (zur Erlangung einer Erlaubnis); **octroyer une** – eine Erlaubnis erteilen; **refuser une** – eine Erlaubnis versagen; **renouveler une** – eine Bewilligung verlängern; **retirer une** – eine Bewilligung widerrufen; **retrait d'**– Widerruf einer Erlaubnis, Zurücknahme einer Bewilligung.

autorisation d'absence *(BeamR, ArbR)* Dienstbefreiung; – **d'achat** Bezugsbewilligung; – **de bâtir** Baugenehmigung, Bauerlaubnis *f;* – **budgétaire** Ausgabenbewilligung; – **de change** Deviseneinfuhrgenehmigung; – **de circuler** *(StVR)* Fahrerlaubnis, Zulassung eines Fahrzeugs, Verkehrsbewilligung (S); – **collective** Sammelgenehmigung; – **sous condition** *ou* **conditionnelle** bedingte Zustimmung; – **de déblocage** Freigabebewilligung; – **de dépense** Ausgabebewilligung *od.* -ermächtigung; – **de devises** Devisenbescheinigung *f;* – **d'emploi** *(Maschine)* Freigabe, Unbedenklichkeitserklärung; – **d'emprunt** *ou* **d'emprunter** Darlehensermächtigung; – **d'engagement** (de fonds) *(HaushR)* Bindungsermächtigung; – **d'entrée** *(VwR)* Einreiseerlaubnis; – **d'établissement** *(GewR)* Niederlassungsbewilligung *od.* -erlaubnis; – **exceptionnelle** Ausnahmegenehmigung; – **d'exercer un commerce** *(WirtR)* Gewerbezulassung; – **d'exercer la médecine** staatliche Zulassung als Arzt, Bestallung, Approbation; – **d'exploitation** Betriebserlaubnis *od.* -bewilligung; – **d'exportation** Ausfuhrgenehmigung.

autorisation de juge *(ZPR)* richterliche Ermächtigung; – **de mariage** Heiratserlaubnis; – **maritale** *(FamR)* Zustimmung des Ehegatten; – **nouvelle** *(HaushR)* neuer Ansatz *m;* – **de paiement** *(BankR)* Auszahlungs- *od.* Zahlungsermächtigung; – **de plaider** Prozeßvollmacht *m;* – **de police** polizeiliche Erlaubnis; – **préalable** *(VwR)* Vorwegbewilligung; – **de prélèvement automatique** *(BankR)* Einzugsermächtigung; – **de pro-**

gramme *(HaushR)* Ausgabebewilligung im Rahmen eines Investitionsrahmengesetzes; **– de prospection** *(Bergbau)* Prospektierungserlaubnis *f*; **– de remboursement** Rückzahlungsanweisung; **– de résidence** Aufenthaltserlaubnis *od.* -bewilligung; **– révocable** Bewilligung auf Widerruf.

autorisation de séjour Aufenthaltsbewilligung *od.* -erlaubnis; **– de survol** *(VR)* Überfluggenehmigung; **– de témoigner en justice** Aussagegenehmigung; **– temporaire** befristete Genehmigung; **– de transit** Durchfahrtsbewilligung; **– de transport de corps** Genehmigung zur Überführung einer Leiche, Leichenpaß *m*; **– de travail** Arbeitserlaubnis *f*; **– d'usage** Gebrauchserlaubnis, Benutzungsbewilligung.

autorisé *adj* erlaubt, genehmigt; bevollmächtigt; zulässig, gesetzlich.

autoriser (1) *(VwR)* (eine Erlaubnis) erteilen, (ein Recht) verleihen, etwas bewilligen, (2) *(ZR, HR)* ermächtigen, bevollmächtigen, berechtigen; **être autorisé à** die Genehmigung haben zu; **s'– à** sich das Recht nehmen (etwas zu tun), ein Recht für sich in Anspruch nehmen; **s'– de** sich berufen auf.

autoritaire *adj* autoritär, eigenmächtig; **régime –** autoritäre Herrschaft.

autoritarisme *m* Eigenmächtigkeit; autoritäre Herrschaft.

autorité *f* (1) *(pouvoir de commander)* Macht *f*, Machtbefugnis *f*, Autorität *f*, Gewalt *f*, Amtsgewalt *f*, (2) *(organe investi de ce pouvoir)* Behörde *f*, Obrigkeit *f*, (3) *(force obligatoire)* zwingende Kraft *f*, Geltung *f*, Rechtskraft *f*, (4) *(ascendant, considération)* Einfluß *m*, Gewicht *n*, Ansehen *n*, (5) *(expert)* anerkannter Fachmann *m*, Gewährsmann *m*; Persönlichkeit *f*; **avoir – sur qqn.** *(BeamR)* Vorgesetzter sein, Weisungsbefugnis haben; **être sous l'– de qqn.** weisungsgebunden sein; **faire –** maßgebend sein, als Regel gelten; **faire acte d'–** ein Machtwort sprechen; **de sa propre –** aus eigener Machtvollkommenheit; *pej* eigenmächtig.

autorité administrative Verwaltungsdienststelle; **– centrale** zentrale Dienststelle, Zentralinstanz; Zentralgewalt; **– de la chose jugée** *(PrzR)* Rechtskraft(wirkung) eines Urteils; (vorläufige) Verbindlichkeit einer (Gerichts-)Entscheidung; **– civile** Zivilbehörde; **– collégiale** Kollegialbehörde; **– communale** Gemeinde als ursprüngliche Gebietskörperschaft; **– compétente** zuständige Behörde; **– concédante** Verleihungs- *od.* Konzessionserteilungsbehörde; **– de concordat** *(S)* Nachlaßbehörde; **– de contrôle** Aufsichtsbehörde; **– détentrice** *(VR: convention de Genève)* Gewahrsamsbehörde; **– établie** *(Pol)* etablierte (bürgerliche) Gesellschaft, bestehende staatliche Ordnung; **– étatique** Staatsgewalt; **– fédérale** Bundesbehörde; **– gouvernementale** Regierungsgewalt *f*.

autorité hiérarchique (1) *(VwR)* übergeordnete Dienststelle, vorgesetzte Dienstbehörde, (2) dienstliche Befehlsgewalt *od.* Aufsicht; **– inférieure** *(VwR)* nachgeordnete Dienststelle, nachgeordneter Bereich; **– intermédiaire** Mittelbehörde; **– investie du pouvoir de nomination** Ernennungsbehörde, Anstellungsbehörde; **– judiciaire** Zivil- u. Strafgerichtsbarkeit *f*; Justiz *f*, Justizbehörde *f*; **– du lieu d'origine** *(S)* Heimatbehörde; **– locale** Orts- *od.* Lokalbehörde, Gemeinde (als Gebietskörperschaft); **– militaire** Militärbehörde, Wehrersatzamt; **– de mise sur le marché** (= **AMM**) *(médicaments)* Zulassung *f*; **– nationale** innerstaatliche Behörde.

autorité parentale *(FamR)* elterliche Sorge; **– parentale conjointe** *(FamR: dans la famille naturelle)* gemeinsames Sorgerecht (der Partner einer nichtehelichen Lebensge-

meinschaft); **– de poursuite** *(StPR)* Strafverfolgungsbehörde –
publique Staat(sgewalt), die staatlichen Behörden *fpl*; **– de recours** (S) Rechtsmittelinstanz *f*; **– réglementaire** *(VerfR)* Rechtsetzungsbefugnis der frz. Regierung, Verordnungsbefugnis; **– relative de la chose jugée** *(PrzR)* beschränkte Rechtskraftwirkung zwischen den Parteien; **– requérante** *(VwR, IPR)* Anforderungsbehörde, ersuchende Behörde; **– requise** ersuchte Behörde; **– subordonnée** *(VwR)* nachgeordnete Behörde *od.* Dienststelle; **– suprême** *(VerfR)* Zentralgewalt, oberste Gewalt; **– de surveillance** Aufsichtsbehörde; **– de tutelle** (1) *(ZR)* Vormundschaftsbehörde, (2) *(VwR)* Aufsichtsbehörde; **– de tutelle municipale** *(VwR)* (Gemeinde-)Aufsichtsbehörde, Rechts- *bzw.* Fachaufsicht (über Gemeindeorgane).

autoroute *f* **de l'information** Datenautobahn *f*, Informations-Highway *f*; **– à péage** mautpflichtige Autobahn.

autosoin *m* Selbstbehandlung, Selbstverabreichung von Medikamenten (ohne ärztliche Kontrolle).

autostop: **voyager en –** per Anhalter fahren.

autosubsistance *f* Selbstversorgung *f*.

autre *adj* andere(r), anderes; **– part** an anderer Stelle; **d'– part** andererseits; **de part et d'–** beiderseits.

autrefois *adv* ehedem, vormals.

autrement *adv* widrigenfalls, sonst; anders; **– dit** anders ausgedrückt.

autrui *pron* Dritte(r); **agir pour le compte d'–** für fremde Rechnung handeln; **agir au nom d'–** in fremdem Namen *od.* für einen Dritten handeln.

auxiliaire *m* Hilfskraft *f*, Hilfsbeamte(r) *m*, Helfer *m*, Hilfsperson *f*; **– de justice** *(PrzR: membres des professions assistant le juge dans ses fonctions)* (unabhängiges) Rechtspflegeorgan *n*; alle an der Rechtspflege beteiligten Personen (außer Richtern und Staatsanwälten, doch inklusive Anwälte, Notare u. Gerichtsvollzieher); **–s de la magistrature** nichtrichterliche Justizhilfsbeamte *mpl*, Justizbeamte, Justizangestellte, Justizhilfskräfte *od.* -bedienstete; **–s médicaux** medizinisches Personal, Pflegepersonal; **– temporaire** mit Zeitvertrag angestellte Hilfskraft.

auxiliaire *adj* helfend, stützend, zur Unterstützung dienend; Neben-, Zweig-, Hilfs-; **maître –** *(SchulR)* Lehrer im Angestelltenverhältnis (mit zeitlich befristetem Vertrag).

auxiliariat *m* *(ÖfR)* Tätigkeit im öffentlichen Dienst als Hilfskraft (im Angestelltenverhältnis mit zumeist befristetem Dienstvertrag).

aval *m* (1) Wechselbürgschaft *f*, Aval *m*, (2) *(cours d'eau)* Talrichtung; **à l'–** stromabwärts, unterhalb; *fig* nachgeordnet; **bon pour –** per Aval; **commission d'–** Avalprovision *f*; **crédit d'–** Avalkredit *m*; **donneur d'–** Avalist *m*, Wechselbürge *m*; Scheckbürge; **à titre d'–** per Aval; **– bancaire** Bankaval; **– en pension** Wechselpension.

avalisé *m* *(WechselR)* derjenige, für den gebürgt wird.

avaliser bürgen, avalieren; **– une politique** eine Politik gutheißen *od.* unterstützen; **– une traite** als Wechselbürge unterschreiben.

avaliseur *m*, **avaliste** *m* Wechselbürge *m*, Avalist *m*.

à valoir anzurechnen, abzuziehen.

à-valoir *m*: **toucher un –** *(Verlagsvertrag)* eine auf das Absatzhonorar anrechenbare Abschlagszahlung erhalten.

avance *f* (1) Fortschreiten *n*, Vorwärtsgehen *n*, (2) Vorsprung *m*, Vorteil *m*, (3) Vorschuß *m*, Gelddarlehen *n*, (3) Voraus(be)zahlung (bei Bestellung), Anzahlung *f*; **faire une –** bevorschussen, einen Vorschuß gewähren; **faire des –s à qqn**. jdm. entgegenkommen, die ersten Schritte tun; **octroi d'une –** Vorschußgewährung *f*; **à titre d'–** vorschußweise.

avance en argent Barvorschuß *m*; – **bancaire** (kurzfristiges) Bankdarlehen *n*; – **de caisse** Kassenvorschuß *m*; – **sur commande** Vorauszahlung *od.* Anzahlung (bei Bestellung); – **en compte-courant** Kontokorrentkredit; – **à découvert** Überziehungskredit; – **sur effets** Wechsellombard *m*; – **en espèces** Barvorschuß; – **de fonds** Darlehensgewährung, Darlehen *n*; – **des frais** Kostenvorschuß; – **sur gage** Pfanddarlehen; – **sur marchandises** Warenlombard *m*; – **sur nantissement (de titres)** Lombardkredit *m*, Faustpfandkredit; – **recouvrable** *ou* **récupérable** *ou* **remboursable** rückzahlungspflichtiger Vorschuß; – **sur rente** Rentenvorschuß; – **sur salaire** Arbeitgeberdarlehen; – **sans intérêts** zinsfreier Vorschuß, zinsloses Darlehen; – **sur titres** Lombarddarlehen, Effektenlombard, Effektenkredit; – **de trésorerie** Überziehungskredit.

avancé *adj* modern, fortschrittlich, fortgeschritten, hochentwickelt; **les pays –s** die Industriestaaten.

avancement *m* (1) *(travaux)* Fortgang *m*, Fortschreiten *n*, (2) *(progrès scientifique)* Fortschritt *m*, Weiterentwicklung *f*, (3) *(personnes)* Aufsteigen *n*, Aufstieg *m*, Aufrücken *n*, Beförderung *f*, Vorrücken *n*; **chances** *ou* **possibilités d'–** Aufstiegsmöglichkeiten *fpl*; **donner de l'–** befördern; **double d'échelon** Überspringen in einer Dienstaltersstufe; **règles d'–** Beförderungsgrundsätze *od.* -richtlinien *pl*; **tableau d'–** Beförderungsliste *f*.

avancement à l'ancienneté *(BeamR)* Aufsteigen nach Dienstalterstufen, planmäßige Beförderung nach Ableistung einer bestimmten Dienstzeit; – **au choix** Beförderung nach dienstlicher Beurteilung; – **d'échelon** Aufrücken *n* nach Dienstaltersstufen; – **exceptionnel** außerplanmäßige Beförderung *od.* außerordentliche Beförderung; – **de grade** Beförderung; – **d'hoirie** *(ErbR)* Vor(aus)empfang auf den Erbteil; – **hors cadre** außerplanmäßige Beförderung.

avancer *v.tr.d.* (1) *(BeamR)* vorrükken, aufrücken, (2) *(Geld)* vorstrecken, vorschießen, bevorschussen, einen Vorschuß gewähren; im voraus bezahlen, (3) *(mettre en avant)* behaupten, vorbringen; – **une proposition** einen Vorschlag machen.

avant *präp.* vor; **jugement – dire droit** *(ZPR: avant de faire, le cas échéant, droit à la demande)* Vorabentscheidung; Zwischenurteil *n* (über den Grund).

avantage *m* (1) *(ZR: profit, gain)* Vorteil *m*, Vergünstigung, (2) *(SozR, meist pl.)* Leistung(en) *f(pl)*, (3) *(ArbR)* Bezüge *pl*, Vergütung, (4) *(Pol, MilR)* Erfolg *m*, Vorzug, Sieg; – **acquis** *(ArbR: convention collective)* Besitzstand *m*; – **en argent** Geldleistung *f*; – **douanier** Zollvergünstigung; – **fiscal** Steuervergünstigung; **–s en nature** *(ArbR, SozVers)* Naturalleistungen, Sachbezüge, Sachleistungen; – **particulier** *(GesR: situation privilégiée)* Sondervorteil *m*, Vergünstigung; – **pécuniaire** Vermögensvorteil; **–s permanents** *(SozVers)* Dauerleistungen, Rente; **–s sociaux** Sozialleistungen, soziale Vergünstigungen; – **spécial** Sondervergünstigung, Sondervorteil; – **tarifaire** Zollermäßigung; **–s volontaires** *(SozVers)* freiwillige Leistungen.

avantager bevorzugen, begünstigen.

avantageux *adj* vorteilhaft, günstig.

Avant-contrat *m* (1) (verbindlicher) Vorvertrag *m*, (2) (widerrufliches) Zugeständnis *n*.

avant-projet *m* Vorentwurf *m*, Konzept *n*, Denkmodell *n*; – **de loi** Gesetzesvorlage *f*.

avant-rapport *m* Vorbericht *m*.

avarie *f* (1) *(SchuldR: dommage matériel)* Sachschaden *m*; Aufwendungen zur Verminderung *od.* Vermeidung eines Schadens, (2) *(HR,*

avarie commune *SeeHR)* Transportschaden, Sachschaden *m* am Frachtgut; Havarei *f*, Seeschaden (und dessen Ersatz); **constatation d'−** Schadensfeststellung; **franc d'−** frei von Beschädigung *od.* Havarie; **franc d'− sauf échouement** frei von Beschädigung, außer im Strandungsfall.

avarie commune *(SeeHR)* große (gemeinschaftliche) Haverei; **− dommage** Schiffs- *od.* Ladungsschaden; **− grosse** große Haverei; **particulière** besondere Haverei.

avarier *v.tr.* (1) (be)schädigen, (2) *(denrées périssables)* verderben.

avaries-frais Schadensabwendungskosten *pl.*

avenant *m (ZR, VersR: accord modifiant une convention)* Zusatzvereinbarung, Zusatzvertrag, Nachtrag *m*; **à l'−** in Übereinstimmung mit; **− au contrat d'assurance** Nachtrag zum Versicherungsvertrag; **− à une convention collective** Zusatztarifvertrag *m.*

avènement *m (Pol)* Regierungsantritt *m.*

avenir *m* (1) Zukunft *f*, (2) *(PrzR: acte de procédure)* Urkunde, die von Anwalt zu Anwalt zugestellt wird; **à l'−** zukünftig; **− d'audience** (Vor)Ladung *f*, Ladung zum Termin.

aventure *f*: **prêt à la große −** *(SeeHR)* Bodmerei *f*, Gelddarlehen auf ein Schiff.

avenu *adj* geschehen; **nul et non −** null und nichtig, nicht geschehen.

avéré *adj* sicher, unzweifelbar; **fait −** unbestreitbare Tatsache *f*; **il est − que** es steht fest; es ist (als wahr) erwiesen, daß . . .

avérer: s'− *v.pron.* sich (als wahr, unwahr) erweisen, sich herausstellen (daß).

avers *m* Vorder- *od.* Bildseite, Kopfseite (einer Münze).

avertir *v.tr.d.* (1) benachrichtigen, Nachricht geben, ankündigen, (2) verwarnen, abmahnen, mahnen, (3) warnen.

avertissement *m* (1) *(information)* Ankündigung *f*, Benachrichtigung *f*, (2) *(avis, instruction)* Mahnung *f*, Aufforderung *f*, Abmahnung *f*, (3) *(ZPR: convocation)* Ladung *f* (vor Gericht), (4) *(mesure disciplinaire)* Verwarnung *f*, Verweis *m*, (5) *(SteuerR)* Mahnung *f* des Vollstreckungsschuldners; **grève d'−** Warnstreik *m*; **− taxé** gebührenpflichtige Verwarnung, Mahngebühr *f.*

avertisseur *m (StVR)* Hupe *f*; **− d'incendie** Feuermelder, Brandwarnanzeiger; **− lumineux** Lichthupe; **− de panne** Warnblinklicht.

aveu *m* Geständnis *n*; Anerkenntnis *n*; **rétracter son −** sein Geständnis widerrufen; **− exprès** ausdrückliches Geständnis; **− extrajudiciaire** außergerichtliches Geständnis; **− d'une faute** Schuldbekenntnis *n*; **− judiciaire** gerichtliches Geständnis; **− partiel** Teilgeständnis; **− de paternité** Vaterschaftsanerkenntnis; **− simple** *ou* **− sans réserve** ausdrückliches Eingeständnis, Schuldgeständnis *n*, Zugeben *n* (einer Schuld); **− tacite** stillschweigendes Eingeständnis.

aveugle *m* Blinde(r); **chien d'−** Blindenhund *m.*

aveuglement *m (StVR)* Blendung *f.*

aveux: revenir sur ses − sein Geständnis widerrufen.

aviation *f* Flugwesen *n*; **− civile** Zivilluftfahrt; **− commerciale** *f* Handelsluftfahrt *f.*

aviculture *f* Geflügelzucht *f.*

avide *adj* habgierig, gewinnsüchtig.

avidité *f* Habgier, Habsucht *f.*

avilissement *m* Erniedrigung, Entwürdigung.

avion *m* Luftfahrzeug *n*; **− cargo** Transportflugzeug; **− commercial** Verkehrsflugzeug; **− de grosse capacité** Großraumflugzeug.

avionique *f* Luftfahrttechnik.

avionneur *m* Flugzeughersteller *od.* -konstrukteur.

avis *m* (1) *(opinion, pensée)* Meinung *f*, Ansicht *f*, Standpunkt *m*, Anschauung *f*, Auffassung *f*, (2) *(suffrage, vote)* Gutachten *n*, Stellungnahme *f*, (3) *(annonce, communication)* Ankündigung *f*, Anzeige *f*, Bekanntmachung, Nachricht *f*, Benachrichtigung *f*, (4) Empfangsbescheinigung *f*; **émettre un –** eine Stellungnahme abgeben; **émettre un – sur qch**. sich gutachtlich äußern zu; **feuille d'–** Nachrichtenblatt *n*; **recueillir un –** ein Gutachten einholen; **sans autre –** ohne Bericht; **soumettre pour –** zur Stellungnahme vorlegen; **suivant –** laut Bericht.

avis d'accident Unfallanzeige *f*, Unfallmeldung; **– d'arrêt de travail** *(SozVers)* Arbeitsunfähigkeitsbescheinigung; **– comminatoire** Strafandrohung *f*; **– de concours** (1) *(VwR)* Stellenausschreibung, (2) Preisausschreiben; **– de condamnation** Mitteilung zum Strafregister; **– conforme** gleichlautende Stellungnahme; **– consultatif** Gutachten *n*; **– de couverture** *(VersR)* Deckungsanzeige *od.* -zusage *f*; **– de couverture provisoire** vorläufige Deckungszusage; **– de crédit** Gutschriftsanzeige.

avis de débit Lastschriftanzeige; **– défavorable** ablehnende Stellungnahme; **– de dénonciation** Kündigungsschreiben; **– de disparition** Vermißtenanzeige; **– de dommage** *(VersR)* Schadensanzeige *od.* -meldung; **– d'échéance** *(VersR)* Aufforderung zur (Prämien-)Zahlung; **– d'embarquement** Verschiffungsanzeige; **– d'encaissement** Eingangsmeldung; **– d'exécution** (1) Vollzugsmeldung *f*, Ausführungsanzeige *f*, (2) *(BörR)* Schlußnote *f*, Schlußzettel; **– d'expédition** Versandanzeige; **– d'expert, – d'expertise** Sachverständigengutachten; **– favorable** positive Stellungnahme, Befürwortung.

avis d'imposition Steuerbescheid *m*; **– d'inscription** (1) *(Grundbuch)* Eintragungsbenachrichtigung, (2) *(BankR)* Gutschriftanzeige; **– inté-**

rimaire Zwischenbescheid *m*; **– juridique** Rechtsgutachten *n*; **– au lecteur** Vorwort; **– de licenciement** Kündigungsschreiben *n*; **– de livraison** Lieferanzeige; **– médical** ärztliches Gutachten *n*; **– de mise en recouvrement** *(SteuerR)* Leistungsgebot *n* (mit zu vollstreckendem Verwaltungsakt); **– motivé** begründete Stellungnahme; **– de naturalisation** Einbürgerungsmitteilung; **– négatif** ablehnender Bescheid; **– de non-livraison** *ou* **de non-remise** *(UPU)* Unzustellbarkeitsmeldung; **– d'opéré** *(BörR)* Schlußnote *m*; **– d'ouverture de crédit** Krediteröffnungsmitteilung; **– d'ouverture de la faillite** (S) Konkurseröffnungsanzeige (S).

avis de paiement (1) Zahlungsbestätigung *od.* -anzeige, (2) *(UPU)* Auszahlungsschein *m*; **– de pension** *(SozVers)* Rentenbescheid *m*; **– public** öffentliche Bekanntmachung; **– de radiation** Löschungsanzeige; **– de réception** (1) Empfangsbestätigung, (2) *(Post)* Rückschein *m*; **– de recherche** *(StR)* Ausschreibung im Fahndungsblatt; **– de recherche d'un criminel** Steckbrief *m*; **– de recrutement** Stellenausschreibung; **– de refus** ablehnender Bescheid *m*; **– de résiliation** (1) Vertragsauflösungsmitteilung, (2) *(ArbR)* Kündigungsschreiben *n*.

avis de service dienstliche Mitteilung, innerdienstliches Rundschreiben; **– de sinistre** *(VersR)* Schadensmeldung *od.* -anzeige; **– de souffrance** *(UPU)* Unzustellbarkeitsmeldung; **– de souscription** *(BankR)* Zeichnungsaufforderung; **– de vacance d'un poste** Stellenausschreibung; **– de virement** Gutschriftsanzeige *od.* -zettel.

aviser benachrichtigen, verständigen; bekanntmachen, ankündigen, anzeigen; **s'– de qqch** bemerken, wahrnehmen.

avitaillement *m (SeeHR)* Verproviantierung *f;* **– de bord** Schiffsbedarf *m.*

avocaillon *m (pej)* Winkeladvokat *m.*

avocasser mit fragwürdigen Mitteln u. ohne die erforderlichen Kenntnisse die Geschäfte eines Rechtsberaters betreiben.

avocasserie *f* Ausübung des Berufs eines Rechtsberaters ohne den erforderlichen Sachverstand.

avocat *m* (1) *(auxiliaire de justice)* Rechtsanwalt *m*, Anwalt; (Straf-) Verteidiger *m*; Rechtsbeistand *m*, Rechtsberater *m*; Sachwalter; Fürsprech *m* (S), Advokat *m* (S), (2) *(fig)* Befürworter, Fürsprecher; **commettre un – d'office** einen Pflichtverteidiger von Amts wegen einsetzen *od.* bestellen; **constituer (un) –** einen Anwalt nehmen *od.* bestellen, sich durch einen Anwalt vertreten lassen; **consulter un –** einen Anwalt zu Rate ziehen; **honoraires d'un –** Rechtsanwaltsgebühr *f*, Anwaltshonorar, Anwaltskosten *pl;* **ministère d'–** Anwaltsamt *od.* -tätigkeit (als unabhängiges Organ der Rechtspflege); **ordre des –s** frz. Rechtsanwaltskammer, **profession d'–** Rechtsanwaltsberuf *m.*

avocat admis au stage Anwaltsassessor *m*, Rechtsanwaltsanwärter *m* (Aut); **– sans causes** Rechtsanwalt ohne Mandanten, arbeitsloser Anwalt; **– chargé de l'aide judiciaire** Anwalt im Rahmen der Prozeßkostenhilfe; **– commis d'office** Pflichtverteidiger *m*, Offizialverteidiger; **– -conseil** Rechtsberater, Syndikus *m;* **– aux conseils** (Abkürzung für „avocat au Conseil d'Etat et à la Cour de Cassation") Rechtsanwalt, der zur Vertretung vor dem Staatsrat und vor dem Kassationshof zugelassen ist; **– consultant** Rechtsberater; **– à la Cour** bei frz. Berufungsgerichten zugelassener Anwalt; **– général** (1) *(StPR)* Oberstaatsanwalt (bei den frz. Rechtsmittelinstanzen), (2) *(EuR)* Generalanwalt; **– inscrit au tableau** (bei einem Gericht) zugelassener Anwalt; **– librement choisi** Vertrauensanwalt, Anwalt der freien Wahl; **– d'office** (**= – commis d'office**) Pflichtod. Offizialverteidiger; **– plaidant** (Straf-) Verteidiger; **– salarié** Anwalt im Angestelltenverhältnis (in einem Unternehmen), Syndikus *m;* **– stagiaire** Rechtsanwaltsanwärter *m.*

avocate *f* Rechtsanwältin.

avoir *m* (1) *(actif, crédit)* Guthaben *n*, Haben *n*, Habenseite *f*, Aktiva *pl*, (2) *(fortune, richesses)* Vermögen *n*, Vermögensbestand *m*, Hab und Gut; **doit et –** Soll und Haben; **liquider les –s** Bestände auflösen; **– en banque** Bankguthaben; **– bloqué** Sperrdepot *n;* **– en caisse** Kassenbestand *m;* **– auprès de la caisse d'épargne postale** Postspargutbaben; **– en compte** Kontoguthaben; **– en compte-courant** Kontokorrentgelder *pl;* **– en devises** Währungs- *od.* Devisenguthaben; **– en espèces** Barguthaben; **–s à l'étranger** Auslandsguthaben; **– fiscal** *(SteuerR, GesR)* anrechenbare Steuergutschrift (bei Gewinnausschüttungen); **– initial** Anfangsguthaben; **– au jour le jour** täglich verfügbare Gelder; **– en numéraire** Barguthaben; **–s sociaux** Gesellschaftsvermögen; **– théorique** Sollbestand; **– en titres** Wertpapierdepot *n*, Effektenbestand *m;* **– à vue** Sichteinlagen, Bankguthaben.

avoisinant *adj* angrenzend, anstoßend.

avoisiner an etwas grenzen.

avortement *m* (1) *(expulsion spontanée)* Spontanabort *m*, Fehlgeburt *f*, (2) *(thérapeutique médicale: interruption volontaire de la grossesse)* therapeutische *od.* indizierte Schwangerschaftsunterbrechung *f*, (3) *(StR: manœuvre criminelle)* (strafbarer) Schwangerschaftsabbruch, Abtreibung, krimineller Abort; **provocation à l'–** Werbung für den Abbruch der Schwangerschaft; **– par**

autrui Fremdabtreibung (durch Dritte); **– sur la personne d'autrui** Abtreibung fremder Leibesfrucht; **– criminel, – illégal et clandestin** gesetzwidriger Schwangerschaftsabbruch; **– légal** strafloser *od.* gerechtfertigter Schwangerschaftsabbruch; **– médical** medizinische Indikation; **– sur soi-même** Eigenabtreibung (durch die Schwangere); **– thérapeutique** Schwangerschaftsabbruch nach ärztlicher Anzeige, Indikation zum Schwangerschaftsabbruch.

avorter (1) abortieren, abtreiben; (2) *(fig: tentative, coup d'Etat etc.)* fehlschlagen, scheitern, mißlingen, wirkungslos bleiben.

avorteur, euse Abtreiber(in).

avouable *adj* dessen man sich nicht zu schämen braucht; **motif –** triftiger Grund.

avoué *m (PrzR: officier ministériel près la cour d'appel)* Vertreter in den Schriftsätzen (vor den frz. Berufungsgerichten), (amtlicher) Sachwalter bei den frz. Appellationshöfen (der den Prozeß vorbereitet, insbesondere die Schriftstücke abfaßt).

avouer *v.tr.d.* gestehen, eingestehen, einräumen; anerkennen.

avulsion *f (SachR)* Abschwemmung.

axe *m*: **grand – routier** Ausfallstraße *f.*

axiome *m* Grundsatz *m*; anerkannter, eines Beweises nicht bedürftiger Satz.

ayant-cause *m* (1) *(ZR: personne ayant acquis un droit ou une obligation)* Berechtigter *m*, Anspruchsberechtigter *m*; (neuer) Schuldner, (2) *(ErbR)* Rechtsnachfolger *m*; **– à titre particulier** Empfänger eines Stückvermächtnisses, Sonderrechtsnachfolger, Singularsukzessor *m* (S); **– à titre universel** Erbteilvermächtnisnehmer, Empfänger einer Nachlaßquote (als Gesamtheit von Aktiva u. Passiva); **– universel** *(ErbR)* Universalvermächtnisnehmer, Gesamtrechtsnachfolger, Empfänger des gesamten Nachlasses (einer Person).

ayant-droit *m* (1) *(SchuldR, SozR: titulaire d'un droit ou d'une prestation sociale)* Anspruchsberechtigte(r) *m*, Leistungsberechtigter *m*, (2) *(ZR)* Verfügungsberechtigter *m*, (3) *(ErbR: synonyme d'ayant-cause)* Rechtsnachfolger *m*; Hinterbliebener *m*, Angehöriger *m*.

B

baccalauréat *m (SchulR: premier des grades universitaires en France)* frz. Abitur *n*, Reifezeugnis *n*; **– professionnel**, **– technologique** frz. Fachabitur.
bachelier *m* frz. Abiturient *m*.
bafouer verunglimpfen, verhöhnen.
bagages *mpl* Gepäck *n*; **assurance des –** Reisegepäckversicherung; **bulletin de –** Gepäckschein *m*; **consigne de –** Gepäckannahme *f*, Gepäckaufbewahrung(sschalter) *m*; **excédent de –** Übergewicht *n*; **franchise de –** Freigepäck; **– accompagnés** Reisegepäck; **– non accompagnés** unbegleitetes Reisegepäck; **– à main** Handgepäck.
bagarre *f* Schlägerei *f*, Tumult *m*, Raufhandel.
bagatelle *f* Geringfügigkeit; unbedeutender Geldbetrag, Kleinigkeit.
bagne *m (hist)* Arbeitslager *n*; Zwangsarbeit *f*.
baie *f (SachR)* (Mauer-)Öffnung *f*.
bail *m* (1) *(ZR: contrat de louage d'une chose)* (Sach-)Miete *f*, Vermietung *f*, Mietvertrag *m*, (2) *(LandwR)* Pacht *f*, Verpachtung *f*, Pachtvertrag *m*; **cession de –** Abtretung der Ansprüche aus einem Mietvertrag; **contrat de –** (1) Mietvertrag *m*, (2) Pachtvertrag *m*; **donner à –** vermieten; verpachten; **droit au – (HR)** Recht auf Verlängerung des Mietvertrages für gewerblich genutzte Räumlichkeiten; **durée du –** Mietdauer; Pachtdauer *f*, Bestandzeit (Aut); **prendre à –** (1) mieten, (2) pachten; **prise à –** (1) Miete, (2) Pacht; **prix du –** Mietzins *m*; Pachtgeld *n*; **rachat du – (HR: pas-de-porte)** Übernahme *f* des Mietvertrages für gewerbliche Räumlichkeiten (gegen Zahlung eines Entgelts); **renouvellement du –** Erneuerung des Pachtverhältnisses; **– de chasse** Jagdpachtvertrag; **– à colonat** Pacht (gegen eine Beteiligung des Verpächters am Fruchtertrag), Teilpacht.
bail commercial *(HR)* frz. Sondermietrecht für gewerblich genutzte Räumlichkeiten, Geschäftsraummiete, Miete eines Geschäftslokals; gewerblicher Mietvertrag, Mietvertrag für gewerblich genutzte Räumlichkeiten; **– à complant** *(LandwR)* Kolonenvertrag (mit der Verpflichtung des Pächters, ein Drittel der Weinernte als Pachtzins zu entrichten); **– à construction** Erbbaurecht; **– à convenant** *(LandwR)* jederzeit kündbarer Pachtvertrag (durch den der Pächter Eigentümer dessen wird, was er auf dem Pachtgrundstück erbaut und angebaut hat); **– emphytéotique** Erbpacht(vertrag); **– à ferme** Pacht, Pachtvertrag (gegen eine feste Vergütung in Geld od. Sachwerten); **– à ferme ordinaire** Zinspacht; **– héréditaire** Erbpacht; **– à loyer** Vermietung eines Hauses od. einer Wohnung; Miete, Mietvertrag; **– à nourriture** Ausgedinge *n*; **– perpétuel** Ewigpacht; **– rural** Landpachtvertrag.
bailler geben; **– à ferme** verpachten.
bailleur *m* (1) Vermieter *m*, (2) Verpächter *m*, Bestandgeber *m* (Aut); **privilège du –** Vermieterpfandrecht; **– à ferme** Verpächter; **– de fonds** (1) Kapital- od. Geldgeber *m*; (2) *(GesR)* stiller Gesellschafter; Kapitalgeber; **– de gage** Pfandbesteller *m*; **– à loyer** Vermieter; **– en meublé** Vermieter möblierten Wohnraums.
bailli *m (hist)* Amtmann, Schultheiß.
bailliage *m (hist)* Gerichtsbezirk.
bâillon *m* Knebel *m*.
bâillonner *v.tr.d.* knebeln; *(fig)* mundtot machen.

baisse *f* (1) Fallen *n*, Sinken *n*, Nachlassen *n*, Rückgang *m*, Abschwächung *f*, Baisse *f*; Talfahrt *f*, (2) Senkung *f*, Herabsetzung *f*; **cours en –** sinkender *od.* fallender Kurs; **être à la –** fallende Tendenz haben; **jouer à la –** fixen, auf Baisse spekulieren; **réviser à la –** nach unten korrigieren; **spéculation à la –** Baissespekulation *f*; **spéculer à la –** auf das Fallen der Kurse spekulieren; **tendance à la –** rückläufige Tendenz.

baisse d'activité Rückgang *f* der Wirtschaftstätigkeit; **conjoncturelle** *ou* **cyclique** konjunkturelle Abschwächung; **– des cours** Kursverfall *m*; **– du coût unitaire** Rückgang der Stückkosten; **– des effectifs** Verringerung der Beschäftigtenzahl; **– des horaires** Arbeitszeitverkürzung; **– du niveau de vie** Sinken *n* des Lebensstandards; **– des prix** Preissenkung *f*, Preisrückgang *m*; **– du pouvoir d'achat** Kaufkraftschwund; **– de production** Produktionsrückgang *m*; **– de rendement** Leistungsabfall *m*; **– saisonnière** saisonbedingter Rückgang; **– des salaires** Lohnsenkung, Lohnkürzung.

baisser senken, herabsetzen; fallen, sinken, abschwächen, zurückgehen.

baissier *m* (BörR) Baissier *m*, Fixer *m*.

balance *f* (1) *(appareil de mesure)* Waage *f*, (2) *(fig.: état d'équilibre)* Gleichgewicht, (3) *(HR, Außh)* Bilanz *f*, (4) *(BankR, HaushR)* Saldo *n*; **en –** ungewiß, in der Schwebe; **– de l'actif et du passif (d'un compte)** Schlußrechnung *f*, Vergleichung von Soll und Haben, Überschlag *m*; **– de base** *(Außh)* Grundbilanz *f*; **– des capitaux** Kapitalverkehrsbilanz *f*; **– du commerce extérieur** *ou* **– commerciale** (Außen-)Handelsbilanz; **– d'un compte** *(BankR)* Saldo *m*.

balance des comptes *(Außh)* Salden der Grundbilanz; **– des devises** Devisenbilanz *f*; **– des dollars** Dollarbilanz; **– des dons** Bilanz der unentgeltlichen Leistungen; **– excédentaire** Überschußbilanz; **– extérieure** Außenhandelsbilanz; **– des invisibles** Dienstleistungsbilanz, Bilanz des unsichtbaren Handels; **– des marchandises** Warenbilanz; **– des mouvements de capitaux** Kapital(verkehrs)bilanz; **– des opérations courantes** Bilanz der laufenden Posten, Leistungsbilanz.

balance des paiements Zahlungsbilanz; **– des paiements courants** Leistungsbilanz; **– des prestations gratuites** Übertragungsbilanz, Bilanz der unentgeltlichen Leistungen; **– des services** Dienstleistungsbilanz; **– des transactions courantes** Handels- und Dienstleistungsbilanz; **– des transferts** Übertragungsbilanz.

balisage *m* Markierung, Kennzeichnung.

balise *f* (1) Warnzeichen *n*, Sichtzeichen, (2) *(pl.: Vwirt)* Eckdaten, Richtwerte.

baliser kennzeichnen, markieren.

balle *f* (1) Kugel *f*, Geschoß *n*, (2) Warenballen *m*.

ballottage *m* Stichwahl *f*; **scrutin de –** zweiter Wahlgang, Stichwahl.

ban *m* (1) *(proclamation officielle)* Bekanntmachung *f*, Verkündung *f*, öffentlicher Aufruf, (2) *(banissement)* Bann *m*, Verbannung; **publication des –s** *(EheR)* Bekanntmachung des Aufgebots; **rupture de –** *(StR)* sich der Polizeiaufsicht entziehen.

banal *adj* (1) *(VwR)* kommunal, die Gemeinde betreffend, (2) gewöhnlich, trivial, (3) *(Krankheit)* ungefährlich, harmlos.

banalisation *f* (1) *(ZR)* Aberkennung des Sonderstatus, (2) Tarnung.

banalisé *adj*: **procédure –e** *(ZPR)* vereinfachtes (Zivil-)Verfahren; **voiture de police –e** Zivilstreife(nwagen) der Polizei.

banaliser (1) *(VwR)* in Gemeindeeigentum überführen, (2) tarnen, (3) banalisieren, verflachen, verharmlosen.

banc des accusés Anklagebank *f*; **– des avocats** Platz des Verteidigers;

– **d'essai** Prüfstand *m*; – **du jury** Schöffen- *od.* Geschworenenbank; – **des ministres** Ministerbank (in der frz. Nationalversammlung).
bancable *adj* (1) *(WechselR: négociable)* (bei der frz. Zentralbank) rediskontfähig, diskontierbar, (2) bankfähig.
bancaire *adj:* **chèque** – (Bank-)Scheck; **agence** – Zweigstelle einer Bank; **carte** – Kreditkarte *f*; **chèque** – (Bank-)Scheck *m*; **compte-** – Bankkonto *n*; **établissement** – Kreditinstitut *n*, Bank *f*; **guichet** – Bankschalter; Zweigstelle (einer Bank); **numéro de code** – Bankleitzahl *f*; **opération** – Bankgeschäft *n*; **place** – Bankplatz *m*; **relevé d'identité** – (= **RIB**) besonderer Vordruck der Banken mit Bankleitzahl und Kontonummer sowie Namen des Bankkunden (für Überweisungen).
bande *f* (1) *(StR: rassemblement organisé)* Bande *f*, kriminelle Vereinigung, (2) *(Radio)* (Frequenz-)Band *n*; – **armée** bewaffneter Haufen; – **organisée** kriminelle Vereinigung.
bandelette *f* Streifen; – **fiscale** (B–L) Steuerbanderole *f*; – **de paie** (B) Lohnstreifen *m*.
bandit *m* Straßenräuber *m*; Schwerverbrecher, Gangster *m*.
banditisme *m* Banditenunwesen *n*; **grand** – organisierte *od.* schwere Kriminalität.
banlieu *f* Vorortgürtel *m*, Einzugsgebiet *n*.
banni *m* Verbannte(r) *m*.
bannir *v.tr.* verbannen; verurteilen, ausschließen.
bannissement *m* Verbannung *f*, Ausweisung.
banque *f* Bank *f*, Bankhaus *n*, Kreditanstalt *f*, (2) Bankgebäude *n*, (3) Bankwesen *n*; **acceptation de** – Bankakzept *n*; **commission de** – Bankprovision *f*, Bereitstellungsprovision; **compte en** – Bankkonto *n*; **conditions de** – Allgemeine Geschäftsbedingungen (der Banken); **dépôt en** – Bankeinlage *f*, Bankdepositen *pl;* **entreprise de** – Bankunternehmen *n*; **escompte hors** – Privatdiskont *m*; **frais de** – Bankspesen *pl;* **opérations de** – Bankgeschäfte *pl;* **valeurs de** – Bankpapiere *od.* -werte *pl.*
banque d'acceptation Akzept- *od.* Wechselbank; Diskont- *od.* Akzepthäuser *pl;* – **d'affaires** frz. Unternehmensbeteiligungsbank *f*, Gründungs- und Emissionsbank, Investmentbank; – **agraire** Landwirtschaftsbank; – **agréée** zugelassene *od.* ermächtigte Bank; – **des banques** Zentralbank, Notenbank; – **centrale** Zentralbank, Notenbank; – **centrale d'informations** Datenbank; – **du commerce extérieur** Außenhandelsbank; – **commerciale** Geschäftsbank; – **coopérative** Genossenschaftsbank; – **coopérative de crédit** Kreditgenossenschaft; – **de crédit foncier** Hypothekenbank, Bodenkreditanstalt; – **de crédit hypothécaire** Hypothekenbank; – **de crédit mobilier** Mobiliarkreditbank; – **de crédits à moyen et à long terme** Bank für mittelfristige und langfristige Kredite.
banque de dépôts Depositenbank; – **domiciliataire** Domizilbank; – **à domicile** electronic Banking, Homebanking *n*; – **de données** Datenbank; – **émettrice** Emissionsbank; – **d'émission** Notenbank, Zentralbank; – **d'encaissement** Inkassobank; – **d'entreprise** Spezialbank; – **d'épargne** Sparkasse *f*; – **d'escompte** Diskontbank; – **d'État** Staatsbank; – **inscrite** frz. eingetragene Bank (dem Bankgesetz vom 13. Juni 1941 unterliegend); – **européenne d'investissement** (= **B.E.I.**) Europäische Investitionsbank; – **fédérale** Bundesbank; – **foncière** *ou* **immobilière** Bodenkreditanstalt; – **française du commerce extérieur** (= **B.F.C.E.**) frz. Außenhandelsbank.
banque de France Bank von Frankreich; frz. Zentral- u. Notenbank; – **industrielle** Industrie- *od.*

Gewerbebank; – **internationale pour la reconstruction et le développement (= B.I.R.D.)** Internationale Bank für Wiederaufbau und wirtschaftliche Entwicklung, *kurz:* Weltbank; – **d'investissements** Investitionsbank; – **mondiale** Weltbank; – **de mots** Terminologiebank; – **nationale suisse** schweizerische Nationalbank; – **nationalisée** frz. verstaatlichte Bank; – **polyvalente** Universalbank; – **populaire** Volksbank; – **de prêts hypothécaires** Hypothekenbank; – **privée** Privatbank; – **de réescompte** Diskontbank, Diskont- *od.* Akzepthäuser; – **des règlements internationaux (= B.R.I.)** Bank für internationalen Zahlungsausgleich; – **spécialisée** Spezialbank; – **à tout faire, – universelle** Universalbank.

banqueroute *f* **frauduleuse** *(StR)* betrügerischer Bankrott *m*, Krida *f* (Aut).

banqueroutier *m* Bankrotteur *m*.

banquette *f* Sitzbank *f*; – **arrière** *(Kfz)* hintere Sitze *mpl*.

banquier *m* (1) *(i.e.S.)* Bankier *m*, Vorstandsmitglied *n* einer Bank, (2) *(i.w.S.)* Bank *f*; – **privé** Privatbank.

baptême *m* Taufe *f*; **extrait de –** Taufschein *m*.

baraterie *f (SeeHR)* Baratterie *f*; Unredlichkeit der Schiffsbesatzung gegenüber dem Frachteigentümer *od.* Reeder.

barbarie *f*: **acte de –** *(StR)* Grausamkeit, Unmenschlichkeit.

barbouze *f pej* Geheimpolizist *m*, Schnüffler.

barème *m* Tabelle *f*, Skala *f*, Schlüssel *m*, Satz *m*; Preistafel *f*, Frachtsatzanzeiger *m*; – **de compte** Rechnungstafel *f*; – **de conversion** Umrechnungstabelle *f*; – **des frets** Frachtsatz *f*; – **de l'impôt sur les salaires** Lohnsteuertabelle; – **de l'impôt** Steuertabelle *f*; – **d'indemnisation** Vergütungssatz; – **linéaire** staffellose Preistafel; – **des pensions** Pensionssatz; – **des prix** Preisliste *f*; – **progressif** Preistafel mit steigender Staffel; – **des rémunérations, – des salaires** Lohntabelle; Tarifsystem *n*; – **des taxes** Gebührentabelle; – **des traitements** Gehaltstabelle; – **de vente** Verkaufspreise.

barge *f (SeeHR)* Schubleichter *m*.

baril *m (Erdöl)* barrel *n* (159 l.).

baron *m* Freiherr *m*, Baron.

barrage *m* Sperre *f*, Straßensperre; Staudamm; – **de police** Polizeikordon *m*, polizeiliche Straßenkontrolle.

barre *f* (1) *(PrzR)* Schranke *f* (des Gerichts), Barre *f* (Aut), (2) *(BörR)* systematischer Kauf oder Verkauf, um eine größere Kursschwankung zu verhindern, (3) Schrägstrich, (4) *(DV)* Anzeige; **franchir la – de** die Schwelle *od.* die Hürde von ... überschreiten.

barré *adj*: **chèque –** Verrechnungsscheck; **rue –e** für den öffentlichen Verkehr gesperrte Straße, Absperrung.

barreau *m* (1) *(ordre des avocats)* Rechtsanwaltskammer *f*, Anwaltschaft *f*, Rechtsanwaltschaft, (2) Anwaltsstand *m*, Anwaltsberuf; **admission au –** Zulassung als Anwalt bei einem Gericht; **radiation du –** Löschung in der Anwaltsliste, Zurücknahme der Zulassung.

barrement *m (Scheck)* Kreuzung.

barrer (aus)streichen; (ver)sperren.

barricade *f* Straßensperre *f*, Barrikade *f*.

barrière *f* Schlagbaum *m*, Schranke *f*; *(fig.)* Hindernis *n*; – **de dégel** Straßensperre bei Tauwetter; – **douanière** Handels- *od.* Zollschranken; – **sanitaire** Sperrlinie *f* gegen die Ausbreitung ansteckender Krankheiten.

bas *adj* niedrig; **à – prix** billig, wohlfeil; **en – âge** klein, jung; **au – mot** gelinde gesagt; **action –se** niederträchtige Handlung; – **de gamme** (Produkte) des unteren Qualitätsbereichs.

bas-côté *f (StVR)* Straßenrand *m*, Böschung *f*.

bascule *f:* **politique de –** Schaukelpolitik.

bas de laine *m* kleine Ersparnisse *pl,* Spargroschen *n,* Sparstrumpf *m.*

base *f* (1) Grundlage *f,* Basis *f,* Fundament *n,* (2) Grundfläche *f;* **de –** grundsätzlich; **sur la – de** nach dem Stand von; **abattement à la –** Freibetrag *m,* Steuerfreigrenze *f;* **année de –** Basisjahr *n;* **avantages de –** Grundleistungen *fpl;* **congé de –** *(ArbR)* gesetzlicher Jahresurlaub *m;* **connaissances de –** Grundkenntnisse; **consultation de la –** Urabstimmung; **exemption à la** *ou* **exonération à la –** *(SteuerR)* Freibetrag; **formation de –** Grundausbildung; **indemnité de –** Grundvergütung *od.* -entschädigung; **salaire de –** Ecklohn; **taxe de –** Grundgebühr *f;* **vote à la –** Urabstimmung.

base aérienne *(MilR)* Flugplatz, Luftwaffenbasis, Fliegerhorst; **– de calcul** Berechnungs- *od.* Bemessungsgrundlage; **– commune** Gemeinsamkeit; **– comptable** Rechnungsbasis; **– conventionnelle** Vertragsgrundlage; **– d'existence** Existenzgrundlage *f;* **– horaire** Stundengrundlohn; **– imposable, – de l'impôt** Steuerbemessungs- *od.* Besteuerungsgrundlage; **– juridique** Rechtsgrundlage.

base légale gesetzliche Grundlage; **défaut, manque de – –** Fehlen der gesetzlichen Voraussetzungen *od.* einer gesetzlichen Grundlage.

base militaire Militärstützpunkt *m;* **– navale** Marinebasis *f;* **– de référence** Bezugsgröße *f;* **– de répartition** Verteilerschlüssel *m.*

baser gründen (auf), basieren; **se –** sich stützen auf; sich gründen, aufbauen, fußen.

basoche *f (pej)* Juristen *mpl.*
basse-fosse *f* Verlies *n.*
bassesse *f (StR)* niedriger Beweggrund.

bassin *m* Becken *n;* **agence de –** Wasser- u. Bodenverband; Wasserschutzgebiet *n;* **– houiller** Steinkohlenrevier; **– hydrologique** Wasserschutzgebiet; **– portuaire** Hafenbecken.

bastion *m* Bollwerk *n,* Hochburg *f.*
bastonnade *f* Prügelstrafe *f.*

bataille *f* Kampf *m,* Schlacht *f;* Auseinandersetzung *f;* **– électorale** Wahlkampf *m,* Wahlschlacht *f;* **– du pouvoir** Machtkampf.

bâtard *m hist* uneheliches Kind.

bateau de navigation intérieure Binnenschiff; **– de plaisance** Wasserfahrzeug zu Sport- oder Vergnügungszwecken.

batelage *m* Be- und Entladen (eines Schiffes); Fährgeld *n.*
batelée *f (SeeHR)* Schiffsladung *f.*
batelier *m* Binnenschiffer *m.*
batellerie *f* Binnenschiffahrt *f.*
bâti *adj:* **propriété –ie** bebautes Grundstück.

bâtiment *m* (1) *(édifice construit sur un terrain)* Bauwerk *n,* Gebäude *n;* Baugewerbe *n,* Bauwesen *n,* (2) *(SeeHR)* Wasserfahrzeug *n,* Schiff *n;* **– administratif** Verwaltungsgebäude *n;* **– de commerce** Handelsschiff; **– d'exploitation** Wirtschaftsgebäude *n;* **– d'exploitation agricole** *ou* **de ferme** landwirtschaftliches Gebäude; **– de guerre** Kriegsschiff; **– de mer** Seeschiff; **– de navigation intérieure** Binnenschiff; **– de service** Dienstgebäude; **– à usage agricole** landwirtschaftliches Gebäude; **– et travaux publics (= BTP)** Hoch- und Tiefbau *m;* **– à usage d'habitation** Wohngebäude; **– à usage industriel** Fabrikgebäude.

bâtonnat *m* Amt des Präsidenten der frz. Rechtsanwaltskammer.

bâtonnier *m* Präsident der frz. Rechtsanwaltskammer.

battement *m fig* Spielraum *m.*
battre schlagen, prügeln; **se –** sich duellieren.

baux *mpl siehe:* bail.

bavure policière polizeilicher Übergriff, Fehlverhalten der Polizei, unbefugtes *od.* gesetzwidriges Verhalten eines Polizeiorgans.

beau-fils *m* Schwiegersohn *m;* **– frère** Schwager *m.*

beaux-parents *mpl* Schwiegereltern.
bellicisme *m* Kriegshetze *f.*
belliciste *m* Kriegstreiber *m.*
belligérance *f*: **état de –** Kriegszustand; **reconnaissance de –** Anerkennung als kriegführender Staat.
belligérant *m* kriegführender Staat.
bénéfice *m* (1) *(gain, profit, rapport)* Gewinn *m*, Ertrag *m*, Einkommen *n*, (2) *(avantage)* Nutzen *n*, Vorteil *m*, (3) *(privilège accordé par la loi)* Rechtsvorteil *m*, Recht *n*, Rechtswohltat *f*; **admission au – de prestations** *(SozR)* Gewährung *f* von Leistungen; **au –** zu Gunsten von, zugunsten; **dégager un – einen Gewinn erwirtschaften; dissimuler des –s** Gewinne verschleiern; **distribution de –s** Gewinnverteilung; **impôt sur le –** Ertragssteuer *f*; **invoquer le – des dispositions ...** *(ZPR)* seinen Anspruch stützen auf ..., eine Forderung gemäß ... geltend machen; **intéressement du personnel au – de l'entreprise** Beteiligung der Belegschaft am Gewinn des Unternehmens; **juste –** angemessener Gewinn; **marge de –** Gewinnspanne, Verdienstspanne *f*; **part de –** Gewinnanteil *m*; **participation aux –s** Gewinnbeteiligung; **prélèvement du –** Gewinnentnahme *f*; **prise de –** Gewinnmitnahme *f*, Gewinnrealisierung *f*; **réaliser des –s** Gewinne erzielen.
bénéfice accidentel Zufallsgewinn; **– de l'âge** Vorzug *m* des ältesten Bewerbers, Bevorzugung infolge höheren Alters; **– de l'année** Jahresgewinn; **– de l'assistance judiciaire** *(PrzR)* Bewilligung von Prozeßkostenhilfe; **– brut** Brutto- *od.* Rohgewinn; **– de cession** Veräußerungsgewinn *m*; **– de cession d'action** *(GesR)* Übergang der (Klage-)Rechte (vom Gläubiger) auf den Bürgen (der für den Hauptschuldner bezahlt hat); **– de change** *(BankR)* Valuta- *od.* Kursgewinn; **– de circonstances atténuantes** *(StPR)* Gewährung (straf)mildernder Umstände.

bénéfice commercial Geschäftsgewinn, gewerblicher Gewinn; **marge de – –** Gewinn- *od.* Handelsspanne *f.*
bénéfice comptable Buchgewinn, rechnungsmäßiger Gewinn; **– sur les cours** Kursgewinn; **– dégagé** ausgewiesener Gewinn; **– de dévaluation** Abwertungs- *od.* Kursgewinn.
bénéfice de discussion *(ZPR)* Einrede der Vorausklage; **– disponible** verfügbarer Gewinn; **– distribuable** *(GesR)* ausschüttbarer *od.* verteilbarer Gewinn; **– distribué** ausgeschütteter Gewinn.
bénéfice de division *(ZPR)* Recht mehrerer Bürgen zu verlangen, daß der Gläubiger sich an jeden Bürgen anteilsmäßig halte; Recht des Bürgen, seine Haftung auf die Höhe zu beschränken, in der er sich verbürgt hat.
bénéfice du doute *(StPR)* (Grundsatz, daß der Angeklagte bis zum Beweis des Gegenteils als unschuldig gilt): im Zweifel für den Angeklagten; aus Mangel an Beweis, mangels Beweises, in dubio pro reo; **acquittement au – –** Freispruch in dubio pro reo.
bénéfice ecclésiastique Kirchenpfründe *f*; **– effectif** tatsächlicher Gewinn; **– d'émolument** *(FamR)* beschränkte Haftung der Ehefrau bis zur Höhe des eingebrachten Gutes; **– escompté** *ou* **espéré** mutmaßlicher *od.* erwarteter Gewinn; **– d'exploitation** Betriebsgewinn; **– fictif** Scheingewinn; **– fortuit** unerwarteter Gewinn; **– illicite** unerlaubter Gewinn; **– imposable** steuerpflichtiger Gewinn; **– industriel et commercial (= B.I.C.)** Gewinn aus dem Gewerbebetrieb, Einkünfte aus gewerblicher Tätigkeit.
bénéfice d'inventaire *(ErbR)* Haftungsbeschränkung durch Inventarerrichtung, Rechtswohltat des Inventars (Aut.); **acceptation sous – –** Erbschaftsannahme unter dem

Vorbehalt der Errichtung eines Inventars.
bénéfice de jeu Spielgewinn; **– de liquidation** Liquidationserlös; **– sur liquidation de réserves** Abwicklungsgewinn; **– net** Netto- *od.* Reingewinn; **– net d'exercice** *(GesR)* ausgewiesener Gewinn; **– non distribué** nicht verteilter *od.* nicht ausgeschütteter Gewinn; **– occasionnel** Zufallsgewinn; **– pécuniaire** finanzieller Gewinn; **– de placement** Gewinn aus Vermögensanlagen; **– de la priorité** Prioritätsvorrecht; **– réalisé** erzielter Gewinn; **– réinvesti** wiederangelegter Gewinn; **– répartissable** ausschüttbarer Gewinn; **– reporté en compte** (S), **– reporté à nouveau** auf neue Rechnung vorgetragener Gewinn, Gewinnvortrag; **–s sociaux** *(GesR)* Gesellschaftsgewinn.

bénéficiaire *m* (1) *(ZR, VersR)* Begünstigte(r) *m*, Bezugsberechtigte(r) *m*, (2) *(WechselR)* Wechselnehmer *m*, Remittent *m*, (3) *(SozR)* Leistungsempfänger *m*, Bezieher *m* (von Sozialleistungen); **– de l'assistance judiciaire** *(PrzR: früher aide judiciaire)* Prozeßkostenhilfeempfänger *m*; **– de la cession** (1) Zessionar *m*, Neugläubiger *m*, (2) Erwerber *m*; **– du crédit** Darlehensempfänger *m*, Kreditnehmer; **– d'une licence** *(PatR)* Lizenznehmer *m*; **– d'un paiement** Zahlungs- *od.* Leistungsempfänger; **– d'une pension** *ou* **– d'une rente** Rentenempfänger *m*, Rentenbezieher *m*, Rentner *m*; **– d'une pension de retraite** *ou* **de vieillesse** Altersrentner *m*, Ruhegeldempfänger *m*; **– d'une prestation** Leistungsempfänger.

bénéficiaire *adj* gewinnbringend, Gewinn-, Verdienst-; **clause –** Begünstigungsklausel *f*; **marge –** Gewinnspanne *f*; **part –** Genußschein *m*; **participation –** Gewinnbeteiligung *f*; **partie –** Begünstigter *m*.

bénéficier (de) *(avoir droit à, profiter légalement de)* (ein Recht) genießen; (Leistung, Lohn) beziehen; Nutzen *od.* Vorteil ziehen aus, profitieren von, begünstigt werden durch, in den Genuß kommen (von); **– de circonstances atténuantes** *(StR)* in den Genuß einer Strafmilderung kommen.

bénéfique *adj* günstig, vorteilhaft.

bénévole *adj* ehrenamtlich, freiwillig, ohne Entlohnung; **collaboration –** freiwillige Mitarbeit; **contrat –** Gefälligkeitsverhältnis *n*; **service –** kostenlose Dienstleistung.

berne *f*: **drapeau en –** Fahne auf Halbmast.

berner *v.tr.d.* prellen, betrügen.

bertillonnage *m* *(StR)* besonderes System der erkennungsdienstlichen Erfassung (von Straftätern).

besogne *f* Arbeit, Verrichtung.

besoin *m* (1) *(exigence personnelle et subjective)* Bedürfnis *n*, (2) *(surtout au pluriel: choses nécessaires à l'existence)* Bedarf *m*, (3) *(état de privation)* Not *f*, Mangel *m*, (4) *(exigence objective)* Erfordernis *n*, Notwendigkeit, (5) *(WechselR)* Notadresse; **avoir – de** bedürfen, brauchen, benötigen; **au – falls erforderlich, im Notfall; en cas de –** im Bedarfsfall; **être dans le –** in Not sein, Not leiden; **payer au –** *(WechselR)* im Notfall zahlen; **subvenir à ses –s** für seinen (eigenen) Lebensunterhalt aufkommen; **– de crédit** Kreditbedarf *m*; **– de main-d'œuvre** Arbeitskräftebedarf; **– personnel** persönlicher Bedarf; **– propre** Eigenbedarf.

besoins *mpl* Bedarf *m*; **pour les – de la cause** zwecks, zum Zwecke; **– de base** Grundbedürfnisse; **– de capital** Kapitalbedarf; **– collectifs** gesellschaftliche Bedürfnisse; **– de confort et de facilité** Luxusbedürfnisse; **– des consommateurs** Verbraucherbedarf *m*; **– de dépassement** Kulturbedürfnisse; **– en énergie** Energiebedarf; **– essentiels** Grundbedürfnisse; **– de financement** Finanzierungsbedarf; **– incompressibles** Existenzbedürfnisse; **– individuels et privés**

Eigen- *od.* Privatbedarf; **– d'instruction** Bildungshunger *m*, Wissensdrang; **– intérieurs** Inlandsbedarf; **– en main-d'œuvre** Arbeitskräftebedarf; **– du marché** Nachfrage (auf dem Markt); **– de pointe** Spitzenbedarf; **– saisonniers** saisonaler Bedarf; **– du service** *(VwR)* dienstliches Erfordernis; **– de subsistance et de sécurité** Existenzbedürfnisse; **– de trésorerie** Finanzbedarf; **– urgents** dringender Bedarf.

bestialité *f (StR)* Unmenschlichkeit; Sodomie.

bestiaux *mpl* Rindvieh, Zugvieh.

biais *m fig* Seite *f*, Um- *od.* Ausweg *m.*

bibliographie *f* Literaturverzeichnis *n.*

bibliothèque nationale de France (= **BNF – Tolbiac**) frz. zentrale Staatsbibliothek (Tolbiac, Paris).

bicaméralisme *m (VerfR)* Zweikammersystem *n.*

bidonville *m* Elendsviertel *n*, Slum *m.*

bien *m* (1) *(tout droit subjectif patrimonial)* Vermögenswert *m*, dingliches Recht *n*, (2) *(toute chose objet d'un droit réel)* Sache *f*, (körperlicher) Gegenstand *m* des dinglichen Rechts, Rechtsobjekt *n*, Rechtsgut *n*; Grundstück *n*, Vermögensbestandteil *m*, (3) *(surtout au pluriel: biens économiques* – siehe Stichwort „*biens*") Gut *n*, Wirtschaftsgüter *npl*, (4) *(ZR: intérêt)* Wohl *n*, Interesse *n*; **– affermé** verpachtetes Grundstück; **– dans le commerce** verkehrsfähige Sache; **– commun** *(ÖfR)* Gemeinwohl *n*, öffentliches Interesse *n*; **– communal** Gemeindeeigentum; **– consomptible** verbrauchbare Sache; **– sous contrôle** (1) *(FamR)* der vormundschaftlichen Aufsicht unterliegender Vermögensgegenstand, (2) *(ÖfR)* Vermögen unter öffentlicher Verwaltung; **– corporel** Gegenstand, Sache; **– domanial** Staatsgut, Ärarialgut (Aut); **– donné à bail** verpachtetes Grundstück; **– emphytéotique** Erbpachtgut.

bien-être *m* Wohlstand; **économie de –** Wohlstandsgesellschaft.

bien de famille (1) *(LandwR)* Erbhof *n*, (2) *(ZR)* alter Familienbesitz; **– à ferme héréditaire** Erbbaurecht; **– foncier** Grundstück.

bien-fondé *(PrzR)* Begründetheit, Berechtigung, Stichhaltigkeit.

bien-fonds *m (SachR: immeuble)* Grundstück *n*; **– fongible** Gattungssache *f*; **– frugifère** *(SachR: produisant un revenu, le fruit)* Früchte *fpl* tragende Sache; (Boden-)Ertrag *m*; Zinsen; Mietzins *m*; **– futur** zukünftiges Vermögen; **– général** *(ÖfR)* Gemeinwohl *n*; **– grevé** belastete Sache; **– hypothéqué** belastetes Grundstück; **– immeuble** *ou* **immobilier** unbewegliche Sache, Grundstück *n*; **– incorporel** unkörperlicher Gegenstand, Immaterialgut *n*, Immaterialgüterrecht; **– insaisissable** unpfändbare Sache; **– inventorié** Inventarstück, inventarisierte Sache.

bien-jugé *m (PrzR)* Gesetzmäßigkeit eines Urteils.

bien sans maître *(ZR)* herrenlose Sache, freistehende Sache (Aut); **– meuble** *ou* **mobilier** bewegliche Sache, Fahrnis *n*, Fahrhabe *f* (Aut); **– non fongible** *(SachR: corps certain)* Stück *n*, individualisierter Leistungsgegenstand *m*, Stückschuld *f*; **– paraphernal** Paraphernalgut, Sondergut der Ehefrau (S); **– pris à bail** Pachtgegenstand *m*, Pachtland *n*; **– public** *(VerfR)* öffentliches Interesse, Gemeinwohl *n*; **– rural** landwirtschaftliches Grundstück; **– spécial** Sondervermögen; **– vacant** herrenlose Sache; **– à venir** zukünftige Sache, künftiges Vermögen; **– volé** Diebesgut.

bienfaisance *f* Wohltätigkeit, Fürsorge *f*, **bureau de –** Sozialamt (der Gemeinde).

bienfait *m* Wohltat *f*, Gefälligkeit.

bienfaiteur *m* Wohltäter, Spender, Stifter.

biens *mpl* Vermögen *n*, Vermögenswerte *pl;* **administrateur des −** Vermögensverwalter *m;* **administration des −** Vermögensverwaltung; **cession de −** Vermögensübertragung *od.* -übergang *m*, Übertragung von Vermögenswerten; **commun en −** *(EheR)* in Gütergemeinschaft lebend; **communauté de −** (eheliche) Gütergemeinschaft *f;* **confiscation des −** *(StR)* Vermögensbeschlagnahme *od.* -einziehung, Vermögensverfall *m*, Konfiskation (Aut); **confusion de −** Vermischung von Sachen; **dissimulation de −** *(SteuerR)* Vermögensverheimlichung; **droit des −** Sachenrecht *n;* **gestion des −** Vermögensverwaltung; **inventaire des −** Vermögensverzeichnis *n;* **marchand de −** Grundstücksmakler *m*, Immobilienhändler *m*, Realitätenhändler (Aut); **masse de −** Vermögensmasse *f;* **séparation de −** (1) *(EheR)* Gütertrennung *f*, (2) Absonderung (im Konkurs); **transfert de −** Vermögensübertragung.

biens acquis erworbenes Vermögen; **− de capital** Kapitalgüter, Vermögenswerte; **− en circulation** Umlaufvermögen; **− collectivisés** *(Vwirt)* durch den Staat produzierte Individualgüter; **− communaux** *(VwR)* Gemeindevermögen, Allmende *f;* **− communs** *(FamR)* Gesamtgut, gemeinschaftliches *od.* gemeinsames Vermögen; **− complémentaires** *(Vwirt)* komplementäre Güter; **− de confort** Luxusgüter; **− de consommation** *ou* **− consomptibles** Konsumgüter *pl;* **− de consommation durables** Gebrauchsgüter; **− de consommation instantanée** Verbrauchsgüter; **− culturels** Kulturgüter; **− directs** Konsumgüter; **− divisibles** *(Vwirt)* Individualgüter; **− dotaux** *(EheR)* Mitgift *f*, eingebrachtes Gut der Ehefrau, Vorbehaltsgut; **− durables** Gebrauchsgüter; **− ecclésiastiques** Kirchenvermögen; **− d'équipement** Investitionsgüter *pl;* **− à l'étranger** Auslandsvermögen; **− fongibles** Verbrauchsgüter; **− héréditaires** Nachlaßvermögen.

biens imposables steuerpflichtiges Vermögen; **− incorporels** immaterielle Güter; Leistungen; **− indirects** Produktionsgüter, Kapitalgüter; **− individuels** *(Vwirt)* Individualgüter; **− indivis** *(EheR)* Gemeinschaftsgut; **− indivisibles** *(Vwirt)* öffentliche Güter; **− d'investissements** Anlage-, Investitions- *od.* Ausrüstungsgüter; **− nationaux** (1) verstaatlichtes Eigentum, (2) *(Vwirt)* Volksvermögen.

biens personnels Eigenvermögen *n;* **− présents** gegenwärtiges Vermögen; **− privés** Privatvermögen; **− de production** Produktiv- *od.* Investitionsgüter, Produktionsmittel *npl;* **− propres** *(EheR)* Sondergut (eines Ehegatten); **− réservés** *(EheR)* Vorbehaltsgut; **− résiduels** Restvermögen; **− de retour** *(VwR)* Vermögen, das beim Heimfall vom Staat unentgeltlich erworben wird, Heimfallgut; **− de reprise** *(VwR)* Vermögen, das beim Heimfall vom Staat entgeltlich erworben wird; **− sous séquestre** *ou* **séquestrés** Sequestervermögen, sequestriertes Vermögen; **− sociaux** Gesellschaftsvermögen; **− substituables** Substitutionsgüter; **− successoraux** Nachlaßvermögen *n;* **− tutélaires** *(Vwirt)* gemeinwirtschaftliche Güter (die Preisgestaltung unterliegt nicht den Marktgesetzen).

bienséance *f* Anstand *m*, Höflichkeit *f.*

bienveillance *f* Wohlwollen *n*, Entgegenkommen *n*, Gunst *f.*

biffage *m* *(Formulare)* Streichung *f*, Durchstreichen *n.*

biffer *v.tr.d.* streichen, durchstreichen; **− les mentions inutiles** Nichtzutreffendes streichen.

biffure *f* Strich; Ausstreichen *n;* gestrichener Passus, Streichung.

bifurcation *f (StVR)* (Straßen-) Gabelung.
bigamie *f* Doppelehe *f*, Bigamie *f*.
bilan *m (GesR, Buchf: inventaire chiffré)* Bilanz *f*, Abschluß *m*, (Jahres-) Schlußrechnung; **actif du –** Aktivseite *f* (der Bilanz); **appréciation du –** Bilanzauswertung *f*; **approbation du –** Bilanzgenehmigung, Beschlußfassung über die Jahresschlußrechnung; **approuver le –** die Bilanz genehmigen; **arrêter un –** eine Bilanz abschließen; **article du –** Bilanzposten *m*; **camouflage du –** Bilanzverschleierung, Bilanzkosmetik *f*; **clôture du –** Bilanzabschluß *m*; **déposer son – (KonkursR)** (bei Zahlungsunfähigkeit) die Eröffnung des Konkursverfahrens *od.* des gerichtlichen Vergleichsverfahrens beantragen; **dépôt du –** Eröffnung des Konkurs- *od.* Vergleichsverfahrens (bei Zahlungsunfähigkeit), Insolvenzfeststellung; **dresser** *ou* **établir le –** die Bilanz aufstellen *od.* abschließen; **établissement du –** Bilanzaufstellung, Bilanzziehung; **faire le –** bilanzieren; **faux –** gefälschte Bilanz; **jour d'établissement du –** Bilanzstichtag *m*; **maquiller le –** die Bilanz frisieren; **maquillage d'un –** Bilanzkosmetik; **porter au –** in die Bilanz aufnehmen; **poste du –** Bilanzposten *m*; **réévaluation du –** Wertberichtigung *f*; **sincérité du –** Bilanzwahrheit *f*; **total du –** Bilanzsumme *f*; **valeur au –** Bilanzwert *m*.
bilan actif aktive Bilanz, Gewinnbilanz; **– des activités** Tätigkeitsbericht; **– annuel** Jahresbilanz, Hauptbilanz; **– d'approvisionnement** Versorgungsbilanz; **– bénéficiaire** Gewinnbilanz, aktive Bilanz; **– brut** Rohbilanz; **– de clôture** Abschluß, Schlußbilanz; **– consolidé** Konzernbilanz, konsolidierte Bilanz; **– de conversion** Umrechnungsbilanz; **– en déficit** *ou* **déficitaire** Unterbilanz, passive Bilanz, Verlustbilanz; **– démographique** Bevölkerungsbilanz; **– énergétique** Energiehaushalt; **– excédentaire** aktive Bilanz, Gewinnbilanz *od.* -abschluß *m*; **– d'exploitation** Betriebsabschluß; **– fictif** Scheinbilanz, fiktive Bilanz; **– de fin d'année, – de fin d'exercice** Jahresabschluß; **– général** Hauptbilanz; **– hebdomadaire** *f*, Wochenausweis *m*; **– intérimaire** Zwischenbilanz *od.* -abschluß; **– intermédiaire** (S) Zwischenbilanz; **– de liquidation** Liquidations- *od.* Auflösungsbilanz; **– d'ouverture** Eröffnungs- *od.* Anfangsbilanz; **– passif** Unterbilanz, Passiv- *od.* Verlustbilanz; **– prévisionnel** Vorbilanz, Vorausschätzung; **– semestriel** Halbjahresbilanz; **– social** (1) *(GesR)* Gesellschaftsbilanz, (2) *(ArbR)* (Jahres)Bericht über Sozialeinrichtungen u. -leistungen (eines Betriebes); **– -type** Einheitsbilanz.
bilatéral *adj* zweiseitig, gegenseitig verpflichtend, bilateral.
billet *m* (1) *(titre de transport)* Fahrausweis *m*, Fahrkarte *f*, Fahrschein *m*, (2) (Bank-)Note *f*, (3) *(HR: engagement unilatéral de payer)* Schuldschein; Wechsel; **faux –** falsche Banknote; **mettre des –s en circulation** Banknoten in Umlauf setzen; **retirer des –s de la circulation** Banknoten aus dem Umlauf ziehen; **– aller et retour** Hin- und Rückfahrkarte; **– d'avertissement en conciliation** *(PrzR)* Ladung zum Sühnetermin, zur Sühneverhandlung *od.* zum Sühneversuch; **– de banque** Banknote *f*, Geldschein *m*; **– de change** (S) Eigenwechsel *m*; **– collectif** Sammelfahrschein; **– de complaisance** Gefälligkeitswechsel; **– en cours** gültige Banknote; **– estampillé** abgestempelte Banknote; **– de faveur** Freikarte; **– de fonds** Ratenwechsel; **– gratuit** Freifahrtausweis; **– de groupe** Sammelfahrschein; **– de loterie** Lotterielos *n*; **– à ordre** Eigenwechsel, Solawechsel, trockener Wechsel.

billet simple Fahrausweis für einfache Fahrt; – **à plein tarif** ou **à tarif général** ou **ordinaire** Fahrausweis zum vollen Fahrpreis; – **de quai** Bahnsteigkarte; – **de transport** Fahrausweis, Fahrschein; – **du trésor** *(WertpR)* Schatzanweisung; – **vert** US-Dollar *m*.

billeterie *f* Geldautomat *m*.

billon *m* Kleingeld *n*; Scheidemünze *f*.

bimensuel *adj* vierzehntägig.

bimestriel *adj* zweimonatlich.

bimétallisme *m* Bimetallismus *m*, Doppelwährung *f*.

biodiversité *f (UmweltR)* Artenreichtum *m*.

bioéthique *f (UmweltR)* Bioethik *f*, Grundsätze und Verhaltensregeln zum Schutze von Leben und Gesundheit von Menschen, Tieren, Pflanzen sowie der sonstigen Umwelt vor möglichen Gefahren gentechnischer Verfahren und Produkte.

bipartisme *m* Zweiparteiensystem *n*.

bissextile *adj*: **année** – Schaltjahr *n*.

blackboulage *f (Wahlen)* Ablehnung, Abweisung, Durchfallenlassen *n*.

blackbouler *(einen Kandidaten, bei Wahlen)* ablehnen, durchfallenlassen, niederstimmen.

black-out (1) Verdunkelung, (2) Nachrichtensperre *f* (der Regierung).

blâme *m (DiszpR)* Tadel *m*, Rüge *f*, (strenger) Verweis *m*.

blâmer *v.tr.d.* tadeln, rügen.

blanc *m* (1) *(Urkunde)* unausgefüllte Stelle, Lücke *f*, Blankett *n*, (2) Durchschuß, leerer Raum; **bulletin** – *(WahlR)* ungültige Stimme; **carte blanche** völlige Handlungsfreiheit; **chèque en** – Blankoscheck; **crédit en** – auf der Grundlage des persönlichen Vertrauens gewährter Kredit; **laisser le nom en** – keinen Namen einfügen; **mariage** – *(FamR: mariage de complaisance, naturalisant* ou *simulé)* Scheinehe *f* (zwecks Staatsangehörigkeitserwerbs); Nichtehe; **opération blanche** ausgeglichenes Geschäft; weder Gewinn noch Verlust; **tirer à** – mit Platzpatronen schießen; **vote** – Abgabe einer ungültigen Stimme.

blanchiment *m* (de l'argent sale ou de l'argent de la drogue) *(StR)* Geldwäsche *f*.

blanc-seing *m* Blankovollmacht, (S) Blankett; **abus de** – Mißbrauch eines Blanketts (S).

blasphème *m (StR)* Gotteslästerung.

blé *m* Getreide *n*, Korn *n*.

blennorragie *f* Gonorrhoe *f*, Tripper *m*.

blesser *v.tr.d.* (1) verletzen, (2) *fig* kränken, beleidigen.

blessure *f* Verletzung *f*, Körperverletzung; – **corporelle** Körperverletzung, Personenschädigung; – **de guerre** Kriegsverletzung; – **par imprudence** fahrlässige Körperverletzung.

blindage *m* (1) *(AtomR)* Strahlenschild *m*, (2) Abschirmung, Panzerung.

bloc *m* Block *m*, Gruppe *f*, Vereinigung; **en** – in Bausch u. Bogen (kaufen); **faire** – *(Pol)* sich zusammenschließen; – **atlantique** atlantische Allianz, der Westen; – **de contrôle** *(WirtR)* wesentliche Beteiligung; Sperrminorität *f*; – **des gauches** Linkskartell; – **à mémoire** *(DV)* Speicher; – **de service** Wirtschaftsgebäude.

blocage *m* Sperre *f*, (Ab-)Sperrung; – **autoritaire des prix** behördlicher Preisstopp *m*; – **du crédit** Kreditsperre; – **des exportations** Ausfuhrsperre; – **des paiements** Zahlungssperre od. -stopp; – **des salaires** Lohnstopp.

blocus *m (VR)* Blockade *f*; – **commercial** Handelssperre od. -blockade; – **continental** Kontinentalsperre; – **maritime** ou **naval** Seeblockade.

bloquer *v.tr.d.* sperren, blockieren; – **les crédits** Kredite sperren; – **des discours en une séance** die Referate in einer Sitzung zusammenfassen; – **les prix** die Preise einfrieren.

bois *m* Wald *m*; Zelluloseholz *n*; – **et forêts** Forst *m*; – **de justice** *(fig)* Guillotine *f*.
boisement *m* Aufforstung; Bepflanzung.
boissons alcooliques alkoholische Getränke *npl*.
boîte *f* Schachtel *f*, Kasten *m*, Gehäuse *n*; – **noire** Flugschreiber; – **postale** Postfach *n*, Postschließfach.
boîtier *m* (1) Gehäuse *n*, Träger *m*, Kasten *m*, (2) *(Pol)* Abgeordneter, der in Abwesenheit seiner Fraktionskollegen ihre Stimme (in der Nationalversammlung) abgibt.
bombe *f* (1) Bombe *f*, (2) Spray- *od.* Sprühdose *f*.
bombeur *m* (*StR: gaffiteur, tagueur*) Sprayer *m*, Graffiti-Maler.
bon *m* (1) *(HR: titre de créance)* (Zahlungs-)Anweisung *f*, (2) *(bon du Trésor)* Schatzwechsel *m*, kurzfristige Schuldverschreibung, Schatzanweisung; – **d'achat** Einkaufsgutschein; – **d'approvisionnement** Bezugschein; – **pour aval** als Bürge, per Aval; – **de caisse** Kassenanweisung; – **de commande** (vorgedruckter) Auftrag *m*, Bestellschein *od.* -karte; – **de commission** Ausführungsgeschäft des Kommissionärs; – **à court terme** kurzfristige Schuldverschreibung, Schatzwechsel; – **de dépôt** Depositenschein; – **à intérêt** verzinsliche Schuldverschreibung, Zinsgutschein; – **sans intérêt** unverzinsliche Schatzanweisung, Abzinsungspapier *n*; – **de jouissance** Genußschein.
bon de livraison Lieferschein *od.* -zettel; – **à long terme** langfristige Schuldverschreibung *od.* Schatzanweisung; – **à lots** Los.-, Lotterie- *od.* Prämienanleihe; – **à moyen terme** mittelfristige Schuldverschreibung *od.* Schatzanweisung; – **de perception en gros** Großbezugschein; – **au porteur** Inhaberanweisung; – **à tirer** Druckreiferklärung, Imprimatur *n*; – **de transport gratuit** Freifahrschein *m*; – **du Trésor** Schatzanweisung *f*, Schatzwechsel *m*, kurzfristige verzinsliche Schuldverschreibung des frz. Staates.
boni *m* (1) *(ArbR)* (Sonder-)Vergütung, Prämie *f*, Gratifikation, (2) *(Buchf)* Überschuß *m*, Guthaben *n*, (3) Einsparung; – **de liquidation** *(GesR)* Überschuß nach Rückerstattung der Einlagen.
bonification *f* (1) *(BankR)* Vergütung, Bonifikation; (Zins-)Gutschrift, Entschädigung, Bonus, (2) *(LandwR)* Melioration, Verbesserung; – **d'ancienneté** *(BeamR)* Anrechnung einer zusätzlichen Zeit bei der Berechnung des Dienstalters; – **de change** Kursausgleichsentschädigung; – **sur marchandises** Warenrückvergütung; – **pour non-sinistre** *(Kfz-Vers.)* Schadensfreiheitsrabatt; – **de prime** Prämienrückvergütung.
bonifier *v.tr.d.* (1) vergüten, gutschreiben, (2) *(perte)* ersetzen.
bonne foi *f* (1) *(ZR: loyauté dans la conclusion et l'exécution des actes juridiques)* Treu und Glauben, redliche Einhaltung des gegebenen Worts, (2) *(StR, ZR: croyance erronée et non fautive)* guter Glaube; irrtümliche Annahme, man handle rechtmäßig; **protection de la –** Gutglaubensschutz; gutgläubiger Erwerb.
bonnes mœurs *fpl* gute Sitten *fpl*.
bon père de famille *(ZR: critère de l'homme normalement prudent, soigneux et avisé)* (Maßstab der verkehrsüblichen) Sorgfalt *f*.
bon pour *(ZR: mention manuscrite précédent l'indication d'une somme d'argent)* gut für ... (Formel, die der frz. Schuldner bis 1980 vor seine Unterschrift setzen mußte, um seiner Verpflichtung Rechtsgültigkeit zu verleihen, sie wird auch heute noch verwendet).
bons offices *(VR)* gute Dienste *mpl*.
bonus *m* (1) *(VersR)* Schadensfreiheitsrabatt *m*, Bonus *m*, (2) *(GesR)* Sondervergütung; einmalige, zusätzliche Gewinnausschüttung (an die Aktionäre), Bonus *m*; Zutei-

lung von Gratisaktien, Bezugsrecht auf Gratisaktien.

bookmaker *m* Buchmacher *m*.

boom *m* (1) *(Vwirt)* unvermittelt starker Geschäftsaufschwung *m*, Boom *m*, (2) *(BörR)* anhaltend kräftiger Kursanstieg *m*, Börsenhausse *f*; – **conjoncturel** konjunktureller Nachfrageüberhang *m* (mit kräftigen Preissteigerungen).

bord *m* Kante *f*; Rand *m*; **à –** *(SeeHR)* ab Schiff; **papiers de –** Schiffspapiere.

bordereau *m* Verzeichnis *n*, Aufstellung *f*, Liste *f*; Register *n*; Begleitschreiben *n*, Begleitpapier *n*; – **d'agent de change** Schlußnote *f*, Schlußzettel *m*; – **d'avance** Darlehensgutschrift; – **de caisse** Kassenzettel, Kassanotiz *f*; – **de cession de créances professionnelles** *(BankR)* vereinfachte Handelsforderungsabtretung (an eine Bank); – **de chargement** Verladungsnote; Warenbegleitschein; – **de collocation** *(KonkursR)* Gläubigerverzeichnis *n*; – **de compte** Rechnungsauszug *m*, Note; Kontoauszug *m*; – **de coupons** Kouponaufstellung *od*. -verzeichnis; – **de courtier** *(BörR)* Schlußnote, Schlußzettel.

bordereau de débours *(PrzR)* Auslagenverzeichnis *n*; – **de déclaration** Zollinhaltserklärung; – **de douane** Zollbegleitschein *m*; – **d'envoi** (Waren-)Begleitschein *m*, Begleit- *od*. Anschreiben *n*; – **d'escompte** Diskontabrechnung; – **d'expédition** Versandschein; – **de fournitures** Lieferschein *m*; – **des frais** Kostenverzeichnis; – **d'inscription** Eintragungsverzeichnis; – **de liquidation** Abrechnungsschein; – **de livraison** Lieferschein; Übergabeverzeichnis; – **de paiement** Zahlungsaufstellung; – **de prix** Preisverzeichnis; – **récapitulatif** Sammel- *od*. Schlußverzeichnis *n*; – **de salaire** Lohnaufstellung, Gehaltsaufstellung; – **de souscription** Zeichnungsschein; – **de titres** Stückeverzeichnis; – **de travail** Arbeitszettel *m*, Stückzettel *m*; – **de vente** Verkaufsliste *f*; – **de versement** Einzahlungsbeleg *m*.

bordier *m* (S) (Straßen-)Anlieger *m*, Anrainer *m*.

bordure *f (StVR)* Bordstein, Bordstreifen.

bornage *m* (1) *(ZR)* Be- *od*. Abgrenzung, Ab- *od*. Vermarkung *f*, (2) *(SeeHR)* Küstenschiffahrt (bis 15 Seemeilen); **action en –** *(ZPR)* Klage auf Durchführung der Abmarkung.

borne *f* (1) Grenzstein *od*. -zeichen, Grenzmarkierung, (2) *pl* Staatsgrenze, (3) *(fig)* Schranke *f*; – **-frontière** Grenzstein.

borner abgrenzen, abmarken.

bouche *f* Mund *m*, Mündung *f*; – **d'aération** Lüftungsschacht; – **d'égoût** Gully *m*, Senkloch *n*; – **d'incendie** Hydrant *m*.

boucher *v.tr.d.* abdichten, stopfen.

bouchon *m* (1) *(StVR)* Verkehrsstau *m*, (2) *(Technik)* Verschluß, Kappe; Korken.

boucle *f* **de commande** Regelkreis.

boucler (un quartier) absperren.

bouclier *m (AtomR)* Strahlenschild, Abschirmung.

boue *f* Schlamm *m*.

bouée *f (SeeHR)* Tonne *f*, Boje *f*.

boueur *m ou* **boueux** *m* Müllwerker.

bouilleur *m* Branntweinbrenner *m*; – **de cru** Eigen- *od*. Hausbrenner.

boule *f*: **vente à la – de neige** Verkauf im Schneeballsystem.

bourgmestre *m* (B-L) Bürgermeister.

bourreau *m* (1) Scharfrichter *m*, Henker *m*, (2) Peiniger *m*.

bourse *f* (1) *(BörR)* Börse *f*, Wertpapiermarkt *m*; Börsengebäude *n*, (2) *(SchulR)* Stipendium *n* (für Studierende), (3) *(ArbR)* Gewerkschaftshaus *n*, Ortskartell *n* der Gewerkschaften; (4) *(umg)* (Geld-)Börse *f*, Geldbeutel *m*, Geld *n*; **action cotée en –** börsengängige Aktie; **admission à la –** Zulassung zum Börsenverkehr, Börseneinführung; **bulletin de la –** Börsenzettel *m*,

Kursbericht *m*; **clôture de la –** Börsenschluß *m*; **commission des opérations de –** (= COB) frz. Börsenaufsichtsbehörde; **conseil de direction de la –** Börsenvorstand *m*; **cotation des cours en –** Börsennotierung; **cote de la –** Notierung, Notiz, Kursfeststellung; **coté en –** börsengängig *adj*, an der Börse notiert; **cours de la –** Börsenpreis *m*, Notierung, Kurs *m*, Börsenwert *m*; **courtier en –** Börsenmakler *m*, Kursmakler; **exclusion de la –** Börsenausschluß *m*; **feuille de –** Börsenbericht *m*; Kursblatt *n*; **hors –** außerbörslich; **impôt sur les opérations en –** Börsenumsatzsteuer *f*; **introduction à la –** Börseneinführung; **introduire à la –** an der Börse einführen; **marché en –** Börsenhandel *od*. -markt *m*; **marché d'après –** Nachbörse *f*; **opération en –** Abschluß *m*, Börsengeschäft; **ordre de –** Börsenauftrag *m*; **ouverture de la –** Börsenbeginn *m*; **réglement de la –** Börsenordnung *f*; **report de –** Reportgeschäft *n*; **situation à la –** Kursstand *m*; **société de –** Börsenmaklergesellschaft *f*; **spéculation en –** Agiotage *f*, Börsenspekulationsgeschäft; **surveillance de la –** Börsenaufsicht *f*; **tendance de la –** Börsentendenz *f*; **usages de la –** Börsenusancen *pl*; **valeur de –** Börsenpapier *n*, Börsenwert *m*.

bourse aux actions Wertpapierbörse; **– d'affrètement** Frachtenbörse; **– aux assurances** Versicherungsbörse; **– de change** Devisenbörse; **– de clôture** Schlußbörse; **– du commerce** Produkten- *od*. Warenbörse; **– au comptant** Kassamarkt *m*; **– à corbeille** offizieller Markt, Parkett, amtlicher Handel; **– d'échange de logements** staatliche Wohnungstauschstelle; **– de l'emploi** Arbeitsvermittlungsstelle; **– d'enseignement** *ou* **d'études** Stipendium *n*, Ausbildungsförderung; **– des frets** Frachtenbörse, Schifferbörse; **– aux grains** Getreidebörse; **– de marchandises** Produkten- *od*. Warenbörse; **– du marché en banque** Freiverkehrsbörse; **– maritime** Seefrachtenbörse; **– officielle** amtliche Börse; **– à parquet** amtlicher Handel, offizieller Markt, Parkett *n*, Parkettbörse; **– du travail** Gewerkschaftshaus *n*; **– de valeurs mobilières** Effekten- *od*. Wertpapierbörse.

boursicoter *v.intr*. (im kleinen) an der Börse spekulieren.

boursicoteur *m* (kleiner) Börsenspekulant *m*.

boursier *m* Ausbildungsförderungsempfänger, Stipendiat *m*.

boursier *adj*: **marché –** Börsenmarkt; **opérations –sières** Börsengeschäfte.

boutique *f* (1) Laden *m*, Geschäft *n*, (2) Warenvorrat *m*.

bouton *m* Knopf *m*, Taste *f*; **– d'affichage** Einstellknopf *m*; **– d'effacement** Löschtaste *f*; **– poussoir** Drucktaste *od*. -knopf.

bovins *mpl* Rinder u. Kälber.

boycott *m*, **boycottage** *m* Boykott *m*, Verrufserklärung, Käufer- *od*. Verbraucherstreik; **– économique** Wirtschaftsboykott *od*. -sanktionen; **– des élections** Wahlboykott.

boycotter *v.tr.d*. boykottieren.

bracelet *m* **électronique** *(StPR: assignation à domicile sous surveillance électronique)* elektronisches Armband (zur Ortung vorübergehend freigelassener Verdächtiger, die einer Meldepflicht unterliegen).

braconnage *m (StR)* (Jagd-)Wilderei *f*, Wildern *n*.

braconner *v.intr*. wildern, nicht waidgerecht jagen.

braconnier *m* Wilderer, Wilddieb *m*.

brader *v.tr.d*. zu herabgesetzten Preisen *od*. Schleuderpreisen verkaufen, verschleudern.

braderie *f* Sonderverkauf *m* zu herabgesetzten Preisen, Ausverkauf *f*, Räumungsverkauf.

brain-trust *m* Expertenteam *n*, Sachverständigenrat *m*.

branche *f* (1) *(Vwirt)* (Wirtschafts- *od.* Geschäfts-)Zweig *m*, Bereich *m*, Sparte *f*, (2) *(ErbR)* Seitenlinie *f*, (3) *(DV)* Weiche *f*, Verzweigung; **– d'activité** Tätigkeitsbereich *m*, Berufszweig *m*, Berufssparte *f*; **– d'activité (économique)** Wirtschaftszweig; **– clé** Schlüsselindustrie *f*; **– du droit** Rechtsgebiet *n*, Rechtsbereich *m*; **– économique** Wirtschaftszweig; **– d'entreprise** Betriebs- *od.* Unternehmenszweig; **– exportatrice** Exportbranche; **– d'industrie** *ou* **industrielle** Industriezweig, Branche *f*; **– maternelle** mütterliche Linie; **– paternelle** väterliche Linie; **– de production** Produktionszweig; **– professionnelle** Berufszweig *od.* -sparte.

branchement *m* (1) *(a. DV)* Verzweigung, (2) Nebenleitung; **dispositif de –** Anschlußvorrichtung; **tableau de –** Schaltbrett.

braquage *m* (1) *(StR)* Banküberfall *m*, (2) *(Rad)* Einschlag, (3) Ausschlag.

braquer *(StR)* (eine Bank) überfallen.

brassard *m* Armbinde *f*.

brasser *v.tr.d.* (1) *(Bier)* brauen, (2) *(Geschäfte)* machen.

brasserie *f* Brauerei *f*.

bref *adj* kurz, gedrängt; **en –** mit einem Wort, kurzum; **soyez – !** fassen Sie sich kurz.

bretelle *f (Autobahn)* Zubringer, Abzweigung.

brevet *m* (1) *(PatR: titre de propriété industrielle)* Patent *n*, Hauptpatent, (2) *(SchulR: diplôme)* (Prüfungs-)Zeugnis, Diplom; **acte en –** notarielle Urkunde, Originalurkunde (ohne Vollstreckungsklausel, vom Notar an die Parteien ausgehändigt); **action en annulation d'un –** Patentnichtigkeitsklage; **affaire en matière de –** Patentstreitsache *f*; **agent de –** *ou* **avocat de –** Patentanwalt *m*; **cession de –** Patentübertragung; **contrefaçon de –** Patentverletzung; **date de la délivrance du –** Zeitpunkt der Patenterteilung; **déchéance du –**
Erlöschen des Patents, Aberkennung *od.* Verfall *od.* Ablaufen des Patents (Aut); **délivrance de –** Patenterteilung; **demande de –** Antrag auf Patenterteilung, Patentgesuch *od.* -anmeldung; **déposer une demande de –** (eine Erfindung) zum Patent anmelden; **description du –** Patentbeschreibung; **détenteur d'un –** Patentinhaber *m*; **droit au –** Recht *n* auf das Patent; **droit découlant du –** Recht aus dem Patent; **droit des –s** Patentrecht; **durée du –** Patentdauer *f*; **effet du –** Patentwirkung; **exploitation d'un –** Patentverwertung; **extinction du –** Erlöschen des Patents; **législation sur les –s** Patentgesetzgebung *f*; **litige en matière de –s** Patentstreitsache; **mention du –** Patentberühmung; **objet du –** Gegenstand des Patents, Inhalt der Erfindung; **passer en –** eine Urkunde ausfertigen, die in Urschrift ausgehändigt wird; **se prévaloir d'un –** (Patent-)Berühmung; **protection du –** Patentschutz *m*; **rectification** *ou* **redressement du –** Patentberichtigung *f*; **registre des –s** Patentrolle; **refus de –** Zurückweisung des Patentantrages; **restauration de –** Wiederherstellung eines Patentes, Wiedereinsetzung in den vorherigen Stand; **révocation de –** Zurücknahme *od.* Widerruf des Patents; **titulaire du –** Patentinhaber *m*; **usurpation de –** widerrechtliche Aneignung (eines Patents); **violation de –** Patentverletzung.

brevet additionnel (= certificat d'addition) Zusatzpatent; **– d'application** Verfahrenspatent; **– d'aptitude** Befähigungsnachweis; **– de barrage** Sperrpatent; **– de base** Stammpatent; **– délivré** erteiltes Patent; **– demandé** angemeldetes Patent; **– d'enseignement général** Abschlußzeugnis der frz. Realschule; **– étranger** ausländisches Patent; **– d'études (du premier cycle)** (= B.E.P.C.)

frz. Zeugnis der mittleren Reife; – **d'études professionnelles** (= B.E.P.) frz. Berufsausbildungszeugnis n; – **exclusif** Ausschließungspatent; – **expiré** erloschenes od. abgelaufenes Patent; – **industriel** industrielles od. gewerbliches Patent; – **inexploité** unbenutztes Patent.

brevet d'invention Patent, Erfindungspatent, patentierte Erfindung; – **en litige** ou – **litigieux** streitbefangenes Patent; – **de nomination** Bestallungsurkunde f, Ernennungsurkunde f; – **de perfectionnement** Verbesserungspatent; – **de pilote** (1) *(SeeHR)* Lotsenschein m, (2) Pilotenschein; – **de précaution** Sperrpatent, vorläufiges Patent, Vorbeugungspatent; Sicherstellung der Priorität; – **principal** Hauptpatent, Stammpatent (Aut); – **de procédé** Verfahrenspatent; – **de produit** Sach- od. Erzeugnispatent; – **professionnel** *(SchulR)* Abschlußzeugnis n einer frz. Berufsschule, frz. Gesellenbrief m, frz. Facharbeiterbrief m; Befähigungsnachweis; – **de réserve** Vorratspatent; – **de substance nouvelle** Stoffpatent; – **tombé en déchéance** verfallenes Patent; – **de validité réelle** rechtsbeständiges Patent.

brevetabilité f Patentfähigkeit, Schutzrechtsfähigkeit.

brevetable *adj* patentfähig, patentierbar, schutzrechtfähig; **invention –** patentfähige Erfindung.

brevetaire m Patentinhaber m.

breveté m (1) Inhaber eines (Berufs-)Zeugnisses, (2) Patentinhaber m; – **SGDG** (= *sans garantie du gouvernement*) patentiert ohne Haftung des Staates.

breveté *adj* (1) (staatlich) geprüft, (2) patentiert; **droits -és** patentiert od. verbriefte Rechte; **invention -ée** durch ein Patent geschützte Erfindung; **procédé –** patentiertes Verfahren; **produit –** patentiertes Produkt od. Erzeugnis.

breveter *v.tr.d.* patentieren.

brigade f Brigade f, Gruppe f; – **criminelle** *(StR)* Sonderdezernat für Schwerverbrechen; – **douanière** Zollgrenzschutz; – **de gendarmerie** frz. Gendarmerieposten (auf Bezirksebene); – **mondaine** ou **des mœurs** Sittendezernat; – **d'ouvriers** Arbeitsgruppe f, Kolonne f, Trupp m; – **polyvalente** Steuer- und Zollfahndung(sstelle); – **de protection des mineurs** Jugendschutzdezernat; – **de recherche et d'intervention** (= BRI) *(StPR: l'anti-gang)* Dezernat zur Bekämpfung des organisierten Verbrechens; – **des stupéfiants et du proxénétisme** Rauschgiftdezernat n und Sittenpolizei, (kurz:) „die Sitte".

brigadier m (1) *(MilR)* Gefreiter m, (2) *(ArbR)* Vorarbeiter m, Vormann m; – **champêtre** m (B) Feld- od. Flurhüter.

brigand m *(StR)* Bandenmitglied n; (Straßen-)Räuber m.

brigandage m *(StR)* Bandendiebstahl m, Straßenraub m.

bris m (1) *(VersR: bris de verre)* (Glas-)Bruch m, Bruchstelle f, (2) *(StR)* gewaltsames Öffnen, gewaltsames Auf- od. Zerbrechen n; (3) *(SeeHR)* Wrackteile npl; – **de clôture** gewaltsames Eindringen in ein befriedetes Grundstück, Beschädigung f einer Einzäunung; – **de prison** Gefängnisausbruch m; – **de scellés** Siegel- od. Verstrickungsbruch, Arrest- od. Pfandbruch; Verschlußverletzung; – **de ski** Skibruch od. -salat.

briser *v.tr.d.* (1) zerschlagen, zerbrechen, beschädigen, (2) *(Widerstand)* brechen; – **une glace** eine Scheibe einschlagen.

briseur de grève Streikbrecher m.

bristol m *(carton d'invitation)* Einladung f.

brocante f Handel mit Antiquitäten, Trödelhandel m.

brocanter *v.intr.* Antiquitäten an- u. verkaufen; *pej* verhökern.

brocanteur m Antiquitätenhändler m.

brocard m *hist* Rechtssprichwort n.

brouillage *m (Sendung)* Stören *n*, Störgeräusch *n*.
brouillard *m* (1) Nebel *m*. (2) *(HR: main courante)* Kladde *f*; **feu –** Nebelscheinwerfer *m*; **– givrant** Raureif *m*, gefrierende Nässe.
brouilleur *m* Störsender *m*.
brouillon *m* Konzept *n*, Vorentwurf.
broussailles *fpl* Dickicht *n*, Gestrüpp *n*.
bru *f (FamR: belle-fille)* Schwiegertochter *f*.
bruine *f* Sprüh- u. Nieselregen *m*.
bruit *m* (1) Geräusch *n*, Lärm *m*, (2) *fig* Gerücht *n*; **lutte anti- –** Lärmbekämpfung.
brûlé *adj (Gewebe)* versengt; *m* Verbrennungskranker.
brûlure *f* Verbrennung *f*.
brume *f* (feuchter) Dunst *m*.
brumisation *f* Versprühen *n*, Zerstäuben *n*.
brusque *adj* plötzlich, sprunghaft; **virage –** scharfe Kurve.
brut *m (pétrole)* Rohöl *n*, Erdöl; *adj* **matière –e** Rohstoff; **poids –** Bruttogewicht, **salaire –** Bruttolohn.
brut pour net *(HR)* brutto für netto.
brutal *adj* drastisch, hart; **freinage –** Vollbremsung.
brutaliser *v.tr.d. (Kind)* mißhandeln.
brutalité *f* Rohheit *f*, Gewalttätigkeit; **– télévisuelle** Gewalt *f* im Fernsehen.
bruyance *f* Lärmemmission *f*, Lärmbelastung.
bruyant *adj* hoher Lärmpegel, geräuschintensiv.
budget *m* (1) *(HaushR: charges et ressources de l'Etat)* (Staats-)Haushalt *m*, Budget *n*, Etat *m*, (2) *(loi de finances)* Haushaltsgesetz *n*, (3) *(document chiffré)* Haushaltsplan *m*, Voranschlag *m* der öffentlichen Einnahmen u. Ausgaben; **adopter le –** den Haushalt verabschieden; **approbation du –** Haushaltsbewilligung *f*; **arrêter le –** den Haushaltsplan beschließen; **contrôle du –** Haushaltskontrolle *f*; **dresser un –** einen Haushaltsplan aufstellen; **équilibre du –** Ausgeglichenheit des Haushalts; **équilibrer le –** den Haushalt ausgleichen; **établir un –** einen Haushaltsplan aufstellen; **exécution du –** Haushaltsdurchführung; **inscription d'office au –** Zwangsetatisierung; **loi de –** Haushaltsgesetz *n*; **poste du –** Etatposten; **projet de –** Haushaltsvoranschlag *m*, Haushaltsvorlage *f*.
budget additionnel Nachtragshaushalt, Ergänzungsetat; **– administratif** Verwaltungshaushalt; **– analytique** Kostenplan; **– annexe** Sonderhaushalt *m* (von öffentlichen Betrieben ohne juristische Persönlichkeit), Haushalt eines Sondervermögens; **– annuel** Jahresbudget; **– autonome** Sonderhaushalt öffentlicher Betriebe *od.* Anstalten mit eigener Rechtsfähigkeit; **– communal** Gemeindehaushalt; **– complémentaire** Nachtragshaushalt, Ergänzungsbudget; **– en déficit** *ou* **déficitaire** Haushaltsdefizit *n*; **– départemental** Haushalt des frz. Departements; **– des dépenses** Ausgabenplan; **– des dépenses imposées** Auftragsausgaben; **– en déséquilibre** *ou* **non équilibré** unausgeglichener Haushalt; **– en équilibre** *ou* **équilibré** ausgeglichener Haushalt; **– de l'État** Staatshaushalt; **– d'éventualité** vorsorglicher Haushaltsplan; **– d'exercice** Haushaltsplan; **– extraordinaire** außerordentlicher Haushalt; **– familial** Familieneinkommen; **– de fonctionnement** Betriebshaushalt; **– général** Gesamthaushaltsplan.
budget militaire Verteidigungshaushalt; **– ministériel** (1) Gliederung *f* des Haushaltsplans, (2) Einzelplan *m* (eines Ministeriums); **– municipal** Gemeindehaushalt; **– national** Nationalbudget; **– ordinaire** ordentlicher Haushalt; **– prévisionnel** Haushaltsvoranschlag *m*; **– primitif** Haushaltsansatz *m*; **– des recettes** Einnahmen(seite); **– de recherche** Forschungshaushalt; **– rectificatif** *(EU)* Berichtigungs-

budgétaire | **bureau**

haushaltsplan; – **de report** Übertragungshaushalt; – **social** Sozialhaushalt, Etat für Sozialausgaben; – **spécial** Sonderhaushaltsplan; – **supplémentaire** Nachtragshaushalt; – **transitoire** Übergangshaushalt; – **trimestriel** Quartalsbudget; – **des voies et moyens** Voranschlag *m* der laufenden Einnahmen.

budgétaire *adj* Haushalts-, Budget-, Etat-, etatmäßig; **année** – Haushaltsjahr *n*; **autorisation** – Ausgabenbewilligung *f*; **collectif** – Nachtragshaushalt *m*; **contrôle** – Haushaltsprüfung; **crédits** –s Ausgabemittel *npl*; **déficit** – Haushaltsdefizit *ndroit* – Haushaltsrecht, Budgetrecht; **moyens** –s Haushaltsmittel; **poste** – Etatposten; **prévision** – Haushaltsvoranschlag *m*; **rallonge** – Nachtragshaushalt; **situation** – Haushaltslage *f*; **voies et moyens** –s Einnahmequellen *fpl* des Haushalts.

budgétisation *f (SozR)* Übernahme in den Staatshaushalt.

building *m* Hochhaus *n*.

bulldozer *m* Planierraupe *f* (mit Fronträumschild).

bulletin *m* (1) *(information, publication)* Bericht *m*, Blatt *n*, Veröffentlichung *f*, (2) *(certificat, récépissé)* Schein *m*, Bescheinigung *f*, Zettel *m*, Beleg *m*, (3) *(bulletin de vote)* Wahlzettel *m*, Stimmzettel; – **d'accompagnement** Begleitschein *m*; – **des annonces légales obligatoires** (= BALO) Amtsblatt für gesetzlich vorgeschriebene Bekanntmachungen der an der Börse notierten frz. Kapitalgesellschaften; – **de bagages** Gepäckschein *m*; – **blanc** ungültiger *od*. unbeschriebener Stimmzettel *m*.

bulletin du casier judiciaire Strafregisterauszug *m*; – **de chargement** Ladeschein; – **de commande** Bestellschein, Bestellkarte; – **de consigne** Gepäckaufbewahrungsschein; – **contesté** *(WahlR)* beanstandeter Wahlzettel; – **de la cote** *(BörR)* Kurszettel; – **de déchargement** Ausladeschein; – **de déclaration** Anmeldeschein, Meldezettel; – **de dépôt** Aufbewahrungsschein *m*; Einlieferungsschein *m*; Lagerschein *m*; – **électoral** Stimmzettel; – **d'expédition** Versandschein; – **d'expédition de colis postal contre remboursement** Nachnahmepaketkarte; – **de garantie** Garantieschein; – **d'information** Mitteilungsblatt *n*; – **d'informations** *(à la radio)* Nachrichten *fpl*; – **de livraison** Lieferschein; – **des lois** Gesetzblatt, Gesetzessammlung; – **météorologique** Wetterbericht.

bulletin de naissance Geburtsurkunde; – **nul** ungültiger Stimmzettel; – **officiel** Amtsblatt *n*, Gesetzes- u. Verordnungsblatt; – **officiel des annonces commerciales** (= BOAC) Bekanntmachungsblatt für die Eintragungen im frz. Handelsregister; – **officiel des annonces de marchés publics** (= BOAMP) frz. amtliches Ausschreibungsblatt; – **de paye** Lohnstreifen *m*, Lohnzettel; – **de pesage** Wiegekarte; – **de recherches** *(StPR)* Fahndungsblatt; – **de remboursement** (S) Nachnahmeschein (S); – **de salaire** Lohnzettel *m*, Gehaltsabrechnung; – **scolaire** Schülernotenheft u. Personalbogen; – **signalétique** Referateblatt; – **de souscription** Zeichnungsschein; – **de transport** Beförderungsschein; – **de versement** Einzahlungsschein, Zahlkarte; – **de vote** Stimmzettel *m*.

buraliste *m* (1) Schalterbeamte(r), Angestellter am Kassenschalter, (2) Inhaber eines frz. *bureau de tabac*, d.h. einer amtlich genehmigten Steuermarkenverkaufsstelle, Tabaktrafikant (Aut).

bureau *m* (1) *(ArbR)* Büro *n*, Abteilung (im Betrieb), (2) *(VwR)* Referat *n*, Dienststelle *f*, Dezernat *n*, (3) *(d'un avocat)* Kanzlei *f*, (4) *(ZR: Verein)* Vorstand *m*, Präsidium *n*, (5) *(VR: UNO)* allgemeiner Ausschuß, (6) *(Presse)* Agentur; **chef de** – Dienststellen- *od*. Abtei-

lungsleiter; Bürovorsteher *m*, Bürochef *m*, Referent *m*; **emploi de –** Bürotätigkeit.
bureau d'achat Einkaufsabteilung; **– d'admission** Aufnahmebüro, Zulassungsstelle; **– d'adjudication** *(VwR: marchés publics)* staatliche Stelle für die Überprüfung öffentlicher Aufträge; **– d'aide sociale** Sozialamt *n*; **– d'affrètement** Frachtenbüro, Verfrachtungsbüro; **– d'aide sociale** Sozialamt *n*; **– annexe des douanes** Zollnebenstelle; **– d'arbitrage** Schiedsstelle; **– d'arrivée** Bestimmungspostamt; **– de l'Assemblée nationale** Präsidium der frz. Nationalversammlung; **– d'assistance judiciaire** Prozeßkostenhilfe – Bewilligungsstelle; **– auxiliaire** Nebenstelle; **– de bienfaisance** Wohlfahrtsamt, Wohlfahrtsstelle; **– central** Zentralstelle *f*; **– centralisateur** Sammelstelle *f*; **– de change** Wechselstube *f*; **– de chèques postaux** Postscheckamt; **– collecteur** Sammelstelle *f*; **– collectif** Großraumbüro *n*; **– de conciliation** (1) *(i.w.S.)* Gütekammer *f*, Gütestelle, Schlichtungsstelle, (2) *(du conseil de prud'hommes)* Schlichtungskammer *f*; **– confédéral** Verbandspräsidium *n*, Vorstand *m*; **– de consultations juridiques** Rechtsberatungsstelle, Rechtsauskunftsstelle *f*; **– du contentieux** Rechtsabteilung; **– du courrier** Posteingangs- u. Ausgangsstelle *f*; **– de dépôt** Hinterlegungsstelle; **– de destination** (1) Empfangsamt, (2) (UPU) Bestimmungspostamt; **– de distribution** (UPU) Zustellungspostamt.
bureau de douane Zollstelle *od*. -amt; **– – de départ** Abgangszollstelle; **– – de destination** Bestimmungszollstelle; **– – d'entrée** Eingangszollamt; **– – intérieur** Inlandszollamt, Binnenzollstelle; **– de passage** Durchgangszollstelle *od*. -zollamt.
bureau électoral Wahlamt, Wahllokal, Wahlleitung; **– d'embauchage** Personalabteilung; Arbeitsvermittlung; **– d'émission** Ausgabestelle; **– d'emploi** Arbeitsamt; **– d'enregistrement** (1) amtliches Register; Registrierungsstelle, (2) Gepäckaufgabe- u. -abfertigungsstelle; **– de l'état civil** Standesamt; **– d'études** (1) Konstruktionsbüro, (2) *(VwR)* Planungsstelle; **– exécutif** Exekutivbüro; **– expéditeur** Absendeamt; **– d'expédition** Abfertigungsstelle; **– fédéral de la propriété intellectuelle** (S) Eidgenössisches Amt für geistiges Eigentum; **– fiduciaire** Treuhandstelle; **– de fret** *(SeeHR)* Laderaumvermittlungsstelle.
bureau-frontière *m* **de douane** Grenzzollamt.
bureau international des déclarations de décès internationales Büro für Todeserklärungen; **– des poids et mesures** Internationales Büro für Maß und Gewicht; **– du travail** (= BIT) Internationale Arbeitsorganisation (= ILO); **– de l'Union postale universelle** Büro des Weltpostvereins.
bureau de jugement *(ArbR: Conseil de prud'hommes)* Spruchkammer (des frz. Arbeitsgerichts); **– de liaison** Verbindungsstelle; **– liquidateur** Abwicklungsstelle; **– de la main-d'œuvre** Arbeitsamt *n*; **– des objets trouvés** Fundbüro, Fundamt; **– d'origine** (= UPU) Einlieferungsamt, Abgangsamt; **– payeur** Zahlstelle *f*; **– de la place** *(MilR)* Kommandantur; **– de placement** Arbeitsvermittlungsstelle, Arbeits- *od*. Stellennachweis *m*; **– de police** (B) Polizeikommissariat *n*, Polizeirevier; **– politique** Politbüro *n*.
bureau de poste Postamt; **– de presse** Presseabteilung; **– public de placement** Arbeitsamt, amtlicher Stellennachweis; **– de recherches douanières** frz. Zollfahndung; **– de recette** Einnahmestelle; **– de recrutement** frz. Wehrersatzamt; **– réexpéditeur** (UPU) nachsendendes Postamt; –

spécialisé *(VwR: Ministerium)* Fachreferat *n*.
bureau de tabac frz. amtlich genehmigte Tabak- u. Steuermarkenverkaufsstelle, Tabaktrafik *m* (Aut); **– de l'Union internationale pour la protection des œuvres littéraires et artistiques** Büro des internationalen Verbandes zum Schutze von Werken der Literatur und Kunst; **– de l'Union internationale pour la protection de la propriété industrielle** Internationales Büro für gewerblichen Rechtsschutz; **– de validation** *(Lotto)* Annahmestelle; **– de vente** Verkaufsabteilung, Vertriebsstelle, Verkaufsbüro.
bureau de vote Wahllokal *n*, Wahlraum *m*; **président du – –** Wahlvorsteher *m*, Wahlvorstand *m*.
bureaucrate *m* Bürokrat *m*.

bureaucratie *f* Bürokratie *f*; Beamtenschaft *f*; *pej* Amtsschimmel.
bureautique *f* Büroorganisation *f*, Büro- und Informationstechnik *f*, Bürokommunikation; integrierter Büroarbeitsplatz.
but *m* Ziel *n*, Zweck *m*, Planziel; **dans le – de** in der Absicht; **de – en blanc** ohne Überlegung, unbesonnen; **association sans – lucratif** Idealverein *m*, nichtwirtschaftlicher Verein, Verein ohne Gewinnzweck; **poursuivre un –** ein Ziel anstreben; **– essentiel** Hauptziel; **– immédiat** Nahziel; **– lucratif** Erwerbszweck *m*, Gewinnerzielungsabsicht; **– du plan** Plansoll; **– social** Gesellschaftszweck; Vereinszweck; **– d'utilité publique** gemeinnütziger Zweck.
butin *m (MilR)* Feindvermögen *n*.

C

cabine f (LKW) Fahrerhaus n; – **téléphonique à cartes** (Telefonkarten-)Telefonzelle f, öffentlicher Fernsprecher.

cabinet m (1) (ÖfR) Ministerrat m, Regierung f, Kabinett n, Ministerium n, (2) (VwR) Planungsstab m, Dienststelle f, (engere) Mitarbeiter mpl, (3) Anwaltsbüro n, Rechtsanwaltskanzlei f; **conseil de** – Ministerrat (unter Vorsitz des frz. Premierministers); – **d'affaires** Geschäftsbesorgungsdienst, Auftragsod. Vermittlungsbüro n; – **d'avocat** Rechtsanwaltsbüro od. -kanzlei; – **de consultation** Beratungszimmer; – **fantôme** Schattenkabinett n; – **fédéral** Bundeskabinett; – **de groupe** (Ärzte) Gemeinschaftspraxis; – **ministériel** (1) (i.w.S.) Ministerrat, Kabinett, Regierung, (2) (i.e.S.) persönliche Referent(en) des Ressortministers; – **de minorité** Minderheitsregierung f; – **de techniciens** mit Fachleuten besetztes Kabinett; – **de transition** Übergangsregierung.

câblage m (1) (Fernsehen) Verkabelung, (2) Schaltverbindung.

câble m (1) Kabel n, (2) Drahtseil n, Schnur f, (3) (Schiff) Leine f; – **d'alimentation** Stromversorgungskabel, Speiseleitung.

câblé adj: **télévision –e** Kabelfernsehen.

cabotage m Küstenschiffahrt f.

caboteur m Küstenfahrer m; Küstenschiff n.

cachet m (1) (sceau) Siegel m, Stempel m, (2) (rétribution d'un artiste) Gage f, Honorar m; **courir le** – Privatstunden geben; **lettre de** – (hist) königlicher Verhaftungsbefehl; – **de contrôle** Kontrollstempel m; – **d'entrée** Einreisestempel; – **d'oblitération de la poste** Poststempel; – **du service** Dienststempel; – **de sortie** Ausreisestempel.

cachetage m Versiegeln n.

cacheter v.tr.d. (ver)siegeln; **cire à** – Siegellack.

cachette f Schlupfwinkel m, Versteck n; **en** – heimlich.

cachot m Kerker m, strenger Arrest.

cadastral adj Grundbuch-; **plan** – amtliches vermessungstechnisches Verzeichnis; **revenu** – Grundsteuer.

cadastre m Kataster m/n; Vermessungswesen; frz. Landesvermessungsamt; **extrait du** – Katasterauszug m; Grundbuchauszug (S); **registre du** – Katasterbuch; **relevé du** – Katasterauszug; – **parcellaire** Liegenschaftskataster.

cadastrer (ein Grundstück) amtlich vermessen; im Kataster eintragen.

cadavérique adj: **rigidité** – Leichenstarre f.

cadavre m Leiche f, Leichnam m.

cadeau m Geschenk n, unentgeltliche Zuwendung; – **de fiançailles** Verlobungs- od. Brautgeschenk; – **de mariage** Hochzeitsgeschenk; – **publicitaire** Werbegeschenk; – **d'usage** Gelegenheitsgeschenk, übliches Geschenk.

cadence f Zeitfolge f, Frequenz f, Tempo n, Geschwindigkeit; – **de chargement** Umschlagsleistung; – **de sortie** Ausstoß.

cadran m Skalenscheibe; – **d'appel** (Telefon) Wählscheibe.

cadre m (1) (ArbR, SozR: salarié occupant un poste de responsabilité) Führungskraft f, leitende(r) Angestellte(r), Leiter m, Vorgesetzter m, Verantwortlicher m, (2) (BeamR: corps de fonctionnaires) (Beamten-) Besoldungsgruppe f; Behördenaufbau m, (3) (MilR) Stammpersonal n, Kader m; Verband m, (4) Rahmen m, Plan m, Anlage f, Entwurf m;

99

hors – außerplanmäßig; **accord –** Rahmenabkommen *n*; **loi –** Rahmengesetz *n*; **– d'active** *(MilR)* Offizier im aktiven Dienst; **– confirmé** berufserfahrene Führungskraft; **– dirigeant** Topmanager; **– moyen** höherer Angestellter; **– subalterne** Aufsichtskraft; **– supérieur** leitender Angestellter, Führungskraft.

cadres *mpl (BW) mpl* Führungskräfte *fpl*, Aufsichtspersonen *fpl*, leitende Angestellte *pl;* **– administratifs** *(BeamR)* höherer *od.* gehobener Dienst; **– de direction** *ou* **dirigeants** *(ArbR)* Topmanagement *n*, Führungskräfte; **– moyen**s (1) *(ArbR)* mittleres Management, (2) *(BeamR)* mittlerer *od.* gehobener Dienst; **– subalternes** (1) *(ArbR)* Aufsichtspersonal, – (2) *(BeamR)* einfacher Dienst; **– supérieurs** (1) *(ArbR)* Führungskräfte, (2) *(BeamR)* höherer Dienst.

caduc, caduque *adj* ungültig, unwirksam; verfallen, verlustig, veraltet, obsolet; **legs –** hinfälliges Vermächtnis.

caducité *f* Unwirksamkeit (eines Rechtsgeschäfts), Hinfälligkeit *f*, Kaduzierung, Verlusterklärung; **– d'agrément** Ablauf der Genehmigung.

cagoule *f (StR)* Vermummung *f*.

cahier *m* Heft *n*; **– d'accompagnement** Begleitheft; **– des charges** *(VwR)* Ausschreibungs- *od.* Verdingungsunterlagen *fpl*, Lastenheft *n*, Vertragsbedingungen (für Bauleistungen); Leistungsverzeichnis *od.* -beschreibung; **– des clauses administratives générales** frz. Verdingungsordnung; **– des clauses et conditions générales** Leistungsverzeichnis *n*, Ausschreibungsunterlagen *fpl*; **– des clauses générales concernant les marchés publics des travaux de construction** Verdingungsordnung für Bauleistungen; **– de crédits** Nachtragshaushalt *m*; **– des prescriptions communes** allgemeine technische Vorschriften; **– des prescriptions spéciales** zusätzliche technische Vorschriften; **– de revendications** Katalog *od.* Zusammenstellung der Forderungen.

caisse *f* (1) Kasse *f*, Zahlstelle *f*, Kassenschalter, Einzahlungsstelle, (2) Kiste *f*, Kasten *m*; **affiliation à une –** *(SozR)* Mitgliedschaft bei einer (Kranken-)Kasse; **arrêté de –** Kassenabschluß *m*; **avance de –** Kassenvorschuß *m*; **avoir en –** Kassenbestand *od.* -guthaben *n*; **bon de –** Kassenanweisung; **bordereau de –** Kassenzettel *m*; **déficit de –** Kassendefizit *n*, Kassenfehlbetrag *m*; **escompte de –** Barzahlungsnachlaß *m*, Skonto *m*; **excédent de –** Kassenüberschuß *m*; **gestion de –** Kassenführung *f*; **livre de –** Kassenbuch; **montant en –** Kassenbestand *m*; **mouvement de –** Kassenumsatz *m*; **rentrées de –** Kasseneingänge *pl;* **relevé de –** Kassenausweis *m*, Kassenbericht; **situation de –** (1) Kassenbestand *m*, (2) Kassenbericht *m*; **sorties de –** Kassenausgänge *pl;* **tenir la –** die Kasse führen; **unité de –** Kasseneinheit; **vérification de –** Kassenprüfung, Kassensturz *m*.

caisse d'affiliation gesetzliche Krankenkasse; **– agréée** genehmigte *od.* zugelassene Kasse; **– d'allocations familiales** frz. Kasse für Familienzulagen; **– d'assurance** Versicherungsanstalt; **– d'assurance-maladie** Krankenversicherung, Krankenkasse; **– d'assurance mutuelle** Versicherungsverein auf Gegenseitigkeit; **– d'assurance-vieillesse** Altersvorsorgekasse; **– auxiliaire** Nebenkasse; **– centrale** Zentralkasse; **– de chômage** Arbeitslosenversicherung; **– commune** Gemeinschaftskasse; **– de compensation** Verrechnungskasse *od.* -stelle; **– complémentaire** Zusatzkasse; **– de crédit** Kreditanstalt; **– de crédit agricole** landwirtschaftliche Kreditbank; **– de crédit foncier**

Bodenkreditanstalt; – **de crédit municipal** Pfandleihhaus (einer Gemeinde); – **de décès** Sterbekasse; – **de dépôts** Depositenkasse; – **des dépôts et consignations** (= CDC) frz. Hinterlegungs- u. Konsignationszentralkasse; – **enregistreuse** Ladenregistrierkasse; – **d'entraide** Hilfskasse, Sozialfonds; – **d'entreprise** Betriebspensionskasse.

caisse d'épargne Sparkasse; **livret de – –** Sparkassenbuch; **– – logement** Bausparkasse; **– – postale** Postsparkasse.

caisse fédérale (S) Bundeskasse (S); – **de garantie** Garantie- od. Gewährleistungskasse; – **de grève** Streikkasse; – **de maladie** Krankenkasse; – **de maladie d'entreprise** Betriebskrankenkasse; – **de maladie privée** private Krankenversicherung; – **mutualiste** Versicherungsverein auf Gegenseitigkeit; – **mutuelle de garantie** Gewährleistungsverein auf Gegenseitigkeit; – **nationale** frz. Zentral(kranken)kasse; – **nationale de sécurité sociale** frz. zentrale Sozialversicherungsanstalt; – **noire** Reptilien- od. Geheimfonds m; – **de pensions** Pensions- od. Ruhegeldkasse; – **de péréquation** Ausgleichskasse; – **de prêts** Darlehenskasse; – **de prévoyance** Unterstützungs- od. Versorgungskasse; – **de prévoyance des mineurs** Knappschaftskasse; – **primaire** Ortskrankenkasse; – **principale** Hauptkasse; – **de réassurance** Rückversicherungsanstalt f; – **régionale** Bezirkskrankenkasse; – **des règlements et paiements** Auszahlungskasse; – **de retraite** Pensionskasse; Altersversorgungskasse; – **de retraite complémentaire** Zusatzversorgungskasse; – **de secours** Hilfs- od. Unterstützungskasse; – **de Sécurité sociale** Sozialversicherungskasse; – **de versement** Einzahlungskasse; – **de virement** Giro- od. Verrechnungskasse.

caissier m (1) *(ÖfR)* Kassenbeamte(r) m, (2) Kassenführer m, Kassierer m; – **comptable** Kassierer und Buchhalter.

calaison f Tiefgang m (eines Schiffs).

calamité f schwerer Unglücksfall, Naturkatastrophe f.

calcul m Berechnung, Überschlag m der Kosten; Kalkulation; **erreur de –** Kalkulationsfehler; **faire un mauvais –** a. fig. sich verrechnen; **plafond de – des cotisations** Beitragsbemessungsgrenze; – **des coûts** Kostenkalkulation; – **des coûts effectifs** ou **réels** Istkostenrechnung; – **des coûts théoriques** Plankostenrechnung; – **des délais** Fristberechnung; – **des délais par heure** ou **minute** Naturalkomputation; – **des délais par jour** Zivilkomputation; – **de l'impôt** Steuerschuldermittlung; – **des intérêts** Zinsberechnung; – **de la peine** *(StR)* Strafzu- od. -bemessung; – **des primes** Prämienberechnung; – **des prix** Preiskalkulation; – **des probabilités** Wahrscheinlichkeitsrechnung; – **de la rente** Rentenberechnung; – **du revenu** Einkommensermittlung; – **des risques** Risikoeinschätzung; – **du salaire** Lohnberechnung; – **de la valeur** Wertbemessung od. -berechnung.

calculable adj berechenbar.

calculateur m *(DV)* Rechenanlage od. -gerät, Rechner: – **analogique** Analogrechner; – **numérique** Digitalrechner.

calculatrice f (Klein-)Rechner, Rechenmaschine.

calculer v.tr.d. berechnen, bemessen; *(Preise)* kalkulieren.

calculette f Taschenrechner m.

calendrier m Zeitplan m, Terminkalender m; – **électoral** Wahlkalender m, Wahltermine pl.

calepin m Notizblock m.

calomniateur m Verleumder m.

calomnie f *(StR)* Verleumdung f.

calomnier v.tr.d. verleumden.

calomnieux adj: **dénonciation –se** *(StR)* falsche Verdächtigung.

calque *m* Deckpause *f*, Deckblatt *n*, Transparent *n*; – **bleu** Blaupause.
camarade *m (ArbR)* Kollege *m*.
cambiaire *adj*: **droit** – Wechselrecht *n*; **rapport** – Wechselverbindlichkeit (als abstrakte Forderung.
cambiste *m (BörR)* amtlicher Devisenhändler.
cambriolage *m (StR: vol avec effraction)* Einbruch *m*, Einbruchsdiebstahl *m*.
cambrioler *v.tr.d. (StR)* einbrechen, einen Einbruchsdiebstahl begehen.
cambrioleur *m* Einbrecher *m*.
camelote *f umg* Schund(ware), minderwertige Ware.
camion *m* Lastkraftwagen (= LKW); – **benne** Kipper *m*.
camionnage *m* Rollfuhr *f*, Beförderung mit LKW.
camionneur *m* (1) Rollfuhrunternehmer, (2) LKW-Fahrer.
camisole de force Zwangsjacke.
camouflage *m* Verschleierung *f*, Tarnung; – **du bilan** Bilanzkosmetik *f*.
camoufler *v.tr.d.* tarnen, verschleiern.
camp *m* Lager *m*; Partei *f*; – **d'accueil** Auffanglager; Aufnahmelager; – **de concentration** Konzentrationslager *n*; – **d'extermination** Vernichtungslager; – **d'internement** Internierungslager; – **pénitentiaire** Straflager; – **de prisonniers de guerre** Kriegsgefangenenlager; – **de réfugiés** Flüchtlingslager; – **de transit** Durchgangslager; – **de travail** Arbeitslager.
campagne *f* (1) *(étendue de terrain)* Land *n*, (2) *(expédition, opération)* Feldzug *m*, (3) *(période d'affaires)* Wirtschaftsjahr *n*; **crédit de** – Saisonkredit *m*; – **de commercialisation** Vermarktung *f*.
campagne électorale Wahlkampf *m*; **frais de la** – – Wahlkampfkosten.
campagne d'incitation Hetzkampagne *f*; – **de lancement** *(HR)* Einführungswerbung *f*; – **présidentielle** Präsidentschaftswahlen (in Frankreich); – **de presse** Pressekampagne; – **de production** Erzeugungsjahr; – **publicitaire** *ou* **de publicité** Werbefeldzug *m*.
campement *m* Lager(platz).
camper zelten; – **sur ses positions** auf seinem Standpunkt beharren.
campeur *m* Zelter *m*.
canal *m* Kanal *m*; *(fig)* Vermittlung; **par le** – **de** durch.
cancellation *f* Annulierung *f*, Streichung; Vernichtung (des Testaments).
cancer *m*: **dépistage précoce du** – Früherkennung *f* von Krebserkrankungen; **examen de dépistage du** – Krebsvorsorgeuntersuchung *f*.
candidat *m* (Wahl)Kandidat *m*, Bewerber *m* (um ein Amt); Prüfling *m*, Anwärter *m*; **être** – kandidieren; **être** – **à un poste** sich um eine Stelle bewerben; **liste des –s** Bewerber- *od.* Kandidatenliste; Wahlvorschlag *m*; **présenter des –s** Bewerber *od.* Kandidaten vorschlagen; – **à la députation** Wahlkandidat für die Nationalversammlung; – **aux élections** Wahlkandidat.
candidature *f* Kandidatur *f*, Bewerbung, Wahlvorschlag *m*; Amtsanwartschaft *f*; **acte de** – Bewerbung, Bewerbungsgesuch *n*; **appel de –s** (Stellen-)Ausschreibung; **constitution du dossier de** – Zusammenstellung der Bewerbungsunterlagen; **dépôt de –s** Einreichung der Wahlvorschläge; **dossier de** – Bewerbungsunterlagen *fpl*; **faire acte de** –, **poser sa** – sich bewerben um (ein Amt *od.* eine Stelle); **retenir une** – eine Bewerbung berücksichtigen.
canibaliser (Geräte) ausschlachten.
canon *m* (1) *(loi ecclésiastique)* Kanon *m*, Kirchengesetz *n*, (2) *(idéal, type)* Vorbild *n*, Muster *n*, Regel *f*, Richtschnur *f*, (3) Geschütz *n*, Kanone *f*, (4) *(SchuldR: canon emphytéotique)* Mietzins *m*, (5) *(VerfR)* Vorschrift *f*, Lehrsatz *m*; **droit** – *ou* **canonique** Kirchenrecht; – **à eau** Wasserwerfer *m*.

canonnière *f* Kanonenboot *n*.
canot *m* Kahn; **– de sauvetage** Rettungsboot *n*.
canton *m* (1) *(VerfR, VwR: circonscription administrative)* Bezirk *m*, frz. Wahlkreis, (2) (S) Kanton *m*; **– concordataire** (S) Konkordatsod. Vertragskanton (S); **– de domicile** Wohnsitzkanton (S); **– judiciaire** (B) Gerichtsbezirk des Friedensrichters; **– d'origine** Heimatkanton (S).
cantonal *adj* kantonal; **élections –es** Wahl der Departementsversammlung (in Frankreich).
cantonnement *m* (1) *(MilR)* Einquartierung, Verlegung von Truppen, Ortsunterkunft *f*, (2) Forstbezirk *m*, (3) *(SachR)* Grundstücksabmarkung; **– de pêche** Fischereirevier *n*; **– de la saisie-arrêt** *(ZwangsVR)* Beschränkung der Pfändung auf den eingeklagten Betrag.
cantonner (1) einquartieren, unterbringen, (2) beschränken, (3) eingrenzen, abmarken; **se –** sich beschränken auf.
cantonnier *m* Straßenarbeiter *m*, Straßenfeger *m*.
cap *m a. fig.* Kurs *m*.
capable *adj* (1) *(ZR)* rechtsfähig; geschäftsfähig; handlungsfähig, (2) *(ArbR)* tauglich, geeignet, imstande; **– de contracter** vertragsfähig; **– juridiquement** rechts- od. geschäftsfähig; **– de témoigner** fähig, Zeuge zu sein; **– de tester** testierfähig.
capacité *f* (1) *(SchuldR: aptitude juridique, sens général et indéterminé)* Handlungsfähigkeit *f*, Rechts- u. Geschäftsfähigkeit *f*, (2) *(SchuldR: capacité de jouissance)* Rechtsfähigkeit, (3) *(SchuldR: capacité d'exercice)* Geschäftsfähigkeit, (4) *(ArbR: faculté, compétence)* Fähigkeit *f*, Vermögen *n*, Befähigung *f*, Eignung *f*, Tauglichkeit, (5) *(Technik)* Aufnahmefähigkeit, Speicherkapazität; **priver de la –** *(ZR)* entmündigen.
capacité d'accueil *(Schule)* Aufnahmefähigkeit; **– d'adaptation** Anpassungsfähigkeit; **– d'agir** Handlungsfähigkeit; **– d'autofinancement** *(BW)* Selbstfinanzierungsmöglichkeiten *fpl*; **– de charge** (1) *(Schiff)* Lade- od. Tragfähigkeit, (2) *(Fahrzeug)* Fassungsvermögen; **– civile** *(ZR)* Geschäftsfähigkeit; **– de conclure des conventions collectives** *(ArbR)* Tariffähigkeit; **– de concurrence** *(HR)* Wettbewerbsfähigkeit; **– de contracter** *ou* **contractuelle** Vertrags- od. Geschäftsfähigkeit; **– contributive** Steuerbelastbarkeit; **– délictuelle** *(ZR: unerlaubte Handlung)* Deliktsfähigkeit; **– de discernement** Einsichts- od. Urteilsfähigkeit; **– de disposer** *(ZR)* Verfügungsrecht; **– de dissuasion** *(Pol)* Abschreckungspotential; **– en droit** juristische frz. Staatsprüfung (nach 2 Jahren Universitätsstudium); **– de droit des gens** Völkerrechtsfähigkeit; **– de droit privé** Rechts- od. Geschäftsfähigkeit (im Rahmen des Privatrechts).
capacité électorale *(Pol)* aktives Wahlrecht, Wahlberechtigung; **– d'ester en justice** *(PrzR)* Prozeßfähigkeit, Fähigkeit vor Gericht zu stehen; **– excédentaire** Kapazitätsüberhang *m*; **– d'exercice** *(ZR)* Geschäftsfähigkeit, Handlungsfähigkeit; **– financière** Finanzkraft *f*; **– fiscale** steuerliche Leistungsfähigkeit; **– de gagner sa vie** Unterhaltsfähigkeit; **– de jouissance** *(ZR)* Rechtsfähigkeit; **– juridique** Rechts- *u./od.* Geschäftsfähigkeit; **– matrimoniale** Ehefähigkeit; **– de mémoire** *(DV)* Speicherkapazität; **– de paiement** Zahlungsfähigkeit; **– partielle** *(SchuldR)* beschränkte Geschäftsfähigkeit; **– physique** *(ArbR)* körperliche Eignung, Tauglichkeit; **– politique** Mündigkeit des Staatsbürgers; **– pour prêter serment** Eidesfähigkeit, Eidesmündigkeit; **– de production** Produktionskapazität; **– professionnelle** fachliche Eignung, Fachwissen *n* u. Fachkönnen.

capacité de rendement Leistungsfähigkeit, Leistungsvermögen; Ertragsfähigkeit; **– de service** *(BeamR)* Dienstfähigkeit; **– de stockage** Lagerkapazität; **– de témoigner** *(PrzR)* Fähigkeit, Zeuge zu sein; **– de tester** *(ErbR)* Testierfähigkeit; **– testimoniale** *(PrzR)* Aussagefähigkeit (vor Gericht); **– de trafic** Verkehrskapazität; **– de transport** Transportraum *m*.

capacité de travail Arbeits- *od*. Erwerbsfähigkeit; **diminution de la – –** Minderung der Erwerbsfähigkeit.

capacité utile (1) nutzbares Fassungsvermögen, (2) *(Schiff)* Frachtraum *od*. -tonnage; **– utilisable** Nutzlast.

C.A.P.E.S. *m (SchulR: Certificat d'aptitude pédagogique à l'enseignement secondaire)* Befähigung für das höhere Lehramt.

capitaine (1) *(SeeHR. navire)* Schiffsführer, Kapitän, (2) *(MilR)* Hauptmann, (3) *(Sport)* Mannschaftsführer; **– au long cours** Kapitän auf großer Fahrt; **– de port** Hafendirektor *m*.

capitainerie *f* Hafenverwaltung.

capital *adj* grundlegend, Haupt-; **écriture –e** (Schrift in) Großbuchstaben; **peine –e** Todesstrafe; **sentence –e** Todesurteil.

1. **capital** *m* (1) *(ZR: principal d'une dette d'argent)* Hauptschuld *f* (im Gegensatz zu den Zinsen), (2) *(SteuerR: somme que l'on fait valoir)* Kapitalvermögen *n*, (3) *(BankR)* Finanzkapital *n*, zinstragender Geldbetrag *m*, Barwert *m*, langfristig zur Verfügung stehende Mittel *npl*, (4) *(GesR: capital social, patrimoine)* Grundkapital *n*, (nominelles) Eigenkapital; Betriebs- *od*. Gesellschaftsvermögen, (5) *(Vwirt: toute richesse destinée à produire un revenu)* Produktionsmittel *npl*, Geld *n* für Investitionszwecke; Gütervorrat, der der Produktion dient, (6) *(Pol.: ensemble de ceux qui possèdent les moyens de production)* Großkapital *n*, Produktionsmittelbesitzer *mpl*, Kapitalisten *mpl*; **action de –** Stammaktie *f*; **allocation en –** Kapitalabfindung; **amortissement du –** Kapitaltilgung *od*. -amortisierung; **assurance- –** Kapitalversicherung; **augmentation de –** Kapitalaufstockung; **besoins en –** Kapitalbedarf *m*; **compte de –** *(HaushR)* Kapitalbudget; **distribution du –** Kapitalausschüttung; **dotation en –** Kapitalausstattung; **évasion du –** Kapitalflucht *od*. -abwanderung; **formation du –** Kapitalbildung; **immobilisation de –** Bindung von Kapital; **impôt sur le –** Kapitalertragssteuer; **indemnité en –** Kapitalabfindung; **intéressement du personnel au – de l'entreprise** Beteiligung der Belegschaft am Unternehmenskapital; **intérêt du –** Kapitalzins *m*; **formation du –** Kapitalbildung; **participation au –** Kapitalanteil *m*, Kapitalbeteiligung; **productivité du –** Kapitalproduktivität; **réduction du –** Kapitalherabsetzung *f*; **revenu du –** Kapitalzins *od*. -profit, Unternehmerlohn.

capital-actions Aktienkapital *n*, Aktienbetrag *m*; **– amorti** amortisiertes Kapital; **– d'apport** Stammkapital, Grundkapital, eingebrachtes Kapital; **– circulant** Umlaufvermögen; **– de commandite** Kommanditeinlagen *pl*; **– commercial** Kapital eines Handelsbetriebes; **– comptable** buchmäßig ausgewiesenes Kapitalvermögen; **– constitutif** Deckungskapital; **– de constitution** Gründungskapital *m*; **– de couverture** Deckungskapital; **– -décès** Sterbegeld *n*, Todesfallkapital; **– en dépôt** Depositen, Einlagenkapital; **– différé** *(VersR)* Erlebensfallkapital; **– disponible** flüssige *od*. verfügbare Mittel; **– de dotation** Ausstattungskapital; **– dû aux tiers** Fremdkapital, aufgenommene Mittel; **– d'emprunt** Fremdkapital; **– engagé** Anlagevermögen *n*; **– entièrement versé** volleingezahltes Kapital;

capital fixe

d'épargne Sparkapital; – **étranger** (1) *(Außh)* Auslandskapital, (2) *(GesR)* Fremdkapital; – **d'exploitation** Betriebsvermögen *n*; – **financier** Finanz- *od.* Geldkapital (der Banken).

capital fixe *(GesR)* Anlagevermögen *n*; – **foncier** Grundvermögen *n*; landwirtschaftliches Betriebsvermögen; – **de la fondation** Stiftungsvermögen; – **de garantie** *(GesR)* Deckungskapital, haftendes Kapital; – **humain** menschliche Ressourcen, Leistungsfähigkeit der Beschäftigten; – **immatériel** Immaterialgüter(rechte), unkörperliche Güter; – **immobilier** Grund *od.* Immobiliarvermögen; – **immobilisé** Anlagevermögen; – **imposable** steuerpflichtige Vermögenswerte *mpl*; – **improductif** totes Kapital; – **industriel** Kapital aus Unternehmereinkommen; – **initial** Stammkapital, Anfangskapital; – **d'investissement** Anlagevermögen *n*; – **juridique** *(GesR)* Grundkapital; – **liquide** flüssiges *od.* verfügbares Kapital.

capital matériel *(GesR)* Sachgüter, Kapitalstock; – **minimum** *(GesR)* Mindestnennbetrag des Grundkapitals; – **mobilier** bewegliches Vermögen; – **monétaire** Kassenbestand, flüssige Mittel; – **national** *(Vwirt)* Ressourcen *pl* (eines Landes); – **nominal** *(GesR)* Grund *od.* Nominalkapital; – **non appelé** nicht eingezahltes Kapital einer A.G.; – **non libéré** nicht eingezahltes Kapital; – **-obligations** Anleihekapital; – **oisif** totes Kapital; – **placé** angelegtes Kapital; – **portant intérêt** zinstragendes Kapital; – **de premier établissement** Anlagekapital; – **prêté** Leihkapital; – **productif** Produktivkapital; – **propre** Eigenvermögen, Eigenkapital; – **de rachat** Rückkaufsumme; – **réel** verfügbare *od.* flüssige Mittel; – **remboursable** Tilgungskapital; – **remboursé** zurückgezahltes Kapital; – **de rente** Deckungsstock *m*; – **roulant**

capitaliste

ou **de roulement** Umlaufvermögen; – **social** *(GesR)* Grundkapital (einer AG); Stammkapital (einer GmbH); – **souscrit** gezeichnetes Kapital; – **technique** *(GesR)* Anlage- u. Umlaufvermögen *n*, Betriebsmittel *npl*; – **-titres** Effektenkapital; – **variable** frei verfügbares Kapital (zur Zahlung der Arbeitskräfte und Erwirtschaftung des Mehrwerts); – **versé** eingezahltes Kapital.

capitale *f* Hauptstadt *f*.

capitalisable *adj* kapitalisierbar.

capitalisation *f* Kapitalisierung, Abzinsung, Berechnung des Gegenwarts- *od.* Barwerts; (künftiger Erträge) **contrat de –** Kapitalansammlungsvertrag *m*; **société de –** Kapitalisierungsgesellschaft; **système de –** *(VersR)* Kapitaldeckungsverfahren; **taux de –** Kapitalisierungssatz *m*; – **boursière** Börsenwert *m* (des Kapitals einer A.G.); – **des intérêts** Anatozismus *m*, Zinseszinsberechnung; – **ouvrière** *(GesR, ArbR)* Beteiligung der Arbeitnehmer am Betriebsvermögen.

capitaliser *v.tr.d.* kapitalisieren; – **les intérêts** die Zinsen kapitalisieren.

capitalisme *m* *(Vwirt)* Kapitalismus *m*; – **atomique** Hochkapitalismus; – **commercial et réglementaire** Frühkapitalismus; – **concurrentiel** Wirtschaftsordnung des freien Wettbewerbs, Verkehrswirtschaft; – **d'État** Staatskapitalismus; – **financier** Finanzkapitalismus; – **industriel et concurrentiel** Hochkapitalismus; – **de groupe** *ou* **moléculaire** Spätkapitalismus; – **monopoliste d'État** (= C.M.E.) (staatlicher) Monopolkapitalismus; – **privé** Privatkapitalbesitz, privates Unternehmertum.

capital-risque *m* Wagniskapital *n*, Risikokapital, venture capital.

capitaliste *m* Kapitalist *m*; Investor *m*, Anleger.

capitaliste *adj* kapitalistisch; **régime –** kapitalistische Gesellschaftsordnung.

capitalistique *adj* kapitalintensiv, mit hohen Investitionen verbunden.
capitation *f (hist)* Kopfsteuer *f.*
2. **capitaux: afflux de –** Kapitalzustrom *od.* -zufluß *m*; **apport de –** (1) Kapitaleinlage *f* (2) Kapitalaufbringung; **balance des –** Kapitalverkehrsbilanz *f*; **besoins en –** Kapitalbedarf; **circulation des –** Kapitalverkehr *m*; **compte des –** *(Bilanz)* Kapitalkonto; **demande de –** Kapitalnachfrage *f*, Kapitalbedarf *m*; **dissimulation de –** Kapitalhinterziehung *od.* -verheimlichung; **émigration de –** Kapitalabwanderung; **emprunt de –** Kapitalanleihe *od.* -aufnahme; **évasion de –** Kapitalflucht; **exportation de –** Kapitalausfuhr; **financement sur – propres** Eigenfinanzierung; **flux de –** Kapitalströme *mpl*; **formation de –** Kapitalbildung; **fuite des –** Kapitalflucht; **marché des –** Kapitalmarkt *m*, Wertpapiermarkt; **mobilisation de –** Flüssigmachen *n* von Vermögenswerten; **mouvement de –** (1) Kapitalbewegung, Kapitalverlegung (2) Kapitalverkehr *m*; **offre de –** Kapitalangebot *n*; **pénurie de –** Kapitalknappheit; **placement de –** Kapitalanlage; **pléthore de –** Kapitalüberfluß *m*; **rapatriement de –** Kapitalrückführung; **revenu de –** Kapitalzins *od.* -ertrag, Einkünfte aus Kapitalvermögen; **société de –** *(GesR)* Kapitalgesellschaft *f*; **transfert de –** Kapitalverkehr, Kapitaltransfer *m*; **versement de –** Kapitaleinzahlung; **vitesse de rotation des –** Dauer *f* des Kapitalumschlags; **volume des – en circulation** Kapitalumsatz *m*.
capitaux étrangers Fremdkapital *n*; **– fébriles** Spekulationsgelder *pl*; **– flottants** vagabundierende Gelder; **– fixes** Anlagekapital; **– liquides, – en numéraire** flüssige Mittel, Barmittel; **– privés** Privatvermögen; **– propres** Eigenkapital.
capitulation *f* Kapitulation *f*, Übergabe *f*, Aufgabe *f*; **– sans conditions** *ou* **inconditionnelle** bedingungslose Kapitulation.
capituler *v.intr.* kapitulieren, sich ergeben, aufgeben, nachgeben.
caporalisme *m (pol)* Militärregime *n*.
capot *m (Kfz)* Motorhaube *f.*
capote *f* Verdeck *n.*
capoter *v.intr. (Schiff)* kentern.
captage *m* Auf- *od.* Einfangen.
captateur *m* **de succession** Erbschleicher.
captation dolosive *(StR)* Erschleichen *n* von Leistungen in betrügerischer Absicht; **– d'eau** Wasserentziehung; **– d'héritage** Erbschleicherei.
captatoire *adj*: **manœuvres –s** Täuschungshandlungen (zur Veranlassung einer Vermögensverfügung).
capter *v.tr.d. (StR)* erschleichen, erschwindeln; abfangen.
capteur *m* Meßfühler *m*, Sensor *m*; **– de trafic** Verkehrsdetektor *m.*
captieux *adj* irreführend, täuschend.
captif *m* Kriegsgefangene(r) *m.*
captivité *f* Kriegsgefangenschaft *f.*
capture *f* (1) *(StR: appréhension)* Verhaftung, Festnahme *f*, (2) *(SeeHR: saisie d'un navire)* Aufbringen *n* (eines Schiffes), (3) Beute *f*, Prise *f.*
capturer *v.tr.d.* (1) festnehmen, verhaften, (2) *(Schiff)* aufbringen.
car *m* Bus; **– de ramassage scolaire** Schulbus *m.*
caractère *m* (1) Charakter *m*, Merkmal *n*, Wesen *n*, Kennzeichen *n*, (2) Schriftzeichen, Buchstabe; **– d'authenticité** Echtheit; **– de commande** *(DV)* Steuerzeichen; **– de contrôle** Prüfzeichen; **– illicite** *m* Widerrechtlichkeit; **– juridique** Rechtscharakter *m*, Rechtsnatur *f*; **– normatif** Normencharakter *m*; **– obligatoire** (Rechts-)Verbindlichkeit; **– problématique** Fragwürdigkeit; **– réglementaire** *(VerfR)* zum Bereich der Regierungsgesetzgebung gehörend.
caractériel *adj* labil, schwer erziehbar, verhaltensgestört; **analyse –le** Charakteranalyse *f*; **disposition –le** Charaktereigenschaft *f*, Anlage *f.*

caractérisation *f* (1) *(StR)* Subsumtion *f*, (2) *(HR)* Beschreibung der Merkmale, Typisierung (von Erzeugnissen).

caractérisé *adj* (1) *(StR: spécifié dans ses éléments constitutifs)* sämtliche (Tatbestands-)Merkmale erfüllend, (2) offensichtlich, erwiesen.

caractéristique *f* Merkmal *n*, Kennzeichen *n*; – **essentielle** *ou* **principale** Hauptmerkmal *n*; – **de fonctionnement** Betriebsmerkmal.

carambolage *m (StVR)* Auffahrunfall *m*.

carambouillage *m ou* **carambouille** *f (StR)* Weiterverkauf *m* unbezahlter Ware.

caravane *f (StVR)* Wohnwagen *m*.

carburant *m* Kraftstoff *m*; – **ordinaire** Normalbenzin *n*.

cardinal *adj* hauptsächlich, Haupt-; besonders wichtig, grundlegend.

carence *f* (1) *(ZR, SozR: insuffisance de ressources d'un débiteur)* Mittellosigkeit *f*, Bedürftigkeit *f* (2) *(ZPR: fait de ne pas faire face à ses obligations)* Mangel *m* an pfändbaren Gütern, Nichterfüllung (einer Verpflichtung), Nichtleistung *f*, (3) *(VwR: inaction)* Untätigkeit *f*, Untätigbleiben *n*, Versagen *n*, (4) *(PrzR)* Nichterscheinen *n*, Fehlen *n*, (5) *(VersR)* Sperrfrist *f*, (6) *(vide juridique)* gesetzloser Zustand; – **certificat de –** (1) *(ErbR)* Bestätigung der Überschuldung des Nachlasses, (2) *(ZwangsVR)* fruchtlose Pfändung; amtliche Feststellung der unzureichenden Konkursmasse; **délai de –** Karenzzeit *f*, Wartezeit; **procès-verbal de –** *(ZwangsVR)* Protokoll über die fruchtlose Pfändung; – **de paiement** Nichtleistung einer Zahlung (bei Fälligkeit).

cargaison *f* Schiffsladung *f*; Lastwagen- *od.* Flugzeugladung; Fracht *f*; **manifeste de –** *(SeeHR)* Liste der geladenen Waren mit Angabe der Herkunft und Bestimmung.

cargo *m* (1) *(SeeHR)* Frachter *m*, Frachtschiff *n*, (2) Transporter *m*, Transportflugzeug *n*.

carnet *n* (1) Notizbuch *n*, (Melde-)Block; (2) *(ZollR)* Carnet *n*, Zollpassierscheinheft *n*; (3) *(WertpR)* Tagebuch *n*, Handbuch *n*; – **d'assurance** Deklarationsbuch *n*; – **de bord** Bordbuch; – **de chèques** Scheckheft *n*; – **de commandes** Auftragsbuch *n*, Auftragsbestand *m*; – **de dépenses** Haushalts- *od.* Ausgabenbuch; – **d'enregistrement** Einschreibebuch; – **d'entretien** Kundendienstheft; – **de mariage** (B) Familienstammbuch; – **de matériel** Geräteheft; – **de maternité** Mutterpaß *m*; – **d'ordres** Bestellscheinheft, Kommissionsbuch; – **de quittances** Quittungsblock *od.* -heft; – **de route** Fahrtenbuch; – **de santé** *(SozR)* Nachweis(heft) von Gesundheitsuntersuchungen (für die Versicherten der gesetzlichen Krankenkassen); – **TIR (= transport international routier)** Zollbegleitscheinheft für unverzollte Güter; – **de véhicule** Kfz-Begleitheft.

carré blanc *(MedienR)* Hinweiszeichen *n* auf jugendgefährdende Sendungen.

carreau de la mine: départ – ab Grube.

carrefour *m (StVR)* Kreuzung *f*, Knotenpunkt *m*.

carrière *f* (1) *(BeamR)* Laufbahn *f*, Berufslaufbahn *f*, Berufsweg *m*, Beruf *m*, beruflicher Werdegang, (2) *(SachR)* Steinbruch *m*; **choisir** *ou* **embrasser une –** einen Beruf wählen *od.* ergreifen; **faire –** arrivieren, Karriere machen; **fonctionnaire de –** Beamte(r) auf Lebenszeit; **juge de –** Berufsrichter *m*; **militaire de –** Berufssoldat *m*; **perspectives de –** Berufsaussichten *fpl*; – **des armes** Laufbahn der Berufssoldaten; – **d'assurance** Gesamtversicherungszeit; – **de gravier** Kiesgrube; – **professionnelle** Berufslaufbahn; – **de sable** Sandgrube; – **-type** Normal-Laufbahn.

carriérisme *m* Karrieredenken *n*.

carrossable *adj (StVR)* befahrbar.

carte *f* Karte *f*; **horaire à la** – gleitende Arbeitszeit; – **d'abonnement** Abonnementskarte, Zeitkarte; – **accréditive** Kreditkarte; – **d'acheteur en gros** Großhändlerausweis; – **d'admission** Einlaß- *od.* Eintrittskarte; – **d'alimentation** Lebensmittelkarte; – **d'assuré** Versicherungskarte; – **bancaire** Kreditkarte (einer Bank); E-Money *n*, Chipkarte (als Zahlungsmittel), Paycard *f*; – **blanche** unbeschränkte Vollmacht; – **bleue** frz. Kreditkarte; – **-chèque** Scheckkarte; – **de circulation** (1) Dauer- *od.* Streckenkarte, Fahrausweis, (2) Seefahrtsberechtigungsurkunde; – **à circuit imprimé** *(DV)* Schaltkarte; – **de commerçant** Gewerbeschein; – **de contrôle** Kontrollkarte *f*; – **de crédit** Kreditkarte *f*; – **d'économiquement faible** Bedürftigenausweis *m*; – **d'électeur,** *ou* **électorale** Wahlausweis, Wählerkarte; – **eurochèque** eurocheque-Karte; – **frontalière** *ou* **de frontière** Grenzgängerausweis; – **génétique (de l'homme)** genetischer Fingerabdruck; – **grise** Kraftfahrzeugschein, Zulassung.
carte d'identité (1) Kennkarte, Personalausweis, (2) Dienstausweis; – – **nationale informatisée et inviolable** fälschungssicherer u. computerlesbarer Personalausweis; – – **plastifiée** folienverschweißter Personalausweis.
carte informatique Kredit- *od.* Scheckkarte mit Magnetstreifen; – **internationale d'assurance** internationaler Versicherungsschein; – **internationale d'assurance automobile** grüne Karte, internationale Kfz-Versicherungskarte; – **magnétique** (Scheck-)Karte mit Magnetstreifen; – **de membre** Mitgliedsausweis; – **optique** laserlesbare Bankkarte (mit Chip); – **perforée** Lochkarte *f*; – **de paiement** Kreditkarte; – **permanente** Dauerkarte; – **à piste** (Scheck-)Karte mit Magnetstreifen; – **de pointage** Stechkarte, Kontrollkarte; – **de presse** Presseausweis *m*; – **de priorité** Ausweis für bevorzugte Abfertigung; – **professionnelle** Gewerbeschein; – **professionnelle de représentant de commerce** Handelsvertreterausweis *m*; – **à puce inviolable** *(BankR)* (fälschungssichere) elektronische Geldbörse, Chipkarte, electronic cash, E-Money; – – **remboursement** Nachnahmekarte; – **avec réponse payée** Antwortkarte, Karte mit bezahlter Rückantwort; – **de sécurité sociale** Sozialversicherungsausweis *m*; – **de séjour** Aufenthaltsgenehmigung *od.* -erlaubnis; – **de séjour temporaire** (zeitlich) beschränkte Aufenthaltserlaubnis; – **de service** Dienstausweis; – **téléphonique à mémoire réinscriptible** wiederaufladbare Telefonkarte; – **de travailleur frontalier** Grenzgänger- *od.* Grenzarbeitnehmerkarte.
cartel *m* (1) *(GesR: entente)* Kartell *n*, Absprache *f*, Interessenvereinigung, (2) *(Pol: coalition politique)* Parteien- *od.* Aktionsgemeinschaft, Block, Wahlbündnis *n*; **contrat de** – Kartellvertrag *m*; **convention de** – Kartellvereinbarung *od.* -abrede; – **d'achat** Einkaufskartell; – **d'adjudication** Ausschreibungskartell; – **sur les conditions générales** Konditionenkartell; – **de contingentement** Quotenkartell; – **de distribution** Verkaufs- *od.* Absatzkartell; – **d'exportation** Exportkartell; – **des gauches** *(Pol)* Union der Linken; – **obligatoire** Zwangskartell; – **de prix** Preisabsprache; – **de production** Produktionskartell; – **de rabais** Rabattkartell; – **de rationalisation** Rationalisierungskartell; – **territorial** Gebietskartell; – **de vente** Verkaufskartell.
cartellisation *f* Kartellbildung.
cartouche *f* Patrone(nmunition); – **de combustible** *(AtomR)* Brennelement(bündel) *n*.
cartoucherie *f* Munitionsfabrik *f*.

cas *m* (1) *(PrzR: affaire, cause, procès)* Fall *m*, Rechtsfall *m*, Sache *f*, Rechtssache *f*, (2) *(situation)* Lage *f*, Umstände *mpl*; **faire grand – de qqch.** etwas hochschätzen; **– d'application (de la loi)** Geltungsbereich (eines Gesetzes); Anwendungsfall; **– de conscience** Gewissensfrage; **– de décès** Todesfall; **– dommageable** Schadensfall; **le – échéant** gegebenenfalls, falls erforderlich; **– d'espèce** Einzelfall *m*; **– d'exceptionnelle gravité** Härtefall; **– d'extradition** Auslieferungsfall; **– de flagrant délit** *(StPR)* Straftat *f* bei der der Straftäter auf der Tat *od.* „in flagranti" ertappt wird; **– de force majeure** Fall höherer Gewalt, höhere Gewalt; **– fortuit** Zufall *m*, höhrere Gewalt; **– limite** Grenzfall; **– litigieux** Streitfall; **– de nécessité** *(VerfR)* Notstand *m*; **– de nullité** Nichtigkeitsgrund *m*; **– ordinaire** Normalfall; **– d'ouverture** *(VwPR: Conseil d'Etat)* Aufhebungsgrund *m*; **– particulier** Einzel- *od.* Sonderfall; **– pratique** Fall, konkrete rechtlich relevante Geschehenseinheit; **– social** Sozialfall; **– -type** Musterfall *m*; **– d'urgence** Dringlichkeitsfall, eiliger Fall.

case *f* Fach *n*; Feld *n*; Rubrik *f*; **– de coffre** Bankschließfach; **– d'estampille** Stempelfeld *n*; **– hypothécaire** (S) Pfandstelle *f* (S); **– postale** (L–S) Postfach *n*.

cash-flow *m* *(BW = marge brute d'autofinancement)* Bargelddurchfluß, verfügbar erarbeitete Mittel, Kapitalabfluß aus Umsatz, Selbstfinanzierungspotential.

casier *m* Regal *n*; Aktenschrank *m*; Kartei; **– fiscal** Steuerrolle, Steuerverzeichnis.

casier judiciaire Strafregister *n*; Strafregisteramt *n*; **avoir un – – vierge** nicht vorbestraft sein; **extrait du – –** Strafregisterauszug *m*; **inscription au – –** Eintragung in das Strafregister; **– – des contraventions de circulation et d'ivresse** Verkehrszentralregister, Verkehrssünderkartei; **– – national** (= CJN) frz. zentrales Strafregister (in Nantes); **– – vierge** Strafregister ohne Eintragung.

casino *m* (Spiel-)Kasino *n*, Spielbank *f*.

casque *m* **antichoc** *(StVR)* Sturz- *od.* Schutzhelm; **–s bleus** *(VR)* Schutztruppe der UNO; **– à écouteurs** Kopfhörer; **– lourd** Stahlhelm.

cassation *f* (1) *(PrzR)* Kassation, frz. Form der Revision (eines Urteils), Aufhebung einer gerichtlichen Entscheidung durch den frz. Kassationshof *od.* den Conseil d'État, Aufhebung eines Urteils als Rechtsmittel (mit *od.* ohne Rückverweisung), (2) *(BeamR, MilR)* Dienstgradlöschung, Degradierung, Rangverlust *m*; **arrêt de –** aufhebende Entscheidung des frz. Kassationshofes *od.* des Conseil d'État, kassatorische Entscheidung, Revisionsurteil *n*, Kassation; **cour de –** frz. Kassationshof *m* (entspricht etwa dem Bundesgerichtshof als Revisionsinstanz in Deutschland, dem Obersten Gerichtshof in Österreich); **défendeur en –** Revisionsbeklagter *m*; **demandeur en –** Revisionskläger *m*; **pourvoi en –** Revision, Kassation; **se pourvoir** *ou* **recourir en –** Revision einlegen; **partielle –** teilweise Aufhebung eines Urteils.

casse (1) *f* *(VersR)* Bruch *m*, Bruchschaden *m*, (2) *m* *(StR)* Einbruchdiebstahl.

casser *v.tr.d.* (1) *(PrzR: annuler une décision judiciaire)* aufheben, kassieren, (2) *(BeamR)* degradieren, im Rang herabsetzen; **– les prix** die Preise der Konkurrenz unterbieten.

casseur *m* *(StR)* Einbrecher; gewalttätiger Demonstrant, Störer; **Loi anti- –s** frz. Demonstrationsstrafgesetz.

cassis *m* *(StVR)* Querrinne *f*, unebene Fahrbahn.

castration *f* Entmannung *f*, Kastration *f*, Unfruchtbarmachung *f*.

casuel *m* (1) unregelmäßige Einnahme, (2) *(BeamR)* Zulagen *pl,* (3) *(KirchR)* Vergütung (eines Geistlichen).
casuel *adj*: **condition –le** Zufallsereignis *n*.
casuistique *f* Kasuistik *f*, Rechtsfindung auf Grund von Einzelfällen.
casus belli Kriegsfall *m*, casus belli.
cataclysme *m* Naturkatastrophe *f*.
catalogue *m* Katalog *m*, Verzeichnis *n*, Liste *f*; **– de vente par correspondance** Versandhauskatalog.
cataloguer *v.tr.d.* (1) einordnen, (2) *fig* in eine Schablone pressen.
catastrophe *f* Katastrophe *f*, Zusammenbruch *m*, Untergang *m*; **– naturelle** Naturkatastrophe *f*.
catégorie *f* (1) Klasse *f*, Art *f*, (2) *(BeamR)* Laufbahngruppe, Vergütungsgruppe; **– A** höherer Dienst; **– B** gehobener Dienst; **– C** mittlerer Dienst; **– D** einfacher Dienst; **– d'actions** Aktiengattung; **– d'âge** Altersgruppe *f*; **– de dettes** Schuldenart; **– juridique** Rechtsbegriff *m*, (zusammenfassender) Gattungsbegriff (im Recht); **– de localité** Ortsklasse *f*; **– de personnes** Gesellschaftsschicht *f*, Bevölkerungsschicht; Personenkreis *m*; **– de prix** Preisklasse *f*; **– professionnelle** Berufsgruppe; **– de revenus** Einkommensschicht *f*; **– de risques** Gefahrenklasse *f*; **– de salaires** Lohngruppe *f*; **– socioprofessionnelle** (= CSP) *(Vwirt)* (Angehörige einer) Berufsgruppe *f*; soziale Klasse; Gesellschaftsschicht *f*.
catégoriel *adj*: **mesure –le** Maßnahme zugunsten einer bestimmten Berufsgruppe *od.* Gesellschaftsschicht.
catégorisation *f* Eingruppierung *f*.
causal *adj* ursächlich, begründend.
causalité *f* Kausalität *f*, Ursächlichkeit *f*, Sachzusammenhang *m*; **lien** *ou* **rapport de –** Kausal- *od.* Ursachenzusammenhang, ursächlicher Zusammenhang; **principe de la –** Verursacherprinzip *n*; **théorie de la – adéquate** Adäquanztheorie.

cause *f* (1) *(SchuldR: but immédiat et direct qui conduit le débiteur à s'engager)* (vom Schuldner angestrebter) Vertragszweck *m*; (2) *(fondement, motif, raison)* Grundlage *f*, Grund *m*, Beweggrund, Ursache *f*, (3) *(PrzR: demande en justice)* Rechtsstreit, Rechtssache, Prozeß *m*, Angelegenheit; causa litigandi, Streitgrund; **appel de la –** Aufruf der Sache; **appel en –** Streitverkündung; **avoir** *ou* **obtenir gain de –** einen Prozeß gewinnen, mit einer Klage durchdringen, Obsiegen (im Prozeß); **en connaissance de –** absichtlich, mit vollem Bedacht; **enrichissement sans –** ungerechtfertigte Bereicherung; **établir la relation de – à effet** den ursächlichen Zusammenhang nachweisen; **être en –** betroffen sein; **faire – commune** sich zusammentun; **fausse –** *(SchuldR)* irrtümlich als Vertragszweck angenommener Umstand; **hors de –** außer Verdacht; **licéité de la –** Zulässigkeit des Vertragszwecks; **mettre en –** jmdn. verklagen *od.* den Streit verkünden; **mettre hors de –** *(StPR)* die Verdachtsmomente entkräften; **pour les besoins de la –** zu diesem Zweck.
cause de l'accident Unfallursache *f*; **– civile** Zivilsache *f*; **– du contrat** Vertragsgrund *m*, Rechtsgrund *m*, causa des Vertrages; **– criminelle** Strafsache; **– de dérangement** Störungsursache; **– de dissolution** Auflösungsgrund *m*; **– de divorce** (Ehe-)Scheidungsgrund; **– d'empêchement** Hinderungsgrund; **– en état** *(ZPR)* entscheidungsreife, spruchreife *od.* urteilsreife Sache; **– d'excuse** *(StPr)* Entschuldigungsgrund; **– d'exhérédation** Enterbungsgrund; **– d'exonération** *(SchuldR)* Entlastungs-, Exkulpations-, Haftungsbefreiungsgrund; **– génératrice d'un droit** anspruchsbegründender Umstand.
cause illicite unerlaubter Rechtsgrund, unerlaubter *od.* gesetzwidriger Vertragszweck; **– immorale**

cause juste

sittenwidriger Rechtsgrund *od.* Vertragszweck, Sittenwidrigkeit; – **impulsive et déterminante** ausschlaggebender Vertragsgrund, ausschlaggebende Ursache; – **en instance** rechtshängige Sache.

cause juste gerechte Sache; – **de justification** *(StR)* Rechtfertigungsgrund; – **légitime** rechtlich begründete Sache; – **licite** gesetzmäßiger *od.* erlaubter Rechtsgrund; – **nocive** *(UmweltR)* Noxe *f*, Schädlichkeit, schädliche Wirkung (auf); – **de non-imputabilité** *(StR)* Schuldausschließungsgrund *m*; – **de nullité** Nichtigkeitsgrund, Anfechtungsgrund; – **pénale** Strafsache; – **pendante** rechtshängige Sache; – **première** *(UmweltR)* Auslösefaktor; – **putative** putativer *od.* vermeintlicher Beweggrund; – **de récusation** Ablehnungsgrund; – **de responsabilité** Haftungsgrundlage *f*, Haftungsgrund; – **simulée** Scheingrund, Vorwand *m*, – **du sinistre** Schadensursache; – **sommaire** *(PrzR)* Bagatellsache.

causer *v.tr.d.* (Schaden) verursachen; sich vertraulich unterhalten.

cautèle *f* (1) Vorsichtsmaßregel *f*, List *f*, Schlauheit, (2) Kautel *f*, (vertraglicher) Vorbehalt, einschränkende Bedingung.

caution *f* (1) *(SchuldR: personne qui s'engage à titre de garantie envers un créancier)* Bürge *m*, Garant *m*, (2) *(engagement à titre de garantie)* Bürgschaft *f*, Garantie *f*; **constitution de** – Benennung eines Bürgen; **dispense de** – Befreiung von der Sicherheitsleistung; **donner** *ou* **fournir** – Bürgschaft leisten; **se porter** – bürgen, sich verbürgen, als Bürge eintreten; **prestation de** – Bürgschaftsleistung; **prêter** – Bürgschaft leisten; **à titre de** – als Bürge; **sujet à** – *fig* unzuverlässig, verdächtig, der Bestätigung bedürfend.

caution bancaire Bankbürgschaft, Bankgarantie; – **commerciale** Handelsbürgschaft, kaufmännische Bürgschaft; – **en espèces** Barkau-

cédant

tion; – **d'exportation** Ausfuhrbürgschaft; – **judicatum solvi** Sicherheitsleistung für Prozeßkosten, Vorschußpflicht *f*; Ausländersicherheit, Prozeßkostensicherheit; – **judiciaire** durch das Gericht angeordnete Sicherheitsleistung; – **juratoire** eidliche Versicherung; – **légale** Sicherheitsleistung auf gesetzlicher Grundlage; – **en numéraire** Barkaution; – **réelle** dingliche Sicherheit, Übernahme der Haftung durch Pfandbestellung für einen Dritten, Realkaution; – **solidaire** (1) Mitbürge, Solidarbürge (S), (2) *(caution renonçant au bénéfice de discussion et de division)* selbstschuldnerische Bürgschaft.

cautionnement *m* (1) *(contrat par lequel la caution s'engage)* Bürgschaftsvertrag *m*, Bürgschaftsübernahme *od.* -erklärung, Sicherheitsleistung, Gewährleistung *f* (2) *(dépôt de fonds)* Haftungs- *od.* Kautionssumme, Hinterlegung eines Betrages als Sicherheit; **acte de** – Bürgschaftsurkunde *f*; **coopérative de** – Bürgschaftsgenossenschaft; **donner en** – als Kaution stellen; **déposer un** – eine Kaution hinterlegen; **restituer le** – die Kaution zurückzahlen; – **bancaire** Bankbürgschaft(svereinbarung); – **fixe** feste Kaution; – **indéfini** unbeschränkte Bürgschaft; – **d'officier public** Amtsbürgschaft; – **solidaire** Mit- *od.* Solidarbürgschaft, selbstschuldnerische Bürgschaft.

cautionner *v.tr.d.* bürgen, garantieren; – **une politique** eine Politik gutheißen *od.* befürworten.

cavale *f umg* Gefängnisausbruch *m*.

cavalerie *f* Wechselreiterei *f*; **traite de** – Reitwechsel *m*.

caviarder *v.tr.d.* **(un texte)** Streichungen (in einem Text) vornehmen.

céans: la cour de – das hiesige Gericht.

cécité *f* Blindheit, fehlendes Sehvermögen.

cédant *m* (1) *(personne qui cède une créance)* Zedent *m*, Altgläubiger *m*,

Abtretende(r) *m*, Übergeber *m* (S), (2) *(personne qui vend une chose)* Veräußerer *m*, Verkäufer *m*.

cédé *m* debitor cessus, Schuldner der abgetretenen Forderung.

céder abtreten, zedieren; überlassen, veräußern, abgeben; nachgeben.

Cedex *(= courrier d'entreprise à distribution exceptionnelle)* getrennt zugestellte Post (an Verwaltungen u. Großunternehmen).

cédulaire *adj*: **impôt** – nach der Einkommensart bemessene Steuer.

cédule *f* (1) *(ZR: titre de reconnaissance d'un engagement)* Schuldanerkenntnis *n*, Schuldversprechen *n*, (2) *(ZPR)* prozeßleitende Anordnung (durch den Gerichtsvollzieher zustellbar), (3) *(SteuerR)* besteuerte Einkommensart; Formblatt für die Einkommensteuererklärung; **– de citation** Ladung (eines Zeugen od. Sachverständigen); **– hypothécaire** Hypothekenbrief *m*.

cégétiste *m* Mitglied des allgemeinen (frz. kommunistischen) Gewerkschaftsbundes (CGT).

ceinture *f* **de sécurité** *(StVR)* Sicherheitsgurt *m*.

célébration *f* (1) feierliche Handlung, offizielle Feier *f*, (2) *(mariage)* Eheschließung *f*, Trauung.

célébrer *v.tr.d.* feiern; rühmen, loben; **– un mariage** eine Trauung vornehmen.

céler *v.tr.d.* verbergen, verheimlichen, verschweigen.

célérité *f* (ZPR: urgence renforcée) besondere Dringlichkeit, (2) *(AllSpr)* Schnelle *f*, Geschwindigkeit *f*; **prime de** – Prämie für sofortige Vertragserfüllung.

célibat *m* Ehelosigkeit *f*, Zölibat *n*; **clause de** – Zölibatsklausel *f*.

célibataire *m* Junggeselle *m*, Ledige(r) *m*.

célibataire *adj* ledig, unverheiratet.

cellulaire *adj*: **régime** – *(StVZ)* Einzelhaft; **voiture** – Häftlingstransportfahrzeug.

cellule *f* (1) *(pol)* Zelle *f*, (kleine) Parteigruppe, (2) *(StVZ)* Einzelarrest *m*; **– individuelle** *ou* **d'isolement** Isolier- *od.* Einzelzelle; **– de punition** *(DiszR)* Strafzelle.

cens *m* *(hist)* (Wahl-)Zensus *m*, Grundzins *m*, Abgabe *f*, Steuerleistung.

censé *adj (réputé, considéré comme)* betrachtet, angesehen als, gehalten für; **nul n'est – ignorer la loi** *(StR)* Unkenntnis des Gesetzes schützt nicht vor Strafe.

censeur *m* Zensor *m*, Überprüfer *m*, Kontrolleur *m*; Bank-, Buch- *od.* Gesellschaftsprüfer.

censitaire *adj*: **suffrage** – Zensuswahlrecht.

censorial *adj* (die Geschäftsbücher) überprüfend.

censure *f* (1) *(autorisation préalable)* Zensur *f*, Kontrolle *f*, Überwachung *f*; Zensurbehörde *f*, (2) *(sanction)* Verbot *n*; Tadel *m*, (3) *(VerfR)* einem Abgeordneten im Parlament erteilte Rüge; **motion de** – *(VerfR: art. 49 de la constitution)* Mißtrauensantrag *m*; **visa de** – Zensurvermerk *m*; **– cinématographique, – du cinéma** Filmkontrolle *od.* -zensur; **– postale** Postzensur; **– préalable, – préventive** Vor- *od.* Präventivzensur; **– téléphonique** Telefonkontrolle.

censurer *v.tr.d.* (1) zensieren, der Zensur unterwerfen; streichen, verbieten, (2) rügen, tadeln, (3) *(jugement)* aufheben.

centimes *mpl* **additionnels** Steuerzuschlag *m*.

central *adj*: **maison** *ou* **prison** **–e** Justizvollzugsanstalt (bei längeren Haftstrafen); **pouvoir** – Zentralgewalt *od.* -staat.

central *m* **téléphonique** Fernsprechamt *n*, Vermittlung(sstelle) *f*; **– interurbain** Fernvermittlung.

centrale *f* (1) *(UmweltR)* Kraftwerk *n*, (2) *(ArbR)* Dachverband *m*; **– d'achats** *(HR)* Verbrauchermarkt, Einkaufszentrale; **– atomique** *ou* **nucléaire** Kernkraftwerk *n*; **– thermique** Wärmekraftwerk; **– ouvrière** *ou* **syndicale** gewerkschaftliche Dachorganisation, Gewerkschaftsverband.

centralisation *f (ÖfR)* Zentralisation.

centraliser *v.tr.d.* zentralisieren, zusammenfassen, konzentrieren.

centre *m* (1) *(partis, tendances)* Mitte *f*, Zentrum *n*, (2) *(bureau, service)* Büro *m*, Sitz *m*, (Leit-)Stelle *f*, Zentralstelle *f*, Zentrale *f*, (3) *(fig.)* Mittelpunkt *m*, Kern *m*, Hauptfrage *f*; – **d'accueil** Auffanglager *n*; – **d'action** Aktionszentrum *n*; – **administratif** zentrale Dienst- od. Verwaltungsstelle; – **d'apprentissage** Berufsschule; – **bancaire** Bankzentrum; – **de calcul** *(DV)* Rechenzentrum; – **de chèques postaux** (= C.C.P.) Postscheckamt *n*; – **commercial** Einkaufszentrum *n*; – **de commercialisation** Handelsplatz *m*; – **de communications** Verkehrszentrum; – **de décision** *(IPR)* Ort an dem das Entscheidungsorgan eines Konzerns seine Beschlüsse faßt; – **d'essais** *(UmweltR)* Versuchsanstalt *f*; – **d'études** Forschungsinstitut *n*; – **de formation professionnelle** Berufausbildungsstätte *f*; – **français du commerce extérieur** (= CFCE) frz. Außenhandelszentrum; – **d'hébergement** Obdachlosenheim *n*.

centre hospitalier et universitaire (= CHU) Universitätsklinik *f*; – **d'information** Information(sstelle); – **international d'information, de sécurité et d'hygiène du travail** (= CIS) Internationale Informationsstelle für Arbeitshygiene und Gesundheitsschutz; – **judiciaire** (in Nantes) frz. Zentralstrafregister; – **de loisirs** Freizeitzentrum *n*; – **national des œuvres universitaires** (= CNOUS) Frz. nationales Studentenwerk *n*; – **d'orientation professionnelle** Berufsberatungsstelle; – **pénitentiaire** Justizvollzugsanstalt *f*; – **de production** Produktionsstätte *f*; – **de recrutement** Wehrbereich *m*; – **de rétention** *(AsylR: centre d'hébergement pour étrangers en situation irrégulière)* Auffanglager *n* (zwecks Abschiebung), Abschiebungshaftanstalt *f*; (am Flughafen) vorübergehende Unterkunft; – **de semi-liberté** *(StPR)* Lockerung *f* des Strafvollzugs mit (unbeaufsichtigter) Außenbeschäftigung; – **de triage** *(StPR)* Beobachtungsstelle *f* (für die Einteilung Straffälliger in die verschiedenen Vollzugsarten).

centrisme *m (pol)* Zentrumspolitik.

cependant *konj* dennoch, jedoch.

cercle *m* (1) *(VwR)* Kreis *m*, Bezirk *m*, (2) *(pol)* Klub *m*; – **administratif** Verwaltungsbereich *m*; – **d'études** Arbeitsgemeinschaft *f*, Studienkreis.

céréales *fpl* Getreide *n*.

cérémonie *f* Zeremonie, feierlicher Akt; – **de clôture** Schlußfeier; – **d'investiture** Antrittsrede; – **d'ouverture** Eröffnungsfeier.

certain *adj/m* (1) *(qui ne peut être mis en doute)* gewiß, sicher, unbestreitbar, bestimmt, unbezweifelbar, unzweifelhaft, (2) *(qui est déterminé: corps certain)* konkrete od. individualisierte Sache, Stück- od. Speziesschuld; bestimmter Leistungsgegenstand; **date –e** Urkunde mit beweiskräftigem Datum; **à jour –** am festgesetzten Tag; **prix –** fester Preis.

certes *adv* gewiß, wahrlich.

certificat *m* Zeugnis *n*, Bescheinigung, Zertifikat *n*, Attest *n*, Bestätigung, Schein *m*; **délivrer un –, établir un –, fournir un –** ein Zeugnis ausstellen; **produire un –** ein Zeugnis vorlegen, ein Attest beibringen; – **d'action** Aktienzertifikat; – **d'addition** *(PatR)* Zusatzpatent *m*; – **administratif** amtliche Bescheinigung; – **d'admission** Zulassungsschein; – **d'affiliation** Mitgliedsausweis *m*, Aufnahmebestätigung; – **d'apprentissage** Berufsbildungsabschlußzeugnis; – **d'aptitude** Befähigungsnachweis *m*, Eignungszeugnis; – **d'aptitude au mariage** Ehefähigkeitszeugnis; – **d'aptitude physique** Tauglichkeitsbescheinigung; – **d'aptitude à la profession d'avocat** (= CAPA) Befähigungsnachweis zur Ausübung des Anwaltsberufs; – **d'aptitude professionnelle** (= C.A.P.) frz. Facharbeiterbrief, Berufsschulabschlußzeugnis *n*; – **d'ascendance** Abstammungsnachweis; – **d'assiduité** Teilnahmebescheinigung; – **d'assurance** Versicherungszertifikat *od.* -bestätigung; – **authentique** amtliche Bestätigung; – **d'auteur** Urheberrechtsschein *m.*

certificat bancaire Bankbescheinigung; – **de baptême** Taufschein; – **de bonne conduite** Führungszeugnis; – **de bonne vie et mœurs** amtliches Leumundszeugnis, Führungszeugnis; – **de capacité** Befähigungsnachweis; – **de capacité à mariage** Ehefähigkeitszeugnis; – **de carence** Zeugnis *n* über die Mittellosigkeit des Schuldners (*od.* Verstorbenen); – **de chômage** Arbeitslosigkeitsbescheinigung; – **de circulation des marchandises** (*ZollR*) Warenverkehrsbescheinigung; – **de civisme** (B) politisches Führungszeugnis; – **de classification** Klassifikationszertifikat; – **de compagnon** Gesellenbrief; – **de complaisance** Gefälligkeitsattest; – **complémentaire de protection** Zusatzpatent *n*; – **de conformité** Bauabnahmebescheid *m*; – **consulaire** Konsulatsbescheinigung; – **de correction** Berichtigungsbescheinigung; – **de coutume** (1) (*HR*) Bestätigung eines Handelsbrauchs, (2) (*IPR*) Bescheinigung eines ausländischen Richters, Rechtsberaters, Rechtsquellenbescheinigung, Bescheinigung über das (im Ausland) geltende Recht.

certificat de décès Totenschein, Sterbeurkunde; – **de décharge** Freigabeschein, Entlastungszeugnis; Löschungs- *od.* Erledigungsbescheinigung; – **de déclaration domiciliaire** Anmeldebestätigung; – **de déclaration en douane** Zollinhaltserklärung, Zollabfertigungsbescheinigung; – **de dépôt** (1) (*SchuldR*) Hinterlegungs- *od.* Depositenschein, (2) (*PatR*) Empfangsbescheinigung; – **de dette** Schuldschein; – **de dispense** (*VwR*) Dispens *f*, Ausnahmebewilligung, Befreiung; – **de domicile** Wohnsitzbescheinigung, Domizilzertifikat (S); – **de douane** zollamtliche Bescheinigung, – **de droit d'auteur** Urheberrechtsschein.

certificat d'embarquement Schiffsladeschein; – **d'embauchage** Einstellungs- *od.* Anstellungsbescheinigung; – **d'emploi** Beschäftigungsnachweis, Arbeitsbescheinigung; – **d'enregistrement d'une marque** Warenzeichenurkunde *f*; – **d'entrepôt en douane** Zollniederlagerschein; – **d'études** frz. Volksschulabschlußzeugnis; – **d'exemption** Befreiungs- *od.* Ausnahmebewilligung; – **d'expédition** Versandschein *m*; – **d'expertise** Sachverständigengutachten; – **d'exploitation** (*PatR*) Ausübungsnachweis *m*; – **d'exportation** Ausfuhr- *od.* Exportbescheinigung; – **de fin d'études** (Schul-)Abschlußzeugnis; – **de franchise douanière** Zollfreischein.

certificat de gage Pfandschein; – **de garantie** Garantieschein, Garantie; – **d'héritier** *ou* **d'hérédité** Erbschein; – **d'identification** *ou* **d'identité** Nämlichkeitszeugnis *od.* -schein; – **d'immatriculation** Kraftfahrzeugschein, Immatrikulationsbescheinigung; – **d'importation** Einfuhrlizenz; – **d'incapacité de travail** Dienst- *od.* Arbeitsunfähigkeitsbescheinigung; – **d'indigence** Bedürftigkeitsnachweis; – **d'inscription** (*HochschulR*) Immatrikulationsbescheinigung; – **d'inscription hypothécaire** Bescheinigung über Hypothekeneintragung.

certificat d'inventeur Erfinderbescheinigung; – **d'investissement** Investmentzertifikat *n*; – **de jauge**,

– **de jaugeage** Schiffsmeßbrief *m*; – **de jouissance** *(WertpR)* Genußschein; – **de libre pratique** Freiverkehrs-Bescheinigung; – **de licence** *(HochschulR)* frz. Zwischenzeugnis (zur Erlangung eines Hochschuldiploms); – **de livraison** Lieferschein; – **de maladie** Krankheitsbescheinigung; – **de mariage** beglaubigte Ausfertigung der Heiratsurkunde; – **médical** ärztliches Attest *od.* Zeugnis; – **médical prénuptial** ärztliches Ehefähigkeitszeugnis; – **de moralité** Leumunds- *od.* Führungszeugnis.

certificat de naissance Geburtsurkunde; – **de nationalité** *(IPR)* Staatsangehörigkeitszeugnis *od.* -bescheinigung; – **de navigabilité** Lufttüchtigkeitszeugnis, Flugsicherheitsbescheinigung; – **nominatif** Namenszertifikat; – **de nonconciliation** *(EheR)* Bescheinigung über den erfolglosen Ausgang eines Sühneversuchs; – **de nonimposition** Steuerbefreiungsbestätigung; – **de non-opposition** Unbedenklichkeitsnachweis *od.* -bescheinigung; – **de non-paiement** Beurkundung der unterbliebenen Zahlung; – **notarié** notarielle Beglaubigung; – **d'obligation** (1) Schuldverschreibung, Obligation, (2) *(ZR)* Schuldschein; – **officiel** amtliche Bescheinigung; – **d'origine** Ursprungszeugnis, Herkunftsbezeichnung; – **de pavillon** Flaggenzeugnis *od.* -brief; – **de paiement** Zahlungsbestätigung; – **de pesage** Wiegeschein *m*.

certificat phyto-sanitaire *(ZollR)* Pflanzengesundheitszeugnis.

certificat de pilote Lotsenausweis; – **au porteur** Inhaberzertifikat; – **prénuptial** Ehefähigkeitszeugnis; – **de prestation fournie** Leistungsbestätigung; – **de priorité** Prioritätsbescheinigung; – **de prise en charge** Abfertigungsbescheinigung; – **de propriété** *(ZR)* amtliche Bestätigung des Eigentums (an einer Sache); – **de protêt** *(WechselR)* Protesturkunde; – **provisoire** Interimsschein *od.* -aktie; – **de qualité** Gütebescheinigung, Qualitätszeugnis; – **de quitus** *(GesR)* Entlastung(sbescheinigung); – **de radiation** *(Register)* Löschungsbescheinigung; – **de rapatriement** Heimschaffungsbescheinigung; – **de reconnaissance** *(ZollR)* Erledigungsbescheinigung; – **de reconnaissance de dette** Schuldanerkenntnis *n*; – **de réexportation** Wiederausfuhrzeugnis; – **de remise** Übergabe- *od.* Ausfolgeschein; – **de renouvellement** Erneuerungsschein; – **de résidence** Aufenthaltsbescheinigung; – **de salaire** Lohnnachweis; – **de salubrité** *(EU)* Genußtauglichkeitsbescheinigung; – **sanitaire** *ou* **de santé** Gesundheitszeugnis; – **scolaire** *ou* **de scolarité** Schulzeugnis; – **de sécurité** Sicherheitsbescheid.

certificat de séjour Aufenthaltsbescheinigung; – **de service** Dienstzeugnis; – **de solvabilité** *(HR)* Bonitätsbescheinigung, Bescheinigung über die Zahlungsfähigkeit; – **de souscription** Aktienbezugs- *od.* Zeichnungsschein; – **de stage** Zeugnis über den abgeleisteten Vorbereitungsdienst; – **de transit** Durchreiseerlaubnis; Durchgangsbescheinigung; – **de transport** Verkehrsbescheinigung.

certificat de travail (1) Zeugnis *n* (über Arbeitsleistung und Verhalten), (2) Arbeitsbescheinigung; – **d'urbanisme** *(BauR, VwR)* amtliche Bestätigung der Bebaubarkeit eines Grundstücks, Ausweisung (eines Grundstücks) als Wohnungsbauland; – **d'utilité** Gebrauchsmuster *n*; – **de vaccination** Impfschein *od.* -buch; – **de valeur** Wertbescheinigung; – **de validité** Gültigkeitsnachweis; – **de vérification** (1) Prüfungsbescheinigung, (2) *(tierärztlich)* Beschaubefund *m*; – **de vie** *(ZR)* Lebensausweis *od.* -nachweis.

certificateur *adj/m* bestätigend; – **de caution** Nachbürge.

certification *f* (1) Bestätigung, Beurkundung, Beglaubigung, Bescheinigung, (2) *(WechselR)* Wechselbürgschaft, Mitübernahme einer Wechselschuld; **– de caution** *(ZR)* Nachbürgschaft *f*; **– de chèque** Scheckbürgschaft; **– de conformité** Legalisierung; **– par notaire** notarielle Beglaubigung; **– de signature** Unterschriftsbeglaubigung.

certifié *adj* beglaubigt; **copie –e conforme** beglaubigte Abschrift; **non –** unbeglaubigt.

certifier *v.tr.d.* (1) beglaubigen, bescheinigen, beurkunden, (2) bestätigen; **– conforme à** die Übereinstimmung mit . . . bescheinigen.

certitude *f* Gewißheit, Sicherheit; **– juridique** *ou* **de droit** Rechtssicherheit.

cessant *adj*: **toutes affaires –es** sofort, auf der Stelle.

cessation *f* Stillstand *m*; Beendigung, Aufhebung; Einstellung; Erlöschen *n*; **– d'activité** (1) *(ArbR)* Ausscheiden aus dem Berufsleben, (2) *(HR, GesR)* Geschäftsaufgabe *f*; **– d'affaires** *(GesR)* Geschäftsaufgabe *f*; **– de l'affiliation** *(VersR)* Beendigung des Versicherungsverhältnisses; **– collective du travail** Streik *m*, Arbeitsniederlegung; **– de commerce** Geschäftsaufgabe *f*; **– du contrat de travail** Beendigung des Arbeitsverhältnisses *n*; **– définitive des fonctions** (1) *(ÖfR)* Beendigung des Beamtenverhältnisses, (2) *(EuR)* Ausscheiden aus dem Dienst; **– de l'exploitation** *(GesR)* Betriebsstillegung; **– des fonctions** *(BeamR)* Ausscheiden aus dem Dienst; **– des hostilités** *(VR)* Einstellung der Feindseligkeiten; **– des paiements** *(HR, ZwangsVR)* Zahlungseinstellung; **– des poursuites** (1) *(StPR)* Verfahrenseinstellung, (2) *(ZPR)* Einstellung der Beitreibung (einer Forderung); **– du travail** Arbeitsniederlegung, Arbeitseinstellung; **– absolue des travaux** *(BauR)* endgültige Einstellung der Bauarbeiten.

cesse *loc.adv.*: **sans –** unaufhörlich, ohne Unterlaß.

cesser *v.tr.ind.* (de) aufhören, einstellen, beenden.

cessez-le-feu *m* Einstellung der Feindseligkeiten, Feuereinstellung.

cessibilité *f* *(ZR: aliénabilité)* Übertragbarkeit, Abtretbarkeit; **arrêté de –** *(VwR)* präfektorale Bekanntmachung über die Einleitung eines Enteignungsverfahrens.

cessible *adj* übertragbar, abtretbar, zedierbar; verkehrsfähig.

cession *f* (1) *(SchuldR: Forderung)* Abtretung *f*, Zession, (2) *(HR, SachR)* Übertragung, Veräußerung, Verkauf *m*, Eigentumsübertragung, (3) *(PatR)* Überlassung, Freigabe; **acte de –** Abtretungsurkunde; **annonce de la –** Abtretungsanzeige; **bénéfice de –** Veräußerungsgewinn *m*; **bénéficiaire de la –** Zessionar *m*, Neugläubiger *m*; Erwerber *m*; **contrat de –** Abtretungs- *od.* Überlassungsvertrag; **convention de –** Übertragungsabrede *f*; **déclaration de –** Abtretungsanzeige *od.* -erklärung; **traité de –** Abtretungsvertrag.

cession d'antériorité Vorrangseinräumung; **–bail** *(SchuldR: lease back)* Mietkauf *m*; **– à bail** *(LandwR)* vorübergehende Abtretung auf Grund eines Pachtvertrags; **– de bail** *(HR, ZR)* Abtretung der Ansprüche aus einem Mietvertrag; **– de biens** Vermögensübertragung; **– en bloc** Globalzession; **– de brevet** Patentübertragung; **– sous contrainte** Zwangsabtretung; **– de contrat** Vertragsübernahme *f*, Vertragsabtretung.

cession de créance *(SchuldR: transport de la créance)* Forderungsabtretung *od.* -übertragung, Zession; **– de dette** Schuldübernahme; **– d'un droit** Abtretung eines Anspruchs *od.* Rechts; **– de droits litigieux** Abtretung umstrittener Ansprüche; **– de droits successifs** Erbteilsveräußerung, Verkauf *m* des Miterbenanteils; **– échelonnée** gestaffelte Freigabe; **– de

cession d'intérêt — **chambre de commerce et d'industrie**

l'entreprise Betriebsveräußerung; – **aux fins d'encaissement** Inkassozession, Einziehungsermächtigung; – **de fonds de commerce** Verkauf *m* eines frz. Handelsgeschäfts, Geschäftsveräußerung; – **forcée** Zwangsabtretung; – **globale** Globalzession.

cession d'intérêt *(LandwR)* Pachtvertrag; – **judiciaire** gerichtliche Vermögensübertragung; – **légale** Forderungsübergang kraft Gesetzes, Legalzession; – **de licence** *(PatR)* Lizenzübertragung; – **de marque** Übertragung eines Warenzeichens; – **nécessaire** *(ZPR)* Forderungsübertragung durch gerichtliche Entscheidung; – **partielle** Teilzession; – **de portefeuille** Bestands- *od.* Portefeuilleübertragung; – **de priorité** Prioritätszession, Vorrechts- *od.* Vorrangseinräumung; – **de salaire** Abtretung von Lohn- *od.* Gehaltsansprüchen; – **de territoire** *ou* **territoriale** Gebietsabtretung; – **à titre de dation en paiement** Abtretung zahlungshalber; – **à titre de garantie** *ou* – **à titre de sûreté** Sicherungsabtretung *od.* -übereignung; – **du traitement** Abtretung der Gehaltsforderung; – **d'usage** Überlassung zur vorübergehenden Benutzung, Gebrauchsgewährung.

cessionaire *m* Übernehmer *m*, Zessionar *m*, Neugläubiger *m*; – **d'un fonds de commerce** *(HR)* Firmenübernehmer.

chablis *m* *(Forstrecht: arbre, bois abattu par le vent)* Windbruch *m*.

chaîne *f* (1) *(lien, asservissement)* Kette *f*, Band *n*, Fessel *f*, Verbindung *f*, Unterwerfungsverhältnis *n*, (2) *(radio-télé)* Frequenz- *u.* Wellenbereich *m*, Fernsehprogramm *od.* -netz; (3) *(HR)* Handelskette; Franchise-Kette; (4) *(industrie)* Fließband *n*, (5) *(maire)* Amtskette, (6) *(DV)* Zeichenfolge *f*; **travail à la –** Fließbandarbeit; – **de distribution** Handelskette *f*; – **de montage** *ou* **de production** Fließband *n*; – **volontaire** *(HR)* Handelskette auf freiwilliger Basis.

chaire *f* (1) *(HochschulR)* Lehrstuhl *m*; **être titulaire d'une –** ordentlicher Professor *od.* Ordinarius (sein), (2) *(KirchR)* Kirchenstuhl (eines Bischofs); **sainte –** Heiliger Stuhl.

chaise *f* **électrique** elektrischer Stuhl.

chaland *m* *(SeeHR)* Leichter *m*, Prahm *m*, Schute *f*.

chaleur *f* **thermique** Wärmeenergie *f*; – **utile** nutzbare Wärmeenergie.

chalutier *m* **de pêche** Fischkutter *m*, Trawler *n*.

chambre *f* (1) *(PrzR)* Kammer *f*, Senat *m*, (2) *(ÖfR)* Parlament *n*, Abgeordnetenkammer; **président de –** Kammervorsitzende(r) *m*, Senatspräsident; – **d'accusation** (1) *(StPR)* Berufungskammer beim frz. Appellationshof (zuständig für die Einsprüche gegen Beschlüsse des Ermittlungsrichters), (2) *(StPR)* frz. Ermittlungsgericht (bestehend aus drei Richtern und zuständig im Ermittlungsverfahren gegen Verbrecher, die durch das frz. Schwurgericht abgeurteilt werden), (3) *(VwPR)* Spruchkörper des Appellationshofes zuständig in Auslieferungsangelegenheiten u. Asylsachen, (4) *(DiszR)* Disziplinarkammer für Polizeibeamte; – **des agents de change** Maklerkammer; – **d'agriculture** Landwirtschaftskammer; – **des appels correctionnels** Strafkammer des frz. Appellationshofes (zuständig im Berufungsverfahren gegen Entscheidungen der Strafgerichte); – **de l'artisant** Handwerkskammer; – **basse** *(VerfR)* Unterhaus *n*, Abgeordnetenkammer *f*; – **civile** *(PrzR: Cour de cassation –* **trois ch.civ.***)* (1., 2., 3.) Zivilkammer (des frz. Kassationshofes), Zivilsenat.

chambre de commerce et d'industrie (= C.C.I.) frz. Industrie- und Handelskammer (= I.H.K.); – **de commerce internationale** internationale Handelskammer; – **commerciale** *(PrzR: Cour d'appel)* Kammer für Handelssachen; – **commerciale et financière** *(PrzR)* 4. Zivilkammer des frz. Kassationshofes, zuständig für Handels- u. Finanzsachen; – **des communes** Unterhaus; – **de compensation** *(BankR)* Abrechnungs- *od.* Verrechnungsstelle, Clearingstelle *f*; – **de conciliation** Schlichtungskammer; – **du conseil** *(ZPR: huis clos)* Spruchkammer eines frz. Zivilgerichts (entscheidend in nichtöffentlichen Sitzungen in Angelegenheiten der freiwilligen Gerichtsbarkeit sowie in bestimmten Sachen der streitigen Gerichtsbarkeit); – **consultative** beratende Kammer; – **correctionnelle** *(StPR: section du tribunal de grande instance, compétente pour les délits)* Strafkammer beim frz. Großinstanzgericht (zuständig für Vergehen in 1.Instanz); – **criminelle (de la Cour de cassation)** Strafsenat *od.* -kammer des frz. Kassationshofes; – **des députés** Abgeordnetenkammer, -haus; – **de discipline** Disziplinarkammer (einer berufsständischen Vereinigung); – **forte** *(Bank)* Stahlkammer *f*, Tresor *m*; – **d'hôtes** Gästezimmer *n*; – **des lords** Oberhaus, Haus der Lords.

chambre des métiers *(WirtR)* Handwerkskammer; – **des mises en accusation** *(StPR)* Anklagekammer; – **mixte** *(PrzR)* Große Kammer des frz. Kassationshofes (bestehend aus 2 *od.* mehreren Kammern, besetzt mit 13 Richtern); – **des notaires** Notarkammer; – **des poursuites et des faillites** (S) Schuldbetreibungs- und Konkurskammer (S); – **professionnelle** Berufsvertretung.

chambre régionale des comptes *(ÖfR, VwR)* Rechnungshof der Regionebene; – **des représentants** Repräsentantenhaus, Abgeordnetenkammer; – **des requêtes** *(hist)* Kammer des frz. Kassationshofes (befaßte sich bis 1947 mit den Revisionsanträgen); – **sociale** (1) *(PrzR: formation de la Cour de cassation)* 5. Zivilkammer des frz. Kassationshofes, zuständig in Arbeits- u. Sozialsachen, (2) *(PrzR: section de la Cour d'appel)* Arbeits- u. Sozialkammer bei den frz. Appellationshöfen; – **des vacations** Ferienkammer.

chambres réunies *(hist: formation remplacée en 1967 par l'Assemblée plénière)* Großer Senat des frz. Kassationshofes.

champ *m* (1) Acker *m*, Feld *n*, (2) Gebiet *n*, Bereich *m*; – **d'action**, – **d'activité** Arbeits- *od.* Wirkungsbereich, Betätigungsfeld *n*, Aufgabengebiet; – **d'application** Geltungs- *od.* Anwendungsbereich; – **d'investigations** Forschungsbereich, Untersuchungsfeld *n*; – **de pétrole** Ölfeld *n*; – **visuel** Blickfeld *n*, Gesichtskreis *m*, Horizont.

chance *f* Möglichkeit, Aussicht, Wahrscheinlichkeit; Glück *n*, Zufall *m*; **une** – eine günstige Gelegenheit.

chancelier *m* Kanzler *m*; – **de la confédération** (S) Bundeskanzler; – **de consulat** Kanzler; – **de l'échiquier** Schatzkanzler; – **fédéral** Bundeskanzler.

chancellerie *f (VR: Botschaft, Konsulat)* Kanzlei *f*, (2) *(ÖfR: services du ministère de la justice)* frz. Justizministerium *n*, (3) *(HochschulR)* frz. Universitätsverwaltung (als Anstalt des öffentlichen Rechts); **droit de** – Kanzleigebühr *f*; **frais de** – Kanzleikosten *pl*, Verwaltungsgebühr *f*; – **fédérale** (1) Bundeskanzleramt *n*, (2) (S) Bundeskanzlei.

change *m* (1) *(BankR: échange d'une monnaie contre une autre)* An- *od.* Verkauf von ausländischen Banknoten *od.* Sorten, Devisenumtausch *m*, Geldwechsel *m*, (2) *(valeur de l'indice monétaire)* Wechselkurs *m*, Ankaufs- *od.* Verkaufskurs *m* (von Banknoten u. Münzen), (3) *(bénéfice réalisé sur la différence des cours)* (Wechsel-)Kursgewinn *m*, (4) *(ZR:*

troc) Tausch *m*, Tauschgeschäft *n*; **accord de –** Währungs- *od.* Devisenabkommen; **agent de –** (1) Börsenmakler *m*; (2) Devisenmakler, vereidigter Kursmakler; **autorisation de –** Devisenerwerbsgenehmigung; **banque de –** Wechselbank *f*; **bénéfice de –** Valuta- *od.* Kursgewinn, **bonification de –** Kursausgleichszulage; **bourse des –s** Devisenbörse; **bureau de –** Wechselstube *f*; **clause de –** Valuta- *od.* Wertsicherungsklausel, Devisenklausel *f*; **commerce de –** Sortenhandel *m*; **compensation des –s** Devisenabrechnung; **contrat de – à terme** Devisentermingeschäft; **contrôle des –s** Devisenkontrolle *od.* -bewirtschaftung; **cote de –** *ou* **cours du –** Wechselkurs *m*, Währungsparität *f*, Devisenkurs; **dépréciation de –** Währungsverfall *m*; **deuxième de –** Sekundawechsel; **différence de –** Kursdifferenz; **donner le – à qqn.** jmdn. in die Irre führen; **engagement de –** Verpflichtungserklärung zur Devisenablieferung.

change: fixation du – Notierung, Wechselkursfestsetzung; **fluctuation de –** Wechselkursschwankung; **garantie de –** Wechselkursgarantie, Kurssicherung; **indemnité de –** Kursdifferenzvergütung; **lettre de –** Wechsel; **marché des –s** Devisenmarkt; **obligation de –** Wechselverbindlichkeit *od.* -verpflichtung; **opération de –** Devisengeschäft; **option de –** Währungsoption; **parité de –** Währungsparität *f*; **perte au –** Kursverlust *m*, Abgeld *n*; **politique de –** Devisenpolitik; **première de –** Primawechsel, Erstausfertigung; **prime de –** Kursdifferenzvergütung; **réserve de –** Devisenreserven *od.* -rücklagen; **restriction de –s** devisenrechtliche Beschränkung, Devisenrestriktionen; **risque de –** Währungsrisiko, Wechselkursrisiko; **seconde de –** Sekundawechsel, Zweitausfertigung; **seule de –** Solawechsel; **taux de –** Umrechnungs- *od.* Wechselkurs.

change au comptant Sortenkauf *m*; **– fixe** fester Wechselkurs; **– manuel** Sortenhandel *m*; **–s flottants** flexible *od.* frei schwankende Wechselkurse; **– manuel** Sortenver- und -ankauf *m*; **– multiple** gespaltener Wechselkurs; **– scriptural** Nostroguthaben *od.* -verpflichtungen in ausländischer Währung; **– tiré** Handel mit Effekten *od.* Schecks in ausländischer Währung.

changement *m* (1) Änderung *f*, Abänderung, Umänderung, Veränderung, (2) Wechsel, Wende; **– d'adresse** Anschriftsänderung; **– d'avis** Meinungsänderung *f*; **– de domicile** Wohnsitzwechsel *od.* -verlegung; Umzug *m*; **– d'emploi** Arbeitsplatzwechsel *m*; **– de gouvernement** Regierungswechsel *m*; **– de groupe parlementaire** Fraktionswechsel; **– inadmissible** unzulässige Abänderung; **– d'itinéraire** Reisewegsänderung; **– de jurisprudence** Änderung *od.* Umschwung in der Rechtsprechung; **– de logement** Wohnungswechsel; **– de mains** Besitzwechsel; **– en mal** Wendung zum Schlechteren; **– en mieux** Wendung zum Besseren; **– de nationalité** Staatsangehörigkeitsänderung; **– de nom** Namensänderung; **– de nom commercial** Firmenänderung; **– d'orientation** Richtungs- *od.* Kursänderung; **– de poste** (1) Arbeitsplatzwechsel, (2) Schichtwechsel; **– de profession** Berufswechsel; **– de propriétaire** Eigentumsübergang *m*, Eigentümerwechsel; **– de régime matrimonial** *(FamR)* Umwandlung des ehelichen Güterstandes; Vereinbarung eines vertraglichen Güterstandes; **– de résidence** Aufenthaltswechsel, Verlegung des Wohnsitzes; **– de titulaire** Inhaberwechsel *m*; **– de vitesse** *(Kfz)* Schaltung.

changer *v.tr.d.* (1) *(modifier)* ändern, abändern, umändern, umwandeln, umstellen, (2) *(Sache)* aus- od. umtauschen, tauschen, (3) *(Geld)* wechseln, umtauschen, einwechseln, (4) *(v. intr.)* sich verändern.

changeur *m (Wechselstube)* Geldwechsler *m*.

chanoine *m (KirchR)* Stiftsherr *m*; Domherr, Mitglied des Domkapitels und Berater des Bischofs.

chantage *m* (1) *(StR: extorsion sous la menace de révélations diffamatoires)* Erpressung *f*, (2) *(i.w.S.: menace)* Drohung.

chanter: faire – quelqu'un *(StR: exercer un chantage)* jmdn. erpressen.

chanteur *m*: **maître** – Erpresser *m*.

chantier *m* Baustelle *f*; Bauhof *m*; Arbeitsplatz *m* (im Freien), Einsatzstelle *f*; Werkstatt *f*; **chef de –** Bauführer *m*; **mise en –** (1) Aufnahme *m*. Inangriffnahme (von Bauarbeiten), (2) *(Schiff)* Kiellegung; **professions de –** Bauberufe *mpl*; **– de chargement/déchargement** Be- u. Entladestelle, Umschlagplatz; **– de construction navale** (Schiffs-)Werft *f*.

chaos *m (Pol: désordre politique ou social)* Chaos *n*, Auflösung der Ordnung, Anarchie *f*; Unordnung.

chapeau du capitaine *(SeeHR: chapeau de mérite)* Kaplaken *n*, Sondervergütung des Kapitäns.

chapelain *m (KirchR)* Feldgeistlicher (in der Armee); Kaplan *m*.

chapitre *m (partie d'un code)* Abschnitt *m*; **avoir voix au –** ein Mitspracherecht haben; **– budgétaire** Haushaltskapitel *m*, Etat-Titel *m*; **– de dépenses** Ausgabentitel *m*; **– de recettes** Einnahmetitel.

charabia *m* unverständliche Fachsprache; Kauderwelsch *n*.

charbon *m* Kohle *f*; **mine de –** Kohlenzeche *f*; **tonne équivalent –** (= TEC) Steinkohleeinheit *f*.

charbonnage *m* Kohlenbergwerk *n*; Steinkohlengrube *f*.

1. **charge** *f* (1) *(poids, fardeau)* Last *f*, Bürde *f*, Belastung *f*, (2) *(charge utile, cargaison)* Fracht *f*, Ladung *f*, (3) *(ZR: obligation, responsabilité)* Sorge *f*, Verpflichtung *f*, Verantwortung *f*, (4) *(ÖfR: fonction; redevance)* Amt *n*, Auftrag *m*, Stelle *f*; Abgabe *f*, (5) *(StR)* Anklagepunkt *m*, belastende Tatsache *f*, Indiz *n*; Tatsachen *fpl*, die für die Schuld des Angeklagten sprechen, (6) *(SachenR)* Belastungen *fpl* eines Grundstücks; Verpflichtungen aus der Grundstücksübereignung; (7) *(SchuldR)* Auflagen *fpl* bei einer Schenkung, (8) *(MilR)* Angriff *m*, Sturm *m*; **à – de** mit der Auflage od. Verpflichtung (zu); **conjoint à –** unterhaltsberechtigter Ehegatte; **donation avec –** Schenkung unter Auflage; **double –** Doppelbelastung; **enfant à –** unterhaltsberechtigtes Kind; **fait à –** *(StR)* belastende Tatsache; **legs avec –** Vermächtnis mit od. unter einer Auflage; **limite de –** Belastungsgrenze *f*, Höchstladegewicht *n*; **mettre à la – de qqn.** auferlegen; **personne à –** Unterhaltsberechtigte(r); **pleine –** Brutto- od. Gesamtgewicht; **prendre à sa –** (Kosten) übernehmen; **prendre (les risques) en –** die Haftung übernehmen; **rupture de –** Umladung *f*; **témoin à –** Belastungszeuge *f*.

charge admissible *(StVR)* Belastbarkeit, zulässiges Gesamtgewicht; **– annexe** *(Transport)* Zuladung; **– d'avoué** *(PrzR)* Amt des Sachwalters od. des Anwalts für formelle Prozeßhandlungen; **– de capital** Kapitalbelastung; **– de cours** Lehrauftrag; **– cultuelle** religiöse Auflage; **– cumulative** kumulative Belastung; **– déductible** Abzugsposten *m*; **– des dépens** *(PrzR)* Kostentragungspflicht; **– des dettes** Schuldenlast; **– par essieu** *(Kfz)* Achslast *f*; **– explosive** Sprengkörper od. -stoff; **– financière** finanzielle Belastung; **– fiscale** Steuerlast, Steuerbelastung; **– foncière** Reallast, Grundstücksbelastung; **– des frais** *(PrzR)* Verpflichtung zur Kostentragung; **– d'hérédité** *(ErbR)* Auflage; **– ho-**

charge de la preuve | **charger**

norifique Ehrenamt *n*; – **hypothécaire** hypothekarische Belastung; – **incomplète** *(Fracht)* Teilladung, Stückgut; – **des intérêts** Zinsenlast; – **du mariage** *(FamR)* Kosten für die Führung des ehelichen Haushalts und den Unterhalt der Kinder; – **maximum** *(StVR)* höchstzulässiges Gesamtgewicht; – **pécuniaire** finanzielle Belastung; – **d'une personne** Personensorge *f*, Unterhaltsleistung für eine (bestimmte) Person.

charge de la preuve *(ZR: fardeau de la preuve)* Beweislast, Last der Beweisführung; **renversement de la – –** Umkehr der Beweislast.

charge publique *(VwR)* öffentliches Amt; – **réelle** *(SachenR)* dingliche Belastung, Reallast; – **de riveraineté** *(VwR)* Anliegerlast; – **des sinistres** *(VersR)* Verpflichtung zum Schadensersatz; – **utile** *(Kfz)* Nutzlast.

2. **charges** *fpl* (1) *(SozR)* Belastung, Unterhaltsverpflichtung, (2) *(ÖfR, SachenR)* öffentliche Lasten (auf einem Grundstück), (3) *(HaushR)* Last der Staatsverschuldung; **cahier des –** (1) *(ÖfR)* Verdingungsunterlagen *fpl*, (2) *(SchuldR)* vertragliche Verpflichtungen; Ausgaben, Aufwendungen; **état des –** Höhe der Schuldenlast, Lastenverzeichnis *n*; **exempt de –** lastenfrei; **exemption de –** Lastenfreiheit; **libre de toutes –** schuldenfrei; **péréquation des –** Lastenausgleich *m*; **répartition des –** Lastenverteilung; – **d'acquisition** Erwerbskosten; – **consécutives à la guerre** Kriegsfolgelasten; – **d'exploitation** Betriebskosten *fpl*.

charges de famille Unterhaltspflicht (für Angehörige), Familienunterhalt *m*; **déduction pour – –** *(SteuerR)* Kinder- od. Haushaltsfreibetrag; **réduction pour – –** Familienermäßigung.

charges familiales Kosten für den Familienunterhalt; – **financières** finanzielle Belastung, Schuldenlast; – **fiscales** Steuerlast, Steuerbelastung;

– **fixes** *(BW)* fixe Kosten; ständige (u. gleichbleibende) Ausgaben; – **d'habitation** Wohnkosten; – **immobilières** Grundstücksbelastung; – **indues** *(SozR)* nicht zweckgerechte Leistungsausgaben (der gesetzlichen Krankenversicherung); – **locatives** (Miet-)Nebenkosten; – **du mariage** ehelicher Aufwand, Haushaltsführungskosten *fpl*; – **de personnel** Personalaufwand *m*, Löhne als fixe Kosten; – **professionnelles** *(SteuerR)* berufliche Betriebsausgaben, Werbungskosten *pl*, Aufwendungen zur Erhaltung des Arbeitseinkommens; – **publiques** *(HaushR)* öffentliche Ausgaben, Finanzbedarf (zur Erfüllung öffentlicher Aufgaben); – **salariales** Lohnkosten; – **sociales** Soziallasten; Sozialabgaben *fpl*; – **supplémentaires** Mehrkosten; – **variables** *(Bw)* variable od. veränderliche Kosten.

chargé d'affaires *(VR)* Geschäftsträger *m*; – **de cours** *(HochschulR)* außerplanmäßiger Hochschullehrer, Privat- od. Universitätsdozent; – **d'enseignement** Lehrbeauftragte(r); – **de famille** Haushaltsvorstand *m*, Familienoberhaupt; – **de fonctions** *(VwR)* Amtsträger; – **de mission** Beauftragte(r).

chargement *m* (1) *(SeeHR: action de charger)* Verladung, Be- u. Entladung, Verschiffung *f*, (2) *(marchandises chargées)* Schiffsladung, (3) Transportkapazität od. -menge, (4) Übergabe eines Wertbriefs od. Wertpakets an die Post, Wertsendung; **bulletin de –** Ladeschein *m*; **lieu de –** Ladeplatz; **port de –** Verladehafen; – **aérien** Luftfracht; – **pour frais de gestion** Geschäftsführungs- od. Verwaltungskostenzuschlag *m*; – **sur pont** *ou* **en pontée** Decklading, Deckverladung; – **en vrac** Bulk- od. Massengutladung.

charger (1) *(SeeHR)* be- od. verladen, (2) *(SchuldR: Person)* einen Auftrag erteilen, beauftragen, betrauen (mit), (3) *(StR, StPR)* zur

Last legen, eine belastende Aussage machen gegen, belasten, (4) *(Waffe)* durchladen, (5) *(Reaktor)* laden.

chargeur *m* (1) *(SeeHR)* Befrachter *m*, Ladungseigentümer; Verlader, Ablader, (2) *(Foto)* Kassette, (3) *(Film)* Magazin, (4) *(DV)* Lader.

chariot *m* **à fourche** Gabelstapler *m*.

charité *f* Mildtätigkeit *f*; **vente de –** Wohltätigkeitsverkauf *m*.

charlatan *m* Quacksalber *m*.

charnière *f fig* Wendepunkt *m*.

charpente *f* Hochbau *m*, Tragwerk *n*; *fig* Struktur, Gliederung; **– métallique** Stahlhochbau *m*; **– principale** tragende Bauteile.

charte *f* Verfassungsurkunde *f*, Charta *f*, (Staats-)Grundgesetz *n*; **– de l'Atlantique** Atlantik-Charta; **– constitutionnelle** (1) Verfassung, Grundgesetz, (2) *hist* französische Verfassung von 1815; **– matrimoniale** Ehevertrag *m*; **– des Nations-Unies** Charta der Vereinten Nationen; **– sociale européenne** Europäische Sozialcharta.

charte-partie *f* *(SeeHR: contrat d'affrètement)* Chartepartie *f*, Chartervertrag *m*, Seefrachtvertrag *m*; **prendre en –** chartern.

charter *m* *(TransportR: avion affrété)* Chartermaschinen *f*, Charterflug *m*.

chasse *f* Jagd *f*, Jagdbezirk *m od.* -revier *n*; Jagdbeute *f*; **clôture de la –** Beginn der Schonzeit; **délit de –** Jagdvergehen *n*; **droit de la –** Jagdausübungsberechtigung; **droit de la –** Jagdrecht; **Office national de la –** frz. Oberste Jagdbehörde; **permis de –** Jagdausübungsrecht, Jagdrecht; **règlement de –** Jagdordnung; **réserve de –** Jagdbezirk; **saison de –** Jagdzeit *f*; **société de –** Jagdgesellschaft *od.* -genossenschaft; **– privée** Privatrevier *n*, Privatjagd; **– prohibée** Jagdverbot; Jagdwilderei; **– aux sorcières** *(Pol)* Hexenjagd.

chasser (1) *v.tr.d.* jagen, (2) *v.intr.* *(Rad)* durchdrehen; **droit de –** Jagdpacht *f*; **permis de –** Jagdschein *m*.

châssis *m* Fahrgestell *n*, Rahmen *m*.

chaste *adj* keusch, züchtig, sittsam.

châtier *v.tr.d.* züchtigen, (be)strafen, eine Strafe verhängen.

châtiment *m* Bestrafung *f*, Züchtigung *f*, Strafe *f*; **– corporel** körperliche Züchtigung.

chauffage collectif d'immeuble Zentralheizung (einer Wohnanlage); **– urbain** Fernheizung.

chaussée *f* Straße *f* für Kraftfahrzeuge, Fahrbahn *f*.

chef *m* (1) Chef *m*, Leiter *m*, Vorgesetzter *m*; Anführer, (2) *(ZPR: élément d'une demande en justice)* einer von mehreren Klageansprüchen, Klageantrag *m*, (3) *(StPR: élément de l'acte d'accusation)* Anklagepunkt *m*; **en –** leitend; **du – de** *(ZPR)* gemäß Antrag von; auf Grund von; **du – de qqn.** *(ErbR)* als (eingesetzter) Erbe); **de son propre –** auf Grund eigener Initiative, von sich aus, ohne fremde Beeinflussung; **venir de son propre –** *(ErbR)* aus eigenem Recht erben.

chef d'accusation *(StPR)* Anklage- *od.* Anschuldigungspunkt; **– des armées** Oberbefehlshaber; **– de bureau** *(VwR)* Referatsleiter, Referent, Dezernent; **– de cabinet** Leiter des Sekretariats eines Politikers, persönlicher Referent; **– comptable** Hauptrechnungsführer; Oberbuchhalter; **– du contentieux** *(BW)* Leiter *m* der Rechtsabteilung; **– de la délégation** Delegationsleiter; **– de la demande** *(ZPR)* Antragspunkt, Gegenstand des (Klage-)Antrags; **– de département** *ou* **de division** Abteilungsleiter; **– d'entreprise** Unternehmer *m*, Unternehmensleiter, Betriebsleiter *m*, Firmenchef; **– d'équipe** Vorarbeiter *m*; **– d'État, – de l'État** Staatsoberhaupt *n*, Staatschef; **– d'état-major** *(MilR)* Chef des Stabes.

chef de famille Haushaltsvorstand *m*, Familienoberhaupt *n*; **– de file** *(Pol)* Wortführer *m*, Anführer, Kopf *m*; **– du gouvernement** Regierungschef, Premier(minister) *m*; – **hiérarchique** *(VwR)* Vorgesetzter *m*, Dienstvorgesetzte(r) *m*; – **d'inculpation** *(StPR)* Hauptanklagepunkt; – **de ménage** Haushaltsvorstand *m*; – **de mission** *(VR)* Missionschef; – **de l'opposition** Oppositionsführer; – **de parti** Parteivorsitzende(r); – **du personnel** Personalchef, Leiter der Personalabteilung; (2) *(BW)* – **de préjudice** *(VersR)* Schadensgegenstand *m*; – **du protocole** Protokollchef, Zeremonienmeister *m* (S); – **religieux** religiöses Oberhaupt; – **de section** Abteilungsleiter, Sektionschef (S); – **de service** (1) *(VwR)* Referatsleiter, Dienststellenleiter, Abteilungsleiter, (2) *(BW)* Betriebsleiter, Betriebsführer; – **syndical** Gewerkschaftsführer; – **de vente** Verkaufsleiter.

chef-lieu *m* Verwaltungssitz innerhalb einer frz. Gebietskörperschaft; – – **de département** Verwaltungssitz des Departementspräsidenten und des Präfekten, Sitz der Präfektur.

chemin *m* Weg *m*; **classer un** – einen Weg widmen; **déclasser un** – einen Weg entwidmen; – **d'exploitation** Wirtschaftsweg; – **d'exploitation forestière** Holzabfuhrweg *m*.

chemin de fer Eisenbahn *f*, Eisenbahnwesen *n*, Eisenbahnlinie *f*; – **frontière** Grenzweg; – **de hâlage** Treidelweg *m*; – **privé** Privatweg; – **rural** Feld- *od*. Wirtschaftsweg; – **vicinal** Gemeindeweg *od*. -straße.

cheptel *m* Vieh *n*, Viehbestand *n*; **bail à** – Viehpacht(vertrag) *m*.

chèque *m* Scheck *m*, Barscheck; **bénéficiaire du** – Scheckempfänger *m*; **carnet de** –**s** Scheckheft; **carte** – **Scheckkarte** *f*; **centre de** –**s postaux** Postscheckamt; **circulation des** –**s** Scheckverkehr; **compte** – **postal** (= C.C.P.) Postscheckkonto; **contrat de** – Scheckvertrag *m*; **création du** – Scheckausstellung; **créer un** – einen Scheck ausstellen; **émettre un** – einen Scheck übergeben (an den Begünstigten); **émission du** – Scheckübertragung *od*. -weitergabe; **encaissement de** – Scheckinkasso *n*, Scheckeinlösung; **encaisser un** – einen Scheck einlösen; **faire opposition sur un** – einen Scheck sperren lassen; **formule de** – Scheckformular *n*; **honorer un** – einen Scheck einlösen; **libeller un** – **(en francs)** einen Scheck in FF ausstellen; **opposition au paiement du** – Scheckwiderruf; **paiement du** – Scheckeinlösung; **perte du** – Scheckverlust; **porteur du** – Scheckinhaber *m*; **présentation du** – Scheckvorlegung; **protêt d'un** – Scheckprotest *m*; **provision du** – (Scheck-)Deckung, Guthaben *n*; **régler par** – mit Scheck bezahlen; **tiré du** – Scheckbezogener *m*, Bank *f*; **tirer un** – einen Scheck ausstellen; **tireur du** – Scheckaussteller *m*; **toucher un** – einen Scheck einlösen; **transmission du** – Scheckübertragung, Weitergabe *f*; **visa de** – Scheckbestätigung.

chèque antidaté vordatierter Scheck; – **d'assignation** Anweisungsscheck; – **avisé** avisierter Scheck; – **bancaire** *ou* **de banque** Bankscheck; – **barré** Verrechnungsscheck *m*, gekreuzter Scheck; – **à barrement général** Verrechnungsscheck; – **à barrement spécial** gekreuzter Scheck; – **en blanc** Blankoscheck; – **de bois** *(pej)* ungedeckter Scheck; – **certifié** bestätigter Scheck; – **circulaire** Zirkularscheck; – **de compensation** Verrechnungsscheck; – **déplacé** Distanzscheck; – **en devises (étrangères)** Devisenscheck; – **à l'encaissement** Inkassoscheck; – **endossable** durch Indossament übertragbarer Scheck; – **-essence** Benzingutschein; – **falsifié** gefälschter Scheck; – **indirect** Distanzscheck; – **irrégulier** undatierter Scheck, Scheck ohne Angabe des Ausstellungsortes; – **-lettre** Briefscheck; – **libellé en monnaie étrangère** Fremdwährungsscheck; – **magnétique** maschinenlesbarer Scheck; – **matières** Warenscheck; – **nominatif** Namensscheck; – **non barré** Barscheck; – **non provisionné** ungedeckter Scheck.

chèque omnibus *ou* **passe-partout** Scheckformular, das die Bank dem Kunden zur Verfügung stellt, falls dieser sein Scheckheft nicht bei sich hat; – **ordinaire** Barscheck; – **à ordre** Orderscheck; – **payable au comptant** Barscheck; – **payable en plusieurs endroits** Zahlstellenscheck; – **périmé** verfallener Scheck, Scheck nach Ablauf der Vorlegungsfrist; – **à personne dénommée** Namens- *od.* Rektascheck; – **à porter en compte** Verrechnungsscheck; – **au porteur** Inhaberscheck; – **postal** Postscheck; – **postdaté** vordatierter Scheck; – **protesté** Scheck mit dem Vermerk „vorgelegt und nicht eingelöst"; – **provisionné** gedeckter Scheck, Scheck auf Guthaben; – **-récépissé** *ou* **reçu** Quittungscheck; – **restaurant** Essen(s)marke *f*; – **retourné** Retour- *od.* Rückscheck; – **de retrait** Auszahlungsschein *m*; – **sans provision** *ou* **non provisionné** ungedeckter Scheck; – **simple** Einzelscheck; – **à soi-même** Scheck zur Bargelabhebung (vom eigenen Konto); – **de valeurs mobilières** Effektenscheck; – **de virement** Verrechnungsscheck; – **visé** bestätigter Scheck; – **de voyage** Reisescheck.

chéquier *m* Scheckheft *n*, Scheckbuch *n*.

cher *adj et adv* teuer, kostspielig.

chercher *v.tr.d.* suchen; **aller – qqn.** jmdn. abholen; **envoyer – qqn.** jn (ab)holen lassen; – **du travail** Arbeit suchen.

chercheur *m* Forscher *m*, Wissenschaftler *m*; – **de trésor** Schatzgräber.

cherté *f* hoher Preis; stolzer Preis; – **de la vie** hohe Lebenshaltungskosten.

chevalier *m* Ritter *m*; – **d'industrie** Betrüger, Hochstapler *m*.

chevauchement *m* Überschneidung, teilweise Deckung.

chevronné *adj (personne: expérimenté)* versiert, erfahren, bewandert, berufserfahren.

chicane *f (PrzR: procédé dilatoire)* Schikane *f* (mit Prozeßverschleppungsabsicht), unzulässige Rechtsausübung.

chicaneur *m*, **chicanier** *m umg* Streithammel *m*, Prozeßhansel *m*; Querulant *m*.

chiffre *m* (1) Ziffer *f*, Zahl *f*, Gesamtzahl *f*, (2) Geheimschrift *f*, Zeichensprache *f*, (3) Namenszug *m*, Monogramm *n*, (4) Warenzeichen.

chiffre d'affaires (= C.A.) Umsatz *m*, Absatz *m*, Verkaufszahlen *fpl*; **augmentation du – –** Umsatzsteigerung; **baisse du – –** Umsatzrückgang; **commission sur le – –** Umsatzprovision; **évolution du – –** Umsatzentwicklung; **extension du – –** Umsatzerweiterung; **impôt sur le – –** (Waren-)Umsatzsteuer; **participation au – –** Umsatzbeteiligung; **progression du – –** Umsatzsteigerung; **taxe sur le – –** Umsatzsteuer *f*; **– –** annuel Jahresumsatz.

chiffre comparatif Vergleichszahl; – **global** Gesamtzahl *f*; – **indexé** *ou* **indice** Indexziffer, Meßziffer *f*, Richtzahl *f*; – **limite** Stichzahl *f*; – **noir** Dunkelziffer *f*; – **prévisionnel** Planzahl.

chiffrement *m* Kodierung, Verschlüsselung.

chiffrer beziffern; – **les pages d'un registre** ein Register mit Seitenzahlen versehen.

chine *f* Gebraucht- *od.* Altwarenhandel *m*.

chirographaire *adj (ErbR)* privaturkundlich, handschriftlich; **créance –** (1) *(ZR)* Forderung ohne dingliche Sicherheit, nicht gesicherte Forderung, (2) *(KonkursR)* gewöhnliche Konkursforderung; **créancier –** *(KonkursR)* Massegläubiger *m*, Gläubiger ohne dingliche Sicherheit.

choc *m* (1) Stoß *m*, Anstoß, (2) *(fig)* Erschütterung; **– en retour** Reaktion; **– pétrolier** Öl(preis)schock *m*.

choisir (aus)wählen, aussuchen.

choix *m* Wahl *f*, Auswahl *f*; Option *f*; **au –** wahlweise; **de –** auserlesen; **de premier –** erste Wahl (Ware); **libre – de l'emploi** freie Wahl des Arbeitsplatzes; **libre – de la profession** Freiheit der Berufswahl.

chômage *m* (1) Arbeitslosigkeit *f*, Erwerbslosigkeit *f*, (2) Arbeitsruhe *f*, Arbeitsausfall *m*, (3) Betriebsstillstand *m*, (4) *(industrie minière)* Feierschicht *f*; **accroissement du –** Ansteigen *n* der Arbeitslosigkeit; **allocation de –** Arbeitslosenunterstützung *f*; **allocation (de) partiel** Kurzarbeitergeld *n*; **assistance- –** Arbeitslosenhilfe; **assurance –** Arbeitslosenversicherung; **attestation** *ou* **certificat de –** Arbeitslosigkeitsbescheinigung; **caisse** *ou* **fonds de –** Arbeitslosenunterstützungskasse; **être au –** arbeitslos sein; **s'inscrire au –** sich arbeitslos melden; **recul du –**, **régression du –** Rückgang der Arbeitslosigkeit; **résorber le –** die Arbeitslosigkeit beseitigen; **secours de –** Arbeitslosenunterstützung; **taux de –** Arbeitslosenquote *f*; **tomber en –** arbeitslos werden; **traitement social du –** Bekämpfung der Arbeitslosigkeit durch sozialpolitische Maßnahmen.

chômage apparent Arbeitslosigkeit gemäß Berufsstatistik (gezählt werden hierbei nur die Nichterwerbstätigen, die sich beim Arbeitsamt als arbeitssuchend melden); **– chronique** dauernde Arbeitslosigkeit; **– conjoncturel** *ou* **cyclique** konjunkturelle Arbeitslosigkeit; **– déguisé** verschleierte Arbeitslosigkeit; **– endémique** Dauerarbeitslosigkeit; **– général** allgemeine Arbeitslosigkeit; **– intempéries** witterungsbedingte Kurzarbeit, witterungsbedingter Arbeitsausfall; **– latent** latente Arbeitslosigkeit; **– de longue durée** Dauerarbeitslosigkeit; **– partiel** Kurzarbeit; **– permanent** dauernde Arbeitslosigkeit; **– réel** tatsächliche Arbeitslosigkeit; **– résiduel** Restarbeitslosigkeit; **– saisonnier** saisonale Arbeitslosigkeit; **– structurel** strukturelle *od.* strukturbedingte Arbeitslosigkeit; **– technique** Kurzarbeit; durch Betriebsstörung verursachte Arbeitslosigkeit; **– technologique** durch den technischen Fortschritt hervorgerufene Arbeitslosigkeit; **– volontaire** selbst verschuldete Arbeitslosigkeit, Arbeitslosigkeit infolge Kündigung (des Arbeitnehmers).

chômé *adj*: **jour –** arbeitsfreier Tag; Feierschicht *f*; **jour – légal** gesetzlicher Feiertag.

chômer *v.intr.* (1) *(travailleur)* erwerbslos *od.* arbeitslos sein, keine Arbeit *od.* Beschäftigung haben, (2) *v.tr.d.* nicht arbeiten, frei haben, (3) *(usine)* stillegen.

chômeur *m* Arbeitslose(r) *m*, Erwerbslose(r); **aide aux –s** Arbeitslosenunterstützung; **nombre de –s** Arbeitslosenzahl; **– en fin de droits** bedürftiger Arbeitslose(r) (nach Erschöpfung des Anspruchs auf Arbeitslosengeld); **– complet** Vollarbeitslose(r); **– de longue durée** Langzeitarbeitsloser; **– partiel** Kurzarbeiter *m*; **– secouru** Arbeitslosengeldempfänger.

chose *f* (1) *(ZR: objet matériel)* Sache *f*, Gegenstand *m*, Rechtsobjekt *n*, (2) *(WirtR: marchandise)* Sachgut *n*, Gut *n*, Ware *f*; **– accessoire** *(SachR)* Bestandteil *m*; **– achetée** Kaufsache, Kaufgegenstand *m*; **– adjugée** zugeschlagene Sache; **– d'autrui** fremde Sache; **– commune** *(ÖfR)* Sache im Gemeingebrauch, öffentliche Sache; **– consomptible** verbrauchbare Sache, Verbrauchs- *od.* Konsumgüter *pl*; **– non consomptible** Gebrauchsgut *n*; **– corporelle** körperlicher Gegenstand; **– divisible** teilbare Sache; **– fongible** vertretbare Sache, Gattungssache; **– non fongible** Stückschuld, Spezies-Sache, nicht vertretbare Sache; – **frugifère** Früchte tragende Sache; – **future** (zu)künftige Sache; – **de genre** Gattungssache; – **hors du commerce** nicht verkehrsfähige Sache; – **indivisible** unteilbare Sache.

chose jugée *(PrzR)* rechtskräftig entschiedene Sache; **autorité de la – –** Rechtskraftwirkung; **exception de – –** *(PrzR: fin de non-recevoir que fait valoir un plaideur)* Einrede *f* der rechtskräftig entschiedenen Sache, Einrede der be- *od.* abgeurteilten Sache (S); **force de – –** Rechtskraft (nach Erschöpfung aller Rechtsmittel).

chose litigieuse *(PrzR)* streitbefangener Gegenstand; – **sans maître** herrenlose Sache; – **publique** (1) *(ÖfR)* öffentliche Sache, (2) *(ÖfR) fig* Gemeinwohl *n;* Gemeinwesen *n;* – **soumise à usufruit** dem Nießbrauch unterliegende Sache; – **vendue** Kaufsache; – **volée** gestohlene Sache, Diebesgut *n*.

chronique *adj* langwierig, langsam verlaufend, chronisch; *f* Chronik, Zeitgeschichte; Tagesbericht.

chronologie *f* Zeitfolge, Zeiteinteilung u. Zeitrechnung.

chronologique *adj* chronologisch, zeitlich geordnet; **respecter l'ordre –** die zeitliche Reihenfolge einhalten.

chute *f* (1) *(pol, hist)* Sturz *m*, Fall *m*, Niedergang *m*; Umsturz *m*, (2) *(pol)* Verfall *m*, Sinken *n*, Abfall *m*; – **du gouvernement** Sturz der Regierung; –' **de la monnaie** (1) *(brusque)* Währungssturz, (2) *(progressive)* Währungsverfall *m*.

chuter *v.intr.* fallen, sinken, stürzen.

ci *adv* hier; **ci-annexé** in der Anlage, hier beigefügt; **ci-après** weiter unten; **ci-contre** nebenstehend; **ci-dessous** weiter unten; **ci-dessus** weiter oben; **ci-devant** ehemals, ehemalig; **ci-inclus** beiliegend; **ci-joint** anbei; **témoin ci-présent** der anwesende Zeuge.

cible *f* (1) (HR) Zielgruppe *f* (in der Werbung), (2) Ziel(scheibe); **langue –** Zielsprache.

circonscription *f* Bezirk *m*; – **administrative** Verwaltungs- *od.* Amtsbezirk; – **consulaire** Konsularbezirk; – **électorale** Wahlkreis *m*, Wahlbezirk; – **judiciaire** *ou* **de juridiction** Gerichtsbezirk, Gerichtssprengel *m*; – **territoriale** Bezirk *m*, Gebiet *n*.

circonscrire *v.tr.d. a. fig.* abstecken, begrenzen, limitieren.

circonspect *adj* umsichtig, bedacht, vorsichtig.

circonspection *f* Umsicht, Vorsicht, Bedachtsamkeit; **agir avec –** umsichtig handeln.

circonstance *f* Umstand *m*, Beschaffenheit *f*, Gegebenheit *f*; **loi de –** Ausnahmegesetz *n*; – **absolutoire** *(StPR)* Entschuldigungsgrund; – **aggravant le risque** *(VersR)* gefahrerhöhender Umstand; – **aggravante** *(StPR)* Strafschärfungsgrund *m*, erschwerender *od.* strafschärfender Umstand; – **atténuante** *(StR)* Strafmilderungsgrund; – **de fait** *(StR)* Tatumstand; – **de rattachement** Anknüpfungsmoment *n*, Anknüpfungspunkt *m*.

circonstances *fpl* (1) Sachverhalt *m*, (2) Verhältnisse *npl*, Umstände *mpl*, Lage *f*, Situation *f*; **étant donné les –** unter diesen Umständen; **dans les présentes –** unter den gegenwärtigen Umständen *od.* Verhältnissen; **en toutes –** in jedem Falle; – **aggravantes** (1) *(StR)* strafschärfende Umstände, erschwerende Umstände, (2) *(VersR)* erhöhtes Risiko; – **atténuantes** strafmildernde Umstände; – **exceptionnelles** Ausnahmebedingungen, besondere Umstände, Kriegswirren; – **et dépendances** *(SachR: accessoires et utilités d'un immeuble)* Zubehör *n*.

circonstancié *adj (rapport)* ausführlich, eingehend.

circonstanciel *adj* von den Umständen abhängig; den Umständen entsprechend.

circonvenir *v.tr.d.* hintergehen, täuschen, überlisten.

circonvoisin *adj* benachbart, in nächster Nähe.

circuit *m* Kreislauf *m*; Leitung; (Fernmelde-)Verbindung; *(DV)* Schaltkreis; **– de commercialisation** Absatzweg *m*; **– de distribution** Verkaufs- *od.* Vertriebsnetz; **– économique** Wirtschaftskreislauf; **– imprimé** *(DV)* gedruckte Schaltung, Leiterplatte; **– intégré** *(DV)* integrierte Schaltung, Chip; **– téléphonique** Fernsprechleitung *od.* -verbindung; **– de vente** Vertriebsnetz; **– de vitesse** Rennstrecke *f*.

circulaire *f (VwR: instruction du supérieur hiérarchique)* Runderlaß *m* (für den internen Dienstbetrieb), Rundschreiben *n*, Rundverfügung *f*, allgemeine Anweisung, Umlaufsschreiben *n*; **– ministérielle** Ministerialerlaß; **– réglementaire** Allgemeinverfügung.

circulation *f* (1) *(StVR)* (Straßen-)Verkehr *m*, (2) *(Vwirt: Geld)* Umlauf *m*; **accident de la –** Verkehrsunfall *m*; **billets en –** Notenumlauf *m*; **carte de –** (1) Dauerkarte *f*, Strecken- *od.* Bezirkskarte *f*, Fahrausweis *m*, (2) *(SeeHR)* Seefahrtsberechtigungsurkunde; **délai de –** Laufzeit *f*; **droit de –** Verkehrsgebühr *f*; **droit de la –** Verkehrsrecht *n*; **durée de –** Laufzeit; **effet de –** Finanzwechsel *m*; **effet en –** laufender *od.* umlaufender Wechsel; **effets en –** Wechselumlauf; **liberté de –** *(VerfR)* Freizügigkeit, Bewegungsfreiheit; **libre –** (1) *(Waren)* freier Verkehr (2) *(Person)* Freizügigkeit; **mettre en –** *(Banknoten)* in Umlauf setzen; **permis de –** (1) Passierschein *m*, (2) *(StVR)* Zulassungsschein, Zulassung (eines Kraftwagens); **police de la –** Verkehrspolizei; **règle de – routière** Verkehrsvorschrift; **retirer de la –** aus dem Umlauf ziehen; **vitesse de –** *(StVR)* Fahrtgeschwindigkeit.

circulation aérienne Luftverkehr; **– des capitaux** Kapitalverkehr; **– des détritus** *ou* **déchets** *(UmweltR)* Mülltransport *m*; **– d'effets** Wechselumlauf, Wechselverkehr; **– fiduciaire** Noten- *od.* Geldumlauf; **– forcée** gesetzlich geregelter Notenumlauf, (Banknoten-)Zwangsumlauf; **– frontalière** Grenzverkehr.

circulation monétaire Zahlungsmittel- *od.* Geldumlauf; **accroissement de la – –** Erhöhung *od.* Vermehrung des Geldumlaufes; **diminution de la – –** Verminderung des Geldumlaufes, Notenrückfluß.

circulation de moyens de paiement Zahlungsmittelumlauf; **– routière** Straßenverkehr *m*.

circuler *v.intr.* (1) *(Sachen, Werte, Gerüchte)* umlaufen, kursieren, umgehen, sich ausbreiten, (2) *(Personen)* von Ort zu Ort reisen; vorübergehen; sich fortbewegen; **défense de –** Durchfahrverbot *n*.

ciseaux *mpl* **des prix** Preisschere *f*.

citation *f* (1) *(ZPR: assignation)* Ladung *f*, (durch den Gerichtsvollzieher zugestellte) Ladungsurkunde, Ladungsschrift *f* (mit der Aufforderung Stellung zu nehmen und einen Anwalt zu benennen), (2) *(MilR: nomination honorifique)* ehrenvolle Erwähnung, Auszeichnung, Anerkennung, (3) *(UrhR)* Zitat *n*, Belegstelle *f*; **acte** *ou* **cédule de –** Ladungsurkunde; **donner –** (vor)laden; **notifier une –** eine Ladung (durch den Gerichtsvollzieher) zustellen.

citation à comparaître Vorladung; **– en conciliation** Ladung zum Gütetermin *m*, Zustellung des Güteantrags; Ladung zum Sühneversuch; Anordnung des persönlichen Erscheinens im Güteversuch; **– directe** *(StPR)* Anklageerhebung durch die Staatsanwaltschaft (vor dem *tribunal correctionnel* bei Vergehen oder dem *tribunal de police* bei Übertretungen), unmittelbare Versetzung in den Anklagezustand (durch den Verletzten *od.* Staatsanwalt); **– introductive d'instance, – en justice** *(ZPR)* Ladung vor Gericht, Ladung zum Termin; **– à personne** persönliche Zustel-

lung; **– en témoignage** *ou* **à témoin** Zeugenladung; **– devant les tribunaux** Ladung (vor Gericht).
cité *f* (1) *(pol)* Gemeinwesen *n*, Staat *m*, (2) Großstadt *f*; Alt- *od.* Innenstadt, (3) Wohnsiedlung (am Stadtrand); **droit de –** Bürgerrecht; **– dortoir** Satelliten- *od.* Trabantenstadt; **– ouvrière** Arbeitersiedlung; **– universitaire** Universitätsviertel, Studentenstadt; **– du Vatican** Vatikanstaat.
citer *v.tr.d.* (1) *(ZPR)* vor Gericht laden, (2) wörtlich anführen, zitieren, (3) *(MilR)* lobend erwähnen.
citoyen *m* Staatsangehörige(r) *m*, Staatsbürger *m*, Bürger, Inländer *m*; **accomplir son devoir de –** zur Wahl gehen, wählen; **admettre au nombre des –** einbürgern; **droits du –** *(VerfR)* Staatsbürgerrechte, aktives und passives Wahlrecht; **– actif** Aktivbürger; **– à part entière** Vollbürger.
citoyenneté *f* Staatsangehörigkeit *f*, Staatsbürgerrecht *n*, Bürgerrecht; **– d'honneur** Ehrenbürger *m*.
citoyenneté *f* Staatsbürgerschaft *f*.
civil *m* (1) Zivilist *m*; Zivilberuf *m*, (2) *(MilR)* Zivilbedienstete(r) *m*; **au –** im Zivilverfahren.
civil *adj* bürgerlich, zivil; Zivil-, Bürger-; gesittet, höflich; **bureau de l'état –** Standesamt *n*; **code –** frz. bürgerliches Gesetzbuch; **droit –** bürgerliches Recht; **état –** Personenstand *m*; **fruits –s** Rechtsfrüchte; **mariage –** standesamtliche Trauung; **mort –e** Verlust der Bürgerrechte; **obligation –e** einklagbare Forderung *od.* Verpflichtung; **personnalité –e** Rechtspersönlichkeit; **procédure –e** Zivilprozeß(ordnung); **poursuivre qqn. au –** gegen jmdn. eine Klage vor dem Zivilgericht anstrengen; **requête –e** Antrag auf Eröffnung des Wiederaufnahmeverfahrens.
civilement *adv* zivilrechtlich; **être – responsable** haftpflichtig sein, einstehen müssen für eine aus einem Schuldverhältnis *(od.* einer unerlaubten Handlung) herrührende Schuld; **juger qqn. –** ein zivilprozeßrechtliches Urteil fällen; **se marier –** standesamtlich heiraten.
civilisation *f* Kultur(kreis); Bildung; **étude de –** Landeskunde *f*; **– des loisirs** Freizeitgesellschaft *f*.
civiliser *v.tr.d.* *(PrzR)* ein Strafverfahren in einen bürgerlichen Rechtsstreit überführen.
civiliste *m* Professor *m* des Zivilrechts, Zivilist.
civique *adj* staatsbürgerlich; **dégradation –** *(StR)* Aberkennung der staatsbürgerlichen Rechte (durch Strafurteil); **devoirs –s** staatsbürgerliche Pflichten; **instruction –** Staatsbürgerkunde *f*, Sozialkunde; **sens –** Pflichtgefühl (des Staatsbürgers).
civisme *m* Gemeinsinn, Bürgersinn *m*; vorbildliches staatsbürgerliches Verhalten *n*, Staatstreue *f*; **code de – international** internationaler staatsbürgerlicher Sittenkodex.
clair *adj/m* klar, offenbar, eindeutig; **tirer une affaire au –** einen Sachverhalt (auf)klären.
clairement *adv* offenbar, überzeugend, klar.
clairvoyance *f* Voraussicht *f*, Weitblick *m*.
clamer *v.tr.d.* schreien; **– son innocence** seine Unschuld beteuern.
clameur *f* Empörungs- *od.* Entrüstungsschrei, Entrüstung.
clan *m* Clique *f*, Gruppe *f*, Sippschaft.
clandestin *adj* (1) heimlich, verborgen, geheim, (2) nachrichtendienstlich, untergründig; *m* Person *od.* Ausländer ohne gültige Aufenthaltserlaubnis; **activités –es** Geheimbündelei; **agent –** V-Mann, Vertrauensmann, getarnt eingesetzter Agent; **commerce –** illegaler Handel; **groupe –** Untergrundbewegung; **passager –** blinder Passagier *m*; **mariage –** heimliche Eheschließung; **possession –e** *(SachR)* heimlich angemaßter Besitz; **travailleur –** Schwarzarbeiter.
clandestinement *adv* heimlich, im Untergrund; schwarz *(umg)*.

clandestinité *f* Heimlichkeit, Verborgenheit, Illegalität *f*; Untergrundtätigkeit, konspiratives Verhalten; **dans la –** im Untergrund.

clarification *f* Klarstellung, Erläuterung, Klärung.

classe *f* (1) *(Pol: groupe social)* Klasse *f*, Stand *m*, Schicht *f*, Rang *m*, (2) *(catégorie, espèce, sorte)* Abteilung *f*, Art *f*, Kategorie *f*, Gruppe *f*; (3) *(SchulR)* Schulklasse *f*, Unterrichtsstunde *f*, Unterricht *m*, (4) *(MilR)* (Rekruten-)Jahrgang *m*, (5) *(Buchf)* Kontengruppe *f*; **aller en –** die Schule besuchen; **conscience de –** Klassenbewußtsein *n*; **diminution de –** Rückstufung; **lutte des –s** Klassenkampf.

classe d'âge Altersgruppe *f*, (Geburts-)Jahrgang; **– de contribution** Beitragsklasse; **– creuse** geburtenschwacher Jahrgang; **– dirigeante** *ou* **dominante** herrschende Klasse; Führungsschicht *f*; **– exceptionnelle** *(BeamR)* Sondereinstufung eines frz. Beamten; **– mobilisable** *(MilR)* zur Aushebung herangezogener Jahrgang; **–s moyennes** Mittelstand; **– paysanne** Bauernstand *m*; **– possédante** die Besitzenden; **– de risques** *(VersR)* Gefahrengruppe *f*; **– de salaires** Lohngruppe; **– sociale** Gesellschaftsschicht *f*; **– des travailleurs** Arbeiterschaft.

classement *m* (1) *(ArbR)* Eingruppierung *f*, Einstufung *f*, Einreihung *f*, (2) *(StPR)* Einstellung (eines Verfahrens), (3) *(BW)* Ablage *f*, Klassifizierung, Einordnen *n*, (4) *(VwR)* Widmung als Sache im Gemeingebrauch *od.* als öffentliche Sache, (5) *(SchulR)* Rangordnung, Placierung, (6) (i.w.S.) Ordnung, Einteilung; **décision de – sans suite** *(StPR)* Einstellungsbeschluß (der Staatsanwaltschaft).

classer *v.tr.d.* (1) *(ArbR)* einstufen, eingruppieren, (2) *(StPR)* einstellen, niederschlagen, (3) ablegen, abheften, ordnen; **– sans suite** *(StPR)* (das Verfahren) einstellen.

classeur *m* Aktenordner *m*, Schnellhefter *m*; Aktenschrank *m*; **– à rideau** Rollschrank; **– à mémoire** *(DV)* Speichersystem *n*.

classification *f* Einteilung *f* (in *od.* nach Klassen), Einstufung, Klassifizierung, Zuordnung, Gruppierung; **critère de –** Einstufungsmerkmal *n*; **degré de – d'un document** Geheimhaltungsstufe; **– des emplois** Arbeitsplatzbewertung; **– des fonctions** *(BeamR)* Dienstpostenbeschreibung; **– professionnelle** *(ArbR)* Eingruppierung, berufliche Einstufung; Berufsgruppenverzeichnis *n*.

classifié *adj*: **document –** *(VwR)* Verschlußsache.

classifier *v.tr.d.* klassifizieren, einordnen, einteilen.

clause *f* (1) *(SchuldR: toute stipulation d'un acte juridique)* (Vertrags-)Klausel *f*, Bestimmung *f*, Abmachung *f*, Vereinbarung *f*, Abrede *f*, (2) *(SchuldR: clause spéciale et restrictive)* beschränkende Nebenbestimmung, Vorbehalt, Einschränkung; **– abusive** rechtsmißbräuchliche Vertragsklausel; **– d'accession** Beitrittsklausel; **– accessoire** Nebenabrede *f*; **– d'adaptation** Anpassungsklausel; **– d'adhésion** Adhäsionsklausel; **– d'affrètement** Charterklausel; **– d'agrément** *(HR, GesR)* Vorbehaltsklausel, Zustimmungsvorbehalt; **– d'ameublissement** *(ZR)* Vereinbarung, durch die eine Sache als beweglich erklärt wird; **– annexe** Nebenabrede *f*; **– d'annulation** (1) *(ZR)* Rücktrittsvorbehalt, (2) *(PrzR)* kassatorische Klausel; **– d'apérition** *(VersR)* Führungsklausel; **– d'apport** Einbringungsklausel; **– d'arbitrage** Schiedsgerichts- *od.* Schiedsklausel; **– d'arbitrage obligatoire** obligatorische Schiedsklausel; **– „pour arrivée réservée"** Klausel „für behaltene Ankunft"; **– d'assurance** Versicherungsklausel; **– d'attribution de compétence** *ou* **attributive de juridiction** Gerichtsstandsklausel;

– **d'autolimitation** *(WirtR)* Selbstbeschränkungsklausel; – **d'avarie commune** *(SeeHR)* Havariegrosse-Klausel; – **d'avarie partielle** Teilschadenklausel; – **d'avis** Avisoklausel, Berichtsvermerk *m*; – **de célibat** *(ArbR)* Heiratsverbotsklausel, Eheschließungsverbot *n*, Zölibatsklausel.

clause de change Währungs- *od.* Fremdwährungsklausel; – **comminatoire** *(SchuldR)* (Vertrags-)Klausel mit der Androhung des Rechtsverlusts *od.* einer Geldstrafe; Vertragsstrafe(klausel); – **complémentaire** Zusatzbestimmung; – **de compromis** *ou* **compromissoire** Schiedsgerichtsklausel, Schiedsabrede *f*; – **conditionnelle** Bedingung, Kondition; – **confirmative** Gültigkeitsklausel, konfirmatorische Klausel; – **de conscience** *(MedienR, ArbR: journaliste)* Kündigungsvorbehalt (mit Entschädigungsanspruch); – **de constatation des dommages** Schadenfeststellungsklausel; – **de la constitution** Verfassungsbestimmung; – **du contrat** *ou* **contractuelle** Vertragsklausel *od.* -abrede *f*, Vertragsbestimmung; – **de convention collective** *(ArbR)* Tarifvertragsklausel; – **conventionnelle** Vertragsklausel; – **de déchéance** Verwirkungs- *od.* Verfallklausel; – **de déchéance du terme** Fälligkeitsklausel; – **de dénonciation** Kündigungsklausel; – **dérogatoire** von der gesetzlichen Regelung abweichende Bestimmung, derogatorische Klausel; – **ducroire** Delkredereklausel; – **de dureté** Vertragsauflösungsklausel; – **échappatoire** Not- *od.* Ausweichklausel; – **d'échelle mobile** (1) *(ZR)* Preisänderungsvorbehalt (bei Dauerschuldverhältnissen), (2) *(SozR)* Gleitklausel; – **d'équité** Billigkeitsklausel; – **d'essai** *(ArbR)* Vereinbarung einer Probezeit; – **d'exclusion des risques** Risikoausschlußklausel.

clause d'exclusivité Ausschließlichkeitsklausel; – – **de vente** *(HR)* Alleinvertriebsklausel.

clause exécutoire *(PrzR)* Vollstreckungsklausel; – **d'exonération** *(ZR)* Haftungsausschlußklausel; – **exorbitante** (du droit commun) *(VwR)* Vorbehaltsklausel (in öffentlich-rechtlichen Verträgen); – **de fidélité** Treueklausel; – **fondamentale** grundlegende Bestimmung; – „**franc d'avarie sauf échouement**" *(SeeHR)* Klausel „frei von Beschädigung außer im Strandungsfall"; – „**franc de coulage**" Klausel „frei von Leckage"; – „**franc de risques de guerre**" Klausel „frei von Kriegsgefahr".

clause de garantie Garantiezusage; Gewährleistungsklausel; – **de garantie de change** Währungs- *od.* Kurssicherungsklausel; – **générale** Generalklausel; – **gratuite** *(IPR)* unbedingte Klausel; – **de grève** Streikklausel; – **de guerre** Kriegsklausel; – **d'immobilisation** *(FamR)* Vereinbarung, durch die das an sich zum Gesamtgut gehörige Mobiliar den Liegenschaften zugeordnet wird; – **d'inaliénabilité** *(ZR)* Unveräußerlichkeits- *od.* Unübertragbarkeitsklausel; – **d'incessibilité** *(WechselR)* Rektaklausel; – **inconditionnelle** unbedingte Klausel; – **d'indexation** Indexklausel, Wertsicherungs- *od.* Preisgleitklausel; – **d'interdiction** Verbotsbestimmung; – **d'irresponsabilité** Freizeichnungs- *od.* Haftungsausschlußklausel.

clause de juridiction (obligatorische) Jurisdiktions- *od.* Schiedsgerichtsklausel; – **léonine** *(GesR)* Satzungsklausel, durch die die Gewinnbeteiligung eines Gesellschafters ausgeschlossen wird; – **de limitation des risques** Risikobegrenzungsklausel; – **limitative de responsabilité** Haftungsbeschränkung(sklausel); – **de maintien des avantages acquis** *(SozR)* Besitzstandklausel.

clause de la nation la plus favorisée *(Außh)* Meistbegünstigungsklausel; **– de non-concurrence** *(HR)* Wettbewerbsverbot(sklausel); **– de non-convol** Eheschließungsverbot *n*; **– de non-discrimination** Nichtdiskriminierungsklausel; **– „non à ordre"** Klausel *od.* Vermerk „nicht an Order"; **– de non-réembauchage** *(ArbR)* Wiedereinstellungsverbot; **– de non-responsabilité** Haftungsausschluß- *od.* -ausschließungsklausel; **– de non-rétablissement** *(HR)* Wettbewerbsverbot(sklausel); **– des objets confiés** Obhutsklausel; **– occulte** Geheimabsprache *f*; **– onéreuse** *(IPR)* bedingte Klausel; **– d'option de change** Währungsoptionsklausel; **– à ordre** Orderklausel.

clause de paiement Zahlungsmodalitäten *od.* -bedingungen; **– de paix sociale** *(ArbR)* Friedenspflicht; **– de parenté** Angehörigenklausel; **– de partage** Teilungsklausel; **– de participation aux frais de conservation** Schadenminderungsklausel; **– pénale** *(ZR)* Vertragsstrafe, Konventionalstrafe, Strafklausel; **– au porteur** Überbringerklausel; **– préférentielle** Vorzugsklausel; **– de prix** Preisklausel; **– de prorogation** Vertragsverlängerungsklausel; **– protectrice** Schutzklausel; **– de protection (contre la dépréciation monétaire)** Wertsicherungsklausel.

clause de réalisation *(FamR)* Vereinbarung, durch die das an sich zum Gesamtgut gehörige Mobiliar von dieser Vermögensmasse ausgeschlossen wird; **– de réciprocité** Gegenseitigkeitsklausel; **– de reconduction** (Vertrags-)Verlängerungsklausel; **– „reçu pour embarquement"** Klausel „Empfangen zur Verschiffung"; **– remise en état** Wiederherstellungsklausel; **– de renonciation** Verzichtsklausel; **– de reprise** Wiederkaufsvorbehalt *m*; **– de réserve** Vorbehaltsklausel.

clause de réserve de propriété Eigentumsvorbehaltsklausel; **– de résiliation, – résolutoire** Rücktritts- *od.* Vertragsauflösungsklausel; **– de retard** Verzugsklausel; **– de retour** Rückfallsklausel bei der Schenkung; **– de retrait** Rücktrittsklausel; **– de révision** Abänderungs- *od.* Revisionsklausel; **– de révocation** Widerrufsklausel; **– de risque de guerre** Kriegsklausel; **– „sans autre avis"** Klausel ohne Bericht; **– „sans frais"** *(WechselR)* Vermerk „ohne Kosten".

clause de sauvegarde Schutzklausel, Sicherungsklausel; **– secondaire** unwesentliche Vertragsbestimmung; **– secrète** Geheimabrede; **– de sécurité syndicale** *(ArbR)* Tarifvertragsklausel, derzufolge nur Mitglieder einer bestimmten Gewerkschaft beschäftigt werden dürfen; **– statutaire** *(GesR)* Satzungsbestimmung; **– stéréotypée** Musterklausel; **– de style** regelmäßige *od.* übliche Klausel; **– suivant avis** Klausel laut Bericht; **– de surestairies** *(SeeHR)* Liegegeld für Überliegezeit; **– de survie** *(VersR)* Überlebensklausel; **– tacite** stillschweigende Vereinbarung; **– tarifaire** Tarifklausel; **–s techniques** technische Lieferbedingungen; **– territoriale** Vertragsgebietsfestlegung; **– transitoire** Übergangsklausel; **– -type** Musterklausel; **– valeur-or** Goldwertklausel; **– de vice caché** Mängelhaftungs- *od.* Gewährleistungsklausel; **– de voie parée** Klausel über den freihändigen Verkauf der Pfandsache.

clé, clef *f* Schlüssel *m*; *fig* Erklärung, Lösung, Aufschluß *m*; **fausse –** Nachschlüssel *m*, Dietrich *m*; **secteur –** Schlüsselindustrie *f*; **– de répartition** Verteilerschlüssel; **– de voûte** *fig* Grundlage *f*, Kernstück *n*.

clearing *m* Clearing *n*, Verrechnungsverfahren *n*; **accord de –** Clearingübereinkommen *n*, Verrechnungsabkommen.

clémence *f* Gnade *f*, Begnadigung *f*, Vergebung *f*; Milde *f*.

clément *adj* gnädig.

cleptomanie *m* Kleptomanie *f*.

clerc *m* (1) *(PrzR: employé des études d'officiers ministériels)* Schriftführer, (öffentlicher) Schreiber *m*, Kanzlist *m*, (2) *(KirchR)* Geistlicher *m*; **– assermenté (d'huissier)** vereidigter Protokollführer; **– de notaire** Notariatsangestellte(r) *m*; **premier – ou – principal** Notariatsbürovorsteher *m*.

clergé *m* Geistlichkeit, Klerus *m*; **– régulier** Ordensgeistlichkeit; **– séculier** Weltgeistlichkeit.

cléricature *f* Laufbahn der Notariatsangestellten.

cliché *m* (1) Negativ(bild) *n*, (2) Einzelbild; **– radiographique** Röntgenaufnahme.

client *m* (1) *(HR)* Kunde *m*, Auftraggeber *m*, (2) *(PrzR: client d'un avocat)* Mandant *m*, Auftraggeber *m*, Klient *m*; **– direct** Direktbezieher.

clientèle *f* (1) *(HR: achalandage)* Kundschaft *f*, Kundenstamm *m*, Kundenkreis *m*, (2) *(PrzR: avocat, notaire)* Klientel *f*, (3) *(médecin)* Patientenkreis *m*, Praxis *f*; **droit de –** *(HR)* Entschädigung für die betreute Kundschaft (nach Ausscheiden aus einer Firma); **grande –** *(Anwalt)* gutgehende Anwaltskanzlei; **prospection de la –** Kundenwerbung; **– bancaire** Bankkunden; **– électorale** Stammwähler *mpl*, Anhängerschaft *f*; **– établie** *ou* **– fixe** Stammkundschaft, feste Kundschaft; **– habituelle** Stammkundschaft; **– de passage** Laufkundschaft; **– politique** Anhängerschaft.

clientélisme *m* *(Pol)* Vetternwirtschaft.

clignotant *m* (1) *(Kfz)* Blinklicht *n*, (2) *(fig Vwirt)* Konjunkturindikator *m*, Alarmblinker *m*, Warnleuchte *f*.

climat *m fig* Stimmung *f*, Klima *n*; **– d'une entreprise** Betriebsklima.

clinique *adj*: **signe –** Krankheitssymptom *od*. -zeichen *n*.

clivage *m* *(Pol)* Entzweiung, Auseinanderleben *n*.

cloison *f* Zwischen- *od*. Trennwand; **– coupe-feu** Brandwand *f*.

cloisonnement *m fig* (gegenseitige) Abgrenzung *od*. Abkapselung.

clôre abschließen, beenden.

clôture *f* (1) *(SachR: barrière, enceinte)* Einfriedung *f*, Umzäunung *f*, (2) *(PrzR: conclusion, fin)* Schluß *m*, Beendigung *f*, (3) *(Buchf, HR)* Jahresabschluß *m*, Abschluß *m*; **bilan de –** Abschlußbilanz *f*, Schlußbilanz; **bris de –** *(StR)* Einbruch *m*, Aufbrechen (eines Zauns, einer Tür); **cours de –** Schlußkurs *m*; **date de –** Meldeschluß; **entouré d'une – continue** *(Grundstück)* mit einer Einfriedung versehen; **motion de –** Antrag auf Schluß der Aussprache; **ordonnance de –** *(ZPR)* richterliche Verfügung (über die Beendigung des schriftlichen Vorverfahrens); **protocole de –** Schlußprotokoll *n*; **réunion** *ou* **séance de –** Schlußsitzung.

clôture du bilan Bilanzabschluß; **– de compte** *(BankR)* Kontoauflösung; **– d'un compte** Kontoabschluß, Saldofeststellung; **– des comptes** *(GesR)* Buch- *od*. Rechnungsabschluß; **– de compte courant** *(BankR)* Beendigung eines Kontokorrentrechtsverhältnisses; **– du crédit** Beendigung des Kreditverhältnisses.

clôture des débats (1) *(PrzR)* Schluß der (mündlichen) Verhandlung *od*. der Debatte, Verhandlungsschluß *m*, (2) *(StPR)* Schließung der Beweisaufnahme u. der Parteivorträge (im Strafprozeß); **prononcer la – – –** die Verhandlung für geschlossen erklären; **– du débat** *(VerfR, VereinsR, GesR)* Beschluß über die Beendigung der Debatte über einen Tagesordnungspunkt.

clôture douanière Zollverschluß *m*; **– de l'exercice** (1) *(GesR)* Jahresabschluß, (2) *(HaushR)* Abschluß *od*. Ablauf des Haushaltsjahres; **– de la gestion annuelle** Jahresabschluß; **– de l'instruction** *(StPR)* Abschluß der polizeilichen Vorermittlungen od. der Voruntersuchung; – **pour insuffisance d'actif** Einstellung des Konkursverfahrens mangels Masse; – **de l'inventaire** Abschluß des Inventars; – **de la liquidation de l'actif** Abschluß der Liquidation; – **de la liquidation des biens** Beendigung des Konkursverfahrens; – **mitoyenne** *(ZR)* gemeinschaftliche Einfriedung; – **de la procédure** Verfahrensabschluß; – **du scrutin** Schluß der Abstimmung (des Parlaments), Wahlschluß; – **de la session** Beendigung der Tagungsperiode.

clôturer *v.tr.d.* (1) *(Grundstück)* umzäunen, umschließen, einfrieden, (2) *(Sitzung)* beenden, abschließen, schließen, (3) *(BörR)* einen Schlußkurs feststellen; – **un compte** ein Konto abschließen; – **à perte** *(Bilanz)* mit Verlust abschließen.

club *m* Verein *m*, Klub *m*, geschlossene Gesellschaft.

clubiste *m* Klubmitglied *n*.

coaccusé *m (StPR)* Mitangeklagte(r).

co-activité *f (StR)* Mittäterschaft *f*.

coadjudicataire *m (VwR)*, Person, der bei Vergabe öffentlicher Aufträge mit anderen gemeinsam der Zuschlag erteilt wurde.

coadministration *f* Mitverwaltung.

coalisé *m* Mitglied der Koalition.

coaliser: se – koalieren, koalisieren, sich zu einer Koalition zusammenschließen, eine Koalition eingehen.

coalition *f* (1) Koalition *f*, Bündnis *n*, Zusammenschluß *m*, (2) *(ArbR: groupement en vue d'une grève ou d'un lock-out concerté)* Arbeitnehmer- od. Arbeitgeberbündnis *n*, (3) *(StR: entente illicite)* gesetzwidrige Preisabsprache; **gouvernement de** – Koalitionsregierung; **liberté de** – Vereinigungs- od. Koalitionsfreiheit; – **électorale** Wahlbündnis; – **de fonctionnaires** *(StR)* gemeinschaftliche Begehung eines Amtsdelikts; – **gouvernementale** Regierungskoalition; – **temporaire** *(GesR: entente, pratique concertée)* vorübergehender Zusammenschluß, Konsortium *n*.

coarmateur *m (SeeHR)* Mitreeder *m*.

coassocié *m (GesR)* (Mit-)Teilhaber, Mitgesellschafter *m*.

coassurance *f* Mitversicherung *f*; Mitzeichnung *f*.

coauteur *m* (1) *(UrhR)* Mitverfasser, Mitautor *m*; gemeinsame Verfasser (eines Werkes); (2) *(StR: par opposition au complice)* Mittäter *m*, (3) *(ZR)* Mitverursacher einer unerlaubten Handlung, (4) *(SchuldR: cocontractant)* Vertragspartner *m*.

cobelligérant *(VR)* (mit)kriegführender Staat.

cobénéficiaire *m* Mitbegünstigter *m*, Mitberechtigter *m*.

cocarde *f* Kokarde *f*, blau-weiß-rotes rosettenförmiges od. rundes frz. Hoheitszeichen.

cocaution *f* Mitbürge *m*.

coche *m* **de plaisance** Hausboot *n*.

cocher *v.tr.d.* einkerben; ankreuzen.

cocontractant *m* Vertragspartner *m*.

cocréancier *m* Mitgläubiger *m*.

code *m* (1) *(recueil officiel de lois, décrets et règlements)* Gesetzbuch *n*, grundlegendes (einzelnes) Gesetz (zur Regelung eines umfassenden Sachverhalts), Rechtsverordnung *f*, (2) *(compilation de textes publiés par un éditeur)* (private, durch einen Verlag gestaltete) Gesetzessammlung (zumeist mit Kurzkommentar), (3) Verhaltenskodex *m*; Ehrenordnung, (4) *(méthode de chiffrement)* Schlüsselbuch, Kode *m*; **droits inscrits dans le** – die durch Gesetz verbürgten Rechte; – **administratif** Gesetzbuch des frz. Verwaltungsrechts (Textsammlung); – **de l'artisanat** Handwerksordnung; – **de l'aviation civile** frz. Zivilluftfahrtgesetz; – **banque** Bankleitzahl; – **de bonne conduite** *(Pol)* Verhaltensregeln der „political correctness"; – **des caisses d'épargne** frz. Sparkassenordnung (Textsammlung); – **de la circulation routière** frz. Straßenverkehrsgesetz (mitsamt Straßenverkehrsordnung).

code civil frz. Bürgerliches Gesetzbuch, frz. Zivilgesetzbuch (1804); – **de commerce** frz. Handelsgesetzbuch (1807); – **des communes** frz. Gemeindeordnung (1977); – **comptable** *(Buchf)* Abrechnungsschlüssel *m*; – **de conduite** Verhaltenskodex; – **de la consommation** Verbraucherschutzgesetzbuch; – **de la construction et de l'habitat** frz. Bauordnung (Textsammlung); – **criminel** *(hist)* Strafgesetzbuch (1810); – **des débits de boissons** frz. Schankordnung; – **de déontologie** Berufsordnung, Ehrenordnung (eines Berufsstandes); – **de déontologie médicale** Ehrenkodex der Ärzte; – **des devoirs professionnels des architectes** Gesetz über die Berufspflichten der Architekten; – **disciplinaire** Disziplinarordnung; – **du domaine de l'État** frz. Gesetze über das Staatsvermögen; – **des douanes** frz. Zollordnung.

code électoral frz. Wahlgesetzbuch; – **de l'enseignement technique** frz. Fachausbildungsgesetz; – **de l'expropriation** Enteignungsgesetzbuch; – **de la famille et de l'aide sociale** Gesetz über Familien- u. Sozialbeihilfen; – **fiscal** (B) Abgabenordnung; – **forestier** frz. Gesetze über das Forstwesen; – **général des impôts (et livre des procédures fiscales)** frz. Abgabenordnung und Textsammlung der Steuergesetze; – **d'instruction criminelle** *hist* frz. Strafprozeßordnung (1808); – **de justice militaire** Militärstrafgesetzbuch; – **des marchés publics** frz. Verdingungsordnung(en) (Textsammlung); – **de la mutualité** frz. Textsammlung über die Versorgungskassen auf Gegenseitigkeit; – **de la nationalité** frz. Staatsangehörigkeitsgesetz; – **des obligations** (S) Obligationenrecht (S); – **de l'organisation judiciaire** frz. Gerichtsverfassung(sgesetze) (1978).

code pénal frz. Strafgesetzbuch (1832); **nouveau** – **pénal** neues frz. Strafgesetzbuch (1992); – **pénal fédéral** (S) Bundesgesetz über das Bundesstrafrecht; – **pénal militaire** (B–S) Militärstrafgesetz; – **postal** Postleitzahl; – **des postes et télécommunications** frz. Gesetzes- u. Rechtsverordnungssammlung über das Post- u. Fernmeldewesen; – **de procédure civile (ancien)** (alte, in einigen Teilen noch gültige) frz. Zivilprozeßordnung; **nouveau** – **de procédure civile** neue frz. Zivilprozeßordnung (1975); – **de procédure pénale** frz. Strafprozeßordnung (1957); **code de la propriété intellectuelle** frz. Gesetzbuch der gewerblichen Schutzrechte; – **de la route** frz. Straßenverkehrsgesetz und -ordnung; – **rural** frz. Gesetzbuch über das Land- u. Forstwirtschaftswesen; – **de la santé publique** frz. Gesundheitsordnung (Textsammlung); – **de la Sécurité sociale** frz. Sozialgesetzbuch; – **du travail** frz. Arbeitsgesetzbuch; – **du travail maritime** Gesetzbuch über die Anheuerung u. die Arbeitsbedingungen der Seeleute; – **de l'urbanisme** frz. Städtebaurecht (Textsammlung); – **de ventilation des frais** Kostenverteilungsschlüssel *m*.

codébiteur *m* Mitschuldner *m*; – **solidaire** Gesamtschuldner.

codécision *f*: **droit de** – Mitentscheidungsrecht *n*, Mitspracherecht *n*.

codéfendeur *m (ZPR)* Mitbeklagte(r) *m*, passiver Streitgenosse.

codéfenseur *m (StPR)* Mitverteidiger *m*, zweiter Verteidiger.

codemandeur *m (ZPR)* Mitkläger *m*, aktiver Streitgenosse.

coder *v.tr.d.* (1) codieren, verschlüsseln, (2) tarnen, verschleiern.

codétenteur *m* Mitinhaber *m*.

codétenu *m* Mitgefangene(r) *m*, Mithäftling *m*.

codex *m* (= *pharmacopée*) amtliches Arzneibuch *m*, Pharmakopöe *f*.

codicillaire *adj* durch Vorbehalt; durch Testamentsergänzung; auf

der Grundlage eines Vermächtnisses.
codicille *m* (1) *(ErbR, hist.)* Vorbehalt bei einem Testament, (2) *(ErbR)* abänderndes Testament; Testamentzusatz *od.* -ergänzung, letztwillige Verfügung, durch die ein Testament ergänzt, abgeändert *od.* aufgehoben wird, (3) *(i.w.S.)* Zusatz *m*, Anhang *m.*
codification *f* Kodifikation; Gesetzessammlung; **programme de –** *(DV)* erzeugendes Programm; **– à droit constant** formal harmonisierende und bereinigende Kodifizierung (einzelner Bereiche des frz. Rechts, ohne Vornahme inhaltlicher Änderungen der Gesetze selbst).
codifier *v.tr.d.* kodifizieren, regeln, ordnen, festlegen.
codirecteur *m* stellvertretender Direktor.
coéchangiste *m* Tauschende(r) *m*, Tauschpartner *m.*
coédition *f* Gemeinschaftsausgabe *f* (mehrerer Verlagsanstalten).
cœfficient *f* Koeffizient *m*, Faktor *m*, Richtzahl *f*, Richtwert *m*; Vom-Hundert-Satz *m*; **– d'amortissement** Abschreibungsprozentsatz *m*; **– d'augmentation** Steigerungsrate *f*; **– d'erreur** Fehlerquote; **– de liquidité** Liquiditätskennziffer *f*; **– d'occupation des sols** *(BauR)* Bebauungsdichte *f*; **– de pondération** Gewichtungsfaktor *m*; **– de réserve** Barmittelreservesatz *m*; **– de revalorisation** Aufwertungssatz *m*; **– d'indétermination** Unsicherheitsfaktor *m*; **– de trésorerie** Deckungskoeffizient.
cœntreprise *f (HR: joint venture)* Joint venture-Vertrag.
cœrcitif *adj* zwingend, mit Gewalt (durchsetzbar); **mesure –ive** Zwangsmaßnahme *f.*
cœrcition *f* (1) *(ÖfR)* (staatlicher) Zwang *m*, Zwangsmaßnahme *f*, (2) Druck *m*, Gewaltanwendung; **acte de –** Zwangsmaßnahme, Verwaltungszwang; **droit de –** Zwangsrecht *n*; **moyen de –** Zwangsmittel *n*; Erzwingungsstrafe; **pouvoir de –** Zwangsgewalt *od.* -befugnis *f.*
cœxistence pacifique *(VR)* friedliche Koexistenz *f.*
coffre *m Kfz* Kofferraum *m.*
coffre-fort *m* Panzerschrank *m*, Tresor *m*, Geldschrank; **compartiment de –** (Bank-)Schließfach, Safe *n.*
coffrer *pej* einsperren, inhaftieren.
cofidéjusseur *m* Mitbürge *m.*
cofondateur *m (GesR)* Gründungsmitglied *n*, Gründer *m*, Mitbegründer *m.*
cogérance *f* gemeinsame Geschäftsführung eines frz. Handelsgeschäfts *od.* einer Personengesellschaft.
cogérant *m* Mitgeschäftsführer *m.*
cogestion *f* (1) *(HR: pouvoir de codécision)* Mitwirkung *f*, Beteiligung *f* an der Geschäftsführung (eines Betriebes), (2) *(ArbR: participation du personnel à la gestion)* Mitbestimmung *f*, (3) *(FamR, SchuldR)* Vermögenssorge *f*, Gesamthandsverwaltung; **droit de –** Mitbestimmungsrecht *n*; **– paritaire** paritätische Mitbestimmung; **– qualifiée** qualifizierte Mitbestimmung.
cognat *m* Verwandter *m* von Seiten der Frau oder Mutter, Spillmagen *m.*
cognation *f* Blutsverwandtschaft *f* (von mütterlicher Seite), Kognation *f*; Abstammung *f* mütterlicherseits.
cohabitation *f* (1) *(FamR)* Zusammenwohnen *n*, Wohngemeinschaft *f*, (2) *(Pol)* Kohabitation, Zusammenarbeit zwischen linkem Präsidenten u. rechter Parlamentsmehrheit *(od.* umgekehrt); **devoir de –** *(FamR: devoir de communauté de vie)* Verpflichtung zur ehelichen Lebensgemeinschaft.
cohabiter *v.intr. (FamR)* zusammen leben (in ehelicher *od.* nichtehelicher Gemeinschaft), zusammen wohnen.
cohérie *f* Erbengemeinschaft *f*, Gesamthandsgemeinschaft der Erben.
cohéritage *m* Miterbschaft *f*, Anteil an einer Erbengemeinschaft.

cohériter Miterbe werden, miterben.
cohéritier *m* Miterbe *m*.
cohésion *f* Zusammenhalt *m*, Verbundenheit *f*.
coïncidence *f* zufälliges Zusammentreffen *n*, Übereinstimmung, Deckung, Identität.
coïncider *v.tr.ind.* zusammenfallen, übereinstimmen.
coïnculpé *m* Mitangeklagte(r).
coïndivisaire *m* Gesamthänder *m*.
cointéressé *m* (1) Mitberechtigte(r) *m*, (2) Mitbetroffene(r) *m*.
coïnventeur *m* (1) *(UrhR)* Miterfinder *m*, (2) *(ZR: Fund)* Mitfinder.
coït *m* Beischlaf *m*, Koitus *m*, Geschlechtsverkehr *m*.
cojouissance *f (ZR)* gemeinsame Nutzung (einer Sache).
colbertisme *m (Vwirt)* Colbertismus, Dirigismus (in Verbindung mit Schutzzöllen).
colégataire *m (ErbR)* Miterbe *m*, Vermächtnisgenosse *m*, Kolegatar *m*.
colicitant *m (ZR: coïndivisaire lors du partage du prix)* Beteiligter am Auseinandersetzungserlös (der Gesamthandsgemeinschaft).
colis *m* Paket *n*, Versandstück *n*; **– encombrant** Sperrgut *n*; **– exprès** (1) Expreßsendung *od.* -gut; **– franc de droits** gebührenfrei auszuhändigendes Paket; **– postal** Postpaket.
colis (contre) remboursement Nachnahmepaket *n*; **– avec valeur déclarée** Paket mit Wertangabe.
colistier *m (Pol)* Kandidat auf der gleichen Wahlliste.
colitigant *m (ZPR)* Kläger *od.* Beklagter (im Rahmen einer gemeinschaftlichen Klage).
collaborateur *m* Mitarbeiter *m*, Angestellter *m*; Kollege *m*.
collaboration *f* Mitarbeit *f*, Mitwirkung, Zusammenarbeit.
collatéral *m* Verwandte(r) *m* in der Seitenlinie.
collatéral *adj* zur Seitenlinie (zu)gehörig; **effet –** Nebenwirkung.
collatéraux *mpl* Seitenverwandte.

collation *f* (1) *(ÖfR: droit de conférer un titre)* Recht zur Verleihung eines Titels, Ernennungsbefugnis *f*, (2) *(comparaison d'une copie avec l'original)* Vergleich von Urkunden, im Hinblick auf ihre Übereinstimmung; **– de grade** Verleihung eines akademischen Grades (einschließlich des Abiturs in Frankreich); **– de pièces** Schriftenvergleich *m* (bei Urkunden).
collationner *v.tr.d.* **un acte** die Übereinstimmung der Abschrift mit dem Original überprüfen.
collationnement *m (Urkunden)* Übereinstimmungsüberprüfung *f* (vor der Erteilung des Beglaubigungsvermerks).
collecte *f* (öffentliche) Sammlung, Kollekte *f*, Spendenaktion; **– à domicile** Haussammlung; **– de données** *(DV)* Datensammlung; **– des informations** Informationsgewinnung; **– sur la voie publique** Straßensammlung.
collecter *v.tr.d.* sammeln, eine Kollekte veranstalten.
collectif *m* (= **loi de finance rectificative**) Nachtragshaushalt *m*.
collectif *adj* Sammel-, kollektiv; gemeinsam; Gesamt-; **acte –** Vertrag, an dem mehrere Personen beteiligt sind; **action –ive** *(PrzR)* Verbandsklage; **préjudice –** gemeinsamer Schaden; **sécurité –ve** *(VR)* gemeinsame Sicherheit.
collectivisation *f* Überführung *f* in Gemeineigentum, Vergesellschaftung, Sozialisierung; **– forcée** Zwangskollektivierung.
collectivité *f* (1) *(ÖfR: institution administrative)* Körperschaft *f*, Gemeinschaft *f*, Gemeinwesen *n*, (2) *(ZR: groupe de personnes)* Personengesamtheit *f*, Kollektiv *n* (Aut); **– locale** (1) *(commune)* Gemeinde, (2) *(territoriale)* Gebietskörperschaft *f*; **– nationale** Nation, Volk; **– publique, – de droit public** Körperschaft des öffentlichen Rechts, öffentlich-rechtliche Körperschaft; **– régionale, – territoriale** Gebietskörperschaft.

collège *m* (1) Gremium *n*, Kollegium *n* (2) *(SchulR: collège d'enseignement)* frz. weiterführende Schule (5.–9. Schuljahr), Realschule, Mittelschule (S); **– arbitral** Schiedsrichterkollegium; **– échevinal** (B–L) Schöffenrat *m*; Kollegialbehörde, gebildet aus dem Bürgermeister mit den Beigeordneten; **– électoral** Wählerschaft *f*, Wahlausschuß *m*; **– judiciaire** Kollegialgericht; **– de magistrats** Richterkollegium *n*; Wahlmännerkollegium der Richter eines frz. Appellationshofes; **– municipal** Magistratskollegium, Gemeinderat; **– professionnel** Berufsverband *m*; **– restreint** Kollegium mit beschränkter Personenzahl; **– unique** einheitliches Wahlkollegium.

collégial *adj* (1) *(PrzR)* als Kollegialgericht, (2) nach dem Kollegialprinzip.

collégialement *adv* (1) gemeinsam, (2) *(PrzR)* (Urteilsfällung) durch eine Spruchkammer.

collégialité *f* Kollegialität *f*, kollegiales Verhalten; Kollegialsystem *n*; Kollegialprinzip *n*.

colliger *v.tr.d.* **des lois** Gesetze in einem Gesetzbuch zusammenfassen.

collision *f* Zusammenstoß *m*.

collocation *f (KonkursR)* Kollokation *f*, Festsetzung der Rangordnung der Gläubiger; Rangfolge der Zahlungsforderungen (beim Konkurs).

colloque *m* Konferenz *f*, Zusammenkunft, Kolloquium *n*.

colloquer les créanciers *(KonkursR)* die Rangfolge der (Konkurs-) Gläubiger festlegen; eine (Abschlags-)Verteilung (an die Gläubiger) vornehmen.

collusion *f (StR: entente secrète)* (geheimes) Zusammenwirken *n* (zweier Personen zum Schaden eines Dritten, geheime Absprache mit Schädigungsabsicht, Kollusion *f*; **– frauduleuse** Absprache zur Verdunkelung (eines Tatbestandes), Verdunkelung *f*; **– d'intérêts** (geheimes) Einverständnis.

collusoire *adj*: **entente –** geheime Absprache zwecks Schädigung eines Dritten.

colocataire *m (SachR: copreneur)* Mitmieter *m*.

colocation *f (ZR)* Vermietung an mehrere Personen; gemeinschaftliche Anmietung.

colombe *f (a. fig. Pol)* Taube *f*.

colon *m* **paritaire** *(LandwR: métayer)* Halbpächter.

colonat *m* **partiaire** *(LandwR: colonage)* Halbpacht *f*.

colonel *m (MilR)* Oberst *m*.

colonialisme *m* Kolonialherrschaft *f*, Kolonialismus *m*.

colonie *f* Kolonie *f*; **– pénitentiaire** (1) *(hist)* (überseeische) Strafkolonie, (2) Strafanstalt für Jugendliche; **– de peuplement** Ansiedlung.

colonisation *f* Kolonisierung; Gründung einer Ansiedlung.

colorant *m/adj* Farbstoff *m* (in Lebensmitteln); **matières –tes dangereuses** gesundheitsschädliche Farben (bei Bedarfsgegenständen).

colportage *m* (1) *(HR)* Reisegewerbe, ambulantes Gewerbe, Hausierhandel, (2) *(StR)* Verbreiten *n* von Gerüchten; **licence** *ou* **permis de – Reisegewerbekarte** *f*, Hausierschein.

colporter *v.tr.d.* (1) hausieren, (2) *(Gerüchte)* verbreiten.

colporteur *m* Straßenhändler *m*, Hausierer *m*, Detailreisende(r) *m*.

comandant *m* Mitvollmachtgeber.

combat *m* Kampf *m*, Gefecht *n*.

combativité *f* Kampfkraft *f*; Kampfgeist *m*, Kampfbereitschaft *f*.

combattant *m* Kriegsteilnehmer *m*, Frontkämpfer *m*.

combattre *v.tr.d.* bekämpfen.

combinaison *f (DV)* Verknüpfung.

combinat *m* Kombinat *n*, Produktionskomplex *m*.

combiné *m (Telefon)* Handapparat *m*.

combiner verbinden, verknüpfen.

comblement *m* (1) Ausfüllen *n* (einer Gesetzeslücke), (2) *(GesR)* Nachschußpflicht *f* (im Betriebssanierungsverfahren).

combler *v.tr.d.* (auf)füllen; – **les vœux** die Erwartungen erfüllen.
combustible *m* (1) Brennstoff *m*, Kraftstoff, (2) *(AtomR)* Spaltstoff.
comestible *adj* eßbar; *m* Nahrungs- *od.* Lebensmittel *n*.
comité *m* Ausschuß *m*, Komitee *n*; **en petit –** in kleinerem Kreise; – **d'action** Arbeitsausschuß *m*; – **d'appel** Berufungsausschuß; – **d'arbitrage** Schiedsausschuß; – **bancaire** Bankenausschuß; – **des bons offices** *(VR)* Vermittlungsausschuß; – **central** Zentralkomitee *n*; – **central d'entreprise** *(ArbR)* Gesamtunternehmensausschuß *m*.
comité consultatif Beratungsausschuß, Beirat *m*, beratender Ausschuß; – – **social** Sozialbeirat *m*; – – **du travail et de l'emploi** beratender Ausschuß für Arbeit und Beschäftigung.
comité de coordination Koordinierungs- *od.* Lenkungsausschuß; – **des créanciers** Gläubigerausschuß, Gläubigerkomitee; – **directeur** *ou* **de direction** (1) *(GesR)* Vorstand *m*, (2) Lenkungsausschuß *m*; – **économique et social** *(VerfR)* Wirtschafts- und Sozialausschuß; – **d'entreprise** *(ArbR)* frz. Unternehmensausschuß *m* (zuständig für Sozialangelegenheiten, mit dem Betriebsinhaber an der Spitze); – **d'établissement** frz. Zweigbetriebsausschuß; – **d'étude** Grundsatzausschuß; – **d'études** Planungsausschuß; – **d'examen** Prüfungsausschuß; – **d'experts** Sachverständigen- *od.* Fachausschuß; – **des finances** Finanzausschuß; – **de gérance** *ou* **de gestion** Geschäftsführungskomitee *n*, geschäftsführender Ausschuß; – **de grève** Streikleitung; – **intergouvernemental pour les réfugiés** zwischenstaatlicher Ausschuß für Flüchtlingsfragen; – **intérimaire** Interimsausschuß; – **interministériel** interministerieller Ausschuß; – **international de la Croix-Rouge** internationales Komitee vom Roten Kreuz; – **international des dessins ou modèles** Internationaler Ausschuß für Muster oder Modelle.
comité juridique Rechtsausschuß; – **de liaison** Verbindungsbüro; – **mixte** gemeinsamer Ausschuß; – **monétaire** Währungsausschuß; – **national de la recherche scientifique (= CNRS)** frz. nationales Institut für wissenschaftliche Forschung; – **organisateur** *ou* **d'organisation** (1) Veranstaltungskomitee, Organisationsausschuß; (2) Ausschuß zur Lenkung einer Wirtschaftsgruppe; – **du personnel** *(EuR)* Personalvertretung; – **des représentants permanents** Ausschuß der ständigen Vertreter; – **de salut public** *(hist)* Wohlfahrtsausschuß; **en – secret** in geheimer Beratung, in nichtöffentlicher Sitzung; – **de sécurité** Sicherheitsausschuß; – **tarifaire** *(ZollR)* Tarifausschuß; – **technique** Fachausschuß; – **de vérification des comptes** Rechnungsprüferausschuß; – **de vérification des pouvoirs** Vollmachtsprüfungsausschuß.
command *m (HR)* tatsächlicher Erwerber (bei Kommissionsgeschäften); **déclaration de –** Bekanntgabe des Namens des tatsächlichen Erwerbers.
commandant *m (MilR)* Kommandeur *m*, militärischer Befehlshaber *m*, Major *m*; – **en chef** Oberbefehlshaber *m*.
commande *f* (1) *(HR)* Bestellung *f*, Auftrag *m*; Aufforderung, (2) Leitung, Steuerung, (3) Schaltvorrichtung, Bedienorgan *n*; **accepter une –** eine Bestellung entgegennehmen *od.* aufnehmen; **annuler une –** einen Auftrag widerrufen *od.* stornieren; **avance sur –** (Voraus-)Zahlung bei Bestellung; **bon** *ou* **bulletin de –** Bestellschein *m*, Bestellzettel *m*; **confirmation de –** Auftragsbestätigung; **exécuter une –** einen Auftrag ausführen; **le-**

vier de – Schlüsselstellung; **passer une –** einen Auftrag erteilen; **poste de –** leitende Stellung; **prendre une –** eine Bestellung entgegennehmen od. annehmen od. aufnehmen.

commande(s) en carnet Auftragsbestand *m*; **– collective** Sammelbestellung; **– à distance** Fernsteuerung, Fernbedienung; **– de l'étranger** Auslandsauftrag; **– à l'exportation** Exportauftrag; **– ferme** fester Auftrag, feste Bestellung; **– supplémentaire** Nachbestellung.

commandement *m* (1) *(MilR)* Befehl *m*; Befehlshaber *m*, Befehlsgewalt *f*, (2) *(ÖfR)* Aufforderung, Anordnung, Auftrag *m*, (3) *(ZPR: acte d'huissier)* Zahlungsaufforderung durch den Gerichtsvollzieher (der Pfändung vorangehend); Zahlungsaufforderung, die im Vollstreckungstitel enthaltene Schuld zu erfüllen, (4) *(SteuerR)* Steuerbescheid *m*; **pouvoir de –** Befehlsgewalt od. -befugnis; **prendre le –** das Kommando od. die Führung übernehmen; **– itératif** *(SchuldR)* letzte Zahlungsaufforderung vor der Zwangsvollstreckung; **– de payer** Zahlungsaufforderung.

commander *v.tr.d.* (1) *(HR: Waren)* bestellen, in Auftrag geben, eine Bestellung erteilen, (2) *(enjoindre)* befehlen, (3) *(sujet nom de chose)* ausschlaggebend od. bestimmend sein für, bestimmen, beherrschen.

commanditaire *m* (1) *(commandite simple)* Kommanditist *m*, Teilhafter *m*, (2) *(commandite par actions)* Kommanditaktionär *m*.

commandite *f* (1) Kommanditgesellschaft *f*, (2) Haftsumme *f*, Anteil(e) des Teilhafters, Einlage des Kommanditisten; **associé en –** Kommanditist; **– simple** Kommanditgesellschaft.

commandité *m* Komplementär *m*, Vollhafter *m*.

commanditer (1) Gelder in eine KG einzahlen, (2) Kapital bereitstellen, (3) jmdn. sponsern, fördern, finanziell unterstützen; **– le meurtre de qqn.** einen Killer anheuern.

commando *m* Kommando *n*, (militärische) Abteilung (mit Sonderauftrag); **– de terroristes** Terrorbande *f*.

comme en matière de ... *(PrzR: einleitende Formel)* gemäß den für das Verfahren geltenden Vorschriften.

commémoration *f* Gedächtnisfeier *f*.

commencement *m* Beginn *m*, Anfang *m*; **– d'exécution** *(StR)* Beginn od. Anfang der Ausführung (der beabsichtigten Straftat); **– de la peine** *(StPR)* Strafantritt *m*; **– de preuve par écrit** *(ZR)* Anfangsbeweis, ergänzungsbedürftiger Urkundenbeweis (wobei die vorgelegte Urkunde durch Zeugen zum vollen Beweis verstärkt werden muß).

commende *f* *(KirchR)* einstweilige Übertragung einer geistlichen Pfründe, Ordenspfründe *f*.

commentaire *m* Kommentar *m*; Erklärung; Auslegung; Bemerkung.

commentateur *m* Kommentator *m*; Bearbeiter eines (juristischen) Kommentars.

commenter *v.tr.d.* kommentieren, erläutern, erklären.

commérage *m* Klatsch *m*, Gerede *n*, üble Nachrede.

commerçable *adj* (= *commercialisable*) verkehrsfähig.

commerçant *m* Kaufmann *m*, Gewerbetreibende(r); **petit –** Kleinhändler, Krämer *m*, Minderkaufmann; **– apparent** Scheinkaufmann; **– exportateur** Ausfuhrhändler, Exportkaufmann; **– en détail** Einzelhändler; **– en gros** Großhändler; **– importateur** Einfuhrhändler, Importeur *m*; **– en nom personnel** Einzelkaufmann.

commerçant *adj* handeltreibend; **rue –te** Geschäftsstraße.

commerçante *f* Kauffrau.

commerce m (1) *(négoce)* Handel m; Handelsverkehr m; Geschäftsverkehr m; Handelsgewerbe n, (2) *(HR: opération de commerce, maison de commerce)* (Handels-)Geschäft n, Handelsunternehmen n, (3) *(commerçants)* Kaufleute mpl, Händler mpl, Handelsstand m, (4) *(relations que l'on entretient)* Umgang m, Verkehr m; **acte de –** Handelsgeschäft n; **autorisation d'exercer un –** Gewerbezulassung; **balance du –** Außenhandelsbilanz f; **bourse du –** Warenbörse f; **cessation du –** Geschäftsaufgabe f; **chambre de –** Handelskammer f, Kammer der gewerblichen Wirtschaft (Aut); **convention de –** Handelsabkommen n; **création d'un –** Geschäftseröffnung; **effet de –** Handelswechsel m, Handelspapier n, Warenwechsel; **école de –** (höhere) Handelsschule f; **école supérieure de –** Wirtschaftshochschule; **effet de –** Wechsel m; **employé de –** kaufmännischer Angestellte(r), Handlungsgehilfe m; **faire – de** Waren vertreiben; **faire du –** ein Handelsgewerbe betreiben; **fondation d'un –** Geschäftsgründung; **fonds** m **de –** (1) *(HR)* frz. Handelsgeschäft (als neben dem Kaufmann bestehendes eigenständiges Rechtsgebilde), frz. kaufmännisches Unternehmen, (2) *(HR)* Geschäftswert m, Firmenwert m; **juge de –** Richter m in Handelssachen, Handelsrichter; **liberté du –** Gewerbefreiheit f; **livres de –** Handels- od. Geschäftsbücher; **maison de –** Handelsgeschäft, Handelsunternehmen n; **marque de –** Warenzeichen n, Handelsmarke f; **mettre hors –** nicht mehr vertreiben, außer Verkehr setzen; **petit –** Kleinhandel; **raison de –** *(GesR)* Firma f, Gesellschaftsfirma, Firmenwortlaut (Aut); **registre du –** Handelsregister; **représentant de –** Handelsvertreter m; **transport de –** gewerbsmäßige Beförderung; **tribunal de –** frz. Handelsgericht n (erster Instanz); **voyageur de –** Handlungsreisende(r) m, Handelsod. Geschäftsreisende(r).

commerce adultérin *(FamR)* ehebrecherischer Verkehr; **– ambulant** Wandergewerbe n, ambulantes Gewerbe; **– des armes** Waffengeschäfte npl; **– bancaire** Bankgewerbe; **– boursier** Börsenhandel; **– de** ou **en détail** Einzelhandelsgeschäft; **– des devises** Devisenhandel; **– des effets** Effektenhandel; **– d'État** Staatshandel; **– d'exportation** Ausfuhr-, Export- od. Aktivhandel.

commerce extérieur Außenhandel; balance du – – Außenhandelsbilanz; **banque du – –** Außenhandelsbank.

commerce de finition Veredelungsverkehr m; **– de gros, – en gros** Großhandel; **– illicite** unerlaubter Handel; **– d'importation** Einfuhr- od. Importhandel, Passivhandel; **– intérieur** Binnenhandel; **– international** Welthandel m; **– maritime** Seehandel; **– d'outremer** Überseehandel; **– privé** Privathandel; **– de proximité** Läden mit Convenience-goods; Tante-Emma-Laden; **– saisonnier** Saisongeschäft n; **– à terme** Terminhandel; **– de transit** Durchfuhrod. Transithandel; **– spécialisé** Fachhandel m; **– transfrontalier** grenzüberschreitender Handel; **– sur la voie publique** Straßenhandel.

commercer v.intr. ein Handelsgewerbe betreiben, Handel treiben.

commercial adj kaufmännisch, geschäftlich; handelsüblich; **centre –** Einkaufszentrum n; **chaîne –le** Handelskette f; **frais commerciaux** Geschäftskosten; **mobilier –** Ladeneinrichtung; **politique –le** Marktstrategie f; **service –** Verkaufsabteilung; **termes commerciaux** Handelsusancen, Klauseln in Handelsverträgen.

commercialement adv (1) gewerbsmäßig, (2) das Handelsrecht betreffend; **statuer –** gemäß den handelsrechtlichen Vorschriften entscheiden.

commercialisation *f* Vermarktung, gewerbsmäßiger Vertrieb *od.* Verkauf, gewerbsmäßige Verwertung, Kommerzialisierung.

commercialiser *v.tr.d.* (1) vermarkten, verkaufen, in den Handel *od.* auf den Markt bringen, (2) *(HR)* dem Handelsrecht unterwerfen; **– une dette** in eine handelsrechtliche Schuld *od.* Verpflichtung umwandeln.

commercialité *f* (ein) dem Handelsrecht unterliegendes Geschäft.

commettant *m (SchuldR)* Geschäftsherr *m*, Kommittent *m*, Auftraggeber *m*, Vollmachtgeber *m*, Mandant *m*.

commettre *v.tr.d.* (1) *(quelqu'un)* beauftragen, betrauen, (2) *(StR: une infraction)* (eine Tat) begehen, verüben, (3) *(désigner, nommer)* ernennen, bestellen; **– au soin** *ou* **à la garde de qqn.** jmdn. etwas zur Verwahrung übergeben; **– un crime** ein Verbrechen begehen; **– un expert** einen Sachverständigen bestellen; **– un juge** einen Richter mit Sonderaufgaben (Kindschafts- *od.* Vormundschaftssachen) betrauen; **– d'office** von Amts wegen bestellen.

commination *f* Androhung (einer Strafe *od.* Zwangsmaßnahme); ernste Warnung; Verwarnung.

comminatoire *adj* androhend, mit Rechtsfolgen drohend; **astreinte** *ou* **mesure –** *(PrzR)* Zwangsmaßnahme *f*, Zwangsmittel *n*; Zwangsgeld *n*; Zwangsbeitreibung *od.* -haft; **lettre –** Drohbrief *m*.

commis *m* (1) *(VwR: adjoint)* beigeordneter Amtsträger *m*, Beigeordneter *m*; Vertreter *m*, Beauftragte(r) *m*, (2) *(HR: agent subalterne)* Handlungsgehilfe *m*, Angestellte(r), Kommis *m*, (3) *(SchuldR)* Erfüllungsgehilfe *m*, (4) *(EuR)* Verwaltungssekretär; **grand – de l'État** *(VwR: haut fonctionnaire)* höherer Beamter, Beamter im höheren Dienst; **– adjoint** *(EuR)* Verwaltungsassistent; **– d'agent de change** Maklersubstitut *m*; **– aux écritures** Schreiber *m*, Kanzlist *m*; **– -greffier** (beeidigter) Stellvertreter des Urkundsbeamten der Geschäftsstelle; **– principal** Hauptgehilfe *m*; **– -rédacteur** Sachbearbeiter *m*; **– -voyageur** *(HR)* Handlungsreisende(r), Handels- *od.* Geschäftsreisende(r), Reisende(r), Vertreter *m*.

commis *adj* (1) *(fait, exécuté)* (Straftat) begangen, vollendet, (2) *(nommé, préposé)* ernannt, beauftragt, (3) *(confié, remis)* (Sache) anvertraut, übergeben.

commissaire *m* (1) *(ÖfR)* (vom Staat beauftragter) höherer Verwaltungsbeamter *m*; (Polizei-)Kommissar *m*; Kommissär (Aut), (2) *(membre d'une commission)* Ausschußmitglied *n*, (3) *(ZR, PrzR)* Träger eines öffentlichen Amtes, Inhaber einer amtsähnlichen Stellung, (4) Ordner *m* (in einer öffentlichen Versammlung), (5) *(PrzR: magistrat représentant le ministère public)* Anklagevertreter *m*, (6) *(SeeHR)* Zahlmeister; **– aux apports** *(GesR)* Prüfer der Sacheinlagen (bei einer Gesellschaftsgründung).

commissaire aux comptes (1) *(HR)* Rechnungsprüfer *m*, Buchprüfer, Buchrevisor, (2) *(GesR)* Abschlußprüfer, Wirtschaftsprüfer; **– au concordat** *(KonkursR)* Vergleichsverwalter; **– aux délégations judiciaires** (B) Polizeibeamte(r), der mit der Staatsanwaltschaft unmittelbar zusammenarbeitet; **– à l'exécution du plan** *(KonkursR)* Unternehmensverwalter im Rahmen der Betriebssanierung (zur Abwendung des Konkurses); **– gérant** öffentlicher Verwalter.

commissaire du gouvernement (1) *(VwPR: membre des juridictions administratives)* Verwaltungsrichter, als Entscheidungsvorbereitungsrichter (der dem Richterkollegium einen ausformulierten Urteilsvorschlag unterbreitet), (2) *(VwPR:*

fonctionnaire chargé de défendre son administration devant le CE) Vertreter einer (klagenden oder beklagten) Behörde vor dem Conseil d'État, (3) *(ÖfR: fonctionnaire contrôlant une entreprise semi-publique)* Regierungskommissar *m*; als Aufsichtsbeamter eines gemischtwirtschaftlichen Betriebes; **– du peuple** Volkskommissar; **– au plan** Planbeauftragte(r); **– de police** Polizeikommissar; **– -priseur** Vollstreckungsorgan für die Zwangsversteigerung, Auktionator *m*; Taxator *m*, vereidigter Wertsachverständiger; **– aux réfugiés** *(VR)* Flüchtlingskommissar; **– de la République** (ÖfR: vorübergehende Bezeichnung für:) Präfekt *m*, Regierungsvertreter im Departement; **– vérificateur** *(GesR)* Gründungsprüfer.

commissariat *m* (1) Dienststelle eines Polizeikommissars, (2) Amtsbereich *m* eines Kommissars, (3) Laufbahngruppe der Polizeikommissare; **– à l'énergie atomique (= CEA)** frz. Atomenergiebehörde; **– général** Generalkommissariat *n*; **– de police** Polizeirevier *n*.

commission *f* (1) *(réunion de personnes)* Ausschuß *m*, Kommission *f*, (2) *(HR: contrat)* Kommissionsvertrag *m*, (3) *(HR: rémunération, pourcentage)* Provision *f*, (4) *(StR: action de commettre une infraction)* Begehung *f* (einer Straftat), Verübung *f*, (5) *(SchuldR: charge, mandat)* Vollmacht *f*, Bevollmächtigung, Auftrag *m*; Ersuchen *n*, (6) *(message transmis, service rendu)* Bestellung *f*, Besorgung *f*; **contrat de –** *(HR)* Kommissionsvertrag *m*; **délibération en –** Ausschußberatung *f*; **marchandise en –** *(HR)* Kommissionsware *od*. -gut; **membre d'une –** Ausschußmitglied *n*; **net de toute –** provisionsfrei *adj*; **renvoi à la –** Verweisung *od*. Zurückverweisung an den Ausschuß; **sans –** provisionsfrei *adj*; **toucher une –** *(HR)* eine Provision erhalten.

commission d'acceptation Akzeptprovision; **– d'acquisition** *(HR)* Abschluß- *od*. Erstprovision; **– administrative** Verwaltungsausschuß *od*. -rat; **– administrative paritaire** paritätisch besetzte Personalvertretung (Vertreter der Behörden und des Personals); **– d'admission** Aufnahme- *od*. Zulassungsausschuß; **– des affaires étrangères** Ausschuß für auswärtige Angelegenheiten; **– d'agent** *(HR)* Vertreterprovision; **– d'appel** Berufungsausschuß *m*; **– d'apport** Abschlußprovision; **– d'arbitrage** *ou* **arbitrale** Schiedsausschuß *od*. -stelle; **– d'arrondissement** (Pariser) Stadtbezirksausschuß; **– d'assurance** Versicherungsprovision; **– bancaire** *ou* **de banque** Bank- *od*. Bereitstellungsprovision; **– du budget** Haushaltsausschuß; **– centrale** *(auprès du ministère de l'Économie)* Zentralausschuß für die Vergabe öffentlicher Aufträge; **– centrale pour la navigation du Rhin** Zentralkommission für die Rheinschiffahrt; **– sur le chiffre d'affaires** Umsatzprovision; **– du commerce extérieur** Außenhandelsausschuß.

commission des communautés européennes Kommission der Europäischen Gemeinschaften; **– de compte** Umsatzprovision; **– de conciliation** Vermittlungs- *od*. Schlichtungsausschuß; **– consultative** beratender Ausschuß; **– consultative des droits de l'homme** Menschenrechtsausschuß; **– de contrôle** Überwachungs- *od*. Kontrollausschuß; **– de coordination** Koordinierungsausschuß; **– de cotation** mit der Kursfestsetzung beauftragter Börsenausschuß; **– des créanciers** *(KonkursR)* Gläubigerausschuß; **– de la défense nationale** *(VerfR)* Verteidigungsausschuß; **– départementale** Departementsausschuß; **– ducroire** Delkredereprovision.

commission électorale Wahlausschuß; – **économique pour l'Europe** Wirtschaftskommission für Europa; – **économique et financière** Wirtschafts- und Finanzausschuß; – **élargie** erweiterter Ausschuß; – **d'encaissement** Einziehungs- *od.* Inkassoprovision; – **d'enquête** Ermittlungs- *od.* Untersuchungsausschuß; – **d'escompte** Diskontprovision; – **d'examen** Prüfungsausschuß; – **d'experts** Sachverständigenausschuß, Expertenkommission; – **des finances** Finanzausschuß; – **de garantie** Garantie- *od.* Bürgschaftsprovision; – **de gestion** Geschäftsführungsprovision; – **gouvernementale** Regierungsausschuß; – **des grâces** Begnadigungskommission; – **d'indemnisation** *(StR: des victimes d'infractions)* Entschädigungsausschuß (für Opfer von Straftaten); – **intérimaire** Interimsausschuß; – **interministérielle** Regierungskommission.

commission internationale de l'état-civil (= CIEC) internationale Kommission für das Personenstandswesen; – – **de navigation aérienne** Internationale Luftfahrtkommission.

commission juridictionnelle *(MilR)* Prüfungsausschuß für Wehrdienstverweigerer; – **juridique** Rechtsausschuß.

commission des marchés *(VwR)* beratender Ausschuß für Rechtsfragen im Rahmen öffentlicher Aufträge; – **de médiation** Vermittlungsausschuß; – **médicale** ärztlicher Ausschuß; – **mixte paritaire** *(VerfR)* frz. paritätischer Vermittlungsausschuß (zwischen Senat und Nationalversammlung); – **monétaire** Währungsausschuß; – **de mouvement** Umsatzprovision; – **municipale** Gemeindeausschuß; – **nationale de l'informatique et des libertés (= CNIL)** frz. zentrale Datenschutzbehörde; – **de navigation aérienne** Luftfahrtkommission.

commission d'office d'un avocat *(StPR)* Bestellung eines Pflichtverteidigers durch das Gericht.

commission des opérations de bourse (= COB) frz. Börsenkommission; – **d'ouverture de crédit** Krediteröffnungsprovision; – **paritaire** paritätischer Ausschuß; – **parlementaire** parlamentarischer Ausschuß; – **de paiement** Auszahlungsprovision; – **permanente** ständiger Ausschuß; – **du plan** Planungsrat; – **politique** politischer Ausschuß; – **de première instance de sécurité sociale** frz. Sozialgericht erster Instanz; – **de recouvrement** Inkassoprovision; – **de rédaction** Redaktionsausschuß; – **de réforme** *(MilR)* Ausmusterungskommission; – **du règlement** Geschäftsordnungsausschuß; – **de révision** Nachprüfungsausschuß.

commission rogatoire (1) *(StPR: recherche de preuves ordonnée par le juge d'instruction)* Beweisersuchen *n*, Rechtshilfeersuchen, richterliche Anordnung von Untersuchungshandlungen (zur Aufklärung einer Straftat), **(2)** *(StPR)* Auftrag *od.* Ersuchen der Staatsanwaltschaft (gerichtet an bestimmte Behörden *od.* Beamte), **(3)** *(VwR)* Amtshilfeersuchen *n*; – **rogatoire internationale** internationales *od.* zwischenstaatliches Rechtshilfeersuchen; – **sociale** Sozialausschuß; – **spéciale** Sonderausschuß; – **de surveillance** Aufsichts- *od.* Überwachungsausschuß; – **technique** Fachausschuß; – **de tenue de compte** Kontoführungsprovision; – **des transports** Verkehrsausschuß; – **de vente** Verkaufsauftrag; – **sur la vente** Verkaufsprovision; – **de vérification des comptes** Rechnungsprüfungsausschuß.

commissionnaire *m (HR)* Kommissionär *m*, Geschäftsvermittler; – **contrepartiste** Eigenhändler *m*, selbsteintretender Kommissionär; – **de** *ou* **en douane** Grenz- *od.* Zollspediteur, Zollagent *od.* -makler; –

ducroire Delkredere-Kommissionär; – **-expéditeur** (S) Spediteur *m*; – **-exportateur** Ausfuhrkommissionär; – **de roulage** Transportunternehmer *m*; – **de transport** *(HR)* Spediteur *m*.

commissionnement *m* (1) Bevollmächtigung, (2) Provisionsfestsetzung, Provisionsregelung.

commissionner *v.tr.d.* (1) bevollmächtigen, (2) Waren durch einen Kommissionär beziehen.

commissoire *adj (SchuldR: qui entraîne l'annulation d'un contrat)* vernichtbar, aufhebbar, anfechtbar; **clause** – Vertragsaufhebungsklausel, Verwirkungsklausel.

commodant *m (SchuldR: prêteur)* Verleiher *m*.

commodat *m (SchuldR: prêt à usage)* Leihe *f.*

commodataire *m* Entleiher *m*.

commode *adj* vorteilhaft, praktisch, bequem, leicht verwendbar.

commodité *f* Bequemlichkeit; **pour raisons de** – zwecks Arbeitserleichterung.

commotion *f* **cérébrale** Gehirnerschütterung.

commorientes *pl (ErbR: comourants)* Kommorienten, Personen, die gegenseitig zu Erben berufen wären, aber gemeinsam bei einem Unfall umkommen.

commuable *adj (StR: peine)* umwandelbar.

commuer *v.tr.d.* umwandeln; – **une peine** eine Strafe herabsetzen *od.* mindern.

commun *adj* (1) *(en commun)* gemeinsam, gemeinschaftlich, (2) allgemein, alltäglich, gewöhnlich; **biens** – *(FamR)* gemeinschaftliches Vermögen, zur Gütergemeinschaft gehörendes Vermögen; **droit** – Zivilrecht (im Gegensatz zum Handelsrecht z.B.); **erreur –ne** weit verbreiteter Irrtum; **exercice en** – **de l'autorité parentale** *(FamR)* gemeinsame Personensorge (auch der geschiedenen Ehegatten); **juridiction de droit** – *(ZPR)* allgemeinzuständiges Eingangsgericht, (in Frankreich:) Großinstanzgericht.

communal *adj* Kommunal-, Gemeinde-; kommunal.

communalisation *f* (1) *(VwR)* Überführung in die Gemeindeverwaltung, (2) *(GesR)* Vergemeinschaftung.

communautaire *adj* gemeinschaftlich; die EU betreffend, Gemeinschafts-; **droit** – EU-Recht, Europarecht; **régime** – *(FamR)* Güterstand der Gütergemeinschaft.

communautarisation *f* *(VR)* gemeinsame Ausbeutung der Meeresbodenschätze (in küstennahen Gewässern).

communauté *f* (1) *(VerfR)* Gemeinschaft *f*, Nation *f*, Staat *m*, Gemeinwesen *n*, (2) *(KirchR)* Kongregation *f*, kirchliche Vereinigung, (3) *(FamR)* Gütergemeinschaft, (4) *(i.w.S.)* Gemeinsamkeit, Gemeinschaftlichkeit, (5) *(VR)* Volksgruppe *f*; **acquêt de** – zur Errungenschaftsgemeinschaft gehörende Sache; **apporter en** – in die Gütergemeinschaft einbringen; **bien exclu de la** – Sondergut *n*; **mettre en** – in die Gütergemeinschaft einbringen; **régime sans ou exclusif de** – *(FamR)* (Güterstand der) Gütertrennung; – **d'acquêts** *(FamR: communauté légale depuis 1965, syn.: communauté réduite aux acquêts)* (frz. gesetzlicher Güterstand der) Errungenschaftsgemeinschaft; – **atlantique** Atlantikpakt.

communauté de biens Gütergemeinschaft; – – **réduite** (S) beschränkte Gütergemeinschaft.

communauté charbon-acier (= CCA) *(EuR)* Gemeinschaft für Kohle u. Stahl, Montanunion; – **avec clause de main commune** *(FamR)* (vertraglicher frz.) Güterstand mit gemeinschaftlicher Verwaltung; – **avec clause de prélèvement moyennant indemnité** (vertraglicher frz.) Güterstand mit Klausel über die Vorwegnahme gegen Anrechnung; – **avec clause de représentation**

mutuelle (vertraglicher frz.) Güterstand der Gesamtverwaltung mit gegenseitiger Vertretung; – **avec clause d'unité d'administration** (vertraglicher frz.) Güterstand mit Alleinverwaltungsrecht des Ehemannes; – **conjugale** eheliche Gemeinschaft; – **conventionnelle** *(FamR)* vertragliche Gütergemeinschaft; – **cultuelle** *(KirchR)* frz. Kirche(ngemeinde) als privater eingetragener Verein; – **douanière** Zollunion.
communauté économique européenne (= CEE) Europäische Wirtschaftsgemeinschaft (= EWG), gemeinsamer Markt.
communauté entre époux *(FamR)* eheliche Gütergemeinschaft.
Communauté(s) européenne(s) (= CE) Europäische Gemeinschaft(en) (= EG); – **européenne du charbon et de l'acier (= CECA)** Europäische Gemeinschaft für Kohle und Stahl (= EGKS); – **européenne de défense (= CED)** Europäische Verteidigungsgemeinschaft (= EVG); – **européenne de l'énergie atomique (= CEEA)** Europäische Atomgemeinschaft (= EURATOM).
communauté d'exploitation *(GesR)* Betriebsgemeinschaft; – **française** *(VerfR, 1958, hist)* französische Gemeinschaft; – **des héritiers** (S) Erbengemeinschaft; – **d'intérêts** *(GesR)* Interessengemeinschaft (= IG); – **internationale** *(VR: société internationale)* Völkergemeinschaft; – **israélite** Israelitische Kultusgemeinde.
communauté légale (1) *(FamR: par opposition à communauté conventionnelle, depuis 1965 communauté réduite aux acquêts)* frz. gesetzlicher Güterstand der Errungenschaftsgemeinschaft (bestehend aus drei Vermögensmassen: den beiden getrennten persönlichen Vermögensmassen der Ehegatten und einer dritten gemeinschaftlichen), (2) *(FamR: jusqu'en 1965)* frz. gesetzlicher Güterstand der Gütergemeinschaft; –

matrimoniale eheliche Gütergemeinschaft; – **de meubles et acquêts** Fahrnis- und Errungenschaftsgemeinschaft; – **nationale** *(VerfR)* Staat *m*, staatliche Gemeinschaft; – **de participation aux acquêts** Zugewinngemeinschaft; – **des peuples** Völkergemeinschaft; – **réduite aux acquêts** *(FamR: communauté d'acquêts)* frz. Errungenschaftsgemeinschaft; – **réduite aux meubles** Fahrnisgemeinschaft; – **religieuse** Religionsgemeinschaft; – **universelle** *(FamR)* (vertraglicher Güterstand der) Gütergemeinschaft (Grundstücke inklusive); – **de vie** Lebensgemeinschaft.
communaux *mpl (LandwR)* Allmende *f*.
commune *f* (1) *(VwR)* Gemeinde *f* (als öffentlich-rechtliche Gebietskörperschaft), (2) Einwohnerschaft einer Gemeinde; – **jumelée** Partnerstadt *od.* -gemeinde; – **du lieu de résidence** Wohngemeinde; – **du lieu de travail** Arbeitsort; – **limitrophe** Stadterweiterungsgebiet; – **d'origine** Heimatort *m*, Heimatgemeinde; – **de résidence** Wohngemeinde; – **rurale** Landgemeinde; – **sinistrée** durch eine Naturkatastrophe (Hochwasser usw.) geschädigte Gemeinde; – **suburbaine** Vorort, Satellitenstadt; – **urbaine** städtische Agglomeration; Stadtgebiet *n*.
communication *f* (1) *(VwR)* Mitteilung *f*, Bekanntmachung, (2) *(Telefon)* Fernmelde- *od.* Fernsprechverbindung, (3) *(pièces, dossiers)* Vorlage *f*, Einreichung, (4) *(Tagung)* Bericht *m*, Referat *n*, Beitrag, (5) *(PrzR)* Verkehr *m* (des Anwalts mit seinem Klienten); **demander la –** (d'un dossier) (eine Akte) zur Einsichtnahme anfordern; **en –** zur Information; **prendre – d'un dossier** eine Akte einsehen; **voie de –** Verkehrsweg *m*; – **de données** Datenweitergabe; – **du dossier** *ou* **des pièces** Akteneinsichtgewäh-

communiqué / **compatibilité**

rung; Verpflichtung (der Parteien) zur Akteneinsichtsgewährung; **– de la procédure au Parquet** *(StPR)* Weiterleitung einer Strafakte an die Staatsanwaltschaft (durch den Ermittlungsrichter) zwecks Anklageerhebung.

communiqué *m* amtliche Verlautbarung, Bekanntmachung, Mitteilung *f*, Kommuniqué *n*; **– final** Schlußkommuniqué *n*.

communiquer *v.tr.d.* übermitteln, vorlegen, mitteilen, bekannt machen, wissen lassen, verlautbaren; **permis de –** Sprecherlaubnis *f*.

communs *mpl* Wirtschaftsgebäude *npl*, Nebengebäude.

commutatif *adj* austauschbar; **contrat –** Vertrag mit gleichwertigen gegenseitigen Leistungen, Austauschvertrag; **justice –ive** ausgleichende Gerechtigkeit.

commutation *f* (1) *(StR)* Umwandlung, (2) *(DV)* Vermittlung; **– de peine** Strafumwandlung.

comourants *mpl* *(ErbR)* beim gleichen Unfall tödlich verunglückte Personen, Kommorienten *mpl*.

compagnie *f* (1) *(HR)* Handelsgesellschaft; Bezeichnung in Frankreich für bestimmte Gesellschaftsformen, (2) *(PrzR: groupement professionnel)* Berufsvereinigung *f* (Notare, Gerichtsvollzieher), (3) *(KirchR)* religiöser Orden; **et –** (= & Cie) und Kompanie *od*. Kompagnon (= & Co.); **– des agents de change** Börsenmaklervereinigung *f*; **– d'assurances** Versicherungsgesellschaft *od*. -anstalt *f*; **– à charte** Chartergesellschaft; **– française d'assurance pour le commerce extérieur** (= COFACE) frz. öffentlichrechtliche Außenhandelsversicherung (entspricht der dt. Hermes Kreditversicherungs-AG); **– de navigation (maritime)** Schiffahrtsgesellschaft; **– de navigation aérienne** Luftfahrtgesellschaft; **– pétrolière** Erdölgesellschaft; **– républicaine de sécurité** (= CRS) frz. kasernierte Bereitschaftspolizei.

compagnon *m* (1) *(HR)* Gesellschafter *m*; Teilhaber *m*, Mitinhaber *m*, (2) Begleiter *m*, Gefährte *m*, (3) *(ArbR)* (Handwerks-)Geselle *m*.

compagnonnage *m* Arbeiterverein *m*; Gesellenzeit *f*; Gesellenbund *m*.

comparable *adj* vergleichbar.

comparaison *f* Vergleich *m*; Gegenüberstellung *f*; **– d'écritures** Schriftenvergleich *m*; **– des prix** Preisvergleich *m*.

comparaître *v.intr.* *(PrzR)* erscheinen; **ajournement à –, assignation à –, citation à –** Vorladung *f*; **refus de –** Nichterscheinen vor Gericht; **– devant un tribunal, – en justice** vor Gericht erscheinen; **ont comparu devant le notaire** vor dem Notar waren in Person anwesend.

comparant *m* *(PrzR)* (vor Gericht) erschienene *od*. agierende Person, Anwesender(r) *m*, Erschienener *m*.

comparatiste *m* Fachmann *m* für Rechtsvergleichung.

comparer *v.tr.d.* vergleichen, einen Vergleich anstellen.

comparse *m* *(StR)* Helfershelfer, Gehilfe *m*.

compartiment *m* (1) *(SeeHR)* Frachtraum *m*, Kabine *f*, (2) *(BankR)* Fach *n* (im Tresor einer Bank) Safe *m*, (3) *(Zug)* Abteil *n*; **– isoloir** (B) Wahlkabine *f*.

compartimentage *m* Aufteilung *f*, Einteilung, Gliederung.

comparution *f* (1) *(PrzR)* Erscheinen *n* (vor Gericht), (zwangsweise) Vorführung *f*; Vernehmung *f* (durch die Polizei), (2) *(ZPR: monopole d'avocat)* Bestellung eines Anwalts; **date de –** Vernehmungstag *m*; **défaut de –** Nichterscheinen; **délai de –** Ladungsfrist *f*; **lieu de –** Verhandlungsort *m*; **mandat de –** Ladung *f*, Vorladung *f*; **– immédiate** *(StPR)* sofortige Vorführung vor den Strafrichter (zwecks Aburteilung bei Inflagranti-Straftaten); **– personnelle** persönliches Erscheinen.

compassion *f* Mitgefühl *n*.

compatibilité *f* Vereinbarkeit; **– d'humeur** Verträglichkeit.

compatible *adj* (1) vereinbar, widerspruchsfrei, (2) *(Geräte)* kompatibel, verträglich.
compatriote *m* Landsmann *m*.
compendium *m* Kurzlehrbuch *n*, Lehrfaden *m*.
compensable *adj* aufrechenbar, anrechnungsfähig, ausgleichsfähig.
compensateur *adj* ausgleichend; **droits –s** *(ZollR)* Ausgleichsabgaben.
compensation *f* (1) *(ZR)* Aufrechnung *f*, (2) *(HR)* Anrechnung *f*, Verrechnung *f*, Ausgleich *m*, Kompensation *f*, (3) *(VersR)* Vergütung *f*, Entgelt *n*, Ersatzleistung *f*, Ersatz *m*, (4) Entschädigung; **accord de –** Kompensations- *od.* Verrechnungsabkommen; **caisse de –** Ausgleichskasse, Verrechnungsstelle *f*; **chambre de –** Verrechnungs- *od.* Clearingstelle; **chèque de –** Verrechnungsscheck *m*; **convention de –** Aufrechnungsvereinbarung *f*; **cours de –** Liquidationskurs, Kompensationskurs; **créance en –** Aufrechnungsforderung *f*; **s'éteindre par –** durch Aufrechnung erlöschen; **exception de –** Aufrechnungseinrede *f*, (en S. aussi:) Einrede der Verrechnung; **fonds de –** Ausgleichsfonds *m*; **office de –** Verrechnungs- *od.* Abrechnungsstelle; **taxe de –** Ausgleichsabgabe; **par voie de –** im Verrechnungsweg.
compensation des chèques Scheckabrechnung *f*; **– conventionnelle** *(ZR)* vertragsmäßige Aufrechnung; **– des dépens** *(PrzR)* Kostenentscheidung, richterliche Aufteilung der Kosten zwischen Kläger und Beklagtem; Gerichtskostenaufrechnung; Aufhebung der Kosten gegeneinander; **– des devises** Devisenausgleich *m*; **– financière** Finanzausgleich *m*; **– fiscale** Steuerausgleich; **– des frais** Kostenvergütung *f*; **– judiciaire** gerichtliche Aufrechnung; **– légale** gesetzliche Aufrechnung; **– en nature** Naturalausgleich; **– des pertes** Verlustausgleich; **– des prix** Preisausgleichung; **– des risques** Gefahren- *od.* Risikoausgleich; **– salariale** Lohnausgleich *m*.
compensatoire *adj* mit gegenseitiger Kostenausgleichung, Ausgleich-; **forfait –**, **indemnité –** Pauschalvergütung, Entschädigung; **montants –s** *(EuR)* Ausgleichsabgabe *f*, Grenzausgleichsbeträge *mpl*.
compensé *adj* (1) *(Buchf)* ausgeglichen, (2) ausgewogen, (3) ausgeheilt, wiederhergestellt, gesundet.
compenser *v.tr.d.* (1) ausgleichen, aufrechnen, anrechnen, verrechnen, kompensieren, (2) abdecken, auffangen, ersetzen, wiedergutmachen; **– les dépens** *(PrzR)* eine Kostenentscheidung fällen; die Kosten (eines Verfahrens) zwischen Kläger u. Beklagtem aufteilen.
compérage *m* geheimes Einverständnis zur Schädigung eines Dritten.
compétence *f* (1) *(PrzR, IPR)* (verfahrensrechtliche) Zuständigkeit *f*, Kompetenz *f*, (2) *(VwR: attribution)* Befugnis *f*, Amtsbefugnis; (behördliche) Zuständigkeit, Geschäftsbereich *m*, (3) *(ArbR: connaissances, qualification)* Sachverstand, Befähigung, Fachkenntnis *f*, (berufliches) Können *n*; **attribuer –** für zuständig erklären; **attribution de –** Kompetenzzuweisung; Zuständigkeitsverteilung; **avoir – pour** zuständig sein für; **clause attributive de –** *(ZR, HR)* Gerichtsstandsklausel *f*; **condition de –** Zuständigkeitsvoraussetzung; **conflit de –** Kompetenzkonflikt *m*, Zuständigkeitsstreit *m*; **décliner la –** die Zuständigkeit (eines Gerichts) bestreiten; **défaut de –** Unzuständigkeit; **délégation de –** Zuständigkeitsübertragung, Übertragung *od.* Delegierung von Befugnissen; **délimitation de –** Abgrenzung der Zuständigkeiten, Zuständigkeitsverteilung; **dévolution de –** Übertragung der Zuständigkeit; **domaine de –** Zuständigkeitsbereich *m*; **être de la –**

de unter *od.* in die Zuständigkeit fallen; **extension de –** Zuständigkeitserweiterung; **limitation de –** Zuständigkeitsbeschränkung; **partage de –** Zuständigkeits- *od.* Kompetenzverteilung; **plénitude de –** Allzuständigkeit, umfassende Zuständigkeit; **règle de –** Zuständigkeitsvorschrift *f*, Kompetenznorm *f*; **relever de la –** in den Zuständigkeitsbereich (einer Behörde) fallen; **répartition de –** Zuständigkeitsverteilung *od.* -zuweisung; **sphère de –** Zuständigkeitsbereich *m*; **transfert de –s** Befugnis- *od.* Zuständigkeitsübertragung.

compétence absolue ausschließliche Zuständigkeit; **– accessoire** Hilfszuständigkeit; **– administrative** (1) Angelegenheit der Verwaltung, behördliche Zuständigkeit, (2) Zuständigkeit der Verwaltungsgerichte; **– annexe** Hilfszuständigkeit; **– d'attribution** (1) *(ZPR)* sachliche Zuständigkeit; (2) *(VwR)* Zuständigkeit kraft Zuweisung; **– à charge d'appel** Zuständigkeit mit Berufungsmöglichkeit; **– de la –** Kompetenzkompetenz; **– concurrente** konkurrierende Zuständigkeit; **– contentieuse** Zuständigkeit im Rahmen der streitigen Gerichtsbarkeit; **– directe** *(IPR)* direkte Zuständigkeit; **– disciplinaire** Disziplinargewalt, Dienststrafbefugnis; **– discrétionnaire** *(ÖfR)* freies Ermessen, Verwaltungsermessen; **– d'élection** *(ZPR)* gewillkürter Gerichtsstand *m*; **– exclusive** ausschließliche Zuständigkeit; **– générale** *(IPR)* allgemeine *od.* internationale Zuständigkeit; **– pour grâcier** *(StPR)* Gnadenrecht, Recht zu Gnadenerweisen; **– internationale** *(IPR: compétence générale)* internationale *od.* allgemeine Zuständigkeit.

compétence judiciaire (1) Zuständigkeit der ordentlichen Gerichte, (2) Gerichtsstand; **– juridictionnelle** Gerichtsbarkeit, Gerichtshoheit *f*, Rechtsprechungsgewalt *f*; **– législative** Gesetzgebungsbefugnis *od.* -kompetenz; **– liée** *(VwR)* gebundenes Ermessen, gebundene Verwaltungsbefugnisse *fpl*; **– limitée** (1) *(VwR)* begrenzter Zuständigkeitsbereich, (2) *(PrzR)* beschränkte Gerichtsbarkeit; **– matérielle** sachliche Zuständigkeit; **– nationale** *(VR)* staatlicher Kompetenzbereich; **– normative** Rechtsetzungsbefugnis *f*; **– obligatoire** ausschließender Gerichtsstand; **– pénale** Strafbefugnis; **– personnelle** *(IPR)* Rechts- und Schutzhoheit eines Staates gegenüber seinen Staatsangehörigen im Ausland; **– de pleine juridiction** Befugnis zu unbeschränkter Ermessensnachprüfung; **– professionnelle** *(ArbR)* Fachkenntnisse, Sachkunde, Berufserfahrung, berufliche Befähigung.

compétence à raison du lieu örtliche Zuständigkeit; **– à raison de la matière** sachliche Zuständigkeit; **– ratione loci** örtliche Zuständigkeit; **– ratione materiae** sachliche Zuständigkeit; **– réglementaire** *(ÖfR)* Befugnis *f* zum Erlaß von Rechtsverordnungen und Verwaltungsvorschriften; **– régulière** zivilgerichtliche Zuständigkeit; **– de représentation** *(ZR)* Vertretungsbefugnis; **– réservée** *(VwR)* Vorbehaltsbefugnis; **– subsidiaire** Hilfszuständigkeit, subsidiäre Zuständigkeit; **– technique** Fachkenntnisse *pl*, Fachwissen *n*; **– territoriale** örtliche Zuständigkeit.

compétent *adj* (1) zuständig, kompetent, befugt, (2) fachmännisch, fachkundig, sachverständig; **avoir l'âge – pour contracter mariage** ehefähig sein; **tribunal –** zuständiges Gericht.

compéter *(PrzR)* in den Zuständigkeitsbereich (eines Gerichts) fallen; **– à la juridiction prud'hommale** (Rechtsstreit) vor ein Arbeitsgericht gehören.

compétiteur *m* Konkurrent *m*, Mitbewerber *m*, Wettbewerber, Teilnehmer.

compétitif *adj* wettbewerbsfähig, konkurrenzfähig; **entreprise –ive** wettbewerbsfähiges Unternehmen; **prix –tifs** wettbewerbsfähige Preise.

compétition *f* Konkurrenz *f*; Wettbewerb *m*; Wettstreit *m*; **entrer en –** konkurrieren, rivalisieren.

compétitivité *f* Wettbewerbsfähigkeit *f*, Konkurrenzfähigkeit.

compilation *f (UrhR)* Kompilation, unschöpferisches Abschreiben aus mehreren Schriften.

complainte *f (ZPR)* Besitzstörungsklage *f*.

complaisance *f* Gefälligkeit *f*, Entgegenkommen *n*, **acceptation de –** Gefälligkeitsakzept *n*; **attestation de –** Gefälligkeitsattest *n*; **pavillon de –** Billigflagge; **traite de –** Gefälligkeitswechsel.

complant *m (LandwR)* Teilpacht *f* eines Weinguts.

complément *m* Ergänzung *f*, Nachtrag *m*; Zuschlag *m*; **– d'appointements** Gehaltszulage *f*; **– de cotisation** *(VersR)* Ergänzungsbeitrag *m*; **– de dividende** Restdividende *f*; **– d'enquête** *(StPR)* ergänzende *od.* zusätzliche Ermittlungen; **– d'expertise** ergänzendes Gutachten.

complément familial *(SozR)* Leistungen aus der Sozialversicherung; Familiengeld *n*, Familienzulage *f*; **– d'impôt** Steuerzuschlag *m*.

complément de preuve Ergänzungs- *od.* Zusatzbeweis *m*; zusätzliche Beweisaufnahme, zusätzlicher Beweisgegenstand; **– de salaire** Lohnzuschlag *m*; **– de taxe** Zusatzgebühr *f*; **– de traitement** Gehaltszulage *f*.

complémentaire *adj* ergänzend, Ergänzungs-; **renseignements –s** *(Formblatt)* sonstige Angaben.

complémentarité *f* wechselseitige Ergänzungsfähigkeit, Komplementarität; Ausbaufähigkeit *od.* -möglichkeit *f*.

compléter *v.tr.d.* vervollständigen, ergänzen.

complétif *adj* ergänzend, zusätzlich.

complétion *f* Vervollständigung.

complexe *adj* vielschichtig, vielfältig; verworren, schwierig.

complexe *m (Vwirt)* Komplex *m*, Gesamtheit; **– économique** Wirtschaftseinheit; **– industriel** Industriekomplex *m*.

complication *f* (1) Schwierigkeit, (plötzlich eintretende) Erschwerung, (2) Verschlimmerung (des Krankheitszustandes).

complice *m (StR)* Gehilfe *m*, Komplize *m*, Teilnehmer *m* an einer Straftat; **– par provocation** *(StR: instigateur)* Anstifter *m*.

complicité *f (StR: aide apportée à l'auteur d'une infraction, art.60 CP)* Teilnahme *f* (an einer Straftat); **– par aide** *ou* **par assistance** Beihilfe *f*; **– par fourniture de moyens matériels** Teilnahme durch Beschaffung von Hilfsmitteln; **– par instructions** Teilnahme durch Ratschläge u. Hinweise; **– par provocation** *(StR: don, promesse, ordre, menace, abus d'autorité ou de pouvoir, art.60 CP)* Anstiftung (in F. Sonderform der Komplizenschaft).

compliment *m* Hochachtungsbezeugung, Kompliment *n*; **avec les –s de** mit den besten Empfehlungen.

complot *m* Verschwörung, Komplott *n*, Verabredung von Straftaten; Anschlag *m*; **– contre la sûrete de l'État** Verschwörung gegen die öffentliche Ordnung, Gefährdung der äußeren Sicherheit.

comploter *v.tr.d.* sich verschwören, ein Komplott anzetteln, einen Anschlag vorbereiten.

comploteur *m* Teilnehmer an einem Komplott.

comportement *m* Handlungsweise *f*, Benehmen *n*, Lebensweise *f*, Verhalten *n*, Führung *f*; **– erroné** Fehlverhalten *n*; **– fautif** schuldhaftes Verhalten *n*; **– dans le service** *(BeamtR)* Betragen *n* im Dienst.

comporter (1) *(permettre)* zulassen, gestatten, erfordern, (2) *(comprendre)* umfassen, bestehen aus, (3) *(se – v. pron.)* sich verhalten.

composant *m* Bestandteil *m*; Bauteil *m*/*n*; Bau- *od.* Schaltelement *n*.

composer *v.tr.d.* (1) *(Telefon)* (eine Nummer) wählen, (2) *(DV)* eintasten, (3) *(Musik)* komponieren.

compositeur *m* *(UrhR)* Komponist *m*; **amiable –** *(ZPR)* Schlichter *m*, (gütlicher) Vermittler *m*.

composition *f* (1) Zusammensetzung, Gliederung, Gestaltung, (2) *(concession, transaction)* Vergleich *m*, Übereinkommen *n*, Einigung, (3) Beschaffenheit, Zusammensetzung, (4) *(UrhR: création de l'esprit)* (Werk-)Schöpfung; **amiable –** gütliche Beilegung *f*; **– écrite** Aufsatz *m*; **– du tribunal** Besetzung *od.* Zusammensetzung des Gerichts.

composter *v.tr.d.* (ab)stempeln, markieren; *(Fahrkarte)* entwerten.

composteur *m* (Datums-)Stempel.

compréhensibilité *f* Verständlichkeit.

compréhension *f* Verstehen *n*, Verständnis *n*.

comprendre *v.tr.d.* verstehen, begreifen; **service non compris** Bedienung nicht inbegriffen.

compression *f* Reduzierung, Verringerung, Abbau *m*; **– budgétaire** Haushaltskürzung, Einsparung von Haushaltsmitteln; **– de dépenses** Ausgabenbeschränkung; **– de personnel** Personalabbau *m*, Freisetzung von Arbeitskräften, Verringerung der Belegschaft.

comprimer *v.tr.d.* (1) *(Löhne)* senken, (2) *(Ausgaben)* verringern, einschränken.

compromettre *v.tr.d.* (1) *(StR: attenter à l'intégrité morale)* kompromittieren, bloßstellen, (2) *(ZPR: conclure un compromis d'arbitrage)* sich vergleichen, einen Vergleich (ab-)schließen, (3) *(Erfolg)* aufs Spiel setzen, einer Gefahr aussetzen; **se –** *(ZPR)* sich auf jemanden als Schiedsrichter einigen.

compromis *m* (1) *(ZPR: transaction)* Vergleich *m*, Ausgleich, Kompromiß *n*, (2) *(ZR: acte sous seing privé constatant une vente d'immeuble)* Vorvertrag *m* (über die Veräußerung eines Grundstücks), (3) *(SchuldR, PrzR)* Schiedsgerichtsvereinbarung; **clause de –** Schiedsgerichtsklausel *f*, Schiedsklausel; **projet de – –** Kompromißvorschlag *m*; **– d'arbitrage** *ou* **arbitral** Schiedsvertrag *m*; **– extra-judiciaire** außergerichtlicher Vergleich; **– judiciaire** gerichtlicher Vergleich, Prozeßvergleich; **– successoral** Vergleich in Erbschaftssachen; **– de vente** (Grundstückskauf-)Vorvertrag.

compromission *f* Kompromittierung, Bloßstellung.

compromissoire *adj* Kompromiß-, Vergleichs-; **clause –** Schiedsklausel.

comptabilisation *f* Verbuchung *f*, Buchung, Abrechnung *f*, buchmäßige Erfassung; **période de –** Abrechnungsperiode *f*; **procédé de –** Abrechnungsverfahren *n*; **– annexe** gesonderte Verbuchung.

comptabiliser buchen, buchmäßig erfassen, verbuchen; **montant à –** Buchungsbetrag *m*; **– à l'actif** auf der Aktivseite verbuchen, aktivieren; **– au passif** auf der Passivseite verbuchen, passivieren.

comptabilité *f* (1) *(HR: technique de tenue des comptes)* Buchhaltung, Buchführung, Rechnungslegung, (2) *(HR: ensemble des livres et documents comptables d'une entreprise)* Handelsbücher *npl*, (3) *(Vwirt: comptes de la Nation)* volkswirtschaftliche Gesamtrechnung, (4) *(ÖfR: comptabilité publique)* staatliche Haushalts- und Wirtschaftsführung; öffentliches Rechnungswesen *n*; Rechnungsführung; **contrôle de la –** Buchprüfung *f*; **extrait de –** Buchauszug *m*; **livres de –** Geschäfts- *od.* Handelsbücher; **passer en –** verbuchen; **pièce de –** Buchhaltungs- *od.* Buchungsbeleg; **service de –** Buchhaltungsabteilung; **système élargi de – nationale (= SECN)** offizielle frz. Darstellung der volkswirtschaftlichen Gesamt-

rechnung; **tenir la –** die Bücher führen.
comptabilité analytique Betriebsbuchhaltung, Kostenrechnung; **– cachée** Geheimbuchführung; **– commerciale** kaufmännische Buchführung; **– des coûts courants** Gegenwartswertprinzip; **– par décalque** Durchschreibebuchführung; **– d'exploitation** Betriebsbuchhaltung; **– sur feuilles volantes** *ou* **sur fiches** Loseblattbuchführung; **– financière** Finanzbuchhaltung; **– fiscale** Steuerbuchführung; **– des investissements** Anlagenabrechnung; **–-matières** Warenbuchführung *od.* -buchhaltung *f*, Lagerbuchhaltung, Warenkonten.
comptabilité nationale volkswirtschaftliche Gesamtrechnung; **– occulte** Geheimbuchhaltung; **– en partie double** doppelte Buchführung, Doppik *f*; **– en partie simple** einfache (T-Konten)-Buchführung; **– publique** öffentliche Haushalts- und Wirtschaftsführung; Budget *n*, Haushaltsplan; öffentliches Rechnungswesen; kameralistische Buchführung; **– régulière** *(HR)* ordnungsgemäße Buchführung; **– salaires** Lohnbuchhaltung; **– des ventes** Verkaufsabrechnung.
comptable *m* (1) *(ZR, HR: personne chargée de tenir la comptabilité)* Buchhalter *m*; Kassenleiter *m*, (2) *(HR: technicien de la comptabilité de haut niveau)* Rechnungsführer *m*; Rechnungsprüfer *m*; **arrêter les livres –s** die Bücher abschließen; **expert– –** frz. Wirtschaftsprüfer, Buchprüfer, Rechnungsprüfer; **– assignataire** *(HaushR)* Anweisungsempfänger *m*; **– -matières** Warenbuchhalter; **– principal** Hauptbuchhalter; **– public** *(HaushR)* Finanzbeamte(r) im höheren Dienst; Beamte(r) mit der Aufgabe, (Staats-)Einnahmen entgegenzunehmen und (Staats-)Ausgaben zu leisten.
comptable *adj* Buchhaltungs-, Buchführungs-, buchhalterisch, buchhaltungstechnisch; zur Buchführung und Rechnungslegung verpflichtet; buchmäßig; **bénéfice – –** buchmäßiger Gewinn; **code –** Abrechnungsschlüssel *m*; **document –** Buchhaltungsunterlage *f*; **écriture –** Buchung; **période –** Abrechnungsperiode *f*; **perte – –** buchmäßiger Verlust; **pièce –** Buchungsbeleg *m*; **plan –** Kontenplan *m*; **procédure –** Buchführungsart; **service –** Buchhaltung; **valeur –** Buchwert *m*, Bilanzwert.
comptant *adj* bar, in Bargeld; **affaire au –** Kassageschäft *n*; **argent –** Bargeld *n*; **au – compté** bar, an der Kasse; Zug-um-Zug-Leistung; **cours au –** Kassakurs *m*; **dépenses au –** Baraufwendungen *fpl*; **marché au –** *(BörR)* Loko- *od.* Kassamarkt; **opération au –** *(BörR)* Kassageschäft *n*; **paiement au –** *(HR)* Barzahlung *f*; **sinistre au –** *(VersR)* Barschaden *m*; **valeur au –** Barablösungswert *m*; **vente au –** *(HR)* Barkauf *m*; **au – contre documents** Kasse gegen Dokumente.
compte *m* (1) *(calcul, dénombrement, computation)* Rechnung *f*; Berechnung *f*; Auszählung *f*, (2) *(Buchf: état d'opérations en matière financière ou commerciale)* Konto *n*, (Konto-) Posten *m*, (Konto-)Betrag *m*, (3) *(argent dû)* (Schuld-)Begleichung *f*, (4) Auszahlung, (4) Kassenrechnung, (5) *(reddition de compte)* Rechnungslegung; **à –** zwecks Gutschrift; **alimenter un –** ein Konto auffüllen, eine Einzahlung *od.* eine Überweisung auf ein Konto vornehmen; **apurer un –** die Kontenführung überprüfen, die Richtigkeit des Kontostandes feststellen; **arrêter un –** eine Rechnung *od.* ein Konto abschließen; **article de –** Rechnungsposten *m*, Buchungsposten; **avoir en –** Kontoguthaben *n*; **bloquer un –** ein Konto sperren; ein Konto als Terminkonto führen; **bordereau de –** Kontoauszug *m*; **clôre un –** ein Konto abschließen; **clôture de –** Konto-

abschluß *m*, Saldofeststellung *f*; **clôturer un –** ein Konto abschließen; **commissaire aux –s** Rechnungs- *od.* Buchprüfer; **commission de –** Umsatzprovision; **créditer un –** (einem Konto einen Geldbetrag) gutschreiben, ein Konto erkennen; **débiter un –** ein Konto belasten, abbuchen; **dépasser son –** sein Konto überziehen; **dresser un –** eine Rechnung ausstellen; **entretenir un – en banque** ein Konto bei einer Bank unterhalten; **épuiser un –** alles von einem Konto abheben; **établir un –** eine Rechnung ausstellen; **être en –** (1) jmdm. etwas schulden, (2) eine Forderung gegenüber jmdm. haben; **extrait de –** Kontoauszug *m*; **faire le –** abrechnen; **geler un –** ein Konto sperren; **gestion des –s** Rechnungsführung; **intitulé du –** Kontobezeichnung; **liquider un –** ein Konto abrechnen; **mettre sur le compte de qqn**. jmdn. verantwortlich machen für; **monnaie de –** Buch-, Rechnungs- *od.* Giralgeld; Rechnungseinheit; **montant du –** Kontostand *m*; **mouvements sur un –** Kontobewegungen; **numéro de –** Kontonummer; **ouverture de –** Kontoeröffnung; **ouvrir un –** ein Konto eröffnen.

compte: passer au crédit d'un – einem Konto gutschreiben; **porter en –** buchen, in Rechnung stellen; **porter au crédit d'un –** einem Konto gutschreiben; **porter au débit d'un –** ein Konto belasten; **pour le – d'autrui** *(HR)* für fremde Rechnung; **pour (son) propre –** für eigene Rechnung; **prise en –** Berücksichtigung; **quittance pour solde de tout –** Ausgleichsquittung; **redressement de –** Berichtigung des Kontos; **règlement de –** Rechnungsabschluß *m*; **régulariser un –** ein Konto bereinigen; **relevé de –** Kontoauszug *m*; **rendre – de** berichten, Bericht erstatten; **rendre les –s** abrechnen, eine Abrechnung vorlegen; **se rendre – de** selbst in Augenschein nehmen, erkennen; **se rendre – que** verstehen, begreifen; **solde de –** Rechnungssaldo *m*; **sortir d'un –** abheben; **suppression d'un –** Löschung eines Kontos; **teneur de –** Kontenführer *m*; **tenir – de** berücksichtigen; **titulaire du –** Kontoinhaber *m*; **travailler à son propre –** auf eigene Rechnung arbeiten; **unité de –** Rechnungseinheit; **ventilation de –s** Kontenaufgliederung; **vérification des –s** Rechnungs- *od.* Buchprüfung; **verser en –** auf ein Konto zahlen.

compte acquitté quittierte Rechnung; **– administratif de la commune** Rechnungslegung über die Bewirtschaftung der Haushaltsmittel einer Gemeinde; **– d'administration** Verwaltungskonto *n*; **– d'amortissement** Abschreibungskonto; **– annuel** Jahresrechnung; **– d'attente** provisorisches Konto, Verwahrkonto; **pour – d'autrui** für fremde Rechnung; **– auxiliaire** Hilfskonto; **– d'avances** Vorschußkonto; **– bancaire** *ou* **– en banque** Bankkonto.

compte bloqué Festkonto, gesperrtes Guthaben, Sperrkonto.

compte(s) du budget, **– budgétaire(s)** Haushaltsrechnung; **– de caisse** Kassakonto; **– de capital** Kapitalkonto; **– chèques** Bank- *od.* Gehaltskonto; **– chèque-postal** *ou* **de chèques postaux** Postscheckkonto; **– de clearing** Verrechnungs- *od.* Clearingkonto; **– clients** Kundenkonto; **– collectif** Gemeinschafts- *od.* Sammelkonto; **à – commun** auf gemeinsame Rechnung; **– s consolidés** konsolidierter Abschluß.

compte *m* courant *(BankR, HR: compte pour toutes les opérations juridiques entre deux personnes avec compensations successives)* Kontokorrent *n*, laufende Rechnung; **avance en – –** Kontokorrentvorschuß *m*; **avoir en – –** Kontokorrentguthaben *n;* **contrat de – –, convention de – –** Kontokorrentvertrag (zwischen Kaufleuten); **créance en – –** Kontokorrentforderung; **dépôt en – –** Kontokorrenteinlage *f,* Einlage auf laufende Rechnung; **engagements en – –** Kontokorrentverbindlichkeiten *pl;* **opération en – –** Kontokorrentgeschäft; **– – créditeur** Kontokorrentguthaben *n;* **– – débiteur** Kontokorrentschuld *f;* **– – à découvert bilatéral** *ou* **à découvert réciproque** debitorisches Kontokorrent; **– à découvert unilatéral** Guthabenkonto, kreditorisches Kontokorrent(konto); **– – postal** frz. Postkontokorrent (nur für Kaufleute).

compte pour créances douteuses Dubiosenkonto *n,* Konto für nicht eintreibbare Außenstände; **– des créanciers** Kreditorenkonto; **– crédité** erkanntes Konto; **– créditeur** Kreditkonto, Guthaben *n;* **– débité** belastetes Konto; **– débiteur** Debetkonto, Schuld *f;* **– à découvert** überzogenes Konto; **– de dépenses** Ausgabenrechnung; **– de déposant** Kundeneinlagenkonto.

compte de dépôt(s) Depositen- *od.* Einlagekonto; **– de devises** (1) Devisenkonto, (2) *(d'un pays)* Devisenbilanz *f;* **– en devises étrangères** Fremdwährungskonto; **– d'épargne** Sparkonto; **– d'épargne-logement** Bausparkonto; **– d'établissement** Anlagekonto; **– étranger** Ausländerkonto; **– à l'étranger** Auslandskonto.

compte d'exploitation générale *(GesR: remplacé par le compte de résultat)* Betriebsrechnung; **– de fabrication** Herstellungskonto; **– de fin d'exercice** Abschlußrechnung; **– final** Schlußrechnung; **– des fournisseurs** Lieferantenkonto; **– de frais** Kostenrechnung; Spesenabrechnung *f,* Auslagenrechnung; **– de frais généraux** Betriebskosten; **– gelé** gesperrtes *od.* eingefrorenes Konto; **– général**

Haupt- *od.* Sammelkonto; **–s généraux** *(Buchf)* Sachkonten *pl.*

compte de gestion (1) *(HR)* Betriebs- und Instandhaltungskosten, Abrechnung über eine ausgeübte Geschäftsführung, (2) *(HaushR)* kassenmäßige Rechnungslegung; **– global** Sammelkonto; **– hors budget** Sonderrechnung, die im Haushaltsplan nicht erfaßt ist.

compte d'immobilisations Anlagenkonto; **– inactif** ruhendes *od.* umsatzloses Konto; **– individuel** persönliches Konto; **– à indivis** Gemeinschaftskonto; **– d'intérêts** Zinsenkonto; **– joint** Undkonto, Oderkonto, gemeinschaftliches Konto; **– de liquidation** Abwicklungskonto; **– sur livret** Sparbuch, Sparkonto; **– de magasin** Lagerbuch *n;* **– de marchandises** Warenkonto, Bestandsverzeichnis; **– de matières** Material- *od.* Sachkonto; **– mensuel** Monatsrechnung; **– nostro** Nostrokonto; **– à numéro** *ou* **numéroté** Nummernkonto *n;* **– d'ordre** Verrechnungskonto, Durchlaufposten *m;* **– ouvert** offene Rechnung; **– ouvert de marchandises** offenes Warenkonto.

compte de participation Gemeinschaftskonto; **– particulier** Sonder- *od.* Separatkonto; Einzelrechnung; **– de passage** Durchgangskonto *od.* -posten, vorübergehendes Konto (für die Abwicklung eines bestimmten Vorgangs); **– personnel** persönliches Konto, Eigenkonto; **– de pertes et profits** *(GesR: remplacé aujourd'hui par le compte de résultat)* Gewinn- u. Verlustrechnung; **– à préavis** Kündigungsgeldkonto; **–s prévisionnels** Vorkalkulation; **– principal** Hauptkonto; **– de provision** Rückstellungskonto; **– sans provision** ungedecktes Konto; **– provisoire** Durchgangsposten *m,* vorläufiges Konto; **–s publics** *(ÖfR)* Konten der öffentlichen Hand; **– de recettes** Einnahmenrechnung *od.* -konto; **– redressé** berichtigtes Konto; **– de réévaluation** Wertberichtigungskonto; **– de régularisation** Rechnungsabgrenzungsposten *m*; Wertberichtigungskonto; **– de réinvestissement** Wiederanlagekonto.

compte-rendu *m* Bericht *m*, Berichterstattung, Rechenschaftsbericht *m*, Protokoll *n*, Referat *n*; Abrechnung *f*; **– – analytique** Kurzbericht; **– – annuel** (Jahres-)Geschäftsbericht; **– – d'exécution** Vollzugsmeldung; **– – d'infraction** Tatbestandsaufnahme; **– – de mission** Dienstreisebericht; **– – de situation** Lagebericht.

compte de réserve Rücklagenkonto; **– de réserve obligatoire** Konto für gesetzliche Rücklagen; **– de résultat** *(GesR: compte récapitulant les produits et les charges)* Erfolgsrechnung, Gewinn- und Verlustrechnung, Ergebnisrechnung; **– de salaires** Lohnkonto; **–s sociaux** (1) *(GesR)* Jahresabschluß, Abschlußrechnung, (2) *(SozR)* Soziallasten (im Staatshaushalt); **– spécial** (1) Sonderkonto, (2) Sonderrechnung; **–s spéciaux du Trésor** *(HaushR)* Sonderkonten der Staatskasse für Ausgaben und Einnahmen, die von der öffentlichen Hand außerhalb des Haushalts geleistet werden; **– à terme** Terminkonto; **– de tiers** Anderkonto, Fremdkonto; **pour – d'un tiers** für fremde Rechnung; **– de titres** Effektenkonto, Stückedepot *n*, Wertpapierrechnung; **– transitoire** Übergangskonto; **– trimestriel** Quartalsrechnung; **– de valeurs** Bestandskonto; Wertpapierdepot *n*; **– de vente** Verkaufskonto; **– de virement** Girokonto *od.* -guthaben; **– à vue** Sichtkonto, Konto mit täglicher Fälligkeit.

compter (1) *(dénombrer)* zählen, (2) *(calculer)* an-, aus-, berechnen; **à – de** von ... an; **– avec** berücksichtigen; **– sur** sich verlassen auf.

compteur *m* Zähler *m*, Zählwerk *n*; **– horaire** Zeitmesser.

comptoir *m* (1) Ladentisch *m*; Geschäftslokal *n*; Schalter *m*; (2) *(HR)* (Handels-)Niederlassung (im Ausland), Handlungshaus; **– d'achat** Einkaufsbüro *od.* -kontor *n*; **– d'escompte** Diskontbank; **– de vente** Verkaufsstelle *f*.

compulser *v.tr.d.* Akten (bei einem Notar usw.) einsehen.

compulsif *adj*, **compulsionnel** *adj* triebhaft, zwanghaft.

compulsion *f* Zwang *m*.

compulsoire *m* *(ZPR)* gerichtliche Anordnung zur Gewährung der Akteneinsicht.

computation *f* *(PrzR: calcul des délais)* (Frist-)Berechnung.

computer un délai eine Frist berechnen.

concédant *m* Konzessionsgeber *m*, Verleiher der Konzession.

concéder *v.tr.d.* (1) *(admettre, convenir)* zugestehen, zugeben, einräumen, (2) *(VwR: accorder, octroyer)* bewilligen, (behördlich) genehmigen, konzessionieren, (eine) Genehmigung erteilen, verleihen.

concentration *f* (1) *(accumulation)* Zusammenballung, Zusammenfassung, Verdichtung; Zusammenlegung, (2) *(application, attention)* (höchste) Aufmerksamkeit, Anspannung, (3) *(VwR)* Konzentration; **camp de –** Konzentrationslager *n*.

concentration économique wirtschaftliche Konzentration, Bildung von Marktmacht (durch Zusammenschlüsse); **– d'entreprises** Betriebskonzentration; Unternehmenskonzentration; **– horizontale** Horizontalkonzern; **– de pouvoir** *(Pol)* Machtkonzentration; **– verticale** Vertikalkonzern, vertikaler Zusammenschluß.

concentrer *v.tr.d.* zusammenfassen *od.* -ziehen, konzentrieren.

concept *m* Vorstellung *f*, Begriff *m*; **– juridique** *m* Rechtsbegriff *m*; **– légal** gesetzlicher Begriff, Legaldefinition; **– professionnel** Berufsbild.

concepteur *m* Werbefachmann.

conception *f* (1) *(FamR: procréation d'un enfant)* Empfängnis *f*, Konzeption, (2) *(fig.)* Fassungsvermögen; Auffassung; Entwurf *m*; Schöpfung, (3) *(opinion)* Meinung, Anschauung, (4) *(Maschinen)* Entwurf, Bauart; **fonction de –** Planungstätigkeit; **moment** *ou* **période de la –** Empfängniszeit *f*; **– commune** gemeinsame Planung; **– juridique** Rechtsanschauung *od.* -auffassung.

conceptualisation *f* Begriffsbildung.

concernant *präp* betreffend, betreffs, bezüglich.

concert *m* **frauduleux** *(StR, ZR)* geheime Absprache (mit Schädigungsabsicht).

concertation *f* Abstimmung *f* (der Standpunkte), Gespräch *n*, Absprache *f*, Zusammenarbeit *f*.

concerté *adj* (gemeinsam) abgestimmt; **action –e** *(WirtR, ArbR)* konzertierte Aktion, Dialog der Sozialpartner; **économie –e** Wirtschaftslenkung auf der Grundlage der sozialpartnerschaftlichen Abstimmung; **plan –** Absprache.

concerter (1) verabreden, vereinbaren, ausmachen, (2) vorbereiten; **se –** sich abstimmen, besprechen.

concession *f* (1) *(ZR)* Zugeständnis *n*, (2) *(SchuldR)* Einräumung eines Nutzungsrechts; (3) *(VwR)* Nutzungsverleihung *f*, Konzession, behördliche Erlaubnis *f* (zur Ausübung eines Gewerbes); Bewilligung, (befristete) Genehmigung, Zulassung, (4) *(VwR: service public concédé)* Konzessionsbetrieb *m*, beliehenes Unternehmen *n*; (5) *(HR)* Lizenz- und Vertriebsrecht; Handelskonzession; Gewerbezulassung; **acte de –, décret de –** Konzessions- *od.* Verleihungsurkunde; **demande de –** (1) Antrag auf Verleihung einer Konzession, (2) *(Bergbau)* Mutung; **demandeur de –** *(Bergbau)* Muter *m*; **donner une –** eine Konzession erteilen; **retrait de la –** Konzessionsentziehung; **titulaire de la –** Konzessionsinhaber.

concession anticipée *(Pol)* Vorleistung; **– de chasse** Jagdpacht *f*; **– d'exploitation** Betriebskonzession; **– funéraire** Grabstellenkonzession; **– de garanties** Gewährung von Bürgschaften; **– immobilière** *(SachR, HR)* Nutzungsüberlassung (eines Grundstücks); **– de licence** Lizenzerteilung *od.* -einräumung; **– de licence obligatoire** Einräumung einer Zwangslizenz; **– de mine** Bergwerkskonzession; **– à perpétuité** Grabstätte auf ewige Zeiten, dauerndes Ruherecht; **– de prise d'eau** Genehmigung *od.* Konzession zur Wasserentnahme, Wassergerechtigkeit.

concession de service public (1) *(VwR)* Konzessionsvertrag *m*, (2) *(HR)* Gewerbezulassung; **– tarifaire** Zolltarifzugeständnis *n*; **– de travaux préliminaires** Vorkonzession; **– de travaux publics** Konzession öffentlicher Arbeiten, Konzessionsvertrag *m* zur Herstellung von Betriebsanlagen; **– d'usage** Gebrauchsüberlassung *od.* -gewährung *f*; **d'usufruit** Nießbrauchseinräumung.

concessionnaire *m* (1) *(VwR)* Konzessionsnehmer *m*, Konzessionär *m*, Konzessionsinhaber *m*, (2) *(HR)* Vertragshändler *m*, Alleinvertreter *m*, (3) *(PatR)* Lizenzinhaber *m*; **importateur** Einfuhrkonzessionär; **– de licence** Lizenzinhaber *od.* -nehmer; **– d'un service public** beliehener Unternehmer.

concevoir *v.tr.d.* (1) *(engendrer, féconder)* schwanger werden, (ein Kind) empfangen, (2) *(comprendre)* begreifen, verstehen, (3) *(envisager)* ersinnen, entwerfen, abfassen, (4) *(v. pron. passif)* für selbstverständlich halten.

concierge *m, f* Hausmeister(in).

conciergerie *f* (1) Hausmeisteramt *n od.* -wohnung, (2) *(hist)* königliche Gerichtsbarkeit.

concile *m* *(KirchR)* ökumenisches Konzil.

conciliable *adj* vereinbar, versöhnlich.

conciliabule *m* geheime Unterredung *od.* Absprache.

conciliant *adj* versöhnlich, ausgleichend.
conciliateur *m* (1) *(ArbR)* Schlichter *m*, (2) *(ZPR: juge investi d'une mission de conciliation pour le règlement de litiges mineurs)* Richter mit der Aufgabe der Aussöhnung der Streitparteien (in Bagatellsachen).
conciliation *f* (1) *(ArbR)* Schlichtung *f*, Schlichtungsverfahren *n*, (2) *(ZPR)* Prozeßvergleich, zivilrechtliches Sühneverfahren *od.* Sühneversuch, Aussöhnungsverfahren, (3) *(EheR)* Gütetermin *m* (in Ehesachen), (4) *(i.w.S.)* Vermittlung, Versöhnung, Ausgleich *m*, gütliche Einigung; **accord de –** Schlichtungsübereinkommen *n*; gütliche Einigung; **audience de –** Sühnetermin *m od.* -verhandlung *f*; **bureau de –** (1) *(PrzR)* Gütekammer *f*, Gütestelle, Schlichtungsstelle *f*, (2) *(ArbR)* Schlichtungskammer beim frz. Arbeitsgericht; **chambre de –** Schlichtungskammer; **citation en –** Ladung zum Gütetermin; **comité de –**, **commission de –** Vermittlungs- *od.* Schlichtungsausschuß; **grande –** Güteverhandlung vor dem frz. Großinstanzgericht; **office de –** Schlichtungsstelle; **organisme de –** (1) *(ZPR)* Gütestelle *f* beim frz. Kleininstanzgericht, (2) *(ArbR)* Einigungsstelle; **petite –** Güteverhandlung *f*; **procédure de –** (1) *(ArbR)* Schlichtungsverfahren *n*, (2) *(ZPR)* zivilrechtliches Sühneverfahren; **procédure facultative de –** freiwillige Schlichtung; **procédure obligatoire de –** Zwangsschlichtung; **tentative de –** (1) Schlichtungsversuch *m*, (2) Güte- *od.* Sühneversuch; **– obligatoire** Zwangsschlichtung.
conciliatoire *adj* gütlich, einigend (zwecks Umgehung eines Streitverfahrens).
concilier *v.tr.d.* versöhnen, aussöhnen, ausgleichen; angleichen, (widersprechenden Wortlaut) in Übereinstimmung bringen; **se – qqn.** jmdn. für sich einnehmen.

concis *adj* kurz u. bündig, kurz gefaßt.
concitoyen *m* Mitbürger *m*.
conclave *m* Wahlzimmer; Wahlversammlung (zur Papstwahl).
conclu *adj* abgeschlossen, (rechtsgültig) vereinbart.
concluant *adj* treffend, schlüssig, beweiskräftig, triftig.
conclure (1) *(v.tr.dir.: contracter, convenir, fixer)* (einen Vertrag) schließen, abschließen, (2) *(v.tr.ind.: – de)* folgern, den Schluß ziehen aus, (3) *(PrzR: formuler les prétentions du plaideur)* Anträge (in der mündlichen Verhandlung) stellen und begründen, (4) *(v.tr.ind.: – à)* erkennen auf (etwas), schließen auf, (5) *(v.intr.)* den Beweis erbringen für (etwas).
conclusion *f* (1) *(SchuldR: passation d'un contrat)* Abschluß *m*, Unterzeichnung *f*; Ende *n*, (2) *(Begründung)* Schlußfolgerung; **– d'une affaire** Geschäftsabschluß *m*; **– du contrat** Vertrags(ab)schluß *m*; **– de la paix** Friedensschluß *m*; **– prise en appel** Berufungsantrag *m*; **– reconventionnelle** Widerklageantrag; **– d'un traité** *(VR)* Vertragsabschluß.
conclusions *fpl* (1) *(ZPR: énoncé des prétentions des parties à un procès)* Parteianträge *mpl*, Klageantrag *m*; Schlußanträge im Prozeß, (2) *(ZPR: écritures matérialisant ces prétentions)* Klageschrift *f*, Schriftsatz *m* (des Anwalts), (3) *(AllgSpr)* Zusammenfassung, Erkenntnisse, Ergebnis; **adjuger les –** *(ZPR)* gemäß Antrag erkennen; **– d'appel** Berufungsantrag *m*; **déposer** *ou* **prendre des –** Anträge stellen; **– ampliatives** Erweiterung des Klageantrags; **– d'appel** Berufungsantrag *m*; **– civiles** (S) privatrechtliche Ansprüche; **– du Ministère public** *(StPR)* Schlußanträge der Staatsanwaltschaft; **– subsidiaires** Hilfsanträge, Eventualanträge.
concomitance *f* Gleichzeitigkeit *f*, gleichzeitiges Bestehen *n*.

concomitant *adj* begleitend, gleichzeitig auftretend; **faits –s** Begleitumstände *mpl*.

concordance *f* Übereinstimmung *f*, Entsprechung *f*, Ähnlichkeit *f*, Analogie *f*; **– des témoignages** Übereinstimmung der Zeugenaussagen; **– des vues** Übereinstimmung der Auffassungen, Einvernehmen *n*.

concordant *adj* übereinstimmend, schlüssig.

concordat *m* (1) *(KonkursR: avant la réforme de 1985)* Vergleich *m* im Vergleichsverfahren (zur Abwendung des Konkurses), (2) *(VR: accord international)* Konkordat *n*, Staatsvertrag mit dem Heiligen Stuhl; **autorité de –** (S) Nachlaßbehörde *f*; **procédure de –** Vergleichsverfahren *n*; **requête en –** Antrag *m* auf Eröffnung des Vergleichsverfahrens; **syndic du –** Vergleichsverwalter; **– amiable** außergerichtlicher Vergleich; **– judiciaire** gerichtlicher Vergleich im Vergleichsverfahren.

concordataire *adj/n.m.* einen (gerichtlichen) Vergleich betreffend; Vergleichsschuldner *m* (nach Annahme u. Bestätigung des Vergleichsvorschlags).

concorder *v.intr.* übereinstimmen, im Einklang stehen.

concourir (1) *(v.tr.ind.:* **– à***)* zusammenwirken, beitragen zu, zusammenarbeiten (auf dasselbe Ziel hin), (2) *(v.intr.:* **– pour un emploi***)* sich an einem Auswahlwettbewerb beteiligen, an einem (Auswahl-) Wettbewerb teilnehmen; sich um eine Stelle bewerben.

concours *m* (1) *(coopération, aide)* Mitarbeit *f*, Hilfe *f*, Unterstützung *f*, Zusammenwirken *n*, (2) *(ZR: participation à un acte juridique)* Mitwirkung an einem Rechtsgeschäft, (3) *(VwR: épreuve entre candidats pour un nombre limité de places)* Auswahlprüfung *f*, Auswahlverfahren *n* (zur Besetzung einer im voraus feststehenden Zahl von Planstellen od. Studienplätzen), (4) *(StR: cumul d'infractions)* Konkurrenz *f*, Zusammentreffen *n* (von Straftaten), (5) *(PrzR)* (frz. Oberbegriff für:) Konkurs- und Vergleichsverfahren *n*; (6) *(Vwirt)* Zuschuß *m*, finanzielle Beteiligung; **accorder un –** einen Zuschuß bewilligen *od.* gewähren; **avec le – de** unter Mitwirkung von, mit Unterstützung von, in Zusammenarbeit mit; **avis de –** Stellenausschreibung *f*; **mettre en –** ausschreiben; **procédure de –** Auswahlverfahren.

concours d'admission *(BeamR: sélection, examen d'aptitude)* Zulassungs- *od.* Aufnahmeprüfung *f*; **– agricole** Landwirtschaftsschau *f*; **– de circonstances** zufälliges Zusammentreffen (unvorhersehbarer) Umstände; **– d'entrée** Aufnahmeprüfung; **– étranger** fremde Hilfe *f*; Auslandshilfe *f*; **– financier** Finanzhilfe *f*, finanzielle Beihilfe; **– formel d'infractions** *ou* **idéal d'infractions** *(StR: pluralité d'infractions réalisées simultanément par un seul fait)* Idealkonkurrenz *f*, Tateinheit *f*; **– d'infractions** *(StR: cumul d'infractions commises par un même individu)* Zusammentreffen mehrerer strafbarer Handlungen; **– matériel d'infractions** *(StR: syn. de concours réel)* Realkonkurrenz, Tatmehrheit; **– réel d'infractions** *(StR: pluralité d'infractions commises successivement)* Realkonkurrenz, Tatmehrheit; **– sur titres** *(BeamR)* Einstellungsverfahren auf Grund erworbener (akademischer) Diplome *od.* Zeugnisse; **– de volontés** *(SchuldR)* Willensübereinstimmung.

concret *adj* wirklich, anschaulich, konkret; **un fait –** eine Tatsache, eine tatsächliche Begebenheit.

concrétisation *f* Konkretisierung, Umsetzung in die Tat, Durchsetzung, Verwirklichung.

concrétiser *v.tr.d.* vergegenständlichen, konkretisieren, veranschaulichen; **se – par** enden mit, ausgehen auf.

concubin *adj* in einer eheähnlichen Gemeinschaft lebend; *m* **– notoire** Lebensgefährte *m*.

concubinage *m (FamR)* außereheliche (dauernde) Geschlechtsgemeinschaft *f*, eheähnliche *od.* nichteheliche *od.* freie Lebensgemeinschaft, *(hist)* Konkubinat *n*, wilde Ehe.

concubine *f* Lebensgefährtin *f*.

concubins *mpl* Lebensgefährten *mpl*.

concurremment *adv* (1) gleichzeitig, zugleich, (2) übereinstimmend, in Übereinstimmung mit, zusammenwirkend, (3) mit gleichen Rechten.

concurrence *f* (1) *(WirtR)* Wettbewerb *m*, Konkurrenz *f*, (2) *(SchuldR: droits concurrents sur une chose)* Anspruchskonkurrenz; **accord sur la –** Wettbewerbsabkommen *n*; **acte de –** Wettbewerbshandlung; **appel à la –** *(VwR)* Aufforderung zur Angebotsabgabe *od.* zum Wettbewerb; **capacité de –** Wettbewerbsfähigkeit *f*; **clause de non –** (vertragliches) Wettbewerbsverbot *n*; **distorsion de la –** Wettbewerbsverzerrung; **à due –** in Höhe von; **interdiction de –** Wettbewerbsverbot *n*; **liberté de –** Wettbewerbsfreiheit *f*; **libre ou libre jeu de la –** freier Wettbewerb, unbeschränkter Leistungswettbewerb; **obligation de non –** *(HR)* Wettbewerbsverbot *n*; **pression de la –** Wettbewerbsdruck *m*; **prix défiant toute –** sehr günstiger Preis, konkurrenzloser Preis; **régime de libre –** *(Vwirt)* (freie) Marktwirtschaft *f*; **restriction de la –** Wettbewerbsbeschränkung.

concurrence déloyale *ou* **illicite** *(HR)* unlauterer Wettbewerb, verbotene Wettbewerbshandlungen; **concurrence effective** *ou* **efficace** funktionsfähiger Wettbewerb; **– faussée** Wettbewerbsverzerrung; **– loyale** fairer Wettbewerb; **– parasitaire** Vorlagenfreibeuterei; **– du rail et de la route** Wettstreit zwischen Straße und Schiene; **– restreinte** beschränkter *od.* gelenkter Wettbewerb.

concurrencer *v.tr.d.* in Wettbewerb stehen, Konkurrenz machen.

concurrent *m* Konkurrent *m*, Wettbewerber *m*, Teilnehmer.

concurrentiel *adj* wettbewerbsfähig; der Wettbewerbsdynamik unterliegend; **capacité –ielle** Wettbewerbsfähigkeit.

concussion *f (StR)* Gebührenüberhebung *f od.* Leistungskürzung *f* (durch einen Amtsträger), Gebührenüberforderung (S).

concussionnaire *adj* übermäßige Gebühren erhebend; *m* Amtsperson, die Gebühren *od.* andere Vergütungen zu ihrem Vorteil erhebt.

condamnable *adj* verwerflich, tadelnswert.

condamnation *f* (1) *(StPR)* Strafurteil *n*, Strafe, Aburteilung, (2) *(ZPR)* Verurteilung (zu einer Leistung); Leistungsurteil; Sachurteil, (3) *(i.w.S.)* Mißbilligung, Verwerfung, Verdammung *f*; **avis de –** Mitteilung zum Strafregister, Strafnachricht *f*; **jugement de –** auf Strafe lautendes Urteil, verurteilende Erkenntnis, Verurteilung; **prononcer une –** eine Strafe verhängen; **sentence de –** auf Strafe lautendes Urteil, Verurteilung.

condamnation antérieure Vorstrafe *f*; **– capitale** Todesurteil; **– civile** zivilrechtliche Verurteilung; **– conditionnelle** (B) Verurteilung mit Bewährung(sfrist); **– par contumace** *(StPR)* Verurteilung in Abwesenheit (des Angeklagten); **– par défaut** *(ZPR)* Verurteilung in Abwesenheit; **– aux dépens** *(PrzR)* Verurteilung zur Tragung der Kosten (des Rechtsstreits); **– aux frais de la poursuite** Verurteilung zur Tragung der Kosten des Verfahrens; **– judiciaire** Verurteilung, Verhängung einer Strafe; **– à mort** Todesurteil; **– au passif** *(HR)* Verurteilung zum Ausgleich der Passiva; **– pécuniaire** Geldstrafe, Vermögenstrafe; **– pénale** Strafurteil, strafrechtliche Verurteilung; **– principale** Hauptstrafe; **– avec sursis** Verurteilung mit Strafaussetzung zur Bewährung.

condamnatoire *adj* auf Strafe lautend *od.* erkennend; **sentence –** Strafurteil.

condamné *m* Verurteilte(r) *m*; **– par contumace** in Abwesenheit Verurteilte(r); **– en cours de peine** Verurteilte(r) während der Strafverbüßung; **– à perpétuité** (Straf-) Täter, der zu einer lebenslangen Freiheitsstrafe verurteilt wurde, lebenslänglich Verurteilte(r); **– à temps** zu zeitlicher Freiheitsstrafe Verurteilte(r).

condamner *v.tr.d.* (1) *(StR)* verurteilen, (2) aussondern, für unbrauchbar erklären; **– à un an de prison avec sursis** zu einem Jahr Freiheitsentzug mit Strafaussetzung zur Bewährung verurteilen.

condé *m umg* Polizeikommissar *m*.

condensé *m* Zusammenfassung, Sammelbericht.

condenser zusammenfassen, kürzen.

condescendre sich herablassen (zu).

condisciple *m* Kollege *m*; Mitschüler.

1. **condition** *f* (1) *(ÖfR: rang social)* gesellschaftliche Stellung *f*, Rang *m*, Stand *m*, (2) *(ZR: situation juridique)* Rechtsstellung, Rechtslage *f*, (3) *(ZR: élément d'un acte juridique, exigence)* Bedingung *f*, Voraussetzung *f*, Erfordernis *n*, (4) *(SchuldR: clause)* Bestimmung *f*, Klausel *f*, (5) *(au pluriel: circonstances)* Verhältnisse *npl*, Umstände *mpl*; **à – de, à la – que** unter der Voraussetzung, daß; **accepter une –** eine Bedingung annehmen, auf eine Bedingung eingehen; **accomplissement de la –** Erfüllung der Bedingung; **acheter à –** unter Vorbehalt kaufen; **autorisation sous –** bedingte Genehmigung; **défaillance de la –** Wegfall *m* der Bedingung; **obligation sous –** bedingtes Rechtsgeschäft; **réalisation de la –** Eintritt *m* der Bedingung; **remplir une –** eine Bedingung erfüllen; **survenance de la –** Eintritt der Bedingung; **vente à –** Kauf auf Probe.

condition d'acceptation Annahmebedingung; **– accomplie** erfüllte Bedingung; **– d'adhésion** Aufnahmebedingung; **– d'admission** (1) Aufnahme- *od.* Annahmebedingung, (2) Zulassungsbedingung; **– d'âge** Alterserfordernis *n*; **– de base** Ausgangsbedingung; **– casuelle** Zufallsereignis *n*, vom Zufall abhängige *od.* kasuelle Bedingung; **– de compétence** Zuständigkeitserfordernis *n*; **– défaillante** Wegfall *m* der Bedingung; **– défaillie** nicht erfüllte *od.* nicht eingetretene Bedingung; **– des étrangers** Rechtsstellung der Ausländer; **– extinctive** auflösende Bedingung, Resolutivbedingung; **– féminine** Stellung der Frau in der Gesellschaft; **– fictive** Scheinbedingung; **– de fond** inhaltliches *od.* materielles Erfordernis; **– de forme** Formerfordernis *n*, Formvorschrift; **– illicite** unerlaubte Bedingung; **– immorale** sittenwidrige Bedingung; **– implicite** stillschweigende Voraussetzung.

condition juridique *(ZR)* Status *m*, Rechtsstellung; **– léonine** einseitig benachteiligende Vertragsbestimmung; **– mixte** gemischte Bedingung, vom Willen einer Person und von einem Ereignis abhängige Bedingung; **– non remplie** nicht eingetretene *od.* erfüllte Bedingung; **– pendante** Schwebezeit; **– des personnes** Personenrecht *n*; **– physique** körperliche Verfassung, Gesundheitszustand; **– potestative** vom freien Willen (einer Person) abhängige Bedingung, Potestativbedingung; **– préalable** Vorbedingung, (unabdingbare) Voraussetzung; **– réalisée** erfüllte Bedingung; **– de règlement** (1) *(KonkursR)* Voraussetzung für die Annahme des Vergleichsvorschlags, (2) Zahlungsbedingung; **– requise** Erfordernis, zu erfüllende Voraussetzung; **– résolutoire** auflösende Bedingung, Resolutivbedingung; **– sine qua non** unabdingbare Voraussetzung, unerläßliche Bedingung; **– sous-entendue** stillschweigend vereinbarte Bedingung; – **supplémentaire** Zusatzbedingung; – **suspensive** aufschiebende Bedingung, Suspensivbedingung; – **tacite** stillschweigend vereinbarte Bedingung; – **-type** Musterbedingung; – **de validité** Wirksamkeits- od. Gültigkeitserfordernis; – **de viduité** *(EheR)* Bedingung der Wartezeit (einer Frau vor der Wiederverheiratung).

conditionnel *adj* bedingt, von einer Bedingung abhängig; **contrat** – Konditionsgeschäft, aufschiebend bedingter Kauf; **libération –nelle** *(StVZ: mesure de libération anticipée)* Strafaussetzung zur Bewährung (mit Bewährungsauflagen und -weisungen).

conditionnement *m (Waren)* Produktaufmachung *f*, Schaupackung, Hülle *f*, Behälter *m*, Karton *m*; Verpackung.

conditionner *v.tr.d.* (1) die Bedingung *od.* die Voraussetzung sein für; bedingen, voraussetzen, (2) *(Waren)* verpacken.

2. **conditions** *fpl* Verhältnisse *npl*, Umstände *mpl*; – **d'accès** Zulassungs- *od.* Aufnahmebedingungen; – **d'adhésion** Beitrittsvoraussetzungen; – **d'admission** Aufnahmebedingungen; – **d'admission à une prestation** *(SozR)* Leistungsvoraussetzungen, Voraussetzungen der Leistungsgewährung; – **d'affrètement** *(SeeHR)* Frachtbedingungen, Verfrachtungsbedingungen; – **d'agrément** Zulassungsbedingungen *pl;* – **d'application** Ausführungs- *od.* Durchführungsbestimmungen; – **d'armistice** Waffenstillstandsbedingungen; – **d'assurance** Versicherungsbedingungen; – **d'attribution** Anspruchsvoraussetzungen; – **de banque** allgemeine Geschäftsbedingungen (der Banken); – **du contrat** Vertragsbedingungen *od.* -klauseln; – **d'embauche** Einstellungsvoraussetzungen; – **d'existence** Lebensbedingungen.

conditions générales Allgemeine Geschäftsbedingungen (= AGB); – **du contrat** allgemeine Vertragsbedingungen; – – **de la police** allgemeine Versicherungsbedingungen.

conditions d'habitat Wohnverhältnisse *npl;* – **de livraison** Lieferbedingungen; – **de paiement** Zahlungsbedingungen; – **particulières** besondere (Versicherungs-)Bedingungen; – **de recevabilité** Zulässigkeitsvoraussetzungen *pl;* – **de transport** Beförderungsvorschriften *od.* -bedingungen; – **de travail** (1) Arbeitsbedingungen, (2) Arbeitsverhältnisse; – **d'usage** übliche Bedingungen *fpl;* – **de vente** Verkaufsbedingungen.

condoléances *fpl* Beileidsbezeigung, Kondolenz *f.*

condominium *m (VR)* gemeinsame Herrschaft mehrerer Staaten über ein Gebiet, Kondominium *n.*

conducteur *m (Kfz)* Fahrzeugführer; Fahrer *m;* – **de travaux** Bauführer.

conduire *v.tr.* (1) *(mener, diriger)* führen, lenken, leiten, (2) *(StVR: être au volant d'un véhicule)* steuern, fahren; **permis de** – Fahrerlaubnis *f*, Führerschein *n.*

conduite *f* (1) Führung *f*, Leitung *f*, Aufsicht *f*, (2) Lenken *n*, Fahren *n*, Steuerung *f*, (3) *(attitude, comportement)* Betragen *n*, Benehmen *n*, Verhalten *n;* **bonne** – gute Führung; **mauvaise** – schlechtes Betragen, schlechte Führung; – **des affaires** (1) *(HR)* Geschäftsgebahren *n*, (2) *(VwR)* Führung der Dienstgeschäfte; – **d'une entreprise** Betriebsführung; – **en état d'ivresse** Trunkenheit am Steuer; – **du procès** *(ZPR)* Prozeßführung; – **de retour** freie Rückbeförderung; – **d'un véhicule** *(StVR)* Führen eines Kraftfahrzeugs.

confection *f* Herstellung, Anfertigung; – **d'un inventaire** Inventarerrichtung; – **d'un protêt** Protesterhebung.

confédéral *adj (ArbR)* Verbands-, Zentral-, Dach-; **bureau** – Verbandspräsidium.

confédération *f* (1) *(VR)* Staatenbund *m*, (2) *(ArbR)* (Zentral- *od.* Dach-)Verband *m*; – **générale des petites et moyennes entreprises** Dachverband der mittelständischen Unternehmen; – **générale des cadres (= CGC)** frz. Angestelltengewerkschaft; – **générale du travail (= CGT)** (französischer kommunistischer) Allgemeiner Gewerkschaftsbund; – **helvétique (= CH)** schweizerische Eidgenossenschaft; – **internationale des syndicats chrétiens (= CISC)** Internationaler Bund christlicher Gewerkschaften (= IBCG); – **internationale des syndicats libres (= CISL)** Internationaler Bund freier Gewerkschaften (= IBFG); – **ouvrière** *ou* **de salariés** gewerkschaftlicher Gesamt-, Dach- *od.* Spitzenverband; – **patronale** Arbeitgeberdachverband; – **syndicale** Gewerkschaftsbund.

confer *lat* (= cf.) siehe, vgl.

conférence *f* (1) *(réunion)* Konferenz *f*, Kongreß *m*, Tagung, Zusammenkunft *f*; Verhandlung; Sitzung; Beratung *f*, (2) *(exposé, communication)* Vortrag *m*, (3) *(ZPR: audience sur l'état de l'affaire)* Beratung im Richterzimmer mit den Parteien über die Entscheidungsreife; **prononcer une** – ein Referat halten; – **du commerce mondial** Welthandelskonferenz; –**débat** Forum *n*, öffentliche Diskussion; – **sur le désarmement (de Genève)** Genfer Abrüstungskonferenz; – **d'information** Informationstagung; – **intergouvernementale** Regierungskonferenz; – **internationale du travail** internationale Arbeitskonferenz; – **maritime** Schiffahrtskonferenz; – **monétaire** Währungskonferenz; – **des Nations Unies pour le commerce et le développement (= CNUCED)** Welthandelskonferenz (= UNCTAD); – **des Nations Unies sur les droits de la mer** Seerechtskonferenz der Vereinten Nationen; – **préliminaire** *ou* **préparatoire** vorbereitende Konferenz; – **des présidents** *(VerfR: Assemblée Nationale)* Präsidium *n*; – **de presse** Pressekonferenz *f*; – **sur la sécurité et la coopération en Europe (= CSCE)** Konferenz über die Sicherheit u. Zusammenarbeit in Europa (= KSZE); – **au sommet** Gipfelkonferenz; – **tarifaire mondiale** Weltzollkonferenz; – **technique** Fachvortrag.

conférencier *m* Referent *m*, Redner.

conférer (1) *(v.tr.ind.: s'entretenir)* beraten, verhandeln, sich besprechen, (2) *(v.tr.d.: accorder)* einräumen, verleihen, erteilen, gewähren, übertragen; – **un droit** ein Recht gewähren, einen Anspruch zuerkennen; – **d'un projet** ein Vorhaben erörtern; – **un titre** einen Titel verleihen.

confession *f* *(KirchR)* Glaubensbekenntnis *n*.

confessionnel *adj*: **école** –**le** Bekenntnis- *od.* Privatschule; **liberté** –**le** Glaubensfreiheit *f*.

confiance *f* Vertrauen *n*, Zuversicht *f*; Offenheit *f*; **abus de** – (1) *(StR)* Unterschlagung *f*, Veruntreuung, (2) *(au sens moral)* Vertrauensbruch *m*; **degré de** – Glaubwürdigkeit *f*; **homme de** – Vertrauensmann *m*; **mériter toute** – glaubwürdig *od.* vertrauenswürdig sein; **motion de** – *(VerfR)* Vertrauensvotum, Zustimmung der Mehrheit (bei einer Vertrauensfrage); **place** *ou* **position de** – Vertrauensstellung; **question de** – *(VerfR)* Vertrauensfrage *f*; **vote de** – Vertrauensvotum *n*; **voter la** – das Vertrauen aussprechen.

confidence *f* vertrauliche Mitteilung; **en** – im Vertrauen, vertraulich.

confident *m* Vertraute(r).

confidentialité *f* Vertraulichkeit *f*.

confidentiel *adj (rapport, entretien)* vertraulich; – **défense** VS-vertraulich, Verschlußsache (= VS).

confier anvertrauen; **se** – **à qqn.** sich anvertrauen; sich verlassen auf.

configuration *f* Beschaffenheit, Anordnung, Gestalt.

confinement *m* Hülle *f*, Einschließung, Begrenzung.

confirmatif *adj* bestätigend, bejahend, bekräftigend.

confirmation *f* (1) *(ZPR, ZR: approbation et maintien)* Bestätigung, Bekräftigung; Bescheinigung, (2) *(DV)* Quittierung; **– de commande** Auftragsbestätigung; **– d'un jugement** *(PrzR)* Verwerfung der Berufung, Bestätigung des (erstinstanzlichen) Urteils.

confirmer *v.tr.d.* bestätigen, bekräftigen; **– un jugement** ein Urteil bestätigen.

confiscation *f* *(StPR)* (strafprozessuale) Beschlagnahme *f*, Einziehung *f*, Konfiskation, entschädigungslose Enteignung; **prononcer la –** die Einziehung verfügen, die Konfiskation *od.* Sicherstellung anordnen; **– générale des biens** Vermögensbeschlagnahme *od.* -einziehung, Vermögensverfall *m*, entschädigungslose Enteignung; **– spéciale** Beschlagnahme einzelner Gegenstände.

confisquer beschlagnahmen, einziehen, die Einziehung verfügen.

conflagration *f* *(Pol)* internationaler weltweiter Konflikt.

conflictuel *adj*: **situation –le** Konfliktsituation.

conflit *m* (1) *(IPR, VwPR)* Kompetenzkonflikt, Zuständigkeitsstreit, (2) *(contestation, discorde)* Auseinandersetzung *f*, Konflikt *m*, Streit *m*, Streitfrage; **arrêté de –** *(PrzR)* Erlaß eines Präfekten, durch den in einem Einzelfall ein Zivilgericht (zugunsten eines Verwaltungsgerichts) für unzuständig erklärt wird; **élever un –** *(PrzR)* einen Rechtsstreit durch Präfektoralerlaß von den Zivilgerichten an ein Verwaltungsgericht (zur Entscheidung) verweisen; **règle de –** *(IPR)* Kollisionsnorm *f*; **trancher un –** einen Streit entscheiden.

conflit armé bewaffneter Konflikt; **– d'attributions** (1) *(PrzR)* Kompetenzkonflikt zwischen Zivilgerichten und Verwaltungsgerichten, (2) *(VwR)* Zuständigkeitsstreit zwischen Verwaltungsbehörden; **– collectif de travail** Arbeitskampf, Gesamtarbeitsstreitigkeit; **– de compétence** Kompetenzkonflikt, Kompetenzstreit *od.* -streitigkeit; **– de droits** Anspruchskonkurrenz *f*; **– frontalier** *ou* **de frontière** Grenzstreitigkeit; **– individuel du travail** Rechtsstreitigkeit aus einem Einzelarbeitsverhältnis; **– d'intérêts** Interessenkollision *f*, Interessenwiderstreit *m od.* -konflikt; **– de juridictions** Zuständigkeitsstreit zwischen Gerichten, positiver oder negativer Kompetenzkonflikt; **– de législations** Rechtskollision.

conflit de lois *(IPR)* Gesetzes- *od.* Normenkonflikt, Rechtskollision; **– – dans l'espace** räumlicher Normenkonflikt; **– – dans le temps** zeitlicher Normenkonflikt.

conflit mobile *(IPR)* räumliche u. zeitliche Kollision; **– de nationalités** mehrfache Staatsangehörigkeit **– négatif de juridictions** negativer Kompetenzkonflikt; **– nucléaire** Atomkrieg; **– positif de juridictions** positiver Kompetenzkonflikt; **– de qualifications** Qualifikationskonflikt; **– social** *ou* **du travail** Arbeitskampf.

confluer (vers) zusammenströmen.

confondre *v.tr.d.* (1) verwechseln, (2) *(ZR)* kompensieren, sich gegenseitig aufheben, (3) *(StR)* (einen Täter) überführen.

conformation *f* Gestalt *f*, Form *f*; **vice de –** Mißbildung.

conforme *adj* (1) *(reproduction exacte, concordant)* gleichlautend, übereinstimmend, richtig, (2) *(conforme à la loi)* (gesetzes)gemäß, gemäß (Artikel ...), entsprechend; **pour copie –** für die Richtigkeit der Abschrift, die Richtigkeit der Abschrift bescheinigt; **pour expédition –** für die Richtigkeit der Ausfertigung; **– au but** zweckentsprechend, zweckdienlich; **– au contrat** vertragsgemäß; **– aux instructions** weisungsgemäß; **– à la loi** gesetzmäßig; **– à l'usage local** ortsüblich; **– aux règlements** vorschriftsgemäß od. -mäßig.

conformément adv gemäß, entsprechend, auf Grund; **– à la loi** dem Gesetz entsprechend, in Übereinstimmung mit dem Gesetz, gemäß gesetzlicher Bestimmung; **– au plan prévu** planmäßig.

conformer anpassen; **se – à** sich richten nach, sich unterwerfen, sich anpassen an; **se – strictement aux ordres** weisungsgemäß handeln.

conformité f Übereinstimmung f, Gemäßheit f; **en – avec** gemäß, in Übereinstimmung mit; **– à la constitution** Verfassungsgemäßheit od. -mäßigkeit; **– du contrat** Vertragsgemäßheit; **– à la loi** Gesetzmäßigkeit.

conforter v.tr.d. bestärken, festigen.

confraternité f Amtsbrüderschaft f, Verbrüderung.

confrontation f Gegenüberstellung f, Vergleichen n; Vergleich m; **– d'intérêts** Interessenabwägung f.

confronter v.tr.d. (1) (StPR) gegenüberstellen, (2) (comparer des textes) vergleichen.

confusion f (1) (ZR) Konfusion f, Vereinigung f von Schuldner und Gläubiger in einer Person, Zusammenfallen der Gläubigerrechte und Schuldnerverbindlichkeiten, (2) Verwechslung, (3) Verwirrung; **faire une –** sich irren od. täuschen; **– de biens** Vermischung von Sachen; **– de parts** ou **de paternité** (FamR) Zusammentreffen zweier gesetzlicher Vermutungen der Vaterschaft (bei Nichteinhaltung der Wartezeit); **– de peines** (StPR) (Bildung einer) Gesamtstrafe; **– des pouvoirs** (VerfR) Nichtbeachtung des Grundsatzes der Gewaltentrennung, Gewaltenvereinigung.

congé m (1) (ArbR: vacances, dispense de travail) Urlaub m; Beurlaubung f; Arbeitsbefreiung f; arbeitsfreier Tag m, (2) (ZR, ArbR: action de congédier) Kündigung f, (3) (SeeHR) Zollklarierungsschein, (4) (SteuerR) Freigabe zur Beförderung; **accepter le –** die Kündigung annehmen; **date du –** Urlaubszeitpunkt; **délai – ** Kündigungsfrist; **départ en –** Urlaubsantritt m; **donner –** kündigen; **mettre en –** beurlauben; **mise en –** Beurlaubung f; **préavis de –** Kündigungsfrist f; **rémunération** ou **salaire de –** Urlaubsgeld n.

congé d'accouchement Mutterschaftsurlaub m; **– d'ancienneté** Zusatzurlaub bei längerer Betriebszugehörigkeit od. Dienstzeit; **– annuel** Jahresurlaub; **– de bail** Kündigung des Pacht- od. Mietvertrags; **– de base** Grundurlaub; **– brusque** fristlose Kündigung; **– (pour cause de) maladie** (ArbR, SozVers) Krankheit des Arbeitnehmers, Arbeitsunfähigkeit infolge Krankheit, Fehlen n wegen Erkrankung, Arbeitsbefreiung aus gesundheitlichen Gründen, (umg) krankgeschrieben sein; **– collectif** Betriebsferien pl; **– compensatoire** Ausgleichsfreizeit od. -urlaub (zur Abgeltung von Überstunden); **– conditionnel** bedingte Kündigung; **– continu** zusammenhängender Urlaub; **– de convalescence** Genesungsurlaub; **– pour convenance personnelle** Beurlaubung vom Dienst aus persönlichen Gründen; **– conventionnel** tariflicher Urlaub; **– culturel** Fortbildungsurlaub; **– individuel de formation** (= CIF) Bildungsurlaub; **– légal** gesetzlicher Urlaub; **– (de) maladie** Behandlungszeit im Krankheitsfall; krankgeschrieben sein (umg); Genesungsurlaub; **– de maternité** Mutterschaftsurlaub; **– de nationalité** Entlassung aus der Staatsangehörigkeit; **– parental d'éducation** (FamR) Erziehungsurlaub; **–s payés** bezahlter Jahresod. Erholungsurlaub; **– de repos** Erholungsurlaub; **– sans rémunération** unbezahlter Urlaub; **– spécial** (BeamR) Dienstbefreiung.

congéable adj: **domaine – ** (LandwR) jederzeit durch den Verpächter kündbarer Pachtvertrag.

congédiable *adj* kündbar.
congédiement *m (ArbR: notification du congé)* Entlassung *f*, Kündigung *f* (durch den Arbeitgeber); **indemnité de** – Entlassungsabfindung *f*; **lettre de** – Kündigungsschreiben; **motif de** – Kündigungsgrund; **préavis de** – Kündigungsfrist; – **abusif** rechtsmißbräuchliche Kündigung; – **immédiat** fristlose Kündigung.
congédier *v.tr.d.* entlassen, kündigen.
congélateur *m* Tiefkühlgerät *m*, Gefriertruhe *f*.
congénital *adj* angeboren, kongenital.
congère *f (StVR)* Schneeverwehung.
conglomérat *m (GesR: groupe de sociétés aux objets très différents)* Mischkonzern *m*.
congrégation *f (KirchR)* Ordensgesellschaft *f*, Kongregation *f*.
congrès *m* Kongreß *m*, Tagung *f*, Parteitag *m*; Volksvertretung; – **professionnel** Fachtagung.
congru *adj*: **portion** –**e** Existenzminimum.
congressiste *m* Tagungs- *od.* Kongreßteilnehmer *m*; Parteitagsdelegierte(r) *m*.
conjectural *adj* mutmaßlich, auf Vermutungen gründend.
conjecturer *v.tr.d.* mutmaßen, vermuten, Vermutungen anstellen.
conjoint *m* Gatte *m*, Gattin *f*; – **à charge** unterhaltsberechtigter Ehegatte *m*; – **survivant** *m* überlebender Ehegatte *m*.
conjointement *adv* (1) gemeinsam, gemeinschaftlich, (2) *(SchuldR)*: **être responsables** – anteilsmäßig haften, Beschränkung der Haftung auf den eigenen Anteil; – **et solidairement** gesamtschuldnerisch haften.
conjoints *mpl* Eheleute *pl*, Ehegatten *pl*, Gatten *m*.
conjonctif *adj* zusammenfassend, gemeinsam; **testament** – gemeinsames Testament.
conjoncture *m* (1) Zustand *m*, Lage *f*, Umstände *mpl*, Stand *m* der Dinge, (2) *(BW)* Geschäftsgang *m*, (3) *(Vwirt)* Wirtschaftslage *f*, Konjunktur *f*; **emballement de la** – Konjunkturüberhitzung; **haute** – Hochkonjunktur; **ralentissement de la** – Konjunkturabschwächung *od.* -beruhigung; **recul de la** – Konjunkturrückgang *m*; **renversement de la** – Konjunkturumschwung; – **économique** Wirtschaftslage.
conjoncturel *adj* Konjunktur-, konjunkturbedingt, konjunkturell.
conjoncturiste *m* Wirtschaftssachverständige(r) *m*, Konjunkturforscher *m*.
conjugal *adj*: **domicile** – Wohnsitz der Ehepartner; **vie** –**e** eheliche Lebensgemeinschaft.
conjuguer *v.tr.d. (forces)* verbinden, vereinen, zusammenfassen.
conjuration *f (StR: conspiration)* Geheimbündelei, Verschwörung *f*.
conjuré *m* Verschwörer *m*, Geheimbündler.
conjurer (1) *v.tr.d. (péril, guerre)* abwenden, bannen, (2) *v.pron.*: **se** – sich gegen jmdn. verschwören.
connaissance *f* (1) *(savoir, science)* Wissen *n*, Kenntnis *f*, (2) *(conscience, discernement)* Bewußtsein *n*, Erkenntnis *f*, (3) *(relation)* Bekanntschaft *f*, Bekannte(r) *m*, (4) *(PrzR: compétence, pouvoir juridictionnel)* Zuständigkeit *f*; **à ma** – meines Wissens, soviel ich weiß; **avoir** – **de qqch.** von etw. Kenntnis erlangen; **en pleine** – **de cause** in vollem Bewußtsein *od.* in voller Kenntnis der Sachlage; **prendre** – sich in Kenntnis setzen, Einsicht nehmen; **sans** – bewußtlos.
connaissances *fpl*: **dans l'état actuel des** – nach dem derzeitigen Kenntnisstand; **niveau de** – Kenntnisstand *m*; – **de base** Grundkenntnisse; – **linguistiques** Sprachkenntnisse; – **de la matière** Sachverstand; – **du niveau universitaire** Hochschulbildung; – **professionnelles** *ou* **techniques** Fachkenntnisse.

connaissement *m (SeeHR)* Konnossement *n*, Seefrachtbrief *m*, Ladeschein *m*; – **-chef** Kapitänskopie *f*; – **intransmissible** Rektakonnossement; – **au porteur** Inhaberkonnossement; – **reçu pour embarquement** Übernahmekonnossement.

connaître *v.tr.* (1) wissen, kennen, erkennen, (2) *(PrzR: être compétent pour juger d'une affaire)* (in einer Sache) entscheidungsbefugt sein; – **de qqch.** zuständig sein für etwas; – **d'un délit** in einer Strafsachen (bei Vergehen) zuständig sein.

connexe *adj* in Zusammenhang stehend, zusammenhängend.

connexion *f* Zusammenhang *m*.

connexité *f (PrzR: lien étroit de deux demandes)* Konnexität *f*, (innerer) Zusammenhang *m*, Verbindung *f*; **déclinatoire de –** *(ZPR)* Einrede der Rechtshängigkeit, Einrede der Streitanhängigkeit (Aut); – **d'infractions** *(StPR)* (innerer) Zusammenhang mehrerer Straftaten.

connivence *f (StR)* Duldung (strafbarer Handlungen), (heimliches) Einverständnis, stillschweigendes Zulassen, Konnivenz *f*.

conquérir *v.tr.d.* erobern, unterwerfen; erringen, gewinnen.

conquêt(s) *m(pl) (FamR: acquêts)* Errungenschaft *f*.

conquête *f (VR)* (Gebiets-)Eroberung *f*, Errungenschaft *f*; – **du marché** Marktbeherrschung; – **sociale** soziale Errungenschaft.

consacrer festlegen, bestätigen, verankern, absichern; **se – à une tâche** eine Aufgabe übernehmen, sich einer Tätigkeit widmen; **expression –crée** feststehende Redewendung; – **en droit** eine Rechtsgrundlage schaffen; **–cré par la jurisprudence** ständige Rechtsprechung.

consanguin *adj* blutsverwandt, vom gleichen Vater abstammend.

consanguinité *f* (1) *(FamR)* Blutsverwandtschaft väterlicherseits, (2) *(i.w.S.)* nahe Verwandtschaft.

consciemment *adv (StR)* wissentlich, bewußt, absichtlich.

conscience *f* (1) *(for intérieur)* Gewissen *n*, (2) Bewußtsein *n*, (3) *(StR)* Wissen *n* (um die Strafbarkeit einer Handlung), (4) *(exigence de réflexion, de sagesse, de sérénité)* Gründlichkeit, Gewissenhaftigkeit; **par acquit de –** der Ordnung halber; **en mon âme et –** nach bestem Wissen und Gewissen; **sur mon honneur et ma –** auf Ehre u. Gewissen; **cas de –** Gewissensfrage *f*; **directeur de –** Beichtvater *m*; **liberté de –** Gewissensfreiheit; – **civique** Staatsbewußtsein; – **professionnelle** Pflichtbewußtsein *n*, Verantwortungsgefühl *n*; – **des responsabilités** Verantwortungsbewußtsein *n*.

consciencieusement *adv* sorgfältig, gewissenhaft.

consciencieux *adj* gewissenhaft, zuverlässig, genau.

conscient *adj* bewußt, gewollt, absichtlich.

conscription *f (MilR)* Musterung u. Einberufung (zum Wehrdienst).

conscrit *m* (einberufener *od.* gemusterter) Wehrpflichtige(r), Rekrut.

consécration *f* Bestätigung *f*, Verankerung, Festlegung, Absicherung; **légale** gesetzliche Verankerung; rechtliche Absicherung.

consécutif *adj* (der Zeit nach) aufeinanderfolgend, nachfolgend, nacheinander, sich ergebend (aus).

conseil *m* (1) *(avis, recommandation)* Ratschlag *m*, Rat *m*, (2) *(conseiller)* Berater *m*, Ratgeber *m*, Konsulent (S), Beratungs-, (3) *(assemblée, réunion, tribunal)* Ratsversammlung *f*, Rat *m*, Ausschuß *m*, (4) *(PrzR: avocat)* Anwalt *m*; Syndikus *m*; **devoir de –** Beratungspflicht *f*; **prendre –** sich durch jn beraten lassen, sich Rat holen; **le – en est pris** es wurde beschlossen; **tenir –** beraten, beratschlagen, gemeinsam überlegen.

conseil administratif Verwaltungsrat; – **d'administration** (1) *(HR, ArbR, Vereine)* geschäftsführendes

Organ, Vorstand *m*, (2) *(GesR: organe collégial de direction et de contôle de l'ancienne forme de la société anonyme en France)* Verwaltungs- od. Geschäftsführung(sorgan), Kontrollorgan (gegenüber dem PDG); – **d'arbitrage** *ou* **arbitral** Schiedsausschuß *m*; – **d'arrondissement** *(OfR)* Stadtbezirksrat (in Paris, Lyon u. Marseille); – **de l'Atlantique nord** Nordatlantikrat; – **de banque** (S) Bankrat (S); – **en brevet d'invention** frz. Patentanwalt; – **de cabinet** Ministerrat unter Vorsitz des Premierministers; – **de classe** Lehrerkonferenz; – **communal** (L–S) Gemeinderat.

conseil constitutionnel (1) *(VerfR: art.58 à 60 de la Constitution)* Oberste frz. Wahlkommission u. Wahlanfechtungsgericht, (2) *(VerfR: art.61 de la Constitution)* frz. Verfassungsgericht (allerdings nur bis zur Verkündung der Gesetze zuständig); – **consultatif** Beirat, Beratungsstelle; – **du contentieux administratif** *(VwPR)* Verwaltungsgericht *n*; – **de contrôle** Kontrollrat; – **de coopération douanière** Rat für die Zusammenarbeit auf dem Gebiet des Zollwesens.

conseil disciplinaire *ou* **de discipline** Disziplinargericht; Dienststrafsenat; – **économique** Wirtschaftsbeirat; Wirtschaftsberater; – **économique et social** (1) *(VerfR: art.69-71 de la Constitution)* frz. Wirtschafts- und Sozialrat, (2) *(VR: UNO)* Wirtschafts- u. Sozialrat der Vereinten Nationen; – **d'enquête** Ermittlungs- od. Untersuchungsausschuß; – **d'entreprise** *(ArbR)* frz. Betriebsausschuß (unter Vorsitz des Arbeitgebers u. zuständig in betrieblichen Sozialangelegenheiten).

Conseil d'État (= **C.E.**) (1) *(VwPR: juge de premier ressort, d'appel et de cassation en matière administrative)* Conseil d'Etat als oberstes frz. Verwaltungsgericht, (2) *(VerfR: organe de conseil du gouvernement)* Oberstes frz. Regierungsberatungsgremium im Rahmen des Gesetzgebungsverfahrens (Stellungnahmen zu Rechtsverordnungen, Abfassung von Regierungsgesetzesentwürfen), Staatsrat *m*.

Conseil des États (S) Ständerat; – **de l'Europe** Europarat; – **européen** Europäisches Gipfeltreffen der Staats- u. Regierungschefs; – **exécutif** Exekutivrat, (en S:) Regierungsrat; – **de fabrique** Gemeindevorstand *m*, Kirchenvorstand; – **de famille** *(FamR)* frz. Familienrat (unter Vorsitz des Vormundschaftsrichters); – **fédéral** Bundesrat; – **fiscal** Steuerberater; – **de la fondation** Stiftungsrat.

conseil général *(VwR: assemblée élue du département)* Rat der gewählten Vertreter des Departements, Departementsversammlung *f*; – **de gestion** Direktionsausschuß; – **de gouvernement** Regierungsausschuß *od.* -kommission *f*; – **des gouverneurs** Gouverneursrat; – **de guerre** Kriegsgericht *n*; – **intérimaire** Interimsausschuß; – **des impôts** Finanzausschuß beim frz. Rechnungshof; – **interministériel** Ministerausschuß *m*.

conseil judiciaire *(ZPR: aujourd'hui curateur)* Pfleger *m*, gerichtlich bestellter Vermögensverwalter; – **juridique** *(PrzR: depuis 1992: avocat)* Rechtsberater *m*, Anwalt *m*, Rechtsbeistand *m*; Syndikus *m*.

conseil des ministres *(VerfR: art.9 de la Constitution)* frz. Ministerrat (unter Vorsitz des Präsidenten der Republik); Ministerratssitzung; – **mondial de la paix** Weltfriedensrat; – **municipal** Gemeinderat, Stadtrat, Bürgerversammlung.

conseil national Nationalrat; – – **des barreaux** frz. Dachverband der Anwaltskammern; – – **du crédit** (= **CNC**) frz. Kredit- u. Bankenüberwachungsausschuß; – – **du patronat français** (= **CNPF**) nationaler Dachverband der Arbeitgeber Frankreichs.

conseil de l'ordre Kammervorstand *m* (Anwaltskammer, Ärztekammer usw.); – **de l'ordre des avocats** Vorstand der Anwaltskammer; – **d'orientation professionnelle** Berufsberater *m*; – **ouvrier** Arbeiterrat; – **de Paris** *(VwR: conseil municipal et conseil général)* Pariser Stadtrat (gleichzeitig Departementrat); – **parlementaire** Parlamentarischer Rat; – **de préfecture** *(VwR: hist, heute: tribunal administratif)* Verwaltungsgericht; – **des prises** *(SeeHR)* internationaler Prisenhof.

conseil de prud'hommes *(PrzR: juridiction du travail)* frz. (paritätisch besetztes) Arbeitsgericht erster Instanz; – **en recrutement** Personalberater *m*; – **régional** *(ÖfR)* frz. (gewählte) Regionalversammlung; – **de la République** *(hist)* Rat der Republik; – **restreint** *(VerfR)* frz. Ministerrat (unter Vorsitz des Staatspräsidenten zur Erörterung einer Einzelfrage, nur die betroffenen Minister umfassend); – **de révision** (1) *(MilR: aujourd'hui: commission locale d'aptitudes)* Musterungsausschuß, (2) *(VwPR)* Berufungskammer für Verwaltungsstreitsachen; – **de sécurité** *(VR: Nations unies)* Sicherheitsrat; – **de la Société des Nations** *(hist)* Völkerbundsrat; – **social** Sozialbeirat; – **supérieur de l'éducation nationale** *(ÖfR)* beratender Ausschuß beim frz. Unterrichtsministerium; – **supérieur de la fonction publique** *(VwR)* oberster frz. Beamtenausschuß; – **supérieur de la Magistrature** *(GVR)* oberster frz. Richterrat; – **supérieur de la Sécurité sociale** oberster frz. Sozialversicherungsausschuß.

conseil de surveillance (1) *(GesR: société anonyme)* Aufsichtsrat, (2) *(VwR)* Aufsichtsamt *od.* -behörde; – **syndical** *(SachR)* Wohnungseigentümerbeirat; – **du trône** Thronrat; – **de tutelle** (1) *(FamR: bis 1964)* Vormundschaftsrat, (2) *(VR: UNO)* Treuhandrat.

conseiller *m* (1) *(conseilleur, conseil)* Berater *m*, (2) *(ÖfR: titre donné aux membres de certains conseils administratifs)* Rat *m*, Ratsmitglied *n*, (3) *(GVR, VwPR)* (Bezeichnung der) Richter (bei frz. Zivilgerichten der 2. u. 3. Instanz und allen frz. Verwaltungsgerichten); – **d'ambassade** Botschaftsrat; – **d'arrondissement** Mitglied des Stadtbezirkrates (in Paris, Lyon u. Marseille); – **à la Cour d'appel** Richter am Appellationshof; – **à la Cour de cassation** Richter am Kassationsgerichtshof; – **à la Cour des comptes** Mitglied des frz. Rechnungshofs; – **économique** Wirtschaftsberater; – **d'État** (1) *(VwPR)* Richter am Obersten frz. Verwaltungsgericht *od.* Conseil d'État; Mitglied des Staatsrats, (2) (en S:) Regierungsrat; – **d'État en service ordinaire** ordentliches Mitglied des Staatsrats; – **d'État en service extraordinaire** Mitglied des Staatsrats, mit besonderen Aufgaben betraut; – **fédéral** Bundesrat (Aut–S); – **expert** Fachberater; – **financier** (1) Anlagen- *od.* Finanzberater, (2) *(Botschaft)* Leiter der Finanzabteilung; – **fiscal** Steuerberater; – **général** Mitglied der Departementsversammlung; – **juridique** Rechtsberater; – **de légation** Gesandtschaftsrat, Legationsrat; – **municipal** Gemeinderatsmitglied *n*, Ratsherr, Stadtrat; – **national** Mitglied des Nationalrats, Nationalrat (S); – **en organisation** Betriebsberater; – **d'orientation professionnelle** Berufsberater; – **prud'homme** frz. (Laien-)Arbeitsrichter, Beisitzer *m* eines Arbeitsgerichts; – **référendaire** *(GVR)* Richter (auf Zeit und nur mit beratender Stimme) beim frz. Kassationshof; – **technique** Fachberater, Fachmann, Experte; – **du travail** staatlich geprüfte Gewerbeaufsichtsperson (zur Überwachung der Arbeitsschutzbestimmungen in den Betrieben).

consensualité *f:* **principe de la –** Grundsatz *m* der Formfreiheit eines Rechtsgeschäfts.

consensuel *adj:* **contrat –** formfreier (nur auf der Willensübereinstimmung der Vertragsparteien beruhender) Vertrag, Konsensualvertrag *m.*

consensus *m (VerfR)* Konsens *m,* Zustimmung, Übereinstimmung *f.*

consentant *adj* einwilligend, zustimmend.

consentement *m* (1) *(ZR: acceptation donnée à une offre)* Zustimmung *f,* Einwilligung (in ein Rechtsgeschäft), zustimmende Willenserklärung, (2) *(ZR.: accord de deux ou plusieurs volontés)* Einigung, Abmachung, Übereinkommen *n,* (3) *(ZR: volonté de l'auteur d'un acte unilatéral)* Willenserklärung, (4) *(adhésion d'une personne à un acte conclu par d'autres)* Einverständnis *n;* **absence de –** fehlende Willensübereinstimmung; **divorce par – mutuel** einverständliche Scheidung, Konventionalscheidung; **droit de –** Bewilligungsrecht; **échange des –s** Antrag und Annahme; **manifestation du –** zustimmende Willenserklärung; **vice du –** Willensmangel, Einigungsmangel; **– du budget** Haushaltsbewilligung; **– au mariage** Einwilligung in die Heirat; **– mutuel** beiderseitiges Einverständnis, gegenseitiges Einvernehmen; **– préalable** Einwilligung, Zustimmung im voraus; **– de la victime** *(StR)* Einwilligung des Verletzten.

consentir (1) *(v.tr.d.)* bewilligen, genehmigen, gewähren, zugestehen, (2) *(v.tr.ind.:* **– à)** einwilligen, (einer Sache) zustimmen, gutheißen; **– bonne et valable décharge** *(GesR)* entlasten, Entlastung erteilen; **– un délai** eine Frist zugestehen; **– une hypothèque** eine Hypothek bestellen, einräumen *od.* gewähren; **– un prêt** ein Darlehen gewähren; **– un rabais** einen Preisnachlaß gewähren.

conséquence *f* Folge *f,* Auswirkung *f;* (Schluß-)Folgerung *f;* **de –** mit großer Tragweite, sehr wichtig, bedeutend; **affaire de peu de –** Bagatellsache; **en –** folglich; **en – de vos instructions** in Ausführung ihrer Anweisungen; **entraîner des –s** Folgen nach sich ziehen, sich auswirken auf; **– de droit** *ou* **juridique** Rechtsfolge *f.*

conséquent *adj* konsequent, folgerecht, grundsatztreu; **par –** *adv* folglich, demzufolge, infolgedessen.

conservateur *m* (1) *(Pol)* Konservativer *m,* (2) *(VwR)* Konservator *m;* **– des eaux et forêts** Beamte(r) der Wasser- und Forstverwaltung; **– des hypothèques** *(SachR: fonctionnaire chargé du service de la publicité foncière)* frz. Finanzbeamte(r), betraut mit der Bekanntmachung der Grundstücksgeschäfte (in Frankreich, ausgenommen Al.-Lor., gibt es kein Grundbuch im deutschen Sinne!); **– du registre foncier** (S) Grundbuchverwalter *m.*

conservateur *adj* konservativ, erhaltend, bewahrend; **parti –** konservative Partei.

conservation *f* (1) *(ZR: mise en dépôt)* Verwahrung *f,* Aufbewahrung; Sicherstellung, (2) *(opérations de sauvegarde d'un droit)* (Rechts-) Sicherung *f,* Sicherungsgeschäft, Erhaltung; **frais de –** Erhaltungsaufwand *m,* notwendige Aufwendungen *pl;* **– des droits** *(SozR)* Anspruchserhaltung *od.* -wahrung; **– du gage** Pfandverwahrung; **– des hypothèques** frz. Hypothekenverwahrungsamt (auch zuständig für die Eintragung und Bekanntmachung der Grundstücksgeschäfte bzw. die Erhebung bestimmter Steuern); **– de la nature** Naturschutz; **– de la preuve** Beweissicherung; **– du secret** Geheimhaltung.

conservatoire *adj* (rechts-)erhaltend *od.* -bewahrend, zur Erhaltung dienend; **acte** *ou* **mesure –** Sicherungsmaßnahme; **saisie –** *(ZwangsVR)* Sicherungspfändung; **à titre –** vorsorglich, vorbeugend;

conservatoire *m* **des arts et métiers** Kunstgewerbesammlung; **− de musique** Konservatorium *n*, Musikhochschule *f.*

conserver *v.tr.d.* behalten, erhalten; **− à son service** weiterbeschäftigen.

considérable *adj* beachtlich, beträchtlich, erheblich.

considérant(s) *m(pl)* (1) *(PrzR: motifs d'une décision de justice; synonyme: les attendus)* Entscheidungsgründe *mpl*, Urteilsgründe, Urteilsbegründung, Erwägung (im Urteil), (2) *(lois et règlements)* rechtliche Erwägung, Begründung, Rechtsgrund; **− que** in Anbetracht dessen, daß . . . (im allgemeinen nicht zu übersetzende Einleitungsformel der Entscheidungsgründe).

considération *f* (1) Betrachtung *f*, Erwägung *f*, Überlegung *f*, (2) *(attention)* Rücksicht *f*, (3) *(déférence, égard)* Hochachtung, Anerkennung, Ansehen *n*; **en − de** in Anbetracht dessen, daß; mit Rücksicht auf; **prendre en −** etwas berücksichtigen; **− d'opportunité** *(VwR)* Zweckmäßigkeitserwägung.

considérer *v.tr.d.* (1) in die Betrachtung *od.* Überlegung einbeziehen, berücksichtigen, (2) hochschätzen, hochachten; **− comme** ansehen *od.* betrachten als; **− que** meinen, der Ansicht sein, daß.

consignataire *m* (1) *(ZR: dépositaire d'une somme d'argent)* Verwahrer *m*, Verwahrende(r) *m*, (2) (*HR: dépositaire d'une marchandise)* Konsignatar *m*, Empfänger von Waren (zum Weiterverkauf), (3) *(SeeHR: intermédiaire)* Reedereivertreter *m*.

consignation *f* (1) *(ZR: dépôt dans une caisse publique de sommes ou de valeurs)* Hinterlegung (bei einer öffentlichen Stelle), (2) hinterlegter Gegenstand, (3) *(HR)* Übergabe von Waren an den Kommissionär *m*, (4) (Flaschen-)Pfand *n*; **marchandise en −** Konsignationsware *f*; **− alimentaire** *ou* **d'aliments** Hinterlegung des Unterhaltsbeitrages; **− de deniers** Hinterlegung von Geld (zur Sicherheitsleistung); **− des droits** Hinterlegung der Zollgebühren; **− d'espèces** Hinterlegung des Erlöses; Barkaution; **− judiciaire** *ou* **en justice** Hinterlegung des Streitgegenstandes; **− du prix** Hinterlegung des Preises.

consigne *f* (1) *(VwR: instruction stricte)* Dienstanweisung *f*, (Dienst-)Vorschrift *f*, (2) *(service de garde des bagages)* Gepäckaufbewahrung *f*, (3) *(somme remboursable)* Pfand (als Sicherheit für die Rückgabe eines Behältnisses), (4) *(MilR)* Ausgangsbeschränkung; **− automatique** Gepäckschließfach *n*; **− de grève** Streikparole *f*; **− de maintenance** Wartungsvorschrift; **− de sécurité** Sicherheitsbestimmung; **− syndicale** Gewerkschaftslosung *f.*

consigné: emballage − Pfand, leihweise überlassene Verpackung.

consigner *v.tr.d.* (1) *(enregistrer, noter)* eintragen, vermerken, verzeichnen, (2) *(bagages)* (Gepäck) aufgeben, (3) *(ZR)* hinterlegen, deponieren, (4) *(HR)* in Kommission geben; **− la chose** *ou* **le prix** *(SchuldR)* den Leistungsgegenstand hinterlegen; **− par écrit** schriftlich festhalten, ins Protokoll aufnehmen, protokollieren; **− au procès-verbal** protokollieren.

consilium fraudis *(lat: intention frauduleuse)* betrügerische Absicht (des Schuldners *od.* eines Dritten), Täuschungshandlung.

consistance *f* Beschaffenheit.

consister à bestehen in; **− en** bestehen aus.

consistoire *m* *(KirchR)* Konsistorium, Versammlung der Kardinäle.

consolation *f* Trost *m*, Beruhigung.

console *f* Bedienpult *n*, Tastatur *f*; **− de visualisation** Datensichtgerät.

consolidation *f* (1) *(SachR)* Konsolidation, Fortbestand eines dinglichen Rechts (für den Grundstückseigentümer), (2) *(WertpR)* Konsolidierung *f*, Umwandlung kurzfristiger (Staats-)Schulden in langfristige Anleihen, (3) *(GesR)* Konzernbilanz, (4) *(i.w.S.)* Bestandssicherung, Festigung, Stärkung; **emprunt de –** Konsolidierungsanleihe *f*; **– d'un bilan** *(GesR)* Konzernbilanzaufstellung; **– de la blessure** *(1)* Konsolidation, Abheilung eines krankhaften Prozesses, *(2)* *(SozVers)* Übergangszeit vor Zahlung einer Unfallrente; **– contractuelle** *(S)* vertragliche Bindung *(S)*; **– des cours** Kursfestigung; **– d'un crédit** Umschuldung, Kreditumwandlung; **– de la dette publique** Umwandlung kurzfristiger Staatsschulden in Anleihen, Konsolidierung; **– de droits** Zollbindung; **– des prix** Beruhigung der Preisentwicklung, Konsolidierung der Preise; **– d'usufruit** *(SachR)* Vereinigung von Nießbrauch und Eigentum in einer Hand, Konsolidation.

consolidé *m* (1) *(GesR)* zusammengefaßte Bilanz (aller Konzernunternehmen), (2) *(WertpR)* konsolidierte Anleihe.

consolider *v.tr.d.* (1) stützen, festigen, sichern, (2) umwandeln (in langfristige Anleihen), konsolidieren, fundieren.

consommable *adj* konsumierbar, genießbar; **articles et matériels –s** Verbrauchsgüter *npl*.

consommateur *m* Verbraucher *m*, Konsument *m*, Abnehmer *m*; **association de –s** Verbraucherschutzverband; **comportement du –** Verbraucherverhalten; **défense des –s** Verbraucherschutz *m*; **– final** Endverbraucher *od.* -abnehmer *m*.

consommation *f* (1) *(Vwirt: utilisation des richesses)* Verbrauch *m*, Konsum *m*, Konsumtion; Verbrauchsausgaben; (2) *(StR: réalisation d'une infraction)* Vollendung (einer Straftat); **article de – courante** Massen(konsum)artikel *m*; **biens de – durable / instantanée** Konsumgüter *pl*, Gebrauchs- *od.* Verbrauchsgüter; **Conseil national de la – (= CNC)** Staatliche frz. Verbraucherschutzbehörde *f*; **coopérative de –** Verbrauchergenossenschaft *f*, Konsumverein; **crédit à la –** Verbraucher- *od.* Kleinkredit; **droit de la –** Verbraucherschutzrecht; **impôt sur la –** Verbrauchsteuer *f*; Getränkesteuer *f*; **indice des prix à la –** Verbraucherpreisindex *m*; **prix à la –** Verbraucherpreis; **société de –** Konsumgesellschaft; **taxe de –** Verbrauch(s)steuer *od.* -abgabe.

consommation du délit *(StR)* Vollendung der Straftat; **– d'énergie** *ou* **énergétique** Energieverbrauch; **– intérieure** Inlandsverbrauch; **– du mariage** Vollziehung der Ehe; **– matières** Rohstoffverbrauch; **– médicale** Ausgaben für das Gesundheitswesen; **– des ménages**, **– des particuliers** privater Verbrauch; **– personnelle** Eigenverbrauch; **– privée** privater Verbrauch; **– publique** Verbrauch der öffentlichen Hand.

consommatique *f* Verbraucherforschung; Verbraucher- *od.* Konsumpolitik.

consommer *v.tr.d.* (1) *(Güter)* verbrauchen, konsumieren, (2) *(Straftat)* vollenden, (3) *(Ehe)* vollziehen.

consommérisme *m* Konsumerismus *m*, organisierter Schutz der Verbraucherinteressen.

consomptible *adj* verbrauchbar; **choses –s** Verbrauchsgüter.

consort(s) *m(pl)* (1) *(StR: coauteurs ou complices)* Komplize *m*, Helfershelfer; Mittäter; (2) *(ZPR: plaideurs du même côté de la barre)* Streitgenosse *m*; **contre X et –s** gegen X u. andere; **prince –** Prinzgemahl.

consortium *m* *(GesR)* Konzern *n*, Konsortium *n*, Gelegenheitsgesellschaft; **grand –** Großkonzern; **participation à un –** Konsortialbeteiligung *f*, Konsortialanteil *m*; **– bancaire** Bankenkonsortium; **– d'émission** Emissions- *od.* Begebungskonsortium.

conspirateur *m* Verschwörer *m*, Mitglied einer kriminellen *od.* terroristischen Vereinigung.

conspiration *f* Verschwörung *f.*
conspirer *v.intr.* sich verschwören, eine Verschwörung anzetteln.
conspuer beschimpfen, schmähen.
constance *f* Beharrlichkeit, Beständigkeit; Geduld *f.*
constant: il est – que es besteht kein Zweifel daran, daß; es steht fest, daß ...; es gilt als bewiesen *od.* nachgewiesen.
constat *m* amtliches Protokoll, amtliche Beweisaufnahme *f*, Tatbestandsaufnahme; **dresser un –** ein amtliches Protokoll aufnehmen; **– d'accident** *(StVR)* Unfallprotokoll; **– d'audience** *(PrzR)* Verhandlungs- *od.* Gerichtsprotokoll *n*, Sitzungsniederschrift; **– d'échec** Feststellung des Scheiterns (eines Projekts); **– d'huissier** (1) *(PrzR)* durch einen Gerichtsvollzieher aufgesetztes Protokoll, amtliche Tatsachenfeststellung (durch den Gerichtsvollzieher), (2) *(MietR)* Wohnungsabnahmeprotokoll; **– d'audience** Tatsachenfeststellungsauftrag des Gerichts an den Gerichtsvollzieher; **– judiciaire** gerichtliche Beweisaufnahme, Beweissicherung; **– des lieux** Inaugenscheinnahme, Ortsbesichtigung (durch *od.* im Beisein einer Amtsperson), amtliches Protokoll über die Ortsbesichtigung; **– de maladie** Krankenbefund; **– de police** polizeiliches Protokoll.
constatable *adj* feststellbar; protokollierbar.
constatant *m* mit einer Tatsachenfeststellung beauftragte Amtsperson (zumeist dr Gerichtsvollzieher).
constatation *f* (Sachverhalts-)Feststellung *f*, Befund *m*, Tatbestandsaufnahme *f*; **procéder aux –s** den Tatbestand aufnehmen; **– d'avarie** Schadensfeststellung; **– du cours** Kursfeststellung; **– de dégâts** *ou* **du dommage** Schadensfeststellung; **– de l'identité** (1) *(personnes)* Überprüfung der Angaben zur Person, Feststellung der Personalien; (2) *(choses)* Nämlichkeitsfeststellung; **– de l'infraction** Feststellung einer strafbaren Handlung, Straftatbestandsaufnahme *f*; **– judiciaire** gerichtliche Feststellung; **– médicale** ärztlicher Befund.
constatations *fpl* protokollarisch durch eine (durch einen Richter) beauftragte Amtsperson aufgenommenen Tatbestände *od.* Sachverhalte; **faire des –** einen Tatbestand aufnehmen.
constater *v.tr.d.* (eine Tatsache) feststellen, konstatieren, bestätigen; **– les droits à recouvrer** die Außenstände beziffern.
constituant *m* (1) *(SachR)* Besteller (eines dinglichen Rechts), (2) Bestandteil *n*, Komponente *f*; **– du gage** Pfandbesteller *m*; **– de l'usufruit** Besteller des Nießbrauchs; **pouvoir –** verfassungsgebende Gewalt.
Constituante *f* *(hist: assemblée 1789, 1848)* verfassunggebende Versammlung.
constitué *adj* konstituiert, festgesetzt; eingesetzt; vollendet, gegründet; zweckbestimmt; **les corps –s** die Verfassungsorgane.
constituer (1) *(établir qqn. dans une situation légale)* bestellen, ermächtigen, (2) *(garantir à qqn. un droit)* zusichern, zuerkennen, (3) *(créer, organiser)* gründen, bilden, errichten, einsetzen; **se –** *(PrzR)* als Anwalt (in einem Prozeß) auftreten, als gewillkürter Stellvertreter zur Führung eines Prozesses ermächtigt sein; **se – partie civile** *(StPR)* (in einem Strafverfahren) als Nebenkläger auftreten, sich als Nebenkläger anschließen; **se – prisonnier** sich stellen, sich verhaften lassen; **– avocat** einen Anwalt bevollmächtigen *od.* als Prozeßvertreter bestellen; **– son bureau** *(Verein)* den Vorstand wählen; **– en demeure** *(SchuldR)* in Verzug setzen; **– un dossier** eine Akte anlegen; **– un droit** ein Recht (an einer Sache) bestellen; **– un gage** ein Pfand bestellen, ein Pfandrecht begründen; **– le gouvernement** die Regierung bilden; **– héritier** als Er-

ben einsetzen; – **une injure** den Tatbestand einer Beleidigung erfüllen; – **un mandataire** einen Bevollmächtigten bestellen; – **de mauvaise foi** *(ZR)* den Gutglaubenschutz verlieren; – **une rente** eine Rente aussetzen; – **une sûreté** Sicherheit leisten; – **des témoins** *(PrzR)* Zeugen benennen.

constitut *m* **possessoire** Besitzkonstitut *n.*

constitutif *adj* (1) (rechts-)begründend, bildend, festsetzend, (2) *(essentiel)* grundlegend, bestimmend; Haupt-, wesentlich; **fait** – Tatbestandsmerkmal *n*; **titre** – **de propriété** Eigentums(erwerbs)titel.

constitution *f* (1) *(ÖfR: ensemble de règles suprêmes d'un État)* Verfassung *f*, Grundgesetz *n*, (2) *(ZR, HR: établissement d'une personne morale)* Gründung, Bildung, Schaffung, (3) *(PrzR: désignation)* Bestellung (eines Anwalts, eines Stellvertreters, usw.), (4) *(organisation, composition)* Anordnung, Aufbau *m*, Zusammensetzung *f*, (5) *(caractères somatiques d'une personne)* Körperbeschaffenheit *f*; **amendement à la** – Verfassungsänderung *f*; **application de la** – Verfassungsanwendung *f*; **atteinte à la** – Verfassungsverletzung; **conforme à la** – verfassungsmäßig *adj*; **contraire à la** – verfassungswidrig *adj*; **respect de la** – Verfassungseinhaltung; **révision de la** – Verfassungsänderung; **violation de la** – Verfassungsbruch *m*, Verfassungsverletzung.

constitution d'avocat Bestellung eines Anwalts (durch eine Prozeßpartei), Erteilung einer Prozeßvollmacht; – **d'avoué** Vollmachtserteilung für die Vertretung im Schriftverkehr mit einem Gericht (zwecks Abfassung sämtlicher Anträge); – **du capital** Kapitalbildung; – **de caution** *(ZR)* Benennung eines Bürgen; – **d'un dossier** Anlegen *n* einer Akte; – **d'un dossier de candidature** Zusammenstellung der Bewerbungsunterlagen; – **de dot** *ou* **dotale** Gewährung einer Mitgift; – **écrite** geschriebene Verfassung; – **fédérale** Bundesverfassung; – **de gage** Pfandbestellung; – **d'hypothèque** Hypothekenbestellung, Belastung eines Grundstücks mit einer Hypothek; – **d'un mandataire** Bestellung eines Bevollmächtigten, Vollmachterteilung; – **municipale** Gemeinde- *od.* Städteordnung; – **de nantissement** Pfandbestellung.

constitution de partie civile *(StPR)* Anschluß *od.* Beitritt als Nebenkläger, Anschluß als Privatbeteiligter (Aut), adhäsionsweise Geltendmachung des Zivilschadens (S); – **d'un patrimoine** Vermögensbildung; – **de rente** *(SozVers)* Erwerb eines Rentenanspruchs (durch Beitragszahlung); – **de réserves** *(GesR)* Rücklagenbildung (in der Bilanz ausgewiesen); Bildung stiller Reserven; – **rigide** *(VerfR)* unabänderbare *od.* schwer revidierbare Verfassung; – **simultanée** *(GesR)* Simultangründung; – **de société** Gesellschaftsgründung; – **souple** *(VerfR)* leicht abänderbare Verfassung; – **successive** *(GesR)* Stufengründung, Sukzessivgründung; – **de sûreté** Sicherheitsleistung *f*; – **de témoin** *(PrzR)* Benennung eines Zeugen; – **d'usufruit** *(SachR)* Nießbrauchsbestellung.

constitutionnaliser une loi ein Gesetz zum Verfassungsbestandteil erheben.

constitutionnalité *f* Verfassungsmäßigkeit.

constitutionnel *adj* verfassungsmäßig; verfassungsrechtlich; **droit** – Verfassungsrecht.

constructeur *m* Hersteller, Konstrukteur *m*; Baumeister *m*; Erbauer *m*; – **mécanicien** Maschinenbauingenieur *m*; – **d'ordinateurs** Computerhersteller; – **d'un ouvrage** *(SchuldR: entrepreneur)* Unternehmer *m*, Werkhersteller *m*.

constructible *adj (BauR)* durch Bebauungsplan erschlossen, zur Bebauung freigegeben; erschlossen.

constructif *adj* auf die Erhaltung, Stärkung und Erweiterung des bestehenden gerichtet, konstruktiv.

construction *f* (1) *(édification et ouvrage construit)* Bau *m*; Bauwerk *n*, Anlage *f*, Aufbau *m*; Errichtung, (2) Baugewerbe *n*, Bauwesen, (3) Bauart *f*, Bauausführung, Konstruktion; **coopérative de** – Baugenossenschaft *f*; **crédit à la** – Baukredit *m*, Bauspardarlehen; **direction de la** – Bauleitung *f*; **prêt à la** – Baudarlehen *n*; **prime à la** – Bausparprämie *f*; **projet de** – Bauplan *m*; **servitude de** – Baubeschränkung, Bauauflage *f*.

construction des bâtiments Hochbau *m*; – **d'immeubles** Haus- od. Wohnungsbau; – **juridique** Rechtsgebilde *n*, Lehre *f*, Lehrmeinung; – **jurisprudentielle** von der Rechtsprechung getroffene Regelung und deren Begründung; – **de logements** Wohnungsbau *m*; – **sous licence** Lizenzanfertigung; – **navale** Schiffsbau; – **nouvelle** Neubau; – **préfabriquée** Fertigod. Systembauweise.

construire *v.tr.d.* auf- od. erbauen, errichten; entwerfen, gestalten, bilden; **interdiction de** – Bauverbot *n*; **permis de** – Baugenehmigung od. -bewilligung.

consul *m* Konsul *m*; – **de carrière** Berufskonsul; – **général** Generalkonsul; – **honoraire** *ou* **marchard** Honorar- od. Wahlkonsul, ehrenamtlicher Konsul.

consulaire *adj* Konsular-, konsularisch; **juge** – *(HR)* Handelsrichter; **tribunal** – frz. Handelsgericht.

consulat *m* Konsulat *n*; – **général** Generalkonsulat.

consultant *m* (1) *(PrzR)* Sachverständige(r) *m*, (2) (Fach-)Berater *m*, Ratgeber *m*, Unternehmensberater, (3) Ratsuchende(r); **médecin** – zugezogene(r) Arzt.

consultatif *adj* beratend; **comité** – Beratungsausschuß; **avec voix -tive** mit beratender Stimme.

consultation *f* (1) *(Anwalt, Arzt)* Beratung, Konsultation, (2) Befragung, (3) schriftliches Gutachten (eines Sachverständigen), (4) *(VR)* gemeinsame Beratung von Regierungen; (5) *(DV)* Abfrage; **accord de** – *(VR)* Konsultationsabkommen; **après** – nach Anhörung; **après** – **de** nach Rücksprache mit; **bureau de** – Beratungsstelle *f*; **en** – **avec** im Einvernehmen mit; **demander une** – jmdn. um Rat ersuchen; **devoir de** – Konsultationspflicht *f*; **procédure de** – Anhörungsverfahren; – **de la base** *(ArbR)* Herbeiführung einer Urabstimmung; – **du dossier** Akteneinsicht *f*; – **électorale** Wahl *f*, Abstimmung; – **juridique** Rechtsgutachten; Rechtsberatung; – **médicale** Arztbesuch (in der Sprechstunde); – **partielle** *(ÖfR)* Nachwahl; – **populaire** *(ÖfR)* Referendum *n*, Volksbefragung *f*; – **préalable** *(VR)* vorherige Konsultation; – **du registre** *(GB)* Registereinsicht *f*.

consulter *v.tr.d.* (1) *(Anwalt, Arzt)* zu Rate ziehen, (zur Beratung) hinzuziehen, um Rat fragen, (2) *(Wörterbuch)* nachschlagen.

consumérisme *m* *(Vwirt)* Verbraucherpolitik, Konsumerismus *m*, Verbraucherschutzaktionen.

contact *m* Fühlungnahme *f*, Verbindung *f*, Kontakt *m*.

contacter *v.tr.d.* in Verbindung treten mit, herantreten an, Kontakt aufnehmen.

contagieux *adj*: **maladie –se** ansteckende od. übertragbare Krankheit.

contagiosité *f* Ansteckbarkeit *f*.

container *m* *(terme francisé: conteneur)* Container *m*, Transportbehälte *m*.

containerisation *f* Containertransport; Verpackung in Container.

contaminateur *adj (maladies sexuellement transmissibles)* ansteckend.

contamination *f* (1) Ansteckung, (2) (*UmweltR*) Verseuchung, Kontamination; Immissionen *fpl*.

contemporain *adj* gleichzeitig, zeitgleich, synchron.

contemption *f* Ausdruck der Verachtung.

contenance *f* Fassungsvermögen *n*.

contenant *m* Behälter *m*, Behältnis *n*.

contentieux *m* (1) (*PrzR*) Streitsache; Rechtsstreit *m*; Gesamtheit der einer Gerichtsbarkeit zugeordneten Streitsachen, (2) (*in Betrieben*) Rechtsabteilung *f*; **bureau** *ou* **section** *ou* **service du –** Rechtsabteilung; **statuer au –** im streitigen Verfahren entscheiden.

contentieux administratif (1) Verwaltungsstreitsache *f*, öffentlich-rechtliche Streitigkeit (nichtverfassungsrechtlicher Art), (2) Verwaltungsgerichtsbarkeit; **– administratif par détermination de la loi** Verwaltungsprozeßsache *f* kraft Zuweisung, Verwaltungsstreitsache kraft besonderer gesetzlicher Bestimmung; **– administratif par nature** öffentlich-rechtliche Streitigkeit, die nach der Generalklausel auf den Verwaltungsrechtsweg gehört; **– de l'annulation** (*VwPR*) Anfechtungsstreitigkeit *f*; **– électoral** Wahlanfechtung *f*; **– de pleine juridiction** Verwaltungsgerichtsverfahren mit unbeschränkter Ermessensnachprüfung; **– de la répression** Verwaltungsstreitsachen, bei welchen das Verwaltungsgericht strafrechtliche Befugnisse ausübt; **– de la sécurité sociale** Streitigkeit der Sozialversicherung; Sozialgerichtsstreitsache; **– technique** Teil des Rechtsstreits (vor einem Sozialgericht), der sich mit den medizinischen Fragen (Krankheit, Verletzung) befaßt.

contentieux *adj* (1) (*qui fait l'objet d'un désaccord*) streitig, strittig, umstritten, (2) (*juridictionnel*) gerichtlich, Gerichts-; **affaire –se** streitiges Verfahren; **juridiction –se** streitige Gerichtsbarkeit.

contenu *m* Inhalt *m*.

contestable *adj* anfechtbar, bestreitbar, umstritten, strittig.

contestataire *m* (*Pol*) Protestler *m*, Linksradikaler *m*; **mouvement –** Protestbewegung.

contestation *f* (1) Bestreiten *n*, Bestreitung *f*, Anfechtung *f*, (2) (*ZPR: litige, différend*) Streitigkeit *f*, Rechtsstreit *m*, (3) (*Pol*) Protesthaltung, Ablehnung, Auflehnung *f*, Infragestellung *f* (der etablierten Gesellschaft); **action en – d'état** (*FamR*) negative Abstammungsklage oder Ehelichkeitsanfechtungsklage; **– de l'élection, – électorale** Wahlanfechtung *f*; **– judiciaire** (*PrzR*) Streitsache, gerichtlicher Streit; **– de la légitimité** (*FamR*) Anfechtung der Ehelichkeit; **– successorale** (S) Erbschaftsstreitigkeit.

conteste *loc. adv:* **sans –** zweifellos, zweifelsohne.

contesté *m* (*ZPR*) Streitgegenstand *m*.

contester *v.tr.d./v.intr.* (1) bestreiten, in Abrede stellen, zurückweisen, sich verwahren gegen, als unzutreffend *od.* falsch bezeichnen, von sich weisen, leugnen, (2) das Gesellschaftssystem infrage stellen; **– la régularité d'une élection** eine Wahl anfechten; **– une succession** Erbschaftsklage erheben.

contexte *m* (1) Zusammenhang *m*, Umfeld *n*, (2) Wortlaut *m*, Text *m* (einer Urkunde), Kontext *m*, Textzusammenhang *m*, (3) (*Formular*) Vordruck *m*, das Vorgedruckte; **dans ce –** in diesem Zusammenhang.

contiguë *adj* angrenzend.

contingence *f* Zufälligkeit *f*, Eventualität *f*, Kontingenz *f*, Möglichsein (im Gegensatz zur Notwendigkeit).

contingent *adj* zufällig, ungewiß.

contingent *m* (1) (*OfR: quote-part*) (pflichtmäßiger) Beitrag, Anteil *n*; Quote *f*, Kontingent *n*, (2) (*MilR*) Einberufungsjahrgang *m*; **imputer sur le –** auf das Kontingent an-

rechnen; **soldat du –** einberufene(r) Wehrpflichtige(r).
contingent annuel (1) Jahreskontingent, Jahresquote *f*; (2) *(Plan)* Jahressoll *n*; **– communautaire** *(EuR)* Gemeinschaftskontingent; **– douanier** Zollkontingent; **– d'immigration** Einwanderungsquote; **– d'importation** Einfuhrod. Importkontingent; **– libre** zollfreies Kontingent.
contingentement *m* Festsetzung des Kontingents, Bewirtschaftung, *f*; Kontingentierung; **accord de –** Quoten- od. Zuteilungsvereinbarung; **mesure de –** Bewirtschaftungs- od. Kontingentierungsmaßnahme; **– des devises** Devisenbewirtschaftung; **– à l'entrée** *ou* **des importations** Einfuhrbeschränkung; **– obligatoire** Zwangsbewirtschaftung.
contingenter *v.tr.d.* zuteilen, bewirtschaften, kontingentieren.
continu *adj* ununterbrochen, fortgesetzt, fortgeführt; stufenlos, lückenlos; **journée –e** *(ArbR)* durchgehende Arbeitszeit (ohne Mittagspause).
continuation *f* Fortsetzung *f*, Fortführung *f*, Fortdauer *f*; **– de l'assurance** Weiterversicherung *f*; **– du contrat** Verlängerung des Vertragsverhältnisses; **– de l'exploitation** Fortsetzung der Geschäftstätigkeit.
continuité *f* Stetigkeit *f*, Zusammenhang *m*, Fortdauer *f*; **– du droit** Rechtskontinuität *f*; **– de l'emploi** *(SozR)* durchgehende Beschäftigungszeiten, ununterbrochenes Beschäftigungsverhältnis; **– juridique** *f* Rechtskontinuität; **– de résidence** Fortführung des Hausstandes und Wohnsitzes.
contournement *m (StVR)* Umgehung, Vorbeifahrt.
contourner par la gauche links vorbeifahren.
contraception *f* Empfängnisverhütung *f*.
contractant *m/adj* Vertragspartei, Vertragspartner *m*, Kontrahent *m*;

parties –es vertragsschließende Parteien; **– principal** Hauptauftragnehmer.
contracté *adj*: **engagement –** eingegangenen Verpflichtung.
contracter einen Vertrag schließen *od.* abschließen, eine Vereinbarung treffen; **capacité de –** Geschäftsfähigkeit, Vertragsfähigkeit; **incapacité de –** mangelnde Geschäftsfähigkeit; **– une alliance** (1) *(VR)* ein Bündnis schließen, (2) *(ZR)* sich vermählen; **– une assurance** eine Versicherung abschließen; **– une dette** ein Darlehen aufnehmen; Schulden machen *od.* eingehen; **– un emprunt** eine Anleihe aufnehmen; **– une maladie** sich anstecken; **– mariage** die Ehe schließen, heiraten; **– des obligations** Verpflichtungen eingehen.
contractualisation *f (VwR)* Einstellung in den öffentlichen Dienst als (Vertrags-)Bedienstete(r).
contractualiser *v.tr. (VwR)* als Vertragsbediensteten einstellen.
contractuel *adj* vertragsgemäß, vertragsmäßig, vertraglich; **agent –** Verwaltungsangestellte(r), Angestellte(r) im öffentlichen Dienst; **régime –** *(VwR)* Angestelltenverhältnis (im öffentlichen Dienst); **réserves –les** *(GesR)* vertragliche Rücklage.
contractuel *m* (1) *(VwR)* Angestellter im öffentlichen Dienst, (2) *(Polizei)* Hilfspolizist *m*; Politesse *f*.
contradicteur *m* Anwalt *m* der Gegenpartei; Gegner *m*, Widersacher *m*; Oppositionsredner *m*.
contradiction *f* (1) Gegensatz *m*, (2) Gegenrede *f*, Widerspruch *m*, Einrede *f*, (3) Inkohärenz *f*, Widersinnigkeit; **principe de la –** Verfahrensgrundsatz des rechtlichen Gehörs *od.* der Anhörung der Gegenseite.
contradictoire *adj* (1) *(ZPR: jugement auquel tous les intéressés ont été mis à même de participer)* streitig, (2) *(contraire, opposé)* widersprüchlich, entgegengesetzt; **être –** einander widersprechen; **jugement –** *(ZPR)*

175

streitiges Urteil; kontradiktorische Entscheidung; **principe du –** Verfahrensgrundsatz des rechtlichen Gehörs (beider Parteien).

contradictoirement *adv* (1) widersprechend, (2) *(PrzR)* streitig, in Gegenwart der Parteien *od.* ihrer Prozeßvertreter; nach ordnungsmäßiger Ladung beider Parteien.

contraignable *m* (1) *(SteuerR: contribuable)* (Steuer-)Pflichtige(r), (2) *(StR)* Person, die bei Uneinbringlichkeit der Geldstrafe eine Haftstrafe zu verbüßen hat; *adj* der Zwangsgeldandrohung unterworfen.

contraignant *adj* zwingend, mittels Zwang durchsetzbar.

contraindre zwingen; **– par corps** *(ZwangsVR)* die Haft anordnen.

contraint et forcé *loc* gegen den eigenen Willen, ohne Widerstand leisten zu können.

contrainte *f* (1) *(StR: violence, acte de force illicite)* (unwiderstehlicher) Zwang *m*, Zwangslage *f*, (2) *(Vwirt)* Sachzwang *m*; Einengung *f*, Beschränkung *f*, Belastung *f*, (3) *(ZwangsVR)* Zwangsmittel *n* (im Rahmen der Zwangsvollstreckung), (4) *(VwR)* unmittelbarer Zwang, Gewaltanwendung (durch die Polizei), (5) *(SteuerR)* Zwangsgeld; Ersatzzwangshaft; **exercer une –** Zwang ausüben, Gewalt anwenden; **mesure de –** Zwangsmaßnahme *f*; **moyen de –** Zwangsmittel; **opposition à –** Widerspruch gegen den Zahlungsbefehl; **par –** zwangsweise; **pouvoir de –** Zwangsgewalt *f*, Zwangsbefugnis *f*; **vente sous –** Zwangsverkauf *m*.

contrainte administrative *(VwR)* Erzwingungsstrafe, Exekutiv- *od.* Zwangsstrafe, Beuge- *od.* Ordnungsmittel, Verwaltungszwang; **– par corps** (1) *(SteuerR)* Ersatzzwangshaft, Haftstrafe (bei Uneinbringlichkeit des Zwangsgeldes), (2) *(ZwangsVR)* Haftanordnung (als Zwangsmittel); **– douanière** Zahlungsbefehl der Zollverwaltung; **– étatique** staatliche Zwangsgewalt (beruhend auf der Gesetzeskraft); **– à l'exécution** Zwangsmittel, um die Erfüllung einer Verpflichtung zu erwirken; **– morale** *(StR)* psychischer Druck, Nötigung; **– physique** *(StR)* Gewaltanwendung, Nötigung durch unwiderstehliche Gewalt; **– à la prostitution** *(StR)* Nötigung zur gewerbsmäßigen Unzucht; **– sociale** gesellschaftlicher Druck *od.* Zwang.

contraire *adj* gegensätzlich, entgegengesetzt; widersprüchlich, verschieden; **– aux usages** unüblich; **– à la vérité** nicht wahrheitsgemäß, unwahr; **dans le cas –** widrigenfalls; *m* Gegenteil *n*.

contra legem *lat* gegen den (reinen) Wortlaut des Gesetzes.

contrariété *f* Widerspruch *m*, Unvereinbarkeit, Gegensatz; Hindernis *n*; **– de jugements** einander widersprechende *od.* gegensätzliche Entscheidungen; **– de motifs** widersprüchliche Entscheidungsgründe.

contrario: **a –** im Wege des Gegenschlusses.

contrat *m* (1) *(convention)* Vertrag *m*, Vereinbarung, Abmachung, Abkommen *n*, (2) *(écrit)* Vertragsurkunde *f*, schriftlicher Vertrag, schriftlich fixierter Vertrag, (3) *(rapport contractuel)* Vertragsverhältnis *n*; **accepter un –** einen Vertrag annehmen; **agent sous –** *(VwR)* Angestellte(r) im öffentlichen Dienst; **annuler le –** den Vertrag aufheben *od.* für nichtig erklären; **avant- –** Vorvertrag *m*; **cession de –** Vertragsübernahme *od.* -abtretung; **cause du –** Vertragsgrund *m*; **clause du –** Vertragsklausel *f*; **conclure un –** einen Vertrag (ab)schließen; **conclusion du –** Vertragsabschluß *m*; **conditions du –** Vertragsbestimmungen *pl od.* -bedingungen; **conditions générales du –** allgemeine Geschäftsbedingungen (= AGB); **conforme au –**, **conformément au –** vertragsgemäß, vertragsmäßig; **conformité**

au – Vertragsgemäßheit; **constater un – par écrit** einen Vertrag schriftlich abfassen; **contenu du –** Vertragsinhalt; **contraire au –** vertragswidrig; **dénoncer un –** einen Vertrag kündigen; **dresser un –** einen Vertrag aufsetzen; **durée du –** Vertragsdauer *f*; **échéance du –** Ablauf des Vertrages; **éléments du –** Vertragsbestandteile *mpl*; **s'engager par –** sich vertraglich verpflichten; **exécution du –** Vertragserfüllung *f*; **expiration du –** Vertragsablauf *m*, Vertragsende *n*, Auslaufen des Vertrages; **extinction du –** Erlöschen des Vertragsverhältnisses; **fin du –** Beendigung des Vertrages; **formation du –** Zustandekommen des Vertrages; **liberté des –s** Vertragsfreiheit; **manquement au –** Vertragsverletzung; **mettre fin au –** das Vertragsverhältnis beenden; **modalités du –** Vertragsbestimmungen; **modification du –** Abänderung des Vertrages, Vertragsänderung; **nullité du –** Mangelhaftigkeit des Rechtsgeschäfts, Ungültigkeit *od*. Anfechtbarkeit *od*. Nichtigkeit des Vertrages.

contrat: nullité absolue *ou* **nullité de droit du –** Nichtigkeit des Vertrages; **nullité relative du –** Anfechtbarkeit des Vertrages; **objet du –** Vertragsgegenstand *m*; **s'obliger par –** sich durch Vertrag verpflichten, sich vertraglich verpflichten; **offre de –** Vertragsangebot *n*, Vertragsantrag *m*; **partie au –** Vertragspartei *f*; **passation du –** Vertrags- *od*. Geschäftsabschluß; **passer un –** einen Vertrag (ab)schließen; **projet de –** Vertragsentwurf *m*; **proposition de –** Vertragsantrag *od*. -angebot, Offerte *f*; **proroger le –** den Vertrag verlängern; **rédiger un –** einen Vertrag aufsetzen; **renouvellement du –** Vertragserneuerung *od*. -verlängerung; **résilier un –** einen Vertrag kündigen *od*. lösen; **résolution du –** Vertragsauflösung; Rücktritt vom Vertrag; **résoudre le –** den Vertrag aufheben *od*. auflösen; **respect du –** Vertragstreue *f*, vereinbarungsgemäße Erfüllung (des Vertrages); **rompre le –** einen Vertrag verletzen *od*. brechen; **rupture du –** Vertragsbruch *m*; **signer** *ou* **souscrire un –** einen Vertrag (ab)schließen; **suspendre le –** die Vertragswirkungen aussetzen; **teneur du –** Vertragsinhalt *m*; **transfert du –** Übertragung der Rechte aus einem Vertrag; **violation du –** Vertragsverletzung, Vertragsbruch; **violer le –** den Vertrag nicht einhalten.

contrat d'abonnement Abonnementsvertrag *m*, Bezugsvertrag; **– accessoire** Zusatzvertrag, Nebenabrede *f*, Nebenvereinbarung; **– d'achat** *ou* **d'acquisition** Kaufvertrag; **– additionnel** Zusatzvereinbarung; **– d'adhésion** diktierter Vertrag, Typen- *od*. Formularvertrag; **– administratif** öffentlichrechtlicher Vertrag; **– d'adoption** Annahme- *od*. Adoptionsvertrag; **– d'affrètement** Fracht- *od*. Befrachtungsvertrag, Chartervertrag; **– d'affrètement maritime** Seefrachtvertrag; **– d'affrètement total** Vollchartervertrag; **– d'agence** *(HR)* Agenturvertrag; **– aléatoire** Vertrag mit nachträglicher Bestimmung des Leistungsumfangs; **– d'amodiation** Pachtvertrag; **– annexe** Nebenvereinbarung *f*, Zusatzvertrag; **– apparent** Scheingeschäft *n*; **– d'apprentissage** *(ArbR)* Berufsausbildungsvertrag; **– d'armement** (1) *(SeeHR)* Reedereivertrag, (2) Reederbrief *m*, Reedereistatut *n*; **– d'assistance** Hilfeleistungsvertrag; **– d'assistance technique** Vertrag über technische Hilfe; **– d'association** (1) *(ZR)* Vereinsgründungsvertrag, (2) *(GesR)* Vertrag zur Gründung einer Gesellschaft des bürgerlichen Rechts, (3) *(VR)* Assoziationsabkommen *n*, Vereinbarung über gegenseitige Zusammenarbeit.

contrat d'assurance Versicherungsvertrag; **– – collective** Sammel-

versicherungsvertrag; – – -**retraite** Rentenversicherung; – – **sur la vie** Lebensversicherung.
contrat de bail (1) *(ZR)* Mietvertrag, (2) *(LandwR)* Pachtvertrag; – – **en nature** Naturalpachtvertrag; – – **à nourriture** Altenteilsvertrag; Leibgedinge *n.*
contrat de bienfaisance Gefälligkeitsverhältnis *n,* unentgeltlicher Vertrag; – **de bière** *(HR)* Bierlieferungsvertrag; – **bilatéral** gegenseitiger Vertrag, synallagmatischer Vertrag, wechselseitig *od.* zweiseitig verbindlicher Vertrag (Aut); – -**cadre** (1) Rahmenvertrag, (2) *(VersR)* Mantelvertrag, Rahmenpolice; – **de capitalisation** Kapitalansammlungsvertrag (mit Auslosung), Kapitalisierungsvertrag; – **de cartel** *(GesR)* Kartellabsprache; – **de cautionnement** Bürgschaftsvertrag.
contrat de cession Abtretung, Zession; – – **de biens** Vermögensübernahme; – – **d'exploitation** *(HR)* Betriebsüberlassungsvertrag; – – **d'usage** Gebrauchsüberlassung.
contrat collectif de travail Tarifvertrag, Gesamtarbeitsvertrag; – **commercial** handelsrechtlicher Vertrag, Handelsgeschäft *n*; – **de commission** Kommissionsgeschäft *od.* -vertrag; – **de commission de transport** *(HR)* Speditionsvertrag; – **commutatif** *(ZR)* Vertrag mit ausdrücklich (bei Vertragsabschluß) festgesetzten Leistungen; – **de complaisance** Gefälligkeitsverhältnis; – **de compte-courant** Kontokorrentvertrag.
contrat de concession *(VwR)* Konzession, Nutzungsverleihung, Nutzungsvertrag, Konzessionierung; – **de concession exclusive** *(HR)* Alleinvertriebsrecht; – **conclu entre absents** Vertrag unter Abwesenden, Distanzvertrag *m*; – **conclu verbalement** mündliche Vereinbarung *od.* Abmachung – **conditionnel** bedingter Vertrag.
contrat consensuel *(SchuldR: contrat reposant sur le principe du transfert immédiat de la propriété par le seul effet du contrat, instantanément et consensuellement)* Konsensualvertrag, Vertrag mit sofortigem Übergang des Eigentums bei der Einigung; – **de consortium** *(BankR)* Konsortialvertrag; – **de constitution de rente** Rentenvertrag; – **de construction** Bauvertrag; – **contraire aux bonnes mœurs** sittenwidriges Geschäft; – **de contrôle** *(GesR)* Beherrschungsvertrag; – **de coopération** Genossenschaftsgründungsvertrag; – **par correspondance** Vertragsschluß unter Abwesenden; –**s couplés** gekoppelte Verträge; – **en cours** laufender Vertrag; – **de courtage** *(HR)* Maklervertrag; – **de crédit** Darlehensvertrag.
contrat définitif endgültige Vereinbarung; – **de déménagement** Beförderungsvertrag für Umzugsgut; – **de dépôt** *(BankR)* Depotgeschäft, Effektenverwahrung; – **par devant notaire** in notarieller Form geschlossener Vertrag; – **de distribution exclusive** *(HR)* Alleinvertriebsvereinbarung; – **de donation** *(ZR)* Schenkung; – **de droit privé** privatrechtlicher Vertrag; – **de droit public** öffentlichrechtlicher Vertrag; – **à durée déterminée** befristeter Vertrag, Zeitvertrag; – **à durée indéterminée** unbefristeter Vertrag, Dauerschuldverhältnis; – **à durée limitée** befristeter Vertrag.
contrat d'échange Tausch *m*; – **d'édition** Verlagsvertrag *m*; – **d'embauchage,** – **d'embauche** Arbeitsvertrag, – **d'embouche** Viehmastvertrag; – **d'émission** *(BankR)* Begebungsvertrag; – **d'emphytéose** langfristiger Pachtvertrag, Erbpacht *f*; – **d'emploi** – -**formation** *(ArbR)* Berufsausbildungsverhältnis mit anschließendem 1-jährigen Arbeitsvertrag; – **emploi solidarité (= CES)** Arbeitsbeschaffungsmaßnahme *f*; – **d'engagement** (1) Dienstvertrag, (2) *(SeeHR)* Heuervertrag; –

d'engagement théâtral Bühnendienstvertrag; – **d'entrepôt** *(HR)* Lagervertrag.

contrat d'entreprise (1) *(fourniture de travail seulement)* Werkvertrag, (2) *(fourniture de travail et de matières)* Werklieferungsvertrag; – **d'épargne-construction** Bausparvertrag; – **d'équipe** Gruppenarbeitsvertrag; – **à l'essai** *(ArbR)* Probearbeitsverhältnis *n*; – **d'exclusivité** Ausschließlichkeitsvertrag; – **à exécution successive** *(HR)* Sukzessivlieferungsvertrag, Vertrag über die Vereinbarung wiederkehrender Leistungen; – **d'exploitation** (1) *(HR)* Betriebsvertrag, (2) *(Bergbau)* Mutung *f*, Ausbeutungsvertrag.

contrat de fabrication sous licence Lizenzvertrag; – **de façonnage** Verarbeitungsvertrag; – **en faveur de tiers** Vertrag zugunsten Dritter; – **de ferme** Pachtvertrag; – **ferme** verbindliche Vereinbarung; – **fictif** Scheingeschäft; – **de financement** Finanzierungsvertrag; – **de formation professionnelle** Berufsausbildungsvertrag; – **formel** formgebundenes Rechtsgeschäft; – **de fourniture** Lieferungsvertrag; – **de franchisage** Franchisevertrag; – **de fusion** *(GesR)* Verschmelzungs- *od.* Fusionsvereinbarung.

contrat de gage Pfandvertrag, Verpfändung; – **de garantie** (1) Garantie- *od.* Gewährvertrag, Gewährleistung, (2) Bürgschaftsvertrag; – **de gardiennage** Vertrag über die gewerbsmäßige Bewachung des Lebens *od.* des Eigentums fremder Personen; – **de gérance** Geschäftsführungsvertrag; – **de gestion d'affaires** Geschäftsbesorgungsvertrag; – **de gré à gré** formfreier Vertrag (basierend auf der Privatautonomie); – **à la grosse** *(SeeHR)* Bodmereivertrag; – **d'hérédité** Erbvertrag; – **individuel** Einzelvereinbarung, Individualvertrag; – **individuel de travail** Einzel- *od.* Individualarbeitsvertrag; – **d'industrie** Werkvertrag, Werklieferungsvertrag; – **innommé** Innominatvertrag *od.* -kontrakt, im Gesetz nicht ausdrücklich geregelter Vertrag; – **d'insertion professionnelle** (= CIP ou SMIC-jeunes) Arbeitsvertrag zur beruflichen Eingliederung Jugendlicher, Arbeitsbeschaffungsmaßnahme *f*; – **instantané** Vertrag mit sofortiger Leistung *od.* Erfüllung; – **d'intégration** *(LandwR)* Zusammenarbeitsvertrag zwischen Vermarkter u. landwirtschaftlichem Erzeuger; – **d'intéressement** Beteiligungsvertrag; – **de jeu** Spiel *n*; – **judiciaire** *(ZPR)* Prozeßvergleich; – **léonin** leoninischer Vertrag, Vertrag zum Vorteil nur eines Kontrahenten; – **de licence** *ou* **de licence d'exploitation** Lizenzvertrag; – **de livraison** (1) Liefervertrag, (2) Bezugsvertrag; – **à livraisons successives** Sukzessivlieferungsvertrag.

contrat de location Mietvertrag, Bestandvertrag (Aut); – – **de film** Filmbezugs- *od.* -verleihvertrag; – **de meuble** Leihe *f*, Leihvertrag; – – **-vente** Mietkauf(vertrag).

contrat à long terme langfristiger Vertrag; – **de louage de choses** Sachmiete *f*, Mietvertrag; – **de louage d'industrie** Werkvertrag; – **de louage d'ouvrage** *(ZR, Sammelbezeichnung für:)* Werk- u. Arbeitsvertrag; – **de louage de services** (1) *(ZR)* Dienstvertrag, (2) *(ArbR)* Arbeitsvertrag; – **de louage de services à domicile** Heimarbeitsvertrag; – **de louage de travail** *(B)* Dienstvertrag, Arbeitsvertrag; – **de mandat** (1) Vollmachtserteilung *f*, (2) Auftrag *m*; – **de mariage** Ehevertrag; – **de métayage** Halbpachtvertrag; – **mixte** *(HR)* einseitiges Handelsgeschäft.

contrat de nantissement (1) Pfand- *od.* Verpfändungsvertrag, (2) vertragliches Pfandrecht, Vertragspfand; – **nommé** gesetzlich geregelter Schuldvertragstyp; – **notarié** in notarieller Form geschlossener

Vertrag, notarieller Vertrag; **– novatoire** Novations- *od.* Neuerungsvertrag; **– oral** mündliche Vereinbarung; **– d'ouverture de crédit** Krediteröffnungsvertrag; **– de partage successoral** Erbauseinandersetzungsvertrag, Erbteilungsvertrag; **– de participation** *(GesR)* Beteiligungsvertrag, Partnerschafts- *od.* Teilhabervertrag; **– particulier** Einzelvertrag; **– de passage** (Schiffs-)Überfahrtsvertrag; **– pignoratif** *(HR, ZR)* mit einem Sicherungsgeschäft verbundener Vertrag; **– de pool** *(GesR)* Poolvertrag, Stimmbindungsvereinbarung; **– précaire** befristeter Arbeitsvertrag (mit kurzer Laufzeit); **– préliminaire** *ou* **préparatoire** Vorvertrag; **– de prestation en nature** Sachleistungsvertrag; **– de prêt** (1) Leihvertrag, (2) *(entgeltlich)* Darlehensvertrag; **– de prêt à la construction** Baufinanzierungsvertrag; **– de prêt à la grosse aventure** *(SeeHR)* Bodmereivertrag; **– de prêt de travailleurs** Arbeitnehmer – Überlassungsvertrag; **– primitif** ursprünglicher Vertrag; **– principal** (1) Hauptvertrag, (2) *(VersR)* Hauptpolice *f*; **– de droit privé** privatrechtlicher Vertrag.

contrat de programme *(VwR)* Abkommen zwischen frz. Regierung einerseits u. den staatlichen u. privaten Unternehmen andererseits zur Förderung der Wirtschaftspolitik u. Umstrukturierung; **– de progrès** *(ArbR, VwR)* Abkommen zwischen staatlichen Unternehmungen u. Gewerkschaften zur Anpassung der Löhne an die steigenden Lebenshaltungskosten; **– de promesse de dette** Schuldversprechen *n*; **– de prospection** *(Bergbau)* Prospektierungsvertrag *od.* -bewilligung; **– de réassurance** Rückversicherung; **– de réassurance en excédent de sinistres** Schadensexzedentenversicherung; **– de recherches** Forschungsauftrag; **– de rééducation professionnelle** *(ArbR)* Umschulungsvertrag *m*.

contrat réel *(ZR)* dinglicher Vertrag, Vertrag, der erst mit der Übergabe des Gegenstandes zustande kommt; Realvertrag; **–s de relais** *(ArbR)* Kettenverträge; **– de remorquage** Abschleppvertrag; **– de rente viagère** Leibrentenvertrag; **– de réparation** Instandsetzungsvertrag.

contrat de représentant (commercial) *(ArbR, HR)* frz. Arbeitsvertrag (zwischen einem Handlungsreisenden u. einem Unternehmer); **– de représentation** Vollmacht *f*; **– de représentation exclusive** Alleinvertretervertrag; **– de reprise de dette** Schuldübernahmevertrag; **– saisonnier** Saisonarbeitsvertrag; **– de sauvetage** *(SeeHR)* Bergungsvertrag; **– secret** Geheimabkommen; **– de service** Dienstvertrag; **– de servitude** *(SachR)* Bestellung einer Dienstbarkeit; **– simulé** Scheingeschäft *n*.

contrat de société *(ZR)* Gesellschaftsvertrag; **– solennel** förmlicher Vertrag, formbedürftiges Geschäft; **– de souscription** *(GesR)* Zeichnungsvertrag; **– de sous-location** Untermietvertrag; **– de stabilité** *(VwR)* Abkommen zwischen frz. Regierung und Privatunternehmen zur Gewährleistung der Preisstabilität; **– successif** Sukzessivlieferungsvertrag, Vertrag über wiederkehrende Leistungen.

contrat synallagmatique gegenseitiger Vertrag, synallagmatischer Vertrag, wechselseitig verbindlicher Vertrag; **– tacite** stillschweigend abgeschlossener Vertrag; **– à temps** Zeitvertrag; **– à terme** befristeter Vertrag, Zeitvertrag; **– à titre gratuit** Gefälligkeitsverhältnis *n*, unentgeltlicher Vertrag; **– à titre onéreux** entgeltlicher Vertrag; **– de transfert de bénéfices** *(GesR)* Gewinnabführungsvertrag; **– de transfert en garantie** Sicherungsübereignung; **– translatif de propriété** Verfügungsgeschäft.

contrat de transport *(HR)* (Güter-)Beförderungsvertrag, Frachtvertrag; – – **aérien** Luftbeförderungsvertrag; – – **combiné** Beförderungsvertrag für den kombinierten Verkehr; – – **international de marchandises par route (= CIMR)** Frachtvertrag im internationalen Straßengüterverkehr; – – **de marchandises par mer** Seefrachtvertrag; – – **de passagers** Personenbeförderungsvertrag.

contrat de travail Arbeitsvertrag, Dienstvertrag; – – **collectif** Gesamtarbeitsvertrag; – – **à durée déterminée (= CDD)** befristeter Arbeitsvertrag; – – **à durée indéterminée (= CDI)** unbefristeter Arbeitsvertrag, Arbeitsverhältnis auf unbestimmte Zeit; – – **individuel** Einzeldienstvertrag; – – **intérimaire** Zeit(arbeits)vertrag; – – **temporaire** befristeter Arbeitsvertrag.

contrat-type Mustervertrag, Formular- *od.* Typen- *od.* Standard- *od.* Einheitsvertrag, Vertragsmuster *n*, Normalvertrag; – – **de location** Mustermietvertrag; – – **de travail** Musterarbeitsvertrag; – **unilatéral** unvollkommen zweiseitig verpflichtender Vertrag; – **usuraire** wucherisches Rechtsgeschäft.

contrat de vente *(SchuldR: contrat basant sur le principe du transfert immédiat de la propriété par le seul effet du contrat)* frz. Kaufvertrag (zugleich Verpflichtungs- und Verfügungsgeschäft, das Abstraktionprinzip gilt hier nicht); – **de vente par livraisons successives** Sukzessivlieferungsvertrag; – **verbal** mündliche Vereinbarung *od.* Abmachung, Verbalkontrakt.

contravention *f* (1) *(StR: infraction réprimée par une peine de simple police)* Übertretung *f*, (2) *(i.w.S.: toute violation d'une règle de droit)* Zuwiderhandlung *f*, Rechtsverletzung *f*, Verschulden *n*, (3) *(StVR: infractions au code de la route)* gebührenpflichtige Verwarnung (bei Verkehrsstraftaten), Bußgeld, Geldbuße; – **douanière** Zollübertretung, Zollstraftat *f*; – **fiscale** Steuerordnungswidrigkeit, Steuerstraftat; Steuerbußgeld; – **de grande voirie** verwaltungsgerichtlich verfolgbare Übertretung wegen Beschädigung oder Störung der Verkehrswege; – **en matière forestière** Forstfrevel *m*; – **de simple police** *(StR)* Ordnungswidrigkeit, Übertretung.

contraventionnel *adj (StR: de simple police)* eine Übertretung betreffend; **peine –elle** (Geld-)Strafe *f* (verhängt im Falle einer Übertretung).

contre *präp/adv* gegen, entgegen, wider, kontra; – **émargement** *ou* **récépissé** gegen Empfangsbestätigung; – **remboursement** gegen Nachnahme.

contre-assurance *f* Rückversicherung.

contrebalancer *v.tr.d.* ausgleichen, aufwiegen, neutralisieren; **se** – sich die Waage halten, ein Gegengewicht darstellend.

contrebande *f (ZollR)* Schmuggel *m*, Bannbruch *m*, Konterbande *f*; **marchandise de** – Bannware *f*; **passer en** – einschmuggeln; **trafic de** – Bandenschmuggel; – **de guerre** *(VR)* Kriegskonterbande.

contrebandier *m* Schmuggler *m*.

contrecarrer *v.tr.d.* entgegenwirken, entgegenarbeiten; vereiteln.

contrecoup *m* Rückwirkung, Nachwirkung *f*, Folge *f*; **par** – mittelbar, auf indirektem Wege.

contre-dénonciation *f (ZwangsVR: dénonciation par le créancier saisissant au tiers saisi)* Pfändungsbenachrichtigung (an den Drittschuldner), Anzeige der Pfändung an den Drittbesitzer.

contredire *v.tr.d.* (1) widersprechen, (2) bestreiten.

contredit *m (PrzR: réclamation élevée contre une décision judiciaire)* Drittwiderspruchsklage *f*; Widerspruch *m*, Einspruch *m*; **sans** – unbestreitbar.

contre-écriture Gegenbuchung *f*.

contre-enquête *f (StPR)* erneute Zeugenvernehmung auf Antrag des

Anwalts des Angeklagten; Wiederaufnahme der Ermittlungen, ergänzende staatsanwaltliche *od.* polizeiliche Untersuchung.

contre-épreuve *f* (1) *(bei Wahlen)* Gegenprobe *f*, (2) Wiederholungsprüfung.

contre-espionnage *m* Gegenaufklärung, Spionageabwehr *f*.

contre-examen médical ärztliche Kontroll- *od.* Nachuntersuchung *f*.

contre-expert *f* Gegengutachter *m*.

contre-expertise *f* Obergutachten *n*; Gegengutachten.

contrefaçon *f* (1) *(StR: imitation frauduleuse)* Fälschung *f*, Verfälschung, (2) *(UrhR)* Nachahmung *f*, Nachmachen *n*, Nachbildung; – **d'écritures** Urkundenfälschung; – **de marque** Verletzung des Warenzeichens; – **de sceaux** Siegelfälschung.

contrefacteur *m* (1) *(StR)* Fälscher *m*, (2) *(UrhR)* Nachahmer *m*.

contrefaire (1) *(StR)* fälschen, verfälschen, (2) *(UrhR)* nachahmen.

contre-gouvernement *m* Schattenkabinett *n*.

contre-lettre *f* **interne** *(ZR, SteuerR)* Vereinbarung, Geheimabsprache *f* (zwecks Widerrufs des Scheingeschäfts).

contremaître *m* *(ArbR)* (Werk-, Industrie-)Meister; Vorarbeiter.

contremander *v.tr.d.* abbestellen, einen Auftrag annullieren.

contre-manifestation *f* *(StR)* Gegendemonstration *f*.

contremarque *f* Kontrollzeichen *od.* -nummer, Prüfzeichen.

contremarquer ein Prüfzeichen *od.* eine Kontrollnummer anbringen.

contre-mémoire *m* *(ZPR)* Klagebeantwortung *f*, Klageantwort (S).

contre-mesure *f* Gegenmaßnahme *f*.

contre-ordre *m*, (1) *(HR)* Gegenauftrag *m*, Auftragsannullierung, (2) *(MilR)* Gegenbefehl *m*.

contrepartie *f* (1) *(ZR)* Gegenleistung *f*, (2) Vertragspartner *m*, (3) *(HR)* Selbsteintritt des Kommissionärs; **créance en** – Gegenforderung *f*; **faire la** –, **se porter** – *(HR)* selbst eintreten; **en** – als Gegenleistung, im Gegenzug.

contre-partiste *m* *(HR)* selbst eintretender Kommissionär, Kommissionär, der das Gut selbst als Verkäufer liefert *od.* als Käufer übernimmt.

contre-passation *f* *(Buchf)* Berichtigung *f*; Storno *n*; Rückbuchung, Gegenbuchung.

contre-passer *v.tr.d.* stornieren, berichtigen, umbuchen.

contrepoids *m* Gegengewicht *n*, Ausgleich *m*.

contre-pouvoir *m* Gegengewalt *f*; Bürgerinitiative *f*.

contre-prestation *f* Gegenleistung *f*.

contre-projet *m* Gegenvorschlag *m*, Gegenentwurf *m*.

contre-proposition *f* (1) Gegenvorschlag *m*, (2) Gegenantrag *m*.

contre-révolution *f* Konter- *od.* Gegenrevolution *f*.

contreseing *m* Gegenzeichnung *f*, Mitunterzeichnung.

contresens *m* Widersinn *m*; Sinnentstellung, Sinnwidrigkeit.

contresignataire *m* Mitunterzeichner, Gegenzeichner.

contresigner *v.tr.d.* (1) gegenzeichnen, abzeichnen, (2) *(Notar)* die Echtheit einer Urkunde bestätigen.

contrestaries *fpl* *(SeeHR: contresurestarie)* Liegegeld *n* (bei Verlängerung der Liegezeit).

contretemps *m* unvorhergesehenes Ereignis, widrige Umstände *pl*; **agir à** – im unpassenden Augenblick handeln.

contre-valeur *f* Gegenwert *m*, Entgelt *n*; – **en mark** DM-Gegenwert.

contrevenant *m* *(StR)* Zuwiderhandelnde(r) *m*, Gesetzesbrecher *m* (bei Übertretungen).

contrevenir zuwiderhandeln; – **à la loi** gegen ein Gesetz verstoßen.

contribuable *m* Steuerpflichtige(r) *m*, Steuerzahler *m*.

contribuer *v.tr.ind.* (1) beitragen, mithelfen, (2) einen finanziellen Beitrag leisten, einen Anteil zahlen; – **aux frais** einen Unkostenbeitrag leisten.

contributif *adj* beisteuernd; beitragend; **part –ive** Anteil *m*.

contribution *f* (1) *(SteuerR: impôt, imposition)* Abgabe *f*, Steuer *f*, (2) *(SchuldR: part du coobligé)* Anteil *m*, (3) *(ArbR: part de l'employeur aux charges sociales)* Arbeitgeberanteil *m*, (4) *(HaushR)* Umlage(beitrag), (5) *(UrhR)* Mitwirkung, Beitrag (zu einem Sammelwerk), (6) *(pl: hôtel des finances)* Steuerverwaltung; Finanzamt *n*; **apporter sa –** seinen Beitrag leisten; seinen Anteil zahlen; **distribution par –** Zuteilung nach Quoten; **– alimentaire** (S) Unterhaltsbeitrag; **– annuelle** Jahresbeitrag; **– en argent** Geldbeitrag.

contribution communautaire *(EuR)* Gemeinschaftsabgabe; **– complémentaire** Ergänzungsabgabe; **– à la défense** Verteidigungsbeitrag; **–s directes** direkte *od.* veranlagte Steuer; **– de l'employeur** *(SozR)* Arbeitgeberanteil; **– de l'État** *(SozR)* Staatszuschuß *m*; **– exceptionnelle** Sonderabgabe; **– facultative** freiwillige Mehrleistung; **– foncière** Grundsteuer; **– à fonds perdus** verlorener Zuschuß; **– forfaitaire** Pauschalbeitrag; **– aux frais** Unkostenbeitrag; **– indirecte** indirekte *od.* mittelbare Steuer; **– initiale** Anfangsbeitrag; **– mobilière** Wohnraum- *od.* Mobiliarsteuer; **– monétaire** Geldbeitrag; **– ouvrière** Arbeitnehmerbeitrag; **– de péréquation** Ausgleichsbeitrag; **– à la perte** Schadensausgleich *m*, Schadensverteilung *f*; **– du salarié** *(SozR)* Arbeitnehmeranteil; **– supplémentaire** Nachzahlung, Zusatzleistung; **– du timbre** Stempelgebühr *od.* -steuer.

contrôlabilité *f* Überprüfbarkeit.

contrôlable *adj* überprüfbar; überschaubar.

contrôle *m* (1) *(ZR, ÖfR: surveillance, droit de regard)* Aufsicht *f*, Kontrolle *f*; Überwachung *f*; Beaufsichtigung, (2) *(vérification de la conformité)* (Über-, Nach-)Prüfung, Funktionsprüfung, (3) *(maîtrise)* Beherrschung, Gewalt; **autorité de –** *(VwR)* Aufsichtsbehörde *f*; **bureau de –** Kontrollstelle *f*; **commission de –** *(ÖfR)* Überwachungsausschuß *m*, Kontrollkommission; **coupon de –** Kontrollabschnitt *m*; **droit de –** Kontroll- *od.* Aufsichtsrecht; **être soumis au –** der Aufsicht unterliegen; **examen de –** Kontrolluntersuchung; **instance de –** Kontrollinstanz *f*; **organe de –** Aufsichtsbehörde *f*; **prise de –** *(GesR)* Übernahme der Aktienmehrheit *od.* einer Sperrminorität in einer Gesellschaft; **visa pour –** Kontrollsichtvermerk *m*.

contrôle administratif *(ÖfR)* Rechtsaufsicht *f*; **– des armements** Rüstungskontrolle; **– bancaire** Bankenaufsicht; **– du budget** *ou* **budgétaire** Überprüfung der ordnungsgemäßen Ausführung des Haushalts.

contrôle des changes Devisenkontrolle, devisenwirtschaftliche Überwachung, Devisenbewirtschaftung *f*; **infraction au – –** Devisenvergehen *n*; **législation sur le – –** Devisengesetzgebung.

contrôle de la circulation (routière) *(StVR)* (Straßen-)Verkehrsüberwachung; **– de la circulation aérienne** Flugsicherung; **– de la comptabilité** *ou* **comptable** Buchprüfung; **– continu des connaissances** ausbildungsbegleitende Prüfungsnachweise; **– disciplinaire** Disziplinaraufsicht *f*; **– douanier** zollamtliche Abfertigung; **– douanier des envois par les P. et T.** amtliche Kontrolle der Postsendungen (durch die Zollbehörden); **– économique** Wirtschaftsaufsicht; **– d'écritures** *(Buchf)* Buchprüfung; **– des effectifs** *(ArbR)* Anwesenheitskontrolle; **– de l'élection** Wahlprüfung *f*; **– de fabrication** Fertigungskontrolle; **– fiscal** Steueraufsicht, Steuerüberwachung, steuerliche Prüfung; **– à la frontière** Grenzkontrolle; **– de la ge-**

stion *(GesR)* Geschäftsführungsüberprüfung; – **gouvernemental** Regierungsaufsicht *f*; – **hiérarchique** *(VwR)* Dienstaufsicht; Aufsichts- u. Weisungsbefugnis; – **d'identité** Ausweiskontrolle, Feststellung der Personalien; – **à l'importation** Einfuhrkontrolle.

contrôle judiciaire (1) *(StPR)* (gerichtliche Anordnung der) Polizeiaufsicht, (2) *(GVR)* Überwachung durch die Justizorgane, gerichtliche Aufsicht; – **juridictionnel** gerichtliche Nachprüfung; – **de la légalité** *(VwR)* Legalitätskontrolle, Nachprüfung der Rechtmäßigkeit des Handelns (einer Verwaltungsbehörde); – **médical** Gesundheitsüberwachung; – **monétaire** Währungszwangswirtschaft; – **des motifs** *(VwPR)* Überprüfung der Begründung der Verwaltungsakte (durch die Verwaltungsgerichte); – **parlementaire** parlamentarische Kontrolle; – **des passeports** Paßkontrolle, Paßabfertigung; – **sur pièces** Kontrolle an Hand der Unterlagen; – **sur place** Kontrolle an Ort und Stelle; – **postal** *(StR)* Postüberwachung; – **a posteriori** *(VwR)* nachträgliche Überprüfung (der Rechtmäßigkeit), nachträgliche Kontrolle *od.* Prüfung; – **des prix** Preisüberwachung; – **de la qualité** Güteprüfung; – **de rendement** Leistungsprüfung; – **sanitaire** Gesundheitskontrolle; – **de sécurité** Sicherheitskontrolle; – **des sociétés** Nachprüfung der Wirtschaftspolitik eines Unternehmens; – **technique** (1) *(VwR)* Fachaufsicht, (2) technische Überpüfung; – **technique obligatoire pour les véhicules** *ou* **des voitures** *(StVR)* technische Überwachung von Kraftfahrzeugen; – **des tribunaux** gerichtliche Nachprüfung; – **de validité** Gültigkeitsprüfung.

contrôler *v.tr.d.* (1) kontrollieren, überwachen, (2) beherrschen, (3) *(DV)* steuern.

contrôleur *m* (1) *(VwR)* Aufsichtsführende(r), (2) Prüfer *m*, Kontrolleur *m*; – **du cadastre** Vermessungs- *od.* Katasterbeamte(r); – **des dépenses engagées** *(HaushR)* Beamte(r) des Finanzministeriums, dem die Überprüfung der vorzunehmenden Ausgaben obliegt; – **financier** *(EuR)* Finanzkontrolleur.

contrordre *m* *(HR)* Auftragswiderruf *m*, Abbestellung.

controuvé *adj*: **assertions –ées** frei erfundene Behauptungen.

controversable *adj* bestreitbar.

controverse *f* Streit *m*, Streitfrage *f*, Auseinandersetzung.

controversé *adj* umstritten, strittig; **point très –** heftig umstrittener Punkt.

contumace *f* (*StPR: état de l'accusé renvoyé en cour d'assises qui ne se présente pas à l'audience*) Nichterscheinen *n* vor Gericht; Kontumazial- *od.* Abwesenheitsverfahren; **état de –** Abwesenheit; **ordonnance de –** Abwesenheitsurteil *n*, Urteil in Abwesenheit des Angeklagten; **purge de la –** Wiederaufnahmeverfahren nach Abwesenheitsurteil.

contumax *m/adj* *(StPR)* (1) (Beschuldigte[r]) Abwesende(r), (2) in Abwesenheit Verurteilter.

contusion *f* Prellung *f*, Quetschung *f*; – **cérébrale** Gehirnerschütterung.

conurbation *f* städtisches Ballungsgebiet.

convenable *adj* geeignet, passend; angemessen.

convenance *f*: **pour –s personnelles** aus persönlichen Gründen.

convenant *m* *(LandwR = bail à domaine congéable)* jederzeit kündbarer Pachtvertrag (durch den der Pächter Eigentümer dessen wird, was er auf dem Pachtgrundstück erbaut und angebaut hat).

convenir (1) *(– de qqch.)* vereinbaren, verabreden, eine Abrede treffen, übereinkommen; etwas zugeben, zugestehen, einräumen, (2) *(– à qqn.)* passen; **il convient de** es ist angebracht *od.* ratsam.

convention *f* (1) *(ZR: accord de volontés)* Vereinbarung *f*, Vertrag *m*, Abkommen *n*, Absprache *f*, Abrede *f*, (2) *(VR)* (internationales) Abkommen, völkerrechtlicher Vertrag; **adopter une –** ein Übereinkommen treffen, einem Abkommen beitreten *od.* zustimmen.

convention additionnelle Nebenabrede, Zusatzvertrag *od.* -vereinbarung; **– administrative** Verwaltungsabkommen; **– d'affermage** *(LandwR)* Pachtvertrag; **– d'affrètement** *(SeeHR)* Frachtvertrag; **– d'aide judiciaire** *(PrzR)* Rechtshilfevereinbarung *od.* -übereinkommen; **– amiable** gütliche Einigung; **– annexe** Nebenabrede, Zusatzvereinbarung; **– d'arbitrage** Schiedsabrede *od.* -vereinbarung; **– d'armistice** Waffenstillstandsabkommen; **– d'association** *(VR)* Assoziierungsabkommen; **– de Berne** *(UrhR)* Berner Übereinkunft; **– cadre** *(ArbR)* Rahmentarifvertrag; **– de cartel** *(GesR)* Kartellvereinbarung; **– de cession** Abtretung.

convention collective (de travail) (= CCT) *(ArbR)* Tarifvertrag; **adhérer à une –** einem Tarifvertrag beitreten; **avenant à une – –** Zusatztarifvertrag; **champ d'application d'une –** Geltungsbereich *m* eines Tarifvertrages; **extension d'une – –** Allgemeinverbindlicherklärung (eines Tarifvertrags); **obligation générale d'une – –** Allgemeinverbindlichkeit eines Tarifvertrages; **partie à une – –** Tarifvertragspartei, Tarifpartner *m*; **– – d'entreprise** Unternehmenstarifvertrag; **– – d'établissement** Werktarifvertrag; **– – générale** Manteltarifvertrag; **– – locale** Ortstarifvertrag; **– – nationale** Tarifvertrag mit Geltung für ganz Frankreich.

convention de commerce *ou* **commerciale** Handelsabkommen *n*; **– de compensation** Aufrechnungsvereinbarung *f*; **– complémentaire** Ergänzungsvereinbarung; **– consulaire** Konsularabkommen; **– culturelle** *(VR)* Kulturabkommen; **– de délimitation** Grenzziehungs- *od.* Grenzfestsetzungsabkommen.

convention douanière Zollabkommen; **– sur la double imposition** Doppelbesteuerungsabkommen; **– d'entreprise** *(ArbR)* Betriebsvereinbarung; **– d'établissement** Niederlassungsabkommen.

convention européenne d'assistance sociale et médicale Europäisches Fürsorgeabkommen; **– – sur la classification internationale des brevets d'invention** Europäische Übereinkunft über die Internationale Patentklassifikation; **– – des droits de l'homme** Europäische Menschenrechtskonvention; **– – de radiodiffusion** Europäischer Rundfunkvertrag; **– – pour le règlement pacifique des différends** Europäisches Übereinkommen zur friedlichen Beilegung von Streitigkeiten.

convention d'extradition Auslieferungsabkommen; **– de financement** Finanzierungsabkommen; **– fiscale** Steuerabkommen; **– frontalière** *ou* **de frontière** Grenzabkommen.

convention de Genève pour l'amélioration du sort des blessés, des malades et des naufragés des forces armées sur mer Genfer Abkommen zur Verbesserung des Loses der Verwundeten, Kranken und Schiffbrüchigen der Streitkräfte zur See; **– – – pour l'amélioration du sort des blessés et des malades dans les forces armées en campagne** Genfer Abkommen zur Verbesserung des Loses der Verwundeten und Kranken der Streitkräfte im Felde; **– – – relative à la protection des personnes civiles en temps de guerre** Genfer Abkommen zum Schutze von Zivilpersonen in Kriegszeiten; **– – – relative au traitement des prisonniers de guerre** Genfer Ab-

kommen über die Behandlung der Kriegsgefangenen.
convention de gré à gré *(VwR)* freihändige Vergabe (öffentlicher Aufträge).
convention de la Haye *(VR)* Haager Landkriegsordnung; **– de la Haye relative à la procédure civile** Haager Zivilprozeßübereinkommen; **– d'hérédité** Erbvertrag; **– individuelle** (1) *(ZR)* Individualvereinbarung (2) *(ArbR)* Einzelarbeitsvertrag; **– d'indivision** Vereinbarung des Ausschlusses der Auseinandersetzung.
convention internationale pour l'abolition des prohibitions et des restrictions à l'importation et à l'exportation internationale Übereinkunft für die Abschaffung der Ein- und Ausfuhrbeschränkungen; **– – concernant le transport des marchandises par chemin de fer (= CIM)** internationales Übereinkommen über den Eisenbahnfrachtverkehr; **– – concernant le transport des voyageurs et des bagages par chemin de fer (= CIV)** internationales Übereinkommen über den Eisenbahn-Personen- und Gepäckverkehr; **– – pour l'exécution des sentences arbitrales étrangères** internationales Abkommen zur Vollstreckung ausländischer Schiedssprüche; **– – pour la protection des œuvres littéraires et artistiques** Berner Übereinkunft zum Schutze von Werken der Literatur und Kunst; **– – pour la protection des végétaux** internationales Pflanzenschutzabkommen; **– – relative aux stupéfiants** internationales Betäubungsmittelabkommen; **– – pour la répression du faux monnayage** Internationales Abkommen zur Bekämpfung der Falschmünzerei; **– – pour la répression de la traite des femmes et des enfants** internationales Abkommen zur Unterdrückung des Frauen- und Kinderhandels; **– – pour la sauvegarde de la vie humaine en mer** internationales Übereinkommen zum Schutze des menschlichen Lebens auf See; **– – pour la simplification des formalités douanières** internationales Abkommen zur Vereinfachung der Zollförmlichkeiten.
convention judiciaire Rechtshilfeordnung für Zivilsachen; **– légalement formée** gesetzmäßig zustandegekommener Vertrag.
convention de Lomé *(VR)* Lomé-Abkommen; **– de Londres** (1951) Nato-Truppenstatut; **– de mariage** *ou* **matrimoniale** *(FamR)* Ehevertrag, vertraglich vereinbarter Güterstand; **– sur la mer territoriale et la zone contiguë** Übereinkommen über das Küstenmeer und die Anschlußzone; **– militaire** Militärabkommen; **– monétaire** Währungsabkommen; **– multilatérale** multilateraler Vertrag, mehrseitiges Abkommen; **– de navigation** Schiffahrtsabkommen; **– de non-responsabilité** *(ZR, HR)* Haftungsausschlußvereinbarung; **– particulière** Einzelabrede, Sonderabmachung; **– de pêche** Fischereiabkommen; **– postale universelle** internationales Abkommen über den Weltpostverein (= Universal Postal Union = UPU); **– pour la prévention et la répression du crime de génocide** Internationale Konvention über die Verhütung und Bestrafung des Völkermordes; **– sur les prix** Preisabsprache.
convention pour la protection de la propriété industrielle Verbandsübereinkunft zum Schutze des gewerblichen Eigentums; **– de réciprocité** Gegenseitigkeitsvereinbarung; **– sur le régime international des ports maritimes** Abkommen über die internationale Ordnung der Seehäfen; **– sur le règlement de questions issues de la guerre et de l'occupation** *(hist)* Überleitungsvertrag; **– sur les**

relations entre les trois Puissances et la République fédérale d'Allemagne Vertrag über die Beziehungen zwischen der Bundesrepublik Deutschland und den drei Mächten (Abk.: Generalvertrag, Deutschlandvertrag).

convention relative à l'aviation civile internationale Abkommen über die internationale Zivilluftfahrt; – – **aux droits et obligations des forces étrangères** Vertrag über die Rechte und Pflichten ausländischer Streitkräfte und ihrer Mitglieder in der Bundesrepublik Deutschland (Abk.: NATO-Truppenstatut).

convention salariale *(ArbR)* Lohntarifvertrag; – **de sauvegarde des droits de l'homme et des libertés fondamentales** Konvention zum Schutze der Menschenrechte und Grundfreiheiten; – **secrète** Geheimabkommen; – **tacite** stillschweigende Übereinkunft; – **tarifaire** Zolltarifabkommen; – **sur le taux de frets** *(SeeHR)* Frachtratenkonvention; – **-type** Mustervertrag; – **d'union de Paris** Pariser Verbandsübereinkunft, (en Aut. aussi:) Pariser Unionsvertrag; – **universelle sur le droit d'auteur** Welturheberrechtsabkommen.

conventionné *adj*: **clinique** –**e** Vertragsklinik *f*; **médecin** – *(SozVers)* Kassenarzt *m*.

conventionnel *adj* (1) vertraglich, vertragsmäßig, (2) herkömmlich; **obligation** –**le** vertragliche Verpflichtung.

conventionnement *m* (1) Zulassung als Kassenarzt, (2) Anspruch (als Kassenpatient) auf ärztliche Behandlung *od*. Versorgung.

conventionner *v.tr.d.* (1) unter Vertrag nehmen, (2) *(SozVers)* als Kassenarzt zulassen.

convenu *adj* (1) vereinbart, (2) *(pej)* abgedroschen; **comme** – vereinbarungsgemäß.

convergence *f* Übereinstimmung (von Meinungen, Zielen).

conversation de service Dienstgespräch, dienstliche Unterredung.

conversion *f* (1) *(ZR)* Umwandlung *f*, Veränderung, Umstellung, (2) *(Vwirt: opération monétaire)* Währungsumrechnung, Konvertierung, (3) *(BankR)* Schuldumwandlung, Konversion, (4) *(BW)* Umstellung, Umrüstung, Umbau, (5) *(KirchR)* Glaubenswechsel, Konversion; **allocation de** – Umstellungsbeihilfe *f*; **barème de** – Umrechnungstabelle *f*; **cours de** – Umrechnungskurs *m*; **emprunt de** – Wandelobligationenanleihe; **prime de** – Umstellungsentschädigung; **stage de** – *(ArbR)* Umschulungslehrgang *m*; **taux de** – Konversionssatz *od*. -quote, Umrechnungsverhältnis.

conversion de code *(DV)* Kodeumsetzung; – **économique** Umstrukturierung; – **de dette** Umschuldung; – **différée** *ou* **par échelons** Staffelkonversion, aufgeschobene Schuldumwandlung; – **monétaire** (1) Währungsumrechnung, (2) Währungsumstellung; – **au pair** Umtausch zum Nennwert; – **professionnelle** *(ArbR)* Umschulung; – **de rente** Rentenablösung; – **du taux de l'intérêt** Zinskonversion; – **de titres nominatifs en titres au porteur** Umwandlung von Namens- in Inhaberpapiere.

convertibilité *f* (Währungs-)Konvertibilität *f*, Konvertierbarkeit *f*; **libre** – freie Konvertibilität; – **en espèces** Bareinlösung.

convertible *adj* umrechnungsfähig, konvertibel; **librement** – frei konvertibel.

convertir *v.tr.d.* (1) umwandeln, (2) *(Geld)* umtauschen, (3) *(Glauben, Meinung)* wechseln, (4) *(ArbR)* sich umschulen lassen, einen neuen Beruf erlernen.

convertissement *m* Umwandlung.

conviction *f* Überzeugung *f*; Anschauung; **étayer la** – *(StR)* die Verdachtsmomente erhärten; **l'intime** – die innere Überzeugung; **pièce de** – Beweismittel *n*.

convocation *f* (1) Ladung *f*; Einladung; Vorladung; Aufforderung; Einberufung (einer Sitzung), (2) Einberufungsschreiben *f*, Vorladungsmitteilung *f*; **acte de** – Einberufungsschreiben, Vorladung; **ordre de** – Einberufung (einer Versammlung), Ladung (einer Person); – **d'une assemblée** Einberufung einer Versammlung; – **du corps électoral** Wahlausschreibung; – **au tribunal** *(PrzR)* (Vor-)Ladung, Ladung zum Termin.

convoi *m* *(StVR)* Fahrzeugkolonne *od.* -verband; – **funèbre** Trauerzug; – **marchand** *(SeeHR)* Handelsschiffskonvoi.

convoiement *m* Fahren im Geleitzug; Verschiffung; Verbringung.

convoquer (1) *(PrzR)* laden, vorladen, (2) *(Versammlung)* einberufen.

convoyage *m* **de douane** Zollbegleitung.

coobligation *f* gemeinsame Verpflichtung.

convoyeur *m* Begleiter *m*; – **de fonds** Geldtransport(fahrer).

coobligé *adj* mitverpflichtet; *m* Teilschuldner; – **solidaire** Gesamtschuldner.

cooccupant *m* Mitbewohner; Mieter (in einer Wohngemeinschaft).

coopérant *m* Entwicklungshelfer *m*; frz. Zivildienstleistende(r).

coopérateur *m* (1) *(GesR)* Genossenschaft(l)er, Genossenschaftsmitglied *n*, (2) *(ArbR)* Mitarbeiter.

coopération *f* (1) Mitwirkung, Zusammenarbeit, Zusammenwirken *n*, (2) Genossenschaftswesen *n*, (3) *(GesR)* Unternehmenskooperation, (4) *(Pol)* wirtschaftliche Zusammenarbeit (mit Entwicklungsländern); – **culturelle** kulturelle Zusammenarbeit; – **économique** wirtschaftliche Zusammenarbeit.

coopératisme *m* Genossenschaftswesen *n*.

coopérative *f* Genossenschaft; **groupement de –s** Genossenschaftsverband; – **d'achats** Einkaufsgenossenschaft; – **d'achat et de vente** Bezugs- und Absatzgenossenschaft; – **d'affrètement** Verfrachtungsgenossenschaft; – **agricole** landwirtschaftliche Genossenschaft; – **artisanale** Handwerkergenossenschaft; – **de consommation** Verbrauchergenossenschaft, Konsumverein *m*, Konsumgenossenschaft; – **de construction et d'habitation** Bau- *od.* Siedlungsgenossenschaft; – **d'exploitation agricole** landwirtschaftliche Verwertungsgenossenschaft; – **de production** Produktionsgenossenschaft; – **à responsabilité illimitée** Genossenschaft mit unbeschränkter Haftung; – **à responsabilité limitée** Genossenschaft mit beschränkter Haftung; – **de vente** Verkaufs- *od.* Absatzgenossenschaft.

coopérer à mithelfen bei, mitwirken an, zusammenarbeiten.

cooptation *f* Ergänzungswahl *f*, Zuwahl, Kooptation.

coopter aufnehmen, zuwählen, kooptieren, durch Wahl ergänzen.

coordination *f* Koordinierung *f*, Abstimmung, Zuordnung; – **du rail et de la route** Verkehrsplan für Schiene und Straße.

coordonnées *fpl* (1) Personalien *pl*, persönliche Angaben *od.* Daten, (2) Telefonnummer, (3) *(Math.)* Koordinaten *pl*.

copartage *m* Teilung, Vermögensauseinandersetzung.

copartageant *m* *(ZR, ErbR)* Partei *f* in der Vermögensauseinandersetzung.

coparticipation *f* *(GesR)* Beteiligung (mehrerer Personen) an einem gemeinsamen Vorhaben *od.* an den Gewinnen (eines Unternehmens).

copermutant *m* *(SchuldR: échangiste)* Tauschende(r) *m*.

copie *f* (1) *(reproduction littérale d'un original)* (amtliche) Abschrift *f*, (2) Durchschrift *f*, Durchschlag *m*, (3) *(imitation)* Nachbildung *f*, Kopie *f*; **pour** – **certifiée conforme** *(Ausfertigungsvermerk:)* Für die Richtigkeit der Abschrift (= F.d.R.d.A.); für die Übereinstimmung mit der Urschrift; – **authentique** beglaubigte (notarielle) Abschrift; – **carbone** Durchschlag *m*, maschinenschriftliche Kopie; – **certifiée** *ou* **certifiée conforme** beglaubigte Abschrift; – **collationnée** verglichene *od.* kollationierte Abschrift; – **conforme** mit der Urschrift übereinstimmende Abschrift; – **dûment certifiée** (ordnungsgemäß) beglaubigte Abschrift; – **de facture** Rechnungsdurchschrift, Zweitrechung; – **figurée** form- u. inhaltsgerechte Abschrift; – **intégrale** vollständige Abschrift; – **littérale** wortgetreue Abschrift *od.* Wiedergabe.

copier *v.tr.d.* (1) abschreiben; nachbilden; abziehen, (2) *(DV)* kopieren.

copieur *m* Fotokopiergerät *n*.

copinage *m (Pol pej)* Bevorzugung (von Mitgliedern der eigenen Partei) bei der Ämterbesetzung.

coposséder *v.tr.d.* mitbesitzen, gemeinsam besitzen.

copossesseur *m* Mitbesitzer *m*.

copossession *f* Mitbesitz *m*.

copreneur *m (SchuldR: cotitulaire d'un bail)* Ehegatte als Mietpartei.

coprévenu *m (StPR)* (Mit-)Angeschuldigte(r), Mitbeschuldigte(r).

coproduction *f* Koproduktion, Gemeinschaftsherstellung (bes. beim Film).

copropriétaire *m* Miteigentümer *m*; **assemblée générale des –s** Eigentümerversammlung.

copropriété *f* Miteigentum *n*; **part de –** Miteigentumsanteil *m*; – **immobilière** Grundstücksmiteigentum.

copyright *m* Copyright *n*, Urheberrecht *n*, Reproduktionsrecht.

coquille *f fig* Druckfehler *m*.

co-rapporteur *m* Kor(r)eferent *m*.

corbeau *m fig* anonymer Briefschreiber, Verfasser eines anonymen Briefes.

corbeille *f (BörR)* Korb *m*.

cordon *m* (1) Postenkette, Absperrung, (2) Ordensband *n*; – **douanier** Zollinie *f*; – **littoral** Neh-
rung; – **ombilical** Nabelschnur; – **sanitaire** Puffer- *od.* Sanitätszone.

coresponsabilité *f* (1) *(ZR)* gemeinsame Haftung (ohne Gesamtschuldner zu sein), (2) *(au sens moral)* Mitverantwortung, Mitverantwortlichkeit *f*.

corollaire *m* (1) Korollarium; Satz, der selbstverständlich aus einem bewiesenen Satz folgt, abgeleiteter Satz, (2) direkte Folge, unmittelbare Konsequenz.

corporatif *adj* ständisch; **système –** Ständeordnung.

corporation *f* (1) *(HR, ArbR: groupement de personnes d'une même profession, profession organisée)* Innung *f*, Zunft *f*, Körperschaft *f*, Korporation *f*, (2) *(Vwirt)* Berufszweig *m*; – **à adhésion obligatoire** Verband *m* mit Zwangsmitgliedschaft; – **artisanale** Handwerksinnung; – **des mineurs** Knappschaft; – **professionnelle** Berufsverband.

corporatisme *m* (1) Ständeordnung *f*, Ständewesen *n*, System des Ständestaates, Zunft- *od.* Innungswesen, (2) *(pej)* einseitige berufsständische Interessenvertretung.

corporatiste *m* Anhänger des Ständestaats *od.* -systems.

corporel *adj* körperlich; **accident –** Unfallverletzung; **bien –** *(ZR)* Sache *f*, körperlicher Gegenstand *m*; **châtiment –** *(StR)* Körperstrafe *f*; **dommage –** Körperverletzung *f*; **punition –le** *(SchulR)* Züchtigung.

corps (1) *(corps de la personne physique)* Körper *m*, (2) *(cadavre)* Leichnam *m*, Leiche *f*, (3) *(objet matériel)* Gegenstand *m*, Sache *f*, (4) *(groupe, ensemble de personnes)* Körperschaft *f*, Korps *n*, (5) *(fonctionnaires: carrière)* Laufbahngruppe *f*; **assurance –** Kaskoversicherung; **contrainte par –** ersatzweise Ordnungshaft; **fouille à –** Leibesvisitation, körperliche Durchsuchung; **prise de –** Festnahme; **séparation de –** *(EheR)* Trennung von Tisch u. Bett.

corps des avocats (Rechts-)Anwaltschaft *f*, Berufsstand der Anwälte; –

de bâtiment Hauptgebäude *n*; – **certain** *(ZR)* Speziessache, (genau) bestimmter Gegenstand; – **constitués** *(VerfR)* die verfassungsmäßigen Gewalten, die rechtsstaatlichen Organe; Gerichte u. Behörden; – **consulaire** *(VR)* corps consulaire (= CC), Konsularkorps *n*; – **à corps** Handgemenge *n*; – **délibérant** *(ÖfR)* Kollegialbehörde *f*; – **du délit** *(StPR: pièce à conviction)* Beweisstück *n* (zur Überführung des Täters), Corpus delicti; – **diplomatique** *(VR)* Gesandtschaft, diplomatisches Korps, corps diplomatique (= CD); – **d'une doctrine** Lehrgebäude *n*, wesentliche Punkte einer Lehrmeinung; – **électoral** Wählerschaft *f*, Wähler *mpl*; – **enseignant** Lehrkörper *m*, Lehrerschaft *f*; – **de l'État** *(BeamR)* Laufbahngruppe *f*; Gruppe *f* von Beamten einer gleichen Fachrichtung; – **expéditionnaire** *(MilR)* Expeditionskorps *n*; – **d'héritage** Erbmasse *f*; – **de l'infraction** *(StR)* Corpus delicti, Tatbestand *m*, sichtbares Beweisstück für eine Straftat; – **judiciaire** *(GVR: les magistrats debout et du siège)* Richter u. Staatsanwälte (als einheitliche Laufbahn in Frankreich); Richterschaft; Staatsanwaltschaft; – **législatif** gesetzgebende Gewalt, Legislative *f*; – **médical** Ärzteschaft *f*; – **des métiers** Handwerksinnung; – **du texte** wesentlicher Inhalt einer Urkunde; – **du titre** Mantel einer Aktie (eines Wertpapiers).

corpus *m* (1) *(SachR: possession)* die Sache selbst (im Gegensatz zum animus dominin), (2) *(recueil de textes de loi)* Gesetzessammlung; – **iuris (civilis)** römisches Recht.

corréalité *f (StR)* Mittäterschaft.

correct *adj* fehlerfrei, richtig, einwandfrei; – **en affaires** ehrlich und gewissenhaft.

correcteur *m* Prüfer *m*; Überprüfer.

correctif *m* Berichtigung; verbesserndes Mittel.

correction *f* (1) *(rectification)* Berichtigung, Verbesserung, (2) *(châtiment)* Züchtigung *f*, Zurechtweisung, (3) *(exactitude, fidélité)* Richtigkeit (einer Übersetzung), (4) Rechtschaffenheit *f*, Korrektheit, Ehrlichkeit.

correctionnalisation *f (StR: substitution légale d'une peine correctionnelle à une peine criminelle)* gesetzliche Umstufung von Verbrechen zu Vergehen; – **judiciaire** *(StPR)* Wertung eines Verbrechens als Vergehen (durch die Staatsanwaltschaft bzw. durch den Ermittlungsrichter).

correctionnaliser (1) *(StR)* ein Verbrechen durch Gesetz zum Vergehen umstufen, (2) *(StPR)* ein Verbrechen als Vergehen werten (auf Grund einer Änderung der subsumierbaren Sachverhalts).

correctionnel *adj* Vergehens-; Straf-; **tribunal –** frz. Strafgericht beim Großinstanzgericht (zuständig für Vergehen).

correctionnelle *f (umg für: tribunal correctionnel)* frz. Strafgericht *n* (zur Aburteilung von Vergehen); **passer en –** vor ein (für Vergehen zuständiges) Strafgericht gestellt werden, sich vor einem Strafgericht verantworten müssen.

corrélatif *adj* wechselseitig aufeinander bezogen, gegenseitig abhängig.

corrélation *f* (1) Wechselbeziehung, gegenseitige Bedingtheit, (2) *(DV)* Datenvergleich.

correspondance *f* (1) *(rapport de conformité)* Übereinstimmung *f*, Entsprechung *f*, (2) *(échange de lettres)* Brief- od. Schriftwechsel *m*, (Brief-)Verkehr *m*, (Handels-)Verbindung *f*, (3) *(TransportR: communication)* Anschluß(verbindung); **contrat conclu par –** unter Abwesenden geschlossener Vertrag; **cours par –** Fernlehrgang *m*; **études par –** Fernstudium; **secret de la –** Briefgeheimnis *n*; **service des –s** *(Post)* Postzustellung; **transport de –** Anschlußtransport; **vente par –** Versandkauf od. -handel; **vote par –** Briefwahl.

correspondance commerciale Handelskorrespondenz; – **diplomatique** *(VR)* Notenwechsel *m*; – **officielle** (1) Dienstsache, (2) amtlicher Schriftwechsel.

correspondancier *m* **du commerce extérieur** Fremdsprachen- *od.* Auslandskorrespondent.

correspondant *adj* entsprechend, zugehörig, zugeordnet.

correspondant *m* (1) *(PrzR)* (durch einen Kollegen) beauftragter Anwalt, (2) *(HR)* Geschäftsfreund *m*; Korrespondent *m*, (3) *(MedienR)* Berichterstatter *m*, (Nachrichten-) Korrespondent *m*, (4) *(Telefon)* (Gesprächs-)Teilnehmer, (5) Brieffreund, Ansprechpartner; – **de guerre** Kriegsberichterstatter.

corridor *m* **aérien** Luftkorridor *m*.

corrigé *adj* **des variations saisonnières (= CVS)** *(BW: désaisonnalisé)* saisonbereinigt.

corriger *v.tr.d.* (1) *(rectifier, amender)* verbessern, heilen, berichtigen, (3) *(infliger un châtiment corporel)* strafen, zurechtweisen, züchtigen.

corroborer *v.tr.d.* untermauern, bekräftigen, erhärten; – **un jugement** ein Urteil bestätigen.

corrompre *v.tr.d.* (1) *(Zeugen, Richter)* bestechen, (2) *(Wortlaut)* fälschen, (3) *(sittlich)* verderben.

corruptibilité *f* Bestechlichkeit.

corruptible *adj* (1) *(StR)* bestechlich, (2) *(Nahrung)* verderblich.

corruption *f* *(StR)* Bestechung *f*; Bestechlichkeit *f*; Korruption; – **active** (aktive) Bestechung, Vorteilsgewährung; – **électorale** Wahlbestechung; – **de fonctionnaire public** Bestechung eines Amtsträgers, Beamtenbestechung; – **de magistrat** Richterbestechung; – **passive** passive Bestechung, Bestechlichkeit; Vorteilsannahme *f*.

cortège *m* (1) *(sur la voie publique)* Umzug *m* (von Menschen), (2) Gefolge *n*, Geleit(zug), (3) *fig* Folgeerscheinung *f*, Begleitumstände *mpl*; – **funèbre** Trauerzug.

corvée *f* (1) *(hist)* Frondienst *m*, (2) *fig* mühselige Arbeit.

cosignataire *m* Mitunterzeichne(r).

cosmopolitisme *m* Weltbürgertum.

costume *m* **officiel** Amtstracht *f*.

cotation *f* *(BörR)* Kursermittlung, Notierung *f*; – **assistée en continu (= CAC)** fortlaufende Notierung per Computer; – **en bourse** Börsennotierung; – **à la criée** Kursfestsetzung durch Ausruf; – **officielle** amtliche Notierung; – **par opposition** Kursermittlung durch Gegenüberstellung *f*.

cote *f* (1) *(BörR)* Börsenpreis *m*, Kurs *m*, (Preis-)Notierung, (2) Kurszettel *m*, (3) *(Urkunde)* Aktenzeichen *n*, (4) Kennziffer *f*, Meßzahl *f*, (5) *(SteuerR)* (Steuer-)Anteil *m*; **admettre à la –** zur Notierung zugelassen; **admis à la –** börsengängig *od.* -fähig, zum (amtlichen) Börsenhandel zugelassen; **admission à la –** Zulassung zur Börsennotierung, **bulletin de la –** Kurszettel; **hors –** außerbörslich, nicht notiert.

cote boursière (1) Kurszettel *m*, Kursblatt *n*, (2) Börsenkurs; – **des changes** Wechselkurs; Devisennotierung; – **d'un client** Kreditwürdigkeit; – **de clôture** Schlußnotierung; – **hiérarchique** *(ArbR)* Stellenwert, Stellenkoeffizient *m*; – **d'impôt** Veranlagung; Steuerbescheid *m* (im Veranlagungsverfahren); – **mobilière** Mietsteuer *f*; – **officielle** (1) *(BörR)* amtliche Notierung, amtlicher Kurs, (2) (amtliches) Kursblatt; – **d'ouverture** Anfangsnotierung; – **de la veille** Vortagsnotierung.

côté *m* Seite *f*; **mettre de –** sparen.

coter (1) *(BörR)* den Kurs feststellen, notieren, (2) *(Register)* mit Nummern versehen, (3) *(SchulR)* benoten, bewerten, (4) – **et parapher** (ein Register) von Amts wegen mit (Seiten-)Zahlen versehen.

coterie *f* *(Pol, pej)* Klüngel *m*, Seilschaft *f*.

cotisable *adj*: **salaire –** beitragspflichtiges Arbeitseinkommen *n*.

cotisant *m* zahlendes Mitglied; Beitragszahler.

cotisation f (VereinsR, ArbR, VersR, SozVers: *contribution par quote-part*) Mitgliedsbeitrag; Beitragszahlung od. -leistung; **arriéré de –** rückständiger Beitrag, Beitragsrückstand m; **période de –** Beitragszeit f; **plafond de –** Beitragsbemessungsgrenze f; **taux de –** Beitragssatz m.

cotisation annuelle Jahresbeitrag; **– arriérée** rückständiger Beitrag; **– d'assurance** Versicherungsbeitrag; **– facultative** freiwilliger Beitrag; **– obligatoire** Pflicht- od. Zwangsbeitrag; **– patronale** (SozVers) Arbeitgeberanteil m, Arbeitgeberbeitrag; **– salariale** ou **du salarié** (SozVers) Arbeitnehmerbeitrag, Arbeitnehmeranteil; **–s de sécurité sociale** Sozialversicherungsbeiträge mpl, Pflichtbeiträge (zur gesetzlichen Sozialversicherung); **– syndicale** Gewerkschaftsbeitrag; **– unique** einmaliger Beitrag.

cotiser v.intr./pron. (1) Beiträge entrichten, seinen Mitgliedsbeitrag zahlen, (2) zahlendes Mitglied sein; **se –** (für eine gemeinsame Ausgabe) zusammenlegen od. sammeln.

cotitulaire m Mitinhaber m eines Rechts.

cotutelle f Mitvormundschaft f.

cotuteur m (FamR) Mitvormund m, Nebenvormund.

couche f a. fig Schicht f; **fausse –** Fehlgeburt f; **femme en –s** Wöchnerin f; **– sociale** Gesellschaftsschicht.

coucher qqn. sur son testament im Testament bedenken.

couchette f (Bahn) Liegeplatz m.

coulage m (1) (HR) Leckage f, Schwund m, (2) (StR) Diebstahl am Arbeitsplatz, (3) (Produktion) fehlerhafte Herstellung, Verschwendung (von Material); **– de route** Transportverlust.

coulisse f (BörR: *marché libre*) Freiverkehrsbörse f, Kulisse.

coulissier m Freiverkehrsmakler m.

couloir m (StVR) Fahrbahn f, reservierter Fahrstreifen; **– aérien** Luftkorridor m, Flugschneise m.

coup m Schlag m, Hieb m, Stoß m; Schuß m; Treffer m; **– d'autorité** Machtwort n; **– de bourse** Börsenspekulation; **– d'envoi** fig Start m; **– d'État** Staatsstreich m; **– de force** Gewaltstreich; **– de main** (MilR) Handstreich, Überrumpelung; **– de semonce** Warnschuß; **– de théâtre** unerwartete Wende, Überraschung.

coups et blessures (StR) Körperverletzung f; **– et blessures avec circonstances aggravantes** gefährliche Körperverletzung, vorsätzliche od. gemeinschaftliche schwere Körperverletzung; **– et blessures à enfants** Kindesmißhandlung; **– et blessures ayant entraîné la mort sans intention de la donner** Körperverletzung mit tödlichem Ausgang; **– et blessures par imprudence** ou **involontaires** fahrlässige Körperverletzung; **– et blessures, violences et voies de fait simples** leichte Körperverletzung; **– et blessures suivis d'infirmités permanentes** schwere Körperverletzung.

coupable m Schuldige(r) m; verurteilter Straftäter, Straffällige(r); **principal –** Hauptschuldige(r).

coupable adj schuldig; strafbar, schuldhaft; pflichtwidrig; **déclarer –** schuldig sprechen; **être –** schuldig sein; **non –** nicht schuldig; **plaider** ou **se reconnaître –** sich schuldig bekennen.

coup-de-poing m (StR) Schlagring m; **opération –** Polizeiaktion.

coupe f (1) Pokal m, (2) Schnitt m, (3) Querschnitt m, (4) Holzschlag m; **mettre en – réglée** fig systematisch plündern od. ausbeuten.

coupe-file m (StVR) Passierschein m

couple m (Ehe-)Paar n; Lebensgefährten pl.

Coupole f Académie française.

coupon m Kupon m, Dividenden-, Zins- od. Gewinnanteilschein, Coupon (S); **– d'action** Aktienkupon; **– de contrôle** Kontrollabschnitt m; **– -prime** Rabattmarke f; **– réponse** Antwortschein m.

coupure *f* (1) *(suppression, censure)* Kürzung, Streichung *f*, (2) *(interruption)* Abschaltung *f*, Unterbrechung *f*, (3) *(billet de banque)* Banknote *f*; **petites –s** kleine Scheine; **– d'action** Aktienanteil *m*; **– de presse** Zeitungsausschnitt.

cour *f (PrzR: juridiction supérieure)* Gerichtshof *m*; Berufungsgericht; Revisionsgericht; **Haute – de Justice** *(VerfR: art.67 de la Constitution)* frz. Hoher Gerichtshof als Ausnahmegericht (zuständig bei Hochverrat des Staatspräsidenten).

Cour d'appel *(GVR: juridiction du second degré)* franz. Appellations(gerichts)hof, Berufungsgericht (entspricht in etwa dem dt. Oberlandesgericht); **– d'appel criminelle** Berufungsgericht zuständig in 2. Instanz bei Verbrechen; **– d'arbitrage, – arbitrale** Schiedsgericht(shof); **– d'assises** *(GVR: juridiction départementale compétente en matière de crimes)* frz. Schwurgericht, Geschworenengericht.

Cour de cassation *(GVR: Cour suprême, juridiction la plus élevée de l'ordre judiciaire)* frz. Kassations(gerichts)hof (entspricht etwa dem Bundesgerichtshof als Revisionsinstanz in Deutschland, dem Obersten Gerichtshof in Österreich), Revisionsgericht.

Cour des comptes *(VwPR: juridiction administrative)* frz. Rechnungshof *m*; **– des comptes européenne** Europäischer Rechnungshof; **– constitutionnelle** Verfassungsgerichtshof; **– criminelle** (auprès de la Cour d'Appel) Strafgericht zweiter Instanz (zuständig bei Verbrechen); **– Européenne des Droits de l'Homme** Europäischer Gerichtshof für Menschenrechte; **– Internationale de Justice** (C.I.J. – La Haye) Internationaler Gerichtshof (den Haag); **– de Justice des Communautés Européennes** (C.J.C.E.) Europäischer Gerichtshof (EuGH); **– de justice de la République** *(VerfR: art.68-1 de la Constitution)* frz. Staatsgerichtshof (zuständig für die im Amte begangenen Vergehen und Verbrechen der Regierungsmitglieder); **– martiale** *(hist)* Standgericht, Kriegsgericht; **– pénale fédérale** (S) Bundesstrafgericht; **– Permanente d'Arbitrage** *(VR)* Ständiger Schiedsgerichtshof (den Haag); **– des prises** *(SeeHR)* Prisenhof; **– de renvoi** *(PrzR: Cour d'appel désignée par la Cour suprême pour rejuger une affaire)* Gerichtshof, an den die Sache verwiesen wird; **– de révision des erreurs judiciaires** *(GVR)* frz. Gericht für Wiederaufnahmeverfahren in Strafsachen; **– supérieure d'arbitrage** Oberster Schiedsgerichtshof; **– suprême** Oberstes Gericht; **– de sûreté de l'État** *(hist)* frz. Staatssicherheitshof.

courant *m* (1) Strömung *f*, Tendenz *f*, (2) *(Pol)* Flügel *m*; **être au –** Bescheid wissen, auf dem laufenden sein; **– d'affaires** Geschäftsvolumen *od.* -umfang *m*; **– commercial** *ou* **d'échanges** Geschäftsverkehr; **– électrique** Strom *m*; **– d'idées** *ou* **de pensées** Geistesrichtung *f*, Tendenz; **– de trafic** Verkehrsstrom *m*.

courant *adj* (1) *(usuel, habituel)* gewöhnlich, alltäglich, (2) *(HR)* marktüblich, weit verbreitet; **l'année –e** das laufende Jahr; **du 10 –** vom 10. d.M.; **compte –** laufende Rechnung; **dépenses –es** laufende Kosten; **main –e** Kladde *f*; **monnaie –e** gesetzliches Zahlungsmittel.

courbe *f* **économique** Wirtschaftskurve *f*; **– des prix** Preiskurve.

courir un danger Gefahr laufen; **ne – aucun risque** keinerlei Risiko eingehen.

couronner *v.tr.* krönen, auszeichnen.

courrier *m* (1) Post *f*; (Post-)Bote *m*, (2) Verkehrsflugzeug *n*; **par retour de –** umgehend, postwendend; **– diplomatique** diplomatischer Kurier; **– à distribuer à domicile** Zustellpost; **– d'entreprise à**

distribution exceptionnelle (= Cedex) gewerbliche Post mit Sonderzustellung *od.* Postsackzustellung.

cours *m* (1) *fig* Verlauf *m*, Fortgang *m*, Gang *m*; Dauer *f*; (2) *(BörR)* Kurs *m*, Notierung, Börsenpreis, (3) *(SchulR)* Vorlesung *f*, Studium *n*, Unterricht *m*, Lehrgang *m*, Schulung *f*; **assiduité au –** regelmäßige Teilnahme am Unterricht; **au – du jours** zum Tageskurs; **chargé de –** *(HochschulR)* Lehrbeauftragter *m*; **chute des –** Kursrückgang *m*, Kursverfall *m*; **constatation du –** Kursfeststellung *f*; **contrat en –** laufender Vertrag; **en –** (1) in Kraft, rechtsgültig, (2) in Vorbereitung, (3) im Gang, laufend; **en – de validité** noch nicht abgelaufen, gültig; **être en – d'étude** geprüft werden; **fixation du –** Kursfestsetzung *f*; **garantie de –** Kursgarantie *od.* -sicherung; **grève des –** Vorlesungsstreik; **mettre hors –** außer Kurs setzen; **perte sur le –** Kurseinbuße *f*, Kursverlust *m*; **soutenir un –** einen Kurs stützen.

cours d'acceptation Annahmekurs; **– d'achat, – acheteur** Ankaufskurs, Geldkurs; **– actuel** gegenwärtiger *od.* derzeitiger Kurs; **– des affaires** Geschäftsverlauf *m*; **– ajusté** berichtigter Kurs; **– approximatif** Circakurs, annähernder Kurs; **– authentique** amtlicher *od.* amtlich notierter Kurs; **– en baisse** sinkender *od.* fallender Kurs; **– de bourse** Börsenpreis *od.* -kurs.

cours du change Wechselkurs; Kurswert *m*; Devisenkurs; **– de clôture** Schlußkurs; **– de compensation** Liquidations- *od.* Kompensationskurs; **– au comptant** Kassakurs; **– de conversion** Umrechnungskurs; **– par correspondance** Fernlehrgang *m*; **– demandé** Geldkurs; **– d'eau** Fluß *m*, Wasserlauf *m*; **– d'eau navigable et flottable** schiff- und flößbarer Fluß; **– d'émission** Ausgabe- *od.* Emissionskurs; **– fixé** an den Devisenbörsen festgesetzter Wechselkurs.

cours forcé (Währung) mit Annahmezwang, (Geld als) gesetzliches Zahlungsmittel; **– de formation** (Ausbildungs-)Lehrgang; **– de formation accélérée** Kurzlehrgang; **– indicatif** *(BörR)* Richtkurs; **– d'introduction** Einführungskurs; **– du jour** Tageskurs, Tageswert *m*, Tagesnotierung; **– légal** (Währung) als gesetzliches Zahlungsmittel; **– libre** Freiverkehrskurs, außerbörslicher Kurs; **– librement débattu** sich frei gestaltender Kurs; **– limite** (Kurs-)Limit *n*, äußerster Preis; **– de liquidation** Liquidationskurs; **– du marché libre** Freimarktkurs; **– magistral** *(HochschulR)* Vorlesung; **– moyen** Durchschnitts- *od.* Mittelkurs, Mittelwert *m*; **– nominal** Nennwertkurs; **– non garanti** unverbindlicher Kurs; **– offert** Briefkurs, Warenkurs (Aut); **– officiel** amtlicher *od.* amtlich notierter Kurs; **– officieux** gesprochener Kurs; **– à option** *(SchulR)* Wahlfach *n*; **– d'ouverture** Eröffnungs- *od.* Anfangskurs; **– papier** Briefkurs.

cours de perfectionnement Fortbildungslehrgang; **– pivot** Leitkurs; **– plafond** Höchstkurs, oberer Interventionskurs; **– plancher** Mindestkurs, unterer Interventionskurs; **– à plein temps** Vollzeitunterricht *m*; **– pratiqué** gehandelter Kurs; **– préférentiel** Vorzugskurs; **– de préparation** *ou* **préparatoire** *(SchulR)* Vorbereitungslehrgang; **– privé** Privatunterricht *m*; **– de promotion professionnelle** Berufsförderungslehrgang *m*, **– de rachat** *(BörR)* Rückkaufs- *od.* Einlösungskurs; **– de recyclage** *(ArbR)* Fortbildungs- *od.* Nachschulungslehrgang, (fachliche) Fortbildung; **– de rééducation professionnelle** beruflicher Umschulungslehrgang; **– de référence** *(BörR)* Bezugs- *od.* Referenzkurs; **– du soir** Volkshochschule, Erwachsenenbildung; – **à la souscription** *(WertpR)* Zeichnungskurs; – **de spécialisation** Fachlehrgang *m*, berufliche Fortbildung; – **à temps complet** Vollzeitunterricht; – **à temps partiel** Teilzeitunterricht; – **à terme** *(BörR)* Terminpreis *od.* -kurs; – **terminal** *(SchulR)* Abschlußlehrgang; – **vendeur** *ou* **de vente** *(BörR)* Brief- *od.* Verkaufskurs.

course *f* (1) Weg *m*, Lauf *m*, (2) (Einkaufs-)Gang *m*, Besorgung *f*; **garcon de –s** Bote *m*; – **aux armements** Rüstungswettlauf *m*, Wettrüsten *n*; – **au guichet** Ansturm auf eine Bank; – **au pouvoir** Machtkampf; – **des salaires et des prix** Lohn-Preis-Spirale.

court *adj* kurz, unzureichend, beschränkt; **à – terme** kurzfristig; **être à – d'argent** knapp bei Kasse sein; **exigibilités à – terme** kurzfristige Verbindlichkeiten; **marché à – terme** Geldmarkt; Markt für kurzfristige Kredite.

courtage *m* (1) *(HR: opération et commission du courtier)* Courtage *f*; Maklergebühr *f*, Mäklerlohn *m*, Vermittlerprovision, (2) gewerbsmäßige Vermittlungstätigkeit; **droit de –** Mäklerlohn *od.* -gebühr; – **matrimonial** (1) Heirats- *od.* Ehevermittlung *f*, (2) Ehemäklerlohn.

court-circuiter *v.tr.d. fig* ausschalten, übergehen.

courtier *m* (1) *(BörR)* (Kurs-)Makler *m*, (2) *(HR)* Handelsmakler *m*, Mäkler, (3) *(SeeHR)* Schiffsagent *m*; – **en affaires immobilières** Immobilienmakler; – **assermenté** eingetragener *od.* vereidigter Makler; – **d'assurances** Versicherungsmakler; – **d'assurances maritimes** Seeversicherungsmakler; – **en banque** Bankmakler; – **de commerce** Handelsmakler; – **conducteur de navire** Schiffsmäkler; – **en devises** Devisenmakler; – **de fret** Frachtmakler, Schiffsbefrachter *m*; – **inscrit** eingetragener *od.* vereidigter Makler; – **interprète et conducteur de navires** Schiffs- *od.* Frachtmakler; – **juré** beeidigter Makler; – **en librairie** Verlagsvertreter; – **en marchandises** Handels- *od.* Warenmakler; – **maritime** Schiffsmakler *od.* -agent; – **non inscrit** freier Makler; – **en valeurs** Kulissier *m*, Effektenmakler; – **en valeurs mobilières** Wertpapiermakler, Sensal *m* (Aut).

courtoisie *f* **internationale** comitas gentium, Völkergewohnheitsrecht.

cousin(e) *m/f* Vetter; Kusine; **–s germains** leibliche Kinder der Brüder und Schwestern.

coût *m* (1) *(dépense)* Kosten *mpl*, Kostenaufwand *m*; Gesamtkosten; Ausgabe *f*, (2) *(prix, montant)* Preis *m*, Selbstkostenpreis, Gestehungskosten; **analyse – -avantage** Nutzen-Kosten-Analyse; **analyse – -efficacité** Kosten-Wirksamkeits- *od.* Kosteneffizienzanalyse; **analyse – -profit** Nutzwertanalyse, Nutzen-Kosten-Analyse; **indice du – de la vie** Lebenshaltungsindex *m*; **réduction des –s** Kostensenkung.

coût du crédit Kreditkosten; – **de la distribution** Vertriebskosten; – **économique complet** wirtschaftliche Gesamtkosten; – **d'entretien** Unterhaltungskosten *pl;* – **de fabrication** Herstellungskosten; **–s de facteur** Faktorkosten; – **fixe** feste Kosten; **–s de fonctionnement** Betriebskosten; – **de la main-d'œuvre** Personalkosten; **–s marginaux** Grenzkosten; – **moyen** Durchschnittskosten; – **plafond** Höchstkosten; – **de police** *(VersR)* Abschlußgebühr *f*; – **prévisionnel** Vorkalkulation *f*; – **de production** Erzeugerpreis; Herstellungs- *od.* Produktionskosten; **–s réels** tatsächliche Kosten; – **de remplacement** Wiederbeschaffungskosten; **–s salariaux** Lohnkosten; – **total** Gesamtkosten; – **du travail** Personalkosten; – **unitaire** Stückkosten; – **de la vie** Lebenshaltungskosten.

coûtant *adj:* **prix –** Selbstkosten-, Erzeuger- *od.* Einkaufspreis *m*; **re-**

vendre à prix – ohne Gewinn weiterveräußern.
coûter kosten; **– cher** teuer sein; **– peu** preiswert sein; **coûte que coûte** es mag kosten, was es wolle.
coûteux *adj* kostspielig, aufwendig, teuer; kostenintensiv; **– en hommes** verlustreich.
co-utilisation *f* Mitbenutzung.
coutume *f* Gewohnheit *f*, Übung *f*, Brauch *m*; Gewohnheitsrecht *n*; **les us et –s** Sitten und Gebräuche, Gepflogenheiten *fpl*; **– commerciale** (Handels-)Verkehrssitte *f*, Verkehrsübung, Handelsbrauch *m*, Handelsusancen *fpl*; **– constitutionnelle** Verfassungsgewohnheitsrecht; **– internationale** *(VR)* Völkergewohnheitsrecht; **– locale** *(IPR)* örtliches Gewohnheitsrecht.
coutumier *m (hist: recueil de coutumes)* Weistum *n*, Gewohnheitsrechtssammlung.
coutumier *adj* herkömmlich, gewohnt; **droit –** Gewohnheitsrecht, herkömmliches Recht; Landrecht; **de droit –** gewohnheitsrechtlich.
couvert *adj* (1) *(VersR: risque garanti)* (ab)gedecktes Risiko, (2) *(SchuldR: nullité qui ne peut plus être invoquée)* nicht mehr anfechtbar, (3) *(fig)* versteckt, heimlich; **être – par qqn.** Protektion genießen, durch jmdn. gedeckt werden; **ne peut être –** *(SchuldR: nullité)* kann nicht geheilt werden; **emprunt –** voll gezeichnete Anleihe; **sous le – de** (1) unter dem Deckmantel von, (2) unter der Verantwortung von, mit der Gewährleistung durch.
couverture *f* (1) *(Vwirt)* (Bedarfs-)Deckung *f*, (2) *(BörR)* Mittelbereitstellung, (3) *(BankR: garantie)* Sicherheit, Deckung *f*; Bankguthaben *n*, Deckungsmittel *npl*, (4) *(PrzR: versement anticipé à valoir sur une note d'honoraires)* Vorschuß(zahlung), (5) *(SchuldR: fehlerhaftes Rechtsgeschäft)* (Mängel-)Heilung *f*, (6) *fig* Vorwand *m*; Schein *m*, Deckmantel *m*, (7) (Buch-)Umschlag; (Zeitungs-)Titelbild *n*; **capital de –** Deckungskapital *f*; **fournir une –** Deckungszusage; **limite de –** Versicherungssumme, Deckungsgrenze *f*; **note de –** Deckungszusage *f*; **période de –** *(VersR)* Versicherungsdauer, Laufzeit (der Versicherung); Haftungsdauer *f*; **sans –** *(Scheck)* ungedeckt; **taux de –** Deckungsverhältnis *n*.
couverture d'assurance Versicherungssumme *od.* -deckung; **– bancaire** Bankdeckung, Deckungsrücklage; **– des besoins** Bedarfsdeckung; **– complète** Volldeckung; **– du déficit** Defizitausgleich, Deckung des Fehlbetrags; **– en espèces** Bardeckung; **– des frais** Kostendeckung *od.* -begleichung; **– de la nullité** *(SchuldR)* Mängelheilung, Heilung fehlerhafter Rechtsgeschäfte; **– -or** Golddeckung; **– des pertes** Verlustdeckung, Auffangen der Verluste; **– des risques** *(VersR)* Abdeckung des Risikos, Risikodeckung; **– du risque d'accident** *(VersR)* Unfallversicherung; **– sociale** soziale Absicherung.
couvre-feu *m* (1) Ausgehverbot *n*, Ausgangssperre *f*, (2) *(MilR)* Zapfenstreich *m*; **décréter le –** ein Ausgehverbot verhängen.
couvrir (1) *(FinanzW)* decken, aus- *od.* begleichen, vergüten, ersetzen, (2) *(VersR)* sich versichern *od.* absichern, (ein Risiko) abdecken, (3) *(ZR: Mangel)* heilen; **se – *(Waren)*** sich eindecken; **– un déficit** einen Fehlbetrag decken; **– un employé** einen Untergebenen decken; **– les frais** die Kosten decken; **– la nullité** *(SchuldR)* den Anfechtungsgrund *od.* Mangel beseitigen, die Nichtigkeit heilen; **– un vice** einen Mangel beheben.
covendeur *m* Mitveräußerer *m*.
cracher *(fig, pej)* auspacken, gestehen.
craindre *v.tr.d. et ind.* (be)fürchten, die Befürchtung hegen, daß.
crainte *f* Furcht *f*, Scheu *f*, Angst *f*; **– révérentielle** *(ZR)* Ehrfurcht, auf Respekt begründete Rücksicht.
crapuleux *adj*: **crime –** Raubmord *m*.

créance *f* (1) *(SchuldR: obligation considérée du côté actif)* Forderung *f*, (schuldrechtlicher) Anspruch *m*, (2) *(ZPR: titre qui constate la créance)* Vollstreckungs- *od.* Rechtstitel, (3) *(BankR)* Guthaben *n*, (4) *(i.w.S.)* Kredit *n*, Vertrauen *n*; Glauben *m*, Glaubwürdigkeit *f*; **abandon de –** Forderungsverzicht *m*; **affirmation de –** Anmeldung und Glaubhaftmachung einer Forderung (im Konkursverfahren); **amortissement d'une –** *(GesR)* Forderungsabschreibung; **céder une –** eine Forderung abtreten *od* übertragen; **cession de –** *(ZR)* Forderungsabtretung; **déclaration de –** *(KonkursR)* Forderungsanmeldung; **donner – à qqch.** einer Sache Glauben schenken; **droit de –** Forderung(srecht); **exigibilité de la –** Fälligkeit (der Forderung); **faire valoir une –** eine Forderung geltend machen; **extinction de la –** Erlöschen der Forderung; **legs de –** *(ErbR)* Forderungsvermächtnis *n*; **lettre de –** *(VR)* Beglaubigungsschreiben *m*, Akkreditierung *m*; **production d'une –** *(KonkursR)* Forderungsanmeldung; **produire une –** eine Forderung anmelden; **réaliser une –** eine Forderung einziehen; **recouvrer une –** eine Forderung beitreiben *od.* eintreiben; **reliquat de la –, restant de la –** Restforderung; **saisie d'une –** Forderungspfändung *f*; **titre de –** Forderungstitel, Schuldverschreibung; **transfert de –, transport de –** Forderungsübertragung *od.* -übergang *m*.

créance accessoire Nebenforderung, Nebenanspruch; **– d'aliments** *ou* **alimentaire** *(FamR)* Unterhaltsanspruch *m*, Unterhaltsforderung; **– annexe** Nebenforderung; **– en argent** Geldforderung; **créance –** Bankforderung; **– cambiaire** Wechselforderung; **– en capital** Kapitalforderung; **– cédée** abgetretene Forderung; **– certaine** (1) *(ZR)* unbedingte Forderung, (2) *(ZPR)* bestimmte *od.* hinreichend bestimmbare u. unbestrittene Forderung; **– cessible** abtretbarer Anspruch; **– chirographaire** *(KonkursR)* gewöhnliche (ungesicherte) Forderung; Anspruch, der durch kein Pfand- *od.* Vorzugsrecht gesichert ist; nicht bevorrechtigte Konkursforderung; **– civile** zivilrechtliche Forderung; **– sur commission** *(HR)* Provisionsforderung; **– en compensation** Ausgleichs- *od.* Aufrechnungsforderung; **– comptable** Buchforderung; **– en compte-courant** Kontokorrentforderung; **– conditionnelle** bedingte Forderung; **– contestée** streitige *od.* bestrittene Forderung; **– en contrepartie** Gegenforderung.

créance en devises étrangères Fremdwährungsforderung *f*; **– donnée en gage** verpfändete Forderung; **– douteuse** dubiose *od.* zweifelhafte Forderung; **– due et non rentrée** rückständige Forderung; **– échue** fällige Forderung; **– à l'étranger** *ou* **sur l'étranger** Auslandsforderung, Forderung auf das Ausland; **– exigible** fällige Forderung; **– de faible montant** Bagatellforderung, geringfügige Forderung; **– de faillite** Konkursforderung; **– fictive** Scheinforderung; **– du fisc** *ou* **fiscale** Steueranspruch (des Staates); **– pour frais** Kostenforderung; **– future** künftige Forderung; **– garantie** gesicherte *od.* sichergestellte Forderung; **– d'honoraires** Honorarforderung.

créance hypothécaire Hypothekenforderung, hypothekarisch gesicherter Anspruch; **– incessible** nicht abtretbare Forderung; **– en indemnisation** Schadensersatzforderung; **– en indemnité d'assurance** Anspruch auf Entschädigung; **– indivise** gemeinschaftliche Forderung; **– d'intérêts** Zinsforderung; **– irrécouvrable** nicht beizutreibende *od.* uneinbringliche Forderung; **– de la liquidation judiciaire** Konkursforderung; **– liquide** bestimmte *od.* bezifferbare Forderung; **– litigieuse** streitige *od.* bestrittene Forderung; **– de loyer** (1) Mietzinsforderung, (2) Guthaben bei der Endabrechnung der Mietnebenkosten.

créance contre la masse *(KonkursR)* Masseschuld(en); **– en monnaie étrangère** Fremdwährungsforderung; **– mutuelle** gegenseitige Forderung; **– non recouvrée** ausstehende Forderung; **– prescrite** verjährte Forderung; **– principale** Hauptforderung; **– privilégiée** bevorrechtigte Konkursforderung, durch ein Vorzugsrecht gesicherter Anspruch; **– de prix d'achat** Kaufpreisforderung; **– produite** angemeldete Forderung; **– réciproque** gegenseitige Forderung; **– résultant d'un prêt** Darlehensforderung; **– saisie** *ou* **saisie-arrêtée** gepfändete Forderung; **– de salaire** Lohnanspruch, Gehaltsforderung; **– simulée** fingierte Forderung; **– superprivilégiée** erstrangige Konkursforderung; **– supposée** vorgetäuschte Forderung; **– vérifiée** anerkannte Konkursforderung.

créancier *m* (1) *(ZR, HR: sujet actif de l'obligation)* Gläubiger *m*, Kreditor *m* (S), (2) *(SozR: bénéficiaire)* Zahlungs- *od.* Leistungsempfänger; **appel des –s** *(KonkursR)* Gläubigeraufruf *od.* -aufgebot; **assemblée des –s** Gläubigerversammlung; **comité des –s** Gläubigerbeirat *m*; **désintéresser** *ou* **satisfaire un –** einen Gläubiger befriedigen; **tiers –** Drittgläubiger *m*; **– alimentaire** *ou* **d'aliments** Unterhaltsberechtigte(r) *m*, Alimentengläubiger *m* (S); **– antichrésiste** antichretischer Gläubiger, Nutzungspfandgläubiger; **– de change** Wechselgläubiger; **– chirographaire** *(SchuldR: créancier démuni de toute sûreté particulière)* Gläubiger ohne Forderungssicherung; nicht bevorrechtigter Gläubiger (im Konkursfall); **– concordataire** Vergleichsgläubi-

ger; **– de la faillite** Konkursgläubiger; **– forclos** (durch Fristversäumnis) ausgeschlossener Gläubiger; **– gagiste** Pfandgläubiger; **– hypothécaire** Hypothekengläubiger, Hypothekargläubiger (Aut); **– de la liquidation judiciaire** Konkursgläubiger.

créancier de la masse *(KonkursR: avant 1985 groupement légal obligatoire des créanciers, aujourd'hui: représentation des créanciers)* Gläubiger im Rahmen der Konkursgläubigergemeinschaft; **– nanti d'un gage** Faustpfandgläubiger; **– poursuivant** (die Zwangsvollstreckung) betreibender Gläubiger; **– principal** Hauptgläubiger; **– privilégié** *(ZwangsVR: droit de préférence)* Vorzugsgläubiger, Gläubiger der einen gesetzlichen Vorrang genießt; Gläubiger, dessen Forderung durch eine Sicherheit geschützt ist; bevorrechtigter (Konkurs-)Gläubiger; **– produisant** Gläubiger, der seine Forderung anmeldet; **– saisissant** die Pfändung betreibender Gläubiger; **– social** Gesellschaftsgläubiger; **– de la succession** Nachlaßgläubiger.

créateur *m* (1) *(UrhR: auteur)* Schöpfer *od.* Urheber (eines Werks), (2) *(PatR: inventeur)* Erfinder *m*; **– d'entreprise** Unternehmensgründer *m*.

créatif *adj* schöpferisch, erfinderisch, kreativ, ideenreich, einfallsreich.

création *f* Gründung *f* (einer Gesellschaft); Herstellung *f* (eines neuen Produkts); Schaffung *f*, Errichtung *f*; Werk *n*; **acte de –** *(GesR)* Gründungsurkunde *f*; **– d'une association** Vereinsgründung; **– d'un chèque** Ausstellung eines Schecks; **– d'un commerce** Geschäftseröffnung; **– de crédit** Kreditschöpfung; **– du droit** Rechtssetzung, Rechtsschöpfung; **– d'emplois** Schaffung von Arbeitsplätzen; **– d'une entreprise** Unternehmensgründung; **– d'un fonds de commerce** *(HR)* Gründung eines Handelsunternehmens;

Geschäftseröffnung; – **intellectuelle** *(UrhR)* geistiges Werk; – **de monnaie** Geldschöpfung *f*; – **de pouvoir d'achat** Kaufkraftschöpfung; – **d'une société** Gesellschaftsgründung.
créatique *f* Innovationsmanagement *n*, Neuproduktentwicklung.
crèche *f* Kinderkrippe (für Kleinkinder unter 3 Jahre).
crédibilité *f* Glaubwürdigkeit *f*.
crédible *adj* glaubwürdig.
crédirentier *m* Rentengläubiger *m*, Rentenempfänger *m*, Rentner *m*.
crédit *m* (1) *(ZR, HR: prêt, avance)* (gewährtes) Darlehen *n*, Kredit *m*, (2) *(BankR: prêt consenti)* Darlehenszusage *f* (einer Bank), Krediteröffnung *f*, (3) *(Vwirt: institutions de crédit)* Kreditwesen *n*, Kreditverkehr *m*, (4) *(HR: réputation de solvabilité)* (Vertrauen in die) Zahlungsfähigkeit, Kreditwürdigkeit, (5) *(HaushR: meist pl)* Haushaltsmittel *npl*, Bereitstellung von Mitteln, Staatsausgaben *fpl*, (6) *(BankR: solde créditeur)* Haben *n*, Habenseite *f* (des Kontos), (7) *fig* Ansehen *n*, Einfluß *m*, Gewicht *n*; **accord de –** Kreditabkommen *n*, Kreditvereinbarung *f*; **accorder un –** einen Kredit gewähren *od* einräumen; **achat à –** Kauf auf Kredit, Ratenkauf; **acheter à –** auf Kredit kaufen; **allouer un –** einen Kredit bewilligen; **amputer un –** einen Kredit kürzen; **article de –** *(HaushR)* Einnahmeposten *m*; **assurance- –** Kreditversicherung; **atteinte au –** Kreditgefährdung *od*. -schädigung; **atteinte au – de l'État** *(StR)* Staatsverleumdung; **autorisation d'ouverture de –** Kreditbewilligung; **avance sur –** in Anspruch genommener Kreditbetrag; **avis de –** Gutschriftsanzeige *f*; **avis d'ouverture de –** Krediteinräumungsschreiben *n*; **avoir du –** Kredit genießen *od*. haben; **avoir recours à un –** einen Kredit aufnehmen.
crédit: banque de – Kreditanstalt; Darlehensbank; **banque de –** **foncier** Hypothekenbank, Bodenkreditanstalt; **banque de – mobilier** Mobiliarkreditbank; **bénéficiaire du –** Kreditempfänger *od*. -nehmer; **carte de –** Kreditkarte; **consentir un –** einen Kredit bewilligen; **contrat de –** Darlehensvertrag *m*; **contrôle du –** Kreditaufsicht *f*; **coopérative de –** Kreditgenossenschaft *od*. -verein; **demande de –** (1) Kreditantrag *m*, Kreditbegehren *n*, (2) *(Vwirt)* Kreditnachfrage *f*; **carte de –** Kreditkarte *f*; **débloquer des –s** Kredit gewähren; *umg* Gelder locker machen; **demande d'ouverture de –** Krediteröffnungsantrag *m*; **dénonciation de –** Kreditkündigung *f*; **dépassement de –** Kreditüberziehung; **désencadrement du –** Aufhebung der Kreditbeschränkungen; **desserrer le –** die Kreditaufnahme erleichtern; **donneur de –** Kreditgeber *m*; **durée du –** Kreditlaufzeit *f*; **écriture au –** Gutschrift *f*; **encadrement du –** Kreditbeschränkung; **encadrer le –** die Kreditaufnahme erschweren; **épuiser un –** die Kreditlinie erreichen; **établissement de –** Bank, Kreditinstitut; **facilité de –** Krediterleichterung *f*; **faire –** Kredit gewähren; **inscription au –** Gutschrift; **inscrire au –** gutschreiben, eine Gutschrift verbuchen; **instrument de –** Kreditmittel *m*.
crédit: lettre de – Akkreditiv *m*, Kreditbrief *m*; **ligne de –** Kreditlinie *f*, Kreditrahmen *m*, Kreditspielraum *m*; **limitation de –** Kreditbeschränkung *f*; **marge de –** Kreditspanne *f*; **mauvais usage du –** Kreditmißbrauch *m*; **moyens de –** *(SchuldR)* (vom Schuldner) angebotene Sicherungen; **note de –** Gutschriftsanzeige *f*; **octroi de –** Kreditgewährung *od*. -eröffnung *f*; **opérations de –** (1) Kreditverkehr *m*, (2) *(i.w.S.)* Geldleihe; Kreditleihe; **ordre de –** Kreditauftrag *m*; **ouverture de –** Kreditgewährung *od*. -eröffnung *od*. -einräumung; **ouvrir un –** einen Kre-

dit einräumen *od.* eröffnen *od.* gewähren; **pénurie de** – Kreditverknappung; **perdre tout** – jegliche Glaubwürdigkeit verlieren; **plafond de** – Kreditlinie, Kreditspielraum *m*; **porter au** – kreditieren, gutschreiben; **promesse de** – Kreditzusage *f*; **recours au** – Kreditinanspruchnahme *f*; **rembourser un** – einen Kredit zurückzahlen *od.* abzahlen; **renchérissement du** – Kreditverteuerung; **report de** – Kreditvortrag *m*; **resserrement du** –, **restrictions du** – Erschwerung der Kreditaufnahme *f*; **révocation du** – Kreditkündigung; **révoquer un** – einen Kredit widerrufen *od.* kündigen; **service des** – Kreditabteilung; **surveillance du** – Kreditaufsicht *f*; **utilisation du** – Kreditinanspruchnahme *f*; **vente à** – (1) *(ZR)* Kreditkauf *m*, Abzahlungsgeschäft, (2) *(HR)* Zielkauf.

crédit d'acceptation *ou* **par acceptation** Bankakzept *n*, Akzeptkredit; – **-acheteur** *(Außh)* (von der Bank) bestätigtes Akkreditiv; – **additionnel** Zusatzkredit; Nachtragskredit; – **agricole** frz. Landwirtschaftskreditanstalt; – **d'anticipation** Zwischenkredit; – **d'approvisionnement** Bevorratungskredit; – **autorisé** Kreditlinie; – **par aval** Avalkredit.

crédit-bail (1) *(Industriegüter)* Leasingvertrag *m*, Leasing *n*, (2) *(Gebrauchsgüter)* Mietkaufvertrag; – **immobilier** Immobilienleasing *n*; – **mobilier** Mobilienleasing.

crédit bancaire Bankkredit; – **en blanc** Blankoakzept *n*; – **budgétaire** *(HaushR)* Ausgabe- *od.* Haushaltsmittel; – **de caisse** *ou* **par caisse** Barkredit, Kassenkredit; – **cambiaire** Wechselkredit; – **de campagne** Dispositionskredit, Zwischen- *od.* Betriebsmittelkredit, kurzfristiger Kredit (zur Beschaffung von Umlaufvermögen); – **par cautionnement** Bürgschaftskredit (im Regelfall: Ausfallbürgschaft); – **commercial** Lieferantenkredit; – **comptable** Buchkredit; – **en compte-courant** Kontokorrentkredit; – **confirmé** (Bank-)Avalkredit; – **à la consommation** persönlicher Kleinkredit, persönliches Anschaffungsdarlehen, Verbraucher- *od.* Konsumkredit; – **consortial** Konsortialkredit; – **à la construction** Baugeld *n*, Bauspardarlehen; – **à court terme** kurzfristiger Kredit; – **croisé** Swap-Kredit; – **de décaissement** Geldleihe; – **à découvert** Überziehungskredit; – **en devises étrangères** Valuta- *od.* Fremdwährungskredit.

crédit documentaire *(Außh)* Dokumentenakkreditiv, Akkreditiveröffnung (durch eine Bank), Vinkulations- *od.* Rembours- *od.* Trassierungskredit; – – **confirmé** bestätigter Akzeptkredit, Bankakzept; – – **non confirmé** *ou* **simple** unbestätigter Akzeptkredit.

crédit d'engagement (1) *(HaushR)* Verpflichtung für künftige Rechnungsjahre, (2) *(EuR)* Verpflichtungsermächtigung *f*; – **d'équipement** Ausstattungskredit; – **en espèces** Barkredit, Geldleihe; – **d'exploitation** Betriebskredit; – **à l'exportation** Ausfuhrkredit.

crédit foncier Grundstückserwerbsdarlehen, Bodenkredit; – **Foncier de France** (= CFF) frz. Boden- *od.* Hypothekenkreditanstalt; – **fournisseur** Lieferantenkredit; – **sur gages** Lombardkredit; – **garanti** gedeckter Kredit; – **d'heures** *(ArbR)* auf die Arbeitszeit anrechenbare Tätigkeit; – **hôtelier** Kredit an Beherbergungsbetriebe; – **hypothécaire** Hypothekarkredit; – **immobilier** Real- *od.* Immobiliarkredit, Bodenkredit; – **à l'importation** Einfuhrkredit; – **d'impôt** *(SteuerR: avoir fiscal, droit à une réduction d'impôt)* Steuerguthaben *n* (auf Grund von Vorleistungen), von der Einkommensteuer abzugsfähige Vorleistungen (wegen bereits entrichteter Dividendensteuer); – **à l'industrie** *ou*

crédit industriel Industriekredit; **– intercalaire** Zwischenkredit; **– d'investissement** mittel- od. langfristiges Investitionsdarlehen; **– à long terme** langfristiger Kredit.

crédit maritime Seehandelskredit; **– mobilier** Mobiliarkredit, Kredit gegen Verpfändung beweglicher Sachen; **– mobilisable** mobilisierbarer Kredit; **– de mobilisation des créances commerciales** (= C.M.C.C.) kurzfristiger Kredit gegen Handelsforderungsverpfändung; **– de mobilisation de créances nées sur l'étranger ou nées à l'exportation** (= M.C.E.) kurzfristiger Kredit gegen Außenhandelsforderungsverpfändung; **– à moyen terme** mittelfristiger Kredit; **– municipal** städtisches Leihhaus, **– National** (= C.N.) frz. Kreditanstalt für Wiederaufbau und Wirtschaftsförderung; **– en nature** Sachkredit; **– de paiement** *(EuR)* Zahlungsermächtigung; **– permanent** Dauerkredit; **– personnel** persönlicher Kleinkredit; **– personnel affecté** persönliches Anschaffungsdarlehen; **– personnel affecté** *(BauR)* persönliches Wohnungsrenovierungs- od. -ausbaudarlehen; **– de préfinancement** Vorfinanzierungskredit; **– professionnel** Kredit für Gewerbetreibende; **– provisionnel** Vorschuß, Abschlagszahlung; **– provisoire** Zwischenkredit; **– réel** Realkredit; Bodenkredit; Pfand; **– de réescompte** Rediskontgeschäft; **– -relais** Zwischenkredit; **– renouvelable** Revolvingkredit; **– de report** Reportkredit; **– révocable** widerruflicher Kredit; **– revolving** *ou* **rotatif** Revolvingkredit, revolvierender Kredit, **– saisonnier** Saisonkredit; **– par signature** Kreditleihe, Akzept- *od.* Avalkredit; **– de soudure** Überbrückungskredit; **– de soutien** Beistandskredit; **– supplémentaire** Zusatz- *od.* Nachtragskredit; **– transitoire** Zwischenkredit; **– de trésorerie** Dispositionskredit, Kontokorrentkredit; **– utilisé** tatsächlich in Anspruch genommener Kredit.

crédité *m* Kreditnehmer *m*.

créditer *v.tr.d.* gutschreiben, kreditieren; **– un compte** einem Konto gutschreiben, ein Konto erkennen; **– qqn. d'une somme** jmdm. einen Betrag gutschreiben.

créditeur *m/adj* Gläubiger *m*; **compte –** Habenkonto; **solde –** Guthaben (auf einem Konto); **pays –** Geberland; **solde –** Guthaben (auf einem Konto); **– en compte-courant** Kontokorrentgutschrift *od.* -guthaben.

crédits *mpl (HaushR)* Haushaltsansätze *od.* -mittel *mpl*, Ausgabemittel; **– budgétaires** (bewilligte) Haushaltsmittel; **– d'engagement** Bindungsermächtigung; **– évaluatifs** Ausgabemittel zur Regelung zwangsläufiger Ausgaben; **– limitatifs** Ausgabemittel, die nicht überschritten werden dürfen; **– non affectés** Dispositionsfonds, zweckfreie od. nicht zweckgebundene Ausgabeansätze; **– non utilisés** Minderausgaben *fpl*; **– ouverts** bewilligte Mittel *pl*; **– de paiement** Ausgabebewilligung *od.* -mittel; Zahlungsermächtigung; **– provisionnels** später (in ihrer Höhe) bestimmbare Ausgabemittel, Globalbewilligung; **– de réadaptation** Anpassungsmittel *pl*; **– reportables** übertragbare Ausgabemittel; **– supplémentaires** überplanmäßige Haushaltsmittel; Nachtragsmittel.

créer gründen; herstellen; **– un effet** einen Wechsel ausstellen; **– des emplois** Arbeitsplätze schaffen.

créneau *m* (1) *(HR)* Marktnische *od.* -lücke; (2) *(StVR)* Parklücke; **– de dépassement** Überholspur *od.* -strecke, Ausweichstelle.

crépuscule *m (StVR)* (Abend-) Dämmerung *f.*

crête *f* (1) *(Kurve)* Maximum *n*, Scheitelpunkt, (2) *(Gebirge)* Höhe, Kamm.

creuset *m* Tiegel *m*; (Hochofen-)Gestell *n*.

creux *m* Tief *n*, Tiefpunkt *m*; **– d'activité** Flaute; **– démographique** geburtenschwacher Jahrgang; **– estival** Sommerloch *n*; **– de route** Transportschwund; **– de la vague** *(Vwirt)* Talsohle *f*, Konjunkturtief.

creux, creuse *adj*: **classes creuses** geburtenschwache Jahrgänge; **heures –** Zeiten, in denen wenig Betrieb ist.

cri *m* Schrei *m*, Ruf *m*; **– séditieux** *(StR)* aufrührerischer Ausruf.

criée *f (ZRP)* Ankündigung einer öffentlichen Versteigerung; Versteigerung *f*; gerichtlicher Ausruf; **audience des –s** gerichtlicher Termin für die Grundstücksversteigerungen; **vente à la –** öffentliche Versteigerung (von Mobilien und Immobilien).

crime *m* (1) *(StR: i.e.S.)* Verbrechen *n* (im Gegensatz zum Vergehen), (2) *(i.w.S.)* strafbare Handlung *f*; **apologie du –** Verherrlichung von Gewalt; **auteur d'un –** Verbrecher *m*; **commettre un –** ein Verbrechen begehen; **incitation au –** Anstiftung zu einem Verbrechen, Aufforderung *od.* Aufreizung zur Begehung eines Verbrechens; **lieu du –** Tatort *m*; **provocation au –** Aufforderung zur Begehung eines Verbrechens.

crime consommé vollendetes Verbrechen; **– contre nature** widernatürliche Unzucht; **– crapuleux** Raubmord; **– de faux monnayage** Münzfälschung; **– de guerre** Kriegsverbrechen; **– contre l'humanité** Verbrechen gegen die Menschlichkeit; **– international** Verbrechen gegen das Völkerrecht; **– mafieux** *ou* **organisé** organisierte *od.* professionnelle Kriminalität (= OK); **– contre la paix** Verbrechen gegen den Frieden; **– passionnel** Verbrechen aus Leidenschaft; **– politique** politische Straftat; **– sadique** Lustmord *m*.

criminalisation *f (PrzR)* (gesetzliche) Umwandlung eines Vergehens in ein Verbrechen.

criminaliser *v.tr.d. (PrzR)* (gesetzlich) ein Vergehen in ein Verbrechen umwandeln.

criminaliste *m (StR: pénaliste)* Kriminalist *m*, Strafrechtler.

criminalistique *f* Kriminalistik *f*, Kriminalwissenschaft.

criminalité *f* Kriminalität *f*, Straffälligkeit *f*, Verbrechertum *n*; **– apparente** aktenkundige Straftaten; **– en col blanc** Wirtschaftskriminalität; **– juvénile** Jugendkriminalität; **– financière** Wirtschaftskriminalität; **– légale** Anzahl *f* der zur Verurteilung gekommenen Straftaten; **– réelle** tatsächlich begangene Straftaten; **– professionnelle** gewerbsmäßiges Verbrechertum, Berufsverbrechertum; **– de violence** Gewaltkriminalität.

criminel *m* (1) *(StR: auteur d'un crime)* Straftäter, Verbrecher *m*, (2) *(StPR: par opposition au civil)* Strafgerichtsbarkeit; **grand –** Schwerverbrecher; **le – tient le civil en état** *(PrzR)* Aussetzung des Zivilverfahrens (bis zur Entscheidung in der Strafsache); **– de guerre** Kriegsverbrecher; **– d'habitude** Gewohnheitsverbrecher; **– occasionnel** Gelegenheitstäter.

criminel *adj* verbrecherisch; sich auf ein Verbrechen beziehend; *(Tat)* strafbar, *(Person)* straffällig, kriminell; **affaire –elle** Strafsache *f*; **audience –elle** Verhandlung in einer Strafsache; **avocat au –** Strafverteidiger; **droit –** *(StR: syn. de droit pénal)* Strafrecht; **chambre –le** *(StPR)* Strafsenat *od.* -kammer; **juge –** Strafrichter *m*; **police –le** Kriminalpolizei *f*; **procès –** Strafprozeß *m*.

criminellement *adv* verbrecherisch; **poursuivre qqn. –** jmdn. strafrechtlich verfolgen *od.* vor ein Strafgericht stellen.

criminogène *adj (StR: facteur –)* Straftaten verursachend *od.* fördernd.

criminologie *f* Kriminologie *f*; **– clinique** medizinische Kriminologie.

criminologiste *m*, **criminologue** *m* Kriminologe *m*.

crise *f* (1) Krise *f*, Wendepunkt *m*, Höhepunkt *m*, (2) Schwierigkeit *f*, gefährliche Lage *f*, (3) *(pénurie)* Not *f*, Mangel *m*; **à l'abri de la –** krisensicher; **déclencher une –** eine Krise auslösen; **état de –** Notstand *m*; **être heurté de plein fouet par la –** von der Krise voll getroffen werden; **mesure de –** Notstandsmaßnahme *f*; **– constitutionnelle** Verfassungskrise; **– de débouchés** Absatzkrise; **– économique mondiale** Weltwirtschaftskrise; **– d'écoulement** Absatzstockung; **– de l'emploi** Beschäftigungsrückgang; **– de l'énergie**, **– énergétique** Energiekrise; **– financière** Finanzkrise; **– du logement** Wohnungsnot *f*; **– ministérielle** Regierungskrise; **– monétaire** Währungskrise.

critère *m* (1) (Unterscheidungs-)Merkmal *n*, Kennzeichen *n*, (Auswahl-)Kriterium *n*, Grundsatz *m*, (2) Begriff *m* (3) Beweis, Grund; **– de classement** *(DV)* Kennbegriff, Ordnungskriterium; **– de distinction** Unterscheidungsmerkmal *n*; **– d'évaluation** Bewertungsmaßstab; **– juridique** Rechtsbegriff, juristisches Kriterium; **– de rattachement** *(IPR)* Anknüpfungsbegriff; **– de recherche** *(DV)* Abfrage- od. Suchkriterium; **– subsidiaire** Nebenmerkmal; **– de valeur** Wertmaßstab *m*.

critiquable *adj* bestreitbar, angreifbar; bedenklich.

critique *adj* (1) *(décisif, crucial)* entscheidend, kritisch, (2) *(difficile, grave)* schwer, bedenklich; anzweifelnd; **matériel –** Engpaßgüter; **point –** Gefahrenpunkt; **résumé –** Besprechung.

critique *f* Kritik *f*, kritische Einschätzung *f*, Tadel *m*; Wertung; Stellungnahme.

critiquer *v.tr.d.* (1) beurteilen, werten, begutachten, (2) beanstanden, kritisieren.

crochet *m* *(StVR)* Zughaken *m*.

croisement *m* *(StVR)* Kreuzung; Ausweichen; Gegenverkehr; **feu de –** Abblendlicht.

croisière *f* (1) Kreuzfahrt, (2) Flugreise *f*; **vitesse de –** Reisegeschwindigkeit.

croissance *f* Wachstum *n*, Anwachsen *n*, Ansteigen *n*, Zunahme *f*; **période de –** Wachstumsphase *f*; **politique de –**, **différentielle** Wachstum nach Maß; **relancer la –** das Wachstum wieder ankurbeln; **temps de –** Anstiegszeit; **– démographique** Bevölkerungswachstum *od.* -zunahme *f*; **– économique** Wirtschaftswachstum; **– zéro** Nullwachstum.

croissant *adj* nicht fallend, zunehmend.

croît *m* *(LandwR: Vieh)* Vermehrung, Zuwachs *m*.

croître *v.intr.* steigen, (an)wachsen; **– en valeur** nominal zunehmen; **– en volume** real wachsen.

croix *f* Verdienstkreuz *n*; **marquer d'une –** ankreuzen; **– rouge: Comité international de la – –** (CICR) Internationales Komitee vom Roten Kreuz.

croquis *m* Skizze *f*; **– topographique** Gelände- *od.* Grundrißskizze.

croupier *m* Bankhalter (einer Spielbank), Croupier *m*.

croyable *adj*: **témoin –** glaubwürdiger Zeuge.

croyance *f* Glaube *m*, Glaubensbekenntnis *n*, Religion *f*; Gewißheit *f*.

cruauté *f* Grausamkeit, Härte; grausame Tat; **acte de – envers un animal** Tierquälerei; **– mentale** seelische Grausamkeit.

crucial *adj* entscheidend, grundlegend.

crue *f* Hochwasser *m*, Überschwemmung *f*.

cryogénie *f* Kältetechnik *f*.

cryptogramme *m* Geheimschreiben *od.* -text.

cube *m* Kubus *m*; dritte Potenz; **mètre –** Kubikmeter *m*; **– bâti** umbauter Raum.

cuisiner *v.tr.d.* **qqn.** jmdn. solange (mit allen Mitteln) befragen, bis er gesteht; **se faire – par la police** von der Polizei ausgequetscht werden.

culminant *adj*: **point –** Höhepunkt *m*.

culminer *v.intr.* seinen Höhepunkt erreichen.

culpa | in contrahendo *lat* Verschulden beim Vertragsschluß; **– lata** grobe Fahrlässigkeit; **– levis** leichte Fahrlässigkeit; **– levissima** (entschuldbare) leichteste Fahrlässigkeit.

culpabilisation *f* Schuldzuweisung.

culpabilité *f* (1) *(StR: participation aux faits, suppose l'imputabilité)* Tatverantwortung *f*, Schuld (im Sinne von Täterschaft), (2) *(ZR, StR: intention ou faute)* Verschulden *n*, (Schuld im Sinne von) Vorsatz *m od.* Fahrlässigkeit *f*; **déclaration de –** Schuldigerklärung *f*; **degré de –** *(StR)* Schwere *f* der Schuld, Umfang *od.* Ausmaß des Verschuldens, Verschuldensgrad; **établir la –** den Nachweis für die Schuld erbringen; **présomption de –** *(ZollR)* Schuldvermutung; **question de –** *(StPR)* Frage: bekennt sich der Angeklagte schuldig oder unschuldig; **reconnaissance de –** Schuldbekenntnis *n*; **sentence de –** *(StPR)* Schuldspruch, Schuldigerklärung; **sentiment de –** Schuldgefühl *n*.

culte *m* (1) *(KirchR)* Kult *m*, Kultus *m*; Kulthandlung *f*, (2) *(office, rite)* (öffentlicher, geregelter) Gottesdienst *m*, (3) *(religion, confession)* Religion *f*, (religiöses) Bekenntnis *n*, Konfession *f*, (4) *(adoration)* Verehrung *f*, Hingabe *f*; **denier du –** frz. freiwillige Kirchensteuer; **édifice du –** Kirchengebäude *n*, Kirche *f*; **liberté des –s** freie Religionsausübung *f*; **ministre du –** Seelsorger, Geistlicher *m*; **– de la personnalité** *(Pol)* Personenkult *m*.

cultivable *adj* anbaufähig, bestellbar.

cultivateur *m* Landwirt *m*.

cultiver (1) *(Feld)* bestellen, bebauen, (2) *(Pflanzen)* anpflanzen, ziehen, (3) *(Beziehungen)* pflegen.

cultuel *adj* Religions-, Glaubens-, Kultus-; **association –elle** Religionsgemeinschaft *f*, Kirche *f* (als angemeldeter Verein in Frankreich), Kultusgemeinde *f*.

culture *f* (1) *(LandwR)* Anbau *m*, Pflanzung *f*, Bodennutzung, (2) Bildung, Kultur; **maison de la –** Jugend- *od.* Kulturzentrum; **– générale** Allgemeinbildung.

cumul *m* (1) *(ZPR)* Klagenhäufung, kumulative (Klagen-)Verbindung, (2) *(StR)* Kumulation *od.* Zusammenrechnung von Strafen, Konkurrenz *f od.* Zusammentreffen *n* von Straftaten, (3) *(SozR)* Zusammentreffen *od.* gleichzeitiger Bezug *m* von (verschiedenen) Sozialleistungen, (4) *(ZR)* Zusammentreffen (von vertraglicher und deliktischer Haftung), (5) *(ArbR)* Nebentätigkeit, (6) *(DV)* Summierung; **– d'actions** *(ZPR)* Klagenhäufung *od.* -verbindung; **– des activités** *(ArbR)* Ausübung zweier *od.* mehrerer Berufe; **– d'assurance** Doppelversicherung; **– d'emplois** *(BeamtR)* Nebentätigkeit, Nebenverdienst (eines Beamten), mehrere Einkommen (aus privater u. öffentlicher Tätigkeit); **– d'emplois publics** *(ÖfR)* Ämterhäufung; **– de faillites** Zusammentreffen von zwei Konkursen; **– de fonctions** Ämterhäufung; **– idéal** *(StR)* Tateinheit, Idealkonkurrenz *f*; **– d'infractions** *(StR)* Konkurrenz *od.* Zusammentreffen von Straftaten; **– des peines** Zusammenrechnung *od.* Kumulation von Strafen; **– de pensions** Rentenhäufung *f*; **– réel** *(StR)* Tatmehrheit; Realkonkurrenz; **– de rémunérations** Doppelverdienertum *n*.

cumulard *m* *(pej)* Doppelverdiener.

cumulatif *adj* kumulativ; häufend.

cumulativement *adv* *(SchuldR)* solidarisch, kumulativ.

cumuler *v.tr.d.* häufen, kumulieren, zusammenrechnen.

curatélaire *m* *(ZR: personne en curatelle)* unter Pflegschaft stehende Person.

curatelle f *(ZR: régime de protection)* Pflegschaft f, Beistandschaft f (S); – **de l'absence** Abwesenheitspflegschaft, Abwesenheitskuratel (Aut); – **de la succession** Nachlaßpflegschaft.

curateur m (1) *(ZR)* Pfleger m, Kurator m, (en S. aussi:) Beistand m (S), (2) *(B: HochschulR)* Universitätsverwalter; – **à l'absent** Abwesenheitspfleger, Abwesenheitskurator (Aut); – **à la faillite** (B) Konkursverwalter m; – **de la succession** Nachlaßpfleger *od.* -verwalter; – **au ventre** Ergänzungspflegschaft.

curatif *adj*: **traitement** – Heilbehandlung f.

cure f (1) Kur f, Heilbehandlung, (2) *(KirchR)* Pfarrstelle; – **de desintoxication** Entziehungskur.

curé m (katholischer) Pfarrer.

curie romaine *(KirchR)* Kurie f.

curriculum vitae (= **CV**) *(ArbR)* Lebenslauf m; – **manuscrit** handgeschriebener Lebenslauf; – **synoptique** tabellarischer Lebenslauf.

cursif *adj* kurz und bündig, schnell; **lecture –ive** diagonales Lesen.

curseur m *(DV)* Cursor m, Positionsanzeiger m.

cursus m *(HochschulR)* akademisches Studium.

cyanure m: **avaler une pastille de** – eine Blausäurepastille schlucken.

cyclable *adj*: **piste** – (Fahr-)Radweg.

cycle m (1) Zyklus m, Periode f, Ablauf m, (2) *(ArbR)* Arbeitsgang m, Arbeitstakt m, (3) *(SchulR)* Ausbildungsabschnitt m, Stufe f, Studiengang m; **premier** – *(SchulR)* Unter- u. Mittelstufe; Sekundarbereich I (der Gymnasien); **second** – gymnasiale Oberstufe, Sekundarbereich II; – **de conférences** Vortragsreihe f; – **conjoncturel** *ou* **économique** Konjunkturzyklus; – **d'études** (1) *(SchulR)* Jahrgangsstufe f, Studienabschnitt m, (2) *(HochschulR)* Studiengang; Studienzyklus; – **de production** Produktionsablauf *od.* -zyklus.

cycle m *(StVR)* Fahrrad n.

cycliste m Radfahrer.

cyclomoteur m Fahrrad mit Hilfsmotor, Mofa n (bis 25 km/Std.); Moped n (bis 40 km/Std.).

cyclomotoriste m Mofa- *od.* Mopedfahrer.

D

d'abord *loc.adv.* zunächst, in erster Linie; sogleich; anfänglich.

d'accord: être – einverstanden sein, seine Zustimmung gegen, derselben Ansicht sein, dieselbe Meinung vertreten.

dactylo *f* Schreibkraft *f*, Stenotypistin *f*, (S) Daktylo *f*.

dactylogramme *m* Fingerabdruck *m* (zur Identifizierung).

dactylographie *f* Maschinenschreiben *n*.

dactylographié *adj*: **texte –** maschinengeschriebener Text.

dactyloscopie *f* *(StR)* Fingerabdruckverfahren *n*.

dame *f* Frau, Ehefrau; **le sieur X contre – Y** *(PrzR)* X gegen Y (Anrede fällt weg!).

damnable *adj* verabscheuungswürdig, verwerflich.

damnum emergens *(SchuldR: perte subie par le créancier)* erlittener Schaden *m*, tatsächlicher, wirklicher Schaden (im Gegensatz zum entgangenen Gewinn).

danger *m* Gefahr *f*, Gefährdung, drohender Schaden; Notfall *m*; **courir un –** Gefahr laufen; **assistance à personne en –** Hilfeleistung bei gemeiner Gefahr oder Not; **être en –** in Gefahr schweben; **mettre en – les intérêts de qqn.** die Interessen gefährden; **– d'accident** Unfallgefahr; **– d'exploitation** Betriebsgefahr *f*; **– de fuite** Fluchtgefahr *f*, Fluchtverdacht *m*; **– imminent** drohende Gefahr; **– inévitable** unabwendbare Gefahr; **– mortel** Lebensgefahr; **– pour la sécurité** Sicherheitsrisiko *n*; **– public** öffentliche Gefahr.

dangereux *adj* gefährlich, gefahrgeneigt, Gefahr-; **activités –reuses** gefahrgeneigte Tätigkeit; **établissements –** gefährliche Anlagen, mit einer Anlage verbundene Betriebsgefahr; **substances –reuses** Gefahrstoffe *mpl*.

dangerosité *f* Gefährlichkeit.

datage *m*, **datation** *f* Datumsangabe *f*, Datierung, Zeitangabe (auf einem Schriftstück).

date *f* Datum *n*, Zeitangabe, Tagesangabe; Termin *m*, Zeitpunkt *m*; **à la – du** am Stichtag; **fixer une –** einen Termin festsetzen; **mettre la –** das Datum angeben, datieren; **prendre –** einen Termin vereinbaren; sich verpflichten, an einem bestimmten Tag eine Leistung zu erbringen; **– d'arrêté du bilan** *(GesR)* Bilanzstichtag *m*; **– d'arrêté de compte** (Konto-) Abschlußtag *m*; **– certaine** (ZR: *date qui fait foi à l'égard de tiers*) gerichtlich oder notariell beglaubigtes Datum, (für Dritte) unanfechtbarer Zeitpunkt (des Abschlusses eines Rechtsgeschäfts); **– de clôture** Meldeschluß; **– de décès** Todeszeitpunkt, Todestag; **– fixe** Stichtag, fester Termin; **– de délivrance** (1) Lieferzeit, (2) Ausstellungstag; **– de départ** Anfangstermin, Anfangszeitpunkt *m*; **– d'échéance** Fälligkeitstermin, -datum *od.* -tag, Verfallstag; **– d'émission** Ausgabe- *od.* Emissionstag; **– limite** (äußerster) Termin, Fristablauf; Stichtag; Verfallsdatum; **– de livraison** Liefertermin; **– de naissance** Geburtsdatum *od.* -tag; **– de paiement** Zahlungstermin, Zahltag; **– de parution** Erscheinungsjahr *n*; **– de peremption** Verfalldatum *od.* -tag; **– de référence** Stichtag, Bezugszeitpunkt; **– de remboursement** Rückzahlungstermin; **– de rigueur** festbestimmte Zeit, festbestimmte Frist, absolute Zeitbestimmung; **– de tirage** (1) Ziehungstag (2) Ausstellungsdatum; **– de valeur** *(BankR)* Wertstellung (auf dem Konto), Wertstellungstag *m*.

dater (1) datieren, mit einem Datum versehen, (2) altmodisch wirken; **à – de ce jour** von diesem Tage an, ab heute; **– de** stammen aus *od*. von.

datif *adj (PrzR)* vom Richter bestellt *od*. ernannt, durch das Gericht berufen; **tuteur –** gerichtlich bestellter Vormund.

dation *f* (1) *(ZR: Person)* Berufung *f*, Ernennung *f*, Bestellung *f*, Einsetzung, (2) *(SchuldR: dation en paiement)* Annahme *od*. Hingabe an Erfüllungs Statt, (3) *(SteuerR)* Überlassung (von Kunstwerken) an Erfüllungs Statt (bei Steuerschulden); **– par disposition testamentaire** testamentarische Einsetzung; **– en gage** *ou* **en nantissement** (B) Verpfändung *f*; **– en paiement** *(SchuldR)* Hingabe an Erfüllungs Statt; **– de tuteur** Bestellung eines Vormundes.

dauphin *m* (1) Kronprinz, (2) *(Pol)* designierter Nachfolger.

débâcle *f* (jäher) Zusammenbruch *m*; **– financière** *f* Börsenkrach *m*.

déballage (1) *(Waren)* Auspacken *n*, (2) *(umg)* Enthüllung, Geständnis *n*.

débarcadère *m* Landungssteg *m*, Abladeplatz *m*.

débardage *m* Abladen *n*, Entladung.

débardeur *m* Docker, Hafenarbeiter.

débarquement *m* (1) *(SeeHR)* Löschen *n* der Ladung, (2) Abmusterung.

débarquer *v.tr.d./v.intr.* (1) löschen, (2) abmustern.

débat *m* Beratung *f*, Debatte *f*, Aussprache *f*, Verhandlung *f*, Auseinandersetzung *f*; **animateur du –** Diskussionsleiter *m*; **soulever un –** eine Diskussion anregen; **verser au –** in die Diskussion einbringen; **– de conscience** Gewissensfrage *f*; **– général** allgemeine Aussprache; **– principal** Hauptverhandlung; **– télévisé** Fernsehdiskussion.

débats *mpl* (1) *(VerfR)* (Parlaments-) Debatte *f*, (2) *(PrzR: phase du procès à l'audience)* (Haupt- *od.* Gerichts-) Verhandlung *f*; **clôture des –** (1) *(VerfR)* Schluß der Debatte, (2) *(PrzR)* Verhandlungsschluß *m*; **marche des –** Gang der Verhandlung; **procès-verbal des –** Verhandlungsprotokoll *n*, Verhandlungsniederschrift *f*; **– budgétaires** Haushaltsdebatte; **– judiciaires** Gerichtsverhandlung; **– préliminaires** Vorverhandlung.

débattre *v.tr.* verhandeln, debattieren, erörtern, be- *od.* durchsprechen.

débauchage *m* (1) Entlassung *f*, Abbau *od.* Freisetzung von Arbeitskräften, (2) *(ArbR)* Abwerbung.

débauche *f (StR)* sexuelle Handlung, Unzucht; Ausschweifung; **incitation de mineur à la –** Förderung sexueller Handlungen Minderjähriger; **provocation à la –** Förderung der Prostitution; **– contre nature** Sodomie *f*, widernatürliche Unzucht; **– professionnelle** gewerbsmäßige Prostitution.

débaucher *v.tr.d.* (1) *(StR)* sexuelle Handlungen (Dritter) fördern; (2) *(WirtR)* entlassen, (3) *(ArbR, HR)* abwerben; **– la clientèle** die Kundschaft abspenstig machen.

debellatio *f (VR)* bedingungslose Kapitulation, völlige kriegerische Unterwerfung mit Vernichtung der Staatsgewalt, Debellatio *f*.

débet *m (Buchf)* Soll *n*, Debet *n*, Soll-Seite *f*, Schuld *f*; **arrêté de –** Erstattungs- *od.* Defektenbeschluß *m*; **procédure de –** Erstattungsverfahren *n*.

débile *adj* (1) schwach, kraftlos, (2) geisteskrank, leicht schwachsinnig.

débilité *f* Schwäche *f*, **– mentale** Geistesschwäche *f*, Debilität *f*, leichter Grad des Schwachsinns *m*.

débirentier *m* Rentenschuldner *m*.

débit *m* (1) *(Buchf: syn. doit)* Soll *n*, Belastung *f*, Debet *n*, (2) *(HR: vente au détail)* Absatz *m*, Vertrieb *m*, Verkauf *m*, (3) *(WirtR)* Geschäft *n*, Laden *m*, Kleinhandel *m*, (4) Energieabgabe, Durchsatz, Leistung; **article d'un – facile** gängige Ware; reißender Absatz; **avis de –** Lastschriftanzeige *f*; **écriture au –**

débit binaire

Lastschrift; **note au** – Lastschriftanzeige, Debetnote; **à notre** – zu unseren Lasten; **porter au** – ins Soll stellen *od.* eintragen; (ein Konto) belasten.

débit binaire *(DV)* Datenübertragungsgeschwindigkeit; **– de boissons** Schankwirtschaft, Getränkeausschank *m*; **– de données** Datenfluß; **– maximum** Höchstleistung; **– numérique** Schrittgeschwindigkeit; **– de tabac** Tabakwarenkonzession, Tabaktrafik *f* (Aut); **– volumique** Mengendurchsatz.

débitant *m* Einzelhändler *m*; Verkäufer *m*; **– commissionné** *(Außh)* Käufer mit Konsignationslager.

débiter (1) *(Buchf)* (ein Konto) belasten, ins Soll stellen, abbuchen, debitieren, (2) verkaufen; (Waren) vertreiben, (3) vortragen, hersagen.

débiteur *adj (SchuldR: obligé, engagé, tenu à une dette)* (zur Leistung) verpflichtet; **compte** – Debitorenkonto *n*; **solde** – Fehlbetrag *m*, Debetsaldo *m*.

débiteur *m* Schuldner *m*, Debitor, Verpflichteter; **pays** – Schuldnerland; **tiers** – Drittschuldner *m*; **– par acceptation** Akzept- *od.* Wechselschuldner; **– d'aliments** (1) Unterhaltsschuldner, (2) *adj* unterhaltspflichtig; **– assigné** beklagter Schuldner; **– cambiaire** Wechselschuldner; **– cédé** *(SchuldR)* bisheriger *od.* ersetzter Schuldner, Zessus *m* (Aut); **– contractuel** Schuldner (auf der Grundlage eines Vertragsverhältnisses); **– défaillant** (1) *(SchuldR)* säumiger Schuldner, (2) *(KonkursR)* zahlungsunfähiger Schuldner; **– failli** Gemeinschuldner; **– gagiste** Pfandschuldner; **– hypothécaire** Hypothekenschuldner; **– d'impôt** Steuerschuldner; **– insolvable** zahlungsunfähiger Schuldner; **– négligent** säumiger Schuldner; **– obligataire** Obligationsschuldner; **– d'un paiement** Schuldner; **– d'une prestation** Leistende(r) *m*, Leistungspflichtige(r); **– primitif** Erstschuldner; **– principal** Hauptschuldner, Hauptverpflichtete(r) *m*; **– de rente** Rentenschuldner; **– en retard** säumiger Schuldner; **– saisi** Pfändungsschuldner; **– solidaire** Gesamt- *od.* Solidarschuldner; **– de la succession** Nachlaßschuldner.

déblayer *(Schutt)* wegschaffen; **– sa correspondance** Briefe sortieren *od.* ordnen; **– le terrain** *fig* den Weg ebnen.

déblocage *m* Freigabe *f*, Aufhebung der Sperre; **autorisation de –** Freigabebewilligung; **– des prix** Aufhebung des Preisstopps; **– des salaires** Aufhebung des Lohnstopps.

débloquer (1) *(crédits)* freigeben, die Sperre aufheben, (2) *(négociations)* wieder ins Rollen bringen.

déboires *mpl* Enttäuschung; Mißerfolg.

déboisement *m* Abholzung, Entwaldung.

débordement *m* (1) Ausuferung, (2) *(DV)* Überlauf.

débouché *m* Absatzgebiet *n*, Absatzmöglichkeit; Absatzmarkt *m*; Arbeitsmarkt *m*; Berufsaussicht *f*; **créer de nouveaux –s** neue Absatzmärkte erschließen; **garantie de –s** Absatzgarantie *f*; **manque de –s** Absatzschwierigkeiten *od.* -stockung; **–s agricoles** Absatzmöglichkeiten für landwirtschaftliche Erzeugnisse; **–s extérieurs** Auslandsmarkt; **–s professionnels** Berufsaussichten *fpl*.

débours *mpl (PrzR: frais exposés à titre d'avance, syn. déboursés)* Auslagen *fpl*, Aufwendungen *fpl*, Kosten *mpl*; Barvorschuß *m*; **rentrer dans ses –** seine Auslagen zurückerstattet bekommen.

débourser *v.tr.d.* auslegen, vorschießen; ausgeben.

debout *adj*: **magistrature –** *(GVR: parquet, ministère public)* Staatsanwaltschaft *f*.

débouté *m* (1) *(ZPR: jugement de débouté, rejet de la demande)* (Klage-)Zurückweisung *f*, (Klage-)Abweisung *f*, (2) *(StPR)* Zurückweisung

déboutement

eines Rechtsmittels (des Angeklagten), Verwerfung (wegen Unzulässigkeit); **– de la demande** Klageabweisung; **– d'opposition** Verwerfung des Einspruchs.

déboutement m *(ZPR)* Abweisung des (Klage-)Anspruchs.

débouter *(PrzR)* zurückweisen, abweisen, verwerfen; **– qqn. de sa demande** die Klage abweisen.

débrayage m *(ArbR: grève de courte durée)* Arbeitseinstellung (meist von kurzer Dauer), Arbeitsniederlegung.

débrayer v.tr.d. die Arbeit kurzfristig niederlegen.

débris m Trümmer pl, Scherben fpl.

débrouiller (une affaire confuse) aufklären.

débudgétisation f *(HaushR)* Übertragung von Ausgaben an nicht im Haushaltsplan nachweispflichtige Anstalten (des öffentlichen Rechts).

début m Anfang m, Beginn m; **appointements de –** Anfangsgehalt; **– de l'année** Jahresanfang, **– de solution** Ansatz (einer Lösung).

débutant m: **avocat –** junger (unerfahrener) Anwalt.

décacheter (einen Brief) öffnen, aufmachen, entsiegeln.

décade f (1) zehn Tage, (2) Jahrzehnt.

décadence f allmählicher Verfall m.

décaissage m, **décaissement** m **de fonds** Auszahlung f.

décaisser v.tr.d. eine Zahlung vornehmen, auszahlen.

décalage m (1) Diskrepanz f; Mißverhältnis n, Abweichung, (2) Unterschied m, Verschiebung f; **– des prix** Preisunterschied m; **– technologique** technischer Rückstand; **– dans le temps** zeitliche Verschiebung od. Auseinanderklaffen.

décaler verschieben, staffeln.

décalque n: **comptabilité par –** Durchschreibebuchführung.

décanat m *(HochschulR)* Amt n od. Würde f des Dekans.

décapitaliser *(GesR)* das Kapital abziehen od. verringern.

décapitation f Enthauptung f.

décharge

décartellisation f *(WirtR)* Entflechtung, Dekartellisierung.

décédé m *(ErbR: défunt, mort)* Verstorbene(r); **les ayants droit du –** Rechtsnachfolger mpl.

décéder (ver-)sterben, ableben.

déceler aufspüren, nachweisen; **se –** sich verraten; sich so zeigen, wie man ist.

décence f Anstand m, Schicklichkeit.

décennal adj 10-jährig; **engagement –** Zehnjahresvertrag.

décennie f Jahrzehnt n, zehn Jahre.

décentralisation f *(VwR)* Dezentralisierung, Dezentralisation; **– administrative** Verwaltungsdezentralisierung od. -autonomie; **– politique** politische Selbstverwaltung.

décentraliser dezentralisieren.

déceptif adj *(HR: trompeur, frauduleux)* irreführend, in betrügerischer Absicht.

décerner (1) *(décréter, ordonner juridiquement)* anordnen, verfügen, erlassen, verhängen, (2) *(accorder une récompense)* verleihen, zuerkennen; **– un mandat d'arrêt** *(StPR)* einen Haftbefehl ausstellen.

décès m *(ZR: mort naturelle d'une personne)* natürlicher Tod m, Sterbefall m, Ableben n; **acte de –** Sterbeurkunde f; **allocation de –** Sterbegeld npl; **assurance- –** Todesfall- od. Ablebensversicherung; **caisse de –** Sterbekasse f; **capital –** Sterbegeld pl; **cause du –** Todesursache; **certificat de –** Todesbescheinigung, Totenschein m; **constatation du –** Feststellung des Ablebens; **détermination de la date du –** Todeszeitfeststellung; **jugement déclaratif de –** Todeserklärung (durch das Gericht); **nombre de –** eingetretene Todesfälle mpl; **présomption de –** Todesvermutung; **registre des –** Sterbebuch n, Sterberegister n; **– prématuré** vorzeitiger Tod.

décharge f (1) *(ZR: libération d'une obligation)* Befreiung f des Schuldners (von einer Verbindlichkeit), Schuldenerlaß m; Quittung f, (2)

209

décharge contrôlée *(GesR, Buchf: libération de toute responsabilité pour la gestion)* Entlastung *f*, Entlastungserklärung, (3) *(SteuerR: dégrèvement)* Erlöschen *n* der Steuerschuld; Steuererlaß *m*, (4) *(UmweltR)* Deponie *f*, Müllkippe *f*; **à sa –** zu seiner Entlastung; **certificat de –** Entlastungs- *od.* Erledigungsbescheinigung; **donner –** entlasten, Entlastung erteilen; **fait à –** *(StPR)* entlastende Tatsache; **témoin à –** Entlastungszeuge *f.*

décharge contrôlée *(UmweltR)* geordnete Deponie, amtlich zugelassener Müllabladeplatz; **– conventionnelle** Entlastung durch Vertrag; **– définitive** *(HaushR)* Entlastung durch den frz. Rechnungshof; **– de mandat** *(SchuldR)* Erledigung des Auftrages nebst Entlastung des Beauftragten; **– publique** (städtische) Mülldeponie; **– avec réserve** Entlastung *od.* Erledigung unter Vorbehalt; **– sauvage** wilde (Müll-)Deponie.

déchargement *m (SeeHR)* Abladung, Löschung *f*; **droit de –** Löschgeld *n.*

décharger (1) *(SeeHR)* abladen, löschen, (2) entlasten, (3) *(ArbR, SteuerR)* befreien; **se – de son travail sur qn.** jm. die eigene Arbeit übertragen; **– une arme** (eine Waffe) abfeuern; (das Gewehr) entladen, die Munition herausnehmen.

déchéance *f* (1) *(ZR: perte d'un droit)* Rechtsverlust *m*, Verwirkung *f* eines Anspruchs, (2) *(BeamR: perte d'une fonction)* Absetzung, Verwirkung eines Amtes, Aberkennung; **clause de –** Verwirkungs- *od.* Verfallklausel; **à peine de –** unter Androhung Rechtsverlusts; **tomber en –** verfallen (infolge Nichtausübung); **– du bénéfice d'inventaire** *(ErbR)* Verlust des Rechtes, durch Errichtung eines Inventars die Erbenhaftung auf den Nachlaß zu beschränken; **– du brevet** Erlöschen des Patentes, Aberkennung *od.* Widerruf des Patents (Aut); **– du droit** *(ZR)* Anspruchsverwirkung, Rechtsverlust; Aberkennung eines Rechts; **– du droit à pension** Aberkennung der Versorgungsansprüche; **– des droits civiques** *(StR)* Aberkennung der bürgerlichen Ehrenrechte; **– des fonctions** Amtsverlust, (dauernde) Amtsenthebung; **– de la garantie** (1) *(ZR, HR)* Ablauf der Garantiefrist, Verlust der Gewährleistungsansprüche, (2) *(VersR)* Verlust des Versicherungsschutzes; **– de la nationalité** Ausbürgerung *f*, Aberkennung der Staatsangehörigkeit (durch Strafurteil oder Verwaltungsakt); **– de la pension de retraite** *(SozR)* Verwirkung der Rentenansprüche, Aberkennung des Ruhegehalts; **– professionnelle** Berufsverbot; Gewerbeuntersagung; **– de la puissance parentale** *(FamR)* Aberkennung *od.* Entziehung *od.* Verwirkung des elterlichen Sorgerechts; **– quadriennale** *(VwR)* Verjährungsfrist von 4 Jahren (bei Forderungen gegenüber dem Staat); **– du terme** sofortige Fälligkeit bei Zahlungsunfähigkeit; **– trentenaire** *(ZR)* regelmäßige Verjährungsfrist (von 30 Jahren).

déchet(s) *m(pl)* (1) *(UmweltR)* Abfall *m*, Müll *m*; Abgang *m*, (2) *(HR)* Ausschußware *f*; Schrott *m*, (3) *(SeeHR)* Schwund *m*, Verlust *m*, (4) *pl* Müll *m*; **recyclage des –s, retraitement des –s** Abfallwiederaufbereitung; **–s encombrants** Sperrmüll; **–s industriels** Industriemüll; **–s nucléaires, –s radioactifs** radioaktive Abfallstoffe, Atommüll; **–s spéciaux** Sonderabfälle; **–s toxiques** Giftmüll.

déchoir *v.intr.* verfallen, verlieren, verlustig gehen, für verlustig erklären.

déchu *adj* (1) verlustig, (2) abgesetzt; **être – d'un droit** (ein) Recht *od.* Anspruch verwirken *od.* einbüßen.

décider verfügen, entscheiden, eine Entscheidung treffen, beschließen.

décideur *m* Entscheidungsträger *m.*

décime *m* **additionnel** *(SteuerR:*

décimer *majoration d'un décime par franc)* Säumniszuschlag *m* (10 Prozent) bei Geldstrafen *od.* Steuern.

décimer *v.tr.* ausrotten, ausmerzen.

décisif *adj* entscheidend; **jugement** – Endurteil; **pièce –ve d'un procès** prozeßentscheidendes Schriftstück.

décision *f* (1) *(ÖfR, ZR: action de décider, de juger)* Beschlußfassung *f*, Entscheidung *f*, (2) *(PrzR: décision d'un tribunal)* Urteil *n*, (gerichtliche) Verfügung *f*, (Gerichts-)Beschluß *m*; Urteilstenor *m*, (3) *(ÖfR: délibération)* Beschluß *m* (einer gesetzgebenden Versammlung z.B.), (4) *(VwR: acte de l'Administration)* Verwaltungsmaßnahme *f*, (Verwaltungs-)Anordnung *f*, Bescheid *m*; Verwaltungsakt *m*; **droit de –** Entscheidungsbefugnis; **mettre à exécution une – de justice** die Zwangsvollstreckung betreiben, eine Gerichtsentscheidung vollziehen; **motiver une –** *(PrzR)* eine Entscheidung mit Gründen versehen *od.* begründen; **pouvoir de –** Entscheidungsbefugnis *f*; **prendre une –** eine Entscheidung treffen; einen Beschluß fassen; **réformer une –** einen Beschluß abändern.

décision administrative Verwaltungsmaßnahme *f*, Bescheid *m*, amtliche Verfügung; **– d'affectation** *(VwR)* Zuweisungs- *od.* Widmungsverfügung; **– d'agrément** *(VwR)* Ermächtigung, Entscheidung über die Zulassung; **– d'approbation** *(VwR)* Genehmigungsbeschluß *od.* -bescheid; **– d'arbitrage, – arbitrale** Schiedsspruch *m*, schiedsgerichtliche Entscheidung; **– attaquée** *(ZPR)* angefochtene Entscheidung; **– d'attribution** Zuteilungsverfügung *od.* -bescheid.

décision de classement *(StPR)* Niederschlagungsverfügung; **– de confiscation** *(StPR)* Einziehung(sbescheid); Verfallserklärung; **– du conseil municipal** *(VwR)* Gemeinderatsbeschluß; **– contradictoire** *(PrzR)* kontradiktorische Entscheidung, streitiges Urteil; **– créant un droit particulier individuel** *(VwR)* begünstigender Verwaltungsakt; **– par défaut** *(ZPR)* Versäumnisurteil; **– définitive** rechtskräftige Entscheidung, Endurteil; **– disciplinaire** *(DiszR)* Disziplinarmaßnahme *od.* -verfügung, Verweis *m*; **– discrétionnaire** *(VwR)* Ermessensentscheidung; **– de dissolution** Auflösungsbeschluß.

décision entreprise angefochtene *od.* angegriffene Entscheidung; **– erronée** Fehlentscheidung; **– d'espèce** Einzelfallentscheidung (im Gegensatz zum Grundsatzurteil); **– exécutoire** (1) *(ZPR)* vollstreckbare (Gerichts-)Entscheidung, rechtskräftiges Urteil, (2) *(VwR)* vollstreckbare Maßnahme der Verwaltung; **– exécutoire particulière individuelle** *(VwPR)* gestaltender Verwaltungsakt *m*; **– exécutoire par provision** *(PrzR)* vorläufig vollstreckbare Entscheidung; **– d'expulsion** *(StR)* Ausweisungsverfügung, Abschiebungsbeschluß.

décision faisant grief (1) *(ZPR)* ungünstiges Urteil (mit materieller Beschwer), Entscheidung mit nachteiligem Inhalt, (2) *(VwR)* belastender Verwaltungsakt, beschwerende Verfügung; **– finale** *(PrzR)* Endurteil; **– au fond** *(PrzR)* Sachentscheidung *od.* -urteil, Entscheidung in der Sache selbst *od.* zur Hauptsache; **– de fusion** *(GesR)* Verschmelzungsbeschluß; **– générale** *(VwR)* Allgemeinverfügung, allgemeiner Beschluß; **– gouvernementale** Regierungsbeschluß; **– gracieuse** *(ZPR)* richterliche Verfügung (prozeßleitender Natur), Ermessensentscheidung; **– de grève** *(ArbR)* Streikbeschluß; **– d'homologation** *(Wz)* Eintragungsbewilligung, amtliche Zulassung.

décision implicite de refus *(VwR)* Untätigkeit der Behörde, stillschweigende ablehnende Entscheidung; – **implicite de rejet** *(VwR)* stillschweigende Ablehnung, Schweigen *n* der Verwaltung als ablehnende Verfügung; – **d'imposition** Steuerbescheid, Abgabenbescheid; – **incriminée** angefochtene *od.* angegriffene Entscheidung; – **individuelle** *(VwR)* Verwaltungsakt *m*; – **d'internement** *(StR, ZR)* gerichtliche Anordnung der Anstaltsunterbringung, Internierungsverfügung.

décision judiciaire *ou* **de justice** Gerichtsurteil, gerichtliche Entscheidung; – **de licenciement** Entlassung, Kündigung des Arbeitgebers; – **de lock-out** *(ArbR)* Aussperrungsbeschluß; – **majoritaire** Mehrheitsbeschluß, Mehrheitsentscheid; – **mal rendue** Fehlentscheidung; – **motivée** *(PrzR)* begründete Entscheidung, mit Gründen versehene Entscheidung, (2) *(VwR)* maßgebliche Gründe.

décision particulière individuelle *(VwR)* Verwaltungsakt *m*; – **pénale** Strafurteil; – **préalable** *(VwPR)* Entscheidung der Verwaltungsbehörde (als Voraussetzung der Zulässigkeit der verwaltungsgerichtlichen Klage), Vorbescheid, (2) *(ZPR)* Vorabentscheidung (über den Grund); – **préjudicielle** Präjudiz *n*, vorausgegangene Entscheidung, Vorentscheidung; – **de principe** Grundsatzentscheidung; – **prise en assemblée plénière** Plenarbeschluß, – **provisionnelle** (S) einstweilige Verfügung; – **provisoire** (1) *(ZPR)* vorläufig vollstreckbare Entscheidung, (2) einstweilige Verfügung; – **prud'homale** arbeitsgerichtliche Entscheidung; – **de quitus** *(GesR)* Entlastung des Vorstands, Entlastungsbeschluß.

décision de refus *(VwR)* ablehnender Bescheid; – **réglementaire** (Verwaltungs-)Anordnung; – **de rejet** Abweisungsbeschluß, abweisendes Urteil; – **rendue par défaut** Versäumnisurteil; – **rendue en dernière instance** letztinstanzliche Entscheidung, rechtskräftiges Urteil (nach Erschöpfung des Rechtswegs); – **rendue sur recours** Rechtsmittelentscheidung; – **de renvoi** *(IPR)* Rückverweisung, Zurückverweisungsbeschluß, – **de retrait** Rücktrittserklärung.

décision de saisie (1) *(ZwangsVR)* Pfändungsbeschluß, (2) *(StPR)* Einziehungsbescheid, Beschlagnahmeverfügung, Verfallerklärung; – **en sens contraire** gegenteilige *od.* widersprechende Entscheidung.

décisoire *adj*: **serment** – *(ZPR)* sachentscheidender Eid, für den Richter verbindliche beeidigte Aussage (einer Partei).

déclarant *m* Erklärende(r), Anmeldende(r); – **en douane** (Zoll-) Deklarant *m*.

déclaratif *adj*: **acte – de droits** Rechtsakt mit deklaratorischer Wirkung; **jugement – de filiation** *(FamR)* Abstammungsurteil mit Feststellungswirkung.

déclaration *f* (1) *(ZR)* (Willens-)Erklärung, Mitteilung, (2) *(VwR)* Anmeldung *f*, Anzeige *f*; Bekanntmachung; Angabe *f*, (3) *(VR)* Deklaration, völkerrechtlicher Vertrag, (4) *(SeeHR)* Ladeliste *f*; **à – obligatoire** anzeigepflichtig *adj*; **bulletin de –** Anmeldeschein *m*, Meldezettel *m*; **certificat de –** Anmeldeschein *od.* -bescheinigung; **faire une –** *(Pol)* eine Erklärung abgeben; **fausse –** falsche *od.* unrichtige Angabe; **manquement à l'obligation de –** *(VersR)* Verletzung der Anzeigepflicht; **procédure de –** Anmeldeverfahren *n*; **registre de –** Melderegister *n*; **soumis à –** anzeige- *od.* meldepflichtig.

déclaration d'abandon *(ZR)* Abandon- *od.* Verzichterklärung, Verzicht auf das Eigentumsrecht; – **d'absence** (1) Abwesenheitserklärung, (2) Verschollenheitserklärung; – **d'acceptation** Annahmeerklärung; Akzepterklärung (S); – **d'accession** Beitrittserklärung; –

d'accident Unfallanzeige *f*, Unfallmeldung; **– d'accident du travail** Arbeitsunfallanzeige, Meldung eines Arbeitsunfalls; **– d'accord** Einverständnis- *od.* Zustimmungserlärung; **– additionnelle** Zusatzerklärung, Zusatz *m*; **– d'adhésion** *(VR)* Beitrittserklärung, Zustimmungserklärung; **– d'adjudicataire** Benennung des Auftraggebers (bei einer öffentlichen Versteigerung); **– d'admission temporaire** Zollvormerkschein *m*; **– des aggravations de risque** *(VersR)* Anzeige der Gefahrerhöhung; **– annexe** Zusatzerklärung; **– d'appel** *(PrzR)* Berufungseinlegung; **– de l'avarie** Andienung des Seeschadens, Schadensanzeige.

déclaration des biens Vermögensangabe *od.* -erkärung; **– de candidature** Ankündigung einer Kandidatur; **– de cession** Abtretungsanzeige *f*, Abtretungserklärung; **– de changement de domicile** (polizeiliche) Abmeldung (am alten Wohnsitz) u. Anmeldung (am neuen Wohnsitz); **– de chômage** Arbeitslosmeldung; **– de command** *(HR)* Benennung des Auftraggebers; Erklärung, durch die der Kommissionär den Namen seines Auftraggebers bekanntgibt; **– commune** gemeinsame Erklärung; **– complémentaire** Zusatzerklärung, ergänzende Erklärung; **– de conformité** *(HaushR)* Erklärung des frz. Rechnungshofes über die Ordnungsmäßigkeit staatlicher Haushaltsführung; **– de confiscation** *(StPR)* Einziehungsbeschluß *m*, Verfallerklärung, Enteignungsbescheid; **– de consentement** *(ZR)* Zustimmung; **– du contenu** *(ZollR)* Inhaltserklärung *od.* -angabe; **– de créance** *(KonkursR)* Forderungsanmeldung.

déclaration de décès (1) Anzeige eines Sterbefalls, (2) *(ZPR)* Todeserklärung; **requête de – –** Antrag auf Todeserklärung.

déclaration de déchéance *(ZR)* Feststellung des Rechtsverlusts, Verlustigerklärung (S); **– de délaissement** *(SeeHR)* Abandonerklärung; **– de départ** Abmeldung; **– en détail** Zollanmeldung; **– de dividende** Devidendenerklärung; **– de domanialité** *(VwR)* Widmungsverfügung; **– domiciliaire** *(VwR)* An- *od.* Abmeldung (bei der Meldebehörde); **– de dommage** Schadensanmeldung *od.* -anzeige; **– en douane** Zollinhaltserklärung, Zollanmeldung; **– des droits** *(VerfR)* Grundrechtskatalog *m*; **– des droits de l'homme et du citoyen** *(hist. 1789)* Erklärung der Menschen- und Bürgerrechte.

déclaration écrite schriftliche Erklärung; **– d'engagement** Verpflichtungserklärung; **– d'envoi** Versandanzeige; **– des existences** Stichtagsmeldung; **– d'exportation** Ausfuhrerklärung; **– de faillite** Antrag auf Eröffnung des Konkurses; **– fiscale** Steuererklärung; **– sous la foi du serment** eidesstattliche Versicherung; **– de fortune** (1) *(ZR)* Vermögensverzeichnis, (2) Vermögensteuererklärung; **– frauduleuse** Erklärung in betrügerischer Absicht, betrügerische Angabe.

déclaration de garantie Garantieerklärung, Haftungsübernahme; **– gouvernementale** Regierungserklärung; **– de grossesse** *(ArbR)* Mitteilung der Schwangerschaft; **– de guerre** Kriegserklärung; **– sur l'honneur** Ehrenwort; **– d'importation** Abgabe der Einfuhrerklärung; **– d'impôt** Steuererklärung; **– d'impôt sur le revenu** Einkommensteuererklärung; **– d'incompétence** Unzuständigkeitserklärung; **– d'indépendance** *(VR)* Unabhängigkeitserklärung; **– d'indigence** Feststellung der Bedürftigkeit; **– inexacte** falsche Angabe; **– d'insolvabilité** Feststellung der Zahlungsunfähigkeit; **– d'intention** *(Pol)* Grundsatz- *od.* Absichtserklärung.

déclaration judiciaire de décès (gerichtliche) Todeserklärung; **– de**

déclaration de nullité / **déclinatoire**

jugement commun *(ZPR)* Feststellung der Streitgenossenschaft; – **mensongère** falsche Angabe; – **ministérielle** Regierungserklärung; – **de modèle** Musteranmeldung; – **de naissance** Geburtsanzeige; – **de nationalité** Angabe der Staatsangehörigkeit; – **de neutralité** Neutralitätserklärung; – **notariée** notarielle Beurkundung einer Willenserklärung.

déclaration de nullité Nichtig- *od.* Nichtigkeitserklärung, Unwirksamkeitserklärung; **action en – –** Nichtigkeitsklage.

déclaration obligatoire Anzeigepflicht *f*, Meldepflicht; – **officielle** amtliche Erklärung; – **de perte** Verlustanzeige; – **de principe** Grundsatzerklärung; – **de priorité** *(GB)* Prioritätsfeststellung; – **programme** *(Pol.)* programmatische Erklärung; – **provisoire** vorläufige Anmeldung; – **publique** öffentliche Erklärung; – **de réciprocité** Gegenseitigkeitserklärung; – **de recours** *(PrzR)* Rechtsmitteleinlegung; – **de refus** *(Wz)* Schutzverweigerungserklärung; – **de règlement forfaitaire et définitif** Abfindungserklärung; – **de renonciation** Verzichtserklärung; – **de résiliation** Kündigung; Rücktrittserklärung; – **de responsabilité** Übernahme der Haftung (für einen Schaden); – **de revenus** Einkommensteuerererklärung; – **de risque** *(VersR)* Anzeige gefahrerheblicher Umstände; – **de saisie** *(StPR)* Einziehungsbeschluß, Verfallserklärung; – **de sinistre** *(VersR)* Schadensanzeige *od.* -meldung; – **sous (la foi du) serment** eidesstattliche Erklärung; – **de souscription** *(GesR)* Bezugserklärung, Zeichnungsanmeldung; – **de stock** Bestandsmeldung; – **de succession** Anzeige des Erbfalls; – **de surenchère** Einreichung eines Mehrgebots bei Gericht (für eine bereits zugeschlagene Sache); – **de transbordement** Umladevermerk.

déclaration unilatérale *(ZR)* einseitige Willenserklärung; – **Universelle des Droits de l'Homme** *(VR: UNO)* Allgemeine Erklärung der Menschenrechte (vom 10. 12. 1948); – **d'utilité publique** (1) *(VwR)* Vorbescheid über eine Enteignung zur Befriedigung öffentlicher Belange, (2) *(Vereinsrecht)* Feststellung der Gemeinnützigkeit; – **de valeur** *(ZollR)* Wertangabe; – **des valeurs** *(BörR)* Stichtagsmeldung; – **de volonté** Willenserklärung.

déclaratoire *adj* deklaratorisch; **acte –** Rechtsgeschäft mit deklaratorischer *od.* feststellender Wirkung.

déclarer *v.tr.* (1) anmelden, melden, (2) erklären, (3) die Zollabfertigung beantragen, verzollen; **lettre avec valeur –rée** Wertbrief *m*; **revenus –rés** versteuertes Einkommen; **sommes non- –rées** unversteuerte Einnahmen; **volonté –rée** (ausdrückliche) Willenserklärung; – **nul et non avenu** für null und nichtig erklären; – **persister** *(StPR)* eine Aussage aufrechterhalten und bekräftigen.

déclassement *m* (1) *(ArbR)* Herabstufung, Zurückstufung, Deklassierung, (2) *(VwR: désaffection d'un bien du domaine public)* Entwidmung; – **professionnel** berufliche Schlechterstellung, unterwertige Beschäftigung; – **social** sozialer Abstieg.

déclasser *v.tr.* (1) *(ArbR)* niedriger einstufen, herabstufen, zurückstufen, (2) entwidmen, (3) (Akten) in Unordnung bringen.

déclenchement *m* Auslösung *f*; Beginn *m*, Ausbruch *m*; – **d'une grève** Einleitung eines Streiks.

déclencher auslösen, in Gang setzen.

déclin *m* Nachlassen *n*, Abnahme *f*, Sinken *n*, Untergang *m*; – **économique** wirtschaftlicher Rückgang *m*; – **structurel** struktureller Rückgang.

déclinatoire *adj* ablehnend, prozeßhindernd; *m* Einrede der Unzuständigkeit; **élever un – devant un tribunal** *(ZPR)* einen Verweisungsantrag stellen; **exception –** prozeßhindernde Einrede der Unzuständigkeit; **– de compétence** *(VwPR)* Zuständigkeitsstreit *m*, Kompetenzkonflikt (erhoben durch schriftlichen Antrag des Präfekten an das Zivilgericht, sich für unzuständig zu erklären u. die Rechtshängigkeit aufzuheben); **– de connexité** *(ZPR)* Antrag auf Verweisung an ein anderes Gericht wegen Sachzusammenhanges; **– de litispendance** *(ZPR)* Einrede der Rechtshängigkeit.

décliner *v.tr.d.* ablehnen; **– la compétence** sich auf die Unzuständigkeit (eines Gerichts) berufen; **– son identité, – ses nom et qualités** sich ausweisen, seine Personalien angeben; **– toute responsabilité** jegliche Haftung ablehnen.

décodage *m* Entschlüsselung.

décollage *m* Abheben *n*, Start *m*; **– économique** Beginn der wirtschaftlichen Entwicklung (in den Entwicklungsländern).

décommander *v.tr.* abbestellen; **se –** (einen Termin) absagen.

de commodo et incommodo: enquête – *(VwR)* Anhörungsverfahren (im Rahmen der Planfeststellung).

décomposer zerlegen; **se –** zerfallen; *(Leiche)* verwesen.

décomposition *f* Auflösung *f*, Zerfall *m*, Abbau *m*, Zersetzung.

décompte *m* (1) *(Buchf)* Saldofeststellung; *Ausgleichsposten m*, (2) *(calcul du montant de la dette)* Abrechnung *f*, Liquidation *f*; **faire le –** abziehen; **intervenir dans le –** angerechnet werden (auf); **période de –** Abrechnungszeitraum *m*; **– définitif** Schlußabrechnung; **– d'exploitation** Betriebsabrechnung; **– du fret** Frachtberechnung; **– général** Gesamtabrechnung; **– individuel des voix** Auszählung der Stimmen; **– particulier** Einzelabrechnung; **– des salaires** Lohnabrechnung; **– des voix** Stimmenauszählung.

décompter *(Buchf)* abziehen, verrechnen, in Abzug bringen.

déconcentration *f* (1) *(GesR: Konzern)* Entflechtung, (2) *(VwR)* Dekonzentration.

déconcentrer *v.tr.d.* entflechten.

déconfiture *f* *(ZR, ZwangsVR: débiteur en état d'insolvabilité)* Zahlungsunfähigkeit (einer Privatperson), (2) *(GesR, KonkursR)* Zahlungseinstellung.

décongestionner *v.tr.d.* *(région, centre)* entlasten.

déconseiller *v.tr.d.* jmdn. von etwas abraten, warnen, nicht zuraten.

déconsidération *f* Herabsetzung *f*, Diskreditierung, Mißkredit.

déconsigner *v.tr.d.* (Gepäck aus der Gepäckverwahrung) abholen.

déconstitutionnalisation *f* Aberkennung des Verfassungsrangs (für bestimmte Rechtsnormen).

décontamination *f* *(UmweltR)* Entseuchung, Entgiftung, Dekontaminierung.

décoration *f* Auszeichnung *f*, Ehrenzeichen *n*, Orden *m*; Ordensverleihung; **– d'intérieur** Innenarchitektur *f*.

décorer *v.tr.d.* auszeichnen, einen Orden verleihen.

décote *f* (1) *(SteuerR: réduction sur l'impôt)* Steuerermäßigung, (2) *(BörR)* Unterbewertung *f*.

découler sich ergeben (aus).

découpage *m* (1) *(Buchf)* Aufschlüsselung *f*, Verteilung *f*, (2) Aufteilung *f*; **– électoral** Wahlkreiseinteilung.

décousu *adj* unzusammenhängend, zusammenhanglos.

découvert *n* (1) *(BankR)* Kontokorrentkredit *m*, Überziehungskredit; Kontoüberziehung *f*, (2) *(VersR)* Deckungslücke *f*, (3) *(HaushR)* Fehlbetrag *m*, Defizit *n*; **achat à –** *(BörR)* Kauf auf Hausse; **compte à – –** überzogenes Konto; **être à –** ungedeckt sein; ein Minus aufweisen; **vendre à –** blanko *od.* ohne Deckung verkaufen; **– autorisé** Dis-

215

positionskredit *m*; – **obligatoire** *(VersR)* Selbstbehalt *m*.
découverte *f* (1) *(ZR)* Fund *m*, Auffinden *n* (einer Sache), (2) *(PatR)* Entdeckung; – **scientifique** Erkenntnis der Wissenschaft; – **de la vérité** Wahrheitsfindung.
découvreur *m* Erfinder, Entdecker.
découvrir (1) aufdecken, enthüllen, (2) entdecken.
décret *m (OfR: règlement aux dispositions générales et impersonnelles)* frz. Regierungsgesetz *n*, (Rechts-)Verordnung *f*, Dekret *n*; – **d'application** Durchführungsverordnung; – **d'application de la loi** (Gesetzes-)Ausführungsverordnung; – **d'avances** *(HaushR: crédits non prévus)* Regierungserlaß über Nachtragsmittel, Vorwegbewilligung; – **de concession** *(VwR)* Konzessions- *od.* Verleihungsurkunde; – **en conseil des ministres** (vom Ministerrat beschlossene) Rechtsverordnung; – **de convocation** *(VerfR)* Einberufung (der Nationalversammlung); – **de dissolution** Auflösungsverfügung *od.* -dekret; – **de grâce** *(StR)* Gnadenakt *m*; – **individuel** Ministerialerlaß (eine einzelne Person betreffend), Verwaltungsakt; – **d'institution** Erlaß über die Errichtung (einer Dienststelle).
décret-loi *(hist)* Notverordnung (mit Gesetzeskraft), Gesetzesdekret (in der III. u. IV. Republik); – **ministériel** Ministerialerlaß *m*; – **de naturalisation** Einbürgerungsbescheid *m*; – **de nomination** (1) *(BeamR)* Ernennung(sbescheid), Berufung (in das Beamtenverhältnis), Bestellungsdekret *n* (Aut), (2) Ernennungs- *od.* Bestallungsurkunde; – **pris dans la forme des règlements d'administration publique** *(hist)* Rechtsverordnung (verabschiedet nach Anhörung des Conseil d'État); – **de répartition** *(HaushR)* Regierungserlaß über die Verteilung der bewilligten Haushaltsmittel unter den einzelnen Ressorts; – **simple** *(VwR)* Erlaß.

décrétale *f (KirchR)* Dekretale *f*; Kirchengesetz.
décréter *v.tr. (OfR: ordonner par décret)* verordnen, anordnen, verfügen; – **l'état d'urgence** *(VerfR)* den Notstand *od.* Verteidigungsfall verkünden *od.* ausrufen; – **le couvre-feu** *(MilR)* ein Ausgehverbot verhängen; – **qqn. de prise de corps** *(StR)* die Festnahme anordnen.
décrier *v.tr.* (1) *(Währung)* außer Kurs setzen, (2) *(Person)* jmdn. in Verruf bringen.
décrire *v.tr.* beschreiben, darstellen, darlegen.
décrispation *f (Pol)* Entschärfung (der Situation), Entkrampfung, Annäherung.
décroissance *f* Rückgang *m*, Abnahme *f*, Wachstumsminderung; – **de la population** Bevölkerungsrückgang.
décroître abnehmen, zurückgehen.
décryptage *m* Entschlüsselung.
de cujus *m (ErbR: le défunt)* Erblasser *m*.
dédaigner *v.tr.* geringschätzen, verschmähen.
dédicacer *v.tr.* widmen, zueignen.
dédire *v.pron.*: **se** – **(d'un engagement)** etwas widerrufen *od.* in Abrede stellen; nicht erfüllen, (einer Verpflichtung) nicht nachkommen; (vom Vertrag) zurücktreten.
dédit *m* (1) *(Erklärung)* Widerruf *m*, (2) *(ZR, HR: faculté de se délier d'un contrat)* Rücktritt *m* vom Vertrag, Rücktrittsrecht, (3) *(ZR, HR: somme versée pour se dédire)* Vertrags- *od.* Konventionalstrafe, Reugeld *n*, Abstandsgeld.
dédommageable *adj* ersatzpflichtig.
dédommagement *m* Entschädigung *f*, Schadensersatz *m*, Ersatz(leistung), Schadloshaltung; **droit à** – Entschädigungs- *od.* Ersatzanspruch *m*; – **complet** *ou* **intégral** volle Befriedigung, voller Ausgleich; – **partiel** Teilentschädigung.
dédommager *v.tr.* entschädigen, Ersatz leisten, Schadensersatz gewähren, schadlos halten.

dédouanement *m* zollamtliche Abfertigung, Verzollung; **certificat de –** Abfertigungsbescheinigung; **– à l'entrée** Einfuhrverzollung *od.* – abfertigung; **– à la sortie** Ausfuhrabfertigung.

dédouaner *v.tr.* (zum freien Verkehr) abfertigen.

dédoublement *m* Aufspaltung, Zweiteilung.

dédramatiser *(Pol)* entschärfen.

déductibilité *f (SteuerR)* Abzugsfähigkeit.

déductible *adj* abzugsfähig; absetzbar; **frais –s** abzugsfähige Unkosten.

déduction *f* (1) Abzug *m*, Verminderung, Herabsetzung, (2) Schlußfolgerung; **faire – des arrhes versées** unter Anrechnung der Anzahlung; **porter en –** in Abzug bringen; **– à la base** *(SteuerR)* Steuerfreibetrag, Freigrenze; **– faite des frais** nach Abzug der Kosten; **– pour charges de famille** Familienfreibetrag.

déduire (1) abziehen, in Abzug bringen, (2) schließen, folgern.

de facto de facto, tatsächlich (bestehend).

défaillance *f* (1) *(SchuldR)* Verzug *m*, Nichterfüllung (bei Fälligkeit), (2) *(ZPR)* Säumnis *f*, Versäumnis *n*; (3) *(Pol)* Schwäche *f*, Ohnmacht *f*, Untätigkeit, (4) *(Gerät)* Ausfall *m*.

défaillant (1) *(adj)* säumig, (2) *(m)* säumige Partei; Vertragspartner, der seinen Verpflichtungen nicht nachkommt; **témoin –** nicht erschienener Zeuge.

défaire: se – d'un employé einem Angestellten kündigen; **se – d'un objet** eine Sache veräußern.

défaite *f* Niederlage *f*, Schlappe *f*; **– électorale** Wahlniederlage.

défalcation *f* Abzug *m*, **– faite des frais** nach Abzug der Kosten.

défalquer abrechnen, abziehen.

défaut *m* (1) *(SchuldR: défectuosité, vice)* Fehler *m*, Mangel *m*, (2) *(PrzR: situation d'un plaideur qui ne comparaît pas)* Abwesenheit *f*, Säumnis *f*, Ausbleiben *n*, Versäumnis *n*, (3) Fehlen *n*; Unterlassung *f*, Nichteinhaltung *f*; **à –** anderenfalls, sonst; **à – de** in Ermangelung von; anstelle von, mangels; **condamnation par –** *(StPR)* Verurteilung in Abwesenheit; **donner –** *(ZPR)* die Säumnis *od.* das Ausbleiben feststellen; **cacher les –s** die Mängel vertuschen; **déceler un –** einen Mangel entdecken; **entaché d'un –** mangelhaft, mit einem Mangel behaftet; **être en –** *(StR)* die Schuld (an etwas) tragen, gegen eine Vorschrift verstoßen; **faire –** den Termin versäumen, nicht erscheinen, ausbleiben, abwesend sein; **jugement par –** *(ZPR)* Versäumnisurteil *n*; **par –** in Abwesenheit; **présenter un –** einen Mangel aufweisen; **remédier à un –** einen Mangel beheben.

défaut d'attention Unaufmerksamkeit *f*, Verletzung der Sorgfaltspflicht; **– de base légale** Fehlen der gesetzlichen Voraussetzungen, Fehlen einer gesetzlichen Grundlage; **– caché** verborgener Mangel; **– de comparaître, – de comparution** Nichterscheinen *n* (vor Gericht); **– de compétence** *(PrzR; VwR)* mangelnde Zuständigkeit; **– de conception** Konstruktionsfehler; **– de conformité** (1) *(SchuldR)* Vertragswidrigkeit, (2) *(Urkunden)* Nichtübereinstimmung *f*; **– congé** *(ZPR)* Versäumnisurteil gegen den Kläger, Klageabweisung; **– de consentement** *(ZR)* Fehlen *n od.* Mangel der Zustimmung, fehlende Willensübereinstimmung; **– de construction** Fertigungsfehler; **– contre partie** Nichterscheinen *n*; **– de déclaration** Nichtbeachtung der Anmeldungs- *od.* Meldepflicht; **– de discernement** fehlende Einsichtsfähigkeit; **– d'enregistrement** Nichteintragung; **– d'entretien** mangelhafte Wartung; **– d'exploitation** (1) Nichteinhaltung der Betriebspflicht, (2) *(PatR)* unterlassene Ausübung.

217

défaut de fabrication Herstellungs-, Fertigungs- *od.* Fabrikationsfehler; **– faute de comparaître** *(ZPR)* Versäumnis infolge Nichterscheinens (zur mündlichen Verhandlung); **– faute de conclure** *(ZPR)* Säumnis infolge Unterlassung der Antragstellung; **– de forme** Formmangel *m*, Formfehler, Formgebrechen *n* (Aut); **– incorrigible** nicht zu behebender Mangel; **– d'information, – d'instruction** Verletzung der Informationspflicht; Instruktionsfehler; **– d'intérêt** *(ZPR)* fehlendes Rechtsschutzbedürfnis; **– d'inventaire** unterlassene Inventarerrichtung, fehlende Inventur; **– du matériel** *ou* **de la matière** Materialfehler; **– de montage** Einbaufehler; **– de motif** *(PrzR)* unzureichende *od.* fehlende Begründung; **– de notification** unterbliebene Zustellung; **– de nouvelles** *(ZR)* nachrichtenlose Verschollenheit; **– d'une partie** *(ZPR)* Ausbleiben einer Partei (in einem gehörig angeordneten Termin).

défaut de paiement *(SchuldR)* Zahlungs- *od.* Schuldnerverzug, Nichtzahlung *f*; **– de préavis** nicht fristgemäße Kündigung; **– de prestation** *(SchuldR)* Leistungsverzug, Nichtleistung *f*; **– de preuve** *(ZPR)* fehlende *od.* unzureichende Beweismittel; **à – de preuve** mangels Beweises; **– de procuration** Fehlen der Vollmacht; **– de provision** fehlende Deckung; **à – de provision** mangels Deckung; **– de quorum** Beschlußunfähigkeit, mangelnde Beschlußfähigkeit; **– de rédaction** mangelhafte *od.* fehlerhafte Abfassung (einer Urkunde); **– de renouvellement** Nichterneuerung; **– de renseignement** Instruktionsfehler, Verletzung der Auskunftspflicht; **– de surveillance** Aufsichtspflichtverletzung, Verletzung der Obhutspflicht; **– de volonté** Willensmangel *m*, fehlende *od.* mangelhafte Willenserklärung.

défavorable *adj* nachteilig, ungünstig; **avis –** ablehnender Bescheid.

défavoriser *v.tr.d.* benachteiligen, schlechterstellen; diskriminieren.

défection *f* Abfall *m*, Loslösung *f*, Bruch *m*, Verrat *m*; **faire –** jmdn. verraten, verlassen.

défectueux *adj* schadhaft, mangelhaft, fehlerhaft; **inventaire –** unvollständiges Inventar.

défectuosité *f* Mangel(haftigkeit), Fehlerhaftigkeit, Schaden *m*, Defekt *m*.

défendable *adj* vertretbar, verfechtbar, haltbar.

défendant: à son corps – *loc. adv.* gegen seinen Willen, widerwillig.

défendeur *m*, **défenderesse** *f (ZPR: partie contre laquelle une demande en justice est formée)* Beklagte(r) *m/f*, beklagte Partei; **– en appel** *(ZPR: intimé)* Berufungsbeklagte(r), Berufungsgegner *m*; **– en cassation** Revisionsbeklagte(r) *m*, Revisionsgegner.

défendre (1) *(interdire, prohiber)* verbieten, untersagen, (2) *(soutenir, assister)* vertreten, verteidigen; **– les intérêts de qqn.** die Interessen wahren *od.* wahrnehmen.

défen(d)s *m (Forst)* Schonung *f*.

défense *f* (1) *(interdiction, prohibition)* Verbot *n*, Untersagung *f*, (2) *(PrzR)* Verteidigung *f*, Vertretung *f*, Klagebeantwortung *f*; Verteidigungsschrift, -rede *f*, (3) *(MilR)* Landesverteidigung, Abwehr *f*; **légitime –** *(StR: réponse à une agression)* Notwehr *f*; **moyen de –** Verteidigungsmittel *n*; **–s à l'action** *(ZPR)* Einreden *od.* Einwände des Beklagten.

défense civile Zivilverteidigung; **– des consommateurs** Verbraucherschutz *m*; **– de doubler** *(StVR)* Überholverbot; **– de l'environnement** Umweltschutz; **– au fond** *(ZPR)* sachliche Verteidigung, materiell-rechtliche Verteidigung; **– d'intérêts** Interessenvertretung; **– en justice** Verteidigung vor Gericht; **– na-**

tionale Landesverteidigung; – **d'objectifs** Objektschutz; – **de payer** Zahlungsverbot *n.*

défenseur *m* (1) *(StPR)* (Straf-)Verteidiger *m*, (2) *(PrzR)* Rechtsbeistand *m*, Rechtsberater *m*; – **agréé** *(HR)* bei dem Handelsgericht zugelassener Rechtsbeistand; – **en justice** Anwalt *m* (des Beklagten), Rechtsbeistand, Verteidiger; – **(commis) d'office** *(StPR)* Pflichtod. Offizialverteidiger, gerichtlich bestellter Rechtsanwalt als Verteidiger.

défensif *adj*: **traité** – *(VR)* Defensivbündnis.

défensive *f* Abwehr *f*, Defensive *f.*

déféré *adj* (1) *(bien ou fonction)* übertragen, verliehen, (2) *(StPR: prévenu)* verwiesen.

déférence *f* (achtungsvolle) Ehrerbietung.

déférer *v.tr.* (1) *(PrzR: traduire en justice)* (an ein Gericht) verweisen, (ein Gericht) anrufen, (2) *(StPR: renvoyer devant le ministère public)* Strafverfolgungsmaßnahmen ergreifen, ein Strafverfahren einleiten, einen Schuldigen vor Gericht bringen, (3) *(BeamR: attribuer une fonction)* ein Amt verleihen; – **à** *(obtempérer, se soumettre, obéir à)* Folge leisten, nachkommen, gehorchen; – **à la cour** *(PrzR)* Berufung einlegen; – **en justice** jmdn. verklagen, vor Gericht bringen; – **au parquet** (einen Tatverdächtigen) zwecks Ermittlungen der Staatsanwaltschaft überstellen; – **le serment** (1) *(par le tribunal à une partie)* zur Eidesleistung laden, (2) *(d'une partie à une autre)* den Eid zuschieben; – **qqn. devant un tribunal** jmdn. verklagen, gegen jmdn. eine Klage anstrengen.

défi *m* Herausforderung *f*; Provokation, Brüskierung.

défiance *f* Mißtrauen *n*, Argwohn *m*; **motion de** – *(VerfR)* Mißtrauensantrag *m*; **vote de** – Mißtrauensvotum *n.*

déficience *f* Mangel *m*, Behinderung *f*, Schwäche *f*; – **mentale** Geistesschwäche; – **physique** Körperbehinderung.

déficit *m* (1) Fehlbetrag *od.* -bestand, Einbuße *f*, Defizit *n*; Ausfall *m*; (Deckungs-)Lücke *f*; Minus *n*, Verlust *m*, (2) *(BuchF)* Debetsaldo *m*, Passiva *npl*, Passivsaldo *m*, **accuser un** – einen Passivsaldo aufweisen; **combler** *ou* **couvrir un** – einen Fehlbetrag decken; **laisser apparaître un** – ein Defizit aufweisen; **report à nouveau des –s** Vortrag der Verluste auf die neue Rechnung; **résorber le** – den Fehlbestand beseitigen; **se solder par un** – mit einem Fehlbetrag abschließen; – **de la balance des paiements** Zahlungsbilanzdefizit; – **budgétaire** Haushaltslücke *f*, Haushaltsdefizit.

déficit de caisse Kassenfehlbetrag *m*; – **du commerce extérieur** Außenhandelsdefizit; – **comptable**, – **d'exercice** *(HR, GesR)* (in der Bilanz) ausgewiesene Verluste, Passivsaldo *m*, Fehlbetrag *m*, rechnerisches Defizit; – **énergétique** Energielücke; – **d'exploitation** Ertragsausfall *m*, Betriebsverlust *m*; – **en logements** Wohnungsmangel; – **des naissances** Geburtenrückgang; – **de trésorerie** Kassenfehlbetrag.

déficitaire *adj* (1) *(BuchF)* passiv, defizitär, Verlust-, mit Fehlbetrag abschließend, ein Defizit aufweisend, (2) unzureichend, mangelhaft; **bilan** – Passivbilanz *f*; **profession** – Mangelberuf *m*; **récolte** – Mißernte *f*; **secteur** – Verlustsektor *m.*

défier herausfordern; **se** – **de qqn.** *ou* **qqch.** mißtrauen.

défigurer verunstalten, entstellen; **visage –é** verunstaltetes Gesicht.

défilé *m* Umzug *m*, Aufzug *m*, Vorbeimarsch *m*; Militärparade *f.*

défini *adj* bestimmt, festgelegt.

définir *v.tr.d.* bestimmen, definieren, festsetzen, festlegen.

définitif *adj* endgültig, abschließend; rechtskräftig; **accord** – (endgültiger) Vertrag (im Gegensatz zum

définition

Vorvertrag); **jugement** – Endurteil *n*; **partage** – Auseinandersetzung.

définition *f* Definition *f*, Begriffsbestimmung; Erklärung, Bezeichnung; Eingrenzung; **marché de –** *(ÖfR)* Auftrag zur Bestimmung der Aufgabenstellung; **– légale** gesetzliche Begriffsbestimmung, Legaldefinition.

défiscalisation *f* (Körperschafts-)Steuerbefreiung.

déflaté *adj* inflationsbereinigt.

déflation *f* Deflation, Verminderung des Geldumlaufs.

déflationniste *adj*: **mesure –** deflatorische *od.* deflationistische Maßnahme.

défloration *f* Defloration, Entjungferung.

défoliation *f* Entlaubung.

déformation *f* Entstellung; **– professionnelle** *fig* berufsbedingte Einseitigkeit (des Urteils).

déformer *v.tr.* entstellen; **– un fait** einen Sachverhalt verfälschen; **– la vérité** der Wahrheit nicht die Ehre geben, nicht bei der Wahrheit bleiben.

défrayer *v.tr.*(*décharger qqn. de ses frais*) die Spesen vergüten, die Kosten übernehmen.

défrichage *m*, **défrichement** *m* Urbarmachung, Rodung.

défunt *adj/m* verstorben; Verstorbene(r).

dégagement *m* (1) *(ZR)* Einlösung (verpfändeter Sachen), (2) Entbindung (von einem Versprechen); **– de fonds** Mittelbeschaffung; **– de fumée** Rauchentwicklung; **– de personnel** Personalabbau *m*; **– de travailleurs** Freisetzung *od.* Entlassung von Arbeitskräften; **– de la voie publique** *(StVR)* Beseitigung von Verkehrshindernissen.

dégager *v.tr.d.* auslösen, einlösen; losmachen, befreien; **– des crédits** Geldmittel bereitstellen; **– des bénéfices** Gewinne erzielen *od.* erwirtschaften; **– de la responsabilité** von der Haftung befreien.

dégât(s) *m(pl)* Schaden *m*, Beschädi-

degré

gung; Verwüstung, Verheerung; **causer des –s** einen Schaden verursachen; **limiter les –s** den Schaden begrenzen; **–s causés par l'eau** Wasserschaden *m*; **–s corporels** Personenschaden; **–s de gibier** Wildschaden; **– léger** leichte Beschädigung; **– matériels** Sachschaden; **– de surface** *(Bergbau)* Bergschäden *mpl*.

dégazage *m (UmweltR)* Verklappung (auf hoher See).

dégel *m* Tauwetter *n*; **barrière de –** *(StVR)* Straßensperre wegen Gefahr von Frostaufbrüchen.

dégénérescence *f* Entartung; **– mentale** geistiger Verfall.

dégradation *f* (1) *(Sache)* Beschädigung; Verfall *m* (eines Gebäudes), (2) *(Person)* Aberkennung von Rang und Würden, (3) *(MilR)* Degradierung, Rangverlust, (4) *(Beweise)* Verschlechterung, (5) *(Material)* Wertminderung, Wertverlust, Schadhaftigkeit; **– de bornes** Grenzsteinbeschädigung; **– de chemins** Beschädigung von Wald– und Feldwegen; **– civique** *(StR)* Aberkennung der bürgerlichen Ehrenrechte; **– de l'emploi** Verschlechterung der Arbeitsmarktlage; **– de monuments** *(StR)* Beschädigung von Denkmälern und Bauwerken; **– de la situation économique** Verschlechterung der Wirtschaftslage.

dégrader *(MilR, BeamR)* den Dienstgrad aberkennen; **se –** sich verschlechtern, zurückgehen, verfallen.

dégraissage *f* Personalabbau *m*, Freisetzen von Arbeitnehmern.

degré *m* Grad *m*, Stufe *f*; Instanz *f*; Stadium *n*; **– d'appel** Berufungsinstanz; **– de culpabilité** *(StR)* Umfang *od.* Ausmaß *od.* Grad des Verschuldens, Schwere der Schuld; **– d'emploi** Beschäftigungsstand *od.* -grad; **– d'incapacité** *(SozR, ArbR)* Grad der Erwerbsunfähigkeit; **– d'instruction** Vorbildung, Schulbildung, Bildungsgrad; **– d'invalidité** Versehrtenstufe, Grad der Erwerbsminderung; **– de juri-**

diction Instanz *f*, Rechtszug *m*; **– de liquidité** Liquiditätsgrad; **– de parenté** Verwandtschaftsgrad; **– de pollution** Umweltbelastung, Umfang der Umweltschäden; **– de sécurité** Geheimhaltungsstufe; **– successible** Verwandschaftsgrad, der die Erbfolge bestimmt; Erbfolgeordnung; **– de transformation** *(Vwirt)* Verarbeitungsstufe.

dégressif *adj* abnehmend, degressiv; **barème –** Preistafel mit stufenweiser abfallender Staffel; **impôt –** degressive Abschreibung.

dégression *f* Abnahme *f*, Rückgang.

dégressivité *f* **des coûts** Kostendegression.

dégrèvement *m* Entlastung *f*, Nachlaß *m*; **– fiscal** *ou* **d'impôt** *(SteuerR: décharge, remise totale ou partielle d'une imposition)* Steuerbefreiung; Steuerermäßigung, Steuernachlaß *m*; **– d'un produit** teilweise Steuerbefreiung; **– total** Steuerbefreiung *f*.

dégrever *v.tr.d.* Steuerbefreiung *od.* Steuernachlaß gewähren.

dégriffer *v.tr.* (bei Stoffen, Kleidern, Schuhen) das Firmenzeichen entfernen; **article –ffé** Ware zu ermäßigten Preisen (nach Firmenzeichenentfernung).

dégrisement *m*: **cellule de –** Ernüchterungszelle *f*.

dégroupage *m* Stückelung *f* (einer Sendung).

déguerpir (1) *(SachR)* (das Eigentum) aufgeben, (2) (einen Ort) schnell verlassen; **sommation à –** *(ÖfR)* Aufforderung (durch die Polizei), eine Demonstration aufzulösen u. einen Ort zu verlassen.

déguerpissement *m* (1) *(SachR: abandon de la propriété ou de la possession)* Eigentumsaufgabe; Aufgabe *f* des Besitzes, (2) *(ErbR)* Ausschlagung *f* der Erbschaft.

déguisé *adj*: **acte –** verdecktes Rechtsgeschäft.

déguisement *m* Verkleidung, Vermummung; Verstellung; Verschleierung (von Tatsachen).

dégustation *f* probeweises Kosten; Weinprobe *f*.

déjouer *v.tr.d.* (un complot) vereiteln, durchkreuzen.

déjuger: se – (1) eine Meinung ändern; sich widersprechen, (2) *(PrzR)* ein Urteil zurücknehmen.

de jure de jure, von Rechts wegen, rechtlich betrachtet; **présomption juris et – –** unwiderlegbare Rechtsvermutung.

délabrement *m* (d'un édifice) Baufälligkeit *f*.

délai *m* (1) *(laps de temps)* Frist *f*, Zeitraum *m*, Zeitablauf *m*, (2) *(impropre pour: terme)* Termin *m*, Zeitpunkt *m*; **abréger un –** eine Frist verkürzen; **accorder un –** eine Frist(verlängerung) gewähren; **agir dans les –s** unter Wahrung der Frist klagen; **calcul des –s** Fristenberechnung; **commencement d'un –** Fristbeginn *m*; **computation du –** Fristberechnung; **consentir un –** eine Frist gewähren; **dans le – convenu** fristgerecht, fristgemäß; **dans les meilleurs –s** baldmöglichst, postwendend, unverzüglich; **début d'un –** Fristbeginn *m*; **demander un – (supplémentaire)** um eine Fristverlängerung bitten; **déterminer un –** eine Frist setzen; **échéance du –, écoulement du –, expiration du –** Fristablauf *m*; **fixation d'un –** Fristsetzung; **impartir un –** eine Frist setzen; **inobservation** *ou* **non respect du –** Fristversäumung *f*, Nichteinhaltung der Frist; **interruption du –** *(Frist)* Unterbrechung, Ruhen *n*; **observer un –** eine Frist einhalten *od.* wahren; **obtenir un –** eine (zusätzliche) Frist erwirken; **octroi d'un –** Fristbewilligung *f*; **paiement dans un – de huit jours** zahlbar innerhalb einer Woche; **point de départ du –** Fristbeginn *m*; **prolongation** *ou* **prorogation de –** Fristverlängerung *f*; **reculer les –s** die Erfüllung auf später verschieben; **réduction de –** Fristverkürzung; **sans –** unverzüglich, sofort; fristlos; **suspendre un –** den Fristablauf hemmen; **suspension du –** Hemmung des Ablaufs der Frist; **terme du –** Fristende *n*, Termin; **violer un –** eine Frist nicht einhalten.

délai d'abandon *(GesR)* Abandonfrist; **– d'action** *(ZPR: délai de diligence à peine de forclusion)* Klagefrist, Frist für die Anspruchgeltendmachung vor Gericht; **– d'admission** Zulassungsfrist; **– d'ajournement** *(ZPR)* Ladungsfrist; **– d'appel** Berufungsfrist, Rechtsmittelfrist; **– d'attente** Wartezeit, Karenzzeit; **– d'avis** Anmeldefrist; **– de blocage** Sperrfrist; **– de carence** (1) *(SozVers)* 3-tägige Anzeigefrist (bei Krankheit usw.), (2) Karenzzeit; **– de chargement** Ladezeit; **– de circulation** Laufzeit; **– pour comparaître** *ou* **de comparution** Ladungsfrist, Einlassungsfrist, Frist für das Erscheinen vor Gericht bzw. einer Behörde.

délai-congé *m*, **délai de congé** *(ArbR: délai de préavis)* Kündigungsfrist *f*; **donner le –** fristgerecht kündigen; **droit au –** Anspruch *m* auf Einhaltung der Kündigungsfrist; **durée du –** Dauer der Kündigungsfrist; **indemnité de –** Entschädigung bei Nichteinhaltung der Kündigungsfrist; **respecter le –** fristgerecht kündigen; **violer le –** die Kündigungsfrist nicht einhalten.

délai de conservation Dauer der Aufbewahrungspflicht (für Belege, Geschäftsbücher usw.); **– conventionnel** (1) *(ZR)* vertraglich bestimmte *od.* vertraglich festgesetzte Frist, (2) *(ArbR)* tarifvertraglich festgesetzte Frist; **– de déchéance** Ausschluß- *od.* Verwirkungsfrist; **– de déclaration** Anmeldungsfrist; Erklärungsfrist; **– de dénonciation** *(ArbR)* Kündigungsfrist; **– de distance** *(ZPR)* besondere Frist infolge Entfernung, Distanzfrist; **– de droit** gesetzliche Frist; **– d'échéance** Fälligkeitstermin; **– d'enlèvement** Abholungsfrist; **– d'entreposage** Lagerfrist; **– d'épreuve** (1) *(StPR)* Bewährungsfrist, Bewährungszeit, (2) *(ArbR)* Probezeit; **– d'évacuation** Räumungsfrist; **– d'exécution** Ausführungsfrist, Leistungsfrist; **– d'exercice du droit** Rechtsausübungsfrist; **– d'expédition** Absendungs- *od.* Abfertigungsfrist; **– d'expulsion** *(MietR)* Räumungsfrist; **– pour faire inventaire** Inventarfrist, Frist zur Inventarerrichtung; **– fixe** genau bestimmte Frist; **– fixé par le juge** richterliche Frist.

délai de forclusion *(ZPR)* Ausschlußfrist, Präklusivfrist; **– franc** Frist (im Prozeß), bei welcher weder Anfangstag noch Endtag mitzählen; Frist, unter Einhaltung eines Respekttages; **– de garantie** Gewährleistungsfrist, Garantiefrist; **– de garde** Aufbewahrungsfrist; **– de la garde à vue** *(StPR)* Dauer des Polizeigewahrsams.

délai de grâce *(ZPR: délai supplémentaire accordé par le juge au débiteur)* Gnadenfrist (welche das Gericht dem säumigen Schuldner zur Erfüllung einer fälligen Schuld einräumen kann), Nachfrist, Respekttag (S); **– imparti** festgesetzte Frist; **– imparti par la loi** gesetzliche Frist; **– pour intenter une action** Klagefrist; **– judiciaire** *(ZPR)* gerichtlich festgesetzte Frist; **– légal** gesetzliche Frist; **– de licenciement** Kündigungsfrist.

délai-limite *m* Stichtag *m*.

délai de livraison Lieferfrist, Lieferzeit; **– minimum** Mindestfrist; **– moratoire** Nachfrist; **– non franc** Fristablauf am angegebenen Tag; **– d'opposition** Einspruchsfrist.

délai de paiement (1) Zahlungsfrist, Leistungsfrist, (2) *(KonkursR)* Stundung (einer Schuld); **– de péremption** Ausschlußfrist, Verfallfrist, Verwirkungsfrist; **– de planche** *(SeeHR)* Liegezeit, Dauer der Löschzeit; **– de préavis** *(ArbR)* Kündigungsfrist; **– préfix** *(ZPR)* Ausschluß- *od.* Präklusivfrist, Notfrist; – **de prescription** Verjährungsfrist; – **de prescription acquisitive** *(SachR)* Ersitzungsfrist; – **de présentation** Vorlegungsfrist, Vorlagefrist; – **de prestation** Leistungsfrist; – **de priorité** (1) Prioritätsfrist, (2) *(Pariser Übereinkunft zum Schutz des gewerblichen Eigentums)* Unions- od. Verbandspriorität; – **de prise en charge** *(VersR)* Inanspruchnahmefrist; – **de procédure** Verfahrensfrist, prozeßrechtliche od. verfahrensrechtliche Frist, anberaumter Termin; – **de production** (1) Anmeldungsfrist, (2) Frist zur Vorlage (einer Urkunde); – **de protection** *(PatR)* Schutzdauer; – **du protêt** *(WechselR)* Protestfrist; – **raisonnable** angemessene Frist.

délai de réclamation *(SchuldR, HR)* Mängelanzeigefrist; – **de recours** Rechtsmittelfrist; – **de recours** Berufungsfrist; Beschwerdefrist; – **de rectification** Nachholungsfrist, Berichtigungsfrist; – **de réflexion** Bedenkzeit *f*; – **de repentir** Frist des Widerrufsrechts; – **de réponse** *(DV)* Ansprech- od. Schaltzeit; – **de représentation** *(VwR)* Wiedervorlagefrist; – **de retour** Rückgabefrist; – **de rigueur** Notfrist; – **de souscription** *(WertpR)* Bezugs- od. Subskriptionsfrist; – **supplémentaire** Nachfrist, Zuschlagsfrist; – **de sursis** (1) *(StPR)* Dauer der Strafaussetzung (zur Bewährung), Bewährungszeit, (2) *(SchuldR)* Zahlungsaufschub *m*; – **de transmission** Laufzeit; – **de validité** Gültigkeits- od. Geltungsdauer; – **de viduité** *(FamR)* Wartezeit (der Witwe od. geschiedenen Frau) vor der Wiederverheiratung; – **de vue** *(WechselR)* Nachsichtfrist, Sichtfrist.

délaissement *m* (1) *(SachR: abandon)* Grundstücksaufgabe, Besitzaufgabe, (2) *(StR)* Aussetzung (einer hilflosen Person); – **d'enfant** *(StR: l'exposition d'enfant)* Aussetzung eines Kleinkinds; – **d'un navire** *(SeeHR)* Abandon *m*, Aufgabe eines Schiffsparts.

délaisser *v.tr.d.* (1) aufgeben, preisgeben; abandonnieren, (2) aussetzen, vernachlässigen.

délateur *m (StR)* Anzeigeerstatter; Denunziant.

délation *f (StR: dénonciation)* falsche Verdächtigung od. Anschuldigung, Denunziation *f*; – **de serment** *(StPR, ZPR)* Eideszuschiebung, Aufforderung zur eidlichen Bekräftigung einer Aussage.

délégant *m* Anweisende(r) *m*; Vollmachtgeber *m*.

délégataire *m* (1) Anweisungs- od. Überweisungsempfänger *m*, (2) *(VwR)* Befugte(r), Beauftragte(r).

délégateur *m* Anweisende(r) *m*.

délégation *f* (1) *(ÖfR: groupe de personnes mandatées)* Vertretung *f*, Abordnung *f*, Delegation *f*, (2) *(ZR, ÖfR: action de déléguer)* Anweisung, Übertragung von Befugnissen; Beauftragung, Delegierung, (3) *(ZR)* Schuldübernahme (vereinbart zwischen Schuldner u. Übernehmer); **avoir reçu** – ermächtigt od. beauftragt sein; **donner** – ermächtigen; **par** – im Auftrag; – **d'autorité parentale** *(FamR)* gerichtliche Übertragung der elterlichen Sorge auf einen Dritten; – **commerciale** *(VR)* Handelsdelegation; – **de compétence** Übertragung od. Delegierung von Befugnissen, Zuständigkeitsübertragung; – **de crédits** *(HaushR)* Mittelzuweisung; – **d'un droit** Rechtsübertragung; – **économique** Wirtschaftsdelegation; – **gouvernementale** Regierungsdelegation; – **imparfaite** *(ZR)* Schuldübernahme ohne befreiende Wirkung (für den ursprünglichen Schuldner); – **de magistrat** *(GVR)* Abordnung eines Richters; – **de marché** *(VwR)* Sicherheitsbestellung für einen Bankkredit durch Verpfändung einer Forderung, (die einem Unternehmen auf Grund einer öffentlich vergebenen Arbeit gegenüber einer Körperschaft des öffentlichen Rechts zusteht); – **nationale** *(VR)* Abordnung (eines Staates); – **par-**

faite *(ZR)* (den ursprünglichen Schuldner) befreiende Schuldübernahme; **– de paiement** Zahlungsauftrag *m*; **– permanente** *(VR)* ständige Vertretung.

délégation de pouvoirs (1) *(SchuldR)* Vollmachterteilung, (2) *(VwR)* Befugnisübertragung, (3) *(PrzR)* Überweisung von Aufgaben an einen Einzelrichter *od.* einen Urkundsbeamten; **– de signature** *(ZR: le délégant n'étant pas dessaisi)* Übertragung der Zeichnungsbefugnis; **– spéciale** (1) *(SchuldR)* Einzelvollmacht, (2) *(VR)* Sondervertretung; **– syndicale** Gewerkschaftsdelegation; **– de vote** *(VerfR)* Delegation der Stimmabgabe.

de lege ferenda *(lat: dans la perspective d'une réforme)* vom Standpunkt des künftigen Rechts *od.* der zukünftigen Gesetzgebung aus.

de lege lata *(lat: en droit positif)* nach geltendem Gesetz *od.* Recht.

délégué *m* (1) *(ZR: représentant)* Beauftragte(r) *m*, Vertreter *m*, Angewiesene(r) *m*, (2) *(ÖfR, VR)* Delegierte(r) *m*; **administrateur –** *(GesR)* geschäftsführendes Vorstandsmitglied; **– commercial** Handelsvertreter; **– général** *(HR)* Generalbevollmächtigte(r) *m*; **– du gouvernement** Regierungsvertreter *m*; **– à la liberté surveillée** *(StVZ)* Bewährungshelfer *m*; **– médical** Ärztebesucher; **– du personnel** *(ArbR: représentant élu du personnel dans l'entreprise)* Belegschaftsvertreter; Personalvertreter *m*; Vertrauensmann *m*; **– plénipotentiaire** *(VR)* mit den erforderlichen Vollmachten versehener Delegierter; **– à la sécurité** Sicherheitsbeauftragte(r); **– syndical** *(ArbR)* Gewerkschaftsvertreter (im Betrieb).

déléguer *v.tr.* delegieren; übertragen; anweisen.

délestage *m* (1) *(coupure de courant)* Stromsperre *f*, (2) *(StVR: détournement de la circulation par un itinéraire spécial)* Ausweich- *od.* Entlastungsstrecke.

délétère *adj* zerstörend; gesundheitsschädlich; **gas –** Giftgas *n*.

délibérant *adj (chargé de délibérer de /sur)* beratend und beschlußfassend; **assemblée –te** Beschlußfassungsorgan.

délibératif *adj* beratschlagend; **ayant voix –ve** stimmberechtigtes Mitglied.

délibération *f* (1) *(examen, discussion d'un texte)* Beschlußfassung, Beratung (und Abstimmung), (2) *(résolution, décision)* Beschluß *m*, (3) *(réflexion)* (reifliche) Überlegung *f*; **affaire en –** *(ZPR)* Rechtsstreit in Beratung und Abstimmung (im Kollegium); **– en assemblée plénière** Plenarberatung; **– budgétaire** Haushaltsberatung; **– en commission** Ausschußberatung; **– municipale** Gemeinderatsbeschluß; **– réglementaire** *(ÖfR)* Beschluß (im Rahmen der autonomen Rechtsetzungsbefugnis).

délibératoire *adj* beratend; beschließend.

délibéré *m* (1) *(PrzR: délibération secrète des juges)* Beratung (der Richter) zur Urteilsfindung, Urteilsfällung, (2) *(PrzR)* Urteilsspruch *m*, Beschluß *m*, Entscheidung, Erkenntnis *n*; **affaire en –** Rechtsstreit in Beratung und Abstimmung (im Kollegium); **mettre en –** (1) die mündliche Verhandlung schließen *od.* beenden, (2) *(Richter)* sich zur Beratung zurückziehen; **– en la chambre de conseil** Beratung im Amtszimmer (der Richter); **– sur rapport** Urteilsfindung und Beratungszimmer nach Anhörung des Berichterstatters; **– séance tenante, – sur le siège** halblaute Beratung im Gerichtssaal, Beratung und Verkündung des Urteils (bei der das Gericht den Sitzungssaal nicht verläßt).

délibéré *adj* entschlossen, reiflich überlegt; **de propos –** absichtlich, vorsätzlich.

délibérément *adv* (1) *(StR)* vorsätzlich, absichtlich, wissentlich und willentlich, (2) entschlossen.

délibérer *v.intr.* (1) *(PrzR)* in geheimer Beratung und Urteil fällen, beschließen, (2) beraten, beratschlagen, (3) verhandeln; **pouvoir** – **valablement** beschlußfähig sein.

délictueux, délictuel *adj* (1) *(StR)* eine Straftat betreffend, strafbar, rechtswidrig, (2) *(ZR)* eine unerlaubte Handlung bezeichnend; **fait** – Straftat *f*, Vergehen *n*; **intention –euse** *(StR)* Vorsatz.

délier (von einer Verpflichtung) entbinden; **se** – **d'un contrat** einen Vertrag (einseitig) auflösen.

délimitation *f* Abgrenzung *f*, Begrenzung *f*, Grenzziehung *f*, Abmarkung *f*; **convention de** – Grenzfestsetzungsabkommen *n*; **marque de** – Grenzzeichen *n*; **traité de** – *(VR)* Grenzregulierungsvertrag *m*; – **de compétence** *(ÖfR)* Abgrenzung der Zuständigkeit, Zuständigkeitsbegrenzung, Zuständigkeitsverteilung; – **de frontière** Grenzfestsetzung.

délimiter begrenzen, abgrenzen.

délinquance *f* Kriminalität *m*, Straffälligkeit; – **astucieuse** *ou* **en col blanc** Wirtschaftskriminalität; – **juvénile** Jugendkriminalität.

délinquant *m*, Straftäter *m*, Delinquent *m*, Rechtsbrecher *m*; – **d'habitude** Gewohnheitstäter *m*; – **irresponsable** Unzurechnungsfähige(r) *m*; – **juvénile** *ou* **mineur** jugendlicher Straftäter; – **d'occasion** *ou* **occasionnel** Zufalls– *od.* Gelegenheitstäter *m*; – **politique** politisch motivierter Straftäter; – **primaire** Nichtvorbestrafte(r); Straftäter, der zum erstenmal straffällig wird; – **de profession** Berufsverbrecher; – **récidiviste** Rückfalltäter; – **à responsabilité restreinte** vermindert Zurechnungsfähige(r); – **par tendance** Hangtäter.

délit *m* (1) *(ZR: délit civil, fait dommageable illicite)* unerlaubte Handlung *f*, Delikt *m*, widerrechtlicher Eingriff *m*; vorsätzliche Schädigung *m*, (2) *(StR: infraction punissable de peines correctionnelles; infraction)* Vergehen *n*; Straftat *f*, strafbare Handlung; **commettre un** – eine Straftat begehen; **connaître d'un** – für ein Vergehen zuständig sein; **consommation du** – Vollendung der Straftat; **constituer un** – den Tatbestand einer strafbaren Handlung erfüllen; **corps du** – äußerer Tatbestand, objektive Tatbestandsmerkmale; **flagrant** – unmittelbar bei ihrer Begehung festgestellte Straftat; **perpétrer un** – eine Straftat begehen; **prendre** *ou* **surprendre en flagrant** – auf frischer Tat betreffen *od.* ergreifen; in flagranti ertappen.

délit d'audience Vergehen während der Gerichtsverhandlung; – **de blanchiment** Vergehen der Geldwäsche; – **de chasse** Jagdvergehen; – **civil** (1) *(ZR: i.w.S.)* unerlaubte Handlung, zivilrechtliches Delikt, (2) *(ZR: i.e.S.)* vorsätzliche unerlaubte Handlung; – **collectif** *(StR)* Sammelstraftat, Kollektivdelikt; – **de commission** *(StR)* strafbares Tun *n*, Begehungsdelikt; – **de commission par omission** unechtes Unterlassungsdelikt; – **complexe** Zusammentreffen mehrerer strafbarer Handlungen, zusammengesetztes Vergehen; – **connexe** straflose Nachtat, mitbestrafte Tat; – **consommé** vollendete Straftat; – **continu** Dauerverbrechen *od.* -delikt; – **continué** fortgesetzte Handlung, fortgesetztes Delikt; – **correctionnel** Vergehen (das in den Zuständigkeitsbereich des frz. Strafgerichts beim Großinstanzgericht fällt); – **disciplinaire** Dienstvergehen; – **de droit commun** nichtpolitische Straftat.

délit économique Wirtschaftsstraftat; – **électoral** Wahlfälschung *f*, Wahldelikt; – **extraditionnel** strafbare Handlung, auf Grund derer eine Auslieferung erfolgen kann, Auslieferungsdelikt; – **financier** Banken- u. Börsenvergehen, Wirtschaftsstraftat; – **fiscal** Steuerstraftat, Steuervergehen; – **de fuite**

délit matériel

Fahrerflucht *f*; – **d'habitude** Gewohnheitsverbrechen; – **impossible** Verbrechen am untauglichen Objekt *od.* mit untauglichen Mitteln, untauglicher Versuch; – **d'imprudence** Fahrlässigkeit (bei Vergehen); **–s informatiques** Computerkriminalität; – **d'initié** Insider-Vergehen; – **instantané** einmalige Tat; – **intentionnel** vorsätzliche Tat *od.* Handlung.

délit matériel Erfolgsdelikt, Verletzungsdelikt; – **militaire** Vergehen gegen das Wehrstrafgesetz; – **de mœurs** Sexualstraftat; – **de négligence** Fahrlässigkeitsdelikt; – **d'omission** (echtes) Unterlassungsdelikt; – **d'opinion** *(StR)* Meinungsdelikt; – **pénal** strafbare Handlung, Straftat; – **permanent** Dauerstraftat *od.* -delikt; – **de police correctionnelle** Vergehen; – **politique** politisch motiviertes Vergehen; – **praeter–intentionnel** Straftat, bei der der tatsächliche Kausalverlauf und derjenige, den sich der Täter vorgestellt hat, erheblich voneinander abweichen; – **de presse** Pressedelikt; – **putatif** Putativ- *od.* Wahndelikt; – **simple** Einzelstraftat, Einzelakt als Straftatbestand; – **successif** fortgesetzte Handlung; – **tenté** versuchte Straftat, Versuch *m*; – **de violences** Gewalttätigkeit, Nötigung.

délivrance *f* (1) *(Urkunde)* Erteilung *f*, Ausstellung, Ausfolgung, (2) *(Sache)* Übergabe, Aushändigung; Lieferung, (3) *(Person)* Freilassung; Befreiung, (4) *(Frau)* Entbindung; **date de –** (1) Lieferzeit, (2) Ausstellungstag *m*; **demander la –** *(ErbR)* die Herausgabe des vermachten Gegenstandes fordern; **refus de –** Übergabeverweigerung *f*; – **de brevet** Patenterteilung *f*; – **de la chose** Übergabe der Sache; – **d'un legs** *(ErbR)* Aushändigung des vermachten Gegenstandes.

délivrer *v.tr.d.* (1) erteilen, ausstellen, ausfolgen, (2) *(Sache)* aushändigen, liefern, (3) befreien; – **une assignation** *(ZPR)* den Beklagten (durch Gerichtsvollzieher) vor Gericht laden; – **congé** *(SteuerR)* (für Spirituosen) eine Quittung über die Entrichtung der Verkehrssteuer erteilen; – **la grosse** *(ZPR)* sich die vollstreckbare Ausfertigung des (ergangenen) Urteils aushändigen lassen; – **un passeport** einen Paß ausstellen.

délocalisation *f* Standortverlegung.

déloger *v.tr.d.* die Räumung veranlassen *od.* betreiben.

déloyal *adj* (1) unredlich, treulos, (2) unlauter; **concurrence –e** *(HR)* unlauterer Wettbewerb.

déloyauté *f* (1) Unredlichkeit *f*, (2) unlauteres Verhalten *n*.

demande *f* (1) *(ZPR: acte par lequel une prétention est soumise au juge et qui déclenche l'instance)* Klage *f* (im konkreten Sinn, im Gegensatz zur „action" als Klagemöglichkeit), (Klage-)Antrag; Anspruch *m*; Klageschrift *f*, Schriftsatz *m*; (2) *(ZPR, VwR: requête)* Antrag, Gesuch *n*; Eingabe *f*, (3) *(Vwirt: intention d'acheter)* Nachfrage *f*; (4) *(HR: commande)* Bestellung, Anforderung, (5) *(interrogation, question)* Frage *f*, Anfrage *f*; **à la – de** *(VwR)* auf Weisung von; **augmentation de la –** Zunahme der Nachfrage, Erhöhung der Nachfrage; **chef de la –** Antragspunkt; **cumul de –s** Klagenhäufung; **débouter de la –** den Antrag abweisen *od.* zurückweisen, die Klage abweisen, dem Antrag nicht stattgeben; **déposer une –** eine Klage einreichen; einen Antrag stellen; **donner suite à une –** einem Gesuch stattgeben; **élasticité de la –** Nachfrageelastizität *f*; **fins et conclusions de la –** *(ZPR)* Klageanträge u. Schlußanträge *mpl*; **excédent de –** *(Vwirt)* **Nachfrageüberhang** *m*; **fléchissement de la –** Rückgang *m* der Nachfrage; **former une –** Klage erheben, klagen; **formulaire de –** Antragsformular *n*; **instruire une –** einen Antrag überprüfen; **introduction de la –** Klageerhebung; **introduire une –** eine Kla-

demande | **demande en garantie**

ge einreichen; einen Antrag stellen; **monopole de la –** *(Vwirt)* Nachfragemonopol *n*; **rejeter** *ou* **repousser la –** die Klage abweisen; den Antrag ab- *od.* zurückweisen; dem Antrag nicht stattgeben; **retirer une –** einen Antrag zurücknehmen *od.* zurückziehen; **retrait de la –** Zurückziehung *od.* Rücknahme des Antrags; **satisfaire la –** die Nachfrage befriedigen; **satisfaire à une –** *(VwR)* einer Aufforderung Folge leisten; **sur –** *(HR)* auf Abruf.

demande (s. auch **action**) **accessoire** Nebenantrag; **– accumulée** *(Vwirt)* Nachholbedarf *m*; **– additionnelle** Zusatzantrag, Klageerweiterung; **– d'adhésion** *ou* **d'admission** Zulassungsantrag *m*, Beitrittsantrag, Aufnahmeantrag; **– d'admission à la cote** Antrag auf Zulassung zum Börsenhandel; **– d'agréation, – d'agrément** *(VR, VwR)* Gesuch auf Erteilung des Agrément; **– d'aide judiciaire** Antrag auf Prozeßkostenhilfe; **– alternative** *(ZPR)* Alternativantrag; **– d'assistance administrative** Amtshilfeersuchen; **– d'autorisation** *ou* **en autorisation** Antrag auf Genehmigung, Bewilligungsgesuch; **– d'autorisation de poursuites** *(VerfR)* Antrag auf Aufhebung der Immunität; **– d'avis** Ersuchen *n* um eine Stellungnahme; **– de brevet** Patentantrag *od.* -anmeldung.

demande de capitaux Kapitalnachfrage; **– de concession** *(ÖfR)* Antrag auf Konzessionsverleihung; **– connexe** *(ZPR)* Hilfsanspruch; **– en constatation d'un droit** Feststellungsklage; **– de crédit** (1) *(BankR)* Darlehensantrag, Kreditbegehren *n*, (2) *(Vwirt)* Kreditnachfrage.

demande de décision préjudicielle Antrag auf Erlaß einer Vorabentscheidung; **– de dédouanement** Zollabfertigungsantrag; **– en délivrance de legs** *(ErbR)* Klage des Vermächtnisnehmers auf Herausgabe des vermachten Gegenstandes; **– de dépôt** *(Wz)* Hinterlegungsgesuch; **– de dérogation** Antrag auf Ausnahmebewilligung; **– en distraction** *(ZPR)* Aussonderungsantrag; **– en divorce** Scheidungsklage; **– de** *ou* **en dommages–intérêts** *(ZR)* Schadensersatzklage; Haftungsklage; **– effective** Istbedarf *m*; **– élastique** elastische Nachfrage; **– d'emploi** Stellengesuch; Nachfrage auf dem Arbeitsmarkt; **– d'emploi non satisfaite** nicht vermitteltes Stellengesuch; **– exédentaire, – excessive** *(Vwirt)* überschüssige Nachfrage, Übernachfrage; **– d'exequatur** *(IPR)* Antrag auf Erteilung der Vollstreckungsklausel; **– d'exonération** Freistellungsantrag; **– d'expulsion** Räumungsklage; **– extérieure** *(Vwirt)* Auslandsnachfrage; **– d'extradition** Auslieferungsersuchen *od.* -begehren *n*; **– à fin d'inscription** Antrag auf Eintragung; **– au fond** Sachantrag; **– fondée** begründeter Anspruch.

demande en garantie *(ZPR)* Gewährleistungsklage; **– globale** *(Vwirt)* Gesamtnachfrage; **– d'immatriculation** *(HR)* Anmeldung zur Eintragung (in das Handelsregister); **– incidente** *(ZPR)* Zusatzantrag (des Klägers); Widerklage; Zwischen- *od.* Inzidentfeststellungsklage; **– d'indemnité** Entschädigungsantrag; **– indéterminée** *(ZPR)* Klage deren Streitwert nicht genau bei Kalgeeinreichung bestimmt werden kann; **– initiale** *(ZPR: acte qui déclenche l'instance)* Klage, Klageerhebung, Einleitung des Urteilsverfahrens; **– en interdiction** *(ZR)* Antrag auf Entmündigung; **– intérieure** *(Vwirt)* Inlandsnachfrage; **– d'intervention** Streithilfeantrag; **– en intervention** *(ZPR)* Streitverkündung; Nebenintervention; Antrag auf Unterstützung (einer Partei) als Nebenintervenient; **– en intervention forcée** Streitverkündung; **– introductive d'instance** *(ZPR:*

227

demande initiale) Klage, Klageschrift *f*; – **d'invalidation** *(ÖfR)* Wahlanfechtung; – **irrecevable** unzulässiger Antrag.

demande en justice *(ZPR)* Klage, Klageanspruch *od.* -antrag; – **en mainlevée** *(ZwangsVR)* Antrag auf Aufhebung (einer Pfändung usw.); – **sur le marché** *(Vwirt)* Nachfrage (auf dem Markt); – **à la retraite** Antrag auf Versetzung in den Ruhestand; – **non fondée** unbegründete Klage; – **nouvelle** Klageänderung; – **en nullité** Nichtigkeits- *od.* Anfechtungsklage; – **d'offre** *(HR)* Anfrage, Aufforderung zur Abgabe eines Angebots; – **d'ouverture de la faillite** (B) Konkurseröffnungsantrag; – **d'ouverture de la liquidation judiciaire** Antrag auf Eröffnung des Konkursverfahrens; – **d'ouverture du règlement judiciaire** Antrag auf Eröffnung des Vergleichsverfahrens.

demande en paiement *(ZPR)* Leistungsklage; – **en paiement de salaire** Klage auf Zahlung des Arbeitslohns; – **de permis de bâtir** Bauantrag, Antrag auf Erteilung der Baubewilligung (Aut–S); – **principale** Hauptantrag *od.* -anspruch; – **procédurale** Prozeßantrag; – **provisoire** *ou* **provisionnelle** Antrag zur Erwirkung vorläufiger Maßnahmen.

demande ƒ reconventionnelle *(ZPR: demande formée par le défendeur)* Widerklage, Gegenanspruch; – – **en divorce** Scheidungswiderklage.

demande de rectification Berichtigungsantrag; – **en récusation** Antrag auf Ablehnung (wegen Befangenheit); – **de référendum** *(VerfR)* Volksbegehren, Referendumsbegehren (S); – **de règlement de sinistre** Entschädigungsantrag; – **en règlement de juges** Antrag auf Bestimmung des zuständigen Gerichts; – **en remboursement** Klage auf Rückerstattung des geleisteten Betrages; – **de renseignements** Anfrage, Auskunftsersuchen; – **de renvoi** Verweisungsantrag; – **de restitution** Rückerstattungsklage *od.* -anspruch; – **en révision** (1) *(ZPR)* Wiederaufnahmeklage, (2) *(PrzR)* Wiederaufnahmeverfahren; – **solvable** *(Vwirt)* kaufkräftige Nachfrage; – **à fins de subsides** *(FamR)* Unterhaltsklage (des nichtehelichen Kindes); – **subsidiaire** *(ZPR)* Hilfsantrag, wahlweise *od.* alternative Verbindung von Anträgen; – **supplémentaire** Klagehäufung, Geltendmachung zusätzlicher Ansprüche; – kumulative Verbindung; – **en sus** Nachforderung *f*; – **d'urgence** Dringlichkeitsantrag.

demander *v.tr.* (1) klagen, einen Antrag stellen, (2) nachfragen; bestellen, (3) verlangen, (an)fordern, bitten um, erbitten, begehren, (4) erfordern, unerläßlich sein.

demanderesse *f* (1) Klägerin *f*, (2) Antragstellerin *f*.

demandeur *m* (1) Kläger *m*, klagende Partei, (2) Antragsteller *m*, (3) *(HR)* Interessent; Käufer; – **en appel** Berufungskläger; – **de brevet** Patentanmelder; – **en cassation** Revisionskläger; – **d'emploi** Arbeitsuchende(r), Arbeitslose(r); – **principal** Hauptkläger; – **reconventionnel** Widerkläger; – **en révision** Kläger im Wiederaufnahmeverfahren.

démantèlement *(GesR)* Entflechtung *f*; Demontage *f*.

démarcation *f* Abgrenzung, Grenze; **ligne de –** *(VR)* Demarkationslinie.

démarchage *m* (1) *(HR)* Hausierhandel; Reisegewerbe; Haustürgeschäfte *npl*, (Haustür-)Kundenwerbung, (2) Haustür-Anlageberatung; – **financier** Haustürwertpapierverkauf.

démarche *f* (1) Schritt *m*; Handlungsweise *f*, Denkweise *f*, (2) *(VR)* diplomatischer Schritt, Demarche *f*; **faire des –s** (bei einer Behörde) vorsprechen und Anträge stellen; **–es judiciaires** gerichtliche Schritte *pl*.

démarcheur *m* Haustürverkäufer *m*, Kundenwerber; **– en valeurs mobilières** Anlagenberater *m*, Kundenwerber für Effekten.

démariage *m* Trennung der Ehegatten; Scheidungsverfahren *n*.

démarque *f* Preissenkung; Schlußverkauf.

démarquer *v.tr.* (1) *(UrhR)* (mit nur geringfügigen Änderungen) abschreiben, nachmachen, (2) *(HR: Waren)* zu herabgesetzten Preisen verkaufen.

démarrage *m* (1) *(Vwirt)* Beginn des Aufschwungs, (2) *(Fahrzeug)* Start *m*, Anfahren, (3) *(Maschine)* Anlauf.

démasquer *v.tr.* entlarven, überführen; bloßstellen.

dématérialisation *f* (1) Umstellung auf elektronische Medien, Ersetzung der Papiermedien und Urkunden durch Eintragungen auf elektronische Medien (Handelsbücher, Buchführung, Wechselgeschäfte und Geld), (2) *(WertpR)* Kontoverbuchung der Wertpapiere einer emittierenden Gesellschaft.

démêlé *m* Streit *m*, Streitigkeit, Auseinandersetzung; **avoir des –s avec la justice** sich vor Gericht verantworten müssen.

démembrement *m* Zerstückelung *f*, Aufspaltung *f*, Abspaltung; **– de la propriété** *(SachR: droit démembré de la propriété)* beschränktes dingliches Recht; Nießbrauch *m*; Nutzungsrecht; Grunddienstbarkeit; **– de territoire** *(VR)* Abspaltung, Teilung des Staatsgebiets.

démembrer *v.tr.* zergliedern, teilen, zerstückeln.

déménagement *m* Umzug *m*, Wohnungswechsel *m*; **entreprise de –** Möbeltransportfirma, Spedition; **frais de –** Umzugskosten *pl*, Übersiedlungskosten; **indemnité de –** Umzugskostenvergütung.

déménager *v.tr.* umziehen, den Wohnsitz wechseln.

démence *(StR)* Demenz *f*, Schwachsinn *m*, Geisteskrankheit; **état de –** krankhafte seelische Störung.

dément *adj* geisteskrank.

dément *m* Geistesgestörte(r), Geisteskranke(r).

démenti *m* Dementi *n*, offizielle Berichtigung *od.* Widerruf (einer Behauptung *od.* Nachricht).

démentir *v.tr.* ein Dementi ausgeben, dementieren, (eine Behauptung *od.* Nachricht) offiziell berichtigen *od.* widerrufen.

démettre entheben, absetzen; **– qqn. de son emploi** jmdm. kündigen; **se – de ses fonctions** sein Amt niederlegen, zurücktreten.

demeurant: au – *loc.adv.* letztendlich, schließlich; nach reiflicher Überlegung.

demeure *f* (1) *(ZR: englobe le domicile et la résidence)* Wohnung *f*, Wohnsitz *m*, Aufenthaltsort *m*, (2) *(SchuldR: retard)* (Schuldner-)Verzug *m*; **constituer en –** in Verzug setzen; **mettre en –** mahnen, in Verzug setzen; **mise en –** Inverzugsetzung *f* (des Schuldners); **perpétuelle –** fortdauernde Verbindung (einer beweglichen Sache mit einem Grundstück); **s'installer à –** als ständigen Wohnsitz wählen.

demeurer *v.intr.* (ver)bleiben; **– à** wohnhaft sein in; **– en la cause** *(ZPR)* einen Rechtsstreit (nur noch) zur Sicherung der Forderung betreiben; **–é** (geistig) zurückgeblieben.

demi-droit *m* halbe Gebühr.

demi-fini *adj:* **produit –** Halbfabrikat *n*, Zwischenprodukt *n*, Vorprodukt.

demi-frère *m* Halbbruder *m*.

demi-fret *m* Fehlfracht *f*, Fautfracht.

demi-gros *m* Zwischenhandel *m*.

démilitarisation *f* Entmilitarisierung.

demi-mesure *(Pol fig)* halbherzige Maßnahme *f*.

de minimis non curat praetor *lat* Kleinigkeiten kümmern das Gericht nicht.

demi-pension *f* Halbpension *f*.

demi-produit *m* Halbfabrikat *n*.

demi-saison *f* Vor- *od.* Nachsaison.

demi-sœur *f* Halbschwester *f*.

démission *f* (1) *(BeamR, VerfR)* Rücktritt *m*, Amtsniederlegung *f*,

démissionnaire

Ausscheiden *n* (aus dem Amt), Demission *f*, (2) *(ArbR)* Kündigung *f* (durch den Arbeitnehmer); **donner** *ou* **remettre sa –** (1) seinen Rücktritt erklären, sein Amt niederlegen, (2) kündigen; **lettre de –** (1) *(BeamR)* Rücktrittsgesuch *n*, (2) *(EuR)* Entlassungsantrag *m*; **liberté de –** Austrittsfreiheit *f*; **– en blanc** verschleierter Rücktritt; **– d'office** Amtsenthebung; **– du parti** *(Pol)* Austritt *m* aus der Partei; **– volontaire** freiwilliger Rücktritt.

démissionnaire *adj* zurückgetreten, ausgeschieden; ausgetreten; **membre –** ausscheidendes Mitglied.

démissionner *v.intr.* zurücktreten, sein Amt niederlegen, ausscheiden; austreten; kündigen.

demi-tarif *m* halbe(r) Fahrpreis.

demi-vie radioactive *(AtomR)* radioaktive Halbwertzeit.

démobilisateur *adj* Abrüstungs-.

démobilisation *f* Demobilisierung, Abrüstung.

démobiliser (1) *(VR)* demobilisieren, abrüsten, (2) *(MilR)* aus dem Militärdienst entlassen.

démocrate *m* Demokrat *m*.

démocrate-chrétien *adj* christlich-demokratisch; *m* Christdemokrat.

démocratie *f* (1) Demokratie *f*, Rechtsstaat, (2) demokratische *od.* rechtsstaatliche Grundordnung; **– directe** unmittelbare Demokratie; plebiszitäre Demokratie; Räte-Demokratie; **– économique et sociale** sozialer Rechtsstaat; **– libérale** freiheitliche demokratische Grundordnung; **– médiatisée** Parteienstaat *m*; **– populaire** Volksdemokratie; **– représentative** parlamentarische *od.* repräsentative Demokratie; **– semi-directe** mittelbare Demokratie mit plebiszitären Bestandteilen.

démocratique *adj* demokratisch; **loi –** rechtsstaatlich unanfechtbares Gesetz; **principes –s** rechtsstaatliche Grundsätze.

démocratisation *f* Demokratisierung; **– du secteur public** allg. Einführung von Personalvertretern

dénaturation

in den Entscheidungsgremien der öffentlichen Betriebe.

démocratiser *v.tr.* demokratisieren; **– l'enseignement** die Bildung allen zugänglich machen, das Bildungswesen demokratisieren.

démographe *m* Bevölkerungsstatistiker.

démographie *f* Demographie *f*, Bevölkerungsstatistik *f*.

démographique *adj*: **statistique –** Bevölkerungsstatistik.

demoiselle *f (PrzR)* Fräulein; **– de magasin** Verkäuferin.

démolir *v.tr.* zerstören, *(Gebäude)* abreißen, niederreißen, schleifen.

démolition *f* Zerstörung; Abriß *m*.

démonétisation *f* Ungültigerklärung *f* von Zahlungsmitteln, Außerkurssetzung, Verrufung.

démonétiser Geld außer Kurs setzen *od.* aus dem Verkehr ziehen.

démonstration *f* (1) *(PrzR)* Beweisführung *f*, (2) *(MilR)* Scheinangriff *m*, Vortäuschen einer Angriffsabsicht, (3) *(Geräte)* Vorführung *f*.

démonstrateur *m* Werbeverkäufer *m*; Vorführer *m*.

démontage *m* Zerlegung, Abbau.

démontrer *v.tr.* beweisen, den Beweis führen.

démoralisation *f* (1) Entmutigung, Enttäuschung, (2) Sittenverfall; **– de l'armée** *(StR)* Wehrkraftzersetzung.

démuni *adj*.: **être – de papiers d'identité** keinen Ausweis bei sich haben; **être – d'argent** mittellos sein.

démystification *f* Aufklärung.

dénantir: se – das Pfand (dem Verpfänder) zurückgeben.

dénatalité *f* Geburtenrückgang *m*.

dénationalisation *f* Privatisierung, Überführung von bisher staatlichen Unternehmen in Privatbesitz.

dénationaliser privatisieren.

dénaturalisation *f* Ausbürgerung *f*.

dénaturation *f* (1) *(ZR: mauvaise interprétation)* falsche Auslegung (einer Vertragsklausel), Interpretationsfehler *m*, (2) *(alcool, sel, sucre)* Denaturation *f*, Vergällung *f*.

dénaturer (1) falsch auslegen, verfälschen, entstellen, im Wesen ändern, (2) denaturieren, vergällen.

dénégation *f* Ableugnen *n*, Leugnen, Bestreiten (der gegnerischen Behauptung); – **d'écriture** Bestreiten der Echtheit einer Privaturkunde.

déneigement *m* Schneeräumung.

déni *m* Ab- *od.* Bestreiten; – **de justice** (1) *(PrzR)* Urteils- *od.* Rechtsverweigerung, Nichteinhaltung der Entscheidungspflicht, (2) *(i.w.S.)* Justizirrtum.

dénier *v.tr.d.* bestreiten; – **le droit de s'exprimer** das Meinungsäußerungsrecht beschneiden; – **toute responsabilité** keinerlei Haftung übernehmen.

denier(s) *m(pl)* (1) *(hist)* römische Silbermünze, Silberling, (2) Geld *n*; **consignation de –s** Sicherheitsleistung durch Hinterlegung von Geld, Barkaution *f*; **–s arrêtés** gepfändeter Geldbetrag *m*; **–s comptants** Bargeld; – **du culte** (freiwillige frz.) Kirchensteuer; – **à Dieu** Weihnachtsgratifikation für den Hausmeister; **–s dotaux** Dotalgelder; – **de l'État** Staatsgelder; – **de fin** *(Maß)* Titer *m*; **–s héréditaires** zur Erbmasse gehörendes Bargeld; **–s privés** nichtöffentliche Gelder, private Mittel *pl*, Privatgelder; **–s publics** öffentliche Mittel *npl*, Staatsgelder; **–s pupillaires** Mündelgelder.

dénigrement *m* Herabwürdigung, Verächtlichmachung.

dénigrer *v.tr.d.* herabwürdigen, verdächtigen, verleumden.

dénombrement *m* Zählung *f*; – **de la population** Volkszählung, Mikrozensus *m*.

dénombrer *v.tr.d.* zählen, aufzählen; registrieren.

dénominateur *m* Nenner *m*; – **commun** gemeinsamer Nenner.

dénomination *f* Bezeichnung, Benennung; – **commerciale** Handelsbezeichnung *f*, handelsübliche Benennung *f*; – **professionnelle** Berufsbezeichnung; – **sociale** *(GesR)* Gesellschaftsfirma *f*, Firmenbezeichnung.

dénommer *v.tr.d.* bezeichnen; **le –é** der genannte.

dénoncer *v.tr.d.* (1) *(StR: Straftat)* anzeigen, Anzeige erstatten, (2) *(ArbR: Vertrag)* (auf)kündigen, (3) *(Mißstand)* anprangern, geißeln; – **un emprunt** eine Anleihe kündigen; – **l'instance** den Streit verkünden; – **une saisie** die Pfändung anzeigen; – **un traité** einen Staatsvertrag kündigen.

dénonciateur *m* (1) *(StR)* Anzeiger, Denunziant *m*, Anzeigeerstatter *m*, (2) Kündigende(r) *m*.

dénonciation *f* (1) *(StR: information des autorités judiciaires de la commission d'une infraction par un tiers qui n'a pas été victime)* Strafanzeige (durch einen Dritten), Anzeige *f*, (2) *(ArbR)* Kündigung, (3) *(ZPR: notification d'un acte de procédure)* Zustellung einer Prozeßurkunde (an einen Dritten), (4) *(VR)* Aufkündigung (eines völkerrechtlichen Vertrages); **acte de** – (1) Kündigung, (2) Pfändungsanzeige *f*; **avis de** – Kündigungsanzeige; **délai de** – Kündigungsfrist *f*; **exploit de** – Zustellungsurkunde über die Pfändung; **fausse** – *(StR)* falsche Anschuldigung.

dénonciation anonyme *(StR)* anonyme Strafanzeige; – **calomnieuse** *(StR: déclaration mensongère)* falsche Verdächtigung *od.* Anschuldigung; – **d'instance** *(ZPR)* Streitverkündung; – **de nouvel œuvre** *(SachR, ZPR)* Besitzschutzklage (bei drohenden Störungen, die sich aus neuen Anlagen ergeben); – **obligatoire** *(StR)* Anzeigepflicht *f*, Pflicht zur Strafanzeige; – **de révision** *(ArbR)* Änderungskündigung (zum Zweck des Abschlusses eines neuen Tarifvertrages); – **de la saisie** *(SachR)* Pfändungsbenachrichtigung (an den Drittschuldner); – **d'un traité** *(VR)* Staatsvertragsaufkündigung.

dénotation *f* Bezeichnung.

dénouement *m* Lösung, Ausgang (einer Sache), Entscheidung.

denrée(s) *f(pl)* **alimentaire(s)** Nahrungsmittel *npl* (als Handelsware), Lebensmittel(produkte); **falsification de –** Täuschung im Lebensmittelhandel; **– alimentaires avariées** verdorbene Nahrungsmittel; **– alimentaires de base** Grundnahrungsmittel; **– périssable** verderbliche Ware; **– rare** Mangelware; **– de première nécessité** Grundnahrungsmittel.

densité *f* **démographique** Bevölkerungsdichte *f*; **– du trafic** Verkehrsdichte.

dentaire *adj*: **soins –s** zahnärztliche Behandlung; **prothèse –** Zahnersatz.

dentier *m* Zahnprothese *f*.

dénucléarisation *f* Schaffung einer atomwaffenfreien Zone.

dénué | de tout fondement unbegründet; **– de ressources** mittellos.

dénuement *m* Mangel *m*, Mittellosigkeit *f*, Armut *f*.

déontologie *f* Standesrecht, Berufsethos *n*, Grundsätze *mpl* einer ordnungsmäßigen Berufsausübung; **code de –** Standes- *od.* Berufsordnung, Kodex *m* der Standespflichten, Ehrenordnung eines Berufsstandes (Ärzte, Anwälte usw.).

déontologique *adj*: **code –** Standes- *od.* Berufsordnung; Berufspflichten.

dépannage *m* (1) *(StVR)* Bergung, Abschleppen *n* (2) *(Gerät)* Störungsbeseitigung, Instandsetzung; **crédit de –** Überbrückungskredit *m*.

dépanner *v.tr.d.* (1) abschleppen, (2) reparieren, instandsetzen, (3) *(fig)* helfen.

de par im Namen, auf Anordnung; **– la loi** im Namen des Gesetzes; **– sa position** auf Grund seiner Stellung.

dépareillé *adj* unvollständig; nicht zusammengehörend; nur als Einzelstücke.

départ *m* (1) *(Dienst)* Verabschiedung, Ausscheiden *n*, Abgang *m*; (2) Abfahrt *f*, Abreise *f*, (3) *(Post)* Ausgang, (4) *(Truppen)* Abmarsch, Abzug *m*, (5) *(Bevölkerung)* Abwanderung; **point de –** *(Frist)* Beginn, Ausgangspunkt; **– d'un associé** Ausscheiden eines Gesellschafters; **– mine** ab Zeche; **– usine** ab Werk; **– volontaire** freiwilliges Ausscheiden.

départager *v.tr.* (1) *(Abstimmung)* den Ausschlag geben, (2) *(Wahl)* den Besten ermitteln, (3) die Richtigkeit feststellen; **– les voix, – les votes** (mit seiner Stimme) den Ausschlag geben.

département *m* (1) *(ÖfR: collectivité territoriale)* Departement *m/n*, frz. Gebietskörperschaft *f*, (2) *(ÖfR: division de l'administration centrale)* Abteilung *f*, Geschäftsbereich *m*; Amt *n*; Referat *n*; Dezernat *n*; **– ministériel** Ministerium *n*, Ressort *n*, (en S:) Departement *n*; **– d'outre-mer** überseeisches Departement.

départir *v.tr.* verteilen; **– les causes** *(GVR)* den Geschäftsverteilungsplan aufstellen; **se –** aufgeben, verzichten auf, abrücken von.

départiteur *m* *(PrzR) (juge-)* hinzugezogener Richter, dessen Stimme bei Stimmengleichheit den Ausschlag gibt.

dépassement *m* (1) *(HaushR)* Überschreitung (der Haushaltsansätze), (2) Nichteinhaltung (der Anweisungen), (3) *(BankR: Kredit)* Überziehen *n*, (4) *(StVR)* Überholen *n*; **– budgétaire** Haushalts- *od.* Etatüberschreitung; **– de capacité** *(DV)* Überlauf *m*; **– de coût** Kostenüberschreitung; **– de crédit** Kreditüberschreitung; **– du délai de livraison** Nichteinhaltung der Lieferfrist.

dépasser *v.tr.d.* übersteigen, überschreiten; überholen; **interdiction de –** *(StVR)* Überholverbot; **– des crédits** Ausgabenansätze *od.* Haushaltsansätze überschreiten; **– les instructions reçues** sich nicht an die Anweisungen halten; **– ses pouvoirs** seine Befugnisse überschreiten.

dépêche *f* diplomatique Gesandtschaftsschreiben, Depesche *f.*
dépêcher beschleunigen, rasch erledigen; – **qqn.** einen Boten schicken; **se** – sich beeilen.
dépénaliser *v.tr.* für straffrei erklären, nicht mehr unter Strafe stellen.
dépendance *f* (1) *(VR, ArbR)* Abhängigkeit *f,* (2) *(SachR: constructions et installations utilitaires qui font partie des accessoires d'un immeuble, meist pl)* Nebengebäude *n,* zugehörige Wirtschaftsgebäude, wesentlicher Bestandteil *m* (eines Grundstücks), Zubehör *n* eines Grundstücks, (3) Zugehörigkeit *f;* **être sous la – de qqn.** von jmdm. abhängig sein; **lien** *ou* **rapport de** – *(ArbR)* Abhängigkeitsverhältnis *n;* **– du domaine public** *(VwR)* Staatsgut *od.* -besitz; **– d'une drogue** Rauschgiftsucht *f,* Drogenabhängigkeit; **– juridique** rechtliche Abhängigkeit.
dépendant *adj* (1) abhängig, (2) zugehörig, (3) süchtig.
dépendre (de) *v.tr.ind.* abhängen (von); in den Zuständigkeitsbereich fallen.
dépens *mpl (PrzR: frais du procès que le gagnant peut se faire payer par le perdant)* (Teil der) Prozeßkosten (die der unterlegenen Partei durch das Gericht auferlegt werden), (zu erstattende) Verfahrenskosten, Kosten des Rechtsstreits (die zu Lasten der unterlegenen Partei gehen); **aux – de qqn.** zu jmds Nachteil *od.* Schaden, auf Kosten von; **calcul des** – Berechnung der Kosten; Kostenpflicht; Verpflichtung, die Kosten des Rechtsstreits zu tragen; **compensation des** – gegenseitige Aufhebung *od.* gegenseitige Aufrechnung der Kosten; **condamner aux** – die Kosten (des Rechtsstreits) auferlegen, zur Tragung der Kosten verurteilen, in die Kosten verurteilen; **état des** – Kostenaufstellung *od.* -berechnung; **être condamné aux** – zur Tragung der Kosten verurteilt werden; **faire supporter les** – die Kosten auferlegen; **liquidation des** – Kostenfeststellung, Kostenliquidierung; **partage des** – Verteilung (der Prozeßkosten) nach Quoten; **rembourser les** – die Kosten erstatten; **répartir les** – die Kosten (zwischen den Parteien) aufteilen; **statuer sur les** – über die Kosten entscheiden; **supporter les** – die Kosten tragen; **taxation des** – Kostenfestsetzung; **– de l'appel** Berufungs- *od.* Rechtsmittelkosten; **– de l'instance** Prozeßkosten (eines Rechtszuges); **– récupérables** erstattungsfähige Kosten.
dépense(s) *(zumeist: fpl)* Ausgaben *fpl,* verausgabte Beträge; Aufwendungen *fpl,* Aufwand *m,* Kosten *pl;* Spesen *pl* ; Verbrauch *m;* **article de** – Ausgabeposten *m;* **assumer les** – die Ausgaben bestreiten; **autorisation de** – Ausgabenbewilligung; **chapitre de** – Ausgaben-Titel; **compression de** – (1) *(HaushR)* Ausgabenbeschränkung, (2) Kostendämpfung; **compte de** – Ausgabenrechnung; **effectuer des** – Ausgaben tätigen, Mittel aufwenden; **entraîner des** – Ausgaben verursachen; **état des** – Ausgabenaufstellung *od.* -verzeichnis *n;* **impôt sur les** – Aufwandsteuer *f;* **poste de** – Ausgabenposten; **relevé des** – Ausgabenverzeichnis *n;* **supplément** *ou* **surcroît de** – Mehraufwand *m;* **ventiler les** – die Ausgaben aufschlüsseln.
dépenses accessoires Nebenkosten; **– accidentelles** *(HaushR)* außerplanmäßige Ausgaben; **– d'administration** *ou* **administratives** Verwaltungsausgaben *od.* -kosten; **– affectées** Ausgabemittel mit Zweckbestimmung; **– d'avarie commune** *(SeeHR)* Kosten der großen Haverei; **– budgétaires** Haushaltsausgaben; **– en capital** Kapitalaufwand, Investitionsausgaben; **– au comptant** Baraufwendungen; **– de consommation** konsumtive Ausgaben; **– courantes** laufende Ausgaben *od.* Kosten; **– effectives** Istausgaben; **– engagées** abzuwik-

kelnde Ausgaben; – **électorales** Wahlkampfkosten; – **d'équipement** Investitionsausgaben; – **d'établissement** Gründungskosten *pl;* – **d'exploitation** Betriebsaufwand *m,* Betriebskosten *od.* -ausgaben; – **extraordinaires** außerplanmäßige Ausgaben.

dépenses de fonctionnement laufende Kosten, Betriebsausgaben; – **de fondation** *(GesR)* Gründungskosten; – **de fonds** Kostenaufwand *m;* – **de gestion courante** laufende Verwaltungsausgaben; – **hors programme** außerplanmäßige Ausgaben; – **imposées** *(HaushR)* Auftragsausgaben; – **imprévues** unvorhergesehene Ausgaben; – **d'investissement** (1) *(BW)* Mehraufwand an Investitionen, Investitionsausgaben, (2) *(HaushR)* investive Staatsausgaben; – **locatives** Mietaufwendungen; – **en matériel** Sachaufwand; – **de ménage** Haushaltsaufwendungen; – **nécessaire** notwendige Aufwendungen; – **obligatoires** *(HaushR)* rechtlich begründete Verpflichtungen; – **occasionnelles** *(HaushR)* einmalige Ausgaben; – **ordinaires** ordentliche Ausgaben.

dépenses périodiques regelmäßig wiederkehrende Ausgaben; – **permanentes** fortdauernde Ausgaben; – **en personnel** Personalausgaben, Personalaufwand; – **prévues** Sollausgaben, veranschlagte Ausgaben; – **professionnelles** Werbungskosten; – **publiques** öffentliche Ausgaben, Ausgaben der öffentlichen Hand; – **de recherche et de développement** Aufwand für Forschung und Entwicklung; – **récupérables** abwälzbare *od.* umlegbare Aufwendungen, erstattungsfähige Kosten; – **réelles** Istausgaben; – **sur ressources affectées** Ausgaben aus zweckgebundenen Einnahmen; – **de salaires** Lohnaufwand; – **sociales** Sozialausgaben *od.* -aufwendungen; – **somptuaires** Luxusausgaben; – **supplémentaires** Mehrausgaben, Mehraufwand; – **théoriques** Ausgabensoll; – **de transfert** (1) *(HaushR)* Ausgaben (ohne direkte entsprechende Leistungsverpflichtung des Empfängers), Leistungen der öffentlichen Hand, Subventionen, (2) *(SozR)* Transferleistungen; – **voluptuaires** Luxusaufwendung; Verschwendung.

dépenser *v.tr.d.* (Geld) ausgeben, (Mittel) aufwenden.

dépensier *adj* verschwenderisch, ausgabefreudig.

déperdition *f* Abgang *m,* Verlust *m;* Schwund *m;* – **d'inventaire** Inventarverlust *m.*

dépérir *v.intr.* schwächer werden, abnehmen; verfallen; (Forderung) unsicher werden; an Beweiskraft verlieren.

dépérissement *m* Verfall *m,* Absterben *n;* – **des forêts** Waldsterben *n.*

dépeuplement *m* Entvölkerung *f,* Abwanderung *f.*

dépistage *m* Aufspüren *n;* examen **de –** Reihenuntersuchung; – **d'un malfaiteur** Aufspüren *od.* Erfassung eines Straftäters; – **précoce** *(Krebs)* Früherkennung.

dépister aufspüren; – **un voleur** einen Dieb stellen *od.* fassen.

dépit *loc. adv.:* **en – de** trotz, wider, gegen; **en – du bon sens** wider jede Vernunft.

déplacé *adj:* **personne –e** displaced person.

déplacement *m* (1) Verlagerung, Verlegung, (2) *(Personal)* Versetzung, (3) *(Schiff)* Wasserverdrängung, (4) *(BeamR)* Dienstreise *f;* **frais de –** (1) Reisekosten *pl,* (2) Reisekostenentschädigung *od.* -vergütung; **indemnité de –** Reisekostenvergütung *od.* -entschädigung, Tagegeld *n.*

déplacement administratif Versetzung; – **de borne** Grenzsteinversetzung *od.* -verrückung; – **par mesure disciplinaire** *ou* **d'office** strafweise Versetzung; – **officiel** Dienstreise; – **de population** Bevölkerungsumsiedlung.

déplacer *v.tr.* versetzen; verschieben; verlegen, verlagern; **– par mesure disciplinaire** *ou* **d'office** strafversetzen.

déplafonnement *m* Abschaffung *od.* Anhebung der Höchstgrenze; **– des revenus soumis à cotisation** Aufhebung der Pflichtversicherungsgrenze.

déplafonner die Höchstgrenze aufheben *od.* herabsetzen.

de plein droit kraft Gesetzes, von Rechts wegen.

dépliant *m* Faltblatt *n*, (Falt)Prospekt *m/n*.

déploiement *m* Entfaltung, Entwicklung.

déplombage *m* Entfernung des Zollverschlusses.

déplorer *v.tr.d.* bedauern, bereuen, untröstlich sein.

dépolitiser *v.tr.d.* (un débat) (eine Debatte) versachlichen.

dépollution *f* Beseitigung der Umweltschäden *od.* Umweltverschmutzungen.

dépopulation *f* Bevölkerungsabnahme *f.*

déport *m* (1) *(BörR)* Deport *m*, Kursabschlag *m*, Deportgeschäft *n*, (2) *(ZPR)* Ausschließung (eines Richters); **– d'un arbitre** Entlassung *od.* Rücktritt eines Schiedsrichters.

déportation *f* Zwangsverschleppung *od.* -umsiedlung, strafweise Verschickung, Deportation.

déporté *m* Deportierte(r) *m*, verschleppte Person; KZ-Häftling; Zwangsarbeiter.

déporter *v.tr.d.* deportieren, verschleppen; **se –** *(PrzR)* sich für befangen erklären.

déposant *m* (1) *(BankR)* Einleger *m*, (2) *(PatR)* Anmelder *m*; **premier –** Erstanmelder; **témoin –** aussagender Zeuge; **– dans un magasin général** Hinterleger, Einlagerer, Einleger; **– d'une marque** Warenzeichenanmelder.

déposer (1) *(PrzR: témoigner en justice)* aussagen, (2) *(ZR: mettre en dépôt)* in Verwahrung geben, hinterlegen, deponieren, (3) *(BeamR: destituer)* seines Amtes entheben, absetzen; **refus de –** Aussageverweigerung *f*; **date pour – une demande** Anmeldungstermin; **délai pour – une demande** Anmeldungsfrist; **– un acte** eine Urkunde hinterlegen; **– de l'argent** Geld einzahlen; **– son bilan** *(KonkursR)* Konkurs anmelden; **– un brevet** ein Patent anmelden; **– des conclusions** *(ZPR)* (Anwalt) Anträge (für seinen Mandanten) stellen; **– une demande** einen Antrag stellen *od.* einreichen; **– une demande en justice** Klage erheben, eine Klageschrift einreichen; **– en justice** (als Zeuge) vor Gericht aussagen; **– une loi** ein Gesetz einbringen; **– une marque de fabrique** ein Warenzeichen anmelden; **– une motion de censure** *(VerfR)* einen Mißtrauensantrag (gegen die Regierung) stellen; **– des observations** eine Stellungnahme einreichen; **– une plainte** *(StPR: pour le plaignant, saisir la justice en se portant partie civile)* Strafanzeige erstatten, Mitteilung einer Straftat an die Behörden durch das Tatopfer; **– un recours** (devant le Conseil d'État) klagen; **– ultérieurement** (Schriftstücke) nachreichen.

dépositaire *m* (1) *(ZR)* Verwahrer *m*, (2) *(ÖfR)* Inhaber *m* der öffentlichen Gewalt, Beamter mit hoheitlichen Aufgaben; **– de justice** gerichtlicher Verwahrer; **– de secrets** Geheimnisträger.

déposition *f* (1) *(StPR: témoignage en justice sous la foi du serment)* Zeugnis *n*, Aussage *f*, eidliche Zeugenaussage vor Gericht, (2) *(BeamR)* Amtsenthebung, Absetzung; **recevoir une –** einen Zeugen vernehmen; **– du témoin** Zeugenaussage.

déposséder *v.tr.d.* Besitz *od.* Rechte entziehen.

dépossession *f* Besitzentziehung *f*; Enteignung *f.*

dépôt *m* (1) *(SchuldR)* Verwahrung, Verwahrungsvertrag; verwahrte Sache; Hinterlegung; (2) *(BankR)*

dépôt d'actes

Depot, Verwahrung von Wertpapieren und Wertgegenständen, (3) Verwahrungs- *od.* Hinterlegungsort, (4) *(HR)* Warenlager *n*, Niederlage *f*, (5) *(PatR)* Anmeldung, Einreichung, (6) *(StR)* polizeilicher Gewahrsam; **acte de –** Hinterlegungsurkunde *f*; **admettre au –** zur Hinterlegung zulassen; **banque de –s** Depositenbank; **certificat de –** (1) Hinterlegungs- *od.* Einlageschein, Depositenschein, (2) *(PatR)* Anmeldebescheinigung; **compte de –** Depositen- *od.* Einlagekonto, Depotkonto (S); **contrat de –** Verwahrungsvertrag; **délai de –** Einreichungstermin *m*; **en –** postlagernd, bahnlagernd; auf Lager; **fonds en –** Depositen *pl*; **mandat de –** *(StR)* Haftbefehl *m*; **mettre en –** in Aufbewahrung geben, hinterlegen; **opération de –** Einlagengeschäft; **récépissé de –** Einlage- *od.* Aufbewahrungsschein.

dépôt d'actes Urkundenhinterlegung; **– de l'action** *(ZPR)* Einreichung der Klage bei Gericht; **– antérieur** *(PatR)* ältere Anmeldung; **– d'argent** Depositen *fpl*, Geldeinlagen; **– d'armes** Waffenlager *n*; **– bancaire** *ou* **en banque** (1) *(Geld)* Bankeinlage, Bankguthaben *n*, (2) *(Wertpapiere)* Bankdepot *n*; **– du bilan** *(KonkursR)* Eröffnungsantrag; Antrag auf Konkurseröffnung; **– d'un brevet** Patentanmeldung *f*; **– cacheté** (B) verschlossenes Depot, Streifbanddepot; **– à la caisse d'épargne** Spareinlage; **– de candidature** (1) *(ÖfR)* Einreichung der Wahlvorschläge, (2) *(ArbR)* Einreichung der Bewerbungsunterlagen; **– certain (de titres)** *(WertpR)* Streifbanddepot; **– de choses** Sachdepot; **– en coffre** Schließfachdepot; **– en compte-courant** (1) Kontokorrenteinlage, Einlage auf laufende Rechnung, (2) *(WertpR)* Sammeldepot; **– à court terme** kurzfristige Einlage.

dépôt à découvert *(WertpR)* offenes Depot; **– de la demande** *(PatR)* Antragstellung *f*; **– d'une demande en justice** *(ZPR)* Einreichung einer Klage; **– de dessins et modèles** Gebrauchsmusteranmeldung; **– à échéance fixe** Termineinlage, vinkulierte Depositen *pl;* **– enregistré** *(Wz)* Anmeldung und Eintragung in die Zeichenrolle; **– d'épargne** Spareinlage, Sparguthaben *n*; **– d'espèces** Bareinlage; **– à fin de conservation** Hinterlegung; **– de fonds** Bareinlage *od.* -depot; **– en gage** Pfandübergabe; **– de garantie** (1) *(BankR)* Sicherstellungsfonds (2) Sicherheitsleistung, Hinterlegung einer Kaution.

dépôt d'hôtellerie *(SchuldR)* Einbringung von Sachen bei Gastwirten; vom Gastwirt zur Aufbewahrung übernommene Sache; **– des instruments de ratification** *(VR)* Hinterlegung der Ratifikationsurkunden; **– irrégulier** *(WertpR)* Sammeldepot; **– judiciaire** *ou* **en justice** Hinterlegung bei Gericht, gerichtliche Verwahrung; **– légal** *(Druckschriften)* gesetzlich vorgeschriebene Hinterlegung von Pflichtexemplaren; Abgabe von Freiexemplaren, gesetzlich vorgeschriebene Hinterlegung; **– livrancier** *(HR)* Auslieferungslager; **– à long terme** langfristige Einlage; **– en mains propres** Eigendepot; **– en mains tierces** Fremddepot, Ander-Depot, Drittverwahrung; **– de marchandises** Warenlager; **– d'une marque** Warenzeichenanmeldung; **– d'un modèle** Geschmacksmusteranmeldung; **– multiple** Sammelhinterlegung.

dépôt nécessaire *(ZR)* notwendige Verwahrung, Verwahrung in Notfällen; **– de nuit** Nachttresor *m*; **– obligatoire** Hinterlegungspflicht; **– ouvert** offenes Depot; **– d'une plainte** *(StR)* Erstattung von Strafanzeige; **– à préavis** Kündigungsgelder, kündbare Gelder, Depot mit Kündigung; **– du préavis de grève** *(ArbR)* Streikanmeldung *od.* -ankündigung; **– public** öffentliche Verwahrungsstelle; – **régulier** reguläres Depot, reguläre Wertpapierverwahrung; verschlossenes Depot; – **d'une requête** Antragsstellung; – **scellé** verschlossenes Depot; – **de sommes d'argent** Depositengeschäft; – **à terme** Termingelder, Guthaben mit fest vereinbarter Laufzeit, befristete Einlage; – **à terme fixe** Festgelder; – **de titres** Wertpapierdepot, Wertpapierverwahrung; – **volontaire** *(SchuldR)* gewöhnliche Verwahrung; – **à vue** Sichteinlage, täglich fällige Einlage, Tagesgelder.

dépotoir *m* Müllkippe *f*, Deponie *f*.

dépouille *f* **(mortelle)** Leichnam *m*, Leiche *f*.

dépouillement *m* (1) *(StR)* Beraubung *f*, (2) *(PrzR, VwR)* Aktendurchsicht *f*; – **des données** *(DV)* Datenauswertung; – **par ordinateur** rechnergestützte Auswertung; – **du scrutin** *ou* **des votes** Stimmenauszählung *f*; – **d'un rapport** kritische Durchsicht eines Berichts; – **de statistiques** statistische Auswertung.

dépouiller *v.tr.d.* (1) berauben, (2) (in den Akten) nachlesen, nachschlagen; durchsehen; – **le scrutin** die Stimmen auszählen.

dépourvu *adj* ohne; – **de fondement** unbegründet; – **d'intérêt** unbedeutend; – **de ressources** mittellos; **prendre qqn. au** – *loc. adv.* jmdn. überraschen, sprachlos lassen.

dépravation *f* Korruption; Sittenverderbnis *f*.

dépréciation *f* (1) *(Vwirt)* Wertminderung *od.* -verringerung; Entwertung; Abnutzung, (2) *(ArbR)* niedrigere Bewertung (eines Postens); **indemnité de** – Abnutzungsentschädigung; – **de change** Wechselkursverlust; – **de la marque** Verwässerung; – **monétaire**, – **de la monnaie** Währungsverfall *m*; Wertverlust *m*; Kaufkraftverlust (einer Währung); – **par l'usage** Wertverlust durch Abnutzung.

déprécier (1) (im Wert) herabsetzen, entwerten, (2) *fig* herabwürdigen; **se** – an Wert verlieren.

déprédateur *m* Plünderer *m*; – **de fonds public** (Täter einer) Veruntreuung öffentlicher Gelder.

déprédation *f* (1) *(dommage matériel, détérioration)* Sachbeschädigung, *f*, Beschädigung fremden Eigentums, (2) *(StR, BeamR: dilapidation, prévarication)* Verschwendung im Amt, Veruntreuung, (3) *(UmweltR)* Raubbau *m*.

dépression *f* *(Vwirt)* Rezession *f*, Rückgang *m*, Flaute *f*; Tahlsohle *f*, Konjunkturtief *n*.

depuis *präp* (1) *(temporel)* seit, von... an, (2) *(spatial)* (sich erstrecken) von... bis.

députation *f* (1) Abordnung, (2) Abgeordnetenmandat *od.* -amt; **candidat à la** – (Wahl-)Kandidat *m*.

député *m* Abgeordnete(r) *m*, Volksvertreter *m*, Deputierter *m*; **siège de** – Abgeordnetensitz *m*; – **sortant** ausscheidender Abgeordnete(r).

députer *v.tr.* (1) delegieren, eine Abordnung senden, (2) an- *od.* zuweisen.

déraison *f* Unvernunft; Umnachtung, Geisteskrankheit.

déraisonnable *adj* unvernünftig, unangemessen; **rigueur** – unbillige Härte.

dérangement *m* Ausfall *m*, Störung; **en** – außer Betrieb, gestört.

dérapage *m* (Ab-)Rutschen *n*; – **des cours** Kurseinbruch *m*; – **politico-judiciaire** rechtspolitischer Skandal; – **des prix** Abdriften der Preise.

dératisation *f* Rattenbekämpfung.

derechef *adv* erneut, zum wiederholten Male.

déréférencer un article einen Artikel aus dem Sortiment nehmen, auslisten.

dérèglement *m* Unordnung, *fig* Zügellosigkeit.

déréglementation *f* *(Vwirt: syn. dérégulation)* Deregulierung *f*, Liberalisierung, Außerkraftsetzung von Schutzbestimmungen, Abbau des Sozialstaates.

déréliction f *(SachR: abandon)* Eigentumsaufgabe, Dereliktion.

déréquisition f Aufhebung der Beschlagnahme.

déresponsabiliser v.tr. jmdn. von seiner Haftung befreien.

dérision f (1) Hohn m, Verspottung f, (2) *(chose insignifiante)* Kleinigkeit f, Bagatelle f, Lappalie f.

dérisoire adj völlig unbedeutend, (ganz) geringfügig; minimal; **prix –** Spottpreis m.

dériver un droit de ein Recht herleiten (von).

dernier adj: **en dernière instance** in letzter Instanz; **dernière issue** letzter Ausweg; **dernières volontés** Letzter Wille, Testament n.

dérobé adj: **objets –s** *(StR)* Diebesgut od. -beute.

dérobée: à la – *loc. adv.* heimlich.

dérober stehlen, entwenden; **– un coupable à la justice** die Bestrafung (eines Straftäters) vereiteln; **– un secret** jmdm. ein Geheimnis entlocken; **se – à une obligation** sich der Erfüllung einer Verpflichtung entziehen.

dérogation f (1) *(violation)* Verstoß m; Beeinträchtigung, (2) *(exception)* Ausnahme f, Abweichung, Ausnahmeregelung; **par – à** in Abweichung von; **– administrative** Ausnahmegenehmigung; **– conventionnelle** (vom Gesetz) abweichende Regelung (bei abdingbaren Normen); **– de droit** in den Rechtsvorschriften vorgesehene Ausnahme; **– individuelle** Einzelausnahme; **– légale** gesetzlich vorgesehene Ausnahme.

dérogatoire adj (1) rechtsmißbräuchlich, (2) abweichend, derogatorisch, beschränkend; aufhebend; **acte –** (1) rechtsmißbräuchliches Rechtsgeschäft, (2) Sondervereinbarung; **clause –** *(ErbR)* Annullierungsklausel.

déroger v.tr.ind. (1) (gegen das Gesetz) verstoßen, (2) abändern, eine Ausnahme machen, abweichen, (3) beschränken, beeinträchtigen.

dérôlement m (1) Streichung (aus dem Register), Löschung (einer Eintragung), (2) (B) Abmusterung.

déroulement m Verlauf m, Ablauf m, Hergang m; Abwicklung; **– des faits** *(StR)* Tathergang m; **– de la procédure** Fortgang des Verfahrens, Verfahrensverlauf m.

déroutage m *ou* **déroutement** m Umdisponierung, Umleitung f.

dérouter v.tr.d. *(Schiff)* umleiten.

derrick m (1) Derrick(kran) m, Mastkran, (2) *(Schiff)* Ladebaum m.

désabonnement m Abbestellung f, Kündigung des Abonnements.

désaccord m Meinungsverschiedenheit, Uneinigkeit; Mißklang m; **en cas de –** falls keine Einigung zustandekommt.

désachalander v.tr.d. *(HR)* Kunden abwerben.

désaffectation f (1) *(VwR: bien du domaine public)* Widmungsentziehung f, Entwidmung f, (2) *(Betrieb)* Stillegung f, (3) *(Gebäude)* Zweckentfremdung.

désaffecter v.tr.d. (1) entwidmen, die Widmung aufheben, (2) stillegen, (3) zweckentfremden.

désaffection f Abwendung, Abneigung, Interesseverlust m; **– de la clientèle** Abwanderung der Kundschaft.

désaffiliation f Austritt m (aus einer Gewerkschaft).

désagrégation f Zerfall m, Auseinanderfall m.

désagrément m Unannehmlichkeit.

désamorcer (un conflit) entschärfen.

désapprobation f Mißbilligung f.

désapprouver v.intr. mißbilligen, nicht genehmigen, tadeln; ablehnen, verwerfen.

désarmement m (1) *(VR)* Entwaffnung f, Abrüstung f, (2) *(SeeHR)* Abtakeln n, Abrüsten n, Außerdienststellung (eines Schiffes); **conférence sur le –** Abrüstungskonferenz; **– douanier** Abbau der Zollschranken.

désarmer v.tr.d. (1) entwaffnen, abrüsten, (2) abtakeln.

désavantage m Nachteil m, nachteilige Wirkung; Schaden m; **au – de**

désavantager qqn. zu jmds. Nachteil; **– économique** wirtschaftlicher Nachteil.

désavantager benachteiligen.

désavantageux *adj* nachteilig.

désaveu *m* (1) *(StR: rétractation)* Widerruf *m* (des Geständnisses), (2) *(ZR)* Nichtanerkennung *f*, Be- od. Abstreiten *n*, Aberkennung; **action en – de paternité** (1) *(FamR: légitime)* Ehelichkeitsanfechtungsklage, (2) *(FamR: naturelle)* Vaterschaftsanfechtungsklage; **– d'avocat** *(ZPR)* Erklärung eines Vertretenen, daß sein Anwalt keine Vollmacht gehabt od. die Vollmacht überschritten habe; **– de paternité** Anfechtung des Vaterschaftsanerkenntnisses; **– du représentant** *(SchuldR)* Erklärung des Vertretenen, daß die Vertretungsmacht fehlt od. überschritten wurde.

désavouer (1) *(StR: Erklärung)* be- od. abstreiten, widerrufen, (2) *(ZR: Vertretungsmacht)* nicht anerkennen, aberkennen, desavouieren.

descellement *m* (d'un cachet) Entsiegelung.

desceller *v.tr.d.* (un acte) das Siegel entfernen.

descendance *f* (1) Nachkommenschaft *f*, (2) *(filiation)* Abstammung *f*; **– légitime** eheliche Abstammung.

descendant *m/adj* Abkömmling *m*, Deszendent *m*; **ligne –e** *(ErbR)* absteigende Linie.

descendre (1) *v.tr.d.* sinken, (ab)fallen, (2) *v.intr.* abstammen, (3) absteigen; **– sur les lieux** *(PrzR)* eine Ortsbesichtigung vornehmen.

descente de justice *ou* **sur les lieux** *(StPR, ZPR)* Lokaltermin *m*, Lokalaugenschein *m*, Augenscheinnahme *f*, (richterlicher) Augenschein, Tatortbesichtigung *f*, Ortsbesichtigung; **procéder à une – sur les lieux** Augenschein einnehmen, einen Lokalaugenschein vornehmen; **– de police** polizeiliche Fahndungsstreife *f*, Razzia *f*.

descriptif *m* erklärendes u. kommentierendes Verzeichnis.

description *f* Beschreibung *f*, Darstellung; Text *m*; Verzeichnis *n*; **absence de –** *(PatR)* fehlende Offenbarung; **– des fonctions** Stellenbeschreibung, Tätigkeitsdarstellung; **– de l'invention** Beschreibung der Erfindung; **– de la marque** Beschreibung des Warenzeichens; **– du poste de travail** Arbeitsplatzbeschreibung; **– des risques** Gefahrenbeschreibung.

désemprisonner *v.tr.d.* entlassen.

désencadrer le crédit die Kreditaufnahme erleichtern.

désenclaver (une région) bessere Zufahrtswege schaffen, an das Verkehrsnetz anschließen.

désendettement *m* Entschuldung *f*, Schuldenabbau *m*.

désengagement *m*: **politique de –** Neutralitätspolitik.

désengager: se – d'une obligation eine Verpflichtung rückgängig machen, sich von einem Vertrag lossagen.

déséquilibre *m* Mißverhältnis *n*, Unausgeglichenheit *f*; **– budgétaire** Unausgeglichenheit des Haushalts; **– entre l'offre et la demande** Auseinanderklaffen von Angebot u. Nachfrage.

déséquilibré *m* Geistesgestörte(r).

désert *m* Wüste *f*; **traversée du –** *(Pol)* Durststrecke.

déserter Fahnenflucht begehen, desertieren; **– à l'ennemi** zum Feinde überlaufen.

déserteur *m* Fahnenflüchtige(r) *m*, Deserteur *m*, Überläufer *m*.

désertification *f* Verödung od. Versteppung (ganzer Landstriche).

désertion *f* Fahnenflucht, Desertion; **– des campagnes** Landflucht; **– à l'ennemi** Überlaufen zum Feinde.

désescalade *f (Pol)* Verringerung der Spannungen; Truppenabbau in Krisengebieten; **– des prix** allmählicher Rückgang der Preise.

désespoir *m* Verzweiflung *f*; **en – de cause** in Ermanglung einer besseren Lösung.

désétatisation *f* (1) Privatisierung, (2) Förderung der Privatinitiative durch Verringerung der staatlichen

déshabiliter

Subventionen u. Abbau der staatlichen Eingriffe.
déshabiliter die Erlaubnis entziehen.
déshérence *f* erbenloser Nachlaß *m*, Erbenlosigkeit (die ein gesetzliches Erbrecht des Fiskus begründet); **succession en −** erbenloser Nachlaß; **tomber en −** dem Staat anheimfallen.
déshérité *adj* (von der Natur) benachteiligt.
déshéritement *m* Enterbung.
déshériter *v.tr.d.* enterben.
déshonnêteté *f* Unehrlichkeit.
déshonneur *m* Entehrung, Ehrlosigkeit, Schande *f.*
déshonorer entehren; verführen.
déshumanisation *f* Entmenschlichung.
désidérabilité *f (Vwirt)* wirtschaftlicher Nutzen.
desiderata *mpl (lat)* Anliegen *n*, Wünsche *mpl*, Wunschliste *f;* Vorschläge *mpl.*
design *m (= esthétique industrielle moderne)* Design *n*, Entwurf formgerechter Industrieprodukte; Muster, Modell.
désignation *f* (1) *(choix, nomination)* Ernennung *f,* Bestellung *f,* (2) Benennung, Bezeichnung, Bestimmung; **droit de −** (1) *(ÖfR)* Ernennungsrecht *n*, (2) *(GesR)* Recht, Vertreter in den Aufsichtsrat zu entsenden; **− commerciale** handelsübliche Bezeichnung; **− de fantaisie** *(Wz)* Phantasiebezeichnung; **− d'origine** Ursprungs- *od.* Herkunftsbezeichnung; **− professionelle** Berufsbezeichnung; **− d'un successeur** Erbeinsetzung.
désigner *v.tr.d.* (1) ernennen, bestellen, bestimmen, benennen, berufen; wählen, (2) bezeichnen.
désinflation *f* Rückgang *m* des Preisanstiegs.
désintégration *f* Auflösung *f,* Zerfall *m*, Desintegration.
désintéressement *m* (1) Uneigennützigkeit, (2) Entschädigung, Abfindung.
désintéressé *adj* uneigennützig.

désorganisation

désintéresser befriedigen, entschädigen; **− un créancier** einen Gläubiger befriedigen; **se − de** das Interesse verlieren an, sich zurückziehen von.
désintérêt *m* Desinteresse, Gleichgültigkeit.
désintoxication *f:* **cure de −** Entziehungskur.
désinvestissement *m* Desinvestition, Investitionsstopp *m*; Rückgang der Investitionstätigkeit.
désinvestiture *f* Amtsenthebung *f.*
désir *m:* **exprimer** *ou* **formuler un −** einen Wunsch äußern.
désirer: laisser à − zu wünschen übriglassen.
désistement *m* (1) *(ZR: abandon volontaire d'un droit)* Verzicht *m* auf ein Recht, (2) *(ZPR)* Verzicht auf den eingeklagten Anspruch, Klagerücknahme *f,* (3) *(ÖfR)* Zurücktreten *n*; Zurückziehung einer Wahlkandidatur; **− d'action** Klageverzicht *od.* -rücknahme; **− d'appel** Zurücknahme der Berufung; **− de candidature** Rücktritt eines Wahlkandidaten; **− d'instance** Klagerücknahme (ohne Anspruchsverzicht); **− de plainte** Rücknahme der Strafanzeige (durch das Tatopfer); **− volontaire** *(StR)* Rücktritt vom Versuch.
désister: se − (1) *(PrzR)* die Klage zurückziehen *od.* zurücknehmen, (2) *(ÖfR)* seine Kandidatur zurückziehen; **se − du contrat** von dem Vertrag zurücktreten; **se − en faveur de** zugunsten von ... zurücktreten.
désobéir *v.tr.ind.* einer Aufforderung nicht Folge leisten, den Gehorsam verweigern.
désobéissance *f* Ungehorsam *m*, Verweigerung des Gehorsams.
désœuvrement *m* Herumlungern *n*, Nichtstun *n*, Müßiggang *m.*
désolidariser: se − sich distanzieren.
désordre *m* Unruhe *f,* Unordnung *f;* Aufruhr *m*, Ausschreitungen *fpl*; **− économique** Mißwirtschaft *f.*
désorganisation *f* Zerstörung, Auf-

lösung, Zerrüttung, Unordnung, Desorganisation.
désormais *adv* künftig, in Zukunft; nunmehr.
déspécialisation *f (HR)* einseitige Erweiterung des Geschäftsgegenstandes (durch den Geschäftsführer).
despotisme *m* System *n* der Gewaltherrschaft, Despotismus *m*, Willkürherrschaft *f.*
dessaisine-saisine *f* Auflassung *f.*
dessaisir entziehen; **se – d'une chose** (über eine Sache) verfügen, sich (einer Sache) begeben; **– un tribunal** *(ZPR)* das Prozeßrechtsverhältnis beenden.
dessaisissement *m* (1) *(ZPR)* Beendigung des Prozeßrechtsverhältnisses *od.* der Anhängigkeit eines Verfahrens (vor einem bestimmten Gericht), (2) *(SachR)* Aufgabe *f* des Besitzes (an einer Pfandsache), Besitzentsetzung *f,* (3) *(KonkursR)* Entziehung der Vermögensverwaltung (durch Konkurseröffnung), Konkursbeschlag *m.*
dessaisonnalisation *f (Vwirt)* Umrechnung in saisonbereinigte Zahlen.
dessaisonnalisé *adj* saisonbereinigt.
dessein *m* Vorhaben *n*, Absicht *f*, Plan *m*; **à –** vorsätzlich, absichtlich; **grand –** *(Pol)* gesellschaftliche Perspektive, Zukunftsvision.
desserrement *m (Vwirt)* Entzerrung, Entflechtung; **– du crédit** Krediterleichterung.
desserte *f (StVR)* Pendelverkehr *m.*
dessin *m* Zeichnung *f*; Plan *m*; Muster *n*; **–s et modèles industriels** *(WzR)* Gebrauchs- u. Geschmacksmuster, gewerbliche Muster u. Modelle; **– publicitaire** Werbegraphik *f.*
dessous de table (1) *(StR)* Schmiergelder *npl,* (2) *(HR)* heimliche Draufgabe *f* (beim Vertragsabschluß).
dessous: ci- – *loc. adv.* siehe (weiter) unten.
déstabilisation *f (Pol)* Zerstörung des Zusammenhalts *od.* des Gleichgewichts.
destin *m* Schicksal *n*; **– de la société** Zukunft der Gesellschaft.

destinataire *m/adj* Empfänger *m*, Adressat *m* (der Willenserklärung); **gare –** Bestimmungsbahnhof *m*; **– apparent** Scheinadresse; **– d'une règle juridique** Normadressat *m*; **– de services** Dienstleistungsempfänger.
destination *f* (1) Zweck *m*, Ziel *n*, (Zweck-)Bestimmung, (2) Bestimmungsort *m*; Reiseziel *n*; **bureau de –** Empfangsamt *n*, *(UPU)* Bestimmungspostamt; **immeuble par –** *(SachR)* Zubehör *n*, lebendes und totes Inventar; **pays de –** Bestimmungsland *n*; **port de –** Bestimmungs- *od.* Löschungshafen *m*; **– du père de famille** *(SachR)* Entstehung einer Grunddienstbarkeit kraft Bestimmung des früheren Eigentümers.
destinatoire *adj*: **clause –** Zweckbestimmungsklausel.
destiner bestimmen; **– qqch. à qqn.** jm. etwas vorbehalten, etwas für jn. ausersehen; **– qqn. à un emploi** jn. für eine Tätigkeit vorsehen; **se – à la magistrature** das Richteramt (als Berufsziel) anstreben.
destituable *adj* absetzbar.
destituer *v.tr.d.* absetzen, seines Amtes entheben, entlassen.
destitution *f (DiszR)* Entlassung *f*, Dienst- *od.* Amtsenthebung; **– de la tutelle** Entziehung der Vormundschaft.
déstockage *m* Abbau von Lagerbeständen, Lagerentnahme *f.*
déstocker Lagerbestände abbauen.
destruction *f* Zerstörung *f*, Vernichtung; Sachbeschädigung; **– d'actes** Urkundenvernichtung; **– d'insectes** Insektenvertilgung; **– de papiers compromettants** Beiseiteschaffen kompromittierender Schriftstücke; **– de pièces** *(StR)* Urkundenunterdrückung.
désuet *adj* ungebräuchlich, veraltet, obsolet.
désuétude *f* Aufgabe *f* (durch Nichtanwendung), Ungültigwerden *n*; **tomber en –** durch dauernde Nichtanwendung außer Kraft treten.

désunion *f* Uneinigkeit *f*, Zwietracht *f*; Ehezerrüttung.

désutilité *f (Vwirt)* negativer Aspekt, Nachteile (einer Maßnahme).

désyndicalisation *f* Entfremdung der Arbeitnehmer gegenüber den Gewerkschaften, (massiver) Gewerkschaftsaustritt.

détachement *m* (1) *(VwR: région)* Loslösung *f*, Abtrennung *f*, (2) *(BeamR)* Abordnung eines Beamten, zeitweise Versetzung, (3) *(MilR)* Sonderkommando *n*; **être en –** als entsandte Kraft arbeiten; **– de travail** Arbeitsgruppe *f*.

détacher *v.tr.d.* (1) loslösen, abtrennen, (2) überstellen, abordnen, zeitweise versetzen.

détail *m* (1) Einzelheit *f*, (2) Verkauf im Einzelhandel; **commerce de –** (1) Einzel- *od*. Detailhandel, (2) Einzelhandelsgeschäft; **prix de –** Einzelhandelspreis *m*; **vente au –** Vertrieb im Einzelhandel.

détaillant *m* Einzelhändler *m*; Kleinhändler; **marge de –** Einzelhandelsspanne *f*.

détailler *v.tr.d.* (1) im einzelnen aufführen; genau beschreiben, (2) im Einzelhandel vertreiben; einzeln verkaufen.

détaillé *adj* ausführlich, eingehend.

détaxation *f* Steuererleichterung *f*; Zoll- *od*. Steuerbefreiung *f*.

détaxe *f* Steuerermäßigung *f*, Gebührenerlaß *m*; **action en –** Antrag auf Gebührenerstattung *od*. -ermäßigung.

détaxer von Steuern befreien, Steuererleichterungen gewähren.

détecter aufspüren, entdecken; **– un réseau de trafiquants** einen (Drogen-)Händlerring ausheben *od*. auffinden u. verhaften.

détecteur *m* Nachweis- *od*. Strahlenmeßgerät *n*.

détective privé Privatdetektiv *m*, Detektei, Ermittlungs- *od*. Detektivbüro *n*.

détenir *v.tr.d.* (1) innehaben, besitzen, (2) *(StVZ)* die Freiheitsstrafe vollziehen *od*. vollstrecken; **– des actions** Aktien halten; **– précai-**

rement *(SachR)* als (bloßer) Inhaber die tatsächliche Herrschaft über eine Sache ausüben.

détente *f (Pol)* Entspannung *f*.

détenteur *m* (bloßer) Inhaber *m*; Fremdbesitzer; **tiers –** *(SachR)* Besitzer eines mit einer Hypothek belasteten Grundstücks; **– d'une arme** Waffenbesitzer *m*; **– d'un brevet** Patentinhaber; **– du gage** *ou* **gagiste** Faustpfandgläubiger, Pfandbesitzer; **– précaire** *(SachR)* Gewahrsamsinhaber; **– de la puissance paternelle** *(FamR)* Inhaber der elterlichen Gewalt; **– de la puissance publique** Träger der öffentlichen Gewalt.

détention *f* (1) *(SachR)* tatsächliche Sachherrschaft im Sinne der Innehabung; (2) *(StVZ)* Haft *f*, Strafvollzug *m*; entehrende Freiheitsstrafe; **– arbitraire** willkürliche *od*. widerrechtliche Inhaftierung; **– d'armes** Waffenbesitz *m*; **– criminelle** Freiheitsstrafe bei Verbrechen, Zuchthaus(strafe); **– en enceinte fortifiée** Festungshaft; **– (à titre) précaire** *(SachR)* Innehabung einer Sache (die keinen Besitz im Rechtssinne darstellt); **– préventive** (Unterbringung in der) Sicherungsverwahrung *f*; **– provisoire** Untersuchungshaft *f*.

détentionnaire *m* Insasse einer Haft– *od*. Strafvollzugsanstalt, Häftling.

détenu *m* Häftling *m*, Inhaftierte(r) *m*; **– politique** politischer Häftling.

détérioration *f* Verschlechterung *f*, Wertminderung; Beschädigung *f*; Abnutzung, Verfall *m*; **– de l'emploi** Verschlechterung der Arbeitsmarktlage; **– du pouvoir d'achat** Kaufkraftschwund.

détériorer verschlechtern, mindern; beschädigen; abnutzen; **se –** sich verschlechtern, schlechter werden; **– la valeur** den Wert beeinträchtigen.

déterminable *adj* bestimmbar.

déterminant *adj* entscheidend, maßgeblich, maßgebend; **motif –** Hauptursache *f*, Leitgedanke, bestimmender Beweggrund.

détermination *f* Feststellung *f*; Festsetzung, Festlegung *f*, Bestimmung *f*; **– des bénéfices** Gewinnermittlung; **– des causes d'un accident** (Unfall-)Ursachenfeststellung *od.* -ergründung; **– d'une date** Zeitbestimmung; **– de la peine** Straffestsetzung *f*; **– du prix** Preisfestsetzung; **– des salaires** Lohnfindung *od.* -bemessung.

déterminé *adj*: **conditions –ées** festgesetzte Bedingungen; **lieu –** bestimmter Ort.

déterminer *v.tr.* feststellen; festsetzen, festlegen, bestimmen; veranlassen; ausschlaggebend sein für; **se – à** sich entschließen zu.

déterrer ausgraben; *fig* entdecken.

détonateur *m* Zünder; *fig* Auslöser, Anlaß.

détour *m* Umweg *m*.

détournement *m* (1) *(StR: Sache)* Unterschlagung *f*, (2) *(StR: Person)* Entführung *f*; **– d'actif** *(KonkursR)* Unterschlagung von Aktiven; **– d'aéronef, – d'avion** *(StR)* Flugzeugentführung *f*; **– de but** Zweckentfremdung *f*; **– de clientèle** *(HR)* Abspenstigmachen *od.* Abwerbung von Kunden; **– de fonds** Unterschlagung (von Geldern), Veruntreuung *f*; **– de fonds publics** Unterschlagung öffentlicher Gelder; **– de gage** unberechtigte Pfandveräußerung; **– de mineur** *(StR)* Kindesentziehung, Entführung Minderjähriger; **– d'objets en garde** Verwahrungsbruch *m*; **– d'objets saisis** Verstrickungsbruch, Unterschlagung beschlagnahmter Gegenstände; Pfandkehr *f*; **– d'objets trouvés** Fundunterschlagung; **– de pièces** *(StR)* Urkundenunterdrückung; **– de pouvoir** *(VwR)* Ermessensmißbrauch *m*, mißbräuchliche Ermessensausübung; **– de trafic** Umleitung, Verkehrsverlagerung.

détourner *v.tr.d.* (1) *(Geld)* unterschlagen, (2) *(Aufmerksamkeit)* ablenken, (3) *(Verkehr)* umleiten.

détracteur *m* Verleumder *m*.

détresse *f* Not *f*, Notlage *f*, Elend *n*.

détriment *m* Schaden *m*, Nachteil *m*; **au – de** auf Kosten des, zum Schaden von.

détritus *mpl* Müll *m*, Abfälle *mpl*.

détroit *m* Meerenge *f*.

détrôner entthronen, verdrängen.

détrousser *v.tr.* *(StR: dévaliser)* jmdn. aus- *od.* berauben.

détrousseur *m* (Straßen-)Räuber; **– de cadavres** Leichenfledderer *m*.

détruire *v.tr.d.* zerstören, vernichten; zugrunde richten.

dette *f* (1) *(ZR: obligation)* Schuld *f*, Verbindlichkeit, Verpflichtung des Schuldners, (2) *(prestation d'une somme d'argent)* Geldschuld *f*, (3) *pl* Passiva *npl*, Verbindlichkeiten *fpl*; **acquitter une –** eine Schuld bezahlen, eine Schuld begleichen; **allègement de –** Umschuldung *f*; **aménagement de –** erleichterte Schuldenregelung; **amortir une –** eine Schuld tilgen; **cession de –** Schuldübernahme *f*; **charge des –s** Schuldenlast *f*; **compenser une –** eine Schuld aufrechnen; **contracter une –** eine Verpflichtung eingehen; **contracter des –s** Schulden machen; **conversion de –** Schuldumwandlung *f*, Umschuldung; **état des –s** Schuldenaufstellung *od.* -verzeichnis; **éteindre une –** eine Schuld tilgen; **être criblé de –s** hochverschuldet sein; **franc et quitte de toute –** schuldenfrei; **honorer ses –s** seinen Zahlungsverpflichtungen nachkommen; **net de toute –** schuldenfrei; **payer une –** eine Schuld bezahlen *od.* begleichen; **prise en charge d'une –** Schuldübernahme; **prison pour –** Schuldhaft *f*; **promesse de –** Schuldversprechen *n*; **provision pour –s** Verlustrückstellung *f*; **rachat de –s** Schuldenablösung; **reconnaissance de –** Schuldanerkenntnis *n*, Schuldschein *m*; **recouvrer une –** eine Schuld eintreiben; **rééchelonner une –** eine Umschuldung vornehmen; **régler** *ou* **rembourser une –** eine Schuld ab- *od.* bezahlen; **remise de –** Schulderlaß *od.*

-nachlaß *m*; **répondre d'une –** für eine Schuld aufkommen; **reprise de –** Schuldübernahme; **service de la –** Schuldendienst; **solde de la –** Restschuld; **subrogé à la –** neue(r) Schuldner, Übernehmer *m*; **titre de –** Schuldschein *m*, Schuldtitel *m*.

dette d'aliments *ou* **– alimentaire** *(FamR)* Unterhaltsverpflichtung *od.* -pflicht; **– alternative** *(ZR)* Wahlschuld; **– amortissable** tilgbare Schuld; **– d'argent** Geldschuld; **– cambiaire** Wechselschuld; **– cautionnée** durch eine Bürgschaft gesicherte Verbindlichkeit; **– certaine** *(SchuldR)* (bereits) feststehende u. bezifferbare Verbindlichkeit; **– commerciale** *(HR)* Verpflichtung unter Kaufleuten; **– de la communauté** *(FamR)* Schuld der (ehelichen) Gemeinschaft; **– commune** Gesamtschuld, gemeinschaftliche Schuld; **– comptable** Buchschuld; **– en compte-courant** Kontokorrentschuld; **– consolidée** *(HaushR)* konsolidierte Staatsschulden, dauernde *od.* langfristige Schuld (des Staates); **– de cotisation** *(SozVers)* Beitragsschuld.

dette en devises étrangères *(Außh)* Fremdwährungsschuld; **– différée** *(BankR)* gestundete *od.* prolongierte Schuld, Moratorium *n*; **– échue** fällige Schuld; **– d'espèce** *(SchuldR)* Speziesschuld, Stückschuld; **– exigible** fällige Schuld; **– extérieure, – externe** *(Außh)* Auslandsschuld, Auslandsverschuldung, Schulden gegenüber dem Ausland; **– fiscale** Steuerschuld; **– flottante** *(HaushR)* schwebende *od.* unfundierte Schuld; **– gagée** sichergestellte Schuld; **– garantie par nantissement** Lombardschuld; **– de genre** *(SchuldR)* Gattungsschuld.

dette d'honneur Ehrenschuld, Spielschulden *pl;* **– hypothécaire** Hypothekenschuld; **– immobilière** *(SachR)* Grundstücksbelastung; **– d'impôt** Steuerschuld; **– indivisible** unteilbare Schuld; **– initiale** Anfangsschuld; **– inscrite** Staatsschuld, eingetragene Schuld (im Staatsschuldbuch), eingetragenes Forderungsrecht; **– irrécouvrable** nicht beitreibbare Schuld, abgeschriebene Schuld; **– de jeu** Spielschuld; **– liquide** ziffernmäßig feststehende Schuld; **– sur marchandises** Warenschuld; **– mobilière** Mobiliarschuld; **– non garantie** ungesicherte Schuld.

dette obligataire Schuldverschreibung, Obligationsschuld; **– sur parole** Schuld auf Ehrenwort, Ehrenschuld; **– passive** Verbindlichkeit; **– perpétuelle** *(ÖfR)* tilgungsfreie Rentenschuld; **– portable** *(SchuldR)* Bring- *od.* Schickschuld; **– principale** Hauptschuld; **– provisionnelle** Vorauszahlungsschuld; **– publique** Staatsschuld, öffentliche Schuld; **– quérable** Holschuld; **–s sociales** *(GesR)* Gesellschaftsschulden; **– solidaire** *(SchuldR)* Gesamtschuld, gesamtschuldnerische Haftung, Solidarschuld; **– successorale** Nachlaßverbindlichkeiten; **– à terme** befristete Schuld; **– viagère** *(ÖfR)* staatliche Verpflichtungen aus Beamtenversorgungs- u. Kriegsopferansprüchen.

deuil *m* Trauer *f*; Trauerzug *m*.

deux-roues *m (StVR)* Zweirad *n*.

dévaliser ausrauben, berauben.

dévalorisation *f* (1) *(Sache)* Entwertung, Wertminderung, (2) *(Person)* Verächtlichmachung.

dévaloriser entwerten, im Wert mindern.

dévaluation *f* (1) *(Währung)* (Geld)-Abwertung, (2) *fig* Kredit- *od.* Prestigeverlust; **bénéfice de –** Abwertungsgewinn *m*, Währungsgewinn; **– de la monnaie** *ou* **– monétaire** Währungs- *od.* Geldabwertung.

dévaluer abwerten; **– une doctrine** eine Lehrmeinung in Verruf *od.* Mißkredit bringen.

devancement *m (SchuldR)* vorzeitige Erfüllung *od.* Leistung; **– d'appel** *(MilR)* Wehrdienstleistung vor der

normalen Einberufung, vorzeitige Einberufung.
devancier *m* Vorgänger *m* (im Amt).
devant *präp* vor; *adv* vorn, voraus; **acte passé par- – notaire** notarielle Urkunde.
devanture *f* Auslagen *pl* (eines Geschäfts), (im Schaufenster) ausgestellte Ware.
dévastation *f* Verwüstung, Zerstörung.
développé: hautement –, très – hochentwickelt; **insuffisamment –** unterentwickelt.
développement *m* (1) Entwicklung *f*, Weiterentwicklung, (2) *(meist pl)* Darlegung, Erörterung, ausführliche Abhandlung; **aide au –** Entwicklungshilfe *f*; **– de l'activité économique** Konjunkturanstieg *m*; **– de crédits** Bereitstellung von Mitteln; **– du droit** Rechtsentwicklung *f*; **– économique** Wirtschaftsaufbau *od.* -entwicklung; **– des relations** Ausbau *m* der Beziehungen.
développer *v.tr.* entwickeln, weiterentwickeln; ausarbeiten; ausbauen.
devenir *v.intr.* werden; *m* Entwicklung, Übergang.
dévergondage *m* Zügellosigkeit, Verwilderung (der Sitten).
devers *präp* nahe bei; **par – le juge** vor dem Richter.
déversement *m (UmweltR)* Ablassen, Einführen; (im Meer) Verklappung.
déverser (sur le marché) auf den Markt werfen, vermarkten.
déviant *m (Pol)* Abweichler, Aussteiger.
déviation *f* (1) Abweichung, (2) *(StVR)* Umleitung.
déviationniste *m* Abweichler *m*.
devis *m* Kostenvoranschlag *m*; **– descriptif et estimatif détaillé** ausführlicher Kostenvoranschlag; **– estimatif** Kostenvoranschlag; **– d'exploitation** Betriebskostenberechnung; **– de réparation** Reparaturkostenvoranschlag; **– de sinistre** Schadensaufstellung.
devise *f* (1) *(nationale)* (Inlands)Währung *f*, (2) *(meist pl)* Devisen *fpl*, Sorten *fpl*, fremde Währungen; Fremdwährung, Valuta *f*, (3) *(Außh: i.e.S.)* an ausländischen Plätzen in fremder Währung zahlbare Zahlungsanweisung, (4) Wahlspruch *m*, Sinnbild *n*, Losung *f*; Werbespruch; **avoirs en –s** *ou* **portefeuille en –s** Devisenbestände *od.* -guthaben; **contrôle des –s** Devisenbewirtschaftung; **sorties de –s** Devisenabfluß; **– appréciée** Deckungswährung, harte Währung; **– clé** Leitwährung; **– convertible** konvertierbare Währung; **– cotée en bourse** kurshabende Devise; **– étrangère** Fremdwährung; **– forte** harte Währung; **– -or** Golddevise.
de visu *lat. loc. adv.* : **se rendre compte –** in Augenschein nehmen.
dévoiler (Geheimnis, Komplott) aufdecken, enthüllen.
devoir *v.tr.* (1) *(devoir qqch. à qqn., être redevable de qqch.)* schulden, (2) *(être tenu de faire)* müssen, sollen, (3) verdanken; **argent dû, somme due** geschuldete Geldbeträge.
devoir *m* Pflicht *f*; Schuldigkeit; Aufgabe; Schularbeit, schriftliche Hausaufgabe; **manquement à un –** Pflichtverletzung *f*; **sentiment du –** Pflichtbewußtsein *n*; **– d'abstention** Unterlassungspflicht; **– d'assistance** *(FamR)* Beistandsod. Unterstützungspflicht, Fürsorgepflicht; **– d'attention** *(ZR)* Sorgfaltspflicht; **– de collaboration** Mitwirkungspflicht; **– conjugal** *(EheR)* Verpflichtung zur Beiwohnung; **– de conseil** *(SchuldR, HR)* Beratungspflicht, Verpflichtung zur sachgemäßen Beratung und Information; **– d'entretien** *(FamR)* Unterhaltspflicht; **– fiscal** Steuerpflicht; **– d'immixtion** Eingriffspflicht; **– juridique** (Rechts)-Verpflichtung (auf der Grundlage der allgemeinen Rechtsgrundsätze); **– moral** Naturalobligation, natürliche Verbindlichkeit; **– de présentation** *(VwR, PrzR)* Vorlagepflicht.

devoir professionnel Dienst- od. Berufspflicht; **violation du – –** *(VwR)* Amtspflichtverletzung.

devoir de renseignement *(SchuldR, HR)* Informationspflicht, Aufklärungsverpflichtung; **–** de sincérité Verpflichtung zur wahrheitsgemäßen Information.

devoirs *mpl* Ehrenbezeigung; **aller rendre ses –, présenter ses – à qn** jm. seine Aufwartung machen; **– de sa charge** *(Notar)* Amtspflicht *f*; **– civiques** *(VerfR)* staatsbürgerliche Pflichten; **– de fonction** Amts- od. Dienstpflichten.

dévolu *adj* *(ErbR)* anheimgefallen, zugefallen; *m (KirchR)* Pfründe; **jeter son – sur** auswählen.

dévolutaire *m* Erbe aufgrund einer Devolution.

dévolutif *adj*: **effet –** *(PrzR)* Devolutiveffekt *m*, Übergang der ausschließlichen Entscheidungsbefugnis auf die Rechtsmittelinstanz.

dévolution *f (1) (ZR: transmission entre vifs ou à cause de mort)* Übergang *m* (des Vermögens, einer Sache), Devolution, (2) *(attribution d'une charge)* Verleihung od. Übertragung eines Amtes; **– de compétence** *(ÖfR)* Übertragung von Befugnissen; **– héréditaire** Erbanfall *m*.

dévouement *m* Aufopferung *f*.

dévoyer *v.tr.d.* irreführen, vom rechten Weg abbringen.

dextérité *f fig* Geschicklichkeit.

dialogue social *(ArbR)* Tarifverhandlungen.

dialoguer *(Pol)* verhandeln.

dichotomie *f* (1) *(SozVers)* Honorarteilung *f* (bei Überweisung eines Kranken durch den Hausarzt an einen Facharzt), (2) *(StR: subdivision binaire)* Zweiteilung der Straftaten (in Vergehen u. Verbrechen), (3) *(StR: connivence prohibée)* geheime Absprache (zwecks rechtswidriger Aufteilung der Honorare).

dictateur *f* Diktator *m*, Gewaltherrscher *m*.

dictatorial *adj*: **régime –** Gewaltherrschaft.

dictature *f* Diktatur *f*, Gewalt- od. Willkürherrschaft *f*; **– militaire** Militärdiktatur.

dicter *v.tr.d.* (1) wörtlich ansagen, vorsprechen, diktieren, (2) vorschreiben, aufzwingen, auferlegen.

dicton *m* **juridique** Rechtssprichwort *n*.

dies ad quem Tag des Fristendes; **– a quo** *(lat.)* Tag *m* des Fristbeginns.

diète *f* (1) *(hist. VerfR)* Reichstag *m*, (2) *(hist. KirchR)* Ordenskapitelversammlung, (3) Diät *f*, Schonkost *f*.

diffamant *adj* herabwürdigend, diffamierend.

diffamateur *m* Täter (im Rahmen einer üblen Nachrede).

diffamation *f (StR: allégation d'un fait précis portant atteinte à la considération)* ehrenrührige Behauptung tatsächlicher Art, üble Nachrede, Diffamierung *f*.

diffamatoire *adj* verleumderisch, diffamierend; **article –** üble Nachrede durch Verbreitung von Schriften; **paroles –s** verächtlich machende Behauptung.

diffamer *v.tr.d.* verächtlich machen, herabwürdigen, verleumden, diffamieren.

différé *adj* aufgeschoben, verschoben, verlegt, vertagt; *m* (Rundfunk-, Fernseh-)Aufzeichnung; **paiement –** nachträgliche Zahlung.

différemment *adv* verschieden, abweichend, anders.

différence *f* Unterschied *m*, Abweichung, Verschiedenheit; Differenz *f*, Rest *m*; Unterscheidungsmerkmal *n*; **– de change** ou **de cours** Kursdifferenz *f*; **– de degré** stufenweiser Unterschied; **– importante** wesentlicher Unterschied; **– des prix** ou **entre les prix** Preisunterschied, Preisdifferenz.

différenciation *f* Differenzierung *f*, Unterscheidung *f*; Abstufung, Aufgliederung.

différend *m* (1) *(PrzR: litige)* Rechtsstreit *m*, Rechtsstreitigkeit *f*, (2) *(i.w.S.)* Meinungsverschiedenheit *f*;

Auseinandersetzung *f*; **avoir un –, être en –** einen streitigen Anspruch geltend machen; **règlement de –s** (gütliche) Beilegung von Rechtsstreitigkeiten; **régler** *ou* **vider un –** eine Streitigkeit beilegen; **– collectif du travail** *(ArbR)* Gesamtarbeitsstreitigkeit, Tarifstreit, kollektive Arbeitsstreitigkeit; **– de frontière** *(VR)* Grenzstreitigkeit; **– individuel du travail** Rechtsstreitigkeit aus dem Einzelarbeitsvertrag; **– international** völkerrechtliche Streitigkeit; **– juridique** Streit über die Auslegung oder Anwendbarkeit einer Rechtsnorm; **– justiciable** der richterlichen Entscheidung übertragbarer (bürgerlicher) Rechtsstreit; **– réglé à l'amiable** gütlich beigelegter Rechtsstreit.

différent *adj* verschieden, (voneinander) abweichend; **avoir une conception –te** anderer Auffassung sein, eine andere Ansicht vertreten; **version –te** abweichende Darstellung.

différer (1) verschieben, aufschieben, zurückstellen, (2) voneinander abweichen; **– une audience** eine mündliche Verhandlung auf einen späteren Termin verschieben; **– du texte** vom Text abweichen; **– quant au contenu** inhaltlich abweichen; **– le paiement** die Zahlung aufschieben *od.* stunden.

difficile *adj* schwierig, schwer, Genauigkeit fordernd, kompliziert.

difficulté(s) *f(pl)* Schwierigkeit; Bedenken; Einwendung; **en –** in einer schwierigen Lage; **– d'écoulement** *ou* **– de vente** Absatzschwierigkeit; **–s d'exécution** *(ZwangsVR)* Einreden zur Gewährleistung des Pfändungsschutzes; **–s financières** Geldverlegenheit, Zahlungsschwierigkeiten.

diffuser *v.tr.d.* (1) verbreiten, verteilen, (2) (Waren) absetzen, verkaufen, vertreiben, (3) *(radio)* senden.

diffusion *f* (1) Verbreitung *f*, Verteilung *f*, (2) Vertrieb *m*, (3) Sendung *f*.

digeste *m (hist)* Pandekten *pl*, Digesten *pl*, Sammlung des römischen Juristenrechts.

dignitaire *m* Würdenträger *m*.

dignité *f* Würde *f*, Ehrenamt *n*.

digression *f* Abweichung (vom Thema).

diktat *m (Pol)* Diktat *n*, aufgezwungene Verpflichtung.

dilacération *f* Vernichtung *od.* Zerstörung (eines Schriftstücks).

dilacérer un contrat einen Vertrag in Stücke reißen *od.* vernichten.

dilapidateur *m* Verschwender *m*.

dilapidation *f* Verschwendung *f*; **– de capitaux** Kapitalvergeudung.

dilation *f* Aufschub *m*; Verzug *m*; Verzögerung.

dilatoire *adj* verzögernd, dilatorisch, Aufschub *m* bewirkend; **appel –** rechtsmißbräuchliche Berufungseinlegung; **manœuvre –** *(PrzR)* Prozeßverschleppung(shandlung).

diligence *f* (1) *(ZR: soin attentif et appliqué)* Sorgfalt *f*, (2) *(PrzR: rapidité et efficacité)* gebotene Eile, erforderliche Sorgfalt; **à la – de** auf Betreiben von, auf Antrag von, im Verfahren *od.* Rechtsstreit gegen; **faire –** fristgerecht handeln, mit der gebotenen Eile vorgehen; **faire ses –s contre qqn.** gegen jmdn. gerichtlich vorgehen; **manquement à la –** Außerachtlassung der (im Rechtsverkehr) erforderlichen Sorgfalt; **– des parties** *(ZPR)* Parteibetrieb *m*.

diligences *fpl* Parteihandlungen und Anträge (vor Gericht).

diligent *adj* (1) sorgfältig, (2) fleißig, (3) rasch, schnell, mit der gebotenen Eile handelnd; **la partie –e** *(ZPR)* die antragstellende *od.* klagende Partei; **la partie la plus –e** *(ZPR)* die (im Prozeß) als erste handelnde Partei.

diligenter *(ZPR)* einen Antrag stellen, eine Prozeßhandlung vornehmen; ein Verfahren betreiben.

dîme *f* (1) *(hist. SteuerR)* Abgabe *f*, Zehent *m*, (2) *pej* willkürlich erhobene Gebühr, ungerechte Steuer.

dimension *f* (1) Größe *f*, Maß *n*; Ausdehnung *f*, (2) *(fig.)* Ausmaß *n*, Bedeutung *f*.

diminuer (1) *(v.tr.d.)* verringern, vermindern, herabsetzen, ermäßigen, (2) *(v.intr.)* zurückgehen, abnehmen, sinken, nachlassen.

diminution *f* Rückgang *m*, Verringerung *f*, Abbau *m*, Senkung *f*, Minderung *f*, Verminderung *f*, Herabsetzung *f*; **action en –** *(ZPR)* Minderungsklage *f*, Klage auf Minderung (des Kaufpreises); **consentir une – de prix** einen Preisnachlaß gewähren; **– de la capacité de travail** Minderung der Erwerbsfähigkeit; **– des existences** *(Buchf)* Bestandsverringerung; **– de la demande** Nachfragerückgang; **– de la durée du travail** Arbeitszeitverkürzung; **– des effectifs, – du personnel** Personalabbau; **– de valeur** Wertminderung.

dîner-débat *m* Arbeitsessen *n*.

diplomate *m* Diplomat *m*.

diplomatie *f* (1) Diplomatie *f*, auswärtige Beziehungen; auswärtige Politik; Mitglieder des auswärtigen Dienstes, (2) *fig* Verhandlungstaktik *od.* -geschick.

diplomatique *f* Urkundenlehre *f*, Diplomatik *f*; **critique –** Untersuchung *od.* Überprüfung der Echtheit einer Urkunde.

diplomatique *adj* *(VR)* diplomatisch; **agent –** Diplomat; **corps –** diplomatischer Dienst, diplomatisches Korps; **passeport –** Diplomatenpaß; **relations –s** diplomatische Beziehungen; **valise –** Diplomaten- *od.* Kurierpost.

diplôme (1) *(pièce officielle)* amtliches Schriftstück *n*, Urkunde *f*, (2) *(acte qui confère un titre)* Zeugnis *n*, Diplom *n*; **passer un –** eine Prüfung ablegen.

diplôme de bachelier frz. Reifezeugnis; **– de capacité professionnelle** Berufsschulzeugnis *n*; **– de citoyen d'honneur** Ehrenbürgerbrief *m*; **– d'études supérieures** Hochschuldiplom; **– de fin d'apprentissage** Lehrabschlußzeugnis; **– de fin d'études** Diplom, (Schul-)Abschlußzeugnis; **– d'honneur** Ehrenurkunde; **– de maîtrise** (1) *(HochschulR)* frz. akademisches Diplom, Magister *m*, (2) *(ArbR)* Meisterbrief *m*; **– professionnel** Berufsfachschulzeugnis *n*; **– universitaire** Universitätsdiplom, Staatsexamen *n*.

diplômé *adj* diplomiert, staatlich geprüft; **infirmière –ée** staatlich geprüfte Krankenschwester; *m* Inhaber eines Diploms.

diplômer ein Diplom verleihen.

dipsomanie *f* Trunksucht *f*.

dire (1) *(exprimer, communiquer)* sagen, mitteilen, ausdrücken, (2) *(affirmer, prétendre)* behaupten, äußern, (3) *(décider, convenir)* vereinbaren, entscheiden, (4) *(juger, penser)* meinen, denken, glauben, (5) *(annoncer, rapporter)* mitteilen, vortragen, ankündigen, (6) *(objecter)* einwenden, (7) *(stipuler)* besagen, beinhalten; **la loi dit** das Gesetz sieht vor (daß), das Gesetz besagt; **à vrai –** offen gesagt; **décision avant – droit** Vorabentscheid *m*; **pour – droit** *(PrzR)* (zu Recht) erkennen; **vouloir –** (folgenden) Sinn haben; **– et juger** für Recht zu erkennen.

dire *m* (1) *(affirmation, déclaration)* Vorbringen *n*, (Parteien-)Vortrag *m*; Erklärung *f*, Mitteilung *f*; Behauptung *f*, (2) *(mémoire)* schriftliche Mitteilung, Schriftstück *n*; **à d'experts** gemäß gutachtlicher Äußerung, im Sinne der Feststellungen des Sachverständigen; **au –, selon le – de** gemäß, nach, im Sinne (von).

dires *mpl* *(PrzR)* Angaben *pl*, Vorbringen (tatsächlicher Art) der Parteien vor Gericht, Parteienvortrag *m*; **répéter ses –** seine Aussage bekräftigen *od.* nachdrücklich bestätigen.

direct *adj* gerade, direkt, unmittelbar; **action –e** (1)*(ZPR)* Klage gegen den Hersteller (im Rahmen der Produzentenhaftung), (2) *(ArbR)* illegale Arbeitskampfhandlung; **im-**

pôts –s direkte Steuern; **en ligne –e** *(ErbR)* in gerader Linie.
directes *fpl* (Abkürzung für „administration des contributions directes") frz. Verwaltung der direkten Steuern.
directeur *adj*: **principe –** oberster Grundsatz, Leitsatz *m*.
directeur *m* (1) *(VwR)* (Dienststellen- *od.* Referats-)Leiter *m*, (2) *(HR, GesR)* geschäftsführendes Organ, Direktor *m*; Vorstandsmitglied *n*; **juge –** *(GVR)* Gerichtspräsident *m* (des Kleininstanzgerichts); **– adjoint** stellvertretender Direktor, Generalbevollmächtigte(r) *m*; **– de banque** Bankdirektor, Zweigstellenleiter; **– commercial** kaufmännischer Direktor; **– général** *(GesR)* Vorstandsvorsitzender, Generaldirektor; **– du personnel** Personalchef *m*; **– des recherches** Forschungsleiter; **– régional** Bezirksdirektor; **– unique** alleiniger Geschäftsführer; **– d'usine** Werks- *od.* Betriebsleiter; **– des ventes** Verkaufsleiter.
directif *adj*: **principe –** Maßstab *m* (zur Bestimmung der Pflichten).
direction *f* (1) Richtung, (2) *(HR, GesR: conduite des affaires)* Leitung *f*, Geschäftsleitung, Direktion *f*; Vorstand *m*, (3) *(VwR)* Abteilung; **agent de –** leitender Angestellte(r) *m*; **cadres de –** Führungskräfte; **comité de –** Vorstand *m*; **droit de –** *(VwR)* Weisungsbefugnis *f*; **fonction de –** leitende Tätigkeit; **personnel de –** leitende Angestellte, leitendes Personal; **poste de –** leitende Stellung; **pouvoir de –** (1) *(VwR)* Weisungsbefugnis, (2) *(ArbR)* Direktionsrecht; **sous la – de** unter der Leitung von; **– centrale** *(GesR)* Konzernleitung; **– du crédit** Kreditlenkung; **– des débats** Verhandlungsleitung; **– de l'entreprise** Geschäftsleitung; **– générale** Generaldirektion; **– du procès** *(PrzR)* Prozeßleitung; **– de la production** Produktionslenkung; **– des travaux** Bauleitung.

directive *f* (1)*(ÖfR, EuR)* Richtlinie *f*, (2) *(VwR, ArbR)* Weisung *f*, Anordnung, Direktive *f*; Verhaltensmaßregel *f*; Vorschrift *f*; **conformément aux –s** weisungsgemäß; **– -cadre** Rahmenrichtlinie; **– technique** fachdienstliche Anweisung.
directivisme *m (Pol)* autoritäre Verhaltensweise.
directoire *m* (1) *(GesR: société anonyme directoriale)* Vorstand, geschäftsführendes Organ, (2) *(VerfR)* Präsidium *n*, Direktorium, leitende Behörde; **membre du –** *(GesR)* Vorstandsmitglied *n*; **président du –** *(GesR)* Vorstandsvorsitzende(r) *m*.
Directoire *m (hist. 1795–99)* Direktorium *m*.
dirigeant *m* (1) leitender Direktor, Manager *m*, (2) führendes Mitglied; **– politique** Politiker, Parteiführer; **–s sociaux** *(GesR)* Geschäftsführer; **– syndical** Gewerkschaftsführer.
dirigeant *adj* führend, leitend; **classe –e** herrschende Klasse; **parti –** regierende Partei.
diriger leiten, führen; **– un débat** eine Diskussion moderieren; **– une entreprise** ein Unternehmen leiten; **– un interrogatoire** eine Vernehmung vornehmen.
dirigisme *m (Vwirt)* Dirigismus *m*, staatliche Wirtschaftslenkung, dirigistische Wirtschaftspolitik, Interventionismus *m*.
dirigiste *adj*: **mesure –** Lenkungsmaßnahme.
dirimant *adj* (1)*(SchuldR: exigence dont la violation entraîne la nullité)* zur Aufhebung führend, ein unüberwindliches Hindernis für die Rechtsgültigkeit darstellend, (2) *(FamR, PrzR)* aufhebend, ungültig machend, auflösend; **empêchement – du mariage** Eheverbot.
dirimer un contrat *(SchuldR: annuler)* einen Vertrag aufheben *od.* auflösen.
disagio *m (BankR)* Abschlag, Disagio *n*.
discernement *m (ZR, StR)* Einsichts- *od.* Urteilsfähigkeit; **capable de –** einsichtsfähig.

discerner unterscheiden, erkennen.
disciple *m* Schüler *m*, Anhänger *m*.
disciplinaire *adj* disziplinarisch; **action** – Disziplinarverfahren; **commission** – Ehrengericht; **faute** – Verletzung der Berufspflichten; **juridiction** – Disziplinargericht; **mesure** –, **sanction** –, **peine** – Disziplinarmaßnahme; **pouvoir** – Disziplinargewalt; **règlement** – Disziplinarordnung, Dienststrafrecht.
disciplinairement *adv* disziplinarrechtlich.
discipline *f* (1) Disziplin *f*; Zuchtmittel *n*; Ein- *od.* Unterordnung, (2) *(BeamR)* Dienstpflichten *fpl*; Dienstordnung, Dienstanweisungen, (3) Fach *n*, Lehrfach, Fachgebiet *n*, Fachrichtung *f*; Wissenszweig *m*; **chambre** *ou* **conseil de** – Disziplinar- *od.* Dienststrafsenat; **faute contre la** –, **infraction à la** – *ou* **manquement à la** – Disziplinarvergehen; – **juridique** Rechtsgebiet *n*; – **de vote** Fraktionszwang.
discipliner zum Gehorsam zwingen; maßregeln; **se** – Selbstdisziplin üben.
discontinuation *f* Unterbrechung *f*; – **de poursuites** *(StVR)* Ruhen der (Straf-)Verfolgung.
discontinuer *v.intr.*: **sans** – ohne Unterlaß, andauernd.
disconvenance *f* Mißverhältnis *n*, Ungleichheit *f*.
disconvenir: **je n'en disconviens pas** dem stimme ich zu, das kann sein.
discordance *f* Unstimmigkeit *f*, Uneinigkeit *f*, Zwiespalt *m*; – **entre deux opinions** Meinungsverschiedenheit *f*; – **entre deux textes** Nichtübereinstimmen (des Wortlauts).
discordant *adj*: **détails** **–s** Unstimmigkeiten.
discorde *f* Zwist *m*, Streit *m*; **sujet de** – Zankapfel.
discorder *v.intr.* nicht übereinstimmen, voneinander abweichen; **témoignages qui –ent** widersprüchliche Zeugenaussagen.

discount *m* (1) *(HR: minimage, vente à des prix inférieurs à ceux de la concurrence)* Discount, Verkauf mit Preisnachlaß, (2) *(magasin)* Discountladen *m*.
discours *m* Rede *f*; Erörterung *f*; Verhandlung; **prononcer un** – eine Rede halten; – **de bienvenue** Begrüßung; – **de clôture** Schlußansprache *f*; – **électoral** Wahlrede *f*; – **inaugural** *od.* **d'ouverture** Eröffnungsrede; – **officiel** *od.* **solennel** Festrede; – **du trône** Thronrede.
discourtois *adj* unhöflich.
discrédit *m* Mißkredit *n*, Verruf *m*; **tomber en** – in Verruf kommen *od.* geraten.
discréditer *v.tr.d.* verdächtigen, in Verruf bringen, diskreditieren.
discret *adj* verschwiegen; vorsichtig; zurückhaltend; taktvoll.
discrètement *adv* heimlich, unbemerkt, unauffällig.
discrétion *f* Verschwiegenheit *f*; Zurückhaltung; **à** – je nach Wunsch, beliebig; **à la** – **du juge** *(ZPR)* im richterlichen Ermessen (liegen); **être à la** – **de qqn.** jmdn. auf Gedeih und Verderb ausgeliefert sein; **laisser à l'entière** – dem freien Ermessen überlassen; – **professionnelle** (1) *(VwR)* Amtsverschwiegenheit, (2) *(ArbR, HR)* berufliche Schweigepflicht.
discrétionnaire *adj* im Ermessen stehen, dem Ermessen überlassen sein; **décision** – Ermessensentscheidung; **pouvoir** – (1) *(ZR)* Entscheidungsfreiheit, (2) *(PrzR)* Ermessen des Gerichts, (3) *(VwR)* freies Ermessen, (4) *(StaatsR)* Willkürherrschaft *f*.
discrétionnairement *adv* *(VwR)* nach freiem Ermessen.
discriminant *adj*: **analyse factorielle** **–e** *(Statistik)* Diskriminanzanalyse.
discrimination *f* (1) *(VR, ZR)* Diskriminierung *f*, unterschiedliche *od.* ungleiche Behandlung, Schlechterstellung, (2) *(ArbR)* be-

rufliche Benachteiligung, Chancenungleichheit, (3) *(HR)* Wettbewerbsverzerrung; – **fiscale** ungleiche Verteilung der Steuerlast; – **de pavillon** Flaggendiskriminierung; – **des prix** Preisdumping; – **raciale** Rassendiskriminierung; – **sexuelle** Ungleichbehandlung von Mann und Frau; – **tarifaire** Aufstellung prohibitiver Zollschranken.

discriminatoire *adj*: **mesure** – diskriminierende Maßnahme, Ungleichbehandlung.

discriminer diskriminieren, willkürlich benachteiligen, unterschiedlich behandeln.

disculpation *f (StR)* Entlastung, Freispruch; Entschuldigung, Rechtfertigung.

disculper *v.tr.d.* jmdn. entschuldigen, rechtfertigen; – **un prévenu des chefs d'accusation** *(StPR)* die Anklage fallen lassen; **se** – sich rechtfertigen; seine Unschuld beweisen.

discussion *f* (1) *(débat contradictoire)* Aussprache *f*, Debatte *f*, Meinungsaustausch *m*, Diskussion *f*, (2) *(examen, conversation)* Abhandlung, Erörterung *f*; Unterredung *f*, Besprechung, (3) *(controverse)* Auseinandersetzung *f*, Streitgespräch *n*, (4) *(ZPR)* Zwangsvollstreckung in bestimmte Vermögensstücke (bevor in andere vollstreckt werden darf); **bénéfice de** – Einrede der Vorausklage; **être sujet à** –, **donner matière à** – *ou* **prêter à** – zweifelhaft sein; **être en** – sich in Beratung befinden; **sans division ni** – *(ZR)* solidarisch, gesamtschuldnerisch; **sans** – **possible** fraglos, zweifellos, ohne Zweifel.

discussion de biens *(ZwangsVR)* Zwangsvollstreckung in bestimmte Vermögensstücke (bevor in andere vollstreckt werden darf); – **des faits** Erörterung des Sachverhalts, Untersuchung des Tatbestandes; – **juridique** *(ZPR)* rechtliche Würdigung; – **paritaire** *(ArbR)* paritätische (Tarif-)Verhandlung; –

préparatoire Vorbesprechung; – **d'un projet de loi** Lesung eines Gesetzes; – **salariale** Lohnrunde *f*.

discutable *adj* umstritten, strittig, zweifelhaft.

discuter erörtern, besprechen, sprechen über; streiten über, bestreiten; – **le prix** über den Preis verhandeln; – **les biens** (d'un débiteur) *(ZwangsVR)* nach realisierbarem Vermögen (eines Schuldners) suchen; – **la reprise du travail** über die Streikbeendigung verhandeln.

disette *f* (Nahrungsmittel-)Knappheit *f*; Mangel *m*; – **d'argent** Geldknappheit.

disgrâce *f*: **encourir la** – *ou* **tomber en** – in Ungnade fallen.

disjoindre *v.tr.d.* ausscheiden, trennen; – **deux causes** *(ZPR)* ein Verfahren von einem anderen trennen.

disjonction *f* (1) Ausscheidung, Trennung, (2) *(ZPR)* Prozeßtrennung.

dislocation *f* Zerfall *m*, Auflösung.

dispa(t)che *f (SeeHR)* Seeschadensberechnung, Dispache *f*; Schiedsgericht (bei Schiffsversicherungsstreitigkeiten).

dispacheur *m (SeeHR)* Dispacheur *m*, Seeschadensberechner *m*.

disparaître *v.intr.* verschwinden, vermißt werden; **faire** – beseitigen, entfernen.

disparate *adj* widersprechend, unvereinbar.

disparité *f* (1) Ungleichheit *f*, Mißverhältnis *n*, Diskrepanz *f*, Unterschied *m*, (2) *(prix, cours)* Gefälle *n*, Preis- *od.* Kursdifferenz, Disparität *f*; – **des cours** Kursdifferenz; – **des prix** Preisunterschied *m*; – **des salaires** Ungleichheit der Löhne; – **tarifaire** Zolldisparität.

disparition *f* (1) *(ZR: sens large, art.112 C.civ.)* Verschollenheit *f*, Vermißtsein *n*, Überfälligkeit *f*, *(ZR: sens étroit: art. 88 C.civ.)* Ableben *n*, Tod *m*; – **par fait de guerre** Kriegsverschollenheit; – **en mer** Seeverschollenheit; – **de l'obstacle** Wegfall des Hindernis-

disparu

ses; – **du risque** *(VersR)* Risikowegfall *m*.

disparu *m* (1) Vermißte(r) *m*, Verschollene(r), (2) Verstorbene(r), (3) *(navire) adj* überfällig.

dispatcher *m (BW = régulateur, répartiteur)* Verantwortliche(r) für den Produktionsablauf, Dispatcher.

dispatching *m* (1)*(BW)* Verteiler *m*, Verteilungsstelle *f*, (2) Zugleitung.

dispatch money *(SeeHR)* Rückvergütung (wegen schneller Be- *od.* Entladung).

dispendieux *adj* aufwendig, teuer, mit hohen Ausgaben verbunden.

dispensable *adj* befreibar, freistellend, (von einer Verpflichtung) entbindend.

dispensaire *m* Station für ambulante Behandlung, Krankenstation, Ambulanz *f*.

dispense *f* Befreiung *f*, Erlaß *m*; Ausnahmebewilligung *f*, Aufhebung *f* (einer Verpflichtung), Dispens *m*; **certificat de** – Ausnahmebewilligung; – **d'affranchissement** Portofreiheit *f*; – **d'âge** Befreiung vom Alterserfordernis; – **des bans** *(EheR)* Befreiung vom Aufgebot; – **de caution** Befreiung von der Sicherheitsleistung; – **des empêchements de mariage** Befreiung von Ehehindernissen *od.* von Eheverboten; – **du ministère d'avocat** Befreiung von Anwaltszwang; – **de paiement**, – **de payer** Zahlungserlaß *od.* – befreiung; – **de peine** *(StVZ)* Straferlaß *m*; – **de préavis** Befreiung von der Einhaltung der Kündigungsfrist; – **de réciprocité** Befreiung vom Gegenseitigkeitserfordernis; – **de scolarité** Befreiung von der Schul(besuchs)pflicht; – **de timbre** Steuerbefreiung; – **de travail** Arbeitsbefreiung.

dispenser befreien, erlassen, freistellen; streichen; **se** – **de** sich (einer Verpflichtung) entziehen; – **les prestations aux ayants–droits** den Berechtigten Leistungen gewähren; – **des soins** (aux malades) (Kranke) versorgen.

252

disposition

disperser verteilen; – **les manifestants** eine Kundgebung auflösen.

dispersion *f* Verteilung, Ausbreitung; – **des forces**, – **de la pensée** Verzettelung.

disponibilité *f* (1) *(ZR)* (freie) Verfügbarkeit *f*, (2) *(BeamR)* einstweiliger Ruhestand *m*, Wartestand (eines Beamten), zur besonderen Verwendung; **mise en** – Versetzung in den einstweiligen Ruhestand.

disponibilités *fpl* Liquiditätsausstattung *f*, verfügbare *od.* flüssige Mittel *od.* Gelder; – **budgétaires** verfügbare Haushaltsmittel.

disponible *m* (1) *(HR: stock d'un article)* lieferbare Ware(n), (2) *(Buchf)* verfügbare Mittel.

disponible *adj* verfügbar; **quotité** – *(ErbR)* (im Rahmen der Testierfreiheit) verfügbarer Anteil.

disposant *m (ZR)* Verfügende(r) *m*.

disposer *v.tr. et intr.* verfügen, bestimmen, anordnen; **capacité de** – Verfügungsgewalt *f*, Verfügungsbefugnis *f*; **droit de** – Verfügungsrecht *f*; – **entre vifs** unter Lebenden verfügen.

dispositif *m* (1) Einrichtung *f*, Vorrichtung *f*, Apparatur *f*; Anlage *f*, (2) *(ZPR: partie finale du jugement contenant la décision du juge)* Spruch *m*, Formel *f*, Tenor *m*, (3) *(ZPR: projet de jugement)* (der von den Anwälten dem Richter vorgelegte) Entscheidungsvorschlag, (4) *(VwR)* umfangreiche Maßnahmen *od.* Vorkehrungen; **principe du** – *(ZPR)* Dispositionsmaxime *f*, Verfügungsgrundsatz *m*; – **du jugement** (Urteils-)Tenor, Urteilsformel, verfügender Teil des Urteils, Urteilsspruch; – **d'une loi** Inhalt des Gesetzes, maßgeblicher Gesetzestext.

dispositif *adj* nachgiebig, dispositiv; **loi** –**ive** abdingbare Rechtsnorm, dispositives *od.* nachgiebiges Recht, Soll-Vorschrift; Kann-Bestimmung.

disposition *f* (1) *(arrangement)* Anordnung, Plan *m*, Gliederung,

disposition additionnelle — **disquette**

Verteilung, (2) *(aptitude, prédisposition)* Anlage *f*, Veranlagung *f*, Neigung *f*, Hang *m*, (3) *(ZR: aliénation)* Verfügung *f* (über), (4) *(clause d'un acte)* Maßnahme *f*, Festsetzung, Bestimmung *f*, Vorschrift *f*; **acte de –** Verfügung, Verfügungsgeschäft; **atteinte à une – légale** Verletzung einer (gesetzlichen) Bestimmung; **droit de –** Verfügungsbefugnis *f*; **mettre à la –** zur Verfügung stellen; **pouvoir de –** *(ZR)* Verfügungsbefugnis.

disposition additionnelle Zusatzbestimmung; **– administrative** Verwaltungsvorschrift; **– annexe** Nebenbestimmung; **– d'application** Durchführungsbestimmung; **– en cas de décès** Verfügung auf den Todesfall; **– à cause de mort** Verfügung von Todes wegen; **– complémentaire** Ergänzungs- *od.* Zusatzbestimmung, ergänzende Vorschrift; **– compromissoire** Schieds(gerichts)klausel; **– constitutionnelle** Verfassungsbestimmung; **– contractuelle** Vertragsklausel *od.* -abrede; **– conventionnelle** *(ArbR)* Tarifvertragsbestimmung.

disposition de dernière volonté letztwillige Verfügung; **– entre vifs** Verfügung unter Lebenden; **– d'esprit** geistige Verfassung; **– d'esprit malveillante** ablehnende Haltung; **– d'exécution** Ausführungsbestimmung; **– facultative** Kannvorschrift; **– financière** (Geld-)Mittelzuweisung; **– finale** Schlußbestimmung; **– fiscale** Steuervorschrift; **– de fond** materiellrechtliche Bestimmung; materielles Recht; **– de forme** Formvorschrift *od.* -erfordernis; formelles Recht; **– générale** Allgemeinverfügung, allgemeine Bestimmung.

disposition impérative unabdingbare Bestimmung, Mußvorschrift, zwingendes Gebot; **– interprétative** Auslegungsvorschrift; **– juridique** Rechtsvorschrift; **– légale** *ou* **législative** *ou* **de la loi** Gesetzesbestimmung, gesetzliche Vorschrift; **– d'ordre public** zwingende *od.* unabdingbare Vorschrift; **– organique** *(VerfR)* Verfassungsergänzungsvorschrift; **– particulière** Einzelvorschrift *od.* -bestimmung; **– pénale** Strafgesetz, Strafvorschrift; **– posthume** Verfügung von Todes wegen; **– préliminaire** einleitende Bestimmung; **– principale** Hauptbestimmung; **– de principe** Grundsatzbestimmung; **– de procédure** Verfahrensvorschrift; **– prohibitive** Verbotsnorm *f*; **– protectrice** Schutzbestimmung.

disposition réglementaire Verwaltungsvorschrift, Dienstvorschrift; Bestimmung einer Rechtsverordnung; Durchführungsbestimmung (zu einem Gesetz); rechtsetzende Bestimmung; **– rémunératoire** belohnende Verfügung; **– répressive** Strafbestimmung; **– restrictive** einschränkende Bestimmung; **– de saisie** Pfändungsverfügung; **– de sauvegarde** Schutzbestimmung; **–s de sécurité** Schutzvorschrift; **– spéciale** Sonderbestimmung; **– statutaire** *(GesR)* Satzungsbestimmung; **– supplétive** ergänzende Bestimmung; **– tarifaire** (Zoll-)Tarifbestimmung, Tarifvorschrift; **– testamentaire** Vermächtnisanordnung, testamentarische *od.* letztwillige Verfügung; **– à titre gratuit** unentgeltliche Zuwendung; **– transitoire** Überleitungsvorschrift, Übergangsbestimmung; **– type** Rahmenbestimmung; Klausel allgemeiner Geschäftsbedingungen.

disproportion *f* Mißverhältnis *n*.
disproportionné *adj* unverhältnismäßig; **être –** in keinem vernünftigen Verhältnis stehen zu.
dispute *f* Streit *m*, Wortwechsel *m*.
disqualification *f* Disqualifizierung, Untauglichkeitserklärung.
disqualifier disqualifizieren, für untauglich erklären, ausschließen.
disque *m* **dur** *(DV)* Festplatte *f*.
disquette *f* *(DV = disque souple)* Diskette, Floppy Disk.

dissection *f* Autopsie *f*, Leichenschau *f.*

dissemblable *adj* ungleich, verschieden.

dissemblance *f* Ungleichartigkeit.

dissémination *f* Verbreitung *f*; **– des armes nucléaires** Weitergabe *f* von Kernwaffen; **– des risques** Risikostreuung *f.*

dissension *f* Uneinigkeit *f*, Zwist *m.*

dissentiment *m* Meinungsverschiedenheit *f*, abweichende Meinung.

dissertation *f* (1) wissenschaftliche Abhandlung, (2) Schulaufsatz.

disserter (1) *(sur un sujet)* sich auslassen über, (2) *(de qch.)* reden von.

dissidence *f* Abfall *m*, Abtrünnigkeit *f*; Abspaltung *f*, Abtrennung *f.*

dissident *m* Abtrünnige(r) *m*, Dissident *m*, Gegner *m*; *adj* abtrünnig, abgespalten; andersdenkend; **opinion doctrinale –te** andere Meinung (= aM), (von der herrschenden Lehre) abweichende Auffassung; **vote –** abweichendes Votum (eines Richters bei einer Gerichtsentscheidung).

dissimulateur *adj* verheimlichend.

dissimulation *f,* (1) Verheimlichung *f*, Verheimlichen *n*; Verschweigen *n*, (2) Verstellung, Heuchelei, (3) *(SteuerR)* Nichterfüllung von Erfassungspflichten, steuerunehrliches Verhalten; **– d'actif** (1) *(SteuerR)* Weglassen *od.* zu niedrige Bewertung von Aktiva, (2) *(KonkursR)* Verschleierung der Vermögenslage (im Konkurs); **– de bénéfices** *(GesR)* Gewinnverschleierung *f*; **– de biens** Vermögensverheimlichung.

dissimuler *v.tr.* verheimlichen, verschweigen, verbergen, verschleiern.

dissipateur *adj* verschwenderisch.

dissipation *f* (1) *(auch Energie)* Verschwendung, (2) Zerstreutheit.

dissiper verschwenden, vergeuden.

dissociation *f* Trennung *f*, Lösung *f*, Auflösung, Spaltung.

dissocier (ab-)trennen.

dissolu *adj*: **mœurs –es** sittenloser Lebenswandel.

dissoluble *adj* auflösbar.

dissolution *f* Auflösung *f*, Aufhebung; **arrêté** *ou* **décision de –** Auflösungsbeschluß *m*; **droit de –** Auflösungsrecht *n*; **pouvoir de –** Auflösungsbefugnis *f*; **– du contrat** Vertragsauflösung; **– judiciaire** Auflösung durch Richterspruch; **– du mariage** Auflösung der Ehe; **– d'une société** Auflösung einer Gesellschaft.

dissoudre auflösen; **– une société** eine Gesellschaft auflösen.

dissuader *v.tr.* (qqn. de faire qqch.) jmdm. etwas abraten.

dissuasif *adj* abschreckend; **peine de mort –ive** abschreckende Wirkung der Todesstrafe.

dissuasion *f* (1) Überredung (etwas nicht zu tun), (2) *(MilR)* Abschreckung.

distance *f* Abstand *m*, Entfernung *f*; Zwischenraum *m*; *fig* Unterschied; **commande à –** Fernsteuerung.

distillation *f* **clandestine** Schwarzbrennen *n.*

distillerie *f* (Schnaps-)Brennerei *f.*

distinct *adj* unterschiedlich, getrennt, klar; **parler d'une voix –e** laut u. deutlich sprechen.

distinctement *adv* genau, klar u. deutlich.

distinctif *adj*: **marque –ive** unterscheidungsfähiges Warenzeichen; **signe –** (1) Kennzeichen *n*, Warenzeichen, Marke *f*, (2) Unterscheidungsmerkmal *n.*

distinction *f* Unterscheidung *m*; **sans – d'âge ou de sexe** ohne Ansehen der Person; **des contentieux** *(VwPR)* Klagentrennung; **– honorifique** Auszeichnung.

distinguer *v.tr.d.* unterscheiden; kennzeichnen; auszeichnen.

distingué *adj*: **considération –e** Hochachtung.

distorsion *f* Verzerrung *f*, Verdrehung *f*; **– de la concurrence** Wettbewerbsverzerrung.

distraction *f* (1) *(KonkursR)* Aussonderung, (2) *(inattention)* Zerstreutheit, (3) *(StR: détournement de fonds)* Veruntreuung, Unterschlagung; **demande en –** Antrag auf Aussonderung (eines dinglichen Rechts); – **des dépens** *(PrzR)* Kostenfestsetzungsbeschluß (über die Anwaltsauslagen); – **de saisie** Aussonderungsanspruch.

distraire *v.tr.d.* aussondern, trennen; ablenken; unterschlagen.

distribuable *adj*: **bénéfice** – ausschüttbarer Gewinn.

distribuer austeilen, verteilen; einteilen; – **un dividende** eine Dividende ausschütten; – **des produits** Waren vertreiben *od.* vermarkten.

distributeur *m* (1) *(HR)* Absatzmittler *m*, Zwischenhändler, Wiederverkäufer *m*; Auslieferer, Verteiler *m*, (2) Filmverleiher; – **automatique** (Warenverkaufs-)Automat *m*; Geldautomat, – **exclusif** Alleinvertriebshändler *m*.

distribution *f* (1) Austeilung *f*, Einteilung *f*, Verteilung *f*, (2) Versorgung *f*, (3) (Post-)Zustellung *f*, (4) *(HR: fourniture, livraison)* (Waren-) Vertrieb *od.* Absatz, Vermarktung, Handel *m*, Verkauf *m*; Lieferung, Auslieferung *f*, (5) Film-)Verleih *m*; **canal de** – Vertriebsweg; **circuit de** – Vertriebsnetz *n*, Vertriebswege *mpl*; **coopérative de** – Absatzgenossenschaft *f*; **coûts de** – Vertriebs- *od.* Vermarktungskosten; **réseau de** – Verteiler- *od.* Vertriebsnetz; **tableau de** – Verteilungsplan; Schalttafel *f*.

distribution des affaires *(GVR)* Geschäftsverteilungsplan *m*; – **de bénéfices** Gewinnausschüttung; – **par contribution** *(ZwangsVR)* Zuteilung nach Quoten; – **du courrier** Postzustellung; – **de dividendes** Dividendenausschüttung; – **exclusive** Alleinvertrieb; – **par exprès** Eilzustellung; – **des pouvoirs** *(VerfR)* Gewaltenteilung; – **des prix** *(SchulR)* Preisverleihung *od.* -verteilung; – **des répartitions à venir** *(KonkursR)* Abschlagszahlung (an die Konkursgläubiger); – **des richesses** *(Vwirt)* Güterverteilung; – **du travail** Einteilung der Arbeit.

district *m* (1) *(PrzR)* Gerichtsbezirk, (2) *(ÖfR)* Verwaltungseinheit, Distrikt, Gebiet *n*, Bezirk *m*, (3) *(VwR)* Zweckverband *m*; – **administratif** Verwaltungsbezirk *m*; – **de chasse** Jagdrevier; – **franc** Zollfreigebiet; – **urbain** Stadtbezirk.

dit, dite *adj/m* genannt; ledit, ladite, lesdits, dudit, audit besagt(e); **sus** – oben erwähnt; **avoir son** – **et son dédit** ein Rücktrittsrecht haben.

dito *adv* ebenso, dasselbe, dto.

divagation *f (LandwR)* Streunen *n*, Umherstreifen (von Vieh).

divergence *f* Divergenz *f*, (Meinungs-)Verschiedenheit; – **de cours** Kursdifferenz *f*; – **d'intérêts** Interessengegensatz *m*; – **de points de vue** auseinandergehende Ansichten.

divergent *adj* auseinandergehend, verschieden, abweichend.

divers *m* Verschiedenes.

divertir *v.tr.d.* (1) *(StR)* (Gelder) veruntreuen, unterschlagen, (2) unterhalten, zerstreuen.

divertissement *m (StR, ErbR)* Unterschlagung, Veruntreuung, (widerrechtliches) Ansichnehmen *n* (von Gegenständen).

dividende *m* (1) *(GesR)* Dividende *f*, Gewinnanteil *m*, (2) *(KonkursR)* anteilsmäßiger Betrag (des Konkursgläubigers); **acompte sur** – Vordividende; **annonce de** – Dividendenerklärung *f*; **coupon de** – Dividenden- *od.* Zinsschein *m*, Kupon *m*; **distribution de** – Dividendenausschüttung; **premier** – Abschlagsdividende; **répartition de** – Dividendenausschüttung; **second** – Restdividende.

dividende des actions ordinaires Stammaktiendividende; – **d'attente** Abschlagsdividende; – **fictif** Scheindividende; – **intérimaire** Abschlagsdividende; – **prioritaire** Vorzugs- *od.* Prioritätsdividende; – **provisoire** Abschlagsdividende.

divis (1) *adj* ver- *od.* geteilt, (2) *m (SachR)* Teileigentum *n*; **copropriété** **-se** *(SachR: par lots ou par*

appartements, indivision forcée) Wohnungseigentum; **par –** nach Teilung.
diviser *v.tr.d.* teilen; *fig* entzweien, spalten, Uneinigkeit stiften.
divisible *adj* teilbar; **obligation –** aufteilbare Verpflichtung.
division *f* (1) *(ZR: fractionnement d'une obligation)* (Auf-)Teilung, (2) *(VwR)* Abteilung, (3) *(MilR)* Truppenverband, Division, (4) *(fig)* Zwietracht *f*; Uneinigkeit, streitige Meinung; **état descriptif de –** *(SachR)* Grundstücksaufteilungsverzeichnis (beim Wohnungseigentum); **scrutin par –** *(VerfR)* Abstimmung über die einzelnen Artikel (eines Gesetzes); **– héréditaire** Nachlaßteilung, Erbauseinandersetzung, Erbteilung; **– internationale du travail** *(Vwirt)* internationale Arbeitsteilung; **– militaire territoriale** *(MilR)* Wehrbereich; **– territoriale** Gebietsgliederung *od.* -einteilung; **– du travail** Arbeitsteilung.
divisionnaire *adj*: **inspecteur –** Direktor der Kriminalpolizei.
divorce *m* (1) (Ehe-)Scheidung, (2) *fig* Trennung *f*, Zerwürfnis *n*, Gegensatz *m*; **action en –** (Ehe-)Scheidungsklage, Scheidungsbegehren *n*; **agir en –**, **assigner en –** auf Scheidung klagen; **cause de –** Scheidungsgrund *m*; **conséquences du –** Ehescheidungsfolgen *fpl*; **demande en –** Scheidungsantrag *od.* -begehren; (Ehe-)Scheidungsklage, Scheidungssache; **demande conjointe du –** gemeinsames Scheidungsbegehren; **demande reconventionnelle en –** Scheidungswiderklage; **demander le –** auf Scheidung klagen; **droit relatif au –** Recht der Ehescheidung; **instance en –** Verfahren in Ehesachen, Scheidungsklage *od.* -prozeß; **jugement de –** Scheidungsurteil *n*; **motif de –** Scheidungsgrund *m*; **procédure de –** Ehescheidungsverfahren *n*, Verfahren in Ehesachen; **procès en –** Verfahren in Ehesachen, Ehescheidungsprozeß; **prononcer le –** die Scheidung aussprechen, auf Scheidung (der Ehe) erkennen; **réforme du droit des –s** Reform des Ehescheidungsrechts.
divorce pour altération des facultés mentales Scheidung wegen Geisteskrankheit (eines Ehegatten); **– par consentement mutuel** frz. Konventionalscheidung, Scheidungsvereinbarung, einverständliche Scheidung; **– demandé par un époux et accepté par l'autre**, **– sur demande acceptée**, **– sur aveu indivisible** Konventionalscheidung auf Antrag eines Ehegatten u. mit Zustimmung des anderen; **– sur demande conjointe** Konventionalscheidung auf gemeinsamen Antrag; **– pour faute** Scheidung wegen (schwerer) Eheverfehlungen; **– pour rupture de la vie commune** Scheidung wegen unheilbarer Zerrüttung der Ehe, Scheidung wegen Scheiterns der Lebensgemeinschaft; **– aux torts réciproques** Scheidung aus beiderseitigem Verschulden.
divorcé *adj* geschieden; *m* Geschiedene(r) *m/f*.
divorcer scheiden, trennen; **– de** *ou* **d'avec quelqu'un** sich scheiden lassen.
divortialité *f*: **taux de –** Scheidungsrate *f*.
divulgateur *m* Verbreiter, Übermittler.
divulgation *f* Veröffentlichung, Verbreitung; **droit de –** *(UrhR)* (Erst-)Veröffentlichungsrecht (des Urhebers); **– d'un document** unbefugte Veröffentlichung eines Schriftstückes; **– d'un secret** Geheimnisverrat *m*; **– d'un secret d'Etat** Offenbaren von Staatsgeheimnissen.
divulguer *(UrhR)* veröffentlichen, verbreiten; **– un secret** ein Geheimnis offenbaren *od.* preisgeben.
dix *adj/m* zehn; **Conseil des –** Zehnerrat; **Groupe des –** Zehnerklub

(im internationalen Währungsfonds).

DM (= le deutsche Mark) Deutsche Mark (DM).

docilité *f* Folgsamkeit, Gehorsam *m*, Fügsamkeit.

dock *m* Werft *f*, Hafenanlage *od.* -becken; Be– u. Entladungsvorrichtung; Warenlager; **– flottant** Schwimmdock *n*.

docker *m* Hafenarbeiter.

docteur *m* Arzt, Dr. med.; **– en droit** Dr. jur., Doktor der Rechte; **– ès lettres** Doktor der Philosophie *od.* Geisteswissenschaften, Dr. phil.; **– honoris causa** Ehrendoktor *m*, Dr.h.c.; **– ès sciences** Dr. rer. nat.

docteur-ingénieur *m* frz. Dipl.-Ing.

doctoral *adj*: **dignité –e, titre –** Doktorgrad; Ehrendoktorwürde.

doctorat *m* Doktortitel *m*, Doktorwürde *od*. -grad; **– d'État** höchster frz. Doktorgrad; **– de troisième cycle** frz. Doktorgrad eines Wissenschaftszweiges; **– d'université** frz. Doktorwürde für ausländische Studierende.

doctrinaire *adj (meist pej)* doktrinär, unduldsam.

doctrinal *adj* eine Lehrmeinung betreffend.

doctrine *f* Rechtslehre *f*, Lehrmeinung *f*, Rechtstheorie *f*, Rechtsauffassung *f*; System *m*, Ideologie *f*, Doktrin *f*; politischer Grundsatz; **arrêt** *ou* **jugement de –** *(PrzR)* Grundsatzentscheidung; **– dominante** herrschende Lehre; **– juridique** Rechtswissenschaft *f*; **– pénale** Strafrechtslehre; **– prédominante** überwiegende Lehrmeinung; **– sociale** Soziallehre *f*.

document *m* Urkunde *f*, Dokument *n*, Beweis- *od*. Schriftstück *n*; Unterlage *f*, Beleg *m*; **accès aux –s administratifs** Einsichtsrecht (der Privatpersonen) in (durch die Behörden) über sie geführte Akten; **contenu d'un – officiel** Inhalt einer öffentlichen Urkunde; **copie d'un –** Abschrift, Ausfertigung; **divulguer un –** ein Schriftstück veröffentlichen; **faux –** unechte *od.* gefälschte Urkunde; **justifier par un –** urkundlich belegen; **preuve par –** Urkundenbeweis *m*.

document *m* **d'accompagnement** *(HR)* Begleitpapier *n*; **– annexe bancaire** Bankbeleg *m*; **–s de bord** *(SeeHR)* Bordpapiere, Schiffstagebuch; **– de cession** Abtretungsurkunde; **–s commerciaux** Geschäftspapiere, (Handels-) Dokumente; **– comptable** Rechnungs- *od.* Buchungsbeleg; **– de douane, – douanier** Zollbegleitschein; **– d'embarquement** Verschiffungsdokument; **– d'exportation** Ausfuhrpapier *n*; **– d'identité** Ausweis *m*, Kennkarte; **– justificatif** Beleg *m*, Beweisstück *n*, (Beweis-)Urkunde; **– officiel** amtliche *od.* öffentliche Urkunde; **– original** *ou* **primitif** Original(urkunde); **– probant** *ou* **probatoire** Beweisurkunde; **– de séance** Sitzungsprotokoll; **– de travail** Arbeitsnachweis; **–s de voyage** Reisepapiere.

documentaire *adj* urkundlich, als Urkunde; **crédit –** Dokumentenakkreditiv *n*; **effet** *ou* **traite –** Dokumententratte *f*.

documentaliste *m* Dokumentalist, Archivar.

documentation *f* Dokumentation, Zusammenstellung von Informationsmaterial; (gesammelte) Unterlagen.

documenter *v.tr.d.* dokumentieren, Urkunden beibringen, Unterlagen beschaffen; **se – sur** sich unterrichten über, sich Informationsmaterial *od.* Unterlagen beschaffen.

dogme *m* Glaubenssatz, Dogma *n*; Lehrmeinung.

doit *m (Buchf)* Soll *n*, Debet *n*, Passiva *fpl*; **– et avoir** Soll und Haben.

dol *m* (1) *(StR: élément moral de l'infraction)* Vorsatz *m*, (2) *(SchuldR: vice du consentement)* arglistige Täuschung, Arglist *f*, zivilrechtlicher Betrug (Aut), absichtliche Täuschung (S), (3) *(VertragsR)* vorsätzliche Pflichtverletzung; **contrat**

doléances — **domicile**

entaché de − wegen Vorliegens einer arglistigen Täuschung anfechtbarer Vertrag; **exception de** − *(ZR)* Einrede der Arglist; − **éventuel** *(StR)* bedingter Vorsatz, dolus eventualis; − **incident** Täuschung über einen Nebenumstand; − **principal** Arglist, die den anderen zum Abschluß des Vertrags bestimmt hat; Täuschung über einen wesentlichen Umstand; vorsätzliche Schädigung.

doléances *fpl* Beschwerde *f*, Klage *f*.

dolosif *adj* vorsätzlich, arglistig; **acte** − betrügerische Handlung; **manœuvres −ves** Vorspiegeln falscher Tatsachen, arglistige Täuschung.

dolosivement *adv* arglistig.

dolus | **bonus** *lat(HR)* geringfügige, zulässige Täuschung; − **malus** Arglist *f*, unzulässige Täuschungshandlung.

domaine *m* (1) *(SachR)* Grundbesitz *m*, Liegenschaft *f*, Gut *n*; Besitztum *n*, (2) Sachgebiet *n*, Bereich *m*, Fach *n*, (3) Zuständigkeitsbereich *m*, (4) *(ÖfR)* Staatsgut *n*; **service des −s** frz. Domäneverwaltung; − **d'action** *ou* **d'activité** Tätigkeitsbereich *m*; − **aérien** Luftraum *m*; − **agricole** landwirtschaftlicher Betrieb.

domaine d'application Geltungsgebiet *od.* -bereich, Anwendungsbereich *od.* -gebiet; − − **dans l'espace** örtlicher Anwendungsbereich; − − **dans le temps** zeitlicher Anwendungsbereich.

domaine de compétence Zuständigkeitsbereich; − **congéable** *(LandwR)* mit kurzfristiger Kündigung gepachtetes Grundstück; − **économique** Wirtschaftsgebiet; − **de l'État** öffentliche Sachen, Staatsgüter; − **d'études** Arbeitsgebiet *n*; − **d'influence** Einflußbereich *m*; − **privé** *(VwR)* Privateigentum der öffentlichen Hand.

domaine public *(VwR)* öffentliches Eigentum, Staatsgüter *pl*, öffentliche Sachen; **marque du − −** Freizeichen *n*; **tomber dans le − −** (1) *(UrhR)* Erlöschen des Urheberrechts, Gemeingut werden, (2) *(PatR: brevet)* der Allgemeinheit zufallen.

domaine réservé *(VR)* Vorbehaltsgebiet, vorbehaltener Wirkungsbereich; − **rural** Landgut; − **territorial** Anwendungs− *od.* Gültigkeitsbereich (eines Vertrages); − **des transports** Verkehrswesen *n*; − **de validité** Geltungsbereich *m*.

domanial *adj* zu den Staatsgütern gehörend; **biens −iaux** Staatsgüter; **forêt −e** Staatsforst *m*; **gestion −e** Liegenschaftsverwaltung.

domanialité *f* Bezeichnung für die Tatsache, daß ein Gegenstand zu den öffentlichen Sachen gehört.

domesticité *f* Dienerschaft, Hausangestellte *pl od.* -gehilfen; Dienstverhältnis.

domestique *m* Hausgestellte(r) *m*, Hausgehilfin *f*, Haushaltshilfe *f*; Diener *m*, Dienstperson.

domicile *m* (1) *(ZR: lieu du principal établissement, art.102 C.civ.)* Wohnsitz *m*, (2) Wohnhaus *n*, Haus *n*, (3) Zahlungsort *m* (bei Wechseln); **attestation de −** *ou* **certificat de −** Wohnsitzbescheinigung, Domizilzertifikat *n* (S); **changement de −** Wohnsitzwechsel *m*, Wohnsitzverlegung *f*; **choix du −** Wohnsitzwahl *f*; **collecte à −** Haussammlung *f*; **élection de −** (1) *(ZPR, ZR, HR: clause attributive de juridiction)* Gerichtsstandsvereinbarung *f*, Zuständigkeitsvereinbarung *f*, Prorogation *f*, Begründung eines Gerichtsstandes, (2) *(ZPR, ZR)* (zur Erfüllung rechtlicher Förmlichkeiten gewählter) Erfüllungsort eines Vertrages; Benennung eines Zustellungsbevollmächtigten; Wahl einer Zustellungsanschrift (zumeist ein Anwalt *od.* Notar) für die Zustellung von Gerichtsurkunden und öffentlichen Schriftstücken; Domizilwahl (S); **élire −** *(ZPR)* einen Zustellungsbevollmächtigten benennen; **établir son −** seinen Wohnsitz begründen; **État du −** *(IPR)*

Wohnsitzstaat *m*; **franco –** *(HR)* frei Haus; **inviolabilité du –** *(VerfR)* Unverletzlichkeit der Wohnung; **perquisition à –** *(StR)* Hausdurchsuchung, Haussuchung; **quête à –** Haussammlung, Hauskollekte *f*; **sans – fixe** ohne festen Wohnsitz, obdachlos; **transfert** *ou* **translation de –** Wohnsitzwechsel *m*, Wohnsitzverlegung; **travail à –** Heimarbeit *f*; **travailleur à –** Heimarbeiter *m*; **violation de –** *(StR)* Hausfriedensbruch.

domicile attributif de juridiction *(ZPR)* für die Zuständigkeit maßgebender Wohnsitz; **– civil** zivilrechtlicher Wohnsitz; **– commercial** Firmensitz *m*, Sitz.

domicile conjugal ehelicher Wohnsitz, Ehewohnung; **abandon du – –** *(StR)* Verletzung der Unterhaltspflicht.

domicile de droit *(ZPR: domicile légal)* gesetzlicher Wohnsitz, allgemeiner Gerichtsstand; **– d'élection** *ou* **élu** (1) *(ZPR)* vereinbarter Gerichtsstand, (2) *(Notar, Anwalt)* Zustellungsanschrift *f*, (3) *(Vertrag)* Erfüllungsort *m*; **– fictif** fiktiver Wohnsitz; **– fiscal** steuerlicher Wohnsitz; **– fixe** fester Wohnsitz; **– légal** gesetzlicher Wohnsitz; **– d'origine** Heimatort *m*, Ursprungsdomizil; Geburtsort; **– parental** elterlicher Wohnsitz; Wohnung der Eltern; **– particulier** Privatwohnung; **– permanent** ständiger Aufenthaltsort; **– principal** Hauptwohnsitz, Hauptdomizil (S); **– réel** tatsächlicher Wohnsitz; **– social** Gesellschaftssitz.

domiciliaire *adj* Wohnungs-, Haus-; **perquisition –, visite –** Durchsuchung von Räumen, Haussuchung *f*.

domiciliataire *m (Scheck- u. WechselR)* Wohnsitz einer Person *od.* Bankplatz an dem ein Scheck *od.* Wechsel zahlbar ist).

domiciliation *f* (1) *(WechselR)* Domizil- *od.* Zahlstellenvermerk, Domiziliierung, (2) *(BankR)* Dauerauftrag *f*, Überweisungsauftrag (eines Kontoinhabers an seine Bank bei wiederkehrenden Zahlungen).

domicilié à wohnhaft in.

domicilier *v.tr. (WechselR)* domizilieren, einen Zahlungsort angeben.

dominant *adj* vorherrschend; **fonds –** *(SachR)* herrschendes Grundstück.

domination Herrschaft *f*; **– du marché** Marktbeherrschung *f*.

dominer *v.tr. et intr.* (be)herrschen, vorherrschen, überwiegen, überragen; **– le marché** Marktführer sein.

dommage *m* (1) *(ZR: préjudice)* Schaden *m*; Einbuße *f*, Nachteil *m*, Verlust *m*, (2) *(SeeHR)* Havarie *f*; **auteur du –** Verursacher (eines Schadens), Schädiger *m*, Schadensstifter *od.* -urheber *m*; **avis de –** *(VersR)* Schadensanzeige *f*, Schadensmeldung; **causer un –** einen Schaden verursachen, jmdm. einen Schaden zufügen; **constatation du –** Schadensfeststellung; **couvrir un –** einen Schaden decken; **déclaration de –** Schadensanzeige, Schadensmeldung; **déterminer le montant du –** den Schaden beziffern; **éprouver un –** einen Schaden erleiden; **évaluation du –** Schadensschätzung, Bewertung des Schadens; **intention de causer un –** Schädigungsabsicht *f*; **garantir un –** einen Schaden decken; **montant du –** Schadenshöhe *od.* -umfang *m*; **objet du –** beschädigte Sache, Schadensgegenstand *m*; **preuve du –** Schadensbeweis *m*, Schadensnachweis; **réparation du –** Schadensersatzleistung; Schadensregulierung; **réparer un –** einen Schaden ersetzen, Schadensersatz leisten; **subir un –** einen Schaden erleiden; **supporter un –** einen Schaden tragen *od.* abdecken, für einen Schaden aufkommen; **survenance d'un –** Schadenseintritt *m*; **victime du –** Geschädigte(r) *m*.

dommage accidentel Unfallschaden, nicht vorsätzlich herbeigeführter Schaden; **– assuré** Versicherungsschaden; – **d'avarie** *(SeeHR)* Havereischaden; – **aux biens** Sachschaden, Sachbeschädigung; – **causé** eingetretener Schaden; – **causé par des animaux** Tierschaden; – **causé par les attroupements** *(StR)* Demonstrations- *od.* Tumultschaden; – **causé par incendie** Feuer- *od.* Brandschaden; – **consécutif** nachträglich eingetretener Schaden, Folgeschaden, mittelbarer Schaden.

dommage corporel Körperverletzung, Personenschaden; – **couvert** gedeckter Schaden – **aux cultures** Schädigung von Früchten; – **dérivé** Folgeschaden, mittelbarer Schaden; – **différé** Spätschaden; – **direct** unmittelbarer Schaden; – **effectif** tatsächlicher Schaden; – **extrapatrimonial** Nichtvermögensschaden; – **financier** finanzieller Schaden; – **fortuit** durch Zufall eingetretener Schaden; – **futur** zukünftiger Schaden; – **de gibier** Wildschaden; – **de guerre** Kriegsschaden; – **immatériel (pur)** reiner Vermögensschaden; – **aux immeubles** Gebäudebeschädigung, Immobilarschaden; – **imprévisible** unvorhersehbarer Schaden; – **indirect** mittelbarer Schaden; – **intégral** Totalschaden, Vollschaden; – **irréparable** nicht wiedergutzumachender *od.* irreparabler Schaden.

dommage matériel Vermögensschaden, Sachbeschädigung, Sachschaden, materieller Schaden; – **matériel indirect** Sachfolgeschaden; – **mineur** Bagatellschaden; – **mobilier** Schaden an beweglichem Vermögen.

dommage moral ideeller Schaden, immaterieller Schaden, Nichtvermögensschaden; **indemnisation du – moral** Schmerzensgeld.

dommage non apparent äußerlich nicht erkennbarer Schaden; – **non-économique** Nichtvermögensschaden; – **nucléaire** Atomschaden; – **partiel** Teilschaden; – **patrimonial** Vermögensschaden,

materieller Schaden; – **pécuniaire** finanzielle Einbuße; – **personnel** am Vermögen des Verletzten entstandener Schaden, eigener Schaden; – **aux personnes** Personenschaden; – **prévisible** vorhersehbarer Schaden; – **réparable** ersatz- *od.* erstattungsfähiger Schaden; – **résultant d'un accident** Unfallschaden; – **par ricochet** Drittschaden, mittelbarer Schaden; – **souffert** *ou* – **subi** erlittener Schaden; – **subi par répercussion** Drittschaden, mittelbarer Schaden; – **survenu** eingetretener Schaden; – **aux tiers** Drittschaden, Schädigung Dritter.

dommages-intérêts, dommages et intérêts *mpl* Schaden(s)ersatz *m*, Entschädigung *f*; **accorder des – –** Schadenersatz zuerkennen; **action en – –** Schadensersatzklage *f*; **agir en – –** auf Schadensersatz klagen; **condamner à des – –** zur Leistung von Schadensersatz verurteilen; **demande de – –** Schadensersatzklage, Schadensersatzanspruch *m*; **droit à – –** Schadenersatzanspruch *m*; **obligation à – –** Schadensersatzpflicht *f*; **obtenir des – –** Ersatz des Schadens erlangen; **poursuivre qqn. en – –** jemanden auf Schadensersatz verklagen; – – **compensatoires** Schadensersatz für Nichterfüllung; – – **moratoires** Schadensersatz für verspätete Leistung.

dommageable *adj* (einen Schaden) verursachend *od.* herbeiführend, schädigend.

don *m (ZR)* unentgeltliche Zuwendung, Geschenk *n*, Schenkung *f*, Spende *f*; – **en argent** Geldspende; – **entre vifs** Schenkung unter Lebenden; – **gratuit** Gabe *f*, Geschenk; – **manuel** Handschenkung; – **du sang** Blutspende.

donataire *m* Beschenkte(r) *m*, Schenkungsempfänger *m*; **ingratitude du –** Undank des Beschenkten.

donateur *m* Schenker, Geschenkgeber *m*, Schenkende(r), Zuwenden-

de(r) *m*; Spender *m* (a. Organe u. Blut).
donation *f (ZR: libéralité entre vifs, art.894 C.civ.)* Schenkung(svertrag); unentgeltliche Zuwendung; **acte de –** Schenkungsurkunde *f*; **action en révocation d'une –** Rückforderungsklage; Schenkungsanfechtung; **cause de la –** Beweggrund *od.* wirksames Motiv der Schenkung; **promesse de –** Schenkungsversprechen *n*; **révocation de la –** Widerruf der Schenkung.
donation de biens présents Schenkung, die sich auf das gegenwärtige Vermögen des Schenkers bezieht; **– de biens à venir** Schenkung, die zukünftiges Vermögen zum Gegenstand hat; Schenkung von künftigen Vermögenswerten; **– avec charge** Schenkung unter Auflage; **– par contrat de mariage** Schenkung durch Ehevertrag; **– déguisée** verschleierte *od.* verdeckte Schenkung; **– entre époux** Schenkung unter Ehegatten; **– indirecte** Schuldenerlaß *od.* sonstige Zuwendung mit Schenkungscharakter; **– manuelle** Handschenkung; **– mutuelle** gegenseitige Schenkung (durch Ehevertrag); **– onéreuse** Schenkung unter einer Auflage *od.* mit einer Belastung.
donation à titre onéreux consentie à un prix inférieur gemischte Schenkung; **– partage** *(ErbR)* elterliche Vorausteilung unter Lebenden durch Schenkung; **– par personne interposée** mittelbare Schenkung; **– propter nuptias** Verlobungsgeschenk, Schenkung durch Ehevertrag; **– réciproque** gegenseitige Schenkung; **– rémunératoire** remuneratorische *od.* belohnende Schenkung; **– révoquée** widerrufene Schenkung; **– par testament** *ou* **testamentaire** Schenkung von Todes wegen; **– d'usage** Pflicht- *od.* Anstandsschenkung; **– entre vifs** Schenkung unter Lebenden.
donc *konj* also, folglich, demnach.

donnant donnant (Leistung) Zug um Zug.
donné acte: jugement de – – gerichtliche Protokollierung.
donnée *f* (unbestreitbare) Tatsache *f*, Gegebenheit *f*, Angabe *f*; bekannte Größe; **– de base, – fondamentale** Grundtatsache *f*, Grundgedanke.
données *fpl* Daten *npl*, Werte *mpl*, Ziffern *fpl*; Sachverhalt *m*, Sachlage; **banque de –** Datenbank *f*; **exploiter des –** Daten auswerten; **exprimé en – réelles** preisbereinigt; **– comptables** Zahlenwerte *mpl*; **– statistiques** statistische Angaben *od.* Daten *pl.*
donner *v.tr.d.* (1) *(remettre)* geben, übergeben, (2) *(transmettre gratuitement)* (ver)schenken, (3) *(accorder)* zuteilen; **– acte (de)** bestätigen, beglaubigen; beurkunden, zu Protokoll nehmen; **– des appointements** entlohnen; **– un arrêt** ein Urteil fällen, einen Beschluß fassen; **– asile** Asyl gewähren; **– des assurances** jm. etwas zusichern; **– avis** Mitteilung machen; **– carte blanche** freie Hand lassen, Vollmacht geben; **– communication, – connaissance** mitteilen, bekanntgeben; **– congé** entlassen, kündigen; **– décharge** Entlastung erteilen; **– défaut (contre)** *(PrzR)* (die) Säumnis feststellen; **– sa démission** seinen Rücktritt erklären; **– en dépôt** hinterlegen; **– des détails** bis in alle Einzelheiten beschreiben; **– effet à** durchsetzen; **– la faute** (à qqn.) jmdm. die Schuld zuschieben; **– en gage** verpfänden; **– des instructions** (à qqn.) Anweisungen geben; **– lecture** verlesen; **– lieu à** Anlaß geben zu, bewirken; **– des lois** Gesetze erlassen; **– naissance** *fig* hervorbringen; **– la parole** das Wort erteilen; **– la permission** erlauben; **– pouvoir** bevollmächtigen, Vollmacht erteilen; **– des précisions** nähere Angaben machen; **– le quitus** entlasten; **– satisfaction** zufriedenstellen; **– suite**

donneur

stattgeben, (alles) weitere veranlassen.

donneur *m* Geber *m*; Spender *m*; **– d'aval** Avalist *m*, Wechselbürge *m*, Scheckbürge; **– de crédit** Kreditgeber *m*; **– de gage** Pfandbesteller; **– d'ordre** Auftraggeber; **– d'organes, – de sang** Organ-, Blutspender.

dont | acte hierüber Urkunde; **– procès-verbal** hierüber Protokoll; **– quittance** hierüber Quittung.

dopage *m* Doping *n*, unerlaubte Einnahme von leistungssteigernden Mitteln.

dopant *m* Aufputschmittel *n*, leistungssteigernde Droge.

dorénavant *adv* künftig, von nun an, hinfort, fortan.

d'ores et déjà *conj.* bereits jetzt.

dos *m*: **voir au –** siehe (die) Rückseite.

doser *v.tr. fig* richtig bemessen.

dossier *m* Akte *f*, Unterlagen *pl*, Schrift- *od.* Aktenstück *n*, Vorgang *m*, Fall *m*; Akt *m* (Aut); **communication du –** Akteneinsicht *od.* -weiterleitung; **compulser un –** eine Akte einsehen; **constituer** *ou* **établir un –** eine Akte anlegen; **donner connaissance d'un –** (Akten-)Einsicht gewähren; **examen du –** Akteneinsicht *f*; **inscrire au –** in der Personalakte vermerken; **frais de –** Bearbeitungsgebühr *f*; **mention au –** Aktenvermerk; **numéro du –** Aktenzeichen *n*; **prendre connaissance d'un –** eine Akte durchsehen; **les pièces du –** die einzelnen Schriftstücke einer Akte; **verser une pièce au –** ein Schriftstück den Akten beifügen.

dossier administratif behördliche Verfahrensakten, Verwaltungsakten *pl*; **– de candidature** Bewerbung *f*, Bewerbungsunterlagen *fpl*; **– d'un fonctionnaire, – individuel, – personnel** Personalakte *f*; **– du procès, – de procédure** Prozeßakte(n).

dot *f* (ZR) Ausstattung, Mitgift *f*, Aussteuer *f*, Heiratsgut *n*; **constitu-**

douane

tion de – Überlassung einer Mitgift, Ausstattung.

dotal *adj* die Mitgift *od.* Aussteuer betreffend; **régime –** *(EheR)* Ausschluß der Gütergemeinschaft; Vermögensverwaltung durch den Ehemann.

dotation *f* (1) (ZR) Ausstattung *f*, Dotation, Dotierung, (2) *(HaushR)* Mittelverwendung *od.* -zuweisung, (3) *(BW)* Kapitalausstattung; (4) *(VerfR)* zugewiesene Einkünfte, finanzielle Zuwendung, Apanage *f*; **– en capital** Kapitalausstattung; **– initiale** Erstausstattung; **– provisionnelle** Rückstellung.

doter *v.tr.* (1) (ZR) ausstatten, mit einer Aussteuer versehen, (2) *(Mittel)* zuwenden, zuweisen; **– de machines** mit Geräten ausrüsten.

douaire *m (hist.)* Witwenrente *f*.

douane *f* (1) *(administration)* Zollamt *n*, Zollbehörde *od.* -dienststelle, Zoll *m*, (2) *(droits et taxes)* Zollgebühr *f*, Zollabgabe *f*; **acquit de –** Verzollungsausweis *m*; **administration des –s** Zollverwaltung; **agence en –** Zollagentur *f*; **agent des –s** Zollbeamte(r); **barrières de –s** Zollschranken; **bureau de –** Zolldienststelle *od.* -station, Zollamt *n*; **certificat de –** zollamtliche Bescheinigung; **code des –s** gesammelte Zollgesetze und -verordnungen; Zollbestimmungen, Zollordnung; **commissionnaire en –** Zollkommissionär *m*; **contrôle de la –** zollamtliche Überwachung *od.* Revision; **déclarant en –** Zollanmelder; **déclaration en –** Zollanmeldung *od.* -deklaration; **dépôt de –** Zollverwahrung; **droit de –** Zoll *m*; **entrepôt de –** Zollager *n*, Zolllagerung *f*, zollfreie Niederlage; **exemption** *ou* **exonération de droits de –** Zollbefreiung; **expédition en –** zollamtliche Abfertigung; **évaluation en –** Zollbewertung; **formalités de –** Zollformalitäten *pl*; **franchise de –** Zollbefreiung *od.* -freiheit; **franco de –** zollfrei; **fraude en matière de –** Zoll-

262

hinterziehung; **inspecteur des −s** Zollfahnder; **inspection de la −** Zollfahndung(sdienst); **passavant de −** Zollfreischein *m*; **payer la −** den Zoll bezahlen; **percepteur des −s** Zolleinnehmer; **présentation de la marchandise en −** Gestellung der Ware; **sous plomb de −** unter Zollverschluß; **valeur en −** Zollwert *m*; **visite de la −** Zollbeschau *f*; **zone soustraite au service des −s** Zollfreigebiet.

douanier *m* Zöllner *m*, Zollbeamte(r); *adj* Zoll−; **barrières −nières** Zollschranken; **contrôle −** Zollkontrolle; **formalités −nières** Zollformalitäten; **tarif −** Zolltarif *m*; **territoire −** Zollgebiet; **union −ière** Zollunion; **zone − ière** Zollgrenzbezirk.

double *adj* doppelt, zweifach; **en − exemplaire** in doppelter Ausfertigung; **− imposition** Doppelbesteuerung *f*; **− nationalité** Doppelstaatsangehörigkeit; Doppelstaater.

double *m* (1) *(Urkunde: duplicata)* Zweitausfertigung *f*, Abschrift *f*, Doppel *m*, (2) *(Kunstwerk)* Replik *f*, Nachbildung; **formalité du − *(ZR)*** Formerfordernis, demzufolge die Urkunde in soviel Exemplaren ausgefertigt werden muß, wie Parteien (am Vertrag) vorhanden sind; **− d'un acte** Zweitschrift (einer Urkunde).

doubler *(StVR)* überholen; **défense de −** Überholverbot.

douleur *f*: **prix de la −** Schmerzensgeld *n*.

doute *m* Zweifel *m*; Vermutung, Verdacht *m*; Bedenken *n*, Besorgnis *f*; **avoir un − sur l'authenticité d'un document** die Echtheit einer Urkunde in Frage stellen; **bénéfice du − *(StPR)*** Grundsatz, daß der Angeklagte bis zum Beweis des Gegenteils als unschuldig gilt; im Zweifel, aus Mangel an Beweisen, mangels Beweises, in dubio pro reo; **mettre en −** in Zweifel ziehen; **sans −** zweifellos, ohne Zweifel, bestimmt; **− quant à la sécurité** Sicherheitsbedenken *n(pl)*.

douter (de qch.) *v.tr.ind.* etwas bezweifeln; **se − de qch.** *v.pron.* etwas vermuten *od.* ahnen.

douzaine *f* Dutzend *n*.

douzième *m* ein Zwölftel; **− provisoire** *(HaushR)* Ermächtigung der Regierung zur Ausgabenleistung für einen Monat (während eines etatlosen Zustandes).

doyen *m* (1) Dienst− *od.* Rangälteste(r), (2) Dekan *m*; **− d'âge** Altersvorsitzender, Alterspräsident *m*; **− du corps diplomatique** Doyen des diplomatischen Korps.

draconien *adj* übermäßig streng; **lois −iennes** strenge, einschneidende Gesetze; **mesure −ienne** harte, radikale Maßnahme.

drapeau *m* Fahne *f*; **appeler sous les −x** *(MilR)* einberufen; **être sous les −x** den Wehrdienst leisten; **− d'alarme** Warnzeichen *n*; **− en berne** halbmast flaggen; **− tricolore** Trikolore *f*, frz. Nationalflagge.

drawback *m* *(Aufsh: rembours)* Zollrückvergütung im Transitverkehr, Rückzoll *m*.

dresser (auf)richten; **− un acte** beurkunden, eine Urkunde ausfertigen; **− le bilan** (1) eine Bilanz aufstellen, (2) *(fig.)* Bilanz ziehen; **− un contrat** einen Vertrag aufsetzen; **− un inventaire** ein Inventar errichten; **− une liste** eine Liste zusammenstellen *od.* anfertigen *od.* führen; **− un plan** einen Plan entwerfen; **− un procès verbal** (1) ein Protokoll aufnehmen, (2) *(VwR, StVR)* eine Geldbuße verhängen, ein Bußgeld festsetzen.

drogue *f* Rauschgift *n*, Droge *f*.

droit *m* (1) *(règles de la vie sociale)* Recht *n*, Rechtsnorm *f*, Rechtssatz *m*; Rechtsordnung *f*, Recht im objektiven Sinne, (2) *(pouvoir, prétention)* (Rechts-)Anspruch *m*, Forderung *f*, Befugnis *f*, Berechtigung *f*, subjektives Recht, (3) *(prérogative, privilège)* Vorrecht *n*, Sonderrecht, Privileg *n*, (4) *(contribution, redevan-*

ce, impôt) Gebühr *f*, Steuer *f*, Abgabe *f*, (5) *(science ou étude du droit dans son ensemble)* Rechtswissenschaft *f*; **abandonner un –** auf ein Recht verzichten; **à bon –** zu Recht; **abus de –** Rechtsmißbrauch *m*, unzulässige Rechtsausübung; **accorder un –** ein Recht gewähren, einen Anspruch einräumen; **acquérir un –** einen Anspruch erwerben, ein Recht erhalten; **acquitter un –** eine Gebühr entrichten; **s'adresser à qui de – *(VwR)*** sich an die zuständige Stelle wenden; **agir au mépris du –** das Gesetz mit Füßen treten; **alléguer un –** ein Recht geltend machen; **apparence du –** Rechtsschein *m*; **application du –** Rechtsanwendung; **argument de –** rechtliches Argument; **s'arroger un –** sich ein Recht anmaßen; **atteinte à un –** Rechtsverletzung, Anspruchsbeeinträchtigung; **avoir – à** Anspruch haben auf; **avoir le – de** das Recht haben, etwas zu tun, zu fordern; **ayant –** Rechtsnachfolger *m*; **ayant – de voter** stimmberechtigt; **branche du –** Rechtsgebiet; **capacité de –** Rechtsfähigkeit; **capacité –** (alter) akademischer Grad der frz. juristischen Fakultät; **céder un –** einen Anspruch abtreten; **cession de –s** Rechtsübertragung; Forderungsabtretung; **conférer un – à qqn.** jmdm. ein Recht einräumen *od.* verleihen; **conforme au –** gesetzmäßig; **conformément au – et à l'équité** nach Recht und Billigkeit; **connaître le –** rechtskundig sein; **constitutif de –** rechtsbegründend; **contester un – à qqn.** einen Anspruch bestreiten; **création du –** Rechtsschöpfung *od.* –entstehung; **créer du –** Recht schaffen; **déchéance d'un –** Anspruchsverwirkung, Rechtsverlust *m*, **déléguer un –** ein Recht übertragen; **dénier un – à qqn.** jmdm. ein Recht absprechen, einen Anspruch bestreiten; **de plein –** mit vollem Recht; **développement du –** Rechtsentwicklung; **dire le – *(PrzR)*** Recht sprechen; **double –** Strafgebühr, doppelte Gebühr.

droit: effet de – Rechtswirkung; **égalité de –s** Rechtsgleichheit; **éléments de –** Rechtslage, rechtlicher Sachverhalt; **erreur de –** Rechtsirrtum *m*; **État de –** Rechtsstaat; **être en – de** berechtigt sein; **être fondé en –** rechtlich begründet sein, zu Recht bestehen; **évolution du –** Rechtsentwicklung; **exempt de tous –s** gebührenfrei; **exercer un –** von einem Recht Gebrauch machen, ein Recht ausüben; **exercer un – en justice** einen Anspruch gerichtlich geltend machen; **exercice d'un –** Rechtsausübung, Geltendmachung eines Anspruchs; **exposé de –** Ausführungen zur Rechtslage; **extinction d'un –** Erlöschen eines Rechtes; **faire – à une demande, faire – à une requête** einem Antrag stattgeben; **faire valoir un –** ein Recht *od.* einen Anspruch geltend machen; **formation du –** Rechtsbildung; **formation d'un –** Entstehung eines Anspruchs; **franchise de –s** Gebührenbefreiung; **harmonisation du –** Rechtsvereinheitlichung *od.* -angleichung; **histoire du –** Rechtsgeschichte *f*; **ignorance du –** Rechtsunkenntnis *f*, Rechtsunwissenheit *f*; **insécurité du –** Rechtsunsicherheit *f*; **invoquer un –** ein Recht geltend machen, sich auf ein Recht berufen; **jouir d'un –** ein Recht innehaben; **jouissance d'un –** Innehabung eines Rechtes; **lacune du –** Gesetzeslücke *f*; Rechtsvakuum *n*, rechtsfreier Raum; **léser un –** ein Recht beeinträchtigen; **léser qqn dans son –** jemanden in seinem Recht verletzen; **lésion d'un –** Rechtsbeeinträchtigung *od.* -verletzung; **lien de –** Rechtsverhältnis, *n*, Rechtsbeziehung; **liquider un –** einen Anspruch feststellen; **maintien des –s acquis** (1) *(ArbR)* Wahrung des Besitzstandes, (2) *(VersR)* Aufrechterhaltung der Anwartschaft; **monopole de –** gesetzliches Monopol; **moyens de –** *(PrzR)* Vorbringen *n* rechtlicher Art; **notion de –** Rechtsbegriff *m*; **octroyer un –** ein Recht einräumen; **ouvrir un –** einen Anspruch gewähren.

droit: perte d'un – Verwirkung eines Anspruchs, Rechtsverlust; **de plein –** von Rechts wegen, ipso jure; **point de –** Rechtsfrage *f*; **prééminence du –** Herrschaft des Rechts; **prescription du –** Verjährung eines Anspruchs *od.* eines Rechtes; **principes généraux du –** allgemeine Rechtsgrundsätze *pl*; **priver d'un –** einen Anspruch aberkennen; **se prononcer en –** in Rechtsfragen entscheiden; **question de –** Rechtsfrage *f*; **réception du –** *(hist.)* Rezeption des (römischen) Rechts; **reconnaissance de –** de-jure-Anerkennung, Anerkennung „de jure"; **reconnaissance d'un –** Anerkenntnis eines (prozessualen) Anspruchs; **règle de –** Rechtssatz *m*, Rechtsnorm *f*, Rechtsvorschrift *f*; **réintégration dans ses –s** Wiedereinsetzung in den vorherigen Stand; **renoncer à un –** auf ein Recht verzichten; **respect du –** Einhaltung der (Rechts-)Vorschriften; **restauration du –** Wiederherstellung des Rechtes; **revendiquer un –** einen Anspruch *od.* eine Forderung geltend machen; **sauvegarder ses –s** seine Rechte wahren; **sécurité du –** Rechtssicherheit; **situation de –** Rechtslage; **sources du –** Rechtsquellen *pl*; **soutenir son –** auf seinem Recht bestehen *od.* beharren; **statuer en –** gemäß den geltenden Rechtsvorschriften entscheiden; **sujet de –** Rechtssubjekt *n*, Rechtsträger *m*; **supplément de –** Zusatzgebühr; **titulaire d'un –** Rechtsinhaber, Berechtigte(r) *m*; **tous –s réservés** alle Rechte vorbehalten; **unification du –** Rechtsvereinheitlichung; **unité du –** Rechtseinheit; **violation du –** Rechtsverletzung; **voie de –** *(PrzR)* Rechtsbehelf *m*.

droit d'abandon *(SeeHR)* Abandonrecht *n*; **– absolu** *(SachR)* absolutes Recht, gegen jeden Dritten wirkendes Herrschaftsrecht; **– d'accès** Zufahrts- *od.* Wegerecht; **– d'accession** *(SachR)* Eigentumserwerb durch Verbindung u. Vermischung; **– accessoire** Nebenrecht; **– d'accise** *(hist)* Akzise *f*, Verbraucherabgabe; **– d'accorder une dispense** *(VwR)* Recht, Dispens zu erteilen; **– acquis** wohlerworbener Besitzstand; **– acquis de bonne foi** gutgläubig erworbenes Recht; **– acquitté** entrichtete Gebühr; **– d'acte** Urkundeneintragungsgebühr *f*; **– de l'action** mit der Aktie verbundenes Recht; **– d'action** *(PrzR)* Klageberechtigung *od.* -befugnis; **– additionnel** Zusatzgebühr; **– d'adhérer** Beitrittsrecht; **– d'adhésion** Aufnahmegebühr *f*.

droit administratif Verwaltungsrecht; **– d'admission** Aufnahmegebühr *f*, Eintrittsgeld *n*; **– ad valorem** *(Außh)* Wertzoll; **– aérien** Luftfahrtrecht; **– des affaires** Wirtschaftsrecht; **– d'affiliation** *(VersR, VereinsR)* Beitrittsrecht; **– d'affouage** *(LandwR)* Holznutzungsrecht; **– d'agir en justice** Klagebefugnis *f*, aktive Prozeßfähigkeit; **– agraire** Landwirtschaftsrecht; **– d'aînesse** Erstgeburtsrecht; **– aliénable** veräußerliches Recht; **– d'alerte** *(ArbR)* Recht (der Arbeitnehmer), den Arbeitgeber auf Unfallgefahren (im Betrieb) hinzuweisen; **– à aliments** Unterhaltsanspruch; **– d'amendement** *(Gesetze)* Abänderungsrecht; **– annexe** Nebenrecht; **– antérieur** älteres Recht; **– d'antériorité** Vorbenutzungs- *od.* Vorrangsrecht; **– antidumping** Antidumpingzoll *m*; **–s apparentés** Leistungsschutzrechte; **– applicable** anwendbares *od.* anzuwendendes Recht; **– d'appropriation** Aneignungsrecht.

droit d'asile Asylrecht; – **d'assistance** Beistandsrecht; – **d'assister (à)** Teilnahmerecht; – **d'association** *(VerfR)* Vereinsfreiheit; – **des associations** Vereinsrecht; – **d'assurance** Versicherungsgebühr; – **des assurances** Versicherungsrecht; – **des assurances sociales** Sozialversicherungsrecht; – **attaché à la personne** höchstpersönliches Recht; – **d'atterrissage** Landungsrecht; – **d'attribution** Zuteilungsrecht; – **d'aubaine** *(hist.)* Heimfallsrecht.

droit(s) d'auteur (1) *(UrhR: droits de caractère patrimonial ou moral)* Urheberrecht; Rechte des Urhebers, geschützte Interessen des Urhebers; Verwertungsrecht; Urheberpersönlichkeitsrecht, (2) *(UrhR: redevances de l'auteur pour l'exploitation de son œuvre)* Vergütung *od.* Honorar (des Verfassers für die Verwertung seines Werkes); **atteinte au – –** Urheberrechtsverletzung; **certificat de – –** Urheberrechtsschein *m*; **jouissance des – –** Berechtigung (aus einem Urheberrecht); **loi sur les – –** Urheberrechtsgesetz *n*; **protection des – –** Urheberrechtsschutz *m*; **protection internationale des – –** Copyright *n*, ©-Vermerk; **protégé par les – –** urheberrechtlich geschützt; **violation des – –** Urheberrechtsverletzung.

droit d'authentification Beurkundungsrecht; – **d'autodétermination** Selbstbestimmungsrecht.

droit au bail Mietrecht; – **de bail** Mietsteuer; – **bancaire** Bankrecht; – **de base** Grund- *od.* Ausgangszollsatz; – **de battre monnaie** Prägerecht; Münzrecht; Münzregal *n*; – **des biens** Sachenrecht; – **des biens matrimoniaux** eheliches Güterrecht; – **de bourgeoisie** Bürgerrechte; Heimatberechtigung; – **de brassage** Braugerechtigkeit; – **des brevets** Patentrecht; – **budgétaire** Haushaltsrecht *od.* -ordnung.

droit de cabotage Küstenschiffahrts- *od.* Kabotagerecht; – **cambiaire** Wechselrecht; – **canon** *ou* **canonique** kanonisches Recht, Kirchenrecht; – **cédé** übertragenes *od.* abgetretenes Recht; – **de censure** Zensurrecht, Kontrollrecht; – **cessible** abtretbares Recht; **–s de chancellerie** Kanzleigebühr; – **du change** Wechselrecht; – **de (la) chasse** (1) Jagdrecht (im objektiven Sinne), Jagdgesetze und -verordnungen, (2) Jagdberechtigung; – **de circulation** Warentransportsteuer; – **de la circulation** Verkehrsrecht; – **de cité** Bürgerrecht; **–s du citoyen** Bürgerrechte; – **de citoyenneté d'honneur** Ehrenbürgerrecht.

droit civil bürgerliches Recht, Zivilrecht; – **civil comparé** Zivilrechtsvergleichung; **–s civiques** Bürgerrechte; – **de clientèle** *(HR)* Immaterialgüterrecht an der Kundschaft; – **de coalition** *(VerfR)* Koalitionsfreiheit; – **de codécision** Mitentscheidungs- *od.* Mitspracherecht; – **codifié** kodifiziertes Recht; – **coercitif** Zwangsmaßregeln; – **de cogestion** Mitbestimmungsrecht; – **de collation** *(KirchR)* Recht der Pfründenverleihung.

droit du commerce international Außenhandelsrecht; – **commercial** Handelsrecht; **de – commercial** handelsrechtlich; – **commercial coutumier** Handelsbrauch *m*, Usance *f*.

droit de commission *(HR)* Abschluß- *od.* Vermittlungsgebühr, Provision.

droit commun (1) *(hist.)* Landrecht, gemeines Recht, (2) *(i.e.S.: droit civil)* bürgerliches Recht (im Gegensatz zum Handelsrecht), (3) *(i.w.S.)* das anwendbare Recht, die geltenden Rechtsnormen *od.* Vorschriften; **exorbitant du – –** Sonderregeln unterliegend; **infraction de – –** *(StR)* nichtpolitische Straftat; **juridiction de – –** (1) ordentliches Gericht, (2) ordentliche Gerichtsbarkeit; **tribunal de – –** frz.

droit communautaire — Großinstanzgericht (als allgemein zuständiges Gericht).

droit communautaire *ou* **des communautés européennes** Rechtsordnung der europäischen Gemeinschaften, Gemeinschafts- *od.* Europarecht; – – **dérivé** sekundäres Gemeinschaftsrecht, Folgerecht; – – **originaire** primäres Gemeinschaftsrecht.

droit de communication (1) *(VwR: d'un dossier)* Recht auf Einsichtnahme (in eine Akte), (2) *(SteuerR)* Auskunfts- und Mitteilungspflicht (des Steuerpflichtigen) gegenüber der Finanzverwaltung; – **des communications** Verkehrsrecht; – **des communications aériennes** Luftfahrtrecht; – **comparé** Rechtsvergleichung, vergleichende Rechtswissenschaft; – **compensateur** Ausgleichszoll; – **de compensation** *(ZR)* Aufrechnungsanspruch, Kompensationsrecht; – **compromis** *(SteuerR)* hinterzogene Gebühr; – **concédé** *(VwR)* Konzession, verliehenes Recht; – **de la concurrence** Wettbewerbsrecht; – **confirmé par écrit** verbrieftes Recht; – **des conflits de lois** *(IPR)* Kollisionsnormen, Zwischenrecht; – **au congé** Recht auf Urlaub, Urlaubsanspruch; **droit de** – Verbrauchssteuer; – **de la consommation** Verbraucher(schutz)recht; – **constitutif** Gestaltungsrecht.

droit constitutionnel Verfassungsrecht, Staatsrecht; – **de construire** Baurecht (im subjektiven Sinne); – **consulaire** Konsularrecht; – **de contestation** Einspruchsrecht; – **de contracter** *(ZR)* Geschäftsfähigkeit; – **de contracter mariage** Ehefähigkeit; – **contractuel** (1) *(SchuldR)* vertraglicher Anspruch, (2) *(ZollR)* vertragsmäßiger Zollsatz, Vertragssatz; – **de contrainte** Zwangsrecht; – **contraire** Gegenrecht; – **des contrats** Vertragsrecht; Schuldrecht; – **de contreseing** Gegenzeichnungsrecht; – **à la contre-valeur** Anspruch auf den Gegenwert; – **de contrôle** *(VwR)* Aufsichts- *od.* Überwachungsrecht; – **de contrôler** Nachprüfungsrecht, Kontrollbefugnis; – **conventionnel** Vertragsrecht; – **des conventions collectives** Tarifvertragsrecht; – **de convocation** Einberufungsrecht; – **coopératif** Genossenschaftsrecht; – **de copropriété** Miteigentumsrecht; – **corporatif** Recht der Berufsvereinigungen; – **corporel** körperliches Rechtsgut; – **de correction** *(SchulR, FamR)* Züchtigungsrecht; – **en cours d'acquisition** *ou* **en cours de formation** Anwartschaft *f*; – **de courtage** *(HR)* Courtage, Vermittlungsprovision des Maklers; – **de co-utilisation** Mitbenutzungsrecht.

droit coutumier Gewohnheitsrecht; **de** – – gewohnheitsrechtlich; – – **international** Völkergewohnheitsrecht.

droit de créance Forderungsrecht, Anspruch, Schuldrecht; – **de criée et de bougie** *(ZwangsVR)* Gebühr für den Versteigerer; – **criminel** Strafrecht; – **de culte privé** Kapellenrecht; – **de décision** *(VwR)* Entscheidungsbefugnis; – **de découverte** *(ZR)* Finderlohn *m*; – **à dédommagement** Entschädigungs- *od.* Ersatzanspruch; – **au délai-congé** *(ArbR)* Anspruch auf Einhaltung der Kündigungsfrist; – **de délaissement** *(SeeHR)* Abandonrecht; – **de dénonciation** Kündigungsrecht; – **de déshérence** *(ErbR)* Heimfallsrecht; – **de désignation** (1) Ernennungsrecht, (2) *(GesR)* Recht, Vertreter in den Aufsichtsrat zu entsenden; – **de diffusion** *(UrhR)* Senderecht, Recht der Wiedergabe durch Bild u. Tonträger; Verbreitungsrecht; – **diplomatique** Recht des diplomatischen Verkehrs; – **de direction** *(ArbR)* Weisungsbefugnis; – **directement applicable** unmittelbar anwendbares Recht.

droit disciplinaire *(BeamR)* Disziplinarrecht, Dienststrafrecht; **– discrétionnaire** subjektives Recht (bei dem eine unzulässige Rechtsausübung nicht möglich ist); **– de disjonction** (S) Aussonderungsrecht; **– de dispense** *(VwR)* Dispens, Ausnahmebewilligung, Befreiung; **– dispositif** dispositives *od.* nachgiebiges Recht; **– de disposition** Verfügungsrecht; **– de dissolution** Auflösungsbefugnis; **– de distiller** Gewerbezulassung für die Herstellung von Branntwein; **– au dividende** Dividendenanspruch; **de – divin** von Gottes Gnaden; **– à dommages-intérêts** Schadensersatzanspruch; **– de donner des instructions** Weisungsbefugnis.

droit de douane Zoll *m*; **– – à l'exportation** Ausfuhrzoll; **– – à l'importation** Einfuhrzoll.

droit douanier Zollrecht, allgemeine Zollordnung.

droit d'échange *(SchuldR)* Umtauschrecht; **–s économiques** Wirtschaftsrecht; **–s économiques et sociaux** *(VerfR)* Grundrechte wirtschaftlichen *od.* sozialen Inhalts.

droit écrit geschriebenes Recht, Gesetzesrecht; **– d'écriture** Kanzlei- *od.* Schreibgebühr; **– de l'édition** Verlagsrecht; **– d'éducation** Erziehungsrecht; **– d'égal accès** Recht des gleichen Zugangs; **– électoral** (1) (objektives) Wahlrecht, Wahlgesetzgebung, (2) Recht zu wählen, subjektives Wahlrecht; **– d'éligibilité** Wählbarkeit, passives Wahlrecht; **– d'émission des billets de banque** Notenausgaberecht; **– à l'emploi** Recht auf Arbeit, Anspruch auf Beschäftigung; **– d'encaissement** Inkasso- *od.* Einzugsgebühr; **– d'enquêter** Recht zur Vornahme von Ermittlungen.

droit d'enregistrement Eintragungs- *od.* Registergebühr; Einschreibegebühr; **– d'entrée** (1) Eintrittsrecht, (2) Eintrittsgeld, Aufnahmegebühr, (3) Einfuhrzoll; **– d'entrepôt** Lagergebühr, Lagergeld; **– de l'entreprise** (Betriebs-) Wirtschaftsrecht, Unternehmensrecht; **– d'escale non commerciale** Recht der Landung zu nichtgewerblichen Zwecken; **– de l'espace** Weltraumrecht; **– d'essai** Prüfbühr.

droit d'ester en justice *(PrzR)* Klagebefugnis; Recht, vor Gericht zu stehen; Prozeßfähigkeit; **– d'établissement** *(WirtR)* Niederlassungsrecht; **– étatique** innerstaatliches Recht, vom Staat gesetztes Recht; **– des étrangers** Ausländerrecht; **– d'être entendu (par un juge)** Anspruch auf rechtliches Gehör; **de – étroit** eng auszulegendes Recht, streng auszulegendes Recht; **– européen** Europarecht; **– éventuel** Anwartschaft; **– d'évocation** *(VwPR)* Evokationsrecht; **– d'examen** Prüfungsgebühr *f,* Prüfungsgeld *n*; **– d'exception** Ausnahmerecht; **– exclusif** ausschließliches Recht; **– exclusif de vente** Alleinvertriebsrecht; **– d'exclusivité** Ausschließlichkeitsrecht.

droit d'exercer une profession (1) *(ArbR)* Recht zur Berufsausübung, (2) *(WirtR)* Gewerbeberechtigung; **– d'expédition** Ausfertigungsgebühr; **– d'expertise** Sachverständigengebühr; **– d'exploitation** (1) *(GewR)* Betriebsrecht, (2) *(Bergbau)* Ausbeutungsrecht; **– d'exploitation forestière** Forstnutzungsrecht; **– d'expropriation** *(VwR)* Enteignungsbefugnis; **– d'expulsion** Ausweisungsrecht; **– d'extraction** *(Bergbau)* Abbaugerechtigkeit, Bergrecht; **– extrapatrimonial** Immaterialgüterrecht.

droit de factage *(Transport)* Zustellungsgebühr; **– de la faillite** (B, S) Konkursrecht; **– de la famille** Familienrecht; **– fédéral** Bundesrecht; **– des finances publiques** Haushaltsrecht; **– fiscal** Steuerrecht, Steuergesetzgebung; **– de la fonction publique** Beamtenrecht, Recht des öffentlichen Dienstes; **– fondamental** *(VerfR)* Grundrecht;

– **forestier** Forstrecht; – **forfaitaire** Pauschalgebühr; – **formateur** Gestaltungsrecht; – **en formation** Anwartschaft; – **de frappe** Prägerecht, Münzregal *n*; – **fraudé** hinterzogene Gebühr; – **futur** künftiges Recht.

droit de gage Pfandrecht; – – **du bailleur** *(ZR)* Vermieterpfandrecht, Pfand- und Zurückbehaltungsrecht des Bestandgebers (Aut), Retentionsrecht des Vermieters (S); – – **général** (du créancier) gesetzliches Pfandrecht (des Gläubigers am Gesamtvermögen seines Schuldners).

droit immobilier Grundpfandrecht; – **de fabrication** Produktionssteuer.

droit à garantie Gewährleistungsanspruch *m*; – **de garde** (1) Aufbewahrungs- *od.* Verwahrungsgebühr, (2) *(FamR)* Sorgerecht; – **de garde sur les enfants** Sorgerecht über die Kinder; – **des gens** Völkerrecht; – **de grâce** Gnadenrecht, Begnadigungsrecht; – **gradué** abgestufte Abgabe, Anteilsgebühr; – **à la gratuité du transport** Freifahrtberechtigung; – **de greffe** Gerichtskanzleigebühr; Schreibgebühr; – **de grève** Streikrecht; – **de la grève** rechtliche Regelung des Streiks; – **de la guerre** Kriegsrecht.

droit d'habitation Wohnrecht; – **héréditaire** *ou* **d'hérédité** Erbrecht (im subjektiven Sinne); –**s de l'homme** Menschenrechte; – **honorifique** Ehrenrecht; –**s hors du commerce** Rechte ohne Verkehrsfähigkeit; – **hypothécaire** hypothekarisch gesicherte Forderung.

droit d'immixtion Eingriffsrecht; – **immobilier** Grundstücks- *od.* Liegenschaftsrecht; – **d'immunité** Recht auf Immunität; – **impératif** zwingendes Recht; – **à l'importation** Einfuhrzoll; – **d'imposition** Besteuerungsrecht; – **imprescriptible** (1) unverjährbares Recht, (2) *(SachR)* unersitzbares Recht, (3) *fig* unveräußerliches Recht; – **inaliénable** *(ZR)* unveräußerliches Recht; – **inconditionnel** unbedingtes Recht; – **incorporel** Immaterialgüterrecht; – **à indemnisation** *ou* **à indemnité** Ersatz– *od.* Entschädigungsanspruch; – **individuel** Individualrechtsgut; – **industriel** Gewerberecht, Wirtschaftsrecht; – **d'initiative** (parlementaire) Initiativrecht, Recht zur Gesetzesinitiative; – **d'injonction** Anordnungsbefugnis (der Verwaltungsbehörde); – **inné** angeborenes *od.* angestammtes Recht.

droit d'inscription Einschreibe-, Eintragungs- *od.* Anmeldungsgebühr; Einschreibungsgebühr; – **d'inspection** Aufsichtsrecht, Kontrollbefugnis; – **à l'intégrité morale** Recht auf geistige Unversehrtheit, Recht auf Ehre u. Gewissensfreiheit; – **à l'intégrité de la personne physique** Recht auf Leben und körperliche Unversehrtheit.

droit(s) intellectuel(s) Immaterialgüterrechte; Recht am eingerichteten Gewerbebetrieb; Rechte der Urheber u. Erfinder an ihren Werken u. Erfindungen, Urheberrechte u. verwandte Schutzrechte, Recht am geistigen Eigentum; – **d'interdiction** Untersagungsbefugnis; – **intérieur de consommation** innerstaatliche Verbrauchsabgabe; – **intérimaire** Zwischenrecht; – **intermédiaire** Übergangs- *od.* Überleitungsrecht.

droit international conventionnel Völkervertragsrecht; – **coutumier** Völkergewohnheitsrecht; – – **écrit** gesetztes Völkerrecht; – – **privé** internationales Privatrecht; – – **public** Völkerrecht.

droit interne innerstaatliche Normen; – **d'interpellation** Interpellations- *od.* Anfragerecht; – **d'interroger** (1) Fragerecht, (2) *(VerfR)* Anfragerecht; – **d'intervention** Eingriffs- *od.* Interventionsrecht; – **d'invention** Erfinderrecht; – **d'investigation** Untersu-

chungsrecht, Durchsuchungs- *od.* Nachforschungsrecht.
droit de jouissance (1) *(SachR)* Nutzungsrecht, Grunddienstbarkeit, persönliche Dienstbarkeit, (2) *(GesR)* Genußrecht.
droit judiciaire (1) Gerichtsverfassungsrecht, (2) Zivilprozeßrecht; **– jurisprudentiel** Richterrecht.
droit de légation *(VR)* Gesandtschaftsrecht; **– de légiférer** *(VerfR)* Gesetzgebungszuständigkeit; **– de légitime défense** *(StR)* Notwehrrecht, Verteidigungsrecht (um einen gegenwärtigen rechtswidrigen Angriff abzuwenden); **– de licence** (1) *(PatR)* Lizenz *f,* (2) *(GewR)* Zulassungsgebühr für Getränkeschankanlagen; **– de licence d'exploitation** *(PatR)* Lizenzgebühr; **– de licenciement** Kündigungsrecht des Arbeitgebers, Entlassungsrecht; **– litigieux** *(PrzR)* streitiges *od.* streitbefangenes Recht; strittiger Anspruch; **– à livraison** Bezugsrecht; **– local** Lokal- *od.* Ortsrecht, örtliches Recht; **– de location de chasse** Jagdpachtrecht; **– de location de pêche** Fischereipachtrecht.
droit de magasinage Lagergebühr, Lagergeld; **– au maintien dans les lieux** *(MietR)* Anspruch auf Räumungsaufschub; **– de manutention** Behandlungsgebühr; **– du mariage** Eherecht.
droit maritime Seehandelsrecht; **– maritime international** Seevölkerrecht; **– matériel** materielles Recht; **– matrimonial** Eherecht; **– de la mer** Seerecht; **– minier** Bergrecht; **– des minorités** Minderheitenrecht; **– mobilier** dingliches Recht an einer beweglichen Sache, Mobiliargüterrecht; **– des modèles** Musterrecht.
droit moral immaterielles Recht; **– moral de l'auteur** *(UrhR)* Urheberpersönlichkeitsrecht, geistiges Urheberrecht (im Gegensatz zu den abtretbaren Urheberrechten); **– de mouillage** Recht zum Ankern; **– municipal** Gemeinderecht; **– musulman** islamisches Recht; **– de mutation** (1) *(WertpR)* Effektenumsatzsteuer, (2) *(SteuerR)* Grunderwerbsteuer, (3) Umschreibungsgebühr; **– de mutation par décès** Erbschaftsteuer.
droit national innerstaatliches Recht; **– de la nationalité** Staatsangehörigkeits- *od.* Staatsbürgerschaftsrecht; **– naturel** Naturrecht; **– de navigation** Schifffahrtsgebühr; **– de la navigation** Schiffahrtsrecht; **– de la navigation aérienne** Luftfahrtrecht, Luftverkehrsrecht; **– né du titre** durch Urkunde begründetes Recht; **– au nom** Namensrecht; **– de nomination** Ernennungsrecht; **– non écrit** ungeschriebenes Recht; **– non impératif** nachgiebiges *od.* dispositives Recht; **– non transférable** unübertragbares Recht; **– notarial** Notariatsrecht.
droit objectif objektives Recht, Rechtsordnung, Rechtsvorschriften *fpl;* **– des obligations** Recht der Schuldverhältnisse, Schuldrecht, Obligationenrecht; **– d'opposition** Einspruchsrecht; **– d'option** Option, Wahlrecht.
droit organique Grundrecht; **– originaire** ursprüngliches *od.* originäres Recht, Urrecht; **– d'origine professionnelle** Gesamtverbandsrecht, von den Berufsverbänden gesetztes Recht; **– ouvrier** Arbeiterrecht.
droit à paiement Zahlungsanspruch; **– de parole** Recht auf Teilnahme an der Diskussion; **– à part réservataire** *(ErbR)* Pflichtteilsanspruch; **– de participation** (1) Teilnahmerecht, Mitwirkungs- *od.* Mitspracherecht, (2) *(GesR)* Anteilsrecht, (3) Teilnahmegebühr.
droit de passage (1) *(voitures)* Fahrrecht, Durchfahrtsrecht, Fahrwegrecht, (2) *(piétons)* Wegerecht, Wegeberechtigung, (3) Überfahrtsrecht; **– – inoffensif** Recht der friedlichen Durchfahrt; **– – militaire** Durchzugsrecht.

droit patrimonial Vermögensrecht, in Geld bewertbares Recht, geldwertes Recht; **– de pavillon** Flaggenrecht; **– de péage** Autobahngebühr; **– de pêche** (1) Fischereirecht, (2) Fischereigerechtigkeit.

droit pénal Strafrecht; **– – économique** Wirtschaftsstrafrecht; **– – fiscal** Steuerstrafrecht; **– – général** allgemeiner Teil des Strafrechts; **– – militaire** Wehrstrafrecht; **– – spécial** besonderer Teil des Strafrechts.

droit pénitentiaire Strafvollzugsrecht; **– à une pension de retraite** Ruhegehaltsanspruch, Pensionsanspruch od. -berechtigung; **– de perquisition** (StR) (Haus-)Durchsuchungsrecht; **–s de la personnalité** Persönlichkeitsrechte; **– personnel** (1) *(subjectif = droit de créance)* Anspruch, Forderungsrecht, (2) *(objectif)* Schuldrecht; **– de pétition** *(VerfR)* Petitionsrecht; **– des peuples à disposer d'eux-mêmes** *(VR)* Selbstbestimmungsrecht der Völker; **– de pilotage** Lotsengeld; **– de place** (Markt-)Standgeld; **– de plaidoirie** Gebühr des Verteidigers, Verhandlungsgebühr; **– de plainte** (S) Klagerecht, Beschwerderecht; **– du plus fort** Faustrecht; **– de police** Polizeigewalt; **– de port** Hafenabgabe od. -gebühr; **– de port d'arme(s)** Berechtigung zum Waffentragen; **– positif** positives od. gesetztes Recht; **– potestatif** Gestaltungsrecht; **– de poursuite** (1) *(EUR)* Folgerecht (der Polizei), (2) *(SeeHR)* Recht der Nacheile; **– au préavis** Anspruch auf Kündigungsfrist; **– précaire** *(SchuldR)* Anwartschaft.

droit de préemption Vorkaufsrecht; **– de préférence** *(ZwangsVR)* Recht auf vorzugsweise Befriedigung, Vorrangs- od. Vorzugsrecht, Befriedigungsvorrecht; **– préférentiel** Vorzugszollsatz; **– de prendre la parole** Recht, das Wort zu ergreifen; **– de préséance** Vortrittsrecht; **– de présentation** Vorschlagsrecht; **– aux prestations** *(VersR)* Leistungsanspruch, Bezugsberechtigung; **– prétorien** *(PrzR)* Richterrecht; **– de prévention de la guerre** Kriegsverhütungsrecht; **– de primogéniture** *(hist.)* Erstgeburtsrecht; **– de priorité** (1) Prioritätsrecht, Vorrecht, (2) *(StVR)* Vorfahrtsrecht, Vorfahrt; **– des prises** *(SeekriegsR)* Prisenrecht; **– privatif** ausschließliches Recht.

droit privé Privatrecht; **– de privilège** *(ZwangsVR)* Vorzugsrecht, Vorrecht; **– de privilège spécial** *(KonkursR)* Absonderungsanspruch; **– procédural** Verfahrens- od. Prozeßrecht; **– de procédure** Verfahrensgebühr, Prozeßgebühr; **– processuel** allg. Grundsätze des Prozeßrechts; **– professionnel** berufsständisches Recht.

droit de propriété Eigentumsrecht; **– de propriété industrielle** Recht des gewerblichen Eigentums; **– de prospection** Schürfrecht; **– protecteur** Schutzzoll.

droit public öffentliches Recht, Staatsrecht; **de – public** öffentlich-rechtlich; **– de puisage** Recht der Wasserentnahme; **– de purge** *(SachR)* Hypothekenbereinigungsrecht; **– de questionner** Fragerecht.

droit de rachat (1) Wiederkaufs- od. Rückkaufsrecht, (2) Ablösungsanspruch; **– de recherche** Suchgebühr, Nachforschungsgebühr; **– de recommandation** Einschreibgebühr; **– de recours** (1) Rückgriffsanspruch od. -recht, Regreß *m*, Regreßanspruch, (2) Klagebefugnis; **– de récusation** *(PrzR)* Berechtigung (einen Richter) wegen Befangenheit abzulehnen.

droit(s) réel(s) (1) Sachenrecht (als Oberbegriff), (2) dingliches Recht; **– réel accessoire** akzessorisches dingliches Recht (zur Sicherung einer Forderung); **– réel immobilier** Immobiliarsachenrecht; **– réel de jouissance** dingliches

Nutzungsrecht; – **réel mobilier** Mobiliarsachenrecht, Fahrnisrecht; – **de réformation** Abänderungsbefugnis; – **régalien** *(hist.)* Regalien, königliche Hoheitsrechte; – **de regard** Recht auf Einsichtnahme, Anspruch auf Akteneinsicht; – **relatif** relatives Recht; – **au remboursement** Erstattungsanspruch, Rückzahlungsrecht; – **de remboursement** Nachnahmegebühr; – **de réméré** Wiederkaufs– od. Rückkaufsrecht; – **de remise à domicile** Zustellgebühr; – **de remontrance** Einspruchsrecht; – **de renonciation** Ausschlagungsbefugnis; – **à une rente** Rentenanspruch.

droit à réparation Entschädigungs- od. Ersatzanspruch; – **de repentir** (1) *(ZR, HR)* Rücktrittsrecht, (2) *(UrhR)* Rückrufsrecht; ; – **de réplique** Recht der Gegenäußerung, Erwiderungsrecht; – **de réponse** (1) Berichtigungsrecht, (2) *(PresseR)* Anspruch auf Gegendarstellung; – **de représentation** (1) *(ZR)* Vertretungsbefugnis *f*, (2) *(ZPR)* Verhandlungsgebühr *f*, (3) *(UrhR)* Verbreitungsrecht (eines Werks); – **de reprise** (1) Kündigungsrecht (wegen Eigenbedarfs), (2) Abstandsgeld; – **de reproduction** (1) *(UrhR: i.w.S.)* Verwertungsrecht, (2) *(UrhR: i.e.S.)* Vervielfältigungsrecht; – **de réquisition** (1) *(VwR)* Arbeitssicherstellung, Verpflichtung zu lebens- und verteidigungswichtigen Arbeitsleistungen, (2) *(VwR)* Befugnis zur Anordnung einer Beschlagnahme; –**s réservataires** *(ErbR)* Pflichtteilsanspruch; – **de résiliation** Rücktrittsrecht, Kündigungsrecht; – **de résolution** Aufhebungsrecht; – **au respect du nom** *(UrhR)* Recht auf Anerkennung der Urheberschaft und auf Urheberbezeichnung *od.* -benennung; – **au respect de l'œuvre** *(UrhR)* Recht auf Schutz des Werks.

droit de la responsabilité (civile) Haftungsrecht; Haftpflichtrecht; – **à restitution** Rückerstattungsanspruch; – **de rétention** Zurückbehaltungsrecht; –**s de rétorsion** Vergeltungszoll; – **de retour** *(ZR)* Rückforderungsrecht, Recht des Schenkers auf Rückforderung des Geschenkes bei Vorversterben des Beschenkten; – **de retrait** (1) *(Sache)* Wegnahmerecht, (2) *(Vertrag)* Rücktrittsrecht, (3) *(ArbR)* Recht auf Arbeitsverweigerung (bei drohender Gefahr für Gesundheit u. Leben), (4) *(UrhR)* Rückrufsrecht; ; – **à la retraite** Anspruch auf Altersversorgung; Ruhegehaltsanspruch, Pensionsberechtigung; – **de réunion** Versammlungsrecht; – **revendiqué** Patentanspruch; – **réversible** Anspruch, der auf einen Dritten übergehen kann; – **de révocation** Widerrufsrecht, Abberufungsrecht; – **de riveraineté** Anliegerrecht, Uferrecht; – **romain** römisches Recht; – **rural** Landwirtschaftsrecht.

droit de saisie du gage Pfändungspfandrecht; – **de sauvetage** *(SeeHR)* Bergelohn *od.* -geld; – **de sceau** Abgabe aus Anlaß des Erwerbes der Staatsangehörigkeit *od.* anderer bestimmter Rechte; – **de scolarité** Schulgeld, Studiengebühr, Unterrichtsgeld.

droit de la sécurité sociale Sozialversicherungsrecht; – **de signer** Zeichnungsbefugnis; –**s simples** Einkommensteuer vor Steuerabzug; – **social** Sozialrecht; **de – social** sozialrechtlich.

droit des sociétés Gesellschaftsrecht; – **à la solde** *(MilR)* Anspruch auf Besoldung; – **de sortie** (1) Ausfuhrzoll, (2) Austrittsrecht, (3) *(VerfR)* Ausreisefreiheit; – **de souscription** *(GesR: Aktien)* Bezugsrecht, Zeichnungsrecht; – **souverain** uneingeschränktes Recht; – **de souveraineté** Hoheitsrecht, Souveränität.

droit spécifique spezifische Zölle *mpl*; Länge-, Gewichts-, Maß-, Stückzahlzollsatz; – **de station-**

nement (1) *(StVR)* Recht zu parken, (2) Parkgebühr, Wagenstandgeld; **– strict** zwingendes Recht; **– subjectif** subjektives Recht; **– subsidiaire** (1) subsidiäres Recht, (2) (en S:) Ersatzanspruch; **– successif immobilier** Immobilien als Nachlaßgegenstände; **– successif mobilier** Mobilien als Nachlaßgegenstände; **–s successifs** *(ErbR)* (veräußerlicher) Erbteil.

droit de(s) succession(s) (1) Erbrecht, (2) Erbschaftsteuer; **– successif** Anspruch des Erben im Erbfall; **– successoral** Erbrecht; **– de suffrage** Stimmrecht, aktives Wahlrecht; **– de suite** *(SachR, UrhR)* Folgerecht; Recht, die Sache (an der ein Recht des Betroffenen besteht) von jedem Dritten herauszuverlangen; **– de superficie** *(SachR)* Erwerb kraft Zuwachsrechts (bei Errichtung von Gebäuden durch einen Nichteigentümer); **– supplétif** ergänzendes *od.* subsidiäres Recht; **– de surveillance** Aufsichtsrecht, Überwachungsbefugnis; **– de survol** Überflugsrecht; **– syndical** (1) *(i.w.S.)* Berufsverbandsrecht, (2) *(i.e.S.)* Koalitionsrecht, Gewerkschaftsrecht.

droit de tester *(ErbR: droit de disposer de ses biens par testament)* Testierfreiheit; **– de timbre** Stempelgebühr, Stempelsteuer; **– de tirage au sort** Auslosungsrecht; **–s de tirage spéciaux (= DTS)** Sonderziehungsrechte (= SZR); **– de traduction** Übersetzungsbefugnis *od.* -recht; **– de transaction** *(ZR)* Recht, einen gegenwärtigen *od.* bevorstehenden Streit durch Vergleich zu beenden *od.* zu vermeiden; **– de transbordement** Umladegebühr; **– de transit** Durchgangszoll, Transitzoll.

droit transitoire Übergangs- *od.* Überleitungsrecht; **– du transport aérien** Lufttransportrecht; **– au transport gratuit** Freifahrtberechtigung; **– de transport territorial** Landbeförderungsgebühr; **– des transports** Personen- u. Gütertransportrecht; **– au travail** Recht auf Arbeit.

droit du travail Arbeitsrecht; **– – collectif** kollektives Arbeitsrecht; **– – individuel** Individualarbeitsrecht, Arbeitsvertragsrecht.

droit uniforme einheitliches Recht; **–s universitaires** Studiengebühren, Kolleggeld; **– d'usage** Nutzungsrecht, Gebrauchs- *od.* Benutzungsrecht; **– d'usufruit** Nießbrauch; **– d'utilisation** Benutzungs- *od.* Nutzungsrecht.

droit de veto Vetorecht; **– viager** lebenslänglicher Anspruch; **– en vigueur** geltendes Recht; **– de visite** (1) *(FamR)* Besuchsrecht, (2) *(StR)* Durchsuchungs- *od.* Untersuchungsrecht; **–s voisins** verwandte Schutzrechte.

droit de vote Wahlrecht, Stimmberechtigung, Stimmrecht; **– – plural** Mehrstimmrecht; **– – préférentiel** Vorzugsstimmrecht.

droit de vue (1) *(SachR)* Fenstergerechtigkeit, (2) *(Akten)* Einsichtsrecht.

droite *f (Pol)* konservative Parteien; Rechte *f*; **être à –** Anhänger einer konservativen Partei sein; am Hergebrachten festhalten.

droitement *adv* ehrlich, direkt, gerecht.

droiture *f* Ehrlichkeit, Geradheit, Wahrhaftigkeit.

dû, due *adj* geschuldet, schuldig; **(acte) en bonne et due forme** in der rechtlich vorgeschriebenen Form; vorschriftsmäßig; **en port –** unfrankiert, unfrei; **en – temps** fristgerecht; **somme due** geschuldeter Betrag.

dû *m* Schuld *f*, geschuldeter Betrag *m*, Forderung, Ausstand *m*; **payer son –** seine Schulden begleichen; **réclamer son –** fordern, was einem zusteht.

dualité de législation Dualismus der Gesetzgebung.

dubitatif *adj* zweifelhaft, Zweifel ausdrückend; ungewiß; unschlüssig.

duc *m*: **grand –** Großherzog.

ducroire *m (HR)* Delkredere *n*, Haftung für den Verlust von Kundenforderungen; **se porter –** das Delkredere übernehmen.

duel *m* Duell *n*, Zweikampf *m*.

dûment *adv* ordnungsgemäß, wie vorgeschrieben, nach (der) Vorschrift, gesetzgemäß; **fait – constaté** unzweideutiger Sachverhalt, bestätigte Tatsache; **– appelé** *(PrzR)* in aller Form geladen; **– autorisé** ordnungsgemäß bevollmächtigt; **– signifié** ordnungsgemäß zugestellt;

dumping *m* Dumping *n*, Preisunterschreitung (auf Auslandsmärkten); **faire du –** zu drastisch herabgesetzten Preisen verkaufen; **– de prix** Preisdumping.

duopole *m (Vwirt)* Duopol, Konkurrenz von nur zwei Marktteilnehmern.

duper betrügen, prellen, überlisten.

duplex *m (BauR)* Maisonnette *f*, zweistöckige Wohnung in einem (Hoch-)Haus.

duplicata *m* Zweitausfertigung *f*, Duplikat *n*, Abschrift *f*, Zweitschrift; **– de la lettre de voiture** Frachtbriefdoppel *od.* -duplikat *n*.

duplique *f (PrzR: réponse à une réplique)* Duplik *f*, Entgegnung des Beklagten auf die Replik des Gegners.

durabilité *f (Gebrauchsgüter)* Benutzungs- *od.* Gebrauchsdauer.

durée *f* Dauer *f*, Fortdauer; Zeit *f*, Laufzeit; **de – limitée** befristet; **contrat à – déterminée** befristeter Vertrag; **chômage de longue – Langzeit-** *od.* Dauerarbeitslosigkeit; **contrat à – indéterminée** Dauerschuldverhältnis, unbefristeter Vertrag; **de courte –** von kurzer Dauer; **emprunt à – prorogeable** Anleihe *f* mit verlängerbarer Laufzeit; **essai de –** Lebensdauerprüfung; **expiration de la –** Zeitablauf *m*; **prolongation de –** Verlängerung; **réduction de la – de travail** Arbeitszeitverkürzung.

durée d'adhésion Dauer der Mitgliedschaft; **– d'affiliation** *(SozVers)* Dauer der Mitgliedschaft; **– d'assurance** Versicherungszeit *od.* -dauer; **– de circulation** *(WertpR)* Laufzeit; **– du congé** Urlaubsdauer; **– du contrat , – contractuelle** Vertragsdauer; **– du crédit** Laufzeit des Kredits; **– du délai-congé** *(ArbR)* Kündigungsfrist; **– d'emploi** Beschäftigungsdauer *od.* -zeitraum; **– des études** Studiendauer; **– d'exécution** *(DV)* Durchlaufzeit; **– de fonctionnement** (technische) Lebensdauer; **– des fonctions** Amtsdauer, Amtszeit; **– du mandat électif** Wahlperiode; **– de la peine** *(StR)* Strafmaß, Strafbemessung; **– de protection** Schutzdauer; **– des services** Dienstzeit; **– du service militaire** Wehrdienstzeit; **– du travail** (wöchentliche) Arbeitszeit; **– des travaux** Dauer der Bauarbeiten; **– de validité** Gültigkeits- *od.* Geltungsdauer; **– de vie d'un produit** Produktlebensdauer; **– de vie probable** Lebenserwartung.

durer (fort-)dauern; sich hinziehen.

dureté *f a. fig* Härte *f*, Strenge *f*; **clause de –** Härteklausel *f*; **– exceptionnelle résultant de l'application stricte du droit** außergewöhnliche aus der strikten Rechtsanwendung resultierende Härte.

dyarchie *f (VerfR)* zweiorganige Exekutive (bestehend in Frankreich aus Präsident und Premierminister).

dynamique *f* **de groupe** Gruppendynamik.

dynastie *f* Dynastie *f*, Herrschergeschlecht *n*, Fürstenhaus *n*.

dysfonctionnement *m* **des institutions** gestörtes Zusammenspiel der Verfassungsorgane.

E

eaux *fpl* Gewässer *n*; **cours d'–** Wasserstraßen *fpl*; **épuration des –** Wasseraufbereitung; **gestion des –** Wasserhaushalt *m*; Wasserwirtschaft *f*; Wasserversorgung *f*; **– archipélagiques** *(VR)* Inselstaatengewässer *n*; **– adjacentes aux côtes, – côtières** Küstengewässer *n*; **– courantes** *(= rivières, fleuves)* Fließgewässer *n*, Wasserläufe *mpl*; **– d'écoulement** Gerinne *n*; **– et forêts** *(VwR: Service)* frz. staatliche Forst- und Wasserverwaltung; **– intérieures** Binnengewässer; **– industrielles** *(UmweltR)* Industrieabwasser *n*, Schmutzwasser *n* aus Gewerbe; **– d'infiltration** Sickerwasser *n*; **– libres** *(VR: haute mer)* Hohe See *f*; **– limitrophes** Grenzgewässer; **– maritimes** Flutgebiet *n*; **– navigables** schiffbare Gewässer; **– minérale** Mineralwasser; **– pluviales** Regenwasser *n*; **– potable** Trinkwasser *n*; **– privées** Gewässer in privater Hand; **– publiques** Gewässer im öffentlichen Eigentum; **– de source** *(= eaux vives)* Quellwasser *n*; **– souterraines** unterirdische Gewässer *n*, Grundwasser *n*; **– stagnantes** *(= lacs, étangs)* stehende Gewässer; **– territoriales** *(VR)* Territorial- *od.* Küstengewässer *n*; Hoheitsgewässer *n*; **– usées** Abwasser *n*, Schmutzwasser *n*.

ébauche *f* Entwurf *m*, Skizze *f*, Anlage *f*; (schwacher) Versuch *m*.

ébaucher *v.tr.* andeuten, **s'–** sich abzeichnen, sich abzuzeichnen beginnen.

éblouir *v.tr. (StVR)* blenden.

éboueur *m* Müllwerker *m*, Straßenfeger.

éboulement *m* Einsturz *m*; Trümmerstätte *f*.

éboulis *m* Schutt *m*, Geröll *n*.

ébranlement *m* a. *fig.* Erschütterung *f*, Zerrüttung.

ébriété *f*: **conduite en état d' –** Trunkenheit *f* am Steuer.

ébruiter *v.tr.* (Geheimnis) ausplaudern, (Gerücht) unter die Leute bringen.

écart *m* Abweichung *f*, Abstand *m*; Fehlbetrag *m*; **– des changes** Währungsspanne *f*; **– en hausse** Kursabweichung nach oben; **– d'inflation** Inflationsabstand *m*; **– entre les prix** Preisunterschied *m*, Preisgefälle *n*; **– toléré** zulässige Abweichung; Toleranzbereich *m*.

écarter *v.tr.* (1) *(argument, idée)* verwerfen, ausschließen, (2) *(problème)* ausklammern, außer Betracht lassen, (3) *(danger)* abwenden, (4) *(adversaire)* ausschalten, kaltstellen; **– une requête** einen Antrag ablehnen *od.* abschlägig bescheiden.

ecclésiastique *adj* geistlich, kirchlich; *m* Geistliche(r) *m*.

échafaud *m* Schafott *n*, Guillotine *f*; Todesstrafe *f*.

échange *m* (1) *(SchuldR)* Tausch(vertrag) *m*; Tauschgeschäft *n*; (2) Austausch *m*, Umtausch; Wechsel *m*; **en – de** als Gegenleistung; **libre –** *(AußH)* Freihandel *m*; **offre publique d' –** *(= OPE – BörR: échange de titres)* öffentliches Übernahmeangebot *n* (verbunden mit einem Aktienumtausch); **valeur d' –** Tauschwert *m*; **– d'actions** Aktienumtausch; **– cambiste** *(BankR)* Währungshandel *m*; **– de données** Datenaustausch *m*; **– financier** *(BankR)* Swapgeschäft *n*, Devisenaustauschgeschäft; **– d'informations** gegenseitige Unterrichtung; **– des instruments de ratification** *(VR)* Austausch der Ratifikationsurkunden; **– de lettres** Schriftwechsel, Briefwechsel *m*; **– monétaire** Notenumtausch; **– en nature** Naturaltausch; **– de notes (diplomatiques)** Notenwechsel *od.* -austausch; **– des prisonniers** Gefangenenaustausch; **– avec soulte** Tausch mit Ausgleichsbetrag; **– standard** Austausch *m* von Werkteilen; **– de territoire, – territorial** Gebietstausch; **– de vues** Meinungsaustausch.

échanges commerciaux (Außen-)- Handelsbeziehungen; **libération des –** Liberalisierung des Warenverkehrs.

échanges culturels Kulturbeziehungen; **– économiques** Wirtschaftsaustausch *od.* -verkehr *m*; **– d'expériences** Erfahrungsaustausch; **– extérieurs** Außenhandel *m*; **– d'idées** Gedankenaustausch; **– intracommunautaires** *(EuR)* innergemeinschaftlicher Handel.

échangeable *adj* austauschbar, auswechselbar; **article non- –** vom Austausch ausgeschlossene Ware.

échanger (1) ein Tauschgeschäft vornehmen, (2) aus- *od.* umtauschen, (3) (Devisen: s'-) gehandelt werden; **cette marchandise ne sera ni reprise ni échangée** (Ware) Umtausch ausgeschlossen.

échangeur *m* *(StVR: autoroute)* Anschlußstelle *f*.

échangiste *m* *(SchuldR: copermutant, coéchangiste)* Partei (eines Tauschgeschäfts).

échantillon *m* (1) *(HR)* Warenprobe *f*, Prüfstück *n*, Muster *n*, (2) *(Statistik)* Stichprobe *f*; **foire d' –s** Mustermesse *f*; **vente sur –** Kauf nach Muster; **– commercial** Handelsmuster; **– factice** Blindpakkung, Attrappe *f*; **– gratuit** Gratisprobe, Ansichtsmuster; **– de marchandises** Warenmuster *od.* -probe; Testgruppe *f*; **– prélevé au hasard** Stichprobe; **– de référence** Vergleichsmuster; **– représentatif** repräsentative Stichprobe *od.* Auswahl *f*; **– sans valeur commerciale** Muster ohne Handelswert.

échantillonnage *m* (1) Mustersammlung *f*, Kollektion; Zusammenstellung von Mustermodellen, (2) Stichprobenverfahren *n*.

échantillonner *v.tr.* bemustern, mit Warenmustern versehen.

échéance *f* (1) *(SchuldR: arrivée du terme)* Fälligkeit *f*, Fälligkeitstag *m* einer Verbindlichkeit, Fristablauf *m*, Leistungszeit *f*, (2) *(SchuldR: date d'expiration d'un droit)* Verfall *m*, Verfallzeit *f*, Verfalltag *m*; **à brève –** in kürzester Frist, kurzfristig, demnächst; **à l' –** bei Fälligkeit, nach Fristablauf; bei Verfall; **arriver à –** (1) *(créance)* fällig werden, (2) *(délai)* ablaufen, enden; **avis d' –** Zahlungsaufforderung *f*; **date d' –** Fälligkeitstermin *m*, Fälligkeitstag *m*, Verfalltag; **délai d' –** Fälligkeitstermin; **jour d' –** Fälligkeitstag, Zahltag, Verfalltag; **à longue –** langfristig gesehen; **prorogation d' –** Fristverlängerung *f*, Zahlungsaufschub *m*; **terme d' –** Zahlungstermin *m*, Zahltag; **venir à –** fällig werden, ablaufen, enden.

échéance du contrat Vertragsablauf *m*, Vertragsende *n*; **– d'un crédit** Laufzeit *f* eines Kredits; **– du délai** Fristablauf *m*; **– de fin de mois** *(BörR)* Ultimogeschäft *n*; **– de remboursement** Rückzahlungstermin; **– du terme** Fälligkeit, Ablauf der Frist; **– trimestrielle** vierteljährliche Fälligkeit, Quartalstermin; **– à vue** Fälligkeit bei Sicht.

échéancier *m* Terminkalender *m*; Fälligkeitsverzeichnis *n*.

échéant *adj* fällig; **le cas –** gegebenenfalls; im Falle, daß; eventuell.

échec *m* Mißerfolg *m*, Schlappe *f*, Niederlage *f*; **entreprise vouée à l' –** aussichtsloses Unternehmen; **– à la brevetabilité** patenthindernd.

échelle *f* Leiter *f*, Stufenleiter, Rangordnung *f*; Skala *f*, Skalenteilung *f*; Maßstab *m*; **– de cotation** Bewertungsschlüssel *m*; **– hiérarchique** *(BeamR)* Rangordnung *f* *od.* -folge, Hierarchie *f*; **– mobile** gleitende Skala, Indexierung; **– mobile des salaires** gleitende Lohnskala; **à l' – nationale** auf nationaler Ebene, landesweit.

échelle des peines Abstufung *f* der Strafen, Strafrahmen *m*; **– des prix** Preisgefüge *n*; **– des salaires** Lohn- *od.* Gehaltsskala; **– sociale** Sozialstruktur; **– des valeurs** Wert(e)skala *f.*

échelon *m* (1) Stufe *f*, Gruppe *f*, (2) *(BeamR, MilR)* Dienstgrad, Rangstufe; **abaissement d' –**, **rétrogradation d' –** Zurückstufung *f*; **– administratif** Verwaltungsebene; **– d'ancienneté** Dienstaltersstufe; **– catégoriel** Besoldungsgruppe; **– hiérarchique** Dienstgrad *m*, Gehaltsstufe; **à l' – ministériel** auf Ministerebene; **– de poids** Gewichtsstufe; **– de salaire** Lohnstufe, Lohngruppe; **– de solde** Besoldungsgruppe *od.* -stufe.

échelonné *adj*: **paiement –** Ratenzahlung; **prix –** gestaffelter Preis.

échelonnement *m* Abstufung *f*, Verteilung, Staffelung *f*; **– des paiements** (1) *(BankR)* Aufstellung eines Zeitplans (für die Rückzahlung der Schulden), Moratorium *n*, Zahlungsaufschub, (2) Ratenzahlung; **– des prix** Preisstaffelung.

échevin *m* (1) *(PrzR: assesseur non professionnel d'un tribunal)* frz. ehrenamtlicher Richter, Laienrichter *m* (der frz. Arbeits-, Handels- und Sozialgerichte erster Instanz), Gerichtsbeisitzer, (2) *(B: magistrat adjoint au bourgmestre)* Beigeordneter des Bürgermeisters.

échevinage *m* (1) *(StPR: système du jury de jugement)* Beteiligung ehernamtlicher Richter als beisitzende Richter im Strafverfahren, (2) *(PrzR)* System der Besetzung der frz. Handels- *od.* Arbeitsgerichte mit ehrenamtlichen Richtern.

échoir *v.intr.* (1) *(arriver à échéance)* fällig werden, fällig (sein), (2) verfallen, (dem Staat) anheimfallen.

échouage *m* *(SeeHR)* Strandung *f* ohne Schiffsschaden.

échouement (avec bris) *(SeeHR)* Strandung mit Schaden am Schiffskörper; **– volontaire** vorsätzlich herbeigeführte Strandung.

échouer (1) stranden, (2) *fig* scheitern; **faire – un projet** ein Vorhaben vereiteln; **les négociations ont échouées** die Verhandlungen verliefen ergebnislos.

échu *adj* fällig; abgelaufen, verfallen; **délai –** abgelaufene Frist; **intérêts –s** fällige Zinsen.

éclairage *m* *(StVR)* Beleuchtung *f*; Beleuchtungseinrichtung.

éclaicir *v.tr.* erläutern, verdeutlichen.

éclaircissement *m* Erläuterungen, Aufklärung, Erklärung, Aufschluß (über etwas).

écocide *m* Umweltvernichtung *od.* -zerstörung.

écolage *m* (S) Schulgeld *n.*

école *f* (1)*(établissement d'enseignement)* Schule *f*, (Lehr-)Anstalt *f*, (2) *(doctrine juridique)* Rechtslehre *f*, Lehrmeinung *f*, Richtung *f*; **les grandes –s** frz. Eliteschulen (für Führungskräfte in Politik, Wirtschaft u. Verwaltung); **– de commerce** Handelshochschule; **– élémentaire** frz. Grundschule (für Kinder von 6 bis 11 Jahren); **– d'enseignement général** allgemeinbildende Schule; **– d'enseignement secondaire** weiterführende Schule der Sekundarstufe; **– laïque** frz. konfessionslose staatliche Schule; **– libre** Privatschule; **– maternelle** frz. Ganztagsvorschule (für Kinder von 2 bis 5 Jahren); **– de métiers** Gewerbeschule; **– nationale d'administration** (= ENA) frz. Hochschule für Beamte des höheren Dienstes (Präfekten, Diplomaten usw.); **– nationale de la magistrature** (= E.N.M.) frz. Hochschule für das Richteramt; **–s normales supérieures** (= E.N.S.) Hochschulen für angehende Gymnasiallehrer und Universitätsprofessoren; **– polytechnique** (= L'X) frz. Ingenieurhochschule; **– primaire** Grundschule; **– privée** Privatschule; **– professionnelle** Berufsschule; **– publique** öffentliche Schule; **– supérieure de commerce** (=ESC) Wirtschaftshochschule.

écologie *f* Ökologie *f*, Umweltwissenschaft *f*, ökologische Forschung *f*.

écologique *adj*: **bilan –** ökologische Bilanzierung *f*; **équilibre –** ökologisches Gleichgewicht; **niche –** ökologische Nische, Biotop *n*; **science –** Ökologie, Umweltwissenschaft.

écologiste *m* (1) Ökologe *m*; Umweltschützer, (2) *(Pol: surtout pl.)* die Grünen.

économat *m* (1) *(VwR: in Schulen und Krankenhäusern)* Verwaltung, (2) Verkaufsstelle *f* (für Betriebsangehörige).

économe *m* Verwaltungsdirektor *m*.

économe *adj* sparsam, wirtschaftlich.

économétrie *f* *(Vwirt)* Ökonometrie *f*.

économicité *f* Rationalisierung *f*, Streben *n* nach Leistungssteigerung.

économie *f* (1) *(Vwirt: système ou régime économique, science)* Wirtschaft *f*, Wirtschaftssystem *n*; Wirtschaftswissenschaft *f*, (2) *(gestion évitant la dépense inutile)* Sparsamkeit *f*, Einsparung *f*; Wirtschaftlichkeit *f*, Effizienz *f*, (3) *(sommes d'argent économisée, souvent au pl.)* Ersparnisse *fpl*, Spargroschen *m*, Spargurhaben *n*, Bankeinlage *f*, (4) *(organisation et structure, par expl. d'un traité)* Sinn und Zweck (eines Vertrages), (Vertrags-)Aufbau *m*; **faire des –s**, **réaliser des –s** Einsparungen erzielen; **relance de l' –** Konjunkturankurbelung; **société d'– mixte (= SEM)** *(WirtR)* gemischtwirtschaftliches Unternehmen.

économie agricole Landwirtschaft; **– agro-alimentaire** Agrar- und Ernährungswirtschaft *f*; **– appliquée** empirische Wirtschaftsforschung *f*; **– des besoins** bedürfnisorientierte Wirtschaftsordnung; **– budgétaire** Haushaltswirtschaft; **– capitaliste** (kapitalistische) Marktwirtschaft; **– classique** klassische Schule der Nationalökonomie; **– collectiviste** kollektive Wirtschaft; **– concertée-contractuelle** konzertierte Aktion; **– déréglée** Mißwirtschaft.

économie dirigée Dirigismus *m*, staatlich gelenkte Wirtschaft; **– domaniale fermée** geschlossene Hauswirtschaft; **– dualiste** wirtschaftlicher Dualismus; **– extérieure** Außenwirtschaft; **– féodale** Feudalismus; **– financière** Finanzwirtschaft; **– forestière** Forstwirtschaft; **– générale** Volkswirtschaftslehre *f*; Volkswirtschaft; **– globale** weltweite Verflechtung der Wirtschaft, Globalisierung *f*; **– de guerre** Rüstungswirtschaft; **– industrielle** Wirtschaftssystem der Industrieländer; **– interne** Binnenwirtschaft; **– libérale** liberale Marktwirtschaft; **– de libre concurrence** Wettbewerbswirtschaft, freie Verkehrswirtschaft; **– de libre entreprise** auf der Unternehmensfreiheit beruhende Wirtschaft.

économie de marché Marktwirtschaft, Verkehrswirtschaft; **– mixte** Marktwirtschaft mit staatswirtschaftlicher Komponente; **– mondiale** Weltwirtschaft; **– monétaire** Geldwirtschaft; **– nationale** Volkswirtschaft, Nationalökonomie *f*; **– naturelle autarcique** Selbstversorgungswirtschaft; **– néo-classique** Neoliberalismus *m*; **– ouverte** offener Markt; **– parallèle** Schattenwirtschaft; **– planifiée** Planwirtschaft, zentralgelenkte Wirtschaft.

économie politique Volkswirtschaftslehre, Nationalökonomie; **– privée** Privatwirtschaft; **– publique** Staatswirtschaft; **– de profit** gewinnorientierte Privatwirtschaft; **– pure** Volkswirtschaftstheorie; **– socialiste** sozialistische Planwirtschaft; **– souterraine** Schattenwirtschaft; **– de subsistance** geschlossene Hauswirtschaft; **– de transition** Übergangswirtschaft; **– de troc** auf dem geldlosen Leistungs- und Güteraustausch beruhende Wirtschaft, Tauschwirtschaft.

économique *m* Wirtschaft(sbereich);

économiquement faible — écriture

adj (1) wirtschaftlich, Wirtschafts-, (2) billig, preiswert; kostengünstig; **accord –** Wirtschaftsabkommen *n*; **activité –** Wirtschaftstätigkeit; **agent –** Wirtschaftssubjekt *n*; Wirtschaftseinheit *f*; **agrégats –s** (wirtschaftliche) Gesamtgrößen *fpl*, Globalgrößen; **bien –** Wirtschaftsgut *n*, Ware *f*; **branche –** Wirtschaftszweig *m*, Branche *f*; **circuit –** Wirtschaftskreislauf *m*; **croissance –** Wirtschaftswachstum; **droit –** Wirtschaftsrecht *n*; **espionnage –** Wirtschaftsspionage; **politique –** Wirtschaftspolitik *f*; **régime** *ou* **système –** Wirtschaftsordnung, Wirtschaftsverfassung.

économiquement faible *(SozR)* Bedürftige(r), Sozialhilfeempfänger; Sozialfall *m*; **– irréparable** *(Kfz)* Totalschaden *m*.

économiser *v.tr.d.* sparen, einsparen, haushalten.

économiste *m* (1) Volkswirt *m*, (2) Wirtschaftswissenschaftler *m*, Wirtschaftsexperte *m*.

écot *m* Zeche *f* (jedes einzelnen); **payer son –** seinen Anteil an der Zeche zahlen.

écoulement *m* (1) *(délai)* Ablauf *m*, (2) *(marchandises)* Absatz *m*, Vertrieb *m*, Umsatz *m*; **difficultés d' –** Absatzschwierigkeiten; **perspectives d'–** Absatzmöglichkeiten *fpl*; **– du délai** Fristablauf; **– du trafic** Verkehrsfluß *m*.

écouler (Waren) absetzen; **s' –** (Frist) ablaufen, verstreichen.

écourter *v.tr.d.* kürzen, (Text) verstümmeln.

écoute *f* (1) *(StR: téléphone)* Lauschangriff, Abhören (eines Gesprächs); (2) *(radio)* Empfang *m*; **– téléphonique** Telefonabhöranlage *f*.

écran *m* (Bild-)Schirm *m* Monitor *m*; Schutzvorrichtung; **petit –** *(umg)* Fernseher *m*; **société –** Scheingesellschaft *f*.

écraser (1) *(StVR)* jmdn. überfahren, (2) besiegen, niederschlagen, niederwerfen; **s' –** *(Flugzeug)* abstürzen; **prix –é** Schleuderpreis *m*; **– les prix** die Preise der Konkurrenz unterbieten.

écrémage (du marché) *(BW: Preisstrategie)* Abschöpfungs- *od.* Absahnstrategie *f*.

écrêter nivellieren, ausgleichen.

écrire *v.tr.d./v.intr.* (nieder- *od.* auf-)schreiben, abfassen, verfassen; **– en toutes lettres** in Worten, ganz ausschreiben.

écrit *m* (1) *(document rédigé)* Schriftstück *n*, Schriftsatz *m*, (2) *(acte juridique exigeant la forme écrite)* schriftlich fixiertes Rechtsgeschäft; öffentliche Urkunde; Privaturkunde, die eine Schriftform erfordert, (3) *(SchulR: examen)* schriftlicher Teil einer Prüfung; **confirmer par –** schriftlich bestätigen; **consigner par –** schriftlich fixieren; **dresser un –** ein Schriftstück aufsetzen; **preuve par –** Urkundenbeweis *m*; **– diffamatoire** *(StR)* Verleumdung durch Verbreitung von Schriften; **l'– n'est pas nécessaire** Schriftform ist nicht erforderlich; **– périodique** Zeitschrift, periodische Druckschrift; **– privé** privates Schriftstück, Privaturkunde; **– probatoire** Beweisurkunde *f*; **– sous seing privé** privatschriftliche Urkunde.

écrit *adj*: **conclusions –es** *(PrzR)* Schriftsatz *m*, schriftlich fixierte Anträge; **document –** Schriftstück *n*; **droit –** geschriebenes Recht; **feuille –e** beschriebenes Blatt (Papier); **épreuves –es** *(SchulR)* schriftlicher Teil der Prüfung; **instructions –es** schriftliche Anweisungen; **rapport –** Bericht *m*.

écriteau *m* Anschlag *m*, Aushängezettel *m*, Auf- *od.* Inschrift *f*; Schild *n*.

écriture *f* (1) *(Buchf: inscription à un compte)* Buchung *f*, Buchungsvorgang *m*, (2) Handschrift *f*, (3) *(ZPR: acte constituant un moyen de preuve)* schriftlich fixiertes Beweismittel, (Beweis-)Urkunde *f*; **avis d'–** Buchungsanzeige; **dénégation d'–** *(PrzR)* Bestreiten *n* der Echtheit einer Unterschrift *od.* einer

Urkunde; **vérification d'–** *(PrzR)* Schriftvergleich *m*; **– de clôture** Abschlußbuchung; **– comptable** Buchung *f*; Buchungsposten *m*; **– au crédit** Gutschrift *f*, Habenbuchung, Aktivbuchung; **– au débit** Lastschrift, Sollbuchung, Passivbuchung; **– fictive** fingierte Buchung; **– de redressement** Berichtigungsbuchung.

écritures *fpl* (1) *(HR)* kaufmännische Buchführung, (2) *(ZPR)* Prozeßakten *fpl*, Schriftsätze *mpl*; **altération d'–** Urkundenverfälschung *f*, Urkundenfälschung; **comparaison d'–** Schriftenvergleich *m*; **contrefaçon d'–** Urkundenfälschung; **contrôle d'–** Buchprüfung; **expert en –** Schriftgutachter *m*, Schriftsachverständige(r); **falsification d'–** *ou* **faux en –** Urkundenfälschung; **frais d' –** Schreibgebühr *f*; **passation en –** Verbuchung; **tenir les –** (Handels-)Bücher führen; **virement par –** Überweisung; **– privées** private Schriftstücke *npl*, Privaturkunden *fpl*; **– publiques** öffentliche Urkunden.

écrivain public öffentlicher Schreiber (der für andere Schriftstücke anfertigt).

écrou *m* *(StR)* Protokoll *n* über die Häftlingseinlieferung (in die Strafanstalt); **levée d'–** (1) Haftaufhebung *f*, (2) Haftentlassungsprotokoll, Entlassungsverfügung; **ordre d'–** *(StPR)* Haftbefehl, richterliche Anordnung zur Inhaftnahme; **registre d'–** Haftregister *n*.

écrouer *v.tr.d.* *(StPR: incarcérer)* inhaftieren, einsperren.

écroulement *m* Zusammenbruch *m*.

ECU (= European Currency Unit) Europäische Währungseinheit (=EWE).

édicter *v.tr.d.* erlassen, anordnen.

édiction *f* Anordnung, Verkündung, Bekanntgabe *f*.

édifice *m* Bauwerk *n*, (großes) Gebäude *n*; **– consulaire** Konsulatsgebäude *n*; **– du culte** Gotteshaus *n*, Kirchengebäude *n*, Kirche *f*; **– menaçant ruine** vom Einsturz bedrohtes Gebäude.

édile *m* *(ÖfR: magistrat municipal)* Mitglied des Gemeinderates.

édit *m hist.* Edikt *n*, königliche Verordnung, Erlaß *m*.

éditer herausgeben, veröffentlichen.

éditeur *m* Herausgeber *m*, Verleger *m*; Verlag *m*.

édition *f* (1) Ausgabe *f*; Auflage *f*; Edition *f*; Neuherausgabe *f*, (2) Verlagswesen *n*, (3) *(UrhR)* Wiedergabe und Verbreitung eines Werks; **contrat d'–** *(UrhR)* Verlagsvertrag *m*; **droit d'–** Verlagsrecht *n*; **maison d'–** Verlag *m*; **– à compte d'auteur** Herausgabe (eines Schriftwerks) durch einen Kommissionsverlag (für Rechnung des Verfassers); **– revue et corrigée** durchgesehene und verbesserte Auflage; **– spéciale** Sonderausgabe *f*.

éducateur *m* Erzieher *m*; **– spécialisé** Sozialhelfer *od.* -arbeiter.

éducation *f* (1) *(enseignement)* Erziehung *f*, Bildung *f*, (2) *(SchulR: instruction publique)* Schulwesen *n*; **congé d'–** (Fort-)Bildungsurlaub *m*; **frais d'–** Erziehungskosten; **maison d'– surveillée** Besserungsanstalt *f*, Erziehungsheim *n*; **– nationale** staatliches frz. Erziehungs- *od.* Schulwesen; **– permanente** Fortbildung *f*; **– surveillée** *(StVZ)* Erziehungsmaßregeln *fpl*.

éduquer erziehen, bilden, ausbilden.

effacer *v.tr.d.* löschen, streichen; **les empreintes digitales** die Fingerabdrücke verwischen *od.* unkenntlich machen.

effectif *adj* effektiv, wirklich vorhanden, tatsächlich, real; *fig* zuverlässig; **salaire –** Reallohn *m*; **tradition –ive** tatsächliche Übergabe (einer Sache); **valeur marchande –ive** tatsächlicher Marktwert *m*.

effectif *m* (1) *(BW: souvent pl.)* Belegschaft *f*, Belegschaftsstärke *f*, Beschäftigtenzahl *f*, (2) *(VwR, HR)* Personal *n*, Personalbestand *m*; **– réel** Ist-Bestand; **– théorique** Soll-Bestand.

effectivité *f* Wirksamkeit; Tatsächlichkeit.

effectuer *v.tr.* ausführen, verwirklichen; – **des démarches** Schritte unternehmen; – **une enquête** eine Untersuchung durchführen; – **un paiement** eine Zahlung leisten; – **un travail** eine Arbeit ausführen.

effet (1) *(conséquence juridique, résultat)* (Rechts-)Wirkung *f*; Auswirkung *f*, Effekt *m*, Erfolg *m*, (2) *(application, entrée en vigueur)* Inkrafttreten *n*, Wirksamkeit *f*, (3) *(à l'effet de)* Ziel *n*, Zweck *m*, (4) *(WirtR: titre, valeur)* Wertpapier *n*; Wechsel *m*; **acceptation d'un –** Wechselakzept *n*; **action en paiement d'un –** Wechselklage; **créer un –** einen Wechsel ausstellen; **donner – **durchführen, Rechtswirksamkeit verleihen; **prendre –** wirksam werden, in Kraft treten; **produire un –** Folgen zeigen, eine Wirkung haben; **tirer un –** einen Wechsel ziehen; **tireur d'un –** Wechselaussteller *m*.

effet accepté akzeptierter *od.* angenommener Wechsel; **– de l'assurance** Versicherungsbeginn; **– bancable** bankfähiger Wechsel; **– en blanc** Blankowechsel; **– de cautionnement** Gefälligkeitswechsel; **– de cavalerie** Reitwechsel; Wechselreiterei *f*; **– à un certain délai de date** Nachdatowechsel; **– à un certain délai de vue** Nachsichtwechsel; **– de chose jugée** *(PrzR)* Rechtskraftwirkung; **– en circulation** laufender *od.* umlaufender Wechsel; **– de commandite** Finanzwechsel; **– de commerce** *ou* **commercial** Handelspapier *n*, Warenwechsel; **– de complaisance** Gefälligkeitswechsel; **– constitutif** *(ZPR)* konstitutive *od.* rechtsbegründende Wirkung; **– en cours** umlaufender Wechsel; **– déclaratif** *(ZR)* deklaratorische Wirkung; **– déplacé** nicht rediskontfähiger Wechsel; **– dévolutif** (1) *(PrzR: des voies de recours)* Devolutiveffekt (eines Rechtsmittelverfahrens), (2) *(ErbR)* Rechtsübergang *m* des Nachlasses auf den Erben; **– direct** unmittelbare Wirkung; **– domicilié** Domizilwechsel, domizilierter Wechsel, Zahlstellenwechsel; **– de droit** Rechtswirkung.

effet à échéance fixe Datowechsel; **– échu** verfallener Wechsel; **– à l'égard des tiers** Wirkung gegenüber Dritten, allgemeinverbindliche Wirkung, Drittwirkung; **– à l'encaissement** Wechseleinkasso; **– endossé** indossierter Wechsel; **– erga omnes** mit Wirkung für und gegen alle; **– escompté** diskontierter Wechsel; **– à l'escompte** Diskontwechsel; **– sur l'étranger** Auslandswechsel; **– fictif** Keller- *od.* Scheinwechsel; **– financier** Finanz- *od.* Kreditwechsel.

effet immédiat sofortige Wirkung; **– impayé** nicht eingelöster Wechsel; **– imprévu** unvorhergesehene Wirkung; **– insuffisamment timbré** ungenügend versteuerter Wechsel; **– inter partes** *(ZPR)* Wirkung zwischen den (Prozeß-)Parteien; **– irrécouvrable** erfolglos eingeklagter Wechsel, uneinbringlicher Wechsel; **– du jugement** Urteilswirkung; **– juridique** Rechtswirkung; **– libératoire** *(ZR)* befreiende Wirkung (der Leistung).

effet de mobilisation Finanzwechsel; **– en nantissement** Pensions- *od.* Depotwechsel, Kautionswechsel; **– négociable** Wertpapier, Handelspapier *n*; **– non bancable** nicht bankfähiger Wechsel; **– en nourrice** Depot- *od.* Kautionswechsel; **– novatoire** *(ZR)* schuldersetzende Wirkung; **– obligatoire** bindende Wirkung, Bindungswirkung; **– payable à une date déterminée** Tagwechsel, Präziswechsel; **– sur place** Platzwechsel; **– protesté** protestierter Wechsel; **– à recouvrer** Inkassowechsel; **– réescomptable** rediskontierbarer Wechsel.

effet relatif (1) *(ZR)* Rechtswirkung zwischen den Vertragsparteien, (2) *(ZPR)* Wirkung zwischen den Prozeßparteien; **– résolutif** *ou* **réso-**

lutoire auflösende Wirkung; **– rétroactif** Rückwirkung, rückwirkende Kraft; rückwirkendes Inkrafttreten; **– simulé** fingierter Wechsel; **– en souffrance** überfälliger od. notleidender Wechsel; **– suspensif** aufschiebende Wirkung, Hemmungswirkung, Suspensiveffekt (eines Rechtsmittels); **–tiré** gezogener Wechsel; **– sur transaction commerciale** Warenwechsel; **– du trésor** Schatzwechsel; **– à trois mois** Dreimonatswechsel; **– à vue** Sichtwechsel.

effets *mpl (BankR: valeurs mobilières, titres)* Effekten *mpl*, Wertpapiere *npl*; **avance sur –** Wechsellombard *m*; **circulation des –** Wechselumlauf *m*, Wechselverkehr *m*; **commission sur –** Wechselprovision; **dépôt d'– en gage** (Effekten-)Lombardgeschäft; **dépourvu d'–** unwirksam *adj*; **– en circulation** Wechselumlauf; **– mobiliers** bewegliche Sachen; **– personnels** (1) persönliche Kleidungsstücke, (2) persönliche Habe *f*; **– publics** Staatspapiere *npl*; Staatsschuldverschreibungen *fpl*, Rentenpapiere *npl*.

efficace *adj* wirksam; kraftvoll.

efficacité *f* Leistung(sfähigkeit) *f*, Wirksamkeit, Wirkung; **degré d'–** Wirkungsgrad *m*; **– juridique** Rechtswirksamkeit.

efficience *f* Zweckdienlichkeit, *f*, Wirksamkeit, Effizienz *f*, Wirkung; Wirtschaftlichkeit.

efficient *adj* leistungsfähig, effizient, besonders wirtschaftlich.

effluent *m* **urbain** *(UmweltR)* Abwasser *n od.* Schmutzwasser aus Haushalt, Gewerbe und Industrie (eines Ballungsgebietes).

effondrement *m* Zusammenbruch *m*, Sturz *m*, Einsturz *m*; **– des cours** Kurssturz *m*, Kurseinbruch *m*; **– économique** Konjunkturzusammenbruch; **– des prix** Preisverfall *m*, Preiseinbruch *m*, Preissturz *m*.

effraction *f (StR)* Aufbrechen (eines Schlosses), Zerstörung (einer Einfriedung), gewaltsames Eindringen; **vol avec –** Einbruchsdiebstahl *m*.

effritement *m* **des cours** *(BörR)* Abbröckeln *n* der Kurse.

effusion *f* **de sang** Blutvergießen *n*.

égal *adj* gleich; gleichmäßig; **à parts –les** zu gleichen Teilen; **être égaux devant la loi** vor dem Gesetz gleich sein; **à travail –, salaire égal –** gleicher Lohn für gleiche Arbeit.

également *adv* desgleichen, ebenfalls; darüber hinaus.

égalisation *f* Ausgleichung *f*, Angleichung; **taxe d' –** Ausgleichsabgabe *f*; **– de prix** Preisangleichung.

égaliser *v.tr.* angleichen; in gleiche Teile teilen.

égalitaire *adj* auf der Grundlage der Gleichberechtigung; die Gleichheit anstrebend od. betreffend; auf die soziale Gleichstellung abzielend; **répartition –** gerechte Verteilung.

égalité *f* (1) Gleichheit *f*, (2) Gleichberechtigung *f*; **à –** paritätisch; **– des chances** Chancengleichheit ; **– devant la loi** Gleichheit vor dem Gesetz; Gleichheitssatz *m*; **– de droits** *ou* **juridique** (1) *(ZR)* Gleichberechtigung, (2) *(ArbR)* Gleichbehandlung von Mann u. Frau (am Arbeitsplatz); **– fiscale** Grundsatz der Gleichmäßigkeit und Gerechtigkeit der Besteuerung; **– de suffrages** Stimmengleichheit; **– de traitement** *(VR)* Gleichbehandlung; **– des voix** Stimmengleichheit.

égard *m* Rücksichtnahme *f*; Respekt, (Hoch-)Achtung; **à l'– de** betreffend, hinsichtlich, in Bezug auf; in Ansehung von; **à cet –** in dieser Hinsicht; **eu – à** mit Rücksicht auf; **à tous –s** in jeder Hinsicht; **par** *ou* **pour – à** unter besonderer Berücksichtigung von.

égarer (eine Sache) verlegen *od.* verlieren; (eine Person) irreführen.

égide *f* Schutz *m*, Protektion *f*; **sous l'– de** unter der Schirmherrschaft von.

Église *f* Kirche *f*, christliche Glaubensgemeinschaft *f*; **conseil oecuménique des –s** Ökumenischer Rat der christlichen Kirchen; **État de l'–** Kirchenstaat, Vatikanstadt; **séparation de l'– et de l'État** Trennung von Kirche und Staat.

égorger *v.tr.d.* erwürgen; den Hals abschneiden; umbringen, töten.

égout *m* Abwasserableitung *f* (in Kanalisationsleitungen); Abwassersammler *m*.

élaboration *f* Ausarbeitung *f*; Verarbeitung, Herstellung; **– d'une convention** Ausarbeitung eines Abkommens; **– finale** Fertigstellung; Endstufe *f*.

élagage *m* Abschneiden *n* überhängender und toter Zweige (von Bäumen und Sträuchern).

élargir (1) *(agrandir, étendre)* erweitern, verbreitern, (2) *(mettre en liberté)* freilassen, auf freien Fuß setzen, entlassen; **s'–** sich ausdehnen, sich ausweiten, um sich greifen.

élargissement *m* (1) Erweiterung *f*, Ausdehnung, Ausweitung, (2) *(StPR)* Entlassung eines Strafgefangenen (aus der Haft), Freilassung; **– d'une convention collective** *(ArbR)* Allgemeinverbindlicherklärung eines Tarifvertrages; **– de la demande** *(ZPR)* Erweiterung des Klageantrags; **– de l'union européenne** Erweiterung der EU.

élasticité *f (Vwirt)* Elastizität *f*; **– de la demande** Nachfrageelastizität; **– des prix** Preiselastizität.

électeur *m* Wähler *m*, Wahlberechtigte(r) *m*, Stimmberechtigter *m*; **carte d'–** Wahlkarte *f*, Wahlschein *m*; **grand –** Wahlmann *m*; **liste d'–s** Wählerverzeichnis *n*, Wählerliste *f*; **– du deuxième degré** Wahlmann; **– inscrit** im Wählerverzeichnis *n* eingetragener Stimmberechtigter; **– du premier degré** *ou* **primaire** Urwähler, Wähler.

électif *adj* auf Wahl begründet; Wahl-; **charge –ive** Wahlamt *n*.

élection *f* Wahl *f*, Abstimmung; **annuler une –** eine Wahl für nichtig erklären; **attaquer** *ou* **contester une –** eine Wahl anfechten; **contrôle de l'–** Wahlprüfung; **faire – de domicile** einen Zustellungsbevollmächtigten benennen; **invalider une –** eine Wahl für ungültig erklären; **mode d'–** Wahlmodus *m*; **nouvelle –** Neuwahl; **nullité de l'–** Nichtigkeit der Wahl; **organisation d'une –** Wahldurchführung; **procéder à une –** eine Wahl durchführen; **procès-verbal d'–** Wahlniederschrift *f*, Wahlprotokoll *n*; **régularité d'une –** Ordnungsmäßigkeit einer Wahl; **validation d'une –** Wahlbestätigung.

élection par acclamation Wahl durch Zuruf; **– d'ami** *(HR)* Erklärung, durch die der Kommissionär den Namen seines Auftraggebers bekannt gibt; **– du bureau** *(VereinsR)* Wahl des Präsidiums, Vorstandswahl; **– communale** (B-L) Gemeinderatswahl; **– complémentaire** Nachwahl; Ergänzungs- *od.* Ersatzwahl; **– consulaire** Wahl von Handelsrichtern.

élection de domicile (1) *(ZPR: clause attributive de juridiction)* Gerichtsstandsvereinbarung *f*, Zuständigkeitsvereinbarung, Prorogation *f*, Begründung eines Gerichtsstandes, (2) *(ZPR, ZR: domiciliation)* Benennung eines Zustellungsbevollmächtigten, Angabe einer Zustellungsanschrift (zumeist Anwalt für Prozeßurkunden oder Notar für die Erfüllung aus bestimmten Vertragsarten).

élection partielle Nachwahl, Ergänzungswahl, Teilwahl; **– préliminaire** Vorwahl; **– régulière** ordnungsmäßige Wahl.

élections *fpl* öffentliche Wahlen; **– anticipées** vorgezogene Wahlen; **– administratives**, **– cantonales** frz. Kantonalswahl, Wahl zur Bestimmung der Departementräte; **– communales** Kommunalwahl, Gemeinde- u. Stadtratswahl; **– générales** allgemeine Wahlen; **– législatives** Wahl zur Bestimmung der Mitglieder der frz. National-Versammlung; Parlamentswahl; **–**

libres au scrutin secret freie und geheime Wahlen; – **municipales** Gemeinderatswahl; – **partielles** Nachwahlen; – **présidentielles** Präsidentschaftswahlen; – **primaires** Vorwahlen *pl;* – **professionnelles** *(ArbR)* Wahl zu den paritätisch besetzten Verwaltungsorganen der Kranken- und Rentenkassen; Wahl der Belegschaftsvertreter; Personalvertretungswahl; – **prud'homales** Arbeitsrichterwahl; – **sénatoriales** Senatswahl; – **statutaires** *(GesR)* satzungsgemäße Wahl (des Vorstandes u. der Aufsichtsratsmitglieder).

électivité *f* Wählbarkeit, passives Wahlrecht.

électoral *adj* Wahl-, Wähler-; **campagne –e** Wahlkampf *m;* **circonscription –e** Wahlkreis *m;* **collège –** Wahlkollegium *n;* **comité –** Wahlvorstand *m;* **commission –e** Wahlausschuß *m;* **découpage –** Wahlkreiseinteilung; **liste –e** Wählerverzeichnis *n;* **participation –e** Wahlbeteiligung; **période –e** Wahlperiode *f;* **plateforme –e** Wahlprogramm *n;* **réunion –e** Wahlversammlung; **scrutateur –** Wahlhelfer.

électoralisme *m (Pol, pej)* allein auf Wahlerfolge abzielende Politik.

électorat *m* (1) Wählerschaft *f,* Wähler *mpl,* (2) (aktives) Wahlrecht *n,* Wahlberechtigung *f;* – **actif** (B-L) aktives Wahlrecht; – **flustuant** Wechselwähler; – **passif** (B-L) Wählbarkeit, passives Wahlrecht.

électrice *f* Wählerin *f.*

électricité *f:* **alimentation en –** Stromversorgung; **note d'–** Stromrechnung; **panne d'–** Stromausfall *m;* – **nucléaire** Atomstrom *m.*

électroménager *m* Elektrogerätebranche *f;* elektrische Haushaltsgeräte *npl.*

électronique *adj:* **annuaire –** Minitel-Telefonverzeichnis *n;* **monnaie –** digitales Geld, elektronische Geldbörse, E-Money.

électronucléaire *m* die Atomstromindustrie.

élément *m* (1) *(critère spécifique)* (Tatbestands- od. Sachverhalts-)Merkmal *n,* Kennzeichen *n,* Kriterium *n,* (2) *(AllgrSpr)* Element *n,* Grundstandteil *m;* Bauteil *m/n,* (2) *(ArbR: personne)* Arbeitskraft *f;* – **d'actif** *(Buchf, GesR)* Aktivposten *m;* – **constitutif de l'infraction** *(StR)* Tatbestandsmerkmal (der strafbaren Handlung); – **constitutif essentiel d'une invention** wesentlicher Bestandteil einer Erfindung; – **de construction** Bauteil; – **du passif** Passivposten; – **préfabriqué** Fertigteil; – **de rattachement** *(IPR)* Anknüpfungspunkt; – **technico-commercial** Industriekaufmann *m.*

éléments *mpl* Grundlagen *fpl;* – **accessoires du contrat** akzessorische Vertragsbestandteile *npl;* – **d'actif** Vermögenswerte *mpl;* – **constitutifs** *ou* **essentiels du contrat** wesentliche Vertragsbestandteile *pl;* – **du coût** Kostenfaktoren *mpl;* – **de droit** Rechtslage *f,* rechtlicher Sachverhalt; – **de fait** Tatbestand *m;* – **de preuve** Beweismaterial *n;* – **de la rémunération** Lohnbestandteile *npl;* – **du train de vie** äußere Kennzeichen des Lebensstandards.

élevage *m* Aufzucht *f;* **contrat d'–** Masttierzuchtvertrag; – **de bétail** Viehzucht *f;* – **intensif** Massentierhaltung *f.*

élévation *f* Steigerung *f,* Erhöhung *f,* Heraufsetzung *f,* Hebung *f,* – **de classe,** – **d'échelon** Höhereinstufung *f;* – **du niveau de vie** Hebung des Lebensstandards *m.*

élève *m* Schüler *m;* Student *m.*

élever *v.tr.d.* (1) anheben, erhöhen, (2) *(promouvoir)* fördern, (3) *(éduquer)* erziehen, (3) *(prix: s'élever à –)* sich belaufen auf; – **un conflit** *(VwPR)* eine vor einem ordentlichen Gericht anhägige Sache durch Erlaß des Präfekten vor die Verwaltungsgerichtsbarkeit bringen, einen Kompetenzkonflikt erheben.

éleveur *m* Tierzüchter *m*: **négociant** – Tierzüchter und Tierhändler.

éligibilité *f* Wählbarkeit *f*, passives Wahlrecht *n*.

éligible *adj* wählbar, wahlfähig.

élimination *f* Ausscheidung, Beseitigung *f*, Entfernung, Ausschaltung, Ausmerzung, Elimination, Abschaffung; **procéder par** – eine negative Auslese treffen; **– de défauts** Mängelbeseitigung.

éliminatoire *adj* Ausscheidungs-; **note** – eliminatorische Note (bei einer Prüfung).

éliminer beseitigen, entfernen, ausschalten, eliminieren, abschaffen.

élire wählen, erwählen; **– domicile** *(ZPR)* eine Zustellungsanschrift (für Prozeßurkunden) wählen.

élisif *adj (exclusif, exonératoire)* ausschließend; **clause –ive de responsabilité** Haftungsauschlußklausel *f*.

élite *f* Führungsschicht *f*, Elite *f*.

éloge *m* Lobrede *f*; **– funèbre** Leichenrede *f*, Nachruf *m*.

éloignement *m* (1) Entfernung *f*, Abstand *m*, (2) *(AuslR)* Ausweisung *f* (aus einem Land).

éloquence *f* Beredsamkeit *f*; **– judiciaire** Redekunst *f* od. Rhetorik *f* vor Gericht.

élu *m* (1) *(au parlement)* Abgeordnete(r), Volksvertreter *m*, (2) *(au conseil munipal)* Stadtrat, Gemeinderatsmitglied *n*; **– du personnel** Belegschaftsvertreter *m*; Personalrat *m*.

élucidation *f* Klärung *f* (eines Sachverhalts); Aufklärung (eines Verbrechens).

éluder *v.tr.* ausweichen, umgehen; eine Ausrede suchen; **– la loi** das Gesetz nicht beachten; **– un problème** einen Fragenkreis unter den Tisch fallen lassen.

Élysée (1) *(VerfR: Palais de l'–)* Sitz *m* des Präsidenten der Republik in Paris, (2) *(fig.)* Präsident der Republik (Frankreich), frz. Staatsoberhaupt *n*.

émanation *f (UmweltR)* Emission *f*, Abgabe *f* von Schadstoffen.

émancipation *f* (1) *(ZR)* Volljährigkeitserklärung *f*, Gewaltentlassung, (2) *(Pol)* Befreiung *f*; Gewährung *f* gleicher Rechte, Emanzipation; **– légale** Volljährigkeitserklärung (von Rechts wegen) infolge Eheschließung, **– judiciaire** gerichtliche Volljährigkeitserklärung.

émanciper für volljährig erklären, emanzipieren; **s'–** sich befreien; **mineur –pé** gewaltentlassener Minderjähriger.

émaner de hervorgehen aus; ausgehen *od.* herrühren von; **mandat d'arrêt émanant d'un juge d'instruction** *(StR)* durch einen Untersuchungsrichter ausgestellter Haftbefehl.

émargement *m* (1) Abzeichnungsvermerk *m*; Unterschrift *f* am Rande der Urkunde (als Quittung), Anbringung der Signatur, (2) *(PrzR)* Anbringung eines Namenszeichens (am Rande einer Urkunde) zur Bestätigung des Empfangs; **feuille d'–** Anwesenheitsliste; Gehaltsliste.

émarger *v.tr.* (1) (in einer Spalte) sein Namenszeichen anbringen, abzeichnen, (2) Geld empfangen; **– au budget** *(BeamR)* sein Gehalt vom Staat beziehen.

emballage *m* Verpackung *f*, Aufmachung *f*; **– consigné** (rücksendungspflichtiges) Leergut *n*; **– factice** Schaupackung; **– défectueux, – insuffisant** mangelhafte Verpackung; **– maritime** seefeste Verpackung; **– d'origine** Originalverpackung; **– perdu** Einwegpackung; **– en sus** zuzüglich Verpackung.

emballement de l'activité Konjunkturüberhitzung *f*.

embarcadère *m* Anlegestelle *f*; Verladeplatz *m*.

embarcation *f* (kleineres) Wasserfahrzeug *n*.

embargo *m* (1) *(VR: arrêt de prince)* Beschlagnahme *od.* Zurückhaltung fremden Eigentums (meist von Schiffen), (2) *(Außh)* staatliches Waren- u. Kapitalausfuhrverbot *n*; Embargo *n*, Handelssperre *f*; **levée**

de l'– Aufhebung der Handelssperre; **– sur les armes** Waffenembargo; **– sur les exportations** Ausfuhrsperre.

embarquement m (1) *(SeeHR)* Verladung f; Verschiffung f, (2) *(Personen)* Anbordgehen; **avis d'–** Verschiffungsanzeige f; **carte d'–** Bordkarte f; **document d'–** Verschiffungsdokument n; **port d'–** Verschiffungshafen; **– clandestin** Erschleichen einer Transportleistung (als blinder Passagier).

embarquer verladen, einschiffen.

embarras m (1) Hindernis n, (2) *(fig.)* Verwirrung f, Verlegenheit f, Schwierigkeit f, **n'avoir que l'– du choix** eine große Auswahl haben; **susciter des – à qqn.** jmdm. Schwierigkeiten bereiten; **tirer qqn. d'–** jmdm. helfen; **– d'argent** Geldverlegenheit; **– financiers, – de trésorerie** Zahlungsschwierigkeiten fpl; **– de la voie publique** Behinderung des öffentlichen Verkehrs.

embauchage m *(ArbR: engagement)* Einstellung f (von Arbeitnehmern), Anstellung f, Einstellen n; **arrêt de l'–** Einstellungsstopp m; **contrat d'–** Ein- od. Anstellungsvertrag; **examen médical d'–** (ärztliche) Einstellungsuntersuchung; **priorité d'–** Vorrang m bei der Einstellung; **– ferme** feste Anstellung; **– obligatoire** Einstellungspflicht f.

embauche f *(umg. für: embauchage)* Einstellung, Anstellung, Arbeitsbeschaffung; **bureau d'–** Einstellungsbüro n; **conditions d'–** Einstellungsvoraussetzungen; **contrat d'–** Einstellungsvertrag; **offre d'–** Arbeitsplatzangebot n; **salaire d'–** Anfangslohn m.

embaucher v.tr. einstellen, anstellen.

emblaver anbauen, (Feld) bestellen.

emblavure f *(LandwR)* Anbau m, Anbaufläche f, eingesätes Feld n.

emblème m (1) *(Pol, HR)* Sinnbild m, Symbol n, Wahrzeichen n, Wappen n, (2)*(VerfR: drapeau tricolore)* Trikolore f, frz. staatliches Hoheitszeichen n; **– distinctif** *(Genfer Konventionen)* Schutzzeichen n; **– national** ou **de souveraineté** Hoheitszeichen.

embouteillage m Verkehrsstau m; **– des facultés** Überfüllung der Universitäten.

embranchement m Abzweigung; **– particulier** privater Gleisanschluß m.

embrasser une carrière einen Beruf ergreifen.

embûche f Schwierigkeit f, Hindernis n; Fallstrick m.

émender *(ZPR: réformer, infirmer)* ein Urteil (der Vorinstanz) aufheben od. abändern.

émergence f: **pays en voie d'–** Schwellenland n.

éméritat m *(HochschulR)* Ruhestand m.

émérite adj (1) *(compétent)* sachverständig, (2) *(chevronné)* routiniert, erfahren; **professeur –** Emeritus.

émetteur m et adj (1) *(poste émetteur)* (Radio-, Fernseh-)Sender m, (2) *(billets, effets)* Aussteller m, Emittent m; **banque émettrice** Emissionsbank f; **– clandestin** Piratensender m; **– d'un effet** Wechselaussteller m.

émettre v.tr.d. (1) senden, (2) *(BankR, WertpR)* emittieren, in Umlauf bringen, herausgeben, begeben; **– un avis** (eine Ansicht) zum Ausdruck bringen, ausdrücken; **– de la cavalerie** Wechselreiterei betreiben; **– un chèque** einen Scheck ausstellen; **– un emprunt** eine Anleihe begeben; **– de la monnaie** Geld in Umlauf setzen, (Geld-)Noten drucken.

émeute f Aufruhr m, Aufstand m, Erhebung f.

émeutier m Aufrührer m, Unruhestifter m.

émigrant m Auswanderer m, Emigrant m, Flüchtling (besonders aus politischen od. religiösen Gründen).

émigration f Auswanderung f, Emigration f; **agence d'–** Auswanderungsagentur od. -behörde; **– de capitaux** Kapitalflucht f.

émigré m Emigrant m; **– politique** politischer Flüchtling.

émigrer *v.intr.* auswandern, ins Ausland flüchten, emigrieren.

éminent *adj* hervorragend, außerordentlich.

émissaire *m* Abgesandte(r) *m* (mit geheimem Auftrag), Emissär *m*.

émission *f* (1) *(BankR: mise en circulation)* Ausgabe *f*, Begebung *f*, Herausgabe *f*, Emission *f*, (2) *(MedienR: transmission, radio)* Sendung *f*, (3) *(UmweltR: pollution)* Immission, schädliche Umwelteinwirkung, Ausströmen *n*, Austritt *m*; **banque d'–** Notenbank *f*, Währungsbank; **bureau d'–** Ausgabestelle *f*; **conditions d'–** Ausgabebedingungen *pl*; **consortium d'–** Emissions- od. Begebungskonsortium; **cours d'–** Ausgabekurs *m*, Begebungs- od. Emissionskurs; **date d'–** Wertstellungstag; **lieu d'–** Ausstellungs- od. Begebungsort; **modalités de l'–** Zeichnungsbedingungen *fpl*; **monopole d'–** Banknotenregal od. -monopol *n*; **prime d'–** Mehrbetrag (bei einer Überpariemission), Emissionsagio *n*; **privilège d'–** Notenbankprivileg; **prix à l'–** Ausgabe- od. Emissionskurs; Bezugspreis *m*.

émission d'actions Aktienausgabe *f*; **– au-dessous du pair** Unterpari-Emission od. Begebung; **– au-dessus du pair** Überpari-Emission od. Ausgabe; **– de billets de banque** Banknotenausgabe; **– d'un chèque sans provision** Ausstellung eines ungedeckten Schecks; **– d'emprunt** Anleihebegebung; **– d'un mandat** Ausstellung einer Postanweisung; **– nouvelle** *(GesR)* Ausgabe von jungen Aktien; **– obligataire** *ou* **d'obligations** Ausgabe von Schuldverschreibungen; **– au pair** Paribegebung od. -ausgabe; **– avec prime** Überpariemission; **– scolaire** Schulfunk *m*; **– par souscription publique** Begebung durch öffentliche Zeichnung; **– télévisée** Fernsehsendung *f*; **– de titres** Wertpapierausgabe; **– d'une traite** Wechselbegebung.

emmagasinage *m* Lagerung, Einlagerung *f*; **frais d'–** Lagergebühren; Lagergeld.

emménagement *m* Einrichtung; Umzug *m*.

emménager einziehen, einrichten.

emmener *v.tr.d.* (1) mitnehmen, wegführen, (2) *(délinquant)* abführen.

émolument *m* (1) *(ErbR: part d'actif d'un héritier)* Erbteil *m*, (2) *(PrzR: rétribution d'un officier ministériel ou avocat)* (Gerichtsvollzieher-, Anwalts-)Gebühren *fpl*, (3) *(ArbR)* Lohn *m*; **bénéfice d'–** *(FamR)* beschränkte Haftung des Ehegatten bei Auflösung der ehelichen Gemeinschaft (in Höhe der eingebrachten Güter); **– héréditaire** Erbanteil *m*, Erbteil; **– supplémentaire** *(Wz)* Zusatzgebühr.

émoluments *mpl* (1) *(BeamR)* (Dienst-)Bezüge *pl*, (2) *(ArbR: cadres)* Gehalt *n* (eines leitenden Angestellten), (3) *(PrzR: rétribution des officiers ministériels)* Gebühren *pl*, tarifmäßige Vergütung, (4) *(PrzR: avocats)* Wertgebühren; Anwaltsvergütung; Honorar *n* (gemäß Gegenstandswert).

empêchement *m* (1) *(ZR: obstacle juridique)* Hindernis *n*, Hemmnis *n*, (2) *(ÖfR: impossibilité d'exercer des fonctions)* (Amts-)Verhinderung *f*, Verhinderungsfall *m*, Verhindertsein *n*, (3) Behinderung; **en cas d'–** in Falle der Verhinderung; **cause ou motif d'–** Grund der Verhinderung, Hinderungsgrund *m*; **– de carrière** politisch bedingte Behinderung des normalen beruflichen Fortkommens; **– de délibérer valablement** Beschlußunfähigkeit; **– dirimant** *(FamR)* trennendes Eheverbot; **– légal** gesetzlicher Hinderungsgrund *m*; **– à la livraison** *(SchuldR)* Verhinderung bei der Übergabe (einer Sache); **– à mariage** Ehehindernis, Eheverbot *n*; **– prohibant** *ou* **simplement prohibitif** (heilbares) Eheverbot *n*; **– de service** Dienstverhinderung; **– de travail** Arbeitsverhinderung.

empêcher *v.tr.* hindern, verhindern, behindern; **– un accident** einen Unfall verhüten.

emphytéose *f* (1) *(SachR)* dingliches Nutzungsrecht (an einem fremden Grundstück für 18 bis 99 Jahre), (2) *(LandwR)* Erbpacht *f.*

emphytéote *m* Nutzungsberechtigte(r); Erbbauberechtigte(r).

emphytéotique *adj*: **bail** *ou* **louage –** (langfristiger) Nutzungsvertrag; **redevance –** Nutzungszins *m.*

empiétement *m* (1) *(SachR)* Beeinträchtigung *f* fremden Eigentums, (2) *(ÖfR)* Eingriff *m* (in einen geschützten Rechtsbereich), Übergriff; **– de fonctions** *(VwR)* Amtsüberschreitung, widerrechtliche Anmaßung von Amtsbefugnissen, Überschreitung der Amtsbefugnisse.

empiéter *v.intr.* (1) *(SachR)* (das Eigentum) verletzen, (in Eigentumsrechte Dritter) widerrechtlich eingreifen, (2) *(VwR)* sich Befugnisse anmaßen; **– sur les prérogatives de qqn.** *(VwR)* (widerrechtlich) seine Amtsbefugnisse überschreiten.

empire *m* (1) *(VerfR: autorité absolue)* (absolute) Herrschaft *f,* Herrschaftsgewalt *f,* (2) *(VerfR: régime politique)* Kaiserreich, (3) *(domination, ascendant moral)* Beherrschung *f,* Einfluß *m,* Macht *f*; **sous l'– de la loi** kraft Gesetzes; **– économique** Wirtschaftsimperium *n*; **– sur soi-même** Selbstbeherrschung.

empirer (1) *(v.tr)* verschlimmern, verschlechtern, (2) *(v. intr.)* schlimmer werden.

empirique *adj* erfahrungsgemäß, auf der Erfahrung beruhend; **valeur –** Erfahrungswert *m.*

emplacement *m* Ort *m,* Stelle *f;* Anlage *f;* Bauplatz *m;* Lage *f.*

emploi *m* (1) *(usage, utilisation)* Gebrauch *m,* Benutzung *f,* Anwendung *f,* (2) *(ZR: destination, affectation)* Verwendung (von Geldmitteln), (3) *(BankR: placement d'un capital)* Anlage *f,* (4) *(BeamR)* Planstelle *f,* Dienstposten *m,* (5) *(ArbR: poste de travail)* Arbeitsplatz *m,* Beschäftigungsverhältnis *n,* Stelle *f,* (6) *(Vwirt: occupation globale)* Arbeitsmarktlage *f*; **abandonner un –** den Arbeitsplatz aufgeben; **accéder à un –** eine Beschäftigung aufnehmen; **accepter un –** eine Stelle annehmen; **affecter à un autre –** versetzen; **Agence (nationale) pour l'–** (= ANPE) frz. (zentrales) Arbeitsamt; **attestation d'–** Arbeitsnachweis *m*; **certificat d'–** Arbeits- *od.* Beschäftigungszeugnis; **clauses d'–** Einstellungsbedingungen; **conditions d'–** Anstellungsbedingungen *pl* ; Arbeitsbedingungen *fpl*; **contrat d'–** Einstellungs- *od.* Anstellungsvertrag; **contrôle de l'–** Gewerbeaufsicht *f*; **création de nouveaux –s** Schaffung neuer Arbeitsplätze; **définition de l'–** Arbeitsplatzbeschreibung; **dégradation de l'–** Verschlechterung der Arbeitsmarktlage; **demande d'–** Stellengesuch *n*; Nachfrage auf dem Arbeitsmarkt; **demandeur d'–** Arbeitsuchender *m*; **droit à l'–** Anspruch *m* auf Beschäftigung, Recht auf Arbeit; **durée d'–** Beschäftigungsdauer *f,* Beschäftigungszeitraum *m*; **garantie de l'–** Arbeitsplatzsicherheit *f*; **interdiction d'–** Einstellungs- *od.* Beschäftigungsverbot *n.*

emploi: marché de l'– Arbeitsmarkt *m*; **mode d'–** Gebrauchsanweisung *f*; **niveau d'–** Beschäftigungsstand *m*; **occuper un – public** ein öffentliches Amt bekleiden; **offre d'–** Arbeitsangebot *n*; **offres d'–** Stellenangebot *n,* offene Stellen *fpl*; **période d'–** Beschäftigungszeitraum *m*; **plein –** Vollbeschäftigung *f*; **politique de l'–** Beschäftigungspolitik *f*; **population active ayant un –** die Erwerbstätigen *mpl*; **population disponible à la recherche d'un –** (= PDRE) die Arbeitsuchenden *mpl*; **précarité de l'–** Arbeitsplatzunsicherheit; **priorité d'–** (Anspruch auf) bevorzugte Einstellung; **prolon-**

gation d'– Weiterbeschäftigung; **protection de l'**– Sicherung der Arbeitsplätze; **sans** – Erwerbsloser *m*; erwerbslos *adj*, arbeitslos *adj*; **sauve-garde de l'**– Sicherung der Arbeitsplätze; **sécurité de l'**–, **stabilité de l'**– Arbeitsplatzsicherheit; **situation de l'**– Arbeitsmarktlage *f*; **stage** – **solidarité** Arbeitsbeschaffungsmaßnahme *f*; **suppression d'**–s Personalabbau *m*; **supprimer un** – eine Stelle streichen.

emploi abusif (d'un droit) (Rechts-)Mißbrauch *m*; – **adéquat** *(ArbR)* geeigneter Arbeitsplatz; – **d'appoint** Nebenbeschäftigung; – **budgétaire** *(BeamR)* Planstelle *f*; – **de bureau** Bürotätigkeit; – **disponible** freie Stelle; – **durable** Dauerstellung; – **féminin** Beschäftigung für Frauen; – **de la force** Gewaltanwendung *f*; – **intérimaire** Zeitarbeitsverhältnis *n*; – **légitime de la force (par les forces de l'ordre)** legitimer Gebrauch der Gewalt (durch die Ordnungskräfte); – **à long terme** langfristige Kapitalanlage; – **lucratif** einträgliche Beschäftigung, gewinnbringende Verwendung; – **de la main-d'œuvre** Arbeitseinsatz *m*.

emploi à mi-temps Halbtagsstellung *f*; Halbtagsbeschäftigung; – **non rémunéré** unentgeltliche Beschäftigung; – **occasionnel** gelegentliche Beschäftigung; – **partiel** Teilzeitbeschäftigung; – **permanent** Dauerbeschäftigung; – **à plein temps** Ganztagsbeschäftigung; – **précaire** zeitlich begrenzte Anstellung; – **principal** Hauptarbeitsverhältnis; – **prioritaire** Vorrang bei der Einstellung; – **privé** Beschäftigung in der Privatwirtschaft; – **public** öffentliches Amt; – **rémunéré** Beschäftigung gegen Entgelt; **–s réservés (aux travailleurs handicapés)** (insbesondere für Schwerbehinderte) vorbehaltene Stellen; – **saisonnier** Saisonarbeit, saisonale Beschäftigung; – **salarié** Beschäftigung als Arbeitnehmer *od*. im Lohnverhältnis; – **sédentaire** Bürotätigkeit; – **sûr** sicherer Arbeitsplatz; – **temporaire** vorübergehende Beschäftigung, Arbeitsvertrag mit begrenzter Laufzeit; **–s supérieurs** *(BeamR)* gehobener Dienst; – **à temps partiel** Teilzeitbeschäftigung, Halbtagsbeschäftigung; – **du temps** Terminkalender; Stundenplan *m*; – **vacant** freie *od*. offene Stelle.

employable *adj* verwendbar, verwendungsfähig.

employé *m* (1) *(ArbR: par opposition à ouvrier)* Angestellte(r) *m*, Büroangestellte(r), Verwaltungsangestellte(r); (2) *(i.w.S.: personne occupant un emploi)* Arbeitnehmer *m*, Beschäftigte(r); – **de banque** Bankangestellte(r); – **de bureau** Bürokraft *f*, Büroangestellte(r); – **de commerce** kaufmännischer Angestellter, Handlungsgehilfe *m*; – **aux écritures** (1) *(BeamR: mittlerer Dienst)* Sekretär (bei einer Behörde), (2) *(Anwalt, Notar usw.)* Kanzleiangestellte(r); – **intérimaire** Zeitarbeitskraft *f*; **–ée de maison** Hausgehilfin *f*; – **technique** Fachkraft.

employer *v.tr.d.* (1) verwenden, anwenden, gebrauchen, (2) einstellen, anstellen, beschäftigen, (3) (Geld) anlegen.

employeur *m* (1) *(ArbR)* Arbeitgeber *m*, Dienstgeber (Aut), (2) *(BeamR)* Dienstherr *m*.

empoignade *f* lebhafte Auseinandersetzung, Handgreiflichkeit.

empoisonnement *m (StR: meurtre par –)* Giftmord *m*, Vergiftung.

emport *m*: **capacité d'**– Nutzlast *f* (eines Luftfahrzeugs).

emportement *m* Wutanfall *m*.

emporter mit- *od*. wegnehmen; – **une affaire** den Zuschlag erhalten (bei einem Geschäft); **les frais –ent le plus clair des bénéfices** die Verluste schmälern sehr stark die Gewinne; **vente à** – Abholermarkt *m*.

empreinte *f* Abdruck *m*; Spur *f*; **–s digitales** Fingerabdruck *m*.

emprise *f* (1) *(VwR: atteinte à la propriété privée)* staatlicher Eingriff (in das Privateigentum), (2)*(VwR: occupation privative du domaine public)* privative Nutzung öffentlicher Sachen; **– irrégulière** rechtswidriger *od.* enteignungsgleicher Eingriff.

emprisonnement *m* (1) *(incarcération)* Inhaftierung *f*, (2) *(peine de prison)* Freiheitsstrafe, Strafhaft, (3) *(temps de détention)* Haftdauer *f*, Haft *f*; **– cellulaire** Einzel- *od.* Zellenhaft, Isolierhaft; **– en commun** Gemeinschaftshaft; **– correctionnel** *(StPR: peine privative de liberté entre deux mois et cinq ans)* Freiheitsstrafe bei Vergehen; **– individuel** Einzelhaft; Isolationshaft; **– à perpétuité** lebenslängliche *od.* lebenslange Freiheitsstrafe; **– de police** *(StPR: peine privative de liberté d'un jour à deux mois)* Haftstrafe bei Übertretungen; **– préventif** (B) Untersuchungshaft; **– à temps** (zeitige) Freiheitsstrafe; **– à vie** lebenslange Freiheitsstrafe.

emprisonner *v.tr.d.* inhaftieren, in Haft nehmen.

emprunt *m* (1) *(BankR: action d'emprunter de l'argent)* Kreditaufnahme *f*; (2) *(ÖfR: emprunt public)* (Staats-)Anleihe *f*, (3) *(somme d'argent obtenue à titre de prêt)* Darlehen *n*, Kredit *m*, geliehenes Geld, (4) *(UrhR: imitation, plagiat)* Nachahmung *f*, Fälschung *f*, Plagiat *n*, (5) *(traduction)* Entlehnung *f*; **amortissement de l'–** Anleihetilgung *od.* -ablösung; **capital d'–** Fremdkapital *n*; **conditions d'–** Kreditbedingungen *f*; **consortium d'–** *(BankR)* Anleihekonsortium *n*; **contracter un –** eine Anleihe aufnehmen; **convention d'–** Anleihevereinbarung; **convertir un –** eine Anleihe umwandeln; **créancier de l'–** Anleihegläubiger *m*; **dette d'–** Anleiheschuld *f*; **durée de l'–** Laufzeit *f* der Anleihe *od.* des Darlehens; **émettre un –** eine Anleihe begeben; **fonds d'–** Fremdmittel *pl*; **lancement d'un –** Auflegung einer Anleihe; **mot d'–** Lehnwort *n*; **nom d'–** Pseudonym *n*, Deckname *m*; **ouverture d'un –** Ausgabe einer Anleihe; **placer un –** eine Anleihe unterbringen; **produit de l'–** Anleiheertrag *m*; **recourir à un –** einen Kredit aufnehmen; **service de l'–** Schuldendienst *m*; **souscrire à un –** eine Anleihe zeichnen; **titre d'–** Anleihepapier *n*.

emprunt amortissable tilgungspflichtige Anleihe; **– d'amortissement** Ablösungs- *od.* Tilgungsanleihe; **– d'argent** Kreditaufnahme *f*; **– de banque** Bankanleihe; **– de capitaux** Fremdkapitalaufnahme; **– cautionné** verbürgtes Darlehen; **– de consolidation** Konsolidierungsanleihe; **– consolidé** konsolidierte Anleihe; **– contracté** aufgenommenes Darlehen; **– de conversion** Konversions- *od.* Umschuldungsanleihe; **– convertible** Wandelanleihe; **– sur corps** *(SeeHR)* Schiffsbeleihung, durch Bodmerei gesicherte Anleihe; **– à court terme** kurzfristige Anleihe; **– couvert** voll gezeichnete Anleihe.

emprunt d'État *(HaushR: emprunt du Trésor, crédit public)* Staatsanleihe; **– étranger, – extérieur** Auslandsanleihe; **– forcé** Zwangsanleihe; **– funding** Kapitalisierungsanleihe; **– gagé** *ou* **sur gage** (1) Lombard *m*, Beleihung von Wertpapieren, (2) gesichertes Darlehen, (3) Pfandbriefanleihe; **– garanti** gedeckte *od.* gesicherte Anleihe; **– à la grosse aventure** *(SeeHR)* Bodmerei *f*; **– hypothécaire** hypothekarisch gesichertes Darlehen; **– indexé** indexierte Anleihe; **– à intérêts** verzinsliche Anleihe; **– libellé en monnaie étrangère** Valuta- *od.* Fremdwährungsanleihe; **– à lot** Losanleihe.

emprunt municipal Kommunalanleihe; **– obligataire** Schuldverschreibungs- *od.* Obligationenanleihe; **– -or** Anleihe mit Golddeckung; **– perpétuel** ewige *od.* unkündbare Anleihe; **–**

portant droit d'option Optionsanleihe; **– portant intérêt** verzinsliches Darlehen; **– public** öffentliche Anleihe; **– par tirage au sort** Losanleihe; **– sur titres** Lombardkredit.

emprunter *v.tr.d.* (eine Anleihe) aufnehmen; leihen, entleihen, entlehnen (Aut); **autorisation d'–** behördliche Erlaubnis zur Begebung einer Anleihe; **– la voie hiérarchique** *(VwR)* den Dienstweg beschreiten.

emprunteur *m* Darlehens- od. Kreditnehmer *m*, Anleiheschuldner; **– à usage** Entleiher *m*.

emption *f* (S) Kauf *m*.

énarchie *f* politische Führung Frankreichs durch die Absolventen der ENA.

énarque *m* Absolvent der École Nationale d'Administration; Angehöriger der politischen Machtelite.

encadrement *m* (1) *(ArbR: cadres)* Führungskräfte *fpl*; Aufsichtspersonal *n*, (2) *(VwR: mesures)* Kontrolle *f*, Überwachung, (3) *(MilR)* Ausbildungspersonal *n*; **agent d'–** Aufsichtskraft *f*; **– du crédit** (staatliche) Kreditüberwachung; Kreditbeschränkung.

encaisse *f* Kassenbestand *m*; **– métallique** Edelmetall-, Gold- u. Silbermünzenbestand; **– -or** Goldreserven *fpl*.

encaissé *adj*: **argent –** Zahlungseingang *m*, Einnahmen *fpl*.

encaissement *m* Einzug *m*, Zahlungseingang *m*, Eingang *m*, Inkasso *n*, Einnahmen *fpl*; **banque chargée de l'–** Inkassobank *f*; **chèque à l'–** Inkassoscheck *m*; **commission d'–** Einziehungs- od. Inkassoprovision, Inkassogebühr *f*; **droit d'–** Inkasso- od. Einziehungsgebühr; **frais d'–** Einzugs- od. Inkassospesen; **mandat d'–** Einzugsermächtigung; **pour –** zum Inkasso; **procédure d'–** Einzugsverfahren; **remise à l'–** *(WechselR)* Übergabe *f* eines Wechsels (an die Bank) zwecks Inkasso; **– de primes** Prämieneinnahmen *fpl*.

encaisser *v.tr.d.* (1) *(Geld)* einnehmen, kassieren, (2) *(Forderung)* einziehen, vereinnahmen.

encaisseur *m* (1) Kassierer *m*, (2) Inkassostelle *f*, (3) Inkassobeauftragte(r).

encan *m* *(ZwangsVR: vente aux enchères)* öffentliche Versteigerung von beweglichen Sachen; **mettre à l'–** eine öffentliche Versteigerung vornehmen; **vente à l'–** Versteigerung, Selbsthilfeverkauf.

encart *m* **publicitaire** (Werbe-)Faltprospekt *n*, (Werbe-)Beilage *f*.

enceinte *f* Einfriedung *f*, Grenzmauer *f*; umschlossener und gesicherter Raum; **– de confinement** Reaktorsicherheitshülle *f*; **– du tribunal** Gerichtsgebäude *n*; Gerichtssaal *m*.

enceinte *adj*: **femme –** Schwangere.

encellulement *m* *(StR)* Einschließung.

encéphalopathie spongiforme bovine (=ESB) Rinderwahnsinn *m*.

enchaînement *m* Ankettung, Fesselung; **– de circonstances** Verkettung (unglücklicher) Umstände; **– des faits** Ursachenzusammenhang *m*.

enchère *f* (1) *(offre d'achat dans une vente publique)* (höheres) Gebot, Mehrgebot *n*, Mitbieten *n*, (2) *(manière de vendre au plus offrant)* Versteigerung, Auktion *f*; **dernière –** Höchstgebot; **folle –** nicht ernstgemeintes und unerfüllt gebliebenes Angebot; **la plus forte –** Höchstgebot, Meistgebot; **– minimum** Mindestgebot, geringstes Gebot.

enchères *fpl* (öffentliche) Versteigerung, Auktion *f*; **acheter aux –** (auf einer Versteigerung) erstehen, ersteigern; **mettre aux –, vendre aux –** versteigern; **vente aux –** Versteigerung *f*, Auktion *f*, Gant *m* (S); **– forcées** Zwangsversteigerung.

enchérir *v.intr.* (1) ein (höheres) Gebot machen, mitbieten, (2) teurer werden; verteuern, aufschlagen.

enchérissement *m* Preissteigerung *f*, (Ver-)Teuerung; Preisaufschlag *m*.

enchérisseur *m* Bieter *m*; **dernier –** Meistbietende(r) *m*; **fol –** schadensersatzpflichtiger Bieter (bei Nichtzahlung des Bargebots); **plus fort –** Meistbietende(r).

enclave *f* (1) *(SachR: bien fonds entouré de terrains appartenant à d'autres propriétaires)* (von anderen Grundstücken) umschlossenes Grundstück *n* (ohne Zugang zur Straße), (2) *(VR: territoire encerclé par celui d'un autre État)* Einschlußgebiet *n*, Enklave *f*; **– douanière** Zolleinschluß- *od.* Zollanschlußgebiet.

enclore *v.tr.d.* umzäunen, einzäunen, einfrieden.

enclos *m (SachR)* eingefriedetes Grundstück *n*, Einfriedung, Ein- *od.* Umzäunung.

encoche *f* Kerbe *f*, Einkerbung.

encombrant *adj* sperrig; **marchandise –e** sperrige Güter, Sperrgut *n*.

encombrement *m* Raumbedarf *m*; Verkehrsstau *m*, Verkehrsstockung *f*; Überfüllung; **tarif à l'–** Frachtsatz nach Rauminhalt; **– du marché** gesättigter Markt.

encontre *loc. adv.*: **à l'– de** gegen, entgegen gesetzt; im Widerspruch stehend zu.

encouragement *m* Anreiz *m*, Förderung *f*; Ermutigung; **– à l'exportation** Ausfuhrförderung.

encourager ermutigen, fördern, unterstützen; **– à la désobéissance** zum Ungehorsam anhalten.

encourir *v.tr.d.* sich aussetzen, auf sich laden; **peine encourue** angedrohte Strafe; **– une amende** zu einer Geldstrafe verurteilt werden; **– un blâme** einen Verweis erhalten; **– une peine** sich strafbar machen; **– une responsabilité** haften, haftpflichtig sein.

encours *m (BankR)* (gewährter) Kredit *m*, Kreditlimit *n*, Kreditlinie *f*; Kreditspielraum *m*; **– de banque** Gesamtheit der noch nicht fälligen Wechsel (im Besitz einer Bank); **– d'épargne défiscalisée** Höhe *f* der steuerbefreiten Spargelder; **– des prêts** ausstehende Darlehen *npl*.

endémie *f* Dauerverseuchung *f* eines Gebiets.

endetté *adj* (hoch) verschuldet.

endettement *m* Verschuldung *f*, Schuldenlast *f*; Überschuldung *f*; **limite d'–**, **plafond d'–** Verschuldungsgrenze *f*; **– à court terme** kurzfristige Verschuldung; **– envers l'étranger** Auslandsverschuldung; **– de l'État** Verschuldung der öffentlichen Hand; **– immobilier** Grundstücksbelastung; **– intérieur** Inlandsverschuldung.

endetter: s'– sich verschulden, Schulden machen.

endigage *m*, **endiguement** *m* Eindeichung, Einpolderung.

endogamie *f* Inzucht *f*, Endogamie *f*

endommagement *m* (1) *(dégât, dommage)* Schaden *m*, Wertminderung, (2) *(fait de causer un dommage)* Beschädigung.

endommager *v.tr.d.* beschädigen; **immeuble –gé** Haus in schlechtem Zustand.

endos *m (WechselR: mention au dos, aux fins de transmission)* Indossament *n*, Giro *n*; **– de procuration** Prokura- *od.* Vollmachtindossament.

endossable *adj* indossabel, (durch Indossament) übertragbar.

endossataire *m* Indossat *m*, Indossatar *m*, Girat *m*, Giratar *m*.

endossement *m* Indossament *n*, Wechselübertragung(svermerk), Giro *n*; **– biffé** ausgestrichenes Indossament; **– en blanc** Blankoindossament, Blankogiro; **– complet** Vollindossament, Vollgiro; **– d'un effet protesté** Nachindossament; **– partiel** Teilindossament; **– à personne dénommée** Vollindossament; **– pignoratif** Pfandindossament; **– au porteur** Inhaberindossament; **– de procuration** Prokura- *od.* Vollmachtindossament; **– pur et simple** unbedingtes Indossament.

endosser *v.tr.d.* indossieren, girieren; **– la responsabilité** die Haftung übernehmen.

endosseur *m* Indossant *m*, Girant *m*; **– précédent** Vorindossant; **–**

subséquent Nachindossant, Hintermann.
endroit *m* Stelle *f*; Ort *m*, Platz *m*; Ortschaft *f*.
énergétique *adj* energetisch; **bilan –** Energiebilanz *f*; **réserves –s** Energiereserven *fpl*.
énergie *f* (1) Energie *f*, Energiequelle *f*, (2) Energiewirtschaft *f*; **approvisionnement en –** Energieversorgung *m*; **besoins en –** Energiebedarf *m*; **consommation d'–** Energieverbrauch *m*; **coût de l'–** Energiekosten *pl* ; **fourniture d'–** Energieversorgung; **gaspillage d'–** Energieverschwendung; **producteur d'–** Energieerzeuger *m*; **production d'–** Energieproduktion; **ressources en –** Energiereserven *fpl*; Energiequellen *fpl*; **– atomique** Atomenergie *f*; **– douce** regenerative Energie; Sonnenenergie; geothermische Energie; **– fossile** fossile Energieträger, Kohle, Erdöl; **– non renouvelable** nicht erneuerbare Energierohstoffe; **– nucléaire** Kernkraft *f*; **– primaire** Primärenergie; **– renouvelable** erneuerbare Energieressourcen.
enfance *f* Kindheit *f*, Kindesalter *n*; **aide** *ou* **assistance à l'–** Jugendfürsorge *f*; **– délinquante** straffällige Jugend; **– moralement abandonnée –s** verwahrloste Jugendliche u. Heranwachsende.
enfant *m* Kind *n*, Abkömmling *m* ersten Grades; Jugendliche(r) (unter 16 Jahren); Minderjährige(r); **abandon d'–** *(StR)* Kindesaussetzung; **allocation pour – à charge** Kindergeld; **juge pour –s** *(StPR)* Jugendrichter; **protection des –s** Jugendschutz; **substitution** *ou* **supposition d'–** Kindesunterschiebung; **tribunal pour –s** Jugendgericht.
enfant adoptif Adoptivkind; **– abandonné** ausgesetztes Kind; **– adopté, – adoptif** adoptiertes Kind; **– adultérin** aus einem Ehebruch hervorgegangenes Kind; **– assisté** von der Fürsorge betreutes Kind; **– d'un autre lit** Stiefkind; **– à charge** unterhaltsberechtigtes Kind; **– conçu** Leibesfrucht *f*, ungeborenes Kind; **– consanguin** vom gleichen Vater abstammendes Kind; **– en garde** Pflegekind; **– hors mariage**, **– illégitime** nichteheliches Kind; **– incestueux** aus blutschänderischem Verhältnis hervorgegangenes Kind.
enfant légitime eheliches Kind; **– légitimé** für ehelich erklärtes Kind, legitimiertes Kind (Aut); **– maltraité** mißhandeltes Kind; **– moralement abandonné** verwahrlostes Kind; **– mort-né** Totgeburt *f*; **– à naître** nasciturus, Kind im Mutterleib; **– naturel** nichteheliches Kind; **– naturel reconnu** anerkanntes nichteheliches Kind; **– en nourrice** Pflegekind; **– posthume** nachgeborenes Kind; **– d'un premier lit** Kind aus erster Ehe; **– reconnu** anerkanntes Kind; **– trouvé** Findelkind; **– utérin** von der gleichen Mutter abstammendes Kind.
enfantement *m* Niederkunft *f*, Entbindung.
enfermer *v.tr.* inhaftieren, einsperren.
enfreindre *v.tr.d.* (1) *(transgresser une loi)* (ein Gesetz) nicht beachten, nicht befolgen, nicht einhalten, (2) *(ne pas respecter un engagement)* (eine Verpflichtung) verletzen.
enfuir: s'– *v.pron.* fliehen, entfliehen, die Flucht ergreifen, flüchten; ausbrechen (aus einem Gefängnis).
engagé par contrat vertraglich verpflichtet.
engagement *m* (1) *(SchuldR: action de se lier par contrat)* (vertragliche) Verpflichtung (zur Leistung); Verbindlichkeit; Eingehen *n* einer Verpflichtung, (2) *(ZR, ÖfR: action de se lier par une promesse)* Versprechen *n*, Zusage *f*, Bindung *f*, (3) *(ArbR: location de services)* Anstellung *f*, Einstellung *f*; Dienstverhältnis *n*, Anstellungsverhältnis, Arbeitsverhältnis, (4) *(SachR: mise en gage)* Verpfändung, (5) *(MilR)* militäri-

sche Verpflichtung, freiwillige Meldung (zum Wehrdienst), (6) *(HaushR: initiative d'une dépense)* Mittelbindung *f*; **conditions d'–** *(ArbR)* Einstellungsvoraussetzungen *fpl*; **contracter un –** eine Verpflichtung eingehen; **contrat d'–** Dienst- *od.* Anstellungsvertrag; **faire honneur à ses –s** seinen Verpflichtungen nachkommen; **lettre d'–** schriftliche Bestätigung der Einstellung; **manquer à son –** seine Verpflichtung nicht einhalten *od.* nicht erfüllen; **prendre un –** eine Verpflichtung eingehen; **remplir** *ou* **respecter un –** eine Verpflichtung erfüllen *od.* einhalten; **rompre un –** eine Verpflichtung verletzen; **(offre) sans –** ohne Obligo, freibleibend, unverbindlich.

engagement bancaire Bankhaftung; **– cambiaire** Wechselobligo; **– cautionné** durch Bürgschaft gesicherte Forderung; **– commercial** handelsrechtliche Verbindlichkeit; **– en compte courant** Kontokorrentverbindlichkeit; **– contractuel** *ou* **conventionnel** Vertragspflicht, vertragliche Verpflichtung; **– définitif** *(ArbR)* feste Anstellung.

engagement de dépenses (1) *(ÖfR)* Ausgabenbewilligung (2) *(HaushR)* Mittelbindung *f*; **– à l'essai** An- *od.* Einstellung zur Probe; Probearbeitsverhältnis *n*; **– ferme** (1) *(ZR)* verbindliche Willenserklärung, (2) *(ArbR)* feste Anstellung; **– financier** Zahlungsverpflichtung; **– de garantie** Bürgschaftsverpflichtung; **– hors bilan** *(GesR)* in der Bilanz nicht ausgewiesene Verbindlichkeit.

engagement juridique Verpflichtung aus einem Rechtsgeschäft *od.* Gesetz; Schuld *f*; Verbindlichkeit; **– locatif** Mietverhältnis; **– à long terme** langfristige Verpflichtung; **– de non-concurrence** *(HR, ArbR)* Wettbewerbsverbot *n*; **– de paiement** Zahlungsverpflichtung, Zahlungsverbindlichkeit; **– de service** Arbeitsvertrag *m*; Dienstverpflichtung; **– par signature** *(BankR)* Kreditleihe *f*; **–s sociaux** Verbindlichkeiten einer Handelsgesellschaft, Gesellschaftsschulden; **– solidaire** gesamtschuldnerische *od.* solidarische Verpflichtung; **– à titre d'essai** Anstellung auf Probe; **– à titre temporaire** Anstellung auf Zeit; **– de travail** Arbeitsvertrag *m*, Arbeitsverpflichtung; **– volontaire** freiwillige Meldung; **– par volonté unilatérale** *(ZR)* Verpflichtung durch (einseitige) Willenserklärung; **– à vue** *(BankR)* Tagesgelder *pl*, sofort fällige *od.* täglich fällige Verbindlichkeit.

engager *v.tr.d.* (1) *(ArbR)* anstellen, einstellen, (2) *(SachR)* (eine Sache) verpfänden, (3) *(PrzR)* (ein Verfahren) einleiten, beginnen, in die Wege leiten; **– des capitaux** Geld investieren; **– un procès** ein Verfahren einleiten; **– sa responsabilité** sich verpflichten, sich binden; die Verantwortung übernehmen; **– sa voiture** *(StVR)* einbiegen.

engager *v.pron.*: **s'– à** sich verpflichten; **s'– dans** sich beteiligen bei; sich einlassen auf; verwickelt werden, hineingeraten; **s'– par contrat** sich vertraglich verpflichten.

engendrer *v.tr.d.* (1) erzeugen, hervorbringen, (2) *(fig)* verursachen.

engin *m* (1) Maschine *f*, Gerät *n*, (2) Falle *f*; **– explosif** Sprengkörper *m*; **– prohibé** verbotenes Jagdgerät.

engineering *m* Engineering *n*, Ingenieurwesen *n*; technische und finanzielle Planung eines Vorhabens.

englober *v.tr.d.* (1) umfassen, einbeziehen, (2) vereinigen, (3) eingemeinden, einverleiben.

engloutir des sommes considérables Unsummen verschlingen.

engorgement *m* (1) *(StVR)* Verkehrsstau *m*, (2) *(HR: marché)* Stokkung *f* (der Geschäftstätigkeit); **– des tribunaux** Überlastung der Gerichte.

engrais *m* Düngemittel *n*; Futtermittel *n*, Mastfutter *n*; Mast *f*; **– chimique** Kunstdünger *m*.

énigmatique *adj* rätselhaft.
enivrement *m* Trunkenheit *f.*
enjeu *m* (Spiel-)Einsatz *m*, Watteinsatz.
enjoindre *v.tr.d.* anordnen, nachdrücklich befehlen; einschärfen.
enlèvement *m* (1) *(HR: marchandises)* Abtransport *m*, Abholen *n*, (2) *(StR: personnes)* Entführung *f*, Menschenraub *m*; **– d'enfant** Kindesentführung; **– des ordures ménagères** Müllabfuhr *f*; **– de pièces** Urkundenunterdrückung.
enlever (1) abholen, abtransportieren, (2) entführen; **– un siège** einen Sitz (im Parlament) erringen.
ennemi *m* Feind *m*; Gegner *m*; **déserter à l'–** zum Feinde überlaufen; **désertion à l'–** Überlaufen zum Feinde, Desertion; **– intérieur** Spion *m*, Agent *m*, Saboteur *m*; **– public** Rechtsbrecher *m*, Übeltäter *m*; **– public numéro un** gemeingefährlicher Verbrecher.
ennemi *adj* feindlich, gegnerisch.
ennui *m* Unannehmlichkeit *f*, Verdruß *f*; Sorge *f*; **–s d'argent** Geldsorgen; **– de santé** Gesundheitsstörung.
énoncé *m* (1) *(teneur, termes d'une loi, d'un jugement, d'un contrat)* (Gesetzes-)Text *m*; (Urkunden-)Wortlaut *m*, (Urteils-, Vertrags-)Inhalt *m*; Formulierung, (2) *(déclaration faite dans un acte juridique)* rechtsgeschäftliche Erklärung, Willenserklärung, (3) Bericht *m*, Aufzählung; **– d'une clause** Wortlaut einer Bestimmung *od.* einer Vertragsklausel; **– des faits** *(PrzR)* Tatbestand *m*, Sachverhalt *m*, Sachverhaltsdarstellung.
énoncer *v.tr.d.* (1) *(exposer, formuler)* aussagen, ausdrücken, aussprechen, formulieren, darlegen, (2) *(mentionner, stipuler)* bemerken, bestimmen; **– les conditions d'un acte** die Vertragsbedingungen darlegen; **– les faits** den Sachverhalt darstellen; **– ses prétentions** seine Forderungen vortragen *od.* kundtun.
énonciation *f* (1) Erklärung *f*, Darlegung *f*, Aussage *f*, Angabe *f*, (2) Wortlaut *m*, Formulierung *f*; **– des faits** Tatsachenbehauptung *f.*
enquérir *(PrzR: interroger un témoin)* befragen; **s'– de qqn.** sich über jmdn. erkundigen, Erkundigungen *fpl* einholen; **s'– de qqch.** sich über etwas informieren.
enquête *f* (1) *(ÖfR, StR: mesures d'instruction)* Untersuchung *f*, Ermittlungen *fpl*, (polizeiliche) Nachforschung *f*, (2) *(ZPR: preuve testimoniale)* Zeugenvernehmung (durch den Richter); Erforschung des Sachverhalts, (3) *(Pol: sondage)* Befragung, Umfrage *f*, Erhebung; **commission d'–** Ermittlungs- *od.* Untersuchungsausschuß; **droit d'–** *(EuR)* Enqueterecht; **– de commodo et incommodo** *(VwPR)* Verwaltungsverfahren *n* zwecks Feststellung unzulässiger Beeinträchtigung eines Grundstücks durch ein Nachbargrundstück; **– comparative** vergleichende Untersuchung; **– de flagrance** *(StPR)* polizeiliche Ermittlungen im Rahmen des beschleunigten Verfahrens; **– à futur** *(ZPR)* Ermittlung zwecks Beweissicherung; **– gouvernementale** Regierungsuntersuchung; **– incidente** *(PrzR)* Beweisaufnahme (im Laufe eines Verfahrens); **– judiciaire préliminaire** (1) *(ZPR)* gerichtliche Voruntersuchung, (2) *(StPR)* kriminalpolizeiliche Ermittlungen (im Auftrag des Untersuchungsrichters); **– d'office** *(PrzR)* Ermittlung von Amts wegen; **– officielle** amtliche Untersuchung; **– ordinaire** Beweisaufnahme (vor dem Einzelrichter); **– parcellaire** Einzeluntersuchung; **– de pavillon** Feststellung der Nationalität eines Schiffes; **– pénale** Ermittlungsverfahren in Strafsachen; **– de personnalité** *(StPR)* Nachbarschaftsbefragung (zur Erkundung der Persönlichkeit des Straftäters); **– pilote** Umfragetest *m*; **– sur place** Ortstermin *m*; **– de police** polizeiliche Ermittlungen; **– préalable ou préliminaire** *(StPR)* polizeili-

che Voruntersuchung (im Auftrag der Staatsanwaltschaft *od.* von Amts wegen).

enquête publique préalable *(VwR)* Beteiligung der Bürger im Rahmen eines Anhörungsverfahrens (insbesondere bei Bauvorhaben); – **respective** *(ZPR)* Beweisaufnahme *f* über die vom Prozeßgegner behaupteten Tatsachen; – **sociale** *(FamR)* Gutachten über das soziale Umfeld eines Jugendlichen; – **sommaire** *(ZPR)* (mündliche) Beweisaufnahme (vor Gericht); – **par sondage** Meinungsumfrage, Meinungsforschung; – **statistique** statistische Erhebung; – **sur le terrain** Feldforschung *f*.

enquêter *v.intr.* ermitteln, nachforschen, untersuchen; – **sur (une affaire)** Ermittlungen *od.* Nachforschungen anstellen, einer Sache nachgehen.

enquêteur *m* (1) *(StPR)* Ermittlungsbeamte(r), Polizeibeamte(r); Untersuchungsführer *m*, (2) Meinungsforscher.

enrayer *v.tr. fig* hemmen, bremsen.

enregistrable *adj* eintragbar, eintragungsfähig.

enregistrement *m* (1) *(HR, PatR, SteuerR: inscription sur un registre)* Eintragung *f*, Registrierung, (2) *(Buchf)* Verbuchung, Bucheintragung, (3) *(action de noter sur un support)* Aufnahme *f*; **centre d'–** Zentralregistratur *f*; **certificat d'–** Eintragungsbescheinigung; **conditions d'–** Eintragungsvoraussetzungen; **demande d'–** Antrag auf Eintragung; **demander l'– d'une marque** ein Warenzeichen zur Eintragung anmelden; **droit d'–** (1) *(HR, PatR, Wz)* Eintragungskosten, Registergebühr *f*, (2) *(HochschulR)* Einschreibungsgebühr; **mention d'–** Eintragungsvermerk *m*; **numéro d'–** Register- *od.* Eintragungsnummer *f*; **procédure d'–** Eintragungsverfahren *n*.

enregistrement des bagages Gepäckaufgabe *od.* -abfertigung; – **en débet** Eintragung von Prozeßakten mit Aufschub für die Zahlung der Gebühren; – **magnétique** Tonbandaufzeichnung; – **de marque** Warenzeichen- *od.* Markeneintragung, Markenregistrierung; – **optique** Filmaufnahme *f*; – **au registre du commerce (et des sociétés)** Eintragung im Handelsregister; – **sonore** Tonbandaufnahme *f*; – **des traités** *(VR)* Hinterlegung der Ratifikationsurkunden.

enregistrer *v.tr.d.* (1) eintragen, registrieren, (2) verbuchen, einschreiben, buchen, verzeichnen, (3) aufnehmen, speichern.

enrichir: s'– *v.pron.* sich bereichern, sich Vorteile verschaffen.

enrichissement *m* *(ZR: profit appréciable en argent)* Bereicherung *f*; – **sans cause** *(SchuldR: quasi-contrat, art. 1376 C.civ.)* Ausgleich *m* nicht gerechtfertigter Leistungen; – **injuste** ungerechtfertigte Bereicherung; – **illégitime** (S) ungerechtfertigte *od.* unrechtmäßige Bereicherung (S); – **des tâches** *(ArbR)* Schaffung günstigerer Arbeitsbedingungen.

enrôlement *m* (1) *(ZPR: mise au rôle)* Eintragung (einer Klage) in einem durch die Gerichtskanzlei geführten Register (zur Begründung der Rechtshängigkeit), (2) *(MilR, SeeHR)* Rekrutierung, Anwerbung.

enrôler *v.tr.d.* anwerben, gewinnen; einziehen, rekrutieren.

enseignant *m* Lehrkraft *f*; **corps –** Lehrerschaft *f*, Lehrkörper *m*; **personnel –** Lehrkräfte *fpl*, lehrberechtigte Personen; – **chercheur de l'enseignement supérieur** Hochschullehrer *m*.

enseigne *f* *(HR: dénomination de fantaisie)* Firmenbezeichnung *f*; (Geschäfts-)Schild *n*, Firmenschild *n*; – **lumineuse** Leuchtreklame *f*.

enseignement *m* Unterrichtswesen *n*, Schulwesen *n*; Unterricht *m*; Lehre *f*; – **pour adultes** Erwachsenenbildung; – **de la conduite des véhicules à moteur** Fahrschulunterricht *m*; – **à distance**

Fernunterricht *m*; – **général** allgemeinbildender Unterricht; – **des langues vivantes** Fremdsprachenunterricht; – **laïc** frz. bekenntnisneutrales Schulwesen; – **libre** Privatschulwesen *n*, Privatschule; – **manuel** Werkunterricht; – **obligatoire** Schulpflicht *f*; – **à option** Wahlfach *n*; – **à plein temps** Ganztagsunterricht; – **primaire** Grundschulwesen; – **privé** Privatschulwesen; Privatschule; – **professionnel** Berufsschulwesen; – **public** öffentliche Schulen, öffentliches Unterrichtswesen; – **religieux** Religionsunterricht; – **du second degré** *ou* **secondaire** Unterricht an Gymnasien *od.* weiterführenden Schulen; – **spécialisé** Sonderschulwesen; – **supérieur** Hochschulwesen, Hochschule; – **technique** Fachausbildung; – **à temps partiel** Teilzeitunterricht.

enseigner *v.tr.* lehren, unterrichten, Unterricht erteilen *od.* geben; Vorlesungen halten.

ensemble *m* Gesamtheit *f*; Ganzheit *f*; Totalität *f*; **dans l'–** insgesamt; **grand –** Gebäudekomplex *m*; Siedlungsbereich *m*; Trabantenstadt *f*; **vue d'–** Gesamtüberblick *m*; – **économique** Wirtschaftskomplex *m*; – **de personnes** Personengesamtheit *f*; Personenvereinigung; – **urbain** Ballungsraum *m*.

entaché *adj* **de faute** fehlerhaft; – **de nullité** ungültig, nichtig.

entamer *v.tr.* (an)schneiden; verletzen; verringern: – **son capital** sein Kapital angreifen; – **le crédit de qqn.** den Ruf (einer Person) schädigen; – **des négociations** mit den Verhandlungen beginnen; – **des poursuites** ein Verfahren einleiten.

entendement *m* Vernunft *f*; geistige Fähigkeiten; **perdre l'–** geisteskrank werden.

entendre *(un témoin)* (einen Zeugen) einvernehmen, vernehmen.

entendu en justice *(ZPR)* vor Gericht erschienen.

entente *f* (1) *(ZR: accord, arrangement)* Einigung, Vereinbarung *f*, Einverständnis *n*, Einvernehmen *n*, Absprache *f*, (2) *(GesR: concertation)* Abrede *f*, Kartellbeschluß *m*, Kartellvereinbarung, abgestimmtes Verhalten, (3) *(VR)* Bündnis *n*, Entente *f*; – **amiable** gütliche Einigung; – **de crise** Krisenkartell; – **économique** Wirtschaftsvereinbarung; – **électorale** Wahlbündnis *n*; – **illicite** ungesetzliche wettbewerbsbeschränkende Vereinbarung; – **industrielle** Unternehmenskooperation; – **préalable** vorherige Zustimmung; – **sur les prix** Preisabsprache *od.* -kartell; – **tarifaire** *(ZollR)* Tarifvereinbarung.

entérinement *m* Bestätigung *f*, Anerkennung; Annahme *f*, Billigung, Zustimmung.

entériner (1) *(PrzR: ratifier par jugement, homologuer, valider)* für rechtsgültig erklären, (gerichtlich) anerkennen, bestätigen, (2) *(VwR: rendre valable, consacrer, ratifier)* Gültigkeit verleihen, billigen; annehmen; – **une décision** einen Beschluß durchführen; – **un rapport d'experts** ein Sachverständigengutachten gutheißen; – **une requête** einem Antrag stattgeben.

enterrement *m* Bestattung, Beisetzung, Begräbnis *n*.

en-tête | du jugement Urteilskopf *m*, Rubrum *n*; – **d'une lettre** Briefkopf.

entier *adj* ganz, völlig, vollständig; **à part entière** voll und ganz; **la question reste entière** die Frage ist ungelöst.

entiercement *m* *(SachR)* Hinterlegung *f* der Pfandsache bei einem Dritten.

entité *f* (1) *(essence)* Wesen *n*, Sein *n*, (2) (Rechts-)Begriff *m*, (3) *(ZR: personne juridique)* Rechtssubjekt *n*; – **économique** Wirtschaftsgebilde *n*; – **juridique** juristische Person, Rechtssubjekt; – **territoriale** Gebietskörperschaft *f*.

entôlage *m* *(StR: umg)* durch eine Prostituierte verübter Diebstahl; Übervorteilung, Übertölpelung.

entorse *f* (1) *(au règlement)* (leichte) Verletzung (der Vorschriften), (2) *(à la vérité)* Verschleierung (der Wahrheit); – **à la procédure** Verfahrensfehler *m*; – **à la règle** Regelwidrigkeit.

entourage *m* (soziales) Umfeld *n*.

entraide *f* gegenseitige Hilfe(leistung); Nachbarschaftshilfe; – **administrative** Verwaltungshilfe *f*, Amtshilfe; – **judiciaire** *ou* **juridique** Rechtshilfe.

entraîner *v.tr.d.* zur Folge haben; – **de graves conséquences** schwere Folgen nach sich ziehen; – **à commettre un crime** zu einem Verbrechen verleiten; – **des déchéances** *(ZPR)* zum Rechtsverlust führen; – **des frais** Kosten verursachen; – **des inconvénients** Nachteile mit sich bringen; – **des retards** zu Verzögerungen führen.

entrave *f* Hindernis *n*, Behinderung *f*, Hemmnis *n*; **apporter des –s à l'exercice d'un droit** die Rechtsausübung (teilweise) vereiteln; – **à la circulation** Verkehrshindernis *n*; – **au fonctionnement de la justice** Behinderung der Gerichtstätigkeit; – **à la liberté des enchères** Störung des freien Ablaufs einer Versteigerung; – **à la liberté du travail** Behinderung der Freizügigkeit der Arbeitnehmer; Störung des Arbeitsfriedens; – **à la libre circulation des marchandises** Behinderung des freien Güterverkehrs.

entraver *v.tr.d.* behindern, erschweren, beeinträchtigen, hemmen.

entrée *f* (1) Eintritt *m*, Eingang *m*, Zugang *m*, (2) Einreise *f*; **acquit d'–** Zolleinfuhrschein *m*, Zolleingangsschein; **âge d'–** *(VersR)* Eintrittsalter *n*, Beitrittsalter; **autorisation d'–** Zuzugsgenehmigung *f*, Einreiseerlaubnis *f*; **concours d'–** *(SchulR)* Aufnahmeprüfung *f*; **contingentement à l'–** Einfuhrkontingentierung, Importkontingentierung; **déclaration d'–** Einfuhrerklärung *f*; **date d'– en vigueur d'une loi** Zeitpunkt des Inkrafttretens eines Gesetzes; **droit d'–** (1) Eintrittsrecht *n*, (2) Eintrittsgeld, Aufnahmegebühr *f*, (3) Einfuhrzoll *m*; **interdiction d'–** Einreiseverbot *n*; **permis d'–** Einreisebewilligung *od.* -erlaubnis; **prohibition d'–** Einfuhrverbot *n*; **restriction d'–** Einreisebeschränkung *f*; **visa d'–** Einreisevisum *n*, Sichtvermerk *m*.

entrée | d'un associé Eintritt *m* eines Gesellschafters; – **en fonctions** Amtseinführung *f*, Amtsantritt *m*, Dienstantritt; – **en franchise** zollfreie Einfuhr; – **en jouissance** (1) Besitzergreifung *f*, Besitzantritt, (2) Beginn der Fruchtziehung; – **en matière** Verhandlungsbeginn *m*; – **en possession** Besitzeinweisung; – **en service** Dienstantritt *m*; – **et sortie** Zugang und Abgang; – **en stock** Lagereingang *m*; – **en vigueur** Inkrafttreten *n*, Wirksamwerden *n*.

entremetteur *m* Vermittler *m*; *pej* Zuhälter *m*.

entremettre: **s'–** *v.pron.* vermitteln, sich einschalten, intervenieren.

entremise *f* Vermittlung *f*, Fürsprache *f*; **par l'– de qqn.** dank Empfehlung von.

entreposage *f* Zwischenlagerung *f*.

entreposer *v.tr.d.* (ein)lagern, zwischenlagern.

entreposeur *m* (1) *(VwR)* Verkäufer von (staatlicher) Monopolware, (2) *(HR)* Lageraufseher *m*.

entrepositaire *m* (1) Lagerhalter *m*, Zwischenverwahrer, (2) Einlagerer.

entrepôt *m* (1) Lagerhaus *n*, Zwischenlager *n*, Lagerräume, Lagerhalle, (2) *(Bier)* Niederlage *f*, (3) Zollager; **constituer en –** in ein Zollager bringen; **déclaration de sortie d'–** Lagerabmeldung; **droit d'–** Lagergebühr *f*, Lagergeld *n*; **frais d'–** Lagerkosten *pl*; **marchandise en –** Lagerware *f*, Lagergut *n*; **récépissé d'–** Lagerhausschein, Lagerschein als Wertpapier; **registre d'–** Lagerbuch, Niederlageregister *n*; **sortie d'–** Auslagerung *f*; **– collectif** Sammellagerung; **– de douane** *ou* **douanier** Zollager *od.* -niederlage, Transitlager; **– fictif** Zollprivatlager (ohne amtlichen Mitverschluß); **– franc** Freilager; **– particulier** Privatlager; **– public** öffentliches Lagerhaus; **– réel** Zolllager, Zollniederlage; **– spécial** Zollprivatlager (unter amtlichem Mitverschluß).

entreprendre *v.tr.d.* (1) *(engager, entamer)* unternehmen, beginnen, in die Wege leiten, (2) *(attaquer, importuner)* angreifen, belästigen: **– une démarche** Schritte einleiten.

entrepreneur *m* (1) *(SchuldR: contrat de louage d'ouvrage, art.1792-1 C.civ.)* (Werk-)Unternehmer *m*, Hersteller *m* (des Werks), (2) *(BW: chef d'entreprise)* Unternehmer *m*, Betriebsinhaber *m*; Bauunternehmer; **sous –** Subunternehmer *m*; **– individuel** Einzelunternehmer; **– d'ouvrage** (Werk-)Unternehmer; **– de transport** Transportunternehmer; **– de transports routiers** (Roll-)Fuhrunternehmer.

entrepris *adj*: **jugement –** Urteil, gegen das ein Rechtsmittel eingelegt wurde.

entreprise *f* (1) *(HR: établissement industriel ou commercial, art.632 C.com.)* (kaufmännisches) Unternehmen *n*, (Gewerbe-)Betrieb *m*, Unternehmung *f*, (2) *(ArbR: action d'effectuer un travail)* Arbeit *f*, Arbeitsvorhaben *n*, Werk *n*, Tätigkeit *f*, (3) *(ÖfR, StR, ZR: empiétement sur les droits d'autrui)* Beeinträchtigung *f*, Angriff (auf); Verletzung *f*, (4) *(SchuldR: contrat de louage d'ouvrage ou d'industrie dit contrat d'entreprise)* Werkvertrag *m*; **accord d'–** *(ArbR: convention collective)* Betriebsvereinbarung; **branche d'–** Betriebszweig *m*, Unternehmenszweig; **chef d'–** Unternehmer, Betriebsleiter; **comité d'–** *(ArbR: représentation du personnel sous la présidence du chef d'entreprise – ne pas confondre avec le „Betriebsrat" allemand!)* Unternehmensausschuß *n* (unter Vorsitz des Betriebsleiters); **contrat d'–** *(SchuldR)* Werkvertrag *m*; **fermeture de l'–** Betriebsschließung, Betriebsstillegung *f*; **groupe d'–** Konzern *m*; **liberté d'–** Handels- und Gewerbefreiheit *f*; **libre –** freies Unternehmertum; **moyenne –** mittelständischer Betrieb; **personnel de l'–** Belegschaft *f*; **règlement d'–** *(ArbR)* Betriebsordnung *f*; **regroupement d'–s** Unternehmenszusammenschluß *m*; **syndicat d'–** betrieblich organisierte Gewerkschaft.

entreprise d'acconage *(SeeHR)* Leichterunternehmen; **– affiliée à un groupe** *(GesR)* Konzernbetrieb; **– agricole** landwirtschaftlicher Betrieb; **– artisanale** Handwerksbetrieb.

entreprise bancaire *ou* **de banque** Bank *f*, Kreditinstitut *n*; **– de bâtiment** Bauunternehmen; **– de bâtiment et des travaux publics** (= **BTP**) Hoch- und Tiefbau *f*; **à but lucratif** Erwerbsunternehmen, Erwerbsgeschäft *n*, erwerbswirtschaftliches Unternehmen; **– de camionnage** (Roll-)Fuhrunternehmen; **– à caractère industriel et commercial** Gewerbebetrieb *m*; **– à caractère mixte** *(ÖfR)* gemischtwirtschaftliches Unternehmen; **– commerciale** kaufmännisches Unternehmen, Handelsbetrieb; **– commune** *(GesR)* Unternehmenskooperation; Gemeinschaftsunternehmen; **– concédée** *ou* **concessionnaire** *(VwR)* konzessionierter Betrieb; **– de construction** Bauunternehmen; **– coopérative** genossenschaftlicher Betrieb, Genossenschaft; **– criminelle** *(StR)* strafbare Handlungen *pl*; **– de démoralisation de l'armée** *(StR)* Wehrkraftzersetzung; **– dépendante** *(GesR)* abhängiges Unternehmen; **– en difficulté** in Zahlungsschwierigkeiten geratenes Unternehmen; **– de distribution** Versorgungsunternehmen; **– dominante** herrschendes Unternehmen; **– dominée** beherrschtes Unternehmen; **–**

entreprise familiale   **entretien**

économique Wirtschaftsbetrieb; – **d'État** Staatsbetrieb, staatliches Unternehmen; – **exportatrice** Exportunternehmen, Ausfuhrfirma *f*.

entreprise familiale Familienbetrieb *od.* -unternehmen; – **fédérale** Bundesbetrieb; – **financière** Kreditinstitut, Bank; – **de gros** Großhandelsunternehmen; – **individuelle** Einzelkaufmann *m*; – **industrielle** gewerblicher Betrieb, Gewerbebetrieb, Industrieunternehmen; – **d'intérim** Zeitarbeitunternehmen; – **de lotissement** Siedlungsgesellschaft *f*; – **maritime** Schiffahrtsunternehmen; – **minière** Bergwerksbetrieb, knappschaftlicher Betrieb, Zechenunternehmen; –**modèle** Musterbetrieb; – **multinationale** verbundene mutinationale Unternehmen, Multi *m*; – **nationale** staatliches Unternehmen, Staatsbetrieb.

entreprise nationalisée verstaatlichtes Unternehmen; – **de navigation aérienne** Luftfahrtunternehmen; – **en participation** stille Gesellschaft; – **à position dominante** marktbeherrschendes Unternehmen; – **privée** Privatunternehmen; – **privée de gardiennage, de surveillance et de sécurité** privates Objektschutz und Personenschutzunternehmen *n*; – **de production** Produktionsbetrieb; – **de publicité** Werbeagentur *f*; – **publique** Staatsbetrieb, Unternehmen der öffentlichen Hand; – **publique du secteur concurrentiel** erwerbswirtschaftliches Unternehmen der öffentlichen Hand; – **en régie** *(ÖfR)* Regiebetrieb *m* (ohne eigene Rechtspersönlichkeit); – **saisonnière** Saisonbetrieb; – **subventionnée** staatlich gefördertes Unternehmen; – **subversive** *(StR)* Untergrundtätigkeit *f*; – **à succursales multiples** Filialunternehmen; – **de transformation** Verarbeitungsbetrieb.

entreprise de transport Transportunternehmen, Verkehrsbetrieb; – – **aérien** Luftverkehrs- *od.* Luftfahrtunternehmen; – – **maritime** Schiffahrtsbetrieb; – – **routier** Kraftverkehrsunternehmen.

entreprise de travail temporaire Zeitarbeitsunternehmen; – **unipersonnelle** Einmanngesellschaft; – **de vente par correspondance** Versandhaus *n*.

entrer *v.intr.* (1) eintreten, (2) einreisen; – **en application** Anwendung finden, Gültigkeit erlangen; – **pour beaucoup dans qqch.** eine große Rolle spielen; – **en charge** *(BeamR)* ein Amt übernehmen; – **dans un complot** an einer Verschwörung teilnehmen; – **en contact** Verbindung aufnehmen mit; – **dans les détails** näher eingehen auf; – **en ligne de compte** in Betracht *od.* in Frage kommen; – **en possession** den Besitz erwerben, in den Besitz eingewiesen werden; – **dans un parti politique** Mitglied einer politischen Partei werden, einer Partei beitreten; – **dans une profession** einen Beruf ergreifen; – **en vigueur** in Kraft treten, wirksam werden.

entre temps *adv* in der Zwischenzeit.

entretenir *v.tr.* (1) *(maintenir, conserver)* in gutem Zustand halten, instandhalten, pflegen, warten, (2) *(subvenir aux besoins de)* unterhalten, Unterhalt gewähren, **s'**– *v.pron* sich unterhalten mit, ein Gespräch führen; – **qqn. dans l'erreur** jmdn. im Irrtum belassen.

entretien *n* (1) *(SachR)* Instandhaltung *f*, Wartung *f*, Erhaltung *f*, (2) *(FamR)* (Lebens-)Unterhalt, (3) *(conversation)* Unterredung *f*, Besprechung *f*, Aussprache *f*, Gedankenaustausch *m*; **dépenses d'**–, **frais d'**– (1) *(choses)* Instandhaltungs- *od.* Wartungskosten *pl*, (2) *(personnes)* Unterhaltskosten; **devoir d'**– , **obligation d'**– (1) *(personnes)* Unterhaltspflicht *f*, (2) *(bâtiments)* Unterhaltungs- *od.* Erhaltungspflicht; – **du ménage**

(FamR) Unterhalt für die Führung des Haushalts, Familienunterhalt (um die laufenden Kosten des Haushalts zu bestreiten), Unterhaltsbeitrag beider Ehegatten.

entrevue *f* Unterredung *f*, Zusammenkunft *f*; – **d'embauche** Einstellungsgespräch *n*.

énumération *f* Aufzählung *f*; – **limitative** erschöpfende Aufzählung.

énumérer *v.tr.d.* aufzählen.

envahir eindringen, einfallen.

enveloppe *f* (1) Briefumschlag *m*, (2) *(HaushR)* Dotierung, jährliche Ausstattung (mit den notwendigen Haushaltsmitteln); – **cachetée** versiegelter Umschlag.

envergure *f* Format *n*, Bedeutung *f*, Umfang *m*.

environ *adv* ungefähr; **aux –s de** in der Nähe von.

environnement *m* (1) *(nature)* Umwelt *f*; (2) *(société, famille)* soziales Umfeld, Umgebung *f*; **dégâts causés à l'–** Umweltschäden *mpl*; **destruction de l'–** Umweltzerstörung; **pollution de l'–** Immissionen *fpl*, Umweltverschmutzung, Umweltverseuchung; **protection de l'–** Umweltschutz *m*.

envisager *v.tr.d.* planen, ins Auge fassen, in Betracht ziehen, vorsehen.

envoi *m* Versand *m*; Sendung *f*, Lieferung *f*; **acte d'– en possession** *(SachR)* Besitzeinweisungsurkunde *f*; **bordereau d'–** Begleitschein *m*; **déclaration d'–** Versandschein; **documents d'–** Begleitpapiere *npl*; **frais d'–** Versandspesen *pl*, Versandkosten *pl*; – **d'argent** Geldsendung; – **à choix** Auswahlsendung; – **collectif** Sammelsendung; – **exprès** Eilsendung, Eilbotensendung; – **en franchise postale** portofreie Sendung; – **en grande vitesse** Eilgutsendung; – **groupé** Mischsendung; – **mal dirigé** Irrläufer *m*; – **en petite vitesse** Frachtgutsendung.

envoi en possession *(SachR)* Besitzeinweisung; – – **provisoire** vorläufige Einweisung in den Besitz.

envoi postal *ou* **par la poste** Postsendung; – **par la poste aérienne** Luftpostsendung; – **poste restante** postlagernde Sendung.

envoi recommandé Einschreibesendung, Einschreibebrief.

envoi contre remboursement Nachnahmesendung; – **en retour** Rücksendung; – **en souffrance, – tombé en rebut** unzustellbare Sendung; – **en transit** Sendung im Durchgangsverkehr, Transitgut *n*; – **avec valeur déclarée** Sendung mit Wertangabe, Wertsendung; – **par voie ferrée** Bahnversand, Bahnsendung.

envoyé *m* (außerordentlicher) (Ab-)Gesandte(r); – **diplomatique** Gesandter; – **spécial** *(MedienR)* Sonderberichterstatter.

envoyer *v.tr.* zusenden, versenden; schicken; – **un fax** ein Fax absenden; – **en possession** in den Besitz einweisen; – **qqn. en prison** jmdn. zu einer Freiheitsstrafe verurteilen.

envoyeur *m* Absender *m*.

épargnant *m* Sparer *m*; **petit –** Kleinsparer.

épargne *f* Sparen *n*, Spartätigkeit *f*, Sparwesen *n*; Ersparnis *f*, Spargelder *npl*, Sparguthaben *n*; **appel (public) à l'–** öffentliche Zeichnungsaufforderung (an die Sparer gerichtet); **association d'–** Sparverein *m*; **caisse d'–** Sparkasse *f*; **caisse d'– postale** Postsparkasse; **compte d'–** Sparkonto *n*; **contrat d'–** Sparvertrag *m*; **dépôt d'–** Spareinlage *f*, Sparguthaben *n*; **encouragement à l'–** Sparförderung *f*; **faire publiquement appel à l'–** *(GesR: Aktien)* dem Publikum zur Zeichnung anbieten; **livret (de caisse) d'–** Sparbuch *n*, Einlagebuch; **propension à l'–** Sparneigung *f*; **société d'–** Sparverein *m*; **taux d'–** Sparquote *f*; **versement d'–** Spareinlage.

épargne bancaire Banksparguthaben *n*; – **forcée** Zwangssparen; – **-logement** Bausparen; – **mobilière** Wertpapiersparen; – **privée,**

– **des particuliers** private Spartätigkeit; – **productive** Sparen in Form von Anlagen und Unternehmensbeteiligungen; – **retraite** Sparen für eine zusätzliche Altersversorgung; – **stérile accumulée** für die Wirtschaft unproduktive Spartätigkeit; – **volontaire** freiwilliges Sparen.

épargner *v.tr.d.* (1) sparen, ersparen, (2) verschonen.

épave *f* (1) *(ZR)* verlorene Sache; (vom Eigentümer) aufgegebener Gegenstand, (2) beschädigte, unbrauchbare Sache; (Auto-)Wrack *n*, (3) *(SeeHR)* Wrack *n*; Strandgut *n*.

épeler *v.tr.* buchstabieren; Lesen lernen.

épier *v.tr.* heimlich beobachten *od.* verfolgen.

épilogue *m* Nachspiel *n*; Schlußrede *f*; Nachwort *n*.

épisode *m* Ereignis *n* am Rande, Nebenhandlung *f*.

éponger (1) *(Kaufkraft)* abschöpfen, (2) *(Schulden)* begleichen, decken.

époque *f* Zeitabschnitt *m*; Zeitalter *n*; – **de la conception** Empfängniszeit *f*.

épouse *f* (Ehe-)Gattin, Ehefrau *f*; – **divorcée** geschiedene Frau.

épouser *v.tr.d.* heiraten.

époux *m* *(FamR: le conjoint)* Gatte *m*, Ehegatte, Ehemann *m*; – **communs en biens** in Gütergemeinschaft lebende Eheleute; – **divorcé** geschiedener Ehegatte.

épreuve *f* Prüfung *f*, Prüfungsarbeit *f*; Probe *f*, Versuch *m*; Leid *n*, Schmerz *m*, Unglück *n*; (Druck-)Fahne *f*, erster Abdruck; **à l'– du feu** feuerfest; **mettre qqn. à l'–** jmdn. auf die Probe stellen; – **d'admission** Aufnahmeprüfung *f*; – **d'aptitude** Eignungstest; – **de contrôle** Kontrolltest *m*; – **écrite** schriftliche Prüfung; – **de force** Kraftprobe *f*; – **orale** mündliche Prüfung; – **de qualification** Aufstiegsprüfung.

éprouvé *adj* bewährt, erprobt; betriebssicher.

épuisé *adj (HR: Ware)* ausverkauft, nicht lieferbar; *(Vorrat)* erschöpft; *(Buch)* vergriffen.

épuisement *m* Erschöpfung *f*; – **des recours internes** *(IPR)* Erschöpfung aller innerstaatlichen Rechtsmittel; – **des voies de recours** (1) *(ZPR)* Erschöpfung des Rechtsweges, (2) *(VwR)* Erschöpfung des Beschwerdeweges *od.* der Rechtsmittel.

épuration *f (hist)* Säuberungsaktion; **station d'–** Kläranlage *f*.

équarrissage *m* Abdecken *n*; Abdeckerei *f*; Tierkadaververwertung *f*.

équilibre *m* Gleichgewicht *n*; Ausgleich *m*; Ausgewogenheit *f*; **budget en –** ausgeglichener Haushalt; – **du budget** *ou* **budgétaire** Haushaltsausgleich *m*, Haushaltsgleichgewicht *n*; – **des finances** *ou* **financier** finanzielles Gleichgewicht.

équilibrer *v.tr.* ins Gleichgewicht bringen; kompensieren, ausgleichen; – **le budget** den Haushalt ausgleichen; – **en recettes et dépenses** ein Gleichgewicht zwischen Einnahmen u. Ausgaben herstellen.

équipage *m* (1) *(SeeHR)* (Schiffs-)Mannschaft *f*, Schiffsbesatzung *f*, (2) *(avion)* Besatzung *f*, Crew *f*, Besatzungsmitglieder *npl*; **rôle de l'–** Musterrolle, Mannschaftsrolle.

équipartition *f* paritätische Verteilung (der Sitze).

équipe *f* (Arbeits-)Kolonne *f*, Mannschaft *f*, Team *n*; Arbeitsgruppe; Schicht *f*; **contrat d'–** (1) *(ArbR)* Gruppenarbeitsvertrag *m*, (2) *(BauR)* Kolonnenvertrag *m*, **personnel d'–** Schichtbelegschaft; **salaire d'–** Gruppenlohn *m*; **travail d'–** Teamarbeit; – **de jour** Tagschicht *f*; – **de chercheurs** Forscherteam *n*; – **ministérielle** Kabinett *n*; – **de travail** Arbeitsgruppe.

équipement *m* (1) *(VwR, BauR)* Raumordnungsbehörde; Städtebaubehörde *f*; Bauamt *n*, (2) *(SeeHR: armement)* Schiffsausrüstung, (3) *(i.w.S.)* Ausstattung *f*; Geräte *npl*, Ausrüstungsgegenstände *mpl*; **biens d'–** Investitionsgüter *npl*; – **agricole** landwirtschaftliche Betriebsmittel *npl*; – **administratif** Verwaltungseinrichtungen *fpl*; – **de bureau** Büroeinrichtung *f*; – **commercial** Geschäftsausstattung; – **professionnel** Arbeitsausrüstung; – **social** Sozialeinrichtungen *fpl*.

équipements *mpl* Infrastrukturanlagen *fpl*, Infrastruktur *f*; – **annexes** Folgeeinrichtungen *fpl*; – **collectifs** Infrastruktur; – **de desserte** Folgeeinrichtungen; – **publics de base** Grundausstattung *f*.

équipollent *adj* gleichwertig; gleichbedeutend (mit); **la faute lourde –te au dol** die grobe Fahrlässigkeit wird wie der Vorsatz behandelt *od.* mit dem Vorsatz gleichgesetzt.

équitable *adj* billig, angemessen, gerecht, recht und billig; **juge –** unparteiischer *od.* unvoreingenommener Richter.

équité *f* (Recht und) Billigkeit *f*; billiges Ermessen; ausgleichende Gerechtigkeit; **clause d'–** Billigkeitsklausel *f*; **juger** *ou* **statuer en –** nach Billigkeitserwägungen *od.* -gesichtspunkten entscheiden; **principe de l'–** Billigkeitsgrundsatz *m*, Grundsatz von Recht u. Billigkeit; – **des salaires** Lohngerechtigkeit *f*.

équivalence *f* Gleichwertigkeit *f*, Gleichstellung; – **des conditions** *(ZR, StR:* Äquivalenztheorie*)* Gleichwertigkeit aller den Erfolg bedingenden Handlungen; – **de diplômes** *ou* **de titres** Gleichwertigkeit von Diplomen *od.* Zeugnissen; – **des prestations** *(SchuldR)* Gleichwertigkeit der Leistungen.

équivalent *m* (vollwertiger) Ersatz *m*, Gegenwert *m*; – **actuariel** versicherungsmathematischer Gegenwert; **l'– en marks** der Gegenwert in DM.

équivaloir (à) *v.tr.ind.* den Gegenwert darstellen (für), entsprechen, gleichkommen; so viel bedeuten wie; **sa réponse équivaut à un refus** seine Antwort kommt einer Ablehnung gleich.

équivoque *adj* zwei- *od.* mehrdeutig, doppelsinnig; **possession –** zweifelhafter Eigenbesitz.

équivoque *f*: **notre malentendu provient d'une –** das alles beruht auf einem Mißverständnis.

ère *f* Ära *f*, Zeitalter *n*; **XX° siècle de l'– chrétienne** XX. Jahrhundert christlicher Zeitrechnung.

érection *f (BauR)* Errichtung *f* (eines Bauwerks).

erga omnes (Rechtswirkung) gegenüber jedermann.

ergonomie *f* Ergonomie *f*, Erforschung der optimalen Arbeits- und Leistungsmöglichkeiten; optimale Anpassung der Produkte an den Verwendungszweck.

érosion *f* **monétaire** Geldwertschwund *m*, schleichende Geldentwertung; Kaufkraftschwund.

erratum *m* Druckfehler *m*.

errements *mpl* Vorgehen *n*, Verfahrensweise *f*; **–s de la procédure** Verfahrensablauf *m*.

erreur *f* (1) *(ZR, StR)* Irrtum *m*, (2) *(i.w.S)* Fehler *m*; Versehen *n*; **commettre une –** einen Irrtum begehen; **corriger une –** einen Irrtum berichtigen; **faire –** sich irren; **induire en –** jmdn. täuschen; **sauf – ou omission** Irrtum vorbehalten.

erreur d'appréciation Beurteilungsirrtum; – **sur la cause** Irrtum über die Vertragsgrundlage; – **commune** Irrtum beider Parteien, gemeinschaftlicher Irrtum; – **dans la déclaration** Erklärungsirrtum; – **dirimante** Irrtum, der die Anfechtbarkeit des Rechtsgeschäfts zur Folge hat; – **de droit** (1) *(ZR)* Rechtsirrtum, (2) *(StR)* Verbotsirrtum; – **d'évaluation** Bewertungsfehler, Schätzfehler; – **dans l'expression** Erklärungsirrtum; – **de fait** (1) *(ZR)* Tatsachenirrtum, (2) *(StR)* Tatbestandsirrtum; – **inexcusable** *(SchuldR)* unentschuldbarer Irrtum (der eine Anfechtung des Vertrages durch den Irrenden ausschließt); – **judiciaire** Justizirrtum; – **juridique** Rechtsirrtum;

– **manifeste** *(VvR)* offensichtlicher u. schwerwiegender Ermessensfehlgebrauch; – **matérielle** Rechenfehler *m*; Druckfehler; Schreibfehler; irrtümliche Weglassung; – **sur le mobile** *ou* **sur le motif** *(StR)* Motivirrtum, Irrtum im Beweggrund; – **obstacle** *(SchuldR)* Irrtum mit der Rechtsfolge der Nichtigkeit; – **dans** *ou* **sur la personne** Irrtum in der Person; – **dans la qualification des faits** *(PrzR)* Subsumtionsirrtum; – **sur les qualités non substantielles** *(SchuldR)* Irrtum über unwesentliche Eigenschaften; – **sur la substance** *ou* **sur une qualité substantielle de la chose** *(SchuldR)* Eigenschafts- *od.* Inhaltsirrtum, Geschäftsirrtum; – **substantielle** wesentlicher Irrtum; – **de transmission** Übermittlungsirrtum; – **sur la valeur** Wertirrtum, Irrtum über den Wert; – **vice du consentement** Irrtum (als Willensmangel und Anfechtungsgrund).

erroné *adj* irrtümlich, falsch; **affirmation –ée, assertion –ée** unrichtige Behauptung; nicht der Wahrheit entsprechende Angabe; **conclusions –ées** Anträge, ohne ausreichende rechtliche Begründung; **opinion –ée** irrige Ansicht *od.* Auffassung.

erronément *adv*: **juger –** ein Fehlurteil fällen.

escalade *f* (1) *(StR)* (Diebstahl durch) Einsteigen (über Mauern *od*. Zäune), (2) *(Pol)* Eskalation, stufenweise Steigerung der politischen *od.* militärischen Druckmittel; Zuspitzung, Verschärfung.

escale *f* (1) Landeplatz *m*, (2) Zwischenlandung; **faire –** *(SeeHR)* einen Hafen anlaufen, (2) *(Flugzeug)* zwischenlanden; **vol sans –** Nonstopflug *m*.

escamoter *v.tr.* (einer Frage) ausweichen.

escient *m*: **à bon –** nach bestem Wissen (und Gewissen); **à mauvais –** wider besseres Wissen, böswillig.

escomptabilité *f* Diskontfähigkeit *f*.

escomptable *adj* diskontfähig.

escompte *m* (1) *(BankR: opération de crédit)* (Wechsel-)Diskont *m*, Diskontierung, (2) *(HR: avantage dont bénéficie le débiteur payant sa dette avant échéance)* (Kassen-)Skonto *n*, Barzahlungsnachlaß *m*; **admis à l'–** diskontfähig; **banque d'–** Diskontbank *f*; **bordereau d'–** Diskontrechnung *od.* –note, Diskontabrechnung; **commission d'–** Diskontprovision *f*; **crédit d'–** Diskontkredit *m*; Wechselkredit; **effet à l'–** Diskontwechsel *m*; **frais d'–** Diskontspesen *pl*; **marché de l'–** Diskontmarkt *m*; **opération d'–** Diskontgeschäft *n*; **plafond d'–** Diskontgrenze *f*; **politique de l'–** Diskontpolitik *f*; **remise à l'–** Hereinnahme von Wechseln (zur Diskontierung); Einreichung zum Diskont; **taux de l'–** Diskontsatz *m*, Bankrate *f*, Bankzinsfuß *m*, Bankdiskont.

escompte bancaire Bankdiskontierung; Bankzinsfuß *od.* -zinssatz; **hors banque** Privatdiskont; – **de caisse** Skonto für Barzahlung, Kassenrabatt *m*, Barzahlungsnachlaß; – **commercial** Diskontberechnung vom Nominalwert; – **en dedans** Diskontberechnung vom Tageswert; – **en dehors** Diskontberechnung vom Nominalwert; – **sur les paiements au comptant** Skonto *n*, Barzahlungsnachlaß *m*; – **rationnel** Diskontberechnung vom Tageswert.

escompter *v.tr.* (1) diskontieren, Wechsel vor Fälligkeit kaufen, (2) Diskont abziehen, (3) *(i.w.S.)* hoffen (auf), erwarten, rechnen (mit).

escompteur *m* Diskonteur *m*, Diskontgeber *m*; Diskontbank *f*.

escorte *f* (Ehren-)Geleit *n*, Eskorte *f*, Begleitschutz *m*.

escroc *m* (1) *(StR)* Betrüger *m*, (2) Hochstapler *m*, Schwindler *m*; – **au mariage** Heiratsschwindler.

escroquer *v.tr.* betrügen; – **une si-**

gnature jmdn. unter Vorspiegelung falscher Tatsachen eine Unterschrift leisten lassen.

escroquerie *f (StR)* Betrug *m*; **– à l'assurance** Versicherungsbetrug; **– au crédit** Kreditbetrug.

espace *m* Raum *m*; Zwischenraum; Weltraum; **– aérien** *m* Luftraum *m*; **– aérien approprié** unter Lufthoheit stehende Luftsäule (über dem Staatsgebiet); **– aérien libre** Luftraum außerhalb der Herrschaftsgewalt eines Staates; **– aérien interdit** Luftsperrgebiet *n*; **– économique** Wirtschaftsbereich; **– extra-atmosphérique** Stratosphäre, Weltraum; **– juridique européen** Geltungsbereich des europäischen Rechts; **– publicitaire** Werbefläche; Werbeteil (in Zeitschriften); Werbezeit *f* (im Fernsehen); **– vert** Grünflächen *pl*; **– vital** Lebensraum.

espacement *m* **des paiements** Staffelung *f* der Zahlungen.

espèce *f* (1) *(UmweltR: espèces animales, végétales)* (Tier-, Pflanzen-)Art *f*, Sorte *f*, (2) *(PrzR: cause ou affaire soumise à un juge pour décision)* zur Entscheidung anstehender (Streit-) Fall *m*, (vor Gericht verhandelter) Rechtsstreit *m*; **cas d'–** Einzelfall *m*, Sonderfall *m*; Rechtsstreit, der eine besondere Gesetzesauslegung erfordert; **les données de l'–** der dem Fall zugrunde liegende Sachverhalt; **en l'–** im vorliegenden Rechtsstreit *od.* Fall, in diesem Falle; **jugement d'–** Urteil *n* ohne grundsätzliche Bedeutung; **protection des –s en voie de disparition** Artenschutz *m*; **– tarifaire** zolltarifliche Benennung.

espèces *fpl* (1) *(monnaie métallique)* Hartgeld *n*, Metallgeld, Münzen *fpl*, (2) *(monnaie ayant cours légal)* Bargeld *n*, Barschaft *f*; Banknoten; **apport en –** Bareinlage *f*; **avance en –** Barvorschuß *m*; **consignation d'–** Sicherheitsleistung durch Hinterlegung von Geld, Barkaution; **en –** bar; **indemnité en –** Barabfindung; **paiement en –** Barzahlung *f*; **payer en –** in bar zahlen; **prélèvement d'–** Abhebung von Bargeld; **prestation en –** Barleistung, Geldleistung; **risque d'–** Zahlungsmittelrisiko *n*; **versement en –** Barzahlung; **– monnayées** Münzsorten.

espérance *f* Hoffnung *f*, Aussichten *fpl*, Erwartungen *fpl*; **– abrégée de vie** abgekürzte Lebenserwartung; **– moyenne de vie** mittlere Lebenserwartung.

espérances *fpl (ErbR)* Aussicht *f* auf eine Erbschaft (die noch kein Anwartschaftsrecht darstellt).

espion *m* Spion *m*.

espionnage *m* Spionage *f*, Landesverrat, Ausspähung *f*; **– économique** *ou* **– industriel** Wirtschaftsspionage.

espionner *v.tr.* auskundschaften, bespitzeln *(pej)*, belauschen, ausspähen.

esprit *m* Geist *m*; **– autoritaire** Herrschsucht *f*; **– de civisme** Staatsgesinnung *f*, Staatstreue *f*; **agir dans un – de vengeance** aus Rache handeln; **– d'à-propos** Geistesgegenwart *f*; **– de corps** Zusammengehörigkeitsgefühl *n*; **– d'entreprise** Unternehmergeist *m*; **– d'épargne** Sparwille *m*, Sparsinn *m*; **– d'équipe** Teamgeist *m*; **– de justice** Gerechtigkeitssinn *m*; **– de la loi** Sinn und Zweck des Gesetzes; **– d'observation** Beobachtungsgabe *f*; **– d'organisation** Organisationstalent *n*.

ès qualités in seiner Eigenschaft als, kraft Amtes.

esquisser: s'– sich abzeichnen, sich andeuten.

esquiver *v.tr.* (einer Sache *od.* jmdm.) ausweichen.

essai *m* (1) *(SchuldR: mise à l'épreuve préalable à la conclusion d'un contrat)* Probezeit *f*, (2) *(i.w.S.)* Versuch *m*, Erprobung; Probe *f*; **engagement à l'–** *(ArbR)* Probearbeitsverhältnis; **période d'–** *ou* **temps d'–** Probezeit *f*; **vente à l'–** Kauf *m* auf Probe; **– de conciliation** *(PrzR, ArbR)* Schlichtungsversuch *m*, Einigungsversuch, Sühneversuch; **–**

de matériaux Werkstoffuntersuchung, Materialprüfung; **– nucléaire** Atomversuch; **– de rapprochement** *(VR)* Annäherungsversuch *m*.

essence *f* (1) Wesen *n*, Natur *f*, (2) Benzin *n*, Treibstoff *m*; **par –** naturgemäß, an und für sich.

essentiel *adj/m* wesentlich; das Wesentliche, die Grundsätze; **condition –ielle** Gültigkeitsvoraussetzung; Grundvoraussetzung; **formalité –ielle** wesentliches *od.* unabdingbares Formerfordernis; **qualité –ielle** wesentliche Eigenschaft.

essor *m* **conjoncturel** *ou* **économique** Konjunkturaufschwung.

essuyer des pertes hohe *od.* erhebliche (finanzielle) Verluste erleiden.

estampillage *m* Abstempelung.

estampille *f (WirtR: marque distinctive)* Güte- *od.* Echtheitszeichen, (Kontroll-)Stempel *m*.

estampiller *v.tr.él.* abstempeln.

estarie *f (SeeHR: starie)* Liegetage *mpl*; **frais d'–** Liegegeld *n*.

ester *v.intr.* **en justice** *ou* **en jugement** *(PrzR: agir en justice)* einen Prozeß führen, vor Gericht (als Kläger oder Beklagter) auftreten, klagen und verklagt werden; **capacité d'– en justice** Prozeßfähigkeit *f*; **droit d'– en justice** Klagerecht *n*; Prozeßfähigkeit, Klagefähigkeit; **incapacité d'– en justice** mangelnde Prozeßfähigkeit, Prozeßunfähigkeit.

estimateur *m* Taxator *m*, Schätzer.

estimatif *adj*: **devis** *ou* **état –** Kosten(vor)anschlag *m*; **valeur –ive** Schätzwert *m*, Taxwert.

estimation *f* (1) *(appréciation, évaluation en argent)* Bewertung *f*, Schätzung *f*, (2) *(calcul, détermination)* Berechnung *f*, Festsetzung *f*, (3) Hochrechnung *f*; **prix d'–** *ou* **valeur d'–** geschätzter Wert, Schätzwert.

estimation approximative grobe *od.* vorläufige Schätzung; **– contradictoire** Schätzung in Anwesenheit der Beteiligten; **– judiciaire** gerichtliche Schätzung; **– de pourcentage** Hochrechnung *f*; **– du sinistre** Schadensschätzung *od.* -berechnung; **– de travaux à exécuter** Kostenvoranschlag *m* (für Leistungen).

estimatoire *adj*: **action –** *(SchuldR, ZPR: action en diminution du prix)* Minderungsklage *f*, Anspruch *m* auf Minderung (beim Kauf).

estimer *v.tr.* (1) schätzen, abschätzen, (2) berechnen, taxieren; **– que** der Ansicht sein, daß; davon ausgehen, daß.

estivant *m* Urlauber, Feriengast *m*.

estoppel *m (VR: objection péremptoire)* Unzulässigkeit des nachträglichen Bestreitens einer (früher abgegebenen) eigenen Erklärung.

établi *adj*: **avoir une réputation –ie** einen guten Ruf genießen; **les coutumes –es** das geltende Gewohnheitsrecht; **un fait –** eine feststehende Tatsache, ein bewiesener Punkt; **le gouvernement –** die Regierung (im Amt), die Regierenden; **jurisprudence bien –ie** langjährige Rechtsprechung; **les lois –ies** die geltenden Gesetze; **l'ordre –** die herrschende (rechtsstaatliche) Ordnung; **un usage –** eine langjährige Übung; **une vérité –e** eine anerkannte *od.* allgemeingültige Wahrheit; **– par loi** gesetzlich fixiert, gesetzlich verankert.

établir *v.tr.* (1) *(créer, instituer, instaurer)* einführen, begründen, schaffen, (2) *(fixer, dresser)* festsetzen, feststellen, aufstellen, ausfertigen, (3) *(prouver, démontrer)* beweisen, nachweisen, den Beweis erbringen, (4) *(nommer)* ernennen, in ein Amt einführen; **s'–** sich niederlassen; **s'– à son compte** sich selbständig machen; **– un bilan** eine Bilanz aufstellen; **– qqn. dans une charge** jmdn. ein öffentliches Amt verleihen; **– une comptabilité distincte** gesonderte Rechnung legen; **– un contrat** einen Vertrag ausfertigen; **– son domicile (à)** seinen Wohnsitz begründen (in); **– ses droits sur des faits in-**

discutables seine Ansprüche auf unbestreitbare Beweise gründen; **– un état** ein Verzeichnis aufstellen; **– un impôt** eine (neue) Steuerart einführen; **– une facture** eine Rechnung ausstellen; **– l'innocence d'un accusé** den Beweis für die Unschuld (des Angeklagten) erbringen; **– la paix** den Frieden wiederherstellen; **– la preuve** den Beweis erbringen; **– un procès-verbal** ein Protokoll aufnehmen; **– la réalité d'un fait** eine Tatsache nachweisen; **– des relations** Beziehungen anknüpfen *od.* anbahnen.

établissement *m* (1) *(HR: entreprise commerciale ou industrielle)* Betrieb *m*, Unternehmen *n*, Firma *f*; Niederlassung *f*, (2) *(ÖfR: personne publique)* (öffentlich-rechtliche) Anstalt *f*, (3) *(ZR, GesR: institution, instauration)* Errichtung *f*, Gründung *f*, Schaffung, (4) *(PrzR: démarche tendant à démontrer, à justifier)* Feststellung *f*; Nachweis *m*; Ausfertigung *f*, (5) *(HR, GesR: société)* Sitz *m*, Firmensitz, (6) *(IPR)* Begründung eines Wohnsitzes im Ausland; **accord d'–** *(ArbR)* Betriebsvereinbarung; **autorisation d'–** Niederlassungsbewilligung *od.* -erlaubnis; **chef d'–** Betriebsleiter *m*; **convention d'–** (1) *(ArbR)* Werktarifvertrag *m*, (2) *(IPR)* Niederlassungsabkommen *n*; **droit d'–** Recht der freien Niederlassung, Niederlassungsfreiheit; **fermeture de l'–** Betriebsstillegung; **liberté d'–** Niederlassungsfreiheit, Freizügigkeit *f*; **lieu d'–** Niederlassungsort *m*; **pays d'–** Aufnahmeland; **permis d'–** Aufenthaltsbewilligung *od.* -erlaubnis; **risque de l'–** Betriebsrisiko *n*.

établissement agricole landwirtschaftlicher Betrieb; **– d'aliénés** psychiatrische Anstalt; **– artisanal** Handwerksbetrieb; **– de l'assiette de l'impôt** Steuerveranlagung; **– de l'assistance publique** Wohlfahrtseinrichtung; **– d'assurances** Versicherungsanstalt; **– bancaire** *ou* **de banque** Kreditinstitut *n*; **– de bienfaisance** Wohltätigkeitsverein *m*, Wohlfahrtseinrichtung; **– du bilan** Bilanzaufstellung; **– du budget** Haushaltsaufstellung; **– de commerce** *ou* **commercial** Handelsunternehmen *od.* -betrieb, Gewerbebetrieb; Geschäftsniederlassung; **– congréganiste** kirchliche Religionsgemeinschaft (in der Rechtsform eines Vereins); **– de crédit** Kreditinstitut *n*, Bank; **– dangereux, incommode et insalubre** *(GewR: installation classée)* gefährliche Anlage; Einrichtung, die auf Grund ihres Betriebes in besonderem Maß geeignet ist, schädliche Umwelteinwirkungen hervorzurufen; **– distinct** *(GesR)* Produktionseinheit, ohne juristische Selbständigkeit; **– de droit public** öffentlich-rechtliche Anstalt; **– d'éducation surveillée** Erziehungsheim *n*; **– d'un enfant** Ausstattung eines Kindes; **– d'enseignement** Lehranstalt *f*, Schule; **– familial** Familienbetrieb.

établissement de la filiation *(EheR)* Feststellung der Abstammung; **– financier** Kreditinstitut, Bank; **– de gros** Großhandelsfirma; **– hospitalier** Krankenhaus *n*; **– de l'impôt** Steuerveranlagung *f*; **– industriel** Gewerbe- *od.* Industriebetrieb; **– de la liste des candidats** Aufstellung der Kandidatenliste; **– en nom personnel** *(HR)* Einzelfirma; **– pénitentiaire** Justizvollzugsanstalt *f* (= JVA); **– de prêt sur gages** Pfandleihanstalt, Pfandhaus *n*; **– principal** *(GesR)* Hauptniederlassung, Hauptsitz *m* (einer Gesellschaft); **– du procès-verbal** Protokollaufnahme *f*, Protokollierung; **– de propriété** *(SachR)* Nachweis des Eigentums an einem Grundstück (durch Urkunden über die Eigentumsverhältnisse der letzten 30 Jahre); **– du protêt** *(WechselR)* Protesterhebung; **– psychiatrique** Nervenheilanstalt.

établissement public (1) *(ZR, ZPR:*

hist.) juristische Person des öffentlichen Rechts, Körperschaft, (2) *(ÖfR)* Anstalt des öffentlichen Rechts, öffentlich-rechtliche Anstalt; – **public à caractère administratif** nichtselbständige öffentlich-rechtliche Anstalt; – **public (à caractère) industriel et commercial** öffentlich-rechtliche Wirtschaftsanstalt, staatliche Gewerbebetrieb; – **public (à caractère) scientifique et culturel** Hochschule *f*, Forschungsanstalt; – **public communal à caractère industriel ou commercial** Kommunalbetrieb *m*; – **public scolaire** Schule *f* (als Einrichtung eines öffentlich-rechtlichen Schulträgers); – **de sécurité renforcée** *(StVZ)* Hochsicherheitstrakt; – **de soins** *(SozR)* Krankenhaus *n*; Einrichtung zur Versorgung alter Menschen; – **d'utilité publique** gemeinnützige Einrichtung; – **de vente au détail** Einzelhandelsbetrieb; – **de vente en gros** Großhandelsbetrieb.

étage *m* (1) *(hist.: rang social)* Rang *m* (in der Gesellschaft), (2) Etage *f*, Stockwerk *n*, Obergeschoß *n*.

étalage *m* (Waren-)Auslage *f*; **droit d'–** Standgeld *n*, Marktstandgebühr *f*; **vol à l'–** Ladendiebstahl *m*; **voleur à l'–** Ladendieb *m*.

étalement *m* Verteilung, Staffelung; – **des paiements** Zahlungsaufschub *m*; – **des vacances** Staffelung der Urlaubszeit, Entzerrung des Ferienbeginns.

étaler *v.tr.* (1) (Waren) ausbreiten, (2) (Macht) darstellen, (3) (Zahlungen) staffeln.

étalon *m* (1) Normalmaßstab *m*, Eichmaß *n*, (2) Währung *f*, Währungseinheit; – **de change-or** Golddevisenwährung; – **monétaire** Währung, Währungseinheit.

étalonnage *m* Eichen *n*, Eichung *f*.

étape *f* Stufe *f*, Phase *f*, Etappe *f*.

état *m (avec un é minuscule!)* (1) *(ZR: situation juridique d'une personne physique)* Stand *m*, Personenstand; Familienstand; Alter *n*; geistige Gesundheit; Geschlecht *n*, (2) *(i.w.S.)* (Gesundheits-)Zustand *m*; Lage *f*; Verfassung *f*; Verhältnisse *npl*, (3) *(chose)* Gestalt *f*, Gestaltung *f*, Beschaffenheit *f*, (4) *(Pol: situation sociale)* (gesellschaftliche) Stellung *f*, (5) *(HR: profession, métier)* Beruf *m*, Gewerbe *n*, (6) *(liste détaillée)* Aufstellung *f*, Verzeichnis *n*, Zusammenstellung *f*, Liste *f*; Register *n*; Überschlag *m*, Befund *m*; **dans l'– actuel des choses** beim gegenwärtigen Stand der Dinge; **en –** *(PrzR: litige)* spruchreif, verhandlungsreif; **en bon –** in gutem Zustand; **en mauvais –** in schlechtem Zustand; **en – de faire** in der Lage, fähig *od.* imstande (sein); **en – de guerre** im Kriegszustand; **en – d'interdiction** entmündigt (sein); **en tout – de cause** (1) *(PrzR)* während der gesamten Verfahrensdauer, (2) *(i.w.S.)* auf jeden Fall; **être hors d'–** außerstande sein; **faire – de** hinweisen auf; **faire que** vermuten *od.* meinen, daß; **hors d'– de nuire** unschädlich; **mettre en –** instandsetzen, **question d'–** Personenstandsangelegenheit; **tenir en –** instandhalten.

État *m (avec un É majuscule!)* (1) *(ÖfR)* Staat *m*, (2) *(VwR)* (Staats-)Verwaltung *f*, (Staats-)Behörden *fpl*, Staatsgewalt *f*, Regierung *f*, (3) *(i.w.S.)* Staatsgebiet, Land *n*; **affaire d'–** Staatsangelegenheit; **agent de l'–** Staatsbedienstete(r) *m*, (Staats-)Beamte(r) *m*; staatliche(r) Angestellte(r); **appareil d'–** Staatsapparat; **budget de l'–** Staatshaushalt; **chef d'–** Staatsoberhaupt *n*, Staatschef *m*; **Conseil d'–** (1) *(ÖfR)* Staatsrat; Körperschaft, die der frz. Regierung (im Gesetzgebungsverfahren bei der Erarbeitung von Gesetzesvorlagen) beratend zur Seite steht, (2) *(VwPR)* Oberstes frz. Verwaltungsgericht; **corps de l'–** *(BeamR)* Gruppe von Beamten der gleichen Fachrichtung; **coup d'–** Staatsstreich *m*; **examen d'–** Staatsprüfung; **fonctionnaire d'–** (Zentralstaats-)Beamte(r); **fonds d'–** Staatsschuldverschreibungen *pl*, Staatspapier *n*; **fonds de l'–** Staatsgelder *pl*; **frontière de l'–** Staats- *od.* Landesgrenze; **homme d'–** Staatsmann; **institution de l'–** staatliche Einrichtung; **intervention de l'–** staatlicher Eingriff, staatliche Intervention; **personnel de l'–** Staatsbedienstete *mpl*; **police d'–** Staatspolizei *f*; **raison d'–** Staatsräson *f*; **rente sur l'–** Staatsrente *f*; **responsabilité de l'–** *(VwR)* Staatshaftung *f*; **sceaux de l'–** Staatssiegel *n*; **secrétaire d'–** (1) *(VerfR)* mit Sonderaufgaben betrauter frz. Staatssekretär (zumeist direkt dem Premierminister unterstellt), Sonderbereichsminister, (2) *(hist)* Minister (der III. Republik); **secours de l'–** staatliche Unterstützung; **sécurité de l'–** Staatssicherheit; **subvention de l'–** staatliche Subvention, Staatszuschuß *m*; **théorie de l'–** Staatslehre *f*; **tiers –** *(hist)* Dritter Stand; **tutelle de l'–** *(VwR)* Staatsaufsicht *f*.

État absolu *(hist)* absoluter Staat; **– accréditaire** *(VR)* Empfangsstaat; **– accréditant** Entsendestaat; **– d'accueil** Aufnahmeland.

état d'accusation *(StPR)* Anklagezustand *m*; **être en –** unter Anklage stehen, sich im Anklagezustand befinden.

État adhérent *(VR)* beitretender Staat; **– d'alarme** Alarmbereitschaft *f*; **– ancien** früherer Zustand; **– antérieur** vorheriger Zustand; **– assistance** Fürsorge- *od.* Versorgungsstaat, Wohlfahrtsstaat; **– associé** assoziierter Staat; **– de belligérance** Kriegszustand; **– belligérant** kriegführender Staat.

état de carence (1) Mangelzustand, Leistungsdefizit *n*, Unfähigkeit, (2) Verzugslage *f*, Verzug *m*; **– de la cause** *(PrzR)* Lage des Rechtsstreits; **– central** *(ÖfR)* Zentralstaat; **– des charges** Schulden- *od.* Lastenverzeichnis *m*, Kostenaufstellung; **– de(s) choses** Sachlage *f*, Sachverhalt *m*.

état civil (1) *(ZR: qualités d'une personne que la loi prend en considération)* Personen- *od.* Familienstand, Zivilstand (S), (2) *(VwR: organisation pour constater ces qualités)* frz. Standesamt *n*; **acte de l'– –** Personenstandsurkunde *f*, standesamtliche Urkunde; Geburtsurkunde; Heiratsurkunde; Sterbeurkunde; **bureau de l'– –** Standesamt; **extrait d'actes de l'– –** Auszug aus dem Personenstandsbuch; **falsification d'– –** Personenstandsfälschung; **litige relatif à l'– –** Personenstandssache; **officier de l'– –** Standesbeamte(r) *m*; **pièce d'– –** standesamtliche Urkunde, Personenstandsurkunde; **reconstitution de l'– –** Wiederherstellung *od.* Wiedererrichtung des Standesregisters; **rectification de l'– –** Berichtigung der Personenstandsbücher; **registre de l'– –** Personenstandsregister *od.* -buch, Zivilstandsregister (S); **suppression de l'– –** Unterdrückung von Personenstandsurkunden; **usurpation d'– –** falsche Namensangabe, Führung eines falschen Namens.

état de collocation (1) *(ZPR)* Teilungsplan (im Verteilungsverfahren der Zwangsvollstreckung), (2) *(KonkursR)* Konkurs; **– comparatif** vergleichende Aufstellung, **– comptable** Rechnungsaufstellung.

État constitutionnel Verfassungsstaat; **– contractant** *(VR)* Vertragsstaat, vertragschließender Staat; **– corporatif** *(hist)* Ständestaat; **– créancier** Gläubigerstaat.

état de crise *(VerfR)* innerer *od.* ziviler Notstand; **– de danger public** *(VwR)* polizeilicher Notstand; **– dangereux** *(StR)* Gefährlichkeit *f* (eines Straftäters).

État débiteur Schuldnerstaat; **– qui demande l'extradition** *(AuslR)* Verfolgungsstaat.

état de dépendance *(FamR)* Abhängigkeitsverhältnis *n*; **– des dépens** *(PrzR)* Kostenaufstellung *od.* -berechnung *f*; **– des dépenses** Ausgabenaufstellung *od.* -verzeichnis *n*; – **dépositaire** *(VR)* Verwahrstaat; – **descriptif** *(Buchf)* Zusammenstellung; – **des dettes** Schuldenaufstellung, Schuldenverzeichnis; – **dictatorial** Diktatur *f*; – **de distribution** Verteilungsplan.

État de droit (1) *(VerfR: ordre juridique basé sur le respect du droit)* Rechtsstaat, (2) Rechtsordnung *f*; – **de l'Église** Kirchenstaat; – **ennemi** Feindstaat.

état d'esprit Gemütsverfassung; – **estimatif** bewertetes Inventar; – **d'exception** *(VerfR)* Staatsnotstand *m*, Ausnahmezustand; – **exécutoire** (1) *(HaushR)* Zahlungsanweisung, (2) *(ZwangsVR)* vollstreckbarer Kostenbescheid *m*; – **d'expédition** Versandstaat; – **exportateur** Ausfuhrland; – **des faits** Sachlage *f*, Tatbestand *m*; – **de famille** Familienstand *m*.

État fantoche Marionettenregierung; – **fédéral** Bundesstaat; – **fédéré** Land *n*, Bundesland; – **des finances** Finanzlage; – **du for** *(IPR)* Gerichtsstaat.

état de la fortune *(ZR)* Vermögensstand, Vermögensverhältnisse *pl*, Vermögenslage *f*; – **de frais** Spesenaufstellung, Kostenberechnung, Kostenverzeichnis *od*. -aufstellung.

État garant *(VR)* Garantiestaat; – **gendarme** *(hist)* Nachtwächterstaat.

état de grossesse Schwangerschaft *f*; – **de guerre** Kriegszustand *m*; – **hypothécaire** *(GB)* Hypothekenverzeichnis *n*; – **des immobilisations** *(Buchf)* Anlagennachweis *m*.

État importateur *(Außh)* Einfuhr- *od*. Importland; – **indépendant** *(VR)* unabhängiger *od*. souveräner Staat.

état d'indigence *(SozR)* Bedürftigkeit.

État industrialisé Industriestaat, industrialisierte Länder *pl*.

état des inscriptions *(GB)* gegenwärtiger Stand der (Hypotheken-)Eintragungen (im frz. Grundstücksverzeichnis); – **d'inspection** Prüfungsbericht; – **inventorié** Inventar *n*; – **juridique** (1) *(ZR: d'une personne)* rechtlich bedeutsame Eigenschaften (einer Person), Personenstand *m*, Familienstand, (2) *(i.w.S)* Rechtszustand *m*; – **des lieux** (1) *(MietR)* (notariell beglaubigtes) Wohnungsabnahmeprotokoll *n*; Feststellung des Zustandes einer Wohnung (bei Beginn *od*. Beendigung des Mietverhältnisses) durch eine Amtsperson, (2) *(i.w.S.)* Bestandsaufnahme *f*.

État limitrophe *(VR)* Anrainerstaat; – **mandataire** *(VR)* Mandatarstaat.

état-major *m* Generalstab *m*; Führungsstab.

état du marché Marktverhältnisse *pl*; – **du marché de l'emploi** Arbeitsmarktlage.

État-membre Gliedstaat; Mitgliedstaat.

état des meubles Mobiliarverzeichnis; – **de navigabilité** Seetüchtigkeit; – **néant** Fehlanzeige *f*, Fehlbericht *m*; – **de nécessité** *(StR)* entschuldigender Notstand; – **nominatif** Namensverzeichnis, namentliche Aufstellung; – **nominatif d'émargement** Namensliste mit Unterschriftsspalte.

État non-contractant *(VR)* Nichtvertragsstaat; – **non-membre** Nichtmitgliedstaat; – **non participant** Nichtteilnehmerstaat; – **numérique** zahlenmäßige Aufstellung.

État d'origine Heimatstaat, Ursprungsland *n*.

état de paix Friedenszustand; – **parcellaire** *(GB)* Katasterauszug *m*.

État participant Teilnehmerstaat *od*. -land; – **du pavillon** *(SeeHR)* Flaggenstaat.

état des paiement Zahlungsaufstellung; – **du personnel** Personalverzeichnis; – **des personnes** Personenstand.

État policier *(hist)* Polizeistaat; **–s pontificaux** Kirchenstaat.

état de prévision de dépenses *(HaushR)* Ausgabenvoranschlag *m*;

– **de prévision de recettes** Einnahmenvoranschlag; – **prévisionnel** Haushaltsvoranschlag *m*; – **de la procédure** Verfahrensstand.

État protecteur Schutzmacht; – **protégé** Protektorat; – **-providence** Wohlfahrtsstaat.

état récapitulatif Sammelverzeichnis *n*; – **de recensement** Bestandsliste *f*; – **des recettes** Aufstellung der Einnahmen; – **rectificatif** Berichtigung; – **de répartition** Verteilungsplan.

État requérant ersuchender Staat; – **requis** ersuchter Staat; – **de résidence** Aufenthaltsland; – **de reversement** vollstreckbarer Rückzahlungsbescheid; – **riverain** Anlieger- *od.* Anrainerstaat.

état des salaires Lohnübersicht *f*, Lohnaufstellung; – **de santé** Gesundheitszustand.

État satellite Satellitenstaat.

état de service *(BeamR)* (Dienst-)Laufbahn *f*; – **de siège** (1) *(VerfR)* Ausnahmezustand *m*, innerer Notstand *m*, Belagerungszustand; **proclamer l'–** – den Belagerungszustand verhängen *od.* verkünden.

état signalétique des services *(MilR)* Wehrstammblatt *n*; – **signataire** *(VR)* Signatar- *od.* Unterzeichnerstaat; – **de situation** *(ZR)* Vermögensaufstellung, Vermögensverzeichnis *n* (mit sämtlichen Aktiva und Passiva); – **de situation de banque** Bankausweis; – **social** Sozialstaat; – **souverain** souveräner Staat.

état statistique statistische Übersicht; – **de subordination** *(MilR)* Unterordnungsverhältnis.

État tampon *(hist)* Pufferstaat; – **de la technique** *(PatR)* Stand der Technik; – **totalitaire** totalitärer Staat; – **de transit** *ou* **transité** Durchgangsland.

état transitoire Übergangsstadium; – **d'urgence** *(VerfR)* innerer Notstand.

étatique *adj* staatlich, Staats-; **appareil –** Staatsapparat.

étatisation *f* Verstaatlichung *f*.

étatisé *adj* (1) verstaatlicht, (2) staatlich gelenkt, staatlich verwaltet.

étatiser *v.tr.* verstaatlichen, in staatliche Verwaltung überführen, vergesellschaften.

étatisme *m* Lehre vom Staat als Ordnungsgefüge (auch im wirtschaftlichen u. sozialen Bereich).

état-major *m* Generalstab *m*; Stab (von Mitarbeitern); Führungsschicht *f*.

états | généraux *(hist)* Generalstände *mpl*, Vertretung ganz Frankreichs, in der nach den drei Ständen (Bürgertum, Adel, Geistlichkeit) abgestimmt wurde; – **provinciaux** *(hist)* Provinzialstände.

étayer *v.tr.* stützen; – **par des faits** auf der Grundlage von Tatsachen beweisen; die Tatsachen sprechen lassen, sich auf den Boden der Tatsachen stellen.

etc. = **et catera** = **et cetera** *loc* usw., und so weiter.

été *m* Sommer *m*; **heure d'–** Sommerzeit *f*.

éteindre *v.tr.* (1) *(une dette)* eine Schuld tilgen, (2) *(un droit, une créance)* einen Anspruch befriedigen, (3) *(une servitude)* eine Grunddienstbarkeit löschen; **la prescription éteint l'action** Verwirkung des Klagerechts durch Fristablauf *od.* infolge Verjährung.

étendard *m* Standarte *f*; Flagge *f*; **suivre** *ou* **se ranger sous l'– de qqn.** jmds. Partei ergreifen.

étendre *v.tr.* ausbreiten, ausweiten; ausdehnen, erweitern; – **illicitement** unzulässigerweise erweitern; – **la portée** *(PatR)* den Schutzumfang erweitern.

étendue *f* Ausdehnung *f*, Umfang *m*, Bereich *m*; Größe *f*; – **de l'assurance** Versicherungsumfang; – **de la garantie** Haftungsumfang, Deckungssumme; – **de la protection** *(PatR)* Schutzumfang; – **territoriale** (d'un contrat) Geltungsbereich *m*.

éternel *adj*: **justice –elle** göttliche Gerechtigkeit.

éthique (1) (*adj*) sittlich, ethisch, moralisch, (2) *(substantif)* Ethik *f*, Sittenlehre *f*; **jugement** – Werturteil *n*; – **professionnelle** Berufsethos *n*.

ethnocide *m* Zerstörung der Kultur eines Volkes.

éthylique *m* Alkoholiker, (Gewohnheits-)Trinker.

éthylomètre *m* Alkoholmeßgerät *n*, Alcotest *m*.

étiage *m* niedrigster Wasserstand; **échelle d'**– Pegel *m*.

étiologie *f* Krankheitsursache *f*.

étiquetage *m* Auszeichnung (der Ware), Etikettierung *f*.

étiqueter *v.tr.* (Ware) auszeichnen; (Papiere) ordnen; – **qqn. comme ...** jmdn. zum ... abstempeln.

étiquette *f* (1) Aufschrift *f*, Schildchen *n*, (2) Preisschild *n*, Etikett *n* (zur Preisauszeichnung), (3) Umgangsformen *fpl*, Etikette *f*; **sans** – *(Pol)* parteilos.

étouffer ersticken; – **une affaire** einen Skandal vertuschen; – **un foyer d'incendie** einen Brand löschen; – **la presse** die Presse knebeln; – **une révolte** eine Revolte niederschlagen.

étourderie *f* Unbesonnenheit *f*, Leichtsinn *m*; **faute d'**– Unachtsamkeit.

étrange *adj*: **conduite** – ungewöhnliches Verhalten.

étranger *m* (1) *(AuslR: ressortissant, personne possédant une nationalité étrangère)* Ausländer *m*, Fremde(r) *m*, (2) *(ErbR)* Person, die nicht als Erbe berufen wurde, (3) *(pays étranger)* Ausland *n*, (4) *(adj)* ausländisch, fremd; **avoirs à l'** – Auslandsguthaben *npl*; **biens à l'**– Auslandsvermögen *n*; **cause** –**ère** höhere Gewalt; nicht zu verantwortendes Ereignis; **compte à l'**– Auslandskonto *n*; **créances sur l'**– Devisen *fpl*; **dettes envers l'**– Auslandsverschuldung *f*; **droit** – ausländisches Recht; **droit des** –**s** Ausländerrecht; **Fremdenrecht** *n*; **établi à l'**– im Ausland ansässig; **État** – ausländischer Staat; **langue** –**ère**
Fremdsprache *f*; **marque** –**ère** ausländisches Warenzeichen; **produit d'origine** –**ère** ausländische Ware, Prokukt ausländischer Herkunft; **relations avec l'**– Auslandsbeziehungen; **représentation à l'**– Auslandsvertretung, **séjour à l'**– Auslandsaufenthalt *m*; **service** – Auslandsabteilung; **stage à l'**– Auslandspraktikum *n*; **succursale à l'**– Auslandsniederlassung; **travailleur** – Gastarbeiter, ausländischer Arbeitnehmer; – **en situation irrégulière** (= **ESI**) Ausländer ohne gültige Aufenthaltsgenehmigung.

étrangler *v.tr.* erwürgen, erdrosseln.

étranglement *m*: **goulot d'**– Engpaß *m*.

être sein; **à** – künftig; **raison d'**– Daseinsberechtigung; – **moral** juristische Person; – **de service** Dienst haben.

étroit *adj*: **au sens** – im engeren Sinne.

étroitesse *f* **du marché** Marktsättigung.

étude *f* (1) (wissenschaftliche) Studie *od.* Arbeit; Untersuchung; Gutachten *n*, (2) *(notaire, avoué)* Kanzlei *f*; Büro *n*, (3) *(BW)* Projekt *n*, Vorhaben *n*, Entwurf *m*, Plan *m*; **bureau d'**–**s** Ingenieurbüro *n*; **comité d'**– Projektgruppe *f*; **commission d'**–**s** Fachausschuß *m*; **être à l'**– (Plan, Projekt) erwogen werden; in Vorbereitung sein; **mettre un projet de loi à l'**– einen Gesetzesentwurf ausarbeiten.

étude (approfondie) d'un contrat (eingehende) Prüfung eines Vertrages; – **d'un devis** Kostenvoranschlagsüberprüfung; – **sur dossier** Untersuchung *od.* Bearbeitung nach Aktenlage; – **du marché** Marktforschung *f*, Marktuntersuchung; – **de notaire** *ou* **notariale** (1) Notariatspraxis *f*, Notariat *n*, (2) (Notar-)Kanzlei; – **préliminaire** Vorerhebung; – **sur le terrain** Feldforschung.

études *fpl (SchulR)* Studium *n*, Ausbildung *f*; **admettre aux** – zum

Studium zulassen; **allocation d'–** Studienbeihilfe; **diplôme de fin d'–** Abschlußprüfung; **durée des –** Studiendauer *f*; **faire ses –** studieren; in der Ausbildung stehen; **frais d'–** Ausbildungskosten; **mission d'–** Studienauftrag; **– professionnelles** berufliche Ausbildung; **– spéciales** Fachstudium; **– supérieures** Hochschulstudium; **voyage d'–** Studienreise.

étudiant *m* Student, Studierende(r).

étudier *v.tr.d.* (1) (genau) untersuchen, beobachten, erforschen, (2) studieren, (gründlich) lernen; eine Hochschule besuchen; **– un dossier** eine Akte bearbeiten; **– un point particulier** eine besondere Frage erörtern.

eugénie *f*, **eugénique** *f* Erbgesundheitsforschung *f*, Eugenik *f*.

euro | cheque *m* eurocheque *m*; **– crate** *m* Eurokrat *m*; **–crédit** Eurokredit *m*; **–dollar** Eurodollar *m*; **–marché** Euromarkt *m*.

eurodéputé *m* Europa-Abgeordnete(r).

europarlement *m* Europa-Parlament *n*.

européanisation *f* Europäisierung *f*.

européen *adj* europäisch; **assemblée –nne** Europäisches Parlament (= EP); **communautés –nnes** (= CE) Europäische Gemeinschaft (= EG); **élections –nnes** Europawahlen *fpl*; **union –nne** (=UE) Europa-Union (= EU); **unité monétaire –nne** europäische Währungseinheit (= EWE).

euthanasie *f* (StR: *suicide médicalement assisté*) Euthanasie *f*, Sterbehilfe *f*; Einschläferung; **pratique l'–** Sterbehilfe leisten; **– active** Tötung auf Verlangen.

évacuation *f* (Zwangs-)Räumung *f*, Evakuierung *f*; **– des eaux usées** Abwasserbeseitigung *f*.

évadé *m* (StR) Entwichene(r), Entflohene(r).

évader *v.pron:* **s'–** entweichen, ausbrechen.

évaluable *adj* schätzbar, abschätzbar, bewertbar.

évaluabilité *f* Bewertbarkeit.

évaluatif *adj*: **état –** Schätzungsgrundlage *f*.

évaluation *f* (1) *(HR, SteuerR: estimation, expertise)* Veranschlagung, Schätzung, Bewertung, Wertermittlung, (2) *(quantité évaluée)* Schätzwert *m*, (3) *(Kosten)* Überschlag *m*, Voranschlag *m*; Berechnung; **base d'–** Bemessungsgrundlage *f*; **critère d'–** Bewertungsmaßstab *m*; **insuffisance d'–** Unterbewertung; **frais d'–** Schätz- od. Ermittlungskosten; **vente sur –** Kauf zum Schätzwert.

évaluation actuarielle *(VersR: calcul actuariel)* versicherungsmathematische Schätzung; **– administrative** *(SteuerR)* Schätzung des Einkommens freiberuflich tätiger Personen; **– approximative** annähernde Schätzung; **– cadastrale** Katasterbewertung; **– contradictoire** Abschätzung in Anwesenheit der Interessenten; **– démographique** Volkszählung, Bevölkerungsstatistik; **– de dépenses** Ausgabenschätzung; **– du dommage** Schätzung od. Bewertung des Schadens, Schadensberechnung; **– en douane** zollamtliche Schätzung; **– fiscale** (1) steuerliche od. fiskalische Bewertung, Schätzung durch das Finanzamt, (2) Einheitsbewertung; **– forfaitaire** Pauschalbewertung; **– des frais** Kostenberechnung; **– inexacte** Fehleinschätzung, falsche Bewertung; **– d'office** (1) Bewertung od. Schätzung von Amts wegen, (2) Feststellungsbescheid *m*; **– officielle** amtliche Wertermittlung od. -bestimmung; **– du préjudice** Schadensersatzfeststellung; **– du produit brut** Rohertragsveranschlagung; **– du risque** *(VersR)* Risikoabschätzung od. -beurteilung; **– du sinistre** Schadensermittlung od. -feststellung; **– du travail** Arbeitsbewertung; **– de la valeur en litige** Streitwertfestsetzung.

évalué *adj* taxiert; **dommage –** geschätzter Schaden.

évaluer *v.tr.d.* veranschlagen, schätzen, einschätzen, bewerten, berechnen, ansetzen; – **l'importance du dommage** den Schaden festsetzen *od.* schätzen; – **un sinistre** einen (Versicherungs-)Schaden berechnen.

évasion *f* Flucht *f,* Entweichen aus der Gefangenschaft; – **de capitaux** Kapitalflucht *f;* – **fiscale** Steuerflucht, Abgabenumgehung.

évêché *m (KirchR)* Bistum *n;* bischöfliche Würde; Bischofssitz *m.*

événement *m* Ereignis *n,* Begebenheit *f,* Vorfall *m,* Vorkommnis *n;* – **casuel** zufälliges Ereignis; – **dommageable** schadenstiftendes *od.* schädigendes Ereignis; – **de force majeure** Fall *m* höherer Gewalt; – **fortuit** zufälliges Ereignis; – **de guerre** Kriegshandlung; – **imprévisible** unvorhersehbares Ereignis; – **inévitable** unabwendbares Ereignis, höhere Gewalt; – **naturel** Naturereignis *n.*

éventail *m* Fächer *n,* Skala *f;* – **de marchandises** Warenangebot *n;* – **des prix** Preisspanne *f,* Preisstaffelung; Preisschere *f;* – **des salaires** Lohn-, *od.* Gehaltsskala.

éventer un secret ein Geheimnis preisgeben *od.* verraten.

éventualité *f* Möglichkeit *f,* möglicher Fall *m;* **parer à toute** – sich gegen alle Eventualitäten sichern, einem möglichen Risiko vorbeugen.

éventuel *adj* (1) zufällig, (2) möglich, eventuell; **client** – Interessent *m,* potentieller Kunde *m;* **droit** – Anwartschaft *f;* **frais** –**s** etwaige Kosten; **lésion** –**elle** mögliche Schädigung; **profits** –**s** mögliche zukünftige Gewinne.

éventuellement *adv* gegebenenfalls (= ggf.), eventuell (= evtl.), falls erforderlich, unter Umständen (= u.U.); für den Fall, daß.

évêque *m* Bischof *m.*

éviction *f* (1) *(SachR, ZPR)* Anspruch auf Herausgabe des wirklichen Eigentümers gegenüber dem gutgläubigen Besitzer; gerichtliche Besitzentziehung (auf Grund einer Herausgabe-Klage des wirklichen Eigentümers), Eviktion, (2) *(HR)* Nichtverlängerung eines gewerblichen Mietvertrages, (3) *(Pol)* Entmachtung, Ausschaltung; **garantie (en cas) d'**– *(ZR)* Rechtsmängelhaftung *od.* -gewähr *f,* Eviktionshaftung; – **de la concurrence** Ausschaltung der Konkurrenz.

évidemment *adv* augenscheinlich, offenbar.

évidence *f* Klarheit, Gewißheit; Offensichtlichkeit, offenbare Gewißheit, Selbstverständlichkeit, Naheliegen *n;* **mettre en** – darlegen, hervorheben; **se rendre à l'**– etwas zugeben.

évident *adj* offenbar, augenscheinlich, deutlich; **défaut** – offenbarer Mangel, offenkundige Fehlerhaftigkeit.

évincer *v.tr.d.* ausschalten, verdrängen; durch richterlichen Ausspruch jmdm. eine Sache abstreiten; **être** –**cé d'une liste** von einer Wahlliste ausgeschlossen werden.

évitable *adj* vermeidbar.

éviter *v.tr.* vermeiden, meiden; – **un danger** eine Gefahr bannen; **pour** – **des désavantages** zur Vermeidung von Nachteilen.

évocable *adj:* **affaire** – *(ZPR)* Rechtsstreit, den ein höheres Gericht (der frz. Apellationshof z.B.) an sich ziehen kann.

évocation *f* (1) *(ZPR)* Evokationsrecht, das Ansichziehen einer Sache durch das Berufungsgericht; Entscheid, wodurch ein höheres Gericht eine Sache an sich zieht, (2) *(i.w.S.)* Erinnerung, Anrufung, Beschwörung; – **en garantie** Verweisung auf den Bürgen.

évolution (1) Entwicklung *f,* Bewegung *f,* (2) *(négociations)* Gang *m;* – **boursière** Börsentendenz *f;* – **de la conjoncture** *ou* **conjoncturelle** *ou* **économique** Verlauf der Konjunktur, Konjunkturschwankungen, wirtschaftliche Entwicklung; – **des prix** (voraussichtliche)

Preisentwicklung; **– des salaires** Lohnentwicklung.

évoquer *v.tr.d.* (1) *(ZPR)* (das Verfahren) an sich ziehen, das Evokationsrecht ausüben, (2) *(question, problème)* (eine Frage) anschneiden, aufwerfen, (auf ein Problem) zu sprechen kommen auf.

ex abrupto *loc.adv.* ganz unerwartet, plötzlich.

exacerbation *f* Verschlimmerung *f*, Verschärfung *f*.

exact *adj* richtig, genau, sorgfältig; pünktlich; **adresse –te** genaue Anschrift; **copie –te d'un texte** genaue Abschrift; wortwörtliche Übereinstimmung von Abschrift und Original; **être –** zutreffen, zutreffend sein; **faits –ts** richtige Wiedergabe des Sachverhalts, wahrer Sachverhalt; **montant –** genauer Betrag; **règlement –** pünktliche Zahlung; **valeur –te** der genaue Wert.

exactement *adv* treffend, richtig, zutreffend, genau; **observer – les prescriptions** die Vorschriften (peinlichst) genau beachten; **reproduire – un texte** einen Text wortgetreu abschreiben.

exaction *f* (1) *(StR: agent public)* unrechtmäßiges Eintreiben von Geldern, (2) *(i.w.S., surtout pl.)* Übergriffe *mpl* (der Polizei).

exactitude *f* (1) Pünktlichkeit *f*, (2) Richtigkeit *f*; Genauigkeit *f*; **– des faits rapportés** Richtigkeit des geschilderten Sachverhalts, wahrheitsgemäße Schilderung des Sachverhalts; **– de la traduction** Richtigkeit der Übersetzung.

ex aequo *loc. adv.* mit gleichem Recht; gleichstehend mit, gleichrangig; gleichwertig.

ex aequo et bono *loc. adv.* der Billigkeit gemäß; **juger – –** nach Recht und Billigkeit entscheiden.

examen *m* (1) *(ZR, ÖfR: observation minutieuse, contrôle)* Untersuchung *f*, Überprüfung *f*, (2) *(SchulR: épreuve, concours)* Prüfung *f*, Examen *n*; **admettre à un –** zur Prüfung zulassen; **après –** nach Einsichtnahme; **au premier –** nach erster (oberflächlicher) Betrachtung; **bureau d'–** Prüfungsstelle *f*; **certificat d'–** Prüfungszeugnis *n*, Prüfungsbescheinigung *f*; **commission d'–** Prüfungskommission *od.* -ausschuß *n*; **droit d'–** Prüfungsgebühr *f*; **échouer à un –**, **être refusé à un –** ein Examen nicht bestehen; **faire passer un –** prüfen, eine Prüfung abhalten *od.* abnehmen; **office d'–** Prüfstelle *f*; Prüfungsstelle; **passer un –** eine Prüfung ablegen; **passer avec succès un –, satisfaire à un –** eine Prüfung bestehen; **subir un –** sich einer Prüfung unterziehen; **ne pas résister à l'–** unhaltbar sein.

examen administratif d'office von Amts wegen vorgenommene behördliche Prüfung; **– d'admission** Aufnahmeprüfung; **– approfondi** eingehende Prüfung, sorgfältige Überprüfung; **– d'aptitude** Eignungsprüfung; **– de conscience** Gewissenserforschung; **– de contrôle** (1) Überprüfung, (2) ärztliche Nachuntersuchung; **– différé** verschobene *od.* aufgeschobene Prüfung; **– du dossier** Akteneinsicht *od.* -durchsicht; **– écrit** schriftliche Prüfung; **– éliminatoire** Auswahlwettbewerb; **– d'embauche** (ärztliche) Einstellungsuntersuchung; **– d'entrée** Aufnahmeprüfung; **– d'État** Staatsprüfung; **– de fin d'études** Abschlußprüfung; **– au fond** *(ZPR)* Tatsachen- *od.* Sachprüfung; **– de forme, – formel** Formmängelprüfung, Formalprüfung; **– intermédiaire** Zwischenprüfung.

examen légal gerichtsmedizinische Untersuchung; **– des lieux** Ortsbesichtigung *f*; **– de la magistrature** Richter- *od.* Richteramtsprüfung; **– de maîtrise** Meisterprüfung; **– médical** ärztliche Untersuchung; **– de nouveauté** (1) Erprobung, Test *m*, (2) *(PatR)* Neuheitsprüfung; **– obligatoire** Pflichtprüfung; **– d'office**

Ermittlung von Amts wegen; – **optométrique** *(StVR)* Augenuntersuchung, Überprüfung der Sehfähigkeit; – **oral** mündliche Prüfung; – **de passage** Aufstiegsprüfung; Versetzungsprüfung; – **de personnalité** *(StR)* Persönlichkeitsgutachten *n*; – **post-mortem** Autopsie *f,* Obduktion; – **préalable,** – **préliminaire** Vorprüfung, – **prénuptial** *(EheR)* ärztliche voreheliche Untersuchung (im Hinblick auf ansteckende und vererbliche Krankheiten), Eheunbedenklichkeitsbescheinigung; – **probatoire** Eignungsprüfung; – **professionnel** berufliche *od.* fachliche Eignungsprüfung; – **scientifique** wissenschaftliche Untersuchung; – **de la solvabilité** Überprüfung der Zahlungsfähigkeit; – **ultérieur** weitere Prüfung; – **visuel** Inaugenscheinnahme *f,* Augenschein *m.*

examinateur *m (a. PatR)* Prüfer *m;* – **chargé de la recherche** *(PatR)* Recherchenprüfer; – **en chef** Leiter der Prüfungsstelle; – **principal** Hauptprüfer.

examiner *v.tr.d.* (1) untersuchen, überprüfen, nachprüfen, (2) prüfen; – **l'activité inventive** *(PatR)* auf Erfindungshöhe prüfen; – **avec attention,** – **à fond** gründlich untersuchen; – **les charges qui pèsent contre un accusé** Überprüfung der Beweisergebnisse (im Strafprozeß); – **les lieux** die Örtlichkeiten besichtigen.

excédent *m* (1) Überschuß *m,* Überhang *m,* Mehrbetrag *m,* Plus *n,* (2) Überschreiten von Höchstwerten; – **annuel** Jahresüberschuß; **–s agricoles** Agrarüberschüsse; – **de bagages** Übergewicht *n,* Überfracht *f;* – **de la balance des paiements** *(Außh)* Zahlungsbilanzüberschuß; – **budgétaire** Haushaltsüberschuß; – **du commerce extérieur** Außenhandelsüberschuß; – **commercial** *(Außh)* Handelsbilanzüberschuß; – **comptable** Rechnungsüberschuß.

excédent de couverture *(VersR)* Überdeckung; – **démographique** Bevölkerungszunahme *f;* – **de dépenses** Mehrausgaben, Ausgabenüberschuß; – **de frais** Mehrkosten; – **de main-d'œuvre** Überhang *od.* Überangebot an Arbeitskräften; – **de naissances** Geburtenüberschuß; – **net** Reinerlös *od.* -ertrag; – **d'offres** Angebotsüberhang *m;* – **de poids** Übergewicht; Überbelastung; – **de population** Bevölkerungsüberschuß; – **de pouvoir d'achat** Kaufkraftüberhang *m;* – **de recettes** Mehreinnahmen; – **de sinistres** *(VersR)* Schadensexzedent *m.*

excédentaire *adj* einen Überschuß aufweisend, überzählig.

excéder *v.tr.d.* (1) übersteigen, überschreiten, (2) *(espérance, attente)* übertreffen, hinausgehen über; – **ses pouvoirs** (1) *(VwR)* seine Befugnisse überschreiten, (2) *(ZR)* seine Vollmacht überschreiten.

excellence *f* (1) *(titre: majuscule)* Exzellenz, (2) Vortrefflichkeit; **prix d'–** *(SchulR)* erster Preis.

excepté *adj* (1) *(non compris)* abgesehen von, ausgenommen, außer, mit Ausnahme von, (2) *(à la réserve de)* ausschließend, ausnehmend, vorbehaltlich.

excepter *v.tr.* eine Ausnahme machen.

exceptio non adimpleti contractus *(ZR: exception d'inexécution du contrat)* Einrede des nichterfüllten Vertrags, Nichterfüllungseinrede.

exception *f* (1) *(ÖfR: dérogation)* Ausnahme *f,* (2) *(ZPR: moyen de défense, fin de non recevoir)* Einrede *f* (als Verteidigungsmittel), (prozeßhindernde) Einrede, (3) *(i.w.S.)* Einwand *m,* Einwendung, Entgegnung; **à l'– de** mit Ausnahme von; **à peu d'–s près** bis auf wenige Ausnahmen; **alléguer une –** *(ZPR)* eine (prozeßhindernde) Einrede vorbringen; **faire –** eine Ausnahme bilden; **faire une – en faveur de qqn.** eine Ausnahme zugunsten von jmdn. machen; **joindre l'– au fond** die Entscheidung über die Einrede dem Endurteil vorbehalten; **juridiction d'–** (1) *(ZPR)* Ausnahmegericht *n*, (2) *(StPR)* Sondergericht, Sondergerichtsbarkeit; **législation d'–** *(ÖfR)* Ausnahmegesetzgebung; **loi d'–** Ausnahmegesetz *n*; **opposer une –** (gegen eine Forderung) eine Einrede vorbringen; **par –** ausnahmsweise; **par voie d'–** mittels Einrede, einredeweise, durch Geltendmachung einer Einrede; **réglementation d'–** Ausnahmeregelung; **rejeter une –** eine Einrede verwerfen; **sans –** ausnahmslos, ohne Ausnahme; **soulever une –** eine Einrede erheben *od.* vorbringen.

exception d'antériorité Einrede der Vorbenutzung; **– du bénéfice de discussion** Einrede der Vorausklage; **– de chose jugée** Einrede der Rechtskraft *od.* der entschiedenen Sache; **– de compensation** Aufrechnungseinrede; **– de connexité** Einrede des Zusammenhangs zweier Klagebegehren (die vor zwei verschiedenen Gerichten verhandelt werden sollen); **– de contre-partie** *(HR)* Einrede des Selbsteintrittsrechtes; **– déclinatoire** Einrede der Unzuständigkeit; **– dilatoire** (1) dilatorische *od.* hemmende *od.* aufschiebende (Prozeß-)Einrede, (2) *(mißbräuchlich)* prozeßverschleppende Einrede; **– de discussion** Einrede der Vorausklage; **– de division** Einrede der Teilung; **– de dol** Einrede der Anfechtbarkeit wegen Arglist; **– d'enrichissement** Einrede der ungerechtfertigten Bereicherung, Bereicherungseinrede; **– d'extranéité** Einrede der Ausländereigenschaft; **– de force majeure** Einrede der höheren Gewalt; **– de garantie** Einwendung der Gewährleistung, Geltendmachung der Gewährleistungsansprüche.

exception d'illégalité *(ZPR, VwPR)* Einrede der Ungesetzlichkeit, Einrede der Rechtsbeugung, Einwendung der Rechtswidrigkeit einer Verwaltungsmaßnahme *od.* einer Rechtsverordnung; **– d'incompétence** Einrede der Unzuständigkeit; **– d'inexécution du contrat** *(ZPR)* Einrede der Nichterfüllung (der vertraglichen Leistung); **– d'irrecevabilité** *(VerfR)* Einwendung der Unzuständigkeit (bei Nichtbeachtung der Gesetzgebungskompetenz der frz. Regierung); **– de litispendance** Einrede der Rechtshängigkeit; **– de nullité** Einwendung der Anfechtbarkeit; Nichtigkeitseinrede.

exception de péremption de l'action Einrede der Klageverwirkung; **– péremptoire** peremptorische *od.* dauernde *od.* zerstörende Einrede; **– plurium concubentium** *(FamR)* Mehrverkehrseinrede; **– préjudicielle** *(PrzR)* Einrede der Vorfrage (Frage, die im Prozeß nicht vom Prozeßgericht selbst, sondern von einem anderen Gericht entschieden werden muß); **– de procédure** prozeßhindernde Einrede; **– de recours parallèle** *(VwPR)* Einrede der Unzulässigkeit der Anfechtungsklage wegen Rechtswidrigkeit (da ein anderer Rechtsweg denselben Erfolg verspricht); **– réelle** dingliche Einrede; **– de prescription** Verjährungseinrede; **– de renvoi** Einrede der Unzuständigkeit; **– de rétention** Einrede des Zurückbehaltungsrechts; **– tirée de l'abus d'un droit** Einrede des Rechtsmißbrauchs.

exceptionnel *adj* Ausnahme-; außerordentlich; außergewöhnlich; **autorisation –le** Sondergenehmigung; **cas –** Sonderfall *m*; **circonstances –les** besondere Umstände; **congé –** Sonderurlaub *m*; **disposition –le** Ausnahmevorschrift *f*; **mesures –les** *(VerfR)* Notstandsmaßnahmen (des frz. Staatspräsidenten); **situation –le** Ausnahmesituation, besondere Sachlage.

exceptionnellement *adv* ausnahmsweise; sehr.

excès *m* (1) *(abus)* Überschreitung (der Befugnisse), (2) *(pl.: actes de violence)* Gewalttätigkeiten *pl*, Ausschreitungen *pl*, Übergriffe, (3) *(surabondance)* Übermaß *n*, Überschuß *m*, (4) *(intempérance)* Ausschweifung *f*, Unmäßigkeit; **– de couverture** *(VersR)* Überdeckung; **– de liquidité** Überliquidität *f*; **– d'offre** Angebotsüberhang *m*.

excès de pouvoir (1) *(VwPR: violation du principe de légalité)* Überschreitung der Amtsbefugnisse, Ermessensfehler *m*, Ermessensüberschreitung, Übergreifen in die Zuständigkeit einer anderen Verwaltungsbehörde, (2) *(ZPR: violation de la séparation des pouvoirs)* Kompetenz- *od.* Zuständigkeitsüberschreitung (durch einen Richter der ordentlichen Gerichtsbarkeit); **recours pour – –** *(VwPR)* Anfechtungsklage *f*, Anfechtungsstreitigkeit.

excès de vitesse *(StVR)* Überschreitung der zulässigen Höchstgeschwindigkeit; **– de zèle** Übereifer *m*.

excessif *adj* übermäßig, übertrieben; **frais –s** überhöhte Kosten; **prix –** unangemessener Preis.

exciper *v.tr.ind.* (1) *(ZPR: soulever une exception de procédure)* eine (prozeßhindernde) Einrede vorbringen, (2) *(PrzR: opposer à son adversaire un moyen de défense)* eine (rechtshindernde *od.* rechtsvernichtende) Einwendung erheben, sich auf ein Gegenrecht berufen, ein Gegenrecht geltend machen; **– de sa bonne foi** sich auf den Gutglaubensschutz berufen; **– d'un cas de force majeure** sich auf höhere Gewalt berufen; **– de la prescription** die Einrede der Verjährung geltend machen.

excitant *m* Aufputschmittel *n*; Genußmittel.

excitateur *m* Aufwiegler *m*, Störer.

excitation *f* (1) *(fait de provoquer, faciliter, favoriser)* Anstiftung *f*, Aufreizung *f*, Aufhetzen *n*, (2) *(StR)* Aufforderung (zu einer strafbaren Handlung); **– à la débauche** Anstiftung zum unsittlichen Lebenswandel, Förderung der Prostitution; **– à la guerre** Aufstacheln zum Angriffskrieg; **– au racisme** Aufstachelung zum Rassenhaß; **– à la violence** Volksverhetzung.

exciter *v.tr.* aufreizen, aufhetzen, schüren.

exclu *p.p.-adj* ausgeschlossen; **il n'est pas – que** es ist möglich, daß.

exclure ausschließen; ausstoßen; **– qqn. d'une liste** den Namen einer Person von einer Liste streichen; **– de la responsabilité** keine Haftung übernehmen für etw.; **– qqn. d'une succession** jmdn. enterben.

exclusif *adj* ausschließlich, exklusiv; **agent –** *(HR)* Alleinvertreter *m*; **compétence –ive** ausschließliche Zuständigkeit; **convention –ive de la responsabilité** Freizeichnungsklausel *f*, Vereinbarung über den Haftungsauschluß; **distribution –ive** Alleinvertrieb *m*; **droit –** ausschließliches Recht; Alleinberechtigung; **droit – d'exploitation** Alleinververtungsrecht; **droit de représentation –ive** Alleinvertretungsanspruch *m*; **gestion –ive** Alleingeschäftsführung; **jouissance –ive** alleiniges Nutzungsrecht; **possession –ive** Alleinbesitz *m*; **propriété –ive** ausschließliches Eigentum (einer Person); **torts –s** alleiniges Verschulden.

exclusion *f* (1) *(DiszR, ZR)* Ausschluß *m*, Ausschließung *f*, (2) *(HR: restriction de garantie)* (Haftungs-) Beschränkung *f*, (3) *(SozR)* Ausschluß *m*, Absacken *n* in die absolute Armut, Herausfallen aus dem sozialen Netz; **à l'– de** mit Ausnahme von; **délai d'–** Ausschlußfrist *f*; **faits justifiant l'–** Ausschlußtatbestand *m*; **jugement d'–** Ausschlußurteil *n*; **motif d'–** Ausschluß- *od.* Ausschließungsgrund; **prononcer l'– de qqn.**

jmdn. (aus einem Verband) ausschließen.

exclusion des fonctions publiques Untersagung *f* der Ausübung öffentlicher Ämter, Berufsverbot *n*; **– de la garantie** *ou* **de la responsabilité** Haftungsbeschränkung *od.* -ausschluß; **– du public** Ausschluß der Öffentlichkeit; **– de la succession** Enterbung; **– temporaire** (1) vorübergehender Ausschluß, (2) *(VerfR)* Untersagung der Teilnahme an der Parlamentsarbeit.

exclusivement *adv* ausschließlich.

exclusivité *f* (1) *(HR)* Alleinvertrieb *m*, Exklusivvertretung; (2) *(ZR)* Ausschließlichkeit *f*, Anspruch auf ausschließliche Nutzung; **avoir l'–** alleinberechtigt sein; **clause d'–** (1) *(ArbR)* Ausschließlichkeitsklausel, Tarifausschlußklausel, (2) *(HR)* Exklusivvertrag, Vereinbarung des ausschließlichen Vertriebsrechtes.

ex consensu *loc.adv.* mit Zustimmung von.

excusabilité *f* (1) *(StR)* Entschuldbarkeit *f*, (2) *(ZR)* Ablehnungsgrund für die Ausübung der Vormundschaft.

excusable *adj* entschuldbar, verzeihlich; **erreur –** *(StR)* nicht vermeidbarer Verbotsirrtum.

excuse *f* (1) *(StR)* Schuldausschließungsgrund; Strafmilderungsgrund *m*, (2) *(PrzR: motif légitime de dispense)* Ablehnungsgrund, Ablehnung *f*, (3) *(justification, explication)* Entschuldigung *f*, Rechtfertigung *f*; **cause d'–** Entschuldigungsgrund *m*; **exciper d'une –** sich auf einen Schuldausschließungsgrund berufen; **exiger des –s** *(Pol)* eine Ehrenerklärung fordern; **présenter ses –s à qqn.** sich entschuldigen.

excuse absolutoire Strafausschließungsgrund; **– atténuante** Strafmilderungsgrund; **– atténuante de minorité** Milderungsgrund wegen nicht erreichter Volljährigkeit; **– légale** gesetzlich vorgesehener Schuldausschließungsgrund; **– légitime** als berechtigt anzuerkennender Entschuldigungsgrund; **– de minorité** Geltendmachung der Strafunmündigkeit; **– de provocation** Geltendmachung des Schuldminderungsgrundes der absichtlichen Herausforderung.

exécutable *adj* ausführbar.

exécutant *m* Ausführende(r) *m*; Vortragende(r) (eines Werks); simple – Befehlsempfänger.

exécuter *v.tr.d.* (1) *(SchuldR: contrat, obligation)* erfüllen, durchführen, leisten, (2) *(effectuer, réaliser)* ausführen, durchführen, vollenden, (3) *(StR: mettre qqn. à mort)* hinrichten, (3) **s'–** *(SchuldR)* erfüllen, eine Leistung erbringen, seinen Verpflichtungen nachkommen; **faire – une peine** eine Strafe vollstrecken lassen; **– une commande** einen Auftrag erfüllen, liefern; **– un contrat** einen Vertrag erfüllen; **– un débiteur** die Zwangsvollstreckung (gegen einen Schuldner) betreiben; **– un jugement** ein Urteil vollstrecken; **– une loi** ein Gesetz anwenden, gesetzliche Maßnahmen durchsetzen; **– les obligations de sa charge** sein Amt gewissenhaft wahrnehmen; **– une œuvre (1)** *(SchuldR)* ein Werk herstellen, (2) *(UrhR)* ein Werk aufführen *od.* interpretieren; **– une peine** eine Strafe verbüßen; **– une promesse** ein Versprechen halten; **– un travail** eine Arbeit erledigen.

exécuteur *m* Vollstreckungsorgan; **– des hautes œuvres** Henker *m*, Scharfrichter *m*; **– testamentaire** Testamentsvollstrecker.

exécutif *m adj*: **organe –** ausführendes Organ; **pouvoir –** *(VerfR)* vollziehende Gewalt, Exekutive *f*.

exécution *f* (1) *(SchuldR)* Leistung *f*, Erfüllung (einer Verbindlichkeit), Durch- *od.* Ausführung, (2) *(ZwangsVR)* Zwangsvollstreckung, (3) *(PrzR: jugement)* Vollstreckung, (4) *(StR)* Strafvollstreckung, Strafvollzug; *(peine capitale)* Hinrichtung *f*; **accord d'–** Verwaltungsübereinkommen *od.* -übereinkunft; **acte d'–** (1) Vollstreckungstitel *m*,

319

vollstreckbare Urkunde *od.* Ausfertigung, (2) Vollstreckungshandlung; **arrêté d'–** (1) *(ZPR)* Vollstreckbarerklärung, (2) *(VwR)* Durchführungsverordnung; **avis d'–** (1) *(HR)* Vollzugsmeldung *f,* Ausführungsanzeige *f,* (2) *(BörR)* Schlußnote *f,* Schlußzettel *m;* **délai d'–** Ausführungsfrist *f,* Leistungsfrist; **impossibilité d'–** Unmöglichkeit der Leistung; **juridiction du lieu d'–** Gerichtsstand des Erfüllungsortes (einer Leistung); **lieu d'–** Erfüllungsort *m;* **mesure d'–** (1) *(VwR)* Durchführungsmaßnahme *f,* (2) *(ZPR)* Vollstreckungsmaßnahme *f;* **mettre à –** durchführen; **modalité d'–** (1) *(SchuldR: contrat)* Leistungsart *f,* (2) *(VwR: règlement)* Durchführungsbestimmung *f;* **non- –** Nichterfüllung (eines Vertrages); **ordre d'–** Vollstreckungsbefehl *m;* **organe** *ou* **organisme d'–** Vollzugsorgan *n,* Vollzugsbehörde; **personnel d'–** ausführendes Personal; **poursuivre l'–** auf Erfüllung klagen; die Zwangsvollstreckung betreiben; **procédure d'–** Zwangsvollstreckungsverfahren; **refus d'–** Erfüllungsverweigerung; **règlement d'–** *(VwR)* Durchführungsverordnung; **retard dans l'–** Leistungsverzug *m;* **surseoir à l'–** die Vollstreckung aufschieben, die Vollziehung aussetzen; **sursis à l'–** (1) *(au civil)* Aussetzung der Vollstreckung *od.* der Vollziehung, (2) *(au pénal)* Strafaufschub *m;* **voies d'–** Zwangsvollstreckungsrecht.

exécution administrative Verwaltungszwang *m;* **– anticipée** vorzeitige Erfüllung *od.* Leistung; **– capitale** *(StR)* Exekution, Hinrichtung; **– du contrat** Vertragserfüllung; **– défectueuse (d'un contrat)** Schlechterfüllung *od.* -lieferung, mangelhafte Erfüllung (eines Vertrages), positive Vertragsverletzung; **– par équivalent** Ersatzvornahme, Ersatzleistung.

exécution forcée (1) *(ZPR)* Zwangsvollstreckung, Vollstreckung eines Urteils, (2) *(VwR)* Anwendung von Verwaltungszwang; **– d'un jugement** Urteilsvollstreckung; **– loyale** vertragsgetreue Erfüllung; **– sur minute** sofortige Zwangsvollstreckung (auf Grund einer vollstreckbaren notariellen Urkunde); **– en nature** *(ArbR)* Zahlung eines Naturallohnes; **– d'une obligation** *(SchuldR)* Erfüllung, Leistung; **– d'office** *(VwR)* Anwendung von Verwaltungszwang (zur Durchsetzung von Verwaltungsakten), sofortige Vollziehung; **– partielle** *(SchuldR)* teilweise Erfüllung, Teilleistung; **– de la peine** Vollstreckung von Strafurteilen, Strafvollzug, Strafvollstreckung; **– de la première peine** Erstvollzug.

exécution par provision *ou* **provisoire** vorläufige Vollstreckbarkeit (eines Urteils) mit *od.* ohne Sicherheitsleistung; **– sous réserve** Leistung unter Vorbehalt; **– de la saisie** Pfändung (beim Schuldner), Zwangsvollstreckung (in körperliche Sachen); **– des sentences arbitrales** Vollstreckung der Schiedssprüche; **– simultanée** Leistung Zug um Zug; **– tardive** verspätete Leistung; **– tardive de la chose jugée** verspätete Vollstreckung einer gerichtlichen Entscheidung; **– par un tiers** *(ZR)* Ersatzvornahme *f;* **– du travail** (1) Herstellung des (versprochenen) Werks, (2) *(ArbR)* Leistung der (versprochenen) Dienste, Arbeitsleistung; **– par voie de contrainte** Zwangsvollstreckung; **– volontaire** (freiwillige) Erfüllung einer Verbindlichkeit.

exécutoire *adj/m* vollstreckbar; Kostenfestsetzungsbeschluß *m;* **acte –** Vollstreckungstitel *m;* **force –** (1) *(VerfR)* Gesetzeskraft *f,* Verbindlichkeit, (2) *(ZPR)* Vollstreckbarkeit; **formule –** Vollstreckungsklausel; **jugement –** vollstreckbares Urteil; **prendre –** einen Kostenfestsetzungsbeschluß erlassen; **provisoirement –** vorläufig vollstreckbar; **titre –** Vollstreckungstitel; **– des dépens** Kostenfestsetzungsbeschluß *m.*

exégèse *f* Exegese *f,* Auslegung *f;* Erklärung *f,* Kommentar *m;* **– des arrêts** kommentierte Rechtsprechung; **– des textes législatifs** Exegese *f;* Gesetzeskommentar *m.*

exemplaire *adj* mustergültig, musterhaft; beispielhaft; **infliger une peine –** ein Exempel statuieren; **châtiment –** abschreckende Strafe, als abschreckendes Beispiel dienende Bestrafung; **conduite –** vorbildliches Betragen.

exemplaire *m* (1) (Beleg-)Exemplar *n,* Stück *n,* Muster *n,* (2) (Vertrags-)Ausfertigung *f;* **en double, en triple –** in doppelter, dreifacher Ausfertigung; **– officiel du brevet** Patenturkunde *f;* **– original** Original *n,* Originalausfertigung.

exemplarité *f* Mustergültigkeit *f.*

exemple *m* Beispiel *n,* Muster *n,* Vorbild *n;* Exempel *n;* Modell *n;* **– comparatif** Vergleichsbeispiel; **– d'exécution** Ausführungsbeispiel; **– forgé** konstruierter Fall; **– typique** typisches Ausführungsbeispiel.

exempt *adj* frei, befreit; **– d'affranchissement** portofrei, franko; **– d'erreurs** fehlerfrei, fehlerlos, ohne Fehler; **– de défauts** einwandfrei, fehlerlos, makellos, vollkommen; **– de droits** gebührenfrei; **– d'impôts** steuerfrei; **– de port** franko, frei, die Transportkosten übernimmt der Empfänger; **– de service** vom Dienst freigestellt; **– de taxes** gebührenfrei.

exempté *adj/m* (1) *(MilR)* (vom Wehrdienst) Befreite(r), (2) *(ArbR)* (vom Arbeitgeber für besondere Aufgaben) Freigestellte(r).

exempter befreien; **s'–** sich (vom Dienst) befreien lassen; **– qqn. d'une dette** eine Schuld erlassen.

exemption *f* Befreiung *f,* Dispens *f,* Erlaß *m;* Ausnahmebewilligung; **– à la base** *(SteuerR)* Freibetrag *m;* **– de charges** Lastenfreiheit *f;* **– douanière** Zollbefreiung; **– de droits** Gebührenfreiheit *od.* -befreiung; **– fiscale, – d'impôts** Steuerbefreiung, Steuer- *od.* Abgabenfreiheit; **– de paiement, – de payer** Zahlungsbefreiung; **– provisoire** einstweilige Befreiung; **– de service** Dienstbefreiung; **– de service militaire** Befreiung vom Wehrdienst *od.* von der Dienstpflicht.

exequatur *m* (1) *(ZPR: fait de donner force exécutoire)* Bestätigung, Rechtskraftverleihung, (2) *(IPR: fait de donner force exécutoire à un jugement étranger)* Exequatur *n,* Vollstreckbar(keits)erklärung eines ausländischen Urteils, Vollstreckungsurteil *f,* (3) *(VR: diplomates)* Exequatur *n,* Zustimmung zur Ernennung (eines Konsuls); **délivrer l'–** das Exequatur erteilen; **jugement d'–** Vollstreckbarerklärung (eines ausländischen Urteils); **ordonnance d'–** Vollstreckbar- *od.* Vollstreckbarkeitserklärung; **– d'une sentence arbitrale** *(ZPR)* gerichtlicher Vollstreckbarkeitsvermerk für Schiedssprüche.

exercer *v.tr.* (1) *(un métier, une fonction)* (einen Beruf, ein Amt) ausüben, (ein Gewerbe) betreiben, (2) *(un droit)* geltend machen, ausüben (3) *(s'exercer)* sich üben, schulen; **pouvoir – ses droits** geschäftsfähig sein; **– une action** Klage erheben *od.* anstrengen *od.* anhängig machen; **– un commerce** ein Handelsgewerbe betreiben; **– une contrainte** Zwang ausüben; **– un contrôle** kontrollieren, überprüfen; **– un droit** einen Anspruch geltend machen; **– son droit en justice** klagen, eine Klage bei Gericht einreichen, einen Anspruch gerichtlich geltend machen; **– des fonctions** amtieren; **– la médecine** als Arzt tätig sein, praktizieren; **– un ministère, – un office** ein öffentliches Amt innehaben; **– une profession** einen Beruf ausüben.

exercice *m* (1) *(pratique d'une activité)* Übung *f,* Üben *n,* (2) *(HR, Buchf: période de temps)* Geschäftsjahr *n,*

321

exercice de l'autorité parentale — exigu

Rechnungsjahr, (3) *(ZR: action d'exercer un droit)* Geltendmachung *od* Ausübung (eines Rechts); Inanspruchnahme *f*, (4) *(ÖfR: accomplissement d'une fonction)* Amtsausübung *f*, (5) *(SteuerR: droit de contrôle des agents des contributions indirectes)* Ermittlungsbefugnis *f* der Finanzverwaltung; steuerliche Überprüfung, Steuerfahndung; **agent préposé à l'–** Steuerfahnder; **bilan de fin d'–** Jahresabschluß *m*; **capacité d'–** *(ZR)* Geschäftsähigkeit *f*; Handlungsfähigkeit; **clôture de l'–** Jahresabschluß *m*; **clôturer un –** ein Geschäftsjahr abschließen; **conditions d'–(d'un droit)** (Rechts-) Ausübungsbedingungen *od*. -voraussetzungen; **délai d' –** Ausübungsfrist *f*; **en – *(BeamR)*** im Amt, diensttuend; **en fin d'–** zum Jahresabschluß; **incapacité d'–** Geschäftsunfähigkeit.

exercice de l'autorité parentale Ausübung der elterlichen Gewalt; **– bénéficiaire** *(Buchf)* Gewinnjahr *n*; **– budgétaire** Haushaltsjahr, Budgetperiode *f*, Rechnungsjahr; **– clos** abgeschlossenes Rechnungsjahr; **– commercial** Geschäftsjahr, Wirtschaftsjahr; **– comptable** Rechnungsjahr; **– considéré** Berichtsjahr; **– en cours** laufendes Geschäftsjahr; **– déficitaire** Verlustjahr; **– d'un droit** Rechtsausübung, Geltendmachung eines Anspruchs; **– des fonctions** Amtsausübung, Wahrnehmung der Dienstgeschäfte, Amtsführung; **– illégal de la médecine** *(StR)* unerlaubte Ausübung der Heilkunde, Kurpfuscherei *f (pej)* ; **– illégal d'une profession** unbefugte Berufsausübung; **– d'un mandat** (1) *(ZR)* Ausführung eines Auftrages, (2) *(ÖfR)* Ausübung eines Mandats; **– des obligations civiques** Wahrnehmung der staatsbürgerlichen Pflichten; **– partiel** *(GesR)* Rumpfbetriebsjahr *od*. -geschäftsjahr, Zwischengeschäftsjahr; **– du pouvoir** Ausübung der Regierungsgewalt *od*. Staatsmacht; **– de la profession** Berufsausübung; **– social** *(GesR)* Geschäftsjahr; **– de la souveraineté** Herrschaftsausübung.

exhaustif *adj* vollständig, erschöpfend, umfassend; **enquête –ive** umfassende Untersuchung; **liste –ive** vollständige Aufzählung.

exhérédation *f* Enterbung *f*; **cause d'–** Enterbungsgrund *m*.

exhéréder *v.tr.* enterben, von der Erbschaft ausschließen.

exhiber *v.tr.* vorzeigen, aufweisen; **– son passeport** seinen Paß vorlegen; **– ses papiers** sich ausweisen.

exhibition *f* Vorlage *f*, Zurschaustellung *f*; Schau *f*, Revue *f*, Varieté *n*.

exhibitionnisme *m (StR)* Exhibitionismus *m*, Selbstentblößung aus sexuellen Motiven, exhibitionistische Handlung.

exhortation *f* Ermahnung.

exhorter *v.tr.* ermahnen, auffordern.

exhumation *f* Exhumierung *f*, Leichenausgrabung.

exigeant *adj* anspruchsvoll, viel verlangend.

exigence *f* Erfordernis *n*; Anforderung; Forderung *f*, Anspruch *m*; Verlangen *n*; **faire aboutir une –** einen Anspruch durchsetzen; **satisfaire aux –s** den Anforderungen genügen; **selon l'– de la situation** soweit es die Umstände erfordern; bei Bedarf; **– fondamentale** Hauptforderung; **– de forme** Formerfordernis *n*; **– minimum** Mindestanforderung.

exiger *v.tr.* fordern, verlangen, beanspruchen; erfordern; **– une rançon** Lösegeld fordern; **– des réparations** Schadensersatz verlangen.

exigibilité *f* Fälligkeit (einer Forderung).

exigibilités *fpl* fällige Verbindlichkeiten *pl*.

exigible *adj* einklagbar, beitreibbar, eintreibbar, fällig; rückzahlbar; **dette –** fällige Forderung.

exigu *adj* sehr klein; geringfügig; **ressources –uës** minimales, kaum ausreichendes Einkommen.

exil *m* Exil *n*, politische Verbannung.

exilé *m* Heimatvertriebene(r) *m*.

exiler *v.tr.* vertreiben, verbannen, in die Verbannung schicken.

existant *m* Bestand *m*; **– en caisse** Kassenbestand; **– en magasin (d'une marchandise)** Lagerbestand; **– en portefeuille** Wertpapierbestand.

existence *f* (1) Dasein *n*, Leben *n*, Existenz *f*, (2) *(HR)* Lagerbestand, Vorrat *m*; **conditions d'–** Lebensbedingungen *fpl*; **moyens d'–** Einkommen *n*, Mittel zur Bestreitung des Lebensunterhalts; **– juridique** rechtlicher Bestand *m*; **– d'une coutume** Bestehen eines Gewohnheitsrechts; **– d'une infraction** Vorliegen *n* einer Straftat; **– d'un témoin** Vorhandensein *n* eines Zeugen.

existences *fpl (VersR)* Versicherungsgegenstände *mpl*; **– adjacentes** Nachbarschaftsrisiko *n*; **– en marchandises** Warenbestand *m*.

exister *v.intr.* dasein, vorhanden sein, vorliegen; existieren; leben.

ex jure *lat* von Rechts wegen.

exode *m* Auswanderung *f*; **– des capitaux** Kapitalflucht; **– rural** Landflucht *f*.

ex officio *lat* von Amts wegen.

exonération *f* Befreiung *f*, Erlaß *m*; Steuerbefreiung *f*; **attestation d'–** Freistellungsbescheinigung *f*; **cause d'–** Befreiungsgrund *m*; **– à la base** (Grund-)Freibetrag *m*; **– conventionnelle** vertragliche Freistellung *od.* Befreiung; Haftungsbeschränkung *f*; **– fiscale** (1) Steuerermäßigung, Steuervergünstigung, (2) Steuerbefreiung, Steuer- *od.* Abgabenfreiheit; **– de frais** Kostenfreiheit; **– d'impôts** Steuerbefreiung; **– partielle** teilweiser Haftungsausschluß; **– de la responsabilité** Haftungsausschluß; Freistellung von der Haftung, Enthaftung.

exonératoire *adj* befreiend; **clause – (de responsabilité)** Haftungsausschlußklausel *f*; **fait –** Haftungsausschlußgrund *m*.

exonérer *v.tr.* befreien, entlasten, freistellen; eine Steuervergünstigung *od.* Steuerbefreiung gewähren; einen Nachlaß gewähren; **marchandises –ées** zollfreie Waren, Freigut *n*.

exorbitant *adj* übertrieben, übermäßig, exorbitant; **avantage –** außerordentlicher Vorteil; ungewöhnliche Gefälligkeit; **compétence –te** *(IPR)* nicht zu rechtfertigende, außergewöhnliche Zuständigkeit; **loyer –** überhöhte Mietforderung; **prix –** Wucherpreis *m*; **– du droit commun** *(ÖfR)* vom Zivilrecht abweichend.

expansion *f* (1) Erweiterung *f*, Ausdehnung *f*, Expansion *f*, (2) Anstieg *m*, Aufschwung *m*, Wachstum *n*; **entreprise en –** expandierendes Unternehmen; **– conjoncturelle, – économique** Wirtschaftsaufschwung, Konjunkturanstieg *m*; **– du marché** Marktausweitung *f*; **– monétaire** Zunahme des Geldvolumens.

expansionnisme *m (Pol)* Expansionspolitik.

expatriation *f* (1) Auswanderung *f*, Verlassen der Heimat, (2) *(déportation)* Ausweisung *f*, Ausbürgerung *f*; **indemnité d'–**, **prime d'–** Auslandszulage *f*; **– des capitaux** Kapitalflucht *f*.

expatrié *m* Auswanderer *m*; Flüchtling *m*.

expectant *m* Inhaber einer Anwartschaft.

expectative *f* (1) *(ZR: droit éventuel)* Anwartschaft *f*, Aussicht *f* auf, (2) *(Pol, BörR: attente prudente)* abwartende Haltung.

expédient *m* (1) Notbehelf *m*, Hilfsmittel *n*, (2) *(surtout au pluriel)* (letzter) Ausweg *m*, äußerstes Mittel; Ausrede *f*; **passer –** den Klageanspruch anerkennen; **vivre d'–s** sich durchschlagen; **– de procédure** dienlicher Verfahrensausweg.

expédier *v.tr.* (1) *(faire partir)* absenden, aufgeben, (ver)schicken; übersenden; ausliefern, abfertigen,

expéditeur

verfrachten, (2) *(délivrer une copie)* (eine Abschrift) erteilen, ausfertigen; – **un acte notarié** die Abschrift einer notariellen Urkunde ausfertigen; – **une affaire** einen Prozeß *od.* eine Angelegenheit (rasch) erledigen; – **un jugement** Abschrift eines Urteils erteilen.

expéditeur *m* (1) Absender *m*, Versender *m*, Adressant *m*; Briefschreiber, (2) *(SeeHR)* Befrachter.

expéditif *adj* rasch arbeitend, flink; summarisch, kurz und bündig; **jugement** – Urteil im Schnellverfahren; **procédure –ive** abgekürztes, beschleunigtes, summarisches Verfahren.

expédition *f* (1) *(HR: remise de la marchandise au transporteur)* Übergabe der Ware an den Frachtführer *od.* Spediteur, Aufgabe *f* (der Ware); Warenversand *m*; Übersendung; Versendung, (2) *(ZPR et notaires: copie littérale d'un acte ou d'un jugement)* beglaubigte (wörtliche) Abschrift *f*, Ausfertigung *f*, (3) *(VR)* Feldzug *m*, kriegerische Unternehmung, militärische Expedition, (4) *(SeeHR)* Fahrt *f*, Reise *f*; **avis d'**– Versandanzeige *f*; **bulletin d'**– Versandschein, Lieferschein; **bureau d'**– Abfertigungsstelle *f*; **deuxième** – Zweitausfertigung (einer Urkunde); **déclaration d'**– Versandpapiere *npl*; **droit d'**– Ausfertigungsgebühr *f*; **frais d'**– (1) Versandkosten *pl*, (2) Ausfertigungsgebühr; **papiers d'**– Versandpapiere *npl*; **première** – Erstausfertigung (einer Urkunde).

expédition des affaires courantes *(VerfR)* Erledigung der laufenden Angelegenheiten; – **authentique** amtliche *od.* notarielle Ausfertigung; – **contre remboursement** Versand gegen Nachnahme; – **de détail** Einzelversand; – **d'un envoi** Aufgabe *f* einer Sendung; – **franco** Versand frei Bestimmungsort; – **du jugement** Urteilsausfertigung (mit Vollstreckungsklausel); – **de marchandises** Warensendung; – **revêtue de la formule exécutoire** *(ZPR)* vollstreckbare Urteilsausfertigung; – **par voie ferrée** Bahnversand.

expéditionnaire *m* (1) *(Notar, ZPR)* Angestellter einer Kanzlei, Kanzlist *m*, Schreiber *m*; die Abschriften erteilende Urkundsperson, ausfertigende(r) Beamte(r), (2) *(HR)* im Versand arbeitender Handelsgehilfe; Versandleiter.

expérience *f* (1) Erfahrung *f*, (2) (naturwissenschaftlicher) Versuch *m*, Erprobung, Experiment *n*; **fait d'**– Erfahrungstatsache *od.* -wert; **–es sur les animaux** Tierversuche *mpl*; – **des affaires** Geschäftserfahrung.

expérimental *adj* experimentell; **à titre** – versuchsweise.

expérimentation animale Tierversuche *mpl*

expérimenté *adj* (1) erfahren, (2) erprobt, bewährt.

expérimenter *v.tr.* erproben; Versuche anstellen, experimentieren.

expert *adj* erfahren, sachkundig.

expert *m* Sachverständige(r) *m*, Sachkenner *m*, Experte *m*, Fachmann *m*, Fachberater *m*, Gutachter *m*, Begutachter; Prüfer *m*; **à dires d'**– nach Ansicht des Sachverständigen; **comité d'–s** Fachausschuß *m*, Sachverständigengremium *n*, Gutachterkommission; **commettre un –, désigner un** – einen Sachverständigen bestellen; **estimation par** – Sachverständigenschätzung; **preuve par** – Sachverständigenbeweis *m*; **rapport d'**– (1) Sachverständigengutachten *n*, Sachverständigenbericht *m*, (2) *(Buchf)* Prüfungs- *od.* Revisionsbericht; **vacation d'**– Sachverständigenentschädigung *f*; Sachverständigentätigkeit.

expert-comptable Wirtschafts- *od.* Buchprüfer; Bilanzbuchhalter, Bücherrevisor *m*; Rechnungssachverständige(r); – – **assermenté** vereidigter Buchprüfer.

expert économique Wirtschaftssachverständige(r); – **en écritures**

Schriftgutachter *od.* -sachverständige(r); – -**juré** vereidigter Sachverständiger; – **en matière d'assurances** Versicherungsfachmann; – **médical** Arzt als Gutachter; – **près les tribunaux** gerichtlich bestellter und beeideter Sachverständige(r).

expertal *adj*: **rapport** – Sachverständigengutachten.

expertise *f* (1) Gutachten, Sachverständigengutachten *n*; Prüfung *f*, Untersuchung *f*, (2) *(ZR, VersR: estimation de la valeur d'un bien, du montant d'un dommage)* Schätzung *f*; **ordonner une** – ein Sachverständigengutachten (gerichtlich) anfordern; **preuve par** – Sachverständigenbeweis *m*; **rapport d'** – (1) Sachverständigengutachten *n*, (2) *(comptable)* Prüfungs- *od.* Revisionsbericht; **société d'** – Prüfungs- *od.* Revisionsgesellschaft; – **amiable** außergerichtliche Einigung (der Parteien) auf Grund eines Sachverständigengutachtens; – **comptable** Buchprüfung; – **des facultés mentales** psychiatrisches Gutachten; – **médicale** ärztliche Begutachtung, ärztliches Gutachten; – **médico-légale** gerichtsärztliches *od.* gerichtsmedizinisches Gutachten; – **d'un tableau** Schätzung des Werts eines Gemäldes.

expertiser *v.tr.* begutachten, ein Gutachten erstellen, prüfen.

expiateur *adj* sühnend, abbüßend.

expiation *f* Abbüßen *n*, Verbüßung (einer Strafe), Sühne *f*.

expiatoire *adj*: **victime** – Sühneopfer *n*.

expier *v.tr.* büßen, verbüßen, sühnen.

expirable *adj* ablaufend.

expiration *f* Ablauf *m* (einer Frist), Erlöschen *n* (eines Rechts durch Fristablauf), Ende *n*; **à l'** – **du délai** bei Fälligkeit, nach Fristablauf; **arriver à** – (1) *(Frist)* ablaufen, (2) *(Recht)* erlöschen, verfallen; **date d'** – Fälligkeit, Verfallstag *m*; – **du bail** Ende des Mietverhältnisses; – **d'un brevet** Ablauf eines Patents; – **du contrat** Vertragsablauf, Vertragsende, Auslaufen *n* des Vertrages; – **du délai** Fristablauf; – **de la durée** Zeitablauf; – **de la durée du contrat** Vertragsende; – **du mandat** (1) *(ZR)* Beendigung des Auftrags, (2) *(ÖfR)* Ablauf der Amtszeit; – **de la peine** Strafverbüßung; – **du préavis** Ablauf der Kündigungsfrist; – **de prescription** Verjährung, Ablauf der Verjährungs- *bzw.* Ersatzungsfrist.

expiré *adj* abgelaufen, verfallen; **délai non encore** – noch nicht abgelaufene Frist.

expirer *v.tr.* (1) *(Frist)* ablaufen, enden, (2) *(Recht)* erlöschen, verfallen, (3) *(Person)* sterben.

explétif *adj* ausfüllend, ergänzend.

explicable *adj* erklärbar, erklärlich, deutbar.

explication *f* Erklärung *f*, Erläuterung, Ausführung, Auslegung, Interpretation; Wortwechsel *m*, Auseinandersetzung; **demander des –s à qqn.** jmdn. zur Rede stellen; **fournir des –s** Aufschluß geben; sich rechtfertigen; – **des faits** *(PrzR)* Sachverhaltsdarstellung; **–s portant sur les faits et sur le droit** tatsächliche und rechtliche Ausführungen; – **de vote** grundsätzliche Stellungnahme zu einer Abstimmung.

explicite *adj* ausdrücklich; klar, deutlich; **aveu** – unmißverständliches Geständnis; **clause** – (im Vertrag) ausdrücklich enthaltene Klausel; **déclaration** – unmißverständliche Erklärung.

explicitement *adv* ausdrücklich.

expliciter *v.tr.* ausdrücklich erklären, verdeutlichen, veranschaulichen; begründen.

expliquer (1) *v.tr.* erklären, erläutern, dartun; verdeutlichen, klarstellen, (2) *v.pron.* **s'** – seine Gedanken darlegen; seine Meinung kundtun; etwas richtigstellen.

exploit *m* (1) Großtat *f*, Heldentat; hervorragende Leistung, (2) *(ZPR: acte judiciaire signifié par huissier pour l'accomplisement d'une formalité)* Zustellungsurkunde, (durch den Gerichtsvollzieher) zuzustellende Urkunde; Amtshandlung (eines Gerichtsvollziehers); **– d'ajournement** (1) Klagezustellung, (2) abgekürzte Klageschrift, die dem Beklagten zugestellt wird; **– d'assignation** (zuzustellende) Ladung *f*, Ladungsschrift *f*; **– de dénonciation** Zustellungsurkunde über eine Pfändung; **– à fin de comparution** Ladung (vor Gericht); **– d'huissier** Zustellungsurkunde; Zustellung durch den Gerichtsvollzieher; **– introductif d'instance** Klageschrift *f*; **– inventif** *(PatR)* erfinderische Leistung; **– de notification** Zustellungsurkunde; **– d'opposition** Einspruch (vor Gericht); **– de saisie-arrêt** Pfändungs- u. Überweisungsbeschluß; **– de signification** Zustellungsurkunde.

exploitable *adj* (1) *(PatR)* verwertbar, (2) *(BW)* betriebsfähig, nutzbar, benutzungsfähig, (3) *(ZwangsVR)* pfändbar.

exploitant *m* (1) Unternehmer *m*, Betriebsleiter *m*, Gewerbetreibende(r) *m*, (2) Landwirt *m*; **– d'un fonds de commerce** *(HR)* Kaufmann, Geschäftsinhaber *m*.

exploitation *f* (1) *(mise en valeur)* Nutzung *f*, Nutzbarmachung *f*; Erschließung *f*, Bewirtschaftung, (2) *(mines)* Abbau *m*; Ausbeutung *f*; Gewinnung *f*, (3) *(le bien exploité)* (Gewerbe-)Betrieb *m*, Geschäftsbetrieb, Unternehmen, (4) *(agriculture)* Gut *n*, Hof *m*, (5) *(HR)* Betrieb eines Handelsgewerbes, (6) *(GRUR)* Auswertung, Ausübung, Benutzung, Verwertung; **accident d'–** Betriebsstörung; **aléas de l'–** Betriebsrisiko *n*; **aptitude à l'– industrielle** gewerbliche Verwertbarkeit; **arrêt d'–** Betriebsstillegung *f*; **autorisation d'–** Betriebsgenehmigung *od.* -erlaubnis; **bâtiment d'–** Wirtschaftsgebäude *n*; **bénéfice d'–** Betriebsgewinn *m*; **capital d'–** Betriebsvermögen *n*, Gewerbe- *od.* Betriebskapital; **certificat d'–** Ausübungsnachweis *m*; **cesser l'–** den Betrieb stillegen *od.* einstellen; **communauté d'–** Betriebsgemeinschaft *f*; **compte d'–** Betriebskonto *n od.* -rechnung; **continuation de l'–** Fortsetzung des Geschäftsbetriebes; **contrat d'–** (1) Betriebsvertrag *m*, (2) *(Bergbau)* Gewinnvertrag, Ausbeutungsvertrag; **défaut d'–** (1) *(WirtR)* Nichteinhaltung der Betriebspflicht, (2) *(PatR)* unterlassene Verwertung, (3) *(Bergbau)* mangelnde Ausbeutung; **droit d'–** (1) Betriebsrecht, (2) *(Bergbau)* Ausbeutungsrecht; **entrave à l'–** Gewerbeausübungsbehinderung *f*; **frais d'–** Betriebskosten *od.* -auslagen *fpl*; **grande –** Großbetrieb; **interruption d'–** Betriebsunterbrechung; **licence d'–** (1) Lizenz *f*, Betriebsgenehmigung *od.* -erlaubnis *f*, (2) Gewerbeschein *m*; **mauvaise –** Mißwirtschaft, schlechte Betriebsführung; **mise en –** (1) Inbetriebnahme, (2) *(Bodenschätze)* Ausbeutung; **petites et moyennes –s** mittelständische Betriebe *mpl*, kleine u. mittlere Unternehmen, Mittelstand *m*; **plan d'–** Wirtschafts- *od.* Betriebsplan; **poursuite de l'–** Weiterführung des Betriebs; **recettes d'–** Betriebseinnahmen *fpl*; **règlement d'–** Betriebsordnung *f*, Vorschriften über die Betriebsführung; **résultats d'–** Betriebsergebnis *n*; **revenus d'–** Einkünfte aus einem Gewerbebetrieb; **risque d'–** Sach- *od.* Betriebsgefahr *f*; **sécurité d'–** Betriebssicherheit *f*; **société d'–** Verwertungsgesellschaft.

exploitation abusive d'une position dominante *(KartellR)* Machtmißbrauch *m*; **– agricole** landwirtschaftlicher Betrieb, Hof *m*, Gut *n*; **– antérieure** *(PatR)* Vorbenutzung; **– artisanale** Handwerksbetrieb, Werkstatt, handwerklicher Betrieb; **– d'un brevet** Ausübung eines Patents, Patentverwertung; **– commerciale** Handelsunternehmen *n*, Betrieb eines Handelsgewerbes; **– commercia-**

exploiter

le, **industrielle** *ou* **artisanale** Gewerbebetrieb *m*; – **en commun** Betriebsgemeinschaft; – **pour compte commun** Bewirtschaftung für gemeinsame Rechnung; – **concédée** (par l'État à une société privée) Konzession; – **coopérative** Genossenschaftsbetrieb; – **directe** Selbst- *od.* Eigenbewirtschaftung; – **familiale** familieneigener Betrieb, Familienbetrieb; – **forestière** Forstbetrieb; Forstwirtschaft; – **de l'homme par l'homme** Ausbeutung; – **individuelle** Einzelkaufmann; – **par l'intéressé** Eigen- *od.* Selbstbewirtschaftung; – **d'une invention** Ausübung einer Erfindung; – **moyenne** mittelständischer Betrieb; – **rurale** landwirtschaftlicher Betrieb.

exploiter *v.tr.* (1) *(HR: Gewerbe)* betreiben; bewirtschaften, (2) *(Bodenschätze)* ausbeuten, abbauen, gewinnen, (3) *(PrzR: Gerichtsvollzieher)* (Urkunden) zustellen, (4) *(GRUR)* benutzen, verwerten, auswerten; – **un brevet** ein Patent auswerten *od.* gewerbsmäßig nutzen; – **en commun** *(GesR)* gemeinschaftlich betreiben; – **la crédulité de qqn.** die Leichtgläubigkeit ausnutzen; – **des données** Daten auswerten; – **des résultats** Ergebnisse *npl* auswerten.

exploiteur *m* Ausbeuter *m*.

exploration *f* Erforschung; Forschung; Prüfung, (medizinische) Untersuchung.

explosif *adj*: **loi sur le régime des poudres et substances –ives** Sprengstoffgesetz *n*.

explosifs *mpl* Sprengstoffe *mpl*; **permis de détention d'–** Sprengstofferlaubnisschein *m*.

exportable *adj* ausführbar, exportfähig.

exportateur *adj*: **pays –** Ausfuhrland; *m* Ausfuhrhändler *m*, Exporteur *m*.

exportation *f* (1) Ausfuhr *f*, Export *m*, (2) Ausfuhrhandel *m*, Exporttätigkeit, Ausfuhrgeschäfte *npl*, Exportabschlüsse *mpl*, (3) Außenwirt-

exposé

schaft; **aide à l'–** Ausfuhr- *od.* Exportförderung; **autorisation d'–** Ausfuhrbewilligung *od.* -erlaubnis; **certificat d'–** Ausfuhr- *od.* Exportbescheinigung; **commerce d'–** Ausfuhrhandel *m*, Außenhandel, Exportwirtschaft; **contingent d'–** Ausfuhr- *od.* Exportkontingent *od.* -quote; **déclaration d'–** Ausfuhrerklärung; **document d'–** Ausfuhrdokument *n*; **droit à l'–** Ausfuhrzoll; **embargo sur les –s** Ausfuhrstopp; **encouragement à l'–** Export- *od.* Ausfuhrförderung; **financement des –s** Exportfinanzierung; **garanties à l'–** Ausfuhrgarantien und Bürgschaften; **industrie d'–** Exportindustrie; **interdiction d'–** Ausfuhrverbot *n*; **licence d'–** Ausfuhrbewilligung *f*, Ausfuhr- *od.* Exportlizenz *f*; **livraison pour l'–** Exportlieferung; **monopole d'–** Außenhandelsmonopol; **pays d'–** (1) Ausfuhrland, (2) Absatz- *od.* Bestimmungsland; **permis d'–** Ausfuhrbewilligung; **plafond d'–** Ausfuhrhöchstgrenze; **politique d'–** Außenwirtschaftspolitik; **prime à l'–** Ausfuhrprämie *f*; **prix à l'–** , **prix d'–** Ausfuhrpreis *m*, Exportwert; **quota d'–** Ausfuhrquote *f*; **restriction à l'–** Ausfuhrbeschränkung; **stimuler l'–** die Ausfuhr fördern; **subvention à l'–** Ausfuhrsubvention *f*, Exportstützung *f*; **taxe à l'–** Ausfuhrzoll *m*; **valeur à l'–** Ausfuhrwert *m*; **volume des –s** Ausfuhrvolumen *n*.

exportation de biens Waren- *od.* Güterausfuhr; – **de capitaux** Kapitalausfuhr; – **en franchise** zollfreie Ausfuhr; **–s invisibles** unsichtbare Ausfuhren, Dienstleistungsverkehr *m*; **–s visibles** sichtbare Ausfuhren, Warenausport *m*.

exporter *v.tr.* ausführen, exportieren.

exposant *m* (1) *(HR)* Aussteller *m*, (2) *(ZPR)* Antragsteller *m*, Kläger.

exposé *m* Darlegung *f* (von Rechtsgründen), Erläuterung, (Rechenschafts-)Bericht *m*, Ausführungen

327

fpl; **– de droit** *ou* **juridique** Ausführungen zur Rechtslage, Rechtsdarlegung; **– des faits** Ausführungen zum Sachverhalt, Sachverhaltsdarstellung; Tatbericht *m*; **– inexact** unrichtige Darstellung.

exposé | des motifs (1) *(PrzR: i.w.S.)* Begründung (eines Antrags, einer Klage, eines Urteils); Erläuterungen *fpl*, (2) *(ZPR)* Tatbestand u. Entscheidungsgründe, (3) *(StPR)* Urteilsgründe, (4) *(VerfR)* Motive *npl od.* Leitgedanken *mpl* (eines Gesetzes); **– oral** Vortrag *m*; **– en réponse** Gegendarstellung; **– sommaire** Kurzbericht, Überblick *m*.

exposer *v.tr.* (1) *(expliquer, dire, énoncer)* erklären, darlegen, ausführen, berichten über, vortragen, (2) *(montrer, étaler)* ausstellen, darbieten, anbieten; **– au danger** *ou* **au risque** gefährden, in Gefahr bringen, einer Gefahr aussetzen; **s'– à un péril** sich in Gefahr begeben.

exposition *f* (1) Darlegung *f*, Ausführung *f*, Erklärung *f*, (2) *(HR)* Ausstellung, Messe *f*, Marktveranstaltung, Schau *f*, (3) *(StR: hist)* das an den Pranger stellen, entehrende Strafe; **foire-** Messe für Fachbesucher (verbunden mit Ausstellungstagen für Privatleute); **lieu d'–** Ausstellungsort *m*; **– agricole** Landwirtschaftsschau, Grüne Woche; **– d'enfant** *(StR)* Aussetzung Hilfloser *od.* von Kindern; **– industrielle** Industrieausstellung; **– itinérante** Wanderausstellung; **– universelle** Weltausstellung; **– en vente** Verkaufsauslage, Ausstellung zum Verkauf.

exprès *adv* (intentionnellement) absichtlich, wissentlich, vorsätzlich, mit Absicht, mit Vorbedacht.

exprès *adj* ausdrücklich; **condition –esse d'un contrat** ausdrückliche Vertragsbedingung.

exprès *m* Bote *m*, Überbringer *m*; **par –** durch Eilboten.

express *adj/m*: **train –** D-Zug, Schnellzug.

expressément *adv* ausdrücklich, förmlich; klar und deutlich; **– défendu** strengstens verboten.

expression *f* Ausdruck *m*, Ausdrucksweise *f*; **liberté d'–** Meinungsäußerungsfreiheit; **– de volonté** *(ZR: manifestation expresse ou tacite de volonté)* Willenserklärung.

expressis verbis *lat* ausdrücklich, mit ausdrücklichen Worten.

exprimer *v.tr.* zum Ausdruck bringen, ausdrücken, äußern, darstellen; **– ses doléances** seine Beschwerden vortragen *od.* vorbringen.

expromission *f* *(SchuldR, hist)* Schuldmitübernahme (durch Vertrag des Beitretenden mit dem Gläubiger).

expropriant *adj/m*: **administration –e** Enteignungsbehörde.

expropriation *f* (1) *(ZPR)* Zwangsvollstreckung, Wegnahme *f*, Einziehung, (2) *(ÖfR)* Enteignung, Expropriation; **arrêté d'–** Enteignungsbeschluß *od.* -bescheid *m*; **demande d'–** Enteignungsantrag *od.* -begehren *n*; **droit d'–** Enteignungsrecht *od.* -befugnis; **indemnité d'–** Enteignungsentschädigung; **juge de l'–** für die Enteignungen und Entschädigungen zuständiger Richter des Großinstanzgerichts; **procédure d'–** Enteignungsverfahren.

expropriation pour cause d'utilité publique *(ÖfR)* Enteignung zum Wohl der Allgemeinheit, Enteignung im öffentlichen Interesse; **– conditionnelle** suspensiv bedingte Enteignung; Enteignungsverfahren, das nur zur Durchführung gelangt, wenn eine bestimmte Kostensumme nicht überschritten wird; **– forcée** *(ZPR: saisie immobilière)* Immobiliarzwangsvollstreckung; **– indirecte** *(VwR)* enteignungsgleicher Eingriff; **– d'urgence** Enteignung im beschleunigten Verfahren.

exproprié *m* Enteignete(r) *m*, der von der Enteignung Betroffene; entzogenes Eigentum.

exproprier *v.tr.* enteignen.

expulsé *adj/m* Ausgewiesene(r); **étranger –** abgeschobener Ausländer.

expulser *v.tr.* (1) *(AuslR)* ausweisen, abschieben, (2) *(MilR)* ausstoßen, (3) *(MietR)* räumen.

expulsion *f* (1) *(AuslR)* Ausweisung (bei Beeinträchtigung erheblicher Interessen der Bundesrepublik); Abschiebung, zwangsweise Durchsetzung der Ausreisepflicht, (2) *(ZPR, MietR)* Zwangsräumung *f*, (3) *(MilR)* Ausstoßung, (4) *(VereinsR)* Ausschluß *m*; **arrêté d'–, décision d'–, décret d'–** *(AuslR)* Ausweisungsbeschluß *od.* -verfügung *f*; **menace d'–** Androhung der Abschiebung; **ordonnance d'–** *(ZPR, MietR)* Räumungsanordnung *od.* -befehl.

expurgation *f* *(MedienR)* Herausschneiden *od.* Unkenntlichmachung von anstößigen Stellen (Buch, Bild).

extensif *adj* umfassend, ausgedehnt, weit; **interprétation –ive** extensive Auslegung; Gesetzesanalogie; Rechtsanalogie *f*; **pouvoirs –s** unumschränkte Befugnisse.

extension *f* (1) Ausmaß *n*, Umfang *m*, (2) Ausweitung, Erweiterung, Ausdehnung, Erstreckung; Verlängerung; **demande d'– de délai** Antrag auf Fristverlängerung, Fristgesuch *n*; **– d'agrément** Erweiterung der Genehmigung; **– analogique** entsprechende Anwendung; Gesetzes- *od.* Rechtsanalogie; **– du chiffre d'affaires** Umsatzsteigerung; **– de compétence** Zuständigkeitserweiterung; **– d'une convention collective** *(ArbR)* Allgemeinverbindlicherklärung (eines Tarifvertrags); **– du domaine de la protection** *(PatR)* Erweiterung des Schutzbereichs; **– d'un établissement industriel ou commercial** Betriebserweiterung; **– du marché** Markterschließung *od.* -erweiterung; **– du redressement judiciaire** *(KonkursR)* Einbeziehung des persönlichen Vermögens eines Geschäftsführers in die Konkursmasse.

extenso *loc.adv.*: **in –** ungekürzt, vollständig.

extérieur *adj* Außen-, auswärtig; **affaires –res** auswärtige Angelegenheiten; **politique –re** Außenpolitik *f*.

extermination *f* Vernichtung, Ausrottung; Völkermord.

exterritorialité *f* *(VR)* Befreiung von der inländischen Gerichtsbarkeit, Exterritorialität; **privilège d'–** diplomatisches Vorrecht; Immunität *f*.

extinctif *adj* erlöschend; auflösend; **prescription –ive** Verjährung; **terme –** Endtermin *m*.

extinction *f* (1) *(ZR: cessation d'un droit, d'une obligation)* Erlöschen *n*, Beendigung, (2) *(SchuldR: paiement de la dette)* Tilgung; Rückzahlung; **– d'un brevet** Erlöschen eines Patents; **– des bougies, – des feux** *(ZwangsVR)* Zeitpunkt des Zuschlags eines Grundstücks an den Meistbietenden (in der Zwangsversteigerung); **– de l'instance** Prozeßbeendigung, Ende des Prozeßrechtsverhältnisses; **– des obligations** Erlöschen des Schuldverhältnisses; Erfüllung.

extirper *v.tr.* zerstören, ausrotten; **– un abus** einen Mißbrauch abstellen.

extorquer *v.tr* erpressen, erzwingen, abnötigen; **– des aveux** ein Geständnis erzwingen, abnötigen; **– le consentement (de qqn.)** jmdn. durch Drohung zur Abgabe einer Willenserklärung bestimmen; **– des fonds** Geld erpressen; **– une signature** jmdn. zur Unterschrift zwingen.

extorqueur *m* **(de fonds)** Erpresser *m*.

extorsion *f* Erpressung *f*; **– d'aveux** Geständnis- *od.* Aussageerpressung; **– de fonds** Erpressung; **– de fonds avec violence** bewaffneter Raubüberfall; **– de signature** Nötigung zur Unterschriftsleistung.

extra *m* *(ArbR)* Aushilfskraft; **qualité –** 1A Qualität *od.* Güteklasse.

extrabudgétaire *adj* außerhaushaltsplanmäßig, außeretatmäßig.

extra-communautaire *(EU)* außergemeinschaftlich, nicht zur EU gehörig.

extra-conjugal *adj* außerehelich; **liaison – –le, relations – –les, union – –le** nichteheliche Lebensgemeinschaft, eheähnliche Gemeinschaft.

extra-contractuel *adj* außervertraglich; **obligations –elles** Verpflichtungen aus unerlaubter Handlung; gesetzliche Verpflichtungen.

extraconstitutionnel *adj* verfassungswidrig.

extraction *f* (1) *(StR: transfert de détenus)* Überführung eines Häftlings (in eine andere Strafanstalt), (2) *(WirtR)* Ausbeute *f*, Abbau *m*, Gewinnung *f*; **droit d'–** Abbau- *od.* Gewinnungsrecht; **permis d'–** Abbaugenehmigung; **quote-part d'–** Förderungsquote *f*; **– à ciel ouvert** Tagebau *m*; **– de pétrole** Erdölförderung.

extradé *m* Ausgelieferte(r) *m*.

extrader *v.tr.* ausliefern.

extradition *f (VR, StR, AuslR)* Auslieferung, Überstellung (eines Strafälligen); **convention d'–** Auslieferungsabkommen *n*; **décret d'–** Auslieferungsbeschluß *m*, Auslieferungsverfügung *f*; **demande d'–** Auslieferungsersuchen *od.* -begehren *n*; **État qui demande l'–** Verfolgungsstaat *m*; **législation sur l'–** Auslieferungsgesetzgebung *f*; **procédure d'–** Auslieferungsverfahren *n*; **traité d'–** Auslieferungsvertrag *m*; **– en transit** *ou* **– par voie de transit** Durchlieferung.

extraire *v.tr.* (1) *(Bodenschätze)* ausbeuten, abbauen, gewinnen, (2) *(Zitate)* zusammentragen, bringen; **– de la maison d'arrêt** (1) vorführen (im Strafprozeß), (2) überführen (von einer Strafanstalt in die andere).

extrait *m* (1) *(partie d'un acte littéralement copiée)* Auszug *m* (aus einer Urkunde), (2) *(énonciation résumée et non littérale)* Zusammenfassung *f*; **pour – certifié conforme** für die Richtigkeit des beglaubigten Auszuges; **– d'actes d'état civil** Auszug aus dem Zivilstandsregister; **– de baptême** Taufschein; **– cadastral** *ou* **du cadastre** Katasterauszug; **– du casier judiciaire** Strafregisterauszug, Führungszeugnis *n*; **– de comptabilité** Buchungs- *od.* Buchauszug; **– de compte** Kontoauszug; **– journalier** Tagesauszug; **– de facture** Rechnungsauszug; **– matriculaire** Auszug aus dem Strafvollzugsregister; **– mortuaire** Sterbeurkunde; **– de naissance** Geburtsurkunde, Auszug aus dem Geburtenbuch; **– du procès-verbal** Auszug aus dem Protokoll; **– du registre du commerce** Handelsregisterauszug; **– du registre foncier** (Elsaß-Lothringen:) Grundbuchauszug; **– du rôle** *(SteuerR)* Steuernummer *f*, Auszug aus der Heberolle.

extrajudiciaire *adj* außergerichtlich; **acte –** *(PrzR)* (durch den Gerichtsvollzieher) zuzustellende Urkunde; Mahnbescheid *m*; Protest(urkunde); Pfändungsbeschluß *m*.

extrajudiciairement *adv* außergerichtlich.

extralégal *adj* (1) nicht im Gesetz vorgesehen, (2) gesetzwidrig.

extranéité *f* (1) *(AuslR)* Rechtslage *f* eines Ausländers, (2) *(ZPR: demandeur étranger)* Ausländereigenschaft *f* des Klägers.

extraordinaire *adj* außerordentlich; außeretatmäßig, außerplanmäßig; **assemblée –** außerordentliche Sitzung *od.* Versammlung; **budget –** außerordentlicher Haushalt; **dépenses –s** außerplanmäßige Ausgaben; **frais –s** Extraausgaben *fpl*; **rabais –** Sonderrabatt *m*; **voies de recours –s** *(PrzR)* Revision *f*; Wiederaufnahmeverfahren *n*; Drittwiderspruch *m*.

extraparlementaire *adj* außerparlamentarisch.

extrapatrimonial *adj* : **droit –** *(ZR: droit qui touche à la personne et ne fait pas partie du patrimoine)* höchstper-

sönliches Recht, nicht übertragbares subjektives Recht.
extrapolation *f* Verallgemeinerung, Schlußfolgerung; Hochrechnung, Extrapolation.
extrapoler *v.intr.* verallgemeinern; schlußfolgern; hochrechnen.
extraprofessionnel *adj* außerberuflich, nichtberuflich; berufsfremd.
extrême *adj* höchst, äußerst; **à l'– rigueur** im äußersten Fall; **cas –** Grenzfall *m*; **parti d'– droite** rechtsextremistische Partei.
extrême *m* äußerste Grenze; **les –s** *mpl* Gegensätze, entgegengesetzte Punkte.
extrêmement *adv* äußerst, überaus, sehr viel.
extrême-onction *f* letzte Ölung.
extrémisme *m* Radikalismus *m*, Extremismus *m*.
extrémiste *m* Radikale(r), Extremist.
extrémité *f* äußerstes Ende; äußerste Not: **acculer, pousser qqn. à la dernière –** jmdn. zum äußersten treiben.
extrinsèque *adj* von außen bestimmt; **cause –** durch äußere Zwänge bewirkte Handlung; **valeur –** Vertragswert; Nennwert *m*.

F

fabricant *m* Fabrikant *m*, Produzent *m*, Hersteller *m*.

fabricateur *m (StR)* Fälscher; **– de fausse monnaie** Falschmünzer; **– de faux papiers** Fälscher von amtlichen Ausweisen, Urkundenfälscher.

fabrication *f* (1) Herstellung *f*, Erzeugung, Fertigung, Fabrikation, Produktion, (2) Erzeugnis *n*, Produkt *n*, Fabrikat *n*; **coût de –** Herstellungskosten; **défaut de –** Fabrikationsfehler *m*, Produktmangel *m*, Schaden am Endprodukt; **droit de –** Herstellungsrecht *n*; **frais de –** Herstellungskosten *pl*; **licence de –** Herstellungslizenz *f*; **procédé de –** Herstellungsverfahren *n*; **processus de –** Fertigungsprozeß *m*; **secret de –** Fabrikationsgeheimnis *n*.

fabrication à la chaîne Fließbandherstellung; **– sur commande** Einzelanfertigung; Auftragsfertigung; **– de fausse monnaie** Falschmünzerei *f*; **– en grande série** Massenanfertigung *od.* -herstellung, Serienerzeugung; **– hors série** Sonderanfertigung.

fabricien *m (KirchR)* Kirchenvorstandsmitglied *n*.

fabrique *f* (1) Fabrik *f*, Fabrikanlage *f*; Werk(statt) *f*; (kleinerer) Herstellungsbetrieb, Erzeugungsstätte *f*, (2) Herstellungsart *f*, (3) *(KirchR)* Kirchenvorstand *m*; **marque de –** Fabrikzeichen *n*; **prix de –** Preis für Direktbezieher; **secret de –** Betriebsgeheimnis *n*.

fabriquer *v.tr.* (1) *(produire, usiner)* herstellen, anfertigen, produzieren, (2) *(élaborer de manière à tromper)* fälschen, verfälschen, kopieren, nachahmen.

façade *f* (1) Vorderseite, Stirnseite (eines Gebäudes), (2) *(fig)* Schein *m*; **de –** simuliert, unehrlich.

face *f* (1) *(fig)* Aussehen, Gestalt, (2) Kopfseite (einer Münze); **faire –** Widerstand leisten; **faire – à ses engagements** seinen Verbindlichkeiten nachkommen, seine Schulden begleichen; **en – de** gegenüber; **vue de –** Vorderansicht *f*; **face à –** Debatte *f*, Diskussion.

faciès *m* Gesichtszüge *mpl*; **– basané** *pej* Araber, Türke.

facilement *adv* leicht, mühelos; einfach (zu handhaben).

facilitation *f* **du travail** Arbeitserleichterung.

facilités *fpl (BankR)* Erleichterungen *fpl* (bei Zahlungen), Gewährung günstigerer Bedingungen (für Anleihen); **– d'amortissement** Abschreibungserleichterungen *fpl*; **– de caisse** *(BankR)* kurzfristiger Kredit (zur Überwindung zeitweiliger finanzieller Anspannungen); **– de crédit** Krediterleichterung, Fazilität *f*; **– de paiement** Zahlungserleichterungen; **– de promotion** günstige Aufstiegsmöglichkeiten.

façon *f* (1) *(création, fabrication)* Machart *f*, (Art und Weise der) Herstellung, Ausführung, Gestaltung, Be- *od.* Verarbeitung, (2) *(travail de l'artiste, de l'artisan)* Arbeitsausführung Handarbeit *f*, Handwerk *n*, (3) *(manière, forme)* Form *f*, Gestalt *f*; Muster (eines Stoffs), (4) *(ArbR: salaire)* (Werk-, Macher-)Lohn *m*; **de – inadmissible** in unzulässiger Weise.

façonnage *m*, **façonnement** *m* Bearbeitung, Formgebung, Zurichtung.

façonner bearbeiten, formen, bilden.

fac-similé *m* Faksimile *n*, getreue Nachbildung; Unterschriftsstempel *m*.

factage *m* (1) *(HR: transport à domicile de marchandises)* Zustellung *f*, (2) Zustellungsgebühr *f*; Rollgeld *n*; **entreprise de –** Paketdienst *m*, Rollfuhrunternehmen *n*.

facteur *m* (1) *(élément contribuant à un résultat)* mitwirkender Umstand *m*, Element *n*, Moment *n*, Faktor *m*, (2) *(HR)* Rollfuhrunternehmer; Paketzustellungsdienst, (3) *(BankR)* Factor *m*, (im Rahmen eines Factoringvertrages) die Kundenforderungen eintreibende Bank, (4) *(Post: préposé)* Briefträger *m*; **– de calcul** Berechnungsfaktor; **– de coûts** Kostenfaktor; **– de la production** Produktionsfaktor.

factice *adj* nachgemacht, künstlich.

factieux *adj* aufrührerisch; *m* Aufrührer *m*, Unruhestifter *m*.

faction *f* (1) *(StR)* umstürzlerische Vereinigung, (2) *(MilR)* Wache *f*.

factoring *m* (= **affacturage**) Factoringvertrag, Forderungskauf.

factum *m* *(PrzR: mémoire exposant les faits du procès)* Darlegung des Sachverhalts und der Rechtslage; Verteidigungsschrift.

facturation *f* Fakturierung *f*, Rechnungsausstellung *f*; Inrechnungstellung.

facture *f* (1) *(HR)* (Waren-)Rechnung *f*, Faktura *f*, (2) *(UrhR)* Ausführung *f*, Komposition *f*; **acquitter une –** eine Rechnung bezahlen; **dresser** *ou* **établir une –** eine Rechnung ausstellen; **honorer une –** eine Rechnung bezahlen; **montant de la –** Rechnungsbetrag *m*; **payer** *ou* **régler une –** eine Rechnung begleichen; **prix de –** Einkaufspreis (des Händlers).

facture acquittée quittierte Rechnung; **– consulaire** Konsulatsfaktura; **– fictive** fingierte Rechnung; **– originale** Originalrechnung; **– pro forma** Pro-forma-Rechnung; **– protestable transmissible** protestfähige übertragbare Rechnung; **– simulée** fingierte Rechnung.

facturer *v.tr.* eine Rechnung (über etwas) ausstellen *od.* ausfertigen, berechnen, fakturieren; etwas in Rechnung stellen; **prix –ré** Rechnungspreis.

facturier *m* (1) Einkaufs- *od.* Fakturenbuch *n*, (2) Buchführer.

facultatif *adj* (1) wahlweise, fakultativ, Wahl-, (2) freiwillig.

faculté *f* (1) *(aptitude, disposition)* Fähigkeit *f*, Vermögen *n* (etwas zu tun), Befähigung, (2) *(possibilité, droit)* Recht *n*, Befugnis *f*; Option *f*; Wahlmöglichkeit, Entscheidungsfreiheit, (3) *(HochschulR)* Fakultät *f*, Fachbereich *m*, (4) *(SachR)* Besitz *m*, Vermögen *n*; **d'adaptation** Anpassungsfähigkeit; **– d'appréciation du juge** freie richterliche Beweiswürdigung; **– contributive** Steuerkraft *f*; **– de dénonciation** Kündigungsrecht *n*; **– de droit** Rechtsfakultät *f*, juristische Fakultät; **– d'option** Options- *od.* Wahlrecht; **– d'option de l'héritier** Möglichkeit der Ausschlagung der Erbschaft (durch den Erben); **– de rachat** Wiederkaufs- *od.* Rückkaufsrecht.

facultés *fpl* (1) *(WirtR: ressources, possibilités financières)* zur Verfügung stehende Geldmittel *npl*, Ressourcen *fpl*, finanzielle Möglichkeiten, (2) *(moyens psychiques et physiques d'un individu)* körperliche und geistige Fähigkeiten, (3) *(SeeHR: marchandises chargées sur le navire)* (schwimmende) Ware *f*, (Schiffs-) Ladung *f*, Güter *npl* (zur See); **assurance sur –** Schiffsladungsversicherung.

facultés intellectuelles *ou* **mentales** Geisteskräfte *pl*, geistige Fähigkeiten; **être en pleine possession de ses –** im Vollbesitz seiner geistigen Kräfte sein; **ne pas jouir de toutes ses –** geistesgestört sein.

faible *adj* schwach; geringfügig; **économiquement –** (1) *adj* unterstützungsbedürftig, (2) *m* Bedürftige(r), Sozialhilfeempfänger; **marché –** nachgebender, abbröckelnder Markt; **monnaie –** schwache Währung; **raisonnement –** unhaltbare Argumentation, auf schwachen Füßen stehende Begründung; **– d'esprit** geistesschwach; **– revenu** niedriges Einkommen.

faiblesse *f* Schwäche *f*; Machtlosigkeit; Verwundbarkeit; Empfindlichkeit; Willenlosigkeit; Mangel *m*; – **mentale** Geistesschwäche *f.*

failli *m* (1) *(KonkursR: commerçant déclaré en faillite)* Gemeinschuldner *m*, Konkursschuldner *m*, (2) *(StR: banqueroute frauduleuse)* Bankrotteur *m*; – **concordataire** Schuldner im Vergleichsverfahren.

faillir *v.intr.* einen Fehltritt begehen; sich irren, sich versehen, einen Irrtum begehen; beinahe etwas tun; – **à son devoir** seine Pflichten vernachlässigen.

faillite *f* (1) *(KonkursR: terme aujourd'hui abandonné par la loi et remplacé par: liquidation judiciaire)* Konkurs *m*, (2) *(KonkursR: dans le language courant pour: procédure collective)* Konkursverfahren *n*, (3) *(fig)* Versagen *n*, Mißerfolg *m*; **administrateur de la –** Konkursverwalter *m*; **assignation en déclaration de –** Antrag auf Konkurseröffnung; **créance de la –** Konkursforderung; **créancier de la –** Konkursgläubiger *m*; **déclaration de –** Antrag *m* auf Eröffnung des Konkursverfahrens; **droit de la –** Konkursrecht; **faire –** in Konkurs geraten *od.* gehen; **jugement déclaratif de –** Konkurseröffnungsbeschluß *m*; **masse de la –** (1) Konkursgläubiger(versammlung), (2) Konkursmasse *f*; **ouverture de la –** Konkurseröffnung *f*; **privilège de la –** Absonderung(srecht), Recht auf gesonderte Befriedigung; **procédure de –** Konkursverfahren *n*; **syndic de la –** Konkursverwalter; **tomber en –** in Konkurs geraten.

faillite frauduleuse *(StR: banqueroute frauduleuse)* betrügerischer Bankrott; – **personnelle** *(StR: sanction personnelle)* Bestrafung (einer Person) wegen schuldhafter Herbeiführung eines betrügerischen Bankrotts.

faim *f*: **grève de la –** Hungerstreik *m*.

faire (1) machen, tun, (2) anfertigen; – **acte de candidature** sich bewerben um (ein Amt); – **acte de présence** anwesend sein; – **autorité** maßgebend sein, allgemein gelten; – **banqueroute** in Konkurs geraten; – **bénéficier** gewähren; – **confiance à qqn.** jmdm. Vertrauen schenken; – **courir les intérêts** Verzugszinsen verlangen; – **défaut** *(ZPR)* (in einem Gerichtstermin) säumig sein, (vor Gericht) nicht erscheinen; – **les diligences nécessaires** *(ZPR)* die notwendigen Schritte (rechtzeitig) einleiten *od.* unternehmen; – **droit** (einem Anspruch) stattgeben, (ein Recht) gewähren; – **durer** in die Länge ziehen; – **échouer** zu Fall bringen; – **des économies** Einsparungen erzielen; – **élection de domicile** *(PrzR)* eine Zustellungsanschrift (dem Gericht) bekanntgeben; – **entrer en ligne de compte** in Betracht ziehen, berücksichtigen; – **état de qqch.** (vor Gericht) vorbringen *od.* anführen, Bezug nehmen auf; – **foi** beweiskräftig sein; beweisen, bestätigen, als richtig gelten; – **fonction de** (1) vertreten, (2) dienen als; – **grâce** begnadigen; – **grève** streiken; – **grief** *(PrzR)* eine Beschwer darstellen; – **inventaire** ein Inventar errichten, eine Bestandsaufnahme machen; – **jurisprudence** (Urteil) eine Änderung *od.* Wende in der Rechtsprechung darstellen; – **justice** ein Urteil fällen; **se – justice** (1) zur Selbsthilfe schreiten, (2) Selbstmord begehen; – **obstacle** hindern; – **office de** handeln als; wirken wie; – **une offre** ein Angebot unterbreiten; – **des offres réelles** (den Gläubiger) in Annahmeverzug setzen; – **opposition** Einspruch erheben; – **opposition sur un chèque** einen Scheck sperren lassen; – **part** mitteilen, anzeigen; – **le point** Bilanz ziehen; – **pression** Druck ausüben; – **de la publicité** werben für etwas; – **une réduction sur le prix** einen Preisnachlaß gewähren; – **remise** (dem Schuldner) die Schuld erlassen; – **savoir** kundtun, mitteilen; bekanntmachen; – **sommation**

(PrzR) ein gerichtliches Mahnverfahren einleiten; – **une soumission** (Vergabe öffentlicher Aufträge) ein Angebot unterbreiten; – **suivre** (Post) nachsenden; – **usage** verwenden, benutzen; – **valoir (un droit)** (einen Anspruch) geltend machen; – **un virement** eine Überweisung vornehmen.

faire-valoir *m (LandwR)* (Land-)Bewirtschaft; – **direct** Nutzung durch den Eigentümer.

fait à *(acte)* gegeben zu; **fait et passé à** verhandelt in; **lecture faite** nach Verlesung.

fait *m* (1) *(chose certaine et avérée)* nachweisbare Tatsache *f*, Faktum *n*, Fakt *m*, (2) *(ZR: tout événement physique, social ou individuel qui se produit)* rechtserhebliches Ereignis *od.* Geschehnis *n* (wie Sturm, Krieg, Streik und Krankheit), Umstand *m*, Sachverhalt *m*, (3) *(StR: fait délictueux)* (strafbare) Handlung *f*, (Straf-)Tat *f*, (4) *(PrzR: éléments de fait, matérialité des faits)* Tatbestand *m*, Darstellung des Sach- und Streitgegenstandes; **aller droit au –** gleich zum Wesentlichen kommen; **argument de –** tatsächliches Argument, auf Tatsachen gestütztes Argument; **arrestation sur le –** Ergreifung auf frischer Tat, Festnahme auf frischer Tat; **association de –** faktische Gesellschaft *f*, nicht rechtsfähige Vereinigung *f*; **de ce –** deswegen, aus diesem Grunde; **éléments de –** Sachlage, Tatbestand; **en –** tatsächlich, de facto, eigentlich; **être sûr de son –** sich seiner Sache sicher sein; **erreur de –** Tatsachenirrtum *m*, Tatirrtum; **juge du –** Tatrichter *m*; **par son –** durch eigenes Verschulden; **point de –** Tatbestand, Tatbestandsmerkmal *n*; **prendre qqn. sur le –** in flagranti *od.* auf frischer Tat ergreifen; **prendre – et cause pour qqn.** Partei ergreifen (für jmdn.); **présomption de –** Tatsachenvermutung *f*; **question de –** Sachfrage; **répondre d'un –** eine Handlung vertreten müssen; **responsabilité du – d'autrui** Haftung *f* für das Verschulden eines Erfüllungsgehilfen; **situation de –** Tatbestand, tatsächliche Rechtslage; **société de –** faktische Gesellschaft.

fait accompli *(VR)* vollendete Tatsache; – **acquis** feststehende Tatsache; – **allégué** *(PrzR)* vorgebrachte *od.* behauptete Tatsache; – **d'autrui** *(SchuldR)* Drittverschulden *n*; Haftung für fremde Tat; – **à charge** *(StR)* belastender Umstand; – **de charge** schuldhafte Handlung des Inhabers eines öffentlichen Amtes (insbesondere des Notars), – **connexe** in (engem) Zusammenhang stehende Handlung; – **constitutif (d'une infraction)** *(StR)* Tatbestandsmerkmal *n*; Handlung, die den (Straf-)Tatbestand erfüllt; – **créateur de droit** rechtsbegründende Tatsache; – **à décharge** entlastender Umstand; – **délictueux** *(StR)* strafbare Handlung; – **diffamatoire** *(StR)* Verleumdung, Verbreitung übler Nachrede; – **dommageable** *(ZR)* Schädigung, Schadensursache *f*, schadenstiftendes *od.* schädigendes Ereignis, Schadensfall *m*; – **de grève** Arbeitskampfmaßnahme; – **de guerre** Kriegseinwirkung *od.* -handlung; – **de l'homme** schadensersatzpflichtige Handlung (des Schädigers).

fait illicite *(SchuldR)* unerlaubte Handlung; – **imputé à charge** *ou* **incriminé** *(StR)* zur Last gelegte Tat, inkriminierte Tat *od.* Handlung; – **innocent** rechtsunerhebliche Tatsache.

fait juridique *(ZR: tout événement susceptible de produire des effets de droit)* Naturereignis *n*; nicht rechtsgeschäftliche Handlung, die Rechtswirkungen hervorbringt; – – **volontaire licite** erlaubtes rechtswirksames Handeln, Rechtshandlung, rechtsgeschäftsähnliche Handlung, juristische Handlung; – **volontaire illicite** (rechtswidrige) unerlaubte Handlung.

fait justificatif *(StR, ZR)* rechtfertigende Tatsache, Rechtfertigungsgrund *m*; **– litigieux** *(ZPR)* Streitgegenstand *m*; **– notoire** gerichtsnotorische Tatsache; **– nouveau** neue Umstände *pl*, neue Tatsache; **– pertinent** rechtserhebliche Tatsache *od.* Handlung; **– du prince** *(VR)* Hoheitsakt; **– à prouver** Beweisgegenstand *m*; **– punissable** strafbare Handlung; **– répréhensible** vorwerfbare Tat; **– de résistance** *(StR)* Widerstand *m* (gegen die Staatsgewalt); **– de la victime** Mitverursachung durch den Geschädigten, Mitverschulden.

faits *mpl (PrzR)* Sachverhalt *m*, Sachlage *f*, Tatsachen *fpl*, Tatbestand *m*; **appréciation des –** Tatsachenwürdigung *f*; **articulation des –** Reihenfolge der Tatsachen; **auteur des –** Täter *m*; **compte-rendu des –** Tatbericht *m*; **connaissance des –** Sachkenntnis *f*; **constation des –** Tatbestandsaufnahme *f*; **énonciation des –** Tatbestandsdarstellung; **exposé des –** Sachverhalt, Ausführungen zum Sachverhalt; **exposer les –** den Sachverhalt darlegen, die Sachlage erklären; **interrogatoire sur – et articles** *(StPR)* Vernehmung zur Sache; **matérialité des –** (objektiver) Tatbestand; **rectification des –** Tatbestandsberichtigung; **résumé des –** Sachverhaltsdarstellung *od.* -zusammenfassung; **– donnant lieu à extradition** *(StR, IPR)* strafbare Handlungen, die zur Auslieferung führen; **–s de l'espèce** *(ZPR)* Tatbestand *m*, Sachverhalt *m*.

faîte *m fig* Höhepunkt, Gipfel.

faix *m* Last, Bürde *f*.

fallacieux *adj*: **arguments –** irreführende *od.* trügerische Rechtfertigungsgründe.

falsifiable *adj* fälschbar.

falsificateur *m* Fälscher *m*; **– de billets de banque** Banknotenfälscher.

falsification *f* (1) *(StR: dénaturation d'un document, d'une chose)* Fälschung *f*, (2) *(StR: altération matérielle opérée par suppression, adjonction ou surcharge)* Verfälschung; **– du bilan** Bilanzverfälschung, Bilanzkosmetik *f*; **– de denrées alimentaires** Lebensmittelfälschung; **– de documents** *(StR)* Urkundenfälschung; **– d'état-civil** Personenstandsfälschung; **– d'une pièce d'identité** Ausweisfälschung; **– de monnaie** Geldfälschung *od.* -verfälschung.

falsifier (1) fälschen, (2) verfälschen.

familial *adj* Familien-, familiär, die Familie betreffend; **allocations –es** Kindergeld *n*; **droit –** Familienrecht; **entreprise –e, exploitation –e** Familienunternehmen *n*; **prestations –es** Familienzulagen *fpl*.

familiariser *v.pron.réfl.*: **se – avec qqch.** sich mit etwas vertraut machen.

familier *adj* gewohnt, bekannt, vertraut.

famille *f* (1) *(FamR: famille nucléaire comprenant le couple et les descendants)* Familie *f* i.e.S., (2) *(FamR: famille patriarchale comprenant le couple, les descendants, les ascendants et les collatéraux)* Familie i.w.S., Verwandtschaft *f*, (3) *(hist: famille étendue ou lignage)* Geschlecht, Haus; **abandon de –** *(StR)* Verletzung der Unterhaltspflicht; **bien de –** (1) *(LandwR)* Erbhof, (2) *(SachR)* alter Familienbesitz; **charges de –** Unterhaltspflicht; **chef de –** Haushaltsvorstand *m*; **conseil de –** Familienrat *m*; **droit de la –** Familienrecht *n*; **état de –** Familienstand *m*; **livret de –** Familienbuch *n*; **membre de la –** Familienangehörige(r) *m*; **nom de –** Familienname; **situation de –** Familienstand *m*; **soutien de –** Unterhaltspflichtige(r); **subsistance de la –** Familienunterhalt *m*.

famille adoptive Adoptiveltern (mit Adoptivkind); **– légitime** Familie (im Sinne des Gesetzes); **– monoparentale (sans cohabitation)**

(FamR: ménage d'une personne) Familie bestehend aus nur einem Elternteil (nebst Kind); – **naturelle** nichteheliche Lebensgemeinschaft zweier Person mit Kind; – **nombreuse** kinderreiche Familie; – **nucléaire** auf Eltern und Abkömmlinge reduzierte Familie, Kleinfamilie; – **par le sang** Blutsverwandtschaft *f*; – **unilinéaire** Abstammung, die nur in einer Linie nachgewiesen werden kann.

famine *f* Hungersnot *f*.

fanatisme *m* Intoleranz *f*, Fanatismus *m*.

fantaisie *f*: **dénomination de –** Phantasiebezeichnung.

fantoche *adj*: **gouvernement –** Marionettenregierung.

fard: sans – *loc.adv.* ohne Umschweife, unverblümt, gerade heraus.

fardeau *m* Last *f*, Bürde *f*; **renversement du – de la preuve** Umkehrung der Beweislast; – **des impôts** Steuerlast; – **de la preuve** Beweislast *f*.

fascicule *m* Heft *n*, Broschüre *f*; – **de brevet** Patentschrift *f*; – **de mobilisation** *(MilR)* Weisungen *fpl* für die Mobilmachung.

fascisme *m* Faschismus *m*; Nazismus.

fasciste *adj* faschistisch; rechtsradikal, reaktionär.

faussaire *m* (Urkunden-)Fälscher *m*.

fausse | alarme *f* blinder Alarm; – **attaque** Scheinangriff; – **clé** Nachschlüssel *m*, Dietrich *m*; – **couche** Fehlgeburt *f*.

fausser *v.tr.* fälschen, verfälschen; – **le sens** (d'une loi) den Sinn (eines Gesetzes) entstellen.

faute *f* (1) *(ZR: acte constituant un manquement à une obligation contractuelle)* Verantwortlichkeit *f*, Verschulden *n*, fehlerhaftes Handeln, Vertretenmüssen *n*; Vorsatz *m*; Fahrlässigkeit, (2) *(StR: élément moral de l'infraction)* Schuld *f*, schuldhaftes Handeln *n*, strafrechtliches Verschulden, (3) *(VwR: acte dommageable commis par un agent public)* Pflichtverletzung *f*, Fehlverhalten *n*, Versagen *n*, (4) *(ArbR: fait imputable au salarié)* Fehler *m*, Verfehlung *f*, Verstoß *m* (gegen betriebliche Anweisungen), schuldhaftes Verhalten; **absence de –** Schuldlosigkeit *f*; **aveu d'une –** Schuldbekenntnis *n*; **commettre une –** schuldhaft handeln, eine Verfehlung begehen; **degré de gravité de la –** Umfang *od.* Grad des Verschuldens; **entaché de –** *(VwR)* fehlerhaft; **présomption de –** Schuldvermutung *f*; **responsabilité pour –**, **responsabilité fondée sur la –** Verschuldenshaftung; **responsabilité sans –** Gefährdungshaftung, Erfolgs- *od.* Verursachungshaftung; **théorie de la –** Verschuldensgrundsatz *m*.

faute administrative *(VwR: faute de service)* (schuldhafte) Amtspflichtverletzung, Amts- *od.* Staatshaftung (für Verschulden); – **in abstracto** *(ZR: responsabilité d'une personne diligente et avisée)* Außerachtlassen der durchschnittlichen *od.* der ordentlichen Sorgfalt; – **d'autrui** fremdes Verschulden; – **civile** *(ZR: par opposition à faute pénale)* unerlaubte Handlung; Vertragsverletzung; – **collective** Kollektivschuld; **commune** *ou* **concomitante** *ou* **concurrente** *(ZR)* mitwirkendes Verschulden (des Schädigers u. des Geschädigten); – **in concreto** Außerachtlassen der in eigenen Angelegenheiten angewandten Sorgfalt, culpa in concreto; – **dans le conditionnement** mangelhafte Verpackung; – **contractuelle** positive Vertragsverletzung, Forderungsverletzung, Schlechterfüllung, Verschulden bei Vertragserfüllung; – **contraventionnelle** *(StR)* Tatvorwurf der groben Fahrlässigkeit (dem Vorsatz gleichgesetzt); – **de ...** mangels (+ *gén.*); – **délibérée** *(ZR)* vorsätzliche Handlung.

faute délictuelle (1) *(ZR: préjudice causé par un fait volontaire)* vorsätzliche unerlaubte Handlung, (2) *(ZR: préjudice causé par un fait involontaire)* fahrlässige unerlaubte Handlung;

außervertragliches *od.* deliktisches Verschulden; – **disciplinaire** *ou* **contre la discipline** *ou* **de discipline** *(VwR)* Disziplinarvergehen *n*; – **dolosive** *(SchuldR: faute contractuelle intentionnelle)* Vorsatz *m*, vorsätzliche Vertragsverletzung; – **de frappe** Tippfehler; – **de forme** Formmangel *m*, Formfehler, Formgebrechen *n* (Aut).

faute grave *(ArbR: faute privant le salarié de toute indemnité, sauf indemnité de congés payés)* schwere Verfehlung des Arbeitnehmers (mit Verlust sämtlicher Prämien), schwerer Verstoß gegen die Betriebsordnung *od.* gegen Betriebsanweisungen; – **par inattention** Unachtsamkeit; – **inexcusable** (1) *(SchuldR, ArbR)* unentschuldbare grobe Fahrlässigkeit, (2) *(au sens moral:)* unverzeihlicher Fehler; – **intentionnelle (1)** *(VertragsR)* Vorsatz *m*, vorsätzliche Vertragsverletzung, (2) *(SchuldR: dol)* vorsätzliche unerlaubte Handlung; – **légère** (leichte) Fahrlässigkeit, Sorgfaltspflichtverletzung.

faute lourde (1) *(ArbR: faute entraînant le licenciement immédiat du salarié)* grobes Verschulden (als Grundlage der fristlosen Kündigung), (2) *(ZR: faute assimilée au dol)* grobe Fahrlässigkeit; – **manifeste et de particulière gravité** offensichtliches und grobes Verschulden; – **objective** Außerachtlassen der durchschnittlichen *od.* der ordentlichen Sorgfalt; – **ordinaire** *(ZR)* Verschulden, Vertretenmüssen.

faute partagée mitwirkendes Verschulden, Mitschuld; – **pénale** strafrechtliches Verschulden; Verletzung des Strafgesetzes; – **personnelle** (1) *(ZR)* persönliches Verschulden, eigenes Verschulden, (2) *(BeamR)* Vorsatz *od.* grobe Fahrlässigkeit (eines Beamten im Rahmen der Amtspflichtverletzung); – **de preuve** aus Mangel an Beweisen, mangels Beweises; – **professionnelle** (1) *(ArbR)* Verletzung der Berufspflichten, (2) *(professions libérales)* Sorgfaltspflichtverletzung, Verstoß *m* gegen die Beratungs- und Informationspflicht, (3) *(Arzt)* ärztlicher Kunstfehler; – **propre** eigenes Verschulden; – **de provision** *(WertpR)* mangels Deckung; – **quasi-délictuelle** *(SchuldR)* fahrlässige unerlaubte Handlung, fahrlässige Rechts- *od.* Personenverletzung; – **de sécurité** Verstoß *m* gegen die Sicherheitsvorschriften; – **de service** *(VwR: acte dommageable commis par un agent public)* Amtspflichtverletzung, Dienstvergehen, Dienstfehler; – **du service** *(VwR: acte dommageable résultant de la mauvaise organisation du service)* Versagen der Behörde infolge mangelhafter Organisation; – **simple** *(SchuldR)* Verschulden, Vertretenmüssen; – **subjective** *(ZR)* Außerachtlassen der in eigenen Angelegenheiten angewandten Sorgfalt; – **très légère** (sehr) leichte *od.* geringe Fahrlässigkeit, Versehen *n*; – **de la victime** *(ZR)* Mitverschulden des Geschädigten.

fauteur *(Pol, StR)* Anstifter *m*; – **de désordre** *ou* **de troubles** Aufrührer *m*, Unruhestifter *m*.

fautif *adj* fehlerhaft, schuldhaft, rechtswidrig, pflichtwidrig; **citation –ive** mit einem (Form-) Mangel behaftete Ladung.

faux *m* (1) *(StR: faux en écritures ou faux documentaire)* Urkundenfälschung *f*, Verfälschung *f* (einer Urkunde), (2) *(i.w.S.)* falsche Angabe *f*; Unwahrheit *f*; Betrug *m*; **à –** fälschlich, zu Unrecht; **arguer de** *ou* **s'inscrire en –** die Echtheit einer Urkunde bestreiten, eine Fälschungsklage anstrengen; – **par altération** Verfälschung, **usage de –** *(StR)* Verwendung einer verfälscten *od.* unechten Urkunde im Rechtsverkehr; – **documentaire** *ou* **en écriture** *(StR)* Urkundenfälschung; – **immatériel** mittelbare Falschbeurkundung; – **incident civil** Zwischenverfahren zur Feststellung der Echtheit einer Urkunde; – **intellectuel** mittelbare

Falschbeurkundung; **– matériel** Fälschung des Urkundenkörpers, Verfälschung; **– principal** Urkundenfälschung; **– et usage de –** Urkundenfälschung und Verwendung dieser Fälschung im Rechtsverkehr.

faux, fausse adj falsch, unwahr, unrichtig, unbegründet; **indications –sses** falsche Angaben fpl; **raisonnement –** irriger Gedankengang; **– certificat** (StR) Falschbeurkundung (durch eine Amtsperson); **–sse conclusion** Trugschluß m; **–sses déclarations** falsche Angaben fpl; **–sse déposition** (StR) falsche (uneidliche) Aussage; **– frais** (PrzR) Auslagen fpl (eines Prozeßbevollmächtigten); Schreibgebühr f; Portokosten; Unkosten pl.

faux-fuyant m Ausflucht f, Vorwand m, Ausrede f.

fausse monnaie Falschgeld n; **faux monnayage** Herstellung und Verbreitung von Falschgeld; **– monnayeur** m Falschmünzer m; **fausse pièce** (StR: document falsifié) verfälscte Urkunde; **–sse présentation** unrichtige Darstellung.

faux serment (StR: affirmation intentionnellement inexacte sous la foi du serment en matière civile, art.434-17 CP) Meineid m, vorsätzliche eidliche Bekräftigung einer unrichtigen Aussage (vor einem Zivilgericht); **–sse signature** gefälschte Unterschrift f; **– témoin** falsch aussagender Zeuge; **– témoignage** (StR: témoignage mensonger devant une juridiction ou un officier de police judiciaire, art. 434-13 CP) falsche eidliche Aussage, Meineid.

faveur f Begünstigung f; Gefälligkeit; Gunstbezeugung; Gewogenheit; Priorität f; Berücksichtigung an erster Stelle; **à la – de** mit Hilfe von, mittels; **en – de** zugunsten von, für; **prix de –** Vorzugspreis m; **régime** ou **traitement de –** bevorzugte Behandlung, Vorzugsbehandlung; **– fiscale** Steuervergünstigung; Steuerprivileg n.

favorable adj günstig, vorteilhaft; **accueil – d'un projet** Annahme eines Entwurfs; **examiner une requête d'un œil –** wohlwollend einen Antrag prüfen; **dans le cas le plus –** im günstigsten Fall, bestenfalls, höchstens; **conditions particulièrement –s** höchst günstige Bedingungen; **préjugé –** Begünstigung der Verteidigung (im Prozeß).

favoriser v.tr. (1) begünstigen, fördern, bevorzugen, (2) (StR) Vorschub leisten.

favoritisme m (Pol) Vetternwirtschaft n; illegale Bevorzugung.

fax m (= télécopie) Fax n, Telefax; **envoyer un –** faxen.

faxuel adj: **harcèlement –** Belästigung durch die Zusendung nicht gewünschter Faxe.

fécondation in vitro (=FIV) in vitro Befruchtung.

fécondité f Fruchtbarkeit f; **taux de –** allgemeine Fruchtbarkeitsziffer f.

fédéral adj (1) (VR) verbündet, (2) (S) eidgenössisch, (3) bundesstaatlich, Bundes-, föderalistisch; **Assemblée –e** Bundesversammlung (S); **Conseil –** Bundesrat (S); **diète –e** Bundesrat (S); **gouvernement –** Bundesregierung.

fédéralisme m Föderalismus m, Bundesstaatlichkeit, bundesstaatliches System; **renforcement du –** Stärkung der Gliedstaaten (durch den Bundesstaat).

fédératif adj föderativ, Bundes-.

fédération f (1) (ÖfR: État fédéral) Bundesstaat m, (2) (ArbR: union volontaire) (Arbeitger-, Arbeitnehmer-)Dachverband m, (3) Sportverein od. -club, (4) (Pol) Parteienbündnis n; **– d'industrie** gewerkschaftlicher Industrieverband; **– patronale** Arbeitgeberdachverband m; **– professionnelle** Berufsverband m; **– de syndicats** Gewerkschafts(dach)verband.

fédérer vereinigen; **se –** sich zusammenschließen, sich vereinigen.

feindre vortäuschen, sich verstellen.

feint adj vorgetäuscht; scheinbar.

félicitations fpl Glückwünsche mpl.

féminisation *f* **d'une profession** vermehrte Zulassung der Frauen zu einem Beruf.

féminisme *m* *(Pol)* (Richtung der) Frauenbewegung *f*, Feminismus *m*.

féministe (1) *(adj)* frauenrechtlerisch, (2) *(n.f.)* Feministin *f*, Frauenrechtlerin *f*, Anhängerin *f* der Frauenbewegung.

femme *f* Frau *f*; Ehefrau *f*; **– battue** mißhandelte Frau; **– célibataire** unverheiratete *od.* ledige Frau; **– chef d'entreprise** Unternehmerin; **– commerçante** Kauffrau; **– commune en biens** *(FamR)* in Gütergemeinschaft lebende Ehefrau; **– en couches** *(ArbR)* Frau während der Schwangerschaft und nach der Entbindung; **– divorcée** geschiedene Frau; **– isolée** *(SozR: femme seule chargée de famille)* alleinerziehende Mutter; **– mariée** Ehefrau, verheiratete Frau.

fente *f* *(ErbR: principe de partage d'une succession en deux parties entre les lignes paternelle et maternelle, art.732 Cciv)* Linearteilung, Aufteilung der in aufsteigender Linie anfallenden Erbschaft je zur Hälfte an den mütterlichen und an den väterlichen Stamm.

féodalisme *m* (1) *(hist)* Feudalsystem *n*, Lehnsverfassung, (2) *fig* wirtschaftliche Vorherrschaft.

férié *adj*: **jour – légal** gesetzlicher Feiertag.

féries *fpl* **judiciaires** Gerichtsferien (S); **– en matière de poursuites** (S) Betreibungsferien *pl* (S).

fermage *m* (1) *(LandwR: contrat de bail)* Landpachtvertrag *od.* -verhältnis, (2) *(LandwR: redevance due par le preneur)* Pachtzins *od.* -geld.

ferme *adj* verbindlich, fest, beständig, unveränderlich; **acheter –** fest kaufen; **contrat –** unwiderruflicher Vertrag; **cours –** behauptete *od.* feste (Börsen-)Preise; **engager –** *(ArbR)* fest anstellen; **marché à terme –** Fixgeschäft *n*; **prix –** verbindlicher Preis.

ferme *f* landwirtschaftlicher Betrieb; (Pacht-)Hof *m*; **bail à –** Landpachtvertrag; **donner à –** verpachten; **prendre à –** pachten; **générale** *(hist)* Generalpachtvertrag (der Steuern).

fermeté *f* Festigkeit, Standhaftigkeit, Beharrungsvermögen; Zielstrebigkeit.

fermer *v.tr. et intr.* schließen; abschließen; verschließen; **– un dossier** eine Akte (über jmdn.) schließen.

fermeture *f* Schließung *f*, Stillegung *f*; **– de la chasse** Beginn der Schonzeit; **– douanière** Zollverschluß *m*; **– de l'entreprise** Betriebsschließung *od.* -stillegung; **– d'établissement** *(StR)* Untersagung der Ausübung eines Gewerbes; **– des guichets** Schalterschluß *m*; **– du magasin** Geschäftsschluß *m*; **– d'office d'une entreprise** zwangsweise Betriebsschließung.

fermier *m* Pächter *m*.

férocité *f* Roheit *f*; Gewalttätigkeit; Grausamkeit.

ferroutage *m* Huckepackverkehr *m*.

ferroviaire *adj*: **trafic –** Eisenbahnverkehr.

ferry *m* (= *transbordeur*) Fähre *f*, Fährschiff *n*; Fährbetrieb *m*.

festival *m* Festival *n*, kulturelle Großveranstaltung.

fête *f*: **jour de –** Feier- *od.* Festtag.

feu *m* (1) *(VersR: un incendie)* Feuer *n*, Brand *m*, (2) *(WirtR: foyer)* Haushalt *m*, (3) *(pl: StVR)* Verkehrsampeln *fpl*; Scheinwerfer *fpl*; Standlicht *n*; **assurance au premier –** Erstrisikoversicherung; **donner le – vert à qqn.** jmdm. die Erlaubnis geben (etwas zu tun); **obtenir le – vert** die Zustimmung (zu etwas) erhalten; **– de changement de direction; – clignotant** *(StVR)* Blinklicht; **– code** (Scheinwerfer mit) Abblendlicht *n*; **– dommageable** *(VersR)* Schadenfeuer *n*; **– de forêt** Waldbrand; **– nu** *(VersR)* offenes Feuer; **– de position** Standlicht; Schlußleuchte; **–x de signalisation** Verkehrs-

ampel *f*; **– de stationnement** Parkleuchte.
feu *adj (= défunt)* verstorben.
feuille *f* Blatt *n*, Bogen *m*, Papierbogen *m*; **– d'accident** Unfallanzeigeformular *n*; **– d'arrêt de travail** *(SozVers)* Krankenschein *m*; **– d'audience** *(ZPR)* Verhandlungsregister *n*; Sitzungsprotokoll *n*; **– d'avis judiciaires** Veröffentlichungsblatt für gerichtliche Bekanntmachungen; **– de chargement** Ladeschein *m*; **– de comptabilité** Zählblatt *n*, Buchhaltungsblatt; **– de congé** Urlaubsschein *m*; **– de coupons** Zinsschein, Kupon- *od.* Dividendenscheinbogen; **– de déclaration** Meldeblatt; **– de dépouillement** Zählliste; **– d'émargement** (Lohn-)Auszahlungsliste *f*; **– d'impôts** Steuerbescheid *m*; **– intercalaire** Beiblatt *n*; **– de maladie** *(SozVers)* durch den Arzt vervollständigtes) Krankenformblatt zwecks Rückerstattung der Arzt- und Arzneikosten (durch die Krankenkasse); **– de papier timbré** Stempelbogen; **– de paie** Lohnzettel *m*, Lohnstreifen *m*; **– de présence** Anwesenheitsliste; **– de recensement** Zählbogen; **– de route** (1) Transportschein, Begleitschein, Frachtkarte, Gepäckbegleitschein, (2) *(MilR)* Fahr- *od.* Marschbefehl *m*.
feuillet *m* Blatt *n*; **– du registre foncier** Grundbuchblatt.
fiabilité *f* Zuverlässigkeit; **– d'un diplôme** Wert eines (Hochschul-) Diploms.
fiable *adj* zuverlässig; **pronostic –** glaubwürdige Vorhersage.
fiançailles *fpl* (1) *(FamR)* Verlobung *f*, Verlöbnis *n*, (2) *(GesR)* Verbindung, Zusammenarbeit.
fiancé *m* Verlobte(r) *m*, Bräutigam *m*.
fiancée *f* Verlobte *f*, Braut *f*.
fiancer *v.tr/v.pron.* verloben, ein Eheversprechen geben.
fichage *m* Auflistung *f*; Verdatung, Erfassung in einer Datenbank.
fiche *f* (Kartei-)Karte *f*; Fragebogen *m*, Formular *n*; Auftragszettel *m*; Steckbrief *m*; **– anthropométrique** Fingerabdruckkartei des Erkennungsdienstes; **– de démobilisation** Entlassungsschein *m*; **– individuelle** Personalbogen *m*; **– individuelle d'état-civil** Personenstandsurkunde; **– de livraison** Lieferschein; **– de paie** Lohn- *od.* Gehaltsstreifen *m*; **– de pointage** Stechkarte; **– signalétique** Fahndungsblatt *n*.
ficher *v.tr.* (karteimäßig oder in einer Datenbank) erfassen; verdaten; **être fiché au grand banditisme** *(StR)* im Fahndungsblatt für organisierte Kriminalität gesucht werden.
fichier *m* (1) Kartei *f*, (2) Datenbank *f*, Datei *f*; **constitution de –** Datenerfassung, Speicherung (personenbezogener) Daten; **– central** Zentralregister; **– central de chèques et interdits bancaires (=FCC)** frz. zentrale Datei- und Auskunftstelle über die Gewährung und Abwicklung von Krediten; **– électoral** Wahlkartei *f*; **– immobilier** Kataster *m*; **– informatisé** Datenbank *f*; **– des personnes recherchées** *(StR)* Fahndungsblatt *n*; Fahndungsbuch *n*; Fahndungsdatei *f*.
fictif *adj* fingiert, fiktiv, Schein-; **acte –** Scheingeschäft, simuliertes Geschäft; **déclaration –** Scheinerklärung; **condition –ive** Scheinbedingung; **mariage –** Scheinehe *f*, Nichtehe; **société –ive** Scheingesellschaft; **valeur –ive** angenommener Wert.
fiction *f* Fiktion *f*, Annahme *f*; **– juridique** Rechtsfiktion; **– légale** *ou* **de la loi** gesetzliche Fiktion.
fidéicommis *m* *(ErbR)* Verfügung von Todes wegen über eine Vermögensmasse (die nach dem erklärten Willen des Berechtigten unveräußerlich bleiben soll), Fideikommiß *n*; unveräußerliches Familiengut; **successeur au –** Fideikommißnachfolger, Bedachte(r).
fidéicommissaire *m* Bedachte(r).
fidéjusseur *m* *(SchuldR: la caution)* Bürge *m*.

fidéjussion *f (SchuldR: cautionnement)* Bürgschaft *f.*

fidéjussoire *adj:* **engagement –** Verpflichtung als Bürge (gegenüber dem Gläubiger).

fidèle *adj* treu; wortgetreu; sinnentsprechend; **client –** Stammkunde; **description –** genaue Beschreibung; **traduction –** inhaltlich richtige Übersetzung.

fidélité *f* Treue *f,* Wahrhaftigkeit *f;* Genauigkeit, Zuverlässigkeit; **obligation de –** Treuepflicht *f;* **– conjugale** eheliche Treue; **– au contrat** Vertragstreue; **prime de –** Treuerabatt *m.*

fiduciaire *adj* fiduziarisch, treuhänderisch; **agent –** Treuhänder *m;* **biens –s** Treuhandvermögen *n;* **circulation –** *(WirtR)* (Bank-) Notenumlauf *m;* **monnaie –** Papiergeld *n;* **propriété à titre –** Treuhandeigentum *n;* **société –** Treuhandgesellschaft *f.*

fiduciaire *m* (1) *(ZR: personne qui acquiert un bien à charge de le rétrocéder après gestion)* Treuhänder *m,* Vermögensverwalter, (2) *(ErbR: legs fiduciaire)* Bedachte(r).

fiduciant *m (ZR)* Treugeber *m.*

fiducie *f* (1) *(ZR: aliénation fiduciaire à charge de rétrocession)* Treuhand(vertrag), (2) *(SachR: aliénation fiduciaire à titre de garantie)* Sicherungsübereignung; **– à fins de gestion** Vermögensverwaltung; **– à fins de libéralité** Vermögensübertragung zwecks Nutzung durch den Treuhänder; **– à fins de sûreté** Sicherungsabtretung.

fief *m (hist)* Lehnsgut *n;* **– électoral** *(Pol)* ständiger oder angestammter Wahlbezirk, Hochburg einer Partei.

fier: se – à qqn. jmdm. trauen, sich auf jmdn. (in einer Sache) verlassen.

fièvre *f* Fieber *n;* **– spéculative** Spekulationsfieber *n.*

figuratif *adj* bildlich; **marque –ive** Bildzeichen *n;* **marque nominative et –ive** Wort-Bild-Zeichen; **plan –** bildliche Darstellung.

figurer | au dossier aktenkundig sein; **– dans, sur...** stehen in, sich befinden auf (einer Liste).

fil *m:* **coup de –** Telefonanruf *m.*

filature *f (StR)* Beschattung *od.* Überwachung einer verdächtigen Person.

file *f* Reihe *f;* **chef de –** Chef *m,* führender Kopf, Leiter *m,* Anführer; Vorreiter *m;* **– d'attente** Schlange *f* (vor einem Schalter).

filer *v.tr. (StR)* jmdn. beschatten.

filiale *f (HR: société appartenant à une société mère)* Tochtergesellschaft *f.*

filiation *f (FamR: lien de parenté unissant l'enfant à sa mère et son père)* Kindschaft(sverhältnis), Eltern-Kind-Verhältnis; Abstammung (väterlicherseits *od.* mütterlicherseits); **établissement de la –** Feststellung der Abstammung (väterlicher- *od.* mütterlicherseits); **– adoptive** Adoptionsverhältnis; **– adultérine** ehebrecherische Abstammung; **– charnelle** Blutsverwandtschaft, Abstammung väterlicherseits *und oder* mütterlicherseits; **– consanguine** Abstammung väterlicherseits; **– incestueuse** blutschänderische Abstammung; **– légitime** eheliche Abstammung; **– naturelle** nichteheliche Abstammung; **– utérine** Abstammung mütterlicherseits.

filière *f* (1) Reihenfolge *f,* (2) *(VwR)* Dienstweg *m,* (vorgeschriebener) Instanzenweg, (3) *(HR)* (durch Indossament) übertragbarer Lieferschein, Orderpapier *n,* (4) *(HochschulR)* Studiengang *m,* (5) *(WirtR)* Verfahren(sweise), (6) *(StR)* polizeiliche Überwachung; **par la – administrative** auf dem Dienstweg, auf dem Instanzenweg; **remonter une –** eine Verbrecherbande ausheben; die Spur eines Verbrechens zurückverfolgen; **– de l'atome** Stromgewinnung durch Kernkraftnutzung; **– de la drogue** Drogenschmuggelwege, Drogenschmugglerring *m;* **– française** die Drogenmafia in Frankreich; **– professionnelle** Laufbahn *f;* **– de réacteurs** Reaktorgeneration.

filigrane *m* Wasserzeichen (im Papier); **lire en –** zwischen den Zeilen lesen.

fille *f* Tochter *f*, Mädchen *n*; **nom de jeune –** Geburtsname *m*; **– adoptive** Adoptivtochter *f*; **– légitime** eheliche Tochter; **– -mère** ledige Mutter; **– naturelle** nichteheliche Tochter; **– publique** Prostituierte.

film d'art et d'essai künstlerisch anspruchsvoller Film; **– licencieux, – pornographique** Pornofilm *m*.

filmage *m*: **droits de –** Verfilmungsrechte *npl*.

filouterie *f* *(StR: variétés de vol où la ruse prédomine, art.313-5 CP)* besondere Formen der Erschleichung von Leistungen; **– de boissons et d'aliments** *(StR: grivèlerie)* Zechprellerei *f*; **– de carburants** Tanken *n* ohne zu zahlen; **– de logement** Beherbergungsbetrug *m*; **– de transport** Beförderungsbetrug *m*, Schwarzfahren *n*.

fils *m* **adoptif** Adoptivsohn *m*.

fin *f* (1) *(terme, extinction)* Ende *n*, Ausgang *m*, Schluß *m*, (2) *(finalité, but)* Zweck *m*, Absicht *f*, Ziel *n*, (3) Tod *n*, Lebensende *n*; **à – de** zwecks; **chômeur en – de droits** *(ArbR, SozR)* Langzeitarbeitsloser ohne Arbeitslosengeld, nach Beendigung der Bezugsdauer; **– de la citation** Zitatende *n*; **– courant** *(HR)* bis zum Monatsende; **– de non-recevoir** *ou* **de non-valoir** (1) *(ZPR: moyen de défense)* Einrede der Unzulässigkeit der Klage (wegen Verjährung, Fehlens der Aktivlegitimation *od.* des rechtlichen Interesses), (2) *(i.w.S.)* Ablehnung.

fins *fpl* **(et conclusions)** *(ZPR: objet de la demande)* Gegenstand *m* des Verfahrens, Antrag *m*, Vorbringen *n*, (Klage-)Begehren *n*; **à toutes – utiles** zur weiteren Veranlassung; zur Kenntnisnahme; **action à – de subsides** Unterhaltsklage *f*; **aux – de** zwecks; **– lucratives** Erwerbszweck *m*.

finance *f* (1) *(ressources)* Barschaft *f*, Bargeld *n*, (2) Geldwesen *n*; Geldgeschäft *n*, (3) Finanzfachleute, Finanziers *mpl*; **haute –** Hochfinanz, Geldaristokratie *f*; **moyennant –** gegen bar.

finances *fpl* (1) *(HaushR)* Staatseinkünfte, Finanzen (des Staates), (2) *(ministère des finances)* Finanzministerium; Finanzbehörden, (3) Vermögensverhältnisse (einer Person); **commission des –** Finanzausschuß *m*; **employé aux –** (hoher) Beamte(r) im Finanzministerium; **état des –** Finanzlage *f*; **loi de –** Haushaltsgesetz *n*; **receveur des –** Finanzamt *n*; Steuereinnehmer *m*; **– communales** *ou* **locales** Gemeindefinanzen *fpl*, Gemeindehaushalt, Haushalt der Gebietskörperschaften, Haushalt des Departement und der Region; **– publiques** (1) öffentlicher Haushalt, öffentliches Finanzwesen, Staatsfinanzen; Staatshaushalt *m*; Staatseinkünfte *fpl*; Einnahmen u. Ausgaben des Staates, (2) Haushalts- und Steuerrecht.

financement *m* Finanzierung *f*, Bereitstellung von Geldmitteln, Kapitalbeschaffung *f*; **capitaux de –** Finanzierungsmittel *mpl*; **plan de –** Finanzierungsplan *m*; **société de –** Finanzierungs- *od.* Kapitalanlagegesellschaft.

financement par des capitaux empruntés Fremdfinanzierung *f*; **– complémentaire** Zusatzfinanzierung; **– des exportations** Exportfinanzierung; **– extérieur** Fremdfinanzierung; **– illicite des partis politiques** illgale Finanzierung politischer Parteien; **– intermédiaire** Zwischenfinanzierung; **– interne** *ou* **propre** Selbst- *od.* Eigenfinanzierung; **– occulte** geheime ungesetzliche Finanzierung; **– transitoire** Zwischenfinanzierung.

financer *v.tr.* finanzieren, Kapital aufbringen *od.* bereitstellen.

financier *m* (1) Finanzier *m*, Geldgeber *m*, Kreditinstitut *n*, Bank *f*, (2) Finanzwissenschaftler *m*.

financier *adj* finanziell; Finanz-; Kapital-; Geld-; **accord** − Finanzabkommen *n*; **activité −cière** (1) Kapitalbeschaffung, (2) *(BankR)* Aktivgeschäfte der Banken; **calculs −s** Finanzierungsrechnung *f*; **capital** − Finanzkapital *n*; **comptabilité −ière** Finanzbuchhaltung; **disponibilités −ières** Liquiditäten *fpl*; **droit** − Haushalts- und Steuerrecht; **effet** − *(WechselR)* Finanzwechsel *m*; **équilibre** − Haushaltsausgleich *m*; **établissement** − Bank, Kreditinstitut *n*; **frais −s** Finanzierungskosten; **groupe** − Bankenkonsortium *n*; **intermédiaire** − Bank *f*, Kreditinstitut *n*; **législation −ière** Steuer- und Haushaltsgesetzgebung; **marché** − (1) *(WertpR)* Kapitalmarkt *m*, (2) *(Aush: Devisen)* Finanzmarkt; **moyens −s** Finanzmittel *npl*, Kapitalausstattung; **organisation −ière** Finanzverfassung *f*; **participation −ière** Kapitaleinlage *f*; **politique −ière** Finanzpolitik *f*; **science −ière** Finanzwissenschaft *f*; **service** − Finanzabteilung; **soucis −s** Geldsorgen *fpl*; **surface −ière** (d'une société) Kreditfähigkeit, Finanzlage *f*; **système** − Finanzwesen *n*; **valeurs −ières** Finanzwerte *mpl*.

fini *adj*: **produits −s** Ge- *od*. Verbrauchsgüter *npl*, Fertigerzeugnisse *npl*.

finir *v.tr. et intr.* (1) *(terminer, arrêter)* beenden, aufhören mit, (2) *(achever, mener à son terme)* vollenden, fertigstellen, (3) *(parachever, parfaire)* nacharbeiten, sorgfältig vollenden.

finissage *m* Fertigstellung *f*.

finition *f* besonders gute Verarbeitung; Fertigstellung.

firme *f* (1) *(HR: raison sociale, dénomination)* Firma *f*, Firmenname *m*, Firmenbezeichnung; (2) *(HR: entreprise, établissement commercial, maison)* (Handels-)Geschäft *n*, Betrieb *m*, Unternehmen *n*; **− concurrente** Konkurrenzfirma *od*. -geschäft.

fisc *m* *(ÖfR: administration fiscale)* Steuerbehörde *f*, Fiskus *m*; Staatskasse *f*; Finanzamt *n*; **frauder le −** Steuern hinterziehen.

fiscal *adj* fiskalisch, Steuer-; **assiette −e** Steuerbemessungsgrundlage *f*, Steuergegenstand *m*; **avoir −** anrechenbare Steuervorauszahlung (auf Wertpapiergewinne); **charge −e** Steuerlast *f*, Steuerbelastung; **conseil −** Steuerberatung; Steuerberatungsbetrieb *m*; Steuerberater *m*; **délit −** Steuervergehen *n*; **devoir −** Steuerpflicht *m*; **droit −** Steuerrecht; **évasion −e** Steuerflucht; Steuerausweichung; **fraude −e** Steuerhinterziehung; **justice −e** Gerechtigkeit der Besteuerung; **législation −e, lois −es** Steuergesetzgebung; **politique −e d'une entreprise** betriebliche Steuerpolitik, Steuerplanung; **recettes −es** Steueraufkommen *n*; **timbre −** Stempelsteuermarke *f*.

fiscalisation *f* *(SozVers)* Umwandlung von Beitragszahlungen in Steuern.

fiscaliste *m* Steuerfachmann *m*, Steuerjurist (tätig in einem Betrieb); Steuerberater *m*.

fiscalité *f* (1) *(réglementation fiscale)* Steuerwesen *n*, Steuer- und Abgabenrecht *n*, (2) *(système d'imposition)* Besteuerungsgrundsätze *mpl*; **réforme de la −** Steuerreform.

fixation *f* Festsetzung *f*, Festlegung *f*; **action en −** Festsetzungsklage *f*; **− (de la date) d'audience** Terminbestimmung *od*. -festsetzung, Anberaumung eines Verhandlungstermins; **− autoritaire des prix** behördliche Preisfestsetzung; **− d'un délai** Fristsetzung; **− de l'impôt** Steuerfestsetzung; **− de la peine** *(StPR)* Strafzumessung *od*. -bemessung; **− du préjudice** Schadensfeststellung; **− de la prime** Prämienfestsetzung; **− du prix** Preisfestsetzung; **− d'un rendez-vous** Vereinbarung eines Termins (für ein Gespräch); **− des salaires** Festsetzung der Löhne; **− de la valeur** Wertbestimmung, Wertfeststellung.

fixe *adj* fest(gesetzt), bestimmt; **prix −** Festpreis; **sans domicile −** ohne festen Wohnsitz.

fixe *m* Fixum *n*, festes Entgelt.

fixer *v.tr.* festsetzen, ansetzen, kalkulieren; regeln, bestimmen; – **une audience** *(PrzR)* einen Termin für die mündliche Verhandlung anberaumen, einen Verhandlungstermin ansetzen; – **une condition** etwas zur Bedingung machen; – **par contrat** vertraglich regeln; – **une date** *ou* **un délai** einen Termin vereinbaren, eine Frist setzen; – **qqch. sur le papier** niederschreiben, schriftlich festhalten; – **le prix** den Preis bestimmen *od.* festsetzen.

flagrance *f (StPR: infraction constatée pendant sa commission ou immédiatement après)* Straftat, die während ihrer Begehung oder kurz danach festgestellt wurde; Aburteilung im beschleunigten Verfahren, Verfahren vor dem Schnellrichter; **enquête de –** (polizeiliche) Untersuchung *f* einer frisch begangenen Straftat; **procédure de –** Schnellverfahren *n*, beschleunigtes Verfahren; – **du délit** Vergehen, bei dem der Täter auf frischer Tat betroffen *od.* ertappt wurde.

flagrant *adj* offenbar, offensichtlich, manifest, flagrant, sichtbar, augenscheinlich; **mauvaise foi –e** offenkundige Bösgläubigkeit; **violation –e de la loi** eklatante, erwiesene Gesetzesverletzung.

flagrant délit *(StR)* (1) *(prendre en –)* in flagranti, auf frischer Tat ertappen, (2) frisch begangene Straftat; **déférer qqn. en – –** *(StVR)* ein Schnellverfahren gegen jmdn. einleiten, jmdn. vor ein Schnellgericht stellen; **procédure de – –** Schnellverfahren, abgekürztes Strafverfahren.

flambée *f* **des prix** Preislawine *f*, starker Preisauftrieb; – **de la spéculation** Spekulationsfieber *n*; – **de violence** Aufflackern der Gewalt.

fléchir (1) *(Kurse)* nachgeben, abflauen, (2) *(Preise)* nachlassen, fallen.

fléchissement (1) Nachgeben *n*, (2) Rückgang *m*, Nachlassen *n*, Fallen *n*, Sinken *n*; – **de la conjoncture** Konjunkturabschwächung *f*; – **des cours** Kursrückgang *m*; – **de la demande** Nachfragedämpfung; – **des prix** Preisrückgang.

fleuron *m* **de l'industrie française** renommiertes, weltbekanntes frz. Unternehmen.

flexibilité *f* (1) Anpassungsfähigkeit, Flexibilität, (2) *(HR)* Kulanz *f*, Entgegenkommen *n* (im Geschäftsverkehr); – **de l'emploi** Mobilität *f* der Arbeitnehmer.

flexible *adj*: **horaire –** gleitende Arbeitszeit.

flottant *adj*: **capitaux –s** Spekulationsgelder *npl*; **dette –e** unfundierte *od.* schwebende Schuld; **électorat –** Wechselwähler *pl*; **taux de change –** flexibler *od.* freier *od.* gleitender Wechselkurs.

flic *m pej* Polizist *m*, Ordnungshüter *m*.

flicage *m* polizeiliche (aufdringliche) Überwachung, zwecks Einschüchterung.

flinguer *v.tr. umg* erschießen, töten.

flottant *adj*: **police –e** *(VersR)* Generalpolice *f*, laufende Police, offene Police.

flotte *f* Flotte; – **de commerce** *ou* **marchande** Handelsflotte *f*; – **de véhicules** Wagenpark *m*.

flottement *m* **de la monnaie** Floating *n*, Schwanken des Außenwertes der Währung.

fluctuation *f* Schwanken *n*, Schwankung *f*, Wertschwankung; Wechsel *m*; **marge de –** Bandbreite *f*; – **de change** Wechselkursschwankung; **–s conjoncturelles** Konjunkturschwankungen; – **de la main-d'œuvre** (häufiger) Arbeitsplatzwechsel; – **monétaire** Währungsschwankung.

fluidité de la circulation *(StVR)* fließender Verkehr.

flux *m* **de biens** *(Vwirt)* Warenstrom; – **de devises** Zahlungsverkehr *m* mit dem Ausland; – **économique** Wirtschaftskreislauf *m*; – **monétaire** Zahlungsverkehr.

foi *f* (1) *(ÖfR: croyance, attitude psy-*

foire / **fonction**

chologique) Glaube *m*, (2) *(ZR: véracité, force probante)* öffentlicher Glaube; guter Glaube (des Erwerbers), *(3) (SchuldR: assurance donnée d'être . à engagement donné)* Versprechen. Treue *f*; Zuversicht *f*, (4) *(PrzR: gré de crédibilité)* Glaubwürdigkeit *f*; Vertrauen *n*; **ajouter – à qqch.** (einer Aussage) Glauben schenken *od.* beimessen; **bonne –** (1) *(SachR: croyance erronnée en l'existence d'une situation juridique régulière)* guter Glaube, Gutgläubigkeit, (2) *(SchuldR: comportement loyal)* Treu und Glauben; **de bonne –** gutgläubig, in gutem Glauben; nach dem Grundsatz von Treu und Glauben; **en cas de litige, seul le texte de l'original fait –** bei Streitigkeiten gilt der Wortlaut der Urschrift; **croire qqch. sur la – de qqn.** Vertrauen *od.* Glauben schenken; sich auf etwas verlassen; **digne de –** glaubwürdig; **faire –** maßgebend sein, gelten; **le texte français et le texte allemand font également –** die französische und die deutsche Fassung (einer Urkunde) sind gleich maßgebend, ... sind gleichermaßen verbindlich, ... sind in gleicher Weise maßgeblich; **en – de quoi** zu Urkund dessen; **de mauvaise –** bösgläubig; unredlich; **mauvaise –** Bösgläubigkeit; Unredlichkeit; **sous la – du serment** beeidigt, unter Eid (eine Aussage machen); **sur la – (du témoin)** (die Zeugenaussage) zugrunde legend; **texte qui fait –** verbindliche Fassung (eines Vertrages).

foire *f* (allgemeine *od.* Mehrbranchen-)Messe *f* (für Fachbesucher); Ausstellung; Schau *f*; (Automobil-)Salon *m*; **– agricole** Landwirtschaftsmesse; **– artisanale** Handwerksmesse; **– d'échantillons** Mustermesse; **– -exposition** Messe (mit Besuchstagen für Privatleute); **– industrielle** Industrieausstellung; **– spécialisée** Fachmesse.

fois *m* Mal *n*; **maintes –** häufig; oft; **payer en trois –** in drei Raten zahlen; **une – n'est pas coutume** ein Mal ist kein Mal.

foisonner *v.intr.* reichlich vorhanden sein; sich stark vermehren.

fol appel *(ZwangsVR: vente aux enchères)* leichtfertiges Gebot.

folie *f* Irresein *n*, Wahnsinn *m*, Geisteskrankheit *f*.

folio *m* Blatt *n* (eines Registers); Seitenzahl *f*; Spaltenziffer *f*; Bogengröße *f*.

fomenter des troubles aufwiegeln, Unruhe stiften *od.* schüren.

foncier *adj* den Grundbesitz betreffend, Grund-, Grundstücks-, Boden-, Immobiliar-; **aménagement –** Flurbereinigung *f*, Bodenreform *f*; **apport –** Einlage *f* in der Form eines landwirtschaftlich genutzten Grundstücks; **bien –** Liegenschaft *f*, Grundstück; **capital –** landwirtschaftlich genutzte Immobilien; **charge –ière** Grundstücksbelastung; **crédit –** Boden- *od.* Immobiliarkredit; **dette –ière** Grundschuld *f*; **impôt –** Grundsteuer *f*; **institut de crédit –** Bodenkreditanstalt *f*; **propriétaire –** Grundeigentümer; **propriété –ière** Grundbesitz *m*; **servitude –ière** Grunddienstbarkeit; **taxe –ière** Grundsteuer.

fonction *f* (1) *(ArbR)* Arbeitsverrichtung *f*, Arbeit *f*, Tätigkeit; Aufgaben *fpl*, Befugnisse, (2) *(ÖfR, BeamR)* Posten *m*, Dienststellung, Funktion, Amt *n*, Dienst *m*, dienstliche Tätigkeit, Amtstätigkeit, Dienstgeschäfte *npl*; dienstliche Obliegenheiten *fpl*; Dienstbezeichnung *f*; **abus de –** Amtsmißbrauch; **accomplir ses –s, s'acquitter d'une –** seines Amtes walten; **allocation de –s** Dienstzulage *f*; **cesser ses –s** aus dem Amt ausscheiden; **charger qqn. d'une –** jmdm. eine Aufgabe übertragen, jmdn. mit einer Verrichtung betrauen; **conférer une –** ein Amt übertragen; **cumul de –s** Ämterhäufung; **déchoir qqn. de ses –s** jmdn. seines Amtes entheben; **démissionner d'une –** sein Amt niederlegen; **devoirs de –** Dienstpflichten; **durée des –s** Amtszeit *f*; **en –** aktiv, im Amt, im Dienst, diensttuend; **entrée en –s** Amtseinführung, Dienstantritt *m*; **entrer en –s** ein Amt antreten; **exercer ses –s** seines Amtes walten, seine Amtsgeschäfte verrichten; **exercice des –s** Ausübung der dienstlichen Tätigkeit, Amtsausübung; **faire – de** fungieren als, eine bestimmte Funktion ausüben; **faire – de directeur** *(BeamR)* die Geschäfte eines Dienstleiters verrichten; **indemnité de –s** Stellen- *od.* Dienstzulage; **insigne de –s** Dienstabzeichen *n*, Amtszeichen; **logement de –s** Dienstwohnung; **prise de –s** Amts- *od.* Dienstantritt; **prolongation de –s** Weiterbeschäftigung; **remplir une –** ein Amt ausüben; **résignation des –s** Amtsniederlegung; **rester en –s** im Amt verbleiben; **sortir du cadre de ses –s** seine Befugnisse überschreiten; **suspendre de ses –s** jmdn. zeitweilig seines Amtes entheben; **usurpation de –s** Amtsanmaßung.

fonction administrative *(ÖfR)* Verwaltungsfunktion *od.* -tätigkeit, Verwaltung; **(les) –s d'une charge** die mit einem öffentlichen Amt verbundenen Aufgaben; **– de commandement** Führungsposition, leitende Stellung; **– consultative** beratende Funktion; **– de direction** Leitung(stätigkeit), Führungsaufgabe; **– élective** *ou* **électorale** Wahlamt *n*; **– d'enseignement** Lehramt *n*; Lehrtätigkeit; **– exécutive** vollziehende Gewalt; **– gouvernementale** Regierungsgewalt; **– honorifique** Ehrenamt; **– judiciaire** Richteramt; **– juridictionnelle** rechtsprechende *od.* richterliche Gewalt; **– législative** gesetzgebende Gewalt, Gesetzgebung; **– ministérielle** Ministeramt; **– politique** politisches Amt.

fonction publique *(ÖfR)* öffentlicher Dienst; öffentliches Amt; **droit de la –** Beamtenrecht *n*, Recht des öffentlichen Dienstes; **statut de la –** Beamtengesetz *n*, Dienstpragmatik *f* (Aut); **titulaire d'une –** Inhaber einer Planstelle, Inhaber eines öffentlichen Amtes, Amtsträger.

fonctionnaire *m*, (1) *(BeamR)* Beamte(r) *m*, (2) *(i.w.S.)* Amtsträger *m*, Inhaber eines öffentlichen Amtes; **corps de –s** Laufbahngruppe *f*, Teil der Beamtenschaft; **corruption de –** *(StR)* Beamtenbestechung *f*; **être –** im Staatsdienst stehen, Beamter sein; **haut –** hoher Beamte(r), Beamte(r) des höheren Dienstes; **muter un –** einen Beamten versetzen; **nomination d'un –** Ernennung eines Beamten, Berufung in ein öffentlich-rechtliches Dienst- u. Treueverhältnis; **outrage à –** *(StR)* Beamtenbeleidigung; **petit –** Beamter des einfachen Dienstes; **poste de –** Dienstposten; **recrutement de –s** Beamteneinstellung; **rémunération du –** Dienstbezüge *mpl*, Besoldung *f*; **suspendre un –** vorübergehend einen Beamten aus dem Dienst entfernen; **traitement du –** (Beamten- *od.* Dienst-)Bezüge *mpl*.

fonctionnaire en activité Beamte(r) im aktiven Dienst; **– administratif** Verwaltungsbeamte(r); **– de carrière** Beamte(r) auf Lebenszeit, Laufbahnbeamte(r), Berufsbeamte(r); **– de la catégorie A** Beamte(r) des höheren Dienstes; **– de la catégorie B** Beamte(r) des gehobenen Dienstes; **– de la catégorie C** Beamte(r) des mittleren Dienstes; **– de la catégorie D** Beamte(r) des einfachen Dienstes; **– communal** Gemeinde- *od.* Kommunalbeamte(r); **– des contributions** Steuer- *od.* Finanzbeamte(r); **– détaché** entsandte Kraft; **– en disponibilité** Wartestandsbeamte(r), Beamte(r) im einstweiligen Ruhestand; **– électif** Wahlbeamte(r); **– élève** Beamte(r), der nach der 1. Prüfung an einer Sonderausbildung teilnimmt; **– de l'État**

fonctionnaire municipal

Staatsbeamte(r); – **à l'étranger** Auslandsbeamte(r); – **de fait** nicht (förmlich) ernannter Amtsträger (der gemäß der frz. Rechtsprechung als Beamter angesehen werden muß); – **en formation** Beamte(r) im Vorbereitungsdienst; – **honoraire** Ehrenbeamte(r); – **hors cadre** außerplanmäßiger Beamte(r); – **inamovible** Beamte(r) auf Lebenszeit; – **en instance de réaffectation** Beamte(r) zur Wiederverwendung; – **international** Beamte(r) einer internationalen Behörde; – **judiciaire** Gerichtsbeamte(r).

fonctionnaire municipal Gemeinde- od. Kommunalbeamte(r); – **non rémunéré** Beamte(r) ohne Dienstbezüge; – **non titulaire** außerplanmäßiger Beamte(r); – **de l'ordre judiciaire** Gerichtsperson f; Richter m; Staatsanwalt m; – **de profession** Berufsbeamte(r); – **public** Staatsbeamte(r); – **en retraite** Beamte(r) im Ruhestand; – **révocable** Beamte(r) auf Widerruf; – **stagiaire** Beamte(r) im Vorbereitungsdienst, Beamtenanwärter m, Beamte(r) auf Probe; – **subalterne** Beamte(r) des mittleren od. einfachen Dienstes; – **supérieur** leitender Beamte(r), Beamte(r) des höheren Dienstes; – **en surnombre** überplanmäßiger Beamte(r); – **titulaire** ou **à vie** Beamte(r) auf Lebenszeit.

fonctionnalité f Funktionsfähigkeit, Funktionsgerechtigkeit.

fonctionnariat m Berufsbeamtentum n.

fonctionnarisation f (1) Verbeamtung f, Übernahme f ins Beamtenverhältnis, Ernennung f zum Beamten, (2) Bürokratisierung.

fonctionnariser v.tr. verbeamten, ins Beamtenverhältnis übernehmen.

fonctionnarisme m Bürokratismus.

fonctionnel adj funktionell, die Funktion erfüllend, sachgerecht; **caractéristiques –les** Wirkungsmerkmale npl.

fonctionnement m Betrieb m,

fondamental

Funktionieren n, Tätigkeit f, Arbeitsweise f, Gang m; – **des institutions** Verfassungswirklichkeit.

fond m (1) Grund m, Grundlage f; Hintergrund m, (2) (ZPR: fond du litige, par opposition à la forme) Gegenstand m (eines Verfahrens), Inhalt m, Sache f, Hauptsache f, materielle Streitsache, (3) (substance même de l'ordre juridique) das Recht an und für sich, eigentliche Natur eines Rechts, Wesen n des Rechts; **à –** gründlich, gewissenhaft, peinlich genau, in allen Einzelheiten; **au –** (ZPR) in der Sache selbst, materiellrechtlich, sachlich; **audience au –** Sachverhandlung; **conclure au –** in der Sache selbst einen Antrag stellen; **conclusions sur le –** Einlassung zur Sache; **condition de –** materielles Erfordernis, sachliche Voraussetzung; **décision au –** Entscheidung zur Hauptsache; **disposition de –** materiellrechtliche Vorschrift; **examen quant au –** Sachprüfung, Untersuchung des Sachverhalts; **joindre au –** über eine Einrede zugleich mit der Hauptsache verhandeln, dem Endurteil vorbehalten; **juge du –** (1) (ZPR) Richter, der das Sachurteil fällt, Tatsacheninstanz, (2) (StPR) Tatrichter; **jugement au –** Sachentscheidung od. -urteil; Urteil zur Hauptsache; **loi de –** Gesetz, materielles Recht beinhaltend; **rejet au –** Sachabweisung; **statuer au –** zur Hauptsache od. über den Klageanspruch selbst entscheiden; in der Sache selbst urteilen od. entscheiden.

fond de l'action, – du litige (PrzR: entier litige, comprenant les éléments de fait et de droit) Hauptsache f, Sachverhalt und rechtliche Grundlage einer Streitsache; – **du droit** das materielle Recht (im Gegensatz zum Prozeßrecht).

fondamental adj grundlegend, wesentlich, grundsätzlich, hauptsächlich, Haupt-, Grund-; **brevet –** Grundlagenpatent n; **erreur –e** grundlegender Irrtum; **loi –e**

Grundgesetz; **question -e** entscheidende Frage.

fondateur *m* Gründer *m*; Stifter *m*; **part de –** *(GesR)* Gründeranteil *m*; **– de société** Gründer *m* (einer Gesellschaft).

fondation *f* (1) *(GesR: action de fonder)* Gründung *f*, (2) *(ZR: affectation de biens à un but non lucratif)* Stiftung *f*; **acte de –** (1) Gründungsakt *od.* -urkunde, (2) Stiftungssatzung *n*; **assemblée de la –** Stiftungsversammlung; **conseil de la –** Stiftungsrat *m*; **dépenses de –** Gründungskosten *pl*; **– pieuse** mildtätige Stiftung; **– privée** Stiftung des Privatrechts; **– publique** Stiftung des öffentlichen Rechts; **– simultanée** *(GesR)* Einheits- *od.* Simultangründung; **– de société** Gesellschaftsgründung; **– successive** *(GesR)* Stufen- *od.* Sukzessivgründung.

fondé *adj* begründet, gegründet, fundiert; **bien –** wohlbegründet; stichhaltig; **droit – sur un jugement définitif** rechtskräftiger Anspruch; **être – à** berechtigt sein zu; **mal – sur** als Begründung unbegründet.

fondé de pouvoir (1) *(ZR: personne ayant reçu un mandat ou une procuration, art.1984 Cciv)* Beauftragte(r), Bevollmächtigte(r) *m*, (2) *(HR: personne ayant reçu procuration d'agir pour le compte d'une entreprise)* Handlungsbevollmächtigte(r), Prokurist *m*; **– de procuration** (Handlungs-)Bevollmächtigte(r).

fondement *m* (1) *(base, assise)* Basis *f*, Grundlage *f*, (2) *(motif, raison)* Begründung *f*, Begründetheit *f*; **absence** *ou* **manque de –** Unbegründetheit; **sans –** unbegründet; **– juridique** Rechtsgrundlage; **– d'une prétention** Begründung eines Anspruchs.

fonder (1) *(GesR)* gründen, (2) *(ZR)* stiften; **se – sur** als Begründung anführen *od.* vorbringen.

1. fonds *m* (1) *(SachR: immeuble par nature, fonds de terre ou bâtiment)* Liegenschaft *f*, Grund und Boden, bebautes *od.* unbebautes Grundstück *n*, (2) *(HR: fonds de commerce)* Geschäftsvermögen *n*, Geschäft *n*, Handelsgeschäft *n*, (3) *(GesR)* Kapital *n*, Stammkapital *n*, Bestand *m*, Vermögen *n*, (4) *(BankR)* Kasse *f*, Fonds *m*; **à – perdu** nicht rückzahlbar; auf Verlustkonto; **biens-** Liegenschaften *fpl*, Grundbesitz *m*, Immobilien *pl*; **cession de –** Geschäftsveräußerung; **– d'amélioration agricole** Meliorationsfonds; **– d'amortissement** Tilgungsfonds; **– assujetti** *(SachR)* dienendes Grundstück; **– d'assurance** Versicherungsfonds; **– de chômage** Arbeitslosenunterstützungskasse.

fonds de commerce *(HR: ensemble des éléments corporels et incorporels appartenant à un commerçant ou un industriel et lui permettant d'exercer son activité. Il est considéré comme un meuble incorporel)* frz. Handelsunternehmen *n* (als bewegliche unkörperliche Sache), Handelsgeschäft (nebst Kundschaft), Geschäftsvermögen *n* (eines Gewerbebetriebes), Gesamtheit der Geschäftsaktiva (die Immaterialgüterrechte inbegriffen); **cessionnaire d'un –** Firmenübernehmer *m*; **exploitant d'un –** Geschäftsinhaber *m*; **reprise d'un –** Geschäftsübernahme *f*.

fonds commun *(HaushR)* Gemeinschaftsfonds mehrerer Körperschaften des öffentlichen Rechts (zwecks Finanzausgleichs).

fonds commun de placement Investmentfonds *od.* -gesellschaft, Kapitalanlagegesellschaft.

fonds communautaire Gemeinschaftsfonds; **– de compensation** Ausgleichsfonds; **– débiteur de la servitude** *(SachR)* dienendes Grundstück; **– de développement économique et social** (= F.D.E.S.) *(HaushR)* frz. Fonds für wirtschaftliche und soziale Entwicklung; **– de développement pour les pays et territoires d'outre-mer** Entwicklungsfonds für die überseeischen Länder und Gebiete; **– dominant**

(SachR) herrschendes Grundstück; **– d'égalisation des changes** Währungsausgleichsfonds; **– enclavé** *(SachR)* eingeschlossenes Grundstück; **– d'établissement** Eigenkapital, Gründungsstock *m*; **– européen de développement économique régional** (= FEDER) Europäischer Fonds für regionale Entwicklung.

fonds de garantie *(BankR)* Delkredererereserven *fpl*, Deckungsstock *m*, Sicherstellungsfonds.

fonds de grève Streikkasse *f*; **– hypothéqué** hypothekarisch belastetes Grundstück; **– d'indemnisation** Entschädigungsfonds; **– d'intervention** Interventionsfonds.

fonds d'investissement Investitionsfonds, Kapitalanlagegesellschaft; **– – et de développement économique et social** (=FIDES) Investitions- und Entwicklungsfonds für wirtschaftliche und soziale Zwecke; **– – pour les départements d'outre-mer** (=FIDOM) frz. Investitionsfonds für die überseeischen Departemente.

fonds monétaire international (=FMI) internationaler Währungsfonds (=IWF).

Fonds national de l'emploi frz. staatlicher Fonds zur Bekämpfung der Arbeitslosigkeit u. Modernisierung der Betriebe; **– national de solidarité** *(SozR)* frz. nationaler Unterstützungsfonds zur Gewährleistung einer Mindestaltersversorgung.

fonds d'orientation et de régularisation des marchés agricoles Ausgleichs- und Regulierungsfonds für die Agrarmärkte; **– de pensions** Versorgungsfonds, Pensionskasse; **– de placement** Investmentfonds, Anlagefonds; **– de prévoyance** Vorsorge- *od.* Unterstützungsfonds; **– de régularisation de l'emploi** Lohnausgleichskasse; **– de réserve** Reservefonds, Rücklagefonds; **– de retraite** Pensionsfonds, Versorgungskasse; **–**

servant *(SachR)* dienendes Grundstück; **– social** (1) *(GesR)* Gesellschaftskapital, Stammkapital *n*, Gesellschaftsvermögen, (2) *(SozR)* Sozialfonds; **– social européen** (=FSE) Europäischer Sozialfonds; **– de solidarité** (1) *(SozR)* Solidaritätsfonds, (2) *(ArbR)* Streikkasse; **– de soutien** Unterstützungsfonds; **– de stabilisation des changes** Währungsstabilisierungsfonds; **– syndical** Gewerkschaftskasse; **– de terre** *(SachR)* Ackerland *n*; unbebautes Grundstück.

2. **fonds** *mpl (WirtR: au pluriel – ensemble des capitaux, sommes d'argent, deniers et économies)* Mittel *npl*, Geldmittel *npl*; Kapital *n*; Ersparnisse *npl*; Bestände *mpl*; **appel de –** *(GesR)* Kapitalbeschaffung, Aufforderung zur Einzahlung; **affecter des – à** Gelder bereitstellen für; **avance de –** Darlehensgewährung *f*, Darlehen *n*, Geldvorschuß *m*; **bailleur de –** (1) *(BankR)* Geldgeber *m*, Geldleiher *m*, (2) *(GesR)* stiller Gesellschafter, Kapitalgeber; **dégager des –** Geldmittel bereitstellen; **détenteur de – publics** Fondsinhaber *m*; **détournement de –** *(StR)* Unterschlagung (von Geld); Veruntreuung; **emprunter des –** ein Darlehen aufnehmen; **être en –** über (ausreichende) Geldmittel verfügen; **extorsion de –** *(StR)* Erpressung *f*; **mise de –** Einlage *f*, Vermögens- *od.* Kapitaleinlage; **mouvement de –** Umsatz, Kapitalbewegung; **placement de –** Geldanlage *f*; **prêteur de –** Darlehensgeber, Geldverleiher; **rentrée de –** Geldeingang *m*; **retirer des –** (1) Geld abheben, (2) *(en grosse quantité)* Gelder abziehen.

fonds *mpl* **d'attribution** bereitgestellte Mittel *npl*, Bereitstellungsfonds; **– budgétaires** Haushaltsmittel; **– et dépôts** Depositengelder; **– disponibles** flüssige *od.* verfügbare Gelder *od.* Mittel; **– électoraux** Geldmittel für die Wahlkampfkosten; **– d'emprunt** *ou* **– empruntés** aufgenommene

Gelder, Fremdmittel; – **d'épargne** Spargelder; – **de l'État** *(HaushR)* Staatsgelder; – **d'État** *(WertpR)* Staatsschuldverschreibungen *od.* -papiere; – **d'exploitation** Betriebskapital; – **gelés** eingefrorene Gelder; – **immobilisés** festgelegte Gelder; – **libres** verfügbare Mittel; – **liquides** flüssige Mittel; – **à préavis** Kündigungsgelder, kündbare Gelder; – **propres** *(GesR: capitaux propres)* Eigenkapital.

fonds *mpl* **publics** (1) *(BankR, WertpR)* Staatsanleihen *pl*, Staatsschuldverschreibungen *pl*, Schuldverschreibungen der öffentlichrechtlichen Körperschaften, (2) *(HaushR)* öffentliche Gelder, Staatsgelder, Mittel der öffentlichen Hand; – **de roulement** *(GesR)* Umlaufvermögen *n*, Betriebskapital; – **secrets** Geheim- *od.* Dispositionsfonds, Reptilienfonds; – **de tutelle** *(ZR)* Mündelgelder.

fongibilité *f (ZR)* Vertretbarkeit *f*.

fongible *adj (ZR)* vertretbar; **chose** – vertretbare Sache *f*, Gattungssache; **chose non** – nicht vertretbare Sache, Spezies-Sache, Stück *n*.

for *m (ZPR: tribunal, juridiction)* Gericht *n*, Gerichtsstand *m*; Gerichtsbezirk; *(hist)* Richterstuhl; **en son** – *(PrzR: en son âme et conscience)* nach bestem Wissen und Gewissen; **le** – **intérieur** das Gewissen.

forain *adj* Jahrmarkt-; **audience** –**e** *(PrzR)* Gerichtsverhandlung unter freiem Himmel; **marchand** – *(HR)* Hausierer; Reisegewerbetreibende(r).

forçat *m (hist)* Zuchthäusler *m*.

force *f* (1) *(puissance)* Kraft *f*, Stärke *f*, (2) *(pouvoir)* Macht *f*, Gewalt *f*, (3) *(activité, efficacité)* Tatkraft *f*, Wirksamkeit, (4) *(ÖfR: acte de contrainte)* Zwang *m*, (5) *(ZR: au pluriel, actif d'un patrimoine)* Gesamtheit der Aktiva, Vermögen *n*; **acte de** – Gewaltanwendung; Ausübung von Zwang; Nötigung; **avec** – nachdrücklich; **avoir** – **de loi** Gesetzeskraft haben; **camisole de** – Zwangsjacke *f*; **coup de** – Gewaltakt *m*; **épreuve de** – Kraftprobe *f*; **de gré ou de** – wohl oder übel, notgedrungen; **par la** – **des choses** zwangsläufig, notgedrungen; **recours à la** – Gewaltanwendung; **travailleur de** – Schwerarbeiter *m*.

force(s) armée(s) Streitmacht *f*, Streitkräfte *fpl* Truppen *fpl*.

force de chose jugée *(PrzR: décision judiciaire exécutoire, n'étant plus susceptible d'une voie de recours suspensive)* (formelle) Rechtskraft *f*, Rechtskraftwirkung, Unangreifbarkeit eines Urteils, Unabänderlichkeit einer Entscheidung; **avoir** – **de la chose jugée** rechtskräftig sein.

force coercitive staatliche Zwangsmittel *mpl*; –**es de dissuasion** Abschreckungswaffen *fpl*.

force exécutoire *(PrzR: jugement qui peut être mis à exécution)* Vollstreckbarkeit (der Entscheidung); – **de frappe** frz. Atomstreitmacht *f*; – **libératoire** *(SchuldR)* befreiende Wirkung (einer Zahlung *od.* Leistung); – **de loi** Gesetzeskraft.

force majeure *(ZR: événement imprévisible et irrésistible)* höhere Gewalt; – **majeure exonératoire** die Haftung ausschließender Fall von höherer Gewalt.

force obligatoire bindende Wirkung *od.* Kraft, verbindliche Wirkung; **avoir** – – binden, zwingende Wirkung haben.

force prime le droit: la – das Recht des Stärkeren, Gewalt geht vor Recht.

force probante *ou* **probatoire** *(PrzR: valeur d'un mode de preuve)* Beweiskraft *f*; –**s de l'ordre** *ou* **de police** (Präventiv-)Polizei.

force publique *(ÖfR)* Staatsgewalt; Polizei; Armee, Streitkräfte; **agent de la** – – Ordnungshüter, Vollzugs- und Hilfsorgan der Verwaltungsbehörden, Polizeibeamte(r) im Verwaltungs- *od.* Vollzugsdienst; **rébellion contre la** – – *(StR)* Widerstand gegen die Staatsgewalt.

force rétroactive rückwirkende Kraft, Rückwirkung.

Force d'urgence des Nations Unies Friedenssicherungstruppe der UNO, Blauhelme *mpl.*

forcé *adj*: **atterrissage** – Notlandung *f*; **consentement** – durch Drohung erwirkte Willenserklärung; **copropriété** –**e** Miteigentum kraft Gesetzes; **cours** – **de la monnaie** Zwangskurs (einer Währung); **exécution** –**e** Zwangsvollstreckung; **indivision** –**e** Gesamthandsgemeinschaft kraft Gesetzes; **recouvrement** – zwangsweise Beitreibung; **travail** – Zwangsarbeit.

forcement *m* **de coffre** Aufbrechen *n* eines Safes *od.* Geldschranks.

forcément *adv* zwangsläufig, notgedrungen.

forcer (à) zwingen (zu); – **la vérité** die Wahrheit verbiegen, nicht die volle Wahrheit sagen.

forclore *(PrzR: priver du bénéfice d'un droit non exercé dans les délais)* (ein Recht) wegen Fristversäumnis gerichtlich verweigern, jmdn. (vom Genuß eines Rechts) ausschließen, präkludieren.

forclos *adj* (durch Fristablauf) verwirkt, ausgeschlossen, präkludiert.

forclusion *f (ZR)* (Rechts-)Ausschluß *od.* -verwirkung, Präklusion, Verlust der Rechtsstellung; **délai de** – Ausschluß- *od.* Präklusivfrist; **encourir la** – ein Recht infolge Fristablauf verwirken; **jugement de** – Ausschlußurteil *n*; **relèvement de** – Wiedereinsetzung in den vorigen Stand; **relever de la** – in den vorigen Stand wiedereinsetzen.

forestier *adj*: **agent** – Beamte(r) der frz. Staatsforsten; **code** – gesetzliche Regelung der Forsten und Forstwirtschaft.

forêt *f* Wald *m*, Forst *m*; – **communale** Gemeindewald *od.* -forst *m*; – **domaniale** Staatsforst *m*, Staatswald.

forfait *m* (1) *(StR: crime, infraction grave)* schwere Straftat *f*, Verbrechen *n*, (2) *(ArbR, SteuerR: mode de fixation du prix, somme forfaitaire fixée)* Pauschale *f*, Pauschalpreis *m*; Pauschbetrag *m*; Stücklohn *n*; Ablösung *f*, Abfindung *f*, (3) *(HR: convention)* Pauschalkauf *m*, (4) *(SchulR)* Rücktritt *m*, Verzicht *m* (auf die Teilnahme an einer Prüfung); **à** – in Bausch und Bogen, en bloc; **adjudication à** – Vergabe zu Pauschalpreisen; **déclarer** – verzichten, absagen; **ouvrier à** – Akkordarbeiter *m*; **payer** *ou* **verser un** – (1) *(ArbR)* eine Abfindung zahlen, (2) *(HR)* einen Pauschalpreis zahlen.

forfait d'impôt Steuerpauschalierung, Pauschbesteuerung.

forfaitaire *adj* in Bausch und Bogen, Pauschal-, pauschaliert; **indemnité** – pauschalierter Schadensersatz; **prix** – Pauschalpreis; **taxe** – Pauschalgebühr *f*.

forfaiture *f (StR, BeamR: tout crime commis par un agent public dans l'exercice de ses fonctions)* Verbrechen *od.* Vergehen im Amt, Straftat im Amt; Mißbrauch der Amtsgewalt; Pflichtverletzung in Ausübung der Amtsgewalt.

formalisme *m* Formalismus *m*; – **juridique** juristische Form(erfordernisse, -vorschriften); Formsache *f*, juristische Formalie(n).

formaliste *adj* formalistisch; formal(rechtlich); *pej* formaljuristisch, rein formaljuristische Betrachtungsweise, einzig dem Buchstaben des Gesetzes folgend.

formalité *f* Formerfordernis *n*; (einzuhaltende) Formvorschrift *f*; Formalität *f*, Förmlichkeit *f*, Formalie *f*, Formsache *f*; – **substantielle** (für die Gültigkeit des Rechtsgeschäfts) wesentliche Formvorschrift.

formalités administratives Verwaltungsvorschriften *od.* -formalitäten *fpl*; – **de douane** *ou* **douanières** Zollformalitäten; – **de procédure** (für eienen Prozeß) zwingend vorgeschriebene Formerfordernisse; Gesamtheit der einzuhaltenden Formvorschriften.

formation *f* (1) *(création, élaboration)* Entstehung *f*, Gründung *f*, Bildung *f*, Schaffung *f*, (2) *(éducation intellectuelle et morale)* Ausbildung *f*, Schulung *f*; Ausbildungswesen *n*, (3) *(groupement, parti)* Verband *m*, Partei *f*, Gruppierung *f*, (4) *(organisation, développement)* Aufstellung *f*, Formierung *f*, Aufbau *m*, Organisation *f*, (5) *(ensemble de connaissances)* Kenntnisse *fpl*, Vorbildung *f*; **acquérir une –** eine Ausbildung erhalten; **allocation de –** Ausbildungsbeihilfe *f*; **centre de –** Ausbildungsstätte *f*; **congé de –** (Fort-)Bildungsurlaub; **droit en –** Anwartschaft *f*; **fonctionnaire en –** Beamte(r) im Vorbereitungsdienst; **niveau de –** Ausbildungsstand *m*; **responsable de la –** Schulungsleiter; **stage de –** Ausbildungslehrgang *m*.

formation accélérée (1) Schnelllehrgang *m*, Kurz- *od*. Intensivschulung, Kurzlehrgang *m*, (2) Anlernung; **– des adultes** Erwachsenenbildung; **– alternée** duales (Lehrlings-)Ausbildungssystem *n*; **– de base** Grundausbildung; **– des cadres** Ausbildung der Führungskräfte; **– de capitaux** Kapitalbildung; **– combattante** *(MilR)* kämpfende Truppe *od*. Einheit; **– continue** Erwachsenenbildung; Weiter- *od*. Fortbildung; **– du contrat** Zustandekommen *n* eines Vertrages; **– du droit** Rechtsbildung; **– d'un droit** Entstehung eines Anspruchs; **– dans l'entreprise** innerbetriebliche Ausbildung; **– du gouvernement** *(VerfR)* Regierungsbildung; **– des jeunes** schulische Ausbildung der Jugendlichen (im Rahmen der Schulpflicht bis zum 16. Lebensjahr); **– juridique** juristische Ausbildung; **– permanente** Fortbildung; **– politique** (politische) Partei *f*; **– polyvalente** vielseitige Ausbildung; **– des prix** Preisbildung.

formation professionnelle (1) Berufs- *od*. Fachausbildung, (2) berufliches Bildungswesen; **– des salaires** Lohnbildung, Lohngestaltung; **– de société** Gesellschaftsgründung; **– de société secrète** *(StR)* Bildung eines Geheimbundes, Geheimbündelei *f*; **– de stocks** Lagerbestandsbildung; **– sur le tas** Ausbildung am Arbeitsplatz; **– technique** Fachausbildung; **– d'un tribunal** *(GVR)* Zusammensetzung eines Spruchkörpers; **– de trust** *(WirtR)* Vertrustung, Verflechtung; **– de la volonté** *(ZR)* Willensbildung.

forme *f* (1) *(aspect extérieur d'un acte juridique)* (Rechts-)Form *f*, Anordnung einer Urkunde (eines Vertrages, eines Urteils, einer Satzung), (2) *(formalité spéciale requise)* Formerfordernis *n*; **en bonne et due –** formgerecht, in der gesetzlich vorgeschriebenen Form, in gebührender Form; vorschriftsmäßig; **condition de –** Formerfordernis *n*; **contrôle de pure –** rein formelle Prüfung; **couverture d'un vice de –** Heilung eines Formmangels; **dans les –s** formgerecht, in der gehörigen Form; **défaut** *ou* **faute** *ou* **irrégularité de –** Formmangel *m*, Formfehler *od*. -gebrechen; **disposition de –** Formvorschrift *f*; **examen quant à la forme** Formalprüfung; **nul pour raisons de –** wegen Formmängel aufhebbar, anfechtbar, nichtig; **nullité de –** Aufhebbarkeit wegen Formmangels; **observation des règles de –** Einhaltung der Formerfordernisse, Beachtung der vorgeschriebenen Form; **prescription de –** Formvorschrift *f*; **recevable en la –** der Form nach zulässig; **règle de –** Formerfordernis *n*, Formvorschrift *f*; **régulier dans la –** formgerecht; **sans –** formlos; **vice de –** Formmangel, Formfehler.

forme juridique Formerfordernis, Formvorschrift; **– légale** gesetzlich vorgeschriebene Form; **– législative** Gesetzesform; **– olographe** *(ErbR)* eigenhändige *od*. holographische Abfassung; – **substantielle** wesentliche Formvorschrift.

formel *adj* (1) *(qui concerne l'apparence)* formal, förmlich, (2) *(qui exclue toute méprise, toute équivoque)* formell, ausdrücklich, durch Vorschrift angeordnet; **affirmer en termes –s** in aller Form *od.* ausdrücklich und verbindlich erklären; **consentement –** formgerechte Einigung *od.* Zustimmung; **déclaration –elle** förmliche Erklärung; **présentation –elle** formale Gestaltung *od.* Gliederung; **démenti –** offizielles Dementi; **preuve –elle** (1) gesetzliches Beweismittel, (2) schlüssiger Beweis; **refus –** ausdrückliche Ablehnung.

formellement *adv* (1) förmlich, (2) ausdrücklich; – **interdit** strengstens verboten; **s'engager –** sich ausdrücklich verpflichten.

former *v.tr.* (1) bilden, gründen, (2) ausbilden, schulen, (3) aufstellen, formieren; – **le gouvernement** die Regierung bilden; – **une société** eine Gesellschaft gründen.

formulaire *m* (1) *(formule où sont imprimées des questions)* Formular *n*, Formblatt *n*, Vordruck *m*, Fragebogen *m*, (2) *(recueil de formules)* Formularbuch *od.* -sammlung; – **de commande** Bestellformular; – **de déclaration** Meldeformular; – **de demande** Antragsformular.

formulation *f* (genaue) Formulierung (des Vertragstextes); Wortlaut *m*; Abfassung (eines Vertrages); – **initiale** Originalfassung; – **du problème** Problemstellung.

formule *f* (1) *(forme déterminée que l'on est tenu de respecter)* ausdrücklich vorgeschriebene Form, Rechtsform *f*, (2) *(expression consacrée)* Floskel *f*, Redensart *f*, (3) *(feuille de papier imprimée)* Vordruck *m*, Formblatt *n*, (4) *(expression concise et générale)* Formel *f*, Redewendung *f*; **remplir une –** ein Formular ausfüllen; – **de chèque** Scheckformblatt; – **de demande** Antragsformular; – **exécutoire** Vollstreckungsklausel *f*;

– **de paiement** Zahlungsmodus *od.* -weise; – **de serment** Eides- *od.* Beteuerungsformel.

formuler *v.tr.* formulieren, abfassen, ausdrücken; **avoir le droit de – une demande** antragsberechtigt sein; – **un acte** eine Urkunde abfassen; – **une demande** einen Antrag stellen; – **ses griefs** seine Einwendungen vorbringen; – **une plainte** *(StR)* Strafanzeige erstatten; – **une réclamation** beanstanden *od.* reklamieren.

fors *präp* (= *excepté, hors, sauf*) außer, bis auf.

fort *adj/adv* stark; haltbar, fest; tatkräftig, kraftvoll; **droit du plus –** Faustrecht *n*; **se porter –** sich verbürgen, einen Garantievertrag abschließen; **prêter main –e (à qqn.)** jmdm. zu Hilfe eilen *od.* Hilfe leisten; **prix –** Höchstpreis *f*; **recourir à la manière –e** unter Gewaltanwendung (vorgehen), Machtmittel einsetzen.

fortuit *adj* unvorhergesehen; **cas –** Zufall *m*, höhere Gewalt.

fortune *f* (1) *(ZR: ensemble des moyens d'existence ou des ressources d'une personne)* Einkünfte (einer Person), regelmäßig bezogene Einnahmen; Reichtum *m*, (2) *(chance, hasard)* Glück *n*, Glücksfall *m*; Geschick *n*, Schicksal *n*; **administration de la –** Vermögensverwaltung; **déclaration de –** *(SteuerR)* Vermögenssteuererklärung; **dons de –** Gewinne aus Spiel und Wette; **état de la –** Vermögensverhältnisse *pl*, Vermögenslage *f*; **gérer une –** ein Vermögen verwalten; **impôt sur les grandes –es** (=IGF) Zusatzsteuer auf Großvermögen; **situation de –** Vermögensverhältnisse *od.* -lage.

fortune imposable steuerpflichtiges Vermögen; – **de mer** *(SeeHR)* Seegefahr *f*; – **mobilière** bewegliches Vermögen; – **nationale** Volksvermögen.

forum *m* (1) *(PrzR, IPR)* zuständiges Gericht, (2) *(Pol: lieu où se discutent les affaires publiques)* Öffentlichkeit,

Forum *n*, Ort *m* der öffentlichen Diskussion.

fosse *f* Grube *f*; **– commune** Massengrab *n*.

fossé *m* Graben *m*; **– de drainage** Entwässerungsgraben; **– mitoyen** gemeinschaftlicher Graben.

fou *adj* geisteskrank.

foudre *f* Blitzschlag *m*.

fouille *f* (1) *(archéologie)* Ausgrabung *f*, (2) *(StPR: vérification)* Durchsuchung; **– des bagages** Gepäckkontrolle; **– corporelle, – à corps** *(StR: perquisition corporelle)* (körperliche) Durchsuchung, Personendurchsuchung, Leibesvisitation *f*; **– des véhicules** Durchsuchung von Kraftfahrzeugen.

fouiller *v.tr. et intr.* (1) ausgraben, (2) durchsuchen, perlustrieren (Aut).

fourchette *f* (1)*(Statistik)* Hochrechnung (mit Angabe von zwei Grenzwerten), (2) *(HR)* (Preis-) Spanne *f*, Marge *f*.

fourgon *m* **cellulaire** Gefangenenwagen *m*; **– funéraire** Leichenwagen.

fourni *m* *(HR: concessionnaire)* Vertragshändler *m*.

fournir *v.tr.d. et ind.* (1) *(Waren)* liefern, verschaffen, (2) *(Kunden)* beliefern, versorgen, (3) hervorbringen, erzeugen; **se – chez un marchand** sich mit Waren eindecken, sich mit Vorräten (bei einem Lieferanten) versehen; **– une aide** eine Beihilfe gewähren; **– caution** *(StR)* Kaution stellen; **– couverture** *(BankR)* Deckung gewähren; **– à la dépense** einen Kostenanteil übernehmen; **– une garantie** eine Sicherheit stellen; **– les pièces nécessaires** die erforderlichen Schriftstücke vorlegen; **– une prestation** eine Dienstleistung erbringen; **– la preuve** den Beweis erbringen; **– des renseignements** Auskunft erteilen.

fournissable *adj* lieferbar.

fournissement *m* (1) *(ZR)* Teilung (des Gesamtguts), (2) *(GesR)* Einzahlung (der Einlage).

fournisseur *m* Lieferant *m*, Lieferfirma *f*; Händler *m*, Verkäufer *m*; **– en gros** Großlieferant; **– principal** Hauptlieferant *m*; **– de services** Leistende(r) *m*, Dienstleistungserbringer *m*.

fournisseurs: acompte aux – Lieferantenanzahlung; **compte des –** Lieferantenkonto *n*; **crédit aux –** Lieferantenkredit *m*; **pays – de matières premières** ausländische Rohstofflieferanten.

fourniture *f* (1) *(SchuldR)* Leistung, Erbringung (einer Leistung), Beschaffung, (2) *(HR)* Liefervertrag, Verkauf *m*, Lieferung *f*, (3) gelieferte Ware, Lieferung, (4) Arbeitsmaterial *n*, Zubehör *n*; **contrat de –** Liefervertrag; **offre de –** Lieferungsangebot *n*; **– de marchandises** Warenlieferung; **– d'un service** Dienstleistung.

fournitures de bureau Bürobedarf *m*; **– publiques** öffentliche Lieferungen *od.* Leistungen; **– scolaires** Unterrichtsmaterial *n*.

fourrière *f* (1) *(animaux errants)* Verwahrungsstelle für entlaufene Tiere, Tierasyl *n*, (2) *(StVR: véhicules saisis)* Aufbewahrungsort *m* für sichergestellte Kraftfahrzeuge; **mise à la –** Abschleppen *n* eines verkehrsbehindernd parkenden Fahrzeugs.

fourvoyer *a. fig.* auf Abwege bringen; **se –** sich irren.

foyer *m* Haushalt *m*; Wohnung *f*, Wohnstätte *f*; **abandon de –** *(StR)* böswilliges Verlassen der Familie (ohne Unterhaltsleistung); **fonder un –** eine Familie gründen, heiraten; **– de conflits** Gefahrenherd *m*; **– conjugal** eheliche Wohnung, Hausstand *m*; **– domestique** Haushalt *m*; **– de l'incendie** Brandherd *m*.

fraction *f* Bruchteil *m*, Teil *m*, Anteil; **– annuelle** Jahresrate *f*; **– d'indemnité** Teilentschädigung; **– saisissable du salaire** pfändbarer Teil des Arbeitsentgelts.

fractionnement *m* Teilung; Zersplitterung; **– de la peine** *(StVZ)* Strafverbüßung in mehreren Abschnitten.

fractionner *v.tr.* teilen, zerlegen.
fracturer *v.tr.* *(casser, briser)* gewaltsam öffnen, aufbrechen.
fragile *adj* (1) *(Ware)* leicht zerbrechlich, (2) *(Person)* gebrechlich, krankheitsanfällig, (3) *(Macht)* ungefestigt, gefährdet.
fragment *m* Bruchstück *n*, Fragment *n*; Zitat *n*.
fragmentaire *adj* bruchstückhaft.
frai *m* Münzverlust *m*.
frais *mpl* (1) *(ZR: dépense dont le remboursement est dû)* (zu ersetzende) Kosten *pl*; Spesen *pl*, Auslagen *pl*; Ausgaben; Unkosten, (2) *(PrzR: dépense résultant de l'accomplissement d'une procédure)* Gebühr *f*, Gebühren *fpl*, Gerichtskosten *pl*, Prozeßkosten *pl*, (3) *(somme versée en remboursement)* Auslagenrückerstattung, Spesenvergütung; **à – communs** auf gemeinsame Kosten; **acompte sur –** Kostenvorschuß *m*, Spesenvorschuß; **agir à ses propres –** auf eigene Kosten handeln; **annulation des –** *(PrzR)* Kostenniederschlagung; **après déduction des –** nach Abzug der Kosten; **avance des –** Kostenvorschuß *m*; **bordereau des –** Kostenverzeichnis *n*; **charge des –** Kostentragung; **compte de –** Kostenrechnung; **condamner aux – et aux dépens** *(PrzR)* zur Tragung der Kosten verurteilen, in die Kosten verurteilen; **contribution aux –** Unkostenbeitrag *m*; **couverture des –** Kostendeckung *f*; **créance pour –** Kostenforderung; **entaîner des –** Kosten verursachen; **établir la note des –** die Kosten- *od.* Spesenabrechnung aufstellen; **état des –** Spesenaufstellung, Kostenrechnung *od.* -aufstellung; **évaluation des –** Kostenüberschlag; **exempt de –** kostenfrei, kostenlos; **exemption de –** Kostenfreiheit *od.* -befreiung; Gebührenfreiheit; **exonéré de –** kostenfrei, kostenlos; **faire face aux –** die Kosten bestreiten; **faux –** (1) *(ZR: toute dépense accidentelle)* kleine, unvorhergesehene Auslagen, Nebenkosten; Spesen, (2) *(ZPR: dépenses nécessaires exposés par un officier ministériel)* Zusatzgebühr *f* für notwendige Auslagen; **se mettre en –** sich in Unkosten stürzen; **montant des –** Kostenbetrag; **net de tous –** spesenfrei; **participation aux –** (1) Kostenbeteiligung, (2) *(VersR)* Selbstbeteiligung *f* (des Versicherten); **péréquation des –** Kostenausgleich *m*; **prise en charge des –** Kostenübernahme *f*; **quote-part des –** Kostenanteil; **recouvrement des –** Kostenbeitreibung *od.* -eintreibung; **réduction de –** Kosteneinsparung *od.* -senkung; **remboursement des –** Kostenerstattung *f*, Kostenersatz *m*; **rembourser les –** die Kosten erstatten, die Spesen vergüten; **rentrer dans ses –** seine Kosten zurückerstattet bekommen; **répartition des –** Kostenverteilung; **sans –** unentgeltlich, kostenlos, kostenfrei; **supplément de –, surcroît de –** Mehrkosten; **supporter les –** die Kosten tragen; **taxation des –** Kostenfestsetzung; **tous – déduits** abzüglich aller Kosten; **ventilation des –** Kostenaufschlüsselung *od.* -verteilung.
frais accessoires (1) *(PrzR)* Zusatzgebühr, (2) *(ZR)* Nebenkosten *pl*; **– d'acquisition** (1) Erwerbskosten, (2) *(VersR)* Abschluß- *od.* Akquisitionskosten; **– d'adjudication** Versteigerungsgebühr *od.* -kosten; **– administratifs** *ou* **d'administration** Verwaltungskosten; **– d'assurance** Versicherungskosten; **– d'avocat** Anwaltskosten.
frais bancaires *ou* **de banque** Bankspesen; **– de bureau** Schreib- und Postgebühren; **– de chancellerie** Kanzleikosten *od.* -spesen; **– de chargement** Ladekosten; **– communs** Gemeinkosten; gemeinsame Kosten; **– de conservation** Erhaltungsaufwand, notwendige Aufwendungen; **– constants** fixe Gemeinkosten; **–**

de constitution Gründungskosten; **– de contrat** Vertragskosten; **– de courtage** Maklergebühren, Courtage.

frais déductibles abzugsfähige Kosten; **– de démarchage** Abschlußkosten; **– de déménagement** Umzugskosten; **– de dépannage** Abschlepp- *od.* Pannenhilfekosten; **– de déplacement** Reisespesen, Reisekosten; **– dus** fällige Kosten; **– d'écritures** Schreibauslagen; Beurkundungsgebühr; **– d'éducation** Ausbildungs- *od.* Erziehungskosten; **– d'encaissement** Einzugs- *od.* Inkassospesen; **– engagés** anfallende Kosten; **– d'enregistrement** Eintragungsgebühr; **– d'entrepôt** Lagerkosten, Lagermiete *f*; **– d'entretien** (1) *(choses)* Instandhaltungskosten, Unterhaltungskosten, (2) *(personnes)* Unterhaltskosten.

frais d'envoi Versandkosten; **– d'équipement** Ausrüstungskosten; **– d'escompte** Diskontspesen; **– d'établissement** Gründungskosten; **aux – de l'État** auf Staatskosten; **– d'études** Ausbildungskosten; **– d'exécution** Vollstreckungskosten; **– d'expédition** (1) Versandkosten, (2) *(PrzR)* Ausfertigungsgebühr; **– d'expertise** Sachverständigengebühren; **– d'exploitation** Betriebskosten; **– exposés** verauslagte Kosten.

frais de fabrication Herstellungskosten; **– financiers** Kreditzinsen; Fremdfinanzierungskosten; **– fixes** Fixkosten; **– de fonctionnement** (Geschäfts-) Betriebskosten; **– de fondation** *(GesR)* Gründungskosten *od.* -aufwand *m*; **– frustratoires** *(PrzR)* überflüssigerweise verursachte Kosten.

frais de funérailles *ou* **funéraires** Beerdigungs- *od.* Bestattungskosten; **allocation pour – –** Bestattungsbeihilfe, Sterbegeld.

frais de garde Aufbewahrungskosten, Verwahrungskosten; **– généraux (permanents)** *(Buchf: frais fixes ou non proportionnels qui se répartissent sur l'ensemble de la production)* Gemeinkosten, allgemeine Betriebskosten; **– de gestion** Geschäftsführungskosten; **– de gestion de la masse** *(KonkursR)* Massekosten; **– hospitaliers** *ou* **d'hospitalisation** Krankenhauskosten; **– d'impression** Druckkosten; **– d'inhumation** Bestattungskosten; **– d'insertion** Kosten für die Bekanntmachung in einer periodischen Druckschrift; **– d'inventaire** Inventurkosten; **– irrépétibles** *(PrzR)* nicht erstattungsfähige Kosten.

frais judiciaires Gerichtskosten; **– de jugement** Urteilskosten; **– de justice** Gerichtskosten; **– liquidés** in Rechnung gestellte Kosten; **– de livraison** Lieferkosten; **– de magasinage** Lagergeld; **– de main-d'œuvre** Arbeits- *od.* Lohnkosten; **– de maintien en état** Instandhaltungskosten; **– de maladie** Heilbehandlungskosten; **– de manipulation** Lade- und Entladekosten; **– de manutention** Lade- und Entladekosten; **– marginaux** Grenzkosten; **– médicaux** Arztkosten, Heil(behandlungs)kosten; **– de mise en état** Instandsetzungskosten; **– de mission** *(BeamR)* Dienstreisekosten; **– en moins** abzüglich (der) Kosten.

frais occasionnés angefallene *od.* entstandene Kosten; **– payés** kostenfrei, ohne Kosten; **– de personnel** Personalkosten; **– en plus** zuzüglich der Kosten; **– de port** Portoauslagen; **– de poursuite** Gerichtskosten; **– de premier établissement** Gründungskosten; **– de procédure** Verfahrenskosten; **– de production** (1) *(BW)* Produktions- *od.* Herstellungskosten, (2) *(VersR)* Abschluß- *od.* Akquisitionskosten.

frais professionnels *(SteuerR)* Werbungskosten, berufliche Aufwendungen; **indemnité de – –** Arbeitsaufwandsentschädigung.

frais de publicité Aufwendungen für Werbemaßnahmen; **– de ra-**

patriement Kosten für die Heimfahrten; – **de recours** *(PrzR)* Verfahrenskosten; – **de recouvrement** *(ZwangsVR)* Ein- od. Beitreibungskosten; Inkassogebühren; – **récupérables** erstattungsfähige Kosten; eintreibbare Kosten; – **de rééducation professionnelle** Umschulungskosten; – **de règlement de sinistre** *(VersR)* Schadensregulierungskosten; – **de relâche** Hafengebühren; – **de remise en état** Instandsetzungs- od. Reparaturkosten; – **de remplacement** Ersatz- od. Wiederbeschaffungskosten; – **de réparation** Reparaturkosten; – **de représentation** (Dienst-)Aufwand, Repräsentationskosten; – **de retour** Rückbeförderungskosten.

frais de route Reisekosten; **indemnité de – –** Reisekostenentschädigung od. -vergütung.

frais de saisie Pfändungsgebühr; – **de sauvetage** Bergelohn, Rettungs- od. Bergungskosten; – **scolaires** Schuldgeld *n*; – **de séjour** Aufenthaltskosten; – **de sommation** Mahngebühren; – **spéciaux** *(Buchf: frais directs)* Herstellungskosten (eines Produkts); – **supplémentaires** Mehrkosten; – **de surveillance** Überwachungskosten.

frais de transport (1) *(marchandises)* Fracht- od. Transportkosten, (2) *(personnes)* Beförderungs- od. Fahrtkosten od. Auslagen.

frais unitaires Einheitskosten; – **vexatoires** *(PrzR)* vorsätzlich od. böswillig verursachte Kosten; – **de voyage** Reisespesen od. -kosten, Fahrtkosten.

franc *adj* frei, franko; **délai –** *(ZR: délai dans lequel on ne compte ni le jour du fait, ni le jour qui devrait être normalement le dernier)* Frist, bei der der Eintritt der Fälligkeit um einen Tag hinausgezögert wird, Frist mit einem zusätzlichen Respekttag; **huit jours –s** eine Woche (und zusätzlich ein Respekttag); **port –** Freihafengebiet *n*; – **d'avarie** unbeschädigt, frei von Havarie; **zone –che** Zollfreigebiet *n*; – **d'impôt** steuerfrei; – **de port** (1) *(Brief)* frankiert, portofrei, (2) *(HR: Waren)* Verpackung und Transportkosten inklusive, frei Haus, frei Bestimmungsort.

franc *m* (=FF) Franc *m*, frz. Währungseinheit; – **belge** (=FB) Belgischer Franc; – **C.F.A.** *(unité de la communauté financière africaine)* Währungseinheit in mehreren afrikanischen Staaten (Senegal, Togo, Kamerun usw.), die mit Frankreich ein Assoziierungsabkommen haben; – **suisse** (=FS) Schweizer Franken; **nouveau –** *ou* – **lourd** (neue) frz. Währungseinheit (seit 1960); **zone –** Währungsgebiet des frz. Franc.

franchir *v.tr.* überschreiten; überwinden; – **la frontière** die Grenze passieren od. überschreiten.

franchisage *m (HR: contrat de franchise)* Franchisevertrag *m*, Franchising *n*.

franchise *f* (1) *(loyauté, sincérité)* Aufrichtigkeit, Offenheit, Freimütigkeit *f*, (2) *(ZollR: exemption, exonération)* (Zoll-)Freiheit *f*, Befreiung *f*, Franchise, (3) *(SteuerR)* Freibetrag *m*, (4) *(VersR)* Selbstbeteiligung (des Versicherungsnehmers), Selbstbehalt *m*, Franchise *f*, (5) *(ZR: franchisage)* Gegenstand des Franchisevertrags; **admission en –** zollfreie Einfuhr.

franchise absolue *ou* – **d'assurance** obligatorischer Selbstbehalt *m*, Abzugsfranchise *f*; – **de bagages** Freigepäck *n*; – **conventionnelle** vereinbarte Selbstversicherung; – **diplomatique** *(VR)* Steuer- und Zollfreiheit der Diplomaten; – **de douane** *ou* **douanière** Zollbefreiung, Zollfreiheit; – **de droits** Gebührenbefreiung, Abgabenfreiheit; – **d'hôtel** *(VR)* Unverletzlichkeit des Gesandtschaftsgebäudes; – **d'impôt** Steuerfreiheit; – **obligatoire** *(VersR)* Selbstbeteiligung; – **de port** Portofreiheit.

franchise postale Postgebührenfrei-

franchise de responsabilité heit, Portofreiheit; **envoi en – –** postgebührenfreie Sendung.

franchise de responsabilité Haftungsbefreiung *od.* -ausschluß; **– de taxe** Abgaben- *od.* Gebührenfreiheit, Gebührenbefreiung.

franchisé *m (HR)* Franchisenehmer *m.*

franchiseur *m (HR)* Franchisegeber *m.*

franchissement *m* Überschreitung; **– irrégulier de la frontière** unerlaubter Grenzübertritt.

francisation *f (SeeHR)* Verleihung des Rechtes zur Führung der französischen Flagge; **acte de –** Flaggenzeugnis (eines französischen Schiffes), Flaggenschein *od.* -brief *m,* Schiffszertifikat *n.*

franciser *v.tr.* einem ausländischen Schiff das Recht zur Führung der französischen Flagge verleihen.

franco *adv (HR: franc de port)* franko, (kosten-)frei, portofrei; **– à bord** (fob) frei an Bord; **– destination** frei *od.* franko Bestimmungsort; **– domicile** frei Haus; **– domicile dédouané** frei Haus verzollt; **– entrepôt** frei Lagerhaus; **– frontière** frei Grenze; **– de long du navire** (fas) frei Längsseite (Schiff); **– de port** *(Post)* portofrei; **– port et assuré** frei Hafen und versichert; **– port d'embarquement** frei Verschiffungshafen; **– à quai** frei Kai; **– de tous frais** kostenfrei.

francophone *adj* französischsprechend.

francophonie *f* Gemeinschaft der französischsprechenden Völker.

franc-tireur *m* (1) *(VR: maquisard, résistant)* Freischärler *m,* Partisan *m,* (2) *(ArbR)* (gewerkschaftlich) Nichtorganisierte(r).

frappant *adj* auffällig, augenfällig, markant, die Aufmerksamkeit auf sich ziehend.

frappe *f* (1) Prägung, Gepräge *n* (auf Münzen); (2) Anschlag *m;* Maschinenschreiben *n;* **droit de –** (1) Prägerecht *n,* Münzregal *n,* (2) Prägegebühr *f;* **faute de –** Tippfehler *n;* **force de –** frz. Atomstreitmacht.

frappé *adj:* **jugement – d'appel** Urteil *n,* gegen das Berufung eingelegt wurde; **– de nullité** nichtig; **– de prescription** verjährt.

frapper *v.tr.d. et ind.* (1) schlagen, treffen, verwunden, (2) *(monnaie)* prägen, ausprägen; **– d'alignement** *(BauR)* zur Einhaltung der Baulinie verpflichten; **– d'opposition** durch Einspruch betreffen; **– d'une peine** bestrafen, durch eine Strafe betreffen; **– d'usufruit** *(SachR)* mit einem Nießbrauch belasten.

fraternité *f* Brüderlichkeit *f.*

fratricide *m* (1) Brudermord *m,* (2) Brudermörder *m.*

fratrie *f* Bruderbund *m,* Brüderschaft *f.*

fraudatoire *adj* gesetzesumgehend, schädigend, böswillig.

fraude *f* (1) *(SchuldR, StR: acte de mauvaise foi accompli pour préjudicier à des droits)* Verfügung mit Schädigungsabsicht, (2) *(ZR: agissement illicite par emploi de moyens illégaux)* gesetzwidrige Verhaltensweise, Umgehung gesetzlicher Bestimmungen, (3) *(i.w.S.)* betrügerische Handlung, arglistige Täuschung *f;* **introduire** *ou* **passer en –** einschmuggeln.

fraude alimentaire Täuschung im Lebensmittelhandel; Lebensmittelfälschung; Verstoß gegen Hygienevorschriften; **– douanière** Zolldefraudation *od.* -hinterziehung; **– électorale** Wahlbetrug *m,* Wahlfälschung; **– fiscale** (1) *(i.w.S.)* Steuervergehen, (2) *(i.e.S.)* Steuerhinterziehung; **– à la loi** *(ZR: acte régulier en soi, accompli pour éluder une loi impérative)* Gesetzesumgehung *od.* -verletzung; **– paulienne** *(KonkursR: débiteur provoquant ou augmentant sciemment son insolvabilité)* (vorsätzliche) Gläubigerschädigung *od.* -benachteiligung; **– sur la qualité des marchandises** Betrug über zugesicherte Wareneigenschaften, Warenfälschung.

frauder *v.tr.* (1) betrügen, täuschen,

fraudeur

hintergehen; hinterziehen, unterschlagen, (2) einschmuggeln.
fraudeur *m* Betrüger *m*, Defraudant *m*; **− sur les devises** Devisensünder *m (umg)* ; **− fiscal** *ou* **d'impôts** Steuerhinterzieher *m*, *(umg)* Steuersünder *m*.
frauduleux *adj* betrügerisch; **bilan −** *(GesR)* Bilanzfälschung; **concert −** *(StR)* gemeinschaftlicher Betrug; abgestimmte Verhaltensweise; **concurrence −se** unlauterer Wettbewerb; **intention −se** Täuschungsabsicht *f*; **moyens −** Täuschungshandlungen *fpl*.
frein *m* Bremse *f*; **coup de − brutal** Vollbremsung.
freiner *v.tr.* (Produktion) drosseln; (Konjunktur) abbremsen, verlangsamen; (Vertragsabschluß) verzögern.
freinte *f (HR: perte de volume ou de poids)* Abgang *m*; Schwund *m*; **− de route** *(HR: déchet de route)* Gewichtsverlust *m*, Leckage *f*, Schwund *m* während des Warentransports.
frelater *v.tr.* (Wein) verfälschen, panschen.
fréquence *f* (1) Häufigkeit *f*, (2) Verkehrsdichte *f*, (3) Frequenz *f* (eines Senders); **− d'accidents** Unfallhäufigkeit.
fréquentation *f* Umgang *m*; **− scolaire** Schulbesuch *m*.
frère *m* Bruder *m*; **− consanguin** Halbbruder väterlicherseits; **− germain** (1) vollbürtiger Bruder, (2) Vetter 1. Grades; **− utérin** Halbbruder mütterlicherseits.
fret *m* (1) *(SeeHR, HR: nolis, chapeau du capitaine, prix du transport de marchandises)* Frachtkosten *pl*, Fracht *f*, Frachtgeld *od.* -lohn, (2) *(SeeHR: cargaison du navire)* Ladung *f*, Schiffsladung, (3) *(ensemble des marchandises transportées)* Frachtgüter *pl*, (4) Frachtgeschäft *m*; **calcul du −** Frachtberechnung *f*; **contrat de −** Seefrachtgeschäft *n*; **courtier de −** Frachtmakler *m*; **faux −** Fautfracht, Fehlfracht; **tarif de −** Frachtsatz *m*.

frontière

fret acquis à tout événement *(SeeHR)* endgültig bezahlte *od.* erhaltene Fracht; **− additionnel** Frachtzuschlag *m*, Mehrfracht *f*; **− aérien** Luftfracht; **− d'aller** Hinfracht; **− brut** Bruttofracht; **− contractuel** Vertragsfracht; **− à forfait** Durchfracht *f*; **− fluvial** Binnenschiffahrtsfracht; **− maritime** Seefracht; **− de navire** Schiffsfracht; **− payé** frachtfrei; **− de retour** Rückfracht; **− à temps** Zeitfracht; **− de transit** Durchfuhrfracht; **− sur le vide** Leerfracht.
frètement *m* (1) Schiffsvermietung *f*, (2) Verfrachtung *f*.
fréter *v.tr.* (1) *(SeeHR)* ein Schiff mieten *od.* vermieten; beladen; ausrüsten, (2) *(HR: marchandises)* verfrachten, (3) (ZR: einen Leihwagen) anmieten.
fréteur *m* (1) *(SeeHR: armateur du navire)* Reeder *m*, Schiffsausrüster *m*, (2) Verfrachter *m*.
friche *f (LandwR)* Brachland *n*; **être en −** brachliegen.
fricotage *m* unlautere Machenschaften.
friction *f* Spannung *f*, Hader *m*, Zwistigkeit *f*.
frigorifique *adj:* **entrepôt −** Kühlhaus *n*.
front populaire *(hist)* Volksfront *f*.
frontalier *m* Grenzgänger *m*, Grenzbewohner *m*; *adj:* **trafic −** kleiner Grenzverkehr.
frontière *f (VR)* (Landes-)Grenze *f*; **arrangement de −** Grenzvereinbarung *f*; **conflit de −** Grenzstreitigkeit *f*; **contrôle à la −** Grenzkontrolle *f*; **délimitation de −** Grenzfestsetzung *od.* -abmarkung; **différend de −** Grenzstreitigkeit; **fermeture de la −** Schließung der Grenzen; **franchir la −** die Grenze überschreiten; **incident de −** Grenzzwischenfall *m*; **passage de la −** Grenzüberschreitung, Grenzübertritt; **police de la −** Grenzpolizei *f*; Grenzschutz *m*; **reconduire à la −** *(AuslR)* zurück- *od.* abschieben; **rectification de −** Grenzberich-

360

tigung *od.* -bereinigung; **régime de petite –** kleiner Grenzverkehr; **surveillance de la –** Grenzüberwachung; **tracé de la –** Grenzführung *od.* -ziehung, Grenzverlauf *m*; **violation de –** Grenzverletzung; **zone –** Grenzgebiet *n*.

frontière artificielle künstliche Grenze; **– douanière** Zollgrenze; **– douanière maritime** Seezollgrenze; **– de l'État** Staatsgrenze, Landesgrenze; **– ethnique** ethnische Grenze, Volkstumsgrenze; **– fiscale** Steuergrenze; **– fluviale** Flußgrenze; **– intérieure** Binnengrenze; **– internationale** Staatsgrenze; **– linguistique** Sprachgrenze; **– maritime** Seegrenze; **– territoriale** Landesgrenze.

fructifier *v.intr.* (Kapital) Gewinn bringen, Zinsen tragen; (Boden) ertragreich sein.

fructueux *adj* fruchtbar, ertragreich; erfolgreich.

fructus *m (SachR: droit de percevoir les fruits d'une chose)* Fruchtziehungsrecht *n*.

frugifère *adj (SachR: qui porte ou rapporte périodiquement des fruits)* fruchttragend, fruchtbringend.

fruitière *f* Milchverwertungs- und Käsereigenossenschaft *f*.

fruits *mpl* (1) *(SachR: biens produits périodiquement, sans altération de la substance la chose)* Früchte *pl*, (2) *(i.w.S.)* Ergebnis *n*; **acquisition des –** Fruchterwerb; **jouissance des –** Fruchtgenuß *m*, Fruchtziehungsrecht *n*; **– civils** Rechtsfrüchte; Mietzins *m*; Pachtzins; Gelderträge *mpl*, Zinsen *pl*; **– industriels** Sachfrüchte (erworben durch Bodenbearbeitung), Feldfrüchte; geerntete Früchte; **– naturels** Sachfrüchte (die keine Bearbeitung der Muttersache erfordern); **– pendants par les branches** Obst *n*, Beeren *fpl*; **– pendants par les racines** Feldfrüchte, stehende Früchte; **– perçus** getrennte *od.* gezogene Früchte.

frustratoire *adj (ZPR)* unnütz, unnötig, ungerechtfertigt, vergeblich, (2) *(ZR, StR)* auf Täuschung u. Schädigung abzielend; **acte –** Handlung *od.* Rechtsgeschäft mit Schädigungsabsicht; **frais –s** unnötige (Prozeß-)Kosten.

frustrer *v.tr.* 1) hintergehen, betrügen, (2) *(ErbR)* (einen Erben) um seinen Anteil bringen, (3) *(i.w.S)* enttäuschen, frustrieren.

fuel(-oil) *m* **domestique** leichtes Heizöl *n*; **– lourd** *(= mazout)* schweres, industrielles Heizöl.

fugitif *m (StR: détenu évadé)* flüchtiger Häftling.

fugueur *m* (jugendlicher) Ausreißer *m*.

fuir *v.intr.* fliehen, die Flucht ergreifen; **– devant ses responsabilités** keinerlei Verantwortung übernehmen wollen.

fuite *f* Flucht *f*; Entweichen *n* (aus einer Haftanstalt); **délit de –** *(StVR)* Verkehrsunfallflucht *f*, Fahrerflucht; **– des capitaux** Kapitalflucht; **– fiscale** Steuerflucht.

fulminatoire *adj*: **sentence –** *(KirchR)* Verurteilung.

funèbre *adj*: **service des pompes –s** Bestattungsinstitut *n*.

funérailles *fpl* Leichenbegräbnis *n*, Bestattung *f*, Beisetzung.

funéraire *adj*: **frais –s** Bestattungskosten; **pierre –** Grabstein *n*; **urne –** Urne *f*.

fusiller *v.tr.* erschießen.

fusion *(GesR)* Verschmelzung *f*, Fusion *f*, Zusammenschluß *m*, Vereinigung *f*; Eingliederung *f*, Zusammenlegung; **accord de –** Fusionsabkommen *n*; **– par absorption** *ou* **par annexion** Verschmelzung durch Aufnahme; **– de capitaux** Kapitalzusammenlegung; **– par combinaison** Verschmelzung durch Neubildung; **– de communes** *(VerwR)* Zusammenschluß von (zwei) Gemeinden im Wege der Eingemeindung; **– par création de société nouvelle** Verschmelzung durch Neubildung; **– forcée** Zwangsfusionierung; **– de sociétés** (Kapital-) Gesellschaftszusammenschluß *m*.

fusionnement *v.tr. m* Zusammenschluß *m*.

fusionner *v.tr.* verschmelzen, fusionieren, (sich) vereinigen, eingliedern.

fustiger *v.tr.* (1) auspeitschen, (2) *(fig: blâmer, stigmatiser)* brandmarken, geißeln, an den Pranger stellen.

fuyard *m* Deserteur *m*, Fahnenflüchtige(r).

G

gabegie *f (ÖfR, WirtR: gaspillage)* Mißwirtschaft, Verschwendung (von Staatsgeldern).

gabelle *f (hist)* Salzsteuer *f.*

gâchis *m* (politischer) Scherbenhaufen.

gage *m* (1) *(SachR: nantissement d'une chose mobilière)* Pfandvertrag *m,* Pfandbestellung *f* (an einer beweglichen Sache), (2) *(droit du créancier gagiste)* Verwertungsrecht, Pfandrecht *n,* Besitzpfandrecht an Mobilien, Faustpfand *n,* (3) *(chose engagée)* Pfand *n,* Pfandsache *f;* (4) *(i.w.S.)* Haftungsgrundlage, (5) *(Pol: assurance, promesse)* Beteuerung, Bekundung; Beweis *m* (dafür, daß etwas anderes besteht); **acte constitutif du –** Pfandbestellungsurkunde *od.* -vertrag; **avance sur –** Darlehen gegen Faustpfand, Pfanddarlehen *n*; **bailleur de –** Verpfänder *m*; **chose remise en –** Pfandsache *f,* belasteter Gegenstand; **conservation du –** Pfandverwahrung; **constituant du –** Besteller des Pfandrechts, Verpfänder; **constituer un –** ein Pfandrecht bestellen *od.* begründen; **constitution en –** Pfandbestellung, Verpfändung; **contrat de –** Pfand- *od.* Verpfändungsvertrag; **détenteur du –** Pfandbesitzer, Pfandgläubiger; **donner en – verpfänden, als** *od.* **zum Pfand geben; donneur de –** Verpfänder; **droit de –** Pfandrecht; **extinction du –** Erlöschen des Pfandrechts; **mise en –** Verpfändung; **objet en –** Pfand *n,* Pfandsache *f;* **opposabilité du –** Drittwirksamkeit des Pfandrechts; **prendre en –** in *od.* zum Pfand nehmen; **prêter sur –** ein Darlehen gegen Pfandbestellung gewähren, beleihen; **prêteur sur –** Pfandleiher *m,* Pfandleihanstalt *f;* **réalisation du –** Verwertung des Pfandes; **remise de la possession du –** Übertragung des unmittelbaren Besitzes (an der Pfandsache); **retirer un –** ein Pfand einlösen; **vente forcée du –** Privatverkauf im Wege der öffentlichen Versteigerung; **vente du – à l'amiable** freihändiger Verkauf der Pfandsache.

gage collectif Sammelpfand; **– commercial** handelsrechtliches Pfandrecht; **– commun des créanciers** Haftungsmasse *f;* **– des créances** Pfandrecht an Forderungen; **– sans déplacement** *ou* **sans dépossession** (1) *(ZR)* Pfandrecht ohne Besitzübertragung, besitzloses Pfandrecht, (2) *(HR)* Lagerpfandschein; Verpfändung eines Unternehmens; **– des droits incorporels** Pfandrecht an Rechten; **– par entiercement** Begründung des Pfandrechts durch Übertragung des mittelbaren Besitzes *od.* Übergabe an einen Dritten; **– immobilier** Grundpfandrecht; **– par inscription** (au registre du tribunal de commerce) besitzloses Registerpfandrecht; **– manuel** Faustpfand; **– professionnel** kaufmännisches Pfandrecht; **– de valeurs mobilières** Pfandrecht an wertpapierrechtlich verbrieften Forderungen; **– du vendeur à crédit d'automobile** besitzloses Pfandrecht der Kfz-Verkäufer.

gagé *adj* verpfändet; **effet –** beliehenes Wertpapier; Lombarddarlehen; **prêt –** Pfanddarlehen *n.*

gageable *adj* pfändbar, beleihbar; lombardfähig.

gager *v.tr.* (un emprunt) (ein Darlehen) durch die Einräumung eines Pfandrechts sichern.

gages *mpl (ArbR)* Lohn (von Hausangestellten); **tueur à –** gedungener Mörder.

363

gagiste *adj/m*: **créancier** – Pfandgläubiger *m*.
gagnant *adj* gewinnend, Gewinn-; *m* Gewinner, Sieger; **partie -e** *(ZPR)* obsiegende Partei.
gagner *v.tr.* (1) verdienen, erwerben, (2) gewinnen, (3) einen finanziellen Ertag erzielen, Gewinn ziehen (aus); **manque à** – entgangener Gewinn; Verdienstausfall *m*; – **du terrain** an Boden gewinnen.
gain *m* (1) *(ArbR: revenus du travail, rémunération, salaire)* Arbeitseinkommen *n*, Lohn *m*, Verdienst *m*, (2) *(HR: bénéfice, profit tiré d'une industrie)* Gewinn *m*, (3) *(ZR: avantage, faveur)* Vorrecht *n*, Vorteil *m*; **avoir** *ou* **obtenir – de cause** den Prozeß gewinnen, im Prozeß obsiegen; **réaliser un** – einen Gewinn erzielen; **–s accessoires** Nebeneinkünfte *pl*; – **en capital** Kapitalgewinn; – **de cause** *(ZPR)* Obsiegen *n* im Prozeß; – **de change** Kursgewinn; – **sur les changes** Gewinn bei Devisengeschäften; – **fortuit** unerwarteter *od.* zufälliger Gewinn; – **de fortune** Vermögenszuwachs *m*; – **net** Reingewinn; – **pécuniaire** finanzieller Gewinn; – **d'un procès** Obsiegen *n* in einem Prozeß; – **de productivité** Produktivitätszuwachs *m*; – **de temps** Zeitgewinn *od.* -ersparnis *f*; – **spéculatif** Spekulationsgewinn; – **de survie** Vorteil zugunsten des überlebenden Ehegatten; – **de valeur** Wertzuwachs *m*.
gamme *f* *(HR)* Warenangebot *n*, Sortiment *n*; Produktpalette *f*; Fabrikationsprogramm *n*; **produit haut de** – Spitzenprodukt *n*, Qualitätserzeugnis *n*; **produit bas de** – Standardprodukt, Massenware *f*.
gang *m* *(StR: association de malfaiteurs)* kriminelle Vereinigung *od.* Organisation, Verbrecherbande *f*.
gangster *m* Mitglied *n* einer kriminellen Vereinigung.
gangstérisme *m* *(StR: banditisme)* organisierte Kriminalität.

garagiste *m* Kfz-Reparaturwerkstatt *f*.
garant *m* Garant *m*, Bürge *m*, Gewährsmann *m*; **être – des pertes** für die Verluste haften; **se porter – (de)** haften, bürgen, sich verbürgen (für); – **financier** *(BankR)* Bank, die eine finanzielle Sicherheit leistet.
garanti *m/adj* Schuldner, für den die Bürgschaft übernommen wird; **créance –e** gesicherte Forderung.
garantie *f* (1) *(ÖfR: droits fondamentaux)* (Grundrechts-)Schutz *m*, Freiheitsschutz, (2) *(VersR)* Rechtsschutz *m*, Gewährleistung, (3) *(ZR: sûreté)* Sicherheit *f*, Garantie(übernahme), (4) *(SchuldR: obligation de garantie)* (Mängel-)Gewähr *f*, Mängelhaftung *f*, (5) *(VR)* Übernahme der Garantenstellung (durch einen Staat); **accord de** – Garantieabkommen *n*; **action en** – (1) *(ZPR)* Gewährleistungsklage, (2) *(GesR)* hinterlegte Aktie; **action en** – Gewährleistungsklage *f*; **appel en** – *(ZPR)* Inanspruchnahme des Garantieübernehmers; **appeler qqn. en** – (1) *(ZPR)* den Garantieübernehmer in Anspruch nehmen, (2) *(SchuldR)* auf den Bürgen zurückgreifen, den Bürgen in Anspruch nehmen; **assignation en** – *(ZPR)* (Einreichung einer) Gewährleistungsklage; **caisse de** – Garantiefonds *m*, Gewährleistungskasse; **certificat de** – Garantieschein *od.* -zeugnis *n*; **clause de** – Garantieklausel *f*; **commission de** – *(BankR)* Bürgschaftsprovision; **constituer une** – eine Sicherheit stellen.
garantie: contrat de – (1) *(SchuldR, BankR)* Garantie- *od.* Gewährleistungsvertrag, (2) *(SchuldR: cautionnement)* Bürgschaftsvertrag; **déclaration de** – Garantie- *od.* Bürgschaftserklärung; **décliner la** – die Übernahme der Haftung ablehnen *od.* verweigern; **délai de** – Gewährfrist, Gewährleistungsfrist, Garantiefrist; **demande en** – Gewährleistungsklage; **dépôt de** – (1)

garantie: fonds de – *(MietR)* Kaution *f*, (2) *(BankR)* Sicherstellungsfonds *m*, Garantiedepot *n*; **droit à la –** Gewährleistungsanspruch; **étendue de la –** Haftungsumfang; **être tenu en –** haften; **évocation en –** Verweisung auf den Bürgen; **exclusion de la –** Gewährleistungsausschluß *m*.

garantie: fonds de – Garantie- *od.* Delkrederefonds, Delkrederereserven *pl*, Deckungsstock *m*, Sicherstellungsfonds; **lacune dans la –** Deckungslücke *f*; **limitation de la –** Haftungsbeschränkung; **marque de –** Garantiezeichen *n*, Gewährzeichen; **montant maximum de la –** Höchsthaftungsbetrag *m*, Deckungssumme *f*; **obligation de –** Gewährleistungspflicht; **opération de –** Bürgschaftsgeschäft *n*; **période de –** Haftungsdauer *f*, Gewährleistungszeit *f*; **poinçon de –** (eingestanzter) Garantiestempel *m*, Punze *f* (Aut-S); **prise d'effet de la –** Haftungsbeginn *m*; **promesse de –** Garantiezusage *od.* -versprechen *n*; **recours en –** Gewährleistungsklage; **réserve de –** Deckungsrücklage; **sans –** (1) *(HR)* ohne Obligo, (2) ohne Gewähr; **sans – du Gouvernement** (= S.G.D.G.) *(PatR)* ohne staatliche Garantie; **syndicat de –** Garantieverband *od.* -syndikat; **transfert en –** Sicherungsübereignung.

garantie d'assurance Versicherungsdeckung *f*, **– de l'assureur** Leistungspflicht der Versicherungsgesellschaft; **– d'authenticité** Echtheitsgarantie; **– bancaire** Bankbürgschaft *f*; **– de bonne fin (du contrat)** Gewährleistung der Vertragserfüllung.

garantie de change Wechselkursgarantie, Kurssicherung; **clause de –** Währungs- *od.* Kurssicherungsklausel.

garantie complémentaire zusätzliche Sicherheit; **– complète (du risque)** Volldeckung; **– du constructeur** Herstellerhaftung *od.* -gewährleistung; **– conventionnelle** vertragliche Haftung; vertragliche Gewährleistungspflicht; **– de débouchés** Absatzgarantie; **– défense recours** Rechtsschutz; **– des dommages** Schadensdeckung; **– de droit** *(SchuldR)* Rechtsmängelgewähr; **– des droits** *(VerfR)* Grundrechtssicherung, Wahrung der Menschenrechte; **– d'écoulement** Absatzgarantie; **– de l'emploi** *(ArbR, SozR)* Sicherung des Arbeitsplatzes (im Krankheitsfall, bei Unfällen und kurzfristigen Abwesenheiten); **– d'emprunt** *(WirtR, Außh)* Ausfallbürgschaft des Staates; **– d'éviction** *(SchuldR)* Rechtsmängelgewähr, Rechtsmängel- *od.* Eviktionshaftung.

garantie du fait personnel *(SchuldR)* Haftung für eigenes Verschulden; **– des fonctionnaires** (1) *(ÖfR)* gesetzlich verankerte Rechtsstellung der Beamtenschaft, (2) *(BeamR)* Staatshaftung bei Amtspflichtverletzung eines Beamten; **– forfaitaire** Pauschaldeckung; **– hypothécaire** hypothekarische Sicherheit; **– illimitée** unbegrenzte Haftung; **– immobilière** Grundstückssicherheit; **– d'intérêts** Zinsgarantie; **– juridique** Rechtsschutzgarantie; **– légale** gesetzliche Gewährleistungspflicht; **– de livraison** Liefergarantie; **– mobilière** Mobiliarsicherheit; **– de prestation** Leistungssicherstellung; **– de passif** *(GesR)* Haftung des ausscheidenden Gesellschafters für die Gesellschaftsschulden; **– de prix** Preisgarantie; **– de provenance** Herkunftsgarantie; **– réelle** dingliche Sicherheit.

garantie de ressources *(ArbR, SozR)* Einkommenssicherung (für Frührentner u. ältere Arbeitslose); **– d'un risque** Risikoübernahme *f*; **– contre les risques à l'exportation** Export-Risikogarantie; **– des risques** Risikodeckung; **– de salaire** Sicherung des Arbeitseinkommens; garantierter Mindestlohn; **– de solvabilité** Gewährleistung der Zahlungsfähigkeit; – **subsidiaire** Subsidiärhaftung, hilfsweise Leistungspflicht; – **supplémentaire** Zusatzdeckung; – **de la valeur à neuf** Neuwertdeckung; – **des vices cachés** *ou* **des vices rédhibitoires** Sachmängelhaftung *od.* -gewähr.

garantir *v.tr.* (1) *(SchuldR: répondre des vices)* gewährleisten, garantieren, haften, (2) *(cautionner)* bürgen, (3) *(VersR: assurer)* versichern, decken, (4) *(certifier, promettre)* zusichern, versprechen; – **les faits** den Wahrheitsgehalt eines Sachverhalts bestätigen; – **les libertés** die Grundrechte schützen.

garçon *m* (1) Dienstbote *m*, (2) Junggeselle; – **de courses** Bote; – **de recettes** Kassenbote *m*.

garde *f* (1) *(FamR: droit et devoir de garder un enfant mineur sous sa protection, art.371-2 Cciv)* Personensorge *f* (für Minderjährige), (2) *(SchuldR: pouvoir d'usage, de direction et de contrôle sur une chose, art.1384 al. 1er Cciv)* Verfügungsgewalt *f* (über eine Sache) und Gebrauch *m* (einer Sache), (3) *(i.w.S.: mission de surveillance)* Aufsicht *f*, Bewachung, Beaufsichtigung; Überwachungspflicht *f*, Gefahrenabwehr *f*, (4) *(ÖfR: organe ayant pour mission de maintenir l'ordre intérieur)* Schutzpolizei *f*, Präventivpolizei, Verwaltungspolizei; **droit de** – *(FamR)* Sorgerecht *n*; **être de** – Bereitschaftsdienst haben; **frais de** – *(SchuldR)* Aufwendungen für die Verwahrung; **mettre en** – verwarnen, warnen, abmahnen; **prendre** – sich vorsehen, aufpassen, vorsichtig sein; – **de bagages** Gepäckverwahrung; – **d'une chose** *(SchuldR: pouvoir d'usage)* eigenverantwortlicher Betrieb einer Sache, Gebrauch einer Sache (über die man die Verfügungsgewalt besitzt); – **des enfants** Personensorge *f* (für Minderjährige); – **judiciaire** gerichtliche Verwahrung; Hinterlegung bei einem Gericht, Sequestration; – **de nuit** Nachtwache *f*; – **de titres** Effektenverwahrung.

garde à vue *(StR: mesure de police permettant de retenir une personne suspecte pour une durée limitée)* vorläufige Festnahme, Polizeigewahrsam *m*, polizeilicher Gewahrsam; **personne en** – (vorläufig) Festgenommene(r).

garde *m* Wächter *m*, Hüter *m*, Aufseher *m*; **service de** – Bereitschaftsdienst *m*; – **barrière** Bahnwärter; – **champêtre** Flur- *od.* Feldhüter; – **chasse** *m* Jagdaufseher *m*; – **du corps** Leibwächter *f*; – **-côtes** Küstenwache *f*; – **forestier** Förster *m*, Forsthüter.

Garde *m* **des Sceaux** frz. Justizminister *m*.

gardé *adj* bewacht, Überwacht; in sicherem Gewahrsam; **chasse** –**e** (privates) Jagdrevier *n*; **toute(s) proportion(s)** –**e(s)** unter Berücksichtigung sämtlicher Umstände.

garder *v.tr.* (1) (Personen) bewachen, beaufsichtigen, (2) (Sachen) pflegen, warten, (3) (anvertraute Gegenstände) aufbewahren, verwahren, erhalten; – **en dépôt** (eine bewegliche Sache für einen Dritten) aufbewahren, in Verwahrung nehmen *od.* haben; – **un écrit** eine Urkunde aufbewahren.

gardien *m* (1) *(ÖfR: agent de police administrative, de police pénitentiaire)* Polizeibeamte(r); Beamte(r) einer Strafvollzugsbehörde, Aufseher, (2) *(ZR: personne ayant la garde d'une chose)* Gewahrsamsinhaber *m*, Inhaber *m*, Halter, (3) *(SchuldR: personne ayant une obligation de garde ou de surveillance)* Verwahrer; Entleiher; Verwalter; Aufsichtsorgan *n*, (4) *(FamR: personne investie de la garde d'un enfant mineur)* sorgeberechtigte Eltern: Mutter, Vater; Aufsichtspflichtige(r); **responsabilité du** – **d'un animal** Tierhalterhaftung *f*; – **d'un animal** Tierhalter *m*; – **du gage** Pfandhalter *m*; – **d'un immeuble** Hausmeister; – **judiciaire** Pfleger *m*; – **de nuit** Nachtwäch-

gardiennage

ter; **– d'objets** Verwahrer, Lagerhalter; **– de la paix** Polizeibeamte(r) *m*, Schutzmann *m*; **– de prison** (Straf-) Vollzugsbeamte(r).

gardiennage *m* Bewachung(sdienst), Wach- und Schließgesellschaft.

gare *f* Bahnhof *m*; Ausweichstelle *f*; **chef de –** Bahnhof- *od.* Stationsvorsteher; **en –** bahnlagernd; **– d'arrivée** Bestimmungsbahnhof *m*; **– de départ** Abgangsbahnhof; **– destinataire** *ou* **de destination** Ziel- *od.* Bestimmungsbahnhof; **– expéditrice** Versandbahnhof; **– frontière** Grenzstation *f*; **– de marchandises** Güterbahnhof *m*; **– routière** Busbahnhof; **– de transbordement** Umladebahnhof; **– de triage** Verschiebe- *od.* Rangierbahnhof.

garer *v.tr. (StVR)* (ein Fahrzeug) parken, ab- *od.* unterstellen, in die Garage bringen; (eine Sache) an einen sicheren Ort verbringen; **se – de** sich schützen, aufpassen, (eine Gefahrensituation) vermeiden; **gare!** vorsicht!, aufgepaßt!

garni *m* möbliertes Zimmer, möblierte Wohnung.

garnir *v.tr.* ausstatten, versehen (mit).

garrotter *v.tr.* (einen Strafgefangenen) fesseln; **– l'opposition** die Opposition mundtot machen.

gas-oil *m* Dieselkraftstoff *m*.

gaspillage Vergeudung, Verschwendung; Raubbau *m*.

gauche *f (Pol)* Linke *f*, Linkspartei *f*, Linkskräfte *f*; **être à –** links eingestellt sein *od.* wählen.

gauchisme *m* Linksextremismus *m*.

gaullisme *m (Pol)* Gaullismus *m*.

gaz *m* **d'échappement** Autoabgase *npl*; **– naturel** Erdgas; **– de ville** Stadtgas *n*.

gazette *f* **du palais** (= Gaz. Pal.) frz. (täglich erscheinendes) Gerichtsmitteilungsblatt (mit Entscheidungssammlung).

geler des avoirs Guthaben sperren *od.* einfrieren; **– un compte** ein Konto sperren.

gendarme *m* frz. Polizei(vollzugs)beamte(r), Dienstkraft der Polizei, Angehörige(r) der frz. Gendarmerie.

gendarmerie *f (ÖfR: élément de la force publique relevant du ministre de la défense)* frz. Polizeivollzugsdienst (dem Verteidigungsminister unterstehend und amtierend in kleineren Gemeinden bzw. in ländlichen Bezirken), frz. Gendarmerie (als Präventiv- und Repressivpolizei); frz. Militärpolizei; **– mobile** frz. (Straßen-) Verkehrspolizei; Departement-Vollzugspolizei; **– nationale** frz. zentrale Verwaltungs- *od.* Vollzugspolizei; Grenzpolizei.

gène *m* Gen *n*, Erbfaktor *m*.

gêne *f* Bedrängnis *f*; Not- *od.* Zwangslage *f*; Geldverlegenheit; Behinderung, Hindernis *n*; **– de trésorerie** Bargeldknappheit *f*.

généalogique *adj*: **arbre –** Stammbaum *m*.

gêner *v.tr.* behindern, belästigen; erschweren; stören.

général *adj* allgemein, Haupt-; **assemblée –e** Hauptversammlung; **conditions –es** allgemeine Geschäftsbedingungen; **culture –e** Allgemeinbildung; **disposition –e** allgemein verbindliche Norm; Generalklausel *f*; **en –** im allgemeinen, gemeinhin; **intérêt –** öffentliches Interesse; **prescription –e**, **règle –e** allgemeinverbindliche (gesetzliche) Bestimmung; **validité –e** Allgemeinverbindlichkeit.

généralement *adv* im allgemeinen, gewöhnlich; **– utilisé** allgemein gebräuchlich.

généralisation *f* Verallgemeinerung *f*, allgemeine Verbreitung *od.* Anwendung; **– d'une convention collective** Allgemeinverbindlicherklärung eines Tarifvertrages; **– hâtive et imprudente** voreilige und unüberlegte Verallgemeinerung.

généraliser *v.tr.* verallgemeinern, für allgemeingültig erklären; allgemein einführen; **– un principe** einem Grundsatz allgemeine Geltung verschaffen.

généraliste *m (= omnipraticien)* praktischer Arzt.

générateur *adj* verursachend; erzeugend, entwickelnd; **– de nuisances** umweltschädlich, umweltbelastend.

génération *f* (1) Generation, Altersgruppe, (2) Fortpflanzung; (Er-)Zeugung; **conflit de –** Generationskonflikt *m*; **relève des –s** Generationswechsel *m*; **– montante** Nachwuchskräfte *fpl*.

générer *v.tr.* erzeugen, hervorbringen.

généreux *adj* großzügig, freigebig; edelmütig.

générique *adj*: **appellation –** Allgemeinbegriff; Allgemeinbezeichnung; **médicament –** Arzneimittel *n* im Gemeingebrauch (nach Ablauf der Schutzdauer); **produit –** *(HR)* markenlose Ware, sog. „weißes" Produkt.

générique *m* (1) *(Film)* Vorspann *m*, (2) *(PatR)* Oberbegriff *m* eines Patentanspruchs.

genèse *f* (1) Werdegang *m*, (2) Entstehungsgeschichte *f*.

génétique *f* Gentechnologie *od.* -forschung, Vererbungslehre; **analyse –** Genanalyse *f*.

génie *m* *(MilR)* Pionierwesen; **– chimique** chemische Verfahrenstechnik; **– civil** Bauwesen *n*, Bauingenieurwissenschaften; **– maritime** Schiffbautechnik.

génocide *m* Völkermord *m*.

genre *m* Art *f*, Gattung *f*, Sorte *f*; **chose de –** Gattungssache *f*; Gattungsschuld *f*; **– humain** Menschheit; **– de vie** Lebensweise *f*.

gens *pl* Leute *pl*, Menschen *mpl*; **droit des –** Völkerrecht; **– sans aveu** Übeltäter, Verbrecher; **– d'Église** Geistliche, Seelsorger; **– de justice** Personen der Rechtspflege; **– de loi** Juristen *mpl*; **– de maison** Hauspersonal *n*; **– de mer** Seeleute *pl*; **– de service** Dienstpersonal *n*.

gentlemen's agreement (1) *(VR: accord souple et simplifié)* Gentlemen's Agreement, diplomatische Übereinkunft, (2) *(WirtR: entente non juridiquement obligatoire)* Abkommen *n* auf Treu und Glauben.

géographie *f* **économique** Wirtschaftsgeographie *f*.

geôle *f* Gefängnis *n*, Kerker *m*.

geôlier *m* Gefängniswärter *m*.

gérance *f* *(GesR: mission de gérer, fonction de gérant)* Geschäftsführung, Geschäftsleitung; **location –**, **– libre** *(HR: fait de gérer un fonds de commerce à ses risques et périls)* Unternehmenspacht, Verpachtung eines frz. Handelsgeschäfts, Geschäftsführung auf eigene Rechnung; **– salariée** *(HR)* Übertragung der Geschäftsführung (eines frz. Handelsgeschäfts) auf einen Angestellten; Geschäftsführung im Angestelltenverhältnis.

gérant *m* (1) *(ZR, HR)* Geschäftsführer *m*, Geschäftsleiter *m*; Pächter *m*; (2) *(GesR, HR: administrateur placé à la tête d'une entreprise)* Geschäftsführer (eines Handelsunternehmens), (3) *(ZR: administrateur d'une maison)* Hausverwalter *m*; **associé –** *(GesR: SARL)* Geschäftsführer; **– d'affaires (sans titre)** *(ZR: gestion d'affaires)* Geschäftsführer *m* (ohne Auftrag); **– d'affaires unique** *(GesR, HR)* Einzel- *od.* Alleingeschäftsführer; **– de fait** *(GesR)* faktischer Geschäftsführer; **– d'un fonds de commerce** Geschäftsführer eines frz. Handelsunternehmens; **– d'immeubles** Grundstücks- *od.* Immobilienverwalter; **– d'un journal** *(PresseR: directeur responsable de la publication)* verantwortlicher Herausgeber (einer Druckschrift); **– libre** Geschäftsführer (eines frz. Handelsunternehmens) auf eigene Rechnung, Unternehmenspächter; **– de portefeuille** *(BankR)* (Bank als) Wertpapierverwalter; **– salarié** Geschäftsführer (eines frz. Handelsunternehmens) im Angestelltenverhältnis; **– de société** *(ZR, GesR: mandataire chargé de l'administration des affaires sociales)* Geschäftsführer einer frz.

GmbH (einer frz. KG, einer frz. OHG); Geschäftsführer einer Gesellschaft des bürgerlichen Rechts; – **de succursale**, – **succursaliste** Zweigstellenleiter, Filialleiter.

géré *m (ZR: maître de l'affaire)* Geschäftsherr *m* (im Rahmen einer Geschäftsführung ohne Auftrag).

gérer *v.tr.* als Geschäftsführer handeln, Geschäfte besorgen, die Geschäftsführung ausüben, verwalten; – **une affaire** *ou* **un commerce** ein (Handels-)Geschäft führen; – **les biens d'un mineur** *(FamR)* das Vermögen des Kindes verwalten, die Vermögenssorge ausüben; – **une tutelle** die Vormundschaft innehaben *od.* ausüben.

germains *mpl (FamR: nés des mêmes père et mère)* leibliche Geschwister; **cousins issus de** – Vetter 5. oder 6. Grades; **cousins** – Vetter die eine gemeinsame Großmutter oder einen gemeinsamen Großvater haben.

germe *m* Keim *m*, Embryo *m/n*; – **de la crise** Ursprung *m* der Krise; – **de droit** Anwartschaft *f*, Aussicht auf einen künftigen Rechtserwerb.

gérontocratie *f* Altenherrschaft *f*, Gerontokratie.

gestation *f* (1) *(grossesse)* Schwangerschaft, (2) *fig* Entstehung(sgeschichte).

gestion *f* (1) *(ZR: action de gérer un bien ou un ensemble de biens)* (Vermögens-)Verwaltung *f*, (2) *(ZR, GesR: administration au sens large)* Geschäftsführung *od.* -leitung, (3) *(ÖfR: gestion publique)* Verwaltung öffentlicher Sachen, öffentliche Verwaltung, (4) *(WirtR)* Leitung *f*, Lenkung *f*, Wirtschaftsführung, (5) *(HR)* kaufmännische Buchführung; **comptes de** – Betriebskonten; **contrôle de la** – Betriebsprüfung; **pouvoir de** – Geschäftsführungsbefugnis *f*; **rapport de** – Geschäftsbericht *m*; **société de** – **de capitaux** Holdinggesellschaft *f*, Effektenhaltegesellschaft *f*; – **administrative des crédits** *(HaushR)* Bewirtschaftung von Haushaltsmitteln.

gestion d'affaires (1) *(ZR: immixtion dans les affaires d'autrui, art.1375 Cciv)* Geschäftsführung ohne Auftrag, auftragslose Geschäftsführung, vertretungsloses Handeln (für einen anderen), (2) *(HR, GesR)* Geschäftsführung; **contrat de** – – *(HR)* Geschäftsbesorgungsvertrag *m*; – – **sans titre** Geschäftsführung ohne Auftrag.

gestion autonome *(ÖfR)* Selbstverwaltung; – **des biens** *(ZR)* Vermögensverwaltung; – **budgétaire** Haushaltsgebaren *od.* -führung; – **de caisse** Kassenführung; – **collective** Gesamtgeschäftsführung; – **commerciale** kaufmännische Geschäftsführung; – **comptable**, – **de comptes** Rechnungsführung; – **conjointe** *(FamR)* gemeinsame Geschäftsfürung (der Ehegatten); – **des crédits budgétaires** Haushaltsführung, Bewirtschaftung von Haushaltsmitteln; – **d'entreprise** Betriebsleitung, Unternehmensführung; – **des entreprises** *(BW: organisation des entreprises)* Betriebswirtschaftslehre *f*; – **de fait** *(HaushR)* (zur persönlichen Haftung verpflichtende) Kassen- *od.* Haushaltsführung ohne Auftrag; – **des finances publiques** Haushaltswirtschaft; – **financière** Finanzverwaltung *f*; Finanzgebaren *n*; – **infidèle**, – **malhonnête** unredliche Geschäftsführung; – **occulte** geheime Geschäftsführung, Auftreten im Geschäftsverkehr als Strohmann; – **du personnel** *(ArbR)* Personalverwaltung *f*; – **de portefeuille** *(BankR)* Wertpapierdepot(geschäft); – **régulière** ordnungsmäßige Geschäftsführung; – **des ressources humaines** Personalverwaltung; – **d'un service** *(ÖfR)* Leitung einer Dienststelle; – **des stocks** Lagerhaltung; – **de titres** Effekten- *od.* Wertpapierverwaltung.

gestionnaire *m* (1) *(HR)* Geschäftsführer *m*, (2) *(VwR, ArbR)* Verwalter, Bearbeiter *m*.

gibier *m* Wild *n*, wildlebende Tiere (die dem Jagdrecht unterliegen).

giratoire *adj*: **sens –** *(StVR)* Kreisverkehr *m*.

gisement *m* Fundort *m*, Lagerstätte *f*; Vorkommen *n*.

gîte *m* **rural** Unterkunft *f* (und Ferienaufenthalt) auf dem Bauernhof.

glissière *f* **de sécurité** *(StVR)* Leitplanke *f*.

global *adj* Gesamt-; Pauschal-; **somme –e** *(HR)* Pauschalbetrag *m*, Pauschale *f*.

globalisation *f (Vwirt)* Globalisierung *f*, Mondialisierung.

glose *f* (= *note explicative*) Glosse *f*, Randbemerkung *f*, Anmerkung, Erläuterung.

glossateur *m (hist)* Glossator *m*, römischer Rechtsgelehrter.

goodwill *m (HR: clientèle commerciale, fonds de commerce)* Kundschaft *f* als hauptsächlicher Betriebswert, (innerer) Geschäftswert, Firmenwert, good will *m*.

gouffre *m* **financier** *fig* Faß *n* ohne Boden.

goulot d'étranglement Engpaß *m*.

goût *m* Geschmack *m*; Geschmackssinn *m*; Schönheitssinn *m*; **à mon –** meiner Ansicht nach; **de mauvais –** geschmacklos.

gouvernable *adj* regierbar.

gouvernant *adj*: **classe –e** die Regierenden, Establishment *n*.

gouvernement *m* (1) *(ÖfR: organes du pouvoir exécutif)* Regierung, Exekutive *f*; Ministerrat *m*, (2) *(ÖfR: exercice du pouvoir politique)* Ausübung der Regierungsgewalt, (3) *(VerfR: régime d'un Etat)* Regierungssystem *n*, (4)*(hist, VwR)* Verwaltungsbezirk *m*; **acte de –** *(ÖfR)* justizfreier Hoheitsakt *m*; Regierungsakt *m*, Regierungsmaßnahme *od*. -handlung *f*, politische Entscheidung (im Gegensatz zum Verwaltungsakt); **changement de –** Regierungswechsel *m*; **chef de –** Regierungschef *m*; frz. Premierminister; **chute du –** Regierungssturz *m*; **commissaire du –** (1) *(VwPR)* Richter bei den frz. Verwaltungsgerichten (der den streitentscheidenden Richtern einen begründeten und unparteiischen Urteilsvorschlag unterbreitet), (2) *(VwR, WirtR)* Aufsichtsorgan (des Staates) in gemischtwirtschaftlichen Unternehmungen); **constituer le –** die Regierung bilden; **délégué du –** Regierungsvertreter *m*; **entrer dans le –** in die Regierung eintreten; **exercer le –** die Regierungsgewalt ausüben, an der Regierung sein; **formation du –** Regierungsbildung *f*; **forme de –** Regierungsform *f*; **membre du –** Regierungsmitglied *n*; **remaniement du –** Regierungsumbildung; **renverser le –** die Regierung stürzen *od*. zu Fall bringen; **siège du –** Regierungssitz *m*.

gouvernement accédant *(VR)* beitretender Staat; **–** **autonome** Selbstregierung; **–** **central** Zentralregierung; **–** **de coalition** Koalitionsregierung; **–** **constitutionnel** verfassungsmäßige Regierung; **–** **contractant** *(VR)* vertragsschließender Staat; **–** **dictatorial** Diktatur; **–** **en exil** Exilregierung; **–** **de fait** de facto-Regierung; **–** **fantoche** Marionettenregierung; **–** **fédéral** Bundesregierung; **–** **de front populaire** *hist*. Volksfrontregierung; **–** **de gauche** Linksregierung; **–** **insurgé** *ou* **insurrectionnel** Regierung der Aufständischen; **–** **légal** rechtmäßige Regierung; **–** **local** *(VerfR)* Landesregierung.

gouvernement majoritaire Mehrheitsregierung; **–** **militaire** Militärregierung; **–** **minoritaire** Minderheitsregierung; **–** **non membre** *(VR)* Nichtmitgliedsstaat; **–** **parlementaire** *(VerfR)* Parlamentarismus *m*, parlamentarisches Regierungssystem; **–** **participant** *(VR)* Teilnehmerstaat; **–** **présidentiel** Präsidialverfassung, Präsidialdemokratie; **–** **de la personne du mineur** *(FamR)* Sorge für das minderjährige Kind; **–** **provisoire** provisorische Regierung; **–** **re-**

quérant *(VR)* ersuchende Regierung; – **requis** ersuchte Regierung.

gouvernement signataire Signatarstaat; – **totalitaire** totalitärer Staat; – **de transition** Übergangsregierung; – **travailliste** Labourregierung.

gouvernemental *adj* Regierungs-; **coalition** –e Regierungskoalition; **crise** –e Regierungskrise *f*; **fonction** –e Regierungsgewalt *f*; **journal** – regierungsfreundliches Presseorgan; **parti** – Regierungspartei *f*; **pro-** – regierungsfreundlich; **projet de loi** – Regierungsvorlage *f*.

gouverner *v.tr.* regieren, beherrschen, die Herrschaft ausüben (über); **loi gouvernant le divorce** Scheidungsgesetz.

gouverneur *m* Gouverneur *m*; Statthalter *m*; – **de la Banque de France** Präsident der frz. Zentralbank; – **militaire** Militärgouverneur.

grâce *f (StR: mesure de clémence présidentielle)* Gnadenakt *m* des frz. Staatspräsidenten, Begnadigung *f* durch das Staatsoberhaupt, Gnadenerweis *m*; **délai de** – *(ZPR: mesure judiciaire en faveur du débiteur)* (durch Gericht festgesetzte) Nachfrist *f*; **droit de** – Gnaden- od. Begnadigungsrecht *n*; **recours en** – Gnadengesuch *n*; – **amnistiante** Begnadigung (mit der Wirkung einer Amnestie).

gracier *v.tr.* begnadigen, die Strafe erlassen; **pouvoir de** – Gnadenrecht, Begnadigungsrecht.

gracieusement *adv* unentgeltlich.

gracieux *adj* (1) *(SchuldR: gratuit)* unentgeltlich, (2) *(PrzR: non contentieux)* freiwillig, außerstreitig, (3) *(VwPR: préalable au contentieux)* im Wege des Widerspruchsverfahrens; **à titre** – unentgeltlich; **affaires** –**ieuses** Angelegenheiten der freiwilligen Gerichtsbarkeit; **décision** –**ieuse** Entscheidung im Rahmen der freiwilligen Gerichtsbarkeit; **juridiction** –**ieuse** Gericht der freiwilligen Gerichtsbarkeit; **recours** – *(VwPR)* Widerspruchsverfahren *n*.

gradation *f* stufenweise Erhöhung, Steigerung *f*; Abstufung; Rang *m*, Würde *f*.

grade *m (BeamR: degré d'une hiérarchie)* Dienstgrad *m*, Rangstufe *f*, Dienstrang *m*, Amtsbezeichnung; **avancement** *ou* **promotion de** – Beförderung; **insigne de** – Rangabzeichen *n*, Dienstgradabzeichen; – **d'assimilation** Angleichungsgrad *m*; – **de base d'une carrière** *(BeamR)* Eingangsstufe *f* einer Laufbahn; – **universitaire** Hochschulgrad, akademischer Grad.

gradé *m (MilR)* Mannschaftsdienstgrad *m*.

graduation *f* Abstufung, Skala *f*.

grand *adj* groß; mächtig; bedeutsam; beachtlich; –**e dépense** hohe Ausgabe; –**es écoles** frz. Elitehochschulen; –**e fortune** großes Vermögen; –**e industrie** Großindustrie *f*; –**es puissances** Großmächte.

grand-duché *m* Großherzogtum *n*.

grand ensemble *m* Wohnsiedlung *f*; Trabantenstadt *f*.

grand-livre *m (Buchf)* Hauptbuch *n*; – **de la dette publique** *(HaushR)* Staatsschuldenbuch *n*.

grand magasin *m* Kaufhaus *n*, Warenhaus, Kaufhalle.

grands-parents *mpl* Großeltern.

graphique *m* grafische Darstellung, Schaubild *n*; Diagramm *n*.

graphologique *adj*: **analyse** –, **expertise** – graphologisches Gutachten.

gratification *f* Gratifikation, Zuwendung; Sondervergütung, Zulage *f*; Geschenk *n*, Belohnung; – **pour ancienneté de service** Dienstjubiläumsgeschenk *n*; – **bénévole** freiwillige Zuwendung; – **de Noël** Weihnachtsgeld *od.* -gratifikation.

gratifié *m (SchuldR: bénéficiaire d'une libéralité)* bedachte Person, Empfänger einer Schenkung *od.* eines Vermächtnisses.

gratifier *v.tr.* beschenken, bedenken, zuwenden, eine unentgeltliche Zuwendung machen.

gratis gratis, umsonst, unentgeltlich.

gratuit *adj* unentgeltlich, kostenlos; **à titre –** unentgeltlich; **acte –** irrationale Handlung; **acte à titre –** unentgeltliche Zuwendung; **action –e** Gratisaktie *f*; **assistance médicale –e** kostenlose medizinische Versorgung; **échantillon –** Warenprobe *f*, Ansichtsmuster *n*.

gratuité *f* Unentgeltlichkeit, Kostenfreiheit; **– de l'enseignement** Schulgeldfreiheit; **– des transports publics** Nulltarif *m* (bei den öffentlichen Verkehrsmitteln).

gratuitement *adv* unentgeltlich, kostenlos, gratis, umsonst, frei.

grave *adj* schwer, schwerwiegend, ernst; schlimm, bedeutend; **circonstances –s** bedrohliche Ereignisse; erschwerende Umstände; **faute –** grobes Verschulden; **infraction –** schweres Verbrechen; **motif –** schwerwiegender Grund.

gravide *adj* schwanger.

gravidité *f* Schwangerschaft *f*.

gravité *f* Schwere *f*, Wichtigkeit, Bedeutung, Ernst *m*, Gefährlichkeit; **dommage sans –** Bagatellschaden; **– de la situation** besorgniserregende Lage.

gré *m* Belieben *n*, Gefallen *n*, Wille *m*; **à votre –** nach ihrem Gutdünken, wie sie wollen; **bon –, mal –** wohl oder übel; **de – à –** gütlich; **contrat de – à –** *(SchuldR)* freie Vereinbarung (zwischen gleichberechtigten Parteien – im Gegensatz zu den Adhäsions- *od.* Unterwerfungsverträgen); **de – ou de force** freiwillig oder unter Gewaltanwendung; **contre le –** gegen den ausdrücklichen Willen (von); **marché de – à gré** *(VwR)* freihändige Auftragsvergabe; **de son plein –** freiwillig; aus freien Stücken; **savoir –** dankbar sein; **traiter de – à –** freihändig vergeben.

greffe *m* *(GVR: office ministériel où l'on garde les minutes des actes de procédure auprès d'un tribunal, secrétariat-greffe)* Geschäftsstelle des Gerichtes, Gerichtskanzlei *f*, Gerichtsschreiberei *od.* -registratur; Verwaltung des Schriftgutes eines frz.Gerichts; **droit de –** Schreibgebühren *pl*; Gerichtsgebühren; **d'instance** Geschäftsstelle des frz. (Groß-)Instanzgerichts; **– du tribunal** Geschäftsstelle des Gerichts.

greffes *mpl* *(PrzR)* Urteilsprotokolle *od.* -niederschriften (ausgestellt durch den greffier als Protokollführer).

greffier *m* (1) *(PrzR: officier ministériel chargé de diriger les services d'un greffe, secrétaire-greffier en chef)* frz. Gerichtskanzler *m*, Leiter der Geschäftsstelle (eines frz. Gerichts), (2) *(PrzR: secrétaire-greffier, commis-greffier)* Urkundsbeamte(r) der Geschäftsstelle; Gerichtsschreiber *m*; Protokollführer des Gerichts; **secrétaire –** (verbeamteter) Urkundsbeamte(r) der Geschäftsstelle; **– d'audience** Protokollführer (bei Gericht); **– en chef** Leiter der Geschäftsstelle (des Gerichts); **– criminel** Gerichtsschreiber beim Strafgericht.

grève *f* *(ArbR: interruption collective et concertée du travail)* Streik *m*, Arbeitsniederlegung *od.* -kampf, Ausstand *m*; **appel à la –** Streikaufruf *m*; **briseur de –** Streikbrecher *m*; **caisse de –** Streikkasse *f*; **consigne de –** Streikparole *f*; **déclarer la –** den Streik ausrufen; **déclenchement d'une –** Einleitung eines Streiks; **déclencher une –** einen Streik auslösen; **dépôt d'un préavis de –** Streikankündigung (unter Beachtung der tarifvertraglich vorgesehenen Frist); **droit de –** Streikrecht *n*; **faire la –** streiken; **fauteur de –** Streikanstifter *m*; **fomenter une –** einen Streik anstiften *od.* schüren; **interdiction de la –** Streikverbot *n*; **menace de –** Streik(an)drohung; **se mettre en –** in den Ausstand treten; **mot d'ordre de –** Streikparole *f*; **piquet de –** Streikposten *m*; **préavis de –** Streikankündigung *f*;

proclamer la – den Streik ausrufen; **suspendre la** – den Streik vorübergehend einstellen.

grève abusive gesetzwidriger *od.* rechtsmißbräuchlicher Streik; **– administrative** Beamten- *od.* Verwaltungsstreik *m*; **– des aiguilleurs du ciel** Fluglotsenstreik; **– d'avertissement** Warnstreik; **– bouchon** Schwerpunktstreik; **– des bras croisés** Sitzstreik; **– des cheminots** Eisenbahnerstreik; **– des dockers** Hafenarbeiterstreik; **– électorale** Wahlverweigerung; **– de la faim** Hungerstreik; **– fiscale** Steuerzahlungsverweigerung; **– générale** Generalstreik; Vollstreik; **– illégale** *ou* **illicite** rechtswidriger *od.* unzulässiger Streik; **– illimitée** unbefristeter Streik; **– de l'impôt** Steuerzahlungsverweigerung; **– insurrectionnelle** Kampfstreik, aufrührerischer Streik; **– légale** *ou* **licite** rechtmäßiger Streik, von den Gewerkschaften organisierter und geleiteter Streik; **– limitée** befristeter Streik; **– avec occupation d'usine** Sitzstreik; **– partielle** Teilstreik; **– perlée** (1) *(BeamR)* Bummelstreik, Dienst nach Vorschrift; Streik durch passiven Widerstand (Ausnützung hemmender Dienstvorschriften), (2) *(ArbR)* Flackerstreik; **– politique** politischer Streik; **– ponctuelle** Schwerpunktstreik; **– du règlement** Dienst nach Vorschrift.

grève sauvage wilder Streik; gesetzwidriger Streik; **– scolaire** Schülerstreik; **– de solidarité** Solidaritäts- *od.* Sympathiestreik; **– de soutien** Unterstützungsstreik; **– surprise** Blitzstreik, Warnstreik, Demonstrationsstreik; **– de sympathie** Sympathiestreik; **– sur le tas** Sitzstreik; **– thrombose** Schwerpunktstreik, Teilstreik; **– des transports publics** Streik der öffentlichen Verkehrsmittel; **– tournante** rollender Streik, Kreiselstreik, abteilungsweiser Streik; **– du zèle** Dienst *m* nach Vorschrift, Bummelstreik.

grevé *adj (SachR: bien qui supporte une charge ou sur lequel porte une sûreté)* belastet; **fonds – d'hypothèque** *(SachR)* mit einer Hypothek belastetes Grundstück; **– de restitution** *(ErbR)* Vorerbe *m*; **– d'usufruit** mit einem Nießbrauch belastet.

grever *v.tr.* belasten; beschweren; **– l'économie d'un pays** der Wirtschaft (eines Landes) Schaden zufügen, die Wirtschaft benachteiligen.

gréviste *m* Streikende(r) *m*.

grief *m* (1) *(ZR: dommage que l'on subit)* Beeinträchtigung *f* (eines Rechts), Nachteil *m*, Schaden *m*, (2) *(PrzR: préjudice conférant un intérêt à agir)* berechtigtes Interesse (auf Grund einer Rechtsbeeinträchtigung), Klagegrund *m* (infolge des Rechtsschutzbedürfnisses), (3) *(VwR)* Beschwerde *f*; Rüge *f*; Beschwerdegrund *m*; **acte administratif faisant –** beschwerender Verwaltungsakt; **avoir des –s contre qqn.** Ansprüche gegenüber jmdn. erheben; **exposer** *ou* **formuler ses –s** seine Einwände vorbringen; seine Ansprüche geltend machen; **–s d'accusation** *(StPR)* Anklagesatz *m*; Vorwurf *m* einer Straftat; Beschuldigungen *od.* Tatverdacht (in der Anklageschrift); **–s d'appel** Berufungsgründe.

griffe *f* (1) Faksimileunterschrift *f*, Namensstempel *m*, (2) Marken- *od.* Firmenzeichen *n* (in Kleidungsstücken).

grille *f* (1) *(BeamR)* Einteilung der Beamtenschaft nach Besoldungsgruppen, Schematismus *m* (Aut), (2) *(ArbR)* Schlüssel *m*, Tabelle *f*; **– de cotation** Bewertungsschlüssel; **– de salaires** Lohntarifgruppen *fpl*; **– des traitements** Gehaltstabelle *f*.

grimper: les prix ont grimpé die Preise sind gestiegen.

grivèlerie *f (StR: filouterie d'aliments)* Zechprellerei *f*.

gros *adj* umfangreich, beträchtlich, wichtig; dick; groß; **–sse affaire** einträgliches Geschäft; **–sse cou-**

pure großer Geldschein; **– dégâts** umfangreicher Schaden; **–sse fortune** großes Vermögen; **–sse perte** hoher Verlust.

gros *m (HR: commerce de gros)* Großhandel *m*; **achat en –** Großeinkauf *m*; **acheteur en –** Großeinkäufer *m*; **commerce de –** Großhandel; **marchand en –** Großhändler; **prix de –** Großhandelspreis *m*.

grosse *f* (1) *(ZPR: expédition d'un jugement revêtue de la formule exécutoire)* vollstreckbare Ausfertigung (des Urteils), (2) *(HR:)* 12 Dutzend, Gros *n*; **contrat à la –** *(SeeHR)* Bodmerei(vertrag), Seedarlehen *n*.

grossesse *f* Schwangerschaft *f*; **durée légale de la –** (gesetzliche) Empfängniszeit; **interruption volontaire de la – (= IVG)** Schwangerschaftsabbruch *m* (mit Einwilligung der Schwangeren).

grossier *adj* grob; **erreur –ière** grober Fehler; **faute –ière** grobes Verschulden; **négligence –ière** grobe Fahrlässigkeit.

grossiste *m (HR: marchand en gros)* Grossist *m*, Großhändler *m*.

grosso modo *loc.adv.* im großen und ganzen, im allgemeinen.

grossoyer *v.tr. (PrzR)* die vollstreckbare Ausfertigung eines Urteils oder einer notariellen Urkunde (auf Stempelpapier) ausstellen.

groupage *m (HR)* Sammelgutversand *m*; Zusammenstellen einer Sammelsendung.

groupe *m* (1) *(GesR)* Konzern *m*, Unternehmenszusammenschluß *m*, (2) *(Pol)* Fraktion *f*; **assurance de –** Gruppenversicherung *f*; **discipline de –** Fraktionszwang *m*, Klubzwang (Aut); **président de –** Fraktionsvorsitzende(r) *m*.

groupe bancaire Bankenkonsortium *n*; **– de combat** Kampfverband *m*; **– consultatif** Beraterstab *m*; **– de coordination** Gleichordnungskonzern; **– d'entreprises** Konzern; **– d'experts** Sachverständigenrat *m*; **– financier** Finanzgruppe; **– industriel** Industriekonzern; **– majoritaire** *(Pol)* Mehrheitsfraktion; **– parlementaire** (parlamentarische) Fraktion.

groupe de pression *(Pol)* Interessenverband *m*, Pressure-group *f*.

groupe professionnel Berufs- *od.* Fachverband, **– sanguin** Blutgruppe; **– de sociétés** *(GesR)* Konzern *m*; **– de subordination** Unterordnungskonzern; **– de travail** Arbeitsgemeinschaft *f*.

groupement *m* (1) *(accumulation, concentration)* Zusammenballung *f*, Konzentration *f*, (2) *(arrangement, disposition)* Gruppierung *f*, Zusammenstellung *f*, Anordnung *f*, (3) *(association, groupe)* Gruppe *f*, Vereinigung *f*, (4) *(VwR)* Verband *m*, Bezirk *m*; **– d'achats** Einkaufs- *od.* Käufervereinigung, Einkaufsgenossenschaft *f*; **– communal** *(VwR)* Gemeindeverband; **– de consommateurs** Konsumverein *m*; **– coopératif** Genossenschaft; **– corporatif** Fachverband *m*, Innung *f*; **– d'entreprises** Unternehmenszusammenschluß *m*; **– européen d'intérêt économique** *(EuR)* europäische Wirtschaftsinteressengemeinschaft; **– illicite** rechtswidrige *od.* unzulässige Vereinigung.

groupement d'intérêt économique (= G.I.E.) Arbeitsgemeinschaft (= ARGE) (in der Rechtsform einer frz. Gesellschaft des bürgerlichen Rechts); **– d'intérêt public** Unternehmensvereinigung zwischen privatrechtlichen Gesellschaften und öffentlich-rechtlichen Körperschaften; **– d'intérêts** (1) *(GesR)* Kartell *n*, (2) Interessenvertretung *od.* -vereinigung; **– mutualiste** Zweckverein auf Gegenseitigkeit; **– patronal** Arbeitgeberverband; **– politique** politische Partei; **– professionnel** Berufsvereinigung; **– syndical** Gewerkschaftsverband; **– technique** Fachausschuß *m*.

grouper *v.tr.* vereinigen; zusammenstellen, zentralisieren; einordnen; die Blutgruppe bestimmen.

groupuscule *m (Pol)* Splittergruppe *f*.

grue *f*: **droits de –** *(SeeHR)* Krangeld *n*, Krangebühr *f*.
guelte *f (HR)* Provision, Gewinnanteil (am Verkauf).
guère: ne – kaum, nicht sehr *od.* viel; nicht lange.
guérilla *f* Partisanenkrieg *m*, Guerilla.
guérison *f* Heilung, Genesung.
guerre *f* (1) *(VR: conflit armé)* Krieg *m*, (2) *(i.w.S.: lutte entre groupes sociaux)* Auseinandersetzung, Streit *m*, Kampf *m*; **acte de –** Kriegshandlung *f*; **blessure de –** Kriegsverletzung; **butin de –** Beutegut *n*, Kriegsbeute; **conseil de –** Kriegsgericht; **crime de –** Kriegsverbrechen *n*; **criminel de –** Kriegsverbrecher *m*; **déclaration de –** Kriegserklärung *f*; **dettes de –** Kriegsfolgelasten *fpl*; **dommage de –** Kriegsschaden *m*; **droit de la –** Kriegsrecht; **état de –** Kriegszustand *m*; **excitation à la –** Kriegshetze *f*; **fait de –** Kriegseinwirkung *od.* -handlung; **fauteur de –** Kriegshetzer; **matériel de –** Kriegsgerät *n*, Kriegsmaterial *n*; **mutilé de –** Kriegsversehrte(r); **nom de –** Deckname *m*, Pseudonym *n*, Künstlername; **prisonnier de –** Kriegsgefangene(r) *m*; **puissance en –** kriegführende Macht; **renonciation à la –** Gewaltverzicht *m*; **risque de –** *(VersR)* Kriegsrisiko *n*; **sinistre de –** Kriegsschaden *m*; **théâtre de –** Kriegsschauplatz *m*; **victime de la –** Kriegsbeschädigte(r) *m*.
guerre aérienne Luftkrieg; **– d'agression** Angriffskrieg; **– atomique** Atomkrieg; **– biologique** biologische Kampfführung; **– chimique** C-Kriegführung; **– civile** Bürgerkrieg; **– de conquête** Eroberungskrieg; **– déclarée** erklärter Krieg; **– défensive** Verteidigungskrieg; **– économique** Wirtschaftskrieg; **– d'extermination** Vernichtungskrieg; **– froide** kalter Krieg; **– d'indépendance** Unabhängigkeitskampf; **– juste** *ou* **licite** gerechter (Verteidigungs-) Krieg; **– maritime** *ou* **sur mer** Seekrieg; **– mondiale** Weltkrieg; **– des nerfs** Nervenkrieg; **– offensive** Angriffskrieg; **– préventive** Präventivschlag *m*; **– psychologique** psychologische Kampfführung; **– révolutionnaire** *ou* **subversive** umstürzlerische Aktion; **– d'usure** Zermürbungsfeldzug *m*, Abnutzungskrieg.
guet-apens *m (StR: fait d'attendre qqn. pour lui donner la mort)* (Mord nach) Auflauern *n*, (Mord nach warten im) Hinterhalt *m*.
guetter *v.tr.* auflauern; beobachten.
guichet *m* Schalter *m*; **– bancaire, – de banque** Kassen- *od.* Bankschalter *m*; **– de la poste** Postschalter.
guichetier *m* Schalterbeamte(r).
guide *m* (1) (Fremden-)Führer *m*; Reiseführer, (2) Leitfaden, Ratgeber *m*; **– du contribuable** Ratgeber für Steuerzahler.
guilde *f* Gilde *f*; Vereinigung von Kaufleuten (bestimmter Berufsgruppen).
guillotine *f* Guillotine *f*, Fallbeil *n*.
guise *f*: **à sa –** auf seine Art *od.* Weise; **en – de** anstatt, an Stelle von.

H

Habeas Corpus *(hist)* Habeas-Corpus-Akte.

habile *adj* (1) *(ZR: capable de jouir d'un droit)* rechtsfähig, (2) *(SchuldR, HR: ayant mandat pour agir)* ermächtigt, berechtigt, befugt, (3) *(expert, adroit)* geschickt, gewandt; – **à contracter** vertragsfähig; – **à hériter**, – **à succéder** erbfähig; – **à tester** testierfähig.

habileté *f* (1) *(ZR: aptitude légale)* Fähigkeit, (2) Handfertigkeit; Geschicklichkeit; *fig* Schlauheit, Gerissenheit.

habilitation *f* (1) *(ZR: fait de conférer un pouvoir d'agir)* Verleihung *f* einer rechtlichen Fähigkeit; Ermächtigung *f*, Vollmachterteilung *f*, (2) *(VwR: autorisation)* Erlaubnis *f*, Zulassung, Befähigung, (3) *(VerfR: art.38 de la Constitution de 1958)* Ermächtigung; – **d'un incapable** Verleihung der Geschäftsfähigkeit; – **de justice** richterliche Ermächtigung; – **législative** gesetzliche Ermächtigung.

habilité *adj* ermächtigt, befugt; mit der erforderlichen Zustimmung handelnd.

habilité *f* rechtliche Fähigkeit; – **à succéder** Erbfähigkeit *f*.

habiliter (1) *(ÖfR)* eine (rechtliche) Fähigkeit verleihen, eine Erlaubnis erteilen, (2) *(ZR)* ermächtigen, berechtigen, bevollmächtigen.

habillage *m* besonders anziehende Aufmachung und Verpackung einer Ware.

habillement *m*: **dépenses d'**– Ausgaben für die Bekleidung; **industrie de l'**– Bekleidungsindustrie *f*.

habit *m* **de magistrat** Robe *f* (des Richters); –**s de deuil** Trauerkleidung.

habitabilité *f* Wohnlichkeit *f*; Bewohnbarkeit.

habitant *m* Einwohner; Bewohner; **nombre d'**– Einwohnerzahl *f*; **par tête d'** – pro Kopf der Bevölkerung.

habitat *m* Wohnverhältnisse *npl*, Wohnungswesen *n*; – **collectif** Wohnblock *m*; – **individuel** Siedlung *f*; – **rural** ländliche Siedlungsgebiete.

habitation *f* Wohnung *f*, Wohnsitz *od.* -ort; **clause d'**– **bourgeoise** Mietvertragsklausel, durch die jegliche gewerbliche Nutzung der Räumlichkeiten ausgeschlossen wird; **code de l'urbanisme et de l'**– frz. Städtebau- und Wohnungsbaugesetzbuch *n*; **droit d'**– (dingliches) Wohnrecht; **local d'** – Wohnraum *m*; – **meublée** möblierte Wohnung; – **ouvrière** Werkswohnung; – **permanente** ständiger Wohnsitz.

habitations *fpl* **à loyer modéré** (= **HLM**) frz. Sozialwohnung(en), der Mietaufsichtsgesetzgebung unterliegende Wohnungen mit herabgesetztem Mietzins; sozialer Wohnungsbau.

habitude *f* Gewohnheit *f*; **d'**– normalerweise, im allgemeinen, unter normalen Umständen; – **commerciale** Handels- *od.* Geschäftsbrauch *m*, Verkehrssitte *f*; **délit d'**– gewohnheitsmäßige Straftat.

habitudes loyales et constantes du commerce (Handels-) Verkehrsgepflogenheiten *fpl*.

habitué *m* Stammkunde *m*; regelmäßiger Besucher.

habituel *adj* *(StR)* gewohnheitsgemäß, (2) *(HR)* gewerblich; **profession** –**elle** gewerbliche Tätigkeit; **résidence** –**elle** *(IPR)* gewöhnlicher Aufenthaltsort *m*.

habituellement *adv* normalerweise; meistens, in den meisten Fällen.

hâblerie *f* Angeberei *f*, Übertreibung *f*.

hache *f* Beil *n*; **enterrer la – de guerre** Frieden schließen.

haie *f* Hecke *f*, Umzäunung *f* (aus Büschen od. Sträuchern); **– barbelée** Stacheldrahtverhau *m*; **– mitoyenne** gemeinschaftliche Hecke.

halage *m*: **chemin de –** Treidelpfad *m*.

hall *m* (1) Werkhalle *f*, (2) Eingangshalle; **– d'exposition** Ausstellungshalle *f*; **– de la gare** Bahnhofsgebäude *n*.

halles *fpl* Markthalle *f*; Großmarkt *m*.

hameau *m* Weiler *m*, (aus wenigen Gehöften bestehende, keine eigene Gemeinde bildende) Ansiedlung.

handicap *m* (1) Nachteil *m*, Benachteiligung *f*, (2) Erschwernis *n*; **– physique** körperliche Behinderung.

handicapé *adj* behindert, körperbehindert, schwerbehindert; **personne –e** Behinderte(r).

handicapé *m* **mental** geistig Behinderte(r); **– physique** Körperbehinderte(r).

handicaper *v.tr.* *fig* benachteiligen, behindern.

harcèlement *m* **sexuel** *(StR)* sexuelle Belästigung.

harceler *v.tr.* bedrängen; belästigen.

hardes *fpl* (1) *(ZR: effets personnels)* Habe *f*, beweglicher Besitz; (persönliche) Kleidungsstücke *npl*, (2) Hab *n* und Gut *n* der Matrosen.

harmonisation Abstimmung *f*, Angleichung, das in Übereinstimmung bringen, Harmonisierung; **– du droit** Rechtsangleichung *f*; **– d'une gamme de produits** Abstimmung und einheitliche Gestaltung einer Produktpalette; **– des législations** Angleichung der Rechtsvorschriften, Rechtsvereinheitlichung; **– des prix** Preisangleichung; **– tarifaire** Zolltarifanpassung.

harmoniser *v.tr.* harmonisieren, in Einklang bringen, einheitlich gestalten, anpassen, aufeinander abstimmen.

hasard *m* Zufall *m*; **par –** zufällig.

hasardé *adj* gewagt, riskant; **entreprise –e** ein gewagtes Unternehmen.

haschich, haschisch, hachich, hasch *m* Haschisch *n*, Hasch.

hâtif *adj* hastig; überstürzt, übereilt.

hausse *f* (1) Steigen *n*, Ansteigen *n*, Erhöhung *f*, Steigerung, (2) *(Vwirt)* wirtschaftlicher Aufschwung, (3) *(BörR)* Hausse *f*, Steigen der Kurse; **être en –** im Steigen begriffen sein; **jouer à la –** auf Hausse spekulieren; **se maintenir à la –** weiterhin ansteigende Tendenz aufweisen, steigende Tendenz beibehalten; **mouvement** *ou* **tendance à la –** Aufwärtstrend *m*; **spéculation à la –** Haussespekulation.

hausse abusive des prix Preistreiberei *f*; **– des cours** Kursanstieg, anziehende Kurse; **– du coût de la vie** Anstieg der Lebenshaltungskosten; **– cyclique** konjunkturbedingte Hausse; **– illicite** Preistreiberei; **– des loyers** Mietpreiserhöhung; **– des prix** Preiserhöhung, Preissteigerung, Preisanstieg *m*; **– de la productivité** Produktivitätssteigerung; **– des salaires** Lohnerhöhung; Lohnanstieg *m*.

haussier *m* Haussier *m*; Börsenspekulant *m*, der mit Kurssteigerungen rechnet; Mineur *m*.

haut-commandement *m* *(MilR)* Oberkommando *n*.

haut *adj* hoch, groß; **– commissaire** *(VR)* hoher Kommissar; **– conseiller** Richter am Kassationshof; Mitglied des obersten Richterrates; **–e finance** Hochfinanz *f*; **– fonctionnaire** hoher Beamte(r); **en – lieu** *loc.adv.* auf höchster Ebene; **la –e magistrature** die Richter und Staatsanwälte am Kassationshof; **la –e société** die gesellschaftliche Oberschicht; **sous –e surveillance** unter strenger Beod. Überwachung.

Haute Cour de Justice *(VerfR)* Oberster frz. Gerichtshof (zuständig für Hochverrat u. Amtsvergehen des frz. Staatspräsidenten).

haute mer offenes Meer *n*, hohe See.

haute trahison *(StR)* Hochverrat *m*, Landesverrat.

hautement *adv* hoch, kraftvoll, laut; **proclamer – son innocence** seine Unschuld (lautstark) beteuern.

hauteur *f* Höhe *f*; Größe *f*; **être à la – de ses fonctions** seine Amtsgeschäfte zufriedenstellend verrichten; **être à la – de la situation** die Lage im Griff *od.* unter Kontrolle haben.

hauturier *adj*: **pêche –rière** Hochseefischerei *f*.

hebdomadaire *adj* wöchentlich; **magazine –** (wöchentlich erscheinende) Zeitschrift *f*; **repos –** wöchentlicher Ruhetag; wöchentliche Ruhezeit; **travail –** Wochenarbeitszeit.

hebdomadaire *m* Wochenblatt *od.* -zeitschrift.

hébergement *m* Beherbergung *f*, Unterbringung; **centre d'–** Flüchtlingslager *n*; **droit d'–** *(FamR: lié au droit de visite)* Beherbungsrecht, Besuchsrecht.

héberger des réfugiés Flüchtlinge aufnehmen.

hégémonie *f* Vormachtstellung *f*, Übergewicht *n*, Führung *f*, Hegemonie *f*, Vorherrschaft *f*.

heimatlos *m (VR: apatride)* Heimatlose(r) *m*, Staatenlose(r) *m*.

heimatlosat *m (VR)* Heimatlosigkeit *f*, Staatenlosigkeit *f*.

hémorragie de capitaux Kapitalabwanderung; **– de devises** Devisenabfluß *m*.

héréditaire *adj (ErbR: successoral)* erblich; Erb-, (2) *(ErbR: se transmettant par succession)* übertragbar, mit dem Tode nicht erlöschend; **actif –** Nachlaßgegenstände *mpl*, Aktiven (der Erbschaft); **biens -s** Erbmasse *f*, Erbschaft *f*; **droit –** vererbliches Recht; **maladie –** Erbkrankheit; **part –** Erbanteil *m*; **passif –** die Nachlaßverbindlichkeiten *od.* -schulden *fpl*, Passiven (der Erbschaft); **situation –** Nachlaßbestand *m*; **vocation –** Erbfähigkeit.

hérédité *f* (1) *(ErbR, synonyme d'héritage, d'hoirie)* Nachlaß *m*, Vermögen *n* des Erblassers (beim Tode); Erbschaft *f*, (2) Erbrecht *n* (des Erben), Erbfolge *f*, (3) Vererblichkeit von Rechten; **action en pétition d'–** , **action en revendication d'–** Erbschaftsklage *f*; **adition d'–** Erbschaftsantritt *m*; **convention d'–** Erbvertrag *m*; **revendication d'–** Erbschaftsanspruch *m*; **vente d'–** Erbschaftskauf *m*; **– jacente** schwebender Nachlaß, hereditas jacens.

hérésie *f (KirchR)* Ketzerei *f*.

héritage *m* (1) *(ErbR: ensemble des biens transmis à l'héritier)* Erbteil *m*, Erbschaft *f*, Nachlaß *m*, Erbmasse *f*; (2) *(ErbR: succession)* Erbfolge, (3) *(SachR: immeuble par nature)* Grundstück *n*; **captation d'–** *(StR)* Erbschleicherei *od.* -erschleichung *f*; **faire un –** erben, eine Erbschaft machen.

hériter *v.tr.ind.* erben, beerben; **– d'une maison** ein Haus erben.

héritier *m* (1) *(ErbR, i.w.S.: tout successeur)* Erbe *m* (Gesetzeserbe und Testamenterbe), (2) *(successeur en vertu de la loi)* Gesetzeserbe, gesetzlicher Erbe, Gesamtnachfolger, (3) *(successeur appelé qui a la saisine)* eingewiesener gesetzlicher Erbe; **certificat d'–** Erbschein *m*; **institution d'–** Erbeinsetzung; **qualité d'–** , **titre d' –** Erbenstellung.

héritier ab intestat gesetzlicher Erbe, Intestaterbe; **– acceptant** endgültiger Erbe; Erbe, der die Annahmeerklärung abgegeben hat; **– anomal** Sondererbe; **– apparent** vorläufiger Erbe; Scheinerbe; **– appelé** Nacherbe *m*; **– bénéficiaire** Inventarerbe, Vorbehaltserbe (Aut); **– collatéral** dem Erblasser in der Seitenlinie verwandter Erbe; **– copartageant** Miterbe; **– grevé** (1) mit einem Vermächtnis beschwerter Erbe, (2) *(fidéicommis)* Vorerbe; **– illégitime** erbberechtigter nichtehelicher Verwandter; –

institué eingesetzter Erbe, benannter Erbe.

héritier légitime gesetzlicher Erbe; **– en ligne directe** mit dem Erblasser in gerader Linie verwandter Erbe; **– naturel** Erbe aus nichtehelicher Verwandtschaft; **– préférable** Erbe mit Vorrangstellung gegenüber den Miterben; **– du premier ordre** Erbe erster Ordnung; **– présomptif** Putativerbe, vermeintlicher Erbe; **– pur et simple** endgültiger Erbe; Erbe, der das Ausschlagungsrecht verloren hat; **– au rang successible** Erbe, der beim Fehlen eines Testaments zur Erbfolge berufen sein kann; **– régulier** rechtmäßiger Erbe; **– renonçant** verzichtender Erbe; **– réservataire** Pflichtteilsberechtigte(r); **– subséquent** Nacherbe; **– substitué** Ersatzerbe; **– testamentaire** Testamentserbe; **– unique** Alleinerbe; **– universel** Universalerbe.

hésitation *f* Bedenken *n*; Unschlüssigkeit, Zögern *n*.

heure *f* (1) Stunde *f*, (2) *(point précis du jour)* Uhr(zeit), (3) *(époque, temps)* Zeit *f*, Zeitpunkt *m*; **congé sur l'–** fristlose Entlassung; **d'– à –** stundenweise (Fristberechnung); **être à l'–** pünktlich sein; **rémunération à l'–** Stundenlohn *m*; **– d'été** Sommerzeit *f*; **– légale** gesetzliche Zeit; **– locale** Ortszeit; **– solaire** natürliche Zeit (Sonnenzeit).

heures *fpl* **d'absence** Fehlzeiten *fpl*; **– d'affluence** Hauptgeschäftszeit *f*; **– de consultation** Sprechstunden; **– creuses** (1) Stunden *fpl* geringen Verkehrsaufkommens, (2) Zeit geringen Arbeitsanfalls, Zeiten geringer Auslastung; **– de dérogation permanente** Überstunden, die der Arbeitgeber ohne besondere Zustimmung vom Arbeitnehmer verlangen kann; **– effectuées** geleistete Arbeitsstunden; **– de fonction** den Betriebsräten, durch den Arbeitgeber zu gewährende Freistellung von der Arbeit bei vollem Arbeitslohn; **– légales** Zustellzeit *f*, Zustellungszeit (für gerichtliche Urkunden); Tagesstunden, während derer Urkunden zugestellt werden können; **– d'ouverture** Geschäftszeit; Ladenschlußzeiten; **– ouvrables** (1) Arbeitsstunden, Arbeitszeit, (2) Öffnungszeiten, Publikumsverkehr; **– de pointe** (1) Verkehrsspitze *f*, Stoßzeit, (2) Stunden mit dem höchsten Arbeitsanfall; **– de présence** Anwesenheitszeit; **– de service** Dienststunden; **– supplémentaires** Überstunden; **– de travail** Arbeitszeit; **– de visite** Besuchszeiten.

Hexagone *m (Pol: France métropolitaine)* Frankreich (innerhalb der Landesgrenzen, ohne Überseegebiete).

hiatus *m* Öffnung *f*, Spalt *m*, Lücke *f*; **– juridique** Rechtsvakuum *n*, Rechtslücke *f*.

hic et nunc *loc. adv.* sofort, auf der Stelle.

hiérarchie *f* (1) *(ÖfR: ordre et subordination)* Rangordnung *f*, Rangfolge *f*, Rangverhältnis *n*, Hierarchie *f*, (2) *(organisation)* Staffelung *f*, Einteilung *f*, Skala *f*, Stufenordnung *f*, (3) *(classification)* Aufbau *m*, Klassifikation *f*; **– administrative** Behördenaufbau, Aufbau der Verwaltungsbehörden (mit Zentral-, Mittel- u. Unterstufe); **– des emplois** Rangordnung der Arbeitsplätze; **– des fonctions** Rangfolge der Tätigkeiten; **– professionnelle** Rangordnung *f* der Berufe, Berufshierarchie; **– des salaires** Lohnskala *f*, Gehaltsstufen, Staffelung der Arbeitseinkommen; **– sociale** gesellschaftliche Rangordnung; **– des sources de droit** Rangverhältnis der Rechtsquellen.

hiérarchique *adj* hierarchisch; Dienst-; **degré –** Dienstgrad *m*; **ordre –** Rangverhältnis *n*; **passer par la voie –** den Instanzenweg nehmen; **pouvoir –** Dienstaufsicht *f*; **recours –** Dienstaufsichtsbeschwerde *f*; **supérieur –** Dienstherr *m*; Dienstvorgesetzte(r); **voie –** Dienst- od. Instanzenweg *m*.

hiérarchiquement *adv (VwR)* dienstaufsichtsmäßig, dienstrangmäßig; **être – supérieur à qqn.** der Vorgesetzte von jmdn. sein.

hiérarchisation *f* Ranggliederung *f*.

hiérarchiser *v.tr.* staffeln, abstufen.

histoire *f* **du droit** Rechtsgeschichte *f*.

hoir *m (hist. ErbR: héritier)* Erbe *m*.

hoirie *f (hist. ErbR: héritage, succession)* Erbschaft *f*; **avance** *ou* **avancement d'–** Vor(aus)empfang auf den Erbteil.

holding *f (GesR: société purement financière de participation)* Holdinggesellschaft, Effektenhaltungsgesellschaft; Dachgesellschaft, Auffanggesellschaft.

hold-up *m (StR: agression à main armée pour dévaliser une banque, un magasin)* bewaffneter Raubüberfall *m*.

holocauste *m* Holocaust *m*, Massenvernichtung *f* der Juden durch die Nationalsozialisten.

holographe *adj*: **testament –** eigenhändig geschriebenes Testament.

homicide *m* (1) *(StR: action de tuer un être humain volontairement ou involontairement)* (vorsätzliche oder fahrlässige) Tötung *f*, Totschlag *m*, (2) *(StR: personne qui tue)* Totschläger *m*, **– par imprudence** fahrlässige Tötung; **– intentionnel, – prémédité, – volontaire** vorsätzliche Tötung, Totschlag; **– préterintentionnel** Körperverletzung mit Todesfolge *od*. mit tödlichem Ausgang.

homme *m* (1) *(être humain)* Mensch *m*, Person *f*, Individuum *n*, (2) *(individu du sexe masculin)* Mann *m*; **droits de l'–** Menschenrechte *npl*; **fait de l'–** *(ZR: fait dommageable engageant la responsabilité de son auteur)* rechtswidrige Handlung, unerlaubte Handlung; **présomption de l'–** *(ZR: présomption résultant des circonstances de l'espèce)* Indizienbeweis, Anzeichenbeweis *m*; **– d'affaires** Geschäftsmann *m*; **– de bien** Ehrenmann *m*; **– de confiance** Vertrauensperson *f*; **– d'Etat** Staatsmann *m*; **– de lettres** Schriftsteller; **– de loi** Jurist *m*, Rechtskundige(r); **– de main** gedungener Verbrecher *od*. Mörder; Handlanger, Helfershelfer; **– marié** Ehemann *m*; **– de métier** Sachverständiger, (Durchschnitts-) Fachmann; **– de paille** *(ZR: prête-nom, personne interposée)* Strohmann; **– politique** Politiker *m*; **– de science** Wissenschaftler.

homologation *f* (1) *(ZPR: approbation judiciaire)* gerichtliche Anerkennung *f*, Rechtskraft- *od*. -gültigkeitsverleihung, richterliche Bestätigung *f*, (2) *(VwR: validation, ratification par l'autorité administrative)* behördliche Genehmigung *f*, amtliche Validierung, Aufnahme *f* in ein amtliches Verzeichnis; **décision d'–** Bestätigungsbeschluß *m*; **jugement d'–** Feststellungsurteil, Urteil mit Feststellungswirkung; **– judicaire** *ou* **– par justice** gerichtliche Bestätigung *od*. Feststellung; **– ministérielle** ministerielle Genehmigung; **– des prix** amtliche Preisfeststellung; **– du tribunal** gerichtliche Bestätigung *od*. Feststellung.

homologue *m* Amtskollege *m*; Gegenstück *n*.

homologuer *v.tr.* (1) *(VwR)* behördlich anerkennen, genehmigen, amtlich bestätigen, (2) *(PrzR)* Rechtskraft verleihen.

homonyme *m* Träger des gleichen Namens, Namensvetter *m*.

homonyme *adj* namensgleich.

homonymie *f* Namensgleichheit *f*.

homosexualité *f* Homosexualität *f*, gleichgeschlechtliche Liebe.

honnête *adj* rechtschaffen, redlich, ehrlich; **motif –** triftiger Grund.

honnêteté *f* Redlichkeit *f*, Ehrbarkeit *f*.

honneur *m* (1) *(ZR: dignité, comme élément du patrimoine moral)* Ehre *f*, (2) *(WirtR)* Standesehre, Berufsehre; **acte contraire à l'–** unehrenhafte Handlung; **atteinte à l'–** Ehrverletzung *f*, Ehrenbeleidigung *f*; **attestation sur l'–** (Beteuerung) auf Ehre und Gewissen, Ehrenwort

honneurs

n; **diplôme d'–** Ehrenurkunde *f*; **donner sa parole d'–** sich auf Ehrenwort verpflichten, sein Ehrenwort geben; **faire une déclaration sur l'–** eine eidesstattliche Erklärung abgeben; **faire – à ses engagements** seinen Verpflichtungen nachkommen; **juridiction d'–** Ehrengericht *n*, Ehrengerichtsbarkeit *f*; **légion d'–** Ehrenlegion *f*, frz. hoher Orden; **membre d'–** Ehrenmitglied *n*.

honneurs *fpl* Würden *fpl*, Ehrenämter *npl*; Ehrenbezeigungen *fpl*; **rendre les derniers – à qqn.** jmdm. die letzte Ehre erweisen.

honorabilité *f* (1) *(BankR)* Kreditwürdigkeit *f* (eines Kaufmanns), (2) Ehrbarkeit *f*, Ehrenhaftigkeit, (3) *(ZR)* Besitz *m* der bürgerlichen Ehrenrechte.

honoraire *adj* (= *à titre honorifique*) ehrenamtlich, Ehren-; außer Dienst; **conseiller** *ou* **membre –** Ehrenmitglied *n*.

honoraires *mpl* (1) *(rémunération de l'avocat, du médecin)* Honorar *n*, (2) *(émoluments du notaire, de l'expert)* Gebühren *fpl*, Vergütung *f*; **créance d'–** Honorarforderung *od.* -anspruch; **liquidation des –** Honorarfestsetzung; **note d'–** Gebührenrechnung, **tarif d'–** Gebührenordnung; Gebührensätze; Honorarsätze *mpl*; **d'avocat** Anwaltskosten, Gebührenrechnung eines Rechtsanwalts, Anwaltshonorar *od.* –kosten; **– d'experts** Sachverständigengebühr *f*; **– fixés de gré à gré** frei vereinbartes Honorar; **– forfaitaires** Pauschalhonorar; **– des notaires, – notariaux** Notariatsgebühr, Notariatskosten; **– tarifés** gemäß der Gebührenordnung bemessene Vergütung (eines Anwalts).

honorariat *m* Ehrenamt *n*.

honorer ehren; **– un chèque** einen Scheck einlösen; **– qqn. de sa confiance** jmdm. vertrauen, jmdm. sein Vertrauen schenken; **– ses dettes, – ses engagements** seine Schulden bezahlen.

honorifique *adj* ehrenvoll; **à titre –** honoris causa; **charge –** Ehrenamt *n*.

hôpital *m (SozVersR: établissement public communal, départemental, national)* öffentlich-rechtliches Krankenhaus *n*, Krankenanstalt; **– psychiatrique** Nervenheilanstalt *f*.

horaire *m* (1) *(ArbR)* Arbeitszeit *f*, (2) Stundenplan *m*, Zeitplan, (3) Fahrplan; **salaire –** Stundenlohn *m*; **– à la carte, – flexible, – flottant, – mobile** gleitende Arbeitszeit; **– de service** Dienststunden.

horizon *m*: **faire un tour d'–** eine Gesamtdarstellung geben.

horloge *f* Turmuhr *f*; **– parlante** Zeitansage *f*; **– de pointage** Stechuhr.

hormis *präp* außer, ausgenommen.

hors *adv* außerhalb, außen; **– barème** *(ArbR)* übertariflich; **– cadre** *(BeamR)* außerplanmäßig; **– de cause** *(StR)* außer Verdacht, unbeteiligt; **– commerce** nicht im Handel, nicht verkehrsfähig.

hors-cote *(BörR)* außerbörslich, nicht amtlich notiert; **– la-loi** außerhalb des Gesetzes stehend; Gesetzesbrecher; **– de prix** unerschwinglich; **– taxes** zollfrei; Steuer nicht inbegriffen.

hospice *m* Altersheim *n*.

hospitalier *adj*: **centre –** Krankenanstalt *f*.

hospitalisation *f* Krankenhausaufnahme *od.* -einweisung.

hospitalité *f* Gastfreundschaft *f*.

hospitalo-universitaire: centre – (= C.H.U.) Universitätsklinik *f*.

hostile *adj* feindselig, feindlich.

hostilité *f* (1) Feindschaft *f*, feindliche Gesinnung, (2) *(VR)* *fpl* Feindseligkeiten *fpl*; **acte d'–** feindliche Handlung.

hôtel *m (VwR)* öffentliches Gebäude, Verwaltungszentrum; **franchise d'–** *(VR)* Unverletzbarkeit des Gesandtschaftsgebäudes; **– diplomatique** Gesandtschaftsgebäude *n*; **– du juge** *(PrzR)* Privatwohnung des Richters; **Matignon** Sitz des frz. Premierminister; **– de la**

Monnaie frz. zentrales Münzamt (in Paris); – **des Postes** Hauptpostamt; – **de la Préfecture** Sitz *m* der Departementverwaltung; – **des ventes** Auktions- od. Versteigerungslokal; – **de ville** Rathaus *n*.

hôtelier *m* Hotelier *m*, Gastwirt *m*.

hôtellerie *f* Gaststätten- und Beherbergungsgewerbe *n*; Speisewirtschafts- und Beherbungsbetrieb *m*; **contrat d'**– Beherbungsvertrag *m*; **dépôt d'**– gesetzliches Pfandrecht an den eingebrachten Sachen des Gastes.

houille *f* Steinkohle *f*; – **blanche** *(= hydroélectricité)* Wasserkraft *f*.

houillère *f* Kohlenbergwerk *n*, Zeche *f*; **bassin de** – (Steinkohlen-) Lagerstätte *f*; Bergbaugebiet *n*; Bergbaugewerbe *n*; frz. staatlicher Bergbaubetrieb.

huis-clos *m* (PrzR: jugement toutes portes fermées) Ausschluß der Öffentlichkeit; **juger à** –, **statuer à** – unter Ausschluß der Öffentlichkeit entscheiden; **prononcer le** – die Öffentlichkeit ausschließen.

huissier *m* **(de justice)** (1) *(PrzR: officier ministériel chargé du service intérieur des tribunaux)* Gerichts- od. Amtsdiener, Gerichtsschreiber *m*, Gerichtsweibel *m* (S), (2) *(ZPR: la même personne, chargée de la signification et de l'exécution forcée des actes publics)* Zustellungsperson (als Inhaberin einer amtsähnlichen Stellung); Gerichtsvollzieher *m*, Vollstreckungsbeamte(r) *m*, (3) *(ZPR, ZR: officier ministériel chargé des constatations sur commission du juge ou à la reqête des particuliers)* mit der verbindlichen Feststellung juristisch erheblicher Sachverhalte beauftragte Amtsperson; Amtsperson für die schriftliche Beurkundung eines Vorgangs od. Sachverhalts; **constat d'**– amtliche Tatsachenfeststellung, Protokoll *n* des Gerichtsvollziehers; **exploit d'**– Zustellungsurkunde; – **audiencier** Gerichtsdiener des Sitzungsdienstes; – **instrumentaire** Gerichtsschreiber, Urkundsbeamte(r).

huit *adj* **jours** eine Woche; **aujourd'hui en** – innerhalb einer Woche (vom heutigen Tag an berechnet).

huitaine *f* **franche** *(ZR, ZPR: délai franc de huit jours)* achttägige Frist; Achttagefrist (die mit dem ersten vollen Tage der Frist beginnt, und am Tage nach Ablauf des achten Tages endigt).

humain *adj* menschlich; **corps** – Körper *m* des Menschen; **dignité** –**e** Menschenwürde *f*; **sciences** –**es** Humanwissenschaften *fpl*.

humanitaire *adj*: **aide** – Soforthilfe *f* für unverschuldet in Not geratene Menschen.

humanité *f* (1) Menschlichkeit *f*, (2) Menschengeschlecht *n*; **crime contre l'**– *(StR)* Verbrechen gegen die Meschlichkeit.

humilier **qqn.** jmdn. verletzen, kränken, herabsetzen, herabwürdigen.

hydrocarbure *m* Kohlenwasserstoff *m*; Erdöl *m*.

hygiène *f* Gesundheitspflege *f*; **service d'**– **de la municipalité** städtisches Gesundheitsamt *n*; – **publique** Gesundheitswesen *n*; – **du travail** betrieblicher Gesundheitsschutz.

hypermarché *m* *(HR: magasin en libre-service avec une surface de vente supérieure à 2500 m^2)* Einkaufszentrum *n*, Verbrauchermarkt *m*, SB-Warenhaus *n*.

hypothécaire *adj* (1) *(SachR: relatif à l'hypothèque)* hypothekarisch, Hypotheken-, (2) *(SachR: garanti par une hypothèque)* durch eine Hypothek gesichert, (3) *(SachR: relatif à la publicité foncière)* die Eintragung im amtlichen Hypothekenregister betreffend; **affectation** – Hypothekenbestellung; **cédule** – Brief- od. Verkehrshypothek; **créance** – Hypothekenforderung; **créancier** – Hypothekengläubiger *m*, Hypothekar *m*; **débiteur** – Hypothekenschuldner *m*; **dette** – hypothekarisch gesicherte Schuld; **droit** – Anspruch aus einer Hypothek;

inscription – Eintragung der Hypothek im frz. Hypothekenregister; **rang** – Hypothekenstelle, Rang des Hypothekengläubigers; **régime** – die Hypothek als Rechtsform des Realkredits, rechtliche Gestaltung des frz. Hypotheken- und Hypothekenregisterrechts.

hypothèque *f* (1) *(SachR: sûreté réelle immobilière)* frz. (Buch-)Hypothek *f*, (2) *(WirtR: nom donné aux sûretés mobilières portant sur un navire ou un aéronef)* Belastung eines Schiffs- *od.* eines Flugzeugs, Schiffshypothek, Luftfahrzeughypothek, (3) *(SchuldR, HR: hypothèque dite mobilière, nantissement ou gage sans dépossesssion)* besitzloses Pfandrecht; **acte d'**–, **acte constitutif d'**– Hypothekenbestellung(surkunde); **amortir une** – eine Hypothek tilgen; **assiette de l'**– Haftungsgrundlage, die der hypothekarischen Haftung unterworfenen Grundstücke; **consentir une** – eine Hypothek bestellen *od.* bewilligen *od.* einräumen *od.* gewähren; **constituer une** – eine Hypothek bestellen; **constitution d'**– Hypothekenbestellung *od.* -bewilligung *od.* -gewährung *od.* -begründung; **contrat d'**– , **convention d'**– Hypothekenbestellungsvertrag; **emprunter sur** – ein Darlehen gegen Hypothekenbestellung aufnehmen; **extinction de l'**– Erlöschen der Hypothek; **garantir par une** – hypothekarisch sichern; **grevé d'**– mit einer Hypothek belastet; **inscription d'**– Hypothekeneintragung; **naissance de l'**– Hypothekenentstehung; **prendre une** – eine Hypothek aufnehmen; **purge d'une** – Hypothekenbereinigung; **purger une** – eine Hypothek abtragen, tilgen; **radiation de l'**– Hypothekenlöschung; **transcription d'**– Hypothekeneintragung; **transmission de l'**– Hypothekenabtretung *od.* -übertragung.

hypothèque aérienne, – **sur aéronef** Luftfahrzeughypothek; – **amortissable** Tilgungshypothek; – **conditionnelle** bedingte Hypothek; – **conservatoire** zur vorläufigen Sicherung mit richterlicher Genehmigung bestellte Hypothek; – **conventionnelle** Vertragshypothek, rechtsgeschäftliche Hypothek; – **de garantie** Sicherungshypothek; – **inscrite** eingetragene Hypothek; – **judiciaire** Hypothek kraft Urteil, gerichtliche Hypothek, Zwangshypothek; – **légale** Hypothek kraft Gesetzes, gesetzliche Hypothek; – **maritime** Schiffshypothek; – **mobilière** Hypothek an beweglichen Sachen, Schiffs- *od.* Luftfahrzeughypothek; – **occulte** nicht eingetragene Hypothek; – **de second rang** an zweiter Stelle eingetragene Hypothek, zweitrangige Hypothek; – **transcrite** übertragene Hypothek.

hypothèques: conservateur des – frz. (Finanz-)Beamte(r), dem die Führung des amtlichen frz. Hypothekenregisters obliegt; **franc d'**–, **libre d'**– hypothekenfrei; **prêt sur** – Hypothekarkredit *m*, Hypothekendarlehen; **prêter sur** – auf Hypotheken leihen, Darlehen gegen hypothekarische Sicherstellung gewähren; **registre des** – frz. Hypothekenregister *n* (als Abteilung der Finanzbehörde).

hypothéquer mit einer Hypothek belasten, hypothekarisch belasten.

hypothèse *f* (1) Voraussetzung, Annahme, Hypothese, (2) Vermutung, Erklärungsversuch; – **dénuée de tout fondement** völlig unbegründete Annahme; – **infirmée par l'expérience** durch die Erfahrung widerlegte Vermutung..

hypothétique *adj* ungewiß, zweifelhaft; mutmaßlich.

I

idée *f* (1) *(représentation de l'esprit, notion, concept)* Begriff *m*, Vorstellung *f*, Idee *f*, (2) *(opinion)* Meinung *f*, Auffassung *f*, Ansicht *f*, (3) *(intention, projet)* Gedanke *m*, Absicht *f*, Ziel *n*, Vorhaben *n*; **– directrice** Richtlinie *f*, Leitlinie *f*; **– fondamentale, – force, – générale** Grundgedanke *m*, Grundbegriff *m*; **– préconçue** vorgefaßte Meinung.

identifiable *adj* identifizierbar, feststellbar.

identification *f* (1) Kenntlichmachung, Kennzeichnung, Identifikation *f*, Identifizierung *f*, (2) Feststellung der Nämlichkeit, (3) Gleichstellung, Gleichsetzung *f*; **marque d'–** Erkennungszeichen *od.* -marke.

identifier *v.tr.* kennzeichnen, identifizieren, die Identität feststellen, eine Personenfeststellung durchführen; jmdn. (wieder-)erkennen.

identique *adj* gleichbedeutend, übereinstimmend, völlig gleich, ein u. dasselbe; **produits –s** gleiche Ware; **réexporter à l'–** *(ZollR)* in unverändertem Zustand wiederausführen.

identité *f* (1) *(ZR: individualité d'une persone)* Identität *f*, (2) *(caractère de ce qui est semblable)* (völlige) Übereinstimmung *f*, Gleichheit *f*, Wesenseinheit *f*, (3) *(ZollR)* Nämlichkeit *f*; **carte d'–** Personalausweis *m*, Kennkarte *f*; Legitimation; **certificat d'–** Nämlichkeitszeugnis *od.* -schein *m*; **constation de l'–** (1) *(personnes)* Identitäts- *od.* Personenfeststellung *f*, (2) *(choses)* Feststellung der Nämlichkeit; **contrôle d'–** Identitätsfeststellung, Ausweiskontrolle *f*; **décliner son –** sich ausweisen; **document d'–** Ausweispapier *n*; **falsification d'–** Ausweisfälschung *f*; **interrogatoire d'–** *(StR)* Vernehmung zur Person; **justifier son –** sich ausweisen; **papiers d' –** (1) Personalausweis *m*, (2) Legitimationspapier *n*; **plaque d' –** Erkennungsmarke *f*; **photo d'–** Paßbild *n*; **service de l'– judiciaire** Erkennungsdienst *m*; **titre d'–** Ausweispapier; **vérification d'–** Feststellung *od.* Überprüfung der Personalien; **voyager sous une fausse –** unter falschem Namen reisen.

identité civile *(ZR: ensemble des éléments qui concourent à l'identification d'une personne physique)* Name, Vorname, Geburtsdatum und Geburtsort, Abstammung, Geschlecht, Beruf; **– judiciaire** *(StPR)* Fahndungsdienststellen der Polizei; Erkennungsdienst; erkennungsdienstliche Behandlung; **– des parties** *(ZPR)* Bezeichnung der (Prozeß-)Parteien.

idoine *adj* geeignet, tauglich; sachlich richtig, zutreffend.

ignorance *f* Unwissenheit *f*, Kenntnislosigkeit, Unkenntnis *f*; **être dans l'–** keinerlei Kenntnis haben (von); **– du droit** Rechtsunkenntnis *od.* -unwissenheit; **– d'une interdiction** Verbotsunkenntnis.

ignorant *adj* unwissend, unkundig.

illégal *adj* (1) *(contraire à la loi)* gesetzwidrig, ungesetzlich, illegal, (2) *(illicite)* rechtswidrig, rechtsungültig; **absence –e** eigenmächtige Abwesenheit; **invention –e** gesetzwidrige Erfindung.

illégalement *adv* gesetzwidrigerweise, in gesetzwidriger Weise; ohne rechtlichen Grund.

illégalité *f* (1) *(caractère illégal)* Gesetzwidrigkeit *f*, Rechtswidrigkeit, Unrechtmäßigkeit, Illegalität *f*, (2) *(VwR: acte illégal pour méconnaissance des règles de forme, de fond ou de compétence)* ungesetzliche Maßnahme,

gesetzeswidrige (Amts-) Handlung; **entaché d'–** rechtwidrig *adj*; **exception d'–** *(VwPR)* Einrede der Rechts- *od.* Gesetzwidrigkeit (einer Verwaltungshandlung).
illégitime *adj* (1) *(illicite, illégal)* ungesetzlich, unrechtmäßig, illegitim, (2) *(FamR: enfant)* nichtehelich.
illégitimité *f* (1) Ungesetzlichkeit, Unrechtmäßigkeit *f*, Illegitimität *f*, (2) *(FamR: enfant)* Nichtehelichkeit, Unehelichkeit.
illicéité *f* (1) *(ZR: vice justifiant l'annulation d'un acte juridique)* Gesetzwidrigkeit (von Rechtsgeschäften), (2) *(StR: absence de cause légale de justification)* Rechtswidrigkeit, (3) *(ZPR: absence d'intérêt légitime)* fehlendes Rechtsschutzbedürfnis *od.* -interesse.
illicite *adj* unerlaubt, widerrechtlich, unrechtmäßig, rechtswidrig; ordnungswidrig; **gain –** gesetzwidriger Gewinn; **marquage –** widerrechtliche Kennzeichnung; **spéculation –** gesetzwidrige Spekulationsgewinne.
illicitement *adv* widerrechtlich, unberechtigt; **étendre –** unzulässigerweise erweitern.
illimité *adj* (1) unbegrenzt, unbeschränkt, (2) *(Macht)* unumschränkt; **responsabilité –e** unbeschränkte Haftung.
illiquidité *f* Zahlungsunfähigkeit, Mangel *m* an flüssigen Mitteln.
illisible *adj* unleserlich.
illusoire *adj* trügerisch, täuschend.
illustration *f* Erläuterung, Erklärung; Abbildung, bildliche Darstellung.
illustré *m* *(PresseR)* Illustrierte *f*.
illustrer *v.tr.* veranschaulichen, erläutern.
ilôt *m* **insalubre** *(BauR)* sanierungsbedürftiger Gebäudekomplex.
image *f* (1) Bild *n*, Darstellung *f*, (2) *(Pol., Werbung)* vorgefaßtes u. festumrissenes Vorstellungsbild, Image *n*; **– de marque** Ruf *m* eines Markenprodukts; Bild einer Persönlichkeit in der öffentlichen Meinung; **soigner son – de marque** Imagepflege betreiben.

imaginaire *adj* erdacht, fiktiv.
imagination *f* Einbildungskraft *f*, Einfallsreichtum *m*; Vorstellungsvermögen *n*.
imbécillité *f* Schwachsinn *m* (mittleren Grades).
imbrication *f* Verflechtung *f*, Ineinandergreifen *n*; **– de sociétés** (für Außenstehende) nicht durchschaubare Unternehmensverflechtung.
imbrûlés *mpl* Treibstoffrückstände *mpl*.
imitation *f* (1) *(contrefaçon)* Nachbildung *f*, Nachahmung *f*, (2) *(falsification)* Fälschung *f*; **se méfier des –s** vor Nachahmungen wird gewarnt; **– d'une invention sans contrefaçon directe** Nachahmung einer Erfindung ohne unmittelbare Verletzung; **– d'une signature** Unterschriftsfälschung.
imiter *v.tr.* nachahmen, nachmachen.
immanent *adj*: **justice –e** immanente Gerechtigkeit.
immatériel *adj* unkörperlich, geistig; ideell; **dommage –** immaterieller Schaden.
immatriculation (1) *(ZR, VwR, SozR)* Eintragung, Anmeldung *f*, (2) *(HochschulR)* Immatrikulation *f*, Einschreibung (bei einer Fakultät), (3) *(StVR: véhicules automobiles)* Kennzeichen *n*; Zulassung; **numéro d'–** (1) *(StVR)* amtliches Kennzeichen (Kfz), (2) Register- *od.* Eintragungsnummer *f*, (3) (Personen-)Kennziffer *f*, (4) *(Geräte)* Kennzeichnungsnummer *f*; **numéro d'– à la Sécurité sociale** Sozialversicherungsnummer; **port d'–** Heimat- *od.* Registerhafen *m*; **– au Registre des agents commerciaux** Eintragung im frz. Handelsvertreterregister; **– au Registre du commerce et des sociétés** Eintragung im frz. Handels- und Gesellschaftsregister, Handelsregistereintragung; **– à la Sécurité sociale** Anmeldung bei einem Sozialversicherungsträger.
immatricule *f* Eintragung(snummer) (für Gerichtsvollzieher).

385

immatriculer *v.tr.* (1) *(Kfz)* anmelden, (2) eintragen, (3) *(Student)* einschreiben, immatrikulieren.

immédiat *adj* unmittelbar, sofort, umgehend, unverzüglich; **cause –e** unmittelbare Ursache; **danger –** drohende Gefahr; **dans l'–** in der allernächsten Zeit, umgehend.

immédiatement *adv* (= *sans délai, à l'instant même*) umgehend, sofort, gleich, unverzüglich.

immeuble *adj* unbeweglich; **bien –** Grundstück *n*; **droit réputé –** grundstücksgleiches Recht.

immeuble *m* (1) *(SachR: le sol et ce qui s'y incorpore, art. 518 Cciv)* Grundstück *n*, unbewegliche Sache, abgegrenzter Teil der Erdoberfläche, (2) *(SachR: tout bien auquel la loi reconnaît le caractère immobilier, art. 517 Cciv)* Immobilie(n) *f(pl)*, Liegenschaft(en) *f(pl)*, (3) *(AllgSpr)* Gebäude *n*, Bauwerk *n*, Baulichkeit *f*, Haus *n*; **gérant d'–, syndic d'–** Hausverwalter; **– par destination** unbewegliche Sache kraft gesetzlicher Bestimmung; **– de grande hauteur** (= **IGH**) Hochhaus *n*; **– insalubre** gesundheitsgefährdendes Grundstück; **– menaçant ruine** einsturzgefährdetes Gebäude; **– par nature** Grundstück, Grund und Boden, Gebäude *n*; **– par l'objet auquel il s'applique** beschränktes dingliches Recht am Grundstück; **– de rapport** Ertrags- *od.* Miethaus; **– à usage d'habitation** Wohnhaus, Wohngebäude.

immigrant *adj*: **travailleur –** ausländischer Arbeitnehmer, Gastarbeitnehmer *m*, Gastarbeiter *m*.

immigrant *m* Einwanderer *m*, Immigrant *m*.

immigration *f* Einwanderung, Immigration, Zuzug *m od.* Zustrom *m* von Gastarbeitern; **restriction à l'–** Einwanderungsbeschränkung; **– clandestine** illegale Einwanderung.

immigré *m (AuslR: migrant)* Einwanderer, (aufenthaltsberechtigter) Ausländer.

immigrer *v.intr.* einwandern, sich niederlassen, sich ansiedeln.

imminence *f* nahes Bevorstehen (einer Gefahr).

imminent *adj* drohend, (nahe) bevorstehend; **danger –** drohende Gefahr; **nomination –e** kurz bevorstehende Ernennung.

immiscer: s'– (**dans une affaire**) sich (in fremde Angelegenheiten) einmischen, sich einmengen.

immixtion *f* Einmischung *f*, Intervention.

immobilier *adj* unbeweglich; **agence –ière, agent –** Grundstücksmakler *m*; **biens –s** Liegenschaften *fpl*, Immobilien *fpl*; **marché –** Immobilienmarkt; **saisie –ière** Vollstreckung in das unbewegliche Vermögen; **vente –** Grundstücksveräußerung *f*.

immobilier *m* Immobilienmarkt *m*; Immobilienhandel *m*.

immobilisation *f* (1) *(GesR, surtout pl.: biens acquis pour une utilisation permanente)* Anlagevermögen *n*, Anlagegüter *npl*, (2) *(ZwangsVR: interdiction de déplacer un meuble)* Sicherungsvollstreckung (in bewegliches Vermögen), (3) *(SachR)* rechtliche Umwandlung einer beweglichen Sache in eine Liegenschaft, (4) *(SeeHR)* Liegezeit *f*; **frein d'–** *(StVR)* Feststellbremse *f*; **taxe d'–** Wagenstandgeld *n*; **– de capital** Bindung *od.* Festlegung von Kapital, Kauf *m* von Betriebsanlagen; **–s d'exploitation** Anlagevermögen *n*; **– à longue durée** langfristige Anlage (von Geldmitteln); **– d'un véhicule** *(StVR)* Entzug *m* der Betriebserlaubnis, Zurücknahme der Zulassung.

immobilisé *adj* (1) *(capitaux)* fest angelegt, nicht verfügbar, (2) *(usine)* stillgelegt, (3) *(compte)* gesperrt.

immobiliser (1) *(SachR: biens)* rechtlich wie Liegenschaften behandeln, (2) *(fonds, capitaux)* anlegen.

immobilisme *m* Starrheit *f*, Unbeweglichkeit; Reformunfähigkeit; Fortschrittsfeindlichkeit.

immodéré *adj* maßlos, unmäßig;

dépenses —es unverhältnismäßige Ausgaben; **prétention** —e überzogene Forderung; **prix** — ungerechtfertigter Preis.

immoler *v.tr.* opfern, töten.

immondices *fpl* Müll *m*, Unrat *m*.

immoral *adj (ZR: contraire aux bonnes mœurs)* unsittlich, sittenwidrig.

immoralité *f* Sittenwidrigkeit *f* Unsittlichkeit *f.*

immotivé *adj* unbegründet; **décision** —e unbegründete Entscheidung; **réclamation** —e gegenstandslose Mängelrüge, unbegründete Reklamation.

immuable *adj* unveränderlich, unabänderlich.

immunité *f* (1) *(VerfR)* (parlamentarische) Immunität *f,* Beschränkung der Strafverfolgung, (2) *(SteuerR)* Steuerfreiheit *f,* Steuerbegünstigung *f,* (3) *(StR)* Straffreiheit, gesetzlicher Schutz vor Strafverfolgung; **levée de l'** – Aufhebung der Immunität.

immunité d'arrestation *(StR)* gesetzlicher Schutz vor Strafverfolgung; Haftverschonung; **– de la défense** *(PrzR)* Straffreiheit der Parteien und ihrer Prozeßvertreter; **– de détention** Haftbefreiung *f*; **– diplomatique** *(VR)* diplomatische Immunität, Unverletzlichkeit der Person (der diplomatischen Vertreter und ihrer Familienangehörigen); **– douanière** Zollfreiheit; **– de l'État souverain** *(VR)* Immunität souveräner Staaten; **– familiale** *(StR)* Straffreiheit des Familiendiebstahls; **– fiscale** Steuerfreiheit, Abgabenfreiheit; **– de fonctions** *(VwR)* Amtsimmunität; **– de juridiction** Befreiung von der Gerichtsbarkeit, Nichtverfolgbarkeit; **– parlementaire** parlamentarische Immunität, Beschränkung der Strafverfolgung; **– de poursuites** *(StR)* gesetzlicher Schutz vor Strafverfolgung.

immutabilité *f* Unveränderlichkeit, Unabänderlichkeit *f.*

impact *m fig* Einwirkung *f*, Auswirkung *f*, durchschlagende Wirkung; Einfluß *m*; Folgen *fpl*; **étude d'**– Umweltverträglichkeitsprüfung *f*; **– d'un message publicitaire** Werbewirksamkeit.

impair *adj:* **nombre** – ungerade Zahl.

impair *m* Fehlverhalten *n*; **commettre un** – sich falsch verhalten.

impardonnable *adj* unverzeihlich, unentschuldbar.

imparfait *adj* unvollkommen, unvollendet; **ouvrage** – mangelhaftes Werk.

impartageable *adj* unteilbar.

impartial *adj* unparteiisch, unparteilich, neutral; **enquête** —e sachliche Untersuchung; **juge** – Richter, der ohne Ansehen der Person entscheidet.

impartialité Unparteilichkeit *f*, Unvoreingenommenheit *f*; **faire preuve d'**– unparteilich sein.

impartir gewähren, zugestehen, zubilligen; – **un délai à qqn.** jmdm. eine Frist setzen *od.* einräumen.

impartition *f (BW)* Beteiligung, Teilhabe.

impasse *f* (1) Sackgasse *f*, ausweglose Situation, Klemme *f*, (2) Defizit *n*; **faire l'**– **sur qqch.** etwas als unbeachtlich beiseite schieben, etwas (wichtiges) außer Betracht lassen; **– budgétaire** Haushaltsdefizit.

impatience *f* Ungeduld *f.*

impayé *adj* (1) unbezahlt, (2) unbesoldet; **traite** —e *(WechselR)* nicht bezahlter Wechsel.

impayés *mpl* Außenstände *mpl*; überfällige Forderungen; **recouvrement des** – Eintreibung der Außenstände.

impeachment *m (VerfR: procédure de mise en accusation d'un haut fonctionnaire)* Impeachment *n*, Anklage wegen Amtsmißbrauch (gegen einen hohen Staatsbeamten).

impécunieux *adj* mittelos, ohne Geldmittel, arm.

impénitent *adj* uneinsichtig, verstockt, unverbesserlich.

impenses *fpl* (1) *(SachR: dépenses faites sur un immeuble)* Unterhaltungskosten *pl*, Aufwendungen (für Reparaturen *od.* Renovierung), (2) *(i.w.S.: dépenses)* Ausgaben, Geldaufwand, Unkosten; – **nécessaires** notwendige Aufwendungen (zur Reparatur aller beschädigten *od.* abgenutzten Teile); – **utiles** nützliche (wertsteigernde) Aufwendungen; – **voluptuaires** Schönheitsreparaturen *fpl* (keinerlei Werterhöhung beinhaltend).

impératif *adj (ZR: acte auquel la volonté individuelle ne peut déroger, art.6 Cciv)* (rechts-)verbindlich, obligatorisch, zwingend vorgeschrieben; dringend, notwendig; **besoins –s** (zum Leben) Unentbehrliches, Notdurft *f*; **disposition -ive** Mußvorschrift *f*, unabdingbare Bestimmung; **loi -ive** zwingendes Gesetz, zwingend vorgeschriebener gesetzlicher Tatbestand; **mandat –** *(VerfR)* imperatives Mandat (des Abgeordneten).

impératif *m* (1) *(prescritpion d'ordre politique ou économique)* dringende Forderung, unabdingbares Erfordernis *n*, (2) zwingende *od.* unabänderliche Notwendigkeit; – **économique** Sachzwang.

imperdable *adj*: **procès –** Prozeß, der nicht verloren werden kann.

imperfection *f* Fehler *m*, Unvollkommenheit.

impérialisme *m* Imperialismus *m*, Expansionsbestrebungen.

impérieux *adj* dringend erforderlich.

impéritie *f* fehlende Sachkenntnis, Unvermögen *n*.

impérium *(PrzR)* Verwaltungsbefugnisse eines Richters, richterliche Zuständigkeiten im Bereich der Justizverwaltung.

impétrant *m (SchulR: personne ayant obtenu un diplôme)* Inhaber eines Diploms, einer Staatsprüfung, (2) *(VwR)* Antragsteller *m*.

impétration *f* **d'un sursis** Erwirkung *f* eines Aufschubs.

impétrer *v.tr. (VwR)* einen positiven Bescheid erwirken; einen Antrag stellen.

impignoration *f (SchuldR: mise en gage)* Verpfändung.

impignoré *adj* verpfändet.

implantation *f* (1) *(GesR)* Lage *f*, Niederlassung *f*, Standort *m*, (2) Gründung *f*, Ansiedlung (von Industrien); Anlage *f*, Durchsetzung; **choix d'une –** Standortwahl *f*; **– sur le marché** fester Marktanteil.

implication *f* (1) Verflechtung *f*, Auswirkung *f*, (2) Einbeziehung *f* (einer Sache in eine andere), (3) *(StR)* Beteiligung (an einer Straftat), (4) *(StPR: mise en cause)* Verwicklung (in ein Strafverfahren).

implicite *adj* stillschweigend; **clause –, disposition –** stillschweigende *od.* schlüssige Vereinbarung; **volonté –** nicht ausgesprochener, aber aus der Sachlage erkennbarer Wille.

implicitement *adv* stillschweigend; **accepter –** stillschweigend zustimmen.

impliquer *v.tr.* (1) mit sich bringen, zur Folge haben, (2) jmdn. in etwas verwickeln, (3) nicht denkbar sein ohne; **être –qué dans un accident** in einen Unfall verwickelt sein; **être –qué dans une affaire** kompromittiert sein; **être –qué dans un procès** an einem Verfahren beteiligt sein.

implorer jmdn. (inständig) um etwas bitten; **– l'indulgence** um Nachsicht bitten.

impondérabilité *f* unvorhersehbares Ereignis.

impondérable *adj* unwägbar, schlecht *od.* nicht zu berechnen.

impopulaire *adj* unbeliebt, unpopulär; **mesures –s** unpopuläre Maßnahmen.

import *m siehe:* **importation**.

importable *adj* importfähig.

importance *f* Wichtigkeit *f*, Bedeutung *f*, Belang *m*; Gewicht *n*, Umfang *m*, Höhe *f*; **affaire d'–** gewichtige Angelegenheit; **affaire de moindre –** Bagatellsache *f*; **avoir de l'–** von Bedeutung sein; **de peu d'–** unbedeutend, nebensächlich, zweitrangig; **élément d'– mineure** Nebensächlichkeit; **sans –** belanglos; **– d'un dommage** Schadensumfang *m*, Schadenhöhe.

important *adj* wichtig, bedeutend, beachtlich, relevant, von Belang; **juridiquement –** rechtlich (gesehen) von Bedeutung; **personnage –** einflußreiche Person; **poste –** Schlüsselstellung; **question –e** entscheidende Frage; **retard –** große Verspätung; **somme –e** hoher Betrag, beträchtliche Summe.

importateur *m* Einfuhrhändler *m*, Importeur *m*, Importfirma *od.* -unternehmen.

importation *f* (1) Einfuhr *f*, Import *m*, (2) *fpl* Einfuhrgüter *npl*, Importwaren *fpl*; **accord préalable à l' –** Einfuhrvorgenehmigung *f*; **admis à l' –** einfuhrberechtigt, zugelassen zur Einfuhr; **autorisation d' –** Einfuhrgenehmigung *f*; **biens d' –** Einfuhrwaren *fpl*, Importgüter *npl*; **commerce d' –** Einfuhr- *od.* Importhandel, Passivhandel; **contingent d' –** Einfuhrkontingent *n*, Importkontingent; **déclaration d' –** Zollanmeldung; **droit à l' –** Einfuhr- *od.* Eingangszoll; **licence d' –** Einfuhrgenehmigung *od.* -bewilligung, Importlizenz *f*; **pays d' –** Bezugsland *n*, Lieferland, Ursprungsland; **permis d' –** Einfuhrgenehmigung; **prix à l' –** Importod. Einfuhrpreis; **prohibition d' –** Einfuhrverbot *n*; **restriction à l' –** Einfuhrbeschränkung; **valeur à l' –** Einfuhrwert *m*; **– en franchise** zollfreie Einfuhr.

importer (1) *(Waren)* einführen, importieren, (2) *(Krankheit)* einschleppen, (3) *(v. intr.: seulement à la 3e personne: il importe)* bedeutend (sein), von Bedeutung (sein).

import-export *m* Import-Export-Geschäfte; Import-Export-Handel.

imposabilité *f* Besteuerungsfähigkeit *f*, Besteuerbarkeit.

imposable *adj* steuerpflichtig, besteuerbar, besteuerungsfähig; **matière –** Steuergegenstand *m*; **personne –** Steuerpflichtige(r) *m*, Steuersubjekt *n*; **revenu net –** zu versteuerndes Nettoeinkommen.

imposé *adj* (1) *(assujetti à l'impôt)* besteuert, der Steuer unterworfen, (2) (preis-)gebunden, (3) vorgeschrieben; **prix –** Festpreis, verbindliche Preisfestsetzung.

imposé *m* Steuerschuldner *m*; Steuerzahler *m*.

imposer *v.tr.* (1) *(forcer à, obliger à)* aufzwingen, vorschreiben, auferlegen, (2) *(taxer)* besteuern, mit einer Steuer belegen, (3) *(v. pron.: s' –)* sich durchsetzen, sich als notwendig erweisen.

imposition *f* (1) *(SteuerR: taxation, fait d'imposer)* Besteuerung, Auferlegung (von Steuern), (2) *(SteuerR: procédé technique de liquidation d'un impôt)* Festsetzung (der Steuerschuld); Veranlagung, (3) *(SteuerR: impôt, contribution)* Abgabe *f*, Steuer *f*; Steuerlast *f*, (4) *(VwR: fait d'imposer certaines contraintes)* Festsetzung, Festlegung; **année d' –** Veranlagungsjahr *n*; **assiette d' –** (Steuer-)Bemessungsgrundlage; *f*; **avis d' –** Steuerbescheid *m*; **calcul de l' –** Ermittlung des Steuerbetrages; **catégorie d' –** Steuerklasse *f*; **décision d' –** Steuerbescheid; **double –** Doppelbesteuerung; **droit d' –** Besteuerungsrecht *n*; **limite d' –** Besteuerungsgrenze *f*, Steuerfreigrenze; **mode d' –** Besteuerungsart *f*; **période d' –** Besteuerungszeitraum, Veranlagungsperiode; **régime d' –** Steuersystem *n*; **rôle d' –** Steuerrolle *f*, Steuerliste *f*; **seuil d' –** Steuerfreigrenze *f*, Steuerfreibetrag *m*; **tarif** *ou* **taux d' –** Steuersatz *od.* -tarif *m*; **tranche d' –** Steuerstufe *f*.

imposition annuelle (1) jährliche Besteuerung *od.* Steuerbelastung, (2) Kalenderjahr als Besteuerungs- *od.* Veranlagungszeitraum; **– cumulative** Mehrfachbesteuerung; **– fiscale** Steuerbelastung *f*; **– forfaitaire** Pausch- *od.* Pauschalbesteuerung; **– globale** Gesamtveranlagung, **– d'office** Zwangsveranlagung; **– des plus-values** Wertzuwachsbesteuerung (insbesondere bei Grundstücken); **– des revenus** Einkommensteuerveranlagung; **– séparée** Splitting *n*; Ge-

impossibilité

trenntveranlagung; **– d'après les signes extérieurs** Aufwandsbesteuerung; **– supplémentaire** Nachveranlagung *od.* -besteuerung.

impossibilité *f* Unmöglichkeit *f*; **en cas d'–** bei Vorliegen höherer Gewalt; **mettre qqn. dans l'– de faire qqch.** es jmdn. unmöglich machen etwas zu tun; **– d'exécuter, – d'exécution** Unvermögen zur Leistung, Unmöglichkeit der Leistung; **– juridique** Vorliegen eines rechtlichen Hindernisses; **– matérielle** praktische Undurchführbarkeit; **– d'utiliser** Unbrauchbarkeit.

impossible *adj* unmöglich; **conditions –s à remplir** nicht erfüllbarer Bedingungen; **mission –** undurchführbarer Auftrag.

impossible *m*: **à l'– nul n'est tenu** *(SchuldR)* Unmögliches kann man von niemandem verlangen; **demander l'–** unmögliches verlangen.

imposteur *m* Betrüger *m*, Hochstapler *m*; Lügner, Gauner *m*, Heuchler.

imposture *f* Betrug *m*, Hochstapelei *f*, Schwindelei *f*.

impôt *m* (1) *(prélèvement obligatoire)* Steuer *f*, (öffentliche) Abgabe *f*, (2) *mpl* Staatseinnahmen *fpl*; **acompte sur –** *(tiers provisionnel)* Steuervorauszahlung; **acquitter ses –s** seine Steuern zahlen; **allègement d'–** Steuervergünstigung; **arriérés d'–** Steuerrückstände *mpl*; **assiette de l'–** Steuerbemessungsgrundlage *f*; **assujetti à l'–** steuerpflichtig; **assujettissement à l'–** Steuerpflicht *f*, Heranziehung zur Steuer; **barème de l'–** Steuertabelle *f*; **centre des –s** Finanzamt *n*; **code général des –s** (= C.G.I.) frz. Abgabenordnung; **complément d'–** Steuerzuschlag *m*; **consentement de l'–** Steuerbewilligung *f*; **créance d'–** Steuerforderung (des Finanzamtes), geschuldeter Steuerbetrag; **crédit d'–** *(avoir fiscal)* vorab einbehaltene und auf die Gesamtsteuerschuld anrechenbare

impôt

Steuer; **débiteur d'–** Steuerschuldner *m*; **déclaration d'–** Steuererklärung, Selbstveranlagung; **déduire de l'–, défalquer de l'–** von der Steuer abziehen; **dégrèvement d'–** Steuerermäßigung *od.* -nachlaß; **dette d'–** Steuerschuld; **établissement de l'–** (Steuer-)Festsetzung, Steuerbemessung; Steuerveranlagung; **exempt d'–** steuerfrei *adj*; **exemption ou exonération d'–s** Steuerbefreiung; Steuer- *od.* Abgabenfreiheit; **feuille d'–** Steuerbescheid *m*; **forfait d'–** Pauschbesteuerung, Steuerpauschalierung; **franc d'–** steuerfrei; **frapper ou grever d'un –** besteuern; **fuite devant l'–** Steuerflucht, illegaler Steuerwiderstand; **incidence de l'–** Steuer(aus-) wirkung; **lever un –** eine Steuer erheben; **liquidation de l'–** Steuerfestsetzung; **majoration d'–** Steuerzuschlag *m*; **montant de l'–** Steuerbetrag *m*; **net de tout –** steuerfrei; **nomenclature des –s** Steuerarten; **paiement de l'–** Steuerzahlung; **payer ses –s** seine Steuern (ordnungsgemäß) zahlen; **percevoir un –** eine Steuer erheben; **prestation d'–** fällige Steuerschuld, Abschlußzahlung; **produit de l'–** Steueraufkommen *n*; **rappel d'–** Steuernachforderung; **recettes d'–** Steuereinnahmen *fpl*; **recouvrement de l'–** Steuereintreibung *f*, Beitreibung der Steuer; **réduction d'–** Steuersenkung *od.* -herabsetzung, Steuervergünstigung; **refus de l'–** Steuerhinterziehung, illegaler Steuerwiderstand; **remise d'–** Steuererlaß; **remboursement d'–s** Steuerrückzahlung; **rendement de l'–** Steueraufkommen *n*, Steuerergiebigkeit; **rentrée des –s** Steueraufkommen; **retenue d'–** Steuerabzug *m*; **soumettre à –** besteuern, eine Steuer auferlegen; **sources d'–s** Steuerquellen; **supplément d'–** Nachsteuer; **taux de l'–** Steuersatz *m*, Abgabesatz; Steuertarif *m*.

impôt sur l'accroissement de fortune Vermögenszuwachssteuer; **– sur l'accroissement de valeur** Wertzuwachssteuer; **– sur les accroissements de capital** Vermögenszuwachsabgabe; **– sur l'acquisition immobilière** Grunderwerbsteuer; **– affecté à une dépense déterminée** Beitragssteuer, Steuer mit gebundenem Verwendungszweck; **– sur le bénéfice des sociétés** Steuer auf die Unternehmensgewinne; **– sur les bénéfices** Gewinn- od. Ertragssteuer; **– sur les bénéfices industriels et commerciaux** (= I.B.I.C.) (Gewerbe-)Ertragssteuer; **– sur les bénéfices des sociétés** Körperschaftsteuer; **– sur les boissons** Getränkesteuer.

impôt sur le capital Kapitalverkehrssteuer; Substanzsteuer; **– de capitation** *(hist.)* Kopfsteuer; **– sur les carburants** Treibstoffsteuer; **– à cascade** Mehrphasensteuer; **–s cédulaires** die fünf wichtigsten frz. Steuerarten: Grundsteuer, Wertpapiersteuer, Gewerbesteuer, Einkommensteuer, Umsatzsteuer für Land- und Forstwirtschaftliche Betriebe; **– sur le chiffre d'affaires** Umsatzsteuer, Warenumsatzsteuer (= WUSt); **– de circulation** Verkehrssteuer; **– sur la circulation (des marchandises)** Beförderungssteuer; **– communal** Gemeindesteuer; **– communautaire** Gemeinschaftssteuer; **– sur la consommation** Verbrauchsteuer; **– sur les débits de boisson** Schanksteuer; **– dégressif** Degressivsteuer; **– sur la dépense de consommation** Verbrauchs- od. Verkehrssteuer.

impôt direct direkte od. unmittelbare od. veranlagte Steuer; **– sur les donations** Schenkungssteuer; **– sur les effets de commerce** Wechselsteuer; **– sur les émissions de billets de banque** Notensteuer; **– d'État** (zentral)staatliche Steuer; **– fédéral** Bundessteuer; **– foncier** Grundsteuer; **– forfaitaire** Pauschalsteuer, Steuerpauschalierung; **– sur la fortune** Vermögensteuer; **– général sur le revenu** Einkommensteuer; **– sur les grandes fortunes** (= IGF) Sondersteuer auf Großvermögen.

impôt indirect indirekte od. mittelbare od. tarifierte Steuer; **– local** Gemeindesteuer; **– locatif** Mietwohnraumsteuer; **– municipal** Gemeindesteuer; **– sur les mutations foncières** Grunderwerbsteuer; **– en nature** Naturalsteuer od. -abgabe; **– sur les opérations de bourse** Börsenumsatzsteuer; **– des patentes** *(hist.)* Gewerbesteuer; **– sur le patrimoine** Vermögens- od. Substanzsteuer, Besitzsteuer; **– personnel** Einkommensteuer; Personen- od. Subjektsteuer; **– sur les plus-values** Wertzuwachssteuer; **– des portes et fenêtres** *(hist.)* Fenster- und Türensteuer; **– prélevé à la source** einbehaltene und direkt an das Finanzamt abgeführte Steuer; **– progressif** progressiver Steuertarif; **– proportionnel** proportionaler Steuertarif; **– proportionnel sur les revenus des sociétés de capitaux** Körperschaftsteuer; **– sur la propriété bâtie** Gebäudesteuer; **– de quotité** Steuersatztarif; **– réel** Real- od. Objektsteuer; Grundsteuer; **– de répartition** Steuerbetragstarif.

impôt sur le revenu Einkommensteuer, Ertragssteuer; **soumis à l'– sur le revenu** einkommensteuerpflichtig *adj*; **– sur le revenu des capitaux mobiliers** Kapitalertragsteuer; **– sur le revenu des personnes physiques** (= I.R.P.P.) Einkommensteuer (= ESt.); **– sur le revenu des valeurs mobilières** Wertpapiersteuerung od. -ertragsteuer.

impôt sur les revenus du travail non salarié Steuer auf Einkommen aus selbständiger Erwerbstätigkeit.

impôt sur le salaire Lohnsteuer; **barème de l' – –** Lohnsteuertabelle.

impôt sécheresse Zusatzsteuer zugunsten der durch die Trockenheit geschädigten Landwirte; **– sur les sociétés** (= I.S.) Körperschaftsteuer; **– somptuaire** Luxussteuer; **– à la source** Besitz- *od.* Einkommensteuer; **– spécial** Sondersteuer; **– sur les spectacles** Vergnügungssteuer; **– sur les spiritueux** Branntweinsteuer; **– sur les successions** Erbschaftsteuer; **– sur les titres et valeurs mobilières** Wertpapiersteuer; **– sur les transactions** Verkehrssteuer; Umsatzsteuer; **– sur les transferts de capitaux** Kapitalverkehrsteuer; **– sur les transports** Beförderungssteuer; **– de solidarité sur la fortune** Solidaritätssteuer auf Großvermögen; **– unique** *(hist.)* Einheitssteuer.

impotent *adj (SozVers)* schwerbehindert.

impraticable *adj* (1) *(irréalisable, inapplicable)* unausführbar, nicht brauchbar, (2) *(Straße)* unbefahrbar.

imprécis *adj* ungenau, verschwommen, flüchtig; **estimation –e et globale** ungefähre und allgemeine Schätzung; **renseignement –** unbrauchbare Auskunft.

imprécision *f* Ungenauigkeit *f*; **– du souvenir** flüchtige und ungenaue Erinnerung

imprégation *f* **alcoolique** *(StVR: alcoolémie)* Blutalkoholgehalt *m.*

impréparation *f* mangelhafte Vorbereitung.

imprésario *m* (Künstler-)Agent *m*, Impresario *m.*

imprescriptibilité *f* (1) *(SchuldR, ZPR: qui n'est pas susceptible de s'éteindre par l'écoulement du temps)* Unverjährbarkeit, Unverfallbarkeit (der Anwartschaft), (2) *(SachR, VwR: droit de propriété qui ne s'éteint pas par la prescription extinctive)* Unersitzbarkeit.

imprescriptible *adj* (1) nicht verjährbar, unverjährbar, (2) nicht ersitzbar, unersitzbar.

impression *f* (1) (Ab-)Druck *m*, (2) Sinneseindruck *m*, Wahrnehmung, (3) Eindruck *m*; **frais d'–** Druckkosten; **– d'ensemble** Gesamteindruck; **– d'un fichier informatique** Drucken *n* einer Datei; **– de sécurité** Sicherheitsgefühl *n.*

imprévisibilité *f* Unvorhersehbarkeit *f*.

imprévisible *adj* unvorhersehbar, nicht voraussehbar.

imprévision *f* Unvorhersehbarkeit, unvorhersehbares Ereignis; **théorie de l'–** (1) *(ZR)* frz. Theorie des Wegfalls der Geschäftsgrundlage *od.* der Äquivalenzstörungen (zwischen Leistung und Gegenleistung), (2) *(VwR)* Abänderung eines öffentlichen Auftrages infolge eines unvorhersehbaren Ereignisses.

imprévu *adj*: **cas –** unvorhergesehener Fall; **événement –** unerwartetes Ereignis.

imprimé *m* Druckschrift *f*; Drucksache *f*; Formblatt *n*, Formular *n*; Vordruck *m*; **– commercial** gewerbliche Drucksache; **– publicitaire** Werbeprospekt *n*, Werbeschrift *f.*

imprimerie *f* **des Journaux officiels** frz. staatliche Druckerei der amtlichen Mitteilungsblätter; **écrire en lettres d'–** in Großbuchstaben schreiben.

improbabilité *f* Unwahrscheinlichkeit *f.*

improbable *adj* unwahrscheinlich, unvorstellbar, kaum denkbar.

improbation *f* Ablehnung *f*, ablehnende Haltung.

improbité *f* Unredlichkeit *f*, Unehrlichkeit.

improductif *adj* unergiebig, unrentabel, unproduktiv.

improductivité *f* Unproduktivität *f.*

impromptu *adv*: **à l'–** unvorbereitet, aus dem Stegreif.

impropre *adj* ungeeignet, unfähig; **– à la consommation** verdorben, ungenießbar.

improvisation *f* ohne Vorbereitung Dargebotenes, Improvisation *f.*

improviste *loc. adv.*: **à l'–** unversehens, unvermutet; **attaque à l'–** Überraschungsangriff *m*.

imprudemment *adj* unüberlegt, fahrlässig.

imprudence *f* Fahrlässigkeit *f*, Unvorsichtigkeit *f*, Unbesonnenheit *f*; **commettre une –** fahrlässig handeln.

imprudent *adj* unvorsichtig, unbesonnen, unbedacht; fahrlässig.

impubère *adj* eheunmündig, heiratsunfähig.

impuberté *f* Eheunmündigkeit, mangelnde Ehefähigkeit.

impudence *f* Schamlosigkeit, Frechheit.

impudeur *m* Schamlosigkeit, schamverletzende Handlung.

impuissance *f* (1) Machtlosigkeit *f*, Unvermögen *n*, Ohnmacht *f*, (2) Impotenz *f*, Zeugungsunfähigkeit *f*.

impulsion *f* (1) Impuls *m*, Initiative *f*, (2) Antrieb *m*, Anstoß *m*, Triebkraft *f*; **achat d'–** unüberlegter Kauf; **– économique** wirtschaftlicher Anreiz.

impunément *adv* ungestraft, ohne nachteilige Folgen.

impuni *adj* straflos, ungestraft, straffrei; **crime qui reste –** ungesühntes Verbrechen.

impunité *f* Straflosigkeit, Straffreiheit *f*; **agir en toute –** handeln, ohne mit einer Strafverfolgung rechnen zu müssen; **jouir de l'–** Straffreiheit genießen.

impureté *f* Verunreinigung; Fremdstoff *m*.

imputabilité *f* (1) *(SchuldR)* Ausgleichbarkeit gegenseitiger Forderungen, Anrechenbarkeit *f*, (2) *(StR)* Zurechenbarkeit (einer Straftat), Vertretenmüssen *n*.

imputable *adj* (1) *(SozR: sommes d'argent)* anrechenbar; anrechnungspflichtig, (2) *(StR: acte)* zurechenbar.

imputation *f* (1) *(Buchf)* Anrechnung, Umlegung, Verrechnung, (2) *(StR)* Beschuldigung, Bezichtigung; Unterstellung; **– à un article du budget** Bestimmung der Verbuchungsstelle; **– des dépenses** Verbuchung der Ausgaben; **– diffamatoire** beleidigende Behauptung; **– de vol** Bezichtigung des Diebstahls.

imputer *v.tr.* (1) *(Buchf)* anrechnen, aufrechnen, belasten, verrechnen, (2) *(StR)* beschuldigen, anlasten, zur Last legen; **– sur le congé** *(ArbR)* auf den Urlaub anrechnen.

inabordable *adj* (Preis) unerschwinglich; (Ort) unzugänglich.

inabrogeable *adj* (Gesetz) nicht aufhebbar.

in absentia *loc. adv.* in Abwesenheit (des Betroffenen).

inacceptable *adj* unannehmbar.

inactif *adj* (1) untätig, (2) stagnierend, nicht in Betrieb; **population –ive** Nichterwerbstätige *mpl*.

inactivité *f* (1) Untätigkeit *f*, (2) *(BeamR)* Ruhestand; vorübergehende Entfernung aus dem Dienst, vorläufige Dienstenthebung.

inadapté *adj* (1) nicht entsprechend *od.* passend, (2) schwer erziehbar, asozial.

inadmissible *adj* unzulässig; **négligence –** vorwerfbare Fahrlässigkeit.

inadvertance *f* Unachtsamkeit *f*; **par – ** aus Versehen.

inaliénabilité *f* Unveräußerlichkeit *f*, Nichtabtretbarkeit *f*.

inaliénable *adj* unveräußerlich.

inamical *adj*: **acte –** *(VR)* feindselige Handlung.

inamovibilité *f* Unabsetzbarkeit; Unversetzbarkeit *f*, **– d'une fonction** Amt auf Lebenszeit; **– d'un juge** Unabsetzbarkeit des Richters.

inamovible *adj* unabsetzbar, unversetzbar, auf Lebenszeit.

inapplicabilité *f* Unanwendbarkeit *f*.

inapplicable *adj* nicht anwendbar.

inapplication *f* (1) *(Vorschrift)* Nichtanwendung, (2) *(ArbR)* Nachlässigkeit *f*, Unaufmerksamkeit *f*; mangelnder Fleiß *m*.

inapte *adj* (1) arbeitsunfähig, dienstuntauglich, (2) nicht geeignet, ungeeignet, ohne die erforderliche

Eignung; – **au service** dienstunfähig, dienstuntauglich; – **au travail** arbeitsunfähig.

inaptitude *f* (1) Untauglichkeit *f*, mangelnde Eignung, (2) Unfähigkeit *f*; – **physique** körperliche Untauglichkeit; – **professionnelle** unzulängliche fachliche Leistungen; Berufsunfähigkeit; – **au service** Dienstunfähigkeit *od.* -untauglichkeit; – **au travail** Erwerbs- *od.* Arbeitsunfähigkeit.

inattaquabilité Unanfechtbarkeit *f*.

inattaquable *adj* unanfechtbar.

inattention *f* Unachtsamkeit, Unaufmerksamkeit.

inauguration *f* Einweihung; Eröffnung (einer Ausstellung).

inaugurer *v.tr.* (feierlich) einweihen *od.* eröffnen.

in bonis (= *maître de ses biens*) über sein Vermögen frei verfügen (können), verfügungsberechtigt sein.

incapable *adj* unfähig, ungeeignet, untauglich; – **de contracter** vertragsunfähig, nicht geschäftsfähig; – **d'exercer une activité lucrative** erwerbsunfähig.

incapacité *f* (1) *(ZR: inaptitude juridique d'exercice ou de jouissance)* Geschäftsunfähigkeit; beschränkte Rechtsfähigkeit, Einschränkung der Rechtsfähigkeit, bestimmter Grad der Geschäftsunfähigkeit, Unfähigkeit bestimmte Rechtsgeschäfte vorzunehmen, (2) *(ArbR, SozR: impossibilité de gagner sa vie)* Arbeitsunfähigkeit *f*, (3) *(StR: déchéance consécutive à une condamnation pénale)* teilweise Aberkennung der Rechtsfähigkeit, Verlust der Geschäftsfähigkeit und Einschränkung der Rechtsfähigkeit (durch Richterspruch); – **commerciale** *(HR, VwR)* öffentlich-rechtlich begründetes Berufsverbot *n*; – **de contracter** *(SchuldR)* Vertragsunfähigkeit, mangelnde Vertrags- *od.* Geschäftsfähigkeit, – **définitive** *(SozR, ArbR)* dauernde Erwerbsunfähigkeit; – **de donner et de recevoir** *(StR)* Unfähigkeit, über sein Vermögen testamentarisch oder mittels Schenkung zu verfügen bzw. unentgeltliche Zuwendungen entgegenzunehmen; – **électorale** *(StR: perte du droit de vote)* Wahlrechtsverlust *m* (durch Richterspruch); – **d'ester en justice** *(ZPR: inaptitude à participer à l'exercice d'une action judiciaire)* mangelnde Prozeßfähigkeit, Prozeßunfähigkeit.

incapacité d'exercice *(SchuldR: inaptitude à mettre en œuvre soi-même certains droits dont on est titulaire)* Geschäftsunfähigkeit, Fehlen der vollen Geschäftsfähigkeit; – **générale** (1) *(ZR)* Unfähigkeit, Rechtsgeschäfte überhaupt abzuschließen, (2) *(ArbR)* Arbeitsunfähigkeit.

incapacité de jouissance *(SchuldR: inaptitude à être titulaire d'un ou de plusieurs droits, cette incapacité ne peut pas être totale)* (frz. System der) Einschränkung der Rechtsfähigkeit, beschränkte Rechtsfähigkeit, teilweise *od.* partielle Rechtsunfähigkeit; – **légale** durch Gesetz begründete Geschäftsunfähigkeit, rechtlich normierte Geschäftsunfähigkeit; – **naturelle** *(ZR)* sich aus der Natur der Sache ergebende Geschäftsunfähigkeit; Geschäftsfähigkeit infolge Minderjährigkeit; – **partielle** *(ArbR)* teilweise Minderung der Erwerbsfähigkeit; – **permanente** Erwerbsunfähigkeit; – **permanente partielle** (= I.P.P.) Minderung der Erwerbsfähigkeit; – **physique** körperliche Untauglichkeit, Erwerbsunfähigkeit *f*; – **professionnelle** mangelnde fachliche (berufliche) Eignung; – **de protection** *(SchuldR)* Beschränkung der Geschäftsfähigkeit zum Schutz des Betroffenen; – **provisoire** vorübergehende Erwerbsunfähigkeit; – **de service** *(BeamR)* Dienstuntauglichkeit; – **spéciale** *(ZR)* Unfähigkeit, bestimmte Rechtsgeschäfte vorzunehmen (mit jedweder Person *od.* lediglich mit gewissen Personen); – **temporaire de travail** (= **ITT**) *(ArbR)* zeitweilige *od.* vorübergehende Arbeitsunfähigkeit; **– temporaire partielle (= ITP)** vorübergehende teilweise Arbeitsunfähigkeit; **– de tester** *(ErbR)* Testierunfähigkeit *f*; **– totale** *(SozR)* Erwerbsunfähigkeit.

incapacité de travail Arbeits- *od.* Berufs- *od.* Erwerbsunfähigkeit; **certificat d'– –** Dienstunfähigkeitsnachweis *m*; Arbeitsunfähigkeitsbescheinigung; **rente d'– – permanente** Invalidenrente *f*; **taux d'– –** Grad *m* der Erwerbsminderung.

incarcération *f (StR: emprisonnement)* Inhaftierung.

incarcérer *v.tr.* in Haft nehmen, inhaftieren.

in casu *lat (= en l'espèce)* im vorliegenden Fall; in Anbetracht (der besonderen Sachlage) eines jeden einzelnen Falles.

incendiaire *m* Brandstifter *m*.

incendie *m* Brand *m*, Feuer *n*, Feuerbrunst *f*; Schadenfeuer; **assurance- ou assurance contre l'–** Feuerversicherung; **dommage causé par –** Feuer- *od.* Brandschaden; **– banal** kleiner Brand; **– par négligence** fahrlässige Brandstiftung; **– prémédité ou volontaire** vorsätzliche Brandstifung; **– violent généralisé** Großbrand.

incendier in Brand setzen *od.* stecken, (in zerstörerischer Absicht) anzünden.

incertain *adj* ungewiß, unbestimmt, vom Zufall abhängig; veränderlich, unbeständig, unzuverlässig; **jurisprudence –e** schwankende Rechtsprechung; **résultat –** unbefriedigendes Ergebnis; **terme –** unbestimmte Frist, unbestimmter Zeitpunkt.

incertain *m* (1) *(Vwirt)* Ungewißheit, Zufälligkeit, (2) *(BörR)* direkte Notierung.

incertitude *f* Ungewißheit; Unschlüssigkeit; Veränderlichkeit; **– juridique** Rechtsunsicherheit.

incessamment *adv* unverzüglich.

incessibilité *f (SachR: inaliénabilité d'un bien incorporel)* Unübertragbarkeit *f*, Unabtretbarkeit *f*.

incessible *adj* nicht übertragbar, nicht abtretbar, unübertragbar.

inceste *m (StR)* Blutschande *f*, Inzest *m*; **– absolu** *(FamR)* zwingendes *od.* trennendes Eheverbot der nahen Verwandtschaft; **– relatif** Eheverbot der nahen Verwandtschaft mit der Möglichkeit der Erteilung einer Befreiung.

incestueux *adj* blutschänderisch.

inchangé *adj* unverändert; **prix –** stabiler Preis.

incidemment *adv* nebenbei, gelegentlich; zufällig.

incidence *f* Auswirkung *f*, Folge *f*; Rückwirkung *f*; Nachwirkung *f*; **– financière** finanzielle Auswirkung; **– fiscale** *ou* **de l'impôt** direkte Belastung durch eine Steuer, Unmöglichkeit der Steuerüberwälzung *od.* -abwälzung.

incident *m* (1) *(ZPR: contestation soulevée lors d'une instance déjà ouverte)* Änderung *od.* Erweiterung des Klageantrags (im Laufe des Verfahrens), (Antrag auf) Klageantragsbeschränkung *m*; Klageantragserweiterung, Klageänderungsantrag *m*; (2) *(VR)* Zwischenfall *m*, (3) *(BW)* (Betriebs-)Störung; **appel –** *(ZPR)* Anschlußberufung; **demande –e** zusätzlicher Klageantrag; Antrag auf Klageänderung; **pourvoi –** Widerklage; **soulever un –** einen Antrag auf Beendigung des Verfahrens stellen.

incident d'audience *(ZPR)* (neuer, zumeist unerwarteter) Antrag während der mündlichen Verhandlung; **– criminel** Vorbringen einer strafbaren Handlung im Verlauf eines Zivilprozesses; **– diplomatique** *(VR)* diplomatischer Zwischenfall; **– de frontière** *(VR)* Grenzzwischenfall; **– de l'instance** Zwischenstreit *m*, Inzidentstreit; **– liminaire** Einrede in der Vorverhandlung; **– nucléaire** nukleares Ereignis, Störfall *m*; **– de procédure** Zwischen- *od.* Inzidentstreit; **– technique** Betriebsstörung.

incidenter *v. intr.* (während der

mündlichen Verhandlung) einen (neuen) Antrag stellen.

incinération f (1) *(Leiche)* Einäscherung, (2) *(Müll)* Verbrennung.

incipit m *(UrhR)* Anfangswort n (eines Werks).

incitateur m *(StR: instigateur)* Anstifter m.

incitatif adj anreizend, anregend, fördernd: **prix** – besonders günstiger (zum Kauf anreizender) Preis.

incitation f (1) *(StR: instigation)* Anstiftung f, (2) *(BW: encouragement)* Anreiz m, Förderung, Anregung; – **à l'achat** Kaufanreiz; – **à la consommation** Verbrauchslenkung; – **au crime** Anstiftung zu einem Verbrechen, Aufforderung od. Aufstachelung zur Begehung eines Verbrechens; – **à la débauche** Förderung sexueller Handlungen; – **au faux serment** Verleitung zum Meineid; – **au faux témoignage** Verleitung zur falschen Zeugenaussage od. zur Falschaussage; – **fiscale** steuerlicher Anreiz; – **à la haine raciale** Aufstachelung zum Rassenhaß, Volksverhetzung; – **au meurtre** Anstiftung zum Totschlag; – **de mineurs à la débauche** Förderung sexueller Handlungen Minderjähriger; – **à la révolte** Aufwiegelung zum Aufstand; – **systématique à la consommation d'alcool** illegale Förderung des Alkoholkonsums.

inciter v.tr (1) *(StR)* anstiften, aufwiegeln, Vorschub leisten, (2) *(BW)* fördern, anregen.

incivilité f unhöfliche Handlung od. Äußerung.

inclémence f Strenge f, Härte f, Unerbittlichkeit.

inclination f fig Neigung f, Hang m.

inclure v.tr. einschließen; beifügen; – **une clause dans un contrat** eine Klausel in einen Vertrag einfügen.

inclus adj inbegriffen, inklusive; anbei, als Anlage; **charges –es** Nebenkosten inbegriffen; **ci-inclus** beiliegend.

inclusivement adv einschließlich, inklusiv.

incomber (à/de) v.tr ind. obliegen, verpflichtet sein (etw. zu tun), zukommen; **la charge de la preuve incombe au demandeur** dem Kläger obliegt die Beweislast; **il vous incombe de faire cette demande** sie müssen diesen Antrag stellen.

incombustible adj nicht brennbar.

incommode adj (umwelt-)belastend.

incommoder v.tr. belästigen.

incommutabilité f *(SachR)* Unübertragbarkeit, Unabtretbarkeit.

incommutable adj: **propriété** – nicht veräußerliches Eigentum.

incompatibilité f *(BeamR: interdiction légale de cumuler certaines fonctions)* (Ämter-)Unvereinbarkeit f, Inkompatibilität f; – **d'humeur** *(EheR)* unüberwindliche Abneigung.

incompatible adj nicht vereinbar, unvereinbar, inkompatibel.

incompétence f (1) *(PrzR, VwR: méconnaissance des règles de compétence)* Unzuständigkeit f, Verletzung der Zuständigkeits(regeln), (2) *(ArbR: incapacité)* Unfähigkeit f, mangelnde Sachkenntnis; **déclaration d'**– Unzuständigkeitserklärung; **exception d'**– Einrede der Unzuständigkeit; **soulever l'**– die Einrede der Unzuständigkeit erheben; – **matérielle** sachliche Unzuständigkeit; – **d'ordre public** von Amts wegen zu berücksichtigende Unzuständigkeit; – **à raison du lieu** örtliche Unzuständigkeit; – **à raison de la matière** sachliche Unzuständigkeit; – **ratione loci** örtliche Unzuständigkeit; – **ratione materiae** sachliche Unzuständigkeit; – **relative** ou – **territoriale** örtliche Unzuständigkeit.

incompétent adj (1) *(PrzR)* unzuständig, (2) *(ArbR)* nicht sachverständig, inkompetent.

incomplet adj (1) unvollständig, nicht vollzählig, (2) unvollendet, nicht abgeschlossen; **dossier** – lückenhafte od. unvollständige Akte.

incompréhensible adj unbegreiflich, unverständlich.

incompressible *adj* (1) *(Ausgaben)* uneinschränkbar, unreduzierbar, (2) *(Bedarf)* äußerst, lebensnotwendig; **dépenses –s** nicht reduzierbare *od.* nicht senkbare Kosten *od.* Ausgaben; **frais –s** Fixkosten.

inconcevable *adj* unbegreiflich; unglaubhaft; (nur) schwer verständlich.

inconciliable *adj* unvereinbar, unversöhnlich.

inconditionnel *adj* bedingungslos, unbedingt, absolut; uneingeschränkt; **acceptation –le** vorbehaltlose Annahme; **reddition –le** *(VR)* bedingungslose Kapitulation.

inconduite *f (StR)* ungebührlicher Lebenswandel; ungehöriges Benehmen.

inconnu *adj* unbekannt; **déposer une plainte contre –** Strafanzeige gegen Unbekannt erstatten.

inconscience *f* (1) *(légèreté, irréflexion)* Leichtfertigkeit, Unbedachtheit, (2) Bewußtlosigkeit, (3) Unbewußtsein.

inconséquence *f* mangelnde Folgerichtigkeit, Widersprüchlichkeit, Inkonsequenz *f.*

inconséquent *adj* widersprüchlich; unüberlegt.

inconsommable *adj* (Nahrung) verdorben.

inconstitutionnalité *f* Verfassungswidrigkeit *f.*

inconstitutionnel *adj* verfassungswidrig.

inconstructible *adj*: **zone –** unbebaubares *od.* (baurechtlich) nicht zu erschließendes Gebiet.

incontestabilité *f* Unbestreitbarkeit, Unwiderlegbarkeit *f*; **clause d'–** *(VersR)* Unanfechtbarkeitsklausel.

incontestable *adj* unbestreitbar, unstreitig, unanfechtbar; **droit –** unanfechtbares Recht; **preuve –** eindeutiger *od.* unwiderlegbarer Beweis.

incontesté *adj* unstreitig, unbestritten.

incontrôlable *adj* unüberprüfbar, nicht kontrollierbar.

incontrôlé *adj* unkontrolliert, nicht nachgeprüft.

inconvenant *adj* ungebührlich, ungehörig.

inconvénient *m* Nachteil *m*; Mißod. Übelstand *m*; Einwand *m*, Hindernis *n*; **avantages et –s** Vor- und Nachteile.

inconvertibilité *f* Nichtkonvertierbarkeit *f.*

inconvertible *adj* uneinlösbar, nicht konvertierbar, nicht einlösbar.

incorporation *f* (1) Aufnahme *f*, Eingliederung *f*, (2) *(MilR)* Einberufung *f*, Heranziehung zum Wehrdienst, (en S. aussi:) Einteilung *f*, (3) *(ZR: matérialisation d'un droit incorporel dans un objet corporel)* Verkörperung eines immateriellen Rechts in einem Rechtstitel; **ordre d'–** Einberufungsbefehl *m*; **– de réserves** *(GesR)* (Erhöhung des Nennkapitals durch) Umwandlung von Rücklagen in Nennkapital.

incorporel *adj* unkörperlich, abstrakt; **biens –s** (1) *(ZR: biens dématérialisés, créances, valeurs mobilières, actions en justice)* unkörperliche Güter, Immaterialgüter(rechte); Forderungen; Wertpapiere; Klagen, (2) *(ÖfR, HR: droits intellectuels, propriété industrielle)* geistiges Eigentum; gewerbliche Schutzrechte; **éléments –s du fonds de commerce** unkörperliche Güter als Bestandteile des frz. Handelsunternehmens.

incorporer *v.tr.* (1) einverleiben, (2) aufnehmen, eingliedern, einbeziehen, einstellen, (3) *(au capital)* (dem Kapital) zuführen, (4) (Geräte) einbauen.

incorrect *adj* (durch Ungenauigkeit) unrichtig, fehlerhaft, nicht korrekt; unhöflich.

incorrection *f* (1) *(Urkunde)* Fehlerhaftigkeit, (2) *(Verhalten)* unkorrekte Handlungsweise.

incorrigible *adj* unverbesserlich, keiner Besserung fähig.

incorruptible *adj* (1) unverderblich, (2) unbestechlich.

INCOTERMS *mpl* (= International

Commercial Terms) Incoterms, Liste von Handelsklauseln (aufgestellt von der Internationalen Handelskammer).
incrédibilité f Unglaubwürdigkeit.
incriminable adj: **action –** vorwerfbare Handlung.
incrimination f (1) *(StR: fait d'ériger un comportement en infraction)* Festlegung der gesetzliche (Straf-)Tatbestandsmerkmale, (2) *(StPR: accusation)* Tatvorwurf *od.* -verdacht.
incriminer v.tr. einen Tatvorwurf erheben, jmdn. (eines Verbrechens) beschuldigen, jmdm. (eine Straftat) zur Last legen.
inculpable adj tatverdächtig, unter Tatverdacht stehend.
inculpation f *(StPR: remplacé par la mise en accusation, art.80-1 du NCPP)* Eröffnung eines Ermittlungsverfahrens (durch die Staatsanwaltschaft), Einleitung eines Strafverfahrens, Beschuldigung, Anschuldigung; **acte d'–** Anklageschrift; **être arrêté sous l'– d'assassinat** Festnahme f des Beschuldigten unter Mordverdacht; **faire l'objet d'une –** beschuldigt werden; unter einer Anschuldigung stehen; **– tardive** verspätete Eröffnung eines Ermittlungsverfahrens (durch die Staatsanwaltschaft).
inculpé adj : **personne –e** *ou* **inculpé** m (1) *(StPR: personne mise en examen)* Beschuldigte(r) m (im Ermittlungsverfahren), (2) *(StPR: personne mise en cause)* Angeschuldigte(r) (nach Erhebung der Anklage), (3) *(StPR: personne encourant une amende contraventionnelle)* Person, die einer Übertretung beschuldigt wird (ensprich dem *Betroffenen* im Bußgeldverfahren); **renvoyer un – devant un tribunal** gegen einen Beschuldigten vor einem Gericht das Hauptverfahren eröffnen, jmdn. in den Anklagezustand versetzen.
inculper v.tr. ein Ermittlungsverfahren eröffnen, ein Strafverfahren einleiten, beschuldigen; anschuldigen; Anklage erheben (gegen), anklagen.

inculte adj *(LandwR: en friche)* unbebaut, unbestellt; **terre –** Brachland n.
incurie f Schlendrian m, Schlamperei.
incursion f *(VR: attaque, coup de main)* Überfall m, Streifzug m.
indécent adj anstößig, unschicklich.
indéfendable adj unhaltbar, unvertretbar.
indéfiniment adv auf unbestimmte Zeit.
indécis adj (1) *(Person)* unentschlossen, (2) *(Sache)* zweifelhaft, unentschieden.
indélébile adj urkundenecht.
indélicat adj unehrlich, betrügerisch; **gestionnaire –** Geschäftsführer, der seine Treupflicht (gegenüber dem Vertretenen) verletzt; **procédés –s** rechtsmißbräuchliche Geschäftsgebahren bei der Verwaltung fremden Vermögens.
indélicatesse f rechtsmißbräuchliche Verwaltung fremden Vermögens; Unregelmäßigkeiten fpl (bei der Geschäftsführung); Untreue f; Betrug m.
indemne adj (1) *(Person)* unverletzt, (2) *(Sache)* unbeschädigt, ohne Schaden genommen zu haben, (3) *(SchuldR: indemnisé, dédommagé)* entschädigt.
indemnisable adj vergütbar, entschädigungsfähig; erstattungsfähig *od.* -pflichtig.
indemnisation f (1) *(SchuldR: dédommagement, indemnité)* Entschädigung f, Schadensersatz m, Vergütung, Schadloshaltung, (2) *(VersR)* Schadensabwicklung *od.* -liquidation; **action en –** Schadenersatzklage f; **barème d'–** Vergütungssatz m; **créance en –** Entschädigungs- *od.* Schadensersatzforderung; **demander une –** Schadensersatz fordern; **droit à –** Ersatz- *od.* Entschädigungsanspruch; **fonds d'–** Entschädigungsfonds m; **juste –** angemessene Vergütung *od.* Entschädigung, billige Entschädigung; **montant de l'–** Entschädigungssumme; **tarif d'–** Vergünstigungssatz m; **– équitable**

indemniser **indemnité compensatoire**

angemessene Vergütung *od.* Entschädigung; – **en espèces** Barabfindung; – **forfaitaire** Kapitalabfindung; – **en numéraire** Ersatz *m* in Geld; – **du préjudice** Schadensersatz *m*.

indemniser *v.tr.* jmdn. entschädigen, schadlos halten, einen Schaden ersetzen, vergüten, Schadensersatz leisten, eine Entschädigung gewähren; **obligation d'** – Ersatzpflicht *f*; – **forfaitairement** abfinden.

indemnitaire *adj* entschädigend, vergütend; **prestation** – Schadensersatzleistung; **principe** – Grundsatz des gerechten Schadensausgleichs, Entschädigungsgrundsatz *m*.

indemnitaire *m/f* (1) Schadensersatzgläubiger, (2) *(SozR)* Unterstützungsempfänger.

indemnité *f* (1) *(ZR: somme d'argent pour réparer un préjudice ou pour compenser toute espèce de dommage)* Entschädigung (in Geld), Schaden(s)ersatz *m*, Schadloshaltung, Ersatzleistung, (2) *(ArbR: substitut de rémunération)* Zulage *f*, Vergütung *f*, Unterstützung *f*; **accorder une** – eine Entschädigung gewähren, Schadensersatz zusprechen; **action en** – Schadensersatzklage *f*; **allouer une** – eine Entschädigung gewähren; **bénéficiaire de l'** – Entschädigungsberechtigter; **complément d'** – Nachvergütung; **créance d'** – Schadensersatzforderung; **déchoir du droit à** – den Entschädigungsanspruch verlieren; **droit à** – Schadenersatzanspruch; **être déchu de tout droit à** – seine Entschädigungsansprüche verlieren; **faire valoir un droit à** – Schadensersatz geltend machen; **juste** – billige *od.* angemessene Entschädigung; **montant de l'** – Entschädigungssumme *f*, Abfindungsbetrag *m*; **obligation à** – Entschädigungspflicht; **plafond d'** – Entschädigungsgrenze; **pleine et entière** – volle Entschädigung, voller Ersatz; **règlement en** – Entschädigungszahlung; **verser une** – Entschädigung leisten.

indemnité d'absence Trennungszulage; – **accessoire** Nebenvergütung *f*; – **pour accident du travail** Arbeitsunfallentschädigung; – **d'allaitement** Stillgeld; – **allouée** zugesprochener Schadensersatz; – **d'ancienneté** *(BeamR)* Dienstalterszulage; – **en argent** Geldentschädigung; – **d'assurance** Versicherungsentschädigung; – **d'attente** Übergangsgeld, Wartegeld; – **de base** Grundvergütung, Grundentschädigung; – **de brusque rupture** *(ArbR)* Entschädigung wegen rechtsmißbräuchlicher Kündigung.

indemnité en capital Kapitalabfindung; – **à caractère familial** Familienlohn *m*; – **de caractère personnel** Schmerzensgeld; – **en cas d'accident** Unfallentschädigung; – **de change** Kursdifferenzvergütung; – **de changement d'emploi** Übergangsentschädigung; – **de charges administratives** Dienstaufwandsentschädigung; – **pour charge d'enfants** Kinderzulage; – **de cherté de vie** Teuerungszulage *od.* -entschädigung; – **de chômage** Arbeitslosengeld *od.* -unterstützung; – **de chômage (pour cause de maladie)** Krankengeld; – **de clientèle** *(HR)* Entschädigung für Betreuung u. Erweiterung der Kundschaft (bei Kündigung eines Handlungsreisenden); – **de comparution** *(PrzR)* Zeugenentschädigung.

indemnité compensatoire *ou* **compensatrice** (1) Ausgleichsbetrag *m*, Ausgleichsentschädigung, (2) Härteausgleich; – **compensatrice de congés payés** Ausgleichszahlung für nicht in Anspruch genommene Urlaubstage (bei Kündigung); – **de logement** Mietzuschuß, Mietentschädigung; – **complémentaire** Zusatzentschädigung, Zusatzvergütung; – **complémentaire de salaire**

indemnité de congédiement

Lohnergänzungszulage; **– de congés payés** Urlaubsgeld.
indemnité de congédiement Abfindung, Kündigungsentschädigung; **– de congédiement abusif** Entschädigung wegen rechtsmißbräuchlicher Kündigung.
indemnité de danger Gefahrenzulage; **– de décès** Sterbegeld; **– de délai-congé** *ou* **pour défaut de préavis** Abfindung für Nichteinhaltung der Kündigungsfrist; **– de déménagement** Umzugskostenvergütung, Umzugskostenbeihilfe *od.* -erstattung; **– de départ** Abgangsgeld *n*; **– de départ en retraite** Pensionierungsgeld; **– de déplacement** Reisekostenvergütung *od.* -entschädigung, Tagegelder, Übernachtungsgelder *pl*; **– pour dépréciation** Entschädigung für Wertminderung *od.* Abnutzung; **– de double résidence** Zulage für doppelte Haushaltsführung.
indemnité d'éloignement (1) *(ArbR)* Wegegeld, Fahrgeldzuschuß, (2) Auslandszulage; **– en espèces** Barabfindung; **– d'éviction** *(HR)* (vom Vermieter an den gewerblichen Mieter zu zahlende) Entschädigung für die Aufgabe der gewerblich genutzten Mietsache; **– d'expatriation** Auslandszulage; **– d'expertise** *(PrzR)* Sachverständigenentschädigung *od.* Aufwendungsersatz; **– d'expropriation** Enteignungsentschädigung; **– familiale** Familienzulage; **– de fin d'année** Weihnachtsgratifikation *od.* -geld; **– de fin de contrat** Abgangsgeld; **– de fonctions** *(BeamR)* Dienstzulage, Amtsunkostenentschädigung; **– forfaitaire** Pauschalvergütung *od.* -entschädigung; **– pour frais** Aufwandsentschädigung; **– pour frais de déplacement** Reisekostenentschädigung *od.* -vergütung; **– pour frais funéraires** Sterbegeld, Bestattungsentschädigung; **– de frais professionnels** Aufwandsentschädigung; **– pour frais de représentation** Repräsentationsspe-

indemnité de panier

sen *pl*, Repräsentationsgelder; **– de frais de route** Reisekostenentschädigung, Reisekostenvergütung; **– de frais de service** Dienstunkostenentschädigung; **– funéraire** Sterbegeld, Bestattungsentschädigung.
indemnité de grève Streikgelder, Streikunterstützung; **– de grossesse** Mutterschaftsunterstützung; **– d'habillement** Bekleidungszulage, Kleidergeld; **– pour heures supplémentaires** Überstundenentschädigung; Überstundenzulage *od.* -vergütung; **– horaire** *(SozVers)* Stundensatz (einer Beihilfe); **– d'installation** Einrichtungsbeihilfe; **– d'intérim** Zeitbeschäftigungsvergütung; **– de jour férié** Feiertagsgeld *od.* -zuschlag; **– journalière** (1) Tagegelder, Tagesentschädigung *od.* -vergütung, (2) *(SozVers)* Krankengeld; **– kilométrique** *(SteuerR)* Kilometergeld (für Benutzung des eigenen Kfz), Kilometerpauschale; **– de licenciement** Abfindung (bei Massenentlassungen), Kündigungsgeld; **– locale** Ortszulage; **– de logement** Mietzuschuß; **– de maladie** Krankengeld; **– pour manque à gagner** Ausfallvergütung; **– en nature** Naturalherstellung *od.* -ersatz; **– de non concurrence** Karenzentschädigung; **– d'occupation** Nutzungsentschädigung.
indemnité de panier Zehrgeld, Verpflegungszuschuß; **– de parcours à vide** Entschädigung für Leertransporte; **– parlementaire** *(VerfR)* Diäten *pl* (der Abgeordneten); **– partielle** Teilentschädigung; **– pécuniaire** Geldentschädigung; **– pour perte de salaires** Lohnausfallvergütung; **– pour privation de jouissance** Nutzungsentschädigung; **– de raccordement** Überbrückungsbeihilfe *f*; **– de rachat** Kaufpreisentschädigung; **– de réinstallation** (1) Umzugsbeihilfe, (2) Umsiedlungsbeihilfe; **– de renchérissement** Teuerungs-

zulage; – **de renvoi** Abfindung; – **de représentation** (Dienst-)Aufwendungsentschädigung; – **représentative de frais** Aufwandsentschädigung; – **de résidence** *ou* **résidentielle** Ortszulage, Ortszuschlag; – **de résiliation** (1) *(SchuldR)* Vertrags- *od.* Konventionalstrafe; Reugeld *n*, (2) *(ArbR)* Kündigungsentschädigung; – **de responsabilité** Verantwortungszulage; – **de retard** *(HR)* Säumniszuschlag; – **de risques** Gefahrenzulage; – **de rupture de contrat** *(SchuldR)* Vertrags- *od.* Konventionalstrafe; – **de rupture abusive** (du contrat de travail) Entschädigung wegen Nichteinhaltung der Kündigungsfrist *od.* wegen vertragswidriger Kündigung.
indemnité salariale Lohnausgleich *m*; – **de sauvetage** *(SeeHR)* Bergelohn *m*; – **de séjour** Aufenthaltsentschädigung; – **de séparation** Trennungszulage *od.* -geld; – **de session** Sitzungsgelder; – **de sinistre** Schadensersatz (im Versicherungsfalle), Versicherungsleistung im Schadensfall; – **de subsistance** Unterhaltszuschuß; – **de transitoire** Übergangsgeld; – **de transport** Fahrtkostenvergütung; – **de travail de nuit** Nachtarbeitszulage; – **de travail pénible** Schwerarbeiterzulage; – **pour travail salissant** Schmutzzulage.
indemnité de vie chère Teuerungszulage *od.* -entschädigung; – **de voiture** Vergütung für die Benutzung des eigenen Kraftfahrzeuges; – **de voyage** Reisekosten- *od.* Fahrtkostenvergütung.
indémontrable *adj* unbeweisbar.
indéniable *adj* unleugbar, unbestreitbar; **preuve** – unwiderlegbarer Beweis.
indépendance *f* Unabhängigkeit *f*, Selbständigkeit *f*, Autonomie *f*; (staatliche) Souveränität; **accession à l'**– Erlangung der Unabhängigkeit; **déclaration d'**– Unabhängigkeitserklärung; – **de l'autorité judiciaire** Unabhängigkeit der Judikative; – **économique** wirtschaftliche Unabhängigkeit; – **de la magistrature** richterliche Unabhängigkeit.
indépendant *adj* unabhängig, selbständig, autonom, frei, souverän; **député** – keiner Partei angehöriger Abgeordneter; **pour des raisons** –**es de notre volonté** aus von uns nicht zu verantwortenden Gründen; **profession** –**e** freier Beruf.
indépendant *m* *(WirtR: travailleur indépendant)* Freiberufler *m*, selbständig Erwerbstätiger, Selbständiger *m*.
indésirable *adj* unerwünscht, nicht willkommen; *m* *(VR)* unerwünschte Person.
indéterminable *adj* nicht bestimmbar; nicht festlegbar.
indétermination *f* Unbestimmtheit; – **d'un texte de loi** unbestimmt formuliertes Gesetz, mehrere Auslegungen zulassende gesetzliche Bestimmung; *pej* Gummiparagraph *m*.
indéterminé *adj* unbestimmt; nicht genau festgelegt *od.* festgesetzt; nicht in Geld bezifferbar; unentschlossen; **pour une cause** –**e** ohne ersichtlichen Grund.
index *m* (1) *(Vwirt)* Index(zahl *od.* -ziffer), statistische Vergleichsziffer, (2) *(table alphabétique)* Register *n*, Inhaltsverzeichnis *n*; (3) *(KirchR)* Index *m*; **être à l'**– verboten sein; auf der schwarzen Liste stehen; **mettre à l'**– (1) *(entreprise)* bestreiken, (2) *(KirchR)* auf den Index setzen; **mise à l'**– Ächtung; Boykott *m*; Verfemung; – **de correction** *(öffentliche Aufträge)* Ausgleichskoeffizient; – **des matières** Inhalts- *od.* Sachverzeichnis; – **numérique** Kennziffer *f*; – **de répartition** Verteilungsschlüssel *m*.
indexation *f* (1) *(Vwirt)* Indexierung (volkswirtschaftlich relevanter Größen), Indexbindung *f*, (2) Registrierung, Eintragung; **clause d'**– (1) *(SchuldR)* Wertsicherungs- *od.*

indexé | **indice de l'activité industrielle**

Indexklausel *f*; Kaufkraftschwundausgleichsklausel, (2) Gleitklausel; – **du prix du loyer** Mietzinsangleichung *od.* -indexierung; – **du salaires** Lohnindexierung; – **du taux d'intérêts** Zinsindexierung.

indexé *adj* indexgebunden, indexiert; **rente –e** dynamische Rente; **salaire –** indexgebundener *od.* dynamischer *od.* gleitender Lohn.

indexer an eine Indexklausel binden, indexieren; – **une demande de brevet** eine Patentanmeldung auszeichnen; – **un document** eine Urkunde mit einer Geschäftsnummer versehen; – **sur l'indice du coût de la vie** an den Lebenshaltungskostenindex koppeln.

indicateur *m* (1) *(StR: dénonciateur)* Denunziant *m*, Spitzel *m*, (2) *(guide, horaire)* Fahrplan *m*, Kursbuch *n*, Führer *m*, (3) *(Vwirt: indice, clignotant)* (Wirtschafts-)Indikator *m*; (Warn-)Zeichen *n*, Symptom *n*, (4) *(HR)* Vermittler *m*, Gelegenheitsagent *m*; – **d'alerte** Warnzeichen; – **de marché** Prognose über die künftige Marktentwicklung.

indicatif *adj* anzeigend, hinweisend auf; informierend, zur Information, **à titre –** unverbindlich; **prix –** unverbindlicher Richtpreis, Preisempfehlung.

indicatif *m* Erkennungszeichen *n*; – **d'appel** Rufzeichen *n*; Pausenzeichen *n*, Indikativ *n*; **à titre –** als Beispiel (in einer Aufzählung); **énumération –ive** *(loi)* unvollständige Aufzählung; – **téléphonique** Vorwahlnummer *f*.

indication *f* (1) *(énonciation)* Angabe *f*; Anzeige *f*, Aussage *f*, (2) *(renseignement)* Hinweis *m*, Information *f*; Andeutung *f*, Wink *m*, (3) *(désignation)* Bezeichnung *f*, Anzeichen *n*, Merkmal *n*, (4) *(élément de preuve)* Indiz *n*, Beweis *m*, Beweisstück *n*; **avec – des particularités** unter Angabe aller Einzelheiten; **sans – des motifs** ohne Angabe der Gründe; **sauf – contraire** falls nichts anderes angegeben ist; **sur –** nach Angabe von, auf Hinweis von; – **erronée** unrichtige Angabe; – **essentielle** wesentliche Angabe; – **des faits** Sachverhaltsdarstellung; – **des motifs** Angabe von Gründen; – **d'origine** *ou* **de provenance** (1) Ursprungsangabe *f*, (2) Herkunftsangabe *od.* -bezeichnung; – **de paiement** Zahlungsvermerk *m*; – **pertinente** sachdienlicher Hinweis; – **du prix** Preisangabe, Preisauszeichnung; – **de service** Dienstvermerk *m*; – **des sources** Quellenangabe; – **thérapeutique** Heilanzeige, Indikation; – **trompeuse** irreführende Angabe; – **de la valeur** Wertangabe.

indice *m* (1) *(PrzR: élément de preuve)* Indiz *n*, Anzeichen *n*, (Anzeichen-)Beweis *m*, Indizienbeweis, (2) *(SteuerR)* (zumeist äußere Zeichen als) Bemessungsgrundlage *f*, (3) *(Vwirt)* Index *m*, Indexzahl *od.* -ziffer *f*, Richtzahl *f*; Meßziffer, Indikator *m*; **calcul de l'–** Indexberechnung; **pondérer l'–** den Index gewichten; **preuve par –s** (1) *(StR)* Indizien- *od.* Anzeichenbeweis *m*, (2) *(ZR)* Anscheins- *od.* prima-facie-Beweis.

indice de l'activité industrielle Index der Industrietätigkeit; – **de base** Grundindex; – **boursier** Börsenindex; – **brut** Bruttoindex; – **commercial** Wirtschaftsindex; – **de conversion** Umstellungsindex; – **du cours des actions** Index der Aktienkurse, Aktienindex; – **du coût de la vie** Lebenshaltungs(kosten)index; – **désaisonnalisé** saisonbereinigter Index; – **économique** Wirtschaftsindex, Index der wirtschaftlichen Entwicklung; – **d'écoute** Hörerfrequenz *f*; – **général du coût de la vie** allgemeiner Lebenshaltungsindex; – **hiérarchique** *(BeamR)* (Dienst-)Stellenkoeffizient *m*; – **des loyers** Mietindex; – **national du coût de la construction** amtlicher frz. Baukostenindex; – **officiel des prix** amtlicher Preisindex; – **pondéré** gewichteter Index, gewichtete Meßzifferreihe, gewogener Durchschnitt.

indice des prix Preisindex; – – **à la consommation** Verbraucherpreisindex; – – **de détail** Einzelhandelspreisindex; – – **de gros** Großhandelspreisindex.

indice de la production Index der industriellen Nettoproduktion; – **de productivité** Produktivitätsrichtzahl.

indice des produits d'alimentation Nahrungsmittelindex; – **de référence** Vergleichsindex, Bezugsgröße.

indiciaire *adj* Index-; **impôt** – vermögensbezogene Besteuerung nach äußeren Merkmalen (der Steuergegenstände), Besteuerung nach objektiven Tatbeständen; **preuve** – Anscheins- *od.* Indizienbeweis, prima-facie-Beweis.

indiciel *adj* Index-; **grille –ielle** Tarifgruppen der Besoldungsordnung.

indifféremment *adv* ohne Unterschied; gleichgültig.

indigénat *m* (1) Gesamtheit der Eingeborenen (in den ehemaligen Kolonien), (2) *(VerfR)* Indigenat *n*, Heimatsrecht *n*; Staatsangehörigkeit.

indigence *f* Mittellosigkeit *f*, Bedürftigkeit *f*; **certificat d'–** Bedürftigkeitsnachweis *m*; **vérification de l'état d'–** Bedürftigkeitsprüfung.

indigène *adj* eingeboren; inländisch, einheimisch.

indigène *m* Landesbewohner, Einheimische(r) *m*.

indigent *m* Mittellose(r), Bedürftige(r) *m*; *adj* mittellos, bedürftig.

indigne *adj* unwürdig; empörend; schändlich; verwerflich; – **de succéder** erbunwürdig.

indignité *f (ErbR: déchéance du droit de succéder)* Erbunwürdigkeit *f*; – **nationale** *(StR)* strafweise Entziehung bestimmter bürgerlicher Ehrenrechte; – **successorale** Erbunwürdigkeit.

indiqué *adj* angegeben; angebracht, ratsam.

indiquer (1) *(signaler, montrer)* angeben, bezeichnen, zeigen, anzeigen, weisen, hinweisen (auf), (auf etwas) deuten, (2) *(dire, enseigner)* verständlich machen, wissen lassen, (3) *(prouver)* beweisen, zeugen (für); – **un déficit** einen Verlust aufweisen; – **les motifs** begründen.

indirect *adj* mittelbar, indirekt; **avantage** – verdeckte Schenkung; **commande** –**e** *(HR)* durch den Handelsvertreter weiter geleiteter Auftrag; **contributions** –**es** frz. Steuerbehörde (zuständig für indirekte Abgaben); **démocratie** –**e** mittelbare *od.* parlamentarische *od.* repräsentative Demokratie; **dommage** – Folgeschaden *m*; **impôts** –**s** indirekte Steuern; **suffrage** – mittelbares Wahlrecht, Bestimmung von Wahlmännern.

indiscipline *f* Disziplinlosigkeit.

indiscrétion *f* Vertrauensbruch *m*; Verletzung der Schweigepflicht; – **financière** *(StR: délit d'initié)* Insider-Delikt *n*.

indiscutable *adj* (1) unbestreitbar, (2) nicht in Frage kommend.

indispensable *adj* (1) unentbehrlich, (2) unbedingt erforderlich, notwendig, unerläßlich, unumgänglich; **minimum** – **pour la subsistance** Existenzminimum *n*.

indisponibilité *f* (1) *(ZR: interdiction de disposer)* Verfügungsverbot *n*, (2) *(SachR: incessibilité)* Unveräußerlichkeit, mangelnde Verfügbarkeit, (2) *(BeamR)* (vorübergehende) Dienstunfähigkeit *f*.

indisponible *adj* nicht frei verfügbar, unverfügbar, unübertragbar; **droit** – unveräußerliches Recht; unentziehbarer Pflichtteil.

indisposition *f* Unpäßlichkeit, Unwohlsein *n*.

indissolubilité *f* Unauflösbarkeit *f*, Unauflöslichkeit.

indissoluble *adj* unauflösbar, unauflöslich.

indistinct *adj* undeutlich, unklar; ohne Unterschied.

individu *m* Mensch *m*, (Einzel-)Person *f*, Individuum *n*; **les droits de l'–** Grundrechte (der Einzelper-

individualisation

son), Menschenrechte; – **extradé** Ausgelieferte(r); – **de référence** Leitbild *n*; – **en situation irrégulière** Person, deren Papiere nicht in Ordnung sind.

individualisation *f* Individualisierung; – **de la peine** *(StR)* Konkretisierung der Strafzumessung.

individuel *adj* persönlich, individuel; **acte** – *(VwR)* Verwaltungsakt *m*; **action** –**elle** Handlung einer Einzelperson; **assurance** –**elle** (Einzel-)Unfallversicherung; **cas** – Einzelfall *m*; **liberté** –**elle** persönliche Freiheit; **propriété** –**elle** Privateigentum *n*; **responsabilité** –**elle** persönliche Haftung; **revenu** – Pro-Kopf-Einkommen *n*.

indivis *adj* ungeteilt; **héritiers** – *(ErbR)* Erben *pl* in ungeteilter Erbengemeinschaft; **succession** –**e** noch nicht geteilter Nachlaß.

indivisaire *m (ZR: coindivisaire, copropriétaire, cohéritier)* Mitberechtigter (bei ungeteilter Rechtsgemeinschaft); Gesamthänder; Miteigentümer, Mitinhaber; Miterbe.

indivisément *adj (ZR = par indivis)* gemeinschaftlich, Gesamt-; ungeteilt.

indivisibilité *f* (1) *(VerfR.)* Unteilbarkeit (des Statsgebiets); untrennbare Verbindung, (2) *(SchuldR)* Gesamthandsschuld *od*. -forderung, Gesamtgläubigerschaft, (3) *(StR)* Gesamtstrafe (bei Konkurrenz von Straftaten), (4) *(ZRP)* Konnexität *f*; – **accidentielle**, – **conventionnelle** Gesamthandsgemeinschaft durch Parteivereinbarung.

indivisible *adj* unteilbar; zur gesamten Hand.

indivision *f* (1) *(SachR: copropriété)* Miteigentum *n*; die nicht gesamthänderische Beteiligung mehrerer am Eigentum, (2) *(ZR)* Rechtsgemeinschaft, (3) Gemeinderschaft, Gemeinschaft des Besitzes; **servitude d'**– **forcée** Dienstbarkeit der Unteilbarkeit; – **active**, – **organisée**, – **volontaire** das durch besonderen Vertrag (der Mitberechtigten) begründete Miteigen-

industrie

tum; – **commune**, – **fortuite**, – **ordinaire**, – **non-organisée**, – **passive**, – **simple**, – **temporaire** gewöhnliches Miteigentum; – **forcée** Wohnungseigentum, Miteigentum kraft Gesetzes; – **par fractions** Bruchteilsgemeinschaft; – **héréditaire**, – **successorale** Erbengemeinschaft.

indu *adj* (1) nicht geschuldet, (2) unbegründet, ohne rechtfertigenden Grund; **heure** –**e** unzeitgemäß, verspätet.

indu *m* (1) *(SchuldR: qui n'est pas dû, trop perçu)* nicht geschuldete Leistung; irrtümlich gezahlter Betrag, (2) *(qui n'est pas fondé)* unbegründet; **paiement de l'**– irrtümliche Leistung, Vermögensverschiebung ohne rechtfertigenden Grund; **réclamation** –**e** zu Unrecht erhobene Forderung; **répétition de l'**– Rückforderung des irrtümlich geleisteten, Ausgleichsklage (auf Wiederherstellung der früheren Rechtslage).

indubitablement *adv* unzweifelhaft, gewiß, sicher.

induction *f* Schlußfolgerung *f*, vom besonderen Einzelfall auf das Allgemeine schließen.

induire *v.tr.d.* schlußfolgern; – **en erreur** täuschen, irreführen; – **en tentation** verleiten (zu).

indulgence *f* Milde *f*, Nachsicht *f*, Verständnis *n*.

indulgent *adj* nachsichtig, verständnisvoll, mild.

indûment *adv* (1) ungebührlich, (2) ungerechtfertigterweise, widerrechtlich, ungesetzlich; **somme payée** zu Unrecht gezahlter Betrag.

industrialisation *f* Industrialisierung.

industrie *f* Industrie *f*, Gewerbe *n*, Industriezweig *m*; **apport en** – *(GesR)* Einlage *f* in Form von (sonstigen) Leistungen *od*. unternehmerisch-technischen Wissen; **grande** – Großindustrie; **implantation d'une** – Standort *m*; **petite** – Gewerbe *n*; – **aéronautique** Luftfahrtindustrie, Flugzeugbau *m*; – **agroalimentaire** Nahrungs- und Genußmittelindustrie; – **d'armement** Rüstungsindustrie; – **automobile** Kraftfahrzeugindustrie; – **de base** Grundstoffindustrie; – **du bâtiment** Baugewerbe *n*, Hochbau *m*; – **de biens de consommation** Verbrauchsgüterindustrie; – **de biens d'équipement** Investitionsgüterindustrie; – **charbonnière** Kohlenbergbau *m*; – **chimique** chemische Industrie; – **cinématographique** Filmindustrie; – **clé** Schlüsselindustrie; – **complémentaire** Zuliefererindustrie; – **de la construction** Hochbau *m*; – **de la construction navale** Schiffsbauindustrie; – **électronique** Elektronik *f*, elektronische Industrie; – **d'exportation** *ou* **exportatrice** Exportindustrie; – **extractive** Bergbau, Erdölindustrie, Betreiben von Steinbrüchen; – **de finissage** Veredelungsindustrie; – **de guerre** Rüstungsindustrie.

industrie hôtelière Gaststättengewerbe, Bewirtungs- und Beherbergungsgewerbe; – **houillère** Kohlenbergbau *m*; – **du jouet** Spielwarenindustrie; – **légère** Konsumgüterindustrie; – **lourde** Schwerindustrie; – **manufacturière** veredelnde Industrie; – **mécanique** Maschinenbauindustrie; – **métallurgique** Hüttenindustrie, metallverarbeitende Industrie; – **minière** Bergbau *m*; – **nationalisée** verstaatlichte Industrie; – **navale** Schiffsbau; – **nucléaire** Atomwirtschaft; – **pétrolière** Mineralöl- *od.* Erdölindustrie; – **saisonnière** Saisongewerbe *n*; – **du sexe** Prostitution als Gewerbezweig, Frauenhandel *m*; – **du spectacle** Vergnügungsindustrie; – **textile** Textilindustrie; – **sidérurgique** Eisen- und Stahlindustrie; – **touristique** Fremdenverkehrsgewerbe; – **de transformation** Verarbeitungs- *od.* Veredelungsindustrie; – **vestimentaire** Bekleidungsindustrie.

industriel *adj* industriell, gewerblich; Industrie-, Gewerbe-; **entreprise –ielle** Industriebetrieb *m*; **espionnage –** Wirtschaftsspionage, Industriespionage; **exploitation –ielle** gewerbliche Verwertung; **produit –** gewerbliches Erzeugnis; **propriété –ielle** gewerbliches Eigentum; gewerblicher Rechtsschutz, Schutz gewerblich-geistiger Leistungen und Interessen; **zone –ielle (= ZI)** Gewerbegebiet *n*.

industriel *m* Fabrikherr *m*, Industrielle(r) *m*, Eigentümer eines Industriebetriebes; Unternehmer *m*, Gewerbetreibende *m*; **grand –** Großindustrielle *m*; Industriemagnat *m*.

industriellement *adv*: **pays – les plus avancés** Industrieländer *npl*.

industrieux *adj* geschickt, erfinderisch.

inébranlable *adj* unerschütterlich, standhaft; **résolution –** fester Entschluß.

inédit *adj* (1) *(UrhR)* unveröffentlicht, ungedruckt, (2) *(fig.)* neu, erstmalig, noch nicht dagewesen.

inédit *m* unveröffentlichtes Werk; Neuheit *f*.

ineffectivité *f* Unanwendbarkeit, Undurchsetzbarkeit.

inefficace *adj* (1) unwirksam, wirkungslos, ineffizient, (2) unfähig, unbrauchbar, (3) unwirtschaftlich; **mesure –** ungeeignete Maßnahme.

inégal *adj* ungleich.

inégalitaire *adj*; **société –** *(VerfR)* auf der Ungleichheit beruhende Gesellschaft.

inégalité *f* Ungleichheit, Disparität *f*, Diskrepanz *f*; – **des chances** Chancenungleichheit; – **des salaires** *(ArbR)* ungleiche Entlohnung, Verstoß gegen die Lohngleichheit; – **de traitement** *(VR)* ungleichmäßige *od.* ungleiche Behandlung, Diskriminierung.

inélasticité *f* **de la demande** *(Vwirt)* fehlende Nachfrageelastizität.

inéligibilité *f* Nichtwählbarkeit.

inéligible *adj* un- *od.* nicht wählbar.

inéluctable *adj* unvermeidlich, zwangsläufig; **conséquence** – unweigerlich eintretende Folge, unvermeidliche Auswirkung.

inemployé *adj* ungenutzt; unausgelastet; **capital** – totes Kapital.

inepte *adj* unfähig, unbegabt, dumm.

inépuisable *adj* unerschöpflich; **source d'énergie** – regenerierbare Energiequelle.

inéquitable *adj* ungerecht, unbillig.

inertie *f* Untätigkeit, Trägheit, Immobilismus; (geistige) Unbeweglichkeit.

inescomptable *adj (WechselR)* nicht diskontfähig.

inestimable *adj* unschätzbar, unbezahlbar.

inévitable *adj* unvermeidlich, unabwendbar, unumgänglich; notwendig; *m* **accepter l'**– sich in die gegebenen Verhältnisse fügen.

inexact *adj* ungenau, unrichtig, falsch, unzutreffend; (Person) unpünktlich.

inexactitude *f* Unrichtigkeit, Ungenauigkeit; **relever une** – auf einen Fehler hinweisen.

inexcusable *adj* unentschuldbar; **erreur** – unentschuldbarer Irrtum; **faute** – grobe Fahrlässigkeit, grob fahrlässiges Verhalten.

inexécutabilité *f* (1) Unerfüllbarkeit *f*, Undurchführbarkeit, (2) Nichtvollstreckbarkeit.

inexécutable *adj* (1) unerfüllbar, unausführbar, (2) nicht vollstreckbar.

inexécution *f* (schuldhafte) Nichterfüllung; **exception d'**– *(SchuldR: exceptio non adimpleti contractus)* Einrede des nicht erfüllten Vertrages; – **d'un contrat** *(SchuldR: non-accomplissement d'une obligation)* Leistungsstörung, positive Vertragsverletzung, Nichteinhaltung des Vertrages.

inexigibilité *f* (noch) nicht eingetretene Fälligkeit (der Leistung).

inexigible *adj* (1) uneintreibbar, (2) noch nicht fällig.

inexistant *adj* nicht (mehr) vorhanden, nicht bestehend.

inexistence *f* Fehlen *n*, Nichtbestehen *n*, Nichtvorhandensein *n*; – **de l'acte administratif** Rechtsunwirksamkeit eines Verwaltungsakts; – **de l'acte juridique** *(SchuldR)* ungültiges Rechtsgeschäft; Rechtsgeschäft, dem eine Wirksamkeitsvoraussetzung fehlt; – **du contrat** Nichtigkeit eines Vertrages (bei Fehlen einer Willenshandlung); – **d'une loi** Fehlen *n* einer gesetzlichen Regelung; – **du mariage** Nichtehe *f*.

inexpérience *f* Unerfahrenheit *f*, Mangel an Erfahrung.

inexpérimenté *adj* unerfahren, ohne (Berufs-)Erfahrung.

inexploité *adj* (1) *(ressources)* ungenutzt, nicht abgebaut, (2) *(sol)* brachliegend.

in extenso im vollen Wortlaut, ungekürzt.

in extremis im Sterben liegen, in den letzten Zügen.

infalsifiable *adj*: **carte d'identité** – fälschungssicherer Personalausweis.

infamant *adj* (1) *(StR)* mit dem Verlust der Ehrenrechte verbunden, (2) ehrenrührig, entehrend, verleumderisch.

infâme *adj* ehrlos, niederträchtig, gemein; **crime** – scheußliches Verbrechen.

infanticide *m* (1) Kindestötung, (2) Kindermörder(in).

infantile *adj* geistig zurückgeblieben; **maladie** – Kinderkrankheit.

inféodé (à) *adj (Pol)* linientreu; – **à la maf(f)ia** der Mafia verpflichtet.

inférer (de) *v.tr.ind.* schließen (aus), eine Schlußfolgerung ziehen.

inférieur *adj* unter, untergeordnet; unterhalb liegend; – **à** kleiner als; **arrondir au franc** – (einen Betrag) abrunden, durch Abziehen auf die nächste runde Zahl bringen; **tribunal** – unteres Gericht; **qualité -e** mindere Qualität.

inférieur *m* Untergebene(r) *m*.

infériorité *f* untergeordnete Stellung; Unterlegenheit; Minderwertigkeit.

infestation *f* Infektion, Ansteckung.

infidèle *adj* untreu, treulos; unehrlich; unzuverlässig, ungenau;

mémoire – lückenhaftes Gedächtnis; **traduction** – falsche Übersetzung; **– à sa parole** wortbrüchig.

infidélité *f* Untreue *f*, Treulosigkeit; Ungenauigkeit; **– dans le couple** Untreue der Ehegatten.

infiltrer *v.tr.* (1) (Partei) unterwandern, (2) (Wasser) einsickern.

infirmatif *adj (PrzR: arrêt qui réforme ou annule le jugement attaqué)* (ein Urteil) abändernd, aufhebend; **arrêt –** *(PrzR)* Abänderungs- od. Aufhebungsurteil.

infirmation *f* Aufhebung od. Abänderung (eines Urteils durch die Rechtsmittelinstanz); Entkräftung.

infirme *adj* (1) körperbehindert, (2) schwächlich, gebrechlich.

infirmer (1) *(PrzR: jugement)* aufheben, abändern, (2) *(affirmation, information)* in Abrede stellen, verneinen, dementieren, (3) *(preuve)* widerlegen, entkräften.

infirmier *m* (Kranken-)Pfleger *m*.

infirmière *f* **libérale** freiberuflich tätige Krankenschwester.

infirmité *f* Gebrechen *n*, Invalidität *f*, Leiden *n*; **– permanente partielle** dauernde teilweise Arbeitsunfähigkeit; **– permanente totale** vollständige Erwerbsunfähigkeit.

inflammable *adj*: **facilement –** feuergefährlich.

inflation *f* Inflation *f*, (allgemeine) Preissteigerung; **lutte contre l'–** Inflationsbekämpfung, Anti-Inflations-Politik; **taux d'–** Inflationsrate *f*; **– par les coûts** Kostendruckinflation; **– de crédit** Kreditinflation; **– par la demande** nachfrageinduzierte Inflation; **– galopante** galoppierende Inflation, Hyperinflation; **– latente** *ou* **importée** importierte Inflation; **– larvée** *ou* **– rampante** schleichende Inflation; **– des salaires** lohnkosteninduzierte Inflation.

inflationnisme *m* inflationistische Wirtschaftspolitik.

inflationniste *adj*: **écart –** inflatorische Lücke, Gap.

infléchir *v.tr. (une politique, une règle)* (eine Politik) umorientieren, (eine Vorschrift) abändern, umgestalten.

infliger *v.tr.* verhängen, auferlegen; **– une peine à qqn.** gegen jmdn. eine Strafe verhängen; **– de mauvais traitements** mißhandeln; **– la torture** foltern.

influence *f* Einfluß *m*; Einwirkung; Auswirkung; Ansehen, Autorität; **monnayer son –** sich Bemühungen zugunsten eines Dritten gut bezahlen lassen; **sphère** *ou* **zone d'–** Wirkungsbereich *m*, Einflußsphäre *f*; **trafic d'–** *(StR, BeamR)* Konnivenz *f*; **– prépondérante** Vormachtstellung.

influencer *v.tr.* beeinflussen, einwirken (auf); verleiten (zu).

influent *adj*: **personnage –** einflußreiche Persönlichkeit.

informateur *m* Auskunftsperson *f*, informeller Mitarbeiter; **– confirmé** Gewährsmann, Vertrauensmann; **– rétribué** bezahlter Informant.

information *f* (1) *(StPR: instruction préparatoire)* Voruntersuchung *f*, Untersuchung *f*, polizeiliche Vorermittlung, Ermittlungen *fpl*, Ermittlungsverfahren *n*; (2) *(action de mettre au courant)* Benachrichtigung *f*, Mitteilung, Information, Meldung, (3) *(renseignement obtenu)* Nachricht *f*, Auskunft *f*, Aufschluß *m*; Angaben *fpl*; **bulletin d'–s** Nachrichtensendung; **bureau d'–** Auskunftsstelle *f*, Informationsbüro *n*; **donner une –** Auskunft erteilen; **droit à –** *(ÖfR)* Informationsrecht; Auskunftspflicht (der Behörden); **élément d'–** Anhaltspunkt *m*; **flash d'–** Kurznachrichten *fpl*; **liberté de l'–** *(VerfR)* Informationsfreiheit; **obligation d'–** *(SchuldR)* Informationspflicht (des Verkäufers gegenüber dem Käufer), Aufklärungsverpflichtung; **ouvrir une –** *(StPR)* ein Ermittlungsverfahren (in Sachen . . .) eröffnen, Ermittlungen einleiten; **pour –** zur Kenntnisnahme; **procéder à une –** (strafrechtliche) Ermittlungen anstellen; **service d'–** Nachrich-

information de commodo

tendienst *m*; **supports de l'–** Medien *npl*; Informationsträger *m*.

information de commodo et incommodo *(VwPR)* Verwaltungsverfahren zwecks Feststellung unzulässiger Beeinträchtigung eines Grundstücks durch ein Nachbargrundstück; **–s confidentielles** vertrauliche Mitteilungen; **– contre X pour recel** Einleitung eines Strafverfahrens gegen Unbekannt wegen Hehlerei; **– exclusive** Exklusivbericht *m*; **– préliminaire** *(StPR)* Vorverfahren *n*, Ermittlungsverfahren (in Strafsachen); **– provisoire** Zwischenbescheid *m*.

informatique *f (DV)* Informatik *f*; Datenverarbeitung; Computertechnik *f*; **commission – et libertés (= CIL)** frz. Datenschutzbeauftragter; **loi sur l'– et les libertés** frz. Datenschutzgesetz *n*; **– juridique** Rechtsinformatik *f*.

informatique *adj*: **fichier –** Datei *f*; **fraude –** *(StR)* Computerbetrug *m*; rechtswidrige Datenveränderung; **délinquance –** Computerkriminalität *f*; Computerstraftaten; Computersabotage *f*; **piratage –** Softwarediebstahl *m*; **saisie –** Datenspeicherung.

informatisation *f* Einführung der Datenverarbeitung (auf Betriebsebene).

informatisé *adj*: **entreprise –e** computerisierter Betrieb; **traitement – de données nominatives** Erfassung *od.* Speicherung personenbezogener Daten.

informer (1) *(StPR)* eine Voruntersuchung durchführen, Ermittlungen anstellen (2) mitteilen, melden, benachrichtigen; **jusqu'à plus ample –é** *(PrzR)* bis zur Vervollständigung der Akten; mit der Auflage der Ergänzung (der Akten); bis auf weiteres, vorläufig; **milieux bien –és** *(Pol)* gut unterrichtete Kreise; **ordre d'–** *(StPR)* Anordnung zur Durchführung strafrechtlicher Ermittlungen; **tenir –é** jmdn. auf dem laufenden halten.

infortune *f* Unglück *n*, Mißgeschick *n*.

infraction au code de la route

infra *adv (= ci-après, ci-dessous)* sieh(e) unten (= s.u.).

infraction *f (StR: action ou omission prohibée par la loi)* strafbare Handlung, Straftat *f*, Verletzung einer Vorschrift, Gesetzesübertretung *f*; Zuwiderhandlung, Verstoß *m*; **commettre une –** eine strafbare Handlung begehen; **concours d'–s** Zusammentreffen mehrerer strafbarer Handlungen, **connexité d'–s** (innerer) Zusammenhang mehrerer Straftaten; **constatation de l'–** Feststellung einer strafbaren Handlung; **corps de l'–** corpus delicti; **lieu de l'–** Tatort *m*; **perpétration de l'–** Tatbegehung, Verübung der Tat.

infraction au code de la route Verstoß gegen die Straßenverkehrsordnung *od.* das Straßenverkehrsgesetz; verkehrswidriges Verhalten; **– commise à l'étranger** Auslandsstraftat *f*; **– complexe** *(StR)* natürliche Handlungseinheit; **–s connexes** (mehrere) rechtlich unabhängige Straftaten (die eine Handlungseinheit bilden); **– continue** *(StR: infraction dont la consommation suppose une certaine durée)* Dauerdelikt *n*, Aufrechterhaltung des rechtswidrigen Zustandes; **– continuée** *(StR: comportement infractionnel de même nature commis successivement dans le cadre d'une entreprise criminelle)* fortgesetzte Handlung; **– disciplinaire** *ou* **à la discipline** *(BeamR)* Verletzung der Disziplinarvorschriften, Disziplinarvergehen *n*; **– douanière** Zollstraftat, Zollvergehen; **– de droit commun** nichtpolitische Straftat; **– économique** Wirtschaftsstraftat *od.* -vergehen; **– fiscale** Steuerstraftat; **– flagrante** auf frischer Tat festgestellte Gesetzesverletzung; **– formelle** Tätigkeitsdelikt; **– d'habitude** gewohnheitsmäßiges Handeln; **– impossible** untauglicher Versuch; **– instantanée** *(StR: infraction qui se réalise en un trait de temps)* Straftat, die sich in einer (einzigen) Handlung erschöpft; **–**

intentionelle vorsätzliches (u. schuldhaftes) Handeln, vorsätzliche Straftat; – **internationale** *(VR: violation d'une règle de droit international)* Völkerrechtsverletzung; – **contre l'intimité** Verletzung des persönlichen Lebens- u. Geheimbereichs.

infraction à la législation sur les sociétés Wirtschaftsstraftat; – **à la loi** Gesetzesverstoß *m*; – **manquée** unfreiwilliger Rücktritt (von einer Straftat); – **militaire** Wehrstraftat; – **permanente** *(StR: infraction dont les conséquences se prolongent dans le temps)* Zustandsdelikt *n*; – **de police** Übertretung *f*, (entspricht der Ordnungswidrigkeit); – **politique** (1) Staatsschutzdelikt, (2) politisch motivierte Straftat; – **praeterintentionnelle** erfolgsqualifiziertes Delikt; – **purement matérielle** Straftat, die keinerlei Vorsatz erfordert, strafbare fahrlässige Handlung; – **putative** Wahn- od. Putativdelikt; – **de service** Dienstvergehen; – **au règlement** (Dienst-) Pflichtverletzung; Regelverstoß *m*; – **de simple police** Übertretung; – **successive** *(StR: syn. d'infraction continue)* Dauerdelikt *n*.

infrastructure *f* (1) *(Vwirt: ensemble des équipements économiques et techniques)* Infrastruktur *f*; öffentliche Einrichtungen, Anlagen *fpl*, (2) innerer Aufbau *m*, (3) Fundament *n*, Basis *f*; – **économique** wirtschaftliche Infrastruktur; – **routière** Straßennetz *n*.

infructueux *adj* vergeblich, unnütz, umsonst; **démarche –tueuse** vergebliche Schritte unternehmen.

ingagnable *adj*: **procès** – nicht zu gewinnender Rechtsstreit.

ingénierie *f* (1) *(recommandation officielle pour: engineering)* Unternehmensberatung *f*; Planungsgesellschaft *f*, Ingenieurbüro *n*, (2) Entwicklung *f*, Entwurf und Planung; Auftragsabwicklung *f*; Kostenkalkulation *f*.

ingénieur *m* (Diplom-)Ingenieur *m*; – **agronome** Diplomlandwirt *m*;
– **en brevets** frz. Patentanwalt *m*;
– **civil** Bauingenieur; – **en chef** technischer Leiter; – **-conseil,** – **consultant** (1) *(WirtR)* Consulting-Fachmann, beratender Ingenieur, Unternehmensberater, (2) Patentanwalt; – **des eaux et forêts** Forstwirt *m*; – **de vente** Verkaufsfachman *m*.

ingéniosité *f* Erfindungsgabe *f*; Geschicklichkeit.

ingénuité *f* Unbefangenheit; Treuherzigkeit, Naivität *f*.

ingérence *f* *(VR: immixtion dans les affaires intérieures)* Einmischung *f* (in innere Angelegenheiten), Intervention.

ingérer: s'– sich einmischen.

ingratitude *f* *(SchuldR: violation du devoir de reconnaissance)* grober Undank *m*, Undankbarkeit *f*.

ingrédients *mpl* *(LebensmittelR)* Zusammensetzung, Inhaltsstoffe *pl*, Hilfsstoffe.

inhabile *adj* **à contracter** vertragsunfähig; – **à tester** testierunfähig.

inhabilité *f* Geschäfts- od. Testierunfähigkeit.

inhérent *adj* zugehörig, innewohnend; Eigen-.

inhibition *f* Verbot *n*; Hemmung, Verzögerung.

inhumain *adj* *(StR, VR)* unmenschlich, grausam.

inhumanité *f* Unmenschlichkeit *f*; **acte d'–** besondere Grausamkeit, Barbarei *f*.

inhumation *f* Bestattung, Beerdigung *f*; – **dans la fosse commune** Beisetzung im Massengrab.

inimitié *f* Feindschaft *f*, Feindseligkeit.

inintelligible *adj* unverständlich.

ininterrompu *adj* ununterbrochen.

inique *adj* ungerecht, unbillig; **impôt** – völlig ungerechte Steuer; **juge** – voreingenommener Richter.

iniquité *f* Ungerechtigkeit *f*, Unbilligkeit *f*.

initial *adj* ursprünglich, Anfangs-; **capital** – Gründungskapital *n*; **demande en justice –e** Klage *f*,

Klageschrift *f*; **état** – ursprünglicher Zustand *m*; **pour une période –e de** (zunächst) für einen Zeitraum von, für die Anfangsphase; **valeur –e** Anschaffungswert *m*.

initialement *adv* primär, zunächst, anfänglich.

initiateur *m* (1) Pionier *m*, Bahnbrecher, (2) *(StR)* Anstifter, Urheber.

initiation *f* Einweisung *f*, Einarbeitung *f*, Einführung *f*, Anleitung *f*.

initiative *f* (1) Initiative *f*, Anregung *f*, Anstoß *m*; Entschlußkraft *f*, Unternehmensgeist *m*, (2) *(VerfR)* Recht *n* zur Einbringung von Gesetzesvorlagen; **demande d'–** (S) Initiativbegehren *n*; **– immédiate** Sofortmaßnahme *f*; **– législative** *ou* **des lois** Gesetzesinitiative, Initiativrecht; **– populaire** Volksbegehren *n*.

initié *m* *(BankR, BörR)* Eingeweihte(r) *m*, Insider *m*; **délit d'–** strafbare Verwendung der eigenen Insiderkenntnisse.

injonction *f* (1) *(ÖfR: commandement émanant d'une autorité)* Befehl *m*, (An-)Weisung, Anordnung, Aufforderung, (2) *(ZPR: ordre donné par le juge)* richterliche Anordnung, (3) *(VwR: mesure de caractère comminatoire)* beschwerender Verwaltungsakt; **procédure d'–** *(VwPR)* Verwaltungszwangsverfahren *n*; **– de faire** *(ZPR: procédure de référé)* einstweilige Anordnung (zwecks Erfüllung unbestrittener Ansprüche); **– de paiement** *ou* **de payer** *(ZwangsVR: ordre de s'acquitter d'une dette donnée par le juge)* Zahlungsbefehl *m*.

injure *f* (1) *(terme de mépris, offense)* Schimpfwort *n*, Beschimpfung *f*, (2) *(StR: expression outrageante)* Beleidigung *f*, Ehrenkränkung *f*; **– grave** (1) grobe Beleidigung, Beschimpfung, (2) *(divorce)* schwere Eheverfehlung.

injurier beschimpfen, beleidigen.

injurieux *adj*: **propos, terme –** beleidigende Äußerung, ehrenrührige Beschimpfung.

injuste *adj* ungerecht, unrecht; **soupçon –** unbegründeter *od.* ungerechtfertigter Verdacht.

injustice *f* Ungerechtigkeit *f*, Unrecht *n*, Unbilligkeit *f*; **être victime d'une –** ungerecht behandelt werden.

injustifiable *adj* nicht entschuldbar, durch nichts zu rechtfertigen; unverzeihlich; **retard –** unentschuldbare Verspätung.

injustifié *adj* unbegründet, nicht gerechtfertigt; **réclamation –e** unbegründeter Antrag.

innocence *f* Unschuld *f*, Schuldlosigkeit; **clamer son –** seine Unschuld beteuern; **établir son –**, **prouver son –** seine Unschuld beweisen.

innocent *adj* nicht schuldig, schuldlos, unschuldig; *m* Unschuldige(r); **fait –** rechtsunerhebliche Tatsache.

innocenter un accusé einen Angeklagten für unschuldig erklären.

innocuité *f* Unschädlichkeit (eines Gifts); **tester l'– d'un produit** die Unbedenklichkeit eines Produkts testen.

innovation *f* Neuerung, Innovation.

inobservation *f* Nichtbeachtung *f*, Nichtbefolgung, Nichteinhaltung, Pflichtverletzung, Mißachtung; **– du contrat** Verletzung der vertraglichen Vereinbarung; **– du délai** Fristversäumnis *f*, Nichteinhaltung der Frist; **– d'un signal routier** Nichtbeachtung eines Verkehrszeichens.

inoccupé *adj*: **logement –** leerstehende Wohnung.

inoffensif *adj* unschädlich, ungefährlich.

inonder le marché den Markt (mit Waren) überschwemmen; (Waren) in großen Mengen auf den Markt werfen.

inopérant *adj* unwirksam; **mesure –e** eine nicht greifende Maßnahme.

inopportun *adj* unzweckmäßig, ungeeignet; **requête –e** schlecht gewählter Zeitpunkt für einen Antrag.

inopportunité *f* Unzweckmäßigkeit.
inopposabilité *f* Nichteinwendbarkeit *f*; **- de l'acte** Urkunde, die nicht (als Beweisstück) vorgelegt werden kann; **- de l'exception** *(PrzR)* Ausschluß der Einrede, Einwendungsausschluß *m*.
inopposable *adj* nicht entgegensetzbar, nicht einwendbar.
inorganisé *m* (1) *(Pol)* Parteilose(r), (2) *(ArbR)* nicht (in einer Gewerkschaft) organisierter Arbeitnehmer.
input *m* (1) *(Vwirt: ensemble des biens et services entrant dans le processus de production, intrant)* Input *m*; Inputkoeffizient; Input-(Output-)Analyse, (2) *(DV: entrée de données)* (Daten-)Eingabe.
inqualifiable *adj*: **conduite -** unwürdiges Verhalten.
inquisitoire *ou* **inquisitorial** *adj*: **procédure -** *(StPR)* Inquisitionsprozeß, Strafprozeß nach dem Inquisitionsprinzip.
insaisissabilité *f (ZwangsVR)* Unpfändbarkeit (von Sachen *od* Forderungen); Pfändungsschutz *m*; Pfändungsfreigrenze *f*.
insaisissable *adj* unpfändbar, pfändungsfrei; **bien -** unpfändbare Sache; **salaire -** pfändungsfreies Arbeitseinkommen.
insalubre *adj* gesundheitsschädlich, gesundheitsgefährdend.
insalubrité *f* gesundheitliche Gefahren und Mißstände, Gesundheitsgefährdung.
insanité *f* **d'esprit** Geisteskrankheit *f*, Wahnsinn *m*.
insatisfaction *f*: **manifester son -** seine Unzufriedenheit kundtun.
insatisfaisant *adj*: **résultat -** unbefriedigendes Ergebnis.
inscription *f* (1) *(VwR, HochschulR)* Anmeldung, Einschreibung, (2) *(SachR, HR, GB)* Eintragung, (3) *(indication)* Aufschrift *f*, Beschriftung *m*; **comportant une -** beschriftet *adj*; **droit d'-** Einschreib(e)gebühr *f*, Eintragungsgebühr, Anmeldungsgebühr; Teilnahmegebühr; **formulaire d'-** Anmeldeformular *n*; **- au budget** Anweisung; **- au casier judiciaire** Eintragung in das Strafregister; **- au chômage** Arbeitslosmeldung; **- au compte** *(BankR)* Buchung auf Konto; **- au crédit** Gutschrift *f*; **- au débit** **(d'un compte)** Lastschrift; **- au dossier** Aktenvermerk *m*, Vermerk in *od*. zu den Akten; **- électorale** Eintragung in die Wählerliste; **- erronée** falsche Eintragung; **- à un examen** Anmeldung zur Prüfung.
inscription de faux *(ZPR: action dirigée contre un acte authentique)* Klage *f od*. Antrag auf Feststellung einer Urkundenfälschung; **- hypothécaire** eingetragene Hypothek; **- des hypothèques** (1) Hypothekeneintragung, Eintragung im Hypothekenregister; (2) eingetragene Hypothek; **- sur la liste électorale** Eintragung in das Wählerverzeichnis; **- maritime** *(SeeHR: administration des affaires maritimes)* frz. Schiffahrtsbehörde; Eintragung als Schiffer; **- modificative** Änderungseintragung, ändernde Eintragung; **- d'office** *(GB)* Vornahme einer Eintragung von Amts wegen.
inscription à l'ordre du jour Aufnahme in die Tagesordnung; **demande d'-** Antrag auf Aufnahme in die Tagesordnung.
inscription préalable *(GB)* Vormerkung *f*; **- des privilèges et hypothèques** Eintragung von Grunstücksrechten (gesetzliche Pfandrechte und Hypotheken); **- au procès-verbal** Aufnahme in das Protokoll; **- au registre du commerce** Handelsregistereintragung, Eintragung im Handelsregister; **- au registre foncier** Eintragung im Grundbuch (gibt es nur in Elsaß-Lothringen); **- au rôle** *(ZPR: enrôlement, mise au rôle)* Eintragung einer (Streit-)Sache im Register der Gerichtskanzlei (zwecks Anberaumung eines Termins zur mündlichen Verhandlung), Erteilung einer Geschäftsnummer (für eine bei Gericht eingereichte Klageschrift).

inscrire eintragen, aufnehmen, einsetzen; immatrikulieren; – **à l'actif** eine Gutschrift vornehmen; – **au budget** im Haushaltsplan ausweisen; – **au compte** auf ein Konto (ver)buchen; – **à l'ordre du jour** auf die Tagesordnung setzen; **s'– à** eintreten in; sich anmelden bei; **s'– en faux** *(ZPR)* die Echtheit einer Urkunde bestreiten; **s'– en faux contre** bestreiten, verneinen, widersprechen; – **au passif** *(Buchf)* abbuchen.

inscrit *adj/m* eingetragen; Eingetragene(r); **député non –** *(Pol)* Fraktionslose(r).

inscrivant *f (GB)* Antragsteller *m* (zwecks Eintragung einer Hypothek).

insécurité *f* **du droit** *ou* **juridique** Rechtsunsicherheit.

insémination *f* **artificielle** künstliche Befruchtung.

insensibilité *f* Unempfindlichkeit, Gefühlslosigkeit.

insensiblement *adv* allmählich, nach und nach; unmerklich.

insérer (1) einfügen, einsetzen (2) *(Zeitung)* ein Inserat aufgeben, inserieren; einrücken, einschalten; – **une clause dans un contrat** einen Vertrag durch eine zusätzliche Klausel ergänzen.

insertion *f* (1) *(publication, annonces)* (öffentliche) Bekanntmachung, (2) *(Werbung)* Inserat *n*, Annonce *f*, (3) *(Vertragsklausel)* Einfügung *f*, (4) Vertrautwerden *n* (mit dem Umfeld), (5) *(SozR: réinsertion ou réadaptation sociale)* Eingliederung (in die soziale Gemeinschaft), (6) *(StR)* Resozialisierung; **frais d'–** Kosten der Bekanntmachung in einer periodischen Druckschrift; **légale** *(ÖfR, StR: publication par la voie des journaux, prescrite par jugement ou la loi)* gesetzliche Bekanntmachungspflicht (in Fachzeitschriften und Amtsblättern); gerichtlich angeordnete Bekanntmachung eines Strafurteils (insbesondere bei Steuerhinterziehungen und Verleumdungen) in einer oder mehreren Zeitungen; – **dans la vie professionnelle** Eingliederung in das Berufsleben.

insidieusement *adv* hinterlistig, arglistig.

insigne *adj* hervorragend, ausgezeichnet.

insigne *m* Abzeichen *n*; Insignien *npl*; – **de fonctions** Dienstabzeichen, Amtszeichen; – **de grade** Rangabzeichen, Dienstgradabzeichen; – **politique** Parteiabzeichen; – **de souveraineté** Hoheitszeichen.

insignifiant *adj* unbedeutend, nichtssagend, belanglos, bedeutungslos; unerheblich, geringfügig; **dommage –** Bagatellschaden, Kleinschaden, geringfügiger Schaden *m*.

insinuation *f* (1) Eintragung (in einem Register), (2) Verdächtigung, Andeutung.

insister (1) *(insister sur qqch.)* bestehen auf, (2) *(s'étendre sur)* ausführlich behandeln, (3) *(insister pour)* nachdrücklich verlangen.

insolence *f* Anmaßung *f*, Unverschämtheit, Frechheit.

insolvabilité *f* Zahlungsunfähigkeit, Insolvenz; **en cas d'–** im Falle der Nichteintreibbarkeit.

insolvable *adj* zahlungsunfähig, insolvent.

insonorisation *f* Schallschutz *m*; Schalldämmung.

insoumis *m (MilR)* Wehrdienstverweigerer.

insoumission *f* (1) *(StR, VwR: refus d'obéissance)* Ungehorsam *m*, Widersetzlichkeit *f*, (2) *(MilR)* Kriegsdienstverweigerung; – **totale** wiederholte und fortdauernde Verweigerung militärischer und zivildienstlicher Anordnungen.

inspecter *v.tr.* besichtigen, inspizieren, in Augenschein nehmen; *(Zoll)* kontrollieren.

inspecteur *m* Aufsichtsbeamte(r) *m*, Inspekteur; – **d'académie** *(SchulR)* Oberster frz. Beamter eines Schulbezirks für das Schul- und Hochschulwesen; – **divisionnaire** Leiter der Bezirkskriminalpolizeistelle; –

des finances Beamter der frz. Oberfinanzdirektion; **– de police** Kriminalinspektor; **– principal** Leiter des Kriminalamtes; **– du travail** Gewerbeaufsichtsbeamte(r) *m*; **– de vente** Vertriebsleiter.

inspection *f* (1) *(examen attentif)* Besichtigung *f*, Untersuchung *f*, Augenschein *m*, (2) *(surveillance)* Überwachung *f*, Inspektion *f*, Prüfung *f*, (3) *(VwR: service de contrôle, ensemble des inspecteurs d'une administration)* Aufsichtsdienststelle *f*; Aufsichtsbehörde; **– académique** Schul- und Hochschulaufsichtsbehörde; **– comptable** Revision *f*; **– d'entreprise** Betriebsüberprüfung *f*; **– générale de l'administration (= IGA)** Oberste frz. Verwaltungsaufsichtsbehörde; **– générale des finances (= IGF)** *(HaushR)* Oberste frz. Finanzaufsichtsbehörde; **– générale de la police nationale (= IGPN)** Oberste frz. Polizeiaufsichtsbehörde; **– des lieux** Ortsbesichtigung; **– de la qualité** Güteprüfung, Qualitätskontrolle; **– sanitaire** Gesundheitsüberwachung; **– sanitaire de la viande** Fleischbeschau *f*; **– du travail** frz. Gewerbeaufsichtsamt *n*, Arbeitsaufsichtsbehörde *f*.

inspiré *adj:* **être bien –** gut beraten sein.

inspirer *v.tr.* **confiance** Vertrauen erwecken.

instabilité *f* Unbeständigkeit *f*, Unsicherheit; **– monétaire** Währungsschwankungen *fpl*; **– des prix** Preisschwankungen *fpl*.

installateur *m* Installateur *m*, Einrichter von technischen Anlagen.

installation *f* (1) *(appareils, bâtiments)* Anlage *f*, Aufstellung *f*, Ausrüstung *f*, Ausstattung *f*, Einbau *m*, Einrichtung *f*, Montage *f*, (2) *(BeamR)* Amtsantritt *m*, Amtseinsetzung *od.* -einführung; **frais d'–** Einrichtungskosten *pl*; **– classée** *(VwR, WirtR: établissement dangereux, incommode et insalubre)* Wirtschaftsanlage, die eine besondere Betriebsgefahr mit sich bringt; **– de freinage** Bremsanlage; **– illégale** Hausbesetzung; **– industrielle** Fabrikanlage; **– nucléaire** Kernkraftanlage *f*.

installer *v.tr.* (1) anlegen, einrichten, ausrüsten, (2) einsetzen, (einen Beamten in sein Amt) einführen; **s'–** sich niederlassen; eine freiberufliche Tätigkeit ausüben.

instance *f* (1) *(ZPR: phases d'un procès)* Instanz *f*, Rechtszug *m*; Verfahrensabschnitt *m*; (gerichtliches) Verfahren *n*, (2) *(ZPR, StPR)* Gericht *n* (in der Instanzenordnung), (3) *(ZPR: contestation devant un tribunal)* Rechtsstreit *m*, Rechtssache *f*, Prozeß *m*, Klage *f*, (4) *(ÖfR: autorité, corps constitué)* Behörde *f*, Amt *n*, Stelle *f*, Gremium *n*, (5) *fpl (PrzR)* Instanzenordnung, (6) *fpl (sollicitation)* inständige Bitte, dringender Antrag; **acte introductif d'–** Klageschrift *f*; **appeler à l'–** ein gerichtliches Verfahren einleiten; **affaire** *ou* **cause en –** anhängige Sache, rechtshängige Klage; **dénoncer l'–** den Streit verkünden; **dénonciation d'–** Streitverkündung; **dépens de l'–** Prozeßkosten *pl*, Kosten des Verfahrens; **dernière –** letzte Instanz; **en dernière –** in (erster u.) letzter Instanz; **désistement d'–** Klagerücknahme *f* (ohne Anspruchsverzicht); **en –** (1) *(ZPR)* rechtshängig, gerichtshängig, anhängig, (2) *(Post)* abholbereit, postlagernd; **engager une –** ein Verfahren einleiten; **introduire une –** eine Klage einreichen; **jugement en première –** erstinstanzliches Urteil; **lien d'–** Prozeßrechtsverhältnis *n*; **lier l'–** die Rechtshängigkeit begründen; **de première –** erstinstanzlich; **en première –** in erster Instanz; **requête introductive d'–** Klageschrift *f*.

instance administrative Verwaltungsstufe *f*; **– d'appel** Rechtsmittelinstanz, Berufungsinstanz; Berufungsverfahren; **– d'arbitrage** *ou* **arbitrale** Schiedsinstanz, Schiedsstelle; Schiedsverfahren; –

civile Zivilprozeß m; **– commerciale** Prozeß vor dem frz. Handelsgericht; **– compétente** zuständige Behörde; **– de contrôle** Aufsichtsbehörde; **– en déclaration judiciaire de décès** gerichtliches Verfahren zur Todeserklärung; **–s dirigeantes** Führungsgremien; **– disciplinaire** Disziplinarverfahren; **– en divorce** Scheidungsklage f, Scheidungsprozeß; **– en exequatur** Verfahren zur Anerkennung eines ausländischen Urteils; **– gouvernementale** Regierungsstelle f, Behörde; **–s internationales** (VR) die internationalen Behörden; **– en justice** gerichtliches Verfahren; **– pénale** (1) Strafgericht n, (2) Strafverfahren; **– précédente** Vorinstanz; **– principale** ou **au principal** Hauptverfahren; **– prud'homale** arbeitsgerichtliches Verfahren; **– de recours** Rechtsmittelinstanz; Berufungsgericht; Beschwerdeinstanz; **– en référé** Verfahren zum Erlaß einer einstweiligen Verfügung; **– en révision** Wiederaufnahmeverfahren; **– supérieure** (1) (PrzR) Berufungsgericht, (2) Revisionsgericht, (3) (VwR) oberste Verwaltungsbehörde; **– suprême** oberstes Gericht, Revisionsgericht.

instant adj dringend, inständig; nahe bevorstehend; **péril –** (unmittelbar) drohende Gefahr.

instant m (kurzer) Augenblick; **à l'–** soeben; **à tout –** jederzeit; **dans un –** sofort, gleich; **d'un – à l'autre** bald; **en un –** sehr schnell; **par –s** zeitweise; **pour l'–** zum jetzigen Zeitpunkt, augenblicklich.

instar: **à l'– de** loc. prép. nach der Art von, so wie.

instauration f Einführung f, Einsetzung, Errichtung, Schaffung.

instaurer einführen, einsetzen, errichten; **– un droit** ein Recht begründen; **– une réforme** eine Reform einleiten.

instigateur m (1) (StR: complice par instigation) Anstifter m, (2) (AllgSpr) Drahtzieher m, Anführer.

instigation f (StR: une des formes de la complicité, art.121-7 NCP) Anstiftung f (als Unterart der Beihilfe).

instituer (1) (mettre en vigueur) in Kraft setzen, einführen, (2) (créer, instaurer) errichten, einrichten, gründen, (3) (constituer qqn. son héritier) (als Erben) einsetzen.

institut m (1) (HochschulR: établissement de recherche, d'enseignement) Anstalt f, (Forschungs-)Institut n, wissenschaftliche Gesellschaft, (2) (réunion des cinq Académies) das Französische Institut (als Vereinigung von Gelehrten, Künstlern und Dichtern); **– démoscopique** Meinungsforschungsinstitut; **– d'émission** Emissions- od. Zentralbank; **– international des brevets** Internationales Patentamt; **– international pour l'unification du droit privé** Internationales Institut für die Vereinheitlichung des Privatrechts; **– national de la propriété industrielle** (= INPI) frz. (nationales) Patentamt; **– national de la statistique et des études économiques** (= INSEE) frz. Statistisches Zentralamt; **– universitaire de technologie** (= IUT) frz. praxisorientierte Fachhochschule (2jährige Studienzeit).

institutes de Justinien Institutes, Institutionen des römischen Rechts (von Justinian und Gajus).

instituteur m, **institutrice** f (SchulR: enseignant dans une école primaire ou maternelle) Elementarschullehrer, -lehrerin; Erzieher, Kindergärtnerin.

institution f (1) (création, fondation) Gründung f, Schaffung, Errichtung, (2) (ce qui est institué) (staatliche) Einrichtung, Träger m, Institution des öffentlichen Rechts, (3) (organisation juridique) Rechtsgebilde n, Rechtsinstitut n, (4) (désignation, nomination) Einsetzung (in ein Amt), Ernennung, (5) (ÖfR: meist fpl) Staatsorganisation od. -aufbau; Staatsordnung, staatliche Einrichtungen, (6) (SchulR: établissement privé d'éducation) Privatschule f; **–**

d'assurance Versicherungsträger *m*; – **autonome** Selbstverwaltungskörperschaft; – **de bienfaisance** *ou* **charitable** Wohlfahrtseinrichtung; – **de compensation** *(BankR)* Verrechnungsstelle; – **de crédit** Kreditinstitut; – **d'éducation** Bildungsanstalt; – **d'éducation surveillée** *(StVZ)* Besserungsanstalt für jugendliche Straftäter; – **financière spécialisée** (= IFS) Spezialbank *f*; – **d'héritier** Erbeinsetzung; – **juridique** Rechtseinrichtung, Rechtsinstitut; – **libre** Privatschule; – **de prévoyance** Vorsorgeeinrichtung; – **de retraites** Pensionskasse *f*; – **de Sécurité sociale** Träger der sozialen Sicherheit; – **sociale** Sozialeinrichtung; –**s spécialisées** *(VR)* Sonderorganisationen (der UNO); – **d'utilité publique** gemeinnützige Einrichtung.

institutionnalisation *f* Institutionalisierung *f*.

institutionnaliser institutionell verankern; zur Regel machen.

institutionnel *adj* institutionell.

instructeur *m* Ausbilder *m*; Unterweiser *m*; **juge** – *(StPR)* Ermittlungsrichter.

instruction *f* (1) *(VwR: directive, ordre)* Anordnung *f*, allgemeine Weisung, Dienstanweisung, Befehl *m*; Erlaß *m*; Richtlinie *f*; Vorschrift *f*, (2) *(StPR: information, interrogatoire)* Ermittlungen *pl*, Erhebungen *pl*, Untersuchungen *pl*, (3) *(ZPR: phase préparatoire du procès civil, mise en état)* Vorverfahren (bis zur Entscheidungsreife), Vorbereitung der mündlichen Verhandlung, (4) *(SchulR: enseignement, formation)* Unterricht *m*, Ausbildung *f*, Unterweisung; Bildung; **acte d'–** *(StPR)* (richterliche) Untersuchungshandlung *f*; **clôture de l'–** Abschluß der Ermittlungen; **code d'– criminelle** *(hist)* Strafprozeßordnung *f*; **juge d'–** frz. Untersuchungsrichter, Ermittlungsrichter *m*; **mesure d'–** (1) *(ZPR)* Beweisaufnahme *f*, Beweiserhebung (im Rahmen der mündlichen Verhandlung), (2) *(StPR)* richterliche Untersuchungshandlung; **pouvoir d'–** (1) *(StPR)* Leitung des Ermittlungsverfahrens, (2) *(VwR)* Weisungsrecht *n*.

instruction administrative Verwaltungsanordnung, Dienstanweisung; – **civique** Staatsbürgerkunde *f*; – **criminelle** Ermittlungsverfahren in Strafsachen; – **définitive** Hauptverfahren *n*, Hauptverhandlung *f*; – **d'une demande** *(VwR)* Bearbeitung *f* eines Antrags; – **disciplinaire** *(BeamR)* Disziplinaruntersuchung; – **sur les droits** Belehrung (des Betroffenen) über seine Rechte; – **impérative** bindende Dienstanweisung; – **individuelle** Einzelweisung; – **interprétative** Auslegungsvorschrift; – **judiciaire** Verfahren vor einem Ermittlungsrichter; – **militaire** Grundausbildung; – **ministérielle** ministerielle Dienstanweisung; – **particulière** Einzelanweisung; – **pénale** Ermittlungsverfahren in Strafsachen; – **préalable**, – **préliminaire**, – **préparatoire** (1) *(StPR)* strafrechtliche Ermittlungen, Voruntersuchung, (2) *(ZPR)* gerichtliches Vorverfahren; – **d'un procès** Durchführung *f* eines Verfahrens; – **professionnelle** Berufsausbildung; – **publique** öffentliches Erziehungswesen; – **de service** Dienstanweisung *od.* -befehl, Dienstvorschrift, Verwaltungsanweisung.

instruire *v.tr.* (1) *(éduquer, former)* unterrichten, lehren, belehren, (2) *(StPR)* das Ermittlungsverfahren betreiben, untersuchen, (3) *(VwR)* einen Antrag prüfen; eine Untersuchung durchführen; – **une candidature** eine Bewerbung prüfen.

instrument *m* (1) *(appareil, outil)* Werkzeug *n*, Instrument *n*, Apparat *m*, technische Vorrichtung *f*, Gerät *n*, (2) *(moyen)* Mittel *n*, (3) *(acte authentique)* öffentliche Urkunde *f*; – **d'accession** *ou* **d'adhésion** *(VR)*

Beitrittsurkunde; **– d'amendement** Abänderungsurkunde; **– contractuel** Dispositiv-Urkunde; **– de dénonciation** Kündigung; **– formel** Konstitutiv-Urkunde; **– international** völkerrechtliche Urkunde; **– de mesure** Meßzeug *n*; **–s monétaires** Geldzeichen; Banknoten; Scheidemünzen; **– de notification** Zustellungsurkunde; **– officiel** amtliche Urkunde; **– de paiement** *(BankR)* Zahlungsmittel *n*; **– de ratification** *(VR)* Ratifikationsurkunde.

instrumentaire *adj*: **témoin –** Zeuge bei der Abfassung *od.* Aufsetzung einer öffentlichen Urkunde.

instrumental *adj*: **pièces –es d'un procès** Prozeßurkunden, (Verfahrens-)Schriftstücke.

instrumentaliser *v.tr* für machtpolitische Zwecke verwenden, instrumentalisieren.

instrumenter *v.intr. (officiers ministériels: dresser un acte)* eine öffentliche Urkunde ausfertigen *od.* errichten, beurkunden.

instrumentum *m (écrit constatant un acte juridique)* Schriftstück *n*; öffentliche Urkunde, (Vertrags-)Urkunde *f*; amtliches Protokoll.

insu *präp:* **à l'– de** ohne Wissen (und Kenntnis) von; **à mon –** ohne mein Wissen.

insubordination *f* Ungehorsam *m*, Gehorsamsverweigerung.

insuccès *m* Mißerfolg *m*.

insuffisance *f* (1) Unzulänglichkeit *f*, Mangel *m*; Lücke *f*, (2) *(SteuerR)* Unterbewertung; **– d'actif** *(GesR)* ungenügende Kapital- *od.* Substanzerhaltung, Kapitalmangel; **– d'activité inventive** *(PatR)* mangelnde Erfindungshöhe *f*; **– d'assurance** Unterversicherung; **– d'évaluation** Unterbewertung; **– d'exploitation** *(PatR)* mangelnde Benutzung; **– de motifs** *(PrzR)* Unzulänglichkeit der Entscheidungsgründe; **– de la provision** *(WechselR)* ungenügende Deckung.

insuffisant *adj* unzureichend, unge-

nügend, unzulänglich; **marchandise de qualité –e** minderwertige Ware.

insulte *f* Beleidigung *f*, Beschimpfung; **– à la mémoire des morts** Verunglimpfung Verstorbener.

insulté *m* Beleidigte(r).

insulter *v.tr.* beleidigen, beschimpfen.

insurgé Aufständische(r).

insurger (s') *v. pron.* sich erheben (gegen), sich auflehnen.

insurrection *f* Aufstand *m*, Volkserhebung *f*, Empörung.

insurrectionnel *adj* aufrührerisch, aufständisch.

intact *adj* unversehrt, unverletzt, unbeschädigt; **réputation –e** Unbescholtenheit.

intangibilité *f* Unantastbarkeit *f*.

intangible *adj* unantastbar; **droit –** unveräußerliches (Grund-)Recht.

intégral *adj* vollständig; **casque –** *(StVR)* Schutzhelm; **texte –** der vollständige Wortlaut.

intégralité *f* Gesamtheit *f*; Vollständigkeit.

intégrant *adj* wesentlich; **partie –e** wesentlicher Bestandteil.

intégration *f* (1) Einordnung *f*, Eingliederung, Integration; Einsetzung, (2) *(GesR)* Zusammenschluß *m*, Fusion, rechtliche, unternehmensmäßige Integration, (3) *(VR)* Staatenverbindung; **– économique** *(Vwirt)* globale wirtschaftliche Integration; **– horizontale** Konzentration, horizontale Integration; **– verticale** vertikaler Unternehmenszusammenschluß.

intègre *adj* (1) *(Person)* redlich, unbescholten, (2) *(Beamte)* unbestechlich.

intégrité *f* (1) *(honnêteté, probité)* Unbescholtenheit *f*, Integrität *f*, Unbestechlichkeit *f*, (2) Unversehrtheit *f*; **atteinte à l'– physique** Beeinträchtigung der körperlichen Unversehrtheit *f*, Körperverletzung *f*; **– territoriale** *(VR)* Unversehrtheit eines Gebietes, territoriale Integrität.

intellect *m* Erkenntnisvermögen *n*, Verstand *m*, Intellekt *m*.

intellectualiser *v.tr* einer intellektuellen Betrachtung unterziehen, intellektualisieren.

intellectuel *adj* geistig, begrifflich; verstandesmäßig; **activité –elle** Geistestätigkeit; **auteur – de l'infraction** *(StR)* Schreibtischtäter *m*; Anstifter *m*; **droit –** *(HR, GRUR: propriétés incorporelles dont l'objet est immatériel)* Immaterialgüterrecht, Recht an unkörperlichen Gütern; gewerbliches Eigentum; Recht an der Kundschaft; Verwertungsrecht an geistigen Gütern; **facultés –les** Intelligenz *f*, geistige Fähigkeiten; **faux –** *(StR: faux en écritures concernant la substance même de l'opération juridique)* (inhaltliche) Fälschung einer echten Urkunde; **propriété –elle** *(GRUR: terme englobant la propriété littéraire et la propriété industrielle)* geistiges Eigentum; Urheberrecht und gewerbliches Eigentum; Copyright *n*; **travail –** Geistesarbeit *f*; **travailleur –** Geistesarbeiter *m*.

intelligence *f* (1) *(faculté de connaître et de comprendre)* Einsicht *f*, Verständnis *n*; Verstand *m*, (2) *(surtout pl.: contacts secrets, collusion, connivence)* geheimes Einvernehmen *n*; **– avec l'ennemi** *(StR)* Landesverrat *m* (im Kriegsfall), geheimdienstliche Tätigkeit, Agententätigkeit für eine feindliche Macht; **– avec une puissance étrangère** *(StR)* Landesverrat zugunsten einer fremden Macht.

intelligible *adj* verständlich; deutlich; **texte peu –** schwerständlicher, unklarer Wortlaut.

intempestif *adj* unzeitig, zur Unzeit angebracht, überstürzt.

intenable *adj* unhaltbar.

intendance *f* (1) *(hist. et fig.: charge publique administrative)* Verwaltung, Versorgung, (2) *(MilR)* militärische Verwaltungs- u. Versorgungsdienststelle, Nachschub *m*.

intendant *m* (1) Militärintendant *m*, (2) Wirtschafter *m*, (3) *(LandwR)* Gutsverwalter *m*.

intensif *adj* intensiv, stark, heftig; umfassend; ertragsteigernd.

intensification *f* Intensivierung *f*, Verstärkung *f*.

intensité *f* Stärke *f*, Heftigkeit *f*, Intensität *f*; Wirksamkeit *f*; Eindringlichkeit *f*; **– de la circulation, – du trafic** Verkehrsdichte *f*, Verkehrsaufkommen *n*.

intenter une action *(ZPR)* Klage erheben *od.* einreichen, klagen.

intention *f* (1) *(StR: conscience éclairée et volonté libre de transgresser la loi)* Vorsatz *m*, wissentliches Handeln, Wissen und Wollen (der Straftat), (2) *(ZR: but, projet)* Vorhaben *n*, Plan *m*, Bestrebung; Absicht *f*; **avec – malveillante** in böswilliger Absicht; **commune –** gemeinsames Ziel; **– d'achat** Kaufabsicht *f*; **– de causer un dommage** Schädigungsabsicht; **– criminelle** *(StR)* vorsätzliches (schuldhaftes) Handeln, Vorsatz, verbrecherische Absicht; **– délictuelle** *(StR)* Vorsatz; **– dolosive** *(ZR)* Verschulden *n*, Schädigungsabsicht *f*, Vorsatz, Arglist *f*; **– frauduleuse** betrügerische Absicht; **– illégale, – illicite** rechtswidrige Absicht; **– lucrative** *(HR)* Gewinnerzielungsabsicht; **– malicieuse** *ou* **malveillante** *ou* **méchante** *(ZR)* Schädigungsabsicht, Böswilligkeit; **– de nuire** Schädigungsabsicht; **– des parties** *(ZR)* Parteiwille *m*, gemeinsamer Wille der Vertragsparteien.

intentionné *adj*: **être bien/mal –** wohl- *od.* übelgesinnt sein.

intentionnel *adj* vorsätzlich, absichtlich; **non- –** fahrlässig.

intentionnellement *adv* absichtlich; **induire – en erreur** arglistig täuschen.

interaction *f* Wechselwirkung *f*, gegenseitige Beeinflussung *f*; Zusammenwirken *n*; Rückwirkung.

intercaler *v.tr.* einfügen.

intercéder *v.intr.* (en faveur de qqn.) sich für jmdn. verwenden, als Fürsprecher auftreten.

intercepter *v.tr.* (1) *(Urkunde)* abfangen, unterschlagen, (2) *(Gespräch)* abhören.

interception *f* (1) Abfangen *n*, (2) Abhören *n*, Lauschangriff *m*.

intercession *f* (1) *(SchuldR)* Eintreten für die Schuld eines anderen, Interzession *f*, (2) *(intervention)* Einschreiten *n*, Intervention; Vermittlungsversuch *m*.

interchangeabilité *f* Austauschbarkeit.

interchangeable *adj* auswechselbar, austauschbar.

intercommunication *f*: **appareil d'–** Gegensprechanlage *f*.

interconnecter *v.tr* *(DV)* vernetzen, im Netzwerk betreiben.

interconnexion *f* (1) *(StVR)* (Verkehrs-)Verbund *m*, (2) (Computer-)Vernetzung; Netzbetrieb *m*.

interdépendance *f* (1) *(SchuldR)* gegenseitige Abhängigkeit *f* (der Forderungen, (2) *(ZR: dépendance mutuelle de deux personnes)* Wechselbeziehungen *fpl*.

interdiction *f* (1) *(VwR, StR: défense, prohibition)* Verbot *n*, Untersagung *f*, (2) *(ZR, FamR: mesure privant un individu de certains droits)* Entmündigung *f*; Rechtslage *f* des Entmündigten, (3) *(StR: peine complémentaire)* Aberkennung *f* der bürgerlichen Ehrenrechte, Verlust der bürgerlichen Ehrenrechte; **demande en –** *(ZPR)* Antrag auf Entmündigung; **droit d'–** Untersagungsrecht *n*, Verbotsrecht; **mainlevée de l'–** Aufhebung der Entmündigung; **motif d'–** Verbotsgrund *m*; **zone d'–** Sperrgebiet *n*.

interdiction d'aliéner Veräußerungsverbot *n*; **– bancaire** Scheckverwendungsverbot; **– de bâtir** Bauverbot; **– civile** Geschäftsunfähigkeit *f*, Entmündigung *f*; **– de circuler** Fahrverbot; **– de colportage** Hausierverbot; **– de commerce** *ou* **de commercer** Gewerbeuntersagung; **– de communiquer** *(StR: mise au secret)* Isolationshaft *f*; **– de construire** Bauverbot; **– correctionnelle** *(StR)* Aberkennung der bürgerlichen Ehrenrechte; **– de correspondance** *(StVZ)* Schriftwechselverbot; **– de dépasser** *(StVR)* Überholverbot; **– de la discrimination** *(VR, HR)* Diskriminierungsverbot; **– de divulguer et d'exploiter** Veröffentlichungs- und Benutzungsverbot; **– de dépasser**, **– de doubler** *(StVR)* Überholverbot; **– d'emploi** Einstellungsverbot; **– d'exercer une fonction publique** Verbot *n* der Ausübung eines öffentlichen Amtes; **– d'exercer une profession** *ou* **de l'exercice de la profession** *(StR: peine complémentaire ou accessoire)* Untersagung der Berufsausübung, Berufsverbot; **– d'importation** Einfuhrverbot.

interdiction judiciaire Entmündigung *f* durch das Gericht; **– légale** (1) *(StR: peine accessoire)* Aberkennung der Geschäftsfähigkeit (durch Strafurteil), (2) *(HR, StR)* Berufsverbot (als Ehrenstrafe); **– de licenciement** Kündigungsverbot; **– de mariage** Eheverbot; **– de paiement** (1) Zahlungsverbot, (2) *(KonkursR)* offener Arrest; **– de publication** Veröffentlichungsverbot; **– de résidence** *ou* **de séjour** (pour étrangers) *(StR)* Aufenthaltsverbot *od.* -beschränkung; Entzug *m* der Aufenthaltserlaubnis; **– de stationner** Parkverbot; **– de transit** Durchfuhrverbot; **– de vente** Verkaufsverbot, Marktverbot.

interdire *v.tr.* (1) verbieten, untersagen; (Straße) abriegeln; (Zugang) sperren, (2) *(ZR)* entmündigen, (3) *(StR)* die bürgerlichen Ehrenrechte aberkennen, (4) *(VwR: frapper d'interdiction)* suspendieren, vorübergehend seines Amtes entheben.

interdisciplinaire *adj* fachübergreifend.

interdit *adj* untersagt, unter Strafe gestellt, verboten; ausgeschlossen; **reproduction –e** Nachdruck verboten; Vervielfältigungsverbot; **sens –** Einbahnstraße; **stationnement –** Haltverbot.

interdit *m* Entmündigte(r) *m*; **– de séjour** *(StR)* Person, über die ein Aufenthaltsverbot verhängt wurde.
intéressant *adj* (Angebot, Preis) vorteilhaft.
intéressé *m* Beteiligte(r) *m*; Betroffene(r) *m*; Interessent *m*; **– au chargement** Ladungsbeteiligte(r) *m*.
intéressement *m* *(ArbR, GesR)* Beteiligung der Arbeitnehmer (am Betriebsergebnis); **– aux bénéfices** Gewinnbeteiligung.
intéressement *m* (finanzielle) Beteiligung; **– des salariés aux résultats de l'entreprise** Beteiligung der Arbeitnehmer am Betriebsergebnis.
intéresser (1) *(concerner, toucher)* betreffen, angehen, anbelangen, (2) *(assurer une part dans les profits)* beteiligen (am Gewinn), (3) *(retenir l'attention)* von Bedeutung sein für.
1. **intérêt** *m* (1) *(sollicitude, attention)* Anteilnahme *f*, Aufmerksamkeit *f*, Interesse *n*; Bedeutung *f*, (2) *(avantage)* Nutzen *m*, Vorteil *m*, (3) *(somme de plus en plus du capital)* Zins *m*, Zinssatz *m*, Zinsen *mpl*, (4) *(GesR)* Anteil *m*, (5) *(SchuldR, ZPR: droit subjectif)* Anspruch, Anrecht, rechtsschutzwürdiges Interesse, (5) *(hist.: préjudice, tort)* Schaden *m*, Nachteil *m*; **agir par –** aus reinem Eigennutz handeln; **dans l'– du service** aus dienstlichen Gründen; **défaut d'–** fehlendes *od.* mangelndes Interesse; **invoquer un – moral** ein immaterielles Interesse geltend machen; **invoquer un – pécuniaire** ein materielles Interesse geltend machen; **mariage par –** Geldheirat *f*; **placement à –** verzinsliche Kapitalanlage; **porter –** verzinslich sein, Zinsen tragen; **taux d'–** Zinssatz *m*, Zinsfuß *m*, Soll- *od.* Passivzinssatz.
intérêt affectif Liebhaberinteresse, Affektionsinteresse; **– à** *ou* **pour agir** *(ZPR: intérêt légitime)* Rechtsschutzbedürfnis *n*; Anfechtungsinteresse, Interesse an der Klageerhebung; **– des avances sur titres** Lombardzins; **– du capital** Kapitalzins; **– en cause** *(ZPR: enjeu du procès)* bestrittenes Recht.
intérêt collectif de la profession Verbandsinteresse; **– commun** (1) gemeinsames Interesse, (2) Gemeininteresse; **d'– commun** im gemeinsamen Interesse.
intérêt futur künftiges Interesse; **– général** Gemeinwohl *n*, Allgemeininteresse; **– individuel** Individualinteresse; **– des intérêts** Zinseszinsen; **– juridique** rechtliches Interesse; **– légal** gesetzlicher Zinssatz *od.* Zinsfuß; **– légitime** *(ZPR)* berechtigtes Interesse, rechtsschutzwürdiges Interesse; **– nominal** Nominalzinssatz.
intérêt d'ordre juridique rechtliches Interesse; **– particulier** *ou* **privé** Privatinteresse *n*; **– des parties** Interesse der Vertragsparteien; **– propre** Eigeninteresse; **– public** Gemeinwohl, öffentliches Interesse.
2. **intérêts** *mpl* (1) *(BankR)* Zinsen *pl*, (2) *(ZR: ensemble des biens, des avantages)* Vermögen *n*, Güter *npl*, Interessen *mpl*, (3) *(préjudice, tort)* Schaden *m*, Nachteil *m*; **arriéré d'–** rückständige Zinsen, Zinsrückstände *pl*; **bonification d'–** Zinsvergütung, Zinszuschuß *m*; **calcul des –** Vorausberechnung der Zinsen, Zinsberechnung; **capitaliser les –** die Zinsen kapitalisieren; **charge des –** Schuldendienst *m*, Zinsenlast *f*; **communauté d'–** Interessengemeinschaft *f*; **conflit d'–** Interessenkollision *od.* -widerstreit *m*, Interessenkonflikt *m*; **confrontation des –** Interessenabwägung *f*; **créance d'–** Zinsforderung; **défense des – de qqn.** Interessenvertretung; **dommages- –** Schaden(s)ersatz *m*; **groupement d'–** Interessenvertretung, Interessenvereinigung *f*; **improductif d'–** unverzinslich, unverzinsbar; **léser les –** Interessen beeinträchtigen *od.* verletzen; **moratoire des –** Moratorium *n*; **non productif d'–** unverzinslich, unverzinsbar; **opposition d'–** Interessenwiderstreit

419

m; **productif d'–** zinstragend, verzinslich; **redressement d'–** Zinsberichtigung; **sauvegarder des –** Interessen wahrnehmen; **service des –** Schuldendienst *m*; **servir des –** verzinsen, die Anleihe bedienen; **sphère d'–** Interessensphäre *f*; **taux d'–** Zinsfuß *m*, Zinssatz *m*; **taux d'– légal** gesetzlicher Zinsfuß.

intérêts accumulés aufgelaufene Zinsen; **– arriérés** rückständige Zinsen, Zinsrückstände; **– bancaires** Bankzinsen; **– compensatoires** Schadensersatz auf das volle Erfüllungsinteresse; **– composés** *(SchuldR: capitalisation des intérêts)* Zinseszins, Anatozismus *m*, Abzinsung; **– consolidés** fundierte Zinsen; **– contractuels** ou **conventionnels** vertraglich vereinbarte Zinsen; **– courus** aufgelaufene Zinsen; **– créditeurs** Habenzinsen, Kredit- od. Aktivzinsen; **– débiteurs** Soll- od. Passivzinsen, Zinsschuld, Debetzinsen; **– différés** Zinsschuld; **– de droit** *(SchuldR: intérêts calculés sur la base de la loi ou d'une convention)* gesetzlicher od. vertraglicher Zins; **– dus** od. **échus** Zinsschuld, fällige od. ausstehende Zinsen; **– économiques** Wirtschaftsinteressen *npl*; **– effectifs** Nominalzins; **– intercalaires** ou **intérimaires** Zwischenzinsen; **– légaux** *(PrzR)* Zinsschuld kraft Gesetzes, Prozeßzinsen; höchster gesetzlich zulässig Zins; **– moratoires** Verzugszinsen; **– particuliers** Sonderinteressen; **– d'un placement** Dividende *f*; **– privés** Privatinteressen; **– de retard** Verzugszinsen; **– simples** Kapitalzins (ohne Zinseszins); **– usuraires** Wucherzinsen.

interférence *f* (gegenseitige) Beeinflussung; Überlagerung *f*; Störung, Behinderung.

interférer (1) (störend) einwirken, stören, beeinträchtigen, (2) sich überlagern.

intergouvernemental *adj (VR)* zwischenstaatlich, Regierungs-.

intergroupe *m (Pol)* Bündnis zweier od. mehrerer Fraktionen, gemeinschaftliche Interessenvertretung (im Parlament).

intérieur *adj* inner, inländisch, Binnen-; **commerce –** Binnenhandel *m*; **législation –e** innerstaatliche Rechtsvorschriften; **politique –e** Innenpolitik *f*; **règlement –** (1) Geschäftsordnung, (2) *(ArbR)* Betriebsordnung.

intérieur *m* (1) *(VR)* Inland *n*, (2) *(ministère)* Innenministerium *n*.

intérim *m* (1) Zwischenzeit *f*, Übergangszeit *f*, Interim *n*; vorübergehende Wahrnehmung *f* der Geschäfte, (2) *(ArbR: organisation du travail temporaire)* Zeitarbeit *f*, befristete Arbeit (auf Grund eines Leiharbeitsverhältnisses), (3) *(VwR, ArbR: exercice temporaire d'une fonction)* vorübergehende Verwendung; Vertretung *f*, Aushilfe *f*, Aushilfstätigkeit *f*; **assumer une fonction par –** eine Tätigkeit vertretungsweise ausüben; **entreprise d'– (ArbR)** Unternehmen für Zeitarbeit, gewerbsmäßige Überlassung von Leiharbeitnehmern, Arbeitnehmerverleiher; **occuper un emploi par –** vertretungsweise in einer Stelle arbeiten.

intérimaire *adj (temporaire, transitoire)* interimistisch, zwischenzeitlich, vorübergehend; Übergangs-, Zwischen-, Interims-; **intérêt –** Zwischenzins.

intérimaire *m (ArbR: travailleur temporaire)* Leiharbeitnehmer, Zeitarbeitskraft *f*, (vorübergehend beschäftigte) Aushilfskraft.

interjection *f (ZPR: action d'interjeter appel)* Berufseinlegung; Einlegung eines Rechtsmittels.

interjeter appel Berufung od. ein Rechtsmittel einlegen; **– un recours** ein Rechtsmittel einlegen; Beschwerde einlegen.

interligne *m* Zeilenabstand od. -Zwischenraum; das zwischen zwei Zeilen Geschriebene; **– double** doppelter Zeilenabstand.

interlocuteur *m* Gesprächspartner *m*.

interlocutoire m/adj (ZPR: jugement avant dire droit) Zwischenurteil od. -bescheid.
interlope adj: **commerce –** (HR: contrebande) illegaler Handel, Schwarzhandel m.
interloquer v.tr (ZPR: interrompre un procès par un jugement interlocutoire) (einen Prozeß) durch ein Zwischenurteil beenden.
intermédiaire m (1) (VR) Unterhändler, Vermittler m, (2) (HR) Zwischenhändler, Geschäftsvermittler, Vermittlungsagent m, (3) Mittelsmann m, Verbindungsmann; **par l' – de** durch Vermittlung von; **sans –** direkt, unvermittelt; **servir d' –** vermitteln, eine Vermittlerrolle ausüben.
intermédiaire agréé (BankR) für Auslandsgeschäfte (durch das frz. Wirtschaftsministerium) zugelassene Bank od. zugelassener Devisenmakler; **– du commerce** Zwischenhändler m; Absatzhelfer m des Kaufmanns; **– financier** (BankR) Anlageberater m; Anlage- od. Investitionsbanken, Anleihekonsortium, Investment-Gesellschaft; **– de main-d'œuvre** Arbeitskräftevermittler; **– occasionnel** (HR) Gelegenheitsvermittler.
intermédiation f (BankR) Vermittlungstätigkeit (bei Investitionsvorhaben).
interministériel adj ressort-übergreifend; **comité –** Ministerialausschuß m.
intermittence f Unterbrechung, Aussetzen n; **par –** zeitweilig, vorübergehend.
international adj international, zwischenstaatlich; **droit – privé** internationales Privatrecht; **droit – public** Völkerrecht n; **trafic –** grenzüberschreitender Verkehr.
interne adj innerstaatlich; innerbetrieblich; intern; **droit –** nationales (französisches, deutsches) Recht.
interné m in einer Heil- und Pflegeanstalt untergebrachte Person.
internement m (1) (Pol) Internierung f, Internierungshaft f, (2) (ZR) (Anstalts-)Unterbringung, (3) (StR: mesure de sûreté) Sicherungsverwahrung f; **camp d' –** Internierungslager n; **décision d' –** Internierungsverfügung; **– absusif** rechtsmißbräuchliche Internierung; **– administratif** Internierung auf Grund einer Verwaltungsanordnung; **– d'office** Unterbringung in einem psychiatrischen Krankenhaus durch Anweisung den Präfekten; **– pénal** (StPR) Unterbringungsbefehl.
interner v.tr. internieren; in einer geschlossenen Anstalt unterbringen.
interpellateur m Fragesteller, Interpellant m.
interpellation f (1) (VerfR) Interpellation, Anfrage f (im Parlament), (2) (StPR) gerichtliche Aufforderung, (3) (StR: Polizei) vorübergehende Festnahme (zur Identitätsfeststellung); polizeiliche Aufforderung, (4) (SchuldR: mise en demeure) Inverzugsetzung, (5) (fig.) Einrede f, Einspruch m, Vorhaltung f; **droit d' –** (VerfR) Interpellationsrecht n.
interpeller v.tr. (1) (gouvernement) interpellieren, Auskunft verlangen, (2) (police) stellen.
interpersonnel adj: **relations –les** zwischenmenschliche Beziehungen.
interphone m Wechselsprechanlage f.
interposer: s' – v.pron. vermitteln, als Vermittler auftreten.
interposition f (1) Dazwischentreten n, (2) (fig) Vermittlung f; **force d' –** (MilR) Eingreiftruppe f; **– de personne** Vorschieben eines Strohmannes od. eines Dritten.
interprétatif adj was zur Auslegung herangezogen werden kann, zur Auslegung gehörig, Auslegungs-; **jugement –** Urteil mit der genauen Auslegung des Urteilstenor eines Vorurteils; **loi –ive** Auslegungsgesetz n.
interprétation f (1) Auslegung f, Interpretation f; Erläuterung f, (deutende) Erklärung, (2) Dolmet-

schen *n*; **fausse** − Fehlinterpretation *f*; **règle d'**− Auslegungsvorschrift *f*, Interpretationsvorschrift; **texte sujet à** − auslegungsbedürftiges Gesetz.

interprétation analogique entsprechende Anwendung, Auslegung mittels Analogieschluß; − **arbitraire et tendancieuse** willkürliche Auslegung; − **contextuelle** Auslegung aus dem Sachzusammenhang; − **convenue** vereinbarte Auslegung; − **doctrinale** von der herrschenden Lehre gegebene Auslegung; − **des données** Datenauswertung; − **extensive** ausdehnende *od.* extensive Auslegung; − **judiciaire**, − **jurisprudentielle** Auslegung durch die Gerichte, von der Rechtsprechung gegebene Auslegung; − **large** weite *od.* extensive Auslegung; − **légale** Legalinterpretation; − **littérale** wörtliche *od.* grammatikalische Auslegung; − **de la loi** Gesetzesauslegung; Rechtsergänzung; − **d'une norme juridique**, − **préjudicielle** *(EuR)* Auslegung einer Rechtsnorm; präjudizielle Auslegung; − **officielle** amtliche Auslegung; − **restrictive** *ou* **stricte** einschränkende *od.* enge *od.* restriktive Auslegung; − **des résultats** Auswertung der Ergebnisse; − **uniforme** *(PrzR)* einheitliche Rechtsprechung; − **par voie d'analogie** Auslegung mittels Analogieschluß.

interprète *m* (1) Erläuterer, Erklärer, (2) Dolmetscher *m*, Dolmetsch *m* (Aut), (3) *(UrhR)* Interpret, Künstler (als Vermittler eines Kunstwerkes); − **adjoint** Hilfsdolmetscher; − **judiciaire** Gerichtsdolmetscher; − **juré** beeidigter *od.* vereidigter Dolmetscher; − **devant les tribunaux** gerichtlich bestellter Dolmetscher.

interpréter (1) *(commenter)* auslegen, interpretieren, (2) *(expliquer, comprendre)* deuten, erklären, auswerten, analysieren, (3) dolmetschen; − **conformément à l'esprit (du texte)** sinngemäß auslegen.

interprofessionnel *adj* mehrere Berufsgruppen umfassend, überberuflich, fachübergreifend.

interrègne *m (hist.)* Zwischenherrschaft *f*, Interregnum *n*.

interrogation *f* (1) Frage *f*, Befragung, (2) mündliche Prüfung; **sur** − (= **S. I.**) auf Frage (Protokoll).

interrogatoire *m* (1) *(StPR: audition de l'inculpé par le juge d'instruction)* Verhör *n* (des Beschuldigten), Vernehmung durch den Ermittlungsrichter, (2) *(PrzR)* Vernehmungsprotokoll *n*; (3) *(ZPR)* Partei- od. Zeugenvernehmung, (4) *(VwPR)* Beteiligtenvernehmung; **contre-** − Kreuzverhör *n*; **procéder à un** − jmdn. einem Verhör unterziehen, mit jmdm. ein Verhör anstellen, verhören; **subir un** − verhört werden; − **contradictoire** Kreuzverhör; − **définitif** *(StPR)* letztes Verhör des Beschuldigten vor der Versetzung in den Anklagezustand; − **déguisé** getarnte Befragung; − **sur faits et articles** Parteienvernehmung zur Klärung des Sachverhalts; − **au fond**, − **sur le fond** *(StPR)* Vernehmung zur Sache; − **d'identité** Vernehmung zur Person; − **de première comparution** *(StPR)* erstes Verhör des Beschuldigten durch den Ermittlungsrichter (nebst Belehrung über dessen Rechte); − **poussé** unmenschenwürdige Vernehmung unter Gewaltanwendung; − **public** öffentliche Vernehmung; − **d'un témoin** Zeugenvernehmung.

interroger *v.tr.* befragen, verhören, vernehmen.

interrompre *v.tr.* unterbrechen; − **la prescription** die Verjährung unterbrechen.

interrompu *adj*: **ligne −e** Strichlinie *f*.

interruptif *adj* (ein Verfahren od. eine Verjährungsfrist) unterbrechend.

interruption *f* Unterbrechung; Störung; Stillstand; (Produktion) Ausfallzeit *f*; **sans** − durchgehend fortlaufend, ununterbrochen; − **de l'audience** *(ZPR)* Unterbrechung der Hauptverhandlung; – **civile** zivilrechtliche Unterbrechung; – **du délai** Fristenunterbrechung; – **de l'instance** Unterbrechung *od.* Stillstand des Verfahrens; – **de la prescription** Unterbrechung der Verjährung; – **de séance** Sitzungsunterbrechung; – **de service** (1) *(WirtR)* Betriebsstörung *od* -stillstand, (2) *(VwR)* Dienstunterbrechung; – **de trafic** Verkehrsstörung; – **de travail** Arbeitsunterbrechung; – **volontaire de la grossesse (= I.V.G.)** (straffreier) Abbruch der Schwangerschaft, Schwangerschaftsunterbrechung (mit Einwilligung der Schwangeren).

intersaison *f* Zwischensaison *f.*

intersection *f* (1) Schnittlinie *f*, Schnittfläche *f*, (2) *(StVR)* Straßenkreuzung *f.*

intersession *f* Sitzungspause; (Parlaments-)Ferien.

intersyndicale *f (ArbR)* Zusammenkunft zwischen Delegierten mehrerer frz. Gewerkschaften.

interurbain *adj*: **communication –e** Ferngespräch *n*; *m* Fernmeldeamt *n*, Fernvermittlungsstelle *f.*

intervalle *m* Zwischenraum *m*, Abstand *m*; Zeitspanne *f*; Bereich *m*, Intervall *n*; – **lucide** lucidum intervallum, lichter Augenblick *m.*

intervenant *m* (1) *(ZPR: partie intervenante)* (Neben)Intervenient *m*, Streithelfer *m*, Streitgehilfe *m* (2) *(WechselR)* Honorant *m*; – **accessoire** Nebenintervenient; – **principal** Hauptintervenient.

intervenir (1) intervenieren, als Nebenintervenient *od.* als Streitgenosse auftreten, (2) (eine Wechselforderung) honorieren, (3) (in eine Diskussion) eingreifen, das Wort ergreifen, (4) sich einschalten.

intervention *f* (1) *(VR)* Einmischung (in die inneren Angelegenheiten), Intervention *f*, (2) *(ZPR)* Nebenintervention, Streithilfe, Beteiligung an einem fremden Rechtsstreit, (3) *(WechselR)* Ehreneintritt *m*, (4) *(Vwirt)* Eingriff *m*, Beteiligung, (5) *(débats)* Eingreifen *n*, Sicheinschalten *n*; Diskussionsbeitrag *m*; **acceptation par –** *(WechselR)* Ehrenannahme *od.* -akzept *n*; **paiement par –** Ehrenzahlung; **point d'–** *(BankR)* Interventionspunkt *m.*

intervention accessoire *(ZPR)* Nebenintervention; – **armée** *(VR)* bewaffnete Intervention; – **des autorités** Einschreiten der Behörden; – **conjoncturelle** Konjunkturmaßnahme *f*; – **diplomatique** diplomatischer Schritt; – **de l'Etat** *ou* **étatique** staatliche Intervention *od.* Einflußnahme, staatlicher Eingriff; – **forcée** *(ZPR)* Streitverkündung; – **d'humanité** *(VR)* Intervention zur Wahrung der Menschenrechte; – **sur le marché** *(Vwirt)* Marktregulierung; – **principale** *(ZPR)* Hauptintervention; – **publique** staatliche Intervention; – **volontaire** *(ZPR)* Streithilfe, freiwilliger Beitritt.

interventionnisme *m (Vwirt)* Interventionismus *m*, staatliche Wirtschaftspolitik (im Rahmen der marktwirtschaftlichen Ordnung).

interventionniste *adj* interventionistisch, eingreifend.

interversion *f* Umkehrung *f*; – **de la prescription** *(ZR)* Verlängerung der Ausschluß- *od* Verfallfrist auf 30 Jahre; – **de titre** *(SachR)* Änderung des Rechtsgrundes des Besitzes.

interview *f* Befragung *f*, Interview *n*; **accorder une –** ein Interview geben *od.* gewähren.

interviewer *v.tr* mit jmdm. ein Interview führen, interviewen.

intestat *m (ErbR)* Erblasser *m*, der kein Testament errichtet hat.

intimation *f (ZPR: assignation en appel émanant de la partie perdante)* Ladung vor das Berufungsgericht, Einlegung der Berufung (durch die unterlegene Partei).

intime *adj* (1) *(intérieur)* innerst, (2) *(étroit)* innig, (3) *(personnel, privé)* privat, höchstpersönlich, intim; **écrit –** Tagebuchaufzeichnungen; **liaison –** , **union –** innige

Freundschaft *f*, Liebesverhältnis *n*; **vie** – Sexualbereich *m*, Geschlechtsleben.

intimé *m (ZPR)* Berufungsbeklagte(r) *m*, Beklagter (vor dem Berufungsgericht).

intimer (1) *(ZPR: signifier légalement un acte)* (eine Urkunde) zustellen, (2) *(ZPR: assigner qqn. devant une juridiction supérieure)* Berufung (gegen jmdn.) einlegen, (3) *(Polizei)* anordnen, befehlen.

intimidation *f* Einschüchterung, Drohung *f*, Gewaltandrohung; **manœuvres d'–** Einschüchterungsversuch *m*; **user d'–** jmdm. mit Gewaltanwendung drohen, bedrohen, jmdn. durch Drohungen einschüchtern.

intimider *v.tr* bedrohen; einschüchtern, ängstigen.

intimité *f* Intimsphäre *f*, Geheimbereich *m*; **atteinte à l'–** Verletzung des Persönlichkeitsrechts.

intitulé *m* Aufschrift *f*, Überschrift, Titel *m*; **– du jugement** Rubrum *n*, Urteilskopf *m*.

intituler *v.tr.* betiteln, mit einer Überschrift *od.* einem Titel versehen.

intolérable *adj* unerträglich; unzulässig, unstatthaft, gesetzwidrig; **pratique –** unerlaubtes Vorgehen.

intolérance *f* Intoleranz *f*, Unduldsamkeit *f*; blinder Fanatismus.

intoxication *f* Vergiftung; *fig.* Desinformation.

intracommunautaire *adj* innergemeinschaftlich, innerhalb der EU.

intraconsommation *f (Vwirt)* Eigenverbrauch *m*.

intraduisible *adj* unübersetzbar.

intraitable *adj* schroff, abweisend; **demeurer –** sich unnachgiebig zeigen, von seiner ablehnenden Haltung nicht abweichen, unversöhnlich bleiben.

intransférable *adj* (1) *(Geld)* nicht transferierbar, (2) *(Rechte)* unübertragbar, nicht übertragbar.

intransigeance *f* Unnachgiebigkeit *f*, Starrsinn; Kompromißlosigkeit.

intransmissibilité *f* Unübertragbarkeit *f*; **– par voie d'héritage** Unvererblichkeit.

intransmissible *adj* unübertragbar, nicht übertragbar.

intra vires hereditatis *(ErbR: jusqu'à concurrence de l'actif successoral)* nur mit dem Nachlaß haftende Erben.

intrigue *f* (dunkle) Machenschaft *f*, Intrige *f*.

intrinsèque *adj* (1) eigentlich, wesentlich, Eigen-, (2) innen, innerlich; **valeur –** (de la monnaie) Geldwert *m*, Kaufkraft des Geldes.

introductif *adj*: **acte – d'instance** *(ZPR)* Klage(schrift) *f*; **requête –ive** Antrag(stellung).

introduction *f* (1) *(adoption, importation)* Einführung *f*, Einfuhr *f*, (2) *(préface)* Einleitung *f*, Vorwort *n*, (3) *(ZPR)* Klageerhebung, Einbringung einer Klage; **lettre d'–** Empfehlungsschreiben; **loi d'–** Einführungsgesetz *n*; **– de l'action** Klageerhebung; **– à la** *ou* **en bourse** Börseneinführung; **– de l'instance** Klageerhebung; **– des preuves** (S) Beweisantritt *od.* -angebot; **– du recours** (1) Klageerhebung, (2) Rechtsmitteleinlegung; **– de la requête** Antragstellung.

introduire *v.tr.* (1) einführen, (2) *(Verfahren)* eröffnen, einleiten, (3) *(Klage)* einbringen, *(Rechtsmittel)* einlegen; **– une action** gegen jmdn. Klage erheben, jmdn. (ver-)klagen, jmdn. vor Gericht bringen; **– en bourse** an der Börse einführen.

intrus *m* Eindringling *m*.

intrusion *f* gewaltsames *od.* unbefugtes Eindringen *n*.

intuitu(s) personæ *(ZR, GesR: en considération de la personne)* in Anbetracht der Person.

inusité *adj* ungebräuchlich.

inutile *adj* unnütz, nutzlos; überflüssig.

inutilisable *adj* unbrauchbar, unbenutzbar.

inutilité *f* Nutzlosigkeit, Unbrauchbarkeit.

invalidation *f* (1) *(déclaration d'inva-*

lidité) Unwirksamkeitserklärung *f*, Außerkraftsetzung *f*, (2) *(VerfR)* Ungültigkeitserklärung der Wahl; **demande d'–** Wahlanfechtung *f*; **– de l'enregistrement** Ungültigerklärung der Eintragung.

invalide *adj* (1) *(ZR: qui n'est pas valable)* ungültig, rechtsunwirksam, (2) *(ArbR, SozR: handicapé, infirme)* arbeitsunfähig, invalid.

invalide *m* Arbeitsunfähige(r) *m*, Invalide(r) *m*, Körperbehinderte(r) *m*; **grand –** Schwerbeschädigte(r) *m*; **– de guerre** Kriegsversehrte(r).

invalider *v.tr.d.* entkräften, für unwirksam erklären; **– un acte** ein Rechtsgeschäft für ungültig erklären; **– une donation** eine Schenkung widerrufen.

invalidité *f* (1) *(SozVers)* Erwerbsunfähigkeit, Invalidität, (dauernde) Arbeitsunfähigkeit, Beeinträchtigung der Erwerbs- *od.* Dienstfähigkeit, Erwerbsminderung (2) *(ZR)* (Rechts-)Ungültigkeit, fehlende Rechtswirksamkeit, Nichtigkeit; **assurance –** Invalidenversicherung; **barème d'–** *(VersR)* Invaliditätsskala *f*, Gliedertaxe *f*; **degré d'–** Invaliditätsgrad *m*, Versehrtenstufe *f*; **grande –** Vollinvalidität; **pension d'–, rente d'–, retraite d'–** Invalidenrente; **– complète** Vollinvalidität; **– définitive** dauernde Arbeitsunfähigkeit; **– partielle** Teilinvalidität; **– permanente** Erwerbsunfähigkeit; **– temporaire** vorübergehende Arbeitsunfähigkeit; **– totale** Vollinvalidität.

invariabilité *f* Unveränderlichkeit; **– d'une déclaration** Bekräftigung der (eigenen) Erklärung.

invasion *f* (1) *(VR: incursion)* Überfall *m*, Invasion *f*, (2) *(fig.)* Überhandnehmen *n*, Eindringen *n*; **– de capitaux étrangers** Überflutung mit ausländischem Kapital.

invective *f* Schmähung, Schimpfrede *f*; **lancer des –s contre qqn.** sich in beleidigenden Reden gegen jmdn. ergehen.

invectiver *v.tr.* beschimpfen, schmähen.

invendable *adj* unverkäuflich, nicht absetzbar.

invendus *mpl* Restposten *m*, unverkaufte Ware, Ladenhüter.

inventaire *m* (1) *(ZR, HR: document descriptif)* Inventar *n*; Bestandsverzeichnis, (2) *(ZR, HR: opération énémérative)* Inventur *f*, Vermögensaufstellung *f*, Inventarisierung *f*, Bestandsaufnahme *f*; **bénéfice d'–** *(ErbR)* Inventarrecht, Vorbehalt der Rechtswohltat des Inventars; **confection d'un –** Inventarerrichtung, Inventarisation; **défaut d'–** unterlassene Inventarerrichtung, fehlende Inventur; **déperdition d'–** Inventarverlust *m*; **dresser un –** Inventur machen, ein Verzeichnis aufstellen, ein Inventar errichten; **faire l'–** inventarisieren, den Bestand (von etwas) aufnehmen; **livre d'–** Inventar, Inventarverzeichnis; **perte d'–** Inventarverlust *m*; **soldes après –** Inventurausverkauf *m*; **supplément d'–** ergänzendes Inventar; **valeur d'–** Inventarwert *m*.

inventaire des biens Vermögensverzeichnis *n*; **– commercial** Geschäftsinventar; **– et comptabilité-matière** Inventur- und Materialabrechnung; **– comptable** Inventur an Hand der Handelsbücher *od.* der Lagerbuchführung; **– contradictoire** Bestandsaufnahme in Anwesenheit der Parteien; **– descriptif et estimatif** Inventar mit genauer Beschreibung der Gegenstände und Wertangabe; **– intermittent** Stichtagsinventur; **– mobilier** Mobiliarverzeichnis; **– permanent** permanente Inventur; **– physique** körperliche Bestandsaufnahme; **– de la succession** *ou* **successoral** *(ErbR)* Nachlaßverzeichnis *od.* -inventar.

inventer *v.tr.* (1) *(PatR: concevoir, créer, découvrir)* erfinden, (2) *(trouver, imaginer)* finden, sich ausdenken.

inventeur *m* (1) *(PatR: auteur d'une invention)* Erfinder *m*, (2) *(ZR: celui qui trouve un trésor)* Finder *m*; **communauté d'–s** Erfinderge-

inventif

meinschaft *f*; **– isolé** Einzelerfinder *m*; **– salarié** Arbeitnehmererfinder; **– unique** Alleinerfinder.

inventif *adj* erfinderisch; **activité –ive, hauteur –ive** Erfindungshöhe *f*.

invention *f* (1) *(PatR: découverte d'une nouveauté, chose inventée)* Erfindung *f*, (2) *(ZR: découverte d'un trésor)* (Schatz-)Fund *m*; **brevet d'–** Patent *n*, Erfindungspatent, Patenturkunde *f*; **but de l'–** Erfindungszweck *m*; **caractéristique essentielle de l'–** erfindungswesentliches Merkmal; **droit à l'–** Recht an der Erfindung; **objet de l'–** Gegenstand der Erfindung; **perfectionnement d'–** technische Verbesserungsvorschläge, Verbesserungserfindung; **revendication d'–** Anspruch *od.* Klage aus Patentverletzung; **utilisation d'une –** Verwertung *od* Nutzung der Erfindung.

invention brevetable patentfähige Erfindung; **– brevetée** patentierte Erfindung; **– commune** Gemeinschaftserfindung; **– fortuite** Zufallserfindung; **– protégeable par brevet** patentwürdige Erfindung; **– de salarié** Arbeitnehmererfindung; **– de service** Diensterfindung.

inventivité *f* Erfindungsgabe *f*; Erfindungskraft *f*; Erfindungsreichtum *m*.

inventorier *v.tr.* inventarisieren, verzeichnen, ein Verzeichnis aufstellen, im Bestandsverzeichnis aufnehmen.

inverse *adj* entgegengesetzt, Gegen-; umgekehrt, entgegengerichtet.

inverser umkehren, umwenden, (ins Gegenteil) verkehren.

inversion *f* Umkehr *f*, Inversion, Invertierung.

investigateur *m* Ermittler *m*; Detektiv *m*.

investigation *f* Untersuchung *f*, Ermittlung *f*, Erforschung *f*, Nachforschung; **–s de la police** polizeiliche Ermittlungen.

investir (1) *(BeamR)* (mit einem Amt) bekleiden, (2) *(WirtR)* placer *des capitaux)* anlegen, investieren, Geld anlegen; **– d'un droit** ein Recht verleihen, mit einem Recht ausstatten; **– d'une fonction** einsetzen, ein Amt übertragen; **– de pouvoirs** Vollmacht erteilen, Befugnisse einräumen *od.* übertragen.

investissement *m* Vermögens- *od.* Kapitalanlage, Investition *f*, Betriebsanlage *f*; Anlagevermögen *n*; **aide à l'–** Investitionshilfe (= IH); **biens d'–** Anlagegüter *npl*, Investitionsgüter; **crédit d'–** Anlagekredit *m*, Investitionskredit; **dépense d'–** Investitionsausgabe *f*; **erreur d'–** Fehlinvestition; **fonds d'–** Investmentfonds; **plan d'–** Investitionsplan *m*; **politique d'–** Investitionspolitik *f*, Investitionslenkung; **taux d'–** Investitionsrate *f*.

investissement de biens Vermögensanlage; **– de capacité** Investition zur Vergrößerung des Realkapitalbestandes; **– de capitaux** Kapitalanlage, Finanzierungs-Investition; **– direct, – d'équipement** Anlage- *od.* Realinvestition; **– d'extension** Erweiterungsinvestition; **– induit** induzierte Investition; **– à long terme** langfristige Anlage; **– mal fait** Fehlinvestition; **– net** Nettoinvestition; **– physique** Anlage-Investition; **– de portefeuille** Portofolio- *od.* Finanzierungsinvestition; **– privé** private Investition; **– productif** Anlageinvestition; **– public** öffentliche Investition; **– publicitaire** *(HR)* Werbungsbudget *n od.* -ausgaben; **– de remplacement** *ou* **de substitution** Re-Investition.

investissements: banque d'– Investitionsbank *f*; **contrôle des –** Investitionslenkung; **financement des –** Investitionsfinanzierung; **programme d'–** Investitionsprogramm *n*; **société d'équipement** Kapitalanlagegesellschaft, Investmentfonds; **– collectifs** im allgemeinen Interesse liegende Investitionen; **– à l'étranger** Kapitalanlagen *od.* Investitionen im Ausland.

investisseur *m* Anleger *m*, Geldanleger; Investor *m*; **–s institutionnels** (Versicherungen und Banken als) institutionelle Anleger.

investiture *f* Investitur *f*, Einsetzung (in ein Amt); Auftrag *m* zur Regierungsbildung; **– d'un candidat** Aufstellung eines Kandidaten (zur Wahl).

inviolabilité *f* Unverletzlichkeit *f*, Immunität *f*; **– du domicile** Unverletzlichkeit der Wohnung; **– parlementaire** parlamentarische Immunität.

inviolable *adj* unverletzbar, unverletzlich, unantastbar.

invisibles *mpl (AußH)* unsichtbare Ausfuhren.

invitation (1) *(PrzR)* Aufforderung *f*, (2) Einladung *f*; **– à payer** Zahlungsaufforderung *f*.

inviter *v.tr (PrzR: commander, enjoindre)* (dringlich) auffordern.

invocation *f* (1) Berufung auf, (2) Anführen *n*, Zitieren *n*.

involontaire *adj* fahrlässig, nicht vorsätzlich, unabsichtlich; unfreiwillig; **homicide –** *(StR)* fahrlässige Tötung; **réaction –** unwillkürliche Reaktion.

invoquer sich berufen auf, in Anspruch nehmen; **– un droit** ein Recht geltend machen; **– une loi** (seinen Anspruch) auf ein Gesetz stützen; **– un précédent** sich auf einen Präzedenzfall berufen.

ipso facto *(lat)* durch die Tat selbst; ipso facto, die Rechtsfolge tritt von selbst ein.

ipso jure *(lat)* kraft Gesetzes, kraft Rechts, unmittelbar, ipso iure, die Rechtsfolge tritt auf Grund des Gesetzes ein.

irradiation *f (UmweltR)* radioaktive Verstrahlung *od.* Strahleneinwirkung.

irrecevabilité *f (PrzR)* Unzulässigkeit *f*; **moyen d' –** Unzulässigkeitseinrede *f*; **– d'une action en justice** Unzulässigkeit einer Klage.

irrecevable *adj* unzulässig, nicht annehmbar, unannehmbar.

irréconciliable *adj* unversöhnlich.

irrécouvrabilité *f* Uneinbringlichkeit *f*, Nichtbeitreibbarkeit.

irrécouvrable *adj* uneinbringlich, nicht beitreibbar, nicht einlösbar.

irrécusable *adj* (1) *(Richter)* nicht ablehnbar, (2) *(Argument)* nicht widerlegbar, (3) *(Zeuge)* glaubwürdig.

irréfragable *adj* unbestreitbar, unstreitig, unwiderleglich, nicht widerlegbar, zuverlässig, fundiert; **preuve –** zuverlässiger *od.* hieb- und stichfester Beweis.

irréformable *adj (PrzR)* unanfechtbar, unangreifbar, rechtskräftig; **jugement –** durch Rechtsmittel nicht mehr angreifbares Urteil, rechtskräftige Entscheidung.

irréfutable *adj* unwiderlegbar, unbezweifelbar, zweifelsfrei; **témoignage –** unangreifbare Aussage.

irrégularité *f* (1) Fehler *m*, Regelwidrigkeit, Unregelmäßigkeit *f*; Betrügerei *f*, Schwindel *m*, (2) *(GesR: Bilanz)* Unstimmigkeit *f*; **– comptable** Unstimmigkeit in der Buchführung; **– de forme** Formmangel *m*, Formfehler *m*.

irrégulier *adj* (1) regelwidrig, (2) *(illégal, illégitime)* ungesetzlich, illegal, rechtswidrig, ordnungswidrig, (3) *(BörR: Kurse)* uneinheitlich, (4) *(ArbR: Arbeitnehmer)* unpünktlich, unregelmäßig (in seiner Tätigkeit); **étranger en situation –ière (= ESI)** Ausländer ohne gültige Aufenthaltserlaubnis.

irrémédiable *adj* unabänderlich, unwiderruflich; nicht wieder gut zu machen; **dégâts –s** Totalschaden *m*; **avarie –** Totalschaden *m*; **perte –** Totalverlust *m*.

irremplaçable *adj* unersetzlich.

irréparable *adj* nicht wieder auszubessern; **dégâts –s** Totalschaden *m*.

irrépétible *adj*: **frais –s** *(PrzR: frais non compris dans les dépens et qui ne peuvent être recouvrés par le plaideur)* (vom Kläger) selbst zu tragende Kosten.

irréprochable *adj* untadelig, einwandfrei, makellos.

irrésistible *adj* unwiderstehlich.

irrésolution *f* Unentschlossenheit, Unschlüssigkeit.

irrespect *m* respektlose Haltung *od.* Handlung.

irresponsabilité *f* (1) *(SchuldR: exonération de responsabilité)* Haftungsausschluß *m*, fehlende Haftpflicht, Unverantwortlichkeit *f*, (2) *(StR: non-imputabilité, irresponsabilité)* Unzurechnungsfähigkeit, Schuldunfähigkeit; **clause d'–** *(Vertrag)* Freizeichnungs- *od.* Haftungsausschlußklausel; **– du chef de l'État** keine *od.* fehlende (parlamentarische) Verantwortlichkeit des Staatsoberhaupts; **– parlementaire** Unverantwortlichkeit der Abgeordneten (für Äußerungen u. Abstimmungen im Parlament); **– pénale** Schuldunfähigkeit, Unzurechnungsfähigkeit.

irresponsable *adj* (1) *(SchuldR)* (für den Schaden) nicht haftbar, nichtverantwortlich, (2) *(StR)* schuldunfähig.

irrétractable *adj* unwiderruflich.

irrévérencieux *adj* unehrerbietig, respektlos.

irrévocabilité *f* (1) *(personne)* Unabsetzbarkeit, (2) *(déclaration)* Unwiderruflichkeit.

irrévocable *adj* (1) unabsetzbar, (2) unwiderruflich; **décision –** *(PrzR)* unanfechtbares Urteil, rechtskräftige Entscheidung; **donation –** unwiderrufliche Schenkung; **offre –** bindendes Angebot.

irritant *adj* umstoßend, vernichtend; **condition –e** Bedingung, deren Nichterfüllung den Vertrag aufhebt.

isolationnisme *m* Isolationismus *m*, Politik *f* der Selbstisolierung.

isolé *m* (1) Unverheiratete(r) *m*, Alleinstehende(r) *m*; (2) *(parlement)* Franktionslose(r); *adj*: **cas –** Einzelfall.

isolement *m* Isolierung *f*, Absonderung *f*; **– cellulaire** Einzelhaft *f*.

isoloir *m* Wahlzelle *f*.

issue *f* (1) *(aboutissement, fin)* Ende *n*, Beendigung *f*, Abschluß *m*, (2) *(résultat)* Ergebnis *n*, Resultat *n*, (3) *(échappatoire)* Ausweg *m*; **à l'– de** nach Abschluß; **sans –** aussichtslos.

item *adv* *(HR, Buchf: auf Rechnungen)* dito, desgleichen; **un –** ein Rechnungsposten.

item *m* Frage *f* (bei Meinungsumfragen), die verschiedenen Antworten (auf diese Fragen).

itinéraire *m* Route *f*; Reiseroute; Schiffsroute; Flugweg *m*.

itinérant *adj* Wander-; **exposition –e** Wanderausstellung; **personel –** (1) im Außendienst tätiges Personal, (2) Saisonarbeiter.

itératif *adj* wiederholt, erneut, abermalig; **– commandement** wiederholte (vergebliche) Aufforderung; **– défaut** wiederholte Abwesenheit (im mündlichen Termin).

ivre *adj* betrunken, unter (starkem) Alkoholeinfluß.

ivresse *f* *(StR, StVR: degré d'ébriété altérant les réflexes et les facultés intellectuelles)* Rausch *m*, Vollrausch, Trunkenheit; **conduite en état d'–** *(StVR)* Teilnahme am Straßenverkehr unter Alkoholeinwirkung; **en état d'–** rauschbedingt; **infraction en état d'–** Rauschtat; **– publique** Trunkenheit in der Öffentlichkeit.

J

jachère *f (LandwR)* Brache *f*, Brachfeld *n*; **mettre en –** brachlegen, unbestellt lassen.

jalon *m* Richtpunkt *m*, Anhaltspunkt *m*; Markstein *m*; **poser des –s** Schritte einleiten.

jaquette *f* Buchumschlag *m*, Schutzumschlag.

jauge *f* (1) *(SeeHR)* Raumgehalt *m*, Tonnage *f*; Ladefähigkeit *f*, Stauvermögen *n*, (2) gesetzliches Maß, Eichmaß *m*; **– brute** Bruttoraum- *od.* Bruttotonnengehalt; **– brute totale** Bruttoraumgehalt in Registertonnen; **– graduée** Meßstab *m*; **– nette** Nettoraum- *od.* Nettotonnengehalt.

jaugeage *m* (1) *(SeeHR)* Schiffsvermessung; Tonnengehalt, (2) Eichen *n*, Eichung *f*; Eichgebühr *f*.

jauger (1) *(v.intr.)* den Laderaum *m* berechnen, (2) *(v.t.d.)* beurteilen, schätzen, abschätzen.

jaune *m (pej.)* Streikbrecher *m*.

jet de cargaison *(SeeHR)* Seewurf von Ladung; **– à la mer irrégulier** Seewurf (ohne Schiffsrat).

jeton *m* (1) Spielmarke *f*, (2) Automatenmünze *f*; **– de présence** *(GesR)* Sitzungsgeld *n*, Sitzungsvergütung *f*, Anwesenheitsgeld.

jeu *m* (1) *(ZR)* Spielvertrag *m*, Spiel *n*, (2) *(ÖfR: institutions)* Tätigkeit *f*, Betrieb *m*, Gang *m*; **bénéfice de –** Spielgewinn *m*; **dette de –** Spielschuld; **libre – de la concurrence** *(Vwirt)* Wettbewerbsfreiheit; **maison de –** Spielbank; **mettre en – de** aufs Spiel setzen.

jeu d'écritures *(Buchf)* Buchung; Umbuchung *f*; **faire un – –** umbuchen.

jeu d'entreprise unternehmerische Strategiediskussion.

jeu de hasard Glücksspiel, Hasardspiel; **– de l'offre et de la demande** *(Vwirt)* Leistungswettbewerb, *m*, Wechselwirkung *f* von Angebot und Nachfrage.

jeune *m* Jugendliche(r) *m*, Heranwachsende(r); **– adulte** *(StR)* Heranwachsende(r) (zwischen 18 u. 21 *bzw.* 25 Jahren); **– adulte délinquant** *(StR)* Jugendlicher *od.* Heranwachsender als Straftäter.

jeunesse *f* (1) Jugendzeit *f*, (2) junge Leute, Jugend; **assistance à la –** Jugendfürsorge *f*; **protection de la –** Jugendschutz *m*.

jeux *mpl* Glücksspiele *npl*; **appareils de –** Spielautomaten *mpl*; **théorie des –** *(Vwirt)* Spieltheorie *f*.

joaillerie *f* Schmuckwaren, Juwelierwaren; Juwelierkunst *f*; Juwelierge schäft *n*.

jobarderie *f* Leichtgläubigkeit.

joie *f* Freude *f*, Lust *f*, Fröhlichkeit; **fille de –** Dirne, Prostituierte.

joindre *v.tr.* (1) (einem Schreiben) beifügen, (2) (eine Person) erreichen, (3) *(v. pron.: se – à)* (einer Partei) beitreten; **au fond** *(ZPR)* über eine Einrede zugleich mit der Hauptsache verhandeln, dem Endurteil vorbehalten; **– une pièce au dossier** zu den Akten legen *od.* nehmen.

joint venture *(GesR, terme officiel: co-entreprise)* Unternehmenszusammenschluß zur Realisierung gemeinsamer Projekte; (internationales) Gemeinschaftsunternehmen, Joint-venture *n*.

jonction *f* Vereinigung *f*, Verbindung, Anschluß *m*; **– de deux affaires** *ou* **causes** *(ZPR)* Klagenverbindung; **– des demandes** (objektive) Klagehäufung *f*; **– d'instances** Klagenverbindung, Klagenhäufung.

jouer (1) an einem Glücksspiel teilnehmen, (2) *(BörR)* spekulieren; **– à la hausse** fixen, die Börsenkurse hochtreiben; **– à plein** voll zum Tragen kommen.

429

jouets *mpl* Spielwaren *fpl*.
joueur *m* (1) Spieler *m*, (2) *(BörR)* Spekulant *m*.
jouir (de) *v.tr.ind.* besitzen, haben, genießen, im Genuß sein; – **d'un bien** die Früchte aus einer Sache ziehen, eine Sache nutzen; – **d'un droit** ein Recht innehaben; – **de toutes ses facultés** im Vollbesitz seiner Kräfte *od.* geistigen Fähigkeiten sein; – **d'une grosse fortune** sehr reich sein; – **d'une rente** eine Rente beziehen.
jouissance *f* (1) *(ZR: avantages liés à la possession d'un bien et à son usage)* Nutzung *f*, Genuß *m*, Nutznießung *f*, (2) *(SachR: ungenau für usufruit)* Nießbrauch *m*; **abus de** – (1) übermäßige Fruchtziehung, übermäßiger Nießbrauch, (2) mißbräuchliche Benutzung; **action** *ou* **bon de** – Genußschein *m*; **capacité de** – Rechtsfähigkeit *f*; **droit de** – (1) Nutzungsrecht *n*, Nutznießungsrecht, Recht zur Nutzverwaltung, (2) *(SachR)* Nießbrauchsrecht, (3) *(GesR)* Genußrecht; **entrée en** – (1) Besitzergreifung *f*, Besitzantritt *m*, (2) Beginn der Fruchtziehung; **personne ayant un droit de** – Nutzungsberechtigte(r); **perte de** – Verlust der Nutzungsrechte; **privation de** – Entzug der Benutzung *od.* Nutzungsrechte.
jouissance anticipée de la pension vorzeitiger Rentenbezug *m*; – **des biens communaux** (S) Allmendnutzung; – **commune** gemeinschaftliche Nutzung; – **complète** Vollgenuß; – **d'un droit** Nießbrauch an einem Recht; – **intégrale** Vollgenuß; – **légale** *(FamR)* elterliche Nutznießung (am Kindesvermögen); – **d'une pension** Bezug einer Rente; – **ultérieure** Nachbenutzung.
jour *m* (1) Tag *m*, (2) *(SachR)* Öffnung *od.* Fenster (zum Nachbargrundstück); **mettre à** – auf den neuesten Stand bringen; **–(s) amende(s)** *(StR: peine d'amende pouvant se substituer à un emprisonnement à titre de peine principale)* Ersatzfreiheitsstrafe; – **d'audience** *(ZPR)* Gerichtstag, Gerichtstermin *m*, Verhandlungstag; – **chômé** arbeitsfreier Werktag (zumeist zwischen zwei Feiertagen); – **civil** Kalendertag; – **de compensation** *(ArbR)* Ausgleichsruhetag; – **de congé** Urlaubstag; – **d'échéance** Fälligkeit(stag), Zahltag; Verfalltag; – **d'établissement du bilan** Bilanzstichtag; – **férié, – de fête légal** gesetzlicher Feiertag; – **fixe** *(ZPR: assignation pour une date indiqué)* (Verhandlungs-)Termin *m*, Zeitpunkt der Prozeßverhandlung vor Gericht; – **franc** *(ZPR: délai franc dans lequel on ne comprend ni le jour de l'acte, ni le jour de l'échéance)* Respekttag; Zusatzfrist von 24 Stunden; Frist, bei der weder der Tag der Ausstellung der Urkunde noch der Fälligkeitstag mitgerechnet werden.
jour de grâce *(ZR)* (durch den Gläubiger eingeräumte) Nachfrist *f*; – – **judiciaire** *(ZPR)* durch den Richter festgesetzte Nachfrist; – – **légal** gesetzlich festgelegte Nachfrist, Respekttag.
jour de marché Markttag; – **de naissance** *(ZR: date de naissance)* Geburtstag; **–(s) ouvrable(s)** *(ArbR: jours réservés en principe au travail)* Werktag(e); **–(s) ouvré(s)** *(ArbR: jours effectivement travaillés)* Arbeitstag(e); Werktag(e), an dem tatsächlich Arbeit geleistet wird; – **de paiement** Zahlungstermin *m*; – **du palais** *ou* **plaidable** *(PrzR)* Öffnungszeiten des Gerichts, Gerichtstag; **–s de planche** *(SeeHR: staries)* Liegezeit, Löschzeit *f*; – **du protêt** *(WechselR)* Tag der Protesterhebung; – **de récupération** *(ArbR)* Ersatzruhetag; – **de référence** Stichtag; – **de repos** Ruhetag; – **de retard** (ein) Tag Verspätung; – **de souffrance**, – **de tolérance** *(SachR: ouverture dans un mur non mitoyen)* Lichtöffnung, lichtdurchlässige Öffnungen zum Nachbargrundstück); – **de valeur**

(BankR: date de valeur, jour à partir duquel les opérations de crédit ou de débit prennent effet) Wertstellungstag.

journal *m* (1)*(HR: livre de commerce, registre de comptes)* Journal *n*, Tagebuch (bei der Buchführung), (2) *(MedienR: publication périodique)* Druckschrift *f;* Tageszeitung *f;* Zeitschrift *f,* (3) *(MedienR: bulletin quotidien d'information)* Nachrichten(sendung); **directeur du −** verantwortlicher Redakteur; **− d'annonces légales** amtliches Mitteilungsblatt; **− de bord** Schiffstagebuch *n;* **− de caisse** Kassentagebuch; **− d'entreprise** Werkszeitung; **− gratuit** unentgeltliche Werbezeitschrift; **− lumineux** Leuchtreklame; **− officiel (= J.O.)** frz. Gesetzblatt u. Staatsanzeiger, Amtsblatt der Französischen Republik; **− parlé** (Radio-)Nachrichten; **− télévisé** Tagesschau (im Fernsehen).

journalier *adj* Tages-; **travail −** Tagesarbeit *f.*

journalier *m* (1) Aushilfskraft *f,* (2) Taglöhner *m.*

journalisme *m* Journalismus *m,* Zeitungs- und Pressewesen.

journaliste *m* **professionnel** Journalist *m* (als bezahlter Mitarbeiter); Presseangehörige *m;* Redakteur *m;* Reporter *m,* Berichterstatter *m.*

journée (1) Tag *m,* Tagesablauf *m,* (2) *(ArbR)* Tagesarbeit *f,* Tagesschicht *f,* Tageslohn *m,* Schichtlohn; **par − complète** ganztätig; **− continue** durchgehende Arbeitszeit (mit nur kurzer Mittagspause); **− de huit heures** Achtstundentag *m;* **− de repos compensatrice** Ausgleichsruhetag; **− de travail** Arbeitstag.

jouxter *v.tr.* (unmittelbar) angrenzen.

judicatoire *adj (ZPR)* streitbefangen, streitig.

judicature *f.* **charge de −** Richteramt *n.*

judiciaire *m* richterliche Gewalt *f.*

judiciaire *adj* gerichtlich, richterlich; Gerichts-, Justiz-, Richter-; **acte −** gerichtliche Urkunde; **administrateur −** (1) *(KonkursR: syndic)* Konkursverwalter *m,* (2) *(ZPR: mandataire de justice)* mit der Vermögensverwaltung (durch ein Gericht) beauftragte Person; **administration −** Gerichtsverwaltung, Justizverwaltung; **assistance −** Rechtsberatung; **autorité −** Gericht, als Organ der Rechtspflege; Justizbehörde *f;* **casier −** Strafregister *n;* **conseil −** Rechtsbeistand *m;* **caution −** gerichtlich angeordnete Sicherheitsleistung; *(StPR)* Kaution; **droits −s** Gerichtsgebühren; **enquête −** gerichtliche Untersuchung; **erreur −** Justizirrtum; **frais −s** Gerichtskosten; **instruction −** (1) *(StPR)* richterliche Untersuchung (im Rahmen eines Ermittlungsverfahrens), (2) *(PrzR)* Belehrung (über Rechte od. Rechtsmittel); **juge −** Richter der ordentlichen Gerichtsbarkeit; **ordre −** ordentliche Gerichtsbarkeit, Justizgerichtsbarkeit in Frankreich (mit dem Kassationshof als oberstes Gericht); **organisation −** Gerichtsverfassung; **police −** (1) *(StPR)* Kriminalpolizei, (2) Gerichtsordnungsdienst; **poursuites −s** *(StR)* Strafverfolgung; **pouvoir −** richterliche Gewalt, Judikative *f;* **professions −s** Berufe der Rechtspflege; **règlement −** gerichtliches Vergleichsverfahren; **transaction −** Prozeßvergleich *m;* **tribunaux −s** die ordentlichen Gerichte **vacances −s** Gerichtsferien; **vente −** öffentliche Versteigerung; **voie −** ordentlicher Rechtsweg *m.*

judiciairement *adv* gerichtlich; auf dem Rechtswege; **poursuivre qqn. −** vor Gericht stellen, gerichtlich verfolgen.

judicieux *adj* (1) *(sensé, juste)* vernünftig, richtig; verständig, urteilsfähig, (2) *(pertinent, intelligent)* triftig, überzeugend, unwiderlegbar.

juge *m* (1) *(PrzR: le juge unique)* (Einzel-)Richter *m,* (2) *(PrzR: toute juridiction)* Gericht *n,* Rechtsprechungsorgan *n*; Kollegialgericht, (3) *(GVR: les magistrats du siège)* die Richterschaft, (4) *(Sport)* Kampfrichter; **à l'appréciation du** – im richterlichen Ermessen; **devant le** –, **par devant le** – vor Gericht; **récusation d'un juge** Ablehnung eines Richters; **règlement de** –s Bestimmung des zuständigen Gerichts.

juge administratif Verwaltungsrichter; – **aux affaires familiales (= JAF)** *(ZPR, FamR: bis 1994, juge délégué aux affaires matrimoniales = JAM)* Richter in Familiensachen, Ehescheidungsrichter; – **d'appel** Berufungsrichter; – **de l'application des peines (= JAP)** Strafvollzugsrichter; – **arbitre** Schiedsrichter; – **assesseur** Beisitzer *m*, beisitzender Richter; – **auxiliaire** Hilfsrichter; – **cantonal** Amtsrichter, (en S. aussi:) Kantonsrichter *od.* Oberrichter; – **de carrière** Berufsrichter; – **civil** Richter in Zivilsachen, Zivilrichter; – **chargé de suivre la procédure** Entscheidungsvorbereitungsrichter; – **de commerce** *ou* **commercial** Handelsrichter, Richter in Handelssachen; – **commis** ersuchter Richter, beauftragter Richter; – **commissaire** (1) *(PrzR: syn. de juge commis)* beauftragter Richter, (2) *(KonkursR)* Konkursgericht; Richter im Konkurs- *od.* Vergleichsverfahren, (3) *(VwR)* Richter in Enteignungssachen; – **conciliateur** *ou* **de la conciliation** Richter, dem die Ausübung der Gerichtsbarkeit in Zivilsachen geringer Bedeutung obliegt, Friedensrichter; – **du conflit** Spruchrichter, Prozeßrichter.

juge consulaire *(PrzR, HR: magistrat du tribunal de commerce)* frz. Handelsrichter, Richter beim Handelsgericht; – **délégué** (mit besonderen Aufgaben) beauftragter Richter; – **départiteur** *(PrzR, ArbR: juge du tribunal d'instance)* (bei Stimmengleichheit der Arbeitsrichter) zugezogener Richter des Kleininstanzgerichts; – **directeur** mit Verwaltungsaufgaben betrauter frz. Großinstanzrichter; – **de droit commun** Richter im Rahmen der ordentlichen Gerichtsbarkeit.

juge des enfants, – pour enfants Jugendrichter; Jugendgericht; – **des enquêtes** mit einer Ermittlung beauftragter Richter; – **de l'exécution** *(ZR)* Vollstreckungsrichter; der für die Zwangsvollstreckung zuständige Richter; – **de l'expropriation** frz. Großinstanzrichter, zuständig für die Festsetzung der Enteignungsentschädigung; – **de la faillite** Konkursrichter, Konkursgericht; – **du fait** Tatrichter, erkennender Richter, Spruchrichter; – **fédéral** Bundesrichter; – **du fond** Tatrichter, erkennender Richter, Spruchrichter; – **de grande instance** Richter beim frz. Großinstanzgericht; – **ad hoc** Richter ad hoc; – **informateur** *(StPR: syn. de juge d'instruction)* Untersuchungsrichter; – **d'instance** frz. Amtsrichter, (Zivil-, Straf-) Richter beim frz. Kleininstanzgericht; – **d'instruction** *(StPR: magistrat du tribunal de grande instance agissant dans le cadre d'une information pénale)* frz. Untersuchungsrichter, Ermittlungsrichter.

juge judiciaire Zivilrichter, ordentlicher Richter; – **du livre foncier** Grundbuchrichter; – **des loyers** Richter in Miet- *od* Pachtsachen; – **en matière disciplinaire** Disziplinarrichter, Dienststrafrichter; – **militaire** frz. Militärrichter, Richter bei einem frz. Wehrdienstgericht; – **de la mise en état (= JME)** *(ZPR: juge chargé du contrôle de l'instruction des affaires civiles contentieuses portées devant le tribunal de grande instance, art.762 s. NCPC)* Entscheidungsvorbereitungsrichter, mit dem schriftlichen Verfahren beauftragter Richter (der das Verfahren vor dem Großinstanzgericht bis zur Entscheidungsreife vorantreibt), mit der Vorbereitung der mündlichen Verhandlung befaßter

Richter; **– naturel** gesetzlicher Richter; **– non-professionnel** ehrenamtlicher Richter, Laienrichter; **– de paix** *(hist.)* Friedensrichter; **– (au) pénal** Strafrichter; **– préalable** Erstrichter; **– de première instance** Richter erster Instanz, Erstrichter; **– professionnel** Berufsrichter; **– rapporteur** Berichterstatter, berichterstattender Richter; **– récusé** abgelehnter Richter.

juge des référés *(ZPR: juridiction des référés chargée de prendre des décisions provisoires dans des cas d'urgence)* Gericht, das im beschleunigten (u. vereinfachten) Verfahren einstweilige Anordnungen trifft; in Verfahrensfragen für den Erlaß einstweiliger Verfügungen zuständiger Richter beim frz. Großinstanzgericht; **– répressif** Strafrichter; **– requis** ersuchter Richter; **– résident** Richter (der keine auswärtigen Gerichtstage abhält); **– du siège** Richter; **– de simple police** frz. Strafrichter (zuständig bei Übertretungen); **– suppléant** Ersatzrichter, Hilfsrichter; **– titulaire** Richter als Amtsinhaber, Berufsrichter; **– au tribunal militaire** Richter bei einem frz. Wehrdienstgericht; **– des tutelles** Vormundschaftsgericht *od.* -richter; **– unique** Einzelrichter.

jugé *adj* (1) *(affaire)* entschieden, (2) *(personne)* abgeurteilt; **chose –e, jugement passé en forme de chose –e** (rechtskräftig) entschiedene Sache; **prêt à être –** spruchreif.

jugeable *adj* vor Gericht gehörig; spruchreif, entscheidungsreif.

jugement *m* (1) *(PrzR: décision prise par un collège de magistrats)* Urteil *n*, Erkenntnis *n*, (richterliche) Entscheidung *f*, Gerichtsentscheid *m*, (2) *(décision prise par un magistrat statuant comme juge unique)* Beschluß *m*, (3) *(acte écrit)* Urteilsurkunde *f*, (4) *(faculté de juger)* Urteilsfähigkeit *f*, Urteilsvermögen *n*; (5) *(avis)* Werturteil *n*, Meinung *f*, Ansicht *f*; **accepter un –** eine Entscheidung annehmen; **annuler un –** ein Urteil aufheben; **appeler d'un –** Berufung (gegen ein Urteil) einlegen; **attaquer un –** ein Urteil anfechten; **attendus du –** Urteilsbegründung; **audience de –** (Urteils-)Verkündungstermin *m*; **bureau de –** Spruchkammer (beim frz. Arbeitsgericht); **casser un –** ein Urteil aufheben; **confirmation d'un –** Aufrechterhaltung eines Urteils; **confirmer un –** ein Urteil bestätigen; **considérants du –** Entscheidungs- *od.* Urteilsgründe *mpl*; **contrariété de –s** einander widersprechende Entscheidungen, gegensätzliche Urteile; **dispositif du –** (Urteils-)Tenor *m*; Urteilsformel *f*, verfügender Teil des Urteils, (Urteils-)Spruch *m*; **effet du –** Urteilswirkung; **émettre un –** etwas beurteilen, ein Urteil über jmdn. oder eine Sache abgeben; **en-tête du –** Urteilskopf *m*, Rubrum *f*; **ester en –** klagen, Klage erheben; **exécution du –** Urteilsvollstreckung; **expédition du –** Urteilsausfertigung; **faire appel d'un –** gegen ein Urteil Berufung einlegen; **infirmer un –** ein Urteil aufheben.

jugement: lever un – sich die vollstreckbare Ausfertigung des Urteils erteilen lassen; **minute du –** Urschrift des Urteils; **motifs du –** Gründe, Tatbestand und Entscheidungsgründe *mpl*; **notifier un –** ein Urteil zustellen; **notification du –** Zustellung des Urteils; **obtenir un –** ein Urteil erwirken; **porter un – (sur qqn.)** ein Urteil (über jmdn.) abgeben, jmdn. beurteilen; **poursuivre qqn. en –** jmdn. vor Gericht verklagen, einen Rechtsanspruch vor Gericht geltend machen; **prononcé du –** Urteilsverkündung; **prononcer un –** ein Urteil fällen *od.* verkünden; **rabattre un –** ein Urteil aufheben (durch das erkennende Gericht selbst); **réformation d'un –** Abänderung eines Urteils; **réformer un –** ein Urteil abändern; **rendre**

jugement d'absolution — **jugement d'exequatur**

un – ein Urteil fällen, ein Urteil verkünden *od.* erlassen; **revenir sur son** – seine Meinung (über jmdn.) ändern; **signification du** – Urteilszustellung (von Amts wegen), Amtszustellung; **teneur du** – Urteilstenor *m*, Urteilsinhalt *m*.

jugement d'absolution *(StPR: en présence d'une excuse absolutoire)* Freispruch mangels strafbaren Tatbestands, Freispruch wegen erwiesener Unschuld; – **d'accord** *(ZPR: jugement d'expédient)* Einigungsurteil *n*; – **d'acquittement** *(StPR)* (Schwurgerichts-)Freispruch *m*, freisprechendes Urteil des frz. Schwurgerichts; – **d'adjudication** *(ZwangsVR)* Zuschlagsbeschluß *m*, gerichtliche Zuschlagserteilung; – **administratif** verwaltungsgerichtliches Urteil; – **d'annulation** Aufhebungsurteil; – **en appel** Berufungsurteil; – **arbitral** schiedsgerichtliche Entscheidung, Schiedsspruch; – **attaqué** angefochtenes Urteil; – **avant dire droit** *ou* **avant faire droit** *(ZPR)* Zwischenurteil, Vorabentscheidung, prozeßleitender Beschluß, prozeßleitende Verfügung; – **civil** Urteil im Zivilverfahren; – **collectif** mehrere Personen betreffendes Urteil; – **commercial** Urteil in Handelssachen; – **comminatoire** Urteil, das unter Strafandrohung zu einer Leistung verpflichtet.

jugement de condamnation (1) *(StPR)* auf Strafe lautendes Urteil, verurteilendes Erkenntnis, Verurteilung, (2) *(ZPR)* Leistungs- *od.* Verurteilungsurteil; – **confirmatif** stattgebendes *od.* konfirmatorisches Urteil; – **constitutif (de droit)** Gestaltungsurteil, rechtgestaltendes Urteil; – **contentieux** *(ZPR: jugement qui tranche une contestation)* Urteil (im streitigen Verfahren); – **contradictoire** streitiges *od.* kontradiktorisches Urteil; – **par contumace** *(StPR)* Abwesenheitsurteil, Urteil in Abwesenheit des Angeklagten; – **convenu** *(ZPR: jugement d'expédient)* Einigungsurteil; – **correctionnel** Strafurteil (wegen Vergehens); – **de débouté** Klageabweisung.

jugement déclaratif *ou* **déclaratoire** *(ZPR)* Feststellungsurteil; – **de décès** Todeserklärung (durch Beschluß); – **de faillite** Konkurseröffnungsbeschluß *m*; – **de filiation** *(FamR)* Abstammungsurteil; – **de la liquidation des biens** Konkurseröffnungsbeschluß; – **de nullité** *(ZPR)* Aufhebungsurteil; die Nichtigkeit feststellendes *od.* aussprechendes Urteil.

jugement de déclaration d'absence Anordnung der Abwesenheitspflegschaft; – **de** *ou* **par défaut** *(ZPR)* (Ver-)Säumnisurteil; – **déféré** angefochtenes Urteil; – **définitif** (1) Endurteil, Vollendurteil, (2) rechtskräftiges Urteil; – **en dernier ressort** Urteil der letzten zuständigen Instanz, letztinstanzliches Urteil; – **de divorce** Scheidungsurteil; – **de donné acte** gerichtliche Protokollierung; – **erroné** Fehlurteil; – **étranger** ausländische Entscheidung; – **d'exclusion** Ausschlußurteil.

jugement exécutoire vollstreckbares Urteil; – – **par provision** vorläufig vollstreckbares Urteil.

jugement d'exequatur *(IPR)* Vollstreckungsurteil (zu einem ausländischen Urteil); – **d'expédient** *(ZPR: décision prise en forme de jugement, entérinant l'accord des parties, syn.: jugement convenu ou d'accord)* Einigungsurteil, Einigung der Parteien vor Gericht in Form eines (vollstreckbaren) Richterspruchs; – **d'expropriation** Enteignungsbescheid *m*, Enteignungsbeschluß *od.* -erkenntnis; – **d'expulsion** Räumungsurteil; – **de faillite** Konkurseröffnungsbeschluß; – **final** Endurteil; – **au** *ou* **sur le fond** Sachentscheidung, Sachurteil, Urteil zur Hauptsache; – **de forclusion** Ausschlußurteil; – **sur frais** Kostenfestsetzungsbeschluß; – **frappé d'appel** mit der Berufung angefochtenes Urteil; – **frappé**

jugement sur incident — **juger**

d'opposition Urteil, gegen welches sich der Einspruch richtet; – **gracieux** Beschluß (im Verfahren der freiwilligen Gerichtsbarkeit); – **d'homologation** Eintragungsbeschluß.

jugement sur incident Zwischenurteil (über einzelne Streitpunkte u. nicht über den Streitgegenstand selbst); – **d'interdiction** Entmündigungsurteil *od.* -beschluß; – **interlocutoire** Vorabentscheidung über den Grund, Grundurteil, Zwischenurteil; – **interprétatif** Urteil zur Auslegung eines vorangegangenen Urteils, auslegendes Urteil; – **irrévocable** rechtskräftiges Urteil; rechtskräftiger Beschluß; – **de jonction** Klageverbindungsbeschluß; – **de mainvidange** *(ZwangsVR)* Pfändungs- u. Überweisungsbeschluß *m*; – **mal rendu** Fehlurteil; – **en matière gracieuse** Urteil in Sachen der freiwilligen *od.* nichtstreitigen Gerichtsbarkeit; – **mis en délibéré (jusqu'au . . .)** Urteilsverkündung erfolgt am . . .

jugement de partage *(ErbR)* Nachlaßteilungsurteil; – **partiel** *ou* **sur partie** Teilurteil; – **passé en force de chose jugée** rechtskräftiges Urteil; – **pénal** Strafurteil, Straferkenntnis; – **sur pièces** *(ZPR)* Entscheidung nach Aktenlage; – **préalable** vorhergehendes Urteil; – **en dernier ressort** *(PrzR: jugement sans appel)* nicht berufungsfähiges Urteil; – **en premier ressort** *(PrzR: jugement à charge d'appel)* Urteil im ersten Rechtszug, berufungsfähiges Urteil, erstinstanzliches Urteil; – **en premier et en dernier ressort** unanfechtbares Urteil; Urteil, gegen das ein weiterer Rechtsweg ausgeschlossen ist, – **en première instance** Urteil erster Instanz, erstinstanzliches Urteil; – **préparatoire** Vorentscheidung, vorbereitende Entscheidung; – **préparatoire d'absence** *(ZR)* Zwischenurteil im Verschollenheitsverfahren; – **provisoire** Zwischenurteil (über einzelne Streitpunkte).

jugement de radiation *(Registersachen)* Löschungsurteil; – **sur la recevabilité** Entscheidung über die Zulässigkeit, Prozeßurteil; – **récognitif** Anerkenntnisurteil; – **de reconnaissance d'écriture** Entscheidung über die Echtheit einer Urkunde (auf Grund eines Geständnisses im Verfahren der freiwilligen Gerichtsbarkeit); – **réformatoire** Abänderungsurteil, abänderndes Urteil; – **de relaxe** *(StPR)* Freispruch; – **de remise de cause** Vertagungsbeschluß; – **rendu en assemblée plénière** Plenarentscheidung (des frz. Kassationshofes); – **rendu au criminel** Strafurteil, Straferkenntnis *n*; – **rendu à l'étranger** Urteil eines ausländischen Gerichts; – **de renvoi** Verweisungsbeschluß, Verweisung an das zuständige Gericht; – **de report de la liquidation des biens** Konkurseröffnungsbeschluß mit rückwirkender Kraft; – **répressif** Strafurteil.

jugement rescindant *ou* **rescisoire** Aufhebungsurteil, aufhebendes Urteil; – **réputé contradictoire** *(ZPR: jugement que la loi prescrit de considérer comme contradictoire bien que le défendeur n'ait pas comparu)* Versäumnisurteil, das als kontradiktorisch angesehen wird; Versäumnisurteil gegen das ein Einspruch gesetzlich ausgeschlossen ist; – **de résolution** vertragsauflösende Entscheidung; – **de séparation de corps** *(EheR)* Beschluß zur Gestattung des Getrenntlebens der Ehegatten; – **translatif de propriété** Urteil, durch welches das Eigentumsrecht übertragen wird; – **de valeur** Werturteil; – **de validité** Entscheidung über die Rechtmäßigkeit der Vollstreckung; – **de vérification d'écriture** Entscheidung über die Echtheit einer Urkunde (im streitigen Verfahren).

juger *v.tr.* (1) *(ZPR)* entscheiden,

urteilen, (für Recht) erkennen, ein Urteil fällen, (2) *(StPR)* aburteilen, verurteilen, erkennen auf, (3) *(porter une appréciation)* beurteilen, schätzen, meinen, glauben, sich vorstellen; **pouvoir de –** Entscheidungsbefugnis *f;* **– apte** für fähig erachten; **– en équité** *ou* **ex aequo et bono** nach Billigkeit entscheiden; **– au fond** zur *od.* die Hauptsache entscheiden, in der Sache urteilen; **– à huis-clos** unter Ausschluß der Öffentlichkeit entscheiden; **– sur pièces** auf Grund der Akten urteilen, nach Aktenlage entscheiden.

juguler *v.tr.* drosseln, bremsen, eindämmen; **– l'inflation** die Inflation stoppen.

jumelage *m (de villes)* Städtepartnerschaft *f.*

jurande *f (HR, hist)* Zunftmeisteramt *n.*

juratoire *adj (ZR: engagement pris sous la foi du serment)* eidlich, durch Eid bekräftigt; **caution –** eidesstattliche Versicherung (im Termin zu erscheinen *od.* eine Sache beizubringen).

juré *adj* vereidigt; **maître –** Innungsmeister *m.*

juré *m (StPR: membre d'un jury criminel)* Geschworene(r) *m;* Schöffe *m;* **– expert** vereidigter Sachverständige(r); **– suppléant** *(StPR)* Hilfsschöffe, Ergänzungsgeschworene(r), Ersatzschöffe, Ersatzgeschworene(r); **– titulaire** Geschworene(r).

jurer *v.tr.* (1) *(PrzR: affirmer solennellement, prêter serment)* schwören, eidesstattlich versichern, einen Eid ablegen, (2) *(umg)* fluchen.

juridicité *f* Rechtlichkeit.

juridiction *f* (1) *(GVG: pouvoir de juger)* Gerichtsbarkeit *f,* Justizhoheit *f,* (2) *(GVG: ensemble des tribunaux)* Justiz *f,* Rechtspflege *f,* Gerichtsgewalt *f,* richterliche Gewalt, rechtsprechende Gewalt, (3) *(PrzR: tribunal, cour)* Gericht *n,* Rechtsprechungsorgan *n,* (4) *(circonscription)* Gerichtsbezirk *m,* Gerichtssprengel *m;* Amtsbezirk *m,* Zuständigkeitsbereich *m,* Geltungsbereich; **avoir – la** Gerichtsbarkeit ausüben; **chef de –** Gerichtspräsident *m;* **circonscription de –** Gerichtsbezirk, Gerichtssprengel *m;* **conflit de –s** Kompetenzkonflikt *m* zwischen Gerichten derselben Gerichtsbarkeit; positiver oder negativer Kompetenzkonflikt; **degré de –** Instanz *f,* Rechtszug *m;* **distraction de –** Verweisung an ein anderes Gericht; **exercer la –** die Gerichtsbarkeit ausüben; **immunité de –** Immunität, Exterritorialität; Befreiung von der Gerichtsbarkeit, Nichtverfolgbarkeit; Beschränkung der Strafverfolgung; **ordre de –** Instanzenzug *m;* **pleine –** (1) *(ZPR: connaissance de l'entier litige)* Zuständigkeit in der Sache selbst, Zuständigkeit als ordentliche Gerichtsbarkeit, (2) *(VwPR)* Verwaltungsstreitverfahren *n;* Verpflichtungsklage, Anfechtungsklage; **pouvoir de –** rechtsprechende Gewalt; Rechtsprechungsbefugnis *f;* **prorogation de –** Vereinbarung eines Gerichtsstandes; **relever d'une –** (1) einer Gerichtsbarkeit unterliegen *od.* unterworfen sein, (2) zu einem Gerichtsbezirk gehören; **saisir une –** ein Gericht anrufen.

juridiction administrative (1) Verwaltungsgericht *n,* (2) Verwaltungsgerichtsbarkeit; **– d'appel** Berufungsgericht, Berufungsinstanz *f.*

juridiction arbitrale (1) Schiedsgericht, (2) Schiedsgerichtsbarkeit; **– commerciale** Schiedsgerichtsbarkeit in Handelssachen.

juridiction d'attribution *(VwPR)* Oberstes frz. Verwaltungsgericht als Sondergericht, Conseil d'Etat als erstinstanzliches Verwaltungsgericht mit beschränkter Gerichtsbarkeit; **– civile** (1) Zivilgericht, (2) Zivilgerichtsbarkeit, bürgerliche Gerichtsbarkeit; **– commerciale** (1) Handelsgericht, (2) Handelsgerichtsbarkeit; **– compétente** zuständiges Gericht, Gerichtsstand *m;*

juridiction fiscale — **juridisme**

– **constitutionnelle** Verfassungsgerichtsbarkeit; – **consulaire** (1) Handelsgericht, (2) Handelsgerichtsbarkeit; – **contentieuse** streitige Gerichtsbarkeit; – **corporative** (1) Berufs- *od.* Ehrengericht, (2) Standesgerichtsbarkeit; – **correctionnelle** Strafgericht (zur Aburteilung von Vergehen); Strafgerichtsbarkeit (zuständig für Vergehensstraftaten); – **criminelle** (1) Strafgericht (zuständig für Verbrechen), (2) Strafgerichtsbarkeit (für Verbrechen); – **disciplinaire** (1) Disziplinargericht, Dienstgericht, (2) Disziplinargerichtsbarkeit; – **de droit commun** *(ZPR)* (1) Großinstanzgericht (als ordentliches Gericht erster Instanz), (2) *(VerfR)* ordentliche Gerichtsbarkeit, Justizgerichtsbarkeit, (3) *(VwPR)* frz. Verwaltungsgericht (erster Instanz); – **pour enfants** Jugendgericht; – **étrangère** ausländisches Gericht; – **d'exception** *(PrzR: juridiction spécialisée comme le tribunal d'instance, le tribunal de commerce et le conseil de prud'hommes)* Sondergericht; Sondergerichtsbarkeit; frz. Kleininstanzgericht; frz. Handelsgericht; frz. Arbeitsgericht; – **exclusive** ausschließliche Gerichtsbarkeit; – **extraterritoriale** gebietsfremde Gerichtsbarkeit.

juridiction fiscale Finanzgerichtsbarkeit; – **du for** *(IPR)* Gerichtsbarkeit des Gerichtsstaates; – **gracieuse** freiwillige Gerichtsbarkeit; – **d'honneur** Ehrengericht; – **incompétente** unzuständiges Gericht; – **d'instruction** *(StPR)* frz. Ermittlungsgericht (bestehend aus drei Ermittlungsrichtern); – **internationale** internationaler Gerichtshof *m*; –**(s) judiciaire(s)** ordentliche Gerichtsbarkeit; – **de jugement** *(StPR)* Strafgericht; – **maritime** Seegericht; – **en matière fiscale** Steuergerichtsbarkeit; – **militaire** Wehrdienstgericht; – **des mineurs** Jugendgericht; Jugendgerichtsbarkeit; – **de l'ordre administratif** Verwaltungsgericht; Verwaltungsgerichtsbarkeit.

juridiction pénale (1) Strafgericht, (2) Strafgerichtsbarkeit; – **professionnelle** (1) Berufsgericht, Ehrengericht, (2) Berufsgerichtsbarkeit; – **prud'homale** (1) Arbeitsgericht, (2) Arbeitsgerichtsbarkeit; – **de renvoi** Gericht, an welches die Sache zur weiteren Verhandlung und Entscheidung verwiesen wird; – **répressive** (1) Strafgericht, (2) Strafgerichtsbarkeit; – **saisie** angerufenes Gericht; – **de simple police** frz. Strafgericht, zuständig für Übertretungen; – **de la Sécurité sociale** Sozialgericht; Sozialgerichtsbarkeit; – **spéciale** Sondergericht; – **spécialisée en matière économique et financière** Wirtschaftsgericht; – **universitaire** Disziplinargericht der Universität.

juridictionnel *adj* gerichtlich, richterlich, Gerichts-, Richter-; **pouvoir** – richterliche Gewalt, rechtsprechende Gewalt, Gerichtsgewalt *f*, Rechtspflege *f*.

juridique *adj (qui concerne le droit, de droit, en droit)* rechtlich, juristisch, Rechts-; **acte** – Rechtsgeschäft *n*; **conseiller** – Rechtsberater *m*; **études** –**s** Studium *n* der Rechtswissenschaft; **fait** – rechtlich relevantes Ereignis; Rechtshandlung, geschäftsähnliche Handlung, Tathandlung; **formation** – juristische Ausbildung; **personnalité** – Handlungsfähigkeit; **personne** – Rechtssubjekt *n*; **régime** – gesetzliche Gestaltung *od.* Regelung; **science** – Rechtswissenschaft *f*, Jura; **situation** – Rechtsbeziehungen, Rechtsverhältnis; **technique** – Rechtsanwendung *f*, Rechtsdogmatik *f*; **vocabulaire** – Rechtsterminologie *f*.

juridiquement *adv* juristisch, rechtlich, von Rechts wegen; **être** – **dans son tort** rechtlich gesehen im Unrecht sein; **sentence** – **fondée** wohlbegründete Entscheidung.

juridisme *m* Rechtspositivismus *m*, formales Legalitätsdenken.

juris et de jure von Rechts wegen; **présomption - -** unwiderlegbare Vermutung, unwiderleglicher Beweis.

jurisconsulte *m* Rechtsgelehrte *m*, Rechtskundige *m*; Rechtsberater *m*, Jurist *m*.

jurisprudence *f* (1) *(PrzR: ensemble de décisions)* Rechtsprechung *f*, Spruchpraxis *f*, Spruchrecht *n*, Judikatur *f*, (2) *(science du droit)* Rechtswissenschaft *f*, Jurisprudenz *f*; **faire** – eine richtunggebende *od.* richtungweisende Entscheidung fällen *od.* treffen; **flottements de la** – Unsicherheit der Rechtsprechung, noch nicht gefestigte Rechtsprechung; **recueil (officiel) de** – (amtliche) Entscheidungssammlung; **renversement** *ou* **revirement de** – Änderung in der Rechtsprechung, Umschwung in der Rechtsprechung.

jurisprudence administrative Verwaltungsrechtsprechung; – **bien établie** feststehende Rechtsprechung; – **constante** ständige Rechtsprechung; – **pénale** Rechtsprechung in Strafsachen; – **uniforme** einheitliche Rechtsprechung.

jurisprudentiel *adj* Rechtsprechungs-, Entscheidungs-; **précédent** – Präjudizien, Präzedenzfall.

juris tantum *(lat)* widerlegbare Rechtsvermutung.

juriste *m* Jurist *m*, Rechtskundige(r); Rechtslehrer *m*; **consulter un** – juristischen Rat einholen.

jury *m* (1) *(StPR)* Geschworenenbank *f*, die Geschworenen *pl* , (2) *(Sport)* Jury *f*, Preisrichter *m*; (3) *(SchulR)* Prüfungskommission *od.* -ausschuß; **tirage au sort du** – Schöffenauslosung *f*; – **d'admission** Prüfungsausschuß *m*; – **criminel (de jugement)** *(StPR)* Geschworene in Strafsachen, Geschworenenbank; – **d'examen** Prüfungskommission; – **d'expropriation** *(VwR)* Ausschuß zur Bemessung der Enteignungsentschädigung; – **d'honneur** Ehrengericht; – **de jugement** *(StPR)* Geschworene, die sowohl über die Schuld als auch über das Strafmaß zu befinden haben.

jus, juris *(lat.: droit, justice)* Recht *n*, ius Jura, Jus *n*; – **abutendi** *(SachR)* Veräußerungsrecht; – **ad bellum** *(VR)* Kriegsvorbeugungsrecht; – **belli** *(VR)* Kriegsrecht; – **civile** *(IPR)* innerstaatliches Privatrecht; – **cogens** *(VR: droit contraignant)* zwingendes Recht; – **dispositivum** nachgiebiges Recht; – **fruendi** *(SachR)* Fruchtziehungsrecht; – **gentium** Völkerrecht; – **in re** Sachenrecht; – **pacis** *(VR)* Friedensrecht; – **ad personam** Schuldrecht; – **sanguinis** *(IPR)* Abstammungsrecht; – **soli** *(IPR)* Bodenrecht; – **utendi** *(SachR)* Benutzungsrecht.

juste *adj* (1) *(conforme au droit)* gerecht, recht, billig, richtig, (2) *(adéquat, approprié)* angemessen, passend, (3) *(fondé, légitime)* berechtigt, (4) *(exact, raisonnable)* wahr, vernünftig; – **et équitable** recht und billig; – **motif** triftiger Grund, juristisch treffende Begründung; – **prix** angemessener Preis, gerechter Preis; – **titre** *(SachR: titre translatif qui n'émane pas du vrai propriétaire)* Eigentumserwerb(sgeschäft) vom Nichteigentümer (aufgrund einer scheinbar rechtsgültigen Urkunde).

justement *adv* mit Recht, zu Recht.

justesse *f* Richtigkeit *f*; Genauigkeit *f*.

justice *f* (1) *(le juste, ce qui est conforme à l'équité)* Gerechtigkeit *f*, Billigkeit *f*, (2) *(GVR: autorité judiciaire)* Gerichtsbehörden *fpl*, Justiz *f*, Justizverwaltung *f*, (3) *(PrzR: ensemble des juridictions)* Rechtspflege *f*, Rechtsprechungsorgane *npl*, (4) *(avec majuscule)* Justitia *f*, Göttin der Gerechtigkeit; **action en** – Klage *f*, Rechtsbegehren *n*; Gerichtsverfahren *n*; **actionner en** – vor Gericht klagen; **administration de la** – Rechtspflege; **agir** *ou* **aller en** – vor Gericht klagen, gerichtlich vorgehen, gerichtliche Schritte unternehmen, Klage erheben; **assignation en** – *(ZPR)* Klageerhebung *f*, Zustellung der Klageschrift

an den Beklagten (durch den Gerichtsvollzieher); **assigner** ou **attaquer en –** vor Gericht klagen, die Klageschrift dem Beklagten zustellen lassen; **autorisation de –** gerichtliche Ermächtigung; **en bonne –** nach billigem Ermessen; **citation en –** Ladung vor Gericht od. zu einem Termin; **citer en –** verklagen, Klage erheben, jmdn. vor Gericht bringen od. laden; **comparaître en –** vor Gericht erscheinen; **consignation en –** gerichtliche Hinterlegung; **cour de –** Gerichtshof m; **décision de –** Gerichtsentscheidung, gerichtliche Entscheidung; **défendre en –** vor Gericht verteidigen; als Beklagter auftreten; **déférer en –** vor Gericht bringen; jmdn. gerichtlich belangen; **demande en –** Klage f, Klageantrag m, Klagsanspruch m (Aut); **demander –** sein Recht fordern, klagen; **déni de –** (1) Rechts- od. Justizverweigerung, Nichteinhaltung der Entscheidungspflicht, (2) *(umg)* Justizirrtum m; **dépôt en –** Hinterlegung bei Gericht; **descente de –** *(ZPR)* Orts- od. Lokaltermin, Termin zwecks Augenscheins; **droit d'agir en –** Klagebefugnis f, aktive Prozeßfähigkeit; **droits de –** Gerichtsgebühren;
justice: ester en – einen Prozeß führen, vor Gericht auftreten, klagen und verklagt werden; **être poursuivi en –** vor Gericht verklagt werden, gerichtlich belangt werden; **exercer un droit en –** einen Anspruch gerichtlich geltend machen; **faire –** (1) *(punir, châtier)* bestrafen, (2) *(reconnaître un droit)* ein Recht anerkennen od. zugestehen; ein gerechtes Urteil fällen; **faire – de qqch.** ablehnen, für unrichtig erklären, widerlegen, bestreiten; **se faire –** (1) zur Selbsthilfe greifen, (2) Selbstmord begehen; **frais de –** Gerichtskosten pl; **gens de –** Rechtspflegeorgane; **huissier de –** Gerichtsvollzieher m; **instance en –** gerichtliches Verfahren; **lit de –** *(hist)* königliche Parlamentssitzung; **maison de –** Haftanstalt f; **ministre de la –** Justizminister; **palais de –** Gerichtsgebäude n, Gericht n; **plaider en –** vor Gericht klagen oder verklagt werden; **poursuivre en –** gegen jmdn. gerichtlich vorgehen, verklagen, gegen jmdn. klagen, gerichtlich verfolgen; **production en –** Vorlage vor Gericht; **qualité pour agir en –** (1) Parteifähigkeit f, (2) Prozeßfähigkeit, (3) Klagebefugnis f, Aktivlegitimation; **qualité pour défendre en –** (1) Parteifähigkeit, (2) Prozeßfähigkeit, (3) Passivlegitimation; **recourir à la –** gerichtlich vorgehen; **relever de la – (d'un pays)** in den Zuständigkeitsbereich der Gerichte einen Landes fallen; **rendre la –** Recht sprechen; **rendre – à qqn.** jmdn. Gerechtigkeit widerfahren lassen; **représentation en –** Vertretung vor Gericht, Prozeßvertretung; **repris de –** *(StPR)* Vorbestrafte(r) m; **traduire en –** vor Gericht bringen od. stellen; **vente en –** *(ZwangsVR)* gerichtlicher Verkauf.

justice administrative Verwaltungsgerichtsbarkeit od. -rechtspflege; **– civile** Zivilgerichtsbarkeit; **– de classe** *(Pol)* Klassenjustiz; **– commutative** ausgleichende Gerechtigkeit; **– criminelle** Strafgerichtsbarkeit, Strafjustiz; **– déléguée** übertragene Gerichtsbarkeit; **– distributive** austeilende Gerechtigkeit; **– immanente** innewohnende unausweichliche Gerechtigkeit.

justice militaire *(MilR)* Wehrdienstgerichtsbarkeit, Militärjustiz; **code de – –** Wehrstrafgesetz.

justice de paix *(hist)* Friedensgericht, (entsprach in etwa dem) Amtsgericht; **– pénale** ou **répressive** Strafgericht(sbarkeit); **– politique** Ausnahmegerichte für politische Straftaten; **– retenue** vorbehaltene Rechtsprechung; **– sociale** soziale Gerechtigkeit; **– sommaire** summarisches Verfahren, kurzer Prozeß *(pej)*.

justiciable *m* Partei *f* (im Prozeß).
justiciable *adj* (1) *(PrzR: qui relève d'une juridiction)* der Gerichtsbarkeit *od.* richterlicher Entscheidung unterworfen, vom Gericht abzuurteilen, justitiabel, (2) *(VwR: qui relève d'une mesure)* in die Zuständigkeit fallend, erfordernd.
justiciable(s) *m(pl)* Kläger und Beklagte, Rechtssuchende.
justicier *m* (1) *(hist)* Gerichtsherr *m*, (2) Rächer *m*.
justifiable *adj* (1) vertretbar, zu rechtfertigen, (2) entschuldbar.
justificatif *adj* rechtfertigend, beweisend; **fait –** Rechtfertigungsgrund *m*; **mémoire –** Schriftsatz *m* (zur Rechtfertigung eines Standpunktes); **pièce –ive** Beweisstück *n*, Urkunde *f* (als Beweismittel); Beleg *m*, Belegstück.
justificatif *m* Beleg *m*; Belgexemplar *n*; Belegliste *f* (für durchgeführte Werbung).
justification *f* (1) *(excuse)* Rechtfertigung, Begründung, (2) *(preuve)* Beweis *m*, Nachweis *m*; Beweisführung *f*; **cause de –** Rechtfertigungsgrund *m*; **demander des –s** jmdn. zur Verantwortung ziehen; **fournir des –s** sich rechtfertigen; **– de domicile** Wohnsitznachweis *m*; **– d'identité** sich im Rechtsverkehr ausweisen, den Nachweis seiner Identität erbringen; **– d'origine** Ursprungszeugnis *n od.* -nachweis *m*; **– du paiement** Zahlungsbeleg *m*, Beweis der Zahlung (einer Schuld).
justifié *adj* berechtigt, begründet; gerechtfertigt; **droit –** begründeter Anspruch.
justifier *v.tr.* (1) *(décharger, excuser)* rechtfertigen, entlasten, (2) *(prouver)* beweisen, belegen, (3) *(autoriser, légitimer)* erlauben, bestätigen, (4) *(expliquer)* erklären, begründen; **se – d'une accusation** seine Unschuld beweisen; **– une demande** eine Klage *od.* einen Antrag begründen; **– de son identité** sich ausweisen.
juvénile *adj* jugendlich; **délinquance –** Jugendkriminalität *f*.
juxtaposition *f* Nebeneinanderstellung, Aneinanderreihung; (vergleichende) Gegenüberstellung.

K

kidnapper *v (StR)* einen Menschen insbesondere ein Kind entführen (um Lösegeld zu erpressen).

kidnapping *m* Entführung (eines Menschen), Kidnapping *n*.

kit *m (= prêt-à-monter)* Selbstaufbaueinheit *f* (Möbel usw.); Baukasteneinheit, zusammensetzbare Bauelemente; **– téléphonique mains libres** Mobiltelefon *n* mit Fahrzeughalterung und Freisprecheinrichtung.

klaxon *m (StVR)* Hupe *f*, Warnhorn *n*; **coup de –** (Warn-)Schallzeichen *n*.

know-how *m (HR: savoir faire commercial ou industriel)* Know-how *n*, das unternehmerisch-technische Wissen, das praktische Wissen u. Können, Erfahrungswissen *n*.

konzern *m (GesR: groupe de sociétés juridiquement indépendantes et économiquement liées)* Konzern *m*, Unternehmenszusammenschluß *m* (unter einheitlicher Leitung).

krach *m (BankR: effondrement des cours de la bourse)* (Börsen-)Krach *m*, plötzlicher Zusammenbruch der Börsenkurse.

L

label *m* (1) *(HR: signe distinctif)* besonderes Kennzeichen, (2) Etikett *n* auf einem Markenartikel *od.* einer Ware; – **agricole** landwirtschaftliches Gütezeichen; – **d'exportation** Ursprungszeichen *n*, besonderes Gütezeichen für ausgeführte landwirtschaftliche Produkte; – **de garantie, – de qualité** Gütezeichen *n*, Qualitätsmarke *f.*

laboratoire *m* (1) (Versuchs-, Forschungs-)Labor *n*, (2) pharmazeutischer Betrieb, (3) *(Filme)* Kopierwerk *od.* -anstalt; – **d'analyse** medizinisches Untersuchungslabor; – **mobile de détection** Meßwagen *m.*

labour *m* Feldarbeit *f*, Bestellung (eines Ackers, eines Weinbergs).

lacération *f* Zerreißen *n*, Abreißen *n*, Vernichtung *f* (von Urkunden); – **d'affiches** Entfernung *od.* Beschädigung von Anschlägen.

lâcher *v.tr.* (Waren) unter dem Marktpreis verkaufen.

lacrymogène *adj*: **gaz** – Tränengas *n*.

lacune *f* (1) *(Urkunde)* Lücke *f*, Auslassung *f*, (2) *(Ware)* Defekt *m*, Mangel *m*, Manko *n*, Unvollkommenheit *f*; – **du droit, – juridique, – de la loi** *(ÖfR)* Gesetzeslücke *f*; Rechtsvakuum *n*; rechtsfreier Raum.

laïc *adj* bekenntnisfrei, nicht konfessionsgebunden; **école laïque** bekenntnisfreie, staatliche Schule.

laïcisation *f (VerfR)* Durchführung der Trennung von Staat u. Kirche, Säkularisation; – **de l'enseignement public** Abschaffung konfessionneller Inhalte im Schulunterricht des öffentlichen Schulwesens.

laïcité *f* **(de l'État)** *(ÖfR, SchulR)* Grundsatz *m* der Religionsneutralität der staatlichen Einrichtungen; Grundsatz des Bekenntnisfreiheit der öffentlichen Schulen.

laïque *adj*: **enseignement** – religionsneutrale Erziehung; **État** –, **République** – *(VerfR: art.2 de la Constitution de 1958)* religionsneutraler Staat.

lais *m (VwR)* angespültes Land; – **et relais** Meeresstrand *m*, Gezeitensaum *m*.

laissé-pour-compte *m (HR)* unverkaufte Ware; mangelhafte Güter.

laisser (1) *(consentir, permettre)* lassen, zulassen, erlauben, (2) *(abandonner)* verlassen, überlassen, zurücklassen, (3) *(léguer, transmettre)* vermachen, hinterlassen; – **à la discrétion du juge** dem Ermessen des Richters überlassen; – **au pouvoir discrétionnaire** *(VwR)* anheimstellen.

laisser-aller *m* Nachlässigkeit *f*, Schlamperei *f.*

laissez-passer *m* (1) *(VwR: autorisation temporaire)* Passierschein *m*, Durchlaßschein, (2) *(SteuerR: acquit-à-caution)* Bestätigung über die Getränkeverkehrssteuerfreiheit, (3) *(SeeHR)* Landgangsausweis; – **de** *ou* **en douane** Zollpassierschein.

laitier *adj*: **produits** –**s** Milchprodukt *n*, Molkereierzeugnis *n*.

lamanage *m (SeeHR)* Fahrt im Hafenbecken, Lotsentätigkeit; Lotsengeld *n*.

lamaneur *m* Lotse *m*.

lancement *m* (1) *(BankR: emprunt)* Begebung (einer Anleihe), (2) *(HR: marchandise)* Einführung (einer Ware); – **de la production** Anlaufen *n* der Produktion, Aufnahme der Fertigung.

lancer (1) begeben, (2) einführen, auf den Markt bringen *od.* werfen, (3) *(appel)* erlassen, richten; – **un mandat d'arrêt** *(StPR)* einen Haftbefehl erlassen.

langage *m* Sprache *f*; Ausdrucksweise *f*; **– administratif** Verwaltungssprache; **– gestuel** Zeichensprache; **– judiciaire** Gerichtssprache; Rechtssprache; **– machine** *(DV)* Rechnersprache; **– technique** Fachsprache.

langue *f* Sprache (eines Volkes); **– d'arrivée, – cible** Zielsprache; **– de départ** Ausgangssprache; **– diplomatique** *f* Diplomatensprache *f*; **– étrangère** Fremdsprache; **– judiciaire** Gerichtssprache *f*; **– maternelle** Muttersprache; **– nationale** Landessprache; **– du palais** Gerichtssprache; **– officielle** *(VR)* Amtssprache *f*; **– de procédure** Verfahrenssprache; **– de travail** Arbeitssprache.

lanternes *fpl (StVR)* Standlicht *n*.

laps *m* **de temps** Zeitraum *m*, Zeitspanne *f*.

lapsus *m* das Sichversprechen, Lapsus linguae.

larcin *m (StR: vol de faible importance)* kleiner Diebstahl *m*; Diebesgut *n*.

large *adj* (1) *(interprétation compréhensive)* weit, im weiteren Sinne, (2) *(libéral, généreux)* großzügig, freigebig, (3) *(étendu, important)* weitreichend, bedeutend; **dans une – mesure** vorwiegend, überwiegend, größtenteils; **une – majorité** eine überwältigende Mehrheit.

largesse *f* Freigebigkeit *f*; großzügiges Geschenk.

largeur *f* Breite *f*, Ausdehnung *f*; **– d'esprit** Verständnis *n*, Offenheit *f*.

latitude *f* (1) Breitengrad *m*, (2) Spielraum *m*, Freiheit *f*; **– d'appréciation** Beurteilungs- *od.* Ermessensspielraum *m*.

lato sensu *lat (= au sens large)* im weiteren Sinne.

lauréat *m* Empfänger *m* einer öffentlichen Auszeichnung, preisgekrönter Künstler *od.* Wissenschaftler, Laureat *m*.

lavage *m* **de cerveau** Gehirnwäsche *f*.

laver (qqn.) de tout soupçon alle Verdachtsmomente ausräumen.

laxisme *m* Freizügigkeit *f*; Nachlässigkeit, Laxheit.

leader *m (Pol)* Parteichef *m*; **article – Spitzenreiter** *m*, Verkaufsschlager; **– d'opinion** Meinungsmacher; **– syndical** Gewerkschaftsführer.

leadership *m* Führungsposition *f*.

lease-back *m (HR: cession-bail)* Leasing von Anlagegegenständen (der Leasinggeber kauft die Investitionsgüter vom Leasingnehmer, um sie ihm anschließend zu vermieten).

leasing *m (HR: crédit-bail)* Leasingvertrag *m*, Mietvertrag (für Industrieanlagen u. sonstige industrielle Investitionsgüter), (Produzenten-) Leasing *n*.

lecteur *m* (1) (Zeitungs-)Leser *m*, (2) *(HochschulR)* Lektor *m*, Lehrbeauftragter, (3) *(DV)* Abfühler.

lecture *f* (1) Durchlesen *n*, Verlesung *f*, (2) *(VerfR)* Beratung *f*, Lesung (eines Gesetzes), (3) *(DV)* Abfühlen *n*, (4) *(Technik)* Meßwert *m*; **après – ou – faite** *(Urkunde)* nach Verlesung; **donner –** (Urkunde) verlesen, zur Verlesung bringen; **première –** (Gesetz) erste Beratung *od.* Lesung; **– faite ... persiste et signe** *(PrzR, StPR)* gelesen et genehmigt.

légal *adj* gesetzmäßig, gesetzlich, dem Gesetz entsprechend, rechtmäßig; **âge –** gesetzlich vorgeschriebenes Alter; **annonces –es** gesetzlich vorgeschriebene amtliche Bekanntmachungen; **compétence –e** gesetzmäßige Zuständigkeit; **cours – (de la monnaie)** gesetzlicher Zwangskurs; **définition –e** Legaldefinition; **délai –** gesetzliche Frist; **disposition –e** Gesetzesvorschrift *f*, gesetzliche Bestimmung; **formalités –es, formes –es** gesetzliche Formvorschriften, gesetzlich vorgeschriebene Förmlichkeiten; **jouissance –e** elterliche Nutznießung *f*; **médecine –e** *(StR)* Gerichtsmedizin *f*; **monnaie –e** gesetzliches Zahlungsmittel; **moyen – gesetzlich** *od.* rechtlich zulässiges Mittel; **représentant –** gesetzlicher Vertreter; **représentation –e** gesetzliche Vertretung; **tutelle –e** Vormundschaft *f* kraft Gesetzes.

légalement *adv* gesetzmäßig, gesetzlich; – **valide** rechtswirksam, rechtsgültig.

légalisation *f* (1) *(ÖfR, ZR: attestation de la véracité de la signature par un agent public)* (amtliche) Beglaubigung einer Unterschrift, Legalisation, (2) *(VerfR: consécration d'un comportement par la loi)* gesetzliche Gestattung, Legalisierung; – **consulaire** konsularische Beglaubigung; – **judiciaire** gerichtliche Beglaubigung.

légaliser (eine Unterschrift) amtlich beglaubigen; legalisieren; **signature –sée** beglaubigte Unterschrift.

légalisme *m* striktes Befolgen der Gesetze, Legalismus *m*.

légaliste *adj* starres Festhalten an Vorschriften.

légalité *f* Gesetzmäßigkeit *f*, Gesetzlichkeit *f*, Legalität *f*, Rechtmäßigkeit; **contentieux de la –** *(VwPR)* Anfechtungsklage *f*; **contrôle de la –** Nachprüfung der Rechtmäßigkeit; **principe de la –** (1) *(VwR)* Grundsatz der Gesetzmäßigkeit der Verwaltung, Legalitätskontrolle, (2) *(VerfR, StR)* Legalitätsprinzip *n*, Grundsatz *nullum crimen, nulla poena sine lege*; **respecter la –, rester dans les limites de la –** sich an das Gesetz halten, die Rechtsvorschriften beachten *od.* einhalten; **sortir de la –** gegen das Gesetz verstoßen, gesetzwidrig handeln; **– d'un acte administratif** Rechtmäßigkeit einer Verwaltungsmaßnahme; **– des poursuites** *(StPR)* Legalitätsprinzip *n* im Strafverfahren, Verpflichtung (der Staatsanwaltschaft), bei Verdacht einer Straftat von Amts wegen einzuschreiten.

légat *m (KirchR)* päpstlicher Gesandter, Legat.

légataire *m (ErbR: bénéficiaire d'un legs)* Vermächtnisnehmer *m*, Legatar *m*; **– particulier, – à titre particulier** Einzelvermächtnisnehmer, **– à titre universel** Teil *od.* Quotenvermächtnisnehmer; **– universel** Gesamtvermächtnisnehmer, Testamenterbe *m*.

légation *f* (1) *(VR)* Gesandtschaft *f*, (2) *(KirchR)* Provinz *f* des Kirchenstaates; Amt des päpstlichen Legaten; **conseiller de –** Gesandtschaftsrat *m*, Legationsrat; **droit de –** Gesandtschaftsrecht.

légende *f* Beschriftung *f*, Erläuterung; Bildunterschrift; Zeichenerklärung, Legende *f*.

léger *adj* leicht; **à la –ère** leichtfertig, unbesonnen; **faute –ère** leichte Fahrlässigkeit; **préjudice –** Bagatellschaden *m*.

légèreté *f* Leichtfertigkeit, Unbesonnenheit.

légiférer *v.intr.* Gesetze erlassen, Normen setzen, (einen Sachverhalt) durch Gesetz regeln; **droit de –** Gesetzgebungsrecht *n*; **pouvoir de –** gesetzgebende Gewalt.

légion *f (Polizei)* Regiment *n*; **– d'honneur** *(Auszeichnung)* Ehrenlegion.

législateur *m* Gesetzgeber *m*; **– fédéral** Bundesgesetzgeber *m*.

législatif *adj* (1) gesetzgebend, gesetzgeberisch *adj*, (2) *(m: pouvoir législatif)* Legislative *f*, gesetzgebende Gewalt; **acte –** Gesetz; **assemblée –ive, corps –** gesetzgebende Versammlung; **élections –ives** Parlamentswahlen, Wahlen zur Nationalversammlung; **fonction –ive, pouvoir –** gesetzgebende Gewalt; **matière –ive** *(VerfR)* Bereich der parlamentarischen Gesetzgebungsbefugnis; **politique –ive** Rechtspolitik *f*.

législation *f* Gesetzgebung *f*, gesetzliche Bestimmungen *fpl*, Rechtsvorschriften *fpl*; positives Recht, Rechtsordnung; **cours de –** Gesetzeskunde; **harmonisation de la –** Rechtsvereinheitlichung; **rapprochement des –s** Rechtsangleichung; **– aérienne** Luftfahrtrecht; **– anti-trust** Kartellgesetzgebung; **– boursière** Börsenrecht; **– sur les brevets** Patentgesetzgebung; **– civile** Zivilrecht; **– commerciale** Handelsrecht; – **concurrente** konkurrierende Gesetzgebung; – **criminelle** Strafrecht; – **dérivée** abgeleitete Gesetzgebung; – **économique** Wirtschaftsrecht; – **électorale** Wahlgesetzgebung; – **sur les ententes** Kartellrecht; – **d'exception** Ausnahmegesetze; – **exclusive** ausschließliche Gesetzgebung; – **fiscale** Steuergesetzgebung, Steuerrecht; – **française** frz. Recht; – **industrielle** Gewerberecht; – **intérieure** ou **interne** innerstaatliches Recht; – **locale** örtliches Recht, Lokal- od. Ortsrecht; – **sur les loyers** Mietgesetzgebung, Mietrecht; – **militaire** Wehrverfassung; – **nationale** inländische Gesetzgebung; – **pénale** Strafgesetzgebung; – **sociale** Sozialgesetzgebung, Sozialrecht; – **du travail** Arbeitsgesetzgebung, Arbeitsrecht.

législature f (1) (VerfR: durée du mandat) Legislaturperiode f, Wahlperiode, Mandatsdauer, (2) gesetzgebende Versammlung.

légiste m Jurist m; Rechtsgelehrte(r) m; **médecin** – Gerichtsmediziner m.

légitimation f (1) (ZR) Legitimation f, Ehelichkeitserklärung f, Ehelicherklärung (eines nichtehelichen Kindes), (2) Ausweis m, Legitimationspapier; – **adoptive** Legitimation mit der Wirkung einer Adoption; – **d'un enfant naturel** Legitimation eines nichtehelichen Kindes; – **par le fait du prince** Legitimation durch Hoheitsakt, Ehelicherklärung; – **par mariage subséquent** Legitimation durch nachfolgende Ehe.

légitime adj (1) rechtmäßig, legitim, gesetzlich anerkannt; gerecht; berechtigt, (2) (FamR: enfant) ehelich; **détenteur** – rechtmäßiger Besitzer; **filiation** – eheliche Abstammung; **intérêt** – berechtigtes Interesse; **portion** – (ErbR) Pflichtteil m; **propriétaire** – rechtmäßiger Eigentümer; **rémunération** – angemessener Lohn; **union** – **Ehe** f, staatlich anerkannte Lebensgemeinschaft.

légitime f (ErbR: réserve héréditaire) Pflichtteil m.

légitime défense (StR) Notwehr f; **droit de** – (VR) Recht auf Selbstverteidigung.

légitimer v.tr. (1) (FamR) legitimieren, (ein Kind) für ehelich erklären, (2) rechtfertigen; für gesetzmäßig erklären.

légitimité f (1) (VerfR) Rechtmäßigkeit (der Staatsgewalt), Legitimität f, (2) (ZR) Rechtmäßigkeit od. Gesetzmäßigkeit (des Anspruchs), (3) (FamR) Ehelichkeit; **contestation de la** – (FamR) Ehelichkeitsanfechtung; **contester la** – **d'un droit** die Rechtmäßigkeit eines Anspruchs anfechten; – **démocratique** (VerfR) demokratische Gestaltung (des Staates).

legs m (ErbR: disposition testamentaire) Vermächtnis n, unentgeltliche Zuwendung durch Testament, Legat n, Verfügung von Todeswegen; – **alternatif** Alternativ- od. Wahlvermächtnis; – **avec charge** Vermächtnis mit od. unter einer Auflage; – **de la chose d'autrui** Verschaffungsvermächtnis; – **conditionnel** Ersatzvermächtnis; – **de créance** Forderungsvermächtnis; – **de liberalité** Erlaß einer Verpflichtung durch Vermächtnis; – **d'un genre de choses** Gattungsvermächtnis; – **particulier** ou **à titre particulier** Zuwendung eines od. mehrerer bestimmter Gegenstände; Stück- od. Einzelvermächtnis; – **de residuo** Rück- od. Nachvermächtnis; – **à titre universel** (ErbR: legs d'une quote-part de l'universalité) Zuwendung eines Bruchteils des Nachlasses, Teilvermächtnis; – **universel** Einsetzung zum Alleinerben, Gesamtvermächtnis.

léguer v.tr.d. hinterlassen, (testamentarisch) vermachen, (durch Vermächtnis) zuwenden od. bedenken.

lenteur f Langsamkeit f, Schwerfälligkeit; **–s de la procédure** übermäßig lange Verfahrensdauer.

445

léonin *adj (ZR, GesR)* leoninisch, einen übermäßigen Vorteil darstellend; **caractère – d'une clause** (Vertrags-)Klausel, die nur den Vorteil *od.* Nachteil einer (Vertrags-)Partei bezweckt; **contrat –, marché –** leoninischer Vertrag; **part –e** Löwenanteil *m*; **société –e** Gesellschaft nur zum Vorteil eines Gesellschafters, societas leonina.

lèse-majesté *f*: **crime de –** Majestätsverbrechen; *fig* Ehrverletzung.

lésé *adj* (Person) die einen Schaden erlitten hat, geschädigt; **vendeur –** benachteiligter, übervorteilter Käufer.

léser verletzen, verkürzen, beschweren; **– les droits** Rechte beeinträchtigen, Rechte verletzen.

lésion *f (SchuldR: préjudice du fait de l'inégalité des prestations)* Mißverhältnis zwischen Leistung u. Gegenleistung (auf Grund irrtümlicher Bewertung *od.* infolge der Ausnutzung einer Notlage), (2) *(ZR, i.w.S.: atteinte à un intérêt)* Schädigung *f*, Beeinträchtigung *od.* Verletzung; **– cérébrale** Hirnverletzung; **– corporelle** *(StR)* Körperverletzung; **– d'un droit** Rechtsverletzung *od.* -beeinträchtigung.

lésionnaire *adj* rechtsgutverletzend, schädigend; **vente –** übervorteilender Kaufvertrag.

lettre *f* (1) *(= missive, écrit servant de correspondance)* Brief *m*, Schreiben *n*, (2) *(= document officiel)* Urkunde *f*, Schein *m*, Schriftstück *n*; **à la –** wortgetreu, buchstäblich; **contre– –** *(ZR: acte secret dans la simulation)* erklärter Vorbehalt; **échange de –s** Schrift- *od.* Briefwechsel; **en toutes –s** (Summe) in Worten, in Buchstaben; **– d'accompagnement** Begleitschreiben *od.* -papier *n*; **– d'accord** schriftliche Vereinbarung; **– avec accusé de réception** Rückscheinbrief; **– d'affaires** Geschäftsbrief; **– d'agrément** (1) *(VR)* Agrément *n*, Zustimmung (zur Ernennung eines diplomatischen Vertreters), (2) *(VwR, Außh)* staatliche Förderungsbestätigung; **– anonyme** *(StR)* anonymer Brief; **– d'avertissement** Abmahnung; **– d'avis** *(HR)* Benachrichtigung, Versandanzeige; **– de candidature** *(ArbR)* Bewerbungsschreiben *n*.

lettre de change Wechsel *m*; **– de change à un certain délai de vue** Wechsel, der auf eine bestimmte Zeit nach Sicht lautet, Zeitsichtwechsel; **– de change-relevé (= LCR)** auf Magnetband gespeicherter Wechsel.

lettre chargée Wertbrief; **– circulaire** Rundschreiben, Werbeschrift *f*; **– de commande** Auftrag(sschreiben); **– commerciale** Handelsbrief; **– de condoléances** Beileidsschreiben *n*; **– de confirmation** Bestätigung; **– de congé** *ou* **de congédiement** *(ArbR)* Kündigungsschreiben *n*; **– de convocation** (1) *(GesR: Hauptversammlung)* Einberufungsschreiben, (2) *(StPR)* Vorladung; **– de couverture** *(VersR)* Deckungszusage *f*; **–(s) de créance** (1) *(VR)* Beglaubigungsschreiben (eines diplomatischen Vertreters), (2) *(BankR: accréditif, lettre de crédit)* Kreditbrief *m*; Akkreditiv *n*.

lettre de crédit *(BankR: accréditif)* Akkreditiv *n*, (bestätigte) Anweisung, Kreditbrief; **– circulaire** Zirkular- *od.* Weltkreditbrief; **– – confirmé** unwiderrufliches *od.* bestätigtes Akkreditiv; **– – non confirmé** widerrufliches *od.* unbestätigtes Akkreditiv.

lettre de démission *(VwR, ArbR)* Rücktrittsschreiben; Kündigung; **– d'engagement** (1) *(ArbR)* Einstellungsschreiben, (2) *(VwR: öffentliche Aufträge)* verbindlicher Vorbescheid, Vorvertrag; **– envoyée par télécopie, – faxée** Fax *n*; **– de garantie** *(SeeHR)* Revers *m*; **– de grosse** *(SeeHR)* Bodmereibrief.

lettre de licenciement *(ArbR)* Kündigung; **– manuscrite** Handschreiben, handgeschriebener Brief;

lettre de voiture

– **de menaces** Drohbrief; – **de mer** *(SeeHR)* Schiffszertifikat *n*, Flaggenzeugnis, Seebrief; – **ministérielle** Ministerialerlaß *m*; – **missive** schriftliche Mitteilung privater Art, vertrauliches Schreiben; – **morte** ohne jegliche (Rechts-) Wirkung; – **de noblesse** Adelsbrief; – **de nomination** *(BeamR)* Ernennungsschreiben; –s **patentes** Patenturkunde *f*; – **pastorale** *(KirchR)* Hirtenbrief; – **en poste restante** postlagernd; – **de provision** *(VR)* Antrag auf Erteilung des Exequatur; – **de rappel** (1) *(HR)* Erinnerungsschreiben, (2) *(VR: diplomate)* Abberufungsschreiben; – **-rebut** unzustellbare Postsendung; – **recommandée (simple)** Einschreiben *n*, Einschreibebrief *m*; – **recommandée avec demande d'avis de réception** Einschreiben gegen Rückschein; – **de recréance** *(VR)* Abberufungsschreiben; – **de refus** Absage *f*; – **de service** *(BeamR)* Bestallung *f*, Einsetzungsschreiben; – **de transport aérien** Luftfrachtbrief; – **avec valeur déclarée** Wertbrief.

lettre de voiture *(HR)* Frachtbrief; **duplicata de la – –** Frachtbriefdoppel *od.* -duplikat *n*; – – **directe** durchgehender Frachtbrief.

levé *m* *(BauR)* Geländeaufnahme *f*.

levée *f* (1) *(action d'enlever, de retirer)* Aufhebung *f*, Beseitigung *f*, (2) *(option)* Ausübung *f*, (3) *(MilR)* Aushebung *f*, (4) *(ZPR)* (Erteilung der) Urteilsabschrift, Urteilsausfertigung *f*, (5) *(HR: prélèvement)* Geldentnahme *f*; (6) *(SteuerR)* (Steuer-)Erhebung *od.* Einziehung; – **du corps** Überführung des Leichnams; – **d'écrou** (1) *(StPR)* Haftaufhebung, Enthaftung, (2) Entlassungsverfügung; – **de la forclusion** *(ZR)* Wiedereinsetzung in den vorigen Stand; – **de l'immunité** Aufhebung der Immunität; – **de jugement** *(ZPR)* Antrag auf Erteilung der vollstreckbaren Ausfertigung (eines Urteils); – **de l'option** *(SchuldR)* Optionserklärung, Ausübung des Optionsrechts; – **d'une peine** Straferlaß *m*; – **des restrictions** Aufhebung der Beschränkungen; – **de séance** Schließung *f* der Sitzung, Schluß *m* der Beratungen; – **des scellés** Aufheben der Versiegelung, Entsiegelung (durch die Behörde); – **du séquestre** *(ZwangsVR)* Aufhebung der Zwangsverwaltung.

lever (1) beseitigen, aufheben, entfernen, (2) ausüben, (3) ausheben; – **l'audience** die Beendigung der mündlichen Verhandlung verkünden, die Sitzung beenden; – **l'écrou** aus der Haft entlassen, enthaften; – **l'immunité** die Immunität aufheben; – **un impôt** eine Steuer erheben; – **une interdiction** ein Verbot aufheben; – **un jugement** *(PrzR)* sich die vollstreckbare Ausfertigung des Urteils erteilen lassen; – **la main** das Handzeichen geben; – **une option** ein Optionsrecht ausüben; – **la séance** die Sitzung für geschlossen erklären; – **les scellés** entsiegeln; – **une surveillance** die Überwachung einstellen; – **les titres** *(BörR)* die Wertpapiere übernehmen.

levier de commande (1) Schalthebel *m*; Bedien- *od.* Steuerungshebel *m*, (2) *(fig)* Schlüsselstellung.

lex fori *(IPR: loi du tribunal saisi)* lex fori; Gesetz, das am Gerichtsort gilt; – **imperfecta** *(ZR: loi dépourvue de sanction)* lex imperfecta, unvollkommenes Gesetz; – **loci** *(IPR: loi du lieu de survenance d'un fait)* lex loci actus; Gesetz, das am Ort der Vornahme der Handlung *od.* der Abgabe der Willenserklärung gilt; – **rei sitae** *(IPR: loi de la situation de la chose)* lex rei sitae, Recht der belegenen Sache.

lexique *m* **juridique** juristisches Wörterbuch, Rechtswörterbuch *n*.

liaison *f* (1) *(choses et lieux)* Verbindung *f*, Anschluß *m*, (2) *(personnes)* Beziehung *f*; Verhältnis *n*, Liebschaft *f*; **comité de –** Verbindungsausschuß *m*; **– d'affaires** Geschäftsverbindung; **– de commerce** Handelsbeziehung; **– du contentieux, – de l'instance** *(VwPR, ZPR)* (Begründung der) Rechtshängigkeit; **– d'intérêt** Interssengemeinschaft; **– ferroviaire** Bahnverbindung; **– radio** Funkverbindung.

liasse *f (VwR)* Durchschreibeformular *n*; Aktenbündel; **– de billets** Notenbündel *m*.

libellé *m* (1) *(teneur d'un acte)* Wortlaut *m*, Inhalt *m*, wörtlicher Text; (vorschriftsmäßige) Abfassung einer Urkunde, (2) *(mentions complétant un formulaire)* Angaben (in einem Formular); **modèle de –** Formular *n*; **– d'un chèque** Betrag, Datum und Unterschrift (auf einem Scheck); **– d'un crédit** *(HaushR)* Zweckbestimmung (von Haushaltsmitteln); **– de l'exploit** *(ZPR)* Angabe des Gegenstandes der Klage und der begründenden Tatsachen; **– d'un jugement** Niederschrift *f* eines Urteils; Inhalt einer gerichtlichen Entscheidung.

libeller *(PrzR)* (einen Schriftsatz) vorschriftsmäßig abfassen, (eine Klageschrift) verfassen; ein Formular ausfüllen; **être –é** lauten auf; **–é en ...** ausgestellt *od.* lauten auf ...

libéral *adj* (1) *(Pol: qui se réclame du libéralisme)* liberal, freiheitlich, (2) *(généreux, large)* freigiebig; **économie –e** freie Verkehrswirtschaft, Marktwirtschaft; **personne exerçant une profession – e** Freiberufler *m*; **professions –les** die freien Berufe; **régime –** liberaler Rechtsstaat.

libéralisation *f* Befreiung von Einschränkungen; **loi de – du divorce** Liberalisierung des Scheidungsrechts; **– des échanges** *(Außh)* Liberalisierung *f* des Außenhandels, Aufhebung staatlicher Außenhandelsbeschränkungen.

libéraliser *v.tr.* liberalisieren, von Einschränkungen frei machen.

libéralisme *m* Liberalismus *m*; **– économique** Wirtschaftsliberalismus.

libéralité *f (ZR: disposition à titre gratuit entre vifs et à cause de mort)* unentgeltliche Zuwendung (unter Lebenden *od.* von Todes wegen), Freigebigkeit *f*, Geschenk *n*, Schenkung *f*; **– avec charge, – onéreuse** belastende Schenkung; **– rémunératoire** Schenkung zur Belohnung, belohnende Schenkung; **– testamentaire** testamentarische Schenkung.

libération *f* (1) *(ZR, HR: décharge)* Befreiung (von einer Schuld *od.* einer dinglichen Last), Tilgung (der Schuld), Zahlung *f* (des gesamten Betrages), Erfüllung *f*, (2) *(StPR: mise en liberté, élargissement)* Haftentlassung *f*, Freilassung *f*.

libération d'actions Einzahlung des Nennbetrags *od.* Ausgabebetrags der Aktien; **– anticipée** *(StVZ)* vorzeitige Entlassung (aus der Haft); **– conditionnelle** *(StVZ)* Aussetzung des Strafrestes auf Bewährung; **– des échanges** *(AußHR)* Liberalisierung des Außenhandels; **– des obligations militaires** Beendigung der Wehrdienstverpflichtung; **– des otages** Freilassung der Geiseln; **– sur parole** *(StR)* Freilassung auf Ehrenwort.

libératoire *adj (SchuldR)* befreiende Wirkung, schuldbefreiend, schuldtilgend; **effet – (d'un paiement)** schuldbefreiende Wirkung (einer Zahlung); **pouvoir – de la monnaie** Geld als gesetzliches *od.* vom Staat vorgeschriebenes Zahlungsmittel.

libéré *adj* freigestellt, entlassen; gezahlt; **entièrement –** *(GesR)* volleingezahlt.

libéré *m* (1) *(StVZ)* entlassener Häftling, (2) *(MilR)* aus dem Wehrdienst Entlassene(r).

libérer (1) befreien, freilassen, freigeben, (2) (Aktien) einzahlen; **se –** (Schulden) tilgen *od.* bezahlen; **– sa conscience** gestehen; **– les échanges commerciaux** die Außenhandelsbeschränkungen aufheben.

libertaire *m* Anarchist *m*.

liberté (1) Freiheit *f*, Unabhängigkeit, Autonomie *f*; (2) *(VerfR: situation garantie par le droit)* Grundrecht, Menschenrecht, Freiheit(srecht); **en –** *(StPR)* auf freiem Fuße; **atteinte à la –** Grundrechtsbeschränkung *od.* -einschränkung *f*; Grundrechtsverletzung; **mesure privative de –** Freiheitsentziehung; **mettre en –** freilassen, aus der Haft entlassen; **peine privative de –** Freiheitsstrafe *f*; **pleine – d'appréciation** *(VwR)* freies Ermessen, freie Würdigung; **restriction des –s** (gesetzliche) Grundrechtseinschränkung; **violation d'une –** Grundrechtsverletzung.
liberté d'accès freier Zugang *od.* Zutritt; **– d'action** (1) Bewegungsfreiheit, (2) Handlungsfreiheit; **– administrative** *(ÖfR)* Verwaltungsautonomie; **– d'affiliation** Beitrittsfreiheit; Versicherungsfreiheit; **– d'appréciation** *(VwR)* Ermessensfreiheit; **– d'association** Vereinigungsfreiheit, Vereinsfreiheit.
liberté de circulation des personnes *(VerfR)* Freizügigkeit; **– civile** *(ZR)* Vertrags(abschluß)freiheit; **– de coalition** *(ArbR)* Koalitionsfreiheit; **– du commerce et de l'industrie** (1) Handels- und Gewerbefreiheit, (2) Freiverkehr; **– de la concurrence** Wettbewerbsfreiheit; **– de conscience** Gewissensfreiheit; **– constitutionnelle** verfassungsmäßiges Grundrecht *od.* Freiheitsrecht; **– de contracter** (Vertrags-)Abschlußfreiheit; **– contractuelle** *ou.* **– des contrats** *ou* **des conventions** Vertragsfreiheit; **– corporelle** Schutz vor willkürlicher Festnahme und Festhaltung; **– de croyance** Glaubensfreiheit; **– du culte** Freiheit der Religionsausübung, Religionsfreiheit.
liberté de la défense *(PrzR)* freie Wahl eines Anwalts *od.* Strafverteidigers; Recht auf Wahrung der eigenen Interessen (im Prozeß); **– discrétionnaire** *(VwR)* Ermessensfreiheit; **– du domicile** *(VerfR)* Unverletzlichkeit *f* der Wohnung; **– d'enseignement** Lehrfreiheit; **– d'entreprise** Handels- und Gewerbefreiheit; **– d'établissement** Niederlassungsfreiheit, Freizügigkeit; **– d'expression** Redefreiheit, Freiheit der Meinungsäußerung; **– fondamentale** Grundrecht; **– individuelle** freie Entfaltung der Persönlichkeit, persönliche Freiheit; Schutz vor willkürlicher Festnahme; **– de l'industrie** Gewerbefreiheit.
liberté du marché *(Vwirt)* freie Verkehrswirtschaft; **– des mers** *(VR)* Freiheit der Meere; **– de mouvement** Bewegungsfreiheit; **– de navigation** *(VR)* Freiheit der Schiffahrt; **– de négociation** Verhandlungsfreiheit; **– d'opinion** Meinungsfreiheit, Recht der freien Meinungsäußerung; **– de parole** Redefreiheit; **– sur parole** Freilassung auf Ehrenwort; **– de pensée** Gedankenfreiheit; **– de la presse** Pressefreiheit; **– provisoire** *(StPR)* vorläufige (widerrufliche) Aufhebung der Untersuchungshaft.
liberté religieuse Religionsfreiheit, Glaubens- und Gewissensfreiheit; Bekenntnisfreiheit; freie Religionsausübung; **– de réunion** Versammlungsfreiheit; **– de séjour** Niederlassungsfreiheit; **– sous caution** *(StPR)* Aufhebung der Untersuchungshaft gegen Sicherheitsleistung *od.* Kaution; **– surveillée** *(StPR: jugendliche Straftäter)* Strafaussetzung zur Bewährung (unter Aufsicht des Jugendrichters); **– syndicale (collective)** *(ArbR)* positive Koalitionsfreiheit, Freiheit des gewerkschaftlichen Zusammenschlusses, Gründungs- und Betätigungsfreiheit; **– syndicale (individuelle)** Betätigungsfreiheit des einzelnen Gewerkschaftsmitglieds; negative Koalitionsfreiheit, Beitrittsfreiheit; **– du trafic** Verkehrsfreiheit; **– du transit** *(Außh)* freier Durchgangsverkehrs; **– du**

travail (1) *(Arbeitnehmer)* Recht der freien Berufswahl, Freiheit der Berufsausübung, (2) *(Arbeitgeber)* Recht der freien Auswahl der Mitarbeiter; **– de vote** Abstimmungsfreiheit.

libertés individuelles *(VerfR)* staatsbürgerliche Grundrechte *pl*, bürgerliche Freiheiten (Aut), Freiheitsrechte (S); **– municipales** Selbstverwaltungsrecht der Gemeinden; **– publiques** Grundfreiheiten, staatsbürgerliche Grundrechte.

libraire-éditeur *m* Verlagsbuchhändler *m*.

librairie *f* **universitaire** Universitätsbuchhandlung *f*.

libre *adj* frei; unabhängig; **accès –** freier Zugang; freier Zutritt; **commerce –** Freihandel; **école –** (katholische) Privatschule; **enseignement –** Privatschulwesen *n*; Privatschule *f*; **entrée –** Eintritt frei; **radio –** Privatsender *m*; **temps –** Freizeit *f*; **union –** eheähnliche Gemeinschaft, nichteheliche Lebensgemeinschaft.

libre d'agir volle Handlungsfreiheit haben; **– arbitre** Willensfreiheit *f*; **– choix** freie Wahl; **– circulation des capitaux** freier Kapitalverkehr; **– circulation des travailleurs** *(EG)* Freizügigkeit der Arbeitnehmer; **– concurrence** *(HR)* freier Wettbewerb; **– disposition (d'un bien)** uneingeschränkte Verfügungsbefugnis (über eine Sache); **– de tous droits** (1) gebührenfrei; steuerfrei; (2) zollfrei; **– -échange** *m* Freihandel *m*; **– entreprise** *(Vwirt)* freies Unternehmertum; **– d'hypothèques** hypothekenfrei.

librement *adv* frei, ohne Beschränkung; **parler –** offen, freimütig, aufrichtig mit jmdn. sprechen.

libre-penseur *m* Freidenker *m*.

libre-service *m* Selbstbedienung(sladen).

licéité *f* Erlaubtheit, Zulässigkeit, Statthaftigkeit; Rechtmäßigkeit.

licence *f* (1) *(WirtR)* Gewerbeerlaubnis *f*, (behördliche) Erlaubnis zur Ausübung eines Gewerbes, Betriebserlaubnis, Konzession, (2) *(PatR)* Erlaubnis (zur Benutzung eines Patents), Lizenz(vertrag), Erlaubnis zur Nutzung einer Erfindung, (3) *(SchuldR)* Ermächtigung, vertragliches Recht *n*, (4) *(HochschulR)* frz. Staatsexamen (nach drei Jahren Hochschulstudium), (erster) akademischer Grad *m*, (5) Freizügigkeit; **certificat de –** *(HochschulR: faculté de droit)* Zwischenzeugnis zur Erlangung der 1. juristischen Staatsprüfung; **cession de –** Lizenzübertragung *f*; **concession de –** Lizenzerteilung *od.* -einräumung; **concessionnaire de –** Lizenzinhaber *m*; **contrat de –** Lizenzabkommen; **demande de –** Lizenzantrag *m*; **octroi de –** Lizenzbewilligung; **propriétaire de –** Lizenzinhaber *m*.

licence d'achat Ankaufserlaubnisschein *m*, Kauflizenz; **– de brevet** Patentlizenz; **– de colportage** Wandergewerbeschein *m*; **– commerciale** Verkaufslizenz; **– de débit de boisson** Schankerlaubnis *f*; **– en droit** *(HochschulR)* 1. frz. juristische Staatsprüfung (entspricht etwa dem deutschen Referendarexamen); **– exclusive** ausschließliche Lizenz.

licence d'exploitation (1) Gebrauchs- *od.* Betriebslizenz, Betriebsgenehmigung *od.* -erlaubnis *f*, (2) Gewerbeschein *m*; **droit de –** (1) Lizenzrecht, (2) Lizenzgebühr; **– de brevet** Nutzungslizenz an Patenten.

licence d'exportation Ausfuhrbewilligung *od.* -genehmigung, Exportlizenz; **– de fabrication** Fabrikations- *od.* Herstellungslizenz; **– gratuite** gebührenfreie Lizenz; **– d'importation** Einfuhrgenehmigung *od.* -bewilligung, Importlizenz; **– non exclusive** einfache Lizenz; **– obligatoire** Zwangslizenz; **– professionnelle** Gewerbezulassung *od.* -erlaubnis.

licencié *m* (1) *(PatR, VwR)* Li-

licenciement

zenzinhaber *m*, (2) *(HochschulR)* Inhaber der „licence", Lizenziat *m*.

licenciement *m* (1) *(ArbR)* Kündigung (durch den Arbeitgeber); (Massen-)Entlassungen *fpl* ; **avis de** – Kündigungsschreiben *n*; **délai de** – Kündigungsfrist *f*; **indemnité légale de** – gesetzliche Entlassungs- *od.* Kündigungsentschädigung; **lettre de** – Kündigungsschreiben; **motif du** – Kündigungsgrund *m*; **protection contre le** – **(abusif)** (gesetzlicher) Kündigungsschutz *m*.

licenciement abusif ungerechtfertigte *od.* unrechtmäßige Kündigung; – **collectif** Massenentlassung; – **pour faute grave** Kündigung aus wichtigem Grund, außerordentliche Kündigung; – **immédiat** fristlose Kündigung; – **individuel** Kündigung eines einzelnen Arbeitsverhältnisses; – **pour cause ou pour motif économique** betriebsbedingte Kündigung; – **ordinaire** ordentliche Kündigung; – **de personnel** Personalabbau *m*, Entlassung, Freisetzung; – **sans préavis** fristlose Kündigung.

licencier *v.tr.* kündigen, entlassen, Personal freisetzen *od.* abbauen.

licitation *f*: vente par – *(ZPR)* Versteigerung einer Sache (die mehreren in ungeteilter Rechtsgemeinschaft zusteht); – **par autorité de justice**, – **judiciaire** Zwangsversteigerung.

licite *adj* (gesetzlich) erlaubt *od.* zulässig, statthaft; **moyen** – legales Mittel.

liciter *v.tr. (ZPR)* eine in ungeteilter Rechtsgemeinschaft stehende Sache versteigern.

lié *adj* verpflichtet; gebunden; verbunden; **compétence** –**e** gebundenes Ermessen; **débiteur** – (zur Leistung) verpflichteter Schuldner; **instance** – *(ZPR)* Anhängigkeit, rechtshängige Streitsache; – **par contrat** vertraglich verpflichtet.

lien *m* (1) *(ZR: rapport juridique)* Rechtsverhältnis *n*, (rechtliche) Bindung, (2) *(FamR)* familiäres Band *n*, Verwandtschaft *f*, (3) *(AllgSpr)* Verbindung *f*; Bindeglied *n*; Beziehung; – **causal**, – **de causalité**, – **de cause à effet** Kausalzusammenhang, ursächlicher Zusammenhang, Ursachenzusammenhang *m*; – **conjugal** eheliche Lebensgemeinschaft; – **de connexité** (enger *od.* sachlicher) Zusammenhang *m*; – **contractuel** Vertragsverhältnis *n*; – **de dépendance** *(ArbR)* Abhängigkeitsverhältnis; – **de droit** (1) *(ZR)* Rechtsverhältnis, Rechtsbeziehung, (2) *(SchuldR)* Verbindlichkeit; – **d'instance** *(ZPR)* Rechtshängigkeit; Prozeßrechtsverhältnis *n*; – **juridique** Rechtsverhältnis *n*; – **légal** gesetzliches Verhältnis; – **de parenté** Verwandtschaftsverhältnis *n*; – **de subordination** *(ArbR)* Weisungsbefugnis *f* (des Arbeitgebers); Unterordnungsverhältnis *n*.

lier *v.tr.* binden, verpflichten.

lieu *m* Ort *m*, Stelle *f*; Schauplatz *m*, Stätte *f*; **avoir** – stattfinden, sich ereignen; **il y a** – **de** es ist angebracht; **en haut** – *(Pol)* höheren Orts, an maßgeblicher Stelle; **en premier** – erstens; **compétence à raison du** – örtliche Zuständigkeit; **tenir** – **de** gelten als; – **de l'accident** Unfallstelle *f*; – **d'affectation** *(BeamR)* Dienstort; – **de l'arrestation** *(StR)* Ergreifungsort *m*; – **de conclusion du contrat** Ort des Vertragsabschlusses, Ort des Vertragsschlusses; – **du contentieux** *(ZPR, IPR)* Ort des Streitgegenstandes; – **du crime**, – **du délit** Tatort; – **de dépôt du brevet** Anmeldestelle *f*; – **de destination** Bestimmungsort; – **d'embarquement** (1) *(SeeHR)* Verschiffungsort, (2) Verladeort *m*; – **d'émission** *(WertpR)* Ausgabe- *od.* Ausstellungsort; – **d'enregistrement** Registergericht *od.* -amt; Eintragungsstelle *f*; – **d'établissement** *(HR)* Niederlassung(sort).

lieu d'exécution *(SchuldR)* Erfüllungsort; – **d'expédition** Versandort, Versendungsort; **– de l'exploitation** Sitz *m* des Betriebs; **– de fabrication** Herstellungsort *m*; **– de formation du contrat** (Vertrags-)Abschlußort *m*; **– d'immatriculation** Registergericht *od.* -amt, Eintragungsort; **– d'implantation** (Betrieb) Standort; **– de l'infraction** *(StR)* Tatort; **– d'inscription** Registrierstelle, Eintragungsort; **– de livraison** Lieferort; **– de naissance** Geburtsort *m*; **– d'origine** Herkunftsort; **– de passation du contrat** Ort des Vertragsabschlusses; **– de paiement** Zahlungsort; **– de perpétration** *(StR)* Begehungsort; **– de prestation** Leistungsort; **– public** öffentliche Anlage; **dans un – public** in der Öffentlichkeit; **– de résidence** Wohnort; **– de séjour** Aufenthaltsort; **– de travail** Beschäftigungsort, Arbeitsstätte *f*; **– de vente** Verkaufsstelle *f*.

lieu-dit *m* Weiler *m*; Ortsteil *m*, (irgendein) bestimmter Ort; Gemarkung *f*, Flurbezeichnung *f*.

lieutenant *m* (1) *(hist)* Statthalter *m*, Verweser, (2) *(MilR)* Oberleutnant *m*; **– de la marine marchande** Kapitän der Handelsmarine.

lieux *mpl* *(StR: endroit précis où un fait s'est passé)* Tatort *m*; Örtlichkeiten *fpl*, Stätte *f*, (2) *(MietR: appartement, maison)* Wohnung, Wohnräume *mpl*; Haus *n*; **descente sur les –** Lokaltermin *m*; **état des –** Bestandsaufnahme *f*; Abnahmeprotokoll *n* (einer Mietwohnung); **maintien dans les –** Recht auf Aufrechterhaltung des Mietverhältnisses; **se rendre sur les –** sich an Ort und Stelle begeben; **configuration des –** Beschreibung der Örtlichkeiten; Wohnungsgrundriß *m*; **usage des –** *(HR)* örtliche Übung, Ortsbrauch *m*; **vider les –** (eine Wohnung) räumen; **– d'aisance** WC; **– de production** Produktionsstätten *fpl*.

lignage *m* *(FamR)* Stamm *m*, Geschlecht *n*.

ligne *f* (1) Zeile *f*, Strich *m*, Linie *f*, (2) *(FamR)* Linie (aufeinanderfolgender Verwandtschaftsgrade), (3) *(WirtR)* Limit *n*, (Preis-)Grenze *f*; **grandes –s** (Eisenbahn-)Fernverkehr *m*; **– d'abonné** *(Telefon)* Teilnehmeranschluß *od.* -leitung; **– aérienne** Fluglinie; **– ascendante** *(FamR)* aufsteigende Linie; **– budgétaire** *(HaushR)* Ansatz *m*; **– de charge** *(SeeHR)* Ladewasserlinie, Tiefladelinie *f*; **– collatérale** *(FamR)* (Verwandtschaft in der) Seitenlinie; **– de conduite** Verhaltensweise *f*, Haltung; **– continue** *(StVR)* ununterbrochene Linie, (Fahrbahn-)Begrenzungslinie; **– de crédit** *ou* **de découvert** *(BankR)* Kreditlinie *f*; **– de démarcation** *(VR)* Demarkationslinie; **– descendante** *(FamR)* absteigende Linie; **– directe** Verwandtschaft in gerader Linie; **– directe ascendante** gerade aufsteigende Linie; **– directe descendante** *(FamR)* gerade absteigende Linie; **– discontinue** *(StVR)* unterbrochnene Linie; **– des douanes** Zolllinie; **– d'escompte** *(BankR)* Diskonthöchstgrenze; Kreditlinie; **– fondamentale** *(Pol)* Grundrichtung *f*; **– -frontière** Grenzlinie; **– maternelle** mütterliche Linie; **– d'orientation** Richtlinie; **– de parenté** Verwandtschaft *f*; **– du parti** Parteilinie; **– paternelle** väterliche Linie; **– pointillée** gestrichelte Linie; **– de produits** Warengruppe *f*; **– régulière** fahrplanmäßiger Liniendienst; **– téléphonique** Fernmeldeleitung.

lignée *f* *(ErbR)* Nachkommenschaft *f*.

lignite *m* Braunkohle *f*.

ligoter *v. tr* fesseln.

ligue *f* Bund *m*, Bündnis *n*; Liga *f*; **– arabe** Arabische Liga.

limitatif *adj* (1) *(Aufzählung)* erschöpfend, abschließend, (2) *(Haftung)* einschränkend, begrenzend; **clause –ive** vertragliche Haftungsbeschränkung.

limitation *f* Begrenzung, Beschränkung *f*, Einschränkung; **sans – de**

limitativement

temps zeitlich unbegrenzt; – **de compétence** Zuständigkeitsbeschränkung; – **du mandat**, – **d'un pouvoir** Beschränkung der Vertretungsmacht; – **quantitative** mengenmäßige Beschränkung; – **de responsabilité** Haftungsbeschränkung; – **du risque** Risikobeschränkung; – **de la saisie** *(ZwangsVR)* Pfändungsgrenze; – **statutaire** satzungsmäßige Beschränkung; – **de la vitesse** *(StVR)* Geschwindigkeitsbeschränkung.

limitativement *adv:* **énumérer** – abschließend *od.* vollständig aufzählen.

limite *f* Grenze *f*, Höchstgrenze *f*, Limit *n*; Grenzwert *m*, Toleranz *f*; Abgrenzung; Rand *m*; **âge** – Altersgrenze *f*; **cas** – Grenzfall *m*; **dans la** – **de** bis zur Höhe von; **dans la** – **du possible** soweit wie möglich; **dans les** -s nach Maßgabe von; soweit wie möglich; **cas** – Grenzfall *m*; **date** – äußerster Termin, Endtermin *m*; **vitesse** – *(StVR)* zulässige Höchstgeschwindigkeit.

limite d'âge *(BeamR: accès à la fonction publique)* Altersgrenze; – **de l'assurance** Versicherungsgrenze; – **de charge** *(StVR)* zulässiges Gesamtgewicht; – **de crédit** *(BankR)* Kreditlinie; – **de couverture** Deckungsgrenze; – **d'escompte** Kreditplafond *m*; – **de garantie** Höchstgarantie *f*; – **d'imposition** Freigrenze; – **d'indemnisation** Höchstentschädigung *f*; – **des prix** Preis(höchst)grenze, Preislimit *n*; – **de propriété** Grundstücksgrenze *f*; – **de responsabilité** Haftungsbeschränkung; – **de saisissabilité** Pfändungsfreigrenze.

limité *adj* begrenzt, beschränkt; **n'inspirer qu'une confiance** –**e** wenig vertrauenswürdig sein; **société à responsabilité** –**e** Gesellschaft mit beschränkter Haftung.

limiter *v.tr./v.pron.* beschränken, einschränken; abgrenzen; **se** – **à l'essentiel** sich auf das Wesentliche

liquidation de l'actif

beschränken; – **dans le temps** befristen, zeitlich begrenzen.

limitrophe *adj* angrenzend; **zone** – Randgebiet *n*.

limogeage *m (Pol)* Entlassung, Kaltstellung; Strafversetzung.

limoger *v.tr.* entlassen; kaltstellen, ausbooten; strafweise versetzen.

linéaire *adj:* **amortissement** – *(SteuerR)* lineare Abschreibung; **barème** – staffellose Preistafel.

lingot *m* Barren *m*; – **d'or** Goldbarren, ungemünztes Gold.

liquidateur *m* Liquidator *m*, Abwickler *m*; – **amiable** Liquidator, der im gegenseitigen Einvernehmen von den Parteien bestellt wird; – **judiciaire** gerichtlich bestellter Liquidator.

liquidatif *adj* die Abwicklung betreffend; in flüssige Mittel umwandelbar.

liquidation *f* (1) *(GesR)* Abwicklung (einer Gesellschaft), Liquidation *f*, (2) *(BörR)* Abwicklung von Börsengeschäften, Liquidierung, (3) *(HR: calcul du montant des sommes à régler)* Festsetzung der Höhe (einer Schuld); Abrechnung, (4) *(règlement de ces sommes)* Zahlung, Begleichung (der Schuld), (5) *(VersR)* Schadensliquidation *od.* -regulierung, (6) *(SozVers: reconnaissance du droit et calcul de la pension)* Feststellung des Rentenanspruchs und Rentenberechnung; **bénéfice de** – Liquidationserlös *m*; **bilan de** – Liquidations- *od.* Auflösungsbilanz *f*; **compte de** – Abwicklungskonto *n*; **effectuer une** – eine Zahlung leisten; **entrer en** – in Liquidation treten *od.* geraten; **produit de la** – Liquidationserlös *m*; **terme de** – Abschlußtag *m*; **valeur de** – Abfindungswert *m*; Liquidationswert *m*.

liquidation de l'actif *(ZR, HR: ensemble des opérations préliminaires au partage d'une indivision)* Abwicklung *f*; – **des biens** *(KonkursR: nom donné jusqu'en 1985 à la faillite, dénominations actuelles: liquidation judiciaire, précédée par le redressement ju-*

453

liquidation judiciaire

diciaire) Konkurs *m*, Konkursverfahren *n*; **– des dépens** (1) *(PrzR)* Kostenfestsetzung, Kostenliquidierung *od.* -feststellung, (2) Zahlung der Gerichtskosten; **– des dommages** Schadensliquidation *od.* -liquidierung; **– des droits** *(PrzR)* Kosten- *od.* Gebührenfestsetzung; **– des droits de douane** Berechnung der Zölle, Zollbescheid *m*; **– des droits à pension** Feststellung des Ruhegehaltsanspruchs; **– de fin de mois** *(BörR)* Ultimoregulierung *od.* -abwicklung, Ultimoabschluß *m*; **– forcée** Zwangsliquidation; **– des honoraires** Honorarfestsetzung; **– de l'impôt** Steuerfestsetzung.

liquidation judiciaire *(KonkursR: Loi no.85-98 du 25 janvier 1985, conséquence de l'échec du redressement judiciaire)* frz. Konkurs(verfahren), (nach dem Scheitern einer Betriebssanierung bzw. Betriebsveräußerung); **– de la pension** Feststellung der Ruhegehaltsbezüge *pl*; **– de quinzaine** *(BörR)* Medioliquidation; **– de société** Abwicklung einer Gesellschaft; **– de succession** Erbauseinandersetzung; **– à vil prix** Ausverkauf *m*.

liquide *adj* flüssig, liquid; **convertir en argent –**, **rendre –** flüssig machen, realisieren, mobilisieren; **payer en –** bar zahlen.

liquide *adj* (1) *(SchuldR: créance ou dette déterminée dans son montant et certaine dans son principe)* bestimmt und beziffert, (2) *(argent disponible en espèces)* flüssig.

liquider *v.tr.* (1) abwickeln, liquidieren, (2) feststellen, festsetzen, (3) regulieren, (4) realisieren.

liquidité *f* (1) *(HR: solvabilité)* Liquidität *f*, Zahlungsfähigkeit, (2) *(Buchf: pl. sommes immédiatement disponibles)* flüssige Mittel *pl*, Bargeld *n*, (3) *(GesR: actif circulant)* Umlaufvermögen *n*; **excès de –** Überliquidität *f*; **manque de –** Illiquidität, Zahlungsschwierigkeiten *pl*; **réserve de –** Liquiditätsreserve *f*.

lire *v.tr.* lesen; entziffern; **– en diagonale** überfliegen; **lu et approuvé** gelesen und genehmigt.

liste *f* Liste *f*; Register *n*, Verzeichnis *n*, Aufstellung *f*; **dresser une –, établir une –** ein Verzeichnis aufstellen; **présenter une –** *(VerfR)* einen Wahlvorschlag einreichen; **scrutin de –** Listenwahl *od.* -abstimmung; **tête de –** *(WahlR)* Spitzenkandidat *m*.

liste additionnelle Nachtragsliste; **– alphabétique** alphabetisches Register; **– d'ancienneté** *(BeamR)* Dienstalterstabelle *f*; **–s apparentées** *(WahlR)* verbundene Listen; **– d'attente** Warteliste *f*; **– d'audience** (Gerichts-)Sitzungsliste; **– bloquée** unabänderbare Liste; **– de candidats** *ou* **de candidature** (1) *(VerfR)* Wahlvorschlag *m*, (2) *(ArbR)* Bewerberliste, Anwärterliste; **– civile** (1) *(hist)* Einkünfte *pl* (eines Fürsten), Zivilliste, (2) *(VerfR)* Besoldung des Staatsoberhaupts; **– complémentaire** Nachtrags- *od.* Ergänzungsliste.

liste d'électeurs *ou* **électorale** Wählerverzeichnis *n*; **– d'émargement** Spalte in der Wählerliste, in der die Stimmabgabe des Wählers vermerkt ist; **– fusionnée** verbundener Wahlvorschlag; **– matières** *(BW)* Materialliste; **– de mouvement** *(BW)* Materialbewegungsliste; **– noire** *(Pol)* schwarze Liste; **– nominative** Namensverzeichnis *n*; **– de présence** Anwesenheitsliste; **– de présentation** Vorschlagsliste; **– de recensement** Erfassungsliste; **– rouge** Liste der nicht ins Telefonbuch aufgenommenen Fernsprechteilnehmer; **– supplémentaire** Nachtragsliste; **– unique** Einheitsliste.

listing *m* Auflistung, Katalogisierung; Anschriftenliste *f*.

lit *m* **de justice** *(PrzR, hist)* königliche Parlaments- *od.* Gerichtssitzung; **enfant d'un premier –** *(FamR)* Kind *n* aus erster Ehe; **– d'une rivière** Flußbett *n*.

litigants *mpl (ZPR)* Haupt- und Nebenparteien (im Zivilprozeß), Partei u. Nebenintervenient.

litige *m* (1) *(PrzR: procès, cause, différend, contestation)* Rechtsstreit, Prozeß *m*, Streitsache *f*, Streitigkeit *f*, Streit *m*, (2) *(i.w.S.: désaccord, conflit)* strittige Frage *f*, Streitfrage, Meinungsverschiedenheit *f*; **affaire en – ** Rechtsstreit *m*; **fond du – ** Hauptsache *f*; **montant du – ** Streitwert; **objet du – ** *ou* **objet en – ** Streitgegenstand *m*, Streitsache *f*, streitbefangener Gegenstand; **partie au – ** *(PrzR)* Kläger; Beklagte(r); Prozeßpartei; **points en – ** Streitpunkte *mpl*; **question en – ** Streitfrage *f*, strittige Frage; **règlement d'un – ** Erledigung eines Rechtsstreites; **trancher un – ** einen Rechtsstreit entscheiden; **valeur en – ** Streitwert; **vider un – ** eine Streitigkeit beilegen.

litige en instance *(ZPR)* anhängiger Rechtsstreit; **– international** völkerrechtliche Streitigkeit; **– judiciaire** *(ZPR)* bürgerliche) Rechtsstreitigkeit, Rechtsstreit *m*, Streitsache *f*; **– juridique** Rechtsstreit; **– en matière de marques** Warenzeichenstreitsache; **– matrimonial** Ehesache *f*; **– né d'un contrat** Vertragsstreitigkeit; **– successoral** Erbschaftsstreitigkeit, Erbschafts- *od.* Nachlaßsache.

litigieux *adj* streitig, strittig; streitbefangen; bei Gericht anhängig.

litisconsorts *mpl (ZPR)* Streitgenossen *mpl*.

litispendance *f* Rechtshängigkeit, Gerichtshängigkeit, Anhängigkeit (bei Gericht); **déclinatoire** *ou* **exception de – ** Einrede der Rechtshängigkeit.

litispendant *adj* rechtshängig.

littéraire *adj*: **œuvre – ** *(UrhR)* literarisches Werk.

littéral *adj* wörtlich; buchstäblich; **copie –e** buchstabengetreue Abschrift; **preuve –e** Urkundenbeweis *m*; **traduction –e** Wort für Wort Übersetzung, wörtliche Übersetzung.

littérature *f* **juridique** Rechtsschrifttum *n*, juristische Literatur.

livrable *adj* lieferbar.

livraison *f* (1) *(SchuldR: délivrance dans la vente)* Aushändigung (der geschuldeten Sache), Übergabe *f*, (2) *(HR: remise par le transporteur d'une marchandise au destinataire)* Lieferung *f* (an Ort und Stelle), (3) gelieferte Ware, Warensendung, (4) *(SeeHR)* Verladung, Auf- *od.* Abladung; **accord de – ** Liefer- *od.* Lieferungsabkommen *n*; **arriéré de – ** Lieferrückstand *m*; **bon de – ** Bezugschein *m*; **bordereau de – ** Lieferschein *m*, Übergabeverzeichnis *n*; **bulletin de – ** Lieferschein; **conditions de – ** Lieferbedingungen *fpl*; **date de – ** Liefertermin *m*; **délai de – ** Lieferfrist *f*, Lieferzeit *f*; **garantie de – ** Liefergarantie *f*; **lieu de – ** Lieferort; **non- – ** Nichtlieferung; **obligation de – ** Liefer- *od.* Aushändigungsverpflichtung; **prendre – ** in Empfang nehmen, übernehmen; **prix à la – ** Lieferpreis *m*; **promesse de – ** Lieferzusage *f*; **retard dans la – ** verspätete Lieferung, Überschreitung der Lieferfrist; **taxe de – ** Zustellgebühr.

livraison anticipée vorzeitige Lieferung; **– arriérée** Lieferrückstand; **– à domicile** Lieferung frei Haus; **– pour l'exportation** Exportlieferung; **– express** Eilsendung; **– de marchandises** Warenlieferung; **– en nature** Sachlieferung; **– obligatoire** Zwangs- *od.* Pflichtablieferung; **– partielle** Teillieferung; **– prioritaire** vorrangige Lieferung; **– contre remboursement** Lieferung gegen Nachnahme.

livre *m* (1) *(HR: meist pl)* Handelsbücher; Aufzeichnungen (des Kaufmanns), (2) *(ÖfR)* Register *n*, (3) *(division majeure d'un code)* Buch *n*; **grand – ** *(HR)* Hauptbuch; **grand – de la Dette publique** *(HaushR)* Schuldbuch (des Staats), Staatsschuldenverzeichnis; **– blanc** *(Pol)* Weißbuch; **– de bord** *(SeeHR)*

livre-journal

Schiffstagebuch, Schiffsjournal *n*; – **de caisse** Kassenbuch; – **des commandes** Warenbestellbuch; **–s de commerce** Handels- *od.* Geschäftsbücher; – **comptable** *(GesR)* Aufstellung (Jahresbilanz u. -abschluß), Rechnungslegungsunterlagen u. -berichte; – **des débiteurs** Debitorenbuch; – **de dépôt matière** Sachdepotbuch; – **de la dette de la Confédération** (S) Schuldbuch der Eidgenossenschaft; – **des entrées** Wareneingangsbuch; – **foncier** *(Alsace-Lorraine)* Grundbuch; – **d'inventaire** *(HR)* Inventar(buch).

livre-journal *(HR)* Journal *n*, Tagebuch; – **de magasin** Lagerbuch, Lagerhaltungsregister; **–s obligatoires** *(HR)* (obligatorische) Handelsbücher; – **de paie** Lohnbuch; – **public** öffentliches Register; **–s spéciaux** *(HR)* (von den Bösenmaklern und Frachtführern zu führende) zusätzliche Bücher.

livrer (1) *(ZR: délivrer)* aushändigen, übergeben, die Sachherrschaft verschaffen, (2) *(HR: remettre)* liefern, abliefern; (3) *(StR: déférer)* ausliefern, übergeben, (4) *(StR: v. pron.)* sich der Polizei stellen; **se – à une enquête approfondie** eine eingehende Untersuchung durchführen; **marché à –** Lieferungsvertrag *m*; – **son complice à la police** einen Komplizen der Polizei verraten *od.* preisgeben; – **un coupable à la justice** einen Beschuldigten der Justiz übergeben; – **un secret** ein Geheimnis verraten.

livret *m* Heft *n*, Buch *n*; – **(de caisse) d'épargne** Sparbuch, Sparkassenbuch; – **de caisse d'épargne postale** Postsparbuch; – **de famille** Familienstammbuch; – **d'identité** Personalausweis; – **individuel** *(MilR)* ou **matricule** ou **militaire** Wehrpaß; – **de paie** Lohnbuch; – **de récépissés** *(Post)* Einlieferungsbuch; – **sanitaire** Gesundheitspaß *m*; – **scolaire** *(SchulR)* Noten- u. Zeugnisheft; – **de travail** Arbeitsnachweis(heft).

livreur *m* Auslieferer *m*; Laufbursche *m*.

lobby *m* *(Pol: groupe de pression)* Interessengruppe *f*, Lobby *f*.

local *adj* örtlich; Orts-, Gebiets-; **administration –e** Gemeindeverwaltung; Unterstufe der Staatsverwaltung; **collectivité –e** Gebietskörperschaft; Gemeinde; **droit – régional** gültiges Recht (insbesondere Sonderrecht in Elsaß und Lothringen); **taxes –es** Gemeindeabgaben *fpl*, Gemeindesteuern, Departementsteuern; **télévision –e** Regionalfernsehsender.

local *m* (1) Raum *m*, Lokal *n*, Räumlichkeit *f*, (2) Gebäude *n*; – **administratif** *(ÖfR)* Geschäftszimmer; Dienstgebäude; – **commercial** Geschäftslokal, Geschäftsraum; – **disciplinaire** Arrestzelle *f*; – **d'habitation** Wohnraum; – **mixte** Geschäfts- u. Wohngebäude; Mieträume *pl*; – **nu** unmöbierter Raum; – **professionnel, à usage professionnel** gewerblich genutzter Raum, Geschäftslokal; – **de service** Dienstraum; – **à usage commercial** Geschäftslokal *od.* -raum; – **à usage d'habitation** Wohnraum, Wohnung.

localisation *f* (1) Ortsangabe *od.* -bestimmung *f*, (2) *(HR, GesR)* Standort *m*; Standortwahl *f*.

localiser *v.tr* lokalisieren, örtlich festlegen; eingrenzen.

localité *f* Ortschaft *f*; Örtlichkeit *f*; – **frontière** Grenzort *m*.

locataire *m* (1) *(SchuldR: preneur du bail)* Mieter *m*; (Aut) Bestandnehmer *m*, (2) *(LandwR: fermier)* Pächter; **sous- –** Untermieter; – **de la chasse** Jagdpächter *m*; – **principal** Hauptmieter.

locateur *m* *(SchuldR: bailleur)* Vermieter *m*; – **d'ouvrage** *(SchuldR: entrepreneur)* Unternehmer, Hersteller (eines Werks).

locatif *adj* Miet-; **charges –ives** Mietnebenkosten; **immeuble –** Mietshaus *n*; **logement à usage –** Mietwohnung; **marché –** Wohnungsmarkt; **réparations –ives**

location | **loi**

(SchuldR: réparations de menu entretien) (vom Mieter auszuführende) (kleinere) Reparaturen der Mietsache; **risque** – Mieterrisiko *n*; Mieterhaftung *f*; **taxe –ive** Gemeindeabgabe (fällig bei Abschluß eines Mietvertrags); **valeur –ive** Mietspiegel *m*.

location *f (ZR: louage de choses)* Mietvertrag *m*, Miete *f*; Pacht *f*; **contrat de** – Mietvertrag; **prise en** – Anmietung; **sous** – Untermiete; – **de coffre-fort** (Bank-)Schließfachmiete; – **-accession à la propriété** Mietkauf einer Wohnung; – **de films** Filmverleih *m*; – **de fonds de commerce** *(HR: syn.: gérance-libre, location-gérance)* Verpachtung eines frz. Handelsunternehmens; – **en garni**, – **en meublé** Miete möblierter Räume.

location-vente *(ZR: location avec faculté ou obligation d'achat)* Mietkauf *m*.

locaux *mpl* **commerciaux** gewerblich genutzte Räume; – **disciplinaires** Arrestlokal *n*.

lock-out *m (ArbR)* Aussperrung *f*; **appliquer** *ou* **décréter le** – jmdn. aussperren, die Aussperrung verhängen.

logement *m* Wohnung *f*; Unterkunft *f*; **allocation de** – Wohngeld *n*, Wohnungsbeihilfe *f*, Mietbeihilfe *od.* -zuschuß; **attribution d'un** – Wohnungszuteilung *f*; **besoins en** – Wohnraumbedarf *m*; **crise du** – Wohnungsnot *f*; **épargne** – Bausparen *n*; **indemnité de** – Wohnungszulage *f*, Wohngeld *n*; **jouissance d'un** – Nutzung einer Wohnung.

logement économique et social (= LOGÉCO) wirtschaftliche und familiengerechte Wohnung; – **d'entreprise** Werkswohnung, werkseigene Wohnung; – **de fonction** Dienstwohung; – **insuffisamment occupé** unterbelegte Wohnung; – **locatif** Mietwohnung; – **à loyer réduit** mietverbilligte Wohnung; – **de service** Dienstwohnung; – **social** Sozialwohnung.

loger (1) *v.tr.* beherbergen, unterbringen, (2) *v.intr.* wohnen; – **en garni** möbliert wohnen.

logeur *m* (1) *(ZR)* Vermieter *m*, Wohnungsgeber *m*, (2) *(WirtR: hôtelier)* Gastwirt *m*, Speisewirt, Hotelier, Zimmervermieter, (3) *(MilR)* Quartier- *od.* Unterkunftgeber.

logiciel *m* Software *f*; **piratage de** – Software-Diebstahl *m*.

logistique *f (BW)* (Wirtschafts-)Logistik *f*, optimale Steuerung u. Regelung des Güterumschlags.

loi *f* (1) *(ÖfR: règle juridique formulée par écrit, norme)* Recht *n*, Rechtssatz *m*, Rechtsnorm *f*, Gesetzesrecht, (2) *(VerfR: texte voté par le Parlement)* (Parlaments-)Gesetz *n*, parlamentarische Gesetzesbestimmung, gesetzliche Vorschrift, (3) *(VerfR: règlement émanant du Gouvernement)* Regierungsgesetz, Rechtsverordnung, (4) Verbindlichkeit; **abolir une** –, **abroger une** – ein Gesetz aufheben; **adopter une** – ein Gesetz verabschieden *od.* beschließen; **adoption d'une** – Verabschiedung eines Gesetzes; **amender une** – ein Gesetz abändern; **application de la** – Gesetzesanwendung; **appliquer la** – das Gesetz anwenden; **conflit de** –**s** *(IPR)* Normenkollision; **conforme à la** – gesetzmäßig; **se conformer à la** – in Übereinstimmung mit dem Gesetz handeln, sich an das Gesetz halten; **connaître la** – rechtskundig sein; **contraire à la** – gesetzwidrig; **de par la** – kraft Gesetzes; **dicter sa** – jmdm. seinen Willen aufzwingen; **éluder la** – das Gesetz umgehen; **enfreindre la** – das Gesetz übertreten *od.* verletzen; **force de** – Gesetzeskraft *f*; **fraude à la** – Gesetzesumgehung, Rechtsverletzung; **homme de** – Jurist *m*; **infraction à la** – Gesetzesverstoß *m*; **initiative des** –**s** *(VerfR)* Initiativrecht; **lacune de la** – Gesetzeslücke *f*; **se mettre hors la** – gegen die Gesetze verstoßen; **observer les –s** die gesetzlichen Bestimmungen einhalten; **projet de –** *(VerfR: émane du gouvernement)* Gesetzesvorlage, Regierungsentwurf *m*; **proposition de –** *(VerfR: émane d'un groupe parlementaire ou d'un député)* Fraktionsvorlage, Initiativantrag, Gesetzesinitiative; **rapporteur de la –** Berichterstatter *m*, Referent *m*; **recueil de –** Gesetzessammlung; **texte de –** Gesetz, gesetzliche Vorschrift, Gesetzesbestimmung; **tomber sous le coup de la –** strafbar sein; **tourner la –** das Gesetz umgehen; **transgresser la –** das Gesetz übertreten *od.* verletzten; **en vertu de la –** kraft Gesetzes, auf Grund des Gesetzes, gemäß Art. ...; **violation de la –** Gesetzesverstoß *m*, Gesetzes- *od.* Rechtsverletzung; **violer la –** das Gesetz übertreten *od.* verletzen, gegen das Gesetz verstoßen; **voter une –** ein Gesetz verabschieden *od.* beschließen.

loi d'abrogation Aufhebungsgesetz *n*; **– additionnelle** Ergänzungsgesetz; **– d'airain des salaires** *(hist)* ehernes Lohngesetz; **– d'amnistie** Amnestiegesetz; **– anti-casseurs** (du 8 juin 1970) frz. 1970 reformiertes Versammlungsrecht, frz. Demonstrationsrecht; **loi –** Terorismusbekämpfungsgesetz; **– d'approbation** Zustimmungsgesetz; **– d'autonomie** *(IPR)* Grundsatz der Parteiautonomie, Vorherrschaft des Parteiwillens; **– Barangé** (du 31 déc. 1959) Gesetz über die Beziehungen zwischen dem frz. Staat und dem Privatschulwesen; **– Bayrou-Bourg-Broc** frz. Gesetz über das Privatschulwesen; **– budgétaire** Haushaltsgesetz.

loi-cadre *(VerfR)* Rahmenvorschriften *fpl*, Rahmengesetz; **– de circonstance** Ausnahmegesetz; **– civile** Zivilgesetz; **– commerciale** Handelsgesetz; **– communautaire** Gemeinschaftsgesetz; **– constitutionnelle** (1) Verfassungsänderungsgesetz, (2) Verfassung (eines Staates); **–s et coutumes de la guerre** *(VR)* Kriegsrecht; **– du domicile** *(IPR)* Domizilrecht *n*, Recht des Wohnsitzes; **– électorale** Wahlgesetz; **– sur les ententes** *(WirtR)* Gesetz gegen Wettbewerbsbeschränkungen, Kartellgesetz; **– d'exception** Notstandsverordnung, Ausnahmegesetz; **– d'exécution** Ausführungs- *od.* Durchführungsgesetz; **– facultative** dispositives Recht, dispositive Norm.

loi de finances Haushaltsgesetz; **– de finances rectificative** Haushaltsänderungsgesetz, Nachtragshaushalt, (während des Rechnungsjahres beschlossenes) Gesetz zur Genehmigung der über- *od.* außerplanmäßigen Bewilligungen; **– fondamentale** (Staats-)Grundgesetz; **– formelle** Gesetz im formellen Sinn; **– d'habilitation** Ermächtigungsgesetz.

loi impérative zwingend vorgeschriebene Rechtsnorm, unabdingbares Recht; **– interne** innerstaatliches Recht; **– interprétative** abdingbares Recht; **– d'introduction** Einführungsgesetz; **– du juge saisi** *(IPR)* lex fori; **– Le Chapelier** (des 14 et 17 juin 1791) *(hist)* Gesetz zur Auflösung u. zum Verbot sämtlicher Arbeitnehmervereinigungen; **– du lieu du contrat** *(IPR)* Gesetz des Ortes, an welchem der Vertrag geschlossen wird; **– locale** örtlich geltendes Recht; **– sur le mariage** Ehegesetz; **– martiale** Gesetz über die Verhängung des Kriegszustandes, Kriegsrecht; **– matérielle** materielles Recht, Gesetz im materiellen Sinn; **– Méhaignerie** (du 23 déc. 1986) neues frz. Mietrecht; **– modificative** Gesetzesnovelle *f*, Abänderungsgesetz; **– municipale** Gemeindeordnung; **– nationale** inländisches Recht, innerstaatliches Gesetz; **– naturelle** Naturgesetz.

loi de l'offre et de la demande *(Vwirt)* freier Wettbewerb, Gesetz von Angebot und Nachfrage; **–**

ordinaire *(VerfR)* durch das frz. Parlament verabschiedetes Gesetz, Parlamentsgesetz; – **d'orde public** zwingendes Recht, unabdingbare Rechtsnorm; – **organique** *(VerfR)* frz. Verfassungsergänzungsgesetz, grundlegendes Gesetz über die Schaffung neuer od. Umgestaltung bestehender Staatsorgane; – **sur l'organisation municipale** *ou* **communale** frz. Gemeindeordnung; – **parlementaire** Parlamentsgesetz; – **pénale** Strafgesetz; – **Pasqua sur la maîtrise de l'immigration** frz. Einwanderungs- und Staatsangehörigkeitsgesetz; – **pénale économique** Wirtschaftsstrafgesetz; – **personnelle** *(IPR)* Personalstatut *n*; – **de pleins pouvoirs** Ermächtigungsgesetz; – **du plus fort** Faustrecht; – **positive** positives *od.* gesetztes Recht; – **de procédure** Verfahrensvorschrift *od.* -ordnung; – **(de) programme** *(HaushR)* durch Haushaltsgesetz festgestellter Haushaltsplan für mehrere Rechnungsjahre; – **prohibitive** Verbotsnorm.

loi de ratification *(VR)* Ratifikation durch die gesetzliche Körperschaft; – **réelle** *(IPR)* Recht der belegenen Sache, lex rei sitae; – **référendaire** *(VerfR)* durch Volksentscheid angenommener Gesetzentwurf; – **de règlement** *(HaushR)* Gesetz über die Feststellung der ordnungsgemäßen Haushaltsausführung; – **des rendements décroissants** *(Vwirt)* Gesetz vom abnehmenden Ertragszuwachs; – **répressive** Strafgesetz, Strafvorschrift; – **rétroactive** rückwirkendes Gesetz; – **spéciale** Sondergesetz; – **sur le statut des fonctionnaires** Beamtengesetz, Dienstpragmatik *f* (Aut); – **sur le statut de la magistrature** Richtergesetz; – **stricte** zwingendes Recht; – **supplétive** abdingbares Recht, nachgiebiges Recht, ergänzende Rechtsvorschrift; – **du talion** *(VR)* Vergeltung, Retorsion; – **de transition** Übergangsrecht *od.* -maßnahmen

fpl; – **uniforme** *(IPR)* (internationales) Abkommen über die Vereinheitlichung (eines Rechtsbereichs); – **validée** für gültig erklärtes Gesetz; – **en vigueur** geltendes Recht.

loin *adv (räumlich u. zeitlich)* weit, fern; **aller trop –** zu weit gehen; **de – en –** von Zeit zu Zeit; **non – de là** in unmittelbarer Nähe.

loisirs *mpl*: **société de –** Freizeitgesellschaft *f*.

long *adj*: **à – terme** langfristig.

long-courrier *m* (1) Hochseeschiff, (2) Langstreckenflugzeug.

longévité *f* Lebensdauer *f*.

longueur *f* Länge *f*; Weite *f*; – **d'un effet** Laufzeit eines Wechsels.

lors *adv*: **depuis –** seitdem; **dès –** demzufolge, infolgedessen; **pour –** in diesem Falle.

lot *m* (1) *(Spiel und Wette)* Treffer *m*, Los *n*, (2) *(HR: ensemble de marchandises vendues pour un prix global)* Partie *f*, Warenposten *m*, (3) *(SachR: bien vendu par parcelles)* Parzelle *f*, vermessenes Grundstück *n*, Bauland *n*, (4) *(SchuldR: part après la division de la masse ou d'un bien indivis)* Anteil *m*; **emprunt à –** Prämien- *od.* Losanleihe; **gros –** Haupttreffer, Hauptgewinn *m*; **obligation à –s** auslosbare Obligation; – **de marchandises** Warenposten *od.* -partie; – **de pêche** Fischereirevier.

loterie *f (ZR)* Verlosung; Lotterie *f*; – **nationale** Staatslotterie.

lotir *v.tr.d.* (1) verlosen, (2) *(ErbR)* (den Erlös einer Erbengemeinschaft) teilen, (2) *(SachR, VwR)* zuteilen, Grundstücke zu Bebauungszwecken aufteilen und veräußern, parzellieren.

lotissement *m* (1) *(SachR)* Parzelle *f*, Bauland *n*, (2) *(SachR, VwR)* Parzellierung, Aufteilung und Veräußerung von Grundstücken zu Bebauungszwecken, insbesondere zu Siedlungszwecken; **société de –** Siedlungsgesellschaft *f*.

louable *adj* zu vermieten.

louage *m* (1) *(SchuldR: louage de cho-*

ses, bail, location, art.1709 Cciv) Sachmiete *f*; Mietvertrag *m*; (2) *(SchuldR: louage d'ouvrage et d'industrie, contrat d'entreprise, entreprise, art.1710 Cciv)* Werkvertrag, (3) *(SchuldR, ArbR: louage de services, contrat de travail, art.1780 Cciv)* Dienstmiete, Dienstvertrag, Arbeitsvertrag; **– d'un bâtiment de mer** *(SeeHR)* Charter *m*, Seefrachtvertrag *m*; **– de biens ruraux** *(SchuldR, LandwR)* Pacht *f*; **– de choses** *(SchuldR: bail)* Mietvertrag *m*, Miete; **– de maisons** *(SchuldR: bail à loyer)* Wohnungsmiete, Hausmiete; Mietvertrag; **– d'ouvrage et d'industrie** *(SchuldR: contrat d'entreprise)* Werkvertrag; **– de service** *(SchuldR, ArbR: contrat de travail)* Dienstvertrag, Arbeitsvertrag.
louange *f* Lob *n*, positive Beurteilung.
louche *adj* verdächtig, fragwürdig, zweifelhaft, suspekt.
louer *v.tr.* (1) *(locataire)* mieten, (2) *(propriétaire)* vermieten, (3) *(glorifier)* loben.
loueur *m* Vermieter *m*; **– de main d'œuvre** *ou* **de personnel** Verleiher von Arbeitskräften; **– d'ouvrage** Werkunternehmer *m*.
lourd *adj*: **faute –e** grobe Fahrlässigkeit.
loyal *adj* (1) *(Person)* loyal, gesetzestreu; aufrichtig; fair, ehrlich, (2) *(Ware)* unverfälscht; echt; **qualité –e et marchande** *(HR)* (Ware) mittlerer Art und Güte.
loyalisme *m* **républicain** *(Pol)* Verfassungstreue.
loyauté *f* Redlichkeit *f*; Vertragstreue; Regierungstreue; **– commerciale** *(HR: bonne foi)* Treu und Glauben im Geschäftsverkehr.

loyaux *adj*: **coûts –** Vertrags- od. Beurkundungskosten; **– services** treue Dienste.
loyer *m* Mietzins *m*, Miete *f*, Mietpreis *m*; **acompte sur –** Mietvorauszahlung; **allocation de –** Mietbeihilfe *f*; **augmentation de –** Miet- od. Mietzinserhöhung; **bailleur à –** Vermieter *m*; **contrôle des –s** Mietpreisbindung; **date d'exigibilité du –** Fälligkeit des Mietzinses; **donner à –** vermieten; **fixation initiale du –** Mietzinsvereinbarung; **hausse de –** Mietzinserhöhung; **indexation du –** (Mietzins) Erhöhungsklausel; **majoration de –** Miet- od. Mietzinserhöhung; **paiement du –** Mietzinsentrichtung; **prendre à –** mieten; **– de l'argent** Zinsen *pl*; Zinsfuß *m*; **– arriéré** Mietrückstand *m*; **– principal** Grundmiete.
lucidité *f* Besonnenheit *f*.
lucratif *adj* gewinnbringend, vorteilhaft; **activité –ive** Erwerbstätigkeit; **but –** Erwerbszweck.
lucrum cessans *(lat: manque à gagner)* entgangener Gewinn *m*, lucrum cessans.
lumière *f fig* Erkenntnis *f*, Einsicht *f*; Bildung; Aufklärung; Aufschluß *m*.
lutte *f* Auseinandersetzung *f*, Kampf *m*; **– armée** bewaffneter Aufstand; **– de classes** Klassenkampf *m*; **– électorale** Wahlkampf; **– de libération** Befreiungskampf *m*; **– revendicative** Arbeitskampf, Streik *m*.
luxe: articles de – Luxusware; **impôt sur le –** Luxussteuer.
Luxembourg *m* Sitz des Senats in Paris; *(fig.)* frz. Senat *m*.
lycée *m* (öffentliche) Oberschule *f*, Gymnasium *n*.
lynchage *m* Lynchen *n*, Lynchjustiz.

M

Maastrich *(VR: traité sur l'Union européenne du 7 février 1992)* Maastricht-Vertrag *m*.

macaron *m (Pol)* Abzeichen *n*.

machination *f* Machenschaft *f*, Umtriebe *mpl*, (geheimer) Anschlag *m*.

machine *f* (1) *(engin mécanique)* Maschine *f*; Motor *m*, (2) *(système, appareil)* Apparat *m*, System *f*; **– à écrire** Schreibmaschine.

macro-économie *f (Vwirt)* Makroökonomik *f*, gesamtwirtschaftliche Vorgänge u. Zusammenhänge; Volkswirtschaft; **– -marketing** Makromarketing.

made in *(anglicisme = fabriqué en)* hergestellt in, made in.

magasin *m* (1) *(HR: établissement de commerce)* Geschäft *n*, Laden *m*, (2) *(HR: dépôt, entrepôt)* Warenlager *n*, Niederlage *f*, Lagerraum *m*, Lagerhaus *n*; **en –** vorrätig, auf Lager; **chaîne de –s** Handelskette *f*; **chef de –** Lagerverwalter; **devanture d'un –** Auslage *f*; **employés de –** Ladenangestellte *mpl*; **grand –** Einzelhandelsgroßbetrieb, Waren- *od.* Kaufhaus; **heures de fermeture des –s** Ladenschluß *m*.

magasin d'alimentation Nahrungsmittelgeschäft; **– automatique** automatische Lagerverwaltung, Lager mit On-line-Steuerungssystem; **– de détail** *(HR: magasin de vente au détail)* Einzelhandelsbetrieb *od.* -unternehmen *od.* -geschäft; **– discount** *(HR: magasin minimarge)* Discountladen *m*; **– franchisé** Laden *od.* Handelsgeschäft unter Franchisevertrag; **– général** öffentliches Lagerhaus; **– à grande surface** Verbrauchermarkt *m*, Supermarkt; **– de gros** *(HR: magasin de vente en gros)* Großhandelsbetrieb *m*, Großhandlung *f*; **– (en) libre-service** Selbstbedienungsladen; **– à prix unique** Einheitspreisgeschäft; **– public** öffentliches Lagerhaus; **– spécialisé** Fachgeschäft; **– de stockage** Warenlager, Lagerraum; **– à succursales multiples** Filialgeschäft, Verkaufskette *f*; **– de vente** Verkaufsstelle *f*; **– de vente au rabais** Discount-Geschäft, Diskontladen.

magasinage *m* (1) Lagerhaltung, (2) (Ein-)Lagerung *f*; **droits de –, frais de –** Lagergebühr *od.* -geld.

magasinier *m* (1) Lagerverwalter *m*, Lagerist *m*, (2) *(HR)* Lagerhalter *m*.

magasins généraux *(HR)* (amtlich zugelassenes) Lagerhaus(unternehmen), Lagergeschäft *n*.

magazine *m* (1) Zeitschrift *f*, periodische Veröffentlichung, (2) (periodische) Fernsehsendung.

magistère *m (HochschulR: diplôme de second cycle)* frz. Magistergrad *m*.

magistral *adj*: **cours –** (Universitäts-) Vorlesung; **enseignement –** (wissenschaftliche) Lehre.

magistrat *m* (1) *(GVR: fonctionnaire appartenant au corps judiciaire en tant que juge)* Richter *m* (im Rahmen der ordentlichen Gerichtsbarkeit); Berufsrichter *m*; Zivilrichter, Strafrichter, (2) *(GVR: fonctionnaire chargé de requérir l'application de la loi)* Staatsanwalt *m*, (2) *(ÖfR: fonctionnaire investi d'une autorité administrative ou politique)* Amtsinhaber *m*; Volksvertreter *m*; **corruption de –** Richterbestechung; **premier – de France** frz. Staatspräsident; **– assis** Richter; **– de carrière** Berufsrichter; **– consulaire** Handelsrichter; **– debout** Staatsanwalt; **– élu** gewählter ehrenamtlicher Richter (bei einem Sondergericht); **– instructeur** *(StPR)* Ermittlungsrichter; **– judiciaire** Richter (als Organ der Rechtspflege der ordentlichen Gerichtsbarkeit); **– mu-**

nicipal Bürgermeister; **– nommé** ernannter Laienrichter (bei einem Sondergericht); **– non professionnel** Laienrichter, ehrenamtlicher Richter; **– du parquet** Staatsanwalt; **– du siège** Richter.

magistrature *f* (1) *(GVR: corps des magistrats du siège et du parquet)* Richter und Staatsanwälte (in Frankreich als einheitliche zusammengefaßte Laufbahn), (2) *(VwR)* öffentliches Amt, Magistrat *m*; **indépendance de la –** richterliche Unabhängigkeit; **– assise** Richterstand *m*, Richterschaft, **– consulaire** Handelsrichteramt *n*; **– debout** Staatsanwaltschaft; **– du siège** Richterstand, Richterschaft.

magnat *m* Magnat *m*, Inhaber branchenbeherrschender wirtschaftlicher Macht.

magnétoscope *m* Videorecorder *m*.

magouille *f* (dunkle) Machenschaften *fpl*, Schiebung *f*, Manipulation.

mail *m* *(HR: galerie marchande)* Kaufpassage *f*.

mailing *m* *(HR: publi-postage)* Postwurfsendung.

main *f* Hand *f*; **(argent versé) de la – à la –** ohne Förmlichkeit, ohne Quittung (zwecks Steuerhinterziehung); **avoir la haute – (dans une affaire)** alle Fäden (in einer Angelegenheit) in der Hand haben; **coup de –** Überrraschungsangriff *m*; **faire – basse sur qqch.** etwas mitgehen lassen, entwenden, stehlen; **homme de –** Handlanger *m*; **mettre la – sur qqn.** jmdn. festnehmen; **de première –** aus erster Hand; **passer la –** seine Befugnisse abtreten, jmdn. mit den eigenen Aufgaben betrauen; **prêter – forte** *(ZwangsVR)* Beistand leisten, ggf. unter Gewaltanwendung; **remettre en – propre** eigenhändig übergeben; **sous –** unter der Hand, heimlich; **vote à – levée** Abstimmung durch Handzeichen.

main commune *(FamR)* gemeinsame Vermögensverwaltung der Ehegatten.

main courante (1) *(Buchf)* Kladde *f*, Geschäftsbuch (für vorübergehende Eintragungen), (2) *(escalier)* Handlauf *m*.

main de justice: placer sous – – unter gerichtliche Zwangsverwaltung stellen.

main-d'œuvre *f* (1) *(ArbR: ensemble des salariés)* Arbeitskräfte *fpl*, Belegschaft *f*, Personal *n*, (2) *(travail de l'ouvrier)* Arbeit *f*, Handarbeit, (3) *(salaire)* Arbeitsentgelt *n*, Arbeitslohn *m*; **besoins en –** Arbeitskräftebedarf *m*; **coût direct de la –** reine Arbeitskosten; **demande de –** Nachfrage an Arbeitskräften; **entreprise de –** Zeitpersonalunternehmen *n*; **fluctuation de la –** Belegschaftswechsel *m*; **frais de –** Lohnkosten; **offre de –** Angebot von Arbeitskräften; **pénurie de –** Mangel an Arbeitskräften; **service de la –** Arbeitsamt *n*.

main d'œuvre d'appoint Aushilfskräfte *fpl*; **– communautaire** Arbeitskräfte aus der EU; **– étrangère** Gastarbeiter *mpl*; **– fémine** weibliche Arbeitskräfte; **– intérimaire** Zeit(arbeits)kräfte; **– migrante** Wanderarbeiter; **– non qualifiée** ungelernte Arbeitskräfte; **– occasionnelle** Aushilfskräfte; Gelegenheitsarbeiter *mpl*; **– polyvalente** vielseitig verwendbare Arbeitskräfte; **– qualifiée** gelernte Arbeitskräfte *pl*, Facharbeiter *mpl*; **– spécialisée** angelernte Arbeiter; **– temporaire** Zeitarbeitskräfte.

mainlevée *f* (1) *(ZwangsVR)* Aufhebung *f* (der Pfändung *od.* der Beschlagnahme), (2) *(SachR)* Löschung *f* (einer Zwangshypothek), (3) *(ZollR)* Warenfreigabe *f*, zollamtliche Überlassung (der Ware); **action en – du séquestre** Klage auf Aufhebung der Zwangsverwaltung, Arrestaufhebungsklage, **– amiable** *(syn.: mainlevée volontaire)* Aufgabe einer Sicherheit im beiderseitigen Einvernehmen; **– automatique** *(syn.: de plein droit)* Aufhebung (der Pfändung) von Rechts wegen; **– forcée** *(syn.: ju-*

mainmise — **maison**

diciaire) Aufhebung (der Pfändung) durch Gerichtsbeschluß; – **d'inscription hypothécaire** Löschung einer Hypothek; – **de l'interdiction** Aufhebung der Entmündigung; – **judiciaire** *(syn.: forcée)* Aufhebung durch Gerichtsbeschluß; – **du mandat de dépôt** *(StPR)* Aufhebung des Haftbefehls; – **des mesures d'exécution** Aufhebung der Vollstreckungsmaßnahmen; – **de plein droit** *(syn.: automatique)* Aufhebung (der Pfändung) von Rechts wegen; – **volontaire** *(syn.: amiable)* Aufgabe einer Sicherheit im beiderseitigen Einvernehmen.

mainmise *f* (1) *(Pol)* Kontrolle *f*, Vorherrschaft *f*, (2) *(SachR)* Inbesitznahme *f*; (3) *(ÖfR)* Überführung in den Staatsbesitz.

main morte *(ErbR: biens mainmortables)* nicht durch Erbschaft übertragbare Güter, unvererbliche Gegenstände.

maintenance *f* (1) *(FamR: prestation compensatoire après le divorce sous forme de capital)* einmalige Ausgleichsleistung (als Kapital), (2) *(SchuldR)* Instandhaltung *f*, Wartung, Pflege *f*; **contrat de –** Kundendienstvertrag *m*; **frais de –** Wartungskosten; **– périodique** regelmäßige Unterhaltungsarbeiten.

maintenant *adv* jetzt, nun; **à partir de –** von nun an; **dès –** ab sofort; **jusqu'à –** bis heute.

maintenir *v.tr.* (1) *(garder, tenir)* aufrechterhalten, beibehalten, erhalten, (2) *(soutenir, certifier)* bleiben bei (einer Meinung), (weiterhin) behaupten, (3) *(retenir, contenir)* festhalten; **– l'ordre** die Ordnung aufrechterhalten; **– ses dires** an seiner Aussage festhalten, versichern, behaupten, (3) *v. pron.* sich erhalten, sich behaupten.

maintien *m* (1) Aufrechterhaltung (der Ordnung), (2) Beharren *n*, Festhalten *n*, (3) Anstand *m*, Haltung; Erhaltung (des Friedens), Beibehaltung *f*; **– du contrat** Fortbestand *m* des Vertrages; **– en détention** Haftfortdauer; **– des droits** Anspruchserhaltung; **– des droits acquis** Wahrung wohlerworbener Rechte *od.* des Besitzstandes; **– en état** Instandhaltung, Aufrechterhaltung, **– dans les lieux** Räumungsaufschub *m*; **– de liquidités** Aufrechterhaltung der Liquidität; **– de l'ordre public** Aufrechterhaltung der öffentlichen Ordnung; **– en service** *(personnes)* Weiterbeschäftigung *f*; **– en vigueur** Inkraftbleiben *n*.

maire *m* Bürgermeister *m*; **adjoint au –** Stellvertreter des Bürgermeisters, stellvertretender Bürgermeister, Beigeordnete(r); **– d'arrondissement** Bezirksbürgermeister (in Paris, Lyon u. Marseille).

mairie *f* (1) *(ÖfR: office, charge de maire)* Bürgermeisteramt *n*, (2) *(hôtel de ville)* Rathaus *n*, Gemeindehaus *n*, (3) *(VwR: administration municipale)* Gemeindeverwaltung.

maison *f* (1) *(bâtiment, logement)* Haus *n*, Wohnung *f*, (2) *(VwR: édifice public)* (öffentliches) Gebäude *n*; Gefängnis; Altersheim *n*; (3) *(HR: entreprise commerciale)* Firma *f*, Geschäft *n*, (3) *(FamR: personnes)* Haushaltung *f*, Familie *f*, Geschlecht *n*; **– d'arrêt** (1) *(reçoit les prévenus avant leur jugement)* Untersuchungsgefängnis, (2) *(reçoit les condamnés à des peines jusqu'à deux ans)* Justizvollzugs- *od.* Strafanstalt; **– centrale** *(prison pour les détenus condamnés à de longues peines)* Zuchthaus, Zentralstrafanstalt (für mehrere Départements); **– close** Bordell *n*; **– de commerce** *(HR)* frz. Handelsunternehmen; **– commune** Rathaus *n*; **– concurrente** Konkurrenzfirma *od.* -unternehmen; **– de correction** (Jugend-) Erziehungsanstalt *f*; **– de la culture** Kulturhaus *n*; **– de dépôt, – de détention** *(syn.: maison d'arrêt)* Straf- *od.* Justizvollzugsanstalt; **– d'édition** Verlag *m*; **– d'éducation surveillée** Besserungsanstalt, Erziehungsheim *n*; **– d'expédition** Versandgeschäft *n*, Versandhaus; –

d'exportation *ou* **exportatrice** Ausfuhr- *od.* Exportfirma.

maison familiale (1) *(FamR: résidence familiale)* Wohnsitz der Familie, (2) Einfamilienhaus *n*; **– de gros** Großhandelsfirma; **– d'habitation** Wohnhaus; **– habitée** *(StR)* bewohntes Gebäude; **– individuelle** Eigenheim *n*; **– d'internement** Heil- und Pflegeanstalt; **– de jeu** Spielkasino *n*, Spielbank *f*; **– de justice** *(PrzR: permanence tenue par un magistrat et une équipe de travailleurs sociaux)* Beratungsstelle (bei Gericht); **– de location** (1) Miethaus, (2) Filmverleih *m*.

maison-mère *(GesR)* Stammhaus; Dach- *od.* Muttergesellschaft; **– pénitentiaire** Strafanstalt; **– de prêt sur gage, – de prêt sur nantissement** Pfandleiher, Pfandleihgewerbe; **– de rapport** Miethaus, Ertragshaus; **– de réclusion** Zuchthaus; **– de redressement** Besserungsanstalt; **– de retraite** *(hospice)* Altersheim *n*; **– à succursales multiples** Filialgeschäft *od.* -betrieb; Handelskette *f*; **– de tolérance** Bordell *n*; **– de vente par correspondance (= VPC)** Versandhaus *n*, Versandgeschäft *n*.

Maître (Abk.: Me) Herr *m* (Anrede u. Titel des frz. Rechtsanwalts, Notars, Gerichtskanzlers usw.).

maître *m* (1) *(ÖfR)* Machthaber *m*, (2) *(StR: être maître de soi, exprime la non-dépendance)* (individuelle) Freiheit, Autonomie *f*, Selbstbeherrschung, (3) *(SachR: possesseur, propriétaire)* Besitzer *m*, Eigentümer *m*, (4) *(SchulR, ArbR: éducateur)* Lehrer *m*, Erzieher *m*; Meister *m* (im Handwerk).

maître d'apprentissage *(ArbR)* Ausbilder *m*, Lehrherr *m*; **– clerc** Bürovorsteher *m*.

maître d'œuvre (1) *(BauR, SachR: personne chargée de coordonner les travaux d'une entreprise de construction et de mener à bien celle-ci)* Bauunternehmer *m*, (2) *(SchuldR: personne chargé de réaliser l'ouvrage)* Hersteller (des Werks), Unternehmer *m*, (3) *(VwR)* Auftragnehmer *m* (im öffentlichen Auftragswesen).

maître de l'ouvrage (1) *(BauR, SachR: donneur d'ordre pour la construction d'un immeuble)* Bauherr *m*; Person, die einen Bau errichten läßt, (2) *(SchuldR: contrat d'entreprise)* Besteller *m* (des Werks), (3) *(VwR: collectivité publique pour le compte de laquelle un ouvrage est réalisé)* Auftraggeber *m*, auftragvergebende Behörde.

maître des requêtes (au Conseil d'État) *(VwR)* Mitglied *n* des frz. Staatsrats als obersten frz. Verwaltungsgerichts, (Entscheidungsvorbereitungs-)Richter am obersten frz. Verwaltungsgerichtshofs.

maître-chanteur *m (StR)* Erpresser *m*.

maîtrise *f* (1) Beherrschung *f*, Meisterung, (2) *(ÖfR)* Herrschaftsgewalt *f*, Herrschaftsrecht *n*, (3) *(ArbR)* Meister *mpl*, Aufsichtspersonal *n*, (4) *(HochschulR)* Magisterdiplom *n*; **agent de –** *(ArbR)* Aufsichtsperson *f*, Meister *m*, Angestellte(r) in gehobener Stellung; **brevet de –** Meisterbrief *m*; **examen de –** Meisterprüfung *f*.

maîtriser *v.tr.* (1) beherrschen, (2) bändigen, zügeln, niederhalten.

majeur *m (ZR: individu ayant atteint l'âge de la majorité)* Volljährige(r).

majeur *adj* (1) *(ZR)* volljährig, großjährig, mündig, (2) bedeutend, wichtig, Haupt-; größer, höher; **force –e** höhere Gewalt.

majoration *f* (1) Erhöhung, Steigerung *f*; Zuschlag *m*, Aufschlag *m*, (2) Aufpreis, Aufgeld; **– d'âge, – d'ancienneté** *(BeamR)* Dienstalterszulage; **– pour conjoint à charge** Ehegattenzuschlag; **– familiale** Familienzulage; **– forfaitaire** Pauschalzuschlag *m*; **– pour heures supplémentaires** Überstundenzuschlag; **– illicite** verbotene Erhöhung; **– d'impôt** Steuererhöhung; **– de loyer** Mietzinserhöhung; **– de peine** Strafverschärfung; **– de pension** Rentenerhöhung od. -aufbesserung; – **de prix** Preiserhöhung, Aufpreis; – **de rente** Rentenerhöhung; – **de retard** *(SchuldR: sanction civile)* Säumnisod. Verzugszuschlag; – **des salaires** Lohnerhöhung, Aufbesserung der Löhne u. Gehälter; – **tarifaire** *(ZollR)* Zollerhöhung.

majorer *v.tr.* erhöhen, heraufsetzen; verteuern.

majoritaire *adj* Mehrheits-; die Mehrheit besitzend; **actionnaire ou gérant –** Mehrheitsaktionär; **scrutin –, système –, vote –** Mehrheitswahl(recht).

majorité *f* (1) *(ZR: âge légal de la pleine capacité d'exercice)* Volljährigkeit *f*, Großjährigkeit *f*, (2) *(ÖfR, GesR: total des voix qui l'emporte par le nombre)* Majorität *f*, Mehrheit *f*; **âge de la –** Volljährigkeit; **avoir la –** (1) *(être majeur)* volljährig sein, (2) mit der Mehrheit der Stimmen gewählt werden; **être élu à la – absolue** mit absoluter Mehrheit gewählt werden; **réunir la – des actions** die Aktienmehrheit erwerben; – **des actions** Aktienmehrheit; – **civile** Volljährigkeit; – **civique** (S) Volljährigkeit; – **des deux tiers** Zweidrittelmehrheit; – **électorale** Wahlalter *n*; – **factice** Scheinmehrheit; – **gouvernementale** Regierungsmehrheit; – **légale** gesetzliche Volljährigkeit; – **matrimoniale** Ehemündigkeit; – **parlementaire** Parlamentsmehrheit.

majorité pénale Strafmündigkeit; – **politique** (1) Wählbarkeit, passives Wahlrecht, (2) Wahlberechtigung, aktives Wahlrecht; – **présidentielle** die den frz. Präsidenten (im Parlament) unterstützende Mehrheit; – **qualifiée** *(syn.: majorité renforcée)* qualifizierte Mehrheit; Zweidrittelmehrheit; – **relative** *(syn.: majorité simple)* relative od. einfache Mehrheit; – **renforcée** qualifizierte Mehrheit; – **requise** erforderliche Mehrheit; – **silencieuse** *(Pol)* schweigende Mehrheit; – **simple** einfache Mehrheit; – **spéciale** qualifizierte Mehrheit; – **des suffrages, – des voix** Stimmenmehrheit.

mal *adv* schlecht, übel, schlimm; *m* Schaden *m*, Übel(stand); – **fondé** (1) *(PrzR)* unbegründet, unzulässig, (2) *(ZR: injustifié)* ungerechtfertigt.

malade *adj* krank; **se faire porter –** sich krank melden, sich krank schreiben lassen; **tomber –** krank werden.

malade *m/f* Kranke *m/f*; **faire interner un – mental** einen Geisteskranken (in einem psychiatrischen Krankenhaus) unterbringen lassen; – **affilié à une caisse maladie** Kassenpatient *m*.

maladie *f* Krankheit *f*, Erkrankung *f*, Leiden *n*; **absentéisme pour cause de –** Krankfeiern *n*; **assurance- –** Krankenversicherung *f*; **caisse de –** Krankenkasse *f*; **certificat de –** (1) ärztliches Attest, (2) Krankmeldung; **être en congé de –** krank geschrieben sein; **feuille de –** Krankenschein; Krankenblatt *n*; **frais de –** Krankheitskosten *pl*; **idemnité de –** Krankengeld *n*; **longue –** lang anhaltende Krankheit; **prestation de –** Leistungen *fpl* im Krankheitsfall; **risque de –** Gesundheitsgefährdung.

maladie antérieure *(syn.: préexistante)* vorbestandene Krankheit, altes Leiden, Vorerkrankung; – **contagieuse** *(syn.: maladie infectieuse)* ansteckende Krankheit; – **imputable au service** Berufskrankheit; – **mentale** Geisteskrankheit; – **professionelle** Berufskrankheit, beruflich bedingte Erkrankung; – **professionelle légale** gesetzlich anerkannte Berufskrankheit; – **radiologique** Strahlenkrankheit; – **sexuellement transmissible (= MST)** *(hist., syn.: maladie vénérienne)* Geschlechtskrankheit.

maladresse *f* Ungeschicklichkeit.

malencontreux *adj*: **retard –** ärgerliche *od.* unglückliche Verspätung.

malentendant *adj* schwerhörig.

malentendu *m* Mißverständnis; **dissiper un –** ein Mißverständnis klären.

malfaçon *f* (1) *(ZR: exécution défectueuse d'un travail)* Fehler bei der Herstellung eines Werkes, Fabrikationsfehler *m*; fehlerhaftes Arbeitsergebnis, mangelhafte Ausführung der Arbeit, Schlechtleistung; Mangel *m*, (2) *(StR: manœuvre frauduleuse)* betrügerische Handlung.

malfaisance *f* Bosheit *f*, Boshaftigkeit *f*.

malfaiteur *m (StR: personne commettant des méfaits)* (Straf-)Täter, Verbrecher *m*, Rechtsbrecher; **appréhender un –** einen Straftäter festnehmen; **association de –s, bande de –** (kriminelle) Bande *f*; Bildung einer kriminellen Vereinigung; **dangereux –** gemeingefährlicher Verbrecher; **recel de –** Strafvereitelung, persönliche Begünstigung; **recherche d'un – (StPR)** Fahndung; **– d'habitude** Gewohnheitsverbrecher.

malfamé *adj* berüchtigt, verrufen.

malformation *f* Mißbildung *f*.

malfrat *m (umg)* Ganove *m*, Mitglied einer kriminellen Vereinigung.

malgré *präp* trotz, ungeachtet; **– les ordres reçus** unter Umgehung der Anweisungen.

malhabile *adj* ungeschickt, unbeholfen; undiplomatisch.

malheureusement *adv* leider, unglücklicherweise.

malhonnête *adj* unredlich, unehrlich; **recourir à des procédés –s** sich unlauterer Mittel od. Machenschaften bedienen.

malignité *f* Boshaftigkeit; Bösartigkeit.

malintentionné *adj* boswillig, bösartig, übelwollend, übelgesinnt, niederträchtig.

mal-jugé *m* Fehlurteil *n*.

mallette *f* Aktenkoffer *m*.

malmener *v.tr.* übel zurichten, eine Lektion erteilen.

maltraitance *f (StR: sévices)* Mißhandlung *f*; **– des enfants** Kindesmißhandlung.

maltraitant *adj:* **parents –s** (kindes)mißhandelnde Eltern.

maltraiter *v.tr.* mißhandeln, quälen, mißbrauchen.

malus *f (VersR: majoration de la prime d'assurance automobile)* Malus *m*, nachträglicher Zuschlag bei Häufung von Schadensfällen.

malveillance *f* (1) *(ZR, StR: intention de nuire)* Schädigungsabsicht, Böswilligkeit, (2) *(hostilité)* Abneigung *f*.

malveillant *adj* boshaft, feindselig, böswillig, übelgesinnt.

malversation *f (StR, BeamR: faute grave commise dans l'exercice d'une charge)* Amtspflichtverletzung; **– de deniers publics** *(StR, BeamR)* Veruntreuung *od.* Unterschlagung öffentlicher Gelder.

management *m (GesR: gestion et administration d'une entreprise)* Unternehmensführung, Management *n*.

manager *ou* **manageur** *m (BW)* Manager *m*, Führungskraft *f*, Unternehmensleiter *m*.

mandant *m (SchuldR: personne qui confère au mandataire pouvoir et mission d'agir en son nom)* Vollmachtgeber *m*.

mandarinat *m (Pol.: corps social privilégié)* Elite *f*, Führungsschicht *f*.

mandat *m* (1) *(SchuldR: convention par laquelle le mandant confère au mandataire le pouvoir d'accomplir pour elle un acte juridique, art. 1984 C civ)* Auftrag *m*, Auftrags- *od.* Geschäftsbesorgungsvertrag, Beauftragung, (2) *(ZR, HR: procuration)* Vollmacht *f*, Bevollmächtigung (Vorsicht: das frz. Recht unterscheidet Auftrag u. Vollmacht nicht!), (3) *(ÖfR: fonction élective)* Mandat *n*, (auf Wahl beruhendes) Amt *n*; Amtszeit *f*, (4) *(StPR: ordre donné à la force publique par le juge d'instruction ou le procureur de la République de conduire une personne devant lui)* Vorführungsbefehl *m*, Haftbefehl *m*; (5) *(BankR, HaushR)* Zahlungsanweisung; Postanweisung; **conférer un – à qqn.** (1) *(ZR)* jmdm. Vollmacht erteilen, (2) *(ÖfR)* ein Amt übertragen;

contrat de – (1) Auftrags- *od.* Geschäftsbesorgungsvertrag, (2) Vollmachtserteilung; **déchéance du –** *(ÖfR)* Mandatsverlust *m*, **double –** (1) *(SchuldR)* Selbstkontrahieren *n* kraft doppelter Stellvertretung, (2) *(ÖfR)* Doppelmandat; **durée du –** *(ÖfR)* Amtszeit *f*, Amtsdauer *f*; **émettre un –** eine Postanweisung ausstellen; **excéder son –** *(ZR)* seine Vollmacht überschreiten; **exécution du –** Ausführung der übertragenen Geschäfte; **exercice d'un –** (1) *(ZR)* Ausführung eines Auftrages, (2) *(ÖfR)* Ausübung eines Mandats; **relever qqn. d'un –** (1) von einem Mandat entbinden, (2) einen Auftrag zurücknehmen; **renouvellement du –** *(ÖfR)* Wiederwahl *f*; Wiederernennung; **révocation du –** Widerruf der Vollmacht; **sans –** unbeauftragt; **sous- –** Untervollmacht.

mandat d'amener *(StPR: ordre donné par le juge d'instruction à la force publique de conduire un inculpé devant lui)* Vorführungsbefehl *m*.

mandat apparent *(ZR)* Duldungs- *od.* Anscheinsvollmacht, Vollmacht kraft Rechtsschein.

mandat d'arrêt *(StPR: ordre donné à la force publique par le magistrat instructeur de rechercher un inculpé)* Haftbefehl *m*, Festnahmebefehl; **décerner un – –** einen Haftbefehl erlassen *od.* ausstellen; **placer quelqu'un sous – –** die Inhaftierung einer Person anordnen.

mandat-carte Zahlkarte *f*; **– – télégraphique** telegraphische Anweisung.

mandat de comparution *(StPR: mise en demeure adressée par le magistrat instructeur à un inculpé de se présenter devant lui)* Ladung *f*, Vorladung; **– conventionnel** *(ZR)* Auftrag, vertragliche Vollmacht, vertragliche Ermächtigung; **– de dépôt** *(StPR: ordre donné au surveillant-chef d'une maison d'arrêt de recevoir et de détenir un inculpé)* Haftbefehl, Anordnung der vorläufigen Festnahme *od.* der Untersuchungshaft; **– domestique** *(FamR: pouvoir de la femme mariée de représenter son mari)* Schlüsselgewalt *f*.

mandat électif Wahlmandat; **durée du – –** Wahlperiode.

mandat d'encaissement Inkassoauftrag; **– exécutoire** *(ZwangsVR)* Vollstreckungsbefehl; **– fictif** *(SteuerR: mandat de paiement correspondant à une dette inexistante)* fingierte Zahlungsanweisung; **– général** *(ZR)* General- *od.* Gesamtvollmacht; **– impératif** *(VerfR)* gebundenes *od.* imperatives Mandat; **– d'intérêt commun** *(HR: mandat de l'agent commercial)* Auftrag im gemeinsamen Interesse; **– judiciaire** Vertretungsmacht kraft Gerichtsbeschlusses, richterliche Ermächtigung; **– légal** *(FamR: mandat du représentant légal)* Vollmacht auf Grund eines Gesetzes, gesetzliche Vertretungsmacht.

mandat-lettre Postanweisung (im verschlossenen Umschlag), **– de recouvrement** Auftragspostanweisung (bei Nachnahmesendungen).

mandat ad litem Prozeßvollmacht, Prozeßbevollmächtigung.

mandat oral mündlich erteilte Vollmacht; **– de paiement** Zahlungsanweisung; **– ostensible** *(SchuldR: mandat ordinaire avec représentation)* schuldrechtlicher Auftrag; **– de paiement** *(HaushR: pièce établie par un ordonnateur au comptable assignataire)* Kassenanweisung *f*; **– parlementaire** Abgeordnetenmandat, Abgeordnetensitz *m*; **– de perquisition** *(StPR)* Anordnung einer Durchsuchung, Haus(durch)suchungsbefehl; **– politique** *(VerfR)* Mandat *n* des Abgeordneten; **– au porteur** übertragbare (Unter-)Vollmacht; **– -poste** *ou* **postal** Postanweisung; **– -poste international** Auslandspostanweisung; **– du président de la République**; **– présidentiel** Amtszeit des Staatsoberhauptes; **– de procédure** Prozeßvollmacht; –

public öffentliches Amt; **– pur et simple de payer** unbedingte Zahlungsanweisung.
mandat de recouvrement Einziehungs- od. Inkassoauftrag; **– de remboursement** Nachnahme-Postanweisung; **– représentatif** (1) *(VerfR)* repräsentatives Mandat (des Abgeordneten), (2) *(ZR)* Auftrag (verbunden mit rechtsgeschäftlicher Vertretungsmacht); **– de représentation en justice** *(PrzR: mandat ad litem)* Prozeßvollmacht; **– restant à courir** verbleibende Amtszeit; **– simple** rechtsgeschäftliche Vertretungsmacht; **– solennel** (1) formgebundene Vollmacht; (2) Vollmachtsurkunde; **– spécial** Sonder- od. Spezialvollmacht; **– tacite** *(ZR)* Vollmacht durch schlüssiges Verhalten, stillschweigende Vollmachterteilung od. Beauftragung; **– télégraphique** telegraphische Anweisung; **– en termes généraux** Art- od. Gattungsvollmacht; **– en termes spéciaux** im einzelnen genau festgelegte Vollmacht; **– verbal** mündlich erteilte Vollmacht; **– de virement** Überweisungsauftrag.
mandataire *m* (1) *(SchuldR: personne qui reçoit du mandant le pouvoir d'agir en son nom)* Beauftragte(r) *m*; Bevollmächtigte(r), (2) *(ÖfR)* Amtsinhaber *m*, (3) *(Pol)* Machthaber *m*; **constitution d'un –** Bestellung eines Bevollmächtigten; **– ad litem** Prozeßbevollmächtigte(r); **– commercial** Handlungsbevollmächtigte(r), Prokurist *m*; **– conventionnel** Vertragsbevollmächtigte(r); **– en fonds de commerce** Handelsgeschäftsmakler; **– général** Generalbevollmächtigte(r); **– judiciaire** gerichtlich bestellter Pfleger; **– de justice** *(PrzR: administrateur judiciaire)* gerichtlich bestellter Vermögensverwalter, Konkursverwalter; **– légal** gesetzlicher Vertreter; **– liquidateur** *(KonkursR)* Konkursverwalter; **– social** *(GesR: personne chargée d'administrer une société)* Vorstand *m*, Vorstandsmitglied *n*, Bevollmächtigte(r) einer Gesellschaft.
mandatement *m* *(HaushR: fait d'ordonner le paiement d'une dépense publique)* Auszahlungsanordnung.
mandater *v.tr.* (1) beauftragen, (2) bevollmächtigen, Vollmacht *f* erteilen, (3) mittels Zahlungsanweisung zahlen.
mandement *m* (1) *(VwR: instruction formelle, ordre écrit)* Anordnung *f*, Befehl *m*, (2) *(KirchR)* Hirtenbrief *m*; **– de collocation** Rangordnungsbeschluß; **– de justice** gerichtlicher Bescheid.
mander *v.tr.* (1) *(communiquer, ordonner)* mitteilen, wissen lassen, melden, befehlen, (2) *(appeler, convoquer)* rufen, kommen lassen; **– en France** nach Frankreich zurückbeordern; **mandons et ordonnons à tous huissiers** befehlen allen Gerichtsvollziehern.
maniabilité *f* Manövrierfähigkeit, Steuerbarkeit, Wendigkeit.
manie *f* Wahn *m*, Manie *f*; **– de la persécution** Verfolgungswahn.
maniement *m* (1) *(manipulation, usage)* Handhabung *f*, (2) *(emploi)* Verwendung, Benutzung *f*, Führung *f*; **– des afaires** Geschäftsführung; **– des deniers** *ou* **de fonds** Kassenführung *f*; **– des hommes** Menschenführung.
manier *v.tr.* führen, leiten, verwalten.
manière *f* Art und Weise, Handlungsweise *f*.
manifestant *m* Demonstrant *m*, Teilnehmer an einer Kundgebung.
manifestation *f* (1) *(ÖfR, StR)* Demonstration *f*, Kundgebung *f*, (2) *(HR)* Veranstaltung *f*, (3) *(SchuldR)* (Willens-)Äußerung *f*, **– de confiance** Vertrauensbeweis *m*; **– du consentement** *(ZR)* (zustimmende) Willensäußerung; **– de masse** Massendemonstration *f*; **– sportive** Sportveranstaltung *f*; **– sur la voie publique** Veranstaltung unter freiem Himmel, Demonstration; **– de**

volonté Willenserklärung *od.* -äußerung.

manifeste *adj (très apparent, patent)* offenkundig; **abus –** offenkundiger Rechtsmißbrauch; **erreur –** offenbarer Irrtum; **violation – de la loi** flagranter Verstoß gegen das Gesetz.

manifeste *v.tr.* (1) *(Pol: proclamation)* Aufruf *m*, Manifest *n*, (2) *(SeehR)* Ladeliste *f*, Ladungsverzeichnis *n*, Ladungsmanifest; **– électoral** Wahlaufruf *m*; **– des marchandises** *(ZollR)* Warenverzeichnis *n*.

manifester *v.tr.* (1) demonstrieren, (2) ausdrücken, äußern.

manifold *m* Durchschreibeblock *m* (für Bestellungen usw.).

manigance *f* Kunstgriff *m*, Kniff *m*, List *f*.

manipulation *f* (1) Handhabung *f*, Umgang *m*, (2) *(StR)* Machenschaften *fpl*, absichtliche Verfälschung, (3) *(HR: Güter)* Umschlag *m*, Verladen *n*; **– des cours de la Bourse** Agiotage *f*, gesetzwidrige Börsenmanipulation; **– à distance** Fernbedienung; **–s électorales** Wahlfälschung; **– de l'information** Desinformation *f*.

manœuvre *m (ArbR: travailleur manuel sans aucune spécialisation)* ungelernter Arbeiter, Hilfsarbeiter.

manœuvre *f* (1) Handhabung *f*, Handgriff *m*, Arbeitsgang *m*, (2) *(StR: surtout pl., moyens et agissements destinés à tromper)* Machenschaften *fpl*, Betrugsmanöver *n*, Trick *m*; **– dilatoire** *(PrzR: comportement qui tend à retarder le cours de la justice)* Verzögerungstaktik; **– dolosive** *(SchuldR)* arglistige Täuschung.

manœuvres *fpl* **abortives** *(StR)* Abtreibungshandlungen *pl*; **– criminelles** verbrecherische Machenschaften *od.* Umtriebe; **– dolosives** arglistige Täuschung; **– frauduleuses** betrügerische Handlungen *od.* Machenschaften *fpl*.

manquants *mpl* (1) *(HR: Bestellung)* Fehlmenge *f*, (2) *(HR: Warenlager)* Minderbestand *m*.

manque *m* (1) *(Vwirt: pénurie, rareté)* Mangel *m*, Fehlen *n*, Knappheit *f*, (2) *(Buchf, HR)* Fehlbetrag *m*, Manko *n*, (3) *(lacune)* Lücke *f*; **indemnité pour – à gagner** *(ArbR)* Entschädigung für Verdienstausfall; **– à gagner** *(HR)* entgangner Gewinn; Verdienstausfall, Verdienstverlust *m*; **– de base légale** Fehlen der gesetzlichen Voraussetzungen *od.* der gesetzlichen Grundlage; **– de capitaux** Kapitalmangel *m*; **– de discernement** *(StR)* mangelnde Urteilsfähigkeit, mangelnde Einsicht; **– de fondement** *(PrzR)* Unbegründetheit; **– de liquidités** Illiquidität *f*.

manquement *m* Versäumnis *n*, Verfehlung *f*, Unterlassung *f*, Fehler *m*; **– au contrat** Vertragsverletzung; **– au devoir** Pflichtverletzung; **– à la discipline** Disziplinarvergehen *n*; **– à la discrétion professionnelle** Verletzung der beruflichen Schweigepflicht; **– grave à la discipline** schwerer Verstoß gegen die Disziplin.

manquer (1) *(v.intr.)* fehlen, nicht vorhanden sein, wegbleiben, (2) *(v.tr.d.)* verfehlen, versäumen; **– d'argent** kein Geld *n* haben; **– à ses devoirs** seine Pflicht nicht erfüllen; **– à sa parole** sein Wort nicht halten.

manuel *m* (1) *(ArbR)* (Hand-)Arbeiter *m*, (2) Handbuch *n*, Leitfaden *m*, Lehrbuch *n*; **– de vente** Verkaufsleitfaden (für Handelsvertreter u. Handlungsreisende).

manufacture *f* *(HR: établissement ayant pour objet la fabrication en grand de produits de l'industrie)* gewerblicher Großbetrieb, Industriebetrieb *m*, Manufaktur *f*; **– nationale** staatlicher Betrieb (Porzellan, Gobelins, usw.).

manufacturé *adj*: **produit –** industrielles Erzeugnis.

manu militari *(ZwangsVR)* (Zwangsvollstreckung) ggf. unter Gewaltanwendung.

manuscrit *adj* handschriftlich; *m* Handschrift *f*; Schriftstück *n*, Manuskript *n*; Urschrift.

manutention *f* (1) *(i.w.S.)* Behandlung, Handhabung, (2) *(HR)* Waren- *od.* Güterumschlag; **droit** *ou* **taxe de** – Behandlungsgebühr; – **de marchandises** Güterumschlag *m*; – **maritime** *(SeeHR)* Laden und Löschen.

manutentionnaire *m/f* Lagerarbeiter(in); Lagerverwalter.

maquette *f* Entwurf *m*, Skizze *f*; Modell *n*, Muster *n*; Layout *n*.

maquettiste *m* Entwerfer, Gestalter, Layouter, Modellzeichner.

maquignonnage *m pej* Schiebung, Schwindel.

maquillage *m fig* Fälschung, Betrug *m*; Veränderung (zur Unkenntlichmachung); – **du bilan** Bilanzkosmetik *f*.

maquiller fälschen, betrügen; – **le bilan** die Bilanz fälschen.

marasme *m* **boursier** Börsenflaute *f*; – **économique** ungünstige wirtschaftliche Lage, Flaute.

maraudage *m*, **maraude** *f* *(StR: vol de récoltes)* Felddiebstahl *m*, Wald- und Feldfrevel *m*.

maraudeur *m* Felddieb *m*; Plünderer.

marc le franc: au – – *(SchuldR)* quotenmäßig; **payer – –** einen Betrag (unter mehreren Gläubigern im Verhältnis ihrer Forderungen) anteilmäßig aufteilen.

marchand *adj* kaufmännisch, Kauf-, Handels-; verkäuflich, marktgängig; **denrées –es** Handelsware *f*; **économie –e** Verkehrswirtschaft *f*; **galerie –e** Kaufhaus *n*; **marine –e** Handelsmarine *f*; **navire –** Handels- *od.* Frachtschiff; **prix –** Fabrikpreis, Großhandelspreis; **qualité –e** (Ware) mittlerer Art und Güte, Durchschnittsqualität; **quartier –** Geschäftsviertel *n*; **rue –e** Geschäftsstraße *f*; **valeur –e** Handelswert *m*.

marchand *m* (1) *(HR: commerçant)* Kaufmann *m*, Händler *m*, (2) *(HR: détaillant)* Einzelhändler *m*; – **ambulant** Gewerbetreibender im Umherziehen, fliegender Händler, Wandergewerbetreibender; – **de biens** Grundstücksmakler *m*, Immobilienhändler; – **de canons** Waffenhändler; – **en détail** Kleinhändler, Einzelhändler; – **en gros** Großhändler; – **des quatre-saisons** Markthändler, Obst- u. Gemüsehändler; – **à la sauvette** illegaler Gewerbetreibender, Händler ohne Gewerbeschein; – **de soleil** Touristikunternehmen *n*.

marchandage *m* (1) *(ArbR: contrat de sous-entreprise)* Dienstverschaffungsvertrag *m*, (2) *(StR, ArbR)* unzulässiges Verschaffen von Arbeitskräften, Ausbeutung von Arbeitskräften durch Subunternehmer, (3) *(HR)* Feilschen *n*, Handeln *n*, Kuhhandel *m*.

marchander *v.tr.d.* (1) *(ArbR)* einen Dienstverschaffungsvertrag abschließen, (2) *(HR)* feilschen, handeln, schachern.

marchandeur *m* Zwischenperson *f* (die einem Dritten Arbeitskräfte zur Verfügung stellt).

marchandisage *m* *(HR: élément de la mercatique)* Verkaufsförderung *f*; Warengestaltung und -darbietung.

1. **marchandise** *f* (1) *(HR: objet corporel faisant l'objet d'un contrat commercial)* (Handels-)Ware *f*, (Wirtschafts-)Gut *n*, (2) *(TransportR)* Frachtgut *n*; **déclaration de la –** Warenerklärung *f*; – **avariée** beschädigte Ware; verdorbene Nahrungsmittel; – **de camionnage** Rollgut; – **de choix** Qualitätsware; – **commerciale** Handelsware; – **en commission** Kommissionsware; – **conforme** (1) der Bestellung entsprechende Ware, (2) mit der Erklärung übereinstimmende Ware; – **en consignation** *ou* **consignée** Konsignationsware; – **contingentée** bewirtschaftete Ware; – **de contrebande** Schmuggelgut *od.* -ware; – **dédouanée** verzollte Ware; – **défectueuse** mangelhafte Ware; – **sous douane** Zollgut; – **encombrante** Sperrgut, sperrige Güter *npl*; – **endommagée** beschädigte Ware; – **entreposée** *ou* **en**

entrepôt Lagergut, Lagerware; – **d'exportation** *ou* **exportée** Export- *od.* Ausfuhrware; – **exposée en vente** zum Verkauf ausgestellte Ware; – **d'exposition** Messegut, Ausstellungsgut; – **express** Eilgut; – **flottante** schwimmende Ware; – **fragile** zerbrechliche *od.* bruchempfindliche Ware; – **en grande vitesse** Eilgut; – **d'importation** *ou* **importée** Einfuhrware, Importware; – **imflammable** leicht entzündliche *od.* feuergefährliche Ware; – **jetable** Wegwerfware; – **laissée pour compte** (1) unverkäufliche Ware, (2) Falschlieferung; – **loyale et marchande** Handelsgut mittlerer Art und Güte; – **périssable** verderbliche Ware; – **prohibée** Banngut; – **de qualité** Qualitätsware; – **de rebut** Ausschußware; – **en retour** Rück- *od.* Retourware; – **standardisée** Markenartikel, standardisierte Ware; – **en transit sous douane** Zollanweisungsgut *n*; – **en vrac** Massengut.

2. **marchandises** *fpl* Güter *npl*, Waren *fpl*; **assortiment de** – Warensortiment *n*, Warenauswahl *f*; **avance sur** – *(BankR)* Lombardkredit *m*; **bonification sur** – Warenrückvergütung; **bourse des** – Waren- *od.* Produktenbörse *f*; **compte de** – Warenkonto *n*, Bestandskonto *n*; **créance sur** – Warenforderung *f*; **désignation des** – Warenbezeichnung *f*; **dette sur** – Warenschuld *f*; **échantillons de** – Warenproben *od.* -muster *n*; **falsification de** – Warenfälschung *f*; **fourniture de** – Warenlieferung *f*; **groupage de** – Sammelladung; **livraison de** – Warenlieferung *f*; **lot de** – Warenpartie *f*; **offre de** – Warenangebot *n*; **rétention de** – Zurückbehaltung von Waren; **ristourne sur** – Warenrückvergütung; **stock de** – Warenvorräte *mpl*, Warenlager *n*; – **dangereuses, polluantes** *ou* **infectes** gefährliche, umweltschädliche *od.* ungenießbare Güter.

marchandiseur *m* Verkaufsfachmann *m*.

marche *f* Betrieb *m*, Gang *m*, Verlauf *m*; **état de** – *(StVR)* Fahrtüchtigkeit; **être en** – in Betrieb sein; – **des affaires** Geschäftsgang *m*; Geschäftslage *f*; Geschäftsverlauf *m*; – **des événements** Fortgang der Ereignisse; – **des débats** Ablauf *od.* Gang der Verhandlung; – **de l'exploitation** Betriebsablauf *m*; – **d'un procès** Gang eines Prozesses, Prozeßverlauf *m*; – **de la production** Produktionsablauf; – **à suivre** Betriebsanleitung; – **à vide** Leerlauf *m*.

marché *m* (1) *(HR: lieu de rencontre entre l'offre et la demande)* Markt *m*, Handelsplatz *m*, (2) *(BW: débouché)* Absatzgebiet *n*, Absatzmarkt *m*, (3) *(SchuldR: convention, vente commerciale)* (Kauf-)Geschäft *n*, Handelskauf *m*; Abmachung *f*, Abschluß *m*, Vertrag *m*, (4) *(WirtR: état et évolution de l'offre et de la demande)* Marktlage *f*, Marktentwicklung *f*; Marktstruktur *f*, (5) *(VwR: marché public)* (öffentlicher) Auftrag *m*; **accaparement du** – Marktbeherrschung *od.* -macht; Markterweiterung; **accès au** – Zugang zum Markt; **accorder un** – *(VwR)* den Zuschlag erteilen; **admis au** – marktgängig; **analyse du** – Marktforschung *od.* -analyse *f*; **approvisionnement du** – Marktversorgung; **attribution du** – *(VwR)* Erteilung des Zuschlags; **bon** – preiswert, preisgünstig, wohlfeil, billig; **capacité d'absorption du** – Aufnahmefähigkeit des Marktes; **commission des** –**s** *(VwR)* Vergabeausschuß *m*; **comportement sur le** – Markt- *od.* Wettbewerbsverhalten; **cours du** – Marktkurs *m*, Marktpreis *m*; **cours du** – **libre** Freiverkehrskurs *m*; **créneau du** – Marktnische *f*; **demande sur le** – Marktnachfrage *f*; **domination du** – Marktbeherrschung.

marché: économie de – Marktwirtschaft *f*, Verkehrswirtschaft;

étude de – Marktforschung *od.* -untersuchung *f*; **évolution du –** Marktentwicklung; **expansion du –, extension du –** Markterweiterung *od.* -ausweitung; **inonder le –** den Markt überschwemmen; **intervention sur le –** Marktintervention; **intervention sur le – libre** Offenmarktpolitik; **lancement sur le –** Markteinführung; **liquidation du –** Abrechnung *f*; **organisation du –** Marktordnung *od.* -verfassung; **orientation du –** Markttendenz *f*; **ouverture du –** Markterschließung; **part du –** Marktanteil *m*; **passation d'un –** Vergabe *f* eines Auftrags; **passer un – (VwR)** einen Auftrag vergeben; **pénétration du –** Marktdurchdringung; **perspectives du –** Marktaussichten *fpl*, Absatzmöglichkeiten; **position dominante sur le –** Marktbeherrschung.

marché: prix du – Marktpreis *m*; **prospecter un –** einen Markt erkunden; **prospection du –** Marktforschung; **règlement du –** Marktordnung; **réglementation du –, régularisation du –** Marktregulation; **résilier un –** einen Vertrag auflösen; **saturation du –** Marktsättigung; **situation du –** Marktlage *f*, Marktverhältnisse *npl*; **situation sur le –** Marktstellung *f*; **soutien du –** Marktstützung *f*; **suprématie sur le –** Marktbeherrschung; **tendance du –** Markttendenz *f*; **vente sur le –** Absatz *m*.

marché d'acheteurs Käufermarkt *m*, Verbrauchermarkt; **– des actions** Aktienmarkt; **– sur adjudication** Verdingungsvertrag *m*; **– administratif** öffentlich-rechtlicher Auftrag; **– des agents de change** amtliche Börse; **– agricole** Agrarmarkt; **– par appel d'offres** *(VwR)* Vergabe *f* im Leistungswettbewerb, Auftragsvergebung durch öffentliche Aufforderung zur Abgabe von Angeboten, Auftragsvergebung durch öffentliche Ausschreibung; **– par application** *(BörR)* Kompensationsgeschäft *n*; **– de l'argent** Geldmarkt, Markt für kurzfristige Kredite; Kreditvergabe an Geschäftsbanken; **– en banque** Kulisse *f*, geregelter Freiverkehr.

marché en bourse *ou* **boursier** (1) Effekten- *od.* Fondsbörse, (2) Börsengeschäft *n*, Börsenhandel *od.* -markt; **– par caisse** Termingeschäft über die Abwicklungsstelle; **– des capitaux** (1) Kapitalmarkt, Markt für langfristige Kredite und Kapitalanlagen, (2) Geldmarkt; **– des changes** Devisenhandel, Devisenmarkt; Devisenbörse; **– de clientèle** *(VwR)* Dauerlieferauftrag *m*, Rahmenvertrag (auf Abruf); **– à commandes** *(VwR)* Rahmenauftrag, Rahmenvertrag.

marché commun (= MC) gemeinsamer Markt; Europäische Gemeinschaft (= EG).

marché par compensation Verrechnungs- *od.* Kompensationsgeschäft; **– au comptant** (1) *(HR)* Barkauf *m*, (2) *(BörR)* Kassamarkt, Tagesgeschäft, Locogeschäft; **– sur concours** *(VwR)* Ausschreibung mit Ideenwettbewerb; **– de consommation** Verbrauchermarkt; **– de corbeille** amtliche Börse, Markt der durch Ausruf gehandelten Werte; **– de coulisse** Freiverkehr, Kulisse; **– de couverture** Deckungsgeschäft; **– du crédit** Kreditmarkt; **– des crédits à court terme** Geldmarkt; **– des crédits à long terme** Kapitalmarkt; **– creux** (Markt-)Flaute.

marché de définition *(VwR)* Vertrag zur Formulierung der Aufgabenstellung; **– des devises** Devisenmarkt, Devisenhandel; **– des devises au comptant** Devisenkassahandel; **– des devises libre** freier Devisenhandel; **– des devises officiel** amtlicher Devisenhandel.

marché différentiel Differenzgeschäft *n*; **– à double prime** *(BörR)* Stellage *f*; **– de l'emploi** Arbeitsmarkt **– par entente directe**

(VwR) freihändige Vergabe; – **de l'escompte** Diskontmarkt; – **d'études** *(VwR)* Untersuchungsauftrag; – **d'exportation** Ausfuhrod. Exportmarkt; – **extérieur** ausländischer Absatzmarkt; – **sur facture** *(VwR)* formloser, durch die öffentliche Hand gegen Rechnungsbeleg abgeschlossener Kaufvertrag; – **ferme** (1) *(ZR, HR)* (voll)gültiges Rechtsgeschäft, unwiderruflicher Vertrag, (2) *(BörR)* Fixgeschäft.

marché financier *(WertpR: marché des placements à long terme)* Kapitalmarkt, Markt für langfristige Kredite und Kapitalanlagen; – **foncier** Immobilienmarkt; – **à forfait** *(VwR)* Vertrag zu festbestimmten Preisen unter Verzicht auf einen Ausgleich, Vergebung zu Pauschalpreisen; – – **de fournitures** *(VwR)* Lieferauftrag, Vertrag über Lieferungen an die öffentliche Hand; – **des frets** Charter- od. Frachtenmarkt; – **de gré à gré** freihändige Vergebung od. Auftragsvergabe; – **de gros** Großhandel(smarkt); – **hors banque** Privatdiskontmarkt; – **immobilier** Immobilienmarkt; – **d'intérêt national** (= MIN) *(HR: marché-gare)* Gemüse- und Obstgroßhandel (mit Sonderstatus in Frankreich); – **intérieur** Inlands- od. Binnenmarkt; – **international des matières premières** Weltrohstoffhandel *m*; – **libre** Freiverkehr, freier Markt; – **à liquider à fin de mois** *(BörR)* Ultimogeschäft; – **à livrer** (1) Lieferungsvertrag, (2) *(BörR)* Terminmarkt, Warenterminmarkt; – **du logement** Wohnungsmarkt; – **de la main-d'œuvre** Arbeitsmarkt; – **sur mémoire** *(VwR)* formloser Ankauf durch die öffentliche Hand gegen Rechnungsbelege; – **métropolitain** Binnenmarkt (in Frankreich).

marché monétaire *(BankR: marché de l'argent à court terme)* Geldmarkt, Markt für kurzfristige Kredite; – **monopolistique** Angebotsmonopol *n*; – **monopsone** Nachfragemonopol; – **national** Inlands- od. Binnenmarkt; – **noir** Schwarzmarkt; – **obligataire** Obligationenmarkt; – **officiel** *(BörR: cote officielle)* amtlicher Börsenhandel, offizieller Effektenmarkt; – **oligopolistique** beschränktes Angebotsmonopol; – **par opposition** Art der Kursfeststellung für den Aktienkassahandel; – **à option** Nochgeschäft, Optionsgeschäft; – **parallèle** nichtamtlicher Devisenmarkt, freier Sortenhandel; – **à prime** Prämiengeschäft; – **à prix ferme** Festpreisgeschäft; – **à prix révisable** *(ZR, HR)* Kaufvertrag mit Preisanpassungsklausel; – **à la production** Erzeugermarkt.

marché public *(VwR)* öffentlicher Auftrag, Auftrag der öffentlichen Hand; – – **de définition** Entwurfsauftrag; – – **d'essai** Versuchsauftrag; – – **d'études** Untersuchungsauftrag; – – **de fournitures** öffentlicher Lieferauftrag; – – **de gré à gré** freihändige Auftragsvergabe; – – **de prestation** Leistungsauftrag; – – **de recherches** (öffentlicher) Forschungsauftrag; – – **de services** öffentlicher Dienstleistungsauftrag.

marché des quotités Handel in Mindestbeträgen; – **potentiel** Nachfragepotential; – **réglementé** bewirtschafteter Markt; – **des rentes** Rentenmarkt; – **resserré** *ou* **restreint** beschränkter Markt; – **des rompus** Spitzenregulierung; – **saturé** gesättigter Markt; – **soumissionné** *(VwR)* öffentliche Ausschreibung (von Verträgen über Lieferungen und Leistungen); – **à terme** Terminhandel; Termingeschäft; – **à terme sur les devises** Devisenterminhandel *od.* -geschäft; – **à terme sur marchandises** Warenterminhandel; – **-test** *m* Testmarkt; – **théorique** hypothetischer Markt.

marché du travail *(Vwirt)* Arbeitsmarkt; – **de travaux** *(VwR)* Bauleistungsauftrag; **– de travaux publics** *(VwR)* öffentlicher Bauleistungsauftrag; Vertrag über öffentliche Arbeiten; **– unique** EU-Markt.

marché des valeurs mobilières Wertpapier- *od.* Effektenmarkt.

marchéage *m (HR: organisation coordonnée d'un ensemble d'actions commerciales au sein d'une entreprise)* Marketing *n*, Vermarktung *f*, Absatzstrategie *f*.

marchepied *m (Kfz)* Trittbrett *n*; **servitude de –** *(SachR, ÖfR: rives des cours d'eau domaniaux)* Leinpfad-Dienstbarkeit.

maréchaussée *f (pej.: gendarmerie)* Polizei *f*.

marée *f* Ebbe und Flut; **– noire** Ölpest *f*.

marge *f* (1) *(ZR: acte juridique)* Rand *m*, (2) *(VwR: latitude)* Spielraum *m*, (3) *(HR: marge bénéficiaire)* Handels- *od.* Gewinnspanne *f*, Marge *f*; **– d'appréciation** *(VwR, PrzR)* Ermessens- *od.* Beurteilungsspielraum; **– d'autofinancement** Eigenfinanzierungsspanne.

marge bénéficiaire Handels- *od.* Gewinnspanne; **– brute d'autofinancement (= MBA)** Cashflow *m*, (finanzieller) Überschuß *m*, Selbstfinanzierungsmarge; **– commerciale** Handelsspanne; **– commerciale brute** Bruttoertrag *m*; **– commerciale globale** *ou* **commerciale totale** Gesamthandelsspanne; **– commerciale nette** Nettoertrag *m*, Reinertrag; **– de crédit** Kreditspanne *od.* -spielraum; **– de détaillant** Einzelhandelsspanne; **– du distributeur** *ou* **de distribution** Verdienstspanne des Einzelhändlers; **– d'erreurs** Fehlerquote *f*; **– de fluctuation** Schwankungs- *od.* Bandbreite (eines Wechselkurses); **– de garantie** Sicherheitsspanne; **– des grossistes** Großhandelsspanne; **– limite** Höchstspanne; **– de manœuvre** Handlungsspielraum *m*; **– sur les prix** Preisunterschied *od.* -spanne; **– de sécurité** Sicherheitsschwelle *f*; **– de tolérance** zulässige Abweichung.

marginal *adj* Grenz-; am Rande, Rand-; **coût –** Grenzkosten; **entreprise –e** Grenzbetrieb, unrentables Unternehmen; **note –e** Randvermerk *m*, Randbemerkung *f*, Marginalie *f*; **revenu –** Grenzeinnahmen *fpl*; **utilité –e** Grenznutzen.

marginal *m* Außenseiter *m*; Asoziale *m*, Mitglied *n* einer Randgruppe.

mari *m* Ehemann *m*, Ehegatte *m*.

mariage *m* (1) *(FamR: conclusion et célébration)* Eheschließung *f*, Heirat *f*, Trauung *f*, Vermählung *f*, (2) *(FamR: lien résultant de cette union légale)* Ehe *f*, Ehestand *m*, eheliche Lebensgemeinschaft, (3) *(GesR: fusion)* Zusammenschluß *m*, Verschmelzung (von Unternehmen); **acte de –** Heiratsurkunde *f*, Trauschein *m*; **annulation du –** Eheaufhebung, Eheungültigkeitserklärung, Nichtigerklärung der Ehe; **aptitude au –** Ehefähigkeit *f*; **autorisation de –** Heiratserlaubnis *f*; **célébration du –** Trauung, Eheschließung *f*, Eingehung der Ehe; **certificat de –** beglaubigte Ausfertigung der Heiratsurkunde, Trauschein, Eheschein (S); **certificat de capacité à –** Ehefähigkeitszeugnis *n*; **consentement au –** Heiratserlaubnis, Einwilligung (einer dritten Person) in eine Eheschließung; **consommation du –** ehelicher Verkehr; **contracter –** eine Ehe eingehen; **contrat de –** Ehevertrag *m*; **demande en –** Heiratsantrag; **dissolution du –** Aufhebung der Ehe, Eheauflösung *f*; **droit du –** Eherecht *n*; **effets du –** Rechtswirkungen der Eheschließung; **empêchement au –** Ehehindernis *n*, Eheverbot *n*; **empêchement dirimant au –** absolutes Eheverbot; **empêchement simplement prohibitif au –** heilbares Eheverbot, aufschiebendes Eheverbot; **enfants d'un premier –** Kinder aus erster Ehe; **escroc au –** Heiratsschwindler;

escroquerie au – *(StR)* Heiratsschwindel *m*; **hors –** nichtehelich; **inexistence du –** Nichtehe, Scheinehe; **liens du –** Eheband, eherechtliches Verhältnis; **nullité du –** Nichtigkeit der Ehe; **obligations issues du –** eheliche Pflichten; **paternité hors –** nichteheliche Vaterschaft; **prohibition du –** Eheverbot *n*; **promesse de –** Eheversprechen *n*; **publication de –** Aufgebot *n* der Verlobten (erlassen durch den Standesbeamten); **registre des –s** Heiratsbuch *n*.

mariage antérieur non dissous Ehehindernis des bestehenden Ehebandes; **– bigamique** Doppelehe; **– blanc** *(mariage célébré dans les formes légales, mais sans intention réelle de se prendre pour époux)* Namensehe, Scheinehe, nichtige Ehe; **– boîteux** *(IPR: mariage valable selon une loi, mais nul selon une autre)* hinkende Ehe; **– civil** *(par opposition à mariage religieux)* Ziviltrauung, standesamtliche Eheschließung *od*. Trauung, Zivilehe; **– sans comparution personnelle** Ferntrauung; **– consommé** vollzogene Ehe; **– contracté de bonne foi** in gutem Glauben geschlossene Ehe; **– contracté dans le seul but d'acquérir le nom du mari** Namensehe; **– déclaré nul** für nichtig erklärte Ehe; **– devant l'officier de l'état civil** standesamtliche Eheschließung; **– fictif** Namensehe; **– inexistant** Nichtehe; **– d'intérêt** Geldheirat; **– mixte** Mischehe; **– morganatique** *(hist)* nicht standesgemäße Ehe, morganatische Ehe; **– nul** nichtige Ehe, fehlerhafte Ehe; **– putatif** Nicht- *od*. Scheinehe; **– religieux** kirchliche Trauung; **– subséquent** nachfolgende Eheschließung.

marié *adj* verheiratet; marié *m*; **témoins des –s** Trauzeugen *mpl*.

marier trauen, heiraten; verbinden; **se –** sich verheiraten, heiraten.

marin *m* Seemann *m*, Matrose *m*.

marine *f* Marine *f*; Seewesen *n*; Seestreitkräfte *fpl*; **– de commerce, – marchande** Handelsflotte *f*.

marital *adj* ehelich; dem Ehegatten zustehend; **autorisation –e** Zustimmung des Ehegatten; **union –e, vie –e** eheliche Lebensgemeinschaft.

maritalement *adv*: **vivre –** (1) *(vivre en cocubinage)* in eheähnlicher *od*. nichtehelicher Gemeinschaft lebend, (2) *(vivre conjugalement)* in ehelicher Lebensgemeinschaft lebend.

maritime *adj* See-; Seefahrt treibend; Schiffs-; **accord –** *(VR)* (internationales) Schiffahrtsabkommen; **assurance –** Seeversicherung; **code –** Seegesetzbuch; **commerce –** Seehandel; **droit –** Seerecht; **préfecture –** frz. Seeamt; **territoire –** Küstengebiet *n*.

mark *m* *(unité monétaire allemande)* die Deutsche Mark (= DM).

marketing *m* *(BW: mercatique ou marchéage)* Marketing *n*, Vermarktungssteuerung, Absatzförderung; **– audit** Absatzberatung; **– -mix d'un produit** gleichzeitiger Einsatz mehrerer Marketing-Instrumente zur Verkaufsförderung; Marketing-Mix *n*.

maroquin *m* *(Pol: portefeuille ministériel)* Ministerposten *m*.

marquage *m* Kennzeichnung *f*, Bezeichnung *f*, Markierung; **– des prix** Preisangabe, Preisauszeichnung.

marque *f* (1) *(empreinte, signe)* Merkmal *n*, Kennzeichen *n*, (2) *(GRUR: label, signe distinctif)* Warenzeichen *n*, (en Aut:) Marke *f*, Zeichen *n*, (3) *(fabricant d'une marque)* Markenartikelhersteller, (4) *(témoignage, preuve)* Zeichen *n*, Beweis *m*; **article de –** Markenartikel *m*; **dépôt d'une –** Eintragung *od*. Hinterlegung eines Warenzeichens; **description de la – Markenbezeichnung**; **droit des –s** Markenrecht *n*; **élément contenu dans la –** Markenbestandteil *m*; **enregistrement de –** Warenzeicheneintragung *f*, Markenregistrierung; **image de –** Image *n* (eines Produkts, einer Person);

produit de – Markenerzeugnis *n*, Markenartikel *m*; **propriétaire d'une –** Markeninhaber *m*; **protection de la –** Markenschutz; **registre** *ou* **répertoire des –s** (Waren-)Zeichenrolle *f.*

marque d'accompagnement begleitendes Warenzeichen; **– d'appel** Werbung mit einem Markenfabrikat (in Geschäften); **– d'authenticité** Echtheitszeichen *n*; **– collective** Gemeinschafts- *od.* Verbandswarenzeichen; **– combinée** Kombinationswarenzeichen; **– de commerce** *(GRUR: marque apposée par celui qui commercialise un produit)* Warenzeichen *n*, Handelsmarke *f*; **– communautaire** EU-Warenzeichen; **– comparative** Vergleichszeichen; **– de conformité** Prüf- *od.* Gütezeichen; **– contraire** Gegenzeichen; **– de contrôle** (1) Prüfzeichen, (2) Kontrollstempel *m*; **– défensive** Defensivzeichen; **– de délimitation** *(SachR)* Grenzzeichen.

marque déposée *(GRUR: dépôt à l'Institut national de la propriété industrielle = INPI)* eingetragenes Warenzeichen; **– distinctive** unterscheidungsfähiges Warenzeichen; Unterscheidungsmerkmal *n*; **– du domaine public** Freizeichen; **– de douane** zollamtliche Kennzeichnung, Zollvermerk *m*; **– enregistrée** eingetragenes Warenzeichen; **– étrangère** ausländisches Warenzeichen.

marque de fabrique *(GRUR: marque apposée par le fabricant d'un produit)* Fabrik- *od.* Warenzeichen, Handelsmarke; **déclaration de –** Anmeldung eines Warenzeichens (durch den Hersteller).

marque figurative (déposée) *(GRUR: marque emblématique constituée de lignes, de dessins)* (eingetragenes) Bildzeichen, darstellendes Warenzeichen; **– de garantie** Gewähr- *od.* Garantiezeichen; **– indélébile** urkundenechtes Zeichen; **– d'identification** (1) Erkennungszeichen *od.* -marke, (2) Nämlichkeitszeichen; **– d'immatriculation** Eintragungszeichen; **– internationale** international eingetragenes Warenzeichen, international (registrierte) Marke; **– label** Gütezeichen; **– litigieuse** Streitzeichen; **– manuscrite** Handzeichen; **– marginale** *(Urkunde)* Randvermerk *m*; **– mondiale** Weltmarke.

marque nominale *(GRUR: marque constituée par des mots, des lettres ou chiffres)* Logo *n/m*, Kombinationszeichen, Wort- und Bildzeichen; **– nominative** Wortzeichen; **– notoire, – notoirement connue** Warenzeichen, das bereits Verkehrsgeltung erlangt hat; notorisches Warenzeichen, notorische Marke; **– numérique** laufende Nummer; **– d'origine** *(Außh)* Ursprungsvermerk, Herkunftsbezeichnung; **– pouvant prêter à confusion** verwechslungsfähige Marke; **– de propriété** Eigentumszeichen; **– protégée** Schutzmarke, geschütztes Warenzeichen, geschützte Marke; **– de provenance** Herkunftsangabe *od.* -bezeichnung; **– de qualité** Gütezeichen, Qualitätsmarke; **– de refus** Verwerfungszeichen (auf beanstandeten Maßen und Gewichten); **– de service** Dienstleistungsmarke; **– de souveraineté** *(ÖfR)* Hoheitszeichen; **– syndicale** Verbandszeichen; **– verbale** Wortmarke; **– de vérification** Eichstempel, Neueichstempel; **– de vérification périodique** Nacheichstempel.

marqué *adj* mit einem Zeichen versehen; gestempelt; *(Ware)* ausgezeichnet.

marquer *v.tr.* kennzeichnen; auszeichnen; **– de l'intérêt** Interesse zeigen.

marqueur *m (gros crayon feutre)* Marker *m*, Stift zum Markieren.

marquis *m (hist)* Markgraf *m.*

marraine *f* (Tauf-)Patin *f.*

marron *adj*: **avocat –** Winkeladvokat *m.*

martelage *m (LandwR: marquage des*

martial

arbres dans une coupe) Anlaschen *n* (der Bäume).
martial *adj:* **cour −e** Kriegsgericht; **loi −e** Standrecht.
masque *m (StR)* Vermummung *f.*
masquer *v.tr.* vermummen; verbergen, verdecken; bemänteln.
massacre *m* Gemetzel *n*, Blutbad *n*, Massenmord *m*.
masse *f* (1) *(SchuldR: ensemble de biens soumis à un régime spécial)* Sondervermögen *n*, (2) *(KonkursR: jusqu'en 1985 groupement légal obligatoire des créanciers, aujourd'hui: représentation des créanciers)* (Gesamtheit der) Konkursgläubiger, (3) *(Vwirt)* Volumen *n*, (große) Anzahl, Menge *f*, Masse *f*, (4) *(HR, ArbR: somme totale)* Gesamtbetrag *m*, Summe *f*; **actif de la −** Aktiva des Sondervermögens; **consommation de −** Massenkonsum *m*; **constitution de la −** Bildung der Konkursgläubigerversammlung; **production de −** Massenherstellung *od.* -produktion.
masse active Aktivvermögen *n*; **− de biens** Vermögensmasse *f*; **− budgétaire** Haushaltsvolumen *n*; **− des créanciers** (Konkurs-)Gläubigergemeinschaft; **− fiscale** Steueraufkommen *n*; **− héréditaire** Nachlaß *m*; **− monétaire** Geldumlauf, umlaufende Geldmenge, Geldvolumen *n*; **− de partage** Teilungs- *od.* Verteilungsmasse; **− salariale** Bruttolohnsumme; **− de la succession**, **− successorale** Nachlaß *m*, Erbschaft *f*.
massif *adj* stark, schwer, gewichtig, massiv.
mass media *mpl* Massenmedien *npl* (Radio, Fernsehen, Presse).
mater *v.tr.* niederringen, niederschlagen, überwältigen, bändigen; **− les résistances** den Widerstand brechen.
matérialiser *v.tr.* verwirklichen, realisieren.
matérialité *f* **des faits** objektiver Tatbestand *m*, Sachverhalt *m*, Vorliegen *n* des Tatbestandes.
matériau *m* Baustoff, Werkstoff *m*; **− défectueux** fehlerhafter Werkstoff.

matière

matériel *adj* (1) *(opposé à formel)* sachlich, Sach-, materiell(rechtlich), (2) stofflich, körperlich; **auteur − de l'infraction** *(StR)* Haupttäter *m* (im Gegensatz zum Anstifter); **bien − ** Sachwert *m*, körperlicher Gegenstand; **compétence −le** sachliche Zuständigkeit; **dégât(s) *ou* dommage −** Sachschaden; **droit − ** materielles Recht; **élément − de l'infraction** *(StR)* objektives Merkmal (der Straftat), äußerer Tatbestand; **erreur −le** sachlicher Irrtum; Rechenfehler; **fait −** objektiver Tatbestand; **faux −** *(StR)* Urkundenfälschung; **gêne −le** Geldsorgen *fpl*; **opération −le** Tathandlung, Realakt *m*; **preuve −le** konkreter Beweis.
matériel *m* (1) Material *n*, Werkstoff *m*, (2) Gerät *n*, Maschinenpark *m*, (3) Betriebsanlagen *fpl*, Betriebseinrichtung, Ausrüstung, (4) *(DV)* Hardware *f*; **défaut du −** Materialfehler; **− de bureau** Büroeinrichtung; Bürobedarf *m*; **− éducatif**, **− d'enseignement** Lehrmittel *npl*; **− d'équipement**, **− d'exploitation** Betriebsmittel *npl*, Betriebsanlagen; **− de guerre** Kriegsgerät *n*; **− de propagande** Werbemittel *n*; **− de travail** Arbeitsgeräte *npl*.
maternel *adj:* **centre de protection −le et infantile (= PMI)** Mütterberatungsstelle *f*; **du côté − ** mütterlicherseits; **droit − ** Mutterrecht; **école −le** Kindergarten *m*; **filiation −le** Abstammung mütterlicherseits; **langue −le** Muttersprache *f.*
maternité *f* (1) *(FamR)* Mutterschaft *f*, (2) Entbindung; Entbindungsanstalt *f*; **action en recherche de −** Mutterschaftsklage *f*; **allocation de −** Geburtsbeihilfe *f*; **congé de −** Mutterschaftsurlaub *m*.
matière *f* (1) Stoff *m*, Materie *f*, Substanz *f*, (2) Sachgebiet *n*, Fach *n*, Thema *n*, Gegenstand *m*, (3) Ursache *f*, Anlaß *m*, Veranlassung *f*, (4) *(objet du contrat, de la procédure)* Gegenstand *m*, Sache *f*, Sachverhalt *m*,

477

matière civile

(5) *(StR)* objektiver Tatbestand *m*; **en – de** in Sachen; auf dem Gebiet; **entrée en –** Einleitung; **entrer en (la) –** auf die Sache selbst eingehen; **table des –s** Inhaltsverzeichnis *n*.

matière civile *(PrzR)* Zivilsache, bürgerliche Rechtssache; **– contentieuse** Streitsache, streitige Sache; **–s dangereuses** *(UmweltR)* umweltgefährdende Stoffe *od.* Abfälle; **– gracieuse** Angelegenheit der freiwilligen Gerichtsbarkeit, Außerstreitsache (Aut); **– imposable** Steuergegenstand *m*, Steuerobjekt *n*; **– litigieuse** *(ZPR)* Streitsache, streitbefangener Gegenstand; **– à option** *(SchulR)* Wahlfach *n*; **– pénale** Strafsache; **–s plastiques** Kunststoffe *mpl*; **– première** Rohstoff *m*, Ausgangsstoff; **– première de base** Grundstoff; **– d'un procès** Prozeßgegenstand.

matif *m (BörR: marché à terme international de France)* frz. internationaler Terminhandel mit Finanzinnovationen.

matriarcat *m* Matriarchat *n*.

matrice *f (SteuerR: liste des contribuables, bases d'imposition et propriétés foncières)* Steuerregister *n* (der Steuerpflichtigen, Steuerbemessungsgrundlagen und steuerpflichtigen Grundstücke); **– cadastrale** Kataster *n*.

matricide *m/f* Muttermörder(in).

matricule (1) *(VwR: n.f. registre nominal)* (Namens-)Register *n*, (Hochschul-)Immatrikulationsregister, (2) *(MilR: n.m. numéro d'immatriculation)* Stammrollennummer *f*, Personenkennziffer *f*.

matrimonial *adj* die Ehe betreffend, Ehe-; **affaires –es** Ehesachen *fpl*; **agence –e** Eheanbahnungsinstitut *n*; **convention –e** Ehevertrag *m*; **lien –** eheliche Lebensgemeinschaft; **régime –** (Ehe-)Güterstand *m*.

matronyme *m* mütterlicher Name, Name der Mutter.

maturation *f* Reifung, Entwicklung.

maturité *f* Reife *f*, Urteilsvermögen *n*; Vollendung; (Lebens-)Erfahrung; **– précoce** Frühreife.

mauvais *adj* schlecht, schädlich, nachteilig, unbrauchbar.

mauvaise foi *(ZR: attitude contraire à la bonne foi)* Unredlichkeit *f*, Bösgläubigkeit; **de – –** unredlich, bösgläubig.

maximal *adj*: **condamné à la peine –e** zur Höchststrafe verurteilt; **vitesse –e autorisée** zulässige Höchstgeschwindigkeit.

maximaliser *v.tr.* (le rendement) den Ertrag maximieren.

maxime *f (principe général du droit sous forme d'adage)* Rechtssprichwort *n*.

maximum *m* Höchstgrenze *f*, Maximum *n*, Spitze *f*; Höchstmaß (an); **au grand –** allerhöchstens; **prix –** Höchstpreis *m*.

mazout *m* Heizöl *n*; **nappe de –** Heizölrückstände *mpl*; Ölpest *f*.

mécanicien *m* Mechaniker *m*; **–-dentiste** Zahntechniker *m*.

mécanique *adj* maschinell, mechanisch; **construction –, industrie –** Maschinenbau(industrie).

mécanisme *m* (1) Vorgang *m*, Mechanismus *m*, Ablauf *m*, (2) Apparat *m*, Vorrichtung *f*; **– de compensation** *ou* **de péréquation** Ausgleichseinrichtung.

mécompte *m (Buchf)* Rechenfehler *m*, Fehlbetrag *m*.

méconnaissance *f* Verkennung *f*; **– du droit** Rechtsunkenntnis *f*; **– patente** offensichtliche Fehleinschätzung (eines Sachverhalts).

méconnaître *v.tr.d.* verleugnen, nicht kennen wollen; verkennen, unterschätzen.

mécontentement *m* Unzufriedenheit *f*, Mißmut *m*.

médaille *f* Medaille *f*, Gedächtnismünze *f*; Auszeichnung; Erkennungsmarke *f*; **– commémorative** Gedenkplakette *f*.

médecin Arzt *m*, Mediziner *m*; **consulter un –** einen Arzt aufsuchen, einen Arzt konsultieren; **corps des –** Ärzteschaft *f*; **ordre des –s** Ärztekammer *f*, Standesvertretung der Ärzte; – **de l'administration publique** beamteter Arzt, Amtsarzt; – **de bord** Schiffsarzt; – **de caisse,** – **des caisses d'assurance sociale** *(SozVers: syn. médecin conventionné)* Kassenarzt; – **-conseil** Vertrauensarzt; – **consultant** beigezogener Arzt; – **conventionné** *(SozVers)* (durch die Krankenkassen) zugelassener Arzt, Kassenarzt; – **d'entreprise** Betriebs- od. Werksarzt; – **de famille** Hausarzt; – **généraliste** *(syn.: omnipracticien)* praktischer Arzt; – **de garde** Notarzt; – **hospitalier** Krankenhausarzt; – **légiste** Gerichtsmediziner; – **marron** *(StR)* Kurpfuscher *m*; Arzt, der Gefälligkeitszeugnisse ausstellt; – **salarié** Arzt im Angestelltenverhältnis; – **du service de la santé** Amtsarzt; – **spécialiste** Facharzt; – **traitant** behandelnder Arzt; – **du travail** Werksarzt, Arbeitsmediziner.

médecine *f* Medizin *f*, Heilkunde *f*; Heilmittel *n*, Arznei *f*; **docteur en** – Doktor der Medizin (= Dr. med.); **exercice illégal de la** – Kurpfuscherei; – **de groupe** Gemeinschaftspraxis *f*; – **légale** Gerichtsmedizin; – **libérale** Ausübung des ärztlichen Berufs als freien Beruf; – **sociale** Sozialmedizin; – **du travail** Arbeitsmedizin.

média *m* Kommunikationsmittel *n*, Medium *n*; Werbeträger *m*; **multi** – Medienverbund.

médiat *adj* mittelbar; **cause –e** indirekte Ursache.

médiateur *m* (1) *(ÖfR: médiateur de la République recevant les réclamations des administrés)* frz. Justizkanzler, Ombudsman *m*, (2) *(ZR, ArbR: personne proposant une solution à un différend)* Schlichter *m*.

médiation *f* (1) *(VR)* (völkerrechtliche) Vermittlung, (2) *(ArbR: procédure de règlement des conflits collectifs du travail)* tarifvertraglich vereinbarte Schlichtung, (3) *(ZR: solution d'un conflit par un médiateur librement choisi)* vereinbarte freiwillige Schlichtung; **offrir sa –,** proposer sa – seine Vermittlung anbieten; **tentative de** – Schlichtungsversuch.

médical *adj*: **acte** – ärztliche Behandlung, ärztliche Untersuchung, ärztlicher Eingriff; **corps** – Ärzteschaft; **délégué** – Ärztebesucher *m*, Pharmareferent *m*; **examen** – ärztliche Untersuchung; **ordonnance –e** Rezept *n*; **prescription** – ärztliche Verschreibung; **questionnaire** – Gesundheitsfragebogen; **soins –caux** ärztliche Behandlung; **visite –e** ärztliche Untersuchung.

médicalisation *f* Erweiterung der medizinischen Versorgung.

médicament *m* Arznei(mittel) *n*, Medikament *n*: **dépendance aux –s** Medikament(e)abhängigkeit; **recueil de –s** Arzneibuch *n*.

médicolégal *adj*: **expertise** – **–le** gerichtsmedizinisches Gutachten; **institut** – gerichtsmedizinisches Institut, Leichenschauhaus *n*.

médiocre *adj* mittelmäßig, unbedeutend; durchschnittlich; **revenu** – kaum ausreichendes Einkommen.

médisance *f* *(StR: propos malveillant)* üble Nachrede *f*, Verleumdung *f*.

meeting *m* Versammlung *f*, Veranstaltung *f*, Meeting *n*.

méfait *m* Straftat *f*, Missetat *f*; **petit** – geringfügige Straftat.

méfiance *f* Mißtrauen *n*, Argwohn *m*.

mégarde *f*: **par** – aus Versehen, infolge der (eigenen) Unachtsamkeit.

meilleur *adj* besser; **le –, la –e** der, die Beste; **les –es conditions** die vorteilhaftesten Bedingungen; **le – prix** der günstigste Preis.

méjuger *v.tr.* falsch urteilen, ein Fehlurteil fällen.

mélange *m* (1) Vermischung *f*, Vermengung *f*, (2) Gemisch *n*, (3) *(surtout pl.)* Festschrift *f*; – **de meubles** (untrennbare) Vermischung od. Vermengung beweglicher Sachen.

mélanger vermischen, vermengen.

mêlée *f* Handgemenge *n*, Kampf *m*; Schlachtgetümmel *n*.

mêler *v. pron.*: **se – des affaires d'autrui** sich in fremde Angelegenheiten einmischen.

membre *m* (1) Mitglied *n*, (2) Glied *n*; **carte de –** Mitgliedsausweis *m*; **devenir –** beitreten, die Mitgliedschaft erwerben; **État –** Mitgliedsstaat *m*; **exclure un –** ein Mitglied ausschließen; **qualité de –** Mitgliedschaft *f*, Eigenschaft als Mitglied.

membre actif aktives Mitglied; **– adhérent** (gewöhnliches) Mitglied; **– adjoint** beigeordnetes Mitglied; **– assesseur** Beisitzer *m*; **– associé** assoziiertes Mitglied; **– bienfaiteur** förderndes Mitglied; **– du conseil** Ratsmitglied; **– du conseil d'administration** *(GesR)* Verwaltungsratmitglied; **– coopté** zugewähltes Mitglied; **– correspondant** korrespondierendes Mitglied; **– cotisant** förderndes Mitglied; **– démissionnaire** ausscheidendes Mitglied; **– de droit** Mitglied kraft Amtes; **– électif** wählbares Mitglied; **– élu** gewähltes Mitglied.

membre fondateur *(GesR)* Gründungsmitglied, **– des forces armées** Mitglied der Streitkräfte; **– des forces d'occupation** Angehörige(r) der Besatzungsstreitkräfte; **– du gouvernement** Regierungsmitglied; **– d'honneur, – honoraire** Ehrenmitglied; **– indéfiniment responsable** *(GesR: KG)* persönlich haftender Gesellschafter, Komplementär *m*; **– inscrit** eingetragenes Mitglied; **– du jury** (1) *(StPR)* Geschworener, (2) *(SchulR)* Mitglied des Prüfungsausschusses; **– originaire** Stammmitglied; **– ouvrier** Arbeitnehmervertreter; **– à part entière** Vollmitglied.

membre du parti Parteimitglied; **– permanent** *ou* **perpétuel** ständiges Mitglied; **– du personnel** *(ArbR)* Betriebsangehörige(r) *m*, Belegschaftsmitglied *n*; **– présent** erschienenes *od.* anwesendes Mitglied; **– représenté** (ordnungsmäßig) vertretenes Mitglied; **– sortant** ausscheidendes Mitglied; **– suppléant** Ersatzmitglied, stellvertretendes Mitglied; **– temporaire** nichtständiges Mitglied; **– titulaire** ordentliches Mitglied, Vollmitglied.

mémento *m* Grundriß *m*; Anleitung.

mémoire *m* (1) *(VR: note écrite)* Denkschrift *f*, Memorandum *n*, (2) *(HR: état des sommes dues à un officier ministériel ou un entrepreneur)* Rechnung; Gesamtabrechnung (über Baukosten), (3) *(PrzR: document qui remplace les conclusions et la plaidoirie devant la Cour de cassation et le Conseil d'État)* Klageschrift *f*, Schriftsatz *m*, (4) *(ZPR, FamR: description de la situation conjugale)* Beschreibung des Zerrüttungszustandes der Ehe (bei Einreichung der Scheidungsklage), (5) *(VwR: requête sommaire)* Antrag *m*, (6) *(UrhR: au pl.)* Erinnerungen *fpl*; **– ampliatif** (1) *(VwPR)* Klagebegründung; Schriftsatz, der den (Klage-)Antrag näher begründet, (2) *(ZPR)* schriftliche Begründung des Rechtsmittels, Berufungs- *od.* Revisionsbegründung; **– en défense** *(PrzR: mémoire établi par le défendeur en réponse au mémoire ampliatif)* Klagebeantwortung, Verteidigungsschrift, schriftliche Gegenäußerung; **– des frais** Kostenaufstellung; **– d'honoraires** Gebührenrechnung; **– introductif d'instance** *(PrzR)* (die Rechtshängigkeit begründende) Klageschrift; **– justificatif** erklärender Schriftsatz; **– secret** Geheimbericht *m*.

mémoire *f* (1) *(faculté de se souvenir)* Gedächtnis *n*, Erinnerung *f*, Erinnerungsvermögen *n*, (2) *(DV)* Speicher; **à la – de** zum Gedenken; **de – auswendig**, aus dem Gedächtnis; **lacunes de la –** Gedächtnislücke *f*; **maladie de la –** Amnesie *f*; **mettre en –** (Daten) speichern; **perte de –** Gedächtnisstörung *f*, Gedächtnisverlust *m*; **pour –** zur Kenntnisnahme *od.* Information.

memorandum *m (VR: aide-mémoire)* Memorandum *n*, Denkschrift *f*; **–**

d'accord Vereinbarung(sprotokoll).

mémorisation *f* (1) *(Werbung)* Haften *n* (im Gedächtnis), (2) *(DV)* Speicherung.

menaçant *adj* drohend; gefährlich.

menace *f* (1) *(risque de dommage)* Bedrohung, Gefährdung, (2) *(StR: souvent pl. actes d'intimidation)* Nötigung *f*, Drohung *f*, Einschüchterung; **être sous la – d'une expulsion** unter Androhung der Abschiebung; **lettre de –** Drohbrief *m*; **mettre ses –s à exécution** zur Tat schreiten; **proférer des –s** eine Drohung ausstoßen; **sous la – d'une arme** jmdn. mit vorgehaltener Waffe bedrohen; **– contre la paix** Friedensstörung; **– grave** schwere Drohung; **– de grève** (1) Streikdrohung *f*, (2) Streikgefahr *f*; **– de guerre** *(VR)* Kriegsdrohung; Kriegsgefahr *f*; **– pour l'ordre public** Gefährdung der öffentlichen Sicherheit und Ordnung.

menacer *v.tr.* drohen, bedrohen; androhen.

ménage *m* (1) *(WirtR: unité de population)* Haushaltung *f*, Haushalt *m*, (2) *(FamR: groupe formé par le couple et les enfants)* Ehepaar *n*, Familie *f*; häusliche Gemeinschaft; **argent du –** Haushalts- *od.* Wirtschaftsgeld; **femme de –** Putzfrau; **homme de –** Hausmann; **jeune –** junges Ehepaar; **se mettre en –** heiraten; zusammenziehen, eine eheähnliche Gemeinschaft begründen; **scènes de –** Ehestreit *m*; **subvenir aux besoins du –** den Familienunterhalt bestreiten; **– de fait** nichteheliche Lebensgemeinschaft; **– sans enfants** kinderloses Ehepaar.

ménagement *m* (1) *(souvent pl.: attention, précautions)* Umsicht *f*, Vorsicht *f*, (2) *(réserve, respect)* Zurückhaltung, (3) *(administration)* Verwaltung.

ménager *v.tr.* schonen, sparsam umgehen (mit); rücksichtsvoll behandeln; **se –** *v.pron.* seine Gesundheit pflegen.

ménager *adj*: **articles –s** Haushaltswaren; **salon des arts –s** Haushaltswarenmesse *f*.

ménagère *f* Hausfrau *f*; **panier de la –** Warenkorb *m*.

ménagiste *m* Haushaltswarenhersteller *m*.

mendiant *m* Bettler *m*.

mendicité *f* Betteln *n*, Bettelei *f*; **délit de –** *(StR)* strafbares Betteln; Bettelbetrug *m*.

menées *fpl* Umtriebe *mpl*, Machenschaften *fpl*; **– antinationales** *(StR)* staatsfeindliche Umtriebe.

mener führen, leiten; **– à bonne fin** erfolgreich durchführen; ordnungsgemäß erledigen; **– une enquête** Ermittlungen anstellen, eine Untersuchung durchführen; **– grand train** auf großem Fuß leben.

meneur *m* Anführer *m*, Rädelsführer; Drahtzieher *m*.

menottes *fpl* Handschellen *fpl*.

menotter *v.tr.* die Handschellen anlegen, fesseln.

mensonge *m* Lüge *f*; Täuschung *f*; **détecteur de –** Lügendetektor *m*; **dire des –s** lügen, die Unwahrheit sagen; **un tissu de –s** ein Lügengespinst; **– par omission** Lüge durch Verscheigen eines Sachverhalts.

mensonger *adj* falsch, erlogen; **accusation –gère** falsche Anschuldigung, falsche Verdächtigung; **publicité –gère** falsche Werbeangaben, irreführende Werbung.

mensualisation *f* (1) *(ArbR)* monatliche Entlohnung, (2) *(SteuerR)* Einziehungsauftrag *m* (für die monatlich zu entrichtende Lohnsteuer).

mensualité *f* (1) *(ArbR)* Monatseinkommen *od.* -gehalt *n*, (2) Monatsrate *od.* -betrag.

mensuel *adj* monatlich; **revenu –** Monatseinkommen *n*.

mensuel *m* (1) *(ArbR)* Gehaltsempfänger *m*, Arbeitnehmer *m* mit Monatsbezügen, (2) *(Presse)* Monatsschrift *f*.

mensurations *fpl* **judiciaires** *(StPR)* Anthropometrie *f*.

mental *adj*: **âge –** geistige Altersstufe; **arriération** –e geistige Zurückgebliebenheit, Debilität f; **cruauté** –e psychische Quälerei; **débile** – Schwachsinnige m; **maladie** –e Geisteskrankheit od. -störung; **réserve** –, **restriction** –e (ZR) geheimer Vorbehalt, reservatio mentalis.

mention f (1) (ZR: indication dans une convention) Klausel f, Angabe f; Nennung f; Bestandteil n, Erfordernis n, (2) (ZR: énonciation ajoutée en marge de l'acte) (Rand-)Vermerk m, Anmerkung f, Erwähnung f, (3) (VwR, PrzR: indications obligatoires) vorgeschriebene Angaben; Beschreibung des Verfahrensablaufs, (4) (SchulR: appréciation du jury d'examen) Prädikat n; **biffer** ou **rayer les –s inutiles** Nichtzutreffendes (bitte) streichen; **contenir une** – eine Klausel beinhalten; einen Vermerk enthalten; – **d'acceptation** Annahmevermerk; Anerkennungsvermerk; – **accessoire** unwesentliche Angabe, Nebenabrede; – **au dossier** (ZPR) Aktenvermerk; – **de l'enregistrement** Eintragungsvermerk; – **essentielle** wesentliche Angabe; – **de l'inventeur** Erfindernennung; – **en marge** ou **marginale** Randbemerkung od. -vermerk m; – **officielle** Amtsvermerk m.

mention de radiation Löschungsvermerk; – **de réserve** (MuW) Schutzvermerk m; – **de réserve internationale** (MuW) internationaler Schutzvermerk.

mention des responsables (PresseR) Impressum, verantwortlicher Herausgeber; – **substantielle** wesentliche Angabe; – **de validation** Gültigkeitsvermerk.

mentionner v.tr.d. nennen, erwähnen, anführen; vermerken, notieren.

mentir v. intr. lügen, die Unwahrheit sagen, nicht bei der Wahrheit bleiben; falsches Zeugnis ablegen; **sans** – um bei der Wahrheit zubleiben.

menus ouvrages (BauR) Einbau- od. Umbauarbeiten fpl (als Teil der Gesamtleistung).

méprise f Irrtum m, Versehen n.

mer f See f, Meer n; **droit international/national de la** – völkerrechtliches/innerstaatliches Seerecht; **en état de prendre la** – seetüchtig; **gens de** – Seeleute pl; **haute** – Hohe See; **lettres de** – Schiffspapiere npl; **navigation en** – Seeschiffahrt; **port de** – Seehafen; – **fermée** ou **intérieure** Binnenmeer; – **libre** offene See; – **territoriale** Küstenmeer od. -gewässer.

mercanti m unredlicher od. habgieriger Kaufmann; Schieber m.

mercantile adj geschäftstüchtig.

mercantilisme m (hist. Vwirt) Merkantilismus m.

mercatique f (BW: étude des besoins des consommateurs) Marketing n.

merchandising m (BW: syn. marchandisage) Merchandising n, optimale Warenpräsentation, Verkaufsförderung.

merci f Barmherzigkeit, Erbarmen n; **demander** – um Gnade flehen; **être à la** – **de qqn**. jmdm. ausgeliefert sein.

merci m Dank m, Dankbarkeit; **non,** – nein danke.

mercuriale f Marktbericht m; amtliche Marktpreisliste.

mère f Mutter f; – **adoptive** Wahlod. Adoptivmutter; – **célibataire** ledige Mutter; – **au foyer** nicht berufstätige Mutter; – **légitime** Mutter eines ehelichen Kindes.

mérite m Verdienst n, Wert m; **ordre national du** – nationaler Verdienstorden.

méritocratie f (Pol) Leistungsgesellschaft f.

mésentente f (syn.: mésintelligence) Uneinigkeit f, Mißhelligkeit f, fehlendes Verständnis n, Zwietracht f.

mésestime f Geringschätzung f.

message m Botschaft f, Mitteilung f; Durchsage f, Nachricht; **s'acquitter d'un** – eine Botschaft überbringen; – **codé** verschlüsselte Nachricht; – **de détresse** Notruf m; – **en incrustation** (Fernsehen) Einblendung; – **à la nation**

messager — **mesure judiciaire**

(VerfR) Ansprache des Staatspräsidenten an die Nation (bei Ausrufung des Notstandes); – **publicitaire** Werbespot *m*; – **par télécopie** Fax *n*; – **téléphonique** telefonische Mitteilung.

messager *m* Bote *m*.

messagerie *f* (1) *(HR)* Fuhrwerksunternehmen *n*, (2) Schnelltransport, Eilgutabfertigung; **compagnie de –** Transportunternehmen *n*; **gare de –** Eilgüterbahnhof *m*; **– aérienne** Luftfrachtunternehmen; **– maritime** Seetransportgesellschaft; **– de presse** Zeitungsvertriebsgesellschaft.

mesure *f* (1) *(évaluation, mesurage)* Messung *f*, Messen *n*; Maß *n*, (2) *(disposition)* Maßnahme *f*, Maßregel *f*; Vorkehrung *f*, (3) *(modération)* Mäßigung, Zurückhaltung, das Maßhalten; **abroger une –** eine Maßnahme aufheben; **adopter une –** eine Maßnahme treffen; **dans la –** nach Maßgabe; **dans la – où** insoweit als; **dépenser avec –** sparsam haushalten; **être en – in** der Lage sein; **par – d'hygiène** aus gesundheitspolitischen Gründen; **par – de sécurité** sicherheitshalber; **prendre une –** eine Maßnahme ergreifen; **rapporter une –** eine Maßnahme rückgängig machen; **sur – nach Maß**; passend.

mesure d'administration judiciaire *(PrzR)* Justizverwaltungsmaßnahme; **– administrative** Verwaltungsvorschrift *od.* -verordnung; Verwaltungsmaßnahme; **– d'application** Durchführungsvorschrift, Anwendungsmaßnahme; **– arbitraire** willkürliche Maßnahme, Rechtsmißbrauch; **– d'assainissement** Sanierungsmaßnahme; **– de boycottage** Boykott, Verrufserklärung; **– de circonstance** ad hoc Maßnahme; **– de clémence** *(StR)* Gnadenerweis *m*, Gnadenakt; **– de coercition** *ou* **coercitive** *ou* **comminatoire** *(VwR)* Zwangsmittel, unmittelbarer Zwang; **– compensatrice** Kompensation, Ausgleichsmaßnahme.

mesure conservatoire (1) *(ZPR)* Maßnahme zur Erhaltung (eines Rechts), Sicherungsmaßnahme, Schutzmaßnahme, sichernde Maßnahme, (2) vorsorgliche Maßnahme, Verwahrungsmaßnahme, (3) *(SchuldR; VersR)* Schadensminderungsmaßnahme; Abwendungspflicht; **– de contrainte**, **– contraignante** Zwangsmaßnahme; **– de contrôle** Kontrollmaßnahme; **– corrective** Abhilfemaßnahme; **– de crise** Notstandsmaßnahme; **– dérogatoire** Ausnahmeregelung; **– de dirigisme** *ou* **dirigiste** *(Vwirt)* staatlicher Eingriff (in die Wirtschaft), (Wirtschafts-)Lenkungsmaßnahme.

mesure disciplinaire Disziplinarmaßnahme; **déplacement** *ou* **mutation par – –** *(BeanR)* strafweise Versetzung, Strafversetzung.

mesure discriminatoire Diskriminierungsmaßnahme, unterschiedliche Behandlung; **– d'économie** Sparmaßnahme; **– éducative** *(StR)* Erziehungsmaßregel *f*; **– d'exception**, **– exceptionnelle** Ausnahmebestimmung *od.* -bewilligung; **– d'exécution** Vollstreckungsbescheid *od.* -maßnahme.

mesure faisant grief *(VwR)* belastender Verwaltungsakt; **– de faveur** Begünstigung, begünstigende Maßnahme; **– gouvernementale** Hoheitsakt, Regierungsmaßnahme; **– de grâce** Gnadenerweis *m*; **– de guerre** Kriegsmaßnahme; **– immédiate** Sofortmaßnahme; **– individuelle** Einzelmaßnahme; **– inopérante** wirkungslose Maßnahme; **– d'instruction** *(StPR)* Ermittlung(shandlung), Untersuchungsmaßnahme; **– d'intervention** *(Vwirt)* Intervention, staatlicher Eingriff.

mesure judiciaire *(ZPR)* gerichtliche Anordnung *od.* Verfügung; **– législative** gesetzgeberische Maßnahme; **– monétaire** währungspolitische Maßnahme; **– d'ordre intérieur** *(VwR)* behördeninterne Anweisung; **– palliative** Abhilfe *f*;

– **particulière** Einzel- *od.* Sondermaßnahme; – **des peines** *(StR)* Festsetzung der Strafe, Strafzumessung; – **de police** polizeiliche Maßnahme, Polizeiverfügung *od.* -maßnahme; – **de précaution** Vorsichtsmaßregel; – **préférentielle** begünstigende Maßnahme; – **préjudiciable** benachteiligende *od.* rechtsmißbräuchliche Handlung; – **préparatoire** *(VwR)* vorbereitende Weisung; – **de prévention, – préventive** Vorbeugungsmaßnahme, vorbeugende Maßnahme; – **de prévoyance sociale** (Sozial-)Fürsorgemaßnahme; – **de protection** *ou* **protectionniste** Schutzmaßnahme; – **provisionnelle** vorsorgliche Maßnahme; – **provisoire** *(ZPR)* einstweilige Verfügung, Maßnahme zur vorläufigen Regelung (einer Sache).

mesure de rationalisation *(WirtR)* Rationalisierungsmaßnahme; – **de réadaption** *(StVZ)* Resozialisierung, sozialtherapeutische Maßnahme; – **de reconversion** (1) *(ArbR)* Umschulungsmaßnahme, (2) *(WirtR)* (Betriebs-)Umstellungsmaßnahme; – **de recouvrement** Vollstreckungsmaßnahme; – **de référé** *(ZPR)* einstweilige Verfügung; – **de réorganisation** Maßnahme zur Neuordnung; – **de représailles** *ou* **de rétorsion** *(VR)* Vergeltungsmaßnahme.

mesure de sauvegarde Schutz- *od.* Sicherungsmaßnahme; – **de sécurité** Sicherheitsvorkehrung; – **souveraine** *ou* **de souveraineté** hoheitliche Maßnahme; – **de sûreté** (1) *(StPR)* (Anordnung der) Sicherungsverwahrung, (2) *(i.w.S.)* Sicherungsmaßnahme; – **transitoire** Übergangsmaßnahme; – **d'urgence** Sofort- *od.* Notmaßnahme; – **de valeur** Wertmesser *m*.

mesurer *v.tr.d.* aus-, ab- *od.* vermessen; *fig* abwägen.

métairie *(LandwR: domaine agricole en métayage)* Meierhof *od* -gut, zur Halbpacht ausgegebenes Gut.

métal *m* Metall *n*; – **monnayable** Münzmetall *n*; – **précieux** Edelmetall.

métallurgie *f* (1) Schwerindustrie *f*, (2) Hüttenkunde *f*.

métayage *m (LandwR: louage d'un domaine rural avec partage des fruits)* Meier- *od.* Teilpacht, Pacht auf Teilung der Früchte.

métayer *m* Pächter *m*, Meier *m*.

méthode *f* Methode *f*, (planmäßiges) Vorgehen *n*, Verfahren *n*; System *n*, Plan *m*; – **d'amortissement** Abschreibungsverfahren; – **d'analyse, – de calcul** Berechnungsverfahren; – **d'expérimentation** Versuchsanordnung; – **de Grenoble** *(BauR)* Grenobler Bauherrenmodell; – **de Paris** *(BauR)* Pariser Baubetreuungsmodell; – **des soldes** Staffelrechnung; – **de travail** Arbeitsweise *f*, Arbeitsverfahren *n*.

métier *m* (1) *(profession)* Beruf *m*, Tätigkeit *f*, (2) *(industrie, art)* Gewerbe *n*, Handwerk *n*, (3) *(technique, maîtrise)* Können *n*, Wissen *n*, Erfahrung *f*, (4) *(machine)* Webstuhl *m*; **chambre des –s** Handwerkskammer *f*; **corps de –s** Berufsstand *m*; **exercer un –** einen Beruf ausüben; **homme de –** Fachmann *m*; **risques du –** Berufsrisiko *n*; – **artisanal** Handwerksberuf *m*, – **du secteur tertiaire** Dienstleistungsberuf.

métis *m* Mischling *m*.

métrage *m* (1) *(Werbung)* Gesamtwerbefläche *f*, (2) *(Film, Stoff)* Länge *f*; **court –** Kurzfilm *m*.

métrologie *f* Meßtechnik *f*.

métropole *f* (1) *(VerfR)* Mutterland *n*; Staat im Verhältnis zu seinen Kolonien; Frankreich im Verhältnis zu seinen Überseegebieten, (2) *(VwR)* Hauptstadt *f*, Metropole *f*, (Handels-)Zentrum, (3) *(in F:)* Paris; – **d'équilibre** Provinz- *od.* Regionalhauptstadt.

mettre *v.tr.* setzen, stellen, legen; – **l'accent sur** hervorheben; – **en**

accusation Anklage erheben gegen; – **en application** durchführen, zur Anwendung bringen, – **en cause** (1) in einen Prozeß einbeziehen, (2) beschuldigen, in Frage stellen; – **hors de cause** das Verfahren einstellen; – **en circulation** *(Geld)* in Umlauf setzen; – **au compte de** zuschreiben; – **en danger** gefährden; – **en demeure** (1) *(SchuldR)* in Verzug setzen, (2) *(VwR)* auffordern; – **à la disposition** zur Verfügung stellen; – **par écrit** zu Papier bringen; – **aux enchères** versteigern; – **en évidence** hervorheben; – **à exécution** ausführen, in die Tat umsetzen; – **au fait** unterrichten; – **en gage** verpfänden; – **en liberté** freilassen; – **en œuvre** bewerkstelligen, einsetzen; – **en parallèle** vergleichen; – **au pas** gleichschalten; – **en péril** gefährden; – **en pratique** verwirklichen; – **en question** in Frage stellen; – **en service** in Betrieb nehmen; – **sous scellés** versiegeln; – **sous tutelle** unter Vormundschaft stellen; – **son veto** Einspruch erheben; – **en vigueur** in Kraft setzen; – **aux voix** zur Abstimmung bringen.

meuble *adj* (1) beweglich, (2) lose, locker; **bien –** bewegliche Sache.

meuble *m (ZR: bien meuble, effet mobilier, mobilier)* bewegliche Sache, Fahrnis *n*, bewegliches Gut; **communauté de –** *(EheR)* Fahrnisgemeinschaft *f*; – **par anticipation** unbewegliche Sache, die vorweg als bewegliche behandelt wird (z.B.: Ernte auf dem Halm); – **par détermination de la loi** bewegliche Sache kraft gesetzlicher Bestimmung; – **corporel** körperliche bewegliche Sache; – **incorporel** Immaterialgut, unkörperliche (bewegliche) Sache; – **meublant** *(SachR)* Mobiliar *n* (in einer Wohnung), Hausrat *m*, Wohnungseinrichtung *f*, Möbel *n*.

meublé *m* möblierte Wohnung.

meubler *v.tr.* möblieren, (eine Wohnung) einrichten; (die Freizeit) gestalten, ausfüllen.

meurtre *m (StR: homicide intentionnel)* Totschlag *m*, vorsätzliche Tötung; – **judiciaire** Justizmord *m*; – **avec préméditation** *(StR: assassinat)* Mord *m*.

meurtrier *m* Totschläger *m*; – **professionnel** *(StR: tueur à gages)* bezahlter Mörder, (Berufs-)Killer *m*.

meurtrier *adj* mörderisch, blutig; zerstörerisch; **coups –s** Tätlichkeiten mit Todesfolge; **arme –trière** Mordwaffe *f*.

meurtrir *v.tr.* durch Schläge verletzen, jmdn. grün und blau schagen, pressen, quetschen.

mévente *f* Absatzschwierigkeiten *fpl*; Verlustgeschäft *n*.

microéconomie *f (Vwirt: étude de l'activité économique des individus)* Mikroökonomik *f*.

microordinateur *m* Heimcomputer *m*.

mieux *adv* besser; mehr; **au –** bestenfalls.

migrant *m* Wanderarbeiter, Saisonarbeiter *m*.

migration *f* Wanderung *f*, Wanderbewegung *f*.

milice *f* Miliz *f*; – **bourgeoise** Bürgerwehr *f*; – **patronale** *(dans les usines)* Werkschutz *m*; – **populaire** Miliz *f*, in Verbänden organisierte Hilfspolizei; – **privée** private militärische Einheit.

milieu *m (StR)* Verbrecherwelt *f*, Unterwelt; Zuhälter *mpl*, Hehler *mpl*; **être issu d'un – modeste** aus bescheidenen Verhältnissen kommen, in einem kleinbürgerlichen Milieu geboren sein; – **familial** Familienkreis *m*; – **professionnel** Berufswelt *f*; – **social** Gesellschaftsschicht *f*.

milieux *mpl* Kreise *mpl*; – **d'affaires** Geschäftswelt *f*; – **bancaires** Bankkreise *pl*; – **boursiers** Börsenkreise *mpl*; – **compétents** Fachleute *mpl*, Sachverständige(n) *mpl*; – **gouvernementaux** Regierungskreise; – **officiels** amtliche Stellen.

militaire *adj* militärisch; Militär-,

Wehr-; **autorité** – Militärbehörde f; **circonscription** – Wehrbereich m; **défense** – militärische Verteidigung; **droit pénal** – Wehrstrafrecht; **école** – Wehr- od. Militärhochschule; **forces –s** Streitkräfte fpl; **infraction** – militärische Straftat; **justice** – Wehrstrafgericht(sbarkeit); **obligation du service** – Wehrpflicht; **peine** – Disziplinarmaßnahme zur Ahndung des Dienstvergehens (eines Soldaten); militärische Strafe; **personnel** – Angehörige mpl der Streitkräfte; **service** – Wehrdienst m; **tribunal** – Militärgericht, Wehrstrafgericht.

militaire m Soldat m, Mitglied der Streitkräfte (eines Landes); **– de carrière** Berufssoldat; **– du contingent** Wehrdienstleistende m; **– sous contrat** Soldat auf Zeit.

militant m aktives Mitglied (einer Partei oder Gewerkschaft); Vorkämpfer m, Aktivist m.

militantisme m das kämpferische Eintreten für seine Überzeugung, Militantismus m.

militarisation f Militarisierung f.

militarisme m Militarismus m, Kriegstreiberei f.

militer v.intr. kämpfen; sich einsetzen, eintreten für.

mine f (1) Bergwerk n, Grube f, Zeche f, (2) unterirdisches (Erz-, Kohlen-)Lager n, (3) Sprengkörper m, Mine f.

miner v.tr. untergraben, schwächen, langsam ruinieren.

minerai m Erz n; **– de fer** Eisenerz.

mineralier m Erztransportschiff n.

minéralogique adj: **plaque** – amtliches Kfz-Kennzeichen.

minerval m Schulgeld n.

mineur adj (1) minderjährig, (2) untergeordnet, zweitrangig, nebensächlich; **enfant** – minderjähriges Kind.

mineur m (1) (ZR, StR) Minderjährige(r) m, (2) Bergmann m; **détournement de** – Verführung eines Minderjährigen; **– délinquant** jugendlicher Straftäter; **– émancipé** für volljährig Erklärte(r); **– non émancipé** nicht gewaltentlassener Minderjähriger; **– en tutelle** unter Vormundschaft stehender Minderjähriger.

minime adj geringfügig, wenig, klein; **de – importance** von untergeordneter Bedeutung.

minimiser v.tr.d. herabmindern; bagatellisieren.

minimum m/adj Mindestbetrag m, Minimum n, unterste Grenze f; **revenu – d'insertion (= RMI)** Mindesteingliederungseinkommen; **salaire** – Mindestlohn m; **– imposé** Mindestbesteuerung f; **– vital** Existenzminimum n.

ministère m (1) (ÖfR: fonction, charge) Amt n, Ministeramt, (2) (VerfR: ensemble des ministres) Kabinett n, Regierung f, (3) (VwR: département d'un ministre) Ministerium n, Geschäftsbereich m, (4) Amtsdauer f eines Ministers, (5) (PrzR: office, fonction des auxiliaires de justice) öffentliches Amt eines Rechtspflegeorgans, Aufgaben des unabhängigen Trägers eines öffentlichen Amtes; **par le – de** (PrzR) durch die vorsorgende Tätigkeit von; **– des affaires étrangères** frz. Außenministerium; **– des affaires sociales** frz. Sozialministerium;**– de l'agriculture** Landwirtschaftsministerium; **– de l'aménagement du territoire, de l'équipement et des transports** Verkehrs-, Infrastruktur- und Raumordnungsministerium; **– de coalition** Koalitionsregierung; **– du commerce et de l'artisanat** frz. Handelsministerium; **– de la coopération et du développement** Ministerium für wirtschaftliche Zusammenarbeit; **– de la culture** Ministerium für kulturelle Angelegenheiten; **– de la défense** Verteidigungsministerium; **– de l'économie et des finances** frz. Wirtschafts- u. Finanzministerium; **– de l'éducation nationale** Unterrichtsministerium; **– de l'environnement** Umweltministerium; **– des finances** Finanzministerium;

ministère public — **de l'industrie** Industrieministerium; **– de l'intérieur** Innenministerium; **– de la jeunesse et des sports** Jugend- u. Sportministerium; **– de la justice** Justizministerium; **– du logement** Wohnungsbauministerium; **– de la marine** Marineministerium.

ministère public *(StPR: corps hiérarchisé de magistrats du Parquet)* Staatsanwaltschaft *f*, Strafverfolgungsbehörde *f*; Staatsanwalt, Vertreter des öffentlichen Interesses.

ministère des technologies de l'information et de la poste Ministerium für Informationstechnologien, Post- u. Fernmeldewesen; **– du redéploiement industriel et du commerce extérieur** frz. Ministerium für Wirtschaftsförderung u. Außenhandel; **– des relations extérieures** frz. Auswärtiges Amt; **– de la santé** Gesundheitsministerium; **– technique** Fachministerium; **– de transition** Übergangsregierung; **– des transports** Verkehrsministerium; **– du travail, de l'emploi et de la formation professionnelle** Ministerium für Arbeit, Beschäftigung u. Berufsbildung; Arbeitsministerium; **– des travaux publics** Ministerium für das öffentliche Auftragswesen; **– du trésor** Schatzministerium; **– de tutelle** ministerielle Aufsichtsinstanz; (oberste) Aufsichtsbehörde *f*; **– de l'urbanisme et du logement** Ministerium für Städtebau u. Wohnungswesen.

ministériel *adj* Minister-, Ministerial-, ministeriell; **arrêté –** Ministerialerlaß *m*; **circulaire –le** ministerieller Runderlaß; Ministerialerlaß *m*; **crise –le** Regierungskrise; **décret –** Rechtsverordnung *f*; **département –** Referat *n*, Abteilung *f*; **officier –** *(PrzR)* unabhängiger Träger eines öffentlichen Amtes; Rechtspflegeorgan *n*; Notar *m*; Gerichtsvollzieher *m*; Gerichtskanzler *m*; Inhaber einer öffentlichen amtsähnlichen Stellung (abhängig von der Justizverwaltung); **remaniement –** Regierungsumbildung.

ministre *m* (1) *(VerfR: membre du gouvernement)* Minister *m*, (2) *(VR: agent diplomatique)* Gesandte(r) *m*, (3) *(KirchR)* Geistliche(r); Priester; Pfarrer; **conseil des –s** frz. Ministerrat (unter Vorsitz des Präsidenten der Republik), Ministerratssitzung (jeden Mittwoch im Elysée-Palast); **Premier –** Premierminister; **– des affaires étrangères** Außenminister, Minister für auswärtige Angelegenheiten; **– de l'agriculture** Landwirtschaftsminister; **– du budget** Haushaltsminister; **– du commerce extérieur** Außenhandelsminister; **– du culte** *(KirchR)* Geistliche(r); **– de la défense nationale** Verteidigungsminister; **– délégué auprès du Premier ministre** Minister mit Sonderaufgaben; **– de l'économie** Wirtschaftsminister; **– de l'éducation nationale** Unterrichtsminister; **– d'État** Staatsminister; **– des finances** Finanzminister; **– de l'information** Informationsminister; **– de l'instruction publique** Unterrichtsminister; **– de l'intérieur** Innenminister, Minister des Inneren; **– de la justice** Justizminister; **– plénipotentiaire** (1) Gesandter *m*, (2) bevollmächtigter Minister; **sans portefeuille** Minister ohne (eigenen) Geschäftsbereich; **– de la santé publique** Gesundheitsminister; **– du travail** Arbeitsminister; **– du trésor** Schatzminister; **– de tutelle** Minister als oberste Aufsichtsinstanz.

minoration *f* Herabsetzung *od*. Senkung (der Preise).

minorer *v.tr*. verringern, herabsetzen.

minoritaire *adj* Minderheits-; **droits des associés –s** *(GesR)* Minderheitsrechte *pl*.

minorité *f* (1) *(ZR, StR)* Minderjährigkeit *f*, (2) *(VerfR)* Minderheit *f*, Minorität *f*; **être en –** überstimmt sein, sich in der Minderheit befinden; **excuse de –** *(StR)* Schuldausschließungsgrund *m*; **mettre en – überstimmen**, majorisieren; **protection des –s** *(VR)* Minderheitenschutz; **– de blocage** Sperrminorität; **– confessionnelle** konfessionelle Minderheit; **– ethnique** völkerschaftliche Minderheit; **– de faveur** *(StPR)* qualifizierte Minderheit, die den Freispruch des Angeklagten bewirkt; **– de langue** *ou* **linguistique** sprachliche Minderheit; **– nationale** völkerschaftliche Minderheit; **– parlementaire** Minderheit im Parlament; **– pénale** *(StR)* Strafunmündigkeit.

minute *f* (1) *(ZR, PrzR: original d'un acte authentique)* Urschrift *f* einer öffentlichen Urkunde, Originalurkunde *f*, (2) Konzept *n*, Entwurf *m*; **acte en –** durch eine Amtsperson (Notar, Gerichtskanzler) zu verwahrendes Original (einer öffentlichen Urkunde); beglaubigte Urkunde, die von dem Notar zurückbehalten wird; **dresser** *ou* **passer –** eine Urkunde ausfertigen, die in Urschrift verwahrt wird; **– du jugement** Urschrift des Urteils.

minuter *v.tr.* **un acte** die Urschrift einer öffentlichen Urkunde aufsetzen.

minutie *f* Sorgfalt *f*, Genauigkeit *f*.

mise *f* (1) *(action de mettre)* Legen *n*, Setzen *n*, (2) *(argent)* Einsatz *m*, (3) *(investissement, placement)* Beitrag *m*, Einlage *f*; **arrêté de – en demeure** *(VwPR)* amtliche Aufforderung zur Beseitigung eines (rechtswidrigen) Zustandes.

mise en accusation *(StPR)* Anklageerhebung, Versetzung in den Anklagezustand; **– en adjudication** *(ZPR)* Anordnung der Zwangsversteigerung; **– en adjudication publique** *(VwR)* öffentliche Ausschreibung; **– en adjudication restreinte** *(VwR)* beschränkte Ausschreibung; **– en application** Inkraftsetzung *f*, Anwendung; **– en avant** *(Werbung)* Hervorhebung, Heraustellung.

mise en cause (1) *(StPR: suit la mise en examen et constitue la phase de la procédure d'instruction lorsque le juge d'instruction a réuni les charges constitutives de l'infraction)* Anklageerhebung, Versetzung in den Anklagezustand, (2) *(ZPR: demande en intervention forcée)* Streitverkündung; **– en circulation** Ausgabe *f*, Emission; **– en commun** Zusammenlegung, Vergemeinschaftung; **– en concours** Ausschreibung *f*; **– en condition** *(Ware)* Aufmachung; **– en congé** Beurlaubung *f*; **– en congé d'office** Zwangsbeurlaubung; **– sous curatelle** Bestellung eines Pflegers; **– en défens** *(LandwR)* Erklärung zur Schonung; **– en délibéré** *(ZPR)* Eintritt in die Beratung.

mise en demeure (1) *(ZPR: sommation notifié par le créancier au débiteur de payer sa dette)* gerichtliche Inverzugsetzung des (säumigen) Schuldners (mittels Zustellung einer Mahnung durch den Gerichtsvollzieher), (2) *(VwPR)* behördliche Aufforderung zur Beseitigung eines rechtswidrigen Zustandes; **– en demeure de payer** Zahlungsaufforderung; **– en disponibilité** *(BeamR)* Versetzung in den einstweiligen Ruhestand; **– à la disposition** Bereitstellung *f*; Zurverfügungstellung *f*; **– aux enchères** *(ZPR)* (Anordnung einer Zwangs-) Versteigerung; **– à l'épreuve** *(StPR)* Strafaussetzung zur Bewährung, Bewährung *f*; **– en état** (1) *(ZPR)* Anberaumung *f* eines Termins zur mündlichen Verhandlung, (2) *(SchuldR: Sache)* Instandsetzung *f*; **– évidence** Herausstellung, Hervorhebung.

mise en examen *(StPR: remplace aujourd'hui l'inculpation: art.80-1 du NCPP)* Einleitung eines Ermittlungsverfahrens (durch die Staatsanwaltschaft); **– à exécution** Ausführung; **– en exploitation** Inbetriebnahme *f*; Förderungsbeginn *m*, Erschließung *f*; **– de fonds** *(HR, GesR)* (Vermögens-)Einlage,

Kapitaleinlage; – **de fonds initiale** Stammeinlage; – **de fonds en nature** Sacheinlage; – **à la fourrière** *(StVR)* Beschlagnahme u. Sicherstellung (eines Kraftfahrzeuges).

mise en gage *(SachR)* Verpfändung, Bestellung eines Pfandrechts (an einer beweglichen Sache); – **en garde** Warnung, Verwarnung; – **en gérance** *(HR)* Verpachtung (eines Handelsgeschäfts); – **hors commerce** Außerverkehrsetzung *f*; – **hors cours** Außerkurssetzung; – **hors service** Außerdienststellung, Stillegung; – **à l'index** *(ArbR)* Verruferklärung, Boykottverkündung; – **en interdit** Bestreikung; – **à jour** Neubearbeitung; Durchsicht *f*; – **à jour du registre foncier** Grundbuchbereinigung; – **en liberté** *(StVZ)* Freilassung *f*; – **en liberté sous caution** Freilassung gegen Sicherheitsleistung *od.* gegen Kaution; – **en liberté provisoire** vorläufige Freilassung; – **en marche** Inbetriebsetzung *od.* -nahme; – **en mémoire** *(DV)* Speicherung; – **au nominatif** *(WertpR)* Umschreibung auf den Namen.

mise en observation Unterbringung zur Beobachtung; – – **dans un asile d'aliénés** Anstaltsbeobachtung.

mise en œuvre Inangriffnahme *f*, Ausführung, Einsatz; Durchführung; Verwertung *f*; – **au pas** *(Pol)* Gleichschaltung *f*; – **à pied** (1) *(ArbR, DiszR)* vorübergehende strafweise Aussperrung (durch den Arbeitgeber bei Verfehlungen des Arbeitnehmers), strafweise Ausschließung vom Dienst, (2) *(ArbR)* Suspendierung des Arbeitsvertrages (bei Betriebsstörungen); – **sur pied** Aufstellung, Bildung; – **en place** Einsetzung, Einrichtung; – **au point** (1) Richtigstellung, Klarstellung, (2) Fertigstellung; – **en possession** Aushändigung der Sache, Verschaffung der Herrschaft über eine Sache; – **en pratique** Durchführung, Verwirklichung; – **à prix** *(Versteigerung)* Ruf *m*, Ausrufs- *od.* Schätzpreis; – **en question** Infragestellung *f*; – **au point** Fertigstellung; Verfeinerung; abschließende Planung.

mise en recouvrement Einziehung einer Forderung; – **en régie** Übernahme in (staatlichen) Regiebetrieb; – **en résidence forcée** *(StVZ)* Zuweisung eines Aufenthaltortes (der nur mit Zustimmung des Staatsanwalts verlassen werden darf); – **à la retraite** *(BeamR)* Pensionierung, Versetzung in den Ruhestand; – **à la retraite d'office** Zwangsversetzung in den Ruhestand, Zwangspensionierung; – **au rôle** *(ZPR)* Eintragung der Sache in das Prozeßregister (zur Begründung der Rechtshängigkeit); – **en route** (1) Inbetriebsetzung, (2) Verfrachtung.

mise sociale *(GesR: apport en société)* Einlage *f*.

mise sous scellés (1) *(ZwangsVR)* Anlegung von Siegeln, Anbringung einer Pfandanzeige, Aufrichtung von Pfandzeichen, (2) *(StPR)* Versiegelung (mit einem Amtssiegel), Anbringung eines Siegelabdrucks; – **au secret** *(StVZ)* Versetzung in Einzelhaft; – **en service** Inbetriebnahme; – **sous presse** Drucklegung.

mise sous surveillance administrative *(StVZ)* Stellung unter Schutzaufsicht; – – **de la police** Stellung unter Polizeiaufsicht.

mise en valeur Verwertung *f*, Erschließung *f*; – **en vente** Verkauf *m*; – **en vigueur** Inkraftsetzung *f*; – **aux voix** Abstimmung *f*.

miser *v.tr.d.* (beim Spiel) setzen (auf), einsetzen.

misère *f* Not *f*, Elend *n*; **tomber dans la** – verarmen; – **physiologique** Unterernährung.

missile *m* Lenkflugkörper *m*.

mission *f* (1) *(OfR, ZR: fonction, mandat, charge)* Auftrag *m*, Dienstauftrag *m*, (2) *(but, rôle)* Zweck *m*,

mission accréditée   **mode**

Aufgabe *f*, (3) *(BeamR, ArbR)* Entsendung; Einsatz *m*; Dienstreise *f*, (4) *(VwR)* Amt *n*, Zuständigkeit; **s'acquitter d'une** – einen Auftrag erfüllen; **frais de** – *(BeamR)* Dienstreisekosten *pl*; **ordre de** – Dienstreiseauftrag *m*.

mission accréditée *(VR)* beglaubigte Mission; – **diplomatique** diplomatische Vertretung; – **permanente** *(VR)* ständige Vertretung; – **secrète** geheime Mission; – **spéciale** Sonderauftrag.

missive *adj/n.f.*: **lettre** – schriftliche Mitteilung; Brief *m*, Postkarte *f*, Telegramm *n*.

mi-temps *f*: **emploi à** – *(ArbR)* Halbtagsarbeit; Halbtagsbeschäftigung.

mitigation *f (StR: adoucissement)* Milderung *f*, Herabsetzung *f*; – **de la peine** Strafmilderung; Erlaß *m* der Reststrafe.

mitiger *(StR)* mildern, herabsetzen.

mitoyen *adj* gemeinsam, gemeinschaftlich; Grenz-, Mittel-; **mur** – Grenzmauer.

mitoyenneté *f (SachR: copropriété des clôtures)* Miteigentum der Anlieger (an Grenzmauern usw.); Grenzgemeinschaft *f*.

mixte *adj* gemischt; **acte** – *(HR)* einseitiges Handelsgeschäft; **commission** – paritätisch besetzter Ausschuß; **condition** – *(SchuldR)* gemischte Bedingung; **éducation** – Koedukation *f*; **jugement** – *(ZPR)* Endurteil über einen Teil der Ansprüche und vorläufiges Urteil über weitere Ansprüche; **mariage** – Mischehe *f*; **société d'économie** – (= **SEM**) *(ÖfR, WirtR: entreprise associant capitaux publics et privés)* gemischtwirtschaftliches Unternehmen, gemischtwirtschaftlich geführter Wirtschaftsbetrieb.

mobile *m (motif, intention, but poursuivi)* Beweggrund *m*; Anlaß *m*, Triebfeder *f*; **erreur sur le** – *(StR)* Motivirrtum *m*, Irrtum im Beweggrund; – **d'achat** Kaufmotivation *od.* -entscheidung.

mobilier *adj* beweglich; **biens** –**s** bewegliche Sachen, Fahrnis *n*; **cote** –**ière** *(SteuerR)* Wohnraumsteuer; **crédit** – Mobiliarkredit; **saisie** –**ière** Mobiliarzwangsvollstreckung; **valeurs** –**ières** Wertpapiere, Effekten *pl*.

mobilier *m* Mobiliar *n*; Einrichtungsgegenstand *m*; Möbel *n*, bewegliches Gut.

mobilisable *adj* mobilisierbar.

mobilisation *f* (1) *(MilR)* Mobilmachung *f*, Mobilisierung *f*, (2) *(WirtR: capitaux)* Flüssigmachen *n*, Umwandlung *f* in verfügbares Geld; **effet de** – Finanzwechsel *m*; – **de crédits** Kreditbereitstellung; – **de fonds** Geldbeschaffung *f*; **générale** *(MilR)* Generalmobilmachung.

mobiliser *v.tr.d.* (1) mobilmachen, (2) flüssig machen, mobilisieren.

mobilité *f* (professionnelle) *(ArbR)* Mobilität *f* (der Arbeitnehmer).

modal *adj*: **obligation** –**e** *(SchuldR)* bedingte Forgerung.

modalité *f* (1) *(SchuldR: condition, terme)* Bedingung *f*; Zeitbestimmung, (2) *(i.w.S.)* Erfordernis *n*, Modalität *f*; Auflage *f*, (3) Ausführungsart *f*, Art und Weise, (4) *(im Vertrag)* einzelne Bestimmung, (Vertrags-)Klausel *f*; – **d'application** *(d'un décret)* *(VwR)* Durchführungsbestimmung; – **de paiement** Zahlungsbedingung *od.* -modalität; –**s de preuve** (gesetzliche) Beweisregeln *fpl*.

mode *f* Mode(erscheinung), Zeitgeschmack *m*.

mode *m* Art und Weise, Methode *f*, Modus *m*; Verfahren *n*; Form *f*; – **d'élection** Wahlmodus *m*; – **d'emploi** Gebrauchsanweisung, Bedienungsanleitung; – **d'existence** Lebenshaltung, Lebensstandard; – **de fabrication** Herstellungsverfahren; – **de fonctionnement** Arbeitsweise *f*, Betrieb *m*; – **de gouvernement** Regierungsform – **d'imposition** Besteuerungsart *f*; – **opératoire** Verfahrensweise *f*; Betriebsart *f*; – **de paie-**

ment Zahlungsart *od.* -form; **– de preuve** Beweisart *f*, Beweisverfahren *n*; **– de production;** Herstellungsverfahren *n*; **– de répartition** Verteilungsmodus *m*; **– de scrutin** Abstimmungsverfahren *n*, Wahlmodus; **– de travail** Arbeitsweise *f*; **– de vie** Lebensweise *f*.

modèle *m* (1) *(MuW: création à trois dimensions destinée à orner des objets d'utilité)* Muster *n*; Geschmacks- *od.* Gebrauchsmuster, (2) *(i.w.S.)* Modell *n*; Vorlage *f*, (3) *(IPR:* modèle législatif) Vorbild *n*, (4) *(VwR: formulaire)* Formblatt *n*; **déclaration** *ou* **dépôt d'un –** Musteranmeldung; **loi sur les –s** Geschmacksmustergesetz *n*; **– déposé** (angemeldetes) Gebrauchs- *od.* Geschmacksmuster; **– économique** *(Vwirt)* (Zustands- *od.* Bewegungs-)Modell; **– esthétique** Geschmacksmuster; **– de fabrique** Prototyp *m*; **– industriel** gewerbliches Muster; **– d'utilité** Gebrauchsmuster.

modèles: droit des – (Gebrauchs- und Geschmacks-) Musterrecht *n*; **protection des –** Musterschutz *m*; **registre des –** Musterregister *n*, Musterrolle *f*.

modérateur *adj* (1) mäßigend, (2) leitend, lenkend, regulierend; **ticket –** *(SozVers)* Selbstbeteiligung (an den Krankheitskosten).

modération *f* Mäßigung *f*, Maßhaltung *n*; Abschwächung, Einschränkung; **– de droit** *(SteuerR)* Steuerermäßigung; **– de la peine** Strafmilderung; **– des prix** Preisherabsetzung.

modérer *v.tr.* abschwächen, mäßigen, herabsetzen, mildern.

modernisation *f* Modernisierung *f*.

moderniser *v.tr.* dem neuesten technischen *od.* wissenschaftlichen Stand anpassen, modernisieren.

modeste *adj* einfach, unbedeutend; anspruchslos; **revenu –** bescheidenes Einkommen.

modestie *f* Bescheidenheit *f*, Anspruchslosigkeit.

modicité *f* Geringfügigkeit, Mäßigkeit; **– du prix** Niedrigkeit, Billigkeit.

modifiable *adj* (ver- *od.* ab-)änderungsfähig.

modificatif *adj/n.m.* Abänderungsvertrag *bzw.* -gesetz.

modification *f* (1) *(changement partiel)* Abänderung *f*, Änderung, Umänderung, Abwandlung, (2) Verbesserung, Neu- *od.* Umgestaltung; Neubearbeitung; **avis de –** Änderungsanzeige *f*; **sous réserve de –s** Änderungen vorbehalten; **– des conclusions** *(ZPR)* Abänderung der Klageanträge *od.* -ansprüche; **– du contrat** Abänderung des Vertrags, Vertragsänderung; **– de fond** grundlegende Änderung; **– de la loi** Gesetzesnovelle *f*; **– de prix** Preisanpassung *od.* -änderung; **– de la raison sociale** Abänderung der Firmenbezeichnung; **– du risque assuré** Gefahrenänderung; **– statutaire, – aux statuts** *(GesR)* Satzungsänderung; **– du testament** Abänderung der letztwilligen *od.* testamentarischen Verfügung; **– de valeur** Wertabweichung *od.* -änderung.

modifier *v.tr.* abändern, ändern; umgestalten, umarbeiten; **loi –fiée du...** Neufassung des Gesetzes vom...; **loi –fiée par..** Gesetz in der Fassung vom...

modique *adj:* **somme d'argent –** mäßiger *od.* geringer Betrag.

modulable *adj:* **horaire –** flexible Arbeitszeit.

modulation *f* (Aus-)Steuerung *f*, Modulation, Abwandlung.

module *m* (1) Modul *n*, austauschbares komplexes Teil (eines Geräts), (2) *(SchulR)* Unterrichtseinheit *f*.

moduler *v.tr.* (Preis) anpassen.

modus | operandi *(lat)* Handlungsweise *f*; **– procedendi** Verfahrensweise; **– vivendi** einvernehmliche Streitbeilegung.

mœurs *fpl* (1) Gewohnheiten *fpl*, Sitten *fpl*, Gebräuche *fpl*, (2) Lebenswandel *m*; **attentat aux –** (1) *(StR: i.w.S.)* Sexualstraftat, (2)

moins-disant

(StR: i.e.S.) Sexualhandlung; unzüchtige Handlung; **étude des –** Verhaltensforschung *f*; **police des – ** Sittenpolizei *f*; **– contre nature** *(StR)* Abartigkeit.

moins-disant *m (ZwangsVR: adjudication)* Mindergebot *n*.

moins-perçu *m* Mindereinnahme *f*; zu wenig erhobene (Beförderungs-)Kosten.

moins-value *f* Wertminderung *od.* -verlust, Minderwert *m*.

mois *m* (1) Monat *m*, (2) (Monats-)Miete, (3) *(ArbR)* Monatslohn *m*; **échéance début, milieu, fin de –** (Monats-)Anfangs-, Medio- *od.* Ultimofälligkeit; **– civil** Kalendermonat *m*; **– double** *ou* **treizième –** dreizehntes Monatsgehalt.

moitié *f* Hälfte *f*; **à – prix** zum halben Preis; **se mettre de – *(HR)*** sich zur Hälfte am Gewinn *od.* Verlust beteiligen.

molestation *f* (1) Belästigung *f*, (2) *(StR: sévices, brutalités)* Mißhandlung *f*.

molester *v.tr.* belästigen; mißhandeln.

moment *m* Zeitpunkt *m*, Moment *m*, Augenblick *m*; **à aucun –** nie, zu keinem Zeitpunkt; **au – où ...** zu dem Zeitpunkt, wo...; **à tout –** zu jeder Zeit; **en ce –** heute, jetzt, zum jetzigen Zeitpunkt; **par –s** zeitweise; **pour le –** heute, jetzt; **sur le –** damals, zu jener Zeit.

momentanément *adv* momentan, vorübergehend, augenblicklich.

monarchie *f* Monarchie *f*; **– absolue** unbeschränkte Monarchie; **– constitutionnelle** konstitutionelle Monarchie.

mondaine *f* Rauschgift(bekämpfungs)dezernat *n*.

monde *m* (1) Welt *f*; Universum *n*, (2) führende Schicht *f*, Gesellschaft *f*; **le Tiers- –** die Dritte Welt; **le Quart- –** die Ärmsten der Armen; **– des affaires** Geschäftswelt; **– environnant** Umwelt; **– du travail** Arbeitswelt.

mondial *adj*: **à l'échelle –e** weltweit gesehen; **population –e** Weltbevölkerung *f*.

monnaie

mondialisation *f* weltweite Verbereitung *od.* Ausdehnung.

monétaire *adj* Währungs-; **accord –** Währungsabkommen; **crise –** Währungskrise; **dépréciation –, érosion –** Geldwertverfall *m*; **fonds – international (= FMI)** internationaler Währungsfonds (= IWF); **marché –** Geldmarkt; **masse –** Geldvolumen *n*; **politique –** Währungspolitik, monetäre Konjunkturpolitik; **serpent –** *(EG)* Währungsschlange; **stabilité –** Geldwertstabilität *f*; **système – européen (= SME)** europäisches Währungssystem; **système – international (= SMI)** internationales Währungssystem; **union –** Währungsunion *f*; **unité –** Währungseinheit; **volume –** Geldumlauf *m*, Geldmenge *f*.

monétarisme *f (Vwirt)* Geldtheorie der Monetaristen.

monétique *f* elektronische Zahlungsmechanismen; Zahlung mit Plastikgeld *od.* mittels Heimcomputer.

monétisation *f* Monetisierung, Umwandlung (einer Wertpapieranlage z.B.) in Geld.

monétiser *v.tr.* monetisieren, in Geld umwandeln.

Moniteur belge belgisches Amts- u. Gesetzblatt.

monitorat *m* Kundenschulung *od.* -einweisung (durch den Hersteller *od.* die Vertriebsgesellschaft).

monnaie *f* (1) *(WirtR: instrument légal de paiement)* (gesetzlich anerkanntes) Zahlungsmittel *n*, Geld *n*, Währung *f*, (2) *(BankR: pièces de faible valeur)* Kleingeld *n*, (3) *(VwR: La Monnaie)* Münzamt *n*, Münzstätte *f*; **ajustement –, alignement de la –** Währungsanpassung; **battre –** Geld prägen; **convertibilité de la –** (volle Devisen-)Konvertibilität; **coupure de –** Banknote *f*, Note *f*; **cours des –s étrangères** Devisenumtauschkurs, Sorten- *od.* Valutakurs; **création de –** Geldschöpfung *f*; **dépréciation de la –** Währungsverfall, Geldentwertung; **dévaluation de la –** Abwertung der Währung; **droit de battre –** Präge- *od.* Münzrecht, Münzregal *n*; **falsification de –** Geldfälschung *f*, Geldverfälschung; **fausse –** Falschgeld; **frappe de la –** Münzprägung *f*; **papier –** Papiergeld, ungebundene Währung; Banknoten *fpl*; **petite –** Kleingeld; **pièce de –** Münze *f*, Geldstück *n*, (Münz-)Sorte; **réévalution de la –** Währungsaufwertung; **rendre la –** herausgeben; **valeur nominale de la –** Geldnennwert *m*.

monnaie active *(VWirt)* Geld für Investitionszwecke; **– d'appoint** Scheidemünze.

monnaie appréciée harte Währung; **à – –** valutastark *adj*.

monnaie d'argent (1) Silberwährung, (2) Silbermünze; **– de banque** Giralgeld, Bank- *od.* Buchgeld; **– de billon** Kleingeld, Scheidemünze; **– clé** Leitwährung; **– de compte** Giralgeld, Buchgeld, Bankgeld, Bank- *od.* Verrechnungswährung; **– constante** fiktiv konstant gehaltene Währung; **– contrefaite** gefälschtes *od.* nachgemachtes Geld; **– convenue** Vertragswährung; **– convertible** frei konvertierbare Währung; **– courante** (1) umlaufende Geldeinheit, (2) gültige Münze, Kurantgeld; **– de crédit** *ou* **de créance** Geldschöpfung *od.* Schaffung (durch die Banken); **à – dépréciée** valutaschwach *adj*; **– dirigeante** Reserve- *od.* Leitwährung; **– dirigée** manipulierte *od.* gesteuerte Währung; **– divisionnaire** Kleingeld, Scheidemünze; **– électronique** E-Money, digitales Geld, elektronische Geldbörse; **– étrangère** ausländische Währung, Valuta *f*; **– de facturation** *(Außh)* vertraglich festgesetzte Zahlungseinheit.

monnaie faible schwache *od.* weiche Währung; **à – –** valutaschwach.

monnaie fiduciaire Papiergeld, ungebundene Währung; **– flottante** Währung mit frei schwankenden Wechselkursen.

monnaie forte harte Währung; **à – –** valutastark.

monnaie de fortune Notgeld; **– hors cours** aufgerufenes Geld, außer Kurs gesetztes Geld; **– indexée** Indexwährung; **– légale** (gesetzliche) Währung, Währungsgeld; **– librement convertible** frei konvertierbare Währung; **– marchandise** gebundene Währung; **– matière** Bezugschein *m*; **– métallique** Metall- *od.* Münzgeld; **– nationale** Landeswährung; **– oisive** gehortetes Geld; **– or** Goldumlaufs- *od.* Goldwährung; **– de paiement** (1) gesetzliches Zahlungsmittel, (2) vereinbarte Währung, in der die Zahlung erfolgen soll; **– de papier** (manipulierte) Papierwährung, freie Währung; **– pilote**, **– de référence** Leitwährung, **– de règlement** Erfüllungsvaluta; **– de réserve** *(Außh)* Leitwährung (im Außenhandel), Reservewährung; **– scripturale** Buchgeld, Giralgeld; **– verte** *(EG)* grüne Währung.

monnaie unique européenne Europäische Währungseinheit.

monnayage *m* Münzprägung; **faux –** Falschmünzerei *f*, Münzverfälschung, Geldfälschung *od.* -verfälschung.

monnayer *v.tr.d.* prägen, münzen.

monnayeur *m* Münzer *m*, Münzarbeiter *m*; **faux –** Falschmünzer *m*.

monocaméralisme *m (VerfR)* Einkammersystem *n*.

monocarte *adj*: **voyageur, représentant, placier –** Exklusiv- *od.* Einfirmavertreter *m*.

monocratie *f* Alleinherrschaft *f*.

monoculture *f (LandwR)* Monokultur *f*.

monométallisme *m (Vwirt)* einfache (Gold-, Silber-)Währung, Monometallismus *m*.

monoparental *adj*: **famille –e** alleinerziehende Mutter; alleinerziehender Vater.

monopole *m* (1) *(Vwirt, HR: marché*

493

sans concurrence) Monopol *n*, Marktbeherrschung *f*, (2) *(ÖfR)* Alleinherstellungs- *od.* Alleinvertriebsrecht (des Staates), Staatsmonopol, (3) Vorrecht, alleiniger Anspruch; **articles de –** Monopolgüter; **bénéficiaire d'un –** Monopolist *m*; **convention de –** Monopolvereinbarung *f*; **droit de –** (1) Monopolrecht *n*; (2) Monopolabgabe *od.* -gebühr *f*; **exercer un –** ein Monopol ausüben; **position de –** Monopolstellung.

monopole d'achat Ankaufs- *od.* Bezugsmonopol; **– des alcools** Branntweinmonopol; **– d'approvisionnement** Versorgungsmonopol; **– à caractère financier** *ou* **fiscal** Finanzmonopol; **– du commerce extérieur** Außenhandelsmonopol; **– commercial** Handelsmonopol; **– de la demande** Nachfragemonopol; **– de la distribution** Vertriebsmonopol; **– de droit** *(VwR)* staatlich verliehenes Monopol; **– d'émission** Banknotenregal *n*, Banknoten- *od.* Emissionsmonopol; **– d'État** Staatsmonopol; **– d'exploitation** Alleinverwertungsrecht *n*; **– de fabrication** Herstellungs- *od.* Erzeugungsmonopol; **– de fait** tatsächliches Monopol; **– fiscal** Steuer- *od.* Finanzmonopol; **– d'importation** Einfuhrmonopol; **– légal** gesetzliches Monopol; **– des mines** Bergregal *n*; **– de l'offre** Angebotsmonopol; **– de pavillon** Schiffahrtsmonopol; **– postal** Postregal, Postmonopol, Postzwang *m*; **– de représentation** Vertretungsmonopol; **– des tabacs** Tabakmonopol; **– d'utilisation** Alleinverwertungsrecht; **– de vente** Verkaufsmonopol; Alleinverkaufsrecht.

monopoliser ein Monopol ausüben, monopolisieren.

monopolistique *ou* **monopoliste** *adj* **monopolistisch** *adj*; auf Marktbeherrschung ausgehend; **capitalisme –** Monopolkapitalismus; **concurrence –** monopolistische Konkurrenz.

monopsone *m* Nachfragemonopol *n*.
monsieur *m* Herr *m*; **– bons offices** Vermittler, Schlichter.
montant *m* Betrag *m*, Summe *f*, Höhe *f*; **– d'un achat** Kaufpreis *m*; **– additionnel** Zusatzbetrag, Aufschlag, Aufpreis; **– de l'assurance, – assuré** *(VersR)* Deckungssumme *f*, Versicherungssumme *od.* -betrag *m*; **– de base** Grundbetrag; **– brut** Rohbetrag; **– en chiffres absolus** absoluter Betrag; **–s compensatoires monétaires (= MCM)** *(EU)* Ausgleichsbeträge *od.* -währung, Grenzausgleich für Agrarprodukte; **– du compte** Kontostand *m*; **– de la couverture** *(VersR)* Deckungshöhe *f*; **– de la créance** Forderungsbetrag; **– débité** abgebuchter Betrag; **– de la dette** Schuld *f*; **– du dommage** Schadenshöhe; **– exonéré** Freibetrag; **– de la facture** Rechnungsbetrag; **– franc** Freibetrag; **– forfaitaire** Gesamt- *od.* Pauschalbetrag; **– des frais** Kostenbetrag; **– impayé** offener Posten; **– non imposé** Freibetrag, steuerfreier Betrag, Freigrenze *f*; **– de l'impôt** Steuerbetrag; **– d'indemnité** *(VersR)* Abfindungssumme; **– de la lettre de change** Wechselsumme.

montant du litige *(PrzR)* Streitwert *m*, Wert des Streitgegenstandes, Gegenstandswert; **– maximum de garantie** Haftungshöchstbetrag; **– minimum** Mindestbetrag; **– net** Nettobetrag; **– minimum d'indemnité** Mindestersatzleistungssumme; **– nominal** Nenn- *od.* Nominalbetrag; **– partiel** Teilbetrag; **– de la peine** *(StR)* Strafmaß *n*; **– de la pension** Rentenhöhe; **– perçu** abgehobener *od.* eingezogener Betrag; **– du remboursement** (1) Erstattungsbetrag, (2) Nachnahmebetrag; **– de la responsabilité** Haftungssumme; **– restant dû** Restschuld; **– total** Gesamtbetrag.

mont-de-piété *m* Pfandleihanstalt *f*, Pfandhaus *n*, Leihaus.

montée f Anstieg m, Aufwärtsbewegung; Steigerung, Zunahme f; – **des cours** Kurssteigerung; – **des prix** Preissteigerung; – **des ventes** Absatzerhöhung.

monter v.tr. **un coup** eine Straftat planen; – **une entreprise** ein Unternehmen gründen; – **la garde** Wache halten.

montrer v.tr. zeigen; (Ausweis) vorzeigen; (Urkunde) vorlegen; (Sachverhalt) beweisen; erklären; – **l'exemple** mit gutem Beispiel vorangehen.

monument m Denkmal n; Bauwerk n; Gebäude n; **–s historiques et sites (classés)** unter Denkmalschutz stehende historische Denkmäler und Landschaften.

moral adj (1) moralisch, sittlich, ethisch, (2) immateriell; **dommage –** immaterieller Schaden; **élément –(de l'infraction)** subjektiver Tatbestand; **personne -e** juristische Person; **précepte –**, **règle -e** ethischer Grundsatz.

morale f Sittenlehre f, Moral f, Ethik f; – **internationale** (VR) internationale Verhaltensnormen fpl.

moralement adv moralisch; innerlich, persönlich.

moralité f Sittlichkeit f, Moral f; **certificat de –** Führungszeugnis n.

moratoire adj verzögernd, die Zahlung hinausschiebend, aufschiebend; **intérêts –s** Verzugszinsen; **législation –** (ZR) Gesetzgebung zum Schuldnerschutz; **sentence –** (ZwangsVR) (dem Schuldner) Zahlungsaufschub gewährendes Urteil.

moratoire m (1) (VR) Moratorium n, (2) (BankR) Zahlungsaufschub m, Fristverlängerung (bei Schulden); **obtenir un –** einen Zahlungsaufschub erwirken; – **bancaire** Bankenmoratorium; – **des intérêts** Zinsmoratorium; – **de paiement** Zahlungsaufschub m; – **provisoire** Stillhalteabkommen n.

morbide adj morbid, pathologisch, pervers.

morbidité f Krankenstand od. -zahl.

morceler v.tr. parzellieren, zerstückeln, abteilen.

morcellement m (LandwR) Parzellierung f, Zerstückelung f; **plan de –** (BauR) Parzellierungsplan m; – **des terres** Flurzersplitterung.

morgue f Leichenhalle f, Leichenschauhaus n.

morosif adj seine Pflichten vernachlässigend; seine Rechte nicht (rechtzeitig) ausübend.

mort m (1)(ErbR, syn.: le de cujus, le défunt, la personne décédée) Tote(r) m, Verstorbene(r) m, (2) (syn.: cadavre, dépouille mortelle) Leiche f, Leichnam m, die sterbliche Hülle.

mort f (1) (décès) Tod m, (2) (fin, ruine) Untergang m, Niedergang, (3) (ErbR) Erbfall m; **abolir la peine de –** die Todesstrafe abschaffen; **à cause de –** von Todes wegen; **arrêt de –, condamnation à –** Todesurteil n; **camp de la –** Todeslager, KZ; **danger de –** lebensbedrohende Gefahr, Todesgefahr f; **donner la –** das Leben nehmen, töten; **se donner la –** Selbstmord begehen; **être à l'article de la –** in den letzten Zügen liegen; **peine de –** Todesstrafe f; **mettre à –** hinrichten; – **accidentelle** Unfalltod; – **apparente** Scheintod; – **civile** (StPR) Verlust der bürgerlichen Ehrenrechte; bürgerlicher Tod; – **clinique** klinischer Tod, ärztlich festgestellter Tod; – **cérébrale** Hirntod; – **d'homme** Totschlag m; – **naturelle** natürlicher Tod; – **violente** gewaltsamer Tod.

mortalité f Sterblichkeit f, Sterblichkeitsziffer f; **table de –** Sterbetafel f, Absterbeordnung; **taux de –** Sterblichkeit f, Sterbeziffer f, Sterberate f, Todeswahrscheinlichkeit; – **des nouveaux-nés** Säuglingssterblichkeit; – **infantile** Kindersterblichkeit.

mortel adj sterblich; tödlich; **accident –** tödlicher Unfall; **blessure –** Körperverletzung mit tödlichem Ausgang; **dose -le** Letaldosis f; **poison –** tödliches Gift.

morte-saison *f* Flaute *f*, Saure-Gurken-Zeit *f.*
mort-gage *m (hist)* Nutzungspfand *n.*
mortinatalité *f* intrauterine Sterblichkeit.
mort-né *m* Totgeburt *f.*
mortuaire *adj* Sterbe-, Leichen-; **acte –** Sterbeurkunde *f*; **extrait –** Totenschein *m*; **maison –** Leichenhalle *f*; **registre –** Totenregister *n.*
mot *m* Wort *n*; Ausspruch *m*; **– clé** Stichwort; **– d'ordre** Losung, Parole; **– d'ordre de grève** Streikaufruf *m*; **– de passe** Kennwort *n*, Losungswort, Parole *f.*
motif *m* (1) *(SchuldR: mobile personnel envisagé sous l'aspect de sa licéité, par oppposition à la cause de l'obligation qui est le but immédiat et direct de l'engagement du débiteur)* (mehr od. weniger entfernter) Grund *m* für den Abschluß eines Rechtsgeschäfts, Anlaß zum Abschluß (eines Vertrages), (2) *(ZPR: argument développée par les plaideurs dans les conclusions et par les magistrats dans leur décision)* Argument *n*; Begründung (des Anspruchs); Schluß *m*; Entscheidungsgrund, (3) *(StR u. i.w.S.: mobile d'une action ou omission)* Motiv *n*, Beweggrund *m*, Antrieb *m*; (4) *(PrzR: au pluriel, exposé des raisons de droit et de fait qui justifient un jugement)* Urteilsgründe *mpl*, Entscheidungsgründe, Begründung *f* der richterlichen Entscheidung; **absence de –s** mangelhafte *od.* fehlende Begründung; **contrariété de –s** sich widersprechende *od.* widerspruchsvolle Entscheidungsgründe; Widersprüchlichkeit der Entscheidungsgründe; **défaut de –s** mangelhafte *od.* fehlende Begründung; **erreur sur le –** Motivirrtum *m*, Irrtum im Beweggrund; **exposé des –s** Begründung, Darlegung der rechtlichen u. tatsächlichen Gründe (einer Entscheidung *od.* eines Antrages); **exposé des –s d'une loi** Gesetzesbegründung.
motif d'accusation *(StPR)* Anklagegrund *m*; **– d'appel** *(PrzR)* Berufungsgrund; **– d'arrestation** *(StPR)* Haftgrund; **– de congédiement** *(ArbR)* Kündigungsgrund; **– déterminant** ausschlaggebender Grund; **– de divorce** (Ehe-)Scheidungsgrund; **– d'empêchement** Hinderungsgrund; **– d'exclusion** Ausschluß- *od.* Ausschließungsgrund; **– de droit** rechtliche Entscheidungsgründe; **–s de fait** tatsächliche Entscheidungsgründe; **– grave** schwerwiegender Grund; **– d'interdiction** Verbotsgrund; **– d'irrecevabilité** *(PrzR)* Unzulässigkeitsgrund; **–s du jugement** (1) *(StPR)* Urteilsgründe *mpl*, (2) *(ZPR)* Entscheidungsgründe *mpl*; **– juridique** Rechtsgrund; **– légitime** rechtmäßiger Grund; **– de licenciement** *(ArbR)* Kündigungsgrund; **– de nullité** Nichtigkeits- *od.* Aufhebungsgrund; **– de résiliation** Kündigungsgrund; **– de service** *(VwR)* dienstliches Interesse, dienstliche Rücksichten *od.* Belange; **– valable** triftiger Grund, stichhaltige Begründung.
motion *f* (1) *(ÖfR: proposition, texte proposé)* Antrag *m*, (2) *(VerfR: résolution prise dans une assemblée délibérante)* Parlamentsbeschluß *m* (außerhalb der Gesetzgebung); **– d'accusation** *(VerfR)* Antrag auf (strafrechtliche) Verfolgung; **– de blâme** Tadelsantrag; **– de censure** *(VerfR)* Mißtrauensantrag; Mißtrauensvotum; **– de clôture** Antrag auf Schluß der Aussprache; **– de confiance** Vertrauensvotum *n*; Vertrauenserklärung *f*; **– de défiance** Mißtrauens- *od.* Mißbilligungsantrag; **– d'ordre** Antrag zur Tagesordnung; **– préjudicielle** präjudizieller Antrag; **– de procédure** Verfahrensantrag.
motivation *f* (1) *(PrzR: ensemble des motifs d'un jugement)* Gesamtheit der Entscheidungsgründe, Argumentation, (2) *(Vwirt: facteurs déterminant le comportement de l'agent économique)* Grundlage(n) des Entscheidungsverhaltens; Entscheidungslogik *f*; Problemlösungsverhalten *n*; **étude**

motivé

de – Untersuchung der Entscheidungsprozesse; Verhaltensforschung.
motivé *adj* begründet, mit Gründen versehen; **retard non** – unentschuldigte Verspätung.
motiver begründen; rechtfertigen; – **une décision** eine Entscheidung mit Gründen versehen, ein Urteil begründen.
motocycle *m (StVR: véhicule automobile à deux roues)* Zweirad *n*.
motocycliste *m* Zweiradfahrer *m*.
mouchard *m (pej: indicateur de police)* Polizeispitzel *m*.
mouillage *m* (1) *(LandwR: coupage)* mit Wasser verfälschen, Panschen *n*, (2) *(SeeHR: ancrage)* Ankern *n*; Ankerplatz *m*; – **du lait** *(StR)* Milchpantschen *n*; – **du vin** Verfälschung des Weines, Weinpantschen.
mouiller qqn. jmdn. kompromittieren, in eine Sache verwickeln; **se** – sich engagieren, ein Risiko eingehen.
mourir *v. intr.* sterben, umkommen; untergehen.
mouroir *m pej* Altenheim *n*.
mouvance *f* Einflußsphäre *f*; Gefolgschaft *f*.
mouvement *m* (1) *(changement, modification)* Bewegung *f*, Änderung *f*, Veränderung, (2) *(Pol.)* Umwälzung; Fortschritt *m*; Unruhe *f*, (3) *(parti politique)* politische Bewegung, Partei *f*, (4) *(Vwirt: capitaux, marchandises)* (Waren-)Umsatz *m*; (Zahlungs-)Verkehr *m*; (Kapital-) Bewegungen **commission de** – Umsatzprovision *f*; – **administratif** *(BeamR)* Personalveränderungen im öffentlichen Dienst; – **d'affaires** *ou* **des affaires** Geschäftsverkehr *m*; – **autonomiste** Autonomiebestrebung *od.* -bewegung; – **de caisse** Kassenumsatz *m*; – **de capitaux** Kapitalverkehr *m*; – **clandestin** *(Pol)* Untergrundbewegung *f*; – **commercial** Geschäftsverkehr; – **des cours** Kursentwicklung; Kursschwankungen; – **démographique** Bevölkerungsbewegung; – **diplomatique** Personalveränderungen im diplomatischen Dienst, Revirement *n*; – **de diversion** Ablenkungsmanöver; – **d'émigration,** – **d'exode** Abwanderung, Auswanderung.
mouvement de fonds Geld- *od.* Kapitalbewegung; – **de grève** Streikbewegung, Streikaktion, Arbeitskampf; – **de hausse** Ansteigen (der Preise); – **insurrectionnel** Aufruhr *m*, Aufstand *m*; – **inverse** Gegenbewegung; – **de libération** Befreiungsbewegung; – **migratoire** Wanderung *f*; – **naturel de la population** *(Vwirt)* natürliche Bevölkerungsbewegung.
mouvement ouvrier Arbeiterbewegung; – **des paiements** Zahlungsverkehr; – **populaire** *(Pol)* Aufruhr *m*, Volksaufstand; – **préfectoral** Umbesetzung der Präfektenposten; – **des prix** Preisschwankungen *pl*; Preisentwicklung; – **de protestation** Protestbewegung; – **de résistance** *(Pol)* Widerstandsbewegung; – **revendicatif** Arbeitskampf, Gewerkschaftsaktion; – **saisonnier** Saisonschwankungen *fpl*, kurzfristige periodische Marktveränderungen; – **des salaires** Lohnentwicklung; – **des stocks** Lager-Zu- und -Abgänge *pl*, Bestandsveränderung; – **subversif** Umsturzbewegung; – **syndical** *ou* **syndicaliste** Gewerkschaftsbewegung; – **d'union** Einigungsbestrebungen *fpl*.
moyen *adj* durchschnittlich, mittel-; **coût** – Durchschnittskosten.
1. **moyen** *m* (1) *(procédé, voie)* Mittel *n*, Hilfsmittel, Möglichkeit *f*, (2) *(PrzR: fondement, motif, élément de justification)* Vorbringen *n* bei Gericht zur Antragsbegründung, Rechtsgrund *m*, Klagegrund, (3) *(ZR, PrzR: moyens de preuve)* Beweis *m*, Beweismittel *n*; Beweisverfahren *n*; – **d'appel** Berufungsgrund; – **de cassation** Revisionsgrund; – **de coercition,** – **de contrainte** Zwangsmittel; – **de crédit** Kreditmittel; –**s de défense**

moyens

Verteidigungsmittel; Geltendmachung der zugunsten des Beschuldigten sprechenden tatsächlichen und rechtlichen Gesichtspunkte; **– de droit** Rechtsbehelf *m*; rechtliche Grundlage (eines Anspruchs); **– de fait** *(PrzR)* Behauptung tatsächlicher Art; **– de faux** Behauptung der Urkundenfälschung; **– de fond** Ausführung zum Sachverhalt *od.* zur Sache; **– d'irrecevabilité** Unzulässigkeitseinrede; **– nouveau** neues Vorbringen, neues Angriffs- *od.* Verteidigungsmittel; **– de nullité** Aufhebungs- *od.* Nichtigkeitsgrund; **– de paiement** Zahlungsmittel, Zahlungsinstrument *n*; **– de preuve** *ou* **probatoire** Beweismittel; **– de recours** Rechtsmittel; **– de récusation** Ablehnungsgrund; **– de réforme** *(ZPR)* Aufhebungsgrund; **– de transport** Beförderungsmittel, Verkehrsmittel.

2. **moyens** *mpl (Vwirt)* Mittel *(nur pl.)*, Geld *n*, Kapital *n*, Vermögen *n*; **circulation de – de paiement** Zahlungsmittelumlauf *m*; **présentation de – nouveaux** *(PrzR)* neues Vorbringen; **– abortifs** *(StR)* Abtreibungsmittel *pl*; **– d'action** *(ArbR)* Kampfmittel; **– de caisse** *(Buchf)* Kassenbestand, flüssige Mittel; **– de couverture** Deckungsmittel; **– de défense** *(PrzR)* Verteidigungsvorbringen *n*, Verteidigungsmittel; **– de dissuasion** *(VR)* Abschreckungswaffen *fpl*; **– de droit** *(ZPR)* Vorbringen *n* rechtlicher Art; **– d'existence** *(SozR)* Unterhaltsmittel *npl*; **– de financement** *ou* **financiers** Geld- *od.* Finanzierungsmittel; **– financiers propres** Eigenkapital, Eigenmittel; **– de paiement** Zahlungsmittel *pl*; **– de pression** Druckmittel; **– de production** *(Vwirt)* (produzierte) Produktionsmittel; **– publicitaires** Werbemittel, Werbungsmöglichkeiten; **– de subsistance** Existenzgrundlage *od.* -mittel.

municipalisation

moyenne *f* Durchschnitt *m*, Durchschnittswert *m*, Mittel(wert); **– annuelle** Jahresdurchschnitt; **– nationale** Landesdurchschnitt; **– pondérée** gewogener Durchschnitt.

multi-carte *m (HR)* Handlungsreisende(r), der für mehrere Firmen tätig ist.

multicritères *mpl (BW)* Optimierungskriterien *npl*.

multidisciplinaire *adj* fachübergreifend.

multilatéral *adj (syn.: plurilatéral)* mehrseitig, multilateral.

multinationale *f (GesR: société implantée dans plusieurs pays)* multinationales Unternehmen; *pej* Multi.

multipartisme *m* Mehrparteiensystem *n*.

multiple *m* **de négociation** *(BörR)* Schluß *m*.

multiplicateur *m (Vwirt)* Multiplikator *m*.

multipropriété *f (SachR: pluripropriété, attribution d'immeubles en temps partagé)* Timesharing *n*, Nutzungsrecht an (Ferien-)Wohnungen *od.* Appartements (das mehreren Nutzungsberechtigten für bestimmte unterschiedliche Zeitabschnitte zusteht).

multirisque *adj*: **assurance –** gebündelte *od.* kombinierte (Privat-)Versicherung.

multispécialisation *f (ArbR)* Erwerb *m* von Kenntnissen in mehreren Fachbereichen.

muni *adj* versehen mit; **créancier – de sûreté** Gläubiger, der durch ein Sicherungsgeschäft seine Forderung mit einer Sach- *od.* Personalsicherheit versehen hat; **mandataire – d'un pouvoir** mit einer Vollmacht ausgestatteter Beauftragter.

municipal *adj* Gemeinde-, Stadt-, Kommunal-; gemeindlich, kommunal; **code –** Gemeindeordnung *f*; **conseil –** Gemeinderat, Stadtrat *m*; **conseiller –** Gemeinderatsmitglied, Stadtratsmitglied *n*.

municipalisation *f (VwR)* Überführung in Gemeindeeigentum,

Kommunalisierung (von Privatgrundstücken zur Spekulationsbekämpfung).

municipalité f (1) Gemeinde(bezirk); Sitz der Gemeindeverwaltung, Rathaus, (2) *(VwR: le maire et les adjoints)* Bürgermeister u. Stellvertreter; Gemeinde- od. Stadtverwaltung.

munir *v.pron.*: **se – de** sich ausstatten, versehen (mit).

munition f (1) Verpflegung, (2) *(meist pl)* Munition; **autorisation d'acquisition de –s** Munitionserwerbschein.

mur m Mauer f, Wand n; Schutz m; **– de cloison** Zwischenwand; **– mitoyen** gemeinschaftliche Grenzmauer f; **– de séparation** (1) Scheidemauer, (2) Brandmauer.

mutabilité f Übertragbarkeit f (von Grundeigentum).

mutation f (1) *(SachR: transfert d'un droit réel)* Übertragung f (des Eigentums), Veräußerung f (eines Grundstücks), (2) *(ArbR, BeamR: changement d'affectation)* Versetzung f; Arbeitsplatzwechsel m, (3) *(GesR: transmission d'un titre nominatif)* Übertragung eines Namenspapiers; **droit de –** *(SteuerR)* Grundstücksverkehrssteuer, (Eigentums-)Veräußerungssteuer; **– domaniale** *(VwR)* Umwidmung einer öffentlichen Sache; Überführung einer öffentlichen Sache von Gemeinde- in Staatseigentum; **– foncière** *(SachR)* Umschreibung im frz. Hypothekenregister, Überschreibung des Grundeigentums (durch Eintragung im Hypothekenregister; Grundbucheintragung (mit Bewilligung des Betroffenen); **– interne** *(BeamR)* Versetzung innerhalb der Dienststelle; **– par mesure disciplinaire** *(DiszR)* strafweise Versetzung; **– monétaire** *(BankR)* Münzverrufung f; **– d'office** strafweise Versetzung, Strafversetzung; **– professionnelle** Berufswechsel n; **– de propriété** Eigentumsübertragung; **– au registre foncier** *(Elsaß-Lothringen)* Grundbuchumschreibung; **– de service** dienstliche Versetzung.

mutatis mutandis *(lat)* sinngemäß, entsprechend.

muter *v.tr.* (1) *(SachR)* (das Eigentum an einem Grundstück) übertragen, (2) *(ArbR)* (einen Arbeitnehmer) versetzen; **– par mesure disciplinaire** strafversetzen.

mutilation f **volontaire** *(MilR, StR)* Selbstverstümmelung.

mutilé m Versehrte(r) m, Körperbeschädigte(r) m; **grand –** Schwerbeschädigte(r) m; **– de guerre** Kriegsbeschädigte(r), Kriegsversehrte(r); **– du travail** Arbeitsinvalide m.

mutin m Meuterer m, Aufrüher m.

mutinerie f Meuterei f.

mutualisme m Genossenschaftsbewegung f.

mutualité f *(SozVers)* Zusatzversicherung(swesen) auf Gegenseitigkeit; **– des risques** Gefahrengemeinschaft.

mutuel *adj* auf Gegenseitigkeit, wechselseitig, gegenseitig; **pari –** Lotterie f, Lotterievertrag m; **société –lle, – mutualiste** Versicherungsverein m auf Gegenseitigkeit.

mutuelle f *(SozR: société d'assurance mutuelle)* (Kranken- od. Renten-)Versicherung auf Gegenseitigkeit, Zusatzversicherungs- od. Versorgungskasse; **– de capital-décès** Sterbekasse; **– d'entraide** Unterstützungsverein m.

mutuellement *adv* gegenseitig; **se devoir – qqch.** einander zu etw. verpflichtet sein.

mutuum m *(SchuldR: prêt de consommation)* Darlehen n.

mystique *adj* geheim (gehalten), verdeckt; **divorce par consentement mutuel –** Konventionalscheidung ohne Angabe der Scheidungsgründe; **testament –** (öffentliches) Testament, das dem Notar vor zwei Zeugen verschlossen übergeben wird.

N

naissance f (1) *(FamR)* Geburt f, (2) *(fig)* Entstehung f; Herkunft f; Anfang m; Ursprung m; **acte de –** Geburtsurkunde f; **allocation de –** Geburtsbeihilfe f, Geburtenzulage f; **bulletin** *ou* **certificat de –** Geburtsschein m; **contrôle des –s** Geburtenkontrolle f; **date de –** Geburtstag m; **déclaration de –** Geburtsanzeige f; **extrait de –** Auszug aus dem Geburtenbuch, Geburtsurkunde f; **lieu de –** Geburtsort m; **nombre des –s** Natalität f; **prendre –** entstehen; **prime à la –** Geburtenbeihilfe *od.* -zulage f; **registre des –s** Geburtenbuch n.

naissance d'un droit Entstehung eines Anspruchs; **– illégitime** nichteheliche Geburt; **– légitime** eheliche Geburt; **– vivante** Lebendgeburt.

nanti *adj*: **créancier –** Pfandgläubiger m; **pays –** reiches, entwickeltes Land.

nantir *v.tr. (SachR)* ein Pfandrecht (an einer Sache) bestellen, (einen Gegenstand) verpfänden.

nantissement m (1) *(SachR: contrat par lequel un débiteur remet une chose mobilière ou immobilière à son créancier pour la garantie de sa dette)* Bestellung eines vertraglichen Pfandrechts, Pfandrechtsbestellung n, (2) *(Mobilien)* Faustpfand n, (3) *(Immobilien)* Nutzungspfandrecht, (4) Pfand- *od.* Verpfändungsvertrag, Verpfändung, (5) Pfandsache f, Sicherheit f; **affectation en –** Übergabe als Sicherheit, Verpfändung; **avance sur –** Lombardkredit *od.* -vorschuß m, Faustpfandkredit; **constituant du –** Verpfänder m; **constitution de –** Pfandbestellung; **contrat de –** Pfand- *od.* Verpfändungsvertrag; **effet en –** Depot- *od.* Kautionswechsel; **prêt sur –** Lombardgeschäft n; Effektenlombard m/n; Warenlombard.

nantissement d'une chose immobilière *(SachR: antichrèse)* Nutzungspfandrecht an Grundstücken; **– d'une chose mobilière** *(SachR: gage)* Faustpfand; **– sur créances** Sicherheitsleistung durch Verpfändung von Forderungen; **– sans déplacement, – sans dépossession** besitzloses Pfandrecht; **– sur espèces** Sicherheitsleistung durch Hinterlegung von Geld; **– sur fonds de commerce** *(HR)* Bestellung eines besitzlosen Pfandrechts an einem Handelsunternehmen, Sicherheitsleistung durch Verpfändung eines Handelsunternehmens (ohne Besitzübergabe), Verpfändung des Geschäftsvermögens; **– immobilier** Nutzungspfandrecht an Immobilien *od.* Grundstücken; **– sur marchandises** *(HR)* Warenlombard, Sicherheitsleistung durch Verpfändung von Waren; **– mobilier** Besitzpfandrecht an Mobilien, Faustpfand n; **– de l'outillage et du matériel d'équipement** *(HR)* besitzloses Registerpfandrecht an Betriebsausrüstungs- u. Investitionsgütern; **– sur titres, – de valeurs mobilières** *(BankR, HR)* Effektenlombard m/n, Sicherheitsleistung durch Hinterlegung von Wertpapieren, Verpfändung von Wertpapieren.

nappe f **phréatique** Grundwasserspiegel m.

narcodollars mpl Drogengelder npl; **blanchiment des –** (Drogen-)Geldwäsche f.

narcotrafic m *(StR: trafic de la drogue ou des stupéfiants)* Drogenhandel m, Rauschgifthandel.

narcotrafiquant m Drogenhändler m; Rauschgifthändler.

narration *f* Bericht *m*; Schilderung *od.* Darstellung (eines Sachverhalts).
natal *adj*: **langue –e** Muttersprache *f*; **pays –** Geburtsland *n*.
natalité *f* Geburtenzahl *od.* -ziffer *f*; **assurance- –** Versicherung für den Fall einer Geburt; **baisse de la –, diminution de la –, régression de la –** Geburtenrückgang *m*; **taux de –** Geburtenrate *od.* -ziffer.
natif *adj* angeboren, angestammt; **or – ** gediegenes, massives, reines Gold; **– de** gebürtig.
nation *f (VerfR)* Nation *f*, Volk *n*; Staat *m*.
nation la plus favorisée *(AußH)* meistbegünstigtes Land; **clause de la – –** *(AußH)* Meistbegünstigungsklausel.
national *adj* national, inländisch, innerstaatlich, staatlich, einzelstaatlich; Landes-, Staats-; **obsèques –les** Staatsbegräbnis *n*; **territoire –** Staatsgebiet *n*.
national *m* Staatsangehöriger *m*, Staatsbürger *m*, Bürger, Inländer; **– d'origine** Staatsangehöriger durch Geburt.
nationalisation *f (ÖfR)* Vergesellschaftung; Verstaatlichung, Nationalisierung.
nationaliser *v.tr.d.* vergesellschaften; verstaatlichen, nationalisieren.
nationalisme *m* Nationalismus *m*.
nationalité *f* Staatsangehörigkeit *f*, Nationalität *f*, Staatsbürgerschaft *f*; **acquisition de la –** Erwerb der Staatsangehörigkeit; **acte de –** *(SeeHR)* Schiffszertifikat *n*; **attribution de la –** Einbürgerung; **attribution de la – à raison de la filiation** Staatsangehörigkeitserwerb infolge Abstammungsrecht, ius sanguinis; **attribution de la – à raison de la naissance** Staatsangehörigkeitserwerb infolge Bodenrecht, ius soli; **certificat de –** Staatsangehörigkeitszeugnis *od.* -bescheinigung, Heimatschein; **changement de –** Staatsangehörigkeitswechsel; **code de la – (française)** frz. Staatsangehörigkeitsgesetz(buch); **conférer la –** die Staatsangehörigkeit verleihen; **déchéance de la –** Entlassung aus der Staatsangehörigkeit, Ausbürgerung; **déchoir de la –** die Staatsangehörigkeit aberkennen, ausbürgern; **décliner la –** auf die Staatsangehörigkeit verzichten; **double –** Doppelstaatsangehörigkeit *f*; **emblème de –** Hoheitszeichen *n*; **octroi de la –** Verleihung der Staatsangehörigkeit; **perte de la –** Verlust der (französischen) Staatsangehörigkeit; **principe des –s** *(VR)* Nationalitäten- *od.* Völkerschaftsprinzip; **priver de la –** ausbürgern; **reconnaissance de la –** Staatsangehörigkeitsanerkennung; **recouvrement de la –** Wiedererlangung der Staatsangehörigkeit; **réintégration dans la –** Wiederverleihung der Staatsangehörigkeit, Wiedereinbürgerung; **réintégrer dans la –** wiedereinbürgern; **renonciation à la –, répudiation de la –** Verzicht auf die Staatsangehörigkeit; **retrait de la –** Entlassung aus der Staatsangehörigkeit, Ausbürgerung, Verlust der (französischen) Staatsangehörigkeit; **sans –** staatenlos.
nationalité acquise par mariage durch Heirat erworbene Staatsbürgerschaft; **– acquise par naturalisation** durch Einbürgerung erworbene Staatsangehörigkeit; **– d'origine** durch Geburt erworbene Staatsangehörigkeit; **– des personnes morales** *(IPR)* Staatsangehörigkeit der juristischen Personen (als Anknüpfungspunkt).
Nations-Unies *(VR)* Vereinte Nationen; **assemblée générale des – –** Generalversammlung der Vereinigten Nationen; **charte des – –** Satzung der Vereinten Nationen; **Organisation des – –** (= ONU) Vereinte Nationen (= UNO).
naturalisation *f* Einbürgerung *f*, Naturalisierung *f*; **acte de –** Einbürgerungsurkunde *f*; **décret de –** Einbürgerungsbescheid *m*; **retrait de –** Widerruf *od.* Zurücknahme der Einbürgerung; **– collective**

Kollektiveinbürgerung; **– individuelle** Einzeleinbürgerung.

naturalisé *m* Neubürger *m*, eingebürgerte Person *f*.

naturaliser *v.tr.d.* einbürgern, die Staatsangehörigkeit verleihen, naturalisieren.

nature *f* (1) *(caractère, genre)* Wesen *n*, Art *f*, Charakter *m*, (2) *(propriétés)* Natur *f*, Beschaffenheit *f*, (3) *(UmweltR)* Umwelt *f*, Natur; **de – à** geeignet zu; **de par sa –** seinem Wesen nach; **apport en –** (GesR) Sacheinlage *f*, Einlage in Sachwerten; **avantages en –** *(ZR, ArbR)* Sachbezüge *mpl*, Naturalleistung, Deputat *n*; **compensation en –** Naturalausgleich *m*; **paiement en –, prestation en –** Sachleistung *f*, Leistung in Naturalien, Naturalleistung *m*; **protection de la –** Naturschutz *m*; **réparation en –** Naturalherstellung, Schadenersatz durch Naturalrestitution; **restitution en – **Naturalrestitution; **salaire en –** Naturallohn *m*, Sachbezüge *mpl*.

nature de l'acte juridique Wesen des Rechtsgeschäfts; **– de juridiction** *(PrzR)* Gerichtsbarkeit; **– juridique** Rechtsnatur *f*; **– du risque** *(VersR)* Gefahrenart, Art des Risikos; **– des travaux et fournitures** Eigenart der Leistungen.

naturel *adj* (1) *(FamR)* nichtehelich, unehelich, außerehelich, (2) natürlich, Natur–; **droit –** Naturrecht *n*; **droits –s** *(VerfR)* unveräußerliche Menschenrechte; **enfant –** nichteheliches Kind; **frontières –lles** natürliche Grenzen; **fruits –s** Sachfrüchte *fpl*; **juge –** *(GVR)* gesetzlicher Richter; **obligation –lle** Naturalobligation.

naturiste *m* Anhänger *m* der Freikörperkultur.

naufrage *m* Schiffbruch; **droit de –** Strandrecht; **faire –** Schiffbruch erleiden.

nautique *adj*: **art** *ou* **science –** Schiffahrtskunde, Seewesen *n*; **mille –** englische Seemeile.

naval *adj*: **chantier –** (Schiffs-)Werft *f*; **construction –e** Schiffbau *m*.

navette *f* Pendelverkehr *m*, Pendelzug, Zubringer *m*; **– parlementaire** *(VerfR)* die aufeinanderfolgenden Lesungen eines Gesetzentwurfs (in der Nationalversammlung u. im Senat).

navetteur *m* (= *banlieusard)* Pendler *m*.

navigabilité *f* (1) Seetüchtigkeit *f*, (2) Lufttüchtigkeit.

navigation *f* (1) *(navires)* Seefahrt *f*, Schiffahrt *f*, (2) *(avions)* Navigation *f*, Ortung *f*, Luftschiffahrt *f*; **acte de –** Schiffahrtsakte *f*; **compagnie de –** Schiffahrtsgesellschaft *f*; **office national de la – intérieure** frz. Binnenschiffahrtsamt *n*; **police de la –** Schiffahrtspolizei *f*; **règlement de –** Schiffahrtsordnung *f*; **service de la –** Wasserstraßenamt *n*, Amt für Schiffahrt; **société de –** Schiffahrtsgesellschaft; **taxe de –** Schiffahrtsabgabe *od.* -gebühr *f*; **tribunal pour la – sur le Rhin** Rheinschiffahrtsgericht *n*.

navigation aérienne Luftfahrt *f*, Luftschiffahrt, Luftverkehr *m*; **compagnie de – –** Luftverkehrs- *od.* Luftfahrtgesellschaft.

navigation astronautique (Welt-)Raumfahrt *f*; **– au bornage** *(SeeHR)* kleinere Küstenschiffahrt, Nahfahrt; **– civile** zivile Luftfahrt; **– de commerce** *ou* **commerciale** Handelsschiffahrt; **– côtière** Küstenschiffahrt, Nahfahrt; **– fluviale** Flußschiffahrt; **– intérieure** Binnenschiffahrt; **– au long cours** Hochseeschiffahrt, große Fahrt; **– maritime** Seeschiffahrt; **– mixte** Binnen- und Hochseeschiffahrt; **– de plaisance** Sport- u. Freizeitschiffahrt; **– réservée** (der französischen Flagge) vorbehaltene Schiffahrt; **– spatiale** Raumfahrt *f*.

naviguer *v. intr. (Schiff)* laufen.

naviplane *m* Luftkissenfahrzeug *n*, Hovercraft *n*.

navire *m* (See-)Schiff *n*; **registre des –s** Schiffsregister *n*; **– cargo, – de charge** Frachtschiff, Frachter; **– de commerce** Handelsschiff, Kauffahrer *m*; **– de guerre** Kriegsschiff; **– immatriculé** registriertes Schiff;

– **marchand** Frachtschiff, Handelsschiff, Kauffahrer; **– à passagers** Passagierdampfer *m*; **– de pêche** Fischereischiff; **– pétrolier** Tankschiff, Tanker *m*; **– de plaisance** Jacht *f*; **– porte-conteneurs** Containerschiff *n*.

navrant *adj* (höchst) bedauerlich, beklagenswert, mißlich, unerfreulich, unangenehm, ärgerlich.

né, née *adj* geboren; entstanden; **intérêt –** *(PrzR)* konkret vorliegendes Rechtsschutzbedürfnis; **litige –** bereits vorliegender *od.* entbrannter Rechtsstreit.

néanmoins *adv/conj* dennoch, gleichwohl, nichtsdestoweniger.

néant *(elliptique)* kein(e), nichts; **état –** Fehlanzeige *f*; **réduire à –** vernichten, zunichte machen.

nécessaire *adj* notwendig, erforderlich; besonders wichtig; **condition – et suffisante** unabdingbare Voraussetzung; **consentement –** gesetzlich erforderliche Zustimmung; **dépenses –s** notwendige Aufwendungen; **dépôt –** infolge der Beschaffenheit der Sache notwendige Hinterlegung; **infraction –** *(StR: commise en état de nécessité)* strafrechtlicher Notstand.

nécessairement *adv* notwendigerweise, zwangsläufig, unvermeidlich.

nécessité *f* (1) *(force des circonstances)* Notwendigkeit *f*, (dringendes) Bedürfnis *n*, (2) *(état de besoin)* Not *f*, Armut *f*, Bedürftigkeit *f*; **cas de –** Notfall *m*; **de première –** lebenswichtig; **état de –** (1) strafrechtlicher Notstand *m*, (2) zivilrechtlicher Notstand, (3) *(VerfR)* innerer Notstand; **– fait loi** *(adage)* Not kennt kein Gebot; **– de service** dienstliches Erfordernis *n*.

nécessiter erfordern; **nécessitant le secret** geheimhaltungsbedürftig.

nécessiteux *adj/m* *(SozR: indigent)* hilfsbedürftig; unterstützungsbedürftige Person.

nécrologue *m* Nachruf *m*, Nekrolog *m*.

néfaste *adj* schädlich, schlecht, gefährlich.

négatif *adj* verneinend, negativ; **attestation –ve** Negativattest, Unbedenklichkeitsbescheinigung; **avis –** abschlägiger Bescheid; **résultat –** ungünstiges Ergebnis; **solde –** rote Zahlen, Defizit *n*.

négation *f* Verneinung *f*, Negation, Negierung.

négationniste *m* Person, die die Massenvernichtung der Juden im 3. Reich bestreitet.

négligeable *adj* geringfügig, unbedeutend, unwesentlich, belanglos.

négligence *f* (1) *(ZR, StR: faute non intentionnelle)* Fahrlässigkeit *f*; Unachtsamkeit; (2) *(WirtR, VwR: carence, incurie)* Nachlässigkeit, Versäumnis *n*; Vernachlässigung *f*, Unterlassung; Unvermögen *n*; **par –** fahrlässig(erweise); **délit de –** *(StR)* Fahrlässigkeitsdelikt *n*; **se rendre coupable d'une – grave** grobfahrlässig handeln; **– caractérisée** *ou* **grave** grobe Fahrlässigkeit; **– légère** leichte Fahrlässigkeit; **– lourde** schwere u. vorwerfbare Fahrlässigkeit.

négligence-clause *f* *(SeeHR)* Haftungsfreizeichnungsklausel (des Reeders).

négligent *adj* fahrlässig, nachlässig; säumig; unverantwortlich.

négliger vernachlässigen, unterlassen, versäumen, nicht berücksichtigen.

négoce *m* (1) *(HR, i.w.S.: commerce en général)* Handel *m*, Handelsgewerbe *n*, (Handels-)Geschäft *n*, (2) *(HR, i.e.S.: commerce de gros)* Großod. Zwischenhandel; **haut –** *(WechselR)* besonders guter Wechsel; **– d'importation** Einfuhr- *od.* Importhandel, Passivhandel.

négociabilité *f* *(WertpR)* Übertragbarkeit *f*, Begebbarkeit *f*, Bankfähigkeit; Marktfähigkeit.

négociable *adj* übertragbar, marktfähig, bankfähig, begebbar.

négociant *m* *(HR: commerçant)* Kaufmann *m*; Großhändler *m*; **– en détail** Einzelhändler, Detailkaufmann; **– distributeur** Zwischenhändler; **– en gros** Großhändler.

négociateur *m (VR, HR)* Unterhändler *m*, Verhandlungspartner *m*.

négociation *f* (1) Verhandlung *f*, Unterhandlung *f*, (2) *(WechselR)* Begebung (eines Wechsels), (3) *(BörR)* Wertpapierhandel; Börsengeschäft; Abschluß *m*; **liberté de –** Verhandlungsfreiheit *f*; **par voie de –** auf dem Verhandlungswege; **pouvoir de –** Verhandlungsbefugnis *f*; **–s d'armistice** *(VR)* Waffenstillstandsverhandlungen; **–s collectives** *(ArbR)* Tarif(vertrags)verhandlungen; **–s commerciales** Wirtschaftsverhandlungen; **– au comptant** *(BankR)* Kassageschäft *n*; **–s intergouvernementales** Regierungsverhandlungen; **–s de paix** Friedensverhandlungen; **–s préliminaires** Vorverhandlung *f*; **–s professionnelles** *(ArbR)* Tarifverhandlungen, Verhandlungen zwischen den Sozialpartnern; **–s salariales** Lohnverhandlungen; **–s tarifaires** Zolltarifverhandlung; **– à terme** Termingeschäft.

négocier (1) verhandeln, unterhandeln, (2) *(contrat)* abschließen, (3) *(emprunt)* vermitteln, (4) *(traite)* begeben, (5) *(v. intr.)* Handel treiben.

nègre *m (UrhR: pej)* Ghostwriter *m*.

négrier *m (ArbR: pej)* Ausbeuter *m* (von Gastarbeitern).

néophyte *m* (unerfahrener) Neuling; neues Mitglied (einer Partei, eines Vereins).

népotisme *m (Pol)* Vetternwirtschaft *f*.

net *adj* netto, unverkürzt; **actif –** *(GesR)* Nettoanlagevermögen; **bénéfice – Nettogewinn; montant – Nettobetrag *m*; poids – Nettogewicht; prix – Nettopreis *m*; revenu – Nettoeinkommen; – d'impôts** nach Steuerabzug, steuerfrei; **– de tous frais** spesenfrei; **– de tout impôt** steuerfrei; **– de toute dette** schuldenfrei.

netteté *f* Klarheit *f*; Verständlichkeit *f*; Deutlichkeit, Genauigkeit.

nettoiement *m*: **service de –** Müllabfuhr- und Straßenreinigungsdienst.

nettoyer *v.tr.* säubern, reinigen; **– son compte en banque** sein gesamtes Geld abheben; **se faire – en bourse** sein gesamtes Vermögen durch Börsenspekulationen verlieren.

neuf *adj* neu, neuwertig, ungebraucht; neuartig; **– pour vieux** neu für alt.

neurotoxique *adj*: **gaz –** Giftgas, Nervengas *n*, Nervenkampfstoff *m*.

neutralisation *f (VR)* Neutralisierung; **tir de –** Feuer *n* zur Niederhaltung (des Feindes).

neutraliser *v.tr.* neutralisieren, für neutral erklären; *(fig.)* jmdn. ausschalten; etwas unwirksam machen; **– un risque** ein Risiko auffangen.

neutralisme *m (VR)* Neutralismus *m*, Neutralitätspolitik; neutrale Haltung.

neutralité *f* (1) *(VR)* Neutralität *f*, (2) *(PrzR)* Unparteilichkeit; **accord de –** Neutralitätsabkommen *n*; **violation de la –** Neutralitätsverletzung; **– conventionnelle** durch Bündnis- od. Garantieverträge vereinbarte Neutralität; **– inconditionnelle** unbedingte Neutralität; **– permanente** *ou* **perpétuelle** immerwährende Neutralität.

neutre *adj* neutral; unparteiisch; parteilos; **État –** neutraler Staat; **rester – dans un débat** sich in einer Debatte neutral verhalten.

neutre *m* Neutrale *m*.

neveu *m*, **nièce** *f (FamR)* Neffe *m* – Nichte *f*.

nier ableugnen, leugnen, verneinen.

niveau *m* (1) *(degré d'élévation)* Ebene *f*, Höhe *f*, Stufe *f*, Niveau *n*, Pegel *m*, (2) *(degré comparatif)* Stand *m*, Standard *m*; **au – ministériel** auf Ministerebene; **passage à –** *(StVR)* Bahnübergang; **– d'alerte** Alarmstufe; **– d'avant-guerre** Vorkriegsstand *m*; **– de bruit** Lärmpegel *m*; **– des connaissances** Kenntnisstand *m*; **– des dettes** Schuldenstand; **– de développement** Entwicklungsstufe; **– économique** Wirtschaftsstandard *m*; **– de l'emploi** Beschäftigungsstand; – **intermédiaire** Zwischenstufe; – **inventif** Erfindungshöhe *f*; – **mental** geistige Entwicklungsstufe.

niveau des prix Preisniveau *n*; – **de production** Produktionsstand *m*, Produktionsstufe; – **de productivité** Produktivität; – **de qualité** Qualitätsgruppe *f*; – **de réapprovisionnement** Bestellpunkt *m*; – **des rémunérations** *(ArbR)* Lohnniveau, Lohnstand *od.* -höhe; – **des taux d'intérêt** Zinshöhe *f*; – **de tolérance** Toleranzgrenze; – **de vie** Lebensstandard *m*; Kaufkraft *f*.

niveler (Unterschiede) ausgleichen.

nobiliaire *adj*: **particule** – Adelsprädikat *n*; **titre** – Adelsbezeichnung.

noblesse *f* Adel *m*; – **de robe** Amtsadel.

noces *fpl* Hochzeit; **convoler en secondes** – , **épouser qqn. en secondes** – eine zweite Ehe eingehen.

nocif *adj* schädlich, gefährlich; – **pour l'environnement** umweltschädlich.

nocturne *adj* nächtlich; **tapage** – nächtliche Ruhestörung.

nocturne *f (HR)* Öffnung eines Geschäfts in den Abendstunde.

nocuité *f* Schädlichkeit *f*.

nœud *m fig* Hauptschwierigkeit *f*; – **de communications** Verkehrsknoten *m*.

noir *adj* schwarz; **caisse** –**e** Geheimfonds *m*; **marché** – Schwarzmarkt *m*; **marée** –**e** Ölpest *f*; **travail au** – Schwarzarbeit.

nolage *m* Charterung *f*; Fracht *f*.

nolisement *m* (1) *(SeeHR: affrètement)* Befrachtung *f*, (2) Frachtgeld *n*.

nom *m* (1) *(ZR: nom de famille et prénom[s])* Name *m* und Vorname, (2) *(i.e.S.)* Familienname, (3) *(HR)* (Firmen-)Bezeichnung, (4) *(dénomination)* Benennung; **au** – **de im** Namen; **de** – dem Namen nach; **du** – namens; **changement de** – Namensänderung *f*; **droit au** – *(ZR)* Recht am eigenen Namen, Namensrecht; **indication du** – Namensangabe *f*; **port du** – Namensführung; – **de baptême** Vorname; – **commercial** *(HR)* Firma *f*, Handelsname, Geschäftsbezeichnung, handelsübliche Bezeichnung; – **commun** (1) Gattungsbegriff, (2) Sachbezeichnung; – **d'emprunt** Deckname; – **de famille** *(syn.: nom patronymique)* Familienname; – **de guerre** Deckname, Pseudonym *n*, Künstlername, angenommener Name; – **de jeune fille** Mädchenname; – **patronymique** Familienname; – **social** Firma, Firmenname, Gesellschaftsbezeichnung.

nomade *m (ZR: personne sans domicile fixe)* nicht seßhafte Person; Vagabund *m*, Landstreicher *m*; Nomade *m*.

no man's land *m* Niemandsland *n*.

nombre *m* Zahl *f*, Anzahl *f*, Menge *f*; – **-indice** *m* Indexziffer *f*, Meßzahl; – **aléatoire** Zufallszahl *f*; – **approché** Näherungswert *m*; – **arbitraire** beliebige Zahl; – **entier** ganze Zahl; – **impair** ungerade Zahl; – **pair** gerade Zahl.

nomenclature *f* Nomenklatur *f*, Aufstellung *f*, Namensverzeichnis *n*; Liste *f*; – **d'articles** Warenverzeichnis *n*, Güterverzeichnis; – **budgétaire** Eingliederungsplan *m*; – **douanière** Zollnomenklatur, Zolltarifschema *n*; – **des emplois** Berufsverzeichnis; – **générale des activités économiques dans les communautés européennes (= NACE)** allgemeine Systematik der Wirtschaftszweige in den europäischen Gemeinschaften; – **des localités** Ortsverzeichnis; – **des marchandises** Güterverzeichnis; – **des prestations** Leistungsverzeichnis; – **tarifaire** Zollnomenklatur, Zolltarifschema; – **-type** Musternomenklatur.

nominal *adj* Nenn-, namentlich; **appel** – namentlicher Aufruf; **intérêt** – Nominalverzinsung; **liste** –**e** Namensverzeichnis *n*; **salaire** – Nominallohn; **revenu** – Nominaleinkommen *n*; **valeur** –**e** Nennwert *m*.

nominal *m* Nennwert *m*.
nominalisme *m* **monétaire** *(Vwirt: Geldtheorie)* Nominalismus.
nomination *f* (1) *(VerfR: Wahlen)* Aufstellung (als Kandidat), Nominierung(srecht), (2) *(BeamR)* Ernennung, Bestellung *f*; **acte de** – Ernennungsurkunde *f*, Bestallungsurkunde; **arrêté** *ou* **décret de** – (1) Ernennungsbescheid *m*, (2) Ernennungs- *od*. Anstellungs- *od*. Bestallungsurkunde; **droit de** –, **pouvoir de** – Ernennungsrecht *n*; – **hors cadre** außerplanmäßige Ernennung; – **dans un emploi permanent** *(BeamR)* Einweisung in eine Planstelle; Übertragung eines Amtes.
nominativement *adv* namentlich.
nominé *adj (syn.: sélectionné)* ausgewählt, (für eine Preisverleihung) vorgeschlagen.
nommé *adj* (1) namentlich, genannt, (2) *(susdit, susnommé)* oben genannt; **arriver à point** – wie gerufen, zur rechten Zeit kommen.
nommément *adv* namentlich, mit Namen.
nommer *v.tr.* ernennen, bestellen; bezeichnen, benennen; – **qqn. à un emploi** in ein Amt einsetzen, bestallen; – **d'office** von Amts wegen bestellen; – **qqn. son héritier** als Erben einsetzen.
non-acceptation *f* Nichtannahme *f*.
non-accomplissement *m* Nichterfüllung (eines Vertrages).
non-actif *m* Nichterwerbs- *od*. Berufstätige(r).
non-activité *f (BeamR)* einstweiliger Ruhestand; Wartestand *m*.
non affranchi *adj* (Brief) unfrankiert.
non-agression: pacte de – – *(VR)* Nichtangriffspakt *m*.
non aligné: pays – blockfreier Staat.
non-applicabilité *f* Nichtanwendbarkeit *f*.
non-assistance *f* **à personne en péril**, – **en danger** *(StR)* unterlassene Hilfeleistung (bei Unglücksfällen *od*. gemeiner Gefahr).
non avenu *adj* nichtig, ungeschehen; **nul et** – – nichtig (und wertlos geworden).

non-belligérance *f* Neutralität.
non-belligérant *m (VR)* nicht kriegführende Seite.
nonce *m (KirchR)* Nuntius *m*; – **apostolique** apostolischer Nuntius.
nonciature *f* Nuntiatur *f*.
non-combattant *m* Nichtkämpfer *m*, nicht am Krieg Beteiligter.
non-commerçant *m* Nichtkaufmann *m*, Privatmann.
non-comparant *adj (ZPR)* säumig, nicht vor Gericht erscheinend.
non-comparution *f* Nichterscheinen *n* (vor Gericht), Säumnis *f*.
non-conciliabilité *f* Unvereinbarkeit *f*.
non-conciliation *f* (1) *(ArbR)* Erfolglosigkeit des Schlichtungsverfahrens, (2) *(PrzR, ArbR: défaut de conciliation)* Nichtversöhnung *f*, Scheitern des Güte- *od*. des Sühneversuchs.
non concurrence *f*: **clause de** – *(HR: clause de non-rétablissement)* Wettbewerbsverbotklausel *f*.
non-conformité *f* Nichtübereinstimmung.
non consigné: bouteille -**e** Einweg- *od*. Wegwerfflasche.
non-contributif *adj* beitragsfrei.
non-convol *m*: **clause de** – Heiratsverbotsklausel.
non coté *(WertpR)* unnotiert.
non coupable *(StPR)* unschuldig.
non-cumul *(SozVers)* Kumulierungsverbot *n*; Anrechnung *f* einer Sozialleistung auf eine andere; – **des peines** *(StPR)* Verbot der kumulativen Strafzumessung.
non-déductible *adj* nicht abzugsfähig.
non-discrimination *f* Diskriminierungsverbot; **principe de la** – Gleichbehandlungsgrundsatz *m*.
non discriminatoire *adj* nicht diskriminierend.
non-dissémination *f* **des armes nucléaire** Nichtweitergabe *f* von Atomwaffen.
non écrit: clause – -**e** stillschweigend vereinbarte Vertragsklausel; **droit** – Gewohnheitsrecht *n*.

non-engagé *adj* nicht gebunden, blockfrei, paktfrei, bündnisfrei.
non-engagement *m* Bündnisfreiheit, Blockfreiheit *f.*
non-exécution *f* (1) *(SchuldR)* Nichterfüllung; (2) *(ZwangsVR)* Nichtvollstreckung.
non fondé *(PrzR)* unbegründet.
non fongible *adj* nicht vertretbar.
non-garanti *adj* (1) ohne Gewährleistung, (2) unversichert.
non-gréviste *m* Arbeitswillige(r) *m.*
non-immixtion Nichteinmischung.
non imposable steuerfrei.
non-imputabilité *f* *(StR)* Unzurechnungsfähigkeit, Schuldunfähigkeit.
non indiqué *adj* unzweckmäßig.
non-ingérence *f* Nichteinmischung.
non-inscrit *m* Parteiloser *m.*
non-intervention *f* *(VR)* Nichteinmischung *f,* Nichtintervention *f.*
non-jouissance *f* Überlassung der Nutzung (an einen Dritten).
non justifié ungerechtfertigt.
non-lieu *m* *(StPR)* Einstellung (des Verfahrens); **arrêt de – –** *(chambre des mises en accusation)* Einstellungsbeschluß; **demande de – –** Antrag auf Einstellung des Verfahrens; **ordonnance de – –** Einstellungsbeschluß *od.* -verfügung.
non-limité *adj* unbefristet.
non liquet *(PrzR: lat.- le cas n'est pas clair)* es besteht keine Klarheit, der Sachverhalt ist nicht aufgeklärt, non liquet.
non liquide *adj* illiquid.
non-liquidité *f* Illiquidität *f.*
non-livraison *f* Nichtlieferung *f.*
non-mitoyenneté *f* Nichtgemeinschaftlichkeit (der Scheidemauer).
non-obligatoire *adj* unverbindlich, freibleibend.
non-observation *f* Nichtbeachtung, Außerachtlassung, Nichtbefolgung *f;* **– de la priorité** *(StVR)* Nichtbeachtung der Vorfahrt.
nonobstant (1) *(prép)* ungeachtet, trotz, (2) *(adv)* trotzdem, nichtdestoweniger, (3) *(adj)* nicht entgegenstehend, unbeschadet.
non-paiement *m* *(SchuldR)* Zahlungs- *od.* Schuldnerverzug, Leistungsverzug, Nichtzahlung (bei Fälligkeit).
non-participation *f* Nichtteilnahme *f,* Verzicht *m* auf die Teilnahme.
non présent *adj* (1) *(PrzR: défaillant)* abwesend, (2) *(ZR: absent)* verschollen.
non-prolifération: traité de – des armes nucléaires Atomwaffensperrvertrag *m.*
non réceptice *adj* (Willenserklärung) nicht empfangsbedürftig.
non-recevabilité *f* Unzulässigkeit *f.*
non recevable *adj* unzulässig.
non-recevoir *m*: **fin de – –** (1) *(ZPR)* prozeßhindernde Einrede, Prozeßunzulässigkeit, Fehlen *n* einer Prozeßvoraussetzung, (2) *(VwR)* ablehnender *od.* abschlägiger Bescheid.
non-réciprocité *f* **d'une obligation** einseitige Verpflichtung.
non-reconnaissance *f* Nichtanerkennung *f.*
non réglementaire ordnungswidrig.
non remboursable: emprunt – unkündbar Anleihe.
non-remise *f* Nichtzustellung *f.*
non rémunéré unbesoldet; unbezahlt; ehrenamtlich.
non-renouvellement *m* Nichterneuerung *od.* -verlängerung.
non-rentabilité *f* Unwirtschaftlichkeit *f,* Unrentabilität *f.*
non rentable *adj* unrentabel, unwirtschaftlich.
non-représentation d'un enfant (1) *(StR)* Kindesentziehung *f,* Vorenthalten *n* eines Kindes, (2) *(FamR)* Vereitelung der Besuchsrechtsausübung, Besuchsverhinderung *f.*
non-résident *m* (1) Nichtresident *m,* (2) Devisenausländer *m.*
non-respect du contrat Nichteinhaltung des Vertrages; **– – du délai** Fristversäumnis *f,* Nichteinhaltung der Frist.
non-responsabilité *f* Haftungsfreiheit, Haftungsbefreiung, Haftungsausschluß *m;* **clause de – –** Haftungsausschlußklausel *f,* Ent-

haftungsklausel; **convention de –** – Haftungsausschlußvereinbarung *f*; **preuve de – –** Entlastungsbeweis *m*.

non rétablissement *m*: **clause de –** *(ArbR, HR: clause de non-concurrence)* Niederlassungsverbot(sklausel), Wettbewerbsverbotsklausel *f*.

non retour *m*: **point de –** (Entscheidung), die nicht mehr rückgängig zu machen ist; Endgültigkeit.

non-rétroactivité *f* Nichtrückwirkung (eines Gesetzes).

non-salarié *m* Selbständiger *m*; Freiberufler.

non-sens *m* Sinnwidrigkeit; ohne Sinnzusammenhang.

non-usage *m* *(SachR)* Nichtgebrauch *m* (einer Sache, als Grundlage der Ersitzung).

non-valeur *f* Ertragslosigkeit *f*; unverkäufliche Ware *f*; nichteintreibbare Forderung; **admission en –** Erklärung der Nichtbeitreibbarkeit (einer Forderung).

non viable *adj (FamR: enfant né vivant, mais inapte à la vie)* nicht überlebensfähig.

non-violence *f* Gewaltlosigkeit *f*; **déclaration de –** *(VR)* Gewaltverzichtserklärung *f*.

non-voyant *adj* blind.

normalisation *f* (1) *(Pol: rétablissement d'une situation normale)* Normalisierung *f* (der Lage), (2) *(GRUR: standardisation)* Normung, Normfestsetzung, Normierung, (3) *(Buchf)* systematische Gliederung der Konten, Kontenplanung.

normaliser *v.tr.d.* (1) Normen aufstellen, normen, standardisieren, (2) vereinheitlichen.

normatif *adj* normativ, als Norm dienend; einen Maßstab darstellend; **effet –** rechtsetzende Wirkung; **règle –ive** Normativbestimmung.

norme *f (ZR, ÖfR: règle de juridique générale et impersonnelle)* Norm *f*, Vorschrift *f*; Regel *f*, Richtschnur *f*; Bestimmung *f*, Rechtssatz *m*; **édicter une –** eine Vorschrift erlassen; **– de base** Grundnorm; **– communautaire** Gemeinschaftsnorm; **– de fabrication** Werksnorm; **– d'interdiction** Verbotsbestimmung; **– internationale** Völkerrechtsnorm; **–s ISO** ISO-Normen (festgelegt von der International Standards Organisation); **– juridique** Rechtsnorm, Rechtsvorschrift, Rechtssatz; **– minimum** Mindestanforderung *f*; **– de navigabilité** *(Luftfahrt)* Lufttüchtigkeitsanforderung; **–s NF** durch die AFNOR (= frz. Institut für Normung) aufgestellte Normen (entsprechen den DIN-Normen); **– de qualité** Qualitätsnorm; **– de poids** Mindestgewicht *n*; **– primaire** Grundregel *f*, Mußvorschrift *f*; **– de production** Produktionsnorm; **– de travail** Arbeitsnorm; **– de sécurité** Sicherheitsvorschrift *f*.

normé *adj* genormt.

nostrification *f* Nostrifikation, Erteilung der Bürgerrechte.

nota bene *n. inv.* wohlgemerkt, übrigens, notabene, NB.

notabilité *f* (= *notable m*) bekannte (im öffentlichen Leben stehende) Persönlichkeit.

notable *adj* wichtig, bedeutend; bemerkenswert.

notaire *m* *(ZR: officier public et ministériel)* Notar *m* (als Rechtspflegeorgan); hauptberuflicher Notar auf Lebenszeit; **acte (dressé** *ou* **passé) par-devant –** notarielle Urkunde *od*. Beurkundung; **aspirant –** Notarassessor *m*; **cabinet de –** (Notar-)Kanzlei *f*; **charge de –** das öffentliche Amt des Notars; **clerc de –** Notariatsangestellte(r) *m*, Notariatsgehilfe *m*; **étude de –** Notariat *n*, Büro *od*. Kanzlei (eines Notars); Amt eines Notars; **frais de –** Notarkosten; **panonceau de –** (Notar-)Schild *n*; **par devant –** durch einen Notar *od*. notariell beurkundet *od*. beglaubigt.

notaire certificateur Notar, der eine Bescheinigung ausstellt *od*. die Entgegennahme einer Urkunde bestätigt; – **instrumentaire** Notar, in Ausübung seiner Amtstätigkeit; amtierender *od.* beurkundender Notar; – **rédacteur** Notar, der ein Rechtsgeschäft beurkundet; – **à la résidence de** ... Notar, mit dem Amtssitz in ...; – **en second** zweiter Notar.

notaires: chambre des – Notarkammer *f;* **conseil régional des –** Bezirkskammer; **conseil supérieur des –** frz. Oberste Notarkammer; **tarif des –** Notariatsgebühren *pl,* Notariatstarif *m.*

notamment *adv* besonders, namentlich, vor allem.

notarial *adj* zum Amt eines Notars gehörig; **acte –** notarielle Beurkundung; **fonctions –es** Amtstätigkeit des Notars (als Rechtspflegeorgan).

notariat *m* Notariat *n,* Amt *n* des Notars; Notarstand *m;* Notarberuf.

notarié *adj* notariell (ausgefertigt u. beglaubigt); durch einen Notar beurkundet; **acte –** notarielle Urkunde *od.* Beurkundung.

notation *f* Bewertung *f,* Beurteilung *f,* Benotung *f;* – **du personnel** Personalbeurteilung *f.*

note *f* (1) *(annotation)* Bemerkung *f,* Anmerkung *f,* Aktennotiz *f,* Vermerk *m,* (2) *(communication écrite)* Nachricht *f,* Meldung *f,* Mitteilung *f;* Note *f,* (3) *(notation)* Zensur *f,* Punktzahl *f;* Bewertung *f,* Beurteilung *f,* (4) *(facture)* Rechnung *f;* – **acquittée** quittierte Rechnung; – **d'amendement** *(StVZ)* Beurteilungsvermerk in der Personalakte (eines Strafgegangenen); – **de chargement** Verladungsvermerk *m;* – **circulaire** Rundschreiben *n;* – **confidentielle** vertrauliche Mitteilung; – **de couverture** *(BörR, VersR)* Deckungsanzeige *f,* Annahmeerklärung *f,* Deckungszusage *od.* -bestätigung *f;* – **de crédit** Gutschriftanzeige; – **de débit** Lastschriftanzeige; – **en délibéré** *(ZPR)* Antrag *m* des Klägers im beschleunigten u. verkürzten Verfahren; – **diplomatique** diplomatische Note; – **au dossier** Aktennotiz *f;* – **éliminatoire** *(SchulR)* Sperrnote, erforderliche Mindestnote; – **d'examen** Prüfungsnote.

note de frais Kostenrechnung; Spesenrechnung; – **d'honoraires** Gebührenrechnung; Honorarrechnung *f;* Arztrechnung; – **d'information** *(BörR)* Zeichnungsnotiz *f,* Zulassungsprospekt *m;* – **manuscrite** handschriftlicher Vermerk; – **marginale** Randvermerk *m,* Randbemerkung; – **officielle** amtliche Mitteilung; – **payée** quittierte Rechnung; – **de plaidoirie** *(PrzR)* Zusammenfassung des mündlich Vorgetragenen in einem Schriftsatz; – **de protestation** *(VR)* Protestnote; – **de réponse** Antwortnote; – **de service** *(VwR)* Dienstvorschrift *f,* Dienstanweisung *f;* dienstliche Mitteilung; – **verbale** *(VR)* Verbalnote.

notes: échange de – *(VR)* Notenwechsel *od.* -austausch *m;* – **d'audience** *(PrzR)* Niederschrift des Urkundsbeamten über eine Hauptverhandlung vor Gericht, Hauptverhandlungs- *od.* Sitzungsprotokoll.

noter *v.tr.d.* bemerken, anmerken; bewerten, zensieren; buchen.

notice *f* (1) Anzeige *f,* (kurzer) Bericht, Notiz *f,* Nachricht *f,* (2) Hinweiszettel, Gebrauchsanweisung, Betriebsanleitung, (3) Prospekt *m/n,* Merkblatt *n;* – **explicative** Erläuterung.

notification *f* (1) *(ZPR: le fait de porter à la connaissance un acte de procédure à qqn.)* Zustellung *f,* (2) *(ZPR: acte notifié)* Zustellungsurkunde, (3) *(VR)* Notifikation *f,* Notifizierung *f,* (4) *(VwR)* amtliche Bekanntmachung *od.* Anzeige *f;* **défaut de –** unterbliebene Zustellung; – **de l'action** Klagezustellung; – **administrative** Verwaltungsmitteilung; – **collective** Sammelanzeige *f;* – **de dénonciation** Kündigungsanzeige; – **à domicile** nicht eigenhändige Zustel-

notifier   **nullité**

lung; – **entre avocats** *ou* **avoués** Zustellung im Parteienverkehr (zwischen den Rechtsanwälten); – **à mains propres** *ou* **à personne** persönliche Zustellung, Zustellung in Person *od.* zu eigenen Händen; – **subsidiaire** Ersatzzustellung.

notifier *v.tr.d.* (1) *(ZPR)* zustellen, (2) *(VwR)* amtlich bekanntmachen *od.* mitteilen, notifizieren.

notion *f* Begriff *m*, Vorstellung *f*; Kenntnis *f*; – **civile** bürgerlich-rechtlicher Begriff; – **de droit** *ou* **juridique** Rechtsbegriff *m*.

notoire *adj* notorisch, offenkundig, gerichtsbekannt.

notoirement *adv* notorisch, offenkundig.

notoriété *f* (1) Offenkundigkeit *f*, Bekanntheit *f*, (2) *(Person)* Ansehen *n*, guter Ruf *m*, guter Leumund *m*, (3) *(Produkt)* Bekanntheitsgrad *m*, Marktgeltung *f*; **acte de –** *(ZR)* eidesstattliche Versicherung mehrerer Personen über allgemein bekannte Tatsachen; Urkunde über die Offenkundigkeit einer Tatsache, Notorietätsurkunde; **être de –** *ou* **être de – publique** offenkundig sein, notorisch sein; – **de droit** zuverlässiger Beweis durch Vorlegung einer öffentlichen Urkunde.

nourriture *f* Nahrung *f*; Ernährung *f*; – **à ses propres frais** Selbstbeköstigung *f*, Selbstverpflegung *f*.

nouveauté *f* Neuheit, Neuproduktentwicklung, Produktinnovation.

novation *f* *(SchuldR)* Schuldumwandlung *od.* -umschaffung, Schuldersetzung *f*, Novation *f*.

novelle *f* (Gesetzes-)Novelle *f*.

noyau *m* *(Außh)* kontingentierte Waren.

noyautage *m* *(StR)* Unterwanderung *f*, geheime Zellenbildung.

noyauter *v.tr.d.* unterwandern, geheime Zellen bilden.

nubile *adj* ehefähig.

nubilité *f* Ehefähigkeit *f*.

nu *adj* nackt, entblößt; – **propriétaire** Eigentümer einer Sache, an der einem Dritten ein Nießbrauch zusteht; **–e propriété** Eigentum *n* einer Sache, an der ein Nießbrauch bestellt wurde.

nucléaire *m* Atomwirtschaft; Atomenergie; *adj* Kern-, Atom-, nuklear, atomar; **armes –s** Atomwaffen; **centrale –** Kernkraftwerk (= KKW); **réacteur –** Kernreaktor.

nuisance *f* *(UmweltR)* Umweltschaden *m*, Immission, Umweltverschmutzung; – **sonore** Lärmbelästigung.

nuit *f* Nacht *f*; **de –** nachts *adv*; **poste de –** *(ArbR)* Nachtschicht; **service de –** Nachtdienst *m*.

nuitée *f* Übernachtung (im Hotel).

nul *adj* (1) *(entaché de nullité)* nichtig; ungültig, anfechtbar, (2) *(annulé)* (gerichtlich) für ungültig erklärt, (3) *(interdit par la loi à peine de nullité)* (gesetzlich) verboten, rechtsunwirksam; **bulletin –** *(WahlR)* ungültiger Wahlschein; **confirmation de l'acte –** Bestätigung des mangelhaften Rechtsgeschäfts; **sans – doute** ohne Zweifel, zweifellos, zweifelsohne, unbestreitbar; gewiß, zwar; **sans –e exception** ohne jegliche Ausnahme; – **et non avenu,** – **et de nul effet** null und nichtig.

nullement *adv* keineswegs, keinesfalls, auf keinen Fall, in keiner Weise, durchaus nicht.

nullité *f* (1) *(ZR: i.w.S.)* Unwirksamkeit (eines Rechtsgeschäfts), Ungültigkeit *f*, Aufhebbarkeit *f*, (2) *(ZR: nullité absolue)* Nichtigkeit *f*, (3) *(ZR: nullité relative)* Anfechtbarkeit *f*; **action en –** (1) *(ZPR)* Klage auf gerichtliche Feststellung der Nichtigkeit, (2) *(ZPR)* Anfechtungsklage; **cause de –** Nichtigkeits- *od.* Anfechtungsgrund; **couverture de la –** Heilung der Nichtigkeit; Umdeutung, Konversion; **couvrir la –** die Nichtigkeit heilen; **déclaration de –** Nichtig- *od.* Nichtigkeitserklärung, Unwirksamkeitserklärung; **être frappé de –** nichtig *od.* unwirksam sein; **exception de –** Einwendung der Nichtigkeit, Nichtigkeitseinrede *f*; **jugement déclaratif de –**

nullité absolue Nichtigkeitsfeststellungsurteil, die Nichtigkeit aussprechendes Urteil; **motif de –** Nichtigkeitsgrund; **moyen de –** *(ZPR)* rechtshindernde Einwendung der Nichtigkeit; **à peine de –**, **sous peine de –** zur Vermeidung der Nichtigkeit, bei sonstiger Nichtigkeit (Ungültigkeit, Unwirksamkeit).

nullité absolue *ou* **de droit** *(SchuldR: nullité prononcée par le juge pour protéger l'intérêt général, l'ordre public et les bonnes mœurs)* (absolute *od.* unheilbare) Nichtigkeit, völlige Unwirksamkeit (eines Rechtsgeschäfts); **– d'actes de procédure** Nichtigkeit von Prozeßhandlungen; **– du contrat** (1) Nichtigkeit des Rechtsgeschäfts, (2) Anfechtbarkeit, (3) Unwirksamkeit des Vertrages; **– expresse** (gesetzlich) ausdrücklich vorgesehene *od.* angeordnete Nichtigkeit; **– de forme** Formnichtigkeit, Ungültigkeit wegen Formmangels *od.* wegen Formgebrechens; **– d'un jugement** nichtige *od.* rechtsunwirksame gerichtliche Entscheidung; **– du mariage** Nichtigkeit der Ehe; **– partielle** teilweise Nichtigkeit, Teilnichtigkeit; **– de procédure** verfahrensrechtliche Nichtigkeit.

nullité relative *(SchuldR: nullité sanctionnant une règle destinée à protéger les intérêts d'une partie à l'acte)* Anfechtbarkeit, Mangelhaftigkeit (eines Rechtsgeschäfts), relative Unwirksamkeit; **– textuelle** ausdrücklich (durch Gesetz) vorgesehene Nichtigkeit; **– virtuelle** Nichtigkeit, die sich aus der (ausdehnenden) Auslegung des Gesetzes ergibt.

numéraire *m* (1) *(espèces)* Bargeld *n*, Barmittel *pl*, (2) *(monnaie métallique)* Metall- *od.* Münzgeld; **apport en –** *(GesR)* Bareinlage *f*; **avoir en –** Barguthaben *n*; **paiement en –** Barzahlung; **payer en –** bar zahlen; **sans –** bargeldlos; **versement en –** Bar(geldein)zahlung.

numérisation *f* Digitalisierung, digitale Darstellung.

numéro *m* Nummer *f*, Ziffer *f*, Zahl *f*; **composer un –** (eine Telefonnummer) wählen; **– d'abonné**, **– d'appel** (Teilnehmer-)Rufnummer, Fernsprechnummer, Telefonnummer; **– cadastral** *(GB)* Katasternummer; **– de compte (bancaire, postal)** (Bank-, Postbank-)Kontonummer; **– de contrôle** Kontrollnummer; **– de dossier** Aktenzeichen *n*, Geschäftsnummer *f*; **– d'enregistrement** Buchungsnummer; Registernummer; **– d'identification** Erkennungsmarke *f*; **– d'immatriculation** (1) *(VersR)* Versicherungsnummer, (2) *(StVR)* Kfz-Zulassungsnummer; **– d'identification internationale** (= **ISBN**) internationale Standardbuchnummer; **– d'inscription** Einschreibungsnummer; **– de lot** Chargennummer; Erzeugnisnummer; **– matricule** Matrikelnummer; **– minéralogique** *(StVR)* amtliches *od.* polizeiliches Kennzeichen; **– d'ordre** laufende Nummer; **– de référence** Zeichen *n*; **– du registre** Eintragungs- *od.* Registernummer; **– de série** laufende Nummer, Seriennummer; Fertigungsnummer; **– spécimen** *(VerlR)* Probeheft *n*; **– de téléphone** Ruf-, Fernsprech- *od.* Telefonnummer.

numérotation *f* Numerierung; Wählen *n* (einer Telefonnummer).

numerus clausus *(HochschulR)* numerus clausus.

nuncupatif *adj* mündlich; **testament –** mündliches (vor Zeugen aufgenommenes) Testament.

nu-propriétaire *m* *(SachR)* Eigentümer eines mit einem Nießbrauch belasteten Grundstücks.

nu-propriété *f* *(SachR)* mit einem Nießbrauch belastetes Eigentum.

nuptial *adj*: **anneau –** (= **alliance**) Ehering *m*.

nuptialité *f* Zahl *f* der Eheschließungen; **assurance –** Aussteuerversicherung *f*.

nutriment *m* Nährstoff *m*.

nutrition forcée Zwangsernährung (bei Hungerstreik).

O

obédience *f* (1) *(Pol: subordination, obéissance)* Gehorsam *m*, Unterordnung, (2) *(VerfR)* (politische) Richtung *od.* Schattierung, Zugehörigkeit zu einer Gewerkschaft *od.* Partei.

obéir *v.tr.ind.* gehorchen; **– à un ordre** einem Befehl Folge leisten *od.* nachkommen.

obéissance *f* Gehorsam *m*; **devoir d'–** , **obligation d'–** Gehorsamspflicht *f*; **refus d'–** Gehorsamsverweigerung; **– à la loi, – aux règles** Beachtung der (gesetzlichen) Vorschriften; **– passive** blinder Gehorsam.

obéré *adj*: **– de dettes** überschuldet, hochverschuldet.

objecter *v.tr* entgegen, einwenden, entgegenstellen; beanstanden.

objecteur *m* **de conscience** Wehrdienstverweigerer *m*, Kriegsdienstverweigerer.

objectif *adj* sachlich, objektiv, unbeeinflußt; **faire un rapport – des faits** unvoreingenommen berichten, eine unparteiische Darstellung des Sachverhalts geben; **rester –** seine Neutralität wahren.

objectif *m* Ziel *n*, Zweck *m*; Anliegen *n*; Zielsetzung *f*; **fixation des –s** Zielplanung, Zielbildungsprozeß, Zielprojektion; **–s commerciaux** Ertrags- u. Wachstumsvorstellungen, Gewinn- u. Rentabilitätsstreben, handelspolitische Zielsetzungen; **– du contrat** Vertragszweck; **– final** Endziel; **– d'investissement** Investitionszweck; **– lointain** Fernziel; **– de lutte** Kampfziel; **– à moyen terme** mittelfristige Zielsetzung, **–s opératoires** *(BW)* Betriebsoptimierungsvorstellungen, Optimierungsmodell *n*; **– du plan** *(Vwirt)* Planziel; **– poursuivi** Zielsetzung; **– prioritaire** vorrangige Zielsetzung.

objection *f* Einwand *m*, Einwurf *m*; Einspruch *m*; **faire** *ou* **formuler une –** einwenden, einen Einwand geltend machen *od.* vorbringen; **réfuter une –** einen Einwand entkräften *od.* widerlegen; **– de conscience** *(MilR)* Kriegsdienst- *od.* Wehrdienstverweigerung (aus Gewissensgründen).

objectivement *adv* sachlich (betrachtet).

objectivité *f* Sachlichkeit *f*, Objektivität *f*; **manque d'–** unsachliche Betrachtungsweise, Parteilichkeit.

objet *m* (1) *(SchuldR: ensemble des droits et obligations que le contrat fait naître)* (Leistungs-)Gegenstand *m*, Leistungsinhalt *m*, Vertragsgegenstand *m*, (2) *(SachR: chose matérielle, objet matériel)* Sache, körperlicher Gegenstand, (3) *(ZPR: chose demandée et contestée)* Klagegegenstand, Gegenstand des Verfahrens, (4) *(i.w.S.: but, fin)* Ziel *m*, Zweck *m*, Aufgabe *f*; **sans –** gegenstandslos; zwecklos; **– d'art** Kunstobjekt *n*, Kunstgegenstand *m*; **– du brevet** Gegenstand des Patents; **– breveté** patentierter Gegenstand; **– du commerce** Geschäftszweck, Gegenstand des Unternehmens; **– confisqué** *(StR)* beschlagnahmter Gegenstand, sichergestellte Sache; **– du contrat** *(SchuldR)* Leistungsinhalt *m*, Gegenstand des Vertrages; **– de contrebande** *(ZollR)* Schmuggelware *f*, **– contrefait** *(UrhR)* widerrechtlich hergestelltes *od.* vervielfältigtes Werk, Fälschung, Nachbildung; **– de correspondance** Brief(sendung); **– de la demande** (1) *(ZPR)* Gegenstand der Klage, (2) *(ZPR: dans les actes relatifs à l'assignation)* wegen . . ., (3) *(PatR)* Anmeldungsgegenstand; **– du différend** *(ZPR)* Streitgegenstand, Streitsache, streitbefangener Gegenstand; **– du dommage** beschädigte Sache, Gegenstand des Schadens; **– du droit** (1) *(SachR)* Sache *f*, (2) *(SchuldR)* Forderung, Leistungsgegenstand; **–s exposés** Ausstellungsgüter *npl*.

objet gagé *ou* **mis en gage** verpfändeter Gegenstand, Pfandsache *f*; **– garanti** versicherte Sache; **– imposable** Steuergegenstand *m*, Steuerobjekt *n*; **– indivis** (einzelner) zum Gesamthandsvermögen gehörender Gegenstand; **– d'inventaire** *ou* **inventorié** Inventargegenstand, inventarisierte Sache; **– légué** *(ErbR)* vermachter Gegenstand; **– du litige, – en litige, – litigieux** *(ZPR)* Streitgegenstand, Streitsache, streitbefangener Gegenstand, streitbefangene Sache; **– mobilier corporel** bewegliche Sache; **– de l'obligation** *(SchuldR)* Gegenstand der Verpflichtung; **– postal** Postsendung; **– précieux** Wertsache; **– de première nécessité** Gegenstand des täglichen Bedarfs; **– protégé** *(Wz)* geschütztes Erzeugnis; **– recommandé** eingeschriebene Sendung; **– du recours** (1) *(ZPR)* Klaggrund *m*, Gegenstand der Klage, (2) *(VwPR)* Beschwerdegegenstand; **– réquisitionné** *(StR)* beschlagnahmte Sache; **– saisi** *(ZwangsVR)* Pfandsache, gepfändete Sache.

objet social (1) *(GesR: objet du contrat de société)* Zweck *od.* Gegenstand des Unternehmens, (2) *(ZR)* Verbands- *od.* Vereinszweck; gemeinsamer Zweck; Gesellschaftszweck.

objet trouvé Fundgegenstand, Fundsache, Fundgut *n*; **appropriation d' – –** *(StR)* Fundunterschlagung.

objet d'usage courant Gegenstand des täglichen Bedarfs; **– de valeur** Wertgegenstand, Wertsache *f*.

objets précieux *mpl* Schmuck; Gold- u. Silber- sowie sonstige Wertgegenstände.

objurgation *f* Tadel *m*, Verweis *m*.

obligataire *m* *(WertpR: porteur d'une obligation)* Inhaber einer Schuldverschreibung, Anleihegläubiger *m*, Obligationär *m*.

1. **obligation** *f* (1) *(ZR: lien de droit)* Rechts- *od.* Schuldverhältnis *n*, (2) *(SchuldR: dette)* Verpflichtung *f*, Verbindlichkeit, Schuld, (3) *(VerfR: sujétion)* Pflicht *f*, (4) *(WertpR: titre négociable)* Schuldverschreibung *f*, (5) notarieller Darlehensvertrag; **s'acquitter d'une –** einer Verpflichtung nachkommen, eine Schuld begleichen, leisten; **assumer une –** Verpflichtung eingehen, sich verpflichten; **cautionner une –** für eine Verbindlichkeit bürgen; **contracter une –** eine Verpflichtung eingehen *od.* übernehmen; **créer une –** eine Verpflichtung begründen; **dispenser d'une –** von einer Verpflichtung entbinden, von einer Leistung befreien; **enfreindre une –** eine Verpflichtung nicht einhalten; **être soumis à une –** verpflichtet sein; **exécuter une –** eine Verbindlichkeit erfüllen; **garantir une –** für eine Verbindlichkeit bürgen; **imposer une –** eine Verpflichtung auferlegen; **lien d'–** Schuldverhältnis *n*; **respecter une** *ou* **satisfaire à une –** eine Leistungs- *od.* Zahlungspflicht erfüllen, einer Verpflichtung nachkommen; **violer une –** gegen eine Pflicht verstoßen, eine Verpflichtung nicht einhalten.

obligation de s'abstenir Unterlassungspflicht *od.* -verpflichtung; **– accessoire** Nebenpflicht *od.* -verpflichtung; **– d'acheter** Kaufzwang *m*; **– d'affiliation** (1) *(ArbR, SozVers)* Zwangsmitgliedschaft, (2) *(VersR)* Versicherungspflicht; **– alimentaire** *(FamR)* Unterhaltspflicht; **– alternative** *(SchuldR)* Alternativobligation *f*; **– amortissable** tilgbare Schuldverschreibung; **– d'assistance** *(FamR)* Beistands- *od.* Unterstützungspflicht; **– d'assurance** Versicherungszwang *m*, Versicherungspflicht; **– d'assurer le service**

(ArbR: Streik) Betriebspflicht; – **d'aviser** Meldepflicht.
obligation cambiaire *(HR)* Wechselverbindlichkeit; – **cautionnée** *(SteuerR)* Steuerzahlungserleichterung gegen Sicherheitsstellung; – **de change** Wechselverbindlichkeit *od.* -verpflichtung; – **civile** (im Klagewege) durchsetzbare schuldrechtliche Forderung; – **civique** *(VerfR)* Bürgerpflicht; – **communale** Kommunalschuldverschreibung *od.* -obligation; – **complexe** *(SchuldR)* mit einer Bedingung *od.* Zeitbestimmung versehenes Schuldverhältnis; – **sous condition, – conditionnelle** *(SchuldR: obligation qui dépend d'un événement futur et incertain)* bedingtes Rechtsgeschäft; – **conjointe** Verpflichtung zur Erfüllung des eigenen Teils der Schuld; – **conjonctive** Verpflichtung zur Erbringung mehrerer Leistungen; – **de conseil** *(SchuldR, HR)* Beratungspflicht, Aufklärungs- und Mitteilungspflicht; – **de conserver le secret** *(HR, ArbR)* Geheimhaltungspflicht, Schweigepflicht, Verschwiegenheitspflicht; – **de contracter** *(VwR)* Kontrahierungszwang *m,* Abschlußpflicht.
obligation contractuelle *ou* **conventionnelle** *(SchuldR)* Vertragsverpflichtung, Vertragspflicht *od.* -obliegenheit, vertragsmäßige Verbindlichkeit; – **convertible en action** *(WertpR)* Wandelschuldverschreibung; – **de coopération** *(SchuldR)* Nebenleistungspflicht, Mitwirkungspflicht, Schutz- und Obhutspflicht; – **coutumière** Anstandspflicht; – **de culture** *(LandwR)* Anbaupflicht; – **de déclarer** *ou* **de déclaration** Anzeigepflicht, Meldepflicht; Anmeldeverpflichtung; – **au dédommagement, – de dédommager** Schadensersatzpflicht; – **de délivrance** *(SchuldR)* Übergabeverpflichtung, Eigentumsverschaffungspflicht; – **déterminée** bestimmte *od.* bestimmbare Leistung;
– **à la dette** unmittelbare Leistungspflicht (des Schuldners gegenüber dem Gläubiger); – **aux dettes** *(ErbR)* Erbenhaftung (für die Nachlaßverbindlichkeiten); – **de discrétion professionnelle** *(ArbR, BeamR)* Verschwiegenheitspflicht; – **divisible** *(SchuldR)* teilbare Verbindlichkeit.
obligation à dommages-intérêts Schadensersatzpflicht, Entschädigungsverpflichtung; – **de donner** *(SchuldR)* Eigentumübertragungspflicht, Verpflichtung zur Einräumung eines dinglichen Rechts; – **d'emploi** *(ArbR)* Einstellungspflicht; – **d'entretien** (1) *(FamR)* Unterhaltspflicht, (2) *(BauR)* Unterhaltungs- *od.* Erhaltungspflicht; – **éventuelle** Eventualverbindlichkeit; – **d'exécution (du contrat)** Leistungspflicht, Erfüllungspflicht *f;* – **extracontractuelle** *(SchuldR)* Verpflichtung aus einer unerlaubten Handlung *od.* einem faktischen Vertrag; – **d'extrader** *(StPR)* Auslieferungspflicht; – **facultative** facultas alternativa, Wahlschuld.
obligation de faire *(SchuldR: obligation à une prestation personnelle)* Verpflichtung zu einem Tun *od.* zur Vornahme einer Handlung; (Dienst-)Leistungspflicht; – **de se faire représenter par un avocat** Anwaltszwang *m;* – **de fidélité** *(BeamR, ArbR, EheR)* Treuepflicht; – **financière** finanzielle Verpflichtung; – **fiscale** Steuerpflicht, Abgabepflicht; – **foncière** Bodenkreditobligation; – **garantie** *(WertpR)* sichergestellte Schuldverschreibung; – **de garantie** Gewährleistungspflicht, Garantieverpflichtung; – **générale** *(ArbR)* Allgemeinverbindlichkeit; – **hypothécaire** Pfandschuldverschreibung, Pfandbrief *m.*
obligation d'indemniser *(ZR)* Ersatzpflicht, Entschädigungspflicht; – **indexée** *(WertpR)* Gewinnschuldverschreibung; – **indivisible** unteilbare Verbindlichkeit; – **industrielle** Industrieobligation; –

d'information *(SchuldR, HR)* Aufklärungs- und Mitteilungspflicht; Nebenpflicht; – **in solidum** *(ZR)* gesamtschuldnerische Haftung (bei unerlaubten Handlungen); – **instantanée** einmalige Verpflichtung; – **au jour le jour** täglich fällige Verbindlichkeit; – **juridique** Verpflichtungsgeschäft.

obligation légale Rechtspflicht, gesetzliche Verpflichtung; – **de livraison** Liefer- *od.* Übergabeverpflichtung; – **de livrer** *(SchuldR)* Übergabepflicht; – **de loyauté** *(SchuldR)* Verhaltenspflicht, Nebenpflicht; Treuepflicht; Schutz- und Obhutspflicht; Aufklärungspflicht; Mitteilungspflicht; – **modale** *(SchuldR: syn. obligation complexe)* mit einer Bedingung *od.* Zeitbestimmung versehenes Schuldverhältnis; – **morale** *(FamR, SchuldR)* Naturalobligation, unvollkommene Verbindlichkeit; – **de motiver** *(PrzR)* Begründungszwang.

obligation de moyens *(SchuldR: dite aussi obligation générale de prudence et de diligence)* Pflicht, auf das angestrebte Ergebnis (unter Einsatz aller Fähigkeiten) hinzuwirken; Verpflichtung zur Verrichtung einer Tätigkeit, Verpflichtung zur Erbringung einer (Dienst-)Leistung (unter Anwendung der im Verkehr erforderlichen Sorgfalt); – **naturelle** *(SchuldR)* Naturalobligation; – **de ne pas faire** Unterlassungspflicht, Unterlassensverpflichtung, Verpflichtung zur Nichtvornahme einer (bestimmten) Handlung; – **de non concurrence** *(HR)* Wettbewerbsverbot *n*; – **à objets multiples** Alternativverpflichtung; – **d'obtenir l'autorisation** Genehmigungspflicht.

obligation de paiement *(SchuldR)* Leistungspflicht; Zahlungsverbindlichkeit, Zahlungspflicht; – **participante** *(WertpR)* Obligation mit Beteiligung am Betriebsergebnis; – **pécuniaire** Geldverbindlichkeit, Zahlungspflicht; – **personnelle** höchstpersönliche Verpflichtung, in Anbetracht der Person eingegangene Verpflichtung; – **plurale** Schuldverhältnis mit mehreren Schuldnern *od.* mehreren Leistungspflichten; – **au porteur** Inhaberschuldverschreibung; – **de préavis** *(ArbR)* Pflicht zur Einhaltung der Kündigungsfrist; – **de présentation** *(VwR)* Vorlagepflicht; – **de prestation** Leistungspflicht; – **de prêter serment** Verpflichtung zur Eidesleistung; – **à prime** *(WertpR)* Prämienschuldverschreibung *od.* -obligation; – **primitive** *(SchuldR)* ursprüngliche Leistung *od.* Verpflichtung; – **principale** Hauptverpflichtung, Hauptpflicht; Übereignungspflicht; Zahlungspflicht; – **de procéder à des mesures conservatoires** *(VersR, ZR)* Schadenminderungspflicht; – **propre** *(HR, BankR)* Nostroverpflichtung; – **de prudence et de diligence** *(SchuldR)* Pflicht, auf das angestrebte Ergebnis gewissenhaft hinzuwirken, Sorgfaltspflicht; – **réelle** (1) mit dem Eigentum an einer Sache verbundene Verpflichtung, (2) Verpflichtung der Inhaber einer mit einer dinglichen Sicherheit belasteten Sache; – **de réintégration** *(ArbR)* Wiedereinstellungspflicht; – **à remboursement, – de rembourser** (Rück-)Erstattungspflicht; – **de renseignement** *(SchuldR)* Aufklärungs- und Mitteilungspflicht; – **de réparer le dommage** Schadensersatzpflicht; – **de réserve** *(BeamR, StPR, ArbR)* Schweigepflicht; – **de résidence** *(BeamR, PrzR)* Residenzpflicht.

obligation de résultat *(SchuldR: dite parfois obligation déterminée)* Verpflichtung zur Herbeiführung eines Erfolges; Pflicht das (vertraglich festgesetzte) Ergebnis zu erreichen; – **scolaire** Schulpflicht; – **au secret professionnel** (1) *(ArbR, HR)* Geheimhaltungspflicht, (berufliche) Verschwiegenheitspflicht, (2) *(BeamR)* Pflicht zur Wahrung des Amts- oder Dienstgeheimnisses; **– de sécurité** *(SchuldR)* Schutz- und Obhutspflicht, Verhaltenspflicht, Nebenleistungspflicht; **– de service** Amts- *od.* Dienstpflicht, Dienstverpflichtung; **– solidaire, – in solidum** *(SchuldR)* gesamtschuldnerische Verpflichtung, Solidarhaftung; **– de somme d'argent** Zahlungsverpflichtung; **– statutaire** *(GesR)* satzungsgemäße Verpflichtung; **– successive** Sukzessivlieferungsvertrag, Verpflichtung zu wiederkehrenden Leistungen; Dauerschuldverhältnis; **– successorale** Nachlaßverbindlichkeit; – de surveillance Aufsichtspflicht.

obligation de témoigner *(PrzR)* Zeugnispflicht; Aussagepflicht; **– à terme** Terminverpflichtung, befristete Verpflichtung; **– à titre d'avaliseur** *(WechselR)* Avalverpflichtung, Verpflichtung des Wechselbürgen; **– de tolérer** Verpflichtung zur Duldung, Duldungspflicht; **– de transporter** Beförderungspflicht; **– au travail** Arbeitspflicht; **– du trésor** *(WertpR)* Schatzanweisung *f,* Schatzschein *m;* **– d'utiliser un service public** *(VwR)* Benutzungszwang; **– de vendre** Verkaufszwang; **– de visa** *(VR)* Visumzwang, Sichtvermerkszwang; **– de voter** Wahlpflicht; **– à vue** Sichtverbindlichkeit, sofort fällige Verbindlichkeit.

2. **obligations: droit des –** Recht der Schuldverhältnisse, Schuldrecht *n,* Obligationenrecht (S); **extinction des –** Erlöschen der Verbindlichkeiten; **manquer à ses –** seine Verpflichtungen nicht einhalten, seine Pflicht nicht erfüllen; **violation des –** Pflichtverletzung *f;* **– d'activité** *(MilR)* Verpflichtung zum aktiven Wehrdienst; **– assimilables du Trésor** frz. Staatsschuldverschreibungen (mit einer Laufzeit von 7 bis 25 Jahren); **– civiques** *(VerfR)* staatsbürgerliche Pflichten; **– conjointes** teilbarer Leistungen; Teilschulden; **– conjonctives** Verpflichtung zu mehreren Leistungen; **– convertibles, – échangeables (en actions)** Wandelschuldverschreibungen; **– garanties par l'État** staatsverbürgte Obligationen; **– extérieures** Auslandsverbindlichkeiten; **– indivisibles** unteilbare Leistungen; gemeinschaftliche Schulden; **– militaires** Wehrpflicht; **– professionnelles** Berufspflichten; **– solidaires** Gesamtschulden.

obligatoire *adj* verbindlich, rechtsverbindlich, (zwingend) vorgeschrieben, erforderlich, Pflicht-; obligatorisch; zwangsläufig; **disposition (légale) –** Muß-Vorschrift, (durch Gesetz) zwingend vorgeschriebene Verhaltensweise; **enseignement –** Schulpflicht; **épreuve –** Pflichtfach (bei einer Prüfung); **force – du contrat** Verbindlichkeit (des Vertrages); **légalement –** rechtsverbindlich.

obligatoirement *adv* unbedingt, notwendigerweise, auf jeden Fall, unter allen Umständen.

obligé *adj* verpflichtet, gebunden (an); dankbar; notwendig; **être – à** *ou* **de faire** zu einer Leistung verpflichtet sein; **– de réparer** ersatzpflichtig.

obligé *m* Verpflichtete(r) *m,* Schuldner *m;* **principal –** Hauptverpflichtete(r), Hauptschuldner.

obligeance *f* Gefälligkeit; Entgegenkommen *n,* Zuvorkommenheit; **avoir l'– de** so freundlich *od.* so liebenswürdig sein, etw. zu tun.

obliger (1) *(engager, lier, soumettre à une obligation)* verpflichten, (2) *(astreindre, s'appliquer comme règle)* verbindlich sein, zwingend vorgeschrieben sein, *(3) (ZR: engager son patrimoine)* mit Schulden belasten; **s'– (à faire, à fournir)** sich verpflichten (zu); **le contrat oblige les deux parties** durch den Vertrag sind beide Parteien (zu einer Leistung) verpflichtet.

oblique *adj:* **action –** *(SchuldR, ZPR: action du créancier contre le* *débiteur de son débiteur, art.1166 Cciv)* (unmittelbare) Geltendmachung der Ansprüche des Schuldners durch den Gläubiger, Anspruchssicherungsklage des Gläubigers (gerichtet gegen den Schuldner seines Schuldners).

oblitération *f* Abstempelung *f*, Entwertung *f*; **– de complaisance** Gefälligkeitsstempel *m*; **– de la poste** Poststempel *m*; **– du premier jour** Ersttagsstempel *m*.

oblitérer abstempeln, entwerten.

obnubilation *f* Bewußtseinstrübung, Verwirrtheit.

obscène *adj* unzüchtig, anstößig, obszön.

obscur *adj* dunkel, undeutlich; unbekannt; **clause –e d'un contrat** mißverständliche *od.* mehrdeutige Vertragsklausel.

obscurité *f* (1) Unklarheit, (2) *(StVR)* Dunkelheit.

obsèques *fpl* **nationales** Staatsbegräbnis; **les – auront lieu dans la plus stricte intimité** die Beisetzung erfolgt im engsten Familienkreis.

observance *f* Einhaltung *od.* Befolgung (von Vorschriften); Satzung.

observateur *m* Beobachter *m*; Zeuge *m*.

observation *f* (1) *(obéissance, observance)* Befolgung *f*, Einhaltung *f*, Beachtung *f*, (2) *(examen)* Beobachtung *f*, Betrachtung *f*, (3) *(PrzR)* Bemerkung, Ausführungen *fpl* (einer Partei), (Partei-)Vorbringen *n*, (4) *(VwR)* Beanstandung *f*, Vorwurf *m*, Einwand *m*; Verweis *m*, (5) *(annotation d'un arrêt)* Entscheidungskommentar *m*, Anmerkung *f*; **mettre en –** unter Beobachtung stellen; **–s écrites** schriftliche Stellungnahme *f*; **–s orales** mündliche Stellungnahme.

observer (1) einhalten, befolgen, (2) beobachten, (3) bemerken, ausführen, vorbringen, (4) beanstanden, einwenden; **– les instructions** die Anweisungen befolgen.

obsolescence *f* Obsoleszenz *f*, Veralterung; Lebensdauer (des Produkts).

obsolète *adj* veraltet, obsolet, überholt.

obstacle *m* Hindernis *n*, Hemmnis *n*, Behinderung; Vereitelung; **– à la circulation** Verkehrshindernis.

obstination *f* Hartnäckigkeit, Starrköpfigkeit, Eigensinn *m*.

obstruction *f (PrzR, Pol)* Verschleppung *f*, Verzögerungstaktik *f*, Obstruktion *f*; **faire de l'–** Obstruktion betreiben; **– parlementaire** Obstruktion im Parlament, parlamentarische Verzögerungstaktik.

obstruer *v.tr.* **la circulation** ein Verkehrshindernis darstellen; **– le passage, – la voie** den Weg versperren.

obtempérer *v.tr.ind. (VwR)* (einer Anordnung) Folge leisten, gehorchen.

obtenir *v.tr.d.* erlangen, erreichen, erhalten; erwerben; **– des concessions** Zugeständnisse erreichen; **– le droit de visite** ein Besuchsrecht erwirken; **– gain de cause** (im Prozeß) obsiegen; **– un prêt** ein Darlehen erhalten.

obtention *f* Erlangung, Erreichung; Durchsetzung *f*; **– végétale** (neue, schutzwürdige) Pflanzenzüchtung.

obvenir *v.intr.* **par succession** durch Erbfolge erwerben.

obvier (à) *v.tr.ind.* vorbeugen.

occasion *f* (1) Gelegenheit *f*, Anlaß *m*, (2) Gelegenheitskauf *m*; **à l'–** gegebenenfalls, eventuell; **à l'– de** anläßlich; **d'–** gebraucht; **– de voir** Begegnungsmöglichkeit.

occasionnel *adj* gelegentlich; zufällig; ungewöhnlich; **dépense –le** unvorhergesehene Ausgabe; **travailleur –** Gelegenheitsarbeiter.

occasionner *v.tr.d.* (1) veranlassen, Anlaß geben, (2) verursachen.

occiput *m*: **un coup sur l'–** ein Schlag auf den Hinterkopf.

occire *v.tr.* töten, umbringen.

occultation *f* Vertuschung *f*; Verbergung.

occulte *adj* geheim, verborgen; verdeckt; **acte –** der durch das Scheingeschäft verborgene, dem

Willen der Beteiligten entsprechende Vertrag; **comptabilité** – geheime Buchführung; **sûreté** – nicht bekanntmachungspflichtige (dingliche) Sicherheit.

occulter *v.tr.* verdunkeln; – **un problème** ein Problem unter den Tisch fallen lassen, vertuschen.

occupant *m* (1) *(SachR)* Inhaber *m*, Besitzer *m*, (2) *(VR)* Besatzungsmacht, (3) *(StVR)* Kfz-Insasse, Mitfahrer; – **sans titre** rechtsgrundloser Besitzer, Besitzer ohne Rechtsgrund.

occupation (1) *(SachR)* Aneignung einer herrenlosen Sache, Okkupation *f*, (2) *(VR)* Besetzung *f*, Besatzung *f*, Okkupation *f*, (3) *(ArbR)* Beschäftigung *f*, Tätigkeit *f*, Arbeit *f*; **autorité d'** – Besatzungsmacht *f*; **zone d'** – besetztes Gebiet, Besatzungsgebiet *n*, Besatzungszone.

occupation accessoire *(ArbR)* Nebenbeschäftigung *f*, Nebentätigkeit *f*; – **durable** dauernde Besetzung; – **intérimaire** Zeitarbeit, Leiharbeitsverhältnis; – **des locaux** Besetzung der Arbeitsstätte, Sitzstreik; – **lucrative** Erwerbstätigkeit *f*, entgeltliche Tätigkeit; – **militaire** militärische Besatzung; – **à mi-temps** Halbtagsbeschäftigung *f*, Halbtagsstellung *f*; – **occasionnelle** Gelegenheitsbeschäftigung; – **à plein temps** *ou* **à temps complet** Vollzeitbeschäftigung; – **principale** Haupttätigkeit; – **rémunérée** entgeltliche Tätigkeit; – **salariée** bezahlte Beschäftigung, Beschäftigung gegen Entgelt; – **secondaire** Nebenberuf *m*, Nebentätigkeit; – **temporaire** *(VwR)* vorübergehende Inanspruchnahme eines Grundstücks durch den Staat; – **d'usine** *(ArbR)* Werksbesetzung *f*, Sitzstreik *m*.

occuper *v.tr.* (1) beschäftigen, (2) besetzen, okkupieren, (3) *(fonctions)* bekleiden, innehaben, (4) *(tribunaux)* an einer Sitzung teilnehmen; – **une fonction publique** ein öffentliches Amt bekleiden; **s'** – **de** sich beschäftigen (mit), betraut werden (mit); – **illégalement un logement** eine Wohnung widerrechtlich besetzen.

occurrence *f* (1) Vorfall *m*, Zufall *m*, (2) Fall *m*; **en l'** – im vorliegenden Fall.

octroi *m* (1) *(VwR, HR: attribution)* Bewilligung *f*, Gewährung *f*; Verleihung *f*, (2) *(hist., SteuerR)* (Gemeinde-)Steuer *f*, Gebühr *f*; – **d'agrément** *(VR)* Erteilung des Agreements; – **d'une avance** Vorschußgewährung; – **de crédit** Kreditgewährung *od.* -eröffnung, Krediteinräumung *od.* -erteilung; – **d'un délai** Einräumung einer Frist, Fristbewilligung; – **de devises** Devisenbewilligung; – **d'hypothèques** Hypothekengewährung; – **d'une licence** Lizenzbewilligung; – **de mer** Steuer auf Produkte aus frz. Überseegebieten; – **de la nationalité** Verleihung der Staatsangehörigkeit; – **de la personnalité juridique** *(GesR)* Verleihung der Rechtspersönlichkeit; – **de prestations** Gewährung von Leistungen; – **d'un prêt** Darlehensgewährung; – **d'un rang privilégié** Vorrangeinräumung; – **de subventions** Subventionierung, Gewährung von (Staats-)Zuschüssen; – **du titre de séjour** Erteilung der Aufenthaltsgenehmigung.

octroyer *v.tr.* einräumen, gewähren, bewilligen; – **un délai** eine (Nach-)Frist gewähren; – **une concession** eine Konzession erteilen.

oculaire *adj*: **témoin** – Augenzeuge *m*.

œcuménisme *m (KirchR)* ökumenische Bewegung, Ökumenismus.

œilleton *m* Spion *m* (an Haustüren), Guckloch *n*.

œuvre *f*, (1) Werk *n*, Arbeit *f*, (2) *(BauR)* Bauwerk *n*; (3) *(UrhR)* geistiges Werk *n*, (individuelle) geistige Schöpfung, besondere geistige *od*. wissenschaftliche Leistung, (4) *(SozR)* soziale Einrichtung; **maître d'** – *(BauR)* Bauunternehmer *m*; **mettre en** – in Angriff nehmen, ausführen, anwenden; – **d'art**, – **artistique** Kunstwerk *n*; **–s artistiques** Werke der bildenden Kunst; – **des arts appliqués** Kunsthandwerkserzeugnis, kunstgewerblicher Gegenstand; – **audiovisuelle** audiovisuelles Werk, Lichtbildwerk, Fernsehwerk; – **de bienfaisance**, – **charitable** Wohlfahrtseinrichtung, Hilfswerk *n*.

œuvre **cinématographique** Filmwerk; – **collective** Gruppenwerk, Sammelwerk *n*, Gemeinschaftsarbeit; – **de collaboration** gemeinsame Schöpfung, Miturheberschaft; – **composite** Nachschöpfung, Werkverbindung, Entnahme und Neutextierung; – **contrefaite** *(StR, UrhR)* widerrechtlich hergestelltes *od.* nachgemachtes Werk, nachgeahmtes Werk, widerrechtliche Nachbildung.

œuvre **dérivée** Bearbeitung, Umgestaltung, Adaptation; abhängige Nachschöpfung; freie Nachdichtung; Übersetzung; Sammelwerk; – **écrite** Schriftwerk, Sprachwerk; – **de l'esprit** geistige Schöpfung; **–s littéraires et artistiques** Werke der Literatur und Kunst; – **musicale** Musikwerk, musikalische Komposition; – **non publiée** nicht veröffentlichtes Werk; – **originale** Originalwerk; – **à pluralité d'auteurs** Mehrurheberschaft (an einem Werk); – **photographique** Lichtbildwerk; – **posthume** nachgelassenes *od.* postumes Werk; – **de première main** originäre geistige Schöpfung; – **protégée** gesetzlich geschütztes Werk; – **pseudonyme** pseudonymes Werk; – **publiée** veröffentlichtes Werk, erschienenes Werk; – **radiophonique** Hörfunkwerk.

œuvres **sociales** Wohlfahrtseinrichtungen; **–s sociales de l'entreprise** betriebliche Sozialeinrichtungen; **–s universitaires et sociales** Studentenwerk.

offense *f (StR)* Verunglimpfung (des frz. Staatsoberhaupts).

offenser *v. tr.* verunglimpfen, beschimpfen, böswillig verächtlich machen.

offenseur *m* Beleidiger *m*.

offensive *f* Angriff *m*, Offensive *f*, Attacke *f*; – **d'envergure** großangelegter Angriff (auf); – **imprévue**, – **inattendue**, – **inopiné** unerwarteter, plötzlicher, überraschender Vorstoß.

offert *adj*: **action –e** *(BörR)* Angebotsüberhang *m*; **cours –** Briefkurs; – **par** *(Film usw)* finanziert von.

office *m* (1) *(BeamR: charge, fonction, pouvoirs et devoirs attachés à une fonction publique)* öffentliches Amt, Obliegenheit *f*, Tätigkeit im öffentlichen Dienst, einem Träger öffentlicher Gewalt zugewiesene Aufgabe, (2) *(PrzR, ZR: charge d'un officier ministériel ou public)* Notaramt *n*, Gerichtsvollzieheramt, öffentliche amtsähnliche Stellung (des Notars, des Gerichtsvollziehers); Amt, das einem unabhängigen Organ der Rechtspflege durch den Staat anvertraut wurde, (3) *(VwR: établissement public administratif)* Behörde *f*, Amt *n*, Stelle *f*, Dienststelle *f*, (4) *(VwR: établissement public industriel et commercial)* öffentlichrechtliche Wirtschaftsanstalt, öffentliches Unternehmen *n*; **avocat nommé d'–** *(PrzR)* Pflichtverteidiger, Offizialverteidiger, vom Gericht bestellter Verteidiger; **d'–** von Amts wegen, kraft Amtes; zwangsweise; **commis d'–** von Amts wegen eingesetzt; **faire – de** als . . . tätig sein, fungieren *od.* dienen als; **mesure prise d'–** *(PrzR, VwR)* von Amts wegen getroffene Maßnahme, im Amtsbetrieb gefällter Beschluß, gemäß dem Amtsprinzip gefällte Entscheidung; **réquisitionner d'–** dienstverpflichten; **résigner un –** *(BeamR)* ein Amt niederlegen; **soulever d'–** *(VwR, PrzR)* (eine Prüfung) von Amts wegen vornehmen, von Amts wegen berücksichtigen.

office **d'agent de change** Börsenmaklerbüro *n*; – **d'arbitrage**, –

arbitral Schiedsstelle *f*, Schiedsamt; **– des brevets** Patentamt; **– central de clearing** *(BankR)* Zentralclearingstelle; **– central de virement** Girozentrale.

office des changes Devisenbewirtschaftungsstelle; **– des chèques postaux** Postbank, Postscheckamt; **– du commerce extérieur** Außenhandelsstelle; **– de compensation** Clearingstelle, Verrechnungs- *od.* Abrechnungsstelle; **– de contrôle des prix** Preisüberwachungsamt; **– de la foire** Messeamt; **– d'inspection du travail** Gewerbeaufsichtsamt; **– international des épizooties** internationales Seuchenamt; **– international d'hygiène publique** internationales Gesundheitsamt.

office du juge *(ZPR)* Richteramt; richterliche Prozeßleitung; Amtsbetrieb *m*, Offizialbetrieb; **– des licences** Lizenzamt; **– du livre foncier** Grundbuchamt; **– du logement** Wohnungsamt; **– des migrations internationales (= OMI)** frz. zentrale Einwanderungsbehörde; **– national des forêts** frz. zentrale Forstverwaltung; **– national de la propriété industrielle (= ONPI)** frz. Patentamt; **– de la navigation** Schiffahrtsamt; **– de normalisation** Institut für Normung; **– d'orientation professionnelle** Berufsberatungsstelle; **– de placement de la main d'œuvre** Arbeitsvermittlungsamt *od.* -stelle; **– de publicité** Anzeigenbüro *n*; **– de radiodiffusion** Rundfunkanstalt; **– sanitaire** Gesundheitsamt; **– de statistique** statistisches Amt; **– de tourisme** Verkehrsamt.

offices: offrir ses bons –, prêter ses bons – seine Dienste anbieten, vermitteln.

official *m (KirchR)* geistlicher Richter.
officialité *f (KirchR)* kirchliche Gerichtsbarkeit.
Officiel *m (Abkürzung für „Journal officiel de la République française" = J.O.)* Amtsblatt der frz. Republik.

officiel *adj* amtlich, offiziell, dienstlich, von Amts wegen; Regierungs-, Amts-; **actes –s, documents –s** amtliche Schriftstücke *od.* Dokumente; **dépêche –le, note –le** *(VR)* Depesche *f*, Verbalnote *f*; **langue –le** Amtssprache *f*; **personnage –** im öffentlichen Leben stehende Persönlichkeit; Amtsträger *m*; **porte-parole –** Regierungssprecher; **textes –s** Gesetze, Rechtsverordnungen und sonstige amtliche Bekanntmachungen; **visite –le** Staatsbesuch *m*.

officiellement *adv* amtlich, öffentlich.

officier *m* (1) *(GVR: titulaire d'un office public ou ministériel)* Inhaber eines öffentlichen Amtes (der Rechtspflege), (2) *(GemR)* Gemeindebeamte(r), (3) *(MilR)* Offizier.

officier de l'état-civil *(GemR)* Standesbeamte(r); **– d'état-major** *(MilR)* Stabsoffizier; **–s généraux** *(MilR)* Generalität *f*; **– de la légion d'honneur** Inhaber des frz. Ordens der légion d'honneur.

officier ministériel (1) *(GVR: titulaire d'un office rattaché à l'administration de la justice)* unabhängiges Organ der Rechtspflege, unabhängiger Träger *od.* Inhaber eines öffentlichen Amtes (im Rahmen der Rechtspflege), (2) *(ZPR: selon les contextes:)* Notar; Gerichtsvollzieher; Gerichtskanzler; Urkundenverwalter (der Geschäftsstelle); **– municipal** höherer Beamte der Gemeindeverwaltung; **– de police** *(VwR)* (höherer) Polizeibeamte(r), Polizeioffizier.

officier de police judiciaire (= OPJ) *(StPR)* (höherer) Kriminalpolizei- *od.* Strafverfolgungsbeamte(r), Kriminal(haupt)kommissar *m*.

officier public (1) *(ÖfR: titulaire d'un office non rattaché à la justice)* unabhängiger Träger eines öffentlichen Amtes; Börsenmakler *m*; gewerbsmäßiger Versteigerer, (2) *(ZR: personne ayant le pouvoir* *d'authentifier un acte)* Urkundsperson *f*; Standesbeamte *m*; Notar *m*.

officieux *adj* halbamtlich, offiziös; nicht verbürgt; **de source –se** aus gut unterrichteten Kreisen verlautet ...; **nouvelle –se** offiziöse *od.* halbamtliche Verlautbarung; **résultat – d'une élection** vorläufiges Wahlergebnis.

officinal *adj* gemäß dem frz. Arzneihandbuch hergestellt.

officine *f* **pharmaceutique** Laboratorium *n* (einer Apotheke).

offrant *m* (1) *(SchuldR: pollicitant)* (Vertrags-)Antragende(r), (2) *(HR)* Anbieter *m*; **le plus –** Meistbietende(r), Höchstbietende(r), Bestbietende(r).

offre *f* (1) *(HR, SchuldR: action d'offrir)* Angebot *n*, Offerte *f*, (2) *(SchuldR: proposition faite par une personne à un tiers en vue de la conclusion d'un contrat)* (Vertrags-)Antrag *m*, (3) *(BW: quantité de produits offerts)* (Waren-)Angebot, (4) *(BörR)* Brief *m*; **accepter une –** ein Angebot annehmen; **auteur de l'–** (1) *(SchuldR)* (Vertrags-)Antragende(r), (2) *(HR)* Anbieter *m*; **caducité de l'–** Erlöschen des Antrags; **décliner une –** ein Angebot ablehnen; **dernière –** Letzt- *od.* Höchstangebot; **excès d'–** Überangebot; **rétracter une –, révoquer une –** einen (Vertrags-)Antrag widerrufen; **soumettre une – à qqn.** jmdm. ein Angebot unterbreiten.

offre d'armistice *(VR)* Waffenstillstandsangebot *n*; **– de contrat** Vertragsangebot, Vertragsantrag, Offerte *f*; **– de concours** *(VwR)* Beteiligungsangebot, Angebot der finanziellen Unterstützung (zur Realisierung eines öffentlichen Vorhabens); **– et demande** Angebot und Nachfrage; **– d'échange** Umtausch- *od.* Tauschangebot; **– d'emploi** *(ArbR)* Stellenangebot; Angebot auf dem Arbeitsmarkt; **–s d'emploi** offene Stellen *fpl*; **– expresse** ausdrücklicher Vertragsantrag.

offre ferme verbindliches *od.* festes Angebot, Antrag mit Bindungswirkung, Festofferte; **– globale** *(Vwirt)* Gesamt- *od.* Globalangebot; **– intérieure** inländisches Angebot; **– de médiation** Vermittlungsangebot; **– de négociation** Verhandlungsangebot; **– à personne déterminée** an eine bestimmte Person gerichteter Vertragsantrag; **– pléthorique** Überangebot; **– précise** bestimmtes *od.* bestimmbares Angebot; **– de preuve** *(ZPR)* Beweisangebot; **– au public** Angebot in Zeitungen *od.* Plakaten, Katalogen, Preislisten, usw.

offre publique d'achat (= OPA) *(BörR)* öffentliches Übernahmeangebot, (Aktien-)Kaufgebot *n* (an der Börse); **annoncer une –** ein Übernahmeangebot ankündigen; **contre –** Gegenangriff *m* nach einem feindlichen Übernahmeversuch; **– hostile, – inamicale** feindliches Übernahmeangebot.

offre publique d'échange (= OPE) *(BörR)* öffentliches (Aktien-) Tauschangebot, öffentliches Übernahmeangebot in Verbindung mit einem Aktienumtausch; **– publique de vente (= OPV)** *(BörR)* öffentliches Aktienverkaufsangebot.

offre réelle *(SchuldR, ZPR)* tatsächliches (amtlich protokolliertes) Angebot der geschuldeten Leistung (durch den Schuldner), Realangebot; **– de règlement** (1) *(KonkursR)* Vergleichs- *od.* Erfüllungsangebot, (2) Zahlungsangebot; **– de remboursement** *(HR)* Preisnachlaß *m* (nach Verkauf der Ware); **– sans engagement** freibleibendes *od.* unverbindliches Angebot; **– avec réserves** Angebot mit Widerrufsvorbehalt; **– de service** Angebot *n* (von Waren *od.* Dienstleistungen); **– simulée** Scheinangebot; **– de souscription** Bezugsangebot, Bezugsaufforderung; **– spéciale** *(HR)* Sonderangebot *n*; **– tacite** Vertragsantrag durch schlüssiges Verhalten, stillschweigendes Angebot; **– à terme**

offres: appel d'–

Terminofferte; **– de transport** Angebot von Verkehrsleistungen; **– de vente** Verkaufsangebot.

offres: appel d'– *(VwR: procédure de passation de marchés publics)* Vergabe öffentlicher Aufträge im Leistungswettbewerb; öffentliche Ausschreibung *f*, Ausschreibungsverfahren *n*.

offreur *m* Anbieter *m*.

offrir *v.tr.* anbieten, antragen, offerieren; **– une forte récompense** eine hohe Belohnung versprechen; **– un grand choix de marchandises** ein großes Warenangebot unterbreiten; **– en vente** zum Verkauf anbieten.

offshore *adj* (1) off shore, in einiger Entfernung vor der Küste, (2) exterritorial; **commande –** Offshore-Auftrag *m*; **société –** Offshore-Gesellschaft *f*.

ogive *f* **nucléaire** Atomsprengkopf *m*.

oisif *adj* arbeitsscheu, faul.

oisiveté *f* Müßiggang *m*, mangelnde Arbeitsmoral.

oligarchie *f (Pol)* Oligarchie *f*, Herrschaft einer kleinen Gruppe.

oligopole *m (Vwirt)* Oligopol *n*, einige wenige Anbieter (auf dem Markt).

oligopsone *m (Vwirt)* Oligopson *n*, Markt *m* mit geringer Zahl der Nachfrager.

olographe *adj*: **testament –** *(ErbR)* völlig eigenhändiges (geschriebenes) Testament.

ombudsman *m (Pol: médiateur en France, protecteur du citoyen au Québec)* Parlamentsbeauftragte *m*, Volksanwalt *m*, Ombudsman *m* (dans les pays scandinaves).

omettre *v.tr.d.* unterlassen, auslassen, weglassen, versäumen; **n'– aucun détail** in allen Einzelheiten darstellen.

omission *f* (1) *(StR: fait de s'abstenir)* Unterlassung *f*; Unterlassungsdelikt *n*, (2) *(VwR, ZR: fait de ne pas accomplir ce qui est requis)* Versäumen *n*, Unterlassen *n*; Auslassung *f*; Versäumnis *f*, (2) *(chose omise)* Lücke *f*, Ausgelassene(s) *n*, Fehlende(s) *n*, (3) *(SteuerR)* Unterlassung der Mitteilung über steuerlich erhebliche Tatsachen; willentliche *(od.* versehentliche) unrichtige *od.* unvollständige Angabe (bei einer Steuererklärung); **délit d'–**, **infraction d'–** *(StR)* Unterlassungsdelikt *n*, strafbare Unterlassung; **infraction de commission par –** unechtes Unterlassungsdelikt; **sauf erreur ou –** Irrtum *(od.* Auslassung) vorbehalten; **– d'une mention obligatoire** Weglassung eines unbedingt erforderlichen Hinweises; **– d'une pièce dans un dossier** Nichtbeifügung eines Schriftsatzes; **– proprement dite** *(StR)* echtes Unterlassungsdelikt; **– de porter secours** *(StR)* unterlassene Hilfeleistung, Unterlassen *n* der Hilfeleistung (bei Unglücksfällen).

omnipotence *f* Machtvollkommenheit *f*.

omnipraticien *m (SozR: médecin généraliste)* praktischer Arzt.

omnium *m (GesR: société financière concernant plusieurs secteurs)* Holding(gesellschaft) *f*.

oncle *m* Onkel *m*, Oheim *m*.

oncogène *adj* krebserregend.

on-dit *m* Gerücht *n*, Flüsterparole *f*.

onéreux *adj* (1) *(SchuldR)* entgeltlich, gegen Entgelt, (2) *(HR: dispendieux, coûteux)* teuer, aufwendig, kostspielig; **acte à titre –** entgeltliches Rechtsgeschäft.

onusien *adj* die Vereinten Nationen betreffend.

opacité *f* **d'un texte** Unverständlichkeit eines Gesetzes.

opéable *adj (GesR: offre publique d'achat)* zu einem öffentlichen Kaufangebot anreizend; **entreprise –** übernahmegefährdetes Unternehmen.

open-market *m* offener Markt *m*, Freiverkehr *m*; **politique d'–** *(BankR: technique d'intervention de la banque centrale)* Offenmarkt-Politik *f*.

opérant *adj*: **mesure –e** wirksame Maßnahme.

opérateur *m* (1) *(BörR)* Börsenmakler *m*, Börsenhändler *m*; Börsianer *m*, (2) *(ArbR)* Bedienungspersonal *n*; – **public** *(HR: audit externe)* Wirtschaftsprüfer *m*.

opération *f* (1) Wirkung, Vorgang *m*, Arbeitsweise, (2) *(HR, BankR)* Geschäft *n*; Geschäftsvorgang *m*; Geschäftstätigkeit, (3) *(VwR)* Maßnahme *f*, Aktion, (4) *(DV)* Rechenvorgang *od.* -verfahren, (5) *(SozVers)* chirurgischer Eingriff *m*, Operation *f*, (6) *(MilR)* Truppenbewegung, Operation; **en** – im Einsatz; – **accessoire** *(ZollR)* Nebenverrichtung; – **administrative** Verwaltungshandlung *od.* -maßnahme; – **anti-drogue** Drogenbekämpfungsmaßnahme *f*; – **d'argent** Geldgeschäft; – **bancaire**, – **de banque** Bankgeschäft *n*, – **de bourse** Börsengeschäft *od.* -handel; – **de bourse à terme** Börsentermingeschäft; **–s de caisse et de virement** Zahlungs- u. Überweisungsverkehr; – **par caisse** Schalter- *od.* Kassageschäft; – **de change** Devisengeschäft, Valutageschäft; – **de commando** Überraschungsangriff *m*; – **commerciale** Handelsgeschäft; – **de compensation** *(BankR)* Kompensationsgeschäft; – **comptable** Buchungsvorgang *m*; – **au comptant** Schalter- *od.* Kassageschäft; – **par compte** Geschäft über Konto, Verrechnungsgeschäft; – **en compte courant** Kontokorrentgeschäft; – **coup de poing** *(StR: action policière)* großangelegte und unangekündigte Polizeiaktion, Razzia *f*, Fahndung; – **de couverture** Deckungsgeschäft; – **de crédit** Kreditgeschäft; – **de dépôt** Depositengeschäft; – **de décontamination** *(UmweltR)* Entseuchungsaktion *f*, Dekontaminationsmaßnahme *f*; – **documentaire** Remboursgeschäft.

opération sur effets Effektengeschäft; – **d'émission** Emissionsgeschäft; – **d'encaissement** Inkasso *od.* Einziehungsgeschäft; – **escargot** *(ArbR)* Bummelstreik *m*, Dienst *m* nach Vorschrift; – **d'escompte** Diskontgeschäft, (Wechsel-)Diskontierung; – **fictive** Scheingeschäft; – **de financement** Anlageod. Finanzierungsgeschäft; – **financière** Geld- *od.* Finanzgeschäft; – **de garantie** Bürgschaftsgeschäft; – **à garantie de change** kursgesichertes Geschäft; – **de guerre** *(VR)* Kriegshandlung; – **hors bourse** außerhalb der Börse abgeschlossenes Geschäft; – **immobilière** Grundstücksgeschäft; – **liée** Verbindung eines Kaufs mit einem Verkauf; – **lucrative** auf Gewinn gerichtetes Geschäft; – **monétaire** Währungsmaßnahme; – **en nom propre** Eigenhändlergeschäft, Selbsteintritt *m*.

opération à options Optionsgeschäft; – **à perte** Verlustgeschäft; – **de police** *(VwR)* Polizeiaktion; – **à primes** Prämiengeschäft; – **publicitaire** Werbeaktion *od.* -kampagne, Werbefeldzug *m*.

opération de recouvrement Inkassogeschäft; – **à règlement mensuel** Ultimogeschäft; – **de report** Prolongations- *od.* Reportgeschäft, Schiebungs- *od.* Swapgeschäft; – **risquée** Risikogeschäft, gewagtes Geschäft; – **spéculative** Agiotagegeschäft, Spekulation *f*; – **à terme** Termin- *od.* Differenzgeschäft; – **terminale** *(Frachtgeschäft)* Laden *n*, Abladen; – **triangulaire** Dreiecksgeschäft; – **de troc** Tauschgeschäft; – **ville morte** großangelegte Protestaktion der Kaufleute und Betriebe einer Stadt (mit Schließung sämtlicher Geschäfte); – **de vote** *(VerfR)* Wahl(vorgang).

opérationnel *adj* einsatzfähig; **recherche –elle** Unternehmens(organisations)forschung.

opératoire *adj*: **champ** – Tätigkeitsbereich *m*; **mode** – Verfahrens- *od.* Arbeitsweise *f*.

opérer *v.tr.* (1) bewirken, bewerkstelligen, (2) vornehmen, durchführen, ausführen; **s'**– **par** ablaufen, vor sich gehen; **avis d'**–**ré**

opiacés *mpl* Opiate *npl*; Morphin *n*; Codein *n*.

opiner (1) seine Meinung kundtun *od.* äußern, (2) *(opiner à)* zustimmen, gutheißen.

opinion *f* (1) *(conviction personnelle)* Meinung *f*, Ansicht *f*, Auffassung *f*, (2) *(avis émis par un technicien)* Stellungnahme *f*, (3) *(position doctrinale)* Lehre *f*, Lehrsätze *mpl*; **affaire d'–** Ansichtssache; **avoir mauvaise –** (de qch ou qn) nicht viel halten von; **délit d'–** *(StR)* Meinungsdelikt *n*; Straftatbestand, durch den die Meinungsfreiheit beeinträchtigt wird; **liberté d'–** Meinungsfreiheit *f*; **partage d'–** Stimmengleichheit, Pattsituation; **sans –** unentschieden; **– dissidente, – divergeante** abweichende Meinung; **– dominante** herrschende Meinung; **– juridique** Rechtsauffassung *od.* -ansicht, *od.* -anschauung, Rechtsmeinung; **– publique** öffentliche Meinung; **– du risque** *(VersR)* Risikoabschätzung.

opportun *adj* zweckmäßig, opportun, angebracht; **au moment –** rechtzeitig, zur rechten Zeit; **en temps –** zu gegebener Zeit.

opportunité *f* Zweckmäßigkeit; günstige Gelegenheit; **règle de l'– des poursuites** *(StR)* freie Entscheidung der Staatsanwaltschaft über die Erforderlichkeit der Strafverfolgung.

opposabilité *f* (1) *(ZR: effet à l'égard des tiers)* Wirkung Dritten gegenüber, Drittwirksamkeit, (2) *(ZPR)* Einwendbarkeit; als Einrede *od.* Einwand (gegen ein geltend gemachten Anspruch) verwendbar.

opposable *adj* (1) *(ZR)* jemandem gegenüber wirksam, (2) *(ZPR)* einwendbar, entgegenhaltbar; was als Einrede *od.* Einwendung entgegengehalten werden kann; **– aux tiers** Dritten gegenüber wirksam.

opposant *m* (1) *(ZPR)* Beklagter, der Einwendungen (gegen den Anspruch) vorbringt, (2) *(Pol)* Mitglied der Opposition, Oppositioneller *m*, Gegner *m*; **– au régime** Regimekritiker *m*, Dissident *m*.

opposant *adj* entgegenstehend, widersprechend; gegnerisch.

opposé *adj* entgegengesetzt, entgegengehalten; **opinions –es** unvereinbare Meinungen.

opposer entgegenhalten; einwenden, entgegensetzen; **– un moyen de défense** *(PrzR)* Einspruch erheben; **– des atermoiements** Ausflüchte suchen; **– un refus formel** ausdrücklich ablehnen; **s'–** Widerspruch *od.* Einspruch erheben (gegen).

opposition *f* (1) *(ZPR)* Einspruch *m*; Widerspruch; Einwendung *f*, (2) *(VerfR)* Opposition *f*, (3) *(StPR)* Antrag *m* (auf Wiederaufnahme des Verfahrens); Rechtsmittel *n* (gegen Abwesenheitsurteile), (4) *(VwPR)* Beschwerde *f*; Widerspruchsverfahren *n*, (5) *(ZR)* Einwand *m*; Anfechtung *f*; **acte d'–** *(ZPR)* prozessuale Beanstandung *f*, Einwendung; **chef de l'–** *(VerfR)* Oppositionsführer *m*; **débouté d'–** *(ZPR)* Verwerfung des Einspruchs; **délai d'–** Einspruchsfrist; **droit d'–** Widerspruchsrecht; **être en –** in Widerspruch stehen (zu); **exploit d'–** Einspruchsschrift; **faire –** (1) *(ZPR)* Einspruch *od.* Widerspruch erheben, Einwendungen vorbringen, (2) *(WertpR: Scheck)* (einen Scheck) sperren lassen; **former –** *(ZPR)* Einspruch *od.* Widerspruch erheben, prozeßhindernde Einreden vorbringen; **parti d'–** Oppositionspartei *f*; **procédure d'–** Widerspruchsverfahren; **tierce –** Drittwiderspruchsklage; **tierce – incidente** Drittwiderspruchsklage gegen ein Urteil in einem Rechtsstreit, in welchem der Drittwiderspruchskläger nicht Partei gewesen ist; **tierce – principale** Drittwiderspruchsklage; **titre frappé d'–** gesperrtes Wertpapier.

opposition à un chèque Schecksperre; **– à un commandement de payer** *(ZwangsVR)* Widerspruch gegen einen Mahnbescheid od. Zahlungsbefehl; **– à contrainte** Widerspruch gegen einen Vollstreckungsbefehl; **– sur défaut** Einspruch gegen ein Versäumnisurteil; **– immédiate** *(VwPR)* sofortige Beschwerde; **– d'intérêts** Interessenwiderstreit *m*; **– au mariage** Einspruch gegen die Eheschließung; **– au paiement** Zahlungsverbot *n*; Auszahlungssperre *f.*

oppression *f (Pol)* Unterdrückung, Zwang *m.*

opprimer *v.tr.d.* unterdrücken, unterjochen.

opprobre *m* Schande *f,* Schandfleck *m.*

optant *m* Optant *m,* Optierende(r).

opter *v.tr.ind.* (1) eine Wahl treffen, (2) *(SchuldR)* sich entscheiden (für), optieren.

optimisation *f* Optimierung, effektive Gestaltung.

optimiser *v.tr.* optimieren, optimal gestalten.

optimisme *m* **de façade** Zweckoptimismus *m.*

optimum *m* günstigstes Verhältnis, optimaler Nutzen; **– de Pareto** Pareto-Optimum.

option *f* (1) *(ZR: faculté de choisir)* Wahlrecht *n,* Wahl *f,* (2) *(SchuldR)* Option *f,* Wahlmöglichkeit *f,* (3) *(VR)* Optierung *f;* **à –** wahlweise; **clause d'–** Optionsklausel *f;* **droit d'– , faculté d'–** (1) Options- *od.* Wahlrecht, (2) *(WertpR)* Bezugsrecht; **en –** *(HR)* auf Wunsch (lieferbar); **lever une –** ein Vorkaufs- *od.* Optionsrecht ausüben; **marché d'– à terme négociables à Paris (= MONEP)** Pariser Optionsmarkt *m*; **prendre une –** eine Option vereinbaren; **pacte d'–** *(SchuldR)* Ankaufs- *od.* Optionsrecht, aufschiebend bedingter Kaufvertrag.

option d'achat d'actions Aktienvorkaufsrecht; **– de nationalité** *(IPR)* freie Wahl der Staatsangehörigkeit; **– de place** *(BankR)* Zahlstellenoption; **– de vente** Verkaufsoption.

opulence *f* Überfluß *m,* Reichtum *m.*

opuscule *m* klein Schrift, Opusculum *n.*

or *m* Gold *n*; **clause –** Goldwertklausel *f;* **convertibilité en –** Einlösung in Gold; **étalon –** Goldstandard *m*; **étalon échange –** Gold-Exchange-Standard; **frappe de l'–** Goldprägung *f;* **lingot d'–** Goldbarren *m*; **marché de l'–** Goldmarkt; **mine d'–** Goldgrube; **pièces d'–** Goldmünzen *fpl,* Goldsorten *fpl*; **poids d'– fin** Feingoldgehalt *m*; **prime sur l'–** Goldagio *n*; **réserves d'–** Goldreserven *od.* -bestände *mpl*; **sortie d'–** Goldabfluß *m*; **titre de l'–** Goldgehalt *m.*

or fin Feingold; **– monétaire** Münz- *od.* Währungsgold; **– monnayé** gemünztes Gold; **– noir** Erdöl *n.*

oraison *f* **funèbre** Leichenrede *f.*

oral *adj*: **conclusions –es** *(ZPR)* Schlußanträge (in der mündlichen Verhandlung); **déposition –e** *(StPR)* Aussage *f* (vor Gericht).

orateur *m* Redner *m,* Referent *m.*

oratoire *adj*: **art –** Rhetorik *f,* Redekunst *f;* **précautions –s** oratorische Vorsichtsmaßregeln.

ordinaire *adj* gewöhnlich, gewohnheitsgemäß; mittelmäßig; durchschnittlich; **d'– , à l'–** gewöhnlich, in der Regel; **crédits –s, dépenses –s** *(HaushR)* planmäßige Ausgaben; **juridiction –** *(PrzR: juridiction de droit commun)* ordentliches Gericht.

ordinaire *m (MilR)* Mannschaftsverpflegung, Soldatenküche.

ordinateur *m (DV)* datenverarbeitende Anlage, Rechner *m*; **micro-–** Personalcomputer *m* (= PC); **– portable** Laptop *m.*

ordination *f (KirchR)* Erteilung der Priesterweihe.

ordonnance *f* (1) *(ÖfR: règlement pris par le pouvoir exécutif)* (Rechts-)Verordnung *f,* Verfügung *f,* Anordnung *f* (2) *(VerfR: acte gouvernemental avec valeur législative, en vertu*

ordonnance d'application

d'une loi d'habilitation) Regierungsgesetz *n* (im Gesetzgebungsbereich des Parlaments), gesetzesvertretende Rechtsverordnung; (3) *(ZPR: décision émanant du juge unique)* Beschluß *m* (des Gerichtspräsidenten *od.* eines Einzelrichters); richterliche Verfügung, (4) *(MilR)* Ordonnanz *f*, (5) *(Buchf)* Anweisung *f* (an eine Kasse), (6) *(SozR)* ärztliches Rezept; **prendre une –** *(VwR)* eine Verordnung erlassen; **rendre une –** *(ZPR)* einen (richterlichen) Beschluß treffen.

ordonnance d'application *(VwR)* Durchführungsverordnung, Durchführungsbestimmungen *od.* -vorschriften; **– de classement** *(StPR)* Einstellungsverfügung; **– de clôture** *(ZPR)* richterliche Verfügung zum Abschluß des vorbereitenden Verfahrens, Feststellung der Entscheidungsreife und Bestimmung eines Termins für die mündliche Verhandlung; **– de comparution** *(PrzR)* Anordnung des Erscheinens, Ladung *f*, Vorladung; **– de contrainte** zwangsweise Vorführung; **– de contumace** *(StPR)* Beschluß zur Einleitung eines Abwesenheitsverfahrens; **– de dessaisissement** *(StPR)* Verfügung über die Abgabe der Sache an einen anderen Ermittlungsrichter; **– d'exécution** (1) *(VwR)* Durchführungs- *od.* Vollzugsverordnung *f*; (2) *(ZwangsVR)* Vollstreckungsbefehl *m*; **– d'exequatur** *(IPR)* Vollstreckbarerklärung *f*, Vollstreckungsbeschluß; **– d'expropriation** *(VwR)* Enteignungsbeschluß; **– d'expulsion** (1) *(MietR)* Räumungsanordnung *f*, (2) *(AuslR)* Ausweisungsbeschluß *m*.

ordonnance gouvernementale *(ÖfR)* Rechtsverordnung *f*; **– d'incompétence** *(StPR)* Verfügung, durch die sich der Ermittlungsrichter für unzuständig erklärt; **– interprétative** *(VwR)* Auslegungsverordnung; **– judiciaire** *ou* **de justice** *(ZPR)* Gerichtsbeschluß, richterliche Verfügung; **–**

ordonnance de saisie

liquidant les frais *(PrzR)* Kostenfestsetzungsbeschluß; **– médicale** ärztliche Verordnung *f*, Rezept *n*; **– de non-lieu** *(StPR)* Einstellung des Ermittlungsverfahrens durch Verfügung des Ermittlungsrichters; **– de non-recevabilité** Verfügung, durch die der Ermittlungsrichter die öffentliche Klage für unzulässig erklärt.

ordonnance pénale *(StPR)* (strafrichterlicher) Bußgeldbescheid; Strafbefehl *m*; **– de police** (B) Polizeiverordnung; **– préfectorale** Anordnung des Präfekten; **– de preuves** (S) Beweisbeschluß *od.* -verfügung (S); **– de prise de corps** *(StPR)* Haftbefehl (der Anklagekammer).

ordonnance de référé *ou* **sur référé** (ZPR: *décision provisoire rendue à la demande d'une partie*) einstweilige Verfügung (zur Sicherung eines Anspruchs); einstweilige Anordnung; **– de renvoi** *(StPR)* Verfügung des Ermittlungsrichters zwecks Weiterleitung der Akten an die Anklagekammer, Verweisungsverfügung; **– de renvoi (des fins) de la demande** *(ZPR: jugement de débouté)* Klageabweisung *f*; **– sur requête** (ZPR: *décision provisoire concernant des mesures conservatoires*) einstweilige Verfügung zur Sicherung eines Anspruchs.

ordonnance de saisie *(ZwangsVR)* Pfändungsbeschluß *m*; **– de saisie-arrêt** gerichtliche Ermächtigung, eine Vorpfändung vorzunehmen; **– de séquestre** (S) Arrestbefehl *m*; **– de soit-communiqué** (1) *(StPR)* Beschluß, durch welchen die Voruntersuchung beendet und die Sache der Staatsanwaltschaft vorgelegt wird, (2) *(ZPR)* Beschluß über die Inkenntnissetzung des Staatsanwalts (in einer Zivilsache); **– de soit-informé** *(StPR)* Beschluß zur Einleitung der Voruntersuchung; **– de taxe** *(ZPR)* Kostenfestsetzungsbeschluß; **– de transmission des pièces** *(StPR)* Verfügung des Ermittlungsrichters

über die Vorlage der Akten an die Anklagekammer.
ordonnancement *m* (1) *(HaushR)* Auszahlungsanordnung *od.* -anweisung, (2) *(HR)* Auftragsplanung *f*; (3) *(BW)* Terminplanung; **– d'une dépense publique** Auszahlungsanweisung; **– juridique** positives Recht als Rechtsgebäude; Struktur der Rechtsordnung; **– de la production** *(HR)* Herstellungsplanung; Produktionsprogrammoptimierung.
ordonnancer *v.tr* (eine Auszahlung) anweisen.
ordonnateur *m (HaushR: fonctionnaire habilité à donner à un comptable l'ordre de percevoir ou de verser des fonds au nom d'un organisme public)* Beamte(r) einer Dienststelle, der berechtigt ist, Zahlungsanweisungen für die Dienststelle auszustellen; anweisungsbefugter *od.* anweisungsberechtigter Beamte.
ordonner *v.tr.* gesetzlich festsetzen; befehlen, anordnen; verordnen; **– une autopsie** eine Obduktion anordnen; **– la dislocation d'une manifestation** die Auflösung einer Demonstration anordnen; **– ses idées** sich fassen, seine Fassung wiedergewinnen; sich konzentrieren.
ordre *m* (1) *(OfR: directive, instruction)* Anordnung *f*, Anweisung *f*, Befehl *m*, (2) *(VwR; ZPR: organisation, gradation)* Rang *m*, Rangordnung *f*; Ordnung *f*, (3) *(HR: commande)* Bestellung *f*, Auftrag *m*, Order *f*, (4) *(ArbR: corporation, corps)* Berufsvereinigung *f*, Berufsstand *m*, Verband *m*, Kammer *f*, (5) *(ErbR)* Erbenordnung *f*; **à –** an Order, Order-; **billet à –** eigener Wechsel, Eigen-*od.* Solawechsel, trockener Wechsel; **chèque à –** Orderscheck; **clause à –** Orderklausel; **connaissement à –** Orderkonnossement *n*; **conseil de l'–** Kammervorstand (Anwaltskammer, Ärztekammer usw.); **donner un –** (1) *(HR)* einen Auftrag erteilen, (2) *(MilR)* einen Befehl geben; **donneur d'–** Auftraggeber *m*; **exécuter un –** (1) *(HR)* einen Auftrag ausführen, (2) *(MilR)* einen Befehl befolgen; **forces de l'–** Polizei *f*, Polizeikräfte *fpl*; **jusqu'à nouvel –** bis auf weiteres; **menace pour l'– public** Gefährdung der öffentlichen Ordnung; **mention à –** Orderklausel; **motion d'–** Antrag zur Tagesordnung; **par –** im Auftrag (i.A.); auf Anordnung (a.A.); **passation d'–** Auftragserteilung *f*; **passer un –** einen Auftrag erteilen; **procédure d'–** *(KonkursR)* Verfahren zur Feststellung der Rangstellung (der Gläubiger); **rappel à l'–** Ordnungsruf *m*, Ruf zur Ordnung; **rappeler à l'–** zur Ordnung rufen; **service d'–** Ordner-*od.* Ordnungsdienst; **sur –** im Auftrag (i.A.).
ordre d'achat (1) *(ZR, HR)* Kaufauftrag *m*, Einkaufskommission, (2) *(VwR)* Beschaffungsauftrag *m*; **– administratif** Verwaltungsgerichtsbarkeit; **– d'appel sous les drapeaux** *(MilR)* Einberufungsbefehl *m*; **– des avocats** Anwalts- *od.* Rechtsanwaltskammer, Anwaltschaft *f*; **– de bourse** Börsenauftrag; **– de change** Währungs- *od.* Devisenkauf- *od.* Verkaufsauftrag; **– chronologique** zeitliche Reihenfolge; **– au comptant** Barauftrag; **– constitutionnel** verfassungsmäßige Ordnung, Verfassungsordnung; **– économique** Wirtschaftsordnung; **– d'écrou** *(StPR)* Anordnung der Untersuchungshaft, Haftbefehl *m*; **– d'encaissement** Einziehungsauftrag, Inkassomandat; **– d'enlèvement** *(SeeHR)* Verladefolge; **– d'exécution** *(ZPR)* Vollstreckungsbefehl.
ordre d'expulsion (1) *(StR: d'un pays)* Anordnung der Landesverweisung, Ausweisungsverfügung, (2) *(ZwangsVR: d'un local)* Räumungsbefehl; **– ferme** Festauftrag; **– de grandeur** Größenordnung; **– de grève** Streikaufruf *m*; **– des héritiers** Reihenfolge der Erben, Erbfolge *f*; **– hiérarchique** Rangordnung; **– d'incorporation**

(MilR) Einberufungsbefehl; **– d'informer** *(StPR)* Auftrag zur Vornahme von Ermittlungen *od.* zur Einleitung der Voruntersuchung; **– d'internement** *(VwR)* Unterbringungs- *od.* Internierungsbefehl.

ordre du jour (1) Tagesordnung, Traktandenliste *f* (S), (2) *(ZPR)* Reihenfolge *f* der Termine, Terminbestimmung *f*, (3) *(MilR)* Tagesbefehl; **arrêter l'–** – die Tagesordnung aufstellen *od.* festsetzen; **demande d'inscription à l'–** – Antrag auf Aufnahme in die Tagesordnung; **passage à l'–** – Übergang zur Tagesordnung.

ordre de juridiction *(GVR)* Gerichtsbarkeit; **– juridique** Rechtsordnung; **– de la Légion d'honneur** frz. Ehrenlegion; **– lié** *(BörR)* gebundener Auftrag; **– limité** *(BörR)* limitierter Auftrag; **– de livraison** *(HR)* Lieferauftrag; **– de la loi** *(StR)* gesetzliche Erlaubnis (als Rechtfertigungsgrund); **– des médecins** Ärztekammer *f*.

ordre de mission (1) *(BeamR)* Dienstreiseauftrag, (2) *(MilR)* Marschbefehl, Dienstauftrag.

ordre de mobilisation Mobilmachungsbefehl; **– de mutation** *(BeamR)* Versetzungsverfügung; **– national du mérite** frz. Verdienstorden; **– d'ouverture de crédit** Kredit(eröffnungs)auftrag; **– de paiement** (1) *(BankR)* Zahlungsauftrag, Zahlungsanweisung, (2) *(ZwangsVR)* Zahlungsaufforderung *f*; **– permanent (de virement)** *(BankR)* Dauerauftrag; **– des places** Sitzordnung; **– de préférence** Prioritätsordnung; **– de préséance** Rangfolge *f*; **– de priorité** Dringlichkeitsfolge; Rangfolge *f*.

ordre professionnel *(ÖfR: organisme de caractère corporatif institué par la loi)* berufsständische Vertretung, Kammer *f*, Berufsstand *m*.

ordre public (1) *(ZR: norme impérative)* unabdingbare Vorschrift; Norm, die im Interesse der Allgemeinheit aufgestellt wurde, (2) *(ÖfR)* öffentliche Sicherheit und Ordnung, (3) *(IPR: principes fondamentaux de l'ordre juridique)* Vorbehaltsklausel *f* (zur Wahrung der wesentlichen Grundsätze der französischen bzw. deutschen Rechtsordnung), ordre public; **exception d'–** Vorbehaltsklausel *f*; **loi d'–** zwingendes Gesetzesrecht; **maintenir l'–** die öffentliche Ordnung aufrechterhalten; **menace pour l'–** Gefährdung der öffentlichen Ordnung; **règle d'–** unabdingbare Rechtsnorm; zwingende Vorschrift; Bestimmung des „ordre public"; **restaurer** *ou* **rétablir l'–** die öffentliche Ordnung wiederherstellen; **– social** soziale Grundordnung, Grundsatz der sozialen Sicherheit, Anspruch auf ein Existenzminimum.

ordre de recette *(HaushR)* Einnahmeanweisung; **– religieux** Ordensgemeinschaft *f*, Ordenskongregation, Orden; **– de réquisition** Leistungsbescheid *m*; Beschlagnahmeverfügung; **– de reversement** Rücküberweisungsauftrag; **– de saisie** Pfändungsbeschluß *m*; **– de service** *(BeamR)* Dienstanweisung, Dienstbefehl; **– de servitude** *(DV)* Maschinenbefehl; **– social** Gesellschaftsordnung; **– de succession**, **– successoral** Erbfolge(ordnung); **– à terme** Terminauftrag; **– des travaux** Geschäftsgang *m*; **– de vente** Verkaufsauftrag; **– de virement** Überweisungs- *od.* Giroauftrag.

ordures ménagères Hausmüll *m*; **benne à – –** Müllwagen *m*; **service (local) de ramassage des – –** (kommunale) Müllabfuhr *f*; **tri des – –** Müllsortierung *f*.

organe *m* (1) *(ÖfR, ZR: organisme chargé de tâches déterminées)* Organ *n*; Gremium *n*; Organisation *f*, (2) *(Pol: porte-parole)* Sprachrohr *n*, Wortführer *m*, (3) *(DV)* Bauelement *n*; **– administratif** Verwaltungsorgan, Amtsorgan; **– arbitral** Schiedsstelle; **– auxiliaire** Hilfsor-

organe délibératif — **organisation européenne de coopération**

gan; – **collégial** Kollegialorgan; – **de commande** Steuerorgan, Bedienteil *n*; – **communautaire** Organ der europäischen Gemeinschaft, Gemeinschaftsorgan *n*; – **consultatif** Beratungsorgan; – **de contrôle** Aufsichtsbehörde *f*, Kontrollorgan.

organe délibératif *(VerfR, GesR)* Beschlußfassungsorgan *n*; – **directeur,** – **dirigeant** Leitungsorgan, leitende Stelle; – **électif** gewähltes Organ; – **d'entrée** *(DV)* Eingabegerät *n*; – **d'État** Staatsorgan, staatliche Stelle; – **exécutif,** – **d'exécution** Vollzugsorgan, Exekutive, ausführendes Organ; – **de gestion** (1) *(VwR)* Verwaltungsstelle, (2) *(GesR)* Geschäftsführung(sorgan); – **gouvernemental** Regierungsorgan *od.* -stelle.

organe juridictionnel Organ der Rechtspflege, Rechtsprechungsorgan; – **législatif** Gesetzgebungskörperschaft, gesetzgebendes Organ; – **liquidateur** Abwicklungsstelle *f*; – **permanent** ständiges Organ; – **représentatif** Vertretungskörperschaft, Abgeordnetenkammer; – **subordonné** nachgeordnetes Gremium; – **subsidiaire** Hilfsorgan; – **suprême** höchste Stelle, Entscheidungsgremium.

organigramme *m* (1) Organisationsplan *m*, (2) *(ArbR: pour le personnel)* (Dienst-)Stellenplan *m*, (3) Flußdiagramm *n*, Gliederungsbild *n*.

organique *adj* organisch, gegliedert, geordnet; **loi** – Verfassungsergänzungsgesetz *n*.

organisation *f* (1) *(structure)* Struktur *f*, Aufbau *m*, Anlage *f*, Einrichtung *f*, (2) *(action d'organiser)* Organisation *f*, planmäßige Gestaltung *f*, Planung *f*, Vorbereitung *f*, (3) *(association)* Vereinigung *f*, Verband *m* (mit bestimmten Zielen, Gruppe *f*; **avoir l'esprit d'**– Organisationstalent *n*; **manque d'**– Organisationsfehler *m*, Organisationsmangel *m*; **plan d'**– **des secours (= ORSEC)** frz. Katastrophenschutzplan; – **administrative** Verwaltungs- *od.* Behördenaufbau; – **pour l'alimentation et l'agriculture (= FAO)** Organisation für Ernährung und Landwirtschaft der Vereinten Nationen; – **de l'aviation civile internationale (= ICAO)** Internationale Organisation für zivile Luftfahrt; – **bancaire** Bankverfassung *od.* -organisation; – **de base** Grundorganisation, Grundeinheit *f*; – **de camouflage,** – **camouflée** *(StR)* Tarnorganisation; – **centrale** Spitzen- *od.* Dachverband; – **commerciale** Handelsorganisation; – **communale** Gemeinde- *od.* Städteordnung.

organisation commune africaine et malgache (= OCAM) gemeinsame afrikansich-madagassische Organisation; – **de contrôle naval de la navigation commerciale (= OCNNC)** Handelsschiffahrtleitorganisation.

organisation de coopération et de développement économiques (= OCED) Organisation für wirtschaftliche Zusammenarbeit und Entwicklung (= OECD).

organisation corporative (1) Genossenschaftsverband, (2) Zunftverfassung, ständische Organisation; – **économique** Wirtschaftsordnung *od.* -organisation; – **de l'Église** Kirchenverfassung; – **d'une élection** Durchführung einer Wahl; – **de l'entreprise** Unternehmensverfassung; Betriebsorganisation; – **des États américains (= OEA)** Organisation der amerikanischen Staaten.

organisation européenne de coopération économique (= OECE) Organisation für europäische wirtschaftliche Zusammenarbeit; – **européenne pour la protection des plantes** Europäische Pflanzenschutz-Organisation; – **européenne pour la recherche nucléaire (= CERN)** Europäische Organisation für Kernforschung; – **européenne de la recherche spatiale (= OERS)**

Europäische Organisation für Weltraumforschung.
organisation financière Finanzverfassung; **– et gestion des entreprises**, **– industrielle** (1) Betriebsorganisation, (2) *(BW)* Betriebswirtschaftslehre; **– interétatique** *ou* **intergouvernementale** zwischenstaatliche Organisation; **– intergouvernementale consultative de la navigation maritime (= IMCO)** zwischenstaatliche beratende Seeschiffahrts-Organisation.
organisation internationale internationale Organisation; **– internationale météorologique** internationale meteorologische Organisation; **– internationale de police criminelle** internationale kriminalpolizeiliche Organisation; **– internationale des radiodiffusions (= OIR)** Internationale Rundfunkorganisation; **– internationale des réfugiés** Behörde des Hohen Kommissars der UNO für Flüchtlinge (= UNHCR); **– internationale du travail (= OIT)** Internationale Arbeitsorganisation (= ILO).
organisation judiciaire, **– juridictionnelle** Gerichtsverfassung, Gerichtsorganisation *od.* -wesen; **– des loisirs** Freizeitgestaltung; **– du marché** *(Vwirt)* Marktordnung *od.* -organisation, Marktverfassung *od.* -struktur; **– de masse** Massenorganisation; **– météorologique mondiale** Weltwetterdienst; **– militaire** Wehrverfassung; **– mondiale du commerce (= OMC)** Welthandelsorganisation; **– mondiale de la santé (= OMS)** Weltgesundheitsorganisation; **– nationale** innerstaatliche Organisation; Dachverband, Spitzenorganisation, Landesverband.
Organisation des Nations Unies (= ONU) die Vereinten Nationen (= UN[O]); **– pour l'éducation, la science et la culture (= UNESCO)** Organisation der Vereinten Nationen für Erziehung, Wissenschaft und Kultur.

organisation non gouvernementale (= ONG) nichtstaatliche Organisation, Vereinigung von Privatpersonen und nichtstaatlichen juristischen Personen, Non-Gouvernemental Organization (= NGO); **– obligatoire** (1) Organisation mit Pflichtmitgliedschaft, (2) Organisationszwang; **– ouvrière** Arbeitnehmerverband *m*; Arbeiterorganisation; **– patronale** Arbeitgeber- *od.* Unternehmerverband; **– des pays exportateurs de pétrole (= OPEP)** Organisation der erdölexportierenden Länder (= OPEC); **– personalisée** rechtsfähige Vereinigung; **– politique** *(VR)* politische (internationale) Organisation; **– professionnelle** Berufsverband, Berufsorganisation, berufliche Einrichtung; **– des rapports de travail** Gestaltung der Arbeitsverhältnisse; **– régionale** *(VR)* regionale Organisation; **– représentative** *(ArbR)* frz. repräsentative (Gewerkschafts-)Organisation; **– de résistance** Widerstandsbewegung; **– des salaires** Lohngestaltung.
organisation scientifique du travail (= O.S.T.) Arbeitsorganisation, organisatorische Gestaltung der Arbeit, Aufbau- *od.* Ablauforganisation; Arbeitsstudienwesen (= REFA); **– d'un service** Aufbau einer Dienststelle; **– sociale** (1) Sozialordnung, (2) Berufsorganisation; **– superétatique** *ou* **supranationale** *(VR)* überstaatliche *od.* supranationale Organisation; **– supérieure** Spitzengliederung.
organisation syndicale berufsständische Organisation; Gewerkschaftsverband; **– syndicale d'employeurs** Arbeitgeberverband; **– syndicale fortement structurée** durchorganisierter Gewerkschaftsverband; **– syndicale de travailleurs** Arbeitnehmerverband *m*, Gewerkschaft *f*.
Organisation du traité de l'Atlantique Nord (= OTAN) (Nord-)Atlantikpakt-Organisation

organisationnel

(NATO); **– du travail** Arbeitsorganisation *od.* -gestaltung; Arbeitsplanung; **– de l'unité africaine (= OUA)** Organisation für die Einheit Afrikas; **– de vente en commun** gemeinschaftliche Verkaufsorganisation; **– de la vie économique** Gestaltung des Wirtschaftslebens.

organisationnel *adj*: **problème –** organisatorische Frage.

organisé *adj* organisiert; **bande –e** *(StR)* Verbrechervereinigung, organisierte Kriminalität (= OK); **voyage –** Gesellschaftsreise *f*.

organiser *v.tr.* organisatorisch gestalten, planen, organisieren, vorbereiten.

organisme *m* (1) Einrichtung *f*, Institution *f*, Organisation *f*, Organ *n*, (2) *(VwR: ensemble de services)* Träger *m*, Dienststelle *f*, Amt *n*; Gremium *n*, (3) (menschlicher) Körper; Lebewesen *n*; **– administratif** Verwaltungsstelle, Behörde; **– annexe** Nebenstelle *f*; **– arbitral** Schiedsstelle *f*; **– d'assurance** *ou* **assureur** Versicherungsträger *m*; **– autonome** Selbstverwaltungskörperschaft *f*; **– bancaire** Bank(institut); **– central** Zentralorgan; **– collecteur** Sammelstelle; **– collectif** Gemeinschaftsorgan; **– de conciliation** Schlichtungsstelle; **– consultatif** Beirat *m*, beratendes Organ; **– de crédit** Kreditanstalt, Bank; **– directeur, – de direction, – dirigeant** Führungsspitze *f*; (General-)Direktion, Geschäftsleitung; Vorstand *m*; **– de droit public** Körperschaft des öffentlichen Rechts.

organisme exécutif *ou* **d'exécution** Vollzugs- *od.* Exekutivorgan, ausführendes Organ; **– gestionnaire** Verwaltungsträger; Geschäftsführung; **– gouvernemental** Regierungsstelle *f*; **– de liaison** Verbindungsbüro *n*; **– local** örtliche Geschäftsstelle; **– non gouvernemental** nichtstaatliche Organisation; **– payeur** Zahlstelle; **– permanent** ständiges Organ; **– de planification** Planungsstelle; **– professionnel** berufliche Einrichtung; **– de recherches** Forschungsstelle *od.* -abteilung; **– répartiteur** Verteilerorganisation; Bewirtschaftungsstelle; **– secondaire** Nebenstelle; **– de sécurité sociale** Sozialversicherungsträger; **– subsidiaire** nachgeordnete Stelle; **– supérieur** Spitzengremium; **– syndical** Berufsverband *m*; **– technique** Fachgremium *n*.

Orient *m*: **Extrême-, Moyen-** *et* **Proche- –** der Ferne, Mittlere u. Nahe Osten.

orientation *f* Ausrichtung *f*, Kurs *m*, Orientierung *f*, Richtung *f*; Lenkung, Steuerung, Reglementierung; **changement d'–** Neuorientierung; **loi d'–** Rahmengesetz; **Loi d'– du 12 nov. 1968** frz. Hochschulrahmengesetz; **– du marché** Markttendenz *f*.

orientation scolaire et professionnelle Berufsberatung; **centre d'– –** Berufsberatungsstelle.

orienter *v.tr.d.* ausrichten, orientieren, lenken; beraten; **s'– vers** *ou* **sur** sich richten nach.

orienteur *m* **(professionnel)** *(ArbR)* Berufsberater.

originaire *adj* gebürtig, stammend (aus); ursprünglich; **demandeur –** *(ZPR)* Hauptkläger; **patrimoine –** *(FamR)* Vermögen am Anfang der Ehe; **prétention –** Hauptforderung, Hauptanspruch *m*; **vice –** *(SchuldR)* von Anfang an bestehender (Sach- *od.* Rechts-)Mangel.

original *adj* echt, Original-; eigen; eine persönliche Leistung darstellend; **document –** Originalurkunde *f*, Original *n*.

original *m* (Beweis-)Urkunde; Original, erste Niederschrift, Urtext *m*; Originalbeleg *m*; **– multiple** mehrfache Originalausfertigung für die Beteiligten.

originalité *f* Eigenständigkeit *f*, Eigentümlichkeit *f*, Besonderheit *f*, Originalität *f*.

origine *f* Ursprung *m*, Herkunft *f*, Entstehung *f*; Quelle *f*; Abstam-

mung *f*; Anfang *m*; **à l'–** ursprünglich, am Anfang; **appellation d'–** Ursprungs- *od.* Herkunftsbezeichnung; **certificat d'–** (1) Ursprungszeugnis *od.* -bescheinigung; **dès l'–** von Anfang an; **désignation d'–** Ursprungs- *od.* Herkunftsbezeichnung; **État d'–** Entsendestaat; Heimatstaat *m*; **être d'– française** die frz. Staatsangehörigkeit besitzen, Franzose sein; **indication de l'–** Ursprungs- *od.* Herkunftsangabe *f*, Herkunftsbezeichnung; **lieu d'–** Herkunftsort *m*; **pays d'–** (d'un transport) Ausgangsland; Ursprungsland; **prendre son –** entstehen; **– d'un délai** Fristbeginn *m*, Beginn der Laufzeit einer Frist; **– des marchandises** (Waren-)Herkunft *od.* Ursprung; **– d'un message** Aufgeber *m*.
origine de propriété *(SachR: histoire juridique d'un immeuble retracée par le notaire)* Nachweis *m* des Grundstückseigentum (innerhalb der letzten 30 Jahre), (lückenlose) Aufzählung der Eigentümer (der letzten 30 Jahre) eines Grundstücks.
originel *adj* ursprünglich; angeboren; **état –** ursprünglicher Zustand.
orphelin *m* Waisenkind *n*, Waise *f*; **allocation** *ou* **rente d'–** Waisengeld *n*, Waisenrente *f*; **– de guerre** Kriegswaise; **– de père et de mère** Vollwaise; **– de père ou de mère** Halbwaise.
oscillation *f* Schwankung *f*; **– des prix** Preisschwankung *fpl*.
ostensible *adj* (für jedermann) sichtbar, für die Öffentlichkeit bestimmt.
otage *m* (1) *(VR)* Bürge *m*, Unterpfand *n*, (2) *(StR)* Geisel *f*; **preneur d'–** Geiselnehmer *m*; **prise d'–s** Geiselnahme *f*.
ôter wegnehmen, wegschaffen; entfernen; **– une somme d'une autre** einen Betrag abziehen; **– la vie** töten, das Leben nehmen.
ou *conj* oder, mit anderen Worten; **– bien** oder aber.
où *adv* wo; wohin; worin; wozu; **–**

étant et parlant bei Anwesenheit an Ort und Stelle.
ouï-dire *m*: **par –** vom Hörensagen.
ouïr *v.tr* anhören; verhören; **– les parties** die Parteien anhören; **– les témoins** Zeugen vernehmen.
oukase *m* *(décision arbitraire, ordre impératif)* Diktat *n*, willkürliche Entscheidung; Befehl *m*, Weisung.
ourdir *v.tr.* ausdenken, aushecken; **– un complot** ein Komplott schmieden, konspirieren; **– une machination contre qqn.** einen üblen Plan gegen jmdn. aushecken.
outil *m* (Hand-)Werkzeug *n*; *fig* Hilfsmittel.
outillage *m* Arbeitsgerät *n*, Geräteausrüstung *f*.
output *m* Produktionsausstoß *m*; **calcul input –** Input-Output Rechnung.
outrage *m* *(StR: offense, manifestation de mépris à une personne chargée d'une fonction publique, art.433-5 NCP)* Beleidigung (eines Amtsträgers), Verleumdung einer im politischen Leben stehenden Person, Beamtenbeleidigung; **– à agent de la force publique** Beleidigung eines Polizeibeamten; **– à l'armée** Beschimpfung *od.* Verunglimpfung der Armee.
outrage aux bonnes mœurs *(StR: atteinte à la moralité publique)* Verstoß gegen die Sittlichkeit, Verletzung der guten Sitten, Angriff auf die öffentliche Sittlichkeit (durch Wort, Schrift, Bild); **– envers un chef d'État** *(StR)* Verunglimpfung des Staatsoberhaupts; **– au drapeau** *(StR)* beschimpfender Unfug *od.* Entfernung *od.* Zerstörung der Hoheitszeichen; **– par écrit ou dessin** *(StR)* böswillige Verächtlichmachung in Druckerzeugnissen oder in bildlicher Darstellung; **– à fonctionnaire** Beamtenbeleidigung; **– par geste ou menace** *(StR)* tätliche Mißachtung *od.* formale Beleidigung durch Gebärde *od.* Drohung.
outrage à la morale publique *(StR)* Verletzung der allgemeinen

Sittlichkeit; **par paroles** Formalbeleidigung, Verbalinjurie *f*; – **public à la pudeur** *(StR: scandale causé par des gestes et exhibitions obscènes)* Exhibitionismus *m*; Erregung öffentlichen Ärgernisses (durch sexuelle Belästigung); – **à supérieur** Verunglimpfung des Dienstvorgesetzten.

outrager *v.tr* beleidigen, kränken, beschimpfen, verunglimpfen, böswillig verächtlich machen; sexuell belästigen.

outrance *f* Übertreibung, Maßlosigkeit; **à** – äußerst, übermäßig, maßlos.

outre *präp u. adv* jenseits; **d'– -mer** überseeisch; **en** – darüber hinaus; **passer** – sich hinwegsetzen (über); **– que** davon abgesehen, daß.

outre-mer *adv*: **départements et territoires d'–** (= DOM-TOM) frz. Überseegebiete (als Gebietskörperschaften).

outrepasser übertreten, überschreiten; – **ses droits** die zugestandenen Rechte auf unzulässige Weise ausüben; Rechtsmißbrauch; – **ses fonctions** *(BeamR)* seine Amtspflichten verletzen, Amtsmißbrauch *m*; – **ses pouvoirs** seine Vollmacht überschreiten, (2) *(VwR)* Befugnisüberschreitung.

ouvert geöffnet, offen; **à ciel** – unter freiem Himmel; **force –e** offensichtliche Gewaltanwendung; **guerre –e** erklärter Krieg; **milieu –** *(StVZ)* offener Strafvollzug, Unterbringung in einer offenen Anstalt; **voie de recours –e** *(ZPR)* zulässiger Rechtsbehelf; – **à la circulation** für den Verkehr freigegeben.

ouverture *f* (1) *(testament, lettre)* Öffnung *f*, (2) *(séance, débats)* Eröffnung *f*, (3) *(offre, proposition)* Vorschlag *m*, Antrag *m*, (4) *(accès, entrée)* Öffnung, Eingang, Zugang *m*; **bilan d'–** Eröffnungs- *od.* Anfangsbilanz; **cas d'–** *(ZPR)* Zulässigkeitsvoraussetzungen eines Rechtsmittels; **cours d'–** Eröffnungs- *od.* Anfangskurs; **demande d'–** *(ZPR)* Eröffnungsantrag; **heures d'–** Geschäftsstunden, Öffnungszeiten; **session d'–** Eröffnungssitzung.

ouverture d'une action *(ZPR)* Zulassung *od.* Zulässigkeit einer Klage; – **de la bourse** Börsenbeginn; – **de la chasse** Beginn der Jagdzeit, Ende der Schonzeit; – **d'un compte** Kontoeröffnung; – **de crédit** Kreditgewährung *od.* -eröffnung *od.* -einräumung *od.* -erteilung *od.* **des débats** Verhandlungsbeginn.

ouverture d'un droit Anspruchsbegründung, Begründung eines Rechts, Erwerb eines Anspruchs, Gewährung eines Rechtsanspruchs; – **du droit aux prestations** (1) *(SozVers)* Erwerb des Leistungsanspruches, (2) *(VersR)* Eintritt des Versicherungsfalles; – **des droits à la retraite** *(SozVers)* Erwerb *od.* Entstehung des Anspruchs auf Altersversorgung; – **d'un emprunt** *(BankR)* Darlehensgewährung; – **d'une enquête** *(StPR)* Einleitung einer Untersuchung *od.* eines Ermittlungsverfahrens; – **de la faillite** Konkurseröffnung; – **des hostilités** *(VR)* Ausbruch, Eröffnung der Feindseligkeiten.

ouverture de la liquidation judiciaire Eröffnungsbeschluß im Konkursverfahren; – **d'un magasin** Geschäftseröffnung; – **du marché** Markterschließung; – **des négociations** *(VR)* Aufnahme der Verhandlungen; – **de la procédure** Einleitung *od.* Eröffnung des Verfahrens; – **d'un recours** *(ZPR)* Zulassung eines Rechtsmittels; – **du scrutin** Eröffnung der Wahl; – **de la succession** Anfall der Erbschaft, Eintritt *od.* Eintreten des Erbfalls; – **de la session** Beginn der Sitzungsperiode; – **du testament** Testamentseröffnung.

ouvrable *adj* bearbeitbar; **jour –** Werktag *m*.

ouvrage *m* Werk *n*, Arbeit *f*; Buch *n*; Werkstück *n*; Bauwerk *n*; **gros –** Rohbau *m*; – **original** *(UrhR)*

Originalwerk *n*; **– public** öffentliches Bauwerk; **– de référence** Standardwerk *n*; **– sous presse** (Buch) im Druck.

ouvré *adj*: **produit –** Fertigfabrikat *od.* -erzeugnis, Ganzfabrikat; **produit semi–** Halbfabrikat.

ouvrer arbeiten, ein Werk herstellen; (Material) verarbeiten.

ouvrier *m* (1) Arbeiter *m*; Handarbeiter, (2) Handwerker *m*; **maître – ** Vorarbeiter; **– agricole** Landarbeiter; **– du bâtiment** Bauarbeiter; **– à domicile** Heimarbeiter *m*; **– façonnier, – à façon** Handwerker, Hersteller eines Werks; **– mi-qualifié** angelernter Arbeiter; **– non qualifié** *ou* **non spécialisé** ungelernter Arbeiter; **– qualifié** Facharbeiter; **– saisonnier** Saisonarbeiter; **– occasionnel** Gelegenheitsarbeiter; **– professionnel (= OP)** Facharbeiter (mit abgeschlossener Lehre); **– qualifié** Arbeiter, Facharbeiter; **– spécialisé (= OS)** angelernter Arbeiter; **– à la tâche** Akkordarbeiter; **– temporaire** Zeitarbeiter.

ouvrir öffnen; eröffnen; erschließen; einleiten; **– un compte** ein Konto eröffnen; **– un crédit** einen Kredit einräumen *od.* eröffnen *od.* gewähren, Mittel bereitstellen; **– un dossier** eine Akte anlegen; **– un droit** einem Rechtsanspruch stattgeben, einen Anspruch gewähren *od.* begründen, die Berechtigung geben; **– les hostilités** *(VR)* die Feindseligkeiten eröffnen; **– une information** *(StPR)* Ermittlungen einleiten; **– la séance** die Sitzung eröffnen; **– la voie** neue Wege einschlagen; den Weg ebnen.

ovation *f* Beifallskundgebung *f*.

ovins *pl (ZollR)* Schafe u. Lämmer.

oyant compte *m (Buchf, ZPR: personne à laquelle le compte est soumis)* Vorlegungsberechtigter (im Rechtsstreit, was Handelsbücher u. ähnliche Unterlagen betrifft); Person, der gegenüber Rechenschaft abgelegt werden muß.

P

pacage *m (LandwR: pâturage en forêt des brebis et des moutons)* Weiderecht *n* in Wäldern für Schafe.
pacificateur *m* Friedensstifter *m*, Vermittler *m*.
pacification *f (VR)* Friedensstiftung *f*, Friedensschluß *m*.
pacifique *adj* friedlich, friedfertig; **coexistence –** *(VR)* friedliche Koexistenz; **possesseur –** *(SachR)* ungestörter (Eigen-) Besitzer.
pacifisme *m* Pazifismus *m*.
package *m* (1) *(DV: Progiciel)* Programmpaket *n*, (2) Pauschalreise *f*.
pacotille *f* (1) *(SeeHR)* frachtfreies Gepäck (der Seeleute), (2) *(HR)* minderwertige Ware, Ausschuß *m*; Schund *m*.
pacte *m* (1) *(VR: traité d'une importance particulière)* (völkerrechtlicher) Vertrag *m*, Pakt *m*, Bündnis *n*, (2) *(ZR: accord de volontés)* Abmachung *f*, Willensvereinbarung *f*, Übereinkunft *f*; **acheteur à – de réméré** *(SchuldR)* Wiederkäufer; **– d'actionnaire** *(GesR)* Einräumung eines (Aktien-)Verkaufsrechts; **– d'alliance** *(VR)* Bündnispakt; **– d'amitié** Freundschaftsvertrag; **– d'assistance mutuelle** gegenseitiger Beistandspakt; **– atlantique** Atlantikpakt; **– commissoire** (1) *(SchuldR: clause résolutoire)* Vertrag mit einer Auflösungsklausel (für den Fall der Nichterfüllung), (2) *(SachR)* Pfandvertrag mit Verfallsklausel; **– défensif** *(VR)* Verteidigungsbündnis.
pacte de famille *ou* **– matrimonial** *(FamR: contrat de mariage)* Ehevertrag; **– fédéral** *(S)* Schweizer Bundesverfassung; **– militaire** Militärpakt; **– de non-agression** Nichtangriffspakt; **– de paiement** *(HR)* Vereinbarung zwischen Gläubiger(banken) und Schuldner über die Zahlung eines fälligen Teilbetrages; **– de préciput** *(ErbR)* Schenkungsvorempfang *m* ohne Anrechnung auf den Erbteil; **– de préemption** schuldrechtliches Vorkaufsrecht; **– de préférence** *(SchuldR)* Vorkaufsrecht (im Falle des Verkaufs durch den Eigentümer); **– de quota litis** *(PrzR)* Vereinbarung eines vom Streitwert abhängigen Anwaltshonorars.
pacte de rachat, – de réméré *(SchuldR: vente avec faculté de rachat)* Rückkaufsrecht-Vereinbarung; **– de sécurité** Sicherheitsabkommen; **– de la Société des Nations** Völkerbundssatzung *f*; **– sur succession future** *ou* **successoral** Vertrag über den künftigen Nachlaß; **– de Varsovie** (du 14 mai 1955) Warschauer Pakt.
page *f* Seite *f*; **– de couverture** Titelseite.
pagination *f* (Versehen *n* mit) Seitenzahlen, Seitenbezifferung.
paie *f (ArbR)* (Arbeits-)Lohn *m*, Gehalt *n*, Bezüge *mpl*; Lohnzahlung *f*; **bulletin** *ou* **feuille** *ou* **fiche de –** Lohnzettel *m*, Gehaltsstreifen; **journal** *ou* **livre de –** Lohnbuch *n*; **service de –** Lohnbüro *n*.
paiement *m* (1) *(SchuldR: exécution d'une obligation, quel qu'en soit l'objet)* Leistung *f*, Erfüllung *f*; Tilgung *f* (der Schuld), (2) *(ZR, HR: versement d'une somme d'argent)* Zahlung *f*, Bezahlung, Begleichung (der Geldschuld), (3) *(ZR: livraison d'une marchandise)* Lieferung; **accord de –** Zahlungsabkommen *n*; **acquit de –** Quittung *f*; Zollquittung; **action en –** *(ZPR)* Leistungsklage; **action en – du salaire** Lohnklage, Gehaltsklage; **agir en –** auf Erfüllung klagen; **attestation de –** Quittung, Zahlungsbestätigung; **autorisation de –** Zahlungsermächtigung; **avis de –**

535

Zahlungsanzeige; **balance des –s** *(Außh)* Zahlungsbilanz; **bénéficiaire d'un –** Zahlungsempfänger m, Leistungsempfänger; **blocage du –** Zahlungssperre; **bordereau de –** Zahlungsliste · f; **capacité de –** Zahlungsfähigkeit f; **cessation des –s** *(KonkursR)* Zahlungseinstellung; **clause de –** Zahlungsklausel; **conditions de –** Zahlungsbedingungen.

paiement: date du – Zahlungszeit(punkt), Zahlungstermin m; **dation en –** *(SchuldR)* Hingabe an Zahlungs od. an Erfüllungs Statt; **débiteur d'un –** Zahlungspflichtige(r) od. -schuldner m; **défaut de –** Nichtzahlung; **délai de –** Zahlungsfrist f, Leistungsfrist; **délégation de –** Zahlungsauftrag m; **demande en –** Zahlungsaufforderung; **demander le – d'intérêts** Zinsen fpl berechnen; **différer le –** (1) *(débiteur)* die Zahlung aufschieben, (2) *(créancier)* die Zahlung stunden; **difficultés de –** Zahlungsschwierigkeiten fpl; **dispense de –** Zahlungsbefreiung; **droit au –** Anspruch auf Zahlung, Zahlungsanspruch m; **échéance du –** (1) Fälligkeit (der Zahlung), Zahlungstermin m, (2) *(WechselR)* Verfallzeit; **échelonner un –** Ratenzahlung vereinbaren; **effectuer un –** zahlen, eine Zahlung leisten, eine Leistung erbringen, (einen Vertrag) erfüllen; **engagement de –** Zahlungsverpflichtung od. -verbindlichkeit; **époque du –** Zeitpunkt der Zahlung, Zahlungstermin; **état de –** Zahlungsaufstellung.

paiement: facilités de – Zahlungserleichterungen fpl; **faire un –** eine Zahlung leisten; **garant du –** Zahlungsbürge m; **instrument de –** Zahlungsmittel n, Zahlungsinstrument n; **interdiction de –** (1) Zahlungsverbot n, (2) *(KonkursR)* offener Arrest; **jour du –** Zahlungstermin m; Zahltag m,

paiement m: lieu de – Zahlungsort m; **mandat de –** Auszahlungs- od. Zahlungsanweisung; **modalité de –** Zahlungsbedingung od. -modalität; **mode de –** Zahlungsart f, Zahlungsweise f; **monnaie de –** Währung, in welcher die Leistung zu erfolgen hat, Zahlungswährung; **montant du –** Zahlungsbetrag, Geldsumme f; **moratoire de –** Zahlungsmoratorium n; **moyen de –** Zahlungsmittel n; **moyen légal de –** gesetzliches Zahlungsmittel; **moyennant –** gegen Zahlung.

paiement: obligation au – Zahlungspflicht; **obligation de –** Zahlungsverbindlichkeit; **opposition à –** Zahlungsverbot n; **ordre de –** (1) *(BankR)* Zahlungsauftrag m, Auszahlungsanweisung, (2) *(ZwangsVR)* Zahlungsbefehl m; **plan de –** Zahlungsplan m; **prendre en –** in Zahlung nehmen; **présentation au –** Vorlegung zur Zahlung; Einreichung zur Zahlung; **présenter au –** zur Zahlung vorlegen od. einreichen; **promesse de –** Zahlungsversprechen n, **protocole de –** Zahlungsprotokoll n; **quittance de –** Zahlungsquittung; **recours faute de –** *(WechselR)* Rückgriff mangels Zahlung; **refus de –** Zahlungsverweigerung f; **retard dans le –** Zahlungsverzug m; **sommation de –** Mahnbescheid m, Zahlungsaufforderung (durch den Vollstreckungsbeamten); **sursis de –** Zahlungsaufschub m, Stundung f; **suspension des –s** Zahlungseinstellung; **terme du –** Zahlungstermin m.

paiement par acomptes Abschlagszahlung, Ratenzahlung; **– ajourné** gestundete Zahlung; **– par annuités** Zahlung in Jahresraten; **– par anticipation** *ou* **anticipé** (1) *(SchuldR)* Vorauszahlung, Vorwegleistung, (2) *(HR)* Vorschuß m, (3) *(WechselR)* Zahlung vor Verfall, (4) *(BankR)* Pränumerandozahlung; **– en argent** Barzahlung, Bargeldauszahlung; **– arriéré** rückständige Zahlung; **– d'avance** Vorauszahlung; **– du chèque** Scheckeinlösung; **– par chèque** Zahlung durch od. mittels Scheck, Scheck-

paiement différé

zahlung; – **par chèques et virements** bargeldloser Zahlungsverkehr; – **compensatoire** Ausgleichszahlung; – **complémentaire** Nachzahlung; – **(au) comptant** (1) Barzahlung, (2) *(HR)* Nettozahlung (innerhalb der üblichen Frist); – **au comptant compté** Barzahlung (an der Kasse); – **de la dette** Erfüllung der Schuld; – **en devises** Zahlung in einer fremden Währung; Devisenzahlung.

paiement différé Zahlungsaufschub *od.* -stundung; gestundete Zahlung; – **à l'échéance** Zahlung bei Fälligkeit; – **par échéances successives** *ou* **échelonné** Ratenzahlung, Ratentilgung (einer Schuld), Rückzahlung in Teilbeträgen, gestaffelte (Rück-)Zahlung, Teilzahlung; – **échu** fällige Zahlung; – **par écriture** bargeldlose Zahlung; – **en espèces** Bar(geld)zahlung.

paiement fictif fiktive Leistung, Scheinzahlung; – **forfaitaire** (1) Pauschalzahlung, (2) *(ArbR)* Abfindung *f*, Abgeltung; – **fractionné** Ratenzahlung, Begleichung (einer Rechnung) in Raten, Abzahlung; – **global** Gesamtzahlung; – **des impôts** Steuerentrichtung *od.* -zahlung; – **de l'indu** *(SchuldR: répétition de l'indu)* irrtümliche Leistung (einer Nichtschuld); **–s internationaux** internationaler Zahlungsverkehr; – **par intervention** *(WechselR)* Ehreneintritt*m*; – **libératoire** Zahlung mit befreiender Wirkung; – **à la livraison** Zahlung bei Lieferung.

paiement en mains propres Zahlung an den Gläubiger persönlich; – **mensuel** Monatszahlung, monatliche Zahlung; – **en nature** *(ArbR)* Naturallohn *m*; – **en numéraire** Barzahlung; – **partiel** Teilzahlung, Abschlagszahlung; – **de la pension** *(SozVers)* Versorgungsleistung, Rentenzahlung; – **préalable** Vorauszahlung; – **provisionnel** Vorschußzahlung.

paiement du reliquat Begleichung der Restschuld; – **de rente** Rentenzahlung; – **du salaire** Lohnzahlung; – **selon convenances** Zahlung nach Belieben; – **du solde** Restzahlung; – **pour solde de tout compte** *(ArbR)* Saldoausgleichszahlung, Abschlußzahlung, Leistung zur Begleichung sämtlicher Forderungen; – **en souffrance** überfällige Zahlung; – **supplémentaire** zusätzliche Zahlung; – **à tempérament** Ratenzahlung; – **à terme échu** Zahlung am Fälligkeitstag; – **total** Voll(ein)zahlung; – **par tranches** gestaffelte Zahlung, Ratenzahlung; – **trimestriel** Quartalszahlung; – **en trop** Überzahlung; – **ultérieur** Zahlung zu einem späteren Zeitpunkt; – **par virement** (1) Überweisung, (2) Girozahlung.

paierie *f (SteuerR)* Zahlstelle *f*, Kasse *f*.

paille *f*: **homme de –** Strohmann *m*.

pair *m* (1) *(BörR: valeur correspondant à la valeur normale ou nominale)* Parikurs *m*; Kurswert *m*, Nennwert, (2) *(hist)* Pair (als Titel), (3) Gleichgestellte(r); **aller de –** (avec) einhergehen (mit); **au –** al pari; **audessous du –** unter pari; **audessus du –** über pari (notieren); **chambre des –** *(hist)* Oberhaus, Pairskammer; **émettre au –** zum Parikurs ausgeben; **remboursement au –** Parirückzahlung *f*; **reporter au –** glatt prolongieren *od.* schieben; **travailler au –** *(ArbR)* freie Station haben, für freie Kost u. Unterkunft arbeiten; – **du change** *(AWR)* Wechselpari.

paisible *adj* friedlich, friedfertig; **possesseur –** *(SachR)* ungestörter Besitzer.

paix *m* Frieden *m*, Friedensschluß *m*; Ruhe *f*, Eintracht *f*; **conférence de la –** Friedenskonferenz; **congrès de la –** Friedenskongreß; **faire la –** sich aussöhnen, Frieden schließen; **juge de –** *(hist)* Friedensrichter *m*; **négociations de –** Friedensverhandlungen *fpl*; **obligation de – sociale** *(ArbR)* Friedenspflicht; **offre de –** (VR) Friedensangebot n; **préliminaires de –** Vorfriedensvertrag, Präliminarfrieden; **propositions de –** Friedensvorschläge mpl; **ratifier la –** den Friedensvertrag unterzeichnen; **rétablissement de la –** Wiederherstellung des Friedens; **tractations de –** Friedensverhandlungen pl; **traité de –** Friedensvertrag; **troubler la – publique** die öffentliche Ruhe und Ordnung stören.

paix armée (VR) bewaffneter Frieden; **– dictée** Friedensdiktat; **– fourrée** Scheinfrieden; **– négociée** Verhandlungsfrieden; **– séparée** Separatfrieden; **– sociale** (ArbR) Arbeitsfrieden.

palais m (1) (PrzR: lieu où l'on rend la justice) Gerichtsgebäude n, (2) (PrzR: magistrats et auxiliaires de justice) Rechtspflegeorgan n (insbesondere Richter und Anwälte); **style du –** Gerichtssprache f; **usages du –** prozeßrechtliche Gepflogenheiten.

Palais|-Bourbon m (1) Sitz der Nationalversammlung in Paris, (2) frz. Nationalversammlung; **gens du –** mit der Rechtspflege betraute Personen, Gerichtspersonen; **jour de –** Sitzungstag, (Gerichts-)Termin; **style du –** Gerichtssprache f; **usages du –** prozessuales Gewohnheitsrecht; **sur la foi du –** vertraulich (von Anwalt zu Anwalt); **– de justice** Justizpalast m, Justiz- od. Gerichtsgebäude.

palan m Hebezug m, Zugwinde f (auf Schiffen); **livraison sous –** (SeeHR) Lieferung bis zur Zugwinde.

palette f Palette f, Untersatz m.

palettisation f Palettierung f (von Gütern), Stapelung auf Paletten.

palettisé adj palettiert, auf Paletten gestapelt.

palier m Stufe f, Ebene, Abschnitt m; **par –s** stufenweise; **– de développement** Entwicklungsstufe f; **– de salaire** Lohnstufe f.

palissade f **d'alignement** ou **de clôture** Bauzaun m; Grundstückeinfriedung.

palliatif m Notbehelf m, notdürftige (Ersatz-)Lösung; **soins –s** lindernde Behandlung (die nicht gegen die Ursachen der Krankheit selbst wirkt).

pallier v.tr. verschleiern, vertuschen; Abhilfe schaffen.

palmarès m Preisträger(liste).

palmes académiques (HochschulR) frz. Orden (für besondere Verdienste im Erziehungswesen).

panacée f Wunder- od. Allheilmittel.

panachage m (WahlR) freie Auswahl der Kandidaten aus den verschiedenen Listen, Panaschieren n.

panel m (Meinungsforschung) Panel n, repräsentative Personengruppe.

panier m Korb m; **indemnité de –** Zehrgeld n; Verpflegungszulage f; **– de la ménagère** ou **type** repräsentativer Warenkorb m.

panne f (Betriebs-)Störung, (Motor-)Schaden m; **être en –** (1) eine Panne haben, (2) gestört sein; **véhicule en –** (StVR) Schadfahrzeug; **– de courant** Stromausfall m; **– due à des négligences** fahrlässig verursachte Betriebsstörung.

panneau m amtliches (Tür-)Schild n; Tafel f; **– d'affichage** Anschlagtafel f, Schwarzes Brett; **– de danger** (StVR) Gefahrzeichen; **– électoral** Anschlagtafel für Wahlplakate; **– d'interdiction** (StVR) Verbotszeichen n; **– de préavis** (StVR) Warnzeichen; **– de signalisation** (StVR) Verbots- od. Gebotsschild, Verkehrszeichen n; **– support de promotion** Werbefläche od. -tafel.

panonceau m (1) (double écusson des officiers ministériels) Berufs- od. Amtsschild, Doppelwappen n (z.B. eines Notars), (2) Hinweisschild n.

panoplie f Ausrüstung f; **– des augmentations** Preiserhöhungspaket n; Flut f der Preiserhöhungen.

papier m (1) (PrzR, VwR: document écrit) Schriftstück n, Urkunde f, (2) (BankR) Anweisung f, Wechsel m, (3) (meist pl) (Personal-)Ausweis m,

Paß *m*, Kennkarte *f*; **—s d'accompagnement** *(Außh)* Begleitpapiere *npl*; **vieux —s** Altpapier *n*; **—s d'affaires** *mpl* (1) *(PrzR)* Prozeßurkunden *fpl*, (2) *(HR: documents commerciaux)* Geschäftspapiere *npl*, Aufzeichnungen *od.* Unterlagen des Kaufmannes; Handelsbücher, Handelsbriefe, Buchungsbelege; **– bancable** bankfähiger Wechsel; **—s de bord** *(SeeHR)* Schiffspapiere; **– calque** Pauspapier; **– carbone** Kohlepapier; **– de cavalerie** Reitwechsel *m*.

papier de commerce, – commercial *(HR: effet de commerce)* Wertpapier *n*; **—s domestiques** Familienschriftstücke *npl*; **– de complaisance** Gefälligkeitswechsel; **– court** (1) kurzfristiges Handelspapier, (2) verbriefte Forderung, kurz vor Fälligkeit; **– escomptable** diskontfähiger Wechsel; **—s domestiques** *(documents établis par un particulier et conservés à domicile)* Privatschriftstücke *npl*, zu Hause verwahrte Urkunden; **– fictif** Scheinwechsel; **– financier** (1) Bankobligation, (2) Finanzwechsel; **—s d'identité** *(VwR: pièces d'identité* (Personal-)Ausweis; **—s d'identité en règle** gültiger Ausweis *od.* Paß; **– à lettres** Briefpapier; **– libre** Papier ohne Steuermarke, unverstempeltes *od.* gewöhnliches Papier; **– long** langfristiges Handelspapier; **– ministre, – de minute** Kanzleipapier; **– de mobilisation** Finanzwechsel.

papier-monnaie *(Vwirt)* freie Währung, manipulierte Papierwährung, Papiergeld *n*; **– négociable** *(WechselR)* bankfähiger Wechsel, rediskontierbarer Wechsel (mit zwei Unterschriften); **sur – ordinaire** *(VwR)* formloser Antrag; **– à ordre** Orderpapier; **– pelure** Durchschlagpapier; **– au porteur** Inhaberpapier; **– de premier ordre** Primapapier; **– timbré** (1) (Steuer-)Stempelpapier, (2) amtliches gebührenpflichtiges Urkundenpapier; **– -valeur** *(BankR)* abstrakte Zahlungsverpflichtung; **– à vue** Sichtpapier (bei Vorlage fällig).

papillon *m (StVR, umg)* Strafzettel *m*, Knöllchen *n*.

Pâque(s) *f(pl)*: **vacances de —s** Osterferien.

paquebot *m* Fahrgastschiff *n*.

paquet *m* Paket *m*; Bündel *n*, Packen *m*; **– d'actions** Aktienbündel *od.* -paket *n*; **– -lettre** Briefpaket; **– en transit** Durchfuhrgepäck *n*; **– de valeur** Wertpaket.

paquetage *m* Verpacken *n*, Transportverpackung.

par: de – la loi von Rechts wegen, im Namen des Gesetzes; **(contrainte) – corps** Schuldhaft *f*.

parabole *f (= antenne parabolique)* Parabolantenne *f*; *umg* Schüssel *f*.

parachèvement *m* Vollendung, Ausbau *m*.

paracommercialité *f* (1) halblegale oder gesetzwidrige Handelsformen, (2) Ausübung eines Handelsgewerbes, durch bürgerlichrechtliche Gesellschaften.

paradis *m* **fiscal** Steueroase *od.* -paradies.

paraétatique *adj* halbstaatlich.

parafiscal *adj* steuerähnlich, parafiskalisch.

parafiscalité *f (SteuerR: ensemble des taxes et redevances obligatoires perçues au profit de personnes publiques ou privées autres que l'État)* Parafiskalität *f*; zweckgebundene Pflichtbeiträge (zur gesetzlichen Kranken-, Pflege- und Arbeitslosenversicherung *od.* Altersvorsorge).

paragraphe *m* Absatz *m* (auch des Artikels eines frz. Gesetzes), Ziffer *f*; Abschnitt *m*.

paraître *v.intr.* erscheinen (a. Bücher); scheinen; vermuten; **faire – un décret au JO** eine Rechtsverordnung im frz. Amtsblatt veröffentlichen *od.* bekanntgeben.

parallèle *adj* (1) parallel, gleichlaufend, (2) *(DV)* gleichzeitig; **comportement –** *(WirtR: entente illicite)* abgestimmtes (wettbewerbschädigendes) Verhalten; **marché** – nichtamtlicher Markt; Schwarzmarkt *m*; **police** – Geheimpolizei; **recours** – *(ZPR)* bereits (bei einem anderen Gericht) anhängiges Verfahren.

parallélisme *m* **des compétences** *(VwR)* Grundsatz, demgemäß die einen Verwaltungsakt erlassende Behörde im Zweifelsfall auch für dessen Aufhebung zuständig ist.

paralysie *f* **économique** Lähmung *od.* Lahmlegung der Wirtschaft.

paramètre *m* (1) Parameter *m*, Bestimmungs- *od.* Bezugsgröße, (2) *(élément important, surtout: pl.)* (Eck-)Daten *fpl.*

paramilitaire *adj* para- *od.* halbmilitärisch.

paraphage *m* (1) *(VR: formule d'authentification du texte d'un traité)* Paraphierung *f.*

paraphe *m* (1) *(signature abrégée)* Namenszug *m*, Paraphe *f*, abgekürzte Unterschrift, Handzeichen *n*, Namensstempel *m*, (2) *(formule d'authentification)* Beglaubigungsvermerk *m.*

parapher *v.tr.* paraphieren, abzeichnen, mit Handzug versehen.

paraphernaux *mpl (EheR)* Sondervermögen *n* der Ehefrau (worüber sie freie Verfügung behält).

paraphrase *f* Umschreibung *f*, erklärende Übersetzung.

paraplégie *f* Querschnittlähmung *f.*

parc *m (BW)* gesamter Bestand; Depot *m*, Lager; – **automobile** Kraftfahrzeugbestand *m*; – **de machines-outils** Werkzeugmaschinenbestand *m*; – **national** Nationalpark *m*; – **naturel régional** Landschaftsschutzgebiet; – **de voitures** Wagenbestand.

parcellaire *adj* aufgeteilt; aufgesplittert; **registre** – Grundsteuerregister.

parcelle *f (SachR: portion de terrain constituant l'unité cadastrale)* Flurstück *n*, Parzelle *f*; Grundstück *n*; – **cadastrale** Katasterparzelle; – **viabilisée** erschlossenes Grundstück.

parcellisation *f (SachR)* Zerstückelung (eines Grundstücks); – **du travail** übermäßige Arbeitsteilung.

parchemin *m* Pergament *n*, Urkunde *f*; *pl* Adelsbriefe *mpl.*

parcimonie *f* (äußerste) Sparsamkeit *f.*

parcmètre *m (StVR)* Parkuhr *f.*

parcours *m* Fahrt *f*, Weg *m*; – **simple** einfache Fahrt; – **terrestre** Landwegstrecke *f.*

par devant le juge vor dem Richter (erscheinen); – **devant notaire** durch den Notar (beurkundet); – **écrit** schriftlich.

pardon *m* Verzeihung, Vergebung; Begnadigung; **demander** – um Verzeihung bitten.

pare-brise *m* Windschutzscheibe *m*; – **-choc** *m* Stoßfänger *m*; – **-feu** *m* Brandschutz *m.*

parent *adj* verwandt.

parent *m* (1) *(FamR: père ou mère)* Vater, Mutter, (2) *(FamR: i.w.S. membre de la famille)* Verwandte(r) *m*; **les** –**s** die Eltern; –**s adoptifs** Wahl- *od.* Adoptiveltern; –**s sanguins** Blutsverwandte väterlicherseits; –**s en ligne collatérale** Verwandte in der Seitenlinie; –**s nourriciers** Pflege- *od.* Zieheltern; –**s utérins** (Bluts-)Verwandte mütterlicherseits.

parental *adj* (1) elterlich, (2) verwandtschaftlich; **autorité** –**le** *(FamR)* elterliche Sorge; **puissance** –**le** *(FamR, hist)* elterliche Gewalt.

parenté *f (FamR: lien unissant les personnes par le sang)* Verwandtschaft *f*; blutsmäßige Abstammung; (sämtliche) Verwandten; Verwandtschaftsverhältnis *n*; **degré de** – Verwandtschaftsgrad *m*; **lien de** – Verwandtschaftsverhältnis *n*; – **adoptive** Adoptivverwandtschaft; – **par alliance** Schwägerschaft; – **biologique,** – **charnelle** Blutsverwandtschaft; – **civile** sich aus der Heirat ergebende Verwandtschaft; – **collatérale,** – **en ligne collatérale** Verwandtschaft in der Seitenlinie; – **directe,** – **en ligne directe** Verwandtschaft in gerader Linie; – **illégitime** Verwandtschaft durch nichteheliche Geburt; – **légale** durch Annahme an Kindes Statt begründete Verwandtschaft; – **légitime** eheliche Verwandtschaft; – **naturelle** Blutsverwandtschaft, Verwandtschaft durch nichteheliche Geburt.

parentèle *f* Parentel *f*, Gesamtheit der Abkömmlinge (eines Stammvaters).

parenthèse *f* Klammer *f*, eingeschobener Satz; Abschweifung; **mettre entre –s** *fig* ausklammern.

parer (à) *v.tr.ind.* sich absichern gegen; Abhilfe schaffen; – **au plus pressé** zunächst das Dringlichste erledigen.

parère *m (HR)* Parere *n*, Gutachten *n* über Bestehen u. Inhalt eines (ausländischen) Handelsbrauchs; Bescheinigung eines Handelsbrauchs (durch die Industrie- und Handelskammer).

parfaire *v.tr.* vollenden, ergänzen; vervollständigen.

pari *m* Wette *f*; Einsatz (um den gewettet wird); **faire un –** eine Wette eingehen; – **par correspondance** Briefwette; – **mutuel urbain (= PMU)** Pferdetoto *n/m*, Pferdewette *f*; staatliches Wettbüro (für Pferderennen).

parier *v.tr.* wetten, eine Wette abschließen.

parieur *m* Spieler *m* (im Toto).

paritaire *adj* paritätisch; **commission –** paritätisch besetzter Ausschuß; **juridiction –** paritätisch mit Laienrichtern besetztes Gericht; **négociations –s** *(ArbR)* (Lohn-)Tarifpolitik *f*.

paritarisme *m* (1) *(SozVers)* Verwaltung der Sozialversicherungskassen durch Arbeitgeber- u. Arbeitnehmervertreter, (2) *(ArbR)* Tarifvertragswesen *n*.

parité *f* Parität *f*, (Rechts-)Gleichheit *f*, Gleichstellung; **contrôle des –s** *(DV)* Paritätsprüfung *f*; **à –** paritätisch; – **de change** Wechselparität; Währungsparität; – **concurrentielle** Wettbewerbsparität; – **du dollar** Dollarparität; – **de droits** Gleichberechtigung; – **monétaire** Währungs- *od.* Münzparität; – **-or** Goldparität; – **du pouvoir d'achat** Kaufkraftparität; – **de prix** Preisgleichstellung; – **des salaires** *ou* **salariale** Lohnparität, Lohngleichheit; – **des suffrages** *ou* **des voix** Stimmengleichheit.

parjure *m* (1) *(StR, hist = faux serment)* Meineid *m*, (2) Meineidiger.

parking *m* Parkplatz *m*, Abstellfläche *f*; – **souterrain** Tiefgarage *f*.

parlant: où étant et – *(PrzR: Zustellungsprotokoll)* bei Anwesenheit an Ort u. Stelle (mit Vermerk des Zustellungsempfängers).

parlement *m* (1) *(VerfR)* Parlament *n*, frz. gesetzgebende Versammlungen (bestehend aus der Nationalversammlung u. dem Senat), (2) *(hist)* königlicher höchster Gerichtshof (einer frz. Provinz); **membre du –** Parlamentsmitglied *n*; – **européen** europäisches Parlament.

parlementaire *adj* parlamentarisch; unterhandelnd; **immunité –** parlamentarische Immunität; **indemnité –** Diäten *fpl*; **mandat –** Mandat *od.* Amt eines (gewählten) Abgeordneten; **régime –** parlamentarisches Regierungssystem.

parlementaire *m* (1) *(VerfR: membre du Parlement, député, sénateur)* Parlamentsmitglied *n*; Abgeordnete(r) *m*; Senator *m*, (2) *(VR: personne chargée de pourpalers)* Unterhändler *m*, Parlamentär *m*.

parlementarisme *m (VerfR)* Parlamentarismus *m*.

parlementer *v.intr.* unterhandeln, in Unterhandlungen treten, verhandeln.

parler *v.intr./v.tr.ind.* sprechen, reden; eine Rede halten; sich ausdrücken; **faire – qqn.** *(StR)* zu einer Aussage drängen *od.* zwingen; – **affaires** *ou* **politique** über Geschäfte *od.* Politik sprechen.

parloir *m* Besuchs- *od.* Sprechzimmer.

paroisse *f (KirchR)* Pfarrbezirk *m*, Pfarrgemeinde *f*.

parole *f* (1) Wort *n*; Sprache *f*;

Sprachvermögen, (2) Ehrenwort, Versprechen *n* (3) Erkennungs- *od.* Losungswort; **accorder la –** das Wort erteilen; **demander la –** sich zu Wort melden; **donner sa –** sein Ehrenwort geben; **droit de –** Recht (bei einer parlamentarischen Debatte) das Wort zu ergreifen; **liberté de –** Redefreiheit *f*; **liberté sur –** *(StR)* Freilassung auf Ehrenwort; **prendre la –** das Wort ergreifen; **refuser la –** das Wort verweigern; **retirer la –** das Wort entziehen; **rompre sa –** wortbrüchig werden; **rupture de la – donnée** Nichteinhaltung einer Verpflichtung, Bruch des Ehrenworts; **temps de –** Redezeit; **tour de –** Redeordnung; **– d'honneur** Ehrenwort.

parquet *m* (1) *(PrzR: magistrats du ministère public)* Staatsanwaltschaft *f* (als Behörde bei einem Gericht); Gesamtheit der bei einem Gericht tätigen Staatsanwälte, (2) *(BörR)* Parkett *n*, Schranken (Aut), (3) Gesamtheit der Börsenagenten; **déférer au –** *(StPR)* (eine Akte) an die Staatsanwaltschaft weiterleiten, (einen Tatverdächtigen) der Staatsanwaltschaft überstellen; **magistrat du –** Staatsanwalt *m*; **petit –** *(StPR)* Staatsanwaltschaft (beim Großinstanzgericht); **– général** Staatsanwaltschaft (bei einem höheren Gericht: Appellationshof und Kassationshof); **– maritime** Staatsanwaltschaft bei einem Seegericht.

parquettier *m (umg)* Staatsanwalt *m*, Mitglied der Staatsanwaltschaft.

parrain *m* Pate *m*; Fürsprecher *m*; Mentor *m*.

parrainage *m* **publicitaire** *(WirtR)* Sponsoring *n*, Imagewerbung *f*.

parrainer *v.tr.* sponsern, fördern, unterstützen.

parricide *m* (1) *(StR)* Vatermord *m*, (2) Vatermörder *m*.

part *f* (1) *(ZR, GesR: quotité, part sociale)* Teil *m*, (Geschäfts-)Anteil *m*; Beteiligung *f*, (2) *(FamR: enfant nouveau-né)* Kleinkind *n*, neugeborenes Kind; (3) *(ErbR)* Erbteil *m*, (4) *(SteuerR)* (Steuer-)Freibetrag; **d'une –, d'autre –** einerseits, andererseits; **membre à – entière** vollberechtigter Delegierter; Vollmitglied *n*; **porteur** *ou* **propriétaire de –** *(GesR)* Anteilseigner; **substitution de –** *(StR)* Kindesvertauschung; **supposition de –** *(StR)* Kindesunterschiebung.

part allouée par anticipation *(ErbR)* Voraus *n*; **– d'associé** Gesellschafteranteil; **– de bénéfice** Gewinnanteil *m*; **– bénéficiaire** (1) Gewinnanteilsschein, (2) Gründeranteil; **– de capital social** Stammkapitalanteil; **– de commandite** Kommanditanteil; **– contributive** (1) anteilsmäßiger Beitrag; (2) *(SchuldR)* Beteiligung (am Schaden); **– de copropriété** Miteigentumsanteil; **– de fondateur** *(GesR)* Gründeranteil; **– du gain** Gewinnanteil; **– héréditaire** Erbteil *m*, Erbanteil; **– d'intérêts** (1) *(GesR)* Beteiligungsquote *f*, (2) *(GesR: GmbH)* Geschäftsanteil; **– de jouissance** Genußschein; **– de liquidation** Liquidationsanteil; **– de marché** Marktanteil; **– minière** Kux *m*; **– patronale** *(SozVers)* Arbeitgeberanteil; **– préciputaire** *(EheR, ErbR)* Voraus *n*; **– réservataire** *(ErbR)* Pflichtteil; **– de responsabilité** *(SchuldR)* Haftungsanteil, Mithaftung, Verschuldensquote; **– sociale** *(GesR)* Geschäftsanteil, Einlage, Anteil; **– successorale** Erbteil, Erbanteil; **– virile** Teilhaberquote *f* (bei Teilung der Vermögensmasse durch die Anzahl der Teilhaber).

partage *m* (1) *(SchuldR: opération mettant fin à une indivision)* Auseinandersetzung *f*, Teilung, Aufteilung, Verteilung, (2) *(ErbR)* Anteil *m*; Erbteil *n*; **accord de –** Teilungsabkommen *n*; **action en –** Teilungsklage *f*; **convention de –** Auseinandersetzungs- *od.* Teilungsvertrag; **masse de –** Teilungsmasse *f*; **plan de –** Auseinandersetzungsplan *m*; **procédure de –** Auseinandersetzungsverfahren *n*; **règlement**

partage amiable **de** – Teilungsordnung; **sans** – uneingeschränkt *adj*; **vider un** – bei Stimmengleichheit den Ausschlag geben.

partage amiable gütliche Auseinandersetzung *od.* Teilung; – **anticipé** *(ErbR)* Teilung zu Lebzeiten; – **d'ascendant** Erbeinsetzung, testamentarische Aufteilung des Vermögens zwischen den Erblasser; – **des bénéfices** Gewinnverteilung; – **de compétence** Zuständigkeits- *od.* Kompetenzverteilung; – **conjonctif** Erbeinsetzung durch gemeinschaftlichen Erbvertrag; – **des connaissances** Wissensverbreitung; – **consommé** vollzogene Teilung; – **des dépens** *(ZPR)* Kostenteilung, Kostenverteilung; – **égal** Auseinandersetzung zu gleichen Teilen; – **entre vifs** Teilung unter Lebenden; – **par feu** Teilung nach Haushaltungen; – **de l'hérédité** Erbschaftsteilung; – **judiciaire** gerichtliche Auseinandersetzung *od.* Teilung; – **léonin** ungleiche Verteilung; Übervorteilung *f*, betrügerische Benachteiligung; – **au marc le franc** *(ZwangsVR)* anteilsmäßige Verteilung (zwischen den Gläubigern); – **par moitié** Teilung zur Hälfte; – **en nature** Naturalteilung; – **partiel** Abschlagsverteilung, teilweise Verteilung; – **des responsabilités** Mitverantwortlichkeit *f*; – **du sort** Folgepflicht; – **par souches** Teilung nach Erbstämmen; – **avec soulte** Teilung mit Ausgleichszahlung.

partage d'une succession *ou* **partage successoral** Auseinandersetzung der Erbengemeinschaft; **action en** – – (Erbschafts-)Auseinandersetzungsklage; **contrat de** – – (Erbschafts-)Auseinandersetzungs- *od.* Erbteilungsvertrag.

partage des terres Aufteilung von Grund und Boden; – **testamentaire** Nachlaßteilung durch Testament; – **par tirage au sort** Auslosung; – **du travail** *(ArbR: partage de l'emploi)* Arbeitsplatzteilung, Besetzung einer Stelle mit mehreren Teilzeitkräften; – **des voix** Stimmengleichheit.

partageable *adj* teilbar; **frais** –s aufzuteilende Kosten.

partageant *m (ErbR)* Person, die einer Erbengemeinschaft angehört.

partager *v.tr.* teilen, aufteilen, verteilen, austeilen; teilnehmen an; – **le point de vue de qqn.** die Meinung von jmdn. teilen.

partance *f*: **point de** – Abfahrtsort *m*.

partenaire *m* Lebensgefährte *m*; Partner *m*, Teilhaber *m*; –**s sociaux** Sozial- *od.* Tarifpartner *mpl.*

parti *m* (1) *(Pol)* Partei *f*, politische Bewegung, (2) *(décision, résolution)* Entschluß *m*, Ausweg *m*, (3) *(bénéfice, part du profit)* Nutzen *m*, Vorteil; **adhérant d'un** – Parteimitglied; **adhérer à un** – einer Partei beitreten, Parteimitglied werden; **alliance de** –**s** Parteibündnis *n*; **appartenance au** – Parteizugehörigkeit *f*; **congrès du** – Parteitag *m*; **direction du** – Parteivorstand; **discipline de** – Parteidisziplin *f*; **fonctionnaire du** – Parteifunktionär; **petit** – Splittergruppe; **prendre** – sich entscheiden *od.* Partei ergreifen für; **sans** – parteilos *adj*; **tirer** – **de qqch.** Vorteil aus einer Sache ziehen, die Gelegenheit nutzen.

parti du centre Zentrumspartei; – **de la coalition** Koalitionspartei; – **conservateur** konservative Partei; – **démocrate-chrétien** christlichdemokratische Partei; – **gouvernemental** Regierungspartei; – **majoritaire** Mehrheitspartei; – **d'opposition** Oppositionspartei; – **politique** politische Partei; – **au pouvoir** Regierungspartei; – **pris** Voreingenommenheit; – **socialdémocrate** sozialdemokratische Partei; – **travailliste** Labourpartei; – **unique** Einheitspartei.

partiaire *adj*: **colon** – *(LandwR)* Grundpächter (der als Pachtzins einen Teil der Ernte schuldet).

partial *adj* parteiisch, parteilich, voreingenommen.

partialité *f* Parteilichkeit *f*, Voreingenommenheit.
participant *m* Teilnehmer *m*; Vereinsmitglied *n*; Wettbewerber *m*; **pays –s** beteiligte Länder.
participatif *adj* beteiligend; **prêt –** Anteilspapier *n* (Mischform zwischen Anleihe und Aktie).
participation *f* (1) *(GesR, ArbR, StR)* Beteiligung *f*, Teilnahme *f*, (2) *(VerfR)* Mitverantwortung (des Bürgers für das Ganze), Mitwirkung, Partnerschaft *f*; **accord de –** Beteiligungsabkommen *n*; **affaire de –** Beteiligungsgeschäft *n*; **association en –** *(HR)* stille Gesellschaft, (reine) Innengesellschaft; **contrat de –** Partnerschaftsvertrag, Beteiligungsvertrag; **droit de –** (1) Teilnahme- od. Mitwirkungsrecht, (2) Teilnahmegebühr; **fonds** *ou* **réserve de –** Gewinnrücklage; **société en –** *(HR)* stille Gesellschaft; **titre de –** *(GesR)* Anteilschein *m*; **– à l'accroissement de la productivité** Beteiligung am Produktionszuwachs.
participation aux acquêts *(EheR: régime matrimonial conventionnel)* Zugewinngemeinschaft (als frz. vertraglicher Güterstand); **– aux bénéfices** (1) *(GesR)* Gewinnbeteiligung, (2) *(ArbR)* Beteiligung der Arbeitnehmer am Betriebsergebnis; **– au capital** Kapitalanteil *m*, Kapitalbeteiligung; **– au chiffre d'affaires** Umsatzbeteiligung; **– en commandite** Einlage (des Kommanditisten), Kommanditbeteiligung; **– à un consortium** Konsortialbeteiligung od. -anteil; **– criminelle** *(StR)* Teilnahme an einer Straftat (als Anstifter od. Gehilfe), abhängige Teilnahme.
participation électorale Wahlbeteiligung; **– au financement** Finanzierungsbeteiligung; **– financière** Kapitalanteil; **– aux frais** Unkostenbeitrag od. -beteiligung; **– aux fruits de l'expansion** *(GesR)* Beteiligung am Betriebsergebnis; **– au gouvernement** Regierungsbeteiligung; **– à la gestion** *(ArbR,*

GesR) Mitbestimmung (im Betrieb); **– majoritaire** *(GesR)* Mehrheitsbeteiligung, beherrschende Beteiligung; **– minoritaire** Minderheitsbeteiligung; **– occulte** stille Beteiligung; **– au patrimoine** Vermögensbeteiligung; **– aux pertes** Verlustbeteiligung; **– publique** Beteiligung der öffentlichen Hand; **– aux résultats** Ertragsbeteiligung; **– aux ventes** Umsatzbeteiligung; **– au vote** Wahlbeteiligung.
participer *v.tr.ind.* beteiligt sein, sich beteiligen, teilnehmen; mitwirken, mitarbeiten.
particularisme *m* Partikularismus *m*, Sonderinteresse *n*; Kleinstaaterei *f*.
particularité *f* Besonderheit *f*, Merkmal *n*; Eigentümlichkeit, Kennzeichen *n*.
particule *f* *(ZR: préposition précédant le nom patronymique)* Namensbestandteil *m*.
particulier *adj* ausschließlich, privat; Sonder-; Eigen-; **avantage –** Sondervorteil *m*; **caractère –** besonderes Merkmal; **circonstance –ière** Sondervorteil od. nähere Umstände; **dispositions –ières** Sondervereinbarungen; Sonderregelung; **traitement –** Sonderbehandlung *f*.
particulier *m* Privatperson od. -mann.
partie *f* (1) *(SchuldR: partie au contrat, contractant)* (Vertrags-)Partei *f*, Vertragsschließende *m/f*, (2) *(ZPR: partie au procès, plaideur)* (Prozeß-)Partei, Kläger *m*, Beklagte(r) *m*, Prozeßteilnehmer, (3) *(StPR)* Angeklagte *m/f*; (4) *(HR)* (Waren-)Posten *m*, Partie *f*, (5) *(AllgSpr)* Teil *m* (eines Ganzen); Bestandteil *m*; **accord entre les –s** Parteivereinbarung; **en –** teilweise; **faire – de** gehören zu; **haute – contractante** *(VR)* Hohe Vertrags- od. Vertragschließende Partei.
partie admise à l'aide judiciaire *(PrzR)* Partei, der die Prozeßkostenhilfe bewilligt wurde; **– adverse** Gegenpartei, Prozeßgegner

m; – **appelante** Berufungskläger *m*; – **assignée** Geladene(r) *m*, geladene Partei; –**s belligérantes** *(VR)* kriegführende Mächte; – **bénéficiaire** Begünstigte(r) *m*; – **en cause** (1) (in einen Prozeß) einbezogene Partei, beteiligte Partei, (2) Nebenintervenient, Streithelfer; – **citée** geladene Partei.

partie civile (1) *(StPR: nom donné à la victime d'une infraction lorsqu'elle exerce ses droits devant les juridictions répressives)* Nebenkläger *m*, Verletzte(r) (oder dessen Erbe), der gegen den Beschuldigten einen aus der Straftat erwachsenen, vermögensrechtlichen Anspruch im Strafverfahren geltend macht; Kläger im Adhäsionsverfahren; **se constituer – –** Privatklage erheben, als Nebenkläger auftreten; **constitution de – –** Anschlußerklärung *f* des Nebenklägers, Betreibung eines Strafverfahrens durch den Verletzten.

partie comparante *(ZPR)* (im Termin) erschienene Partei; – **constituante** *ou* **constitutive** Bestandteil *m*; Komponente *f*; – **contractante** *ou* **au contrat** Vertragspartei, Vertragspartner *m*, vertragschließende Partei; – **à une convention collective** Tarifpartei, Tarifpartner; – **déboutée** *(ZPR)* abgewiesene Partei; – **défaillante** säumige Partei, nicht erschienene Partei, abwesende Partei; – **défenderesse** Beklagte(r) *m*, beklagte Partei; – **demanderesse** Klägerin *f*, klagende Partei; – **au différend** Kläger *od.* Beklagte(r); – **la plus diligente** betreibende *od.* (zuerst) handelnde Partei; – **gagnante** obsiegende Partei; – **indigente** *(aide judiciaire)* minderbemittelte Partei; – **intégrante (du contrat)** integrierender *od.* wesentlicher Bestandteil (eines Vertrages); – **intéressée** beteiligte Partei; – **intervenante** (Neben-) Intervenient; – **intimée** Berufungsbeklagte(r) *od.* -gegner.

partie jointe Streitgenosse *m*; – **en justice** Prozeßpartei; – **lésée** geschädigte Partei, Geschädigte(r) *m*; – **au litige** Kläger *od.* Beklagte(r), Prozeßpartei; – **opposante** eine Einrede *od.* Einwendung geltend machende Partei; – **perdante** unterliegende *od.* unterlegene Partei; – **plaignante** *(StPR)* derjenige, der eine Strafanzeige erstattet, Antragsteller *m* (im Strafverfahren); – **poursuivante** betreibende Partei; – **prenante** Berechtigte(r) *m*; Abnehmer *m*; Empfänger einer Zahlung; – **présente** erschienene Partei; – **principale** Kläger; Beklagter; – **privative** *(SachR)* Sondereigentum; – **au procès** Prozeßpartei; – **publique** *(StPR: ministère public)* Staatsanwalt *m*, Vertreter der Staatsanwaltschaft, öffentlicher Ankläger (im Strafverfahren); – **réclamante** Beschwerdeführer *m*; – **requérante** *(VwPR)* Antragsteller, Kläger; – **signataire** *(VR)* Unterzeichner *m*; – **succombante** unterliegende *od.* unterlegene Partei; – **victime** Geschädigte(r).

partir: à – de von… an…; à – d'aujourd'hui *ou* de maintenant von heute, von nun an; – **sans laisser d'adresse** unbekannt verziehen.

partisan *m* (1) Anhänger *m*, Parteigänger *m*, Verfechter *m*, (2) Partisan *m*, Widerstandskämpfer.

partition *f (VR)* Teilung *f.*

parution *f* Erscheinen *n*, Erscheinungsweise *f*; Erscheinungsjahr *n*.

parvenir *v.tr.ind.* ankommen; **faire –** vorlegen; zusenden; – **à destination** am Bestimmungsort ankommen.

pas *m* Schritt *m*; Rastermaß *n*; **mettre au –** gleichschalten.

pas-de-porte *m (HR: somme d'argent versée par le locataire d'un bail commercial au propriétaire lors de la conclusion du bail)* Abstand(szahlung), Ablöse *f* (bei Veräußerung eines Handelsgeschäfts).

passage *m* (1) Durchgang *m*, Durchfahrt *f*, (2) *(DV)* Lauf *m*, (3) Bahnübergang *m*; **billet de –** (1) Fahrkarte *f*, (2) *(avions)* Flugschein *m*, Ticket *n*; **céder le −** *(StVR)* die Vorfahrt achten; warten; **droit de −** (1) *(voitures)* Fahr- *od.* Durchfahrtsrecht, Fahrwegrecht *n*, (2) *(piétons)* Wegerecht *od.* -gerechtigkeit, Recht auf freien Durchgang, (3) Überfahrtsrecht; **examen de −** *(SchulR)* Versetzungsprüfung; **libre −** ungehinderter Durchlaß; Freizügigkeit *f*; **prix du −** Beförderungsgeld *n*.

passage aux articles *(VerfR: discussion des articles)* Einzelberatung (im Gesetzgebungsverfahren); **− en dessous** *(StVR)* Unterführung; **− de la frontière** Grenzübertritt *m*; **− à niveau gardé** *(StVR)* beschrankter Bahnübergang *m*; **− à l'ordre du jour** Übergang zur Tagesordnung; **− policé** durch die Polizei überwachter Fußgängerübergang; **− protégé** *(StVR)* Vorfahrt(recht) (an Straßenkreuzungen).

passager *adj* vorübergehend, zeitweilig; für kurze Zeit.

passager *m* Fahrgast *m*, Passagier *m*, Reisende(r) *m*; Fluggast; **− clandestin** Schwarzfahrer *m*; blinder Passagier.

passant *m* Passant *m*, Fußgänger *m*.

passation *f* **d'un acte** (1) Aufnahme *od.* Errichtung einer Urkunde, (2) Abschluß eines Rechtsgeschäfts; **− de commande** Auftragserteilung; **− en compte** Verbuchung *f*, Verrechnung; **− du contrat** Vertrags- *od.* Geschäftsabschluß; **− d'écriture, − en écritures** *(HR)* Buchung *f* (in einem Geschäftsbuch), Verbuchung; **− d'un marché** (1) *(VwR)* Vergabe *f* eines öffentlichen Auftrages, (2) Vertragsabschluß; **− des pouvoirs** *(VerfR)* Übertragung der Amtsgeschäfte, Regierungswechsel; **− du service** *(VwR)* Amtsübergabe *od.* -übernahme, Ablösung im Amt.

passavant *m* Zollfreischein; Bestätigung über die Steuerfreiheit bzw. über die Vorauszahlung von Steuern; Passierschein *m*.

passe *f* (1) *(Buchf)* Ausgleichsbetrag (für Kassenfehlbeträge), Zuschuß *m*, (2) *(VR: Meer)* Durchfahrt *f*, schmales Fahrwasser; **maison de −** Bordell *n*; **mot de −** Losungswort *n*.

passé *adj*: **la semaine −ée** vorige Woche; **−é ce délai** nach Ablauf dieser Frist.

passé *m* Vergangenheit *f*; **effet sur le −** Rückwirkung.

passe-droit *m* (1) (regelwidrige) Vergünstigung, (ungerechtfertigte) Bevorzugung, (2) Ungerechtigkeit *f*.

passe-partout *m* Hauptschlüssel *m*.

passeport *m* (1) (Reise-)Paß *m*, (2) *(SeeHR)* Zollklarierungsschein *m*; **autorité délivrant les −s** Paßbehörde; **délivrer un −** einen Paß ausstellen; **demandeur d'un −** Paßbewerber *m*; **établir un −** einen Paß ausstellen; **bureau d'établissement des −s** Paßstelle *f*, Paßamt *n*; **contrôle −** Paßkontrolle *f*; **titulaire du −** Paßinhaber *m*; **régime des −s** Paßwesen *n*; **vérification des −** Paßkontrolle.

passeport collectif Sammelpaß; **− en cours de validité** gültiger Reisepaß; **− diplomatique** Diplomatenpaß; **− étranger** Paß eines Ausländers; **− pour étrangers** Fremdenpaß; **− familial** Familienpaß; **− individuel** Einzelpaß; **− Nansen** Nansenausweis *od.* -paß; **− national** (National-)Paß, Heimatpaß; **− permanent** Dauerreisepaß; **− sanitaire** Gesundheitspaß; **− de service** Dienstpaß.

passer: faire − en justice vor Gericht stellen; **− un acte** (1) eine Urkunde aufnehmen *od.* errichten, (2) ein Rechtsgeschäft abschließen; **− à l'acte, − aux actes** handgreiflich werden; zur Tat schreiten; **− à l'actif** *(Buchf)* gutschreiben, aktivieren; **− par les armes** *(MilR)* hinrichten, erschießen; **− une commande** einen Auftrag erteilen; **− une commande de gré à gré** *(VwR)* einen öffentlichen Auftrag freihändig vergeben; **− en compte** verbuchen, verrechnen;

un contrat einen Vertrag (ab)schließen; – **une contre-lettre** eine Nebenabrede treffen; ein Umgehungsgeschäft abschließen; einen Schwarzkauf tätigen; – **au crédit** gutschreiben; – **en écritures** (ver-)buchen; – **à l'ennemi** zum Feinde überlaufen; – **un examen** eine Prüfung ablegen, ein Examen machen; – **dans les faits** verwirklicht werden; – **un faux billet** Falschgeld verbreiten; – **en force de chose jugée** *(PrzR)* Rechtskraft erlangen, rechtskräftig werden; – **en fraude** einschmuggeln; – **un marché** einen Vertrag *od.* ein Geschäft abschließen; – **à l'ordre du jour** zur Tagesordnung übergehen; – **outre** (über etwas) hinweggehen, ohne Berücksichtigung der Einwände fortfahren, einen Einspruch nicht berücksichtigen; – **au peigne fin** (einen Tatort) genau untersuchen; – **les pouvoirs** die Amtsgeschäfte übertragen; – **à tabac** *(StR)* körperlich mißhandeln (beim Verhör, während der Festnahme).

passerelle *f* Steg *m*; Ladebrücke *f*; Gangway *f.*

passeur *m* de drogue *(StR: umg.: fourmi)* kleiner Rauschgiftschmuggler *m.*

passible *adj*: **être – d'une amende** durch eine Geldstrafe geahndet werden; – **d'un impôt** der Steuerpflicht unterworfen sein, steuerpflichtig sein; **être – d'une peine** mit Strafe bedroht sein, strafbar.

passif *adj*: **commerce –** Einfuhrhandel; **défense –ive** passiver Widerstand; **dettes –ives** Passiva *pl*, Schulden, Verbindlichkeiten *fpl*; **obéissance –ive** blinder Gehorsam; **solde –** Passivsaldo *m*; **sujet – d'une obligation** Schuldner *m.*

passif *m (Buchf, GesR)* Passiv *n*, Passivseite *f*, Passiva *pl*, Schulden *fpl*; **article du –** Passivposten *m*; **au –** auf der Passivseite, unter den Passiven; – **du bilan** *(GesR)* Passivseite *f* der Bilanz, (Grundkapital, Rückstellungen, Rücklagen u. Verbindlichkeiten); – **exigible** fällige Verbindlichkeiten *fpl*; – **externe, – réel** Verbindlichkeiten (einer Gesellschaft) Dritten gegenüber, aufgenommene Gelder; – **hypothécaire** Hypothekarschulden; – **interne** *(GesR)* Forderungen der Gesellschafter gegenüber ihrer Gesellschaft; – **social** Verbindlichkeiten einer Gesellschaft.

passionnel *adj*: **crime –** Verbrechen aus Leidenschaft.

pasteur *m* protestantischer Pastor, Seelsorger *m.*

pastoral *adj*: **lettre –e** Hirtenbrief *m.*

pastorat *m* Pfarramt *n*, Pastorat *n.*

patent *adj* offenkundig, klar; **lettre –e** *(hist)* königliche Verfügung.

patente *f* (1) *(hist.* SteuerR; *aujourd'hui: taxe professionnelle)* Gewerbesteuer *f*, (2) *(SeeHR)* Schiffspatent *n*, Patent; – **de batelier** Schifferpatent; – **de batelier du Rhin** Rheinschifferpatent; – **de jauge** Eichschein *m*; – **de navigation** Schifferpatent; – **sanitaire** (1) *(SeeHR)* Schiffsattest *n*, (2) Gesundheitspaß.

paternalisme *m* Paternalismus *m*, Gängelung *f*, Bevormundung; paternalistische Betriebsführung.

paternel *adj* väterlich; **autorité –le** väterliche Gewalt; **filiation –le** Abstammung väterlicherseits; **ligne –le** Verwandte *pl* väterlicherseits; **puissance –le** *(hist)* väterliche Gewalt.

paternité *f* Vaterschaft *f*; **action en recherche de –** Abstammungsklage, Statusklage; **action en reconnaissance de –** Vaterschaftsklage; **aveu de –** Vaterschaftsanerkenntnis; **désaveu de –** (1) Anfechtung der Ehelichkeit (eines Kindes), (2) Anfechtung des Vaterschaftsanerkenntnisses; **présomption de –** Vaterschaftsvermutung; **recherche de la –** Erforschung der nichtehelichen Vaterschaft; **reconnaissance de –** Vaterschaftsanerkenntnis; – **civile** adoptive Vaterschaft; – **hors mariage** außereheliche Vaterschaft; – **légitime** eheliche Va-

terschaft; – **naturelle** nichteheliche od. außereheliche Vaterschaft; – **de l'œuvre** *(UrhR)* Urheberschaft am Werk.
patrie *f* Heimatstaat *m*; Vaterland *n*, Heimat *f*; – **d'adoption** Wahlheimat.
patrilinéaire *adj* (Abstammung) väterlicherseits.
patrimoine *m* (1) *(SchuldR: ensemble des biens et des obligations d'une personne, l'actif et le passif formant une universalité de droit)* (Aktiv- u. Passiv-)Vermögen *n* (als Gesamtheit der geldwerten rechtlichen Beziehungen einer Person, sämtliche Aktiva und Passiva umfassend), Gesamtheit der Aktiva u. Passiva (einer natürlichen od. juristischen Person), (2) *(ZR: masse de biens à affectation spéciale ou à régime particulier)* Vermögensmasse, die einem besonderen Verwendungszweck dient, (3) *(Pol)* nationales Erbe *n*, Kulturgüter *npl*, (3) *(HR)* Gesellschaftsvermögen *n*, (4) *(FamR)* Familiengut *n*; (5) *(hist.)* väterliche Erbgüter *npl*, Patrimonialgüter; – **d'affectation** Zweckvermögen, zweckgebundenes Vermögen; – **de l'association** Vereinsvermögen *n*; – **commun** gemeinschaftliches Vermögen; – **distinct** Sondervermögen; – **final** Endvermögen; – **génétique** *ou* – **héréditaire** Erbgut *n*, Genotyp *m*; – **initial** Anfangsvermögen; – **national** nationales Erbe *n*; – **originaire** Anfangsvermögen; – **social** (1) *(GesR)* Gesellschaftsvermögen, (2) *(ZR)* Vereinsvermögen.
patrimonial *adj* zum Vermögen gehörend; **charges** –**les** (Vermögens-)Passiva, Schulden *fpl*; **droit** – Vermögensrecht; **situation** –**le** Vermögensverhältnisse *npl*.
patrimonialité *f* Vermögenszugehörigkeit, Eigenschaft als geldwerte und übertragbare Güter.
patriotisme *m* Vaterlandsliebe *f*; Bürgersinn *m*.
patron *m* (1) *(ArbR: employeur, chef d'entreprise)* Arbeitgeber *m*, Betriebsinhaber *m*, (2) *(ÖfR)* Dienstherr *m*, Dienstgeber (Aut), (3) Lehrherr *m*, Ausbilder *m*, (4) Schiffsführer *m*; – **d'embarcation** Bootsführer *m*; – **de thèse** *(HochschulR)* Doktorvater.
patronage *m* (1) Schirmherrschaft *f*, (2) Betreuung, Fürsorge *f*.
patronal *adj* Unternehmer-, Arbeitgeber-; **cotisation** –**e** Arbeitgeberbeitrag *m*; **organisation** –**e**, **syndicat** – Arbeitgeber- od. Unternehmerverband.
patronat *m* Arbeitgeber *mpl*, Arbeitgeberschaft *f*, Unternehmer *mpl*; **conseil national du** – **français** (= C. N. P. F.) Vereinigung der frz. Arbeitgeberverbände.
patronner *v.tr.* unterstützen; betreuen.
patronyme *m* (1) *(hist)* Geschlechtsname, (2) *(ZR: nom de famille)* Familienname *m*.
patronymique *adj*: **nom** – Familienname.
patrouille *f* (Verkehrs-)Streife *f*.
pâturage *m* Weideland *n*.
pâture *f* Grünfutter *n*; Weideplatz *m*, Weide *f*; **servitude de** – Weidegerechtigkeit.
paulien *adj*: **action** –**ne** *(ZPR: action par laquelle un créancier, agissant en son nom personnel, attaque les actes de son débiteur faits en fraude de ses droits)* Gläubigeranfechtung *f*, actio pauliana, Klage *f* auf Widerruf des Rechtsgeschäfts des Schuldners (das den Gläubiger schädigt und zur Vereitelung seiner Rechte geschlossen wurde).
paupérisation *f* Verelendung, (Massen-)Verarmung *f*.
pause *f (ArbR)* Arbeitspause *f*; **sans** – (Arbeitszeit) durchgehend; – –**café** Kaffeepause *f*.
pauvre *adj* arm, (hilfs)bedürftig;
pauvre *m (SozR: indigent)* hilfsbedürftige Person, Person in (einer) Notlage; **pays** – Entwicklungsland *n*.
pauvreté *f (SozR: indigence)* Hilfsbedürftigkeit, Armut, Mittellosigkeit.
pavillon *m* (1) *(SeeHR)* (Schiffs-)

Flagge *f*, (2) *(BauR)* Bungalow *m*, Einfamilienhaus *n*; **arborer son –** seine Flagge setzen; **battre –** Flagge führen; **certificat de –** Flaggenschein *od.* -brief *m*; **droit de –** Flaggenrecht *n*; **monopole de –** Schiffahrtsmonopol *n*; **surtaxe de –** Zollzuschlag bei der Einfuhr unter fremder Flagge.

pavillon de commerce *ou* **commercial** Handelsflagge; **– de complaisance** billige Flagge, Schattenflagge; **le – couvre la marchandise** frei Schiff, frei Gut; **– marchand** Handelsflagge; **– de service** Dienstflagge.

payable *adj* zahlbar, fällig; **– comptant** sofort zahlbar; Barkauf *m*; **– à l'échéance** zahlbar bei Fälligkeit; **– à la livraison** zahlbar bei Lieferung; **– à un mois** zahlbar in einem Monat; **– à ordre** an eine bestimmte Person oder an Order zahlbar; **– au porteur** an den (jeweiligen) Inhaber zahlbar; **– à présentation** zahlbar bei Vorlage; **– à tempérament** in Raten zahlbar; **– à terme** Zielkauf; zahlbar bei Fälligkeit; **– à vue** zahlbar bei Sicht.

payant *adj* (be)zahlend; entgeltlich, wofür bezahlt werden muß; *fig* lohnend, gewinnbringend.

paye *f* (Arbeits-)Lohn *n*; **jour de – ** Zahltag *m*.

payement *m* Zahlung *f*, Erfüllung einer Schuld *od.* Verbindlichkeit (siehe: **paiement**).

payer *v.tr.* (Geld) (ein- *od.* aus-)zahlen; (Schuld) begleichen, bezahlen; (Ausgaben) bestreiten; (Schuldner) befriedigen; (Schaden) regulieren, abdecken; (Arbeiter) entlohnen; (Verbrechen) (ver)büßen; (Steuern) entrichten; **commandement de –** Zahlungsbefehl *m*; **invitation à –** Zahlungsaufforderung, Mahnbescheid; **– un acompte** eine Anzahlung leisten; **– par acomptes** ratenweise zahlen, abzahlen; **– par anticipation, – à l'avance, – d'avance** voraus(be)zahlen, eine Vorauszahlung leisten, pränumerando zahlen; **– comptant** per Kasse bezahlen, bar zahlen; **– des contributions** Beiträge entrichten; **– une dette** eine Schuld bezahlen *od.* **en espèces** *ou* **en numéraire** bar zahlen; **– les frais** die Kosten übernehmen; **– -prendre** *(HR)* Cash-and-carry-Handel, Selbstbedienungsgroßhandel; **– à tempérament** in Raten zahlen, abzahlen; **– en trop** überzahlen; **– par virement** überweisen.

payeur *m* Zahler *m*; **mauvais –** säumiger *od.* fauler Schuldner; **les pollueurs seront les –s** *(UmweltR)* (Haftung nach dem) Verursacherprinzip; **– comptable** Lohnbuchhalter *m*; **– par intervention** Ehrenzahler; **– négligent** säumiger Schuldner.

pays *m* Land *n*, Staat *m*; Vaterland, Heimat *f*; **– d'accueil** Aufnahme- *od.* Gastland (für Flüchtlinge); **– agricole** Agrarstaat *m*; **– ami** befreundeter Staat; **– associé** assoziiertes Land; **– cosignataire** (Mit-)Unterzeichnerstaat; **– de délivrance** *(passeport)* Ausstellungsland; **– développé** Industriestaat *m*; **– de domicile** Wohnsitzland; **– d'émigration** Auswanderungsland; **– ennemi** Feindstaat; **– d'envoi** Entsendestaat; **– étranger** Ausland; **– extérieur au Marché commun** Drittland; **– du for** Gerichtsstaat; **– d'immigration** Einwanderungsland; **– industriel** Industriestaat; **– insuffisamment développé** unterentwickeltes Land, Entwicklungsland; **– limitrophe** Nachbarland *od.* -staat.

pays sous mandat *(VR)* Mandatsgebiet *n*; **– membre** Mitgliedstaat; **– les moins avancés** (= PMA) die Länder der Vierten Welt, die Ärmsten der Armen; **– non aligné, – non engagé** blockfreier Staat; **– non membres** Drittländer, Nichtmitgliedsländer; **– d'origine** Ursprungstaat *m*; Herkunftsland; Exportland; Heimatland; **– de refuge** Zufluchtsstaat; –

549

paysage / **peine**

du ressortissant Heimatstaat *m* (des Staatsangehörigen); **– requérant** *(IPR: Amtshilfe)* ersuchender Staat; **– requis** ersuchter Staat; **– de résidence** Wohnsitzland, Aufenthaltsstaat; **– satellite** Satellitenstaat; **– signataire** Unterzeichnerstaat; **– sous-développé** unterentwickeltes Land; **– souverain** souveräner Staat; **– tiers** Drittländer; **– de transit** *ou* **transitaire** Durchgangs- *od.* Durchfuhrland; **– de l'union** Verbandsland, Vereinsland; **– en voie de développement** Entwicklungsland; **– en voie d'émergence** Schwellenland.

paysage *m*: **protection des –s** Landschaftsschutz *m*; **– audiovisuel français (= PAF)** frz. Medienlandschaft, Struktur der frz. Massenmedien.

paysan *m* Bauer, *m* Landwirt *m*.

paysannat *m ou* **paysannerie** *f* Bauernstand *m*.

péage *m* (1) *(StVR: redevance)* Maut *f*, Mautstelle *f*; (Straßen-)Benutzungsgebühr; Wegegeld *n*, Brückengeld, (2) *(SeeHR)* Hafenzoll *m*, Schiffahrtsabgabe *f*; **autoroute à –** gebührenpflichtige Autobahn; **droit de –**, **taxe de –** Mautgebühr *f*; **– autoroutier** Autobahnbenutzungsgebühr, Mautgebühr *f*.

peccadille *f (StR: faute légère)* leichtes, verzeihliches Verschulden; **– de jeunesse** Jugendsünde *f*.

pêche *f* Fischerei *f*; Fischfang *m*; **droit de –** Fischereirecht; **grande – ** Hochseefischerei *f*; **lieu de –** Fangplatz *m*; **lot de –** Fischereirevier *n*; **petite –** Küstenfischerei; **règlement de –** Fischereiordnung; **société** *ou* **syndicat de –** Fischereigenossenschaft; **zone de –** Fischereizone *f*; **– hauturière**, **– au large** Hochseefischerei *f*; **– littorale**, **– maritime côtière** Küstenfischerei.

pêcher *m* **capital** Todsünde *f*.

péculat *m (hist. StR: détournement de deniers publics, concussion)* Amtsunterschlagung *f*, Veruntreuung im Amt.

pécule *m* (1) *(ArbR)* gesperrter Teil des Einkommens, (2) *(FamR: réserve pécuniaire au profit d'un enfant mineur)* Geldrücklage, die der Sorge- und Erziehungsberechtigte aus dem Arbeitslohn und den Ersparnissen eines Minderjährigen bildet; (3) *(StVZ)* (bis zur Entlassung gesperrtes) Guthaben des Strafgefangenen; Geldguthaben, welches die Justizvollzugsverwaltung für den Häftling verwaltet, (4) *(AllgSpr)* Notgroschen *m*, Ersparnis *n*; **– disponible** *(StVZ)* Teil des Arbeitsverdienstes über den der Häftling während der Strafverbüßung verfügen kann; **– de garantie** Teil der Entlohnung des Häftlings, der zur Sicherung der Ansprüche der Geschädigten und zur Begleichung der Gerichtskosten zurückbehalten wird; **– de réserve** Lohnanteil, über den der Häftling erst nach der Haftentlassung verfügen kann.

pécuniaire *adj* Geld-, Vermögens-; vermögensrechtlich; **aide –** finanzielle Unterstützung; **amende –** *(StR)* Geldstrafe *f*; **composition –** Abfindung *f*; **demande –** Geldforderung *f*; **peine –** *(StR)* Geldstrafe; **réparation –** Geldersatz *m*; **sanction –** Geldstrafe; Geldbuße *f*; **situation –** finanzielle Lage, Vermögenslage *f*; **valeur –** in Geld gemessener Wert (einer Leistung).

pédagogie *f* Erziehungslehre *f*, Pädagogik *f*.

pédérastie *f (StR)* Päderastie *f*, Knabenliebe *f*; Homosexualität *f*.

pègre *f* Verbrecherwelt *f*, Unterwelt.

peindre *v.tr.* darstellen, schildern, beschreiben.

peine *f* (1) *(StR: sanction infligée aux délinquants)* Strafe *f*, (2) Schmerz *m*, Leiden *n*; Mühe *f*; **à – de déchéance** bei Verlust, bei Vermeidung des Ausschlusses *od.* des Verlustes, bei sonstigem Verlust; **adoucissement de –** Strafmilderung; **aggravation de –** Straf(ver)schärfung; **application de la –** Strafvollstreckung; Strafvollzug *m*;

atténuation de – Strafmilderung; **calcul de la –** Strafzu- od. -bemessung; **commencement de la –** Strafantritt *m*; **commuer une – eine** Strafe herabsetzen *od.* erlassen; **commutation de –** Straferlaß *m*; Strafmilderung; **condamner à une –** eine Strafe aussprechen *od.* verhängen, auf eine Strafe erkennen, zu einer Strafe verurteilen; **confusion des –s** (Bildung einer) Gesamtstrafe; **détermination de la –** Straffestsetzung; **durée de la –** Dauer der Freiheitsstrafe; **échelle des –s** Abstufung der Strafen; **encourir une –** sich strafbar machen; eine Strafe verwirken; **exécuter une –** eine Strafe verbüßen; **exécution de la –** Strafvollzug *m*, Strafvollstreckung *f*; **expiration de la –** Strafverbüßung; **faire exécuter une –** eine Strafe vollziehen, eine Strafe vollstrecken.

peine: fixation de la – Straffestsetzung, Strafzu- od. -bemessung; **fixer une –** etw. unter Strafe stellen; das Strafmaß festsetzen; **infliger une –** eine Strafe verhängen; **montant de la –** Strafmaß; **passible d'une –** strafbar; **prononcer une –** eine Strafe verhängen, auf (eine) Strafe erkennen; **purger une –** seine Strafe verbüßen *od.* absitzen; **quantum de la –** Strafmaß *m*; **réduction de –** Strafherabsetzung *f*; **remettre une –** eine Strafe erlassen; **rémission d'une –** Straferlaß *m* (auf dem Gnadenwege); **sous – de** unter Strafandrohung, bei Strafe; **sous – d'amende** anderenfalls droht eine Geldstrafe; **sous – de forclusion** (ZPR) zur Vermeidung des Ausschlusses (*od.* Rechtsverlusts); **subir une –** eine Strafe verbüßen.

peine accessoire (*StR: incapacité résultant automatiquement de la condamnation*) Nebenfolge *f* einer Hauptstrafe (kraft Gesetzes eintretend); **– administrative** Geldbuße *f* bei Ordnungswidrigkeiten; Verwarnung *f*; **– afflictive** Leibesstrafe, körperliche Strafe; **afflictive et infamante** entehrende Freiheitsstrafe, Verbrechensstrafe; **– alternative** (*StR: mesure édictée par le juge à la place d'une peine d'emprisonnement*) Ersatzstrafe (zumeist in der Form einer gemeinnützigen Arbeit); **– d'amende** Geldstrafe; **– antécédente** Vorstrafe; **– arbitraire** Willkürmaßnahme *f*, unangemessene Strafe; **– capitale** Todesstrafe; **– en cas de récidive** Rückfallstrafe; **– collective** Kollektivstrafe.

peine complémentaire (*StR: peine qui peut s'ajouter à la peine principale*) (durch den Richter verhängte) Nebenstrafe; **– conditionnelle** bedingte Strafe; **– contraventionnelle** (*StR: syn. peine de police*) Übertretungsstrafe; **– conventionnelle** (*SchuldR: clause pénale*) Vertrags- *od.* Konventionalstrafe; **– corporelle** körperliche Strafe, Leibes- *od.* Körperstrafe; **– correctionnelle** Vergehensstrafe, mittelschwere Strafe (bei Vergehen); **– correspondant à la culpabilité** angemessene Strafe; **– criminelle** Kriminalstrafe, Strafe für (ein) Verbrechen, Verbrechensstrafe, schwerste Strafe (bei Verbrechen); **– de détention criminelle** Freiheitsstrafe (bei politischen Verbrechen); **– disciplinaire** Disziplinarmaßnahme *f*; **– de droit** gesetzlich vorgesehene Strafe; **– de droit commun** Strafe (bei nicht politischen Straftaten); **– à durée indéterminée** Rahmenstrafe, Freiheitsstrafe von unbestimmter Dauer; **– d'emprisonnement** Freiheitsstrafe (bei Vergehen); Gefängnis- *od.* Arreststrafe; **– encourue** verwirkte Strafe; **– d'ensemble** Gesamtstrafe.

peine incompressible (*StR: peine perpétuelle réelle, sans possibilité de liberté anticipée*) lebenslängliche Freiheitsstrafe ohne Ermäßigungsmöglichkeit (auf dem Gnadenwege); **– infamante** entehrende Strafe; **– infligée** erkannte *od.* verhängte Strafe; **– judiciaire** gerichtliche

Strafe; – **justifiée** gerechtfertigtes Strafmaß; – **légère** milde *od.* geringe *od.* leichte Strafe; – **maximum** Höchststrafe; – **minimum** Mindeststrafe; – **de mort** Todesstrafe; – **normale** Regelstrafe; à *ou* sous – **de nullité** zur Vermeidung der Nichtigkeit, bei sonstiger Nichtigkeit (Ungültigkeit, Unwirksamkeit); – **particulière** Einzelstrafe; – **pécuniaire** Geldstrafe; Vermögensstrafe; – **perpétuelle** lebenslange (Freiheits-)Strafe; – **de (simple) police** Übertretungsstrafe; – **politique** Strafe bei politischen Verbrechen; – **prescrite** verjährte Strafvollstreckung; – **prévue par la loi** gesetzlich vorgesehene Strafe.

peine principale *(StR: sanction obligatoirement attachée à une incrimination)* Hauptstrafe; – **privative de droits** (vorübergehende) Aberkennung von Rechten; Einziehung von Gegenständen; Berufsverbot; Fahrverbot; – **privative de liberté** Freiheitsstrafe; – **privée** *(ZPR: sanction infligée en matière civile à titre de punition)* durch ein Zivilgericht verhängte Geldstrafe; – **prononcée** erkannte *od.* verhängte Strafe; – **purgée** verbüßte Strafe; – **de réclusion criminelle** Freiheitsstrafe (bei Verbrechen); – **de remplacement** Ersatzstrafe; – **restrictive de liberté** Aufenthaltsverbot; Freizügigkeitsbeschränkungsmaßnahme; – **secondaire** Nebenfolge; – **sévère** strenge *od.* harte *od.* schwere Strafe – **de substitution** Ersatzarbeitsstrafe; anstelle einer Freiheitsstrafe angeordnete (Straf-)Arbeit im öffentlichen Interesse.

peiner (1) *v.intr.* sich abmühen, sich anstrengen, große Mühe haben, (2) *v.tr.* jmdm. Sorgen *od.* Kummer bereiten, Verdruß machen.

peinture *f* (1) *(UrhR: tableau, art pictural)* Gemälde *n*, Bild *n*; Malerei *f*, (2) *(BauR)* Anstrich *m*; Anstrichfarbe *f*.

péjoratif *adj* abwertend, abfällig, negativ bewertend, pejorativ; geringschätzig.

peloton *m (MilR: petite unité)* Abteilung; – **d'exécution** Hinrichtungskommando *n*; – **de punition** *ou* **de discipline** Strafbataillon *n*, Strafabteilung *f.*

pénal *adj* Straf-; **au** – *(StPR)* im Strafverfahren; **clause** –**e** *(ZR)* Vertrags- *od.* Konventionalstrafe; **code** – frz. Strafgesetzbuch; **disposition** –**e** Strafbestimmung; **droit** – Strafrecht; **instruction** –**e** Ermittlungsverfahren; **juge** – Strafrichter; **ordonnance** –**e** Strafbefehl *m*; Bußgeldbescheid *m*; **procédure** –**e** Strafverfahren *n*; **poursuite** – Strafverfolgung; **poursuivre au** – ein Strafverfahren (gegen jmdn.) einleiten.

pénal *m* Strafgericht *n*; **poursuivre au** – strafrechtlich verfolgen; Anklage vor einem Strafgericht erheben.

pénalement *adv* strafrechtlich; im Strafverfahren; **délit** – **sanctionné** mit einer (Vergehens-)Strafe bedroht; **être** – **responsable** strafrechtlich verantwortlich sein.

pénalisation *f* (1) *(WirtR)* Benachteiligung (eines Wettbewerbers), (2) *(Sport)* Verhängung von Strafpunkten.

pénaliser *v.tr.* (1) *(StR: infliger une peine)* bestrafen, mit Strafe belegen; durch Strafgesetz verbieten, (2) benachteiligen.

pénaliste *m* Strafrechtler *m*.

pénalité *f* (1) *(StR: sanction pénale)* Strafe *f*; Buße *f*; Bestrafung *f*, (2) *(ZR: sanction civile)* Vertragsstrafe, Androhung einer in Geld bestehenden Leistung bei nichtgehöriger Erfüllung; – **accessoire** *(StR)* Nebenfolge (einer Hauptstrafe); – **pour cause de retard** *(ZR)* Säumniszuschlag *m*, Verzugsstrafe; – **contractuelle** *ou* **conventionnelle** Vertrags- *od.* Konventionalstrafe; – **fiscale** (Geldbuße als) Steuerstrafe; – **libératoire** *(BankR: somme d'argent payée au Trésor Public pour mettre fin à une interdiction ban-*

penchant

caire) Zahlung einer Geldstrafe zur Wiedererlangung der Fähigkeit ein Bankkonto zu eröffnen; – **pécuniaire** Vermögensstrafe; Geldstrafe; – **de retard** Säumniszuschlag *m.*

penchant *m* Hang *m,* Neigung *f.*

pencher (1) *(v.intr.: – pour)* der Ansicht sein, daß..., meinen, daß...; (einem Standpunkt) den Vorzug geben, (2) *(v. pron.: se – sur)* mit großer Aufmerksamkeit betrachten, sich befassen mit; (ein Problem) angehen.

pendaison *f* Hängen *n,* Hinrichtung durch den Strang.

pendant *adj:* **cause –e, litige –** *(ZPR)* (bei Gericht) anhängiges Verfahren; **condition –e** *(SchuldR: condition qui n'est pas accomplie)* Schwebezeit *f;* **fruits –s** *(SachR)* ungetrennte (Sach-)Früchte.

pendant *präp* während, im Verlauf von.

pénétration *f* (1) *(HR: d'un support de publicité)* Werbewirkung, (2) *(StR: contre la volonté, viol)* Vergewaltigung, (3) *(VR: dans l'espace aérien)* Eindringen (in den fremden Luftraum); **– du marché** Marktzutritt *od.* -öffnung, Marktdurchdringung.

pénibilité *f* (du travail) Beschwerlichkeit *f,* Mühsal *f.*

pénible *adj* mühsam, beschwerlich; peinlich, schmerzlich; **dans des conditions –s** unter erschwerten Bedingungen.

péniche *f* Boot *n;* Kahn *m.*

pénitence *f* (auferlegte) Buße *f;* (leichte) Strafe.

pénitencier *m (hist)* Strafkolonie *f.*

pénitentiaire *adj* Straf-; **administration –** Justizvollzugsverwaltung *f;* **établissement –** Justizvollzugsanstalt *f;* **travail –** Gefängnisarbeit *f;* **régime –** Strafvollzugsordnung.

pension *f* (1) *(SozR: allocation périodique versée au titre de l'assurance vieillesse)* Rente *f,* (Alters-)Ruhegeld *n,* Pension *f,* (2) *(BeamR)* Versorgung, Ruhegehalt *n,* Unterhaltsbeitrag *m,* (3) *(BankR: opération financière)* Sicherungsübereignung von Wertpapieren, (4) Unterkunft

pension acquise

mit voller Verpflegung *od.* Teilverpflegung, (5) Gasthaus, Pension; **accorder une –** eine Rente gewähren; **adaptation des –s** Rentenanpassung; **âge de la –** Ruhestands- *od.* Pensionierungsalter *n,* Renteneintrittsalter; **assurance- –** Renten- *od.* Pensionsversicherung; **bénéficiaire d'une –** Rentenempfänger *od.* -bezieher, Rentner *m;* **caisse de –** Pensionskasse; **calcul de la –** Rentenberechnung; **conversion de la –** Rentenumwandlung.

pension: demande de – Rentenantrag *m;* **droit à une –** Rentenanspruch; **effet en –** *(WechselR)* Pensions- *od.* Depotwechsel *m;* **fonds de –** Pensionsfonds *m;* **liquidation de la –** Feststellung der Ruhegehaltsbezüge; **majoration de –** Rentenerhöhung *od.* -zuschlag; **point de départ de la –** Rentenbeginn; **qui donne droit à –** pensions- *od.* ruhegehaltsfähig; **rétablissement de la –** Wiederaufleben der Rente; **revalorisation de la –** Rentenaufbesserung; **révision d'une –** Neufestsetzung der Rente; **servir une –** eine Rente (aus)zahlen; **taux de –** Pensionssatz *m;* **titulaire d'une –** Rentenempfänger *od.* -berechtigter, Rentner, Pensionär.

pension acquise Versorgungsbezüge *pl,* auf die ein Anspruch besteht; **– alimentaire** *(FamR: pension versée en exécution d'une obligation alimentaire ou d'une obligation d'entretien)* (gesetzlicher) Unterhalt, Unterhaltsbeiträge *mpl;* Unterhaltszahlung; Alimente *pl;* Alimentenbeiträge *mpl* (S); **– d'ancienneté** Ruhegehalt *n,* Pension; **– anticipée** vorgezogenes Altersruhegeld; **– d'ascendants** Elternbeihilfe *f;* **– à cent pour cent** Vollrente, Vollpension; **– civile** Zivilpension; **– compensatrice** Ausgleichsrente; **– complémentaire** Zusatzrente; **– entière** Vollrente; **– extra-légale** freiwillige Altersversorgung; **– des fonction-**

naires Versorgungsbezüge *pl* der Beamten, Beamtenpension; **– de guerre** Kriegsrente.

pension d'invalidité Erwerbsunfähigkeits- *od.* Invalidenrente; **– professionnelle** Berufsunfähigkeitsrente.

pension à jouissance différée aufgeschobene Rente; **– d'orphelin** Waisengeld *od.* -rente; **– de péréquation** Ausgleichsrente; **– prématurée** Frührente; **– principale** Hauptrente; **– proportionnelle** anteilige Rente; **– publique** öffentliche Altersrente; **– de réforme** Invalidenrente.

pension de retraite (1) *(BeamR)* Ruhegehalt *n*, Alterspension, Pension, (2) *(ArbR, SozR)* Altersruhegeld, Altersrente; **droit à une – –** Ruhegehaltsanspruch *od.* -berechtigung, Pensionsanspruch *od.* -berechtigung; **– – complémentaire** zusätzliche Altersversorgung; **– – des mineurs** Knappschaftsrente.

pension de réversion Hinterbliebenenrente (des Ehegatten); (an den hinterbliebenen Ehegatten) zurückfallende Altersrente, Witwengeld *n*; **– révisée** angeglichene Pension; **– de survie** *ou* **de survivant** Hinterbliebenenrente; **– transitoire** Übergangsrente; **– de veuf** Witwerrente; **– de veuve** Witwenrente; **– viagère** Leibrente, lebenslängliche Pension; **– de vieillesse** Altersruhegeld; **– de vieillesse anticipée** vorgezogenes Altersruhegeld, Frührente.

pensionnaire (1) Empfänger eines Jahresgehalts, (2) mit festem Gehalt angestellter Schauspieler, (3) *(SchulR)* Internatsschüler.

pensionné *m* Ruhegehaltsempfänger *m*, Rentenbezieher *od.* -empfänger.

pensionner *v.tr.* in den Ruhestand versetzen, pensionieren.

pente *f* Hang *m*, Hangneigung *f*; **forte –** *(StVR)* starke Steigung.

pénultième *adj (avant-dernier)* vorletzte(r).

pénurie *f* (starker) Mangel *m*, Verknappung *f*, Knappheit *f*, Mangellage *f*; **– d'argent** Geldknappheit, Geldnot *f*; **– de capitaux** Kapitalknappheit; **– de crédit** Kreditverknappung; **– de devises** Devisenmangel; **– d'énergie** Engpaß in der Energieversorgung; **– de logement** Wohnungsnot, Wohnungsraummangel *m*; **– de main d'œuvre** Arbeitskräftemangel.

percepteur *m (SteuerR)* Finanzbeamte(r), Steuereinnehmer *m*; Finanzamt.

perception *f* (1) *(SozR, ZR)* Bezug *m* (von Lohn, Rente); Erwerb *m* der Erzeugnisse *od.* Früchte *od.* Einkünfte (durch den Berechtigten), (2) *(SteuerR: recouvrement des impôts)* (Steuer)Einziehung *od.* Erhebung, Steuereinnahme *f*, Steuer- *od.* Abgabeneinhebung (Aut), (3) *(bureau)* Finanzamt *n*, Finanzkasse, Steuerbehörde *f*, (4) Wahrnehmung *f*; Wahrnehmungsvermögen *n*; **date de la –** Erhebungszeitpunkt *m*; **rôle de –** Liste der Steuer(entrichtungs)pflichtigen; **taux de –** Hebesatz *m*; **– de droits** Erhebung von Gebühren *od.* Zöllen; **– des fruits** *(SachR)* Fruchtziehung; **– en nature** Natural- *od.* Sachbezug *m*; **– préalable** Vorauserhebung *f*; **– du risque** Risikowahrnehmung; **– à la source** Einziehung *f* (der Lohnsteuer) durch Lohnabzug; **– supplémentaire** Steuernachforderung *f*.

percevable *adj (SteuerR)* erhebbar, einziehbar.

percevoir *v.tr.* (1) *(Früchte, Einkünfte)* erwerben, (be)ziehen, (2) *(Steuern, Zölle)* erheben, (3) *(Geldbeträge)* einnehmen; einziehen, eintreiben, (4) wahrnehmen; **– une cotisation** einen Beitrag erheben; **– des prestations sociales** Sozialleistungen erhalten.

perdant *m (PrzR)* Verlierer *m*, unterlegene Partei.

perdre *v.tr.* verlieren; einbüßen, einen Verlust erleiden; **se –** abhanden kommen; **– un procès** unterliegen, verlieren; **– du terrain**

zurückgehen, nachlassen; **– la vie** sterben; **– de vue** aus den Augen verlieren.

perdu *adj:* **emballage –** Einweg(ver-)packung; **à fonds –s** auf Verlustkonto.

perdurer *v.intr.* fortbestehen, andauern.

père *m* Vater *m*; **en bon – de famille** *(ZR, HR)* sorgfältig, mit der im Rechtsverkehr erforderlichen Sorgfalt; **placement de bon – de famille** mündelsichere Anlage; **– adoptif** Adoptivvater; **– légitime** Vater eines ehelichen Kindes; **– naturel** Vater eines nichtehelichen Kindes; **– nourricier** Pflegevater.

péremption *f (ZPR, GB)* Verlust *m* eines Anspruchs *od.* Rechts infolge Fristablaufs, Verwirkung (eines Rechts), Verjährung (eines Anspruchs); **date de –** *(Ware)* haltbar bis, Verfalltag; **délai de –** Ausschluß- *od.* Verfallfrist; **tomber en –** verjähren; **– de l'action** Klageverwirkung; **– d'instance** Verwirkung *f*, Ungültigwerden aller Prozeßhandlungen des Klägers *od.* Beklagten (infolge Verstreichens der vorgesehenen Frist).

péremptoire *adj* (1) aufhebend, ausschließend, verjährend, (rechts-)verwirkend, peremptorisch, (2) *(irréfutable)* unbestreitbar, unwiderlegbar; **délai –** Ausschluß- *od.* Präklusivfrist; **exception –** peremptorische Einrede, Verwirkungseinwand *m*; **preuve –** unwiderlegbarer *od.* unumstößlicher Beweis.

pérenne *adj* lange Zeit dauernd; das ganze Jahr dauernd; **institution –** altehrwürdige Institution.

pérenniser *v.tr.* verewigen, bleibend machen.

pérennité *f* beständige Dauer.

péréquation *f* (1) *(WirtR: répartition équitable)* Ausgleich *m*, Ausgleichung; gleichmäßige Verteilung, Kompensation, (2) *(SozR, VwR: rajustement)* Lohnangleichung *f*, Rentenanpassung, (3) *(BuchF)* Saldenausgleich *m*, Forderungsaufrechnung; Verrechnung; **caisse de – Ausgleichsfonds** *m*; **créance de –** Ausgleichsforderung; **taxe de –** Ausgleichsabgabe.

péréquation des charges de famille Familienlastenausgleich; **– financière** Finanzausgleich; **– des frais** Kostenausgleich; **– des impôts** Steuerausgleich; **– des prix** Preisangleichung.

perfectible *adj* verbesserungsfähig.

perfection *f* Vollendung, Vollkommenheit, Vortrefflichkeit.

perfectionnement *m* (1) Vervollkommnung, Verbesserung, (2) Fort- *od.* Weiterbildung; **brevet de –** Verbesserungspatent; **cours de –, stage de –** Fortbildungslehrgang *m*; **derniers –s (de la technique)** neueste Errungenschaften (der Technik); **– professionnel** berufliche Fort- *od.* Weiterbildung.

perfectionner *v.tr.* verbessern; weiterentwickeln.

perfidie *f* Treulosigkeit, hinterlistige Handlung.

performance *f* Leistung *f*, Leistungsfähigkeit.

performant *adj* leistungsfähig, besonders wirtschaftlich; **entreprise –e** leistungs- *od.* wettbewerbsfähiges Unternehmen.

péricliter *v.intr.* verfallen, abnehmen, scheitern; gefährdet sein.

péril *m* Gefahr *f*; **mettre en –** gefährden; **à ses risques et –s** auf eigene Rechnung und Gefahr; **– en la demeure** Gefahr im Verzuge; **–s de la mer** Gefahren der Seeschiffahrt.

périmé *adj* ungültig, verfallen, abgelaufen; verjährt.

périmer *v. pron.* ungültig werden, verjähren, verfallen; **laisser – une instance** *(ZPR)* einen Gerichtstermin nicht wahrnehmen.

périmètre *m* Umfang *m*, Umkreis *n*; **– défensif** Verteidigungsgürtel *m*; **– de mise en défens** Schonung *f*; **– de prospection** Schürfgebiet *n*, Aufsuchungsfeld *od.* -gebiet *n*; **– de protection** *(StR)* Bannkreis *m*,

Schutzbezirk *m*; – **de remembrement** Umlegungsgebiet *od.* -bezirk; – **sensible** *(UmweltR)* durch Umweltbelastungen gefährdetes Landschaftsbild; – **urbain** Stadtbezirk.

période *f* (1) *(espace de temps)* Zeitraum *m*, (Zeit-)Abschnitt *m*, Periode *f*, (2) Stadium *n*, Phase *f*; – **d'abonnement** Bezugszeitraum *m*; – **d'adaptation** *(ArbR)* Einarbeitungszeit; – **d'amortissement** Abschreibungszeitraum; – **d'arrêt de l'exploitation** Ausfallzeit; – **assimilée** *(SozVers)* Ersatzzeit; – **d'assurance accomplie** zurückgelegte Versicherungszeit; – **de comparaison** Vergleichszeitraum; – **complémentaire** (1) *(SozVers)* Zurechnungszeit *f*, (2) *(HaushR)* Bereinigungsfrist *f*; – **de comptabilisation** Verbuchungszeitraum; – **comptable** Abrechnungszeitraum *m*; – **de congés** Urlaubszeit; – **considérée** Berichtszeitraum; – **constitutive** *(GesR)* Gründungszeitspanne *f*; – **creuse** Flaute *f*; – **constitutive** *(GesR)* Gründungszeitspanne; – **de crise** Krisenzeit; – **de décompte** Abrechnungszeitraum; – **de démarrage** Anlaufzeit; – **déterminée** festgesetzter *od.* bestimmter Zeitraum.

période électorale Wahlperiode; – **d'emploi** Beschäftigungszeit(en) *f(pl)*; – **d'essai** (1) *(ArbR)* Probezeit *f*, (2) Versuchsstadium *n*; – **de formation** Ausbildungszeit; – **imposable** *ou* **d'imposition** Veranlagungs- *od.* Besteuerungszeitraum, Veranlagungsperiode; – **légale de la conception** *(FamR)* (gesetzliche) Empfängniszeit; – **militaire** Wehrübungsdienstzeiten *fpl*; – **d'observation** *(KonkursR)* (sechsmonatiger) Betriebsbeobachtungs- und Sanierungszeitraum; – **d'ouverture de la chasse** Jagd- *od.* Abschußzeit; – **de prospérité** Hochkonjunktur *f*; – **de protection** Schutzperiode; – **de référence** Vergleichszeitraum; –

suspecte *(KonkursR)* Zeitraum zwischen der Zahlungseinstellung und der Eröffnung des Konkursverfahrens (die in diesem Zeitraum durch den Schuldner abgeschlossenen verdächtigen Rechtsgeschäfte können von den Konkursgläubiger angefochten werden können); – **de taxation** Besteuerungszeitraum; – **de transition** *ou* **transitoire** Übergangszeit; – **de validité** Geltungs- *od.* Gültigkeitsdauer.

périodicité *f* Periodizität *f*, Wiederkehr *f* in gewissen Zeitabständen; Periodik *f*.

périodique *adj* wiederkehrend, regelmäßig; **contrôle** – Überprüfung in gewissen Zeitabständen; laufende Kontrolle.

périodique *m* (Wochen-, Monats-)-Zeitschrift *f*.

périodiquement *adv* in festgelegten Zeitabständen, periodisch.

péripétie *f* *(incident, circonstance imprévue)* Umstand *m*, (unerwartete) Veränderung der Umstände; Wendepunkt *m*, Umschwung *m*.

périr *v.intr.* (1) *(Sache)* untergehen, (2) *(Recht)* verfallen, (3) *(Person)* umkommen, sterben.

périssable *adj* (1) vergänglich, (2) *(Ware)* leicht verderblich.

permanence *f* (1) Bereitschaftsdienst *m*, Bereitschaftslokal *n*, (2) Fortdauer *f*, Ständigkeit *f*; **en** – ohne Unterbrechung; ständig; – **électorale** Parteibüro *n* (während der Wahlzeit).

permanent *adj* (1) ständig, beständig, dauerhaft, anhaltend, bleibend, (2) durchgehend, von Dauer, ununterbrochen; **emploi** – unkündbare Stellung; **incapacité –e de travail** dauernde Arbeitsunfähigkeit; **tribunal** – ständiges Gericht.

permanent *m* *(d'un syndicat, d'un parti)* hauptamtlicher Mitarbeiter hauptberuflich Beschäftigte(r) (einer Gewerkschaft *od.* Partei), Gewerkschaftsfunktionär *m*.

permettre *v.tr.* erlauben, gestatten; dulden, zulassen.

permis *adj* erlaubt, genehmigt, gestattet; nicht gesetzlich verboten.
permis *m* (1) *(VwR: document attestant une autorisation)* (schriftlich erteilte) Genehmigung *od.* Erlaubnis *f*, Bewilligung, Berechtigungsschein *m*, (2) *(StVR: titre délivré pour conduire un véhicule automobile)* Fahrerlaubnis *f*, Führerschein *m*; **titulaire d'un –** Inhaber einer Fahrerlaubnis.
permis d'assigner *(ZPR)* verkürzte Ladungsfrist; **– de bâtir** *(BauR)* (erteilte) Baugenehmigung; **– de chasse** Jagdrecht *n*; Jagdausübungsberechtigung *f* (nach Ablegung einer Prüfung); **– de chasser** Jagdschein *m*; **– de circulation** (1) Fahrschein, (2) *(StVR)* Fahrerlaubnis; Zulassung *(eines Kraftfahrzeuges)*; **– de citer** *(ZPR)* Ermächtigung zur Prozeßführung (erteilt durch den Richter nach vergeblichem Sühneversuch); **– de colportage** *(HR)* Wandergewerbeschein; **– de communiquer** *(StVZ)* Kommunikationserlaubnis *f* (von Häftlingen) untereinander *od.* mit der Außenwelt.
permis de conduire *(StVR)* Fahrerlaubnis *f*, Führerschein *m* (für Kraftfahrer); **conduite sans – –** Fahren ohne Führerschein; **retrait du – –** Entziehung der Fahrerlaubnis, Führerscheinentzug *m*.
permis de construire Baugenehmigung; **– de démolition** *(BauR)* Abbruchserlaubnis *od.* -bewilligung; **– de détention d'explosifs** Erlaubnis zum Besitz von Sprengstoffen; **– d'entrée** Einreisebewilligung *od.* -erlaubnis; **– d'établissement** Niederlassungsbewilligung; **– d'exploitation** (1) Gewerbeschein, (2) Ausbeutungslizenz *f*; **– d'exportation** Ausfuhrbewilligung *od.* -genehmigung; **– d'importation** Einfuhrbewilligung *od.* -genehmigung.
permis d'inhumer Totenschein *m*; **– de navigation** Schiffszertifikat *n*; **– de passage** Passierschein; **– de pêche** Fischereirecht *od.* -erlaubnis; **– de port d'armes** Waffenschein; **– de prospection** *ou* **de recherche** Schürfrecht *n*, Schurfbewilligung; **– de résidence** Aufenthaltserlaubnis; **– de séjour** Aufenthaltserlaubnis; **– de sortie** Ausreiseerlaubnis; **– de stationnement** (ständige) Parkerlaubnis (auf öffentlichen Grund und Boden); **– de transit** Durchfuhrbewilligung; Durchreisegenehmigung; **– de travail** Arbeitserlaubnis.

permissible *adj*: **dose –** *(UmweltR)* zulässige Dosis *f*.
permissif *adj*: **société –ive** *(Pol)* permissive Gesellschaft.
permission *f* (1) *(VwR: autorisation)* Erlaubnis *f*, (2) *(VerfR: liberté, faculté)* gesetzlich garantierter Handlungsspielraum, Freiheit, (3) *(MilR: congé)* Urlaub *m*; **retrait de –** Entziehung einer Zulassung; **titre de –** Urlaubsschein; **– exceptionnelle** Sonderurlaub *m*; **– de justice** gerichtliche Erlaubnis; **– de la loi** *(StR: fait justificatif trouvant sa source dans la loi)* Befehl des Gesetzes als Rechtfertigungsgrund; **– permanente** Dauererlaubnis; **– de sortir** *(StVZ)* Ausgang (als Strafunterbrechung); **– de voirie** *(VwR)* Benutzungsbewilligung, Konzessionsverleihung.
permissionnaire *m* (1) *(VwR)* Erlaubnisscheininhaber *m*, (2) *(MilR)* Urlauber; **– d'exploitation** Inhaber einer Konzession *od.* behördlichen (Betriebs-)Erlaubnis.
permissivité *f* Permissivität *f*, freies Gewährenlassen.
permutation *f* (1) Umstellung, Vertauschung *f*, (2) *(BeamR)* (Dienst-)Stellentausch *m*, Versetzung *f*.
permuter *v.tr.* (1) umstellen, umsetzen; vertauschen, (2) *(BeamR)* mit einem anderen Beamten das Amt tauschen.
pernicieux *adj* verderblich; (gesundheits-)schädlich.
perpétration d'un crime *(StR)* Verübung *od.* Begehung eines Verbrechens; **– de l'infraction** Tatbegehung.

perpétrer *v.tr.* (eine Straftat) verüben, begehen.

perpétuel *adj* (1) dauernd, ständig, (2) *(StR)* lebenslänglich; **rente –le** Dauerrente; **–le demeure** *(SachR)* dauernde Verbindung einer beweglichen Sache mit einem Grundstück (wodurch diese unbeweglich wird).

perpétuer *v.tr.* (anhaltend) fortsetzen, (immer) fortdauern; in die Länge ziehen.

perpétuité *f* ununterbrochene Fortdauer; **à –** *(StR: Strafe)* lebenslänglich, auf Lebenszeit.

perplexité *f* Verlegenheit, Ratlosigkeit.

perquisition *f (StR: visite domiciliaire)* Durchsuchung *f* (einer Örtlichkeit, insbesondere einer Wohnung); genaue Nachforschung; **faire** *ou* **opérer une –** eine Durchsuchung vornehmen *od.* durchführen; **mandat de –** *(StR)* Durchsuchungsanordnung *f*; **– domiciliaire** Haus(durch)suchung, Durchsuchung der Wohnung *od.* von Räumlichkeiten.

perquisitionner *v.tr.* durchsuchen; eine (Wohnungs-)Durchsuchung durchführen.

perroquet *m (HR)* (drehbarer) Verkaufsständer *m*.

persécuté *m* (pour raisons politiques) (politisch) Verfolgte(r).

persécuter *v.tr.* verfolgen; bedrängen, unterdrücken.

persécution *f* Verfolgung *f*; **– raciale** rassistiche Verfolgung.

persévérance *f* Standhaftigkeit *f*, Ausharrungsvermögen *n*.

persévérer *v.intr.* beharren, dabeibleiben.

persifler *v.tr.* verspotten.

persister *v.intr.* (1) fortdauern, (2) *(déclaration)* (eine Aussage) aufrechterhalten, (3) *(opinion)* festhalten, beharren, verharren; **–te et signe** (Protokoll) (nach Bekräftigung) unterzeichnen.

persona grata *(lat. VR)* genehme Person; **– non grata** unerwünschte Person, persona non grata.

personnage *m* **haut placé** *(Pol)* wichtige Persönlichkeit.

personnalisation *f* (1) *(Pol, Werbung)* Personalisierung *f*, (2) *(ZR)* Rechtsfähigkeitsverleihung; (3) *(SteuerR, SozR)* Anpassung *f* (der Steuern) an die persönlichen Verhältnisse.

personnalisé *adj* (1) personen- *od.* persönlichkeitsgebunden, (2) *(Vereinigung)* rechtsfähig.

personnaliser *v.tr.* (1) *(ZR)* (einer Vereinigung) die Rechtspersönlichkeit verleihen, (2) *(StR)* (eine Strafe) individualisieren.

personnalité *f* (1) (ZR: *sujet de droit*) Rechtssubjekt *n* (als Träger von Rechten und Pflichten); (Rechts-) Persönlichkeit *f*, (2) *(ZR: personne physique)* natürliche Person, (3) *(Pol: au pluriel)* Prominente (aus Politik u. Wirtschaft); **avoir la –** rechtsfähig sein; **dossier de –** *(StR)* Gutachten über die Persönlichkeit des Straftäters; **droits de la –** Persönlichkeitsrechte *npl* (als immaterielle Güter); **enquête de –, examen de –** *(StR)* Untersuchung der Persönlichkeit des Straftäters; **grande –** *(ZR: association reconnue d'utilité publique)* Verein mit erweiterter Rechtsfähigkeit (verliehen durch den Staatsrat); **petite –** (Verein) mit beschränkter Rechtsfähigkeit.

personnalité civile *ou* **juridique** *(ZR: personne physique)* natürliche Person; Rechtssubjekt *n*; **– morale** juristische Person; Rechtsfähigkeit *f* einer juristischen Person; **– morale du droit des gens** Rechtspersönlichkeit im Völkerrecht; Völkerrechtssubjekt *n*; **– des peines** Grundsatz der Beschränkung des staatlichen Strafanspruchs auf den Täter; **– de la société** Rechtsfähigkeit der Gesellschaft.

personne *f (ZR, ÖfR: être qui jouit de la personnalité juridique)* (rechtsfähige) Person *f*, Persönlichkeit; Mensch *m*; **action attachée à la –** nichtvermögensrechtliche Klage; **association de –s** Personenvereinigung; **dommage aux –s** Personenschaden, Körperverletzung; **droit attaché à la –** Persönlichkeitsrecht; **en –** persönlich; **état d'une –** (1) *(i. w. S.)* Personenstand *m*, (2) *(i.e. S.)* (ausgeübter) Beruf; **société de –s** Personengesellschaft *f*.

personne active Erwerbstätige(r) *m*, erwerbstätige Person; **– administrative** juristische Person des öffentlichen Rechts; **– âgée dépendante** *(SozR)* pflegebedürftige Person *f*; **– assistée** *(SozR)* Unterstützungsempfänger *m*; **– à charge** *(FamR: personne dont la subsistance est assurée par une autre)* (durch den Unterhaltspflichtigen) unterhaltene Person, Unterhaltsberechtigte(r); **– civile** *(ZR: personne morale)* juristische Person (des bürgerlichen Rechts); **– dénommée** bestimmte Person; **– en état de dépendance** Pflegebedürftige(r); **– déplacée** Vertriebene(r) *m*, verschleppte Person; **– disparue** Verschollener *m*; **– extradée** Ausgelieferte(r) *m*; **– fictive** juristische Person; **– future** *(ErbR)* Leibesfrucht *f*, infans conceptus; **– incertaine** *ou* **indéterminée** unbestimmte *od*. nicht (genau) bestimmte Person; **– internationale** Völkerrechtssubjekt *n*, juristische Person des Völkerrechts; **– interposée** vorgeschobene Person, Strohmann *m*; **– investie du droit de garde** *(FamR)* Person, der die elterliche Sorge zusteht; Erziehungs- *od*. Sorgeberechtigte(r).

personne juridique *(ZR: sujet de droits, titulaire de droits et d'obligations)* Rechtssubjekt *n*; natürliche Person; juristische Person; **– lésée** Geschädigte(r); **– mise en examen** *(StPR: inculpation d'une personne nommément visée)* Beschuldigte(r); Person, gegen die ein Strafverfahren betrieben wird.

personne morale *(ZR, ÖfR: groupement de personnes ou de biens ayant la personnalité juridique)* juristische Person (des Privatrechts, des öffentlichen Rechts); Stiftung *f*; Körperschaft *f*; **– morale autonome** *(VwR)* Selbstverwaltungskörperschaft; **– morale de droit privé** juristische Person des Privatrechts; **– morale de droit public** juristische Person öffentlichen Rechts; **– morale territoriale** Gebietskörperschaft; **– nécessiteuse** *(SozR)* hilfs- *od*. unterstützungsbedürftige Person; **– outragée** *(StR)* Beleidigte(r).

personne physique *(ZR: personne humaine comme sujet de droits)* natürliche Person; Mensch *m*; Rechtssubjekt *n*; physische Person (Aut); **– placée sous curatelle** *(FamR)* Personalpflegschaft; Person, für die eine Pflegschaft angeordnet wurde; **– privée** (1) Privatrechtssubjekt *n*, Privatperson, (2) juristische Person des Privatrechts; **– protégée** *(FamR)* fürsorgebedürftige *od*. geschützte Person; **– publique** juristische Person des öffentlichen Rechts, öffentlich-rechtliche Körperschaft; **– reprochable** *(PrzR)* befangene *od*. ablehnbare Person; **–s seules** Alleinstehende *mpl*.

personnel *adj* persönlich; eigenhändig; privat, vertraulich; **action – le** (schuldrechtliche) Leistungsklage *f*; **droit –** Forderungs- *od*. Schuldrecht, Anspruch *m*; **statut –** *(IPR)* Personalstatut *n*; **strictement –** streng vertraulich.

personnel *m* (1) *(BW: main-d'œuvre)* Belegschaft *f*, Betriebsangehörige *mpl*, Personal *n*, (2) *(VwR)* Bedienstete(n) *mpl*; Beamtenschaft *f*; **administration du –** Personalverwaltung *f*; **assemblée du –** Belegschaftsversammlung; **chef du –** Personalleiter *m*; **compression du –, dégraissage du –** Personalfreisetzung, Personalabbau; *m*; **délégation du –** Belegschaftsvertretung; **délégué du –** Personalvertreter; **dépense de –** Personalaufwand *m*; **direction du –** *(ArbR)* Personalabteilung *f*; **effectif du –** Personalbestand *od*. -stärke; **louage de –** *(ArbR)* Arbeitnehmerüberlas-

personnel administratif

sung, (unechtes) Leiharbeitsverhältnis *n*; **réduction de** – Personalabbau *m*; **représentants du** – Personalvertreter *mpl* (in einem Betrieb); **représentation du** – Personalvertretung; **statut du** – Personalordnung, Personalstatut *n*, Recht der Beamten und Angestellten.

personnel administratif *(ÖfR)* Bedienstete, Behördenangehörige; – **auxiliaire** Hilfskräfte *fpl*, Aushilfskräfte; – **de bureau** Schreibkräfte; Büroangestellte; – **communal** *(BeamR)* Bedienstete *fpl* der Gebietskörperschaften; – **diplomatique** Angehörige des diplomatischen Dienstes; – **de direction** leitende Angestellte, leitendes Personal; – **domestique** Hausangestellte *mpl*, Hausgehilfen *mpl*; – **d'encadrement** Aufsichtspersonal; – **enseignant** Lehrkräfte *pl*; – **de l'État** Staatsbedienstete *mpl*; – **d'exécution** ausführendes Personal; – **fixe** Stammpersonal *n*; – **intérimaire** Zeit(arbeits)kräfte *fpl*; – **de louage** Leiharbeitskräfte.

personnel de maîtrise (technisches) Aufsichtspersonal; – **médical** Personal des Gesundheitswesens; – **médical auxiliaire** ärztliches Hilfspersonal; – **pénitentiaire** *(StVZ)* Strafvollzugspersonal, Angehörige des Strafvollzugsdienstes; – **permanent** festangestelltes Personal, Stammkräfte *fpl*; – **qualifié** Fachpersonal; – **saisonnier** Saisonarbeiter; – **sanitaire** Sanitäts- *od.* Gesundheitspersonal; – **de service** Dienstpersonal; – **spécialisé** Fachkräfte; – **statutaire** *(EuR)* Statutarbedienstete; – **subalterne** (1) untergeordnetes *od.* subalternes Personal, (2) *(BeamR)* Angehörige des einfachen Dienstes; – **à la suite** Gefolge *n*; – **supérieur** (1) leitendes Personal, (2) *(BeamR)* Angehörige des höheren Dienstes; – **technique** Fachkräfte *fpl*; – **temporaire** Aushilfskräfte.

perspective *f* Aussicht *f*, Ausblick *m*,

perte accidentelle

Möglichkeit *f*, Perspektive *f*; **–s d'avenir** Zukunftsaussichten; **–s de croissance**, **–s d'expansion** Wachstumsmöglichkeiten; **–s du marché** Marktaussichten *fpl*.

perspicacité *f* Scharfsichtigkeit *f*, Scharfsinn *m*.

persuader *v.tr.* überzeugen, überreden.

PERT *m* (= program evaluation and review technique) Netzplantechnik *f*, Projektterminplanung.

perte *f* (1) *(SchuldR: damnum emergens)* Verlust *m*, (Geld-)Schaden *m*, Einbuße *f*, Ausfall *m*, (2) *(SchuldR: Vernichtung oder Verschwinden)* Verlust der geschuldeten Sache, (3) *(HR, Buchf)* Defizit *n*, Fehlbetrag *m*, (kaufmännischer) Verlust, (4) *(privation d'un droit)* Rechtsverlust *m*; **accuser une** – ein Defizit aufweisen; **couverture des** **–s** Verlustdeckung; **déclaration de** – (1) Verlustanzeige, (2) *(WertpR)* Verlustanmeldung; **déduction des –s** Verlustabzug; **entreprise travaillant à** – Verlustbetrieb *m*; **état des –s** Verlustrechnung; **faire ressortir une** – einen Verlust aufweisen; **réserve pour –s** Verlustrücklage; **subir une** – einen Verlust erleiden; **vente à** – Verlustpreis- *od.* Untereinstandspreisverkauf.

perte accidentelle Zufallsverlust; – **de bénéfices** Gewinnausfall *m*; – **au bilan** Bilanzverlust; – **de capital** Kapitaleinbuße *od.* -verlust; – **sur cautionnement** Bürgschaftsverlust; – **au** *ou* **sur le change** Kursverlust; – **de la chose due** *(SchuldR)* Untergang der geschuldeten Sache; – **comptable** buchmäßiger Verlust; – **de connaissance** Bewußtlosigkeit; – **sur le cours** Kurseinbuße; – **d'un droit** Verwirkung eines Anspruchs, Rechtsverlust; – **de l'emploi** Arbeitsplatzverlust; – **d'exploitation** Betriebsverlust; – **financière** finanzieller Verlust; – **fonctionnelle complète** *(SozVers)* Gebrauchsunfähigkeit; – **du grade** *(MilR)* Rangverlust.

perte indirecte *(SchuldR)* Folgeschaden; – **d'inventaire** Inventarverlust; – **de jouissance** Nutzungsausfall; – **de mémoire** Gedächtnisstörung; Gedächtnislücke *f*; – **de la nationalité** Ausbürgerung; – **partielle** Teilverlust; – **pécuniaire** finanzieller Verlust; – **de poids** Schwund *m*; – **de la possession** Besitzverlust; – **de production** Produktionsausfall; **–s et profits** *(GesR)* Gewinn- u. Verlust(rechnung); – **de recettes** Einnahmeausfall, Mindereinnahmen *pl*; – **de rendement** Ertragsausfall; – **reportée** vorgetragener Verlust; – **de revenus** Einkommenseinbuße, Verdienstausfall.

perte de salaire *ou* **salariale** Lohnausfall, Verdienst- *od.* Lohneinbuße; **indemnité pour – –** Entschädigung für Verdienstausfall, Lohnausfallvergütung.

perte sèche vollständiger Verlust; – **subie** erlittener Verlust, Einbuße; **–s sociales** *(GesR)* (Bilanz-) Verlust; – **totale** Totalverlust; Totalschaden *m*, Vollverlust; – **de travail** Arbeitsausfall; – **de valeur** Wertverlust, Entwertung *f*.

pertinence *f* (1) *(ZPR)* Beweiskraft *f*, Schlüssigkeit, (2) Erheblichkeit.

pertinent *adj* (1) *(argument, preuve)* stichhaltig, beweiskräftig, schlüssig, triftig, (2) *(fait)* rechtserheblich, relevant, sachdienlich.

perturbateur *m* *(StR)* Störer *m*.

perturbation *f* Störung *f*; Störversuch *m*; – **de l'exploitation** Betriebsstörung.

perturber *v.tr.* stören, beeinträchtigen.

pervertir *v.tr.* verderben, verführen; verdrehen.

pesage *m* Gewichtsfeststellung; **bulletin de –** Wiegeschein.

pesanteur *f* Schwerkraft *f*; – **de la bureaucratie** Schwerfälligkeit, Anpassungsunfähigkeit der Verwaltung.

peser *v.tr./v.intr.* (1) wiegen, (2) *fig* bedenken, überlegen, abwägen, prüfen; – **le pour et le contre** das Für u. Wider erwägen.

pesticide *m* Pflanzenschutzmittel *n*.

pétard *m* **d'explosif** Sprengkörper.

petit *adj* klein, geringfügig, unbedeutend, unerheblich; – **actionnaire** Kleinaktionär *m*; **–e annonce** Kleinanzeige; – **commerce** (kleine) Einzelhandelsgeschäfte; Tante-Emma-Laden; – **fond** *(VR: Mer)* Untiefe *f*; – **juge** *(StPR: juge d'instruction)* frz. Untersuchungsrichter; – **multiple** *(HR)* Detailhandel mit großer Auswahl u. kleinem Kundenstamm; **–s enfants** Enkel, Abkömmlinge zweiten Grades.

petitesse *f* **d'un don** Geringfügigkeit einer Schenkung; – **d'un territoire** kleine Ausdehnung eines Gebiets.

petit-fils *m*/**petite fille** *f* Enkel *m*; Enkelin *f*.

pétition *f* (1) *(VerfR)* Petition *f*, Eingabe *f*, Bittschrift *f*, (2) *(ZPR: requête faite en justice)* Antrag *m*; **droit de –** (Beschwerde- und) Petitionsrecht *n*; **recueillir les signatures pour une –** Unterschriften für eine Petition sammeln; – **d'hérédité** Erbschaftsklage *f*, Klage des Erben (gegen den Erbschaftsbesitzer) auf Herausgabe der Erbschaft; – **de principe** Scheinbegründung *f*, petitio principii, Schein- *od.* Zirkelschluß.

pétitionnaire *m* Einreicher einer Petition, Bittsteller *m*.

pétitoire *adj* *(ZPR)* petitorisch, ein dingliches Recht betreffend; **action –** Klage aus einem dinglichen Recht.

pétrole *m*: **gisement de –** Erdölvorkommen *n*.

peuple *m* Volk *n*; **élu du –**, **représentant du –** Volksvertreter *m*; **souveraineté du –** Volkssouveränität *f*; **tribunal du –** Volksgericht *n*.

peuplement *m* Bestand *m*; Besiedelung *f*; **densité de –** Bevölkerungsdichte *f*.

phare *m* *(StVR)* Scheinwerfer *m*;

Leuchtfeuer *n*; **– de recul** Rückfahrscheinwerfer.

pharmaceutique *adj*: **produit –** Arzneimittel *n*, Medikament *n*.

pharmacien *m* Apotheker *m*; **ordre des –s** frz. Apothekerberufsverband *m*.

pharmacodépendance *f* Arzneimittelabhängigkeit *f*.

pharmacopée *f* amtliches Arzneibuch *n*, Pharmakopöe *f*.

phase *f* Abschnitt *m*, Zeitabschnitt, Phase *f*; **– de la commercialisation** Handelsstufe *f*; **– de développement** Entwicklungsstufe; **– initiale** Anfangsphase; **– finale** Endphase; **– de la procédure** Verfahrensabschnitt *m*; **– de travail** Arbeitstakt *m*; Arbeitsgang *m*.

phénomène *m* Erscheinung *f*, Vorgang *m*; **– économique** wirtschaftlicher *od*. ökonomischer Sachverhalt; **– inflationniste** Inflationstendenz *f*; **– parasite** Nebenerscheinung.

philosophie *f* Auffassung *f*, Konzeption *f*; Grundgedanke *m*; *fig* Gleichmut *f*, Gelassenheit; Lebensweisheit; Grundgedanke *m*; **– de base** Grundkonzept *n*; **– du droit** Rechtsphilosophie *f*.

phobie *f* (exzessive) inadäquate Angstreaktion *f*, Phobie *f*.

photocopie *f* Fotokopie *f*, Ablichtung; **– certifiée conforme** beglaubigte Fotokopie.

photocopillage *m* (*UrhR*) strafbares Ablichten fremder Werke.

photographe *m* **de presse** Bildberichterstatter *m*.

photographie *f* Lichtbild *n*, Aufnahme *f*; **– aérienne** Luftaufnahme *f*; **– cartographique** Meßbildaufnahme.

photographique *adj*: **œuvre –** Lichtbildwerk *n*.

phytosanitaire *adj*: **produit –** Pflanzenschutzmittel *n*.

pickpocket *m* (*StR* = *voleur à la tire*) Taschendieb *m*.

pictural: œuvre –le (*UrhR*) Gemälde *n*.

1. **pièce** *f* (1) (*fragment, morceau*) Teil *m*, Stück *n*, (2) (*document, acte, titre*) Schriftstück, Bescheinigung *f*, Aktenstück *n*, Urkunde *f*, Dokument *n*, Beleg *m*, Unterlage *f*, (3) (*pièce de monnaie*) Geldstück *n*, Geldmünze *f*, Münze *f*; (4) (Wohn-)Raum *m*, Zimmer *n*; **salaire à la –** Stücklohn *m*, Akkordlohn; **– à l'appui** Beleg, Beweisstück, Beweismaterial; **– d'argent** Silbermünze *f*; **– arguée de faux** Urkunde, deren Echtheit angezweifelt wird; als falsch beanstandetes Schriftstück; **– de caisse** Kassenbeleg *m*; **– de comptabilité** *ou* **comptable** Rechnungsbeleg *m*, Buchhaltungs- *od*. Buchungsbeleg; **– à conviction** (*StR*) Beweisstück *n*, Überführungsstück; **– défectueuse** mangelhaftes *od*. fehlerhaftes Teil; **– de dépense** Ausgabebeleg; **– divisionnaire** Scheidemünze; **– droite de poids** vollwichtige Münze; **– d'état-civil** standesamtliche Urkunde, Personenstandsurkunde; **–fausse** gefälschte *od*. verfälschte Urkunde.

pièce d'identité (1) (Personal-) Ausweis *m*, Ausweispapier *n*, Identifikationskarte, Kennkarte; **défaut de – –** Nichtvorlage eines (gültigen) Personalausweises; **– provisoire** vorläufiger Ausweis; **– – avec photographie** Lichtbildausweis.

pièce d'instruction (*PrzR*) Beweismaterial *n*, Untersuchungsunterlage *f*; **– d'inventaire** Inventarstück *n*; **– jointe** (= **P. J.**) Anlage *f*, Beilage (zu einem Schreiben); **– justificative** Beleg *m* (einer Abrechnung beigefügt), Nachweis *m*; Beweisurkunde *f*, Beweisstück *n*; **– de légitimation** (*WertpR*) Legitimationspapier; **– manquée** fehlerhaftes Werkstück, Ausschuß *m*.

pièce de monnaie Münze *f*, Geldstück *n*, (Münz-)Sorte *f*; **fausse – –** falsches Geldstück; **– – divisionnaire** Scheidemünze.

pièce normalisée Normteil *n*; **– officielle** öffentliche Urkunde; **– d'or** Goldmünze; **– originale**

Originalbeleg; – **probante** *ou* **probatoire** Beweisstück; – **de procédure** Schriftsatz *m*, Prozeßakten *fpl*; – **de recette** Einnahmebeleg; – **de rechange** Ersatzteil *n*; – **de terrain** *(SachR)* (unbebautes) Grundstück; – **usinée** bearbeitetes Teil.

2. **pièces** *fpl* Unterlagen *fpl*, Akte *f*; **production de –** Aktenvorlegung *od*. -vorlage; Urkundenvorlage; **salaire aux –** Stück- *od*. Akkordlohn; **statuer sur –** *(PrzR)* nach Lage der Akten entscheiden, nach der Aktenlage entscheiden.

pied *m fig* Grundlage *f*, Basis *f*; **à – d'œuvre** an Ort und Stelle; **au – de la lettre** buchstäblich, wörtlich; **au – levé** ohne Vorbereitung, ad hoc; **mettre à –** *(ArbR, BeamR)* vom Dienst strafweise ausschließen; **sur – de guerre** einsatzbereit; – **de la prime** *(BörR)* Stichkurs *m*.

piège *m* Falle *f*, Schlinge *f*; **tendre un –** eine Falle stellen.

piégé *adj*: **colis –**, **lettre –** Briefbombe *f*; **voiture –e** Autobombe.

piégage *m* Einbau *m* einer versteckten Sprengladung.

pierre *f fig* Grundstück *n*, Grundstücksmarkt *m*; **investir dans la –** sein Geld in Immobilien anlegen; – **précieuse** Edelstein *m*.

piétinement *m* Stillstand *m*, Stagnation *f*.

piéton *m* Fußgänger *m*; **rue –ne**, – **piétonnière** Fußgängerzone *f*.

pige *f* (1) *(Zeitung)* Zeilenhonorar *n*, (2) *(VwR)* Zeitschriftenwerbungskontrolle; **travailler à la –** freier Mitarbeiter (einer Zeitung) sein.

pigiste *m* *(Zeitung)* (nach Zeilen bezahlter) freier Mitarbeiter *od*. Journalist; Nachrichtenhändler *m*.

pignon *m*: **avoir – sur rue** ein (bekanntes) Geschäft besitzen; kreditwürdig sein.

pignoratif *adj* *(SchuldR: qui a trait au contrat de gage)* Pfand-, auf den Pfandvertrag bezüglich; **contrat –** Pfandvertrag *m*; **endossement –** Pfandindossament *n*.

pile *f* (1) Atomreaktor *m*, (2) Brückenpfeiler *m*; – **à combustible** Brennstoffelement *n*.

pillage *m* (1) *(StR)* gewaltsame Aneignung, Plünderung *f*, (2) *(UrhR)* Plagiat *n*, literarischer Diebstahl.

pillard *m* Plünderer *m*; Marodeur *m*.

pilotage *m* (1) *(maritime ou fluvial)* Lotsendienst *m*, (2) *(aviation)* Steuerung, Flugzeugführung; **droit de –**, **taxe de –** Lotsengeld *n*, Lotsengebühr *f*; – **obligatoire** Lotsenzwang *m*; – **sans visibilité** Instrumentenflug *m*.

pilote *m* (1) *(SeeHR)* Lotse *m*, (2) Pilot *m*, Flugzeugführer; **entreprise –** Musterbetrieb *m*; **installation –** Versuchsanlage; **prix –** Richtpreis *m*; **projet –** Modellvorhaben *n*.

piloter *v.tr.* (1) *(SeeHR)* lotsen, (2) ein Flugzeug führen, (3) *(StVR)* steuern, lenken.

pilule *f* Antibabypille *f*; **chute de la natalité due à la –** Pillenknick *m*; – **abortive** (= *RU 486*) Abtreibungspille.

piquet de grève *(ArbR)* Streikposten *m*; – **d'incendie** Brandwache *f*.

piratage *m* **informatique**, – **de logiciels protégés** *(UrhR: vol d'informations)* Softwarediebstahl *m*; Computerdiebstahl *m*; Herstellung *f* von Raubkopien.

pirate *m* Seeräuber *m*, Freibeuter *m*, Pirat *m*; Raubkopierer *m*; **émetteur –** geheimer u. unerlaubter Rundfunksender; – **de l'air** Flugzeugentführer *m*.

pirater *v.tr.* *(UrhR)* ein Urheberrecht verletzen; einen Raubdruck herstellen; widerrechtlich kopieren.

piraterie *f* Seeraub *m*, Seeräuberei *f*; – **aérienne** Flugzeugentführung *f*.

piste *f* Fährte *f*, Spur *f*; – **cyclable** Fahrradweg *m*.

piston *m fig* Protektion *f*, Unterstützung, Förderung; Begünstigung (in beruflicher Hinsicht).

pistonner *v.tr.* fördern, protegieren, (beruflich) begünstigen.

pitié *f* Mitleid *n*, Erbarmen *n*; Geringschätzung *f*.

placard *m* Aushang *m*, Anschlag *m*;

mettre qqn. au – jmdn. kaltstellen; **– publicitaire** (große) Werbeanzeige in einer Zeitschrift.

place *f* (1) *(endroit)* Platz *m*, Ort *m*, Raum *m*, (2) *(position, rang)* Stellung *f*, Rang *m*, (3) *(emploi, poste)* Arbeitsplatz *m*, Stelle *f*, Beschäftigung *f*, (4) *(HR)* Börse *f*, Börsen- *od*. Handelsplatz *m*; Kaufleute *f* (eines Ortes); **arbitrage de –** Platzarbitrage *f*; **chèque de – à –** Distanzscheck *m*; **chèque sur –** Platzscheck; **droit de –** (Markt-) Standgeld; **effet sur –** Platzwechsel *m*, eigentlicher Diskontwechsel; **sur –** an Ort und Stelle.

place bancaire Bankplatz; **– Beauvau** (1) Sitz des Innenministeriums, (2) (oft in der Presse benutzter Ausdruck für) das frz. Innenministerium; **– commerciale** *ou* **marchande** Handelsplatz; **– disponible** verfügbarer Platz; **– forte** *ou* **– de guerre** Festung *f*; **– de transbordement** Umschlagplatz; **– Vendôme** (1) Sitz des Justizministeriums, (2) das frz. Justizministerium.

placement *m* (1) *(BankR)* Investition *f*, (Geld-)Anlage *f*, (2) *(ArbR)* Stellenvermittlung *f*, Arbeitsvermittlung, (3) *(HR: marchandises)* Vertrieb *m*, Absatz *m*; **bureau de –** (privates) Stellenvermittlungsbüro *n*; **mauvais –** Fehlinvestition; **office de –** Arbeitsvermittlungsbüro; **organisme de placement** Sammelfonds *m*, Investmentgesellschaft *f*; **syndicat de –** *(BankR, GesR)* Konsortium zur Unterbringung von Wertpapieren, Übernahmesyndikat *n*; **titre de –, valeur de –** Anlagepapier *n*.

placement d'argent Geldanlage; **– de capitaux** Kapitalanlage; **– d'un emprunt** Unterbringung einer Anleihe; **– à l'étranger** Auslandsanlage; **– financier** Finanzinvestition, Kapitalanlage; **– de fonds** Geldanlage; **– à long terme** langfristige Finanzanlage; **– de la main d'œuvre** Arbeitskräftevermittlung; **– d'office** *(VwR)* Unterbringung (in einer Anstalt) von Amts wegen; **– de père de famille** *(ZR)* mündelsichere Geldanlage; **– en rentes** Anlage in Rentenpapieren *od*. Rentenwerten; **– dans un service psychiatrique** Anstaltsunterbringung; **– stable, – sûr** krisenfeste *od*. wertbeständige Anlage.

placer *v.tr.* (1) *(Geld, Kapital, Ersparnisse)* anlegen, (2) *(Waren)* (für einen Dritten) veräußern, unterbringen; **– aux arrêts** unter Arrest stellen, verhaften; **– un emprunt** eine Anleihe unterbringen; **– sous mandat d'arrêt** einen Haftbefehl erlassen; **– en position hors cadre** *(BeamR)* (zu einer Dienststelle) abstellen; **– sous séquestre** *(ZPR)* unter Zwangsverwaltung *od*. unter Sequester stellen; **– sous surveillance** *(StR)* unter Aufsicht stellen.

placet *m* (1) *(ZPR: acte par lequel une juridiction est saisie ou de réquisition d'audience)* Einreichung der Klageschrift (bei der Geschäftsstelle), Antrag *m* auf Anberaumung eines Termins, Antrag *m* auf Anberaumung einer mündlichen Verhandlung; (bei Gericht eingereichte) Klageschrift *f* (mit der Aufforderung einen Termin anzuberaumen), (2) *(ZPR: copie sur papier libre)* zweite Ausfertigung des Schriftsatzes (auf Papier ohne Steuermarke), (3) *(hist)* Bittschrift *f*

placier *m* *(HR: VRP)* Handlungsreisende(r) *m* (mit einem eng umgrenzten Tätigkeitsbereich), Platzvertreter *m*.

plafond *m* (1) Höchstbetrag *m*, Obergrenze *f*, Höchstgrenze, Plafond *m*, Limit *n*, Maximalbetrag *m*, (2) *(SozVers)* Beitragsbemessungsgrenze *f*; **crever le –** die Höchstgrenze überschreiten; **prix –** Höchstpreis *m*; **relever le –** die Höchstgrenze hinaufsetzen; **– d'affiliation** *ou* **d'assujetissement** *ou* **de cotisation** *(SozVers)* Pflichtversicherungsgrenze; Einkommensgrenze für die Pflichtmitgliedschaft; **– de crédit** Kreditgrenze *od*. -plafond, Kreditkapazität, maximales Finanzierungsvolumen; – **de l'endettement** Verschuldensgrenze; – **d'escompte** *(BankR)* Höchstgrenze für die Rediskontierung, Diskontplafond; – **de garantie** Höchstdeckung, Versicherungsgrenze; – **d'indemnité** Höchstentschädigung; Leistungsbegrenzung; – **légal de densité** (= P.L.D.) *(BauR, SteuerR)* Steuermeßzahl *f* (die sich an die Bebauungsdichte orientiert); – **de responsabilité** Haftungshöchstbetrag; – **de ressources** Einkommenshöchstgrenze (für die Gewährung von Sozialhilfe z. B.).

plafonné *adj* (1) nach oben begrenzt, (2) *(SozVers: Lohn)* beitrags- od. versicherungspflichtig.

plafonner *v.tr.* (nach oben) begrenzen, eine Höchstgrenze festsetzen.

plage *f (laps de temps, durée limitée)* Zeitspanne *f*; Bereich *m*; Kernarbeitszeit *f.*

plagiaire *m (UrhR)* Nachahmer, Plagiator *m.*

plagiat *m (UrhR)* Plagiat *n*, Diebstahl geistigen Eigentums, Nachahmung; **accusation de** – Plagiatvorwurf *m.*

plagier *v.tr.* **(une œuvre)** ein Plagiat begehen.

plaid *m (hist)* Gerichtsversammlung od. -sitzung; Streit *m.*

plaidable *adj* verfechtbar; **affaire** – Sache, welche vor Gericht verteidigt werden kann; **jour** – Gerichtstag.

plaidant *adj*: **avocat** – bei Gericht tätiger Anwalt; **parties –tes** Prozeßparteien, Anwälte (dieser Parteien).

plaider *v.intr./v.tr.* (1) *(ZPR: soutenir ou contester en justice)* klagen, prozessieren, einen Prozeß führen, (2) *(PrzR: défendre une cause en justice)* verteidigen, vertreten, (als Anwalt) vor Gericht auftreten; (in der mündlichen Verhandlung) darlegen, beantragen, (3) *(StPR)* ein Plädoyer halten, plädieren; – **la cause de qqn.** jmdn. verteidigen; – **une cause** einen Prozeß führen;
– **les circonstances atténuantes** strafmildernde Umstände geltend machen; – **coupable** *(StPR)* sich für schuldig erklären, sich schuldig bekennen; – **non coupable** seine Unschuld beteuern; – **la légitime défense** Notwehr geltend machen, sich auf Notwehr berufen; – **une mauvaise cause** eine schlechte Sache vertreten; – **sa propre cause** sich selbst verteidigen; – **pour** *ou* **en faveur de qqn.** für jmdn. sprechen.

plaideur *m* Partei *f* (im Zivilprozeß); prozeßführende Partei; Kläger; Beklagter; – **avisé et loyal** vorsichtige und pflichtbewußte Prozeßpartei.

plaidoirie *f (PrzR: action de plaider, exposition orale des faits et prétentions par un avocat)* mündliche Darlegung der tatsächlichen Behauptungen und rechtlichen Ansprüche der Prozeßparteien; Sachvortrag (des Anwalts) in der mündlichen Verhandlung, Plädoyer *n* (bei Gericht); Schlußanträge (des Staatsanwalts od. Verteidigers); **droit de** – Verhandlungsgebühr *f.*

plaidoyer *m* (1) *(StPR: discours de défense d'un accusé prononcé par un avocat)* Verteidigungsrede *f*, (2) *(AllgSpr)* Plädoyer *n*, entschiedenes Eintreten für eine Sache; – **pro domo** Verteidigung in eigener Sache.

plaignant *adj/m* (1) *(StPR)* Person, die eine Strafanzeige erstattet, (2) *(ZPR)* Kläger *m*; **partie –e** Kläger(in); – **en second** Nebenkläger.

plaindre *v.tr./v. pron.* beklagen, bedauern, **se** – **en justice** eine Klage bei Gericht einreichen.

plainte *f* (1) *(StPR: acte par lequel la victime d'une infraction porte celle-ci à la connaissance du Procureur de la République)* Strafanzeige *f* (des Verletzten), (2) *(VwR)* Beschwerde *f*; **auteur d'une** – Beschwerdeführer; **déposer une** – eine Strafanzeige erstatten; **dépôt d'une** – Erstattung einer Strafanzeige; **former des –s contre qqn.** über jmdn.

565

Beschwerde führen; **porter** – Strafanzeige erstatten, anzeigen; – **contre inconnu** *ou* **contre X** Anzeige gegen Unbekannt, Anzeige gegen unbekannte Täter; – **avec constitution de partie civile** *(StPR)* Strafanzeige und gleichzeitige Geltendmachung von Schadensersatzansprüchen (vor dem Strafgericht).

plaire *v.tr.* gefallen; **plaise à la Cour** *(PrzR: rédaction des conclusions)* das Gericht möge entscheiden, dem Antrag stattgeben.

plaisance *f:* **navigation de** – Wassersport *m.*

plaisancier *m* Wassersportler *m.*

plaisanterie *f* Scherz *m;* **mauvaise** – übler Scherz, schlechter Witz.

plaisir *m* Vergnügen *n;* Belustigung *f;* Lust *f.*

plan *m* (1) *(surface plane)* Ebene *f,* Gebiet *n;* Stufe *f,* Niveau *n,* (2) *(programme, projet)* Plan *m,* Vorhaben *n;* Projekt *n;* Programm *n;* Konzept *n,* Entwurf *m,* (3) *(représentation graphique)* (Kataster-)Plan *m,* Darstellung; **sur le** – **économique** wirtschaftlich gesehen; **sur le** – **international** im Weltmaßstab; **sur le** – **social** im sozialen Bereich, gesellschaftspolitisch gesehen.

plan d'action *(BW)* Aktionsplan zur Wiederherstellung *od.* Verbesserung der eigenen Marktposition, strategische Planung; – **d'activité** Geschäftsplan; – **d'alignement** *(BauR)* Fluchtlinienplan; – **d'aménagement** Raumordnungsplan, Flächennutzungsplan; – **d'aménagement urbain** *(BauR)* Bauleitplan, Bebauungsplan; – **d'apurement collectif du passif** *(KonkursR: suspension provisoire des poursuites)* Schuldenbegleichungsplan, Vergleichsvorschlag *m;* – **d'assainissement** Sanierungsplan; – **de la base** Grundfläche *f;* – **budgétaire** Haushaltsplan, Haushaltssatzung *f.*

plan cadastral Katasterplan; – **de campagne publicitaire** Werbeplanung, Marketingstrategie; – **de cession de l'entreprise** *(KonkursR)* (Unternehmens-)Veräußerungsplan; – **comptable** Kontenplan; – **comptable général** *(Buchf)* Industriekontenrahmen *m;* – **de continuation de l'entreprise** *(KonkursR)* (Unternehmens-)Weiterführungsplan.

plan de développement Entwicklungsplan; – **économique** Wirtschaftsplan; – **emploi** Arbeitsbeschaffungsmaßnahmen *fpl;* – **d'emploi** Stellenplan; Einsatzplan; – **d'ensemble** Rahmenplan, Gesamtplan; – **d'épargne-retraite** private Altersvorsorge; – **d'études** Unterrichtsplan; Ausbildungsprogramm; Gliederung; – **d'expansion** Erweiterungsplan; – **d'exploitation** Wirtschaftsplan; – **de financement** Finanzierungsplan; – **financier** Finanzierungsstrategie, Finanzplan.

plan impératif *(VwirtR)* imperativer Wirtschaftsplan (der Zentralverwaltungswirtschaft); – **indicatif** *(VwirtR)* unverbindlicher Wachstumsplan (als Prognose im Rahmen der Marktwirtschaft); – **d'industrialisation** Industrialisierungsprogramm; – **d'investissements** Investitionsplan; – **de marchéage** Marketing Mix; – **de marketing** Marketingplanung, Verkaufsförderungsstrategie; – **de modernisation** Modernisierungsplan; – **de morcellement** Parzellierungsplan; – **d'occupation des sols** *(VwR, BauR)* Flächennutzungsplan.

plan ORSEC *(ÖfR: plan d'organisation des secours)* Katastrophenschutzmaßnahmen; – **parcellaire** Flurbuch *n;* – **quadriennal** Vierjahresplan; – **quinquennal** Fünfjahresplan; – **de ravitaillement** Versorgungsplan.

plan de redressement (de l'entreprise) *(KonkursR: terme englobant le plan de continuation de l'entreprise et le plan de cession de celle-ci)* (Unternehmens-)Sanierungsplan; (Unternehmens-)Veräußerungsplan; – **de redressement économique** Wirtschaftsförderungsmaßnahmen; – **de rigueur** Sparpaket *n*; – **de sécurité routière** Verkehrssicherungsmaßnahmen *fpl*; – **de situation** Lageplan; – **social** *(ArbR)* Sozialmaßnahmen(katalog) bei Massenkündigungen; – **des supports** Werbeträgerplanung; – **de travail** Arbeitsfolgenplan; Arbeitsprogramm; – **d'urbanisme** Flächennutzungsplan; – **d'urgence** Sofortmaßnahmenplan; – **de vente** Verkaufs- *od.* Vermarktungsplan.

planche *f* Brett *n*; Platte *f*; **délai de –, jours de –** *(SeeHR)* Liegezeit *f*; – **à billets** *(pej)* Notenpresse *f*.

plancher *m* Untergrenze *f*, Mindestbetrag *m*; **cours** – unterer Interventionskurs; **prix** – Mindestpreis *m*; **salaire** – Mindestlohn *m*.

planificateur *m* (1) *(Bw)* Planungsfachmann, (2) *(Vwirt)* Wirtschaftsplaner *m*.

planification *f* (1) Planung, *f* (2) *(WirtR)* frz. (marktwirtschaftliche) Wirtschaftsplanung; – **économique** Wirtschaftsplanung *f*; – **d'essais** Versuchsplanung; – **indicative** Wirtschaftsprogrammierung (mit unverbindlichen Richtlinien); – **programmation, préparation du budget** (= PPPB) *(BW)* Planning-Programming-Budgeting-System (= PPBS); – **du travail** (produktbezogene) Fertigungsplanung, Arbeitsplanung.

planifier *v.tr.* planen, im voraus festlegen, die Weichen stellen.

planisme *m* Planungspolitik *f*.

planning *m* *(BW: organisation, programme détaillé)* (betriebswirtschaftliche) Planung, Vorbereitung *f*; Terminfestsetzung; – **familial** Geburtenkontrolle *f*, Familienplanung; – **industriel** Unternehmensplanung; – **des travaux** Arbeitseinteilung.

plano: de – (1) *(PrzR: d'emblée, sans préliminaire de conciliation)* sofort, ohne weiteres; ohne vorgeschalteten Sühneversuch, (2) *(syn.: de plein droit, sans formalité)* von Rechts wegen; formlos, (3) *(EuR: par effet direct)* unmittelbar, ohne vorherige Anerkennung.

planton *m* (1) *(Behörde)* Bote *m*, (2) *(MilR)* Melder *m*, Posten *m* (ohne Gewehr).

plaque *f* Plakette *f*, Abzeichen *n*; Tafel *f*; Platte *f*; Schildchen *n*; Firmenschild *n*; Straßenschild; – **d'identité** Erkennungsmarke; – **d'immatriculation** *ou* **minéralogique** *(StVR)* Kraftfahrzeugkennzeichen *n*, Nummernschild; – **de moteur** Motorschild *n*; – **de nationalité** Nationalitätszeichen *n*; – **de police** Polizeimarke *f*; **–s de verglas** Straßenglätte *f*.

plaquette *f* **publicitaire** Werbebroschüre *f*.

plastic *m* (formbare) Sprengmasse *f*, Sprengstoff *m*.

plasticage *m* *(StR)* Sprengstoffattentat *n*.

plateau continental *(VR)* Kontinentalplatte *f*, Festlandsockel *m*.

plate-forme *f* Basis *f*, Grundlage *f*; Grundsatzprogramm; – **électorale** Wahlprogramm *n*; – **de forage en mer** Bohrinsel *f*.

plébiscite *m* (1) *(VerfR: référendum)* Volksentscheid *m*; Volksbefragung, (2) *(VR: consultation en vue de l'autodétermination)* Plebiszit *n*, Volksbeschluß *m*.

plébisciter *v.tr.* (1) *(voter)* mit großer *od.* überwältigender Mehrheit wählen *od.* annehmen, (2) etwas durch Volksabstimmung annehmen.

plein *adj* völlig, vollständig, ganz; **–e capacité** (volle) Geschäftsfähigkeit; **de (plein) – droit** automatisch, ohne weiteres, von Rechts wegen; ohne besondere Förmlichkeit; – **emploi** Vollbeschäftigung; **de son – gré** aus freien Stücken; **en – jour** am hellichten Tage; **–e juridiction** volle Befugnis Recht zu sprechen; **–s pouvoirs** (1) *(ZR)* Vollmacht *f*; freie Hand (zum Abschluß eines Rechtsgeschäfts), (2) *(VerfR: loi d'habilitation)* Bevollmächtigung der Regierung (zum Erlaß von Gesetzen); **–e propriété** unbelastetes Eigentum, volles Eigentum (ohne dingliche Belastung); **–e saison** Hochsaison.

plein *m* (1) *(SeeHR: chargement complet)* volle Ladung, (2) *(VersR: somme maxima sur un seul risque)* Limit *n*, Maximum *m*; **– d'acceptation** Übernahmegrenze; **– de conservation** *(VersR: syn.: plein de rétention)* Eigenbehalt *m*, Selbstbehalt *m*, Maximum; **– de la demande** *(PrzR)* völliges Obsiegen (im Prozeß); **– maximum** Höchstversicherungswert *m*.

plénier *adj:* **adoption –nière** Volladoption; **assemblée –nière** Voll- *od.* Plenarversammlung.

plénipotentiaire *m (VR: titulaire de pleins pouvoirs)* bevollmächtigter Vertreter (eines Staates).

plénitude *f* Fülle *f*, Gesamtheit; **– de compétence** Allzuständigkeit, umfassende Zuständigkeit; **– de juridiction** volle Gerichtsbarkeit, unumschränkte Rechtsprechungsgewalt; **– du pouvoir** Machtvollkommenheit.

plénum *m* Vollversammlung *f*, Plenum *n*.

pléthore *f (HR: offre pléthorique)* Überangebot *n*; **– de capitaux** Kapitalüberfluß *m*; **– monétaire** Geldüberhang *m*.

pli *m* Schreiben *n*, Brief *m*; **– cacheté** versiegelter Brief; (geheimer) versiegelter Auftrag; **– chargé** Wertbrief; **– officiel** Dienstsache *f*; **– recommandé** eingeschriebener Brief; **sous – séparé** mit getrennter Post.

plomb *m* Blei *n*; Lot *n*; **– de douane** Zollverschluß.

plombage *m* Plombierung *f*, Bleiversiegelung *f*.

plonger dans le rouge in die roten Zahlen geraten; (Kurse) stark fallen *od.* nachgeben.

ploutocratie *f* Plutokratie *f*, Geldherrschaft *f*.

pluie *f* **acide** saurer Regen; **– verglaçante** Eisregen *m*.

plumitif *m* (1) *(PrzR: registre d'audience d'un tribunal)* (Gerichts-)Sitzungsregister *n*, Register der Gerichtstermine, (2) *(PrzR: commis aux écritures)* (Gerichts-)Schreiber *m*, Protokollführer *m*, (3) *(pej: gratte-papier)* Bürokrat *m*; **– d'audience** Sitzungsprotokoll *n*.

plural *adj:* **action à vote –** Mehrstimmrechtsaktie.

pluralisme *m (Pol)* Pluralismus *m*, liberal-individualistische Gesellschaftsform.

pluralité *f* Mehrheit *f*; Vielzahl *f*; **à la – des voix** mit Stimmenmehrheit; **– d'infractions** *(StR)* Zusammentreffen mehrerer strafbarer Handlungen; **– des partis** *(Pol)* Mehrparteiensystem *n*.

pluriactivité *f (ArbR)* Ausübung mehrerer Berufe.

pluriannuel *adj:* **contrat –** Mehrjahresvertrag *m*.

pluricarte *adj (HR: multicarte)* mehrere Firmen vertretend(er Handlungsreisender).

pluridisciplinaire *adj* fachübergreifend, interdisziplinär; **recherches –s** interdisziplinäre Forschungen.

plurilatéral *adj (syn.: multilatéral)* mehrseitig.

pluripropriété *f (SachR: jouissance à temps partagé)* Time-sharing *n*, Teilzeitnutzungsrecht *n*.

plus-offrant *m* Meistbietende(r) *m*.

plus-value *f* Mehrwert *m*, Wertzuwachs *m*, Wertsteigerung; Mehreinnahmen *fpl*; Überschuß *m*, Ertrag *m*; **création de –** Wertschöpfung *f*; **impôt sur les –s** Wertzuwachssteuer *f*; **– boursières** Börsengewinne *mpl*; **– latente** latenter, nicht abgeschöpfter Wertzuwachs.

pogrome *m (Pol.: émeute, soulèvement violent organisé contre la communauté juive)* gewalttätige Ausschreitung, Pogrom *m*.

poids *m* Gewicht *n*; *fig* Schwere *f*, Last *f*; Bedeutung *f*; **bureau international des – et mesures** Internationales Büro für Maß und Gewicht; **de –** wichtig, schwerwiegend; **– brut** Brutto- *od.* Rohgewicht; **– en charge** Gesamtgewicht, Ladegewicht, Belastung; **– lourd** Lastkraftwagen *m* (= LKW);

– **marchand** handelsübliches Gewicht; – **net** Nettogewicht, Reingewicht; – **sur pied** *(bétail)* Lebendgewicht; – **total autorisé en charge** zulässiges Gesamtgewicht; – **unitaire** Einzelgewicht; – **utile** Nutzlast *f*; – **à vide** Leer- *od.* Eigengewicht.

poinçon *m* Prägestempel *m*, Punze *f*; – **de contrôle** Prüfzeichen; – **de garantie** Garantiestempel, Gewährzeichen; – **de vérification** Eichstempel *od.* -zeichen.

poinçonner *v.tr.* (1) eichen, punzen, (2) lochen, entwerten.

poing *m* Faust *f*; **opération coup de –** Polizeiaktion (mit bestimmter, vorher geheimgehaltener Aufgabe).

point *m* Punkt *m*; Prozentpunkt; Zeitpunkt *m*; Ort *m*, Stelle *f*; Lage *f*, Position; – **d'accord** Gemeinsamkeit *f*; – **actuel** heutiger Stand (der Dinge); – **d'attache** Standort *m*; – **capital** Hauptpunkt; – **chaud** Krisenherd; – **de commande** *(Lagerhaltung)* Bestellpunkt *m*; – **de convergence** Gemeinsamkeit; – **critique** kritischer Punkt; Gefahrenpunkt; – **de départ** Ausgangspunkt, Ursache, Ansatzpunkt; – **de départ du délai** Fristbeginn *m*; – **de départ de la retraite** Beginn der Ruhegehaltszahlung; – **de désaccord**, – **de divergence** Streitpunkt *m*; – **de droit** *(PrzR)* Rechtsfrage *f*; rechtlicher Standpunkt; – **à éclaircir** zu klärende Frage; – **faible** Schwachstelle; Ansatzpunkt; – **de fait** Tatfrage; Sachfrage; Darlegung zum Tatbestand; – **final** Schlußpunkt; – **de friction** Streitpunkt *m*; – **frontière** Grenzübergangsstelle *f*; – **d'intervention** *(BörR)* Interventionspunkt *m*.

point litigieux Streitpunkt, strittige Frage; – **maximum** Höhepunkt; – **névralgique** wunder Punkt; – **de non retour** Wendepunkt; – **-or** Goldpunkt; – **de passage de la frontière** Grenzübergangsstelle; – **de pénalisation** Straf- *od.* Minuspunkt; – **principal** Hauptpunkt; – **de rattachement** *(IPR)* Anknüpfungspunkt *m*; – **de rencontre** Berührungspunkt; – **de repère** Bezugspunkt; – **de retraite** *(SozR)* Recheneinheit für die Regelaltersrente; auf die Altersversorgung anrechenbare Zeit; – **de vente** Verkaufsstelle *f*; – **de vue** Standpunkt, Ansicht, Meinung; – **de vue juridique** Rechtsstandpunkt.

pointage *m* (1) *(VerfR: mode de vérification d'un scrutin)* (Nach-)Zählung *f* (der Stimmen), Überprüfung *f* (der Wahlergebnisses), Kontrolle *f*, (2) *(ArbR: contrôle des horaires de travail)* Arbeitszeitkontrolle *f*; **carte** *ou* **fiche de –** Stech- *od.* Kontrollkarte *f*; **vitesse de –** Richtgeschwindigkeit.

pointe *f* (1) Spitze *f*, Höhepunkt *m*, (2) *fig* Anbruch *m*, Beginn *m*; **à la – (de)** führend, an der Spitze; **industrie de –** High-Tech-Industrie *f*; **période de –** Hauptverkehrszeit; Hauptbetrieb *m*; Hauptgeschäftszeit *f*; Hauptsaison *f*; **technique de –** Spitzentechnologie *f*, High-tech *n*; – **saisonnière** saisonale Spitze; – **de trafic** Verkehrspitze.

pointer *v.tr.* (1) lochen, stechen, (2) *(chômeur)* stempeln gehen; – **un compte** *(BankR)* einen Kontobestand überprüfen.

pôle *m* Pol *m*; – **d'activité** Aktionszentrum *m*; – **de production** Produktionsschwerpunkt *m*.

polémique *f* Auseinandersetzung *f*, Meinungsstreit *m*, Polemik *f*.

polémiquer *v.intr.* streiten, polemisieren.

polémologie *f* Soziologie des Krieges.

police *f* (1) *(ÖfR: force publique du maintien de l'ordre)* Polizei *f*; Verwaltungspolizeibehörde *f*, Ordnungs- *od.* Sicherheitsbehörde *f*, (2) *(VersR: écrit constatant le contrat d'assurance)* (Versicherungs-)Police *f*, (3) *(ZR, ÖfR: police intérieure d'une assemblée)* Ordnungsrecht, Ordnungsmaßnahmen *fpl*, (4) *(ÖfR: contrôle de la sauvegarde de l'intérêt général)* Überwachung der

Ordnung (und Sicherheit); Überprüfung der Rechtmäßigkeit; **agent de –** Polizeibeamte(r) *m*, Polizist *m*; Schutzmann *m*, Sicherheitswachmann (Aut); **amende de simple –** *(StR)* Geldstrafe; Geldbuße *f*, Bußgeld *n*; **antenne de –** (kleine) Polizeidienststelle, Außenstelle der Polizei; **autorisation de –** polizeiliche Erlaubnis, Polizeierlaubnis; **autorité de –** Polizeibehörde; **commissaire de –** Polizeikommissar *m*; **commissariat de –** Polizeikommissariat *n*, Polizeistelle *f*, Polizeirevier *n*; **conditions générales de la –** allgemeine Versicherungsbedingungen *fpl*; **contrôle de –** Polizeikontrolle, Ausweiskontrolle.

police: forces de – Polizeikräfte *fpl*, Polizeieinheiten *fpl*; **inspecteur de –** Polizeiinspektor *m*; **loi de –** Gesetz zur Aufrechterhaltung der öffentlichen Sicherheit une Ordnung; **en matière de simple –** *(StPR)* eine Übertretung betreffend; **peine de simple –** Übertretungsstrafe *f*, Polizeistrafe; **poste de –** Polizeiwache *f*; **pouvoir de –** Polizeigewalt *f*; **préfecture de –** (Pariser) Polizeipräsidium *n*; **prêt sur –** Beleihung einer Police *n*; **règlement de –** Polizeivorschrift *f*; Polizeiverordnung *f*; **souscripteur de –** Versicherungsnehmer *m*; **surveillance de la –** Polizeiaufsicht *f*; **tribunal de –** frz. Kleininstanzgericht als Strafgericht, frz. Strafrichter (beim Kleininstanzgericht zuständig für Übertretungen).

police d'abonnement *(VersR)* Generalpolice, laufende Police.

police administrative *(VwR: ensemble des services et des moyens ayant pour but d'assurer le maintien de la sécurité et de la salubrité publiques)* Ordnungsbehörde *f*, Sicherheitsbehörde; Gefahrenabwehrbehörde; Schutzpolizei; Polizei (im materiellen od. funktionellen Sinne); Polizei als Vollzugs- u. Hilfsorgan der Verwaltungsbehörden; **– de l'air et aux frontières (= PAF)** frz. Grenzpolizei; **– arrivée à expiration** *(VersR)* abgelaufene Police; **– de l'assemblée** Hausrecht *n* (im Parlament); Sitzungspolizei.

police d'assurance Versicherungspolice, (schriftlich fixierter) Versicherungsvertrag; **– d'assurance maritime** Seeversicherungspolice; **– de l'audience** *(PrzR)* Sitzungspolizei; **– de base** *(VersR)* Grund- od. Rahmenpolice; **– des bâtiments** Baupolizei; **– des chemins de fer** Bahnpolizei; **– de la circulation** Verkehrspolizei; **– collective, – combinée** *(VersR)* Sammel- od. Gruppenpolice; **– sur corps** Kaskopolice; **– criminelle** *(StR)* Kriminalpolizei (Kripo); **– des cultes** Hausrecht *n* in Kirchen; **– des débats** Sitzungspolizei *f*; **– des débits de boisson** Schankpolizei.

police des eaux Wasserschutzpolizei; **– économique** *(WirtR)* Gewerbeaufsicht(sbehörde); öffentlich-rechtliche Gewerbeüberwachung; **– de l'espace aérien** Sicherung der Lufthoheit; **– d'État** *(VwR)* Staatspolizei; **– des étrangers** *(VwR)* Ausländerpolizei; **– évaluée** *(VersR)* taxierte Police; **– sur facultés** Güterpolice; **– ferroviaire** Bahnpolizei; **– flottante** *(VersR)* Generalpolice, offene od. laufende Police; **– fluviale** Wasserschutzpolizei; **– globale** Mantelpolice; **– de groupe** Kollektiv- od. Gruppenpolice; **– individuelle** Einzelpolice.

police judiciaire (1) *(StPR: fonctionnaires de la police nationale et de la gendarmerie ayant pour mission de constater les infractions et de rechercher les malfaiteurs)* frz. Kriminalpolizei; Hilfsbeamte(r) der Staatsanwaltschaft; Personenkreis, der zur Aufklärung von strafbaren Handlungen mit Polizeibefugnissen ausgestattet ist, **(2)** *(StPR: actes de recherche et de constatation des infractions)* kriminalpolizeiliche Maßnahme, Strafverfolgungsmaßnahme, **(3)** *(StPR: service de la P. J.)*

police juridique

Dienststelle de Kriminalpolizei, Kriminalpolizeistelle; Dezernat *n* (der Kripo).

police juridique *(WirtR: contrôle de la licéité de la publicité, des conventions)* staatliche Aufsicht (insbesondere zum Schutz der Konsumenten); **– locale** *(VwR)* Gemeindepolizei; **– militaire** Militärpolizei; **– des mœurs** Sittenpolizei; **– mondiale** *(VersR)* Weltpolice; **– municipale** Gemeindepolizei; **– à ordre** übertragbare Police; **– ouverte** offene Police; **– parallèle** geheime Staatspolizei; **– des polices** *(= Inspection générale des services = IGS)* frz. Oberste Polizeiaufsichtsbehörde; **– politique** politische Polizei; **– au porteur** Inhaber- *od.* Überbringerpolice; **– des ports** Hafenpolizei; **– privée** Privatpolizei; **– régularisée** eingelöste Police; **– de la route** *ou* **routière** Verkehrspolizei.

police sanitaire Gesundheits- *od.* Sanitätspolizei; **– sanitaire vétérinaire** Tierseuchenpolizei; **– de secours** Not- *od.* Rettungsdienst; Überfallkommando *n*; **– secours** Not(arzt)dienst *m*; **– secrète** Geheimdienst *m*; **– simple** Einzelpolice; **– à temps** Zeitpolice; **– type** Musterpolice; **– universelle** Omniumpolice; **– des voies navigables** Binnenschiffahrtspolizei; **– au voyage** Reisepolice.

policé *adj* zivilisiert, gesittet.

policier *adj*: **enquête –cière** polizeiliche Ermittlung; **mesure –cière** Polizeimaßnahme *f*.

policier *m* Polizeibeamte(r) *m*; **– en civil/en tenue** ohne/in Uniform.

politicien *m* Politiker *m*; **– véreux** bestechlicher *od.* korrupter Politiker.

politico-économique *adj* wirtschaftspolitisch; **– -juridique** rechtspolitisch; **–social** sozialpolitisch.

politique *adj* politisch, staatswissenschaftlich, staatsbürgerlich; diplomatisch, vorsichtig; **droits –s** *(VerfR)* staatsbürgerliche Grundrechte; aktives und passives Wahlrecht; **peine –** *(StR)* Strafe bei politischen Verbrechen; **pouvoir –** *(VerfR)* die politischen Führungsorgane (im Staat).

politique (1) *(f: pratique de gouvernement)* Politik *f*, (politische) Maßnahmen *fpl*, Vorgehen *n*, Handlungsweise *f*, (2) *(m: politicien)* Staatsmann *m*, Politiker *m*; **– agricole commune** *(EU)* gemeinsame Agrarpolitik; **– d'alliance** *(VR)* Bündnispolitik; **– anti-chômage** Beschäftigungspolitik; Maßnahmen zur Bekämpfung der Arbeitslosigkeit; **– d'austérité** *(Vwirt)* Spar- *od.* Maßhaltepolitik; **– d'autofinancement** *(GesR)* Selbstfinanzierungs- *od.* Eigenfinanzierungspolitik; **– du bâton et de la carotte** Zuckerbrot und Peitsche-Politik; **– budgétaire** Haushaltspolitik; **– commerciale** (1) *(BW)* Absatzstrategie *f*, (2) *(Außh)* Handelspolitik; **– commune** *(EU)* Gemeinschaftspolitik; **– de communication commerciale** Werbeplanung; Werbestrategie; **– conjoncturelle** Konjunkturpolitik; **– contractuelle** *(ArbR)* Tarifpolitik der verstaatlichten frz. Großbetriebe; **– criminelle** Strafverfolgungspolitik; strafpolitische Maßnahmen; **– démographique** Bevölkerungspolitik; **– de distribution** *(BW)* Vertriebsplanung; **– économique et sociale** Wirtschafts- und Sozialpolitik; **– de l'emploi** Beschäftigungspolitik: **– énergétique** Energiepolitik; **– de l'escompte** Diskontpolitik; **– étrangère, –extérieure** Außenpolitik.

politique de la famille Familienförderungspolitik; **– financière** Finanzpolitik; **– générale de l'entreprise** Unternehmensführung; Unternehmensgesamtplanung; **– gouvernementale** Regierungsmaßnahmen; **– intérieure** Innenpolitik; **– d'investissements** Investitionspolitik.

politique de libre échange *(Außh)*

Freihandelspolitik; **– de maîtrise des marchés** Marktbeherrschungsstrategie *f*; **– monétaire** Währungspolitik; **– nataliste** Geburtenförderungspolitik; **– du plein emploi** Vollbeschäftigungspolitik; **– de prix** (betriebliche) Preispolitik, Preisgestaltung; Preisstrategie *f*; **– de produit** *(BW)* Produktpolitik; **– protectionniste** Schutzzollpolitik.

politique raciale Rassendiskriminierungspolitik; **– de rapprochement** Verständigungspolitik; **– des revenus** Einkommenspolitik; **– de rigueur** Sparpolitik; **– des salaires** Lohnpolitik; **– sociale** Sozialpolitik; **– de vente** Absatzstrategie, Verkaufspolitik.

politisation *f* Politisierung *f*.

politologie *f* Politikwissenschaft *f*.

pollicitant *m* Anbieter *m*, Offerent.

pollicitation *(SchuldR: offre, proposition de contrat)* (Vertrags-)Angebot *n*.

polliciter *v.intr.* ein Angebot unterbreiten.

polluant *adj* umweltschädigend, umweltbelastend, umweltgefährdend; **action –e** Umweltbelastung; Umweltgefährdung; schädliche Umwelteinwirkung; **produits –s** Schadstoffe *mpl*, Umweltgifte *npl*; **voiture –e** umweltschädigendes Kraftfahrzeug.

polluant *m* Umweltgift *n*, Schadstoff *m*, Emission *f*; **– atmosphérique** Luftschadstoff.

polluer *v.tr.* (die Umwelt) schädigen, verschmutzen.

pollueur *m (UmweltR)* (Umweltschaden-)Verursacher; Umweltsünder *od.* -verschmutzer; **principe (du) – payeur** Verursacherprinzip *n*, (Grundsatz der) Verursacherhaftung.

pollution *f (UmweltR: destruction du milieu naturel, déséquilibre de la vie naturelle)* Umweltbelastung *od.* Verschmutzung, Verseuchung; Emission *f*; Umweltschäden *mpl*; **législation anti- –** Umweltschutzgesetzgebung; Umweltschutzgesetze;

lutte contre la – Umweltschutz; Immissionsschutz *m*; **– de l'air** Luftverschmutzung; **– des eaux** Gewässerverunreinigung; **– industrielle** industrielle Immissionen, schädliche Umwelteinwirkung durch Industriebetriebe; **– du milieu naturel** Verseuchung des Bioökosystems; Umweltverschmutzung; **– des nappes phréatiques** Grundwasserverschmutzung; **– nucléaire** Verseuchung durch radioaktive Strahlung; **– sonore** Lärmbelästigung.

polycopie *f (= multicopie, reproduction)* Photokopie *f*; (originalgetreues) Reproduktionsverfahren.

polycopié *m (SchulR: cours universitaire)* Skript *n*, Nachschrift einer Vorlesung.

polycopier *v.tr.* vervielfältigen, abziehen.

polyvalence *f* Mehrzweckverwendung, Vielseitigkeit.

polyvalent *m (SteuerR: inspecteur des contributions)* Steuerfahnder *m*; einen Wirtschaftsbetrieb überprüfender Steuerbeamter.

pompe *f* (1) Pracht *f*, Prunk *m*, (2) *(pompe à essence)* Tankstelle *f*; **–s funèbres** Bestattungs- *od.* Beerdigungsinstitut *n*.

pompier *m (personne appartenant au corps des sapeurs-pompiers)* Feuerwehrmann.

pompiste *m* Tankstellenpächter *m*; Tankwart *m*.

ponction *f* Abschöpfung *f*, Entnahme *f*; **nouvelle – fiscale** Steuererhöhung.

ponctualité *f* Pünktlichkeit *f*.

ponctuel *adj* pünktlich, zur vereinbarten Zeit; **grève –elle** Schwerpunktstreik *m*.

pondérable *adj* wägbar.

pondération *f* (1) *(Vwirt)* Gewichtung *f*, Abwägen *n*, Ponderation, (2) *(Pol)* Ausgewogenheit *f*; Stimmenwägung; **coefficient de –** Gewichtungsfaktor *m*; **faire preuve de –** ein abgewogenes Urteil abgeben; **– des pouvoirs** *(VerfR)* politisches Gleichgewicht (zwi-

pondéré — **port aérien**

schen den drei Gewalten); **– des voix** Stimmengewichtung.
pondéré *adj* gewichtet, gewogen; ausgewogen; **indice –** Bewertungsindex *m*; gewichteter Index *m*, gewichtete Meßzifferreihe *f*; **moyenne –** gewogenes Mittel *n*.
pondéreux *mpl (marchandises pondéreuses)* schweres Frachtgut.
pont *m* (1) Brücke *f*, (2) *(ArbR: pont prolongé)* verlängertes Wochenende; **– basculant** Klappbrücke *f*; **– de chargement** Ladebrücke; **–s et chaussées** frz. staatliche Straßenbauverwaltung *f*; **– de visite** Kfz-Arbeitsbühne *f*.
pontée *f* (SeeHR) Deckladung *f*.
ponton *m* Prahn *m*; **– -grue** Schwimmkran *m*.
pontife *m*: **souverain –** *(KirchR)* Papst.
pontificat *m* Regierungszeit eines Papstes; päpstliche Würde.
pool *m* (1) (Wirtschafts-)Zusammenschluß *m*, Gemeinschaft *f*, Gruppe *f*, (2) *(HR: consortium, groupe)* Konsortium *n*; (zeitlich begrenzter) Unternehmenszusammenschluß; Pool *m*; **accord de –** Poolabkommen *n*; **exploiter en –** gemeinschaftlich betreiben; **– de l'armement** Rüstungskonzern *m*; **– bancaire** Bankenkonsortium; **– charbon-acier** Montanunion *od.* -gemeinschaft; **– de réassurance** Poolvertrag *m*.
populaire *adj*: **démocratie –** Volksrepublik; **insurrection –** Volksaufstand *m*; **mesure –** populäre Maßnahme.
popularité *f* Beliebtheit *f*, Popularität *f*.
population *f* (1) *(Vwirt)* (Wohn-)Bevölkerung *f*; Bevölkerungszahl *f*, (2) *(Statistik)* Panel *n*, repräsentative Bevölkerungsgruppe; **accroissement de la –** Bevölkerungswachstum *n*; **afflux de –** Bevölkerungszuwanderung; **augmentation de la –** Bevölkerungszunahme *f*; **décroissance de la –** Bevölkerungsabnahme *f*; **densité de –** Bevölkerungsdichte *f*; **excédent de –** Bevölkerungsüber-

schuß *m*; **recensement de la –** Volkszählung *f*; **vieilissement de la –** Überalterung der Bevölkerung.
population active *(Vwirt: les actifs)* Erwerbsbevölkerung *f*, Erwerbspersonen *fpl*; **– active (résidente) ayant un emploi** Erwerbstätige *mpl*, Beschäftigte *mpl*; **– active salariée** lohnabhänhige Arbeitnehmer, in einem Lohnverhältnis stehende Arbeitnehmer; **– en âge scolaire** Bevölkerung im schulpflichtigen Alter; **– assurée** Versichertengesamtheit *f*; **– autochtone** einheimische Bevölkerung; **– carcérale** Anzahl *f* der Insassen der Strafanstalten; **– civile** Zivilbevölkerung; **– disponible à la recherche d'un emploi (= PDRE)** die Arbeitssuchenden; die Erwerbslosen, die sich um eine Arbeitsstelle bemühen; **– frontalière** Grenzbevölkerung; **– inactive** *(les inactifs)* die Nichterwerbstätigen; **– légale** sich aus einer Volkszählung ergebender Bevölkerungsstand.
population pénale (Zahl der) Insassen einer Strafanstalt; **– de référence** *(Statistik)* Bezugsgruppe *f*; **– résidentielle** Wohnbevölkerung; **– rurale** Landbevölkerung; **– scolaire** die Schüler(zahl); **– salariée** Arbeitnehmerschaft; **– totale** Gesamtbevölkerung; **– totale résidente** Wohnbevölkerung; Stadtbevölkerung.
port *m* (1) (See-)Hafen *m*, (2) *(prix du transport)* (Brief-)Porto *n*, Postgebühr *f*, (3) *(action de porter)* Tragen *n* (einer Uniform, einer Waffe); **capitaine de –** (See-)Hafenverwaltung; **droits de –** Hafengebühren *fpl*, Hafengeld *n*; **en – dû** unfrei; unfrankiert; **franchise de –** Portofreiheit *f*; **franco de –** gebühren- *od.* portofrei; **permis de d'armes** Waffenschein *m*; **règlement du –** Hafenordnung.
port aérien Flughafen; **– d'armes** *(VwR, StR)* Waffentragen *n*, Führen *n* einer Waffe; **– d'attache** Heimat- *od.* Registerhafen; **– au-**

tonome *(VwR)* frz. Hafen (als Anstalt des öffentlichen Rechts: wie z.B. in Bordeaux, Le Havre, Paris u. Straßburg); **– de chargement** Ladehafen, Verladehafen; **– de commerce** Handelshafen; **– de débarquement** *ou* **de déchargement** Löschungshafen; **– de départ** Abgangshafen; **– de destination** Bestimmungshafen; **– douanier maritime** Seezollhafen; **– dû** unfrei; unfrankiert.

port d'embarquement Ein- *od.* Verschiffungshafen; **– d'enregistrement** Registerhafen; **– d'escale** Anlaufhafen; **– fluvial** Binnenhafen; **– franc** *(VwR)* Freihafen; **– illégal de décorations** *(StR)* unbefugtes Tragen von Auszeichnungen; **– illégal d'uniforme** *(StR)* verbotenes *od.* unbefugtes Uniformtragen; **– d'immatricule** *ou* **d'immatriculation** Heimat- *od.* Registerhafen; **– en lourd** (1) Frachttonnage *f,* Tragfähigkeit, (2) *(Schiff)* Tonnengehalt *m;* Gesamtgewicht *n;* **– maritime** *ou* **de mer** Seehafen; **– militaire** Kriegshafen; **– du nom** Namensführung.

port payé portofrei, (bereits) frankiert; **– de pêche** Fischereihafen; **– de refuge** Not- *od.* Zufluchtshafen; **– de relâche** Zwischenhafen; **– de retour** Rückporto; **– de sortie** Ausfuhrhafen; **– terminal** Endhafen; **– du titre** Titelführung; **– de l'uniforme** Uniformtragen *n.*

portabilité *f* **(de la dette)** *(SchuldR)* Grundsatz, demzufolge die Leistung des Schuldners am Wohnsitz des Gläubigers zu erfolgen hat, Bringschuld.

portable *adj* tragbar; **créance** *ou* **dette –** *(SchuldR)* Bringschuld *f.*

portable *m* Funktelefon *n;* Handy *n.*

portage *m:* **convention de –** *(WertpR)* Wertpapierverwaltungsvertrag *m,* treuhänderische Wertpapierverwaltung.

porte *f* Tür *f;* **faire du – à –** Hausieren; **– -conteneurs** *m* Containerschiff *n;* **– de chargement** Ladetor *n;* Ladeluke *f;* **– cochère** Toreinfahrt *f;* **– à porte** Haus-Haus-Verkehr.

portée *f* Tragweite *f,* Bedeutung *f;* Anwendungsbereich *m;* Reichweite *f;* Umfang *m;* **– générale** allgemeine Geltung; **– en lourd** Tragfähigkeit.

portefeuille *m* (1) *(ÖfR: fonctions de ministre)* Ministeramt *n,* Ministerposten *m;* (2) *(WertpR: ensemble de valeurs)* Bestand *m* (an Wertpapieren); Wechselbestand; Portefeuille *n;* **cession de –** Bestandsübertragung; **composition du –** Bestandzusammensetzung; **gestion de –** Wertpapierverwaltung; **ministre sans –** Minister ohne eigenen Geschäftsbereich; **relevé de –** Bestandserfassung.

portefeuille d'assurances Versicherungsbestand *m;* **– de commandes** Auftragsbestand *m;* **– de devises** Devisenbestände *mpl;* Portefeuille *n;* **– diversifié** ausgewogenes Portefeuille.

portefeuille d'effets (de commerce) Effektenportefeuille, Wechselbestand *od.* -besitz *m;* **– – du trésor** Schatzwechselbestand.

portefeuille d'escompte Diskontportefeuille; **– ministériel** Ministerium *n,* Geschäftsbereich eines Ministeriums; **– de titres** *ou* **de valeurs mobilières** Wertpapier- *od.* Effektenbestand *m.*

porte-fort *m (SchuldR: celui qui se porte fort)* Versprechende(r) *m,* Garant *m;* **convention de –** *(SchuldR: promesse de porte-fort, engagement pris par une personne d'obtenir d'un tiers l'exécution d'une obligation, art. 1120 Cciv)* Versprechen der Leistung eines Dritten, subsidiarische Haftung für die Erfüllung (durch einen Dritten).

porte-parole *m (Pol)* Sprecher *m.*

porter *v.tr./v. pron.* (1) tragen, (2) *(Namen)* führen; **se – sur (les lieux)** *(PrzR)* sich (an Ort u. Stelle) begeben; **se – partie civile** *(StPR)* als Nebenkläger auftreten; **– à er-**

höhen (auf); **– à l'actif** *(GesR)* aktivieren; **– atteinte aux libertés** die Grundrechte verletzen; **– en compte** *(Buchf)* in Rechnung bringen, verbuchen, berechnen, verrechnen; **– au crédit** gutschreiben; **– au débit** ins Soll stellen, ins Soll eintragen; **– plainte** *(StR)* Strafanzeige erstatten; **– préjudice à qqn.** jmdn. schädigen; **– sur qqch.** sich erstrecken auf.

porteur *m* (1) *(WechselR)* Inhaber *m*, (2) Überbringer, (3) *(GesR)* Aktionär; **action au –** Inhaberaktie *f*; **chèque au –** Inhaberscheck *m*; **clause au –** Überbringerklausel *f*; **émettre au –** auf den Inhaber ausstellen; **être au –** auf den Inhaber lauten; **obligation au –** Schuldverschreibung auf den Inhaber; **papier au –** Inhaberpapier *n*; **payable au –** zahlbar an den Überbringer, an den Überbringer zu zahlen; **petit –** *(GesR)* Kleinaktionär *m*.

porteur d'actions Aktieninhaber *od.* -besitzer *m*; **– du chèque** Scheckinhaber; **– légitime** rechtmäßiger Inhaber; **– d'obligation** Schuldverschreibungsinhaber; **– de part** Anteilseigner *m*.

portion *f* Teil *m*, Anteil *m*; **– congrue** sehr dürftiges Einkommen, notdürftiger Lebensunterhalt; **– cessible** abtretbarer Teil; **– disponible** frei verfügbarer Teil; **– héréditaire** *(ErbR: part d'héritage)* Erbteil *m*, Erbanteil; **– incessible (du salaire)** nichtabtretbarer Teil (des Lohns); **– saisissable** pfändbarer Teil; **– virile** *(SchuldR: part virile d'une masse indivise)* Anteil *m* (des Gesamthandsvermögens).

portionnaire *m* *(ErbR)* Miterbe *m*.

portrait-robot *m* *(StR)* Phantombild *n*.

poser *v.tr./v. pron.* setzen, stellen; *fig* voraussetzen, annehmen; **se –** *(avion)* landen; **se – en victime** sich als Opfer ausgeben; **– sa candidature** seine Kandidatur anmelden; **– un principe** einen Grundsatz aufstellen; **– une question à qqn.** eine Frage an jmdn. richten.

positif *adj* gewiß, sicher, zuverlässig; **droit –** positives *od.* effektiv geltendes Recht; **fait –** bewiesene Tatsache; **preuve –ive** voller Beweis; **réponse –ive** Zusage *f*.

position (1) *(Pol, BeamR: situation dans la société, dans la hiérarchie)* Stellung *f*, Amt *n*, Posten *m*; Lage *f*; Stand *m*, Position *f*, (2) *(BankR: montant du solde)* Kontostand *m*, (3) *(PrzR: constatation, principe juridique)* Feststellung; Grundsatz, Lehrsatz *m*, (4) *(AllgSpr)* Einstellung, Meinung, Auffassung; **défendre une –** einen Standpunkt vertreten; **être en – de** in der Lage sein (etwas zu tun); **feuille de –** Konto- *od.* Bankauszug; **prendre –** (zu etwas) Stellung nehmen, sich äußern; **prise de –** Stellungnahme *f*.

position active *(SchuldR)* Gläubigerstellung; **– administrative** *(BeamR)* Dienststellung, Dienstverhältnis *n*; **– d'attente** Bereitschaft; **– -clef** Schlüsselstellung, Machtposition; **– concurrentielle** Wettbewerbslage; **– de confiance** Vertrauensstellung; **– créancière** *ou* **créditrice** Gläubigerstellung; **– débitrice** Schuldnerstellung; **– dirigeante** *(ArbR)* leitende Stellung; **– dominante sur le marché** marktbeherrschende Stellung; **– hiérarchique** *(BeamR)* Dienststellung; **– juridique** Rechtsstandpunkt *m*; **– militaire** Wehrdienstverhältnis; **– de monopole** Monopolstellung; **– permanente** *(ArbR)* Lebens- *od.* Dauerstellung; **– privilégiée** Vorzugsstellung, bevorzugte Stellung; **– sociale** gesellschaftliche Stellung; **– tarifaire** *(ZollR)* Tarifnummer *od.* -position.

positionnement *m* Standort *n*; Einstellung *f*; **– d'un produit** *(Marketing)* Produktpositionierung, Produktraum.

positionner *v.tr.* *(BankR: calculer la position d'un compte)* den Konstand feststellen.

positivisme *m* **juridique** Rechtspositivismus *m*.

possédant *adj*: **classes –es** Inhaber *mpl* des Kapitals *od.* der Produktionsmittel.

posséder *v.tr.* (1) *(avoir la détention matérielle d'une chose)* besitzen, innehaben, (2) *(être propriétaire d'une chose)* Eigentümer sein, (3) *fig* beherrschen, verstehen; **– à titre précaire** innehaben.

possesseur *m* (1) *(SachR)* Besitzer *m*, Eigenbesitzer, (2) *(SchuldR)* Inhaber *m*, Halter *m*; **– antérieur** Vorbesitzer, früherer Besitzer; **– de bonne foi** gutgläubiger Besitzer; **– foncier** Grundbesitzer; **– intermédiaire** Zwischenbesitzer; **– de mauvaise foi** bösgläubiger Besitzer; **– paisible** ungestörter Besitzer; **– précaire** *ou* **à titre précaire** (Gewahrsams-)Inhaber.

possession *f* (1) *(SachR: pouvoir de fait exercé sur une chose avec l'animus domini)* Eigenbesitz *m*, (2) *(détention matérielle)* Besitz, Sachherrschaft *f*; **abandon de la –** Besitzaufgabe *f*; **acquisition de la –** Besitzerwerb *m*; **atteinte portée à la –** Besitzstörung; **envoi en –** Besitzeinweisung; **envoyer en –** *(ErbR)* in den Besitz einweisen; **perte de la –** Besitzverlust *m*; **prise de –** Besitzergreifung, Inbesitznahme; **trouble de la –** Besitzstörung.

possession de bonne foi *(SachR)* gutgläubiger Besitzer; **– clandestine** heimlicher Besitz; **– commune** Mitbesitz; **– continue** ununterbrochener Besitz; **– discontinue** Besitz mit Unterbrechungen; **– entachée d'un vice** fehlerhafter Besitz; **– équivoque** nicht eindeutiger Besitz, zweifelhafter Besitz, mit einem Mangel behafteter Besitz.

possession d'état *(FamR: présomption de filiation résultant de l'apparence)* Status als Mitglied einer Familie *od.* Familienangehöriger (der sich aus dem Rechtsschein ergibt); Besitz des Familienstandes; **– exclusive** Alleinbesitz; **être en pleine – de ses facultés mentales** im Vollbesitz seiner geistigen Fähigkeiten sein; **– foncière** Grundbesitz; **– immémoriale** unvordenklicher Besitz; **– ininterrompue** ununterbrochener Besitz; **– de longue durée** Ersitzungsbesitz; **– médiate** mittelbarer Besitz; **– non équivoque** unzweideutiger Besitz; **– paisible** ungestörter Besitz; **– précaire** Innehabung *f*, Gewahrsam *m*; **– publique** für jedermann sichtbarer *od.* offenbarer Besitz; **– à titre de propriétaire** Eigenbesitz; **– utile** mangelfreier Besitz; **– vaut titre** *(SachR: principe selon lequel „En fait de meuble, possession vaut titre", art. 2279 Cciv)* der Besitz begründet einen besonderen, originären Eigentumserwerbsgrund; **– vicieuse** mangelhafter Besitz; **– violente** auf gewaltsamer Enteignung *od.* Diebstahl beruhender mangelhafter Besitz.

possessionnel *adj*: **acte –** Erwerb des Besitzes *od.* der Sachherrschaft.

possessoire *adj* possessorisch, Besitzschutz-; **action –** *(SachR)* Besitz(schutz-)klage *f*.

possessoire *m* (1) Besitzrecht *n*, (2) Besitz(schutz)klage, possessorische Klage.

possibilité *f* Möglichkeit *f*; Eventualität *f*; Fähigkeit *f*; **– d'absorption du marché** Aufnahmefähigkeit des Marktes; **–s financières** finanzielle Möglichkeiten.

possible *adj* möglich, nicht ausgeschlossen, im Bereich des Möglichen; denkbar; erreichbar; durchführbar; erlaubt, zulässig; **dès que –** so bald *od.* so schnell wie möglich.

postage *m* Postversand *m*.

postal *adj* Post-; **boîte –e** Postfach *n*; **centre de chèques –taux** (= **CCP**) frz. Postscheckamt *n*; **chèque –** Postscheck *m*; **compte de chèque –** (= **CCP**) Postbankkonto *n*; **numéro de code –** Postleitzahl *f*; **régime –** Postgebührenordnung; **taxe –e** Postgebühr *f*.

postdate *f (date fausse et postérieure à la vraie date)* Vordatierung.

postdater *v.tr.* ein späteres Datum

einsetzen; **chèque –té** vordatierter Scheck.
1. **poste** *m* (1) *(ArbR)* Arbeitsplatz *m*, Stelle *f*, Stellung *f*, (Dienst-)Posten *m*, (2) *(VerfR, BeamR)* Amt *n*, Stelle *f*, (3) *(VwR)* Polizeiposten *n*, (Polizei-)Wache *f*, (4) *(MedienR: appareil récepteur)* Radioempfänger *m*, Fernsehempfänger, (5) *(Buchf)* Posten *m*; Bestand *m*, (6) *(HausR)* (Haushalts-)Kapitel *n*, (7) *(ArbR: travail)* Schicht *f*; **abandon de –** *(MilR)* Verlassen des Postens; **en – à** *(BeamR)* diensttuend in; **occuper un –** einen Dienstposten bekleiden; **pourvoir à un –** eine Stelle besetzen; **titulaire d'un –** Stelleninhaber *m*; Inhaber einer Planstelle; **vacance d'un –** Vakanz *f*, freie Stelle.
poste actif *(Buchf)* Aktivposten; **– annexe de douane** Zollzweigstelle; **– du bilan** Bilanzposten; **– budgétaire** (1) *(BeamR)* Planstelle, (2) *(HaushR)* Budgetposten; **– chômé** Feierschicht *f*; **– de comptabilité** Rechnungsposten; **– de commandement** *(MilR)* Kommandatur *f*, Kommandostelle *f*; **– de confiance** Vertrauensstellung; **– consulaire** *(VR)* konsularische Vertretung; **– de correction** Berichtigungsposten; **– créditeur** Kreditposten, Guthaben- od. Habenposten; **– débiteur** Sollposten; **– de direction** *(ArbR)* leitende Stellung; **– disponible** freie Stelle; **– douanier frontière** Grenzzollstelle.
poste émetteur Sender *m*; **– d'essence** Tankstelle *f*; **– de fonctionnaire** Beamtenstelle; **– frontière** Grenzübergangsstelle *f*; **– mis au concours** *(BeamR)* ausgeschriebene Stelle; **– de nuit** *(ArbR)* Nachtschicht; **– passif** *(Buchf)* Passivposten; **– pour mémoire** *(Buchf)* Erinnerungsposten; **– permanent** *(ArbR)* Lebens- od. Dauerstellung; **– de police** Polizeiwache *f*; Wachstube *f*; **– à pourvoir** *(BeamR)* freie Stelle; **– provisoire** *(Buchf)* Übergangsposten; **– de rectification** *ou* **de régularisation** Wertberichtigungsposten, Ausgleichs- od. Abgrenzungsposten; **– téléphonique** öffentliche Fernsprechstelle; Teilnehmersprechzelle;**– de secours** Erste-Hilfe-Station *f*; **– de travail** Arbeitsplatz *m*; **– vacant** (1) *(BeamR)* Planstelle, (2) *(ArbR)* freie Stelle.
2. **poste** *f* (1) *(administration postale)* frz. Postzentralverwaltung, (2) *(bureau local)* Postamt *n*; **mandat –** Postanweisung *f*; **– aérienne** Luftpost; **– restante** postlagernd.
poster *v.tr. (mettre à la poste)* bei der Post aufgeben.
postérieurement *adv* später, nachträglich; **acte établi –** im nachhinein ausgestellte Urkunde.
posteriori: a – *(lat)* a posteriori, nachträglich, hinterher; **contrôle a –** nachträgliche Kontrolle.
postérité *f (ErbR: ensemble des descendants du défunt)* Nachkommenschaft *f*.
postface *f* Nachwort *n*.
posthume *adj (ErbR)* hinterlassen; **enfant –** nachgeborenes Kind, nach dem Tode (des Vaters) geborenes Kind; **œuvre –** *(UrhR)* nachgelassenes Werk.
postier *m* Postbeamte(r) *m*.
postindustriel *adj*: **société –le** post-od. nachindustrielle Gesellschaft, Dienstleistungsgesellschaft *f*.
post mortem *loc. lat.* nach dem Tode.
postnatal *adj* nach der Geburt, nach der Niederkunft.
postscolaire *adj*: **enseignement –** Erwachsenenbildung, Weiterbildung.
post-scriptum *m* (= P.-S.) Nachschrift *f*, Postkript *n*.
postulant *m* (1) *(BeamR: candidat à un emploi)* Bewerber *m*, Anwärter *m*, (2) *(PrzR)* (Anwalt als) Antragsteller *m*.
postulat *m* (1) Forderung *f*, Anspruch *m*, (2) (nicht beweisbare) Annahme, (denknotwendige) Voraussetzung.
postulation *f (ZPR: accomplissement*

d'actes de procédure au nom d'un plaideur) Prozeßvertretung, Prozeßführung (durch einen Anwalt).

postuler (1) *(v.tr.: ArbR)* sich bewerben (um), (2) *(v.intr.: PrzR: accomplir les actes normaux de procédure)* Anträge stellen; vor Gericht vertreten, als Anwalt einen Prozeß führen.

pot-de-vin *m (StR: commission clandestine)* Schmiergeld *n*, Bestechungsgeld.

potence *f* Galgen *m*.

potentat *m* Machthaber, Gewalthaber *m*; gekröntes Haupt.

potentialité *f* Möglichkeit *f*; Entwicklungsfähigkeit.

potentiel *adj* möglich, potentiell; nur gedacht, virtuell; **facteur de production** – Potentialfaktor *m*.

potentiel *m* Potential *n*, Leistungsfähigkeit *f*; – **écologique** Umweltpotential, ökologisches Potential; – **économique** Wirtschaftspotential *n*; – **de guerre** Kampfkraft *f*; – **humain** Arbeitskräftepotential.

potestatif *adj*: **condition (purement) –ive** *(SchuldR: qui dépend de la volonté d'une personne)* Potestativbedingung, allein vom Willen (der betreffenden Partei) abhängige Bedingung; **condition simplement –ive** *(SchuldR: qui dépend de la volonté d'une partie et d'un événement extérieur)* gemischte Bedingung.

poudrière *f fig* Pulverfaß *n*.

pour *präp* für; – **acquit** Betrag dankend erhalten; – **cent** Prozent *n*; – **copie conforme** (= **p.c.c.**) für die Richtigkeit der Abschrift (= f.d.R.d.A.); *m*: **le – et le contre** das Für und Wider; – **solde de tout compte** *(ArbR)* als Ausgleichsquittung.

pourboire *m (ArbR: service)* Trinkgeld *n*; – **compris** (= **p.c.**) Trinkgeld inbegriffen.

pourcentage *m* Hundertsatz *m*, Prozentsatz, Zinsfuß *m*; prozentmäßiger Anteil, Quote *f*; – **d'amortissement** Tilgungs- *od.* Abschreibungsquote; – **sur le bénéfice** Gewinnanteil *m*; – **de contrôle** *(VersR)* Ausfallziffer *f*; – **de couverture** Deckungsverhältnis *n*; – **d'invalidité** Grad *m* der Erwerbsunfähigkeit; – **des pertes** Verlustrate *f*.

pourparlers *mpl (VR: entretiens préalables à la conclusion d'un traité)* Unterhandlung *f*; – **salariaux** *(ArbR)* Tarif- *od.* Lohnverhandlung.

poursuite *f* (1) *(ZPR: exercice de l'action en justice par le créancier contre le débiteur)* Klage (des Gläubigers), Klageerhebung (durch den Gläubiger); Betreibung (eines Rechtsstreits), (2) *(StPR, meist pl)* Strafverfolgung, (3) *(StR: recherche)* Fahndung, (4) *(continuation)* Fortsetzung, Weiterführung; **acte de** – *(SteuerR)* Ermittlung(en) im Steuerstrafverfahren; **agent de** – *(ZwangsVR)* Gerichtsvollzieher *m*; **cessation des** – *(StPR)* Einstellung des Ermittlungsverfahrens; **discontinuation des –s** *(ZwangsVR)* Aussetzung der Zwangsvollstreckung; **droit de** – (1) *(StPR)* (Straf-)Verfolgungsrecht *n*, (2) *(SeeHR)* Recht der Nacheile; **engager des –s** *(StPR)* ein Ermittlungsverfahren einleiten; **frais de** – Gerichtskosten *pl*; **mise hors de** – *(StPR)* Außerverfolgungssetzung; **opportunité des –s** *(StPR)* (Grundsatz der) Zweckmäßigkeit der Strafverfolgung.

poursuite civile zivilrechtliche Klage; – **disciplinaire** *(DiszR)* disziplinarrechtliches Verfahren; – **de l'exploitation** *(KonkursR)* Weiterführung des Betriebs; – **sur flagrant délit** *(StPR)* beschleunigtes Verfahren (zur sofortigen Aburteilung der auf frischer Tat ertappten Personen); – **des infractions** Strafverfolgung; – **de l'instance** *(ZPR)* Fortführung des Prozesses (nach einer Unterbrechung); – **judiciaire** *ou* **en justice** *(ZPR)* Klage *f*; Klageerhebung; – **pénale** Strafverfolgung; – **sur un territoire étranger** *(EuR)* Nacheile *f*.

poursuivant *m* (1) *(ZPR: personne saisissant un tribunal)* Kläger *m*, be-

poursuivre v.tr. (gerichtlich) verfolgen, belangen, verklagen; (einen Rechtsstreit) betreiben; fahnden; – **au civil** einen Zivilprozeß in Gang setzen od. betreiben; – **en justice** vor Gericht klagen; – **au pénal** ein Strafverfahren einleiten.

treibende Partei, (2) *(Zwangs VR: créancier pratiquant une saisie immobilière)* die Zwangsvollstreckung in ein Grundstück (des Schuldners) betreibender Gläubiger.

pourvoi m (1) *(PrzR: tout recours contre une décision de justice)* Rechtsmittel n, (2) *(PrzR: recours extraordinaire formé devant la Cour de cassation ou le Conseil d'État)* Revisionsverfahren; Einlegung der Revision, (3) *(VwR: requête)* Gesuch n, Ansuchen n, (4) *(VwPR)* Beschwerde f; **acte de –** Revisionsschrift; Beschwerdeschrift f; **délai de –** Rechtsmitteleinlegungsfrist; **former un –, introduire –** ein Rechtsmittel einlegen; ein Revisionsverfahren einleiten; **rejeter le –** das Rechtsmittel verwerfen, die Klage zurückweisen; – **en appel** Berufung.

pourvoi en cassation *(PrzR)* Einlegung eines Rechtsmittels beim Kassationsgerichtshof, Revisionseinlegung; – **en grâce** *(StPR)* Gnadengesuch; – **immédiat** *(VwPR)* sofortige Beschwerde; – **incident** *(ZPR)* Anschlußrevision; – **dans l'intérêt de la loi** *(PrzR)* Revisionseinlegung durch die Staatsanwaltschaft; – **en nullité** Nichtigkeitsbeschwerde; – **provoqué** *(PrzR)* Anschlußrevision; – **en révision** Anstrengung eines Wiederaufnahmeverfahrens; – **simple** *(VwPR)* einfache Beschwerde; – **subséquent** weitere Beschwerde; – **suspensif** *(PrzR)* Berufung mit aufschiebender Wirkung.

pourvoir (1) *(v.tr.ind.: pourvoir à)* sorgen für, für etwas aufkommen; ernennen, (2) *(v.tr.d.: mettre qqn. en possession)* versehen (mit), ausstatten, versorgen (mit), (3) *(v. pron.: se pourvoir - PrzR)* ein Rechtsmittel einlegen; **se – en appel** Berufung einlegen; **se – en cassation** Revision einlegen; **se – comme de droit** den ordentlichen Rechtsweg beschreiten; **se – en grâce** ein Gnadengesuch einreichen; **poste à –** freie Stelle; – **à un emploi** *(BeamR)* eine Stelle besetzen.

pourvoyeur m Lieferant, Lieferer, Auslieferer m; – **de drogue** Drogenschmuggler m; – **de fonds** Geldtransporteur m.

pourvu que konj vorausgesetzt, daß ..., sofern.

poussée f Druck m; Schub m; Auftrieb m; – **démographique** Bevölkerungsexplosion; – **inflationniste** Inflationsdruck; – **des prix** Preisauftrieb m; – **spéculative** Spekulationsfieber n.

pousser v.tr./v.intr. fig vorantreiben, fortführen; – **une affaire** eine Sache vorantreiben; – **qqn. à bout** jmdn. in die Enge treiben; jmdn. reizen; – **qqn. au crime** zu einem Verbrechen anstiften; – **une enquête** eine Untersuchung durchführen; – **ses études** sich fortbilden.

pouvoir v.tr. können, vermögen; dürfen; das Recht haben (etwas zu tun); befugt sein; **ne – ester en justice** keine Klagebefugnis haben.

1. **pouvoir** m (1) *(ÖfR: force, puissance; organe exerçant le pouvoir)* Macht f, Machtbefugnis f; Staatsgewalt f, Befehlsgewalt; Herrschaft f, (2) *(VerfR: compétence)* Zuständigkeit f; Mandat n, (3) *(ZR: aptitude à agir pour le compte d'autrui)* Vertretungsbefugnis, Vertretung, Vertretungsmacht, Vollmacht f, (4) *(HR, ZPR)* (schriftlich fixierte) Handlungsvollmacht; (Prozeß-)Vollmacht; Ermächtigung f, (5) *(ArbR: prérogative du chef d'entreprise)* Leitung(sgewalt), Weisungsbefugnis f, Direktionsrecht n; **abus de –** *(VwR)* Ermessensmißbrauch m, mißbräuchliche Ermessensausübung, Mißbrauch der Amtsgewalt; **arrivée au –** (1) *(légalement)* Regierungsantritt, (2) *(par la force)*

Machtergreifung; **assumer le –** an der Macht sein; **avoir plein(s) –(s)** bevollmächtigt sein; **bon pour –** Vollmachtsformel (vor der Unterschrift des Vollmachtgebers); **concentration de –** Machthäufung *od.* -konzentration; **conférer un –** (1) *(ÖfR)* eine Befugnis übertragen, (2) *(ZR)* bevollmächtigen; **délégation de –** Befugnisübertragung; Bevollmächtigung; **détournement de –** Ermessensmißbrauch *m*; **donner –** bevollmächtigen; **s'emparer du –** die Macht ergreifen; **en vertu du – conféré** auf der Grundlage der übertragenen Vollmacht; **être au –** an der Macht sein; **être en – de faire qqch.** imstande sein etwas zu tun; **excès de –** *(VwR)* Ermessensüberschreitung, Überschreitung der Amtsbefugnisse, Kompetenz- *od.* Zuständigkeitsüberschreitung; **fondé de –** *(HR)* Handlungsbevollmächtigte(r), Prokurist *m*; **prise de –** *(Pol)* Machtübernahme *f*, Machtergreifung *f*, Übernahme der Regierungsgewalt; **vérification du –** Überprüfung der Ordnungsmäßigkeit der Vertretungsmacht *od.* Handlungsbefugnis.

pouvoir absolu Absolutismus *m*.

pouvoir d'achat *(Vwirt)* Kaufkraft *f*; **baisse du – –** Kaufkraftschwund *m*; **création de – –** Kaufkrafterschöpfung; **excédent de – –** Kaufkraftüberhang *m*; **– – constant** gleichbleibende Kaufkraft.

pouvoir d'action Handlungsbefugnis; **administratif** Verwaltung *f*; **– d'appréciation** *(VwR)* Ermessensspielraum *m*; Beurteilungszuständigkeit, Recht zur freien Würdigung; **– d'appréciation souveraine** *(VwR)* freies Ermessen; **– d'authentification** Beurkundungsbefugnis *f*; **– en blanc** Blankovollmacht *f*; **– en bonne et due forme** ordnungsgemäße Vollmacht; **– central** *(VerfR)* Zentralstaat; **– du chef d'entreprise** *(ArbR)* Weisungsbefugnis; **– de coercition** *(VwR)* Disziplinargewalt, Strafbefugnis; **– de commandement** *(MilR)* Befehlsgewalt, Anordnungsbefugnis; **– concédant** *(VwR)* Verleihungsbehörde; **– constituant** verfassunggebende Gewalt; **– constitutionnel** verfassungsmäßige Gewalt; **– de contracter** *(ZR)* Geschäfts- *od.* Vertragsfähigkeit; **– de contrainte** *(ÖfR)* Zwangsbefugnis; **– de contrôle** *(VwR)* Aufsichtsrecht, Kontrollbefugnis, Nachprüfungsrecht; **– de décision** Entscheidungsbefugnis; **– de délégation** Delegationsbefugnis; **– délégué** *(ZR)* Untervollmacht; **– dictatorial** Diktatur; **– de direction** *(ArbR)* Direktions- *od.* Weisungsrecht, Leitungsbefugnis; **– disciplinaire** Disziplinargewalt *od.* -befugnis, Disziplinarstrafgewalt.

pouvoir discrétionnaire (1) *(VwR: pouvoir d'appréciation soumis au contrôle du juge administratif)* freies (Verwaltungs-)Ermessen *n*, Befugnis zur Entscheidung nach freiem Ermessen, (2) *(PrzR: appréciation souveraine du juge)* richterliche Machtvollkommenheit; richterliches Ermessen; **– discrétionnaire lié** *(VwR: compétence liée)* gebundene Verwaltung.

pouvoir de disposer, – de disposition *(ZR: pouvoir d'accomplir un acte de disposition)* Verfügungsgewalt *od.* -macht *od.* -befugnis; **– de dissolution** Auflösungsbefugnis; **– distinctif** *(Wz)* Unterscheidungskraft *f*; **– de donner des instructions** *(VwR)* Weisungsbefugnis, Weisungsrecht; **– écrit** schriftliche Vollmacht; **– d'édicter des règles de droit** Rechtsetzungsbefugnis; **– d'enquête** *(StPR)* Untersuchungsbefugnis; **– établi** bestehende Herrschaftsordnung; **– de l'État** Staatsgewalt; **– exécutif** Exekutive *f*, vollziehende *od.* ausführende Gewalt; **– d'exécution** *(ÖfR)* Ausführungsbefugnis, Vollzugsgewalt; **– d'expropriation** *(VwR)* Enteignungsrecht, Befugnis zur Enteignung; **– général** *(HR)*

Generalvollmacht; – **de gestion** *(HR)* Geschäftsführungsbefugnis; – **gouvernemental** Regierungsgewalt; – **de gracier** Gnadenrecht *n*, Begnadigungsrecht *od.* -befugnis.
pouvoir hiérarchique (1) *(VwR)* Aufsichtsbefugnis (des Dienstvorgesetzten); Dienstvorgesetzter; Aufsichtspflicht *f*, (2) *(DiszR)* Disziplinargewalt, Dienstaufsicht *f*; – **d'information** (1) *(VwR)* Auskunfts- *od.* Informationsrecht, (2) *(StPR)* Ermittlungsbefugnis *f*; – **d'instruction** *(VwR)* Weisungsbefugnis; – **d'investigation** Nachforschungs- *od.* Untersuchungsrecht; – **judiciaire** (1) *(VerfR)* rechtsprechende Gewalt, Judikative *f*, (2) *(GVR)* ordentliche Gerichtsbarkeit in Frankreich (die Arbeits-, Handels- und Sozialgerichtsbarkeit mitumfassend); – Gesamtheit der Gerichte, die dem frz. Kassationshof unterstehen; – **du juge** richterliches Ermessen; – **de juridiction, – juridictionnel** *(GVR)* Rechtsprechungsbefugnis *f.*
pouvoir législatif *(VerfR)* gesetzgebende Gewalt, Legislative *f*, Gesetzgeber *m*; Gesetzgebungs- *od.* Rechtsetzungsgewalt; – **libératoire** *(SchuldR)* befreiende Wirkung (einer Zahlung); – **lié** *(VwR)* gebundene Verwaltung; – **limité** *(ZR, HR)* beschränkte Vollmacht; – **modérateur (du juge)** *(ZPR)* Befugnis des Richters zur Abänderung von Vertragsklauseln (zugunsten des Schuldners); – **de nomination** *(VwR)* Ernennungsrecht; – **normatif** Rechtsetzungsbefugnis; – **personnel** willkürliche Herrschaft; – **de police** (1) Polizeigewalt, (2) Ordnungsgewalt; – **politique** politische Kräfte (im Staat), Parteien *fpl*; – **de recommandation** Empfehlungsrecht; – **de réformation** Änderungsbefugnis.
pouvoir réglementaire *(ÖfR)* Befugnis zum Erlaß von Gesetzen im materiellen Sinne (durch die frz. Regierung), Normsetzungsbefugnis (der Regierung); Rechtsetzungsbefugnis *f*, Verordnungsrecht; – **réguler** ordnungsgemäße Vollmacht; – **de représentation** *(ZR)* Vertretungsmacht *od.* -befugnis; Vollmacht; – **répressif** *ou* **de répression** *(StR)* Strafverfolgung(sbehörde); – **de sanction** Disziplinargewalt, Strafbefugnis; – **de signer** *(VwR)* Zeichnungsbefugnis *f*; – **souverain** *(VerfR)* Machtvollkommenheit *f*, uneingeschränkte Macht.
pouvoir de souveraineté *(VerfR)* Hoheitsbefugnis, Hoheitsgewalt; – **spécial** *(ZR)* Sondervollmacht; – **spirituel** *(Pol)* geistiger Führungsanspruch; – **de substitution** (1) *(ZR)* Befugnis zur Bestellung eines Unterbevollmächtigten, (2) *(StPR)* Substitutionsrecht; – **suprême** höchste *od.* oberste Gewalt; – **de surveillance** Überwachungsbefugnis, Kontroll- *od.* Aufsichtsrecht; – **temporel** *(KirchR)* weltliche Macht; – **de tester** *(ErbR)* Testierfähigkeit; – **de tutelle** (1) *(VwR)* (staatliche) Aufsicht *f*, Aufsichtsgewalt, (2) *(FamR)* Vormundschaft *f*, vormundschaftliches Sorgerecht.
2. **pouvoirs: confusion des –** *(VerfR)* Nichtbeachtung des Grundsatzes der Gewaltenteilung; **délégation de –** Übertragung *od.* Delegierung von Befugnissen; **excéder ses –, outrepasser ses –** (1) *(VwR)* seine Befugnisse überschreiten, (2) *(ZR)* seine Vollmacht überschreiten; **passation des –** Amtsübergabe *f*; **pleins –** *(ZR)* Generalvollmacht; **séparation des –** *(VerfR)* Gewaltenteilung; **vérification des –** (1) *(ZR)* Prüfung der Vollmacht, (2) *(VerfR)* Prüfung der Mandate; – **exceptionnels** *(VerfR)* Notstandsrecht, Sonderbefugnisse.
pouvoirs implicites *(VR)* implizite Zuständigkeiten, implied powers.
pouvoirs publics (1) *(ÖfR: toutes les autorités publiques)* öffentliche Hand, Staat *m*; Behörden *fpl*, staatliche Stellen *fpl*; Staatsapparat *m*, (2)

(VerfR: les autorités instituées par la Constitution) Verfassungsorgane *npl*, durch die Verfassung vorgesehene Staatsorgane.

praeter legem *(lat.: dans le silence de la loi, à défaut de texte, pour combler une lacune de la loi écrite)* zwecks Füllung einer Gesetzeslücke.

pragmatique *adj* pragmatisch, sachbezogen; **sanction** – *(hist.: édit d'un souverain pour régler une affaire importante)* pragmatische Sanktion, landesherrliches Grundgesetz.

praticable *adj* (1) durchführbar, anwendbar; ausführbar; tunlich, (2) *(StVR: route carrossable)* befahrbar; **moyen** – geeignetes Mittel.

praticien *m* (1) *(PrzR)* Anwalt *m*, Jurist *m*, Rechtspraktiker *m*, (2) praktischer Arzt.

pratique *f* (1) *(ÖfR, ZR: application du droit)* Rechtsanwendung *f*, Rechtspraxis *f*, (2) *(ZR: coutume, usage)* Übung *f*, Gewohnheit *f*; Praxis *f*; Brauch *m*, (3) *(activité)* Handhabung *f*, Verfahrensart *f*, Praktik *f*, Methode *f*, (4) *(agissement, conduite)* Vorgehen *n*, Gebaren *n*, Handlungsweise *f*, (5) *(expérience)* (Berufs-)Erfahrung, (langjährige) Praxis *f*, (6) *(HR: client)* Kunde *m*, Kundschaft *f*, Kundenkreis *m*, (7) *(Prz)* Gerichtsverfahren *n*; **de – courante** allgemein üblich; **mettre en –** in die Praxis umsetzen; zum freien Verkehr zugelassen werden; **terme de –** juristischer Ausdruck (aus dem Verfahrensrecht); **style de –** Gerichtssprache *od.* -stil *m*.

pratique administrative Verwaltungsgepflogenheiten *fpl*, Verwaltungsübung *od.* -praxis *f*; **– ancienne et commune** langdauernde u. (weit)verbreitete Übung; **– arbitrale** Schiedsgerichtspraxis; **– commerciale** Verkehrsauffassung *f*, Handelspraktiken *pl*, Geschäftsgebaren *n*; **– concertée** *(GesR)* geheime (illegale) Absprache; **– discriminatoire** (1) *(VR)* Diskriminierung, (2) *(EuR)* Ungleichbehandlung; **– du droit des gens** Völkerrechtsübung, völkerrechtliches Gewohnheitsrecht; **– des États** Staatenpraxis; **– interdite** verbotenes Verhalten; **– judiciaire** (1) *(jurisprudence)* Rechtsprechung, (2) *(usage du palais)* Gewohnheitsprozeßrecht, (3) richterliche Rechtsanwendung; **– juridique** Rechtspraxis; **– notariale** notarielles Gewohnheitsrecht; **– professionnelle** Gepflogenheiten *fpl* des Berufslebens; **– des tribunaux** Gerichtspraxis; **–s de vente** Verkaufspraktiken *od.* -usancen.

pratiquer *v.tr.* (1) (Beruf) ausüben, betreiben, (2) (Recht) anwenden, (3) (Religion) ausüben; **– le chantage** jmdn. erpressen; **– le concubinage** in einer eheähnlichen Gemeinschaft leben; **– des prix élevés** hohe Preise verlangen.

préalable *adj* vorhergehend, Vor-; vorausgehend, vorherig; **au –** vorher, zuvor; **budget –** (Haushalts-)Voranschlag *m*; **contrôle –** vorgängige Kontrolle; **examen –** Vorprüfung; **sans avis –** ohne Vorankündigung; **question –** Vorfrage *f*.

préalable *m* Vorbedingung *f*, Voraussetzung *f*; **– administratif** Vorentscheidung der Verwaltung.

préalablement *adv* vor, vorher, zuvor, davor.

préambule *m* (1) *(VerfR, VR)* Präambel *f*, Vorspruch *m*, Einleitung *f*, (2) Vorrede *f*; Eingangsformel *f*; **– de la revendication** *(PatR)* Oberbegriff *m* eines Anspruchs.

préavis *m* (1) *(ArbR: délai-congé)* Kündigungsfrist *f*; Kündigung *f*, (2) *(VwR: avertissement préalable)* Ankündigung, vorherige Mitteilung; **conversation avec –** Gespräch mit Voranmeldung, V-Gespräch; **délai de –** Kündigungsfrist; **dépôt à –, fonds à –** *(BankR)* Kündigungsgeld; **sans –** fristlos; **taxe de –** Voranmeldungsgebühr *f*, Benachrichtigungsgebühr; **– de congédiement** *(ArbR)* Kündigung, Kündigungsfrist; **– de grève** Streikankündigung; **– légal** gesetz-

préaviser

liche Kündigungsfrist; **– de retrait** Kündigung.

préaviser *v.tr.* kündigen, eine Kündigung aussprechen.

prébende *f* (1) *(KirchR)* Pfründe *f*, (2) *(Pol)* einträglicher Posten.

précaire *adj* widerruflich, auf Widerruf; zeitlich begrenzt; unsicher, schwankend; ungewiß; prekär; **détenteur –** *(SachR)* Gewahrsaminhaber *m*; **détention –** *(SachR: es gibt in Frankreich keinen Fremdbesitz, nur Eigenbesitz!)* Gewahrsam *m*; **emploi –** zeitlich (eng) begrenztes Arbeitsverhältnis, befristeter Arbeitsvertrag; Zeitarbeitsverhältnis *n*; **possession –** Gewahrsam *m*, zeitlich begrenzter Besitz; **résultat –** knappes Ergebnis; **santé –** labiler Gesundheitszustand; **situation –** *(SozR)* unsichere, ärmliche Lebensverhältnisse; **à titre –** vorübergehend, zeitlich begrenzt, in einem beschränkten zeitlichen Rahmen; **travailleur –** Arbeitnehmer mit befristetem Arbeitsvertrag *od.* Kettenarbeitsvertrag.

précaire *m* widerrufliche Vergünstigung.

précarisation *f* **(de l'emploi)** Einführung befristeter Arbeitsverhältnisse im immer größeren Ausmaß.

précariser *v.tr.* in die Armut führen; immer kurzfristigere Arbeitsverträge anbieten.

précarité *f* (1) *(ArbR)* Widerruflichkeit *f*; zeitliche Beschränkung, (2) Unsicherheit *f*, Ungewißheit, (3) *(SozR)* Hilfsbedürftigkeit, Armut *f*; **– de la détention** *(SachR)* zeitliche Begrenztheit des Gewahrsams.

précaution *f* Vorsicht *f*, Vorsichtsmaßregel *f*; **par mesure de –** vorsorglich; **prendre les –s qui s'imposent** alle erdenklichen *od.* erforderlichen Vorkehrungen treffen.

précédent *adj* vorhergehend, vorangehend; früher.

précédent *m* (1) *(PrzR: antécédent)* Präzedenzfall *m*, Vorentscheidung, Präjudiz *n*, (2) *(i.w.S.)* Beispiel *n*; **sans –** beispiellos.

précompte

précéder *v.tr.* (1) (zeitlich) vorhergehen, (2) den Vorrang vor jmdn. haben.

précensure *f* Vorzensur *f*.

précepte *m* Grundsatz *m*; allgemeingültige Vorschrift; Gebot *n*, Regel *f*.

précepteur *m* Hauslehrer, Erzieher.

précieux *adj* wertvoll, kostbar; **pierre –cieuse** Edelstein.

précipitamment *adv* voreilig, übereilt; **fuir –** hastig *od.* überstürzt den Ort des Geschehens verlassen.

précipitation *f* (1) Überstürzung *f*, Übereilung, Voreiligkeit; Hast *f*, (2) Niederschlag *m*.

préciput *m* *(EheR, ErbR: avantage matrimonial)* Voraus *m*, Vorausanteil *m* (des überlebenden Ehegatten); Vorausvermächtnis *n*; **– conventionnel** vertraglich eingeräumter Voraus.

préciputaire *adj*: **avantage –** *(FamR, ErbR: dispensé de rapport, hors part)* nicht anrechenbarer Vorausanteil.

précis *adj* genau bestimmt; kurz und deutlich; pünktlich; **mesure –e** Feinmessung *f*.

préciser *v.tr./v. pron.* klarstellen, genauer bestimmen, eindeutiger beschreiben, erläutern; **se –** sich klar abzeichnen.

précision *f* Richtigkeit, Genauigkeit, Klarheit; genaue Information; **déterminer avec –** genau festlegen; **instrument de –** Präzisionsinstrument *n*; **mécanicien de –** Feinmechaniker.

précité *adj* obengenannt (= o.g.), vorgenannt.

précoce *adj* vorzeitig; frühzeitig; frühreif.

précommande *f* *(HR)* Option *f*; Vorbestellung.

précompte *m* *(Buchf, ArbR, SteuerR)* einbehaltener Betrag, Einbehaltsbetrag *m*; Vorausabzug; **par voie de –** durch Vorwegabzug; **– immobilier** *(B)* Grundsteuer *f*; **– sur impôt** Steuervorauszahlung; **– sur le salaire** *(ArbR, SteuerR)* Abzug *m* (der Lohnsteuer, der Sozialversi-

cherungsbeiträge) vom Lohn vor der Auszahlung; Lohnabzug *m*.
précompter *v.tr.* (1) *(HR)* abziehen; schätzen, (2) *(SozR)* einbehalten, (3) *(SteuerR)* vorweg abziehen; voraus bezahlen.
préconçu *adj* vorgefaßt; **idée −e, opinion −e** Vorurteil *n*, vorgefaßte Meinung.
préconiser *v.tr.* empfehlen, vorschlagen, befürworten.
préconjugual *adj* vorehelich.
préconstitution *f* **de la preuve** Beweissicherung *f*.
précurseur *m* Vorläufer *m*, Wegbereiter *m*; **signe −** Vorbote *m*, erstes Anzeichen.
prédécédé *m* Vorverstorbene(r).
prédécès *m* *(ErbR)* vorher eingetretener Todesfall.
prédécesseur *m* (1) Vorgänger (im Amte), (2) *(pl, ErbR)* Vorfahren *fpl*; **− en droit(s)** Rechtsvorgänger.
prédemande *f* *(VwR)* informelle Anfrage (vor der Stellung eines Antrags).
prédestination *f* Vorausbestimmung.
prédiction *f* Vorhersage *f*, Voraussage, Prognose *f*.
prédisposition *f* Anlage *f*, Veranlagung *f*; **− à une maladie** Zustand *m*, der eine Krankheit begünstigt.
prédominance *f* Vorherrschaft *f*, Hegemonie *f*; Überlegenheit; Übergewicht *n*.
préélectoral *adj* die Wahlperiode betreffend; **promesse −e** Wahlversprechen *n*.
préemballé *adj* verkaufsfertig abgepackt.
prééminence *f* Vorrang *m*, Vorrangstellung *f*; **− du droit** Vorherrschaft des Rechts; **− du droit européen** Vorrang *m* des europäischen Rechts.
préemploi *m* vorübergehende Einstellung, vorläufige Verwendung.
préempter *v.tr.* auf dem Wege des Vorkaufsrechts erwerben.
préemption *f* *(SchuldR: droit de préemption, option d'acquérir)* Vorkaufsrecht *n*.

préenquête *f* Voruntersuchung *f*.
préétude *f* Projektstudie *f*.
préexistant *adj* bereits vorhanden, vorherbestehend, vorhergehend, früher begründet.
préfabriqué *adj*: **élément −** Fertigbauteil *n*.
préface *f* Vorrede *f*, Einleitung *f*.
préfectoral *adj* den Präfekten betreffend; Präfektur-; **arrêté −** Präfektoralerlaß *m*; **corps −** Laufbahngruppe der Präfekten.
préfecture *f* Präfektur *f*, Amtssitz des Präfekten; Amtszeit *f* des Präfekten; Hauptstadt *m* des Département; **− maritime** *f* Marinepräfektur, frz. Kriegshafen(bezirk: z.B. Cherbourg, Brest u. Toulon); **− de police** Polizeipräfektur *f*.
préférence *f* Vorzug *m*; Vorrang *m*; Vergünstigung *f*; **de −** vorzugsweise; **droit de −** *(Zwangs VR)* Recht der vorzugsweise Befriedigung, Vorzugsrecht *n*; **ordre de −** Rangfolge *f*, Prioritätsordnung *f*; **− communautaire** Gemeinschaftspräferenz; **− tarifaire** Zollpräferenz *f*.
préférentiel *adj* begünstigt, bevorzugt; Vorzugs-; **droits −s** Vorzugszoll *m*; **tarif −** Zollpräferenz *f*; **traitement −** Vorzugsbehandlung; **vote −** echte Persönlichkeitswahl (durch kumulieren *od.* panaschieren).
préférer *v.tr.* vorziehen, den Vorzug geben.
préfet *m* *(VwR: haut fonctionnaire relevant du gouvernement)* Präfekt *m*, oberster frz. Regierungsbeamte(r) in einem Departement (oder in einer Region); **− délégué** Stellvertreter des Regionalpräfekten; **− départemental** (Departement-)Präfekt; **− maritime** Admiral, dem ein Küstenbezirk untersteht; **− de police** Polizeipräfekt (in Paris); **− de région** Regionalpräfekt; Präfekt, dem sämtliche Departments innerhalb einer Region unterstehen.
préfigurer *v.tr.* ankündigen.
préfinancement *m* Vorfinanzierung.

préfix *adj (ZR: déterminé, fixé d'avance)* vorher festgelegt, festgesetzt, (gerichtlich) anberaumt, vorausbestimmt; **délai –** *(ZR: délai prescrit impérativement par la loi)* Ausschlußfrist *f*, Verfallfrist.

préfixer *v.tr.* festsetzen, anberaumen.

préfixion *f* (1) *(fixation d'un délai)* Festsetzung einer Frist, (2) *(délai fixé)* festgesetzte *od.* vereinbarte Frist.

préhension *f* (1) *(StR: arrestation d'une personne)* Festnahme *f*, Ergreifung, (2) *(VwR: réquisition d'un bien)* Beschlagnahme *f*, zwangsweise Sicherstellung.

préjudice *m (SchuldR: dommage subi par une personne)* Schaden *m*; Schädigung *f*; Nachteil *m*, Beeinträchtigung *f* (der Rechte); **au – de qqch.** zum Nachteil von, zuungunsten von; **auteur du –** Schadensverursacher *m*; **cause un –** schädigendes Ereignis, Schadensursache *f*, Ursache des eingetretenen Schadens; **causer un – à qqn.** jmdn. einen Schaden zufügen, schädigen; **demander réparation du –** Schadensersatz fordern; **faire – von** Nachteil sein; **idées de –** Renten- *od.* Unfallneurose *f*; **fait générateur du –** Schadensursache *f*; **porter – à qqn.** jmdn. schädigen *od.* benachteiligen; **réparation du –** Schadensersatz, (Geld-)Entschädigung; **réparation du – immatériel** *ou* **moral** Schmerzensgeld *n*; **réparer un –** den Schaden ersetzen, Schadensersatz leisten; **sans – de qqch.** unter Vorbehalt sämtlicher Rechte; **subir un –** einen Schaden erleiden; **victime du –** Geschädigte(r).

préjudice actuel et certain gegenwärtiger und bestimmter Schaden; **– d'agrément** Beeinträchtigung des Wohlbefindens; entgangene Lebensfreude; **–s en cascade** Folgeschäden; **– corporel** Personenschaden, Körperschaden; **– direct** unmittelbarer Schaden; **– économique** Vermögensschaden; **– esthétique** Entstellungs- *od.* Verunstaltungsschaden, bleibende körperliche Schädigung, Gesichtsschwächung; **– extra-patrimonial** Nichtvermögensschaden, ideeller Schaden, immaterieller Schaden; **– immatériel pur** (reiner) Vermögensschaden; **– incertain et éventuel** künftiger und unbestimmter Nachteil; **– juvénile** entgangenen Lebensfreude des Kindes; **– matériel** materieller Nachteil, materieller Schaden; **– moral** Nichtvermögensschaden, ideeller *od.* immaterieller Schaden; **– patrimonial** *ou* **pécuniaire** Vermögensschaden, wirtschaftliche Schädigung *f*, Vermögensnachteil; **– par perte d'affection** Schaden durch seelischen Schmerz *od.* durch Verletzung des Affektionsinteresses; **– résultant du retard** Verzugsschaden; **– par ricochet** Drittschaden, mittelbarer Schaden; **– subi** erlittener Schaden.

préjudiciable *adj (= dommageable)* schädigend, schadenstiftend; einen Nachteil verursachend, nachteilig, beeinträchtigend.

préjudiciaux *adj:* **frais –** *(ZPR)* Berufungsgebühren; Berufungskostenvorschuß *m*.

préjudiciel *adj (PrzR)* präjudiziell, vorab zu entscheiden; **question – le** Vorfrage.

préjudicier *v.intr. (ZR: porter préjudice)* benachteiligen, schädigen, Schaden zufügen.

préjugé *m* (1) *(PrzR)* früheres Urteil, Präjudiz *n*, (2) *(AllgSpr)* Vorurteil *n*, vorgefaßte Meinung.

préjuger *v.tr.* (1) *(PrzR)* vorab entscheiden, einen Vorbescheid erlassen, (2) vermuten, mutmaßen.

prélegs *m (ErbR: legs particulier)* Damnationslegat *n*, Sondervermächtnis *n* (einzelner Gegenstände).

prélèvement *m* (1) *(ZR)* Vorausentnahme *f*, Entnahme (aus der Gesamthandsgemeinschaft), Vorwegnahme, (2) *(SteuerR)* Abgabe *f*; Erhebung *f* (von Steuern), Hebung, (3) *(ArbR, SozVers)* Abzug *m*, einbehaltener Betrag *m*, zurückbehaltener Betrag *m*; **– agricole** *(EU)* (Agrarmarkt-)Abschöpfung *f*; **–(s) automatique(s)** *(BankR)* Dauerauftrag; **– d'un compte** Abhebung, Abbuchung; **– dérivé** *(EU)* abgeleiteter Abschöpfungsbetrag; **– d'un échantillon** Probeentnahme *f*; **– en espèces** Barabhebung; **– intracommunautaire** *(EU)* innergemeinschaftlicher Abschöpfungsbetrag; **– obligatoire** *(SteuerR)* Steuer *f*, Abgabe; **– de péréquation** Ausgleichsumlage; **– sur les réserves** Entnahme aus den Rücklagen; **– sur les salaires** Lohnabzug *m*; **– à la source** *(SteuerR)* Quellenbesteuerung *f*, Vorwegabzug *m*, Abzug *od*. Erhebung an der Quelle; **– au titre des réparations** Rückerstattung- *od.* Wiedergutmachungsbeitrag.

prélever *v.tr.* (1) (Geld) abheben, abbuchen, (2) (Gegenstände) entnehmen, (3) (Steuern) erheben, einziehen, (4) (Betrag) abziehen, einbehalten.

préliminaire *adj* einleitend; vorbereitend; **contrat –** Vorvertrag *m*; **dispositions –s** Einleitung, einleitende (gesetzliche) Bestimmungen; **enquête –** Voruntersuchung.

préliminaire *m* Einleitung *f*; **– de conciliation** (obligatorisches) Sühneverfahren *n*.

préliminaires *mpl* *(VR)* Vorverhandlungen *fpl*, vorläufige Vereinbarung; **– des débats** Vorbereitung der Hauptverhandlung; **– de paix** Vorfriedensvertrag *m*, Präliminarfrieden *m*.

prématuré *adj* voreilig, zu früh, verfrüht; frühzeitig; frühreif; **accouchement –** Frühgeburt *f*; **enfant –** Frühgeborenes, lebendes Neugeborenes mit weniger als 37 abgeschlossenen Wochen.

préméditation *f* *(StR: dessein réfléchi de commettre une infraction pénale, art. 221-3 NCP)* im voraus gefaßter Plan (ein Verbrechen zu begehen); qualifizierendes Merkmal des Vorsatzes beim Mord; Vorbedacht *m*, Vorausplanung; Absicht *f*; **avec –** mit Vorbedacht, vorsätzlich.

préméditer *v.tr.* (ein Verbrechen) planen, (bei einer Straftat) mit Überlegung und nach Plan vorgehen, mit Vorbedacht handeln; **– un crime** ein Verbrechen planmäßig durchführen.

prémices *fpl* Anfang *m*, Beginn *m*; Vorahnung.

premier *adj/adv* (der, die, das) erste; anfänglich; **au – abord, à –ière vue, en – lieu** zunächst, vorab, bis auf weiteres.

Premier Ministre *m* (der) frz. Premierminister, Premier *m*; **– président** *(GVR)* frz. Gerichtspräsident.

première de change *(WechselR)* Erstausfertigung *f*; **en – instance** *(PrzR)* in erster Instanz, im ersten Rechtszug *m*.

prémisse *f* Vordersatz *m* eines Schlusses; Voraussetzung.

prémourant *m* als erster Verstorbene(r).

prémunir *v.tr./v. pron* (sich) schützen, Vorsorge treffen.

prenant *adj* *(SchuldR: qui reçoit de l'argent)* (eine Geldleistung) empfangend, in Empfang nehmend, erhaltend; **partie –e** Empfänger; *fig* betroffene *od.* durch ein Angebot interessierte Partei.

prénatal *adj* vor der Geburt, pränatal; **allocation –e** Schwangerschaftsbeihilfe.

prendre acte de zur Kenntnis nehmen; **– de l'ampleur** zunehmen; **– en charge** (1) (Kosten) übernehmen, (2) (Person) Unterhalt leisten; **– connaissance de qqch.** etwas zur Kenntnis nehmen; **– en charge** (Kosten) übernehmen; (Urkunde) in Obhut nehmen; **– en compte, – en considération** beachten, berücksichtigen, in Erwägung ziehen; **– une décision** eine Entscheidung treffen; **– la défense de qqn.** jmdn. verteidigen, für jmdn. eintreten; **– une déposition** eine (Zeugen-)Aussage aufnehmen; **– effet** wirksam werden; **– un engagement** sich

prendre note / **prescriptibilité**

verpflichten; – **fait et cause pour qqn.** sich für jmdn. einsetzen, jmdm. beistehen; – **qqn. en filature** jmdn. beschatten, jmdn. verfolgen; – **fin** zu Ende gehen; – **les frais à sa charge** die Kosten übernehmen; – **la mer** (Schiff) auslaufen; – **des mesures** Maßnahmen ergreifen.

prendre note zur Kenntnis nehmen; – **position** Stellung nehmen; – **possession** übernehmen, in Gewahrsam nehmen; – **le pouvoir** (1) *(légalement)* die Macht übernehmen, die Regierungsgewalt übernehmen, (2) *(par la force)* die Macht ergreifen; – **des précautions** Vorsichtsmaßregeln ergreifen; – **du recul** eine Angelegenheit noch einmal überdenken; – **du retard** sich verzögern, sich in die Länge ziehen; – **un risque** ein Risiko eingehen; – **une sanction** bestrafen, ahnden, eine Strafmaßnahme treffen, eine Sanktion verhängen.

preneur *m* (1) *(HR: acheteur)* Abnehmer *m*, Käufer *m*, (2) *(SchuldR: locataire)* Mieter *m*, (3) *(SchuldR: fermier)* Pächter, (3) *(WechselR)* Wechselnehmer, Remittent *m*; – **d'assurance** Versicherungsnehmer; – **à bail** Pächter *m*; Mieter *m*; – **de licence** Lizenzerwerber *od.* -nehmer.

prénom *m* Vorname *m*; – **usuel** Rufname *m*.

prénommé *adj* vorgenannt.

prénotation *f* Vormerkung *f*.

prénuptial *adj*: **certificat –** (voreheliches) Gesundheitszeugnis *n*.

préoccupant *adj* besorgniserregend.

préopinant *m* Vorredner *m*; Person, die als erste ihr Votum abgibt.

préparatifs *mpl* Vorbereitungen *fpl*, Vorkehrungen *fpl*.

préparatoire *adj* vorbereitend; **instruction –** *(PrzR)* schriftliches Vorverfahren (mit dem Austausch der Schriftsätze); **jugement –** Zwischenurteil *n*.

prépondérance *f* Übergewicht *n*, Vorherrschaft *f*, Vormachtstellung.

prépondérant *adj* überwiegend, entscheidend; **torts –s** *(FamR)* überwiegendes Verschulden; **voix –e** (bei Stimmengleichheit) ausschlaggebende Stimme.

préposé *m* (1) *(SchuldR: celui qui exerce une fonction sous la subordination d'une autre)* Erfüllungsgehilfe *m*, (2) *(ArbR)* Verrichtungsgehilfe, Hilfsperson *f*, (3) *(i.w.S.)* Beauftragter *m*, (4) *(BeamR: agent subalterne)* Beamte(r) des einfachen *od.* mittleren Dienstes, (5) *(Post: facteur)* Briefträger *m*; **responsabilité du fait des –s** Haftung *f* (des Geschäftsherrn) für den Erfüllungsgehilfen; – **des douanes** Zollbeamte(r); – **du livre foncier** Grundbuchführer; – **au registre du commerce** Handelsregisterführer.

préposer *v. tr* betrauen, beauftragen mit.

préposition *(SchuldR, ArbR: lien de subordination)* (Arbeitsverhältnis mit) Weisungsgebundenheit des Erfüllungsgehilfen.

prépotence *f* Vormacht *f*, Vormachtstellung.

prépublication *f* Vorabdruck *m*.

préréquisition *f* *(ZwangsVR)* Zeitabschnitt zwischen der Ankündigung der Beschlagnahme und dieser selbst.

préretraite *f* *(SozVers: retraite anticipée)* Vorruhestand (im öffentlichen Dienst); vorgezogenes Altersruhegeld; **régime de la –** Vorruhestandsregelung.

prérogative *f* (1) *(ÖfR: privilège)* Vorrecht *n*, Prärogative *f*, (2) *(ZR: droit subjectif)* (subjektives) Recht *n*, Befugnis *f*; **–s et charges** *(ZR)* Rechte u. Pflichten (einer Partei); – **de puissance publique** öffentlich-rechtliche Befugnis.

présalaire *m* Ausbildungsvergütung; Ausbildungszuschuß.

prescripteur *m* *(GesR)* Auftraggeber für eine (externe) Betriebsprüfung.

prescriptibilité *f* (1) *(SchuldR)* Verjährbarkeit *f*, (2) *(SachR)* Ersitzbarkeit *f*.

prescriptible *adj* verjährbar; ersitzbar, der Ersitzung (Verjährung) unterliegend.

prescription *f* (1) *(ÖfR: disposition légale, directive)* Vorschrift *f*, Richtlinie *f*, Festlegung *f*; (2) *(SachR: mode d'acquisition)* Ersitzung *f*, (3) *(PrzR, ZR: écoulement d'un délai)* Verjährung *f*; Verjährungsfrist *f*; Verwirkung (eines Rechts); **délai de** – (1) Verjährungsfrist, (2) Ersitzungsfrist; **être atteint par la** – verjährt sein; **exception de** – Verjährungseinrede *f*; **expiration de la** – Ablauf der Verjährungs- bzw. Ersitzungsfrist; **frappé de** – verjährt; **interruption de la** – Unterbrechung der Verjährung; **suspendre la** – die Verjährung hemmen; **suspension de la** – (1) Verjährungshemmung *f*, Ruhen *n* der Verjährung, (2) Hemmung der Ersitzungsfrist.

prescription abrégée (1) verkürzte Verjährungsfrist, (2) verkürzte Ersitzungsfrist; – **acquise** (1) vollendete Verjährung, (2) eingetretene Ersitzung; – **acquisitive** Ersitzung; – **de l'action pénale** *(StPR)* Strafverfolgungsverjährung; – **administrative** Verwaltungsvorschrift; – **communautaire** *(EU)* Gemeinschaftsverordnung; – **criminelle** (1) Strafverfolgungsverjährung, (2) Strafvollstreckungsverjährung; – **décennale** zehnjährige Verjährung (Ersitzung); – **dérogatoire** abweichende Regelung, derogierende Bestimmung; – **d'un droit** Verjährung eines Anspruchs *od.* eines Rechtes; – **d'exploitation** Betriebsvorschrift; – **extinctive** (anspruchsvernichtende) Verjährung.

prescription de fond materiellrechtliche Vorschrift; – **de forme** Formvorschrift; – **impérative** Mußvorschrift, zwingende Vorschrift, zwingendes Recht; – **interprétative** Auslegungsvorschrift; – **juridique** Rechtsvorschrift; – **légale** gesetzliche Vorschrift, Gesetz; – **libératoire** (schuldbefreiende) Verjährung; – **médicale** Rezept *n*; – **non sanctionnée** Sollvorschrift; – **obligatoire** *(ZR)* Mußvorschrift, zwingende Vorschrift, zwingendes Recht; – **de la peine** Strafvollstreckungsverjährung; – **pénale** (1) Strafvorschrift, (2) Strafverfolgungsverjährung; – **potestative** Ermessensvorschrift, Kannvorschrift; – **des poursuites** Verfolgungsverjährung; – **réglementaire** (1) *(ÖfR)* Rechtsverordnung, Regierungsverordnung, (2) Verwaltungsvorschrift; – **trentenaire** dreißigjährige Verjährung (Ersitzung).

prescrire *v.tr./v. pron.* (1) vorschreiben, bestimmen, verordnen, anordnen, (2) ersitzen, (3) verjähren.

prescrit *adj* vorgeschrieben; festgelegt, festgesetzt; verjährt, verfallen; **délai** – festgesetzte Frist; **dans le délai** – fristgemäß; **dans la forme** –**e** in der vorgeschriebenen Form.

préséance *f* Vortritt *m*, Vorrang *m*.

présélection *f* Vorauswahl *f*.

présence *f* (1) Anwesenheit *f*, Anwesendsein *n*, (2) *(ArbR)* Betriebszugehörigkeit; Beschäftigungszeit, Dienstzeit; **certificat de** – Anwesenheitsbescheinigung; **contrôle de** – Anwesenheitskontrolle *f*; **droit de** – *(ArbR: syn. jetons de présence)* Sitzungsvergütung; **en** – **de** in Anwesenheit von, in Gegenwart von; **feuille de** – Anwesenheitsliste *f*; **jetons de** – Sitzungsgeld *od.* -vergütung; **mettre en** – *(StPR: confronter)* gegenüberstellen; **parties en** – *(ZPR)* (die beiden) Prozeßparteien; Prozeßrechtsverhältnis *n*; **quorum de** – *(GesR)* Beschlußfähigkeit; **registre de** – Anwesenheitsliste *f*; **d'esprit** Geistesgegenwart.

présent *adj* (1) *(personne)* anwesend, gegenwärtig, (2) *(texte juridique)* vorliegend; **la** –**te** vorliegendes Schreiben; **le** – **contrat** vorliegender Vertrag; **par la** –**te** hiermit, hierdurch; – **au moment des faits** Augenzeuge *m*, Zeuge; – **à la**

mémoire erinnerlich, (dem Gedächtnis) gegenwärtig.
présent *m* Geschenk *n*; **faire – de qqch. à qqn.** jmdn. ein Geschenk machen; **– d'usage** übliches (Geburtstags-, Hochzeits-, Jubiläums-)-Geschenk.
présentateur *m* (1) *(WechselR)* Überbringer *m*, (2) *(MedienR)* (Nachrichten-)Sprecher *m*, Diskussionsleiter.
présentation *f* (1) Vorschlag *m*, (2) Einreichung *f*, Vorlage *f*, Vorlegung *f*, (3) *(Ware)* Gestaltung *f*, Aufmachung, (4) *(Wz)* Ausstattung, (5) Darstellung; Vorführung; Einführung, (6) äußere Form; **délai de –** Vorlagefrist *f*; **droit de –** Vorschlagsrecht *n*; **liste de –** Vorschlagsliste; **– à l'acceptation** *(WechselR)* Vorlage zur Annahme, Akzeptvorlage; **– des comptes** Rechnungslegung; **– à domicile** Zustellversuch *m*; **– des faits** Sachverhaltsdarstellung; **– des marchandises à la douane** Gestellung; **– de moyens nouveaux** *(PrzR)* neues Vorbringen *n*; **– au paiement** Vorlage *od.* Einreichung zur Zahlung; **– d'une requête** *(VwR)* Antragstellung; **– tardive** verspätetes Vorbringen.
présentement *adv* gegenwärtig, jetzt, derzeit, augenblicklich; heutzutage, zur Zeit.
présenter *v.tr./v. pron.* (1) vorschlagen, vorstellen, (2) einreichen, vorlegen, (3) anbieten, überreichen; **se –** (1) erscheinen, (2) *(élections)* sich aufstellen lassen; **– une demande** einen Antrag stellen; **– qqn. pour un emploi** jmdn. für ein Amt vorschlagen; **– de nouveaux faits** neue Tatsachen vorbringen.
présentoir *m* Verkaufsständer *m*; **– frigorifique** Tiefkühltruhe *f*, Kühltheke *f*.
présérie *f* Nullserie *f*, Vorserie.
préservation *f* (vorbeugender) Schutz; **– des droits d'une personne** *(PrzR)* Rechtsschutzgewährung; **– de l'environnement** Umweltschutz *m*.

préserver *v.tr.* bewahren, schützen, verteidigen; **– la biodiversité** den Artenreichtum schützen; **– ses propres intérêts** die eigenen Interessen wahrnehmen.
présidence *f* (1) Vorsitz *m*; Leitung *f*, (2) Präsidentschaft *f*, (3) Amtssitz des Präsidenten, Präsidialamt *n*; **assurer la –** den Vorsitz führen.
président *m* (1) Vorsitzende(r) *m*, (2) Präsident *m*, (3) Verhandlungsleiter; **– d'âge** Alterspräsident; **– du bureau de vote** Wahlvorsteher *m*, Wahlvorstand; **– de chambre** Kammervorsitzende(r) (beim frz. Berufungsgericht); **– du conseil d'administration** *(GesR: société anonyme à deux organes)* Verwaltungsratvorsitzende(r) (der alten Rechtsform der frz. AG), (entspricht in etwa dem Vorstandsvorsitzenden der dt. AG); **– du conseil (des ministres)** *(VerfR, hist)* Ministerpräsident; **– départiteur** *(PrzR)* (vorsitzender) Richter, dessen Stimme bei Stimmengleichheit den Ausschlag gibt; **– directeur général** *(GesR: P. D. G.)* Vorsitzender des Verwaltungsrates *od.* des Vorstandes (einer Aktiengesellschaft); Generaldirektor *m*; **– en exercice** geschäftsführender Vorsitzende(r); amtierender Präsident; **– de groupe** *(VerfR: groupe parlementaire)* Fraktionsvorsitzende(r); **– d'honneur** Ehrenvorsitzende(r), Ehrenpräsident; **– par intérim** vorläufiger Präsident.
président de la République frz. Staatspräsident, Präsident der frz. Republik, Staatsoberhaupt; **– de séance** Sitzungspräsident; **– sortant** scheidender Vorsitzende(r); **– du sénat** Senatspräsident; **– du tribunal** Gerichtspräsident.
présidentiable *adj* aussichtsreicher Präsidentschaftsbewerber.
présidentialisme *m* *(VerfR: régime présidentiel)* Präsidialsystem *n* (mit Vorherrschaft des Staatspräsidenten).
présidentiel *adj* Präsidenten-, Präsi-

dentschafts-; **élections –lles** Präsidentschaftswahlen; **régime** ou **système** – Präsidialverfassung, Präsidialdemokratie.
présider *v.tr. dr./ind.* leiten, den Vorsitz führen, präsidieren.
présidium *m* Präsidium *n*, leitendes Gremium *n*.
présomptif *adj* mutmaßlich, vermutlich, voraussichtlich; **héritier –, successeur –** zukünftiger Erbe.
présomption *f (ZR, PrzR: mode de raisonnement juridique en vertu duquel de l'établissement d'un fait on induit un autre fait qui n'est pas prouvé, art. 1349-1353 Cciv)* Schluß, welchen das Gesetz (oder das Gericht) von einer bekannten Tatsache auf eine unbekannte Tatsache zieht; (Beweis-)Vermutung *f*, Präsumtion, Mutmaßung *f*; Annahme *f*, Voraussetzung *f*; **détruire une –** eine Vermutung entkräften; **d'absence** Abwesenheitsvermutung; **– absolue** *(syn.: irréfragable)* unwiderlegbare Beweisvermutung; **– de décès** Todesvermutung; **– de dommage** Schadenverdacht *m*; **– du droit** Rechtsvermutung, praesumtio iuris, Rechtszustandsvermutung.
présomption de fait, – du fait de l'homme *(ZR: art. 1353 Cciv)* tatsächliche Vermutung (als Schlußfolgerung des Richters), Erfahrungssatz *m*; Anzeichenbeweis *m*, Indizienbeweis, Beweis des ersten Anscheins; **– de faute** vermutetes Verschulden, Schuld- od. Verschuldensvermutung *f*; **– de fuite** *(StR)* Fluchtverdacht *f*; **– de l'homme** tatsächliche Vermutung, Erfahrungssatz *m*; **– d'innocence** *(StPR)* Unschuldsvermutung; **– intermédiaire** Vermutung, bei der nur bestimmte Gegenbeweise zulässig sind; **– irréfragable** ou **juris et de jure** unwiderlegbare Vermutung; unwiderlegbare Beweiskraft (einer Vermutung), praesumtio iuris et de iure; **– juris tantum** *(syn.: présomption simple, réfragable)* widerlegbare Vermutung.

présomption légale *(ZR: présomption attachée par la loi à certains faits, art. 1350 Cciv)* Rechtsvermutung, gesetzliche Vermutung; **– de paternité** Vaterschaftsvermutung; **– de paiement** Vermutung, daß eine Zahlung erfolgt ist; **– de perte** Untergangsvermutung, Vermutung für den Verlust (einer Sache); **– de propriété** Eigentumsvermutung; **– réfragable, – simple** (durch Gegenbeweis) widerlegbare Vermutung; **– de survie** Vermutung des Überlebens; **– de vérité** Wahrheitsvermutung; **– de vie** Lebensvermutung.
pressant *adj* dringend, dringlich, eilig; unaufschiebbar.
presse *f* Presse *f*, Zeitungen *fpl*; Nachrichten; **par voie de la –** mittels der Medien; durch Rundfunk, Fernsehen und Presse; **– économique** Wirtschaftspresse; **– écrite** Zeitungen u. Zeitschriften; **– parlée** Hörfunk und Fernsehen.
pression *f* Druck *m*; Einfluß *m*, Einflußnahme *f*; Drohung *f*; **– électorale** Wahlbeeinflussung *f*; **– fiscale** Steuerschraube *f*; **– des offres** *(BörR)* Angebotsüberhang; **– publicitaire** Werbewirkung *od.* -ausstrahlung.
pressurer *v.tr. (extorquer de l'argent)* (Geld) erpressen, nötigen; die Daumenschraube ansetzen; **– les contribuables** die Steuerzahler über Gebühr strapazieren.
prestataire *m (SchuldR: débiteur d'une prestation, fournisseur)* Leistende(r) *m*; Leistungspflichtige(r) *m*; **– de services** Erbringer *m* von Dienstleistungen.
1. **prestation** *f* (1) *(SchuldR: action de fournir, objet de l'obligation)* Leistung *f* (des Schuldners); Leistungsgegenstand *m*, (2) *(SozR: avantage accordé par un organisme social)* Leistung (der Sozialversicherung); **accorder une –** eine Leistung gewähren, zuerkennen; **bénéficiaire d'une –** Leistungsempfänger *m*; **cumul de –s** gleichzeitiger Bezug mehrerer Sozialleistungen; **débiteur d'une**

prestation accessoire / **prêt**

– Schuldner *m* (einer Leistung); Leistende(r) *m*, Leistungspflichtige(r); **délai de –** Erfüllungs- *od.* Leistungsfrist; **défaut de –** Nichtleistung, Schuldnerverzug *m*; **droit aux –s** Leistungsanspruch *m*; **effectuer une –** eine Leistung erbringen; **entreprise de – de services** Dienstleistungsunternehmen; **limite de la –** Leistungsgrenze *f*; **liquider une –** eine Leistung festsetzen; **obligation de –** Leistungspflicht; **réviser une –** *(SozR)* eine Leistung neu festsetzen; **servir une –** eine Leistung gewähren; **suspension des –s** Ruhen *n* der Leistungen.

prestation accessoire Zusatz- *od.* Nebenleistung; **– à affectation spéciale** zweckbestimmte Leistung; **– alimentaire** *ou* **d'aliments** Unterhaltsleistung; **– en argent** Barleistung, Geldleistung; **– d'assistance** (1) Hilfe- *od.* Beistandsleistung, (2) *(SozR)* Fürsorgeleistung, Versorgung, (3) *(StR)* Beihilfe; Begünstigung; Vorschubleistung; **– d'assurance** Versicherungsleistung; **– de base** Grundleistung; **– bénévole** Gefälligkeitszahlung, freiwillige Leistung; **– de caution** Bürgschaftsleistung; **– de chômage** Arbeitslosenunterstützung.

prestation compensatoire Ausgleichszahlung; **– contractuelle** vertragliche Leistung; **–s contributives** *(SozVers)* beitragsgebundene Leistungen; **– convenue** vereinbarte Leistung; **– corporelle** persönliche Dienstleistung (für die Gemeinde), Hand- und Spanndienst; **– en deniers** Geldleistung; **– d'entretien** Unterhaltung, Wartung; **– en espèces** Barzahlung, Geldleistung; **– facultative** Mehrleistung, fakultative Leistung; **– foncière** Reallast *f*; **– imposée** auferlegte Leistung; **– impossible** unmögliche Leistung; **– loyale** Leistung nach Treu und Glauben; **– médicale** ärztliche Leistung.

prestation en nature Sachleistung, Naturalleistung; **– normale** Regelleistung; **– obligatoire** Muß- *od.* Pflichtleistung; **– occasionelle** nichtständige Leistung; **– partielle** Teilleistung; **– pécuniaire** Geldzahlung, Geldleistung; **– de pension** Pensions- *od.* Rentenzahlung; **– périodique** wiederkehrende Leistung; **– préalable** Vorleistung, Vorauszahlung; **– principale** Hauptleistung; **– de remboursement** Rückzahlung; **– de serment** Eidleistung, Vereidigung.

prestation de services (Erbringung einer) Dienstleistung; **– sociale** Sozialleistung *f*; **– supplémentaire** ergänzende Leistung, Mehrleistung; **– temporaire** zeitlich begrenzte Leistung; **– de transport** Transport *m* (als Dienstleistung); **– de travail** Arbeitsleistung; **– viagère** Leistung auf Lebenszeit; **– volontaire** freiwillige Leistung.

2. **prestations** *fpl (SozR)* Leistungen der Sozialversicherung; **droit aux –** Leistungsanspruch *m*; **nomenclature des –** Leistungsverzeichnis *n*; **– d'assurances sociales** Leistungen aus der Sozialversicherung; **–s complémentaires** Zusatzleistungen; Ergänzungsleistungen; **– contributives** beitragsgebundene Leistungen; **– extra-légales** freiwillige Sozialleistungen; **– familiales** Familienleistungen, Familienzulagen *fpl*; **– légales** gesetzliche Sozialleistungen; **– de maladie** Leistungen im Krankheitsfalle; **– périodiques** regelmäßig wiederkehrende Leistungen; **– de retraite** Ruhestandsversorgung *f*; **– de santé** Heilbehandlung, Sachleistungen bei Krankheit; **– sociales** Sozialleistungen; **– successives** wiederkehrende Leistungen; **– supplémentaires** Mehrleistungen; **– de vieillesse** Altersversorgung.

présumer *v.tr.* vermuten, annehmen, voraussetzen.

prestige *m* **social** gesellschaftliches Ansehen.

prêt *m* (1) *(SchuldR: commodat ou prêt*

à usage, art. *1875 suiv. Cciv)* Leihe *f,* (2) *(SchuldR: mutuum ou prêt de consommation, art. 1892 suiv. Cciv)* Darlehen *n,* Kredit *m,* (3) *(MilR)* Wehrsold *m*; **accorder** *ou* **consentir un** − Darlehen gewähren; **contrat de** − Leihvertrag *m*; Darlehensvertrag; **montant du** − Darlehensbetrag *od.* -summe; **octroi d'un** − Darlehensgewährung.

prêt amortissable Tilgungsdarlehen, Amortisationsdarlehen; − **d'argent** Darlehen; − **de campagne** Saisonalkredit; − **à la consommation** Konsumenten- *od.* Konsumtivkredit; − **à la construction (d'habitations)** (Wohnungs-)Baudarlehen; − **de crédit** Kreditleihe; − **d'équipement** Ausrüstungsdarlehen; − **d'équipement ménager** Darlehen für Haushaltungseinrichtungsgegenstände.

prêt sur gage (1) Pfanddarlehen, (2) *(BankR)* Lombardkredit; − **à la grosse (aventure)** *(SeeHR)* Bodmerei *f,* Darlehen gegen Verbodmung; − **hypothécaire**; − **sur hypothèques** Hypothekarkredit, hypothekarisches Darlehen; − **à intérêts** verzinsliches Darlehen; − **au jour le jour** Darlehen mit täglicher Kündigung.

prêt de main-d'œuvre leihweise Überlassung von Arbeitskräften, Arbeitnehmerüberlassung; − **sur marchandises** Warenlombard; − **au mariage** Ehestandsdarlehen; − **sur métaux précieux** Edelmetallombard; − **sur nantissement** (1) Lombardkredit, (2) Darlehen gegen Pfandbestellung, Faustpfanddarlehen; − **participatif** zinsverbilligtes Darlehen; − **de reconversion** Umstellungsdarlehen; − **sur titres** Effekten- *od.* Wertpapierlombard; − **à usage** Leihe, unentgeltliche Gebrauchsüberlassung; − **usuraire** wucherisches Darlehen.

prétendant *m* Bewerber *m,* Anwärter *m*; − **au trône** Thronbewerber *m.*

prétendre *v.tr.* (1) *(als ein Recht)* beanspruchen, fordern, verlangen, (2) behaupten; **pouvoir** − **à** Anspruch haben auf; − **à quelque chose** einen Anspruch auf etwas erheben.

prétendu *adj* vermeintlich, sogenannt, angeblich.

prête-nom *m* Strohmann *m,* vorgeschobene Person.

prétention *f* (1) *(SchuldR: droit, prérogative)* Anspruch *m,* Forderung *f,* (2) *(ZPR: demande en justice)* Klageantrag *m,* (3) *(supposition)* Behauptung *f*; − **accessoire** Nebenanspruch; − **contraire** *(ZPR)* Gegenantrag, Antrag des Beklagten; − **fondée** *ou* **justifiée** gerechtfertigter Anspruch; − **légitime** Rechtsanspruch, rechtmäßiger Anspruch; −**s des plaideurs** *(ZPR)* Klageanträge der Prozeßparteien; −**s de salaire** Gehaltsvorstellungen, Gehaltswünsche *mpl.*

prêter *v.tr.* verleihen; leihen, borgen; − **son concours** unterstützen, Hilfe leisten; − **sur gage** beleihen; − **sur hypothèques** auf Hypotheken leihen, Darlehen gegen hypothekarische Sicherstellung gewähren; − **à intérêt** gegen Zinsen leihen; − **un ouvrier** einen Arbeitnehmer leihweise überlassen; − **serment** den Eid leisten *od.* ablegen, schwören; − **à usure** zu Wucherzinsen leihen.

prétérition *f (ErbR: omission d'un héritier)* Übergehung (eines Erben).

prêteur *m* (1) *(commodant)* Verleiher *m,* (2) *(bailleur de fonds)* Darlehensgeber; − **de deniers** *ou* **de fonds** Darlehensgeber, Geldverleiher; − **sur gage** Pfandleiher.

prétexte *m (fausse raison mise en avant comme excuse)* Vorwand *m,* Ausflucht *f,* Ausrede *f*; **sous** − **de** unter dem Vorwand, daß ...

prétexter *v.tr.* als Grund *m* angeben, vorschieben, vorgeben.

pretium doloris *m (SchuldR: dommages-intérêts accordés à titre de réparation de la douleur)* Schmerzensgeld *n,* Schadensersatz *m* für körperlichen *od.* seelischen Schmerz.

prétoire *m (PrzR: salle d'audience d'un tribunal)* Gerichtssaal *m*; Gericht *n*;

– de justice disciplinaire *(StVZ)* Disziplinargericht zur Ahndung von Straftaten, die während der Verbüßung von Freiheitsstrafen begangen wurden.

prétorial *adj*: **palais –** Justizgebäude *n*.

prétorien *adj* Richter-; **droit –** *(PrzR: jurisprudence retenant une solution allant au-delà de la loi)* Richterrecht *n*.

preuve *f* (1) *(démonstration de l'existence d'un fait)* Beweis *m*, Nachweis *m*, (2) *(moyen employé pour faire la preuve)* Beweisstück *n*, Beweismittel *n*, (3) Beleg *m*, Unterlage *f*; **admettre la –** den Beweis zulassen; **admettre à la –** zum Beweis zulassen; **administration de la –** Beweisführung; **administrer la –** den Beweis führen; **admissibilité d'un moyen de –** Zulässigkeit eines Beweismittels; **admission à la –** Zulassung zum Beweis; **apporter la –** den Beweis erbringen; **appréciation de la –** Beweiswürdigung; **charge de la –** Beweislast *f*; **commencement de – par écrit** Anfangsbeweis, Beginn des Urkundenbeweises; Vorliegen einer privaten Urkunde, die ihrem Inhalt nach das Beweisthema wahrscheinlich macht; **conservation de la –** Beweissicherung.

preuve: défaut de – nicht bewiesene Tatsache, Beweismangel *m*; **dispenser qqn. de la – littérale** jmdn. von der Pflicht zur Führung des Urkundenbeweises entbinden; **entreprendre la –** den Beweis antreten; **faire la –** den Beweis führen *od.* erbringen; **fardeau de la –** Beweislast *f*; **faute de –** mangels Beweises; **fournir la –** den Beweis erbringen; **imposer la –** die Beweislast auferlegen; **intervertir la charge de la –** die Beweislast umkehren; **jusqu'à – du contraire** bis zum Beweis des Gegenteils; **manque de –s** Fehlen der erforderlichen Beweismittel.

preuve: modalités de la – Beweisverfahren *n*; **mode de –** Beweisart *f*; **moyen de –** Beweismittel *n*; **offre de –** Beweisangebot *n*; **ordonnance relative à la –** Beweisanordnung (durch das Gericht); **ordonner la –** die Beweiserhebung anordnen; **préconstitution de la –** Beweissicherung; **procédure de –** Beweisverfahren, Verfahren zur Erhebung des Beweises; Beweisaufnahme *od.* -erhebung; **produire une –** den Beweis erbringen; **recevabilité de la –** Beweiszulässigkeit; **recevoir la –** den Beweis zulassen; **règle de –** Beweisregel *od.* -vorschrift; **renversement de la charge de la –** Umkehrung der Beweislast; **–s accablantes** erdrückendes Beweismaterial.

preuve par acte authentique Beweisführung mittels einer öffentlichen Urkunde; **de l'authenticité** Echtheitsbeweis; **– à la charge de qqn.** die Beweislast tragen; **– par commune renommée** Beweis vom Hörensagen; **– complémentaire** (1) zusätzliches Beweismittel *n*, (2) zusätzliche Beweisaufnahme *f*; **– complète** voller Beweis; **– comptable** Buchungsbeleg *m*; **– concluante** schlüssiger Beweis; **– contraire** Gegenbeweis; **– du contraire** Beweis des Gegenteils; **– documentaire, – par écrit, – écrite** Urkundenbeweis; **– entière** voller Beweis; **– par expert, – par dire d'expert** Sachverständigenbeweis; **– formelle** förmlicher Beweis; **– imparfaite** Freibeweis; **– d'identité** Identitätsnachweis; **la – incombe à qqn.** der Beweis obliegt jmdm., die Beweislast trägt jmd.

preuve indiciaire, – par indices Indizienbeweis, Anzeichenbeweis; **– judiciaire** Beweis vor Gericht; **– légale** gesetzlich vorgeschriebene Beweismittel; **– littérale** *(syn.: preuve par écrit)* Urkundenbeweis; **– matérielle** materieller Beweis; **– de non-responsabilité** *(SchuldR: unerlaubte Handlung)* Entlastungs-

prévaloir

od. Exkulpationsbeweis, Beweis der Nichtschuld; – **parfaite** Strengbeweis; – **préconstituée** Beweis durch Urkunden, die von vornherein zum Zwecke des Beweises aufgenommen worden sind, Absichtsurkunde; – **péremptoire** unwiderlegbarer Beweis; – **par témoin**, – **testimoniale** Zeugenvernehmung; – **par titres** Urkundenbeweis; – **par vérification personnelle** (du juge) Einnahme des Augenscheins.

prévaloir *v.intr./v. pron.* überwiegen; überlegen sein, obsiegen, vorherrschen; **faire** – **(un droit)** (einen Anspruch) durchsetzen; **se** – **de qqch.** für sich in Anspruch nehmen, sich zunutze machen, sich berufen auf; **se** – **d'un brevet** sich eines Patents berühmen.

prévaricateur *m (StR: fonctionnaire manquant aux devoirs de sa charge)* Person, die ihre Amtspflichten verletzt *od.* die ihre Amtsgewalt mißbraucht.

prévarication *f* (1) *(StR: grave manquement d'un fonctionnaire aux devoirs de sa charge)* (schwerwiegende) Amtspflichtverletzung, Mißbrauch der Amtsgewalt; (2) *(StR: Anwalt)* Parteiverrat *m*, Prävarikation.

prévariquer *v.intr. (StR)* eine Amtspflichtverletzung begehen; einen Parteiverrat begehen, pflichtwidrig in einer Rechtssache beiden Parteien dienen.

prévenance *f* Zuvorkommenheit; Hilfsbereitschaft *f*; Anstand *m*; **manquer de** – **à l'égard de qqn.** sich unhöflich verhalten.

prévenir *v.tr.* (1) *(devancer les désirs de qqn.)* (den Wünschen) zuvorkommen, (2) *(éviter un dommage)* vorbeugen; – **contre qqn.** *ou* **en faveur de qqn.** gegen *od.* für jmdn. einnehmen.

préventif *adj* Vorbeugungs-, Präventiv-; vorbeugend; **détention** –**ive** Sicherungsverwahrung; **mesure** –**ive** Vorbeugungsmaßnahme *f*.

prévention *f* (1) *(ArbR)* Verhütung *f*, Vorbeugung, Präventivmaßnahmen

fpl, Arbeitsschutz *m*, (2) *(StPR)* (Person im) Anklagezustand *m*, (3) Voreingenommenheit *f*, Vorurteil *m*; **mise en** – *(StPR)* Anordnung der Sicherungsverwahrung; **temps de** – Dauer der Untersuchungshaft; – **des accidents (du travail)** (Arbeits-)Unfallverhütung *f*; – **collective** *(StR)* Generalprävention; – **de la délinquance** vorbeugende Verbrechensbekämpfung; – **individuelle** *(StR)* Individual- *od.* Spezialprävention; – **routière** Straßenwacht, Verkehrsunfallverhütung.

préventionnaire *m* (1) *(StR)* U-Häftling, (2) *(StVZ)* Person in Sicherungsverwahrung.

préventive *f* (1) *(StVZ)* Sicherungsverwahrung, (2) *(StR: avant 1970)* Untersuchungshaft *f*.

prévenu *m (StPR: personne contre laquelle est exercée l'action publique devant le trib. de police ou correctionnel)* Beschuldigte(r) *m*; Angeschuldigte(r) *m*; Angeklagte(r) *m*; – **libre** auf freiem Fuß befindlicher Beschuldigte(r).

prévisibilité *f* Vorhersehbarkeit *f*.

prévisible *adj* voraussehbar, vorsehbar, vorherzusehen.

prévision *f* (1) Prognose *f*, Trendschätzung *f*, Voraussicht *f*, Vorhersage *f*, (2) *(HaushR)* Ansatz *m*, Voranschlag *m*, (3) Ziel *n*, Vorhaben *n*, Perspektive *f*, Vorplanung, (4) *(VwR)* gesetzlich vorgesehener Fall *od.* Tatbestand; **en** – **de** im Hinblick auf; – **conjoncturelle** voraussichtliche Entwicklung der Wirtschaftslage; – **à court terme**, **à long terme** *(Vwirt)* kurzfristige, langfristige Prognose.

prévisionnel *adj* vorausplanend; **budget** – Haushaltsvoranschlag *m*; **comptes** – *s* Vorkalkulation; **coûts** –**s** veranschlagte Kosten; **gestion** –**le** Betriebsplanung.

prévoir *v.tr.* vorhersehen; voraussehen, vorausberechnen; **comme prévu** wie vorgesehen; **dans les délais prévus** innerhalb der vereinbarten Frist; **la loi prévoit** das Gesetz sieht vor; **prévu par la loi**

gesetzlich geregelt; – **une recette** eine Einnahme veranschlagen.

prévôt *m (hist)* Gerichtsherr *m*.

prévoyance *f* Vorsorge *f*, Fürsorge *f*; Voraussicht *f*; **caisse de** – *(SozVers)* Versorgungs- *od.* Vorsorgekasse *f*; **régime de** – Vorsorgesystem *n*, Versorgungsregelung; – **collectice** staatliche Vorsorge; – **individuelle** Eigenvorsorge, private Vorsorge; – **sociale** staatliche soziale Vorsorgeregelungen; – **de vieillesse** Alterssicherung.

prière *f* Bitte *f*, Anliegen *n*, Wunsch *m*; Gesuch *n*.

primaire *adj* Anfangs-, Erst-, Elementar-; **délinquant** – nicht vorbestrafter Täter; **école** – Grundschule *f*; **élections** –**s** Vorwahlen *f*; **enseignement** – Grundschule, Primarstufe; **régime** – *(FamR)* für sämtliche Güterstände geltende unabdingbare Normen; **secteur** – primärer Sektor, Landwirtschaft.

primauté *f* Vorrang *m*, Vorrangstellung *f*, Primat *n*; – **du droit international** Vorrang des Völkerrechts.

prime *f* (1) *(VersR: somme due par l'assuré)* (Versicherungs-)Prämie *f*, Beitrag *m* (des Versicherungsnehmers), (2) *(ArbR: complément du salaire)* (Lohn-)Zulage *f*, Prämie, (3) *(SchuldR: somme payée lors de la résiliation d'un marché)* Reugeld *n*, Abstandsgeld; Preis *m*, (4) *(ÖfR: aide financière de l'État)* staatliche Beihilfe, (5) *(BörR)* Report *m*, Prämie; Gewinn *m*; **abandon de la** – Prämienaufgabe *f*; **acheteur à** – Prämienkäufer *m*; **bonification de** – *(VersR)* Prämienrückvergütung *f*; **émission avec** – *(BörsR)* Überpari-Ausgabe *od.* Emission *f*; **emprunt à** – Prämienleihe *f*; **obligation à** – Prämienschuldverschreibung; **opération à** – Prämiengeschäft *n*; **percevoir une** – eine Prämie erheben; **première** – Einlösungs- *od.* Erstprämie; **taux de** – Beitragssatz; **vendeur à** – Prämienverkäufer *m*; **versement de** – Prämienzahlung.

prime absorbée *(VersR)* verbrauchte Prämie; – **d'accouchement** Geburtsbeihilfe *f*; – **acquise** verdiente Prämie; – **additionnelle** Zusatzprämie; – **d'allaitement** Stillgeld *n*; – **d'ancienneté** Dienstalterszulage; – **annuelle** Jahresprämie; – **arriérée** *(VersR)* rückständige Prämie; – **d'assiduité** *(ArbR)* Anwesenheitsprämie; – **d'assurance** Versicherungsprämie *od.* -beitrag; – **de base** Grundprämie; – **brute** Brutto- *od.* Gesamtprämie; – **de cantine** Verpflegungszulage; – **de change** Kursdifferenzvergütung; – **de cherté de vie** Teuerungszulage; – **sur le chiffre d'affaires** Umsatzvergütung; – **collective** Gruppenprämie; – **commerciale** *(VersR)* Tarifprämie; – **complémentaire** Zusatzprämie; – **consécutive** Folgeprämie; – **à la construction** Bauspar- *od.* Wohnungsbauprämie; – **contributive** Umlageprämie; – **de danger** Gefahrenzulage; – **de départ en retraite** Pensionierungsgeld.

prime effective Istprämie; – **émise** Sollprämie; – **d'émission** *(BankR)* Effektenemissionsaufgeld, Emissionsagio *n*; – **encaissée** Istprämie; – **d'épargne-logement** Wohnungsbau(spar)prämie; – **d'éviction** *(SchuldR)* Entschädigung für die Aufgabe einer Pacht- *od.* Mietsache, Ablöse *f*; – **d'expatriement** Auslandszulage; – **à l'exportation** Exportsubvention; – **de fidélité** Treueprämie; – **de fin d'année** Jahresabschlußprämie; – **de fin d'exercice** Abschlußvergütung; – **fixe** Grundpreis *m*; – **de fonction** Arbeitsplatzzulage; – **fractionnée** unterjährig zahlbare Prämie; – **indexée** indexgebundene Prämie; – **individuelle** Einzelprämie; – **initiale** Anfangsprämie; – **d'insalubrité** Prämie für gesundheitsgefährdende Arbeit.

prime liée à la production produktionsabhängige Prämie; – **liée au rendement** *(ArbR)* Leistungsprämie; – **moyenne générale** allgemeine Durchschnittsprämie; – **de nuit** Nachtarbeitszulage; – **de panier** Zehrgeld, Verpflegungszulage; – **de pénibilité** Erschwerniszulage; – **à percevoir** Inkassoprämie; – **perçue** Istprämie; – **de qualité** Güteprämie; – **de reclassement** *(ArbR)* Überbrückungsgeld *n*; – **de régularisation** Abrechnungs- *od.* Nachprämie; – **de rendement** *(ArbR)* leistungsbezogene Zulage, Leistungsprämie; – **de restaurant** Essenszuschuß; – **de résultat** Erfolgsprämie; – **ristournée** rückvergütete Prämie; – **de salissure** *(ArbR)* Schmutzzulage; – **de séparation** Trennungsgeld; – **de situation (géographique)** Entfernungszulage; – **de transport** Fahrzulage, Fahrtkostenerstattung; – **pour travail pénible** Härteausgleich, Erschwerniszulage; – **unique** Einmalprämie.

primer *v.tr.* (1) den Vorrang haben, (2) mit einem Preis auszeichnen, prämieren.

primitif *adj* ursprünglich, Ur-, Grund-; **état** – ursprünglicher Zustand; **patrimoine** – Anfangsvermögen; **texte** – **d'une loi** ursprüngliche Fassung des Gesetzes; **valeur –ive** ursprünglicher Wert *m*.

primogéniture *f (ErbR, hist)* Erstgeburtsrecht *n*; **succession pas ordre de** – Erbrecht des erstgeborenen Sohnes (und seiner männlichen Nachkommen).

primordial *adj* (1) ursprünglich, Ur-, (2) Haupt-, wichtig, vorrangig.

prince *m* Prinz *m*; Fürst *m*; **fait du** – *(ÖfR)* gerichtsfreier Hoheitsakt *od.* Regierungsakt; – **consort** Prinzgemahl *m*.

principal *adj* hauptsächlich, Haupt-; **bien** – Hauptsache *f*; **débiteur** – Hauptschuldner *m*; **demande –e** *(ZPR)* Hauptanspruch *m*, Klageantrag; **demandeur** – Kläger *m*, Hauptbeteiligte(r); **peine** **–e** Hauptstrafe; **somme –e** Kapital *n*.

principal *m* (1) *(SchuldR)* Hauptschuld *f*, Kapital *n*, (2) *(ZPR)* Hauptsache *f*, (3) erster Notariatssekretär, Notariatsbürovorsteher *m*, (4) *(SchulR)* Schuldirektor *m*, (5) *(SteuerR)* Steuerschuld *f*; **débattre au** – zur Hauptsache verhandeln; **statuer au** – zur *od.* in der Hauptsache entscheiden.

principauté *f* Fürstentum *n*.

principe *m* Grundsatz *m*, Prinzip *n*; Richtschnur *f*; Grundlage *f*; **arrêt de –**, **décision de** – Grundsatzurteil *n*; **en** – grundsätzlich; **énoncer un** – einen Grundsatz aufstellen; **question de** – grundsätzliche Frage; – **d'autonomie** *(VwR)* Selbstverwaltungsgrundsatz *m*; – **de base** Grundprinzip; – **de la capitalisation** *(SozVers)* Kapitaldeckungsverfahren *n*; – **de la causalité** Verursachungsprinzip; – **constitutionnel** Verfassungsgrundsatz *m*; – **directeur** oberster Grundsatz, Leitsatz *m*; **–s directeurs du procès** allgemeine Verfahrensgrundsätze; allgemeiner Teil des frz. Zivilprozeßrechts; – **de droit** Rechtsgrundsatz; – **de l'équité** Grundsatz von Recht u. Billigkeit; **–s généraux du droit** allgemeine Rechtsgrundsätze (in der Form ungeschriebener durch die Rechtsprechung anerkannte Normen); – **d'interprétation** Auslegungsgrundsatz *m*.

principe juridique *m* Rechtsgrundsatz *m*; – **de jurisprudence**, – **jurisprudentiel** von der Rechtsprechung aufgestellter allgemeiner Rechtsgrundsatz; – **majoritaire** Mehrheits- *od.* Majoritätsprinzip; – **des nationalités** Nationalitätenod. Völkerschaftsprinzip; – **de la non-discrimination** Gleichbehandlungsgrundsatz; – **de l'oralité des débats** *(PrzR)* Grundsatz der Mündlichkeit der Prozeßverhandlungen; – **de la personnalité** *(IPR)* Personalitätsprinzip; – **de la personnalité des peines** Grundsatz der Beschränkung des staatlichen Strafanspruchs auf den Täter; – **du pollueur-payeur** *(UmweltR)* Grundsatz der Verursacherhaftung;

– **de la répartition** Umlagedeckungsverfahren; – **de la solidarité** *(HR)* Gesamthandsprinzip; – **de la spécialité** *(ZR)* ultra-vires-Lehre, Grundsatz der Spezialität, Spezialitätsprinzip; – **de la territorialité** *(StR, IPR)* Territorialitätsprinzip.

prioritaire *adj* vorrangig, Prioritäts-; bevorrechtigt, bevorzugt, Vorzugs-; **véhicule** – vorfahrtsberechtigtes Kraftfahrzeug.

priorité (1) *(ZR, PatR, EuR: force prééminente d'un droit)* Vorrang *m*, Priorität *f*, Vorrecht *n*, Vorzug *m*, (2) *(StVR)* Vorfahrt(recht), (3) höhere Dringlichkeit, höhere Dringlichkeitsstufe; **accorder la** – vorrangig behandeln; **action de** – Vorzugs- *od.* Prioritätsaktie; **cession de** – Prioritätszession *f*, Vorrangseinräumung; **déclaration de** – Prioritätserklärung *f*; **délai de** – (1) Prioritätsfrist *f*, (2) *(Pariser Verbandsübereinkunft)* Verbandspriorität; **droit de** – (1) *(SachR)* Vorrang, Prioritätsrecht *n*, (2) *(StVR)* Vorfahrt *f*; **revendication de** – Prioritätsanspruch.

priorité conventionnelle *(PatR)* Verbandspriorität, Unionspriorität; – **de date** zeitlicher Vorrang; – **d'embauche, – d'emploi** *(ArbR)* Anspruch auf bevorzugte Einstellung (von Schwerbehinderten); – **de livraison** bevorzugte Lieferung; –**s multiples** mehrfache Prioritäten; – **de passage** (1) *(StVR)* Vorfahrt, (2) Vortrittsrecht; – **des priorités** höchste Dringlichkeit; – **de reclassement, – de réembauchage** Anspruch auf bevorzugte Wiedereinstellung; – **d'utilisation** Verwendungspriorität.

prise *f* (1) *(ZR, StR)* Nehmen *n*, Ergreifen *n*, Fassen *n*, (2) *(SeeHR)* Prise *f*, beschlagnahmte Ladung (eines Schiffes), (3) *(StR)* Fang *m*, Beute *f*, (4) *(MilR)* Einnahme *f*, Eroberung *f*; **déclarer de bonne** – für gute Prise erklären; **délai de** – **en charge** Übernahmefrist *f*; **droit de** – *(VR)* Prisenrecht; **ordonnance de** – **de corps** *(StPR)* Haftbefehl (der Anklagekammer); – **d'armes** Antreten *n* unter Waffen; – **de bénéfice** Gewinnmitnahme *od.* -realisierung; – **en charge** (1) *(SchuldR)* Abnahme (eines Geräts) durch den Besteller, (2) Kostenübernahme *f*, (3) Betreuung *f*; – **en charge d'une dette** Schuldübernahme; – **en charge des frais** Kostenübernahme; – **en charge sociale** soziale Betreuung; – **en compte** Berücksichtigung; – **de conscience** Bewußtwerdung, Bewußtseinsbildung; – **de contrôle** *(GesR)* Übernahme der Mehrheit (in einer Gesellschaft).

prise de corps *(StR)* Verhaftung, Festnahme *f*; – **d'eau** Wasserentnahme *f*; – **d'effet** *(entrée en vigueur)* Inkrafttreten *n*; – **de fonctions** Amtsübernahme *f*, Dienstantritt *m*; – **en gage** Pfandnahme *f*; – **en garde** Inverwahrungnahme; – **de guerre** *(VR)* Kriegsbeute *f*; – **maritime** Prise, Seebeute *f*; – **d'otage** *(StR)* Geiselnahme *f*; – **à partie** *(ZPR, hist)* gegen den Richter eingeleitete Schadenersatzklage (bei Verletzung seiner Amtspflichten); – **de participation** *(GesR)* Beteiligungserwerb *m*; – **de position** Stellungnahme *f*; – **de possesion** Besitzergreifung, Inbesitznahme *f*; – **de pouvoir** Machtübernahme *od.* - ergreifung; – **de sang** Blutprobe *f*; – **de vue** (Foto-)Aufnahme *f*.

prises: conseil *ou* **cour des** – *(VR, SeeHR)* Prisengerichtshof *m*.

prisée *f (ZwangsVR: évaluation)* Schätzung *f*, Veranschlagung.

priser *v.tr.* abschätzen, veranschlagen.

priseur *m*: **commissaire** – vereidigter Taxator *od.* Schätzer.

prison *f* (1) *(StVZ: établissement pénitentiaire)* Justizvollzugsanstalt (= J. V. A.), (2) *(StR: emprisonnement correctionnel)* Freiheitsstrafe *f* (bei Vergehen); **bris de** – Sachbeschädigungen in einer J. V. A.; Gefängnisausbruch *m*; **gardien de –** Vollzugsbedienstete(r); **– cellulaire** Zellengefängnis; **– centrale** Hauptstrafanstalt *f*; **– départementale** Departementsgefängnis; **– pour dette** Schuldhaft *f*; **– militaire** Militärgefängnis; **– préventive** Sicherungsverwahrung; **– provisoire** Untersuchungshaft.

prisonnier *m* Gefangene(r) *m*, Häftling *m*; **se constituer –** sich (der Polizei) stellen; **– de droit commun** nichtpolitischer Häftling *od.* Gefangene(r); **– extradé** Auslieferungshäftling, ausgelieferter Häftling; **– de guerre** Kriegsgefangene(r); **– politique** politischer Häftling; **– transféré** Überstellte(r) *m*.

privatif *adj* (1) *(SachR: propriété exclusive)* ausschließlich, (all)umfassend, (2) *(ZR, StR: qui prive d'un droit)* verneinend, ausschließend; **peine –ive de liberté** *(StR)* Freiheitsstrafe; **usage – des lieux** ausschließliches *od.* alleiniges Nutzungsrecht.

privation *f* (1) *(droits)* Entziehung (einer Erlaubnis), Aberkennung (eines Rechts), Verlust (eines Anspruchs), (2) *(choses)* Einbuße *f*; **– d'un droit** Anspruchsaberkennung, Rechtsentziehung; **– des droits** Entrechtung; **– des droits civils** *(StR)* Aberkennung der bürgerlichen Ehrenrechte; **– d'emploi** Arbeitsplatzverlust, Arbeitslosigkeit.

privation de jouissance Nutzungsausfall *m*, Entzug der Benutzung *od.* Nutzung; **indemnité pour – –** Schadensersatz für Beeinträchtigung der Benutzung, Nutzungsentschädigung.

privation de liberté Freiheitsentziehung *f*; **– du préavis** *(ArbR)* Verlust des Anspruchs auf Einhaltung der Kündigungsfrist; **– de traitement** (strafweise) Einstellung der Gehaltszahlung.

privatiste *m* Zivilrechtler *m*.

privé *adj* privat, (höchst)persönlich; außeramtlich; nicht zum öffentlichen Leben gehörend; nicht das öffentliche Interesse betreffend; **droit –** Privatrecht *n*; **propriété –e** Privateigentum *n*; **vie –e** Privatleben *n*; Intimsphäre *f*.

privilège *m* (1) *(ZwangsVR: droit de préférence)* Vorzugsrecht, Recht auf vorzugsweise Befriedigung, (2) *(SchuldR: sûreté accordée par la loi aux créanciers)* gesetzliches Pfandrecht, (3) *(i. w. S.: priorité, faveur)* Vorrecht *n*, Privileg *n*, Vorrang *m*; Befugnis *f*, Recht *n*; Vergünstigung; **super –** *(KonkursR)* Sondervorrecht (bestimmter Konkursgläubiger); Superprivileg (der Arbeitnehmer); **– du bailleur** Vermieterpfandrecht; **– d'émission** Notenbankprivileg; **– général** gesetzliches Vorzugspfandrecht; **– immobilier** Immobiliar- *od.* Grundstücksprivileg; **– d'immunité** Immunität *f*; **– de juridiction** Diplomatenimmunität *f*; Vorrecht der besonderen Gerichtsbarkeit.

privilège mobilier général allgemeines Fahrnisprivileg; **– mobilier spécial** Mobiliar-Spezialprivileg, Spezialprivileg an beweglichen Sachen, gesetzliches Vorzugspfandrecht an bestimmten Gegenständen; **– de pavillon** Vorrecht der Flagge; **– du préalable** *(VwR)* Nothilferecht der öffentlichen Hand gegenüber konzessionierten Betrieben; **– spécial immobilier** Spezialprivileg am Grundbesitz; **– du Trésor** Vorzugsrecht der Staatskasse *od.* Steuerbehörde.

privilégié *m* bevorrechtigter Gläubiger *m*.

privilégier *v.tr.* vorziehen, den Vorzug geben.

1. **prix** *m* (1) *(SchuldR: somme d'argent due)* Preis *m*, Entgelt *n*, (2) *(ArbR: rémunération)* Vergütung *f*, Lohn *m*, (3) *(HR: valeur d'un bien)* Wert *m*; **accord sur les –** Preisabrede *od.* -absprache *f*; **action en réduction du –** *(ZPR)* Preisminderungsklage *f*; **augmentation du –** Preissteigerung *od.* -erhöhung; **bas –** Niedrigpreis; **bordereau de –** Preisaufstellung; **cartel de –** Preiskartell *n*; **catégorie de –** Preisklasse; **conditions de –** Preisbe-

dingungen *fpl*; **consignation du –** Hinterlegung des Kaufpreises; **convenir d'un –** einen Preis vereinbaren; **détermination du –** Preisfestsetzung *od.* -bestimmung, Preisermittlung; **écart de –** Preisunterschied, Preisspaltung; **établissement du –** Preiskalkulation; **étiquettage du –** Preisauszeichnung; **fixation du –** Preisfestsetzung; **hors de –** unbezahlbar *adj*; **indication du –** Preisangabe *f*, Preisauszeichnung; **juste –** angemessener Preis, gerechter Preis; **magasin à – unique** Einheitspreisgeschäft *n*, Kaufhalle *f*; **modification de –** Preisänderung; **montant du –** Preis, Preishöhe *f*; **offre de –** Preisangebot *n*; **offre à vil –** Schleuderpreisangebot; **le plus juste –** niedrigster Preis; **réduction de –** Preisnachlaß *m*; Rabatt *m*; **supplément de –** Preisaufschlag; **vendre à vil –** zu Schleuderpreisen verkaufen.

prix d'abonnement Bezugspreis; **– abusif** mißbräuchlicher Preis.

prix d'achat Kaufpreis, Beschaffungspreis *m*, Ankaufs- *od.* Einkaufspreis; **créance de – –** Kaufpreisforderung; **ristourne sur le – –** Kaufpreisrückvergütung.

prix d'acquisition Anschaffungspreis; **– d'adjudication** *(öffentliche Aufträge)* Verdingungspreis; **– administré** staatlich festgesetzter Preis; **– ajustable** indexierter Preis; **– d'amateur** Liebhaberpreis; **– d'appel** Einführungspreis; **– d'approvisionnement** Bezugspreis; **– du bail** Miet- *od.* Pachtzins; **– en baisse** fallender, sinkender *od.* nachgebender Preis; **– de barème** Listenpreis; **– barré** Sonderpreis; **– de base** Grundpreis; **– bloqué** staatlich festgesetzter (Höchst-)Preis; **– bradé, – de braderie** Schleuderpreis, (stark) herabgesetzter Preis.

prix CAF (= coût, assurance, frêt) cif-Preis; **– sur le carreau de la mine** Preis ab Grube; **– à la casse** *(Unternehmen)* Abbruchpreis; **– catalogue** Katalogpreis, Listenpreis; **– de cession** Veräußerungspreis, Verkaufspreis; **– avec clause de révision** Preis mit Anpassungsklausel; **– compétitif** wettbewerbsfähiger Preis; **– au comptant** Preis bei Barzahlung; **– de concurrence** Konkurrenzpreis; **– conseillé** Preisempfehlung, unverbindlicher Richtpreis; **– au consommateur** Verbraucherpreis; **– contractuel** Vertragspreis; **– convenable** angemessener Preis; **– convenu** vereinbarter Preis; **– courant** (1) Marktpreis, (2) Preisliste *f*, Preisverzeichnis *n*; **– coûtant** Selbstkostenpreis, Anschaffungspreis.

prix démarqué herabgesetzter Preis; **– départ entrepôt** Preis ab (Zwischen-)Lager; **– défi** stark herabgesetzter Preis; **– départ mine** Preis ab Zeche; **– départ usine** Preis ab Werk.

prix de détail Einzelhandelspreis, Detail- *od.* Kleinhandelspreis; **indice des – –** Klein- *od.* Einzelhandelspreisindex.

prix de dumping Dumping(preis); **– d'écluse** *(EU)* Einschleusungspreis; **– échelonné** gestaffelter Preis; **– d'émission** Ausgabebetrag *m*, Emissionspreis; **– encadré** staatlich festgesetzte Preissteigerungsrate; **– entier** voller Preis; **– d'entrée** Beschaffungskosten; **– estimatif** *ou* **d'estimation** (1) Kostenvoranschlag, (2) Schätzwert *m*, Schätzungswert; **– étalon** Standardpreis; **– excessif** überhöhter Preis, Mondpreis; **– exorbitant** Wucherpreis; Mondpreis; **– d'exportation, – à l'exportation** Ausfuhr- *od.* Exportpreis; **– de façon** (1) Verarbeitungspreis, (2) *(ArbR: travail à domicile)* Stückentgelt *n*.

prix de facturation, – facturé Rechnungspreis; **– fait** Pauschalvergütung; **– FAS** (= franco le long du navire) (port d'embarquement convenu) Preis frei Schiffseite (Verschiffungshafen); **– de faveur**

prix de gros

Vorzugspreis; – **ferme** Festpreis; – **de fin de saison** Schlußverkaufspreis; – **final** Endpreis; – **fixe** fester Preis, Festpreis; – **fob** (= free on bord) frei an Bord (Preis), Fob-Preis; – **forfaitaire** Pauschalpreis; Pauschalvergütung; – **fort** voller Preis; Verkaufspreis; Katalogpreis; – **franco** Frankopreis; – **franco domicile dédouané** frei Haus verzollt; – **franco frontière** Preis frei Grenze; – **du fret** Frachtgeld; – **garanti** Preisgarantie; – **global** Gesamtpreis, Pauschalpreis.

prix de gros Großhandelspreis; – **homologué** genehmigter Preis; – **hors taxe** (= H. T.) Preis vor Steuer; – **illicite** ungesetzlicher od. unzulässiger Preis; – **à l'importation** Import- od. Einfuhrpreis; – **imposé** vertikale Preisbindung; Preisbindung der zweiten Hand.

prix indicatif unverbindliche Preisempfehlung; – – **communautaire** Richtpreis der Gemeinschaft; – – **dérivé** abgeleiteter Preis.

prix initial Preis bei Auftragserteilung, ursprünglicher Preis; – **intégral** voller Preis; – **intérieur** Inlandspreis; – **d'intervention** Interventionspreis; – **du jour** Tageskurs m; – **de journée** (SozVers: hôpital) Tagessatz m; – **légal** gesetzlicher ₋ reis; – **limite** Höchstpreis; Preislimit n; – **limite de vente** Verkaufslimit n; – **à la livraison** ou **de livraison** Lieferpreis; – **du loyer** Mietzins.

prix de la main-d'œuvre Lohnkosten; – **majoré** Preiszuschlag m (bei Bestellung kleiner Mengen); – **marchand** Handelspreis; – **du marché** Marktpreis; – **du marché mondial** Weltmarktpreis; – **marqué** Katalogpreis; – **maximum** Höchstpreis, Maximalpreis; – **minimum** Mindestpreis; – **mobile** gleitender Preis, Preis mit Anpassungsklausel; – **mondial** Weltmarktpreis; – **de monopole** Leitpreis (des Preisführers), Monopolpreis; – **moyen** Durchschnittspreis; – **multiple** differenzierte Preise; –

prix sacrifié

net de vente Nettoverkaufspreis; – **objectif** Richtpreis; – **offert** angebotener Preis, Preisangebot n; – **officiel** amtlicher Preis; – **d'orientation** Richtpreis; – **de péréquation** Ausgleichspreis; – **à la pièce** Stückpreis; – **sur place** Lokopreis.

prix plafond Höchstpreis; – **plancher** Mindestpreis; – **le plus bas** Preisuntergrenze; Tiefstpreis; – **de préemption** Vorkaufspreis; – **préférentiel** Vorzugspreis; – **à la production** Produzenten- od. Erzeugerpreis, Gestehungspreis; – **prohibitif** prohibitiver Preis, Wucherpreis; – **public** (endgültiger) Verkaufspreis (incl. MWSt.); – **publicitaire** Werbepreis; Einführungspreis.

prix de rachat (1) Rückkaufspreis, Wiederkaufpreis, (2) Wiederbeschaffungspreis; – **raisonnable** angemessener Preis; – **réduit** ermäßigter od. reduzierter Preis; – **de référence** (EG) Referenzpreis; – **de règlement** Abrechnungspreis; – **réglementé** festgesetzter od. gebundener Preis; – **de remplacement** Wiederbeschaffungspreis, Preis für die Wiederherstellung eines gleichwertigen Zustandes; – **rémunérateur** lohnender Preis; – **rendu** Preis frei Bestimmungsort; Einstandspreis; – **rendu usine** Preis frei Werk; – **réservé** nach Vertragsabschluß (gemäß bestimmter Kriterien) festgesetzter Preis; – **de revente** (Weiter-)Verkaufspreis; – **de revient** Selbstkosten- od. Einstandpreis, Gestehungspreis, Gestehungskosten pl; – **raisonnable** angemessener Preis; – **révisable** Preis mit Anpassungs- od. Indexierungsklausel; Preisvorbehaltsklausel.

prix sacrifié Aktions- od. Schleuderpreis; – **saisonnier** saisonbedingter Preis; – **seuil** Schwellenpreis; – **du silence** Schweigegeld n; – **de solde** herabgesetzter Preis, Schlußverkaufspreis; – **de souscription** Zeichnungs- od. Subskriptionspreis,

Bezugspreis; **– de soutien** Stützungspreis; **– spécial** Sonderpreis; **– stable** stabiler Preis; **– stipulé** (vertraglich) vereinbarter Preis; **– taxé** Taxpreis; **– à terme** Terminpreis; **– toutes taxes comprises** (= ttc) Preis inklusive Umsatzod. Mehrwertsteuer; **– du transport** Fahrpreis, Beförderungsentgelt, Fracht; **– du travail** Arbeitsentgelt; **– uniforme** einheitlicher Preis.

prix unique Einheitspreis; **magasin à – –** Einheitspreisgeschäft n.

prix unitaire ou **à l'unité** Einheitspreis, Einzelpreis, Stückpreis; Preis für Leistungseinheiten; **– à l'usine** Preis ab Werk; **– d'usine** Fabrikpreis; **– usuraire** Wucherpreis, wucherischer Preis; **– de vente** Verkaufspreis; **– de vente conseillé** unverbindlicher Preisempfehlung; **– de vente au consommateur** ou **de vente au détail** Einzelhandelspreis, Ladenpreis, Verbraucherpreis; **– de vente imposé** festgelegter Kaufpreis; Preisbindung; **– de zone** Standortpreis.

2. **prix** mpl: **accord sur les –** Preisvereinbarung od. -abrede; **action sur les –** Preisbeeinflussung; **actualisation des –** Preisangleichung; **adaptation des –** Preisanpassung; **affichage des –** Preisauszeichnung, Preisaushang m; **ajustement** ou **alignement des –** Preisangleichung; **arbitrage sur les –** Preisarbitrage; **baisse des –** Preissenkung f; Preisrückgang m; **barème des –** Preistafel f, Preisliste f; **blocage des –** Preisstop m; **clause de révision des –** Preisanpassungsklausel (nach späterer Vereinbarung der Parteien); **clause de variation de –** Preisgleitklausel (nach vertraglich festgelegten Regeln); **comparaison des –** Preisvergleich m; **compensation des –** Preisausgleich m; **consolidation des –** Festigung od. Konsolidierung der Preise; **contrôle des –** Preisüberwachung od. -kontrolle; **convention sur les –** Preisabkommen n, Preisabrede, Preisabsprache; **décalage des –** Preisunterschied m; **différenciation des –** Preisdifferenzierung; **disparité des –** Preisunterschied, Preisungleichheit; **distorsion des –** Preisverzerrung; **écart entre les –** Preisunterschied m; **échelles des –** Preisskala f; **échelonnement des –** Preisstaffelung; **effondrement des –** Preiseinbruch; **élasticité des –** Preiselastizität f; **éventail des –** Preisfächer m; **évolution des –** Preisentwicklung; **flambée des –** starker u. plötzlicher Preisanstieg; **fluctuation des –** Preisschwankung; **formation des –** Preisbildung; **formule de variation des –** Preisänderungsformel, Preisänderungserklärung; **harmonisation des –** Preisangleichung; **hausse des –** Preissteigerung, Preisanstieg m; **hiérarchisation des –** Preisdifferenzierung; **homologation des –** amtliche Preisbestätigung u. Genehmigung; **indice des –** Preisindex m; **libération des –** Preisfreigabe f; **liberté des –** Preisgestaltungsfreiheit; **majoration des –** Preisaufschlag m; **marquage des –** Preisangabe f, Preisauszeichnung(spflicht); **marge sur les –** Preisspanne f; **mouvement des –** Preisschwankung f, Preisbewegung f; **niveau des –** Preisniveau n; **péréquation des –** Preisausgleich m, Preisausgleich f; **politique des –** Preispolitik f; **pouvoir de déterminer les –** Preisfestsetzungsbefugnis f; **rajustement des –** Preisangleichung; **réglementation des –** Preisüberwachung od. -lenkung; **service de contrôle des –** Preisaufsichtsbehörde f; **soutien des –** Preisstützung; **structure des –** Preisgefüge n, Preisgestaltung; **surveillance des –** Preisüberwachung; **tassement des –** Absinken der Preise; **variation des –** Preisschwankung; **vérité des –** objektiver Preisbildungsprozeß.

probabilité f, Wahrscheinlichkeit f.

probable *adj* wahrscheinlich, vermutlich; voraussichtlich.

probant *adj* beweisend, beweiskräftig; **argument –** überzeugendes Argument; **force –e** Beweiskraft *f*; **en forme –e** in der Form einer öffentlichen Urkunde; **pièce –e** Beweisurkunde *f*, Beweismittel *n*.

probation *f* (1) *(ArbR: période probatoire)* Probezeit *f*, (2) *(StR: mise en liberté conditionnelle d'un condamné)* Strafaussetzung zur Bewährung, Bewährung; **agent de** *ou* **délégué à la –** Bewährungshelfer *m*; **comité de –** Bewährungshelferausschuß *m*.

probationnaire *m* Verurteilter *m*, dem Strafaussetzung zur Bewährung gewährt worden ist; **obligations imposées au –** Bewährungsauflagen u. -weisungen.

probatoire *adj* (1) probeweise, als Probe, (2) beweiskräftig, überzeugend; **délai –** *(StR)* Bewährungszeit; **examen –** Eignungstest *m*, Einstufungsprüfung *f*; **période –, stage –** *(ArbR)* Probezeit *f*.

probe *adj* rechtschaffen, redlich, ehrlich, unbestechlich.

probité *f* Redlichkeit *f*, Gewissenhaftigkeit *f*, Rechtschaffenheit *f*; Ehrlichkeit; Unbestechlichkeit.

problématique *adj* fraglich, fragwürdig, problematisch.

problème *m* Problem *n*, Schwierigkeit *f*; schwierige Frage *f*; unentschiedene Frage; Fragestellung *f*; Aufgabe *f*; **poser –** Schwierigkeiten bereiten; **régler un –** eine Frage klären; einen Streit beilegen; **le – du chômage** das Problem der Arbeitslosigkeit; **– capital** Hauptproblem; **–s familiaux** familiäre Schwierigkeiten; **– juridique** Rechtsfrage; **– litigieux** Streitfrage *f*, strittiger Fall *m*, Streitfall; **– majeur** besonders wichtige Frage; **– pendant** zur Entscheidung anstehende Frage.

procédé *m* Verfahren *n*, Vorgehen *n*, Methode *f*; **brevet de –** Verfahrenspatent *n*; **échange de bons –s** gegenseitiges Entgegenkommen; **–**

breveté patentiertes Verfahren; **– de contrainte, – coercitif** Zwangsmittel *n*; **– de fabrication, – de production** Herstellungsverfahren; **– thérapeutique** Heilverfahren.

procéder (1) *(v.intr.: procéder de)* herrühren von, seine Ursache finden in, (2) *(v.tr.ind.: procéder à qqch.)* etwas vornehmen, durchführen; **manière de –** Verfahrensweise *f*; **à un contrôle d'identité** die Personalien feststellen *od*. überprüfen; **– à une perquisition** eine Durchsuchung vornehmen.

procédural *adj* Verfahrens-; **accomplir les formalités –es** die gerichtlichen Formalitäten erledigen; **bataille –e** Streit *m* über Verfahrensfragen; **droit –** Verfahrensrecht.

procédure *f* (1) *(PrzR: ensemble des actes accomplis pour parvenir à une décision judiciaire)* (gerichtliches) Verfahren *n*, Gerichtsverfahren, Entscheidungsverfahren; Rechtsgang *m*, Rechtsweg *m*; Prozeßführung *f*; Rechtsstreit *m*, (2) *(PrzR: branche du droit)* Prozeßrecht, Verfahrensrecht; **acte de –** (1) Verfahrens- *od*. Prozeßhandlung, (2) Schriftsatz *m*, Prozeßurkunde *f*; **amende de –** Ordnungsstrafe *f*; **annuler la –** das Verfahren aufheben *od*. für nichtig erklären; **artifice de –** prozeßtechnisch geschicktes Vorgehen; **clore la –** das Verfahren abschließen; **code de – civile** frz. Zivilprozeßordnung; **code de – pénale** frz. Strafprozeßordnung; **délai de –** Verfahrensfrist *f*, prozeßrechtliche *od*. verfahrensrechtliche Frist; **déroulement de la –** Fortgang des Verfahrens, Verfahrensablauf; **disposition de –** Verfahrensbestimmung; **dossier de –** Prozeßakte *f*; **droit de –** Prozeßgebühr *f*; **droit de la –** Verfahrensrecht; **engager une –, entamer une –** ein Verfahren einleiten; **état de la –** Verfahrensstand *m*; **expédient de –** Verfahrensausweg *m*; **frais de –** Verfahrrenskosten; **incident de** – Zwischen- od. Inzidentstreit *m*; **intenter une** – ein Verfahren vor Gericht anstrengen; **interrompre une** – ein Verfahren unterbrechen; **introduire une** – ein Verfahren einleiten; **irrégularité de la** – Verfahrensmangel; **langue de** – Verfahrenssprache *f*; **loi de** – Verfahrens- od. Prozeßvorschrift, Prozeßgesetz; **ouvrir la** – das Verfahren einleiten; **pièce(s) de** – Prozeßakte *f*, Schriftsatz *m*; **règle de** – Verfahrensvorschrift *f*; **réouverture de la** – Wiedereröffnung des Verfahrens; **suspendre la** – das Verfahrens aussetzen; **suspension de la** – Ruhen des Verfahrens, Unterbrechung des Verfahrens; **vice de** – Verfahrensmangel *m*.

procédure abrégée *(ZPR)* abgekürztes od. verkürztes (Berufungs-)Verfahren; – **accélérée** beschleunigtes Verfahren; – **accusatoire** *(StPR)* Verfahren auf Betreiben des Verletzten, Verfahren nach dem Akkusationsprinzip; – **d'administration de la preuve** Beweisverfahren; – **administrative** Verwaltungs(streit)verfahren; – **d'agrément** Zulassungsverfahren; – **d'alerte** *(HR)* Verfahren zur Gewährleistung der Betriebssanierung; – **d'alignement** *(BauR)* Verfahren, um die Einhaltung der Baulinie durchzusetzen; – **d'appel** Berufungs- od. Rechtsmittelverfahren; – **d'arbitrage**, – **arbitrale** Schiedsverfahren, schiedsgerichtliches Verfahren; – **d'autorisation** Genehmigungsverfahren; – **de cassation** Revisionsverfahren.

procédure civile (1) Zivilprozeß *m*, Zivilverfahren, (2) Zivilprozeßrecht; – **de collation** *(ZwangsVR)* Rangordnungsverfahren; – **collective (de règlement du passif)** Insolvenzverfahren, Konkursverfahren; Vergleichsverfahren; – **commerciale** Verfahren in Handelssachen; – **de conciliation** Schlichtungsverfahren; Güteverfahren; Sühneverfahren; – **de concordat** *(HR)* Vergleichsverfahren; – **de concours** (1) *(KonkursR: Oberbegriff)* Konkurs- u. Vergleichsverfahren, (2) Auswahlverfahren; – **de conflit** Verfahren zur Behebung eines Kompetenzkonflikts; – **en constatation d'état** Statusprozeß *m*; – **constitutionnelle** Verfahren vor dem frz. Verfassungsrat; – **de consultation** *ou* **consultative** Konsultations- od. Anhörverfahren; – **contentieuse** streitiges Verfahren, Streitverfahren; – **contentieuse administrative** *(VwPR)* Verwaltungsstreitverfahren; – **contradictoire** kontradiktorisches od. streitiges Verfahren; – **par contumace** *(StPR)* Verfahren in Abwesenheit des Angeklagten, Abwesenheitsverfahren, Kontumazialverfahren; – **criminelle** Strafverfahren.

procédure de debet Erstattungsverfahren; – **de déclaration** Anmeldeverfahren; – **par défaut** Versäumnisverfahren, Verfahren gegen Abwesende; – **devant les tribunaux administratifs** Verwaltungsgerichtsverfahren; – **dilatoire** *(ZPR)* Prozeßverschleppung, prozeßverschleppende Handlungsweise; – **disciplinaire** Disziplinarverfahren, Disziplinarstraf- od. Dienststrafverfahren; – **de divorce** Ehescheidungsverfahren.

procédure écrite schriftliches Verfahren; – **électorale** Wahlverfahren; – **d'enquête** *(StR)* (polizeiliche) Voruntersuchung; – **d'enregistrement** Eintragungsverfahren; – **entachée d'un vice** mit einem Mangel behaftetes Verfahren; – **d'examen préalable** *(VerwR)* Vorprüfungsverfahren; – **d'exception** Ausnahme- od. Sonderverfahren; – **d'exécution** Vollstreckungsverfahren; – **d'exequatur** *(IPR)* Verfahren der Vollstreckbarerklärung, Erteilung der Vollstreckungsklausel; – **d'expertise** Verfahren zur Erstattung eines Gutachtens; – **d'expropriation** *(ÖfR)* Enteignungsverfahren.

procédure d'expulsion (1) *(AuslR)* Abschiebungsverfahren, Abschiebung (zwecks zwangsweiser Durchsetzung der Ausreisepflicht, (2) *(MietR)* Räumungsklage; – **d'extension** *(ArbR)* Verfahren zur Allgemeinverbindlicherklärung (eines Tarifvertrages); – **d'extradition** Auslieferungsverfahren; – **facultative de conciliation** freiwilliges Schlichtungsverfahren.

procédure de faillite Konkursverfahren; – **sur le fond** Verfahren zur Hauptsache; – **formelle** förmliches Verfahren; – **frustratoire** Prozeßverschleppung u. Irreführung des Gerichts; – **générale** allgemeine Verfahrensgrundsätze; – **gracieuse** Verfahren der freiwilligen Gerichtsbarkeit, außerstreitiges Verfahren; – **incidente** Inzidentverfahren; – **d'injonction** Verwaltungszwangsverfahren; – **inquisitoriale** Inquisitions- *od.* Untersuchungsverfahren; – **en instance** abhängiges Verfahren; – **d'instruction** (1) *(StPR)* Ermittlungsverfahren, (2) *(ZPR)* Vorverfahren; – **d'interdiction** Entmündigungsverfahren; – **intérimaire** Zwischenverfahren.

procédure à jour fixe *(ZPR)* beschleunigtes Verfahren (mit direkter Ladung zum Termin); – **judiciaire** gerichtliches Verfahren; – **juridictionnelle** gerichtsförmiges Verfahren.

prodédure légale gesetzlich festgelegtes Verfahren; – **législative** Gesetzgebungsverfahren; – **sur lettres de change** Wechselprozeß *m*; – **de liquidation de l'actif** Abwicklungsverfahren; – **de liquidation judiciaire** Konkursverfahren; – **de liquidation des dépens** Kostenfestsetzungsverfahren; – **en matière contentieuse** streitiges Verfahren; – **en matière gracieuse** Verfahren der freiwilligen Gerichtsbarkeit; – **de médiation** Vermittlungsverfahren; – **de mise en demeure** Mahnverfahren.

procédure de naturalisation *(AuslR)* Einbürgerungsverfahren; – **de notification** Zustellungsverfahren; – **obligatoire de conciliation** Zwangsschlichtung; – **d'opposition** Einspruchsverfahren; – **orale** mündliches Verfahren, mündliche Verhandlung; – **ordinaire** ordentliches Verfahren; – **d'ordre** *(KonkursR)* Verfahren zur Feststellung der Rangordnung der Gläubiger.

procédure de partage *(ZPR)* Auseinandersetzungsverfahren; – **pénale** (1) Strafverfahren, strafgerichtliches Verfahren, Strafprozeß, (2) *(i. w. S.)* Strafprozeßrecht *n*; – **pendante** schwebendes Gerichtsverfahren; – **préjudicielle** Vorabentscheidungsverfahren; – **préliminaire** *ou* **préparatoire** Vorverfahren; – **principale** Hauptverfahren; – **probatoire** Beweisverfahren; – **prud'homale** Verfahren vor dem frz. Arbeitsgericht, arbeitsgerichtliches Verfahren.

procédure de radiation Löschungsverfahren; – **de ratification** Ratifikationsverfahren; – **de recours** Beschwerdeverfahren, Rechtsmittelverfahren; – **de recouvrement forcé** Zwangsbeitreibungs- *od.* Zwangseintreibungsverfahren; – **de rectification** Berichtigungsverfahren; – **de récusation** Verfahren über einen Ablehnungsantrag.

procédure de règlement Schlichtungsverfahren; – **réglementaire** vorgeschriebenes Verfahren; – **régulière** ordnungsgemäß durchgeführtes Verfahren; – **de renvoi** *(VwPR)* Vorlageverfahren; – **répressive** Strafverfahren; – **de révision** Wiederaufnahmeverfahren.

procédure de saisie Arrest- *od.* Pfändungsverfahren; – **secrète** Geheimverfahren; – **simplifiée** *(ZollR)* vereinfachtes Verfahren; – **sommaire** *(ZPR)* summarisches *od.* abgekürztes Verfahren; – **de sommation** Mahnverfahren.

procédure sur titres Urkundenprozeß; – **d'urgence** (1) dringliche Behandlung einer Angelegenheit, Dringlichkeitsverfahren, (2) *(ZPR)* Eilverfahren, beschleunigtes Verfahren; – **de validation** Gültigkeitsfeststellungsverfahren; – **de vérification** Überprüfungsverfahren; – **de vote** Abstimmung.

procédurier *adj* mutwillig einen Prozeß betreibend.

procès *m* (1) *(litige soumis à un tribunal)* Prozeß *m*, Rechtsstreit *m*, Rechtsstreitigkeit *f*, Streitsache *f*, (2) *(procédure, instance)* gerichtliches Verfahren; Rechtszug *m*, Instanzenzug; **avoir un** – klagen; in einen Rechtsstreit verwickelt sein; **conduite du** – Prozeßführung *f*; **coûts d'un** – Prozeßkosten *pl*; **déclenchement du** – Einleitung des Urteilsverfahrens; **direction du** – Prozeßleitung *f*; **dossier du** – Prozeßakten *pl*; **engager, entreprendre, faire un** – einen Prozeß einleiten, Klage erheben; **fond du** – Gegenstand *m* des Rechtsstreits, Sachverhalt *m*, Tatbestand *m*; **frais de** – Prozeßkosten; **gagner un** – einen Prozeß gewinnen, im Prozeß obsiegen; **intenter un** – Klage erheben, einen Prozeß anstrengen; **marche d'un** – Gang eines Prozesses, Prozeßverlauf *m*, Verfahrensverlauf *m*; **matière à** – Streitsache *f*, Streitfall *m*; streitbefangene Sache; **mener un** – einen Prozeß führen; **perdre un** – im Prozeß unterliegen, einen Prozeß verlieren; **régler un** – **à l'amiable** einen Prozeß beilegen; **réviser un** – einen Prozeß wiederaufnehmen; **sans autre forme de** – ohne weitere Umstände; **soutenir un** – einen Prozeß führen; **statuer sur le fond du** –, **trancher un** – in der Sache entscheiden; **vider un** – ein Urteil fällen.

procès *civil* Zivilprozeß *m*; – **criminel** Strafprozeß *m*; – **en divorce** Scheidungsklage *f*; – **devant les tribunaux administratifs** Verwaltungsgerichtsprozeß *m*; – **en état** spruchreifer Rechtsstreit; – **en filiation** *(FamR)* Abstammungsprozeß; – **d'intention** Gesinnungsschnüffelei *f*; – **en instance** anhängiger Prozeß; – **monstre** *(umg)* Mammutprozeß *m*; – **pénal** Strafprozeß; – **pendant** anhängiger Rechtsstreit; – **principal** Hauptstreitsache *f*; – **sensationnel** Schau- *od.* Sensationsprozeß.

processeur *m (DV: unité centrale d'un ordinateur)* Prozessor *m*.

procession *f* feierlicher Aufzug, Prozession.

processualiste *m* Prozeßrechtler *m*.

processuel *adj*: **droit** – Prozeßrecht *n*; (Straf-, Zivil-, Verwaltungs-) Verfahrensrecht.

processus *m* Vorgang *m*, Geschehen *n*, Prozeß *m*; **contrat de transfert de** – **technologique** Technologietransfervertrag; – **d'accumulation** Akkumulation *f* (von Produktionsmitteln); – **d'achat** *(BW)* Kaufentscheidungsprozeß; – **de concentration** Konzentrationsprozeß; – **de création du droit** Rechtsetzungsverfahren; – **de développement** Entwicklung; – **de fabrication** Herstellungsverfahren; – **législatif** Gesetzgebungsgang *m*; – **de production** Herstellung; – **de travail** Arbeitsprozeß, Arbeitsablauf; – **d'unification** Vereinheitlichung; Einigung.

procès-verbal *m* (1) Protokoll *n*; Gedächtnisprotokoll; Verhandlungsniederschrift *f*, förmliche Niederschrift; Tatbestandsaufnahme *f*; amtliche Feststellung eines Sachverhalts, (2) *(StR)* Verwarnung *f*; Organmandat *n* (Aut); **adoption du** – Annahme *od.* Genehmigung des Protokolls; **consigner sur** *ou* **dans un** – zu Protokoll geben; eine Niederschrift anfertigen; **dresser** – protokollieren, ein Protokoll aufnehmen, zu Protokoll nehmen; **établir un** – (1) eine gebührenpflichtige Verwarnung verhängen, (2) eine Niederschrift anfertigen; **établissement du** – Protokollaufnahme *f*, Niederschrift; **inscrip-**

tion au – Aufnahme in das Protokoll; **joindre au –** dem Protokoll beifügen; **rédacteur du –** Protokollführer *m*.

procès-verbal d'abornement *(SachR)* Grenzvermarkungsprotokoll *n*; **– d'adhésion** *(VR)* Beitrittsprotokoll; **– d'adjudication** Protokoll über die Zuschlagserteilung, Versteigerungsprotokoll; **– d'apposition (des scellés)** Versiegelungsprotokoll; **– d'arpentage** Vermessungsprotokoll; **– d'audience** *(ZPR)* Sitzungs- *od.* Verhandlungsprotokoll; **– d'audition** Vernehmungsprotokoll *od.* -niederschrift; **– de carence** Protokoll über das Nichterscheinen oder die Nichtleistung; **– de conciliation** Vergleichsprotokoll; **– de constatation** *(StPR)* Feststellungsprotokoll; **– de contravention** *(StR)* gebührenpflichtige Verwarnung; Bußgeldbescheid *m*; **– convenu** vereinbarte Niederschrift.

procès-verbal des débats Verhandlungsprotokoll, Verhandlungsniederschrift *f*; **– des délibérations** Beschlußfassungsprotokoll; **– de dépouillement des soumissions** *(öffentliche Aufträge)* Niederschrift über die Auswertung der Angebote; **– de destruction** Vernichtungsverhandlung; **– de dires et protestations** Einspruchsprotokoll; **– d'élection** Wahlniederschrift; **– d'enquête** Niederschrift über die Beweisaufnahme, Beweisaufnahmeprotokoll; **– d'essai** Testbericht *m*; **– d'estimation, – d'évaluation** Schätzungsprotokoll; **– d'expertise** Gutachten *n*; **– des faits** Tatbestandsaufnahme *f*.

procès-verbal d'infraction *(StPR)* (polizeiliches) Protokoll über den Hergang einer strafbaren Handlung; **– intégral** Wortprotokoll, ungekürztes Protokoll; **– d'interrogatoire** Vernehmungsprotokoll, Vernehmungsniederschrift; **– de légalisation** Unterschriftsbeglaubigung(sprotokoll); **– de mainlevée** Aufhebungsprotokoll.

procès-verbal de non-conciliation (1) *(ZR)* Protokoll über den ergebnislosen Sühne- *od.* Versöhnungsversuch, Sühneattest *n*, (2) *(ArbR)* Protokoll über den ergebnislosen Schlichtungsversuch (zwischen den Tarifparteien); **– de partage** (1) Teilungsniederschrift, (2) Protokoll über Stimmengleichheit im schiedsgerichtlichen Verfahren; **– de perquisition** Haussuchungsprotokoll; **– de prestation de serment** Eidesleistungs- *od.* Vereidigungsprotokoll; **– de réception** Übernahmeprotokoll; **– de récolement** Verlesungsprotokoll über die ordnungsgemäße Aufbewahrung gepfändeter Gegenstände; **– de remise** Übergabeprotokoll; **– résumé** Kurzprotokoll.

procès-verbal de saisie (1) *(ZwangsVR)* Pfändungsprotokoll, (2) *(VwR)* Beschlagnahmeprotokoll; **– de scellé** Versiegelungsprotokoll; **– de séance** Sitzungsniederschrift; **– de séquestre** Arresturkunde *f*; **– de signature** Zeichnungs- *od.* Unterzeichnungsprotokoll; **– de signification** Zustellungsurkunde.

procès-verbaliser *v.intr. (StR: verbaliser)* eine gebührenpflichtige Verwarnung verhängen.

prochain *adj* nahe (gelegen, bevorstehend); **un jour –** in absehbarer Zeit; **la semaine –e** nächste Woche.

prochainement *adv* bald, in absehbarer *od.* nächster Zeit.

proche *adj* nahe (gelegen); ähnlich; **–es parents** nahe verwandt, blutsverwandt.

Proche-Orient *m* Südost-Europa (Albanien, Rumänien, Bulgarien und ex-Jugoslawien).

proclamation *f* (1) *(VerfR)* Aufruf *m*, Verkündigung *f*, öffentliche Bekanntmachung, Proklamation, (2) *(VR)* gemeinsame Erklärung; **– de l'indépendance** Unabhängigkeitserklärung; **– des résultats** amtliche Bekanntmachung der Ergebnisse (einer Wahl).

proclamer *v.tr.* verkündigen, kundgeben, bekanntgeben, bekantmachen, ausrufen, proklamieren, (feierlich) erklären; – **l'état de siège** den Belagerungszustand verhängen *od.* verkünden.

procréation *f (FamR)* Zeugung *f*, Fortpflanzung; – **médicalement assistée (= PMA)** künstliche Befruchtung, In-Vitro-Fertilisation.

procréatique *f* Reproduktionsmedizin *f*; Technik der künstlichen Befruchtung.

procréer *v.tr.* zeugen, fortpflanzen; **incapacité à –** Zeugungsunfähigkeit.

procuration *f* (1) *(SchuldR: écrit qui constate le mandat, ce mandat lui-même)* Vollmachtsurkunde *f*, (schriftliche) Vollmacht *f*; rechtsgeschäftliche Vertretungsmacht, (2) *(HR: pouvoir, mandat)* Handlungsvollmacht; Prokura *f*; Bevollmächtigung, Ermächtigung; **agir en vertu d'une –** als Bevollmächtigter handeln; **chargé de –** Bevollmächtigte(r) *m*; **défaut de –** Fehlen der Vollmacht; **délivrer une –, donner une –, dresser une –** einen Auftrag erteilen, bevollmächtigen, eine Vollmacht ausstellen; **endos de –, endossement de –** Prokura- *od.* Vollmachts(s)indossament; **fondé de –** Bevollmächtigte(r) *m*; **par –** (= **p.p.**) im Auftrag (= i. A.); in Vertretung (= i. V.); **révocation d'une –** Widerruf *od.* Entziehung *od.* Aufhebung einer Vollmacht; **révoquer une –** eine Vollmacht widerrufen *od.* aufheben; **vote par –** Stimmabgabe *od.* Abstimmung durch Vertreter.

procuration en blanc Blankovollmacht; **– collective** Gesamtvollmacht; **– commerciale** (1) Handlungsvollmacht, (2) Prokura *f*; **– conjointe** Gesamtvollmacht; **– électorale** *(ÖfR)* Wahlvollmacht; **– pour l'encaissement** Inkasso- *od.* Einziehungsvollmacht; **– pour l'exploitation** Betriebsvollmacht; **– générale** Generalvollmacht, Allgemeinvollmacht (für alle Geschäfte); **– limitée** beschränkte Vollmacht; **– notariée** notarielle Vollmacht; **– sur papier libre** privatschriftliche Vollmacht; **– postale** Postvollmacht; **– sous seing privé** privatschriftliche Vollmacht; **– spéciale** Spezialvollmacht, Einzelvollmacht (für ein bestimmtes Geschäft); **– pour la vente** Verkaufsvollmacht.

procurer *v.tr.* besorgen, beschaffen, verschaffen; **– une édition** ein Buch verlegen *od.* herausbringen; **– du travail à qqn.** jmdm. Arbeit verschaffen.

procureur *m* (1) *(PrzR: magistrat représentant le ministère public)* Staatsanwalt *m*, (2) *(SchuldR: celui qui a reçu procuration)* Bevollmächtigter; **réquisitoire du –** Anklagesatz *m*; Anklageschrift *f*; **substitut du –** Anklagevertreter *m*, Staatsanwalt; **– chargé de l'accusation** Anklagevertreter; **– général** (1) frz. Generalstaatsanwalt beim Kassationshof, (2) frz. Oberstaatsanwalt beim Appellationshof; **-- de la République** frz. Oberstaatsanwalt (beim Großinstanzgericht); **– du roi** (B) Staatsanwalt.

prodigalité *f* Verschwendungssucht *f*.
prodigue *adj* verschwenderisch; großzügig.
prodigue *m* Verschwender *m*.
prodiguer *v.tr.* verschwenden.
pro domo *loc. adv.* in eigener Sache; zum eigenen Nutzen, pro domo.
prodrome *m* Vorbote *m*, Anzeichen *n*.

producteur *adj* produzierend, herstellend, erzeugend; **pays –** Herstellerland *n*; **pays –s de pétrole** Erdölförderländer; **société –trice** Erzeuger *m*, Herstellerfirma *f*.
producteur *m* Produzent *m*, Fabrikant *m*, Erzeuger *m*, Hersteller *m*; **– agricole** landwirtschaftlicher Erzeuger; **– de cinéma** Filmproduzent.

productif *adj* produktiv, ergiebig, einträglich; fruchtbar; **capital –** Produktivvermögen *n*; **investissement –** Anlageinvestition *f*;

production

– **d'intérêts** zinsentragend, zinstragend, verzinslich; – **d'obligations** zu Verpflichtungen führend.

production *f* (1) *(Vwirt: fabrication de biens et de services)* Herstellung *f* (von Gütern und Dienstleistungen), Erzeugung, Fertigung, Produktion *f*, (2) *(présentation d'un document)* Beibringung *f*, Vorlegung *f* (von Unterlagen), Vorlage *f* (von Urkunden); **accroissement de la –** Produktionssteigerung; **appareil de –** Produktionsapparat *m*; **arrêt de la –** Produktionsstillstand *m*; Produktionseinstellung *f*; **biens de –** Produktivgüter *npl*, Investitionsgüter; **campagne de –** Erzeugungsjahr; **capacité de –** Produktionskapazität *f*, Leistungsfähigkeit *f*, Produktivkraft *f*; **cartel de –** Produktionskartell *n*; **coefficient de –** Produktionskoeffizient, Inputkoeffizient, Faktorkoeffizient *m*; **coopérative de – et de consommation** Produktions- und Konsumgenossenschaft; **coût de –** Herstellungskosten; **crédit à la –** Investitions- *od*. Produktionskredit; **direction de la –** Produktionsüberwachung; **facteur de –** Produktionsfaktor *m*, Einsatzgut *m*, Produktor *m*; **indice de la –** Produktionsindex *m*; **monopole de –** Herstellungs- *od*. Erzeugungsmonopol; **moyens de –** (produzierte) Produktionsmittel *npl*; **perte de –** Produktionsausfall *m*; **potentiel de –** Produktionspotential *m*; **prix à la –** Erzeugerpreis; **prix de –** Herstellungspreis; **quota de –** Erzeugungsquote *f*; **secteur de –** Herstellungssektor *m*; **stade de –** Produktionsstufe *f*; **unité de –** Produktionseinheit *f*.

production d'actes *(PrzR, VwR)* Aktenvorlage *f*, Urkundenvorlegung *od*. -vorlage *f*; – **d'affaires nouvelles** *(VersR)* Neugeschäft, Antragsgeschäft; – **agricole** Ackerbau *m*, landwirtschaftliche Erzeugung; – **attendue** Produktionssoll *n*; – **à la chaîne** Fließbandfertigung; – **d'une créance**

produire

(KonkursR) Forderungsanmeldung; – **de documents** Urkundenvorlage *od*. -beibringung; – **de dossiers** Aktenvorlegung; – **excédentaire** Produktionsüberschuß *m*; – **de grandes séries** Großserienfertigung; – **industrielle** Industrieproduktion; – **intérieure brute** (= **PIB**) Bruttoinlandsprodukt *n*; – **journalière** Tagesleistung; – **en justice** Vorlage *f* bei Gericht; – **de masse** Massenerzeugung *od*. -herstellung; – **de matières premières** Rohstofferzeugung; – **nationale** Inlandserzeugung; – **nouvelle** *(VersR)* Neuabschluß *m*; – **de pièces** Akten- *od*. Urkundenvorlage; – **des preuves** Beibringung von Beweisen; – **prévue au plan** Plansoll; – **en série** Massenproduktion, Serienherstellung *od*. -fertigung; – **à l'unité** Einzelfertigung.

productique *f* Automation, Automatisierung (der industriellen Produktion).

productivité *f* Produktivität *f*, technische Ergiebigkeit *f*, Leistungsfähigkeit *f*; Ertragskraft *f*; **accroissement de la –, gains de –** Produktivitätssteigerung; – **industrielle** Industrieproduktivität; – **intellectuelle** geistige Leistungsfähigkeit; – **marginale** Grenzproduktivität; – **maximum** Spitzen- *od*. Höchstleistung; – **du travail** Arbeitsproduktivität.

produire *v.tr.* (1) *(Vwirt: biens)* erzeugen, produzieren, hervorbringen, schaffen, (2) *(PrzR: documents, preuves)* beibringen, vorlegen; **se –** sich ereignen, vorkommen, passieren; – **des affaires nouvelles** *(VersR)* Abschlüsse tätigen; – **un choc salutaire** aufrütteln, zur Besinnung bringen; – **une créance** eine Forderung anmelden; – **un effet** eine Wirkung hervorrufen, wirksam sein; – **des intérêts** Zinsen tragen, verzinslich sein; – **en justice** vor Gericht vorlegen; – **une pièce d'identité** sich ausweisen; – **des pièces** Akten *od*.

Urkunden vorlegen; – **des preuves** Beweise beibringen; – **des témoins** Zeugen benennen; – **à tous ordres** auf Anforderung vorzeigen.

produit *m* (1) *(marchandise)* Gut *n*, Ware *f*, Fabrikat *n*, Produkt *n*, Erzeugnis *n*, (2) *(gain, rapport)* Gewinn *m*, Aufkommen *n*, Erlös *m*, Ertrag *m*; **âge du –** (Produkt-)Lebensdauer *f*; **agrément d'un –** (amtliche) Produktzulassung; **augmentation du –** Erlösmehrung *f*, Ertragserhöhung; **courbe de vie d'un –** Produktlebenszyklus; **développement d'un –** Produktplanung u. -entwicklung; **diminution du –** Erlös- *od.* Ertragsminderung; **gestion des –s** Produktmanagement *n*; **plan de développement des –s** Produktpolitik; **règle du –** Bruttoprinzip *n*; **stratégie des –s** Marketing mix *n*; **vie économique d'un –** Lebensdauer (eines Produkts) am Markt, Produktlebenszyklus *m*.

produit agricole Agrarprodukt, landwirtschaftliches Erzeugnis; **–s alimentaires** Nahrungsmittel *npl*; **–s alimentaires de première nécessité** Grundnahrungsmittel; **– de base** (1) Gebrauchsgut des täglichen Bedarfs, (2) Grundstoff *m*; Ausgangserzeugnis *n*; **– de beauté** Kosmetikartikel *m*; **– biologique** Bio-Produkt; **– breveté** patentiertes Erzeugnis; **– brut** Bruttoertrag; Roherzeugnis; **– du capital** Kapitalertrag; **– complémentaire** Komplementärgut (im Sortimentverbund); **– de consommation** Verbrauchsgut; Gebrauchsartikel; **– de consommation courante** Massenartikel *m*; **– contingenté** *(ZollR)* kontigentierte Ware; **– des cotisations** Beitragsaufkommen.

produit demi-fabriqué *ou* **demi-fini** Halbfabrikat *n*, Halberzeugnis, Vorprodukt, Halbware *f*; **– en devises** Devisenerlös; **– dodo** Auslaufmodell *n*; **– de l'emprunt** Anleiheertrag; **– d'exportation** Exportware; **– fabriqué** Industrieerzeugnis; **– financier** Finanzertrag, Kapitalertrag; **– fini** Fertigerzeugnis, Endprodukt; **– de grande consommation** Massenerzeugnis *od.* -verbrauchsgut; **– haut de gamme** Spitzenprodukt, Qualitätsware *f*; **– de l'impôt** Steueraufkommen *n*; **– intérieur brut** (= PIB) Bruttoinlandsprodukt; **– intermédiaire** Zwischenerzeugnis *n*; **– de la liquidation** Liquidationserlös; **– locatif** Mieterlös; **–s de luxe** Güter des gehobenen Bedarfs.

produit manufacturé Fabrikat, Industrieerzeugnis; **– marginal** Grenzertrag; **– de marque** Markenartikel *m*; **– moyen** Durchschnittsgewinn *m*; **– national brut** (= PNB) (au prix du marché) Bruttoinlandsprodukt (zu Marktpreisen); **– national net** (= PNN) (au coût des facteurs) Nettoinlandsprodukt (zu Faktorkosten); **– net** Reinertrag, Reinerlös; **– nocif** *(UmweltR)* Schadstoff *m*; **– nominal** Nominaleinkommen *n*; **– ouvré** Fertigerzeugnis; **– pétrolier** Erdölerzeugnis; **– pharmaceutique** Arzneimittel *n*; **–s pondéreux** Massengüter *npl*; **–s de première nécessité** Güter des Grundbedarfs; **– promotionnel** Produkt zur Verkaufsförderung; **– de qualité** Qualitätserzeugnis; **– recyclable** wiederverwertbares Produkt; **– réel** Realeinkommen; **– de remplacement** Ersatz *m*; **–s sans marque** (dit économiques) die Weißen *pl*; **– semi-fini**, **– semi ouvré** Halbfertigware *f*, Halbfabrikat- *od.* -erzeugnis, Vorprodukt; **– de série** Massen- *od.* Serienerzeugnis; **– social** Volkseinkommen *n*, Sozialprodukt; **– social brut** Bruttosozialprodukt; **– sophistiqué** Luxusartikel; hochwertiges Produkt; **– sous contrat** Vertragsware; **– de substitution** Substitutionsgut *n*; Ersatzstoff *m*; **– synthétique** Kunststoff *m*; **– total** Gesamtaufkommen *n*, Gesamtertrag; **– des transactions** Umsatzerlös; **– de transformation** weiterverarbeitetes Erzeugnis; **– du travail** Arbeitseinkommen; Arbeitsertrag; **– de la vente** Verkaufserlös.

profanation *f* Entweihung; **– d'un cimetière, – de sépulture** *(StR)* Grabschändung *f*, Störung der Totenruhe.

profane *adj* weltlich, nicht kirchlich.

profane *m* Nichtfachmann, Laie *m*.

profaner *v.tr.* verächtlich machen, sich mißfällig äußern (über); **– un lieu sacré** entweihen.

proférer des injures *v.tr.* (StR) eine Beleidigung kundgeben *od.* aussprechen.

professer *v.tr.* öffentlich bekennen; lehren, vortragen; **– une opinion** eine Meinung vertreten.

professeur *m* (1) *(SchulR)* Lehrkraft *f*; Oberschullehrer *m*, (2) *(HochschulR)* Professor *m*, Hochschullehrer; **– agrégé** Oberschul- *od.* Universitätsprofessor, Privatdozent *m*; **– à domicile** Hauslehrer, Privatlehrer; **– de faculté** Universitätsprofessor; **– libre** Lehrer an einer Privatschule; **– suppléant** Ersatzlehrkraft; **– titulaire** Lehrstuhlinhaber *m*, Ordinarius *m*; ordentlicher Professor *m*.

profession *f* (1) *(ArbR: activité habituellement exercée, métier, fonction)* Beruf *m*, Berufstätigkeit *f*, (2) *(collectivité de personnes de même métier)* Berufsstand *m*, Berufsgruppe *f*, Berufszweig *m*, Fach *n*; **abandonner la –** aus dem Beruf ausscheiden; **accès à la –** Zugang *m* zum Beruf; **changer de –** den Beruf wechseln; **choix de la –** Berufswahl *f*; **embrasser une –** einen Beruf ergreifen; **exercer une –** einen Beruf ausüben; **exercice illégal d'une –** unbefugte Berufsausübung; **organisation de la –** Berufsverband *m*; Berufsvereinigung *f*.

profession accessoire *(ArbR, BeamR)* Nebentätigkeit; Nebenberuf; **– ambulante** Reisegewerbe *n*, Wandergewerbe *n*; **– annexe** Nebenberuf; **– artisanale** Handwerksberuf; **– commerciale** kaufmännischer Beruf; **–s connexes** zu einem bestimmten Berufszweig gehörende Berufe; **– de foi** (1) *(KirchR)* Glaubensbekenntnis *n*, (2) *(Pol)* Wahlprogramm *n*; **– indépendante** freier Beruf, höhere Berufsart; **– libérale** freier Beruf, freiberufliche Tätigkeit; **– principale** Hauptberuf, Haupttätigkeit; **– salariée** nicht selbständiger Beruf, abhängige Stellung, unselbständige Tätigkeit.

professionnel *adj* Berufs-, Fach-, berufsmäßig; **accident –** Arbeitsunfall *m*; **activité –elle** Berufs- *od.* Erwerbstätigkeit; **catégorie –elle** Berufsgruppe; **chambre –elle** Berufskammer *f*; **compétence –elle** Fachwissen *n*, Fachkenntnisse *fpl*; **conscience –elle** berufliches Pflichtbewußtsein; **déontologie –elle** Berufsethos *m*, Ehrenordnung (eines Berufs); **école –elle** Berufsschule; **erreur –elle** Verletzung der Berufspflicht; **expérience –elle** Berufserfahrung; **faute –elle** Kunstfehler, Verletzung der Berufspflichten; **formation –elle** Berufsausbildung; **incapacité –elle** Berufsunfähigkeit; **orientation –elle** Berufsberatung; **profil –** Berufsbild *n*; **représentation –elle** Berufsverband *m*; **responsabilité –elle** Berufshaftung; Haftung für Verletzung von Berufspflichten; **risque –** Berufsrisiko *n*; **secret –** Berufsgeheimnis *n*, Schweigepflicht *f*; Amts- *od.* Dienstgeheimnis; **usage –** Brauch *m*, Gepflogenheit (im geschäftlichen Verkehr).

professionnel *m* (1) Facharbeiter *m*, Fachkraft *f*, Fachmann *m*, (2) Angehöriger eines Berufsstandes.

professionnellement *adv* gewerbsmäßig, berufsmäßig.

professorat *m* Professorenamt; öffentliches Lehramt.

profil *m* **professionnel** *(ArbR)* Berufsbild *n*, Arbeitsplatzbeschreibung *f*; Aufgabenbereich *m*.

profit *m* (1) *(tout avantage patrimonial*

profitable

ou extrapatrimonial) Nutzen *m*, Vorteil *m*, (2) *(enrichissement pécuniaire)* Gewinn *m*, (finanzieller) Vorteil *m*, Profit *m*; **juste –** angemessener Gewinn; **réaliser un –, retirer un –** einen Gewinn erzielen; **– escompté, – espéré** erwarteter Gewinn; **– illicite** gesetzwidriger *od.* ungesetzlicher Gewinn; **– marginal** Grenznutzen; **– moyen** Durchschnittsgewinn; **– obtenu, – réalisé** erzielter Gewinn.

profitable *adj* vorteilhaft, einträglich.

profiter (de qqch.) *v.tr.ind.* Vorteil aus etwas ziehen; **– à qqn.** jmdm. nützlich sein *od.* helfen; **– de son argent** sein Geld gut anlegen.

profiteur *m* Profitmacher, Nutznießer.

profits et pertes *(Buchf)* Gewinn und Verlust; **compte de – –** Gewinn- und Verlustrechnung.

profond *adj (fig)* gründlich, tief, sehr groß.

pro forma *loc. adj. inv.*: **facture –** Pro-forma-Rechnung.

profusion *f* Fülle *f*; **à –** im Überfluß.

progéniture *f* Nachkommenschaft *f*.

progiciel *m* Softwarepaket *n*, Package *n*.

progouvernemental *adj* regierungsfreundlich.

programmation *f (DV)* Programmierung, Programmsteuerung, Implementierung; **langage de –** Programmiersprache.

programme *m* (1) *(Pol.: exposé de la politique du gouvernement)* Programm *m*, Grundsatzerklärung *f*; Manifest *n*, (2) *(projet, plan)* Vorhaben *n*, Plan *m*; Zielsetzung *f*, (3) *(VR: aide aux pays en voie de développement)* Hilfsprogramm *n*, Hilfemaßnahmen *fpl*; **– d'action** Aktionsprogramm; **– d'assainissement** Sanierungsprogramm; **– d'austérité** Sparprogramm, Sparplan; **– budgétaire** Haushaltsplan; **– de crise** Krisenplan; **– de défense** Verteidigungsplanung; **– de développement** Entwicklungsplan; **– d'échanges** Austauschprogramm;

prohibition

– économique wirtschaftliche Zielsetzung; **– électoral** Wahlplattform; **– d'enseignement, – d'études** Lehrplan; **– d'équipement** Sachinvestitionsplan; **– d'expansion** Expansionslinie *od.* -strategie; **– financier** Finanzplan *m*; **– de formation** Ausbildungsplan; **– gouvernemental** Regierungsprogramm; **– d'investissements** Investitionsplan; **– de livraison** Beschaffungsmengenplanung; **– prévisionnel** Planungsmodell *od.* -rahmen; **– de travail** Arbeitsprogramm; **– des ventes** Absatz- *od.* Marketingplanung.

progrès *m* Fortschritt *m*, Erfolg *m*; Fortschritte *n*; **faire des –** Fortschritte erzielen; **– de la criminalité** Zunahme der Verbrechen; **– social** sozialer Fortschritt *m*.

progresser *v.intr.* vorankommen, Fortschritte erzielen.

progressif *adj* schrittweise, fortschreitend; gestaffelt; **coûts –s** progressive Kosten; **impôt –** progressive Steuer; progressiver Steuertarif.

progression *f* Fortschreiten *n*, Aufwärtsentwicklung, Anstieg *m*, Progression *f*; **– du chiffre d'affaires** Umsatzsteigerung; **– du dommage** Ausweitung des Schadens; **– des salaires** Lohnanstieg.

progressiste *adj* fortschrittlich.

progressivement *adv* zunehmend.

progressivité *f* Stufenfolge *f*, Reihe *f*; Steigerung; **– de l'impôt** Steuerstaffelung, Steuerprogression.

prohibé *adj* verboten, ungesetzlich, rechtswidrig; **armes –s** verbotene Waffen; **commerce –** Handelsverbot *n*; **degré –** *(FamR)* zwingendes Eheverbot der nahen Verwandtschaft.

prohiber *v.tr.* verbieten, untersagen.

prohibitif *adj* verhindernd, abhaltend, Verbots-; **disposition –ive** Verbotsnorm *od.* -vorschrift; **droits –s** Prohibitivzölle *mpl*; **prix –** Mondpreis, nicht zu rechtfertigender Preis.

prohibition *f* Verbot *n*, Verhinderung *f*; Prohibition *f*; – **de concurrence** Wettbewerbsverbot; – **générale d'entrée** allgemeines Einfuhrverbot; – **légale** gesetzliches Verbot; – **de sortie** Ausfuhrverbot, Exportsperre *f*; – **de transit** Durchfuhrverbot.

proie *f* Beute *f*; Opfer *n*; **maison en – aux flammes** brennendes Haus.

projecteur *m* Scheinwerfer *m*; Strahlerleuchte *f*; – **anti-brouillard** Nebelscheinwerfer *m*; – **de route** Fernlichtscheinwerfer.

projectile *m* Wurfgeschoß *n*; – **atomique** Atomsprengkörper *m*; – **d'exercice** Übungsgeschoß *n*.

projection *f* Projektion *f*; Darstellung; Ansichtszeichnung; Prognose *f* einer (zukünftigen) Entwicklung; – **cinématographique** Filmvorführung *f*; – **d'étincelles** Funkenflug *m*.

projet *m* Entwurf *m*, Vorhaben *n*, Projekt *n*, Plan *m*, Vorschlag *m*; **avant-** – Rohentwurf, Vorentwurf; **en** – geplant; – **d'amendement** Abänderungsentwurf, Abänderungs- *od*. Novellierungsvorschlag; – **de budget** Haushaltsvorschlag *od*. -vorlage; – **de compromis** Kompromißvorschlag; – **de construction** Bauvorhaben *n*; – **de contrat** Vertragsentwurf; – **d'exécution** *(BauR)* Vorentwurf; – **gouvernemental** Regierungsvorlage *od*. -entwurf, Kabinettsentwurf; – **d'investissement** Investitionsvorhaben.

projet de loi Gesetzentwurf *m*, Gesetzesvorlage *f* (der Regierung); – **de norme mis en application** Vornorm *f*; – **originaire** ursprünglicher Entwurf; – **pilote** Modellvorhaben *n*; – **préliminaire** Vorentwurf; – **primitif** Rohentwurf; – **de réalisation d'étude** Projektstudie *f*; – **de règlement** Vergleichsvorschlag *m*; (Streit-) Beilegungsvorschlag; – **de résolution** *(VR)* Entschließungsentwurf.

projeter *v.tr.* (1) *(envisager, préparer)* planen, vorhaben; im Sinn haben; (plan) entwerfen, (2) *(éjecter, lancer)* (heraus-, fort-)schleudern, (3) *(film)* vorführen.

prolégomènes *mpl* Einführung *f*, einleitende Vorbemerkung; Vorwort *n*; Grundbegriffe *mpl*.

prolétariat *m* Proletariat *n*, besitzlose Arbeiterklasse.

prolifération *f* **des armes atomiques** *(VR)* Weiterverbreitung von Atomwaffen.

proliférer *v.intr.* sich stark vermehren; ausufern.

prologue *f* Vorrede *f*; Auftakt *m*.

prolongation *f* (1) (zeitliche) Verlängerung *f*; Aufschub *m*, (2) *(WechselR)* Prolongation *f*; – **du contrat** Vertragsverlängerung; – **du délai** Fristverlängerung; – **de durée** Verlängerung; – **d'emploi** *ou* **de fonctions** Weiterbeschäftigung; – **du terme** Gewährung einer Nachfrist; – **de validité** Verlängerung der Geltungsdauer, Gültigkeitsverlängerung.

prolongeable *adj* verlängerungsfähig, verlängerbar.

prolongements *mpl* Auswirkungen *fpl*, Folgen *fpl*, Konsequenzen *fpl*.

prolonger *v.tr.d.* (1) verlängern, in die Länge ziehen, hinausziehen, (2) *(WechselR)* prolongieren.

promesse *f* (1) *(SchuldR: acte de volonté unilatérale)* (verbindliche) Zusage, Versprechen *n*, (2) *(SchuldR: engagements personnels et réciproques)* Vorvertrag *m*, (3) *(GesR)* Anspruch auf den Erwerb neuer Aktien, Promesse *f*; **dégager** *ou* **délier qqn. de sa** – jmdn. von seinem Versprechen entbinden; **manquer à sa** – sein Versprechen nicht einhalten; **tenir sa** – zu seinem Wort stehen; **bénéficiaire d'une** – Berechtigte(r), Begünstigter, Versprechensempfänger; **contrat de** – Einräumung eines Wiederkaufsrechts; – **d'achat** Abnahmeverpflichtung; – **pour autrui** Vertrag zu Lasten Dritter; – **de crédit** Darlehensversprechen, Kreditzusage *f*; – **de dette** Schuldversprechen *n*; – **de donation** Schenkungs-

promesse de mariage versprechen; **–s électorales** Wahlversprechungen *pl*; **– d'exécution** Erfüllungsübernahme *f*; **– formelle** verbindliche Zusage; **– de garantie** Garantiezusage, Gewährleistung; **– d'intérêt** Eingehung einer Zinspflicht; **– de livraison** Lieferzusage.

promesse de mariage Eheversprechen; **– de paiement** Zahlungsversprechen; **– de porte-fort** *(SchuldR: art. 1120 Cciv)* Versprechen der Leistung eines Dritten; **– de prêt** Darlehensversprechen; **– pure et simple** unbedingtes Versprechen; **– de récompense** Versprechen eines Finderlohns; **– solenelle** notariell beurkundetes Versprechen; förmliches Versprechen; **– sous seing privé** privatschriftliches Versprechen; **– synallagmatique** gegenseitige Verpflichtung zum Abschluß eines Vertrages; **– unilatérale de contrat, – unilatérale de vendre** *ou* **d'acheter** *(SchuldR)* (einseitig bindender u. aufschiebend bedingter) Vorvertrag, nur für eine der Pateien verbindliche Abschlußpflicht (eines Vertrages); **– de vente** *(SchuldR: promesse synallagmatique)* Vorvertrag *m*, gegenseitige Verpflichtung zum Abschluß eines Kaufvertrages.

promettant *m* Versprechende(r), (durch einen Vorvertrag) verpflichtete Vertragspartei.

promettre *v.tr.* jmdm. etw. versprechen, sein Wort geben, versichern.

promis *adj*: **chose promise, chose due** was man verspricht, muß man halten; man muß zu seinem Wort stehen.

promoteur *m* (1) *(SchuldR)* Beauftragter, handelnd im beiderseitigen Interesse, (2) Initiator *m*, Förderer *m*; Triebkraft *f*; **– immobilier** Bauträger *m*; **– des ventes** *(HR)* Marketingfachmann; Absatzmittler *m*.

promotion *f* (1) *(ArbR, BeamR)* Beförderung *f*, (2) *(i. s. S.)* Förderung *f*, Aufstieg *m*, (3) *(SchulR)* Absolventen *mpl* eines Jahrgangs, (4) *(HR)* Sonderangebot *n*; **contrat de –** *(SchuldR: mandat d'intérêt commun, art. 1831-1 Cciv)* Auftrag im beiderseitigen Interesse; **cours de –** *(ArbR)* Förderungslehrgang *m*; **– à l'ancienneté** *(BeamR)* Aufstieg nach dem Dienstalter; **– au choix** außerordentliche *od.* außerplanmäßige Beförderung; **– hiérarchique** dienstlicher Aufstieg; **– interne** innerdienstliche Beförderung; **– ouvrière** *(ArbR)* Förderung des beruflichen Aufstiegs (der Arbeitnehmer); **– professionnelle** Berufsförderung; **– sociale** sozialer Aufstieg; **– des ventes** *(HR)* Absatzförderung *f*, Verkaufsförderung, Sales promotion, Marketing *n*.

promotionnel *adj*: **article –** Sonderangebot *n*; **tarif –** Sonderpreis *m*, Einführungspreis; **vente –elle** Verkauf *m* zu herabgesetzten Preisen.

promotionner *v.tr.* (für ein Prokukt) werben.

promouvoir *v.tr.* (1) befördern, ernennen, (2) begünstigen, fördern; **– un article** eine Ware auf den Markt bringen.

prompt *adj* sofort, schnell, unverzüglich.

promptement *adv* unverzüglich.

promulgation *f* *(VerfR: décret du Président de la République rendant une loi exécutoire)* Verkündung *od.* Bekanntgabe (eines Gesetzes), Gesetzesausfertigung (durch das Staatsoberhaupt).

promulguer *v.tr.* verkünden, erlassen, bekanntgeben, ausfertigen.

prôner *v.tr.* sich einsetzen für, vorschlagen.

prononcé *m* *(PrzR: proclamation orale du jugement)* (Urteils-)Verkündung *f*; **– administratif** *(S)* Verwaltungsverfügung; **– de l'arrêt, – du jugement, – de la sentence** Urteilsverkündung; **– d'une réquisition** Beschlagnehmeverfügung.

prononcer (1) *v.tr.* aussprechen, vortragen, (2) *(PrzR: v.intr.)* ein

Urteil fällen, verkünden, (3) *v.pron.*: **se** – sich äußern; sich erklären, sich entscheiden (für); – **une allocution, – un discours** eine Rede halten; – **un non-lieu** *(StPR)* das Verfahren einstellen; – **une peine** auf Strafe erkennen, eine Strafe verhängen; – **un plaidoyer** plädieren, ein Plädoyer halten; sich für jmdn. einsetzen; – **un serment** einen Eid leisten; (eine Aussage) beeidigen.

pronostic *m* Voraus- *od.* Vorhersage *f*, Prognose *f*; **faire un** – eine Prognose stellen, prognostizieren; **réserver son** – keinerlei Aussage machen, abwarten

pronostiquer *v.tr.* vorhersagen, voraussagen, prognostizieren.

propagande *f* (1) *(Pol)* Propagande *f*, (2) *(HR)* Werbetätigkeit *f*, Reklame *f*, (3) *(KirchR)* Glaubensmission *f*, Proselytismus *m*; – **anticonceptionnelle** Empfängnisverhütungsaktion *od.* -kampagne *f*; – **commerciale** Werbung; – **électorale** Wahlpropaganda; – **subversive** *(StR)* subversive *od.* umstürzlerische Tätigkeit.

propagandiste *m* (1) *(Pol)* Propagandist *m*, Wahlwerber, (2) Werbefachmann *m*.

propagation *f* Verbreitung *f*, Ausbreitung; Fortpflanzung *f*; – **de faux bruits** *(StR)* Verbreitung unwahrer Gerüchte; – **de la foi** Glaubensmission, Verbreitung einer religiösen Lehre.

propension *f* Neigung *f*, Tendenz *f*; – **aux accidents** Unfallgefahr *f*, Unfallneigung; – **à l'achat** Kaufinteresse *n*; – **à l'épargne** Sparneigung; – **à investir** Investitionsneigung.

prophylaxie *f* Vorbeugung, Verhütung (von Krankheiten).

propice *adj* günstig, vorteilhaft.

proportion *f* Verhältnis *n*, Größenverhältnis; rechtes Maß *n*; **à** – **de** im Verhältnis zu; **hors de** – unverhältnismäßig.

proportionnalité *f (VwR)* Verhältnismäßigkeit *f*; **principe de** – *(EuR, VwR: mise en œuvre de moyens appropriés à l'objectif)* Prinzip *n* der Verhältnismäßigkeit, Verhältnismäßigkeitsgrundsatz *m*; Grundsatz der Erforderlichkeit, Grundsatz der Anwendung des mildesten Mittels; – **de la défense (à l'agression)** *(StR)* erforderliche Verteidigung (im Rahmen der Notwehr); – **de l'impôt** Steuergerechtigkeit, Gleichmäßigkeit und Verhältnismäßigkeit der Besteuerung; – **des peines** Angemessenheit der Strafe(n).

proportionnel *adj* verhältnismäßig, angemesen; proportional, verhältnisgleich; **impôt** – Proportionalsteuer *f*.

proportionnelle *f (VerfR)* Verhältniswahlrecht *n*; Verhältniswahl *f*.

proportionnellement *adv* entsprechend, im gleichen Verhältnis.

proportionner *v.tr.* aufteilen, (gleichmäßig) verteilen.

propos *m* (1) Äußerung *f*, Rede *f*, Gespräch *n*, (2) Entschluß *m*, Vorsatz *m*, Plan *m*; **de** – **délibéré** vorsätzlich, absichtlich; **il est hors de** – es kommt nicht in Frage; **mal à** – zur Unzeit, zu unpassender Zeit.

proposer *v.tr.* (1) vorschlagen, (2) *(ZPR: invoquer, soulever un moyen de droit)* beantragen, (3) *(HR: Waren)* anbieten; **se** – **de** *v.pron.* die Absicht haben, vorhaben.

proposition *f* (1) Antrag *m*, Empfehlung, Vorschlag *m*, (2) *(SchuldR: offre)* Angebot *n*; – **additionnelle** Zusatzantrag; – **alternative** Alternativvorschlag; – **d'amendement** Abänderungsantrag *m*; Abänderungs- *od.* Novellierungsvorschlag; – **d'arbitrage** Vermittlungs- *od.* Schlichtungsvorschlag; – **d'assurance** Versicherungsantrag; – **complémentaire** Ergänzungsvorschlag; – **de contrat** Vertragsantrag *od.* -angebot; – **électorale** Wahlvorschlag; – **ferme** *(HR)* verbindliches Angebot; – **de loi** *(VerfR: émane d'un groupe parlementaire ou d'un député)* Fraktionsvorlage, Initiativantrag, Gesetzesvorschlag, Gesetzesvorlage *f* (einer Fraktion *od.* eines Abgeordneten); – **de résolution** Entschließungsantrag; – **de révision** *(VerfR)* Verfassungsänderungsantrag.

propre *adj* (1) eigen, jmdm. gehörend, (2) eigentlich, wahr, wirklich, (3) passend, richtig, (4) geeignet, tauglich; **biens –s** *(EheR)* Eigengut *n*; Vorbehaltsgüter *npl*.

propres *mpl (EheR: par opposition aux biens communs)* Eigengut *n*; Vorbehaltsgut *n* (eines Ehegatten).

propriétaire *m* (1) *(SachR: titulaire du droit de propriété)* Eigentümer *m*, (2) *(MietR: bailleur)* Vermieter; **changement de –** Eigentumsübergang *m*, Eigentümerwechsel *m*; **grand –** Großgrundbesitzer *m*; – **d'appartement** Wohnungseigentümer; – **d'étage** Stockwerkseigentümer; – **exploitant** Landwirt *m* (und Eigentümer seines landwirtschaftlichen Betriebes) – **foncier** Grundeigentümer *m*; – **d'immeuble** Gebäude- *od.* Hauseigentümer; – **incommutable** unwiderruflicher Eigentümer; – **indivis** *ou* **par indivis** Bruchteilseigentümer; – **d'une marque** *(Wz)* Markeninhaber; – **de mine** Bergwerksbesitzer *m*; – **de part** Anteilseigner; – **terrien** Grundbesitzer; – **tréfoncier** Eigentümer des unter der Erdoberfläche liegenden Teils eines Grundstücks; – **viager** Eigentümer auf Lebenszeit.

propriété *f* (1) *(SachR: droit d'user, de jouir et de disposer d'une chose, art. 544 Cciv)* Eigentum *n*, Eigentumsrecht *n*, (2) *(domaine, bien-fonds, immeuble)* Landbesitz *m*, Grundbesitz *m*, Besitztum *n*, (3) *(qualité)* Eigenschaft *f*, Wesensmerkmal *n*; **abandon de –** Eigentumsverzicht *m*, Eigentumsaufgabe *f*; **accession à la –** *(SozR)* Eigentumsbildung (in Arbeitnehmerhand); **accession de –** *(SachR)* (Eigentums-)Erwerb von Erzeugnissen u. sonstigen Bestandteilen (einer Sache); **acquérir une –** ein Grundstück erwerben; **acquisition de –** Eigentumserwerb *m* (durch Vertrag); **atteinte à la –** *(SachR)* Eigentumsstörung; **atteinte à la – privée** *(ÖfR)* Eingriff in das Privateigentum; **certificat de –** Eigentumsnachweis *m*; **droit de –** Eigentumsrecht *n*; Herrschaftsmacht des Eigentümers; **en toute –** (im) Alleineigentum; **extinction de la –** Eigentumsverlust; Eigentumsaufgabe; **grande – foncière** Großgrundbesitz *m*; **impôt sur la – bâtie** Gebäudesteuer *f*; **morcellement de la –** Besitzzersplitterung; **mutation de –** Eigentumswechsel *m*; **nue –** mit Nießbrauch belastetes Eigentum, nuda proprietas; **petite –** Kleinbesitz; **pleine –** Eigentum (ohne Belastung mit Nießbrauch); **présomption de –** Eigentumsvermutung; **réquisition de –** Eigentumsbeschlagnahme; **réserve de –** Eigentumsvorbehalt *m*; **restrictions de la –** Eigentumsbeschränkungen *fpl*; **revendication de la –** Herausgabeanspruch (des Eigentümers); **titre de –** Eigentumstitel *m*; **transfert de –**, **translation de la –**, **transmission de la –** Eigentumsübergang *m*, Eigentumsübertragung; **trouble de la –** Eigentumsbeeinträchtigung, Einwirkung auf das Eigentum.

propriété apparente *(SachR)* durch Rechtsschein begründetes (unrechtmäßiges) Eigentum; – **artistique et littéraire** *(UrhR)* künstlerisches und literarisches Eigentum, Urheberrecht *n*; individuelles geistiges Werk; – **bâtie** *(SachR)* bebautes Grundstück *n*, bebauter Grundbesitz *m*; – **d'un bien fonds** Grundstückseigentum; – **collective** (1) *(SachR)* Beteiligung mehrerer am Eigentum, Wohnungseigentum, Gesamteigentum, (2) *(ÖfR)* vergesellschaftetes Eigentum, Kollektiv- *od.* Gemeineigentum; – **collective des moyens de production** *(WirtR)* Gemeineigentum an den Produktionsmitteln.

propriété commerciale (1) *(EuR:*

propriété industrielle) gewerbliches Eigentum, (2) *(HR: droit au renouvellement du bail ou au paiement d'une indemnité d'éviction)* Recht auf Verlängerung des Mietvertrages (für gewerblich genutzte Räumlichkeiten; Anspruch auf Entschädigung (bei Nichtverlängerung des Mietvertrages); – **conditionnelle** (aufschiebend) bedingtes Eigentum; – **enclose** eingefriedetes *od.* umzäuntes Grundstück; – **par étage** Stockwerkseigentum; – **de l'État** Staatseigentum; öffentlichrechtliches Eigentum, Domäne *f*; – **exclusive** Alleineigentum; – **foncière** Grundeigentum; – **foncière bâtie** bebauter Grundbesitz; – **grevée** (mit Hypotheken) belastetes Eigentum.

propriété immobilière Grundeigentum, Grundbesitz; – **individuelle** persönliches Eigentum; – **incorporelle** *(SachR, HR: propriété purement immatérielle, intellectuelle)* unkörperliches, geistiges Gut, Immaterialgut *n*, Immaterialgüterrecht; Urheberrecht; – **indivise** Gesamthandseigentum.

propriété industrielle (1) *(HR: monopole d'exploitation d'un brevet, dessin ou modèle)* gewerbliches Verwertungsrecht; Patent *n*, (2) *(HR: droit exclusif à l'usage d'un nom commercial, d'une marque)* gewerblicher Rechtsschutz einer Firmenbezeichnung, eines Warenzeichens, (3) *(EuR: droit de brevet)* gewerbliches Eigentum an einem Patent; **protection de la – –** gewerblicher Rechtsschutz *m*.

propriété intellectuelle *(UrhR: terme englobant la propriété littéraire et artistique et la propriété industrielle)* geistiges Eigentum; gewerbliches Eigentum und Urheberrechte; – **littéraire et artistique** *(UrhR)* Urheberrecht, Eigentum an Werken der Literatur, Wissenschaft u. Kunst; Verwertungsrecht geistiger Werke; – **en main commune** *(SachR)* Gesamthandseigentum; – **minière** Bergwerkseigentum; – **mobilière** Eigentum an beweglichen Sachen; – **non bâtie** unbebautes Grundstück; – **originaire** originäres Eigentum; – **perpétuelle** Eigentum auf ewige Zeit; – **privée** Privateigentum, Privatbesitz *m*; – **tréfoncière** Eigentum an dem unter der Erdoberfläche liegenden Teil eines Grundstücks; – **viagère** Eigentum auf Lebenszeit.

proprio motu *(lat)* aus eigener Initiative, von sich aus.

prorata *m* Anteil *m*; **au – –** *adv* anteilmäßig; **au – de** *präp* im Verhältnis zu, zum Satz von; – **temporis** *(VersR, SteuerR: proportionnellement au temps écoulé)* anteilmäßig auf einen bestimmten Zeitablauf bezogen.

prorogatif *adj* verlängernd; aufschiebend; vertagend.

prorogation *f* (1) *(prolongation)* Verlängerung *f*, Aufschub *m*, (2) *(suspension de session)* Vertagung *f*; – **du bail** Verlängerung des Mietvertrages; – **de compétence** *(ZPR)* Zuständigkeitsvereinbarung, Gerichtsstandsklausel; – **de délai** Fristverlängerung; – **du délai de paiement** Zahlungsaufschub *m*; – **d'échéance** Fälligkeitsaufschub *m*; – **d'un effet** Wechselverlängerung; – **de fonctions** Amtszeitverlängerung; – **de for** *(ZPR)* Zuständigkeitsvereinbarung; – **de jouissance** Verlängerung der Mietdauer (kraft gesetzlicher Bestimmung); – **de juridiction** *(ZPR)* Zuständigkeitsvereinbarung; – **de validité** Verlängerung der Geltungsdauer *od.* Gültigkeit.

prorogeable *adj* verlängerbar.

proroger *v.tr.* (1) *(SchuldR: accorder un délai supplémentaire)* (eine Frist) verlängern, (die Erfüllung) aufschieben, (2) *(Versammlung)* vertagen; – **une échéance** Zahlungsaufschub gewähren.

proscription *f* (1) *(interdiction, prohibition)* Verbot *n*, (2) *(StR: banissement)* Ächtung, Verbannung.

proscrire *v.tr.* (1) verbieten, (2) verbannen, ächten.

proscrit *m* Verbannte(r) *m*.
prosélyte *m* Neubekehrter *m*; (Glaubens-)Überläufer.
prospect *m* (1) *(BauR)* Mindestabstand *m* (zwischen zwei Gebäuden), (2) *(HR)* potentieller Kunde *m*.
prospecter *v.tr.* (1) *(Bergbau)* prospektieren, untersuchen, (2) *(HR)* (neue Märkte) erkunden; (Kunden) werben.
prospecteur *m* (1) *(BW)* Marketing-Fachmann *m*, (2) *(Bergbau)* Prospektor *m*, (3) *(HR, VersR)* Kundenwerber *m*, Akquisiteur *m*.
prospectif *adj* prospektiv, der Aussicht *od*. der Möglichkeit nach; **enquête –ive** Marktforschung, Prognose *f* der Marktentwicklung.
prospection *f* (1) *(Bergbau)* Schürfung, Prospektion, (2) Marktkundung, Anwerbetätigkeit *f*, Kundenwerbung; **autorisation de –** *(Bergbau)* Schürfermächtigung, Aufsuchungsbewilligung; **périmètre de –** Schurf- *od*. Aufsuchungsgebiet; **permis de –** Schürfermächtigung; **– de la clientèle** Kundenwerbung; **– commerciale** Marktkundung, Aufsuchung von Absatzmärkten; **– du marché** Marketing *n*; Marktforschung.
prospective *f* Zukunftsforschung.
prospectus *m* Prospekt *m*, Werbeschrift, Werbetext *m*; **– d'émission, – de souscription** *(BörR)* Prospekt *m*, Zeichnungsaufforderung.
prospère *adj* erfolgreich, blühend.
prospérer *v.intr.* gedeihen, Erfolg haben; *(procès)* günstig verlaufen, erfolgsversprechend sein.
prospérité *f* Wohlstand *m*, Wohlergehen *n*, Blüte *f*, Prosperität *f*.
prostituée *f* *(StR: fille publique)* Prostituierte *f*, Dirne *f*.
prostitution *f* *(StR)* Prostitution *f*, gewerbsmäßige Unzucht.
protagoniste *m* (Vertrags-)Partner *m*; Protagonist *m*, zentrale Gestalt, wichtige Person.
protecteur *adj* schützend, Schutz-; **droit –** Schutzzoll *m*; **puissance –trice** *(VR)* Schutzmacht.

protecteur *m* Schirmherr *m*; Sponsor *m*, Förderer *m*; Schutzherr *m*, Protektor *m*.
protection *f* Schutz *m*, Protektion *f*, Förderung *f*, Gönnerschaft *f*; Obhut *f*; Abschirmung; Sicherung *f*; **champ de –** Schutzbereich *m*; **délai de –** Schutzfrist *f*; **demande de –** Schutzbegehren *n*; **durée de – ** Schutzdauer *f*; **étendue de la –** Schutzumfang *m*; **incapacité de –** Einschränkung *od*. Aberkennung der Geschäftsfähigkeit zum Schutz des Betroffenen; **mesure de –** Schutzmaßnahme *f*; **zone de –** Schutzbereich *m*, geschütztes Gebiet.
protection du brevet Patentschutz; **– civile** Katastrophenschutz; **– du consommateur** Verbraucherschutz; **– consulaire** konsularischer Schutz; **– contre les accidents du travail** Arbeitsschutz, Gefahrenschutz, Betriebsschutz; **– contre la saisie** Pfändungsschutz; **– défense-recours** *(VersR)* Rechtsschutz; **– demandée** Schutzbegehren *n*; **– diplomatique** diplomatischer Schutz, diplomatisches Schutzrecht *n*; **– douanière** Einrichtung von Schutzzöllen; **– du droit d'auteur** Urheberrechtsschutz; Copyright *n*; **– de l'emploi** Arbeitsplatzschutz; **– de l'enfance** Jugendschutz, Jugendfürsorge *f*; **– de l'environnement** Umweltschutz; **– de l'épargne** Schutz des Sparwesens; **– contre l'expulsion** Ausweisungsschutz; **– d'un fichier informatique** Datenschutz; **– fonctionnelle** *(VR)* Schutz der internationalen Beamten.
protection judiciaire, – juridictionnelle *(PrzR)* Gerichtshilfe *f*; durch die Gerichte gewährter Schutz; **– judiciaire des mineurs délinquants** Jugendgerichtshilfe *f*; **– juridique** Rechtsschutz, durch die Rechtsordnung gewährleisteter Schutz; **– des marques (de fabrique)** Markenschutz; **– maternelle, – de la maternité** Mutterschutz; **– maternelle et infantile**

protectionnisme

(= **PMI**) Schutz werdender Mütter und Kleinkinder; – **des minorités** *(VR)* Minderheitenschutz; – **des modèles** Geschmacksmusterschutz; – **des modèles d'utilité** Gebrauchsmusterschutz; – **de la propriété industrielle** gewerblicher Rechtsschutz; – **provisoire** einstweiliger Schutz; – **rapprochée** (Polizei) Personenschutz; – **des salaires** Absicherung der Lohnzahlung; – **sanitaire** Gesundheitsschutz; – **des sites** *(UmweltR)* Landschaftsschutz; – **sociale** soziale Sicherung; – **temporaire** zeitweiliger Schutz; – **du travail** Arbeitsschutz.

protectionnisme *m (Außh)* tarifäre und nicht-tarifäre Handelshemmnisse; Schutzzollsystem *n*; Protektionismus *m*.

protectorat *m* (1) *(VR)* Protektorat *n*, Schutzherrschaft *f*, (2) Protektoratsland *n*, Schutzgebiet *n*.

protégé *adj* geschützt; **passage** – Fußgängerüberweg *m*, Zebrastreifen *m*; **site** – Naturdenkmal *n*, Landschaftsschutzgebiet *n*; – **par brevet** patentiert; – **par droit d'auteur** urheberrechtlich geschützt.

protégé *m (VR)* Schutzbefohlene(r) *m*, Schützling *m*.

protégeable *adj (UrhR)* urheberrechtlich schutzfähig, schützbar; patentfähig.

protéger *v.tr.* (1) schützen, beschützen, (2) unterstützen, begünstigen, fördern; – **les intérêts de qqn.** die Interessen von jmdn. wahrnehmen.

protestable *adj (WechselR)* protestfähig.

protestataire *m* Protestler *m*, Opponent *m*, Gegner *m*.

protestation *f* (1) Protest *m*, Einspruch *m*, Verwahrung *f*, Mißfallenskundgebung, (2) Beteuerung, Versicherung, (3) *(WahlR)* Wahlanfechtung; –**s et réserves** Einschränkung (einer Willenserklärung) durch Erklärung eines Vorbehalts.

protester *v.tr.* Protest einlegen, protestieren, Verwahrung einlegen; Widerspruch erheben; einen Vorbehalt anmelden; – **un effet** einen Wechsel protestieren.

protêt *m* (1) *(WechselR)* (Wechsel-)Protest, (2) Protesturkunde *f*; **confection d'un** – Protestaufnahme *od.* -erhebung; **dresser** – Protest aufnehmen *od.* erheben; **établissement du** – Protesterhebung; **sans** – ohne Protest, ohne Kosten; **taxe de** – Protestgebühr *f*; – **faute d'acceptation** Protest mangels Annahme; – **faute de paiement** Protest mangels Zahlung.

protocolaire *adj* zum Protokoll gehörig, protokollarisch.

protocole *m* (1) Protokoll *n*, schriftliche Beurkundung, (förmliche) Niederschrift *f*; schriftlich aufgezeichnete Verhandlung, (2) Aufzeichnung *f* (einer Vernehmung), (3) Formblatt *n* (für öffentliche Urkunden), (4) Formularsammlung; **chef du** – Protokollchef; – **d'accord** Niederschrift (einer Vereinbarung), Verhandlungsprotokoll; – **additionnel** Zusatzprotokoll; – **d'amendement** Änderungsprotokoll; – **d'armistice** Waffenstillstandsprotokoll; – **de concessions additionnelles** *(VR)* Protokoll über zusätzliche Zugeständnisse; – **complémentaire** Ergänzungsprotokoll; – **diplomatique** Protokoll *m*, Zeremoniell *n* (bei Staatsfeierlichkeiten); – **final** Schlußprotokoll, Schlußniederschrift; – **de Genève** *(VR)* Genfer Protokoll; – **interprétatif** Auslegungsprotokoll; – **de rectification** Berechtigungsprotokoll; – **secret** Geheimprotokoll.

prototype *m* Neukonstruktion, erste Ausführung (einer Maschine), Prototyp *m*.

protuteur *m (FamR)* Vertreter eines Minderjährigen (in vormundschaftsähnlicher Stellung zwecks Vermögensverwaltung).

prouvable *adj* beweisbar, nachweisbar; belegbar.

prouver v.tr. beweisen, nachweisen; – qqch. en justice den Beweis (vor Gericht) führen; – la vérité d'un fait den Wahrheitsbeweis (für einen Sachverhalt) erbringen.

provenance f (1) Herkunft f, Ursprung m, (2) (au pluriel) ausländische od. importierte Ware; **en – de** aus; **garantie de –** Herkunftsgarantie f; **indication de –** (1) Ursprungsangabe f, (2) Herkunftsbezeichnung; **pays de –** Herkunftsland n; **– des fonds** Herkunft f der Geldmittel.

provende f (1) Proviant m, angehäufte Lebensmittel, (2) Tierfutter n.

provenir v.intr. herrühren, herkommen.

providence f Vorsehung f; **État –** Wohlfahrtsstaat m.

province f Provinz f, Region f; **la –** Frankreich (außerhalb des Ballungsraums von Paris).

proviseur m (SchulR) (Verwaltungs-) Direktor (eines frz. staatlichen Gymnasiums).

1. **provision** f (1) (HR, GesR: réserve, déduction sur le bénéfice imposable, stock) Rückstellung f, Steuerrückstellung f, (Lager-)Vorräte mpl, (2) (Buchf: acompte, avance) Anzahlung f, Vorschuß m, (3) (HR, BankR: argent déposé) Deckung f, Rücklage f; Guthaben n, (4) (ZPR: avance, somme allouée par le juge à titre de provision) (vorbehaltliche) Vorauszahlung; (provisorischer) Unterhaltsbeitrag m; (vom Richter zugesprochener) Teilbetrag (im Rahmen der vorläufigen Vollstreckbarkeit), (6) (WechselR: garantie constituée par la créamce du tireur) Forderung des Ausstellers gegenüber dem Bezogenen; **chèque sans –** ungedeckter Scheck; **à défaut de –** mangels Deckung; **défaut de –** mangelnde Deckung; ungedecktes Bankkonto; **exécution par –** (ZPR) vorläufige Vollstreckbarkeit, vorläufige Vollstreckung; **exécutoire par –** vorläufig vollstreckbar; **insuffisance de la –** ungenügende Deckung; **par –** (1) vorläufig, (2) vorschußweise; **verser une –** einen Vorschuß leisten.

provision alimentaire (EheR) Vorschuß auf die Unterhaltszahlung; **– d'amortissements** (GesR) Abschreibungsrückstellung; **– d'attente** Vorsorgerückstellung; **– de couverture** (VersR) Deckungsvorsorge; **– pour extension** Erweiterungsrücklage; **– fiscale** Steuerrückstellung; **– insuffisante** ungenügende Deckung; **– ad litem** (PrzR) Prozeßkostenvorschuß; **– en matière de sociétés** Rückstellung (mit Rücklagenanteil); **– pour pertes** Verlustrückstellung; **– techniques** Rückstellungen für Versicherungen.

provisionnel adj einstweilig, vorläufig, provisorisch; **acompte –** (SteuerR) Voraus- od. Abschlagszahlung; **partage –** anteilsmäßige Verteilung der Früchte (des Gesamthandsvermögens); **tiers –** (SteuerR) geleistete viermonatige Vorauszahlungen (und sonstige anrechenbare Beträge); alle vier Monate zu entrichtende Abschlagszahlung (auf die Jahressteuerschuld).

2. **provisions** fpl Nahrungsmittel npl; **– de bord** Schiffsproviant n.

provisoire adj vorläufig, provisorisch, einstweilig; **avis de couverture –** vorläufige Deckungszusage; **compte –** provisorisches Konto; **décision –** vorläufige Maßnahme; **gouvernement –** Übergangsregierung; **installation –** Notbehelf m; **mesure –** (ZPR) einstweilige Verfügung; **protection –** vorläufiger Schutz; **validité –** zeitlich begrenzte Gültigkeit.

provocateur m Provokateur m; adj: **agent –** (StR) agent provocateur, Scheinanstifter.

provocation f (StR) Aufstachelung f, Provokation f, Herausforderung f, Aufreizung; Aufforderung; Anstiftung; **– au crime** (StR) Aufforderung zur Begehung eines Verbrechens *od.* zu Straftaten; – **à la désobéissance** Aufforderung zum Ungehorsam (gegen Gesetze); – **à la haine raciale** Aufstachelung zum Rassenhaß.

provoquer *v.tr.* (1) verursachen, veranlassen, (2) auffordern zu, provozieren, herausfordern.

proxénète *m (StR: souteneur, entremetteuse)* Zuhälter, gewerbsmäßiger Kuppler; gewerbsmäßige Kupplerin.

proxénétisme *m (StR: traite des êtres humains)* Zuhälterei, gewerbsmäßige prostitutionsfördernde Vermittlung.

proximité *f* Nähe *f*; **à** – in nächster Umgebung, nahe gelegen; **commerce de** – Handelsgewerbe *od.* Laden *m* in Kundennähe; **emploi de** – nachbarliche Hilfe (gegen Entgelt); Kinderverwahrung; Altenversorgung; Haushaltshilfe *f*; – **de la parenté** nahe Verwandtschaft; Verwandtschaftsgrad *m*.

prudemment *adv* vorsichtig, umsichtig, behutsam.

prudence *f* Vorsicht *f*, Umsicht; Erfahrung, Wissen *n*; **manquer de** – fahrlässig handeln; – **du bon père de famille** die (im Rechtsverkehr) erforderliche Sorgfalt.

prudent *adj* vorsichtig; umsichtig; behutsam; klug; sorgfältig.

prudentiel *adj* vorsorglich, kontrollierend; **règles –les** Vorsichtsmaßregeln; **surveillance –le** vorsorgliche Kontrolle.

prud'homal *adj* arbeitsgerichtlich, Arbeitsgerichts-; **compétence –e** Zuständigkeit der frz. Arbeitsgerichte.

prud'homie *f* frz. Arbeitsgerichtswesen; Arbeitsgerichtsbezirk.

prud'homme *m* frz. Arbeitsrichter, Laienrichter *m* beim frz. Arbeitsgericht; – **pêcheur** Arbeitsrichter der Fachkammer für Küstenfischerei.

prud'hommes: aller aux – vor einem Arbeitsgericht klagen; **conseil des** – frz. paritätisches Arbeitsgericht; **conseillers** – **ouvriers et employés** Arbeitnehmerlaienrichter beim frz. Arbeitsgericht; **conseillers** – **patronaux** Arbeitgeberlaienrichter beim frz. Arbeitsgericht.

prune *f fig* – *umg* Geldbuße *f* (bei Verkehrsstraftaten), Knöllchen *n*.

pseudonyme *m* Deckname *m*, Pseudonym *n*, Künstlername.

psychiatrique *adj*: **hôpital** – Nervenheilanstalt *f*, psychiatrische Klinik.

psychique *adj*: **trouble** – geistige Störung, Psychopathie *f*.

psychologie commerciale Werbe- *od.* Marketingpsychologie.

psychose *f* Geisteskrankheit, Psychose *f*; psychotische Störung.

puberté *f* Pubertät *f*, Geschlechtsreife *f*; – **légale** Ehemündigkeit *f*.

public, publique *adj* öffentlich, amtlich; offenkundig, allgemein bekannt; Staats-; **acte** – öffentliche Urkunde; **action –ique** *(StPR)* Anklage *f*, Einleitung eines Straf- *od.* Hauptverfahrens; **affaires –iques** öffentliche Angelegenheiten; **annonce –ique** öffentliche Bekanntmachung; **audience –ique** *(PrzR)* öffentliche Verhandlung (vor einem Gericht); **autorité –ique** Staatsgewalt *f*; **bien** – (1) Gemeinwohl *n*, (2) öffentliche Sache; **dette –ique** Staatsschuld *f*; **effets** –**s** Staatspapiere *mpl*; **ennemi** – Staatsfeind *m*; **fonds** –**s** Staatsgelder *npl*; **force –ique** Verwaltungspolizei *f*, Polizeibehörde *f*; **homme** – Amtsträger, Staatsmann; **institution –ique** öffentliche Körperschaft; **intérêt** – Wohl *n* der Allgemeinheit, Gemeinwohl; öffentliches Interesse; Staatsräson *f*; **ministère** – Staatsanwaltschaft; **liaison –ique** bekannte und offensichtliche (Liebes-)Beziehung; **lieu** – öffentlicher Weg; öffentlicher Platz; **opinion –ique** öffentliche Meinung; **relations –iques** Öffentlichkeitsarbeit *f*; **rendre** – bekanntmachen; **salut** – Staatswohl; **secteur** – staatlicher Wirtschaftsbereich; **service** – öffentliche Tätigkeit zur Befriedigung eines Bedürfnisses von allgemeinem Interesse.

public *m* (1) Öffentlichkeit *f*; Bevölkerung *f*; Allgemeinheit *f*, (2) Zuschauer *mpl*, Zuhörer *mpl*, Besucherschaft *f*, Publikum *n*; **marchandises grand-** – Waren *fpl* für ein breites Publikum; Massenware *f*.

publication *f* (1) *(ÖfR: action de publier, d'informer)* Veröffentlichung *f*, Bekanntmachung *f* (im Amtsblatt), Verkündung *f*, (2) *(UrhR: écrit publié)* Druckschrift *f*, Verlagserscheinung *f*, (im Druck erschienenes) Werk *n*, herausgegebene Schrift; Herausgabe *f*; **– des bans** *(EheR)* Erlaß *od.* Bekanntmachung des Aufgebots; **– contraire aux bonnes mœurs** *(StR)* unsittliche Zeitschrift; **– de mariage** Aufgebot *n*, Eheverkündung (S); **– officielle** amtliche Veröffentlichung; **– périodique** Zeitschrift; **– pornographique** pornographische Schrift, unzüchtige Veröffentlichung *od.* Schrift; **– des prix** Preisauszeichnung.

publiciste *m* (1) Publizist *m*, Journalist *m*, (2) Staatsrechtler *m*.

publicitaire *adj* Werbungs-; **agence –** Werbeagentur *f*; **campagne –** Werbeaktion, Werbekampagne *f*; **cible –** Werbeadressaten *mpl*, Zielgruppe *f*; **message –** Werbebotschaft *f*; **moyen –** Werbemittel *f*, Werbemaßnahme; **support –** Werbeträger *od.* -medium.

publicitaire *m* Werbefachmann *m*.

publicité *f* (1) Öffentlichkeit *f*, Bekanntsein *n*, Publizität *f*, (2) Veröffentlichung *f*, Bekanntmachung *f*, Offenbarung, Unterrichtung der Öffentlichkeit, Kundmachung *f*, (3) Werbung *f*, Reklame *f*; **agent de –** Werbefachmann, Werbeagent *m*; **frais de –** Werbungskosten *pl*.

publicité audiovisuelle FFF-Werbung (Film- Funk- u. Fernsehwerbung); **– clandestine** Schleichwerbung; **– collective** Gemeinschafts- *od.* Verbundwerbung; **– commerciale** Absatzwerbung; **– comparative** vergleichende Werbung; **– par correspondance** Werbebriefwerbung; **– des débats** Öffentlichkeit der Verhandlungen; **– déguisée** Schleichwerbung; **– déloyale** irreführende Werbung; **– directe** Direktwerbung (über Werbebriefe z. B.); **– donnée à l'ouverture des marchés publics** Bekanntgabe von öffentlichen Ausschreibungen; **– d'entretien** Verkaufsförderung; **– foncière** *(SachR)* Offenlegung der Rechtsverhältnisse an einem Grundstück; **– groupée** Sammelwerbung; **– isolée** Einzelwerbung.

publicité du jugement *(PrzR)* Urteilsbekanntmachung; **– sur le lieu de vente (= PLV)** PoP-Werbung, Werbung am Verkaufspunkt; **– par les média** Mediawerbung, indirekte Werbung über Massenmedium; **– mensongère** *ou* **trompeuse** irreführende Werbung; **– personnalisée** Direktwerbung, Einzelumwerbung; **– des prix** Preisauszeichnung; **– des registres** Offenlegung der (Handels-) Register; **– subliminale** unterschwellige Werbung; **– télévisée** Fernseh- *od.* Mediawerbung.

publier *v.tr.* (1) veröffentlichen, kundmachen, bekanntmachen, (2) herausgeben.

publiphone *m* öffentliche (Karten-)-Fernsprechkabine *f*.

publipostage *m* Direct-Mail-Werbung.

publiquement *adv* öffentlich.

puce *f umg* geheimes Mikrophon, Wanze *f*; **carte à –, – électronique** Mikrochip *m*, Speicherkarte *f*.

pucelage *m* Jungfräulichkeit; **perdre son –** entjungfert werden.

pudeur *f* Scham(haftigkeit) *f*; **attentat à la –** *(StR)* Straftat gegen die sexuelle Selbstbestimmung, Sexual- *od.* Sittlichkeitsdelikt.

pugilat *m* *(StR: rixe)* Raufhandel *m*, Schlägerei *f*, Boxkampf *m*.

pugnacité *f* Schlagkraft *f*; Durchsetzungsvermögen *n*.

puîné(e) *m/f* jüngerer Bruder; jüngere Schwester.

puissance f (1) *(ÖfR: pouvoir, prérogative)* Macht f, Gewalt f, Herrschaft, (2) *(efficacité, force)* Stärke f, Leistungskraft f, Leistung, (3) *(ZR: capacité)* Fähigkeit f, (4) *(VR: État, nation)* Staat m; (Groß-)Macht; **abus de –** *(GesR)* Mißbrauch einer wirtschaftlichen Machtstellung; **arrêt de –** *(VwR)* Verfügung der Staatsgewalt, Hoheitsakt m; **grande –** Großmacht.

puissance atomique Atommacht f; **– belligérante** kriegführende Macht; **– créancière** Gläubigerstaat; **– défensive** Verteidigungskraft; **– dénonçante** kündigende Macht; **– détentrice** Gewahrsamsstaat m; **– économique** *(WirtR: domination économique)* Monopolstellung, Marktbeherrschung; **– étatique** *(ÖfR: puissance publique)* Staatsgewalt, Hoheitsgewalt, Befehls- und Zwangsgewalt; **– financière** Kapitalkraft; **– garante** Garantiemacht; **– mandataire** *(VR)* Mandatarstaat m, Mandatsmacht; **– militaire** Militärmacht; **– mondiale** Großmacht, Weltmacht; **– neutre** neutraler Staat; **– non belligérante** nichtkriegführende Macht.

puissance paternelle *(FamR, hist, remplacé par l'autorité parentale)* väterliche Gewalt; **– protectrice** *(VR)* Schutzmacht, Schutzstaat.

puissance publique (1) *(ÖfR: ensemble des pouvoirs de l'État et des autres personnes publiques)* Staatsgewalt, staatliche Hoheitsgewalt, öffentliche Gewalt, oberste Herrschaftsgewalt, (2) *(VwR: l'État et les autres personnes publiques)* frz. Zentralstaat; Gebietskörperschaft f; **détenteur de la – –** Träger der öffentlichen Gewalt.

puissance réclamante *(VR)* ersuchender Staat; **– signataire** Signatarmacht, Unterzeichnerstaat; **– de travail** Arbeitskraft f.

puits m (1) *(puits de mine)* Grube f; Schacht m, (2) *(puits de puisage d'eau)* Brunnen m; **– de pétrole** Borloch n, Erdölförderungsanlage f.

pulsion f Trieb m; **– sexuelle** Sexualtrieb, Geschlechtstrieb.

puni adj (1) *(passible d'une peine)* strafbar, (2) *(condamné)* be- od. gestraft; **être – d'une peine de ...** bestraft werden mit ....

puni m Bestrafte(r) m, verurteilter Straftäter.

punir v.tr. bestrafen, strafen; verurteilen; vergelten, ahnden; **– qqn. d'un crime, – qqn. pour un crime** jmdn. wegen eines Verbrechens verurteilen.

punissable adj *(StR: passible d'une peine)* strafbar; **acte –** strafbare Handlung, Straftat f.

punitif adj: **expédition –ive** Strafexpedition.

punition f (1) *(StR: peine infligée)* Strafe f, (2) *(action de punir)* Bestrafung f; Züchtigung; **infliger une – à qqn.** jmdn. bestrafen; jmdn. zu einer Strafe verurteilen; **– corporelle** Leibesstrafe; **– disciplinaire** Disziplinarstrafe, disziplinarische Bestrafung.

pupillaire adj Mündel-; **fonds –es** Mündelgeld n; **gestion du patrimoine –** Verwaltung des Mündelvermögens.

pupille m (1) *(FamR: mineur en tutelle)* Mündel n, Bevormundete(r) m, (2) *(FamR: enfant abandonné)* ausgesetztes Kind, Findelkind n, (3) *(FamR: orphelin)* (Voll-)Waise f, elternloses Kind; Pflegekind n; **– de l'assistance publique** Findelkind; **– de la Nation** (unter dem besonderen Schutz des Staates stehende) Kriegswaise.

pur adj: **acceptation –e et simple** (1) *(SchuldR: acceptation sans réserve)* vorbehaltlose Annahme (eines Vertragsantrages), (2) *(ErbR)* Annahme der Erbschaft ohne Vorbehalt einer Inventarerrichtung; **air –** saubere, gesunde Luft; **conscience –e** reines Gewissen; **– de tout soupçon** über jeden Verdacht erhaben.

purement et simplement loc *(sans condition ni réserve)* ohne jeglichen Vorbehalt.

purge *f* (1) *(Pol: élimination des opposants)* Säuberung *f*, Säuberungsaktion *f*, (2) *(SachR: libération d'un bien d'une charge qui le grève)* Aufhebung (einer Hypothek), Entlastung (eines Grundstücks); **– de l'action résolutoire** *(SachR)* Verlust des Klagerechts auf Auflösung des Kaufvertrags (über ein Grundstück); **– de la contumace** *(StPR)* Wiederaufnahmeverfahren nach Abwesenheitsurteil; **– des hypothèques et privilèges** *(SachR)* Löschung aller Hypotheken und der sonstigen Rechte Dritter.

purger *v.tr.* (1) *(StR: peine)* verbüßen, (2) *(SachR)* eine Hypothek beim Kauf des Grundstücks (vorzeitig) zurückzahlen; **– l'accusation** *(StPR: procédure devant la Cour d'assises)* den Straftatbestand darlegen; **– la condamnation** eine (Freiheits-)Strafe verbüßen; **– la contumace** sich vor Ablauf der Verjährungsfrist und nach Verurteilung in Abwesenheit dem Gericht stellen.

putatif *adj* vermeintlich, auf einem Rechtsirrtum beruhend, putativ; **délit –** *(StR)* Wahndelikt *n*, Putativdelikt; **légitime défense –ive** Putativnotwehr *f*, **mariage –** *(EheR)* Putativehe *f*; **père –** Vater gemäß Vaterschaftsvermutung; **risque –** Scheingefahr *f*.

putsch *m (Pol)* Putsch *m*, Staatsstreich *m*.

pylône *m* Leitungsmast *m*, Hochspannungsmast.

pyramide *f* **des âges** Altersklassenverteilung, Alterspyramide; **– démographique** Bevölkerungspyramide *f*.

pyromane *m (StR)* Brandstifter *m*.

Q

quadriennal *adj* vierjährig; **plan –** Vierjahresplan *m*.

quadrillage *m* polizeiliche Besetzung (eines Stadtviertels)

quadripartite *adj* Vierer-, Viermächte-; **conférence – sur le désarmement** Viermächteabrüstungskonferenz *f*.

quadruple *adj* vierfach.

quai *m*: **à –** *(HR)* frei Kai (benannter Verschiffungshafen); **droit de –** Hafengebühren *fpl*.

Quai d'Orsay (1) Sitz des französischen Außenministeriums, (2) das französische Außenministerium; **– des Orfèvres** Hauptsitz der Kriminalpolizei in Paris; Pariser Kriminalpolizei.

qualifiable *adj* benennbar, bestimmbar; qualifizierbar.

qualification *f* (1) *(AllgSpr: appellation, dénomination)* Bezeichnung *f*, (2) *(StR: vérification de la concordance des faits matériels commis avec le texte d'incrimination)* Subsumierung *f*, Subsumtion *f*, vergleichende Einordnung eines konkreten Sachverhalts unter den Tatbestand einer abstrakten Norm, (3) *(IPR: détermination de la nature juridique d'une situation de fait ou d'une question de droit)* Bestimmung der Rechtsnatur, (4) *(PrzR: jonction entre les faits et le droit)* (rechtliche) Beurteilung des Sachverhalts; Überprüfung der korrekten Rechtsanwendung, (5) *(ArbR: aptitude professionnelle)* Fähigkeit *f*, (berufliche) Eignung, Befähigung, Qualifikation; **conflit de –** *(IPR)* Qualifikationskonflikt *m*; **examen de –** *(ArbR)* Aufstiegsprüfung; **niveau de –** Ausbildungsstand; **ouvrier sans –** ungelernter Arbeiter.

qualification d'un délit *ou* **du fait** *(StR)* Subsumtion einer (strafbaren) Handlung unter die Tatbestandsmerkmale eines Strafgesetzes; **– juridique** rechtliche Qualifizierung, gesetzliche Einordnung, rechtliche Beurteilung; **– judiciaire** *(StPR)* richterliche Subsumtion; **– légale** *(StR)* Festsetzung der Straftatbestände durch den Gesetzgeber; **– des litiges** *(PrzR)* Qualifizierung *od*. Einordnung der Streitigkeiten; **– professionnelle** *(ArbR)* berufliche *od*. fachliche Befähigung *od*. Eignung.

qualifié *adj* (1) *(apte, capable)* fähig, befähigt, geeignet; Fach-, (2) *(StR)* qualifiziert, (3) *(VwR)* fachlich zuständig; **être – pour** bestens geeignet; fachlich kompetent; **infraction –fiée** erfolgsqualifiziertes Delikt; **personnel –** Fachkräfte *fpl*; **vol –** schwerer Diebstahl.

qualifier *v.tr.* befähigen; qualifizieren.

1. **qualité** *f* (1) *(propriété, caractère)* Beschaffenheit *f*, Güte *f*, Qualität *f*, (2) *(aptitude, capacité)* Fähigkeit *f*, Eignung *f*, (3) *(fonction, état)* Rechtstitel *m*, Berechtigung *f*, (4) *(PrzR: titre auquel une personne figure dans un procès)* Eigenschaft *f* (als Kläger, Beklagter, Prozeßbevollmächtigter); **avoir – pour** befugt sein, berechtigt sein; **certificat de –** Qualitätszeugnis *od*. -nachweis; **contrôle de la –** Güteprüfung; **de – commerciale** in Handelsgüte; **de – moyenne** (Ware) mittlerer Art und Güte; **défaut de –** *(ZPR)* (1) fehlende Postulationsfähigkeit, (2) fehlende Prozeß- *od*. Verfahrensfähigkeit; **en sa – de** in seiner Eigenschaft als; **ès – in** Ausübung seines Amtes, in dieser Eigenschaft; **label de –** Gütezeichen, Qualitätsmarke; **marchandise de –** Qualitätsware *f*; **marque de –** Gütezeichen *n*, Qualitätsmarke *f*; **norme de –** Qualitätsnorm;

prescriptions de – Gütervorschriften *fpl*; **prime de –** Güteaufpreis *m*, Qualitätsprämie *f*; **produit de –** Qualitätserzeugnis *n*.

qualité pour agir (en justice) (1) *(ZPR: droit d'agir en justice)* Rechtsschutzbedürfnis *n*, Rechtsschutzinteresse; Parteifähigkeit *f*, (2) *(ZPR: qualification pour agir en justice)* aktive Prozeßfähigkeit, Klagebefugnis *f*, Aktivlegitimation *f*; **– courante** *(HR)* Durchschnittsqualität; **– pour défendre en justice** (1) Parteifähigkeit als Beklagter, (2) passive Prozeßfähigkeit, Passivlegitimation; **– pour ester en justice** (1) Parteifähigkeit, (2) Prozeßfähigkeit; **– pour exercer une action** Klagebefugnis, Klagerecht; **– d'héritier** *(ErbR)* (berufener) Erbe; **– irréprochable** einwandfreie Qualität, **– juridique** Legitimation; rechtliche Eigenschaft; **– marchande** *(HR)* Ware *f* mittlerer Art u. Güte; **– de membre** Mitgliedschaft; **– normalisée** genormte Qualität; **– d'une partie au procès** Rechtsstellung im Verfahren; **– pour prendre livraison** *(SchuldR)* Empfangsberechtigung; **– promise** zugesicherte Eigenschaft; **– standard** Standardqualität; **–(s) substantielle(s)** *(SchuldR)* wesentliche Eigenschaft (einer Sache); **– de la vie** Lebensqualität *f*.
2. **qualités** *fpl* (1) *(ZR: éléments de l'état d'une personne autres que le nom et le prénom)* Merkmale der Person (wie z. B.: verheiratet, ledig, geschieden, volljährig, minderjährig); Staatsangehörigkeit; Personalien *pl* (außer Name und Vorname), (2) *(PrzR, hist)* einleitender Teil des Urteils, der Rubrum und Klageanträge umfaßt; **erreur sur les – non substantielles** *(SchuldR)* Irrtum über unwesentliche Eigenschaften *od.* Geschäftsmerkmale; **– de chef** Führungseigenschaften *fpl*.

quand *conj. et adv.* wenn; als; wann.

quant à *loc. prép.* was anbelangt, was anbetrifft; **– à moi** meinerseits, was mich betrifft.

quantième *m* der soundsovielte (Januar, Februar, usw.).

quantifiable *adj* bestimmbar, meßbar; quantitativ erfaßbar.

quantification *f* Bezifferung *f*, Messung *f*.

quantitatif *adj* mengenmäßig bestimmt.

quantité *f* (1) *(nombre, somme)* Menge *f*, Anzahl *f*, Quantität *f*, (2) *(multitude, beaucoup)* viel, zahlreich, eine große Menge; **prime de –** Mengenprämie *f*; **réduction par –** Großbezugs- *od.* Mengenrabatt; **– délivrée** gelieferte Menge; **– à livrer** (1) Liefermenge *f*, (2) (auf behördliche Anordnung) Ablieferungssoll *n*; **– maximum** Höchstmenge; **– minimum** Mindestmenge; **– requise** Bedarf *m*.

quantum *m (VwR: pl. quanta; montant d'une amende, d'une pension)* Höhe *f*, (2) Quantum *n*, Betrag *m*, Menge *f*, Summe *f*; **– des dommages-intérêts** Höhe *f* des Schadenersatzes; **– de la peine** Strafmaß *n*.

quarantaine *f* (1) vierzig Tage, (2) *(SeeHR: isolement de durée variable)* Quarantäne *f*; **décider la –, mettre en –** unter Quarantäne stellen; **lever la –** die Quarantäne aufheben; **pavillon de –** Quarantäneflagge *f*.

quarantenaire *m* seuchenverdächtige isolierte Person.

quart *m* Viertel *n*; **– monde** *m* Vierte Welt, die ärmsten Entwicklungsländer.

quartier *m* (1) Viertel *n*; Stadtviertel, (2) Block *m*, Masse *f*, (3) *(partie d'une prison)* Gefängniszelle *f*, Isolierzelle, (4) Kaserne *f*; **arrêts au –** *(MilR)* Stubenarrest *m*; **– des affaires** Geschäftsviertel; **– général allié** alliiertes Hauptquartier; **– de haute sécurité** *(StVZ)* Hochsicherheitstrakt *m*; **– d'inscription maritime** Seemannsamtbezirk *m*; **– d'isolement** Isolierabteilung (im Strafvollzug); **– résidentiel** Wohnviertel.

quasicontractuel *adj* quasi-vertraglich, vertragsähnlich.

quasi-contrat *m* (1) *(SchuldR)* Schuldverhältnis *n* ohne Vertrag, gesetzliches Schuldverhältnis, Quasivertrag *m*, Quasikontrakt *m*, (2) *(VwR)* öffentlicher Auftrag *m* im gesamtwirtschaftlichen Interesse (zur Herstellung von Anlagegütern).

quasidélictuel *adj* quasi-deliktisch; **responsabilité –lle** Haftung aus unerlaubter Handlung; Gefährdungshaftung *f*.

quasi-délit *m* (1) *(SchuldR: fait dommageable illicite non intentionnel)* erlaubte Handlung (aufgrund fahrlässiger Schadenstiftung); objektiv gefährliches Handeln; Quasidelikt *n*, (2) *(SchuldR: faute non intentionnelle)* Fahrlässigkeit *f*.

quasi-juridiction *f* Schiedsgericht *n*, (einem staatl. Gericht gleichgestellt).

quasi-monopole *m* monopolähnliche Stellung, Quasimonopol *n*.

quasi-obligation *f* unvollkommene Verbindlichkeit *od*. Verpflichtung.

quasi-possession *f* besitzähnliches Rechtsverhältnis, possessio juris; Grunddienstbarkeit; Nießbrauch *m*.

quasi-usufruit *m* *(SachR)* Nutzungsrecht *n* an Gebrauchsgütern, uneigentlicher Nießbrauch *m*.

quérabilité *f* *(SchuldR)* Charakter einer Verbindlichkeit als Holschuld.

quérable *adj:* **créance –** Holschuld *f*.

querelle *f* Streit *m*, Streitigkeit *f*; Streitsache *f*, Kontroverse *f*, heftige Auseinandersetzung *f*.

quérir *v.tr. seulement infinitif* holen; **aller –** *(StR)* festnehmen (an Ort u. Stelle); **envoyer –, faire –** holen lassen; **venir –** abholen.

questeur *m* *(VerfR: membre du bureau d'une assemblée parlementaire)* Mitglied des Präsidiums der frz. Nationalversammlung *od*. des Senats (zuständig für die innere Verwaltung und Ordnung sowie für Zahlungsanweisungen).

question *f* (1) *(demande, interrogation)* Frage, (2) *(question de droit)* (juristisches) Problem *n*, Streitfrage *f*, strittige Sache *n*, (3) *(StR: torture)* peinliche Befragung, Folter *f*, Tortur *f*, (4) *(VerfR)* Anfrage *f* (im Parlament); **énoncer une –, formuler une –** eine Frage stellen; **il est – de** es geht darum, daß; **(re)mettre en –** in Frage stellen; einer erneuten Prüfung unterziehen; **préjuger la –** der Frage vorgreifen; **répondre à une –** eine Frage beantworten; **– d'actualité** *(VerfR)* Fragestunde; **– administrative** Verwaltungsangelegenheit; **– de bon sens** Frage des gesunden Menschenverstands; **– de confiance** *(VerfR)* Vertrauensfrage; **– controversée** strittiger Punkt, Streitfrage; **– de droit** (1) *(PrzR)* Rechtsverletzung, Verletzung einer Rechtsnorm, falsche rechtliche Beurteilung *od*. Würdigung, (2) *(i.w.S.)* Rechtsproblematik *od*. -frage; **– écrite** *(VerfR)* schriftliche Anfrage; **– de fait** *(PrzR)* Tatsache *od*. -frage, tatsächliche Feststellung, Tatsachenstoff; **– de fond** grundsätzliche Frage.

question en litige *ou* **litigieuse** strittige Frage, Streitfrage; **– orale** *(VerfR)* mündliche Anfrage (im Parlament); **– pendante** unerledigte Frage, ungelöstes Problem; **– piège** Fangfrage *f*; **– préalable** *(VerfR)* Frage zur Tagesordnung; **– préjudicielle** *(PrzR)* Vorfrage, bedingtes *od*. präjudizielles Rechtsverhältnis; **– principale** (1) *(ZPR)* Hauptanspruch, (2) *(i.w.S.)* Hauptfrage, Hauptproblematik; **– de principe** Grundsatzfrage; **– sans réponse, – qui reste ouverte** unbeantwortete Frage; **– en suspens** unerledigte Frage; **– d'urgence** *(VerfR)* Dringlichkeitsanfrage; **– vitale** lebenswichtige Frage, grundsätzliches Problem.

questionnaire *m* Fragebogen *m*; Formular *n*.

questionner *v.tr.* (1) befragen, (2) foltern: **– un accusé** einen Angeklagten einem Verhör unterziehen.

questure *f* *(VerfR)* Geschäftsstelle des

Präsidiums der Nationalversammlung *od.* des Senats.

quête *f* Sammlung (freiwilliger Spenden), Kollekte *f*; **en – de** auf der Suche von; **faire la –** eine Geldsammlung veranstalten; betteln; **– à domicile** Haussammlung *od.* -kollekte *f*.

quêter *v.tr.* (freiwillige Spenden) sammeln.

quêteur *m* (Spenden-)Sammler *m*.

queue *f*: **faire la –** Schlange stehen, in einer Schlange anstehen; **– de stock** *(HR)* Restposten *m*.

quiconque wer auch immer; jeder, der; jede, die.

quidam *m* eine gewise Person, ein gewisser Jemand.

qui de droit *loc* Berechtigte(r) *m*.

quincaillerie *f (DV)* Hardware *f*.

quinquennal *adj*: **plan –** Fünfjahresplan *m*.

quinzaine *f* zwei Wochen *fpl*, vierzehn Tage *mpl*; **liquidation de –** *(BörR)* Medioliquidation *f*; **procès remis à –** um zwei Wochen vertagte Verhandlungen; **– franche** vierzehntägige Frist, Zweiwochenfrist (Anfangs- u. Endtag nicht eingerechnet).

quirat *m (SeeHR: part de copropriété d'un navire)* Schiffsanteil *n*.

quirataire *m (SeeHR)* Schiffspartner *m*, Miteigentümer eines Schiffes.

quittance *f* Quittung *f*, Empfangsbescheinigung, Zahlungsbestätigung; **carnet de –** Quittungsbuch *n*; **contre –** gegen Quittung; **délivrer une –**, **donner –** den Empfang bestätigen, quittieren, Quittung erteilen; **duplicata de –** Quittungsduplikat *n*; **formulaire de –** Quittungsformular *n*; **porteur de –** Quittungsüberbringer *m*; **remise d'une –** Quittungserteilung; **timbre de –** Steuermarke *f*.

quittance en blanc Blankoquittung; **– de consignation** Hinterlegungsquittung; **– de douane** Zollquittung; **– de l'effet** Wechselquittung; **– fictive** Scheinquittung; **– finale** Abschlußquittung; **– générale**, **– globale** Gesamtquittung; **– d'indemnisation** *(ZR)* Abfindungserklärung; **– d'indemnité transactionnelle** *(ArbR)* Abstandserklärung; **– de loyer** Mietod. Mietzinsquittung; **– partielle** Teilquittung; **– de paiement** Zahlungsquittung; **– postale** Postquittung; **– de règlement transactionnel** Abfindungserklärung; **– sous seing privé** privatschriftliche Quittung; **– pour solde de tout compte** *(ArbR)* Ausgleichsquittung, Abgangserklärung; **– à souche** Quittungsabschnitt *m*; **– totale** Gesamtquittung.

quittancer *v.tr.* quittieren, eine Quittung ausstellen.

quitte *adj* frei, quitt; nichts mehr schuldig; **– ou double** alles oder nichts; **– de toute dette** schuldenfrei; **– de tous droits et taxes** steuerfrei.

quitter *v.tr.* (1) *(personne)* verlassen, sich trennen von, (2) *(abandonner une activité)* aufgeben, verzichten (auf); **– son poste** *(BeamR)* aus dem Amt ausscheiden.

quitus *m* (1) *(HR, GesR)* Entlastung *f*, (2) *(Buchf)* Schlußquittung; **accorder** *ou* **donner – à qqn.** jmdm. Entlastung erteilen, entlasten; **arrêt de –** Entlastungsbeschluß *m*; **certificat de –** Entlastungsbescheinigung.

quorum *m* (1) *(Sitzung)* Beschlußfähigkeit, Quorum *n*; zur Beschlußfähigkeit erforderliche Anzahl anwesender oder vertretener Stimmberechtigter, (2) *(Wahl)* für die Gültigkeit der Wahl erforderliche Mindestbeteiligung; **atteindre le –** beschlußfähig sein; **défaut de –** mangelnde Beschlußfähigkeit (da die erforderliche Anzahl der Anwesenden nicht erreicht ist); **réunir le –** beschlußfähig sein, die erforderliche Stimmenzahl erreichen; **– requis** für die Beschlußfähigkeit erforderliche Anzahl der Anwesenden.

quota *m* Quote *f*, (verhältnismäßiger) Anteil *m*, Rate *f*; Prozentsatz *m*; **–**

d'importation Einfuhrkontingent *n*; **– de répartition** Verteilungsquote.

quote-part *f* (1) *(ZR: part dans une masse indivise)* ideeller Anteil (der Gesamthandsgemeinschaft), (2) *(i.w.S.)*, Rate *f*, Quote *f*, Teilbetrag *m*; **dépassement de la –** Quotenüberschreitung; **partager par –** nach Quoten verteilen; **– d'amortissement** Tilgungsrate, Rückzahlungsrate; **– du capital** Kapitalquote; **– de conservation** Eigenbehaltsquote; **– des frais** Kostenanteil; **– patronale** *(SozR)* Arbeitgeberanteil; **– de production** Produktionsquote, Produktionsanteil; **– du salarié** *(SozR)* Arbeitnehmeranteil.

quotidien *adj* täglich; **la vie –ne** der Alltag.

quotidien *m* Tageszeitung *f*.

quotient *m* Quotient *m*; **– électoral** Wahlquotient, Wahlzahl od. -schlüssel, Verhältnis der Gesamtstimmenzahl; **– familial** *(SteuerR)* Kinderfreibetrag *m*; **– intellectuel, – mental** Intelligenzquotient (= I. Q.).

quotité *f (SchuldR: montant d'une quote-part)* Anteil *m*; **action de –** Quotenaktie *f*; **impôt de –** Quotitätssteuer *f*; **– disponible** *(ErbR)* frei verfügbarer Teil (einer Erbschaft); **– imposable** steuerpflichtiger Anteil; **– négociable** *(BörR)* Schluß *m*; **– saisissable** *(ZwangsVR)* pfändbarer Anteil *m*

R

rabais *m* (1) *(réduction sur le prix, remise)* Preisnachlaß *m*, (Preis-)Ermäßigung *f*, Rabatt *m*, (2) *(HR: réduction pour qualité insuffisante)* Minderung *od.* Herabsetzung (des Kaufpreises) wegen mangelhafter Qualität; **accorder un –** einen Preisnachlaß gewähren; **adjudication au –** *(VwR)* Vergabe (eines Auftrages) an den Höchstrabattgewährenden; **consentir un –** einen Preisnachlaß gewähren; **marge de –** Rabattspanne *f*; **vendre au –** zu herabgesetzten Preisen verkaufen; **– commercial** Handelsrabatt; **– de fidélité** Treuerabatt; **– illicite** unzulässiger Rabatt.

rabattre *v.tr.* *(déduire, décompter)* nachlassen, ermäßigen, einen Rabatt gewähren; **– un jugement** *(PrzR: révoquer, annuler un jugement)* ein Urteil aufheben (durch das erkennende Gericht selbst).

raccordement *m* Telefonanbindung *f*; Teilnehmerleitung; Verbindung, Anschluß *m*; **voie de –** Zubringer *m*.

rachat *m* (1) *(HR: action de racheter)* Rückkauf *m*, (2) *(SchuldR: action d'éteindre une obligation)* Rückzahlung *f*, Rückerstattung, (3) *(StR: action de délivrer des otages)* Los- *od.* Freikauf, (4) *(KirchR: rédemption)* Sühne *f*, Bekehrung *f*; **droit de –** (1) Rückkaufsrecht, (2) Einlösungs- *od.* Ablösungsrecht; **faculté de –** Rückkaufsrecht; **valeur de –** (1) Rückkaufswert *m*, (2) Ablösungswert.

rachat d'une assurance Versicherungsrückkauf; **– de cotisations** *(SozVers)* Nachentrichtung von Beiträgen; **– des dettes** Schuldenablösung; **– d'une entreprise par un groupe** Absorption *f*, Fusion; **– obligatoire** Zwangsrückkauf; **– de planche** Eilgeld *n*; **– d'une rente** *(SozVers)* Nachversicherung; Rentenablösung; **– d'une servitude** Ablösung einer Dienstbarkeit.

racheter *v.tr.* (1) rückkaufen, (2) rückzahlen, rückerstatten, eine schuldbefreiende Leistung erbringen, (3) freikaufen, ablösen.

rachetable *adj* rückkaufbar.

racheter *v.tr.* erneut kaufen; zurückkaufen; **– une entreprise** ein Unternehmen übernehmen; sich einen Betrieb einverleiben.

racheter *v.pron.*: **se –** Reue zeigen, sich bessern.

racial *adj*: **discrimination –e** Rassendiskriminierung.

racisme *m* Rassenideologie *f*, Rassismus *m*, Rassenhaß *m*; fremdenfeindliche Gesinnung.

raciste *adj*: **crime –** Verbrechen mit rassisticher Motivation *od.* aus fremdenfeindlicher Gesinnung.

raciste *m* Anhänger der Rassenideologie, Rassist *m*.

racket *m* (1) *(StR: extorsion de fonds par intimidation)* Erpressung, (2) *(StR: gang de racketteurs)* Verbrecher- *od.* Erpresserbande.

racolage *m* Kundenfang *od.* -werbung; **– sur la voie publique** *(StR)* öffentliches Anbieten sexueller Handlungen.

radar *m*: **contrôle –** Radarkontrolle *f*, polizeiliche Geschwindigkeitskontrolle.

radiation *f* (1) *(GB, ZPR: fait de rayer un nom, un droit une affaire)* Löschung *f*, Tilgung, Streichung, (2) *(DiszR: sanction, révocation)* Ausschluß *m*, (3) *(UmweltR)* (radioaktive) Strahlung *f*; **action en –** Löschungsklage *f*; **autorisation de –** Löschungsbewilligung; **certificat de –** Löschungsbescheinigung; **demande en –** Löschungsantrag *m*; **dommage de –** *(UmweltR)* Strahlenschaden *m*; **– de l'affaire** *(ZPR)*

Beendigung des Verfahrens wegen Prozeßverschleppung, Streichung der Streitsache; **– du barreau** Ausschluß aus dem Anwaltsstand; **– d'un compte** Auflösung eines Kontos; **– forcée** *ou* **judiciaire** gerichtliche Löschung; **– d'inscription hypothécaire** Löschung einer Hypothekeneintragung; **– d'instance** *(ZPR)* Beendigung des Verfahrens wegen Prozeßverschleppung; **– d'une marque** Löschung eines Warenzeichens; **– d'office** Löschung von Amts wegen; **– du registre du commerce** Streichung (eines Kaufmanns oder einer Handelsgesellschaft) aus dem Handelsregister; **– du rôle** *(ZPR)* Beendigung des Verfahrens *od.* Zurückweisung der Klage (wegen Prozeßverschleppung).

radical *adj* radikal, grundlegend, einschneidend, durchgreifend.

radier *v.tr.* löschen, streichen, tilgen.

radio *f* Funk *m*; Rundfunk *m*; **– -diffusion** Rundfunk(wesen); Rundfunksendung; **– libre** Privatsender *m*; **– pirate** Piratensender; **– privée** Privatsender.

radioactif *adj*: **déchets –s** radioaktiver Abfall, Atommüll *m*; **retombées –ives** radioaktiver Niederschlag, Fall out *m*.

radioactivité *f* Radioaktivität *f*, radioaktive Strahlung; **– artificielle** künstliche Radioaktivität.

radio|amateur *m* Amateurfunker *m*; **– communication** *f* Funkverkehr *m*; Funkverbindung; **– diffusion** Rundfunk *m*; Rundfunksender *m*; **– métrie** Strahlungsmessung *f*.

radiotéléphonie *f* Mobilfunk *m*.

radiotélévisé *adj* durch Radio u. Fernsehen übertragen.

raffermissement *m* Kräftigung *f*, Wiederherstellung; **– des cours** *(BörR)* Anziehen der Kurse.

rafle *f* Razzia *f*, Polizeifahndung *f*.

rage *f* Wut *f*; Tollwut *f*.

raid *m* *(MilR)* Vorstoß *m*; **– boursier** großangelegte und plötzlich erfolgende Aktienkauf- *od.* Umtauschaktion (an der Börse).

raider *m* *(BörR: attaquant dans le cadre d'une OPA)* Raider *m*.

raie *f* Strich *m*; Linie *f*.

rail *m* Schiene *f*; Eisenbahntransport *m*; **– -route** Huckepackverkehr *m*; **– de sécurité** Leitplanke *f*.

1. **raison** *f* (1) *(entendement)* Verstand *m*, Vernunft *f*, Einsicht *f*, Besonnenheit *f*, (2) *(cause, fondement)* Grund *m*, Ursache *f*; Motiv *n*, (3) *(justification, excuse, explication)* Entschuldigung(sgrund) *f*, Erklärung *f*, (4) *(allégation, justification)* Behauptung *f*, Begründung *f*, Rechtfertigung *f*; **à – de** wegen; auf der Grundlage von; **âge de –** Einsichtsfähigkeit *f* (im Alter zwischen 5 und 7 Jahren); **en – de** wegen, in Anbetracht; im Verhältnis zu; **avoir –** Recht haben, im Recht sein; **– de commerce** *(GesR)* (Geschäfts-)Firma; **– d'État** Staatsräson *f*.

raison sociale *(HR: appellation des sociétés ayant des associés indéfiniment responsables du passif social)* Firma *f* (einer Personengesellschaft); **modification de la –** Firmenänderung; **valeur de la – –** Firmenwert *m*.

2. **raisons de service** *(BeamR)* dienstliche Belange.

raisonnable *adj* vernünftig; angemessen; zumutbar.

raisonnement *m* (1) Beweisführung, Schlußfolgerung, (2) Erwägung, Überlegung; **– par analogie** Ähnlichkeitsschluß *m*, Analogieschluß *m*; **– a contrario** Umkehrschluß; **– juridique** juristische Argumentation.

rajout *m* Ergänzung, Ein- *od.* Hinzufügung; **– en marge d'un texte** nachträglicher Randvermerk.

rajouter *v.tr.* hinzufügen, ergänzen; **en –** übertreiben.

rajustement *m* Anpassung *f*, Angleichung *f*; **– des prix** Preisangleichung *f*, **– des pension**, **– des rentes** Rentenanpassung.

ralentissement *m* Verlangsamung *f*, Verminderung *f*; Nachlassen *n*, Rückgang *m*, Abnahme *f*; **– des**

affaires Zurückgehen der Geschäfte; – **de la conjoncture** ou **conjoncturel** Konjunkturabschwächung od. -dämpfung; – **de la demande** Nachfragerückgang.
ralliement m Sammeln n; Abschluß m; Aussöhnung f; **point de –** Sammelpunkt m.
rallier v.tr. sammeln, (sich) zusammenschließen od. vereinigen; – **un port** einen Hafen anlaufen.
rallonge f Verlängerung f (auch Urlaub); **demander une – de crédits** zusätzliche Kredite fordern; – **budgétaire** Nachtragshaushalt m.
ramassage m (Ein-)Sammeln n; – **scolaire** Schulbusverkehr m.
rame f (1) Zuggarnitur f; Wagenzug m, Wagengruppe f, (2) Farhrzeuggruppe.
ramener v.tr. zurückbringen, zurückführen; – **à** herabsetzen auf; – **à la raison** zur Vernunft bringen, besänftigen.
ramification f Verzweigung f.
ramonage m Schornsteinfegen n; Schornsteinfegerwesen.
rampant adj: **inflation –e** schleichende Inflation.
rançon f (StR) Lösegeld n; **demande de –** Lösegeldforderung.
rançonner v.tr. (1) gegen Lösegeld freigeben, freikaufen, (2) ausrauben.
rang m Reihe f; (gesellschaftlicher) Rang m, Stand m; Position f; Rangordnung f, Rangfolge f; – **diplomatique** (VR: diplomates, préséance) Vorrang m; – **hiérarchique** (BeamR) Dienststellung f, Rangstufe f; – **de préférence,** – **privilégié** (SachR, ZwangsVR: ordre de priorité) Rang, Rangverhältnis n; Vorrang m.
ranger v.tr. ordnen; aufräumen; – **qqn. à son avis** jmdn. überzeugen; **se – sous l'autorité de qqn.** unterwerfen, unter seine Botmäßigkeit bringen.
rapace adj fig habgierig.
rapatrié m Heimkehrer m.
rapatriement m (VR: retour dans le pays d'origine) Rückführung f, Repatriierung f, Rückkehr f, Heimschaffung f; – **de devises** Devisenrückführung.
rapatrier v.tr. zurückführen, heimschaffen, heimsenden, rapatriieren.
rapine f Raub m, Diebstahl m.
rappel m (1) (VR, BeamR) Abberufung f (eines Gesandten), Zurückbeorderung, (2) (SchuldR: versement complémentaire) Nachforderung, Nachzahlung, (3) (HR: appel réitéré à s'exécuter, réclamation du paiement) Mahnung f, (Zahlungs-)Erinnerung; **lettre de –** (1) Mahn- od. Erinnerungsschreiben n, (2) (VR: lettres de recréance) Abberufungsschreiben; – **à l'activité** (1) (BeamR) Wiederberufung f, (2) (MilR) Wiedereinberufung, Reaktivierung f; – **d'ancienneté** zusätzliche Dienstzeitanrechnung; – **en augmentation** Nachzahlung; – **de cotisation** Nachschußpflicht f; – **en diminution** Rückforderung der Überzahlung; – **sous les drapeaux** Wiedereinberufung f, erneute Einziehung (zum Wehrdienst); – **d'échéance** Aufforderung zur Zahlung (zum vereinbarten Termin); – **au fait** Ruf zur Sache; – **d'impôt** Steuernachforderung; – **à l'ordre** Ordnungsruf m; – **de paiement** Zahlungsaufforderung; – **à la question** Ermahnung (des Vorsitzenden) nicht vom Thema abzuschweifen; – **de prime** Prämiennacherhebung; – **de salaire** Lohnnachzahlung.
rappeler v.tr./v.pron. zurückrufen; zurückbeordern; erneut anrufen; **se –** sich erinnern an.
rapport m (1) (exposé, compte-rendu) Bericht m, Referat n, Berichterstattung f, (2) (produit, revenu d'un bien) Rendite f, Ertrag m, Erträgnisse pl, (3) (SchuldR: imputation de dettes) Anrechnung, (4) (lien, relation) Verhältnis n, Beziehung f; **de bon –** rentabel, ertragreich; **faire –** Bericht erstatten; **maison de –** Miethaus, Zinshaus n; **par – à** im Vergleich zu.

rapport d'activité Rechenschaftsbericht, Tätigkeitsbericht; – **d'affaires** Geschäftsbericht; – **annuel** *(HR)* jährlicher Geschäftsbericht, Jahresbericht; **–s de bon voisinage** *(VR)* gutnachbarschaftliche Beziehungen; – **de causalité** Kausal- od. Ursachenzusammenhang, ursächlicher Zusammenhang; – **circonstancié** ausführlicher Bericht; – **classé confidentiel** Verschlußsache *f*; – **commercial** Handelsbericht; – **complémentaire** Zusatzbericht; – **sur les comptes** Rechenschaftsbericht; **–s de confiance** Vertrauensverhältnis *n*; – **contractuel** Vertragsverhältnis *n*; – **de la Cour des comptes** Jahresbericht des frz. Rechnungshofs; – **de dépendance** *(ArbR, StR)* Abhängigkeitsverhältnis *n*; – **des dettes** *(ErbR)* Anrechnung der Schulden; – **des dons et legs** *(ErbR)* Anrechnung der unentgeltlichen Zuwendungen; – **de droit** Rechtsverhältnis; **–s économiques** Wirtschaftsbeziehungen; – **d'enquête** Untersuchungsbericht; – **d'exercice** *(GesR)* Geschäftsbericht; – **d'expert** *ou* **d'expertise** (1) Sachverständigengutachten *n*, (2) *(comptable)* Prüfungsbericht, Revisionsbericht.

rapport final Abschlußbericht; – **financier** Finanzbericht; – **des fondateurs** *(GesR)* Gründerbericht; – **de fondation** Gründungsbericht; – **de forces** *(Pol)* Kräfteverhältnis; – **général** Haupt- od. Gesamtbericht; – **de gestion** *(HR)* Geschäftsbericht; – **intérimaire** Zwischenbericht; – **juridique** Rechtsverhältnis; – **médical** ärztliches Gutachten *n*; – **mensuel** Monatsbericht; – **de mer** *(SeeHR)* Verklarung *f*, Seeprotest *m*; – **d'obligation** *ou* **obligatoire** Schuldverhältnis, Verpflichtungsverhältnis; – **officiel** amtlicher Bericht; – **oral** mündlicher Bericht; **–s de parenté** Verwandtschaftsverhältnis *n*; – **périodique** wiederkehrender Bericht; – **préalable** *ou* **préliminaire** Vorbericht; – **qualité-prix** Preis-Leistungsverhältnis.

rapport secret Geheimbericht; – **sur la situation** Lagebericht; **–s sociaux** *(ArbR)* Beziehungen zwischen den Sozialpartnern; – **spécial** Sonderbericht; – **de subordination** Unterordnungsverhältnis; – **à succession** *ou* **successoral** Ausgleichung, Anrechnung auf den Erbteil; **–s suivis** *(HR)* laufende Geschäftsbeziehungen.

rapportable *adj* anrechnungsfähig, anrechenbar.

rapporter *v.tr.* (1) *(faire un rapport)* berichten; melden; referieren, (2) *(ZR, HR)* (Früchte) tragen, einen Ertrag abwerfen; sich rentieren, (3) *(VwR: Maßnahmen)* rückgängig machen, widerrufen, aufheben, (4) *(rendre, ramener)* zurückbringen, rückerstatten; **s'en – à la justice** *(ZPR)* Antrag auf Prozeßvergleich stellen; – **un bénéfice** einen Gewinn abwerfen; – **une mesure** eine Maßnahme rückgängig machen.

rapporteur *m* Berichterstatter *m*; Spitzel *m* (der Polizei); **juge –** berichterstattender Richter; – **général** Hauptberichterstatter.

rapprochement *m* (1) Gegenüberstellung *f*; Vergleich *m*, Zusammenstellung von Tatsachen, (2) Annäherung; Versöhnung; – **des législations** *(EuR)* Rechtsangleichung; Harmonisierung der Rechtsordnungen; – **des peuples** Völkerverständigung.

rapt *m* *(StR: enlèvement illégal)* Entführung *f*, Menschenraub *m*; – **d'enfant**, – **de séduction** *(StR: détournement de mineur)* Kindesentziehung (mit List); – **de violence** Kindesentziehung mit Gewalt.

raréfaction *f* Verknappung *f*; – **de l'argent** Geldverknappung.

rareté *f* (1) Mangel *m*, Knappheit *f*, (2) Seltenheit, seltener Gegenstand.

rassemblement *m* (1) *(StR: attroupement prohibé)* Zusammenrottung *f*, Auflauf *m*, (2) *(Pol: parti politique)* Partei *f*, politische Vereinigung, (3)

(VerfR: réunion sur la voie publique) öffentliche Versammlung; **– de documents** Zusammenstellung einer Dokumentation.

rassurer *v.tr.* beruhigen, beschwichtigen, besänftigen.

rat *m* **d'hôtel** Hoteldieb *m*.

ratification *f* (1) *(confirmation, accord formel)* Bestätigung *f*, Genehmigung, (2) *(VR)* Ratifikation (eines Staatsvertrages durch das Parlament), Ratifizierung; **acte** *ou* **instrument de –** Ratifikationsurkunde *f*; **échange des instruments de –** Austausch der Ratifikationsurkunden; **loi de –** *(VerfR: ordonnances, art. 38 de la Constitution de 1958)* parlamentarisches Bestätigungsgesetz (gesetzesvertretender Rechtsverordnungen).

ratifications: dépôt des – Hinterlegung der Ratifikationsurkunden.

ratifier *v.tr.* (1) bestätigen, genehmigen, (2) *(VR)* ratifizieren.

ratio *m* *(HR)* Kennziffer *f*; Quote *f*, Rate *f*; **– commercial** Umsatzkennziffer; **– dépenses globales à ventes** Gesamtaufwand zum Umsatz; **– de liquidité** *(Buchf, HR)* (festes) Verhältnis zwischen den flüssigen Mitteln u. den realisierbaren Forderungen Dritter.

ratio *f* **legis** *lat* Sinn des Gesetzes, ratio legis.

ration *f* Zuteilung *f*, zugeteiltes Maß *m*; **– journalière** Tagesbedarf *m*.

rationalisation *f* Rationalisierung *f*; **– des choix budgétaires** Optimierung der öffentlichen Ausgaben; **– du travail** Arbeitsrationalisierung.

rationaliser *v.tr.* rationalisieren; vereinheitlichen; straffen; zweckmäßiger gestalten.

ratione *lat* (= *en raison de, en considération de*): **compétence – loci** örtliche Zuständigkeit; **compétence – materiae** sachliche Zuständigkeit.

rationnement *m* Verteilung; Bewirtschaftung *f*, Rationierung.

rattachement *m* *(VR: annexion, réunion)* Angliederung *f*, Anschluß *m*;

circonstance de –, facteur de –, point de – *(IPR)* maßgeblicher Anknüpfungspunkt; **règle de –** *(IPR: règle de conflit)* Kollisionsnorm *f*, Anknüpfungs- *od.* Heranziehungsnorm; Grenznorm; **– alternatif** alternative Anknüpfung; **– économique** wirtschaftlicher Anschluß; **– légal** gesetzliche Anknüpfung; einseitige Kollisionsnorm.

rattacher *v.tr.* (1) *(VR)* angliedern, anschließen, (2) *(IPR)* anknüpfen.

rattrapage *m* **des salaires** Lohnanpassung *f*.

rature *f* (= *biffure, suppression*) Streichung, das Gestrichene (im Text).

raturer *v.tr.* durchstreichen, streichen; verbessern (im Text).

ravage *m* Verwüstung, Verheerung, Zerstörung.

ravir *v.tr.* (1) *(Person)* entführen, (2) *(Sache)* stehlen, entwenden.

raviser: se – *v.pron.* seine Meinung ändern, sich anders besinnen, eine Erklärung rückgängig machen.

ravisseur *m* *(StR)* Entführer *m*.

ravitaillement *m* Versorgung *f*; Verproviantierung.

rayer *v.tr.* (einen Eintrag) durchstreichen, löschen; (ein Mitglied) ausschließen.

rayon *m* (1) *(VwR)* Umkreis *m*, Bezirk *m*, Gebiet *n*, Bereich *m*, (2) *(HR)* (Warenhaus-)Abteilung; **– d'action** Tätigkeits- *od.* Wirkungsbereich, Einflußsphäre *f*; **– de distribution** Zustellbezirk *m*; **– des douanes** Zollgrenzbezirk; **– frontière** Grenzbezirk; **–s X cancérigènes** krebserregende Röntgenstrahlen.

razzia *f* Polizeistreife *f* (zwecks Fahndung nach verdächtigen Personen).

réacquisition *f* Rückerwerb *m*, Wiedererwerb.

réacteur *m* **nucléaire** Atom- *od.* Kernreaktor *m*.

réaction *f* (1) Rückwirkung *f*, Gegenwirkung *f*, Gegendruck, (2) *(Pol)* Reaktion *f*, Rückschritt *m*.

réactionnaire *m* Reaktionär *m*.

réactionner *v.tr.* (1) *(ZPR)* erneut

klagen, wieder belangen, (2) *(BörR)* gegen die steigenden Kurse wirken.

réactivation *f* Reaktivierung *f;* Wiederankurbelung (der Wirtschaft).

réadaptation *f* (Wieder-)Anpassung; Rehabilitation *f;* Umschulung *f;* Umschichtung *f;* **aide à la** – Anpassungsbeihilfe *f;* – **fonctionnelle** medizinische Rehabilitation; – **professionelle** (berufliche) Umschulung; – **sociale** soziale Wiedereingliederung.

réadjudication *f* Neuausschreibung; erneute Versteigerung.

réadmettre *v.tr.* wiederzulassen.

réadmission *f* Wiederzulassung *f;* Wiederaufnahme *f.*

réaffectation *f* Wiederverwendung *f.*

réaffermage *m* Wiederverpachtung.

réajournement *m* (1) *(StPR)* zweite Vorladung *f,* (2) nochmalige Vertagung.

réajustement *m* Neufestsetzung *f;* – **de frontière** Grenzberichtigung.

réalisable *adj* (1) durchführbar, realisierbar, (2) verwertbar; **capital** – mobilisierbares Kapital.

réalisation *f* (1) *(accomplissement, exécution)* Umsetzung (der gesetzlichen Bestimmungen); Verwirklichung *f* (eines Vorhabens); Herstellung *f;* Durchführung *f,* Ausführung; Erfüllung *f,* (2) *(création, œuvre)* Werk *n,* Anlage *f,* Erzeugnis *n,* (3) *(BankR: mobilisation, conversion en argent)* Umwandlung *f* in Geld, Flüssigmachung, Realisierung *f;* (4) *(HR: vente)* Veräußerung *f,* (5) *(BörR)* Glattstellung *f;* **valeur de** – Verkaufs- *od.* Realisationswert; – **de l'actif** *(ZwangsVR)* Veräußerung der Vermögenswerte des Schuldners; – **de la condition** Eintritt *m* der Bedingung; – **forcée** Zwangsveräußerung *od.* -verwertung; – **du gage** Pfandverkauf *m,* Pfandverwertung; – **de l'impôt** genaue Festsetzung einer Steuer; – **du risque** *(VersR)* Eintritt des Versicherungsfalles, Schadenseintritt *m,* Schadensfall *m.*

réaliser *v.tr.* (1) verwirklichen, durchführen, ausführen, (2) realisieren, erzielen; verwerten, veräußern, (3) *(BörR)* glattstellen; – **un accord partiel** zu einem Teilabkommen gelangen; – **des affaires** Geschäfte tätigen; – **un bénéfice** einen Gewinn erzielen; – **ses biens** *ou* **sa fortune** sein Vermögen realisieren *od.* flüssig machen; – **un contrat** einen Vertrag abschließen; – **une enquête très poussée** eine eingehende Untersuchung durchführen; – **un gain** *ou* **un profit** einen Gewinn erzielen; – **une vente** einen Kaufvertrag abschließen.

réalité *f* (1) Wirklichkeit *f,* Realität *f;* Tatsache *f,* Gegebenheit *f,* (2) Sachbezogenheit; – **juridique** Rechtswirklichkeit; – **de l'impôt** Steuer in der Form der Real- *od.* Objektsteuer.

réanimation *f (Vwirt, fig)* Wiederbelebung, Wiederankurbelung; **service de** – Intensivstation.

réapprovisionnement *m* (Wieder-)-Beschaffung, Aufstockung der Lagerbestände.

réapprovisionner *v.tr.* (Lagerbestände) aufstocken, ergänzen, vervollständigen.

réarmement *m* Wiederaufrüstung *f,* Wiederbewaffnung.

réassignation *f (ZPR: seconde assignation à comparaître)* erneute Ladung.

réassigner *v.tr.* **le défaillant** den säumigen Kläger *od.* Beklagten erneut laden.

réassortiment *m* *(HR)* Sortimentsumgestaltung, neue Zusammenstellung der Sortimentsbreite und -tiefe.

réassurance *f* Rückversicherung *f,* Rückdeckung *f;* **compagnie de** – Rückversicherungsgesellschaft *od.* -träger; **contrat de** – Rückversicherungsvertrag *m;* **couverture de** – Rückdeckung; **de dommages** Schadenrückversicherung; – **en excédent de perte annuelle** Jahresüberschaden-Rückversicherung; – **en excédent de plein**

ou de risques *ou* de sinistres (Schaden-)Exzedenten-Rückversicherung; – **obligatoire** obligatorische *od.* laufende Rückversicherung; – **en participation** *ou* **en quote-part** Quoten-Rückversicherung; – **particulière** Einzelrückversicherung; – **de sommes** Summenrückversicherung.

réassuré *m* Rückversicherte(r) *m.*

réassurer *v.tr.d.* rückversichern, rückdecken, in Rückversicherung nehmen.

réassureur *m* Rückversicherer *m.*

rebelle *m* Rebell *m*, Aufrührer *m*; – **à la loi** Gesetzesbrecher *m.*

rebeller: se – *v.pron.* sich auflehnen, rebellieren.

rébellion *f* Aufruhr *m*, Rebellion *f*, Aufstand *m*, Empörung *f*; **réprimer la** – einen Aufstand niederschlagen; – **contre les autorités, – la force publique** Widerstand gegen die Staatsgewalt.

reboisement *m* Wiederaufforstung.

rebondissement *m* **d'une affaire** unvorhergesehene Entwicklung.

rebouteux *m* Person, die illegal den Ärzteberuf ausübt; Kurpfuscher *m.*

rebus sic stantibus *(lat):* **clause** – *(VR)* Vorbehaltsklausel, clausula rebus sic stantibus.

rebut *m* (1) *(HR: marchandise de mauvaise qualité)* Ausschußware *f*, Ramschware, Ramsch *m*, (2) *(UmweltR: détritus, déchets)* Abfall *m*; **envoi tombé en** – unzustellbare Sendung; **marchandise de** – Ausschußware.

recalcul *m* Neuberechnung *f.*

recapitalisation *f* Kapitalaufstockung *f.*

récapitulation *f* Zusammenfassung *f*, Überblick *m.*

récapituler *v.tr.* (kurz) zusammenfassen, wiederholen.

recéder *v.tr.* *(SchuldR: rétrocéder)* wieder abtreten.

recel *m* (1) *(StR: réception et détention de choses obtenues à l'aide d'une infraction)* Hehlerei *f*, (2) *(i.w. S.)* Verheimlichung *f*; Verbergung *f*; – **d'abus de biens sociaux** Hehlerei von veruntreutem Gesellschaftsvermögen; – **de biens** Sachhehlerei; – **de cadavre** unbefugte Wegnahme *od.* Unterschlagung einer Leiche; – **de choses** Sachhehlerei; – **de malfaiteur** Personenhehlerei, erschwerter Fall der Begünstigung; – **de naissance** Verheimlichung einer Geburt; – **successoral** Unterschlagung von Nachlaßgegenständen.

recélé *m* (1) *(StR: syn. de recel)* Hehlerei, (2) Unterschlagung von Nachlaßgegenständen; – **d'enfant** Unterdrückung des Personenstandes eines Kindes.

recèlement *m* *(StR)* Sach- *od.* Personenhehlerei; – **de grossesse** Verheimlichung der Schwangerschaft.

recéler *v.tr.* hehlen; verbergen, verheimlichen.

receleur *m* Hehler *m.*

recensement *m* (1) *(Pol)* Volkszählung; Stimmenzählung, (2) *(HR)* Warenbestandsaufnahme, (3) *(MilR)* Erfassung der Wehrdienstpflichtigen; **feuille de** – Zählbogen *m*; – **des biens** Vermögenserfassung; – **des entreprises** Betriebszählung; – **de marchandises** Warenbestandsaufnahme *f*; – **de la population** Volkszählung; – **des voix** *ou* **des votes** Stimmenzählung.

recenser *v.tr.* erfassen, zählen; – **les votes** die Stimmen zählen.

recenseur *m* Zähler *m.*

récent *adj* jung, neu; vor kurzem geschehen; frisch; **invention –e** neue Erfindung; **photo –e** neueres Foto.

recentrage *m* *(Pol)* Umorientierung *f*, Neuorientierung.

récépissé Empfangsschein *m*, Empfangsbestätigung *od.* -bescheinigung *f*, Einlieferungs- *od.* Ablieferungsschein, Aufgabebescheinigung; **donner** – den Empfang bestätigen; – **de bagages** Gepäck(aufbewahrungs)schein; – **de dépôt** *(ZR)* Hinterlegungsbestätigung *od.* -schein; – **d'entrepôt** *(HR)* Lagerschein; – **d'envoi recom-**

récepteur

mandé Einschreibequittung *f;* – **nominatif** *(HR)* Lagerschein (in der Form eines Namenspapiers); – **non transmissible** Rektalagerschein; – **de paiement** Zahlungsbeleg *m;* – **postal** Postlieferungsschein; – **de transport** Frachtbrief *m;* – **warrant** *(HR)* Lagerschein (als Orderpapier), Warrant *m.*

récepteur *m* Radioempfänger *m;* – **de télévision** Fernsehempfänger.

receptice *adj:* **acte** – *(SchuldR: acte unilatéral n'existant que par déclaration faite à partie)* einseitiges Rechtsgeschäft, das durch die Zusendung an den Betroffenen seine Gültigkeit erhält.

réception *f* Empfang *m,* Erhalten *n;* Übernahme *f;* Abnahme *f* (eines Baus); Einführung (in ein Amt); **accusé de** – Empfangsbestätigung *f;* **discours de** – Antrittsrede *f;* **théorie dite de la** – *(SchuldR)* Empfangstheorie; – **de caution** Zulassung als Bürge; – **définitive** vorbehaltlose Entgegennahme *od.* Abnahme der Leistung (durch den Gläubiger); – **du droit** Rezeption (des Rechts); – **de fournitures,** – **de marchandises** Abnahme *f,* Entgegennahme der Lieferung *od.* Leistung (durch den Gläubiger); – **du serment** *(PrzR)* Eidesabnahme; – **des travaux** Abnahme des Werkes *od.* der Arbeiten.

réceptionnaire *m* Empfangsberechtigte(r) *m;* Empfänger *m* (von Waren); – **du chargement** Ladungsempfänger.

réceptionner *v.tr.* **(des marchandises)** (Waren) empfangen, übernehmen, abnehmen.

récession *f* Rückgang *m,* Flaute *f,* Rezession *f;* – **conjoncturelle** *ou* **économique** Konjunkturrückschlag *m,* rückläufige Wirtschaftsentwicklung.

1. **recette** *f* (1) *(SchuldR: rentrée d'argent, ressource)* Einnahme *f,* Ertrag *m,* Erlös *m,* (2) *(SteuerR)* Finanzkasse, Kasse des Finanzamtes; Erhebung (von Steuern); **article de** – Einnahmeposten *m;* **inscrire**

recevoir

ou **porter en** – als *od.* zu den Einnahmen buchen; **prendre en** – vereinnahmen; – **municipale** Gemeindekasse *f;* – **principale (des postes)** Hauptpostamt *n;* – **réelle** *(Buchf)* Isteinnahme; – **théorique** Solleinnahme.

2. **recettes** *fpl (HaushR: ressources publiques)* Einnahmen *fpl;* **budget des** – Einnahmehaushalt *od.* -budget *n;* **chapitre du** – Einnahmetitel *m;* **compte de** – Einnahmenkonto *n;* **excédent de** – Mehreinnahmen *fpl,* überplanmäßige Einnahmen *fpl;* **perte de** – Einnahmenausfall *m;* **prévision de** – Einnahmenvoranschlag *m;* **surplus de** – Mehraufkommen *n,* Mehreinnahmen *fpl;* – **à affectation spéciale** zweckgebundene Einnahmen; – **budgétaires** Haushaltseinnahmen; – **domaniales** *(VwR)* Domanialeinkünfte *pl;* – **douanières** Zolleinnahmen; – **effectives** Isteinnahmen; – **d'exploitation** Betriebseinnahmen; – **extraordinaires** außerordentliche Einnahmen; – **fiscales** Steueraufkommen; – **imprévues** außerplanmäßige Einnahmen; – **à imputer** Verwahrung von Einnahmen (bis zur endgültigen Verbuchung); – **nettes** Nettoeinnahmen; – **ordinaires** regelmäßige Einnahmen; – **prévues** Solleinnahmen; – **publicitaires** Werbeeinnahmen.

recevabilité *f (ZPR)* Zulässigkeit (einer Klage); Statthaftigkeit eines Rechtsmittels.

recevable *adj* zulässig *adj,* statthaft; – **en la forme** der Form nach zulässig.

receveur *m* **buraliste** Steuereinnehmer *m* für indirekte Steuern; – **des contributions** Steuereinnehmer; – **des douanes** Zolleinnehmer *m;* – **des postes** Leiter eines Postamtes.

recevoir *v.tr.* empfangen, in Empfang nehmen, übernehmen, erhalten; – **une déclaration** eine Erklärung entgegennehmen; – **une déposition** *(StPR)* einen Zeugen vernehmen; – **une offre** ein Angebot erhalten; – **un présent** ein Geschenk erhalten.

rechange *m* (1) *(HR: remplacement)* Ersatz *m*, Auswechseln *n*, (2) *(WechselR: fait de tirer une nouvelle lettre de change)* Rückwechsel *m*; **pièce de –** Ersatzteil *n*; **solution de –** Ersatzlösung.

rechargement *m* Wiederaufladen *n* der (abgelehnten) Ware.

recherche *f* (1) *(enquête)* Erkundung *f*, Untersuchung *f*, Ermittlung *f*, Nachforschung *f*, Recherche *f*, (2) *(travaux)* Forschung *f*, Erforschung *f*, Forschungs- u. Entwicklungstätigkeit *f*; **bulletin de –** *(StPR)* Fahndungsblatt *n*; **droit de –** Such- *od.* Nachforschungsgebühr; **faire des –s** Nachforschungen anstellen; **– d'antériorité** *(Wz)* Nachforschung; **– appliquée** Forschungsökonomie *f*; **– de capitaux** Kapitalbeschaffung; **– commerciale** Marktforschung; **– d'un emploi** Arbeitsplatzsuche *f*; **– fondamentale** Grundlagenforschung; **– d'un malfaiteur** *(StPR)* Verfolgung eines Verbrechers, Fahndung nach einem Straftäter; **– opérationnelle** Betriebsforschung; **– de paternité naturelle** *(FamR)* Vaterschaftsfeststellungsverfahren; **–s de la police** Fahndung; **– scientifique** wissenschaftliche Forschung; **– d'une solution pacifique** Suche *f* nach einer friedlichen Lösung (des Konflikts); **– de témoins** Zeugenermittlung; **– de la vérité** Wahrheitsfindung *f*.

rechercher *v.tr.* suchen, erkunden, ermitteln, fahnden, nachforschen; **– des indices** nach Tathinweisen suchen; **– une solution négociée** eine Lösung im Rahmen von Verhandlungen suchen.

récidive *f* *(StR: réitération d'une infraction)* Rückfall *m*, Rückfälligkeit *f*; **grande –** Rückfall nach Bestrafung mit mehr als einem Jahr Gefängnis; **petite –** Rückfall nach Bestrafung mit weniger als einem Jahr Gefängnis; **– générale** genereller Rückfall; **– spéciale** spezieller Rückfall.

récidiver *v.intr.* rückfällig werden.

récidiviste *m* Rückfalltäter *m*, Rückfällige(r) *m*.

récipiendaire *m* (in eine Gesellschaft) Aufzunehmende(r) *m*; Auszuzeichnende(r) *m*.

réciprocité *f* *(VR, IPR: traitement équivalent)* Gegenseitigkeit *f*, Wechselseitigkeit *f*, Reziprozität *f*; **accord de –** *(Außh)* Gegenseitigkeitsabkommen *od.* -übereinkommen *n*; **clause de –** Gegenseitigkeitsklausel *f*; **déclaration de –** Gegenseitigkeitserklärung *f*; **dispense de –** Befreiung von der Gegenseitigkeitsverpflichtung *od.* vom Gegenseitigkeitserfordernis; **à titre de –** auf Gegenseitigkeit; **– de la preuve** Umkehrung der Beweislast.

réciproque *adj* gegenseitig, wechselseitig; umgekehrt.

réciproquement *adv* gegenseitig; umgekehrt.

récit *m* Bericht *m*; Darstellung *f*, Wiedergabe *f*; **– des faits** Sachverhaltswiedergabe; Tatbestandsbeschreibung.

réclamant *m* (1) *(ZR, HR)* derjenige, der etwas reklamiert, (2) *(VwPR)* Beschwerdeführer *m*.

réclamation *f* (1) *(ZR, HR)* Mängelrüge *f*, Anzeige *f* eines Mangels, Beanstandung *f*, Reklamation *f*; (2) *(ArbR: revendication)* Forderung *f*, Anspruch *m*, (3) *(VwPR)* Beschwerde *f*, (4) *(Pol)* Protest *m*, Mißfallenskundgebung; **action en – d'état** *(FamR)* Klage auf Feststellung der Abstammung; **délai de –** *(VwPR)* Frist zur Einbringung von Beschwerden; **– fondée** begründete *od.* berechtigte Mängelrüge; **– en indemnité** Ersatzanspruch; **– de la nationalité** Beanspruchung der Staatsangehörigkeit.

réclame *f* (Kunden-)Werbung *f*; **article en –** verbilligte Ware (für Werbezwecke); **faire de la –** werben, Reklame (für etwas) machen.

réclamer *v.tr./v.intr./v.pron.* (1) einen Mangel anzeigen, bemängeln, beanstanden, reklamieren, (2) fordern, beanspruchen, verlangen; **se – de qqn.** sich auf jmdn. berufen; **– en faveur de qqn.** für jmdn. eintreten, als Fürsprecher für jmdn. auftreten.

reclassement *m* (1) *(ArbR, BeamR)* Neueinstufung *f*, Aufgruppierung, Höhereinstufung, (2) *(ArbR)* Wiederbeschäftigung, Wiedereingliederung in das Berufsleben.

reclasser *v.tr.* (1) neu einstufen, umstufen, höherstufen, (2) einen neuen Arbeitsplatz beschaffen.

réclusion *f* *(StR: peine criminelle de privation de liberté)* Freiheitsstrafe (für Verbrechen), Zuchthaus(strafe); **– cellulaire** Einzelhaft *f*; **– à perpétuité** lebenslange Freiheitsstrafe; **– à temps** zeitige Freiheitsstrafe.

réclusionnaire *m* Strafgefangener *m*, Zuchthäusler *m*.

recognitif *adj* Erkennungs-; Anerkennungs-; **acte –** (Schuld-)Anerkennungsurkunde.

recognition *f* (1) Wiedererkennung, (2) Anerkennung *f*.

récolement *m* (1) *(StPR: fait de lire sa déclaration à un témoin)* Verlesung der Aussage, (2) Verlesungsprotokoll *n*, (3) *(ZwangsVR: dénombrement)* Bestandsaufnahme *f* (der gepfändeten Gegenstände), Auflistung, (4) *(HR: vérification contradictoire)* Abnahme u. Überprüfung der Inventarerrichtung; Prüfung der Richtigkeit eines Inventars.

récoler *v.tr.* (ein Protokoll) verlesen; (ein Inventar) kontrollieren, überprüfen.

récolte *f* Ernte *f*, Ertrag *m*; Nutzen *m*; **mauvaise –** Mißernte *f*; **– sur pied** Ernte auf dem Halm.

recommandataire *m* **au besoin** *(WechselR)* Notadressat *m*.

recommandation *f* (1) Empfehlung *f*; Fürsprache *f*, (2) Ermahnung *f*, Ratschlag *m*, (3) *(ArbR: médiateur)* Schlichtungsvorschlag *m*, (4) Verpflichtung der Post, einen Brief unmittelbar dem Empfänger zuzustellen (eingeschriebener Brief); **droit** *ou* **taxe de –** Einschreibegebühr *f*; **lettre de –** Empfehlungsschreiben *n*.

recommander *v.tr./v.pron.* (1) *(appuyer)* empfehlen, (2) *(conseiller, exhorter)* ermahnen, einen Ratschlag erteilen; **se – de qqn**. sich auf jmdn. berufen.

recommencer *v.tr.* wieder anfangen, wieder beginnen.

récompense *f* (1) *(gratification)* Belohnung *f*, Lohn *m*, (2) *(indemnité)* Erstattung, Entschädigung, Rückvergütung, (3) *(EheR)* Ausgleich *m*; **– en argent** Belohnung in Geld.

récompenser *v. tr* (1) belohnen, (2) erstatten, ersetzen, vergüten.

réconciliation *f* *(a. EheR)* Versöhnung, Aussöhnung *f*, Einigung *f*.

réconcilier *v.tr./v.pron.* versöhnen; **se – avec qqn.** sich mit jmdm. versöhnen, mit jmdm. Frieden schließen, sich vertragen.

reconductible *adj* verlängerbar.

reconduction *f* Erneuerung, Verlängerung; Prolongation *f*; Weiterführung *f*; **tacite –** stillschweigende Verlängerung *od.* Erneuerung; **– d'une aide** Weiterzahlung einer Beihilfe; **– du contrat** Vertragsverlängerung; **– expresse, explicite** ausdrückliche Erneuerung *od.* Verlängerung; **– de la grève** Streikfortsetzung; **– d'une politique** Fortsetzung einer Politik.

reconduire *v.tr.* (1) *(proroger, renouveler)* erneuern, fortsetzen, verlängern, (2) *(AuslR: reconduire à la frontière)* abschieben; **– des mesures temporaires** die Anwendung zeitlich beschränkter Maßnahmen prolongieren.

reconduite *f* **à la frontière** *(AuslR: étrangers en situation irrégulière)* Abschiebung, zwangsweise Durchsetzung der Ausreisepflicht; **arrêté préfectoral de –** präfektorale Ausweisungsanordnung.

réconforter *v.tr.* unterstützen, Rückhalt geben.

reconnaissance *f* (1) *(SchuldR: acceptation d'une situation préexistante de*

reconnaissance de dette — **reconstituer**

fait ou de droit) Anerkennen; Zugeständnis *n*; Anerkennung *f*, Anerkenntnis *n*, (2) *(gratitude)* Dank *m*, Dankbarkeit *f*, (3) *(exploration, prospection)* Erkundung *f*, Besichtigung *f*; Aufklärung *f*, Untersuchung *f*, (4) *(identification)* Wiedererkennen *n*; (5) *(reconnaissance du mont-de-pitié)* Pfandschein *m*; **acte de —** Anerkenntnisschreiben *n*; Anerkennungsakt *m*; **déclaration de —** Anerkennungserklärung *f*, Anerkenntnis; **— de belligérance, — comme belligérant** *(VR)* Anerkennung als kriegführende Partei; **— comme insurgés** Anerkennung als Aufständische; **— de culpabilité** Schuldbekenntnis *n*; **— des décisions judiciaires** Anerkennung richterlicher Entscheidungen; **— de dépôt** Hinterlegungsschein.

reconnaissance de dette *(SchuldR: écrit par lequel une personne se reconnaît débitrice envers une autre)* (schriftliches) Schuldanerkenntnis; **— des dettes** Schuldenerklärung; **— de droit** *(VR)* de-jure-Anerkennung; **— d'écriture** *(ZPR)* Anerkenntnis der Echtheit einer Urkunde; **— d'enfant naturel** *(FamR)* Anerkennung der außerehelichen Vaterschaft, Vaterschaftsanerkenntnis; **— d'État** Anerkennung als Staat; **— de facto** *ou* **de fait** *(VR)* de-facto-Anerkennung; **— forcée** *(ZPR)* Anerkenntnis im Wege eines Urteils; **— formelle** förmliche Anerkennung; **— de la frontière** Überprüfung der vertraglich vereinbarten Grenzziehung; **— de gage** Pfandschein; **— de gouvernement** *(VR)* Anerkennung als Regierung; **— d'identité** Identitätsfeststellung.

reconnaissance judiciaire *(FamR)* gerichtliche Anerkennung (der Vaterschaft); **— des jugements** *(PrzR)* Anerkennung ausländischer Entscheidungen; **— de jure** *(VR)* de-jure-Anerkennung; **— de legitimité** Ehelichkeitsanerkennung (eines Kindes); **— des lieux** *(PrzR)* Augenschein, Lokalbesichtigung, Ortsbesichtigung; **— de maternité** Mutterschaftsanerkenntnis; **— de mont-de-piété** Pfandschein einer Pfandleihanstalt; **— mutuelle** gegenseitige Anerkennung; **— mutuelle des diplômes** *(SchulR)* gegenseitige Anerkennung ausländischer Prüfungen und Befähigungsnachweise.

reconnaissance de paternité *(FamR)* Vaterschaftsanerkenntnis; **— de prêt** Pfandschein; **— d'une règle de droit** *(IPR)* Anerkennung eines Rechtsgrundsatzes; **— de responsabilité** Haftungsanerkenntnis *od.* -übernahme; **— du sinistre** *(VersR)* Schadenfeststellung; **— tacite** stillschweigende Anerkennung; **— unilatérale** einseitige Anerkennung; **— d'utilité publique** *(ZR: associations)* Anerkennung der Gemeinnützigkeit.

reconnaître *v.tr./v.pron.* (1) (wieder-)erkennen; zugestehen; (anerkennen), (2) bescheinigen, bestätigen, (3) erkunden, aufklären; **se — coupable** *(StPR)* gestehen, sich für schuldig erklären, sich schuldig bekennen; **— la compétence d'un tribunal** ein Gericht für zuständig erklären; **— le corps d'un mort** eine Leiche identifizieren; **— une dette** eine Schuld anerkennen; **— un droit à qqn.** jmdm. ein Recht zugestehen *od.* einräumen; **— par écrit** schriftlich anerkennen, verbriefen; **— s'être trompé** seinen Irrtum einsehen *od.* erkennen; **— les faits (reprochés)** *(StPR)* ein Geständnis ablegen; **— sa signature** zugeben, daß es sich um die eigene Unterschrift handelt.

reconnu *adj*: **fait —** allgemein bekannte Tatsache.

reconquérir *v.tr.* zurückerobern; **— sa liberté** seine Freiheit wiedererlangen.

reconsidérer *v.tr.* erneut erwägen *od.* bedenken, erneut in Erwägung ziehen.

reconstituer (1) wiederherstellen, (2) *(StPR)* (ein Verbrechen) rekonstruieren; **— un dossier** eine Akte vervollständigen *od.* erneut anlegen.

reconstitution *f* Wiederherstellung *f*, Neubildung *f*; **– des actes de l'état civil** Wiederausfertigung verlorengegangener standesamtlicher Urkunden; **– de carrière** *(BeamR)* rückwirkende Wiedereinstufung in eine Laufbahn; **– de crime** *(StPR)* Lokaltermin *m*, gerichtlicher Termin am Tatort, Rekonstruktion eines Verbrechens; **– de document** Urkundenwiederherstellung; **– de l'état-civil** Wiedererrichtung des Standesregisters; **– de la garantie** Wiederherstellung der Haftpflicht; **– des réserves** *(GesR)* Wiederauffüllung der Rücklagen.

reconstruction *f* Wiederaufbau *m*.

reconvention *f (ZPR: demande reconventionnelle)* Widerklage *f*.

reconventionnel *adj*: **demande –e** *(ZPR)* Widerklage *f*.

reconversion *f* (1) *(Vwirt: organisation transformée)* Umgestaltung, Umwandlung, (2) *(GesR)* Umstellung (der Produktion), (3) *(ArbR: changement d'activité professionnelle)* Umschulung; **mesure de –** Umschulungsmaßnahme *f*; **– industrielle** Betriebsumstellung, Unternehmensmodernisierung; **– professionelle** berufliche Umschulung *f*.

reconvertir *v.tr./v.pron.* umstellen, umorganisieren; umschulen; **se –** einen neuen Beruf erlernen.

recopier *v.tr.* abschreiben; **– une disquette** eine Diskette kopieren.

record *m* Rekord *m*, Höchstleistung *f*; Höchstmaß *n*; **déficit –** Rekordhöhe *f* eines Defizits.

recors *m (ZPR: particulier accompagnant un huissier)* Zeuge *m* des Gerichtsvollziehers (im Rahmen der Zwangsvollstreckung).

recoupement *m* **des témoignages** *(StPR)* Vergleich der einzelnen Zeugenaussagen.

recouper *v.tr.* **les informations** einzelne Informationen auf ihre Schlüssigkeit hin überprüfen.

recouponnement *m (WertpR)* Zinsscheinerneuerung *f*.

recourant *m* Beschwerdeführer *m*.

recourir *v.tr.ind.* **à la justice** *(ZPR)* ein Verfahren anstrengen, Klage erheben; **– au travail noir** schwarz arbeiten; Schwarzarbeiter einstellen.

recours *m* (1) *(VwR: recours porté devant les autorités administratives)* Vorverfahren *n*, Widerspruchsverfahren, (2) *(ZPR, StPR: voie de recours)* Rechtsmittelverfahren, Rechtsmittel *n*; Berufung *f*; Revision *f*, (3) *(ZR, ArbR: action de recourir contre un tiers responsable)* Rückgriff *m*, Regreß *m*; **avoir – à** heranziehen, in Anspruch nehmen; **clause d'abandon de –** Regreßverzichtsklausel; **délai de –** Rechtsmittelfrist *f*, Berufungsfrist, Beschwerdefrist; **désistement d'un –** Klageverzicht *m*; **droit de –** (1) Rückgriffsanspruch *m*, Rückgriffsforderung *od*. -recht, Regreß(anspruch); Beschwerderecht, (2) Klagerecht, Klagebefugnis; **exercer un –** (1) *(VwR)* Widerspruch einlegen, (2) *(ZPR)* ein Rechtsmittel einlegen, (3) *(ZR)* Rückgriff nehmen, einen Regreß ausüben; **former un –** Klage erheben; ein Rechtsmittel einlegen; **instance de –** Rechtsmittelinstanz *f*, Berufungsinstanz, Beschwerdeinstanz; **interjeter un –** Einspruch erheben, Beschwerde einlegen; **introduction du –** Rechtsmitteleinlegung; **objet du –** Gegenstand des Verfahrens; Beschwerdegegenstand *m*; **présenter un –** ein Rechtsmittel einreichen; **procédure de –** Beschwerdeverfahren; Rechtsmittelverfahren; **renoncer aux voies de –** auf Rechtsmittel verzichten; **voie de –** Rechtsmittel *n*.

recours administratif *(VwR: recours gracieux ou contentieux)* Widerspruchsverfahren; **– en annulation** *(VwPR)* Anfechtungsklage; **– en appréciation de validité** verwaltungsgerichtliche Klage auf Prüfung der Rechtsgültigkeit einer Verwaltungsmaßnahme; **– cambi-**

aire *(WechselR)* Wechselprozeß *m*; – **en carence** ou **en cas d'inaction de l'administration** *(VwPR)* Untätigkeitsklage; – **aux capitaux étrangers** *(GesR)* Aufnahme von Fremdkapital; – **en cassation** *(ZPR, StPR)* Revisionseinlegung *f*, Revisionsgesuch *n*, Revisionsverfahren *n*, Nichtigkeitsod. Kassationsbeschwerde; – **de change** Wechselklage od. -prozeß; – **collectif** *(PrzR)* Verbandsklage; – **devant le Conseil constitutionnel** Einleitung eines Verfahrens vor dem frz. Verfassungsgericht.

recours contentieux (1) *(VwPR: recours formé devant une juridiction administrative)* Verwaltungsstreitverfahren, (2) *(ZPR)* gerichtliche Geltendmachung eines Anspruchs; – **contre une décision de l'inspecteur du travail** Widerspruchsverfahren gegen eine Entscheidung der frz. Gewerbeaufsichtsbehörde; – **au crédit** *(BankR)* Kreditinanspruchnahme *f*; – **de droit** Beschwerde; Einspruch; Rechtsmittelverfahren; – **de droit administratif** Verwaltungsgerichtsverfahren.

recours pour excès de pouvoir *(VwPR: recours contentieux tendant à l'annulation d'une décision administrative, fondé sur la violation d'une règle de droit)* Anfechtungsklage (die die Aufhebung gesetzwidriger Verwaltungsakte durch den Conseil d'État erstrebt); verwaltungsgerichtliche Klage wegen Nichtbeachtung der gesetzlichen Bestimmungen durch die Verwaltungsbehörde; Klage, mit der jedermann, der daran ein Interesse hat, die Aufhebung einer vollziehbaren Entscheidung wegen deren Rechtswidrigkeit begehren kann; – **faute d'acceptation** *(WechselR)* Wechselklage wegen Nichtannahme, Rückgriff mangels Annahme; – **faute de paiement** Wechselklage wegen Nichtzahlung, Rückgriff mangels Zahlung; – **à la force** *(ÖfR)* Gewaltanwendung *f*; – **en garantie** *(ZPR)* Gewährleistungsklage; – **en garantie pour vices de la marchandise** Gewährleistungsklage wegen Sachmängeln; – **en grâce** *(StPR)* Gnadengesuch *n*; – **gracieux** *(VwR: recours porté devant l'auteur de la décision administrative contestée)* Widerspruchsverfahren (vor der Behörde, die den Verwaltungsakt erlassen hat); Vorverfahren; außergerichtliche Beschwerde.

recours hiérarchique *(VwR: recours porté devant le supérieur hiérarchique de l'auteur de la décision administrative)* Dienstaufsichtsbeschwerde, Beschwerde im Aufsichtswege; Widerspruchsverfahren (vor der nächsthöheren Behörde); – **incident** *(ZPR)* Anschlußberufung; – **en indemnité** Schadensersatzklage; – **en interprétation** *(VwPR)* verwaltungsgerichtliche Klage auf Auslegung eines Verwaltungsakts od. eines verwaltungsgerichtlichen Urteils; – **juridictionnel** *(ZPR)* Klage vor den Zivilgerichten; Zulässigkeit des ordentlichen Rechtswegs; – **parallèle** *(VwPR: exception)* Ausschluß des Verwaltungsrechtsweges (wegen Zulässigkeit des ordentlichen Rechtsweges); – **de pleine juridiction** *(VwPR)* Verpflichtungsklage; Anfechtungsklage; – **en rectification d'erreurs matérielles** Urteilsberichtigungsverfahren; – **en révision** (1) *(ZPR, StPR: voie extraordinaire de recours pur faire rétracter une décision passée en force de chose jugée)* Antrag auf Wiederaufnahme des Verfahrens, (2) *(VwPR)* Wiederaufnahmeverfahren.

recouvrable *adj*: **somme** – ein- od. beitreibbare Geldsumme.

recouvrement *m* (1) *(ZwangsVR: perception de sommes d'argent)* Beiod. Eintreibung, (2) *(BankR, HR)* Einziehung *f*, Inkasso *n*, (3) *(SteuerR)* (Steuer-)Einzug od. -Einziehung; **commission de** – Inkassoprovision *f*; **frais de** – Eintreibungskosten; **mandat de –** (1) Einziehungs- *od.* Inkassoauftrag, (2) Auftragspostanweisung; **mettre en –** zum Einzug bringen, eintreiben; **opération de –** Inkassogeschäft *n*; **– de la créance** Einziehung der Forderung; **– du droit aux prestations** *(SozVers)* Wiederaufleben des Leistungsanspruchs.

recouvrement forcé Zwangsbeitreibung, zwangsweise Eintreibung; **procédure de – –** Zwangsbeitreibungs- *od.* Eintreibungsverfahren.

recouvrement des frais Kostenbei- *od.* Eintreibung; **– de l'impôt** Steuerbeitreibung *f*, Steuereintreibung; **– de la nationalité** Wiedererlangung der Staatsangehörigkeit; **– de la santé** Gesundung; **– par voie judiciaire** gerichtliche Eintreibung.

recouvrer *v.tr.* (1) eintreiben, beitreiben; einziehen, (2) wiedererlangen, zurückgewinnen; **effet à –** Inkassowechsel *m*; **– une créance** (1) eine Forderung beitreiben *od.* eintreiben, (2) eine Zahlung in Empfang nehmen.

récréance *f*: **lettres de –** *(VR)* Abberufung; Abberufungsschreiben *n*.

récrimination *f* (1) *(StR: reproche en réplique)* (Gegen-)Vorwurf *m*; Beschuldigung *f* desjenigen, der die Anschuldigung vorbringt, (2) *(Allgspr.)* Protest *m*, Widerspruch *m*.

recrudescence *f* Wiederausbruch *m* (eines Krieges); Verschlimmerung (einer Krankheit).

recrue *f* Rekrut *m*; neues Mitglied.

recrutement *m* (1) *(ArbR)* Anstellung *f*, Einstellung (von Arbeitskräften); Personalbeschaffung, Anwerbung, (2) *(MilR)* Aushebung (der Wehrpflichtigen); **arrêt du –** Einstellungsstopp *od.* -sperre; **avis de –** Stellenausschreibung *f*; **priorité de –** *(ArbR)* Anspruch auf vorrangige Einstellung; **– latéral** *(BeamR)* Ernennung anderer Bewerber.

recruter *v.tr.* (1) anwerben, einstellen, (2) ausheben, einziehen, rekrutieren.

recteur *m (SchulR)* Leiter eines frz. Unterrichtsverwaltungsbezirks.

rectifiable *adj*: **erreur –** Irrtum, der berichtigt werden kann.

rectificatif *adj* berichtigend.

rectificatif *m* Berichtigung; Richtigstellung; **– budgétaire** Berichtigungshaushalt *m*.

rectification *m* Berichtigung *f*, Richtigstellung *f*; Storno *n*; Umbuchung *f*; **délai de –** Nachholungs- *od.* Berichtigungsfrist; **droit de –** Berichtigungsrecht; **– administrative** Berichtigung im Verwaltungswege; **– d'assiette** *(SteuerR)* Berichtigungsveranlagung; **– comptable** berichtigende Buchung; **– d'une écriture** Rückbuchung; **– d'erreur matérielle** Fehlerberichtigung; **– de frontière** Grenzbereinigung; **– de jugement** Urteilsberichtigung; **– d'office** *(SteuerR)* Festsetzung von Amts wegen einer Steuernachforderung.

rectifier *v.tr.* berichtigen, richtigstellen; umbuchen.

rectitude *f* Richtigkeit; Redlichkeit, Rechtschaffenheit.

recto *m (Urkunde)* Vorderseite *f*.

rectorat *m* Hochschulverwaltung.

reçu *m* Empfangsbestätigung *f*, Bestätigung *f*, Quittung *f*, Ablieferungsschein; **sur –** gegen Quittung; **usages –s** Gepflogenheiten *fpl*; **– pour embarquement** *(SeeHR)* Übernahmekonnossement *n*; **– fiscal** *(SteuerR)* Spendenbescheinigung; **– partiel** Teilquittung; **– provisoire** (d'embarquement) *(HR)* Verladungsschein; **– pour solde de tout compte** *(ArbR)* Abgangserklärung, Ausgleichsquittung.

recueil *m* Sammlung *f*, Zusammenstellung *f*; **– de données** Datei *f*; **– de jurisprudence** Entscheidungssammlung, Sammlung der Rechtsprechung; **– des lois** Gesetzessammlung; **– officiel des lois (et ordonnances) de la Confédération suisse** Amtliche Sammlung der Bundesgesetze (und Verordnungen).

recueillir *v.tr.* zusammentragen, ansammeln; – **un avis** *(VwR)* eine Stellungnahme einholen; – **une déposition** eine (Zeugen-)Aussage aufnehmen; – **des preuves** *(PrzR)* Beweis erheben; – **une succession** *(ErbR)* eine Erbschaft antreten; – **un témoignage** eine Zeugenaussage aufnehmen; – **des voix** Stimmen erhalten.

recul *m* Rückgang *m*, Rückschritt *m*, Nachlassen *n*; Zurückgehen *n*; Rückzug *m*; **manquer de –** noch nicht den inneren Abstand (zu den Ereignissen) haben; – **des abstentions** höhere Wahlbeteiligung; – **de la conjoncture** Konjunkturrückgang *m*, rückläufige Konjunktur; – **des cours** Kursrückgang, Fallen *od.* Sinken der Kurse.

reculer *v.intr./v.tr.* verschieben, vertagen; verzögern; zurückgehen; – **une décision** eine Entscheidung auf einen späteren Termin verschieben; – **une échéance** einen Zahlungstermin verlängern; – **un rendez-vous** ein Gespräch auf einen späteren Termin verlegen.

récupérable *adj* (1) *(créance)* beitreibbar, (2) *(déchets)* wiederverwertbar.

récupération *f* (1) Wiedererlangung *f*, Rückgewinnung, (2) *(UmweltR)* Wiederverwertung, Sammlung; – **des heures de travail perdues** Nachholen von Arbeitsstunden, Einarbeiten *n*; – **de la TVA** *(SteuerR)* Vorsteuerabzug *m*; – **du verre** Altglassammlung.

récupérer *v.tr.* (1) wiedererlangen, nachholen, (2) verwerten; – **ses débours** sich seine Auslagen zurückerstatten lassen; – **des déchets recyclables** wiederverwertbaren Müll einsammeln; – **ses forces** sich erholen; – **des heures** *(ArbR)* (Stunden) nacharbeiten; – **tous les mécontents** alle Unzufriedenen für sich gewinnen.

récursoire *adj* einen Regreß betreffend; **action –, demande –** *(ZPR)* Regreßanspruch; Rückgriffsklage.

récusabilité *f (PrzR)* Ablehnbarkeit.

récusable *adj* ablehnbar; **témoignage –** zweifelhafte Zeugenaussage.

récusant *m* Person, die einen Zeugen oder einen Richter ablehnt.

récusation *f* Ablehnung *f*, Nichtanerkennung *f*; Ablehnungsantrag *m*; **cause de –** Ablehnungsgrund *m*; **demande en –** Ablehnungsantrag; **droit de –** Ablehnungsrecht *n*; **requête en –** Ablehnungsgesuch; – **pour cause de suspicion légitime** Ablehnung wegen Besorgnis der Befangenheit; – **d'un juge pour suspicion légitime** Ablehnung eines Richters wegen Besorgnis der Befangenheit; – **de juré** Ablehnung eines Geschworenen; – **d'un témoin** Ablehnung eines Zeugen; Bestreiten des Wahrheitsgehalts einer Zeugenaussage.

récuser *v.tr.* ablehnen, nicht anerkennen; – **pour cause de suspicion légitime** wegen Befangenheit ablehnen; – **la compétence d'un tribunal** die Zuständigkeit eines Gerichts betreiten.

recyclable *adj* *(déchets)* wiederverwertbar, wiederaufbereitbar.

recyclage *m* (1) *(ArbR: formation professionnelle complémentaire)* Weiterbildung *f*, berufliche Fortbildung, fachliche Nachschulung, (2) *(SchulR: changement de l'orientation scolaire)* Änderung der Fachrichtung, (3) *(UmweltR: nouveau traitement)* Wiederverwertung, Wiederaufbereitung, Recycling *n*; **Institut international de –** (= IIR) internationales Recyclinginstitut.

recycler *v.tr.* (1) weiterbilden, nachschulen, (2) wiederaufbereiten, wiederverwerten.

recycleur *adj*: **industriel –** Entsorgungs- und Wiederverwertungsbetrieb.

rédacteur *m* (1) *(journalisme)* Schriftleiter *m*, Redakteur *m*, (2) *(fonctionnaire)* Verfasser *m* (von Verwaltungsvorschriften); – **en chef** Chefredakteur; – **du jugement**

Urteilsverfasser *m*; **– du procès-verbal** Protokollführer *m*; **– publicitaire** Werbefachmann.

rédaction *f* (1) *(actes et documents)* Abfassung *f*, Niederschrift *f*, Abfassen *n* von Schriftstücken, (2) *(ensemble des rédacteurs)* Schriftleitung *f*, Redaktion *f*; **nouvelle –** Neufassung *f*; **– du jugement** Urteilsabfassung; **– de police** *(VersR)* Policenausfertigung **– du testament** Testamentserrichtung.

reddition *f* Zurückgabe *f*; Übergabe; **– sans conditions** bedingungslose Kapitulation.

reddition de comptes (1) Rechnungslegung, Aufstellung des Jahresabschlusses, (2) Rechenschaftsbericht *m*, Geschäftsbericht.

redéfinition *f* Neuorientierung *f*; **– des parités** Neufestsetzung der Währungsparitäten.

redémarrage *m* **de l'économie** Wiederbelebung *f* der Konjunktur; **– des investissements** neuer Investitionsschub.

redéploiement *m* **industriel** Strukturanpassung *f*; wirtschaftliche Umstrukturierung *od.* Rationalisierung.

redevable *adj* zahlungspflichtig; abgabepflichtig; **– d'une contribution** beitragspflichtig; **– d'un impôt** steuerpflichtig.

redevable *m (SteuerR)* Steuerpflichtiger; **– négligent** säumiger Steuerschuldner.

redevance *f* (1) *(SchuldR: somme payée à échéances déterminées)* (wiederkehrende) Geldleistung *f*, Zins *m*, Abgabe; Rente *f*, (2) *(SteuerR: taxe, contribution)* Gebühr *f*, (häufig nur:) Gebühren *fpl*, (3) *(PatR, UrhR)* Royalties *pl*, Vergütung; **– accessoire** Nebengebühr; **– d'amodiation** *(LandwR)* Pachtzins *m*; **– d'eau** Wassergeld *od.* -gebühr; **– d'entretien** Instandhaltungsgebühr; **– d'exploitation (de film)** Leihgebühr (für einen Film); **– fiscale** Abgabe, Steuer; **– foncière** Reallast *f*; **– périodique** wiederkehrende Leistung.

redevance radio et télévision Rundfunk- und Fernsehgebühr; **– téléphonique** Telefongebühren *fpl*; **– tréfoncière** *(SachR)* Entschädigung an dem Grundeigentümer für die Ausbeutung unter der Erdoberfläche; **– d'utilisation** Benutzungsgebühr.

rédhibition *f (ZR, HR: résolution d'une vente entachée d'un vice)* Wandelung *f*, Rückgabe der Kaufsache (gegen Rückgewährung des Kaufpreises), Rückgängigmachung eines Kaufvertrages (bei mangelhafter Ware); **action en –** Wandelungsklage *f*.

rédhibitoire *adj* Wandelungs-; **action –** Wandelungsklage; **vice –** Sachmangel *m* (demzufolge der Käufer die Wandelung verlangen kann).

rediffusion *f* Wiederholung (einer Sendung).

rédiger *v.tr.* abfassen, verfassen, redigieren; **– un contrat** einen Vertrag aufsetzen; **– un procès-verbal** ein Protokoll aufnehmen *od.* anfertigen.

rédimer *v.pron.*: **se –** sich frei- *od.* loskaufen.

rediscuter *v.tr.* erneut verhandeln.

redistribution *f* Neuverteilung *f*; **– des revenus** Einkommensumverteilung *od.* -umschichtung; **– des richesses** Vermögensumverteilung.

redoublement *m* (1) Vermehrung, starke Zunahme, (2) *(SchulR)* Sitzenbleiben *n*.

redouter *v.tr.* befürchten, sich fürchten vor.

redressement *m* (1) *(rectification)* Berichtigung *f*; Rückbuchung *f*, (2) *(VWirt)* Wiederbelebung *f*, Wiederaufschwung *m*; Sanierung *f*; **écriture de –** Berichtigungsbuchung; **plan de –** Sanierungsprogramm *n*; **– de la balance commerciale** *(Außh)* Verbesserung der Handelsbilanz; **– de compte** *(Buchf)* Kontoberichtigung, Rückbuchung; **– économique** wirtschaftlicher Wiederaufschwung; **– d'une écriture** Stornobuchung; **–**

financier Sanierung; **– fiscal** Berichtigung der Steuererklärung.

redressement judiciaire *(KonkursR: procédure visant pendant la période d'observation à la continuation ou à la cession de l'entreprise et en cas d'échec à sa liquidation judiciaire)* handelsgerichtliches Betriebsanierungsverfahren mit anschließendem Konkursverfahren (beim Fehlschlagen der Sanierung oder der Veräußerung).

redresser *v.tr.* aufrichten; richten; berichtigen; korrigieren; **– les comptes de la nation** den Staatshaushalt sanieren.

réductible *adj* abziehbar; **somme –** Betrag *m*, der in Abzug gebracht werden kann.

réduction *f* (1) *(abaissement, compression)* Kürzung *f*, Verringerung *f*, Verminderung *f*, Einschränkung *f*, Abbau *m*, Herabsetzung *f*, (2) *(diminution de prix)* (Preis-)Ermäßigung *f*; (Preis-)Senkung, (3) *(soumission)* Unterwerfung *f*, (4) *(miniature)* Verkleinerung *f*, Kleinformat *n*; **action en –** Minderungsklage, Klage auf Minderung; **consentir une –** einen (Preis-)Nachlaß gewähren; **droit de –** Herabsetzungs- *od.* Minderungsrecht.

réduction d'assurance *(VersR)* Herabsetzung der Versicherungssumme; **– de capital** Kapitalherabsetzung *f*; **– du capital social** Herabsetzung des Grundkapitals; **– pour charges de famille** Familienermäßigung; **– de délai** Frist(ver)kürzung; **– des dépenses** Kostensenkung; **– de la durée de travail** Arbeitszeitverkürzung; **– des emplois** Abbau *m* der Arbeitsplätze; **– des importations** Importverkürzung; **– d'impôt** Steuersenkung; **– des intérêts** Zinsumwandlung *od.* -ermäßigung; **– des investissements** Investitionskürzung; **– d'une libéralité** teilweise Rückforderung einer Schenkung.

réduction de peine *(StVZ)* Strafherabsetzung, (teilweiser) Straferlaß *m*; **– de personnel** Personalabbau *m*, Verringerung der Belegschaft, Freisetzen *n* von Arbeitskräften; **– de prix** Preisnachlaß *m*, Rabatt *m*; **– des prestations** *(SozVers)* Leistungskürzung; **– de la production** Produktionsrückgang *m*; Produktionseinschränkung; **– par quantité** *(HR)* Mengenrabatt; **– de salaire** Lohnkürzung; **– tarifaire** Zollherabsetzung *od.* -ermäßigung; **– du taux de l'intérêt** Zinsermäßigung.

réduire *v.tr.* (1) *(baisser, diminuer)* senken, verringern, herabsetzen, ermäßigen, abbauen, einschränken, (2) *(obliger, contraindre)* unterwerfen, zwingen (zu); **– les frais** die Kosten senken; **– l'inflation** die Inflation eindämmen; **– une pénalité** eine Strafe mildern; **– au silence** zum Schweigen bringen.

rééchelonnement *m* **des échéances** Umschuldung *f*, Tilgungsstreckung; Gewährung eines Zahlungsaufschubs.

rééducation *f* Umschulung *f*; **– physique** Rehabilitation (nach Krankheit *od.* Unfall); **– professionelle** (berufliche) Umschulung.

réel *adj* (1) *(qui existe en réalité)* wirklich, tatsächlich, (2) *(SachR: qui a pour objet une chose ou un droit sur une chose)* dinglich; Sach-, Real-; **action –le** Klage, die ein Sachenrecht zum Gegenstand hat; Immobiliarklage; **charge –le** Reallast *f*; **concours – d'infraction** *(StR)* Realkonkurrenz *f*, Tatmehrheit *f*, Zusammentreffen mehrerer Straftaten; **contrat –** Realvertrag, Realkontrakt *m*, Handgeschäft *n*; **droit –** dingliches Recht; **impôt –** Realsteuer *f*; Objektsteuer; Grundsteuer; **obligation –le** sachenrechtliche Verpflichtung; **tradition –le** tatsächliche Übergabe der Sache.

réélection *f* Wiederwahl *f*.

rééligibilité *f* Wiederwählbarkeit.

rééligible *adj* wiederwählbar.

réellement *adv* tatsächlich, wirklich, effektiv; faktisch, de facto; praktisch, realiter.

réembaucher *v.tr. (ArbR: remployer)* wiedereinstellen.

réemploi *m* (1) Wiederverwendung *f*, erneuter Einsatz *m*, (2) *(ArbR)* Wiedereinstellung *f*, Wiederbeschäftigung.

rééquilibrage *m* Wiederherstellung *f* des Gleichgewichts.

rééquipement *m* Neuausrüstung *f*, Neuausstattung.

réescomptable *adj* rediskontierbar, zentralbankfähig.

réescompte *m (WechselR)* Rediskontierung *f*, Rediskont *m*; **taux de –** Diskont- *od.* Rediskontsatz *m*.

réescompter *v.tr.* rediskontieren.

réévaluation *f* Aufwertung *f*, Wertberichtigung *f*, Neubewertung; **compte de –** Wertberichtigungskonto *n*; **réserve de –** Aufwertungsrücklage; **– de l'assiette** Fortschreibungsveranlagung; **– du bilan** Bilanz(posten)neubewertung; **– camouflée** verkappte Aufwertung; **– monétaire** Währungsaufwertung.

réévaluer *v.tr.* aufwerten, neu bewerten, neu einschätzen.

réexaminer *v.tr.* erneut überprüfen, revidieren, nachprüfen.

réexpédier *v.tr.* nachsenden, weiterbefördern.

réexpédition *f* Nachsendung *f*, Weiterbeförderung *f*; **taxe de –** Nachsendegebühr *f*; **en franchise** zollfreie Rückführung.

réexportation *f* Wiederausfuhr *f*; **– en l'état** Wiederausfuhr der eingeführten Waren in der Beschaffenheit, die sie zum Zeitpunkt der Einfuhr hatten.

réexporter *v.tr.* wiederausführen.

réextradition *f* (1) Weiterauslieferung, (2) Rücküberstellung.

réfaction *f (SchuldR: réduction sur le prix des marchandises lorsqu'elles ne présentent pas la qualité convenue)* Preisminderung *f*, Preisabzug *m*, Refaktie *m*, Nachlaß *m*, Rückvergütung (bei fehlerhaften *od.* minderwertigen Waren).

réfection *f* Wiederherstellung *f*; Ausbesserung; **– du cadastre** Neuanlegung des Katasters.

refente *f* **successive** *(ErbR, hist.)* erneute Aufteilung (s. **fente**).

référé *m* (1) *(ZPR: procédure rapide et simplifiée)* vereinfachtes u. beschleunigtes Verfahren vor dem Einzelrichter (des frz. Großinstanzgerichts); Beschluß *m* (in einem derartigen Verfahren), einstweilige Verfügung, (2) *(VwR: procédure sur simple requête)* Anfrageschreiben *n* des frz. Rechnungshofes bei einem Minister (in bezug auf dessen Haushaltsführung), (3) *(VerfR, hist.)* Anfrage *f* eines Richters an das Parlament über die Auslegung einer Gesetzesbestimmung; **audience de –** *(ZPR)* Termin im beschleunigten Verfahren zum Erlaß einer einstweiligen Verfügung; **demande en –** Beantragung einer vorläufigen Entscheidung; **juge des –s** Richter im beschleunigten Verfahren; **mesure** *ou* **ordonnance de –** vorläufige (u. sofort vollstreckbare) Entscheidung im beschleunigten Verfahren, einstweilige Verfügung; **– d'heure à heure** beschleunigtes Verfahren in dringlichen Fällen mit Ladung vor das Gericht auch an Feiertagen, bzw. am Amtssitz des Richters; **– sur procès-verbal** beschleunigtes Verfahrens im Rahmen einer Pfändung (unter Vorlage des Pfändungsbeschlusses).

référence *f* (1) Bezug *m*, Bezugnahme *f*; Hinweis *m*; Aktenzeichen *n*, (2) *(ArbR: certificat, recommandation)* Zeugnis *n*, Prüfungsnachweis *m*; Empfehlungsschreiben *n*; **année de –** Bezugsjahr, Referenzjahr *n*; **date** *ou* **jour de –** Stichtag *m*; **indice de –** Vergleichszahl *f*; **numéro de –** Aktenzeichen *n*; **ouvrage de –** Nachschlagewerk *n*; **période de –** (1) Vergleichszeitraum *m*; Bemessungszeitraum, (2) *(SozR)* anrechnungsfähige Versicherungszeit; **prix de –** Vergeichswert *m*; **salaire de –** Ecklohn; **– bancaire** Bankreferenz *f*.

référencement *m (HR)* Aufnahme eines neuen Artikels in das Sortiment.

référencier *m* Sortimentliste (eines Geschäfts).

référendaire *adj* eine Volksabstimmung betreffend; **conseiller –** *(PrzR)* Richter (auf Zeit) beim frz. Kassationshof (als Berichterstatter mit beratender Stimme); **loi –** *(VerfR)* Volksabstimmungsgesetz, Gesetz auf der Grundlage eines Volksentscheids; **procédure –** Volksabstimmungsverfahren.

référendum *m* Volksabstimmung *f*, Volksbefragung *f*, Referendum *n*, Volksentscheid *m*; **demande de –** Volksbegehren *n*; **– constituant** Volksbegehren über eine Verfassungsänderung *od.* die Annahme einer neuen Verfassung.

référer (1) *v.pron.*: **se – à** sich beziehen auf, (2) *v.tr.ind.*: **en – au juge** das Gericht anrufen, den Richter mit einer Sache befassen; **en – à son supérieur** seinem Vorgesetzten Bericht erstatten.

refinancement *m* Refinanzierung *f*.

reflation *f (Vwirt)* Reflation.

réfléchi *adj* besonnen, überlegt, voll Bedacht, mit Überlegung; **tout bien –** alles in allem, im ganzen gesehen.

réfléchir *v.intr.* überlegen, nachdenken, Überlegungen anstellen; **demander à –** um Bedenkzeit bitten.

refléter *v.tr. fig* wiedergeben, sichtbar machen.

réflexion *f* Überlegung *f*, Nachdenken *n*: **– faite** nach reiflicher Überlegung.

refondre *v.tr.* neufassen, umgestalten, überarbeiten.

refonte *f (VerfR: Gesetze)* Neufassung *f*, Umgestaltung, Neubearbeitung, Neuregelung; **– d'un contrat** Vertragsabänderung *od.* -neufassung.

réformateur *m* Reformer *m*, Erneuerer.

reformatio in pejus *(PrzR, lat.: aggravation de la peine à l'occasion d'un recours)* reformatio in peius, Änderung einer gerichtlichen Entscheidung zu Ungunsten des Rechtsmittelführers *od.* des Angeklagten.

réformation *f* (1) *(action de corriger)* Verbesserung *f*, Umgestaltung, Reform *f*, (2) *(VwR)* Abänderung einer Verwaltungsentscheidung durch die vorgesetzte Dienststelle, (3) *(PrzR)* Entscheidungsanfechtung; Rechtsmitteleinlegung; **droit de –** Abänderungsrecht *n*, Reformationsrecht; **– d'un jugement** Abänderung eines Urteils (nach Rechtsmitteleinlegung).

réforme *f* (1) *(Pol)* Umgestaltung *f*, Verbesserung *f*, Neuregelung *f*, Reform *f*, (2) *(BeamR)* Entlassung *f* (wegen Dienstunfähigkeit), (3) *(MilR)* Entlassung aus dem Wehrdienst, Verabschiedung *f*; **commission** *ou* **conseil de –** *(BeamR)* Ausschuß *m* zur Überwachung u. Beurteilung der Entlassungen wegen Dienstunfähigkeit; **– électorale** Wahlreform; **– de l'enseignement** Bildungsreform; **– de l'entreprise** Unternehmensneuordnung; **– fiscale** Steuerreform; **– judiciaire** Justizreform; **– législative** Abänderung des geltenden Rechts, Gesetzesreform *f*; **– monétaire** Währungsreform, Währungsumstellung; **– sociale** Gesellschaftsreform.

réformer *v.tr.* (1) *(améliorer)* verbessern, abändern, reformieren, (2) *(retirer du service)* außer Dienst stellen, (3) *(militaires)* aus dem Wehrdienst entlassen, ausmustern; **– un abus** einen Mißstand beseitigen; **– le délai de prescription** *(StPR)* die Verfolgungsfrist ändern; **– un jugement** eine Entscheidung aufheben; ein Urteil abändern.

refoulement *m (AuslR)* Zurückweisung *f*; Abschiebung; Zurückschiebung.

refouler *v.tr. (AuslR)* abschieben, zurückschieben; **– à la frontière** an der Grenze zurückweisen.

réfractaire *m (MilR: insoumis)* Gehorsamsverweigerer *m*, Dienstverweigerer *m*.

réfragable *adj (ZR: qui admet la preuve contraire)* widerlegbar.

refuge *m* **animalier** Tierheim *n*.

réfugié *m* Flüchtling *m*, Vertriebene(r) *m*; **– politique** politischer Flüchtling.

refus *m* Ablehnung *f*, Verweigerung, Weigerung; Annahmeverweigerung, Zurückweisung; **– d'acceptation** Annahme- *od*. Akzeptverweigerung; **– d'assistance** *(StR)* verweigerte Hilfeleistung; **– de comparaître** *(PrzR)* Weigerung, vor Gericht zu erscheinen; **– de délivrance** Übergabeverweigerung; **– de déposer** *(PrzR)* Aussageverweigerung; **– d'exécution** Erfüllungsverweigerung; **– d'extradition** Verweigerung der Auslieferung; **– de l'impôt** Weigerung, Steuern zu entrichten; **– d'informer** *(StPR)* Einstellungsbeschluß *m* (der Staatsanwaltschaft im Rahmen der Voruntersuchung).

refus d'obéissance *(MilR: inexécution volontaire d'un ordre)* Gehorsamsverweigerung; **– d'obtempérer** *(VwR)* Widerstand gegen die Staatsgewalt, Widerstandsleistung; **– de paiement** Zahlungsverweigerung; **– de porter secours** *(StR)* unterlassene Hilfeleistung; **– de prendre livraison** Annahmeverweigerung; **– de prêter serment** Verweigerung der Eidesleistung, Eidesverweigerung; **– de témoigner** Zeugnis- *od*. Aussageverweigerung, Verweigerung der Zeugenaussage; **– de travailler** Arbeitsverweigerung; **– de vente** *(WirtR)* Weigerung, mit einer bestimmten Person einen Kaufvertrag abzuschließen; (durch Lieferanten verhängte) Liefersperre (in bezug auf bestimmte Kunden); **– de visa** Ablehnung des Sichtvermerks.

refuser *v.tr. d./ind.* (1) *(repousser une demande)* verweigern, zurückweisen, nicht gewähren, (2) *(décliner, refuser une offre)* ablehnen, nicht annehmen, abweisen, (3) *(examen)* durchfallen lassen; **– de faire une déposition** die Aussage verweigern; **– une marchandise** die Annahme der Ware verweigern; **– d'obtempérer** der Anordnung (eines Amtsträgers) nicht Folge leisten; **– une offre, – une proposition** ein Angebot, einen Vorschlag ablehnen; **– une succession** eine Erbschaft ausschlagen.

réfutable *adj*: **argument –** widerlegbares Argument.

réfutation *f* Widerlegung *f*, Entkräftung *f*, Erbringung des Gegenbeweises.

réfuter *v.tr.* widerlegen, entkräften.

regain *m* Wiederaufleben *n*; **– de contestation** erneutes Aufflammen des Protestes.

régale *f (ÖfR, hist)* Regal *n*, wirtschaftlich nutzbares Hoheitsrecht.

régalien *adj*: **droit –** Hoheitsrecht *n*.

regard *m* Blick *m*; **au – de** in Anbetracht; **droit de –** Recht auf Einsichtnahme, Auskunftsrecht; **– sur les affaires** Einblick in die Geschäfte.

régence *f* Regentschaft *f*.

régie *f* (1) *(i. w. S.: organisation matérielle)* verantwortliche Leitung *f*, Regie *f*, (2) *(VwR: mode de gestion d'une entreprise publique)* Regiebetrieb (ohne eigene Rechtspersönlichkeit), Eigenbetrieb *m* der Verwaltungsbehörde, (3) *(ÖfR: organisme doté d'une personnalité juridique propre)* verselbständigtes Unternehmen *n*; Anstalt *f* des öffentlichen Rechts, (4) *(SteuerR, hist.)* Verwaltung der indirekten Steuern; **entreprise en –** Regiebetrieb *m*; **travail en –** Regiearbeit *f*; **– d'avances** vorschußweise Zurverfügungstellung von Haushaltsmitteln; **– à caractère industriel ou commercial** öffentliche (erwerbswirtschaftliche) Unternehmung; **– directe** direkte staatliche Verwaltung, reiner Regiebetrieb; **– individualisée** verselbständigter Regiebetrieb; **– intéressée** an einen Dritten übertragene Betriebsverwaltung; **– municipale** Kommunalbetrieb; **– personnalisée** Regiebetrieb mit eigener Rechtspersönlichkeit, (rechtsfähige) öffentliche Anstalt.

régime *m* (1) *(VerfR: mode de gouvernement, système politique)* (politisches) System *n*, Staatsform *f*, (staatliche) Ordnung *f*, Verfassungsordnung, Regierungsform *f*, Institution *f*, (2) *(ÖfR, ZR: système de règles considérées comme un tout)* Rechtsvorschriften *fpl*, rechtliche Regelung *f*, Norm *f*, Statut *n*, (3) *(manière de vivre)* Lebensweise *f*; Diät *f*, (4) *(mode de fonctionnement d'une machine)* Funktion *f*, Gang *m*; Regelung *f*; **ancien –** frz. Regierungsform vor 1789; **– accéléré** Eilgut(beförderung); **– agraire** Agrar- od. Bodenverfassung; **– agricole** *(SozVers)* Sozialversicherung für Landwirte; **– d'assemblée** *(Pol)* Parlamentsabsolutismus *m*; **– d'assurance** Versicherungssystem; **–s autonomes** *(SozVers)* Sozialversicherung bestimmter Berufsgruppen; Handwerkerversicherung; Künstlersozialversicherung; **– de l'autorisation préalable** *(ÖfR)* Konzessionssystem; **– autoritaire** autoritäres Regime; **– budgétaire** Haushaltsordnung.

régime cellulaire *(StVZ)* Einzelhaft *f*; **– de la communauté** *(EheR)* Gütergemeinschaft; **– complémentaire** *(SozVers)* Zusatzversorgung; **– complémentaire de retraite** Zusatzaltersversicherung; **– de concurrence** *(Vwirt)* Marktwirtschaft, Wirtschaft des freien Wettbewerbs; **– conventionnel** *(FamR)* vertraglicher Güterstand.

régime dictatorial Diktatur *f*; **– disciplinaire** Disziplinarordnung; **– discriminatoire** *(Außh)* unterschiedliche Behandlung; **– dotal** *(EheR, hist)* Dotalsystem; **– douanier** Zollbehandlung, Zollsystem; **– de droit commun** *(StVZ)* Behandlung als Strafgefangener (ohne politischen Sonderstatus); **– économique** Wirtschaftssystem; **– électoral** Wahlsystem; **– de faveur** *(Außh)* bevorzugte Behandlung, Vorzugsbehandlung.

régime fiscal (1) (das geltende) Steuerrecht; Abgabenordnung; Einzelsteuergesetze *npl*, (2) Finanzwesen *n*, (3) steuerliche Behandlung; **– frontalier** (kleiner) Grenzverkehr; **– général** *(SozVers)* Sozialversicherung als gesetzliche Zwangsversicherung (für Arbeitnehmer); **– hypothécaire** *(SachR: ensemble des règles régissant la publicité foncière)* gesetzliche Bekanntmachungspflichten im Rahmen des Grundstücksrechts.

régime juridique Rechtsordnung; rechtliche Regelung; (anwendbare) gesetzlichen Bestimmungen; **– légal** (1) gesetzliche Regelung, (2) *(FamR)* gesetzlicher Güterstand; **– matrimonial** (ehelicher) Güterstand *m*; **– ordinaire** Frachtgut(beförderung); **– parlementaire** *(VerfR)* parlamentarisches Regierungssystem; **– pénitentiaire** Gesamtheit der Bestimmungen über den Strafvollzug; Strafvollzugsordnung; Gefängniswesen *n*; **– de petite frontière** kleiner Grenzverkehr; **– policier** Polizeistaat *m*.

régime politique (1) *(VerfR)* politische Ordnung, Staatsverfassung, (2) *(StR)* Behandlung als politischer Gefangener; **– préférentiel** *(Außh)* Vorzugsbehandlung, Präferenzsystem; **– présidentiel** *(VerfR)* Präsidialverfassung; **– de prévoyance** *(SozVers)* Vorsorgeregelung; **– représentatif** *(Pol)* repräsentative Demokratie; **– de retraite de base** Altersversorgung in der Form einer Grundrente (im Rahmen der Sozialversicherung); **– de retraite complémentaire** Zusatzaltersversorgung.

régime sans communauté, – séparatiste *(EheR)* (vertraglicher) Güterstand der Gütertrennung; **– de sécurité sociale** Sozialversicherungssystem; **– social** Gesellschaftsordnung; **–s spéciaux** *(SozVers)* Versorgungssysteme bestimmter Berufsgruppen (hauptsächlich im öffentlichen Dienst); **– suspensif** *(ZollR)* Zollbefreiung; –

totalitaire *(Pol)* Gewaltherrschaft *f*, totalitäre Staatsordnung, totalitäres Regime; **– de transition, – transitoire** Übergangsregelung; **– de travail** Arbeitsordnung; **– volontaire** *(SozVers)* Privatversicherung; privatrechtliche Krankenversicherung.

région *f* (1) *(ZR, HR: domaine, sphère)* Gebiet *n*, Bereich *m*, (2) *(ÖfR: collectivité territoriale décentralisée)* Region, frz. Verwaltungseinheit (mehrere Departements umfassend, als Gebietskörperschaft seit 1982); **– académique** frz. Unterrichtsverwaltungsbezirk *m*; **– d'écoulement** Absatzgebiet *n*; **– frontalière** Grenzgebiet; **– industrielle** Industriegebiet; **– militaire** militärischer Verteidigungsbezirk; **– parisienne** Großraum *m* Paris; **– sinistrée** Katastrophengebiet; **– sismique** erdbebengefährdetes Gebiet.

régional *adj* Gebiets-, Bezirks-; **agent –** *(HR)* Bezirksvertreter; **élections –s** Wahlen zu den Regionalkammern; **réseau express –** (= RER) S-Bahn *f*.

régionalisation *f* Regionalisierung *f*, Durchführung einer regionalen Strukturpolitik.

régionalisme *m* (1) Bestrebungen, die auf eine regionale Neugestaltung der Verwaltungsbezirke abzielen; (2) *(EuR)* Verfechtung der Regionalautonomie (in Europa).

régir *v.tr.* (1) *(conduire, diriger)* leiten, führen, lenken, (2) *(administrer)* verwalten, (3) *(déterminer)* regeln, bestimmen, festlegen; **– par la loi** durch Gesetz regeln.

régisseur *m* (1) *(ZR)* Gutsverwalter *m*, (2) *(ÖfR: personne investie de la régie d'un service public)* Leiter *m* eines Regiebetriebes, (3) *(MedienR)* Regisseur *m*; **– d'avances** Vorschußverwalter *m*.

registre *m* Register *n*, Rolle *f*; Buch *n*; Verzeichnis *n*; **arrêter un –** ein Register abschließen; **consultation du –** Registereinsicht *f*; **extrait de –** Registerauszug *m*; **inscrire sur un –** einen Registereintrag vornehmen; **radier d'un –** eine Eintragung im Register löschen; **tenir un –** ein Register führen; **tenue de –** Registerführung.

registre d'abornement *(SachR)* Vermarkungsregister; **– d'achats** *(HR)* Eingangsfakturenbuch *n*; **– annexe** Nebenregister; **– de l'artisanat** Handwerks- *od.* Handwerkerrolle *f*; **– des associations** Vereinsregister; **– d'audience** *(PrzR)* Gerichtsregister (mit dem Vermerk aller Verhandlungen und Gerichtsentscheidungen); **– des autorisations** Register der erteilten Genehmigungen; **– d'avocat** Anwaltsregister für sämtliche finanziellen Geschäfte; **– des baptêmes** Taufregister; **– des brevets** Patentrolle, Patentregister; **– du cadastre** Katasterbuch; **– central** Zentralregister; **– de chargement** Ladebuch.

registre du commerce et des sociétés (= R. C. S.) *(HR: registre tenu par le greffier du tribunal de commerce)* frz. Handelsregister; **immatriculation** *ou* **inscription au – –** Handelsregistereintragung, Eintragung im Handelsregister.

registre de comptabilité *ou* **comptable** *(HR)* Rechnungsbuch; **– coté** mit Markierungen, insbesondere mit Seitenzahlen (und Buchstaben) versehenes Register; **– des décès** Sterbebuch, Sterberegister; **– de déclaration** Melderegister; **– des délibérations** Verzeichnis der (stattgefundenen) Beratungen; **– de départ** Ausgangsbuch; **– des dépôts** *(GB: registre chronologique tenu dans chaque conservation des hypothèques)* chronologisches amtliches Register zur Verwahrung aller Urkunden, die die Liegenschaften betreffen; **– d'écrou** *(StVZ)* Haftregister; **– électoral** Wählerverzeichnis *n*; **– d'entrée des marchandises** Wareneingangsbuch; **– d'entrepôt** Lagerbuch, Niederlageregister.

registre de l'état-civil Personenstandsregister, Personenstandsbuch, Standesamtsregister, Zivilstandsregister (S); **– des étrangers** Fremden- *od.* Ausländerverzeichnis; **– d'exploitation** Betriebsbuch.

registre foncier *(GB: Alsace-Lorraine)* Grundbuch; **feuillet du – –** Grundbuchblatt *n*; **inscription au – –** Eintragung im Grundbuch, Grundbucheintrag *m*; **mutation au – –** Grundbuchumschreibung.

registre hypothécaire *ou* **des hypothèques** Hypothekenregister, Hypothekenbuch; **– d'immatriculation des aéronefs** Luftfahrzeugrolle; **– d'inscription de la population** (B) Einwohnermelderegister; **– international des dessins ou modèles** internationales Register der Muster oder Modelle; **– d'inventaire** Inventarbuch; **–-journal** Tagesregister; **– de livraison** Lieferbuch; **– de magasin** Lagerregister; **– des mariages** (1) *(civil)* Heiratsregister, Familienbuch (Aut), Eheregister (S), (2) *(religieux)* Trauungsbuch; **– maritime** Schiffsregister; **– des marques** Zeichenrolle; **– des marques de fabrique** Warenzeichenrolle, Markenregister; **– matricule** *(MilR)* Stammrolle; **– matrimonial** *(EheR)* Güterstandsregister; **– médical** Gesundheitskontrollregister; **– des métiers** Handwerksrolle *f*; **– des modèles déposés** Geschmacksmusterregister; **– mortuaire** Sterbebuch.

registre des naissances Geburtenbuch, Geburtsregister, Geburtenregister; **– national des brevets** frz. nationales Patentregister; **– national des dessins et modèles** frz. nationales Gebrauchs- und Geschmacksmusterregister; **– national des marques** frz. nationales Markenregister; **– de notaire** Notariatsregister; **– officiel** amtlich geführtes Register; **– paroissial** Kirchenbuch; **– des parts sociales** *(GesR)* Liste der Gesellschaftsanteile; **– de perception** Einnahmebuch; **– des plaintes** Beschwerdebuch.

registre de présence Anwesenheitsliste; **– de prise en charge** Übernahmeregister; **– des procès verbaux** Protokollbuch; **– professionnel** Berufsregister; **– public** öffentliches Register; **– des réclamations** Beschwerdebuch; **– de recrutement** Wehrstammrolle; **– du régime des biens** Güterstandsregister; **– du rôle** *(PrzR: répertoire général)* (durch die Geschäftsstelle geführtes) Gerichtsregister; **– de sortie des marchandises** Warenausgangsbuch; **– à souche** Stammregister; **– des soumissions de francisation** *(SeeHR)* Schiffsregister.

règle *f* (1) *(ÖfR: loi, norme juridique, règlement)* Norm *f*, Rechtssatz *m*, Rechtsvorschrift *f*, Vorschrift, (2) *(prescription, précepte)* Regel *f*, Richtschnur *f*, Richtlinie *f*, Muster *n*; Vorbild *n*; **conforme à la –** rechtmäßig; **en –** in Ordnung; ordnungsmäßig, ordnungsgemäß; **enfreindre la –** die Regel verletzen.

règle administrative Verwaltungsvorschrift *f*; **– de circulation routière** *(StVR)* (Straßen-)Verkehrsregel *od.* -vorschrift; **– communautaire** *(EU)* Gemeinschaftsvorschrift; **– de compétence** Zuständigkeitsvorschrift, Kompetenznorm *f*; **– comptable** Buchführungsvorschrift; **– de conduite** Verhaltensregel, Richtschnur; **– de conflit** *ou* **sur les conflit de lois** *(IPR)* Kollisionsnorm; **– constitutionnelle** Verfassungsnorm; **– contractuelle** *ou* **conventionnelle** Vertragsbestimmung; **– coutumière** Gewohnheitsrecht.

règle disciplinaire Disziplinarvorschrift; **– dispositive** *(ZR)* dispositive *od.* abdingbare Vorschrift *od.* Norm; **– de droit** Rechtssatz *m*; Rechtsnorm, Rechtsvorschrift; **– du droit commun** Vorschrift des bürgerlichen Rechts; allgemeine Rechtsvorschrift; **– de droit coutumier** Gewohnheitsrechtssatz; **– d'exploitation** Betriebs-

règle de fond

vorschrift; − **facultative** abdingbare od. dispositive Norm.

règle de fond materiell-rechtliche Vorschrift, materielles Recht; − **fondamentale** Grundsatzregelung, Grundnorm; − **de forme** Formvorschrift; − **générale** Rahmenvorschrift; − **impérative** zwingende Vorschrift, nicht abänderbare Norm; − **d'interprétation** Auslegungsvorschrift od. -regel, Interpretationsvorschrift; **−s de jeu** Spielregeln fpl; − **juridique** Rechtsnorm, Rechtssatz m; − **légale** gesetzliche Bestimmung, Rechtssatz; − **matérielle** (ZR: règle substantielle) die Vorschriften des bürgerlichen Rechts; − **nationale de conflit** innerstaatliche Kollisionsnorm.

règle d'ordre public (1) (ZR) unabdingbares Recht, zwingende Vorschrift, (2) (IPR) Bestimmung des „ordre public"; − **pénale** Strafnorm; − **de preuve** Beweisregel; − **de procédure** Verfahrensvorschrift, prozeßrechtliche Norm; − **du produit brut** Bruttoprinzip n.

règle de rattachement (IPR) Anknüpfungs- od. Heranziehungsnorm; − **de renvoi** Verweisungsnorm; − **de responsabilité** Haftungsbestimmung; − **rétroactive** rückwirkende Norm; − **de sécurité** Sicherheitsvorschrift; − **de service** (BeamR) Dienstvorschrift; − **de la spécialité** (VwR) Grundsatz der Ausschließlichkeit des Anstaltszwecks; − **statutaire** (GesR) satzungsmäßige Bestimmung; − **substantielle** die Vorschriften des bürgerlichen Rechts; materielles Recht (im Gegensatz zu den prozeßrechtlichen Vorschriften); − **substantielle de forme** (ZR) wesentliche Formvorschrift; − **supplétive** (1) (VerfR) ergänzende Rechtsvorschrift, vervollständigende Norm, (2) (SchuldR) Zusatzklausel, zusätzliche Bestimmung, (3) (ZR) abdingbare gesetzliche Bestimmung.

règlement m (1) (VerfR: acte de portée générale de l'exécutif, art. 37 de la Constitution de 1958) frz. Regierungsgesetz, Regierungsverordnung; Rechtsverordnung; ministerielle Verordnung, (2) (ÖfR: réglementation) Vorschrift f, Anordnung, Bestimmung, Satzung f, (3) (ZR, HR: action de payer) Begleichung f, Zahlung f, Bezahlung f; Leistung f, Erfüllung f, (4) (PrzR, ZR: fait de régler une affaire) Regelung f, Erledigung f, Beilegung, Abwicklung f; **arrêt de −** (PrzR) Grundsatzurteil, n, Grundsatzentscheidung, die für alle künftigen Entscheidungen bindend ist; **conditions de −** Zahlungsbedingungen fpl; **contraire au −** ordnungswidrig; **monnaie de −** Erfüllungsvaluta f; **offre de −** (1) Vergleichsangebot n, Erfüllungsangebot, (2) Zahlungsangebot; **valeur de −** Abfindungswert m.

règlement sur les adjudications (öffentliche Aufträge) Verdingungsordnung; **d'administration publique** (= **R. A. P.**) (VerfR) frz. Rechtsverordnung (beschlossen nach Anhörung des Conseil d'État); − **à l'amiable** gütliche Beilegung od. Regelung (von Streitigkeiten); − **anticipé** (SchuldR) Zahlung vor (der) Fälligkeit; Vorschußleistung; − **d'application** (VerfR) Durchführungsverordnung; Durchführungsvorschriften; − **d'arbitrage** Schiedsgerichtsordnung f; − **arbitral** schiedsgerichtliche Beilegung; − **d'atelier** (ArbR) Betriebsordnung; − **autonome** (VerfR: règlement pris en vertu de l'art. 37 de la Constitution) frz. Regierungsgesetz (im eigenständigen Regierungsgesetzgebungsbereich); − **d'avaries** (SeeHR) Seeschadenregulierung; − **bénévole** (VersR) Kulanzzahlung; − **de bord** Schiffsordnung, Bordvorschrift; − **de bourse** Börsenordnung; − **budgétaire** Haushaltsordnung; − **de chasse** Jagdordnung.

règlement de compétence Zuständigkeitsvereinbarung; – **complémentaire** *(EG)* Ergänzungsverordnung; – **d'un compte** *(Buchf)* Saldofeststellung, Schlußrechnung; Abrechnung; Rechnungsabschluß *m*; – **de comptes** Vergeltung, Heimzahlung, Rache *f*; – **des conflits du travail** *(ArbR)* Beilegung von (kollektiven) Arbeitsstreitigkeiten; – **d'une contribution** Gebührenzahlung; Steuerbegleichung; – **de copropriété** (1) *(SachR)* Wohnungseigentumsordnung, (2) Vereinbarung über Wohnungseigentum (zwischen den Miteigentümern); – **des dettes** Schuldenregulierung, Umschuldung; – **en devises** Devisenzahlung; – **des différends** Beilegung von Streitigkeiten, Schlichtung *f*; – **disciplinaire** Disziplinarordnung; – **des dommages** *(VersR)* Schadensregulierung; – **douanier** Zollvorschriften *pl;* – **électoral** Wahlordnung; – **d'ensemble** Gesamtregelung; – **d'entreprise** *(ArbR)* Betriebsordnung, Arbeitsordnung.

règlement en espèces Barzahlung; – **d'exécution** Durchführungsverordnung, Vollzugs- *od.* Ausführungsverordnung; – **d'exploitation** Vorschriften über die Betriebsführung; – **extra-judiciaire** außergerichtlicher Vergleich; – **d'une facture** Begleichung einer Rechnung; – **forfaitaire** Pauschalzahlung, Abfindungssumme *f*; – **général** Gesamtregelung; – **intérieur** (1) Geschäftsordnung, (2) *(ArbR)* Betriebsordnung.

règlement judiciaire *(KonkursR: hist., jusqu'en 1967 - aujourd'hui: redressement judiciaire)* frz. Vergleichsverfahren.

règlement de juges *(StPR: procédure par laquelle la chambre criminelle de la Cour de cassation détermine la juridiction exclusivement compétente pour connaître d'un litige)* Bestimmung des zuständigen Gerichts durch den Strafsenat des Kassationshofes, Zuständigkeitsentscheidung; **demande** *ou* **requête en** – Antrag auf Bestimmung des zuständigen Gerichts.

règlement d'un litige Erledigung eines Rechtsstreits; – **du marché** Marktordnung; – **mensuel de l'impôt** monatliche Steuerzahlung; – **ministériel** ministerielle Verordnung; – **monétaire** Währungsabkommen; – **de navigation** Schiffahrtsordnung; – **obligatoire des différends** obligatorische Beilegung von Streitigkeiten; – **d'ordre intérieur** (1) Geschäftsordnung, (2) *(VwR)* Verwaltungsordnung; – **pacifique des conflits** *(VR)* gütliche Streiterledigung, gütliche Beilegung von Streitigkeiten; – **particulier** Einzelregelung; – **de pêche** Fischereiordnung; – **pénitentiaire** Strafvollzugsordnung.

règlement de police Polizeivorschrift *f*, Polizeiverordnung; – **portuaire** Hafenordnung; – **postal** Postordnung; – **de procédure** Verfahrensordnung; – **sanitaire international** internationale Gesundheitsvorschriften *fpl.*

règlement de séance Geschäftsordnung; – **de sécurité** Sicherheitsvorschriften *fpl;* – **de service** (1) Bedienungsvorschrift, (2) Dienstordnung; – **des sinistres** *(VersR)* Schadensregulierung; – **d'une succession** Erbauseinandersetzung; – **sur le trafic aérien** Flugverkehrsordnung; – **transactionnel** Vergleich *m*, Beilegung einer Streitigkeit im Vergleichswege; – **du travail** Arbeitsordnung; – **par virement** Zahlung durch Überweisung.

réglementaire *adj* (1) vorschriftsmäßig, ordnungsmäßig, (2) verordnungsrechtlich; **acte** – *(ÖfR)* Rechtsverordnung; **délibération** – *(VwR)* (eigenständiger) Beschluß einer frz. Gebietskörperschaft; **disposition** – *(ÖfR)* frz. regierungsgesetzliche Vorschrift, Regierungsanordnung; **pouvoir** – (1) *(VerfR: pouvoir de prendre un règlement)* Gesetzgebungsbefugnis der frz. Regierung, Verordnungsrecht, (2) *(VwR)* Befugnis *f* zum Erlaß von Durchführungsbestimmungen.

réglementairement *adv* ordnungsmäßig.

réglementation *f* (1) *(ÖfR: ensemble des prescriptions conernant un domaine particulier)* (gesetzliche) Regelung *f*, Reglementierung *f*, Vorschriften *fpl*, (2) *(WirtR)* (Markt-)Ordnung *f*; Geschäftsordnung; Bewirtschaftung *f*; **prendre une –** eine Regelung treffen; **– des** *ou* **sur les changes** Devisenbestimmungen *fpl*; Devisenvorschriften *pl*; **– collective** *(ArbR)* tarifvertragliche Regelung; **– du commerce et de l'industrie** Gewerbeordnung; **– contractuelle** Vertragsregelung, vertragliche Bestimmungen; **– douanière** Zollvorschriften; **– de la durée du travail** Arbeitszeitregelung; **– fiscale** steuerrechtliche Durchführungsbestimmungen; **– légale** gesetzliche Regelung; **– du marché** Marktordnung; **– en matière de concurrence** Wettbewerbsordnung; **– monétaire** Währungsbestimmungen; **– des prix** Preisordnung; **– protectrice** Schutzvorschriften; **– quantitative** Mengenbestimmungen; **– des salaires** (staatliche) Festsetzung der Löhne; **– spéciale** Sonderregelung; **– transitoire** Übergangsregelung; **– du travail** arbeitsrechtliche Vorschriften; **– en vigueur** die geltenden Vorschriften.

réglementer *v.tr.* (durch Vorschriften) regeln, ordnen, reglementieren.

régler *v.tr.* (1) *(ÖfR)* regeln, ordnen, (2) *(PrzR: litige)* beilegen, schlichten, erledigen, (3) *(ZR, HR: prix, facture)* begleichen, zahlen, bezahlen, (4) *(SchuldR, VersR: un dommage)* abwickeln, regulieren, bereinigen; **– par chèque** mit einem Scheck zahlen; **– un compte** ein Saldo feststellen; **– les termes d'un accord** eine Vereinbarung schriftlich festlegen.

règne *m* Herrschaft *f*, Regierung *f*, Regierungszeit *f*; Macht *f*, (vorherrschender Einfluß *m*; **– de la loi** *(VerfR)* rechtsstaatliche Ordnung.

régner *v.intr.* herrschen, regieren; **– sur** beherrschen.

régresser *v.intr.* zurückgehen, rückläufig sein.

régressif *adj*: **impôt –** regressiver Steuersatz *od.* -tarif.

régression *f* (1) Rückgang *m*, Zurückgehen *n*, (2) *(SteuerR)* Regression, regressiver Steuertarif; **– du chômage** Rückgang der Arbeitslosigkeit; **– économique** rückläufige Entwicklung *od.* Konjunktur.

regret *m* Bedauern *n*; **ne manifester aucun –** keinerlei Reue zeigen.

regretter *v.tr.* bedauern; bereuen.

regrèvement *m* Steuererhöhung *f*.

regroupement *m* Umstellung *f*, Umschichtung; Zusammenlegung; **– d'entreprise** Betriebsumstellung; **– familial** Familiennachzug *m*; Ehegattennachzug; Kindernachzug, Familienzusammenführung.

regrouper *v.tr.* umstellen; zusammenlegen; zusammenführen.

régularisation *f* Regulierung *f*, Erledigung *f*; Einlösung *f*, Zahlung *f*; Ausgleich *m*; **compte** *ou* **poste de –** Rechnungsabgrenzungsposten *m*; **fonds de –** Ausgleichsfonds *m*; **montant de –** Einlösungsbetrag; **– d'un acte** Urkundenberichtigung; **– du marché** Marktregulierung; **– des sans-papiers** Gewährung einer Aufenthaltsbefugnis für Personen ohne gültige Papiere.

régulariser (1) *(VwR)* regulieren, regeln, mit den Vorschriften in Einklang bringen, in Ordnung bringen, validieren, gültig machen, (2) *(FamR)* eine Lebensgemeinschaft durch nachträgliche Eheschließung legalisieren, (3) *(SchuldR)* (einen Mangel) heilen, (4) *(BankR, Buchf)* einlösen, zahlen.

régularité *f* (1) Ordnungsmäßigkeit, Vorschriftsmäßigkeit *f*, (2) Regelmäßigkeit *f*; Pünktlichkeit *f*; **– d'une élection** Ordnungsmäßigkeit einer Wahl; **– formelle** förmliche Rechtmäßigkeit.

régulation *f* (1) *(VwirtR)* Regulierung, staatliche (Markt-)Kontrolle, (2) Normung; **– des naissances** Geburtenkontrolle, Familienplanung.

réguler *v.tr.* regeln, regulieren; ordnen, gestalten.

régulier *adj* (1) gesetzmäßig, der Regel entsprechend, normgerecht, ordnungsgemäß, (2) regelmäßig; pünktlich; **attestation –ière** rechtsgültige Bescheinigung; **gouvernement –** verfassungsmäßige Regierung; **jugement –** rechtmäßiges Urteil; **tribunal –** gesetzmäßiges Gericht.

régulièrement *adv* ordnungsgemäß, ordentlich.

réhabilitation *f* (1) *(StR, WirtR: rétablissement d'une personne dans ses droits)* Wiedereinsetzung in frühere Rechte, Rehabilitierung *f*, (2) *(StR: effacement pour l'avenir d'une condamnation pénale, réinsertion)* Wiederaufhebung der Straffolgen; Wiedereinfügung in die Gesellschaft, (3) *(ArbR)* Wiederherstellung der Erwerbsfähigkeit, Rehabilitation, (4) *(BW)* Sanierung (eines Betriebes); **– de droit** *ou* **légale** *(StR)* Straftilgung, Wegfall der strafrechtlichen Nebenfolgen einer Verurteilung (kraft Gesetzes nach Ablauf einer gewissen Zeit); **– d'un immeuble** *(BauR: remise en état d'habitation)* Gebäudemodernisierung *od.* -sanierung; **– judiciaire** *(StPR)* Beseitigung der strafrechtlichen Nebenfolgen einer Verurteilung durch Richterspruch; **– légale** Rehabilitierung von Rechts wegen; **– d'un quartier** *(BauR)* Stadtviertelsanierung.

réhabiliter *v.tr.* rehabilitieren; wiederherstellen; sanieren.

réimportation *f* Wiedereinfuhr *f*.

réimpression *f* unveränderte Neuauflage.

réincarcération *f* erneute Inhaftierung.

réinjecter *v.tr.* **de l'argent frais** neue Gelder (einem Unternehmen) zur Verfügung stellen.

réinscription *f* Wiedereintragung; Wiedereinschreibung.

réinsérer *v.tr.* (1) *(ArbR)* wiedereinstellen, wiedereingliedern (in den Arbeitsprozeß), (2) *(StR)* (einen Straffälligen) rehabilitieren.

réinsertion *f* (1) Wiedereinstellung *f*, Wiedereingliederung, (2) Rehabilitierung *f*; **– professionnelle** Wiedereingliederung in das Berufsleben; **– sociale** Resozialisierung.

réinstallation *f* (1) *(BeamR, ArbR)* Wiedereinsetzung (in ein Amt); Wiederbeschäftigung, (2) Umsiedlung *f*, Umzug *m*.

réintégrande *f* *(ZPR, SachR: action possessoire du détenteur victime d'une voie de fait)* Besitzentziehungsklage *f*, Klage auf Wiedererlangung des Besitzes.

réintégration *f* (1) Wiedereingliederung, Wiedereinsetzung, (2) *(ArbR)* Wiedereinstellung *f*; **– dans ses droits** Wiedereinsetzung in die ursprüngliche Rechtsstellung *od.* in seine Rechte; **– dans la nationalité** Wiedereinbürgerung *f*.

réintégrer *v.tr.* wiedereingliedern, wiedereinstellen; **– dans ses droits** in seine ursprüngliche Rechtsstellung wiedereinsetzen.

réintroduction *f* Wiedereinführung.

réinvestir *v.tr.* neu investieren, (Gelder) wieder anlegen.

réinvestissement *m* Ersatz- *od.* Reinvestition.

réitératif *adj* wiederholt, erneut; **sommation –ive** zweite *od.* mehrmalige Aufforderung.

réitération *f* Wiederholung *f*, (2) *(StR)* Rückfall *m*; **– d'infractions** wiederholte Begehung mehrerer strafbarer Handlungen.

réitéré *adj* wiederholt, erneut.

réitérer *v.tr.* wiederholen, (eine Handlung) erneut vornehmen.

rejet *m* (1) *(VwR, PrzR: le fait de rejeter un argument, une demande)* Ablehnung *f*, Abweisung *f*; Zurückweisung *f*, Verwerfung *f*, (2) *(Buchf)* Übertragung (auf neue Rechnung),

(3) *(UmweltR: rejets polluants)* emittierte Schadstoffe *mpl*; Immissionen *fpl*, Schadstoffeinleitung *f*; **arrêt de** – Klageabweisung durch den frz. Kassationshof; zurückweisende Entscheidung einer höheren Instanz; **décision de –** Abweisungsbeschluß *m*, ablehnende *od.* abweisende Entscheidung, zurückweisende Verfügung.

rejet de l'action Klageabweisung; **– de la demande** (1) Ablehnung des Antrags, (2) *(ZPR)* Klageabweisung; **– d'eau polluée** *(UmweltR)* Ableiten von schadstoffhaltigem Wasser; **– de l'exception** *(PrzR)* Verwerfung der Einrede; **– au fond** Sachabweisung; **–s non-polluants** schadstofffreie Emisionen; **– pour raison de forme** Prozeßabweisung (wegen Formmangels).

rejeter *v.tr.* zurückweisen, verwerfen, ablehnen, abweisen; **– une accusation** einen Vorwurf zurückweisen; **– la demande** den Antrag abweisen; die Klage abweisen; dem Antrag nicht stattgeben; **– une exception** eine Einrede verwerfen; **– une offre** ein Angebot ablehnen; **– la responsabilité** die Haftung ablehnen; **– la responsabilité sur qqn.** einen Dritten für einen Schaden verantwortlich machen.

rejeton *m (FamR)* Nachkömmling *m*.

rejoindre *v.tr.* wieder zusammenbringen *od.* zusammenfügen; treffen; **– un parti politique** einer Partei beitreten.

relâche *f* (1) *(ArbR)* Unterbrechung, Pause *f*, (2) *(SeeHR)* Aufenthalt (in einem Hafen); **jour de –** Ausgleichsruhetag; **sans –** ohne Unterlaß, unablässig.

relâcher *v.tr./v.intr.* (1) *(StPR)* freilassen, aus der Haft entlassen; (wieder) auf freien Fuß setzen, (2) lockern, nachlassen, (3) einen Hafen anlaufen.

relais *m (ÖfR, SachR)* (vom Wasser verlassene) trockene Stelle am Ufer; **servir de –** als Zwischenhändler fungieren.

relance *f (Vwirt)* (erneute) Ankurbelung (der Wirtschaft), Konjunkturbelebung; **– d'un client** erneutes Anschreiben eines Kunden, Direktwerbung; **– de la consommation** Ankurbeln *n* des Verbrauchs.

relancer *v.tr.* **la polémique** den Streit neu anfachen.

relaps *adj* rückfällig; wieder abtrünnig.

relater *v.tr.* (1) *(rapporter)* Bericht erstatten, berichten, (2) *(mentionner)* erwähnen, anführen.

relatif *adj* (1) bezüglich, betreffend, (2) verhältnismäßig, relativ; **autorité –ive de la chose jugée** materielle *od.* innere Rechtskraft einer Entscheidung; **majorité –ive** einfache Mehrheit; **nullité –ive** Anfechtbarkeit; **– à qqch.** sich auf etwas beziehend, mit Bezug auf.

relation *f* (1) *(communication, exposé)* Bericht *m*, schriftliche Darstellung; Protokoll *n*, (2) *(lien, rapport)* Zusammenhang *m*, Kausalnexus *m*, (3) *(toujours pl.: contact, liaison)* Beziehung *f*; **–s adultérines** ehebrecherischer Verkehr; **–s d'affaires** *ou* **commerciales** Handels- *od.* Geschäftsbeziehungen; **– de cause à effet** Kausalzusammenhang; **–s contractuelles** Vertragsverhältnis *n*, vertragliche Beziehungen; **–s culturelles** Kulturaustausch; **–s diplomatiques** diplomatische Beziehungen.

relations économiques Wirtschaftsbeziehungen; **–s extérieures** Auslandsbeziehungen, auswärtige Angelegenheiten; **–s extramaritales** außereheliche Beziehungen; **–s financières** Finanzverkehr *m*, finanzielle Beziehungen; **–s humaines** zwischenmenschliche Beziehungen; **–s internationales** *(VR)* zwischenstaatliche Beziehungen; **–s juridiques** Rechtsverhältnis *n*, Rechtsbeziehungen; **–s paritaires** (1) paritätische Beziehungen, Verhältnis auf der Grundlage der Gleichberechtigung, (2) *(ArbR)* sozialpartnerschaftliche Beziehungen, paritätische Mitbestimmung; **–s sur un pied d'égalité** Beziehungen zwischen gleichberechtigten Partnern; **–s professionnelles** kollektives Arbeitsrecht.

relations publiques Öffentlichkeitsarbeit *f*, public relations, Pflege der öffentlichen Meinungsbildung; **–s sexuelles** Geschlechtsverkehr *m*, Geschlechtsakt *m*, Koitus *m*; **–s de travail** Arbeitsverhältnis *n*.

relativité *f* Relativität *f*; **– de la chose jugée** *(ZPR)* beschränkte Rechtskraftwirkung zwischen den Parteien, auf die Prozeßparteien beschränkte Rechtskraftwirkung; **– des conventions** *(SchuldR)* Wirkung der Verträge (ausschließlich) zwischen den Parteien.

relaxe *f (StPR: décision d'une juridiction autre que la Cour d'assises déclarant un prévenu non coupable)* Freispruch *m*; **jugement de –** Freispruch, freisprechendes Urteil.

relaxer *v.tr.* freisprechen.

relayer *v.tr.* jmdn. ablösen, an die Stelle eines anderen treten.

relecture *f* Überprüfung, Korrektur (von Druckfahnen).

relégation *f (StR: bis 1970)* Zusatzstrafe der Verbannung für rückfällige Straftäter.

reléguer *v.tr.* entfernen, beseitigen; **– à l'arrière plan** verdrängen.

relevé *m* Aufstellung *f*, Verzeichnis *n*, Liste *f*; **– bancaire** Bankkontoauszug *m*; **– cadastral** Katasterauszug *m*; **– de compte** Kontoauszug *m*; Rechnungsauszug; **– de forclusion** *(ZPR)* Wiedereinsetzung in den vorherigen Stand; **– des dépenses** Ausgabenverzeichnis; **– d'identité bancaire** (= R.I.B.) Vordruck mit den Kenndaten (eines Bankkunden); **– des heures de travail** Stundenzettel *m*; **– de sinistres** Schadenaufstellung; **– statistique** statistische Aufstellung.

relèvement *m* (1) Erhöhung; Hebung; Aufbesserung; (2) Enthebung; **– des cotisations** Beitragserhöhung; **– des droits** Gebühren- *od.* Abgabenerhöhung; **– économique** wirtschaftlicher Wiederaufbau; **– de fonctions** *(BeamR)* Dienstenthebung, Suspendierung, Amtsenthebung, Amtsentsetzung; **– de forclusion** *(ZPR)* Wiedereinsetzung in den vorigen Stand; **– du niveau de vie** Hebung des Lebensstandards; **– des salaire** Lohnerhöhung; **– du taux de l'escompte** Heraufsetzung *od.* Erhöhung des Diskontsatzes.

relever *v.tr./v.intr.* (1) *(redresser, reconstruire)* wiederaufbauen, wiederaufrichten, (2) *(augmenter)* erhöhen, heraufsetzen, (3) *(noter, souligner)* notieren, vermerken, aufschreiben, (4) hervorheben, (4) *(libérer d'une obligation)* befreien; lossprechen, (5) *(BeamR: destituer)* absetzen, (eines Amtes) entheben; kündigen, (6) *(VwR: dépendre de, ressortir de)* in den Zuständigkeitsbereich fallen (von); **– une charge contre qqn.** *(StPR)* jmdn. belasten; **– de** abhängig sein von, abhängen von; herrühren von; seine Ursache haben in; in den Zuständigkeitsbereich fallen von; **– qqn. d'une condamnation** *(StVZ)* die Strafe tilgen; **– le défi** die Herausforderung annehmen; **– du droit commun** in den Bereich des Zivilrechts fallen; **– d'une juridiction** *(ZPR)* einer Gerichtsbarkeit unterliegen, in die Zuständigkeit eines Gerichts fallen; **– d'une longue maladie** nach einer langen Krankheit genesen; **– de l'obligation du secret professionnel** *(StPR)* von der Schweigepflicht entbinden.

relier *v.tr.* verbinden; **– des indices** eine Indizienkette bilden.

religieux *adj* die Religion *od.* den Glauben betreffend; **mariage –** kirchliche Trauung.

religion *f* (1) *(PrzR: intime conviction des juges)* innere Überzeugung (der Richter), (2) *(KirchR)* Religion *f*, Glaubensbekenntnis *n*; **abjurer une –** aus der Kirche austreten; **se convertir à une –** einer Kirche beitreten; **professer une –** einer

Glaubensgemeinschaft angehören; **– d'État** Staatskirche f.

reliquat m *(Buchf)* Rest m, Restbetrag m; Saldo m; Rechnungsabschluß m; **– de la créance** Restforderung.

reliquataire m Schuldner eines Restbetrages.

relocation f Wieder- od. Weiter- od. Untervermietung.

relogement m Beschaffung einer Ersatzwohnung.

reloger v.tr. umquartieren, eine Ersatzwohnung beschaffen.

remaniement m Umbildung f, Umbesetzung; Umänderung, Neugestaltung; **– ministériel** Regierungsumbildung; **– parcellaire** *(LandwR)* Flurbereinigung; **– territorial d'une commune** Umgemeindung.

remanier v.tr. umbilden, überarbeiten, umändern; **– de fond en comble** völlig neu gestalten; **– le gouvernement** die Regierung umbilden.

remariage m *(FamR: secondes noces)* Wiederverheiratung f.

remarque f Bemerkung; Anmerkung; **faire une – à qqn. sur qqch.** etwas einer kritischen Beurteilung unterziehen, eine kritische Bemerkung anbringen.

remarquer v.tr. bemerken, wahrnehmen; **faire – qqch. à qqn.** jmdn. auf etwas aufmerksam machen.

remblai m aufgeschüttete Erde, aufgeschütteter Damm.

remboursable adj rückzahlbar, erstattungsfähig; tilgbar; **prêt – sur trois ans** innerhalb von drei Jahren rückzahlbares Darlehen.

remboursement m (1) Rückzahlung, Rückerstattung, (2) Ablösung f, Tilgung, Abtragung; **autorisation de** – Rückzahlungsanweisung; **contre –** gegen Nachnahme; **date de –** Rückzahlungstermin m; **droit à –** Erstattungsanspruch m; **envoi contre –, expédition contre –** Nachnahme(sendung); **valeur en –** Einlösungs- od. Rückzahlungswert m.

remboursement anticipé vorzeitige Rückzahlung; **– des dettes** Schuldenrückzahlung, (Schulden-)Tilgung; **– des droits de douane** Zollrückvergütung; **– des frais engagés** Kostenerstattung, Kostenersatz m; **– d'impôts** Steuer(rück)erstattung; **– au pair** Parirückzahlung, Rückzahlung zum Nennwert; **– de la valeur** Wertersatz.

rembourser v.tr. rückzahlen, erstatten, rückerstatten, zurückzahlen; **se faire –** den Preis (für eine Ware) zurückfordern und zurückerstattet bekommen; **– tous ses créanciers** sämtliche Schulden begleichen; **– qqn. de ses frais** Kosten vergüten, Auslagen rückerstatten.

remède m fig Hilfsmittel, Rettung; **chercher un –** eine Lösung suchen; **préconiser un –** jmdm. einen Lösungsvorschlag unterbreiten; **– de cheval** Roßkur f; **– inadapté, – inefficace** unbrauchbare Lösung.

remédier (à) v.tr. ind. Abhilfe schaffen; **– à des abus** Mißstände beseitigen.

remembrement m *(LandwR)* Zusammenlegung; Flurbereinigung f, Neuordnung (des ländlichen Grundbesitzes); **périmètre** ou **zone de –** Umlegungsbezirk m; **– urbain** Stadtsanierung.

remémorer v.pron.: **se – qqch.** sich an etwas erinnern.

remerciement m Dank m; **lettre de –** Danksagung f; Dankschreiben n.

remercier v.tr. (1) *(ArbR: congédier)* kündigen; (2) *(BeamR)* (in Ehren) entlassen, verabschieden.

réméré m ou **vente à –** *(SchuldR: possibilité de rachat par le vendeur)* Wiederkauf m, Vorbehalt m des Wiederkaufsrechts.

remettant m *(BankR, WechselR)* (Kontokorrent-)Kreditor m; Übergeber eines Wechsels (an eine Bank zwecks Wechseldiskont).

remettre v.tr. (1) übergeben, zustellen, überreichen, (2) *(ajourner)* zurückstellen, verschieben, vertagen,

remise

(3) *(StR)* (eine Strafe) erlassen; **– en cause** (erneut) in Frage stellen; **– en état de fond en comble** rundum erneuern; **– les pendules à l'heure** *fig* (eine Sache) auf den neuesten Stand bringen, neu gestalten; **– au point** (1) klarstellen, (2) fertigstellen; **– en question** (erneut) in Frage stellen; **– en vigueur** wieder in Kraft setzen.

remise (1) *(SchuldR: livraison)* Übergabe *f*, Zustellung *f*, Aushändigung *f*, (2) *(ZPR: ajournement)* Vertagung *f*, Verlegung, (3) *(HR: diminution de prix)* (Preis-)Nachlaß *m*, Rimesse *f*, Rabatt *m*, (4) *(VwR, StR: renonciation)* Verzicht (auf), Erlaß *m*, (5) *(octroi d'un dégrèvement)* Herabsetzung (der geschuldeten Leistung), Teilverzicht *m*, (6) *(octroi d'un délai supplémentaire)* Verlängerung (der Frist), Gewährung einer Gnadenfrist; **accorder** *ou* **consentir une –** einen Nachlaß gewähren.

remise en application Wiederanwendung *od.* Wiederinkraftsetzung (eines Gesetzes); **– de cause** *(ZPR)* Vertagung der mündlichen Verhandlung (auf einen späteren Verhandlungstermin); **– en cause d'un plan** Neuberatung und Umgestaltung eines Vorhabens; **– de debet** *ou* **de dette** Schulderlaß; Schuldnachlaß; **– à la douane** Zollgestellung; **– de droits de douane** Zollerlaß; **– à l'escompte** *(BankR)* Diskontierungsantrag, Einreichung zur Diskontierung; **– en état** (Wieder-)Instandsetzung *f*, Erneuerung, Reparatur; **– en garantie** Übergabe als Sicherung.

remise gracieuse Schulderlaß aus Billigkeitsgründen; **– gracieuse de peine** Straferlaß, Begnadigung.

remise d'impôt Steuererlaß *od.* -ermäßigung; **– des lettres de créance** *(VR)* Überreichung des Beglaubigungsschreibens; **– en mains propres** Aushändigung nur an den Betroffenen; **– en ordre** Wiederherstellung der Ordnung; **– sur les paiements au comptant** Barzahlungsnachlaß, Skonto *n*; **–**

rémunération

de peine Straferlaß, Erlaß eines Teils der Strafe; **– d'un prix** Preisverleihung; **– d'une quittance** Quittungserteilung; **– au transport** Aufgabe zur Beförderung; **– en vigueur** Wiederinkraftsetzung; **– en vigueur de l'assurance** Wiederaufleben der Versicherung.

remisier *m (BörR)* Remisier *m*, Vermittler an der Pariser Börse.

rémission *f* Begnadigung; Nachsicht *f*; **sans –** endgültig.

remodeler *v.tr.* **une loi** ein Gesetz völlig umgestalten.

remonter *v.tr.* **la filière** *(StR)* die Spur zurückverfolgen.

remontrance *f* (1) Beanstandung *f*; Ermahnung *f*, Vorwurf *m*, (2) *hist* Gegenvorstellung, Einwendung; **faire des –s à qqn.** jmdm.(wegen etwas) Vorhaltungen machen.

remords *m* Schuldgefühl *n*; Reue *f*; **avoir des –** Gewissensbisse haben.

remorquage *m* Schleppschiffahrt *f*; Abschleppen *n*.

remous *mpl* **sociaux** soziale Unruhen *od.* Erschütterungen.

remplaçant *m (ArbR)* Aushilfskraft *f*; Zeitkraft; (Stell-)Vertreter.

remplacement *m* (1) Ersatz *m*, (2) Stellvertretung *f*, Vertretung *f*; **faire un –** jmdn. vertreten, die Vertretung übernehmen; **produit de –** Ersatzprodukt *n*; **solution de –** Ersatzlösung; **valeur de –** Wiederbeschaffungskosten *pl*.

remplacer *v.tr.* (1) auswechseln, ersetzen, (2) an die Stelle (von jmdn.) treten, jmdn. vertreten, (3) (im Amte) nachfolgen.

remplir *v.tr.* (1) *(un formulaire)* ausfüllen, (2) *(une tâche)* erfüllen, (3) *(une fonction)* ausüben, (Amt) bekleiden, (4) *(ses obligations)* (Verbindlichkeiten) nachkommen.

remploi *m* (1) *(fonds)* erneute Anlage, (2) *(personnes)* Wiedereinstellung *f*.

remporter *v.tr.* **une victoire** einen Sieg davontragen.

rémunérateur *adj* einträglich, lohnend; auf Verdienst gerichtet.

rémunération *f* (1) *(ArbR)* Arbeitsentgelt *n*, Arbeitseinkommen,

Lohn *m*, Entlohnung, (2) *(SchuldR: prestation en argent ou en nature)* Vergütung *f*, Entgelt *n*; Naturallohn; **accessoires de la** − Lohnzuschläge *mpl*; **accord de** − Lohnvereinbarung; **congé avec** − bezahlter Urlaub; **garantie de** − garantierter Mindestlohn; **perte de** − Lohnausfall *m*.

rémunération à l'acte *(SozVers)* Vergütung nach Einzelleistung; − **adéquate** angemessener Lohn; − **d'appoint** zusätzliches Arbeitseinkommen, Nebenverdienst *m*; − **d'assistance** Hilfslohn *m*; − **brute** Bruttolohn; − **de départ** Anfangsvergütung; − **forfaitaire** Pauschallohn; − **insaisissable** pfändungsfreies Arbeitseinkommen; − **mensuelle minimum** *(ArbR)* (gesetzlicher) Mindestlohn; − **en nature** Naturallohn, Deputat *n*; − **nette** Nettolohn; − **aux pièces** Stücklohn; − **au rendement** Leistungslohn; − **de sauvetage** *(SeeHR)* Bergegeld *n*; − **à la tâche** Akkordlohn; − **du travail** Arbeitsentgelt.

rémunératoire *adj*: **legs** − *(ErbR)* belohnendes Vermächtnis.

rémunérer *v.tr.* entlohnen, vergüten; − **le capital** Kapitalzinsen zahlen.

renchérissement *m* (Ver-)Teuerung, Preissteigerung *od.* -anstieg.

rencontre *f* Begegnung *f*, Zusammenkunft *f*, Treffen *n*; Gefecht *n*, Zusammenstoß *m*.

rencontrer *v.tr./v.pron.* treffen; − **des difficultés**, − **des obstacles** auf Hindernisse stoßen.

rendant compte *m* zur Rechenschaftslegung verpflichtete Person, Rechnungsleger.

rendement *m* (1) *(produit)* Ertrag *m*, Rendite *f*, (2) *(productivité)* Produktivität *m*, Ertragskraft *f*; Ergiebigkeit *f*; Wirkungsgrad *m*, (3) *(efficacité)* (Arbeits-)Leistung *f*; **accroître** *ou* **augmenter le** − (1) den Ertrag verbessern, (2) die Leistung steigern; **baisse de** − Leistungsrückgang; **insuffisance de** − Minder-

leistung; **perte de** − Ertragsausfall *m*; **prime de** − Akkordlohn, Leistungszulage; **taux de** − Renditenniveau *n*.

rendement économique Wirtschaftlichkeit *f*, Rentabilität *f*, wirtschaftlicher Nutzen *m*; − **énergétique** Energieumsatz *m*; − **exigé** Soll-Leistung; − **de l'impôt** Steuerertrag *m*; − **marginal** Grenzertrag; − **maximum** Höchst- *od.* Spitzenleistung, Maximalertrag; − **net** Nettoertrag, Reinerlös *m*; − **théorique** Leistungssoll *n*; − **du travail** Arbeitsertrag.

rendez-vous *m* Verabredung *f*, Termin *m*; Treff *m*; − **d'affaires** Geschäftstreffen.

rendre *v.tr.* zurückgeben; − **un arrêt** ein Urteil fällen; − **compte de** berichten über; **se** − **compte de** sich klarwerden; − **des comptes** Rechnung ablegen, Rechnung vorlegen, abrechnen; − **sa décision** eine Entscheidung treffen; − **un jugement** ein Urteil fällen *od.* verkünden; − **justice** Gerechtigkeit widerfahren lassen; − **la justice** Recht sprechen; − **nul** aufheben, für nichtig erklären; − **obligatoire** zwingend vorschreiben; − **public** veröffentlichen, der Öffentlichkeit übergeben; − **service à qqn.** jmdm. einen Dienst erweisen; − **témoignage** Zeugnis ablegen; − **visite** einen Besuch abstatten.

rendu *m (HR)* (dem Kaufmann) zurückgesandte Ware.

renflouage *m*, **renflouement** *m* (1) *(SeeHR: remise à flot)* Wiederflottmachen eines Schiffs, (2) *(GesR)* Sanierung *f*; **société de** − Auffanggesellschaft *f*.

renflouer *v.tr.* wieder in Gang bringen; − **une affaire** eine Firma sanieren; − **un navire** ein Schiff wieder seetüchtig machen.

renforcement *m* Festigung *f*, (Ver-)Stärkung *f*; − **des mesures de sécurité** Verstärkung der Sicherheitsmaßnahmen; − **de la production** Produktionssteigerung.

renforcer *v.tr.* verstärken, vermehren; – **qqn. dans une opinion** jmdn. in seiner Meinung bestärken.

renfort *m* Verstärkung *f*; Unterstützung *f*.

rengagé *m* Zeitsoldat *m*.

rengagement *m* *(MilR)* Weiterverpflichtung; Verpflichtung für eine längere Dienstzeit.

reniement *m* Verleugnung; – **de sa religion** Kirchenaustritt *m*.

renier *v.tr.* leugnen, verleugnen; verzichten (auf); – **ses engagements,** – **sa signature** seinen Verpflichtungen nicht nachkommen.

renom *m* (guter) Ruf *m*, Leumund *m*, Reputation.

renommée *f* Ansehen *n*, Ruf *m*, Leumund *m*, Ausschlag; **preuve par commune** – *(StR)* indirekter Beweis vom Hörensagen; **de** – **mondiale** weltbekannt.

renon *m* *(B: résiliation d'un bail)* Kündigung des Mietvertrages.

renoncement *m* Entsagung; Verzichtleistung; – **à soi-même** Selbstverleugnung.

renoncer *v.tr.ind.* (à) verzichten (auf), entsagen, ausschlagen, Verzicht leisten; – **à toute prétention financière** auf jegliche Geldforderung verzichten; – **à la succession** *(ErbR)* die Erbschaft ausschlagen.

renonciataire *m* Person, zu deren Gunsten ein Rechtsverzicht ausgesprochen wird.

renonciateur *m* Verzichtleistende(r).

renonciation *f* Verzichtleistung *f*, Verzicht *m*, Ausschlagung; **clause de** – Verzichtklausel *f*; **déclaration de** – Verzichterklärung; – **éventuelle** Eventualverzicht.

renonciation à la force, – **à la guerre** *(VR)* Gewaltverzicht; **traité de** – – Kriegsächtungsvertrag *m*.

renonciation à l'héritage Erbverzicht; – **à la nationalité** Staatsangehörigkeitsverzicht; – **à la prescription** Verjährungsverzicht; – **à la succession** Erbschaftsausschlagung; – **à tous droits** Verzichtleistung auf alle Rechte.

renouer *v.tr.* **le fil du dialogue** den Dialog wieder anknüpfen; – **des relations** Beziehungen wiederaufnehmen.

renouvelable *adj* verlängerbar, zu verlängern; **bail** – verlängerbarer Mietvertrag; **mandat** – Wiederwählbarkeit (für ein Amt).

renouveler *v.tr.* verlängern, erneuern; – **un bail** einen Mietvertrag verlängern; – **une demande** einen Antrag erneut stellen; – **les stocks** die Lagerbestände wieder auffüllen.

renouvellement *m* Erneuerung *f*, Verlängerung *f*; **accord de** – Verlängerungsabkommen *n*; **défaut de** – Nichterneuerung; – **d'une autorisation** Verlängerung einer Genehmigung; – **du bail** Mietvertragsverlängerung; – **biennal** *(VerfR: Ämter)* Neubesetzung im Wechsel von zwei Jahren; – **du conseil de surveillance** *(GesR)* Neubesetzung des Aufsichtsrates; – **du contrat** Vertragsverlängerung; Neuabschluß des Vertrages; – **de l'effet** Wechselprolongation *od.* -verlängerung; – **du mandat** (1) *(VerfR)* Wiederwahl, Wiederernennung, (2) *(SchuldR)* Verlängerung des Auftrages; – **du matériel** Ersatzbeschaffung; – **partiel des sièges** teilweise Neubesetzung der Sitze; – **par tacite reconduction** stillschweigende Verlängerung.

rénovation *f* Erneuerung, Renovierung; Instandsetzung *f*; – **du cadastre** Neuanlegung des Katasters; – **urbaine** *(BauR)* Städtesanierung, städtebauliche Maßnahmen.

renover *v.tr.* erneuern; ersetzen; modernisieren.

1. **renseignement** *m* (1) Auskunft *f*, Nachricht *f*, Mitteilung, (2) *(StPR: information recueillie par le juge d'instruction)* Ermittlungsergebnis *n*; **bureau de** – Auskunftei *f*; **obligation de** – *(SchuldR)* (dem Verkäufer gegenüber dem Käufer auferlegte) Informationspflicht; Auskunftsverpflichtung; **recherche de** –**s** Einziehung von Erkundigungen,

Nachforschung; **service de –s** Geheimdienst; **transmission de –s** Meldung; **– sur des faits établis** Tatsachenmaterial *n*.

2. **renseignements** *mpl* **bancaires** Bankauskünfte *fpl*; **– complémentaires** sonstige Angaben; **– généraux (= RG)** Geheimdienst des Präfekten; **– pris** nach Einholung von Informationen; **– statistiques** statistische Ausgaben *fpl*; **– techniques** technische Daten.

renseigner *v.tr./v.pron.* unterrichten, in Kenntnis setzen, benachrichtigen, informieren, Mitteilung machen; **être mal –é sur** über mangelhafte Informationen verfügen; **se – sur qqch./auprès de qqn.** Erkundigungen *od.* Auskünfte einholen.

rentabilité *f* Rentabilität *f*, Ertragsfähigkeit *f*, Wirtschaftlichkeit *f*; **limite de –** Rentabilitätsgrenze *f*.

rentable *adj* rentabel, einträglich, lohnend, gewinnbringend; wirtschaftlich; **être –** einträglich sein, sich rentieren, Gewinn bringen.

rente *f* (1) *(WirtR: revenu périodique d'un bien ou capital)* Rente *f*, (regelmäßiges) Einkommen *n* aus angelegtem Kapital, (jährliches) Einkommen aus Grundbesitz, (2) *(SchuldR: produit périodique, intérêt)* Zins *m*, (Kapital-)Ertrag *m*, (3) *(ÖfR: emprunt de l'État)* Rentenwerte *mpl*, Rentenpapiere *npl*, festverzinsliche staatliche Wertpapiere, Staatsanleihe, (4) *(SozR)* Versorgungsbezüge *mpl*, Ruhegehalt *n*, Pension *f*; **accorder** *ou* **allouer une –** eine Rente bewilligen; **adaptation de la –** Rentenanpassung; **assurance- –** Renten- *od.* Pensionsversicherung; **attribution d'une –** Rentengewährung, Gewährung *od.* Zuerkennung einer Rente; **bénéficiaire d'une –** Rentenberechtigte(r) *m*; Rentenbezieher *m*; **calcul de la –** Rentenberechnung; **complément de –** Ergänzungsrente; **créancier de –** Rentengläubiger *m*; **débiteur de –** Rentenschuldner *m*; **droit à une –** Rentenanspruch *m*; **liquidation de la –** Feststellung der Rentenhöhe; **servir une –** eine Rente auszahlen; **théorie de la –** (Ricardo) Rententheorie.

rente d'accident du travail (Arbeits-)Unfallrente; **– alimentaire** Unterhaltsleistung *f*; **– amortissable** Tilgungsrente; **– en argent** Geldrente; **– complémentaire** Zusatzrente; **– consolidée** fundierte Staatsschuld; **– constituée en perpétuel** ewige Rente; **– constituée en viager** Rente auf Lebenszeit; **– convenancière** *(bail à domaine congéable)* vereinbarter Pachtpreis; **– en cours** laufende Rente; **– après décès** Hinterbliebenenrente; **– différée** aufgeschobene Leibrente; **– en espèces** Geldrente; **– établie à perpétuité** ewige Rente; **– sur l'État** Staatsrente; **– foncière** Grundrente; **– indexée** dynamische Rente, Indexrente.

rente d'invalidité Invaliden- *od.* Invaliditätsrente, Erwerbsunfähigkeitsrente; **– d'orphelin** Waisengeld *n*, Waisenrente *f*; **– payable d'avance** vorschüssige Rente; **– permanente** Dauerrente; **– perpétuelle** ewige *od.* unkündbare Rente; **– plénière** Vollrente; **– au porteur** Inhaberrente; **– privilégiée** Vorzugsrente; **– de productivité** Produktivitätsrente; **– progressive** steigende Rente; **– réactualisable** dynamische Rente; **– réversible** Verbindungsrente mit Übergang; **– servie** bezahlte Rente; **– supplémentaire** Zusatzrente; **– de survie** Überlebensrente; **– de survivant** Hinterbliebenenrente; **– temporaire** Zeitrente, abgekürzte Rente; **– à terme** Zeitrente, kündbare Rente; **– sur deux têtes** Rente auf zwei Leben, verbundene Rente; **– transitoire** Übergangsrente; **– tréfoncière** an den Grundeigentümer zu zahlende Rente (für die Ausbeutung unter der Erdoberfläche); **– versée** bezahlte Rente; **– de veuve** Wit-

renter

wenrente; – **viagère** Leibrente; – **vieillesse** Altersrente.
renter *v.tr.* mit Einkünfte versehen; eine Rente gewähren.
rentier *m* Rentenempfänger *m*, Rentner *m*, Rentenbezieher *m*.
rentrée (1) *(retour)* Rückkehr *f*, Heimkehr *f*, (2) *(reprise des activités)* Wiederaufnahme (der Verhandlungen); Beginn *m*, (3) *(Buchf: encaissement)* Einnahmen *fpl*; – **d'argent** *ou* **de fonds** Geld- *od.* Zahlungseingang; – **des classes** Ende *n* der Schulferien; – **judiciaire** Wiederaufnahme der Gerichtstätigkeit (nach den Ferien); – **parlementaire, – politique** Beginn der Parlamentssitzungen nach den Ferien; – **scolaire** Schulbeginn (im September); – **sociale** Beginn *m* der tarifpolitischen Verhandlungen nach den Sommerferien (Sept. u. Okt.); – **des tribunaux** Wiederaufnahme der Gerichtstätigkeit (nach den Gerichtsferien); – **en vigueur** (erneutes) Inkrafttreten *n*.
rentrer *v.intr.* zurückkehren; wiederbeginnen; – **dans ses droits** in den vorherigen Stand wieder eingesetzt werden, seine Rechte wiedererlangen; – **dans ses frais** seine Ausgaben erstattet bekommen; – **en vigueur** wieder in Kraft treten.
renversement *m* Umkehrung *f*, völlige Änderung; Sturz *m*; – **de la charge** *ou* **du fardeau de la preuve** *(ZPR)* Umkehrung der Beweislast; – **de la conjoncture** *(Vwirt)* Konjunkturumschwung *m*; – **du gouvernement** Regierungsumsturz; – **de jurisprudence** Rechtsprechungsänderung, Umschwung in der Rechtsprechung; – **d'opinion** *(Pol)* Meinungsumschwung *m*; – **de la situation** völliger Umschwung der Lage.
renverser *v.tr.* umkehren; umstürzen; – **la charge** *ou* **du fardeau de la preuve** die Beweislast umkehren; – **le gouvernement** die Regierung stürzen.
renvoi *m* (1) *(ZPR: déclinatoire)* Verweisung des Rechtsstreits an ein

renvoi abusif

anderes Gericht, Abweisung wegen Unzuständigkeit, (2) *(IPR)* Rückverweisung *f*, (3) *(StPR)* Beschluß *m* des Untersuchungsrichters: Verweisung der Strafsache an das erkennende Gericht, Hauptverfahrenseröffnungsbeschluß *m*, (4) *(VerfR)* Überweisung an einen Ausschuß, (5) *(BeamR)* Amtsenthebung, Entlassung, (6) *(ArbR)* Kündigung (durch den Arbeitgeber), (7) *(HR)* Rücksendung (einer Ware), (8) *(ajournement)* Vertagung (einer Verhandlung), (9) *(annotation marginale)* Zusatz *m*, Anmerkung am Rande, Verweis (auf); **arrêt de –** (1) *(PrzR)* Verweisungsbeschluß (einer höheren Instanz), (2) *(StPR)* Verweisung der Strafsache an das erkennende Gericht (durch Beschluß des Untersuchungsrichters); Beschluß der Anklagekammer, durch welchen eine Sache an ein bestimmtes Gericht zur Verhandlung und Entscheidung überwiesen wird; **décision de –** Verweisungs- *od.* Zurückverweisungsbeschluß; **demande de –** Verweisungsantrag *m*; **juridiction de –** *(PrzR)* Gericht an das eine Sache (durch den Kassationshof) zurückverwiesen wurde; **procédure de –** *(ZPR)* Vorlageverfahren *n*.
renvoi abusif *(ArbR)* rechtsmißbräuchliche Kündigung; – **d'une affaire** *(ZPR)* Verweisung einer Rechtssache (an ein anderes Gericht); – **à l'audience du tribunal** Verweisung (der Sache) an die Kammer; – **à la commission** Verweisung *od.* Zurückverweisung an den Ausschuß; – **de la demande, – des fins de la demande** *(ZPR)* Abweisung des Antrags, Klageabweisung; – **des fins de la poursuite** *(StPR)* Außerverfolgungsetzung, Freispruch *m*; – **à huitaine** Festlegung des Verkündungstermins (eines Urteils) auf die folgende Woche; Vertagung auf den nächsten Montag (usw.); – **pour incompétence** *(ZPR)* Verweisung des Rechtsstreits an ein

663

anderes Gericht wegen Unzuständigkeit; – **implicite** versteckte Rückverweisung; – **injustifié** *(ArbR)* ungerechtfertigte Kündigung; – **justifié** gerechtfertigte Kündigung; – **en police correctionnelle** Zurückverweisung an den Strafrichter; – **sans préavis** *(ArbR)* fristlose Kündigung; – **au premier degré** *(PrzR)* Rückverweisung; – **au second degré** Weiterverweisung; – **à titre préjudiciel** Vorlage zur Vorabentscheidung.

renvoyer *v.tr.* (1) *(ZPR)* verweisen, zurückverweisen, (2) *(ArbR)* kündigen, entlassen, (3) *(HR: Waren)* zurückschicken, rücksenden, (4) vertagen; – **l'affaire à une audience ultérieure** die Sache auf einen späteren Termin verschieben; – **à une autre instance** zurückverweisen; – **dos à dos** beiden Parteien die Schuld geben; – **des fins de la poursuite** *(StPR)* außer Verfolgung setzen, freisprechen; – **les parties à se pourvoir** *(ZPR)* sich für unzuständig erklären; – **de la plainte** *(StR)* den Antrag auf Erhebung der öffentlichen Klage abweisen.

réorganisation *m* Um- *od.* Neugestaltung, Neuregelung, Reorganisation, Umbau *m*; – **de l'entreprise** Betriebsneustrukturierung; – **financière** (finanzielle) Sanierung; – **foncière** Umlegungsverfahren *n*; – **sociale** gesellschaftlicher Wandel.

réorganiser *v.tr.* neu- *od.* umgestalten.

réorientation *f* Um- *od.* Neuorientierung *f*; – **professionelle** berufliche Umschulung.

réouverture *f* Wiedereröffnung; – **des débats** Fortsetzung der mündlichen Verhandlung; – **de délais** *(ZPR)* Wiedereinsetzung in den vorigen Stand (bei Fristversäumnis); – **de la procédure** Wiederaufnahme des Verfahrens.

répandre *v.tr.* vergießen, verschütten; – **une rumeur** ein Gerücht in Umlauf setzen, ein Gerücht ausstreuen *od.* verbreiten.

réparable *adj* wieder gutzumachen, wieder zu ersetzen.

réparation *f* (1) *(remise en état)* Instandsetzung *f*, Reparatur *f*, Ausbesserung *f*, (2) *(reconstitution, rétablissement)* Wiederherstellung *f*, Erneuerung *f*, (3) *(dommages-intérêts)* Schadensersatz *m*, Ersatz *m*, Entschädigung *m*, Ersatzleistung *f*, Wiedergutmachung *f*, (4) *(VR: pl)* Reparationen *fpl*, Leistungen *fpl* für Kriegsschäden, Kriegsschuld *f*; **action en –** **du dommage** *(ZPR)* Schadensersatzklage; **droit à –** Entschädigungs- *od.* Ersatzanspruch; **frais de –** Reparaturkosten *pl*; **obligation de –** Schadensersatzpflicht.

réparation d'un accident Unfallentschädigung; – **en argent** Geldersatz, Entschädigung in Geld; – **civile** *ou* **du dommage** Entschädigung, Schadensersatz; – **par équivalent** Geldersatz, Entschädigung in Geld; – **intégrale** vollständige Entschädigung; **–s locatives** Wohnungsinstandsetzung, Reparaturen zur Wiederherstellung des früheren Zustandes; – **matérielle** Ersatz des materiellen Schadens *od.* des Vermögensschaden; – **morale** Ersatz des immateriellen Schadens, Schmerzensgeld; – **en nature** Naturalherstellung *f*, Schadensersatz durch Naturalrestitution; – **pécuniaire** Schadensersatz in Geld, finanzielle Entschädigung; – **d'un préjudice** Ersatz *od.* Ausgleich eines Schadens.

réparer *v.tr.* (1) reparieren, ausbessern, (2) wiedergutmachen, entschädigen, ersetzen; **préjudice à –** ersatzpflichtiger Schaden; **tenu de –** schadensersatzpflichtig; – **un dommage** Schadensersatz leisten.

répartement *m (SteuerR)* Zuteilung, Festlegung der Steuerquote, Umlegung der Gesamtsteuer auf die einzelnen Steuerpflichtigen.

répartie *f* Entgegnung, Erwiderung.

répartir *v.tr.* (1) *(partager, distribuer)*

répartiteur

aufteilen, verteilen, (2) *(échelonner)* staffeln, Kostenanteile berechnen, (3) *(disposer)* einteilen, aufgliedern; – **un dividende** eine Dividende ausschütten.

répartiteur *m (SteuerR)* Steuerumlegungsbeamte(r) *m*.

répartition (1) *(distribution, partage)* Verteilung *f*, Umlage *f*; Aufteilung *f*; Zuteilung *f*, (2) *(classement)* Aufgliederung *f*, Aufschlüsselung *f*; **base de** – Verteilerschlüssel *m*; **état de** – Verteilungsplan *m*; **plan de** – Verteilungsplan; **taux de** – Umlagesatz *m*.

répartition des affaires Geschäftsverteilung; – **des bénéfices** Gewinnverteilung, -ausschüttung; – **des causes** *(PrzR: distribution des affaires)* Geschäftsverteilung; Geschäftsverteilungsplan *m*; – **des charges** Lastenausgleich; – **de compétence** Zuständigkeitsverteilung; – **complémentaire** Nachtragsverteilung; – **des cotisations** *(SozVers)* Beitragsabführung; – **des dépenses** Aufschlüsselung der Ausgaben; – **de dividende** Dividendenausschüttung; – **des frais** Kostenaufschlüsselung; – **du marché** Marktaufteilung; – **des pertes** Verlustverteilung; – **des revenus** Einkommensverteilung; – **des risques** Risikostreuung; – **des sièges** Sitzverteilung; – **des tâches, – du travail** Arbeitseinteilung.

repentir *v.pron.*: **se** – bereuen, Reue empfinden; Gewissensbisse haben.

repentir *m* Reue *f*, Reumütigkeit, Selbstvorwurf *m*; **droit de** – *(SchuldR: faculté de se rétracter)* Rücktrittrecht *n*; – **actif** *(StR)* tätige Reue.

répercussion *f* (1) Auswirkung *f*, Rückwirkung, (2) *(Steuern, Kosten)* Abwälzung *f*.

répercuter *v.tr./v.pron.* abwälzen; auferlegen; **se** – **sur** Auswirkungen haben auf; – **la baisse du brut sur le marché** die Bezinpreise senken; – **les frais** die Kosten abwälzen.

repère *m* (Merk-)Zeichen; **point de** – Anhaltspunkt.

répertoire *m* Sachregister *n*; (Inhalts-)Verzeichnis *n*; Sammelwerk *n*; – **de l'artisanat** Handwerksrolle *f*; – **douanier** Warenverzeichnis; – **de droit** (großes) Rechtslexikon, Gesetzeskommentar; – **général** *(PrzR)* Register der Geschäftsstelle des Gerichts; – **de jurisprudence** Entscheidungssammlung; – **des marques de fabrique** Warenzeichenrolle *f*; – **des métiers** Handwerksrolle.

répertorier *v.tr.* verzeichnen, auflisten, sammeln; in ein Verzeichnis aufnehmen.

répéter *v.tr.* (1) *(redire, réitérer)* wiederholen, (2) *(redemander, réclamer)* zurück- *od.* rückfordern; – **des dommages et intérêts** Schadensersatz fordern.

répétition *f* (1) Wiederholung *f*, (2) Rückforderung *f*; **action en** – **de l'indû** *(ZPR: réclamation de ce qui a été versé sans être dû)* Klage auf Rückgewähr einer nicht geschuldeten Leistung; – **de l'indû** condictio indebiti, Rückgewähr der nichtgeschuldeten Leistung.

répit *m* (1) *(SchuldR: délai, sursis)* (Zahlungs-)Aufschub *m*, (2) *fig* Atempause *f*; **sans** – unaufhörlich, ohne Unterlaß.

replâtrage *m fig* oberflächliche, nur scheinbare Versöhnung.

repli *m* Rückzug *m*; Rückgang *m*; – **du billet vert** Dollarkursrückgang; – **des cours** *(BörR)* Baisse *f*, Kursrückgang *m*; – **stratégique** strategischer Rückzug.

réplique *f* (1) Erwiderung, Entgegnung, Gegenäußerung, Gegenerklärung (2) *(ZPR)* (rechtserhaltende) Einwendung; (Gegen-)Antwort (des Klägers), Replik *f*; **droit de** – Recht der Gegenäußerung, Erwiderungsrecht *n*; **sans** – unwiderlegbar.

répondant *m (SchuldR = caution)* Bürge *m*.

répondeur *m* **automatique** (Telefon-)Anrufbeantworter.

répondre v.tr. dir. et ind. (1) antworten, (2) haften, einstehen (für ...); **– de son acte devant la justice** sich vor Gericht (für eine Straftat) verantworten müssen; **– à l'appel des syndicats** dem Streikaufruf einer Gewerkschaft zustimmen; **– à la convocation** einer Vorladung Folge leisten; **– à ses détracteurs** sich gegenüber Kritikern rechtfertigen; **– d'une dette** eine Schuld begleichen; **– à la façon de Ponce Pilate** weder ja noch neinsagen; **– favorablement à une requête** einem Antrag stattgeben.

réponse f (1) Antwort f, Erwiderung f; Widerlegung f, (2) (ZPR) Klagebeantwortung, (3) Antwortschreiben n; **droit de –** (1) (MedienR) Gegendarstellungsanspruch, Berichtigungsrecht n (2) (PrzR) Erwiderungs- od. Entgegnungsrecht; **donner sa – avant huit jours** seine Antwort innerhalb von einer Woche geben; **en – à** in Beantwortung des ...; **– affirmative** Zustimmung; Annahme des Angebots; **– au fond** Einlassung zur Sache; **– négative** abschlägiger Bescheid; **– payée** vorausbezahltes Antworttelegramm; **– des primes** Prämienerklärung; **– provisoire** Zwischenbescheid m.

report m (1) (BörR: Wertpapiere) Report m, Prolongationsgeschäft n; Kurszuschlag (beim Prolongationsgeschäft), (2) (BörR: Devisen) Report m, Unterschied m zwischen Kassa- u. Terminkurs, (3) (HR: à une date ultérieure) Stundung f, Verlängerung, (4) (BuchF) Übertrag m (einer Summe), Vortrag m (auf neue Rechnung); **donner en – (BörR)** in Kost geben; **opération de –** Prolongations- od. Reportgeschäft; **prendre en – (WertpR)** in Kost nehmen; **taux du –** Reportsatz m.

report des bénéfices Gewinnvortrag; **– de crédit** Kreditübertragung od. -vortrag; **– du déficit** Verlustvortrag, Vortrag des Fehlbetrages; **– d'échéance** Verlängerung der Zahlungsfrist; **– à nouveau** (BuchF) Vortrag auf neue Rechnung; **– d'office** Prolongierung von Amts wegen; **– d'ouverture de la faillite** Feststellung des Zeitpunktes, von dem ab die Konkurswirkungen eintreten; **– au pair** glatte Prolongierung; **– des pertes** Verlustvortrag; **– du solde** Saldovortrag.

reporté m (BörR) Hereingeber m.

reporter v.tr. (1) vortragen, (2) (BörR) prolongieren, Geld in Kost geben, (3) stunden, verlängern, aussetzen, aufschieben; **se – à** sich beziehen auf; **– à une date ultérieure** einen Termin auf einen späteren Zeitpunkt verschieben; **– au pair** glatt prolongieren.

reporter m (MedienR) Reporter m, Korrespondent m, Berichterstatter m.

reporteur m (BörR) Hereinnehmer.

repos m Ruhe f, Ruhezeit f, Ruhepause f; **– compensateur** ou **compensatoire** Ausgleichsruhezeit; **– dominical** Sonntagsruhe; **– hebdomadaire** wöchentlicher Ruhetag; **– de nuit** Nachtruhe.

repousser v.tr. abweisen, zurückweisen; ausschlagen; **– la date de la conférence** die Konferenz auf einen späteren Zeitpunkt verschieben; **– une décision à une date ultérieure** die Entscheidung auf einen späteren Termin verschieben; **– la demande** (ZPR) die Klage abweisen, dem Antrag nicht stattgeben.

répréhensible adj verwerflich, tadelnswert; strafbar.

reprendre v.tr./v.intr. wieder ergreifen; wieder verpflichten; **le commerce reprend** der Handel befindet sich im Aufschwung; **la marchandise ne sera ni reprise ni échangée** die Ware ist vom Umtausch ausgeschlossen; **– l'audience** den Termin fortsetzen; **– une entrepise** einen Betrieb übernehmen; **– le travail** die Arbeit wieder aufnehmen.

repreneur *m* Käufer (eines Unternehmens).
représailles *fpl* *(VR)* Vergeltung, Repressalien *fpl*; **mesure de –** Vergeltungsmaßnahme *f.*
représentant *m* (1) *(ZR: personne qui agit au nom et à la place du représenté)* Stellvertreter *m*, Vertreter, (2) *(HR: salarié bénéficiant d'un statut spécial)* Handlungsreisende(r), (kleiner) (Handels-)Vertreter, Reisende(r) *m*, (3) *(VerfR)* Volksvertreter, Abgeordnete(r) *m*; Beauftragte(r) *m*, Delegierte(r) *m*, (4) *(GesR: mandataire social)* Handlungsbevollmächtigte(r); **carte professionnelle de – de commerce** *(HR)* Handlungsvertreterausweis *m*; **chambre des –s** *(VerfR, hist)* Abgeordnetenhaus *n*; **– à carte multiple** *(HR)* Mehrfirmenvertreter.
représentant de commerce, – commercial (1) *(HR: intermédiaire de la distribution)* (sog. „großer") Handelsvertreter *m*, (2) *(HR: salarié VRP)* Handlungsreisende(r), (sog. „kleiner") Handelsvertreter; **– contractuel** vertraglicher Vertreter; **– exclusif** *(HR)* Alleinvertreter; **– du gouvernement** Regierungsvertreter; **– légal** *(ZR)* gesetzlicher Vertreter, Vertreter kraft Gesetzes; **– multicarte** *(HR)* Mehrfirmenvertreter *m*; **– patronal** Arbeitgebervertreter; **– permanent** *(VR)* ständiger Vertreter.
représentant du personnel (1) *(ArbR: délégué du personnel chargé de faire observer les conditions de travail et de transmettre les réclamations du personnel à l'employeur)* Belegschaftsvertreter, (2) *(ArbR: membre du comité d'entreprise)* Mitglied des Betriebsausschusses (unter Vorsitz des Arbeitgebers); **– du peuple** Volksvertreter; **– principal** *(HR)* Hauptvertreter; **– salarié** Handlungsreisender im Angestelltenverhältnis; **– statutaire** Handlungsreisende(r) *od.* unselbständiger Handelsvertreter (für den die Bestimmungen des frz. Arbeitsgesetzbuches gelten); **– syndical** *(ArbR: délégué syndical siégeant au comité d'entreprise)* (durch die Gewerkschaft ernannter) Gewerkschaftsvertreter im Betriebsausschuß; **– des travailleurs** Arbeitnehmervertreter.
représentatif *adj* repräsentativ; maßgebend; **assemblée –tive** Volksvertretung; **démocratie –tive, gouvernement –, régime –** mittelbare *od.* repräsentative Demokratie; **syndicat –** tariffähige Gewerkschaft.
représentation *f* (1) *(ZR: procédé juridique par lequel une personne agit au nom et pour le compte d'une autre)* Stellvertretung *f*, Vertretung, Vertretungsmacht *f*; Geschäftsführungsbefugnis *f*, (2) *(VerfR: ensemble des représentants du peuple)* Repräsentation *f*, Vertretung des Volkes, (3) *(UrhR)* Darstellung, Bild *n*; Aufführung *f*, Vorstellung *f*, (4) *(PrzR: production, présentation d'un acte)* Vorlage *f* (bei Gericht), (5) *(VR: réclamation verbale)* Beanstandung; **contrat de –** (1) *(HR)* (Handels-)Vertretervertrag, (2) *(UrhR)* Aufführungsvertrag; **délai de –** Wiedervorführungsfrist *f*; Wiedervorlage- *od.* Wiedervorlegungsfrist *f*; **droit de –** *(UrhR)* Aufführungsrecht; **frais de –** (Dienst-)Aufwandskosten *pl*, Repräsentationsaufwendungen *od.* -spesen; **indemnité de –** Dienstaufwandsentschädigung; **organe de –** *(GesR)* Vertretungsorgan; **pouvoir de –** Vertretungsmacht *f*, Vertretungsbefugnis *od.* -vollmacht.
représentation d'acte *(ZPR)* Vorlage einer Urkunde (vor Gericht); **– collective** Kollektivvertretung, Gesamtvertretung; **– commerciale** Handelsvertretung; **– conventionnelle** rechtsgeschäftliche Vertretungsmacht; **– corporative** Standesvertretung; **– des créanciers** *(KonkursR)* Vertreter der Konkursgläubiger; **– diplomatique** *(VR)* völkerrechtliche Vertre-

représentation légale

tung; Vertretung eines ausländischen Staates; – **à l'étranger** Auslandsvertretung; – **exclusive** Alleinvertretung; – **imparfaite** mittelbare *od.* unechte Stellvertretung; – **des intérêts** *(VerfR)* Interessenvertretung; – **en justice** Vertretung vor Gericht, Prozeßvertretung.

représentation légale *(ZR: mandat légal)* gesetzliche Vertretungsmacht; – **médiate** mittelbare *od.* verdeckte *od.* indirekte *od.* stille Stellvertretung; – **des minorités** *(VerfR, VR)* Minderheitenvertretung; – **mutuelle** *(SchuldR)* gegenseitige Vertretungsbefugnis; – **permanente** *(VR)* ständige Vertretung; – **du personnel** *(ArbR)* Belegschafts- *od.* Personalvertretung; – **pondérée** gewichtete *od.* verhältnismäßige Vertretung; – **populaire** Volksvertretung; – **professionnelle** berufsständische Vertretung; – **proportionnelle** (1) *(ArbR)* verhältnismäßige Vertretung, (2) *(VerfR)* Proporz- *od.* Verhältniswahlsystem; – **successorale** *(ErbR)* Eintritt der Erben des Vorverstorbenen in dessen Rechte, Eintrittsrecht; – **syndicale** berufsständische Vertretung.

représentativité *f* **syndicale** *(ArbR)* Tariffähigkeit *od.* tarifvertragliche Verhandlungsfähigkeit einer Gewerkschaft.

représenté *m* Vollmachtgeber *m*, der (durch einen Bevollmächtigten) Vertretene.

représenter *v.tr.* (1) (Stell-)Vertreter sein, jmdn. vertreten, (2) *(UrhR)* aufführen, darstellen, (3) vorzeigen; **se faire** – sich vertreten lassen; – **à l'extérieur** Dritten gegenüber vertreten; – **en justice** vor Gericht *od.* gerichtlich vertreten.

répressif *adj* unterdrückend, entgegenwirkend; Straf-; **action** –**ive** *(StR)* Repressivwirkung der Strafe; **juridiction** –**ive** Strafgericht *n*; Strafgerichtsbarkeit; **loi** –**ive** Strafgesetz *n*.

répression *f* (1) *(Pol)* Unterdrückung, (2) *(StR)* Ahndung *f*, Bekämpfung, Verfolgung, Zwang *m*, (3) *(StPR)* Bestrafung, Strafandrohung *f*; **pouvoir de** – Strafbefugnis *od.* -gewalt; – **des crimes** Ahndung von Verbrechen, Verbrechensbekämpfung; – **disciplinaire** *(BeamR)* Disziplinargewalt *f*; – **des infractions** Strafverfolgung; – **judiciaire** gerichtliche Verfolgung (von Straftätern); – **pénale** Strafverfolgung.

réprimande *f* *(StPR: admonestation)* Tadel *m*, Rüge *f*.

réprimer *v.tr.* unterdrücken; unter Strafe stellen, mit Strafe bedrohen, ahnden, bestrafen; – **les troubles** die Ordnung wieder herstellen.

repris *m* **de justice** *(StR)* vorbestrafter Verbrecher *od.* Straftäter.

reprise *f* (1) *(HR)* Rücknahme, Umtausch (der Ware), (2) *(GesR)* Übernahme eines Unternehmens, (3) *(Vwirt)* Wiederbelebung *od.* Erholung (der Wirtschaft), (4) *(EheR)* Ersatzforderung (der Ehefrau bei Auflösung des Güterstandes); **action en** – Klage auf Rückgewähr (einer Sache); – **de l'audience** Fortsetzung der mündlichen Verhandlung (nach einer Unterbrechung); – **de la bourse** Wiederbelebung *od.* Wiederaufleben der Börsentätigkeit; – **de créance** Forderungsübernahme *f*; – **de dette** Schuldübernahme *f*; – **économique** Wirtschaftsbelebung; – **d'un fonds de commerce** Geschäftsübernahme; – **d'instance** *(ZPR)* Wiederaufnahme des Verfahrens; – **en main** Wiederherstellung der Ordnung; – **d'une marchandise** Zurücknahme *f* der Ware; – **des négociations** Wiederaufnahme der Verhandlungen.

reprise des propres *(EheR)* Aussonderung des vorbehaltenen Gutes bei Auseinandersetzung der ehelichen Gütergemeinschaft; – **des relations diplomatiques** Wiederaufnahme der diplomatischen Beziehungen; – **du service** *(BeamR)* Wiederantritt des Dienstes; – **d'une société** Übernahme einer

Gesellschaft; **– du trafic** Beendigung des Streiks der öffentlichen Verkehrsbetriebe; **– du travail** Wiederaufnahme der Arbeit (nach einem Streik).

réprobation *f* (1) Mißbilligung *f*, Tadel *m*, (2) Verwerfung *f*, scharfe Ablehnung.

reprochable *adj*: **témoin –** (wegen Kollisionsverdacht) ausschließbarer Zeuge.

reproche *m* (1) Rüge *f*, Vorwurf *m*, (2) Einwendungen *fpl* gegen einen Zeugen; Zeugenablehnung.

reprocher *v.tr.* (1) *(faire grief)* vorwerfen, (2) *(récuser)* ablehnen; **– un témoin** einen Zeugen ablehnen.

reproduction *f* (1) *(UrhR)* Wiedergabe *f*, Reproduktion *f*, Nachbildung *f*; Vervielfältigung *f*, Abdruck *m*, (2) *(Tiere)* Fortpflanzung; **droit de –** Vervielfältigungsrecht; Verwertungsrecht; Wiedergaberecht (durch Ton- und Bildträger), Nachdruckrecht; **– illicite** unerlaubte Wiedergabe, unerlaubter Nachdruck, Raubdruck *m*.

reproduire *v.tr.* wiedergeben, nachdrucken; vervielfältigen.

réprouver *v.tr.* tadeln, mißbilligen; zurückweisen, ablehnen.

républicain *adj*: **constitution –e** rechtsstaatliche *od.* demokratische Verfassung; **principes –s de 1789** rechtsstaatliche verfassungsrechtliche Grundsätze (auf der Grundlage der Bürger- u. Menschenrechtserklärung von 1789).

république *f* Republik *f*, Freistaat *m*; Staat; **proclamer la –** die Republik ausrufen; **procureur de la –** *(StR)* Staatsanwalt *m*; – **fédérale d'Allemagne (= R.F.A.)** Bundesrepublik Deutschland (BRD); **– française** Republik Frankreich; – **populaire** Volksrepublik.

répudiation *f* (1) *(d'une personne)* Verstoßung, (2) *(renonciation à un droit)* Verzicht *m*; Ablehnung *f*; **– de la nationalité** Verzicht auf die Staatsangehörigkeit; **– d'une succession** Ausschlagung einer Erbschaft.

répudier *v.tr.* verzichten (auf), ausschlagen; verweigern, ablehnen.

répulsion *f* Abneigung, Abscheu *f*, Widerwille *m*.

réputation *f* (1) Ansehen *n*, Ruf *m*, Leumund *m*, (2) *(BankR)* Kreditwürdigkeit; **atteinte à la –** Ehrverletzung; **– commerciale** geschäftliches Ansehen; **– intacte** Unbescholtenheit; **– professionnelle** berufliches Ansehen.

réputé *adj* angesehen, bekannt; **– par loi** durch das Gesetz betrachtet als.

requalification *f* (1) *(PrzR: restitution à un acte de sa qualification exacte)* richtige Benennung eines Sachverhalts, (2) *(StR: nouvelle qualification d'un fait délictueux)* Festsetzung neuer Strafmaßstäbe; **– professionnelle** berufliche Umschulung.

requérable *adj* zu holen; **dette –** *(SchuldR)* Holschuld *f*.

requérant *m* (1) *(VwR)* Antragsteller *m*, Gesuchsteller, Ersuchende(r) *m*, (2) *(ZPR: partie requérante, demandeur)* Kläger *m*, (3) *(ZwangsVR)* der zur Zwangsvollstreckung *od.* Beschlagnahme Berechtigte.

requérir *v.tr.* (1) einen Antrag stellen, fordern, (2) *(ÖfR: faire appel à la force publique)* zum Einschreiten auffordern, (3) *(StR: réclamer une peine)* einen Strafantrag stellen, (4) *(MilR)* dienstverpflichten, (5) *(VwR)* beschlagnahmen; **– l'aide de qqn.** jmdn. um Hilfe bitten; **– l'application de la loi** *(StPR)* einen Strafantrag stellen; **– toute l'attention** die ganze Aufmerksamkeit erfordern; **– une peine sévère contre qqn.** eine harte Strafe fordern.

requête *f* (1) *(VwR: sollicitation)* Antrag *m*; Ersuchen *n*, Gesuch *n*, (2) *(VwPR: recours administratif)* Verwaltungsverfahren *n*; (3) *(ZPR: présentation de l'écrit motivé de la demande en justice)* Stellung eines (Sach-)Antrag *m*, Prozeßantrag; Einreichung der Klageschrift *f*, (4) *(ZPR: voie de recours)* Urteilsanfechtung (wegen irrtümlicher Entscheidung); **à la – de** auf Antrag von; **chambre des –s** Überprüfungskammer (beim frz. Kassationshof); für Wiederaufnahmeverfahren; **déposer** *ou* **introduire une –** *(ZPR)* Klage erheben; einen Antrag stellen; **maître des –s** *(VwPR)* Urteilsvorbereitungsrichter (beim frz. Obersten Verwaltungsgericht); **présenter une –** *(VwR)* ein Gesuch vorbringen, ersuchen.

requête ampliative *(ZPR)* ergänzender Antrag, ergänzende Klageschrift; **– en approbation** Genehmigungsgesuch, Antrag auf Genehmigung; **– en cassation** Revisionsantrag; **– civile** *(ZPR, hist)* Antrag auf Wiederaufnahme des Verfahrens; **– commune, – conjointe** *(PrzR)* Klage auf gemeinsamen Antrag von Kläger u. Beklagten (mitsamt Forderungen u. Gegenforderungen, von den Anwälten beider Parteien unterzeichnet); **– de déclaration de décès** Antrag auf Todeserklärung; **– de défense** *(ZPR)* Klagebeantwortung *f*; **– en demande** Klage *f*; **– à fin de règlement amiable** Antrag auf gütliche Beilegung; **– aux fins d'approbation** Genehmigungsgesuch; **– incidente** Zusatzantrag (im Laufe des Prozesses).

requête introductive d'instance Klageschrift; **– des dépens** Kostenfestsetzungsgesuch *od.* -antrag; **– principale** Hauptantrag; **– en prorogation de délai** Antrag auf Verlängerung einer Frist; **– de pourvoi en cassation** Revisionsschrift; **– de publication différée** *(Wz)* Antrag auf Aufschiebung der Veröffentlichung; **– en radiation** Löschungsanmeldung *f*; **– en récusation** *(StPR)* Ablehnungsantrag; **– en règlement de juges** Gesuch um Bestimmung des zuständigen Gerichts; **– en révision** Antrag auf Wiederaufnahme des Verfahrens, Wiederaufnahmeantrag; **– en suspicion légitime** Antrag auf Ablehnung des Richters wegen Befangenheit; **– unique** *(ZPR)* gemeinsamer Antrag (des Klägers und Beklagten); **– verbale** mündlich vorgebrachter Antrag, Antrag in der mündlichen Verhandlung.

requis *adj* erforderlich; **âge –** erforderliches Mindestalter; **conditions –ises** Erfordernisse *npl*, Voraussetzungen; **travailleur –** Zwangsarbeiter.

requis *m (VwR)* Leistungsverpflichtete(r), Arbeitsverpflichtete(r) *m*; **– civil** (Zivil-)Dienstverpflichtete(r).

réquisition *f* (1) *(demande)* Aufforderung *f*, Antrag *m*, (2) *(StPR: plaidoirie de la partie civile)* Anträge *mpl* des Privatklägers; Anträge des Nebenklägers, (3) *(StPR: pl!)* Anträge der Staatsanwaltschaft, (4) *(VwR)* auferlegte Sach- *od.* Dienstleistungen, Dienstleistungs- *od.* Arbeitsverpflichtung; Beschlagnahme (einer Sache), Requisition *f*; **arrêté de –** Beschlagnahmeverfügung, Requisitionsanordnung; **droit de –** Beschlagnahme- *od.* Requisitionsrecht *n*; **ordre de –** Verpflichtungsbescheid; Beschlagnahmeverfügung.

réquisition collective Anforderung zu einer gemeinsamen Leistung; **– d'emprise totale** *(PrzR)* Antrag im Enteignungsverfahren auf Enteignung des verbleibenden (wertlosen) Restes; **– à fin d'inscription** Eintragungsantrag *m*; **– à fin de scellés** Antrag auf Versiegelung; **– de la force armée** *(ÖfR)* Anforderung der Streitkräfte (zur Aufrechterhaltung der öffentlichen Ordnung); **– de logement** Wohnungsanforderung *f*; Wohnungsbeschlagnahme; **– de main d'œuvre** Verpflichtung von Arbeitskräften; **– de mise aux enchères** Versteigerungsantrag *m*.

réquisitionner *v.tr.* (1) (Arbeiter) zwangsverpflichten, (2) in Anspruch nehmen, requirieren.

réquisitoire *m* (1) *(StPR)* Antrag *od.* Anträge (der Staatsanwaltschaft), (2) Anklage(rede), Anklagesatz *od.* -schrift (des Staatsanwalts); **– addi-**

tionnel *(StPR: syn. réquisitoire complétif ou supplétif)* zusätzlicher (durch die Staatsanwaltschaft) an den Untersuchungsrichter gerichteter Antrag zur Fortführung und Vervollständigung der Ermittlungen; – **à l'audience** Strafantrag in der mündlichen Verhandlung; – **définitif** Schriftsatz der Staatsanwaltschaft (nach Abschluß der Ermittlungen) zur Erhebung der öffentlichen Anklage od. Einstellung des Verfahrens; – **à fin d'informer,** – **introductif** *(StPR)* (an den Untersuchungsrichter gerichteter) Antrag (der Staatsanwaltschaft) auf Einleitung des Ermittlungsverfahrens; – **modéré** milder Strafantrag; – **de renvoi** *(StPR)* Antrag auf Eröffnung des Hauptverfahrens, Anklageschrift mit Antrag auf Eröffnung des Hauptverfahrens; – **supplétif** ergänzende Antrag der Staatsanwaltschaft.

réquisitorial *adj:* **plaidoyer** – Verlesung der Anklageschrift (durch den Staatsanwalt).

res *(ZR, lat.: chose)* Sache *f,* körperlicher Gegenstand; – **extra commercium** nicht verkehrsfähige Sache; – **nullius** herrenlose Sache.

rescapé *m* Überlebende(r) *m* (eines Unfalls).

rescindable *adj* aufhebbar, vernichtbar; **contrat** – anfechtbarer Vertrag.

rescindant *adj* die Aufhebung (eines Rechtsgeschäfts) begründend; **circonstances –tes** Aufhebungsgründe *mpl;* Anfechtungsgründe.

rescindant *m* (1) *(ZPR, hist)* Aufhebungsantrag, (2) Prüfung der Zulässigkeit des Antrages auf Wiederaufnahme des Verfahrens.

rescinder *v.tr.* aufheben, für ungültig erklären, annullieren.

rescision *f (ZPR: annulation judiciaire)* gerichtliche Aufhebung (eines Vertrages); **action en** – Klage auf Auflösung (einer Vertrages): – **pour cause de lésion** Aufhebung eines Vertrages wegen Übervorteilung (eines Minderjährigen).

rescisoire *adj (ZPR)* die Aufhebung (eines Rechtsgeschäfts) begründend; **clause** – Aufhebungsklausel.

rescisoire *m (ZPR, hist)* Verfahren zur Erlangung eines neuen Urteils (im Wiederaufnahmeverfahren).

rescription *f* schriftliche Anweisung.

réseau *m* Netz *n,* Ring *m,* Organisation; – **commercial** Handels- od. Absatzorganisation *f;* – **de communications** Verkehrsnetz *n;* – **de distribution** *(HR)* Vertriebsnetz; – **de données** *(DV)* Datennetz; – **d'espionnage** *(StR)* Agentenring *m;* – **ferroviaire** Eisenbahnnetz; – **de vente** Vertriebs- od. Verteilernetz.

réservataire *m (ErbR)* Pflichtteilsberechtigte(r) *m.*

1. **réserve** *f* (1) *(restriction)* Vorbehalt *m;* Einschränkung *f;* Bedenken *n,* (2) *(GesR, HR)* Rücklage *f;* Rückstellung *f,* Reservefonds *m;* Reserve *f,* (3) *(UmweltR)* Reservat *n,* Naturschutzgebiet *n,* Nationalpark, ökologische Nische *f,* (4) *(HR: magasin, dépôt)* Lager *n,* Warenlager, Lagerbestand *m,* (5) *(BeamR: discrétion, retenue)* Zurückhaltung *f,* Distanz *f,* Reserviertheit *f;* **clause de** – Vorbehaltsklausel *f;* **fonds de** – *(GesR)* Rücklagen *fpl;* **mention de** – *(Wz)* Schutzvermerk *m;* **obligation de** – Schweige- od. Verschwiegenheitspflicht; *(VwR, PrzR)* Amtsverschwiegenheit; **sans** – vorbehaltlos; **sous** – bedingt; **sous – de** vorbehaltlich; **sous toutes –s** mit den ausdrücklichsten Vorbehalten; ohne Garantie, ohne Gewähr, ohne Obligo.

réserve actuarielle *(VersR)* Deckungsrücklage; **pour agrandissement** Erweiterungsrücklage; – **pour amortissements** Abschreibungsrückstellung; – **pour bénéfices à distribuer** Gewinnrücklage; – **complémentaire** zusätzliche Reserve; – **en couverture des engagements** Rückstellungen *pl* für Verbindlichkeiten; – **déclarée** offene Rücklage, ausgewiesene Reserve; – **de dom-**

mage Schadensreserve; – **engagée** gebundene Reserve; – **d'épargne** Sparrücklage; – **pour extension** Erweiterungsrücklage; – **facultative** freiwillige Rücklage, Ermessensrücklage; – **pour fluctuation des cours** Kursausgleichsreserve.

réserve de garantie Deckungsrücklage; – **globale** Gesamtreserve; – **héréditaire** *(ErbR: portion de succession réservée par la loi à certains héritiers)* Pflichtteil *m*; – **invisible** *(GesR)* stille Rücklage; – **légale** (1) *(ErbR: réserve héréditaire)* Pflichtteil, (2) *(GesR: fonds de garantie de toute société)* gesetzliche Rücklage; – **libre** *(GesR)* freiwillige Rücklage; – **de liquidités** Liquiditätsreserve; – **mathématique** *(VersR)* versicherungs-technische Rückstellung; – **mentale** geheimer Vorbehalt; – **minimum** Mindestrücklage; – **naturelle** *(UmweltR)* Schutzgebiet *n*, Naturschutzgebiet; – **obligatoire** gesetzliche Rücklage; – **pour pensions** Pensionsrückstellungen; – **pour pertes** Rückstellung für drohende Verluste (aus schwebenden Geschäften); – **de prévoyance** Rückstellung für wahrscheinlich anfallende Aufwendungen.

réserve de propriété *(HR, SchuldR: fait de différer le transfert de la propriété à une date ultérieure)* Eigentumsvorbehalt *m*; **clause de – de propriété** Eigentumsvorbehaltsklausel *f*.

réserve de renouvellement Aufwandsrückstellung; – **pour risques en cours** *(VersR)* versicherungstechnische Rückstellung; – **pour sinistres** *(VersR)* Rückstellung für noch nicht abgewickelte Versicherungsfälle; – **statutaire** satzungsmäßige Rücklage; – **d'usufruit** *(SachR)* Vorbehalt des Nießbrauchs.

2. **réserves** *fpl (GesR)* Gewinnrücklagen *pl;* Rückstellungen; **affecter aux** – den Rücklagen zuweisen; **constitution de** – Bildung von Rücklagen; **formuler des** – Bedenken geltend machen; **incorporer des** – Rücklagen in Stammkapital umwandeln, Kapitalrücklagen bilden; – **de change** *(Außh)* Devisenreserven *od.* -rücklagen *fpl;* – **pour créances douteuses** Dubiosenrückstellungen, Rückstellungen für drohende Verluste (aus schwebenden Geschäften); – **déclarées** ausgewiesene Rücklagen; – **d'exploitation** Betriebsvorräte *pl*; – **latentes** stille Reserven; – **monétaires** *(BankR)* Devisen- *od.* Währungsreserven; – **occultes** stille Rücklagen; – **-or** Goldvorrat *n*; – **techniques** versicherungstechnische Rückstellungen; – **visibles** ausgewiesene Reserven, offene Rücklagen.

réservé *adj:* **biens –s** *(FamR)* Vorbehaltsgüter *npl*; **droit de reproduction** – *(UrhR)* Copyright *n*, (vorbehaltenes) Urheberrecht *n*; **tous droits –s** *(UrhR)* alle Rechte vorbehalten.

réserver *v.tr.* vorbehalten; sich ausbedingen; zurückbehalten, aufbewahren, zurücklegen; – **les dépens** *(ZPR)* unter Vorbehalt der (späteren) Kostenfestsetzung.

réserviste *m (MilR)* Reservist *m*.

résidant *adj* wohnhaft, ansässig.

résidence *f* (1) *(ZR: lieu où une personne physique demeure effectivement)* Aufenthaltsort *m*, ständiger Aufenthalt *m*, (2) *(ÖfR, PrzR, BeamR: lieu avec obligation de résider)* Residenz *f* (eines Staatsoberhauptes); Amtssitz *m* (eines Richters); **allocation de** – *(ArbR)* Ortszuschlag *m*; **assignation à** – *(StR)* Stellung unter Polizeiaufsicht, Anweisung eines bestimmten Aufenthaltsortes; **attestation de** – *(VwR)* Aufenthaltsbescheinigung; **autorisation de** – Aufenthaltsbewilligung; **certificat de** – Aufenthaltsbescheinigung; **changer de** – den Wohnsitz wechseln; **commune de** – Wohngemeinde *f*; **établir sa** – seinen Wohnsitz begründen; **État de** – Aufenthaltsstaat; **être en – sur-**

veillée *(StR)* unter Polizeiaufsicht stehen; **indemnité de –** Ortszulage *f*, Ortszuschlag *m*; **interdiction de – ** *(StR)* Aufenthaltsverbot *n*; **lieu de –** Aufenthaltsort *m*; **pays de –** Aufenthaltsstaat; **permis de –** Aufenthaltserlaubnis *f*; **transférer sa –** seinen Wohnsitz verlegen.

résidence assignée *(StR)* angewiesener Aufenthaltsort; **– conjugale** *(FamR)* Wohnsitz der Ehegatten; **– à l'étranger** Auslandsaufenthalt; **– fixe** ständiger Aufenthalt; **– forcée** *(StR)* angewiesener Aufenthaltsort; **– habituelle** *ou* **normale** gewöhnlicher Aufenthaltsort; **– permanente** ständiger Aufenthalt; **– principale** Hauptwohnsitz; **– secondaire** zweiter Wohnort, Ferien- *od.* Wochenendaufenthaltsort; Zweitwohnsitz; **– surveillée** *(StR)* Polizeiaufsicht, Aufenthaltsbeschränkung mit Meldepflicht (bei der Polizei).

résident *m* (1) *(ZR)* (Gebiets-)Ansässige(r), (2) *(VR)* Geschäftsträger, Ministerresident *m*; **carte de –** *(AuslR)* langfristige Aufenthaltserlaubnis.

résidentiel *adj*: **quartier –** Wohnviertel *n*.

résider *v.tr.* wohnen, sich aufhalten, seinen Aufenthalt haben; **la difficulté réside dans ...** die Schwierigkeit besteht darin, daß....

résidu *m* Abfall *m*, Müll *m*; Bauschutt *m*.

résiduel *adj*: **chômage –** Restarbeitslosigkeit; **valeur –le** Restwert *m*.

résignant *m* Verzichtleistende(r).

résignataire *m* Person, zu deren Gunsten (auf ein Amt) verzichtet wird.

résignation *f* Verzicht(leistung); Abdankung *f*; Resignation; **– des fonctions** *(BeamR)* Amtsniederlegung.

résigner *v.tr./v.pron.* verzichten auf; resignieren, entsagen; **– une fonction** ein Amt niederlegen; **se – à** sich in sein Schicksal fügen.

résiliable *adj* (Vertrag) auflösbar, kündbar.

résiliation *f (SchuldR, ArbR: résolution non rétroactive)* Kündigung (eines Dauerschuldverhältnisses), Auflösung *od.* Aufhebung (eines Vertrages für die Zukunft); **action en –** Kündigungsklage *f*; **déclaration de –** Rücktrittserklärung *f*; **délai de –** Kündigungsfrist *f*; **droit de – unilatérale** *(ArbR)* Kündigungsrecht (durch einseitige Willenserklärung); **indemnité de –** *(ArbR)* Kündigungsentschädigung; **lettre de –** Kündigungsschreiben *n*; **motif de la –** Kündigungsgrund.

résiliation par consentement mutuel Auflösungsvertrag; **– pour faute grave** *(ArbR)* Kündigung aus wichtigem Grund, außerordentliche Kündigung; **– judiciaire** *(ArbR)* gerichtliche Auflösung des Arbeitsverhältnisses; **– sans motifs sérieux** unwirksame (außerordentliche) Kündigung (wegen Verbotswidrigkeit); **– partielle** Teilkündigung; **– unilatérale** *(ArbR)* Kündigung (als einseitige Willenserklärung).

résilier *v.tr.* kündigen, aufheben, auflösen; **– un bail** einen Mietvertrag kündigen; **– un engagement** eine Verpflichtung aufkündigen.

résistance *f* Widerstand *m*; Widerstandskampf *m*, Widerstandsbewegung *f*; **droit de – à l'oppression** *(VerfR)* Widerstandsrecht gegen die Unterdrückung; **fonds de –** *(ArbR)* Streikkasse *f*; **mouvement** *ou* **organisation de –** Widerstandsbewegung; **– abusive** *(ZPR)* prozeßverschleppendes Vorbringen; **– passive** passiver Widerstand.

résistant *m* Angehöriger einer Widerstandsbewegung.

résister *v.tr.ind.* **à** Widerstand leisten, widerstehen, sich widersetzen.

résolu *adj* entschlossen, beherzt, standhaft; gelöst.

résoluble *adj* lösbar; **contrat –** auflösbarer Vertrag.

résolution *f* (1) *(ÖfR, VR: action de délibérer et de décider)* Resolution; Entschließung *f*; *(d'un organisme)* Beschluß *m*; *(d'un invididu)* Entschluß *m*, (2) *(ZR; dissolution d'un contrat)* Aufhebung *f*, Auflösung *f*, (3) *(PrzR: solution d'un litige)* Lösung *f* (eines Streitfalls), (4) *(dessein, intention)* Absicht *f*, Wille *m*, (5) *(audace, énergie)* Tatkraft *f*, Energie *f*; Entschlossenheit *f*; **action en –** *(ZPR)* Wand(e)lungsklage *f*, Klage auf Auflösung eines Vertrages; **prendre une –** (1) *(ÖfR)* einen Beschluß fassen, (2) sich zu etwas entschließen; **projet de –** Entschließungsentwurf *m*; **– du contrat pour inexécution** Vertragsaufhebung wegen Nichterfüllung; **– finale** *(VR)* Schlußresolution; **– judiciaire du contrat** *(ZPR)* Vertragsaufhebung durch Richterspruch, gerichtliche Vertragsauflösung.

résolutoire *adj* auflösend; **clause –** Kündigungs- *od.* Auflösungsklausel; **condition –** Resolutivbedingung, auflösende Bedingung.

résorber *v.tr.* *(WirtR)* auffangen, aufsaugen, kompensieren; **– le déficit** den Verlust *od.* das Defizit abbauen; **– le chômage** die Arbeitslosigkeit beseitigen.

résorption *f* Aufnahme *f*, Aufsaugen *n*, Auffangen *n*, Beseitigung *f*; **– du chômage** Behebung *od.* Abbau der Arbeitslosigkeit; **– de l'inflation** Inflationsverringerung; **– du pouvoir d'achat** Kaufkraftabschöpfung.

résoudre *v.tr.* auflösen, aufheben, annullieren, für nichtig erklären; beschließen; **– un contrat** einen Vertrag auflösen; **– une difficulté** ein Problem bewältigen *od.* lösen; **se – à faire qqch.** einen Entschluß fassen.

respect *m* (1) *(considération)* Achtung *f*, Einhaltung *f*, Respekt *f*, Rücksicht *f*, Berücksichtigung, (2) *(révérence)* Verehrung *f*, Ehrfurcht *f*, Ansehen, Ehrerbietung; **– des contrats** Vertragstreue *f*; **– scrupuleux du délai imparti** genaue Einhaltung der gesetzten Frist; **– de la dignité (de l'homme)** *(VerfR)* Schutz der Menschenwürde; **– du droit** Wahrung des Rechts.

respectabilité *f* Achtbarkeit, Honorigkeit, Ehrbarkeit, Redlichkeit.

respectable *adj* achtbar, ehrbar, redlich.

respecter *v.tr.* (1) *(règle, loi)* befolgen, beachten, (2) *(personne)* achten, hochachten, respektieren; **faire –** durchsetzen; **se faire –** sich Respekt verschaffen; **– un délai** eine Frist einhalten; **– les droits de l'homme** die Menschenrechte achten; **– les formes** die Form wahren.

respectif *adj* bezüglich; gegenseitig; **apports –s** die Einlagen der einzelnen Gesellschafter; **prétentions –ives** Ansprüche der Prozeßparteien; **torts –s** beiderseitiges Verschulden.

respectivement *adv* beziehungsweise; jeder, beiderseitig; nach Beschaffenheit der Umstände.

respectueux *adj* ehrerbietig, ehrfurchtsvoll.

responsabilisation *f* Förderung des Verantwortungsbewußtseins.

responsabilité *f* (1) *(obligation ou nécessité morale)* Verantwortung *f*, Verantwortungsbewußtsein *n*, Pflichtgefühl *n*, (2) *(SchuldR: obligation de réparer le dommage causé)* Schadensersatzpflicht *f*, Haftung (für unerlaubte Handlungen), Einstehenmüssen *n*, zivilrechtliche Verantwortlichkeit *f*, (3) *(StR: obligation de supporter la peine)* strafrechtliche Verantwortlichkeit, volle Zurechnungsfähigkeit, (4) *(VerfR)* politische Verantwortlichkeit; **action en –** Haftungsklage *f*, Haftpflichtklage; **assumer la –** die Haftung übernehmen, die Verantwortlichkeit *od.* die Verantwortung übernehmen; **assurance de –** Haftpflichtversicherung; **atténuation de –** Haftungsmilderung; **avoir la – de qqn.** für jmdn. verantwortlich sein; **cause de –** Haftungsursache *f*, Haftungsgrund *m*;

responsabilité   **responsabilité des fabricants et distributeurs**

déclaration de − Haftungserklärung *f*; **décliner toute** − (1) jegliche Haftung ablehnen, (2) *(au sens moral)* die Verantwortung ablehnen; **dégagement de toute** − Haftungsfreistellung; **dégager de la** − von der Verantwortlichkeit entbinden; **encourir la** − haften, haftpflichtig werden; **endosser la** − die Verantwortung übernehmen; **engager la** − die Haftung begründen; **engager sa** − haften, haftbar werden, sich schadensersatzpflichtig machen; **être dégagé de toute** − von der Haftung befreit sein; **exclure la** − die Haftung ausschließen; **exclusion de la** − Haftungsausschluß *m*; **exonération de la** − Freistellung von der Haftung.

responsabilité: limitation de − Haftungsbeschränkung *od.* -begrenzung; **limite de** − Haftungsgrenze *f*; **part de** − Haftungsanteil *m*; Mitverschulden *n*; **poste de** − verantwortliche Stellung; **propre** − persönliche Haftung; **reconnaissance de** − Haftungserklärung, Anerkenntnis der Haftung; **règle de** − Haftungsbestimmung; **risque de** − Haftpflicht- *od.* Haftungsrisiko; **supporter la** − haften, die Schadensersatzpflicht tragen.

responsabilité administrative *(ÖfR)* Staats- *od.* Amtshaftung; − **des agents publics** *(VwR)* Amtshaftung, Haftung der Beamten; − **aquillienne** deliktische Haftung; − **des artisans du fait de leurs apprentis** *(SchuldR)* Haftung des Handwerkers als Lehrherrn (für Schäden, die vom Auszubildenden angerichtet werden); − **atténuée** *(StR)* verminderte Zurechnungsfähigkeit (infolge von geistigen Störungen); − **des bâtiments** *(SchuldR)* Gebäude(besitzer-)haftung, Haftung für Gebäudeeinsturz; − **des choses** (Sach-)Halterhaftung, Haftung für Sachen; Tierhalterhaftung; Gebäude(besitzer)haftung.

responsabilité civile (1) *(ZR: i. w. S.)* Schadenshaftung aus Vertrag und/oder unerlaubter Handlung, (2) *(ZR: responsabilité délictuelle)* Schadensersatzpflicht (aus unerlaubten Handlungen), zivilrechtliche Haftung, Haftpflicht; **assurance** − − Haftpflichtversicherung.

responsabilité collective (1) *(ZR)* Solidar- *od.* Gesamthaftung *f*, (2) *(StR)* Kollektivschuld *f*; − **conjointe** *(SchuldR)* gemeinsame Haftung; − **contractuelle** Vertragshaftung, vertragliche Haftung; − **pour le déficit** Ausfallhaftung.

responsabilité délictuelle *(ZR)* Schadensersatzpflicht aus unerlaubter Handlung, deliktische Haftung, Deliktshaftung; − **dérivant d'une faute** *(ZR)* Verschuldenshaftung; − **dérivant du risque créé** *(ZR)* Gefährdungshaftung, Erfolgshaftung; − **des dettes** Schuldenhaftung; − **du dommage causé par les animaux** Tierhalterhaftung, Haftung für Tiere; − **pour les dommages** Haftpflicht, Schadenshaftung; − **encourue par l'assuré** Haftung des Versicherungsnehmers; − **de l'entrepreneur par le fait** *ou* à **l'occasion du travail** *(ArbR)* Unternehmerhaftung für Betriebsunfälle; − **de l'État** *ou* **étatique** Staatshaftung; − **extracontractuelle** außervertragliche Haftung.

responsabilité des fabricants et distributeurs *(ZR)* Produzenten- *od.* Produkthaftung; − **du fait des animaux** Tierhalterhaftung, Haftung des Tierhalters; − **du fait d'autrui** Haftung für fremdes Verschulden, Haftung für Verschulden eines Dritten, Haftung für Dritte *od.* für Leute; − **du fait des bâtiments en ruine** Gebäudehaftung; − **du fait des choses inanimées** (Sach-)Halterhaftung, Haftung für durch Sachen verursachte Schäden; − **du fait du fonctionnement défectueux de la justice** *(PrzR, VwR)* Staatshaftung für Amtspflichtverletzungen

675

responsabilité du fait des véhicules der Richter und sonstiger Organe der Rechtspflege; **– du fait personnel** Haftung für eigenes Handeln; **– du fait des préposés** Haftung (des Geschäftsherrn) für Verschulden der Verrichtungsgehilfen; **– du fait de la ruine d'un bâtiment** *(ZR)* Gebäudehaftung, Haftung für Gebäudeeinsturz.

responsabilité du fait des véhicules automobiles *ou* **du fait des véhicules terrestres à moteur** *(SchuldR: Loi Badinter du 5 juillet 1985)* Kraftfahrzeughaftung, Kraftfahrzeughaftpflicht, Kfz-Haftung, Straßenverkehrshaftung.

responsabilité pour faute Verschuldenshaftung; **– sans faute** Gefährdungs- *od.* Erfolgs- *od.* Verursachungshaftung.

responsabilité du gardien (1) *(SchuldR: i. w. S.)* Halterhaftung, (2) *(SchuldR: Kfz)* Haftung des Halters eines Kraftfahrzeuges; Straßenverkehrshaftung; **– du gardien d'un animal** Tierhalterhaftung; **– illimitée** unbeschränkte Haftpflicht, unbegrenzte Haftung; **– individuelle** Individualhaftung; **– des instituteurs** Haftung der Lehrkräfte und des Schulaufsichtspersonals; **– internationale** völkerrechtliche Verantwortlichkeit; **– irréfragable** Gefährdungshaftung; **– limitée** beschränkte Haftung.

responsabilité des maîtres et commettants *(SchuldR)* Haftung der Geschäftsherrn (für ihre Erfüllungsgehilfen); **– matérielle** Sachhaftung; **– ministérielle** *(VerfR)* Ministerverantwortlichkeit; **– morale** *(ZR)* unvollkommene Haftung, Naturalobligation; **– non-contractuelle** außervertragliche Haftung.

responsabilité objective Gefährdungs- *od.* Erfolgshaftung; **– des parents** Haftung (der Eltern) für Kinder; **– partielle** Teilhaftung; **– pécuniaire** Vermögenshaftung; **– pénale** *(StR)* strafrechtliche Verantwortlichkeit; **– des père et mère du fait de leurs enfants mineurs** *(SchuldR)* Haftung für Kinder; **– personnelle** *(ZR)* persönliche Haftung; **– des personnes** *(ZR)* Haftung für fremde Tat; **– des personnes morales (1)** *(SchuldR)* Haftung jurister Personen für unerlaubte Handlungen, (2) *(StR)* Schuldfähigkeit juristischer Personen; **– politique** politische Verantwortung *od.* Verantwortlichkeit; **– présumée** Haftung aus vermutetem (u. unwiderlegbarem) Verschulden; **– des producteurs** *ou* **du fait des produits** Produzenten- *od.* Produkthaftung; **– professionnelle** Berufshaftpflicht; **– de la puissance publique** Staatshaftung.

responsabilité quasi-délictuelle *(ZR: pour un fait involontaire)* Schadensersatzpflicht aus unerlaubter fahrlässiger Handlung, Haftung für fahrlässiges Handeln; **– réfléchie** Haftung für fremdes Verschulden; **– du risque créé** Erfolgs- *od.* Risikohaftung, Gefährdungshaftung, Haftung ohne eigenes Verschulden; **– du risque créé par les énergies accumulées** Gefährdungshaftung für die Risiken beim Betrieb einer Kernenergieanlage; **– sans faute** Risikohaftung, Gefährdungshaftung.

responsabilité solidaire *(SchuldR)* Haftung als Gesamtschuldner, Gesamthaftung, solidarische Haftung, Solidarhaftung, Mithaftung; **– subjective** Verschuldenshaftung; **– subsidiaire** Subsidiärhaftung.

responsable *m* Verantwortliche(r) *m*, leitender Angestellter; **– d'entreprise** Betriebsobmann *m*; **– syndical** Gewerkschaftsführer *m*.

responsable *adj* (1) *(SchuldR)* haftpflichtig, verantwortlich, haftbar, (2) *(StR)* zurechnungsfähig, (3) *(ÖfR)* verantwortlich, zuständig (für); **être civilement –** *(SchuldR)* haften (aus Vertrag, für eine unerlaubte Handlung), verantwortlich sein; **être pénalement –** *(StR)* schuldfähig *od.* strafrechtlich verantwortlich sein.

responsable *m/f* Verantwortliche *m/f*, (Abteilungs-)Leiter; Chef *m*; **– syndical** Gewerkschaftsführer.

responsif *adj*: **conclusions –ives** *(ZPR)* Anträge des Beklagten, Gegenanträge *mpl*.

resquiller *v.intr.* betrügen, hintergehen, schummeln; schwarzfahren.

ressaisir *v.tr.* (Täter) erneut fassen, festnehmen; **se – de ses biens** *v.pron.* seinen Besitz zurückerlangen.

ressemblance *f* Ähnlichkeit *f*, Übereinstimmung *f*; Ebenbild *n*; **toute – avec des personnes réelles ne peut être que fortuite** jegliche Ähnlichkeit mit tatsächlichen Personen ist rein zufällig.

ressembler *v.tr.ind.* ähneln, ähnlich sein, ähnlich sehen.

ressentiment *m* Neid *m*, Ressentiment *m*.

ressentir *v.tr.* fühlen, empfinden; **– un outrage** sich beleidigt fühlen.

resserrement *m* Einschränkung *f*, Einengung *f*; **– de l'alliance** Festigung *f* des Bündnisses; **– de crédit** Krediteinschränkung *od.* -einengung; **– des liquidités** Liquiditätseinbuße *od.* -verknappung.

ressort *f* (1) *(PrzR: domaine de compétence)* örtliche Zuständigkeit, Amtsbezirk *m* (des Gerichts), Zuständigkeitsbereich *m*, Geschäfts- *od.* Amtsbereich, (Gerichts-)Sprengel *f*, (2) *(VwR)* sachliche Zuständigkeit, Aufgabengebiet *n*, Ressort *n*, (3) *(ZPR: instance)* (Stufe im) Rechtszug *m*, Instanz *f*; **cela n'est pas de mon –** das fällt nicht in meinen Zuständigkeitsbereich; **dernier –** *(PrzR)* Entscheidung erster Instanz (gegen die keine Berufung mehr eingelegt werden kann); **en dernier –** *loc* letztendlich, schließlich; **être du – de** in den Zuständigkeitsbereich fallen (von); **jugement en premier et dernier –** *(ZPR: jugement non susceptible d'appel)* Urteil, gegen das keine Berufung (mehr) eingelegt werden kann; **premier –** Entscheidung erster Instanz (gegen das Berufung eingelegt werden kann).

ressort administratif *(VwR: domaine de compétence)* Zuständigkeitsbereich *m* (der Verwaltungsbehörden); **– territorial** örtliche Zuständigkeit; **– d'un tribunal** Gerichtsbezirk *m*, Gerichtssprengel *m*, Amtsbereich eines Gerichts.

ressortir à *v.tr.ind.* (1) *(ZRP: être du ressort de)* in den Zuständigkeitsbereich fallen (von), (2) *(VwR)* zum Aufgabengebiet gehören, jmdm. unterstehen; **– de** hervorgehen aus, sich ableiten lassen aus.

ressortissant *adj* in den Zuständigkeitsbereich fallend.

ressortissant *m* *(VR, IPR: un national)* Staatsangehörige(r) *m*, Staatsbürger *m* (Aut); **– étranger** ausländischer Staatsangehöriger; **– de l'union européenne** Staatsbürger der europäischen Union.

ressource *f* (1) *(expédient, moyen)* Mittel, Möglichkeit, (2) *(au pluriel, FinanzW: moyens pécuniaires)* Geldmittel *pl*, Finanzquellen *fpl*, (2) *(au pluriel, Vwirt: moyens matériels, réserves)* Ressourcen *fpl*, Hilfsquellen *od.* -mittel; Potential *n*, Reserven *fpl*, (3) *(au pluriel, ArbR, SozR)* Unterhaltsmittel *npl*, Einkünfte *fpl*, (4) *(au pluriel, faculté)* Leistungsfähigkeit *f*; **garantie de –s** *(SozR)* garantiertes Mindesteinkommen, Einkommenssicherung *f*; **sans –s** *(SozR)* hilfsbedürftig, mittellos.

ressources d'appoint Nebeneinkünfte; **–s d'autofinancement** Selbstfinanzierungsmittel *npl*; **–s budgétaires** Haushaltsmittel; **–s énergétiques** Energiereserven *fpl*; **–s d'une entreprise** Betriebskapital *n*; **–s de l'État** staatliche Einnahmen; **–s financières** Finanzmittel *npl*; **–s fiscales** Steueraufkommen *n*; **–s fiscales théoriques** Steuersoll *n*; **–s humaines** (1) *(Vw)* Bevölkerungspotential *n*; Arbeitskräftereserven, (2) *(BW: personnel d'une entreprise)* Belegschaft *f*, Arbeitnehmer *mpl* (eines Betriebs); **–s monétaires** Geldmittel; **–s**

naturelles Naturgüter *npl*; Rohstoffe *mpl*; lebensbedeutsame Umweltgüter; **–s productives** Produktivvermögen *n*; **–s propres** Eigenmittel *npl*, Eigenkapital; **–s publiques** der öffentlichen Hand zur Verfügung stehende Mittel, öffentliche Mittel; **–s du sous-sol** *(Vwirt)* Bodenschätze *mpl*.

restant *m (Buchf: reliquat)* Rest *m*, Restbetrag *m*; **– en caisse** Kassenbestand *m*; **– de la créance** Restforderung *f*.

restauration *f* (1) *(VerfR: Bourbons de 1814 à 1830)* Restauration *f*, (2) *(SchuldR: réparation, réfection)* Instandsetzung *f*, Ausbesserung, Reparatur *f*, Restauration, (3) *(BauR: réfection, réhabilitation)* Gebäudesanierung, (4) *(DV: restitution de fichiers)* Wiederherstellen (von Dateien), (5) *(métier de restaurateur)* Gaststättengewerbe *n*; **– de brevet** Wiederherstellung eines Patents.

restaurer *v.tr.* wiederherstellen, restaurieren, ausbessern, instand setzen.

reste *m* (Über-)Rest *m*, Restbetrag *m*; **demeurer, être en –** eine Restschuld (noch) zu begleichen haben.

rester *v.intr.* (1) verweilen, sich aufhalten, (2) übrigbleiben, verbleiben; **il n'en reste pas moins que** dennoch, gleichwohl, dessenungeachtet; **– sur sa faim** enttäuscht sein; **– insensible aux pressions** dem Druck nicht nachgeben.

restituable *adj* zurückzugeben; rückzahlbar.

restituer *v.tr.* zurückgeben; rückerstatten; **– un texte altéré** einen teilweise unleserlichen Text wiederherstellen.

restitution *f* (1) *(SachR: chose perdue ou volée, somme indue)* Herausgabe *f*, Rückgabe *f*, Restitution *f*; Rückerstattung, (2) *(SchuldR)* Wiederherstellung des früheren Zustandes; Wiedereinsetzung in den vorherigen Stand, (3) *(EuR: subvention à l'exportation)* Ausfuhrbeihilfe *f*; **action en –** Herausgabeklage *f*;

demande en – Herausgabeanspruch *m*; **droit à –** Anspruch auf Rückerstattung; **obligé, tenu à –** zur Rückgabe verpflichtet; **– de droit** Wiederherstellung eines Rechtes; **– de frais** Kostenerstattung; **– de fruits** Herausgabe von Früchten (an den Eigentümer); **– de l'indu** Rückerstattung des ohne rechtlichen Grund Geleisteten; **– en nature** Naturalrestitution; **– de pièces** Rückgabe einbehaltener Urkunden; **– en valeur** Geldersatz *m*.

restitutoire *adj*: **décision –** *(ZPR)* Verurteilung zur Herausgabe (einer Sache).

restreindre *v.tr./v.pron.* einschränken, verringern, begrenzen, beschränken; **se – dans ses dépenses** die Ausgaben (für den eigenen Lebensunterhalt) herabsetzen.

restreint *adj* begrenzt, beschränkt; dürftig; knapp; **suffrage –** *(VerfR: opposé à suffrage universel)* Zensuswahlrecht *n*.

restrictif *adj* ein- *od.* beschränkend, restriktiv; **clause –ive de la responsabilité** Haftungsbeschränkungsklausel *f*; **interprétation –ive** einschränkende Auslegung (eines Rechtssatzes).

restriction *f* Beschränkung *f*, Einschränkung; **faire des –s** Vorbehalte anmelden; **sans –** unbeschränkt; vorbehaltslos; **–s budgétaires** Haushaltskürzungen *fpl*; **– de change** Devisenbeschränkung *od.* -bewirtschaftung; **–s au commerce** Handelsbeschränkungen *fpl*; **– à la concurrence** Wettbewerbsbeschränkung; **– contingentaire** mengenmäßige Beschränkung; **– de crédit** Kreditbeschränkung; **– du droit d'aliéner** *ou* **de disposer** Einschränkung der Verfügungsbefugnis; **– à l'immigration** Einwanderungsbeschränkung; **– à l'importation** Einfuhrbeschränkung; **– de la liberté** Freiheitsbeschränkung; **– des libertés** Beschränkung der Grundrechte; **– mentale**

(ZR) Mentalreservation, geheimer Vorbehalt; **– des pouvoirs** *(SchuldR)* Vollmachtsbeschränkung; **– quantitative à l'importation** *(ZollR)* mengenmäßige Einfuhrbeschränkung, Kontingentierung.

restructuration *f* Umstrukturierung; Sanierung; Rationalisierung; Neuorganisation.

résultat *m* (1) *(conséquence, effet)* Folge *f*, Wirkung *f*, (2) *(succès)* Erfolg *m*, Ergebnis *n*, Resultat *n*, (3) *(au pluriel)* Wahlergebnisse; Prüfungsergebnisse; **compte de –** Erfolgsrechnung, Ergebnisrechnung, Gewinn- und Verlustrechnung; **obligation de –** *(SchuldR)* Verpflichtung zur Herbeiführung eines Erfolgs; Pflicht, das vertraglich festgesetzte Ergebnis zu erreichen; **un premier – tangible** ein erster sichtbarer Erfolg; **– définitif** Endergebnis *n*; **– électoral** Wahlergebnis *n*; **– de l'exercice** *(GesR)* Jahresabschluß *n*; **– d'exploitation** Betriebsergebnis; **– inespéré** unverhoffter Erfolg; **– fiscal** zu versteuernder Gewinn; **– global** Gesamtergebnis; **– des investigations policières** Ergebnis der polizeilichen Untersuchung; **– du scrutin** Wahlergebnis.

résulter *v.intr.* sich ergeben aus, folgen, herauskommen, resultieren.

résumé *f* Zusammenfassung *f*; Übersicht *f*, Inhaltsangabe *f*; **en –** zusammenfassend, abschließend.

résumer *v.tr.* zusammenfassen; **se – à, en** *v.pron.* sich reduzieren auf, sich beschränken auf.

rétablir *v.tr.* wiederherstellen; wieder in Kraft setzen; **– l'économie** die Wirtschaft sanieren; **– dans son emploi** *(ArbR)* wiedereinstellen; **– l'équilibre budgétaire** den Haushalt ausgleichen; **– l'ordre** die Ordnung wiederherstellen.

rétablissement *m* Wiedereinsetzung *f*; Neuordnung *f*; **– de la capacité de travail** Wiedererlangung der Arbeitsfähigkeit; **– de la paix** Wiederherstellung des Friedens; **– de la pension** *(SozR)* Wiederaufleben *n* der Rente; **– d'un texte** Wiederherstellung der ursprünglichen Fassung (einer Urkunde); **– de la vie conjugale** Wiederherstellung der ehelichen Lebensgemeinschaft; **– de la vérité** Richtigstellung.

retard *m* Verzug *m*, Verzögerung *f*; Verspätung *f*; Rückstand *m*; **avoir du –, être en –** Verspätung haben; **indemnité** *ou* **majoration** *ou* **pénalité de –** *(SchuldR)* Säumniszuschlag *m*; **sans –** unverzüglich; **supplément pour cause de –** Verspätungs- *od.* Verzögerungszuschlag.

retard dans l'acceptation *(SchuldR)* Annahmeverzug; **– dans l'exécution** Leistungsverzug; **– injustifié** ungerechtfertigte Verzögerung; **– à** *ou* **dans la livraison** Lieferverzug *m*, verspätete Lieferung, Überschreitung der Lieferfrist; **– mental** geistige Zurückgebliebenheit; **– dans le paiement** Zahlungsverzug.

retardataire *m* (1) Nachzügler *m*, (2) säumiger Schuldner.

retarder *v.tr.* verzögern, hemmen; verschieben, aufschieben, verlegen; **se –** *v.pron.* sich verspäten.

retenir *v.tr.* (1) *(ArbR: Lohn)* zurückbehalten, einbehalten, (2) *(Buchf: Beträge)* abziehen, in Abzug bringen, (3) *(SchuldR: exercer un droit de rétention)* von seinem Zurückbehaltungsrecht Gebrauch machen, (4) *(PrzR: Beweise)* zurückhalten, (5) *(ReiseR)* buchen, reservieren, (6) sich erinnern, im Gedächtnis behalten, (7) *v.pron.:* **se –** sich mäßigen *od.* beherrschen; **– une circonstance atténuante** *(StPR)* einen Schuldminderungsgrund berücksichtigen; **– comme otage** als Geisel festhalten; **– une proposition** einen Vorschlag annehmen.

réteneur *m* *(SchuldR)* derjenige, der ein Zurückbehaltungsrecht ausübt.

rétention *f* Zurückbehaltung *f*; **droit de –** Zurückbehaltungsrecht *n*; –

des actes Zurückbehaltung der Urkunden; **– pour propre compte** *(SchuldR)* Selbstbehalt *m*.

retenue *f* (1) *(SteuerR, Buchf)* Abzug *m* (von Beträgen), Einbehaltung *f*; Zurückbehaltung *f*, (2) einbehaltener Betrag *m*, (3) *(discrétion, mesure)* Zurückhaltung, Mäßigung, (4) *(StVR: bouchon)* Stau *m*; **soumis à la – pour la retraite** ruhegehaltspflichtig; **– de garantie** *(SchuldR)* vorläufige Zurückbehaltung eines Teiles des Werklohns als Garantie bis zur Abnahme des Werkes; **– d'impôt** Steuerabzug; **–s légales sur le salaire** (gesetzliche) Lohnabzüge *mpl*; **– à la source** *(SteuerR)* Abzug an der Quelle.

réticence *f* (1) *(dissimulation)* Verheimlichung *f*; Verschweigen *n* einer Tatsache, (2) Zurückhaltung *f*, Bedenken *n*; **avec –** zurückhaltend, widerstrebend, mit Vorbehalt.

réticent *adj* zögerlich; voller mißtrauen.

retirer *v.tr./v.pron.* zurückziehen; entziehen; **se –** *(BeamR, SozR)* zurücktreten, aus einem Amt ausscheiden; in Rente gehen, aus dem Arbeitsleben ausscheiden; **– un bénéfice** einen Gewinn erzielen; **– des billets de la circulation** *(BankR)* Banknoten aus dem Umlauf ziehen od. einziehen; **– du commerce** aus dem Sortiment nehmen; **– un crédit** einen Kredit zurückziehen; **– une demande** (1) *(ZPR)* eine Klage zurücknehmen, (2) einen Antrag zurücknehmen od. zurückziehen; **– des fonds** (1) Gelder abheben, (2) *(en grosse quantité)* Gelder abziehen; **– un gage** ein Pfand *n* einlösen; **– une plainte** (1) *(StPR)* eine Anzeige zurückziehen, (2) *(StPR: partie civile)* einen Strafantrag zurückziehen od. zurücknehmen; **– un produit de la vente** ein Produkt aus dem Handel ziehen.

retombées *fpl* Auswirkung *f*; (schädliche) Folgen *fpl*; **– radioactives** radioaktiver Niederschlag; **– scientifiques** die praktischen Auswirkungen der Grundlagenforschung.

rétorquer *v.tr.* entgegnen, erwidern, antworten.

retors *adj* gerissen, schlau, durchtrieben, listig, trickreich.

rétorsion *f* *(VR: mesures de représailles)* Vergeltungsmaßnahme *f*, Retorsion *f*; **droits de –** Vergeltungs- od. Retorsionszölle.

retouche *f* Änderung, Verbesserung.

retour *m* (1) Rückkehr *f*, (2) *(VerlagR)* an den Verleger zurückgesandte (unverkäufliche) Bücher; **en –** als Gegenleistung, zum Ausgleich; **clause de – à la meilleure fortune** *(KonkursR)* Wiederauflebensklausel *f*; **droit de –** *(ErbR)* Heimfallrecht *n*; **marchandise en –** *(HR)* Rückware *f*, Retourware; **par – de courrier** postwendend.

retour de balancier Umschwung *m*, Rückschlag *m*; **– à la case départ** Neuanfang *m*; **– conventionnel** vertragsmäßig geregeltes Rückforderungsrecht des Schenkers; **– d'effets** Rückwechsel *m*; **– à l'envoyeur** (Post) zurück an den Absender; **– sans frais** *(WechselR)* Protestausschluß- od. Verzichtklausel *f*; **légal** gesetzlich geregeltes Rückforderungsrecht des Schenkers; **– de partage** *(ErbR)* Ergänzung eines Erbanteils; **– sans protêt** Protestverzichtklausel *f*.

retournement *m* Wende *f*; **– de la conjoncture** *(Vwirt)* Konjunkturumschwung *m*; **– de veste** plötzliche, radikale Meinungsänderung.

retourner *v.tr./v.intr./v.pron.* umkehren, wenden; **se – contre qqn.** *(ZPR: exercer une action récursoire)* einen Rückgriffs- od. Regreßanspruch geltend machen; **– l'arme contre soi-même** sich selbst töten; **– sa veste** seine Meinung ändern; überlaufen.

retracer *v.tr.* darstellen, berichten.

rétractable *adj* widerrufbar.

rétractation *f* (1) *(ZR: manifestation de volonté contraire)* Zurücknahme einer Willenserklärung, Widerruf *m*, (2) *(StPR: aveu)* Widerruf des Geständnisses; **voie de –** *(ZPR)* Rechtsmittel *n*, das bei dem Gericht eingelegt wird, das das Urteil erlassen hat; Einspruch *m*; Wiederaufnahme *f* des Verfahrens; **– du consentement** Widerruf der Annahmeerklärung; **– d'une offre** Angebotswiderruf.

rétracter *v.tr.* **un aveu** ein Geständnis widerrufen; **– un engagement** sich von einer Verpflichtung lossagen; **se –** *v.pron.* eine Aussage widerrufen.

retraduction *f* Übersetzung einer Übersetzung.

retrait *m* (1) *(VwR)* Zurücknahme *od.* Aufhebung (eines Verwaltungsaktes), (2) *(ZR: faculté de se substituer)* Forderungsübernahme *f* (durch einen Dritten), Erwerb *m* eines Gläubigerrechtes, (3) *(PrzR: privation d'un droit par décision de justice)* Aberkennung (eines Rechts), Entziehung *f*, (4) *(ÖfR, ZR: action de se retirer d'une organisation)* Austritt *m*; Rücktritt, (5) *(BankR: somme d'argent)* Abhebung; **droit de –** Rücktrittsrecht; **– d'agrément** *(VwR)* Entziehung einer Genehmigung *od.* einer Zulassung, Genehmigungswiderruf *m*; **– d'un associé** *(GesR)* Austritt eines Gesellschafters *m*; **– de l'autorisation** Widerruf *od.* Zurücknahme einer Erlaubnis; **– de candidature** Rücktritt eines Wahlkandidaten; Rücknahme einer Bewerbung; **– d'un compte** *(BankR)* Abhebung *f*; **– de la concession** Konzessionsentziehung, Zurücknahme der Verleihung; **– conventionnel** vertraglich vereinbartes Rückkaufsrecht; **– de crédit** Kreditkündigung *f*.

retrait de la demande (1) *(ZPR)* Klagezurücknahme *f*, (2) Zurückziehung des Antrags; **– de droits litigieux** *(SchuldR)* Einwendung des Schuldners aus dem Valutaverhältnis (bei einer Zession); **– d'emploi** *(BeamR)* Entfernung aus dem Amt, Amtsenthebung *od.* -entsetzung; **– d'espèces** (Barmittel-)Abhebung.

retrait de fonds Geldabhebung; **– forcé** Zwangseinziehung; **– d'indivision** *(SachR)* Einlösungsrecht eines Miteigentümers; **– de licence** Lizenzentziehung; **–litigieux** Einwendung des Schuldners aus dem Valutaverhältnis (bei einer Zession); **– du marché** Zurückziehung aus dem Verkehr; **– de la nationalité** Staatsangehörigkeitsaberkennung; **– de naturalisation** Widerruf der Einbürgerung; **– du passeport** Paßentziehung.

retrait du permis de conduire *(StR)* Entziehung der Fahrerlaubnis, Führerscheinentzug *m*; **– de permission** Entziehung einer Genehmigung *od.* Zulassung; **– d'un projet de loi** Rücknahme einer Gesetzesvorlage; **– d'un produit** *(HR)* Rückruf eines Produkts; **– d'une somme d'argent** Abhebung (eines Geldbetrages); **– successoral** *(ErbR)* Recht eines Miterben, in den von einem anderen Miterben geschlossenen Erbschaftsverkauf einzutreten; **– de l'usage** Gebrauchsentziehung; **– du titre de séjour** *(VwR)* Entzug *m* der Aufenthaltserlaubnis; **– volontaire** freiwilliger Rücktritt.

retraite *f* (1) *(SozR: état)* Ruhestand *m*, (2) *(SozR: prestation)* Ruhegehalt *n* (der Beamten), Ruhegeld *n*; Altersruhegeld (der Arbeitnehmer), Pension *f*, (3) *(WechselR)* Rückwechsel *m*, (4) *(MilR)* Rückzug *m*; **abaisser l'âge de la –** das Rentenalter herabsetzen; **admission à la –** Versetzung in den Ruhestand; **âge de la –** Rentenalter *n*, Altersruhegeldgrenze *f*; Pensions- *od.* Ruhestandsalter; **assurance- –** Rentenversicherung; **avancer l'âge de la –** das Rentenalter herabsetzen; **caisse de –** Ruhegeld- *od.* Pensionskasse; **départ en –, départ à la –** Eintritt *m* in den Ruhestand; **droit à la –** Anspruch auf Altersversorgung; Ruhegehaltsanspruch *m*, Ruhegehalts- *od.* Pensionsberechtigung; **fonctionnaire en –** Ruhestandsbeamte(r) *m*, Beamte(r) im Ruhestand; **faire – *(WechselR)*** einen Rückwechsel ziehen; **fonds de –** Pensionsfonds; **liquider la –** die Ruhegehaltsbezüge feststellen; **maison de –** Altersheim *n*; **mettre à la –** in den Ruhestand versetzen, pensionieren; **mise à la –** Pensionierung, Versetzung in den Ruhestand; **pension de –** (1) *(BeamR)* Ruhegehalt, Alterspension, Pension, Ruhegeld, (2) *(ArbR)* Altersrente; **prendre sa –** in den Ruhestand treten; **qui donne droit à –** ruhegehaltsfähig; **régime complémentaire de –** Zusatzversorgung, ergänzende Altersversorgung; **relever l'âge de la –** das Rentenalter heraufsetzen.

retraite d'ancienneté Altersruhegeld; **– anticipée** vorzeitige Pensionierung; vorgezogenes Altersruhegeld; **– complémentaire** zusätzliche Altersversorgung, Zusatzrente; **– d'entreprise** betriebliche Altersversorgung, Betriebsrente; **– aux flambeaux** Fackelzug *m*; **– d'invalidité** Invaliden- *od.* Invaliditätsrente; **– minière** Bergarbeiterrente; **– mutualiste** von einem Verein auf Gegenseitigkeit gezahlte Rente; **– ouvrière** Arbeiterrente; **– progressive** gleitender Übergang in den Ruhestand (älterer Arbeitnehmer); **– proportionnelle** Pensionierung nach einer kürzeren oder mittleren Dienstdauer vor Erreichung des Pensionsalters; **– par répartition** Rentenversicherung durch Beiträge im Rahmen der Sozialversicherung; **– de vieillesse** Altersversorgung, Altersruhegeld, Altersrente.

retraité *adj/m* Ruhegehaltsempfänger *m*, Ruheständler, Pensionär *m*, Altersrentner *m*; **fonctionnaire –** Ruhestandsbeamte(r).

retraitement *m*: **usine de – *(UmweltR)*** Wideraufbereitungsanlage *f*.

retranchement *m* Abzug *m*; Streichung, Beseitigung.

retrancher *v.tr./v.pron.* abziehen; absetzen; **se – derrière le secret professionnel** sich auf die berufliche Schweigepflicht berufen; **se – derrière un prétexte** Ausflüchte suchen.

retranscrire *v.tr.* abschreiben.

retransmission *f (MedienR)* Übertragung; Wiederholung.

rétrécissement *m* Verengung *f*; Verringerung.

rétribuer *v.tr.* bezahlen, entlohnen, vergüten, besolden.

rétribution *f* (1) Entgelt *n*, Vergütung *f*, (2) Lohn *m*, Besoldung *f*; **– forfaitaire** Pauschalvergütung; **– scolaire** Schulgeld *n*.

rétroactif *adj* rückwirkend; **acte –** rückwirkendes Rechtsgeschäft; **avec effet –** rückwirkend; **effet –** Rückwirkung *f*.

rétroactivement *adv* rückwirkend.

rétroactivité *f* Rückwirkung; **– de la condition** Rückwirkung der Bedingung; **– d'une loi** Rückwirkung eines Gesetzes.

rétroagir *v.intr.* rückwirken.

rétrocédant *m* Rückübertragende(r).

rétrocéder *v.tr.* (1) *(SchuldR)* rückübertragen, wieder (an den Gläubiger) abtreten, (2) *(HR: vendre à un tiers)* (weiter-)veräußern.

rétrocession *f* (1) Rückübertragung, Rückabtretung *f*, (2) *(HR)* Weiterveräußerung *f*, Abtretung, (3) *(VersR)* Retrozession; **– d'honoraires médicaux** Abtretung eines Teils des erhaltenen Honorars.

rétrocessionnaire *m* (1) Rückübernehmer *m*, (2) Veräußerer *m*, (3) Retrozessionär.

rétrogradation *f (BeamR)* Dienstgradherabsetzung, Rückstufung.

rétrograder *v.tr.* im Range herabsetzen, zurückstufen.

rétroviseur *m* Rückspiegel *m*.

réunification *f* Wiedervereinigung *f*.

réunion *f* (1) *(groupement momentané)* Versammlung *f*, Sitzung *f*; Besprechung *f*, (2) *(communauté)* Vereinigung *f*, (3) *(rattachement)* Verbindung *f*, Wiedervereinigung *f*,

Anschluß *m*, (4) *(assemblage, rapprochement)* Zusammenstellung *f*, Zusammenziehung *f*; **droit de –** Versammlungsrecht; **liberté de –** Versammlungsfreiheit; **local de –** Sitzungsraum; **participer à une –** an einer Versammlung teilnehmen.

réunion de capitaux Kapitalansammlung; **– du conseil des ministres** *(VerfR)* Ministerratssitzung; **– de documents** (Beweis-)Urkundenzusammenstellung; **– électorale** Wahlversammlung; **– de faits** Sammlung von Fakten; **– fleuve** nicht endende Sitzung, unendlich lange Sitzung; **– du personnel** *(ArbR)* Belegschaftsversammlung; **– plénière** Vollversammlung; **– publique** öffentliche Versammlung; **– séditieuse** *(StR)* aufrührerische Versammlung; **– de travail** Arbeitssitzung.

réunir *v.tr./v.pron.* wiedervereinigen; verbinden; zusammenschließen; **se –** sich versammeln, eine Sitzung abhalten; **– la cellule de crise à Matignon** den Krisenstab am Sitz des Premierminister einberufen.

réussir *v.intr.* Erfolg haben, erfolgreich sein, von Erfolg gekrönt sein; seinen Zweck erreichen.

réussite *f* (günstiger) Erfolg *m*, Gelingen *n*.

revalidation Wiederinkraftsetzung *f*.

revalider *v.tr.* wieder für gültig erklären.

revalorisation *f* (1) *(ZR, ZPR)* Anpassung einer Leistung (an neue Gegebenheiten), (2) *(BankR)* Aufwertung *f*, Wiederaufwertung (einer Währung); **– des basses rénumérations** Anhebung der niedrigsten Lohngruppen; **– des pensions et retraites** Rentenanpassung *od.* -anhebung.

revaloriser *v.tr.* anpassen; aufwerten; erhöhen.

revanche *f* Vergeltung, Rache *f*; **à charge de –** auf Gegenseitigkeit (beruhen).

révélateur *adj* aufschlußreich.

révélation *f* Enthüllung *f*, Aufdeckung *f*; **– de secret** *(StR)* Verletzung der Geheimhaltungs- *od.* der Verschwiegenheitspflicht, Bruch des Amtsgeheimnisses *od.* der Verschwiegenheitspflicht, Geheimnisverrat *m*.

révéler *v.tr.* (Geheimnis) aufdecken *od.* enthüllen.

revendeur *m* (1) *(HR)* Wiederverkäufer *m*, Händler *m*, (2) *(StR: drogues)* Dealer *m*; **– de voitures** Gebrauchtwagenhändler *m*.

revendicatif *adj* fordernd, beanspruchen; **mouvement –** *(ArbR)* Arbeitskampf *m*.

revendication *f* (1) *(PatR, ArbR: exigence, prétention)* Anspruch *m*, Beanspruchung *f*, Forderung, (2) *(SchuldR)* Rückforderung, (3) *(SachR)* Herausgabeanspruch *m*; **– catégorielle** Forderungen einer Berufsgruppe; **– d'hérédité** Erbschaftsanspruch *m*; **– d'une invention** Inanspruchnahme einer Erfindung; **– de priorité** *(PatR)* Prioritätsanspruch; **– professionnelle** Forderungen einer bestimmten Berufsgruppe; **– de rattrapage** Lohnforderungen zwecks Inflationsausgleich; **–s salariales** Lohnforderung *fpl*; **– territoriale** *(VR)* Gebietsforderung.

revendiquer *v.tr.* (1) *(ZR, ArbR)* Anspruch erheben auf, beanspruchen, verlangen, fordern, (2) *(SachR)* die Herausgabe (einer Sache) verlangen; **– la paternité d'un attentat** einen Bekennerbrief absenden.

revendre *v.tr.* wiederverkaufen, weiterverkaufen, weiterveräußern.

revenir *v.intr. (HR: revenir à)* kosten, sich belaufen auf; **– sur des aveux forcés** *(StPR)* ein mit Gewalt erpreßtes Geständnis widerrufen; **– à la charge** erneut ein Thema aufgreifen; **– sur une décision** *(PrzR)* eine Entscheidung aufheben; **– sur sa parole** wortbrüchig werden, sich nicht an das gegebene Wort halten; **– de ses prétentions** seine Ansprüche mäßigen; **– sur un vote** eine Wahl für ungültig erklären.

revente *f (HR: rétrocession)* Wiederverkauf *m*, Weiterverkauf, Weiterveräußerung; **– sur folle enchère** erneute Versteigerung wegen Nichterfüllung durch den ersten Ersteher.

1. **revenu** *m* (1) *(Vwirt, GesR: gain, produit, rapport)* Ertrag *m*, Gewinn *m*, Rendite *f*, Einnahme *f*, (2) *(ArbR: salaire)* Einkommen *n*, Einkünfte *fpl*, Entgelt *n*, Lohn *m*; **calcul du –** Einkommensermittlung; **écarts de –** Einkommensunterschiede *mpl*; **impôt sur le –** Einkommensteuer *f*; **sources de –** Einnahmequellen *fpl*; **titre à – fixe** festverzinsliches Wertpapier; **titre à – variable** Dividendenpapier; **tranche de –** Einkommensstufe.
revenu accessoire, – annexe Nebeneinkommen, Nebenbezüge *mpl*; **– d'activité** Einkommen aus Erwerbstätigkeit; **– annuel** Jahreseinkommen; **– brut** Roheinkommen.
revenu du capital Kapitalertrag *m*, Kapitaleinkünfte *fpl*, Besitzeinkommen; **impôt sur le – – mobilier** Kapitalertragsteuer.
revenu disponible verfügbares Einkommen *n*; **– familial** Familienlohn; **– fixe** festes Einkommen; **– foncier** Boden- *od.* Grundrente; **– global** Bruttoeinkommen; **– imposable** steuerpflichtiges Einkommen; **– imposé** besteuertes Einkommen; **– individuel** Einzel- *od.* Individualeinkommen, Pro-Kopf-Einkommen; **– locatif** Mieteinnahmen *pl*; **– des ménages** Einkommen der Privathaushalte; **– minimum d'insertion (= RMI)** *(SozR)* Sozialleistung zur Gewährleistung eines Mindesteinkommens, zeitlich begrenzte Sozialhilfe.
revenu national *(Vwirt)* Volkseinkommen; **– national au coût des facteurs** Nettosozialprodukt zu Faktorkosten; **– national aux prix du marché** Inlandsprodukt zu Marktpreisen; **– en nature** *(ArbR)* Sachbezüge *pl*; **– net** (1) *(HR)* Reinerlös, (2) *(Vwirt)* Nettoeinkommen; **– nominal** Nominaleinkommen; **– par tête d'habitant** Pro-Kopf-Einkommen; **– professionnel** Einkommen aus Erwerbstätigkeit; **– réel** Realeinkommen; **– régulier** laufendes Einkommen; **– salarial** Lohneinkommen, Einkommen aus nichtselbständiger Arbeit; **– soumis à cotisations** *(SozR)* beitragspflichtiges Einkommen; **– supplémentaire** Nebeneinkünfte; **– taxable** *(SteuerR)* steuerpflichtiges Einkommen; **– par tête d'habitant** Pro-Kopf-Einkommen; **– total** Gesamteinkommen; **– du travail** Arbeitseinkommen *od.* -einkünfte.

2. **revenus: catégorie de –** (1) Einkommensgruppe *f*, (2) Einkommensschicht *f*; **déclaration des –** Einkommensteuererklärung; **distribution des –** Einkommensverteilung; **impôt sur les – du travail** Lohnsteuer, Steuer auf Einkommen aus unselbständiger Erwerbstätigkeit; **impôt sur les – des sociétés (= IS)** Körperschaftssteuer *f*; **perte de –** Einkommenseinbuße *od.* -ausfall *m*; **plafond des –** Einkommensobergrenze; **politique des –** Einkommenspolitik *f*; **redistribution des –** Einkommensumverteilung; **source de –** Einkommensquelle *f*; **tranche de –** Einkommensstufe.
revenus agricoles Einkünfte aus landwirtschaftlichem Betrieb; **– du capital** Kapitalerträge; **– des domaines** *(VwR)* Domanialeinkünfte *pl*; **– de l'État** Staatseinkünfte; **– exempts d'impôt** steuerfreie Einkünfte; **– d'exploitation** Einkünfte aus einem Gewerbebetrieb; **– mobiliers** Einkünfte aus beweglichem Vermögen; **– en nature** Naturalerträge; **– périodiques** wiederkehrende Einkünfte; **– privés** Privateinkommen; **– des professions industrielles ou commerciales** Einkommen aus Gewerbebetrieb; **– des professions libérales** Einkommen aus selbständiger Arbeit; **– de remplacement** Renten, Einkommen aus Vermö-

genswerten; **– de transfert** Transfereinkommen, Sozialbezüge.

réverbère *m* Straßenlaterne *f,* Peitschenleuchte *f.*

révérenciel *adj:* **crainte –ielle** Ehrfurcht *f.*

revers *m* (1) *(document, acte)* Rückseite *f,* (2) *(monnaie)* Schriftseite *f,* (3) *(fig)* Kehrseite *f,* Mißerfolg *m,* Fehlschlag *m;* **– électoral** Wahlniederlage *f;* **– de fortune** Vermögenseinbuße *f.*

réversal *adj:* **lettres –es** *(VR)* Geheimschreiben mit gegenseitigen Zugeständnissen.

reversement *m* Zurückzahlung *f;* **état de –** vollstreckbarer Rückzahlungsbescheid.

reverser *v.tr.* zurückzahlen, übertragen.

réversibilité *f* (1) *(ErbR)* Heimfall *m,* (2) *(SozR)* gesetzlicher Übergang eines Rentenanspruchs beim Tode des Berechtigten; **– des staries** *(SeeHR)* Prinzip der Rückvergütung für nicht abgelaufene Liegezeit.

réversible *adj* (Anspruch) der auf einen Dritten übergehen kann; **rente –** Verbindungsrente mit Übergang.

réversion *f* Rückzahlung; **pension de –** *(SozR)* Hinterbliebenenrente (des Ehegatten), (an den hinterbliebenen Ehegatten) rückfallende Altersrente.

revêtir *v.tr.* (1) *(Urkunde)* unterschreiben, mit der erforderlichen Unterschrift versehen, (2) *(WechselR)* (mit der Akzepterklärung) versehen; **– qqn. d'une fonction** jmdn. in ein Amt einführen; **– d'un mandat** mit einer Vollmacht ausstatten.

revient *m*: **prix de –** *(HR)* Gestehungskosten *pl,* Gestehungspreis *m,* Selbstkostenpreis.

revirement *m (Pol)* Umschwung *m,* Wechsel *m;* **– conjoncturel** Konjunkturumschwung; **– de jurisprudence** Änderung *od.* Umschwung in der Rechtsprechung; **– d'opinion** Meinungsumschwung; **– de tendance** Richtungswechsel.

révisable *adj* (1) *(Entscheidung)* nachprüfbar, (2) *(Preis)* abänderbar; **procès –** (durch Rechtsmittel) anfechtbares Urteil.

réviser *v.tr.* revidieren, überprüfen, nochmals prüfen; **– à la baisse** nach unten korrigieren; **– la constitution** die Verfassung abändern; **– à la hausse** nach oben korrigieren; **– une prestation** eine Leistung neu festsetzen; **– un procès** ein Verfahren wiederaufnehmen; **– un traité** einen völkerrechtlichen Vertrag abändern.

réviseur *m* Überprüfer *m.*

révision *f* (1) *(VerfR: amendement)* Änderung *f,* Abänderung *f,* Novellierung *f* (eines Gesetzes), (2) *(VwR: vérification)* Nachprüfung, Überprüfung, (3) *(PrzR)* Wiederaufnahme *f* (des Verfahrens), (4) *(SozR)* Neufestsetzung (einer Rente); (5) *(UrhR: mise à jour)* Erneuerung, Bringen *n* auf den neuesten Stand, (6) *(SchulR)* Wiederholung *f,* (7) *(Technik)* Inspektion, Überholung, Hauptinstandsetzung; **clause de –** Anpassungsklausel, Preisgleitklausel; **conseil de –** *(MilR)* Musterungskammer; **recours** *ou* **requête en –** *(PrzR)* Antrag auf Wiederaufnahme, Wiederaufnahmeklage.

révision constitutionnelle Verfassungsänderung *f;* **– douanière** zollamtliche Revision; **– au fond** *(PrzR, VwR)* sachliche Nachprüfung; **– partielle** teilweise Abänderung; **– d'une prestation** Neufestsetzung einer Leistung; **– des prix** Preisanpassung(sklausel).

révocabilité *f* (1) *(d'une déclaration)* Widerruflichkeit *f,* (2) *(d'une personne)* Absetzbarkeit *f,* (3) *(d'un contrat)* Aufhebbarkeit *f.*

révocable *adj* (1) widerruflich, (2) absetzbar, (3) aufhebbar; **non –** unwiderruflich.

révocation *f* (1) *(ZR: annulation)* Aufhebung *f,* Widerruf *m,* Ungültigkeitserklärung *f,* (2) *(BeamR: destitution)* Absetzung *f,* Abberufung *f,* (3) *(BeamR, DiszR)* Entfernung aus dem Dienst, Dienstentlassung, (4) *(GVR: destitution d'un juge)* (Amts-)Enthebung *f*, (5) *(ArbR: renvoi d'un travailleur)* Entlassung, (fristlose) Kündigung; **action en –** *(ZPR)* Anfechtungsklage *f*; **droit de –** Widerrufsrecht *n*; Abberufungsrecht; **– d'un brevet** Widerruf *m* eines Patents; **– du crédit** Kreditkündigung *od*. -entziehung; **– de la donation** Schenkungswiderruf; **– d'un mandat** Kündigung eines Auftrages; **– de l'offre** Widerruf *m* des Angebots; **– d'une procuration** Widerruf *od*. Entziehung einer Vollmacht; **– d'un testament** Widerruf eines Testaments.

révocatoire *adj* aufhebend; **action –** *(ZPR: action paulienne, art. 1167 Cciv)* revokatorische Klage, Gläubigeranfechtung (gerichtet gegen den Gläubiger seines Schuldners).

revoir *v.tr.* überprüfen, kontrollieren, kritisch beleuchten; **– à la baisse/à la hausse** nach unten/oben korrigieren.

révolte *f* Aufruhr *m*, aktive Widerstandsleistung; Empörung *f*, Aufstand *m*; **fomenter une –** einen Aufstand anzetteln; **incitation à la –** *(StR)* Aufforderung zu Gewalttätigkeiten; **– armée** bewaffneter Aufstand.

révolté *m* Aufständische(r) *m*.

révolter *v.pron.*: **se –** einen Aufstand machen, sich erheben, sich empören.

révolu *adj* beendet, abgelaufen; **à l'âge de 18 ans –s** bei Vollendung des 18. Lebensjahres.

révolution *f* Revolution *f*; **– des consciences** New Age *n*; **– culturelle** Kulturrevolution; **– universelle** Weltrevolution; **– verte** Agrarrevolution.

révolutionnaire *m* Revolutionär *m*, Umstürzler *m*.

revolving credit *m (BankR: crédit automatiquement renouvelable)* fortlaufende Anschlußfinanzierung, Revolving-Kredit *m*.

révoquer *v.tr.* (1) *(ZR: annuler un acte juridique)* widerrufen; für nichtig erklären; rückgängig machen, (2) *(ArbR, BeamR: destituer une personne)* absetzen, entheben; **– en doute** in Zweifel ziehen; **– un testament** ein Testament widerrufen.

revue *f* (1) Durchsicht *f*, Untersuchung *f*, genaue Prüfung, (2) Zeitschrift *f*, (3) Revue *f*, musikalisches Ausstattungsstück; **exercice sous –** *(GesR)* Bezugsjahr; **– de presse** Presseschau *f*; **– technique** Fachzeitschrift.

richesse *f* Reichtum *m*, Überfluß *m*; Wohlstand *m*; **– nationale** *(Vwirt)* Volksvermögen.

rigidité *f* Strenge *f*; Starrheit *f*; **– constitutionnelle** *(VerfR)* Unantastbarkeit der Verfassung; erschwerte Verfassungsänderung; **– de la demande** *(Vwirt)* Unelastizität der Nachfrage.

rigole *f (SachR)* (Wasser-)Rinne *f*, Regengraben *m*, Furche *f*.

rigorisme *m* sittliche Strenge; starres Festhalten an den Prinzipien.

rigoureusement *adv*: **s'en tenir – à la règle** sich strikt an das Gesetz halten; **– interdit** strengstens verboten; **– vrai** völlig wahr.

rigoureux *adj* streng; unerbittlich; **sanction –euse** strenge Strafe; **–euse neutralité** strikte Neutralität.

rigueur *f* Strenge *f*, Härte *f*; Starrheit *f*; Genauigkeit *f*; **à la –** äußerstenfalls; falls erforderlich; **arrêts de –** verschärfter Arrest; **de –** genau, fix, präzise; **délai de –** Frist des Fixgeschäfts; **politique de –** (strenge) Sparpolitik; **tenir – à qqn.** jmdn. etwas nicht verzeihen (können).

riposte *f* Gegenschlag *m*, Gegenangriff *m*.

riposter *v.intr.* antworten, sich verteidigen; einen Gegenschlag führen.

1. **risque** *m* (1) *(danger, péril)* Gefahr *f*, Gefährdung *f*, (2) *(éventualité d'un événement futur)* Risiko *n*, Wagnis *n*; Verlustmöglichkeit *f*; (3) *(VersR, SozVers: risque assuré)* Versicherungsfall *m*, (4) *(SchuldR: événement*

dommageable dont la survenance est incertaine) unvorhersehbares Ereignis, höhere Gewalt; **acceptation d'un** – freiwillige Gefahrenübernahme *f;* **assurance du premier** – Versicherung auf erstes Risiko; **courir un** – Gefahr laufen, sich einer Gefahr aussetzen; **couvrir un** – ein Risiko decken; **évaluation** *ou* **opinion du** – Risikoabschätzung *od.* -beurteilung; **théorie du** – Grundsatz der Gefährdungshaftung; **théorie des –s** *(SchuldR)* Grundsätze der Gefahrtragung.

risque d'accidents Unfallgefahr, Unfallrisiko; – **aggravé** erhöhtes Risiko; – **assurable** versicherbares Risiko; – **atomique** Gefährdung durch Kernenergie *od.* Kernspaltungsprodukte; – **de change** Valuta- *od.* Wechselkursrisiko; – **commercial** *(HR)* Risiko der Zahlungsunfähigkeit (des Käufers); – **pour compte propre** Risiko für eigene Rechnung; – **de confusion** Verwechslungsgefahr *f;* – **contigu** angrenzendes Risiko; – **conventionnel** klassisches Risiko; – **de cours** Kursrisiko; – **couvert** gedecktes Risiko; – **de crédit** *(Außh)* Vorfinanzierungs- *od.* Kreditrisiko; – **décès** Todesfallrisiko; – **de dérapage** Gefahr, daß eine Angelegenheit außer Kontrolle gerät; – **de l'entreprise** *ou* **d'exploitation** Betriebsgefahr; – **d'escalade et de confrontation directe** Risiko der Verschärfung des Konflikts und der direkten Konfrontation; – **garanti** gedecktes Risiko.

risque inassurable unversicherbares Risiko; – **d'inflation** Inflationsgefahr; – **d'irradiation** Verstrahlungsrisiko; – **locatif** *(SchuldR)* Haftung des Mieters eines Gebäudes *od.* einer Wohnung für einen an den vermieteten Räumen entstandenen Brandschaden; – **maladie** Erkrankungsgefahr, Krankheitsrisiko; – **maritime** *ou* **de mer** Seegefahr, Seerisiko; – **monétaire** Währungs- *od.* Valutarisiko; – **non couvert** ausgeschlossenes Risiko; – **normal** gewöhnliches Risiko; – **personnel** Eigengefahr.

risque de pollution *(UmweltR)* Umweltgefährdung, Immissionsod. Verunreinigungsgefahr; – **de pollution des eaux** Wasserverschmutzungsgefahr; – **professionnel** *(ArbR)* Arbeitsunfallrisiko, Berufsrisiko; – **de proximité** Nachbarschaftsrisiko; – **technologique majeur** größter anzunehmender Unfall (= GAU); – **de transport** Beförderungs- *od.* Transportrisiko.

2. **risques: aggravation des** – Gefahr- *od.* Risikoerhöhung; **appréciation des** – Risikobeurteilung, Einschätzung des Risikos; **assurance de** – Risikoversicherung; **catégorie de** – Gefahrenklasse *f;* **clause d'exclusion des** – Risikoausschlußklausel *f;* **clause de limitation des** – Risikobegrenzungsklausel; **communauté de** – Gefahrengemeinschaft *f;* **compensation des** – Risikoausgleich; **couverture** *ou* **garantie des** – Risikodeckung *od.* -garantie; **grands** *ou* **gros** – Großrisiken, schwere Risiken; **indemnité de** – *(ArbR)* Gefahrenzulage *f;* **supporter les** – die Gefahr tragen; **transfert des** – Gefahrübergang *m.*

risques exceptés *(VersR)* Ereignisse, in denen die Haftung ausgeschlossen ist; – **extraordinaires** Extrarisiken *pl;* – **du métier** Berufsrisiken; – **non assurables** nicht versicherungsfähige Risiken.

risques et périls: agir à ses – – auf eigene Gefahr handeln; **(être) aux** – – **du destinataire** auf Gefahr des Empfängers.

risquer *v.tr.* wagen, riskieren, aufs Spiel setzen; – **de** Gefahr laufen zu; – **le tout pour le tout** alles aufs Spiel setzen; **se** – **à** sich wagen an.

ristourne *f* (1) *(HR: réduction de prix accordée par le fournisseur)* (Treue-)Rabatt *m;* Rückerstattung, Rückvergütung, (2) *(SeeHR: annulation d'un contrat d'assurance pour disparition du risque)* Rücknahme einer

Seeversicherung gegen Vergütung, (3) *(Buchf)* Ab- u. Zuschreibung eines Postens (in der Buchhaltung), Ristorno *m*; **– de commission** Rückprovision; **– comptable** Abgang *m*, Storno *n*; **– pour conduite sans accidents** Schadenfreiheitsrabatt; **– de droits de douane** Zollrückvergütung; **partielle** Teilstorno; **– de prime** Rück- *od.* Stornoprämie; (teilweise) Beitragsrückerstattung; **– sur le prix d'achat** Rückerstattung eines Teils des Kaufpreises.

ristourner *v.tr.* (1) annullieren, (2) rückerstatten, rückvergüten, (3) ristornieren.

rite *m* Ritual *n*, Brauch *m*.

rivage *m (VwR)* Meeresstrand *m* (als öffentliches Eigentum).

rival *m* Gegenspieler *m*; Mitbewerber *m*, Konkurrent *m*.

rivaliser *v.intr.* um den Vorrang kämpfen, in Wettbewerb treten; rivalisieren.

rivalité *f* Feindschaft *f*; Gegensatz *m*; Rivalität *f*, Wetteifer *m*, Mitbewerbung.

rive *f* (Fluß-)Ufer *n*.

riverain *m* (1) *(VwR)* Anlieger *m*; Ufereigentümer *m*, (2) *(SachR)* Grenznachbarn *pl*; **– de la voie publique** (Straßen-)Anlieger *od.* Anrainer *m*.

riveraineté *f (VwR)* Rechte der Uferanlieger (nicht schiffbarer Wasserläufe).

rivière *f* Fluß *m*; **– domaniale** *(VwR)* Gewässer im öffentlichen Eigentum.

rixe *f (StR)* Raufhandel *m*, Rauferei *f*, Schlägerei *f*.

robe *f (avocats ou magistrats)* Amtstracht *f*, Robe *f*; **gens de –** Juristen *mpl*.

robotique *f* Robotertechnik *f*.

rocade *f (StVR)* Umgehungsstraße; Zubringer *m*.

rodage *m fig* Einarbeitungs- *od.* Anlaufzeit.

rôdeur *m* Vagabund *m*, Landstreicher *m*.

rogatoire *adj* ersuchend; **commission –** *(PrzR, IPR)* Rechtshilfeersuchen *n*; Amtshilfeersuchen.

rogatoirement *adv* : **commettre un juge –** im Wege der Rechtshilfe einen Richter zur Vornahme einer Amtshandlung verpflichten.

rôle *m* (1) *(ZPR)* (Gerichts-)Terminliste *f*, Verhandlungskalender *m*, (2) *(VwR: registre)* Liste *f*, Rolle *f*, Register *n*, (3) *(ZR: feuille d'un acte notarié)* Blatt *n* einer Urkunde, Urkunde *f*, (4) *(mission, vocation)* Rolle *f*, Funktion *f*, Aufgabe *f*, Tätigkeit *f*, Bedeutung *f*; **avoir pour –** zur Aufgabe haben; **mise au –** *(ZPR)* Eintragung in die Gerichtsterminliste; **à tour de –** der Reihe nach.

rôle d'audience *(ZPR)* Gerichtsterminliste; **– des contributions** *(SteuerR)* Hebe- *od.* Steuerrolle; **– des cotisations** Beitragsliste; **– de l'équipage** *(SeeHR)* Muster- *od.* Mannschaftsrolle; **– d'impôt, d'imposition** *ou* **de perception** Steuerheberolle; **– de recrutement** *(MilR)* Wehrstammrolle; **– de répartition** Verteilungsplan *m*; **– du tribunal** *(ZPR)* Terminliste (für die mündlichen Verhandlungen).

rompre *v.tr.* brechen, abbrechen; **– le contrat** den Vertrag brechen *od.* verletzen; **– les négociations** die Verhandlungen abbrechen; **– les relations diplomatiques** die diplomatischen Beziehungen abbrechen.

rompu *m (BörR)* Spitze *f* (bei Aktien).

rossignol *m (HR)* Ladenhüter *m*.

rotation *f* Umlauf *m*, Wechsel *m*; **– des capitaux** Kapitalumschlag; **– du personnel** *(ArbR)* Fluktuation der Belegschaft; **– des stocks** Lagerumschlag *m*.

rouage *m* Räderwerk *n*; **– de l'État** Staatsapparat *m*.

roulage *m* Straßentransport *m*; Rollgeld *n*.

roulement *m* Umsatz *m*; (Personen-)Wechsel *m*; Umlauf *m*; **capital fonds de –** Umlaufvermögen, Betriebsmittel *npl*; **par –** im Turnus, im Wechsel; **travail par – Schichtarbeit** *f*; **– des magistrats** *(GVR: permutation annuelle des magistrats)* regelmäßiger Wechsel in der Besetzung der Spruchkammern der Gerichte.

routage *m (PresseR: journaux, circulaires)* Sortieren *n* nach Bestimmungsort u. Empfänger.

route *f* (Land-)Straße *f*; Weg *m*; Strecke *f*; Kurs *m*; **code de la –** frz. Straßenverkehrsordnung, kodifziertes frz. Straßenverkehrsrecht; **mettre en –** in Gang setzen; **– départementale** (durch den Departement unterhaltene) Landstraße; **– nationale** frz. Staatsstraße; **– nationale à grande circulation** Vorrangstraße.

routier *adj*: **circulation –tière** Straßenverkehr; **entreprise de transports –s** Rollfuhrunternehmen *n*.

routier *m* Fernlastfahrer *m*.

routine *f* (durch Erfahrung erlangte) Fertigkeit *f*, Geläufigkeit und Gewandtheit; **enquête de –** Routineüberprüfung.

royalties *fpl (UrhR, PatR: redevance ou somme versée par l'utilisateur d'un brevet ou d'un texte édité à son inventeur ou son auteur)* Lizenzgebühr *f*.

royauté *f* (1) Königtum *n*, (2) Königswürde *f*.

rudiments *mpl* Grundzüge *fpl*, Anfangsgründe *mpl*.

rudologie *f* Wissenschaft der Abfallstoffe und der Abfallverwertung.

rue *f* Straße *f*; **– de Grenelle** (1) Sitz des frz. Erziehungsministeriums, frz. Erziehungsminister, (2) Sitz des frz. Ministeriums für Arbeit u. Soziales; frz. Arbeitsminister; **– de Rivoli** Sitz des frz. Finanzministeriums; frz. Finanzminister; **– Royale** Sitz des frz. Marineministeriums; **– Saint-Dominique** Sitz des Verteidigungsministeriums; frz. Verteidigungsminister.

ruine *f* (1) *(SchuldR)* Ruine *f*, Trümmer *pl*, (2) *(GesR)* Insolvenz *f*, Konkurs *m*; **– d'un bâtiment** Einsturz *m*, Verfall *m*, Ablösen *n* von Teilen (eines Gebäudes).

ruiner *v.tr.* ruinieren, zerstören, zugrunde richten.

rumeur *f* Gerücht *n*; **– publique** Stadtgespräch *n*, Gerede *n*; **faire circuler une –** ein Gerücht verbreiten.

rupture *f* Abbruch *m*, Bruch; **– abusive du contrat** *(SchuldR)* Vertragsbruch, rechtsmißbräuchliche Vertragsauflösung; **– abusive du contrat de travail** *(ArbR)* rechtsmißbräuchliche Kündigung des Arbeitsverhältnisses; **– de ban** (1) *(FamR)* grundloser Rücktritt vom Verlöbnis, (2) *(VwR, StR)* Verstoß gegen eine Ausweisungsverfügung *od*. ein Aufenthaltsverbot; **– de charge** *(SeeHR)* Frachtenbruch *m*; **– du contrat de travail** Beendigung eines Arbeitsverhältnisses; **– d'engagement** Verletzung einer (vertraglichen) Verpflichtung; **– de fiançailles** *(FamR)* (grundloser) Rücktritt vom Verlöbnis; **– des négociations** Abbruch der Verhandlungen; **– de la parole donnée** Nichteinhaltung des gegebenen Versprechens; **– des relations diplomatiques** Abbruch der diplomatischen Beziehungen; **– de scellement** Siegelbruch; **– de stock** Fehlmenge *f*.

rural *adj*: **code –** frz. Landwirtschaftsgesetzbuch; **économie –e** Landwirtschaft *f*; **exploitation –e** landwirtschaftlicher Betrieb.

rurbanisation *f* Verstädterung *f*, Zersiedelung (ländlicher Gebiete).

ruse *f* List *f*, Hinterlist, Arglist, Hinterhältigkeit; **– de guerre** Kriegslist *f*.

rythme *m* Rhythmus *m*, Tempo *n*; Ablauf *m*, Bewegung *f*, Takt *m*; **– de croissance** Wachstumsprozeß *m*; **– de développement** Entwicklungstempo; **– de travail** Arbeitstempo.

S

sabbatique *adj*: **année –, congé –** *(ArbR)* Fortbildungsurlaub *m*, Sabbatjahr *n*.

sabotage *m (StR)* (staatsgefährende) Sabotage *f*; **– économique** Wirtschaftssabotage *f*; **– de négociations** Hintertreibung der Verhandlungen; **– d'une politique** Vereitelung einer Politik.

saboter *v.tr.* sabotieren, durchkreuzen, vereiteln; beeinträchtigen.

saboteur *m* Saboteur *m*.

sac *m* **publicitaire** Tragetasche *f* (eines Kaufhauses).

saccage *m* Ausplünderung *f*, mutwillige Zerstörung; Sachbeschädigung.

saccager *v.tr.* ausplündern, zerstören, beschädigen.

sacrement *m (KirchR)* Sakrament *n*; **– de baptême** Taufe *f*; **– de mariage** Trauung.

sacrifice *m* Aufopferung *f*; Opfer *n*.

sacrifier *v.tr.* preisgeben, opfern; **– un article** eine Ware zu stark herabgesetzten Preis veräußern; **– aux préjugés** sich den Vorurteilen beugen.

sacrilège *m (StR)* Gotteslästerung; Kirchenraub *od.* -diebstahl *m*; Kirchenfrevel *m*, Entweihung.

sacristain *m* Kirchendiener *m*, Küster *m*, Meßner.

sadisme *m* Sadismus, sadistische Handlung, Lust am Quälen und an Grausamkeiten.

sagacité *f* Scharfsinn *m*, Scharfsichtigkeit.

sage *adj* weise, klug, verständig; artig, sittsam; **–s conseils** kluge Ratschläge; **– décision** kluge Entscheidung.

sage-femme *f* Hebamme *f*.

sagesse *f (PrzR)* Mäßigung und Vorsicht (bei der Urteilsfindung).

sain *adj* gesund; **– et sauf** gesund und wohlbehalten (ankommen); **– d'esprit** nicht geisteskrank.

Saint-Siège *m* Heiliger Stuhl.

saisi *adj/m* Gepfändete(r) *m*; **débiteur –** Pfändungsschuldner *m*; Schuldner, bei dem gepfändet ist; **tiers –** gepfändeter Drittschuldner *m*; **tribunal –** angerufenes Gericht, befaßtes Gericht.

saisie *f* (1) *(StR, VwR: mise sous main de la justice)* Beschlagnahme *f*, Einziehung, (2) *(ZwangsVR: réalisation du gage)* Pfändung *f* (eines beweglichen oder unbeweglichen Gegenstandes), Geldvollstreckung (in das bewegliche Vermögen), Fahrnis *od.* Mobiliarvollstreckung; dinglicher Arrest; **avis de –** Pfändungsanzeige *f*; **décision de –** Pfändungsbeschluß *m*; **déclaration de –** Einziehungserkenntnis, Verfallserklärung; **dénonciation de la –** Pfändungsbenachrichtigung (an den Drittschuldner); **frais de –** Pfändungsgebühr *f*; **mainlevée de la –** Aufhebung der Pfandverstrickung; **opérer une –** pfänden; **ordre de –** Pfändungsbeschluß *m*; **pratiquer** *ou* **procéder à une –** pfänden; **procès-verbal de –** (1) Pfändungsprotokoll *n*, Protokoll über die Vollstreckungshandlungen, (2) *(ÖfR)* Beschlagnahmeprotokoll; **prononcer la –** die Einziehung aussprechen.

saisie administrative Beschlagnahme im Verwaltungszwangsverfahren.

saisie-arrêt *(ZwangsVR: remplacée en 1991 par la saisie-attribution)* Pfändung bei Dritten, Pfändung in dritter Hand; Vorpfändung, Pfändungs- und Überweisungsbeschluß *m*; **mainlevée de la – –** Aufhebung der Pfändung; **– – de la rémunérations du travail** *ou* **sur le salaire** Lohnpfändung, Pfändung des Arbeitseinkommens.

saisie-attribution *(ZwangsVR: saisie*

mobilière exécutoire entre les mains d'un tiers) Pfändung in dritter Hand (mit direkter Einziehung der Forderung).

saisie-brandon Pfändung von Früchten auf dem Halm; – **complémentaire** Nachpfändung; – **conservatoire** (dinglicher) Arrest *m*, Vollziehung des Arrestes in das bewegliche Vermögen, Sicherungsbeschlagnahme; – **contrefaçon** *(HR, Wz)* Beschlagnahme von Nachahmungen u. Fälschungen (Geschäftszeichen, Modelle usw.), Beschlagnahme des verletzenden Gegenstandes; – **de données** *(DV)* Datenerfassung od. -gewinnung; – **des droits incorporels** Pfändung immaterieller Güter; – **excessive** Überpfändung.

saisie-exécution (1) *(ZPR: saisie mobilière de droit commun)* Zwangsvollstreckung in das bewegliche Vermögen, (2) Pfandverkauf *m*, Pfandversteigerung; – **exécutoire** *(ZPR: saisie tendant à la réalisation des biens saisis)* Pfändung (zwecks Befriedigung am Erlös); – **fiscale** Steuerexekution; – **foraine** Vorpfändungsrecht der Gast- u. Hotelwirte; – **-gagerie** Vermieterpfandrecht *n*; – **immobilière** Pfändung eines Grundstücks, Immobiliarpfändung, Immobiliararrest; – **infructueuse** fruchtlose Zwangsvollstreckung; – **judiciaire** gerichtliche Beschlagnahme.

saisie mobilière Pfändung einer beweglichen Sache, Fahrnispfändung, Arrest in das bewegliche Vermögen, Mobiliarvollstreckung; – **provisoire** vorläufige Beschlagnahme; – **des rémunérations** Lohnpfändung; – **-revendication** (1) Pfändung von Gegenständen, die sich im Besitz eines Dritten befinden (u. an denen der Gläubiger Eigentums- u. Vorzugsrechte zu haben behauptet), (2) einstweilige Verfügung zur Sicherung eines Eigentumsherausgabeanspruchs; – **sur –** Anschlußpfändung; – **totale** Kahlpfändung; – **-vente** Mobiliarpfändung und anschließender Mobiliarverkauf (zwecks Befriedigung des Gläubigers).

saisine *f* (1) *(PrzR: le fait de porter son différend à la connaissance d'une juridiction)* Anrufung *f* des Gerichts; Einleitung *f* des (Urteils-)Verfahrens; Aufforderung *f* an das Gericht, eine bestimmte Entscheidung zu erlassen; Beantragung *f* einer Verhandlung vor Gericht, (2) *(ZPR: acte par lequel on introduit sa demande)* Klageerhebung *f*, Klageerhebungsakt *m*, Einreichung *f* der Klageschrift, (3) *(VwR)* Anrufung *f* (einer Behörde), (4) *(ErbR: droit à la possession d'un héritage)* Übergang *m* des Besitzes auf den Erben kraft Gesetzes (im Augenblick des Erbfalles); – **directe** *(StPR)* beschleunigtes (Straf-)Verfahren (mit abgekürzter Ladungsfrist).

saisir *v.tr.* (1) *(SachR: appréhender une chose)* ergreifen, in Besitz nehmen, (2) *(PrzR: porter devant une juridiction)* ein Gericht anrufen, Klage erheben, ein Verfahren einleiten, (3) *(ZwangsVR: confisquer)* pfänden, beschlagnahmen, mit Arrest belegen, (4) *(StR: arrêter une personne)* festnehmen, (5) *(comprendre, percevoir)* verstehen, erfassen; wahrnehmen; **se – de** sich aneignen; – **qqn. d'une demande** einen Antrag stellen; – **d'une question** eine Anfrage einbringen; – **un tribunal** ein Gericht anrufen.

saisir-arrêter vorpfänden, pfänden und überweisen lassen.

saisissabilité *f* Pfändbarkeit *f*.

saisissable *adj* pfändbar; **quotité –** pfändbarer Betrag *m* od. Teil.

saisissant *m* pfändender Gläubiger *m*, Pfandgläubiger.

saison *f* Jahreszeit *f*, Saison *f*; Zeitpunkt *m*; Zeitraum *m*; Zeit *f*; Hauptbetriebszeit, Hauptgeschäftszeit, Hauptreisezeit.

saisonnalité *f* saisonbedingter Faktor; saisonabhängiges Ereignis.

saisonnier *adj*: **ajustement –** saisonale Anpassung; **variations – nières** Saisonschwankungen od. –

bewegungen; **en données corrigées des variations –nières** saisonbereinigt.
1. **salaire** *m* (1) *(ArbR: rémunération du travail)* Arbeitseinkommen *n*, Verdienst *m*, (2) *(rémunération des ouvriers)* Lohn *m*, Arbeitslohn, (3) *(appointements des employés et cadres)* Gehalt *n*, Einkünfte *pl*, Arbeitsentgelt *n*, (4) *(BeamR)* Dienstbezüge *f*, Besoldung, (5) *(SeeHR)* Heuer *f*, (6) *(i. w. S.)* Bezüge *pl*, Einnahmen *pl*; **accessoires du –** Lohnzuschläge *od.* -zulagen *pl*; **accord sur le –** Lohnvereinbarung; **action en paiement du –** Klage auf Lohn- *od.* Gehaltszahlung; **allocation de – unique** Alleinverdienerbeihilfe, Zulage für die nichtberufstätige Ehefrau; **attestation de –** Lohnbescheinigung *od.* -nachweis; **augmentation de –** Lohnerhöhung; **avance sur –** Lohnvorschuß *m* **bas –** Leichtlohn(gruppen); **bulletin de –** Lohnzettel *m*; **complément de –** Lohnzuschlag *m*; **créance de –** Gehalts- *od.* Lohnforderung; **déduction du –** Lohnabzug *m*; **disparités de –** Lohnunterschiede *mpl*; **échelon de –** Lohnstufe *od.* -gruppe *f*; **feuille de –, fiche de –** Lohnstreifen, Lohnzettel *m*; **garantie de –** Sicherung des Arbeitseinkommens; **juste –** gerechter Lohn; **maintien du –** *(SozVers)* Lohnfortzahlung (im Krankheitsfall); **majoration de –** Lohnerhöhung; **paiement du –** Lohnauszahlung; **perte de –** Verdienstausfall *m*, Lohneinbuße *f*; **plafond de –** Höchstlohn; Entgeltgrenze; **prétentions de –** Gehaltsansprüche *pl*; **rappel de –** Lohnnachzahlung; **réduction du –** Lohnkürzung; **retenues sur –** Lohnabzüge *pl*; **supplément de –** Lohnzuschlag.
salaire accessoire Nebeneinkommen; **– annuel moyen durchschnittliches Jahreseinkommen; – d'appoint** Nebeneinkommen, Zusatzverdienst; **– d'apprentissage** Lehrlingsvergütung; **– en argent** Geldlohn; **– d'attente** Wartegeld; **– de base** Grundgehalt, Grundlohn; **– de congé** Urlaubsgeld *n*; **– contractuel** vertraglich vereinbarter Lohn; **– conventionnel** Tariflohn; **– cotisable** beitragspflichtiges Arbeitsentgelt; **– de début** Anfangslohn; **– différé** zu einem späteren Zeitpunkt zahlbare Lohnteile; **– dissimulé** verschleiertes Arbeitseinkommen; **– dû** auszuzahlender Lohn; rückständiger Lohn; **– effectif** tatsächliches Arbeitsentgelt; **– d'équipe** Gruppenlohn; **– équitable** angemessene Entlohnung; **– en espèces** Barlohn, Geldlohn; **– familial** Familienlohn, Soziallohn; **– fixe festes** Gehalt; **– à forfait** *ou* **forfaitaire** Pauschalentgelt; **– garanti** garantierter Lohn; **– horaire moyen** durchschnittlicher Stundenlohn; **– imposable** steuerpflichtiges Arbeitseinkommen; **– indexé** Indexlohn; **– initial** Anfangslohn; **– interprofessionnel** für alle Industriezweige geltender Lohn; **– journalier** Tageslohn; Schichtlohn; **– lié au rendement** leistungsbezogener Lohn; **– local** ortsüblicher Lohn; **– mensuel** Monatsgehalt; **– minimum** Mindestlohn.
salaire minimum interprofessionnel de croissance (= SMIC) frz. indexierter Mindestlohn, (an den Verbraucherpreisindex gekoppelter) gewerblicher Mindestlohn; **– mobile** Gleitlohn; **– moyen** durchschnittlicher Lohn; **– en nature** Naturallohn, Sachbezüge *pl*; **– net** Nettolohn; **– nominal** Nominallohn; **– en numéraire** Barlohn; **– perdu** entgangener Lohn; **– aux pièces** Stücklohn; Akkordlohn; **– plafonné** (Lohn-)Bemessungsgrenze; **– réel** Reallohn; **– de référence** Ecklohn; **– au rendement** Leistungslohn; **– de sauvetage** Bergegeld *n*, Bergelohn, Hilfslohn, Rettungslohn; **– social** Soziallohn; **– à la tâche** Akkordlohn; **– au temps** Zeitlohn.

2. **salaires: accord sur les** – Lohntarifvertrag *m*, Lohnabkommen, Lohnvereinbarung; **ajustement des** – Lohnangleichung *od.* -anpassung; **alignement des** – Lohnangleichung; **baisse des** – Lohnsenkung; **barème des** – Lohn- *od.* Gehaltstabelle; **blocage des** – Lohnstopp *m*; **bordereau des** – Lohnaufstellung; **comptabilité des** – Lohn- u. Gehaltsbuchhaltung; **compte de** – Gehaltskonto *n*; **convention de** – tarifvertragliche Lohnvereinbarung; **course des – et des prix** *(Vwirt)* Lohn-Preis-Spirale; **décalage des** – Lohngefälle *n*; **décompte des** – Lohnabrechnung; **demande en paiement de(s)** – Lohnklage; **échelle mobile des** – gleitende Lohnskala; **éventail des** – Lohnskala; **fixation des** – Lohnfestsetzung; **formation des** – Lohnbildung *od.* -gestaltung; **glissement des** – Lohndrift *f*; **grille des** – Lohntabelle *f*.

salaires: impôt sur les – Lohnsteuer; **indice des** – Lohnindex *m*; **inflation des** – Lohninflation; **libération des** – Freigabe der Lohngestaltung, Aufhebung des Lohnstopps; **loi d'airain des** – *(hist)* ehernes Lohngesetz; **majoration des** – Lohnsteigerung; **négociation sur les** – Lohnrunde *f*, Lohnverhandlungen *fpl*; **niveau des** – Lohnniveau *n*, Lohnstand *m*; **parité des** – Lohngleichheit *od.* -parität; **politique des** – Lohnpolitik *f*; **pouvoir d'achat des** – Kaufkraft der Arbeitseinkommen; **progression des** – Lohnanstieg; **protection des** – Schutz des Arbeitsentgelts; **rajustement des** – Lohnangleichung; **réduction des** – Lohnabbau, Lohnkürzung; **réglementation des** – Reglementierung der Löhne u. Gehälter; **revendications de** – Lohnforderungen; **spirale des – et des prix** Lohn-Preis-Spirale; **structure des** – Lohngefüge *n*; **volume des** – Lohnsumme *f*.

salariat *m* (1) Arbeitnehmerschaft, (die) Arbeitnehmer *mpl*, (2) Beschäftigung im Lohnverhältnis.

salarié *adj* lohnabhängig; Lohn-; **travail** – Lohnarbeit.

salarié *m* Lohnempfänger *m*, Arbeitnehmer *m*, nichtselbständige(r) Erwerbstätige(r) *m*; **syndicat de –s** Arbeitnehmerverband *m*, Gewerkschaft *f*; **travail** – unselbständige Arbeit; **travailleur** – Lohn- *od.* Gehaltsempfänger; – **agricole** Landarbeiter *m*; – **commercial** kaufmännische(r) Angestellte(r) *m*; – **de l'industrie** gewerblicher Arbeitnehmer; – **intérimaire** Zeitarbeitskraft *f*; – **à temps partiel** Teilzeitbeschäftigte(r) *m*; – **à traitement fixe** Festbesoldete(r) *m*.

salarier *v.tr.* entlohnen, einen Lohn zahlen.

sale *adj*: **argent** – Bargeldeinnahmen aus illegalen Geschäften; Drogengelder, schmutziges Geld.

salé *adj* gesalzen, gepfeffert; **condamnation –e** schwere Strafe; **note –e** gepfefferte Rechnung.

salique *adj*: **loi** – *(hist)* salisches Gesetz (Ausschluß der Frauen von der Erbfolge).

salle *f* Saal *m*, Raum *m*, Zimmer; – **d'attente** Wartezimmer *od.* -saal; – **d'audience** Gerichtssaal *m*; – **de conférence** Vortragssaal *m*; – **de cours** Hörsaal; – **des délibérations** Beratungszimmer *n*; – **de police** Arrestlokal; – **de réunion** Sitzungsraum; – **du scrutin** Wahllokal *n*; – **des séances** Sitzungssaal *od.* -zimmer, Verhandlungsraum *m*; – **du tribunal** Gerichtssaal *m*; – **des ventes** Auktionshalle *od.* -haus, Versteigerungslokal *n*.

salon *m* *(HR: exposition annuelle)* Ausstellung *f*.

salubrité *f* **publique** *(ÖfR: élément de l'ordre public)* öffentliche Gesundheitspflege, Gesundheitsschutz *m*; Gesundheitspolizei; **assurer la** – Maßnahmen zur Förderung der Volksgesundheit treffen, gesundheitliche Gefahren *od.* Mißstände beheben.

SAMU *m* (= service d'aide médicale d'urgence) ärztlicher Bereitschaftsdienst, Notfall-Rettungsdienst.

sanction *f* (1) *(VwR: approbation)* Billigung *f*, Genehmigung *f*, Bestätigung *f*, Anerkennung *f*, (2) *(ZR, StR)* Rechtsfolge *f*; Straffolge *f*, Strafbestimmung *f*, Strafandrohung *f*, (3) *(StR: punition)* Strafe *f*, Strafmaßnahme *f*, Zwangsmaßnahme, Sanktion *f*, (4) *(VR)* Vergeltungsmaßnahme, Sanktionen *fpl*, (5) *(SchulR)* ordnungsmäßiger Abschluß *m* (der Ausbildung); **pouvoir de** – Strafgewalt *f*, **prendre une** – eine Sanktion verhängen.

sanction administrative Ordnungsstrafe, Verwaltungsstrafe, Geldbuße *f*, Ordnungsgeld *n*; – **civile** zivilrechtliche Folge; – **coercitive** Zwangsmaßnahme; – **collective** Kollektivsanktion; – **disciplinaire** Disziplinarstrafe, Dienststrafverfügung, Dienststrafe; – **économique** wirtschaftliche Sanktion *od.* Strafmaßnahme; – **pécuniaire** *(StR)* Geldstrafe; – **pénale** kriminelle Strafe; – **réhabilitante et éducative** *(StPR)* Wiedereingliederungs- u. Erziehungsmaßnahme; – **répressive** (kriminelle) Strafe, strafrechtliche Folge.

sanctionner *v.tr.* (1) *(VwR: entériner, approuver)* billigen, gutheißen, zustimmen, genehmigen, anerkennen, (2) *(StR: punir, réprimer)* ahnden, verfolgen, bestrafen, (3) *(VR: appliquer une sanction)* Sanktionen verhängen.

sang *m* Blut *n*; **crime de** – *(StR)* Tötungsdelikt; **donneur de** – Blutspender; **effusion de** – Blutbad *n*; **liens de** – Blutsverwandtschaft *f*; **mettre à feu et à** – verwüsten und niedermetzeln; – **contaminé** (mit AIDS-Viren) verseuchtes Blut; **de** – **froid** kaltblütig.

sanguinaire *adj* blutrünstig.

sanitaire *adj*: **service** – Gesundheitsamt *n*.

sans *präp* ohne; – **cesse** unaufhörlich; – **contredit** widerspruchslos; – **délai** unverzüglich, sofort; – **doute** (1) zweifellos, (2) wahrscheinlich; – **droit** rechtlos; – **emploi** erwerbslos; – **engagement** unverbindlich, – **faute** unweigerlich; – **logis** obdachlos; – **papiers** (Ausländer) ohne gültige Aufenthaltsgenehmigung; – **parti** parteilos; – **préavis** fristlos; – **ressources** mittellos; – **travail** arbeitslos.

santé *f* (1) Gesundheit *f*, (2) *(VwR)* Gesundheitsamt *n*; – **publique** öffentliches Gesundheitswesen *n*.

saper *v.tr.* *(StR)* untergraben, unterminieren, zerstören.

sapeur(s)-pompier(s) *m(pl)* *(VwR)* Beamte(r) der Berufsfeuerwehr; –**s volontaires** freiwillige Feuerwehr.

sapiteur *m* Ortskundige(r) *m*.

satisfaction *f* Befriedigung *f*; Genugtuung *f*; Zufriedenheit *f*; **obtenir** – *(PrzR)* vor Gericht obsiegen.

satisfaire *v.tr./v.tr.ind.* befriedigen; – **un créancier** einen Gläubiger befriedigen; – **à la demande** die Nachfrage befriedigen; – **à un engagement**, – **à ses obligations** seinen Verpflichtungen nachkommen, erfüllen.

satisfaisant *adj* zufriedenstellend, befriedigend, annehmbar.

satisfecit *m* Zustimmung *f*, Bestätigung *f*, Placet *n*.

satrapie *f* Willkürherrschaft *f*.

saturation *f* Sättigung *f*; – **du marché** Sättigung des Marktes.

saturer *v.tr.* sättigen, übersättigen, (einen Markt) überschwemmen.

saucissonage *m* Zerstückelung, (mehr oder minder willkürliche) Aufteilung; – **des crédits** scheibchenweise Gewährung der Kredite.

sauf *adj/präp* unbeschadet; außer, ausgenommen; mit (dem) Vorbehalt; **avoir la vie** –**ve** mit dem Leben davongekommen sein; **être sain et** – gesund und munter sein; – **avis contraire** Änderungen vorbehalten; – **erreur ou omission** Irrtum vorbehalten.

sauf-conduit *m (VwR)* Passierschein *m*, Geleitbrief *od.* -schein *m*, sicheres Geleit; Schutzbrief.

saupoudrage *m (Vwirt)* Verteilung (von Geldern) nach dem Gießkannenprinzip.

sauvegarde *f* (1) *(i. w. S.)* Erhaltung *f*, Wahrung, Schutz *m*, (2) *(FamR)* vorläufige gerichtliche Pflegschaft (bis zur Bestellung eines Vormundes), (3) *(DV)* Sicherung; (Herstellung einer) Sicherungskopie; **clause de –** Sicherungsklausel *f*; Vorbehaltsklausel; **mesure de –** Schutzmaßnahme *f*, Sicherheitsmaßnahme; **placer sous – de la justice** *(FamR)* unter gerichtliche Pflegschaft stellen; **– des droits** Wahrung der Rechte; **– de l'emploi** Sicherung der Arbeitsplätze; **– de l'environnement** Umweltschutz *m*; **– du patrimoine culturel** Schutz der Kulturgüter.

sauvegarder *v.tr.* sichern, schützen, wahren; **– les libertés publiques** *(VerfR)* die Grundrechte wahren *od.* schützen.

sauver *v.tr.* retten, bergen, in Sicherheit bringen; **se –** *v.pron.* fliehen, die Flucht ergreifen.

sauvetage *m* (1) *(SeeHR: navire en détresse)* Bergen *n*, Bergung *f*, (2) *(action de sauver)* Rettung *f*; **frais de –** Bergungskosten *pl*; Rettungskosten; **indemnité de –**, **rémunération de –** Bergelohn *od.* -geld.

sauvette: à la – *loc.adv.* schnell und heimlich, unter der Hand; **marchand, vendeur à la –** fliegender Händler, Schwarzhändler.

savoir *v.tr.* wissen; **à –** d. h., das heißt; **autant que je sache** soviel ich weiß; **– raison garder** nicht den Sinn für die Wirklichkeit verlieren; **– de quoi il retourne** Bescheid wissen.

savoir-faire *m (HR)* Know-how *n*, technisches Wissen (über Fertigungsverfahren, Herstellung u. Verwendung hochentwickelter Produkte).

scandale *m* Skandal *m*, Ärgernis *n*, Aufsehen *n*; **faire du –** Krach schlagen, randalieren; **presse à –** Skandalblatt *n*; **– public** öffentliches Ärgernis.

sceau *m* Siegel *n*; Siegelabdruck *m*; **sous le – du secret** bei Einhaltung strengster Vertraulichkeit, unter dem Siegel der Verschwiegenheit; **– officiel** Amtssiegel; **– du service** Dienstsiegel; **– du tribunal** Gerichtssiegel.

sceaux *mpl* **apposer les –** das Siegel anbringen *od.* anlegen; **apposition des –** Anlegung von Siegeln; **contrefaçon** *ou* **falsification de –** Siegel(ver)fälschung; **Garde des –** frz. Justizminister; **– de l'État** Staatssiegel.

scélérat *m* Verbrecher *m*, Übeltäter *m*.

scellé *m* Stoff- oder Papierband zum Versiegeln; **– douanier** Zollverschluß *m*.

scellés *mpl* Amtssiegel *n*, Dienstsiegel, Siegel; **altération de –** Siegelbruch *m*; **apposer les –** (amtlich) versiegeln, Siegel anbringen *od.* anlegen; **apposition des –** Versiegelung; **bris de –** *(StR)* Siegelbruch, Verschlußverletzung *f*; **levée des –** Aufheben der Versiegelung, Entsiegelung; **mettre** *ou* **placer sous –** versiegeln, Siegel anbringen *od.* anlegen; **sous –** versiegelt.

scellement *m* Versiegelung; **– douanier intact** unverletzter Zollverschluß.

sceller *v.tr.* siegeln, versiegeln; bestätigen; **– un acte** eine Urkunde mit einem Siegel versehen; **– un engagement** förmlich und feierlich eine Vereinbarung bestätigen; **– un local** die Tür eines Raums versiegeln.

scénario *m (Vwirt)* Szenario *n*; **– des négociations** vorher festgelegter Verhandlungsplan.

schéma *m* Schema *n*, Entwurf *m*, Plan *m*; **– directeur** (= **S. D.**) *(VwR)* Flächennutzungsplan; **directeur d'aménagement et**

d'urbanisme (= S.D.A.U.) *(VwR)* Erschließungsplan; Bauleitplan.

sciemment *adv (en connaissance de cause)* wissentlich, absichtlich, mit Vorbedacht.

science *f* (1) Wissenschaft *f*, Lehre *f*, (2) *(capacité, compétence)* Erfahrung *f*, Einsicht *f*, Wissen *n*, Kenntnis *f*; **savoir qqch. de – certaine** aus sicherer Quelle wissen; **– dure** exakte Naturwissenschaft; **– économique** Wirtschaftswissenschaft; **– juridique** Rechtswissenschaft; **– molle** Humanwissenschaft; **– pénitentiaire** Strafvollzugswissenschaft; **–s politiques** Politikwissenschaft, Politologie; **–s sociales** Gesellschaftswissenschaften.

scinder *v.tr.* teilen, lostrennen, spalten.

scission *f* (Ab-)Spaltung, Lostrennung; Aufteilung; Splitting *n*.

scolaire *adj* Schul-; **année –** Schuljahr *n*; **enseignement –** Schulunterricht *m*; **établissement –** öffentliche Schule; **fournitures –s** Schulbedarf *m*; **livret –** amtliches Schulzeugnisheft; **livre –, manuel –** Schulbuch *n*; **obligation –** Schulpflicht *f*; **vacances –s** Schulferien *pl*.

scolarisation *f* Einschulung *f*.

scolarité *f* (1) *(SchulR)* Schulbesuch *m*, Schulzeit *f*, (2) *(HochschulR)* Studienzeit *f*; **âge de –** schulpflichtiges Alter; **certificat de –** Schulbesuchsbestätigung; **dispense de –** Bewilligung einer verkürzten Studienzeit; **droit de –, frais de –** (1) Schulgeld *n*, (2) Studiengebühr *f*; **– obligatoire** Schulpflicht.

score *m (sondages)* Ergebnis *n*, Punkte *pl*, Anzahl *f*; **– électoral serré** (sehr) knappes Wahlergebnis.

scriptural *adj* bargeldlos; **monnaie –e** Buch- od. Giralgeld *n*; **paiements en monnaie –e** bargeldloser Zahlungsverkehr.

scrupule *m* Bedenken *n*, Zweifel *m*.

scrupuleusement *adv* peinlich genau, sorgfältig; **payer – ses dettes** Schulden pünktlich begleichen;

respecter – les formes die Formvorschriften genau beachten *od*. einhalten.

scrupuleux *adj* gewissenhaft, genau.

scrutateur *m* Wahlvorsteher *m*; Stimmenzähler *m*, Wahlhelfer *m*.

scrutin *m* Wahl *f*, Wahlgang *m*, Abstimmung; **altération du –** *(StR)* Wahlfälschung; **clore le –** die Wahl schließen; **clôture du –** Schluß der Wahl; **demande de –** Abstimmungsantrag *m*; **dépouillement du –** Auszählen *n* der Stimmzettel, Ermittlung des Wahlergebnisses; **dépouiller le –** die Stimmen auszählen; **fermer le –** die Abstimmung schließen; **mode de –** Wahlordnung, Wahlmodus *m*; Abstimmungsverfahren *n*; **ouverture du –** Eröffnung der Wahl; **ouvrir le –** die Abstimmung eröffnen; **tour de –** Wahlgang *m*; **résultat du –** Wahlergebnis *n*; **violation du secret du –** *(StR)* Verletzung des Wahlgeheimnisses.

scrutin par appel nominal namentliche Abstimmung; **– d'arrondissement** Wahlart, bei der jeder Wahlbezirk nur einen Abgeordneten wählt; **– de ballottage** zweiter Wahlgang, Stichwahl; **– direct** unmittelbare Wahl; **– final** Schlußabstimmung; **– indirect** mittelbare Wahl, Wahl durch Wahlmänner; **– individuel** Persönlichkeitswahl, Mehrheitswahl; **– de liste** Listenwahl, Verhältniswahl; **– majoritaire** Mehrheitswahl; **– primaire** Urabstimmung; **– public** offene Abstimmung; **– secret** geheime Abstimmung *od.* Wahl; **– uninominal** Persönlichkeitswahl.

SDF *m* (= sans domicile fixe) Obdachlose *m*.

séance *f* (1) Sitzung *f*, (2) *(tribunal)* mündliche Verhandlung; Termin *m*; **lever la –** die Sitzung beenden; **ouvrir la –** (1) die Sitzung eröffnen, (2) *(PrzR)* in die mündliche Verhandlung (der Sache) eintreten, die Sache aufrufen; **suspendre la –**

die Sitzung unterbrechen; die Sitzung vertagen; **suspension de –** Unterbrechung der Sitzung; **tenir –** (1) *(PrzR)* zu Gericht sitzen, (2) eine Sitzung abhalten.

séance de clôture Schlußsitzung; **– de conciliation** Sühneverhandlung; **– inaugurale** Eröffnungssitzung; **– d'information** Informationstagung; **– de nuit** Nachtsitzung; **– plénière** Vollversammlung, Plenarsitzung, Plenum *n*; **– publique** öffentliche Sitzung.

séance tenante *loc* (1) *(PrzR)* während der Sitzung, (2) unverzüglich, sofort *adv*, auf der Stelle; **– d'un tribunal** Sitzung des (Kollegial-) Gerichts.

séant *adj* sitzend, einen Sitz habend; tagend; **tribunal – à** Gerichtstelle..., Ort der Gerichtstätigkeit..., Gericht in...

sec, sèche *adj* troken; **licenciement –** Kündigung ohne Sozialplan; **perte sèche** reines Verlustgeschäft *n*, Einbuße *f*.

sécession *f* Abtrennung; Loslösung *f*, Abspaltung *f*, Sezession *f*; **faire –** sich abspalten.

second *adj/m.* zweit, Neben-; Assistent *m*; Mitarbeiter *m*; **en – lieu** zeitens, andererseits; **– original** Zeitschrift *f*.

secondaire *adj* nebensächlich; **effet –** Nebenwirkung; **enseignement –** Gymasiumunterricht; **problème –** Nebenfrage *f*; **résidence –** Ferienwohnung; Wochenendhaus *n*; **secteur –** *(Vwirt)* Industrie *f*, gewerbliche Produktion.

seconde de change *(WechselR)* Sekundawechsel *m*, Zweitausfertigung.

seconder *v.tr.* (qqn.) jmdm. helfen, beistehen *od.* behilflich sein.

secours *m* (1) Hilfe *f*, Unterstützung, Fürsorge *f*, Hilfeleistung, (2) Hilfs- *od.* Unterstützungsgelder; **abstention de porter –** unterlassene Hilfeleistung; **allocataire de –** Unterstützungsempfänger *m*; **allocation de –** Unterstützungsbeihilfe; **devoir de –** *(FamR)* Verpflichtung zur Sorge für den anderen Ehegatten; Verpflichtung zur Unterstützung im Haushalt; **mesure de –** Hilfsmaßnahme *f*.

secours alimentaire Unterhaltsbeihilfe *od.* -beitrag; **– en argent** Geldunterstützung; **– aux chômeurs** Arbeitslosenunterstützung; **– de grève** Streikkasse *f*; Streikgeld *n*; **– pécuniaire** Geldunterstützung; **– publics** öffentliche Beihilfe; **– social** Sozialfürsorge.

secret, secrète *adj* geheim; **agent –** Geheimdienstler *m*, Geheimagent *m*; **délibération –e** Geheimbeschluß *m*; Beschlußfassung unter Ausschluß der Öffentlichkeit; **documents –s** Geheimdokumente *npl*; **fonds –** Geheimfonds *m*; **négociations –tes** Geheimverhandlungen *fpl*; **dévoiler un –, divulguer un –** ein Geheimnis preisgeben; **police –e** frz. Geheimpolizei; **services –s** Geheimdienst *m*; **vie –e** Geheimbereich *m*, Intimspäre *f*.

secret *m* Geheimnis *n*; Geheimhaltung *f*; Verschwiegenheit *f*; **astreindre à l'observation du –** auf Geheimhaltung verpflichten; **confier un – à qqn.** jmdn. ein Geheimnis anvertrauen; **conservation du –** Geheimhaltung; **conserver le –** die Schweigepflicht wahren; **divulguer un –** ein Geheimnis offenbaren *od.* preisgeben *od.* verraten, die Schweigepflicht verletzen; **être au –** *(StVZ)* in Isolierhaft sein; **être couvert par le –** unter die Geheimhaltungspflicht fallen; **garder le –** schweigen, geheimhalten, Geheimhaltung wahren; **lever le –** die Geheimbehandlung aufheben; **mise au –** Einstufung als Geheimsache; **mettre au –** *(StVZ)* in Einzelhaft versetzen; **obligation au –** Geheimhaltungspflicht, Schweigepflicht; **pour garder le –** aus Gründen der Geheimhaltung; **révélation de –** Verletzung *od.* Bruch des Amtsgeheimnisses *od.* der Verschwiegenheitspflicht, Of-

secret administratif

fenbarung eines Dienstgeheimnisses, Geheimnisverrat *m*; **révéler un –** ein Geheimnis verraten, die Schweigepflicht verletzen; **tenir –** geheimhalten.

secret administratif *(VwR)* Geheimhaltung von Verwaltungsangelegenheiten; **– d'affaires** *(HR)* Betriebs- *od.* Geschäftsgeheimnis; **– bancaire** Bankgeheimnis; **– commercial** Geschäftsgeheimnis; **– confidentiel** vertraulich.

secret de la correspondance Briefgeheimnis; **violation du – –** Verletzung des Briefgeheimnisses

secret-défense (Verteidigungs-)Geheimsache; **– des délibérations** Beratungsgeheimnis; **– d'État** Staatsgeheimnis; **– d'entreprise, d'exploitation** Betriebsgeheimnis; **– de fabrication, – de fabrique** *(WirtR, StR)* Fabrikations- *od.* Werksgeheimnis; **– de fonctions** Amtsgeheimnis; **– industriel** Betriebsgeheimnis; **– de l'instruction** *(StPR)* Verpflichtung des Ermittlungsrichters, seine Untersuchungen nicht öffentlich bekanntzugeben; Ermittlungsverfahren *n* in Strafsachen unter Ausschluß der Öffentlichkeit; **– de l'invention** Erfindungsgeheimnis; **– médical** ärztliche Schweigepflicht *f*; **un – de Polichinelle** ein offenes Geheimnis; **– postal** Postgeheimnis.

secret professionnel (1) *(professions libérales)* Berufsgeheimnis, Berufsverschwiegenheit, Geheimhaltungspflicht, berufliche Schweigepflicht, (2) *(BeamR)* Dienstgeheimnis, Amtsverschwiegenheit; **obligation au – –** Geheimhaltungspflicht *f*, (berufliche) Verschwiegenheitspflicht, Pflicht zur Wahrung des Amts- *od.* Dienstgeheimnisses; **violation du – –** Verletzung des Dienst- *od.* Amtsgeheimnisses, Verletzung der Amtsverschwiegenheit; Verletzung der beruflichen Schweigepflicht.

secret de service Amts- *od.* Dienstgeheimnis; **– du vote** Wahlgeheimnis.

secteur

secrétaire *m/f* Sekretär *m*; Schreiber *m* (bei einem Amt); Sekretärin *f*; Protokollführer *m*; **– adjoint** *(OTAN)* Abteilungsleiter *m*; **– administratif, – d'administration** Verwaltungsbeamte(r); Verwaltungssekretär; **– d'ambassade** Botschaftssekretär; **– de direction** Chefsekretärin *od.* -assistentin.

secrétaire d' État *(VerfR)* frz. Minister (ohne automatische Beteiligung am Ministerrat, mit *od.* ohne eigenen Geschäftsbereich); **– général** *(UNO)* Generalsekretär; **– général adjoint** beigeordneter Generalsekretär; **– greffier** *(PrzR)* (verbeamteter) Gerichtskanzler; **– de légation** *(VR)* Legations- *od.* Gesandtschaftssekretär; **– de mairie** Gemeindesekretär; **– syndical** Gewerkschaftssekretär.

secrétariat *m* Sekretariat *n*; Geschäftsstelle *f*, Kanzlei *f*; Amt *n*; Archiv; Büro *n*; **– communal** (B-L-S) Bürgermeisteramt *n*; **– de direction** Vorstandssekretariat.

secrètement *adv* insgeheim, heimlich, unbemerkt.

sectaire *adj* fanatisch, intolerant.

secte *f* Sekte *f*, (kleinere) Glaubensgemeinschaft.

secteur *m* (1) Sektor *m*, Zweig *m*, Bereich *m*, (2) *(Vwirt)* wirtschaftliche Hauptsektoren; **– d'activité** Geschäftsbereich; Tätigkeitsbereich *m*, Tätigkeitsfeld *n*; Wirtschaftszweig; **– bancaire** Bankwesen *n*, Kreditwirtschaft; **– clé** Bereich der Spitzentechnologie; Wachstumsbereich *m*; **– commercial** Handelsbereich; **– concurrentiel** Wettbewerbssektor; **– de consommation** Wirtschaftsbereich privater Verbrauch; **– du crédit** Kreditwirtschaft; **– de la distribution** Handel *m*; **– économique** Wirtschaftszweig; **– énergétique** Energiesektor; **– d'État** staatswirtschaftlicher Bereich; **– industriel** Industriesektor; **– mixte** gemischtwirtschaftlicher Wirtschafts-

secteur parapublic

bereich; **− nationalisé** verstaatlichter Wirtschaftszweig.

secteur parapublic gemischtwirtschaftlicher Bereich; **− de pointe** Hitech-Bereich, Bereich mit besonders fortschrittlichen technischen Verfahrensweisen; **− pollueur** besonders umweltbelastender Wirtschaftsbereich; **− primaire** *(Vwirt)* primärer Sektor; Urproduktion; Bergbau u. Landwirtschaft; **− privé** Privatsektor, privater Wirtschaftsbereich; **− de production** Herstellungssektor; **− public** öffentlicher Sektor, staatlicher Wirtschaftsbereich; **− quaternaire** *(Vwirt)* Bereich Informatik und Forschung; **− sauvegardé** *(BauR)* historischer zu bewahrender Stadtkern; **− secondaire** *(Vwirt)* sekundärer Sektor: Industrie und produzierendes Gewerbe; **− des services, − tertiaire** *(Vwirt)* Dienstleistungsbereich, tertiärer Sektor; Handels-, Bank- und Versicherungsbetriebe; **− de transformation** weiterverarbeitende Industrie; **− de vente** Vertriebsgebiet.

section *f* (1) *(VwR)* Referat *n*, Abteilung, (2) *(StVR)* Teilstrecke *f*, (3) Abschnitt *m* (eines Buches); **− de commune** Ortsteil *m*, Stadtbezirk *m*; **− contentieuse (du Conseil d'Etat)** *(VwPR)* Unterabteilung des frz. Staatsrates, der Rechtsprechungsbefugnisse übertragen wurden; **− du contentieux** (1) *(HR: in Privatbetrieben)* Rechtsabteilung, (2) *(VwPR)* große Entscheidungskammer des frz. Staatsrates (als oberstes frz. Verwaltungsgericht); **− disciplinaire** *(MilR)* Strafkompanie *f*; **− d'entreprise** *(ArbR)* Betriebsgruppe (einer Gewerkschaft); **− financière** *(HR)* Finanzabteilung; **− frontière** Grenzbezirk; **− syndicale d'entreprise** *(ArbR)* betriebliche Gewerkschaftssektion; **− de vote** Stimmbezirk *m*.

sectionnement *m* (Unter-)Teilung *f*, Gliederung *f*; Schaffung von Abteilungen; **− électorale** Wahlkreis(einteilung).

sécurité

sectionner *v.tr.* trennen; unterteilen, gliedern.

sectoriel *adj* einen wirtschaftlichen Bereich betreffend; **chômage −** Arbeitslosigkeit in einer Branche; **revendication −le** Forderungen der Arbeitnehmer eines Wirtschaftszweigs.

sectorisation *f* (*VwR: organisation par secteurs*) Schaffung lokaler Einrichtungen.

sécularisation *f*, *(KirchR: étatisation des biens de l'Église)* Säkularisation; Verweltlichung.

sécurisation *f* *(StVR)* Erhöhung der Sicherheit der Verkehrswege.

sécuritaire *adj*: **idéologie −** *(Pol)* Ideologie, die der öffentlichen Sicherheit den höchsten Rang einräumt.

sécurité *f* (1) *(ÖfR)* Sicherheit *f*, Schutz *m*, öffentliche Ruhe u. Ordnung, (2) *(SozR)* Sicherung, Geborgenheit *f*, Sichersein *n*, (3) *(WirtR)* Deckung, (Forderungs-) Sicherheit, (4) *(Technik)* Festigkeit *f*, Zuverlässigkeit *f*, Verläßlichkeit, sichere Beschaffenheit; **aire de −** Sicherheitsbereich *m*; **assurer la −** die Sicherheit gewährleisten; **atteinte à la −** Gefährdung der Sicherheit; **ceinture de −** *(StVR)* Sicherheitsgurt; **conseil de −** *(UNO)* Sicherheitsrat *m*; **consigne de −** Sicherheitsvorschrift; **délégué à la −** *(ArbR)* Sicherheitsbeauftragte(r) *m*; **dispositif de −** Sicherheitsvorrichtung; **faute de −** *(ArbR)* Verstoß gegen Sicherheitsvorschriften; Nichtbeachtung von Unfallverhütungsvorschriften; **marge de −** Sicherheitsspanne; **mesure de −** *(ArbR)* Unfallverhütungs- od. Sicherheitsmaßnahme *f*; **mettre en −** in Sicherheit bringen; **obligation de −** Verpflichtung zur Einhaltung der Unfallverhütungsvorschriften; **pacte de −** *(VR)* Sicherheitspakt *m*; **prendre des mesures de −** Sicherheitsmaßnahmen ergreifen; **quartier de haute −** *(StVZ)* Hochsicherheitstrakt *m*; **règle de −** Sicher-

sécurité civile

heitsvorschrift *f*; **volant de –** *(GesR, FinanzW)* Sicherheitsrücklage *f*.

sécurité civile *(ÖfR)* Zivilschutz *m*; **– collective** *(VR)* kollektive Sicherheit; **– du droit** Rechtssicherheit; **– de l'emploi** Sicherheit der Arbeitsplätze, Arbeitsplatzschutz; **– d'exploitation** Betriebssicherheit; **– des frontières** Grenzsicherung; **– intérieure** innere Sicherheit; **– internationale** internationale Sicherheit; **– juridique** Rechtssicherheit; **– publique** öffentliche Sicherheit; **– routière** Straßenverkehrssicherheit.

sécurité sociale frz. System der sozialen Sicherung; soziale Sicherheit (nach frz. Modell); **Agence centrale des organismes de –** Zentralstelle der frz. Sozialleistungsträger; **caisse de –** Sozialversicherungskasse *f*; **code de la – frz.** Sozialgesetzbuch; **contentieux de la – frz.** Sozialgerichtsbarkeit; Sozialversicherungsstreitigkeit; **financement de la –** Sozialversicherungsfinanzierung; **institution de –** Sozialleistungsträger; **juridiction de la – frz.** Sozialgericht; **régime de la –** Sozialleistungssystem; **retenues de la –** Sozialversicherungsbeiträge; **trou de la –** *(umg)* Sozialversicherungsdefizit *n*.

sécurité du travail Arbeitssicherheit, Unfallverhütung *f*.

sédentaire *adj* seßhaft, ortsgebunden.

séditieux *adj* aufständisch, revolutionär, aufrührerisch; **attroupement – *(StR)*** unerlaubte Ansammlung.

sédition *f (StR: révolte concertée contre l'autorité publique)* Aufstand *m*, Aufruhr *m*.

séducteur *m* Verführer *m*.

séduction *f* **dolosive** *(StR)* Verführung *f*.

séduire *v.tr.* verführen, geneigt machen.

segment *m* (Kreis-)Abschnitt *m*; **– de clientèle** Kundengruppe *f*, Abnehmergruppe; **– de marché** Marktsegment *n*.

segmentation *f* Einteilung (nach

selon

Abnehmergruppen); Auf- *od.* Unterteilung.

ségrégation *f* Trennung *f*, Absonderung *f*; **– raciale** Rassentrennung.

seigneur *m (hist)* Gerichtsherr *m*.

seing *m* Unterschrift *f*; **blanc –** Blankovollmacht.

seing-privé: acte sous – privatschriftliche Urkunde, Privaturkunde.

séjour *m* Aufenthalt *m*; **autorisation de –** *(AuslR)* Aufenthaltserlaubnis *f*; **carte de – d'étranger** Ausländerausweis, Aufenthaltsgenehmigung; **certificat de –** Aufenthaltsbewilligung; **frais de –** Aufenthaltskosten; **indemnité de –** Aufenthaltsentschädigung *f*; **interdiction de –** Aufenthaltsverbot *n*; Aufenthaltsbeschränkung *f*; **libre –** freier Aufenthalt; **lieu de –** Aufenthaltsort *m*; **permis de –** Aufenthaltserlaubnis *f*; **taxe de –** Kurtaxe *f*; **titre de –** Aufenthaltserlaubnis *f*; **visa de –** Aufenthaltssichtvermerk *m*; **– à l'étranger** Auslandsaufenthalt *m*; **– d'études** Studienaufenthalt; **– forcé** Zwangsaufenthalt; **– habituel** gewöhnlicher Aufenthalt; **– temporaire** vorübergehender Aufenthalt.

séjourner *v.intr.* sich (im Inland) aufhalten.

sélection *f* Auswahl *m*; Auslese *f*, Selektion *f*; **critères de –** Auswahlkriterien *npl*; **examen de –** Auswahlprüfung; **– naturelle** natürliche Auslese; **– du personnel** Personalauswahl; **– professionnelle** fachliche Auslese; **– des risques** *(VersR)* Risikoauslese.

sélectionner *v.tr.* auswählen, eine Auswahl treffen.

self-service *m (HR: libre-service)* Selbstbedienung(sgeschäft).

sellette *f hist* Sitzplatz *m* des Angeklagten; **être sur la –** angeklagt sein; **mettre sur la –** verhören, einem Verhör unterziehen.

selon *präp* gemäß, nach; **– moi** meiner Meinung nach; **– que** je nachdem.

semaine *f* Woche *f*, Wochenarbeit *f*; **dans une –** binnen einer Woche; **fin de –** Wochenende *n*; **– de cinq jours** Fünftagewoche; **– de quarante heures** Vierzigstundenwoche; **– de travail** wöchentliche Arbeitszeit.

semence *f* Samen *m*; Sperma *n*.

semestre *m* Halbjahr *n*, Semester *n*.

semestriel *adj* halbjährlich, halbjährig.

semi-conducteur *m/adj* Halbleiter *m*.

semi-étatique *adj* halbstaatlich.

semi-liberté *f (StVZ)* Unterbringung in einer offenen Anstalt.

semi-produit Halbfabrikat *n*.

semi-public *adj* halbstaatlich, halböffentlich.

semonce *f* (1) *(DiszR)* Ermahnung *f*, Verweis *m*, (2) Aufforderung *f*.

Sénat *m (VerfR)* frz. Senat *m*, zweite gesetzgebende Kammer.

sénateur *m* Mitglied des Senats, Senator *m*; **– inamovible** Senatsmitglied auf Lebenszeit.

sénatorial *adj* Senats-; **élections –les** Wahlen zum frz. Senat.

sens *m* (1) *(faculté d'éprouver)* Sinn *m*, Gefühl *n*, (2) *(jugement)* Vernunft *f*, Verstand *m*, (3) *(signification)* Bedeutung *f*, Sinn *m*, (4) *(avis, opinion)* Meinung *f*, (5) *(direction)* Richtung *f*; **bon –** gesunder Menschenverstand; **circulation dans les deux – ** *(StVR)* mit Gegenverkehr; **– aigu du devoir** Pflichtgefühl; **– de la famille** Familiensinn; **– de l'organisation** Organisationstalent; **– des responsabilités** Verantwortungsgefühl; **– unique** Einbahnstraße.

sensation *f* Empfindung, Eindruck; Aufsehen *n*.

sensé *adj* verständig, vernünftig.

sensibilité *f* (1) Sensibilität, Empfindlichkeit, (2) *(Pol)* Einstellung; **– à l'environnement** Umweltbewußtsein; **– aux prix** Reaktionsvermögen *od.* -verhalten (des Käufers) auf Preisänderungen.

sensible *adj* wahrnehmbar, merklich; **baisse – des prix** deutlicher Preisrückgang; **dossier social –** besonders heikles und explosives soziales Thema.

sentence *f* (1) *(ZPR: jugement des T. I.)* Urteil *n* des frz. Kleininstanzgerichts; (2) *(i. w. S.)* Entscheidung *f*, Ausspruch *m*, Bescheid *m*, Urteilsspruch, (3) Lehrspruch *m*; **prononcer une –, rendre une –** ein Urteil fällen; **– administrative** Verwaltungsgerichtsurteil *n*, verwaltungsgerichtliches Urteil; **– d'arbitrage** *ou* **arbitrale** Schiedsspruch *m*; **– civile** *(ZPR)* Entscheidung des frz. Kleininstanzgerichts in Zivilsachen, Zivilgerichtsurteil; **– de condamnation** *(StPR)* auf Strafe lautendes Urteil, Verurteilung; **– du conseil des prudhommes** Urteil des frz. Arbeitsgerichts; **– de culpabilité** *(StPR)* Schuldausspruch *od.* -spruch; **– judiciaire** Richterspruch, Erkenntnis *n*; **– pénale** Strafurteil des frz. Kleininstanzgerichts.

sentiment *m* Gefühl *n*, Regung; **– d'appartenance à un groupe** Zugehörigkeitsgefühl; **– d'avoir failli** Gefühl, versagt zu haben; **– de culpabilité** Schuldgefühl; **– de malaise généralisé** Unbehagen *n*, Verdrossenheit *f*, allgemeine Unzufriedenheit.

séparatif *adj* Trenn-; **mur –** Grenzmauer *f*.

séparation *f* Trennung *f*, Scheidung *f*; **indemnité de –** Trennungszulage *f*, Trennungsgeld *od.* -entschädigung; **mur de –** *(SachR)* Grenzmauer; **– des biens** (1) *(EheR)* Gütertrennung, (2) *(KonkursR)* Absonderung (im Konkurs); **– de biens conventionnelle** vertragliche Gütertrennung; **– de biens judiciaire** gerichtlich ausgesprochene Gütertrennung; **– de corps** *(EheR)* Trennung von Tisch und Bett, Aufhebung der ehelichen Lebensgemeinschaft; **– de l'Église et de l'État** *hist* Trennung von Kirche und Staat; **– de fait** Getrenntleben *n*; **– des patrimoines** *(ErbR)*

Vermögensabsonderung *f*; **– des pouvoirs** *(VerfR)* Gewaltentrennung, Gewaltenteilung *f.*
séparatisme *m Pol* Separatismus *m.*
séparément *adv*: **vendre –** einzeln verkaufen.
séparer *v.tr.* trennen, scheiden; absondern; **se –** *v.pron.* sich scheiden lassen; sich trennen.
septennat *m (VerfR)* siebenjährige Amtszeit des frz. Präsidenten der Republik, Septennat *n.*
sépulture *f* Beerdigung, Begräbnis *n*; Grab(stätte).
séquelle *f* Folge *f*; Folgeschaden *m.*
séquence *f* Aufeinanderfolge, Reihe, Sequenz *f.*
séquestration *f* (1) *(StR: privation illégale de la liberté)* Freiheitsberaubung *f*, (2) *(ZPR)* Anordnung der Hinterlegung; Zwangsverwaltung.
séquestre *m* (1) *(ZPR: dépôt d'une chose litigieuse entre les mains d'un tiers)* Hinterlegung *f*, Aufbewahrung einer streitigen Sache, Sequestration *f*, (2) *(ZPR)* Verwahrer *m*, Sequester *m*; **biens sous –** Sequestervermögen *n*; **mettre** *ou* **placer sous –** unter Zwangsverwaltung *od.* unter Sequester stellen, sequestrieren; **– conventionnel** (1) Hinterlegung im beiderseitigen Einverständnis, (2) gemeinschaftlicher Treuhänder; **– judiciaire** (1) gerichtlich angeordnete Zwangsverwaltung, (2) gerichtlich bestellter Verwalter.
séquestrer *v.tr.* (1) *(StR)* der Freiheit berauben, (2) *(ZPR)* hinterlegen, sequestrieren.
série *f* Reihe *f*, Folge *f*, Serie *f*; **accident en –** Massenkarambolage *f*; **en –** serienmäßig; **fabrication en –** Serienfertigung *f*; **numéro de –** Seriennummer; **production en –** Serienherstellung *od.* -anfertigung; **vente de fins de –s** Verkauf eines Restposten; **– de prix** amtliche Preistabelle.
sérieux, sérieuse *adj* ernst, ernsthaft; **dommage –** schwerwiegender Schaden; **engagement –** ernst gemeinte Verpflichtung; **gestion –se** gewissenhafte Vermögensverwaltung; **motif –** fundierte Begründung.
serment *m* (1) *(PrzR: affirmation solennelle orale ou écrite)* Eid *m*, Eidesleistung *f*; Vereidigung *f*, (2) *(VwR, BeamR)* Diensteid *m*, Gelöbnis *n* (bei Angestellten im öffentlichen Dienst), (3) *(StR: affirmation attestant la véracité)* Schwur *m*, (4) *(VerfR)* politischer Treueid; **affirmer par –, déclarer sous la foi du –** unter Eid beteuern *od.* bekräftigen, beschwören; **déférer le –** (1) *(par le tribunal à une partie)* zur Eidesleistung laden, (2) *(d'une partie à une autre)* den Eid zuschieben; **délation du –** Eideszuschiebung; **déposition sous –** eidliche Aussage.
serment: **faux –** *(StR)* Meineid, Falscheid; **formule de –** Eidesformel *f*, Beteuerungsformel; **obligation de prêter –** Eidespflicht; **par –** eidlich; **prestation de –** Eidesleistung; Beeidigung; **prêter –** den Eid leisten *od.* ablegen, schwören; **prêter – sur l'honneur** auf Ehre geloben; **recevoir un –** einen Eid abnehmen; **référer le –** den Eid zurückschieben; **refus de prêter –** Verweigerung der Eidesleistung, Eidesverweigerung; **relever qqn. d'un –** von einem Eid entbinden; **sous la foi du –** an Eides Statt, eidesstattlich; **teneur du –** Eidesformel; **témoigner sous –** bezeugen, durch (Zeugen-) Aussage bekräftigen.
serment de crédibilité *ou* **de crédulité** Glaubhaftmachung (durch eidesstattliche Versicherung) nichts zu schulden; **– décisoire** Urteilsentscheidungseid; zugeschobener Eid, der für die Entscheidung des Rechtsstreits maßgebend ist; **– déféré** zugeschobener Eid; **– d'entrée en charge** Amtseid; **– d'expert** Sachverständigeneid; **– de fidélité** Treueid; **– des fonctionnaires** Diensteid; **– judiciaire**, **– en justice** vor Gericht geleisteter Eid, gerichtlicher Eid; **–**

de manifestation Offenbarungseid; **– politique** politischer Treueid; **– professionnel** Diensteid; **– promissoire** promissorischer Eid, Voreid; **– supplétif, – supplétoire** (vom Richter angeordnete) Eidesleistung zur Beweisergänzung, Ergänzungseid.

séro-négatif *adj* seronegativ, nichtreaktiv (auf AIDS-Viren); **– -positif** seropositv, reaktiv, mit positiver Seroreaktion.

serpent *m* **monétaire européen** *(EU)* Währungsschlange *f.*

serre *f:* **effet de –** Treibhauseffekt *m.*

serrure *f* Schloß *n;* **crocheter une –, forcer une –** ein Schloß aufbrechen; **– de sûreté** Sicherheitsschloß.

serum de vérité Wahrheitsserum *n.*

serveur *m* **(de données)** *(DV)* Server *m,* Serviceanbieter *m.*

1. **service** *m* (1) *(SchuldR, ArbR: prestation)* Dienstleistung *f,* Dienst *m;* Tätigkeit *f* (im Angestelltenverhältnis); Arbeit *f,* Arbeitsleistung *f,* (2) *(ÖfR: organisme)* (staatliche) Stelle *f,* Dienststelle, Amt *n,* Behörde *f;* Verwaltung *f,* Verwaltungszweig *m,* (3) *(VwR: personnel)* Bedienstete *mpl,* Dienstkräfte *fpl,* öffentlicher Dienst, (4) *(SozR: aide, appui)* Hilfe *f,* Unterstützung *f,* (5) *(ArbR: pourboire)* Bedienungsgeld *n,* Trinkgeld, (6) *(BW)* Abteilung *f* (eines Betriebes); **absence de –** *(BeamR)* Dienstversäumnis *n;* **accident de –** Dienstunfall *m;* **accomplir un –** eine Dienstzeit ableisten; **activité de –** aktiver Dienst; **affecter à un –** einer Abteilung zuteilen; **ancienneté de –** Dienstalter; **année de –** Dienstjahr *n;* **carte de –** Dienstausweis *m;* **chef de –** Dienststellenleiter *m,* Abteilungsleiter; **cessation de –** Ausscheiden aus dem Dienst: **chef de –** (1) *(BW)* Betriebsleiter *m,* (2) *(VwR)* Abteilungsleiter, Referatsleiter; **déplacement de –** Dienstreise; **document de –** Dienstkurkunde *f.*

service: empêchement de – Dienstverhinderung; **entrer en –** den Dienst antreten; **exemption de –** Dienstbefreiung; **faute de –** *(DiszR)* Dienstvergehen, Verletzung der dem Beamten obliegenden Pflichten; **fonctionnement du –** Dienstbetrieb; **gens de –** *(ArbR)* Dienstboten *mpl;* **heures de –** Dienststunden *fpl;* **hors de –** außer Dienst; unbrauchbar; **inapte au –** dienstunfähig, dienstuntauglich; **inaptitude au –, incapacité de –** Dienstunfähigkeit *od.* -untauglichkeit; **indication de –** Dienstvermerk *m;* **instruction de –** Dienstanweisung, Dienstvorschrift *f,* Verwaltungsanweisung *f;* **interruption de –** Dienstunterbrechung.

service: libre – *(HR)* Selbstbedienung; **local de –** Dienstraum *m;* **logement de –** Dienstwohnung; **maintien en –** Weiterbeschäftigung; **marche du –** Dienstbetrieb; **marque de –** Dienstleistungsmarke *f;* **mettre hors –** außer Dienst stellen; **motif de –** dienstliche Rücksichten *od.* Belange *pl;* **nécessités du –** dienstliche Erfordernisse *npl;* **note de –** Dienstanweisung; **obligation de –** Amtspflicht; **organisation du –** Aufbau einer Dienststelle; **passeport de –** Dienstpaß *m;* **prestation de –** Dienstleistung; **règle de –** Dienstvorschrift *f;* **règlement de –** Dienstordnung; **reprise du –** Wiederaufnahme des Betriebes; **sécurité de –** Betriebssicherheit.

service des achats *(HR)* Einkaufsabteilung *f;* **– administratif** Verwaltungsdienststelle, Verwaltungsbehörde; **– aérien** Fluglinienverkehr.

service de l'amortissement (Schulden-)Tilgungsdienst; **– annexe** Nebenamt *n.*

service anthropométrique *(Kripo)* zentrale Dienststelle für erkennungsdienstliche und kriminaltechnische Untersuchungen und Forschungen.

service après vente (= **S. A. V.**) Kundendienst *m.*

service armé *(MilR)* Dienst mit der

Waffe; **apte au –** tauglich zum Dienst mit der Waffe; **exemption de –** Befreiung vom Wehrdienst; **inapte au –** wehrdienstuntauglich.

service communal Gemeindeamt *od.* -dienststelle; **– compétent** *(VwR)* zuständige Stelle; **– compris (= S.C.)** Bedienung inbegriffen; **– de la comptabilité** Buchhaltungsabteilung; **– concédé** *(VwR)* konzessionierter Betrieb, beliehenes Unternehmen; **– du contenieux** Rechtsabteilung; **– du contrôle des prix** *(ÖfR)* Preisüberwachungsstelle *f*, Preisbehörde *f*; **– du courrier** Postausgang(sstelle); **– décentralisé** *(VwR)* Außenstelle; **– de dépannage** *(StVR)* Abschleppdienst, Reparaturwerkstätte *f*.

service des dettes *(BankR)* Schuldendienst; **– de distribution** Zustelldienst; **– divin** *(KirchR)* Gottesdienst *m*; **– des douanes** Zollbehörde; **– émetteur** ausstellende Dienststelle; **– de l'emploi** staatliche Arbeitsvermittlung, Arbeitsbehörde; **– d'enlèvement** *(UmweltR)* Abholdienst *m*; **– de l'État** Staatsdienst; **– de l'état-civil** Standesamt; **– extérieur** Außendienst; **– fait** tatsächliche Dienstleistung; **– de garde** Wach- *od.* Bereitschaftsdienst; **– gouvernemental** Regierungsstelle, staatliche Behörde; **– hospitalier** Krankenanstalt.

service de l'identité judiciaire *(StPR)* Erkennungsdienst *m*; **– d'information** Nachrichtendienst; **– des intérêts** Schulden- *od.* Zinsendienst.

service juridique Rechtsabteilung; **– linguistique** Sprachendienst; **– de liquidation** Abwicklungsstelle; **– du logement** Wohnungsamt; **– de la main d'œuvre** frz. Arbeitsbehörde, Arbeitsverwaltung; **– marchand** *(HR)* Dienstleistung gegen Bezahlung.

service militaire *ou* **national** (Grund-)Wehrdienst; **exemption de –** Befreiung *f* vom Wehrdienst; **– – actif** aktiver Wehrdienst; **– obligatoire** allgemeine Wehrpflicht.

service de la navigation Wasserstraßenamt *n*, Amt für Schiffahrt; **– obligatoire du travail (= S.O.T.)** Arbeitsdienstpflicht; **– d'ordre** (1) *(VwR: police)* Polizeiaufgebot *n*, (2) Ordner- *od.* Ordnungsdienst; **– payeur** *(ÖfR)* auszahlende Dienststelle; **– de permanence** Bereitschaftsdienst; **– du personnel** Personalabteilung; **– du portefeuille** *(BankR)* Wertpapierabteilung; **– de presse** Presseabteilung.

service de proximité *(SozR: dans le cadre de l'aide à domicile)* Nachbarschaftshilfe *f*

service postal Postdienst; **– aérien** Luftpostverkehr *od.* -dienst.

service public (1) *(ÖfR: toute activité visant à satisfaire un besoin d'intérêt général)* Leistungsverwaltung, Daseinsvorsorge *f*; Sozialfunktion des Staates, Eingriffsverwaltung (der Behörden), leistende Verwaltung (des Staates), öffentliche Tätigkeit zur Befriedigung eines Bedürfnisses von allgemeinem Interesse; Verwaltungstätigkeit *f*, (2) *(VwR: ensemble organisé de moyens humains et matériels)* öffentliche Einrichtung; öffentlicher Betrieb; Körperschaft *f* des öffentlichen Rechts; Anstalt *f* des öffentlichen Rechts; staatliche Behörde; **– administratif** Verwaltungsbehörde; **– commercial** *ou* **à caractère commercial** staatliches Wirtschaftsunternehmen, staatlicher Handelsbetrieb; **– commercial et industriel** staatlicher Gewerbebetrieb, Wirtschaftsunternehmen der öffentlichen Hand; **– concédé** beliehenes Unternehmen; **– industriel** staatlicher Industriebetrieb; **– intercommunal** übergemeindliche Anstalt des öffentlichen Rechts; **– sans personnalité morale** nichtrechtsfähige öffentliche Anstalt.

service du public Publikumsverkehr (in einer Dienststelle); **– de publicité** Werbeabteilung; **– de recou-**

vrement Mahn- und Forderungseintreibungsabteilung; **– rendu** *(HR)* während u. nach dem Verkauf (einer Ware) geleisteter Dienst (des Verkäufers); **– de renseignements** Nachrichtendienst; **– d'une rente** Auszahlung einer Rente, Rentenzahlung, Versorgungsleistung; **– sanitaire** *ou* **de santé** Sanitätsdienst; **– social** Sozialabteilung, Sozialbetreuungsstelle; **– technique des véhicules** *(StVR)* frz. technischer Überwachungsverein für Kraftfahrzeuge; **– du travail** (1) Arbeitsverwaltungsbehörde, Arbeitsamt, (2) Arbeitsdienst; **– après vente** Kundendienst.

2. **services: ancienneté de –** Dienstalter *n*; **durée des –** Dienstzeit *f*; **état des –** Nachweis der Dienstleistungen; **louage de –** *(SchuldR, ArbR)* Dienstvertrag *m*, Arbeitsvertrag; **prestataire de –** Dienstleistungserbringer, Leistender *m*; **prestation de –** Dienstleistung; **– accomplis** *ou* **effectifs** (ab)geleistete Dienste; **– de sécurité** Notdienst *m*; Unfallverhütung; **– secrets** Geheim- *od.* Nachrichtendienst.

servir *v.tr./v.pron.* dienen; bedienen; **se – de qqn.** jmdn. ausnutzen; **– l'État** ein öffentliches Amt bekleiden; **– de preuve** als Beweis dienen; **– une rente** eine Rente zahlen.

serviteur *m* Diener *m*; **– à gages** Hausangestellte(r) *m*.

servitude *f* (1) *(SachR:* charge *sur un immeuble)* Grunddienstbarkeit, Dienstbarkeit *f*, Servitut *n*, (2) *(Pol)* Knechtschaft *f*, Sklaverei *f*; Zwang *m*; **constituer une –** eine Dienstbarkeit bestellen; **convention relative à la –** Dienstbarkeitsbestellungsvertrag; **fonds débiteur de la –** dienendes *od.* belastetes Grundstück; **rachat d'une –** Ablösung einer Grunddienstbarkeit.

servitude active Grunddienstbarkeit vom Gesichtspunkt des herrschenden Grundstücks aus betrachtet; **– aéronautique** Dienstbarkeit für Bauten im Umkreis der Flugplätze; **– d'alignement** Verpflichtung zur Einhaltung der Baulinie; **– d'amélioration** Dienstbarkeit der Einhaltung von Verwaltungsvorschriften bei Veränderungen; **– apparente** offenbare Dienstbarkeit; **– d'appui** Balkenrecht, Tramrecht; **– d'appui d'une échelle** Leiterrecht; **– d'aquéduc** Wasserleitungsgerechtigkeit; **– d'avancement** Dienstbarkeit, die dazu verpflichtet, an die Baufluchtlinie vorzurücken; **– de ne pas bâtir** Bauverbot *n*; Dienstbarkeit, derzufolge ein Grundstück nicht bebaut werden darf; **– de construction** Baubeschränkung *f*, Bauauflage *f*; **– continue** ständige Dienstbarkeit; **– qui dérive de la situation des lieux** nachbarrechtliche Eigentumsbeschränkung; **– par destination du père de famille** Grunddienstbarkeit kraft Bestimmung des früheren Eigentümers; **– discontinue** nicht ständige Dienstbarkeit.

servitude d'écoulement des eaux nuisibles *ou* **d'égout** Wasserablaufgerechtigkeit; **– établie par le fait de l'homme** rechtsgeschäftliche Grunddienstbarkeit; **– établie par la loi** durch das Gesetz begründete Dienstbarkeit, gesetzliche Dienstbarkeit; **– d'extraction de matériaux** Recht zur Materialentnahme; **– foncière** Grunddienstbarkeit, Grundgerechtigkeit *f*; **– de fouilles** Grabungsservitut; **– de halage et de marchepied** Treidelrecht *n*; **– de hauteur** Dienstbarkeit, derzufolge ein Gebäude nicht erhöht werden darf; **– immobilière** Grunddienstbarkeit; **– d'indivision forcée** Dienstbarkeit der Unteilbarkeit; **– internationale** Staatsservitut *n*, völkerrechtliches Servitut; **– non apparente** nicht augenfällige Dienstbarkeit; **– légale** Legalservitut, gesetzliche Dienstbarkeit; **– militaire** Grunddienstbarkeit zu militärischen Zwecken.

servitude naturelle sich aus der Natur der Sache ergebende Grunddienstbarkeit; – **non aedificandi** Bauverbot n; Dienstbarkeit, derzufolge ein Grundstück nicht bebaut werden darf; – **de pacage** *(LandwR)* Weidegerechtigkeit; – **de passage** Wegerecht; – **de passage du bétail** Viehtriebsrecht; – **passive** Grunddienstbarkeit vom Standpunkt des dienenden Grundstücks aus betrachtet; – **de pâture** Weidegerechtigkeit; – **personnelle** persönliche Dienstbarkeit, Personalservitut; – **de plantation** Dienstbarkeit, derzufolge innerhalb einer bestimmten Entfernung keine Bäume gepflanzt werden dürfen; – **de la plume** *(StPR)* Verpflichtung des Staatsanwaltes, entsprechend den Dienstanweisungen einen schriftlichen Antrag zu stellen; – **prédiale** *(SachR)* Grunddienstbarkeit, Grundgerechtigkeit; – **principale** Hauptservitut; – **de prise d'eau** Wasserentnahmerecht.
servitude de reculement Dienstbarkeit, die dazu verpflichtet, hinter die Baufluchtlinie zurückzugehen; – **réelle** Realservitut; – **de rejet des fossés** Dienstbarkeit der Ablagerung bei Aushebung der Straßengräben; – **de riveraineté** Anliegerlast f; – **rurale** Felddienstbarkeit, Feldservitut; – **rusticale** ländliche Dienstbarkeit (die einem unbebauten Grundstück dienen soll); – **de travaux miniers** Bergbaudienstbarkeit; – **urbaine** städtische Dienstbarkeit (die dem Vorteil eines Gebäudes dient); – **de visibilité** Dienstbarkeit, derzufolge freie Sicht zu gewähren ist; – **de vue** Fenster- od. Lichtgerechtigkeit; – **de voisinage** Nachbarrecht.
session f Sitzungsperiode f, Tagung f; – **(de la Cour) d'assises** Schwurgerichtsperiode, Tagung des frz. Schwurgerichts; – **constitutive** konstituierende Tagung; – **d'études** Studientagung; – **d'examen** Prüfungstermin m; – **d'information** Informationstagung; – **ordinaire** ordentliche Sitzungsperiode; – **parlementaire** Sitzungsperiode des Parlaments; – **plénière** Plenarsitzung, Vollversammlung; – **spéciale** Sondersitzung.
seuil m Schwelle f; – **de commande** *(HR)* Meldebestand (im Rahmen der Lagerhaltung); – **de l'indice** Schwellenwert m des Index; – **obligatoire** *(StVZ)* mindestens zu verbüßender Teil der Strafe (vor einer Strafaussetzung zur Bewährung); – **de rentabilité** Rentabilitätsgrenze od. -schwelle f.
seule de change Solawechsel m.
sévère *adj* streng, unnachsichtig; **mesures** –**s** drakonische Maßnahmen.
sévérité f Strenge f, Ernsthaftigkeit; – **du verdict** ein hartes Urteil.
sévices mpl *(StR: mauvais traitements physiques)* Mißhandlung f; **infliger des** – **à qqn.** jmdn. mißhandeln; – **à enfant** Kindesmißhandlung; – **graves** grobe Mißhandlung; – **sexuels** sexueller Mißbrauch.
sévir *v.intr.* durchgreifen, streng vorgehen.
sevrage m (Drogen-)Entzug m.
sexe m Geschlecht n; Geschlechtsteil m/n; **changement de** – Transsexualismus m.
sexisme m Sexismus m, diskriminierendes Verhalten gegenüber Frauen.
sexshop m Sexshop m, Sexboutique f.
sexualité f: **déviances de la** – abweichendes Sexualverhalten; **troubles de la** – Sexualstörungen.
sexuel *adj*: **éducation** –**le** Sexualerziehung; **harcèlement** – sexuelle Belästigung; **maniaque** –, **obsédé** – Triebtäter m.
sexuellement *adv*: **maladies** – **transmissibles (= MST)** sexuell übertragbare Krankheiten (= STD = sexually transmitted diseases); Geschlechtskrankheiten.
S. G. D.G. (= sans garantie du gou-

vernement) *(PatR)* ohne staatliche Garantie.

showbiz *m (umg: industrie du spectacle)* Showbusineß *n*, Unterhaltungsbranche *f*, Schaugeschäft *n*.

SIDA *m* (= Syndrome d'immunodéficience acquise) AIDS *n* (= acquired immune deficiency syndrome).

sidatique *m*, **sidéen** *m* Aidskranke *m*.

sidérurgie *f* Eisen- und Stahlindustrie *f*; Eisenhüttenkunde.

siège *m* (1) *(GesR: siège social)* (Gesellschafts-)Sitz *m*; Standort (einer Gesellschaft), (2) *(PrzR)* Richterstuhl *m*; Gerichtshof *m*; die (das Urteil fällenden) Richter *mpl*, (3) *(VerfR)* Parlamentssitz, Sitz, (4) *(MilR)* Belagerung *f*; **état de** – Belagerungszustand *m*; **magistrat du** – Richter *m*; **magistrature du** – Richterstand *m*, Richterschaft *f*; – **administratif** Verwaltungssitz, Dienstsitz; – **annexe** Nebensitz; – **apostolique** *(KirchR)* päpstlicher Stuhl; – **attribué par utilisation des restes** *(WahlR)* Restmandat *n*, – **central** Hauptsitz; – **commercial** Geschäftssitz; – **de député** Abgeordnetensitz; – **de direction** *(GesR)* Sitz der Geschäftsführung; – **épiscopal** *(KirchR)* Bistum *n*, bischöflicher Stuhl; – **de l'exploitation** Standort des Betriebs; – **fictif** Scheinsitz; – **officiel** Amtssitz; – **permanent** ständiger Sitz; – **principal** Hauptsitz, Zentrale *f*; – **au quotient** *(WahlR)* Grundmandat; – **au Sénat** *ou* **de sénateur** Senatssitz.

siège social Gesellschafts- *od.* Geschäftssitz, Firmensitz; **transfert du** – – Sitzverlegung.

siège statutaire *(GesR)* satzungsmäßiger Sitz, statutarischer Sitz (S); – **vacant** *(BeamR)* unbesetztes Amt.

siéger *v.intr.* (1) tagen, an einer Tagung teilnehmen, (2) *(PrzR)* als Richter tätig sein, (3) *(ÖfR)* sitzen, seinen Sitz (in der Regierung) haben; ein Mandat haben; – **au conseil** Ratsmitglied sein.

Sieur *m (PrzR: Monsieur)* Herr.

sigillaire *adj*: **anneau** – Siegelring.

sigle *m* Abkürzung(szeichen); Kurzwort.

signal *m* Signal *n*, Zeichen *n*; – **d'alarme** Notbremse *f*; – **de détresse** Notruf *m*; – **d'interdiction** *(StVR)* Verbotszeichen; – **lumineux** Lichtzeichen, Verkehrsampel *f*; – **d'obstacle** Warnzeichen.

signalement *m* Kennzeichnung *f* (im Personalausweis), Signalement *n*, Personenbeschreibung *f*; **lettre de** – *(StR)* Steckbrief *m*.

signaler *v.tr.* anzeigen, mitteilen, hinweisen auf, aufmerksam machen auf; feststellen.

signalétique *adj* bezeichnend, kenntlichmachend; **fiche** – Steckbrief *m*.

signalisation *f* Kennzeichnung *f*, Zeichengebung *f*, Beschilderung; **panneau de** – Verkehrsschild *n*.

signataire *m* Unterzeichner *m* (eines Vertrages), Unterfertigte(r), Unterzeichneter, Signatar *m*; – **d'un contrat** vertragsschließende Partei, Unterzeichner eines Vertrages; – **d'une convention collective** Tarifvertragspartei.

signature *f* Unterschrift *f*, Unterzeichnung, Unterfertigung; **délégation de** – Übertragung der Zeichnungsbefugnis; **légalisation de** – Unterschriftsbeglaubigung *f*; **ouvert à la** – zur Unterzeichnung offen; **posséder la** – zeichnungsberechtigt sein; **présenter à la** – zur Unterschrift vorlegen; **protocole de** – Zeichnungsprotokoll *n*; **revêtu de la** – mit (der) Unterschrift versehen; **spécimen de** – Unterschriftsprobe *f*.

signature autographe eigenhändige Unterschrift; – **bancaire** Bankunterschrift; – **en blanc** Blankounterschrift; – **collective** Kollektivzeichnung; – **sociale** *(GesR)* Zeichnungsbefugnis für eine Gesellschaft *od.* Firma, Firmenzeichnung.

signe *m* Zeichen *n*, Merkmal *n*,

Kennzeichen *n*; **– d'abornement** *(SachR)* Vermessungsmarke *f*; **– avant-coureur** Vorzeichen, erstes Anzeichen.

signe démarcatif, – de démarcation *(SachR)* Grenzzeichen; **– distinctif** (1) Unterscheidungsmerkmal; Unterscheidungszeichen, (2) *(Croix-Rouge)* Schutzzeichen; **– monétaire** Zahlungsmittel *n*; **– révélateur** klar erkennbares Anzeichen.

signer *v.tr.* unterschreiben, unterfertigen, unterzeichnen, zeichnen; **– un contrat** einen Vertrag abschließen; **– un traité** einen völkerrechtlichen Vertrag abschließen.

significatif *adj* (1) bedeutungsvoll, bedeutsam, (2) bezeichnend, (3) vielsagend.

signification *f* (1) Bedeutung *f*, Sinn *m*, (2) *(ZPR: notification faite par huissier)* Zustellung *f*; **acte de –, exploit de –** Zustellungsurkunde *f*; **– par acte au palais** Zustellung von Anwalt zu Anwalt; **– administrative** Verwaltungszustellung; **– de la demande** Klagezustellung; **– à domicile** Ersatzzustellung; **– faite d'office** Zustellung von Amts wegen; **– du jugement** Urteilszustellung; **– en mains propres** Zustellung zu eigenen Händen.

signification d'office Amtszustellung, Zustellung von Amts wegen; **– au parquet** *(StPR)* Zustellung bei der Staatsanwaltschaft (falls der Betroffene keinen feststellbaren Wohnsitz im Inland hat); **– à partie** Parteizustellung; **– à personne** persönliche Zustellung; **– à résidence** Zustellung am Wohnort; **– simplifiée** vereinfachte Zustellung; **– par voie postale** Postzustellung.

signifier *v.tr.* (1) bedeuten, heißen, (2) *(ZPR: Urkunden)* (von Amts wegen) zustellen, (3) mitteilen, bekanntgeben; **– son congé à qqn.** jmdm. gegenüber eine Kündigung aussprechen, jmdm. kündigen.

silence *m* Stillschweigen *n*; Verschweigen *n*; **dans le – du contrat** falls der Vertrag hierüber keine Vereinbarung enthält; **garder le –** Stillschweigen bewahren; **passer sous –** mit Stillschweigen übergehen, verheimlichen; **– malicieux** arglistiges Verschweigen.

similaire *adj* gleichartig; **produit –** Ware gleicher Art und Güte.

similitude *f* Gleichartigkeit; Ähnlichkeit.

simple *adj* einfach; leicht verständlich; arglos, einfältig; **comptabilité en partie –** einfache Buchführung; **pur et –** bedingungslos.

simulateur *m* Simulant *m*.

simulation *f* Vortäuschung *f*, Simulierung, Verstellung, Vorspiegeln *n*; **action en déclaration de –** *(ZPR)* Klage zur Aufdeckung eines Scheingeschäftes.

simulé *adj* vorgetäuscht, Schein-; **contrat –** Scheingeschäft *n*, simuliertes Geschäft, Scheinvertrag.

simuler *v.tr.* (sich) verstellen, (etwas) vortäuschen, simulieren, (falsche Tatsachen) vorspiegeln.

simultanéité *f* Gleichzeitigkeit.

sincère *adj* ehrlich, aufrichtig

sincérité *f* (1) *(personne)* Aufrichtigkeit *f*, (2) *(document)* Echtheit *f*; **déclaration de –** Erklärung über die Richtigkeit des Inhalts eines Vertrages; **devoir de –** Verpflichtung zur Ehrlichkeit und Aufrichtigkeit (während der Vertragsverhandlungen); **– du prix de vente** der tatsächlich vereinbarte Kaufpreis; **– d'un titre** Echtheit einer Urkunde.

sinécure *f* *(Pol)* einträgliche u. mit wenig Arbeit verbundene Stelle.

sine qua non *(lat):* **condition –** unerläßliche Bedingung.

1. **sinistre** *m* Schaden *m*, Schadensereignis *n*, Schadensfall *m*; **– d'avarie commune** *(SeeHR)* Havariegrosse-Schaden; **– au comptant** Barschaden; **– déclaré** gemeldeter Schaden; **– facultés** Warenschaden; **– grave** Großschaden; **– de guerre** Kriegsschaden *m*; **– majeur** Höchstschaden; **– maritime**

sinistres: dossier de / **social**

Seeschaden, Seeunfall *m*; – **maximum** Höchstschaden; – **tardif** Spätschaden, nachgemeldeter Schaden.

2. **sinistres: dossier de** – Schadenakte *f*; **expert en matière de** – Schaden-Sachverständiger; **garantie en excédent de** – Schadenexzedentendeckung; **gestion des** – Schadensabwicklung; **probabilité de** – Schadenerwartung; **réserve pour** – Schadenrückstellung *od.* -reserve *f*.

sinistré *m* Geschädigte(r) *m*; – **de guerre** Kriegsgeschädigte(r).

sinon *Konj* andernfalls, sonst.

sis *adj* gelegen, liegend.

site *m* (1) *(situation)* Lage *f*, (2) *(paysage)* Landschaft *f*; Ensemble *n*; – **classé** *(UmweltR)* Naturschutzgebiet *n* (= NSG); Naturdenkmal *n*; – **de déchets radioactifs** Endlager *n* für Atommüll; Zwischenlager; – **exposé** sensible technische Anlage; – **protégé** Landschaftsschutzgebiet (= LSG); Arten- *od.* Biotopschutz.

situation *f* (1) *(circonstances, état)* Lage *f*, Sachlage *f*, Situation *f*, Zustand *m*, (2) *(ArbR: fonction, place)* Dienststellung *f*, Anstellung *f*, Posten *m* (3) *(FinanzW, BankR)* die (finanziellen) Verhältnisse *npl*, Vermögensverhältnisse, (Betriebs-)Ausweis *m*; **établir une** – eine Vermögensaufstellung anfertigen; **étranger en** – **irrégulière** (= ESI) *(AuslR)* Ausländer ohne gültige Aufenthaltsgenehmigung; **fournir une** – **à la banque** der Bank die (eigenen) finanziellen Verhältnisse offenlegen.

situation des affaires Geschäftslage *f*; – **alarmante** besorgniserregende Lage; – **de banque** Bankausweis *m*; – **budgétaire** Haushaltslage; – **de caisse** (1) Kassenlage, Kassenbestand *m*, (2) Kassenbericht *m*; – **des changes** devisenwirtschaftliche Lage; – **comptable** Finanz- *od.* Geschäftslage; – **du compte** Kontostand; – **conjoncturelle** *(Vwirt)* Konjunkturlage; – **contractuelle** Vertragszustand; – **déficitaire** Verlustlage; – **de droit** Rechtslage; – **durable** *(ArbR)* Dauerstellung.

situation économique Konjunktur, Wirtschaftslage; **variation de la** – – Konjunkturschwankung.

situation de l'emploi Arbeitsmarktlage, Beschäftigungslage; – **de fait** (1) *(ZR)* faktisches Vertragsverhältnis, (2) tatsächliche Lage, faktischer Rechtszustand, faktischer Tatbestand; – **de famille** Familienstand, Familienverhältnisse *npl*; – **financière** (1) *(d'une collectivité)* Finanzlage, Finanzstatus *m*, (2) *(d'un particulier)* finanzielle Lage, Vermögensverhältnisse.

situation de fortune Vermögensverhältnisse *npl*, Vermögenslage *f*; – **générale de l'exploitation** Betriebsverhältnisse; – **hebdomadaire** *(BankR)* Wochenausweis *m*; – **intercalaire** Zwischenbilanz, Zwischenstatus; – **initiale** Ausgangsposition; – **juridique** (juristischer *od.* rechtlicher) Tatbestand *m od.* Sachverhalt *m*, Rechtsstellung *f*, Rechtslage *f*, Rechtszustand *m*, Rechtsverhältnis *n*.

situation du marché Marktlage, Marktverhältnisse; – **sur le marché** Marktstellung *f*; – **matérielle** Vermögenslage, finanzielle Verhältnisse *npl*; – **mensuelle** Monatsausweis *od.* -bericht *m*; – **de monopole** *(WirtR)* Monopolstellung; – **pécuniaire** Vermögensverhältnisse, Vermögenslage; – **sociale** (1) *(individu)* gesellschaftliche Stellung, (2) *(Vwirt)* soziale Verhältnisse; – **de subordination** *(ArbR)* Unterordnungsverhältnis.

SMIC *m* *(SozR: salaire minimum interprofessionnel de croissance)* frz. gesetzlicher dynamischer Mindestlohn für sämtliche Arbeitnehmer.

smicard *m* Mindestlohnempfänger *m*.

sobriquet *m* Spitzname *m*, Übername.

social *adj* sozial; gesellschaftlich; Geschäfts-; **année** –**e** *(GesR)* Ge-

709

socialisation

schäftsjahr *n*; **assurance –e** Sozialversicherung; **dénomination –e** Firmenbezeichnung (einer Kapitalgesellschaft); **patrimoine –** Gesellschaftsvermögen; **raison –e** Firmenbezeichnung (einer Personengesellschaft); **siège –** Gesellschaftssitz.

socialisation *f* Sozialisierung *f*, Vergesellschaftung.

socialiser *v.tr.* vergesellschaften, in Gemeineigentum überführen.

socialisme *m* Sozialismus *m*; **– agraire** Agrarsozialismus; **– coopératif** genossenschaftlicher Sozialismus; **– d'État** Staatssozialismus.

sociétaire *m* (1) *(VereinsR)* Vereinsmitglied *n*, (2) *(GesR: coopératives)* Genossenschafter *m*, Genossenschaftsmitglied *n*, (2) *(GesR: associé)* Gesellschafter *m*.

sociétal *adj* gesellschaftlich; **contrainte –e** *(Pol)* gesellschaftlicher Zwang.

société *f* (1) *(ZR, HR)* Gesellschaftsvertrag *m*, (2) *(GesR)* Handels-) Gesellschaft *f*; Unternehmung *f*, Unternehmen *n*; Betrieb *m*, (3) *(ÖfR)* Gemeinschaft *f*, Gesellschaft; Gruppe *f*; führende Schicht *f*; **absorber une –** eine Gesellschaft aufnehmen *od.* übernehmen; **absorption d'une –** Aufnahme *od.* Übernahme einer Gesellschaft; **acte de –** Gesellschaftsvertrag *m*; **administrateur de –** Mitglied eines Verwaltungsrats; **apport en –** Gesellschaftereinlage *f*; **capacité de la –** Rechtsfähigkeit der Gesellschaft; **constituer une –** eine Gesellschaft gründen; **constitution de –** Gesellschaftsgründung *f*; **contrat de –** Gesellschaftsvertrag, Satzung *f*; **création de la –** Gesellschaftsgründung; **créer une –** eine Gesellschaft gründen *od.* errichten; **dissolution d'une –** Gesellschaftsauflösung; **dissoudre une –** eine Gesellschaft auflösen; **droit des –s** Gesellschaftsrecht; **fin de la –** Beendigung der Gesellschaft; **fondation** *ou* **forma-**

société bancaire

tion de – Gesellschaftsgründung; **fusion de –** Unternehmensverschmelzung; **impôt sur les –s** Körperschaftsteuer; **liquidation de –** Konkurs eines Unternehmens; **mettre en –** vergesellschaften; **objet de la –** Gesellschaftszweck *m*; **personnalité de la –** Rechtsfähigkeit der Gesellschaft; **reprise d'une –** Gesellschaftsübernahme; **scission de –** Aufteilung des Vermögens einer Gesellschaft unter mehreren neugegründeten Gesellschaften; **transformation de –** Gesellschaftsumwandlung, Änderung der Gesellschaftsform.

société absorbante *(GesR)* übernehmende *od.* aufnehmende Gesellschaft; **– absorbée** übernommene *od.* übertragende Gesellschaft; **– d'acquêts** *(EheR)* Errungenschaftsgemeinschaft *f*; **– par actions** (1) *(i.w.S.)* Kapitalgesellschaft, (2) *(i.e.S.)* Kommanditgesellschaft auf Aktien; **– adhérente** Mitgliedsgesellschaft; **– affiliée** Tochtergesellschaft; **– d'affrètement** Befrachtungsgesellschaft; **– agréée pour la vérification des comptes** Wirtschaftsprüfungsgesellschaft; **– d'aménagement foncier et d'établissement rural (= SAFER)** *(ÖfR)* frz. gemischtwirtschaftliche Gesellschaft zur Flurbereinigung u. landwirtschaftlichen Förderung.

société anonyme (= S.A.) frz. Aktiengesellschaft; **– d'armement, d'armateurs** Reederei *f*; **– d'assurances** Versicherungsgesellschaft *od.* -anstalt *f*; **– d'assurances mutuelles** Versicherungsverein auf Gegenseitigkeit; **– d'attribution d'immeubles en jouissance à temps partagé** Gesellschaft zwecks zeitlich gestaffelter Nutzung von Wohnraum.

société bancaire Kreditinstitut *n*; **– de bienfaisance** Wohltätigkeitsverein; **– à but lucratif** Erwerbsgesellschaft; **– à capital public** staatliches Unternehmen mit privater Rechtsform; **– à capital variable** Gesellschaft mit wechselndem od. variablem Grundkapital; **– de capitalisation** Kapitalisierungsgesellschaft; **– de capitaux** Kapitalgesellschaft; **– de caution mutuelle** Garantieverband auf Gegenseitigkeit; **– de chasse** Jagdgesellschaft, Jagdgenossenschaft.

société civile *(ZR)* bürgerlich-rechtliche Gesellschaft, Gesellschaft des bürgerlichen Rechts; **– civile de construction** bürgerlich-rechtliche Baugesellschaft; **– civile immobilière** (= S. C. I.) bürgerlich-rechtliche Immobiliarinvestitionsgesellschaft; **– civile professionnelle** (= S. C. P.) bürgerlich-rechtliche Gesellschaft für Freiberufler; Ärzte- od. Rechtsanwalts- od. Steuerberater- Gemeinschaftspraxis; Architektenbüro.

société de classification Klassifikationsgesellschaft, Klassifikationsinstitut *n*.

société en commandite par actions Kommanditgesellschaft auf Aktien; **– en commandite simple** (= S.C.S.) Kommanditgesellschaft; **– de commerce, – commerciale** Handelsgesellschaft, handelsrechtliche Gesellschaft; **– de compétition** Leistungsgesellschaft; **– concessionnaire** Konzessionsgesellschaft; **– de conseil** Beratungsbüro *n*; **– de consommation** *(Vwirt)* Konsumgesellschaft; **– de construction** Baugesellschaft; **– de contrôle** Dachgesellschaft; **– contrôlée** Tochtergesellschaft, abhängiges Unternehmen; **– coopérative** Genossenschaft.

société de crédit Kreditinstitut *n*; **– de crédit bail** Leasing-Gesellschaft, Industriefinanzierungsgesellschaft; **– de crédit immobilier** Bodenkredit- od. Immobiliarkreditgesellschaft; **– de crédit mutuel** Kreditgenossenschaft.

société créée de fait faktische Gesellschaft, De-facto-Gesellschaft; **– dépendante** abhängige Gesellschaft; **– de développement régional** (= S. D. R.) *(ÖfR)* frz. gemischtwirtschaftliche Gesellschaft zur Förderung der regionalen Entwicklung; **– de distribution** Vertriebsgesellschaft; **– dominante** herrschendes Unternehmen; **– dominée** abhängiges Unternehmen; **– de droit civil** Gesellschaft des bürgerlichen Rechts; **– de droit commercial** Handelsgesellschaft.

société d'économie mixte (= S. E. M.) frz. gemischtwirtschaftliches Unternehmen, Gesellschaft des Handelsrechts mit staatlicher Kapitalbeteiligung; **– écran** Briefkastengesellschaft; Scheinfirma *f*; **– émettrice** Emissionsgesellschaft; **– d'entrepôt** Lagergesellschaft; **– d'épargne** Sparverein *m*; **– entre époux** Handelsgesellschaft mit Beteiligung beider Ehegatten; **– d'équipement** Erschließungsgesellschaft; **– étrangère (en France)** (in Frankreich niedergelassene) ausländische Gesellschaft; **– d'études** Studiengesellschaft; **– européenne par actions** (= S.E.) europäische Aktiengesellschaft; **– d'expertise** Prüfungs- od. Revisionsgesellschaft; **– d'exploitation** Betriebs- od. Verwertungsgesellschaft.

société de fait De-facto- od. faktische Gesellschaft; **– fermière** Pachtgesellschaft; **– fictive** Schein- od. Strohmanngesellschaft; **– fiduciaire** Treuhandgesellschaft; **– filiale** Tochtergesellschaft; **– de financement** Finanzierungsgesellschaft; **– financière** Kreditinstitut; **– financière de gestion** Kapitalverwaltungsgesellschaft; **– foncière** Grundstücks- od. Immobiliengesellschaft; **– en formation** Gründungsgesellschaft; **– de gestion de capitaux** Kapitalverwaltungsgesellschaft; **– holding** Holdinggesellschaft, Dachgesellschaft; **– immobilière** Immobiliengesellschaft, Baugesellschaft; **– industrielle** Industriegesellschaft.

société d'ingénierie Unterneh-

société d'investissement   **société à responsabilité limitée**

mensberatungsgesellschaft, Ingenieurbüro, Planungsbüro *n*; – **par intérêt** (1) *(i. w. S.)* Personengesellschaft, (2) *(i. e. S.)* Kommanditgesellschaft; – **intérimaire de travail** Zeitarbeitunternehmen, Zeitpersonalgesellschaft; – **interprofessionnelle** auf die gemeinsame Ausübung freier Berufe gerichtete Gesellschaft; Anwaltsgemeinschaftspraxis; Steuerberatungsgesellschaft; – **interprofessionnelle pour la compensation des valeurs mobilières (= SICOVAM)** frz. zentrale Wertpapiersammelbank.

société d'investissement (Kapital-)Anlagegesellschaft, Investmentgesellschaft; – **d'investissement à capital variable (= SICAV)** frz. Investionsgesellschaft mit wechselndem Grundkapital; – **d'investissement pour le commerce et l'industrie (= SICOMI)** frz. Investitionskreditbank für Industrie und Handel; – **irrégulière** fehlerhafte Gesellschaft; – **léonine** Gesellschaft ausschließlich im Interesse eines Beteiligten; – **libérale de marché** freie Marktwirtschaft, Verkehrswirtschaft; – **en liquidation** Liquidationsgesellschaft; – **de loisirs** *(Vwirt)* Freizeitgesellschaft; – **de lotissement** Baugrunderschließungs- *od.* Siedlungsgesellschaft.

société-mère Dach- *od.* Muttergesellschaft; – **minière** bergrechtliche Gewerkschaft; – **de mise en valeur** Verwertungsgesellschaft; – **mixte** *(ÖfR)* gemischtwirtschaftliches Unternehmen, (Privat-)Gesellschaft mit staatlicher (Kapital-)Beteiligung; – **multinationale** mulitationale *od.* internationale Gesellschaft; *umg* Multi *m*; – **mutualiste** *ou* **mutuelle d'assurances** Versicherungsverein auf Gegenseitigkeit; – **nationalisée** verstaatlichte Gesellschaft.

Société des Nations *(VR, hist)* Völkerbund *m*; **assemblée de la – –** Völkerbundsversammlung; **conseil de la – –** Völkerbundsrat *m*.

société de navigation Schiffahrtsgesellschaft; – **de navigation aérienne** Luftfahrtgesellschaft.

société en nom collectif (= SNC) frz. offene Handelsgesellschaft; – **occulte** Innengesellschaft; – **ouvrière de production** Arbeiterproduktionsgenossenschaft; – **participante** beteiligte Gesellschaft; – **de participations** Beteiligungsgesellschaft; – **en participation** stille Gesellschaft, reine Innengesellschaft; – **sous participation** Tochtergesellschaft; – **à participation ouvrière** Aktiengesellschaft mit Arbeitnehmerbeteiligung; – **à participations croisées** Verschachtelung, Schachtelgesellschaft; – **de pêche** Fischereigenossenschaft.

société de personnes Personengesellschaft; – **de personnes à responsabilité limitée** (B) Gesellschaft mit beschränkter Haftung; – **pétrolière** Erdölgesellschaft; – **de placement de capitaux** Kapitalanlage- *od.* Investmentgesellschaft; – **de portefeuille** (1) Holding *f*, Dachgesellschaft, (2) Effektenhaltegesellschaft, (3) (B) Kapitalanlage- *od.* Investmentgesellschaft; – **postindustrielle** *(Vwirt)* Konsumgesellschaft; – **prestataire** *ou* **de prestation de services** (1) Dienstleistungsunternehmen *n*, (2) Zeitpersonalunternehmen; – **de prévoyance** Vorsorgeverein; – **protectrice des animaux (= S. P. A.)** Tierschutzverein *m*; – **de réassurance** Rückversicherungsgesellschaft; – **de recherches** Forschungsgesellschaft; – **reprenante** übernehmende Gesellschaft.

société à responsabilité limitée (= SARL) frz. Gesellschaft mit beschränkter Haftung; – **qui se révèle aux tiers** Außengesellschaft; – **de secours** Unterstützungsverein, Hilfsverein, karitativer Verein; – **de secours mutuels** Unterstützungsverein auf Gegenseitigkeit; – **secrète** Geheimbund *m*; – **successorale** Nachfolgegesellschaft; – **à succursales multiples** Handelskette *f*; – **de surabondance** Überflußgesellschaft.

société taxi Scheingesellschaft (zum Ausstellen von fingierten Rechnungen); – **à terme (convenu)** *(BankR)* Gelegenheitsgesellschaft, Konsortium *n*; – **de tous biens présents** Gesellschaft, bei welcher die Gesellschafter ihr gesamtes bewegliches und unbewegliches gegenwärtiges Vermögen einbringen; – **transnationale** multinationaler Konzern; – **de transports aériens** Luftfahrtunternehmen; – **de travail temporaire** Zeitarbeit-Unternehmen; – **unipersonelle** Einmanngesellschaft; – **de vente** Vertriebsgesellschaft; – **en voie de dissolution** Abwicklungsgesellschaft, Gesellschaft in Auflösung *od.* Liquidation.

socle continental *(VR)* Festlandsockel *m*.

sœur *f* Schwester *f*; – **consanguine** Halbschwester väterlicherseits; – **germaine** leibliche Schwester; – **naturelle** außerehelich geborene Schwester; – **utérine** Halbschwester mütterlicherseits.

soi-disant *adj* vermeintlich, angeblich, sogenannt.

soigner pflegen; ärztlich behandeln.

soin *m* (1) Sorgfalt *f*, Sorgsamkeit, (2) Wartung *f*; Pflege *f*, Behandlung *f*, Betreuung *f*; **aux bons –s de** (auf Briefen) z. H., zu Händen; **avec –** sorgfältig; **prendre – de qqch.** für etwas sorgen, sich um etwas kümmern; **sans –s** unsorgfältig; ungepflegt; **–s médicaux** ärztliche Behandlung *od.* Versorgung; **–s palliatifs** Sterbehilfe *f*.

sol *m* Boden *m*, Grund *m*; Erde *f*; **nature du –** Bodenbeschaffenheit; **rendement du –** Bodenertrag *m*; **– en jachère** Brachland.

1. **solde** *f* (1) *(BeamR)* (Dienst-)Gehalt, (2) *(MilR)* (Wehr-)Sold *m*; – **d'activité** Dienstbezüge *pl*; – **d'attente** Übergangsgeld *n*; – **de base** Grundsold; – **de disponibilité** Wartegeld.

2. **solde** *m* (1) Rest *m*, Restbetrag *m*, (2) *(Buchf)* Saldo *m*, Unterschiedsbetrag *m* (zwischen der Soll- u. Habenseite eines Kontos); Rechnungsüberschuß *m*; **paiement pour – de tout compte** Ausgleichszahlung, Saldoausgleich; **quittance** *ou* **reçu pour – de tout compte** Ausgleichsquittung, General- *od.* Abschlußquittung; **report du –** Saldovortrag *m*; – **actif** *ou* **bénéficiaire** Aktiv- *od.* Gewinnsaldo; – **brut** Bruttoüberschuß *m*; – **en caisse** Kassenbestand *m*; – **de clearing** *ou* **de compensation** Abrechnungssaldo; – **comptable** kassenmäßiger Saldo; – **de compte** Kassenbestand *m*, Rechnungssaldo; – **créditeur** Habensaldo, Kredit- *od.* Aktiv- *od.* Guthabensaldo; – **débiteur** Soll- *od.* Debet- *od.* Minus- *od.* Passivsaldo; – **déficitaire** Verlustsaldo; – **de la dette** Restschuld *f*; – **disponible** verfügbarer Saldo; – **final** Abschlußsaldo; – **négatif** Minussaldo; – **net** Nettosaldo; – **à nouveau** Saldovortrag, Übertrag; – **passif** Passivsaldo; – **à régler** Restschuld; – **reporté** Übertrag *m*, Saldovortrag *m*; – **résiduel** Restsaldo.

3. **soldes** *mpl* (1) Ausverkauf *m*, Schlußverkauf *m*, Räumungsverkauf, (2) Ladenbestände im Aus- *od.* Schlußverkauf; – **fin de saison** Saisonausverkauf *od.* -schlußverkauf; Winter- *od.* Sommerschlußverkauf; – **après inventaire** Inventurausverkauf *od.* -verkauf.

solder *v.tr.* (1) *(Buchf)* saldieren, abschließen, (2) *(HR)* (aus)verkaufen (zu herabgesetzten Preisen); **se – par** enden mit, abschließen mit; – **à vil prix** zu Schleuderpreisen verkaufen.

solennel *adj* (1) förmlich, in aller Form, (2) feierlich, festlich; **acte –** formbedürftiges Rechtsgeschäft.

solennité *f* (1) Förmlichkeit, (2) Feierlichkeit; – **requise** erforderliche Form (für einen Vertrag).

solidaire *adj* solidarisch, gesamt-, gesamtschuldnerisch; **débiteurs –s** Gesamtschuldner *mpl*; **responsabilité –** gesamtschuldnerische Haftung.

solidairement *adv* solidarisch, gesamtschuldnerisch, als Gesamtschuldner, zur gesamten Hand; **être tenu –** gesamtschuldnerisch haften.

solidarité *f* (1) *(SchuldR: solidarité des débiteurs)* Gesamtschuld *f*, Gesamtschuldnerschaft *f*, (2) *(SchuldR: solidarité entre les créanciers)* Gesamtgläubigerschaft *f*, (3) *(ÖfR, Pol)* Solidarität *f*, Zusammengehörigkeitsgefühl *n*; **– active** Gesamtgläubigerschaft; **– conventionnelle** auf Vertrag beruhende Gesamtschuld *od.* Gesamtgläubigerschaft; **– des débiteurs** Gesamtschuldnerschaft; **– légale** gesetzliche Gesamtschuldnerschaft *od.* Gesamtgläubigerschaft; **– passive** Gesamtschuld.

solidarité pénale *(StR)* gesamtschuldnerische Haftung für Geldstrafen (aller an einer Straftat Mitbeteiligten).

solidité *f* Stärke *f*, Dauerhaftigkeit, Haltbarkeit; *fig* Gründlichkeit, Zuverlässigkeit; Güte; Kreditfähigkeit (eines Geschäfts).

sollicitation *f* (1) *(VwR)* Aufforderung, Ersuchen *n*, Gesuch *n*, dringende Bitte *f*, (2) *(ArbR)* Bewerbung (um eine Stelle), (3) *(ZPR)* Antrag.

solliciter *v.tr.* (1) *(StR)* aufreizen, verleiten, anreizen (zu), (2) *(VwR, ZPR)* nachsuchen, beantragen, ersuchen, (3) *(ArbR)* sich bewerben (um eine Stelle); **– un procès** einen Prozeß betreiben.

solliciteur *m* (1) *(VwR)* Bittsteller *m*, (2) *(ArbR)* Bewerber *m*.

sollicitude *f* Sorgfalt *f*, Sorge *f*; Fürsorge *f*; Besorgnis *f*.

solution *f* Lösung *f*; **– amiable** gütliche Einigung; **– d'ensemble** Gesamtlösung; **– de rechange** Ersatzlösung; **– transactionnelle** Lösung im Vergleichswege.

solvabilité *f* Zahlungsfähigkeit *f*, Solvenz *f*; **certificat de –** Bescheinigung über die Zahlungsfähigkeit.

solvable *adj* zahlungsfähig, solvent.

sombrer *v. int.* untergehen, sinken.

sommaire *adj* kurzgefaßt, bündig, summarisch; **connaissances –s** nur lückenhafte Kenntnisse; **examen –** schnelle und oberflächliche Prüfung; **exécution –** Hinrichtung ohne ein ordentliches Verfahren; **matières –s** eilige Streitsachen; **procédure –** abgekürztes und vereinfachtes Verfahren.

sommaire *m* Inhaltsübersicht *f*; kurzer Abriß; Resümee *n*, Zusammenfassung *f*.

sommation *f* (1) *(ZPR: acte d'huissier)* (schriftliche) Aufforderung durch den Gerichtsvollzieher (eine bestimmte Handlung vorzunehmen), (2) *(StR)* Verwarnung; Aufforderung der Polizei (zu einem Tun *od.* Unterlassen), (3) *(ZR: mise en demeure)* Mahnbescheid, Zahlungsaufforderung; **acte de –** Mahnbescheid *m*; **frais de –** Mahngebühr *f*; **procédure de –** Mahnverfahren *n*; **– de communiquer** Aufforderung, Urkunden zur Einsicht zu überlassen; **– fiscale** Steuermahnung; **– sans frais** gebührenfreie Mahnung.

sommation de paiement, – de payer Zahlungsaufforderung *f* (durch den Gerichtsvollzieher); **– publique** (1) *(ZPR)* Ladung durch amtliche Aufforderung, (2) *(StR)* (polizeiliche) Anordnung; **– respectueuse** (Zahlungs-)Erinnerung *f*; Mahnung.

somme *f* (1) Summe *f*, Gesamtbetrag *m*; Posten *m*, (2) *pl* Gelder, Geldbeträge; **reporter une –** eine Summe übertragen; **– d'argent** Geldsumme; **– assurée** Versicherungs- *od.* Versicherungsbetrag *m*; **– compensée** Ausgleichsbetrag *m*; **– consignée** (als Sicherheit) hinterlegter Geldbetrag; **– débitée** abgebuchter Betrag; **– dotale** zum eingebrachten

Gut gehörendes Geld; **– due en cas de décès** Sterbegeld; **–s engagées** Aufwendungen *pl*; **– exigible** fälliger Betrag; **– forfaitaire** Pauschalbetrag; **– garantie** *(VersR)* Zeichnungssumme; **– en litige** *ou* **litigieuse** Streitwert *od.* -summe; **– transférée** *ou* **virée** überwiesener Betrag.

sommeil en faction *(MilR)* Einschlafen auf Wache.

sommer *v.tr.* mahnen, (amtlich) auffordern; **– qqn. à comparaître** jmdn. (vor-)laden.

sommet *m* Gipfel *m*; Spitze *f*; *fig* Höhepunkt *m*, Hochstand *m*; **conférence au –** Gipfelkonferenz *f*.

sommier *m* (1) *(Buchf)* Haupt- *od.* Kassenbuch *n*, (2) *(VwR)* Haushaltsregister *n*; **– judiciaire** *(StPR)* Strafregister *n*; **– de police technique** Verbrecherkartei *f*.

sommités *fpl* **administratives** die Spitzen *od.* wichtigsten Amtsinhaber der Behörden.

somptuaire *adj*: **dépenses –s** Luxusaufwendungen; Repräsentationsausgaben.

sondage *m* Umfrage *f*; Stichprobe *f*; Erhebung; Meinungsforschung, Demoskopie *f*, Umfrageforschung; **– d'un groupe de consommateurs** Markterkundung; **– d'opinion** (Meinungs-)Umfrage, Repräsentativerhebung, Meinungsbefragung.

sondeur *m* Meinungsforscher *m*, Demoskop *m*.

songer à *v.tr. ind.* denken (an).

sophistiqué *adj*: **produit –** hochentwickeltes, mit modernster Technik ausgestattetes Produkt.

sordide *adj* abstoßend, schmutzig, niederträchtig; **crime –** abstoßendes Verbrechen.

sort *m* Schicksal *n*, Los *n*; **tirage au –** Losziehung.

sortant *adj* bisherig, ausscheidend.

sorte *f* Art *f*, Gattung, Sorte *f*; **de la –** so, auf diese Weise; **de (telle) – que** so daß; **en quelque –** sozusagen, gewissermaßen.

sortie *f* (1) Ausgang *m*, Ausfahrt *f*, (2) *(personnes)* Abgang *m*, Austritt *m*, (3) *(argent)* Abfluß *m*, Ausgang, Storno *n*, (4) *(DV)* Ausgabe (von Daten); **âge de –** Austrittalter; **droit de –** Ausfuhrzoll *m*; **prohibition de –** Ausfuhrverbot *n*; **visa de –** Ausreisevisum *od.* -sichtvermerk; **– de devises** Devisenabfluß; **– d'entrepôt** (Waren-)Ausgabe *f*.

sortir *v.tr./v.intr.* herausgehen, hervorgehen; **– son plein et entier effet** *(PrzR: Urteil)* seine volle Gültigkeit erlangen; **– au tirage** ausgelost werden.

souche *f* (1) Stamm *m*, (2) Stammabschnitt *m*, Stammblatt *n*; **carnet** *ou* **chéquier à –s** (Scheck-) Heft mit Stammabschnitten; **partage par –s** *(ErbR)* Aufteilung (der Erbschaft) nach Stämmen; **– de contrôle** Kontrollabschnitt; **– d'expédition** Versandschein *m*.

souci *m* Besorgnis *f*, Sorge *f*; **– numéro un** Hauptsorge.

soudoyer *v.tr.* *(StR: corrompre)* bestechen, kaufen.

souffrance *f* (1) Schmerz *m*, Leiden *n*, (2) Duldung *f*, Zugeständnis *n*, (3) *(FinanzW)* Aufschub *m*, zusätzliche Frist *f*; Verzug *m*; **en –** unerledigt, in der Schwebe; ungedeckt; **lettre en –** unzustellbarer Brief; **lettre de change en –** notleidender *od.* nicht eingelöster Wechsel; **paiement en –** überfällige Zahlung; **– morale** seelisches Leid, entgangene Lebensfreude.

souffrir (1) *v.intr.* *(éprouver un dommage, subir un préjudice)* (einen Schaden) erleiden; **– d'une affection de la peau** an einer Hautkrankheit leiden, (2) *v.tr.* *(permettre, tolérer)* zulassen, dulden; **ne – aucun retard** keinerlei Verspätung ist zulässig.

souhait *m*: **exprimer un –** einen Wunsch äußern.

soulèvement *m* Aufstand *m*, Aufruhr *m*, Erhebung *f*.

soulever *v.tr.* (1) (auf)heben, (2) *(fig)* aufwerfen, aufgreifen; **se –** *(Pol)* in Aufstand treten, sich erheben

715

(gegen jn.); – **une exception** *(PrzR)* eine Einrede erheben, eine Einwendung geltend machen, einwenden; – **une question** eine Frage stellen *od.* aufwerfen.

souligner *v.tr.* unterstreichen; *fig* besonders hervorheben.

soulte *f (ErbR, FamR: somme compensatoire due par un copartageant)* Ausgleichssumme *od.* -betrag; Wertausgleich *m*; **échange avec –** *(SchuldR)* (Um-)Tausch mit Zahlung des Wertunterschiedes; – **successorale** Erbabfindung.

soumettre *v.tr.* (1) unterwerfen, (2) vorschlagen, unterbreiten; anheimstellen; **se – aux lois** die Gesetze einhalten, die Vorschriften beachten.

soumis unterliegend; **être – au contrôle** einer Aufsicht unterliegen; **être – au droit** dem Gesetz unterworfen sein; **– à l'impôt** abgabe- *od.* steuerpflichtig.

soumission *f* (1) *(VerfR: sujétion, obéissance)* Unterwerfung, Gehorsam *m*, (2) *(ÖfR: marchés publics)* Angebot *n* (auf eine Ausschreibung); **par voie de –** durch (öffentliche) Ausschreibung; **– de prix** Preisstellung; **– publique** öffentliche Ausschreibung; **– restreinte** beschränkte Ausschreibung.

soumissionaire *m* Bieter, Bewerber (bei öffentlichen Aufträgen), Submittent *m*.

soumissionner *v.tr.* ein Preisangebot vorlegen, ein Angebot einreichen; sich um die Vergebung öffentlicher Aufträge bewerben.

soupçon *m (StR)* Verdacht *m*, Vermutung; Argwohn *m*; **– justifié** begründeter Verdacht.

soupçonnable *adj* verdächtig.

soupçonner *v.tr.* Verdacht schöpfen, verdächtigen; mutmaßen, ahnen; **être –né de vol** *(StPR)* im Verdacht des Diebstahls stehen.

soupeser *v.tr.* (des arguments) abwägen.

souple *adj* (1) biegsam, geschmeidig, (2) *fig* anpassungsfähig, nachgiebig, kompromißbereit.

souplesse *f* (1) Biegsamkeit, (2) *fig* Nachgiebigkeit *f*, Anpassungsfähigkeit; Spielraum *m*; Beweglichkeit.

source *f* (1) Quelle *f*, (2) *fig* Ursprung *m*, Grund *m*, Ursache *f*; **de bonne –** aus sicherer Quelle; **imposition à la –** Quellenbesteuerung; **– d'achat** Bezugsquelle; **– de droit** Rechtsquelle; **– d'énergie** Energiequelle; **– de financement** Finanzierungsquelle; **– juridique** Rechtsgrundlage; **– de revenu(s)** Einnahmequelle.

sourd-muet *adj* taubstumm.

souricière *f (StR, umg.)* Falle (die von der Polizei gestellt wird).

sous *präp* unter; **être – le coup d'une accusation** unter Anklage stehen; **– couvert de la nuit** bei Nacht; nach Einbruch der Dunkelheit; **– la direction de** unter Leitung von; **– huitaine** binnen einer Woche; **– enveloppe** im verschlossenen Umschlag; **– main** heimlich, unter der Hand; **– peine d'amende** unter Androhung einer Geldstrafe; **– réserve d'approbation** unter Vorbehalt der Zustimmung.

sous-acquéreur *m (SchuldR: consommateur, acquéreur ultime)* Endabnehmer *m*, Endverbraucher *m*.

sous-agent *m (HR: madataire de l'agent général)* Vermittlungsvertreter *m*.

sous-amendement *m (VerfR)* Änderungsantrag eines vorherigen Änderungsantrages.

sous-assurance *f* Unterversicherung *f*.

sous-commission *f* Unterausschuß *m*.

souscripteur *m* (1) *(VersR)* Versicherungsnehmer *m*, (2) *(BankR)* Zeichner *m* (einer Anleihe, einer Aktie), (3) Subskribent *m*, Unterzeichner *m*.

souscription *f* (1) *(VersR)* Zeichnung *f*, Subskription *f*, (2) Unterschrift *f*, Unterzeichnung; **année de –** *(VersR)* Eintrittsjahr; **avis de –** Zeichnungsaufforderung; **borde-**

reau *ou* **bulletin** *ou* **certificat de** – Zeichnungsformular *n*; **déclaration de** – Bezugserklärung; **droit de** – Bezugs- *od.* Zeichnungsrecht; **prix de** – Zeichnungs- *od.* Subskriptionspreis; – **d'une assurance** Versicherungsabschluß *m*; – **d'actions** Aktienzeichnung *f*; – **d'un emprunt** Zeichnung einer Anleihe – **en espèces** Barzeichnung.

souscrire (1) *v.tr.ind.* zeichnen; – **à une émission d'actions (d'une société)** Aktien (einer Gesellschaft) zeichnen; – **à un emprunt** eine Anleihe zeichnen, (2) *v.tr. dir* unterschreiben, zustimmen.

sous-déclaration *f* **de revenus** *(SteuerR)* Steuerverkürzung durch Verheimlichung von Einnahmen; Abgabe einer unrichtigen Steuererklärung.

sous-délégation *f* Untervollmacht *f*.

sous-développé *adj* unterentwickelt.

sous-directeur *m* stellvertretender Direktor *od.* Leiter.

sous-emploi *m* Unterbeschäftigung *f*.

sous-entendre *v.tr.* voraussetzen, stillschweigend mit einschließen, mit darunter verstehen; **sous-entendu** *m* heimlicher Vorbehalt; Andeutung.

sous-entrepreneur *m* Subunternehmer *m*.

sous-entreprise *f* Subunternehmertum *n*; – **de main-d'œuvre** *(ArbR)* Arbeitnehmerüberlassung *f*.

sous-estimer *v.tr.* unterschätzen.

sous-évaluation *f* Unterbewertung *f*.

sous-locataire *m* Untermieter *m*, –**location** *f* Untermiete *f*.

sous-louer *v.tr.* (1) in Untermiete nehmen, (2) in Untermiete geben, weitervermieten.

sous-main *m* Unterlage (zum Schreiben); **en** – heimlich, unter der Hand.

sous-ordre *m* (1) *(SchuldR)* Unterauftrag (des Subunternehmers), (2) *(VwR: employé subalterne)* Untergebene(r) *m*, Ausführende(r) *m*, untergeordnete(r) Beamte(r).

sous-payer *v.tr.* unter dem regulären Preis bezahlen, zu wenig zahlen; ausbeuten.

sous-préfecture *(VwR)* frz. Unterpräfektur, staatliche frz. Verwaltungsstelle auf Arrondissementebene; – **-préfet** *m* Unterpräfekt *m*.

sous-produit *m* Nebenerzeugnis *n*, Zwischenfabrikat *n*.

sous-secrétaire d'État *m* Unterstaatssekretär *m*.

sous-seing *m* *(ZR: acte sous seing privé)* privatschriftliche Urkunde.

soussigné *m* Unterzeichnete(r) *m*, Unterfertigte(r) *m*.

sous-sol *m* Boden *m*, Grund *m*, Untergrund; **ressources du** – Bodenschätze *mpl*.

soustraction *(StR)* Wegnahme *f*, Zueignung; Hinterziehung *f*; – **frauduleuse** rechtswidrige Zueignung, Gewahrsamsbruch *m*; – **de pièces** Urkundenunterdrückung.

soustraire *v.tr.* *(StR)* sich rechtswidrig aneignen, widerrechtlich entnehmen; wegnehmen; unterdrücken.

sous-traitance (1) Zulieferindustrie *f*, (2) Vergabe von Aufträgen an Subunternehmer.

sous-traitant *m* Zulieferer *m*, Zulieferant *m*, Subunternehmer *m*.

sous-traiter *v.intr./v.tr.* (1) über einen Zulieferanten beziehen, (2) an einen Subunternehmer (einen Auftrag) vergeben.

soutenable *adj* vertretbar, plausibel.

soutenance de thèse *(HochschulR)* mündlicher Vortrag (einer Dissertation) zum Erwerb der Doktorwürde.

soute *f* **à bagages** Gepäck- *od.* Frachtraum *m*.

soutènement *m* (1) *(BuchfR)* Belege *mpl* (zur Rechtfertigung) einer Abrechnung, (2) Stütze *f*, Halt *m*.

souteneur *m* *(StR)* Zuhälter *m*.

soutenir *v.tr.* (1) unterstützen, helfen, (2) wahren, verteidigen, (3) behaupten, bekräftigen, bestätigen; – **la cause de qqn.** für jmdn. eintreten; – **ses droits** seine

Rechte wahrnehmen, seine Ansprüche wahren.

soutien *m* (1) *(aide, secours)* Unterstützung *f*, Beihilfe *f*, (2) *(FamR)* unterhaltspflichtige Person, (3) Stütze *f*, Halt *m*; **achat de –** Stützungskauf *m*; **grève de –** Solidaritätsstreik *m*; **– des cours** Kursstützung; **– pécuniaire** finanzielle Unterstützung; **– des prix** Preisstützung.

soutirer *v.tr.* **de l'argent** Gelder *npl* unterschlagen.

souvenir *v.pron.*: **se – de qqch.** sich erinnern an, sich einer Sache erinnern, sich auf etwas besinnen.

souvenir *m* Gedächtnis *n*, Erinnerung *f*; Andenken *n*.

souverain *adj* vollkommen unabhängig, souverän; **État –** souveräner Staat; **jugement –** Urteil *n* letzter Instanz; **– pontife** Papst *m*.

souverain *m* Souverän *m*; Herrscher.

souverainement *adv* (1) *(VerfR)* souverän, in Ausübung der Hoheitsrechte, (2) *(PrzR)* in letzter Instanz, (3) *(VwR)* nach freiem Ermessen.

souveraineté *f* *(ÖfR)* Souveränität *f*, Hoheitsrechte *npl*; Rechtshoheit *f*, Oberhoheit; Staatsgewalt *f*, Staatshoheit; **abandon de –** Souveränitätsbeschränkung, Aufgabe von Hoheitsrechten; **acte de –** *(ÖfR)* Regierungsakt *m*; **atteinte à la –** Souveränitätsverletzung; **droit de – Hoheits-** *od.* Souveränitätsrecht; **emblème de –** Hoheitszeichen *n*; **exercice de la –** Herrschaftsausübung; **limitation de –** Souveränitätsbeschränkung; **pleine –** volle Souveränität; **pouvoir de –** Hoheitsgewalt *f*; **violation de la –** Souveränitätsverletzung.

souveraineté dans le domaine aérien Lufthoheit; **– douanière** Zollhoheit; **– de l'État** Staatshoheit, Staatgewalt; **– financière** Finanz- *od.* Steuerhoheit; **– des juges de fond** *(PrzR)* alleinige Zuständigkeit (der Erstinstanz- und Berufungsrichter) für die Tatsachenfeststellung *od.* in tatsächlicher Hinsicht; **– monétaire** Währungshoheit; **– nationale** nationale Souveränität *od.* Hoheit; **– du peuple, – populaire** Volkssouveränität; **– spirituelle** Religionshoheit; **– territoriale** Gebiets- *od.* Territorialhoheit.

spécial *adj* spezial, speziell, Einzel-, Sonder-, Fach-; **autorisation –e** Sondergenehmigung; **contrats spéciaux** die einzelnen Schuldverhältnisse; **décision –e** Einzelfallentscheidung; **droit pénal –** Strafrecht, besonderer Teil; **mandat –** Sondervollmacht *f*.

spécialisation *f* Spezialisierung *f*.

spécialiste *m* Fachmann *m*, Sachverständige(r) *m*; **être –** vom Fach sein; **– du droit commercial** Handelsrechtler *m*; **– du droit comparé** Fachmann auf dem Gebiet der Rechtsvergleichung.

spécialité *f* (1) *(ArbR)* Fachgebiet *n*, (2) *(Wz)* Markenartikel *m*, (3) Spezialität *f*; **– pharmaceutique** pharmazeutisches Produkt *n*, Arzneimittel *n*.

spécification *f* (1) *(SachR)* Verarbeitung eines Stoffes zu einer neuen Sache, Spezifikation, (2) *(SchuldR)* Spezifikation, nähere Bestimmung der Leistung, (3) *(précision)* (nähere) Angabe *f*; (besondere) Bezeichnung; Einzelaufzählung.

spécificité *f* Eigenart *f*, Sondercharakter *m*, Besonderheit *f*.

spécifier *v.tr.* besonders bezeichnen; einzeln aufzählen.

spécifique *adj* spezifisch, einer Sache eigentümlich; **règle –** Sonderbestimmung; **trait –** besonderes Merkmal, Eigenheit *f*.

spécimen *m* (1) *(HR: échantillon)* Probe *f*, Probestück *n*, Muster *n*, (2) *(Buch)* Probeexemplar *n*; **– de signature** Unterschriftsprobe.

spectacle *m* Schauspiel *n*; Bühnenwerk *n*; Theaterstück *n*; **procès- –** Schauprozeß *m*.

spectateur *m* Zuschauer *m*; Zeuge *m* (eines Ereignisses).

spéculateur *m* *(BörR)* Spekulant *m*; **– à la baisse** Baissier *m*; **– à la hausse** Haussier *m*.

spéculation *f* Spekulation *f*, Spekulationshandel *m*; – **sur les changes** Devisenspekulation; – **à découvert** Windhandel; – **foncière** *ou* **immobilière** Bodenspekulation; – **illicite** gesetzwidrige Spekulation; – **sur les titres** Effektenspekulation.

spéculer *v.intr.* (an der Börse) spekulieren.

sphère *f* Sphäre *f*, Bereich *m*, Wirkungskreis *m*; – **d'activité** Tätigkeitsfeld *m*, Wirkungsbereich; – **administrative** Verwaltungsbereich; – **d'application** Geltungsbereich, Anwendungsgebiet; – **d'attributions** *ou* **de compétence** Zuständigkeitsbereich; – **d'influence** Einflußbereich *od.* -sphäre.

spirale *f* **inflationniste** Inflationsspirale *f*; – **(des) prix (et des) salaires** *(Vwirt)* Lohn-Preis-Spirale.

spirituel *adj*: **affaires –elles** *(KirchR)* kirchliche Angelegenheiten; **pouvoir –** Kirche *f*, geistliche Macht.

spiritueux *mpl* branntweinhaltige Getränke, Alkoholika *pl.*

spoliation *f* Ausplünderung *f*, Beraubung *f*, Besitzentziehung; – **de biens** Vermögensentziehung.

spolier *v.tr.* ausplündern, berauben.

sponsor *m* (= *commanditaire, parrain*) Sponsor *m*, Förderer, Geldgeber (z. B. im Sport).

sponsoring *m*, **sponsorisation** *f*, **sponsorisme** *m* (= *parrainage publicitaire*) Sponsoring *n*, Werbung durch Förderung (von Sport u. Kunst).

sporadique *adj* vereinzelt auftretend.

sport *m* **de haut niveau** Leistungssport *m*; – **pour tous** Massensport.

sportif *adj*: **association –tive** Sportverein *od.* -club; *m*: – **de haut niveau** Hochleistungssportler.

spot *adj*: **marché –** *(BörR)* Spotgeschäft *n*; **prix –** Preis auf dem freien Erdölmarkt.

spot *m* **publicitaire** (kurze) Werbesendung, Werbespot *m*.

squat *m*, **squattage** *m* *(StR)* (rechtswidrige) Hausbesetzung *f*.

squatter *v.tr.* **un immeuble inoccupé** ein leerstehendes Haus besetzen.

squatter *m*, **squatteur** *m* Hausbesetzer *m*; **immeuble squatté** besetztes Haus.

stabilisateur *adj*: **action –trice sur les prix** preisdämpfende Wirkung.

stabilisation *f* Festigung *f*, Konsolidierung *f*, Stabilisierung *f*; – **des cours** Kurskonsolidierung; – **financière** finanzielle Konsolidierung; – **monétaire** Währungsstabilisierung.

stabiliser *v.tr.* stabilisieren, festigen.

stabilité *f* Festigkeit, Beständigkeit, Stabilität *f*; **clause de –** Anpassungsklausel; – **de l'emploi** Sicherheit der Arbeitsplätze; – **monétaire** Währungsstabilität; – **des prix** Preisstabilität.

stable *adj* stabil, fest, beständig.

stade *m* Stadium *n*, Entwicklungsstufe *f*, Abschnitt *m*, Stand *m*; **à un – avancé** in fortgeschrittenem Stadium; – **de la commercialisation** Handelsstufe *f*; – **de la procédure** *(PrzR)* Verfahrensabschnitt *od.* -stadium *n*; – **de production** Produktionsstufe *f*; – **ultime** Endstufe.

stage *m* (1) *(BeamR)* Vorbereitungsdienst, Anwärterdienst (2) *(ArbR: période de formation professionnelle)* Ausbildungs- *od.* Probezeit; Praktikum *n*, Praktikantenzeit, (3) *(HochschulR)* Lehrgang *m*; Studienaufenthalt *m*, (4) *(SozVers)* Anwartschaft(szeitraum) *f*; Wartezeit *f*; **effectuer** *ou* **faire un –** an einem Ausbildungslehrgang teilnehmen; **emploi de –** Praktikantenstelle; **indemnité de –** Ausbildungsbeihilfe; – **des avocats** Ausbildungszeit der Rechtsanwaltsanwärter; – **de conversion professionnelle** beruflicher Umschulungslehrgang; – **(d'immersion) dans l'entreprise** Betriebspraktikum; – **de formation** Fortbildungsmaßnahme *f*; – **de formation professionnelle** Berufsausbildungslehrgang; – **d'initiation** Einführungslehrgang; – **de perfectionnement** Fortbildungslehrgang; – **préparatoire**

(BeamR) Vorbereitungsdienst; **– probatoire** Probezeit *f*; **– de reconversion** Umschulungslehrgang; **– de réinsertion** Arbeitsbeschaffungsmaßnahme.

stagflation *f (Vwirt)* Stagflation.

stagiaire *m* (1) *(BeamR)* Beamtenanwärter *m*, (2) *(ArbR)* Praktikant *m*, Volontär *m*, Berufsanwärter *m*; Teilnehmer an einem Lehrgang.

stagnant *adj* stagnierend, flau, stillstehend.

stagnation *f* (1) Stockung; Stillstand *m*, Stagnation; Nullwachstum *n*, (2) *(BörR)* Flaute *f*; **– économique** rückläufige Wirtschaftsentwicklung.

stagner *v.intr.* stagnieren, stocken.

stand *m* Austellungsstand *m*.

standard *m* (1) Standard *m*, Normalmaß *n*, Durchschnittsbeschaffenheit, (2) *(Vwirt)* allgemeines Leistungs-, Qualitäts-, Lebensführungsniveau *n*, (3) Feingehalt (einer Münze), (4) *(HR)* Qualitätsmuster *n*, Normalausführung (einer Ware), Standard, anerkannter Qualitätstyp (5) Telefonzentrale *f*; **– de vie** Lebensstandard *m*.

standardisation *f* Normung *f*; Standardisierung *f*; Vereinheitlichung; Normierung, Typisierung.

standardiser *v.tr.* standardisieren, vereinheitlichen, normen, typisieren.

standing *m* gesellschaftliche Stellung, Rang *m*; sozialer Status.

staries *fpl (SeeHR: jours de planche)* Liegezeit *f*, Ladezeit; **jours de –** Liegetage *pl.*

station *f* (1) Station *f*, (Halte-)Stelle *f*, (2) Amt *n*, Anlage *f*; **– balnéaire, – classée** Bad *n*, Kurort *m*; **– d'épuration d'eau** Kläranlage *f* (zur Abwässerreinigung); **– de recherche** Forschungsstätte *f*; **– – service** Tankstelle *f*.

stationnement *m* Parken *n*; **droit de – des riverains** *(VwR)* Anliegergebrauch *m*; **– payant** gebührenpflichtiges Parken.

stationner *v.intr.* parken; **interdiction de –** Parkverbot *n*.

statistique *f* Statistik *f*; **institut des -s** statistisches Amt; **– des accidents** Unfallstatistik; **– du commerce extérieur** Außenhandelsstatistik; **– de la criminalité** Verbrechens- *od.* Kriminalstatistik; **– électorale** Wahlstatistik.

statuer *v.tr.* (1) *(ZPR, StPR: rendre une décision de justice)* entscheiden, befinden (über), (2) *(VwR: ordonner)* anordnen, bestimmen, regeln; **il n'y a pas lieu à –** der Rechtsstreit ist in der Hauptsache erledigt; **omission de –** Unterlassung der Entscheidung über einen Parteiantrag; **refus de –** *(StR: déni de justice)* Rechtsverweigerung; **surseoir à –** die Entscheidung vertagen; **sursis à –** Entscheidungsaussetzung *od.* -vertagung.

statuer en appel als Rechtsmittelinstanz entscheiden; **– à charge d'appel** unter Vorbehalt der Berufung entscheiden; **– sans appel** in erster u. letzter Instanz entscheiden; **– au contentieux** im streitigen Verfahren entscheiden; **– contradictoirement** bei Anwesenheit beider Parteien *(od.* ihrer Vertreter) entscheiden; **– discrétionnairement** nach freiem Ermessen entscheiden; **– en équité** nach Billigkeit entscheiden; **– ex aequo et bono** ex aequo et bono entscheiden; **– au fond** in der Sache selbst entscheiden, zur Hauptsache entscheiden; **– sur un litige** einen Rechtsstreit entscheiden; **– sur pièces** nach Aktenlage entscheiden; **– publiquement** in öffentlicher Sitzung das Urteil verkünden; **– en référé** im beschleunigten Verfahren entscheiden.

statu quo *m* gegenwärtiger Zustand *m*, Status quo; **– ante** Stand vor dem bezeichneten Ereignis; **– minus** Verschlechterung *f* gegenüber dem gegenwärtigen Zustand.

1. **statut** *m* (1) *(situation de fait, position)* Stellung *f*, Lage *f*, (2) *(situation juridique)* Rechtsstellung *f*, Rechts-

status *m*; Rechtsverhältnisse *npl*, (3) *(textes réglant une situation)* Gesetz *n*, Verordnung *f*, Recht *n*, Statut *n*; – **consultatif** *(VR)* Beratungsfunktion; – **diplomatique** diplomatischer Status; – **de la fonction publique**, – **des fonctionnaires** frz. Beamtenrecht; Rechtsstellung der frz. Beamtenschaft; – **des forces armées** *(VR)* Truppenstatut; – **juridique** Rechtsstellung, rechtliche Stellung, Rechtsstatus *m*; Rechtsgrundlage *f*; – **légal** gesetzliche Regelung *od*. Grundlage; – **local** *(IPR)* Anwendung des interlokalen Privatrechts; – **de la magistrature** *(GVR)* Rechtsstellung der Richter und Staatsanwälte; – **de neutralité** *(VR)* Neutralitätsstatus; – **pécuniaire** *(BeamR)* Besoldungsordnung *f*; – **personnel** *(IPR)* Personalstatut; – **du personnel** (1) *(ArbR)* Rechtsstellung der Belegschaft (eines Betriebes), (2) *(BeamR)* Personalordnung, Personalstatut, Recht der Beamten und Angestellten; – **privilégié** Vorzugsstellung; – **professionnel** Berufsordnung; – **public** öffentlich-rechtlicher Status; – **réel** *(IPR)* Anwendbarkeit des Rechts des Orts der belegenen Sache; – **social** sozialer *od*. gesellschaftlicher Status; – **territorial** Territorialstatus; – **type** Mustersatzung; Satzungsmuster *n*.
2. **statuts** *mpl* *(GesR: document qui consigne l'acte constitutif d'une société)* Satzung *f* (einer Gesellschaft); **déposer les** – die Gesellschaftssatzung (zwecks Eintragung beim frz. Handelsregister) hinterlegen *od*. einreichen; **modification aux** – Satzungsänderung; **violation des** – Satzungsverletzung; – **d'une association** Vereinssatzung; – **type** Mustersatzung.

statutaire *adj* satzungsmäßig *od*. -gemäß, statuarisch; Satzungs-; **gérant** – *(GesR)* durch die Satzung bestimmter Geschäftsführer.

stellage *m* *(BörR)* Stellage(geschäft).

stellionat *m* *(SachR)* Verkauf ein u. desselben Grundstücks an mehrere Personen; Verkauf durch einen Nichteigentümer; Verschweigen der Belastungen bei einem Grundstücksverkauf.

stellionataire *m* Person, die beim Grundstücksverkauf vorsätzlich unwahre Angaben macht.

sténodactylo *f* Stenotypistin *f*.

stérilisation *f* *(StR)* Unfruchtbarmachung, Sterilisation.

stigmatiser *v.tr*. verurteilen, brandmarken; beanstanden.

stimulants *mpl* Aufputschmittel *npl*.

stimulateur *m* **cardiaque** Herzschrittmacher *m*.

stimulation *f* *(Vwirt)* Ankurbelung, Anreiz; Förderung.

stimuler *v.tr*. stimulieren, anregen, beleben; – **les ventes** den Absatz fördern.

stipendier *v.tr*. bestechen, jmdn. kaufen.

stipulant *m* Vertragsschließende(r).

stipulation *f* (1) *(clause d'un contrat)* (Vertrags-)Klausel *f*, Vereinbarung, Vertragsbestimmung, Abmachung, (2) *(condition exigée)* Bedingung *f*, Voraussetzung; – **additionelle** Zusatzbestimmung; – **pour autrui** Vertrag zugunsten Dritter; – **contractuelle**, – **conventionelle** Vertragsklausel, Vertragsbestimmung; – **d'intérêts** Zinsklausel; – **de propres** *(EheR)* Erklärung von Fahrnis zu Vorbehaltsgut (bei Gütergemeinschaft); – **statuaire** Satzungsbestimmung.

stipuler *v.tr*. verabreden, vereinbaren, vertraglich abmachen, ausbedingen; – **pour autrui** zugunsten eines Dritten einen Vertrag abschließen.

stock *m* (1) Bestand *m*, Vorrat *m*, Lagervorrat, (2) Warenlager, Lager; **accumulation de** –**s** Höchstlagerbestand; Ansammlung von Lagerbeständen; **avoir en** – auf Lager haben; **constituer un** – einen Vorrat anlegen; **déclaration de** – Bestandsmeldung *m*; **entrée en** – Lagereingang *m*; **gestion des** –**s** Lagerverwaltung; **liquidation du**

– Räumungsverkauf m; **liquider le – das Lager räumen; rotation des –s** Lagerumschlag m.

stock d'alerte *ou* **critique** Meldebestand m; **–s sur le carreau de la mine** Haldenbestände; **– comptable** Buchbestände mpl; **– de fonctionnement** optimaler Lagerbestand; **– de marchandises** Warenbestand, Warenvorräte; Warenlager n; **– maximal** *ou* **minimal** Höchst- *od.* Mindestlagerbestand; **– monétaire** Bargeldbesitz m; **– outil** optimaler Lagerbestand; **– permanent, – de sécurité** Mindestlagerbestand, eiserner Bestand.

stockage m Einlagerung f, Lagerhaltung; Vorratshaltung f; **capacité de –** Lagerkapazität; **– des données** *(DV)* Datenspeicherung; **– exessif** Hortung f.

stocker v.tr. speichern; lagern, einlagern.

stockiste m *(HR)* Vorratshalter m, Einlagerer m.

stock-option f Aktienvorkaufsrecht n.

stop m *(StVR: panneau routier)* Stoppschild n; **feux –** Bremsleuchten fpl.

stopper v.tr. zum Stehen bringen, anhalten; bremsen; Einhalt gebieten.

stratagème m List f, Kunstgriff m.

stratégie f Strategie f; **– commerciale** Verkaufs- *od.* Vermarktungsstrategie.

strict adj streng, genau; eng; **interprétation –e** restriktive Auslegung; **au sens –** *(= stricto sensu)* im engeren Sinne; **la –e vérité** die reine, die ganze, die volle Wahrheit.

strictement adv streng, rein; **– confidentiel** höchstvertraulich; **– défendu** streng verboten; **– personnel** höchstpersönlich.

structuration f Gliederung f, Aufteilung f.

structure f (1) *(disposition ordre)* Aufbau m, Struktur f, Gliederung f, Gefüge n, (2) *(régime)* System n, Ordnung f; **– administrative** Behörden- *od.* Verwaltungsaufbau, Verwaltungsstruktur f; **– d'âge** Altersgliederung; **– concurrentielle** Wettbewerbsstruktur; **– corporative** berufsständischer Aufbau; **– démographique** Bevölkerungsstruktur *od.* -aufbau; **– de la distribution** Verteilersystem; **– économique** Wirtschaftsaufbau *od.* -system; **– financière** Finanzstruktur; **– foncière** Bodenordnung; **– institutionnelle** Institutionenaufbau; **– juridique** Rechtsordnung; **– du marché** Marktordnung; **– des prix** Preisgefüge; **– sociale** Sozialgefüge; gesellschaftliche Ordnung; **– tarifaire** Tarifgestaltung.

structurer v.tr. gliedern, aufbauen.

studbook m *(LandwR)* Zuchtbuch n.

stupéfiant(s) m(pl) *(StR)* Rauschgift n, Betäubungsmittel n; **brigade des –s** Rauschgiftdezernat n; **trafic de –** Rauschgifthandel m; **usage de –** Betäubungsmittelverbrauch m.

stupre m Ausschweifung f, Sittenlosigkeit.

style m Stil m; **clause de –** Wendung, Formel f (in Verträgen); **– administratif** Rechts- und Verwaltungssprache; **– de vie** Art der Lebensführung, Lebensstil.

stylet m kurzer kleiner Dolch (mit sehr scharfer spitzer Klinge).

subalterne adj untergeordnet, subaltern; unselbständig.

subalterne m *(BeamR)* Untergebene(r) m, Beamte(r) des einfachen Dienstes.

subdélégation f Untervollmacht f; Unterbevollmächtigung f.

subdélégué m Unterbevollmächtigte(r) m.

subdéléguer v.tr. (HR) Untervollmacht erteilen.

subdivision f Unterteilung f; **– administrative** Verwaltungsuntergliederung, Verwaltungsbezirk m.

subir v.tr. erleiden, dulden; ausgesetzt sein, unterliegen; **– les conséquences de ses actes** für die Folgen seiner Taten einstehen müssen; – **un dommage** einen Schaden erleiden; – **un examen** eine Prüfung ablegen; – **un examen médical** einer ärztlichen Untersuchung unterzogen werden; – **un interrogatoire** *(StPR)* verhört werden; – **une peine** eine Strafe verbüßen *od.* absitzen; – **une perte** einen Verlust erleiden; – **un recul** einen Rückschlag erleiden; – **des violences** mißhandelt werden.

subit *adj* plötzlich, unvermutet.

subjectif *adj* parteiisch, einseitig, subjektiv; **opinion** –**ive** persönliche Meinung.

subjuguer *v.tr.* unterjochen; beherrschen.

submerger *v.tr. a. fig* überschwemmen.

subodorer *v.tr.* ahnen, vermuten.

subordination *f (ArbR)* Unterordnung *f*, Gehorsam *m*; **lien de** –, **rapport de** – *(ArbR)* Unterordnungsverhältnis; Weisungsbefugnis *f* (des Arbeitgebers).

subordonné *adj* untergeordnet, unterstellt, weisungsgebunden.

subordonné *m* Untergebene(r) *m*, Untergeordnete(r) *m*.

subordonner *v.tr.* unterordnen, unterstellen; – **à** abhängig machen von.

subornation *f* **de témoin(s)** *(StR)* Verleiten *n* eines Zeugen zum Meineid; Zeugenbestechung; verbotene Zeugenbeeinflussung.

suborner *v.tr.* beeinflussen, verleiten, bestechen; – **une jeune fille** eine Minderjährige verführen.

subrécargue *m (SeeHR)* Reedervertreter (an Bord eines Schiffes).

subreptice *adj* erschlichen; insgeheim; **par une manœuvre** – mittels Täuschung.

subreption *f (StR)* Erschleichen *n* (durch falsche Angaben).

subrogatif *adj* an die Stelle tretend (von).

subrogation *f (SchuldR)* Eintritt *m* eines neuen Gläubigers kraft Erfüllung, Gläubigereintritt, Gläubigerwechsel *m*; – **de l'assureur** gesetzlicher Forderungsübergang auf den Versicherer; – **conventionnelle** Gläubigerwechsel auf der Grundlage einer Vereinbarung (zwischen bisherigem Gläubiger u. leistenden Nichtschuldner *od.* zwischen leistenden Nichtschuldner u. Schuldner), Gläubigereintritt auf Grund Vereinbarung; – **légale** Gläubigereintritt (unmittelbar) kraft Gesetzes; – **personnelle** Eintreten einer Person an die Stelle einer anderen (in einer Rechtsbeziehung); – **des poursuites** *(ZPR)* Ersatzvornahme *f*; – **réelle** dingliche Surrogation.

subrogatoire *adj* (1) als neuer Gläubiger eintretend, (2) treten an die Stelle von; **quittance** – Gläubigerwechselquittung.

subrogeant *m* der bisherige Gläubiger.

subrogé *m* (1) *(SchuldR)* der neue Gläubiger, Erfüllende(r) *m*, (2) *(ZPR)* gerichtlich ernannt; **être** – in die Rechte eintreten; – **tuteur** *(FamR: organe de surveillance ou de suppléance de la tutelle)* frz. Gegenvormund *m* (unter Umständen auch: Ersatzvormund).

subroger *v.tr.* ersetzen; (einen neuen Gläubiger) in die Rechte eintreten lassen.

subséquent *adj* nachfolgend, folgend; **degré** – **de parenté** nachfolgender Verwandtschaftsgrad.

subside(s) *m(pl)* Beihilfe *f*, Unterstützung aus staatlichen Mitteln, Unterstützungsgelder *pl*; **action à fins de** –**s** Unterhaltsklage (des nichtehelichen Kindes); –**s de l'État** Staatszuschuß *m*.

subsidiaire *adj* subsidär, zweitrangig; unterstützend; Hilfs-; **conclusion** –, **demande** –, **moyen** – *(ZPR)* Eventualantrag *m*, Hilfsantrag; **droit** – subsidäres Recht.

subsidiairement *adv* hilfsweise, subsidär, ersatzweise, an zweiter Stelle.

subsidiarité *f* Subsidiarität *f*, Nachrangigkeit *f*; **principe de** – *(EuR)* Subsidiaritätsprinzip *n*.

subsistance *f* (Lebens-)Unterhalt *m*, Verpflegung; **allocation de** –

Unterhaltsbeihilfe; **assurer sa propre −** für den eigenen Unterhalt sorgen, seinen Unterhalt bestreiten; **économie de −** Selbstversorgungswirtschaft; **moyens de −** Unterhaltsmittel *npl*; **− en espèces** Verpflegungsgeld *n*; **− de la famille** Familienunterhalt *m*.

subsistant *m (SozVers)* Person, die Leistungen von einer anderen Kasse als derjenigen bei der sie versichert ist, erhält.

subsister *v.intr.* überleben, überstehen; sein Auskommen haben.

substance *f* (1) *(corps)* Stoff *m*, Substanz *f*, Element *n*, (2) *(contenu, nature)* Inhalt *m*, Wesen *n*, (3) *(SchuldR)* Beschaffenheit der Sache; **en −** sinngemäß; **erreur sur la − *(SchuldR)*** Irrtum über (verkehrswesentliche) Eigenschaften der Sache; **− chimique** chemischer Stoff; **− nutritive** Nährstoff; **− toxique** *(UmweltR)* giftige Substanz, Giftstoff.

substantiel *adj* wesentlich; **droit −** materielles Recht; **formalités −les** unabdingbare Formvorschriften; **qualités −les** wesentliche Eigenschaften.

substituable *adj* ersetzbar, austauschbar.

substituer *v.tr.* ersetzen, austauschen; **− qqn. à son héritier principal** als Ersatzerbe einsetzen; **− un legs** ein Ersatzvermächtnis anordnen.

substitut *m (StPR: magistrat du ministère public chargé d'assister le procureur de la République)* Vertreter der Staatsanwaltschaft, frz. Staatsanwalt *m*; **−s à l'emprisonnement** *(StVZ)* Ersetzung der Freiheitsstrafe durch andere Rechtsfolgen (wie Führerscheinentzug); **− général** Oberstaatsanwalt (bei einem frz. Berufungsgericht).

substitutif *adj* Ersatz-; **peine −ive** *(StR: peine de substitution)* an Stelle einer Freiheitsstrafe verhängte Strafe, Ersatzstrafe; **produit −** Ersatzprodukt *n*.

substitution *f* Austausch *m*; Ersetzung, Ersatz *m*; **peine de − *(StR: peine prononcée à la place d'une peine d'emprisonnement)*** an Stelle einer Freiheitsstrafe verhängte (mildere) Strafe; Entziehung der Fahrerlaubnis; Einziehung des Kraftfahrzeuges; **pouvoir de −** *(VwR)* Recht auf ersatzweise Vornahme; **− de documents** *(StR)* Ersetzung von echten Urkunden durch unechte; **− fidéicommissaire** *(ErbR)* letztwillige Verfügung über ein Familiengut (mit der Auflage, es nicht an Dritte zu veräußern), fideikommissarische Substitution; **− d'héritier** Nacherbschaft; **− de motif** *(PrzR)* Ersetzung falscher durch richtige rechtliche Erwägungen (in den Entscheidungsgründen); **− de moyens** Veränderung der Anspruchsgrundlage; **− de part** *(StR)* Kindesunterschiebung; **− de pièces à conviction** *(StR)* Unterschlagung von Beweisstücken; **− vulgaire** *(ErbR)* gemeine Substitution, Vulgarsubstitution, Ersatzerbschaft *f*.

subterfuge *m* Vorwand *m*, Ausrede *f* Trick *m*.

subtiliser *v.tr.* stehlen, entwenden, prellen.

subvenir (à) *v.tr. ind.* helfen, beistehen, sorgen (für); **− aux besoins de qqn.** die Bedürfnisse befriedigen; **− aux dépenses** unterstützen, fördern, subventionieren; **− aux frais** zu den Kosten beitragen.

subvention *f (HaushR: aide financière sans contrepartie)* (staatliche) Subvention *f*, (Staats-)Zuschuß *m*, Beihilfe *f*, Unterstützung *f*; **accorder une −** einen Zuschuß gewähren, bezuschussen; **bénéficiaire de la −** Zuschußempfänger *m*; **− avec affectation** Zweckzuwendung, zweckgebundener Zuschuß; **− d'amortissement** Tilgungsbeihilfe; **− d'équilibre** Zuschuß zur Deckung eines Fehlbetrags; **− de l'État** Staatszuschuß, staatliche Beihilfe, Subvention; **− à l'exportation** Ausfuhrbeihilfe; **− à fonds perdu** verlorener Zuschuß, nicht

subventionner

rückzahlungspflichtiger Zuschuß; – **d'investissements** Investitionsbeihilfe; – **de péréquation** Ausgleichszuschuß.

subventionner *v.tr.* einen Zuschuß gewähren, subventionieren, bezuschussen, mitfinanzieren.

subversif *adj (StR)* umstürzlerisch.

subversion *f* Umsturzbewegung *f*; Staatsumsturz *m*, Subversion; **tentative de – de l'État** *(StR)* Gefährdung des Rechtsstaates.

succéder *v.tr.ind.* (1) (im Amte) nachfolgen, (2) *(ErbR: recueillir une succession)* jmdn. beerben; **habile à –** erbfähig; **se –** *v.pron.* aufeinanderfolgen.

succès *m* Erfolg *m*; **avec –** erfolgreich; **sans –** erfolglos; – **électoral** Wahlerfolg *m*.

successeur *m* (1) *(ErbR: héritier, légataire)* Erbe *m*; Vermächtnisnehmer *m*, (2) *(SchuldR)* Rechtsnachfolger *m*; Geschäftsnachfolger, (3) *(BeamR)* Amtsnachfolger; – **au fidéicommis** Fideikommißnachfolger; – **illégitime** erbberechtigte(r) nichteheliche(r) Verwandte(r); – **irrégulier** der Staat als Erbe; – **légitime** ordentliche(r) Erbe *m*; – **particulier** Einzelrechtsnachfolger.

successibilité *f* Vererblichkeit *f*; **ordre de –** Erbfolgeordnung.

successible *adj* vererblich; erbberechtigt; erbfähig; **parent au degré –** erbberechtigte(r) Verwandte(r).

successible *m* Erbberechtigte(r) *m*.

successif *adj* (1) wiederkehrend, sukzessiv, (2) ununterbrochen, aufeinanderfolgend, (3) die Erbfolge betreffend; **infractions –ives** Tatmehrheit *f*.

succession *f* (1) *(ZR)* (Rechts-)Nachfolge *f*, (2) *(ErbR: transmission légale ou testatmentaire des biens d'une personne décédée)* Erbanfall *m*, Erbfolge *f*, (3) *(ErbR: patrimoine transmis)* Erbschaft *f*, Hinterlassenschaft *f*, nachgelassenes Vermögen, Nachlaß *m*, (4) *(i.w.S.)* ununterbrochene Reihenfolge; **acceptation d'une –** Erbschaftsannahme *f*; **conservation de la –** Nachlaßsicherung; **créancier de la –** Nachlaß- *od.* Erbschaftsgläubiger; **curatelle de la –** Nachlaßpflegschaft; **curateur de la –** Nachlaßpfleger *od.* -verwalter *m*; **débiteur de la –** haftender Nachlaßerbe; **déclaration de –** Erbschaftsanzeige *f*; **dévolution de la –** Übergang des Nachlasses; **droit à une –** Erbberechtigung; **droit de(s) –** Erbrecht *n*.

succession: ordre de – Erbfolgeordnung; **ouverture de la –** Anfall der Erbschaft, Eintritt des Erbfalls; **pacte sur –** future Erbvertrag *m*; **recueillir une –** als Erbe berufen sein, ein Erbe antreten; **refuser une –** eine Erbschaft ausschlagen; **règlement d'une –** Erbauseinandersetzung; **règles de la –** Grundsätze über den Erwerb von Todes wegen; **renoncer à la –** die Erbschaft ausschlagen; **renonciation à la –** Erbschaftsausschlagung *f*; **répudier une –** eine Erbschaft ausschlagen; **transmissible par –** vererblich *adj*; **transmission de la –** Erbfolge, Erbanfall.

succession ab intestat *(ErbR: succession légale)* gesetzliche Erbfolge, Intestat-Erbfolge; – **anomale** Erbfolge durch Besitzeinweisung; – **bénéficiaire** *(ErbR: succession acceptée sous bénéfice d'inventaire)* Erbschaft mit beschränkbarer Haftung des Erben für die Nachlaßverbindlichkeiten; – **collatérale** Erbfolge der Seitenverwandten; – **en déshérence** erbenloser Nachlaß; – **à la dette** Schuldübernahme; – **dévolue** angefallene Erbschaft; – **des États** *(VR)* Staatennachfolge *f*; – **irrégulière** Erbfolge durch Besitzeinweisung.

succession juridique Rechtsnachfolge *f*; – **légale** *ou* **légitime** gesetzliche Erbfolge; – **mobilière** Mobiliarerbfolge; – **nette** Reinnachlaß; – **obérée** Überschuldung des Nachlasses; überschuldeter Nachlaß; – **ouverte** eröffnete Erbschaft;

successoral

– **régulière** gesetzliche Erbfolge; – **testamentaire** testamentarische od. gewillkürte Erbfolge; – **au trône** Thronfolge; – **vacante** ruhende Erbschaft, hereditas jacens, erbenlose Erbschaft (deren Erbe noch nicht ermittelt ist); – **volontaire** *(ErbR: succession testamentaire)* gewillkürte Erbfolge.

successoral *adj* Erbschafts-; **action –e** Erbschaftsklage; **droit –** Erbrecht *n*; **indivision –e** Erbengemeinschaft; **masse –e** Erbschaftsmasse; **ordre –** Erbfolge; **patrimoine –** Erbe *n*, Nachlaß *m*, Erbschaft *f*.

succinct *adj* kurz (gefaßt), bündig.

succomber *v.intr.* unterliegen, besiegt werden, eine Niederlage erleiden.

succursale *f (HR)* Zweigniederlassung, Filiale *f*, Zweigstelle *f*.

suffisant *adj* hinreichend, genügend.

suffrage *m* (1) Abstimmung *f*, Volksabstimmung, (2) Stimme *f*, Wahlstimme, (3) Zustimmung, Beifall *m*; **droit de –** Stimmrecht; Wahlrecht; **majorité des –s** Stimmenmehrheit; – **censitaire** *(hist)* Wahlrecht nach Steuerklassen; – **complémentaire** Zusatzstimme; – **direct** direkte Wahl, direktes Wahlrecht; – **égal** Gleichheit der Wahl; **–s exprimés** abgegebene Stimmen; – **des femmes** Frauenwahlrecht; – **indirect** indirektes Wahlrecht; – **individuel** persönliches Wahlrecht; – **de liste** Listenwahl *f*; – **majoritaire** Mehrheitswahl; – **nominal** Personenwahl; – **nul** ungültige Stimme; – **proportionnel** Verhältniswahl; – **obligatoire** Wahlpflicht *f*; – **plural** Wahlrecht, nach dem einige Wähler mehrere Stimmen haben; – **restreint** beschränktes Wahlrecht; – **universel** allgemeines Wahl- od. Stimmrecht.

suffragette *f* Frauenrechtlerin *f*, Feministin *f*, Suffragette *f*.

suggérer *v.tr.* nahelegen, vorschlagen.

suggestion *f* (1) Vorschlag *m*, Anregung, (2) *(ErbR)* Erbschleicherei; –

supérette

de compromis Vorschlag *m* zur Güte.

suicide *m* Selbstmord *m*, Freitod *m*, Suizid *m*, Selbsttötung *f*.

suicidé *m* Selbstmörder *m*.

suicider: se – *v.pron.* Selbstmord begehen, sich das Leben nehmen.

suite *f* (1) *(action de poursuivre)* Verfolgung *f*, (2) *(ce qui suit)* Folge *f*, Fortsetzung *f*; Aufeinanderfolge; **à la – de** infolge; **avoir des –s** nicht folgenlos bleiben; **dans la –** in der Folgezeit; **donner – à une demande** einem Antrag stattgeben; **faisant – à** im Anschluß an; **par –** infolge(dessen); später; **–s d'une maladie** Spätfolgen *fpl*.

suivant *adj* (nach-)folgend; *präp* gemäß, nach.

suivi *m (HR)* langfristige Kontrolle; Kundenbetreuung; – **d'une affaire** Bearbeitung einer Angelegenheit; langzeitige Überwachung; – **d'un produit** Warenkontrolle (über einen längeren Zeitraum).

suivre *v.tr.* folgen; verfolgen; **faire –** (Brief) nachsenden; – **une piste** eine Spur verfolgen; – **la voie hiérarchique** *(VwR)* den Dienstweg beschreiten.

sujet *adj* unterworfen, untertan; **au – de** in bezug auf, hinsichtlich; **être – à l'impôt** steuerpflichtig sein; – **à autorisation** genehmigungspflichtig; – **à caution** unbestätigt, (noch) zweifelhaft; – **à déclaration** anmeldepflichtig.

sujet *m* (1) Thema *n*, Gesprächsstoff *m*, Sache *f*, (2) *(hist)* Untertan *m*; – **de droit** Rechtssubjekt *n*, Rechtsträger *m*; – **du droit des gens** *ou* **de droit international public** *(VR)* Völkerrechtssubjekt; – **mixte** Mehr- od. Doppelstaatler.

sujétion *f* Unterwerfung *f*; Abhängigkeit *f*; Verpflichtung, (staatsbürgerliche) Pflicht; – **financière** finanzielle Abhängigkeit.

superarbitre *m* Oberschiedsrichter.

supercherie *f* Betrug *m*, Hinterlist *f*.

superdividende *m* Extradividende *f*.

supérette *f* Supermarkt *m* (mit einer Verkaufsfläche bis zu 400 qm).

superficie *f* (1) Oberfläche *f*; Flächeninhalt *m*, (2) *(SachR)* Überbau *m*; **droit de –** Recht, auf fremden Grund zu bauen und zu pflanzen; **– cultivable** landwirtschaftliche Anbaufläche *f*.

superfiscalité *f* übermäßige Steuerlast.

supérieur *adj* höherstehend; **cadre –** Führungskraft; *m* Vorgesetzte(r) *m*, Ranghöhere(r); **– hiérarchique** *(BeamR)* Dienstvorgesetzte(r).

supermagasin *m* Einkaufszentrum, Verbrauchermarkt (mit einer Verkaufsfläche von mindestens 3000 qm).

supermarché *m* Supermarkt *m* (Verkaufsfläche zwischen 400 u. 2500 qm).

superviser *v.tr.* überprüfen, überwachen.

supplanter *v.tr.* übertreffen, übertrumpfen, ausstechen.

suppléance *f* (1) *(PrzR, VwR)* gesetzlich geregelte, vorübergehende Ersetzung eines Richters *od.* Beamten, (2) *(ArbR)* Stellvertretung.

suppléant *m* (1) *(PrzR)* beisitzender Richter, (2) Stellvertreter *m*, Ersatzmann *m*, (3) *(VerfR)* Nachfolgekandidat (im Parlament); **– du ministre des affaires étrangères** stellvertretender Außenminister.

suppléer *v.tr.* ergänzen, (Fehlendes) hinzufügen; jmdn. vertreten.

supplément *m* (1) *(ArbR)* (Lohn-)Zulage, Zuschlag, (2) *(HR)* nachträgliche Preiserhöhung (Preis-)Zuschlag; (Fahrkarten-)Zuschlag, (3) *(Presse)* Beilage *f*, (4) *(Buch)* Ergänzungsband *m*; **– d'ancienneté** Dienstalterszulage *f*; **– pour cause de retard** Verspätungszuschlag; **– de couverture** *(VersR)* Deckungszuschuß *m*, **– de crédit** Zusatzkredit; **– de dépenses** Mehraufwand; **– de dividende** Zusatzdividende; **– familial** Familienzulage; **– de frais** Mehrkosten *pl*; **– de fret** Frachtzuschlag; **– d'information** *(StPR)* Durchführung zusätzlicher Ermittlungen; **– local** Ortszuschlag; **– de péréquation** Ausgleichszulage; **– de prime** Prämienzuschlag; **– de prix** Preisaufschlag; **– de salaire** Lohnzuschlag; **– de taxe** Nachgebühr *f*; **– pour voyage de service** Dienstreisezulage.

supplémentaire *adj* zusätzlich, Zusatz-; **délai –** Fristverlängerung; **frais –s** Mehrkosten; **heures –s** Überstunden *fpl*; **jurés –s** Hilfsschöffen *od.* -geschworene; **prestation –** zusätzliche Leistung.

supplétif *adj* (1) zusätzlich, Zusatz-, (2) abdingbar, nicht zwingend vorgeschrieben; **article – d'un contrat** Zusatzvereinbarung; **dispositions légales –ives** nachgiebiges Recht; vertraglich beliebig abänderbares Recht.

supplétif *m (ArbR)* Aushilfskraft *f*.

supplétoire *adj* zur Ergänzung bestimmt; **serment –** *(ZPR)* Bekräftigung eines Beweises durch Eid(es)leistung.

supplication *f (Verf, hist: remontrance du parlement au roi)* Vorstellung.

supplice *m* (1) *(StR: peine corporelle, mortelle ou non)* Hinrichtung; Leibesstrafe *f*, (2) *(torture)* Folter *f*.

supplicier *v.tr.* hinrichten; foltern.

supplier *v.tr.* bitten, ersuchen; sich wenden an.

supplique *f (VwR)* Gesuch *n* (an eine Behörde); Bittschrift *f*.

support *m* (Werbe-)Träger *m*; Medium *n*; Datenträger.

supportable *adj* erträglich; **peine –** leichte Strafe.

supporter *v.tr.* ertragen; tragen; **– les conséquences** die Folgen tragen; **– une dépense** eine Ausgabe bestreiten; **– un dommage** für einen Schaden aufkommen, einen Schaden abdecken; **– les frais** die Kosten tragen; **– une responsabilité** haften; **– les risques** die Gefahr tragen.

supposé *adj* (als sicher) angenommen, anscheinend, vermutlich, vermeintlich; **l'auteur – du vol** der mutmaßliche Dieb.

supposer *v.tr.* (1) annehmen, vermuten, (2) voraussetzen, zur Voraussetzung haben; – **une signature** eine (falsche) Unterschrift als echt ausgeben.

supposition *f* (1) Vermutung *f*, Annahme *f*, (2) Voraussetzung *f*, (3) Verdacht *m*, (4) *(StR: substitution frauduleuse)* gesetzwidriger Austausch, Unterschiebung (eines Falschen anstelle eines Wahren), Ausgeben eines Falschen für wahr; – **de créance** *(ZR)* Vortäuschung einer Forderung; – **d'enfant** *ou* **de part** *(StR)* Kindesunterschiebung; – **de testament** Vorlage einer gefälschten letztwilligen Verfügung, Testamentsfälschung; – **de titre** Herstellen *od.* Vorlage einer falschen Urkunde.

suppression *f* (1) *(abolition, abrogation)* Aufhebung *f*, Abschaffung *f*, (2) *(destruction, diminution)* Beseitigung *f*, Streichung *f*, Entfernen *n*, Wegfall, (3) *(le fait de cacher)* Verheimlichung *f*; Unterdrückung *f*; – **de borne** Grenzsteinentfernung *f*; – **de la concurrence** Wettbewerbsbeschränkung; – **des dettes** Entschuldung *f*; – **d'un document** Unterdrückung einer Urkunde; – **d'emplois** Freisetzung von Arbeitskräften; Stelleneinsparung *od.* -abbau; – **d'état-civil** *(StR)* Fälschung standesamtlicher Urkunden; Unterdrückung des Personenstandes; – **des libertés** *(VerfR)* Abschaffung der Grundrechte; – **de part** Personenstandsunterdrückung *f* (eines Kindes); – **de postes** Stellenabbau *m*; – **du risque** Risikowegfall.

supprimer *v.tr.* aufheben, abschaffen, beseitigen; unterdrücken; (wichtige Umstände) verschweigen.

supputation *f* (ungefähre) Berechnung, Überschlag, Schätzung.

supputer *v.tr.* abwägen, schätzen, berechnen, überschlagen.

supranational *adj* überstaatlich; **droit** – supranationales Recht; **organisation** –**e** supranationale Organisation, überstaatliche Staatenverbindung.

suprématie *f* Vorherrschaft *f*, Oberhoheit *f*; – **du droit communautaire** Vorrang des Gemeinschaftsrechts; – **sur le marché** Marktbeherrschung.

suprême *adj* höchster, oberster; **Cour** – Oberstes Gericht, frz. Kassationshof; **pouvoir** – Souveränität, höchste Entscheidungsgewalt.

sur *präp* auf; – **la foi de nombreux témoignages** auf der Grundlage zahlreicher Zeugenaussagen; – **les lieux** an Ort und Stelle.

sûr *adj* sicher; gewiß, zuverlässig; gefahrlos; **placement** – mündelsichere (Geld-)Anlage.

surabondance *f* Überfluß *m*.

surabondant *adj* überflüssig, unnötig, entbehrlich; **motif** – *(PrzR)* nicht zur Sache gehörende Begründung.

surannation *f* Verjährung *f*; (Ungültigkeit infolge) Fristablauf(s).

suranné *adj* (1) (infolge Fristablaufs) ungültig geworden, (2) veraltet, überholt; **permis** – abgelaufene Genehmigung.

surarbitre *m* Oberschiedsrichter *m*.

surassurance *f* Überversicherung *f*.

surcapacité *f* Überkapazität *f*.

surcapitalisation *f* Überentwicklung der Kapitalgüterindustrie.

surcharge *f* (1) Übergewicht *n*, (2) übermäßige Beanspruchung, Überlastung, (3) Ersetzen eines Wortes einer Urkunde durch ein anderes; – **pondérale** Übergewicht.

surcharger *v.tr.* (1) zu sehr belasten, überladen, (2) (ein Wort durchstreichen und) ersetzen.

surchauffe *f* *(Vwirt)* Überhitzung (der Konjunktur).

surchoix *m* *(HR)* Spitzenware *f*, beste Qualität, 1A-Auslese *f*.

surconsommation *f* übermäßiger *od.* stark erhöhter Verbrauch.

surcote *f (BörR)* Überbewertung.

surcoût *m* Zusatzkosten *pl.*

surcroît *m* Zuwachs *m*; Gewinn *m*; – **de charges** Mehrbelastung; – **de dépenses** *ou* **de frais** Mehrkosten, Mehraufwand *m*.

surdimutité *f* Taubstummheit.

sureffectifs *mpl* zu große Belegschaft.
sûrement *adv* zweifellos, sicherlich, unbetreitbar, unstreitig.
surémission *f* übermäßige Emission (von Papiergeld).
suremploi *m* Überbeschäftigung *f*.
surenchère Übergebot *n*, Übersteigerungsbetrag *m*, höheres Gebot; **adjudication sur** – Zuschlag auf Grund eines Übergebotes; – **électorale** Überbieten bei Wahlversprechen.
surenchérir *v.intr.* überbieten; höher bieten (bei Auktionen).
surenchérisseur *m* Überbieter *m*.
surendettement *m* Überschuldung *f*.
surérogation *f* (*SchuldR: ce qu'on fait au-delà de ce qui est dû*) freiwillige zusätzliche Leistung; Erfüllung über das Geschuldete hinaus.
surérogatoire *adj* über das Maß hinaus; **garantie** – übermäßige Sicherheit.
surestaries *fpl* (1) (*SeeHR*) Überliegetage *pl*, (2) Liegegeld *n*.
surestimation *f* Überschätzung *f*, Überbewertung.
surestimer *v.tr.* überschätzen, zu hoch *od.* überbewerten.
sûreté *f* (1) (*ÖfR: sécurité*) Sicherheit *f*, Sicherung *f*, (2) (*SchuldR: caution, garantie*) Sicherheit für die Erfüllung einer Schuld; Bürgschaft *f*; Deckung *f*; Gewähr *f*, (3) (*VerfR, StR: garantie contre les arrestations arbitraires*) persönliche Freiheit, Sicherheit gegen willkürliche Verhaftungen und Bestrafungen, (4) (*VwR*) Staatsschutz- *od.* Sicherheitspolizei; **cession à titre de** – (*ZR*) Sicherungsübereignung; **constituer une** – Sicherheit leisten; **constitution de** – Sicherheitsleistung *f*; **mesure de** – (*StR*) Maßregel der Sicherung (und Besserung).
sûreté sans dépossession, – sans dessaisissement besitzloses Pfandrecht; – **de l'État** Staatssicherheit; öffentliche Sicherheit und Ordnung; – **des frontières** Grenzsicherung *f*; – **générale** (*hist. für: sûreté nationale*); – **hypothécaire** hypothekarische Sicherheit; – **individuelle** Schutz vor willkürlicher Verhaftung; – **judiciaire** (*ZPR: mesure conservatoire*) durch das Gericht angeordnete Sicherheitsleistung; – **nationale** (*VwR: Direction générale du Ministère de l'Intérieur*) Oberste frz. Polizeibehörde, Fachabteilung des frz. Innenministeriums zuständig für Sicherheit und Staatsschutz; – **personnelle** (*SchuldR*) persönliche Sicherheit; – **publique** öffentliche Sicherheit und Ordnung; – **réelle** dingliche Sicherheit.
surévaluation *f* Überschätzung *f*, Überbewertung.
surévaluer *v.tr.* überbewerten.
surexpertise *f* Obergutachten *n*.
surexploiter *v.tr.* Raubbau *m* betreiben.
surface *f* (1) Oberfläche *f*; Außenseite *f*, (2) (*BankR*) Kreditbasis *f*; Sicherheiten (die ein Unternehmen Kreditgebern bieten kann); – **bâtie** bebaute Fläche; – **cadastrale** Katasterfläche; – **corrigée** der Mietpreisberechnung zugrunde gelegte Wohnfläche (nach gesetzlichen Kriterien festgesetzt); – **cultivée** Anbau- *od.* Nutzfläche; – **financière** Kreditbasis; – **habitable** Wohnfläche; – **improductive** Brachland *n*; – **locative** Wohnfläche; – **utilisable** Nutzfläche; – **de vente** Verkaufsfläche.
surfacturation *f* Ausstellung einer überhöhten Rechnung.
surfret *m* Frachtaufschlag *m*.
surimposition *f* zusätzliche Besteuerung; Überbesteuerung.
surloyer *m* Mietzuschlag *m*.
surmenage *m* Arbeitsüberlastung *f*.
surnom *m* Spitzname *m*, Beiname, Zuname.
surnombre *m* Überzahl *f*; **en** – überzählig, über die zulässige Anzahl hinausgehend; **fonctionnaire en** – überplanmäßige(r) Beamte(r).
surnuméraire *adj* überzählig.
surnuméraire *m* (*BeamR*) Beamtenanwärter *m*; außerplanmäßiger Beamter (der untersten Stufe).

suroffre *f* Angebotsüberhang *m*.
surpayer *v.tr.* zu hoch *od.* zu teuer bezahlen, überbezahlen.
surpeuplement *m* (1) Überbevölkerung *f*, (2) Überbelegung (von Schulen u. Gefängissen z. B.).
surplus *m* (1) Rest *m*, Restbetrag *m*, (2) Überschuß(güter), (3) Mehrerlös *m*; **– agricoles** landwirtschaftliche Überschüsse *pl*; **– de recettes** Mehreinnahmen *pl*.
surpoids *m* Über- *od.* Mehrgewicht.
surpopulation *f* Übervölkerung *f*; **– carcérale** Überbelegung einer Justizvollzugsanstalt; **– étrangère** Überfremdung.
surprime *f (VersR)* Prämienaufschlag *m*, Zusatz- *od.* Zuschlagsprämie; **– de risque** Risikozuschlag *m*; Gefahrenzuschlag.
surproduction *f* Überproduktion *f*.
sursalaire Lohnzulage *od.* -zuschlag *m*; **– familial** Familienzulagen *pl*.
sursaturation *f* Übersättigung *f*.
surséance *f* Aufschub *m*.
surseoir *v.tr.ind.* aufschieben, aussetzen, Abstand nehmen; **– à l'exécution** die (Zwangs-)Vollstreckung aussetzen *od.* aufschieben; **– à prononcer, – à statuer** (eine Entscheidung) aussetzen *od.* vertagen.
sursis *m* (1) *(VwPR)* Aussetzung eines Verfahrens; Aussetzung der Verhandlung, (2) *(ZR)* (Zahlungs-)Aufschub *m*, (3) *(StPR)* Verwarnung mit Strafvorbehalt, Strafaufschub; Strafaussetzung; Verurteilung mit Bewährungsfrist; **– à l'emprisonnement** Haftaufschub *m*; **– à exécution** (1) *(VwPR, ZwangsVR)* Aussetzung der Vollstreckung, Vollstreckungsaufschub, (2) *(StPR)* Strafaufschub; Bewährung; **– à l'exécution de la peine** Strafaufschub, Strafaussetzung, bedingter Strafvollzug; **– d'incorporation** *(MilR)* Zurückstellung vom Wehrdienst; **– avec mise à l'épreuve** *(StR: sursis probatoire)* Strafaussetzung zur Bewährung; **– de paiement** Zahlungsaufschub, Stundung *f*; **– simple** *(StPR)* Strafaufschub *m*;

– à statuer *(PrzR)* Entscheidungsvertagung.
sursitaire *m* vom Wehrdienst *m* einstweilen Zurückgestellter.
surstock *m (HR)* Überschreiten *n* des Höchstlagerbestandes.
surtaxe *f* (1) Strafporto *n*, (2) *(SteuerR)* Zusatzgebühr *f*; Zuschlag(sgebühr); zusätzlicher Steuerbetrag; **– aérienne** Luftpostzuschlag; **– compensatrice de l'écart des changes** Ausgleichszuschlag (zum Ausgleich des Unterschieds zwischen Inlands- und Welthandelspreisen); **– de pavillon** Zollzuschlag bei der Einfuhr unter fremder Flagge; **– de péréquation** Ausgleichsabgabe; **– de retard** Säumniszuschlag.
surtaxer *v.tr.* (1) eine Zusatzgebühr erheben, (2) zusätzlich besteuern.
surtravail *m* Mehrarbeit *f*.
surveillance *f* Aufsicht *f*, Beaufsichtigung *f*, Kontrolle *f*, Aufsichtsführung *f*, Überwachung *f*; **agent de –** Aufseher *m*; **autorité de –** Aufsichtsbehörde; **comité de –, commission de –** Aufsichtsausschuß *m*, Überwachungskommission *f*; **conseil de –** *(GesR: société anonyme)* Aufsichtsrat *m*; **défaut de –** *(ZR, StR)* Verletzung der Aufsichtspflicht; **droit de –** *(FamR)* Aufsichtsrecht *n*; Überwachungs- *od.* Kontrollbefugnis; **fonction de –** Aufsichtstätigkeit; **haute –** *(VwR)* Oberaufsicht; **obligation de –** Aufsichtspflicht; **personnel de –** Aufsichtspersonal *n*; **pouvoir de –** Aufsichtsgewalt *f*, Überwachungsbefugnis *od.* -recht, Kontroll- *od.* Aufsichtsrecht.
surveillance administrative Verwaltungsaufsicht; **mettre sous – –** unter Schutzaufsicht stellen.
surveillance du crédit Kreditüberwachung, Bankenaufsicht; **– à distance** Videoüberwachung; **– douanière** Zollgewahrsam *m*; **– de la frontière** Grenzbewachung *od.* -überwachung, **– gouvernementale** Staatsaufsicht; **– hiérarchique** Dienstaufsicht, dienstliche Aufsicht;

– **de l'instance** *(ZPR)* (Pflicht des Richters zur) Überwachung des ordnungsgemäßen Ablaufs des Verfahrens; – **judiciaire**, – **légale** gerichtliche Aufsicht; – **médicale** ärztliche Überwachung.

surveillance policière *(StR)* Polizeiaufsicht; **mettre sous** – – unter Polizeiaufsicht stellen.

surveillance des prix *(Vwirt)* Preisüberwachung, staatliche (ständige) Preiskontrolle; – **technique** *(VwR)* Fachaufsicht.

surveillant *m* Aufseher *m*, Aufsichtsperson *f*.

surveiller *v.tr.* überwachen, beaufsichtigen, kontrollieren.

survenance *f* (1) Eintritt *m*, (2) unvorhergesehenes Dazukommen; nachträglich eingetretenes Ereignis; – **de la condition** Eintritt der Bedingung; – **d'un dommage** *ou* **du sinistre** Schadenseintritt *m*.

survenir *v.intr.* (1) ereignen, eintreten, (2) unvermutet erfolgen, ausbrechen.

survente *f* Verkauf zu überhöhten Preisen.

survie *f* Überleben *n*; **assurance de** – Erlebensfallversicherung; **pension de** – Hinterbliebenenrente; **présomption de** – Vermutung des Überlebens; **probabilité de** – Erlebenswahrscheinlichkeit.

survivance *f* (1) Fortbestehen *n*, Überleben *n*, (2) *(ErbR)* Nachfolge *f*, Erbschaft *f*, (3) Überrest *m*, Überbleibsel *n*.

survivant *m* (1) Überlebende(r) *m*, (2) *(ErbR)* Hinterbliebene(r) *m*.

survivre à *v.tr.ind* überleben.

survol *m* Überfliegen *n*; – **en transit** Transitflug *m*.

susceptible *adj* empfindlich, überempfindlich, verletzlich; – **de** möglicherweise, eventuell, unter Umständen; – **d'être déduit** abzugsfähig; – **d'être prouvé** nachweisbar; – **de pourvoi** durch ein Rechtsmittel anfechtbar; – **de recours** *(PrzR)* durch ein höheres Gericht nachprüfbar; durch einen Rechtsbehelf nachprüfbar.

susciter *v.tr.* (1) *(causer, provoquer)* hervorrufen, erregen, anstiften, (2) *(faire naître)* entstehen lassen, erwecken; – **de nombreux commentaires** Anlaß *m* zahlreicher Kommentare sein; – **une crise** eine Krise heraufbeschwören; – **des troubles** *(StR)* Unruhe *f* stiften.

suscription *f* Aufschrift *f*; Urkundeneingang; Teil der Urkunde, in dem der Verfasser (seinen) Namen, Beruf u. Eigenschaft (in der er tätig wird) vermerkt.

susdit, susmentionné, susnommé *adj* obengenannt; vorgenannt; oben erwähnt.

suspect *adj* verdächtig; – **de** im Verdacht stehen.

suspect *m* *(StR)* (Tat-)Verdächtige(r); **le** – **numéro un** der Hauptverdächtige.

suspecter *v.tr.* jmdn. verdächtigen; – **la bonne foi de qqn.** jmdn. der Voreingenommenheit bezichtigen.

suspendre *v.tr.* (1) *(interrompre)* unterbrechen, hemmen, (2) *(reporter à plus tard)* verschieben, aufschieben, vertagen, (3) vorübergehend des Amtes entheben; – **une audience** eine Gerichtssitzung kurz unterbrechen, eine Verhandlung aussetzen; – **les débats** die (mündliche) Verhandlung unterbrechen; – **les paiements** die Zahlungen einstellen; – **la prescription** die Verjährung hemmen.

suspens: en – in der Schwebe, unentschieden, ungelöst, offen; **affaire en** – eine (noch) unentschiedene (Streit-)Sache; **procès en** – ruhendes Verfahren *n*.

suspensif *adj* aufschiebend, suspensiv; **appel** – *(PrzR)* Suspensiveffekt der Berufung; **condition –ive** aufschiebende Bedingung; **terme** – Anfangstermin *m* (einer betagten Forderung).

suspension *f* (1) *(interruption, remise à plus tard)* Aussetzung *f*, Unterbrechung *f*, Hemmung; Einstellung, Ruhen *n*, (2) *(BeamR)* vorläufige (Dienst-)Enthebung; – **d'audience** *(PrzR)* Verhandlungspause *f*, Aussetzung der Verhandlung; kurze Unterbrechung der Gerichtssitzung; **– conditionnelle (de l'exécution)** bedingte Aussetzung (der Vollstreckung); **– conditionnelle de la peine** *(StVZ)* bedingte Strafaussetzung; **– du contrat** Ruhen des Vertrages; **– du délai** Fristhemmung; **– de l'exploitation** Betriebseinstellung; **– du fonctionnement de la justice** Stillstand *m* der Rechtspflege; **– des fonctions** *(DiszR)* vorübergehende Dienstenthebung, zeitweilige Amtsenthebung; **– des hostilités** *(VR)* Einstellung der Feindseligkeiten.

suspension des paiements Zahlungseinstellung; **– du permis de conduire** *(StR)* Führerscheinentzug *m* (auf Zeit); **– des poursuites** *(StPR)* Aussetzung der Strafverfolgung; **– de la prescription** (1) Verjährungshemmung, Hemmung des Ablaufs der Verjährungsfrist, (2) *(SachR)* Hemmung der Ersitzungsfrist; **– de la procédure** Ruhen *od.* Unterbrechung des Verfahrens; **– du procès** Aussetzung des Verfahrens; **– provisoire des poursuites** *(KonkursR)* vorübergehende Aussetzung des Verfahrens; **– de séance** Unterbrechung der Sitzung; **– du travail** Arbeitsniederlegung, vorübergehende Arbeitseinstellung.

suspicion *f* Verdacht *m*; Argwohn *m*; **– de fuite** *(StPR)* Fluchtgefahr *od.* -verdacht; **– justifiée** *(StPR)* hinreichender Tatverdacht.

suspicion légitime *(PrzR)* Besorgnis der Befangenheit *f*, begründeter Verdacht der Befangenheit des Richters; **récuser pour cause de – –** wegen Befangenheit (einen Richter) ablehnen; **requête en –** Ablehnungsgesuch *n* (unter Glaubhaftmachung des Ablehnungsgrundes).

suzeraineté *f* (1) *(hist)* Oberlehnsherrlichkeit, (2) *fig.* Oberhoheit *f*.

swap *adj*: **crédit –** *(BankR: crédit croisé)* Swapkredit (zwischen Zentralnotenbanken).

switch *adj*: **opération –** *(Außh)* Switch-Geschäft.

sylviculture *f* Forstwirtschaft *f*.

symbolique *adj* symbolisch, sinnbildlich; **obtenir le franc – de dommages et intérêts** *(StR)* der Form halber einen Franken Schadensersatz erhalten.

sympathisant *adj* sympathisierend, (politisch) nahestehend.

sympathisant *m* *(Pol)* Mitläufer *m*, Sympathisant *m*.

symptôme *m* Anzeichen *n*, Erscheinung *f*; Kennzeichen *n*; Merkmal *n*; Symptom *n*.

synallagmatique *adj* *(ZR)* synallagmatisch, gegenseitig, zweiseitig, verbindlich; **contrat –** gegenseitiger Vertrag, Austauschvertrag.

syndic *m* (1) *(ZR: mandataire du syndicat des copropriétaires)* (durch die Versammlung der Wohnungseigentümer ernannter) Hausverwalter, (2) *(KonkursR)* Konkurs- *od.* Vergleichsverwalter; **– du concordat** Vergleichsverwalter *m*; **– de copropriété** Hausverwalter; **– de faillite, – de la liquidation des biens, – du règlement judiciaire** Konkursverwalter.

syndical *adj* gewerkschaftlich; **action –e** Klage der Gewerkschaft (zur Wahrnehmung eigener Interessen); **droit –** Gewerkschaftsrecht; **liberté –e** positive Koalitionsfreiheit; **section –e** Gewerkschaftsvertretung im Betrieb.

syndicalisation *f* Zunahme der Mitgliedschaft in den Gewerkschaften.

syndicalisme *m* Gewerkschaftswesen *n*; Gewerkschaftsbewegung *f*.

syndicaliste *m* Gewerkschaftler *m*.

syndicaliste *adj* (1) Berufs-, berufsständisch, (2) gewerkschaftlich.

syndicat *m* (1) *(ArbR: groupement professionnel)* Berufsverband *m*, Berufsvereinigung *f*, Interessenverband, (2) *(groupement ouvrier)* Gewerkschaft *f*, Arbeitnehmervereinigung *f*, (3) *(groupement patronal)* Arbeitgebervereinigung, Arbeitgeberverband, (4) *(ZR)* Vereinigung,

syndicat d'employés   **système juridique**

(Schutz-)Gemeinschaft *f*, (5) *(VwR)* öffentlich-rechtliche Anstalt, *f*; Zweckverband; **confédération de** – gewerkschaftlicher Dachverband; – **agricole** landwirtschaftlicher Verband; – **autonome** unabhängige Gewerkschaft; – **de communes** *(VwR)* frz. Gemeindeverband (in der Rechtsform einer Anstalt des öffentlichen Rechts), Arbeitsgemeinschaft von Gemeinden; – **d'émission** *(BankR)* Emissionskonsortium.

syndicat d'employés Angestelltengewerkschaft; – **d'employeurs** Arbeitgeberverband; – **d'entreprise** Betriebsgewerkschaft; – **d'études** Studiengruppe *f*; – **d'exploitation minière** bergrechtliche Gewerkschaft; – **de garantie** *(BankR)* Garantieverband *m*, Gewährleistungs- *od.* Garantiesyndikat; – **général** allgemeiner Berufsverband; – **industriel** Industriegewerkschaft; – **d'initiative** *(VwR)* Verkehrsverein *m*; – **intercommunal** frz. Gemeindeverband; – **interdépartemental** Zweckverband mehrerer Departements; – **libre** freie Gewerkschaft; – **de métier** Fachgewerkschaft.

syndicat mixte *(ArbR)* Harmonieverband *m*; – **d'obédience patronale** unternehmerfreundliche u. -abhängige Gewerkschaft; – **obligatoire** Zwangsverband; – **ouvrier** Arbeitergewerkschaft *od.* -vereinigung; – **patronal** Arbeitgeberverband *od.* -vereinigung; – **de pêche** Fischereigenossenschaft *f*; – **de placement** *(BankR)* Konsortium zur Unterbringung (von Wertpapieren), Übernahmesyndikat; – **professionnel** Arbeitgeberverband; berufsständische Vereinigung; – **régional** Bezirksgewerkschaft; – **représentatif** *(ArbR)* tariffähige Gewerkschaft; – **de travailleurs** Arbeitergewerkschaft; –

unique *ou* **unitaire** Einheitsgewerkschaft; – **de vente** *(HR)* Vertriebsgemeinschaft *f*.

syndicataire *m* (1) *(BankR)* Mitglied eines Konsortiums, (2) *(SachR)* Miteigentümer (als Mitglied der Wohnungseigentümerversammlung).

syndiqué *m* *(ArbR)* Gewerkschaftsmitglied *n*, gewerkschaftlich organisierter Arbeitnehmer.

syndiquer *v.pron.*: **se** – (1) einem Berufsverband *od.* einer Gewerkschaft beitreten, (2) sich zu einem Berufsverband zusammenschließen.

synoptique *adj*: **tableau** – Schaubild *n*, Übersichtstafel *f*.

système *m* (1) System *n*, Methode *f*; Prinzip *n*; Ordnung *f*, (2) *(ÖfR)* Regierungsform *f*; Gesellschaftsordnung *f*; – **bancaire** Bankwesen *n*, Banksystem *n*; – **de capitalisation** *(VersR)* Anwartschaftsdeckkungs- *od.* Kapitaldeckungssystem; – **de clearing** *(BankR)* Clearing *n*, Verrechnungssystem; – **collégial** Kollegialsystem; – **constitutionnel** Verfassungsordnung; – **dictatorial** Diktatur *f*; – **de la double facture** Ausstellen *n* fingierter Rechnungen; – **économique** Wirtschaftsordnung; – **électoral** Wahlsystem; – **d'exploitation** *(DV)* Betriebs- *od.* Bedienungssystem; – **financier** Finanzwesen; – **fiscal** Steuerwesen, Steuersystem; – **judiciaire** Gerichtswesen.

système juridique Rechtsordnung; – **majoritaire** Mehrheitswahlsystem, Höchstzahlverfahren *n*; – **monétaire** Währungssystem; – **monétaire européen (= SME)** Europäisches Währungssystem; – **parlementaire** parlamentarisches System; – **de répartition** Umlageverfahren; – **social** Gesellschaftsordnung; – **tarifaire** (Zoll-) Tarifordnung; – **du tourniquet** *(VerfR)* Rotationssystem (der Mandatsträger).

T

tabac *m* Tabakerzeugnisse *npl*; **bureau de –, débit de –** amtlich lizenzierter Tabakladen, (Aut) Trafik *f*.

table *f* Verzeichnis *n*, Tabelle *f*, Tafel *f*; **dessous de –** Schmiergelder *pl*; **mettre qqn. sur – d'écoute** jmdn. abhören; **– de conversion** Umrechnungstabelle; **– généalogique** Stammbaum *m*; **– des intérêts** Zinstabelle; **– d'invalidité** Invaliditätstafel *f*; **– des matières** Register *n*, Inhaltsverzeichnis *n*; **– de mortalité** Sterbetafel; **– ronde** *(Pol)* Gesprächsrunde *f*; **– de survie** Sterbetafel; Sterblichkeitsziffer *od.* -wahrscheinlichkeit.

tableau *m* (1) Aufstellung *f*, Tabelle *f*, Verzeichnis *n*, Liste *f*, (2) Gemälde *n*, Bild *n*; **avocat inscrit au –** im Anwaltsverzeichnis eingetragener Anwalt; **– d'affichage** Anschlagstafel *f*, Schwarzes Brett *n*; **– d'amortissement** *(BankR)* Amortisationstabelle *f*, Tilgungsplan; **– d'ancienneté** *(BeamR)* Dienstalterstabelle; **– d'avancement** Beförderungsvorschlagsliste; **– des avocats** Rechtsanwaltsverzeichnis *n*; **– de bord** *(Vwirt)* (Wirtschafts-) Indikatoren *mpl*; Konjunkturbarometer *n*; **– des dépenses** Ausgabenaufstellung *f*; **– de distribution** Verteilungsplan *m*; **– d'effectifs** *ou* **des emplois** Stellenplan; **– Entrées-Sorties** (= T.E.S.) Input-Output-Tabelle.

tableau noir (1) (Schul-)Tafel *f*, (2) schwarzes Brett; **– des pleins** *(VersR)* Maximaltabelle; **– récapitulatif** Sammelbogen *m*; **– de recensement** Stammrolle *f*, Erfassungsliste; **– statistique** Statistik *f*.

tabler *v.tr.ind.* **sur une croissance de 3%** mit einem Wachstum in Höhe von 3% rechnen.

tâche *f* (1) Tätigkeit *f*, Funktion *f*, Aufgabe *f*, Obliegenheit *f*, (2) *(ArbR)* Arbeitsauftrag *m*, Arbeit *f*, Arbeitsverrichtung, (3) *(DV)* Task *f*, Aufgabe *f*; **attribution des –s** Arbeitszuteilung *f*; **rémunération à la –** Akkordlohn *m*; **– essentielle** *ou* **majeure** Hauptaufgabe.

tâcheron *m* *(ArbR)* Arbeitnehmer-Verleiher.

tacite *adj* stillschweigend; **consentement –** stillschweigende Erklärung *od.* Vertragsannahme, schlüssiges *od.* konkludentes Handeln; **– reconduction** stillschweigende Verlängerung.

tactique *f* *(BW)* (Markt-)Strategie *f*.

taille *f* (1) Größe *f*, Umfang *m*, (2) *(SteuerR, hist)* Kopfsteuer *f*.

tailler *v.tr.* (be)schneiden; **– dans les dépenses** die Ausgaben drastisch kürzen; **se – la part du lion** für sich selbst einen Löwenanteil reservieren.

talon *m* Abschnitt *m*, Abriß *m*, Talon *m*, Stammabschnitt *m*, Erneuerungsschein *m*; **– de contrôle** (1) Kontrollabschnitt, (2) *(WertpR)* Erneuerungsschein.

tampon *m* (1) *(cachet)* Stempel *n*, (2) *(buvard)* Löschpapier *n*; **apposer le –** (ab-)stempeln; **– de la poste** Poststempel.

tantième *m* (1) *(UrhR)* Tantieme *f*, (2) *(GesR)* Umsatzbeteiligung *f*, Gewinnbeteiligung (für Vorstandsmitglieder), Tantieme *f*.

tapage *m* **nocturne** *(StR)* nächtliche Ruhestörung.

taper *v.intr.* **(à la machine)** (einen Brief) mit der Schreibmaschine schreiben *od.* tippen.

tard *adv* spät; **au plus –** spätestens (bis, zum).

tarder *v.intr.* zögern, säumen; zaudern; **sans –** unverzüglich.

tardif *adj* verspätet, mit Verspätung, säumig.

tardiveté f Säumnis f, Versäumnis.

tare f (1) *(défectuosité)* Fehler m, Unzulänglichkeit f, Mangel m, Manko n, (2) *(poids de l'emballage)* Tara f, Leergewicht, Verpackungsgewicht n, (3) Vergütung der Verpackung; Abzug m der Verpackung; – **additionnelle** Tarazuschlag m; – **de caisse** Fehlbetrag m, Manko; – **congénitale** Geburtsfehler m.

tarif m (1) *(HR)* Preisverzeichnis n, Preis m, (2) *(SteuerR, VwR)* Steuertabelle f; Gebührenordnung f; Taxe f, amtlich festgesetzter Preis, (3) *(ZollR)* (Zoll-)Tarifschema n, Nomenklatur f; **à – réduit** zu ermäßigtem (Fahr-)Preis; **plein –** Volltarif; **réduction de –** Gebührenermäßigung; **relèvement de –** Gebührenerhöhung.

tarif d'assurance Versicherungstarif; – **d'autorité** (1) *(SozR)* amtlicher Gebührensatz, (2) Zwangstarif; – **de base** Grundtarif; – **du camionnage** Rollgeld n; – **collectif** Manteltarif; – **conventionnel** vertragsmäßiger (Zoll-)Satz.

tarif douanier, – **des douanes** Zolltarif(schema); – **(douanier) extérieur commun** *(EG)* Gemeinsamer Zolltarif der EG; Brüsseler Zolltarifschema; – **des droits et émoluments** Gebührenordnung; – **échelonné** Staffeltarif; – **d'entrée** Einfuhrtarif; – **de faveur** Vorzugstarif; – **forfaitaire** Pauschsatz, Pauschaltarif; – **à fourchettes** Margentarif; – **des frais** Gebührenordnung; – **des frais de justice** Gerichtsgebührenordnung; – **de fret** Frachtsatz; – **général** Regeltarif; – **d'honoraires** Honorarordnung; – **d'hospitalisation** *(SozR)* Pflegesätze mpl, Krankenhauspflegesatz; – **d'imposition**, – **de l'impôt** *(SteuerR: barème)* Steuersatz, Steuertarif; – **d'indemnisation** Vergütungssatz; – **intérieur** Binnentarif.

tarif kilométrique Kilometertarif; – **limite** Höchstsatz; – **médical** ärztliche Honorarsätze; – **minimum** Mindestsatz; – **des monnaies** Kurszettel m; – **par mot** Wortgebühr; – **normal** Regeltarif; – **des notaires** Kostenordnung der Notare; – **par paliers** Staffeltarif; – **plafond** Höchstsatz; – **postal** Postgebührenordnung; – **préférentiel** Präferenzzoll; Vorzugszolltarif; – **des prix** Preisliste; – **progressif** Staffeltarif, progressiver Tarif; – **protectionniste** Schutzzolltarif; – **public** amtliche Gebührenordnung; – **réduit** ermäßigter Tarif.

tarif téléphonique Telefontarif m; – **téléphonique heures creuses (entre 23 et 6 h.)** Mondscheintarif; Nachttarif; – **à tranches échelonnées** Staffeltarif; – **à tranches successives** Regelverbrauchstarif; Zonentarif; – **uniforme** Einheitstarif; – **ad valorem** Warenwertzolltarif.

tarifaire adj zolltariflich, Tarif-; **dispositions –s** Bestimmungen über die Zollbehandlung od. Zollgebühren.

tarifer v.tr. tarifieren, festsetzen.

tarification f Tarifierung f; Gebührenfestsetzung; staatliche Preisfestsetzung; Zollfestsetzung; – **bancaire** Bankgebührenordnung.

tas m Menge f, Stapel m, Haufen; **formation sur le –** Ausbildung am Arbeitsplatz; **matières en –** Schüttgüter npl.

tassement m Rückgang m; – **des cours** Kursabschwächung; – **des prix** Preisberuhigung.

taux m (1) *(proportion)* Satz m, Prozentsatz, Rate f, Quote f, Grad m, (2) *(SchuldR, HR)* Zinsfuß m, Zinsen mpl, Zinssatz, (3) *(VwR: montant d'un prix fixé par l'État)* staatlich festgesetzter Preis, (4) *(bourse: cours, pair)* Kurs m, (5) *(SteuerR)* Steuersatz; – **d'accidents** Unfallquote, Unfallrate.

taux d'accroissement Zuwachsrate; – **d'activité** Erwerbsquote; – **actuariel brut** *(WertpR)* Effektivzinssatz, Rendite f; auf die kapitalisierte Dividende bezogene

taux de change ... **taxation ad valorem**

Rendite, Bruttozinssatz (einer Anleihe); – **d'amortissement** Abschreibungssatz, Tilgungsrate; – **de l'argent au jour le jour** *(BankR)* Tagesgeldzinssatz; – **d'autofinancement** *(BW)* Selbstfinanzierungsquote; – **des avances sur titre** *(BankR)* Lombardsatz; – **de base** Richtsatz, Grundtarif; – **de bonus** Schadensfreiheitsrabatt *m*; – **de capitalisation** Rendite *f.*

taux de change Wechselkurs; Devisenkurs *m*, Umrechnungskurs *m*; – – **flottant** flexibler Wechselkurs; – – **officiel** amtlicher Wechselkurs.

taux de chômage Arbeitslosenquote *f*; – **de commission** Provisionssatz; – **de compétence** Streitwert für die sachliche Zuständigkeit; – **de conversion** Umrechnungssatz *m*; Umstellungsquote; – **de cotisation** Beitragssatz; – **de couverture** Deckungssatz; – **de croissance** Wachstumsrate; – **directeurs** Leitzinsen *pl*; – **d'écoute** *(Radio, Fernsehen)* Einschaltquote *f*; – **d'épargne** (durchschnittliche) Sparquote.

taux d'escompte (bancaire) *(WechselR)* Diskontsatz, Bankrate *f*, Bankzinsfuß, Bankdiskont *m*; **baisse du** – – Diskontsatzherabsetzung, Diskontsenkung; **relèvement du** – – Diskontsatzerhöhung.

taux d'expansion Zuwachsrate; – **fixe** fester Satz; – **forfaitaire** Pauschalsatz; Einheitssatz; – **de fret** Frachtrate; – **d'imposition**, – **de l'impôt** Steuersatz *od*. -fuß *m*; – **d'incapacité** Grad der Erwerbsunfähigkeit; – **d'inflation** Inflationsrate, Teuerungsrate, Preissteigerungsrate.

taux d'intérêt Zinsfuß *m*, Zinssatz; **arbitrage sur le** – – Zinsarbitrage *f*; **à** – – **fixe** festverzinslich; **à** – – **variable** mit veränderlichem Ertrag; – – **débiteur** Sollzins(satz); – – **nominal** Nominalzinssatz.

taux d'invalidité *(SozR)* Grad *m* der Erwerbsunfähigkeit *od*. Arbeitsunfähigkeit, Invaliditätsgrad; – **des investissements** Investitionsquote *f*; – **légal** gesetzlich festgelegter Zinssatz; – **de liquidité** Liquiditätsgrad *m*; – **majoré** erhöhter Satz; – **minimum** Mindestsatz; – **de mortalité** Sterblichkeits- *od*. Sterbeziffer *f*; – **moyen pondéré** gewogener Durchschnittssatz; – **de natalité** Geburtenrate *od*. -ziffer; – **de nuptialité** Eheschließungshäufigkeit; – **de participation (au vote)** Wahlbeteiligung *f*; – **de perception** Hebesatz; – **de pertes** Ausfallquote; – **de progression** Zuwachsrate.

taux de réescompte *(BankR: taux d'escompte de la Banque de France)* Diskontsatz der frz. Zentralbank, Rediskontsatz; – **de référence** Richtsatz; – **de rendement** Ertragszinsen; – **des reports** Report- *od*. Prolongationszinssatz; – **de ressort** (1) *(ZPR: appel)* Berufungssumme *f*, (2) *(ZPR: cassation)* Revisionssumme; – **de syndicalisation** Organisationsgrad; – **unitaire** Einheitssatz; – **usuraire** Wucherzins *m*; – **d'utilisation** Nutzungsgrad *m*.

taxable *adj* gebührenpflichtig; versteuerbar.

taxateur *m* (1) *(SteuerR)* Steuerfestsetzer, (2) *(HR)* Schätzer *m*, Taxator *m*, Wertsachverständige(r) *m*, (3) *(ZPR)* Richter als Festsetzer der Prozeßkosten.

taxation *f* (1) *(SteuerR)* Steuerfestsetzung *f*, Besteuerung *f*, (2) *(HR)* Bestimmung des Geldwertes (einer Sache *od*. einer Leistung), Taxation *f*, Preisfestsetzung, Kostenberechnung, (3) *(WirtR)* staatliche Preisfestsetzung, staatliche Festsetzung von Höchstpreisen; **décision de** – Gebührenverfügung *f*; **prix de** –, **valeur de** – Schätzungswert.

taxation ad valorem Wertverzollung; – **du chiffre d'affaires** Umsatzbesteuerung; – **des dépens** Kostenfestsetzung; – **douanière** Verzollung *f*; – **double** Doppelbesteuerung; – **d'office** Zwangsveranlagung; – **à la source** Quellenbesteuerung; – **spécifique** Gewichtsverzollung.

taxe *f* (1) *(SteuerR: prélèvement obligatoire, impôt)* Steuer *f*, (öffentliche) Abgabe *f*, (2) *(PrzR: frais)* Gebühr *f*, Kostenschuld *f*, (3) *(ÖfR: perception à l'occasion d'un service rendu par une collectivité)* Beitrag *m*, Benutzungsgeld *n*; **assiette de la –** (Steuer-) Bemessungsgrundlage; **complément de –** Ergänzungsgebühr; **ne donnant pas lieu à l'application d'une –** gebührenfrei; **double –** doppelte Gebühr; **franchise de –** Abgaben- *od.* Gebührenfreiheit, Gebührenbefreiung; **ordonnance de –** Kostenfestsetzungsbeschluß *m*; **percevoir des –s** Gebühren erheben; **réduction de –** Gebührenermäßigung; **relèvement de –** Abgabenerhöhung; **supplément de –** Nachgebühr; **toutes –s comprises** **(= TTC)** einschließlich Steuern u. Abgaben.

taxe d'abattage Schlachtgebühr *f*; **– d'abonnement** Grundgebühr (Telefon); **–s accumulées** angewachsene Gebühren; **– additionnelle** Zusatzsteuer; **– administrative** Verwaltungsabgabe *od.* -gebühr; **– d'aéroport** Flughafengebühr; **– d'affranchissement** Postgebühr; **– annuelle** *ou* **d'annuité** (1) Jahresgebühr, (2) *(PatR)* Patentgebühr; **– d'apprentissage** Berufsausbildungsabgabe; **– d'audience** Verhandlungsgebühr; **– d'authentification** Beglaubigungsgebühr.

taxe de balayage Kehrgebühr; **– de base** Grundgebühr; **– des brevets d'invention** Patentgebühr.

taxe(s) sur le chiffre d'affaires (1) *(pl.: Oberbegriff)* Umsatzsteuer, (2) *(sing.: i. e. S.)* Mehrwertsteuer; **– de circulation sur les véhicules automobiles** Kraftfahrzeugsverkehrssteuer; **– communale** Gemeindeabgabe; **– communautaire** EU-Abgabe.

taxe(s) compensatoire(s) *(EU)* Ausgleichsbeträge *pl*, Grenzausgleich für Agrarprodukte; **– complémentaire** Ergänzungsgebühr; **– de concession** Konzessionsgebühr; **– de dépôt** Anmeldegebühr; **– de déversement à l'égoût** Kanalgebühr *f*, Dolengebühr, Sielbenutzungsgebühr; **– d'encaissement** Einziehungsgebühr; **– à l'encombrement** Gebühr für Sperrgut; **– d'enlèvement des ordures ménagères** Müllabfuhrgebühr; **– d'enregistrement** Eintragungsgebühr, Registergebühr, Einschreibungsgebühr; **– d'entrepôt** Lagergebühr, Lagergeld *n*; **– d'examen** Prüfungsgebühr; **– à l'exportation** Ausfuhrabgabe.

taxe(s) fiscale(s) öffentliche Gebühren *pl*; **– foncière** Grundsteuer; **– forfaitaire** Pauschgebühr, Pauschalgebühr; **– d'habitation** (vom Mieter zu entrichtende) Wohnraum- *od.* Wohnungsnutzungsteuer; **– à l'importation** Einfuhrabgabe; **– d'inspection sanitaire** Fleischbeschaugebühr.

taxe(s) locale(s) Gemeindesteuer; **– de location** Mietvertragsgebühr; **– de luxe** Luxussteuer; **– de magasinage** Lagergeld; **– de manutention** Behandlungsgebühr; **– municipale** Gemeindeabgabe; **– sur les mutations de propriété** Grunderwerbsteuer; **– de nettoiement** Reinigungsgeld *od.* -beitrag; **– normale** Grundgebühr; **– sur les opérations de bourse** Börsenumsatzsteuer.

taxe(s) parafiscale(s) (1) *(i. e. S.)* öffentliche Gebühren u. (Gemeinde-)Abgaben, (2) *(i. w. S.)* (sämtliche) Pflichtversicherungsbeiträge; **– de péage** (1) Autobahnbenutzungsgebühr, Maut *f*, (2) Wegegeld; Brückengeld; Hafenabgabe.

taxe de péréquation Ausgleichsabgabe; **– de pesage** Waagegeld, Wiegegebühr; **– sur le personnel occupé** Lohnsummensteuer; **– de pilotage** Lotsengeld; **–s portuai-**

taxe professionnelle

res Hafengebühren; – **postale** Postgebühr; – **sur les produits pétroliers** Mineralölsteuer.

taxe professionnelle frz. Gewerbesteuer; – **de raccordement** Anschlußgebühr; – **radiophonique** Rundfunkgebühr; – **de recommandation** Einschreibgebühr; – **de rédaction** Schreibgebühr; – **de réexpédition** Nachsendegebühr, Rücksendungsgebühr; – **de remise** Zustellgebühr.

taxe de remorquage Schleppgebühr; – **de renouvellement** *(Wz)* Erneuerungsgebühr; – **pour retard** Säumniszuschlag; – **de revendications** *(PatentR)* Anspruchsgebühr; – **sur les salaires** Lohnsteuer; – **sanitaire** Gesundheitsabgabe; – **de séjour** Kurtaxe; – **somptuaire** Luxussteuer; – **spéciale sur les conventions d'assurance** Versicherungs(vertrag)abschlußsteuer; – **sur les spectacles** Vergnügungssteuer; – **de stationnement** Parkgebühr; – **sur les tabacs** Tabaksteuer; – **sur les transactions** Umsatzsteuer; – **de transit** Durchfuhrabgabe; – **de transport** Fracht *f.*

taxe à la *ou* **sur la valeur ajoutée (= TVA)** Mehrwertsteuer; – **à la valeur déclarée** *(Gütertransport)* Wertangabegebühr; – **vicinale** Gemeindestraßenbeitrag *m*, Wegesteuer; – **de voirie** Straßenunterhaltungsgebühr, Straßenanliegerbeitrag.

taxer *v.tr.* (1) schätzen, den Wert ermitteln, (2) den Preis festsetzen, (3) besteuern, zur Steuer heranziehen; – **qqn. de** bezichtigen, beschuldigen; – **qqn. forfaitairement** die Steuer in Pauschbeträgen festsetzen.

technicien *m* Fachmann *m*, Spezialist *m*, Experte *m*, Sachverständige(r); – **moyen** Durchschnittsfachmann; **–ne de surface** Raumpflegerin *f.*

technicité *f.* **travail de haute –** fachlich sehr anspruchsvolle Arbeit; **de – poussée** hochtechnisiert.

téléphone

technico-commercial *adj*: **agent –** Sachbearbeiter *m.*

technique *adj* Fach-; **collège –** Berufs- *od.* Fachschule; **enseignement –** Fachkunde *f*, Fachunterricht *m*; **escale –** Zwischenlandung; **habileté –** fachliches Können; **incident –** Betriebsstörung *f*; Versagen *n* (eines Geräts), Panne *f*; **moyens –s** technische Arbeitsmittel *npl*; **ouvrage –** Fachbuch *n*; **vérification –** technische Überprüfung.

technique *f* (1) Technik *f*, Fertigkeit *f*, (2) Verfahren *n*, Arbeitsweise *f*; **état de la –** Stand *m* der Technik; – **actuarielle** Versicherungstechnik, Versicherungsmathematik; – **d'avant garde** Spitzentechnologie *f*; – **juridique** Gesetzes- *od.* Rechtstechnik; – **législative** Rechtsetzungstechnik; – **de production** Produktionsverfahren; – **routinière** übliches technisches Vorgehen.

technocrate *m (Pol)* Technokrat *m.*

technocratie *f* Technokratie *f*; Beherrschung des Menschen durch die Technik.

technologie *f* **avancée** Spitzentechnologie; – **des matières** Stoffkunde *f*; – **nucléaire** angewandte Kernphysik; – **de pointe** Spitzentechnologie.

télé | achat *m* Teleshopping *n*; **–carte** *f* Telefonkarte *f*; **–commande** *f* Fernsteuerung *f*, Fernbedienung.

télécommunications *fpl* (= **télécoms**) frz. Telefon- und Fernmeldebetrieb *m*; Fernmeldeverkehr *m*; Fernmeldewesen *n.*

télé | conférence *f* Videokonferenz *f*; **–copie** *f* Fax *n*; Telefax; **–copieur** Faxgerät *n*; **–distribution** Kabelfernsehen *n*; **–enseignement** audiovisueller Fernunterricht *m.*

télégramme-mandat telegraphische Anweisung; **–virement** telegraphische Postüberweisung.

téléinformatique *f (DV)* Datenfernverarbeitung.

téléphone *m* **à carte** Kartentelefon *n*; – **cellulaire, – mobile, – por-**

téléphonique

table Mobiltelefon *n*; Handy *n*; – à fil à ressort, – filaire (klassisches) Haustelefon; – sans fil schnurloses Haustelephon; – vert gebührenfreie Rufnummer; Telefon zum Nulltarif.

téléphonique *adj*: appel – Anruf *m*; cabine – Telefonzelle *f*; conversation – Telefongespräch *n*; écoutes –s Telefonüberwachung *f*, Lauschangriff *m*; ligne – Telefonanschluß *m*; répondeur – Anrufbeantworter *m*; secret – Fernsprechgeheimnis *n*.

télé|réunion *f* Videokonferenz *f*; –scripteur *m* Fernschreiber *m*.

téléscoper *v.tr./pron.* zusammenprallen, aufeinanderstoßen.

télétexte *m* Bildschirmtext *m*.

télévisé *adj*: jeux –s Spielshow *f*; journal – Fernsehnachrichten *fpl*, Tagesschau *f*; publicité –e Fernsehwerbung

télévision *f* Fernsehen *n*; chaîne de – Fernsehanstalt *f*, Fernsehsender *m*; émission de – Fernsehsendung; œuvre *ou* production de – Fernsehwerk *n*; – par câble Kabelfernsehen; – privée Privatfernsehen, Kommerzkanal *m*; – publique öffentlich- rechtliche Fernsehanstalt; – par satellite Satellitenfernsehen.

tel quel wie besehen, wie besichtigt.

témoignage *m (PrzR: déposition sous serment)* Zeugnis *n*, Zeugenaussage *f*; appeler en – als Zeuge benennen *od.* namhaft machen; en – de zum Beweise von; faux – falsche Zeugenaussage *f*; porter – Zeugnis geben, als Zeuge aussagen; recevoir en – eine Zeugenaussage entgegennehmen; rendre – Zeugnis ablegen, bezeugen.

témoignage indirect *(StR: témoignage par commune renommée)* Zeugnis vom Hörensagen; – en justice Zeugenaussage vor Gericht; – suspect de sympathie Sympathiekundgebung *f*; – véridique wahrheitsgemäße Aussage.

témoigner *v.tr.* bezeugen, Zeugnis

témoin du mariage

ablegen; autorisation de – en justice Aussagegenehmigung *f*; obligation de – Aussagepflicht *f*; refus de – Zeugnisverweigerung, Verweigerung der Zeugenaussage; – en justice vor Gericht aussagen; – sous serment unter Eid aussagen.

témoin *m* Zeuge *m*; assignation *ou* citation à – Zeugenladung *f*; audition d'un – Zeugenvernehmung; confrontation de –s (Zeugen-)Gegenüberstellung; constitution d'un – Zeugenbenennung, Namhaftmachung (eines Zeugen); déposer comme – als Zeuge aussagen; déposition d'un – Zeugenaussage; entendre un – einen Zeugen vernehmen; faux – falsch aussagender Zeuge; prendre pour – als Zeugen benennen; preuve par – Zeugenbeweis; serment du – Zeugeneid.

témoin auriculaire Ohrenzeuge; – à la barre Zeuge im Zeugenstand, vor Gericht aussagender Zeuge; – certificateur beglaubigender Zeuge; – à charge Belastungszeuge; – cité geladener Zeuge; – cité à comparaître geladener Zeuge; – clé Kronzeuge; – à décharge Entlastungszeuge; – défaillant ausbleibender Zeuge; – digne de foi glaubwürdiger Zeuge; – important Kronzeuge; – indirect Zeuge durch Vermittlung Dritter *od.* vom Hörensagen; – instrumentaire Urkundszeuge; Zeuge bei einer notariellen Beurkundung; – judiciaire vor dem Gericht aussagender Zeuge.

témoin du mariage Trauzeuge; – de moralité Leumundszeuge; – muet Indizienbeweis, Anzeichenbeweis; Fingerabdruck; Tatwaffe; – numéro un Kronzeuge; – oculaire Augenzeuge; – par ouï-dire Zeuge vom Hörensagen; – principal Hauptzeuge; – réassigné erneut geladener Zeuge; – récusable *ou* reprochable ablehnbarer Zeuge; – reproché abgelehnter Zeuge; – testamentaire Zeuge bei der Errichtung eines Testaments.

739

tempérament (1) *(personnalité)* Temperament *n*, Wesensart *f*, Gemütsart, Natur *f*, (2) *(mesure)* Zurückhaltung *f*, Abgewogenheit *f*, (3) *(atténuation)* Milderung *f*, Abschwächung *f*; **achat à –**, **vente à –** Abzahlungskauf, Ratenzahlungskauf, Teilzahlungsgeschäft, Ratenkauf.

tempérance *f* Mäßigung *f*, Enthaltsamkeit *f*.

temporaire *adj* zeitweilig, vorübergehend, zeitlich beschränkt; **nomination à titre –** Ernennung auf Zeit *od*. auf Widerruf; **personnel –** Zeit(arbeits)kräfte *pl*; **travailleur –** Leiharbeiter.

temporel *adj*: **puissance –elle** *(KirchR)* weltliche Macht.

temporiser *v.intr.* abwarten, zögern, auf Zeitgewinn aus sein.

temps *m* (1) *(durée)* Zeit *f*, Dauer *f*, (2) *(époque)* Zeitalter *n*, Zeitabschnitt *m*, (3) *(date)* Zeitpunkt *m*, Termin *m*, (4) *(état de l'atmosphère)* Wetter *n*, Witterung *f*; **emploi à – partiel** Teilzeitbeschäftigung; **en – utile**, **en – voulu** rechtzeitig; **emploi du –** Stundenplan; Zeiteinteilung; **faute de –** aus Zeitmangel; **qui prend du –** zeitaufwendig.

temps d'antenne Sendezeit; **– d'arrêt** Ruhepause *f*; **– creux** *(HR)* Flaute *f*; **– d'essai** *(ArbR)* Probezeit *f*; **– immémorial** unvordenkliche Zeit; **– de loisirs** Freizeit; **– mort** Leerlauf *m*; **– non prescrit** *(PrzR)* nicht abgelaufene Frist; nicht durch Verjährung betroffener Zeitraum; **– normalisé** Vorgabezeit; **– utilisé** Zeitaufwand *m*.

temps de parole Redezeit; **– partiel subi** *(ArbR)* aufgezwungene Teilzeitbeschäftigung; **– de préparation** Vorbereitungszeit; **– de présence** Anwesenheitszeit; **– prohibé** *(JagdR)* Schonzeit *f*; **– de réflexion** Bedenkzeit *f*; Widerrufsfrist *f*; **– de repos** Ruhepause *f*; **– de travail** Arbeitsstunden *f*; **– universel** (T. U.) mittlere Greenwich-Zeit (MGZ); **– vide** Leerlauf; Zwischenzeit.

tenancier *m* Pächter *m*, Verwalter *m*; (Gast-)Wirt *m*.

tenant *adj*: **séance –te** noch in derselben Sitzung, sogleich.

tenant *m* Verfechter *m*, Vertreter; **–s de la loi** Befürworter der bestehenden Gesetze; Law and order-Anhänger; **–s du pouvoir** Machthaber *mpl*.

tenants et aboutissants *(SachR)* angrenzende Grundstücke *npl*; **– et – d'une affaire** *(ZPR)* die gesamten Umstände einer Streitsache.

tendance *f* (1) *(inclination, penchant)* Hang *m*, Neigung *f*, Absicht *f*, Zweckstreben *n*, (2) *(direction, orientation)* Tendenz *f*, Richtung *f*, Strömung *f*, Entwicklungslinie, (3) *(BörR)* allgemeine Grundstimmung; **– à l'achat** lebhafte Tendenz; **– à la baisse** rückläufige Tendenz; **– à la hausse** Aufwärtsbewegung *f*; **– inflationniste** Inflationsneigung; **– irrégulière** uneinheitliche Tendenz.

tendre *v.tr.* (an)spannen; **– un piège à qqn.** jmdn. in eine Falle locken.

tènement *m* **d'immeuble** *ou* **immobilier** *(SachR)* Grundstückszusammenlegung, Grundstücksverbindung.

teneur (1) *(n.f.: contenu exact)* Inhalt *m*, Wortlaut *m*, Tenor *m*; Gehalt *m*, (2) *(n.m.: personne qui tient)* (Buch-)Führer *m*, Halter *m*; **– de caisse** Kassenführer *m*; **– de compte** Kontenführer *m*; **– du contrat** Vertragsinhalt; **– du jugement** wesentlicher Inhalt des Urteils; **– de livres** Buchführer; **– de la loi** Gesetzeswortlaut; **– de registre** Registerführer; **– du serment** Eidesformel *f*.

tenir *v.tr.* (1) *(maintenir, garder)* halten, festhalten, (2) *(détenir, posséder)* besitzen, haben, (3) *(exercer une fonction)* ausüben, innehaben, (4) *(diriger, gérer)* leiten, führen; **– à** herrühren von, seinen Grund haben in; **– à qqch.** Wert auf etwas legen, bestehen auf; **–**

compte de berücksichtigen; – **en échec** zum Scheitern bringen; – **ses engagements** seinen Verpflichtungen nachkommen; – **lieu de** ersetzen; – **qqn. sous la menace de son arme** jmdn. mit einer Waffe bedrohen; – **parole** Wort halten; – **son rang** seine Stellung behaupten; – **un registre** ein Register führen; – **une réunion** sich beraten, eine Versammlung abhalten; – **secret** geheimhalten; – **qch. pour vrai** etwas für wahr halten.

tension *f* Spannung *f*; – **inflationniste** inflationistischer Druck; – **internationale** internationale Spannungen *pl*.

tentative *f (a. StR)* Versuch *m*, Versuchshandlung *f*; **désistement volontaire de la** – *(StR)* freiwilliger Rücktritt (vom Versuch); – **d'adaptation** Anpassungsversuch; – **de chantage** Erpressungsversuch; – **de conciliation** Versöhnungsversuch, Güteversuch, Sühneversuch, Einigungsversuch; – **de délit** *(StR)* Versuch bei Vergehen; versuchtes Vergehen; – **d'entente** Verständigungsversuch; – **d'évasion, – de fuite** Fluchtversuch; – **d'homicide** Tötungsversuch; – **impossible** *(StR)* untauglicher Versuch; – **de suicide** Selbstmordversuch, Suizidversuch.

tenter *v.tr.* versuchen, in Versuchung führen; den Versuch einer Straftat unternehmen; **tout** – nichts unterlassen; alles versuchen, was zu einem Erfolg führen könnte.

tenu *(participe passé/adj):* **bien** – im guten Zustand, gepflegt; **être** – **des dettes** für die Schulden haften; **être** – **de faire** verpflichtet sein zu; **être** – **au secret professionnel** der Schweigepflicht unterliegen; **être** – **solidairement** gesamtschuldnerisch haften; **à l'impossible nul n'est** – Verpflichtungen zu unmöglichen Leistungen sind rechtsunwirksam; – **à la réparation du dommage** schaden(s)ersatzpflichtig.

tenue *f* (1) *(fait de tenir séance)* Abhaltung *f* (einer Sitzung), (2) *(ordre, maintien)* Führung *f*, Haltung *f*, (3) *(costume)* Kleidung *f*, Ausrüstung *f*; – **de caisse** Kassenführung *f*; – **de la comptabilité** Buch- od. Rechnungsführung; – **du compte** Kontoführung; – **de livres du commerce** kaufmännische Buchführung; – **du marché** Marktentwicklung; – **du registre** Registerführung; – **d'une séance** Abhaltung einer Sitzung; – **de service** Dienstkleidung.

TEP *f (WirtR: Tonne Équivalent Pétrole)* Erdöleinheit *f.*

tergiversation *f (PrzR)* Ausflucht *f*; Ablenkungsmanöver *n*.

tergiverser *v.intr.* Ausflüchte suchen, versuchen sich herauszureden.

termaillage *m (BankR)* Fälligkeitsaufschub od. -vorverlegung, Zahlungsterminänderung.

terme *m* (1) *(ZR: expiration du délai)* Fristablauf *m*, Fristende *n*, Termin *m*, Zeitpunkt *m*, (2) *(période qui s'achève au terme)* Frist *f*, Zeitbestimmung, Zeitraum *m*, (3) *(période de trois mois)* Dreimonatsfrist, (4) *(somme due au terme)* Miete *f*, Mietzins *m*; Pachtzins, (5) Wort, Ausdruck; *pl* Wortlaut *m*; **achat à** – Terminkauf *m*; **acheteur à** – Terminkäufer *m*; **argent à** – Zeitgelder *npl*; **arrivée du** – Fälligkeit; **assurance à** – **fixe** Versicherung mit festem Auszahlungstermin; **aux –s de l'art. 3** gemäß Art. 3; **aux –s du contrat** vertragsgemäß; **avant** – vorzeitig; **compte à** – Terminkonto; **cotation à** – Terminnotierung *f*; **cours à** – Terminkurs *m*; **à court** – kurzfristig; **déchéance du** – Wegfall *m* der Zeitbestimmung, sofortige Fälligkeit (bei Zahlungsunfähigkeit); **dépôt à** – Termineinlage *f*, Zeitgeld *n*, befristete Einlage; **échéance du** – Fristablauf, Eintritt der Fälligkeit; **emprunt à court** – kurzfristige Anleihe; **en d'autres –s** mit anderen Worten.

terme: marché à – (1) Zeitgeschäft *n*, Lieferungsgeschäft, Termingeschäft, (2) Terminmarkt *m*; **à long** – langfristig; **à très long** – auf sehr weite Sicht; **moyen** – Mittelweg; **à moyen** – mittelfristig; **obligation à** – betagte Forderung, befristete Verpflichtung; **offre à** – Terminofferte *f*; **opération à** – Termingeschäft, Differenzgeschäft, Lieferungsgeschäft; **payable à échu** im nachhinein fällig; **petit** – *(BörR)* einfacher Terminmarkt (ohne Prämiengeschäfte); **renonciation au** – Verzicht auf die Terminbestimmung; **vente à** – Terminverkauf.

terme certain genaue Zeitbestimmung; **– conventionnel** vertragliche Zeitbestimmung; **– convenu** vereinbarter Zeitpunkt; **– correctif** Berichtigungsfaktor *m*; **– de déclaration** Meldefrist; **– de droit** gesetzliche Leistungsfrist; **– d'échéance** Zahlungstermin, Zahltag; **à – échu** bei Verfall; **–s de l'échange** *(Außh)* Terms of Trade; **– extinctif** Endtermin *m*; Zeitpunkt, an dem ein Recht erlischt; **– final** Endtermin; **– fixe** (Fixgeschäft) genaue, fixe, präzise Bestimmung der Leistungszeit.

terme de grâce *(ZPR: terme judiciaire)* (durch den Richter festgesetzte) Nachfrist, gerichtliche Stundung (der Leistung); **– incertain** unbestimmter Zeitpunkt; **– indiqué pour le prononcé** *(PrzR)* Verkündungstermin; **– initial** Anfangstermin; **– judiciaire** richterliche Nachfrist, richterliche Zeitbestimmung der Leistung; **– de liquidation** *(BankR)* Abschlußtag; **– en retard** überfällige Rate; **– semestriel** Halbjahresrate; **– suspensif** Anfangstermin *m*, aufschiebende Frist; **– technique reconnu** anerkanntes Fachwort; **– trimestriel** Vierteljahresrate.

terminal *m* Abfertigungshalle *f* für Fluggäste; **– d'ordinateur** *(DV)* Terminal *n*, Ein- u. Ausgabeeinheit einer EDV-Anlage.

terminer *v.tr.* abschließen, beenden, beendigen; **– une séance** eine Sitzung schließen; **se –** *v.pron.* zu Ende gehen.

terminologie *f* Terminologie *f*; Fachwortschatz *m*; **– administrative** Verwaltungssprache; **– juridique** Rechtssprache; **– spécialisée, – technique** Fachterminologie.

terrain *m* *(SachR: parcelle de terre)* (unbebautes) Grundstück *n*, Grund und Boden *m*, Gelände *n*; **– affermé** verpachtetes Land; **– à bâtir** Baugrundstück, Bauplatz, Baufläche, Baugrund; **– de chasse** Jagdgebiet *n*; **– domanial** *(VwR)* Domänengrundstück; **– donné à bail** verpachtetes Land; **– d'entente** Grundlage für eine (mögliche) Einigung; **– d'exposition** Ausstellungsgelände *n*; **– limitrophe** Nachbargrundstück; **– nu** unbebautes Grundstück.

terre *f* Erde *f*; Feld *n*, Land *n*, Landgut *n*; Besitzung *f*; **– affermée** Pachtland; **– arable** landwirtschaftliche Nutzfläche, Anbaufläche; **– en friche, – inculte** Brache *f*; **– louée** Pachtland *n*, Pachtgrundstück *n*.

terrestre *adj*: **par voie –** auf dem Landweg.

terreur *f* Terror *m*, Schrecken *m*; Schreckensherrschaft *f*.

territoire *m* *(ÖfR: élément constitutif de l'État)* (Hoheits-)Gebiet, Staatsgebiet, Territorium *n*; **adjonction de –** Gebietserweiterung; **aménagement du –** Raumordnung *f*; **annexion de – *(VR)*** (Gebiets-)Annexion *f*; **cession de –** Gebietsabtretung; **échange de –** Gebietsaustausch *m*; **transfert de –** Gebietsübertragung; **violation de –** Gebietsverletzung.

territoire d'une commune Gemeindegebiet; **– de la commune de résidence** Bezirk der Wohngemeinde; **– d'une commune urbaine** Stadtgebiet; **– contesté** umstrittenes Gebiet; **– du contrat** *(ZR)* Vertrags(anwendungs)gebiet; **– sous contrôle** Kontrollgebiet; –

dépendant abhängiges Hoheitsgebiet; – **douanier** Zollgebiet; – **économique** Wirtschaftsraum; – **d'écoulement** Absatzgebiet; – **étatique** Staatsgebiet; – **frontalier** *ou* **frontière** Grenzgebiet; – **interdit** *(StR)* Sperrbezirk *m*; – **litigieux** umstrittenes Gebiet; – **limitrophe** Randgebiet, benachbartes Gebiet; – **sous mandat** *(VR)* Mandatsgebiet; – **métropolitain** Mutterland; – **monétaire** Währungsgebiet; – **national** Staats- *od.* Hoheitsgebiet.

territoire(s) d'outre-mer (= T. O. M.) frz. Überseegebiet, überseeisches Gebiet; – **sans maître** nicht besetztes Festlandsgebiet; – **sous tutelle** *(VR)* Treuhandgebiet.

territorial *adj* territorial; Gebiets-; **compétence** –**e** örtliche Zuständigkeit; **eaux** –**es** Hoheitsgewässer; **limite** –**e** Hoheitsgrenze.

territorialité *f* Territorialität *f*; Geltungsbereich *m*; **principe de la** – *(StR, IPR)* Territorialitätsprinzip *n*.

terroriser *v.tr.* terrorisieren, Terror ausüben; bedrohen, einschüchtern.

terrorisme *m* Terrorismus; **acte de** – Terroranschlag *m*; **répression du** – Terrorismusbekämpfung; **victime du** – Opfer *n* eines Terroranschlages.

terroriste *adj* terroristisch; Terror-; **attentat** – Terroranschlag *m*, Gewalttat *f*; **bande** –, **groupe** –, **organisation** – terroristische Vereinigung.

terroriste *m* Terrorist *m*, Gewalttäter *m*;

tertiaire *m* *(Vwirt)* Dienstleistungsbereich *m*, Tertiärsektor *m*.

testament *m* *(ErbR)* Testament *n*, einseitige letztwillige Verfügung (von Todes wegen), letzter Wille; Testamentsurkunde *f*; **coucher sur un** – *(umg)* testamentarisch bedenken; **dresser un** – ein Testament errichten; **être sur le** – in einem Testament bedacht sein; **faire son** – sein Testament errichten; **ouverture du** – Testamentseröffnung; **recevoir par** – durch letztwillige Verfügung erwerben; **recevoir un** – ein Testament erhalten *od.* entgegennehmen; **rédaction du** – Testamentserrichtung; **révocation d'un** – Widerruf eines Testaments, Aufhebung des Testaments; **révoquer un** – ein Testament widerrufen.

testament par acte public öffentliches Testament; – **authentique** notarielles Testament; – **conjoint** *ou* **conjonctif** gemeinschaftliches Testament (von Ehegatten); – **dressé en cas d'urgence** Nottestament; – **maritime** Seetestament; – **militaire** Militärtestament; – **mutuel** wechselseitiges Testament; – **mystique** in amtliche Verwahrung gegebenes eigenhändiges Testament; – **notarié** öffentliches Testament; – **nuncupatif** mündliches Testament; – **olographe** eigenhändiges *od.* holographisches Testament; – **privilégié** Nottestament; – **public** notarielles *od.* öffentliches Testament; – **reçu par un notaire** in amtliche Verwahrung genommenes Testament; – **révoqué** widerrufenes Testament; – **secret** in amtliche Verwahrung gegebenes eigenhändiges Testament; – **verbal** mündliches Testament.

testamentaire *adj* testamentarisch, letztwillig; **disposition** – letztwillige Verfügung; Vermächtnis *n*; **exécuteur** – Testamentsvollstrekker; **héritier** – durch Testament eingesetzter Erbe.

testateur *m* Erblasser *m*, Testator *m*.

tester *v.intr.* testieren, ein Testament errichten, letztwillig verfügen; **droit de** – Testierfähigkeit.

tester *v.tr.* testen, prüfen, einer Prüfung unterziehen.

testimonial *adj* als Beweis dienend; als Zeugnis dienend; Zeugen-; **preuve** –**e** Zeugenbeweis *m*.

tête *f* (1) Kopf *m*, Hauptvertreter *m*, führender Vertreter, (2) *(ZR)* Person *f*, Rechtssubjekt; **revenu par** – **d'habitant** Pro-Kopf-Einkommen

tétraplégie

n; **– de liste** *(WahlR)* Spitzenkandidat *m*.

tétraplégie *f* komplette Lähmung aller vier Extremitäten, Tetraplegie *f*.

texte *m* (1) (Gesetzes-)Text *m*, Wortlaut *m* (einer Vorschrift), (2) Vorschrift *f*, Bestimmung *f*, (3) *(au pluriel: ensemble des sources du droit écrit)* Rechtsquellen *fpl*; Gesamtheit der Rechtsvorschriften, positives Recht; **argument de –** Legalinterpretation; **– d'application** Durchführungs- *od.* Ausführungsbestimmung; **– conventionnel** *(ArbR)* Tarifvertrag; Tarifvertragsbestimmung; **– légal** Gesetzestext; **– modificatif** Änderungsvorschriften *pl*; **– officiel** amtliche Verlautbarung; **– original** Originaltext; **– réglementaire** *(VerfR)* frz. Regierungsverordnung, Verordnungsbestimmung; Verwaltungsvorschrift.

textuel *adj* wörtlich, wortgetreu; **référence –le** Zitat *n*, wörtlich angeführte Belegstelle; **traduction –le** Wort-für-Wort-Übersetzung.

thanatologie *f* gerichtsmedizinische Untersuchung der Todesursache.

théâtre *m* Sprechtheater *n*; Musiktheater; Theatergebäude *n*; **– d'opérations** Kriegsschauplatz *m*.

thème *m* Grundsatz *m*, These *f*, Problem *n*; Grundgedanke *m*.

théorie *f* Theorie *f*, Lehrmeinung *f*, Lehre *f*; **en –** theoretisch; **– contractuelle** Vertragstheorie; **– dominante** herrschende Lehre *od.* Meinung; **– de l'État** Staatslehre; **– de l'imprévision** *(SchuldR)* Lehre der nachträglichen Unmöglichkeit der Erfüllung; **– juridique** Rechtslehre, Lehrmeinung; **– monétaire** *(Vwirt)* Monetarismus *m*.

thérapie *f* Heilverfahren *n*; **– génique** Gentherapie *f*.

thésaurisation *f* (Geld-)Hortung *f*.

thésauriser *v.tr.* (Geld *od.* Edelmetalle) horten, thesaurieren.

thèse *f* Lehrsatz *m*, These *f*, Auffassung *f*; Argumentation *f*; **– de doctorat** Doktorarbeit *f*, Dissertation; **– juridique** Rechtsauffassung.

ticket *m* (Flug-, Fahr-, Eintritts-) Karte *f*; Bezugsmarke *f*; **– de caisse** Kassenbon *od.* -zettel; **– modérateur** *(SozVers)* Selbstbeteiligung (des Sozialversicherten); Selbstbehalt *m*; Teil der Kosten, der von der Sozialversicherung nicht erstattet wird; **– de perception** Bezugsschein *m*; **– restaurant** Essensmarke; **– prime** Rabattmarke *f*.

tierce-opposition *f* *(ZPR: voie extraordinaire de recours)* Drittwiderspruchsklage *f*, Interventionsklage, Widerspruchsklage; **– personne** Dritte(r) *m*.

tiers *m* (1) Dritte(r) *m*, (2) Drittel *n*; **biens appartenant à des –** Drittvermögen *n*; **dommage aux –** Drittschaden *m*, Schädigung Dritter; **droit de subrogation de –** Eintrittsrecht Dritter; **majorité des deux –** Zwei-Drittel-Mehrheit; **opposable aux –** Dritten gegenüber wirksam; **pays –** Drittländer *npl*; **recours de –** *(ZPR)* Einspruch Dritter.

tiers acquéreur Dritterwerber *m*; **– arbitre** Obmann (in einem Schiedsgericht), Oberschiedsrichter; **– assuré** Begünstigte(r) (aus einem Versicherungsvertrag); **– auteur du dommage** Drittschädiger; **– bénéficiaire** Drittbegünstigte(r); **– civilement responsable** Haftung eines Dritten (für unerlaubte Handlungen); **– contractant** Drittkontrahent *m*; **– créancier** Drittgläubiger *m*; **– débiteur** Drittschuldner.

Tiers État *m* *(hist)* Dritter Stand, Bürgertum (in der frz. Revolution).

tiers intervenant Nebenintervenient *m*, Streitgehilfe; **– lésé** Drittgeschädigte(r).

Tiers-Monde *m* Dritte Welt *f*.

tiers obligé Drittverpflichteter *m*; **– opposant** *(ZPR)* Drittwiderspruchskläger *m*; **– payant** *(SozVers)* Krankenversicherungsträger, der die Arzt- u. Krankenhauskosten direkt erstattet; **– provisionnel** *(SteuerR)* Einkommensteuerabschlagszahlung (eines Drittels des vermutlichen Steuerbetrages); **– saisi** (gepfändeter) Drittschuldner; **– -secteur** Dienstleistungsbereich *m*.

timbrage *m* Abstempelung *f*; **– à l'extraordinaire** nachträgliche Entrichtung der Stempelgebühr.

timbre *m* (1) *(cachet, tampon)* amtlicher *od.* staatlicher Stempel *m*, (2) *(timbre-poste)* Briefmarke *f*, Postwertzeichen *n*, (3) *(SteuerR: vignette)* Steuermarke; **assujetti au –** steuerstempelpflichtig; **dispense de –** Stempelfreiheit *f*; **droit de –** Stempelabgabe *od.* -gebühr *f*; **exempt de –** stempelfrei; **exemption** *ou* **franchise de –** Stempelfreiheit.

timbre sur les actes notariés Notariatsstempel; **– de cotisation** Beitragsmarke; **– dateur** Datumstempel; **– de dimension** Stempelsteuer je nach Papierformat; **– fiscal** Gebührenmarke, Stempelmarke, Steuermarke, Steuerzeichen *n*; **– humide** Gummistempel; **– mobile** (aufklebbare) Steuermarke; **– poste** Briefmarke, Postwertzeichen; **– proportionnel** Stempelsteuer berechnet nach dem in der Urkunde angegebenen Wert; **– -quittance** Quittungsstempel; **– sec** Prägestempel, Trockenstempel; **– de service** Dienstmarke.

timbré *adj*: **acte –** mit Stempel versehene Urkunde; **enveloppe –e** Umschlag mit Briefmarke; **papier –** (Steuer-)Stempelpapier.

timbrer *v.tr.* (1) (ab-)stempeln, (2) entwerten, (3) *(Brief)* freimachen.

time-charter *(TransportR)* Zeitcharterung *f*.

tirage *m* (1) *(MedienR: impression)* Druck *m*, Drucklegung *f*, (2) *(UrhR: quantité d'exemplaires)* Auflage *f*, Auflagenhöhe *f*, (3) *(BankR: émission)* Ausstellung *f*, Ziehung *f*, (4) *(désignation au sort)* Auslosung *f*, Verlosung; **date de –** (1) Ziehungstag, (2) Ausstellungstag *m*; **droit de –** Ziehungsrecht *n*; **sortir au –** ausgelost werden; **– en l'air** Ausstellung eines Kellerwechsels; **– pour compte** Ziehung für fremde Rechnung; **– d'effet** Wechselziehung; **– financier** Ziehung eines Finanzwechsels; **– des lots** Gewinnverlosung.

tirage au sort Entscheidung durch das Los, Losziehung, Auslosung, Verlosung; **– – du jury** *(StPR)* Geschworenen- *od.* Schöffenauslosung.

tirant *m* d'eau *(SeeHR)* Tiefgang *m*.

tiré *m* *(WechselR)* Bezogene(r) *m*, Trassat *m*.

tiré à part *m* Sonderdruck *m*.

tirer *v.tr.* (1) *(Wechsel)* ausstellen, ziehen, trassieren, (2) *(Schußwaffe)* schießen, abfeuern, (3) *(fig)* herleiten, folgern; **– argument de** sich berufen auf; **– avantage de** (aus etwas) Nutzen ziehen; **– un chèque** einen Scheck ausstellen; **– la conclusion** schlußfolgern, den Schluß ziehen aus; **– des conclusions hâtives** (sich) voreilig eine Meinung bilden; **– à conséquence** Folgen nach sich ziehen, ernste Folgen haben; **– un effet** einen Wechsel ziehen; **– à sa fin** zu Ende gehen; **– en longueur** (sich) in die Länge ziehen; **– parti** *ou* **profit de** Nutzen ziehen aus; **– la sonnette d'alarme** warnen; **– au sort** das Los entscheiden lassen, (ver-)losen.

tireur *m* (1) Aussteller *m*, Trassant *m* (2) (Scharf-)Schütze *m*; **– du chèque** Scheckaussteller, Aussteller des Schecks; **– d'un effet** Wechselaussteller.

tiroir-caisse *m* Ladenkasse *f*, Registrierkasse *f*.

tissu *m* **social** das soziale Netz; **ressouder le –** das soziale Gefüge und Zusammengehörigkeitsgefühl (wieder) stärken.

1. **titre** *m* (1) *(ZR: écrit qui constate un acte juridique)* Urkunde *f*, Schriftstück *n* (2) *(HochschulR)* Diplom *n*, Befähigungsnachweis *m*, Prüfungs-

nachweis, (3) *(HR: valeur mobilière)* Wertpapier *n*, Effekten *pl*, (4) *(BeamR: nom de charge, de fonction)* Amtsbezeichnung *od*. -titel, (5) *(fondement d'un droit)* Rechtsgrund *m*, Anrecht *n*, Rechtsanspruch *m*, (6) *(proportion, rapport)* innerer Gehalt, Feingehalt, (7) *(désignation d'un sujet)* Überschrift *f*, (8) *(journal: gros titre)* Schlagzeile *f*; **à – de** als, in der Eigenschaft von; **à – accessoire** akzessorisch, abhängig (von einer Forderung); **à – principal** auf die Hauptsache bezogen; **admission d'un – à la cote** *(BörR)* Zulassung eines Wertpapiers; **s'approprier sans –** *(SachR)* sich anmaßen, sich rechtswidrig aneignen; **à bon –** mit *od*. zu Recht; **conférer un –** *(VwR)* einen Titel verleihen; **faux –** unechte Urkunde; **à juste –** mit *od*. zu Recht; **au même –** gleichermaßen; gleichberechtigt; **port du –** Titelführung; **produire un –** eine Urkunde vorlegen; **sincérité d'un –** Echtheit einer Urkunde; **usurpation de –** *(StR)* unbefugte Titelführung.

titre adiré *(WertpR)* abhanden gekommenes Wertpapier; **– amorti** abgelaufenes Wertpapier; **– authentique** öffentliche Urkunde; **à – d'aval** per Aval; **à – d'avance** vorschußweise; **– de capacité** Befähigungsnachweis; **à – de caution** als Bürge; **à – confidentiel** vertraulich; **– de congé** Urlaubsschein *m*; **– contrefait** gefälschte Urkunde; **– coté en bourse** börsengängiges Wertpapier; **– de créance** Schuldschein; **– décennal** Wertpapier mit zehnjähriger Laufzeit; **à – définitif** endgültig, fest; **– de dépense** Ausgabetitel *m*; **– de dette** Schuldtitel; **– d'emprunt** Anleihepapier; **– endossable** Traditionspapier; **à – d'essai** versuchsweise; **– de l'État** Staatspapier *n*, Rentenpapier.

titre exécutoire *(ZPR)* vollstreckbare Urkunde, Vollstreckungstitel, vollstreckbarer Titel, Exekutionstitel (Aut); **– falsifié** gefälschte Urkunde; **– frappé d'opposition** gesperrtes Wertpapier; **– de gage** Pfandbrief *m*.

titre: à – gracieux, à – gratuit unentgeltlich; **acquisition à – –** unentgeltlicher Erwerb.

titre: à – honorifique ehrenhalber; **– hypothécaire** Grundpfandtitel; **– d'identité** *(VwR)* Ausweispapier; **à – d'information** zur Kenntnisnahme; **– instrumentaire** *(ZPR)* Beweisurkunde.

titre juridique Rechtstitel; **– de légitimation** Personalausweis; **– négociable** börsengängiges Wertpapier; **– nobiliaire** Adelsprädikat *n*; **– nominatif** Namenspapier; **– de nomination** *(BeamR)* Ernennungsurkunde; **– non transmissible** Rektapapier; **– nouvel** (1) nachträgliche Anerkennung, Rekognition *f*, (2) nachträgliche Anerkennungsurkunde.

titre: à – onéreux entgeltlich; **– à ordre** Orderpapier; **à – de paiement** an Zahlungs statt; **– de paiement** Zahlungsanweisung; **– perdu** abhanden gekommenes Wertpapier; **à – personnel** persönlich; **– au porteur** Inhaberpapier; **à – posthume** nach dem Tode; **à – préjudiciel** *(VwPR)* im Wege der Vorabentscheidung; **– présenté à la compensation** Abrechnungspapier; **– à prime** Prämienpapier; **– primitif** Ersturkunde; **à – professionnel** hauptamtlich, hauptberuflich; **– de propriété** Eigentumstitel; **à – provisoire** vorläufig; **– provisoire** Interimsschein; **– putatif** vermeintlicher Rechtstitel.

titre: à – de réciprocité auf Gegenseitigkeit; **– de rente** Rentenbrief *od*. – titel; **– de répartition** Zuteilungsschein; **– à revenu fixe** festverzinsliches Wertpapier; **– de séjour** Aufenthaltsgenehmigung *od*. -erlaubnis; **– sorti au tirage** verlostes Wertpapier *od*. Stück; **à – subsidiaire** hilfsweise.

titre successoral: acquisition à – – Erwerb von Todes wegen.

titre de transport (1) Fahrausweis *m*, Fahrkarte, Fahrschein, (2) Frachtschein, Beförderungsurkunde; – **universitaire** akademischer Grad; – **de voyage** Reiseausweis.
2. **titres: arbitrage sur** – Effektenarbitrage; **avance sur** – *(BankR)* Effektenlombard, Effektenkredit *m*, Lombardvorschuß *m*; **bordereau de** – Stückeverzeichnis *n*; **bourse des** – **et valeurs mobilières** Effektenbörse; **commerce des** – Effektenhandel *m*; **compte de** – Effektenkonto *n*, Stückekonto, Wertpapierrechnung *f*; **dépôt de** – Wertpapierdepot *n*; **emprunt sur** – Effektenbeleihung; **garde de** – Effektenverwahrung, Wertpapierdepot *n*; **gestion de** – Effekten- *od.* Wertpapierverwaltung; **opération sur** – Effektengeschäft; **placement de** – Wertpapierunterbringung; **placement en** – Wertpapieranlage, Kapitalanlage in Wertpapieren; **portefeuille de** – Wertpapierdepot, Effektenbestand; **prêt sur** – Effektenlombard, Lombarddarlehen; **remise des** – Effektenlieferung; **validation des** – Wertpapierbereinigung *f*.

titres affectés en garantie *ou* **remis en nantissement** verpfändete Wertpapiere.

titrer *v.tr.* (1) mit einem Titel versehen, (2) *(Gold)* einen Feingehalt von ... haben.

titrisation *f* *(BankR)* Umwandlung von Forderungen (die ein Darlehen darstellen) in Wertpapiere.

titulaire *m* (1) *(ZR: sujet actif d'un droit)* Rechtsinhaber *m*, Anspruchsberechtigte(r) *m*, (2) *(BeamR: bénéficiaire d'une titularisation)* Beamte(r) auf Lebenszeit, planmäßiger Beamter; – **de l'autorisation** Inhaber einer Bewilligung *od.* Genehmigung; – **du brevet** Patentinhaber; – **du compte** Kontoinhaber; – **d'un diplôme** Inhaber eines Diploms; – **d'un droit** *(ZR)* Rechtsinhaber, (Anspruchs-)Berechtigte(r); – **d'une fonction publique** Inhaber einer Planstelle *od.* eines Amtes, Amtsträger *m*; – **d'une pension** Rentenempfänger, Rentenbezieher; – **du permis de conduire** Führerscheininhaber; – **de plusieurs condamnations** *(StPR)* mehrfach Vorbestrafte(r); – **d'un poste** Stelleninhaber, Inhaber einer Planstelle; – **d'une prestation** *(SozR)* Leistungsberechtigter; – **de la puissance parentale** *(FamR)* Inhaber der elterlichen Gewalt; – **de rente** Rentenempfänger.

titulaire *adj* ordentlich, planmäßig.

titularisation *f* (1) *(BeamR)* Berufung *od.* Übernahme in das Beamtenverhältnis, Ernennung zum Beamten, Verbeamtung, Pragmatisierung (Aut), (2) *(ArbR)* feste Anstellung.

titulariser *v.tr.* in das Beamtenverhältnis berufen *od.* übernehmen, zum Beamten ernennen.

titularité *f* Eigenschaft als Inhaber eines Rechts.

toge *m* (*d'un magistrat ou avocat*) Robe *f*.

tôle *f* **froissée** *(StVR)* Blechschaden *m*.

tolérance *f* (1) *(permission)* Duldung *f*, Entgegenkommen *n*, (2) *(compréhension)*, Verständnis *n*, Nachgiebigkeit *f*, (3) *(VerfR)* Meinungs- u. Glaubensfreiheit *f*, (4) *(technique: marge)* zulässige Abweichung *f*, Toleranz *f*; **acte de** – vorübergehende Gestattung; **jour de** – Lichtdurchlaß *m*; – **douanière** Zollvergünstigung.

tolérer *v.tr.* dulden, zulassen, erlauben, gestatten, tolerieren.

tollé *m* **général** Protestwelle *f*.

tomber *v.intr.* fallen; sinken; – **d'accord sur qqch.** übereinkommen, sich einigen (über); – **sous le coup de la loi** dem Gesetz unterliegen, unter die gesetzlichen Bestimmungen fallen; – **sous le coup de la propriété industrielle** patentrechtlich geschützt; – **en désuétude** in Vergessenheit geraten, nicht mehr angewandt werden; – **à l'eau** *fig* scheitern; (Geschäft) platzen.

tonnage *m (SeeHR: jauge)* Tonnage *f*, Schiffsraum *m*, Raumgehalt *m*; – **brut** Bruttoraumgehalt.

tonne *f* Tonne *f*; – **kilométrique** *(Frachtsatz)* Tonnenkilometer *m*; – **marchande** Handelstonne *f*.

tonneau de jauge Registertonne *f*.

tontine *f (VersR: fonds commun)* Tontine *f*, Leibrentengesellschaft.

torpiller *v.tr.* (einen Plan, eine Politik) durchkreuzen, verhindern.

tort *m* (1) *(ZR: dommage causé indûment)* Unrecht *n*, Nachteil *m*, Schädigung *f*, (2) *(EheR, StR: faute)* Verschulden *n*; à – zu Unrecht; grundlos; irrtümlich; **avoir** – Unrecht haben; **être dans son** – im Unrecht sein; **être en** – schuldig sein; **faire du** – à qqn. jmdn. schädigen, Schaden zufügen; **soupçonner qqn. à** – jmdn. zu Unrecht verdächtigen.

torts *mpl* Schuld *f*; **avouer ses** – sich schuldig bekennen, sein Schuld gestehen; **réparer ses** – den Schaden wiedergutmachen; – **exclusifs** *(EheR)* Alleinschuld; – **réciproques** *mpl (EheR)* beiderseitiges Verschulden.

tortionnaire *m* Folterer *m*.

torture *f* Tortur *f*, Quälerei *f*, Folter *f*; – **propre sous surveillance médicale** Folter unter ärztlicher Aufsicht, ohne körperliche (bleibende) Wundmale.

torturer *v.tr.* quälen, foltern.

tôt *adv* früh, bald; **au plus** –, **le plus** – so bald wie möglich; **plus** – früher.

total *adj* völlig, gänzlich, ganz und gar; **confiance** –**e** volles Vertrauen; **destruction** –**e** völlige Zerstörung.

total *m* Gesamtheit *f*, Gesamt *n*, Summe *f*; – **du bilan** Bilanzsumme.

totalisation *f* Zusammenrechnung *f*.

totaliser *v.tr.* zusammenzählen, zusammenrechnen; – **des voix** auf sich vereinigen.

totalitaire *adj*: **régime** –, **État** – *(VerfR)* totalitärer Staat.

totalitarisme *m* Totalitarismus *m*, totalitäres Regime.

totalité *f* Gesamtheit *f*, Vollständigkeit, Ganzheit *f*; – **des biens**, – **de la fortune** Gesamtvermögen *n*.

toucher *v.tr.* (1) berühren, (2) *(atteindre)* treffen, (3) *(ArbR: salaire)* erhalten, beziehen, empfangen.

tour *m* (1) Turm *m*, (2) Drehbank *f*, Drehmaschine *f*, (3) Drehung *f*, Umlauf *m*, (4) *(tour de phrase)* Wendung, (5) Umfang *m*, Umkreis *m*, (6) *(artifice)* böser Streich; – **des événements** Entwicklung, Verlauf *m*; – **d'horizon** Gesamtüberblick *m*; – **de parole** Redeordnung; – **de table** Gesprächsrunde *f*; – **de scrutin** Wahlgang *m*; – **de service** Diensteinteilung; – **de vis au crédit** Kreditverknappung.

tourisme *m* Tourismus *m*, Fremdenverkehr; **accord sur le** – Fremdenverkehrsabkommen *n*.

touriste *m* Tourist *m*, Urlauber *m*, Reisende(r) *m*.

tournant *m* Wendepunkt *m*, Wende *f*; – **de jurisprudence** Änderung in der Rechtsprechung.

tournée *f* Rundfahrt *f*, Rundgang *m*; – **électorale** Wahlreise; – **de ramassage d'objets encombrants** Sperrmüllabholung; – **de service** Dienstgang *m*.

tourner *v.tr.* **la loi** ein Gesetz umgehen.

tout *adj* alle, jede(r); **avoir** – **intérêt à** im eigenen Interesse liegen; **avoir** –**e liberté** völlig freie Hand haben; **contre** –**e attente** wider Erwarten; **selon** –**e apparence** dem Anschein nach, wie es scheint, höchstwahrscheinlich; **en** – **état de cause** welches auch die Umstände seien, jedenfalls; – **compte fait** zusammenfassend; –**e personne** jedermann; jegliche Person.

tout *adv* ganz, gänzlich, völlig, vollständig; – **d'abord** zunächst; – **à coup** plötzlich; – **au moins** zumindest; – **au plus** höchstens; – **porte à croire (que)** es scheint höchstwahrscheinlich (zu sein); – **de suite** unverzüglich, sofort.

toute-puissance *f (VerfR)* unumschränkte Macht *f*.

toxémie *f* Blutvergiftung *f.*
toxicomane *m/f* Rauschgiftsüchtige(r).
toxicomanie *f* Rauschgiftsucht *f*; **- majeure** gemeingefährliche *od.* selbstgefährliche Rauschgiftsucht.
toxi-infection *f* **alimentaire** Lebensmittelvergiftung *f.*
toxique *adj* giftig; **gaz –** Giftgas *n.*
tracasseries *fpl* **administratives** schikanöse Behandlung (einer Person) durch die Behörden.
trace *f* Spur *f*; Fährte *f*; **–s de freinage** Bremsspur *f*; **–s papillaires** *(StR)* Fingerabdruck *m.*
tracé *m* Umriß *m*, Plan *m*, Linienführung *f*; **- de la frontière** Grenzführung *f*, Grenzziehung *f*, Grenzverlauf *m*; **– général** Lageplan *m.*
tract *m* Flugblatt *n*, Handzettel; **distribuer des –s** Flugblätter verteilen; **– électoral** Flugblatt im Wahlkampf.
tractations *fpl (VR: négociations)* (oft geheime) Verhandlungen *fpl*; **– diplomatiques dans les coulisses** Geheimverhandlungen; **– de paix** Friedensverhandlungen.
tradition *f* (1) *(coutume, usage)* Überlieferung *f*, Brauch *m*, Tradition *f*, (2) *(SachR: transfert de la possession par remise matérielle)* Übergabe *f* (der Sache), Verschaffung des Besitzes; **– corporelle** Übergabe durch Verschaffung des tatsächlichen Besitzes (der Sache); **– feinte** fiktive Übergabe (da die Sache bereits im Besitz des Erwerbers ist); **– manuelle** Übergabe (von Hand zu Hand); **– orale** mündliche Überlieferung; **– réelle** tatsächliche Übergabe; **– par signe** Besitzerwerb durch bloße Einigung.
traditionnel *adj* traditionell, herkömmlich; durch Überlieferung; **droit –** Gewohnheitsrecht.
traducteur *m*, **-trice** *f* Übersetzer(in); **– assermenté** *ou* **juré** vereidigter Übersetzer, beeideter Übersetzer; **– -expert** Sachverständiger im Übersetzungsbereich; **– -interprète** Dolmetscher (und Übersetzer); **– technique** Fachübersetzer.

traduction *f* Übersetzung *f*; Wiedergabe *f*; **bureau de –** Übersetzungsbüro; **droit de –** (1) *(UrhR)* Übersetzungsrecht *n* (2) Übersetzungsgebühr *f*; **pour – conforme** (= p.t.c) für die Richtigkeit der Übersetzung; **– –** Übersetzungs- *od.* Sprachendienst *m*; **– fidèle** (wort-)getreue Übersetzung; **– libre** Adaptation, freie Übersetzung; **– littérale** Wort-für-Wort Übersetzung; **– provisoire** Rohübersetzung.
traductologie *f* Übersetzungswissenschaft *f*
traduire *v.tr./v.pron.* (1) übersetzen; erklären, (2) *(exprimer)* ausdrücken, wiedergeben, (3) *(PrzR)* vorladen; **se – par** sich äußern in, seinen Ausdruck finden in; **– qqn. en justice, – qqn. devant le tribunal** *(StPR: déférer, citer)* jmdn. vor Gericht bringen *od.* stellen; **– un rapport de force** Ausdruck des Kräfteverhältnisses sein.
traduisible *adj* übersetzbar.
trafic *m* (1) *(WirtStR: commerce plus ou moins clandestin)* (illegaler) Handel *m*, Inverkehrbringen *n*, Handeltreiben *n*, Überlassen *n* zum Gebrauch, Verschaffen *n*, (2) *(StVR: circulation)* Verkehr *m* (3) (Güter-)Umschlag *m*; **densité** *ou* **intensité du –** Verkehrsdichte *f*; **limitation du –** Verkehrsbeschränkung; **petit – frontière** kleiner Grenzverkehr.
trafic aérien Luftverkehr; **accord sur le – –** Luftverkehrsabkommen *n*; **règlement sur le – –** Flugverkehrsordnung; **– – commercial** gewerblicher Luftverkehr.
trafic d'armes Waffenschmuggel *m*; **– commercial** Handelsverkehr; **– de compensation** Verrechnungsverkehr; **– de contrebande** Schmuggel(handel); **– à courte distance** Nahverkehr; **– de devises** unzulässiger Devisenhandel, unerlaubter Devisenverkehr; **– de drogues** *(StR)* Rauschgifthandel

m, gewerbsmäßiges Inverkehrbringen von Drogen *od.* Suchtstoffen; − **ferroviaire** Eisenbahnverkehr; − **fluvial** Binnenschiffahrtsverkehr; − **frontalier** Grenzverkehr; − **illégal** *ou* **illicite** Schleichhandel, unerlaubter Handel.

trafic d'influence *(StR)* Vorteilsannahme für pflichtwidrige Amtshandlungen, Bestechlichkeit; Bestechung; − **intérieur** Inlands- *od.* Binnenverkehr; − **international** internationaler *od.* grenzüberschreitender Verkehr; − **inverse** *(StVR)* Gegenverkehr; − **irrégulier** Gelegenheitsverkehr; − **de ligne** Linienverkehr; − **local** Ortsverkehr; − **à longue distance** Fernverkehr.

trafic de marchandises Waren- *od.* Güterverkehr; − **maritime** Seeverkehr; − **à petite distance** Nahverkehr; − **Güternahverkehr;** − **de pointe** Spitzenverkehr; − **portuaire** Hafenverkehr.

trafic postal Postverkehr; − **régulier** Linienverkehr; − **routier** Straßenverkehr, Kraftfahrzeugverkehr.

trafic de stupéfiants *(StR)* Rauschgifthandel; − **terrestre** Landverkehr; − **en transit** Durchfuhrhandel *m*; Transitverkehr; − **triangulaire** Dreiecksverkehr; − **urbain** Ortsverkehr; − **voyageurs** Personenverkehr.

trafiquant *m* *(StR)* Händler *m*; Schieber *m*, Geschäftemacher *m*; − **d'armes** Waffenhändler; − **clandestin** illegaler Händler, Schwarzhändler; − **de devises** Devisenschieber *m*; − **de drogue** Drogenhändler; − **de marché noir** Schwarzhändler.

trafiquer *v.tr.* unerlaubte Geschäfte machen, einen illegalen Handel treiben; − **un vin** Wein panschen.

trahir *v.tr.* (1) *(ne pas respecter)* verraten, verletzen, (2) *(déformer)* fälschen, verfälschen, entstellen, (3) *(dévoiler, montrer)* offenbaren, zeigen, enthüllen; − **son devoir** seine Pflicht nicht erfüllen; − **un secret** ein Geheimnis verraten.

trahison *f* Verrat *m*; **haute** − *(StR)* Landesverrat; − **de secret** Geheimnisverrat.

train *m* Zug *m*; **en** − in der Ausführung (begriffen); − **à grande vitesse (= TGV)** Hochgeschwindigkeitszug; − **de mesures fiscales** Steuerpaket; − **de vie** Lebenshaltung, Lebensstandard; − **de vie du ménage** *(FamR)* Lebenszuschnitt der Ehegatten; − **de vie de l'État** Staatsausgaben; − **de voyageurs** Personenzug.

traitable *adj* entgegenkommend, verständnisvoll.

traitant *adj*: **médecin** − behandelnder Arzt; **officier** − Führungsoffizier *m*.

traite *f* (1) *(WechselR: lettre de change)* Wechsel *m*, Tratte *f*, (2) *(HR: commerce et transport)* Handel *m*, Warenausfuhr *f*; **escompter une** − einen Wechsel diskontieren; **tirer une** − einen Wechsel ausstellen; − **acceptée** akzeptierter Wechsel; − **en l'air** Kellerwechsel; − **des blanches** *(StR)* Frauenhandel, Mädchenhandel; − **de cavalerie** Reitwechsel; − **commerciale** Handelswechsel; − **de complaisance** Gefälligkeitsakzept *n*, Gefälligkeitswechsel; − **à date fixe** Tagwechsel, Datumswechsel, Präziswechsel; − **à délai de date** Datowechsel, Zeitwechsel; − **à délai de vue** Zeitsichtwechsel, Nachsichtwechsel; − **documentaire** Dokumententratte; − **domiciliée** Wechsel mit Domizilvermerk; − **sur l'étranger** Auslandswechsel, auf das Ausland gezogener Wechsel.

traite des êtres humains *(StR)* Menschenhandel *m*; − **des femmes** *(StR)* Mädchenhandel *m*, Frauenhandel; − **à fin de mois** Ultimowechsel; − **de garantie de change** Kurssicherungstratte; − **multiple** Wechsel in mehreren Ausfertigungen; − **en souffrance** überfälliger *od.* notleidender Wechsel; − **tirée pour compte** Kommissionstratte *od.* -wechsel; −

à trente jours Monatswechsel; **– à vue** Sichtwechsel.

traité *m* (1) *(essai, étude)* Abhandlung *f*, Lehrbuch *n*, (2) *(VR)* Staatsvertrag *m*, internationales Übereinkommen *n*, Bündnis *n*, Pakt *m*; **accession au –, adhésion au –** Beitritt zum (völkerrechtlichen) Vertrag, Beitritt zum Staatsvertrag; **dénoncer un –** einen Staatsvertrag kündigen.

traité d'accession Beitrittsabkommen *n*; Aufnahmevertrag; **– d'aide judiciaire** Rechtshilfeabkommen; **– d'alliance** Bündnis *n*; **– d'amitié** Freundschaftsvertrag.

traité d'assistance *(VR)* Beistandspakt; **– – douanière** Zollhilfeabkommen; **– – judiciaire** (1) Rechtshilfeabkommen *n*, (2) Abkommen über die gegenseitige Gewährung des Armenrechts; **– – militaire** militärischer Beistandspakt; **– – mutuelle** Vertrag über gegenseitige Hilfeleistung.

traité d'association Assoziierungsvertrag; **– de l'Atlantique-Nord** Nordatlantikvertrag, Nordatlantik-Pakt *m*; **– bilatéral** zweiseitiger Staatsvertrag; **– collectif** Gesamt– *od.* Kollektivvertrag; **– de commerce** Handelsvertrag; **– communautaire** Gemeinschaftsvertrag; **– de conciliation et d'arbitrage** Vergleichs- und Schiedsvertrag; **– consulaire** *(VR)* Konsularvertrag; **– -contrat** *(ZR)* rechtsgeschäftlicher Vertrag; **– de délimitation de frontière** Grenzregulierungsvertrag; **– sur la double imposition** Doppelbesteuerungsvertrag; **– d'entraide judiciaire** Rechtshilfevertrag; **– d'établissement** Niederlassungsvertrag; **– de frontière** Grenzvertrag.

traité instituant la Communauté Economique Européenne Vertrag zur Gründung der Europäischen Wirtschaftsgemeinschaft, Römische Verträge vom 25. 3. 1957; **– instituant la Communauté Européenne du Charbon et de l'Acier** Vertrag über die Gründung der Europäischen Gemeinschaft für Kohle und Stahl; **– instituant la Communauté Européenne de l'Energie atomique (= EURATOM)** Vertrag zur Gründung der Europäischen Atomgemeinschaft (Euratom); **– international** Staatsvertrag, völkerrechtlicher Vertrag; **– -loi** Vereinbarung *f*, rechtsetzender Vertrag; **– militaire** Militärpakt; **– moratoire** Stillhalteabkommen; **multilatéral** mehrseitiger Staatsvertrag; **– de navigation** Schiffahrtsvertrag; **– de non-agression, – de non recours à la force** Nichtangriffspakt.

traité de paix Friedensvertrag; **– de pêche** Fischereiabkommen; **– de préliminaires de paix** Friedensvorvertrag, Vorfrieden; **– pour la prévention de la guerre** Kriegsverhütungsabkommen; **– de protection des minorités** Minderheitenschutzvertrag; **– de réciprocité** Gegenseitigkeitsvertrag; **– de renonciation à la guerre** Kriegsächtungsvertrag *m*, Vertrag über den Verzicht auf den Krieg; **– secret** Geheimabkommen; **– de trop-plein** *(VersR)* laufende Exzedenten-Rückversicherung; **– -type** Mustervertrag; **– d'union** (1) Anschlußvertrag, (2) Unionsvertrag; **– d'union douanière** Vertrag über die Einrichtung einer Zollunion.

traitement *m* (1) *(BeamR: rémunération des fonctionnaires)* Gehalt *n*, Entlohnung *f*, Dienstgehalt, Bezüge *pl*, (2) *(SozVers: traitement médical)* Heilverfahren *n*, Krankenpflege *f*, Behandlung *f*, (3) *(manière de traiter, d'aménager)* Bearbeitung; Verarbeitung *f*, Aufbereitung; **barème de –s** Gehaltstabelle; **complément de –** Gehaltszulage *f*; **échelon de –** Gehaltsstufe; **égalité de –** *(VR, ArbR)* Gleichbehandlung; **inégalité de –** ungleichmäßige *od.* ungleiche Behandlung; **rappel de –** Gehaltsnachzahlung; **retenue sur le –**

Gehaltsabzug; **rétrogradation de** – Gehaltsrückstufung.

traitement d'activité *(BeamR)* Dienstbezüge *mpl*; **– annuel** Jahresgehalt; **– de base** Grundgehalt; **– budgétaire** *(BeamR)* Diensteinkommen (als Grundlage für die Berechnung des Ruhegehalts); **– complet** Vollbesoldung *f*; **– de consolidation** *(SozVers)* Nachbehandlung; **– curatif** Heilbehandlung; **– de début** Anfangsgehalt; **– de déchets toxiques** *(UmweltR)* Giftmüllentsorgung; Wiederaufbereitung von Sonderabfällen; **– discriminatoire** Diskriminierung, diskriminierende Behandlung; **– de données** *(DV)* Datenverarbeitung; **– en douane** Zollbehandlung; **– d'entretien** *(SozVers)* Nachbehandlung; **– de faveur** bevorzugte Behandlung, Vorzugs- *od.* Sonderbehandlung, Kulanz *f*; **– fixe** festes Gehalt, Fixum *n*; **– des fonctionnaires** Beamtenbesoldung; **– indiciaire** Indexgehalt.

traitement des informations *(DV)* Datenverarbeitung; **– initial** *(ArbR)* Anfangsgehalt; **– médical** ärztliche Behandlung; **– mensuel** Monatsgehalt; **– de la nation la plus favorisée** Meistbegünstigung *f*; **– palliatif** Sterbebegleitung; **– préférentiel** Vorzugsbehandlung, bevorzugte Behandlung; **– social du chômage** Sozialplan *m*; **– de texte** *(DV)* Textverarbeitung.

traiter *v.tr.* (1) (über ein Geschäft) verhandeln, (einen Vertrag) abschließen, (2) (eine Angelegenheit) untersuchen, verhandeln, erörtern, besprechen, (3) (einen Kranken) behandeln; **– de** handeln von; **– une affaire sensible, – un dossier délicat** die Untersuchung in einer heiklen Angelegenheit leiten.

tramping *n (SeeHR: transport maritime à la demande)* Trampschiffahrt *f*.

tranche *f* Abschnitt *m*, Tranche *f*, Teil(betrag) *m*; **– d'âge** Altersklasse *f*; **– d'amortissement** Tilgungsrate *f*; **– d'emprunt** Tranche einer Anleihe; **– horaire** Zeitspanne *f*; Zeitraum *m*; Sendezeit *f*; **– d'imposition** Steuerstufe *f*; **– non imposable** nicht zu versteuernder Teilbetrag; **– de revenu** Einkommensstufe.

trancher *v.tr.* entscheiden, eine Entscheidung fällen; **– un conflit, – un différend** einen Streit beilegen; **– la gorge** die Kehle durchschneiden; **– la tête à qqn.** jmdn. enthaupten; **– dans le vif** sofort (und energisch) durchgreifen.

tranquillité *f*: **troubler la – publique** *(StR)* die öffentliche Ruhe *od.* Ordnung stören.

transaction *f* (1) *(HR: opération sur les marchés commerciaux et financiers)* (Handels-)Geschäft *n*; Börsengeschäft *n*, (2) *(ZR: contrat par lequel les parties à un litige mettent fin à l'amiable à un litige déjà porté devant un tribunal, art. 2044 Cciv)* Vergleich *m*; Prozeßvergleich, (3) *(SteuerR: convention par laquelle l'administration fiscale consent à n'exercer aucune poursuite moyennant une amende)* Bußgeldbescheid der Finanzbehörde (bei gleichzeitigem Verzicht auf ein weiteres Steuerstrafverfahren); **– à l'amiable** gütliche Übereinkunft, gütliche Erledigung eines Rechtsstreits; **– bancaire** Bankgeschäft; **– commerciale** Handelsgeschäft; **– fictive** Scheingeschäft; **–s financières internationales** internationaler Zahlungsverkehr *m*; **– judiciaire** gerichtlicher Vergleich; **–s à terme** Terminhandel *m*; **– sur valeurs mobilières** Wertpapierhandel; **–s par virement** bargeldloser Zahlungsverkehr.

transactionnel *adj*: **règlement –** außergerichtliche Erledigung *od.* Beilegung (einer Streitigkeit), Vergleich.

transbordement *m* (1) *(SeeHR)* Umladung *f*, (2) (Güter-)Umschlag *m*; **installations de –** Umschlagsanlagen; **taxe de –** Umladegebühr *f*.

transborder *v.tr.* umladen; umschlagen.

transcription *f* (1) *(enregistrement, report)* Eintragung *f*, Transkription *f*, (2) *(copie)* Abschrift *f*, Kopie *f*; – **conditionnelle** Vormerkung; – **à l'état civil** Eintragung im standesamtlichen Register; – **hypothécaire**, – **d'hypothèque** Hypothekeneintragung; – **au registre foncier** Grundbuchumschreibung *f*.

transcrire *v.tr.* eintragen, übertragen.

transférabilité *f* Übertragbarkeit *f*, Transferfähigkeit *f*.

transférable *adj* (1) übertragbar, verlegbar, (2) transferierbar; **valeur –** abtretbares Wertpapier.

transfèrement *m* **pénitentiaire** Gefangenentransport *m*, Überstellung von Gefangenen.

transférer *v.tr.* (1) *(SachR: transmettre la propriété)* (das Eigentum) übertragen, (eine Sache) übergeben, (2) *(HR: siège social)* verlegen, den Standort wechseln, (3) *(BankR: capitaux)* transferieren, (4) *(BuchF)* umbuchen, (5) *(StR: un détenu)* überstellen, überführen; – **d'un compte à un autre** umbuchen.

transfert *m* (1) *(SachR: aliénation, translation)* Übertragung *f*, Übergabe *f*, Übergang *m*, (2) *(populations)* Umsiedlung *f*, (3) *(GesR)* Verlegung *f*, (4) *(BankR: capitaux)* Transfer *m*, (5) *(BuchF)* Umbuchung, Umschreibung *f*, (6) *(StR)* Überstellung *f*, Überführung eines Häftlings; **accord de –** Transferabkommen *n*; **autorisation de –** Überweisungsbewilligung; **principe du – immédiat de la propriété** *(SachR, SchuldR: principe selon lequel le transfert de la propriété s'accomplit par le seul effet du contrat)* Grundsatz des sofortigen Übergangs des Eigentums mit Abschluß des Vertrages, Grundsatz der Einheit von Verpflichtungs- und Verfügungsgeschäft; **revenus de –** Sozialeinkommen *n*.

transfert en banque Banküberweisung *f*; – **de biens** Vermögensübertragung; – **de capitaux** Kapitaltransfer; – **collectif** (1) Sammeltransport, (2) Kollektivüberweisung; – **de compétence** Zuständigkeitsübertragung; – **de connaissances** Wissensvermittlung; – **du contrat** Übertragung der Rechte aus einem Vertrag; – **de corps** Überführung eines Toten; – **de créance** Forderungsübergang *m*, Zession *f*; – **de crédit** *(HaushR)* Ausgabemittelübertragung; – **de détenus** Gefangenentransport *m*, Überstellung von Häftlingen; – **de domicile** Wohnsitzwechsel; – **de droits** Rechtsübertragung; – **de l'entreprise** Standortwechsel.

transfert de fonds (1) Kapitaltransfer, (2) Geldtransport; – **forcé** Zwangsumsiedlung; – **en garantie** Sicherungsübereignung; – **de la possession** Besitzübertragung; – **de pouvoir d'achat** Verlagerung der Kaufkraft; – **de processus technologique** Technologietransfer *m*; – **de propriété** Eigentumsübergang, Eigentumsübertragung; Übereignung; Verfügungsgeschäft; – **des risques** Gefahr(en)übergang; – **du siège social** *(GesR)* Sitzverlegung; – **par succession**, – **successoral** Übertragung durch Erbschaft; – **de technologie** Technologietransfer *m*.

transformation *f* (1) *(conversion)* Umwandlung, Umformung, Verarbeitung, Umgestaltung, (2) *(amélioration, rénovation)* Umbau *m*, Umstellung, Erneuerung, Verbesserung, (3) *(révolution)* Umwälzung; **industrie de –** *(Vwirt)* verarbeitende Industrie, Veredelungsindustrie; – **en profondeur de la société** tiefgreifende Gesellschaftsumwandlung.

transformer *v.tr.* umwandeln; umgestalten, umformen.

transfuge *m* Überläufer *m*, Abtrünnige(r) *m*.

transgresser *v.tr.* übertreten; – **la loi** das Gesetz übertreten *od.* verletzen; – **un ordre** den Befehl verweigern, einen Befehl nicht befolgen; – **ses pouvoirs** seine Befugnisse überschreiten.

transgresseur *m* **de la loi** Gesetzesbrecher *m*.

transgression *f* Übertretung *f*; **– de la constitution** Verfassungsverletzung, Verfassungsbruch *m*; **– d'un principe** Nichtbeachtung eines Grundsatzes.

transiger *v.intr. (ZR)* sich vergleichen, einen Vergleich schließen.

transistor *m (MedienR: récepteur portatif de radio)* Kofferradio *n*.

transit *m* (1) Durchgang *m*, Durchfahrt *f*, Transit *m*, Durchreise *f*; zollfreie Durchfuhr *f*, (2) Transithandel *m*; **acquit de –** Durchfuhrbescheinigung, Zollbegleitschein; **autorisation de –** Durchfahrtsbewilligung; **commerce de –** Durchfuhrhandel *m*; **entrepôt de –** Transitlager; **liberté de –** freie Durchfuhr; **marchandises en –** Transitgüter *npl*; **pays de –** Durchfuhrland; Durchreiseland; **permis de –** Durchfuhrbewilligung, Durchreisegenehmigung; **visa de –** Durchreisevisum, Durchreisesichtvermerk *m*.

transit international routier (= T.I.R.) internationaler Straßengütertransitverkehr; **– de marchandises** Warendurchfuhr.

transitaire *m (HR)* Durchgangskommissionär *m*, Grenz- *od.* Transitspediteur *m*; **– en douane, – mandataire** Zollagent, Zollspediteur *m*.

transiter *v.intr.* im Transitverkehr befördern, durchleiten; durchfahren, durchreisen.

transition *f* Übergang *m*; **économie de –** Übergangswirtschaft *f*; **loi de –** Übergangsgesetz *n*.

transitoire *adj* vorübergehend, zeitweilig; Übergangs-; **disposition –** Übergangsbestimmung *od.* -maßnahme; **droit –** Übergangsregelung; **période –** Übergangszeit.

translatif *adj* übertragend **acte –, contrat – de propriété** (1) *(SchuldR)* Kaufvertrag *m* (als Verfpflichtungs- und Verfügungsgeschäft in einem), (2) Schenkung.

translation *f* (1) *(SachR: transfert de la propriété)* (Eigentums-)Übertragung *f*, (2) *(PrzR: transport sur les lieux)* richterlicher Augenschein, (3) *(transfèrement)* Verlegung *f*; **– de domicile** Wohnsitzwechsel *m*, Wohnsitzverlegung; **– de l'impôt** Steuerabwälzung; **– de privilège** Übertragung eines Vorrechts; **– de propriété** Eigentumsübergang *m*, Eigentumsübertragung; **– d'un tribunal** Verlegung eines Gerichts; Abänderung des Gerichtsbezirks.

transmettre *v.tr.* übertragen, übermitteln, übersenden, weiterleiten; befördern; überliefern.

transmissibilité *f* Übertragbarkeit *f*; **– entre vifs** Übertragbarkeit; **– successorale** (Ver-)Erblichkeit *f*.

transmissible *adj* übertragbar, veräußerlich; erblich.

transmission *f* Übertragung *f*; Übermittlung, Überweisung, Übergabe *f*; Überlassung; **délai de –** Laufzeit; **taxe de –** Übertragungsgebühr *f*; **– de dossier** Aktenübersendung, Aktenübermittlung; **– des ordres** Befehlsübermittlung; **– des pouvoirs** *(VwR)* Amtsübergabe *f*; **– de propriété** Eigentumsübergang *m*, Eigentumsübertragung *f*; **– successorale** *(ErbR)* Erwerb von Todes wegen; **– à titre particulier** Stückvermächtnis; Übertragung bestimmter *od.* bestimmbarer Sachen; **– à titre universel** Erbteilvermächtnis, Übertragung eines bestimmten Vermögensanteils; **– universelle** *(ErbR)* Universalvermächtnis *n*, Erbvermächtnis, Gesamtnachfolge; **– entre vifs** Erwerb unter Lebenden.

transmutation *f* Um- *od.* Verwandlung.

transnational *adj*: **entreprise –e** multinationale *od.* transnationale Unternehmung.

transparence *f* Durchsichtigkeit *f*, Deutlichkeit, Verstehbarkeit *f*; **– du marché** Markttransparenz *f*; **– des salaires dans une entreprise** allgemeine Bekanntmachung der Löhne in einem Betrieb.

transplantation *f* (d'organes) Organverpflanzung; **– du rein** Nierentransplantation.

transport *m* (1) Beförderung *f*, Transport *m*, (2) *(Vwirt meist: pl)* Transportwesen; Transportgewerbe *n*; (3) *(ZR)* Übertragung *f*, Übergabe *f*, Abtretung, Übereignung, (4) *(HR)* Begebung, (5) *(PrzR)* Abhaltung eines Lokaltermins; **accepter au –** zur Beförderung annehmen; **bon de –** Transportgutschein *m*; **commission de –** Speditionsvertrag *m*; **commissionnaire de –** *(HR)* Spediteur *m*; **conditions générales de –** allgemeine Transportbedingungen (= ATB); **contrat de –** (Güter- oder Personen-)Beförderungsvertrag; Frachtvertrag; Speditionsvertrag; **entrepreneur de –** Transportunternehmer; **entreprise de –** Speditionsfirma, Transportunternehmen *n*; **frais de –** Transportkosten *pl*, Fahrtkosten; **indemnité de –** Fahrtkostenvergütung; **moyens de –** Verkehrsmittel *pl*; **potentiel de –** Verkehrspotential *n*; **prix du –** Fahrpreis *m*, Beförderungspreis; **tarif de –** Transporttarif; **titre de –** Fahrausweis *m*, Fahrkarte *f*.

transport aérien Beförderung auf dem Luftweg; **– aérien international** Beförderung im internationalen Luftverkehr.

transport bénévole Gefälligkeitsfahrt *f*; **– par charter** Charterverkehr; **– combiné** Verkehrsverbund *m*; **– combiné rail-route** Huckepackverkehr; **–s en commun** (1) öffentliche Verkehrsmittel; öffentliches Verkehrswesen, (2) gewerblicher Personentransport; **– de créance** Forderungsübertragung; **– à la demande** Anforderungs- *od.* Bedarfsverkehr; **– d'un droit** Rechtsübergang; Rechtsübertragung; **– en droiture** unmittelbare Beförderung, Direktschiffahrt *f*; **– par eau** Beförderung auf dem Wasserweg; **– d'espèces** Bargeldsendung *f*; **– ferroviaire** Eisenbahntransport, Schienenverkehr, Transport per Bahn; **– en franchise** gebührenfreie Beförderung; **– de fret** Frachtverkehr; **– gratuit** Freifahrt *f*; **– par groupage** Sammelgutbeförderung *od.* -verkehr; **– intérieur** Binnenverkehr.

transport international de bagages internationale Gepäcksendung; **– – de marchandises par route** internationaler Güterkraftverkehr; **– – de marchandises par véhicules routiers** internationaler Warentransport in Straßenfahrzeugen.

transport de justice, – sur les lieux *(PrzR)* (Abhaltung eines) Lokaltermin(s) *m*, richterliche Augenschein(seinnahme); **–s locaux** Nahverkehr; **– sur longues distances** Fernverkehr; **– de marchandises** Frachtverkehr, Güterbeförderung; Warenverkehr; **– en marge** Randvermerk *m*; **– maritime, par par mer** Seebeförderung; **– privé** Werksverkehr; **– professionnel** gewerblicher Verkehr; **– routier** Güterverkehr per LKW.

transport en transit Beförderung im Durchgangsverkehr, Durchbeförderung; **– – à découvert** Beförderung im offenen Durchgang.

transport de voyageurs Personenbeförderung.

transportation *f* *(StVZ)* Deportation.

transporter *v.tr.* (1) befördern, transportieren, (2) *(céder un droit)* (ein Recht) abtreten, übertragen.

transporteur *m* Frachtführer *m*, Beförderer *m*, Transporteur *m*, Transportunternehmer, Rollfuhrunternehmen; **– contractuel** vertragschließender Frachtführer; **– de fait** ausführender Frachtführer; **– privé** privater Transportunternehmer; **– public** öffentlicher Verkehrsbetrieb; **– routier** LKW-Transportunternehmen.

1. **travail** *m* (voir aussi: **travaux**) (1)

(ArbR: activité humaine) Arbeit *f*, Tätigkeit *f*, Arbeitsverrichtung *f*, (2) *(BW: emploi, fonction)* Beschäftigung *f*, Beschäftigungsverhältnis *n*, Arbeitsverhältnis, (3) *(délibérations, discussions)* Beratung *f*, Aussprache *f*, Meinungsaustausch *m*, (4) *(ouvrage, œuvre)* Werk *n*, Stück *n*; Abhandlung *f*, (5) *(ensemble des travailleurs)* Arbeitnehmer *mpl*, Arbeiterschaft *f*; **absence du** – Arbeitsversäumnis *n*, Nichterscheinen *od.* Fehlen *n*; **accident du** – Arbeitsunfall *m*, Betriebsunfall, Dienstunfall; **accomplir un** – eine Arbeit verrichten; **accord collectif du** – Tarifvertrag, Gesamtarbeitsvertrag; **aménagement du temps de** – Arbeitszeitgestaltung; **apte au** – arbeitsfähig; **aptitude au** – Arbeitseignung, Arbeitsfähigkeit *f*; **arrêt de** – (1) Betriebsstillstand, (2) Arbeitsniederlegung; **attestation de** – Arbeitsbescheinigung; **autorisation de** – Arbeitserlaubnis.

travail: bourse du – Gewerkschaftshaus *n*; **cadence de** – Arbeitstempo *n*; **camp de** – Arbeitslager *n*; **capacité de** – Arbeitsfähigkeit; Erwerbsfähigkeit; **certificat de** – (1) Arbeitsbescheinigung, Arbeitsbestätigung, (2) *(sur la qualité)* Arbeitszeugnis *n*; **cessation du** – Arbeitsniederlegung; **code du** – frz. Arbeitsgesetzbuch; **communauté de** – Arbeitsgemeinschaft *f*; **conditions de** – Arbeitsbedingungen *pl*; **conflit du** – Arbeitsstreitigkeit *f*, Arbeitskampf *m*; **contentieux du** – Arbeitsstreitverfahren, Arbeitsstreitsache; **contrat de** – (Einzel-)Arbeitsvertrag; **convention collective de** – (= CCT) Tarifvertrag.

travail: démissionner du – (einen Arbeitsvertrag) kündigen; **différend du** – Arbeitsstreitigkeit; **différend collectif du** – Arbeitskampf *m*; **dispense de** – Arbeitsbefreiung; **division du** – (1) *(Vwirt)* Arbeitsteilung, (2) *(BW)* Arbeitseinteilung; **droit au** – *(VerfR)* Recht auf Arbeit; **droit du** – Arbeitsrecht *n*; **durée conventionnelle du** – tarifliche Arbeitszeit; **empêchement de** – Arbeitsverhinderung; **équipe de** – Arbeitsgruppe; **exécuter un** – eine Arbeit ausführen; **groupe de** – Arbeitsgemeinschaft *f*; **heures** *ou* **horaire de** – Arbeitszeit; **inaptitude au** – Arbeitsuntauglichkeit; **incapacité de** – Arbeitsunfähigkeit; Erwerbsunfähigkeit; **inspecteur du** – frz. Arbeitsaufsichtsbeamter, frz. Gewerbeaufsichtsamt *n*; **interruption de** – Arbeitsunterbrechung; **journée de** – Arbeitstag, Schicht; **juridiction du** – Arbeitsgerichtsbarkeit.

travail: législation du – Arbeitsgesetzgebung; **lieu de** – Beschäftigungsort *m*, Arbeitsstätte *f*; **livret de** – Arbeitsbuch *n*, **marche du** – Arbeitsablauf *m*; **marché du** – Arbeitsmarkt *m*; **en matière de législation du** – arbeitsrechtlich; **obligation de** – Arbeitspflicht; **office du** – Arbeitsamt *n*; **organisation scientifique du** – (= O. S. T.) wissenschaftliche Betriebsführung; **poste de** – Arbeitsplatz *m*; **prestation de** – Arbeitsleistung; **prix du** – Arbeitsentgelt; **productivité du** – Arbeitsproduktivität; **promotion du** – Berufsförderung; **protection du** – Arbeitsschutz *m*; **règlement du** – Betriebs- *od.* Arbeitsordnung *f*; **reprise du** – Wiederaufnahme der Arbeit; **revenu du** – Arbeitseinkommen; **service du** – (1) Arbeitsamt, (2) Arbeitsdienst *m*; **somme de** – Arbeitsaufwand; **temps du** – Arbeitszeit.

travail administratif Verwaltungstätigkeit; **– d'appoint** Nebenbeschäftigung; **– appointé** Beschäftigung als Angestellter *od.* im Angestelltenverhältnis; **– artisanal** handwerkliche Arbeit; **– à la chaîne** Fließarbeit, Fließbandarbeit; **– clandestin** Schwarzarbeit; **– continu** durchgehende Arbeitszeit; **– corporel** körperliche Arbeit; –

dépendant nichtselbständige Tätigkeit; – **domestique** Haushaltsarbeit; – **à domicile** Heimarbeit; – **à durée déterminée** zeitlich begrenzte Tätigkeit; – **sur écran** *(DV)* Bildschirmarbeit; – **d'entretien** Instandhaltung, Wartung; – **d'équipe** Teamarbeit; – **par équipes** Schichtarbeit; – **façon** Arbeit eines Handwerkers; Arbeitsausführung (im Rahmen eines Werkvertrags); – **de finition** Nacharbeit; – **forcé** Zwangsarbeit; – **à forfait** Akkordarbeit.

travail indépendant selbständige Tätigkeit; – **intellectuel** geistige Arbeit *od.* Tätigkeit, Kopf- *od.* Denkarbeit; – **d'intérêt général** gemeinnützige Tätigkeit; – **intérimaire** Leiharbeitsverhältnis; – **intermittent** vorübergehende *od.* zeitweise Beschäftigung, nichtständige Arbeit; – **législatif** *(VerfR)* Gesetzgebungsverfahren mit Aussprache u. Einzelberatung, Beratung der Gesetze in Lesungen; – **manuel** handwerkliche Tätigkeit; manuelle Arbeit; – **ménager** Hausarbeit; – **mental** geistige Tätigkeit; – **sur mesure** Maßarbeit; – **à mi-temps** Halbtagsarbeit; – **(au) noir** *(StR)* Schwarzarbeit.

travail de nuit Nachtarbeit; **indemnité de –** Nachtzulage.

travail obligatoire Arbeitspflicht *f;* – **occasionnel** Gelegenheitsarbeit; – **pénal, – pénitentiaire** Gefängnisarbeit, Gefangenenbeschäftigung; – **personnel** Privatarbeit; – **physique** körperliche Arbeit; – **à la pièce** Akkordarbeit; – **à la pige** Tätigkeit als freier Journalist; – **à plein temps** Ganztagsbeschäftigung, Vollzeitarbeit; – **de pointe** Spitzenleistung; – **posté** Schichtarbeit; – **professionnel** Erwerbstätigkeit; – **qualifié** Facharbeit; – **de réfection** Instandsetzung, Reparatur; – **en régie** Leiharbeit; – **rémunéré** Lohnarbeit, unselbständige Erwerbstätigkeit; – **au rendement** Leistungslohnarbeit; – **rétribué** Lohnarbeit.

travail saisonnier Saisonarbeit; – **salarié** unselbständige Erwerbstätigkeit; – **de sauvetage** Bergung *f,* Bergungsarbeiten; – **stable** dauerhafte Beschäftigung; – **subalterne** untergeordnete Tätigkeit; – **subordonné** nichtselbständige Erwerbstätigkeit; – **supplémentaire** Überstunden *fpl;* – **à la tâche** Akkordarbeit; – **technique** Facharbeit; – **temporaire** Leiharbeit(sverhältnis), Zeitarbeit; – **à temps complet** Vollzeitbeschäftigung; – **à temps partiel** Teilzeitbeschäftigung; – **à temps réduit** Kurzarbeit; – **sur le terrain** Feldforschung; – **de transformation** *(BW)* Verarbeitung.

travailler *v.tr./v.intr.* arbeiten, erwerbstätig sein, eine Arbeit leisten; **faire – son argent** sein Geld gewinnbringend anlegen; **obligation de –** Arbeitspflicht; **refus de –** Arbeitsverweigerung; – **à mi-temps** halbtags beschäftigt sein; – **à perte** Verluste erwirtschaften; – **aux pièces** im Akkord arbeiten; – **à plein temps** ganztags beschäftigt sein.

travailleur *m* Arbeitnehmer *m,* Berufstätige(r) *m,* Arbeitskraft *f,* Arbeiter *m,* Erwerbsperson *f;* – **agricole** Landarbeiter, landwirtschaftlicher Arbeiter; – **clandestin** Schwarzarbeiter; – **dépendant** (un)selbständiger Arbeitnehmer; – **à domicile** Heimarbeiter; – **sans emploi** Arbeitslose(r) *m;* – **étranger** Gastarbeiter; – **de fond** Untertagearbeiter; – **de force** (1) Schwerarbeiter, (2) *(catégorie supérieure)* Schwerstarbeiter; – **frontalier** Grenzgänger *m;* – **indépendant** Selbständige(r) *m,* Freiberufler *m;* – **industriel** Industriearbeiter; – **intérimaire** Zeitarbeitskraft, überwiesener Arbeitnehmer (im Leiharbeitsverhältnis); – **intermittent** zeitweilig Beschäftigte(r).

travailleur manuel Handarbeiter; – **migrant** Wanderarbeiter; – **mi-qualifié** angelernter Arbeiter; – **à**

mi-temps Halbtagskraft; **– au mois** Arbeiter mit monatlicher Entlohnung; **– au noir, – parallèle** Schwarzarbeiter; **– non qualifié** ou **non spécialisé** ungelernter Arbeiter; **– non salarié** Selbständiger m, Freiberufler; **– occasionnel** Gelegenheitsarbeiter; **– à plein temps** Ganztagskraft; **– posté** Schichtarbeiter m; **– qualifié** Facharbeiter; **– en régie** Leiharbeitnehmer.

travailleur saisonnier Saisonarbeiter; **– salarié** Lohnarbeiter, unselbständiger Erwerbstätige(r); **– à la semaine** Arbeiter mit wöchentlicher Entlohnung; **– social** Sozialhelfer m; **– stagiaire** Praktikant m, Volontär m (im Handel); **– syndiqué** gewerkschaftlich organisierter Arbeitnehmer; **– à temps complet** voll beschäftigter Arbeiter, Vollzeitkraft; **– à temps partiel** Teilzeitbeschäftigte(r).

travailliste adj: **gouvernement –** Labourregierung.

2. **travaux** mpl (StVR) Baustelle f; **bâtiment et – publics (= BTP)** Hoch- und Tiefbau; **exécution de –** Ausführung von Bauleistungen; **– d'aménagement** Ausbauarbeiten; **– complémentaires** (VwR) zusätzliche Bauarbeiten; **– confortatifs** mpl Stützungsarbeit f; **– de construction** Baumaßnahmen fpl, Bauarbeiten; **– de déblaiement** Aufräumungsarbeiten; **– de dépollution** Entseuchung f; Entsorgung von Abfallstoffen; **– d'entretien** Unterhaltungsarbeiten; **– exécutés suivant les pratiques du bâtiment** (BauR) nach den anerkannten Regeln der Technik ausgeführte Arbeiten; **– forcés** (StR, hist) Zuchthaus n; Zwangsarbeit; **– sur mémoires** (VwR) Bauleistungen zum Nachweis (bei Vergabe im Preiswettbewerb).

travaux parlementaires (VerfR) parlamentarische Gesetzgebungstätigkeit, Lesungen (von Gesetzen); **– préparatoires** (VerfR: lois) vorbereitende Arbeiten, Vorarbeiten (zu einem Gesetz), Vorbereitungsarbeiten pl; Entstehungsgeschichte f; **– publics** (1) (MilR) Zwangsarbeit (vom Militärgericht verhängte Strafe), (2) (VwR) öffentliche Aufträge über Bauleistungen, öffentliche Bauarbeiten; **– urgents** besonders dringliche Arbeiten; **– d'utilité collective** ou **publique (= TUC)** gemeinnützige Arbeiten (Beschäftigungsprogramm für Arbeitslose).

travellers-chèque m Reisescheck m.

traversée f **du désert** fig Durststrecke f.

traverser v.tr. überqueren; durchlaufen; **– dans les clous** innerhalb der Zebra-Streifen eine Straße überqueren; **– une passe difficile** mit Schwierigkeiten zu kämpfen haben.

tréfoncier adj unter der Erdoberfläche, unterirdisch.

tréfoncier m (SachR) Eigentümer des unter der Erdoberfläche liegenden Teils eines Grundstücks.

tréfonds m (SachR: sous-sol) Untergrund m (des Grundstücks).

tremper v.intr. **(dans une affaire malhonnête)** in eine Affäre verwickelt sein.

trésor m (1) (ZR: chose cachée) Schatz m, (2) (ÖfR: service public de l'État) Staatskasse f, Schatzamt n, oberste frz. Finanzbehörde (dem Finanzminister unterstellt); **agent judiciaire du –** Anwalt zur Vertretung der Interessen der Staatskasse; **bon du –** Schatzanweisung, Schatz- od. Tresorschein; **comptes spéciaux du –** von der Staatskasse geführte Sonderkonten; **effet du –** Schatzwechsel m; **obligation du –** Schatzanweisung, staatliche Inhaberschuldverschreibung; **– public** (ÖfR **= Trésor**) Staatskasse, Schatzamt, oberste frz. Finanzbehörde.

trésorerie f (1) (HR: disponibilités) flüssige Mittel npl, Geldmittel npl, Geldbestand m, Barliquidität f, Bargeldbestand m, (2) (ÖfR: administration du Trésor) Finanzverwaltung *f;* (Staats-)Haushaltswesen *n*; **besoins de –** Finanzbedarf *m*; **coefficient de –** Deckungskoeffizient *m*; **déficit de –** Kassenfehlbetrag; **difficultés de –** Liquiditätsschwierigkeiten *pl*; **état de la –** (1) Kassenbericht *m*, (2) Liquiditätsbilanz *f;* **gêne de –** Bargeldknappheit *f;* **mouvements de –** Zahlungs- u. Überweisungsverkehr; **moyens de –** Kassenmittel; **situation de –** Liquiditätslage *f,* Liquiditätsausstattung *f;* **– générale départementale** *(VwR)* oberste frz. Staatskasse auf Departementebene.

trésorier *m* (1) *(VereinsR)* Schatzmeister *m,* (2) *(ÖfR)* Kassenverwalter *m;* Kämmerer *m;* **– payeur général** oberster frz. Finanzkassenbeamter auf Departementebene.

trêve *f* Waffenruhe *f;* **sans –** *loc. adv.* ohne Unterlaß; **– des confiseurs** Ruhen *n* der politischen und diplomatischen Tätigkeit zwischen Weihnachten und Neujahr; **– politique** Burgfrieden.

tri *m,* (1) Aussuchen *n,* (2) *(Post)* Sortieren *n;* **centre de –** Briefsammelstelle und -Verteilamt.

triage *m* Sichtung, Sortieren *n.*

1. **tribunal** *m* (1) Gericht *n,* Gerichtshof *m,* (2) (Einzel-)Richter *m;* Richterkollegium *n,* (3) Gerichtsgebäude *n;* **affichage au –** Anschlag bei Gericht *od.* an der Gerichtstafel; **audience du –** Gerichtssitzung *od.* -verhandlung; **comparaître devant un –** vor Gericht erscheinen; **greffe du –** Geschäftsstelle des Gerichts, Gerichtskanzlei; **homologation du –** gerichtliche Bestätigung, Bestätigung durch das Gericht; **président du –** Gerichtspräsident *m;* **recourir à un –** den Rechtsweg beschreiten; **ressort d'un –** (1) Amtsbereich eines Gerichts, (2) Gerichtsbezirk *m,* Gerichtssprengel *m;* **saisir un –** ein Gericht anrufen; **saisir un – d'une action** Klage erheben (vor Gericht), bei einem Gericht klagen.

tribunal administratif (= TA) frz. Verwaltungsgericht *n;* **– d'appel** Berufungsgericht; **– de l'application des peines** frz. Strafvollzugsgericht; **– d'arbitrage** Schiedsgericht.

tribunal arbitral Schiedsgericht; **– – de la corporation** Innungsschiedsgericht; **– – paritaire** paritätisches Schiedsgericht.

tribunal d'arrondissement Arrondissementgericht; **– chargé de l'exécution** Vollstreckungsgericht; **– civil** Zivilgericht; **– collégial** Kollegialgericht.

tribunal de commerce frz. Handelsgericht (als eigenständiges Erstinstanzgericht in Handelssachen, bestehend aus ehrenamtlichen Richtern, d.h. Kaufleuten); **– compétent** zuständiges Gericht.

tribunal des conflits (= TC) frz. Kompetenzkonflikthof; höchstes, nicht ständiges, paritätisch besetztes frz. Gericht, das über Kompetenzkonflikte (zwischen Verwaltungsbehörden und Gerichten einerseits und über einander widersprechende Entscheidungen von ordentlichen Gerichten und Verwaltungsgerichten, die zu einer Rechtsverweigerung führen würden, andererseits), entscheidet.

tribunal consulaire frz. Handelsgericht; **– corporatif** Innungsgericht, Innungsspruchsbehörde *f,* Standesgericht.

tribunal correctionnel frz. Strafgericht (beim Großinstanzgericht) zuständig für Vergehen; gerichtlicher Spruchkörper, der etwa der Strafkammer (beim Landgericht) entspricht; **– disciplinaire** Disziplinargericht, Dienststrafgericht; **– de district (S)** Bezirksgericht; **– du domicile du défendeur** Gerichtsstand des Wohnsitzes des Beklagten.

tribunal de droit commun (1) ordentliches Gericht, (2) *(au pluriel)* frz. ordentliche Gerichtsbarkeit; Sammelbegriff für Klein- u. Großinstanzgericht, Apellations- u. Kassationshof im Gegensatz zu den

Sondergerichten (wie z. B. das Handels- u. Arbeitsgericht); – **ecclésiastique** Kirchengericht, geistliches Gericht; – **d'échevins** (S) Schöffengericht; – **pour enfants** frz. Jugendgericht, Jugendrichter u. zwei ehrenamtliche Richter als Beisitzer; – **d'exception** Ausnahmegericht; – **d'exécution des peines** *ou* **des sentences** *(StVZ)* Strafvollstreckungsgericht; – **extraordinaire** Sondergericht.

tribunal de grande instance (= TGI) frz. Großinstanzgericht *n* (zumeist am Hauptverwaltungssitz des Departement), (löste 1958 das "Erstinstanzgericht" ab und entspricht etwa dem Landgericht); – **incompétent** unzuständiges Gericht; – **inférieur** unteres Gericht.

tribunal d'instance (= TI) frz. Kleininstanzgericht (auf Arrondissementebene); Gericht, das etwa dem Amtsgericht entspricht (mit einem Einzelrichter besetzt - bis 1958 "justice de paix"); – **international** internationaler Gerichtshof.

tribunal judiciaire, – **de l'ordre judiciaire** ordentliches Gericht; Zivilgericht; Strafgericht; – **du lieu du paiement** Gericht des Zahlungsorts; – **du lieu de résidence** Wohnsitzgericht; – **maritime commercial** frz. Seegericht für Handelssachen.

tribunal militaire Wehrstrafgericht; – – **international** Internationaler Militärgerichtshof.

tribunal pour la navigation du Rhin Rheinschiffahrtsgericht; – **paritaire** paritätisch besetzes Gericht; – **paritaire des baux ruraux** frz. paritätisches Gericht für landwirtschaftliche Pachtverträge; – **permanent des forces armées (= TPFA)** frz. Wehrstrafgericht; – **du peuple** Volksgericht.

tribunal de police frz. Einzelrichter als Strafrichter (beim Kleininstanzgericht, zuständig für Übertretungen); Strafgericht für Bagatellsachen, dem dt. Strafrichter beim Amtsgericht vergleichbar; – **de première instance** (B) Gericht erster Instanz; – **de première instance des Communautés européennes (= TPICE)** Erstinstanzgericht der Europäischen Gemeinschaft; – **professionnel** Berufs- *od.* Ehrengericht; – **rattaché** Gericht, das durch Richter eines anderen Gerichts ergänzt wird; – **de rattachement** Gericht dessen Richter andere Gerichte ergänzen; – **régulièrement constitué** ordnungsmäßig zusammengesetztes Gericht; – **de renvoi** Gericht, an das eine Sache verwiesen wird.

tribunal répressif Strafgericht; – **de révision** Wiederaufnahmegericht; – **révolutionnaire** Revolutionsgericht; – **saisi** *ou* **saisi de l'instance** mit der Sache befaßtes Gericht, angerufenes Gericht; – **de simple police** *(hist)* bis 1958 frz. Strafgericht für Bagatellsachen; – **de la situation de la chose** *(ZPR, IPR)* Gericht der belegenen Sache; – **sommaire** Schnellgericht; – **spécial** Sonder- *od.* Ausnahmegericht; – **supérieur** Obergericht; das nächsthöhere Gericht; – **suprême** Oberstes Gericht; – **des tutelles** Vormundschaftsgericht.

2. **tribunaux** *mpl* Gerichtswesen *n*, Gerichtsbarkeit *f*; **accès auprès des –** Eröffnung des Rechtswegs; **déférer aux –** gerichtlich verfolgen; **pratique des –** Gerichtspraxis *f*; **prendre la voie des –** den Rechtsweg beschreiten, gerichtlich vorgehen; – **répressifs** Strafgerichtsbarkeit.

tribune *f* Rednerpult *n*, Rednerbühne *f*.

tribut *m* Zwangsabgabe *f*, Steuer *f*.

tributaire *adj* abgabe- *od.* steuerpflichtig; – **de** abhängig von.

tricherie *f* *(StR, umg.: la triche)* Betrügerei *f*, Betrug *m*, Irreführung *f*, Mogelei *f*.

tricolore *f* Trikolore *f* (blau-weiß-rote Flagge Frankreichs).

triennal *adj* dreijährlich; dreijährig.

trier *v.tr.* auslesen, verlesen, sortieren; sichten.

trimestre *m* Vierteljahr *n*, Quartal *n*; **– de loyer** Quartalsmiete *f*; **– scolaire** Schultrimester *n*.

triparti, tripartite *adj* dreiteilig; Drei-, Dreiparteien-; Dreimächte-; **conférence –e** Dreierkonferenz.

triplicata *m* Drittausfertigung *f*; **– de change** Tertiawechsel *m*.

triplique *f (ZPR)* Antwort des Klägers auf eine Gegenerklärung des Beklagten, Triplik *f*.

triptyque *m (ZollR)* Triptik *n*.

troc *m* Tausch(handel) *m*; **accord de – *(AußR)*** Tauschhandelsabkommen; **faire du –** Tauschhandel betreiben.

tromper *v.tr.* betrügen, übervorteilen, hintergehen, irreführen; **se –** *v.pron.* sich irren; sich verrechnen.

tromperie *f* Betrug *m*, Übervorteilung *f*; **– sur la marchandise** Täuschung im Lebensmittelhandel; **– sur la qualité de la marchandise vendue** Betrug durch Lieferung einer minderen Qualität.

trompeur *adj* betrügerisch, irreführend; **emballage –** Mogelpackung *f*.

trône *m* Thron *m*; **accession au –** Thronbesteigung; **succession au –** Thronfolge *f*.

tronquer *v.tr.* (einen Text) kürzen, verstümmeln.

trop payé *m* zu viel gezahlter Betrag, Überzahlung *f*.

trop perçu *m* zuviel erhobener Betrag, Gebührenüberhebung.

trop versé *m* zuviel entrichteter Betrag, Überzahlung.

troquer *v.tr.* (ein-)tauschen; Tauschhandel betreiben.

1. **trouble** *m* (1) *(ZR: atteinte à un droit)* (Rechts-)Beeinträchtigung, Störung, (2) *(ÖfR: atteinte à la paix publique)* Unruhe *f*, Aufruhr *m*, (3) Gesundheitsschädigung; **– de droit** Rechtsbeeinträchtigung (durch einen Dritten); **– d'exploitation** Betriebsstörung; **– de fait** unerheblicher Sachschaden (am Nachbargrundstück); **– mental** geistige Störung, Geisteskrankheit *f*; **– de la possession**, **– possessoire** *(SachR)* Besitzstörung; **– de voisinage** Immission *f*.

2. **troubles** *mpl (Pol)* Unruhen *pl*, Störung *f*; **fauteur de –** Unruhestifter; **réprimer les –** einen Aufstand niederschlagen; **– fonctionnels** *(SozVers)* Funktionsstörungen; **– mentaux** Geistesstörung; **– sociaux** soziale Unruhen.

trousseau *m* Aussteuer *f*; Ausstattung.

trouvaille *f (SchuldR: objet trouvé)* Fundsache *f*; **– d'objets de valeur** Wertfund *m*.

trouver *v.tr./v.pron.* (1) *(découvrir)* finden, (2) *(rencontrer)* antreffen, vorfinden, (3) *(juger)* dafürhalten, empfinden; **se – en face d'une difficulté** mit einer Schwierigkeit konfrontiert werden; **– de l'audience** Anklang finden; viel Anhang haben; **– des capitaux** sich Geldmittel verschaffen; **– un emploi** Arbeit *od.* eine Stelle finden; **– son expression dans** seinen Niederschlag finden in; **– un interlocuteur valable** einen Ansprechpartner finden; **– un prétexte** eine Ausrede finden; **– à redire** widersprechen.

truand *m* Schwerverbrecher *m*, Mitglied einer Gang.

trublion *m (StR: fauteur de troubles)* Unruhestifter *m*.

trucage *m*, **truquage** *m* Fälschung *f*; raffinierte Täuschung; **– d'un bilan** Bilanzkosmetik *od.* -verschleierung; **– électoral**, **– des élections** Wahlfälschung; Wählertäuschung.

truchement *m*: **par le – de** durch Vermittlung von.

trust *m* (1) *(GesR)* Trust *m*, (2) multinationaler Konzern (mit marktbeherrschender Stellung); **formation de –** Trustbildung *f*, Vertrustung; Verflechtung.

tuer *v.tr.* töten, umbringen, ermorden, einen Mord begehen.

tueur *m* (gedungener) Mörder.

tumulte *m* Aufruhr *m*, Auflauf *m*, Tumult *m*, Lärm *m*, Unruhe *f*.

tutélaire *adj* (1) *(VR)* schützend, (2)

(FamR: qui concerne la tutelle) vormundschaftlich; **charge** – Amt *n* des Vormundes; **gestion** – Wahrnehmung der vermögensrechtlichen Angelegenheiten des Mündels; **puissance** – Schutzmacht *f.*

tutelle *f* (1) *(FamR)* Vormundschaft *f*, (2) *(ÖfR)* Staatsaufsicht *f* (im Rahmen der Selbstverwaltung), Oberaufsicht, Aufsicht, (3) *(VR)* Treuhand *f*, Schutz *m*; **accord de** – Treuhandschaftsabkommen *n*; **autorité de** – (1) *(FamR)* Vormundschaftsbehörde *f*, (2) *(ÖfR)* Aufsichtsbehörde; **co-** – Mitvormundschaft; **compte de** – Vormundschaftsabrechnung; **exercer la** – *(VwR)* die Dienstaufsicht ausüben; **juge des** –s Vormundschaftsrichter; **conseil de** – (1) Vormundschaftsrat *m*, (2) *(Nations-Unies)* Treuhandschaftsrat; **être en** – unter Vormundschaft stehen; **fonctionnement de la** – Führung der Vormundschaft; **fonds de** – Mündelgelder *pl*; **ministre de** – *(VwR)* die Dienstaufsicht ausübender Minister; **ouverture de la** – Einleitung der Vormundschaft; **pouvoir de** – (1) *(ÖfR)* Aufsichtsgewalt *f*, (2) vormundschaftliches Sorgerecht; **subrogée** – Gegenvormundschaft; **territoire sous** – *(VR)* Treuhandgebiet.

tutelle administrative *(ÖfR)* Dienstaufsicht; – **d'une association** Vereinsvormundschaft; – **dative** eingesetzte Vormundschaft; – **d'un établissement public** *(VwR)* staatliche Aufsicht über eine Anstalt des öffentlichen Rechts; – **judiciaire** Vormundschaft kraft richterlicher Bestellung; – **légale** gesetzliche Vormundschaft; – **des majeurs** Erwachsenenvormundschaft; – **des mineurs** Vormundschaft über Minderjährige; – **des pupilles de l'État** Amtsvormundschaft; – **testamentaire** testamentarisch festgelegte Vormundschaft.

tuteur *m* Vormund *m*; **co-** – Mitvormund; **constitution d'un** – Bestellung eines Vormundes; **contrôle du** – Überwachung des Vormundes; **subrogé** – frz. Gegenvormund (bei jeder Vormundschaft zwingend vorgeschrieben); – **ad hoc** Sondervormund; – **aux allocations familiales** gerichtlich bestellter Pfleger zur Empfangnahme und Verwendung des Kindergeldes; – **datif** eingesetzter Vormund; – **de fait** de facto Vormund; – **légal** gesetzlicher Vormund; – **testamentaire** durch Testament bestellter Vormund.

type *m* (1) *(modèle, norme)* Muster *n*, Bauart *f*, Grundform *f*, Modell *n*, (2) *(espèce, genre)* Eigenart *f*, Typ *m*, charakteristische Eigenschaft *f*; **cas** – Modell- od. Musterfall; **contrat** – Standardvertrag, Muster- od. Einheitsvertrag; Vertragsmuster; **entreprise** – Musterbetrieb; **statut** – Einheitssatzung; – **modèle** Standardausführung.

tyrannie *f* Willkür- und Gewaltherrschaft *f.*

U

ukase *m* (willkürliche) Anordnung, strikter Befehl *m*, Ukas *m*.

ultérieur *adj* nachträglich; **reporter à une date –e** auf einen späteren Zeitpunkt verschieben.

ultimatum *m (VR)* Ultimatum *n*, letzte Aufforderung.

ultra *m* Extremist, Rechtsextremist.

ultra petita *(ZPR)* über den (Klage-)Antrag hinaus.

ultra vires hereditatis *(ErbR)* unbeschränkte Erbenhaftung für alle Nachlaßschulden.

unanime *adj* einstimmig, einhellig, einmütig.

unanimement *adv* einstimmig.

unanimité *f* Einstimmigkeit *f*, Einhelligkeit *f*, Einmütigkeit; **à l'–** einstimmig; **– des suffrages** Gesamtheit der Stimmen.

unicité *f* Einheitlichkeit *f*; **absence d'–** *(PatR)* Nichteinheitlichkeit; **– de l'invention** Erfindungseinheitlichkeit *f*.

unification *f* Vereinigung *f*, Einigung; Vereinheitlichung; **– du droit** Rechtsvereinheitlichung.

unifier *v.tr.* zusammenschließen, vereinigen; vereinheitlichen.

uniformisation *f* Vereinheitlichung; Gleichschaltung.

unilatéral *adj* einseitig, einseitig verpflichtend; **contrat –** einseitiger Vertrag.

union *f* (1) *(EheR)* Bund *m*, Verbindung *f*; Ehe *f*, (2) *(GesR)* Zusammenschluß *m*, Vereinigung *f*, (3) *(ArbR)* gewerkschaftliche Arbeitsgemeinschaft *f*; (4) *(VR)* Bündnis *n*, Union *f*, Konföderation *f*; **accession à l'–** Beitritt zur Union; **convention d'– de Paris** Pariser (Verbands-)Übereinkunft (zum Schutz des gewerblichen Eigentums).

union administrative *(VR)* nichtpolitische internationale Organisation; Verwaltungsunion; **– de communes** Gemeinde(zweck)verband; **– conjugale** *(EheR)* eheliche Gemeinschaft; **– de coopératives** Genossenschaftsverband.

union douanière Zollverein, Zollunion *od.* -gemeinschaft.

union économique (1) *(VR)* internationale zwischenstaatliche Wirtschaftsgemeinschaft, (2) *(BW)* Wirtschaftsverband; **– européenne (= UE)** Europäische Union (= EU); **– européenne de paiements (= UEP)** Europäische Zahlungsunion (= EZU).

union internationale des chemins de fer (= UIC) Internationaler Eisenbahnverband; **– – de droit pénal** internationale kriminalistische Vereinigung; **– – de la navigation fluviale** internationaler Binnenschiffahrtsverband; **– – pour la protection des œuvres littéraires et artistiques** internationaler Verband zum Schutze von Werken der Literatur und Kunst; **– pour la protection de la propriété industrielle** internationaler Verband zum Schutz des gewerblichen Eigentums; **– – des télécommunications** Internationaler Fernmeldeverein, Weltnachrichtenverein; **– – des transports routiers** Internationale Straßentransportunion.

union interparlementaire Interparlamentarische Union; **– française** *(hist.: 1946-1958)* frz. Union (Frankreich u. seine Kolonien).

union libre *(FamR: concubinage)* eheähnliche Gemeinschaft, nichteheliche Lebensgemeinschaft (früher wilde Ehe *od.* Konkubinat genannt); **– monétaire** Währungsunion.

union personnelle *(VR)* Personal-

union; – **postale universelle** (= UPU) Weltpostverein.
union professionnelle Berufsverband; – **réelle** *(VR)* Realunion; – **régionale** (1) *(VR)* regionaler Zusammenschluß, (2) *(ArbR)* Bezirksverband, – **de recouvrement** *(SozR)* frz. Behörde zur Eintreibung der Sozialversicherungsbeiträge; – **syndicale** Berufsverband; – **de syndicats** (1) Gewerkschaftsunion, (2) Verband von Berufsvereinigungen; – **télégraphique internationale** internationaler Telegraphenverein.
unipersonnel *adj*: **entreprise -elle** Einmanngesellschaft; **entreprise -elle à responsabilité limitée** (= EURL) frz. Einmann-GmbH.
unique *adj* einzig, ausschließlich; **allocation de salaire** – Alleinverdienerbeihilfe; **déposant** – Einzelanmelder *m*; **enfant** – Einzelkind *n*; **inventeur** – Alleinerfinder; **propriétaire** – Alleininhaber *m*.
unir *v.tr.* zusammenschließen; verbinden; trauen; vereinigen, vereinen; zusammenlegen.
unitaire *adj* einheitlich, Einheits-; **prix** – Einzelpreis *m*.
unité *f* (1) Einheit *f*, Einheitlichkeit, (2) *(MilR)* Verband *m*, Truppenteil *m*, (3) *(ArbR)* Arbeitskraft *f*, Person *f*; – **d'action** Aktionseinheit *f*; – **budgétaire** *(HaushR)* Grundsatz der sachlichen Einheit des Haushaltsplans; – **cadastrale** Parzelle *f*; – **de caisse** Kasseneinheit; – **centrale** *(DV)* Zentraleinheit, Leitwerk; – **combattante** Kampfeinheit; – **de compte européenne** (= U.C.E. = ECU) Europäische Rechnungseinheit; – **contributive** Beitragseinheit; – **du droit** Rechtseinheit.
unité d'enseignement et de recherche (= U.E.R.) Fachbereich *m* (einer frz. Universität); – **d'invention** Erfindungseinheit; – **de mesure** Maßeinheit *f*; – **monétaire** Währungseinheit; **d'opinion** Übereinstimmung; – **de production** Produktionseinheit; – **résidentielle** Wohnungseinheit; – **téléphonique** Gebühreneinheit *f*; – **de vue** Übereinstimmung.
universalisme *m* Allgemeingültigkeit *f*, Universalismus *m*.
universalité *f* *(ZR)* Gesamtheit (von Aktiven u. Passiven im Rahmen einer Rechtsgesamtheit); – **budgétaire** *(HaushR)* Grundsatz der Vollständigkeit des Haushalts; – **de droits** *(ZR)* Rechtsgesamtheit *f*; – **de l'impôt** allgemeine Wirkung der Steuern.
universel *adj*: **exposition -elle** Weltausstellung; **héritier** – Gesamtrechtsnachfolger; **légataire** – Universallegatar; **suffrage** – allgemeine Wahl(en).
universitaire *adj* akademisch; Universitäts-; **droits** –s Studiengebühren *fpl*; **études** –s Universitätsausbildung, Universitätsstudium *n*.
université *f* Hochschule *f*, Universität *f*; – **populaire** *ou* **du soir** Volkshochschule *f*.
urbain *adj* städtisch, Stadt-; **agglomération** –**e** städtische Siedlung; **communication** –**e** Ortsgespräch *n*; **transports** –s städtische Verkehrsbetriebe; **voirie** –**e** städtische Erschließungs- und Entsorgungsanlagen (Straßenreinigung, Wasser- u. Stromversorgung, Müllabfuhr).
urbanisation *f* (1) Verstädterung *f*, (2) städtebauliche Entwicklung u. Erschließung, Urbanisierung *f*.
urbanisme *m* Städteplanung *f*.
urgence *f* Dringlichkeit *f*, größte Eile; **d'**–, **de toute** – unverzüglich; **degré d'**– Dringlichkeitsstufe; **état d'**– *(VerfR)* Notstand *m*, Ausnahmezustand *m*; **mesures d'**– Sofortmaßnahmen *fpl*; – **d'un problème** Vorrang einer Frage.
urgent *adj* vordringlich, dringend, eilig, unaufschiebbar; **extrêmement** – von äußerster Dringlichkeit; **mesure** –**e** Sofortmaßnahme *f*.
urne *f* Urne *f*; – **électorale** *ou* **de vote** Wahlurne; **aller aux** –**s** zur Wahl schreiten, wählen.

us et coutumes *mpl* Sitten und Gebräuche, Gepflogenheiten *fpl.*

usage *m* (1) *(utilisation)* Benutzung, Gebrauch *m*, Verwendung *f*; Anwendung *f*, (2) *(pratique, coutume)* Brauch *m*, Übung *f*, Verkehrssitte, Sitte *f*, Gepflogenheit *f*, (3) Usance *f*; **abus d'–** mißbräuchliche Benutzung; **autorisation d'–** Benutzungsbewilligung *od.* -erlaubnis; **cadeau d'–** übliches Gelegenheitsgeschenk *n*, Gefälligkeit; **cession d'–**, **concession d'–** Gebrauchsüberlassung *od.* -gewährung; **donation d'** – Anstandsschenkung; **droit d'–** dingliches Gebrauchsrecht *n*, Benutzungs- *od.* Nutzungsrecht; **faire – de** gebrauchen, von etwas Gebrauch machen; **licence d'–** Gebrauchslizenz *f*; **mauvais –** Mißbrauch *m*; **non –** Nichtgebrauch; **retrait d'–** Gebrauchsentziehung *f*; **sous les réserves d'–** mit dem üblichen Vorbehalt; **taxe d'–** Benutzungsgebühr *f*, Gebrauchsabgabe *f*.

usage abusif (1) *(d'une chose)* mißbräuchliche Benutzung, (2) *(d'un droit)* rechtsmißbräuchliche Ausübung (eines Rechts); **– bancaire** Bankusance *f*; **– commercial** (1) *(HR)* Handelsbrauch, Handelsusance *od.* -gewohnheit *f*, Handelsgepflogenheiten *fpl*, Usance, (2) *(WirtR)* gewerbliche Verwendung; **– commun, – en commun** Gemeingebrauch (einer Sache); **– constant** *(Gewohnheitsrecht)* langjährige Übung; **– constant et reconnu** langdauernde u. allgemein anerkannte Übung; **– continu** *(SachR)* ununterbrochener Gebrauch; **– courant** *(ZR)* Verkehrssitte, allgemeine Verkehrsauffassung.

usage du crédit: mauvais – – Kreditmißbrauch *m*.

usage diplomatique diplomatische Übung *od.* Gepflogenheit; **– effectif** tatsächlicher Gebrauch; **– exclusif** Alleingebrauch; **– fautif** Fehlgebrauch; **– de faux** *(StR)* Gebrauchmachen *n* einer falschen Urkunde; **– de la force** *(ÖfR)* Gewaltanwendung; **– frauduleux** Mißbrauch; **– immémorial** *(Gewohnheitsrecht)* seit unvordenklichen Zeiten bestehender Brauch; **– ininterrompu** langjährige *od.* ununterbrochene Übung; **– international** *(VR)* internationale Gepflogenheit, zwischenstaatliche Übung; **– irrégulier** Mißbrauch; **– légitime** rechtmäßiger Gebrauch; **– des lieux** *ou* **local** örtliche Verkehrssitte; **– officiel** Amtsgepflogenheit *f*; **– paisible** *(SachR)* ungestörter Gebrauch; **– perpétuel** ständiger Gebrauch; **– personnel** Eigengebrauch; **– privatif** Alleingebrauch; **– privé** Privatgebrauch, eigener Gebrauch; **– de la profession** *(ArbR)* Verkehrssitte in einem Berufszweig; **– public** *(ÖfR)* Gemeingebrauch.

usagé *adj* (Sache) gebraucht, benutzt.

usager *m* (1) *(SachR)* Inhaber *m* eines dinglichen Gebrauchsrechts, (2) *(ÖfR)* Benutzer *m* (einer Anstalt *od* Einrichtung), Benutzungsberechtigte(r) *m*; **– de la route** Verkehrsteilnehmer *m*.

usance(s) *f(pl)* Usancen *pl.*

usé *adj* abgenutzt, verschlissen; verbraucht; **eaux –es** *(UmweltR)* Abwässer *pl.*

usinage *m* Bearbeitung *f*; **opération d'** – Arbeitsgangs.

usine *f* Fabrik *f*, Werk *n*, Betrieb *m*; Industriewerk, Fabrikanlage *f*; **– sidérurgique** Eisenhüttenwerk.

usité *adj* gebräuchlich, üblich, herkömmlich.

ustensile *m* Werkzeug *n*, Gerät *n*.

usucaper *v.tr.* (eine Sache) ersitzen.

usucapion *f (SachR: prescription acquisitive)* Ersitzung *f.*

usuel *adj* üblich, gebräuchlich.

usufructuaire *adj* den Nießbrauch betreffend; Nutznießungs-.

usufruit *m (SachR: droit réel temporaire)* Nießbrauch *m*; **chose soumise à –** Nießbrauchsache *f*; **concession d'–** Nießbrauchseinräumung *f*; **consolidation d'–** Vereinigung von Nießbrauch und Eigentum in einer Person, Konsolidation *f*; **constituant de l'–** Besteller des Nießbrauchs; **constitution d'–** Nießbrauchsbestellung; **droit d'–** Nießbrauch(srecht); **grever d'–** mit einem Nießbrauch belasten; **quasi –** uneigentlicher Nießbrauch (an verbrauchbaren Sachen); **réserve d'–** Vorbehalt des Nießbrauchs.

usufruit accessoire unselbständiger Nießbrauch; **– d'un bien immeuble** Nießbrauch an einem Grundstück; **– d'un bien meuble** Nießbrauch an einer beweglichen Sache; **– de choses incorporelles** Nießbrauch an Rechten; **– établi par la volonté de l'homme** Bestellung eines Nießbrauchs durch Rechtsgeschäft; **– légal** gesetzlicher Nießbrauch (des überlebenden Ehegatten); **– viager** lebenslänglicher Nießbrauch; **– par voie de rétention** Eigentumsaufgabe unter Zurückbehaltung des Nießbrauchs.

usufruitier *m* Nießbraucher *m*; **droits de l'–** Ansprüche des Nießbrauchers.

usuraire *adj* wucherisch; **intérêts –s** Wucherzinsen *pl*; **prêt –** *(StR)* Kreditwucher.

usure *f* (1) *(détérioration par usage)* Abnutzung *f*, Verschleiß *m*, Verbrauch *m*, (2) *(ZR, HR, StR: stipulation d'intérêts excessifs)* Wucherzins *m*, Wucher *m*; **faire** *ou* **pratiquer l'–** Wucher treiben; **– normale** gewöhnliche Abnutzung (einer Sache).

usurier *m (StR)* Wucherer *m*.

usurpation *f* widerrechtliche Aneignung; gesetzwidrige Besitzergreifung; Anmaßung *f*, Usurpation *f*, **– de brevet** Patentberühmung; **– d'un droit** Rechtsanmaßung *f*; **– d'état-civil** Namensanmaßung, Führung eines falschen Namens; **– de fonctions** Amtsanmaßung; **– de nom** falsche Namensangabe; **– du pouvoir** (1) *(VerfR)* gesetzwidrige Machtergreifung, (2) *(VwR)* Amtsanmaßung; **– de la qualité de breveté** Patentberühmung; **–**

de titre *(StR)* unbefugte Führung von Amtsbezeichnungen, Titel *od*. Würden; **– d'uniforme** unbefugtes Tragen einer Uniform.

usurpatoire *adj* widerrechtlich, mißbräuchlich.

usurper *v.tr.* sich widerrechtlich anmaßen, sich gewaltsam zueignen, usurpieren.

usus *m (SachR: droit d'usage)* Verwendungsrecht, Benutzungsrecht (einer Sache).

utérin *adj (FamR: parenté du côté de la mère)* (verwandt) mütterlicherseits; **frères –s** Halbbrüder; **sœurs –es** Halbschwestern.

utile *adj* nützlich, brauchbar; sachdienlich; **charge –** Nutzlast *f*; **en temps –** zur rechten Zeit, rechtzeitig; **temps – de travail** reine Arbeitszeit.

utilisateur *m* Verbraucher *m*; Benutzer *m*, Bedarfsträger; **gros –** Großabnehmer; Großverbraucher; **– antérieur** Vorbenutzer *m*; **– final** Endverbraucher; **– intérimaire** Zwischenbenutzer; **– inscrit au registre** eingetragener Benutzer; **– d'une norme** Anwender einer Norm.

utilisation *f* (1) Verbrauch; Verwertung *f*, (2) Nutzung *f*, Nutzbarmachung, Auswertung, (3) Benutzung, Gebrauch *m*, Einsatz *m*, (4) Inanspruchnahme *f*, Heranziehung; **antériorité d'–** Vorbenutzung; **certificat d'–** Verwendungsnachweis *m*; **coût d'–** Betriebskosten; **domaine d'–** Anwendungsbereich *m*; **droit d'–** Nutzungsrecht, Benutzungsrecht; **facteur d'–** Nutzungsgrad; **mode d'–** Gebrauchsart *f*; Verwendungsart; **possibilité d'–** Anwendungsmöglichkeit; **preuve de l'–** Benutzungsnachweis *m*; **priorité d'–** Verwendungspriorität *f*; **restriction à l'–** Beschränkung der Verwendung; **valeur d'–** Gebrauchswert *m*, Nutzwert.

utilisation abusive mißbräuchliche Verwendung; **– antérieure** Vorbenutzung; **– des données** Daten-

utiliser

verarbeitung; **– exclusive** ausschließliche Benutzung; **– d'une invention** Verwertung einer Erfindung; **– irrégulière** Gebrauchsanmaßung; **– légale** rechtmäßige Benutzung; **– de la main-d'œuvre** Einsatz *m* von Arbeitskräften; **– publique** öffentliche Benutzung.

utiliser *v.tr.d.* anwenden, benutzen, gebrauchen; Nutzen ziehen aus, nutzbar machen, auswerten.

utilité

utilitaire *adj*: **véhicule –** Nutzfahrzeug *n*.

utilité *f* (1) Nützlichkeit *f*, Nutzen *m*, Brauchbarkeit *f*; (2) *(Vwirt)* Gebrauchsgut *n*; **association reconnue d'– publique** gemeinnütziger Verein; **modèle d'–** Gebrauchsmuster *n*; **– marginale** Grenznutzen; **– publique** Gemeinnützigkeit *f*; **– technique** technische Brauchbarkeit.

V

vacance *f* (1) *(ArbR: emploi non occupé)* freie Stelle, unbesetzte od. offene Stelle *f*, (2) *(VerfR: absence définitive du titulaire d'une fonction)* Verhinderung des Amtsinhabers, Amtserledigung, (3) *(ErbR: situation d'une succession vacante)* Vermögen ohne Erbfolge (der Erbe wurde noch nicht ermittelt); **avis de –** Ausschreibung einer freien Stelle; **déclarer une –** eine Stelle für unbesetzt erklären; **– d'un poste** Vakanz *f*, freie Stelle *f*; **– du pouvoir** (1) *(VerfR)* Zeit, während derer ein wichtiges Regierungsamt unbesetzt bleibt, (2) *(Pol)* Lähmung der Regierungsgewalt; **– prématurée de la présidence** vorzeitige Erledigung der Präsidentschaft.

vacances *fpl* Ferien *pl*, Urlaub *m*; **étalement des –** Staffelung der Urlaubszeit; **prendre ses –** in Urlaub gehen; **prime de –** Urlaubszulage; **– judiciaires** Gerichtsferien *pl*; **– parlementaires** Parlamentsferien; **– scolaires** Schulferien.

vacant *adj* (1) *(BeamR: emploi public non occupé)* unbesetzt, frei, (2) *(SachR: sans maître, sans propriétaire)* herrenlos, (3) *(ErbR)* bisher erbenlos (der Erbe wurde noch nicht ermittelt).

vacation *f* (1) *(PrzR, VwR, ArbR: temps consacré à une fonction)* Dienstzeit *f*; Zeitaufwand *m* für eine Tätigkeit, (2) *(BeamR)* Arbeitsleistung (eines Beamten), (3) *(ZwangsVR)* Versteigerung *f*, (4) Vergütung (für eine Mühewaltung); **affaire de – (ZPR)** Feriensache *f*, Ferialsache (Aut); **audience de –** Termin in Feriensachen.

vacations *fpl* (1) *(PrzR: émoluments, honoraires)* Gerichtsgebühren, amtliche Gebühren (der Notare); Sachverständigenhonorar *n*, (2) *(ZPR: vacances judiciaires)* Gerichtsferien *pl*;

chambre des – Ferienkammer *f*, Feriensenat *m*.

vaccination *f* **obligatoire** Impfzwang *m*; **– préventive** Schutzimpfung.

vache folle: maladie de la – Rinderwahnsinn *m*.

vagabond *m* Land- od. Stadtstreicher.

vagabondage *m (StR)* Landstreicherei *f*; **– des déchets toxiques** Giftmülltourismus *m*; **– spécial** Zuhälterei *f*.

vagabonder *v.intr.* vagabundieren, als Landstreicher umherziehen.

vague *f*: **creux de la –** *(Konjunktur)* Talsohle *f*; **d'achats** Kaufwelle *f*; **– de grèves** Streikwelle *f*.

valable *adj* rechtsgültig, rechtswirksam; brauchbar; **être –** den Anforderungen entsprechen, gültig sein.

1. **valeur** *f* (1) Wert *m*, (2) *(validité)* Geltung *f*, (3) *(titre)* Wertpapier *n*; **accroissement** *ou* **augmentation de –** Wertzuwachs *m*, Wertsteigerung; **calcul de la –** Wertbemessung *od.* -berechnung; **déclarer la –** den Wert angeben; **dénué de –** wertlos; **déterminer la –** den Wert feststellen; **diminution de –** Wert(ver)minderung; **erreur sur la –** Irrtum über den Wert; **faible –** geringfügiger Wert; **fixation de la –** Wertfeststellung *od.* -festsetzung; **indication de la –** Wertangabe *f*; **jugement de –** Werturteil *n*; **mettre en –** (1) verwerten, (2) *fig* hervorheben, (besonders) herausstellen; **mise en –** Erschließung, Auswertung; **objet de –** Wertgegenstand *m*, Wertsache *f*; **passer sous –** valutieren; **perdre sa –** seinen Wert verlieren; **pleine –** voller Wert; **rectification de –** Wertberichtigung; **remboursement de la –** Wertersatz *m*; **sans –** wertlos, ohne Wert.

valeur absolue absoluter Wert; – **d'achat** Anschaffungspreis; Einstandswert *m*; – **actuelle** Jetzt- *od.* Gegenwartswert; – **d'affectation** Anrechnungswert; – **affective** Affektionsinteresse, Liebhaberwert, ideeller Wert; – **agréée** Taxe *f*, Taxwert *m*; taxierter Versicherungswert; – **ajoutée** Mehrwert, Wertzuwachs *m*; – **appréciable en argent** in Geld ausdrückbarer Wert; – **approchée** Näherungswert; – **approximative** Näherungswert, Annäherungswert; – **à l'arrivée** Wert bei Ankunft; – **arbitraire** angenommener Wert; – **artistique** künstlerischer Wert; – **assurable** versicherbarer Wert; – **d'assurance**, – **assurée** Versicherungswert; versicherter Wert; – **de base** Richtwert; Grundwert; – **au bilan** Bilanzwert; – **en bourse** Börsenwert.

valeur commerciale Verkehrs- *od.* Handelswert; – **commune** gemeiner Wert; – **de comparaison** Vergleichswert; – **comptable** Buchwert, buchmäßiger Wert; Bilanzwert; – **au comptant (de l'effet)** Tageswert des Wechsels; – **en compte** Buchwert; Wert in Rechnung; – **de la construction** Gebäudewert; – **contributive** beitragspflichtiger Wert; – **convenue** vereinbarter Wert; – **corporelle** Sachwert; – **cotée** Marktwert; – **cotée en bourse** börsenfähiges Wertpapier; – **courante** Verkehrswert; – **au cours du jour** (Tages-)Kurswert.

valeur déclarée angegebener Wert; Wertangabe *f*; – **à dividende** Dividendenpapier *n*; – **en douane** *ou* **douanière** Zollwert; – **d'échange** Tauschwert; – **économique** Nutzungswert, wirtschaftlicher Wert; – **effective** wirklicher *od.* tatsächlicher Wert; – **en espèces** Barwert; – **d'estimation** *ou* **estimée** Taxwert, geschätzter Wert, Schätzwert, Schätzungswert; – **à l'état d'avarie** Schadenswert; – **à l'état neuf** Neuwert; – **faciale** Nominal- *od.* Nennwert; – **de facturation** Fakturawert; – **fiscale** Steuerwert, Einheitswert; **de** – **fixe** wertbeständig; – **forfaitaire** Pauschalpreis; – **fournie** geleisteter Betrag.

valeur en gage verpfändetes Recht; Recht zur Sicherheit; – **globale** Gesamtwert; – **hypothécaire** Beleihungswert (eines Grundstücks).

valeur incorporelle ideeller Wert; – **industrielle** Industrie(wert)papier, Industrieaktie; – **initiale** Anfangswert; – **inscrite à la cote** amtlich notiertes Wertpapier; – **intrinsèque** Substanz- *od.* Sachwert; – **d'inventaire** Inventarwert; – **irrécouvrable** nicht einlösbares Wertpapier; – **de jouissance** Nutzungswert; – **du jour** Tageswert; – **juridique** rechtliche Bedeutung; – **législative** Gesetzeskraft; – **limite** Grenzwert; – **de liquidation** Abfindungswert; Liquidationswert; – **en litige** *ou* **litigieuse** Streitwert; – **à la livraison** Wert bei Lieferung; – **locative** Mietwert, Nutzwert einer Wohnung; – **marchande** Verkaufs- *od.* Handelswert.

valeur sur le marché Marktwert; – **marginale** Grenzwert; – **matérielle** Sachwert; – **maximale** Höchstwert; – **à mettre en compte** Anrechnungswert; – **minimum** Mindestwert.

valeur du mobilier Mobiliarwert; – **mobilière** Wertpapier *n*; – **mobilière à revenu fixe** festverzinsliches Wertpapier; – **monétaire** Währung; – **morale** Affektionsinteresse *n*; – **moyenne** Durchschnitts- *od.* Mittelwert; – **en nantissement** Wert zur Sicherheit; – **négligeable** geringfügiger Wert; – **nette** Nettowert; – **à neuf** Neuwert; – **nominale** Nominalwert *m*, Nennwert.

valeur objective objektiver Wert; – **originaire** *ou* **d'origine** ursprünglicher Wert; – **patrimoniale** Vermögenswert; – **pécuniaire** Geldwert; – **personnelle** persönliche

valeur de rachat / **validité**

Befähigung; – **de placement** Anlagepapier; – **de prêt** Beleihungswert; – **probante** *ou* **probatoire** Beweiskraft *f*, Wert als Beweismittel; – **productive** Ertragswert; – **professionnelle** berufliche Tüchtigkeit.

valeur de rachat (1) Rückkaufswert, (2) Ablösungswert; – **de réalisation** Verkaufswert, Realisationswert; – **en recouvrement** Wert zur Einziehung; – **reçue** *(effets)* Wert erhalten; – **de réduction** Umwandlungswert, Reduktionswert; – **réelle** wirklicher Wert, Real- *od.* Sachwert, Istwert; – **de référence** Richtwert, Bezugswert; – **refuge** Fluchtwert; – **de remboursement** Rückzahlungswert, Einlösungswert; – **de remplacement** Ersatz- *od.* Wiederbeschaffungswert; – **de rendement** Ertragswert; – **de rente** Rentenpapier *n*; – **de reprise** Übernahmewert, Rückkaufswert; – **résiduelle**, – **restante** Restwert; – **à revenu fixe** festverzinsliches Wertpapier, Wertpapier mit festem Eintrag; – **à revenu variable** Wertpapier mit schwankendem Ertrag; – **sortie au tirage** ausgelostes Wertpapier; – **de spéculation**, – **spéculative** Spekulationspapier; – **stable** beständiger *od.* fester Wert; **de** – **stable** wertbeständig; – **subjective** subjektiver Wert, Affektionsinteresse; – **de substitution** Ersatz- *od.* Substitutionswert; – **sûre** mündelsicheres Papier; – **susceptible de servir de garantie** deckungsfähiges Wertpapier; – **terminale** Schlußwert; – **totale** Gesamtwert.

valeur unitaire Einheitswert; – **d'usage** Gebrauchs- *od.* Nutzungswert; – **usuelle** gemeiner Wert; – **d'utilisation** Gebrauchs- *od.* Nutzwert; – **-vedette** Spitzenwert; – **vénale** Verkehrswert, Veräußerungs- *od.* Verkaufswert; – **vénale du fonds de commerce** Geschäfts- *od.* Betriebswert.

2. **valeurs** *fpl* Wertsachen *fpl*, Valoren *mpl*; Wertpapiere; Schmucksachen; **banquier en** – Kulissier *m*; **bourse des** – Effekten- *od.* Wertpapierbörse *f*; **courtier en** – Effektenmakler *m*; **courtier en** – **mobilières** Wertpapiermakler, Sensal *m* (Aut); **échelle de** – Wertskala *f*; **marché des** – Wertpapiermarkt; **taxe sur les** – Wertpapiersteuer.

valeurs bancaires *ou* **de banque** Bankpapiere, Bankwerte *od.* -valoren; – **boursières** Börsenwerte, Börsenpapiere; – **déposées** Depositen; – **disponibles** Umlaufvermögen; – **de l'État** Staatspapiere; – **financières** Finanzwerte; – **immobilières** Grundstückswertpapiere; – **immobilisées** *ou* **d'investissement** Anlagewerte; Anlagevermögen.

valeurs mobilières Wertpapiere, Effekten; – **négociables** marktgängige Effekten, verkehrsfähige Wertpapiere; – **non cotées** unnotierte *od.* nicht notierte Werte; – **de placement** Anlagewerte; – **refuge** Fluchtwert; – **à revenu fixe** festverzinsliche Wertpapiere; – **du trésor** Schatzanweisungen; – **vedettes** Spitzenwerte.

validable *adj* anrechenbar, anrechnungsfähig.

validation *f* Gültigerklärung *f*, Wirksamerklärung; – **d'un contrat** Genehmigung eines Vertrages; – **d'une élection** Erklärung der Ordnungsmäßigkeit einer Wahl; – **des titres** Wertpapierbereinigung.

valide *adj* (1) *(valable)* rechtswirksam, (rechts-)gültig, (2) *(en bonne santé)* gesund; **acte** – gültiges Rechtsgeschäft; **déclarer** – gültig erklären; **être** – rechtswirksam sein.

valider *v.tr.* für rechtswirksam erklären, für gültig erklären.

valideur *m* (Fahrkarten-)Entwerter *m*.

validité *f* (Rechts-)Gültigkeit *f*; Richtigkeit; **condition de** – Gültigkeitserfordernis *n*, Wirksamkeitsvoraussetzung; **durée de** –, **période de** – Geltungs- *od.* Gültigkeitsdauer; **prolongation de –, prorogation de –** Verlängerung der Geltungsdauer, Gültigkeitsverlängerung; **proroger la –** die Geltungsdauer verlängern.

validité dans l'espace räumliche Geltung; **– de forme, – formelle** Formgültigkeit; **– générale** Allgemeingültigkeit; **– juridique** Rechtsgültigkeit, Rechtswirksamkeit; **– présumée** mutmaßliche Gültigkeit; **– dans le temps** zeitliche Geltung; **– territoriale** räumlicher Geltungsbereich; **– universelle** Allgemeingültigkeit.

valise *f* Handkoffer; **– diplomatique** diplomatisches Kuriergepäck.

valoir *v.intr.* (1) wert sein, einen Wert haben, (2) gelten, rechtsgültig sein; **à –** auf Abschlag; als (anrechenbare) Abschlagszahlung; **faire –** (1) *(un droit)* geltend machen, (2) *(un bien)* bewirtschaften.

valorisation *f (Vwirt)* Wertschöpfung; Wertsteigerung.

valoriser *v.tr.* aufwerten, valorisieren.

valse *f* **des étiquettes** starker Preisauftrieb.

vandalisme *m (StR)* Zerstörungswut *f*; **acte de –** Sachbeschädigung; **actes de – commis contre des équipements publics** Sachbeschädigung von dem öffentlichen Nutzen dienender Gegenstände.

variante *f* abweichende Lesart, Variante *f*.

variation *f* (1) Abänderung *f*, Abwandlung, Veränderung, (2) Schwankung, Abweichung, Variation; **– conjoncturelle** Konjunkturschwankung; **– des cours** Kursschwankung; **– saisonnière** saisonale Änderung *od.* Schwankung; **– dans le temps** zeitlicher Verlauf, Veränderung im Laufe der Zeit; **– de valeur** Wertschwankung.

variété *f* Art *f*, Sorte *f*; Vielseitigkeit.

vecteur *m fig* Ursache *f*; Grund *m*.

véhicule *m* **automobile** Kraftfahrzeug *n*; **– de démonstration** Vorführwagen *m*; **– à deux roues** Zweirad *n*; **– poids lourd** Lastkraftwagen *m* (= LKW); **– de service** Dienstwagen; **– terrestre à moteur (= VTM)** Kraftfahrzeug *n* (= Kfz); **– de tourisme** Personenkraftwagen *m* (= PKW); **– utilitaire** Nutzfahrzeug.

véhiculer *v.tr.* befördern, transportieren; *fig* beinhalten.

veille *f* (Nacht-)Wache *f*; Vorabend *m*; Vortag; **à la – de** kurz vor; **état de –** Wachzustand.

veiller *v.intr.* wachen; **– à** sorgen für, die erforderliche Sorgfalt verwenden (auf); **– aux intérêts** die Interessen wahrnehmen.

velléité *f* Anwandlung, (schwache) Regung.

vénal *adj* (1) *(HR)* verkehrsfähig, käuflich, im Handel, (2) *(StR)* bestechlich; **valeur –e** Verkaufswert, Verkehrs- *od.* Handelswert.

vénalité *f* (1) Käuflichkeit *f* (eines Amtes), (2) *(StR)* Bestechlichkeit *f*; **– des charges, – des offices** Grundsatz des Ämterkaufs, Käuflichkeit der öffentlichen Ämter.

vendable *adj* veräußerlich, verkäuflich, absetzbar.

venderesse *f (ZR)* Verkäuferin *f*.

vendeur *m* Verkäufer *m*; **– ambulant** fliegender Händler; **– en gros** Großhändler *m*; **– intermédiaire** Zwischenhändler; **– occasionnel** Gelegenheitsverkäufer; **– à pacte de rachat** Verkäufer, der sich das Rückkaufsrecht vorbehalten hat; **– professionnel** gewerblicher Verkäufer.

vendre *v.tr.* (1) *(HR)* verkaufen, absetzen, vertreiben, Handel treiben, (2) *(fig)* verraten; **– comptant** (gegen) bar verkaufen, gegen Kasse verkaufen; **– à découvert** blanko *od.* ungedeckt verkaufen; **– aux enchères** versteigern; **– ferme** fest verkaufen; **– à perte** mit Verlust *od.* zu einem Verlustpreis verkaufen; **– à terme** auf Ziel verkaufen.

vénérien *adj* geschlechtlich; Geschlechts-; **acte –** Geschlechtsakt *m*, Koitus *m*; **maladies –nes** (= *maladies sexuellement transmissibles*) Geschlechtskrankheiten.

vengeance f Rache f, Rachsucht f.
venger v.tr. rächen; **se –** sich rächen an.
vengeur adj rächend; m Rächer m.
véniel adj (er)läßlich, verzeihlich.
venir v.intr. (1) kommen, (2) *(venir de)* herrühren, herkommen; abstammen, (3) *(arriver, se produire)* zustoßen; **à –** (zu)künftig; **en – aux mains** handgreiflich werden; **faire – qqn.** bestellen, kommen lassen; **les générations à –** die zukünftigen Generationen; **– à l'aide** Hilfe leisten, zu Hilfe kommen; **– en aide** (finanziell) unterstützen; **– à succession** als Erbe berufen werden.
vente f (1) *(SchuldR: convention par laquelle le vendeur s'oblige à livrer une chose et l'acheteur à la payer, art. 1582 Cciv. En France la vente opère le transfert de la propriété, art. 1583 Cciv)* Kaufvertrag m, Kauf m (nach französischem Recht gleichzeitig Verpflichtungs- und Verfügungsgeschäft); Veräußerung f; Verkauf m, (2) *(BörR)* Abgabe f, (3) *(WirtR)* Absatz m, Vertrieb m, Umsatz m; **acte de –** Verkaufsurkunde f; **agence de –** Verkaufsagentur f; **agent de –** Verkaufsagent m; **annulation de la –** Rückgängigmachung des Kaufvertrages; **augmentation des –s** Absatzsteigerung; **chef de –** Verkaufsleiter m; **commission de –** Verkaufsauftrag m; **commission sur la –** Verkaufsprovision f; **comptoir de –** Verkaufsstelle f; **conditions de –** Verkaufsbedingungen pl, allgemeine Geschäftsbedingungen; **contrat de –** Kaufvertrag m; **convention de –** Verkaufsvereinbarung; **coopérative de –** Absatzgenossenschaft; **cours de –** *(BörR)* Abgabe- od. Briefkurs; **difficulté de –** Absatzschwierigkeit; **directeur des –s** Verkaufsleiter m; **exposer en –** zum Verkauf ausstellen, feilhalten.
vente: groupement de – Verkaufsgemeinschaft f; **interdiction de –** Verkaufs- od. Marktverbot; **location –** Mietkauf; **marchandise de bonne –** leicht absetzbare Ware; **mettre en –** auf den Markt bringen, absetzen; **monopole de –** Verkaufsmonopol n; **offre de –** Verkaufsangebot n; **ordre de –** Verkaufsauftrag n; **organisation de –** Absatzorganisation f; **point de –** Verkaufs- od. Vertriebsstelle; **politique de –** Absatzpolitik f; **prix de –** Verkaufspreis m; **promesse de –** Verkaufsversprechen n; **résolution de la –** Auflösung des Kaufvertrages; **sauf –** zwischenzeitlicher Verkauf vorbehalten; **service après –** Kundendienst; **service de –** Verkaufsabteilung; **surface de –** Verkaufsfläche; **syndicat de –** Vertriebsgemeinschaft; **territoire** ou **zone de –** Absatzmarkt, Verkaufsgebiet.
vente à l'agréage Kauf auf Probe; **– aléatoire** Hoffnungskauf; **– (à) l'amiable** freihändiger Verkauf, Freihandverkauf; **– anticipée** Vorverkauf; **– par autorité de justice** Verkauf auf Grund gerichtlicher Anordnung; **– de bienfaisance** Wohltätigkeitsverkauf, Verkauf zu wohltätigen Zwecken; **– en bloc** Ramschkauf, Kauf in Bausch u. Bogen, Kauf en bloc; **– caf** *(= coût, assurance, fret)* Cif-Verkauf; **– à caractère international** Kauf mit internationalem Einschlag, internationaler Kauf; **– à la chaîne** *(WirtStR)* Schneeballsystem-Kundenwerbung; **– de charité** Wohltätigkeitsverkauf, Verkauf zu wohltätigen Zwecken; **– de la chose d'autrui** Verkauf einer fremden Sache; **– civile** bürgerlich-rechtlicher Kauf; **– clandestine** Schwarzmarktverkauf; **– commerciale** *(HR)* (zweiseitiger) Handelskauf; **– en commission** Kommissionsverkauf; **– au comptant** Verkauf gegen bar od. gegen Kasse, Barverkauf; **– à condition** Kauf auf Probe; **– sous condition, – conditionnelle** Konditionsgeschäft, aufschiebend od. auflösend bedingter Kauf; **– sous contrainte** Zwangsverkauf.

vente par correspondance (= **V. P. C.**) Versand- *od.* Versendungskauf; Versandhandel; – **couplée** gekoppelter Kauf, Koppelungskauf; – **à crédit** Kreditod. Zielkauf; – **à la criée** öffentliche Versteigerung; – **à découvert** Blankoverkauf, Leerverkauf; – **à délai préfix** Fixkauf; – **au détail** Einzelhandel; – **directe** Verkauf durch den Erzeuger; – **en disponible** Verkauf auf Abruf; Lokogeschäft; – **à distance** Versendungskauf; – **sur documents** Dokumentenkauf; – **à domicile** Haustürgeschäft *n*; – **avec droit d'échange** Kauf auf Umtausch *od.* mit Umtauschvorbehalt; – **de droits successifs** Erbschaftskauf; – **sur échantillon** Kauf nach Probe *od.* nach Muster; – **sur embarquement** Verkauf auf Abladung; – **à emporter** Handkauf; – **à l'encan** Versteigerung (von beweglichen Sachen).

vente aux enchères öffentliche Versteigerung (von Grundstücken *od.* beweglichen Sachen), Auktion *f.*

vente à l'essai Kauf auf Probe *od.* auf Besicht, Kauf mit Billigungsfrist; – **sur évaluation** Kauf zum Schätzungswert; – **à l'examen** Kauf auf Besicht; – **exclusive** Alleinverkauf, Alleinvertrieb *m*; – **à l'exportation** Exportverkauf; – **exposition** Verkaufsausstellung; – **avec faculté d'échange** Kauf mit Umtauschrecht, Kauf auf Umtausch; – **ferme** fester *od.* verbindlicher *od.* unbedingter Kaufvertrag; – **ferme à titre d'essai** Kauf zur Probe; Testkauf; – **fictive** Scheinkauf; – **par filière** Kauf zum Weiterverkauf, Streckengeschäft, Kettenhandel, indirekter Absatz; – **de fin de saison** Saisonschlußverkauf; – **fob** *(free on board)* fob-Geschäft, fob-Lieferung.

vente forcée (1) *(ZwangsVR)* zwangsweiser Verkauf des gerichtlich gepfändeten Gegenstandes, Zwangsverkauf, (2) *(ZR: du fait des circonstances)* Notverkauf, (3) *(WirtStR) (vente par envoi d'office)* Zusendung unbestellter Waren; – **forcée aux enchères** Zwangsversteigerung; – **à forfait** Kauf zu Pauschalpreisen; – **franco à bord** Fob-Kauf; – **frauduleuse** betrügerischer Verkauf; – **du gage** Pfandverkauf; – **de gré à gré** freihändiger Verkauf, Verkauf aus freier Hand, Freihandverkauf; – **en gros** Großvertrieb, Großhandel; – **au guichet** Schalterverkauf; – **d'hérédité** Erbschaftskauf; – **à l'heureuse arrivée** Verkauf vorbehaltlich glücklicher Ankunft; – **d'un immeuble à construire** Kaufanwärtervertrag (über Grundstücke); – **indirecte** Verkauf über Zwischenhändler; – **après inventaire** Inventurverkauf, Inventurausverkauf; – **irrégulière** unzulässiger Verkauf.

vente judiciaire öffentliche gerichtliche Versteigerung; – **jumelée** Koppelungsgeschäft; – **en justice** gerichtlicher Verkauf; – **en libre service** Selbstbedienungsverkauf; – **-liquidation** Räumungs- *od.* Liquidationsverkauf, Ausverkauf; – **à livraisons successives** Sukzessivlieferungsvertrag; – **à livrer** Warenterminsgeschäft; – **en magasin** Ladenverkauf; – **sur le marché** Marktverkauf; – **maritime** Seehandelskauf; Verkauf von schwimmender Ware; – **au mieux** Bestensverkauf, Bestkauf; – **mixte** einseitiger Handelskauf; – **mobilière** Kauf beweglicher Sachen, Fahrniskauf; – **sur modèle** Kauf nach Muster.

vente avec paiement différé Kreditkauf; – **à paiements échelonnés** Ratenkauf; – **à perte** Verkauf zu Schleuderpreisen, Verlustverkauf; – **de porte à porte** Haustürgeschäft *n*; – **sur poursuite** Zwangsverkauf; – **à prime** Prämienverkauf; – **à prix d'ami** Kauf zum Freundschaftspreis; – **publicitaire** Werbeverkauf; – pu-

blique (öffentliche) Versteigerung; **– au rabais** Verkauf zu herabgesetzten Preisen; **– -réclame** Sonderangebot, Werbeverkauf; **– à réméré** Verkauf mit Vorbehalt des Rückkaufsrechts; **– en solde** Ausverkauf; (Winter-, Sommer-) Schlußverkauf; **– sous réserve d'un meilleur acheteur** Verkauf unter Vorbehalt eines Rücktrittsrechts für den Fall, daß ein besserer Preis geboten wird.

vente avec réserve de propriété Kauf od. Verkauf mit od. unter Eigentumsvorbehalt; **– sur saisie** Zwangsversteigerung; **– à la sauvette** Schwarzmarktverkauf; illegaler Handel; **– simulée** Scheingeschäft; **– à spécification** Spezifikationskauf; **– successorale** Erbschaftskauf.

vente à tempérament Ratenkauf, Raten- od. Abzahlungsgeschäft od. -kauf, Teilzahlungsgeschäft; **– à terme** Terminverkauf; **– totale** Ausverkauf; **– à vil prix** Verkauf zu Schleuderpreisen; **– par voie d'exécution forcée** Zwangsversteigerung.

ventilation *f* Aufschlüsselung, Aufteilung *f*; **– de comptes** Kontengliederung; **– des frais** Kostenaufschlüsselung.

ventiler *v.tr.* aufteilen; **– les dépenses** die Ausgaben aufschlüsseln.

venue *f* **à échéance** Fälligwerden *n*.

véracité *f* Wahrheitsgemäßheit, Wahrhaftigkeit; **– du témoignage** wahrheitsgemäße Aussage.

verbal *adj* verbal, auf mündlicher Aussage beruhend, mündlich; **accord –** mündlich getroffene Vereinbarung, formlose Übereinkunft; **note -e** *(VR)* Verbalnote *f*; **procès – Protokoll** *n*; **promesse -e** mündliche Zusage; **rapport –** (formlose) Mitteilung.

verbalement *adv* mündlich, direkt.

verbalisateur *adj*: **agent – (1)** Protokollführer *m*, (2) *(StR)* Verwaltungsbeamte(r) im Bußgeldverfahren.

verbalisation *f* (1) Aufnahme eines Protokolls, (2) *(StR)* (gebührenpflichtige) Verwarnung, Verhängung einer Geldbuße.

verbaliser *v.intr.* (1) protokollieren, zu Protokoll nehmen, ein Protokoll aufnehmen, (2) eine Geldbuße verhängen, einen Bußgeldbescheid erlassen.

verdict *m* (1) *(StPR: Cour d'Assises, réponses du jury)* Entscheidung od. Ausspruch der frz. Geschworenen über die Schuldfrage od. Straffrage, Wahrspruch *m*, (2) *(tout jugement rendu par une autorité)* Entscheidung, Beschluß *m*, (3) *(appréciation)* Beurteilung *f*, Meinung *f*; **– d'acquittement** Freispruch *m*; **– de culpabilité** Schuldspruch; **– des urnes** Wahlergebnis *n*.

véreux *adj* unehrlich, betrügerisch; **affaire véreuse** dubiose Angelegenheit; **avocat –** übel beleumdeter Anwalt.

véridicité *f* Wahrhaftigkeit *f*, Verazität *f*.

véridique *adj* wahrheitsgemäß; **témoin –** glaubhafter Zeuge.

vérifiable *adj* nachprüfbar, feststellbar.

vérificateur *m* Prüfer *m*, Überwacher *m*; **– aux comptes** *ou* **comptable** Buchprüfer *m*, Bücherrevisor *m*, Rechnungsprüfer *m*; **– des douanes** Zollbeamte(r) *m*; **– fiscal** (steuerlicher) Betriebsprüfer; **– des poids et mesures** Beamte(r) des Meß- u. Eichwesens.

vérificatif *adj* Prüf-, Kontroll-; **enquête -ive** Kontrolluntersuchung, nochmalige Überprüfung.

vérification *f* (1) Beglaubigung *f*, Feststellung *f*, (2) Untersuchung *f*, Überprüfung *f*, Kontrolle *f*, Nachprüfung *f*; **droit de –** Kontrollbefugnis *f*, Überprüfungsrecht *f*; **procédure de –** Prüfungsverfahren *n*.

vérification d'un alibi Alibiüberprüfung; **– de caisse** Kassenprüfung, *(umg)* Kassensturz *m*; **– comptable** *ou* **de la comptabilité** Buchführungsüberprüfung,

Bücherrevision *f*; – **des comptes** *(GesR)* Rechnungsprüfung; – **contradictoire** Überprüfung in Anwesenheit der Parteien; – **de la créance** Überprüfung der Begründetheit einer Forderung; – **douanière** Zollbeschau *f*; – **d'écriture** Schriftvergleich *m*; – **de l'état de solvabilité** Überprüfung der Zahlungsfähigkeit.

vérification fiscale Außenprüfung (bei Steuerpflichtigen); – **d'identité** Feststellung *od*. Überprüfung der Personalien; Legitimationsprüfung; – **obligatoire** Pflichtprüfung; – **des papiers d'identité** Ausweiskontrolle; – **des passeports** Paßkontrolle *f*, Paßabfertigung; – **des poids et mesures** Nacheichung; – **des pouvoirs** (1) *(ZR)* Prüfung der Vollmacht, (2) *(VerfR)* Wahlergebnisprüfung, Wahlprüfung; Prüfung der Mandate; – **du sinistre** Schadensermittlung.

vérifier *v.intr.* überprüfen, nachprüfen, kontrollieren, feststellen; – **l'identité d'une personne** die Personalien feststellen.

véritable *adj* echt, tatsächlich, wirklich.

vérité *f* (1) *(justesse)* Richtigkeit *f*, (2) *(véracité)* Wahrheit *f*, (3) *(authenticité)* Wirklichkeit *f*, Echtheit *f*; **altérer la –** die Wahrheit verfälschen; **cacher la –** die Wahrheit verschweigen; **conforme à la –** wahrheitsgetreu, **contraire à la –** wahrheitswidrig; **déformer la –** die Wahrheit verfälschen; **dire la –, toute la –, rien que la –** *(PrzR)* die Wahrheit u. nichts als die Wahrheit sagen; **manifestation de la –** Wahrheitsfindung; **taire la –** die Wahrheit vertuschen, verschweigen; **rechercher la – d'un fait** auf den Wahrheitsgehalt hin prüfen.

vérité matérielle d'un fait Wahrheitsgehalt (eines Sachverhalts); – **des prix** Prinzip der Offenlegung der Preiskalkulation; – **d'un témoignage** Wahrheitsgehalt einer Aussage.

verrous *mpl*: **être sous les –** inhaftiert sein, eine Freiheitsstrafe verbüßen; **mettre qqn. sous les –** jmdn. inhaftieren, verhaften.

versement *m* (1) *(paiement)* (Geld-)Einzahlung; Zahlung; Auszahlung; Entrichtung (eines Geldbetrages), (2) *(dividendes)* Ausschüttung, (3) Lieferung (von Waren), (4) geleisteter (Geld-)Betrag *m*; **appel de –** Aufforderung zur Einzahlung; **attestation de –** Einzahlungsbescheinigung; **avis de –** Gutschriftsanzeige, Einzahlungsmeldung; **premier –** Anzahlung.

versement d'un acompte Leistung einer Anzahlung; **–d'amortissement** Tilgungszahlung; – **anticipé** Vorauszahlung; – **d'une caution** Sicherheitsleistung; – **compensateur** Ausgleichszahlung; – **complémentaire** Nachzahlung; – **en compte bloqué** Einzahlung auf Sperrkonto; – **échelonné** Entrichtung in Raten; – **en espèces** Barzahlung; – **à fonds perdus** nicht rückzahlbare Geldleistung; – **fractionné** Entrichtung in Raten.

versement des impôts Steuerzahlung *od*. -entrichtung; – **en numéraire** Barzahlung; – **provisionnel** Vorauszahlung; – **supplémentaire** Zuzahlung, Nachschuß *m*.

verser *v.tr.* (1) (ein-)zahlen, eine Zahlung leisten, entrichten, (2) *(GesR: dividendes)* ausschütten; – **un acompte** eine Anzahlung leisten; – **en compte** auf (ein) Konto einzahlen, gutschreiben lassen; – **une pièce au dossier** *(PrzR)* (eine Urkunde, ein Beweisstück) vorlegen, einreichen, zu den Akten geben; – **une rente** eine Rente ausbezahlen.

version *f* (1) *(traduction)* Übersetzung (in die Muttersprache), (2) Fassung *f*, Lesart *f*, Version *f*; **nouvelle –** Neufassung; – **authentique** maßgeblicher Text.

verso *m*: **au –** auf der Rückseite.

verts *mpl*: **les –** *(Pol)* die Grünen.
vertu *f* Tugend *f*, sittliche Kraft; **en – de** gemäß, kraft, zufolge, auf Grund von.
vétille *f* Bagatelle *f*, unbedeutende Kleinigkeit.
veto *m* Veto *n*, Einspruchsrecht *n*; **droit de –** Vetorecht *n*; **lever le –** das Veto widerrufen; **mettre** *ou* **opposer le –** Einspruch erheben.
vétuste *adj* baufällig; abgenutzt, verbraucht.
vétusté *f (BauR)* Baufälligkeit.
veuf *adj* verwitwet.
veuf *m*, **veuve** *f* Witwer *m*; Witwe *f*.
veuvage *m* Witwenschaft *f*, Witwen- *od.* Witwerstand.
vexatoire *adj* kränkend, schikanös.
viabilisation *f* Erschließung *f* (eines Geländes); **travaux de –** Erschließungsarbeiten.
viabiliser *v.tr. (BauR)* (ein Gelände) erschließen; Straßen, Wege usw. anlegen.
viabilité *f* (1) Bebauungsfähigkeit *f* infolge Erschließung; Befahrbarkeit (einer Straße), (2) *(FamR: capacité naturelle de vivre)* Lebensfähigkeit.
viable *adj* (1) *(apte à durer)* dauerhaft, stabil; entwicklungsfähig; erschlossen; (2) *(enfant)* lebensfähig; **projet –** erfolgversprechendes Vorhaben.
viager *adj* Lebens-, lebenslänglich, auf Lebenszeit; **rente –ère** Rente auf Lebenszeit, Leibrente; **rentier –** Leibrentner *m*.
viatique *m* (1) Reisespesen *fpl*, (2) Hilfsmittel, Unterstützung.
vice *m* (1) *(SchuldR: défaut affectant une chose)* (Sach-)Mangel *m*, Fehler *m*, (2) *(défaut moral)* Laster *n*, Untugend *f*; **couvrir un –** einen Mangel beheben; **couverture du –** Mängelheilung *f*; Mängelbehebung *f*; **entaché d'un –** fehlerhaft *adj*; **garantie des –s cachés** *ou* **des –s rédhibitoires** Sachmängelhaftung *od.* -gewähr.
vice apparent offenbarer *od.* offensichtlicher Sachmangel, äußerlicher Fehler; **– du bétail** Viehmangel; **– caché** verborgener Fehler *od.* Sachmangel; **– du consentement** Einigungs- *od.* Willensmangel; **– de construction** Konstruktionsod. Baufehler; **– de droit** Rechtsmangel; **– d'exploitation** Organisationsmangel; **– de fabrication** Fabrikationsfehler; **– de forme** Formmangel *od.* -fehler, Fromgebrechen *n* (Aut); **– de procédure** Verfahrensmangel; **– propre** der Sache innewohnender Mangel; **– de publicité** Unterlassung der Bekanntmachungspflicht, Publizitätsmangel; **– rédhibitoire** Sachmangel, der eine Mängelhaftung (des Verkäufers) begründet; Mangel der Kaufsache, der den Käufer zur Wandlung *od.* Minderung berechtigt; **– de la volonté** Willensmangel.
vice-chancelier *m* Vizekanzler *m*.
vice-consul *m* Vizekonsul *m*.
vice-doyen *m* Prodekan *m*.
vice-président *m* Vizepräsident *m*, stellvertretende(r) Vorsitzende(r).
vice-recteur *m* Prorektor *m*.
vice-versa *loc.adv.* (und) umgekehrt.
viciable *ou* **viciateur** *adj* anfechtbar.
vicié *adj* mangelhaft, mit einem Mangel behaftet; rechtsunwirksam; **air –** verschmutzte Luft.
vicier *v.tr.* (1) (Ware) verderben, verschlechtern, (2) (Vertrag) ungültig machen, die Aufhebung bewirken, (3) *(UmweltR)* verschmutzen, verseuchen; **– le consentement** die Mangelhaftigkeit der Willenseinigung zur Folge haben.
vicieux *adj* mangelhaft, fehlerhaft, schadhaft; ungültig; lasterhaft.
vicinal *adj*: **chemin –** Gemeindestraße *f*.
vicinalité *f* Gemeindestraßenwesen *n*.
victime *f* Opfer *n*, Geschädigte(r) *m*, Verletzte(r) *m*; **– d'accident** Unfallopfer, Unfallgeschädigter, Verunglückte(r) *m*; **– du dommage** Geschädigte(r) *m*.
victoire *f* **électorale** Wahlsieg *m*.
vide *adj* leer; **– de sens** nichtssagend.
vide *m* Leerraum *m*, Lücke *f*; **– juridique** Rechtsvakuum *n*; Gesetzeslücke *f*; **– législatif** Gesetzeslücke.

vidéo|clip *m* Videoclip *m*, kurzer Viedeofilm; **–surveillance** Videokamera-Überwachung *f*.

vider *v.tr.* (1) leeren, freimachen, räumen, (2) *(régler, résoudre)* beenden, bereinigen; **– une affaire, – un différend** eine Streitigkeit beilegen, einen Streit beenden; **– les lieux** (eine Wohnung) räumen; **– un litige** eine Streitigkeit beilegen; **– un partage** bei Stimmengleichheit den Ausschlag geben.

viduité: délai de – *(EheR)* Wartezeit (der Witwe *od.* geschiedenen Ehefrau).

vie Leben *n*; **allocation de – chère** Teuerungszulage *f*; **assurance (sur la) –** Lebensversicherung *f*, Versicherung auf den Todesfall, Todesfallversicherung, **assurance sur la – Lebensversicherung; assurance sur la – d'autrui** Versicherung auf fremdes Leben; **capital en cas de –** Erlebenskapital; **certificat de –** Lebensnachweis *od.* -zeugnis *n*; **communauté de –** (eheliche) Lebensgemeinschaft; **coût de la –** Lebenshaltungskosten *pl*; **emprisonnement à –** lebenslängliche *od.* lebenslange Freiheitsstrafe; **espérance de –** Lebenserwartung; **indemnité de – chère** Teuerungszulage; **niveau de –** Lebensstandard *m*, Lebenshaltung *f*; **présomption de –** Lebensvermutung; **train de –** Lebenszuschnitt *m* (der Ehegatten).

vie active Erwerbsleben *n*, Berufsleben; **– commune** *(FamR)* eheliche Lebensgemeinschaft; **– professionnelle** Berufsleben; **– séparée** *(FamR)* Getrenntleben.

vieillesse *f* (1) hohes Alter *n*, (2) alte Menschen *mpl*; **allocation de –** Altersbeihilfe; **assurance- –** Renten- *od.* Altersversicherung; **minimum –** Mindestaltersversorgung; **pension de –** Altersruhegeld; **prévoyance de –** Altersvorsorge *f*; **retraite de –** Altersruhegeld *n*.

vifs *mpl* Lebende *mpl*; **aliénation entre –** Veräußerung unter Lebenden; **disposition entre –** Verfügung unter Lebenden.

vigilance *f* Wachsamkeit *f*, Vorsicht *f*.

vigile *m* Werkschutzmitglied *n*; Privatpolizist *m*; Nachtwächter *m*.

vignette *f* Stempelmarke *f*; **– -auto** *ou* **– taxe automobile** Autosteuerplakette *f*; **– fiscale** Steuerzeichen *n*; **– de garantie** Garantiemarke *f*.

vigueur *f* Kraft *f*, Stärke; **entrer en –** in Kraft treten; **être en –** in Kraft sein, gelten; **mettre en –** in Kraft setzen; **rentrer en –** wieder in Kraft treten.

viguier *m* (Andorra) Stellvertreter des Mitfürsten, Vogt *m*.

vil *adj* verächtlich, widerwärtig; niedrig; **à – prix** spottbillig.

ville *f* Stadt *f*; **hôtel de –** Rathaus *n*; **– dortoir, – nouvelle** Trabantenstadt.

vindicte *f* **publique** *(StPR)* Strafverfolgung durch die Staatsanwaltschaft.

viol *m* *(StR: acte de pénétration sexuelle)* Vergewaltigung *f*, Notzucht *f*; **– et agression sexuelle par personne ayant autorité** Vergewaltigung und sexueller Mißbrauch von Schutzbefohlenen.

violable *adj* verletzbar.

violation (1) *(StR)* Zuwiderhandlung *f*; Verletzung (eines Gesetzes); strafbare Handlung, (2) *(ZR)* Nichteinhaltung (einer Verpflichtung), Nichtbeachtung (einer Vertragsbestimmung); **– de l'armistice** Verletzung des Waffenstillstands; **– de brevet** Patentverletzung; **– de la chose jugée** Verletzung *od.* Nichtbeachtung der Rechtskraft; **– de clôture** *(StR)* widerrechtliches Eindringen in befriedetes Besitztum, Hausfriedensbruch *m*; **– de la constitution** Verfassungsbruch *od.* -verletzung; **– du contrat** Vertragsverletzung, Vertragsbruch; **– du délai-congé** Nichteinhaltung der Kündigungsfrist; **– des devoirs** Pflichtverletzung; **– du devoir professionnel** Verletzung der Berufspflichten; Amtspflichtverletzung.

violation de domicile *(StR)* Hausfriedensbruch, Verletzung des Hausrechts; **– du droit** Rechtsverletzung; **– du droit des gens** Völkerrechtsverletzung; **– d'un engagement** Nichteinhaltung einer Verpflichtung; **– de l'espace aérien** *(VR)* Verletzung des Luftraums; **– des formes** Nichteinhaltung der Formerfordernisse; **– des formes substantielles** Verletzung wesentlicher Formvorschriften.

violation de la loi Gesetzesverstoß *m*, Gesetzesverletzung, Rechtsverletzung *f*; **– de la neutralité** *(VR)* Neutralitätsverletzung; **– des obligations** Obliegenheits- *od.* Pflichtverletzung; **– du préavis** Nichteinhaltung der Kündigungsfrist; **– du scrutin** Verletzung des Wahlgeheimnisses; **– du secret** Verletzung der Schweigepflicht; **– du secret de la correspondance, – du secret des lettres** *(StR)* Verletzung des Briefgeheimnisses.

violation du secret professionnel (1) *(BeamR)* Verletzung des Dienstgeheimnisses *od.* des Amtsgeheimnisses, Verletzung der Amtsverschwiegenheit, Bruch des Dienstgeheimnisses *od.* der Amtsverschwiegenheit, (2) *(ZR, ArbR)* Verletzung der beruflichen Verschwiegenheitspflicht *od.* Schweigepflicht; **– de sépulture** *(StR)* Leichenschändung *f*, Grabschändung; **– du secret des lettres** Verletzung des Brief-, Post- und Fernmeldegeheimnisses; **– de serment** Eidesverletzung; **– de la souveraineté** Souveränitäts- *od.* Hoheitsverletzung; **– des statuts** *(GesR)* Satzungsverletzung; **– de territoire** *(VR)* Verletzung der Gebietshoheit; **– de tombeau** *(StR)* Grabschändung.

violence *f* (1) *(ÖfR: contrainte illicite)* Gewalt *f*, Gewalttätigkeit *f*, Zwang *m*, (2) *(SchuldR: contrainte en tant que cause de nullité relative)* (widerrechtliche) Drohung; **acte de –** gewalttätige Handlung, Gewalttat; **délit de –s** *(StR: acte d'agression)* Nötigung, rechtswidriger Zwang; **faire – à qqn.** jmdm. Gewalt antun; **recours à la –** Gewaltanwendung; **– au collège** Gewalt in der Schule; **–s légères** *(StR: violences n'entraînant pas un arrêt de travail)* Körperverletzung ohne Arbeitsausfall; **– morale** *(StR)* psychischer Zwang; **– physique grave** *(StR)* schwere Körperverletzung; **– télévisuelle** Gewaltdarstellung im Fernsehen.

violer *v.tr.* (1) *(StR)* vergewaltigen, (2) *(la loi)* verletzen, übertreten; **– un domicile** das Hausrecht verletzen, widerrechtlich in eine Wohnung eindringen; **– l'esprit de la constitution** gegen den Geist der Verfassung verstoßen; **– la loi** das Gesetz übertreten *od.* verletzen, gegen das Gesetz verstoßen; **– le secret de la correspondance** das Brief-, Post- und Fernmeldegeheimnis verletzen.

virement *m (BankR: opération qui réalise un transfert de fonds)* Überweisung *f*; Verrechnung *f*; bargeldlose Zahlung *f*; **avis de –** Gutschriftsanzeige *f*; Gutschriftszettel *od.* -note; **chèque de –** Überweisungsscheck *m*; **compte de –** Girokonto *n*; **mandat** *ou* **ordre de –** Überweisungsauftrag; **par –** durch Verrechnung; bargeldlos.

virement bancaire *ou* **en banque** Banküberweisung; **– collectif** Sammelüberweisung; **– comptable** Buchumschrift; **– à un compte courant postal** Überweisung auf ein Postscheckkonto; **– de fonds** Mittelübertragung.

virement international Auslandsüberweisung; **– de place** *ou* **sur une même place** Platzüberweisung; **– d'une place sur une autre** Fernüberweisung, Ferngiro *n*; **– postal** Postschecküberweisung; **– télégraphique** telegraphische Überweisung.

virer *v.tr.ind./v.tr.* (1) *(virer de l'argent)* überweisen; umbuchen, (2) *(umg:*

virer qqn.) jmdm. kündigen, jmdn. feuern *od.* rausschmeißen.

virus *m* **informatique** Computervirus *m.*

visa *m* (1) *(VwR: mention officielle)* Visum *n,* Sichtvermerk *m;* amtliche Beglaubigung, (2) *(VwR: approbation)* Genehmigung, (3) *(PrzR: indication, dans un jugement, de la loi ou de l'acte de procédure)* unter Hinweis auf, gemäß, (4) *(PrzR: formule et signature sur un acte pour constater sa communication)* Eingangsvermerk *m;* **apposition du –** Eintragung des Sichtvermerks; **délivrer le –** das Visum erteilen; **dispense du –** Befreiung vom Visumzwang; **obligation du –** Sichtvermerkszwang; **pour –** gesehen; **refus de –** Ablehnung des Sichtvermerks.

visa administratif Sichtvermerk der Verwaltung; **– de censure** Zensurvermerk; **– collectif** Sammelvisum, Sammelsichtvermerk; **– consulaire** (1) Konsulatssichtvermerk, (2) konsularische Vidierung; **– de contrôle** Prüfungsvermerk; **– pour contrôle** Kontrollsichtvermerk; **– pour date** Gültigkeitsvermerk; **– d'entrée** Einreisevisum; **– exécutoire** Genehmigungsvermerk für die Ausführung; **– d'immigration** Einwanderungsvisum.

visa obligatoire Sichtvermerks- *od.* Visumzwang *m;* **– permanent** Dauervisum; **– permanent de retour** Dauerrückreisevisum; **– provisoire** befristetes Visum; **– de service** Dienstvermerk; **– de sortie** Ausreisevisum; **– de transit** Durchreisevisum.

visée *f* Absicht *f,* Plan *m,* Ziel *n;* **–s annexionnistes** Annexionsbestrebungen *pl;* **–s électorales** Wahlziele *npl;* **–s territoriales** Gebietsforderungen *fpl.*

viser *v. intr.* (1) *(VwR: revêtir d'un visa)* mit einem Visum *od.* Sichtvermerk versehen, (2) Bezug nehmen auf, sich berufen auf; **personne visée** betroffene Person.

visibilité *f* **nulle** *(StVR)* unzureichende Sichtverhältnisse.

visite *f* (1) Besuch *m,* (2) Besichtigung *f,* Untersuchung *f;* **droit de –** (1) *(FamR)* Besuchsrecht (des nichtehelichen Vaters), (2) *(VR)* Inspektionsrecht; **heure de –** Besuchszeit *f;* **– de bagages** Gepäckkontrolle *f;* **– corporelle** körperliche Durchsuchung, Leibesvisitation; **– domiciliaire** *(StR)* Durchsuchung *f* von Räumen, Haus(durch-)suchung; **– de douane, – douanière** Zolluntersuchung, zollamtliche Revision; **– d'État** Staatsbesuch *m;* **– impromptue** unangekündigter Besuch; **– des lieux** *(PrzR)* Augenscheinseinnahme; **– médicale** ärztliche Untersuchung; **– technique (des véhicules)** technische Kfz-Überprüfung.

visiter *v.tr.* (1) besuchen, (2) besichtigen, untersuchen.

visiteur *m* Besucher *m;* **– de prison** amtlich zugelassener Besucher in Justizvollzugsanstalten.

vitesse *f* Geschwindigkeit *f;* **grande –** Eilgutabfertigung *f,* Eilfracht *f;* **petite –** Frachtgutabfertigung; **– de circulation** (1) Umlaufgeschwindigkeit *f,* (2) *(StVR)* Fahrtgeschwindigkeit; **– limite** (zulässige) Höchstgeschwindigkeit.

vivant *adj* lebend; **enfant né –** lebend geborenes Kind.

vivre *v.intr./v.tr.* leben; **– convenablement** sein Auskommen haben; **– dans la psychose des attentats** in ständiger Angst eines Attentats leben.

vocation *f* Aufgabe *f,* Pflicht *f;* Berufung *f;* Recht; Aussicht auf ein Recht; **avoir – à, avoir – pour** berufen sein zu; zuständig sein für; **– héréditaire** kraft Gesetzes bestehende Aussicht, Erbe zu werden; Berufung zur Erbfolge; **– humanitaire** *(VR)* humanitäre Zielsetzung.

vœu *m* Wunsch *m,* Begehren *n,* Verlangen *n;* Resolution *f,* Beschluß *m,* Entschließung *f;* einseitige Verpflichtung.

voie *f* (1) *(chemin, passage)* Weg *m*, Straße *f*; Bahn *f*; (2) *(conduite à suivre)* Weg *m*, Mittel *n*; **dans la bonne –** auf dem rechten Weg; **en – de préparation** in Vorbereitung; **par la – d'action** klageweise, im Klagewege; **prendre la – des tribunaux** den Rechtsweg beschreiten; **– d'action** *(StPR: manière d'agir du ministère public par voie principale)* Anklageerhebung durch die Staatsanwaltschaft; **– administrative** Verwaltungsweg *m*; **– aérienne** Luftweg *m*; **– communale** Gemeindestraße *f*; **– de communication** Verkehrsweg.

voie de contrainte Zwangsmittel *n*; **par – –** im Zwangswege.

voie diplomatique diplomatischer Weg; **– douanière** Zollstraße *f*; **– de droit** *(ZPR)* Nachsuchen *n* um Rechtsschutz; Rechtsbehelf *m*; Rechtsmittel *n*; Rechtsweg; Verfahren *n* (vor einem Gericht); **– d'eau internationale** internationale Schifffahrtsstraße.

voie d'exception: par – – *(ZPR)* einredeweise.

voie(s) d'exécution Zwangsvollstreckungsarten *od.* -verfahren.

voie de fait (1) *(StR: violence envers une personne)* Gewalttätigkeit, Handgreiflichkeit, Tätlichkeit *f*, (2) *(VwR: irrégularité manifeste commise par l'administration)* Rechtsverletzung durch die Verwaltung; Tathandlung einer Behörde, die eine erhebliche Rechtsverletzung des Eigentums oder eines Grundrechts darstellt, (3) *(ZR: exaction et trouble qui en résulte)* Rechtsbeeinträchtigung; Besitzstörung; **– de fait illégitime** (1) *(StR)* Angriff *m* auf Ehre u. Eigentum, (2) ehrenrührige Behauptung, unzulässige Tatsachenbehauptung.

voie ferrée Schienenweg *m*, Bahn *f*; **expédition par – –** Bahnversand *m*.

voie fluviale Wasserstraße; **– hiérarchique** Dienstweg, Behördenweg *m*, Instanzenzug *m*.

voie(s) judiciaire(s) *ou* **juridictionnelle(s)** Gerichtsweg, Rechtsweg; **– – normale** *(ZPR)* ordentlicher Rechtsweg.

voie maritime Seeweg *m*; **–(s) légale(s)** gesetzlich zulässige Mittel; **– navigable** Wasserstraße; **– navigable intérieure** Binnenschifffahrtsweg; **– de nullité** Anfechtungsklage *f*; **– postale** Postweg; **– privée** Privatstraße, Privatweg.

voie publique öffentliche Straße; **attroupement sur la – –** *(StR)* Zusammenrottung *f*; **collecte sur la – –** Straßensammlung *f*; **commerce sur la – –** Straßenhandel *m*; **manifestation sur la – – publique** *(StR)* Kundgebung unter freiem Himmel, Aufzug *m*, Demonstration *f*, Massenkundgebung; **mendicité sur la – –** Straßenbettelei *f*; **riverain de la – –** Straßenanlieger *m*.

voie de recours *(PrzR)* Rechtsbehelf *m*; Einlegung eines Rechtsmittels; **– de réformation** Berufung *f*; **– de rétractation** Einspruch (gegen Versäumnisurteil).

voies et moyens *(HaushR: recettes de l'État)* Einnahmequellen *fpl* des Haushalts.

voir *v.tr.* (1) *(percevoir)* sehen, bemerken, erkennen, (2) *(juger, apprécier)* prüfen, beurteilen; **– dire** *(ZPR)* den Antrag stellen, damit das Gericht eine Anordnung (durch Urteil) treffe; **faire –** zeigen; **pour –** um sich eine Meinung zu bilden; **– grand** für die Zukunft planen; **– ordonner** *(ZPR)* fordern, daß das Gericht den Beklagten zu (etwas) verurteilt.

voirie (1) *(VwR: ensemble des voies aménagées et entrenues par l'administration)* öffentliche Wege, Straßen, Plätze, Anlagen, Wasserstraßen u. ähnliche Objekte als Bestandteile der Sachen im Gemeingebrauch, (2) *(VwR: services administratifs chargés de l'entretien des voies)* Verwaltungsträger, dem die

voisin Unterhaltung dieser öffentlichen Sachen obliegt; **Müllabfuhr** *f*; Straßenreinigungsbetrieb *m*; Stadtwerk *n*; Straßenbaubehörde *f*; (3) *(UmweltR: lieu où sont déposées les ordures)* Müllabladeplatz *m*, Deponie *f*; **aisances de –** Anliegernutzungsrechte *npl*; **concession de –** Nutzungsverleihung *f*; **permission de –** Gebrauchserlaubnis *f*; **service de –** Müllabfuhr *f*; Straßenbaulastträger *m*; **– urbaine** öffentliche Verkehrswege einer Stadt.

voisin *adj* nahe, in der Nähe liegend; **droits –s** *(UrhR)* verwandte Schutzrechte; **État –** Nachbarstaat *m*.

voisinage *m* Nachbarschaft; **risque de –** Gefährdung durch die Nachbarschaft; **servitude de –** Nachbarrecht *n*; **trouble de –** Einwirkung *f* od. Immission *f* (von einem Grundstück ausgehend).

voiturage *m* (1) Güterverkehr *m* zu Land, Lastwagengüterverkehr, (2) Gewerbe *n* des Frachtführers, (3) Fracht *f*, Warensendung *f*.

voiture *f* Wagen *m*; Fahrzeug *n*; Auto *n*; **lettre de –** *(HR)* Frachtbrief *m*; **– circulant à contre-sens** Geisterfahrer *m*; **– de location** Mietwagen; **– d'occasion** Gebrauchtwagen; **– officielle** Dienstwagen *m*; **– particulière** *(StVR)* Personenkraftwagen (= P. K. W.); **– piégée** mit Sprengstoff präpariertes Auto; **– de service** Dienstwagen.

voiturier *m* *(HR: transporteur par terre ou par eau)* Frachtführer *m*.

1. **voix** *f* Stimme *f*; **– de vive** – mündlich; **– consultative** beratende Stimme; **– contre** Gegenstimme, Nein-Stimme; **– délibérative** Stimmrecht; **– exprimée** abgegebene Stimme; **– pour** Ja-Stimme; **– prépondérante** ausschlaggebende Stimme (bei Stimmengleichheit).

2. **voix** *fpl*: **décompte des –** Stimmenzählung; **égalité des –** Stimmengleichheit; **majorité des –** Stimmenmehrheit; **mettre aux –** zur Abstimmung stellen od. bringen; zur Wahl stellen; **mise aux –** Abstimmung; **partage des –** Stimmengleichheit; **pluralité des –** Stimmenmehrheit; **recensement des –** Stimmenzählung.

vol *m* (1) *(StR: soustraction frauduleuse)* Diebstahl *m*, (2) *(StR: vol criminel qualifié)* Raub *m*; (3) *(action de voler)* Flug *m*; **assurance contre le –** Diebstahlsversicherung *f*; **– à l'américaine** Kreditbetrug *m*; **– avec arme** Raub mit Waffendrohung, schwerer Raub; **– d'automobile** Autodiebstahl; **– en bande** Bandendiebstahl; **– contraventionnel** (1) Diebstahl geringwertiger Sachen (Zuständigkeit des Strafrichters beim Kleininstanzgericht), (2) Felddiebstahl; **– correctionnel** Diebstahl, der in den Zuständigkeitsbereich des frz. Strafgerichts beim Großinstanzgericht fällt; **– criminel** schwerer Diebstahl u. Raub, die in den Zuständigkeitsbereich des frz. Schwurgerichts fallen; **– domestique** Hausdiebstahl; **– par domestique** Hausangestelltendiebstahl.

vol avec *ou* **par effraction** Einbruchsdiebstahl; **– par effraction extérieure** Diebstahl aus einem Gebäude od. umschlossenen Raum; **– par effraction intérieure** Diebstahl aus einem verschlossenen Behältnis; **– par escalade** Einstiegsdiebstahl; **– à l'étalage** Ladendiebstahl, Warenhausdiebstahl; **– avec fausses clés** Nachschlüsseldiebstahl; **– de force** Raub; **– de gibier** Wilddiebstahl; **– à main armée** bewaffneter Raubüberfall; **– d'objets d'art** Kunstraub; **– occasionnel** Gelegenheitsdiebstahl; **– qualifié** schwerer od. qualifizierter Diebstahl.

vol avec récidive Rückfalldiebstahl; **– au rendez-moi** Diebstahl beim Geldwechseln; **– à la roulotte** Diebstahl von Gegenständen aus Kraftfahrzeugen; **– simple** einfacher Diebstahl; **– de simple police** Diebstahl, der als Übertretung gewertet und bestraft wird; – **à la tire** Taschendiebstahl; – **d'usage** (1) unbefugter Gebrauch eines Fahrzeugs; (2) Gebrauchsdiebstahl; – **avec violence** Raub; – **par un voiturier** Diebstahl an anvertrautem Gut (durch den Transportunternehmer).

volant *m* (1) *(Kfz)* Steuer *n*, Lenkrad *n*, (2) *(feuille volante)* (von einem Block) abreißbares Blatt; – **de sécurité** Sicherheitsrücklage *f*.

voler *v.tr.* stehlen, entwenden; bestehlen, berauben; fliegen.

volet *m* Blatt *n*, Teil *m* (einer Urkunde); – **détachable** abtrennbarer Abschnitt *m*, abtrennbares Blatt *n*.

voleur *m* Dieb *m*; – **à la tire** Taschendieb.

volontaire *adj* (1) *(intentionnel, voulu)* wissentlich u. willentlich, vorsätzlich; absichtlich, (2) *(délibéré)* freiwillig; **coups et blessures –s** vorsätzliche Körperverletzung; **dépôt –** vertraglich vereinbarte Verwahrung.

volontaire *m* Freiwillige(r).

volontairement *adv* (1) *(par acte volontaire)* wissentlich u. willentlich, vorsätzlich; absichtlich, (2) freiwillig, auf der grundlage einer freien Vereinbarung.

volontariat *m* (1) Freiwilligendienst *m*, (2) *(ArbR)* Beschäftigung als Volontär.

volonté *f* (1) *(faculté de vouloir)* Wille *m*, (2) *(dessein, intention)* Absicht *f*, Wunsch *m*, Verlangen *n*, (3) *(détermination, résolution)* Entschluß *m*; Befehl *m*; **à –** nach Belieben; **accord de –s** Willensübereinstimmung; Willensvereinbarung; **autonomie de la –** Willensfreiheit *f*, Privatautonomie *f*; **concours de –s** *(ZR)* Willensübereinstimmung, Einigung; **déclaration de –** Willenserklärung, Willenskundgebung; **défaut de –** fehlende Willenserklärung; mangelhafte Willenserklärung; **dernières –s** *(ErbR)* letztwillige Verfügung; **formation de la –** Willensbildung; **manifestation de –** Willensäußerung, Willenskundgebung *od.* -kundgabe *f*; **vice de la –** Willensmangel *m*.

volonté collective *(VerfR)* Volks- *od.* Gemeinwille; – **déclarée** *(SchuldR: volonté exprimée)* Erklärungswille *m*; ausdrückliche Willenserklärung; – **expresse** Kundmachungswille, ausdrücklicher Wille; – **générale** *(VerfR)* Volk als Träger des Staatswillens; – **interne** *(SchuldR: volonté réelle)* Geschäftswille, Geschäftsabsicht *f*; – **masquée** tatsächliche, nicht offen gezeigte Absicht; – **de nuire** Schädigungsabsicht *f*; – **des parties** Partei- *od.* Parteienwille; – **populaire** Volkswille; – **de posséder** Besitzwille; – **présumée des parties** mutmaßlicher Parteiwille; – **tacite** stillschweigender Wille.

volume *m* (1) Rauminhalt *m*; Umfang *m*; Volumen *n*, (2) *(livre)* Band *m*; **en –** real; – **des affaires** Geschäftsumfang *m*; – **du bâtiment** umbauter Raum; – **du chiffre d'affaires** Umsatz *m*; – **du commerce extérieur** Außenhandelsvolumen; – **de la consommation** Verbrauch *m*; – **contingentaire** Kontingentsmenge *f*; – **du crédit** Kreditvolumen; – **des échanges commerciaux** Handelsumsatz *m*; – **des exportations** Umfang der Ausfuhr, Ausfuhrvolumen; – **hors tout** umbauter Raum; – **monétaire** Geldmenge *f*; – **de la production** Produktionsstand *od.* -umfang; – **des salaires** Lohnsumme.

voluptuaire *adj*: **dépenses –s** nicht notwendige (Luxus-)Aufwendungen *fpl*; Schönheitsreparaturen *fpl*.

votant *m* Wähler *m*, Teilnehmer an einer Abstimmung, Abstimmende(r) *m*, Wahlbeteiligte(r) *m*.

votation *f* Abstimmung *f*; **mode de –** Abstimmungsverfahren *n*; – **communale** (S) Gemeindeabstimmung; – **fédérale** (S) eidgenössische Abstimmung; – **populaire** (S) Volksabstimmung.

vote *m* (1) Stimme *f* (bei einer Wahl),

vote par acclamation

(2) Wahl *f*, Abstimmung *f*, (3) Meinungsäußerung *f*, Urteil *n*; **s'abstenir du** – sich der Stimme enthalten; **bulletin de** – Stimmzettel *m*; **bureau de** – Wahllokal *n*, Wahlraum *m*; **droit de** – Wahlrecht *n*, Stimmrecht, Stimmberechtigung; **mettre au** – über etwas abstimmen lassen; **prendre part au** – sich an der Abstimmung beteiligen, mitstimmen; **procéder à un** – abstimmen (über); **secret du** – Wahlgeheimnis *n*.

vote par acclamation Wahl durch Akklamation *od.* durch Zuruf; – **par appel nominal** namentliche Abstimmung, Abstimmung mit Namensaufruf; – **par articles** artikelweise Abstimmung; – **par assis et levé** Abstimmung durch Sitzenbleiben oder Aufstehen; – **à la base** Urabstimmung; – **du budget** Verabschiedung des Haushaltsplanes; – **par bulletin** Zettelwahl *f*; – **de confiance** Vertrauensvotum *n*; – **par correspondance** Briefwahl; – **cumulatif** System der Stimmenhäufung.

vote de défiance *(VerfR)* Mißtrauensvotum; – **direct** unmittelbare Wahl; – **par division** Teilabstimmung; – **double** doppeltes Stimmrecht; – **sur l'ensemble** Gesamtabstimmung; – **final** Endabstimmung; – **frauduleux** betrügerische Stimmabgabe, Wahlbetrug *m*; – **hostile** Neinstimme; – **indirect** mittelbare Wahl; – **d'investiture** Investiturabstimmung; – **de** *ou* **par liste** Listenwahl; – **à main levée** Wahl durch Handerheben; – **majoritaire** Mehrheitswahl; – **nominal** namentliche Abstimmung; – **nul** ungültige Stimme; – **obligatoire** Wahlpflicht.

vote plural: action à – – *(GesR)* Mehrstimmrechtsaktie.

vote préférentiel: droit de – – Vorzugsstimmrecht.

vote par procuration Stimmabgabe *od.* Abstimmung durch Vertreter (auf der Grundlage einer Vollmacht); – **sanction** Wahlniederlage *f* (als Ausdruck der Mißbilligung der Wählerschaft); – **au scrutin secret** geheime Abstimmung; – **secret** geheime Wahl; – **uninominal** Einzelwahl.

votes: majorité des – Stimmenmehrheit; **recensement des** – Stimmenzählung.

voter *v.tr.* wählen, abstimmen, sich an einer Abstimmung beteiligen; mitstimmen; **obligation de** – Wahlpflicht *f*; – **par acclamation** durch Zuruf wählen; – **à bulletin ouvert** offen wählen; – **la confiance** *(VerfR)* das Vertrauen aussprechen; – **une loi** ein Gesetz verabschieden *od.* beschließen; – **à main levée** durch Handzeichen abstimmen; – **la poursuite de la grève** für die Fortführung des Streiks stimmen.

voyage *m* Reise *f*, Fahrt *f*; **affrètement au** – Reisecharter *f*; **chèque de** – Reisescheck *m*; – **d'affaires** Dienstreise; – **organisé** Studienreise; Gruppenreise; – **en transit** Durchreise.

voyageur *m* Fahrgast *m*; Reisende(r) *m*; **commis** –, – **de commerce** *(HR)* Handlungsreisender *m*, (kleiner) (Handels-)Vertreter *m*; – **en transit** Durchreisender.

voyageurs, représentants, placiers (**= V. R. P.**) frz. Handlungsreisende *mpl*; arbeitnehmerähnliche Handelsvertreter (mit besondererem, im frz. Arbeitsgesetzbuch geregeltem Status),

voyagiste *m* *(HR: agent de voyages)* Reiseveranstalter *m*.

vrac *m* geschüttetes Massengut; **en** – lose, nicht verpackt; **marchandise en** – Massengut, Schüttgut, nicht abgefüllte Ware, Güter in Großbehältern; **porteur de** – Massengutfrachter.

vrai *adj* (1) wahr, wahrhaftig, aufrichtig, (2) wirklich, naturgetreu, echt; **à** – **dire** offen gesagt; **au** – der Wahrheit gemäß.

vraisemblable *adj* wahrscheinlich, möglich; glaubwürdig.

vraisemblance *f* Wahrscheinlichkeit; Glaubwürdigkeit.

vu *m* (1) *(PrzR)* Eingangsformel *f*, Anführen *n* der Gründe eines Urteils, (2) *(VvwR)* Durchsicht *f*, (3) *(präp)* in Anbetracht, unter Bezugnahme auf; **au – et au su** *(de tout le monde)* ganz offen; **sur le –** nach Einsicht; **– que** in Anbetracht dessen, daß; in Erwägung, daß; **– la loi** gemäß gesetzlicher Bestimmung; **– les pièces du dossier** nach (eingehender) Aktendurchsicht.

vue *f* (1) Sehfähigkeit *f*, Blick *m*, Aussicht *f*, (2) Absicht *f*, Plan *m*, (3) Ansicht *f*, Anschauung *f*, Meinung *f*; **à –** auf Sicht, bei Sicht, a vista; **avoir à –** Sichtguthaben *n*; **billet à –** Eigenwechsel *m*; **à courte –** kurzsichtig; **délai de –** Sichtfrist *f*; **dépôt à –** Sichteinlage *f*, Sichtdepositen *pl*; **échéance à –** Fälligkeit bei Sicht; **effet à –** Sichtwechsel *m*; **en – de** im Hinblick auf; **engagement à –** tägliche Gelder *pl*, sofort fällige Verbindlichkeit, täglich fällige Verbindlichkeit; **garder à –** in Polizeigewahrsam halten; **obligation à –** Sichtverbindlichkeit *f*, sofort fällige Verbindlichkeit.

vue d'ensemble Gesamtübersicht *f*; **– dégagée** *(StVR)* freie Sicht; **– directe** Sichtverbindung; **– de l'esprit** Meinung, Ansicht *f*, Anschauung; **– des lieux** *(PrzR)* Augenschein *m*, Augenscheinseinnahme *f*; **– prospective** Übersicht über die zukünftige Entwicklung.

vues et jours *(SachR)* Öffnungen u. Fenster zum Nachbargrundstück (in unmittelbarer Nähe der Grundstücksgrenze).

vulnérabilité *f* Verletzlichkeit *f*, *fig*. Gefährdung *f*.

W

wagon *m* Eisenbahnwagen *m*, Güterwagen; **franco sur** — frei Waggon; — **complet** Waggon- *od.* Wagenladung; — **à plate-forme surbaissée** Tiefladewagen.

warrant *m* (HR) Lagerschein *m*, Lagerpfandschein, Warrant *m*; — **agricole** Pfandschein über landwirtschaftliches Inventar; — **hôtelier** handelsrechtliches Dispositionspapier über pfandrechtlich gesicherte Forderungen im Hotelgewerbe; — **industriel** handelsrechtliches Dispositionspapier über pfandrechtlich gesicherte Forderungen in der Industrie; — **intransmissible** Rektalagerschein; — **sur marchandises** Warenlagerschein; — **à ordre** Orderlagerschein; — **pétrolier** handelsrechtliches Dispositionspapier über pfandrechtlich gesicherte Forderungen im Erdölimport; — **au porteur** Inhaberlagerschein; — **protesté** protestierter Lagerschein.

warrantage *m* Verpfändung gegen Lagerschein.

warranter *v.tr.* durch Ausstellung eines Lagerscheins verpfänden.

week-end *m* **prolongé** verlängertes Wochenende.

X

X *(StPR: personne inconnue)* unbekannter Straftäter; **information contre X** Ermittlungen (von Amts wegen) gegen Unbekannt.

xénophobe *adj* ausländerfeindlich.
xénophobie *f* Haß gegen Ausländer, ausländerfeindliche Einstellung, Fremdenhaß *m*.

Z

zélateur *m* Eiferer *m*, Fanatiker *m*.
zonage *m* Einteilung *f* in Zonen *od.* Bereiche.
zone *f* Raum *m*, Gebiet *n*, Region *f*, Bereich *m*, Zone *f*, Abschnitt *m*; **abattement de –** Zonenabschlag *m*; **tarif de –** Zonentarif *m*; **– d'activité industrielle** Gewerbegebiet; **– d'aides** Förderungsgebiet; **– d'affichage restreint** Gebiet, innerhalb dessen eine Außenwerbung nur beschränkt zulässig ist.
zone d'aménagement concerté (= ZAC) *(VwR)* Gebiet (im Sinne des Städtebaus) aufeinander abgestimmter Erschließung; **– d'aménagement différé (= ZAD)** *(VwR)* Baugebiet mit zurückgestellter Erschließung; **– d'attente** *(AuslR)* Abschiebehaftbereich *m* (in Flughäfen); **– d'attraction** *(BauR)* Einzugsgebiet; **– de base** Grundzone; **– bâtie** bebaute Fläche; **– de captage des eaux** *(UmweltR)* Wasserschutzgebiet; **– commerciale** Handelsgebiet; **– de combat** *(MilR)* Kampfzone; **– de concentration urbaine (= ZCU)** *(VwR)* Ballungsraum *m*, städtischer Verdichtungsraum.
zone contiguë *(VR)* an das Küstengewässer angrenzende Zwölfmeilenzone; **– de contrôle, – contrôlée** Überwachungsgebiet, Kontrollbereich *m*; **– de conversion industrielle (= ZCI)** *(VwR)* gewerbliches Umstrukturierungsgebiet; **– côtière** Küstengebiet, Küstenstreifen *m*; **– courte** *(TransportR)* Nahverkehrszone; **– critique** *(VwR)* Notstandsgebiet, Randgebiet; **– de culture** *(LandwR)* Anbaufläche *f*; **– démilitarisée, – de désarmement** *(VR)* entmilitarisierte Zone; **– de desserte** *(TransportR)* Gebiet, in dem Fahrgäste aufgenommen oder abgesetzt werden dürfen; **– de détresse** Notstandsgebiet; **– de développement** Entwicklungs- *od.* Förderungsgebiet.
zone douanière Zollgebiet *n*; **– économique** Wirtschaftsgebiet; **– économique maritime** *(VR)* 200-Meilen-Zone; **– électorale** Wahlbezirk *m*; **– d'environnement protégé (= ZEP)** Naturschutz- *od.* Umweltschutzgebiet; **– franc** *(WirtR)* frz. Währungsgebiet (einschließlich überseeische Gebiete), **– franche (1)** *(ZollR)* Freihafen, territorialer Freibezirk; Freilager *n*; Zollfreigebiet, (2) *(WirtR, SteuerR)* steuerbefreites *od.* steuerbegünstigtes Gewerbegebiet (in Trabantenstädten mit hoher Arbeitslosigkeit); **– franche maritime** Seefreizone; **– frontalière, – frontière** Grenzbezirk *m*; **– frontière douanière** Zollgrenzbezirk; **– de guerre** Kriegsschauplatz *m*; **– d'habitation (= ZH)** *(VwR)* Wohngebiet, Mischgebiet; **– d'immigration** Einwanderungs- *od.* Zuwanderungsgebiet.
zone industrielle (= ZI) Industriegebiet; **– d'influence (1)** *(VwR)* Ausstrahlungsbereich, (2) *(VR)* Einflußgebiet; **– d'influence éloignée** Oberbereich; **– d'influence immédiate** Nahbereich; **– d'interdiction** *(StR)* Sperrgebiet; **– d'interdiction de construire** Gebiet mit Baugenehmigungsverbot; **– interdite** *(StR)* Sperrzone, Sperrgebiet; **– d'intervention foncière (= ZIF)** *(VwR)* Baulanderschließungsgebiet (in dem den Gemeinden ein Vorkaufsrecht bei Veräußerung von Bauland zur Verfügung steht); **– de libre échange** Freihandelszone; **– limitrophe** Grenz- *od.* Nahzone,

angrenzendes Gebiet; – **longue Fernverkehrszone.**
zone maritime douanière Seezollzone; – **monétaire** Währungsgebiet, Währungsraum *m*, Währungsblock; – **neutralisée** neutralisierte Zone; – **neutre** neutrale Zone; – **non aedificandi** *(BauR)* Bausperrgebiet; – **non affectée** Außenbereich; – **non occupée** unbesetztes Gebiet; – **d'occupation** *ou* **occupée** besetztes Gebiet, Besatzungsgebiet; – **opérationnelle d'habitat (= ZOH)** Mischgebiet, Baugebiet für Wohnungsbau und Gewerbebetriebe; – **d'opérations de défense** *(MilR)* Verteidigungsgebiet; – **de pêche** Fischereizone; – **portuaire** Hafengebiet *od.* -bereich; – **de production,** – **productive** Erzeugungs- *od.* Produktionsgebiet; Anbaugebiet, – **de protection** *ou* **protégée** Schutzzone.
zone de remembrement Umlegungsbezirk; – **de rénovation (= ZR)** *(BauR)* Sanierungsgebiet; – **de résidence** Ortsklasse *od.* -stufe *f*; – **rurale** ländliches Gebiet, Landbezirk; – **de sécurité** Sicherheitszone; – **au sens de l'aménagement du territoire** *(VwR)* Gebiet im Sinne der Raumordnung; – **de servitude** (1) *(SachR)* Bereich eines dinglichen Nutzungsrechtes an fremdem Eigentum, (2) Schutzbereich; – **de surveillance douanière** Zollgrenzbezirk *m*; – **tampon** *(VR)* Pufferzone; – **tarifaire** Tarifzone; – **de transport** Verkehrsgebiet; – **à urbaniser en priorité (= ZUP)** *(VwR)* Gebiet vorrangiger städtebaulicher Entwicklung, Mischgebiet (in dem ein besonderes Enteignungsverfahren die Bodenspekulation eindämmen soll); – **de validité** Geltungsbereich *m*; – **de vente** Vertriebsgebiet *n*, Verkaufsgebiet *n*.

Abréviations – Abkürzungen

La présente liste actualisée tient compte de la nouvelle édition améliorée des „Abréviations des principales références en matière juridique". Cette énumération a été établie par le Groupe des éditeurs de droit, sciences économiques et sociales, c'est-à-dire par Dalloz, Éditions Techniques, Lamy, Éditions Législatives, Joly et Francis Lefebvre, 2è édition, Paris 1993, et publiée par le Syndicat national de l'Édition. Les éditeurs sus-énumérés parlent même de „nouvelles normes." Naturellement nous avons été obligés de faire dans cet inventaire un choix plus ou moins arbitraire et par ailleurs nous sommes loin de partager l'optimisme desdits Éditeurs qu'un accord ait été trouvé pour „mettre un terme à l'anarchie ambiante" en ce domaine. L'auteur du présent dictionnaire puise naturellement aussi dans ses propres fiches de lecture. Il est cependant impossible de tenir compte de tous les sigles et de répertorier toutes les variantes d'écriture: majuscules, minuscules, points entre les lettres, pas de points... Comme le présent dictionnaire est surtout utilisé par les allemands, nous ne proposons pas de traductions allemandes, mais signalons dans certains cas précis le domaine spécial concerné. Les suggestions, améliorations et corrections seront toujours bienvenues.

Liste de sigles juridiques et économiques et de leur explication:

A(A)	Arrêté, Arrêtés.
a.	article.
A 2	Antenne 2 (chaîne de télévision étatique).
AAR	Against all risks (= contre tous risques). *(VersR)*
AAT	Administration de l'assistance technique. *(ONU)*
Ab.	Abîmé.
ab init.	ab initio = dès le début.
AC	Action concertée.
ACC	Action complémentaire coordonnée.
ACFCI	Association des chambres françaises de commerce et d'industrie.
Ach.	Achète.
ACOSS	Agence centrale des organismes de sécurité sociale.
ACP	Afrique, Caraïbes, Pacifique.
Act. Communautaires	Actualités communautaires.
Act. fid.	Actualité fiduciaire.
ACTIM	Agence pour la coopération technique, industrielle et économique.
a/d	à dater, à la date de.
Add.	Addition.
adde	ajoutez.
ADIJ	Association pour le développement de l'informatique juridique.
ad lib.	ad libitum = au choix.
adm.	admission.
Adm.	Administration.
ADP	Action à dividende prioritaire (sans droit de vote).

Abréviations — Abkürzungen

A2P	Assurance Prévention Protection.
adr.	adresser.
ADT	Accident du travail.
AE	Affaires étrangères.
AE	Arrêté d'expulsion.
AE	Assistance éducative.
AEE	Agence pour les économies d'énergie.
AEEN	Agence européenne pour l'énergie nucléaire.
AELE	Association européenne de libre-échange.
AF	Allocations familiales.
AF	Amende forfaitaire.
AFA	Association française d'arbitrage.
AFAT	Association française d'action touristique.
AFB	Association française des banques.
AFDI	Annuaire français de droit international.
AFEI	Association française pour l'étiquetage informatif.
AFF.	Affaire. *(PrzR)*
AFJ	Association française de femmes juristes.
AFN	Afrique du Nord.
AFNOR	Association française de normalisation.
AFP	Agence France-Presse.
AFPA	Association pour la formation professionnelle des adultes.
AG	Assemblée générale. *(GesR)*
AG	Avocat général. *(PrzR)*
AGCS	Accord général sur le commerce des services.
AGE	Assemblée générale extraordinaire.
AGF	Assurances générales de France.
AGREF	Association des grandes entreprises françaises faisant appel à l'épargne.
AGS	Assurance garantie des salaires.
AI	Amnesty International.
AID	Association internationale pour le développement.
AIE	Agence internationale de l'énergie.
AIEA	Agence internationale de l'énergie atomique.
AIPLF	Association internationale des parlementaires de langue française.
AITA	Association internationale des transports aériens.
aj.	ajouté.
AJ	Assistance judiciaire.
AJDA	Actualité juridique de droit administratif.
AJE	Association des juristes européens.
AJPI	Actualité juridique de la propriété immobilière.
AL	Allocation de logement.
al.	alinéa.
ALD	Actualité législative Dalloz.
ALE	Agence locale de l'emploi.
ALF	Allocation de logement à caractère familial.
AM	Aide médicale.
AM	Arrêté ministériel.
AM	Assurance maritime.
AMD-BA	Avions Marcel Dassault – Breguet Aviation.
AME	Accord monétaire européen.

Abréviations **Abkürzungen**

AMEXA	Assurance maladie des exploitants agricoles.
AMG	Assistance médicale gratuite.
AMGVF	Association des maires des grandes villes de France.
AMM	Autorisation de mise sur le marché (médicaments).
AN	Assemblée nationale.
ANA	Association nationale des avocats (de France).
ANACT	Agence nationale pour l'amélioration des conditions de travail.
ANAH	Agence nationale pour l'amélioration de l'habitat.
ANIFOM	Agence nationale pour l'indemnisation des Français d'outre-mer.
ANIL	Agence nationale pour l'information sur le logement.
ann.	annexe.
Ann. dr. com.	Annales de droit commercial.
Ann. inst. dr. comp.	Annales de l'institut de droit comparé.
Ann. propr. ind. ...	Annales de la propriété industrielle, artistique et littéraire.
Ann. trib.	Annales des tribunaux.
Annuaire fr. dr. int.	Annuaire français de droit international.
ANPE	Agence nationale pour l'emploi.
ANRED	Agence nationale pour la récupération et l'élimination des déchets.
ANVAR	Agence nationale de valorisation de la recherche.
a/o	account of = pour le compte de.
AOC	Appellation d'origine contrôlée.
AOP	Appellation d'origine protégée. *(EuR)*
AP	Administration pénitentiaire.
AP	Agent de probation *(StPR)*.
AP	Arrêté préfectoral.
AP	Assemblée plénière (Cour de cassation).
AP	Assistance publique.
AP	Autorisation de programme.
APD	Aide publique au développement.
APE	activité principale de l'entreprise (code). *(SteuerR)*
APE	Assemblée parlementaire européenne.
APE	Association de parents d'élèves.
APEC	Coopération économique Asie-Pacifique.
API	Allocation de parent isolé.
APJ	Agent de police judiciaire.
APL	Aide personnalisée au logement.
app.	appendice.
APTR	Association parisienne des transports routiers.
AR	Arrêté royal (Belgique).
AR	Accusé de réception.
ARC	Association pour la recherche sur le cancer.
Ardt.	Arrondissement.
arg.	argument.
Arr.	Arrêté.
art.	article.
AS	Aide sociale.
AS	Assistant(e) social(e).
AS	Assurances sociales.
AS	Assuré social.
ASE	Agence spatiale européenne.

Abréviations   **Abkürzungen**

ASE	Aide sociale à l'enfance.
ASE	Atteinte à la sûreté de l'État.
ASEAN	Association des États d'Asie du sud-est.
ass.	Assemblée.
ASSEDIC	Association pour l'emploi dans l'industrie et le commerce.
assoc.	association.
assur. fr.	Assurance française.
AT	Accident du travail.
AT	Admission temporaire.
AT	Aménagement du territoire.
ATC	Assistant technique du commerce.
ATI	Allocation temporaire d'invalidité.
ATOS	(Personnel) administratif, technicien, ouvrier et de service.
ATP	Action thématique programmée.
ATT	à titre temporaire.
Aud. sol.	Audience solenelle.
av.	avocat.
av. gén.	avocat général.
AVL	Assurance à versements libres.
AVTS	Allocation aux vieux travailleurs salariés.
B	Bulletin des arrêts de la Cour de cassation.
BAD	Banque africaine de développement.
BAJ	Bureau d'aide judiciaire.
BALO	Bulletin des annonces légales obligatoires.
Banque	Revue Banque.
BAPSA	Budget annexe des prestations sociales agricoles.
BAS	Bureau d'aide sociale.
BAT	Bureau de l'assistance technique.
BC	Brigadier-chef (police nationale).
BC	Bulletin des arrêts de la Cour de cassation (Chambres civiles et chambre criminelle).
BCF	Bulletin comptable et financier, Francis Lefebvre.
BCT	Banque des connaissances et des techniques (CNRS).
BEE	Bureau européen de l'environnement.
BEI	Banque européenne d'investissements.
BENELUX	Belgique, Nederland, Luxembourg.
BEP	Brevet d'études professionnelles.
BEPA	Brevet d'études professionnelles agricoles.
BEPTOM	Bureau d'études pour les postes et télécommunications d'outre-mer.
BFCE	Banque française du commerce extérieur.
BF Lefebvre	Bulletin fiscal Lefebvre.
BIC	Bénéfices industriels et commerciaux.
BID	Bulletin d'information et de documentation de la Direction générale de la concurrence, de la consommation et de la répression des fraudes.
BID	Banque interaméricaine de développement.
BIJ	Bureau d'aide judiciaire.
BIM	Bon à intérêts mensuels (et à taux variables).
BIPE	Bureau d'information et de prévisions économiques.

Abréviations   **Abkürzungen**

BIRD	Banque internationale pour la reconstruction et le développement.
BIT	Bureau international du travail.
BLD	Bulletin législatif Dalloz.
BM	Brigade des mineurs.
BMO Paris	Bulletin municipal officiel de la Ville de Paris.
BN	Bibliothèque nationale.
BNC	Bénéfices non commerciaux.
BNCI	Banque nationale pour le commerce et l'industrie.
BNF - Tolbiac	Bibliothèque nationale de France - Tolbiac.
BNIST	Bureau national de l'information scientifique et technique.
BNM	Bureau national de métrologie.
BNT	Barrières non tarifaires.
BO	Billet à ordre.
BO	Bulletin officiel.
BOCC	Bulletin officiel de la concurrence, de la consommation et de la répression des fraudes.
BO compt. publ. .	Bulletin officiel de la Direction de la comptabilité publique.
BODAC	Bulletin officiel des annonces commerciales.
BODACC	Bulletin officiel des annonces civiles et commerciales.
BODGI	Bulletin officiel de la Direction générale des impôts.
BO douanes	Bulletin officiel des douanes.
BOI	Bulletin officiel des impôts.
BO marchés publ.	Bulletin officiel des marchés publics.
BOPI	Bulletin officiel de la propriété industrielle.
BOSP	Bulletin officiel du service des prix.
BO trav. publ.	Bulletin officiel des travaux publics.
BPF	Bon pour francs.
BRDA	Bulletin rapide de droit des affaires, Francis Lefebvre.
BRGM	Bureau des recherches géologiques et minières.
BRI	Banque des règlements internationaux.
BS	Brevet supérieur.
BS Lefebvre	Bulletin social, Francis Lefebvre.
BSP	Brigade des stupéfiants et du proxénétisme.
BTAN	Bons du Trésor à intérêt annuel.
BTF	Bons du Trésor à taux fixe (payé d'avance).
BTIF	Bulletin des transports internationaux ferroviaires.
BTP	Bâtiments et travaux publics.
BTS	Brevet de technicien supérieur.
BTT	Bons du Trésor à intérêts trimestriels.
Bull. CE	Bulletin des communautés européennes.
Bull. civ.	Bulletin des arrêts de la Cour de cassation (chambres civiles).
Bull. crim.	Bulletin des arrêts de la Cour de cassation (chambre criminelle).
Bull. dr. auteur	Bulletin du droit d'auteur (UNESCO).
BUS	Bureau universitaire des statistiques.
BVP	Bureau de vérification de la publicité.
C	Cassation d'une décision.
C	Circulaire.

Abréviations   Abkürzungen

C	Code.
C	Conclusions du Ministère public.
C	Constitution.
c./	contre *(ZPR)*.
CA	Cour d'appel.
CAA	Cour administrative d'appel.
CAC	Code de l'administration communale.
CAC	Code de l'aviation civile.
CAC	Compagnie des agents de change.
CAD	Comité d'aide au développement
CADA	Commission d'accès aux documents administratifs.
c.-à-d.	c'est-à-dire.
C. adm.	Code administratif.
CAE	Certificat d'aptitude à l'enseignement.
CAECL	Caisse d'aménagement des équipements des collectivités locales.
CAECL	Caisse d'aide à l'équipement des collectivités locales.
CAF	Caisse d'allocations familiales.
CAF	Coût, assurance, fret.
Cah. dr. entr.	Cahiers de droit de l'entreprise.
Cah. dr. eur.	Cahiers de droit européen.
CAHT	Chiffre d'affaires hors taxes.
CAM	Cour d'assises des mineurs.
CAP	Certificat d'aptitude professionnelle.
CAP	Commission administrative paritaire.
CAP	Commission de l'application des peines.
CAPA	Certificat d'aptitude à la profession d'avocat.
CAPES	Certificat d'aptitude au professorat d'enseignement secondaire.
CANAM	Caisse autonome nationale d'assurance maladie.
C. artisanat	Code de l'artisanat.
Cass. 1re civ.	Cour de cassation, première chambre civile.
Cass. 2e civ.	Cour de cassation, deuxième chambre civile.
Cass. 3e civ.	Cour de cassation, troisième chambre civile.
Cass. ass. plén.	Cour de cassation, assemblée plénière.
Cass. ch. mixte	Cour de cassation, chambre mixte.
Cass. ch. réunies	Cour de cassation, chambres réunies.
Cass. com.	Cour de cassation, chambre commerciale.
Cass. crim.	Cour de cassation, chambre criminelle.
Cass. req.	Cour de cassation, chambre des requêtes.
Cass. soc.	Cour de cassation, chambre sociale.
C. assises	Cour d'assises.
C. assur.	Code des assurances.
CAT	Centre d'aide par le travail.
C. aviation	Code de l'aviation civile.
CB	chèque bancaire.
CBV	Conseil des bourses de valeur.
CBV	coups et blessures volontaires *(StR)*.
CC	Code civil.
CC	Comité central *(Pol)*.
CC	Commissaire aux comptes.
CC	Compte courant.
CC	Conseil constitutionnel.

Abréviations — Abkürzungen

CC	Convention collective.
CCAF	Caisse centrale d'allocations familiales.
CCAG	Cahier des clauses administratives générales.
CCB	Commission de contrôle des banques.
CCC	Cahier des clauses comptables *(VwR)*.
CCDA	Commission de coordination de la documentation administrative.
CCE	Comité central d'entreprise.
CCE	Commission des communantés européennes.
CCG	Conseil de coopération du Golfe. *(VR)*
CCH	Code de la construction et de l'habitat.
CC(I)	Chambre de commerce et d'industrie.
CCI	Chambre de commerce internationale.
C. civ.	Code civil.
CCM	Circulaire ministérielle.
CCN	Convention collective nationale. *(ArbR)*
CCNE	Comité consultatif national d'éthique pour les sciences de la vie et de la santé.
C. com.	Code de commerce.
C. communes	Code des communes.
C. comptes	Cour des comptes.
C. constr.	Code de la construction et de l'habitation
CCP	Centre de chèques postaux.
CCP	Compte chèques postaux.
CCP	Compte courant postal.
CCRC	Comité de coordination des recherches criminologiques.
CCS	Code civil suisse.
CCSS	Commission des comptes de la Sécurité sociale.
CD	Centre de détention.
CD	Citation directe *(StPR)*.
CD	Code des douanes.
CD	Conseil de discipline.
CD	Contributions directes.
CD	Corps diplomatique.
CDBF	Cour de discipline budgétaire et financière.
CDC	Cahier des charges.
CDC	Caisse des dépôts et consignations.
CDD	Contrat à durée déterminée.
CDE	Code du domaine de l'Etat.
C. déb. boiss.	Code des débits de boissons.
C. déont.	Code de déontologie.
CDF	Charbonnages de France.
CDI	Centre des Impôts.
CDI	Contrat à durée indéterminée.
CDIA	Centre de documentation et d'information de l'assurance.
C. dom. Et.	Code du domaine de l'État.
C. douanes	Code des douanes.
CE	Comité d'entreprise. *(ArbR)*
CE	Communautés européennes.
CE	Conseil d'État. *(VwPR)*
CE	Conseil de l'Euope.
CEA	Commissariat à l'énergie atomique.

Abréviations   **Abkürzungen**

CECA	Communauté européenne du charbon et de l'acier.
CECOS	Centre d'étude et de conservation du sperme.
CED	Communauté européenne de défense.
CEDEX	Courrier d'entreprise à distribution exceptionnelle.
CEDH	Cour européenne des droits de l'Homme.
CEDIM	Centre d'études et de documentation sur l'immigration.
CEE	Centre d'études de l'emploi.
CEE	Communauté économique européenne.
CEF	Contrat emploi-formation.
CEG	Collège d'enseignement général.
C. élect.	Code électoral.
CENAR	Centre national de recouvrement (huissiers de justice).
Centres PACT	Propagande et action contre les taudis.
C. envir.	Code de l'environnement.
CEP	Centre d'expérimentation du pacifique.
CEPAL	Commission économique des Nations Unies pour l'Amérique latine.
CEPII	Centre d'études prospectives et d'informations internationales.
CEPREMAP	Centre d'études prospectives d'économie mathématique appliquée à la planification.
CERBOM	Centre d'études et de recherches biologiques et océanographiques.
CERC	Centre d'études des revenus et des coûts.
CEREQ	Centre d'études et de recherches sur les qualifications.
CERN	Centre européen de recherches nucléaires.
CERTIA	Centre d'études et de recherches technoloqiques des industries alimentaires.
CERTU	Centre d'études sur les réseaux, les transports et l'urbanisme.
CES	Collège d'enseignement secondaire.
CES	Conseil économique et social. *(VerfR)*
CES	contrat emploi-solidarité.
CESA	Centre d'études supérieures des affaires.
CET	Collège d'enseignement technique.
CETS	Conférence européenne sur les télécommunications spatiales.
C. expr.	Code de l'expropriation pour cause d'utilité publique.
CF	Contribution foncière.
cf.	Confer, voir, reportez-vous à.
CFA	Centre de formation d'apprentis.
C. fam.	Code de la famille et de l'aide sociale.
CFC	Chloro-fluoro-carbone.
CFCE	Centre français du commerce extérieur.
CFDT	Confédération française démocratique du travail.
CFE	Confédération française de l'encadrement.
CFF	Crédit foncier de France.
CFJ	Centre de formation des journalistes.
C. for.	Code forestier.
CFP	Centre de formation professionnelle.
CFP	Compagnie française des pétroles.
CFPA	Centre de formation à la profession d'avocat.
CFPC	Centre de formation du personnel communal.

Abréviations — Abkürzungen

CFRES	Centre de formation et de recherche de l'éducation surveillée.
CFT	Confédération française du travail.
CG	Commissaire du Gouvernement *(VwPR)*.
CGC	Confédération générale des cadres.
CGCI	Confédération générale du commerce et de l'industrie.
CGI	Code général des impôts.
CGM	Compagnie générale maritime.
CGPME	Confédération générale des petites et moyennes entreprises.
CGT	Confédération générale du travail.
CGT-FO	Confédération générale du travail. Force ouvrière.
ch.	chambre. *(PrzR)*
ch. acc.	chambre d'accusation de la Cour d'appel.
chap.	chapitre.
ch. app. corr.	chambre des appels correctionnels.
ch. comp.	charges comprises.
ch. cons.	chambre du conseil.
ch. corr.	chambre correctionnelle.
ch.-l.	chef-lieu.
CHR	Centre hospitalier régional.
ch. rég. comptes	Chambre régionale des comptes.
chron.	chronique.
chronol.	chronologique.
CHRS	Centre d'hébergement et de réadaptation sociale.
CHS	Centre hospitalier spécialisé.
CHS	Comité d'hygiène et de sécurité.
CHU	Centre hospitalier universitaire.
CI	Contributions indirectes.
CIANE	Comité interministériel d'action pour la nature et l'environnement.
CIASI	Comité interministériel pour l'aménagement des structures industrielles.
CIAT	Comité interministériel d'aménagement du territoire.
CIC	Code d'instruction criminelle.
CIC	Crédit industriel et commercial.
CICR	Comité international de la Croix-Rouge.
CICRED	Comité international de coordination des recherches en démographie.
CIDEX	Courrier d'industrie à distribution exceptionnelle.
CIDJ	Centre d'information et de documentation jeunesse.
CIDUNATI	Comité d'information et de défense de l'union nationale des artisans et travailleurs indépendants.
Cie.	Compagnie.
CIE	Contrat initiative-emploi.
CIF	Congé individuel de formation.
CIF	Cost, Insurance, Freight (= Coût, assurance, fret).
CIGALE	Club d'investisseurs pour une gestion alternative et locale.
CII	Compagnie internationale pour l'informatique.
CIJ	Cour internationale de justice.
CIME	Comité intergouvernemental pour les mouvements migratoires d'Europe.
CIO	Centre d'information et d'orientation.

Abréviations — Abkürzungen

CIRA	Centre interministériel de renseignements administratifs.
CIRC	Centre international de recherche sur le cancer.
Circ.	Circulaire. *(VwR)*
CIRST	Comité interministériel de la recherche scientifique et technique.
CISI	Compagnie internationale de services en informatique.
CIT	Compagnie industrielle des téléphones.
CIVB	Comité interprofessionnel des vins de Bordeaux.
CJCE	Cour de justice des Communautés européennes.
CJD	Centre des jeunes détenus.
CJR	Cour de justice de la République.
C. just. mil.	Code de justice militaire.
CL	Crédit lyonnais.
CLCC	Centre de lutte contre le cancer.
CLD	Chômeur de longue durée.
CLES	Contrat local d'emploi solidarité.
CM	Chambre des métiers.
CM	Chambre mixte (Cour de cassation).
CM	Code municipal.
C. marchés publ.	Code des marchés publics.
CMCC	Crédit de mobilisation des créances commerciales.
C. minier	Code minier.
CMP	Code des marchés publics.
CN	Conseil national.
CNAF	Caisse nationale des allocations familiales.
CNAJEP	Comité national des associations de jeunesse et d'éducation populaire.
CNAM	Caisse nationale d'assurance maladie.
CNAM	Conservatoire national des arts et métiers.
C. nap.	Code napoléon.
C. nat.	Code de la nationalité.
CNAVTNS	Caisse nationale d'assurance vieillesse des travailleurs non salariés.
CNAVTS	Caisse nationale d'assurance vieillesse des travailleurs salariés.
CNC	Conseil national du crédit.
CNCE	Centre national du commerce extérieur.
CNCL	Commission nationale de la communication et des libertés.
CNDP	Conseil national de la documentation pédagogique.
Cne	Commune.
CNED	Centre national d'enseignement à distance.
CNEJ	Centre national d'études judiciaires.
CNES	Centre national d'études spatiales.
CNESER	Conseil national de l'enseignement supérieur et de la recherche.
CNET	Centre national d'études des télécommunications.
CNEXO	Centre national pour l'exploitation des océans.
CNI	Carte nationale d'identité.
CNIL	Commission nationale de l'informatique et des libertés.
CNJA	Centre national des jeunes agriculteurs.
CNME	Caisse nationale des marchés de l'État.
CNOUS	Centre national des œuvres universitaires et scolaires.

Abréviations — Abkürzungen

CNP	Caisse nationale de prévoyance.
CNPF	Conseil national du patronat français.
CNRS	Centre national de la recherche scientifique.
CNS	Centre national du SIDA.
CNS	Commerçant non sédentaire.
CNT	Caisse nationale des télécommunications.
CNTE	Centre national de télé-enseignement.
CNUCED	Conférence des Nations Unies sur le commerce et le développement.
CNVA	Conseil national de la vie associative.
COB	Commission des opérations de bourse.
CODEFI	Comités départementaux d'examen des problèmes financiers des entreprises.
CODER	Commission de développement économique régional.
CODES	Comité d'organisation de recherche appliquée sur le développement économique et social.
CODEVI	Compte pour le développement industriel.
COFACE	Compagnie française d'assurances pour le commerce extérieur.
COGEDEP	Organisme de cogestion des associations chargées de déplacements à but éducatif des jeunes en France et à l'étranger.
COGEMA	Compagnie générale des matières nucléaires.
coll.	collection.
COMEX	Commission d'expulsion *(StPR)*.
Comm. CE	Commission des Communautés européennes.
Comm. EDH	Commission européenne des droits de l'Homme.
Comm. gouv.	Commissaire du gouvernement. *(VwPR)*
comp.	comparer.
concl.	conclusions.
Conf.	Conférence.
Confed.	Confédération.
Cons. CE	Conseil des communautés eurpéennes.
Cons. conc.	Conseil de la concurrence.
Cons. const.	Conseil constitutionnel.
Cons. prud'h.	Conseil de prud'hommes. *(ArbR)*
Const.	Constitution française du 4 octobre 1958.
Contref.	Contrefaçon.
Conv. coll.	Convention collective. *(ArbR)*
Conv. EDH	Convention européenne des droits de l'Homme.
Conv. int.	Convention internationale.
COPAL	Comité de probation et d'assistance aux libérés.
CORDES	Comité d'organisation des recherches appliquées sur le développement économique et social.
C. org. jud.	Code de l'organisation judiciaire.
COS	Coefficient d'occupation des sols.
COSEC	Complexe sportif évolutif conventionné.
COST	Coopération européenne dans le domaine de la recherche scientifique et technique.
COTEM	Commission technique de la prospection et de l'exploitation des hydrocarbures en mer.
CP	Caisse primaire *(SozVers)*.
CP	Centre pénitentiaire.

Abréviations **Abkürzungen**

CP	Code pénal.
CP	Commission paritaire.
CP	congés payés.
CP	Crédits de paiement.
CPA	Cour permanente d'arbitrage.
CPAM	Caisse primaire d'assurance maladie.
C. pén.	Code pénal.
CPJI	Cour permanente de justice internationale.
C. pr. civ.	Code de procédure civile.
C. pr. pén.	Code de procédure pénale.
C. propr. intell.	Code de propriété industrielle.
CQFD	ce qu'il fallait démontrer.
C.-R.	Compte-rendu.
CRA	Contrat de réinsertion en alternance.
CRAM	Caisse régionale d'assurance maladie.
CRB	Comité de la réglementation bancaire.
CRC	Chambre régionale des comptes.
CRCC	Commission de réforme du Code civil.
CRED	Conseil des recherches et études de défense.
CREDIF	Centre de recherche et d'étude pour la diffusion du français.
CREDOC	Centre de recherches, d'études et de documentation sur la consommation.
CRESER	Conseil régional de l'enseignement supérieur et de la recherche.
CRF	Croix-rouge française.
CRG	Commission de recours gracieux *(SozVers)*.
CRI	Commission rogatoire internationale.
CRI	Croix-rouge internationale.
crit.	critique.
CRO	Comité de la recherche océanologique.
CROSS	Centres régionaux opérationnels de surveillance et de sauvetage.
CROUS	Centres régionaux des œuvres universitaires et scolaires.
C. route	Code de la route.
CRPC	Centre de recherche de politique criminelle.
CRS	Compagnie républicaine de sécurité.
CRSS	Caisse régionale de sécurité sociale.
C. rur. et for.	Code rural et forestier.
CSA	Conseil supérieur de l'audiovisuel.
C. santé publ.	Code de la santé publique.
CSCC	Commission supérieure des conventions collectives.
CSCE	Conférence sur la sécurité et la coopération en Europe.
CSE	Cour de sûreté de l'État.
C. sécur. soc.	Code de la sécurité sociale.
CSERC	Conseil supérieur de l'emploi, des revenus et des coûts.
CSFP	Conseil supérieur de la fonction publique.
CSG	Contribution sociale généralisée.
CSM	Centre de stockage de déchets radioactifs de la Manche.
CSM	Conseil supérieur de la magistrature.
CSMF	Confédération des syndicats médicaux français.
CSN	Conseil supérieur du notariat.
C. soc.	Code des sociétés.

Abréviations — Abkürzungen

CSP	Code de la santé publique.
CSS	Code de la sécurité sociale.
CSTB	Centre scientifique et technique du bâtiment.
CTGREF	Centre technique de génie rural et des eaux et forêts.
CTP	Commission technique paritaire.
C. trav.	Code du travail.
C. trib. adm.	Code des tribunaux administratifs et cours administratives d'appel.
Cts.	Consorts. *(PrzR)*
CU	communauté urbaine.
CUCES	Centre universitaire de coopération économique et social.
C. urb.	Code de l'urbanisme.
CV	curriculum vitae.
CVS	Corrigé des variations saisonnières: chiffre en CVS.
D.	Décret.
D.	(Recueil) Dalloz-Sirey.
D. A.	Dalloz, Recueil analytique de jurisprudence (hebdomadaire)
DA	Droit administratif.
D/A	Documents contre acceptation *(HR)*.
DAB	Distributeur automatique de billets.
DAL	(Association) Droit au logement.
DAPASSE	Diplôme d'aptitude professionnelle à l'animation sociale et socio-éducative.
DAS	Direction de l'aide sociale.
DASS	Direction des affaires sanitaires et sociales.
DATAR	Délégation à l'aménagement du territoire et à l'action régionale.
DAV	Dépôt à vue *(BankR)*.
DBRD	Dépense brute de recherche et développement.
DBTPC	Direction du bâtiment, des travaux publics et de la conjoncture.
DC	de cujus *(ErbR)*.
DC	Décision concernant la conformité à la Constitution (Conseil constitutionnel).
DC	Droit civil.
DC	Droit commercial.
DC	Droit commun.
D. C.	Dalloz, Recueil critique de jurisprudence (mensuel).
DCEE	Directive de la communauté économique européenne.
DCI	Droit commercial international.
DCPJ	Direction centrale de la police judiciaire.
DCRG	Direction centrale des Renseignements généraux.
DCSP	Direction centrale de la sécurité publique.
DDASS	Direction départementale de l'action sanitaire et sociale.
DDE	Direction départementale de l'équipement.
DDOEF	Diverses dispositions d'ordre économique et financier.
DDTE	Direction départementale du travail et de l'emploi.
DE	Doctorat d'État.
DEA	Diplôme d'études approfondies.
Déc.	Décision.
Décl.	Déclaration.

Abréviations   Abkürzungen

Décr.	Décret.
Décr.-L.	Décret-loi.
Décr. org.	Décret organique.
Defrénois	Répertoire du notariat Defrénois.
Délib.	Délibération.
DESS	Diplôme d'études supérieures spécialisées.
DESUR	Direction des enseignements supérieurs et de la recherche.
DET	Déclaration d'entrée sur le territoire.
DEUG	Diplôme d'études universitaires générales.
DF	Droit fiscal.
DFCEN	Direction de la flotte de commerce et de l'équipement naval.
DGCC	Direction générale de la concurrence et de la consommation.
DGCL	Direction générale des collectivités locales.
DGCRF	Direction générale de la concurrence et de la répression des fraudes.
DGEMP	Direction générale de l'énergie et des matières premières.
DGF	Dotation globale de fonctionnement *(HaushR)*.
DGI	Direction générale des impôts.
DGRCST	Direction générale des relations culturelles, scientifiques et techniques.
DGRST	Délégation générale à la recherche scientifique et technique.
DGSE	Direction générale de la sécurité extérieure.
D. H.	Dalloz, Recueil hebdomadaire de jurisprudence.
DI	Dommages-intérêts.
Dict. perm.	Dictionnaire permanent (Social, Droit des affaires etc.)
DIP	Droit international privé.
DIP	Droit international public.
Dir.	Directive. *(EuR)*
DJCE	Diplôme de juriste-conseil d'entreprise.
DJP	Droit judiciaire privé.
DL	Décret-loi (jusqu'en 1958).
DM	Décision ministérielle.
DMA	Délégation ministérielle à l'armement.
DMN	Direction de la météorologie nationale.
DNBRD	Dépense nationale brute de recherche et de développement.
DNED	Direction nationale des enquêtes douanières.
DNEF	Direction nationale d'enquêtes fiscales.
DO	Dépenses ordinaires.
d°	dito = ce qui a été dit.
Doc. AN ou Sénat	Document parlementaire (de l'Assemblée nationale, du Sénat).
doctr.	doctrine.
DOM	Départements d'outre-mer.
DOT	Défense opérationnelle du territoire.
DP	Débats parlementaires.
DP	Détention provisoire.
D. P.	Dalloz, Recueil périodique et critique (mensuel).
D/P	Documents contre paiement.

Abréviations — Abkürzungen

DPE	Diplômé par l'État.
DPG	Droit pénal général.
DPJ	Direction de la police judiciaire.
DPN	Direction de la protection de la nature.
DPPC	Direction de la prévention et de la protection civile.
DPS	Droit pénal spécial.
Dpt.	Département.
DQP	dès que possible.
DR	Demande reconventionnelle *(ZPR)*.
DR	Droit rural.
Dr. adm.	Droit administratif.
DREE	Direction des relations économiques extérieures.
DRED	Département de recherche pour le développement.
Dr. fisc.	Droit fiscal.
Dr. pénal	Droit pénal.
Dr. prat. com. int.	Droit et pratique du commerce international.
Dr. prat. jud.	Droit et pratique judiciaire.
DRME	Direction des recherches et moyens d'essais.
DS	Délégué syndical.
DS	Droit social.
DSC	Direction de la sécurité civile.
DSP	Direction de la sécurité publique.
DSS	Direction de la sécurité sociale.
DST	Direction de la surveillance du territoire.
DTA	Directive territoriale d'aménagement.
DTS	Droit de tirage spécial.
DTU	Documents techniques unifiés.
DUP	Déclaration d'utilité publique.
EAM	États africains et malgache.
EAO	Enseignement assisté par ordinateur.
EAU	Émirats arabes unis.
ECU	Unité de compte européenne.
éd.	édition.
EDCE	Études et documents du Conseil d'État.
EDF	Électricité de France.
EERM	Établissement d'études et de recherches météorologiques.
EHESS	École des hautes études en sciences sociales.
EMC	Entreprise minière et chimique.
ENA	École nationale d'administration.
ENM	École nationale de la magistrature.
ENS	École normale supérieure.
env.	environ.
EP	École polytechnique.
EP	Établissement public.
EPAD	Établissement public pour l'aménagement de la région dite de la Défense.
EPHE	École pratique des hautes études.
EPIC	Établissement public à caractère industriel et commercial.
Epse	Épouse.
Epx.	Époux.
ER	En retraite.
ERP	Établissement recevant du public.

Abréviations   Abkürzungen

ERAP	Entreprise de recherche et d'activités pétrolières.
ESACO	Examen supplémentaire à classement objectif.
E/S	Entrées-Sorties.
ESCP	École supérieure de commerce de Paris.
ESI	Étranger en situation irrégulière.
esp.	espèce.
Ets.	Établissements. *(HR)*
ETT	Entreprise de travail temporaire.
EU(A)	États-Unis d'Amérique.
EURATOM	Communauté européenne de l'énergie atomique.
EURL	Entreprise unipersonnelle à responsabilité limitée.
EV	En ville.
ex.	exemple.
FAAR	Force d'action et d'assistance rapide.
FAB	Franco à bord.
FAC	Fonds d'action conjoncturelle.
FAC	Fonds d'aide et de coopération.
FACT	Fonds d'amélioration des conditions de travail.
FAF	Fonds d'assurance formation.
FAO	Fabrication assistée par ordinateur.
FAP	Franc d'avaries particulières.
FAR	Fonds d'action régionale.
FAR	Force d'action rapide.
FAS	Fonds d'action sociale.
FAS	Forces aériennes stratégiques.
FAS	Free alongside ship (= franco le long du navire).
FASASA	Fonds d'action sociale pour l'aménagement des structures agricoles.
Fasc.	Fascicule.
FAU	Fonds d'aménagement urbain.
FB	Franc belge.
FBCF	Formation brute de capital fixe.
FCC	Fichier central de chèques et des interdits bancaires.
FCP	Fonds commun de placement.
FDES	Fonds de développement économique et social.
FECL	Fonds d'équipement des collectivités locales.
FED	Fonds européen de développement.
FEDER	Fonds européen de développement régional.
FEN	Fédération de l'éducation nationale.
FEOGA	Fonds européen d'orientation et de garantie agricole.
FF	Franc français.
f.f.	faisant fonction.
FFA	Forces françaises en Allemagne.
FGA	Fonds de garantie automobile.
FI	Fiscalité immobilière.
FIANE	Fonds d'intervention et d'action pour la nature et l'environnement.
FIAT	Fonds d'intervention et d'aménagement du territoire.
FIC	Fonds d'intervention culturelle.
FICOBA	Fichier des comptes bancaires.
FIDA	Fonds international pour le développement agricole.
FIDE	Fédération internationale pour le droit européen.

Abréviations — Abkürzungen

FIDES	Fonds d'investissement pour le développement économique et social.
fig.	figure.
FIOM	Fonds d'intervention et d'organisation des marchés.
FIP	Fonds intercommunal de péréquation.
FIS	Front islamique du salut.
FIVETE	Fécondation in vitro et transfert d'embryon.
FLB	Front de libération de la Bretagne.
FLNC	Front de libération national de la Corse.
FLNKS	Front de libération nationale kanake et socialiste.
FME	Fonds de modernisation et d'équipement.
FME	Fonds monétaire européen.
FMI	Fonds monétaire international.
FMI	Force multinationale d'interposition.
FNAC	Fédération nationale d'Achat des Cadres.
FNAFU	Fonds national d'aménagement foncier d'urbanisme.
FNAH	Fonds national d'amélioration de l'habitat.
FNAL	Fonds national d'aide au logement.
FNAT	Fonds national d'aménagement du territoire.
FNC	Fonds national de chômage.
FNCF	Formation nette de capital fixe.
FNDA	Fonds national de développement agricole.
FNE	Fonds national de l'emploi.
FNS	Fonds national de solidarité.
FNS	Force nucléaire stratégique.
FNSEA	Fédération nationale syndicale d'exploitants agricoles.
FO	Force ouvrière (syndicat ouvrier).
FOB	Free on board (franco à bord).
FONJEP	Fonds de coopération de la jeunesse et de l'éducation populaire.
FOR	Free on rail (franco wagon départ).
FORMA	Fonds d'orientation et de régularisation des marchés agricoles.
FP	Fonction publique.
FP	Formation permanente.
FP	Franchise postale.
FPA	Formation professionnelle des adultes.
FR 3	France Région 3 (télévision étatique régionale).
FRA	Faculté de résiliation annuelle.
FROM	Fonds régionaux d'organisation des marchés.
FRR	Force de réaction rapide.
FS	Faire suivre (poste).
FS	Franc suisse.
FSE	Fonds social européen.
FSIR	Fonds spécial d'investissement routier.
FSU	Fédération syndicale unifiée.
G	Grade.
GA	Grands arrêts.
GAEC	Groupement agricole d'exploitation en commun.
GAN	Groupement des assurances nationales.
GATT	General agreement on tarifs and trade.
GAV	Garde à vue *(StR)*.

Abréviations **Abkürzungen**

Gaz. Pal.	Gazette du Palais.
Gaz. trib.	Gazette des tribunaux.
GDF	Gaz de France.
GEIE	Groupement européen d'intérêt économique.
GER	Groupe d'enquêtes et de recherche des RG.
GFA	Groupements fonciers agricoles.
GIAT	Groupement des industries de l'armement terrestre.
GIFAS	Groupement des industries françaises aéronautiques et spatiales.
GIE	Groupement d'intérêt économique.
GIG	Grand invalide de guerre.
GIGN	Groupe d'intervention de la Gendarmerie nationale.
GIPN	Groupe d'intervention de la Police nationale.
GJ	Greffe judiciaire.
GM	Gendarmerie mobile.
GME	Groupements momentanés d'entreprises.
GN	Gendarmerie nationale.
GO	Garantie d'origine.
GP	Gardien de la paix.
GP	Gazette du Palais.
GR	Garantie de ressources *(SozR)*.
GRB	Groupe de répression du banditisme.
GRESI	Groupe de recherches et d'études sur les stratégies industrielles.
GRL	Garantie de ressources après licenciement.
GSP	Grands services publics.
HBM	Habitation à bon marché.
h.c.	hors commerce.
HCR	Haut commissariat pour les réfugiés (des Nations unies).
HE	Hors échelle *(BeamR)*.
HEC	(Ecole des) Hautes études commerciales.
HH	Hors hiérarchie *(BeamR)*.
HI	Homicide involontaire.
HLM	Habitations à loyer modéré.
HP	Hôpital psychiatrique.
HPC	Hautes parties contractantes *(VR)*.
HS	Hors sujet *(HochschulR: Prüfungen)*.
HT	Hors taxes.
I	Instruction ministérielle.
IAA	Industries agricoles et alimentaires.
IAC	Insémination artificielle par le conjoint.
IAD	Insémination artificielle par le donneur.
IATA	Association du transport aérien international.
IBIC	Impôt sur les bénéfices industriels et commerciaux.
Ibid.	Au même endroit.
ICC	Indice du coût de la construction.
id.	idem = le même.
IDA	Indemnisation directe de l'assuré.
IDATE	Institut de l'audiovisuel et des télécommunications en Europe.
IDC	Institut de droit comparé.

Abréviations — Abkürzungen

IDES	Institut d'études supérieures juridiques.
IDHEC	Institut des hautes études cinématographiques.
IDI	Institut de développement industriel.
IEP	Institut d'études politiques.
IFOP	Institut français d'opinion publique.
IFP	Institut français du pétrole.
IFS	Institution financière spécialisée.
IGAS	Inspection générale des affaires sociales.
IGEC	Instruction générale de l'économie nationale.
IGF	Impôt sur les grandes fortunes.
IGF	Inspection générale des finances.
IGH	Immeuble de grande hauteur.
IGN	Institut géographique national.
IGPN	Inspection générale de la Police nationale *ou* „Police des polices".
IGR	Impôt général sur le revenu.
IGS	Inspection générale des Services.
IIAP	Institut international d'administration publique.
IJ	Identité judiciaire.
ILM	Immeubles à loyer moyen.
ILN	Immeubles à loyer normal.
IML	Institut médico-légal.
INA	Institut national de l'audiovisuel.
INAG	Institut national d'astronomie et de géophysique.
INAO	Institut national des appellations d'origine.
INC	Institut national de la consommation.
INED	Institut national d'études démographiques.
Infra	Ci-dessous.
INP	Institut national polytechnique.
INPI	Institut national de la propriété industrielle.
IN2P3	Institut national de physique nucléaire et de physique des particules.
INRA	Institut national de la recherche agronomique.
INRETS	Institut national de recherche sur les transports et leur sécurité.
INRP	Institut national de recherche pédagogique.
INRSP	Institut national de recherche et de sécurité pour la prévention des accidents du travail et des maladies professionnelles.
INSA	Institut national des sciences appliquées.
INSEE	Institut national de la statistique et des études économiques.
INSERM	Institut national de la santé et de la recherche médicale.
Instr.	Instruction.
IP	Incapacité permanente (de travail).
IP	Inspecteur de police.
IPES	Institut de préparation aux enseignements de second degré.
IPP	Incapacité permanente partielle (de travail).
IPPN	Inspecteur principal de la police nationale.
IPT	Incapacité permanente totale (de travail).
IR	Impôt sur le revenu.
IRAP	Institut régional d'administration publique.

Abréviations   Abkürzungen

IRCHA	Institut national de recherche chimique appliquée.
IRCM	Impôt sur le revenu des capitaux mobiliers.
IRCN	Institut de recherche de la construction navale.
IREM	Institut de recherche sur l'enseignement des mathématiques.
IREP	Institut de recherche économique et de planification.
IREP	Institut de recherche et d'études publicitaires.
IRIA	Institut de recherche d'informatique et d'automatique.
IRIJ	Institut de recherche d'informatique juridique.
IRPP	Impôt sur le revenu des personnes physiques.
IRT	Institut de recherche des transports.
IS	Impôt sur le revenu des sociétés *(ou:* Impôt sur les sociétés*)*.
IS	Interdiction de séjour.
ISBL	Institution sans but lucratif.
ISO	International standardization organization.
ISTPM	Institut scientifique et technique des pêches maritimes.
IT	Incapacité temporaire (de travail).
IT	Inspection du travail.
ITA	Ingénieurs, techniciens, administratifs.
ITP	Incapacité temporaire partielle (de travail).
ITT	Incapacité temporaire totale (de travail).
IUFM	Institut universitaire de formation des maîtres.
IUT	Institut universitaire de technologie.
IVD	Indemnité viagère de départ.
IVG	Interruption volontaire de la grossesse.
J	Juge.
JAF	Juge aux affaires familiales.
JAM	Juge aux affaires matrimoniales.
JAP	Juge de l'application des peines.
JCA	Juris-classeur administratif.
J.-Cl. (Civil, Pénal)	Juris-Classeur.
JCP	Juris-classeur périodique.
JDI	Journal de droit international (Clunet).
JDIP	Journal du droit international privé.
JE	Juge des enfants.
JES	Juge de l'exécution des sanctions.
JI	Juge d'instruction.
JJ	(taux au) jour le jour (du marché monétaire).
JM	Jeune majeur (de 18 à 21 ans) *(StR)*.
JME	Juge de la mise en état.
JNA	Journal des notaires et des avocats.
JO	Journal officiel (Lois et décrets).
JOAN / JO Sénat	Journal officiel (Débats parlementaires et réponses ministérielles à des questions orales)
JO assoc.	Journal officiel des associations et des fondations.
JOCE	Journal officiel des communautés européennes.
JOCES	Journal officiel du Conseil économique et social.
JO doc. adm.	Journal officiel (Documents administratifs).
JONC	Journal officiel (Numéro complémentaire).
Journ. conserv. hyp.	Journal des conservateurs d'hypothèques.
Journ. enr.	Journal de l'enregistrement.

Abréviations / Abkürzungen

Journ. not.	Journal des notaires et des avocats.
Juge enfants	Juge des enfants.
Juge expr.	Juge de l'expropriation.
Juris-Data	Juris-Data (Banque de données juridiques).
L.	Loi.
LABORIA	Laboratoire de recherche en informatique et en automatique.
LC	Libération conditionnelle *(StR)*.
L. const.	Loi constitutionnelle.
LCR	Lettre de change-relevé.
LDH	Ligue des droits de l'homme.
LEP	Lycée d'enseignement professionnel.
Lettre min.	Lettre ministérielle.
L. fin.	Loi de finances.
LICRA	Ligue internationale contre le racisme et l'antisémitisme.
Liv.	Livre (d'un code).
LM	Lettre ministérielle.
LMT	Le Matériel Téléphonique.
loc. cit.	loco citato.
LOES	Loi d'orientation de l'enseignement supérieur.
L. org.	Loi organique.
LPF	Code général des impôts – Livre des procédures fiscales.
LR	Lettre recommandée.
LS	Lettre signée.
LS	Liberté surveillée *(StVZ)*.
LS	Locus sigilli (= leurs sceaux – emplacement du cachet).
LTA	Lettre de transport aérien.
MA	Mandat d'arrêt.
MAF	Maison d'arrêt pour femmes.
MAG	Magistère.
MAS	Maison à succursales.
MAS	Manuscrit autographe signé.
MATIF	Marchés à terme d'instruments financiers.
MC	Maison centrale.
MC	Marché commun.
MCM	Montants compensatoires monétaires.
Me.	Maître (avocat, notaire, etc.).
MED	Maintien en détention.
MERU	Mission de l'environnement rural et urbain.
MFPF	Mouvement français pour le planning familial.
MI	Ministère de l'Intérieur.
min.	Ministre.
Min. publ.	Ministère public.
MIRE	Mission Recherche Expérimentation.
MJ	Ministère de la Justice.
MJD	Maison de justice et du droit
MLF	Mouvement de libération de la femme.
Mlle.	Mademoiselle.
MM.	Messieurs.
Mme.	Madame.
MO	Maintien de l'ordre.

Abréviations — Abkürzungen

MOCI	Moniteur officiel du commerce international.
Mod.	Modifié *ou* modifie.
Mon. huiss.	Moniteur des huissiers.
Mon. TP	Moniteur des travaux publics et du bâtiment.
MP	Ministère public *(StPR)*.
MST	Maladie(s) sexuellement transmissible(s).
MST	Maîtrise de sciences et techniques.
MT	Moyen terme.
NAS	Non-assuré social.
NCP	Nouveau Code pénal.
NCPC	Nouveau Code de procédure civile.
ND	Notes et études documentaires.
NDLR	Note de la Rédaction.
NDT	Note du traducteur.
NF	Norme francçaise.
NF	Nouveau franc.
N°	Numéro.
NS	Note de service.
O	Ordonnance.
OAA	Organisation des Nations unies pour l'alimentation et l'agriculture
OAT	Obligation assimilable du Trésor.
obs.	observation.
OCAM	Organisation commune africaine et malgache.
OCDE	Organisation de coopération et de développement économique.
OCORA	Office de coopération radiophonique.
OEA	Organisation des États américains.
OEB	Office européen des brevets.
OFCE	Observatoire français des conjonctures économiques.
OFPRA	Office français de protection des réfugiés et apatrides.
OFRATEME	Office français des techniques modernes d'éducation.
OGAF	Opérations groupées d'aménagement foncier.
OGM	Organisme génétiquement modifié.
OIT	Organisation internationale du travail.
OLP	Organisation de libération de la Palestine.
OMC	Organisation mondiale du commerce.
OMCI	Organisation maritime de concertation intergouvernementale.
OMI	Office des migrations internationales.
OMI	Organisation météorologique internationale.
OML	Ordonnance de mise en liberté *(StPR)*.
OMS	Organisation mondiale de la santé.
ONAC	Office national des anciens combattants.
ONERA	Office national d'études et de recherches aérospatiales.
ONF	Office national des forêts.
ONG	Organisation non gouvernementale.
ONI	Office national de l'immigration.
ONIBEV	Office national interprofessionnel du bétail et des viandes.
ONIC	Office national interprofessionnel des céréales.

ONISEP	Office national d'information sur les enseignements et les professions.
ONIVIT	Office national interprofessionnel des vins de table.
ONL	Ordonnance de non-lieu *(StPR)*.
ONPI	Office national de la propriété industrielle.
ONSER	Organisation nationale pour la sécurité routière.
ONU	Organisation des Nations Unies.
ONUDI	Organisation des nations unies pour le développement industriel.
OP	Officier de police.
Op.	Opus = ouvrage.
OP	Ouvrier professionnel.
OPA	Offre publique d'achat.
OPAC	Office public d'aménagement et de construction.
OPB	Organisation professionnelle des banques.
op. cit.	opere citato = ouvrage cité.
OPE	Offre publique d'échange.
OPEP	Organisation des pays exportateurs de pétrole.
OPV	Offre publique de vente.
OQ	Ouvrier qualifié.
OR	Officier de réserve.
OR	Ordonnance de renvoi *(StPR)*.
Ord.	Ordonnance *(VerfR)*.
OREAM	Organisme d'études et d'aménagement des aires métropolitaines.
ORESTI	Organisation et exploitation statistique et informatique.
ORS	Observatoire régional de la santé et de la pollution automobile.
ORSEC	Organisation des secours (Plan ORSEC).
ORSTOM	Office de la recherche scientifique et technique d'outre-mer.
ORTF	Office de radiodiffusion-télévision française.
OS	Ouvrier spécialisé.
OSC	Ordonnance de soit-communiqué *(StPR)*.
OSCE	Organisation pour la sécurité et la coopération en Europe.
OST	Organisation scientifique du travail.
OTAN	Organisation du traité de l'Atlantique-Nord.
OTASE	Organisation du traité de l'Asie du Sud-Est.
OUA	Organisation de l'unité africaine.
P	Président.
p.	page.
PA	Pension alimentaire.
p.a.	per annum (= par an).
PA	Police administrative.
PA	Pour ampliation.
PA	Préjudice d'agrément.
PAC	Politique agricole commune.
PACT	Programme d'aménagement concerté du territoire.
PACT	Propagande et action contre les taudis.
PAD	Point d'accès de données.
PADOG	Plan d'aménagement et d'organisation générale de la région parisienne.

Abréviations — Abkürzungen

PAF	Paysage audiovisuel francçais.
PAF	Police de l'air et des frontières.
PAP	Prêt pour l'accession à la propriété.
PAP	Programmes d'action prioritaires.
PAPIR	Programme d'action prioritaires (d'initiative régionale).
PATOS	Personnel Atos (administratifs, techniques, ouvriers et de service).
PC	Parti communiste.
PC	Permis de construire.
PC	Prêt conventionné.
PCC	Pour copie conforme.
PCEM	Premier cycle d'études médicales.
PCF	Parti communiste français.
PCG	Plan comptable général.
PCP	Plan comptable professionnel.
PCV	Paiement contre vérification à percevoir.
PDEM	Pays développés à économie de marché.
PDG	Président-directeur général.
PDL	Pendant la durée légale.
PDRE	Population disponible à la recherche d'un emploi.
PE	Problèmes économiques.
PEA	Plan d'épargne en actions.
PEC	Plan électronique civil.
PECO	Pays d'Europe centrale et orientale.
PED	Pôle européen de développement.
PEE	Poste d'expansion économique.
PEGC	Professeurs d'enseignement général de collèges.
PEL	Plan d'épargne-logement.
PENELOPE	Pour l'entrée des normes européennes dans les lois ordinaires des Parlements d'Europe.
PEON	Production d'électricité d'origine nucléaire.
PER	Plan d'épargne en vue de la retraite.
PESC	Politique étrangère et sécurité commune.
P. et CH.	Ponts et chaussées.
P. et P.	Profits et pertes.
p. ex.	par exemple.
PF	Publicité foncière.
PG	Procureur général.
PI	Propriété industrielle.
PI	Propriété intellectuelle.
PIB	Produit intérieur brut.
PIBD	Propriété industrielle – Bulletin de documentation.
PIBM	Produit intérieur brut marchand.
PIC	Prêt immobilier conventionné.
PIJES	Point informations jeunes sur la sexualité.
PIN	Produit intérieur net.
PIN	Programme d'insertion.
PINEA	Produits industriels nécessaires aux exploitants agricoles.
PJ	Pièce(s) jointe(s).
PJ	Police judiciaire.
PJI	Premier juge d'instruction.
PJJ	(Service de) Protection judiciaire de la jeunesse.
PLA	Prêt locatif aidé.

Abréviations — Abkürzungen

PLD	Plafond légal de densité *(BauR)*.
PLR	Programmes à loyer réduit.
PM	Police municipale.
PMA	Pays les moins avancés.
PMA	Procréation médicalement assistée.
PME	Petites et moyennes entreprises.
PMI	Protection maternelle et infantile.
PMI	Petites et moyennes industries.
PMU	Pari mutuel urbain.
PNB	Produit national brut.
PNIU	Programme national d'intégration urbaine.
PNUD	Programme des Nations-Unies pour le développement.
PNUE	Programme des Nations-Unies pour l'environnement.
PO	Par ordre.
POLMAR	Pollution marine.
POS	Plan d'occupation des sols.
p.p.	pages
PP	Préfecture de police.
PP	Pour plaider.
PP	Premier président *(PrzR)*.
ppa.	per procurationem = par procuration.
ppc.	pour prendre congé.
PPI	Provision pour investissement.
PPM	Partie par million.
p. pon.	par procuration.
PPS	Problèmes politiques et sociaux.
PR	Parti républicain.
PR	Procureur de la République.
préc.	précité.
préf.	préférence.
Prem. prés.	Premier président.
Prés.	Président.
PRI	Pays à revenu intermédiaire.
Proc. gén.	Procureur général.
Proc. Rép.	Procureur de la République.
Propr. ind.	Propriété industrielle.
Prot.	Protocole.
PS	Parti socialiste.
PS	Police-secours.
PS	post scriptum.
PS	Premier substitut (Parquet).
PSA	Peugeot société anonyme.
PSI	Prêt spécial immédiat.
PSMV	Plan de sauvegarde et de mise en valeur.
PSR	Programmes sociaux de relogement.
PTE	(Ministère des) Postes, télécommunications, espace.
PTMA	Poids total maximal autorisé.
PUF	Presses universitaires de France.
PV	Procès verbal.
PVA	Prime à la vache allaitante.
PVC	Polychlorure de vinyle.
PVD	Paquet avec valeur déclarée.
PVD	Pays en voie de développement.

Abréviations — Abkürzungen

QCM	Questionnaire à choix multiples.
QD	Quotité disponible.
q.e.d.	quod erat demonstrandum = ce qu'il fallait démontrer.
QF	Quotient familial *(SteuerR)*.
QG	Quartier général.
QHS	Quartier de haute sécurité *(StVZ)*.
QO	Question orale *(VerfR)*.
qq	quelques.
QS	Quantité suffisante.
Quot. jur.	Quotidien juridique.
R	Recueil Lebon (des décisions du Conseil d'État).
R	Rejet (d'un pourvoi en cassation).
R	Partie «Règlements» (d'un code).
RA	Risque aggravé.
RAP	Règlement d'administration publique.
rapp.	rapport (ou rapporteur).
rappr.	rapprocher.
RAR	(Lettre) recommandée avec demande d'avis de réception.
RATP	Régie autonome des transports parisiens.
RBE	Revenu brut d'exploitation.
RC	Registre du commerce.
RC	Responsabilité civile.
RCB	Rationalisation des choix budgétaires.
RCS	Registre du commerce et des sociétés.
RDA	Responsable d'achats courants.
RD aff. int.	Revue de droit des affaires internationales.
RD bancaire et bourse	Revue de droit bancaire et de la bourse.
RD compt.	Revue de droit comptable.
R & D	Recherche et développement.
R.-de-ch.	Rez-de-chaussée.
RDIP	Revue de droit international privé.
RD intell.	Revue de droit intellectuel.
RD pén. crim.	Revue de droit pénal et de criminologie.
RD propr. ind.	Revue du droit de la propriété industrielle.
RD publ.	Revue du droit public et de la science politique en France et à l'étranger.
RDS	(taxe pour le) remboursement de la dette sociale.
Rec. actes adm.	Recueil des actes administratifs.
Rec. C. comptes	Recueil de la Cour des comptes.
Rec. CE	Recueil des décisions du Conseil d'État (Lebon).
Rec. CIJ	Recueil des arrêts, avis consultatifs et ordonnances de la Cour internationale de justice.
Rec. CJCE	Recueil de la Cour de justice des Communautés européennes.
Rec. Cons. const.	Recueil des décisions du Conseil constitutionnel.
rect.	rectificatif.
réf.	référence.
réf.	référés.
REG/ACT	Regards sur l'actualité.
Règl.	Règlement.
Rép. adm.	Répertoire de droit public et de droit administratif.

Abréviations Abkürzungen

Rép. civ. Dalloz	Encyclopédie Dalloz.
req.	requête.
RER	Réseau express régional.
RES	Rachat ou reprise de l'entreprise par les salariés.
REUNIR	Réseau des universités et de la recherche.
Rev. adm.	Revue administrative.
Rev. crit. DIP	Revue critique de droit international privé.
Rev. jur. env.	Revue juridique de l'environnement.
Rev. proc. coll.	Revue des procédures collectives.
Rev. sc. crim.	Revue de science criminelle et de droit pénal comparé.
Rev. sociétés	Revue des sociétés.
RF	République française.
RF	Revenus fonciers.
RFA	République fédérale d'Allemagne.
RF adm. publ.	Revue française de l'administration publique.
RF aff. soc.	Revue française des affaires sociales.
RF fin. publ.	Revue française des finances publiques.
RF sc. pol.	Revue française de science politique.
RFD adm.	Revue française de droit administratif.
RG	Renseignements généraux.
RGDI publ.	Revue générale de droit international public.
RI	Refus d'informer *(StPR)*.
RI	Républicains indépendants.
RIB	Relevé d'identité bancaire.
RI conc.	Revue internationale de la concurrence.
RI crim. et pol. techn.	Revue internationale de criminologie et de police technique.
RID comp.	Revue internationale de droit comparé.
RID pén.	Revue internationale de droit pénal.
RIP	Relevé d'identité postal.
RIPIA	Revue internationale de la propriété industrielle et artistique.
RI trav.	Revue internationale du travail.
RIVP	Régie immobilière de la ville de Paris.
RJ com.	Revue de jurisprudence commerciale.
RJO	Rectificatif au Journal Officiel.
RM	Revenus mobiliers.
RMN	Réunion des musées nationaux.
RMO	Références médicales opposables.
RNC	Résultat net comptable.
RNUR	Régie nationale des usines Renault.
r°	recto.
ROME	Répertoire opérationnel des métiers et emplois.
RP	Région parisienne.
Rp.	Réponse payée.
RPDS	Revue pratique de droit social.
RPR	Rassemblement pour la République.
RSA	République Sud-Africaine.
RSVP	Répondez s'il vous plaît.
RTD civ.	Revue trimestrielle de droit civil.
RTD com.	Revue trimestrielle de droit commercial et de droit économique.

Abréviations — Abkürzungen

RTD eur.	Revue trimestrielle de droit européen.
RTDH	Revue trimestrielle des droits de l'Homme.
RTLN	Réunion des théâtres lyriques nationaux.
RU 486	Roussel-Uclaf: la mifepristone (pillule abortive).
RUP	Reconnu d'utilité publique.
RV	Rendez-vous.
S	Sénat.
S	Recueil Sirey.
s.	(et) suivant(s).
SA	Société anonyme.
SAC	Service d'action civique.
SACI	Société auxiliaire de construction immobilière.
SAD	Service d'aide à domicile.
SAEI	Service des affaires européennes et internationales.
SAFARI	Système automatisé pour les fichiers administratifs et le répertoire des individus.
SAFER	Société d'aménagement foncier et d'établissement rural.
SAGE	Schéma d'aménagement des eaux.
SAIF	Société agricole d'investissement foncier.
SAMU	Service d'aide médicale urgente.
SAPO	Société anonyme à participation ouvrière.
SARL	Société à responsabilité limitée.
SCA	Société en commandite par actions.
SCH	Service central hydrologique.
SCI	Service central d'identification (de la Police nationale).
SCI	Société civile immobilière.
SCOP	Société coopérative ouvrière de production.
SCP	Société civile professionnelle.
SCPA	Société civile professionnelle d'avocats.
SCPRI	Service central de protection contre les rayonnements ionisants.
SCUP	Société commerciale unipersonnelle.
SDAU	Schéma directeur d'aménagement et d'urbanisme.
SDECE	Service de documentation et de contre-espionnage.
SDF	Sans domicile fixe.
SE	Secrétariat d'État.
SE	Société européenne.
secr. d'Ét.	Secrétaire d'État.
sect.	section.
SEFI	Service formation et information.
SEITA	Société nationale d'exploitation industrielle des tabacs et allumettes.
SEM	Société d'économie mixte.
Sent. arb.	Sentence arbitrale.
SEO	Sauf erreur ou omission.
SEPC	Service d'études pénales et criminologiques.
SEPOR	Service de programmes des organismes de recherche.
SERNAM	Service national des messageries.
SESI	Service des statistiques, des études et des systèmes d'information.
SESORI	Service de synthèse et d'orientation de la recherche en informatique.

Abréviations   **Abkürzungen**

SETRA	Service d'études techniques des routes et autoroutes.
SF	Sans frais.
SFI	Société financière internationale.
SFP	Société française de production et de création audiovisuelles.
SGDG	Sans garantie du gouvernement.
SGDN	Secrétariat général de la défense nationale.
SGMM	Secrétariat général de la marine marchande.
s.i.	sauf imprévus.
SI	Sur interpellation (procès-verbal de police).
sic	écrit ainsi.
SICA	Société d'intérêt collectif agricole.
SICAF	Société d'investissement à capital fermé (fixe).
SICAV	Société d'investissement à capital variable.
SICOB	Salon des industries du commerce et de l'organisation du bureau.
SICOMI	Société immobilière pour le commerce et l'industrie.
SID	Service d'information et de diffusion (du premier ministre).
SIDA	Syndrome d'immuno-déficience acquise.
SIRENE	Système informatisé du répertoire national des entreprises et des établissements.
SIRPA	Service d'information et de relations publiques des armées.
SIS	Système d'information Schengen.
SIVOM	Syndicat intercommunal à vocation multiple.
SIVP	Stage d'initiation à la vie professionnelle.
s.l.n.d.	sans lieu ni date.
SMA	Service militaire adapté.
SMAG	Salaire minimum agricole garanti.
SME	Sursis avec mise à l'épreuve *(StVZ)*.
SME	Système monétaire européen.
SMI	Surface minimale d'installation.
SMIC	Salaire minimum interprofessionnel de croissance.
SMIG	Salaire minimum interprofessionnel garanti.
SML	Syndicat des médecins libéraux.
SMUR	Service médical d'urgence et de réanimation.
SN	Sûreté nationale.
SNACASO	Société nationale de constructions aéronautiques du Sud-Ouest.
SNC	Société en nom collectif.
s.n.c.	Service non compris.
SNCF	Société nationale des chemins de fer français.
SNCM	Société nationale Corse-Méditerranée.
SNEA	Société nationale Elf-Aquitaine.
SNECMA	Société nationale d'études et de construction de moteurs d'avions.
SNEP	Société nationale des entreprises de presse.
SNEPC	Service national des examens du permis de conduire.
SNESup	Syndicat national de l'enseignement supérieur.
SNETAP	Syndicat national d'enseignement technique agricole public.
SNI	Syndicat national des instituteurs.
SNIAS	Société nationale des industries aéronautiques et spatiales.

Abréviations   Abkürzungen

SNLE	Sous-marin nucléaire lanceur d'engins.
SNPA	Société nationale des pétroles d'Aquitaine.
SNPC	Service national de la protection civile.
SNPI	Syndicat national du patronat moderne et indépendant.
SNSM	Société nationale de sauvetage en mer.
SOCOTOUR	Société française de coopération touristique.
SOCREDOM	Société de crédit pour le développement des DOM.
SOFIA	Système d'ordinateurs pour le fret international aérien.
SOFINEL	Société française d'ingénierie électronucléaire et d'assistance pour l'exportation.
SOFIRAD	Société financière de radiodiffusion.
SOFRATELE	Société française de télévision.
SOFRES	Société française d'enquêtes par sondage.
SOGIR	Société de gestion et d'information rationnelle.
sol.	solution.
SOMERA	Société méditerranéenne de radiodiffusion.
somm.	sommaire.
SONACOTRA	Société nationale de construction pour les travailleurs.
SOPEMI	Système d'observations permanentes des migrations.
SOPEXPA	Société pour l'expansion des produits agricoles.
SOPROMER	Société des produits de la mer.
sous-sect.	sous-section.
SP	Sécurité publique.
SP	Service de presse.
SP	Service public.
SP	Société en participation.
SPA	Société protectrice des animaux.
SPADEM	Syndicat de la propriété artistique des dessins et modèles.
SPB	Service des phares et balises.
SPIC	Service public industriel et commercial.
SPP	Suspension provisoire des poursuites. *(KonkursR)*
SRIJ	Service régional d'identité judiciaire.
SS	(Classement) Sans suite. *(StPR)*
SS	Sécurité sociale.
ss.	sous.
SSAE	Service social d'aide aux émigrants.
Sté.	Société.
STI	Service technique informatique.
STO	Service du travail obligatoire.
STU	Service technique de l'urbanisme.
STUPS	Brigade des stupéfiants.
subst.	substitut. *(StPR)*
suiv.	suivants.
suppl.	supplément.
supra	ci-dessus.
SVT	Spécialiste en valeurs du Trésor.
Synd.	Syndicat.
T	Timbre.
T.	Tonne.
t.	tome.
TA	Tribunal administratif.
TAAF	Terres australes et antarctiques françaises.

Abréviations / Abkürzungen

tabl.	Tableau.
TAM	Obligations à taux variable à référence monétaire annuelle.
T. arb.	Tribunal arbitral.
TASS	Tribunal des affaires de Sécurité sociale.
TC	Taxe complémentaire.
TCA	Taxe sur le chiffre d'affaires.
T. civ.	Tribunal civil.
T. com.	Tribunal de commerce.
T. confl.	Tribunal des conflits.
T. corr.	Tribunal correctionnel.
TD	Travaux dirigés.
TDC	Tarif douanier commun *(EU)*.
TDF	Télédiffusion de France.
TDR	Taxe départementale sur le revenu.
TEC	Tarif extérieur commun.
TEF	Techniciens d'études et de fabrication.
tél.	téléphone.
T. enfants	Tribunal pour enfants.
TEP	Tonne équivalent pétrole.
TF	Taxe foncière.
TF 1	Télévision française 1re chaîne «La Une».
TFAI	Territoire français des Afars et des Issas.
TG	(à) titre gratuit.
TGI	Tribunal de grande instance.
TGV	Train à grande vitesse.
TH	Taxe d'habitation.
TI	Tribunal d'instance.
TIF	Transports internationaux par chemin de fer.
TIG	Travaux d'intérêt général.
TIOP	Taux interbancaire offert à Paris.
TIP	Titre interbancaire de paiement.
TIPP	Taxe intérieure sur les produits pétroliers.
TIR	Transit international routier.
Tit.	Titre.
TJJ	Taux au jour le jour (sur le marché monétaire).
TLE	Taxe locale d'équipement.
TLU	Taxe locale d'urbanisation.
T. mar. com.	Tribunal maritime commercial.
TME	Taux moyen des emprunts d'État.
TMO	Taux du marché obligataire.
TNP	Traité de non prolifération.
TOM	Territoires d'outre-mer.
TP	Taxe professionnelle.
TP	Travaux publics.
TPE	Terminal de paiement électronique.
TPI	Tribunal pénal international.
TPICE	Tribunal de première instance des Communautés européennes.
T. par. baux rur.	Tribunal paritaire des baux ruraux.
TPF	Taxe de publicité foncière.
TPG	Trésoriers-payeurs généraux.
T. pol.	Tribunal de police.
TPS	Taxe sur les prestations de service.

Abréviations / Abkürzungen

trad.	traducteur, traduction, traduit par.
TRB	Taux révisable des bons du Trésor.
TSVP	Tournez s'il vous plaît.
TT	Transit temporaire.
TTC	Toutes taxes comprises.
TTU	Très très urgent.
TU	Temps universel.
TUC	Travail d'utilité collective.
TVA	Taxe sur (*ou* à) la valeur ajoutée.
TVHD	Télévision haute définition.
UAMCE	Union africaine et malgache de coopération économique.
UAP	Union des assurances de Paris.
UBS	Union des banques suisses.
UCE	Unité de compte europénne.
UDF	Union pour la démocratie francçaise.
UEM	Union européenne monétaire.
UEO	Union de l'Europe occidentale.
UER	Union européenne de radiodiffusion.
UER	Unité d'enseignement et de recherche.
UFAC	Union francçaise des anciens combattants.
UFCV	Union francçaise des centres de vacances.
UGB	Unité de gros bétail.
UGC	Union générale cinématographique.
UIT	Union internationale des télécommunications.
ULM	Ultra-léger motorisé.
UNAF	Union nationale des associations familiales.
UNATI	Union des artisans et travailleurs indépendants.
UNEDIC	Union nationale pour l'emploi dans l'industrie et le commerce.
UNEF	Union nationale des étudiants de France.
UNESCO	Organisation des Nations Unies pour l'éducation, la science et la culture.
UNICEF	Fonds international (des Nations Unies) de secours à l'enfance.
UNIL	Union nationale interprofessionnelle du logement.
UP	Unité pédagogique.
UPU	Union postale universelle.
URC	Union du rassemblement et du centre.
URSSAF	Union pour le recouvrement des cotisations de sécurité sociale et d'allocations familiales.
us.	usuel.
UTA	Union des transports aériens.
UTH	Unité de travail homme.
UV	Unité de valeur.
v.	voir.
v/	versus.
VA	Valeur ajoutée.
VAL	Véhicule automatique léger.
var.	variante.
VAT	Volontaire pour l'aide technique.
VCC	Vin de consommation courante.